I0821714

BIBLIA
DE
JERUSALÉN
LATINOAMERICANA

EN LETRA GRANDE

La presente edición recoge el texto de la nueva edición permanentemente revisada, incorporando el estilo literario y el léxico propios de Latinoamérica. Las notas han sido tomadas también de la misma edición, pero revisadas y completadas por el **Equipo de Adaptadores** *de esta edición latinoamericana, bajo la dirección de la* **Escuela Bíblica y Arqueológica de Jerusalén**.

Autorizada por la Conferencia Episcopal de Colombia
1 de diciembre de 2000

Henao, 6 - 48009 Bilbao
www.edesclee.com
info@edesclee.com

ISBN: 978-84-330-1798-7

FT062718

BIBLIA DE JERUSALÉN LATINOAMERICANA

EN LETRA GRANDE

Nueva edición revisada y aumentada

DESCLÉE DE BROUWER

BILBAO

«BIBLIA DE JERUSALÉN»

EDICIÓN LATINOAMERICANA

Coordinador: Santiago GARCÍA

Adaptación literaria: Enrique CASTILLO (Bogotá)
y Departamento Bíblico de la Universidad Pontificia de México,
dirigido por Carlos MACIEL

Los textos bíblicos han sido traducidos del hebreo, arameo y griego por el siguiente equipo de

COLABORADORES

Antonio M.ª Artola: *Romanos, Corintios, Gálatas, Efesios, Filipenses, Colosenses y Filemón.*
Santiago García: *Hechos de los Apóstoles, Timoteo, Tito, Santiago y Judas.*
José Goitia: *Éxodo y Hebreos.*
Andrés Ibáñez: *Números, Josué, Jueces, Proverbios, Juan y Apocalipsis.*
José Luis Malillos: *1 Macabeos y Sabiduría.*
Jesús Moya: *Génesis, Isaías y Jeremías.*
Pedro Núñez: *Marcos, Tesalonicenses, Epístolas de San Pedro y San Juan.*
Manuel Revuelta: *Deuteronomio, Job, Salmos, Cantar, Baruc, Lamentaciones, Ezequiel, Daniel, Profetas Menores y Mateo.*
Julián Rodríguez Gago: *Eclesiástico.*
José Ángel Ubieta: *Levítico, 2 Macabeos y Eclesiastés.*
Marciano Villanueva: *Samuel, Reyes, Crónicas, Esdras, Nehemías, Rut, Tobías, Judit, Ester y Lucas.*

En esta nueva edición han colaborado en la revisión de los textos:

José M.ª Ábrego: *Ezequiel, Oseas y Amós.*
Rafael Aguirre: *Mateo.*
Nuria Calduch: *Eclesiástico.*
Félix García: *Éxodo.*
Víctor Morla: *Salmos, Cantar, Lamentaciones, Job, Eclesiastés, Nahúm, Habacuc, Sofonías, Ageo, Zacarías y Malaquías.*
Joaquín Menchén: *Daniel, Baruc, Joel, Abdías, Jonás y Miqueas.*
Domingo Muñoz: *Juan y Apocalipsis.*
Julio Trebolle: *Reyes.*
Antonio M.ª Artola: *Hebreos.*
Andrés Ibáñez: *Levítico y Deuteronomio.*
Santiago García: *Epístolas de San Pedro y San Juan.*

PRESENTACIÓN

La versión castellana de la ***BIBLIA DE JERUSALÉN****, entre las versiones de las Sagradas Escrituras en nuestra lengua, tiene un sólido prestigio por la calidad de su traducción y por la profundidad de sus introducciones, notas y comentarios, de tal manera que es muy útil para la formación bíblica tanto de seminaristas, como de religiosos y laicos.*

Por otra parte, la Editorial Desclée De Brouwer, S.A., *la empresa editorial que publica la* ***BIBLIA DE JERUSALÉN****, que tiene su sede en Bilbao, España, siempre ha mantenido un doble interés pastoral: el de hacer ediciones populares, como la de letra grande para personas mayores, y el de acercarse a los católicos latinoamericanos; así, por ejemplo, con motivo de la celebración del V Centenario del inicio de la Evangelización de América, lanzó una Edición Conmemorativa, con el apoyo del Consejo Episcopal Latinoamericano —CELAM—, edición pastoral con «Guía de Lectura» y nuevas introducciones, entre ellas una de carácter bíblico-catequético realizada por el Instituto Teológico-Pastoral del CELAM.*

Ahora ha querido dar un paso más y es el de preparar una versión latinoamericana, con un lenguaje más adaptado a nuestra manera de hablar el castellano, sin perder el toque de elegancia ni la precisión terminológica, y sin caer en los particularismos de una determinada región del subcontinente y para eso ha escogido a Bogotá, en donde ha habido una larga tradición de buen castellano.

La persona escogida por la editorial para preparar esta nueva versión es el Padre Enrique Castillo Corrales, quien fue secretario adjunto del CELAM (1984-1989) y, por lo mismo, conocedor de América Latina; actualmente es el párroco de Santa Bárbara, en Bogotá, y colabora en la Curia Arquidiocesana. Con el Padre Castillo han trabajado dos equipos, uno en México y otro en España.

La Editorial ha presentado a la Conferencia Episcopal de Colombia *la solicitud de aprobación de esta versión latinoamericana y el pasado primero de diciembre, después de conocer el parecer de un perito designado, ha obtenido de la misma Conferencia Episcopal Colombiana la autorización correspondiente, por lo cual, como Arzobispo de Bogotá, concedo gustoso el* Imprimatur.

El Señor Jesucristo bendiga este esfuerzo que ayudará, sin duda, a la Nueva Evangelización en América Latina para «conocer y anunciar la Palabra de Dios de manera explícita y viva que suscite y alimente la fe, ilumine la existencia y sea fundamento de toda vida eclesial» *(VI Sínodo Arquidiocesano de Bogotá, 1998).*

Ponemos esta versión en las manos amorosas de María Nuestra Madre, Estrella de la Primera y de la Nueva Evangelización, cuando celebramos la advocación de Nuestra Señora de Guadalupe, Patrona y Emperatriz de América.

Pedro Rubiano Sáenz
Arzobispo de Bogotá, Primado de Colombia
Bogotá D.C., 12 de diciembre del Año Santo 2000

ÍNDICE

ANTIGUO TESTAMENTO

EL PENTATEUCO

Págs.

LOS LIBROS PROFÉTICOS **Págs.**

NUEVO TESTAMENTO

APÉNDICES

ABREVIATURAS DE LOS LIBROS BÍBLICOS

			Págs.				Págs.
Ab	Abdías		1374	Judas	Judas	NT	1817
Ag	Ageo		1398	Lc	Lucas	NT	1504
Am	Amós		1363	Lm	Lamentaciones		857
Ap	Apocalipsis	NT	1825	Lv	Levítico		120
Ba	Baruc		1256	1 M	1.° Macabeos		621
1 Co	1.ª Corintios	NT	1691	2 M	2.° Macabeos		657
2 Co	2.ª Corintios	NT	1709	Mc	Marcos	NT	1478
Col	Colosenses	NT	1740	Mi	Miqueas		1379
1 Cro	1.° Crónicas		465	Ml	Malaquías		1411
2 Cro	2.° Crónicas		498	Mt	Mateo	NT	1429
Ct	Cantar de los Cantares		843	Na	Nahúm		1387
Dn	Daniel		1321	Ne	Nehemías		550
Dt	Deuteronomio		204	Nm	Números		156
Ef	Efesios	NT	1728	Os	Oseas		1346
Esd	Esdras		539	1 P	1.ª Pedro	NT	1798
Est	Ester		603	2 P	2.ª Pedro	NT	1804
Ex	Éxodo		71	Pr	Proverbios		929
Ez	Ezequiel		1264	Qo	Eclesiastés (Qohélet)		979
Flm	Filemón	NT	1764	1 R	1.° Reyes		387
Flp	Filipenses	NT	1735	2 R	2.° Reyes		424
Ga	Gálatas	NT	1721	Rm	Romanos	NT	1669
Gn	Génesis		13	Rt	Rut		315
Ha	Habacuc		1390	1 S	1.° Samuel		319
Hb	Hebreos	NT	1769	2 S	2.° Samuel		356
Hch	Hechos de los Ap.	NT	1603	Sal	Salmos		689
Is	Isaías		1109	Sb	Sabiduría		991
Jb	Job		875	Si	Eclesiástico (Sirácida)		1017
Jc	Jueces		285	So	Sofonías		1394
Jdt	Judit		586	St	Santiago	NT	1793
Jl	Joel		1358	Tb	Tobías		571
Jn	Juan	NT	1557	1 Tm	1.ª Timoteo	NT	1753
1 Jn	1.ª Juan	NT	1808	2 Tm	2.ª Timoteo	NT	1758
2 Jn	2.ª Juan	NT	1815	1 Ts	1.ª Tesalonicenses	NT	1745
3 Jn	3.ª Juan	NT	1816	2 Ts	2.ª Tesalonicenses	NT	1750
Jon	Jonás		1376	Tt	Tito	NT	1762
Jos	Josué		255	Za	Zacarías		1400
Jr	Jeremías		1184				

OBSERVACIONES.—Las referencias que se intercalan en el texto afectan a todo el pasaje. Cuando un pasaje de un libro bíblico cita otro texto bíblico, las palabras citadas están en cursiva, y la referencia, en nota, indica el lugar de donde se han tomado dichas palabras.

Una referencia precedida del signo ‖ remite a un pasaje «paralelo»; precedida del signo = remite a un «duplicado» del mismo libro; precedida del signo ↗ indica que el texto ha sido citado o utilizado en un libro más reciente, en particular en el NT; seguida del signo + indica la existencia de alguna nota útil para la inteligencia del texto comentado; seguida de la letra **s** remite, a la vez que al versículo indicado, a los versículos siguientes; seguida de la letra **p** remite a otros pasajes paralelos al mismo.

ANTIGUO TESTAMENTO

EL PENTATEUCO

Introducción

Los cinco primeros libros de la Biblia reciben, entre los judíos, el nombre genérico de «Ley» (Torá). En los ambientes de lengua griega se les llamó «Pentateuco», del griego «pentateujos»: cinco volúmenes o libros. Los nombres con los que conocemos actualmente cada uno de estos cinco libros están tomados de la versión griega: Génesis u origen del mundo; *Éxodo o* salida de Egipto; *Levítico, o ley de los sacerdotes de la tribu de* Leví; *Números, o censo del pueblo; Deuteronomio, o* segunda ley.

Los estudios sobre estos libros han puesto de relieve la variedad de estilos, las repeticiones y el desorden de los relatos que impiden ver en el Pentateuco la obra de un único autor. Son varias las teorías que se han propuesto para explicar estas divergencias; teorías que se pueden leer en introducciones más amplias a la Biblia o en textos especializados.

En las orientaciones para la lectura trazamos unas líneas para que el lector descubra los hitos de la revelación de Dios en la historia de Israel, y desde él, en la historia del mundo. Estas relaciones de Dios con los hombres son el fundamento de la religión judía. En esta perspectiva tenemos que entender que el Pentateuco sea la Ley o norma básica de toda relación del hombre con Dios, válida, por tanto, para toda religión. El mensaje del Nuevo Testamento potencia estos fundamentos de la religión de Israel, los transciende y les da un valor universal.

GÉNESIS

El Génesis *es el resultado de una amplia síntesis de tradiciones, leyendas, pequeños poemas y formulaciones de la fe israelita que se fue elaborando en un ambiente de educación religiosa de Israel. Tiene dos apartados: Prehistoria de la humanidad y prehistoria de Israel, precedidos de una solemne introducción.*

Las líneas maestras del Génesis son: Dios es el creador del universo, está cercano al hombre, rige la historia y ha elegido a unas personas para formar su pueblo. La elección se enmarca en bendiciones y promesas.

1.—Himno introductorio (**1** *1*-**2** *4a)*

En una época tardía, cuando el conjunto del Pentateuco estaba ya formado, unos catequistas bíblicos pusieron como introducción a toda la «Torá» (Pentateuco), un himno solemne, litúrgico, que ensalza la acción creadora de Dios, distribuida en una semana para subrayar la importancia del día séptimo, el «sábado», día de agradecimiento y de culto a Dios. El himno pudo tener orígenes politeístas, babilonios: pero los catequistas de Israel lo limpiaron de estas reminiscencias. La distribución de las obras creadas se ajusta a los conocimientos rudimentarios de la época de los autores.

2.—Prehistoria de la humanidad

Las tradiciones de las tribus de Israel se remontan hasta Abrahán. El vacío de los tiempos anteriores, hasta la creación del mundo, lo llenan con reminiscencias de tradiciones mesopotámicas (babilonias, fenicias y cananeas) a las que dieron la forma religiosa adecuada para su catequesis. En la redacción actual las tenemos agrupadas en dos familias: la de Adán y la de Noé. Las dos viven su drama.

a) Adán y su familia *(***2** *4b*-**5** *32).* El relato actual está dividido en tres actos: presentación de los personajes y su misión (**2** *4b-25); rebeldía y castigo*

*(**3** 1-21); desenlace (**3** 22-**5** 32). Dios coloca al ser humano (hombre y mujer) en su jardín para que lo cultive y viva de él; pero no como dueño absoluto, sino con algunas limitaciones. El hombre no acepta sus limitaciones, su ser de criatura,* y se rebela *contra Dios, instigado por el principio del mal, el «antidiós». Esta* rebeldía *le trae un* castigo *para el hombre y su familia: sufrimientos, riñas, muerte, pérdida de su situación «laboral». (El texto tiene presente no tanto a un individuo cuanto a su «clan» o familia).*

En los dramas familiares bíblicos el desenlace *apunta siempre a una solución salvadora de la familia. El castigo no es definitivo. Surge ya la promesa de victoria, que inicia la línea de promesa y bendición de Israel, como parte de la humanidad.*

Los mitos le sirven al autor para poner de relieve las limitaciones y desórdenes de una humanidad que salió buena de la mano del Creador. Limitaciones y desórdenes que, en la mentalidad de los autores bíblicos, tienen su origen en una infracción grave de la pareja situada en el origen de toda la humanidad.

b) Noé y su familia *(**6** 1-**11** 32). En torno a esta tradición se aglutinan unos recuerdos de catástrofes naturales en la tierra surcada por los ríos Tigris y Éufrates. Los «recuerdos» coinciden en lo esencial, pero difieren en detalles descriptivos. El deseo de los autores bíblicos de respetar estas tradiciones hace que a nosotros nos resulte difícil marcar las líneas exactas de los sucesos en que se ve envuelta esta familia. Pero en cambio sí que aparece claro el esquema catequético del autor: a)* La causa de la catástrofe *(=diluvio) es, de nuevo, la rebeldía del hombre contra el Creador. La humanidad necesita ser purificada. Sólo la familia de Noé se mantiene en la amistad con Dios (**6** 1-8). b) El arca se presenta como un recinto de* liberación, *donde se resguardan los gérmenes de la nueva humanidad. c)* El castigo *es la pérdida de la situación de la humanidad, caracterizada por el pecado o abuso de la naturaleza y desobediencia. d) Como ocurrió con la familia de Adán, tampoco aquí el castigo es definitivo. De la familia de Noé, protegida por la bendición y la promesa, surge una nueva humanidad, con sus luces y sombras (**8** 1-**9** 29). e) Un «añadido» enumera los nuevos pueblos de la tierra (**10** 1-**11** 32). Pero lo más importante es que de esta nueva humanidad surge una familia, la de Abrahán, origen de Israel (**11** 24-32).*

3—Prehistoria de Israel

Unas tradiciones conservadas en algunas tribus sobre sus familias patriarcales o antepasados le sirven al autor para trazar las líneas de los remotos orígenes de Israel.

a) Abrahán y su familia *(12* 1-**25** *18). Los recuerdos sobre la familia de Abrahán reciben unidad catequética mediante unas claves religiosas básicas: elección y promesa. Junto a éstas encontramos otras secundarias que dan a todo el relato una tensión literaria característica: anuncio y espera del descendiente con el que se hará realidad la promesa, las peregrinaciones del patriarca tomando posesión de la tierra; etc. La elección y promesa de Yahvé pide respuesta del patriarca: la fe en la palabra de Dios; fe que será sometida a pruebas, como la narrada en **22** 1-19.*

b) Isaac y su familia *(**25** 19-**36** 43). Las tradiciones sobre esta familia están aglutinadas en tres líneas claves: 1.–*La promesa de *Yahvé se une a la* transmisión de la herencia. *Pero es una transmisión libre, no ligada a las normas o costumbres humanas. El hijo menor es el heredero, y no Esaú, a quien por derecho le hubiera correspondido. La promesa de Dios no está condicionada por leyes humanas (**25** 19-**28** 9). 2.–*La familia de Jacob es el núcleo del nuevo Israel. *Jacob recibe un* *nombre nuevo, el del pueblo de Dios, Israel. Pero además esta familia, al entroncar con los antepasados, fuera de Canaán, se reviste ya de la apertura a otros pueblos, matiz que subrayarán repetidas veces los autores bíblicos en siglos posteriores, cuando Israel los olvide (***29** *1-***32** *22). 3.*–Este núcleo debe tener cohesión interna, *si ha de ser el soporte del nuevo pueblo. De ahí que los autores subrayen la reconstrucción de la unidad familiar, con el reencuentro de los dos hermanos y sus familias (***33** *1-20). Unas tradiciones sobre el santuario de Betel (***28** *10-22) y el encuentro de Jacob con Dios (***32** *23-33) apuntalan el valor religioso del conjunto de tradiciones. (La del rapto de Dina (***34***) es una tradición independiente).*

c) Jacob-José y familia *(***37** *1-***50** *26). La línea bíblica se concentra ahora primero en la familia de Jacob y luego en la de José, que adquiere un relieve protagonista, hasta culminar el ciclo. Las tradiciones sobre la familia de José tienen cierto carácter de novela edificante, escrita con unidad literaria. Pero, como todo el conjunto de las tradiciones patriarcales, va recorrida por las línea claves: promesa, bendiciones de Yahvé, dificultades, etc. José recibe la protección de Yahvé, tiene éxito en sus funciones como virrey de Egipto y salva y da cohesión a la familia patriarcal: «Aunque ustedes pensaron hacerme daño, Dios lo pensó para bien, para hacer sobrevivir, como hoy ocurre, a un pueblo numeroso» (Gn* **50** *20).*

Las claves, *pues, para leer estas tradiciones patriarcales son: Yahvé elige unas personas, unas familias, para llevar a cabo su plan: formar un pueblo «suyo». Yahvé promete y concede su ayuda para que las familias hagan realidad este plan. Esta misión de las familias patriarcales está salpicada de dificultades y pruebas: peregrinaciones, búsquedas... En la realización de esta misión Yahvé está presente. Esta presencia se describe mediante el lenguaje propio de las tradiciones primitivas: encuentros personales con la divinidad, sueños, visiones, etc. Lenguaje que recorrerá, como elementos literarios constantes, los relatos posteriores de la historia de Israel.*

ÉXODO

Algunas tribus de Israel conservaban tradiciones antiguas sobre su estancia en Egipto, su peregrinación por la península del Sinaí y el pacto o alianza que su Dios, Yahvé, estableció con ellos. No todos los israelitas estuvieron en Egipto; sólo algunos clanes: unos salieron de Egipto entre los años 1720-1570 a. C. con la expulsión de los hicsos; otros, escapando de la opresión de Ramsés II, hacia el 1250, acaudillados por Moisés.

En su reflexión sobre los orígenes como pueblo, Israel se ve reflejado en estas tradiciones. Los responsables de la formación del pueblo, sobre todo en la época monárquica, dieron a estas tradiciones forma literaria para desentrañar en estos acontecimientos el origen teocrático de Israel como pueblo de la alianza con Yahvé. Incluso la elaboración literaria, más que un recuerdo detallado de la opresión en Egipto, recuerda la que sufrían algunas tribus del Norte de Palestina bajo el reinado de Salomón, en la segunda mitad del siglo X.

Al regreso del Destierro en Babilonia, las tradiciones del Éxodo se completan y profundizan desde la nueva experiencia histórica: descubren la hondura de la alianza con Yahvé, el acompañamiento de su Dios en los avatares de la historia y la vivencia de esta alianza en el culto. La catequesis del Éxodo subraya que Israel es un pueblo con personalidad propia: es el pueblo de Yahvé, pueblo libre y con quien Yahvé ha pactado una alianza eterna.

Estas ideas influyeron en la disposición literaria de las tradiciones. Descubrimos tres centros de interés en torno al núcleo de Israel, pueblo libre de Yahvé.

1.—Israel liberado de la esclavitud *(***1** *1-***15** *21)*

Esta acción está narrada como un drama, con su prólogo, su nudo y desenlace.

a) Prólogo *(***1** *1-***7** *7) presenta la escena y los personajes.* La escena es *un cuadro de opresión. Los israelitas son unos marginados en la sociedad egipcia: «Los israelitas gemían y se quejaban de su servidumbre» (***2** *23).* Los actores son: *por una parte Yahvé con su pueblo, que tiene sus «corifeos»: Moisés, acompañado de Aarón, y en cierto modo las parteras. Moisés es el enlace entre Yahvé que libera y el pueblo; por eso se describe ampliamente su misión, su experiencia personal de Dios y de la opresión de sus hermanos (***2** *1-***4** *31). Moisés es descrito como un hombre que ha experimentado en sí mismo el poder liberador de Yahvé; él es un hombre libre. La experiencia que tiene en un lugar de culto yahvista, llamado «La Zarza», confirma su misión y que el nombre de este Dios es la garantía de su empresa (***3** *7-12). Por otra parte, los antagonistas: faraón y los egipcios. El faraón es un explotador de los hebreos, un arrogante que no rehúye enfrentarse con Yahvé (***5** *1-23)- Los dos grupos de actores quedan frente a frente (***7** *1-7).*

b) Nudo *(***7** *8-***11** *10 y* **12** *29-32; más* **14** *26-31). Este núcleo dramático tiene 12 escenas en las que se realizan unas señales: El cayado (***7** *8-13), el agua (***7** *14-25), las ranas (***7** *26-***8** *11), los mosquitos (***8** *12-15), los tábanos (***8** *16-28), la peste (***9** *1-7), las úlceras (***9** *8-12), el granizo (***9** *13-35), la langosta (***10** *1-20), las tinieblas (***10** *21-29), la muerte de los primogénitos (***11** *1-10 y* **12** *29-34), y la muerte de los egipcios (***14** *26-31). La estructura de las escenas 2 a 11 (llamadas también «plagas de Egipto») se ajusta a un esquema literario uniforme: orden de Dios de llevar el mensaje al faraón; orden de realizar la señal; realización de la señal; los magos remedan la señal; el faraón simula ceder; Moisés intercede y cesa la señal; obstinación del faraón. No todos los elementos literarios aparecen en todas las señales: unas, de narración amplia, los contienen todos; otras, de narración breve, contienen sólo algunos. Las narraciones amplias y breves se distribuyen de forma esquemática: una breve / dos amplias / una breve. Además en cada señal aparecen unas frases formuladas de manera idéntica, con breves variantes. Esto indica la artificialidad de la composición y refleja las diversas tradiciones que originaron el poema. Al mismo tiempo descubren la enseñanza que los autores pretenden dar a los israelitas: Dios tiene su plan de formar un pueblo que sea libre y que le sirva de señal para otros pueblos; y este plan se cumplirá, a pesar de los obstáculos. Moisés interviene de forma decisiva en la formación del pueblo. La figura del fundador queda así enaltecida (ver Dt* **34** *10-12). Son artificios literarios que ponen de relieve la experiencia histórica de la liberación de Israel y sus consecuencias religiosas.*

c) Desenlace *(***12** *1-***15** *21). Yahvé triunfa; el pueblo celebra la victoria. La narración de la victoria está anunciada entre las escenas 11 y 12. Esta anticipación se describe con los rasgos de la ceremonia litúrgica de la Pascua, fiesta conmemorativa de la liberación de Israel. Todo sucede en una noche; no una noche cronológica, sino el tiempo litúrgico de la Pascua, que tiene dos partes: preparación de la ceremonia (***12** *1-28) y el hecho de la liberación, que va acompañado de la gran señal liberadora, el paso del mar Rojo (***14** *1-31). La victoria culmina con la acción de gracias, como* *toda ceremonia litúrgica de Pascua (**15** 1-21).*

*El relato mezcla la fiesta de Pascua, propia de los pueblos nómadas como fiesta de primavera, con la de los ácimos, fiesta de otoño de los pueblos sedentarios, y la ley del rescate de los primogénitos. Las sucesivas redacciones de estas tradiciones unificaron las dos fiestas y les dieron un contexto de liberación y formación del pueblo de Yahvé. La noche de Pascua el pueblo se mantiene en vela, como se mantuvo el Señor en Egipto, para agradecerle la liberación (ver Sb **18** 6-8).*

*Se han intercalado, dentro de esta celebración, algunas leyes tardías sobre el ritual de Pascua (**12** 43-**13** 16).*

2.—Camino de la libertad (**15** *22*-**18** *27*)

*Es un camino difícil, lleno de obstáculos, normales en una marcha por terrenos inhóspitos: carencia de agua (**15** 22-27 y **17** 1-7), de alimento (**16** 1-36), enfrentamientos con los pueblos que se oponen a su marcha (**17** 8-16) y problemas internos surgidos en esta aglomeración de personas (**18** 1-27).*

*El pueblo se forma superando estas dificultades o tentaciones porque Yahvé le acompaña. La clave para entender este camino de libertad nos lo dicen los autores con claridad: «Y así sabréis que yo soy Yahvé, el Dios de ustedes» (**16** 12).*

3.—Pueblo liberado y libre, en alianza con Yahvé (**19** *1*-**40** *38*)

Tres apartados claros: la alianza, la vivencia cultual de la alianza y la fragilidad de la misma, por parte del pueblo.

a) La alianza *(**19** 1-**24** 18). La iniciativa es de Yahvé, que se compromete a ser su Dios, y pide a los israelitas que sean su pueblo en propiedad (**19** 5-6). El pueblo lo acepta (**19** 8). El marco de este gran pacto es la montaña sagrada del Sinaí (**19** 16-25 y **20** 18-21), lugar de la magnífica teofanía de Yahvé. Esta alianza debe traducirse en un estilo de vida; así Israel será pueblo de Yahvé. El estilo de vida está marcado por unas leyes fundamentales: los mandamientos. Es la Ley de un pueblo libre (**20** 1-17). Las leyes fundamentales se amplían con otras más concretas en el llamado «Código de la alianza» (**20** 22-**24** 18).*

b) Vivencia cultual de la alianza *(**25** 1-**31** 18 y **35** 1-**39** 31). Es la proyección social de la alianza, particularmente en el culto. Para ello los israelitas deben tener un lugar de culto, un santuario, y unos ministros que lo atiendan, según unas normas que se expresan como dictadas por Yahvé a Moisés; aunque su redacción es de la época de la restauración después del Destierro. En la sección **35** 1 a **39** 31 se narra la construcción del santuario o morada de Yahvé y la organización del culto. Es un santuario grandioso, que tiene algunos elementos propios del templo salomónico, y otros totalmente fantásticos (ver Ex **25** 40).*

c) Fragilidad de la alianza: El becerro de oro *(**32-34**).*

*La alianza sufre un quebranto: los israelitas adoran a Yahvé en imágenes y fuera del lugar de culto prescrito. Esto trae el castigo que provoca la conversión del pueblo y la renovación de la alianza por intercesión de Moisés (**34** 9).*

4.—Epílogo (**39** *32*-**40** *38*)

*Resume toda la obra organizativa de la proyección social de la alianza y la función principal que ha tenido Moisés en la misma. Es interesante notar que los autores bíblicos quieren presentar estos momentos del nacimiento y formación del pueblo de la alianza como una vuelta a los orígenes de la creación. Hay claras alusiones a Gn **1** 1-**2** 3: Todo empieza el primer día del primer mes. Siete veces (como los siete* *días de la creación) se afirma que las cosas suceden «como el Señor había ordenado a Moisés». Y, como Dios en Gn* **2** *2, «Así acabó Moisés los trabajos» (***40** *33). La bendición de toda la obra creadora de Dios (ver Gn* **2** *3) se evoca en la bendición que la obra de Moisés recibe de Yahvé, con la presencia de su «gloria» (***40** *34-38).*

LEVÍTICO

La redacción actual del Levítico es obra de los sacerdotes y levitas que, después del Destierro, se responsabilizaron de organizar el culto a Yahvé. Estos israelitas recopilaron unas normas antiguas (sobre alimentos, **11**; *sobre la pureza,* **13-15**), *las actualizaron y las completaron con otras nuevas de contenido cultual y ritual. Todo el conjunto normativo es presentado como una vivencia de la alianza, y por tanto como soporte de la santidad que Yahvé pide a Israel. La preocupación religiosa de estos reorganizadores del nuevo Israel es la santidad. El eje de todo el libro es la llamada a ser santos: «Sed santos, porque yo, Yahvé, su Dios, soy santo» (***19** *2).*

Como orientación para la lectura, dividimos este conjunto normativo en cinco bloques.

1.—Sacrificios *(***1** *1-7 38)*

Unos son ritos antiguos; otros, más recientes, posteriores al Destierro. Mediante los sacrificios y las ofrendas se purifican las conciencias y se provee de sustento a los responsables del culto.

*El holocausto (***1** *1-17) era un sacrificio en el que la víctima se quemaba totalmente. En la oblación (***2** *1-16) se presentaban a Yahvé los productos de la tierra; una parte pequeña se quemaba; el resto servía de sustento a los sacerdotes. En el sacrificio de comunión (o «pacífico») (***3** *1-17), la víctima se compartía en un banquete sagrado. En el de expiación «por el pecado» (***4** *1-5 13) cobra especial relieve la sangre del animal. En el de reparación (***5** *14-26) se reparaba el daño producido a los derechos de Dios y del prójimo (***5** *16.24).*

2.—Sacerdocio y culto *(***8** *1-***10** *20)*

*El rito de consagración de los sacerdotes (***8** *1-36) recuerda la investidura de Aarón y sus hijos (ver Ex* **29**). *La misma técnica en la inauguración del ministerio con los primeros sacrificios. Toda la comunidad participa en estos ritos y Yahvé se hace presente con su «gloria», es decir un signo sensible de su presencia. El culto (***9** *1-24) exige la santidad de los ministros. Unas anécdotas sirven para introducir algunas normas rituales (***10** *1-20).*

3.—Reglas sobre pureza e impureza rituales *(***11** *1-***15** *33)*

Son reglas muy antiguas que aclaran lo que es puro o impuro: lo que sirve para el culto o no sirve.

*Este catálogo de «impurezas» hay que situarlo dentro de una sociedad que entendía el culto como un contacto físico con la divinidad. De él se excluye todo lo que humanamente se considera indecoroso o poco apto para ofrecer al Señor en sacrificio. Estas reglas se aplican a los animales (***11** *1-47), a situaciones humanas, como el parto (***12** *1-8), a la lepra (***13** *1-46 y* **14** *1-32), a los flujos sexuales (***15** *1-33), al deterioro de vestidos y otros objetos (***13** *47-57 y* **14** *33-57).*

El ideal que propugna Lv es el de una pureza moral. Los profetas superarán estas normas y propondrán como ideal la pureza del corazón (Is **1** *6; Jr* **33** *8). Jesús transciende totalmente estas prescripciones (Mt* **15** *10-20).*

4.—El día de la expiación *(***16** *1-34)*

Esta fiesta peculiar de expiación de toda la comunidad la estableció Is-

rael en época tardía. El ritual combina un rito primitivo (envío al desierto del macho cabrío) con el rito del sacrificio de expiación.

5.—Ley de santidad *(***17** *1-***26** *46)*

Es un verdadero código o recopilación de leyes de tipo ritual que estaba vigente en la época de Ezequiel. Las normas recogidas aquí afectan a las ofrendas, a las relaciones sexuales, a los deberes religiosos y sociales, a los sacerdotes, a los manjares sagrados, a la celebración de las fiestas y de los años sabáticos y jubilares. La mayoría de estas normas llevan el refrendo del mismo Dios: «Yo, Yahvé, su Dios». Todo este conjunto normativo recibe unidad del principio clave del Levítico: «Sed santos, porque yo, Yahvé, su Dios, soy santo».

6.—Apéndice *(***27** *1-34)*

Es un manual sobre el templo, escrito después del Destierro. El Levítico lo relaciona con las leyes del Sinaí, para darle valor religioso.

NÚMEROS

Este libro empalma con el Éxodo. Israel es ya una comunidad santa. Desde el Sinaí reemprende su marcha por el desierto hasta llegar a los llanos de Moab. Contiene tradiciones, leyes y costumbres actualizadas y relacionadas con la estancia en el Sinaí. La comunidad, guiada por Yahvé, peregrina por el desierto entre dificultades, infidelidades y arrepentimientos.

El libro está traspasado por una constante secuencia que alterna la obra liberadora de Yahvé con las infidelidades del pueblo, que le acarrea castigos y que, a su vez, provocan el arrepentimiento del pueblo, que vuelve a la fidelidad y a disfrutar de la liberación.

Como todo el escrito es la narración del peregrinaje del pueblo, lo podemos dividir en tres etapas:

1ª etapa: En el Sinaí *(***1** *1-***10** *36)*

*Los autores contemplan la comunidad de Israel como un santuario. La distribución física del campamento es cultual (***1** *1-***2** *34). La Morada del Testimonio o de la presencia de Yahvé, ocupa el centro; la rodean los levitas (***1** *53). En los laterales se distribuyen las otras tribus, previamente censadas (***2** *1-34). Las cifras del censo, evidentemente, están exageradas como corresponde a una composición épica.*

*Este cam+pamento-santuario se rige por unas normas que amparan la santidad del pueblo y todas sus manifestaciones cultuales: normas sobre la vida en el campamento (***5** *1-***6** *27), ritos sobre la presentación de las ofrendas (***7** *1-89) y normas que afectan a los responsables del culto, los levitas (***8** *1-26).*

*Una normativa específica regula la fiesta principal de Israel, la Pascua (***9** *1-14) que marca el punto de partida para organizar la peregrinación por la península del Sinaí (***9** *15-***10** *36). Esta marcha está narrada con rasgos que recuerdan las peregrinaciones de los judíos de siglos posteriores.*

2ª etapa: En el desierto *(***11** *1-***21** *35)*

La marcha se organiza como una procesión. La abre el arca, signo de la presencia de Yahvé. Aclamaciones rituales acompañan el itinerario (ver **10** *5-10).*

*El trayecto desde el Sinaí hasta Jormá (***11** *1-***14** *45) está salpicado de actitudes rebeldes de la comunidad. Rebeldías que provocan castigos del Señor. La intercesión de Moisés y de Aarón aplaca la acción justiciera de Yahvé y conduce a la comunidad al arrepentimiento y a la fidelidad a Yah-*

*vé y obediencia a Moisés. La figura de Moisés queda así reafirmada: «él es de toda confianza en mi casa; boca a boca hablo con él, abiertamente y no en enigmas y contempla la imagen de Yahvé» (***12** *7-8).*

*Uno de los momentos tensos es la rebelión protagonizada por Coré, Datán y Abirón, que sirve para subrayar el origen divino de la autoridad de la comunidad y la preeminencia de Aarón (***16** *11.19.22). Este episodio es ampliado con diversas leyes rituales y episodios diversos.*

*El trayecto de Cadés a Moab (***20** *1-***21** *35), narrado con el mismo esquema procesional, es un conjunto de relatos, de origen diverso, que mantiene la tensión entre las exigencias de la santidad de la comunidad y las dificultades, opresiones y transgresiones que se van produciendo.*

3ª etapa: De Cadés a Moab (**22** *1-***36** *13)*

*Un relato folclórico recoge la tradición más importante de este libro: Los oráculos de Balaán. Son piezas antiquísimas que, puestas en boca de un enemigo de Israel, profetiza la prosperidad futura de Israel: será un pueblo elegido por Dios para una misión especial (***23** *9); no se puede hacer la guerra contra él porque Dios le acompaña; es un pueblo fuerte y hermoso (***24** *5); su futuro es esplendoroso, dirigido por la estrella (David), que conquistará los reinos limítrofes de Moab y Edom (***24** *17).*

*Nuevas instrucciones sobre el censo (***26***), sobre la herencia de las hijas (***27** *1-11; ver* **36***), sobre los sacrificios y fiestas (***28** *1-***30** *1), sobre los votos (***30** *2-17), enmarcadas algunas de ellas en episodios concretos, completan la peregrinación por el desierto.*

*A modo de apéndice se han añadido unas notas geográficas y unas leyes reguladoras del reparto del territorio de Canaán (***32** *1-***36** *13).*

DEUTERONOMIO

*El Deuteronomio recopila un conjunto de instrucciones, organizadas en tres discursos puestos en boca de Moisés. Es una recopilación artificial. Unas instrucciones sobre la Ley tuvieron su origen en los lugares de culto del Norte de Palestina que, al caer Samaría el año 722 a.C. en poder de los asirios, los levitas y sacerdotes llevaron a Jerusalén. El libro segundo de los Reyes (***22***-***23***) se refiere a este conjunto literario como al «Rollo de la Doctrina». Este escrito primero recibió añadiduras y retoques en los siglos VII y VI a. C., hasta recibir la forma actual. El Deuteronomio influyó en la religiosidad de Israel y en la redacción de algunos libros del AT (Josué, Samuel y Reyes principalmente).*

Tiene un estilo ampuloso, propio de las exhortaciones religiosas. Como toda exhortación, se dirige al pueblo en segunda personal del singular («tú») o del plural («ustedes»).

1.—Discurso primero *(***1** *1-***4** *43)*

*Después de una introducción (***1** *1-5), el orador resume la historia de Israel desde su estancia en el Sinaí hasta la llegada a la vista del Jordán. Visión religiosa de la historia, regida por Yahvé. Repite frecuentemente la clave interpretativa: «Yahvé me dijo...» Así se interpreta la alianza y la marcha por el desierto (***1** *6-***3** *9). Consecuencia de esta historia religiosa es disfrutar del don de la tierra prometida, cuya posesión está condicionada por la observancia de la Ley (***4** *1-40).*

2.—Discurso segundo *(***4** *44-***28** *68)*

*Breve introducción (***4** *44-49). El orador reflexiona religiosamente sobre la historia pasada de Israel; se remonta hasta la alianza y la promulgación del Decálogo.*

A lo largo de la exhortación insiste en los temas claves de la religión de

*Israel: un solo Dios, un único santuario, un pueblo, una tierra, una Ley. La fe en Yahvé, el Dios único del pueblo, el centro de la religiosidad de Israel (***6** *4-9), es el núcleo del credo que los israelitas piadosos rezan diariamente y que contiene el mandamiento principal (***6** *5). La alianza ha hecho de Israel un pueblo singular, propiedad del Señor (***7***): pueblo santo. La tierra de Canaán es un don de Yahvé: tierra buena, en oposición con Egipto (***8** *1-20): una tierra para disfrute de todos. Una Ley única regula la vida de los ciudadanos en sus puntos principales: las relaciones con Yahvé (***12** *1-* **16** *13); con los que componen la comunidad de Israel, de modo especial con los responsables de la misma: jueces, levitas, reyes, sacerdotes y profetas (***16** *18 -* **18** *22); las relaciones entre todos los componentes de la comunidad (***19** *1 -* **26** *15) y con cuantos se relacionan con ella. Todo este conjunto normativo es el llamado «Código deuteonómico».*

*Unas consideraciones religiosas ponen fin al discurso (***26** *16-***28** *68). Estas consideraciones están en parte redactadas con el género literario de bendiciones y maldiciones (***27** *1-***28** *68).*

3.—Discurso tercero *(***28** *69-***30** *20)*

*Breve introducción, como los anteriores (***28** *69).*

Destaca la relación de Yahvé con su pueblo como una nueva alianza en Moab, que en realidad es sólo renovación de la del Sinaí. Es un conjunto literario bien estructurado como relato de alianza:

*a) Prólogo histórico (***29** *1-8) que recuerda los acontecimientos del Éxodo; b) seguido de diversas llamadas a la fidelidad (***29** *15-20 más* **30** *11-14); c) bendiciones y maldiciones (***30** *15-20), que acompañaban a estos tratados.*

El tratado que actualiza la historia pasada y evoca el futuro pone de relieve el verdadero contenido de la alianza entre Yahvé y su pueblo. Es el eje que recorre toda la historia de Israel, convirtiéndola de verdad en «historia sagrada».

La sección **29** *21-***30** *10 es una inserción tardía en este tratado.*

4.—Conclusión del Pentateuco *(***31** *1-***34** *12)*

*A unas instrucciones dadas a Josué (***31** *1-8) y a los sacerdotes y levitas (***31** *9-13), se añadieron dos composiciones poéticas de relativa antigüedad (***32** *y* **33***). En ellas se aducen los testigos de esta proclamación de la Ley del Señor que son: toda la creación (cielos y tierra), y todas las tribus. Un apéndice incluye la noticia de la muerte de Moisés y su elogio fúnebre (***34** *1-12).*

GÉNESIS

I. Orígenes del mundo y de la humanidad

1. LA CREACIÓN Y LA CAÍDA

Primer relato de la creación*.
2 4-25; ↗ Jn **1** 1-3;
↗ Col **1** 15-17; Hb **1** 2-3.

1 1 En el principio creó Dios el cielo y
la tierra. 2 La tierra era caos y confusión y oscuridad por encima del abismo,
y un viento de Dios aleteaba por encima
de las aguas.
3 Dijo Dios: «Haya luz», y hubo luz.
4 Vio Dios que la luz estaba bien, y apartó Dios la luz de la oscuridad*; 5 y llamó
Dios a la luz «día», y a la oscuridad la
llamó «noche». Y atardeció y amaneció:
día primero.
6 Dijo Dios: «Haya un firmamento
por en medio de las aguas, que las
aparte unas de otras.» 7 E hizo Dios el
firmamento; y apartó las aguas de por
debajo del firmamento de las aguas de
por encima del firmamento. Y así fue.
8 Y llamó Dios al firmamento «cielo». Y
atardeció y amaneció: día segundo.
9 Dijo Dios: «Acumúlense las aguas de
por debajo del firmamento en un solo
conjunto, y déjese ver lo seco»; y así
fue. 10 Y llamó Dios a lo seco «tierra», y
al conjunto de las aguas lo llamó «mar»;
y vio Dios que estaba bien.
11 Dijo Dios: «Produzca la tierra vegetación: hierbas que den semillas y
árboles frutales que den fruto según su
especie, con su semilla dentro, sobre la
tierra.» Y así fue. 12 La tierra produjo vegetación: hierbas que dan semilla según
sus especies, y árboles que dan fruto
con la semilla dentro según sus especies; y vio Dios que estaban bien. 13 Y
atardeció y amaneció: día tercero.
14 Dijo Dios: «Haya luceros en el firmamento celeste, para apartar el día de la
noche, y sirvan de señales para solemnidades, días y años; 15 y sirvan de luceros
en el firmamento celeste para alumbrar
sobre la tierra.» Y así fue. 16 Hizo Dios los
dos luceros mayores; el lucero grande
para regir el día, y el lucero pequeño
para regir la noche, y las estrellas; 17 y
los puso Dios en el firmamento celeste
para alumbrar la tierra, 18 y para regir el
día y la noche, y para apartar la luz de
la oscuridad; y vio Dios que estaba bien.
19 Y atardeció y amaneció: día cuarto.
20 Dijo Dios: «Bullan las aguas de animales vivientes, y aves revoloteen sobre
la tierra frente al firmamento celeste.»
21 Y creó Dios los grandes monstruos
marinos y todo animal viviente que repta y que hacen bullir las aguas según sus
especies, y todas las aves aladas según
sus especies; y vio Dios que estaba bien;
22 y los bendijo Dios diciendo: «sean
fecundos y multiplíquense, y llenen las
aguas de los mares, y las aves crezcan
en la tierra.» 23 Y atardeció y amaneció:
día quinto.
24 Dijo Dios: «Produzca la tierra animales vivientes según su especie: bestias, reptiles y alimañas terrestres según
su especie.» Y así fue. 25 Hizo Dios las

1 Este primer relato es más abstracto y teológico que el siguiente, **2** 4b-25. Traza una clasificación de los seres creados siguiendo un plan lógico, en el marco de una semana que acaba con el descanso sabático. La ciencia que utiliza está aún en mantillas. Sin tratar concordar este cuadro con las ciencias modernas, hay que ver en él, dentro de un género literario que lleva la impronta de su época, una enseñanza revelada de valor permanente, acerca de Dios, único, transcendente, anterior al mundo, creador, y acerca del hombre y su puesto en la creación. El verbo *bara'* se reserva para la acción creadora de Dios, v. 27; **2** 3; etc. Dt **4** 32; Sal **51** 12; Is **43** 1.15; etc. Ha habido un comienzo del mundo. Más tarde se precisará que el mundo ha sido hecho de la nada, 2 M **7** 28; ver Sb **11** 17.

1 4 A una obra de separación seguirá una obra de población, vv. 11-31.

alimañas terrestres según su especie, y las bestias según su especie, y los reptiles del suelo según su especie: y vio Dios que estaba bien.

26 Y dijo Dios: «Hagamos al ser humano a nuestra imagen, como semejanza* nuestra, y manden en los peces del mar y en las aves del cielo, y en las bestias y en todas las alimañas terrestres, y en todos los reptiles que reptan por la tierra.

27 Creó, pues, Dios al ser humano a imagen suya,

a imagen de Dios lo creó,

macho y hembra los creó*.

28 Y los bendijo Dios con estas palabras: «Sean fecundos y multiplíquense, y llenen la tierra y sométanla; manden en los peces del mar y en las aves del cielo y en todo animal que repta sobre la tierra.»

29 Dijo Dios: «Vean que les he dado a ustedes toda hierba de semilla que existe sobre la faz de toda la tierra, así como todo árbol que lleva fruto de semilla; les servirá de alimento.

30 «Y a todo animal terrestre, y a toda ave del cielo y a todos los reptiles de la tierra, a todo ser animado de vida, les doy la hierba verde como alimento*.» Y
así fue. 31 Vio Dios cuanto había hecho,
y todo estaba muy bien. Y atardeció y amaneció: día sexto.

2 1 Se concluyeron, pues, el cielo y la tierra y todo su aparato, 2 y dio
por concluida Dios en el séptimo día la labor que había hecho, y cesó en el día
séptimo de toda la labor que hiciera. 3 Y
bendijo Dios el día séptimo y lo santificó*; porque en él cesó Dios de toda la obra creadora que Dios había hecho.

4 Ésos fueron los orígenes del cielo y la tierra, cuando fueron creados.

La prueba de la libertad. El Paraíso*.

1 1 - **2** 4.

El día en que hizo Yahvé Dios la tierra
y el cielo, 5 no había aún en la tierra arbusto alguno del campo, y ninguna hierba del campo había germinado todavía, pues Yahvé Dios no había hecho llover sobre la tierra, ni había hombre
que labrara el suelo. 6 Pero un manantial brotaba de la tierra y regaba toda la
superficie del suelo. 7 Entonces Yahvé Dios formó al hombre con polvo del suelo*, e insufló en sus narices aliento de vida, y resultó el hombre un ser viviente.
8 Luego plantó Yahvé Dios un jardín en Edén, al oriente, donde colocó al hom-
bre que había formado. 9 Yahvé Dios
hizo brotar del suelo toda clase de árboles deleitosos a la vista y buenos para comer, y en medio del jardín, el árbol de la vida* y el árbol de la ciencia del bien y

1 26 *Hagamos,* plural deliberativo: Dios habla consigo mismo, ver **11** 7; Sal **8** 6. La *imagen* supone un parecido físico, ver **5** 3; **9** 28, que la *semejanza* parece atenuar. Esta relación con Dios es propia del hombre, rey de la creación, Sal **8** 7; prepara la participación de la naturaleza de Dios por la gracia de Cristo.

1 27 El *ser humano* realiza la imagen de Dios en la unidad de la pareja; ver **2** 23-24; **5** 2.

1 30 Imagen de una edad de equilibrio y respeto entre todos los seres de la creación. El relato invita al cuidado y uso racional de la naturaleza; así el hombre participa en la obra creadora de Dios.

2 3 En el marco del primer relato Dios acaba su obra el séptimo día. El sábado, Ex **20** 8+, se relacionará con la terminación de la creación y se convertirá en señal de la Alianza, Ex **31** 12-17.

2 4 Relato que funde dos tradiciones: una sobre la formación del hombre y la mujer, vv. 4b-8 y 18-24; y otra sobre el paraíso, **2** 9.15-17; **3**. El resultado es un relato animado y popular que quiere explicar las limitaciones del ser humano, **3** 16-19, no desde Dios, sino a causa del castigo de una desobediencia grave por parte de la primera pareja humana. La dimensión simbólica de este relato está en el origen de la relectura que del mismo hace San Pablo en Rm **5** 12s; 1 Co **15** 21-22, y en las formulaciones dogmáticas de la Iglesia sobre el pecado original.

2 7 Sobre el nombre de *Yahvé,* ver Ex **3** 15+. En **4** 25 *Adam = hombre,* se convertirá en un nombre propio. Ver Is **29** 16+.

2 9 Símbolo de la inmortalidad, ver **3** 22+.

del mal. 10 De Edén salía un río que regaba el jardín, y desde allí se repartía en cuatro brazos. 11 Uno se llama Pisón: es el que rodea todo el país de Javilá, donde hay oro. 12 El oro de aquel país es fino. Allí se encuentra el bedelio y el ónice. 13 El segundo río se llama Guijón: es el que rodea el país de Cus. 14 El tercer río se llama Tigris: es el que corre al oriente de Asiria. Y el cuarto río es el Éufrates*. 15 Tomó, pues, Yahvé Dios al hombre y lo dejó en el jardín de Edén, para que lo labrara y cuidara. 16 Y Dios impuso al hombre este mandamiento: «De cualquier árbol del jardín puedes comer, 17 mas del árbol de la ciencia del bien y del mal* no comerás, porque el día que comieres de él, morirás sin remedio.»

18 Dijo luego Yahvé Dios: «No es bueno que el hombre esté solo. Voy a hacerle una ayuda adecuada.» 19 Y Yahvé Dios formó del suelo todos los animales del campo y todas las aves del cielo y los llevó ante el hombre para ver cómo los llamaba, y para que cada ser viviente tuviera el nombre que el hombre le diera. 20 El hombre puso nombres a todos los ganados, a las aves del cielo y a todos los animales del campo, mas para el hombre no encontró una ayuda adecuada. 21 Entonces Yahvé Dios hizo caer un profundo sueño sobre el hombre, que se durmió. Y le quitó una de las costillas, rellenando el vacío con carne. 22 De la costilla que Yahvé Dios había tomado del hombre formó una mujer y la llevó ante el hombre. 23 Entonces éste exclamó:

«Esta vez sí que es hueso de mis
huesos
y carne de mi carne.
Ésta será llamada mujer,
porque del varón ha sido tomada.»

24 Por eso deja el hombre a su padre y a su madre y se une a su mujer, y se hacen una sola carne*.

25 Estaban ambos desnudos, el hombre y su mujer, pero no se avergonzaban uno del otro.

La caída.

3 1 La serpiente* era el más astuto de todos los animales del campo que Yahvé Dios había hecho. Y dijo a la mujer: «¿Cómo es que Dios les ha dicho: No coman de ninguno de los árboles del jardín?» 2 Respondió la mujer a la serpiente: «Podemos comer del fruto de los árboles del jardín. 3 Mas del fruto del árbol que está en medio del jardín, ha dicho Dios: No coman de él, ni lo toquen, so pena de muerte.» 4 Replicó la serpiente a la mujer: «De ninguna manera morirán. 5 Es que Dios sabe muy bien que el día en que comieren de él, se les abrirán los ojos y serán como dioses, conocedores del bien y del mal.» 6 Y como viera la mujer que el árbol era bueno para comer, apetecible a la vista y excelente para lograr sabiduría, tomó de su fruto y comió, y dio también a su marido, que igualmente comió. 7 Entonces se les abrieron a entrambos los ojos, y se dieron cuenta de que estaban desnudos; y, cosiendo hojas de higuera, se hicieron unos ceñidores.

8 Oyeron luego el ruido de los pasos de Yahvé Dios que se paseaba por el jardín a la hora de la brisa, y el hombre y su mujer se ocultaron de la vista de Yah-

2 14 Datos geográficos inciertos. Pretende el autor recordar que los cuatro grandes ríos, que dan vida a las cuatro regiones del mundo, proceden del Paraíso.

2 17 El conocimiento que Dios se reserva **3** 5.22 no es ni la omnisciencia ni el discernimiento moral, sino la facultad de decidir lo que es bueno o malo. Al usurparlo, el hombre reniega de su estado de creatura. Esta rebeldía orgullosa contra Dios está expresada por la transgresión del precepto de Yahvé acerca de la fruta prohibida.

2 24 Versículo citado por Mt **19** 5; 1 Co **6** 16-1; Ef **5** 31. Comparar con **1** 27+

3 1 La serpiente simboliza un ser hostil a Dios y enemigo del hombre, y en el cual, Sb **2** 24; Jn **8** 44; Ap **12** 9; **20** 2, han reconocido al Adversario, al Diablo; ver también Jb **1** 6+. Mediante el recurso del diálogo el autor expone el proceso humano: atracción de lo prohibido que lleva a la transgresión. En **3** 6 se describe este proceso.

vé Dios por entre los árboles del jardín.
9 Yahvé Dios llamó al hombre y le dijo:
«¿Dónde estás?» 10 Éste contestó: «Te
he oído andar por el jardín y he tenido
miedo, porque estoy desnudo; por eso
me he escondido.» 11 Él replicó: «¿Quién
te ha hecho ver que estabas desnudo?
¿Has comido acaso del árbol del que
te prohibí comer?» 12 Dijo el hombre:
«La mujer que me diste por compañera
me dio del árbol y comí.» 13 Dijo, pues,
Yahvé Dios a la mujer: «¿Por qué lo has
hecho?» Contestó la mujer: «La serpiente me sedujo, y comí.»
14 Entonces Yahvé Dios dijo a la serpiente:

«Por haber hecho esto,
maldita seas entre todas las bestias
y entre todos los animales del campo.
Sobre tu vientre caminarás,
y polvo comerás
todos los días de tu vida.
15 Enemistad pondré entre ti
y la mujer,
entre tu linaje y su linaje:
él te pisará la cabeza
mientras acechas tú su calcañar*.»

16 A la mujer le dijo:
«Tantas haré tus fatigas cuantos sean
tus embarazos:
con dolor parirás los hijos.
Hacia tu marido irá tu deseo,
y él te dominará.»

17 Al hombre le dijo: «Por haber escuchado la voz de tu mujer y comido
del árbol del que yo te había prohibido
comer,
maldito sea el suelo por tu causa:
con fatiga sacarás de él el alimento
todos los días de tu vida.
18 Espinas y abrojos te producirá,
y comerás la hierba del campo.
19 Con el sudor de tu rostro comerás
el pan,
hasta que vuelvas al suelo,
pues de él fuiste tomado.
Porque eres polvo y al polvo
volverás*.»

20 El hombre llamó a su mujer «Eva»,
por ser ella la madre de todos los vivientes*. 21 Yahvé Dios hizo para el hombre
y su mujer túnicas de piel y los vistió.
22 Y dijo Yahvé Dios: «¡Resulta que el
hombre ha venido a ser como uno de
nosotros, en cuanto a conocer el bien y
el mal! Ahora, pues, cuidado, no alargue su mano y tome también del árbol
de la vida y comiendo de él viva para
siempre*.» 23 Y lo echó Yahvé Dios del
jardín de Edén, para que labrara el suelo

3 15 El texto hebreo deja entrever una victoria del linaje de la mujer sobre el linaje de la serpiente. La traducción griega, que emplea otro pronombre, atribuye esta victoria a uno de los hijos de la mujer; y muchos Padres harán explícita esta interpretación mesiánica. La traducción latina (*ipsa conteret = ella quebrantará*) asociará con el Mesías a la madre de éste. Ver Ap **12** 17.

3 19 La condena no afecta directamente a la pareja, sino a la serpiente y a la tierra. El hombre y la mujer se ven afectados por ella: la mujer en cuanto madre y esposa (de acuerdo con la antropología cultural semita), y el hombre, como trabajador; sufren las consecuencias de su transgresión. No se puede concluir que sin el pecado la condición de la pareja humana hubiera sido diferente, pero sí hay una percepción profunda de las consecuencias de la transgresión: el pecado trastorna la armonía y el orden dispuestos por Dios. Pero para que de aquí se infiera claramente la enseñanza de un pecado hereditario, habrá que esperar a que San Pablo ponga en paralelo la solidaridad de todos en Cristo salvador y en Adán pecador, Rm **5** 12+.

3 20 Etimología popular: el nombre de Eva, *jawwah*, es explicado por la raíz *jayah = vivir*.

3 22 El *árbol de la vida* se menciona en **2** 9 junto al *árbol de la ciencia del bien y del mal*. Esta *ciencia* es la capacidad de discernimiento y el uso de razón, ver Is **7** 16, o el conocimiento de todas las manifestaciones sujetas al discernimiento ético. La mención aquí del *árbol de la vida* cumple una función: impedir que el ser humano se apodere de su fruto y coma de él. Se trata de una tradición paralela a la del árbol de la ciencia, que sirve al plan del autor: la búsqueda de la inmortalidad está inscrita en el corazón del ser humano y, al mismo tiempo, fuera de sus posibilidades. Es un don divino del que se hará eco la palabra de Dios cuando llegue el tiempo oportuno.

de donde había sido tomado. 24 Tras
expulsar al hombre, puso delante del
jardín de Edén querubines, y la llama de
espada vibrante, para guardar el camino
del árbol de la vida.

Caín y Abel*.

4 1 Conoció el hombre a Eva, su mujer, que concibió y dio a luz a Caín,
y dijo: «He adquirido un varón con el
favor de Yahvé.» 2 Volvió a dar a luz
y tuvo a Abel, su hermano. Fue Abel
pastor de ovejas y Caín labrador. 3 Pasó
algún tiempo, y Caín hizo a Yahvé una
ofrenda de los frutos del suelo. 4 También Abel hizo una ofrenda de los primogénitos de su rebaño y de la grasa de
los mismos. Yahvé miró propicio a Abel
y su ofrenda, 5 mas no miró propicio a
Caín y su ofrenda, por lo cual se irritó
Caín en gran manera y se abatió su rostro. 6 Yahvé dijo a Caín: «¿Por qué andas irritado, y por qué se ha abatido tu
rostro? 7 ¿No es cierto que si obras bien
podrás alzarlo? Mas, si no obras bien,
a la puerta está el pecado acechando como fiera que te codicia, y a quien tienes
que dominar*.» 8 Caín dijo a su hermano
Abel: «Vamos afuera.» Y cuando estaban
en el campo, se lanzó Caín contra su
hermano Abel y lo mató.
9 Yahvé dijo a Caín: «¿Dónde está tu
hermano Abel?» Contestó: «No sé. ¿Soy
yo acaso el guardián de mi hermano?»
10 Replicó Yahvé: «¿Qué has hecho? Se
oye la sangre de tu hermano clamar a
mí desde el suelo*. 11 Pues bien: maldito
seas, lejos de este suelo que abrió su
boca para recibir de tu mano la sangre
de tu hermano. 12 Aunque labres el suelo, no te dará más su fruto. Vagabundo
y errante serás en la tierra.» 13 Entonces
dijo Caín a Yahvé: «Mi culpa es demasiado grande para soportarla. 14 Es decir
que hoy me echas de este suelo y he de
esconderme de tu presencia, convertido
en vagabundo errante por la tierra, y
cualquiera que me encuentre me matará.» 15 Yahvé le respondió: «Al contrario, quienquiera que matare a Caín,
lo pagará siete veces.» Y Yahvé puso
una señal a Caín para que nadie que
lo encontrara lo atacara. 16 Caín dejó la
presencia de Yahvé y se estableció en el
país de Nod, al oriente de Edén.

Descendencia de Caín.

17 Conoció Caín a su mujer, que concibió y dio a luz a Henoc. Estaba construyendo una ciudad, y la llamó Henoc,
como el nombre de su hijo. 18 A Henoc
le nació Irad, e Irad engendró a Mejuyael; Mejuyael engendró a Metusael, y
Metusael engendró a Lámec. 19 Lámec
tomó dos mujeres: la primera llamada
Adá, y la segunda Silá. 20 Adá dio a luz
a Yabal, que vino a ser padre de los que
habitan en tiendas y crían ganado. 21 El
nombre de su hermano era Yubal, padre
de cuantos tocan la cítara y la flauta.
22 Silá, por su parte, engendró a Túbal
Caín, padre de todos los forjadores de
cobre y hierro. Hermana de Túbal Caín
fue Naamá.
23 Dijo Lámec a sus mujeres:
«Adá y Silá, oigan mi voz;
mujeres de Lámec, escuchen mi
palabra:
Yo maté a un hombre por una herida
que me hizo
y a un muchacho por un cardenal que
recibí.
24 Caín será vengado siete veces,
mas Lámec lo será setenta y siete*.»

4 El relato ha podido en principio referirse a los antepasados de los quenitas, Nm **24** 21, y luego a los hijos del primer hombre. Así adquiere un alcance general: a la rebelión del hombre contra Dios sigue la del hombre contra el hombre. La Ley se resumirá en el doble mandamiento del amor de Dios y del prójimo, Mt **22** 40.

4 7 Traducción aproximada.

4 10 Ver **9** 5; **37** 26; Jb **16** 18+; Mt **23** 35; Hb **12** 24. La sangre es la sede del alma, principio de la vida, **9** 4; Lv **17** 14.

4 24 Canto bárbaro muy antiguo, que exalta la venganza, recogido aquí como testimonio; ver v. 15; **9** 6; Ex **21** 25+.

Set y sus descendientes.

25 Adán conoció otra vez a su mujer, que dio a luz un hijo, al que puso por nombre Set, diciendo: «Dios me ha otorgado otro descendiente en lugar de Abel, porque lo mató Caín.» 26 También a Set le nació un hijo, al que puso por nombre Enós. Éste fue el primero en invocar el nombre de Yahvé.

Los patriarcas antediluvianos*.

5 1 Ésta es la lista de los descendientes de Adán:

El día en que Dios creó a Adán, lo hizo a imagen de Dios. 2 Los creó varón y hembra, los bendijo y los llamó «Hombre» en el día de su creación.

3 Tenía Adán ciento treinta años cuando engendró un hijo a su semejanza, según su imagen, a quien puso por nombre Set. 4 Fueron los días de Adán, después de engendrar a Set, ochocientos años, y engendró hijos e hijas. 5 El total de los días de la vida de Adán fue de novecientos treinta años, y murió.

6 Set tenía ciento cinco años cuando engendró a Enós. 7 Vivió Set, después de engendrar a Enós, ochocientos siete años y engendró hijos e hijas. 8 El total de los días de Set fue de novecientos doce años, y murió.

9 Enós tenía noventa años cuando engendró a Quenán. 10 Vivió Enós, después de engendrar a Quenán, ochocientos quince años, y engendró hijos e hijas. 11 El total de los días de Enós fue de novecientos cinco años, y murió.

12 Quenán tenía setenta años cuando engendró a Mahalalel. 13 Vivió Quenán, después de engendrar a Mahalalel, ochocientos cuarenta años, y engendró hijos e hijas. 14 El total de los días de Quenán fue de novecientos diez años, y murió.

15 Mahalalel tenía sesenta y cinco años cuando engendró a Yéred. 16 Vivió Mahalalel, después de engendrar a Yéred, ochocientos treinta años, y engendró hijos e hijas. 17 El total de los días de Mahalalel fue de ochocientos noventa y cinco años, y murió.

18 Yéred tenía ciento sesenta y dos años cuando engendró a Henoc. 19 Vivió Yéred, después de engendrar a Henoc, ochocientos años, y engendró hijos e hijas. 20 El total de los días de Yéred fue de novecientos sesenta y dos años, y murió.

21 Henoc tenía sesenta y cinco años cuando engendró a Matusalén. 22 Henoc anduvo con Dios; vivió, después de engendrar a Matusalén, trescientos años, y engendró hijos e hijas. 23 El total de los días de Henoc fue de trescientos sesenta y cinco años. 24 Henoc anduvo con Dios, y desapareció porque Dios se lo llevó*.

25 Matusalén tenía ciento ochenta y siete años cuando engendró a Lámec. 26 Vivió Matusalén, después de engendrar a Lámec, setecientos ochenta y dos años, y engendró hijos e hijas. 27 El total de los días de Matusalén fue de novecientos sesenta y nueve años, y murió.

28 Lámec tenía ciento ochenta y dos años cuando engendró un hijo, 29 y le puso por nombre Noé, diciendo: «Éste nos consolará de nuestros afanes y de la fatiga de nuestras manos, por causa del suelo que maldijo Yahvé.» 30 Vivió Lámec, después de engendrar a Noé, quinientos noventa y cinco años, y engendró hijos e hijas. 31 El total de los días de Lámec fue de setecientos setenta y siete años, y murió.

32 Era Noé de quinientos años cuando engendró a Sem, a Cam y a Jafet.

5 Esta genealogía se relaciona con **2** 4 para llenar el intervalo entre la creación y el diluvio. Ver **11** 11. No ha de buscarse en ella ni una historia ni una cronología. La longevidad atribuida aquí a estos diez patriarcas irá disminuyendo en épocas posteriores, como señal del avance del mal en el mundo, ver **5** 3; Pr **10** 27; Is **65** 20.

5 24 Henoc *anda con Dios* como Noé, **6** 9. Se convertirá en una de las grandes figuras de la tradición judía: Si **44** 16; **49** 14; ver Hb **11** 5; Judas 14-15, y la tradición apocalíptica.

Los hijos de Dios y las hijas de los hombres*.

6 [1] Cuando la humanidad comenzó a multiplicarse sobre la faz de la tierra y les nacieron hijas, [2] vieron los hijos de Dios que las hijas de los hombres les venían bien, y tomaron por mujeres a las que preferían de entre todas ellas. [3] Entonces dijo Yahvé: «No permanecerá para siempre mi espíritu en el hombre, porque no es más que carne; que sus días sean ciento veinte años.» [4] Los nefilim existían en la tierra por aquel entonces (y también después), cuando los hijos de Dios se unían a las hijas de los hombres y ellas les daban hijos: éstos fueron los héroes de la antigüedad, hombres famosos.

2. EL DILUVIO

Corrupción de la humanidad*.

[5] Viendo Yahvé que la maldad del hombre cundía en la tierra y que todos los pensamientos que ideaba su corazón eran puro mal de continuo, [6] le pesó a Yahvé de haber hecho al hombre en la tierra, y se indignó en su corazón. [7] Y dijo Yahvé: «Voy a exterminar de sobre la faz del suelo al hombre que he creado —desde el hombre hasta los ganados, los reptiles, y hasta las aves del cielo—, porque me pesa haberlos hecho.» [8] Pero Noé halló gracia a los ojos de Yahvé.

[9] Ésta es la historia de Noé*:

Noé fue el varón más justo y cabal de su tiempo. Noé andaba con Dios. [10] Noé engendró tres hijos: Sem, Cam y Jafet. [11] La tierra estaba corrompida en la presencia de Dios: la tierra se llenó de violencias. [12] Dios miró a la tierra y vio que estaba viciada, porque toda carne tenía una conducta viciosa sobre la tierra.

Preparativos para el diluvio.

[13] Dijo, pues, Dios a Noé: «He decidido acabar con todo viviente, porque la tierra está llena de violencias por culpa de ellos. Por eso, he decidido exterminarlos de la tierra. [14] Hazte un arca de maderas resinosas. Haces el arca de cañizo y la embadurnas por dentro y por fuera con betún. [15] Así es como la harás: longitud del arca, trescientos codos; su anchura, cincuenta codos; y su altura, treinta codos. [16] Haces al arca una cubierta y a un codo la rematarás por encima, pones la puerta del arca en su costado, y haces un primer piso, un segundo y un tercero.

[17] «Por mi parte, voy a traer el diluvio, las aguas sobre la tierra, para exterminar todo viviente que tiene hálito de vida bajo el cielo: todo cuanto existe en la tierra perecerá. [18] Pero contigo estableceré mi alianza*: Entrarás en el arca tú y tus hijos, tu mujer y las mujeres de tus hijos contigo. [19] Y de todo ser viviente

6 El autor parece utilizar en este episodio difícil una leyenda popular sobre los gigantes. Su recuerdo es evocado como ejemplo de la perversidad creciente que va a dar motivo al diluvio. El judaísmo posterior y los Padres han visto en estos *hijos de Dios* a ángeles culpables o descendientes de Set (los *hijos de los hombres* serían entonces la descendencia de Caín).

6 5 Podemos distinguir en esta sección, **6** 5-**9** 17, dos relatos paralelos entremezclados. Donde el redactor final no ha suprimido las divergencias de detalle, se dan algunas redundancias. El autor, al trasmitir la tradición de un cataclismo universal, la carga con una enseñanza sobre la justicia y la misericordia de Dios, sobre la malicia del hombre y la salvación reservada al justo. Ver Hb **11** 7. El NT verá en él una figura del juicio final, Mt **24** 37-39p, y de la salvación por las aguas del bautismo, 1 P **3** 20-21; 2 P **2** 5.

6 9 Ver **5** 28-32. Noé quedará como el tipo del justo, de la época anterior al pueblo de Dios: Ez **14** 14.20.

6 18 Dios se compromete a favor de los que él ha elegido, **9** 9+. Seguirán otras alianzas, Gn **15**+; **17**+; Ex **19**+.

meterás en el arca una pareja para que
sobrevivan contigo. Serán macho y hembra. 20 De cada especie de aves, de cada
especie de ganados, de cada especie de
reptiles entrarán contigo sendas parejas
para sobrevivir*. 21 Tú mismo procúrate
toda suerte de víveres y hazte acopio
para que les sirvan de comida a ti y a
ellos.» 22 Así lo hizo Noé y ejecutó todo
lo que le había mandado Dios.

7 1 Yahvé dijo a Noé: «Entra en el
arca tú y toda tu familia, porque tú
eres el único justo que he visto en esta
generación. 2 De todos los animales puros tomarás para ti siete parejas, el macho con su hembra, y de todos los animales que no son puros, una pareja, el
macho con su hembra. 3 (Asimismo de
las aves del cielo, siete parejas, machos
y hembras) para que sobreviva la casta
sobre la faz de toda la tierra. 4 Porque
dentro de siete días haré llover sobre la
tierra durante cuarenta días y cuarenta
noches, y exterminaré de sobre la faz
del suelo todos los seres que hice.» 5 Y
Noé ejecutó todo lo que le había mandado Yahvé.

6 Noé contaba seiscientos años cuando acaeció el diluvio, las aguas, sobre
la tierra.

7 Noé entró en el arca, y con él sus
hijos, su mujer y las mujeres de sus hijos,
para salvarse de las aguas del diluvio.
8 (De los animales puros, y de los animales que no son puros, y de las aves,
y de todo lo que repta, 9 sendas parejas
de cada especie entraron con Noé en el
arca, machos y hembras, como había
mandado Dios a Noé.) 10 A la semana,
las aguas del diluvio vinieron sobre la
tierra.

11 El año seiscientos de la vida de
Noé, el mes segundo, el día diecisiete
del mes, en ese día saltaron todas las
fuentes del gran abismo, y las compuertas del cielo se abrieron, 12 y estuvo
descargando la lluvia sobre la tierra cuarenta días y cuarenta noches.

13 En aquel mismo día entró Noé en
el arca, como también los hijos de Noé,
Sem, Cam y Jafet, y la mujer de Noé, y
las tres mujeres de sus hijos; 14 y con
ellos los animales de cada especie, los
ganados de cada especie, los reptiles de
cada especie que reptan sobre la tierra,
y las aves de cada especie: toda clase de
pájaros y seres alados; 15 entraron con
Noé en el arca sendas parejas de todos
los vivientes en los que hay aliento de
vida, 16 y los que iban entrando eran
macho y hembra de cada especie, como
Dios se lo había mandado.

Y Yahvé cerró la puerta detrás de
Noé.

La inundación.

17 El diluvio duró cuarenta días sobre la
tierra. Crecieron las aguas y levantaron
el arca, que se alzó de encima de la tierra.
18 Subió el nivel de las aguas y crecieron
mucho sobre la tierra, mientras el arca
flotaba sobre la superficie de las aguas.
19 Subió el nivel de las aguas mucho,
muchísimo sobre la tierra, y quedaron
cubiertos los montes más altos que hay
debajo del cielo. 20 Quince codos por
encima subió el nivel de las aguas, quedando cubiertos los montes. 21 Pereció
toda carne: lo que repta por la tierra,
junto con aves, ganados, animales y todo
lo que pulula sobre la tierra, y toda la
humanidad. 22 Todo cuanto respira hálito
vital, todo cuanto existe en tierra firme,
murió. 23 Yahvé exterminó todo ser que
había sobre la faz del suelo, desde el
hombre hasta los ganados, hasta los reptiles y hasta las aves del cielo: todos fueron exterminados de la tierra, quedando
sólo Noé y los que con él estaban en el
arca. 24 Las aguas inundaron la tierra por
espacio de ciento cincuenta días.

Retroceden las aguas.

8 1 Se acordó Dios de Noé y de todos
los animales y de los ganados que

6 20 La maldad del hombre ha corrompido toda la creación que será asociada también a la salvación. Ver **6** 13; Rm **8** 19-22.

con él estaban en el arca. Dios hizo pasar un viento sobre la tierra y las aguas
decrecieron. 2 Se cerraron las fuentes
del abismo y las compuertas del cielo,
y cesó la lluvia del cielo. 3 Poco a poco
retrocedieron las aguas de sobre la tierra. Al cabo de ciento cincuenta días, las
aguas habían menguado, 4 y en el mes
séptimo, el día diecisiete del mes, varó
el arca sobre los montes de Ararat.
5 Las aguas siguieron menguando paulatinamente hasta el mes décimo, y el
día primero del décimo mes asomaron
las cumbres de los montes.

6 Al cabo de cuarenta días, abrió Noé
la ventana que había hecho en el arca
7 y soltó al cuervo, el cual estuvo saliendo y retornando hasta que se secaron
las aguas sobre la tierra. 8 Después soltó
a la paloma, para ver si habían menguado ya las aguas de la superficie terrestre.
9 La paloma, no hallando donde posar
el pie, tornó donde él, al arca, porque
aún había agua sobre la superficie de la
tierra; y alargando él su mano, la tomó
y la metió consigo en el arca. 10 Aún
esperó otros siete días y volvió a soltar
la paloma fuera del arca. 11 La paloma
vino al atardecer trayendo en el pico un
ramo verde de olivo, por donde conoció
Noé que habían disminuido las aguas de
encima de la tierra. 12 Aún esperó otros
siete días y soltó la paloma, que ya no
volvió donde él.

13 El año seiscientos uno de la vida de
Noé, el día primero del primer mes, se
secaron las aguas de encima de la tierra.

Noé retiró la cubierta del arca, miró
y vio que estaba seca la superficie del
suelo.

14 En el segundo mes, el día veintisiete
del mes, quedó seca la tierra.

Noé sale del arca.

15 Habló entonces Dios a Noé en estos términos: 16 «Sal del arca con tu mujer, tus hijos y las mujeres de tus hijos.
17 Saca contigo todos los animales de
toda especie que te acompañan, aves,
ganados y todos los reptiles que reptan
sobre la tierra. Que pululen sobre la
tierra y sean fecundos y se multipliquen
sobre la tierra.» 18 Salió, pues, Noé con
sus hijos, su mujer y las mujeres de sus
hijos. 19 Todos los animales, todos los
ganados, todas las aves y todos los reptiles que reptan sobre la tierra salieron
por familias del arca.

20 Noé construyó un altar a Yahvé, y
tomando de todos los animales puros y
de todas las aves puras, ofreció holocaustos en el altar. 21 Al aspirar Yahvé
el calmante aroma*, dijo en su corazón:
«Nunca más volveré a maldecir el suelo
por causa del hombre, porque las trazas
del corazón humano son malas desde
su niñez, ni volveré a herir a todo ser
viviente como lo he hecho.

22 «Mientras dure la tierra,
sementera y siega,
frío y calor,
verano e invierno,
día y noche
no cesarán.»

El orden nuevo del mundo.

9 1 Dios bendijo a Noé y a sus hijos,
y les dijo: «Sean fecundos, multiplíquense y llenen la tierra. 2 Infundirán
temor y miedo a todos los animales de
la tierra, y a todas las aves del cielo, y a
todo lo que repta por el suelo, y a todos
los peces del mar; quedan a su disposición. 3 Todo lo que se mueve y tiene
vida les servirá de alimento: todo se lo
doy, lo mismo que les di la hierba verde.
4 Sólo dejarán de comer la carne con su
alma, es decir, con su sangre, 5 y yo les
prometo reclamar su propia sangre: la
reclamaré a todo animal y al hombre: a
todos y a cada uno reclamaré el alma
humana.

6 Quien vertiere sangre de hombre,
por otro hombre será su sangre
vertida,
porque a imagen de Dios
hizo Él al hombre.

8 21 Ver Ex 29 18+.

7 Ustedes, pues, sean fecundos y multiplíquense; extiéndanse por la tierra y dominen en ella.»

8 Dijo Dios a Noé y a sus hijos: 9 «He pensado establecer mi alianza* con ustedes y con su futura descendencia, 10 y con todo ser vivo que los acompaña: las aves, los ganados y todas las alimañas que están con ustedes, con todo lo que ha salido del arca, todos los animales de la tierra. 11 Establezco mi alianza con ustedes, y no volverá nunca más a ser aniquilada la vida por las aguas del diluvio, ni habrá más diluvio para destruir la tierra.»

12 Dijo Dios: «Ésta es la señal de la alianza que para las generaciones perpetuas pongo entre mí y ustedes y todo ser vivo que los acompaña: 13 Pongo mi arco en las nubes, que servirá de señal de la alianza entre mí y la tierra. 14 Cuando yo cubra de nubes la tierra, entonces se verá el arco en las nubes, 15 y me acordaré de la alianza que media entre mí y ustedes y todo ser vivo, y no habrá más aguas diluviales para exterminar la vida. 16 Pues en cuanto esté el arco en las nubes, yo lo veré para recordar la alianza perpetua entre Dios y todo ser vivo, toda la vida que existe sobre la tierra.»

17 Y dijo Dios a Noé: «Ésta es la señal de la alianza que he establecido entre mí y toda la vida que existe sobre la tierra.»

3. DESDE EL DILUVIO HASTA ABRAHÁN

Noé y sus hijos.

18 Los hijos de Noé que salieron del arca eran Sem, Cam y Jafet. Cam es el padre de Canaán. 19 Estos tres fueron los hijos de Noé, y a partir de ellos se pobló toda la tierra.

20 Noé se dedicó a la labranza y plantó una viña. 21 Bebió del vino, se embriagó y quedó desnudo en medio de su tienda. 22 Vio Cam, padre de Canaán, la desnudez de su padre y avisó a sus dos hermanos afuera. 23 Entonces Sem y Jafet tomaron el manto, se lo echaron al hombro los dos, y andando hacia atrás, vueltas las caras, cubrieron la desnudez de su padre, sin verla. 24 Cuando despertó Noé de su embriaguez y supo lo que había hecho con él su hijo menor,
25 dijo*:

«¡Maldito sea Canaán!
¡Siervo de siervos
sea para sus hermanos!»

26 Y después dijo:
«¡Bendito sea Yahvé, el Dios de Sem,
y sea Canaán esclavo suyo!
27 ¡Haga Dios dilatado a Jafet;
habite en las tiendas de Sem,
y sea Canaán esclavo suyo!»

28 Vivió Noé después del diluvio trescientos cincuenta años. 29 El total de los días de Noé fue de novecientos cincuenta años, y murió.

La tierra se repuebla*.

10 1 Ésta es la descendencia de los hijos de Noé, Sem, Cam y Jafet, a quienes les nacieron hijos después del diluvio:

2 Hijos de Jafet: Gómer, Magog, los medos, Yaván, Túbal, Mésec y Tirás. 3 Hijos de Gómer: Asquenaz, Rifat, Togarmá. 4 Hijos de Yaván: Elisá, Tarsis,

9 9 Esta alianza implica por parte de Dios la voluntad gratuita de recuperar, ver **6** 7, y de continuar su obra entre los hombres de toda la creación, ver Is **54** 9; Si **44** 18. El arco iris es tomado como señal de esta reconciliación, vv. 12-17; ver **17** 9-13.

9 25 Bendiciones y maldiciones, ver **3** 14; **4** 11; **27**; **49**, son palabras eficaces que atañen a un cabeza de linaje y por él a toda su descendencia. En Jafet, habitando en las tiendas de Sem, los Padres han visto frecuentemente los paganos entrando en la comunidad cristiana surgida de los Hebreos.

10 Los pueblos de Oriente están agrupados aquí en un cuadro genealógico que representa la unidad de la especie humana, dividida en grupos a partir de un tronco común. Recapitulación después del diluvio y repoblación, vv. 31-32.

los queteos y los rodenses. 5 A partir de éstos se poblaron las islas de las gentes.

Éstos fueron los hijos de Jafet por sus territorios y lenguas, por sus linajes y naciones respectivas.

6 Hijos de Cam: Cus, Misráin, Put y Canaán. 7 Hijos de Cus: Sebá, Javilá, Sabtá, Ramá y Sabtecá. Hijos de Ramá: Seba y Dedán.

8 Cus engendró a Nemrod, que fue el primero que se hizo prepotente en la tierra. 9 Fue un bravo cazador delante de Yahvé, por lo cual se suele decir: «Bravo cazador delante de Yahvé, como Nemrod.» 10 Los comienzos de su reino fueron Babel, Érec y Acad, ciudades todas ellas en tierra de Senaar. 11 De aquella tierra procedía Asur, que edificó Nínive, Rejobot Ir, Cálaj 12 y Resen, entre Nínive y Cálaj (aquella es la Gran Ciudad).

13 Misráin engendró a los lidios, anamitas, lehabitas y naftujitas, 14 a los de Patrós, de Casluj y de Caftor, de donde salieron los filisteos.

15 Canaán engendró a Sidón, su primogénito, y a Het, 16 al jebuseo, al amorreo, al guirgaseo, 17 al jivita, al arquita, al sinita, 18 al arvadita, al semarita y al jamatita. Más tarde se propagaron las estirpes cananeas. 19 La frontera de los cananeos iba desde Sidón, en dirección de Guerar, hasta Gaza; y en dirección de Sodoma, Gomorra, Admá y Seboín, hasta Lesa.

20 Éstos fueron los hijos de Cam, según sus linajes y lenguas, por sus territorios y naciones respectivas.

21 También le nacieron hijos a Sem, padre de todos los hijos de Héber y hermano mayor de Jafet.

22 Hijos de Sem: Elam, Asur, Arfacsad, Lud y Aram. 23 Hijos de Aram: Us, Jul, Guéter y Mas.

24 Arfacsad engendró a Sélaj, y Sélaj engendró a Héber. 25 A Héber le nacieron dos hijos: el nombre de uno fue Péleg, porque en sus días fue dividida la tierra. Su hermano se llamaba Yoctán. 26 Yoctán engendró a Almodad, a Selef, a Jasarmávet, a Yéraj, 27 a Hadorán, a Uzal, a Diclá, 28 a Obal, a Abimael, a Sebá, 29 a Ofir, a Javilá y a Yobab. Todos fueron hijos de Yoctán. 30 Su asiento se extendió desde Mesá, en dirección a Sefar, al monte del oriente.

31 Éstos fueron los hijos de Sem, según sus linajes y lenguas, por sus territorios y naciones respectivas.

32 Hasta aquí los linajes de los hijos de Noé, según su origen y sus naciones. Y a partir de ellos se dispersaron los pueblos por la tierra después del diluvio.

La torre de Babel*.

11 1 Todo el mundo era de un mismo lenguaje e idénticas palabras. 2 Al desplazarse la humanidad desde oriente, hallaron una vega en el país de Senaar y allí se establecieron. 3 Entonces se dijeron el uno al otro: «Vamos a fabricar ladrillos y a cocerlos al fuego.» Así el ladrillo les servía de piedra y el betún de argamasa. 4 Después dijeron: «Vamos a edificarnos una ciudad y una torre con la cúspide en el cielo, y hagámonos famosos, por si nos desperdigamos por toda la faz de la tierra.»

5 Bajó Yahvé a ver la ciudad y la torre que habían edificado los humanos, 6 y pensó Yahvé: «Todos son un solo pueblo con un mismo lenguaje, y éste es el comienzo de su obra. Ahora nada de cuanto se propongan les será imposible. 7 Bajemos, pues, y, una vez allí, confundamos su lenguaje, de modo que no se entiendan entre sí.» 8 Y desde aquel punto los desperdigó Yahvé por toda la faz de la tierra, y dejaron de edificar la ciudad. 9 Por eso se la llamó Babel, porque allí embrolló Yahvé el lenguaje de todo el mundo, y desde allí los desperdigó Yahvé por toda la faz de la tierra.

11 Esta vez la diversidad de pueblos y lenguas, ver **10**+ se explica como el castigo de un pecado colectivo, pecado de orgullo, v. 4, como el de los primeros padres, **3**. La unidad será restaurada por el Espíritu, en Cristo salvador, Hch **2** 5.12+; **7** 9-10.

Patriarcas posdiluvianos*.

10 Éstos son los descendientes de Sem:
Sem tenía cien años cuando engendró a Arfacsad, dos años después del
diluvio. 11 Vivió Sem, después de engendrar a Arfacsad, quinientos años, y
engendró hijos e hijas.
12 Arfacsad era de treinta y cinco años
de edad cuando engendró a Sélaj. 13 Y
vivió Arfacsad, después de engendrar a
Sélaj, cuatrocientos tres años, y engendró hijos e hijas.
14 Era Sélaj de treinta años cuando engendró a Héber. 15 Y vivió Sélaj, después
de engendrar a Héber, cuatrocientos
tres años, y engendró hijos e hijas.
16 Era Héber de treinta y cuatro años
cuando engendró a Péleg. 17 Y vivió
Héber, después de engendrar a Péleg,
cuatrocientos treinta años, y engendró
hijos e hijas.
18 Era Péleg de treinta años cuando
engendró a Reú. 19 Y vivió Péleg, después de engendrar a Reú, doscientos
nueve años, y engendró hijos e hijas.
20 Era Reú de treinta y dos años cuando engendró a Serug. 21 Y vivió Reú,
después de engendrar a Serug, doscientos siete años, y engendró hijos e hijas.
22 Era Serug de treinta años cuando
engendró a Najor. 23 Y vivió Serug, después de engendrar a Najor, doscientos
años, y engendró hijos e hijas.
24 Era Najor de veintinueve años cuando engendró a Téraj. 25 Y vivió Najor,
después de engendrar a Téraj, ciento diecinueve años, y engendró hijos e hijas.
26 Era Téraj de setenta años cuando
engendró a Abrán, a Najor y a Harán.

Descendencia de Téraj.

27 Éstos son los descendientes de Téraj:
Téraj engendró a Abrán, a Najor y a
Harán. Harán engendró a Lot. 28 Harán
murió en vida de su padre Téraj, en su
país natal, Ur de los caldeos. 29 Abrán
y Najor se casaron. La mujer de Abrán
se llamaba Saray, y la mujer de Najor,
Milcá, hija de Harán, el padre de Milcá
y de Jiscá. 30 Saray era estéril, sin hijos.
31 Téraj tomó a su hijo Abrán, a su
nieto Lot, el hijo de Harán, y a su nuera
Saray, la mujer de su hijo Abrán, y salieron juntos de Ur de los caldeos, para
dirigirse a Canaán. Llegados a Jarán, se
establecieron allí.
32 Téraj vivió doscientos cinco años, y
murió en Jarán.

II. Historia de Abrahán

Vocación de Abrahán*.

12 1 Yahvé dijo a Abrán: «Vete de tu
tierra, de tu patria y de la casa
de tu padre a la tierra que yo te mostraré. 2 De ti haré una nación grande y te
bendeciré. Engrandeceré tu nombre; y
sé tú una bendición.

11 10 Continuación de la genealogía del cap. **5**. El horizonte se restringe a los ascendientes directos de Abrahán. Ver 1 Cro **1**+.

12 Los relatos sobre Abrahán están organizados en torno a una doble promesa: descendencia y posesión de una tierra. El patriarca, al ser llamado por Dios, responde rompiendo todo vínculo terreno. Este primer movimiento de su fe, aceptación y sumisión, se renovará más de una vez, **15** 5-6+; **22**+. Se inaugura el designio salvador de Dios, y todas sus etapas futuras se derivarán de ésta, para confirmar las promesas de Dios, **15**+; **22** 15-18; **26** 2-5; **28** 13-15; ver **50** 24; Ex **2** 24+; Dt **1** 8; Sal **105** 8-9; Lc **1** 55.72-73; etc., y por consiguiente la fidelidad de los hombres. El pueblo de Dios descendiente de Abrahán se apoyará siempre sobre estas promesas: Ex **32** 13+; Is **51** 1-2; Ez **33** 24; Ne **9** 7-8; Mt **3** 9; Jn **8** 33-40. Después de la venida de Jesús, Mt **1** 1, el NT declarará que son hijos de Abrahán, Hch **7** 2-3; Hb **11** 8-19; etc., los que participen de su fe, aunque no entronquen con él mediante la descendencia carnal, Rm **4** 16-25+; **9** 6-8+; Ga **3** 7-9; St **2** 21-24.

3 Bendeciré a quienes te bendigan
y maldeciré a quienes te maldigan.
Por ti se bendecirán
todos los linajes de la tierra*.»
4 Marchó, pues, Abrán, como se lo
había dicho Yahvé, y con él marchó
Lot. Tenía Abrán setenta y cinco años
cuando salió de Jarán. 5 Tomó Abrán a
Saray, su mujer, y a Lot, hijo de su hermano, con toda la hacienda que habían
logrado y el personal que habían adquirido en Jarán, y salieron para dirigirse
a Canaán.
Llegaron a Canaán, 6 y Abrán atravesó el país hasta el lugar sagrado de
Siquén, hasta la encina de Moré. Por
entonces estaban los cananeos en el
país. 7 Yahvé se apareció a Abrán y le
dijo: «A tu descendencia he de dar esta
tierra.» Entonces él edificó allí un altar a
Yahvé que se le había aparecido. 8 De
allí pasó a la montaña, al oriente de
Betel, y desplegó su tienda, entre Betel
al occidente y Ay al oriente. Allí edificó
un altar a Yahvé e invocó su nombre.
9 Luego Abrán fue desplazándose por
acampadas hacia el Negueb.

Abrahán en Egipto*.
=**20**; =**26** 1-11.

10 Hubo hambre en el país, y Abrán
bajó a Egipto a pasar allí una temporada, pues el hambre abrumaba al país.
11 Estando ya próximo a entrar en Egipto, dijo a su mujer Saray: «Mira, yo sé
que eres mujer hermosa. 12 En cuanto
te vean los egipcios, dirán: 'Es su mujer', y me matarán a mí, y a ti te dejarán
viva. 13 Di, por favor, que eres mi hermana, a fin de que me vaya bien por causa
tuya, y viva yo gracias a ti.» 14 Efectivamente, cuando Abrán entró en Egipto,
vieron los egipcios que la mujer era muy
hermosa. 15 La vieron los oficiales del
faraón, que se la ponderaron, y la mujer
fue llevada al palacio del faraón. 16 Éste
trató bien por causa de ella a Abrán,
que tuvo ovejas, vacas, burros, siervos,
siervas, burras y camellos. 17 Pero Yahvé
hirió al faraón y a su casa con grandes
plagas por lo de Saray, la mujer de
Abrán. 18 Entonces el faraón llamó a
Abrán y le dijo: «¿Qué has hecho conmigo? ¿Por qué no me avisaste de que
era tu mujer? 19 ¿Por qué dijiste: 'Es mi
hermana', de manera que yo la tomé
por mujer? Ahora, pues, aquí tienes a
tu mujer: tómala y vete.» 20 Y el faraón
ordenó a unos cuantos hombres que lo
despidieran con su mujer y todo lo suyo.

Separación de Abrahán y Lot.

13 1 De Egipto subió Abrán al Negueb, junto con su mujer y todo
lo suyo, y acompañado de Lot. 2 Abrán
era muy rico en ganado, plata y oro.
3 Caminando de acampada en acampada, se dirigió desde el Negueb hasta Betel, hasta el lugar donde estuvo su tienda
entre Betel y Ay, 4 el lugar donde había
invocado Abrán el nombre de Yahvé.
5 También Lot, que iba con Abrán,
tenía ovejas, vacadas y tiendas. 6 Ya la
tierra no les permitía vivir juntos, porque su hacienda se había multiplicado,
de modo que no podían vivir juntos.
7 Solía haber riñas entre los pastores
de Abrán y los de Lot. (Además los
cananeos y los perizitas habitaban por
entonces en el país.) 8 Dijo, pues, Abrán
a Lot: «No haya disputas entre nosotros
ni entre mis pastores y tus pastores,
pues somos hermanos. 9 ¿No tienes todo
el país por delante? Pues bien, apártate
de mi lado. Si tomas por la izquierda, yo
iré por la derecha; y si tú por la derecha,
yo por la izquierda.»
10 Lot levantó los ojos y vio toda la
vega del Jordán, toda ella de regadío
—era antes de destruir Yahvé Sodoma

12 3 Es decir, los *linajes* (*o las naciones*) *se dirán unos a otros: Bendito seas tú como Abrahán*. Pero la versión griega, Si **44** 21 y Hch **3** 25; Ga **3** 8, han entendido: *en ti serán benditas todas las naciones*. De todas maneras la bendición dada a Abrahán no está reservada solamente a su descendencia.

12 10 Esta historia celebra la hermosura de Sara, la habilidad de Abrahán y la protección que Dios les dispensa en un país extranjero. Demuestra una actitud moral bastante primitiva; ver **19** 8; **20**; **26** 1-11; **27**.

y Gomorra—, como el jardín de Yahvé, como Egipto, hasta llegar a Soar. 11 Eligió, pues, Lot para sí toda la vega del Jordán, y se trasladó al oriente; así se apartaron el uno del otro. 12 Abrán se estableció en Canaán y Lot en las ciudades de la vega, donde plantó sus tiendas hasta Sodoma. 13 Los habitantes de Sodoma eran muy malos y pecadores contra Yahvé.

14 Dijo Yahvé a Abrán, después que Lot se separó de él: «Alza tus ojos y mira desde el lugar en donde estás hacia el norte, el mediodía, el oriente y el poniente. 15 Pues bien, toda la tierra que ves te la daré a ti y a tu descendencia por siempre. 16 Haré tu descendencia como el polvo de la tierra: tal que si alguien puede contar el polvo de la tierra, también podrá contar tu descendencia. 17 Levántate, recorre el país a lo largo y a lo ancho, porque a ti te lo he de dar.» 18 Y Abrán vino a establecerse con sus tiendas junto a la encina de Mambré, que está en Hebrón, y edificó allí un altar a Yahvé.

La campaña de los cuatro grandes reyes*.

14 1 Aconteció en los días de Anrafel, rey de Senaar, de Arioc, rey de Elasar, de Quedorlaomer, rey de Elam, y de Tidal, rey de Goin, 2 que éstos hicieron guerra a Berá, rey de Sodoma, a Birsá, rey de Gomorra, a Sinab, rey de Admá, a Semeber, rey de Seboín, y al rey de Belá (o sea, Soar). 3 Estos últimos se coaligaron en el valle de Sidín (esto es, el mar de la Sal). 4 Doce años habían servido a Quedorlaomer, pero el año trece se rebelaron. 5 Vinieron, pues, en el año catorce Quedorlaomer y los reyes que estaban por él, y derrotaron a los refaítas en Asterot Carnáin, a los zuzíes en Ham, a los emitas en la llanura de Quiriatáin, 6 y a los joritas en las montañas de Seír hasta El Parán, que está frente al desierto. 7 De vuelta, llegaron a En Mispat (o sea, Cades), y batieron todo el territorio de los amalecitas, y también a los amorreos que habitaban en Jasasón Tamar. 8 Salieron entonces el rey de Sodoma, el rey de Gomorra, el rey de Admá, el rey de Seboín y el rey de Belá (esto es, de Soar) y en el valle de Sidín les presentaron batalla: 9 a Quedorlaomer, rey de Elam, a Tidal, rey de Goin, a Anrafel, rey de Senaar, y a Arioc, rey de Elasar: cuatro reyes contra cinco. 10 El valle de Sidín estaba lleno de pozos de betún y, cuando huían los reyes de Sodoma y Gomorra, cayeron allí. Los demás huyeron a la montaña. 11 Los vencedores tomaron toda la hacienda de Sodoma y Gomorra con todos sus víveres y se fueron. 12 Apresaron también a Lot, el sobrino de Abrán, y su hacienda, pues él habitaba en Sodoma, y se fueron.

13 Un evadido vino a avisar a Abrán el hebreo, que habitaba junto a la encina de Mambré el amorreo, hermano de Escol y de Aner, aliados a su vez de Abrán. 14 Al oír Abrán que su hermano había sido hecho cautivo, movilizó la tropa de gente nacida en su casa, en número de trescientos dieciocho, y persiguió a aquéllos hasta Dan. 15 Y cayendo él y sus siervos sobre ellos por la noche, los derrotó, y los persiguió hasta Jobá, que está al norte de Damasco; 16 recuperó toda la hacienda, y también a su hermano Lot con su hacienda, así como a las mujeres y a la gente.

Melquisedec.

17 A su regreso después de batir a Quedorlaomer y a los reyes que con él estaban, le salió al encuentro el rey de Sodoma en el valle de Savé (o sea, el valle del Rey). 18 Entonces Melquisedec, rey de Salem*, presentó pan y vino,

14 Este relato intenta relacionar a Abrahán con la historia universal dándole una aureola de gloria militar. Pero no es posible identificar a los cuatro reyes.

14 18 La tradición judía, según Sal **76** 3, ha identificado a Salem con Jerusalén, 2 S **5** 6+. El Dios Altísimo que adora el rey-sacerdote Melquisedec se identifica, v. 22, con

pues era sacerdote del Dios Altísimo,
19 y lo bendijo diciendo:
«¡Bendito sea Abrán del Dios
Altísimo, creador de cielos y tierra,
20 y bendito sea el Dios Altísimo,
que entregó a tus enemigos en tus
manos!»
Y Abrán le dio el diezmo de todo.
21 Dijo luego el rey de Sodoma a
Abrán: «Dame las personas, y quédate
con la hacienda.» 22 Pero Abrán dijo al
rey de Sodoma: «Alzo mi mano ante el
Dios Altísimo, creador de cielos y tierra:
23 ni un hilo, ni la correa de un zapato,
ni nada de lo tuyo tomaré, y así no dirás:
'Yo he enriquecido a Abrán.' 24 Nada
en absoluto, salvo lo que han comido
los mozos y la parte de los hombres que
fueron conmigo: Aner, Escol y Mambré.
Ellos que tomen su parte.»

Las promesas divinas y la alianza*.
12 2.7; **13** 14-17; =**17**.

15 1 Después de estos sucesos fue
dirigida la palabra de Yahvé a
Abrán en visión, en estos términos:
«No temas, Abrán. Yo soy para ti un
escudo. Tu premio será muy grande.»
2 Dijo Abrán: «Mi Señor, Yahvé, ¿qué
me vas a dar, si me voy sin hijos...?*.»
3 Dijo Abrán: «No me has dado descendencia, y un criado de mi casa me va a
heredar.» 4 Pero Yahvé le dijo: «No te heredará ése, sino que te heredará uno que
saldrá de tus entrañas.» 5 Y sacándolo
afuera, le dijo: «Mira al cielo, y cuenta
las estrellas, si puedes contarlas.» Y le dijo: «Así será tu descendencia.» 6 Y creyó
él en Yahvé, el cual se lo contó como
justicia*.
7 Y le dijo: «Yo soy Yahvé, que te
saqué de Ur de los caldeos para darte
esta tierra en propiedad.» 8 Él dijo: «Mi
Señor, Yahvé, ¿en qué conoceré que ha
de ser mía?» 9 Le contestó: «Tráeme
una novilla de tres años, una cabra de
tres años, un carnero de tres años, una
tórtola y un pichón.» 10 Tomó él todas
estas cosas y, partiéndolas por el medio,
puso cada mitad enfrente de la otra. Los
pájaros no los partió. 11 Las aves rapaces bajaron sobre los cadáveres, pero
Abrán las espantó.
12 Y cuando estaba ya el sol para ponerse, cayó sobre Abrán un sopor y de
pronto lo invadió un gran sobresalto*.
13 Yahvé dijo a Abrán: «Has de saber que
tus descendientes serán forasteros en tierra extraña. Los esclavizarán y oprimirán
durante cuatrocientos años. 14 Pero yo
a mi vez juzgaré a la nación a quien
sirvan; y luego saldrán con gran hacienda. 15 Tú, en tanto, irás en paz con
tus padres, serás sepultado en buena
ancianidad. 16 Y a la cuarta generación
volverán ellos acá; porque hasta entonces no se habrá colmado la maldad de
los amorreos.»
17 Y, puesto ya el sol, surgió en
medio de densas tinieblas un horno
humeante y una antorcha de fuego que
pasó por entre aquellos animales partidos*. 18 Aquel día hizo Yahvé una alianza
con Abrán en estos términos:
«Voy a dar a tu descendencia esta tierra, desde el río de Egipto hasta el Río
Grande, el río Éufrates: 19 los quenitas,

el Dios de Abrahán. El Sal **110** 4 presenta a Melquisedec como figura del Mesías, rey y sacerdote. La aplicación al sacerdocio de Cristo se desarrolla en Hb **7**. Los Padres han visto en el pan y vino una figura del sacrificio eucarístico.

15 Dios renueva sus promesas, **12** 2-7; **13** 14-17, y las sanciona con una alianza, **6** 18+; **17**+. El NT relaciona a Jesucristo con estas promesas, ver Hch **2** 39; Rm **4** 13.

15 2 El texto que sigue se halla corrompido.

15 6 La *justicia* es la rectitud que hace al hombre conforme con la voluntad de Dios, Is **1** 26; **5** 16+; etc., reconociéndolo como *justo*, Rm **4**; Ga **3** 6-11; pero del mismo modo que la fe de Abrahán ha inspirado su conducta, la fe que no es fuente de obras está muerta, St **2** 23.

15 12 Sobre los sueños, ver Si **34** 1; Dn **2** 1+.

15 17 Antiguo rito de alianza, ver Jr **34** 18; los contratantes pasaban entre las carnes sangrantes para sellar su compromiso. Aquí Yahvé, representado por el fuego, ver Ex **3** 2; **13** 21; **19** 18, pasa solo, porque la iniciativa de la alianza es de Dios.

quenizitas, cadmonitas, [20] hititas, perizitas, refaítas, [21] amorreos, cananeos, guirgaseos y jebuseos.»

Nacimiento de Ismael.

16 [1] Saray, mujer de Abrán, no le daba hijos. Pero tenía una esclava egipcia, que se llamaba Agar, [2] y dijo Saray a Abrán: «Mira, Yahvé me ha hecho estéril. Llégate, pues, te ruego, a mi esclava. Quizá podré tener hijos de ella*.» Abrán escuchó el consejo de Saray.

[3] Así, al cabo de diez años de habitar Abrán en Canaán, tomó Saray, la mujer de Abrán, a su esclava Agar la egipcia, y se la dio por mujer a su marido Abrán. [4] Se llegó, pues, él a Agar, que concibió. Pero luego, al verse ella embarazada, miraba a su señora con desprecio. [5] Dijo entonces Saray a Abrán: «Mi agravio recaiga sobre ti. Yo puse mi esclava en tu seno, pero, al verse ella embarazada, me mira con desprecio. Juzgue Yahvé entre nosotros dos.» [6] Respondió Abrán a Saray: «Ahí tienes a tu esclava en tus manos. Haz con ella como mejor te parezca.» Saray dio en maltratarla y ella huyó de su presencia.

[7] La encontró el Ángel de Yahvé* junto a una fuente que manaba en el desierto —la fuente que hay en el camino de Sur— [8] y dijo: «Agar, esclava de Saray, ¿de dónde vienes y a dónde vas?» Contestó ella: «Voy huyendo de mi señora Saray.» [9] «Vuelve a tu señora, le dijo el Ángel de Yahvé, y sométete a ella.» [10] Y dijo el Ángel de Yahvé: «Multiplicaré de tal modo tu descendencia, que por su gran multitud no podrá contarse.» [11] Añadió el Ángel de Yahvé:

Mira que has concebido y que darás a luz un hijo,
al que llamarás Ismael,
porque Yahvé ha oído tu aflicción.
[12] Será un onagro humano.
Su mano contra todos, y la mano de todos contra él;
y enfrente de todos sus hermanos plantará su tienda.»

[13] Dio Agar a Yahvé, que le había hablado, el nombre de «Tú eres El Roí», pues dijo: «¿Si será que he llegado a ver aquí las espaldas de aquel que me ve?» [14] Por eso se llamó aquel pozo «Pozo de Lajay Roí». Está entre Cades y Béred.

[15] Agar dio a luz un hijo a Abrán, y éste llamó al hijo que Agar le había dado Ismael. [16] Tenía Abrán ochenta y seis años cuando Agar le dio su hijo Ismael.

La alianza y la circuncisión*.
=15.

17 [1] Cuando Abrán tenía noventa y nueve años, se le apareció Yahvé y le dijo:
«Yo soy El Sadday, anda en mi presencia y sé perfecto. [2] Yo establezco mi alianza entre nosotros dos, y te multiplicaré sobremanera.»

[3] Cayó Abrán rostro en tierra, y Dios le habló así: [4] «Por mi parte ésta es mi alianza contigo: serás padre de una muchedumbre de pueblos. [5] No te llamarás más Abrán, sino que tu nombre será Abrahán*, pues te he constituido padre de muchedumbre de pueblos. [6] Te haré fecundo sobremanera, te convertiré en pueblos, y reyes saldrán de ti. [7] Y estableceré mi alianza entre nosotros dos, y con tu descendencia después de ti, de generación en generación: una alianza

16 2 El derecho mesopotámico autorizaba esta costumbre, ver **30** 1-6.9-13.
16 7 En los textos antiguos, este *Ángel* es Dios mismo, que se aparece en forma visible.
17 Nuevo relato de alianza con Abrahán, ver **15**+; esta vez se impone la señal, ver **9** 12-17, de la circuncisión. Este rito primitivo de iniciación en la vida de familia y del clan, recordará a Dios su alianza, y al hombre su pertenencia al pueblo elegido, ver Rm **4** 11-12. Sobre la *circuncisión del corazón*, véase Jr **4** 4+ -*El Sadday:* antiguo nombre divino de la época patriarcal, ver **17** 1; etc.; Ex **6** 3.
17 5 La imposición de un nuevo nombre, **11** 26, expresa el cambio impuesto por Dios al destino de Abrahán; ver v. 15: Is **1** 26+. *Abrahán* se explica aquí por *'ab hamôn, padre de muchedumbre*, ver Rm **4** 17.

eterna, de ser yo tu Dios y el de tu posteridad. 8 Te daré a ti y a tu posteridad la
tierra en la que andas como peregrino,
todo el país de Canaán, en posesión
perpetua, y yo seré el Dios de los tuyos.»
9 Dijo Dios a Abrahán: «Guarda, pues,
mi alianza, tú y tu posteridad, de generación en generación. 10 Ésta es mi alianza
que han de guardar entre mí y ustedes
—también tu posteridad—: Todos sus
varones serán circuncidados. 11 Se cir-
cuncidarán la carne del prepucio, y eso
será la señal de la alianza entre mí y
ustedes. 12 A los ocho días será circuncidado entre ustedes todo varón, de generación en generación, tanto el nacido
en casa como el comprado con dinero a
cualquier extraño que no sea de tu raza.
13 Deben ser circuncidados el nacido en
tu casa y el comprado con tu dinero, de
modo que mi alianza esté en la carne
de ustedes como alianza eterna. 14 El
incircunciso, el varón a quien no se le
circuncide la carne de su prepucio, será
borrado de entre los suyos por haber
violado mi alianza.

=**18** 9-15.

15 Dijo Dios a Abrahán: «A Saray,
tu mujer, no la llamarás más Saray,
sino que su nombre será Sara. 16 Yo la
bendeciré, y de ella también te daré un
hijo. La bendeciré y se convertirá en
naciones; reyes de pueblos procederán
de ella.» 17 Abrahán cayó rostro en tierra
y se echó a reír*, diciendo en su interior: «¿A un hombre de cien años va a
nacerle un hijo?, ¿y Sara, a sus noventa
años, va a dar a luz?» 18 Y dijo Abrahán
a Dios: «¡Si al menos Ismael viviera en
tu presencia!» 19 Respondió Dios: «Sí,
pero Sara tu mujer te dará a luz un hijo,
y le pondrás por nombre Isaac. Yo estableceré mi alianza con él, una alianza
eterna, de ser el Dios suyo y el de su
posteridad. 20 En cuanto a Ismael, también te he escuchado: Voy a bendecirlo,
lo haré fecundo y lo haré crecer sobremanera. Doce príncipes engendrará, y
haré de él un gran pueblo. 21 Pero mi
alianza la estableceré con Isaac, el que
Sara te dará a luz el año que viene por
este tiempo.» 22 Y después de hablar
con él, subió Dios dejando a Abrahán.
23 Tomó entonces Abrahán a su hijo Ismael, a todos los nacidos en su
casa y a todos los comprados con su
dinero —a todos los varones de la
casa de Abrahán— y aquel mismo día
les circuncidó la carne del prepucio,
como Dios le había mandado. 24 Tenía
Abrahán noventa y nueve años cuando
circuncidó la carne de su prepucio. 25 Ismael, su hijo, era de trece años cuando
se le circuncidó la carne de su prepucio.
26 El mismo día fueron circuncidados
Abrahán y su hijo Ismael. 27 Y todos los
varones de su casa, los nacidos en su
casa y los comprados a extraños por
dinero, fueron circuncidados juntamente con él.

La teofanía de Mambré*.

18 1 Se le apareció Yahvé en la
encina de Mambré estando él
sentado a la puerta de su tienda en lo
más caluroso del día. 2 Levantó los ojos
y vio que había tres individuos parados a
su lado. Inmediatamente acudió desde
la puerta de la tienda a recibirlos, se
postró en tierra 3 y dijo: «Señor mío, si
te he caído en gracia, no pases de largo
cerca de tu servidor. 4 Que traigan
un poco de agua, se lavan los pies y se
recuestan bajo este árbol, 5 que yo iré
a traer un bocado de pan, y repondrán
fuerzas. Luego pasarán adelante, que
para eso han acertado a pasar junto a
este servidor de ustedes.» Dijeron ellos:
«Hazlo como has dicho.»
6 Abrahán se dirigió presuroso a la
tienda, adonde Sara, y le dijo: «Apresta

17 17 La risa de Abrahán, la de Sara, **18** 12, la de Ismael, hacen alusión al nombre de Isaac, forma abreviada de *yiṣjaq-El: sonría Dios,* o *sea favorable.*

18 Aparición de Yahvé y de dos hombres (**19** 1: *dos ángeles*). El relato primitivo parece haber hablado de tres *hombres* de identidad misteriosa. Muchos Padres han visto aquí un anuncio del misterio de la Trinidad.

tres arrobas de harina de sémola, amasa
y haz unas tortas.» 7 Abrahán, por su
parte, acudió a la vacada, apartó un ternero tierno y hermoso y se lo entregó al mozo, que se apresuró a aderezarlo.
8 Luego tomó cuajada y leche, junto con el ternero que había aderezado, y se lo presentó, manteniéndose en pie delante de ellos bajo el árbol. Así que hubieron comido,

=**15** 2-4; =**17** 15-21.

9 le dijeron: «¿Dónde está tu mujer
Sara?» —«Ahí, en la tienda», contestó.
10 Dijo entonces aquél: «Volveré sin
falta a ti pasado el tiempo de un embarazo, y para entonces tu mujer Sara tendrá un hijo.» Sara lo estaba oyendo a la entrada de la tienda, a sus espaldas.
11 Abrahán y Sara eran viejos, entrados
en años, y a Sara se le había retirado
la regla de las mujeres. 12 Así que Sara
rió para sus adentros y pensó: «Ahora que estoy pasada, ¿sentiré el placer, y además con mi marido viejo?».

13 Dijo Yahvé a Abrahán: «¿Por qué
se ha reído Sara, pensando: '¡Seguro
que voy a parir ahora de vieja!'? 14 ¿Hay
algo difícil para Yahvé? En el plazo fijado volveré, al término de un embarazo,
y Sara tendrá un hijo.» 15 Sara negó:
«No me he reído», y es que tuvo miedo. Pero aquél dijo: «No digas eso, que sí te has reído.»

Intercesión de Abrahán.

16 Partieron de allí aquellos hombres
en dirección a Sodoma, y Abrahán los
acompañó de despedida. 17 Dijo entonces Yahvé: «¿Cómo voy a ocultar a Abrahán lo que voy a hacer, 18 siendo así que
Abrahán ha de ser un pueblo grande y poderoso, y se bendecirán por él los pueblos todos de la tierra? 19 Porque
yo lo conozco y sé que mandará a sus hijos y a su descendencia que guarden el camino de Yahvé, practicando la justicia y el derecho, de modo que pueda concederle Yahvé a Abrahán lo que le tiene apalabrado.» 20 Dijo, pues, Yahvé:
«El clamor de Sodoma y de Gomorra es
grande; y su pecado gravísimo. 21 Así
que voy a bajar personalmente, a ver si lo que han hecho responde en todo al clamor que ha llegado hasta mí, y si no, he de saberlo.»

22 Partieron de allí aquellos individuos camino de Sodoma, en tanto que Abrahán permanecía parado delante de Yahvé.

23 Abrahán lo abordó y le dijo: «¿Así
que vas a borrar al justo con el malvado?
24 Tal vez haya cincuenta justos en la
ciudad. ¿Vas a borrarlos sin perdonar a aquel lugar por los cincuenta justos que hubiera dentro*? 25 Tú no puedes
hacer tal cosa: dejar morir al justo con el malvado, y que corran parejas el uno con el otro. Tú no puedes. El juez de toda la tierra ¿va a fallar una injusticia?» 26 Dijo Yahvé: «Si encuentro en
Sodoma a cincuenta justos en la ciudad perdonaré a todo el lugar por amor de aquéllos.» 27 Replicó Abrahán: «¡Mira que
soy atrevido de interpelar a mi Señor, yo que soy polvo y ceniza! 28 Supón que
los cincuenta justos fallen por cinco. ¿Destruirías por los cinco a toda la ciudad?» Dijo: «No la destruiré, si encuentro allí a cuarenta y cinco.» 29 Insistió
todavía: «Supón que se encuentran allí cuarenta.» Respondió: «Tampoco lo haría, en atención de esos cuarenta.»
30 Insistió: «No se enfade mi Señor si le
digo: 'Tal vez se encuentren allí treinta'.» Respondió: «No lo haré si encuentro allí a esos treinta.» 31 Volvió a decirle:
«¡Cuidado que soy atrevido de interpelar a mi Señor! ¿Y si se hallaren allí veinte?»
32 Respondió: «Tampoco los destruiría
en atención a los veinte.» Insistió: «Vaya,

18 24 El principio de la responsabilidad personal no se abrirá camino hasta más tarde; Dt **7** 10; **24** 16; Jr **31** 29-30; Ez **14** 12+. Aquí Abrahán no pide que sólo los justos sean salvados (como lo serán de hecho Lot y su familia, **19** 15-16), sino que, ya que todos deben correr la misma suerte, algunos justos obtengan el perdón de muchos culpables. Nótese la progresión descendente. Las respuestas de Yahvé aprueban el papel salvador de los santos en el mundo, ver Jb **43** 8+; Jr **5** 1; Ez **22** 30; Is **53**.

no se enfade mi Señor, que ya sólo hablaré esta vez: '¿Y si se encuentran allí diez?'» Dijo: «Tampoco los destruiría, en atención a los diez.»

33 Partió Yahvé así que hubo acabado de conversar con Abrahán, y éste se volvió a su lugar.

Destrucción de Sodoma y Gomorra*.

19 1 Los dos ángeles llegaron a Sodoma por la tarde. Lot estaba sentado a la puerta de Sodoma. Al verlos, Lot se levantó a su encuentro y, postrándose rostro en tierra, 2 dijo: «Les ruego, señores, que vengan a la casa de este servidor suyo. Pasan la noche, se lavan los pies, y de madrugada seguirán su camino.» Ellos dijeron: «No; pasaremos la noche en la plaza.» 3 Pero tanto porfió con ellos, que al fin se hospedaron en su casa. Él les preparó una comida cociendo unos panes cenceños y comieron.

4 No bien se habían acostado, cuando los hombres de la ciudad, los sodomitas, rodearon la casa desde el mozo hasta el viejo, todo el pueblo sin excepción. 5 Llamaron a voces a Lot y le dijeron: «¿Dónde están los hombres que han venido adonde ti esta noche? Sácalos, para que abusemos de ellos.»

6 Lot salió donde ellos a la entrada, cerró la puerta detrás de sí, 7 y dijo: «Por favor, hermanos, no hagan esta maldad. 8 Miren, aquí tengo dos hijas que aún no han conocido varón. Se las sacaré y hagan con ellas como bien les parezca*; pero a estos hombres no les hagan nada, que para eso han venido al amparo de mi techo.» 9 Pero ellos respondieron: «¡Venga ya! Uno que ha venido a avecindarse, ¿va a meterse a juez? Ahora te trataremos a ti peor que a ellos.» Y forcejearon con él, con Lot, de tal modo que estaban a punto de romper la puerta. 10 Pero los hombres alargaron las manos, tiraron de Lot hacia sí, adentro de la casa, cerraron la puerta, 11 y a los hombres que estaban a la entrada de la casa los dejaron deslumbrados desde el chico hasta el grande, y mal se vieron para encontrar la puerta.

12 Los hombres dijeron a Lot: «¿A quién más tienes aquí? Saca de este lugar a tus hijos e hijas y a quienquiera que tengas en la ciudad, 13 porque vamos a destruir este lugar, que es grave la queja que contra ellos ha llegado a Yahvé, y Yahvé nos ha enviado a destruirlos.» 14 Salió Lot y habló con sus yernos, los prometidos de sus hijas: «Levántense, dijo; salgan de este lugar, porque Yahvé va a destruir la ciudad.» Pero sus yernos lo tomaron a broma.

15 Al rayar el alba, los ángeles apremiaron a Lot diciendo: «Levántate, toma a tu mujer y a tus dos hijas que se encuentran aquí, no vayas a ser barrido por culpa de la ciudad.» 16 Y como él remoloneaba, los hombres lo asieron de la mano lo mismo que a su mujer y a sus dos hijas por compasión de Yahvé hacia él, y, sacándolo, lo dejaron fuera de la ciudad.

17 Mientras los sacaban afuera, dijo uno: «¡Escápate, por vida tuya! No mires atrás ni te pares en toda la redonda. Escapa al monte, no vayas a ser barrido.» 18 Lot les dijo: «No, por favor, Señor mío. 19 Ya que este servidor tuyo te ha caído en gracia, y me has hecho el gran favor de dejarme con vida, mira que no puedo escaparme al monte sin riesgo de que me alcance el daño y la muerte. 20 Ahí cerquita está esa ciudad a donde huir. Es una pequeñez. ¡Mira, voy a escaparme allá —¿verdad que es una pequeñez?— y quedaré con vida!» 21 Le dijo: «Bien, te concedo también eso

19 Este castigo, continuación del relato anterior, ver **18** 1, muestra el poder universal de Yahvé y sus exigencias morales. Con frecuencia será evocado en la Biblia, Dt **29** 22; Is **1** 9; Jr **50** 40; Sb **10** 6-7; Mt **10** 15; Rm **9** 29.

19 8 El honor de una mujer tenía entonces, ver **12** 10+, menos valor que el deber de hospitalidad, ver Jc **19**.

de no arrasar la ciudad que has dicho. 22 Listo, escápate allá, porque no puedo hacer nada hasta que no entres allí.» Por eso se llamó aquella ciudad Soar.

23 El sol asomaba sobre el horizonte cuando Lot entraba en Soar. 24 Entonces Yahvé hizo llover sobre Sodoma y Gomorra azufre y fuego de parte de Yahvé. 25 Y arrasó aquellas ciudades y toda la redonda con todos los habitantes de las ciudades y la vegetación del suelo. 26 Su mujer miró hacia atrás y se convirtió en poste de sal.

27 Abrahán se levantó de madrugada y fue al lugar donde había estado en presencia de Yahvé. 28 Dirigió la vista en dirección de Sodoma y Gomorra y de toda la región de la redonda, y, al mirar, vio que subía de la tierra una humareda como la de una fogata.

29 Así pues, cuando Dios destruyó las ciudades de la redonda, se acordó de Abrahán y puso a Lot a salvo de la catástrofe, cuando arrasó las ciudades en que Lot habitaba.

Origen de los moabitas y amonitas*.

30 Subió Lot desde Soar y se quedó a vivir en el monte con sus dos hijas, temeroso de vivir en Soar. Él y sus dos hijas se instalaron en una cueva.

31 La mayor dijo a la pequeña: «Nuestro padre es viejo y no hay ningún hombre en el país que se una a nosotras, como se hace en todo el mundo. 32 Ven, vamos a darle vino a nuestro padre, nos acostaremos con él y así engendraremos descendencia.» 33 En efecto, aquella misma noche dieron vino a su padre; entró la mayor y se acostó con su padre, sin que él se enterara de cuándo se acostó ni cuándo se levantó. 34 Al día siguiente dijo la mayor a la pequeña: «Mira, yo me he acostado anoche con mi padre. Vamos a darle vino también esta noche, y entras tú a acostarte con él, y así engendraremos de nuestro padre descendencia.» 35 Dieron, pues, también aquella noche vino a su padre, y la pequeña se acostó con él, sin que él se enterara de cuándo se acostó ni cuándo se levantó. 36 Las dos hijas de Lot quedaron embarazadas de su padre. 37 La mayor dio a luz un hijo, y lo llamó Moab: es el padre de los actuales moabitas. 38 La pequeña también dio a luz un hijo, y lo llamó Ben Amí: es el padre de los actuales amonitas.

Abrahán en Guerar.

=**12** 10-20; =**26** 1-11.

20 1 Abrahán se trasladó de allí al país del Negueb, y se estableció entre Cades y Sur. Una vez avecindado en Guerar, 2 solía decir Abrahán de su mujer Sara: «Es mi hermana.» Entonces el rey de Guerar, Abimélec, envió por Sara y la tomó. 3 Pero vino Dios a Abimélec en un sueño nocturno y le dijo: «Date muerto por esa mujer que has tomado, pues está casada.» 4 Abimélec, que no se había acercado a ella, dijo: «Señor, ¿es que asesinas a la gente aunque sea honrada? 5 ¿No me dijo él a mí: 'Es mi hermana', y ella misma dijo: 'Es mi hermano'? Con corazón íntegro y con manos limpias he procedido.» 6 Le dijo Dios en el sueño: «También yo sé que has procedido con corazón íntegro, como que yo mismo te he estorbado de faltar contra mí. Por eso no te he dejado tocarla. 7 Pero ahora devuelve la mujer a ese hombre, porque es un profeta*; él rogará por ti para que vivas. Pero si no la devuelves, has de saber que morirás sin remedio, tú y todos los tuyos.»

8 Abimélec se levantó de mañana, llamó a todos sus siervos y les refirió todas estas cosas; los hombres se asustaron

19 30 Este incesto entre los supervivientes del cataclismo trataba de perpetuar la raza, Gn **38**; pero el escritor sagrado que lo cuenta, ver Lv **18** 6-18, parece ver aquí un oprobio para los dos pueblos enemigos de Israel.

20 7 En sentido amplio, el *nabí*, *profeta*, tiene relaciones personales con Dios, que hacen de él un intercesor. Ver Dt **34** 10; Nm **11** 2; **21** 7.

mucho. 9 Luego llamó Abimélec a Abrahán y le dijo: «¿Qué has hecho con nosotros, o en qué te he faltado, para que
trajeras sobre mí y mi reino una falta tan
grande? Lo que has hecho conmigo no
se hace.» 10 Y añadió Abimélec a Abrahán: «¿Qué te ha movido a hacer esto?»
11 Contestó Abrahán: «Es que me dije:
'Seguramente no hay temor de Dios en
este lugar, y van a asesinarme por mi
mujer.' 12 Pero es que, además, es cierto
que es hermana mía, hija de mi padre,
aunque no de mi madre, y vino a ser
mi mujer. 13 Y desde que Dios me hizo
vagar lejos de mi familia, le dije a ella:
Vas a hacerme este favor: allá donde
lleguemos dirás que soy tu hermano.»
14 Tomó Abimélec ovejas y vacas, siervos y esclavas, se los dio a Abrahán, y
le devolvió a su mujer Sara. 15 Después
dijo Abimélec: «Ahí tienes mi país por
delante: quédate donde se te antoje.»
16 A Sara le dijo: «Mira, he dado a tu
hermano mil monedas de plata, que
serán para ti y para los que están contigo como venda en los ojos, y de todo
esto serás justificada.» 17 Abrahán rogó
a Dios, que curó a Abimélec, a su mujer
y a sus concubinas, que tuvieron hijos;
18 pues Yahvé había cerrado absolutamente toda matriz de casa de Abimélec,
por lo de Sara, mujer de Abrahán.

Nacimiento de Isaac*.

21 1 Yahvé visitó a Sara como había
dicho, e hizo por ella lo que había prometido. 2 Concibió Sara y dio a
Abrahán un hijo en su vejez, en el plazo
predicho por Dios. 3 Abrahán puso al
hijo que le había nacido y que le trajo
Sara el nombre de Isaac. 4 Abrahán circuncidó a su hijo Isaac a los ocho días,
como se lo había mandado Dios. 5 Abrahán tenía cien años cuando le nació su
hijo Isaac. 6 Dijo Sara: «Dios me ha dado
de qué reír; todo el que lo oiga reirá
conmigo.» 7 Y añadió:

«¿Quién le habría dicho a Abrahán
que Sara amamantaría hijos?;
pues bien, yo le he dado un hijo en
su vejez.»

Expulsión de Agar e Ismael.

8 Creció el niño y fue destetado, y
Abrahán hizo un gran banquete el día
que destetaron a Isaac. 9 Cuando vio Sara al hijo que Agar la egipcia había dado
a Abrahán jugando con su hijo Isaac,
10 dijo a Abrahán: «Despide a esa criada
y a su hijo, pues no va a heredar el hijo
de esa criada juntamente con mi hijo,
con Isaac.» 11 Abrahán lo sintió muchísimo, por tratarse de su hijo, 12 pero
Dios dijo a Abrahán: «No lo sientas ni
por el chico ni por tu criada. Haz caso a
Sara en todo lo que te dice, pues, aunque en virtud de Isaac llevará tu nombre
una descendencia, 13 también del hijo
de la criada haré una gran nación, por
ser descendiente tuyo.» 14 Abrahán se
levantó de mañana, tomó pan y un odre
de agua y se lo dio a Agar; le puso al
hombro el niño y la despidió.

Ella se fue y anduvo por el desierto de
Berseba. 15 Como llegara a faltar el agua
del odre, echó al niño bajo una mata
16 y ella misma fue a sentarse enfrente, a
distancia como de un tiro de arco, pues
pensaba: «No quiero ver morir al niño.»
Sentada, pues, enfrente, se puso a llorar
a gritos.
17 Oyó Dios la voz del chico; el Ángel
de Dios llamó a Agar desde los cielos y
le dijo: «¿Qué te pasa, Agar? No temas,
porque Dios ha oído la voz del chico en
donde está. 18 ¡Arriba!, levanta al chico
y tómalo de la mano, porque he de convertirlo en una gran nación.» 19 Entonces abrió Dios los ojos de Agar y vio un
pozo de agua. Fue, llenó el odre de agua
y dio de beber al chico.
20 Dios asistió al chico, que se hizo
mayor y vivía en el desierto, y llegó a ser
un gran arquero. 21 Vivía en el desierto

21 Relato parelelo a **16**, recordando el parentesco de Isaac e Ismael, pero subrayando el lugar privilegiado de Isaac y de sus descendientes, **17** 20; **25** 12-16, en la obra de la salvación; ver Jn **8** 33-37; Rm **9** 7; Ga **4** 22-31; Hb **11** 18.

de Parán, y su madre tomó para él una
mujer del país de Egipto.

Abrahán y Abimélec en Berseba.

=**26** 15-33.

22 Sucedió por aquel tiempo que
Abimélec, junto con Picol, capitán de
su tropa, dijo a Abrahán: «Dios está
contigo en todo lo que haces. 23 Ahora,
pues, júrame por Dios aquí mismo sin
mentir, y tanto a mí como a mis hijos y
a mis nietos, que la misma benevolencia
que he mostrado contigo, la tendrás tú
conmigo y con el país donde te hemos
recibido como huésped.» 24 Abrahán
dijo: «Lo juro».
25 Entonces Abrahán se quejó a Abimélec con motivo de un pozo que habían usurpado los súbditos de Abimélec.
26 Dijo éste: «No sé quién ha hecho eso.
Ni tú me lo habías notificado, ni yo
había oído nada hasta hoy.» 27 Abrahán
tomó unas ovejas y vacas, se las dio a
Abimélec e hicieron los dos un pacto.
28 Abrahán puso siete corderas aparte.
29 Dijo Abimélec a Abrahán: «¿Para qué
son esas siete corderas que has apartado?» 30 Contestó: «Estas siete corderas
las vas a aceptar de mi mano, para
que me sirvan de testimonio de que yo
he excavado este pozo.» 31 Por eso se
llamó a aquel lugar Berseba, porque allí
juraron ambos.
32 Hicieron, pues, el pacto en Berseba; luego, se levantó Abimélec con Picol, capitán de su tropa, y se volvieron
al país de los filisteos. 33 Abrahán plantó
un tamarisco en Berseba e invocó allí el
nombre de Yahvé, Dios eterno. Abrahán estuvo residiendo en el país de los
filisteos muchos años.

Sacrificio de Abrahán*.

22 1 Después de estas cosas, Dios
tentó a Abrahán. Le dijo: «¡Abrahán, Abrahán!» Él respondió: «Aquí
estoy.» 2 Después añadió: «Toma a tu
hijo, a tu único, al que amas, a Isaac,
vete al país de Moria y ofrécelo allí en
holocausto en uno de los montes, el que
yo te diga.»
3 Abrahán se levantó de madrugada,
aparejó su burro y tomó consigo a dos
mozos y a su hijo Isaac. Partió la leña del
holocausto y se puso en marcha hacia
el lugar que le había dicho Dios. 4 Al
tercer día levantó Abrahán los ojos y
vio el lugar desde lejos. 5 Entonces dijo
Abrahán a sus mozos: «Quédense aquí
con el burro. Yo y el muchacho iremos
hasta allí, haremos adoración y volveremos donde ustedes.»
6 Tomó Abrahán la leña del holocausto, la cargó sobre su hijo Isaac, tomó
en su mano el fuego y el cuchillo, y se
fueron los dos juntos. 7 Dijo Isaac a su
padre Abrahán: «¡Padre!» Respondió:
«¿Qué hay, hijo?» —«Aquí está el fuego
y la leña, pero ¿dónde está el cordero
para el holocausto?» 8 Dijo Abrahán:
«Dios proveerá el cordero para el holocausto, hijo mío.» Y siguieron andando
los dos juntos.
9 Llegados al lugar que le había dicho
Dios, construyó allí Abrahán el altar y
dispuso la leña; luego ató a Isaac, su
hijo, y lo puso sobre el ara, encima de la
leña. 10 Alargó Abrahán la mano y tomó
el cuchillo para inmolar a su hijo.
11 Entonces le llamó el Ángel de Yahvé desde el cielo diciendo: «¡Abrahán,
Abrahán!» Él dijo: «Aquí estoy.» 12 Continuó el Ángel: «No alargues tu mano
contra el niño, ni le hagas nada, que
ahora ya sé que eres temeroso de Dios,
ya que no me has negado tu hijo, tu
único.»
13 Alzó Abrahán la vista y vio un
carnero trabado en un zarzal por los
cuernos. Fue Abrahán, tomó el carnero

22 Este relato justifica la prescripción del rescate de los primogénitos, Ex **13** 1+, y condena los sacrificios de niños practicados por los cananeos, Lv **18** 21+; pero expone también la culminación de la fe de Abrahán, **12**+; **15** 5-6; Sb **10** 5; Si **44** 20; Hb **11** 17-19; y St **2** 21-22. -*Moria* ha sido identificado, 2 Cro **3** 1, con la colina del templo de Jerusalén. Los Padres han visto en esta escena una figura de la pasión de Jesús, el Hijo único; ver ya Rm **8** 32.

y lo sacrificó en holocausto en lugar de su hijo. [14] Abrahán llamó a aquel lugar «Yahvé provee», de donde se dice hoy en día: «En el monte 'Yahvé se aparece'.»

[15] El Ángel de Yahvé llamó a Abrahán por segunda vez desde el cielo [16] y le dijo: «Por mí mismo juro, oráculo de Yahvé, que por haber hecho esto, por no haberme negado tu hijo, tu único, [17] yo te colmaré de bendiciones y acrecentaré muchísimo tu descendencia como las estrellas del cielo y como las arenas de la playa, y se adueñará tu descendencia de la puerta de sus enemigos. [18] Por tu descendencia se bendecirán todas las naciones de la tierra, en pago de haber obedecido tú mi voz.»

[19] Volvió Abrahán al lado de sus mozos y emprendieron la marcha juntos hacia Berseba. Y Abrahán se quedó en Berseba.

Descendencia de Najor.

[20] Después de estas cosas, se anunció a Abrahán: «También Milcá ha dado hijos a tu hermano Najor: [21] Us, su primogénito; Buz, hermano del anterior, y Quemel, padre de Aram, [22] Quésed, Jazó, Pildás, Yidlaf y Betuel.» [23] (Betuel engendró a Rebeca.) Estos ocho le dio Milcá a Najor, hermano de Abrahán. [24] Su concubina, llamada Reumá, también dio a luz a Tébaj, Gaján, Tajas y Maacá.

La tumba de los Patriarcas*.

23 [1] Sara vivió ciento veintisiete años. [2] Murió Sara en Quiriat Arbá —que es Hebrón— en el país de Canaán, y Abrahán hizo duelo por Sara y la lloró.

[3] Dejó después Abrahán a la difunta y fue a hablar con los hijos de Het en estos términos: [4] «Yo soy un simple forastero que reside entre ustedes. Denme una propiedad sepulcral entre ustedes, para retirar y sepultar a mi difunta.» [5] Respondieron los hijos de Het a Abrahán: [6] «A ver si nos entendemos, señor; tú eres un prestigioso jeque entre nosotros. Sepulta a tu difunta en el mejor de nuestros sepulcros. Ninguno de nosotros te negará su sepulcro, para que entierres a tu difunta.»

[7] Abrahán se levantó e hizo una reverencia a los paisanos, a los hijos de Het, [8] y les habló en estos términos: «Si están de acuerdo con que yo retire y sepulte a mi difunta, escúchenme e intercedan por mí ante Efrón, hijo de Sójar, [9] para que me dé la cueva de Macpelá*, que es suya y que está al borde de su finca. Que me la dé por lo que valga en propiedad sepulcral entre ustedes.» [10] Efrón estaba sentado entre los hijos de Het. Respondió, pues, Efrón el hitita a Abrahán, teniendo como testigos a los hijos de Het y a todos los que entraban por la puerta de la ciudad: [11] «No, señor, escúchame: te doy la finca y te doy también la cueva que hay en ella. Te la doy en presencia de los hijos de mi pueblo; sepulta a tu difunta.»

[12] Abrahán hizo una reverencia a los paisanos [13] y se dirigió a Efrón, en presencia de los paisanos, diciendo: «A ver si nos entendemos. Te doy el precio de la finca; acéptamelo y enterraré allí a mi difunta.» [14] Respondió Efrón a Abrahán: [15] «Señor mío, escúchame: Cuatrocientos siclos de plata por un terreno, ¿qué nos suponen a ti y a mí? Sepulta a tu difunta.» [16] Abrahán accedió y pesó a Efrón la plata que éste había pedido, teniendo como testigos a los hijos de Het: cuatrocientos siclos de plata corriente de mercader.

[17] Así fue como la finca de Efrón que está en Macpelá, frente a Mambré, la finca y la cueva que hay en ella y todos los árboles que rodean la finca por todos sus lindes, todo ello vino a ser [18] propiedad de Abrahán, teniendo como testi-

23 Cuando Abrahán obtiene un derecho de ciudadanía en Canaán, la promesa de la Tierra, **12** 7; **13** 15; **15** 17; **17** 8; Ex **6** 4, comienza a realizarse. Ver **50** 12-13.

23 9 Esta gruta ha sido localizada por una tradición muy antigua en el actual *Jaram* de Hebrón.

gos a los hijos de Het y a todos los
que entraban por la puerta de la ciudad.
[19] Después Abrahán sepultó a su mujer
Sara en la cueva del campo de Macpelá,
frente a Mambré (es Hebrón), en Canaán. [20] Así fue como aquel campo y
la cueva que hay en él llegaron a ser
de Abrahán como propiedad sepulcral,
recibida de los hijos de Het.

Casamiento de Isaac.

24 [1] Abrahán era ya un viejo entrado en años, y Yahvé había
bendecido a Abrahán en todo. [2] Abrahán dijo al siervo más viejo de su casa
y mayordomo de todas sus cosas: «Ven,
pon tu mano debajo de mi muslo*, [3] que
te voy a hacer jurar por Yahvé, Dios
de los cielos y Dios de la tierra, que no
tomarás mujer para mi hijo de entre las
hijas de los cananeos con los que vivo,
[4] sino que irás a mi tierra y a mi patria
a tomar mujer para mi hijo Isaac.» [5] El
siervo respondió: «Tal vez no quiera la
mujer seguirme a este país. ¿Debo en tal
caso volver y llevar a tu hijo a la tierra
de donde saliste?» [6] Contestó Abrahán:
«Guárdate de llevar allá a mi hijo. [7] Yahvé, Dios de los cielos y Dios de la tierra,
que me tomó de mi casa paterna y de
mi patria, y que me habló y me juró,
diciendo: 'A tu descendencia daré esta
tierra', él enviará su Ángel delante de ti,
y tomarás de allí mujer para mi hijo. [8] Si
la mujer no quisiera seguirte, no responderás de este juramento que te tomo.
En todo caso, no lleves allá a mi hijo.»
[9] El siervo puso su mano debajo del
muslo de su señor Abrahán y le prestó
juramento según lo hablado.

[10] Tomó el siervo diez camellos de los
de su señor y de las cosas mejores de su
señor y se puso en marcha hacia Aram
Naharáin, hacia la ciudad de Najor. [11] Hizo arrodillar a los camellos fuera de la ciudad junto al pozo, al atardecer, a la hora
de salir las aguadoras, [12] y dijo: «Yahvé,
Dios de mi señor Abrahán: dame suerte
hoy y muéstrate fiel con mi señor Abrahán. [13] Voy a quedarme parado junto a
la fuente, mientras las hijas de los ciudadanos salen a sacar agua. [14] Ahora bien,
la muchacha a quien yo diga: 'Inclina,
por favor, tu cántaro para que yo beba',
y ella responda: 'Bebe, y también voy
a abrevar tus camellos', ésa sea la que
tienes designada para tu siervo Isaac, y
por ello conoceré que te muestras fiel
con mi señor.»

[15] Apenas había acabado de hablar,
cuando apareció Rebeca, hija de Betuel, hijo de Milcá, la mujer de Najor,
hermano de Abrahán, con su cántaro
al hombro. [16] La joven era de muy buen
ver, virgen, que no había conocido varón. Bajó a la fuente, llenó su cántaro y
subió. [17] El siervo corrió a su encuentro
y le dijo: «Dame un poco de agua de tu
cántaro.» [18] «Bebe, señor», dijo ella; y,
bajando en seguida el cántaro sobre su
brazo, le dio de beber. [19] Cuando acabó
de darle, añadió: «También para tus camellos voy a sacar, hasta que se hayan
saciado.» [20] Vació rápidamente su cántaro en el abrevadero y, corriendo otra
vez al pozo, sacó agua para todos los
camellos. [21] El hombre la contemplaba
callado, para saber si Yahvé había dado
éxito o no a su misión.

[22] En cuanto los camellos acabaron
de beber, tomó el hombre un anillo de
oro de medio siclo de peso y lo colocó
en la nariz de la joven, y luego puso
en sus brazos un par de brazaletes de
diez siclos de oro. [23] Después le dijo:
«¿De quién eres hija? Dime: ¿hay en
casa de tu padre sitio para pasar la
noche?» [24] Ella le dijo: «Soy hija de
Betuel, el hijo que Milcá dio a Najor.»
[25] Y agregó: «También tenemos paja
y forraje en abundancia, y sitio para
pasar la noche.» [26] Entonces se postró
el hombre y adoró a Yahvé [27] diciendo:
«Bendito sea Yahvé, el Dios de mi señor
Abrahán, que no ha retirado su favor y
su lealtad* para con mi señor. Yahvé me

24 2 El contacto con los órganos vitales, **47** 29, hace inquebrantable el juramento.

24 27 La Biblia asocia muy frecuentemente la *gracia* (o *favor*) de Dios y su *lealtad*, v. 49;

ha traído a parar a casa del hermano de mi señor.»

28 La joven corrió a anunciar a casa de su madre todas estas cosas. 29 Tenía Rebeca un hermano llamado Labán. Éste corrió donde el hombre, afuera, a la fuente. 30 En efecto, en cuanto vio el anillo y los brazaletes en los brazos de su hermana y oyó decir a su hermana Rebeca: «Así me ha hablado aquel hombre», se llegó adonde él. Lo encontró todavía junto a los camellos, cerca de la fuente, 31 y le dijo: «Ven, bendito de Yahvé. ¿Por qué te quedas parado fuera, si yo he desocupado la casa y he hecho sitio para los camellos?» 32 El hombre entró en la casa; Labán desaparejó los camellos y les dio paja y forraje. Y ofreció al hombre y a sus acompañantes agua para lavarse los pies.

33 Después les sirvió de comer, pero el otro dijo: «No comeré hasta no haber dicho lo que tengo que decir.» A lo que respondió Labán: «Habla.» 34 «Yo soy, dijo, siervo de Abrahán. 35 Yahvé ha bendecido con largueza a mi señor, que se ha hecho rico, pues le ha dado ovejas y vacas, plata y oro, siervos y esclavas, camellos y burros. 36 Y Sara, la mujer de mi señor, envejecida ya, dio a luz un hijo a mi señor, que le ha cedido todo cuanto posee. 37 En cuanto a mí, mi señor me ha tomado juramento, diciendo: 'No tomarás mujer para mi hijo de entre las hijas de los cananeos en cuyo país resido. 38 ¡Como no vayas a casa de mi padre y a mi parentela a tomar mujer para mi hijo...!' 39 Yo dije a mi señor: '¿Y si no me sigue la mujer?' 40 A lo que él respondió: 'Yahvé, en cuya presencia he andado, enviará su Ángel contigo y dará éxito a tu viaje, y así tomarás mujer para mi hijo de mi parentela y de la casa de mi padre. 41 Entonces quedarás libre de mi maldición, cuando llegues a mi parentela; y, si no te la dieren, también quedarás libre de mi maldición.' 42 Pues bien: llego hoy a la fuente y me digo: 'Yahvé, Dios de mi señor Abrahán, si en efecto das éxito a este mi viaje, 43 aquí me quedo parado junto a la fuente. La doncella que salga a sacar agua, y yo le diga: Dame de beber un poco de agua de tu cántaro, 44 y ella me responda: Bebe tú, y voy a sacar también para tus camellos, ésa será la mujer que Yahvé tiene destinada para el hijo de mi señor.' 45 Apenas había acabado de hablar conmigo mismo, cuando aparece Rebeca con su cántaro al hombro; bajó a la fuente y sacó agua. Yo le dije: 'Dame de beber', 46 y en seguida bajó su cántaro del hombro y dijo: 'Bebe, y también voy a abrevar tus camellos.' Bebí, pues, y ella abrevó también los camellos. 47 Yo le pregunté: '¿De quién eres hija?' Me respondió: 'Soy hija de Betuel, el hijo que Milcá dio a Najor.' Entonces puse el anillo en su nariz y los brazaletes en sus brazos, 48 y postrándome adoré a Yahvé y bendije a Yahvé, el Dios de mi señor Abrahán, que me había puesto en el buen camino para tomar a la hija del hermano de mi señor para su hijo. 49 Ahora, pues, díganme si están dispuestos a usar de favor y lealtad para con mi señor, y si no, díganmelo también, para que yo tome una u otra decisión.»

50 Respondieron Labán y Betuel: «De Yahvé ha salido este asunto. Nosotros no podemos decirte que está mal o que está bien. 51 Ahí tienes a Rebeca: tómala y vete, y sea ella mujer del hijo de tu señor, como ha dicho Yahvé.» 52 Cuando el siervo de Abrahán oyó lo que decían, adoró a Yahvé rostro en tierra. 53 Acto seguido sacó el siervo objetos de plata y oro y vestidos, y se los dio a Rebeca. También hizo regalos a su hermano y a su madre.

54 Luego comieron y bebieron, él y los hombres que lo acompañaban, y pasaron la noche. Por la mañana se levantaron, y él dijo: «Permítanme que marche donde mi señor.» 55 El hermano y la madre de Rebeca respondieron: «Que

32 11; Ex **34** 6; Sal **25** 10+; **40** 11-12; etc., lo que expresa la estabilidad de los lazos establecidos por Dios entre él y su pueblo, ver Os **2** 21+.

se quede la chica con nosotros unos
días, por ejemplo diez. Luego se irá.»
56 Mas él les dijo: «No me retrasen.
Puesto que Yahvé ha dado éxito a
mi viaje, déjenme salir para que vaya
donde mi señor.» 57 Ellos contestaron:
«Llamemos a la joven y le preguntamos su opinión.» 58 Llamaron, pues,
a Rebeca y le preguntaron: «¿Qué?,
¿te vas con este hombre?» «Me voy»,
contestó ella. 59 Entonces despidieron
a su hermana Rebeca con su nodriza,
y al siervo de Abrahán y a sus hombres. 60 Y bendijeron a Rebeca con
estas palabras:

«¡Oh hermana nuestra, que llegues a
convertirte
en millares de miriadas,
y conquiste tu descendencia
la puerta de sus enemigos!»

61 Rebeca se levantó con sus doncellas
y, montadas en los camellos, siguieron
al hombre. El siervo tomó a Rebeca y
se fue.
62 Entretanto, Isaac había venido del
pozo de Lajay Roí, pues habitaba en el
país del Negueb. 63 Una tarde había salido Isaac de paseo por el campo, cuando, al alzar la vista, vio que venían unos
camellos. 64 Rebeca a su vez alzó sus ojos
y, viendo a Isaac, se apeó del camello.
65 Luego dijo al siervo: «¿Quién es aquel
hombre que camina por el campo a
nuestro encuentro?» Dijo el siervo: «Es
mi señor.» Entonces ella tomó el velo y
se cubrió.
66 El siervo contó a Isaac todo lo que
había hecho, 67 e Isaac introdujo a Rebeca en la tienda, tomó a Rebeca, que
pasó a ser su mujer, y él la amó. Así
se consoló Isaac por la pérdida de su
madre.

La descendencia de Queturá.
‖1 Cro **1** 32-33.

25 1 Abrahán volvió a tomar otra
mujer, llamada Queturá. 2 Ésta
le dio a Zimrán, Yocsán, Medán, Madián, Yisbac y Súaj. —3 Yocsán engendró a Seba y a Dedán. Hijos de Dedán
fueron los asuritas, los letusíes y los
leumíes.— 4 Hijos de Madián: Efá, Éfer,
Henoc, Abidá y Eldaá. Todos éstos, hijos de Queturá.
5 Abrahán dio todo cuanto tenía a
Isaac. 6 A los hijos de las concubinas
que tenía Abrahán les hizo donaciones
y, viviendo aún él, los separó de Isaac,
enviándolos hacia levante, al país de
Oriente.

Muerte de Abrahán.

7 Éstos fueron los días de vida de Abrahán: ciento setenta y cinco años. 8 Expiró, pues, Abrahán y murió en buena
ancianidad, viejo y lleno de días, y fue a
juntarse con su pueblo. 9 Sus hijos Isaac e
Ismael lo sepultaron en la cueva de Macpelá, al borde de la finca de Efrón, hijo
de Sójar, el hitita, enfrente de Mambré.
10 Era la finca que Abrahán había comprado a los hijos de Het; allí fue sepultado
Abrahán con su mujer Sara. 11 Después
de la muerte de Abrahán, bendijo Dios
a su hijo Isaac. Isaac se estableció en las
inmediaciones del pozo de Lajay Roí.

Descendientes de Ismael.
‖1 Cro **1** 29-31.

12 Éstos son los descendientes de Ismael, hijo de Abrahán, el que tuvo
Abrahán de Agar la egipcia, esclava de
Sara; 13 y éstos son los nombres de los
hijos de Ismael, por orden de nacimiento: El primogénito de Ismael, Nebayot;
después, Quedar, Adbeel, Mibsán, 14 Mismá, Dumá, Masá, 15 Jadad, Temá, Yetur,
Nafís y Quedmá. 16 Éstos son los hijos
de Ismael, y éstos sus nombres según
sus poblados y sus campamentos: doce
caudillos de otros tantos pueblos.
17 Y éstos fueron los años de vida de
Ismael: ciento treinta y siete años. Luego expiró y murió, y fue a juntarse con
su pueblo. 18 Ocupó desde Javilá hasta
Sur, que cae enfrente de Egipto, según
se va a Asur. Se estableció enfrente de
todos sus hermanos.

III. Historia de Isaac y de Jacob

Nacimiento de Esaú y de Jacob.

19 Ésta es la historia de Isaac, hijo de
Abrahán:
Abrahán engendró a Isaac. 20 Tenía
Isaac cuarenta años cuando tomó por
mujer a Rebeca, hija de Betuel, el arameo de Padán Aram, y hermana de Labán el arameo. 21 Isaac suplicó a Yahvé
en favor de su mujer, pues era estéril.
Yahvé le fue propicio y concibió su mujer
Rebeca. 22 Pero los hijos se entrecho-
caban en su seno. Ella se dijo: «Siendo
así, ¿para qué vivir?» Y fue a consultar a
Yahvé*.
23 Yahvé le dijo:
«Dos pueblos hay en tu vientre,
dos naciones que, al salir de tus
entrañas, se dividirán.
La una oprimirá a la otra;
el mayor servirá al pequeño*.»
24 Se le cumplieron los días de dar a
luz, y resultó que había dos mellizos en
su vientre. 25 Salió el primero, rubicun-
do todo él, como una pelliza de zalea, y
le llamaron Esaú. 26 Después salió su
hermano, cuya mano agarraba el talón
de Esaú, y se llamó Jacob*. Isaac tenía
sesenta años cuando los engendró.
27 Crecieron los muchachos. Esaú
llegó a ser un cazador experto, un hombre montaraz, y Jacob un hombre muy
casero. 28 Isaac quería a Esaú, porque
le gustaba la caza, y Rebeca quería a
Jacob.

Esaú vende la primogenitura.

29 Una vez, Jacob había preparado
un guiso cuando llegó Esaú del campo,
agotado. 30 Dijo Esaú a Jacob: «Oye,
dame a probar de lo rojo, de eso rojo,
porque estoy agotado.» —Por eso se le
llamó Edom.— 31 Dijo Jacob: «Véndeme
ahora mismo tu primogenitura.» 32 Dijo
Esaú: «Estoy que me muero. ¿Qué me
importa la primogenitura?» 33 Dijo Jacob: «Júramelo ahora mismo.» Y él se
lo juró, vendiendo su primogenitura
a Jacob. 34 Jacob dio a Esaú pan y el
guiso de lentejas, y éste comió y bebió,
se levantó y se fue. Así desdeñó Esaú la
primogenitura.

Isaac en Guerar.
=**12** 10-20; =**20**.

26 1 Hubo hambre en el país
—aparte de la primera que tuvo
lugar en tiempo de Abrahán— y fue
Isaac a Guerar, adonde Abimélec, rey
de los filisteos. 2 Yahvé se le apareció y
le dijo*: «No bajes a Egipto. Quédate en
la tierra que yo te indique. 3 Reside en
esta tierra, y yo te asistiré y bendeciré;
porque a ti y a tu descendencia he de
dar todas estas tierras, y mantendré el
juramento que hice a tu padre Abrahán.
4 Multiplicaré tu descendencia como las
estrellas del cielo, y daré a tu descendencia todas estas tierras. Y por tu descendencia se bendecirán todas las naciones
de la tierra, 5 en pago de que Abrahán
me obedeció y guardó mis observancias, mis mandamientos, mis preceptos
y mis instrucciones.» 6 Se estableció,
pues, Isaac en Guerar.
7 Los del lugar le preguntaban por
su mujer, y él decía: «Es mi hermana.»
En efecto, le daba reparo decir: «Es mi
mujer», no fueran a matarla los del lugar
por causa de Rebeca, ya que ella era de
buen ver. 8 Ya llevaba largo tiempo allí,
cuando aconteció que Abimélec, rey de
los filisteos, atisbando por una ventana,
observó que Isaac estaba solazándose

25 22 Ver Ex **33** 7+; 1 S **14** 41+. Aquí se trataría de acudir a un lugar sagrado.

25 23 La lucha de los dos niños en el seno materno anuncia la elección de Jacob por Yahvé, ver **21** 1; **27** 1; Jr **9** 3; Os **12** 4, y la hostilidad de los Edomitas y de los Israelitas, ver **27** 41; Ml **1** 2-5; Rm **9** 10-13.

25 26 Todo este pasaje, en hebreo, es un juego de palabras con la etimología de los dos nombres.

26 2 Las promesas hechas a Abrahán, **12**+, son aquí renovadas a favor de Isaac.

con su mujer Rebeca. [9] Llama Abimélec a Isaac y le dice: «¡Conque es tu mujer! ¿Pues cómo has venido diciendo: Es mi hermana?» Le dice Isaac: «Es que me dije: A ver si voy a morir por causa de ella.» [10] Replicó Abimélec: «¿Qué es lo que nos has hecho? Si por acaso llega a acostarse cualquiera del pueblo con tu mujer, tú nos habrías echado la culpa.» [11] Entonces Abimélec ordenó a todo el pueblo: «Quien toque a este hombre o a su mujer, morirá sin remedio.»

[12] Isaac sembró en aquella tierra y cosechó aquel año el ciento por uno. Yahvé lo bendecía [13] y el hombre se enriquecía, se iba enriqueciendo más y más hasta que se hizo riquísimo. [14] Tenía rebaños de ovejas y vacadas y copiosa servidumbre. Los filisteos le tenían envidia.

Los pozos entre Guerar y Berseba*.
=**21** 25-31.

[15] Todos los pozos que habían cavado los siervos de su padre —en tiempos de su padre Abrahán— los habían cegado los filisteos, llenándolos de tierra. [16] Entonces Abimélec dijo a Isaac: «Apártate de nuestro lado, porque te has hecho mucho más poderoso que nosotros.» [17] Isaac se fue de allí y acampó en la vaguada de Guerar, estableciéndose allí. [18] Isaac volvió a cavar los pozos de agua que habían cavado los siervos de su padre Abrahán, y que los filisteos habían cegado después de la muerte de Abrahán, y les puso los mismos nombres que les había puesto su padre.

[19] Cavaron los siervos de Isaac en la vaguada y encontraron allí un pozo de aguas vivas. [20] Pero riñeron los pastores de Guerar con los pastores de Isaac, diciendo: «El agua es nuestra.» Él llamó al pozo Ésec, ya que se habían querellado con él. [21] Excavaron otro pozo, y también riñeron por él: lo llamó Sitná. [22] Partió de allí y cavó otro pozo, y ya no riñeron por él: lo llamó Rejobot, y dijo: «Ahora Yahvé nos ha dado desahogo y prosperaremos en esta tierra.»

[23] De allí subió a Berseba. [24] Yahvé se le apareció aquella noche y dijo:
«Yo soy el Dios de tu padre Abrahán*.
No temas, porque yo estoy contigo.
Te bendeciré y multiplicaré tu descendencia
por amor de Abrahán, mi siervo.»

[25] Construyó allí un altar e invocó el nombre de Yahvé. Allí desplegó su tienda, y los siervos de Isaac perforaron allí un pozo.

Alianza con Abimélec.
=**21** 22-33.

[26] Entonces Abimélec fue adonde él desde Guerar, con Ajuzat, uno de sus familiares, y Picol, capitán de su tropa. [27] Les dice Isaac: «¿Cómo vienen a mí, si me han sido hostiles y me han echado de su compañía?» [28] Contestaron ellos: «Hemos visto claramente que Yahvé se ha puesto de tu parte, y nos hemos dicho: Mejor es que haya un juramento entre nosotros, entre tú y nosotros, y que hagamos un pacto contigo, [29] de que no nos harás mal, como tampoco nosotros te hemos tocado a ti; no te hemos hecho sino bien, y te hemos dejado ir en paz, ¡oh bendito de Yahvé!» [30] Él les dio un banquete, y comieron y bebieron.

[31] Se levantaron de madrugada y se hicieron mutuo juramento; luego Isaac los despidió, y se fueron en paz de su lado. [32] Aquel mismo día llegaron unos siervos de Isaac y le dieron la noticia del pozo que habían cavado, diciéndole: «Hemos hallado agua.» [33] Él lo llamó Seba, de donde el nombre de la ciudad de Berseba, hasta la fecha.

26 15 El Gn atribuye a los patriarcas, pastores de rebaños, la perforación de numerosos pozos (pero no la del *pozo de Jacob*, Jn **4** 6).

26 24 La religión de los patriarcas es la de un pueblo nómada. Su Dios es el «Dios del Padre», **28** 13; **31** 5; **32** 10; etc., que se ha manifestado a un antepasado del clan para ofrecerle su protección y prometerle descendencia y tierras; ver **12**+ y **15**+.

Esaú se casa con mujeres hititas.

34 Cuando Esaú tenía cuarenta años,
tomó por mujeres a Judit, hija de Beerí
el hitita, y a Basmat, hija de Elón el
hitita, 35 que fueron causa de amargura
para Isaac y Rebeca.

Jacob suplanta a Esaú en la bendición paterna*.

27 1 Como hubiera envejecido Isaac
y ya no viera por tener debili-
tados sus ojos, llamó a Esaú, su hijo mayor, y le dijo: «¡Hijo mío!» Él respondió:
«Aquí estoy.» 2 «Mira, dijo, me he hecho
viejo e ignoro el día de mi muerte. 3 Así
pues, toma tus saetas, tu aljaba y tu arco, sal al campo y me cazas alguna pieza. 4 Luego me haces un guiso suculento, como a mí me gusta, y me lo traes
para que lo coma, a fin de bendecirte
antes de morir.» —5 Ahora bien, Rebeca estaba escuchando la conversación
de Isaac con su hijo Esaú.— Esaú se
fue al campo a cazar alguna pieza para
el padre, 6 y entonces Rebeca dijo a su
hijo Jacob: «Acabo de oír a tu padre que
hablaba con tu hermano Esaú y le decía:
7 Tráeme caza y hazme un guiso suculento para que yo lo coma y te bendiga
delante de Yahvé antes de morir. 8 Pues
bien, hijo mío, hazme caso en lo que
voy a recomendarte. 9 Ve al rebaño y
tráeme de allí dos cabritos hermosos.
Yo haré con ellos un guiso suculento
para tu padre, como a él le gusta, 10 y tú
se lo presentas a tu padre, que lo comerá, para que te bendiga antes de morir.»
11 Jacob dijo a su madre Rebeca: «¡Pero si mi hermano Esaú es velludo, y yo
soy lampiño! 12 ¡A ver si me palpa mi padre y le parece que estoy mofándome de
él! ¡Entonces me habré buscado una maldición en vez de una bendición!» 13 Le
dice su madre: «¡Sobre mí tu maldición,
hijo mío! Tú obedéceme y basta; ve y me
los traes.» 14 Él fue a buscarlos y los llevó
a su madre, que hizo un guiso suculento,
como le gustaba a su padre. 15 Después
tomó Rebeca ropas de Esaú, su hijo mayor, las más preciosas que tenía en casa,
y vistió a Jacob, su hijo pequeño. 16 Luego, con las pieles de los cabritos le cubrió
las manos y la parte lampiña del cuello,
17 y puso el guiso y el pan que había
hecho en las manos de su hijo Jacob.
18 Éste entró adonde su padre y dijo:
«¡Padre!» Él respondió: «Aquí estoy;
¿quién eres, hijo?» 19 Jacob dijo a su
padre: «Soy tu primogénito Esaú. He
hecho como dijiste. Anda, levántate,
siéntate y come de mi caza, para que
me bendigas.» 20 Dice Isaac a su hijo:
«¡Qué listo has andado en hallarla, hijo!»
Respondió: «Sí; es que Yahvé, tu Dios,
me la puso delante.» 21 Dice Isaac a
Jacob: «Acércate, que te palpe, hijo, a
ver si realmente eres o no mi hijo Esaú.»
22 Jacob se acercó a su padre Isaac, que
lo palpó y dijo: «La voz es la de Jacob,
pero las manos son las manos de Esaú.»
23 Y no lo reconoció, porque sus manos
estaban velludas, como las de su hermano Esaú. Luego se dispuso a bendecirlo. 24 Dijo, pues: «¿Eres tú realmente
mi hijo Esaú?» Respondió: «El mismo.»
25 Dijo entonces: «Acércamelo, que
coma de la caza, hijo, para que pueda
bendecirte.» Le acercó la caza y comió;
le trajo también vino, y bebió. 26 Luego
le dice su padre Isaac: «Acércate y bé-
same, hijo.» 27 Él se acercó y lo besó, y
al aspirar Isaac el aroma de sus ropas, lo
bendijo diciendo:

«Es el aroma de mi hijo
como el aroma de un campo
que ha bendecido Yahvé.
28 ¡Pues que Dios te dé el rocío del
cielo
y la grosura de la tierra,
cantidad de trigo y mosto!
29 Que te sirvan pueblos,
y te adoren naciones,

27 El relato primitivo celebra la astucia de Jacob a costa de su hermano, ver **25** 24-34; pero el autor sagrado ha señalado discretamente su reprobación para Rebeca y su piedad para Esaú. Esta mentira, dentro de una moral todavía imperfecta, ver **12** 10+, ilustra la libre elección de Dios que prefiere a Jacob, **25** 23+.

sé señor de tus hermanos
y te adoren los hijos de tu madre.
¡Quien te maldiga, maldito sea,
y quien te bendiga, sea bendito*!»

30 Así que hubo concluido Isaac de
bendecir a Jacob, y justo cuando acababa de salir Jacob de la presencia de su
padre Isaac, llegó su hermano Esaú de
su cacería. 31 Hizo también él un guiso
suculento y, llevándoselo a su padre, le
dijo: «Levántese mi padre y coma de la
caza de su hijo, para que puedas ben-
decirme.» 32 Le dice su padre Isaac:
«¿Quién eres tú?» Contestó: «Soy tu hijo
primogénito, Esaú.» 33 A Isaac le entró
un temblor fuerte, y le dijo: «Pues entonces, ¿quién es uno que ha cazado una
pieza y me la ha traído? Porque de hecho yo he comido antes que tú vinieras,
y lo he bendecido, y bendito está*.» 34 Al
oír Esaú las palabras de su padre, lanzó
un grito fuerte y por extremo amargo,
y dijo a su padre: «¡Bendíceme también
a mí, padre mío!» 35 Le respondió:
«Ha venido astutamente tu hermano
y se ha llevado tu bendición.» 36 Dijo
Esaú: «Con razón se llama Jacob, pues
me ha suplantado dos veces: se llevó
mi primogenitura y ahora se ha llevado mi bendición.» Y añadió: «¿No has
reservado alguna bendición para mí?»
37 Respondió Isaac y dijo a Esaú: «Mira,
lo he puesto por señor tuyo, le he dado
por siervos a todos sus hermanos y le he
abastecido de trigo y vino. Según eso,
¿qué voy a hacer por ti, hijo mío?» 38 Dijo
Esaú a su padre: «¿Es que tu bendición es
única, padre mío? ¡Bendíceme también
a mí, padre mío!» Isaac guardó silencio y
Esaú alzó la voz y rompió a llorar. 39 Su
padre Isaac le dijo por respuesta:

«Lejos de la grosura de la tierra
será tu morada,
y lejos del rocío que baja del cielo.
40 De tu espada vivirás
y a tu hermano servirás.
Mas luego, cuando te hagas libre,
partirás su yugo de sobre tu cerviz*.»

=**27** 46-**28** 5.

41 Esaú se enemistó con Jacob a causa
de la bendición con que lo había bendecido su padre; y se dijo Esaú: «Se
acercan ya los días del luto por mi padre.
Entonces mataré a mi hermano Jacob.»
42 Se dio aviso a Rebeca de las palabras
de Esaú, su hijo mayor; y ella envió a
llamar a Jacob, su hijo pequeño, y le
dijo: «Mira, tu hermano Esaú va a vengarse de ti matándote. 43 Ahora, pues,
hijo mío, hazme caso: prepara tus cosas
y huye a Jarán, a donde mi hermano
Labán, 44 y te quedas con él una temporada, hasta que se calme la cólera de
tu hermano; 45 hasta que se calme la ira
de tu hermano contra ti, y olvide lo que
has hecho. Entonces enviaré yo a que te
traigan de allí. ¿Por qué he de perderlos
a ustedes dos en un mismo día?»

Isaac manda a Jacob a casa de Labán.

=**27** 41-45.

46 Rebeca dijo a Isaac: «Me da asco
vivir al lado de las hijas de Het. Si Jacob
toma mujer de las hijas de Het como
las que hay por aquí, ¿para qué seguir
viviendo?»

28 1 Llamó, pues, Isaac a Jacob, lo
bendijo y le dio esta orden: «No
tomes mujer de las hijas de Canaán.
2 Levántate y ve a Padán Aram, a casa
de Betuel, padre de tu madre, y toma
allí mujer de entre las hijas de Labán,
hermano de tu madre. 3 Que El Sadday
te bendiga, te haga fecundo y te acreciente, y que te conviertas en multitud
de pueblos. 4 Que te dé la bendición

27 29 Bendición de prosperidad campesina para Jacob, y también para Esaú, vv. 39-40, que alcanza a los pueblos que de ellos proceden.
27 33 De suyo las bendiciones y maldiciones son irrevocables, ver **9** 25+.
27 40 A pesar de su triple petición, Esaú no consigue más que una pobre promesa, ver vv. 28-29. Esaú-Edom, **25** 23+, vivirá fuera de la Palestina fértil, y estará sometido a Jacob-Israel, ver 2 S **8** 13-14; 2 R **8** 20-22.

de Abrahán a ti y a tu descendencia, para que te hagas dueño de la tierra donde has vivido y que Dios ha dado a Abrahán.» 5 Y despidió Isaac a Jacob, que se fue a Padán Aram, a casa de Labán, hijo de Betuel el arameo, hermano de Rebeca, la madre de Jacob y de Esaú.

Otro casamiento de Esaú.

6 Vio Esaú que Isaac había bendecido a Jacob, que lo enviaba a Padán Aram a tomar mujer allí y que, al bendecirlo, le había dado esta orden: «No tomes mujer de las hijas de Canaán», 7 y que Jacob, obedeciendo a su padre y a su madre, había marchado a Padán Aram. 8 Vio, pues, Esaú que las hijas de Canaán eran mal vistas de su padre Isaac, 9 y acudiendo Esaú a Ismael, tomó por mujer, además de las que tenía, a Majlat, hija de Ismael, el hijo de Abrahán, y hermana de Nebayot.

Sueño de Jacob*.

10 Jacob salió de Berseba y fue a Jarán. 11 Llegando a cierto lugar, se dispuso a pasar la noche allí, porque ya se había puesto el sol. Tomó una de las piedras del lugar, se la puso por cabezal y se acostó en aquel lugar. 12 Y tuvo un sueño. Soñó con una escalera apoyada en tierra, cuya cima tocaba los cielos, y vio que los ángeles de Dios subían y bajaban por ella. 13 Vio también que Yahvé estaba sobre ella y que le decía*: «Yo soy Yahvé, el Dios de tu padre Abrahán y el Dios de Isaac. La tierra en que estás acostado te la doy para ti y tu descendencia. 14 Tu descendencia será como el polvo de la tierra y te extenderás al poniente y al oriente, al norte y al mediodía; y por ti se bendecirán todos los linajes de la tierra, y por tu descendencia. 15 Yo estoy contigo; te guardaré por donde vayas y te devolveré a este solar. No, no te abandonaré hasta haber cumplido lo que te he dicho.» 16 Despertó Jacob de su sueño y se dijo: «¡Así pues, está Yahvé en este lugar y yo no lo sabía!» 17 Y, asustado, pensó: «¡Qué temible es este lugar! ¡Esto no es otra cosa sino la casa de Dios y la puerta del cielo!» 18 Jacob se levantó de madrugada y, tomando la piedra que se había puesto por cabezal, la erigió como estela y derramó aceite sobre ella*. 19 Y llamó a aquel lugar Betel, aunque el nombre primitivo de la ciudad era Luz.

20 Jacob hizo un voto, diciendo: «Si Dios me asiste y me guarda en este camino que recorro, y me da pan que comer y ropa con que vestirme, 21 y vuelvo sano y salvo a casa de mi padre, entonces Yahvé será mi Dios; 22 y esta piedra que he erigido como estela será Casa de Dios; y de todo lo que me des, te pagaré el diezmo.»

Llega Jacob a casa de Labán.

29 1 Jacob se puso en marcha hacia el país de los orientales. 2 De pronto divisó un pozo en el campo, y allí mismo tres rebaños de ovejas descansando junto a él, pues de aquel pozo se abrevaban los rebaños. Sobre la boca del pozo había una gran piedra. 3 Allí se reunían todos los rebaños: se revolvía la piedra de encima de la boca del pozo, abrevaban las ovejas y después colocaban la piedra en su sitio, sobre la boca del pozo. 4 Jacob les dijo (a los pastores): «Hermanos, ¿de dónde son?» Dijeron ellos: «Somos de Jarán.» 5 —«¿Conocen a Labán, hijo de Najor?» —«Lo conocemos.» 6 —«¿Se encuentra bien?» —«Muy bien; precisamente ahí llega

28 10 Al sueño de la escalera que lleva al cielo, va asociada una aparición de Yahvé, que renueva sus promesas, **12** 1-3+; **23** 1+; **25** 23+. Este episodio ha sido enriquecido más tarde con múltiples significados. Ver Jn **1** 51.

28 13 Esta vez es Jacob quien recibe las promesas, ver **12**+; **26** 2.

28 18 La piedra es una *bêt-'El*, *casa de Dios*, que localiza la presencia divina, y al mismo tiempo una *puerta del cielo* donde reside Dios, ver **21** 17; **22** 11; Ex **19** 11; **25** 8+; 1 R **8** 27; Is **66** 1; Dn **2** 37; etc.; ver Mt **6** 9-10; Jn **3** 13; etc.

Raquel, su hija, con las ovejas.» 7 Dijo él: «Todavía es muy de día, no es hora de recoger el ganado; abreven las ovejas y vayan a apacentarlas.» 8 Contestaron: «No podemos hasta que se reúnan todos los rebaños y se retire la piedra de la boca del pozo. Entonces abrevaremos las ovejas.»

9 Aún estaba él hablando con ellos, cuando llegó Raquel con las ovejas de su padre, pues era pastora. 10 En cuanto vio Jacob a Raquel, hija de Labán, el hermano de su madre, y las ovejas de Labán, hermano de su madre, se acercó Jacob, retiró la piedra de la boca y abrevó las ovejas de Labán, el hermano de su madre. 11 Jacob besó a Raquel y luego estalló en sollozos. 12 Jacob anunció a Raquel que era pariente de su padre e hijo de Rebeca. Ella echó a correr y se lo contó a su padre. 13 En cuanto oyó Labán hablar de Jacob, el hijo de su hermana, corrió a su encuentro, lo abrazó, lo besó y lo llevó a su casa. Entonces él contó a Labán toda esta historia, 14 y Labán le dijo: «En suma, que tú eres hueso mío y carne mía.» Y Jacob se quedó con él un mes cumplido.

Doble casamiento de Jacob.

15 Labán dijo a Jacob: «¿Acaso porque seas pariente mío has de servirme de balde? Indícame cuál será tu salario.» 16 Ahora bien, Labán tenía dos hijas: la mayor llamada Lía, y la pequeña, Raquel. 17 Los ojos de Lía eran tiernos. Raquel, en cambio, era de bella presencia y de buen ver. 18 Jacob estaba enamorado de Raquel. Así pues, dijo: «Te serviré siete años por Raquel, tu hija pequeña.» 19 Dijo Labán: «Mejor es dártela a ti que dársela a otro. Quédate conmigo.»

20 Sirvió, pues, Jacob por Raquel siete años, que se le antojaron como unos cuantos días, de tanto que la amaba. 21 Jacob dijo a Labán: «Dame mi mujer, que se ha cumplido el plazo y quiero casarme con ella.» 22 Labán juntó a todos los del lugar y dio un banquete. 23 Luego a la tarde tomó a su hija Lía y la llevó a Jacob, y éste se unió a ella. 24 Labán dio su esclava Zilpá como esclava de su hija Lía. 25 Se hizo de mañana, ¡y resultó que era Lía*! Jacob dijo a Labán: «¿Qué has hecho conmigo? ¿No te he servido por Raquel? ¿Pues por qué me has hecho trampa?» 26 Labán dijo: «No se usa en nuestro lugar dar la menor antes que la mayor. 27 Cumple esta semana y te daré también a la otra por el servicio que me has de prestar todavía otros siete años.» 28 Así lo hizo Jacob. Y, habiendo cumplido aquella semana, le dio por mujer a su hija Raquel. 29 Labán dio su esclava Bilhá como esclava de su hija Raquel. 30 Él se unió también a Raquel, y la amó más que a Lía, y sirvió en casa de su tío otros siete años más.

Hijos de Jacob*.

31 Vio Yahvé que Lía no era amada y la hizo fecunda, mientras que Raquel era estéril. 32 Lía quedó embarazada y dio a luz un hijo al que llamó Rubén, pues dijo: «Yahvé ha reparado en mi tristeza: ahora sí que me querrá mi marido.» 33 Concibió otra vez y dio a luz un hijo, y dijo: «Yahvé ha oído que yo era aborrecida y me ha dado también a éste.» Y lo llamó Simeón. 34 Concibió otra vez y dio a luz un hijo, y dijo: «Ahora, esta vez, mi marido se aficionará a mí, ya que le he dado tres hijos.» Por eso lo llamó Leví. 35 Concibió otra vez y dio a luz un hijo, y dijo: «Esta vez alabo a Yahvé.» Por eso lo llamó Judá, y dejó de dar a luz.

30 1 Vio Raquel que no daba hijos a Jacob y, celosa de su hermana, dijo a Jacob: «Dame hijos o me muero.» 2 Jacob se enfadó con Raquel y

29 25 Está vigente la costumbre de mantener velada a la novia hasta la noche de bodas, ver **24** 65.
29 31 Esta sección relaciona a las doce tribus de Israel con la descendencia de Jacob, **25** 23; ver **35** 16.23-26; **49**+. Muchos de los hijos del Patriarca no tendrán ningún papel en la continuación del relato. La rivalidad de Lía y de Raquel sirve para dar a los nombres etimologías a veces oscuras.

dijo: «¿Estoy yo acaso en el lugar de
Dios, que te ha negado el fruto del vientre?» 3 Ella dijo: «Ahí tienes a mi criada
Bilhá; únete a ella y que dé a luz sobre
mis rodillas: así también yo ahijaré de
ella.» 4 Le dio, pues, a su esclava Bilhá
por mujer; y Jacob se unió a ella. 5 Concibió Bilhá y dio a Jacob un hijo. 6 Y
dijo Raquel: «Dios me ha hecho justicia,
pues ha oído mi voz y me ha dado un
hijo.» Por eso lo llamó Dan. 7 Otra vez
concibió Bilhá, la esclava de Raquel, y
dio a Jacob un segundo hijo. 8 Y dijo
Raquel: «Me he trabado con mi hermana a brazo partido y la he podido»; y lo
llamó Neftalí.

9 Viendo Lía que había dejado de dar
a luz, tomó a su esclava Zilpá, y se la
dio a Jacob por mujer. 10 Y Zilpá, la esclava de Lía, dio a Jacob un hijo. 11 Lía
dijo: «¡Enhorabuena!» Y lo llamó Gad.
12 Zilpá, la esclava de Lía, dio a Jacob
un segundo hijo, 13 y dijo Lía: «¡Feliz de
mí!, pues me felicitarán las demás.» Y lo
llamó Aser.

14 Una vez fue Rubén, al tiempo de la
siega del trigo, y encontró en el campo
unas mandrágoras, que trajo a su madre
Lía. Dijo Raquel a Lía: «¿Quieres darme
las mandrágoras de tu hijo?» 15 Le respondió: «¿Es poco haberte llevado mi
marido, que encima vas a llevarte las
mandrágoras de mi hijo?» Dijo Raquel:
«Sea: que se acueste contigo Jacob esta
noche a cambio de las mandrágoras de
tu hijo.» 16 A la tarde, cuando Jacob volvió del campo, sale Lía a su encuentro y
le dice: «Tienes que venir conmigo porque he pagado por ti unas mandrágoras
de mi hijo.» Y él se acostó con ella aquella noche. 17 Dios oyó a Lía, que concibió
y dio un quinto hijo a Jacob. 18 Y dijo
Lía: «Dios me ha dado mi recompensa,
a mí, que tuve que dar mi esclava a mi
marido.» Y lo llamó Isacar. 19 Lía concibió
otra vez y dio el sexto hijo a Jacob. 20 Y
dijo Lía: «Me ha hecho Dios un buen
regalo. Ahora sí que me apreciará mi
marido, pues le he dado seis hijos.» Y lo
llamó Zabulón. 21 Después dio a luz una
hija, a la que llamó Dina.

22 Entonces se acordó Dios de Raquel.
Dios la oyó y abrió su seno, 23 y ella
concibió y dio a luz un hijo. Y dijo: «Ha
quitado Dios mi afrenta.» 24 Y lo llamó
José, como diciendo: «Añádame Yahvé
otro hijo.»

Prosperidad de Jacob.

25 Cuando Raquel hubo dado a luz a
José, dijo Jacob a Labán: «Déjame que
me vaya a mi lugar y a mi tierra. 26 Dame
a mis mujeres y a mis hijos por quienes
te he servido, para que me vaya; pues
bien sabes bajo qué condiciones te he
servido.» 27 Le dijo Labán: «¡Si en algo
me estimas!... Yo estaba bajo un male-
ficio, pero Yahvé me ha bendecido
gracias a ti.» 28 Y agregó: «Fíjame tu
paga, y te la daré.» 29 Le respondió: «Tú
sabes cómo te he servido, y cómo le fue
a tu ganado conmigo: 30 bien poca cosa
tenías antes de venir yo, pero ya se ha
multiplicado muchísimo, y Yahvé te ha
bendecido a mi llegada. Pues bien:
¿cuándo voy a hacer yo también algo
por mi casa?» 31 Dijo Labán: «¿Qué he
de darte?» Respondió Jacob: «No me
des nada. Si haces por mí esto, volveré
a apacentar tu rebaño. Fíjate bien:

32 Voy a desfilar hoy con todo tu
rebaño*. Aparta toda oveja negra y las
cabras pintas y manchadas, y eso será
mi paga, 33 y la garantía de mi honradez
el día de mañana. Cuando te presentes
a controlar mi paga, todo lo que no fuere pinto y manchado entre las cabras y
negro entre los corderos, será lo que he
robado.» 34 Dijo Labán: «Bien, sea como
dices.» 35 Y aquel mismo día apartó los
machos cabríos listados y manchados y
todas las cabras pintas y manchadas,
todo lo que tenía en sí algo de blanco,
así como todo lo negro entre las ovejas,
y lo confió a sus hijos, 36 interponiendo

30 32 El texto de los vv. 32-43 es de difícil interpretación. La historia, propia de pueblos seminómadas, debe de ser muy antigua. Con esta treta Jacob se desquita «honradamente» de su tío Labán.

tres jornadas de camino entre él y Jacob. Este último apacentaba el resto del rebaño de Labán.

37 Entonces Jacob se procuró unas varas verdes de álamo, de almendro y de plátano, y labró en ellas unas muescas blancas, dejando al descubierto lo blanco de las varas, 38 y clavó las varas así labradas en las pilas o abrevaderos a donde venían las reses a beber, justo delante de las reses, con lo que éstas se calentaban al acercarse a beber. 39 O sea, que se calentaban a la vista de las varas, y así parían crías listadas, pintas o manchadas. 40 Luego separó Jacob los machos, echándolos a lo listado y negro que ahora había en el rebaño de Labán, y así se fue formando unos hatajos propios, que no mezclaba con el rebaño de Labán. 41 Además, siempre que se calentaban las reses vigorosas, les ponía Jacob las varas ante los ojos en las pilas, para que se calentaran bajo el influjo de las varas; 42 mas, cuando el ganado estaba débil, no las ponía, de modo que las crías débiles eran para Labán, y las vigorosas para Jacob. 43 Así que éste se enriqueció muchísimo, y llegó a tener rebaños numerosos, y siervas y siervos y camellos y burros.

Fuga de Jacob.

31 1 Oyó Jacob que los hijos de Labán decían: «Jacob se ha apoderado de todo lo de nuestro padre, y con lo de nuestro padre ha hecho toda esa fortuna.» 2 Jacob observó el rostro de Labán y vio que ya no era para con él como hasta entonces. 3 Entonces Yahvé dijo a Jacob: «Vuélvete a la tierra de tus padres, a tu patria, y yo estaré contigo.» 4 Jacob envió a llamar a Raquel y a Lía al campo, donde estaba su rebaño, 5 y les dijo: «Vengo observando que el padre de ustedes ya no me mira como antes; pero el Dios de mi padre ha estado conmigo. 6 Ustedes saben que he servido a su padre con todas mis fuerzas; 7 pero su padre ha trampeado conmigo y ha cambiado mi retribución una docena de veces, si bien Dios no le ha dejado perjudicarme. 8 Si él decía: Tu paga serán las reses pintas, entonces todas las ovejas parían pintas. Y si decía: Tu paga será lo listado, entonces todas las ovejas parían listado. 9 De esta suerte Dios ha quitado el ganado a su padre y me lo ha dado a mí. 10 Pues bien: en la época de calentarse el rebaño, alcé los ojos y vi en un sueño cómo los machos que montaban al rebaño eran listados, pintos y salpicados. 11 Y me dijo el Ángel de Dios en aquel sueño: '¡Jacob!' Yo respondí: 'Aquí estoy.' 12 Y añadió: 'Alza la vista y verás que todos los machos que montan al rebaño son listados, pintos y salpicados. Es que he visto todo lo que Labán te ha hecho. 13 Yo soy el Dios que se te apareció en Betel, donde ungiste una estela y donde me hiciste aquel voto. Ahora, levántate, sal de esta tierra y vuelve a tu país natal'.»

14 Raquel y Lía le contestaron: «¿Es que tenemos aún parte o herencia en la casa de nuestro padre? 15 ¿No hemos sido consideradas como extrañas para él, puesto que nos vendió y, por comerse, incluso se comió nuestra plata? 16 Así que toda la riqueza que ha quitado Dios a nuestro padre nuestra es y de nuestros hijos. Conque todo lo que te ha dicho Dios, hazlo.»

17 Se levantó Jacob, montó a sus hijos y a sus mujeres en los camellos, 18 y se llevó todo su ganado y toda la hacienda que había adquirido, el ganado de su propiedad, que había adquirido en Padán Aram, para irse a donde su padre Isaac a Canaán. 19 Como Labán había ido a esquilar sus ovejas, Raquel robó los ídolos familiares* que tenía su padre, 20 y Jacob actuó a hurtadillas de Labán el arameo, no dándole ningún indicio de que se fugaba. 21 En efecto, se fugó con todo lo suyo; se levantó, pasó el Río* y enderezó hacia la montaña de Galaad.

31 19 *Ídolos familiares*, en hebreo *terafim*. Ver Jc **17** 5+.

31 21 *El Río* designa al Éufrates.

Labán da alcance a Jacob.

22 Al tercer día recibió Labán la noticia de que Jacob se había fugado. 23 Entonces tomó a sus parientes consigo y, tras siete jornadas de persecución, le dio alcance en la montaña de Galaad. 24 Pero aquella noche vino Dios en sueños a Labán el arameo y le dijo: «Guárdate de hablar nada con Jacob, ni bueno ni malo.» 25 Alcanzó, pues, Labán a Jacob. Éste había instalado su tienda en la montaña y Labán instaló la suya con sus parientes en la misma montaña de Galaad.

26 Dijo Labán a Jacob: «¿Qué has hecho? Has actuado a hurtadillas de mí y te has llevado a mis hijas como si fueran cautivas de guerra. 27 ¿Por qué te has fugado con disimulo y a hurtadillas de mí, en vez de advertírmelo? Yo te habría despedido con alegría y con cantares, con panderos y arpas. 28 Ni siquiera me has permitido besar a mis hijos e hijas. O sea, que has obrado como un necio. 29 Hay poder en mi mano para hacerte mal; pero el Dios de tu padre me dijo ayer noche: 'Guárdate de hablar a Jacob absolutamente nada, ni bueno ni malo.' 30 Así pues, tú te has marchado porque añorabas la casa paterna, pero ¿por qué robaste mis dioses?»

31 Respondió Jacob a Labán: «Es que tuve miedo, pensando que acaso ibas a quitarme a tus hijas. 32 Pero eso sí, que aquél a quien le encuentres tus dioses no quede con vida. Delante de nuestros parientes reconoce lo tuyo que esté en mi poder y llévatelo.» En efecto, Jacob ignoraba que Raquel los había robado. 33 Entró Labán en la tienda de Jacob, en la de Lía y en la de las dos criadas, y no halló nada. Salió de la tienda de Lía, y entró en la de Raquel. 34 Pero Raquel había tomado los ídolos familiares y, poniéndolos bajo la montura del camello, se había sentado encima. Labán registró toda la tienda sin hallar nada. 35 Ella dijo a su padre: «No le dé enojo a mi señor de que no pueda levantarme en tu presencia, porque estoy con la regla.» Él siguió rebuscando por toda la tienda sin dar con los ídolos.

36 °Entonces Jacob montó en cólera, recriminó a Labán y, encarándose con él, le dijo: «¿Cuál es mi delito? ¿Cuál mi pecado, que me persigues con saña? 37 Al registrar todos mis enseres, ¿qué has hallado de todos los enseres de tu casa? Ponlo aquí, ante mis parientes y los tuyos, y juzguen ellos entre nosotros dos. 38 En veinte años que llevo contigo, tus ovejas y tus cabras nunca han malparido, y los machos de tu rebaño nunca me los he comido. 39 Ganado destrozado por fieras nunca te llevé: yo pagaba el daño, de lo mío te cobrabas tanto si era yo robado de día como si lo era de noche. 40 Estaba yo que de día me devoraba el resistero y de noche la helada, mientras huía el sueño de mis ojos. 41 Éstos fueron mis veinte años en tu casa. Catorce años te serví por tus dos hijas, y seis por tus ovejas, y tú has cambiado mi paga diez veces. 42 Si el Dios de mi Padre, el Dios de Abrahán y el Padrino de Isaac no hubiera estado por mí, a fe que ahora me despacharías con las manos vacías. Mi tristeza y la fatiga de mis manos las ha visto Dios y ha dado su fallo ayer noche.»

Tratado entre Labán y Jacob.

43 Labán respondió así a Jacob: «Estas hijas son mías, estos hijos son mis hijos, y estas ovejas mis ovejas, todo cuanto ves, mío es. Y, ¿qué voy a hacerles hoy a estas mis hijas?, ¿o a los hijos que me dieron? 44 Venga, hagamos un pacto entre los dos..., y sirva de testigo entre nosotros dos.»

45 Jacob tomó una piedra y la erigió como estela. 46 Y dijo Jacob a sus parientes: «Recojan piedras.» Tomaron piedras, hicieron un montón y comieron allí sobre el montón. 47 Labán lo llamó Yegar Sahdutá, y Jacob lo llamó Galed. 48 Labán dijo: «Este montón es hoy testigo entre nosotros dos.» Por eso le llamó Galed, 49 y también Mispá, pues dijo: «Que Yahvé nos vigile a los dos, cuando nos alejemos el uno del otro. 50 Si tú humillas a mis hijas, si tomas otras mujeres, además de mis hijas, bien que nadie esté

con nosotros que nos vea, sea Dios testigo entre los dos.» 51 Dijo Labán a Jacob: «Aquí está este montón de piedras, y aquí esta estela que he erigido entre nosotros dos. 52 Testigo sea este montón y testigo sea esta estela de que yo no he de traspasar este montón hacia ti, ni tú has de traspasar este montón y esta estela hacia mí para nada malo. 53 El Dios de Abrahán y el Dios de Najor juzguen entre nosotros.» Y Jacob juró por el Padrino de su padre Isaac. 54 Jacob hizo un sacrificio en el monte e invitó a sus parientes a tomar parte. Ellos tomaron parte, y pasaron la noche en el monte.

32 1 A la mañana siguiente, Labán besó a sus hijos e hijas, los bendijo y se volvió a su lugar. 2 Jacob se fue por su camino, y le salieron al encuentro ángeles de Dios. 3 Al verlos, dijo Jacob: «Éste es el campamento de Dios»; y llamó a aquel lugar Majanáin.

Jacob prepara el encuentro con Esaú.

4 Jacob envió mensajeros por delante hacia su hermano Esaú, al país de Seír, la estepa de Edom, 5 encargándoles: «Dirán a mi señor Esaú: Así dice tu siervo Jacob: Fui a pasar una temporada con Labán y me he demorado hasta hoy. 6 Me hice con bueyes, burros, ovejas, siervos y siervas; y ahora mando a avisar a mi señor, para hallar gracia a sus ojos.»

7 Los mensajeros volvieron a Jacob, diciendo: «Hemos ido donde tu hermano Esaú, y él mismo viene a tu encuentro con cuatrocientos hombres.»

8 Jacob se asustó mucho y se llenó de angustia; dividió a sus gentes, las ovejas, vacas y camellos, en dos campamentos, 9 y dijo: «Si llega Esaú a uno de los campamentos y lo ataca, se salvará el otro.» 10 Luego dijo Jacob: «¡Oh Dios de mi padre Abrahán y Dios de mi padre Isaac, Yahvé, que me dijiste: 'Vuelve a tu tierra y a tu patria, que yo seré bueno contigo', 11 ¡qué poco merecía yo todas las mercedes y toda la confianza que has dado a tu siervo! Pues con solo mi cayado pasé este Jordán y ahora he venido a formar dos campamentos. 12 Líbrame de la mano de mi hermano, de la mano de Esaú, porque lo temo, no sea que venga y nos ataque, a la madre junto con los hijos. 13 Que fuiste tú quien dijiste: 'Yo seré bueno de veras contigo y haré tu descendencia como la arena del mar, que no se puede contar de tanta como hay.'» 14 Y Jacob pasó allí aquella noche.

Tomó de lo que tenía a mano un regalo para su hermano Esaú, 15 consistente en doscientas cabras y veinte machos cabríos, doscientas ovejas y veinte carneros, 16 treinta camellas criando, junto con sus crías, cuarenta vacas y diez toros, veinte burras y diez garañones, 17 y, repartiéndolo en manadas independientes, los confió a sus siervos y les dijo: «Pasen delante de mí, dejando espacio entre manada y manada.» 18 Y al primero le encargó: «Cuando te salga al paso mi hermano Esaú y te pregunte 'de quién eres y adónde vas, y para quién es eso que va delante de ti', 19 dices: 'De tu siervo Jacob; es un regalo enviado para mi señor Esaú. Precisamente, él mismo viene detrás de nosotros.'» 20 El mismo encargo hizo también al segundo, como asimismo al tercero y a todos los que iban tras las manadas diciendo: «En estos términos hablarán a Esaú cuando lo encuentren, 21 añadiendo: 'Precisamente, tu siervo Jacob viene detrás de nosotros.'» Pues se decía: «Voy a ganármelo con el regalo que me precede, tras de lo cual me entrevistaré con él; tal vez me ponga buena cara.» 22 Así, pues, mandó el regalo por delante, y él pasó aquella noche en el campamento.

Jacob lucha contra Dios*.

23 Aquella noche se levantó, tomó a sus dos mujeres con sus dos siervas y a

32 23 Relato misterioso en el que Jacob lucha con *alguien* que el autor identifica con Dios, sin nombrarlo. Jacob parece desde luego vencedor, ya que pide al desconocido

sus once hijos y cruzó el vado del Yaboc. 24 Los tomó y los hizo pasar el río,
e hizo pasar también todo lo que tenía.
25 Y habiéndose quedado Jacob solo,
estuvo luchando alguien con él hasta
rayar el alba. 26 Pero viendo que no le
podía, le tocó en la articulación femoral,
y se dislocó el fémur de Jacob mientras
luchaba con aquél. 27 Éste le dijo: «Suél-
tame, que ha rayado el alba.» Jacob respondió: «No te suelto hasta que no me
hayas bendecido.» 28 Dijo el otro: «¿Cuál
es tu nombre?» —«Jacob.» —29 «En adelante no te llamarás Jacob, sino Israel,
porque has sido fuerte contra Dios y
contra los hombres, y lo has vencido.»
30 Jacob le preguntó: «Dime por favor
tu nombre.» —«¿Para qué preguntas por
mi nombre*?» Y lo bendijo allí mismo.
31 Jacob llamó a aquel lugar Penuel,
pues (se dijo): «He visto a Dios cara a
cara, y tengo la vida salva*.» 32 El sol
salió así que hubo pasado Penuel, pero
él cojeaba del muslo. 33 Por eso los israelitas no comen, hasta la fecha, el nervio
ciático, que está sobre la articulación
del muslo, por haber sido tocado Jacob
en la articulación femoral, en el nervio
ciático.

Encuentro de Esaú y Jacob.

33 1 Jacob alzó la vista y, al ver
que venía Esaú con cuatrocientos hombres, repartió a los niños entre
Lía y Raquel y las dos siervas. 2 Puso a
las siervas y sus niños al frente; después
a Lía y sus niños, y a Raquel y José en
la zaga, 3 y él se les adelantó y se inclinó
en tierra siete veces, hasta llegar donde
su hermano. 4 Esaú, a su vez, corrió a su
encuentro, lo abrazó, se le echó al cuello, lo besó y lloró. 5 Levantó luego los
ojos y, al ver a las mujeres y a los niños,
dijo: «¿Qué son de ti éstos?» —«Son los
hijos que ha otorgado Dios a tu siervo.»
6 Entonces se acercaron las siervas con
sus niños y se inclinaron. 7 Después se
acercó también Lía con sus niños y se
inclinaron. Y por último se acercaron
José y Raquel y se inclinaron.
8 Dijo Esaú: «¿Qué pretendes con toda
esta caravana que acabo de encontrar?»
—«Es para hallar gracia a los ojos de
mi señor.» 9 Dijo Esaú: «Tengo bastante, hermano mío; sea para ti lo tuyo.»
10 Replicó Jacob: «De ninguna manera.
Si he hallado gracia a tus ojos, toma mi
regalo de mi mano, ya que he visto tu
rostro como quien ve el rostro de Dios,
y me has mostrado simpatía. 11 Acepta,
pues, el obsequio que te he traído; pues
Dios me ha favorecido y tengo de todo.»
Y le instó tanto que aceptó.

Jacob se aparta de Esaú.

12 Dijo Esaú: «Vámonos de aquí, y yo
te daré escolta.» 13 Él le dijo: «Mi señor
sabe que los niños son tiernos y que tengo conmigo ovejas y vacas criando; un
día de ajetreo bastaría para que muriera
todo el rebaño. 14 Se adelante, pues, mi
señor a su siervo, que yo avanzaré des-
pacito, al paso del ganado que llevo delante, y al paso de los niños, hasta que
llegue donde mi señor, a Seír.» 15 Dijo
Esaú: «Entonces voy a destacar contigo
a parte de la gente que me acompaña.»
—«¿Para qué tal? Con que halle yo gracia a los ojos de mi señor...» 16 Rehízo,
pues, Esaú aquel mismo día su camino
rumbo a Seír, 17 y Jacob partió para
Sucot, donde edificó para sí una casa y
para su ganado hizo cabañas. Por donde
se llamó aquel lugar Sucot.

Llegada a Siquén.

18 Jacob llegó sin novedad a la ciudad de Siquén, que está en el territorio
cananeo, viniendo de Padán Aram, y
acampó frente a la ciudad. 19 Compró a

una bendición para todos aquellos que en adelante llevarán después de él el nombre de Israel (*Dios es fuerte* o *fuerte contra Dios*, v. 29; ver **35** 10). Ver Os **12** 4-6; Sb **10** 12 (donde la escena adquiere un sentido moral).

32 30 Este nombre será revelado más tarde a Moisés, Ex **3** 13-14+.

32 31 La visión de Dios supone para el hombre un peligro mortal, Ex **33** 20+.

los hijos de Jamor, padre de Siquén, por cien monedas de plata la parcela de campo donde había desplegado su tienda, 20 erigió allí un altar y lo llamó de «El», Dios de Israel.

Rapto de Dina.

34 1 Dina, la hija que Lía había dado a Jacob, salió una vez a ver a las mujeres del país. 2 Siquén, hijo de Jamor el jivita, príncipe de aquella tierra, la vio, se la llevó, se acostó con ella y la humilló. 3 Su alma se aficionó a Dina, hija de Jacob, se enamoró de la muchacha y trató de convencerla. 4 Siquén dijo a su padre Jamor: «Tómame a esta chica por mujer.» 5 Jacob oyó que Siquén había violado a su hija Dina, pero sus hijos estaban con el ganado en el campo, y Jacob guardó silencio hasta su llegada.

Propuesta de pacto con los de Siquén.

6 Jamor, padre de Siquén, salió adonde Jacob para hablar con él. 7 Los hijos de Jacob volvieron del campo al oírlo, y se indignaron los hombres y les dio mucha rabia la afrenta hecha por Siquén acostándose con la hija de Jacob: «Eso no se hace.» 8 Jamor habló con ellos diciendo: «Mi hijo Siquén se ha prendado de la hija de ustedes, así que dénsela por mujer. 9 Sean nuestros parientes: dennos sus hijas y tomen para ustedes las nuestras. 10 Quédense a vivir con nosotros: tienen la tierra franca. Instálense, circulen libremente y adquieran propiedades.» 11 Siquén dijo al padre y a los hermanos de la chica: «Ojalá me concedan su favor, y yo les daré lo que me pidan. 12 Pídanme cualquier dote, por grande que sea, que yo les daré cuanto me digan; pero denme a la muchacha por mujer.»

13 Los hijos de Jacob respondieron a Siquén y a su padre Jamor con disimulo, y dirigiéndose a aquel que había violado a su hermana Dina, 14 dijeron: «No podemos hacer tal cosa: dar nuestra hermana a uno que es incircunciso, porque eso es una vergüenza para nosotros. 15 Tan sólo se la daremos a condición de que se hagan como nosotros, circuncidándose todos sus varones. 16 Entonces les daremos nuestras hijas y tomaremos para nosotros las suyas, nos quedaremos con ustedes y formaremos un solo pueblo. 17 Pero si no nos escuchan respecto a la circuncisión, entonces tomaremos a nuestra hija y nos iremos.» 18 Sus palabras parecieron bien a Jamor y a Siquén, hijo de Jamor. 19 Y el muchacho no tardó en ponerlo en práctica, porque quería a la hija de Jacob. Él mismo era el más honorable de toda la casa de su padre.

20 Jamor y su hijo Siquén vinieron a la puerta de su ciudad y hablaron de este modo a todos sus conciudadanos: 21 «Estos hombres vienen a nosotros en son de paz. Que se queden en el país y circulen libremente, pues ya ven que pueden disponer de tierra espaciosa. Tomemos a sus hijas por mujeres y démosles las nuestras. 22 Pero sólo con esta condición accederán estos hombres a quedarse con nosotros para formar un solo pueblo: que nos circuncidemos todos los varones, igual que ellos están circuncidados. 23 Sus ganados y hacienda y todas sus bestias, ¿no van a ser para nosotros? Así que lleguemos a un acuerdo con ellos y que se queden con nosotros.» 24 Todos los que salían por la puerta de la ciudad escucharon a Jamor y a su hijo Siquén, y todos los varones se hicieron circuncidar.

Venganza de Simeón y Leví.

25 Pues bien, al tercer día, mientras ellos estaban con los dolores de la circuncisión, dos hijos de Jacob, Simeón y Leví, hermanos de Dina, blandieron cada uno su espada y, entrando en la ciudad sin peligro, mataron a todo varón. 26 También mataron a Jamor y a Siquén a filo de espada, y tomando a Dina de la casa de Siquén, salieron. 27 Los hijos de Jacob pasaron sobre los muertos, pillaron la ciudad que había violado a

su hermana, 28 se apoderaron de sus
rebaños, vacadas y burros, cuanto había
en la ciudad y cuanto había en el campo, 29 saquearon toda su hacienda y sus
pequeñuelos y sus mujeres, y pillaron
todo lo que había dentro.

30 Jacob dijo a Simeón y a Leví: «Me
han puesto a malas haciéndome odioso
entre los habitantes de este país, los cananeos y los perizitas, pues yo dispongo
de unos pocos hombres, y ellos van a
juntarse contra mí, me atacarán y seré
aniquilado yo y mi casa.» 31 Replicaron
ellos: «¿Es que iban a tratar a nuestra
hermana como a una prostituta?»

Jacob va a Betel.

35 1 Dios dijo a Jacob: «Levántate, sube a Betel y te estableces
allí, haciendo un altar al Dios que se te
apareció cuando huías de tu hermano
Esaú.»

2 Jacob dijo a su familia y a todos los
que le acompañaban: «Retiren los dioses extraños que hay entre ustedes. Purifíquense y múdense de vestido. 3 Luego, subiremos a Betel, y haré allí un altar
al Dios que me dio respuesta favorable el
día de mi tribulación, y que me asistió
en mi viaje.» 4 Ellos entregaron a Jacob
todos los dioses extraños que había en
su poder y los anillos de sus orejas, y Jacob los escondió debajo de la encina que
hay junto a Siquén. 5 Partieron, pues, y
un pánico divino cayó sobre las ciudades
de sus contornos; así no persiguieron a
los hijos de Jacob.

6 Jacob llegó a Luz, que está en territorio cananeo —es Betel— junto con
toda la gente que lo acompañaba, 7 y
edificó allí un altar, llamando al lugar El
Betel, porque allí mismo se le había aparecido Dios cuando huía de su hermano.
8 Débora, la nodriza de Rebeca, murió
y fue sepultada en las inmediaciones
de Betel, debajo de una encina; y él la
llamó la Encina del Llanto.

9 Dios se apareció a Jacob una vez
más a su llegada de Padán Aram y lo
bendijo. 10 Le dijo Dios: «Tu nombre es
Jacob, pero ya no te llamarás Jacob,
sino que tu nombre será Israel.» Y lo
llamó Israel.

11 Le dijo Dios: «Yo soy El Sadday. Sé
fecundo y multiplícate. Un pueblo, una
multitud de pueblos tomará origen de ti
y saldrán reyes de tus entrañas. 12 La
tierra que di a Abrahán e Isaac, te la doy
a ti y a tu descendencia.» 13 Y Dios subió
de su lado.

14 Jacob erigió una estela en el lugar
donde había hablado Dios con él: una
estela de piedra; derramó sobre ella una
libación y vertió sobre ella aceite. 15 Jacob llamó al lugar donde había hablado
Dios con él «Betel».

Nacimiento de Benjamín y muerte de Raquel.

16 Partieron de Betel y, cuando aún
faltaba un trecho hasta Efratá, Raquel
tuvo un mal parto. 17 Sucedió que, en
medio de los dolores del parto, le dijo la
comadrona: «¡Ánimo, que también éste
es hijo!» 18 Entonces ella, al exhalar el
alma, cuando moría, le llamó Ben Oní;
pero su padre le llamó Benjamín. 19 Murió Raquel y fue sepultada en el camino
de Efratá, o sea Belén. 20 Jacob erigió
una estela sobre su sepulcro: es la estela
del sepulcro de Raquel hasta hoy.

Incesto de Rubén.

21 Israel partió y desplegó su tienda
más allá de Migdal Éder. 22 Sucedió
por entonces, mientras Israel residía en
aquel país, que fue Rubén y se acostó
con Bilhá, la concubina de su padre, e
Israel se enteró de ello.

Hijos de Jacob.
29 31 - **30** 42.

Los hijos de Jacob fueron doce. 23 Hijos de Lía: el primogénito de Jacob, Rubén; después Simeón, Leví, Judá, Isacar
y Zabulón. 24 Hijos de Raquel: José y
Benjamín. 25 Hijos de Bilhá, la esclava
de Raquel: Dan y Neftalí. 26 Hijos de
Zilpá, la esclava de Lía: Gad y Aser.
Éstos fueron los hijos de Jacob, que le
nacieron en Padán Aram.

Muerte de Isaac.

27 Jacob llegó adonde su padre Isaac, a Mambré o Quiriat Arbá —o sea, Hebrón—, donde residieron Abrahán e Isaac. 28 Isaac alcanzó la edad de ciento ochenta años. 29 Entonces Isaac expiró y murió, fue a reunirse con su pueblo, anciano y lleno de días. Lo sepultaron sus hijos Esaú y Jacob.

Mujeres e hijos de Esaú en Canaán.

36 1 Éste es el linaje de Esaú, o sea Edom. 2 Esaú tomó a sus mujeres de entre las cananeas: a Adá, hija de Elón el hitita, a Oholibamá, hija de Aná, hijo de Sibeón el jorita, 3 y a Basmat, hija de Ismael, la hermana de Nebayot. 4 Adá dio a luz para Esaú a Elifaz, y Basmat le dio a Reuel. 5 Oholibamá le dio a Yeús, Yalán y Coré. Éstos son los hijos que le nacieron a Esaú en Canaán.

Emigración de Esaú.

6 Esaú tomó a sus mujeres, hijos e hijas y a todas la personas de su casa, su ganado, todas sus bestias y toda la hacienda que había logrado en territorio cananeo, y se fue al país de Seír, enfrente de su hermano Jacob, 7 porque los bienes de entrambos eran demasiados para poder vivir juntos, y el país donde residían no daba abasto para tanto ganado como tenían. 8 Esaú se estableció, pues, en la tierra de Seír. Esaú es Edom.

Descendencia de Esaú en Seír.
=**36** 15-19; 1 Cro **1** 35s.

9 Éstos son los descendientes de Esaú, padre de Edom, en la montaña de Seír, 10 y éstos los nombres de sus hijos: Elifaz, hijo de Adá, mujer de Esaú, y Reuel, hijo de Basmat, mujer de Esaú.

11 Los hijos de Elifaz fueron: Temán, Omar, Sefó, Gatán y Quenaz. 12 Timná fue concubina de Elifaz, hijo de Esaú, y dio a luz a Amalec. Éstos son los descendientes de Adá, mujer de Esaú.

13 Y éstos son los hijos de Reuel: Nájat, Zéraj, Samá y Mizá. Éstos son los descendientes de Basmat, mujer de Esaú.

14 Los hijos de la mujer de Esaú, Oholibamá, hija de Aná, hijo de Sibeón, que ella dio a luz a Esaú, fueron éstos: Yeús, Yalán y Coré.

Caudillos de Edom.
=**36** 9-14.

15 Éstos son los jeques de los hijos de Esaú.

De los hijos de Elifaz, primogénito de Esaú: el jeque Temán, el jeque Omar, el jeque Sefó, el jeque Quenaz, 16 el jeque Gatán, el jeque Amalec. Éstos son los jeques de Elifaz, en el país de Edom, y éstos los descendientes de Adá.

17 Los hijos de Reuel, hijo de Esaú, fueron: el jeque Najat, el jeque Zéraj, el jeque Samá, el jeque Mizá. Éstos son los jeques de Reuel, en el país de Edom; y éstos los descendientes de Basmat, mujer de Esaú.

18 Los hijos de Oholibamá, mujer de Esaú, fueron: el jeque Yeús, el jeque Yalán, el jeque Coré. Éstos son los jeques de Oholibamá, hija de Aná, mujer de Esaú.

19 Éstos son los hijos de Esaú y éstos sus jeques, los de Edom.

Descendencia del jorita Seír.

20 Éstos son los hijos de Seír el jorita, que habitaban en aquella tierra: Lotán, Sobal, Sibeón, Aná, 21 Disón, Éser y Disán. Éstos son los jeques de los joritas, hijos de Seír, en el país de Edom. 22 Los hijos de Lotán fueron: Jorí y Homán, y hermana de Lotán fue Timná. 23 Los hijos de Sobal fueron: Alván, Manájat, Ebal, Sefó y Onán. 24 Los hijos de Sibeón: Ayá y Aná. Éste es el mismo Aná que encontró las aguas termales en el desierto, cuando apacentaba los burros de su padre Sibeón. 25 Los hijos de Aná: Disón y Oholibamá, hijo de Aná. 26 Los hijos de Disón: Jamrán, Esbán, Yitrán y Querán. 27 Los hijos de Éser: Bilán,

Zaaván y Acán. 28 Los hijos de Disán: Us y Arán.

29 Éstos son los jeques joritas: el jeque Lotán, el jeque Sobal, el jeque Sibeón, el jeque Aná, 30 el jeque Disón, el jeque Éser, el jeque Disán. Éstos son los jeques joritas según sus clanes en el país de Seír.

Reyes edomitas.

||1 Cro **1** 43-50.

31 Éstos son los reyes que reinaron en Edom, antes de reinar rey alguno de los israelitas. 32 Reinó en Edom Belá, hijo de Beor; y el nombre de su ciudad era Dinhabá. 33 Murió Belá, y reinó en su lugar Yobab, hijo de Zéraj, de Bosrá. 34 Murió Yobab, y reinó en su lugar Jusán, del país de los temanitas. 35 Murió Jusán, y reinó en su lugar Hadad, hijo de Bedad, el que derrotó a Madián en el campo de Moab; y el nombre de su ciudad era Avit. 36 Murió Hadad, y reinó en su lugar Samlá de Masrecá. 37 Murió Samlá, y reinó en su lugar Saúl, de Rejobot del Río. 38 Murió Saúl, y reinó en su lugar Baal Janán, hijo de Acbor. 39 Murió Baal Janán, hijo de Acbor, y reinó en su lugar Hadad; el nombre de su ciudad era Pau, y el nombre de su mujer, Mehetabel, hija de Matred, hija de Mezahab.

Otra lista de caudillos edomitas.

||1 Cro **1** 51-54.

40 Éstos son los nombres de los jeques de Esaú, según sus familias y territorios, y por sus nombres. El jeque Timná, el jeque Alvá, el jeque Yetet, 41 el jeque Oholibamá, el jeque Elá, el jeque Pinón, 42 el jeque Quenaz, el jeque Temán, el jeque Mibsar, 43 el jeque Magdiel, el jeque Irán. Éstos son los jeques de Edom, según sus moradas, en las tierras que ocupan. Éste es Esaú padre de Edom.

37 1 Jacob, por su parte, se estableció en el que fue país residencial de su padre, el país de Canaán.

*IV. Historia de José**

José y sus hermanos.

2 Ésta es la historia de Jacob.

José tenía diecisiete años. Estaba de pastor de ovejas con sus hermanos —él, muchacho todavía—, con los hijos de Bilhá y los de Zilpá, mujeres de su padre. Y José comunicó a su padre lo mal que se hablaba de ellos.

3 Israel amaba a José más que a todos sus demás hijos, por ser para él el hijo de la ancianidad. Le había hecho una túnica de manga larga. 4 Vieron sus hermanos cómo lo prefería su padre a todos sus otros hijos, y lo aborrecieron hasta el punto de no poder ni siquiera saludarlo.

5 José tuvo un sueño y lo manifestó a sus hermanos, quienes lo odiaron más aún. 6 Les dijo: «Oigan el sueño que he tenido. 7 Me parecía que nosotros estábamos atando gavillas en el campo, y de pronto mi gavilla se levantaba y se tenía derecha, mientras que las gavillas de ustedes le hacían rueda y se inclinaban hacia la mía.» 8 Sus hermanos le dijeron: «¿Será que vas a reinar sobre nosotros o que vas a tenernos domeñados?» Y acumularon todavía más odio contra él por causa de sus sueños y de sus palabras. 9 Volvió a tener otro sueño, y se lo contó a sus hermanos. Les dijo: «He tenido otro sueño: Resulta que el sol, la luna y once estrellas se inclinaban ante mí.»

37 2 La historia de José ocupa todo el final del Génesis, a excepción de **38** y **49**. Sin intervención directa de Dios, sin nueva revelación, presenta en escena la providencia que conduce todas las cosas a su fin, **45** 5-8; **50** 20. En Egipto se prepararán el nacimiento y la salvación del pueblo elegido, el Éxodo, la Redención.

10 Se lo contó a su padre y a sus hermanos, y su padre lo reprendió y le dijo: «¿Qué sueño es ése que has tenido? ¿Es que yo, tu madre y tus hermanos vamos a venir a inclinarnos ante ti hasta el suelo?» 11 Sus hermanos le tenían envidia, mientras que su padre reflexionaba.

José vendido por sus hermanos.

12 Fueron sus hermanos a apacentar las ovejas de su padre en Siquén, 13 y dijo Israel a José: «Mira, tus hermanos están pastoreando en Siquén. Ve de mi parte adonde ellos.» Dijo: «Estoy listo.» 14 Le dijo: «Anda, vete a ver si tus hermanos siguen sin novedad, y lo mismo el ganado, y tráeme noticias.» Lo envió, pues, desde el valle de Hebrón, y José fue a Siquén.

15 Se encontró con él un hombre mientras iba desorientado por el campo. El hombre le preguntó: «¿Qué buscas?» 16 Contestó: «Estoy buscando a mis hermanos. Indícame, por favor, dónde están pastoreando.» 17 El hombre le dijo: «Partieron de aquí, pues yo les oí decir: 'Vamos a Dotán.'» José fue detrás de sus hermanos y los encontró en Dotán.

18 Ellos lo vieron de lejos y, antes que se les acercara, conspiraron contra él para matarlo, 19 y se decían mutuamente: «Por ahí viene el soñador. 20 Vamos a matarlo y lo echaremos en un pozo cualquiera, y diremos que algún animal feroz lo devoró. Veremos entonces en qué paran sus sueños.»

21 Rubén lo oyó y pensó en librarlo de sus manos. Dijo: «No atentemos contra su vida.» 22 Y añadió: «No derramen sangre. Échenlo a ese pozo que hay en el páramo, pero no pongan la mano sobre él.» Su intención era salvarlo de sus hermanos para devolverlo a su padre. 23 Entonces, cuando llegó José donde sus hermanos, éstos despojaron a José de su túnica —aquella túnica de manga larga que llevaba puesta—, 24 y echándole mano lo arrojaron al pozo. Aquel pozo estaba vacío, sin agua. 25 Luego se sentaron a comer.

Al alzar la vista, divisaron una caravana de ismaelitas que venían de Galaad, con camellos cargados de almáciga, sandáraca y ládano, que bajaban hacia Egipto. 26 Entonces dijo Judá a sus hermanos: «¿Qué aprovecha el que asesinemos a nuestro hermano y luego tapemos su sangre? 27 Vamos a venderlo a los ismaelitas, pero no pongamos la mano en él, porque es nuestro hermano, carne nuestra.» Y sus hermanos asintieron.

28 Pasaron unos madianitas mercaderes y, descubriéndolo, subieron a José del pozo. Vendieron a José por veinte piezas de plata a los ismaelitas, que se llevaron a José a Egipto. 29 Al volver Rubén al pozo, resulta que José no estaba en él. Rasgó sus vestiduras 30 y, volviendo donde sus hermanos, les dijo: «El niño no aparece, y yo ¿qué hago ahora?»

31 Entonces tomaron la túnica de José y, degollando un cabrito, tiñeron la túnica en sangre 32 y enviaron la túnica de manga larga, haciéndola llegar hasta su padre con este recado: «Esto hemos encontrado: examina si se trata de la túnica de tu hijo, o no.» 33 Él la examinó y dijo: «¡Es la túnica de mi hijo! ¡Algún animal feroz lo ha devorado! ¡José ha sido despedazado!» 34 Jacob desgarró su vestido, se echó un sayal a la cintura e hizo duelo por su hijo durante muchos días. 35 Todos sus hijos e hijas acudieron a consolarlo, pero él rehusaba consolarse y decía: «Voy a bajar en duelo al Seol, donde mi hijo.» Y su padre lo lloraba.

36 Por su parte, los madianitas, llegados a Egipto, lo vendieron a Putifar, eunuco del faraón y capitán de los guardias.

Historia de Judá y Tamar*.

38 1 Por aquel tiempo bajó Judá de donde sus hermanos para dirigirse a cierto individuo de Adulán lla-

38 Tradición relativa a los orígenes de la tribu de Judá, ver Nm **26** 21; 1 Cro **2** 3-5. Peres será, a través de David, Rt **4** 18-22, un antepasado del Mesías, Mt **1** 3; Lc **3** 33.

mado Jirá. 2 Allí conoció Judá a la hija de un cananeo llamado Súa y, tomándola por esposa, se llegó a ella; 3 la mujer concibió y dio a luz un hijo, al que llamó Er. 4 Volvió a concebir y dio a luz otro hijo, al que llamó Onán. 5 Nuevamente dio a luz otro hijo, al que llamó Selá. Ella se encontraba en Aczib al darle a luz.

6 Judá tomó para su primogénito Er a una mujer llamada Tamar. 7 Er, el primogénito de Judá, fue malo a los ojos de Yahvé, que lo hizo morir. 8 Entonces Judá dijo a Onán: «Cásate con la mujer de tu hermano y cumple como cuñado* con ella, procurando descendencia a tu hermano.» 9 Onán sabía que aquella descendencia no sería suya, y así, si bien tuvo relaciones con su cuñada, derramaba a tierra, evitando así dar descendencia a su hermano. 10 Pareció mal a Yahvé* lo que hacía y lo hizo morir también a él. 11 Entonces dijo Judá a su nuera Tamar: «Quédate como viuda en casa de tu padre hasta que crezca mi hijo Selá.» Pues se decía: «Por si acaso muere también él, lo mismo que sus hermanos.» Tamar se fue y se quedó en casa de su padre.

12 Pasaron muchos días, y murió la hija de Súa, la mujer de Judá. Cuando Judá se hubo consolado, subió a Timná para el trasquileo de su rebaño, junto con Jirá, su compañero adulanita. 13 Se lo notificaron a Tamar: «Oye, tu suegro sube a Timná para el trasquileo de su rebaño.» 14 Entonces ella se quitó de encima sus ropas de viuda y se cubrió con el velo, y bien disfrazada se sentó en Petaj Enáin, que está a la vera del camino de Timná. Veía, en efecto, que Selá había crecido, pero que ella no le era dada por mujer*.

15 Judá la vio y la tomó por una prostituta, porque se había tapado el rostro, 16 y desviándose hacia ella dijo: «Déjame ir contigo» —pues no la reconoció como su nuera—. Dijo ella: «¿Y qué me das por venir conmigo?» —17 «Te mandaré un cabrito de mi rebaño.» —«Si me das prenda hasta que me lo mandes...» —18 «¿Qué prenda he de darte?» —«Tu sello, tu cordón y el bastón que tienes en la mano.» Él se lo dio y se unió a ella, la cual quedó embarazada de él. 19 Entonces se marchó ella y, quitándose el velo, se vistió sus ropas de viuda.

20 Judá, por su parte, envió el cabrito por mediación de su compañero el adulanita, para rescatar la prenda de manos de la mujer, pero éste no la encontró. 21 Preguntó a los del lugar: «¿Dónde está la prostituta aquella que había en Enáin, a la vera del camino?» «Ahí no ha habido ninguna prostituta», contestaron. 22 Entonces él se volvió donde Judá y dijo: «No la he encontrado; y los mismos lugareños me han dicho que allí no ha habido ninguna prostituta.» 23 «Pues que se quede con ello —dijo Judá—; que nadie se burle de nosotros. Ya ves cómo he enviado ese cabrito, y tú no la has encontrado.»

24 Ahora bien, tres meses después aproximadamente, Judá recibió este aviso: «Tu nuera Tamar ha fornicado, y lo que es más, ha quedado embarazada a consecuencia de ello.» Dijo Judá: «Sácuenla y que sea quemada*.» 25 Pero, cuando ya la sacaban, envió ella un recado a su suegro: «Del hombre a quien pertenece esto estoy embarazada», y añadía: «Examina, por favor, de quién es este sello, este cordón y este bastón.» 26 Judá lo reconoció y dijo: «Ella tiene más razón que yo, porque la verdad es que no la he dado por mujer a mi hijo Selá.» Y nunca más volvió a tener trato con ella.

27 Al tiempo del parto resultó que tenía dos mellizos en el vientre. 28 Y ocu-

38 8 La Ley del levirato, Dt **25** 5+.
38 10 Dios castiga el egoísmo de Onán, ver **25** 5-6, y su pecado contra la naturaleza.
38 14 La iniciativa de Tamar, que espera a Judá movida por el deseo de tener un hijo de la misma sangre que su difunto marido, es reconocida por el mismo Judá como *justa*, v. 26, y alabada por sus descendientes, Rt **4** 12; ver Mt **1** 3.
38 24 Pena de los adúlteros, Lv **20** 10: Dt **22** 22; ver Lv **21** 9; Jn **8** 5.

rrió que, durante el parto, uno de ellos
sacó la mano, y la partera lo agarró y
le ató una cinta escarlata a la mano, diciendo: «Éste ha salido primero.» 29 Pero entonces retiró él la mano, y fue su
hermano el que salió. Ella dijo: «¡Cómo
te has abierto brecha!» Y le llamó Peres.
30 Detrás salió su hermano, que llevaba
en la mano la cinta escarlata, y le llamó Zéraj.

José en Egipto.

39 1 José fue bajado a Egipto, y
lo compró un egipcio, Putifar,
eunuco del faraón y jefe de los guardias;
lo compró a los ismaelitas que lo habían
bajado allá. 2 Yahvé asistió a José, que
llegó a ser un hombre afortunado,
mientras estaba en casa de su señor
egipcio. 3 Éste echó de ver que Yahvé
estaba con él y que Yahvé hacía prosperar todas sus empresas. 4 José ganó su
favor y entró a su servicio, y su señor lo
puso al frente de su casa y todo cuanto
tenía se lo confió. 5 Desde entonces le
encargó de toda su casa y de todo lo que
tenía, y Yahvé bendijo la casa del egipcio en atención a José, extendiéndose la
bendición de Yahvé a todo cuanto tenía
en casa y en el campo. 6 Él mismo dejó
todo lo suyo en manos de José y, con él,
ya no se ocupó personalmente de nada
más que del pan que comía. José era
apuesto y de buena presencia.

José y la seductora.

7 Tiempo más tarde sucedió que la
mujer de su señor se fijó en José y le
dijo: «Acuéstate conmigo.» 8 Pero él rehusó y dijo a la mujer de su señor: «Mira,
mi señor no me controla nada de lo que
hay en su casa, y todo cuanto tiene me
lo ha confiado. 9 ¿No es él mayor que
yo en esta casa? Y sin embargo, no me
ha vedado absolutamente nada más que
a ti misma, pues eres su mujer. ¿Cómo
entonces voy a hacer este mal tan grande, pecando contra Dios?» 10 Ella insistía en hablar a José día tras día, pero él
no accedió a acostarse y estar con ella.
11 Hasta que cierto día entró él en la
casa para hacer su trabajo y coincidió
que no había ninguno de casa allí dentro. 12 Entonces ella le asió de la ropa
diciéndole: «Acuéstate conmigo.» Pero
él, dejándole su ropa en la mano, salió
huyendo afuera. 13 Entonces ella, al
ver que había dejado la ropa en su
mano, huyó también afuera y gritó a
los de su casa diciéndoles: 14 «¡Miren!
Nos ha traído un hebreo para que se
burle de nosotros. Ha venido a mí para
acostarse conmigo, pero yo he gritado
15 y, al oírme levantar la voz y gritar, ha
dejado su vestido a mi lado y ha salido
huyendo afuera.»
16 Ella depositó junto a sí el vestido de
él, hasta que vino su señor a casa, 17 y le
repitió esto mismo: «Ha entrado a mí
ese siervo hebreo que tú nos trajiste,
para abusar de mí; 18 pero yo he levantado la voz y he gritado, y entonces ha
dejado él su ropa junto a mí y ha huido
afuera.» 19 Al oír su señor las palabras
que acababa de decirle su mujer: —«Esto
ha hecho conmigo tu siervo»—, se encolerizó. 20 Y el señor de José mandó que
lo prendieran y lo metió en la cárcel, en el
sitio donde estaban los detenidos del rey.

José encarcelado.

Allí se quedó, en presidio. 21 Pero
Yahvé asistió a José y lo cubrió con su
misericordia, haciendo que se ganara el
favor del alcaide. 22 El alcaide confió a
José todos los detenidos que había en la
cárcel; todo lo que se hacía allí, lo hacía
él. 23 El alcaide no controlaba absolutamente nada de cuanto administraba
José, ya que Yahvé lo asistía y hacía
prosperar todas sus empresas.

José interpreta los sueños de dos cortesanos.

40 1 Después de estas cosas sucedió que el copero y el panadero
del rey de Egipto ofendieron a su señor,
el rey de Egipto. 2 El faraón se enojó
contra sus dos eunucos, contra el jefe de
los coperos y el jefe de los panaderos,

3 y los puso bajo la custodia en casa del jefe de los guardias, en prisión, en el lugar donde estaba detenido José. 4 El jefe de los guardias encargó de ellos a José, para que les sirviera. Así pasaban los días en presidio.

5 Aconteció que ambos tuvieron sendos sueños en una misma noche, cada cual con su sentido propio: el copero y el panadero del rey de Egipto que estaban detenidos en la prisión. 6 José vino a ellos por la mañana y los encontró preocupados. 7 Preguntó, pues, a los eunucos del faraón, que estaban con él en presidio en casa de su señor: «¿Por qué tienen hoy mala cara?» 8 «Hemos tenido un sueño —le dijeron— y no hay quien lo interprete.» José les dijo: «¿No son de Dios los sentidos ocultos? Vamos, cuéntenmelo a mí.»

9 El jefe de los coperos contó su sueño a José y le dijo: «Voy con mi sueño. Resulta que yo tenía delante una cepa, 10 y en la cepa tres sarmientos que, nada más echar yemas, florecían en seguida y maduraban las uvas en sus racimos. 11 Yo tenía en la mano la copa del faraón, y tomando aquellas uvas, las exprimía en la copa del faraón, y ponía la copa en la mano del faraón.» 12 José dijo: «Ésta es la interpretación: los tres sarmientos, son tres días. 13 Dentro de tres días levantará el faraón tu cabeza: te devolverá a tu cargo, y pondrás la copa del faraón en su mano, lo mismo que antes, cuando eras su copero. 14 A ver si te acuerdas de mí cuando te vaya bien, y me haces el favor de hablar de mí al faraón para que me saque de este lugar. 15 Pues fui raptado del país de los hebreos y, por lo demás, tampoco aquí hice nada para que me metieran en el calabozo.»

16 Vio el jefe de panaderos que era buena la interpretación y dijo a José: «Voy con mi sueño: Había tres cestas de pan blanco sobre mi cabeza. 17 En la cesta de arriba había de todo lo que come el faraón de panadería, pero los pájaros se lo comían de la cesta, de encima de mi cabeza.» 18 Respondió José: «Ésta es su interpretación. Las tres cestas, son tres días. 19 A la vuelta de tres días levantará el faraón tu cabeza y te colgará en un madero, y las aves se comerán la carne que te cubre.»

20 Al tercer día, que era el natalicio del faraón, dio éste un banquete para todos sus servidores, y levantó la cabeza del jefe de coperos y la del jefe de panaderos en presencia de sus siervos. 21 Al jefe de coperos lo restituyó en su oficio, quien volvió a poner la copa en manos del faraón. 22 En cuanto al jefe de panaderos, mandó que lo colgaran: tal y como les había interpretado José. 23 Pero el jefe de coperos no se acordó de José, sino que lo echó en olvido.

Los sueños del faraón.

41 1 Al cabo de dos años, el faraón soñó que se encontraba a la orilla del río. 2 De pronto subieron del río siete vacas hermosas y lustrosas, que se pusieron a pastar entre los juncos. 3 Pero resulta que detrás de aquéllas subieron del río otras siete vacas, de mal aspecto y flacas, las cuales se pararon al lado de las otras vacas en la margen del río, 4 y las vacas de mal aspecto y flacas se comieron a las siete vacas hermosas y lustrosas. Entonces el faraón se despertó.

5 Y, dormido de nuevo, soñó que siete espigas crecían en una misma caña, lozanas y buenas. 6 Pero resulta que otras siete espigas flacas y asolanadas brotaron después de aquéllas, 7 y las espigas flacas consumieron a las siete lozanas y llenas. Despertó el faraón, y resultó que era un sueño.

8 Aquella mañana estaba inquieto su espíritu y mandó llamar a todos los magos y a todos los sabios de Egipto. El faraón les contó su sueño, pero no hubo quien se lo interpretara al faraón*. 9 Entonces el jefe de coperos habló al faraón

41 8 Egipto era el país de los sabios y de los magos, Ex **7** 11.22; **8** 1; 1 R **5** 10; Is **19** 11-13. Pero Dios puede dar una sabiduría y un poder superior, Ex **7**-8; ver Dn **2**.

diciéndole: «Hoy me acuerdo de mi falta. 10 El faraón se había enojado contra sus siervos y me había puesto bajo custodia en casa del jefe de los guardias a mí y al jefe de panaderos. 11 Entonces los dos tuvimos sendos sueños en una misma noche, tanto yo como él, cada uno con su sentido propio. 12 Había allí con nosotros un muchacho hebreo, siervo del jefe de los guardias. Le contamos nuestro sueño y él nos dio el sentido propio de cada cual. 13 Y resultó que según nos lo había interpretado, así fue: A mí me restituyó el faraón en mi puesto, y a él lo colgó.»

14 El faraón mandó llamar a José y lo sacaron del calabozo con premura, se afeitó y mudó de vestido y compareció ante el faraón. 15 Dijo el faraón a José: «He tenido un sueño y no hay quien lo interprete, pero he oído decir de ti que te basta oír un sueño para interpretarlo.» 16 Respondió José al faraón: «No hablemos de mí, que Dios responda en buena hora al faraón.»

17 Y refirió el faraón a José su sueño: «Resulta que estaba yo a la orilla del río, 18 cuando de pronto subieron del río siete vacas lustrosas y de hermoso aspecto, que pastaban entre los juncos. 19 Pero resulta que otras siete vacas subieron detrás de aquéllas, de muy mal aspecto, y flacas, que jamás vi como aquéllas en toda la tierra de Egipto, de tan malas. 20 Y las siete vacas flacas y malas se comieron a las siete vacas primeras, las lustrosas. 21 Pero una vez que las tuvieron dentro, ni se conocía que las tuvieran, pues su aspecto seguía tan malo como al principio. Entonces me desperté, 22 y volví a ver en sueños cómo siete espigas crecían en una misma caña, henchidas y buenas. 23 Pero resulta que otras siete espigas secas, flacas y asolanadas brotaban después de aquéllas, 24 y consumieron las espigas flacas a las siete espigas hermosas. Se lo he dicho a los magos, pero no hay quien me lo explique.»

25 José dijo al faraón: «El sueño del faraón es uno solo: Dios anuncia al faraón lo que va a hacer. 26 Las siete vacas buenas son siete años de abundancia, y las siete espigas buenas siete años son: porque el sueño es uno solo. 27 Y las siete vacas flacas y malas que subían después de aquéllas son siete años; e igualmente las siete espigas flacas y asolanadas: es que habrá siete años de hambre. 28 Esto es lo que yo he dicho al faraón. Lo que Dios va a hacer lo ha mostrado al faraón. 29 Van a venir siete años de gran abundancia en todo Egipto. 30 Pero después sobrevendrán otros siete años de hambre y se olvidará toda la abundancia en Egipto, pues el hambre asolará el país, 31 y no se conocerá abundancia en el país, de tanta hambre como habrá. 32 Y el que se haya repetido el sueño del faraón dos veces es porque la cosa es firme de parte de Dios, y Dios se apresura a realizarla.

33 «Ahora, pues, fíjese el faraón en algún hombre inteligente y sabio, y póngalo al frente de Egipto. 34 Hágalo así el faraón: ponga encargados al frente del país y exija el quinto a Egipto durante los siete años de abundancia. 35 Ellos recogerán todo el comestible de esos años buenos que vienen, almacenarán el grano a disposición del faraón en las ciudades, y lo guardarán. 36 De esta forma quedarán registradas las reservas de alimento del país para los siete años de hambre que habrá en Egipto, y así no perecerá el país de hambre.»

José, primer ministro.

37 Pareció bien el discurso al faraón y a todos sus servidores, 38 y dijo el faraón a sus servidores: «¿Acaso se encontrará otro como éste que tenga el espíritu de Dios?» 39 Y dijo el faraón a José: «Después de haberte dado a conocer Dios todo esto, no hay entendido ni sabio como tú. 40 Tú estarás al frente de mi casa, y de tu boca dependerá todo mi pueblo. Tan sólo el trono dejaré por encima de ti.» 41 Dijo el faraón a José: «Mira: te he puesto al frente de todo el país de Egipto.» 42 Y el faraón se quitó el anillo de la mano y lo puso en la mano

de José, le hizo vestir ropas de lino fino
y le puso el collar de oro al cuello; 43 luego lo hizo montar en su segunda carroza,
e iban gritando delante de él: «¡Abrek!»
Así lo puso al frente de todo el país de
Egipto.
44 Dijo el faraón a José: «Yo, el faraón: sin tu licencia no levantará nadie
mano ni pie en todo Egipto.» 45 El faraón llamó a José Safnat Panéaj y le
dio por mujer a Asnat, hija de Poti Fera,
sacerdote de On. Y salió José investido
de autoridad sobre el país de Egipto.
46 Tenía José treinta años cuando
compareció ante el faraón, rey de Egipto, y salió José de delante del faraón, y
recorrió todo Egipto. 47 La tierra produjo
con profusión durante los siete años de
abundancia, 48 y él hizo acopio de todos
los víveres de los siete años en que hubo abundancia en Egipto, poniendo en
cada ciudad los víveres de la campiña
circundante. 49 José recolectó grano
como la arena del mar, una enormidad,
hasta tener que desistir de contar, pues
era innumerable.

Hijos de José*.

50 Antes que sobrevinieran los años de
hambre, le nacieron a José dos hijos que
le dio Asnat, la hija de Poti Fera, sacerdote de On. 51 Llamó José al primogénito Manasés, porque —decía— «Dios
me ha hecho olvidar todo mi trabajo y
la casa de mi padre», 52 y al segundo le
llamó Efraín, porque —decía— «me ha
hecho fructificar Dios en el país de mi
aflicción».
53 Transcurrieron los siete años de
abundancia que hubo en Egipto 54 y empezaron a llegar los siete años de hambre, como había predicho José. Hubo
hambre en todas las regiones; pero en
todo Egipto había pan. 55 Toda la tierra
de Egipto sintió también hambre, y el
pueblo clamó al faraón pidiendo pan.
Y dijo el faraón a todo Egipto: «Vayan
a José: hagan lo que él les diga.» —56 El
hambre cundió por toda la faz de la
tierra.— Entonces José sacó todas
las existencias y abasteció de grano a
Egipto. Arreciaba el hambre en Egipto;
57 de todos los países venían también
a Egipto para proveerse comprando
grano a José, porque el hambre cundía
por toda la tierra.

Primer encuentro de José y sus hermanos.

42 1 Vio Jacob que se repartía grano en Egipto, y dijo Jacob a sus
hijos: «¿Por qué se están ahí mirando?
2 Tengo oído que hay reparto de grano
en Egipto. Bajen a comprarnos grano
allí, para que vivamos y no muramos*.»
3 Bajaron, pues, los diez hermanos de
José a proveerse de grano en Egipto;
4 pero a Benjamín, hermano de José,
no lo envió Jacob con sus hermanos,
pues se decía: «No vaya a sucederle
alguna desgracia.»
5 Fueron, pues, los hijos de Israel a
comprar con otros que iban, pues había
hambre en el país cananeo. 6 José era
el que regía en todo el país, y él mismo
en persona era el que distribuía grano a
todo el mundo. Llegaron los hermanos
de José y se inclinaron rostro en tierra.
7 Vio José a sus hermanos y los reconoció, pero él no se dio a conocer, y
hablándoles con dureza les dijo: «¿De
dónde vienen?» Dijeron: «De Canaán,
para comprar víveres.»
8 O sea, que José reconoció a sus
hermanos, pero ellos no lo reconocieron. 9 José entonces se acordó de aquellos sueños que había soñado respecto a
ellos, y les dijo: «Ustedes son espías, que
vienen a ver los puntos desguarnecidos
del país.» 10 Contestaron: «No, señor,
sino que tus siervos han venido a proveerse de víveres. 11 Todos nosotros somos hijos de un mismo padre, y somos
gente de bien: tus siervos no son es-

41 50 Los dos hijos de José ocuparán un sitio entre las doce tribus de Israel, **29** 31+; **48** 1.

42 2 Como en tiempos de Abrahán, **12** 10, la migración se debe al hambre, ver Hch **7** 10-13.

pías.» 12 Replicó: «Nada de eso: a lo que vienen es a ver los puntos desguarnecidos del país.» 13 Le dijeron: «Tus siervos somos doce hermanos, hijos de un mismo padre, en el país cananeo; sólo que el menor está actualmente con nuestro padre, y el otro no existe.» 14 José replicó: «Lo que yo les dije: son espías. 15 Con esto serán probados, ¡por vida del faraón!: no saldrán de aquí mientras no venga su hermano pequeño acá. 16 Envíen a cualquiera de ustedes y que traiga a su hermano, mientras los demás quedan presos. Así serán comprobadas sus afirmaciones, a ver si la verdad está con ustedes. Que si no, ¡por vida del faraón!, espías son.» 17 Y los puso bajo custodia durante tres días.

18 Al tercer día les dijo José: «Hagan esto —pues yo también temo a Dios— y vivirán. 19 Si son gente de bien, uno de sus hermanos se quedará detenido en la prisión mientras los demás hermanos van a llevar el grano que tanta falta hace en sus casas. 20 Luego me traen a su hermano menor; entonces se verá que son verídicas sus palabras y no morirán.» —Así lo hicieron ellos.— 21 Y se decían el uno al otro: «A fe que somos culpables contra nuestro hermano, cuya angustia veíamos cuando nos pedía que tuviéramos compasión y no le hicimos caso. Por eso nos hallamos en esta angustia.» 22 Rubén les replicó: «¿No les decía yo que no pecaran contra el niño y no me hicieron caso? ¡Ahora se reclama su sangre!» 23 Ignoraban ellos que José les entendía, porque mediaba un intérprete entre ellos. 24 Entonces José se apartó de su lado y lloró; y volviendo donde ellos tomó a Simeón y lo hizo amarrar a vista de todos.

Los hijos de Jacob regresan a Canaán.

25 Mandó José que se les llenaran los envases de grano, que se devolviera a cada uno su dinero en la talega y que se les pusiera provisiones para el camino; así se hizo con ellos. 26 Ellos pusieron su cargamento de grano sobre los burros y se fueron de allí. 27 Al acampar por la noche, uno de ellos abrió su talega para dar de comer a su burro y vio que su dinero estaba en la boca de la talega de grano. 28 Y dijo a sus hermanos: «Me han devuelto el dinero; lo tengo aquí en mi talega.» Se quedaron sin aliento y se miraban temblando y diciendo: «¿Qué es esto que ha hecho Dios con nosotros?»

29 Llegaron donde su padre, a Canaán, y le manifestaron todas sus aventuras, diciéndole: 30 «El hombre que es señor del país ha hablado con nosotros duramente y nos ha tomado por espías del país. 31 Nosotros le hemos dicho que éramos gente de bien y no espías, 32 que éramos doce hermanos, hijos del mismo padre; que uno de nosotros no existía, y que el otro se encontraba actualmente con nuestro padre en Canaán. 33 Entonces nos dijo el hombre que es señor del país: 'De este modo conoceré si son gente de bien; dejen conmigo a uno de ustedes, tomen lo que hace falta en sus casas y márchense 34 a buscarme a su hermano pequeño. Así conoceré que no son espías, sino gente de bien. Entonces les entregaré a su hermano y circularán libremente por el país.'»

35 Ahora bien, cuando estaban vaciando sus talegas, resulta que cada uno tenía su dinero en la talega, y tanto ellos como su padre, al ver las bolsas, sintieron miedo. 36 Su padre Jacob les dijo: «Me dejan sin hijos: Falta José, falta Simeón, y encima van a quitarme a Benjamín. Esto acabará conmigo.»

37 Dijo Rubén a su padre: «Que mueran mis dos hijos si no te lo traemos. Confíamelo y yo te lo devolveré.» 38 Replicó: «No bajará mi hijo con ustedes, pues su hermano está muerto y sólo me queda él. Si le ocurre cualquier desgracia en ese viaje que van a hacer, entonces harían bajar mi vejez angustiada al Seol.»

Los hijos de Jacob vuelven llevando a Benjamín.

43 1 El hambre seguía abrumando la tierra. 2 Así, pues, en cuanto acabaron de consumir el grano traído de Egipto, les dijo su padre: «Vuelvan y cómprennos algo de comer.» 3 Judá le dijo: «Bien claro nos dio a entender aquel hombre que no nos recibiría si no estaba con nosotros nuestro hermano. 4 Si mandas a nuestro hermano con nosotros, bajaremos y te compraremos víveres; 5 pero si no lo mandas, no bajamos, porque aquel hombre nos dijo: 'No se presenten a mí si no está su hermano con ustedes.'» 6 Dijo Israel: «¿Por qué para desgracia mía hicieron saber a ese hombre que tenían otro hermano?» 7 Dijeron: «Él empezó preguntándonos por nuestra familia, diciéndonos: ¿Tienen aún padre? ¿Vive todavía su padre? ¿Tienen algún otro hermano? Y nosotros nos limitamos a responder a sus palabras. ¿Podíamos saber que iba a decirnos: Bajen a su hermano?» 8 Dijo Judá a su padre Israel: «Deja ir al chico conmigo; deja que vayamos para vivir y no morir ni nosotros, ni tú, ni nuestros pequeños. 9 Yo respondo de él, de mi mano lo exigirás si no lo traigo aquí y te lo presento, y estaré yo en falta contigo a perpetuidad. 10 Que lo que es, si no nos hubiéramos entretenido, para estas horas ya estaríamos de vuelta.»

11 Les dijo su padre Israel: «Siendo así, háganlo; lleven de lo más fino del país en sus cestas, y bajen a aquel hombre un regalo, un poco de sandácara, un poco de miel, almáciga y ládano, pistachos y almendras. 12 Tomen también con ustedes el doble de dinero y devuelvan personalmente el dinero devuelto en la boca de sus talegas, por si se trata de un error. 13 Tomen, pues, a su hermano y vuelvan inmediatamente donde ese hombre; 14 que El Sadday les haga hallar misericordia ante ese hombre, y que él les deje partir con su otro hermano y con Benjamín. Por mi parte, si he de perder a mis hijos, qué le vamos a hacer.»

Encuentro con José.

15 Ellos tomaron dicho regalo y el doble de dinero consigo, y asimismo a Benjamín, y poniéndose en marcha bajaron a Egipto y se presentaron a José. 16 José vio con ellos a Benjamín y dijo a su mayordomo: «Lleva a esos hombres a casa, mata algún animal y lo preparas, porque esos hombres van a comer conmigo a mediodía.» 17 El hombre hizo como le había dicho José, y llevó a los hombres a casa de José.

18 Ellos se asustaron porque se los llevaba a casa de José, y dijeron: «Es por lo del dinero devuelto en nuestros sacos la otra vez, por lo que se nos trae acá, para ponernos alguna trampa, caer sobre nosotros y reducirnos a esclavitud, junto con nuestros burros.» 19 Y, acercándose al mayordomo de José, le dijeron a la puerta de la casa: 20 «Mire, señor, nosotros bajamos anteriormente a comprar víveres. 21 Pero resultó que cuando fuimos a pasar la noche y abrimos nuestras talegas de grano, nos encontramos con que el dinero de cada uno estaba en la boca de su talega, nuestra plata bien pesada, y la hemos devuelto con nosotros, 22 y además traemos con nosotros más dinero para comprar víveres. Ignoramos quién puso nuestro dinero en nuestras talegas.» 23 Respondió: «La paz sea con ustedes, no teman. Su Dios y el Dios de su padre les puso ese tesoro en las talegas. Su dinero ya me llegó.» Y les sacó a Simeón.

24 Luego los introdujo en casa de José, les dio agua y se lavaron los pies, y les dio forraje para sus burros. 25 Entonces ellos prepararon el regalo, mientras llegaba José a mediodía, pues oyeron que iban a comer allí.

26 Al entrar José en casa, le presentaron el regalo que llevaban consigo y se inclinaron hasta el suelo. 27 Él los saludó y les preguntó: «Su anciano padre de quien me hablaron, ¿vive aún?» 28 Y le dijeron: «Está bien tu siervo, nuestro padre: todavía vive.» Y, postrándose, se inclinaron. 29 Entonces José volvió los ojos y vio a Benjamín, su hermano de madre, y dijo: «¿Éste es su hermano menor, de quien me hablaron?» Y añadió: «Dios te guarde, hijo mío.» 30 José tuvo

que darse prisa, porque le daban ganas
de llorar de emoción por su hermano, y
entrando en el cuarto lloró allí. [31] Luego
se lavó la cara, salió y conteniéndose
dijo: «Sirvan la comida.» [32] Y le sirvieron
a él aparte, aparte a ellos, y aparte a los
egipcios que comían con él, porque los
egipcios no soportan comer con los hebreos, cosa detestable para ellos. [33] Se
sentaron, pues, delante de él por orden
de antigüedad, de mayor a menor, y
se miraban entre sí asombrados. [34] Él
fue tomando de delante de sí raciones
para ellos, y la ración de Benjamín era
cinco veces mayor que la de todos los
demás. Ellos bebieron y se alegraron en
su compañía.

La copa de José en la talega de Benjamín.

44 [1] Entonces él dio esta orden a
su mayordomo: «Llena de víve-
res las talegas de estos hombres, cuanto
quepa en ellas, y pones el dinero de
cada uno en la boca de su talega. [2] Y mi
copa, la copa de plata, la pones en la
boca del saco del pequeño, además del
dinero de su compra.» Y él hizo conforme a lo que había dicho José.

[3] En cuanto alumbró el día, se los despachó con sus burros. [4] Salieron de la
ciudad y, no bien se habían alejado, cuando José dijo a su mayordomo: «Ponte en
marcha y persigue a esos hombres, les
das alcance y les dices: ¿Por qué han
pagado mal por bien? [5] ¡Se trata nada
menos que de lo que utiliza mi señor
para beber, y también para sus adivinaciones! ¡Qué mal han obrado!»

[6] Él los alcanzó y les habló a este tenor. [7] Ellos le dijeron: «¿Por qué habla
mi señor de ese modo? ¡Lejos de tus siervos hacer semejante cosa! [8] De modo
que te hemos devuelto desde Canaán
el dinero que encontramos en la boca
de nuestras talegas, ¿e íbamos a robar
ahora de casa de nuestro señor plata u
oro? [9] Aquél de tus siervos a quien se
le encuentre, que muera; y también los
demás nos haremos esclavos del señor.»
[10] Respondió: «Sea como dicen: aquél a
quien se le encuentre, será mi esclavo;
pero los demás quedarán disculpados.»
[11] Ellos se dieron prisa en bajar sus talegas a tierra y fueron abriendo cada cual
la suya; [12] él los registró empezando por
el grande y acabando por el chico, y
apareció la copa en la talega de Benjamín. [13] Entonces rasgaron ellos sus
túnicas y, cargando cada cual su burro,
regresaron a la ciudad.

[14] Judá y sus hermanos entraron en
casa de José, que todavía estaba allí, y
cayeron rostro en tierra. [15] José les dijo:
«¿Qué han hecho? ¿Ignoraban que uno
como yo tenía que adivinarlo sin falta?»
[16] Judá dijo: «¿Qué vamos a decir al
señor, qué vamos a hablar, qué excusa
vamos a dar? Dios ha hallado culpables
a sus siervos, y aquí nos tienes como esclavos de nuestro señor, tanto nosotros
como aquél en cuyo poder ha aparecido
la copa.» [17] Replicó: «¡Lejos de mí hacer
eso! Aquél a quien se le ha hallado
la copa, ése será mi esclavo, que los
demás subirán sin novedad donde su
padre.»

Interviene Judá.

[18] Entonces se le acercó Judá y le
dijo: «Con permiso, señor, tu siervo va
a pronunciar una palabra a mi señor, y
que no se encienda tu ira contra tu siervo, pues tú eres como el mismo faraón.
[19] Mi señor preguntó a sus siervos: '¿Tienen padre o algún hermano?' [20] Y nosotros dijimos a mi señor: 'Sí, tenemos
padre anciano, y un hijo pequeño de su
ancianidad. Otro hermano de éste murió; sólo le ha quedado éste de su madre, y su padre lo quiere.' [21] Entonces
tú dijiste a tus siervos: 'Bájenmelo, que
ponga mis ojos sobre él.' [22] Y dijimos a
mi señor: 'Imposible que el muchacho
deje a su padre, pues si le dejara, éste
moriría.' [23] Pero dijiste a tus siervos:
'Pues si no baja su hermano menor con
ustedes, no volverán a verme la cara.'
[24] Así pues, cuando subimos nosotros
donde mi padre, tu siervo, le expusi-
mos las palabras de mi señor. [25] Nuestro
padre dijo: 'Vuelvan y cómprennos al-

go de comer.' 26 Dijimos: 'No podemos
bajar, a menos que nuestro hermano
pequeño vaya con nosotros. En ese caso
sí bajaríamos. Porque no podemos pre-
sentarnos a aquel hombre si no está con
nosotros nuestro hermano el pequeño.'
27 Mi padre, tu siervo, nos dijo: 'Bien
saben que mi mujer me dio a los dos:
28 el uno se me marchó, y dije que seguramente habría sido despedazado, y
no lo he vuelto a ver más hasta ahora.
29 Y ahora se llevan también a éste de mi
presencia; si le ocurre alguna desgracia,
harán bajar mi ancianidad al Seol con
amargura.' 30 Ahora, pues, cuando yo
llegue a donde mi padre, tu siervo, y
el muchacho no esté con nosotros, teniendo como tiene el alma tan apegada
a la suya, 31 en cuanto vea que falta el
muchacho morirá, y tus siervos habrán
hecho bajar la ancianidad de nuestro
padre, tu siervo, con tristeza al Seol.
32 La verdad es que tu siervo ha traído al
muchacho de junto a su padre bajo palabra de que: 'Si no te lo traigo, quedaré en
falta para con mi padre a perpetuidad.'
33 Ahora, pues, que se quede tu siervo
en vez del muchacho como esclavo de
mi señor, y suba el muchacho con sus
hermanos. 34 Porque ¿cómo subo yo
ahora a mi padre sin el muchacho conmigo? ¡No quiero ni ver la aflicción en
que caerá mi padre!»

José se descubre a sus hermanos.

45 1 Ya no pudo José contenerse
delante de todos los que en pie
le asistían y exclamó: «Echen a todo el
mundo de mi lado.» Y no quedó nadie
con él mientras se daba a conocer José
a sus hermanos. 2 (Y se echó a llorar a
gritos, y lo oyeron los egipcios, y lo oyó
hasta la casa del faraón.)
3 José dijo a sus hermanos: «Yo soy
José. ¿Vive aún mi padre?» Sus hermanos no podían contestarle, porque se habían quedado atónitos ante él. 4 José dijo
a sus hermanos: «Vamos, acérquense a
mí.» Se acercaron, y él continuó: «Yo soy
su hermano José, a quien vendieron a
los egipcios. 5 Ahora bien, no les pese ni
les dé enojo haberme vendido acá, pues
para salvar vidas me envió Dios delante
de ustedes*. 6 Porque con éste van dos
años de hambre en la tierra, y aún quedan cinco años en que no habrá arada
ni siega. 7 Dios me ha enviado delante
de ustedes para que puedan sobrevivir
en la tierra y para salvarles la vida mediante una feliz liberación. 8 O sea, que
no fueron ustedes los que me enviaron
acá, sino Dios, y él me ha convertido en
padre del faraón, en dueño de toda su
casa y amo de todo Egipto.
9 Suban de prisa a donde mi padre,
y díganle: 'Así dice tu hijo José: Dios
me ha hecho dueño de todo Egipto;
baja a mí sin demora. 10 Vivirás en el
país de Gosen, y estarás cerca de mí
con tus hijos y nietos, tus ovejas y tus
vacadas y todo cuanto tienes. 11 Yo te
sustentaré allí, pues todavía faltan cinco
años de hambre, no sea que queden en
la miseria tú y tu casa y todo lo tuyo.'
12 Con sus propios ojos están viendo,
y también mi hermano Benjamín con
los suyos, que soy yo en persona quien
les habla. 13 Notifiquen, pues, a mi padre
toda mi autoridad en Egipto y todo lo
que han visto, y en seguida bajen a mi
padre acá.»
14 Y, echándose al cuello de su hermano Benjamín, lloró; también Benjamín
lloraba sobre el cuello de José. 15 Luego
besó a todos sus hermanos, llorando
abrazado a ellos; después de lo cual
sus hermanos estuvieron conversando
con él.

Invitación del faraón.

16 En el palacio del faraón corrió
la voz: «Han venido los hermanos de
José.» La cosa cayó bien al faraón y sus
siervos, 17 y el faraón dijo a José: «Di
a tus hermanos: Hagan esto: Carguen
sus burros y pónganse inmediatamente
en marcha hacia Canaán, 18 tomen a

45 5 Los vv. 5-8 y **50** 20 dan la clave de la historia de José, **37** 2+.

su padre y sus familias, y vengan a mí, que yo les daré lo mejor de Egipto, y comerán lo más pingüe del país. 19 Por tu parte, ordénales: Hagan esto: Tomen de Egipto carretas para sus pequeños y mujeres, y se traen a su padre. 20 Y ustedes mismos no tengan pena de sus cosas, que lo mejor de Egipto será para ustedes.»

Regreso a Canaán.

21 Así lo hicieron los hijos de Israel; José les proporcionó carretas por orden del faraón; y les dio provisiones para el camino. 22 A todos ellos dio sendas mudas, pero a Benjamín le dio trescientas piezas de plata y cinco mudas. 23 A su padre le envió asimismo diez burros cargados de lo mejor de Egipto y diez burras cargadas de trigo, pan y víveres para el viaje de su padre. 24 Luego despidió a sus hermanos, y cuando se iban les dijo: «No se exciten en el camino.»

25 Subieron, pues, de Egipto y llegaron a Canaán, a donde su padre Jacob, 26 y le anunciaron: «Todavía vive José, y es el amo de todo Egipto.» Pero él se quedó impasible, porque no les creía. 27 Entonces le repitieron todas las palabras que José les había dicho, vio las carretas que José había enviado para transportarlo, y revivió el espíritu de su padre Jacob. 28 Y dijo Israel: «¡Esto me basta! Todavía vive mi hijo José; iré y lo veré antes de morirme.»

Sale Jacob para Egipto.

46 1 Partió Israel con todas sus pertenencias y llegó a Berseba, donde hizo sacrificios al Dios de su padre Isaac. 2 Y dijo Dios a Israel en visión nocturna*: «¡Jacob, Jacob!» —«Aquí estoy», respondió. —3 «Yo soy Dios, el Dios de tu padre; no temas bajar a Egipto, porque allí te haré una gran nación. 4 Bajaré contigo a Egipto y yo mismo te subiré también. José te cerrará los ojos.»

5 Jacob partió de Berseba y los hijos de Israel montaron a su padre Jacob, así como a sus pequeños y mujeres, en las carretas que había mandado el faraón para trasportarlo.

6 También tomaron sus ganados y la hacienda lograda en Canaán, y fueron a Egipto, Jacob y toda su descendencia con él. 7 Sus hijos y nietos, sus hijas y nietas: a toda su descendencia se la llevó consigo a Egipto.

La familia de Jacob.

8 Éstos son los nombres de los hijos de Israel que entraron en Egipto: Jacob y sus hijos. El primogénito de Jacob: Rubén, 9 y los hijos de Rubén: Henoc, Palú, Jesrón y Carmí; 10 los hijos de Simeón: Yemuel, Yamín, Ohad, Yaquín, Sójar y Saúl, hijo de la cananea; 11 los hijos de Leví: Guersón, Queat y Merarí; 12 los hijos de Judá: Er, Onán, Selá, Peres y Zéraj, (pero Er y Onán ya habían muerto en Canaán) y los hijos de Peres: Jesrón y Jamul; 13 los hijos de Isacar: Tolá, Puá, Yasub y Simrón; 14 los hijos de Zabulón: Séred, Elón, Yajleel. 15 Éstos fueron los hijos que Lía había dado a Jacob en Padán Aram, y también su hija Dina. Sus hijos y sus hijas eran en total treinta y tres personas.

16 Los hijos de Gad: Sefón, Jaguí, Suní, Esbón, Erí, Arodí y Arelí. 17 Los hijos de Aser: Yimná, Yisvá, Yisví, Beriá y Séraj, hermana de ellos. Hijos de Beriá: Jéber y Malquiel. 18 Éstos son los hijos de Zilpá, la que Labán diera a su hija Lía; ella engendró para Jacob estas dieciséis personas.

19 Los hijos de Raquel, mujer de Jacob: José y Benjamín. 20 A José le nacieron en Egipto Manasés y Efraín, de Asnat, hija de Poti Fera, sacerdote de On. 21 Los hijos de Benjamín: Belá, Béquer, Asbel, Guerá, Naamán, Ejí, Ros, Mupín, Jupín y Ard. 22 Éstos son los hijos que Raquel dio a Jacob. En total catorce personas.

46 2 Ultima teofanía de la época patriarcal, que conduce a Jacob a Egipto, como Abrahán había salido para la tierra de Canaán, **12** 1.

[23] Los hijos de Dan: Jusín. [24] Los
hijos de Neftalí: Yajseel, Guní, Yéser y
Salún. [25] Éstos son los hijos de Bilhá, la
que Labán diera a su hija Raquel, y que
aquélla engendró para Jacob: en total
siete personas.

[26] Todas las personas que entraron
con Jacob en Egipto, nacidas de sus
entrañas —salvo las mujeres de los hijos
de Jacob—, hacían un total de sesenta y
seis personas. [27] Los hijos de José, que
le habían nacido en Egipto, eran dos.
Todas las personas de la casa de Jacob
que entraron en Egipto eran setenta.

José recibe a los suyos.

[28] Israel mandó a Judá por delante
adonde José, para que éste le precediera a Gosen; y llegaron al país de Gosen.
[29] José enganchó su carroza y subió a
Gosen, al encuentro de su padre Israel.
Cuando lo vio, se echó a su cuello y
estuvo llorando sobre su cuello. [30] Dijo
Israel a José: «Ahora ya puedo morir,
después de haber visto tu rostro, pues
que tú vives todavía.»

[31] José dijo a sus hermanos y a la familia de su padre: «Voy a subir a avisar
al faraón y decirle: 'Han venido a mí
mis hermanos y la casa de mi padre que
estaban en Canaán. [32] Son pastores de
ovejas, pues siempre fueron ganaderos,
y han traído ovejas, vacadas y todo lo
suyo'. [33] Así, cuando los llame el faraón
y les diga: '¿Cuál es su oficio?', [34] le
dicen: 'Ganaderos hemos sido tus siervos desde la mocedad hasta ahora, lo
mismo que nuestros padres.' De esta
suerte se quedarán en el país de Gosen.»
Porque los egipcios detestan a todos los
pastores de ovejas.

Audiencia del faraón.

47 [1] Vino, pues, José a dar parte
al faraón, diciendo: «Mi padre,
mis hermanos, sus ovejas y vacadas y
todo lo suyo han venido de Canaán, y
ya están en el país de Gosen.» [2] Luego,
de entre todos sus hermanos, tomó consigo a cinco varones y se los presentó
al faraón. [3] Dijo el faraón a los hermanos: «¿Cuál es su oficio?» Respondieron
al faraón: «Pastores de ovejas son tus
siervos, lo mismo que nuestros padres.»
[4] Y dijeron al faraón: «Hemos venido
a residir en esta tierra, porque no hay
pastos para los rebaños que tienen tus
siervos, por ser terrible el hambre
en Canaán. Así pues, deja morar a tus
siervos en el país de Gosen.» [5a] Dijo el
faraón a José: [6b] «Que residan en el país
de Gosen. Y, si te consta que hay entre
ellos gente capacitada, ponlos como
pastores principales de lo mío.»

Otro relato.

[5b] Jacob y sus hijos vinieron a Egipto
donde José. El faraón, rey de Egipto,
se enteró y dijo a José: «Tu padre y tus
hermanos han venido a ti. [6a] Tienes el
territorio egipcio por delante: en lo mejor del país instala a tu padre y tus hermanos.» [7] José llevó a su padre Jacob y
lo presentó al faraón, y Jacob bendijo al
faraón. [8] Dijo el faraón a Jacob: «¿Cuántos años tienes?» [9] Respondió Jacob al
faraón: «Los años de mis andanzas hacen ciento treinta años; pocos y malos
han sido los años de mi vida, y no han
llegado a igualar los años de vida de mis
padres, en el tiempo de sus andanzas.»
[10] Bendijo, pues, Jacob al faraón, y salió de su presencia. [11] José instaló a su
padre y a sus hermanos, asignándoles
una propiedad en territorio egipcio, en
lo mejor del país, en el país de Ramsés,
según lo había mandado el faraón.

[12] Y José proveyó al sustento familiar
de su padre y sus hermanos y toda la
casa de su padre.

Política agraria de José.

[13] No había pan en todo el país, porque el hambre era gravísima, y tanto
Egipto como Canaán estaban muertos
de hambre. [14] Entonces José se hizo
con toda la plata existente en Egipto
y Canaán a cambio del grano que ellos
compraban, y llevó José aquella plata al
palacio del faraón.

15 Agotada la plata de Egipto y de Canaán, acudió Egipto en masa a José diciendo: «Danos pan. ¿Por qué hemos
de morir en tu presencia ahora que se
ha agotado la plata?» 16 Dijo José: «Entreguen sus ganados y les daré pan por
sus ganados, ya que se ha agotado la
plata.» 17 Trajeron sus ganados a José y
José les dio pan a cambio de caballos,
ovejas, vacas y burros. Y les abasteció
de pan a trueque de todos sus ganados
por aquel año.
18 Cumplido el año, acudieron al año
siguiente y le dijeron: «No disimulare-
mos a nuestro señor que se ha agotado
la plata, y también los ganados pertenecen ya a nuestro señor; no nos queda
a disposición de nuestro señor nada, salvo nuestros cuerpos y nuestras tierras.
19 ¿Por qué hemos de morir delante de
tus ojos así nosotros como nuestras tierras? Aprópiate de nosotros y de nuestras tierras a cambio de pan, y nosotros
con nuestras tierras pasaremos a ser
esclavos del faraón. Pero danos simiente
para que vivamos y no muramos, y el
suelo no quede desolado.»
20 De este modo se apropió José de
todo el suelo de Egipto para el faraón,
pues los egipcios vendieron cada uno su
campo porque el hambre los apretaba,
y la tierra vino a ser del faraón. 21 En
cuanto al pueblo, lo redujo a servidumbre, de cabo a cabo de las fronteras
de Egipto. 22 Tan sólo las tierras de los
sacerdotes no se las apropió, porque
los sacerdotes tuvieron tal privilegio del
faraón, y comieron de dicho privilegio
que les concedió el faraón. Por lo cual
no vendieron sus tierras.
23 Dijo entonces José al pueblo: «Ven
que los he adquirido hoy para el faraón
a ustedes y sus tierras. Ahí tienen simiente: siembren la tierra, 24 y luego,
cuando la cosecha, darán el quinto al
faraón y las otras cuatro partes serán
para ustedes, para siembra del campo, y
para alimento suyo y de sus familiares,
para alimento de sus criaturas.» 25 Dijeron ellos: «Nos has salvado la vida. Ha-
llemos gracia a los ojos de mi señor, y
seremos siervos del faraón.» 26 Y José
les impuso por norma, vigente hasta la
fecha respecto a todo el agro egipcio,
dar el quinto al faraón. Tan sólo el territorio de los sacerdotes no pasó a ser
del faraón.

Testamento de Jacob.

=**49** 29-32; **50** 6.

27 Israel residió en Egipto, en el país
de Gosen; se afincaron en él y fueron
fecundos y se multiplicaron sobremanera. 28 Jacob vivió en Egipto diecisiete
años, siendo los días de Jacob, los años
de su vida, ciento cuarenta y siete años.
29 Cuando los días de Israel tocaron a
su fin, llamó a su hijo José y le dijo:
«Si he hallado gracia a tus ojos, pon
tu mano debajo de mi muslo y hazme
este favor y lealtad: No me sepultes
en Egipto. 30 Cuando yo me acueste
con mis padres, me llevarás de Egipto y
me sepultarás en el sepulcro de ellos.»
Respondió: «Yo haré según tu palabra.»
—31 «Júramelo», dijo. Y José se lo juró.
Entonces Israel se inclinó sobre la cabecera de su lecho.

Jacob adopta y bendice a los hijos de José*.

48 1 Sucedió tras esto que se le
dijo a José: «Mira que tu padre
está malo.» Entonces él tomó consigo a
sus dos hijos, Manasés y Efraín, 2 y se
hizo anunciar a Jacob: «Tu hijo José ha
venido a verte.» Entonces Israel, haciendo un esfuerzo, se sentó en su lecho.
3 Dijo Jacob a José: «El Sadday se me
apareció en Luz, en país cananeo; me
bendijo 4 y me dijo: 'Mira, yo haré que
seas fecundo y que te multipliques; haré
de ti una multitud de pueblos, y daré
esta tierra a tu posteridad en propiedad
eterna.' 5 Pues bien, los dos hijos tuyos

48 Este relato atribuye a Jacob la admisión de Manasés y de Efraín junto a los hijos de Jacob entre los padres de las tribus, **41** 50.

que te nacieron en Egipto antes de venir
yo a Egipto a reunirme contigo, míos
son: Efraín y Manasés, igual que Rubén
y Simeón, serán míos. 6 En cuanto a la
prole que has engendrado después de
ellos, tuya será y con el apellido de sus
demás hermanos se la citará en orden a
la herencia.

7 «Cuando yo venía de Padán se me
murió en el camino Raquel, tu madre,
en el país de los cananeos, a poco trecho para llegar a Efratá, y allí la sepulté,
en el camino de Efratá, o sea Belén.»

8 Vio Israel a los hijos de José y preguntó: «¿Quiénes son éstos?» 9 Dijo José
a su padre: «Son mis hijos, los que me
ha dado Dios aquí.» Y él dijo: «Tráe-
melos acá, que yo los bendiga.» 10 Los
ojos de Jacob se habían nublado por
la vejez, y no podía ver. Se los acercó,
pues, y él los besó y los abrazó. 11 Dijo
Israel a José: «Yo no sospechaba ver
más tu rostro, y ahora resulta que Dios
me ha hecho ver también a tus hijos.»
12 José los sacó de entre las rodillas de
su padre y se postró ante él rostro en
tierra.

13 José los tomó a los dos, a Efraín
con la derecha, a la izquierda de Israel, y
a Manasés con la izquierda, a la derecha
de Israel, y los acercó a éste. 14 Israel
extendió su diestra y la puso sobre la
cabeza de Efraín, aunque era el menor, y su izquierda sobre la cabeza de
Manasés; es decir, que cruzó las manos,
puesto que Manasés era el primogénito;
15 y bendijo a José diciendo:

«El Dios en cuya presencia anduvieron mis padres Abrahán e Isaac,

el Dios que ha sido mi pastor desde
que existo hasta el presente día,

16 el Ángel que me ha rescatado de
todo mal, bendiga a estos muchachos;

sean llamados con mi nombre y con el
de mis padres Abrahán e Isaac,

y multiplíquense y crezcan en medio
de la tierra.»

17 Al ver José que su padre tenía la
diestra puesta sobre la cabeza de Efraín,
le pareció mal, y asió la mano de su padre para retirarla de sobre la cabeza de
Efraín a la de Manasés. 18 Y dijo José a
su padre: «Así no, padre mío, que éste
es el primogénito; pon tu diestra sobre
su cabeza.» 19 Pero rehusó su padre, y
dijo: «Lo sé, hijo mío, lo sé; también él
será grande. Sin embargo, su hermano
será más grande que él, y su descendencia se hará una muchedumbre de gentes.»

20 Y los bendijo aquel día, diciendo:

«Que con el nombre de ustedes se
bendiga en Israel, y se diga:

¡Que Dios te haga como a Efraín y
Manasés!»

—y puso a Efraín por delante de
Manasés—.

21 Dijo entonces Israel a José: «Yo
muero; pero Dios estará con ustedes y
los devolverá a la tierra de sus padres.
22 Yo, por mi parte, te doy Siquén a ti,
mejorándote sobre tus hermanos: lo que
tomé al amorreo con mi espada y con
mi arco*.»

Bendiciones de Jacob*.

Jc **5**; Dt **33**.

49 1 Llamó Jacob a sus hijos y dijo:
«Reúnanse, que yo les muestre
lo que les sucederá al cabo de los días.

2 Apíñense y oigan, hijos de Jacob,
oigan a Israel su padre.

3 Rubén, mi primogénito tú,
mi vigor, la primicia de mi virilidad,
exceso de pasión, exceso de ímpetu:
4 hierves como agua, ¡no te desbordes!,
porque subiste al lecho de tu padre,
violando mi tálamo indignamente*.

48 22 Jacob distribuye la Tierra santa como las porciones en un banquete sacrificial, 1 S **1** 4. *Siquén* será devuelto a los hijos de José, **33** 19; Jos **24** 32; pero el nombre significa espaldilla, trozo selecto de una víctima, 1 S **9** 23-24.

49 Se tata más bien de oráculos puestos en boca de Jacob que anuncia –y decide por sus palabras, **9** 25– el destino de sus hijos y de las tribus que de ellos proceden, **29** 31+; **41** 50; Dt **33** 1+; Jc **5** 14-18.

49 4 Ver **35** 22.

5 Simeón y Leví, hermanos;
instrumento de violencia sus espadas.
6 En su concejo no entres, alma mía,
a su asamblea no te unas, honra mía,
porque enojados mataban hombres,
y por gusto desjarretaban toros*.
7 ¡Maldito su enojo, tan violento,
y su cólera, tan dura!
Los repartiré por Jacob
y los dispersaré por Israel.
8 A ti, Judá, te alaben tus hermanos;
tu mano en la cerviz de tus
enemigos:
¡inclínense ante ti los hijos de tu
padre!
9 Cachorro de león, Judá;
de la caza, hijo mío, vuelves;
se agacha, se echa cual león
o cual leona, ¿quién le va a desafiar?
10 No se irá cetro de mano de Judá,
bastón de mando de entre sus
piernas,
hasta que venga el que le pertenece,
y al que harán homenaje los
pueblos*.
11 El que ata a la vid su burrito
y a la cepa el pollino de su burra;
el que lava en vino su túnica
y en sangre de uvas su sayo;
12 el de ojos rubicundos por el vino,
y blanquean sus dientes más que
leche.
13 Zabulón a la ribera del mar habita,
a la ribera de barcos,
a horcajadas sobre Sidón.
14 Isacar, burro robusto
echado entre las angarillas.
15 Aunque ve que el reposo es bueno
y que la tierra es grata,
apresta su lomo a la carga
y acaba sometiéndose al trabajo.
16 Dan juzgará a su pueblo
como una de las tribus de Israel.
17 Será Dan culebra en el camino,
víbora en el sendero,
que pica al caballo en los pulpejos
y cae su jinete de espaldas.
18 Por tu salvación aguardo, Yahvé*.
19 A Gad atracadores lo atracan,
pero él los atraca por retaguardia.
20 Aser tiene pingüe su pan
y da manjares de rey.
21 Neftalí, una cierva suelta
que da cervatillos hermosos.
22 Un retoño, José, retoño cabe la
fuente,
sus vástagos trepan por el muro.
23 Le molestan y acribillan,
hostíganlo flecheros,
24 mientras sigue firme su arco
y sueltos los músculos de sus manos,
por las manos del Fuerte de Jacob,
por el Nombre del Pastor, la Piedra
de Israel*,
25 por el Dios de tu padre, y él te ayude,
el Dios Sadday, y él te bendiga
con bendiciones del cielo por arriba,
bendiciones del abismo que yace
abajo,
bendiciones de ubres y vientre,
26 bendiciones de espigas y frutos,
amén de las bendiciones de los
montes antiguos,
lo apetecible de los collados eternos:
¡Vengan sobre la cabeza de José,
sobre el vértice del consagrado de
sus hermanos!
27 Benjamín, lobo rapaz:
de mañana devora su presa
y a la tarde reparte el despojo.»

28 Todas éstas son las tribus de Israel,
doce en total, y esto es lo que les dijo su
padre, bendiciéndolos a cada uno con su
bendición correspondiente.

Muerte de Jacob.

29 Luego les dio este encargo: «Yo
voy a reunirme con los míos. Sepúltenme junto a mis padres en la cueva que

49 6 Ver **34** 25-31.
49 10 Ver Nm **24** 17; 2 S **7** 1+; Is **9** 6; Ez **21** 32. Este anuncio velado de un rey nacido de Judá se refiere a David, pero en cuanto tipo del Mesías.
49 18 Exclamación litúrgica, que señala poco más o menos la mitad del poema.
49 24 La traducción sigue poco más o menos el texto griego; el hebreo es intraducible. -*La Piedra de Israel* designa a Yahvé la *Roca* del Sal **18** 3.32; etc.; ver Dt **32** 4; etc.

está en el campo de Efrón el hitita, 30 en la cueva que está en el campo de Macpelá, enfrente de Mambré, en el país de Canaán, el campo que compró Abrahán a Efrón el hitita, como propiedad sepulcral: 31 allí sepultaron a Abrahán y a su mujer Sara; allí sepultaron a Isaac y a su mujer Rebeca, y allí sepulté yo a Lía. 32 Dicho campo y la cueva que en él hay fueron adquiridos de los hititas.»

33 Y en habiendo acabado Jacob de hacer encargos a sus hijos, encogió sus piernas en el lecho, expiró y se reunió con los suyos.

Exequias de Jacob*.

50 1 José cayó sobre el rostro de su padre, lloró sobre él y lo besó. 2 Luego encargó José a sus servidores médicos que embalsamaran a su padre, y los médicos embalsamaron a Israel. 3 Emplearon en ello cuarenta días, porque éste es el tiempo que se emplea con los embalsamados.

Y los egipcios lo lloraron durante setenta días. 4 Transcurridos los días de luto por él, habló José a la gente del faraón en estos términos: «Si he hallado gracia a sus ojos, por favor, hagan llegar a oídos del faraón esta palabra: 5 Mi padre me tomó juramento diciendo: 'Yo me muero. En el sepulcro que yo me labré en el país de Canaán, allí me has de sepultar.' Ahora, pues, permíteme que suba a sepultar a mi padre, y luego volveré.» 6 Dijo el faraón: «Sube y sepulta a tu padre como él te hizo jurar.»

7 Subió José a enterrar a su padre, y con él subieron todos los servidores del faraón, los más viejos de palacio, y todos los ancianos de Egipto, 8 así como toda la familia de José, sus hermanos y la familia de su padre. Tan sólo a sus pequeñuelos, sus rebaños y vacadas, dejaron en el país de Gosen. 9 Subieron con él además carros y aurigas: un cortejo muy considerable.

10 Llegados a Goren Atad, que está allende el Jordán, hicieron allí un duelo muy grande y solemne, y José lloró a su padre durante siete días. 11 Los cananeos, habitantes del país, vieron el duelo en Goren Atad y dijeron: «Duelo de importancia es ése de los egipcios.» Por eso se llamó el lugar Abel Misráin, que está allende el Jordán.

12 Sus hijos, pues, hicieron por él como él se lo había mandado; 13 lo llevaron sus hijos al país de Canaán, y lo sepultaron en la cueva del campo de Macpelá, el campo que había comprado Abrahán en propiedad sepulcral a Efrón el hitita, enfrente de Mambré.

14 Regresó José a Egipto con sus hermanos y con todos cuantos habían subido con él a sepultar a su padre.

Epílogo de la historia de José.

15 Vieron los hermanos de José que había muerto su padre y dijeron: «A ver si José nos guarda rencor y nos devuelve todo el daño que le hicimos.» 16 Por eso mandaron a José este recado: «Tu padre encargó antes de su muerte: 17 'Así dirán a José: Por favor, perdona el crimen de tus hermanos y su pecado. Cierto que te hicieron daño, pero ahora tú perdona el crimen de los siervos del Dios de tu padre'.» Y José lloró mientras le hablaban.

18 Fueron entonces sus hermanos personalmente y, cayendo delante de él, dijeron: «Aquí nos tienes, somos tus esclavos.» 19 Les contestó José: «No teman, ¿ocupo yo acaso el puesto de Dios? 20 Aunque ustedes pensaron hacerme daño, Dios lo pensó para bien, para hacer sobrevivir, como hoy ocurre, a un pueblo numeroso. 21 Así que no teman; yo los mantendré a ustedes y a sus pequeñuelos.» Y los consoló y les habló con afecto.

22 José permaneció en Egipto junto con la familia de su padre, y alcanzó José

50 Esta conclusión del Génesis enlaza, siguiendo los planes de Dios, la estancia de los israelitas en Egipto y el futuro retorno a Canaán, vv. 12-13.24; ver Ex **13** 19; Jos **24** 32.

la edad de ciento diez años. 23 José vio a
los biznietos de Efraín; asimismo los hijos
de Maquir, hijo de Manasés, nacieron
sobre las rodillas de José. 24 Por último,
José dijo a sus hermanos: «Yo muero,
pero Dios se ocupará sin falta de ustedes y los hará subir de este país al país
que juró a Abrahán, a Isaac y a Jacob.»
25 José hizo jurar a los hijos de Israel,
diciendo: «Dios los visitará sin falta, y
entonces se llevarán mis huesos de aquí.»
26 Y José murió a la edad de ciento
diez años; lo embalsamaron y se le puso
en un sarcófago en Egipto.

ÉXODO

*I. La liberación de Egipto**

1. ISRAEL EN EGIPTO

Prosperidad de los hebreos en Egipto.

1 1 Éstos son los nombres de los israelitas que fueron a Egipto con Jacob,
cada uno con su familia: 2 Rubén, Simeón, Leví, Judá, 3 Isacar, Zabulón,
Benjamín, 4 Dan, Neftalí, Gad y Aser.
5 Los descendientes de Jacob eran setenta personas. José estaba ya en Egipto.
6 Luego, murió José, y todos sus hermanos, y toda aquella generación; 7 pero los
israelitas eran fecundos y se propagaban;
se multiplicaban y hacían muy fuertes, y
llenaban el país.

Tiranía de los egipcios.

8 Surgió en Egipto un nuevo rey, que
no había conocido a José; 9 y dijo a su
pueblo: «Miren, el pueblo de Israel es
más numeroso y fuerte que nosotros.
10 Actuemos sagazmente contra él para
que no siga multiplicándose, no sea que
en caso de guerra se alíe también él con
nuestros enemigos, luche contra nosotros y se marche del país.» 11 Entonces,
les impusieron capataces para oprimirlos con duros trabajos*; y así edificaron
para el faraón las ciudades de depósito:
Pitom y Ramsés. 12 Pero cuanto más los
oprimían, tanto más se multiplicaban y
crecían, de modo que los egipcios llegaron a temer a los israelitas. 13 Los
egipcios esclavizaron brutalmente a los
israelitas, 14 y les amargaron la vida con
dura servidumbre, con los trabajos del
barro, de los ladrillos, del campo y con
toda clase de servidumbre. Los esclavizaron brutalmente.

15 Además, el rey de Egipto dijo a las
parteras de las hebreas, una de las cuales
se llamaba Sifrá, y la otra Puá: 16 «Cuando asistan a las hebreas, fíjense bien: si
es niño, mátenlo; si es niña, que viva.»
17 Pero las comadronas temían a Dios,
y no hicieron lo que les había mandado
el rey de Egipto, sino que dejaban con
vida a los niños. 18 El rey de Egipto llamó
a las comadronas y les dijo: «¿Por qué
han hecho esto y dejan con vida a los
niños?» 19 Respondieron las comadronas
al faraón: «Es que las mujeres hebreas
no son como las egipcias; son más ro-
bustas, y antes que llegue la comadrona,
ya han dado a luz.» 20 Dios premió a las
comadronas. El pueblo se multiplicaba y
se hacía muy fuerte. 21 Y a las comadronas, porque temían a Dios, les concedió descendencia. 22 Entonces el faraón
ordenó a todo su pueblo: «A todo niño
recién nacido arrójenlo al Río; pero a las
niñas, déjenlas con vida.»

2. JUVENTUD Y VOCACIÓN DE MOISÉS

Nacimiento y juventud de Moisés.

2 1 Un hombre de la casa de Leví
tomó por mujer a una hija de Leví.
2 La mujer concibió y dio a luz un hijo; y,
viendo que era hermoso, lo tuvo escondido durante tres meses. 3 No pudiendo esconderlo por más tiempo, tomó

1 Según la opinión probable, el faraón opresor sería Ramsés II (1290-1224). El éxodo de los Hebreos habría ocurrido en la segunda mitad de su reinado, o bajo Meneftá (1224-1204).

1 11 El sistema de la prestación personal estaba en uso en todas las monarquías orientales para los grande trabajos públicos. La mano de obra se reclutaba entre los prisioneros de guerra y los siervos adscritos a los dominios reales.

una cestilla de papiro, la embadurnó con betún y pez, metió en ella al niño, y la puso entre los juncos, a la orilla del Río. 4 La hermana del niño se apostó a lo lejos para ver lo que le pasaba.

5 Entonces, la hija del faraón bajó a bañarse en el Río, mientras sus doncellas se paseaban por la orilla del Río. Ella divisó la cestilla entre los juncos, y envió una criada para que la recogiera. 6 Al abrirla, vio que era un niño que lloraba. Se compadeció de él y exclamó: «Es un niño de los hebreos.» 7 Entonces, la hermana del niño dijo a la hija del faraón: «¿Quieres que vaya y llame una nodriza hebrea para que te críe al niño?» 8 «Vete», le contestó la hija del Faraón. Fue, pues, la joven y llamó a la madre del niño. 9 Y la hija del Faraón le dijo: «Toma este niño y críamelo, que yo te pagaré.» Tomó la mujer al niño y lo crió. 10 Cuando creció el muchacho, se lo llevó a la hija del faraón, que lo adoptó y le llamó Moisés, diciendo: «Del agua lo he sacado*.»

Huida a Madián*.

11 Un día, cuando Moisés ya era mayor, fue adonde estaban sus hermanos, y vio sus duros trabajos; vio también cómo un egipcio golpeaba a un hebreo, a uno de sus hermanos. 12 Miró a uno y a otro lado y, no viendo a nadie, mató al egipcio y lo enterró en la arena. 13 Cuando salió al día siguiente, estaban riñendo dos hebreos. Y dijo al culpable: «¿Por qué pegas a tu compañero?» 14 Él respondió: «¿Quién te ha nombrado jefe y juez sobre nosotros? ¿Piensas matarme como mataste al egipcio?» Moisés tuvo miedo, pues se dijo: «Ciertamente la cosa se sabe.» 15 Cuando el faraón se enteró de lo sucedido, buscó a Moisés para matarlo.

Moisés huyó de la presencia del faraón, y se detuvo en el país de Madián, donde se sentó junto a un pozo. 16 El sacerdote de Madián tenía siete hijas, que fueron a sacar agua y llenar los abrevaderos para dar de beber al ganado de su padre. 17 Pero vinieron unos pastores y las echaron. Entonces, Moisés se alzó, las defendió y abrevó su ganado. 18 Ellas volvieron a casa de su padre Reuel y él les preguntó: «¿Por qué han vuelto hoy tan pronto?» 19 Respondieron: «Un egipcio nos ha librado de las manos de los pastores; además nos ha sacado agua y ha abrevado el ganado.» 20 Preguntó entonces a sus hijas: «¿Dónde está? ¿Cómo han dejado solo a ese hombre? Invítenlo a comer.» 21 Moisés aceptó morar con aquel hombre, y él le dio a su hija Seforá. 22 Ella dio a luz un hijo y Moisés lo llamó Guersón, pues dijo: «Forastero soy en tierra extraña.»

Dios vuelve por Israel.

23 Durante este largo período murió el rey de Egipto. Como los israelitas gemían y se quejaban de su servidumbre, el clamor de su servidumbre subió a Dios. 24 Dios escuchó sus gemidos y se acordó de su alianza con Abrahán, Isaac y Jacob*. 25 Dios se fijó en los israelitas y reconoció...

La zarza ardiendo.

3 1 Moisés pastoreaba el rebaño de su suegro Jetró, sacerdote de Madián. Trashumando con el rebaño por el desierto, llegó hasta Horeb*, la montaña de Dios. 2 Allí se le apareció el ángel de Yahvé* en llama de fuego, en me-

2 10 Etimología popular a base del verbo *mâšah, sacar*, aunque el nombre sea egipcio y signifique «ha nacido». Para todo el pasaje, ver Hch **7** 17-22.

2 11 Madián es la región al sur de Edom, al este del golfo de Ácaba, o quizá entre este golfo y el monte Sinaí.

2 24 La amplia laguna entre el Génesis y el Éxodo no impide la continuidad, atribuida aquí a Dios que *se acuerda* de su alianza con los Patriarcas, **6** 5-6; Gn **12**+; ver Dt **1** 8.

3 1 Otro nombre del Sinaí, Montaña de Dios, ver **4** 27; **18** 5; 1 R **19** 8; Sal **24** 3.

3 2 El *ángel* es Dios mismo, que se aparece, Gn **16** 7+.

dio de una zarza. Moisés vio que la zarza
ardía, pero no se consumía. 3 Dijo, pues,
Moisés: «Voy a acercarme para ver este
extraño caso: por qué no se consume la
zarza.» 4 Cuando Yahvé vio que Moisés
se acercaba para mirar, lo llamó de en
medio de la zarza: «¡Moisés, Moisés!» Él
respondió: «Aquí estoy.» 5 Le dijo: «No
te acerques aquí; quita las sandalias de
tus pies, porque el lugar que pisas es
suelo sagrado.» 6 Y añadió: «Yo soy el
Dios de tu padre, el Dios de Abrahán, el
Dios de Isaac y el Dios de Jacob.» Moisés se cubrió el rostro, porque temía ver
a Dios*.

Misión de Moisés.

7 Yahvé le dijo: «He visto la aflicción
de mi pueblo en Egipto, he escuchado
el clamor ante sus opresores y conozco
sus sufrimientos. 8 He bajado para librarlo de la mano de los egipcios y para
subirlo de esta tierra a una tierra buena y
espaciosa; a una tierra que mana leche y
miel, al país de los cananeos, de los hititas, de los amorreos, de los perizitas, de
los jivitas y de los jebuseos. 9 Así pues,
el clamor de los israelitas ha llegado hasta mí y he visto la opresión con que los
egipcios los afligen. 10 Ahora, pues, ve:
yo te envío al faraón para que saques a
mi pueblo, los israelitas, de Egipto.»
11 Moisés dijo a Dios: «¿Quién soy
yo para ir al faraón y sacar de Egipto a
los israelitas?» 12 Dios le respondió: «Yo
estaré contigo y ésta será la señal de
que yo te envío: Cuando hayas sacado
al pueblo de Egipto ustedes darán culto
a Dios en este monte.»

Revelación del Nombre divino*.

13 Contestó Moisés a Dios: «Si voy a
los israelitas y les digo: 'El Dios de sus
padres me ha enviado a ustedes'; y ellos
me preguntan: '¿Cuál es su nombre?',
¿qué les responderé?» 14 Dijo Dios a
Moisés: «Yo soy el que soy.» Y añadió:
«Así dirás a los israelitas: 'Yo soy' me
ha enviado a ustedes.» 15 Siguió Dios
diciendo a Moisés: «Así dirás a los israelitas: Yahvé, el Dios de sus padres,
el Dios de Abrahán, el Dios de Isaac y
el Dios de Jacob, me ha enviado a ustedes. Éste es mi nombre para siempre,
por él seré recordado generación tras
generación.

Instrucciones sobre la misión de Moisés*.

16 «Vete, reúne a los ancianos de Israel
y diles: 'Yahvé, el Dios de sus padres, el
Dios de Abrahán, de Isaac y de Jacob,
se me apareció y me dijo: Yo los he
visitado y me he dado cuenta de lo que
les han hecho en Egipto. 17 Y he decidido sacarlos de la aflicción de Egipto
y llevarlos al país de los cananeos, los
hititas, los amorreos, perizitas, jivitas y
jebuseos, a una tierra que mana leche y
miel.' 18 Ellos te harán caso, y tú irás
con los ancianos de Israel donde el rey
de Egipto y le dirán: 'Yahvé, el Dios de
los hebreos, se nos ha aparecido; y ahora tenemos que hacer un viaje durante
tres días por el desierto, para ofrecer sacrificios a Yahvé, nuestro Dios.' 19 Ya
sé que el rey de Egipto no los dejará ir, a
no ser forzado por una mano poderosa.
20 Pero yo extenderé mi mano y heriré
a Egipto con toda suerte de prodigios,

3 6 Ver **33** 20+. La misión de Moisés está ligada con los tres Patriarcas, **2** 24+.

3 13 *Yahvé* es una forma arcaica del verbo ser. Se explica en el v. 14 con una fórmula enigmática. Podemos creer que Dios rehúsa desvelar su esencia: *Yo soy el que soy*. Pero hay que entender: *Yo soy el que es*; lo que afirma a la vez la misteriosa trascendencia de Dios y su actividad en la historia de los hombres y de su pueblo. En Israel este nombre quedará, sin ser pronunciado jamás, como el del único Dios vivo, comparado con la nada de los ídolos, ver Is **41** 21; **42** 8+; etc. La tradición, siguiendo a los Setenta, ha reflexionado mucho sobre el Ser absoluto de Dios, ver Ap **1** 8+. Jesús se aplicará a sí mismo la expresión *Yo soy*, Jn **8** 24+.

3 16 Dios precisa la misión dada, vv. 7-11, ver Nm **12** 8+, previendo por parte del faraón una resistencia que Moisés superará con su ayuda.

que obraré en medio de ellos, y entonces los dejará salir.»

Despojo de los egipcios.

11 2-3; **12** 35-36; ↗ Sb **10** 17.

21 «Haré que este pueblo obtenga el favor de los egipcios, de modo que cuando
partan, no salgan con las manos vacías,
22 sino que cada mujer pedirá a su vecina
y a la dueña de su casa objetos de plata,
objetos de oro y vestidos, que pondrán
a sus hijos y a sus hijas, y así despojarán
a los egipcios.»

Dios otorga a Moisés el poder de hacer prodigios.

4 1 Moisés respondió: «Mira que no
me creerán ni me harán caso, pues
dirán: 'No se te ha aparecido Yahvé.'»
2 Entonces Yahvé le preguntó: «¿Qué
tienes en tu mano?» «Un cayado», respondió él. 3 Yahvé le dijo: «Tíralo al
suelo.» Él lo tiró al suelo y se convirtió
en una serpiente; y Moisés huyó de ella.
4 Yahvé dijo a Moisés: «Extiende tu mano
y agárrala por la cola.» Extendió la mano, la agarró, y volvió a ser cayado en su
mano... 5 «Para que crean que se te ha
aparecido Yahvé, el Dios de sus padres,
el Dios de Abrahán, el Dios de Isaac y el
Dios de Jacob.»
6 Yahvé añadió: «Mete tu mano en el
pecho.» Metió él la mano en su pecho
y cuando la sacó estaba cubierta de
lepra, blanca como la nieve. 7 Y le dijo:
«Vuelve a meter la mano en el pecho.»
La volvió a meter y, cuando la sacó de
nuevo, estaba ya como el resto de su
cuerpo. 8 «Así pues, si no te creen ni te
hacen caso al primer prodigio, creerán
al segundo. 9 Y si tampoco creen a estos
dos prodigios ni te hacen caso, tomarás
agua del Río y la derramarás en el suelo; y
el agua que saques del Río se convertirá
en sangre sobre el suelo.»

Aarón, intérprete de Moisés*.

10 Moisés dijo a Yahvé: «¡Por favor,
Señor! Yo nunca he sido hombre de palabra fácil, ni aun después de haber hablado tú con tu siervo; sino que soy torpe
de boca y de lengua.» 11 Yahvé le respondió: «¿Quién ha dado la boca al hombre?
¿Quién hace al mudo y al sordo, al que
ve y al ciego? ¿No soy yo, Yahvé? 12 Así
pues, vete, que yo estaré en tu boca y te
enseñaré lo que debes decir.»
13 Él replicó: «¡Por favor, Señor! Envía a quien quieras.» 14 Entonces se encendió la ira de Yahvé contra Moisés, y
le dijo: «¿No tienes a tu hermano Aarón
el levita? Sé que él habla bien; además,
va a salir a tu encuentro, y al verte se
alegrará su corazón. 15 Tú le hablarás
y pondrás las palabras en su boca; yo
estaré en tu boca y en la suya, y les
enseñaré a ustedes lo que han de hacer.
16 Él hablará por ti al pueblo, él será tu
boca y tú serás su dios. 17 Toma este
cayado* en tu mano, porque con él has
de hacer los prodigios.»

Vuelta a Egipto. Salida de Madián.

18 Moisés regresó a casa de su suegro
Jetró y le dijo: «Permíteme volver a mis
hermanos de Egipto para ver si aún
viven.» Jetró respondió a Moisés: «Vete
en paz.»
19 Yahvé dijo a Moisés en Madián:
«Anda, vuelve a Egipto, pues han muerto todos los que te buscaban para matarte.» 20 Moisés tomó a su mujer y a su
hijo, los montó en el burro y volvió al
país de Egipto. Moisés tomó también el
cayado de Dios en su mano. 21 Yahvé
dijo a Moisés: «Cuando vuelvas a Egipto, harás delante del faraón todos los
prodigios que yo he puesto en tu mano.
Yo endureceré su corazón*, y no dejará
salir al pueblo. 22 Y dirás al faraón: Así
dice Yahvé: Mi hijo primogénito es Is-

4 10 Moisés se excusa con su ineptitud para hablar, ver Jr **1** 6-10; pero Dios lo asistirá y Aarón será su portavoz.

4 17 El *cayado de Dios*, v. 20, será el instrumento de los prodigios, **7** 20; **9** 22; etc.; ver 2 R **4** 29.

4 21 La obstinación del faraón **7** 13, etc., es también atribuida a Dios, **7** 3, etc.; modo de expresarse familiar a los Hebreos que atribuyen a Dios la acción humana y su resultado,

rael. 23 Por eso, Yo te digo: 'Deja salir
a mi hijo para que me dé culto.' Si te
niegas a dejarle salir, yo daré muerte a
tu hijo primogénito.»

Circuncisión del hijo de Moisés*.

24 Durante el viaje, en un albergue,
Yahvé le salió al encuentro e intentó
darle muerte. 25 Tomó entonces Seforá
un pedernal, cortó el prepucio de su hijo
y tocó las partes de Moisés, diciendo:
«Eres mi esposo de sangre.» 26 Entonces
Yahvé lo soltó; ella había dicho: «esposo
de sangre», por la circuncisión.

Encuentro con Aarón.

27 Yahvé dijo a Aarón: «Vete al desierto al encuentro de Moisés.» Él fue
y lo encontró en el monte de Dios y
lo besó. 28 Moisés contó a Aarón todo
lo que Yahvé le había encomendado y
todos los prodigios que le había mandado hacer. 29 Moisés y Aarón fueron
y reunieron a todos los ancianos de los
israelitas. 30 Aarón refirió todas las palabras que Yahvé había dicho a Moisés
y realizó los prodigios ante el pueblo.
31 El pueblo creyó, y al oír que Yahvé
había visitado a los israelitas y había visto su aflicción, se postraron y adoraron.

Primera entrevista con faraón*.

5 1 Después Moisés y Aarón se presentaron al faraón y le dijeron: «Así
dice Yahvé, el Dios de Israel: Deja salir
a mi pueblo para que celebre fiesta en
mi honor en el desierto.» 2 Respondió
el faraón: «¿Quién es Yahvé para que
yo deba hacerle caso, dejando salir a
Israel? No conozco a Yahvé y no dejaré
salir a Israel.» 3 Ellos dijeron: «El Dios de
los hebreos se nos ha aparecido; permite, pues, que hagamos un viaje de
tres días al desierto para ofrecer sacrificios a Yahvé, nuestro Dios, si no nos
castigará con peste o espada.» 4 El rey
de Egipto les replicó: «Moisés y Aarón,
¿por qué quieren apartar al pueblo de
sus trabajos? Vuelvan a sus trabajos.»
5 Y añadió el faraón: «Ahora que son
más numerosos que los nativos del país,
¿quieren que interrumpan sus trabajos?»

Instrucciones a los capataces.

6 Aquel día el faraón ordenó a los
capataces y a los inspectores: 7 «No pro-
vean, como hasta ahora, de paja al pueblo para hacer ladrillos; que vayan ellos
mismos a recogerla. 8 Pero que hagan
la misma cantidad de ladrillos que hacían antes, sin disminuir nada. Son unos
perezosos. Por eso andan diciendo: Vamos a ofrecer sacrificios a nuestro Dios.
9 Abrúmenlos de trabajo para que estén
ocupados y no hagan caso de palabras
mentirosas.»
10 Salieron los capataces y los inspectores y dijeron al pueblo: «Así dice el faraón: No les daré ya más paja; 11 vayan
ustedes mismos a recogerla donde puedan; pero no disminuirá en nada su tarea.» 12 El pueblo se dispersó por el país
de Egipto para recoger paja. 13 Los capataces los apremiaban, diciendo: «Terminen la tarea impuesta para cada día,
como cuando se les proveía de paja.»
14 Y castigaron también a los inspectores
israelitas, que habían sido nombrados
por los capataces del faraón, diciendo:
«¿Por qué no han hecho, ni ayer ni hoy,
la misma cantidad de ladrillos que antes?»

Queja de los inspectores israelitas.

15 Entonces, los inspectores israelitas
fueron a quejarse al faraón y le dijeron:

sin perder de vista la responsabilidad del hombre, ver Dt **2** 30; Is **6** 10; Mt **13** 14-15p.

4 24 Relato de difícil interpretación por su brevedad y ausencia de un contexto que lo aclare. Se relaciona la circuncisión, Gn **17** 1+, con el apaciguamiento de Yahvé.

5 Este enfrentamiento inicial del faraón y de los enviados de Yahvé acentúa la intransigencia del soberano, que niega al pueblo la celebración del culto en el desierto, **3** 18. Este culto, probablemente la Pascua, **13**+, será como un estribillo en los capítulos **7-10**, donde la fiereza del faraón se irá apaciguando poco a poco.

«¿Por qué tratas así a tus siervos? 16 No se provee de paja a tus siervos. Sin embargo insisten en que hagamos ladrillos y se castiga a tus siervos…»

17 El faraón respondió: «Holgazanes, son unos holgazanes; por eso dicen: 'Vamos a ofrecer sacrificios a Yahvé.' 18 Ahora, vayan a trabajar; no se les proveerá de paja, pero ustedes tienen que entregar la misma cantidad de ladrillos.»

Quejas del pueblo. Oración de Moisés.

19 Los inspectores israelitas se vieron en un gran aprieto, cuando les dijeron: «No disminuirán su producción diaria de ladrillos.» 20 Y fueron corriendo al encuentro de Moisés y Aarón, que les estaban esperando a la salida del palacio del faraón, 21 y les dijeron: «Que Yahvé los examine y los juzgue. Ustedes nos han hecho odiosos al faraón y a sus siervos y han puesto la espada en sus manos para matarnos.» 22 Entonces Moisés se volvió a Yahvé y le dijo: «Señor, ¿por qué maltratas a este pueblo?, ¿por qué me has enviado? 23 Desde que fui al faraón para hablarle en tu nombre está maltratando a este pueblo, y tú no haces nada por librarlo.»

6 1 Yahvé respondió a Moisés: «Ahora verás lo que voy a hacer con el faraón; cuando sienta una mano férrea los dejará partir, los expulsará de su país.»

Nuevo relato de la vocación de Moisés.

=**3** 1-**4** 23.

2 Dios habló a Moisés y le dijo: «Yo soy Yahvé. 3 Me aparecí a Abrahán, a Isaac y a Jacob como El Sadday*; pero mi nombre de Yahvé no se lo di a conocer. 4 Después establecí con ellos mi alianza, para darles la tierra de Canaán, la tierra donde peregrinaron y moraron como forasteros. 5 Y ahora, al escuchar el gemido de los israelitas, esclavizados por los egipcios, he recordado mi alianza. 6 Por eso, di a los israelitas: Yo soy Yahvé; Yo los sacaré de los duros trabajos de los egipcios, los libraré de su esclavitud y los redimiré con brazo tenso y juicios solemnes. 7 Yo los haré mi pueblo, y seré su Dios*; y sabrán que yo soy Yahvé, su Dios, que los sacaré de la esclavitud de Egipto. 8 Yo los introduciré en la tierra que he jurado dar a Abrahán, a Isaac y a Jacob, y se la daré en herencia. Yo, Yahvé.» 9 Moisés habló así a los israelitas, pero ellos, abrumados por la dura servidumbre, no le hicieron caso.

10 Entonces Yahvé dijo a Moisés: 11 «Vete, habla con el faraón, rey de Egipto, para que deje salir a los israelitas de su país.» 12 Pero Moisés respondió así ante Yahvé: «Si los israelitas no me hacen caso, ¿cómo me hará caso el faraón, a mí que soy torpe de palabra?» 13 Yahvé habló a Moisés y a Aarón: les transmitió órdenes para los israelitas y para el faraón, rey de Egipto, a fin de sacar a los israelitas del país de Egipto.

Genealogía de Moisés y Aarón.

14 Éstos son los cabezas de familia: Hijos de Rubén, primogénito de Israel: Henoc, Palú, Jesrón y Carmí; éstos son los descendientes de Rubén.

15 Hijos de Simeón: Yemuel, Yamín, Ohad, Yaquín, Sójar y Saúl, hijo de la cananea; éstos son los descendientes de Simeón.

16 Y éstos son los nombres de los hijos de Leví por linajes: Guersón, Queat, Merarí. Leví vivió ciento treinta y siete años. 17 Hijos de Guersón: Libní, Semeí y sus descendientes.

6 3 *El Sadday*; nombre divino de la era patriarcal, Gn **17** 1. El griego lo traduce por *Omnipotente*.

6 7 Fórmula clásica de la alianza, con el espíritu de Gn **17**. Es frecuente en el Pentateuco: Lv **26** 12; Dt **26** 17-18, etc. Ver Jn **1** 14; 2 Co **6** 16; Ap **21** 3.

18 Hijos de Queat: Amrán, Yisar, Hebrón y Uziel. Queat vivió ciento treinta
y tres años.
19 Hijos de Merarí: Majlí y Musí. Éstos
son los descendientes de los levitas, por
sus linajes.
20 Amrán tomó por mujer a Yoquébed, pariente suya, de la cual nacieron
Aarón y Moisés. Amrán vivió ciento
treinta y siete años.
21 Hijos de Yisar: Coré, Néfeg y Zicrí.
22 Hijos de Uziel: Misael, Elisafán y
Sitrí.
23 Aarón tomó por mujer a Isabel,
hija de Aminadab, hermana de Najsón,
de la cual le nacieron Nadab, Abihú,
Eleazar e Itamar.
24 Hijos de Coré: Asir, Elcaná y Abiasaf. Éstos son los descendientes de los
coreítas.
25 Eleazar, hijo de Aarón, tomó por
mujer a una de las hijas de Putiel y de
ella nació Pinjás.
Éstos son los cabeza de familia de los
levitas, según sus descendientes.
26 Éstos son Aarón y Moisés a
quienes dijo Yahvé: «Sacad a los israelitas del país de Egipto, por legiones.»
27 Éstos son los que hablaron al faraón,
rey de Egipto, para sacar a los israelitas
de Egipto. Éstos son Moisés y Aarón.

Prosigue el relato de la vocación de Moisés.

28 Cuando Yahvé habló a Moisés
en el país de Egipto, 29 le dijo: «Yo
soy Yahvé; transmite al faraón, rey de
Egipto, cuanto yo te diga.» 30 Moisés
respondió ante Yahvé: «Siendo yo torpe
de palabra, ¿cómo me va a hacer caso
el faraón?»

7 1 Yahvé dijo a Moisés: «Mira yo te
hago un dios para el faraón y tu
hermano Aarón será tu profeta; 2 tú le
dirás cuanto yo te mande; y Aarón, tu
hermano, se lo dirá al faraón, para que
deje salir a los israelitas de su país. 3 Yo
endureceré el corazón del faraón, y multiplicaré mis signos y prodigios en el país
de Egipto. 4 El faraón no les hará caso a
ustedes, pero yo pondré mi mano sobre
Egipto y sacaré del país de Egipto a mis
legiones, mi pueblo, los israelitas, con
juicios solemnes. 5 Y los egipcios reconocerán que yo soy Yahvé, cuando extienda mi mano sobre Egipto y saque
a los israelitas de en medio de ellos.»
6 Moisés y Aarón hicieron así; como les
mandó Yahvé, así hicieron. 7 Moisés
tenía ochenta años, y Aarón ochenta y
tres cuando hablaron al faraón.

3. LAS PLAGAS DE EGIPTO*. —LA PASCUA.

El cayado se trueca en serpiente.
Sal **78**; **105**;
Sb **11** 14-20; **16-18**.

8 Yahvé dijo a Moisés y a Aarón:
9 «Cuando el faraón les pida algún prodigio*, dirás a Aarón: 'Toma tu cayado y
tíralo delante del faraón, y se convertirá
en serpiente.'» 10 Se presentaron, pues,
Moisés y Aarón al faraón, e hicieron lo
que Yahvé había ordenado: Aarón tiró
su cayado delante del faraón y de sus
servidores, y se convirtió en serpiente.
11 A su vez, el faraón llamó a sus sabios y
hechiceros, y los magos de Egipto hicieron lo mismo con sus encantamientos.
12 Cada cual tiró su bastón y se convirtieron en serpientes; pero el cayado de
Aarón devoró los otros cayados. 13 Sin
embargo, el corazón del faraón se endureció, y no les hizo caso, como había
predicho Yahvé.

7 8 Estas *plagas*, ver **11** 1, o castigos, recuerdan ciertos fenómenos naturales conocidos en Egipto; pero sobrevienen aquí por orden de Yahvé, para servir de *signos*, **4** 21; **7** 3.9; etc. El relato, desarrollado con amplitud a la manera épica, subraya la intervención constante de Yahvé que poco a poco va reduciendo la obstinación del rey. Ver Sal **78** 43-53; **105** 26-38; Sb **16-18**.

7 9 Ver Gn **41** 8+.

1ª plaga: El agua se convierte en sangre.

14 Yahvé dijo a Moisés: «El corazón del
faraón se ha obstinado; se niega a dejar
salir al pueblo. 15 Preséntate al faraón por
la mañana, cuando vaya hacia el Río. Es-
péralo a la orilla del Río, llevando en tu
mano el cayado que se convirtió en serpiente. 16 Y le dirás: Yahvé, el Dios de los
hebreos, me ha enviado a ti para decirte:
'Deja partir a mi pueblo, para que me
den culto en el desierto'; pero hasta ahora no has hecho caso. 17 Así dice Yahvé:
En esto conocerás que yo soy Yahvé:
Con el cayado que tengo en la mano, gol-
pearé las aguas del Río y se convertirán
en sangre. 18 Los peces del Río morirán,
el Río quedará apestado y los egipcios no
podrán beber agua del Río.»
19 Yahvé dijo a Moisés: «Di a Aarón:
Toma tu cayado y extiende tu mano
sobre las aguas de Egipto, sobre sus canales, sus ríos, sus lagunas y sobre todas
las cisternas, y se convertirán en sangre;
y habrá sangre en todo el país de Egipto, en los recipientes de madera y en los
de piedra.» 20 Moisés y Aarón hicieron
lo que Yahvé les había mandado: alzó el
cayado y golpeó las aguas que hay en
el Río en presencia del faraón y de sus
servidores, y todas las aguas del Río se
convirtieron en sangre. 21 Los peces del
Río murieron, el Río quedó apestado
y los egipcios no podían beber el agua
del Río; hubo sangre en todo el país
de Egipto. 22 Pero los magos de Egipto
hicieron lo mismo con sus encantamientos, y el corazón del faraón se obstinó y
no les hizo caso, tal como había dicho
Yahvé. 23 El faraón se volvió y entró en
su casa sin prestar atención a lo sucedido. 24 Todos los egipcios tuvieron que
cavar en los alrededores del Río en busca de agua potable, porque no podían
beber las aguas del Río. 25 Pasaron siete
días desde que Yahvé golpeó el Río.

2ª plaga: Las ranas.

26 Yahvé dijo a Moisés: «Preséntate al
faraón y dile: Así dice Yahvé: 'Deja salir
a mi pueblo para que me dé culto.' 27 Si
te niegas a dejarlo salir, infestaré de
ranas todo tu país. 28 El Río bullirá de
ranas; saltarán y entrarán en tu casa, en
tu dormitorio y en tu lecho, en las casas
de tus servidores y en tu pueblo, en tus
hornos y en tus artesas. 29 Las ranas saltarán sobre ti, sobre tu pueblo, y sobre
tus siervos.»

8 1 Yahvé dijo a Moisés: «Di a Aarón:
Extiende tu mano con tu cayado sobre los canales, sobre los ríos y sobre las
lagunas, y haz saltar las ranas por todo
el país de Egipto.»
2 Aarón extendió su mano sobre las
aguas de Egipto; saltaron las ranas y
cubrieron el país de Egipto. 3 Pero los
magos hicieron lo mismo con sus encantamientos; hicieron saltar las ranas
sobre el país de Egipto.
4 El faraón llamó a Moisés y a Aarón
y les dijo: «Pidan a Yahvé que aparte las
ranas de mí y de mi pueblo, y yo dejaré
salir al pueblo para que ofrezca sacrificios a Yahvé.» 5 Moisés respondió al faraón: «Dígnate indicarme cuándo he de
rogar por ti, por tus siervos y por tu pueblo, para que aparte de ti y de tus casas
las ranas, y se queden sólo en el Río.»
6 «Mañana», contestó él. Moisés replicó:
«Será conforme a tu palabra, para que
sepas que no hay como Yahvé, nuestro
Dios. 7 Las ranas se apartarán de ti, de
tus casas, de tus siervos y de tu pueblo, y
quedarán sólo en el Río.» 8 Moisés y Aarón salieron de casa del faraón y Moisés
invocó a Yahvé para que apartara las
ranas que afligían al faraón, 9 Yahvé
hizo lo que Moisés le había pedido y
murieron las ranas de las casas, de los
patios y de los campos. 10 Las juntaron
en montones y el país apestaba. 11 Pero
como viera el faraón que le daban un
respiro, se obstinó y no les hizo caso, tal
como había predicho Yahvé.

3ª plaga: Los mosquitos.

12 Yahvé dijo a Moisés: «Di a Aarón:
Extiende tu cayado y golpea el polvo de
la tierra, que se convertirá en mosquitos

por todo el país de Egipto.» 13 Así lo hicieron: Aarón extendió su mano con el
cayado y golpeó el polvo de la tierra; y
aparecieron mosquitos sobre los hombres y sobre los ganados. Todo el polvo
de la tierra se convirtió en mosquitos
sobre todo el país de Egipto. 14 Los magos intentaron con sus encantamientos
hacer salir mosquitos, pero no pudieron. Aparecieron, pues, los mosquitos
sobre hombres y ganados. 15 Los magos
dijeron al faraón: «¡Es el dedo de Dios!»
Pero el faraón continuó obstinado y no
les hizo caso, como había dicho Yahvé.

4ª plaga: Los tábanos.

16 Yahvé dijo a Moisés: «Levántate
pronto mañana, preséntate al faraón
cuando vaya hacia el río y dile: Así dice
Yahvé: 'Deja salir a mi pueblo, para que
me dé culto.' 17 Si no dejas salir a mi
pueblo, enviaré tábanos contra ti, contra tus siervos, tu pueblo y tus casas. Las
casas de los egipcios y las tierras donde
habitan se llenarán de tábanos. 18 Pero
exceptuaré ese día la región de Gosen,
donde habita mi pueblo, para que no
haya allí tábanos, a fin de que sepas que
yo soy Yahvé en medio del país; 19 haré
distinción entre mi pueblo y el tuyo.
Este signo sucederá mañana.» 20 Así lo
hizo Yahvé. Un enjambre enorme de
tábanos vino sobre la casa del faraón y
las casas de sus siervos y sobre el país
de Egipto; los tábanos devastaron todo
el país.
21 Entonces llamó el faraón a Moisés y
a Aarón y les dijo: «Vayan y ofrezcan sacrificios a su Dios en este país.» 22 Moisés respondió: «No conviene que se haga
así, porque el sacrificio que ofrecemos
a Yahvé, nuestro Dios, es abominación
para los egipcios. Si los egipcios nos
vieran ofrecer un sacrificio que para
ellos es abominable, ¿no nos lapida-
rían? 23 Iremos tres días de camino por
el desierto, y allí ofreceremos sacrificios
a Yahvé, nuestro Dios, como nos ha
ordenado.» 24 Contestó el faraón: «Yo
los dejaré partir, para que ofrezcan en
el desierto sacrificios a Yahvé, su Dios,
con tal que no vayan demasiado lejos.
Rueguen por mí.» 25 Moisés respondió:
«En cuanto yo salga de aquí, rogaré a
Yahvé, y mañana los tábanos se alejarán del faraón, de sus siervos y de su
pueblo; pero que el faraón deje de una
vez de engañarnos, impidiendo al pueblo salir a ofrecer sacrificios a Yahvé.»
26 Salió, pues, Moisés de la presencia del
faraón, y rogó a Yahvé. 27 Yahvé hizo lo
que Moisés pedía, y alejó los tábanos del
faraón, de sus siervos y de su pueblo;
no quedó ni uno. 28 Pero también esta
vez se obstinó el faraón y no dejó salir
al pueblo.

5ª plaga: Muere el ganado.

9 1 Yahvé dijo a Moisés: «Preséntate
al faraón y dile: Así dice Yahvé, el
Dios de los hebreos: 'Deja salir a mi
pueblo para que me dé culto.' 2 Si te
niegas a dejarlo salir y lo sigues rete-
niendo, 3 la mano de Yahvé caerá sobre
tus ganados del campo, los caballos, los
burros, los camellos, las vacas y las ovejas; será una peste espantosa. 4 Pero
Yahvé distinguirá entre el ganado de
Israel y el ganado de Egipto; no perecerá nada de cuanto pertenece a Israel.»
5 Yahvé fijó un plazo en los siguientes
términos: «Mañana hará esto Yahvé en
el país.» 6 Al día siguiente cumplió Yahvé su palabra y murió todo el ganado de
Egipto; mas del ganado de los israelitas
no murió ni una res. 7 El faraón mandó
averiguar y, efectivamente, del ganado
de Israel no había muerto ni una res. Sin
embargo, el faraón se obstinó y no dejó
salir al pueblo.

6ª plaga: Las úlceras.

8 Yahvé dijo a Moisés y a Aarón:
«Tomen dos puñados llenos de hollín
de horno. Moisés lo echará al aire, en
presencia del faraón; 9 y se convertirá en
polvo fino sobre todo el país de Egipto,
y originará, en hombres y ganados, úlceras que segregan pus por todo el país
de Egipto.» 10 Tomaron, pues, hollín de
horno y presentándose ante el faraón,

Moisés lo echó al aire, produciendo en
hombres y animales úlceras con secre-
ción de pus. 11 Ni siquiera los magos pudieron permanecer ante Moisés a causa
de las úlceras; pues las úlceras afectaron
a los magos como a todos los demás
egipcios. 12 Pero Yahvé hizo que el faraón se obstinara y no les hiciera caso,
tal como Yahvé había dicho a Moisés.

7ª plaga: La granizada.

13 Yahvé dijo a Moisés: «Levántate de
madrugada mañana, preséntate al faraón y dile: Así dice Yahvé, el Dios de
los hebreos: 'Deja salir a mi pueblo para
que me dé culto.' 14 Pues esta vez voy a
mandar todas mis plagas contra ti, tus
siervos y tu pueblo, para que sepas que
no hay como yo en toda la tierra. 15 Porque si yo hubiera extendido mi mano y
te hubiera herido con peste a ti y a tu
pueblo, ahora ya habrías desaparecido
de la tierra; 16 pero te he preservado
para mostrarte mi poder y para que se
proclame mi nombre por toda la tierra.
17 Puesto que aún te resistes a dejar partir a mi pueblo, 18 mañana, a esta hora,
haré caer una granizada tan fuerte como no la ha habido en Egipto desde su
fundación hasta hoy. 19 Ahora, pues,
manda recoger tu ganado y cuanto tienes en el campo. Sobre todos los hombres y animales que se hallen en el campo y no sean recogidos en casa, caerá
el granizo y los matará.» 20 Los siervos
del faraón que temieron la palabra de
Yahvé recogieron en casa a sus esclavos
y ganados, 21 mas los que no hicieron
caso de la palabra de Yahvé, dejaron en
el campo a sus esclavos y ganados.
22 Yahvé dijo a Moisés: «Extiende tu
mano hacia el cielo, y caerá granizo en
todo el país de Egipto, sobre los hombres, los ganados y sobre toda la hierba
del campo en el país de Egipto.» 23 Moisés extendió su cayado hacia el cielo, y
Yahvé lanzó truenos, granizo y rayos a
la tierra. Yahvé desencadenó una lluvia
de granizo sobre el país de Egipto. 24 El
granizo y los rayos mezclados con el
granizo fueron tan fuertes que nunca
se había visto una cosa semejante en
el país de Egipto desde que comenzó a
ser nación. 25 El granizo devastó cuanto
había en el campo —hombres y animales— en todo el país de Egipto. El granizo machacó también toda la hierba
del campo y tronchó todos los árboles
del campo. 26 Tan sólo en la región de
Gosen, donde habitaban los israelitas,
no hubo granizo.
27 El faraón hizo llamar a Moisés y a
Aarón y les dijo: «Esta vez he pecado;
Yahvé es justo, y mi pueblo y yo somos
culpables. 28 Rueguen a Yahvé. Basta
ya de truenos y granizo. Yo los dejaré
salir y no tendrán que quedarse más
tiempo aquí.» 29 Moisés le respondió:
«Cuando salga de la ciudad extenderé
mis manos hacia Yahvé, cesarán los
truenos y no habrá más granizo, para
que sepas que la tierra entera es de Yahvé. 30 Pero sé que tú y tus siervos aún no
temen a Yahvé, Dios.» 31 (Se estropearon el lino y la cebada, pues la cebada
estaba ya en espiga, y el lino en flor.
32 El trigo y la espelta no se estropearon
por ser tardíos).
33 Moisés salió de la presencia del
faraón y de la ciudad, extendió las manos hacia Yahvé y cesaron los truenos y
granizos, y no cayó más lluvia sobre la
tierra. 34 Cuando el faraón vio que había
cesado la lluvia, el granizo y los truenos,
él y sus siervos se obstinaron de nuevo.
35 Se obstinó, pues, el faraón y no dejó
salir a los israelitas como Yahvé había
dicho por boca de Moisés.

8ª plaga: Las langostas.

10 1 Yahvé dijo a Moisés: «Preséntate al faraón, porque yo le he
hecho obstinarse a él y a sus siervos,
para realizar mis signos en medio de
ellos; 2 y para que puedas contar a tu
hijo y a tu nieto cómo manejé a Egipto y
los signos que realicé en medio de ellos.
Así sabrán ustedes que yo soy Yahvé.»
3 Moisés y Aarón se presentaron ante el
faraón y le dijeron: «Así dice Yahvé, el
Dios de los hebreos: ¿Hasta cuándo te
resistirás a humillarte ante mí? Deja salir

a mi pueblo para que me dé culto.
4 Si te niegas a dejar salir a mi pueblo,
mañana traeré las langostas sobre tu
territorio; 5 y cubrirán la superficie de la
tierra, de tal modo que no podrá verse
el suelo. Devorarán lo que les quedó a
ustedes de la granizada y comerán todos
los árboles que crecen en sus campos.
6 Llenarán tus casas, las casas de tus
siervos y todas las casas de Egipto. Ni
tus padres ni tus abuelos vieron nunca
una cosa así desde que habitan en la
tierra hoy.» Moisés se retiró y salió de
la presencia del faraón. 7 Los siervos del
faraón le dijeron: «¿Hasta cuándo nos
tenderá ése un lazo a nosotros? Deja
salir a esa gente y que dé culto a Yahvé,
su Dios. ¿Aún no te das cuenta de que
Egipto se está arruinando?».

8 Hicieron volver a Moisés y a Aarón
ante el faraón y éste les dijo: «Vayan a
dar culto a Yahvé, su Dios. Pero ¿quiénes
van a ir?» 9 Moisés respondió: «Iremos
con nuestros niños y nuestros ancianos,
con nuestros hijos y nuestras hijas,
con nuestras ovejas y nuestras vacas,
pues tenemos que celebrar la fiesta de
Yahvé.» 10 Él les dijo: «¡Que Yahvé esté
con ustedes lo mismo que yo voy a dejarlos salir con sus pequeños! A la vista
están sus malas intenciones. 11 No lo
permitiré; salgan si quieren los varones
solos y den culto a Yahvé, pues eso es
lo que buscaban.» Y los echaron de la
presencia del faraón.

12 Yahvé dijo a Moisés: «Extiende tu
mano sobre el país de Egipto para que
venga la langosta; que invada el país de
Egipto y devore toda la hierba del país
y cuanto quedó del granizo.» 13 Moisés
extendió su cayado sobre el país de
Egipto y Yahvé hizo soplar el viento del
este sobre el país todo aquel día y toda
la noche. Y cuando amaneció, el viento
del este había traído la langosta.

14 La langosta invadió todo el país de
Egipto y se posó en todo el territorio
egipcio; una nube de langostas como
no la había habido hasta entonces ni
la habría después. 15 Cubrió toda la superficie del país, oscureciendo la tierra;
devoró toda la hierba del país y todos los
frutos de los árboles que el granizo había
dejado. No quedó nada verde ni en los
árboles ni en los campos en todo el país
de Egipto.

16 El faraón se apresuró a llamar a
Moisés y a Aarón, y dijo: «He pecado
contra Yahvé, su Dios, y contra ustedes.
17 Perdonen mi pecado por esta vez y
rueguen a Yahvé, su Dios, que aparte
de mí esta plaga mortífera.» 18 Moisés
salió de la presencia del faraón y rogó a
Yahvé. 19 Yahvé cambió la dirección del
viento, que sopló con toda fuerza del
este y se llevó la langosta y la arrojó al
mar de Suf*. No quedó ni una langosta
en todo el territorio de Egipto. 20 Pero
Yahvé hizo que el faraón se obstinara y
no dejó salir a los israelitas.

9ª plaga: Las tinieblas.

↗ Sb **17** 1-**18** 4.

21 Yahvé dijo a Moisés: «Extiende tu
mano hacia el cielo y aparezcan sobre
el país de Egipto tinieblas, tinieblas densas.» 22 Extendió Moisés su mano hacia
el cielo y unas densas tinieblas cubrieron
durante tres días el país de Egipto. 23 No
se veían unos a otros, y nadie se levantó de su sitio por espacio de tres días,
mientras que todos los israelitas tenían
luz en sus lugares de residencia.

24 El faraón llamó a Moisés y le dijo:
«Vayan y den culto a Yahvé; que se queden solamente sus ovejas y sus vacas.
También sus niños podrán ir con ustedes.» 25 Moisés replicó: «Tienes que dejarnos llevar también reses para ofrecer
sacrificios y holocaustos a Yahvé, nuestro
Dios. 26 Nuestro ganado vendrá también
con nosotros. No quedará ni una res,
porque de él hemos de tomar para dar
culto a Yahvé, nuestro Dios. Aún no
sabemos qué vamos a ofrecer a Yahvé
hasta que lleguemos allá.»

27 Yahvé hizo que el faraón se obstinara
y no quisiera dejarlos salir. 28 Y el faraón

10 19 El *mar de Suf* es el nombre antiguo del mar Rojo.

dijo a Moisés: «Lárgate y no vuelvas a presentarte ante mí, pues si te vuelvo a ver por aquí, morirás» 29 Respondió Moisés: «Tú lo has dicho: no volveré a presentarme ante ti.»

Anuncio de la décima plaga*.

11 1 Yahvé dijo a Moisés: «Todavía enviaré una plaga al faraón y a Egipto, tras lo cual los dejará partir; más aún, no sólo los dejará partir, sino que incluso los expulsará definitivamente de aquí. 2 Habla al pueblo y que cada hombre pida a su vecino, y cada mujer a su vecina, objetos de plata y objetos de oro.» 3 Yahvé hizo que el pueblo se ganara el favor de los egipcios. Moisés gozaba de gran consideración en el país de Egipto a los ojos de los servidores del faraón y a los ojos del pueblo.

4 Moisés dijo: «Así dice Yahvé: A media noche yo pasaré por en medio de Egipto. 5 Morirán en el país de Egipto todos los primogénitos: desde el primogénito del faraón, que se sienta en su trono, hasta el primogénito de la esclava, que se ocupa del molino, y todos los primogénitos del ganado. 6 Y habrá en el país de Egipto alaridos tales cual nunca los ha habido ni los habrá. 7 Pero entre los israelitas no ladrará ni un perro, ni a los hombres ni a las bestias, para que sepan ustedes que Yahvé distingue entre Egipto e Israel. 8 Entonces vendrán a mí todos estos siervos tuyos y, postrados ante mí, me suplicarán: Sal con todo el pueblo que te sigue. Entonces, saldré.» Y, ardiendo en cólera, salió de la presencia del faraón.

9 Yahvé dijo a Moisés: «El faraón no les hará caso a ustedes, para que se multipliquen mis prodigios en el país de Egipto.» 10 Moisés y Aarón realizaron todos estos prodigios ante el faraón; pero Yahvé hizo que el faraón se obstinara y no dejara salir de su país a los israelitas.

Institución de la Pascua*.

34 18; Lv **23** 5-8; Nm **28** 16-25; Dt **16** 1-8; Ez **45** 21-24; ↗ Mt **26** 17sp; ↗ Lc **22** 15-16; ↗ 1 Co **5** 7.

12 1 Yahvé dijo a Moisés y a Aarón en el país de Egipto: 2 «Este mes* será para ustedes el primero de los meses; será para ustedes el primer mes del año. 3 Digan a toda la comunidad de Israel: El día diez de este mes cada uno tomará una res por familia, una res por casa. 4 Si la familia es demasiado pequeña para comer la res, que la comparta con el vecino más próximo, teniendo en cuenta el número de personas y la ración que cada cual pueda comer. 5 Será una res sin defecto, macho, de un año. La escogerán entre los corderos o los cabritos. 6 La guardarán hasta el día catorce de este mes; y, congregada toda la comunidad de Israel, la inmolará al atardecer. 7 Tomarán luego la sangre y untarán los dos postes y la parte superior de la puerta de las casas donde la coman. 8 Esa noche comerán la carne. La comerán asada al fuego, con ázimos y con hierbas amargas. 9 No comerán de ella nada crudo ni cocido, sino asado al fuego con su cabeza, patas y vísceras. 10 No deja-

11 La última *plaga* está aquí solamente anunciada, vv. 1-10. Los primogénitos son la parte reservada a Dios, **13** 11+.

12 El décimo castigo, el exterminio de los primogénitos de Egipto, **12** 29-30, está insertado en un largo pasaje sobre la Pascua, **12** 1 a **13** 16. La fiesta de los Ázimos, rito agrícola, y la Pascua, fiesta pastoril preisraelita, distintos en su origen, se fusionan en una fiesta de primavera, **23** 14+. La salida de Egipto ocurrió en el momento de la Pascua, lo que da a esta fiesta una nueva significación que expresa la intervención decisiva de Dios que salva a su pueblo, **12** 26-27; **13** 3-10. La Pascua judía preparaba la Pascua cristiana, en la que Cristo, Cordero de Dios, es inmolado (la Cruz) y comido (la Cena) en un marco inspirado en la Pascua judía (la «semana santa»); ver **26** 17+; Jn **19** 14. La renovación mistérica de este acto salvador es la Eucaristía, sacrificio y comida, centro de la liturgia cristiana: 1 Co **11** 23+.

12 2 El primer mes de primavera, marzo-abril, que se llamará *Nisán* después del Destierro.

rán nada hasta la mañana; pero si sobra algo, al amanecer lo quemarán. 11 La comerán así: con la cintura ceñida, los pies calzados y el bastón en la mano; y la comerán de prisa. Es la Pascua* de Yahvé. 12 Esa noche yo pasaré por el país de Egipto y mataré a todos los primogénitos del país de Egipto, de los hombres y de los animales, y haré justicia con todos los dioses de Egipto. Yo, Yahvé. 13 La sangre les servirá de señal en las casas donde estén. Cuando yo vea la sangre, pasaré de largo; y no los afectará la plaga exterminadora, cuando yo hiera al país de Egipto. 14 Este día será memorable para ustedes; en él celebrarán fiesta a Yahvé; de generación en generación como ley perpetua, lo festejarán.»

La fiesta de los Ázimos.

13 3-10; **23** 15; ↗ 1 Co **5** 7.

15 «Durante siete días comerán ázimos; desde el primer día retirarán de sus casas la levadura. El que coma pan fermentado, cualquiera de esos siete días, será cercenado de Israel. 16 El primer día tendrán una asamblea santa y el día séptimo tendrán otra asamblea santa. En esos días no harán trabajo alguno, salvo la comida para cada uno. Esto es lo único que podrán hacer. 17 Guardarán la fiesta de los Ázimos, porque ese mismo día saqué yo sus ejércitos del país de Egipto. Guarden ese día, de generación en generación, como ley perpetua. 18 Comerán ázimos en el mes primero, desde el día catorce por la tarde hasta el día veintiuno por la tarde. 19 Durante siete días no habrá levadura en sus casas. El que coma algo fermentado, sea forastero o indígena, será cercenado de la comunidad de Israel. 20 No comerán nada fermentado; en todo lugar donde habiten, comerán ázimos.»

Prescripciones sobre la Pascua.

21 Moisés llamó a todos los ancianos de Israel y les dijo: «Escojan una res por familia e inmolen la pascua. 22 Tomen un manojo de hisopo, mójenlo en la sangre del recipiente y unten la parte superior y los dos postes de la puerta con la sangre del recipiente; y ninguno de ustedes saldrá por la puerta de su casa hasta la mañana. 23 Yahvé pasará para herir a los egipcios, pero al ver la sangre en la parte superior y en los dos postes de la puerta, Yahvé pasará de largo por aquella puerta y no permitirá al Exterminador* entrar en sus casas para herir. 24 Observen todo esto como ley perpetua para ustedes y para sus hijos. 25 Cuando entren en la tierra que Yahvé les dará, como prometió, observarán este rito. 26 Y cuando sus hijos les pregunten: '¿Qué significa este rito para ustedes?', 27 responderán: 'Es el sacrificio de la Pascua de Yahvé, que pasó de largo por las casas de los israelitas en Egipto hiriendo a los egipcios y preservando nuestras casas.'» Entonces el pueblo se inclinó y se postró. 28 Los israelitas fueron e hicieron como Yahvé había mandado a Moisés y a Aarón; así lo hicieron.

10ª plaga: Muerte de los primogénitos.

11 4-8; **13**+; ↗ Sb **18** 6-19.

29 A media noche, Yahvé hirió a todos los primogénitos del país de Egipto, desde el primogénito del faraón, que se sienta en el trono, hasta el primogénito del preso, que está en la cárcel, y todos los primogénitos de los animales. 30 Aquella noche se levantó el faraón, sus servidores y todos los egipcios, y hubo grandes alaridos en Egipto, porque no había casa donde no hubiera un muerto. 31 El faraón llamó a Moisés y a Aarón de noche y les dijo: «Levántense, salgan de en

12 11 Es una actitud de hombres, listos para partir. La etimología de la palabra *pesaj* es desconocida. El sentido de paso no tiene apoyo en el hebreo; el *pasar de largo* de los vv. 13.23.27 es una explicación secundaria.

12 23 El mensajero encargado de las venganza divinas; vv. 12-13; Sb **18** 15; 1 Co **10** 10; Hb **11** 28; ver Gn **19** 1; 2 S **24** 16; 2 R **19** 35; Tb **5** 4+.

medio de mi pueblo, tanto ustedes como los israelitas, y vayan a dar culto a Yahvé, como han dicho. 32 Tomen también sus rebaños y sus vacas, como han pedido, y marchen. Salúdenme.» 33 Los egipcios presionaban al pueblo para que saliera rápidamente del país, pues decían: «Vamos a morir todos.» 34 El pueblo recogió la masa sin fermentar y, envolviendo las artesas en mantos, la cargaron a hombros.

Despojo de los egipcios.
3 21-22; **11** 2.

35 Los israelitas actuaron conforme a la palabra de Moisés y pidieron a los egipcios objetos de plata, objetos de oro y vestidos. 36 Yahvé hizo que el pueblo se ganara el favor de los egipcios, que accedieron a su petición. Así despojaron a los egipcios.

Salida de los israelitas.
Lv **24** 10-14;
Nm **1** 46; **33** 3-5; **11** 4.

37 Los israelitas partieron de Ramsés hacia Sucot, unos seiscientos mil hombres de a pie, sin contar los niños. 38 Salió también con ellos una gran muchedumbre, con ovejas y vacas; una cantidad enorme de ganado. 39 Cocieron la masa que habían sacado de Egipto en panes ázimos, pues aún no había fermentado. Cuando fueron expulsados de Egipto no pudieron detenerse ni hacerse con provisiones para el camino. 40 La estancia de los israelitas en Egipto duró cuatrocientos treinta años. 41 El mismo día que se cumplían los cuatrocientos treinta años, salieron del país de Egipto todos los ejércitos de Yahvé. 42 Aquella noche, Yahvé veló para sacarlos del país de Egipto. Y esa noche los israelitas velarán en honor de Yahvé, de generación en generación.

Normas sobre la Pascua.

43 Yahvé dijo a Moisés y a Aarón: «Ésta es la ley de la Pascua: Ningún extranjero la comerá. 44 Los esclavos que hayas comprado, si los circuncidas, podrán comerla. 45 El forastero y el jornalero no la comerán. 46 Se ha de comer en una sola casa; no sacarán fuera de casa nada de carne, ni le quebrarán ningún hueso. 47 Toda la comunidad de Israel la celebrará. 48 Si un emigrante que vive contigo* desea celebrar la Pascua de Yahvé, se circuncidará y entonces se acercará para celebrarla, pues será como los nativos; pero ningún incircunciso podrá comerla. 49 Habrá una misma ley para el indígena y para el emigrante que vive con ustedes.» 50 Todos los israelitas obraron así. Hicieron exactamente lo que Yahvé mandó a Moisés y a Aarón. 51 Aquel mismo día, Yahvé sacó del país de Egipto a los israelitas, por escuadrones.

Los primogénitos*.

13 1 Yahvé dijo a Moisés: 2 «Conságrame todo primogénito, todo primer parto entre los israelitas, tanto de hombres como de animales; es mío.»

Los Ázimos.
12+.

3 Y Moisés dijo al pueblo: «Recuerda este día en que ustedes salieron de Egipto, de la esclavitud, pues con mano fuerte los sacó Yahvé de aquí; y no coman pan fermentado. 4 Salen hoy, en el mes

12 48 Antiguamente los israelitas eran forasteros en Canaán, Gn **23** 4. Ahora, en la época del redactor, que es la de la posesión de la tierra de Canaán por los israelitas, éstos son los ciudadanos autóctonos y los cananeos ya no son más que *forasteros residentes*.
13 La ley de los primogénitos, vv. 1-2. 11-16, está relacionada con la muerte de los primogénitos egipcios más que con la Pascua, ver Ex **22** 28-29. Los primogénitos del hombre y de los animales son primicias que pertenecen a Dios, **11** 5; **13** 2; **22** 28-29; **34** 19-20. Los de los animales son ofrecidos en sacrificio, Nm **18** 15-18; Dt **15** 19-20; los del hombre son rescatados, v. 13; **34** 19-20; Nm **3** 46-47; Lc **2** 22-24; ver Gn **22** 1+.

de Abib. 5 Cuando Yahvé te haya introducido en la tierra de los cananeos, de
los hititas, de los amorreos, de los jivitas
y de los jebuseos, que juró a tus padres
darte, tierra que mana leche y miel, en
este mes celebrarás el siguiente rito: 6 Durante siete días comerás ázimos y el día
séptimo será fiesta en honor de Yahvé.
7 Durante los siete días se comerá pan
ácimo y no se verá pan fermentado ni
levadura en todo tu territorio. 8 Ese día
explicarás a tu hijo: 'Esto es por lo que
Yahvé hizo por mí cuando salí de Egipto.' 9 Y será para ti como señal en tu
brazo y como recordatorio en tu frente,
para que tengas en tu boca la ley de
Yahvé; porque con mano fuerte te sacó
Yahvé de Egipto. 10 Guardarás este precepto, año tras año, a su debido tiempo.»

De nuevo los primogénitos.

11 «Cuando Yahvé te haya introducido
en la tierra de los cananeos, como juró
a ti y a tus padres, y te la haya dado,
12 consagrarás a Yahvé todo primogénito. Todo primer nacido de tu ganado,
si es macho, pertenece a Yahvé. 13 Mas
todo primer nacido del burro lo rescatarás con un cordero; y si no lo rescatas,
lo desnucarás. Rescatarás también todo
primogénito de entre tus hijos. 14 Y cuando el día de mañana te pregunte tu hijo:
'¿Qué significa esto?', le dirás: 'Con mano fuerte nos sacó Yahvé de Egipto, de la
esclavitud.' 15 Como el faraón se obstinó
en no dejarnos salir, Yahvé mató a todos
los primogénitos en el país de Egipto,
desde el primogénito del hombre hasta el
primogénito del ganado. Por eso yo sa-
crifico a Yahvé todo primogénito macho
del ganado y rescato todo primogénito
de mis hijos. 16 Esto será como señal
en tu brazo y como recordatorio en tu
frente; porque con mano fuerte nos sacó
Yahvé de Egipto.»

4. SALIDA DE EGIPTO*

La partida.

17 Cuando el faraón dejó salir al pueblo, Dios no los llevó por el camino del
país de los filisteos, aunque era más
corto; pues dijo: «No sea que, al verse
atacado, el pueblo se arrepienta y se
vuelva a Egipto.» 18 Dios hizo rodear al
pueblo por el camino del desierto del
mar de Suf. Los israelitas salieron bien
equipados del país de Egipto. 19 Moisés
tomó consigo los huesos de José, pues
éste había hecho jurar solemnemente a
los israelitas: «Un día Dios los visitará;
entonces se llevarán de aquí mis huesos
con ustedes.»
20 Partieron de Sucot y acamparon
en Etán, al borde del desierto.
21 Yahvé marchaba delante de ellos:
de día en columna de nube, para guiarlos por el camino, y de noche en
columna de fuego, para alumbrarlos,
de modo que pudieran marchar de día
y de noche. 22 No se apartó del pueblo
ni la columna de nube por el día, ni la
columna de fuego por la noche.

13 17 El Éxodo, tanto si se mira como una huida o como una expulsión (en el relato anterior, tal consideración depende de los pasajes), empieza propiamente aquí. Es la marcha a través del desierto, hacía la Tierra prometida, Gn **12**; **50** 12-13+. Para los profetas, éste será el tiempo del noviazgo del pueblo elegido con su Dios, Jr **2** 2; Os **2** 16-17; **11** 1. La salida de Egipto y la travesía del mar Rojo han sido consideradas como la señal más brillante de la protección del Dios de la Alianza, **13** 16; Lv **11** 45; Dt **11** 4; Jos **3** 1+; **24** 7.17; Am **2** 10; Sal **78** 12-16; **81** 11; Is **40** 3+. El NT evocará frecuentemente los sucesos del desierto, y la Iglesia cristiana verá en el Éxodo una figura de su marcha hacia la eternidad, sobre todo a propósito del bautismo. La localización de las etapas del Éxodo, y por tanto del trayecto seguido, es difícil, tanto en los capítulos siguientes como en otros pasajes.

De Etán al mar de Suf.

14 1 Yahvé dijo a Moisés: 2 «Di a
los israelitas que se vuelvan y
acampen frente a Pi Hajirot, entre Migdol y el mar, enfrente de Baal Safón.
Frente a ese lugar acamparán, junto al
mar. 3 El faraón pensará que los israelitas andan errantes por el país y que
el desierto les cierra el paso. 4 Yo haré
que el faraón se obstine y los persiga a
ustedes; entonces manifestaré mi gloria
sobre el faraón y sobre todo su ejército,
y sabrán los egipcios que yo soy Yahvé.»
Ellos lo hicieron así.

Los egipcios persiguen a Israel.

5 Cuando anunciaron al rey de Egipto
que el pueblo había huido, el faraón y
sus servidores cambiaron de parecer sobre el pueblo y dijeron: «¿Qué es lo que
hemos hecho? Hemos dejado marchar
a Israel de nuestra servidumbre.» 6 El
faraón hizo enganchar su carro y tomó
consigo sus tropas. 7 Tomó seiscientos
carros escogidos y todos los carros de
Egipto, montados por sus combatientes. 8 Yahvé hizo que se obstinara el
faraón, rey de Egipto, y persiguiera a
los israelitas, pero los israelitas salieron
con gesto victorioso. 9 Los egipcios los
persiguieron con los caballos, los carros
del faraón, sus jinetes y su ejército; y los
alcanzaron cuando acampaban junto al
mar, cerca de Pi Hajirot, frente a Baal
Safón. 10 Al acercarse el faraón, los israelitas alzaron sus ojos, y viendo que
los egipcios marchaban tras ellos, temieron mucho los israelitas y clamaron
a Yahvé. 11 Y dijeron a Moisés: «¿Acaso
no había sepulturas en Egipto para que
nos hayas traído a morir en el desierto?
¿Qué has hecho con nosotros sacándo-
nos de Egipto? 12 ¿No te dijimos en
Egipto: Déjanos en paz, serviremos a
los egipcios, pues más nos vale servir a
los egipcios que morir en el desierto?»
13 Moisés respondió al pueblo: «No teman; permanezcan firmes, y verán la
salvación que Yahvé les otorgará en
este día, pues los egipcios que ahora
ven, no los volverán a ver nunca jamás.
14 Yahvé peleará por ustedes; ustedes
no se preocupen.»

Paso del Mar*.

Sal **78**; **105**; **106**; **114**;
↗ Sb **10** 18s; ↗ 1 Co **10** 1-2.

15 Yahvé dijo a Moisés: «¿Por qué
clamas a mí? Di a los israelitas que se
pongan en marcha. 16 Y tú, alza tu cayado, extiende tu mano sobre el mar y divídelo, para que los israelitas pasen por
medio del mar, en seco. 17 Yo haré que
los egipcios se obstinen y entren detrás
de ustedes y mostraré mi gloria sobre el
faraón y todo su ejército, sus carros y
sus jinetes. 18 Y los egipcios sabrán que
yo soy Yahvé, cuando muestre mi gloria
sobre el faraón, sus carros y sus jinetes.»
19 El ángel de Dios, que iba delante
del ejército de Israel, se desplazó y pasó
a su retaguardia. La columna de nube,
que iba delante de ellos, se desplazó y
se colocó detrás, 20 metiéndose entre el
campamento de los egipcios y el campamento de los israelitas. La nube era
tenebrosa y transcurrió la noche sin que
pudieran acercarse unos a otros en toda
la noche. 21 Moisés extendió su mano
sobre el mar, y Yahvé hizo retroceder el
mar mediante un fuerte viento del este
que sopló toda la noche; el mar se secó
y las aguas se dividieron. 22 Los israelitas entraron en medio del mar, en seco,
y las aguas formaban muralla a derecha
e izquierda. 23 Los egipcios los persiguieron y entraron tras ellos, en medio del
mar, con todos los caballos del faraón,
sus carros y sus jinetes. 24 A la vigilia
matutina, Yahvé miró desde la colum-

14 15 Nos es posible determinar el lugar y el modo de este acontecimiento. El autor lo presenta como una intervención brillante de «Yahvé guerrero», Ex **15** 3, que será un artículo fundamental de la fe yahvista, Dt **11** 4; Jos **24** 7; ver Dt **1** 30; **6** 21-22; **26** 7-8. La tradición cristiana ha considerado este milagro como figura de salvación, y en especial del bautismo, 1 Co **10** 1.

na de fuego y humo hacia el ejército
de los egipcios, y sembró la confusión
en el ejército egipcio. 25 Enredó las
ruedas de sus carros, que a duras penas
podían avanzar. Entonces los egipcios
dijeron: «Huyamos ante Israel, porque
Yahvé pelea por ellos contra Egipto.»
26 Yahvé dijo a Moisés: «Extiende tu
mano sobre el mar, y las aguas retor-
narán sobre los egipcios, sus carros
y sus jinetes.» 27 Moisés extendió su
mano sobre el mar y, al rayar el alba,
el mar volvió a su lugar habitual, de
modo que los egipcios, en su huida,
toparon con él. Así precipitó Yahvé a
los egipcios en medio del mar. 28 Las
aguas retornaron y cubrieron los carros, los jinetes y todo el ejército del
faraón, que había entrado en el mar
para perseguirlos; no escapó ni uno
siquiera. 29 Mas los israelitas pasaron
en seco, por medio del mar, mientras
las aguas formaban muralla a derecha
e izquierda. 30 Aquel día salvó Yahvé
a Israel del poder de los egipcios; e
Israel vio a los egipcios muertos a orillas del mar. 31 Vio, pues, Israel la mano
potente que Yahvé había desplegado
contra los egipcios, temió el pueblo a
Yahvé, y creyó en Yahvé y en Moisés,
su siervo.

Canto triunfal*.

15 1 Entonces Moisés y los israelitas cantaron este cántico a Yahvé:
«Canto a Yahvé, esplendorosa es su gloria,
caballo y jinete arrojó en el mar.
2 Mi fortaleza y mi canción es Yah.
Él es mi salvación.
Él es mi Dios: yo lo alabaré,
el Dios de mi padre, yo lo exaltaré.
3 ¡Yahvé es un guerrero,
Yahvé es su nombre!
4 Los carros del faraón y sus soldados precipitó en el mar.
La flor de sus guerreros tragó el mar de Suf;
5 los abismos los cubrieron,
descendieron hasta el fondo como piedra.
6 Tu diestra, Yahvé, impresionante por su esplendor;
tu diestra, Yahvé, aplasta al enemigo.
7 Tu inmensa grandeza
derriba al adversario.
Arde tu furor y los devora como paja.
8 Al soplo de tu ira se aglomeraron las aguas,
se irguieron las olas como un dique,
los abismos se helaron en el fondo del mar.
9 Dijo el enemigo: «Perseguiré, alcanzaré,
repartiré el botín,
saciaré mi sed en ellos,
desenvainaré mi espada,
los aniquilará mi mano.»
10 Pero soplaste con tu aliento, los cubrió el mar;
se hundieron como plomo en las aguas impetuosas.
11 ¿Quién como tú, Yahvé, entre los dioses?
¿Quién como tú, glorioso en santidad,
terrible en prodigios, autor de maravillas?
12 Extendiste tu diestra, los tragó la tierra.
13 Guiaste con bondad al pueblo que rescataste,
los condujiste con poder a tu santa morada.
14 Lo oyeron los pueblos y se turbaron,
produjo escalofríos en los habitantes de Filistea.
15 Los príncipes de Edom se estremecieron,
se angustiaron los jefes de Moab
y todas las gentes de Canaán temblaron.

15 El canto es muy antiguo. Los vv. 1 y 21, –la parte más primitiva– sólo cantan la derrota de los egipcios, no el paso del mar. Forman un estribillo que posteriormente se desarrolla con el poema, también muy antiguo, vv. 2-18, enmarcado por el estribillo. Ver Dt **32**.

16 Pavor y espanto cayeron sobre ellos.
Bajo la fuerza de tus brazos
enmudecieron como piedras,
hasta que pasó tu pueblo, Yahvé,
hasta que pasó el pueblo que
adquiriste.
17 Lo introduces y lo plantas
en el monte de tu heredad,
lugar que preparaste para tu
morada, Yahvé,
santuario, Adonay,
que fundaron tus manos.
18 ¡Yahvé reinará por siempre
jamás!»

19 Cuando los caballos del faraón, con
sus carros y sus jinetes, entraron en el
mar, Yahvé hizo que las aguas del mar
volvieran sobre ellos; en cambio, los
israelitas pasaron en seco por medio
del mar.
20 María, la profetisa, hermana de
Aarón, tomó en sus manos un tamboril y todas la mujeres la seguían con
tamboriles y danzando. 21 Y María les
entonaba:
«Canten a Yahvé, espléndida es
su gloria,
caballo y jinete arrojó en el mar.»

II. *Marcha por el desierto*

En Mará.

↗ 1 Co **10** 3-5.

22 Moisés hizo partir a los israelitas del
mar de Suf y se dirigieron hacia el desierto de Sur: caminaron tres días por
el desierto sin encontrar agua. 23 Llegaron a Mará, mas no pudieron beber el
agua de Mará, porque era amarga. Por
eso se llama aquel lugar Mará. 24 El pueblo murmuró contra Moisés, diciendo:
«¿Qué vamos a beber?» 25 Entonces Moisés invocó a Yahvé, y Yahvé le mostró
un madero que Moisés echó al agua, y
el agua se volvió dulce.
Allí le dio decretos y normas y lo puso
a prueba.
26 Y dijo: «Si escuchas atentamente la
voz de Yahvé, tu Dios, y haces lo recto
a sus ojos, y obedeces sus mandatos
y guardas todos sus preceptos, no te
afligiré con ninguna de las plagas con
que afligí a los egipcios; porque yo soy
Yahvé, el que te sana.»
27 Después llegaron a Elín, donde hay
doce fuentes y setenta palmeras, y
acamparon allí junto a las aguas.

Las codornices y el maná*.

||Nm **11**; Dt **8** 3.16;
Sal **78** 18s; **105** 40;
106 13-15; Sb **16** 20-29;
↗ Jn **6** 26-58.

16 1 Toda la comunidad de los israelitas partió de Elín y llegó al
desierto de Sin, entre Elín y el Sinaí, el
día quince del segundo mes después de
su salida del país de Egipto. 2 Toda la
comunidad de los israelitas murmuró
contra Moisés y Aarón en el desierto.
3 Decían: «¡Ojalá hubiéramos muerto a
manos de Yahvé en el país de Egipto
cuando nos sentábamos junto a la olla
de carne y comíamos pan hasta hartar-
nos! Ustedes nos han traído a este desierto para matar de hambre a toda esta
asamblea.»
4 Yahvé dijo a Moisés: «Mira, haré
llover pan del cielo para ustedes; el pueblo saldrá cada día a recoger la ración
cotidiana; así lo pondré a prueba, a ver
si sigue mi ley o no. 5 Mas el día sexto
prepararán lo que hayan recogido y será
el doble de lo que recogen cada día.»

16 Al igual que en el caso de las plagas de Egipto, **7** 8+, ciertos fenómenos naturales (emigración de aves, secreciones de insectos en los arbustos) son atribuidos a una intervención especial de Dios: Nm **11**; Dt **8** 3.16; Sal **78** 24-25; **105** 40; Sb **16** 20-29. Este alimento ofrecido por Dios a su pueblo será la figura de la eucaristía, Jn **6** 26-58.

6 Moisés y Aarón dijeron a todos los
israelitas: «Esta tarde sabrán que es Yahvé quien los ha sacado del país de Egipto; 7 y mañana verán la gloria de Yahvé,
porque ha oído sus murmuraciones
contra él; pues nosotros, ¿qué somos
para que murmuren contra nosotros?»
8 Moisés añadió: «Esta tarde Yahvé les
dará a comer carne y mañana pan hasta saciarlos; porque Yahvé ha oído sus
murmuraciones contra él; pues nosotros,
¿qué somos? No van contra nosotros
sus murmuraciones, sino contra Yahvé.»
9 Moisés dijo a Aarón: «Di a toda la
comunidad de los israelitas: Acérquense
a Yahvé, pues ha oído sus murmuraciones.» 10 Mientras hablaba Aarón a toda
la comunidad de los israelitas, ellos se
volvieron hacia el desierto, y de pronto la
gloria de Yahvé se apareció en la nube.
11 Yahvé dijo a Moisés: 12 «He oído las
murmuraciones de los israelitas. Diles:
Al atardecer comerán carne y por la
mañana se saciarán de pan; y así sabrán
que yo soy Yahvé, su Dios.» 13 Por la
tarde, en efecto, vinieron las codornices
y cubrieron el campamento; y por la
mañana había una capa de rocío en
torno al campamento. 14 Cuando se
evaporó la capa de rocío apareció en la
superficie del desierto una cosa menuda,
como granos, parecida a la escarcha
sobre la tierra. 15 Al verla los israelitas,
se decían unos a otros: «¿Qué es esto*?»
Pues no sabían lo que era. Moisés les
dijo: «Éste es el pan que Yahvé les da
para comer. 16 Esto es lo que manda
Yahvé: Que cada uno recoja cuanto necesite para comer, unos cinco litros por
cabeza, según el número de personas
que vivan en su tienda.»
17 Así lo hicieron los israelitas; unos
recogieron más y otros menos. 18 Al
medirlo con el medio decalitro, no sobraba al que había recogido más, ni faltaba al que había recogido menos. Cada
uno había recogido lo que necesitaba
para comer.
19 Moisés les dijo: «Que nadie guarde
nada para mañana.» 20 Mas no obedecieron a Moisés, y algunos guardaron algo
para el día siguiente; pero se llenó de
gusanos y se pudrió; y Moisés se irritó
contra ellos. 21 Lo recogían cada mañana, cada uno según lo que podía comer,
pues, con el calor del sol, se derretía.
22 El día sexto recogieron el doble,
dos raciones por persona. Todos los jefes de la comunidad fueron a contárse-
lo a Moisés; 23 él les respondió: «Esto es
lo que ha mandado Yahvé: Mañana es
sábado, día de descanso consagrado a
Yahvé. Cuezan lo que tengan que cocer
y hiervan lo que tengan que hervir; lo
sobrante, guárdenlo en reserva para mañana.» 24 Ellos lo guardaron para el día
siguiente, como había mandado Moisés;
y no se pudrió, ni se agusanó. 25 Moisés
dijo: «Cómanlo hoy, pues hoy es sábado
en honor de Yahvé. Hoy no lo encontrarán en el campo. 26 Seis días podrán
recogerlo, pero el séptimo es sábado,
no lo habrá.» 27 El día séptimo salieron
algunos del pueblo a recogerlo, pero no
lo encontraron. 28 Yahvé dijo a Moisés:
«¿Hasta cuándo se negarán a guardar
mis mandatos y mis leyes? 29 ¡Miren!
Yahvé les ha dado el sábado; por eso, el
día sexto les da pan para dos días. Que
se quede cada uno en su sitio y no se
mueva de él el día séptimo.» 30 El pueblo
descansó el día séptimo.
31 Israel llamó a aquel alimento maná. Era blanco, como semilla de cilantro, y con sabor a torta de miel.
32 Moisés dijo: «Esto es lo que ha mandado Yahvé: Llenen una medida de ello
y consérvenlo, para que sus descendientes vean el pan con que los alimenté en
el desierto cuando los saqué del país de
Egipto.» 33 Moisés dijo a Aarón: «Toma
una vasija, pon en ella una medida llena
de maná, y colócalo ante Yahvé; que se
conserve para sus descendientes.» 34 Aarón lo puso ante el Testimonio*, confor-

16 15 Etimología popular del *maná*, en hebreo *man hû'*; ver v. 31.

16 34 Las dos tablas de la Ley, **31** 18, guardadas en el arca, **24** 12; **25** 16.21-22; ver Hb **9** 4.

me había mandado Yahvé a Moisés, para conservarlo.

35 Los israelitas comieron el maná durante cuarenta años, hasta que llegaron a tierra habitada. Lo comieron hasta que llegaron a los confines del país de Canaán. 36 La medida era de unos cinco litros.

Brota agua de la roca.

||Nm **20** 1-13.

17 1 Toda la comunidad de los israelitas partió por etapas del desierto de Sin, según la orden de Yahvé, y acampó en Refidín*, donde el pueblo no encontró agua para beber. 2 El pueblo disputó con Moisés y dijo: «Danos agua para beber.» Moisés les respondió: «¿Por qué disputan conmigo? ¿Por qué tientan a Yahvé?» 3 Pero el pueblo, sediento, murmuraba de Moisés: «¿Por qué nos has sacado de Egipto para matarnos de sed a nosotros, a nuestros hijos y a nuestros ganados?» 4 Entonces Moisés clamó a Yahvé y dijo: «¿Qué puedo hacer con este pueblo? Por poco me apedrean.» 5 Yahvé respondió a Moisés: «Pasa delante del pueblo, toma contigo algunos de los ancianos de Israel; lleva también en tu mano el cayado con que golpeaste el Río y vete. 6 Yo estaré allí ante ti, junto a la roca del Horeb*; golpea la roca y saldrá agua para que beba el pueblo.» Moisés lo hizo así a la vista de los ancianos de Israel. 7 Y llamó a aquel lugar Masá y Meribá, a causa de la disputa de los israelitas, y por haber tentado a Yahvé, diciendo: «¿Está Yahvé entre nosotros o no?»

Batalla contra Amalec*.

8 Amalec vino y atacó a Israel en Refidín. 9 Moisés dijo a Josué: «Elige algunos hombres y sal a combatir contra Amalec. Mañana yo me pondré en la cima del monte, con el cayado de Dios en mi mano.» 10 Josué* hizo lo que le mandó Moisés, y salió a combatir contra Amalec. Mientras tanto, Moisés, Aarón y Jur subieron a la cima del monte. 11 Mientras Moisés tenía las manos alzadas, vencía Israel; pero cuando las bajaba, vencía Amalec. 12 Como los brazos de Moisés se cansaran, ellos tomaron una piedra y se la pusieron debajo para que se sentara; mientras, Aarón y Jur le sostenían los brazos, uno a cada lado. Así resistieron sus brazos hasta la puesta del sol. 13 Josué derrotó a Amalec y a su pueblo a filo de espada. 14 Yahvé dijo a Moisés: «Escribe esto en un libro para recuerdo y haz saber a Josué que yo borraré por completo la memoria de Amalec de debajo de los cielos.» 15 Moisés construyó un altar y lo llamó «Yahvé, mi bandera», 16 diciendo: «¡La bandera de Yahvé en mano!; Yahvé está en guerra con Amalec de generación en generación.»

Visita de Jetró a Moisés*.

18 1 Jetró, sacerdote de Madián, suegro de Moisés, se enteró de todo lo que había hecho Dios en favor de Moisés y de Israel, su pueblo, y cómo Yahvé había sacado a Israel de Egipto. 2 Jetró, suegro de Moisés, tomó a Séfora, mujer de Moisés, a la que Moisés había despedido, 3 y a sus hijos: uno se llamaba Guersón (pues Moisés dijo: «Forastero soy en tierra extraña») 4 y el otro se llamaba Eliezer (pues dijo Moisés: «El Dios de mi padre es mi protector y me ha librado de la espada del faraón»). 5 Jetró, suegro de Moisés, fue a ver a Moisés, con los hijos y la mujer de Moisés, al desierto, donde estaba acampado junto al monte de Dios. 6 Y le dijeron a Moisés: «Está ahí tu suegro Jetró: ha

17 1 Valle, vv. 1.8; **19** 2, donde tuvo lugar la última parada en el desierto antes de llegar al Sinaí. Nm **20** 1-13 sitúa un milagro análogo en la región de Cadés.

17 6 Alguno rabinos suponían que la roca había seguido a los israelitas en su marcha por el desierto. Ver 1 Co **10** 4+.

17 8 Los amalecitas eran nómadas del Négueb, al norte de la península del Sinaí. Ver **32** 11+.

17 10 Ver Jos **1** 1+.

18 Jetró, sacerdote de Madián, ver **2** 11-**4** 31, reconoce a Yahvé como Dios y estrecha los lazos familiares con Israel.

venido con tu mujer y tus hijos.» 7 Moisés salió al encuentro de su suegro, se
postró y lo besó. Se saludaron ambos
y entraron en la tienda. 8 Moisés contó
a su suegro todo lo que Yahvé había
hecho al faraón y a los egipcios, en
favor de Israel, y todas las dificultades
encontradas en el camino, y cómo
Yahvé los había librado de ellos. 9 Jetró
se alegró de todo el bien que Yahvé había hecho a Israel, librándolo de la mano
de los egipcios, 10 y dijo: «¡Bendito sea
Yahvé, que los ha librado a ustedes de la
mano de los egipcios y de la mano del
faraón y ha salvado al pueblo del poder
de los egipcios! 11 Ahora reconozco
que Yahvé es más grande que todos los
dioses...»

12 Después Jetró, suegro de Moisés,
ofreció un holocausto y sacrificios a
Dios; y Aarón y todos los ancianos de
Israel fueron a comer con el suegro de
Moisés en presencia de Dios.

Institución de los jueces*.
‖Dt **1** 9-18.

13 Al día siguiente, se sentó Moisés
para decidir en los asuntos del pueblo;
y el pueblo estuvo ante Moisés desde
la mañana hasta la noche. 14 Al ver el
suegro de Moisés todo los que éste hacía
por el pueblo, le dijo: «¿Qué es lo que
haces con el pueblo? ¿Por qué te sientas
tú solo mientras todo el pueblo está ante
ti desde la mañana hasta la noche?»
15 Contestó Moisés a su suegro: «Es que
el pueblo acude a mí para consultar a
Dios. 16 Cuando tienen un pleito, vienen a mí y yo decido entre unos y otros,
y les enseño los preceptos y las leyes de
Dios.» 17 El suegro de Moisés le respondió: «No está bien lo que estás haciendo.
18 Acabarás agotándote tú y el pueblo
que te acompaña; la tarea es superior a
tus fuerzas; no podrás realizarla tú solo.
19 Así que escúchame; te voy a dar un
consejo y que Dios esté contigo. Sé tú el
representante del pueblo delante de Dios
y lleva ante Dios sus asuntos. 20 Instrúyele
en los preceptos y las leyes, enséñale el
camino que debe seguir y las obras que
ha de practicar. 21 Pero elige de entre el
pueblo hombres capaces, temerosos de
Dios, hombres honrados e incorruptibles, y ponlos al frente del pueblo como
jefes de mil, de ciento, de cincuenta y de
diez. 22 Que ellos administren justicia al
pueblo en todo momento; a ti te presentarán los asuntos más graves, pero en
los asuntos de menor importancia, deci-
dirán ellos. Así aligerarás tu carga, pues
ellos la compartirán contigo. 23 Si haces
esto, Dios te comunicará sus órdenes, tú
podrás resistir, y todo el pueblo podrá
volver a su casa en paz.»

24 Moisés siguió el consejo de su suegro e hizo todo lo que le dijo. 25 Eligió
entre todo Israel hombres capaces y los
puso al frente del pueblo, como jefes de
mil, de ciento, de cincuenta y de diez.
26 Éstos administraban justicia al pueblo
en todo momento; los asuntos graves
se los presentaban a Moisés, mas en
todos los asuntos menores decidían por
sí mismos.

27 Después Moisés despidió a su suegro, que se volvió a su tierra.

III. La Alianza en el Sinaí

1. LA ALIANZA Y EL DECÁLOGO

Llegada al Sinaí.

19 1 Al tercer mes de la salida del
país de Egipto, ese mismo día,
los israelitas llegaron al desierto de Sinaí.
2 Partieron de Refidín, llegaron al desierto
de Sinaí y acamparon en el desierto.
Israel acampó allí, frente al monte.

18 13 Esta descentralización del poder judicial, atribuida aquí a Moisés, es muy posterior.

Promesa de la Alianza*.

3 Moisés subió al monte de Dios y
Yahvé lo llamó desde el monte, y le dijo:
«Habla así a la casa de Jacob y anuncia
esto a los hijos de Israel: 4 'Ustedes han
visto lo que he hecho con los egipcios, y
cómo a ustedes los he llevado sobre alas
de águila y los he traído a mí. 5 Ahora,
pues, si de veras me obedecen y guardan mi alianza, serán mi propiedad personal entre todos los pueblos, porque
mía es toda la tierra; 6 serán para mí
un reino de sacerdotes y una nación
santa*.' Éstas son las palabras que has
de decir a los israelitas.» 7 Moisés fue y
convocó a los ancianos del pueblo y les
expuso todas estas palabras que Yahvé
le había mandado. 8 Todo el pueblo a
una respondió: «Haremos todo cuanto
ha dicho Yahvé.» Moisés transmitió a
Yahvé las palabras del pueblo.

Preparación de la Alianza.

9 Yahvé dijo a Moisés: «Yo me acer-
caré a ti en una densa nube para que el
pueblo me oiga hablar contigo, y así te
crea para siempre.» Y Moisés refirió a
Yahvé las palabras del pueblo.
10 Yahvé dijo a Moisés: «Ve al pueblo
y que se purifiquen hoy y mañana; que
laven sus vestidos 11 y estén preparados
para el tercer día; porque el tercer día
descenderá Yahvé sobre el monte Sinaí
a la vista de todo el pueblo. 12 Señala un
límite alrededor del monte, y di: Guárdense de subir al monte o de tocar su
falda. Quien toque el monte morirá*.
13 Nadie pondrá la mano sobre el culpable; será apedreado o asaeteado, sea
hombre o animal; no quedará con vida.
Sólo cuando suene el cuerno podrán subir al monte.»
14 Moisés bajó del monte, adonde estaba el pueblo, lo purificó y ellos lavaron
sus vestidos. 15 Y dijo al pueblo: «Estén
preparados para el tercer día; no se
acerquen a su mujer.»

La teofanía*.

||Dt **5** 2-5.25-31; Dt **4** 10-12.

16 El tercer día, al rayar el alba, hubo
truenos y relámpagos y una densa nube
sobre el monte y un fuerte sonido de
trompeta. Todo el pueblo, en el campamento, se echó a temblar. 17 Moisés
hizo salir al pueblo del campamento, al
encuentro de Dios, y se detuvieron al
pie del monte. 18 Todo el monte Sinaí
humeaba, porque Yahvé había descendido sobre él en el fuego. Subía el humo
como el de un horno, y todo el monte
retemblaba con violencia. 19 El sonar de
la trompeta se hacía cada vez más fuerte; Moisés hablaba y Dios le respondía

19 3 La alianza con Moisés confirma y renueva la alianza con Abrahán, Gn **12**; **15**; **17**; ver Ex **2** 24; **6** 5-8. No afecta solamente a un individuo y su descendencia, sino al pueblo entero, y añade a la circuncisión la Ley (Decálogo y Código de la Alianza) que será la carta del judaísmo. Será, sin embargo, temporal, Ga **3**; Rm **7**, preparación de la venida de Cristo que sellará la nueva Alianza, Mt **26** 28p+; ver **24** 8+; Jr **31** 31+. La ubicación de este Sinaí (ver **16** 1; es el Horeb de **3** 1) es discutida. La opinión tradicional desde el siglo IV de nuestra era, y que es muy plausible, lo sitúa en Yébel-Musa, en la península del Sinaí. Los israelitas hablarán frecuentemente sin pensar en su ubicación precisa. Para San Pablo, Ga **4** 24-25, el Sinaí representa la antigua Alianza abolida ya.

19 6 La Alianza hará de Israel el bien personal y sagrado de Yahvé, Dt **10** 14-15; Jr **2** 3, un pueblo consagrado y santo, partícipe de la santidad de Dios, Dt **7** 6; **26** 29; ver Lv **19** 2; Nm **16** 3; Is **4** 3; Dn **8** 24, un pueblo de sacerdotes, es decir dedicado al culto. Los creyentes del NT serán a su vez los *santos,* Hch **9** 13+; 1 P **2** 5-10, que, unidos a Cristo Sacerdote, ofrecen a Dios un sacrificio de alabanza, Hch **1** 6; **5** 10; **20** 6.

19 12 Los lugares donde Dios se hace presente son prohibidos a causa de su transcendencia que lo separa de lo profano, Gn **28** 16-17; Ex **3** 5; **33** 20+.

19 16 Tempestad, viento, fuego, trueno, nube son los signos tradicionales de la presencia de Dios, dueño de las fuerzas de la naturaleza y cuya majestad temible expresa este concierto de los elementos, ver **24** 16; Jc **5** 4-5; 1 R **19** 11-12; Sal **29**; **68; 77** 18-19; Ha **3** 3-15; etc.

con el trueno. 20 Yahvé bajó al monte Sinaí, a la cumbre del monte, y llamó a Moisés a la cima del monte, y Moisés subió. 21 Yahvé dijo a Moisés: «Baja y advierte al pueblo que no traspase los límites para ver a Yahvé, porque morirían muchos de ellos. 22 Los sacerdotes que se acerquen a Yahvé deben purificarse también, para que Yahvé no irrumpa contra ellos.» 23 Moisés respondió a Yahvé: «El pueblo no podrá subir al monte Sinaí, porque nos has advertido, diciendo: Señala un límite alrededor del monte y decláralo sagrado.» 24 Yahvé le dijo: «Anda, baja, y luego subes con Aarón; pero los sacerdotes y el pueblo no traspasarán los límites para subir hacia Yahvé, a fin de que él no irrumpa contra ellos.» 25 Bajó, pues, Moisés adonde estaba el pueblo y les dijo...

El Decálogo*.

||Dt **5** 6-22; Ex **34** 10-27; ↗ Mt **19** 16-22+; ↗ Mt **5**.

20 1 Dios pronunció estas palabras: 2 «Yo soy Yahvé, tu Dios, que te he sacado del país de Egipto, del lugar de esclavitud.

3 No tendrás otros dioses fuera de mí.

4 No te harás escultura ni imagen alguna de lo que hay arriba en los cielos, abajo en la tierra o en las aguas debajo de la tierra.

5 No te postrarás ante ellas ni les darás culto, porque yo Yahvé, tu Dios, soy un Dios celoso, que castigo la iniquidad de los padres en los hijos hasta la tercera y cuarta generación de los que me odian, 6 pero tengo misericordia por mil generaciones con los que me aman y guardan mis mandamientos.

7 No pronunciarás el nombre de Yahvé, tu Dios, en falso; porque Yahvé no dejará sin castigo a quien pronuncie su nombre en falso.

8 Recuerda el día del sábado* para santificarlo. 9 Seis días trabajarás y harás todos tus trabajos, 10 pero el día séptimo es día de descanso en honor de Yahvé, tu Dios. No harás ningún trabajo, ni tú, ni tu hijo, ni tu hija, ni tu siervo, ni tu sierva, ni tu ganado, ni el forastero que habita en tu ciudad. 11 Pues en seis días hizo Yahvé el cielo y la tierra, el mar y todo cuanto contienen, y el séptimo descansó; por eso bendijo Yahvé el día del sábado y lo santificó.

12 Honra a tu padre y a tu madre, para que se prolonguen tus días sobre la tierra que Yahvé, tu Dios, te va a dar.

13 No matarás.

14 No cometerás adulterio.

15 No robarás.

16 No darás testimonio falso contra tu prójimo.

17 No codiciarás la casa de tu prójimo, ni codiciarás la mujer de tu prójimo, ni su siervo, ni su sierva, ni su buey, ni su burro, ni nada que sea de tu prójimo.»

18 Todo el pueblo percibía los truenos y relámpagos, el sonido de la trompeta y el monte humeante, y temblando de miedo se mantenía a distancia. 19 Dijeron a Moisés: «Háblanos tú y te entenderemos, pero que no nos hable Dios, no sea que muramos.» 20 Moisés respondió al pueblo: «No teman, pues Dios ha venido para ponerlos a prueba, para que tengan presente su temor, y no pequen.» 21 Y el pueblo se mantuvo a distancia, mientras Moisés se acercaba a la densa nube donde estaba Dios.

20 Las *diez palabras*, Ex **34** 28; Dt **4** 13; **10** 4, se nos han conservado bajo dos formas ligeramente diferentes, aquí y Dt **5** 6-21. En su forma primitiva, el Decálogo era un serie de diez fórmulas muy breves. Abarca toda la vida religiosa y moral. Es el corazón de la Ley; conservará su valor en la nueva Ley de Cristo, Mc **10** 17-21p+. Para enumerar diez mandamientos se divide en dos el primero (v. 3.4-6), o el último (v.17a.17b); esta segunda división según Dt **5** ha sido adoptada por las iglesias católica y luterana, mientras que la primera se conserva en las iglesias ortodoxa y reformada.

20 8 La institución muy antigua de un día de descanso semanal consagrado a Yahvé, v. 11; **31** 12-17; Lv **23** 3; Dt **5** 15; ver Gn **2** 2-3, adquiere más tarde un gran relieve en el judaísmo. Su observancia llegó a ser un agobio del que Jesús libera a sus discípulos, Mt **12** 1-12p+.

2. EL CÓDIGO DE LA ALIANZA*

Ley sobre el altar.

22 Yahvé dijo a Moisés: Así dirás a los israelitas: Ustedes mismos han visto que les he hablado desde el cielo. 23 No pongan junto a mí dioses de plata ni dioses de oro; no se los fabriquen.

24 Constrúyeme un altar de tierra para ofrecer sobre él tus holocaustos y tus sacrificios de comunión, tus ovejas y tus bueyes. En cualquier lugar donde conmemore mi nombre, vendré a ti y te bendeciré. 25 Si me construyes un altar de piedra, no lo edificarás con sillares, porque al labrarlas con el escoplo las profanarías. 26 Tampoco subirás por gradas a mi altar, para que no se descubra tu desnudez sobre él.

Leyes relativas a los esclavos.

Lv **25** 35-46+; Dt **15** 12-18.

21 1 Éstas son las leyes que les expondrás: 2 Si compras un esclavo hebreo, servirá seis años, y el séptimo saldrá libre, sin pagar nada. 3 Si entró solo, solo saldrá; si tenía mujer, su mujer saldrá con él. 4 Si su amo le dio mujer, y ella le dio a luz hijos o hijas, la mujer y sus hijos serán del amo, y él saldrá solo. 5 Si el esclavo declara: «Yo quiero a mi señor, a mi mujer y a mis hijos; no deseo salir libre», 6 su amo lo llevará ante Dios y, arrimándolo a la puerta o a los postes de la casa, le perforará la oreja con un punzón; y será su esclavo para siempre. 7 Si un hombre vende a su hija por esclava, ésta no saldrá como salen los esclavos. 8 Si no agrada a su señor, al que había sido destinada, éste permitirá su rescate. No podrá venderla a extranjeros, tratándola con engaño. 9 Si la destina para su hijo, la tratará como a sus hijas. 10 Si toma para sí otra mujer, no privará a la primera de la comida, del vestido ni de los derechos conyugales. 11 Y si no le da estas tres cosas, ella podrá irse de balde, sin pagar nada.

Homicidio.

Lv **24** 17; Nm **35** 16-34.

12 El que hiera mortalmente a un hombre, morirá; 13 pero si no fue intencionado, sino que Dios lo permitió, yo te señalaré un lugar donde podrá refugiarse*. 14 En cambio, si alguien se excita contra su prójimo y lo mata con alevosía, lo arrancarás de mi altar para matarlo.

15 El que pegue a su padre o a su madre, morirá. 16 El que rapte a una persona —la haya vendido o esté todavía en su poder—, morirá. 17 El que maldiga a su padre o a su madre, morirá.

Golpes y heridas.

18 Si dos hombres riñen y uno hiere a otro con una piedra o con el puño, sin causarle la muerte, pero obligándolo a guardar cama, 19 si el herido puede levantarse y andar por la calle, apoyado en su bastón, entonces el que lo hirió será absuelto, pero deberá indemnizar el tiempo de paro y los gastos de la curación.

20 Si uno golpea a su esclavo o a su esclava con un palo y muere en el acto, deberá ser castigado; 21 pero, si sobrevive un día o dos, no será castigado, pues era propiedad suya.

20 22 El Código de la Alianza aplica el Decálogo al derecho civil y penal, **21** 1-**22** 20, al culto, **20** 22-26; **22** 28-31; **23** 10-19, a la moral social, **22** 21-27; **23** 1-9. En su base se remonta a Moisés y depende, como los otros códigos orientales del mismo tiempo, de un viejo derecho consuetudinario que se ha diferenciado según los ambientes. Es, por tanto, a la vez, la Ley (promulgada por Dios) y la costumbre (hecha obligatoria por la autoridad divina). Este Código se distingue perfectamente de los preceptos «apodícticos» (con el imperativo) y de otros «casuísticos» («si tú haces esto...»).

21 13 Las ciudades de asilo, ver Jos **35** 19, protegen al homicida involuntario contra el *vengador de sangre*, Nm **35** 19+.

22 Si, en el curso de una riña, alguien
golpea a una mujer embarazada, provo-
cándole el aborto, pero sin causarle otros
daños, el culpable deberá indemnizar con
lo que le pida el marido de la mujer y
determinen los jueces. 23 Pero si se pro-
dujeran otros daños, entonces pagarás
vida por vida, 24 ojo por ojo, diente por
diente, mano por mano, pie por pie,
25 quemadura por quemadura, herida
por herida, cardenal por cardenal*.

26 Si uno hiere a su esclavo o a su
esclava en el ojo y lo deja tuerto, le dará
libertad en compensación del ojo. 27 Si
uno rompe un diente a su esclavo o a su
esclava, le dará libertad en compensación del diente.

28 Si un buey acornea a un hombre
o a una mujer y le causa la muerte, el
buey será apedreado, y no se comerá
su carne, pero el dueño del buey será
absuelto. 29 En cambio, si el buey ya
embestía antes y su dueño, advertido,
no lo guardó, entonces si ese buey mata
a un hombre o a una mujer, el buey será
apedreado, y también su dueño morirá.
30 Si se le impone una compensación,
dará en rescate de su vida cuanto le im-
pongan. 31 Si acornea a un muchacho o
a una muchacha, se seguirá esta misma
norma. 32 Si el buey acornea a un esclavo o a una esclava, se pagarán treinta
siclos de plata al dueño de ellos, y el buey
será apedreado.

33 Si uno deja abierto un pozo, o cava
un pozo y no lo tapa, y cae dentro un
buey o un burro, 34 el propietario del
pozo indemnizará con dinero al dueño
del animal y se quedará con el animal
muerto. 35 Si el buey de uno acornea
al buey de otro, causándole la muerte,
venderán el buey vivo y se repartirán el
dinero; el buey muerto también lo repartirán. 36 Pero si se sabía que el buey ya
embestía antes, y su dueño no lo guardó, pagará buey por buey y se quedará
con el buey muerto.

Robo de animales.

37 Si uno roba un buey o una oveja, y
los mata o vende, restituirá cinco bueyes por el buey, y cuatro ovejas por la
oveja.

22 1 Si un ladrón es sorprendido
en el acto y es herido de muerte, no hay delito de sangre. 2 Mas si ya
había salido el sol, entonces sí hay delito
de sangre. El ladrón debe restituir. Si no
tiene con qué, será vendido para restituir por su robo. 3 Si el buey, el burro o
la oveja robados, se hallan aún vivos en
su poder, restituirá el doble.

Delitos que deben ser compensados.

4 Si uno destroza un campo o una viña, dejando a su ganado pastar en campo ajeno, restituirá con su mejor campo
y su mejor viña.

5 Si se declara un incendio y se propaga por causa de los zarzales, abrasando
las gavillas, las mieses o el campo, el
autor del incendio deberá resarcir el
daño.

6 Si uno deja en depósito a otro dinero o utensilios para que se los guarde
y son robados de la casa de éste, si se
descubre al ladrón, restituirá el doble.
7 Pero si no se descubre al ladrón, el
dueño de la casa se presentará ante
Dios y jurará que no ha tocado los bienes de su prójimo.

8 En los casos delictivos en que uno
reclama a otro un buey, un burro, una
oveja, un vestido o un objeto extraviado, se llevará la causa ante Dios y aquél
a quien Dios declare culpable, restituirá
el doble a su prójimo.

9 Si uno deja en custodia a otro un burro, un buey, una oveja o cualquier otro
animal y se le muere, daña o es robado
sin que haya testigos, 10 éste jurará por
Yahvé que no ha tocado el animal de su

21 25 La Ley del talión, ver Lv **24** 17-20; Dt **19** 21, es de naturaleza social y no individual. Trata de limitar los excesos de la venganza, ver Gn **4** 23-24; **9** 6. El perdón estaba prescrito dentro del pueblo israelita, Lv **19** 17-18; pero Cristo acentuará su necesidad y extensión, Mt **5** 38-39. Sobre la *venganza de sangre*, ver **21** 23; Nm **35** 19+.

prójimo. El dueño aceptará el juramento
y no habrá nada que restituir. [11] Pero si
el animal ha sido robado de junto a él,
restituirá a su dueño. [12] Si el animal ha
sido despedazado, traerá como prueba
los despojos y no tendrá que restituir.
[13] Si uno presta un animal y se daña o
muere, en ausencia de su dueño, tendrá
que restituir. [14] Si estaba presente su
dueño, no tendrá que restituir. Si lo había alquilado, el dueño recibirá el precio
del alquiler.

Violación de una virgen.

Dt **22** 28-29.

[15] Si uno seduce a una virgen, no desposada, y se acuesta con ella, le pagará
la dote*, y la tomará por mujer. [16] Si el
padre de ella no quiere dársela, el seductor pagará el dinero de la dote de las
vírgenes.

Leyes morales y religiosas.

[17] No dejarás con vida a la hechicera.
[18] El que yaciere con bestia, morirá.
[19] El que ofrezca sacrificios a los dioses, será entregado al anatema.
[20] No maltratarás al forastero, ni lo
oprimirás, pues forasteros fueron ustedes
en el país de Egipto. [21] No maltratarás
a viuda alguna ni a huérfano. [22] Si los
maltratas y claman a mí, yo escucharé
su clamor, [23] se encenderá mi ira y a ustedes los mataré a espada; sus mujeres
quedarán viudas y sus hijos huérfanos.
[24] Si prestas dinero a alguien de mi
pueblo, a un pobre que habita contigo,
no serás con él un usurero; no le exigirás intereses.
[25] Si tomas en prenda el manto de
tu prójimo, se lo devolverás al ponerse
el sol, [26] porque con él se abriga; es el
vestido de su cuerpo. ¿Sobre qué va a
dormir, si no? Clamará a mí, y yo lo escucharé, porque soy compasivo.
[27] No blasfemarás contra Dios, ni
maldecirás al jefe de tu pueblo.

Las primicias y los primogénitos*.

[28] No retrases la ofrenda de las primicias de tu era y de tu lagar. Me entregarás el primogénito de tus hijos. [29] Lo
mismo harás con el de tus vacas y ovejas. Siete días estará con su madre, y al
octavo me lo entregarás.
[30] Sean santos para mí. No coman la
carne despedazada por una fiera en el
campo; échensela a los perros.

La justicia. Deberes con los enemigos.

23 [1] No levantes falsos rumores ni
te confabules con el malvado
para dar testimonio injusto. [2] No te dejes
arrastrar al mal por la mayoría ni declares en un proceso siguiendo a la mayoría en contra de la justicia. [3] Tampoco
favorecerás al pobre en su pleito.
[4] Si encuentras el buey de tu enemigo
o su burro extraviado, se lo llevarás. [5] Si
ves el burro del que te aborrece, caído
bajo la carga, no te desentiendas de él;
préstale tu ayuda.
[6] No tuerzas el derecho de tu pobre
en su pleito. [7] Evita las causas engañosas; no causes la muerte del inocente y
del justo, ni absuelvas al malvado. [8] No
aceptes sobornos; porque el soborno
ciega a los perspicaces y pervierte las
causas justas.
[9] No oprimas al forastero; ya saben lo
que es ser forastero, porque forasteros
fueron ustedes en el país de Egipto.

El año sabático y el sábado.

Lv **25** 1+.

[10] Durante seis años sembrarás tu
tierra y recogerás la cosecha; [11] pero el
séptimo la dejarás descansar, en barbecho, para que coman los pobres de tu
pueblo, y lo que sobre lo comerán los
animales del campo. Harás lo mismo
con tu viña y tu olivar.

22 15 Suma entregada a la familia de la futura esposa.

22 28 Contribuciones cultuales sobre los productos de la tierra, por analogía con los primogénitos, **13**+.

[12] Durante seis días harás tus faenas, pero el séptimo descansarás, para que reposen tu buey y tu burro, y tengan un respiro el hijo de tu esclava y el forastero.
[13] Guarden todo lo que les he dicho. No invocarás el nombre de otros dioses: ni se oiga en tu boca.

Las fiestas de Israel*.

[14] Tres veces al año me celebrarás
fiesta. [15] Guardarás la fiesta de los Ázimos. Durante siete días comerás ázimos, como te he mandado, en el tiempo señalado del mes de Abib, pues en él saliste de Egipto. Nadie se presentará delante de mí con las manos vacías.
[16] También celebrarás la fiesta de la Siega, de las primicias de tus trabajos, de lo que hayas sembrado en el campo; y la fiesta de la Recolección al final del año, cuando hayas recogido del campo los
frutos de tu trabajo. [17] Tres veces al año se presentarán tus varones delante del Señor Yahvé.
[18] No ofrecerás la sangre de mi sacrificio junto con pan fermentado ni guardarás hasta el día siguiente la grasa de mi fiesta.
[19] Llevarás al templo de Yahvé, tu Dios, las primicias de tu suelo.
No cocerás el cabrito en la leche de su madre*.

Promesas e instrucciones en orden a la entrada en Canaán*.

[20] Yo voy a enviar un ángel delante de ti, para que te guarde en el camino y te conduzca al lugar que te he preparado. [21] Hazle caso y obedécele; no te rebeles contra él, pues actúa en mi Nombre y no perdonará las transgresiones
de ustedes. [22] Si le obedeces fielmente y haces todo lo que yo diga, tus enemigos serán mis enemigos y tus adversarios
mis adversarios. [23] Mi ángel caminará delante de ti y te introducirá en el país de los amorreos, de los hititas, de los perizitas, de los cananeos, de los jivitas y de los jebuseos; y yo los exterminaré.
[24] No te postrarás ante sus dioses, ni les darás culto; no imitarás su conducta. Al contrario, los destruirás y destrozarás
sus estelas*. [25] Ustedes darán culto a Yahvé, su Dios, y él bendecirá tu pan y tu agua. Y yo apartaré de ti las enfermedades. [26] No habrá en tu tierra mujer que aborte ni que sea estéril; y yo colmaré el número de tus días.
[27] Enviaré mi terror delante de ti y sembraré la confusión entre todos los pueblos donde vayas; haré que todos
tus enemigos huyan ante ti. [28] Enviaré el pánico delante de ti, que ahuyentará de tu presencia al jivita, al cananeo y al
hitita. [29] No los expulsaré de tu presencia en un solo año, no sea que al quedar desierta la tierra se multipliquen contra
ti las fieras del campo. [30] Los expulsaré poco a poco, hasta que tú te multipli-
ques y te apoderes de la tierra. [31] Y fijaré tus confines desde el mar de Suf hasta el mar de los filisteos, y desde el desierto hasta el Río*. Entregaré en tus manos a los habitantes del país para que los
arrojes de tu presencia. [32] No pactes con
ellos ni con sus dioses. [33] No habitarán en tu país, no sea que te hagan pecar contra mí, pues dando culto a sus dioses caerías en un lazo.

23 14 Ver **34** 18-23; Lv **23** y Nm **28**; Dt **16** 1-6. Las tres fiestas mencionadas aquí seguirán siendo siempre las principales: La fiesta de los Ázimos de primavera, la Pascua, ver **12**+, la de la Siega (de las Semanas, Pentecostés, en griego); la de la Recolección (o de las Tiendas). Más tarde se les añadirán: el Año Nuevo, Lv **23** 24; el Día de la Expiación, Lv **16**; **23** 27-32, y después del destierro, los Purím, Est **9** 24; la Dedicación, 1 M **4** 59, y el día de Nicanor, 1 M **7** 49.
23 19 Costumbre cananea conocida por los textos de Ugarit. Ver Dt **14** 21.
23 20 Esta conclusión presenta el Código de la Alianza, ver **20** 22+, como una Ley recibida en el Sinaí en previsión de la instalación en la Tierra prometida, ver **13** 17+.
23 24 Piedras levantadas, que en la religión cananea simbolizaban la divinidad masculina, Dt **7** 5; Os **3** 4; etc.; ver **34** 13+.
23 31 Límites ideales de la Tierra, 1 R **5** 1; ver Nm **34** 1+; Jc **20** 1+. El *Río* es el Éufrates.

3. RATIFICACIÓN DE LA ALIANZA

24 1 Después dijo a Moisés: «Sube
a Yahvé, tú, Aarón, Nadab y
Abihú, y setenta ancianos de Israel y
póstrense a lo lejos. 2 Moisés se acercará
solo a Yahvé; ellos no se acercarán ni el
pueblo subirá con ellos.»
3 Moisés vino y transmitió al pueblo
todas las palabras de Yahvé y todas sus
normas. Y todo el pueblo respondió a
una: «Cumpliremos todas las palabras
que ha dicho Yahvé.» 4 Entonces Moisés escribió todas las palabras de Yahvé;
se levantó temprano y construyó al pie
del monte un altar con doce estelas por
las doce tribus de Israel. 5 Luego mandó
a algunos jóvenes israelitas que ofrecieran holocaustos e inmolaran novillos como sacrificios de comunión para Yahvé.
6 Moisés tomó la mitad de la sangre y
la echó en vasijas; la otra mitad la derramó sobre el altar. 7 Tomó después
el libro de la Alianza y lo leyó ante el
pueblo, que respondió: «Obedeceremos
y haremos todo cuanto ha dicho Yahvé.»
8 Entonces Moisés tomó la sangre,
roció con ella al pueblo y dijo: «Ésta es
la sangre de la Alianza que Yahvé ha hecho con ustedes, de acuerdo con todas
estas palabras*.»
9 Moisés subió con Aarón, Nadab y
Abihú y setenta ancianos de Israel, 10 y
vieron al Dios de Israel. Bajo sus pies
había como un pavimento de zafiro,
trasparente como el mismo cielo. 11 Él
no extendió su mano contra los notables de Israel, que vieron a Dios, y después comieron y bebieron.

Moisés en el monte.

12 Yahvé dijo a Moisés: «Sube hacia
mí, al monte; quédate allí y te daré las
tablas de piedra, con la ley y los mandamientos que he escrito para que los
enseñes.» 13 Se levantó Moisés, con Josué, su ayudante; y subieron al monte
de Dios. 14 Dijo a los ancianos: «Espé-
rennos aquí hasta que volvamos. Aarón
y Jur quedan con ustedes; el que tenga
algún problema que recurra a ellos.»
15 Después Moisés subió al monte.
La nube cubría el monte. 16 La gloria
de Yahvé* descansaba sobre el monte
Sinaí y la nube lo cubrió durante seis
días. Al séptimo día, Yahvé llamó a
Moisés de en medio de la nube. 17 La
gloria de Yahvé aparecía a los israelitas
como fuego devorador sobre la cumbre
del monte. 18 Moisés penetró en la nube
y subió al monte. Moisés permaneció
en el monte cuarenta días y cuarenta
noches*.

4. NORMAS REFERENTES A LA CONSTRUCCIÓN DEL SANTUARIO Y A SUS MINISTROS*

Aportaciones para el Santuario.

25 1 Yahvé habló así a Moisés: 2 Di
a los israelitas que me reserven
ofrendas. Me reservarán la ofrenda de
todo el que la ofrezca de corazón.
3 Éstas son las ofrendas que reservarán:
oro, plata y bronce; 4 púrpura violeta y

24 8 Derramando la sangre sobre el altar, que representa a Dios, y luego sobre el pueblo, Moisés ratifica el pacto de la Alianza, Lv **1** 5+. La nueva Alianza será ratificada por la sangre de Cristo, Mt **26** 28+; 1 Co **11** 25; Hb **9** 11-15+; **10** 29.

24 16 Es la manifestación de la presencia majestuosa e inaccesible de Dios. Es un fuego, **13** 22, distinto de la nube que lo envuelve, **33** 20+; ver **19** 16+; Ez **1** 28+. Sobre la *gloria* de Jesús, ver Jn **1** 14+; **2** 11+; **11** 40; 1 Co **2** 8+.

24 18 Ver 1 R **19** 9; Mt **4** 2p.

25 A los elementos antiguos, tales como el arca y la tienda, se añaden aquí otros más tardíos. El autor lo atribuye todo a órdenes expresas de Yahvé a Moisés y afirma así el carácter divino de las instituciones religiosas de Israel.

escarlata, carmesí, lino fino y pelo de
cabra; 5 pieles de carnero teñidas de
rojo, cueros finos y maderas de acacia;
6 aceite para el alumbrado, aromas para
el óleo de la unción y para el incienso
aromático; 7 piedras de ónice y piedras
de engaste para el efod y el pectoral.
8 Hazme* un Santuario para que yo
habite en medio de ellos. 9 Lo harás
conforme al modelo de la Morada y del
mobiliario que voy a mostrarte.

La Tienda y su mobiliario. El Arca*.

10 Harás un arca de madera de acacia
de dos codos y medio de largo, codo y
medio de ancho y codo y medio de alto.
11 La revestirás de oro puro; por dentro
y por fuera la revestirás; y además pondrás
en su derredor una moldura de oro.
12 Fundirás para ella cuatro anillas de
oro, que pondrás en sus cuatro pies, dos
anillas a un costado, y dos anillas al otro.
13 Harás también varales de madera de
acacia, que revestirás de oro, 14 y los pasarás por las anillas de los costados del
arca, para transportarla. 15 Los varales
deben quedar en las anillas del arca, y
no se sacarán de allí. 16 En el arca pondrás el Testimonio* que yo te voy a dar.
17 Harás asimismo un propiciatorio
de oro puro, de dos codos y medio de
largo y codo y medio de ancho. 18 Harás, además, dos querubines de oro macizo; los harás en los dos extremos del
propiciatorio: 19 haz el primer querubín
en un extremo y el segundo en el otro.
Los querubines formarán un cuerpo con
el propiciatorio, en sus dos extremos.
20 Estarán con las alas extendidas por
encima, cubriendo con ellas el propiciatorio, uno frente al otro, con las caras
vueltas hacia el propiciatorio. 21 Pondrás
el propiciatorio encima del arca; y pondrás dentro del arca el Testimonio que
yo te daré. 22 Allí me encontraré contigo;
desde encima del propiciatorio, de en
medio de los dos querubines colocados
sobre el arca del Testimonio, te comunicaré todo lo que haya de ordenarte para
los israelitas.

La mesa de los panes de la Presencia.

23 Harás una mesa de madera de acacia, de dos codos de largo, uno de ancho, y codo y medio de alto. 24 La revestirás de oro puro y le pondrás alrededor
una moldura de oro. 25 Harás también
en torno de ella un reborde de un palmo de ancho, con una moldura de oro
alrededor del mismo. 26 Le harás cuatro
anillas de oro, y pondrás las anillas en
los cuatro ángulos correspondientes a
sus cuatro pies. 27 Estarán las anillas
junto al reborde, para pasar por ellas los
varales y transportar la mesa. 28 Harás
los varales de madera de acacia y los revestirás de oro. Con ellos se transporta-
rá la mesa. 29 Harás también las fuentes,
los vasos, los jarros y las tazas para las
libaciones. De oro puro los harás. 30 Y
sobre la mesa pondrás perpetuamente
delante de mí el pan de la Presencia.

El candelabro.

31 Harás también un candelabro de
oro puro. Harás de oro macizo el candelabro, su pie y su tallo. Sus cálices
—corolas y flores— formarán un cuerpo con él. 32 Saldrán seis brazos de sus
lados: tres brazos de un lado y tres del
otro. 33 El primer brazo tendrá tres cáli-

25 8 Dios es adorado allí donde se ha hecho particularmente presente, Gn **12** 7; **28** 18; etc., el Sinaí, Ex **3** 1; 1 R **19** 8; Sal **68** 9, el arca, **25** 22; la tienda, **40** 34; 2 S **7** 6; más tarde el templo de Jerusalén, 1 R **8** 16+; ver Ex **40** 34; Dt **4** 7+; Jn **2** 21+; 1 Co **3** 16+.
25 10 Cofre rectangular que se transportaba con ayuda de varales de madera; ver Jos **3** 3; **6** 4s; 1 S **4-6**; etc. Con el arca se relaciona el *propiciatorio*; unos textos lo presentan como distinto del arca, v. 17, y otros como si fuera la cubierta del cofre, Lv **16** 13. Los *querubines* pertenecen también al ritual del arca, v. 18; 1 S **4** 4+. Yahvé habla a Moisés y al pueblo desde el propiciatorio, v. 22; Lv **16** 2; Nm **7** 89; ver Rm **3** 25.
25 16 El Decálogo, **20**+, inscrito en tablas de piedra, **31** 18; etc., ver **16** 34+; **24** 12.

ces en forma de flor de almendro, con
corola y flor; también el segundo brazo
tendrá tres cálices en forma de flor de
almendro, con corola y flor; y así los
seis brazos que salen del candelabro.
34 En el mismo candelabro habrá cuatro
cálices en forma de flor de almendro,
con sus corolas y sus flores: 35 una corola debajo de los dos primeros brazos
que forman cuerpo con el candelabro;
una corola debajo de los dos siguientes,
y una corola debajo de los dos últimos
brazos; así con los seis brazos que salen
del candelabro. 36 Las corolas y los brazos formarán un cuerpo con el candelabro. Todo ello formará un cuerpo de
oro puro macizo. 37 Harás sus siete lámparas, que colocarás encima de manera
que den luz al frente. 38 Sus despabiladeras y sus ceniceros serán de oro puro.
39 Se empleará un talento de oro puro
para hacer el candelabro con todos estos utensilios. 40 Fíjate para que lo hagas
conforme al modelo que se te ha mostrado en el monte.

La Morada*. Cortinajes y toldos.
33 7-11; **36** 8-19.

26 1 Harás la Morada con diez
tapices, de lino fino torzal, de
púrpura violeta y escarlata y de carmesí;
bordarás en ellos unos querubines. 2 La
longitud de cada tapiz será de veintiocho codos y la anchura de cuatro. Todos
los tapices tendrán las mismas medidas.
3 Cinco tapices estarán unidos entre sí
y lo mismo los otros cinco. 4 Pondrás
lazos de púrpura violeta en el borde del
tapiz con que termina la primera serie,
y lo mismo harás en el borde del tapiz
con que termina el segundo conjunto.
5 Pondrás cincuenta lazos en el primer
tapiz y otros cincuenta en el borde del
último tapiz del segundo conjunto, correspondiéndose los lazos unos a otros.
6 Harás cincuenta broches de oro y
con los broches enlazarás entre sí los
tapices, para que la Morada forme un
espacio único.
7 Tejerás también piezas de pelo de
cabra para que a modo de tienda cubran la Morada. Tejerás once de estas
piezas. 8 La longitud de cada pieza será
de treinta codos; de cuatro, la anchura.
Las once piezas tendrán las mismas
medidas. 9 Juntarás cinco piezas en una
parte y seis en la otra, y doblarás la
sexta pieza ante la fachada de la Tienda.
10 Harás cincuenta lazos en el borde de
la última pieza del primer conjunto, y
cincuenta lazos en el borde de la última
pieza del segundo conjunto. 11 Harás
cincuenta broches de bronce e introdu-
cirás los broches en los lazos, uniendo
así la Tienda de modo que forme un
espacio único.
12 Como las piezas de la Tienda exceden en amplitud, harás extender la
mitad de la pieza excedente por detrás
de la Morada. 13 Lo que excede en longitud de las piezas de la Tienda —un
codo por cada lado— se extenderá a
ambos lados de la Morada, a un lado y
a otro, para cubrirla.
14 También harás para la Tienda un
toldo de pieles de carnero teñidas de rojo;
y encima otro toldo de cueros finos.

El armazón.

15 También harás para la Morada
tableros de madera de acacia, y los
pondrás de pie. 16 Cada tablero tendrá
diez codos de largo y codo y medio de
ancho. 17 Tendrá además dos espigas
paralelas. Harás lo mismo para todos
los tableros de la Morada. 18 Pondrás
veinte de los tableros en el flanco del
Negueb, hacia el sur. 19 Harás cuarenta
basas de plata para colocarlas debajo de
los veinte tableros: dos basas debajo de
un tablero para sus dos espigas y dos
basas debajo del otro tablero para sus
dos espigas. 20 Para el segundo flanco
de la Morada, la parte del norte, otros

26 La descripción minuciosa que sigue contiene numerosos términos técnicos, y no nos resulta siempre inteligible. La Morada parece un santuario desmontable adaptado a una vida nómada.

veinte tableros, 21 con sus cuarenta basas de plata: dos basas debajo de un tablero y dos basas debajo de otro tablero.
22 Para la parte posterior de la Morada,
hacia el occidente, harás seis tableros;
23 y para los ángulos de la Morada, en su
parte posterior, dos más, 24 que estarán
unidos, desde abajo hasta arriba, hasta
la primera anilla. Así se hará con los
dos tableros destinados a los dos ángulos. 25 Serán, pues, ocho tableros con
sus basas de plata; dieciséis basas, dos
debajo de un tablero y dos basas debajo
del otro tablero.
26 Harás, además, cinco travesaños
de madera de acacia para los tableros
de un flanco de la Morada, 27 cinco travesaños para los tableros del otro flanco, y cinco travesaños para los tableros
de la parte posterior de la Morada, hacia
el occidente. 28 El travesaño central pasará a media altura de los tableros, de un
extremo al otro. 29 Revestirás de oro los
tableros y les harás anillas de oro, para
pasar los travesaños. También revestirás de oro los travesaños. 30 Erigirás la
Morada conforme al modelo que se te
ha mostrado en el monte.

El velo.

31 Harás un velo de púrpura violeta y
escarlata, de carmesí y lino fino torzal;
bordarás en él unos querubines. 32 Lo
colgarás de cuatro postes de acacia,
revestidos de oro, provistos de ganchos
de oro y de sus cuatro basas de plata.
33 Colgarás el velo debajo de los broches;
y allá, detrás del velo, llevarás el arca
del Testimonio, y el velo les servirá a
ustedes para separar el Santo del Santo
de los Santos*. 34 Pondrás el propiciatorio sobre el arca del Testimonio, en el
Santo de los Santos. 35 Fuera del velo
colocarás la mesa, y frente a la mesa,
en el lado meridional de la Morada, el
candelabro; pondrás la mesa en el lado
norte. 36 Harás para la entrada de la
Tienda una cortina de púrpura violeta y
escarlata, de carmesí y lino fino torzal,
labor de recamador. 37 Para la cortina
harás cinco postes de acacia, que revestirás de oro; sus ganchos serán también
de oro, y fundirás para ellos cinco basas
de bronce.

El altar de los holocaustos.

27 1 Harás el altar* de madera de
acacia de cinco codos de largo y cinco de ancho; será cuadrado
y tendrá tres codos de alto. 2 Harás
sobresalir de sus cuatro ángulos unos
cuernos*, que formarán un cuerpo con
él; lo revestirás de bronce. 3 Le harás
ceniceros para la grasa incinerada,
paletas y aspersorios, tenedores y braseros. Fundirás de bronce todos estos
utensilios. 4 Fabricarás para él una rejilla de bronce, en forma de red; y en
los cuatro extremos de la red fijarás
cuatro anillas de bronce. 5 La colocarás bajo la cornisa inferior del altar, de
modo que llegue desde abajo hasta la
mitad del altar. 6 Harás varales para el
altar, varales de madera de acacia, que
revestirás de bronce. 7 Para transportar
el altar, se pasarán estos varales por
las anillas de ambos lados del altar.
8 Harás el altar hueco, de paneles;
conforme a lo que se te ha mostrado
en el monte, así lo harás.

El atrio.

9 También harás el atrio de la Morada. Del lado del Negueb, hacia el sur,
el atrio tendrá un cortinaje de lino fino
torzal, en una longitud de cien codos a
uno de los lados. 10 Sus veinte postes
descansarán sobre veinte basas de bronce; sus ganchos y varillas serán de plata.
11 A lo largo del lado septentrional ha-

26 33 El *Santo de los Santos*, morada de Yahvé, estaba cerrado a todos, menos al sumo sacerdote el día de la Expiación, Lv **16**; ver Hb **6** 19-20; **9** 6-14. La misma separación en los templos de Salomón, 1 R **6** 16; 2 Cro **3** 8+, y de Herodes, Mt **27** 51p.

27 1 El altar de los holocaustos, ver **38** 1; 1 R **8** 64+.

27 2 Salientes en los cuatro ángulos del altar, dotados de una santidad particular, **29** 12; **30** 10; 1 R **1** 50; **2** 28. Sobre el derecho de asilo, ver **21** 12-14.

brá igualmente un cortinaje en una longitud de cien codos, con sus veinte postes que descansarán sobre veinte basas
de bronce; los ganchos de los postes y
sus varillas serán de plata. 12 A lo ancho
del atrio, por el lado occidental, habrá
un cortinaje de cincuenta codos; sus
postes serán diez, y diez igualmente las
basas en que descansarán. 13 La anchura del atrio, al este, al oriente, será de
cincuenta codos. 14 Quince codos tendrá
el cortinaje de un lado, con sus tres postes y sus tres basas. 15 Por el otro lado,
otro cortinaje de quince codos, con sus
tres postes y sus tres basas. 16 La puerta del atrio tendrá un tapiz de veinte codos, de púrpura violeta y escarlata, de
carmesí y lino fino torzal, labor de recamador. Tendrá cuatro postes y cuatro
basas. 17 Todos los postes que rodean al
atrio tendrán varillas de plata; sus ganchos serán de plata y sus basas de bronce. 18 El atrio tendrá cien codos de largo,
cincuenta codos de ancho y cinco codos
de alto; todo de lino fino torzal y con sus
basas de bronce. 19 Todos los utensilios
de la Morada para toda clase de servicios con toda su clavazón y toda la clavazón del atrio, serán de bronce.

El aceite para el alumbrado.

20 Mandarás a los israelitas que te
traigan aceite puro de oliva molida para
el alumbrado, para alimentar continuamente la llama. 21 Aarón y sus hijos lo
tendrán dispuesto delante de Yahvé
desde la tarde hasta la mañana en la
Tienda del Encuentro, fuera del velo
que cuelga delante del Testimonio. Decreto perpetuo será éste para las generaciones de los israelitas.

Los ornamentos sacerdotales.
Lv **8-10**.

28 1 Manda acercarse a ti de en
medio de los israelitas a tu hermano Aarón, con sus hijos, para que
ejerza mi sacerdocio: Aarón, con Nadab y Abihú, Eleazar e Itamar, hijos
de Aarón. 2 Harás para Aarón, tu hermano, vestiduras sagradas, que le den
majestad y esplendor. 3 Hablarás tú con
todos los artesanos hábiles a quienes he
llenado de espíritu de sabiduría; ellos harán las vestiduras de Aarón para que sea
consagrado sacerdote mío. 4 Harán las
vestiduras siguientes: un pectoral, un
efod, un manto, una túnica bordada,
una tiara y una faja. Harán, pues, a tu
hermano Aarón y a sus hijos vestiduras
sagradas para que ejerzan mi sacerdocio. 5 Tomarán para ello oro, púrpura
violeta y escarlata, carmesí y lino fino.

El efod*.

6 Bordarán el efod de oro, púrpura
violeta y escarlata, carmesí y lino fino
torzal. 7 Se le pondrán dos hombreras
y se fijará por sus dos extremos. 8 La
cinta con que se ciña el efod será de la
misma hechura y formará con él una
misma pieza: de oro, púrpura violeta
y escarlata, carmesí y lino fino torzal.
9 Tomarás dos piedras de ónice, sobre
las cuales grabarás los nombres de los
israelitas: 10 seis de sus nombres en una
piedra y los seis restantes en la otra,
por orden de nacimiento. 11 Como se
tallan las piedras y se graban los sellos,
así harás grabar esas dos piedras con
los nombres de los israelitas; las harás
engarzar en engastes de oro. 12 Después
pondrás las dos piedras sobre las hombreras del efod, como piedras que me
hagan recordar a los hijos de Israel, y
así llevará Aarón sus nombres sobre sus
dos hombros para recuerdo delante de
Yahvé. 13 Harás engarces de oro; 14 y
también dos cadenillas de oro puro; las
harás trenzadas a manera de cordones,
y fijarás las cadenillas trenzadas en los
engarces.

28 6 *Efod* designa aquí una especie de corselete, llevado por el sumo sacerdote, al cual va prendido el pectoral, v. 15, que contiene las suertes sagradas, *urim* y *tumim* (de significado incierto), v. 30; ver 1 S **14** 41+. En otros lugares se trata de un instrumento para consultar a Yahvé, 1 S **2** 28+. Véase también Jc **8** 27+.

El pectoral.

[15] Bordarás también el pectoral del juicio; lo harás al estilo de la labor del efod. Lo harás de oro, púrpura violeta y escarlata, de carmesí y lino fino torzal. [16] Será cuadrado y doble, de un palmo de largo y otro de ancho. [17] Lo llenarás de pedrería, poniendo cuatro filas de piedras: en la primera fila, un sardio, un topacio y una esmeralda; [18] en la segunda fila, un rubí, un zafiro y un diamante; [19] en la tercera fila, un ópalo, una ágata y una amatista; [20] en la cuarta fila, un crisólito, un ónice y un jaspe; todas estarán engastadas en oro. [21] Las piedras corresponderán a los nombres de los hijos de Israel: doce, como los nombres de ellos. Estarán grabadas como los sellos, cada una con su nombre, conforme a las doce tribus. [22] Para el pectoral harás cadenillas de oro puro, trenzadas a manera de cordones; [23] y harás también para el pectoral dos anillas de oro que fijarás en sus dos extremos. [24] Pasarás los dos cordones de oro por las dos anillas, en los extremos del pectoral; [25] unirás los dos extremos de los dos cordones a los dos engarces, y los fijarás en la parte delantera de las hombreras del efod. [26] Harás otras dos anillas de oro que pondrás en los dos extremos del pectoral, en el borde interior que mira hacia el efod. [27] Harás otras dos anillas de oro y las fijarás en la parte inferior de las dos hombreras del efod, por delante, cerca de su unión encima de la cinta del efod. [28] Sujetarán el pectoral por sus anillas a las anillas del efod, con un cordón de púrpura violeta, para que el pectoral quede sobre la cinta del efod y no se desprenda del efod. [29] Así llevará Aarón sobre su corazón los nombres de los hijos de Israel, en el pectoral del juicio, siempre que entre en el Santuario, para recuerdo perpetuo delante de Yahvé. [30] En el pectoral del juicio pondrás el *urim* y el *tumim*, que estarán sobre el corazón de Aarón cuando se presente ante Yahvé. Así llevará Aarón constantemente sobre su corazón, delante de Yahvé, el oráculo de los israelitas.

El manto.

[31] Tejerás el manto del efod todo él de púrpura violeta. [32] Habrá en su centro una abertura para la cabeza; esta abertura llevará en derredor una orla, tejida como el cuello de una cota, para que no se rompa. [33] En todo su ruedo inferior harás granadas de púrpura violeta y escarlata, de carmesí y lino fino torzal; y entre ellas, también alrededor, pondrás campanillas de oro: [34] una campanilla de oro y una granada; otra campanilla de oro y otra granada; así por todo el ruedo inferior del manto. [35] Aarón lo llevará en su ministerio y se oirá el tintineo cuando entre en el Santuario, ante Yahvé, y cuando salga; así no morirá.

La diadema.

[36] Harás, además, una lámina de oro puro y en ella grabarás como se graban los sellos: «Consagrado a Yahvé.» [37] La sujetarás con un cordón de púrpura violeta, de modo que esté fija sobre la tiara; estará en la parte delantera de la tiara. [38] Quedará sobre la frente de Aarón, pues Aarón cargará con las faltas cometidas por los israelitas en las cosas sagradas; es decir, al ofrecer toda clase de santas ofrendas. La tendrá siempre sobre su frente, para que hallen favor delante de Yahvé. [39] Tejerás la túnica con lino fino; harás también la tiara de lino fino, y la faja con brocado.

Vestiduras de los sacerdotes.

[40] Para los hijos de Aarón harás túnicas. Les harás también fajas y mitras que les den majestad y esplendor. [41] Vestirás así a tu hermano Aarón y a sus hijos; los ungirás, los investirás y los consagrarás para que ejerzan mi sacerdocio*. [42] Hazles también calzones

28 41 Se ponían por vez primera en las manos de los sacerdotes las porciones de la víctima que ellos debían ofrecer, **29** 9; **32** 29; 1 R **13** 33; etc. Para la unción, ver **30** 22+.

de lino, para cubrir su desnudez desde
la cintura hasta los muslos. 43 Aarón y
sus hijos los llevarán al entrar en la
Tienda del Encuentro, o al acercarse
al altar para oficiar en el Santuario,
para que no incurran en culpa y mueran. Decreto perpetuo será éste para
él y su posteridad.

Consagración de Aarón y sus hijos. Preparación.

Lv **8**.

29 1 Para consagrarlos a mi sacerdocio has de proceder con ellos
de esta manera. Toma un novillo y dos
carneros sin defecto, 2 panes ázimos y
tortas sin levadura: unas, amasadas con
aceite, y otras, untadas en aceite. Las
harás con flor de harina de trigo. 3 Las
pondrás en un canastillo y las presentarás en él junto con el novillo y los dos
carneros.

Purificación, vestidura y unción.

4 Mandarás que Aarón y sus hijos se
acerquen a la entrada de la Tienda del
Encuentro, donde los bañarás con agua.
5 Tomarás las vestiduras y vestirás a Aarón con la túnica, el manto del efod, el
efod y el pectoral, que ceñirás con la
cinta del efod. 6 Pondrás la tiara sobre
su cabeza, y sobre la tiara colocarás la
diadema sagrada. 7 Entonces tomarás el
óleo de la unción, lo derramarás sobre
su cabeza y así lo ungirás.
8 Harás igualmente que se acerquen
sus hijos y los vestirás con túnicas; 9 ceñirás a Aarón y a sus hijos las fajas y
les pondrás las mitras. A ellos les corresponderá el sacerdocio por decreto
perpetuo. Así investirás a Aarón y a sus
hijos.

Ofrendas.

10 Presentarás el novillo ante la Tienda del Encuentro, y Aarón y sus hijos
impondrán las manos sobre la cabeza
del novillo. 11 Luego inmolarás el novillo
delante de Yahvé, a la entrada de la
Tienda del Encuentro. 12 Tomando sangre del novillo, untarás con tu dedo los
cuernos del altar, y derramarás toda la
sangre al pie del altar. 13 Saca todo el
sebo que cubre las entrañas, el que queda junto al hígado, y los dos riñones con
el sebo que los envuelve, para quemarlo
en el altar. 14 Pero quemarás fuera del
campamento la carne del novillo, con
su piel y sus excrementos. Es sacrificio
por el pecado.
15 Después tomarás uno de los carneros, y Aarón y sus hijos impondrán
las manos sobre la cabeza del carnero.
16 Una vez inmolado el carnero, tomarás su sangre y la derramarás en torno al
altar. 17 Luego despedazarás el carnero,
lavarás sus entrañas y sus patas; las
pondrás sobre sus porciones y sobre su
cabeza, 18 y quemarás todo el carnero
en el altar. Es holocausto para Yahvé,
calmante aroma* de manjares abrasados en honor de Yahvé. 19 Tomarás
también el segundo carnero, y Aarón y
sus hijos impondrán las manos sobre la
cabeza del carnero. 20 Una vez inmolado, tomarás su sangre y untarás con ella
el lóbulo de la oreja derecha de Aarón y
el lóbulo de la oreja derecha de sus hijos;
el pulgar de su mano derecha y el pulgar
de su pie derecho, y derramarás la sangre alrededor del altar. 21 Tomarás luego
sangre de la que está sobre el altar, y
óleo de la unción, para rociar a Aarón y
sus vestiduras, a sus hijos y las vestiduras de sus hijos juntamente con él. Así
quedará consagrado él y sus vestiduras,
y con él sus hijos y las vestiduras de
sus hijos.

Investidura de los sacerdotes.

22 Toma después el sebo de este carnero: la cola, el sebo que cubre las entrañas, el que queda junto al hígado, los
dos riñones con el sebo que los envuelve
y la pierna derecha, porque se trata del
carnero de la investidura. 23 Toma del
canastillo de los ázimos que está delante

29 18 Antropomorfismo que expresa la satisfacción de Dios, Gn **8** 21; Lv **1** 9; Ef **5** 2+; etc.

de Yahvé un pan redondo, una torta de
pan de aceite y otra untada de aceite.
24 Lo pondrás todo sobre las palmas de
las manos de Aarón y de sus hijos; y lo
mecerás como ofrenda mecida delante
de Yahvé. 25 Después lo tomarás de sus
manos y lo quemarás en el altar junto al
holocausto como calmante aroma ante
Yahvé. Es un manjar abrasado en honor de Yahvé.

26 Tomarás también el pecho del carnero inmolado por la investidura de Aarón, y lo mecerás como ofrenda mecida
delante de Yahvé; esa será tu porción.
27 Así santificarás el pecho de la ofrenda
mecida y la pierna de la ofrenda reservada, es decir, lo que ha sido mecido y
reservado del carnero de la investidura
de Aarón y de sus hijos; 28 según decreto perpetuo, pertenecerán a Aarón y a
sus hijos, como porción recibida de los
israelitas, porque es ofrenda reservada;
será reservada de lo que ofrecen los israelitas, en sus sacrificios de comunión
como ofrenda reservada a Yahvé.

29 Las vestiduras sagradas de Aarón
serán, después de él, para sus hijos, de
modo que, vestidos con ellas, sean ungidos e investidos. 30 Por siete días las
vestirá aquel de sus hijos que le suceda
como sacerdote y entre en la Tienda del
Encuentro para oficiar en el Santuario.

Banquete sagrado.

31 Tomarás después el carnero de la
investidura y cocerás su carne en lugar
sagrado; 32 Aarón y sus hijos comerán a
la entrada de la Tienda del Encuentro la
carne del carnero y el pan del canastillo.
33 Comerán aquello que ha servido para
su expiación al investirlos y consagrarlos; pero que ningún laico coma de ello,
porque es cosa sagrada. 34 Si a la mañana siguiente sobra algo de la carne
o del pan de la investidura, quemarás
este resto; no ha de comerse, porque
es cosa sagrada. 35 Harás, pues, con
Aarón y con sus hijos de esta manera,
según todo lo que te he mandado. Siete
días invertirás en la investidura.

Consagración del altar de los holocaustos.

36 Cada día ofrecerás un novillo en
expiación como sacrificio por el pecado;
y purificarás, mediante tu expiación,
el altar, que ungirás para consagrarlo.
37 Siete días harás la expiación por el
altar, y lo santificarás; el altar será cosa
sacratísima; todo cuanto toque al altar
quedará consagrado.

Holocausto cotidiano.
‖Lv **6** 2-6+; ‖Nm **28** 3-8.

38 He aquí lo que has de ofrecer sobre
el altar: dos corderos primales cada día,
perpetuamente. 39 Ofrecerás un cordero
por la mañana y el otro entre dos luces;
40 y con el primer cordero, una décima
de medida de flor de harina, amasada
con un cuarto de sextario de aceite de
oliva molida, y como libación un cuarto
de sextario de vino. 41 Ofrecerás el otro
cordero entre dos luces; lo ofrecerás con
la misma oblación que a la mañana y
con la misma libación, como calmante
aroma del manjar abrasado en honor de
Yahvé, 42 en holocausto perpetuo, de
generación en generación, ante Yahvé,
a la entrada de la Tienda del Encuentro,
donde me encontraré contigo, para hablarte allí.

43 Me encontraré con los israelitas en
ese lugar, que será consagrado por mi
gloria. 44 Consagraré la Tienda del Encuentro y el altar, y consagraré también
a Aarón y a sus hijos para que ejerzan
mi sacerdocio. 45 Moraré en medio de
los israelitas, y seré su Dios. 46 Y reconocerán que yo soy Yahvé, su Dios, que
los saqué del país de Egipto para morar
entre ellos. Yo, Yahvé, su Dios.

El altar del incienso.
37 25-28; Nm **4** 11; 1 R **6** 20;
↗ Ap **8** 3-5.

30 1 Harás también un altar para
quemar el incienso. De madera
de acacia lo harás. 2 Será cuadrado: de
un codo de largo y otro de ancho; su altura será de dos codos. Sus cuernos for-

marán un solo cuerpo con él. 3 Lo revestirás de oro puro, tanto su parte superior como sus costados, así como sus cuernos. Pondrás en su derredor una moldura de oro, 4 y debajo de la moldura, a los costados, harás dos anillas. Las harás a ambos lados, para meter por ellas los varales con que transportarlo. 5 Harás los varales de madera de acacia y los revestirás de oro. 6 Colocarás el altar delante del velo que está junto al arca del Testimonio y ante el propiciatorio que cubre el Testimonio, donde yo me encontraré contigo. 7 Aarón quemará en él incienso aromático; lo quemará todas la mañanas, al preparar las lámparas, 8 y lo quemará también cuando al atardecer alimente las lámparas. Será incienso continuo ante Yahvé, de generación en generación. 9 No ofrezcan sobre él incienso profano, ni holocausto ni oblación, ni derramen sobre él libación alguna. 10 Aarón una vez al año hará expiación sobre los cuernos de este altar. Con la sangre del sacrificio por el pecado, es decir, el de la expiación, una vez cada año hará expiación por él en las sucesivas generaciones de ustedes. Cosa sacratísima es el altar en honor de Yahvé.

Tributo para la Tienda del Encuentro.

11 Yahvé habló así a Moisés: 12 Cuando cuentes el número de los israelitas para hacer su censo, cada uno pagará a Yahvé el rescate por su vida al ser empadronado, para que no haya plaga entre ellos con motivo del empadronamiento. 13 Esto es lo que ha de dar cada uno de los comprendidos en el censo: medio siclo, en siclos del Santuario. Este siclo es de veinte óbolos. El tributo reservado a Yahvé es medio siclo. 14 Todos los comprendidos en el censo, de veinte años en adelante, pagarán el tributo reservado a Yahvé. 15 El rico no dará más, ni el pobre menos del medio siclo, al pagar el tributo a Yahvé como rescate de las vidas de ustedes. 16 Tomarás el dinero del rescate de parte de los israelitas, y lo darás para el servicio de la Tienda del Encuentro; y será para los israelitas como recordatorio ante Yahvé por el rescate de sus vidas.

La pila de bronce.

17 Yahvé habló así a Moisés: 18 Haz una pila de bronce, con su base de bronce, para las abluciones. Colócala entre la Tienda del Encuentro y el altar, y echa agua en ella, 19 para que Aarón y sus hijos se laven las manos y los pies con su agua. 20 Antes de entrar en la Tienda del Encuentro se han de lavar con agua para que no mueran; también antes de acercarse al altar para el ministerio de quemar los manjares que se abrasan en honor de Yahvé. 21 Se lavarán las manos y los pies, y no morirán. Éste será decreto perpetuo para ellos, para Aarón y su posteridad, de generación en generación.

El óleo de la unción*.

22 Yahvé habló así a Moisés: 23 Toma tú aromas escogidos: de mirra pura, quinientos siclos; de cinamomo, la mitad, o sea, doscientos cincuenta; de caña aromática, doscientos cincuenta; 24 de casia, quinientos, en siclos del Santuario, y un sextario de aceite de oliva. 25 Prepararás con ello el óleo para la unción sagrada, perfume aromático como lo prepara el perfumista. Éste será el óleo para la unción sagrada. 26 Con él ungirás la Tienda del Encuentro y el arca del Testimonio, 27 la mesa con todos sus utensilios, el candelabro con todos sus utensilios, el altar del incienso, 28 el altar

30 22 En los textos históricos antiguos, la unción se reserva al rey, 1 S **10** 1-2; etc.; al que confiere un carácter sagrado, 1 S **9** 26+; el rey es el *Ungido* de Yahvé (en hebreo *Mesías*, en griego *Cristo*). Este título se aplicó luego al Rey futuro, del que David era tipo, y el NT lo aplica a Cristo Jesús, Mt **1** 16+; etc. Por otra parte una tradición antigua reserva la unción al sumo sacerdote, **29** 7.29; Lv **4** 3.5.16; **8** 12, pero pronto se extendió a todos los sacerdotes, v. 30; **28** 41; **40** 15; etc.

del holocausto con todos sus utensilios y la pila con su base. [29] Así los consagrarás y serán cosa sacratísima. Todo cuanto los toque quedará santificado. [30] Ungirás también a Aarón y a sus hijos y los consagrarás para que ejerzan mi sacerdocio. [31] Hablarás a los israelitas, diciendo: Éste será para ustedes el óleo de la unción sagrada de generación en generación. [32] No debe derramarse sobre el cuerpo de ningún hombre; no harán ningún otro de composición parecida a la suya. Santo es y lo tendrán por cosa sagrada. [33] Cualquiera que prepare otro semejante, o derrame de él sobre un laico, será exterminado de su pueblo.

El incienso sagrado.

[34] Yahvé dijo a Moisés: Procúrate en cantidades iguales aromas: estacte, uña marina y gálbano, especias aromáticas e incienso puro. [35] Prepara con ello, según el arte del perfumista, un incienso perfumado, sazonado con sal, puro y santo; [36] pulverizarás una parte que pondrás delante del Testimonio, en la Tienda del Encuentro, donde yo me encontraré contigo. Será para ustedes cosa sacratísima. [37] Y en cuanto a la composición de este incienso que vas a hacer, no la imiten para uso de ustedes. Lo tendrás por consagrado a Yahvé. [38] Cualquiera que prepare otro semejante para aspirar su fragancia, será exterminado de en medio de su pueblo.

Los artífices del Santuario.

31 [1] Yahvé habló así a Moisés: [2] He designado a Besalel, hijo de Urí, hijo de Jur, de la tribu de Judá; [3] y le he llenado del espíritu de Dios concediéndole habilidad, pericia y experiencia en toda clase de trabajos; [4] para concebir y realizar proyectos en oro, plata y bronce; [5] para labrar piedras de engaste, tallar la madera y ejecutar cualquier otra labor. [6] Le he dado por colaborador a Oholiab, hijo de Ajisamac, de la tribu de Dan; y además, en el corazón de todos los hombres hábiles he infundido habilidad para que hagan todo lo que te he mandado: [7] la Tienda del Encuentro, el arca del Testimonio, el propiciatorio que la cubre y todos los utensilios de la Tienda; [8] la mesa con sus utensilios, el candelabro con todos sus utensilios, el altar del incienso, [9] el altar del holocausto con todos sus utensilios, la pila con su base; [10] las vestiduras de ceremonia, las vestiduras sagradas del sacerdote Aarón, y las vestiduras de sus hijos para las funciones sacerdotales; [11] el óleo de la unción y el incienso aromático para el Santuario. Ellos lo harán conforme a todo lo que te he ordenado.

Descanso sabático*.

20 8-11+.

[12] Yahvé habló así a Moisés: [13] Di a los israelitas: No dejen de guardar mis sábados, porque el sábado es una señal entre mí y ustedes, de generación en generación, para que sepan que yo soy Yahvé, el que los santifico. [14] Guarden el sábado, porque es sagrado para ustedes. El que lo profane morirá. Todo el que haga algún trabajo en él será exterminado de en medio de su pueblo. [15] Seis días se trabajará, pero el día séptimo será día de descanso completo, consagrado a Yahvé. Todo aquel que trabaje en sábado, morirá. [16] Los israelitas guardarán el sábado celebrándolo de generación en generación como alianza perpetua. [17] Será una señal perpetua entre mí y los israelitas, pues en seis días hizo Yahvé los cielos y la tierra, y el día séptimo descansó y tomó respiro.

El Señor entrega a Moisés las tablas de la Ley.

[18] Después de hablar con Moisés en el monte Sinaí, le dio las dos tablas del Testimonio, tablas de piedra, escritas por el dedo de Dios.

31 12 El descanso semanal, **20** 8+; **23** 12, adquiere aquí todo su significado cultual, ver Gn **2** 3+.

5. EL BECERRO DE ORO Y LA RENOVACIÓN DE LA ALIANZA

El becerro de oro*.

||Dt **9** 7-**10** 5.

32 1 Al ver el pueblo que Moisés tardaba en bajar del monte, se reunió en torno a Aarón y le dijo: «Anda, fabrícanos un dios que vaya delante de nosotros, pues no sabemos qué ha sido de ese Moisés, que nos sacó del país de Egipto.» 2 Aarón les respondió: «Quiten de las orejas los pendientes de oro a sus mujeres, hijos e hijas, y tráiganmelos.» 3 Todo el pueblo se quitó los pendientes de oro de las orejas, y los entregó a Aarón. 4 Él los tomó de sus manos, los fundió en un molde e hizo un becerro de fundición. Entonces ellos exclamaron: «Éste es tu Dios, Israel, el que te ha sacado del país de Egipto.» 5 Al verlo Aarón, erigió un altar ante el becerro y anunció: «Mañana habrá fiesta en honor de Yahvé.»

6 Al día siguiente se levantaron de madrugada y ofrecieron holocaustos y presentaron sacrificios de comunión. El pueblo se sentó a comer y beber, y después se levantó para divertirse*.

Ira de Yahvé.

7 Yahvé dijo a Moisés: «¡Anda, baja! Porque se ha pervertido tu pueblo, el que sacaste del país de Egipto. 8 Bien pronto se han apartado del camino que yo les había prescrito. Se han hecho un becerro fundido y se han postrado ante él; le han ofrecido sacrificios y han dicho: 'Éste es tu Dios, Israel, el que te ha sacado del país de Egipto.'» 9 Y añadió Yahvé a Moisés: «Ya veo que este pueblo es un pueblo de dura cerviz. 10 Déjame ahora que se encienda mi ira contra ellos y los devore; de ti, en cambio, haré un gran pueblo.»

Ruego de Moisés*.

11 Pero Moisés trató de aplacar a Yahvé su Dios, diciendo: «¿Por qué, oh Yahvé, ha de encenderse tu ira contra tu pueblo, el que tú sacaste del país de Egipto con gran poder y mano fuerte? 12 ¿Por qué han de decir los egipcios: Los sacó con mala intención, para matarlos en las montañas y exterminarlos de la superficie de la tierra? Abandona el ardor de tu cólera y arrepiéntete de la amenaza contra tu pueblo. 13 Acuérdate de Abrahán, de Isaac y de Israel, tus siervos, a quienes por ti mismo juraste: Multiplicaré la descendencia de ustedes como las estrellas del cielo; y toda esta tierra, de la que les he hablado, se la daré a sus descendientes, que la heredarán para siempre.» 14 Y Yahvé renunció a lanzar el mal con que había amenazado a su pueblo.

Moisés rompe las tablas de la Ley.

15 Moisés se volvió y bajó del monte, con las dos tablas del Testimonio en su mano, tablas escritas por ambos lados; por una y otra cara estaban escritas. 16 Las tablas eran obra de Dios, y la escritura era escritura de Dios, grabada en las tablas.

17 Josué oyó las voces del pueblo que gritaba y dijo a Moisés: «Hay gritos de guerra en el campamento.» 18 Respondió Moisés:

«No es grito de victoria,
no es grito de derrota.
Es grito de fiesta lo que oigo.»

19 Al acercarse al campamento y ver el becerro y las danzas, Moisés ardió en ira, arrojó las tablas y las hizo añicos al pie del monte. 20 Luego tomó el becerro que habían hecho y lo quemó; lo molió, lo esparció en el agua, y se lo dio a beber a los

32 Término peyorativo que designa un novillo, uno de los símbolos de la divinidad en el antiguo Oriente, ver 1 R **12** 28. Pero aquí se trata de una peana del dios invisible, Yahvé, que sacó a Israel de Egipto, vv. 4-8.

32 6 Ver 1 Co **10** 7.

32 11 Moisés fue el gran intercesor, en tiempo de las plagas de Egipto, **5** 22-23; **8** 4; etc., después sobre todo a favor del pueblo en el desierto, **17** 8-16; Nm **11** 2.11-15; Dt **9** 24-28; Jr **15** 1; Sal **99** 6; **106** 23; Si **45** 3.

israelitas*. 21 Moisés preguntó a Aarón:
«¿Qué te ha hecho este pueblo para que
lo cargues con tan grande culpa?» 22 Aarón respondió: «No se encienda la ira de
mi señor. Tú sabes que este pueblo es
obstinado. 23 Me dijeron: 'Fabrícanos un
dios que vaya delante de nosotros, pues
no sabemos qué le ha sucedido a ese
Moisés, que nos sacó del país de Egipto.'
24 Yo les contesté: 'El que tenga oro que
se desprenda de él.' Ellos se lo quitaron y
me lo dieron; yo lo eché al fuego y salió
este becerro.»

Celo de los levitas*.

25 Moisés vio que el pueblo estaba desenfrenado, pues Aarón les había permitido entregarse a la idolatría en medio
de sus adversarios. 26 Entonces Moisés
se plantó a la puerta del campamento,
y exclamó: «¡A mí los de Yahvé!», y se le
unieron todos los hijos de Leví. 27 Él les
dijo: «Así dice Yahvé, el Dios de Israel:
Cíñase cada uno su espada al costado;
pasen y repasen por el campamento
de puerta en puerta, y maten cada uno
a su hermano, a su amigo y a su pariente.» 28 Cumplieron los hijos de Leví
la orden de Moisés; y cayeron aquel
día unos tres mil hombres del pueblo.
29 Luego dijo Moisés: «Hoy han recibido
ustedes la investidura como sacerdotes
de Yahvé, cada uno a costa de sus hijos
y sus hermanos, para que él les dé hoy
la bendición.»

Moisés intercede de nuevo por el pueblo.

30 Al día siguiente, Moisés dijo al
pueblo: «Han cometido un gran pecado.
Ahora subiré a Yahvé; acaso pueda obtener el perdón para su pecado.» 31 Moisés volvió a Yahvé y dijo: «Este pueblo
ha cometido un gran pecado al hacerse
un dios de oro. 32 Pero ahora, ¡si quieres
perdonar su pecado...!, si no, bórrame
del libro que has escrito.» 33 Yahvé respondió a Moisés: «Al que haya pecado
contra mí, lo borraré yo de mi libro*.
34 Ahora ve y conduce al pueblo adonde
te he dicho. Mi ángel irá delante de ti,
mas llegará un día en que los castigaré
por su pecado.» 35 Y Yahvé castigó al
pueblo por lo que había hecho con el
becerro fabricado por Aarón.

Orden de partida.

33 1 Yahvé dijo a Moisés: «Anda,
vete de aquí, con el pueblo que
sacaste del país de Egipto, a la tierra
que juré a Abrahán, a Isaac y a Jacob,
diciendo: 'Se la daré a tu descendencia.'
2 Enviaré delante de ti un ángel y expulsaré al cananeo, al amorreo, al hitita, al
perizita, al jivita y al jebuseo. 3 Sube a
la tierra que mana leche y miel; yo no
subiré contigo, pues eres un pueblo obstinado y te destruiría en el camino.» 4 Al
oír el pueblo tan duras palabras, hizo
duelo y nadie se vistió de gala.
5 Yahvé dijo entonces a Moisés: «Di
a los israelitas: Ustedes son un pueblo
obstinado; un solo momento que yo saliera contigo, te destruiría. Ahora, pues,
quítate tus galas, y veré lo que hago contigo.» 6 Los israelitas se despojaron de
sus galas desde el monte Horeb.

La Tienda del Encuentro.

7 Moisés tomó la Tienda y [la] plantó a
cierta distancia fuera del campamento;
la llamó Tienda del Encuentro. El que
tenía que consultar a Yahvé* salía hacia
la Tienda del Encuentro, fuera del campamento. 8 Cuando Moisés salía hacia
la Tienda, todo el pueblo se levantaba y

32 20 Ver Nm **5** 11-31+; pero aquí todo el pueblo *es* considerado culpable.
32 25 Ver Nm **25** 7-13; Dt **33** 8-11.
32 33 El libro en el que están inscritos los destinos y las acciones de los hombres, Dn **7** 10+; **12** 1+.
33 7 Es decir, pedir un oráculo por medio de Moisés quien en la Tienda se encuentra con Dios, ver **18** 15. Más tarde *se consultará* a Yahvé por medio de un hombre de Dios o de un profeta, 1 R **14** 5; **22** 5-9; 2 R **3** 11; **8** 8, o bien por las suertes sagradas, 1 S **14** 41+; ver Sal **24** 6+.

se quedaba de pie a la puerta de su tienda, siguiendo con la vista a Moisés hasta que entraba en la Tienda. [9] Al entrar Moisés en la tienda, bajaba la columna de nube y se detenía a la puerta de la Tienda, mientras Yahvé hablaba con Moisés. [10] El pueblo, al ver la columna de nube a la puerta de la Tienda, se prosternaba junto a la puerta de su tienda. [11] Yahvé hablaba con Moisés cara a cara, como habla un hombre con su amigo. Luego Moisés volvía al campamento, pero su ayudante, el joven Josué, hijo de Nun, no se apartaba del interior de la Tienda.

Oración de Moisés.

[12] Moisés dijo a Yahvé: «Tú me has dicho: 'Conduce a este pueblo', pero no me has indicado a quién enviarás conmigo; a pesar de que me has dicho: 'Te conozco por tu nombre', y también: 'Has obtenido mi favor.' [13] Ahora, pues, si realmente he obtenido tu favor, enséñame tu camino y sabré que he obtenido tu favor; mira que esta gente es tu pueblo.» [14] Yahvé respondió: «Yo mismo iré contigo y te daré descanso.» [15] Moisés contestó: «Si no vienes tú mismo, no nos hagas partir de aquí. [16] Pues ¿en qué podrá conocerse que tu pueblo y yo hemos obtenido tu favor, sino en el hecho de que tú vas con nosotros? Así, tu pueblo y yo nos distinguiremos de todos los pueblos que hay sobre la tierra.» [17] Yahvé respondió a Moisés: «Haré también esto que me pides, pues has obtenido mi favor y yo te conozco por tu nombre.»

Moisés desea ver a Dios.

33 11; 1 R **19** 9-18+;
↗ Jn **1** 14-18+.

[18] Entonces Moisés dijo a Yahvé: «Déjame ver tu gloria.» [19] Él le contestó: «Yo haré pasar ante tu vista toda mi bondad y pronunciaré delante de ti el nombre de Yahvé; pues concedo mi favor a quien quiero y tengo misericordia con quien quiero.» [20] Y añadió: «Pero mi rostro no podrás verlo, porque nadie puede verme y seguir con vida*.» [21] Yahvé añadió: «Aquí hay un sitio junto a mí; ponte sobre la roca. [22] Al pasar mi gloria, te meteré en la hendidura de la roca y te cubriré con mi mano hasta que yo haya pasado. [23] Luego apartaré mi mano, para que veas mis espaldas; pero mi rostro no lo verás.»

Renovación de la Alianza*. Nuevas tablas de la Ley.

34 [1] Yahvé dijo a Moisés: «Tállate dos tablas de piedra como las primeras, sube donde mí, al monte y yo escribiré en ellas las palabras que había en las primeras tablas que rompiste. [2] Prepárate para mañana; sube temprano al monte Sinaí y aguárdame allí en la cumbre del monte. [3] Que nadie suba contigo, ni aparezca nadie en todo el monte. Ni siquiera las ovejas o las vacas pasten en el monte.» [4] Moisés labró dos tablas de piedra como las primeras, se levantó temprano y subió al monte Sinaí como le había mandado Yahvé, llevando en su mano las dos tablas de piedra. [5] Yahvé descendió en una nube y se detuvo allí junto a él.

Aparición de Dios.

Moisés invocó el nombre de Yahvé. [6] Yahvé pasó por delante de él y exclamó: «Yahvé, Yahvé, Dios misericordioso y clemente, tardo a la cólera y rico en amor y fidelidad*, [7] que mantiene su amor por mil generaciones y perdona la iniquidad, la rebeldía y el pecado, pero

33 20 Moisés, animado por una oración acogida, sigue pidiendo más. Pero esto no es posible. Hay tal abismo entre la santidad de Dios y la indignidad del hombre, **3** 6; **19** 21; **20** 19; **40** 34-35; Gn **32** 31; Lv **16** 2; **17** 1+; Jc **6** 23; etc., que el hombre debería morir con sólo ver a Dios. Sin embargo se comprende aquí que Yahvé conceda a Moisés un favor excepcional, ver Nm **12** 6-8+; Dt **34** 10. Ver además 1 R **19** 13; Is **6** 2; Jn **1** 14-18+; 1 Co **13** 12; 2 Co **3** 18+; Hb **11** 1+.

34 Relato que repite en gran parte el de **19-20**.

34 6 Ver Gn **24** 27+.

no los deja impunes; que castiga la culpa
de los padres en los hijos y en los nietos
hasta la tercera y cuarta generación.»
8 Al instante, Moisés se inclinó a tierra
y se postró. 9 Y dijo: «Señor mío, si he
obtenido tu favor, ¡dígnese mi Señor ir
en medio de nosotros!, aunque éste sea
un pueblo obstinado; perdona nuestra
iniquidad y nuestro pecado, y haz que
seamos tu heredad.»

La Alianza.

10 Él respondió: «Yo voy a hacer una
alianza; delante de tu pueblo realizaré
maravillas, cual no se han hecho en toda
la tierra o en nación alguna. Y todo el
pueblo que te rodea verá lo terrible que
es la obra de Yahvé que yo haré contigo. 11 Observa lo que yo te mando hoy;
expulsaré delante de ti al amorreo, al
cananeo, al hitita, al perizita, al jivita y al
jebuseo. 12 Guárdate de hacer alianza
con los habitantes del país donde vas a
entrar, pues sería un lazo en medio de ti.
13 Destruyan sus altares, destrocen sus
estelas y rompan sus cipos*.
14 No te postres ante un dios extraño, pues Yahvé se llama Celoso, es un
Dios celoso. 15 No hagas alianza con
los habitantes del país, pues cuando se
prostituyan con sus dioses y les ofrezcan
sacrificios, te invitarán a participar en
sus sacrificios. 16 No tomes a sus hijas
para tus hijos, pues sus hijas se prostituirán con sus dioses y prostituirán a tus
hijos con sus dioses.
17 No te hagas dioses de metal fundido.
18 Guarda la fiesta de los Ázimos; durante siete días comerás ázimos, como
te mandé, en el tiempo señalado del mes
de Abib, pues en el mes de Abib saliste
de Egipto.
19 Todo primogénito es mío y todo primer nacido, macho, de vaca o de oveja,
es mío. 20 El primer nacido de burro lo
rescatarás con una oveja; y si no lo rescatas, lo desnucarás. Rescatarás todos los
primogénitos de tus hijos. Nadie se presentará ante mí con las manos vacías.
21 Durante seis días trabajarás, pero
el séptimo descansarás; en la siembra y
en la siega, descansarás.
22 Celebrarás la fiesta de las Semanas,
al comenzar la siega del trigo, y la fiesta
de la Cosecha, al final del año.
23 Tres veces al año se presentarán
todos tus varones ante el Señor Yahvé,
Dios de Israel.
24 Cuando expulse a las naciones
delante de ti y ensanche tus fronteras,
nadie codiciará tu tierra cuando subas,
tres veces al año, a presentarte ante
Yahvé, tu Dios.
25 No ofrezcas pan fermentado junto
con la sangre de mi sacrificio, ni guardes
para el día siguiente parte de la víctima
de la Pascua.
26 Lleva a la casa de Yahvé, tu Dios,
los primeros frutos de tu suelo.
No cocerás el cabrito en la leche de
su madre.»
27 Yahvé dijo a Moisés: «Escribe estas
palabras, pues a tenor de ellas hago
alianza contigo y con Israel.»
28 Moisés estuvo allí con Yahvé cuarenta días y cuarenta noches, sin comer
pan ni beber agua. Y escribió en las
tablas las palabras de la alianza, las diez
palabras.

Moisés desciende del monte*.
↗ 2 Co **3** 7-**4** 6.

29 Luego, Moisés bajó del monte Sinaí con las dos tablas del Testimonio en
su mano. Al bajar, no sabía que la piel
de su rostro se había vuelto radiante,
por haber hablado con Yahvé. 30 Aarón
y todos los israelitas vieron a Moisés con
la piel de su rostro radiante y temieron
acercarse a él. 31 Moisés los llamó. Aarón y todos los jefes de la comunidad se

34 13 Las estelas, **23** 24+. Los troncos o «cipos» sagrados son el emblema de la divinidad femenina, *Aserá* (en griego *Astarté*). Ver 1 R **14** 23; Jr **17** 2; etc.

34 29 Este resplandor del rostro de Moisés, reflejo de la gloria divina, es llamado por la Vulgata *cuernos*.

volvieron hacia él y Moisés habló con ellos. [32] A continuación, se acercaron todos los israelitas y él les transmitió cuanto Yahvé le había dicho en el monte Sinaí. [33] Cuando Moisés acabó de hablar con ellos, se puso un velo sobre el rostro. [34] Siempre que Moisés se presentaba delante de Yahvé para hablar con él, se quitaba el velo hasta que salía. Al salir, transmitía a los israelitas lo que se le había mandado. [35] Los israelitas veían la piel del rostro de Moisés radiante, y Moisés se ponía de nuevo el velo hasta que volvía a hablar con Yahvé.

6. CONSTRUCCIÓN Y ERECCIÓN DEL SANTUARIO*

Ley del descanso sabático.

20 8+.

35 [1] Moisés reunió a toda la comunidad de los israelitas y les dijo: «Esto es lo que Yahvé ha mandado hacer. [2] Durante seis días se trabajará, pero el día séptimo será sagrado para ustedes, día de descanso completo en honor de Yahvé. Cualquiera que trabaje en ese día, morirá. [3] En ninguna de sus moradas encenderán fuego en día de sábado.»

Colecta de materiales.

[4] Moisés habló así a toda la comunidad de los israelitas: «Ésta es la orden de Yahvé: [5] Reserven de sus bienes una ofrenda para Yahvé. Todos los que la ofrezcan de corazón reserven ofrenda para Yahvé: oro, plata y bronce, [6] púrpura violeta y escarlata, carmesí, lino fino, pelo de cabra, [7] pieles de carnero teñidas de rojo, cueros finos y maderas de acacia, [8] aceite para el alumbrado, aromas para el óleo de la unción y para el incienso aromático, [9] piedras de ónice y piedras de engaste para el efod y el pectoral. [10] Que vengan los artífices hábiles de entre ustedes a realizar cuanto Yahvé ha ordenado: [11] la Morada, su Tienda y su toldo, sus broches, sus tableros, sus travesaños, sus postes y sus basas; [12] el Arca y sus varales, el propiciatorio y el velo que lo cubre; [13] la mesa con sus varales y todos sus utensilios, el pan de la Presencia, [14] el candelabro para el alumbrado con sus utensilios, y sus lámparas, y el aceite del alumbrado; [15] el altar del incienso con sus varales; el óleo de la unción, el incienso aromático, la cortina del vano de la entrada a la Morada, [16] el altar de los holocaustos con su rejilla de bronce, sus varales y todos sus utensilios; la pila con su base; [17] los cortinajes del atrio con sus postes y sus basas; el tapiz de la entrada del atrio; [18] la clavazón de la Morada y la clavazón del atrio y sus cuerdas; [19] los ornamentos de ceremonia para oficiar en el Santuario; las vestiduras sagradas para el sacerdote Aarón y las vestiduras de sus hijos para sus funciones sacerdotales.»

[20] Entonces, toda la comunidad de los israelitas se retiró de la presencia de Moisés; [21] todos los hombres generosos, impulsados por su espíritu, vinieron a traer la ofrenda reservada a Yahvé, para los trabajos de la Tienda del Encuentro, para todo su servicio y para las vestiduras sagradas. [22] Venían hombres y mujeres y ofrecían de corazón zarcillos, pendientes, anillos, collares y toda clase de objetos de oro, el oro que cada uno presentaba como ofrenda mecida para Yahvé. [23] Cuantos poseían púrpura violeta y escarlata, y carmesí, lino fino, pelo de cabra, pieles de carnero teñidas de rojo y cueros finos, los traían también. [24] Cuantos pudieron reservar una ofrenda de plata o de bronce, la llevaron como ofrenda reservada a Yahvé. Lo mismo hicieron los que poseían madera de acacia, que sirviera para los trabajos de la obra. [25] Todas las mujeres hábiles

35 Los capítulos **35-39** reproducen a menudo **25-31**, cuya ejecución relatan.

en el oficio hilaron con sus manos y llevaron la púrpura violeta y escarlata, el
carmesí y lino fino que habían hilado.
26 Todas las mujeres hábiles en hilar y
bien dispuestas, hilaron pelo de cabra.
27 Los jefes trajeron piedras de ónice y
piedras de engaste para el efod y el pectoral; 28 aromas y aceite para el alumbrado, para el óleo de la unción y para
el incienso aromático. 29 Todos los israelitas, hombres y mujeres, cuyo corazón
les había impulsado a llevar algo para
cualquiera de los trabajos que Yahvé, por
medio de Moisés, les había encomendado, presentaron sus ofrendas voluntarias
a Yahvé.

Los artífices del Santuario.
31 2-6.

30 Moisés dijo entonces a los israelitas:
«Miren, Yahvé ha designado a Besalel,
hijo de Urí, hijo de Jur, de la tribu de
Judá, 31 y lo ha llenado del espíritu de
Dios, confiriéndole habilidad, pericia y
experiencia en toda clase de trabajos,
32 para concebir y realizar proyectos en
oro, plata y bronce, 33 para labrar piedras de engaste, tallar la madera y ejecutar cualquier otra labor de artesanía;
34 a él y a Oholiab, hijo de Ajisamac, de
la tribu de Dan, les ha concedido el don
de enseñar. 35 Les ha llenado de habilidad para toda clase de labores en talla y
bordado, en recamado de púrpura violeta y escarlata, de carmesí y lino fino,
y en labores de tejidos. Son capaces de
ejecutar toda clase de trabajos y de idear
proyectos.»

36 1 Así, pues, Besalel, Oholiab
y todos los hombres hábiles a
quienes Yahvé había concedido habilidad y pericia para saber realizar todos
los trabajos en servicio del Santuario,
ejecutaron todo conforme había mandado Yahvé.

Suspensión de la colecta.

2 Moisés llamó a Besalel y a Oholiab
y a todos los artesanos, a quienes Yahvé
había concedido habilidad y estaban dispuestos a realizar un trabajo para realizarlo. 3 Recibieron de Moisés todas
las ofrendas que los israelitas habían
reservado para la ejecución de la obra
del Santuario. Entre tanto los israelitas seguían entregando a Moisés cada
mañana ofrendas voluntarias. 4 Por
eso, todos los artífices dedicados a los
trabajos del Santuario dejaron cada cual
su trabajo, 5 y fueron a decir a Moisés:
«El pueblo entrega más de lo que se precisa para la realización de las obras que
Yahvé ha mandado hacer.» 6 Entonces
Moisés mandó correr la voz por el campamento: «Ni hombre ni mujer reserve
ya más ofrendas para el Santuario.» Suspendió el pueblo su aportación, 7 pues
había material suficiente para ejecutar
todos los trabajos; y aún sobraba.

La Morada.
26 1-11.14.

8 Entonces los artífices más expertos
de entre los que ejecutaban el trabajo
hicieron la Morada con diez tapices de
lino fino torzal, de púrpura violeta y
escarlata y de carmesí con querubines
bordados. 9 La longitud de cada tapiz era
de veintiocho codos y la anchura de cuatro. Todos los tapices tenían las mismas
medidas. 10 Unió cinco tapices entre sí y
lo mismo los otros cinco. 11 Puso lazos
de púrpura violeta en el borde del tapiz
con que termina el primer conjunto;
los puso también en el borde del tapiz
con que termina el segundo conjunto.
12 Puso cincuenta lazos en el primer
tapiz y otros cincuenta en el borde del
último tapiz del segundo conjunto, correspondiéndose los lazos unos a otros.
13 Hizo también cincuenta broches de
oro, y con los broches enlazó entre sí
los tapices, de modo que la Morada vino
a formar un espacio único. 14 Tejió también piezas de pelo de cabra para que,
a modo de tienda, cubrieran la Morada.
Tejió once de estas piezas. 15 La longitud
de cada pieza era de treinta codos, y de
cuatro la anchura. Las once piezas tenían las mismas medidas. 16 Juntó cinco
piezas en una parte y seis en la otra.

17 Hizo cincuenta lazos en el borde de
la última pieza del primer conjunto, y
cincuenta lazos en el borde de la última
pieza del segundo conjunto. 18 Hizo
cincuenta broches de bronce para unir
la Tienda, formando un espacio único.
19 Hizo además para la Tienda un toldo
de pieles de carnero teñidas de rojo, y
encima otro toldo de cueros finos.

El armazón.
26 15-29.

20 Para la Morada hizo los tableros
de madera de acacia y los puso de
pie. 21 Cada tablero tenía diez codos
de largo, y codo y medio de ancho.
22 Tenía además dos espigas paralelas.
Hizo lo mismo para todos los tableros
de la Morada. 23 Puso los tableros para
la Morada: veinte para el flanco del
Negueb, hacia el sur; 24 hizo cuarenta
basas de plata para colocarlas debajo de
los veinte tableros: dos basas debajo de
un tablero para sus dos espigas y dos
basas debajo del otro tablero para sus
dos espigas. 25 Para el segundo flanco
de la Morada, la parte del norte, hizo
otros veinte tableros, 26 con sus cuarenta basas de plata; dos basas debajo de
un tablero y dos basas debajo del otro
tablero. 27 Para la parte posterior de la
Morada, hacia el occidente, hizo seis tableros; 28 para los ángulos de la Morada
en su parte posterior, dos más, 29 que
estaban unidos desde abajo hasta arriba,
hasta la primera anilla. Así lo hizo con
los dos tableros destinados a los dos ángulos. 30 Eran, pues, ocho tableros con
sus basas de plata; dieciséis basas, dos
debajo de cada tablero. 31 Después hizo
travesaños de madera de acacia: cinco
travesaños para los tableros de un flanco de la Morada; 32 y cinco travesaños
para los tableros del otro flanco de la
Morada; y otros cinco para los tableros
de la parte posterior de la Morada, hacia el occidente. 33 Hizo el travesaño
central de tal suerte que pasara a media
altura de los tableros, de un extremo al
otro. 34 Revistió de oro los tableros; de
oro hizo también sus anillas para pasar
los travesaños, y los revistió igualmente
de oro.

El velo.
26 31-32.36-37.

35 Hizo el velo de púrpura violeta y
escarlata, de carmesí y lino fino torzal;
bordó en él unos querubines. 36 Hizo
para colgarlo cuatro postes de acacia,
revestidos de oro y provistos de ganchos de oro; fundió para ellos cuatro
basas de plata. 37 Hizo para la entrada
de la Tienda una cortina de púrpura
violeta y escarlata, de carmesí y lino fino
torzal, labor de recamador, 38 con sus
cinco postes y sus ganchos. Revistió de
oro sus capiteles y sus varillas y fundió
en bronce sus cinco basas.

El arca.
25 10-20.

37 1 Besalel hizo el arca de madera de acacia, de dos codos y
medio de largo, codo y medio de ancho,
y codo y medio de alto. 2 La revistió
de oro puro, por dentro y por fuera, y
además puso en su derredor una moldura de oro. 3 Fundió cuatro anillas de
oro para sus cuatro pies, dos anillas a
un costado y dos anillas al otro. 4 Hizo
también varales de madera de acacia,
que revistió de oro; 5 pasó los varales
por las anillas de los costados del arca,
para transportarla. 6 Después hizo un
propiciatorio de oro puro, de dos codos
y medio de largo, y de codo y medio de
ancho. 7 Hizo igualmente dos querubines de oro macizo; los hizo en los dos
extremos del propiciatorio; 8 el primer
querubín en un extremo y el segundo en
el otro; hizo los querubines formando un
cuerpo con el propiciatorio en sus dos
extremos. 9 Estaban los querubines con
las alas extendidas por encima, cubriendo con ellas el propiciatorio, uno frente
al otro, con las caras vueltas hacia el
propiciatorio.

La mesa de los panes de la Presencia.
25 23-29.

[10] Hizo, además, la mesa de madera de acacia, de dos codos de largo, un codo de ancho y codo y medio de alto. [11] La revistió de oro puro y le puso alrededor una moldura de oro. [12] Hizo, además, en torno de ella, un reborde de un palmo de ancho, con una moldura de oro alrededor del mismo. [13] Le hizo cuatro anillas de oro y puso las anillas en los cuatro ángulos, correspondientes a sus cuatro pies. [14] Junto al reborde se hallaban las anillas para pasar por ellas los varales y transportar la mesa. [15] Hizo los varales de madera de acacia y los revistió de oro. [16] Asimismo hizo de oro puro los utensilios que habían de estar sobre la mesa; sus fuentes, sus vasos, sus tazas y sus jarros con los que se hacían las libaciones.

El candelabro.
25 31-40.

[17] Hizo el candelabro de oro puro. Hizo el candelabro de oro macizo, su pie y su tallo. Sus cálices —corolas y flores— formaban con él un cuerpo. [18] De sus lados salían seis brazos: tres brazos de un lado, y tres brazos de otro. [19] El primer brazo tenía tres cálices en forma de flor de almendro, con corola y flor; también el segundo brazo tenía tres cálices, en forma de flor de almendro, con corola y flor; y así los seis brazos que salían del candelabro. [20] En el mismo candelabro había cuatro cálices, en forma de flor de almendro, con sus corolas y flores; [21] una corola debajo de los dos primeros brazos que formaban cuerpo con él, una corola debajo de los siguientes, y una corola debajo de los dos últimos brazos; así con los seis brazos que salían del mismo. [22] Las corolas y los brazos formaban un cuerpo con el candelabro; todo ello formaba un cuerpo de oro puro macizo. [23] Hizo también de oro puro sus siete lámparas, sus despabiladeras y sus ceniceros. [24] Empleó un talento de oro puro para el candelabro y todos sus utensilios.

El altar del incienso. El óleo de la unción y el incienso aromático.
30 1-5.22-25.34-35.

[25] Hizo también de madera de acacia el altar del incienso, de un codo de largo y uno de ancho, cuadrado, y de dos codos de alto. Sus cuernos formaban un solo cuerpo con él. [26] Lo revistió de oro puro, por su parte superior, sus costados y también sus cuernos. Puso en su derredor una moldura de oro. [27] Y debajo de la moldura, a los costados, hizo dos anillas a sus dos lados, para meter por ellas los varales con que transportarlo. [28] Hizo los varales de madera de acacia y los revistió de oro. [29] Preparó también el óleo sagrado de la unción, y el incienso aromático puro, como lo prepara el perfumista.

El altar de los holocaustos.
27 1-8.

38 [1] Hizo el altar de los holocaustos de madera de acacia, de cinco codos de largo y cinco de ancho, cuadrado, y de tres codos de alto. [2] Hizo sobresalir de sus cuatro ángulos unos cuernos que formaban un cuerpo con él, y lo revistió de bronce. [3] Hizo, además, todos los utensilios del altar: los ceniceros, las paletas, los aspersorios, los tenedores y los braseros. Fundió de bronce todos sus utensilios. [4] Fabricó para el altar una rejilla de bronce en forma de red, bajo la cornisa inferior, de modo que llegaba hasta la mitad del altar. [5] Fijó cuatro anillas para los cuatro extremos de la rejilla de bronce, para meter los varales. [6] Hizo los varales de madera de acacia, y los revistió de bronce, [7] y pasó los varales por las anillas a los flancos del altar, para transportarlo así. Hizo el altar hueco, de paneles.

La pila de bronce.
30 18.

[8] Hizo la pila y la basa de bronce, con los espejos de las mujeres que servían a la entrada de la Tienda del Encuentro.

Construcción del atrio.
27 9-19.

[9] Hizo también el atrio; por el lado del Negueb, hacia el sur, estaba el cortinaje del atrio, de lino fino torzal, de cien codos. [10] Sus postes eran veinte, y veinte sus basas de bronce; los ganchos de los postes y sus varillas eran de plata. [11] Por el lado septentrional había igualmente un cortinaje de cien codos. Sus postes eran veinte, y veinte sus basas de bronce; los ganchos de los postes y sus varillas eran de plata. [12] En el lado occidental había un cortinaje de cincuenta codos. Sus postes eran diez, y diez sus basas; los ganchos de los postes y sus varillas eran de plata. [13] En el lado este, al oriente, colgaban también cincuenta codos de cortinaje. [14] El cortinaje era de quince codos, con tres columnas y tres basas, por un lado de la entrada; [15] y por el otro lado —a ambos lados de la entrada del atrio— había un cortinaje de quince codos; sus postes eran tres, y tres sus basas. [16] Todos los cortinajes del recinto del atrio eran de lino fino torzal. [17] Las basas de los postes eran de bronce, sus ganchos y sus varillas de plata. También sus capiteles estaban revestidos de plata, y todos los postes del atrio llevaban varillas de plata. [18] El tapiz de la puerta del atrio era labor de recamador y estaba recamado de púrpura violeta y escarlata, de carmesí y lino fino torzal. Tenía veinte codos de largo; su altura —en el ancho— era de cinco codos, lo mismo que los cortinajes del atrio. [19] Sus cuatro postes y sus cuatro basas eran de bronce; sus ganchos de plata, como también el revestimiento de sus capiteles y sus varillas. [20] Toda la clavazón de la Morada y del atrio que la rodeaba era de bronce.

Inventario de los metales.

[21] Éste es el inventario de la Morada, de la Morada del testimonio, realizado por orden de Moisés, y hecho por los levitas bajo la dirección de Itamar, hijo del sacerdote Aarón.
35 30-35.

[22] Besalel, hijo de Urí, hijo de Jur, de la tribu de Judá, hizo todo cuanto Yahvé había mandado a Moisés, [23] juntamente con Oholiab, hijo de Ajisamac, de la tribu de Dan, que era artífice, bordador y recamador en púrpura violeta y escarlata, en carmesí y lino fino.

[24] El total del oro empleado en el trabajo, en todo el trabajo del Santuario, es decir, el oro de la ofrenda reservada, fue de veintinueve talentos y setecientos treinta siclos, en siclos del Santuario; [25] la plata de los incluidos en el censo de la comunidad, cien talentos y mil setecientos setenta y cinco siclos, en siclos del Santuario: [26] un becá por cabeza, o sea medio siclo, en siclos del Santuario, para cada hombre comprendido en el censo de los seiscientos tres mil quinientos cincuenta hombres, de veinte años en adelante. [27] Los cien talentos de plata se emplearon en fundir las basas del Santuario y las basas del velo; cien basas correspondientes a los cien talentos, un talento por basa. [28] De los mil setecientos setenta y cinco siclos hizo ganchos para los postes, revistió sus capiteles y los unió con varillas. [29] El bronce de la ofrenda reservada fue de setenta talentos y dos mil cuatrocientos siclos. [30] Con él hizo las basas para la entrada de la Tienda del Encuentro, el altar de bronce con su rejilla de bronce y todos los utensilios del altar, [31] las basas del recinto del atrio y las basas de la entrada del atrio, toda la clavazón de la Morada y toda la clavazón del atrio que la rodeaba.

Los ornamentos del Sumo Sacerdote.

39 [1] Hicieron para el servicio del Santuario vestiduras de ceremonia de púrpura violeta y escarlata, de

carmesí y lino fino. Hicieron también las
vestiduras sagradas de Aarón, como
Yahvé había mandado a Moisés.

El efod.
28 6-12.

2 Hicieron, pues, el efod, de oro, de
púrpura violeta y escarlata, de carmesí
y lino fino torzal. 3 Batieron oro en láminas y las cortaron en hilos para hacer
bordado junto con la púrpura violeta y
escarlata, con el carmesí y el lino fino.
4 Pusieron al efod hombreras y lo fijaron por sus dos extremos. 5 La cinta
con que se ciñe el efod era de la misma
hechura y formaba con él una sola pieza: era de oro, púrpura violeta y escarlata, carmesí y lino fino torzal, como
Yahvé se lo había mandado a Moisés.
6 Prepararon igualmente las piedras de
ónice engastadas en engastes de oro
y grabadas como se graban los sellos,
con los nombres de los hijos de Israel;
7 las colocaron sobre las hombreras del
efod, como piedras recordatorio de los
israelitas, como Yahvé había ordenado
a Moisés.

El pectoral.
28 15-30.

8 Bordaron también el pectoral, al estilo de la labor del efod, de oro, púrpura
violeta y escarlata, carmesí y lino fino
torzal. 9 El pectoral era cuadrado y lo hicieron doble; tenía un palmo de largo y
otro de ancho; era doble. 10 Lo llenaron
de cuatro filas de piedras. En la primera
fila había un sardio, un topacio y una
esmeralda; 11 en la segunda fila: un rubí,
un zafiro y un diamante; 12 en la tercera
fila: un ópalo, una ágata y una amatista;
13 y en la cuarta: un crisólito, un ónice y
un jaspe. Todas ellas estaban engastadas
en engarces de oro. 14 Las piedras eran
doce, correspondientes a los nombres
de los hijos de Israel, grabadas con sus
nombres como se graban los sellos,
cada una con su nombre, conforme a
las doce tribus. 15 Hicieron para el pectoral cadenillas de oro puro, trenzadas a
manera de cordones. 16 Hicieron dos
engastes de oro y dos anillas de oro; fijaron las dos anillas en los dos extremos
del pectoral. 17 Pasaron después las dos
cadenillas de oro por las dos anillas en
los extremos del pectoral. 18 Unieron
los otros dos extremos de las dos cadenillas a los dos engarces, que fijaron
por delante a las hombreras del efod.
19 Hicieron otras dos anillas de oro y las
pusieron en los otros dos extremos del
pectoral en el borde interior que mira
hacia el efod. 20 E hicieron otras dos
anillas de oro, que fijaron en la parte
inferior de las dos hombreras del efod,
por delante, cerca de su unión, encima
de la cinta del efod. 21 Y por medio de
sus anillas sujetaron el pectoral a las anillas del efod, con un cordón de púrpura
violeta, para que quedara el pectoral sobre la cinta del efod y no se desprendiera
del efod, como Yahvé había mandado a
Moisés.

El manto.
28 31-35.

22 Tejieron el manto del efod, todo de
púrpura violeta. 23 Había una abertura
en el centro del manto, semejante al
cuello de una cota, con una orla alrededor de la abertura para que no se rom-
piera. 24 En el ruedo inferior del manto
hicieron granadas de púrpura violeta y
escarlata, de carmesí y lino fino torzal.
25 Hicieron campanillas de oro puro,
colocándolas entre las granadas, en
todo el ruedo. 26 Una campanilla y una
granada alternaban con otra campanilla
y otra granada, en el ruedo inferior del
manto. Servía para oficiar, como Yahvé
había ordenado a Moisés.

Vestiduras sacerdotales.
28 39-42.

27 Tejieron también las túnicas de lino
fino para Aarón y sus hijos; 28 la tiara
de lino fino, los adornos de las mitras
de lino fino y también los calzones de
lino fino torzal, 29 lo mismo que las fajas
recamadas de lino fino torzal, de púrpura

violeta y escarlata y de carmesí, tal como
Yahvé había ordenado a Moisés.

La diadema.
28 36-37.

30 E hicieron de oro puro una lámina,
la diadema sagrada en la que grabaron,
como se graban los sellos: «Consagrado
a Yahvé.» 31 Fijaron en ella un cordón
de púrpura violeta para sujetarla en la
parte superior de la tiara, como Yahvé
había mandado a Moisés.
32 Así fue acabada toda la obra de la
Morada y de la Tienda del Encuentro.
Los israelitas hicieron toda la obra conforme a lo que Yahvé había mandado a
Moisés. Así lo hicieron.

Entregan a Moisés la obra realizada.

33 Presentaron a Moisés la Morada,
la Tienda y todos sus utensilios; los
broches, los tableros, los travesaños,
los postes y las basas; 34 el toldo de
pieles de carnero teñidas de rojo, el
toldo de cueros finos y el velo protector;
35 el arca del Testimonio con sus varales
y el propiciatorio; 36 la mesa con todos
sus utensilios y el pan de la Presencia;
37 el candelabro de oro puro con sus
lámparas —las lámparas que habían de
colocarse en él—, todos sus utensilios
y el aceite del alumbrado; 38 el altar de
oro, el óleo de la unción, el incienso
aromático y la cortina para la entrada
de la Tienda; 39 el altar de bronce con
su rejilla de bronce, sus varales y todos sus utensilios; la pila con su base;
40 el cortinaje del atrio, los postes con
sus basas, el tapiz para la entrada del
atrio, sus cuerdas, su clavazón y todos
los utensilios del servicio de la Morada
para la Tienda del Encuentro; 41 las vestiduras de ceremonia para el servicio en
el Santuario: los ornamentos sagrados
para el sacerdote Aarón y las vestiduras
de sus hijos para ejercer el sacerdocio.
42 Los israelitas hicieron toda la obra,
conforme a lo que Yahvé había ordenado a Moisés.

43 Moisés vio todo el trabajo y comprobó que lo habían llevado a cabo;
tal como había mandado Yahvé, así lo
habían hecho. Y Moisés los bendijo.

Erección y consagración del Santuario.

40 1 Yahvé habló así a Moisés: 2 «El
día primero del primer mes alzarás la Morada de la Tienda del Encuentro. 3 Allí pondrás el arca del Testimonio
y cubrirás el arca con el velo. 4 Llevarás la
mesa y colocarás lo que hay que ordenar
sobre ella; llevarás también el candelabro
y pondrás encima las lámparas. 5 Colocarás el altar de oro para el incienso delante del arca del Testimonio y colgarás la
cortina a la entrada de la Morada. 6 Colocarás el altar de los holocaustos ante la
entrada de la Morada de la Tienda del Encuentro. 7 Pondrás la pila entre la Tienda
del Encuentro y el altar, y echarás agua
en ella. 8 En derredor levantarás el atrio
y tenderás el tapiz a la entrada del atrio.
9 Entonces tomarás el óleo de la unción
y ungirás la Morada y todo lo que contiene. La consagrarás con todo su mobiliario y será cosa sagrada. 10 Ungirás además el altar de los holocaustos con todos
sus utensilios. Consagrarás el altar, y el
altar será cosa sacratísima. 11 Asimismo
ungirás la pila y su base, y la consagrarás.
12 Después mandarás que Aarón y sus hijos se acerquen a la entrada de la Tienda
del Encuentro y los lavarás con agua.
13 Vestirás a Aarón con las vestiduras sagradas, lo ungirás, y lo consagrarás para
que ejerza mi sacerdocio. 14 Mandarás
también que se acerquen sus hijos; los
vestirás con túnicas, 15 los ungirás, como
ungiste a su padre, para que ejerzan mi
sacerdocio. Así se hará para que su unción les confiera un sacerdocio sempiter-
no de generación en generación.»

Moisés ejecuta las órdenes divinas.

16 Moisés hizo todo conforme a lo que
Yahvé le había mandado. Así lo hizo.
17 En el primer mes del año segundo, el

día primero del mes, fue alzada la Morada. 18 Moisés alzó la Morada, asentó las
basas, colocó sus tableros, metió sus travesaños y erigió sus postes. 19 Después
desplegó la Tienda por encima de la
Morada y puso además por encima el
toldo de la Tienda, como Yahvé había
mandado a Moisés. 20 Luego tomó el
Testimonio y lo puso en el arca; puso al
arca los varales y sobre ella colocó el propiciatorio en la parte superior. 21 Llevó
entonces el arca a la Morada, colgó el
velo de protección y cubrió así el arca del
Testimonio, como Yahvé había mandado
a Moisés. 22 Colocó también la mesa en la
Tienda del Encuentro, al lado septentrional de la Morada, fuera del velo. 23 Dispuso sobre ella las filas de los panes de
la Presencia delante de Yahvé, como
Yahvé había ordenado a Moisés. 24 Luego
instaló el candelabro en la Tienda del
Encuentro, frente a la mesa, en el lado
meridional de la Morada, 25 y colocó encima las lámparas delante de Yahvé, como
Yahvé había mandado a Moisés. 26 Asimismo puso el altar de oro en la Tienda
del Encuentro, delante del velo; 27 y quemó sobre él incienso aromático, como
Yahvé había mandado a Moisés. 28 A la
entrada de la Morada colocó la cortina,
29 y en la misma entrada de la Morada de
la Tienda del Encuentro colocó también
el altar de los holocaustos, sobre el cual
ofreció el holocausto y la oblación, como
Yahvé había mandado a Moisés. 30 Situó
la pila entre la Tienda del Encuentro
y el altar, y echó en ella agua para las
abluciones; 31 Moisés, Aarón y sus hijos
se lavaron en ella las manos y los pies.
32 Siempre que entraban en la Tienda del
Encuentro y siempre que se acercaban
al altar, se lavaban, como Yahvé había
mandado a Moisés. 33 Por fin alzó el atrio
que rodeaba la Morada y el altar, y colgó
el tapiz a la entrada del atrio. Así acabó
Moisés los trabajos.

Yahvé toma posesión del Santuario*.

25 8+; 1 R **8** 10-11; Ez **43** 1-5.

34 La Nube cubrió entonces la Tienda
del Encuentro y la gloria de Yahvé llenó
la Morada. 35 Moisés no podía entrar en
la Tienda del Encuentro, pues la Nube
moraba sobre ella y la gloria de Yahvé
llenaba la Morada.

La Nube guía a los israelitas.

||Nm **9** 15-23; Ex **13** 21s;
Sal **78** 14; **105** 39.

36 En todas las etapas, cuando la Nube
se elevaba de encima de la Morada, los
israelitas levantaban el campamento.
37 Pero si la Nube no se elevaba, ellos no
levantaban el campamento, hasta el día
en que se elevara. 38 Porque la Nube de
Yahvé estaba sobre la Morada durante el
día, y de noche había en ella fuego a la
vista de toda la casa de Israel, en todas
sus etapas.

40 34 Nueva insistencia sobre la presencia de Yahvé en medio de su pueblo, ver **25** 8+; **33** 20+; Ap **15** 8; y por otra parte **13** 20-22; Nm **9** 15-23; Sal **78** 14; **105** 39.

LEVÍTICO

*I. Ritual de los sacrificios**

Los holocausts.

1 1 Yahvé llamó a Moisés y le habló así
desde la Tienda del Encuentro:
2 «Di esto a los israelitas: Cuando
alguno de ustedes presente a Yahvé una
ofrenda, podrán hacer sus ofrendas de
ganado mayor o menor.
3 «Si su ofrenda es un holocausto de
ganado mayor ofrecerá un macho sin
defecto; lo ofrecerá a la entrada de la
Tienda del Encuentro, para que sea del
agrado de Yahvé. 4 Impondrá su mano
sobre la cabeza de la víctima y le será
aceptada favorablemente para expiación. 5 Inmolará el novillo ante Yahvé; los
hijos de Aarón, los sacerdotes, ofrecerán
la sangre* y la derramarán alrededor del
altar que está a la entrada de la Tienda
del Encuentro. 6 Desollará después la
víctima y la descuartizará; 7 los hijos de
Aarón, los sacerdotes, pondrán fuego
sobre el altar y echarán leña al fuego;
8 luego, los hijos de Aarón, los sacerdotes, dispondrán las porciones, la cabeza
y la grasa, encima de la leña que se ha
echado al fuego del altar. 9 Él lavará
con agua las entrañas y las patas, y el
sacerdote lo quemará todo en el altar. Es
un holocausto, un manjar abrasado de
calmante aroma para Yahvé*.
10 «Si su ofrenda es un holocausto
de ganado menor, de ovejas o cabras,
ofrecerá un macho sin defecto. 11 Lo
inmolará al lado septentrional del altar
ante Yahvé, y los sacerdotes hijos de
Aarón derramarán la sangre alrededor
del altar. 12 Luego, lo despedazará en
porciones, y el sacerdote las dispondrá,
con la cabeza y la grasa, encima de la
leña que se ha echado al fuego del altar.
13 Lavará él con agua las entrañas y las
patas, y el sacerdote lo ofrecerá todo y
lo quemará en el altar. Es un holocausto,
un manjar abrasado de calmante aroma para Yahvé.
14 «Si su ofrenda a Yahvé es un holocausto de aves, presentará como ofrenda tórtolas o pichones. 15 El sacerdote la
ofrecerá en el altar, le quitará la cabeza
y la quemará en el altar; su sangre será
exprimida contra la pared del altar.
16 Quitará entonces el buche y las plumas y los arrojará al lado oriental del
altar, al lugar donde se echan las cenizas. 17 Abrirá el ave por entre las alas,
sin llegar a partirla; y la quemará sobre
el altar, encima de la leña que se ha
echado al fuego. Es un holocausto, un
manjar abrasado de calmante aroma
para Yahvé.

La oblación*.

6 7-11; **7** 9-10; Nm **15** 1-16.

2 1 «Cuando alguien ofrezca a Yahvé
una oblación vegetal, su ofrenda
consistirá en flor de harina, sobre la que

1 Los capítulos **1-5** tratan de la materia de los sacrificios. En este ritual de la antigua Ley la tradición cristiana ha querido ver un conjunto de preparativos del sacrificio único y redentor de Cristo, ver ya Hb **8-10**, y de los sacramentos de la Iglesia. -El *holocausto*, Jc **6** 26; etc., en el que la víctima era completamente consumida, está relacionado con el tiempo del desierto, Ex **18** 12; Nm **7** 12, y aun con el de los Patriarcas, Gn **8** 20; **22** 9-10. Aquí se le da un valor expiatorio. En otros lugares es sacrificio de acción de gracias, 1 S **6** 14; **10** 8, o de súplica, 1 S **7** 9; etc.

1 5 Es la sede del principio vital, Gn **9** 4; ver Dt **12** 16.23. De ahí su valor expiatorio, ver **17** 11, y su papel en los sacrificios y las alianzas, Ex **24** 8+.

1 9 Una parte de todo sacrificio es quemada para Yahvé. La ofrenda no es manjar que el hombre ofrece y comparte con Dios, ver Dt **18** 1, sino que aquél sube hacia Dios como el humo del sacrificio o del incienso, v. 13; Gn **8** 21; Ex **29** 18+.

2 La ofrenda de los frutos de la tierra es un rito de pueblos sedentarios, no de nómadas. Frecuentemente es un sacrificio complementario. Volvemos a encontrar el calmante aroma, vv. 2 etc.; ver **1** 9+.

derramará aceite y pondrá incienso. 2 La presentará a los sacerdotes hijos de Aarón; tomará un puñado de la harina con el aceite y todo el incienso; el sacerdote lo quemará sobre el altar como memorial, manjar abrasado de calmante aroma para Yahvé. 3 El resto de la oblación será para Aarón y para sus hijos, como porción sacratísima del manjar abrasado para Yahvé.

4 «Cuando ofrezcas una oblación de pasta cocida al horno, será de flor de harina, en forma de panes ázimos amasados con aceite, o de tortas ázimas untadas en aceite.

5 «Si tu ofrenda es una oblación preparada en la plancha, ha de ser de flor de harina, amasada con aceite, sin levadura. 6 La partirás en trozos y derramarás aceite encima. Es una oblación vegetal.

7 «Si tu ofrenda es una oblación preparada en cazuela, será de flor de harina con aceite.

8 «La oblación que ha sido así preparada, se la llevarás a Yahvé. Será presentada al sacerdote, quien la llevará al altar. 9 El sacerdote reservará parte de la oblación como memorial y la quemará sobre el altar, como manjar abrasado de calmante aroma para Yahvé. 10 El resto de la oblación será para Aarón y para sus hijos, como porción sacratísima del manjar abrasado de Yahvé.

11 «Toda oblación que ofrezcan a Yahvé será preparada sin levadura, pues no quemarán nada ni de fermento ni de miel como manjar abrasado para Yahvé. 12 Sí que los podrán ofrecer como ofrenda de primicias, pero no los pondrán sobre el altar como sacrificio de calmante aroma. 13 Sazonarás con sal toda oblación que ofrezcas; en ninguna de tus oblaciones permitirás que falte nunca la sal de la alianza de tu Dios*; todas tus ofrendas llevarán sal.

14 «Si ofreces a Yahvé una oblación de primicias, ofrecerás, como oblación de tus primicias, espigas tostadas al fuego o grano tierno molido. 15 Derramarás encima aceite y le echarás además incienso; es una oblación vegetal. 16 El sacerdote quemará, como memorial de la misma, parte del grano molido y del aceite, con todo el incienso, como manjar abrasado para Yahvé.

El sacrificio de comunión*.

19 5-8; **22** 21-25.

3 1 «Si su ofrenda es un sacrificio de comunión, si lo que ofrece es vacuno, macho o hembra, ofrecerá ante Yahvé una res sin defecto. 2 Impondrá su mano sobre la cabeza de la ofrenda y la inmolará a la entrada de la Tienda del Encuentro. Luego los sacerdotes hijos de Aarón derramarán la sangre alrededor del altar. 3 Él ofrecerá parte del sacrificio de comunión como manjar abrasado para Yahvé: la grasa que cubre las entrañas y toda la que hay sobre las mismas; 4 los dos riñones con la grasa adherida a ellos y a los lomos; y el lóbulo del hígado; pondrá aparte todo esto junto con los riñones. 5 Los hijos de Aarón lo quemarán sobre el altar encima del holocausto colocado sobre la leña que se ha echado al fuego. Será un manjar abrasado de calmante aroma para Yahvé.

6 «Si su ofrenda de sacrificio de comunión para Yahvé es de ganado menor, macho o hembra, ofrecerá una res sin defecto.

7 «Si ofrece como ofrenda un cordero, lo presentará ante Yahvé, 8 impondrá su mano sobre la cabeza de la ofrenda y la inmolará delante de la Tienda del Encuentro; los hijos de Aarón derramarán la sangre alrededor del altar. 9 Él ofrecerá, de este sacrificio de comunión, la grasa, como manjar abrasado para

2 13 La *sal*, con su virtud purificadora, Ez **16** 4; ver Mt **5** 13, se utilizaba en las comidas de amistad o de alianza, Nm **18** 19.

3 Sacrificio en el que la víctima es compartida entre Dios y el oferente, banquete sagrado en el que una parte escogida es reservada para los sacerdotes, **7** 28-35.

Yahvé: el rabo entero, que se cortará
desde la rabadilla; la grasa que cubre
las entrañas y toda la que hay sobre las
mismas; 10 los dos riñones y la grasa adherida a ellos y a los lomos, y el lóbulo
del hígado; pondrá aparte todo esto
junto con los riñones. 11 El sacerdote lo
quemará sobre el altar como alimento,
manjar abrasado para Yahvé.

12 «Si su ofrenda consiste en una
cabra, la presentará ante Yahvé, 13 impondrá la mano sobre su cabeza y la
inmolará ante la Tienda del Encuentro; y
los hijos de Aarón derramarán su sangre
alrededor del altar. 14 Presentará de ella,
como ofrenda suya, manjar abrasado
para Yahvé: la grasa que cubre las entrañas y toda la que hay sobre las mismas;
15 los dos riñones y la grasa adherida a
ellos y a los lomos; y el lóbulo del hígado; apartará todo esto junto con los riñones. 16 El sacerdote lo quemará sobre
el altar como alimento, manjar abrasado
de calmante aroma para Yahvé.

Toda la grasa pertenece a Yahvé.

17 Ésta es una ley perpetua, de generación en generación, dondequiera que
habiten: no comerán nada de grasa ni
de sangre.»

El sacrificio por el pecado*:

4 1 Yahvé habló así a Moisés: 2 «Di
esto a los israelitas: Si alguien peca
por inadvertencia contra cualquiera de
las prohibiciones ordenadas por Yahvé
y comete una de esas acciones prohibidas:

a) del sumo sacerdote.

3 «Si el que peca es el sacerdote ungido, haciendo así culpable al pueblo,
ofrecerá a Yahvé por el pecado que ha
cometido un novillo sin defecto, como
sacrificio por el pecado. 4 Llevará el novillo a la entrada de la Tienda del Encuentro ante Yahvé, impondrá la mano
sobre la cabeza del novillo y lo inmolará
ante Yahvé. 5 El sacerdote ungido tomará parte de la sangre del novillo y la
introducirá en la Tienda del Encuentro.
6 El sacerdote mojará su dedo en la sangre y hará con ella siete aspersiones
ante Yahvé frente al velo del Santuario.
7 El sacerdote untará con parte de la
sangre los cuernos del altar del incienso
aromático que está ante Yahvé en la
Tienda del Encuentro, y verterá toda la
sangre restante del novillo al pie del altar de los holocaustos, que se encuentra
a la entrada de la Tienda del Encuentro.

8 «De toda la grasa del novillo sacrificado por el pecado, reservará la que
cubre las entrañas y toda la que hay
sobre las mismas; 9 los dos riñones y la
grasa adherida a ellos y a los lomos, y
el lóbulo del hígado; reservará todo esto
junto con los riñones, 10 lo mismo que
se reserva del novillo del sacrificio de
comunión; y el sacerdote lo quemará
sobre el altar de los holocaustos.

11 «La piel del novillo, toda su carne,
con su cabeza y sus patas, sus entrañas
con los excrementos, 12 el novillo entero, lo sacará fuera del campamento, a
un lugar puro, al vertedero de las cenizas. Lo quemará poniéndolo sobre leña
y dándole fuego; será quemado en el
vertedero de las cenizas*.

b) de la Asamblea de Israel.

13 «Si toda la comunidad de Israel peca
por inadvertencia y, haciendo cualquiera
de las cosas que los mandamientos de
Yahvé prohíben, se hace culpable, pero
el hecho queda oculto a la asamblea;
14 en cuanto llegue a saberse el pecado
cometido en ella, la asamblea ofrecerá un novillo como sacrificio por el

4 El sacrificio de expiación presenta dos tipos distintos: sacrificio por el pecado y sacrificio de reparación, **5** 14-26. Pero la distinción no está clara para nosotros; parece que el primero era más amplio y que el segundo perdonaba las ofensas hechas a Dios o al prójimo.

4 12 El que ofrece el sacrificio para restaurar la alianza no puede tener su parte en la víctima, al no estar en paz con Dios. Lo que no es ofrecido sobre el altar es quemado fuera, ver v. 21.

pecado. Lo llevarán ante la Tienda del
Encuentro; 15 los ancianos de la comunidad impondrán las manos sobre la
cabeza del novillo ante Yahvé y se inmolará el novillo ante Yahvé. 16 Luego, el
sacerdote ungido introducirá parte de la
sangre del novillo en la Tienda del Encuentro; 17 el sacerdote mojará su dedo
en la sangre y hará siete aspersiones
ante Yahvé frente al velo. 18 Untará con
parte de la sangre los cuernos del altar
que se halla ante Yahvé en la Tienda
del Encuentro, y derramará el resto
de la sangre al pie del altar de los holocaustos, que está a la entrada de la
Tienda del Encuentro. 19 Reservará toda
la grasa del novillo y la quemará sobre
el altar, 20 haciendo con este novillo
como con el novillo del sacrificio por el
pecado. Lo mismo hará con él. Así el
sacerdote hará expiación por ellos y se
les perdonará. 21 Sacará el novillo fuera
del campamento y lo quemará como el
novillo anterior. Éste es el sacrificio por
el pecado de la asamblea.

c) de un jefe.

1 11.

22 «Si es un príncipe el que ha pecado
y, haciendo por inadvertencia cualquiera de las cosas prohibidas por los mandamientos de Yahvé su Dios, se ha hecho
culpable; 23 si se le advierte del pecado
cometido, presentará como ofrenda un
macho cabrío sin defecto. 24 Impondrá
su mano sobre la cabeza del macho cabrío y lo inmolará en el lugar donde se
inmola el holocausto ante Yahvé. Es un
sacrificio por el pecado. 25 El sacerdote
mojará su dedo en la sangre de la víctima, untará los cuernos del altar de los
holocaustos y derramará la sangre restante al pie del altar de los holocaustos.
26 Quemará toda la grasa sobre el altar
como la grasa del sacrificio de comunión.
El sacerdote hará así la expiación por él,
por su pecado, y se le perdonará.

d) de un hombre del pueblo.

27 «Si uno cualquiera del pueblo de la
tierra* peca por inadvertencia haciendo
algo prohibido por los mandamientos
de Yahvé, y se hace así culpable; 28 si
se le advierte del pecado cometido,
presentará como ofrenda por el pecado cometido una cabra sin defecto.
29 Impondrá su mano sobre la cabeza
de la víctima y la inmolará en el mismo
lugar que los holocaustos. 30 El sacerdote mojará su dedo en la sangre, untará
con ella los cuernos del altar de los
holocaustos y derramará toda la sangre
restante al pie del altar. 31 Apartará toda
la grasa de la víctima, como se aparta
la grasa de un sacrificio de comunión,
y el sacerdote la quemará sobre el altar
como calmante aroma para Yahvé. El
sacerdote hará así expiación por él y se
le perdonará.
32 «Si presenta un cordero como
ofrenda suya por el pecado, sea lo que
presenta una hembra sin defecto; 33 impondrá su mano sobre la cabeza de la
víctima y la inmolará como sacrificio
por el pecado en el lugar donde se inmola el holocausto. 34 El sacerdote mojará su dedo en la sangre de la víctima
y untará con ella los cuernos del altar
de los holocaustos, y derramará toda la
sangre restante al pie del altar. 35 Apartará toda la grasa de la víctima, como se
aparta la grasa del cordero del sacrificio
de comunión, y el sacerdote la quemará
sobre el altar, junto con los manjares
abrasados de Yahvé. El sacerdote hará
así expiación por él, por el pecado cometido, y se le perdonará.

Casos particulares del sacrificio por el pecado.

5 1 «Si alguien peca porque: se le ha
conjurado a que declare, y es testigo, porque lo ha visto u oído, y no lo
declara, y se carga así con un pecado;

4 27 *Pueblo de la tierra*, durante la monarquía designaba a la aristocracia, defensora del Yahvismo y de la dinastía davídica;
después del destierro designa a la población
israelita en general.

[2] «o bien, uno toca, sin darse cuenta, cualquier cosa impura, sea el cadáver de una fiera impura, o el de ganado impuro o el de un bicho impuro, y se hace así él mismo impuro y culpable;

[3] «o bien, uno toca, sin darse cuenta, cualquiera de las inmundicias humanas con que puede contaminarse, y luego, al caer en la cuenta, se hace culpable;

[4] «o bien, uno pronuncia con los labios a la ligera un juramento de hacer algo, para bien o para mal, en esos casos en que el hombre suele jurar a la ligera, y luego, al caer en la cuenta, se hace culpable de ello;

[5] «el que es culpable en uno de estos casos confesará aquello en que ha pecado, [6] y presentará a Yahvé, como sacrificio de reparación por el pecado cometido, una hembra de ganado menor, oveja o cabra, como sacrificio por el pecado. Y el sacerdote hará así por él expiación de su pecado.

Sacrificio por el pecado del hombre del pueblo (continuación).

[7] «Si no le alcanza para una res menor, presentará a Yahvé, como sacrificio de reparación por su pecado, dos tórtolas o dos pichones, una de las aves como sacrificio por el pecado y otra en holocausto. [8] Las presentará al sacerdote, quien ofrecerá primero la que se destina al sacrificio por el pecado. Con las uñas le cortará la cabeza junto a la nuca sin arrancarla del todo. [9] Rociará con sangre de la víctima el lateral del altar, y el resto de la sangre lo derramará al pie del altar. Es un sacrificio por el pecado. [10] Con la otra ave hará un holocausto, conforme al ritual. El sacerdote hará así expiación por el pecado que ha cometido y le será perdonado.

[11] «Si no le alcanza para dos tórtolas o dos pichones, presentará, como ofrenda suya por haber pecado, una décima de medida de flor de harina como sacrificio por el pecado. No añadirá aceite, ni pondrá sobre ella incienso, porque es sacrificio por el pecado. [12] La presentará al sacerdote; y el sacerdote, tomando de ella un puñado como memorial, lo quemará sobre el altar, junto con los manjares que se abrasan para Yahvé. Es un sacrificio por el pecado. [13] El sacerdote hará así expiación por él, a causa del pecado que cometió en cualquiera de los casos citados, y se le perdonará. El sacerdote tendrá su parte como en la oblación.»

El sacrificio de reparación*.

[14] Habló Yahvé a Moisés y le dijo: [15] «Si alguien comete una prevaricación pecando por inadvertencia tomando algo de los derechos sagrados de Yahvé, ofrecerá a Yahvé su sacrificio de reparación, un carnero del rebaño, sin defecto, valorado en siclos de plata, en siclos del Santuario, como sacrificio de reparación. [16] Resarcirá lo que defraudó de los derechos sagrados, y añadirá un quinto más, y se lo entregará al sacerdote. El sacerdote hará por él la expiación con el carnero del sacrificio de reparación; y se le perdonará.

[17] «Si alguien peca, sin darse cuenta, haciendo algo prohibido por los mandamientos de Yahvé, se hace culpable y cargará con su pecado. [18] Llevará al sacerdote, como sacrificio de reparación, un carnero del rebaño, sin defecto, según valoración; y el sacerdote hará expiación por él a causa de la falta que cometió sin darse cuenta, y se le perdonará. [19] Es un sacrificio de reparación, pues era realmente culpable ante Yahvé.»

[20] Habló Yahvé a Moisés y le dijo:

[21] «Si uno peca y comete una prevaricación contra Yahvé mintiendo a su prójimo acerca de un depósito o de un objeto confiado a sus manos, o de algo robado, o quitado a la fuerza,

5 14 Si el daño causado, ver **4**+, se presta a semejante apreciación, se añadirá una multa al sacrificio, vv. 16.24; ver 2 R **12** 17 y quizá Os **4** 8.

22 «o si halla un objeto perdido y lo
niega, o jura en falso acerca de cualquiera de las cosas en que el hombre suele
pecar;
23 «si peca así y se hace culpable,
devolverá lo robado, o lo quitado a la
fuerza, o el depósito que se le confió,
o la cosa perdida que halló, 24 o todo
aquello sobre lo cual juró en falso. Lo
restituirá íntegramente, añadiendo un
quinto más, y lo devolverá a su dueño
en el día de su sacrificio de reparación.
25 Entregará para Yahvé su sacrificio de
reparación: un carnero del rebaño, sin
defecto, según valoración, como sacrificio de reparación ante el sacerdote.
26 El sacerdote hará por él la expiación
delante de Yahvé, y le será perdonada
cualquiera de las faltas de las que sea
culpable.»

El sacerdocio y los sacrificios*:

A. El holocausto.

6 1 Habló así Yahvé a Moisés: 2 «Da
esta orden a Aarón y a sus hijos:
Ésta es la ley del holocausto. (Éste es el
holocausto que quedará sobre las brasas de encima del altar, toda la noche
hasta la mañana; y el fuego del altar se
mantendrá encendido*.) 3 El sacerdote
se vestirá su túnica de lino y cubrirá su
cuerpo con calzones de lino. Sacará las
cenizas a que el fuego habrá reducido
las grasas del holocausto puestas sobre
el altar y las depositará a un lado del
altar. 4 Después se quitará las vestiduras
y se pondrá otras para llevar las cenizas
fuera del campamento a un lugar puro.
5 «El fuego permanecerá encendido
sobre el altar sin apagarse; el sacerdote
lo alimentará con leña todas las mañanas, colocará encima el holocausto y
sobre él quemará la grasa de los sacrificios de comunión. 6 Fuego permanente
arderá sobre el altar sin apagarse.

B. La oblación.

7 «Ésta es la ley de la oblación vegetal:
Los hijos de Aarón la presentarán delante de Yahvé, frente al altar; 8 uno de
ellos tomará de la oblación un puñado
de flor de harina (con su aceite, y todo
el incienso que se añade a la oblación), y
lo quemará sobre el altar, en memorial,
como calmante aroma para Yahvé. 9 Lo
restante lo comerán Aarón y sus hijos;
se comerá sin levadura, en lugar santo.
En el atrio de la Tienda del Encuentro
lo comerán. 10 No se cocerá con levadura: es la porción que yo les asigno de
los manjares que se abrasan para mí.
Es cosa sacratísima, como el sacrificio
por el pecado y como el sacrificio de
reparación. 11 Todos los varones de los
hijos de Aarón lo podrán comer. Es ley
perpetua para vuestros descendientes,
relativa a los manjares que se abrasan
para Yahvé. Todo cuanto entre en contacto con ellos quedará consagrado.»
12 Habló Yahvé a Moisés y le dijo:
13 «Ésta es la ofrenda que Aarón y sus
hijos ofrecerán a Yahvé el día de su consagración: una décima de medida de
flor de harina, como oblación perpetua,
la mitad por la mañana y la mitad por
la tarde. 14 Será preparada con aceite
en la sartén; la ofrecerás bien frita y
la presentarás partida en trozos como
calmante aroma para Yahvé. 15 El sacerdote ungido que le suceda de entre sus
hijos la ofrecerá. Es decreto perpetuo.
Será totalmente quemada para Yahvé.
16 Cualquier oblación de sacerdote será
quemada entera; nada se podrá comer.»

C. El sacrificio por el pecado.

17 Habló Yahvé a Moisés y le dijo:
18 «Di esto a Aarón y a sus hijos:
Ésta es la ley del sacrificio por el pecado: En el lugar donde se inmola el holocausto, delante de Yahvé, será inmo-

6 Los caps. **6-7** tratan de las funciones y derechos del sacerdote en los sacrificios.

6 2 Ez **46** 13-15 habla del holocausto diario de la mañana, ver 2 R **16** 15. Según Ex **29** 38-42; Nm **28** 3-8 hay uno por la mañana y otro por la tarde. Aquí se prescribe el de la mañana, v. 5; el v. 2b es quizá una adición.

lada también la víctima por el pecado. Es cosa sacratísima. 19 La comerá el sacerdote que ha ofrecido la víctima por el pecado. Será comida en lugar santo, dentro del atrio de la Tienda del Encuentro. 20 Todo cuanto entre en contacto con esta carne quedará consagrado y, si su sangre salpica los vestidos, lavarás en lugar santo la parte salpicada. 21 La vasija de barro en que haya sido cocida se romperá; y si ha sido cocida en vasija de bronce, ésta se fregará y lavará con agua. 22 Todo sacerdote varón podrá comerla. Es cosa sacratísima. 23 Pero no se comerá ninguna víctima ofrecida por el pecado cuya sangre haya sido introducida en la Tienda del Encuentro para hacer la expiación dentro del Santuario: será consumida por el fuego.

D. El sacrificio de reparación.

7 1 «Ésta es la ley del sacrificio de reparación: Es cosa sacratísima. 2 En el lugar donde inmolan el holocausto inmolarán la víctima de reparación, y su sangre se derramará sobre todos los lados del altar. 3 Se ofrecerá toda la grasa de la víctima: el rabo y la grasa que recubre las entrañas; 4 los dos riñones y la grasa adherida a ellos y a los lomos, y el lóbulo del hígado; se apartará toda esta grasa junto con los riñones. 5 El sacerdote lo quemará sobre el altar como manjar abrasado para Yahvé. Es un sacrificio de reparación. 6 Podrán comerlo todos los sacerdotes varones; se comerá en lugar sagrado. Es cosa sacratísima.

Derechos de los sacerdotes.

7 «El sacrificio por el pecado es como el sacrificio de reparación: tienen la misma ley. La víctima pertenece al sacerdote que haya hecho la expiación con ella. 8 La piel de la víctima de un holocausto presentado por alguien, será para el sacerdote que ha ofrecido el holocausto. 9 Toda oblación cocida al horno y toda la preparada en cazuela o en sartén pertenece también al sacerdote que la ofrece; 10 pero toda oblación amasada con aceite, o seca, será para todos los hijos de Aarón, en porciones iguales.

E. El sacrificio de comunión:

a) sacrificio en alabanza.

11 «Ésta es la ley del sacrificio de comunión que se ofrece a Yahvé:

12 Si se ofrece en alabanza, se ofrecerán, juntamente con el sacrificio de alabanza, panes ázimos amasados con aceite, tortas ázimas untadas de aceite y tortas de flor de harina amasadas con aceite. 13 Se añadirá esta ofrenda a las tortas de pan fermentado y al sacrificio de comunión en alabanza. 14 Se reservará una pieza de cada clase como tributo a Yahvé y corresponderá al sacerdote que haya derramado la sangre del sacrificio de comunión. 15 La carne del sacrificio de comunión en alabanza se comerá el día mismo de su ofrecimiento, sin dejar nada de ella para la mañana siguiente.

b) sacrificios votivos o espontáneos.

16 «Si se ofrece la víctima en cumplimiento de un voto, o como ofrenda voluntaria, se comerá el mismo día en que ha sido ofrecida, y lo que sobre deberá comerse al día siguiente. 17 Pero al tercer día será quemado lo que quede de la carne de la víctima.

Normas generales.

18 «Si se come la carne de un sacrificio de comunión al tercer día, no obtendrá favor el que lo ofrece; no se le tendrá en cuenta. Será abominación. Y quien coma de ella, cargará con su iniquidad.

19 «No podrá comerse la carne que haya tocado cualquier cosa impura; será consumida por el fuego.

«Toda persona pura podrá comer la carne. 20 Pero quien, en estado de im-

pureza, coma carne del sacrificio de comunión presentado a Yahvé, ése será
excluido de su pueblo. 21 Si alguien toca
cualquier cosa inmunda, sea inmundicia de hombre o de animal, o cualquier
otra abominación impura, y luego come
de la carne del sacrificio de comunión
ofrecido a Yahvé, será excluido de su
pueblo.»

22 Habló Yahvé a Moisés y le dijo:
23 «Di esto a los israelitas:

No comerán grasa de buey, ni de cordero ni de cabra. 24 La grasa de animal
muerto o destrozado podrá servir para
cualquier uso, pero en modo alguno la
comerán. 25 Porque todo aquel que coma grasa de animal que suele ofrecerse
como manjar abrasado a Yahvé, será
excluido de su pueblo.

26 «Tampoco comerán sangre, ni de
ave ni de otro animal, en ninguno de
los lugares en que habiten. 27 Todo el
que coma cualquier clase de sangre será
excluido de su pueblo.»

Porción de los sacerdotes.
Dt **18** 3.

28 Yahvé habló a Moisés y le dijo:
29 «Di esto a los israelitas:

Quien ofrezca a Yahvé un sacrificio
de comunión, presente a Yahvé una
porción de su sacrificio. 30 Con sus propias manos presentará los manjares que
se abrasarán para Yahvé; él mismo presentará la grasa y el pecho: el pecho
para que sea consagrado por el rito del
balanceo ante Yahvé. 31 El sacerdote
quemará la grasa sobre el altar; el pecho
será para Aarón y sus hijos. 32 Reservarán también al sacerdote, como tributo,
la pierna derecha de sus sacrificios de
comunión. 33 Esta pierna derecha pertenecerá a aquel de los hijos de Aarón
que haya ofrecido la sangre y la grasa de
los sacrificios de comunión. 34 Pues yo
retengo a los israelitas, de sus sacrificios
de comunión, el pecho sometido al rito
de balanceo y la pierna reservada, y
se lo doy, de parte de los israelitas, al
sacerdote Aarón y a sus hijos. Es un decreto perpetuo.»

Conclusión.

35 Ésta es la porción de Aarón y la
porción de sus hijos, en los manjares
que se abrasan en honor de Yahvé, desde el día en que fueron presentados para
ejercer el sacerdocio de Yahvé. 36 Esto
es lo que mandó Yahvé que los israelitas
les dieran el día en que los ungió, como
decreto perpetuo, de generación en
generación.

37 Ésta es la ley del holocausto, de la
oblación, del sacrificio por el pecado,
del sacrificio de reparación, del sacrificio de investidura y del sacrificio de
comunión, 38 que Yahvé prescribió a
Moisés en el monte Sinaí, el día en que
mandó a los israelitas, en el desierto
del Sinaí, que presentaran sus ofrendas
a Yahvé.

II. La investidura de los sacerdotes

Ritos de la ordenación*.
‖Ex **28** 1-**29** 35; **39** 1-32;
40 12-15.

8 1 Yahvé habló así a Moisés: 2 «Toma a Aarón y a sus hijos, y las
vestiduras, y el óleo de la unción, y el
novillo para el sacrificio por el pecado,
y los dos carneros y el canastillo de
los ázimos; 3 y congrega a toda la comunidad a la entrada de la Tienda del
Encuentro.»

4 Moisés hizo como Yahvé le había
mandado, y se congregó la comunidad

8 En forma narrativa, vv. 7-35, es el ritual de la investidura del sumo sacerdote. El sacrificio de investidura está relatado en los vv. 22-35.

a la entrada de la Tienda del Encuentro.
5 Moisés dijo a la comunidad: «Esto es lo
que Yahvé ha ordenado hacer.»

6 Moisés mandó entonces que se acercaran Aarón y sus hijos y los lavó con
agua. 7 Le impuso a Aarón la túnica y
se la ciñó con la faja; lo vistió con el
manto y le puso encima el efod, y se lo
ciñó atándoselo con la cinta del mismo
efod. 8 Luego, le impuso el pectoral, en
el que depositó el *urim* y el *tumim*.
9 Colocó la tiara sobre su cabeza y puso
en su parte delantera la lámina de oro,
la diadema santa, como Yahvé había
mandado a Moisés.

10 Después Moisés tomó el óleo de la
unción y ungió la Morada con todas las
cosas que contenía, y así las consagró.
11 Hizo siete aspersiones sobre el altar y
lo ungió con todos sus utensilios, así
como la pila con su base, y así los consagró. 12 Y, derramando óleo de la unción sobre la cabeza de Aarón, lo ungió
y lo consagró. 13 Luego Moisés mandó
que se acercaran los hijos de Aarón; los
vistió con las túnicas, les ciñó la faja y
les puso las mitras, como Yahvé había
mandado a Moisés.

14 Después hizo traer el novillo para el
sacrificio por el pecado, y Aarón y sus
hijos impusieron las manos sobre la cabeza del novillo, víctima por el pecado.
15 Moisés lo inmoló. Tomó la sangre y
untó con su dedo los cuernos del altar,
todo alrededor, para purificarlo. Después derramó la sangre al pie del altar;
de esta manera lo consagró haciendo
por él la expiación. 16 Tomó luego toda
la grasa que cubre las entrañas, el lóbulo
del hígado y los dos riñones con su grasa; y lo quemó Moisés sobre el altar.
17 Pero el resto del novillo, la piel, la carne y los excrementos, los quemó fuera
del campamento, como Yahvé había
mandado a Moisés.

18 Después hizo traer el carnero del
holocausto. Aarón y sus hijos impusieron las manos sobre su cabeza. 19 Moisés lo inmoló y roció con la sangre
todos los lados del altar. 20 El carnero
fue descuartizado y Moisés quemó la
cabeza, los trozos y la grasa. 21 Después
de lavar en agua las entrañas y las patas,
Moisés quemó todo el carnero sobre
el altar, como holocausto de calmante
aroma, manjar abrasado para Yahvé,
como Yahvé había mandado a Moisés.

22 Hizo luego traer el segundo carnero, el carnero del sacrificio de investidura, y Aarón y sus hijos impusieron las
manos sobre la cabeza del carnero.
23 Moisés lo inmoló y, tomando parte
de su sangre, untó el lóbulo de la oreja
derecha de Aarón, el pulgar de su mano
derecha y el dedo gordo de su pie derecho. 24 Después Moisés hizo que se
acercaran los hijos de Aarón, les untó
con la sangre el lóbulo de la oreja derecha, el pulgar de su mano derecha y el
dedo gordo de su pie derecho; y derramó la sangre sobre el altar, todo alrededor. 25 Tomó luego la grasa, el rabo,
toda la grasa que cubre las entrañas, el
lóbulo del hígado, los dos riñones con
su grasa y la pierna derecha. 26 Sacó
del canastillo de los ázimos que estaba
ante Yahvé un pan ázimo, una torta de
pan amasada con aceite y otra torta untada, y los puso sobre la grasa y sobre
la pierna derecha. 27 Lo puso todo esto
en manos de Aarón y en manos de sus
hijos, e hizo con ello el rito de balanceo
ante Yahvé. 28 Luego Moisés lo tomó
de sus manos y lo quemó en el altar,
encima del holocausto. Fue el sacrificio
de investidura, calmante aroma, manjar
abrasado en honor de Yahvé. 29 Moisés
tomó entonces el pecho e hizo con él
el rito de balanceo ante Yahvé; era ésta
la porción del carnero de la investidura
que correspondía a Moisés, como Yahvé
se lo había mandado.

30 Después Moisés tomó óleo de la
unción y sangre de la que había encima
del altar, y roció a Aarón y sus vestiduras, así como a sus hijos y las vestiduras
de sus hijos. Así consagró a Aarón y
sus vestiduras, así como a sus hijos y las
vestiduras de sus hijos.

31 Moisés dijo a Aarón y a sus hijos:
«Cocinen la carne a la entrada de la Tienda del Encuentro y cómanla allí mismo;

coman también el pan del canastillo de la investidura tal como lo he mandado diciendo: Aarón y sus hijos lo comerán. [32] Quemarán las sobras de la carne y del pan. [33] Y no se apartarán de la entrada de la Tienda del Encuentro por espacio de siete días, hasta que se cumplan los días de su investidura; porque siete días durará su investidura. [34] Yahvé ha mandado que se proceda como se ha procedido hoy para hacer expiación por ustedes. [35] Así se quedarán siete días, día y noche, a la entrada de la Tienda del Encuentro, guardando la norma de Yahvé, y así no morirán, pues así me fue ordenado.» [36] Aarón y sus hijos hicieron cuanto Yahvé había mandado por medio de Moisés.

Los sacerdotes inauguran su ministerio*.

9 [1] El día octavo Moisés llamó a Aarón y a sus hijos, y a los ancianos de Israel. [2] Dijo a Aarón: «Trae un ternero para el sacrificio por el pecado y un carnero para el holocausto, ambos sin defecto, y ofrécelos ante Yahvé. [3] Luego les dirás a los israelitas: Tomen un macho cabrío para el sacrificio por el pecado y un ternero y un cordero, ambos de un año y sin defecto, para el holocausto; [4] para los sacrificios de comunión, un toro y un carnero, para sacrificarlos ante Yahvé; y una oblación amasada con aceite, porque hoy Yahvé se les va a mostrar a ustedes.»

[5] Trajeron, pues, ante la Tienda del Encuentro lo que Moisés había mandado; toda la comunidad se acercó y se mantuvo delante de Yahvé. [6] Dijo entonces Moisés: «Esto es lo que ha mandado Yahvé; háganlo y se les mostrará la gloria de Yahvé.» [7] Después dijo Moisés a Aarón: «Acércate al altar, ofrece tu sacrificio por el pecado y tu holocausto, y haz la expiación por ti mismo y por tu casa; presenta también la ofrenda del pueblo y haz la expiación por ellos, como ha prescrito Yahvé.»

[8] Se acercó, pues, Aarón al altar e inmoló el ternero del sacrificio por su propio pecado. [9] Los hijos de Aarón le presentaron la sangre; y él, mojando su dedo en la sangre, untó con ella los cuernos del altar y derramó la sangre al pie del altar. [10] Luego quemó sobre el altar la grasa, los riñones y el lóbulo del hígado de la víctima por el pecado, como Yahvé había mandado a Moisés; [11] pero la carne y la piel las quemó fuera del campamento.

[12] Después inmoló la víctima del holocausto. Los hijos de Aarón le presentaron la sangre, que derramó sobre todos los lados del altar. [13] Le presentaron la víctima del holocausto ya descuartizada, juntamente con la cabeza, y lo quemó todo sobre el altar. [14] Y lavó las entrañas y las patas, y las quemó sobre el altar encima del holocausto.

[15] Después presentó la ofrenda del pueblo: tomó el macho cabrío correspondiente al sacrificio por el pecado del pueblo, lo degolló y lo sacrificó como sacrificio por el pecado, igual que el primero. [16] Ofreció el holocausto, haciéndolo según el ritual. [17] Además presentó lo oblación. Tomando un puñado de ella, la quemó en el altar, además del holocausto de la mañana.

[18] Inmoló también el toro y el carnero como sacrificio de comunión por el pueblo. Los hijos de Aarón le presentaron la sangre, que él derramó sobre todos los lados del altar. [19] Las partes grasas del toro y del carnero, el rabo, la grasa que cubre las entrañas, los riñones y el lóbulo del hígado, [20] las pusieron sobre los pechos de las víctimas, y él las quemó sobre el altar; [21] Aarón hizo el rito de balanceo con los pechos y la pierna derecha ante Yahvé, conforme había mandado Moisés.

[22] Entonces Aarón, alzando las manos hacia el pueblo, lo bendijo. Y, una

9 Los sacerdotes inauguran su sacerdocio cumpliendo su función esencial de ofrecer sacrificios sobre el altar, con la participación de toda la comunidad.

vez acabados el sacrificio por el pecado,
el holocausto y el sacrificio de comunión, descendió. 23 Luego Moisés y Aarón entraron en la Tienda del Encuentro
y, cuando salieron, bendijeron al pueblo.
La gloria de Yahvé se mostró a todo el
pueblo. 24 Salió fuego de la presencia de
Yahvé y consumió el holocausto y las
partes grasas puestas sobre el altar. Todo el pueblo al verlo prorrumpió en gritos de júbilo y se postró rostro en tierra.

Reglas complementarias:

A. Gravedad de las irregularidades. Nadab y Abihú.

Nm **16** 1-**17** 5; 2 R **1** 10s.

10 1 Nadab y Abihú, hijos de Aarón, tomaron cada uno su incensario, les pusieron fuego, les echaron incienso y ofrecieron ante Yahvé un
fuego profano, que él no les había mandado. 2 Entonces salió de la presencia
de Yahvé un fuego que los devoró, y
murieron delante de Yahvé.
3 Moisés dijo entonces a Aarón: «Esto
es lo que Yahvé había declarado cuando
dijo:

En los que se me acercan mostraré
mi santidad,
y ante la faz de todo el pueblo manifestaré mi gloria*.»

Aarón se calló.

B. Levantamiento de los cadáveres.

4 Moisés llamó a Misael y a Elisafán,
hijos de Uziel, tío paterno de Aarón,
y les dijo: «Acérquense, retiren a sus
hermanos de delante del santuario y
llévenlos fuera del campamento.» 5 Se
acercaron y los llevaron envueltos en
sus propias túnicas fuera del campamento, como Moisés había mandado.

C. Normas de duelo para los sacerdotes.

6 Moisés dijo a Aarón y a sus hijos,
Eleazar e Itamar: «No lleven la cabeza
desgreñada, ni rasguen sus vestiduras;
así no morirán, ni la ira de Yahvé se
encenderá contra toda la comunidad;
sus hermanos, toda la casa de Israel,
llorarán a los abrasados por el fuego de
Yahvé. 7 No se aparten de la entrada
de la Tienda del Encuentro, no sea que
mueran, pues tienen sobre ustedes la
unción de Yahvé.» Ellos obedecieron a
la palabra de Moisés.

D. Prohibición de bebidas alcohólicas.

8 Yahvé habló a Aarón en estos términos: 9 «Cuando hayan de entrar en la
Tienda del Encuentro, no beban vino ni
bebida que pueda embriagar, ni tú ni tus
hijos, no sea que mueran. Decreto perpetuo es éste para sus descendientes.
10 Así podrán distinguir entre lo sagrado
y lo profano, entre lo impuro y lo puro,
11 y enseñar a los israelitas todos los
preceptos que Yahvé les ha dado por
medio de Moisés.»

E. La porción de los sacerdotes en las ofrendas.

12 Moisés dijo a Aarón y a los hijos
que le quedaban, Eleazar e Itamar: «Tomen la oblación, lo sobrante de los
manjares que se abrasan en honor
de Yahvé y cómanla sin levadura, junto
al altar, pues es cosa sacratísima. 13 La
comerán en lugar sagrado, porque es tu
porción y la porción de tus hijos, de los
manjares que se abrasan en honor de
Yahvé: es la orden que he recibido.
14 «El pecho de la ofrenda sometida al
rito de balanceo y la pierna reservada
las comerán en lugar puro, tú, tus hijos y
tus hijas, porque se les han dado, como
porción tuya y de tus hijos, de los sacrificios de comunión de los israelitas.

10 3 Este dístico no se encuentra en nin-gún otro lugar de la Biblia. -Sobre la *gloria de Yahvé*, ver **19** 2; Ex **24** 16+.

[15] Ellos entregarán la pierna reservada y el pecho de balanceo, además de las grasas que han de ser abrasadas con el rito de balanceo delante de Yahvé; serán porción perpetua para ti y para tus hijos, según ha mandado Yahvé.»

F. Norma particular acerca del sacrificio por el pecado*.

[16] Moisés indagó acerca del macho cabrío del sacrificio por el pecado; y resultó que había sido ya quemado. Irritado contra Eleazar e Itamar, los hijos que le habían quedado a Aarón, dijo: [17] «¿Por qué no han comido en lugar sagrado la víctima del sacrificio por el pecado? Era cosa sacratísima que se les daba a ustedes para borrar la falta de la comunidad, haciendo expiación por ellos ante Yahvé. [18] Tenían que haberla comido en lugar sagrado, según les había ordenado, porque su sangre no había sido introducida en el santuario.» [19] Respondió Aarón a Moisés: «Mira, ellos han presentado hoy su sacrificio por el pecado y su holocausto delante de Yahvé, y me ha sucedido esto; si yo hubiera comido hoy la víctima por el pecado, ¿acaso habría sido esto grato a Yahvé?» [20] Cuando Moisés oyó esto, le pareció bien.

III. Reglas referentes a la pureza y a la impureza *

Animales puros e impuros: A. Animales terrestres.

20 25-26; ||Dt **14** 3-21; Gn **7** 2; ↗ Mt **15** 10-20p; ↗ Hch **10** 9-16; **11** 1-18.

11 [1] Yahvé habló a Moisés y a Aarón en estos términos: [2] «Digan esto a los israelitas: De entre todos los animales terrestres podrán comer éstos: [3] cualquier animal de pezuña partida, hendida en dos mitades y que rumia, lo pueden comer. [4] Pero entre los que rumian o tienen pezuña hendida, no comerán: camello, pues aunque rumia, no tiene partida la pezuña: lo considerarán impuro; [5] ni damán, porque rumia, pero no tiene la pezuña partida: lo considerarán impuro; [6] ni liebre, porque rumia, pero no tiene la pezuña partida: la considerarán impura; [7] ni cerdo, pues aunque tiene la pezuña partida, hendida en dos mitades, no rumia: lo considerarán impuro. [8] No comerán su carne ni tocarán sus cadáveres; los considerarán impuros.

B. Animales acuáticos.

[9] «De entre todos los animales que viven en las aguas, podrán comer éstos: cuantos tienen aletas y escamas, sean de mar o río, los podrán comer. [10] Pero todo lo que carece de aletas y escamas, en mares o ríos, de toda clase de bichos acuáticos y de toda clase de otros animales que viven en el agua, los considerarán abominables. [11] Los tendrán por abominables: no comerán su carne y tendrán sus cadáveres como abominables. [12] Todo cuanto vive en las aguas y carece de aletas y escamas, lo considerarán abominable.

10 16 Episodio difícil que se corresponde mal con **4** 13-14 y **6** 17-23.

11 Esta *ley de pureza*, **11-16**, precede a la *ley de santidad*, **17-26**. Son dos aspectos, negativo y positivo, de una misma exigencia divina, **11** 44-45; **17** 1+. Las reglas que siguen se apoyan en prohibiciones religiosas muy antiguas, **10** 10: es puro lo que puede acercarse a Dios y serle ofrecido. Por encima de esta pureza ritual, los profetas, y después Jesús, insistirán en la purificación del corazón que aquélla significaba, Is **1** 16; Jr **38** 8; Sal **51** 12-13; Am **5** 21+; Mt **15** 10-20p; **23** 24-26p; etc. Las clasificaciones entre *animales puros e impuros* son empíricas, hechas a partir de rasgos observables. La identificación de algunos animales es incierta. Son impuros los animales que los paganos tienen por sagrados o aquellos de los que se piensa que no agradan a Dios.

C. Aves.

[13] «De las aves, considerarán abominables, y no las comerán, por ser abominación, las siguientes: el águila, el quebrantahuesos, el águila marina, [14] el buitre, el halcón en todas sus especies, [15] toda especie de cuervos, [16] el avestruz, la lechuza, la gaviota, el gavilán en todas sus especies, [17] el búho, el somormujo, el ibis, [18] el cisne, el pelícano, el calamón, [19] la cigüeña, la garza en todas sus especies, la abubilla y el murciélago.

D. Insectos alados.

[20] «Todo bicho alado que anda sobre cuatro patas lo considerarán abominable. [21] Pero de todos los bichos alados que andan sobre cuatro patas, podrán comer aquellos que, además de sus cuatro patas, tienen zancas para saltar con ellas sobre el suelo. [22] De entre ellos podrán comer: la langosta en sus diversas especies y toda clase de saltamontes, chicharras y grillos. [23] Cualquier otro bicho alado de cuatro patas lo tendrán por abominable.

Contacto de animales impuros.

[24] «Por estos animales contraerán impureza. El que toca su cadáver queda impuro hasta la tarde. [25] El que levante alguno de sus cadáveres tendrá que lavar sus ropas y quedará impuro hasta la tarde. [26] Todo animal que no tiene la pezuña partida en dos uñas y que no rumia, lo considerarán impuro. Todo aquel que lo toque quedará impuro. [27] De los cuadrúpedos, considerarán impuros todos los que andan sobre las plantas de sus pies. El que toque sus cadáveres quedará impuro hasta la tarde. [28] El que levante el cadáver de uno de ellos tendrá que lavar sus ropas, y quedará impuro hasta la tarde.

E. Bichos terrestres.

[29] «De los bichos que pululan por la tierra, tendrán por impuros los siguientes: la comadreja, el ratón, el lagarto en cualquiera de sus especies, [30] el erizo, el cocodrilo, el camaleón, la salamandra y el topo.

Otras normas sobre los contactos de impureza.

[31] «Considerarán impuros todos estos bichos; todo el que toque su cadáver quedará impuro hasta la tarde. [32] Quedará impuro cualquier objeto sobre el que caiga uno de sus cadáveres, ya sea un instrumento de madera, un vestido, una piel, un saco o cualquier utensilio. Será metido en agua y quedará impuro hasta la tarde; después será puro. [33] Si cae uno de esos cadáveres en una vasija de barro, cuanto haya dentro de ella quedará impuro y romperán la vasija. [34] Toda cosa comestible preparada con agua de esa vasija será impura, y toda bebida que se beba en una de esas vasijas será impura. [35] Cualquier objeto sobre el que caiga alguno de esos cadáveres quedará impuro: el horno y el fogón serán derribados; son impuros y como tales los considerarán. [36] (Sólo las fuentes y cisternas, donde se recogen las aguas, seguirán siendo puras), pero el que toque sus cadáveres quedará impuro. [37] De igual manera, si cae alguno de esos cadáveres sobre una semilla destinada a la siembra, ésta seguirá siendo pura; [38] mas si cae alguno de esos cadáveres sobre semilla ya remojada, la tendrán por impura.

[39] «Cuando muera uno de los animales que pueden comer, el que toque su cadáver quedará impuro hasta la tarde. [40] El que coma carne de ese cadáver deberá lavar sus vestidos y quedará impuro hasta la tarde. Y el que levante ese cadáver habrá de lavar sus ropas y quedará impuro hasta la tarde.

Consideraciones doctrinales.

[41] «Todo bicho que pulula por la tierra es cosa abominable; no se podrá comer. [42] No comerán ningún animal de los que caminan sobre su vientre o so-

bre cuatro o más patas, es decir, ningún
bicho que se arrastra por la tierra, porque son abominación. [43] No se hagan
abominables por ninguna clase de bicho
que se arrastra, ni se hagan impuros por
ellos, ni se contaminen por su causa.

[44] «Porque yo soy Yahvé, su Dios;
santifíquense y sean santos, pues yo soy
santo. No se harán impuros con ninguno de esos bichos que se arrastran por
el suelo. [45] Pues yo soy Yahvé, el que
los he subido de la tierra de Egipto, para
ser su Dios. Sean, pues, santos porque
yo soy santo.

Conclusión.

[46] «Ésta es la ley acerca de los animales, de las aves, de todos los seres
vivientes que se mueven en el agua y de
todos los que andan arrastrándose sobre
la tierra; [47] para que hagan distinción
entre lo impuro y lo puro, entre el
animal que puede comerse y el que no
puede comerse.»

Purificación de la parturienta*.

12 [1] Yahvé le dijo a Moisés: [2] «Di
esto a los israelitas: Cuando
una mujer quede embarazada y tenga
un hijo varón, quedará impura durante
siete días; será impura como durante sus
reglas. [3] El octavo día será circuncidado
el niño; [4] pero ella permanecerá treinta
y tres días más purificándose de su sangre. No tocará ninguna cosa santa ni irá
al santuario hasta cumplirse los días de
su purificación.

[5] «Si da a luz una niña, será impura
durante dos semanas, como en el tiempo de sus reglas, y se quedará en casa
sesenta y seis días más purificándose de
su sangre.

[6] «Al cumplirse los días de su purificación, sea por niño sea por niña, presentará al sacerdote, a la entrada de la
Tienda del Encuentro, un cordero de un
año como holocausto, y un pichón o
una tórtola como sacrificio por el pecado. [7] El sacerdote lo ofrecerá ante
Yahvé, haciendo por ella el rito de expiación, y quedará purificada del flujo
de su sangre. Ésta es la ley referente a la
mujer que da a luz a un niño o una niña.

[8] «Si no le alcanza para presentar
una res menor, tome dos tórtolas o dos
pichones, uno para el holocausto y otro
para el sacrificio por el pecado; y el sacerdote hará por ella el rito de expiación
y quedará pura.»

La lepra* humana:

A. Tumor, erupción y mancha.
Dt **24** 8-9; Nm **12** 10-15.

13 [1] Yahvé habló a Moisés y a Aarón en estos términos: [2] «Cuando uno tenga en la piel tumor, úlcera o
mancha blancuzca reluciente, si se forma en su piel una llaga como de lepra,
será llevado al sacerdote Aarón o a uno
de sus hijos sacerdotes. [3] El sacerdote
examinará la llaga de la piel; si el pelo de
la llaga se ha vuelto blanco y la llaga parece más hundida que la piel, es llaga de
lepra; cuando el sacerdote lo haya comprobado, lo declarará impuro. [4] Si hay
en la piel una mancha blancuzca reluciente, pero no parece más hundida que
la piel, y el pelo no se ha vuelto blanco,
el sacerdote aislará al afectado durante
siete días. [5] El séptimo día el sacerdote
lo examinará, y si comprueba que la llaga se ha estabilizado, no se ha extendido por la piel, el sacerdote lo mantendrá
aislado otros siete días. [6] Pasados esos
siete días, el sacerdote lo examinará
nuevamente; si ve que la llaga ha perdido su color y no se ha extendido por la
piel, el sacerdote lo declarará puro; no
se trata más que de una erupción. La-

12 Todo lo que se refiere a la transmisión de la vida es sagrado. Parto o derrame seminal, **15** 1+, son una pérdida de vida que debe ser restablecida en su integridad.

13 El nombre de *lepra* abarca diversas afecciones superficiales, y hasta los enmohecimientos de los vestidos o de las paredes. También aquí el yahvismo da un valor religioso a concepciones o prácticas primitivas.

vará sus vestidos y quedará puro. 7 Pero si, después que el sacerdote lo ha examinado y declarado puro, sigue la erupción extendiéndose por la piel, se presentará de nuevo al sacerdote. 8 El sacerdote lo examinará y, si la erupción se ha extendido por la piel, lo declarará impuro: es un caso de lepra.

B. Lepra crónica.

9 «Cuando en un hombre se manifieste una llaga como de lepra, será llevado al sacerdote. 10 El sacerdote lo examinará, y si observa un tumor blancuzco en la piel, y el color del pelo se ha vuelto blanco y se ha producido una úlcera, 11 se trata de lepra crónica en su piel; el sacerdote lo declarará impuro, sin necesidad de aislarlo, porque es impuro.

12 «Pero si la lepra se ha extendido por la piel hasta cubrir toda la piel del enfermo, de la cabeza a los pies, en cuanto puede ver el sacerdote, 13 éste lo examinará, y si la lepra ha cubierto todo su cuerpo, declarará puro al afectado por la llaga: como se ha vuelto todo blanco, es puro. 14 Pero si se ve en él una úlcera, será impuro; 15 en cuanto el sacerdote vea la úlcera, lo declarará impuro. La úlcera es impura; es un caso de lepra. 16 Pero si la úlcera cambia otra vez y se vuelve blanca, el afectado ha de presentarse al sacerdote. 17 El sacerdote lo examinará y, si ve que la llaga se ha vuelto blanca, declarará puro al afectado por la enfermedad: es puro.

C. Divieso.

18 «Si uno ha tenido en la piel un divieso y se le ha curado, 19 pero en el lugar del divieso aparece un tumor blanco, o una mancha de color blanco rojizo, habrá de presentarse al sacerdote. 20 El sacerdote lo examinará, y si la mancha aparece más hundida que la piel y su pelo se ha vuelto blanco, el sacerdote lo declarará impuro. Es lepra que ha brotado en el divieso. 21 Pero si el sacerdote ve que no hay en ella pelo blanco, ni está más hundida que la piel, y que ha perdido color, lo aislará durante siete días. 22 Si se ha extendido por la piel, el sacerdote lo declarará impuro; es un caso de lepra. 23 Pero si la mancha sigue estacionaria, sin extenderse, es la cicatriz del divieso; el sacerdote lo declarará puro.

D. Quemadura.

24 «Cuando uno tiene una quemadura en la piel, y sobre la quemadura se forma una mancha de color blanco rojizo o sólo blanco, 25 el sacerdote la examinará; y si el pelo se ha vuelto blanco en la mancha blanca y ésta aparece más hundida que la piel, es que ha brotado lepra en la quemadura. El sacerdote lo declarará impuro; es un caso de lepra. 26 Si, en cambio, el sacerdote observa que en la mancha no aparece pelo blanco, que no está más hundida que la piel y que ha perdido color, lo aislará durante siete días. 27 El séptimo día lo examinará, y si la mancha se ha extendido por la piel, el sacerdote lo declarará impuro; es un caso de lepra. 28 Pero si la mancha sigue estacionaria, sin extenderse por la piel, y ha perdido color, se trata de la hinchazón de la quemadura. El sacerdote lo declarará puro; pues es la cicatriz de la quemadura.

E. Afecciones del cuero cabelludo.

29 «Cuando un hombre o una mujer tengan una llaga en la cabeza o en la barbilla, 30 el sacerdote examinará la llaga, y si ésta aparece más hundida que la piel, y hay en ella pelo amarillento y más escaso, el sacerdote lo declarará impuro; es tiña, o sea, lepra de la cabeza o de la barbilla. 31 Mas si el sacerdote observa que la llaga de tiña no aparece más hundida que la piel, y que no hay en ella pelo amarillento, aislará al afectado por la tiña durante siete días. 32 El séptimo, el sacerdote examinará el mal; si no se ha extendido la tiña, ni hay en ella pelo amarillento, ni la llaga aparece más hundida que la piel, 33 aquella per-

sona se afeitará, excepto en el lugar de
la tiña; y el sacerdote aislará al afectado
durante otros siete días. 34 El séptimo
día el sacerdote lo examinará y, si no
se ha extendido la llaga por la piel, ni
aparece más hundida que la piel, lo declarará puro; lavará sus vestidos y quedará puro. 35 Pero si la tiña, después de
la purificación, se extiende mucho por
la piel, 36 el sacerdote lo examinará. Si
comprueba que la tiña se ha extendido
por la piel, el sacerdote ya no tendrá
que mirar si hay pelo amarillento; aquella persona es impura. 37 Mas si, según
su apreciación, la tiña no se ha extendido y ha brotado en ella pelo negro,
se ha curado de la tiña. Esa persona es
pura y el sacerdote la declarará pura.

F. Eccema.

38 «Cuando un hombre o una mujer
tengan en su piel manchas brillantes,
manchas blancas, 39 el sacerdote las
examinará; si comprueba que las manchas de la piel son de color blanco, se
trata de un eccema que ha brotado en la
piel; esa persona es pura.

G. Calvicie.

40 «Si a uno se le cae el pelo de la cabeza y queda calvo por detrás, es puro.
41 Si se le cae el pelo de la parte delantera de la cabeza, es calvo por delante,
y es puro. 42 Pero si en la calva, por
detrás o por delante, aparece una llaga
de color rojizo, es lepra que ha brotado
en la calva, por detrás o por delante.
43 El sacerdote la examinará y, si la hinchazón de la llaga en la parte calva es
de color blanco rojizo, con aspecto de
lepra en la piel, 44 se trata de un leproso: es impuro. El sacerdote lo declarará
impuro; tiene lepra en la cabeza.

Norma de vida para el leproso.

45 «El afectado por la lepra llevará la
ropa rasgada y desgreñada la cabeza, se
tapará hasta el bigote e irá gritando:
«¡Impuro, impuro!» 46 Todo el tiempo
que le dure la llaga, quedará impuro. Es
impuro y vivirá aislado; fuera del campamento tendrá su morada.

La lepra de los vestidos.

47 «Cuando aparezca una mancha como de lepra en un vestido de lana o de
lino, 48 en el hilo o en la trama, o en una
piel, o en cualquier objeto de cuero, 49 si
la mancha en el vestido o en la piel, en
el hilo o en la trama, o en cualquier objeto hecho de cuero, tiene color verdoso
o rojizo, es un caso de lepra y debe ser
mostrado al sacerdote. 50 El sacerdote
examinará la mancha y aislará el objeto
manchado durante siete días. 51 El séptimo día, el sacerdote examinará la mancha y, si se ha extendido por el vestido,
hilo o trama, piel u objeto de cuero, es
un caso de lepra maligna y el objeto es
impuro. 52 Se quemará el vestido, hilo o
trama, de lana o de lino, o el objeto de
cuero en que se encuentre la mancha,
pues es lepra maligna; será quemado.
53 «Pero si el sacerdote ve que no se
ha extendido la mancha por el vestido,
hilo o trama, u objeto de cuero, 54 hará
lavar el objeto manchado y lo aislará
otros siete días. 55 Si el sacerdote ve que
la mancha, después de haber sido lavada, no ha mudado de aspecto, aunque
la mancha no se haya extendido, el
objeto es impuro; lo echarás al fuego: es
una infección por dentro y por fuera.
56 Pero, si el sacerdote ve que la parte
manchada, después de lavada, ha perdido color, la arrancará del vestido, del
cuero, del hilo o de la trama. 57 Pero
si vuelve a aparecer en el vestido, hilo
o trama, o en el objeto de cuero, es
un brote de lepra; quemarás lo que
está afectado por la lepra. 58 Pero si
en el vestido, hilo o trama, u objeto de
cuero, después de lavado, desaparece la
mancha, serán lavados por segunda vez
y quedarán puros.
59 «Ésta es la ley para la mancha de lepra que se halla en los vestidos, de lana
o de lino, en el hilo o en la trama, o en
cualquier objeto hecho de cuero, para
declararlos puros o impuros.»

Purificación del leproso.

14 1 Yahvé habló a Moisés en estos
términos: 2 «Ésta es la ley que
ha de aplicarse al leproso en el día de su
purificación. Se lo llevará al sacerdote,
3 y el sacerdote saldrá fuera del campamento; si, tras de haberlo examinado, comprueba que el leproso está ya
curado de su lepra, 4 el sacerdote mandará traer para el que ha de ser purificado dos pájaros vivos y puros, madera
de cedro, púrpura escarlata e hisopo.
5 Mandará degollar uno de los pájaros
sobre una vasija de barro con agua corriente. 6 Tomará luego el pájaro vivo, la
madera de cedro, la púrpura escarlata y
el hisopo, los mojará, juntamente con el
pájaro vivo, en la sangre del pájaro degollado sobre el agua corriente, 7 y hará
siete aspersiones sobre el que ha de ser
purificado de la lepra. Lo declarará puro, y soltará en el campo el pájaro vivo.
8 El que se purifica lavará sus vestidos,
se afeitará todo el pelo, se bañará y
quedará limpio. Entonces podrá entrar
en el campamento; pero durante siete
días ha de habitar fuera de su tienda.
9 El día séptimo se afeitará todo el pelo,
la cabellera, la barba, las cejas; en una
palabra, se afeitará todo su pelo, lavará
también sus vestidos, bañará su cuerpo
y quedará limpio.

10 «El día octavo tomará dos corderos
sin defecto y una cordera de un año sin
defecto; y, como oblación, tres décimas
de flor de harina amasada con aceite
y un cuartillo de aceite. 11 El sacerdote
que hace la purificación presentará ante
Yahvé, junto con todas esas cosas, al
hombre que ha de purificarse, a la entrada de la Tienda del Encuentro. 12 El
sacerdote tomará uno de los corderos
y lo presentará como sacrificio de reparación, además del cuartillo de aceite, y
ejecutará con él el rito de balanceo ante
Yahvé. 13 Luego inmolará el cordero en
el lugar donde se inmolan el sacrificio
por el pecado y el holocausto, en lugar
sagrado; porque, tanto en el sacrificio
por el pecado como en el sacrificio de
reparación, la víctima pertenece al sacerdote; es cosa sacratísima. 14 Después el sacerdote tomará sangre de la
víctima de reparación y untará el lóbulo
de la oreja derecha del que se está pu-
rificando, el pulgar de su mano derecha
y el dedo gordo de su pie derecho. 15 El
sacerdote tomará parte del cuartillo de
aceite y la pondrá sobre la palma de su
mano izquierda. 16 Después untará un
dedo de su mano derecha en el aceite
que tiene en la palma de su mano izquierda, y con su dedo hará siete aspersiones
de aceite delante de Yahvé. 17 Con
el aceite que le queda en su mano, el
sacerdote untará el lóbulo de la oreja
derecha del que se purifica, el pulgar
de su mano derecha y el dedo gordo de
su pie derecho, encima de la sangre de
la víctima de reparación. 18 El resto del
aceite que quede en la mano del sacerdote, se echará sobre la cabeza del que
se purifica. El sacerdote expiará así por
él ante Yahvé. 19 El sacerdote ofrecerá
entonces el sacrificio por el pecado y
hará expiación por el que se purifica
de su impureza; después inmolará el
holocausto. 20 Y ofrecerá sobre el altar
el holocausto y la oblación. De esta manera el sacerdote hará expiación por él
y quedará limpio.

21 «Si es pobre y no tiene suficientes
recursos, tomará un cordero como sacrificio de reparación, como ofrenda de
balanceo, para hacer expiación por él,
y además, como oblación, una décima
de flor de harina amasada con aceite,
un cuartillo de aceite 22 y dos tórtolas
o dos pichones, según sus posibilidades, uno como sacrificio por el pecado y otro como holocausto. 23 Al octavo
día, los llevará al sacerdote, a la entrada
de la Tienda del Encuentro, delante de
Yahvé, para su purificación. 24 El sacerdote tomará el cordero del sacrificio de
reparación y el cuartillo de aceite, y ejecutará con ellos el rito de balanceo ante
Yahvé. 25 Inmolará el cordero del sacrificio de reparación, y el sacerdote tomará sangre de la víctima de reparación y
untará el lóbulo de la oreja derecha del
que se purifica, el pulgar de su mano de-

recha y el dedo gordo de su pie derecho. 26 Luego derramará parte del aceite sobre la palma de su mano izquierda; 27 con un dedo de su mano derecha hará ante Yahvé siete aspersiones con el aceite que tiene en la palma de la mano izquierda, 28 untará con el aceite que tiene en su mano el lóbulo de la oreja derecha del que se purifica, el pulgar de su mano derecha y el dedo gordo de su pie derecho, encima de la sangre de la víctima de reparación. 29 Derramará el resto del aceite que le quede en la mano sobre la cabeza del que se purifica, haciendo expiación por él ante Yahvé. 30 Luego ofrecerá una de las tórtolas o de los pichones, según las posibilidades, 31 uno como sacrificio por el pecado, y otro como holocausto, además de la oblación. De este modo el sacerdote hará expiación ante Yahvé por aquél que se purifica.

32 «Ésta es la ley de la purificación para aquél que tiene lepra y cuyos recursos son limitados.»

La lepra de las casas.

33 Yahvé habló a Moisés y a Aarón en estos términos: 34 «Cuando hayan entrado en la tierra de Canaán que yo les doy en posesión, y yo haga aparecer manchas de lepra en alguna de las casas de la tierra que poseerán, 35 el propietario de la casa irá a avisar al sacerdote y le dirá: «Ha aparecido algo así como lepra en mi casa.» 36 El sacerdote, antes de entrar en la casa para examinar la lepra, ordenará que desocupen la casa, para que nada se haga impuro de cuanto hay en ella. Después entrará el sacerdote a examinar la casa. 37 Si al examinarla el sacerdote observa que la mancha forma en las paredes de la casa cavidades verdosas y rojizas que parecen hundidas en la pared, 38 saldrá a la puerta de la casa y la clausurará durante siete días. 39 Volverá al día séptimo y, si comprueba que la mancha se ha extendido por las paredes de la casa, 40 mandará arrancar las piedras manchadas y arrojarlas fuera de la ciudad en un lugar inmundo. 41 Hará raspar todo el interior de la casa; y echarán fuera de la ciudad, en un lugar inmundo, el polvo de las raspaduras. 42 Luego tomarán otras piedras y las pondrán en lugar de las primeras; y también argamasa nueva para revocar la casa.

43 «Si la mancha vuelve a extenderse por la casa después de haber arrancado las piedras y de haberla raspado y revocado, 44 el sacerdote entrará de nuevo; y si comprueba que la mancha se ha extendido por la casa, hay un caso de lepra maligna en la casa, y ésta es impura. 45 Se derribará la casa. Sus piedras, sus maderas y todos los escombros serán sacados fuera de la ciudad a un lugar inmundo. 46 Quien entre en esa casa durante el tiempo que esté clausurada quedará impuro hasta la tarde. 47 El que duerma en ella habrá de lavar sus vestidos; y también el que coma en ella habrá de lavarlos. 48 Mas si el sacerdote comprueba al entrar que, después de revocada la casa, la mancha no se ha extendido por ella, la declarará pura, pues se ha curado del mal.

49 «Entonces, para ofrecer por la casa un sacrificio por el pecado, tomará dos pájaros, madera de cedro, púrpura escarlata e hisopo; 50 inmolará uno de los pájaros sobre una vasija de barro con agua corriente 51 y, tomando la madera de cedro, el hisopo y la púrpura escarlata, con el pájaro vivo, los mojará en la sangre del pájaro degollado y en el agua corriente; y hará siete aspersiones sobre la casa. 52 Hará el sacrificio por el pecado en favor de la casa con la sangre del pájaro, con el agua viva, el pájaro vivo, la madera de cedro, el hisopo y la lana escarlata, 53 y soltará el pájaro vivo fuera de la ciudad, en el campo. De este modo hará expiación por la casa, la cual quedará pura.

54 «Ésta es la ley para toda clase de lepra o de tiña, 55 para la lepra del vestido y la de la casa, 56 para los tumores, erupciones y manchas blancas, 57 y para instruir sobre los días de impureza y los días de pureza. Ésta es la ley de la lepra.»

Impurezas sexuales*:

A. del hombre.

15 1 Yahvé habló así a Moisés y a Aarón: 2 «Hablen a los israelitas y díganles: Cualquier hombre que padece flujo seminal, ese flujo es impuro. 3 La impureza causada por su flujo se da tanto si su cuerpo deja destilar el flujo como si lo retiene: es impuro. 4 Todo lecho en que se acueste el que padece flujo será impuro, y todo asiento en que se siente será impuro. 5 Quien toque su lecho lavará sus vestidos, se bañará y quedará impuro hasta la tarde. 6 Quien se siente sobre un mueble donde se haya sentado cualquiera que padece flujo lavará sus vestidos, se bañará y será impuro hasta la tarde. 7 Quien toque el cuerpo del que padece flujo lavará sus vestidos, se bañará y será impuro hasta la tarde. 8 Si el que tiene flujo escupe sobre un hombre puro, éste lavará sus vestidos, se bañará y quedará impuro hasta la tarde. 9 Toda montura sobre la que haya montado el que padece flujo será inmunda. 10 Quien toque un objeto que haya estado debajo de él quedará impuro hasta la tarde, y quien lo transporte lavará sus vestidos, se bañará y será impuro hasta la tarde. 11 Todo aquél a quien toque el que padece flujo sin haberse antes lavado las manos, lavará sus vestidos, se bañará en agua y quedará impuro hasta la tarde. 12 Toda vasija de barro tocada por el que padece flujo será rota, y todo utensilio de madera será lavado con agua.

13 «Si el que padece flujo sana de él, se contarán siete días para su purificación; después lavará sus vestidos, se bañará en agua corriente y quedará puro. 14 El día octavo tomará dos tórtolas o dos pichones y se presentará ante Yahvé a la entrada de la Tienda del Encuentro, para entregarlos al sacerdote. 15 El sacerdote los ofrecerá, uno como sacrificio por el pecado, el otro como holocausto, y así el sacerdote hará expiación por él ante Yahvé, a causa de su flujo.

16 «El hombre que haya tenido derrame seminal lavará con agua todo su cuerpo y quedará impuro hasta la tarde. 17 Toda ropa y todo cuero sobre los cuales se haya derramado el semen será lavado con agua y quedará impuro hasta la tarde.

18 «Cuando una mujer se acueste con un hombre y se haya producido eyaculación, se bañarán ambos y quedarán impuros hasta la tarde.

B. de la mujer.

19 «La mujer que tenga la menstruación, permanecerá impura por espacio de siete días. Y quien la toque será impuro hasta la tarde. 20 Todo aquello sobre lo que se acueste durante su impureza quedará impuro; y todo aquello sobre lo que se siente quedará impuro. 21 Quien toque su lecho lavará los vestidos, se bañará y quedará impuro hasta la tarde. 22 Quien toque un mueble cualquiera sobre el que ella se haya sentado lavará sus vestidos, se bañará y será impuro hasta la tarde. 23 Quien toque algo que está sobre el lecho o sobre el mueble donde ella se sienta quedará impuro hasta la tarde. 24 Si uno se acuesta con ella, se contamina de la impureza de sus reglas y queda impuro siete días; todo lecho en que él se acueste será impuro.

25 «Cuando una mujer tenga flujo de sangre durante muchos días, fuera del tiempo de sus reglas o cuando sus reglas se prolonguen, quedará impura mientras dure su flujo, como en los días del flujo menstrual. 26 Todo lecho en que se acueste mientras dura su flujo será impuro como el lecho de la menstruación, y cualquier mueble sobre el que se siente quedará impuro como durante la impureza menstrual. 27 Quien los toque

15 Al igual que el parto, **12**+, la blenorragia o derrame seminal (del hombre) y las reglas de la mujer piden que se restaure la integridad vital.

quedará impuro y lavará sus vestidos, se bañará y quedará impuro hasta la tarde. 28 Una vez que ella sane de su flujo, contará siete días, y quedará después pura.

29 «El octavo día tomará dos tórtolas o dos pichones y los presentará al sacerdote a la entrada de la Tienda del Encuentro. 30 El sacerdote los ofrecerá uno como sacrificio por el pecado, el otro como holocausto; y hará expiación por ella ante Yahvé por la impureza de su flujo.

Conclusión.

31 «Mantendrán alejados a los israelitas de sus impurezas para que no mueran por contaminar con ellas mi Morada, que está en medio de ellos.

32 «Ésta es la ley relativa al hombre que padece flujo o que se hace impuro por efusión de semen, 33 a la mujer durante el flujo menstrual, a aquél que padece flujo, sea varón o mujer, y a aquél que se acueste con una mujer en período de impureza.»

El gran Día de la Expiación*.
23 26-32; Nm **29** 7-11;
↗ Hb **9** 6-14.

16 1 Yahvé habló a Moisés después de la muerte de los dos hijos de Aarón que murieron al acercarse a Yahvé. 2 Dijo Yahvé a Moisés:

«Di a tu hermano Aarón que no entre en cualquier fecha en el santuario que está al otro lado del velo, ante el propiciatorio que está encima del arca, no sea que muera: pues yo me dejo ver en la nube encima del propiciatorio. 3 Sólo en estas condiciones podrá entrar Aarón en el santuario: con un novillo para el sacrificio por el pecado y un carnero para el holocausto. 4 Se revestirá con la túnica sagrada de lino, se pondrá los calzones de lino, se ceñirá la faja de lino y se cubrirá con la tiara de lino. Éstas son las vestiduras sagradas que se revestirá después de haberse lavado.

5 «Recibirá de la comunidad de los israelitas dos machos cabríos para el sacrificio por el pecado y un carnero para el holocausto. 6 Aarón ofrecerá su novillo por el pecado como expiación por sí mismo y por su casa; 7 tomará los dos machos cabríos y los presentará ante Yahvé, a la entrada de la Tienda del Encuentro. 8 Echará las suertes sobre los dos machos cabríos, uno 'para Yahvé', y otro 'para Azazel'*. 9 Presentará el macho cabrío que haya caído en suerte 'para Yahvé', y lo ofrecerá como sacrificio por el pecado. 10 El macho cabrío que haya caído en suerte 'para Azazel', lo colocará vivo delante de Yahvé para hacer sobre él la expiación y echarlo al desierto, para Azazel.

11 «Aarón ofrecerá su novillo por el pecado para hacer expiación por sí mismo y por su casa, y lo inmolará. 12 Tomará después un incensario lleno de brasas tomadas del altar que está ante Yahvé, y dos puñados de incienso aromático en polvo para introducirlo detrás del velo; 13 pondrá el incienso sobre el fuego, delante de Yahvé, para que la nube del incienso envuelva el propiciatorio que está encima del Testimonio y así él no muera. 14 Tomará luego la sangre del novillo, rociará con su dedo el lado oriental del propiciatorio, y con su dedo hará siete aspersiones de sangre delante del propiciatorio.

15 «Después inmolará el macho cabrío como sacrificio por el pecado del pueblo e introducirá su sangre detrás del velo, haciendo con su sangre lo que hizo con la sangre del novillo: rociará el propiciatorio y su parte anterior. 16 Así purificará el santuario de las impurezas de

16 Fiesta anual que *expía* todas las impurezas. El ritual combina un sacrificio de expiación, ver **4**, y el envío del macho cabrío a Azazel. Cristo por su sacrificio ha satisfecho una vez por todas esta necesidad de expiación perfecta, Hb **9** 6-14+. Ver Si **50** 5-21.

16 8 Los antiguos hebreos y cananeos localizaban este demonio en el desierto (como los *sátiros*, **17** 7), región que Dios no fecunda. El macho cabrío es sacrificado a Yahvé, no a este demonio, vv. 10.21.

los israelitas y de todas sus rebeldías y
pecados. Lo mismo hará con la Tienda
del Encuentro, que mora entre ellos,
en medio de sus impurezas. 17 Nadie
debe estar en la Tienda del Encuentro
desde que Aarón entre a hacer la expiación dentro del santuario hasta que
salga. Hará expiación por sí mismo,
por su casa y por toda la asamblea de
Israel. 18 Luego saldrá hacia el altar que
se halla ante Yahvé y hará expiación
por él: tomará sangre del novillo y del
macho cabrío y untará los cuernos del
altar. 19 Hará sobre él con su dedo siete
aspersiones de sangre, y así lo purificará y lo consagrará, apartándolo de las
impurezas de los israelitas.

20 «Acabada la expiación del santuario, de la Tienda del Encuentro y
del altar, Aarón hará traer el macho
cabrío vivo, 21 impondrá ambas manos
sobre la cabeza del macho cabrío vivo y
confesará sobre él todas las iniquidades
de los israelitas, todas sus rebeldías y
todos sus pecados, los cargará sobre la
cabeza del macho cabrío y lo enviará
al desierto por medio de un hombre
designado para ello. 22 Así el macho cabrío llevará sobre sí todas las iniquidades de ellos, hacia una tierra desierta; y
(el encargado) soltará el macho cabrío
en el desierto.

23 «Luego entrará Aarón en la Tienda
del Encuentro, se despojará de las vestiduras de lino con que se había vestido
al entrar en el santuario y las dejará allí;
24 se lavará el cuerpo en lugar sagrado y
se pondrá sus vestidos. Después saldrá
y ofrecerá su holocausto y el holocausto del pueblo, hará la expiación por sí
mismo y por el pueblo, 25 y quemará
sobre el altar la grasa de la víctima por
el pecado.

26 «El hombre encargado de soltar el
macho cabrío para Azazel lavará sus
vestidos y bañará su cuerpo; después de
lo cual podrá entrar en el campamento.
27 Del novillo del sacrificio por el pecado y del macho cabrío inmolado por
el pecado, cuya sangre fue introducida
en el santuario para hacer expiación,
serán sacados fuera del campamento
y quemados con fuego sus pieles, su
carne y sus excrementos. 28 El que los
queme lavará sus vestidos y se bañará;
después de lo cual podrá entrar en el
campamento.

29 «Éste será para ustedes un decreto
perpetuo: El mes séptimo, el día décimo
del mes, ayunarán y no harán trabajo alguno, ni el nativo ni el forastero que reside en medio de ustedes. 30 Porque ese
día se hará expiación por ustedes para
purificarlos. De todos sus pecados quedarán limpios delante de Yahvé. 31 Será
para ustedes día de descanso completo,
en el que han de ayunar: es decreto perpetuo. 32 Hará la expiación el sacerdote
ungido y de manos consagradas para
ejercer el sacerdocio como sucesor de
su padre; él se revestirá las vestiduras de
lino, las vestiduras sagradas, 33 y hará la
expiación del santuario consagrado, de
la Tienda del Encuentro y del altar. Hará
también la expiación por los sacerdotes
y por toda la asamblea del pueblo.
34 Esto lo tendrán ustedes como decreto
perpetuo: hacer la expiación por los
israelitas, por todos sus pecados, una
vez al año.»

Y se hizo como Yahvé había mandado a Moisés.

*IV. La ley de santidad**

Inmolaciones y sacrificios.
Ex **20** 24; Dt **12** 4-28.

17 1 Yahvé habló así a Moisés:
2 «Di a Aarón y a sus hijos, y
a todos los israelitas: Ésta es la orden
de Yahvé:
3 Cualquier hombre de la casa de
Israel que mate buey, oveja o cabra
dentro del campamento o fuera del
mismo, 4 y no los lleve a la entrada de
la Tienda del Encuentro, para presentarlos como ofrenda a Yahvé ante su
Morada, será considerado reo de sangre*. Tal hombre ha derramado sangre
y será excluido de su pueblo; 5 a fin de
que los israelitas presenten en honor de
Yahvé al sacerdote, a la entrada de la
Tienda del Encuentro, aquellas víctimas
que inmolan en el campo, para que se
ofrezcan como sacrificios de comunión.
6 El sacerdote derramará la sangre sobre el altar de Yahvé, a la entrada de
la Tienda del Encuentro, y quemará
las grasas como calmante aroma para
Yahvé. 7 En adelante no seguirán sacrificando sus sacrificios a los sátiros* tras
los cuales se prostituían. Decreto perpetuo será éste para ellos, generación
tras generación.
8 «Diles: Cualquier hombre de la casa
de Israel, o de los forasteros que residen
entre ellos, que ofrezca holocausto o
sacrificio de comunión 9 y no lo traiga
a la entrada de la Tienda del Encuentro
para sacrificarlo en honor de Yahvé,
será excluido de su parentela.
10 «Si un hombre cualquiera de la casa
de Israel, o de los forasteros que residen entre ellos, come cualquier clase
de sangre, yo volveré mi rostro contra
el que coma sangre y lo excluiré de su
pueblo. 11 Porque la vida de la carne
está en la sangre, y yo se la he dado
para hacer expiación sobre el altar
por sus vidas, pues la expiación por la
vida se hace con la sangre. 12 Por eso
tengo dicho a los israelitas: Ninguno
de ustedes comerá sangre; ni tampoco
comerá sangre el forastero que reside
entre ustedes.
13 «Cualquier hombre de la casa de
Israel, o de los forasteros que residen
entre ellos, que cace un animal o un
ave que es lícito comer, derramará su
sangre y la cubrirá con tierra. 14 Porque
la vida de toda carne está en su sangre. Por eso mandé a los israelitas: No
comerán la sangre de ninguna carne,
pues la vida de toda carne está en su
sangre. Quien la coma, será excluido.
15 «Todo nativo o forastero que coma
carne de bestia muerta o destrozada
lavará sus vestidos, se bañará y quedará
impuro hasta la tarde; después será puro. 16 Si no los lava ni baña su cuerpo,
cargará con su falta.»

Normas acerca de la unión conyugal*.
20 8-21.

18 1 Yahvé dijo a Moisés: 2 «Di a
los israelitas: Yo soy Yahvé su
Dios. 3 No hagan como se hace en la
tierra de Egipto, donde han habitado, ni
hagan como se hace en la tierra de Canaán, adonde los llevo; no deben seguir
sus costumbres. 4 Cumplan mis normas
y guarden mis preceptos, comportán-

17 La *santidad* es uno de los atributos esenciales del Dios de Israel, **11** 45; **19** 2; etc. Es ante todo una separación, una trascendencia que inspira el temor religioso, Ex **33** 20+, pero se comunica, en relación con la Alianza, a todo el que se acerca a Dios o le pertenece por la consagración. Al igual que la pureza ritual exigida por ella, **11**+, se espiritualiza y más tarde se convierte en abstención del pecado; ver **19**+; Is **6** 3+.

17 4 Toda esta sección supone el valor sagrado de la *sangre*, **1** 5+. Ver Dt **12** 15-16.

17 7 En sentido amplio de falsos dioses, ver **16** 8+; 1 Cro **11** 15.

18 Estas normas previenen a Israel contra las costumbres cananeas. Intentan asegurar la rectitud religiosa de la transmisión de la vida en el pueblo elegido. El tono está muy próximo al Dt **4**.

dose según ellos. Yo soy Yahvé, su Dios.
5 Guarden mis preceptos y mis normas.
El hombre que los cumpla, gracias a
ellos vivirá. Yo, Yahvé.
6 «Ninguno de ustedes se acerque a
una consanguínea suya para descubrir
su desnudez*. Yo, Yahvé.
7 «No descubrirás la desnudez de tu
padre ni la desnudez de tu madre. Es
tu madre; no descubrirás su desnudez.
8 «No descubrirás la desnudez de la
mujer de tu padre: es la misma desnudez de tu padre.
9 «No descubrirás la desnudez de tu
hermana, hija de tu padre o hija de tu
madre, nacida en casa o fuera de ella.
10 «No descubrirás la desnudez de la
hija de tu hijo o de la hija de tu hija: es
tu propia desnudez.
11 «No descubrirás la desnudez de la
hija de la mujer de tu padre, engendrada por tu padre: es tu hermana.
12 «No descubrirás la desnudez de la
hermana de tu padre: es carne de tu
padre.
13 «No descubrirás la desnudez de la
hermana de tu madre: es carne de tu
madre.
14 «No descubrirás la desnudez del
hermano de tu padre; no te acercarás a
su mujer: es tu tía.
15 «No descubrirás la desnudez de tu
nuera: es la mujer de tu hijo; no descubrirás su desnudez.
16 «No descubrirás la desnudez de la
mujer de tu hermano: es la desnudez de
tu hermano.
17 «No descubrirás la desnudez de una
mujer y la de su hija. No tomarás ni a la
hija de su hijo ni a la hija de su hija para
descubrir su desnudez: son tu propia
carne; sería una indecencia.
18 «No tomarás por esposa a una
mujer y a su hermana cuando todavía
vive la primera: harías a la segunda
rival de la primera al descubrir también
su desnudez.
19 «No te acercarás a una mujer
durante su impureza menstrual, para
descubrir su desnudez.
20 «No te acostarás con la mujer de tu
prójimo, contaminándote con ella.
21 «No darás ningún hijo tuyo para
hacerlo pasar ante Mólec*; no profanarás así el nombre de tu Dios. Yo,
Yahvé.
22 «No te acostarás con varón como
con mujer: es una abominación.
23 «No te unirás con bestia haciéndo-
te impuro por causa de ella. La mujer
no se prostituirá ante una bestia para
unirse con ella: es una infamia.
24 «No se hagan impuros con ninguna de estas prácticas, pues con ellas se
han hecho impuras las naciones que
yo voy a arrojar cuando lleguen ustedes. 25 Se ha hecho impuro el país; por
eso he castigado su iniquidad, y el país
ha vomitado a sus habitantes. 26 Ustedes, pues, guarden mis preceptos y
mis normas, y no cometan ninguna
de esas abominaciones, ni los de su
pueblo ni los forasteros que residen
entre ustedes. 27 Porque todas estas
abominaciones han cometido los hombres que habitaron el país antes que
ustedes, y por eso el país se ha contaminado. 28 Y no los vomitará la tierra
por sus impurezas, del mismo modo
que vomitó a las naciones anteriores a
ustedes; 29 sino que todos aquellos que
cometan una de esas abominaciones,
ésos serán excluidos de su pueblo.
30 Guarden, pues, mis prescripciones;
no practicarán ninguna de las costumbres abominables que se practicaban
antes de ustedes, para que no se hagan
impuros con ellas. Yo, Yahvé, su Dios.»

18 6 Para los hebreos el parentesco es una identidad de sangre, de carne, de huesos, Gn **2** 23-24; etc. Las prohibiciones que siguen, contra el incesto, suponen que una carne no se fecunda a sí misma.

18 21 El rito cananeo que *hacía pasar por el fuego* a los niños estaba condenado por la Ley, **20** 2-5; Dt **12** 31; **18** 10. Pero se introdujo en Israel especialmente en Jerusalén, 2 R **16** 3; etc.; Jr **7** 31; Ez **16** 21; etc. *Mólec* es un nombre fenicio tomado en Israel por el de un dios.

Prescripciones morales y cultuales*.

19 1 Yahvé le dijo a Moisés: 2 «Di a toda la comunidad de los israelitas: Sean santos, porque yo, Yahvé, su Dios, soy santo.

3 «Respete cada uno a su madre y a su padre. Guarden mis sábados. Yo, Yahvé, su Dios. 4 No se vuelvan hacia los ídolos, ni se hagan dioses de metal fundido. Yo, Yahvé, su Dios.

5 «Cuando sacrifiquen a Yahvé un sacrificio de comunión, sacrifíquenlo de modo que les sea aceptado. 6 La víctima se ha de comer el mismo día en que la inmolen, o al día siguiente; y lo que sobre hasta el día tercero, será quemado. 7 Si se come algo al tercer día, es un manjar corrompido; el sacrificio no será grato a Yahvé. 8 El que lo coma, cargará con su falta, porque ha profanado la Santidad de Yahvé. Esa persona será excluida de su parentela.

9 «Cuando cosechen la mies de su tierra, no siegues hasta el mismo orillo de tu campo, ni espigues los restos de tu mies. 10 No harás rebusco de tu viña, ni recogerás de tu huerto los frutos caídos; los dejarás para el pobre y el forastero. Yo, Yahvé, su Dios.

11 «No hurtarán; no mentirán; no se engañen unos a otros*. 12 No jurarán en falso por mi nombre: profanarías el nombre de tu Dios. Yo, Yahvé. 13 No oprimirás a tu prójimo, ni lo explotarás. El salario del jornalero no pasará la noche contigo hasta la mañana siguiente. 14 No maldecirás a un mudo, ni pondrás tropiezo a un ciego, sino que temerás a tu Dios. Yo, Yahvé.

15 «Siendo juez, no hagas injusticia, ni por favorecer al pobre ni por miramientos hacia el grande: con justicia juzgarás a tu prójimo. 16 No andes difamando entre los tuyos; no demandes contra la vida de tu prójimo. Yo, Yahvé.

17 «No odies en tu corazón a tu hermano, pero corrige a tu prójimo, para que no te cargues con un pecado por su causa. 18 No te vengarás ni guardarás rencor a los hijos de tu pueblo. Amarás a tu prójimo como a ti mismo. Yo, Yahvé.

19 «Guarden mis preceptos. No cruzarás ganado tuyo de diversas especies. No siembres tu campo con dos clases de grano diferentes. No uses ropa de tejidos de dos clases.

20 «Si un hombre se acuesta con una mujer que es una sierva que pertenece a otro, sin que haya sido rescatada ni liberada, será él castigado, pero no con pena de muerte, pues ella no era libre. 21 Él ofrecerá a Yahvé, como sacrificio de reparación, a la entrada de la Tienda del Encuentro, un carnero de reparación. 22 Con el carnero de reparación, el sacerdote hará expiación ante Yahvé por el pecado que cometió, y se le perdonará su pecado.

23 «Cuando entren en la tierra y planten toda clase de árboles frutales, considerarán impuro su fruto, como incircunciso*; durante tres años los considerarán incircuncisos y no se podrán comer. 24 El cuarto año todos su frutos serán consagrados festivamente a Yahvé. 25 El quinto año podrán ya comer de su fruto y almacenar su producto. Yo, Yahvé, su Dios.

26 «No coman nada con sangre. No practiquen la adivinación ni la magia. 27 No rapen en redondo su cabellera, ni recorten los bordes de su barba. 28 No harán incisiones en su carne por un muerto; no se harán tatuajes. Yo, Yahvé.

19 La santidad de Yahvé exige la de su pueblo. Esta referencia constituye la unidad de las prescripciones siguientes; ver **11** 44-45; **17** 1+; Ex **19** 6+. El mismo pensamiento aparecerá en el NT, asociado a la salvación por Jesucristo, Hch **9** 13+; Rm **1** 7; 1 Ts **3** 13; **4** 3; 1 P **2** 5.9+; etc.

19 11 Este párrafo sobre el *prójimo* se inspira en el Decálogo, Ex **20**+. El v. 18 reaparecerá y será ampliado en el NT, Mt **5** 43-48; **22** 39-40; Rm **13** 9; etc.

19 23 El *prepucio*, ver Gn **17** 9-10, se convierte en el símbolo de una cosa impura antes de su consagración.

29 «No profanarás a tu hija, prostituyéndola; así la tierra no se prostituirá ni se llenará de indecencias.

30 «Guarden mis sábados y honren mi santuario. Yo, Yahvé.

31 «No acudan a nigromantes, ni consulten a adivinos haciéndose impuros por su causa. Yo, Yahvé, su Dios.

32 «Ponte en pie ante las canas y honra el rostro del anciano; teme a tu Dios. Yo, Yahvé.

33 «Cuando un forastero resida entre ustedes, en su tierra, no lo opriman. 34 Al forastero que reside entre ustedes, lo mirarán como a uno de su pueblo y lo amarás como a ti mismo; pues también ustedes fueron forasteros en la tierra de Egipto. Yo, Yahvé, su Dios.

35 «No cometan injusticia ni en los juicios, ni en las medidas de longitud, de peso o de capacidad: 36 tengan balanza exacta, peso exacto, medida exacta y fanega exacta. Yo soy Yahvé su Dios, que los saqué del país de Egipto.

37 «Guarden todos mis preceptos y todas mis normas, y pónganlos en práctica. Yo, Yahvé.»

Sanciones*:

A. Faltas cultuales.

20 1 Dijo Yahvé a Moisés: 2 «Dirás a los israelitas: Si un hombre cualquiera de entre los israelitas o de los forasteros que residen en Israel entrega uno de sus hijos a Mólec, morirá sin remedio; el pueblo de la tierra lo apedreará. 3 Yo mismo volveré mi rostro contra ese hombre y lo extirparé de su pueblo, por haber entregado un hijo suyo a Mólec, haciendo impuro mi santuario y profanando mi nombre santo. 4 Si el pueblo de la tierra cierra los ojos ante ese hombre que entregó uno de sus hijos a Mólec y no le da muerte, 5 yo mismo volveré mi rostro contra ese hombre y contra su familia, y lo extirparé de su pueblo, a él y a todos los que como él se prostituyan tras Mólec.

6 «Si alguien consulta a los nigromantes y a los adivinos, y se prostituye con ellos, yo volveré mi rostro contra él y lo extirparé de su pueblo. 7 Santifíquense y sean santos; porque yo soy Yahvé, su Dios.

B. Faltas contra la familia.
18

8 «Guarden mis preceptos y cúmplanlos. Yo soy Yahvé, el que los santifica.

9 «Quien maldiga a su padre o a su madre, será muerto: ha maldecido a su padre o a su madre; su sangre sobre él.

10 «Si un hombre comete adulterio con la mujer de su prójimo, serán castigados con la muerte: el adúltero y la adúltera.

11 «Si uno se acuesta con la mujer de su padre, ha descubierto la desnudez de su padre: ambos morirán; su sangre sobre ellos.

12 «Si un hombre se acuesta con su nuera, ambos morirán; han cometido una infamia; su sangre sobre ellos.

13 «Si un varón se acuesta con otro varón, como se hace con una mujer, ambos han cometido una abominación: han de morir; su sangre sobre ellos.

14 «Si uno toma por esposas a una mujer y a su madre, es un crimen. Serán quemados tanto él como ellas, para que no se dé tal crimen entre ustedes.

15 «Al que se una con bestia, se le dará muerte. Matarán también a la bestia. 16 Si una mujer se prostituye ante una bestia y se une a ella, matarán a la mujer y a la bestia. Han de morir; su sangre sobre ellas.

17 «Si alguien toma por esposa a su hermana, hija de su padre o hija de su madre, y ve la desnudez de ella y ella ve la desnudez de él, es algo vergonzoso. Serán exterminados en presencia de los hijos de su pueblo. Ha descubierto la desnudez de su hermana: cargará con su iniquidad.

18 «El que se acueste con mujer durante el período menstrual, descubrien-

20 Se insiste de nuevo en las prescripciones anteriores, pero precisando las sanciones.

do la desnudez de ella, ha puesto al descubierto la fuente del flujo de ella y ella ha descubierto la fuente de su sangre. Ambos serán excluidos de su pueblo.

19 «No descubras la desnudez de la hermana de tu madre ni de la hermana de tu padre, porque desnudas su propia carne: cargarán con su pecado.

20 «El que se acueste con la mujer de su tío paterno, descubre la desnudez de éste. Cargarán con su pecado; morirán sin hijos.

21 «Si uno toma por esposa a la mujer de su hermano, es algo impuro, pues descubre la desnudez de su hermano; no tendrán hijos.

Exhortación final.

22 «Guarden, pues, todos mis preceptos y todas mis normas, y cúmplanlos; así no los vomitará la tierra adonde los llevo para que habiten en ella.
23 No imiten las costumbres de las naciones que yo voy a expulsar a su llegada; pues, porque han obrado así, yo estoy asqueado de ellas.
24 A ustedes ya les he dicho: «Tomarán posesión de su tierra, la que yo les daré en herencia, tierra que mana leche y miel.» Yo soy Yahvé, su Dios, que los ha separado de esos pueblos.

25 «Han de distinguir entre animales puros e impuros, y entre aves impuras y puras; para que no se contaminen, ni con animal, ni con ave ni con reptil que se arrastra por el suelo, de los que los he apartado yo como cosas impuras.

26 «Sean santos para mí, porque yo, Yahvé, soy santo, y los he separado de los demás pueblos, para que sean míos.

27 «El hombre o la mujer que practique el espiritismo o la adivinación será castigado con la muerte: los apedrearán. Su sangre sobre ellos.»

Santidad del sacerdocio*:

A. Los sacerdotes.

21 1 Dijo Yahvé a Moisés: «Di a los sacerdotes, hijos de Aarón: Nadie se haga impuro por el cadáver de alguno de los suyos,
2 como no sea pariente cercano: la madre, el padre, el hijo, la hija, el hermano,
3 una hermana virgen que viva con él y no haya sido desposada aún; por ella puede contraer impureza.
4 Pero por una hermana casada, no debe hacerse impuro; se profanaría.

5 «Los sacerdotes no se raparán la cabeza, ni se cortarán los bordes de la barba, ni se harán incisiones en su cuerpo.
6 Santos han de ser para su Dios y no profanarán el nombre de su Dios, pues son ellos los que presentan los manjares que se han de abrasar para Yahvé, el alimento de su Dios; han de ser santos.

7 «No tomarán por esposa a una mujer prostituta ni violada, ni una mujer repudiada por su marido; pues el sacerdote está consagrado a su Dios.
8 Lo considerarás como cosa santa, porque él es quien presenta el alimento de tu Dios; lo tendrás por santo, pues santo soy yo, Yahvé, el que los santifico a ustedes.
9 Si la hija de un sacerdote se prostituye y se profana, a su padre profana; será quemada.

B. El sumo sacerdote.

10 «El sumo sacerdote, el mayor entre sus hermanos, sobre cuya cabeza fue derramado el óleo de la unción y que recibió la investidura revistiéndose los ornamentos, no llevará desgreñada su cabellera ni rasgará sus vestiduras,
11 ni se acercará a ningún cadáver; ni siquiera por su padre o por su madre se le permite hacerse impuro.
12 No saldrá del santuario para no profanar el santuario de su Dios; pues está consagrado con el óleo de la unción de su Dios. Yo, Yahvé.

13 «Tomará por esposa una virgen.
14 No se casará con viuda ni con repudiada ni con profanada por prostitución, sino que tomará por esposa una virgen de su parentela.
15 Así no profanará su descendencia entre su pueblo, pues soy yo, Yahvé, el que lo santifico.»

21 Los caps. **21-22** regulan la santidad sacerdotal y la participación en los sacrificios.

C. Impedimentos para el sacerdocio.

16 Yahvé dijo a Moisés: 17 «Dile a Aarón: Ninguno de tus descendientes, en cualquiera de sus generaciones, si tiene un defecto corporal, podrá acercarse a ofrecer el alimento de su Dios. 18 Ningún hombre que tenga defecto corporal se acercará: ni ciego, ni cojo, ni deforme, ni monstruoso, 19 ni lisiado, ni manco; 20 ni jorobado, ni raquítico, ni con defecto en un ojo, ni sarnoso o tiñoso, ni eunuco. 21 Ningún descendiente de Aarón que tenga defecto corporal puede acercarse a ofrecer los manjares que se abrasan en honor de Yahvé. Tiene defecto; no se acercará a ofrecer el alimento de su Dios. 22 Podrá comer del alimento de su Dios, las cosas sacratísimas y las sagradas; 23 mas no podrá pasar hasta detrás del velo ni se acercará al altar, porque tiene un defecto y profanaría mi santuario, pues yo soy Yahvé, el que los santifico.»

24 Moisés comunicó esto a Aarón y a sus hijos y a todos los israelitas.

Santidad en la participación de los manjares sagrados:

A. Los sacerdotes.

22 1 Yahvé dijo a Moisés: 2 «Di a Aarón y a sus hijos que se abstengan de algunas ofrendas sagradas que los israelitas me consagran, para no profanar mi santo nombre. Yo, Yahvé.

3 «Diles: Cualquier descendiente de ustedes, de cualquier generación, que, en estado de impureza, se acerque a las cosas sagradas que los israelitas consagran a Yahvé, será excluido de mi presencia. Yo, Yahvé.

4 «Ningún descendiente de Aarón que sea leproso o padezca flujo comerá de las cosas sagradas hasta que se haya purificado. El que toque lo que es impuro por contacto de cadáver, o el que haya tenido un derrame seminal, 5 o el que haya tocado un bicho o a un hombre y contraído así alguna clase de impureza; 6 quien toque estas cosas quedará impuro hasta la tarde, y no comerá de las cosas sagradas, sino que lavará su cuerpo con agua; 7 puesto el sol, quedará limpio y podrá luego comer de las cosas sagradas, pues son su alimento. 8 No comerá animal muerto o destrozado, que lo haría impuro. Yo, Yahvé.

9 «Que guarden mis prescripciones; así no incurrirán en culpa ni tendrán que morir por haber cometido una profanación. Yo, Yahvé, el que los santifico.

B. Los laicos.

10 «Ningún laico comerá de las cosas sagradas; ningún huésped del sacerdote ni jornalero suyo comerá de las cosas sagradas. 11 Pero si un sacerdote compra con su dinero una persona, ésta podrá comer de las cosas sagradas; y también el siervo nacido en la casa: ambos pueden comer del alimento del sacerdote. 12 La hija de un sacerdote, casada con un laico, no podrá comer de la ofrenda reservada de las cosas sagradas. 13 Pero si la hija de un sacerdote queda viuda o es repudiada, y sin tener prole vuelve a la casa de su padre, podrá comer del alimento de su padre, como en su juventud. Pero ningún laico comerá de él. 14 Quien, por inadvertencia, coma cosa sagrada, la restituirá al sacerdote, añadiendo un quinto. 15 No profanarán las cosas sagradas de los israelitas, reservadas para Yahvé, 16 porque al comerlas cargarían con una falta que debería ser reparada. Yo soy Yahvé, el que los santifico.»

C. Los animales sacrificados.

17 Yahvé le dijo a Moisés: 18 «Di a Aarón y a sus hijos, y a todos los israelitas: Si cualquier hombre de la casa de Israel, o de los forasteros residentes en Israel, presenta una ofrenda, en cumplimiento de un voto, o voluntariamente, de las que se ofrecen a Yahvé como holocausto 19 para que sea aceptada favorablemente, la víctima habrá de ser macho, sin defecto, vacuno, ovino o cabrío. 20 No

ofrezcan nada defectuoso, pues no les
sería bien aceptado.
21 «Si alguno ofrece a Yahvé ganado mayor o menor como sacrificio
de comunión, en cumplimiento de un
voto, o voluntariamente, para que sea
aceptado favorablemente, ha de ser una
res sin defecto; no debe tener defecto
alguno. 22 No presentarán ante Yahvé
animal ciego, cojo, mutilado, ulcerado,
sarnoso o ruin; nada de eso pondrán sobre el altar como manjar que se abrasa
para Yahvé. 23 Si el vacuno u ovino es
desproporcionado o enano, podrán
presentarlo como ofrenda voluntaria,
pero no será aceptado en cumplimiento
de voto. 24 No ofrecerán a Yahvé animal
que tenga los testículos aplastados, ma-
jados, arrancados o cortados. No hagan
tales cosas en su tierra. 25 Y tampoco
recibirán nada de eso de la mano del
extranjero como alimento del Dios de
ustedes, porque su mutilación es un
defecto; no les serían aceptados favorablemente.»
26 Yahvé dijo a Moisés: 27 «Cuando
nazca un ternero, un cordero o un cabrito, quedará siete días con su madre;
a partir del día octavo será grato como
ofrenda de manjar abrasado para Yahvé.
28 No inmolen en el mismo día vaca u
oveja juntamente con su cría. 29 Cuando ofrezcan a Yahvé un sacrificio de
alabanza, lo harán de tal modo que les
sea favorablemente aceptado: 30 será comido en el mismo día, sin dejar nada de
él hasta la mañana siguiente. Yo, Yahvé.

D. Exhortación final.

31 «Guarden mis mandamientos y
cúmplanlos. Yo, Yahvé. 32 No profanen
mi santo nombre, para que yo sea
santificado en medio de los israelitas.
Yo soy Yahvé, el que los santifica, 33 el
que los ha sacado de la tierra de Egipto
para ser su Dios. Yo, Yahvé.»

Ritual para las fiestas del año*:

Ex **23** 14+.

23 1 Dijo Yahvé a Moisés: 2 «Di a los
israelitas: Las solemnidades de
Yahvé en las que convocarán asambleas
santas son éstas:

A. El sábado.

Ex **20** 8+.

3 «Seis días se trabajará, pero el séptimo día será de gran descanso, reunión
sagrada. No harán en él trabajo alguno.
Será descanso consagrado a Yahvé dondequiera que habiten*.
4 «Éstas son las solemnidades de Yahvé, las reuniones sagradas, a las que
convocarán en las fechas establecidas:

B. La Pascua y los Ázimos.

Ex **12** 1+; **23** 14+.

5 «El mes primero, el día catorce del
mes, entre dos luces, será la Pascua de
Yahvé. 6 El quince de ese mes se celebrará la fiesta de los Ázimos en honor
de Yahvé. Durante siete días comerán
panes ázimos. 7 El día primero tendrán
reunión sagrada; no harán ningún trabajo servil. 8 Ofrecerán durante siete días
manjares abrasados a Yahvé. El séptimo día celebrarán reunión sagrada; no
harán en él ningún trabajo servil.»

C. La primera gavilla*.

Dt **26** 1+.

9 Yahvé dijo a Moisés: 10 «Di a los
israelitas: Cuando entren en la tierra
que yo les doy, y sieguen allí su mies,
llevarán al sacerdote una gavilla, como
primicias de su cosecha. 11 El sacerdote
ejecutará con la gavilla el rito de balanceo delante de Yahvé, para que sea
bien aceptada. El sacerdote ejecutará el
balanceo el día siguiente al sábado. 12 El
mismo día en que hagas el balanceo con
la gavilla, sacrificarán un cordero de un

23 Este capítulo determina el ciclo de las *fiestas* que a lo largo de todo el año expresaban y reforzaban la unión del pueblo de Israel con el Dios de la Alianza. Ver Ex **12**+; **23** 14+.

23 3 Ver Ex **20** 8+.

23 9 A la fiesta de los Ázimos va ligada la ofrenda de la primera gavilla, ver Ex **23** 19.

año, sin defecto, como holocausto a
Yahvé. 13 La correspondiente oblación
será de dos décimas de flor de harina
amasada con aceite, como manjar abrasado de calmante aroma para Yahvé, y
la libación de vino será un cuarto de sextario. 14 No comerán pan ni grano tostado ni grano tierno hasta ese mismo día
en que presenten la ofrenda de su Dios.
Es un decreto perpetuo para todas sus
generaciones, dondequiera que habiten.

D. La fiesta de las Semanas.

15 «A partir del día siguiente al sábado, o sea, desde el día en que lleven la
gavilla de la ofrenda de balanceo, contarán siete semanas completas. 16 Contarán cincuenta días hasta el día siguiente
al séptimo sábado, y entonces ofrecerán
a Yahvé una oblación nueva. 17 Llevarán de sus casas como ofrenda de balanceo dos panes, hechos con dos décimas
de flor de harina y cocidos con levadura,
como primicias para Yahvé. 18 Juntamente con el pan ofrecerán a Yahvé
siete corderos de un año, sin defecto,
un novillo y dos carneros; serán el holocausto para Yahvé, con su oblación y
sus libaciones, como manjar abrasado
de calmante aroma para Yahvé. 19 Ofrecerán también un macho cabrío como
sacrificio por el pecado, y dos corderos
de un año como sacrificio de comunión.
20 El sacerdote ejecutará con ellos el rito
de balanceo ante Yahvé, junto con el
pan de las primicias y con los dos corderos; serán cosas consagradas a Yahvé y
pertenecerán al sacerdote. 21 Ese mismo
día convocarán reunión sagrada; no
harán ningún trabajo servil. Decreto
perpetuo es éste para todas sus generaciones dondequiera que habiten.
22 «Cuando cosechen las mieses de su
tierra, no siegues hasta el mismo orillo
de tu campo, ni espigues los restos de tu
mies; los dejarás para el pobre y para el
forastero. Yo, Yahvé, su Dios.»

E. El día primero del mes séptimo.

23 Dijo Yahvé a Moisés: 24 «Di a los
israelitas: En el mes séptimo, el primer
día del mes*, será para ustedes de gran
descanso, conmemoración al clamor de
las trompetas, reunión sagrada. 25 No
harán ningún trabajo servil, y ofrecerán
manjares abrasados a Yahvé.»

F. El día de la Expiación.

16+; Nm **29** 7-11.

26 Dijo Yahvé a Moisés: 27 «El día décimo de ese séptimo mes es el día de la
Expiación, en el cual tendrán reunión
sagrada; ayunarán y ofrecerán manjares abrasados a Yahvé. 28 No harán en
ese día ningún trabajo, pues es el día de
la Expiación, en el que se ha de hacer la
expiación por ustedes delante de Yahvé,
su Dios. 29 El que no ayune ese día será
excluido de su pueblo. 30 Al que haga
en tal día un trabajo cualquiera, yo lo
excluiré de su pueblo. 31 No harán trabajo alguno. Es decreto perpetuo, para
todas sus generaciones, dondequiera
que habiten. 32 Será para ustedes día de
descanso total y ayunarán; guardarán
descanso el día nueve del mes, de tarde
a tarde.»

G. La fiesta de las Tiendas.

Ex **23** 14+.

33 Dijo Yahvé a Moisés: 34 «Di a los
israelitas: El día quince de ese séptimo
mes celebrarán durante siete días la
fiesta de las Tiendas en honor a Yahvé.
35 El día primero habrá reunión sagrada
y no harán trabajo servil alguno. 36 Durante siete días ofrecerán manjares abrasados a Yahvé. El día octavo tendrán
reunión sagrada y ofrecerán manjares
abrasados a Yahvé. Es día de asamblea
solemne: no harán en él trabajo servil
alguno.

23 24 La luna nueva era celebrada tanto en Israel como en Canaán. No queda aquí más que la del mes séptimo, que marcó durante largo tiempo el comienzo del año.

Conclusión.

[37] «Éstas son las solemnidades de Yahvé en las que han de convocar reunión sagrada para ofrecer manjares abrasados a Yahvé, holocaustos y oblaciones, sacrificios de comunión y libaciones, cada cosa en su día, [38] sin contar los sábados de Yahvé, sin contar sus dones, sin contar todos sus votos, sin contar todas sus ofrendas voluntarias, las que ofrezcan a Yahvé.

Complemento sobre la fiesta de las Tiendas.

[39] «El día quince del séptimo mes, después de haber cosechado el producto de la tierra, celebrarán la fiesta en honor de Yahvé durante siete días. El primer día será de descanso total e igualmente el octavo. [40] El primer día tomarán frutos de los mejores árboles, ramos de palmera, ramas de árboles frondosos y sauces de las riberas; y se alegrarán en la presencia de Yahvé, su Dios, por espacio de siete días. [41] Celebrarán fiesta en honor de Yahvé durante siete días cada año. Es decreto perpetuo para todas sus generaciones. En el séptimo mes la celebrarán. [42] Durante los siete días habitarán en cabañas. Todos los naturales de Israel morarán en cabañas, [43] para que sepan los descendientes de ustedes que yo hice habitar en cabañas a los israelitas cuando los saqué de la tierra de Egipto. Yo, Yahvé, su Dios.»
[44] Así promulgó Moisés las solemnidades de Yahvé a los israelitas.

Prescripciones rituales complementarias:

A. La llama permanente.

24 [1] Dijo Yahvé a Moisés: [2] «Manda a los israelitas que te traigan para el alumbrado aceite puro de olivas molidas, para alimentar continuamente la lámpara. [3] Aarón la preparará fuera del velo del Testimonio, en la Tienda del Encuentro, para que arda de continuo ante Yahvé desde la tarde hasta la mañana. Es decreto perpetuo, para todas sus generaciones. [4] Él colocará las lámparas sobre el candelabro puro para que ardan ante Yahvé continuamente.

B. Los panes de la Presencia.

[5] «Tomarás flor de harina y cocerás con ella doce tortas, de dos décimas cada una. [6] Las colocarás en dos hileras, seis en cada hilera, sobre la mesa pura, en la presencia de Yahvé. [7] Pondrás sobre cada hilera incienso puro: será para el pan un memorial, manjar abrasado para Yahvé.
[8] «Todos los sábados, sin excepción, lo dispondrá en presencia de Yahvé de parte de los israelitas, en señal de alianza perpetua. [9] Será para Aarón y sus hijos, y lo comerán en lugar sagrado; porque es cosa sacratísima, tomada de los manjares que se abrasan para Yahvé. Es decreto perpetuo.»

Blasfemia y ley del talión*.

[10] Había entre los israelitas uno que era hijo de una mujer israelita, pero su padre era egipcio. El hijo de la israelita y un hombre de Israel riñeron en el campo, [11] y el hijo de la israelita blasfemó y maldijo el Nombre. Y fue llevado ante Moisés. Su madre se llamaba Selomit, hija de Dibrí, de la tribu de Dan. [12] Lo tuvieron detenido hasta que se decidiera el caso por sentencia de Yahvé. [13] Entonces Yahvé le dijo a Moisés:
[14] «Saca al blasfemo fuera del campamento; todos los que lo oyeron pondrán las manos sobre su cabeza, y toda la comunidad lo apedreará. [15] Y dirás a los israelitas: Cualquier hombre que maldiga a su Dios, cargará con su pecado. [16] Quien blasfeme el Nombre de Yahvé, será muerto; toda la comunidad

24 10 Un relato, vv. 10-14.23, sirve de marco para recordar las prescripciones anteriores. Sobre el talión, ver Ex **21** 25+.

lo apedreará. Sea forastero o nativo, si
blasfema el Nombre, morirá.
17 «El que hiera mortalmente a cualquier otro hombre, morirá.
18 «El que hiera de muerte a un animal lo indemnizará: animal por animal.
19 Si alguno causa una lesión a su prójimo, se le hará lo mismo que hizo él:
20 fractura por fractura, ojo por ojo,
diente por diente; se le hará la misma
lesión que él haya causado al otro.
21 El que mate un animal, indemnizará
por él; mas el que mate a un hombre,
morirá. 22 Del mismo modo juzgarás al
forastero que al nativo; porque yo soy
Yahvé, su Dios.»
23 Habló, pues, Moisés a los israelitas
y sacaron al blasfemo fuera del campamento y lo apedrearon. Los israelitas
hicieron lo que Yahvé había mandado
a Moisés.

Los años santos*:

A. El año sabático.
Ex **23** 10-11; Dt **15** 1-11.

25 1 Dijo Yahvé a Moisés en el
monte Sinaí: 2 «Di a los israelitas: Cuando hayan entrado en la tierra
que yo voy a darles, la tierra tendrá también su descanso en honor de Yahvé.
3 Seis años sembrarás tu campo, seis
años podarás tu viña y cosecharás sus
frutos; 4 pero el séptimo año será de
completo descanso para la tierra, un
sábado en honor de Yahvé: no sembrarás tu campo, ni podarás tu viña. 5 No
segarás los rebrotes de la última siega,
ni vendimiarás los racimos de tu viña
inculta. Será año de descanso completo
para la tierra. 6 La tierra, incluso en su
descanso, los alimentará a ti, a tu siervo,
a tu sierva, a tu jornalero y al emigrante
que reside junto a ti. 7 Todo lo que produzca proporcionará alimento también
a tus ganados y a los animales salvajes.

B. El año del jubileo*.

8 «Contarás siete semanas de años,
siete por siete años; de modo que las
siete semanas de años sumarán cuarenta y nueve años. 9 El mes séptimo, el día
diez del mes, harás resonar el estruendo
de las trompetas; el día de la Expiación
harán resonar ustedes el cuerno por toda su tierra. 10 Declararán santo el año
cincuenta, y proclamarán por el país
la liberación para todos sus habitantes.
Será para ustedes un jubileo; cada uno
recobrará su propiedad, y cada cual
regresará a su familia. 11 Este año cincuenta será para ustedes año jubilar: no
sembrarán, ni segarán los rebrotes, ni
vendimiarán la viña inculta, 12 porque
es el año jubilar, que será sagrado para
ustedes. Comerán lo que el campo dé
de sí.
13 «En este año jubilar recobrarán cada
uno de ustedes su propiedad. 14 Si venden algo a su prójimo o le compran algo, que nadie perjudique a su hermano.
15 Comprarás a tu prójimo atendiendo
al número de años transcurridos después del jubileo; y en razón del número
de años de cosecha que quedan, te fijará
él el precio de venta: 16 a mayor número
de años, mayor será el precio de la compra; cuantos menos años queden, tanto
menor será su precio, porque lo que
él te vende es el número de cosechas.
17 Ninguno de ustedes perjudique a su
prójimo. Y teme a tu Dios, porque yo
soy Yahvé, su Dios.

Garantía divina.

18 «Cumplan mis preceptos; guarden
mis normas y pónganlas en práctica; así

25 Estas leyes afirman que Dios es el único propietario y soberano de la Tierra santa. Hasta la misma tierra observará el sábado, **23** 3. Así se llega periódicamente a la estabilidad de la sociedad, a la sencillez de la vida pastoril, fundada en la familia y los bienes familiares; ver Ex **23** 10-11; Dt **15** 1-11; 1 M **6** 49-53.

25 8 El *año jubilar*, anunciado al son de trompeta (*yobel*, ver Is **62** 1-2) acentuaba el deseo de devolver a todos la libertad y la autonomía después de un ciclo de siete años sabáticos. De hecho, no tenemos indicio alguno de que esta ley haya sido aplicada alguna vez.

vivirán seguros en esta tierra. [19] Y la tierra dará su fruto, y comerán hasta saciarse; y habitarán seguros en ella.

[20] «Si preguntan: ¿Qué comeremos el año séptimo, si no podremos sembrar ni cosechar nuestras mieses? [21] Yo les mandaré mi bendición al año sexto, de modo que producirá para tres años. [22] Cuando siembren el año octavo, seguirán todavía comiendo de la cosecha anterior. Hasta que llegue la nueva cosecha del año nono, seguirán comiendo de la anterior.

Consecuencias de la santidad:

A. De la tierra: rescate de las propiedades.

[23] «La tierra no puede venderse a perpetuidad, porque la tierra es mía, y ustedes son forasteros y huéspedes en mi tierra. [24] En todo terreno de su propiedad concederán derecho a rescatar la tierra. [25] Si se empobrece tu hermano y vende parte de su propiedad, su pariente más cercano vendrá y rescatará lo vendido por su hermano. [26] Y si uno no tiene quien ejerza este derecho, pero adquiere por sí mismo recursos suficientes para el rescate, [27] descontará los años pasados desde la venta y abonará al comprador la diferencia; así recobrará su propiedad. [28] Pero si no obtiene lo suficiente para recobrarla, la propiedad vendida quedará en poder del comprador hasta el año jubilar, y en el año jubilar quedará libre; y volverá a propiedad del vendedor.

[29] «Si uno vende una vivienda en ciudad amurallada, su derecho a rescatarla durará hasta que se cumpla el año de su venta; un año entero durará su derecho de rescate. [30] Si no ha sido rescatada dentro de un año entero, la casa situada en ciudad amurallada será a perpetuidad para el comprador y sus descendientes y no quedará libre en el año jubilar. [31] En cambio, las casas de las aldeas sin murallas que las rodeen serán consideradas como propiedades rústicas: gozarán de derecho de rescate y en el año jubilar quedarán libres.

[32] «En cuanto a las ciudades de los levitas, a las casas de las ciudades de su propiedad, los levitas tendrán derecho de rescate perpetuamente. [33] Si no se rescata algo perteneciente a un levita, lo que se haya vendido, si es una casa en una ciudad de su propiedad, quedará libre en el año jubilar; porque las casas de las ciudades de los levitas son su propiedad en medio de los israelitas. [34] Los campos que rodean sus ciudades no pueden venderse, pues son su propiedad para siempre.

B. Del pueblo: préstamo y manumisión.

[35] «Si un hermano tuyo se empobrece y le tiembla la mano en sus tratos contigo, lo mantendrás como forastero o huésped, para que pueda vivir junto a ti. [36] No tomarás de él interés ni recargo; antes bien, teme a tu Dios y deja vivir a tu hermano junto a ti. [37] No le darás tu dinero con interés ni le darás tus víveres con recargo. [38] Yo soy Yahvé, su Dios, que los saqué a ustedes de la tierra de Egipto, para darles la tierra de Canaán y ser su Dios.

[39] «Si un hermano tuyo se empobrece en sus asuntos contigo y tú lo compras, no le impondrás trabajos de esclavo; [40] estará contigo como jornalero o como huésped, y trabajará junto a ti hasta el año del jubileo. [41] Entonces saldrá libre de tu casa, él y sus hijos con él, y volverá a su familia y a la propiedad de sus padres*. [42] Porque son siervos míos, a quienes yo saqué de la tierra de Egipto; no han de ser vendidos como se vende un esclavo. [43] No serás tirano con él, sino que temerás a tu Dios.

25 41 Esta armonización del Código de la Alianza, Ex **21** 2-6, con la ley del jubileo, parece bastante teórica, a pesar de una mitigación de la situación en el caso de los israelitas, vv. 45-46. El NT borrará profundamente todas estas desigualdades, Ga **3** 28; etc.

44 «Los siervos y las siervas que tengas, serán de las naciones que los rodean; de ellos podrán adquirir siervos y siervas. 45 También podrán comprarlos de entre los hijos de los huéspedes que residen en medio de ustedes, y de sus familias que viven entre ustedes, es decir, de los hijos que hayan tenido en su tierra. Ésos pueden ser su propiedad, 46 y los podrán dejar en herencia a sus hijos después de ustedes, como propiedad perpetua. A éstos los podrán tener como siervos; pero tratándose de sus hermanos, los israelitas, uno no tratará a su hermano con dureza.

47 «Si el forastero o huésped que mora contigo adquiere bienes, y un hermano tuyo se empobrece en asuntos que tiene con él, y se vende al forastero que mora contigo, o a algún descendiente de la familia del forastero, 48 después de haberse vendido le quedará el derecho al rescate: uno de sus hermanos lo rescatará. 49 Lo rescatará su tío paterno, o el hijo de su tío, o algún otro pariente cercano dentro de su familia, o, si llegaran a alcanzarle sus propios recursos, él mismo se podrá rescatar. 50 Contará con su comprador los años desde el año de la venta hasta el año jubilar; y el precio se calculará en proporción a los años, valorando sus días de trabajo como los de un jornalero. 51 Si faltan todavía muchos años, en proporción a ellos devolverá, como precio de su rescate, una parte del precio de venta. 52 Si faltan pocos años hasta el jubileo, se hará el cálculo en proporción a ellos, y lo pagará como rescate: 53 como un jornalero que se ajusta año por año. No permitas que se le trate con dureza ante tus propios ojos. 54 Si no es rescatado por otros, quedará libre el año del jubileo, él y sus hijos con él. 55 Porque a mí es a quien pertenecen como siervos los israelitas; siervos míos son, a quienes yo he sacado del país de Egipto. Yo, Yahvé, su Dios.

Resumen. Conclusión*.

26 1 «No se hagan ídolos, ni erijan imágenes o estelas, ni coloquen en su tierra piedras grabadas para postrarse ante ellas, porque yo soy Yahvé, su Dios. 2 Guardarán mis sábados, y respetarán mi santuario. Yo, Yahvé.

Bendiciones.

Dt **28** 1-14.

3 «Si caminan según mis preceptos y guardan mis mandamientos, poniéndolos en práctica, 4 yo les enviaré las lluvias a su tiempo, para que la tierra dé sus frutos y el árbol del campo su fruto. 5 El tiempo de trilla alcanzará hasta la vendimia, y la vendimia hasta la siembra; comerán su pan hasta saciarse y habitarán seguros en su tierra.

6 «Yo daré paz a la tierra y dormirán sin que nadie perturbe su sueño; haré desaparecer del país las bestias feroces, y la espada no traspasará sus fronteras. 7 Perseguirán a sus enemigos, que caerán ante ustedes a filo de espada. 8 Cinco de ustedes perseguirán a cien, y cien de ustedes perseguirán a diez mil; sus enemigos caerán ante ustedes a filo de espada.

9 «Yo me volveré hacia ustedes. Los haré fecundos, los multiplicaré y mantendré mi alianza con ustedes. 10 Comerán de la cosecha añeja y tendrán que tirar la añeja para dar cabida a la nueva. 11 Estableceré mi morada en medio de ustedes y no los rechazaré*. 12 Me pasearé en medio de ustedes, y seré su Dios, y ustedes serán mi pueblo. 13 Yo soy Yahvé, su Dios, que los saqué del país de Egipto, para que no fueran sus esclavos; rompí las coyundas de su yugo y los hice andar con la cabeza bien alta.

26 Una nueva afirmación del Dios de la Alianza, ver **17** 1+; **19** 1+, introduce bendiciones y maldiciones; ver Ex **23** 20-33; Dt **11** 26-32; **27** 11-**28** 69.

26 11 Tema central de la Ley de santidad, **17** 4; ver Dt **4**+. Este pasaje hace pensar en Ex **6** 7+; Ez **36** 28+; **37** 27; **48** 35. San Pablo lo aplicará al cristiano, templo de Dios vivo, 2 Co **6** 16-17+.

Maldiciones*.
Dt **28** 15-68.

14 «Pero, si no me escuchan y no cumplen todos estos mandamientos; 15 si
desprecian mis preceptos y rechazan mis
normas, no haciendo caso de todos mis
mandamientos y rompiendo mi alianza,
16 también yo haré lo mismo con ustedes. Traeré sobre ustedes el terror, la tisis
y la fiebre, que les abrasen los ojos y les
consuman la vida. Sembrarán en vano su
semilla, pues el fruto se lo comerán sus
enemigos. 17 Me volveré contra ustedes y
serán derrotados ante sus enemigos; los
tiranizarán los que los aborrecen y huirán
sin que nadie los persiga.

18 «Si ni con eso me obedecen, volveré
a castigarlos siete veces más por sus
pecados. 19 Quebrantaré su orgullo y su
fuerza y haré su cielo como hierro y su
tierra como bronce. 20 Sus fuerzas se
consumirán en vano, pues su tierra no
dará sus productos y el árbol del campo
les negará sus frutos.

21 «Y si siguen enfrentándose a mí y
no quieren oírme, volveré a castigarlos
siete veces más a causa de sus pecados.
22 Soltaré contra ustedes las fieras salvajes, que los privarán de sus hijos,
exterminarán su ganado y los reducirán
a unos pocos, hasta que sus caminos
queden desiertos.

23 «Si ni con eso se corrigen, sino que
siguen enfrentándose a mí, 24 también
yo me enfrentaré a ustedes, y los azotaré yo mismo siete veces más por sus
pecados. 25 Traeré sobre ustedes la espada que vengará la alianza. Se refugiarán entonces en sus ciudades, pero yo
enviaré contra ustedes la peste y serán
entregados en manos del enemigo.
26 Cuando yo les retire el bastón del
pan, diez mujeres cocerán todo su pan
en un solo horno, y se lo darán tan ra-
cionado que comerán y no se saciarán.

27 «Si ni con eso me obedecen y
siguen enfrentándose a mí, 28 yo me
enfrentaré a ustedes con furia, y los castigaré yo mismo siete veces más por sus
pecados. 29 Comerán la carne de sus
hijos y la carne de sus hijas comerán.
30 Destruiré sus altos, demoleré sus altares de incienso, amontonaré sus cadáveres sobre los cadáveres de sus ídolos,
y yo mismo los aborreceré. 31 Reduciré
sus ciudades a ruina y devastaré sus
santuarios, no aspiraré ya más sus calmantes aromas. 32 Asolaré la tierra, y de
ello quedarán horrorizados sus mismos
enemigos al venir a ocuparla. 33 A ustedes los esparciré entre las naciones y los
perseguiré con la espada desenvainada.
Su tierra será un yermo y sus ciudades
una ruina.

34 «Entonces pagará la tierra sus sábados, durante todos los días en que esté
desolada mientras ustedes estén en el
país de sus enemigos; entonces sí que
descansará la tierra y pagará sus sábados.
35 Durante todo el tiempo de la desolación descansará, por lo que no pudo descansar en sus sábados cuando habitaban
en ella. 36 A los que queden de ustedes les
infundiré pánico en sus corazones, en el
país de sus enemigos; el susurro de una
hoja caída los ahuyentará, huirán como
quien huye de la espada, y caerán sin que
nadie los persiga. 37 Se atropellarán unos
a otros, como quien huye de la espada,
aunque nadie los persiga. No podrán
ustedes mantenerse delante de sus enemigos. 38 Perecerán entre las naciones
y los tragará la tierra de sus enemigos.
39 Y quienes de ustedes sobrevivan, se
pudrirán a causa de su iniquidad en las
tierras de sus enemigos; por las iniquidades de sus padres unidas a las suyas,
se pudrirán. 40 Entonces confesarán su
iniquidad y la iniquidad de sus padres,
cómo se rebelaron contra mí y cómo se
enfrentaron conmigo.

41 «También yo me enfrentaré con
ellos y los llevaré al país de sus enemigos. Entonces se humillará su corazón
incircunciso y expiarán su iniquidad.
42 Y yo me acordaré de mi alianza con

26 14 Las amenazas están más desarrolladas que las bendiciones, en una especie de *crescendo*. Son la otra cara de la fidelidad a la Alianza, vv. 25.42.44-45; ver Ez **16** 53-63.

Jacob y de mi alianza con Isaac; y recordaré mi alianza con Abrahán; y me acordaré de la tierra.

[43] «Pero la tierra será antes abandonada por ellos y pagará sus sábados, mientras quede desolada durante su ausencia; y ellos también pagarán el castigo de su iniquidad, por cuanto desecharon mis normas y su alma desdeñó mis preceptos. [44] Pero incluso cuando estén ellos en tierra enemiga, no los desecharé ni los aborreceré hasta exterminarlos y romper mi alianza con ellos, porque yo soy Yahvé, su Dios; [45] me acordaré, en su favor, de la alianza que hice con sus padres, a quienes saqué de la tierra de Egipto, ante los ojos de las naciones, para ser su Dios. Yo, Yahvé.»

[46] Éstos son los preceptos, normas y leyes que Yahvé estableció entre él y los israelitas en el monte Sinaí, por medio de Moisés.

Apéndice

ARANCELES Y TASACIONES*

A. Personas.

27 [1] Yahvé dijo a Moisés: [2] «Di a los israelitas: Si alguien quiere cumplir ante Yahvé un voto relativo a una persona, la estimación de su valor será la siguiente: [3] si se trata de un varón entre veinte y sesenta años, se estimará su valor en cincuenta siclos de plata, en siclos del santuario. [4] Mas si se trata de una mujer, el valor será de treinta siclos. [5] Entre los cinco y los veinte años el valor será: si es chico, veinte siclos; si es chica, diez siclos. [6] Entre un mes y cinco años, el valor será: para un niño, cinco siclos de plata; para una niña, tres siclos de plata. [7] De sesenta años en adelante el valor será: para un varón, quince siclos; para una mujer, diez siclos.

[8] «Si uno es tan pobre que no puede pagar esta valoración, presentará la persona al sacerdote, el cual estimará su valor; el sacerdote la evaluará en proporción a los recursos del oferente.

B. Animales.

[9] «Si se trata de un animal de los que se pueden ofrecer a Yahvé, todo lo que se entregue así a Yahvé es cosa sagrada. [10] No se podrá cambiar ni sustituir ni bueno por malo, ni malo por bueno; y si se sustituye un animal por otro, tanto el permutado como su sustituto serán cosa sagrada. [11] Mas si se trata de un animal impuro, de los que no se pueden ofrecer a Yahvé, se presentará el animal al sacerdote, [12] el cual lo tasará según que sea bueno o malo; y se estará a su tasación. [13] Si uno quiere rescatarlo, añadirá un quinto más a su valor estimado.

C. Casas.

[14] «Si alguno consagra su casa, como cosa sagrada de Yahvé, el sacerdote la tasará, según que sea buena o mala. Habrá que estar a la tasación del sacerdote. [15] Si el que consagró la casa desea rescatarla, añadirá la quinta parte al precio de su tasación, y será suya.

D. Campos.

[16] «Si uno consagra parte de un campo de su patrimonio a Yahvé, será estimado según su sembradura a razón de cincuenta siclos de plata por cada carga de cebada de sembradura. [17] Si consagró su campo durante el año del jubileo,

27 Se trata del cumplimiento de los votos, ver **7** 16; **22** 21; Dt **12** 6-12; etc. La austeridad de estas enumeraciones expresa un deseo de evitar la arbitrariedad y los abusos.

se atendrá a esta tasación. [18] Pero si
consagra su campo después del año
jubilar, el sacerdote calculará su precio
según los años que quedan hasta el año
del jubileo; con el consiguiente descuen-
to en la tasación. [19] Si el que consagró
el campo desea rescatarlo, añadirá la
quinta parte al precio de la tasación, y
será suyo. [20] Pero si no rescata el campo, y éste es vendido a un tercero, el
campo no podrá ser ya rescatado. [21] Ese
campo, cuando quede libre en el año
jubilar, será consagrado a Yahvé, como
si fuera campo en entredicho, y será
propiedad del sacerdote.

[22] «Si alguno consagra a Yahvé un
campo que compró y que no formaba
parte de su patrimonio, [23] el sacerdote
calculará su valor según los años hasta
el año del jubileo; y él pagará ese mismo
día la suma de la tasación como cosa
sagrada de Yahvé. [24] El año del jubileo
volverá el campo a aquél que lo había
vendido, a aquél a quien pertenecía como patrimonio.

[25] «Toda tasación se hará en siclos del
santuario; veinte óbolos equivalen a un
siclo.

Normas particulares para el rescate:

A. De los primogénitos.

[26] «Nadie podrá consagrar los primogénitos de su ganado, que ya, por
ser tales, pertenecen a Yahvé. Sean de
ganado mayor o menor, pertenecen a
Yahvé. [27] Si se trata de un animal impuro, y lo quiere rescatar según la tasación,
añadirá un quinto a su precio; pero si no
es rescatado, será vendido, conforme a
la tasación.

B. Del anatema*.

[28] «Nada de lo que a uno pertenece,
hombre, animal o campo de su propiedad, que haya sido consagrado a Yahvé
con anatema podrá ser vendido ni rescatado. Todo anatema es cosa sacratísima
y pertenece a Yahvé. [29] Ningún ser humano consagrado como anatema podrá
ser rescatado; debe morir.

C. De los diezmos.
Dt **14** 22+.

[30] «El diezmo entero de la tierra, tanto
de las semillas de la tierra como de los
frutos de los árboles, es de Yahvé; es
cosa sagrada que pertenece a Yahvé.
[31] Si alguno quiere rescatar parte de su
diezmo, añadirá un quinto de su valor.
[32] Todo diezmo de ganado mayor o menor, es decir, una de cada diez cabezas
que pasan bajo el cayado, será cosa
sagrada de Yahvé. [33] No se escogerá
entre animal bueno o malo, ni se le podrá sustituir; y si se hace cambio, tanto
el animal permutado como su sustituto
serán cosas sagradas; no podrán ser rescatados.»

[34] Éstos son los mandamientos que
Yahvé encomendó a Moisés para los
hijos de Israel en el monte Sinaí.

27 28 Se llama *anatema*, por extensión de un término de la guerra santa, ver Jos **6** 17+, lo que se consagra sin reservas a Dios, o lo que Dios prohíbe, Dt **7** 26.

NÚMEROS

I. El Censo

1 1 Yahvé habló a Moisés en el desierto del Sinaí, en la Tienda del Encuentro, el día primero del mes segundo, el año segundo de la salida de Egipto. Le dijo: 2 «Hagan el censo de toda la comunidad de los israelitas, por clanes y por familias, contando los nombres de todos los varones, uno por uno. 3 Tú y Aarón alistarán a todos los de veinte años para arriba, a todos los útiles para la guerra, por cuerpos de ejército. 4 Les ayudará un hombre por cada tribu, que sea jefe dentro de su familia.

Los encargados del censo.

10 13-28.

5 «Éstos son los nombres de los que les ayudarán:

Por Rubén, Elisur, hijo de Sedeur.

6 Por Simeón, Salumiel, hijo de Surisaday.

7 Por Judá, Najsón, hijo de Aminadab.

8 Por Isacar, Natanael, hijo de Suar.

9 Por Zabulón, Eliab, hijo de Jelón.

10 Por los hijos de José: por Efraín, Elisamá, hijo de Amiud; por Manasés, Gamaliel, hijo de Pedasur.

11 Por Benjamín, Abidán, hijo de Guideoní.

12 Por Dan, Ajiezer, hijo de Amisaday.

13 Por Aser, Paguiel, hijo de Ocrán.

14 Por Gad, Eliasaf, hijo de Reuel.

15 Por Neftalí, Ajirá, hijo de Enán».

16 Éstos fueron los nombrados por la comunidad, príncipes de las tribus patriarcales, jefes de millar en Israel.

17 Moisés y Aarón tomaron a aquellos hombres que habían sido designados por sus nombres, 18 y convocaron a toda la comunidad, el día primero del mes segundo. La gente fue registrada por clanes y familias, anotando uno por uno los nombres de los de veinte años para arriba. 19 Tal como Yahvé se lo había mandado, los censó Moisés en el desierto del Sinaí.

El recuento.

20 Hecho el recuento de las parentelas de los hijos de Rubén, primogénito de Israel, por clanes y familias, anotados uno por uno los nombres de todos los varones de veinte años para arriba, útiles para la guerra, 21 resultaron los censados de la tribu de Rubén 46.500.

22 Parentelas de los hijos de Simeón, por clanes y familias, anotados uno por uno los nombres de todos los varones de veinte años para arriba, útiles para la guerra: 23 59.300 censados de la tribu de Simeón.

24 Parentelas de los hijos de Gad, por clanes y familias, anotados uno por uno los nombres de todos los varones de veinte años para arriba, útiles para la guerra: 25 45.650 censados de la tribu de Gad.

26 Parentelas de los hijos de Judá, por clanes y familias, anotados uno por uno los nombres de todos los varones de veinte años para arriba, útiles para la guerra: 27 74.600 censados de la tribu de Judá.

28 Parentelas de los hijos de Isacar, por clanes y familias, anotados uno por uno los nombres de todos los varones de veinte años para arriba, útiles para la guerra: 29 54.400 censados de la tribu de Isacar.

30 Parentelas de los hijos de Zabulón, por clanes y familias, anotados uno por uno los nombres de todos los varones

1 Los capítulos **1-10** se sitúan completamente al final de la estancia en el Sinaí, ver Ex **40** 17. Los capítulos **1-4** presentan a Israel como una comunidad santa, organizada, cuya alma son los Levitas. Este censo es un acto religioso, ver 2 S **24**. Las cifras parecen artificiales y difieren a veces según las versiones. Comparar con **26** y Ap **7** 4-8.

de veinte años para arriba, útiles para la
guerra: 31 57.400 censados de la tribu
de Zabulón.
32 De los hijos de José: Parentelas de
los hijos de Efraín, por clanes y familias,
anotados uno por uno los nombres de
todos los varones de veinte años para
arriba, útiles para la guerra: 33 40.500
censados de la tribu de Efraín.
34 Parentelas de los hijos de Manasés,
por clanes y familias, anotados uno por
uno los nombres de todos los varones
de veinte años para arriba, útiles para la
guerra: 35 32.200 censados de la tribu
de Manasés.
36 Parentelas de los hijos de Benjamín, por clanes y familias, anotados
uno por uno los nombres de todos los
varones de veinte años para arriba, útiles para la guerra: 37 35.400 censados
de la tribu de Benjamín.
38 Parentelas de los hijos de Dan, por
clanes y familias, anotados uno por uno
los nombres de todos los varones de
veinte años para arriba, útiles para la
guerra: 39 62.700 censados de la tribu
de Dan.
40 Parentelas de los hijos de Aser, por
clanes y familias, anotados uno por uno
los nombres de todos los varones de
veinte años para arriba, útiles para la
guerra: 41 41.500 censados de la tribu
de Aser.
42 Parentelas de los hijos de Neftalí,
por clanes y familias, anotados uno por
uno los nombres de todos los varones
de veinte años para arriba, útiles para la
guerra: 43 53.400 censados de la tribu
de Neftalí.
44 Éstos fueron los censados por Moisés y Aarón y por los doce príncipes de
Israel, que pertenecían cada uno a una
casa patriarcal. 45 Sacado el total de los
israelitas de veinte años para arriba, de
todos los que había en Israel, útiles para
la guerra, censados por sus casas paternas, 46 resultó el total de censados:
603.550.
47 Pero los levitas, y su tribu patriarcal,
no fueron censados con los demás.

Estatuto de los levitas.

48 Yahvé le dijo a Moisés: 49 «No hagas
el censo de la tribu de Leví ni los regis-
tres entre los demás israelitas. 50 Alista
tú mismo a los levitas para el servicio de
la Morada del Testimonio, de todos sus
utensilios y de todo lo que se relaciona
con ella. Ellos han de llevar la Morada con todos sus utensilios, estarán al
servicio de ella y acamparán en torno
a ella. 51 Cuando haya de trasladarse la
Morada, la desmontarán los levitas, y
cuando la Morada se detenga, los levitas
la montarán. El laico que se acerque,
será muerto. 52 Los israelitas acamparán cada uno en su campamento y bajo
su bandera, por cuerpos de ejército.
53 Pero los levitas acamparán alrededor
de la Morada del Testimonio; y así no se
desatará la Cólera contra la comunidad
de los israelitas. Los levitas se encarga-
rán del ministerio de la Morada del Testimonio.»
54 Los israelitas lo hicieron tal como
se lo había mandado Yahvé a Moisés.
Así lo hicieron.

Disposición de las tribus en los campamentos.

2 1 Habló Yahvé a Moisés y a Aarón
en estos términos: 2 «Los israelitas
acamparán cada uno bajo su bandera,
bajo las enseñas de sus casas patriarcales, alrededor de la Tienda del Encuentro, a cierta distancia.
3 «Acamparán al este, hacia la salida
del sol: La bandera del campamento de
Judá, por cuerpos de ejército. Príncipe
de los hijos de Judá, Najsón, hijo de
Aminadab. 4 Su cuerpo de ejército,
según el censo: 74.600.
5 «Acampados junto a él: La tribu de
Isacar. Príncipe de los hijos de Isacar,
Natanael, hijo de Suar. 6 Su cuerpo de
ejército, según el censo: 54.400. 7 La
tribu de Zabulón. Príncipe de los hijos
de Zabulón, Eliab, hijo de Jelón. 8 Su
cuerpo de ejército, según el censo:
57.400. 9 Total de alistados en el campamento de Judá: 186.400, repartidos

en cuerpos de ejército. Marcharán en vanguardia.

10 «Al sur, la bandera del campamento de Rubén, por cuerpos de ejército. Príncipe de los hijos de Rubén, Elisur, hijo de Sedeur. 11 Su cuerpo de ejército, según el censo: 46.500.

12 «Acampan junto a él: La tribu de Simeón. Príncipe de los hijos de Simeón, Salumiel, hijo de Surisaday. 13 Su cuerpo de ejército, según el censo: 59.300. 14 La tribu de Gad. Príncipe de los hijos de Gad, Eliasaf, hijo de Reuel. 15 Su cuerpo de ejército, según el censo: 45.650. 16 Total de alistados en el campamento de Rubén: 151.450, repartidos en cuerpos de ejército. Marcharán en segundo lugar.

17 «Partirá entonces la Tienda del Encuentro, pues el campamento de los levitas está en medio de los demás campamentos. En el orden en que acamparon partirán, cada uno por su lado, bajo su propia bandera.

18 «Al occidente, la bandera del campamento de Efraín, por cuerpos de ejército. Príncipe de los hijos de Efraín, Elisamá, hijo de Amiud. 19 Su cuerpo de ejército, según el censo: 40.500.

20 «Junto a él: La tribu de Manasés. Príncipe de los hijos de Manasés, Gamaliel, hijo de Pedasur. 21 Su cuerpo de ejército, según el censo: 32.200. 22 La tribu de Benjamín. Príncipe de los hijos de Benjamín, Abidán, hijo de Guideoní. 23 Su cuerpo de ejército, según el censo: 35.400. 24 Total de alistados en el campamento de Efraín: 108.100, repartidos en cuerpos de ejército. Marcharán en tercer lugar.

25 «Al norte, la bandera del campamento de Dan, por cuerpos de ejército. Príncipe de los hijos de Dan, Ajiezer, hijo de Amisaday. 26 Su cuerpo de ejército, según el censo: 62.700.

27 «Acampan junto a él: La tribu de Aser. Príncipe de los hijos de Aser, Paguiel, hijo de Ocrán. 28 Su cuerpo de ejército, según el censo: 41.500. 29 La tribu de Neftalí. Príncipe de los hijos de Neftalí, Ajirá, hijo de Enán. 30 Su cuerpo de ejército, según el censo: 53.400. 31 Total de alistados del campamento de Dan: 157.600. Marcharán en retaguardia, repartidos en banderas.»

32 Éstos fueron los israelitas censados por casas paternas. Total de alistados en los campamentos, repartidos en cuerpos de ejército, 603.550. 33 Pero los levitas no fueron alistados entre los demás israelitas, según había mandado Yahvé a Moisés.

34 Los israelitas hicieron todo tal como Yahvé había mandado a Moisés: así acampaban bajo sus banderas y así emprendían la marcha, cada uno entre los demás de su clan y con su familia.

La tribu de Leví:

A. Los sacerdotes.

3
1 Ésta era la descendencia de Aaón y de Moisés, cuando Yahvé habló a Moisés en el monte Sinaí.

2 Éstos eran los nombres de los hijos de Aarón: Nadab, el primogénito; Abihú, Eleazar e Itamar. 3 Éstos eran los nombres de los hijos de Aarón, que fueron ungidos sacerdotes, y cuyas manos fueron consagradas para ejercer el sacerdocio. 4 Nadab y Abihú murieron delante de Yahvé, al presentar un fuego profano delante de Yahvé en el desierto del Sinaí. Como no tenían hijos, fueron Eleazar e Itamar los que ejercieron el sacerdocio en presencia de su padre Aarón.

B. Los levitas. Sus funciones.

5 Yahvé habló a Moisés: 6 «Manda que se acerque la tribu de Leví y ponlos delante del sacerdote Aarón, para que estén a su servicio. 7 Harán su propia guardia y la guardia que corresponde a toda la comunidad ante la Tienda del Encuentro, prestando el servicio en la Morada. 8 Cuidarán de todos los utensilios de la Tienda del Encuentro, y harán la guardia que incumbe a los israelitas prestando servicio en la Morada.

9 Los levitas se los donarás a Aarón y a
sus hijos en calidad de donados. De parte de todos los israelitas, ellos le serán
donados.
10 «A Aarón y a sus hijos los alistarás
para que se encarguen de sus funciones
sacerdotales. El laico que se acerque,
será muerto.»

C. Su elección*.

11 Yahvé habló a Moisés: 12 «Mira que
he elegido a los levitas de entre los demás israelitas en lugar de todos los primogénitos de los israelitas que abren el
seno materno. Los levitas serán para
mí, 13 porque todo primogénito me pertenece. El día en que herí a todos los
primogénitos de Egipto, consagré para
mí a todos los primogénitos de Israel,
tanto de hombre como de ganado. Son
míos. Yo, Yahvé.»

D. Censo.
26 57-62.

14 Habló Yahvé a Moisés en el desierto
del Sinaí. Le dijo:
15 «Alista a los hijos de Leví por familias y por clanes: alistarás a todo varón
de un mes para arriba.» 16 Moisés los
alistó según la orden de Yahvé, tal como
Yahvé se lo había mandado. 17 Los nombres de los hijos de Leví son: Guersón,
Queat y Merarí.
18 Los nombres de los hijos de Guersón, por clanes, son: Libní y Semeí.
19 Los hijos de Queat, por clanes: Amrán, Yisar, Hebrón y Uziel; 20 los hijos
de Merarí, por clanes: Majlí y Musí.
Éstos son los clanes de Leví, repartidos
por familias. 21 De Guersón procedían
el clan libnita y el clan semeíta: ésos
son los clanes guersonitas. 22 El total
de los alistados, contando todos los
varones de un mes para arriba: 7.500.
23 Los clanes guersonitas acampaban
detrás de la Morada, al poniente. 24 El
príncipe de la casa patriarcal de Guersón
era Eliasaf, hijo de Lael. 25 Los hijos
de Guersón estaban encargados, en la
Tienda del Encuentro, de la Morada,
de la Tienda, de su toldo y del tapiz de
entrada a la Tienda del Encuentro; 26 del
cortinaje del atrio y de la cortina de entrada al atrio que rodea la Morada y el
altar, y de las cuerdas necesarias para
todo su servicio.
27 De Queat procedían el clan amra-
nita, el clan yisarita, el clan hebronita y
el clan uzielita: ésos son los clanes queatitas. 28 Contando todos los varones de
un mes para arriba, eran 8.300. Tenían
a su cargo el servicio del santuario.
29 Los clanes queatitas acampaban al
lado meridional de la Morada. 30 El príncipe de la casa patriarcal de los clanes
queatitas era Elisafán, hijo de Uziel.
31 A su cargo estaban el arca, la mesa,
el candelabro, los altares, los objetos
sagrados que se usan en el culto, el velo
y todo su servicio.
32 El príncipe de los príncipes de Leví
era Eleazar, hijo del sacerdote Aarón.
Ejercía la supervisión de todos los encargados del santuario.
33 De Merarí, el clan majlita y el clan
musita: ésos eran los clanes meraritas.
34 Sus alistados, contando todos los
varones de un mes para arriba, eran
6.200. 35 El príncipe de la casa patriarcal de los clanes meraritas era Suriel,
hijo de Abijail. Acampaban al lado septentrional de la Morada. 36 A los hijos
de Merarí les estaba encomendado el
cuidado de los tableros de la Morada, de
sus travesaños, postes y basas, de todos
sus utensilios y todo su servicio; 37 y de
los postes que rodean el atrio, de sus
basas, clavazón y cuerdas.
38 Acampaban al este, frente a la Morada, delante de la Tienda del Encuentro hacia oriente, Moisés y Aarón con
sus hijos, que montaban la guardia en
el santuario en nombre de los israelitas.

3 11 Los Levitas pertenecen a Dios como los primogénitos, a los que reemplazan, **8** 12; Ex **11**; **13** 1+. Son descendientes de Leví, hijo de Jacob, **1** 50; **3** 6; Dt **33** 8-11. Ocupan un lugar aparte en el pueblo, consagrados a Yahvé y a su culto. Ver Dt **18**+.

Cualquier laico que se acercara, sería muerto.

39 El total de levitas alistados, de los que registró Moisés por clanes, siguiendo la orden de Yahvé, de todos los varones de un mes para arriba: 22.000.

E. Los levitas y el rescate de los primogénitos.

40 Dijo Yahvé a Moisés: «Registra a todos los primogénitos varones de los israelitas, de un mes para arriba, y anota sus nombres. 41 Luego, tomarás para mí, Yahvé, a los levitas, en lugar de todos los primogénitos de los israelitas; y el ganado de los levitas en lugar de todos los primogénitos del ganado de los israelitas.»

42 Moisés registró, según le había ordenado Yahvé, a todos los primogénitos de los israelitas. 43 Y resultó ser el total* de los primogénitos varones, contándolos desde la edad de un mes para arriba, según el censo, 22.273.

44 Dijo entonces Yahvé a Moisés: 45 «Toma a los levitas en lugar de todos los primogénitos de los israelitas y el ganado de los levitas en lugar de su ganado; los levitas serán míos; yo Yahvé. 46 Por el rescate de los 273 primogénitos de los israelitas que exceden del número de los levitas, 47 tomarás cinco siclos por cabeza, siclos del santuario, a razón de veinte óbolos por siclo. 48 La plata se la entregarás a Aarón y a sus hijos, por el rescate de los que sobrepasan el número.»

49 Moisés tomó la plata del rescate de los que pasaban del número de los rescatados por los levitas. 50 Tomó la plata de los primogénitos de Israel: 1.365 siclos, siclos del santuario. 51 Y entregó Moisés la plata del rescate a Aarón y a sus hijos, según la orden de Yahvé, como había mandado Yahvé a Moisés.

Los clanes de los levitas:

A. Los queatitas.

4 1 Yahvé habló a Moisés y a Aarón: 2 «Haz el censo de los hijos de Queat, hijos de Leví, por clanes y por familias, 3 de entre treinta y cincuenta años, de todos los aptos para la milicia, que prestan el servicio de la Tienda del Encuentro.

4 «Éste será el servicio de los hijos de Queat en la Tienda del Encuentro: lo sagrado entre lo sagrado.

5 «Cuando se levante el campamento, irán Aarón y sus hijos, descolgarán el velo de protección y cubrirán con él el arca del Testimonio. 6 Pondrán sobre ella una cubierta de cuero fino y extenderán encima un paño todo de púrpura; luego le pondrán los varales. 7 Sobre la mesa de la presencia extenderán un paño de púrpura, y pondrán sobre ella las fuentes, copas, tazas y jarros de libación; el pan estará perpetuamente encima. 8 Extenderán sobre ella un paño carmesí que cubrirán con una cubierta de cuero fino, y después le pondrán los varales.

9 «Tomarán un paño de púrpura y cubrirán el candelabro del alumbrado con sus lámparas, despabiladeras y ceniceros, y todos los vasos de aceite que se utilizan en el servicio del candelabro. 10 Lo pondrán con todos sus utensilios en una cubierta de cuero fino y lo colocarán sobre las angarillas.

11 «Sobre el altar de oro* extenderán un paño de púrpura, lo cubrirán con una cubierta de cuero fino, y le pondrán los varales.

12 «Tomarán todos los vasos que se emplean en el servicio del santuario, los pondrán sobre un paño de púrpura, los cubrirán con una cubierta de cuero fino y los colocarán sobre las angarillas.

13 «Quitarán la grasa incinerada del altar* y extenderán sobre él un paño es-

3 43 Esta cifra corresponde a la del v. 39, aumentada con el resto que debe ser rescatado. El rescate se hará regla común, Ex **13**+.

4 11 El altar de los perfumes, Ex **30** 1-6.
4 13 El altar de los holocaustos.

carlata; 14 pondrán encima todos los utensilios que se emplean en el servicio del altar: los braseros, tenedores, badiles, acetres: todos los utensilios del altar; extenderán sobre él una cubierta de cuero fino y le pondrán los varales.

15 «Después que Aarón y sus hijos hayan terminado de envolver las cosas sagradas con todos sus utensilios, al ponerse en marcha el campamento, llegarán los hijos de Queat para transportarlas; pero que no toquen lo sagrado, pues morirían. Este es el cargo de los hijos de Queat en la Tienda del Encuentro.

16 «Eleazar, hijo del sacerdote Aarón, estará al cuidado del aceite del alumbrado, del incienso aromático, de la oblación perpetua y del óleo de la unción; al cuidado de toda la Morada y de cuanto hay en ella: tanto el santuario como sus utensilios.»

17 Dijo Yahvé a Moisés y a Aarón: 18 «No separen de los demás levitas la tribu de los clanes queatitas. 19 Hagan con ellos de esta manera, para que vivan y no mueran al acercarse a las cosas sacratísimas: Aarón y sus hijos irán y asignarán a cada uno su servicio y la carga que han de trasportar. 20 Y no entrarán, ni por un instante, a ver las cosas sagradas; de lo contrario morirían.»

B. Los guersonitas.

21 Yahvé dijo a Moisés: 22 «Haz también el censo de los hijos de Guersón, por familias y clanes. 23 Alistarás a los de treinta años en adelante hasta los cincuenta, a todos los aptos para la milicia, para que presten el servicio de la Tienda del Encuentro.

24 «Éste será el servicio de los clanes guersonitas, su servicio y la carga que transportarán. 25 Llevarán los tapices de la Morada, la Tienda del Encuentro, su toldo y el toldo de cueros finos que la cubre por encima y el tapiz de entrada a la Tienda del Encuentro; 26 el cortinaje del atrio y la cortina de la entrada al atrio que rodea la Morada y el altar, con sus cuerdas y todos los utensilios de su servicio: todo lo que se necesita para ellos.

«Prestarán su servicio; 27 pero todo el servicio de los hijos de Guersón, todas sus funciones y cargas, las desempeñarán a las órdenes de Aarón y de sus hijos. Ustedes los vigilarán en el ministerio de su cargo. 28 Éste será el servicio de los clanes guersonitas en la Tienda del Encuentro. Lo desempeñarán a las órdenes de Itamar, hijo del sacerdote Aarón.

C. Los meraritas.

29 «Harás el censo de los hijos de Merarí, por clanes y familias. 30 Los censarás desde los treinta años en adelante hasta los cincuenta, a todos los aptos para la milicia, para que presten el servicio de la Tienda del Encuentro. 31 Esto es lo que han de transportar y éste es todo su servicio en la Tienda del Encuentro: los tableros de la Morada, sus travesaños, postes y basas; 32 los postes que rodean el atrio con sus basas, clavazón y cuerdas; todos sus utensilios y todo lo preciso para su servicio. Nominalmente señalarán ustedes cada uno de los objetos con que han de cargar. 33 Ése es el servicio de los clanes meraritas. Para todo su servicio en la Tienda del Encuentro estarán a disposición de Itamar, hijo del sacerdote Aarón.»

Censo de los levitas.

34 Moisés y Aarón y los príncipes de la comunidad hicieron el censo de los hijos de Queat, por clanes y familias, 35 de treinta años en adelante hasta los cincuenta, todos los aptos para la milicia, para que prestaran el servicio de la Tienda del Encuentro. 36 Los registrados de los diversos clanes fueron 2.750. 37 Ésos fueron los registrados de los clanes queatitas, todos los que habían de servir en la Tienda del Encuentro. Los alistaron Moisés y Aarón, según había ordenado Yahvé por medio de Moisés.

38 Se hizo el censo de los hijos de Guersón, por clanes y familias, 39 de

treinta años para arriba hasta los cincuenta, todos los aptos para la milicia,
para que prestaran el servicio de la
Tienda del Encuentro. 40 Los alistados
de los diversos clanes y familias fueron
2.630. 41 Ésos fueron los registrados de
los clanes de los hijos de Guersón, todos
los que habían de servir en la Tienda del
Encuentro. Los alistaron Moisés y Aarón según la orden de Yahvé.
42 Se hizo el censo de los clanes de los
hijos de Merarí, por clanes y familias,
43 de treinta años para arriba hasta los
cincuenta, todos los aptos para la milicia, para que prestaran el servicio de la
Tienda del Encuentro. 44 Los censados
de los diversos clanes fueron 3.200.
45 Ésos fueron los censados de los clanes
de los hijos de Merarí. Los alistaron
Moisés y Aarón, según había ordenado
Yahvé por medio de Moisés.
46 El total de los levitas que Moisés,
Aarón y los príncipes de Israel registra-
ron por clanes y familias, 47 de treinta
años en adelante hasta los cincuenta, todos los aptos para entrar al servicio y el
transporte de la Tienda del Encuentro,
48 fue, según el censo, 8.580. 49 Se hizo
su censo por orden de Yahvé transmitida
por Moisés, asignando a cada uno su servicio y su carga: su censo se hizo tal como
lo había ordenado Yahvé a Moisés.

*II. Leyes diversas**

Expulsión de los impuros.
Dt **23** 10-15.

5 1 Dijo Yahvé a Moisés: 2 «Manda a
los israelitas que echen del campamento a todo leproso, al que padece
flujo y a todo impuro por contacto de
cadáver. 3 Los has de echar, sean hombre o mujer; fuera del campamento los
echarás, para que no contaminen su
campamento, donde yo habito en medio de ellos.»
4 Así lo hicieron los israelitas: los
echaron fuera del campamento. Los israelitas lo hicieron tal como había dicho
Yahvé a Moisés.

La restitución.

5 Yahvé dijo a Moisés: 6 «Di a los
israelitas: Si un hombre o una mujer
comete cualquier pecado en perjuicio
de otro, ofendiendo a Yahvé, el tal será
reo de delito. 7 Confesará el pecado
cometido y restituirá la suma de que es
deudor, más un quinto. Se la devolverá a
aquél de quien se ha hecho deudor. 8 Y
si el hombre no tiene pariente a quien
se pueda restituir, la suma, que en tal
caso se ha de restituir a Yahvé, será
para el sacerdote; aparte del carnero
expiatorio con que el sacerdote expiará
por él. 9 Y toda ofrenda reservada de
lo que los hijos de Israel consagran y
presentan al sacerdote, será para éste.
10 Lo que cada uno consagra, es suyo;
pero lo que se presenta al sacerdote, es
para el sacerdote.»

La oblación de los celos*.

11 Yahvé dijo a Moisés: 12 «Di a los
israelitas: Cualquier hombre cuya mujer
se haya desviado y lo haya engañado
13 (ha dormido con ella un hombre con
relación carnal, a ocultas del marido;
ella se ha manchado en secreto, no hay
ningún testigo, no ha sido sorprendida);
14 si el marido es atacado de celos y
recela de su mujer, la cual efectivamente
se ha manchado; o bien lo atacan los celos y se siente celoso de su mujer, aunque
ella no se haya manchado; 15 ese hom-

5 Estas leyes complementarias están redactadas según el espíritu de la Ley de santidad, Lv **11-16.** Ver también Lv **20** 22-25.

5 11 El juicio de Dios (ordalía) es una práctica muy antigua que ha subsistido hasta la Edad Media, para obtener una decisión cuando faltaban las pruebas ordinarias. Israel limita su uso y le añade un ritual yahvista.

bre llevará a su mujer ante el sacerdote y presentará por ella la ofrenda correspondiente: una décima de medida de harina de cebada. No derramará aceite sobre la ofrenda, ni le pondrá incienso, pues es «oblación de celos», oblación conmemorativa para recordar una falta.

16 «El sacerdote presentará a la mujer y la pondrá delante de Yahvé. 17 Echará luego agua corriente en un vaso de barro y, tomando polvo del pavimento de la Morada, lo esparcirá sobre el agua. 18 Pondrá el sacerdote a la mujer delante de Yahvé, le descubrirá la cabeza y pondrá en sus manos la oblación conmemorativa, o sea, la oblación de los celos. El sacerdote tendrá en sus manos las aguas de amargura y maldición.

19 «Entonces el sacerdote conjurará a la mujer y le dirá: 'Si no ha dormido un hombre contigo, si no te has desviado ni manchado desde que estás bajo la potestad de tu marido, sé inmune a estas aguas de amargura y maldición. 20 Pero si, estando bajo la potestad de tu marido, te has desviado y te has manchado, durmiendo con un hombre distinto de tu marido...' 21 El sacerdote entonces proferirá sobre la mujer este juramento, y dirá el sacerdote a la mujer: '... Que Yahvé te ponga como maldición y execración en medio de tu pueblo, que haga languidecer tus caderas e infle tu vientre. 22 Que entren estas aguas de maldición en tus entrañas, para que inflen tu vientre y hagan languidecer tus caderas'. Y la mujer responderá: ¡Amén, amén!

23 «Después el sacerdote escribirá en una hoja estas imprecaciones y las borrará con las aguas amargas. 24 Hará beber a la mujer las aguas amargas de maldición, y entrarán en ella las aguas amargas de maldición.

25 «El sacerdote tomará entonces de la mano de la mujer la oblación de los celos, balanceará la oblación delante de Yahvé y la presentará en el altar. 26 El sacerdote tomará de la oblación un puñado, el memorial, y lo quemará sobre el altar, y le hará beber a la mujer las aguas. 27 Cuando le haga beber de las aguas, si la mujer está manchada y de hecho ha engañado a su marido, cuando entren en ella las aguas amargas de maldición, se inflará su vientre, languidecerán sus caderas y será mujer de maldición en medio de su pueblo. 28 Pero si la mujer no se ha manchado, sino que es pura, estará exenta de toda culpa y tendrá hijos.

29 «Éste es el rito de los celos, para cuando una mujer, después de estar bajo la potestad de su marido, se haya desviado y manchado; 30 o para cuando un hombre, atacado de celos, recele de su mujer: entonces pondrá a su mujer en presencia de Yahvé y el sacerdote realizará con ella todo este rito. 31 El marido estará exento de culpa, y la mujer cargará con la suya.»

El nazireato*.

6 1 Dijo Yahvé a Moisés: 2 «Di esto a los israelitas: Si un hombre o una mujer se decide a hacer voto de nazireo, consagrándose a Yahvé, 3 se abstendrá de vino y de bebidas embriagantes. No beberá vinagre de vino ni de bebida embriagante; tampoco beberá zumo de uvas, ni comerá uvas, frescas o pasas. 4 En todo el tiempo de su nazireato no tomará nada de lo que se obtiene de la vid, desde el agraz hasta el orujo. 5 En todos los días de su voto de nazireato no pasará navaja por su cabeza: hasta cumplirse los días por los que se consagró a Yahvé, será sagrado y se dejará crecer la cabellera. 6 No se acercará, en todos los días de su nazireato, en honor de Yahvé, a ningún cadáver. 7 Ni por su padre, ni por su madre, ni por su hermano, ni por su hermana se manchará, en el caso de que murieran, pues lleva

6 El *nazir*, *consagrado* a Dios, se compromete, durante el tiempo de su voto, a no cortarse el cabello, a abstenerse de bebidas fermentadas, a no tocar ningún cadáver; ver Jc **13** 5-7; **16** 17; 1 S **1** 11; Am **2** 11-12; y, en el NT, Lc **1** 15; Hch **18** 18; **21** 23-26.

sobre su cabeza el nazireato de su Dios.
[8] Todos los días de su nazireato es un
consagrado a Yahvé.
[9] «Si alguien muere de repente junto
a él y mancha así su cabellera de nazireo, se rapará la cabeza el día de su
purificación, y el día séptimo se la rapará otra vez. [10] El día octavo llevará un
par de tórtolas o un par de pichones al
sacerdote, a la entrada de la Tienda del
Encuentro. [11] El sacerdote ofrecerá uno
en sacrificio por el pecado y el otro en
holocausto; y expiará por aquel hombre
la falta contraída a causa del muerto.
Aquel día consagrará su cabeza: [12] se
consagrará a Yahvé por todo el tiempo
de su nazireato y ofrecerá un cordero de
un año como sacrificio de reparación.
Los días anteriores son nulos, por haberse manchado su cabellera.
[13] «Éste es el rito del nazireo, para
cuando se cumplan los días de su nazireato. Se le llevará hasta la entrada de la
Tienda del Encuentro, [14] y presentará
su ofrenda a Yahvé: un cordero de un
año, sin defecto, como holocausto; una
cordera de un año, sin defecto, como
sacrificio por el pecado; un carnero sin
defecto como sacrificio de comunión;
[15] un canastillo de panes ázimos de flor
de harina amasada con aceite y tortas
sin levadura untadas en aceite, con sus
correspondientes oblaciones y libaciones. [16] El sacerdote lo presentará todo
delante de Yahvé y ofrecerá el sacrificio
por el pecado y el holocausto del nazireo. [17] Ofrecerá a Yahvé con el carnero
un sacrificio de comunión, junto con el
canastillo de ázimos, y ofrecerá luego el
sacerdote la correspondiente oblación y
libación. [18] Entonces el nazireo se rapará su cabellera de nazireo, a la entrada
de la Tienda del Encuentro; tomará la
cabellera de su nazireato y la echará
al fuego que arde debajo del sacrificio
de comunión. [19] El sacerdote tomará
un brazuelo, ya cocido, del carnero, un
pan ázimo del canastillo y una torta sin
levadura, y lo pondrá todo en manos del
nazireo, una vez que se haya rapado su
cabellera de nazireo. [20] El sacerdote presentará todo ello con el rito del balanceo
delante de Yahvé. Es cosa santa, pertenece al sacerdote, además del pecho
balanceado y de la pierna reservada.
Luego el nazireo beberá vino.
[21] «Ésta es la ley del nazireo que,
además de su nazireato, ha prometido
una ofrenda a Yahvé (aparte de lo que
sus posibilidades le permitan): cumplirá
lo que prometió a tenor de su promesa,
además de lo prescrito para su nazireato.»

La fórmula de bendición*.

[22] Dijo Yahvé a Moisés: [23] «Di esto a
Aarón y a sus hijos: Así han de bendecir
a los israelitas. Les dirán:
[24] Que Yahvé te bendiga y te guarde;
[25] que ilumine Yahvé su rostro sobre ti
y te sea propicio;
[26] que Yahvé te muestre su rostro y te
conceda la paz.
[27] Que invoquen así mi nombre sobre
los israelitas y yo los bendeciré.»

*III. Ofrenda de los Jefes y consagración de los levitas**

Ofrenda de las carretas.

7 [1] El día en que Moisés acabó de
montar la Morada, la ungió y la consagró con todo su mobiliario, así como
el altar con todos sus utensilios. Cuando
la hubo ungido y consagrado, [2] los príncipes de Israel, jefes de familias y prínci-

6 22 Expresiones semíticas del favor de Dios, ver Sal **4** 7+; **134** 3; **121** 7-8; **31** 17; **86** 16; **122** 6-8; Dt **28** 10; Is **43** 7; etc. La triple invocación del nombre asegura a Israel la presencia del Dios de la Alianza.

7 El relato reanuda la salida del Sinaí hacia Moab, **10** 11, empalmando con ella.

pes de las tribus, que habían presidido el censo, hicieron una ofrenda. 3 Pusieron su ofrenda delante de Yahvé: seis carretas cubiertas y doce bueyes: una carreta por cada dos príncipes y un buey por cada uno. Lo presentaron delante de la Morada. 4 Yahvé habló a Moisés y le dijo: 5 «Tómaselos y que presten servicio en la Tienda del Encuentro. Dáselos a los levitas, a cada uno según su servicio.» 6 Moisés recibió las carretas y los bueyes y se los dio a los levitas: 7 dos carretas y cuatro bueyes dio a los hijos de Guersón, según sus servicios; 8 cuatro carretas y ocho bueyes a los hijos de Merarí, según los servicios que desempeñaban a las órdenes de Itamar, hijo del sacerdote Aarón. 9 Pero a los hijos de Queat no les dio, porque su carga sagrada la tenían que llevar al hombro.

Ofrenda de la Dedicación.

10 Los príncipes hicieron la ofrenda de la dedicación del altar, el día en que fue ungido. Hicieron los príncipes su ofrenda delante del altar. 11 Y dijo Yahvé a Moisés: «Que ofrezca un príncipe cada día su ofrenda por la dedicación del altar.»

12 El que ofreció su ofrenda el primer día fue Najsón, hijo de Aminadab, de la tribu de Judá. 13 Su ofrenda consistió en una fuente de plata de ciento treinta siclos de peso, un acetre de plata de setenta siclos, siclos del santuario, ambos llenos de flor de harina amasada con aceite, para la oblación; 14 una naveta de oro de diez siclos, llena de incienso; 15 un novillo, un carnero, un cordero de un año, para el holocausto; 16 un chivo para el sacrificio por el pecado; 17 y para el sacrificio de comunión, dos bueyes, cinco carneros, cinco machos cabríos y cinco corderos de un año. Ésa fue la ofrenda de Najsón, hijo de Aminadab.

18 El segundo día ofreció su ofrenda Natanael, hijo de Suar, príncipe de Isacar. 19 Su ofrenda consistió en una fuente de plata de ciento treinta siclos de peso, un acetre de plata de setenta siclos, siclos del santuario, ambos llenos de flor de harina amasada con aceite, para la oblación; 20 una naveta de oro de diez siclos, llena de incienso; 21 un novillo, un carnero, un cordero de un año, para el holocausto; 22 un chivo para el sacrificio por el pecado; 23 y para el sacrificio de comunión, dos bueyes, cinco carneros, cinco machos cabríos y cinco corderos de un año. Ésa fue la ofrenda de Natanael, hijo de Suar.

24 El tercer día, el príncipe de los hijos de Zabulón, Eliab, hijo de Jelón. 25 Su ofrenda consistió en una fuente de plata de ciento treinta siclos de peso, un acetre de plata de setenta siclos, siclos del santuario, ambos llenos de flor de harina amasada con aceite, para la oblación; 26 una naveta de oro de diez siclos, llena de incienso; 27 un novillo, un carnero, un cordero de un año, para el holocausto; 28 un chivo para el sacrificio por el pecado; 29 y para el sacrificio de comunión, dos bueyes, cinco carneros, cinco machos cabríos y cinco corderos de un año. Ésa fue la ofrenda de Eliab, hijo de Jelón.

30 El día cuarto, el príncipe de los hijos de Rubén, Elisur, hijo de Sedeur. 31 Su ofrenda consistió en una fuente de plata de ciento treinta siclos de peso; un acetre de plata de setenta siclos, siclos del santuario, ambos llenos de flor de harina amasada con aceite, para la oblación; 32 una naveta de diez siclos de oro llena de incienso; 33 un novillo, un carnero, un cordero de un año, para el holocausto; 34 un chivo para el sacrificio por el pecado; 35 y para el sacrificio de comunión, dos bueyes, cinco carneros, cinco machos cabríos, cinco corderos de un año. Ésa fue la ofrenda de Elisur, hijo de Sedeur.

36 El día quinto, el príncipe de los hijos de Simeón, Salumiel, hijo de Surisaday. 37 Su ofrenda consistió en una fuente de plata de ciento treinta siclos de peso, un acetre de plata de setenta siclos, siclos del santuario, ambos llenos de flor de harina amasada con aceite,

para la oblación; 38 una naveta de oro
de diez siclos, llena de incienso; 39 un
novillo, un carnero, un cordero de un
año, para el holocausto; 40 un chivo
para el sacrificio por el pecado; 41 y
para el sacrificio de comunión, dos
bueyes, cinco carneros, cinco machos
cabríos y cinco corderos de un año.
Ésa fue la ofrenda de Salumiel, hijo
de Surisaday.

42 El día sexto, el príncipe de los hijos
de Gad, Eliasaf, hijo de Reuel. 43 Su
ofrenda consistió en una fuente de plata
de ciento treinta siclos; un acetre de
plata de setenta siclos, siclos del santuario, ambos llenos de flor de harina
amasada con aceite, para la oblación;
44 una naveta de oro de diez siclos, llena
de incienso; 45 un novillo, un carnero
y un cordero de un año, para el holocausto; 46 un chivo para el sacrificio
por el pecado; 47 y para el sacrificio de
comunión, dos bueyes, cinco carneros,
cinco machos cabríos y cinco corderos
de un año. Ésa fue la ofrenda de Eliasaf,
hijo de Reuel.

48 El día séptimo, el príncipe de los
hijos de Efraín, Elisamá, hijo de Amiud.
49 Su ofrenda consistió en una fuente de
plata de ciento treinta siclos de peso, un
acetre de plata de setenta siclos, siclos
del santuario, ambos llenos de flor de
harina amasada con aceite, para la
oblación; 50 una naveta de oro de diez
siclos, llena de incienso; 51 un novillo,
un carnero, un cordero de un año,
para el holocausto; 52 un chivo, para el
sacrificio por el pecado; 53 y para el sacrificio de comunión, dos bueyes, cinco
carneros, cinco machos cabríos y cinco
corderos de un año. Ésa fue la ofrenda
de Elisamá, hijo de Amiud.

54 El día octavo, el príncipe de los
hijos de Manasés, Gamaliel, hijo de Pedasur. 55 Su ofrenda consistió en una
fuente de plata de ciento treinta siclos
de peso, un acetre de plata de setenta
siclos, siclos del santuario, ambos llenos
de flor de harina amasada con aceite,
para la oblación; 56 una naveta de oro
de diez siclos, llena de incienso; 57 un
novillo, un carnero, un cordero de un
año, para el holocausto; 58 un chivo para el sacrificio por el pecado; 59 y para
el sacrificio de comunión, dos bueyes,
cinco carneros, cinco machos cabríos
y cinco corderos de un año. Ésa fue la
ofrenda de Gamaliel, hijo de Pedasur.

60 El día nono, el príncipe de los hijos
de Benjamín, Abidán, hijo de Guideoní.
61 Su ofrenda consistió en una fuente de
plata de ciento treinta siclos de peso, un
acetre de plata de setenta siclos, siclos
del santuario, ambos llenos de flor
de harina amasada con aceite, para la
oblación; 62 una naveta de oro de diez siclos, llena de incienso; 63 un novillo, un
carnero, un cordero de un año, para el
holocausto; 64 un chivo para el sacrificio
por el pecado; 65 y para el sacrificio de
comunión, dos bueyes, cinco carneros,
cinco machos cabríos y cinco corderos
de un año. Ésa fue la ofrenda de Abidán, hijo de Guideoní.

66 El día décimo, el príncipe de los
hijos de Dan, Ajiezer, hijo de Amisaday.
67 Su ofrenda consistió en una fuente de
plata de ciento treinta siclos de peso,
un acetre de plata de setenta siclos, siclos del santuario, ambos llenos de flor
de harina amasada con aceite, para la
oblación; 68 una naveta de oro de diez
siclos, llena de incienso; 69 un novillo, un
carnero, un cordero de un año, para el
holocausto; 70 un chivo para el sacrificio
por el pecado; 71 y para el sacrificio de
comunión, dos bueyes, cinco carneros,
cinco machos cabríos y cinco corderos
de un año. Ésa fue la ofrenda de Ajiezer,
hijo de Amisaday.

72 El día undécimo, el príncipe de los
hijos de Aser, Paguiel, hijo de Ocrán.
73 Su ofrenda consistió en una fuente de
plata de ciento treinta siclos de peso, un
acetre de plata de setenta siclos, siclos
del santuario, ambos llenos de flor de
harina amasada con aceite, para la oblación; 74 una naveta de oro de diez siclos,
llena de incienso; 75 un novillo, un carnero, un cordero de un año, para el holocausto; 76 un chivo para el sacrificio
por el pecado; 77 y para el sacrificio

de comunión, dos bueyes, cinco carneros, cinco machos cabríos y cinco corderos de un año. Ésa fue la ofrenda de
Paguiel, hijo de Ocrán.
78 El día duodécimo, el príncipe de los
hijos de Neftalí, Ajirá, hijo de Enán.
79 Su ofrenda consistió en una fuente de
plata de ciento treinta siclos de peso,
un acetre de plata de setenta siclos, en
siclos del santuario, ambos llenos de flor
de harina amasada con aceite, para la
oblación; 80 una naveta de oro de diez
siclos, llena de incienso; 81 un novillo,
un carnero, un cordero de un año,
para el holocausto; 82 un chivo para el
sacrificio por el pecado; 83 y para el sacrificio de comunión, dos bueyes, cinco
carneros, cinco machos cabríos y cinco
corderos de un año. Ésa fue la ofrenda
de Ajirá, hijo de Enán.
84 Ésta fue la ofrenda de los príncipes
de Israel en la dedicación del altar, el día
en que fue ungido: doce fuentes de plata, doce acetres de plata y doce navetas
de oro. 85 Cada fuente era de ciento
treinta siclos, y cada acetre de setenta.
Los siclos de plata de estos objetos eran
en total 2.400, siclos del santuario.
86 Las navetas de oro eran doce, llenas
de incienso. Cada naveta era de diez
siclos, siclos del santuario. Los siclos de
oro de las navetas eran en total ciento
veinte.
87 El total del ganado para el holocausto, doce novillos, doce carneros,
doce corderos de un año, con sus oblaciones correspondientes; y doce chivos
para el sacrificio por el pecado. 88 El
total del ganado para los sacrificios de
comunión: veinticuatro novillos, sesenta
carneros, sesenta machos cabríos y sesenta corderos de un año. Ésas fueron
las ofrendas de la dedicación del altar,
una vez que fue ungido.
89 Cuando Moisés entraba en la Tienda del Encuentro para hablar con Él,
oía la voz que le hablaba de lo alto del
propiciatorio que está sobre el arca del
Testimonio, entre los dos querubines.
Entonces hablaba con Él.

Las lámparas del candelabro.

8 1 Yahvé dijo a Moisés: 2 «Dile a
Aarón: Cuando coloques las lámparas, las siete lámparas habrán de
alumbrar hacia la parte delantera del
candelabro.» 3 Así lo hizo Aarón: colocó
las lámparas en la parte delantera del
candelabro, tal como había mandado
Yahvé a Moisés. 4 Este candelabro era
de oro macizo; desde el pie hasta las
flores era de oro macizo. Hizo el candelabro según el modelo que Yahvé había
mostrado a Moisés.

Los levitas son ofrecidos a Yahvé*.

5 Dijo Yahvé a Moisés: 6 «Pon a los
levitas aparte del resto de los israelitas y
purifícalos. 7 Para esta purificación harás con ellos de la siguiente manera: los
rociarás con agua lustral; se rasurarán
ellos todo el cuerpo, lavarán sus vestidos
y así quedarán purificados. 8 Tomarán
luego un novillo, con su correspondiente oblación de flor de harina amasada
con aceite y tú tomarás otro novillo
como sacrificio por el pecado. 9 Mandarás que se acerquen los levitas a la
Tienda del Encuentro y convocarás a
toda la comunidad de los israelitas.
10 Harás que se acerquen los levitas ante
Yahvé, y los israelitas les impondrán las
manos. 11 Entonces Aarón presentará
a los levitas como ofrenda de balanceo
delante de Yahvé, de parte de los israelitas. Así quedarán destinados al servicio
de Yahvé. 12 Los levitas impondrán sus
manos sobre la cabeza de los novillos y
tú ofrecerás uno como sacrificio por el
pecado y otro en holocausto a Yahvé
para expiar por los levitas. 13 Pondrás
luego a los levitas delante de Aarón y de
sus hijos y los presentarás como ofrenda de balanceo a Yahvé. 14 Así separa-

8 5 Ver **3** 11+; Ex **13**+. Una segunda sustitución se añade a la primera: los animales sacrificados representan a los Levitas, v. 12.

rás a los levitas del resto de los israelitas
para que me pertenezcan. 15 Después
comenzarán los levitas a servir en la
Tienda del Encuentro. Los purificarás y
los presentarás como ofrenda balancea-
da, 16 porque son «donados», donados a
mí, de parte de los israelitas, en lugar de
todos los que abren el seno materno, de
todos los primogénitos; los he tomado
para mí de entre los demás israelitas.
17 Porque míos son todos los primogénitos de los israelitas, igual de hombres
que de ganados: los consagré para mí el
día que herí a todos los primogénitos en
Egipto. 18 Y tomé a los levitas para sustituir a todos los primogénitos de los
israelitas. 19 Yo cedo los levitas, como
«donados» de parte de los israelitas, a
Aarón y a sus hijos, para que presten el
servicio, en nombre de los israelitas, en
la Tienda del Encuentro, y para expiar
por los israelitas de manera que ningún
israelita incurra en castigo por acercarse
al Santuario.»

20 Moisés y Aarón y toda la comunidad de los israelitas hicieron con los
levitas conforme había mandado Yahvé
a Moisés; así hicieron con ellos los israelitas. 21 Los levitas se purificaron y lavaron sus vestidos. Aarón los presentó
como ofrenda de balanceo delante de
Yahvé; y Aarón hizo expiación por ellos
para purificarlos. 22 Después de lo cual
entraron los levitas a prestar servicio
en la Tienda del Encuentro en presencia
de Aarón y de sus hijos. Según había
mandado Yahvé a Moisés acerca de los
levitas, así hicieron con ellos.

Tiempo de servicio.

23 Dijo Yahvé a Moisés: 24 «Esto es lo
referente a los levitas. El levita entrará al
servicio de la Tienda del Encuentro de
veinticinco años para arriba, 25 y desde
los cincuenta años cesará en el servicio; no prestará servicio en adelante.
26 Ayudará a sus hermanos en el desem-
peño de su ministerio en la Tienda del
Encuentro, pero no prestará servicio.
Así harás con los levitas en lo tocante a
sus funciones.»

IV. La Pascua y la partida

Fecha de la Pascua*.
Ex **12**+.

9 1 Habló Yahvé a Moisés, en el desierto del Sinaí, el año segundo de
la salida de Egipto, el mes primero, y le
dijo: 2 «Que los israelitas celebren la Pascua a su tiempo. 3 La celebrarán el día
catorce de este mes, entre dos luces, en
el tiempo debido. La celebrarán según
todos sus preceptos y normas.»

4 Moisés dijo a los israelitas que celebraran la Pascua. 5 Ellos la celebraron
en el desierto del Sinaí, el primer mes,
el día catorce del mes, entre dos luces.
Según había mandado Yahvé a Moisés
lo hicieron los israelitas.

Casos particulares.

6 Pero sucedió que algunos hombres
estaban impuros por contacto con cadáver humano y no podían celebrar la
Pascua aquel día. Se presentaron a Moisés y a Aarón el mismo día 7 y les dijeron: «Estamos impuros por contacto con
cadáver humano. ¿Por qué hemos de
quedar excluidos de presentar la ofrenda
a Yahvé a su tiempo con los demás israelitas?» 8 Moisés les respondió: «Esperen,
que voy a consultar lo que manda Yahvé
acerca de ustedes.»

9 Yahvé habló a Moisés en estos términos: 10 «Di a los israelitas: Si uno de
ustedes o de sus descendientes se en-

9 A la gran ley de la Pascua, Ex **12**, se añade una disposición que favorecerá la venida de peregrinos de la Dispersión, autorizados para celebrar la Pascua un mes más tarde.

cuentra impuro por un cadáver, o está
de viaje en tierra lejana, también celebrará la Pascua en honor de Yahvé.
11 La celebrarán el mes segundo, el día
catorce, entre dos luces. La comerán
con panes ázimos y hierbas amargas.
12 No dejarán nada para la mañana, ni
le quebrantarán ningún hueso. Según
todo el ritual de la Pascua la celebrarán.
13 Pero el que, encontrándose puro y
no habiendo estado de viaje, deje de
celebrar la Pascua, ese tal será extirpado
de su pueblo. Ese hombre cargará con
su pecado, por no haber presentado a
su tiempo la ofrenda a Yahvé.
14 «Y si un forastero reside entre ustedes, celebrará la Pascua en honor de
Yahvé; la celebrará según los preceptos
y normas de la Pascua. Uno mismo será
el ritual para ustedes, tanto para el forastero como para el nativo del país.»

La Nube.

Ex **13** 22; **40** 34-38.

15 El día en que se erigió la Morada, la
Nube cubrió la Morada, sobre la Tienda
del Testimonio. Por la tarde se quedaba sobre la Morada, con aspecto de
fuego, hasta la mañana. 16 Así sucedía
permanentemente: la Nube la cubría
(de día) y por la noche tenía aspecto de
fuego. 17 Cuando se levantaba la Nube
de encima de la Tienda, los israelitas levantaban el campamento, y en el lugar
en que se paraba la Nube, acampaban
los israelitas. 18 A la orden de Yahvé
partían los israelitas y a la orden de
Yahvé acampaban. Quedaban acampados todos los días que la Nube estaba
parada sobre la Morada. 19 Si se detenía
la Nube muchos días sobre la Morada,
los israelitas respetaban la disposición
de Yahvé y no partían. 20 En cambio, si
la Nube estaba sobre la Morada pocos
días, a la orden de Yahvé acampaban
y a la orden de Yahvé partían. 21 Si la
Nube estaba sobre la Morada sólo de la
noche a la mañana, y por la mañana se
alzaba, partían. Si estaba un día y una
noche y luego se elevaba, partían. 22 Si,
en cambio, se detenía sobre la Morada
dos días, o un mes, o un año, reposan-
do sobre ella, los israelitas se quedaban
en el campamento y no partían; pero
en cuanto se elevaba, partían. 23 A la
orden de Yahvé acampaban y a la orden de Yahvé movían el campamento.
Respetaban la disposición de Yahvé,
según la orden de Yahvé transmitida
por Moisés.

Las trompetas.

10 1 Dijo Yahvé a Moisés: 2 «Hazte
dos trompetas; las harás de
plata maciza. Te servirán para convocar
a la comunidad y dar la señal de trasladar el campamento. 3 Cuando suenen
las dos, se reunirá junto a ti toda la comunidad, a la entrada de la Tienda del
Encuentro. 4 Pero cuando suene una
sola, se reunirán contigo los príncipes,
jefes de clanes de Israel.
5 «Cuando se toque con estruendo*,
partirán los que acampan a oriente.
6 Cuando se toque con estruendo por
segunda vez, partirán los campamentos
que acampan al mediodía. Se tocará con
estruendo para partir; 7 en cambio, para
congregar la asamblea, se tocará sin
estruendo. 8 Los hijos de Aarón, los sacerdotes, serán los que toquen las trompetas; éste será un decreto perpetuo
para ustedes y para su descendencia.
9 «Cuando, ya en su tierra, partan
para el combate contra un enemigo que
los oprime, tocarán las trompetas con
estruendo; así se acordará Yahvé, su
Dios, de ustedes, y serán librados de sus
enemigos. 10 En sus días de fiesta, solemnidades y en las lunas nuevas, tocarán las trompetas durante sus holocaustos y sacrificios de comunión. Así harán
que su Dios se acuerde de ustedes. Yo,
Yahvé, su Dios.»

10 5 Estos *toques de estruendo* son gritos religiosos y guerreros que formaban parte, en un principio, del ritual del arca, 1 S **4** 5, y luego de las fiestas reales, **23** 21, y religiosas, **29** 1; Lv **25** 9, y más tarde de las ceremonias del Templo, Sal **33** 3+.

Orden de marcha.

11 El año segundo, el mes segundo, el
día veinte del mes, se levantó la Nube
de encima de la Morada del Testimonio,
12 y los israelitas partieron, en orden de
marcha, del desierto del Sinaí. La Nube
se detuvo en el desierto de Parán.
13 Partieron en vanguardia, según la
orden que Yahvé había dado a Moisés:
14 la bandera del campamento de los
hijos de Judá en primer lugar, por cuerpos de ejército; al frente de su tropa iba
Najsón, hijo de Aminadab; 15 al frente
de la tropa de la tribu de los hijos de Isacar, Natanael, hijo de Suar; 16 al frente
de la tropa de la tribu de los hijos de
Zabulón, Eliab, hijo de Jelón.
17 Entonces fue desmontada la Morada y partieron los hijos de Guersón y
los hijos de Merarí, llevando la Morada.
18 Partió luego la bandera del campamento de Rubén, por cuerpos de ejército; al frente de su tropa iba Elisur, hijo
de Sedeur; 19 al frente de la tropa de la
tribu de los hijos de Simeón, Salumiel,
hijo de Surisaday; 20 al frente de la tropa
de la tribu de los hijos de Gad, Eliasaf,
hijo de Reuel.
21 Entonces partieron los queatitas,
que llevaban el santuario (la Morada se
montaba antes de que llegaran).
22 Partió luego la bandera del campamento de los hijos de Efraín, por cuerpos de ejército; al frente de su tropa iba
Elisamá, hijo de Amiud; 23 al frente de
la tropa de la tribu de los hijos de Manasés, Gamaliel, hijo de Pedasur; 24 al
frente de la tropa de la tribu de los hijos
de Benjamín, Abidán, hijo de Guideoní.
25 Luego, cerrando la marcha de todos los campamentos, partió la bandera
del campamento de los hijos de Dan,
por cuerpos de ejército; al frente de
su tropa iba Ajiezer, hijo de Amisaday;
26 al frente de la tropa de la tribu de los
hijos de Aser, Paguiel, hijo de Ocrán;
27 al frente de la tropa de la tribu de los
hijos de Neftalí, Ajirá, hijo de Enán.
28 Éste fue el orden de marcha de los
israelitas, repartidos en cuerpos de ejército. Y así partieron.

Propuesta de Moisés a Jobab.

29 Dijo Moisés a Jobab, hijo de Reuel
el madianita, suegro de Moisés: «Nosotros partimos para el lugar del que ha
dicho Yahvé: Yo se lo daré. Ven con
nosotros y te trataremos bien, porque
Yahvé ha prometido bienestar a Israel.»
30 Él respondió: «No iré, sino que me
volveré a mi tierra y a mi parentela.»
31 Moisés insistió: «Por favor, no nos dejes; tú conoces los sitios donde acampar
en el desierto; tú serás nuestros ojos.
32 Si vienes con nosotros, te haremos
partícipe del bienestar con que Yahvé
nos va a favorecer.»

La partida.

33 Partieron del monte de Yahvé para
hacer tres jornadas. El arca de la alianza
de Yahvé iba delante de ellos los tres
días de camino, buscándoles donde
hacer alto. 34 La Nube de Yahvé iba de
día sobre ellos, desde que dejaban el
campamento. 35 Cuando partía el arca,
decía Moisés:

||Sal **68** 2; Is **33** 3.

«Levántate, Yahvé, que tus enemigos
se dispersen,
que huyan delante de ti los que te
odian.»

36 Y cuando se detenía, decía:
«Vuelve, Yahvé,
a las miríadas de millares de Israel.»

*V. Etapas en el desierto**

Taberá.

11 1 El pueblo profería quejas que
sonaban mal a los oídos de Yahvé, y Yahvé lo oyó. Se encendió su ira y
ardió contra ellos un fuego de Yahvé y
devoró una punta del campamento. 2 El
pueblo clamó a Moisés, que intercedió
ante Yahvé, y el fuego se apagó. 3 Por
eso se llamó aquel lugar Taberá, porque
había ardido contra ellos el fuego de
Yahvé*.

Quibrot Hatavá.
Lamentos del pueblo.

‖Ex **16**.

4 La chusma que se había mezclado
al pueblo se dejó llevar de su apetito.
También los israelitas volvieron a sus
llantos diciendo: «¿Quién nos dará carne
para comer? 5 ¡Cómo nos acordamos
del pescado que comíamos de balde en
Egipto, y de los pepinos, melones, pue-
rros, cebollas y ajos! 6 En cambio ahora
nos encontramos débiles. No hay de
nada. No vemos más que el maná.» 7 El
maná* era como la semilla del cilantro;
su aspecto era como el del bedelio. 8 El
pueblo se dispersaba para recogerlo; lo
molían en la muela o lo machacaban
en el mortero; luego lo cocían en la
olla y hacían con él tortas. Su sabor
era parecido al de una torta de aceite.
9 Cuando, por la noche, caía el rocío sobre el campamento, caía también sobre
él el maná.

Intercesión de Moisés.

Ex **32** 11+.

10 Moisés oyó llorar al pueblo, a todas
sus familias, cada uno a la puerta de su
tienda. Se irritó mucho la ira de Yahvé.
A Moisés le pareció mal, 11 y le dijo a
Yahvé: «¿Por qué tratas mal a tu siervo?
¿Por qué no he hallado gracia a tus
ojos, para que hayas echado sobre mí la
carga de todo este pueblo? 12 ¿Acaso
he sido yo el que ha concebido a todo
este pueblo y lo ha dado a luz, para que
me digas: 'Llévalo en tu regazo, como
lleva la nodriza al niño de pecho, hasta
la tierra que prometí con juramento a
sus padres?' 13 ¿De dónde voy a sacar
carne para dársela a todo este pueblo,
que me llora diciendo: Danos carne
para comer? 14 No puedo cargar yo
solo con todo este pueblo: es demasiado
pesado para mí. 15 Si vas a tratarme así,
mátame, por favor, si he hallado gracia
a tus ojos, para que no vea más mi
desventura.»

Respuesta de Yahvé.

16 Yahvé respondió a Moisés: «Reúneme setenta ancianos de Israel, de
los que te consta que son ancianos
y escribas del pueblo. Llévalos a la
Tienda del Encuentro y que estén allí
contigo. 17 Yo bajaré a hablar contigo;
tomaré parte del espíritu que hay en ti y
lo pondré en ellos, para que lleven contigo la carga del pueblo y no la tengas
que llevar tú solo. 18 Y al pueblo le dirás:
Santifíquense para mañana, que van a
comer carne, ya que se han lamentado
a oídos de Yahvé, diciendo: '¿Quién
nos dará carne para comer? Mejor nos
iba en Egipto'. Pues Yahvé les va a dar
carne, y comerán. 19 No un día, ni dos,
ni cinco, ni diez, ni veinte la comerán,
20 sino un mes entero, hasta que les salga por las narices y les dé náuseas, pues
han rechazado a Yahvé, que está en
medio de ustedes, y se han lamentado
en su presencia, diciendo: ¿Por qué salimos de Egipto?»

---

11 Dejado el Sinaí, nos encontramos en la región de Cadés, según Dt **9** 22-23. -El tema de la *murmuración* se repite con frecuencia en los relatos del desierto. La cólera de Dios es su reacción frente a todo lo que se opone a su designio, a la Alianza, **11** 33; Dt **1** 34; **6** 15; etc., que se enciende para dar lugar al perdón.

11 3 Etimología popular, como en **11** 34.

11 7 Otra descripción en Ex **16** 14-15.

21 Moisés respondió: «El pueblo que va conmigo cuenta 600.000 de a pie, ¿y tú dices que les darás carne para comer un mes entero? 22 Aunque se mataran para ellos rebaños de ovejas y bueyes, ¿bastaría acaso? Aunque se juntaran todos los peces del mar, ¿habría suficiente?» 23 Pero Yahvé respondió a Moisés: «¿Es acaso corta la mano de Yahvé? Ahora vas a ver si vale mi palabra o no.»

Efusión del espíritu.

24 Salió Moisés y transmitió al pueblo las palabras de Yahvé. Luego reunió a setenta ancianos del pueblo y los puso alrededor de la Tienda. 25 Bajó Yahvé en la Nube y le habló. Luego tomó algo del espíritu que había en él y se lo dio a los setenta ancianos. Y en cuanto reposó sobre ellos el espíritu, se pusieron a profetizar, pero ya no volvieron a hacerlo más*.

26 Habían quedado en el campamento dos hombres, uno llamado Eldad y el otro Medad. Reposó también sobre ellos el espíritu, ya que, si bien no habían salido a la Tienda, eran de los designados. Y profetizaban en el campamento. 27 Un muchacho corrió a anunciar a Moisés: «Eldad y Medad están profetizando en el campamento.» 28 Josué, hijo de Nun, que estaba al servicio de Moisés desde su mocedad, tomó la palabra y dijo: «Mi señor Moisés, prohíbeselo.» 29 Le respondió Moisés: «¿Es que estás tú celoso por mí? ¡Ojalá que todo el pueblo de Yahvé profetizara porque Yahvé les daba su espíritu*!» 30 Luego Moisés volvió al campamento con los ancianos de Israel.

Las codornices.
Ex **16** 12-13.

31 Se alzó un viento, enviado por Yahvé, que hizo pasar codornices de la parte del mar, y las abatió sobre el campamento, en una extensión de una jornada de camino a uno y otro lado alrededor del campamento, y a una altura de dos codos por encima del suelo. 32 El pueblo se dedicó todo aquel día y toda la noche y todo el día siguiente a capturar las codornices. El que menos, reunió diez modios. Y las tendieron alrededor del campamento. 33 Todavía tenían la carne entre los dientes, todavía la estaban masticando, cuando se encendió la ira de Yahvé contra el pueblo, y lo hirió Yahvé con una plaga muy grande.

34 Se llamó a aquel lugar Quibrot Hatavá, porque allí sepultaron a la muchedumbre de glotones.

35 De Quibrot Hatavá partió el pueblo hacia Jaserot, donde acamparon.

Quejas de María y Aarón.
Ex **15** 20; Nm **20** 1.

12 1 María habló con Aarón contra Moisés a propósito de la mujer cusita que había tomado por esposa: porque se había casado con una cusita*. 2 Decían: «¿Es que Yahvé no ha hablado más que por medio de Moisés? ¿No ha hablado también por medio de nosotros?» Y Yahvé lo oyó. 3 Moisés era un hombre muy humilde, más que hombre alguno sobre la faz de la tierra*.

Respuesta divina.

4 De improviso, Yahvé dijo a Moisés, a Aarón y a María: «Salgan los tres hacia la Tienda del Encuentro.» Y salieron los tres. 5 Bajó Yahvé en la columna de Nube y se quedó a la puerta de la Tienda. Llamó a Aarón y a María y se adelantaron los dos.

6 Dijo Yahvé: «Escuchen mis palabras:

Si hay entre ustedes un profeta,
en visión me revelo a él,
y hablo con él en sueños.

11 25 El espíritu que se les ha dado como participación del de Moisés, v. 17; ver 2 R **2** 9, no ha durado más que un cierto tiempo.
11 29 El *don del Espíritu* se concederá a todos algún día, Jl **3** 1-2+; Hch **2**+.
12 1 Esta mujer podría ser la madianita Seforá, Ex **2** 21.
12 3 Ver Ex **3** 11; **4** 10-13; Si **45** 4.

7 No así con mi siervo Moisés:
él es de toda confianza en mi casa;
8 boca a boca hablo con él,
abiertamente y no en enigmas,
y contempla la imagen de Yahvé.
¿Por qué, pues, han osado hablar contra mi siervo Moisés*?»

9 Y se encendió la ira de Yahvé contra
ellos. Cuando se marchó, 10 y la Nube se
retiró de encima de la Tienda, María advirtió que estaba leprosa, blanca como
la nieve. Aarón se volvió hacia María y
vio que estaba leprosa.

Intercesión de Aarón y de Moisés.

Ex **32** 11+.

11 Y dijo Aarón a Moisés: «Perdón,
Señor mío, no cargues sobre nosotros
el pecado que neciamente hemos cometido. 12 Por favor, que no sea ella como
quien nace muerto del seno de su madre,
con la carne medio consumida.»
13 Moisés clamó a Yahvé diciendo:
«Oh Dios, cúrala, por favor.» 14 Yahvé
respondió a Moisés: «Si tu padre le
hubiera escupido al rostro, ¿no tendría
que pasar siete días de vergüenza? Que
quede siete días fuera del campamento
y luego sea admitida otra vez.» 15 María
quedó siete días excluida del campamento. Pero el pueblo no partió hasta
que ella se reintegró. 16 Después el pueblo partió de Jaserot y acamparon en el
desierto de Parán.

Exploración de Canaán.

||Dt **1** 20-29.

13 1 Yahvé dijo a Moisés: 2 «Envía
algunos hombres, uno por cada tribu patriarcal, para que exploren
la tierra de Canaán que voy a dar a
los israelitas. Que sean todos príncipes
entre ellos.» 3 Los envió Moisés, según
la orden de Yahvé, desde el desierto de
Parán: todos ellos eran jefes de los israelitas. 4 Sus nombres eran éstos:
por la tribu de Rubén, Samúa, hijo de Zacur;
5 por la tribu de Simeón, Safat, hijo de de Jorí;
6 por la tribu de Judá, Caleb, hijo de Jefoné;
7 por la tribu de Isacar, Yigal, hijo de José;
8 por la tribu de Efraín, Hosea, hijo de Nun;
9 por la tribu de Benjamín, Paltí, hijo de Rafú;
10 por la tribu de Zabulón, Gadiel, hijo de Sodí;
11 por la tribu de José: por la tribu de Manasés, Gadí, hijo de Susí;
12 por la tribu de Dan, Amiel, hijo de Guemalí;
13 por la tribu de Aser, Setur, hijo de Miguel;
14 por la tribu de Neftalí, Najbí, hijo de Vafsí;
15 por la tribu de Gad, Gueuel, hijo de Maquí.
16 Ésos son los nombres de los que
envió Moisés a explorar el país. Pero
a Hosea, hijo de Nun, Moisés le llamo
Josué.
17 Moisés los envió a explorar el país
de Canaán, y les dijo: «Suban ahí por el
Negueb y después subirán a la montaña. 18 Reconozcan el país, a ver qué tal
es, y el pueblo que lo habita, si es fuerte
o débil, escaso o numeroso; 19 y qué tal
es el país en que viven, bueno o malo;
cómo son las ciudades en que habitan,

12 8 Otros reciben una parte del espíritu de Dios, **11** 25+; Ex **15** 20; etc. Pero, según toda la tradición judía, Moisés ha sido el primero y el mayor de los *profetas*, Dt **34** 10; Os **12** 14; Si **45** 1-5; Sb **11** 1. Su vocación, Ex **3**, es de tipo profético: Dios le dice lo que tiene que llevar a los demás, ver Dt **4** 1+; **6** 1-10; Jr **1** 4-19. Sus funciones de mediador, Ex **19** 9-25; ver Ga **3** 9, de jefe del pueblo, Ex **3** 10-12; etc., de intercesor, Ex **32** 11+, derivan de ella. Dios ha favorecido a Moisés con comunicaciones directas e íntimas que le disponían para su misión excepcional, en favor de la salvación del pueblo de Dios, ver Ex **33** 11.20+. El NT verá en él al precursor del gran profeta que está por venir, del Mesías Jesucristo, Dt **18** 15-18+; Jn **1** 17-18; Hch **7** 37; **21** 38; Hb **3** 2-5; **11** 27.

abiertas o fortificadas; 20 y cómo es la tierra, fértil o pobre, si tiene árboles o no. Tengan valor y traigan algunos productos del país.»

Era el tiempo de las primeras uvas. 21 Subieron y exploraron el país, desde el desierto de Sin hasta Rejob, a la Entrada de Jamat*. 22 Subieron por el Negueb y llegaron hasta Hebrón, donde residían Ajimán, Sesay y Talmay, descendientes de Anac. Hebrón había sido fundada siete años antes que Tanis de Egipto. 23 Llegaron al Valle de Escol y cortaron allí un sarmiento con un racimo de uva, que transportaron con una pértiga entre dos, y también granadas e higos. 24 Al lugar aquel se le llamó Valle del Racimo, por el racimo que cortaron allí los israelitas.

Relato de los enviados.

25 Al cabo de cuarenta días volvieron de explorar la tierra. 26 Fueron y se presentaron a Moisés, a Aarón y a toda la comunidad de los israelitas, en el desierto de Parán, en Cades. Les hicieron una relación a ellos y a toda la comunidad, y les mostraron los productos del país.

27 Les contaron lo siguiente: «Fuimos al país al que nos enviaste, y en verdad que mana leche y miel; éstos son sus productos. 28 Sólo que el pueblo que habita en el país es poderoso; las ciudades, fortificadas y muy grandes; hasta hemos visto allí descendientes de Anac. 29 El amalecita ocupa la región del Negueb; el hitita, el amorreo y el jebuseo ocupan la montaña; el cananeo, la orilla del mar y la ribera del Jordán.»

30 Caleb acalló al pueblo delante de Moisés, diciendo: «Subamos, y conquistaremos el país, porque sin duda podremos con él.» 31 Pero los hombres que habían ido con él dijeron: «No podemos subir contra ese pueblo, porque es más fuerte que nosotros.» 32 Y empezaron a desacreditar ante los israelitas el país que habían explorado, diciendo: «El país que hemos recorrido y explorado es un país que devora a sus propios habitantes. Toda la gente que hemos visto allí es gente alta. 33 Hemos visto también gigantes, hijos de Anac, de la raza de los gigantes. Nosotros nos veíamos ante ellos como saltamontes, y eso mismo les parecíamos a ellos.»

Rebelión de Israel.

||Dt **1** 26-32.

14 1 Entonces toda la comunidad alzó la voz y se puso a gritar; y la gente se pasó llorando toda aquella noche. 2 Luego murmuraron todos los israelitas contra Moisés y Aarón, y les dijo toda la comunidad: «¡Ojalá hubiéramos muerto en Egipto! Y si no, ¡ojalá hubiéramos muerto en el desierto! 3 ¿Por qué Yahvé nos trae a este país para hacernos caer a filo de espada y que nuestras mujeres y niños caigan en cautiverio? ¿No es mejor que volvamos a Egipto?» 4 Y se decían unos a otros: «Nombremos a uno jefe y volvamos a Egipto.»

5 Moisés y Aarón cayeron rostro en tierra delante de toda la asamblea de la comunidad de los israelitas. 6 Pero Josué, hijo de Nun, y Caleb, hijo de Jefoné, que eran de los que habían explorado el país, rasgaron sus vestiduras 7 y dijeron a toda la comunidad de los israelitas: «La tierra que hemos recorrido y explorado es muy buena tierra. 8 Si Yahvé nos es favorable, nos llevará a esa tierra y nos la entregará. Es una tierra que mana leche y miel. 9 No se rebelen contra Yahvé, ni teman a la gente del país, porque son pan comido. Se ha retirado de ellos su sombra protectora, y en cambio Yahvé está con nosotros. No les tengan miedo.»

Cólera de Yahvé e intercesión de Moisés.

Ex **32** 7-14+.

10 Toda la comunidad hablaba de apedrearlos, cuando la gloria de Yahvé se apareció a todos los israelitas en la Tien-

13 21 El extremo norte de Palestina.

da del Encuentro. 11 Y dijo Yahvé a Moisés: «¿Hasta cuándo me va a despreciar
este pueblo? ¿Hasta cuándo van a desconfiar de mí, con todas las señales que
he obrado entre ellos? 12 Los heriré de
peste y los desheredaré. Pero a ti te
convertiré en un pueblo más grande y
poderoso que ellos.»
13 Moisés respondió a Yahvé: «Los
egipcios se han enterado de que tú, con
tu poder, sacaste a este pueblo de en
medio de ellos. 14 Se lo han contado a
los habitantes de este país. Éstos se han
enterado de que tú, Yahvé, estás en medio de este pueblo, y te das a ver cara a
cara; de que tú, Yahvé, permaneces en
tu Nube sobre ellos, y caminas delante
de ellos de día en la columna de nube,
y por la noche en la columna de fuego.
15 Si haces perecer a este pueblo como
a un solo hombre, dirán los pueblos que
han oído hablar de ti: 16 Yahvé, como
no ha podido introducir a ese pueblo en
la tierra que les había prometido con
juramento, los ha matado en el desierto.
17 Muestra, pues, ahora tu poder, mi Señor, como prometiste diciendo: 18 Yahvé
es tardo a la cólera y rico en bondad,
tolera iniquidad y rebeldía; aunque nada
deja sin castigo, castigando la iniquidad
de los padres en los hijos hasta la tercera y cuarta generación. 19 Perdona,
pues, la iniquidad de este pueblo conforme a la grandeza de tu bondad, como
has soportado a este pueblo desde Egipto hasta aquí.»

Perdón y castigo.
||Dt **1** 34-40.

20 Dijo Yahvé: «Lo perdono, según
tus palabras. 21 Pero por vida mía y la
gloria de Yahvé que llena toda la tierra,
22 que ninguno de los que han visto mi
gloria y las señales que he realizado en
Egipto y en el desierto, que me han
puesto a prueba ya diez veces y no han
escuchado mi voz, 23 verá la tierra que
prometí con juramento a sus padres.
No la verá ninguno de los que me han
despreciado. 24 Pero a mi siervo Caleb,
ya que fue animado de otro espíritu y
me obedeció puntualmente, lo haré entrar en la tierra donde estuvo, y su descendencia la poseerá. 25 (El amalecita y
el cananeo habitan en el llano). Mañana, vuélvanse y partan para el desierto,
camino del mar de Suf.»
26 Yahvé habló así a Moisés y a Aarón: 27 «¿Hasta cuándo esta comunidad
perversa murmurará contra mí? He oído
las quejas de los israelitas, que están
murmurando contra mí. 28 Diles: Por mi
vida, oráculo de Yahvé, que he de hacer
con ustedes lo que han hablado a mis
oídos. 29 Por haber murmurado contra
mí, todos los que fueron censados y
contados, de veinte años para arriba,
en este desierto caerán sus cadáveres.
30 Juro que no entrarán en la tierra en
la que, mano en alto, juré establecerlos.
Sólo a Caleb, hijo de Jefoné, y a Josué,
hijo de Nun, 31 y a sus pequeñuelos, de
los que dijeron que caerían en cautiverio,
los introduciré, y conocerán la tierra que
ustedes han despreciado. 32 Sus cadáveres caerán en este desierto, 33 y sus
hijos serán nómadas cuarenta años por
el desierto, cargando con la infidelidad
de ustedes, hasta que no estén por completo todos sus cadáveres en el desierto.
34 Según el número de los días que
ustedes emplearon en explorar el país,
cuarenta días, cargarán cuarenta años
con sus pecados, un año por cada día.
Así sabrán lo que es rebelarse contra mí.
35 Yo, Yahvé, he hablado. Eso es lo que
haré con toda esta comunidad perversa,
amotinada contra mí. En este desierto
no quedará uno: en él han de morir*.»
36 Los hombres que había enviado
Moisés a explorar la tierra, que al volver
habían incitado a toda la comunidad a
murmurar contra él, poniéndose a hablar mal del país, 37 aquellos hombres

14 35 Los temas del Éxodo están aquí invertidos. Israel, falto de fe, quiere volver a Egipto, ataca sin el arca, v. 44. En consecuencia, es abatido, rechazado, y hará un largo recorrido de 40 años, v. 33, por Transjordania; ver Dt **1** 41-45.

que habían hablado mal del país, cayeron repentinamente muertos delante
de Yahvé. [38] En cambio, Josué, hijo de
Nun, y Caleb, hijo de Jefoné, sobrevivieron de entre los hombres que habían
ido a explorar la tierra.

Vana tentativa de los israelitas.

[39] Refirió Moisés estas palabras a
todos los israelitas y se afligió mucho
el pueblo. [40] Madrugaron y subieron a
la cumbre del monte, diciendo: «Aquí
estamos. Vamos a subir a ese lugar
respecto del cual ha dicho Yahvé que
hemos pecado.» [41] Moisés les respondió: «¿Por qué hacen eso, pasando por
encima de la orden de Yahvé? Eso no
tendrá buen éxito. [42] No suban, porque
Yahvé no está en medio de ustedes,
no vayan a ser derrotados frente a sus
enemigos. [43] Porque el amalecita y el
cananeo están allí contra ustedes, y
caerán a filo de espada, pues después
de haber abandonado ustedes a Yahvé,
Yahvé no está con ustedes.» [44] Pero ellos
se obstinaron en subir a la cumbre del
monte. Ni el arca de la alianza de Yahvé
ni Moisés se movieron del campamento.
[45] Bajaron los amalecitas y los cananeos
que habitaban en aquella montaña, los
batieron y los destrozaron hasta llegar
a Jormá.

*VI. Ordenanzas sobre los sacrificios. Poderes de los sacerdotes y de los levitas**

La oblación correspondiente a los sacrificios.

Ex **29** 40s; Lv **23** 18.

15 [1] Yahvé dijo a Moisés: [2] «Di a
los israelitas: Cuando entren
en la tierra que yo les daré por morada,
[3] y ofrezcan manjares abrasados a Yahvé
en holocausto o sacrificio de comunión, para cumplir un voto, o como
ofrenda voluntaria, o con ocasión de sus
fiestas, ofreciendo así, de sus bueyes u
ovejas, calmante aroma para Yahvé,
[4] el oferente presentará, para su ofrenda a Yahvé, una oblación de una décima de flor de harina amasada con un
cuarto de sextario de aceite. [5] Harás
una libación de un cuarto de sextario de
vino por cada cordero, además del holocausto o sacrificio de comunión. [6] Si
es un carnero, la oblación será de dos
décimas de flor de harina amasada con
un tercio de sextario de aceite, [7] y la libación, de un tercio de sextario de vino,
que ofrecerás como calmante aroma
para Yahvé. [8] Y si ofreces a Yahvé un
novillo en holocausto o sacrificio, para
cumplir un voto, o como sacrificio de
comunión, [9] se ofrecerá además del novillo una oblación de tres décimas de flor
de harina amasada con medio sextario
de aceite, [10] y una libación de medio
sextario de vino, como manjar abrasado
de calmante aroma para Yahvé. [11] Así
se hará con cada novillo y con las reses
menores, cordero o cabrito. [12] Harán
así con cada uno de los que inmolen,
con tantos como haya. [13] Así hará todo
hombre de su pueblo, cuando ofrezca
un manjar abrasado como calmante
aroma para Yahvé. [14] Y si reside entre
ustedes o entre sus descendientes un
forastero, y ofrece un manjar abrasado
como calmante aroma para Yahvé,
hará lo mismo que ustedes. [15] En la
asamblea no habrá más que una norma
para ustedes y para el forastero residente. Es decreto perpetuo para sus des-

15 Los caps. **15-19** son, sobre todo, legislativos, con dos episodios que manifiestan el origen divino de la autoridad y de la preeminencia de Aarón.

cendientes: será igual delante de Yahvé para ustedes y para el forastero. 16 Una sola ley y una sola norma regirá para ustedes y para el forastero que reside entre ustedes.»

Las primicias del pan.

17 Yahvé dijo a Moisés: 18 «Di a los israelitas:

«Cuando entren en la tierra a la que los voy a llevar, 19 y coman el pan del país, reservarán primero la ofrenda para Yahvé. 20 Como primicias de su molienda reservarán como ofrenda una torta; la reservarán como reserva de la era. 21 Reservarán a Yahvé una ofrenda de las primicias de su molienda, por todas sus generaciones.

Expiación de las faltas de inadvertencia.
Lv **4**.

22 «Cuando por inadvertencia no cumplan alguno de estos preceptos que Yahvé ha comunicado a Moisés, 23 algo de lo que les ha mandado Yahvé por medio de Moisés, desde que Yahvé lo ordenó en adelante, por todas sus generaciones, 24 en el caso de que la inadvertencia se haya cometido por descuido de la comunidad, toda la comunidad ofrecerá un novillo en holocausto, como calmante aroma para Yahvé, con su correspondiente oblación y libación según costumbre, y un macho cabrío en sacrificio por el pecado. 25 El sacerdote hará la expiación por toda la comunidad de los israelitas, y se les perdonará, porque ha sido un descuido. Cuando presenten sus ofrendas, como manjar abrasado a Yahvé, y su sacrificio por el pecado delante de Yahvé por su descuido, 26 se le perdonará a la comunidad de los israelitas y al forastero que reside entre ellos, pues el pueblo entero lo ha hecho por inadvertencia.

27 «En el caso de que una sola persona haya pecado por inadvertencia, ofrecerá en sacrificio por el pecado una cabrita de un año. 28 El sacerdote hará la expiación delante de Yahvé por la persona que se ha descuidado con ese pecado de inadvertencia; cuando se haga expiación por ella, se le perdonará, 29 lo mismo al ciudadano israelita que al forastero residente entre ustedes: no tendrán más que una sola ley para el que obra por inadvertencia.

30 «Pero el que obra a conciencia, sea ciudadano o forastero, ultraja a Yahvé. Tal individuo será excluido de su pueblo, 31 por haber despreciado la palabra de Yahvé, y quebrantado su mandato. Será excluido tal individuo: su pecado pesa sobre él.»

Violación del sábado.
Ex **20** 8+; **31** 12-17; **35** 1-3.

32 Cuando los israelitas estaban en el desierto, se encontró a un hombre que andaba buscando leña en día de sábado. 33 Los que lo encontraron buscando leña, lo presentaron a Moisés, a Aarón y a toda la comunidad. 34 Lo pusieron en presidio, porque no estaba determinado lo que había que hacer con él. 35 Yahvé dijo a Moisés: «Que muera ese hombre. Que lo apedree toda la comunidad fuera del campamento.» 36 Lo sacó toda la comunidad fuera del campamento y lo apedrearon hasta que murió, según había mandado Yahvé a Moisés.

Los flecos de los vestidos*.
Dt **22** 12.

37 Yahvé dijo a Moisés: 38 «Di a los israelitas que ellos y sus descendientes se hagan flecos en los bordes de sus vestidos, y pongan en el fleco de sus vestidos un hilo de púrpura violeta. 39 Llevarán, pues, flecos para que, cuando los vean, se acuerden de todos los preceptos de

15 37 El fleco con un hilo de púrpura violeta recordaba el carácter sagrado de la comunidad. Según Dt **22** 12, estos flecos guarnecen todo el faldón. En la época judía se los coloca sólo en los bordes. Cristo se acomodó a la costumbre, Mt **9** 20, pero censuró la afectación en su práctica, Mt **23** 5. Los vv. 37-41 pertenecen a la oración del *Semá*, Dt **6** 4+.

Yahvé. Así los cumplirán y no seguirán
los caprichos de sus corazones y de sus
ojos, siguiendo a los cuales se prostituyen. 40 Así se acordarán de todos
mis mandamientos y los cumplirán, y
serán hombres consagrados a su Dios.
41 Yo, Yahvé, su Dios, que los saqué
de Egipto para ser su Dios. Yo, Yahvé,
su Dios.»

Rebelión de Coré, Datán y Abirón*.

Lv **10** 1-3; Sal **106** 16-18;
Si **45** 18-20;
Judas 11.

16 1 Coré, hijo de Yisar, hijo de
Queat, hijo de Leví, Datán y
Abirón, hijos de Eliab, y On, hijo de Pélet, hijos de Rubén, se enorgullecieron
2 y se alzaron contra Moisés junto con
doscientos cincuenta israelitas, príncipes de la comunidad, distinguidos en
la asamblea, personajes famosos. 3 Se
amotinaron contra Moisés y Aarón y
les dijeron: «Esto ya pasa de la raya.
Toda la comunidad entera, todos están
consagrados y Yahvé está en medio de
ellos. ¿Por qué, pues, se encumbran
ustedes por encima de la asamblea de
Yahvé?»
4 Lo oyó Moisés y cayó rostro en
tierra. 5 Dijo luego a Coré y a toda su
cuadrilla: «Mañana por la mañana hará
saber Yahvé quién es de él, quién es
el consagrado, permitiendo que se le
acerque. Al que Yahvé haya elegido le
dejará acercarse. 6 Miren, pues, lo que
han de hacer: Tomen los incensarios,
Coré y toda su cuadrilla, 7 pónganles
fuego y mañana les echarán incienso
ante Yahvé. Aquél a quien elija Yahvé,
será el consagrado; ¡esto ya pasa de la
raya, hijos de Leví!»
8 Dijo Moisés a Coré: «Óiganme, hijos de Leví. 9 ¿Les parece poco que el
Dios de Israel los haya apartado de la
comunidad de Israel para ponerlos junto a sí, prestar el servicio a la Morada de
Yahvé y estar al frente de la comunidad
atendiendo al culto en lugar de ella?
10 Los ha puesto junto a sí, a ti y a todos
tus hermanos, los hijos de Leví, ¡y todavía se les ha antojado el sacerdocio!
11 Por eso, es contra Yahvé contra quien
se han amotinado, tú y toda tu cuadrilla;
porque ¿quién es Aarón, para que murmuren contra él?»
12 Mandó Moisés llamar a Datán y
Abirón, hijos de Eliab. Pero ellos respondieron: «No queremos ir. 13 ¿Te parece
poco habernos sacado de una tierra que
mana leche y miel para hacernos morir
en el desierto, que todavía te eriges como príncipe sobre nosotros? 14 No nos
has traído a ningún país que mana leche
y miel, ni nos has dado una herencia
de campos y viñedos. ¿Pretendes cegar
los ojos de estos hombres? ¡No iremos!»
15 Moisés se enojó mucho y dijo a Yahvé:
«No mires a su oblación. Yo no les he
quitado ni un solo burro, ni le he hecho
mal a ninguno de ellos.»

El castigo.

16 Dijo Moisés a Coré: «Tú y toda tu
cuadrilla preséntense mañana delante
de Yahvé: tú, ellos y Aarón. 17 Que
tome cada uno su incensario, le ponga
incienso y lo presente delante de Yahvé; cada uno su incensario: doscientos
cincuenta incensarios en total. Tú también, y Aarón, presenten cada uno su
incensario.» 18 Tomaron cada uno su incensario, le pusieron fuego, le echaron
incienso y se presentaron a la entrada
de la Tienda del Encuentro, lo mismo
que Moisés y Aarón. 19 Coré convocó
contra éstos a toda la comunidad a la
puerta de la Tienda del Encuentro. Y
se apareció la gloria de Yahvé a toda
la comunidad. 20 Habló Yahvé a Moisés
y a Aarón y les dijo: 21 «Apártense de
esa comunidad, que los voy a devorar
en un instante.» 22 Ellos cayeron rostro
en tierra y clamaron: «Oh Dios, Dios

16 Relato que fundamenta la autoridad de Moisés y de Aarón en un juicio de Dios, ver **26** 9-11; Dt **11** 6; Sal **106** 16-18; Si **45** 18-20.

de los espíritus de toda carne: un solo hombre ha pecado, ¿y te enojas con toda la comunidad?» 23 Respondió Yahvé a Moisés: 24 «Habla a esa comunidad y diles: Aléjense de los alrededores de la morada de Coré, Datán y Abirón.»

25 Se levantó Moisés y fue donde Datán y Abirón; los ancianos de Israel lo siguieron. 26 Y habló a la comunidad diciendo: «Apártense, por favor, de las tiendas de estos hombres malvados, y no toquen nada de cuanto les pertenece, no sea que perezcan por todos sus pecados.» 27 Ellos se apartaron de los alrededores de la morada de Coré, Datán y Abirón.

Datán y Abirón habían salido y estaban a la puerta de sus tiendas, con sus mujeres, hijos y pequeñuelos. 28 Moisés dijo: «En esto conocerán que Yahvé me ha enviado para hacer todas estas obras, y que no es ocurrencia mía: 29 si mueren estos hombres como muere cualquier mortal, alcanzados por la sentencia común a todo hombre, es que Yahvé no me ha enviado. 30 Pero si Yahvé obra algo portentoso, si la tierra abre su boca y los traga con todo lo que les pertenece, y bajan vivos al Seol, sabrán que esos hombres han despreciado a Yahvé.»

31 Y sucedió que, nada más terminar de decir estas palabras, se abrió el suelo debajo de ellos; 32 la tierra abrió su boca y se los tragó, con todas sus familias, así como a todos los hombres de Coré, con todos sus bienes. 33 Bajaron vivos al Seol* con todo lo que tenían. Los cubrió la tierra y desaparecieron de la asamblea. 34 A sus gritos huyeron todos los israelitas que estaban a su alrededor, pues se decían: «No vaya a tragarnos la tierra.»

35 Brotó fuego de Yahvé, que devoró a los doscientos cincuenta hombres que habían ofrecido el incienso.

Los incensarios.

17 1 Dijo Yahvé a Moisés: 2 «Di a Eleazar, hijo del sacerdote Aarón, que saque los incensarios de entre las cenizas y esparza el fuego a distancia, porque están consagrados, 3 porque esos incensarios de pecado están consagrados a precio de la vida de esos hombres. Hagan con ellos láminas de metal, para cubrir el altar, pues fueron presentados a Yahvé y consagrados. Serán una señal para los israelitas.»

4 Tomó el sacerdote Eleazar los incensarios de bronce que habían presentado los que fueron abrasados, y los laminó con destino al altar. 5 Sirven para recordar a los israelitas que no se acerque ningún laico, que no sea de la descendencia de Aarón, a ofrecer el incienso delante de Yahvé; no le ocurra lo que a Coré y a su cuadrilla, según se lo había dicho Yahvé por medio de Moisés.

Intercesión de Aarón.

6 Al día siguiente, murmuró toda la comunidad de los israelitas contra Moisés y Aarón, diciendo: «Ustedes han matado al pueblo de Yahvé.» 7 Como se amotinaba la comunidad contra Moisés y Aarón, se volvieron éstos hacia la Tienda del Encuentro. Y vieron que la Nube la había cubierto y se había aparecido la gloria de Yahvé. 8 Moisés y Aarón se llegaron hasta delante de la Tienda del Encuentro.

9 Yahvé dijo a Moisés: 10 «Aléjense de esa comunidad, que voy a consumirlos en un instante.» Ellos cayeron rostro en tierra. 11 Dijo entonces Moisés a Aarón: «Toma el incensario, ponle fuego del que hay sobre el altar, echa incienso y vete rápidamente donde la comunidad a expiar por ellos. Porque ha salido ya la Cólera de la presencia de Yahvé y ha

16 33 El *seol* designa las profundidades de la tierra a donde descienden los muertos, buenos o malos, para una lúgubre supervivencia, ver Jb **7** 9+; Sal **6** 6+. Las doctrinas sobre las recompensas y las penas de ultratumba y de la retribución, preparadas por la esperanza de los salmistas, Sal **16** 10-11; **49** 16, no aparecerán claramente hasta el final del AT, Sb **3-5**; 2 M **13** 38+.

comenzado la Plaga.» 12 Aaron lo tomó como le había dicho Moisés y corrió a ponerse en medio de la asamblea; la Plaga había comenzado ya en el pueblo. Echó el incienso e hizo la expiación por el pueblo. 13 Se plantó entre los muertos y los vivos, y la Plaga se detuvo. 14 Los muertos por aquella plaga fueron 14.700, sin contar los que murieron por causa de Coré. 15 Luego Aarón se volvió donde Moisés a la puerta de la Tienda del Encuentro: había cesado ya la Plaga.

La rama de Aarón.

16 Yahvé dijo a Moisés: 17 «Habla a los israelitas. Que te den una rama por cada familia patriarcal: que entre todos los príncipes, en representación de sus familias patriarcales, te den doce ramas. Y escribe el nombre de cada uno en su rama. 18 En la rama de Leví escribe el nombre de Aarón, pues ha de haber una sola rama para el jefe de la familia de Leví. 19 Las depositarás en la Tienda del Encuentro, delante del Testimonio, donde me suelo manifestar a ti. 20 El hombre cuya rama retoñe, será el que yo elijo. Así dejarán de llegar hasta mí las murmuraciones que los israelitas profieren contra ustedes.»

21 Moisés habló a los israelitas, y cada uno de los príncipes le dio una rama, doce ramas, en representación de todas las familias patriarcales. Entre sus ramas estaba también la rama de Aarón. 22 Moisés depositó las ramas delante de Yahvé en la Tienda del Testimonio. 23 Al día siguiente, cuando entró Moisés en la Tienda del Testimonio, vio que había retoñado la rama de Aarón, por la casa de Leví: le habían brotado yemas, había florecido y había producido almendras. 24 Moisés sacó todas las ramas de la presencia de Yahvé, ante los israelitas; las vieron, y tomaron cada uno su rama. 25 Entonces dijo Yahvé a Moisés: «Vuelve a poner la rama de Aarón delante del Testimonio, para guardarla como señal para los rebeldes: acabará con las murmuraciones, que no llegarán ya hasta mí, y así no morirán.» 26 Moisés lo hizo así; como le había mandado Yahvé lo hizo.

Función expiatoria del sacerdocio.

27 Dijeron los israelitas a Moisés: «¡Estamos perdidos! ¡Hemos perecido todos! ¡Hemos perecido! 28 Cualquiera que se acerca a la Morada de Yahvé, muere. ¿Es que vamos a perecer hasta no quedar uno?»

18 1 Entonces Yahvé dijo a Aarón: «Tú, tus hijos y la casa de tu padre contigo*, cargarán con las faltas cometidas contra el santuario. Tú y tus hijos cargarán con las faltas de su sacerdocio. 2 Haz que se acerquen también contigo tus hermanos de la rama de Leví, de la tribu de tu padre. Que sean tus ayudantes y te sirvan a ti y a tus hijos, delante de la Tienda del Testimonio. 3 Atenderán a tu ministerio y al de toda la Tienda. Pero que no se acerquen ni a los objetos sagrados ni al altar, para que no mueran ni ellos ni ustedes. 4 Serán tus ayudantes, desempeñarán el ministerio en la Tienda del Encuentro, todos los servicios de la Tienda, y ningún laico se acercará a ustedes. 5 Ustedes desempeñarán el ministerio en el santuario y en el altar, y así no vendrá de nuevo la Cólera sobre los israelitas. 6 Yo he elegido a sus hermanos los levitas, de entre los demás israelitas. Son un don que les hago; son «donados» a Yahvé para prestar servicio en la Tienda del Encuentro. 7 Pero tú y tus hijos se ocuparán de su sacerdocio en todo lo referente al altar y a todo lo de detrás del velo y prestarán su servicio. Les doy su sacerdocio como un servicio gratuito. El laico que se acerque morirá.»

18 1 Leví. Los descendientes de Leví, **3** 11+, serán asociados como servidores al ministerio expiatorio de los hijos de Aarón.

Derechos de los sacerdotes.

Lv **6-7**; Dt **18** 3-8; Ez **44** 29-30.

8 Dijo Yahvé a Aarón: «Yo te doy el
ministerio de lo que se reserva para mí.
Todo lo consagrado por los israelitas te
lo doy a ti y a tus hijos, como porción
tuya, por decreto perpetuo. 9 Esto es lo
que será tuyo de las cosas sacratísimas
apartadas del fuego: todas las ofrendas
que me restituyan los israelitas, como
oblación, como sacrificio por el pecado,
o como sacrificio de reparación, son sacratísimas: serán para ti y para tus hijos.
10 De las cosas sacratísimas se alimentarán. Todo varón las podrá comer. Las
considerarás como cosa sagrada.

11 También te pertenecerá la ofrenda
reservada de todo lo que los israelitas
entreguen como ofrenda de balanceo;
te lo doy a ti y a tus hijos y a tus hijas
por decreto perpetuo. Cualquiera que
esté puro en tu casa lo podrá comer.
12 Todo lo mejor del aceite y la flor
del mosto y del trigo, las primicias que
ofrezcan a Yahvé, te las doy a ti. 13 Los
primeros productos que lleven a Yahvé,
de todo lo que produzca su tierra, serán
para ti. Todo el que esté puro en tu casa
lo podrá comer. 14 Cuanto caiga bajo el
anatema en Israel, será para ti. 15 Todo
primogénito de cualquier especie, hombre o animal, que se presente a Yahvé
será para ti. Pero harás rescatar al primogénito del hombre y al primogénito
de animal impuro. 16 Los harás rescatar
al mes de nacidos, según tu valoración,
por cinco siclos de plata, siclos del santuario, que son de veinte óbolos. 17 Pero
al primogénito de vaca, o de oveja, o
de cabra, no lo rescatarás: es sagrado.
Derramarás su sangre sobre el altar y su
grasa la harás arder como manjar abrasado de calmante aroma para Yahvé.
18 Su carne será para ti, así como el pecho del rito del balanceo y la pierna derecha. 19 Todo lo reservado de las cosas
sagradas que los israelitas reservan a
Yahvé, te lo doy a ti y a tus hijos e hijas,
por decreto perpetuo. Alianza de sal es
ésta, para siempre, delante de Yahvé,
para ti y tu descendencia.»

Derechos de los levitas.

20 Yahvé dijo a Aarón: «Tú no tendrás
heredad ninguna en su tierra; no habrá
porción para ti entre ellos. Yo soy tu
porción y tu heredad entre los israelitas.
21 A los hijos de Leví, les doy en herencia todos los diezmos de Israel, a cambio
de su servicio: del servicio que prestan
en la Tienda del Encuentro. 22 Los israelitas no se volverán a acercar a la Tienda
del Encuentro: cargarían con un pecado
y morirían. 23 Será Leví el que preste
servicio en la Tienda del Encuentro:
ellos cargarán con sus faltas. Es decreto
perpetuo para sus descendientes: no
tendrán heredad entre los israelitas,
24 porque yo les doy en herencia a los
levitas los diezmos que los israelitas
reservan para Yahvé. Por eso les he
dicho que no tendrán heredad entre los
israelitas.»

Los diezmos.

Dt **14** 22+.

25 Dijo Yahvé a Moisés: 26 «Habla así
a los levitas: Cuando perciban de los
israelitas el diezmo que yo tomo de
ellos y les doy en herencia, reservarán
de él la parte de Yahvé: el diezmo del
diezmo. 27 Su ofrenda reservada equi-
valdrá a la del trigo tomado de la era y
el mosto del lagar. 28 Así también ustedes reservarán previamente la reserva
de Yahvé de todos los diezmos que
perciban de los israelitas. Se lo darán
como ofrenda reservada de Yahvé al
sacerdote Aarón. 29 De todos los dones
que reciban, reservarán la parte de
Yahvé: lo mejor de todo lo consagrado.
30 Les dirás: Una vez que hayan reservado lo mejor, que equivale para los levitas
al producto de la era y al producto del
lagar, 31 lo podrán comer, en cualquier
lugar, ustedes y sus familias: es su salario por su servicio en la Tienda del
Encuentro. 32 No tendrán que cargar
por ello con ningún pecado, pues antes
han reservado lo mejor: así no profanarán las cosas consagradas por los
israelitas y no morirán.»

Las cenizas de la vaca roja*.

31 23; ↗ Hb **9** 13.

19 1 Dijo Yahvé a Moisés y a Aarón: 2 «Éste es uno de los preceptos de la ley, prescrito por Yahvé con estas palabras: Di a los israelitas que te traigan una vaca roja, sin defecto, que no tenga mancha alguna, y que no haya llevado yugo. 3 Dénsela al sacerdote Eleazar. Que la saquen fuera del campamento y sea inmolada en su presencia. 4 Entonces el sacerdote Eleazar untará su dedo en la sangre de la vaca y hará con la sangre siete aspersiones hacia la entrada de la Tienda del Encuentro. 5 Luego será quemada la vaca en su presencia, con su piel, su carne, su sangre e incluso sus excrementos. 6 Tomará el sacerdote leña de cedro, hisopo y grana, y la echará en medio de la hoguera de la vaca. 7 El sacerdote purificará sus vestidos y se lavará el cuerpo con agua; luego podrá ya entrar en el campamento; pero será impuro el sacerdote hasta la tarde. 8 El que haya quemado la vaca purificará sus vestidos con agua y lavará su cuerpo con agua; pero será impuro hasta la tarde. 9 Un hombre puro recogerá las cenizas de la vaca y las depositará fuera del campamento, en lugar puro. Servirán a la comunidad de los israelitas para el rito de agua lustral: es un sacrificio por el pecado. 10 El que haya recogido las cenizas de la vaca lavará sus vestidos y será impuro hasta la tarde. Éste será decreto perpetuo tanto para los israelitas como para el forastero residente entre ellos.

Casos de impureza.

Lv **21** 1; Ag **2** 13.

11 «El que toque un muerto, cualquier cadáver humano, será impuro siete días. 12 Se purificará con aquella agua los días tercero y séptimo, y quedará puro. Pero si no se ha purificado los días tercero y séptimo, no quedará puro. 13 Todo el que toca un muerto, un cadáver humano, y no se purifica, mancha la Morada de Yahvé; ese individuo será excluido de Israel, porque las aguas lustrales no han corrido sobre él: es impuro; su impureza sigue sobre él.

14 «Ésta es la ley para cuando uno muere en la tienda. Todo el que entre en la tienda, y todo el que esté en la tienda, será impuro siete días. 15 Y todo recipiente descubierto, que no esté cerrado con tapa o cuerda, será impuro.

16 «Todo el que toque, en pleno campo, a uno víctima de la espada, o a un muerto, o huesos de hombre, o una sepultura, será impuro siete días.

El ritual de las aguas lustrales.

17 «Se tomará para el impuro ceniza de la víctima inmolada en sacrificio por el pecado, y se verterá encima agua corriente de una vasija. 18 Un hombre puro tomará el hisopo, lo mojará en agua y rociará la tienda y todos los objetos y personas que había en ella, e igualmente al que tocó los huesos o al asesinado, o al muerto, o la sepultura. 19 El hombre puro rociará al impuro los días tercero y séptimo: el séptimo día le habrá limpiado de su pecado. Lavará el impuro sus vestidos, se lavará con agua, y será puro por la tarde. 20 Pero el hombre que quedó impuro y no se purificó, ése será excluido de la asamblea, pues ha manchado el santuario de Yahvé. Las aguas lustrales no han corrido sobre él: es un impuro.

21 «Éste será para ustedes decreto perpetuo. El que haga la aspersión con las aguas lustrales lavará sus vestidos, y el que haya tocado las aguas lustrales será impuro hasta la tarde. 22 Y todo lo que haya sido tocado por el impuro, será impuro; y la persona que lo toque a él, será impura hasta la tarde.»

19 Este ritual, ver Nm **31** 23; Hch **9** 13, asimila una práctica antigua a un sacrificio de expiación, v. 17. El color rojo evoca la sangre, principio de vida, y protege contra la muerte.

*VII. De Cades a Moab**

Las aguas de Meribá.

‖Ex **17** 1-7.

20 1 Los israelitas, toda la comunidad, llegaron al desierto de Sin el mes primero, y todo el pueblo se quedó en Cades. Allí murió María y allí la enterraron.

2 No había agua para la comunidad, por lo que se amotinaron contra Moisés y contra Aarón. 3 El pueblo protestó contra Moisés, diciéndole: «Ojalá hubiéramos perecido igual que perecieron nuestros hermanos delante de Yahvé. 4 ¿Por qué han traído a la asamblea de Yahvé a este desierto, para que muramos en él nosotros y nuestros ganados? 5 ¿Por qué nos han subido de Egipto, para traernos a este lugar pésimo: un lugar donde no hay sembrado, ni higuera, ni viña, ni granado, y donde no hay ni agua para beber?»

6 Moisés y Aarón dejaron la asamblea, se fueron a la entrada de la Tienda del Encuentro y cayeron rostro en tierra. Y se les apareció la gloria de Yahvé. 7 Yahvé habló con Moisés y le dijo: 8 «Toma la vara y reúne a la comunidad, tú con tu hermano Aarón. Hablen luego a la peña en presencia de ellos, y ella dará sus aguas. Harás brotar para ellos agua de la peña, y darás de beber a la comunidad y a sus ganados.» 9 Tomó Moisés la vara de la presencia de Yahvé como se lo había mandado. 10 Convocaron Moisés y Aarón la asamblea ante la peña y él les dijo: «Escúchenme, rebeldes. ¿Haremos brotar de esta peña agua para ustedes?» 11 Y Moisés alzó la mano y golpeó la peña con su vara dos veces. El agua brotó en abundancia, y bebió la comunidad y su ganado.

Castigo de Moisés y Aarón*.

Dt **1** 37; **3** 26s; **32** 51; **33** 8; Sal **106** 32s.

12 Dijo Yahvé a Moisés y Aarón: «Por no haber confiado en mí y reconocido mi santidad ante los israelitas, les aseguro que no guiarán a esta asamblea hasta la tierra que les he dado.» 13 Éstas son las aguas de Meribá, donde protestaron los israelitas contra Yahvé, y con las que él manifestó su santidad.

Edom no permite el paso.

Dt **2** 4-7.

14 Envió Moisés mensajeros desde Cades: «Al rey de Edom. Así dice tu hermano Israel: Ya sabes por qué gran calamidad hemos pasado. 15 Nuestros padres bajaron a Egipto y nos quedamos en Egipto mucho tiempo. Pero los egipcios nos trataron mal, a nosotros igual que a nuestros padres. 16 Clamamos entonces a Yahvé, y él escuchó nuestra voz: envió un ángel y nos sacó de Egipto. Ahora estamos en Cades, ciudad fronteriza de tu territorio. 17 Déjanos, por favor, pasar por tu tierra. No cruzaremos por campo ni por viñedo, ni beberemos agua de pozo. Seguiremos el camino real, sin torcer ni a la derecha ni a la izquierda hasta que crucemos tus fronteras.» 18 Edom le respondió: «No pasarás por mi tierra. Si lo haces, saldré espada en mano a tu encuentro.» 19 Le respondieron los israelitas: «Seguiremos por la calzada, y si bebemos agua tuya, yo y mis rebaños pagaremos su precio. Se trata sólo de pasar a pie.» 20 Respondió él: «No pasarás.» Y salió Edom a su encuentro con mucha gente y mano poderosa. 21 Como Edom negó el paso a Israel por su territorio, Israel dio un rodeo.

20 El relato que aquí se reanuda combina varias tradiciones para narrar la marcha del pueblo a pesar de las dificultades y resistencias.

20 12 ¿Cuál era esta falta (ver Ex **17** 1-7)?. Puede relacionarse con el abandono de la campaña dirigida contra Canaán, **14**; ver Dt **1** 37; **32** 48+.

Muerte de Aarón.
33 38-39; Dt **10** 6.

[22] Los israelitas, toda la comunidad, partieron de Cades y llegaron al monte Hor. [23] Y dijo Yahvé a Moisés y a Aarón en el monte Hor, en la frontera del país de Edom: [24] «Que se reúna Aarón con los suyos, porque no debe entrar en la tierra que he dado a los israelitas, por haberse rebelado ustedes contra mi voz en las aguas de Meribá. [25] Toma a Aarón y a su hijo Eleazar y súbelos al monte Hor. [26] Le quitarás a Aarón sus vestiduras y se las revestirás a su hijo Eleazar. Entonces Aarón se reunirá con los suyos: allí morirá.»

[27] Moisés hizo como le había mandado Yahvé. Subieron al monte Hor a la vista de toda la comunidad. [28] Quitó Moisés a Aarón sus vestiduras y se las puso a su hijo Eleazar. Y murió allí Aarón, en la cumbre del monte. Moisés y Eleazar bajaron de la montaña. [29] Toda la comunidad se dio cuenta de que había fallecido Aarón, y lloró a Aarón toda la casa de Israel durante treinta días.

Toma de Jormá.

21 [1] Oyó el rey de Arad, cananeo, que ocupaba el Negueb, que llegaba Israel por el camino de Atarín, y atacó a Israel y le hizo algunos prisioneros. [2] Entonces Israel formuló este voto a Yahvé: «Si entregas a ese pueblo en mi mano, consagraré al anatema sus ciudades.» [3] Oyó Yahvé la voz de Israel y les entregó a aquel cananeo. Los consagraron al anatema a ellos y a sus ciudades. Por eso se llamó aquel lugar Jormá.

La serpiente de bronce.

[4] Partieron del monte Hor, camino del mar de Suf, rodeando el territorio de Edom. El pueblo se impacientó por el camino. [5] Y habló el pueblo contra Dios y contra Moisés: «¿Por qué nos han subido de Egipto para morir en el desierto? Pues no tenemos ni pan ni agua, y estamos hastiados de ese manjar miserable.»

[6] Envió entonces Yahvé contra el pueblo serpientes abrasadoras*, que mordían al pueblo; y murió mucha gente de Israel. [7] El pueblo fue a decirle a Moisés: «Hemos pecado por haber hablado contra Yahvé y contra ti. Intercede ante Yahvé para que aparte de nosotros las serpientes.» Moisés intercedió por el pueblo. [8] Y dijo Yahvé a Moisés: «Hazte una serpiente abrasadora y ponla sobre un mástil. Todo el que haya sido mordido y la mire, vivirá.» [9] Hizo Moisés una serpiente de bronce y la puso en un mástil. Y si una serpiente mordía a un hombre y éste miraba la serpiente de bronce, quedaba con vida*.

Etapas hacia Transjordania.

[10] Partieron los israelitas y acamparon en Obot. [11] Partieron de Obot y acamparon en las ruinas de Abarín, en el desierto que limita con Moab, hacia la salida del sol. [12] Partieron de allí y acamparon en el torrente de Zéred. [13] De allí partieron y acamparon más allá del Amón, que está en el desierto y sale del territorio de los amorreos, pues el Amón hace de frontera de Moab, entre moabitas y amorreos. [14] Por eso se dice en el libro de las Guerras de Yahvé*:

... Vaheb en Sufá y los torrentes del Arnón, [15] y la pendiente de los torrentes que corren hacia la región de Ar y confina con la frontera de Moab.

[16] Y de allí fueron a Beer. Éste es el pozo a propósito del cual dijo Yahvé a Moisés: «Reúne al pueblo y les daré agua.»

[17] Entonces Israel entonó este cántico:

21 6 En hebreo *saraf*; según Is **30** 6, serpientes aladas o dragones.
21 9 La serpiente de bronce, ver 2 R **18** 4, se convierte en el símbolo de Cristo levantado en la cruz, Jn **3** 14-15.
21 14 Antigua recopilación de cantos épicos, hoy desaparecida y sólo citada aquí.

¡Arriba, pozo! Cántenle:
18 Pozo que cavaron Príncipes,
que excavaron jefes del pueblo,
con el cetro, con sus bastones.
Y del desierto a Matanâ, 19 de Matanâ
a Najaliel, de Najaliel a Bamot, 20 y de
Bamot al valle que está en la campiña
de Moab, hacia la cumbre del Pisgá, que
domina la parte del desierto.

Conquista de Transjordania.
||Dt **2** 26-36.

21 Israel envió mensajeros a decir a
Sijón, rey de los amorreos: 22 «Quisiera
pasar por tu tierra. No me desviaré por
campos y viñedos, ni beberé agua de
pozo. Seguiremos el camino real hasta
que crucemos tus fronteras.» 23 Pero
Sijón negó a Israel el paso por su territorio; reunió toda su gente y salió al
desierto, al encuentro de Israel, hasta
Yahas, donde atacó a Israel. 24 Pero Israel lo hirió a filo de espada y se apoderó de su tierra, desde el Arnón hasta el
Yaboc, hasta los límites de los hijos de
Amón, porque Yazer estaba en la frontera de los hijos de Amón. 25 Israel tomó
todas aquellas ciudades. Ocupó Israel
todos los pueblos de los amorreos, Jesbón y todas sus aldeas. 26 Es que Jesbón
era la ciudad de Sijón, rey de los amorreos, y éste había combatido al primer
rey de Moab, y le había quitado toda su
tierra hasta el Arnón. 27 Por eso dicen
los trovadores*:
«¡Vengan a Jesbón,
que sea construida, fortificada,
la ciudad de Sijón!
28 Porque fuego ha salido de Jesbón,
una llama de la ciudad de Sijón:
ha devorado Ar Moab,
ha tragado las alturas del Arnón.
29 ¡Ay de ti, Moab!,
perdido estás, pueblo de Camós.
Ha entregado sus hijos a la fuga
y sus hijas al cautiverio,
en manos de Sijón, el rey amorreo.
30 Su posteridad ha perecido,
desde Jesbón hasta Dibón,
y hemos dado fuego
desde Nofaj hasta Mádaba.»
31 Así Israel se estableció en la tierra de
los amorreos.
32 Moisés mandó a explorar Yazer y
la tomaron junto con sus aldeas, despojando al amorreo que vivía allí.
||Dt **3** 1-7.
33 Se volvieron y subieron camino
de Basán. Og, rey de Basán, salió a su
encuentro con toda su gente, para presentarles batalla en Edreí. 34 Yahvé dijo
a Moisés: «No lo temas, porque lo he
puesto en tu mano con todo su pueblo
y su tierra. Harás con él como hiciste
con Sijón, el rey amorreo que habitaba
en Jesbón.» 35 Y lo derrotaron a él, a
sus hijos y a toda su gente, hasta que no
quedó nadie a salvo. Y se apoderaron
de su tierra.

22 1 Luego partieron los israelitas
y acamparon en las Estepas de
Moab, al otro lado del Jordán, en frente
de Jericó*.

El rey de Moab llama a Balaán*.
31 8.16; Dt **23** 5-6; Jos **24** 9-10;
Ne **13** 2; Mi **6** 5; 2 P **2** 15s;
Judas 11; Ap **2** 14.

2 Vio Balac, hijo de Sipor, todo lo que
había hecho Israel con los amorreos 3 y
se estremeció Moab ante el pueblo,
pues era muy numeroso. Tuvo miedo
Moab de los israelitas 4 y dijo a los ancianos de Madián: «Ahora verán cómo
esa multitud va a devastarlo todo a nues-

21 27 Ya sea un canto de victoria de los Amorreos, del que se apropió Israel, ver Jc **11** 26, ya sea un canto israelita sobre la caída de Sijón, vv. 27.30, después de la victoria de Sijón sobre Moab.
22 1 Al este del río (visto desde Palestina).
22 2 Relato detallado, **22-24**, sobre un caso singular de profetismo. El adivino *Balaán*, venido desde las orillas del Éufrates, v. 5, enemigo de Israel, se ve forzado a reconocer a Yahvé como su Dios, v. 18, y, a pesar suyo, a bendecir a Israel. Más tarde se considerará a Balaán como un enemigo obligado por Dios, **31** 8.16; Dt **23** 5-6; etc.; 2 P **2** 15; Hch **2** 14.

tro alrededor, como devasta el buey la hierba del campo.»

Balac, hijo de Sipor, era rey de Moab por aquel tiempo. 5 Envió mensajeros a buscar a Balaán, hijo de Beor, a Petor del Río, en tierra de los hijos de Amav, para decirle: «He aquí que un pueblo que ha salido de Egipto ha cubierto la superficie del territorio y se ha establecido frente a mí. 6 Ven, pues, por favor, maldíceme a ese pueblo, pues es más fuerte que yo, a ver si puedo vencerlo y lo arrojo del país. Pues sé que el que tú bendices queda bendito y el que maldices, maldito.»

7 Fueron los ancianos de Moab y los ancianos de Madián, con la paga del vaticinio en sus manos. Llegaron donde Balaán y le dijeron las palabras de Balac. 8 Él les contestó: «Pasen aquí la noche y les responderé según lo que me diga Yahvé.» Los jefes de Moab se quedaron en casa de Balaán. 9 Entró Dios donde Balaán y le dijo: «¿Qué hombres son ésos que están en tu casa?» 10 Le respondió Balaán a Dios: «Balac, hijo de Sipor, rey de Moab, me ha enviado a decir: 11 Un pueblo que ha salido de Egipto ha cubierto la superficie del territorio. Ven, pues, maldícemelo, a ver si puedo vencerlo y expulsarlo.» 12 Pero dijo Dios a Balaán: «No vayas con ellos, no maldigas a ese pueblo, porque es bendito.» 13 Se levantó Balaán de madrugada y dijo a los jefes de Balac: «Vayan a su tierra, porque Yahvé no quiere dejarme ir con ustedes.» 14 Se levantaron, pues, los jefes de Moab, volvieron donde Balac y le dijeron: «Balaán se ha negado a venir con nosotros.»

15 Balac envió otra vez jefes en mayor número y más ilustres que los anteriores. 16 Fueron donde Balaán y le dijeron: «Así dice Balac, hijo de Sipor: No rehúses, por favor, venir donde mí, 17 que te recompensaré con grandes honores y haré todo lo que me digas. Ven, por favor, y maldíceme a ese pueblo.» 18 Respondió Balaán a los siervos de Balac: «Aunque me diera Balac su casa llena de plata y oro, no podría traspasar la orden de Yahvé mi Dios en nada, ni poco ni mucho. 19 Quédense aquí también ustedes esta noche y averiguaré qué más me dice Yahvé.» 20 Entró Dios donde Balaán por la noche y le dijo: «¿No han venido esos hombres a llamarte? Levántate y vete con ellos. Pero has de cumplir la palabra que yo te diga.» 21 Se levantó Balaán de madrugada, aparejó su burra y se fue con los jefes de Moab.

La burra de Balaán*.

22 Cuando iba, se encendió la ira de Yahvé y el Ángel de Yahvé se puso en el camino para estorbarle. Él montaba la burra y sus dos muchachos iban con él. 23 La burra vio al Ángel de Yahvé plantado en el camino, la espada desenvainada en la mano, y la burra se apartó del camino y se fue a campo traviesa. Balaán pegó a la burra para hacerla volver al camino. 24 Pero el Ángel de Yahvé se puso en un sendero entre las viñas, con una pared a un lado y otra a otro. 25 Al ver la burra al Ángel de Yahvé, se arrimó a la pared y raspó el pie de Balaán contra la pared. Él le pegó otra vez. 26 Volvió el Ángel de Yahvé a cambiar de sitio, y se puso en un paso estrecho, donde no había espacio para apartarse ni a la derecha ni a la izquierda. 27 Vio la burra al Ángel de Yahvé y se tumbó, con Balaán encima. Balaán se enfureció y pegó a la burra con un palo. 28 Entonces Yahvé abrió la boca de la burra, que dijo a Balaán: «¿Qué te he hecho yo para que me pegues con ésta ya tres veces?» 29 Respondió Balaán a la burra: «Porque te has burlado de mí. Ojalá tuviera una espada en la mano; ahora mismo te mataba.» 30 Respondió la burra a Balaán: «¿No soy yo tu burra, y me has montado desde siempre hasta el día de hoy? ¿Acaso acostumbro a

22 22 Paréntesis, vv. 22-34, de tono popular para significar que la palabra de Dios puede tomar a su servicio hasta un animal.

portarme así contigo?» Respondió él:
«No.» 31 Entonces abrió Yahvé los ojos
de Balaán, que vio al Ángel de Yahvé,
de pie en el camino, la espada desenvainada en la mano; y se inclinó y postró
rostro en tierra. 32 El Ángel de Yahvé le
dijo: «¿Por qué has pegado a tu burra
con ésta ya tres veces? He sido yo el
que he salido a cerrarte el paso, porque
éste es para mí un camino torcido. 33 La
burra me ha visto y se ha apartado de
mí tres veces. Gracias a que se ha
desviado, porque si no, para ahora te
habría matado y a ella la habría dejado
con vida.» 34 Dijo entonces Balaán
al Ángel de Yahvé: «He pecado, pues
no sabía que tú te habías puesto en mi
camino. Pero ahora mismo, si esto te
parece mal, me vuelvo.» 35 Respondió
el Ángel de Yahvé a Balaán: «Vete con
esos hombres, pero no dirás nada más
que lo que yo te diga.» Balaán marchó
con los jefes de Balac.

Balaán y Balac.

36 Se enteró Balac de que llegaba Balaán y salió a su encuentro hacia Ar
Moab, en la frontera del Arnón, en los
confines del territorio. 37 Dijo Balac a
Balaán: «¿No te mandé llamar? ¿Por
qué no viniste donde mí? ¿Es que no
puedo recompensarte?» 38 Respondió
Balaán a Balac: «Mira que ahora ya he
venido donde ti. ¿Podré acaso decir algo? La palabra que ponga Dios en mi
boca es la que diré.»
39 Marchó Balaán con Balac y llegaron a Quiriat Jusot. 40 Sacrificó Balac
una vaca y una oveja y le envió porciones a Balaán y a los jefes que le acompañaban*. 41 A la mañana, tomó Balac
a Balaán y lo hizo subir a Bamot Baal,
desde donde se veía un extremo del
campamento.

23 1 Dijo Balaán a Balac: «Constrúyeme aquí siete altares y prepárame siete novillos y siete carneros.»
2 Balac hizo lo que le había dicho Balaán, y ofreció en holocausto un novillo
y un carnero en cada altar. 3 Dijo entonces Balaán a Balac: «Quédate junto a tus
holocaustos, mientras yo voy a ver si me
sale al encuentro Yahvé. Yo te comunicaré lo que él me manifieste.» Y se fue a
un monte pelado.

Oráculos de Balaán.

4 Salió Dios al encuentro de Balaán y
éste le dijo: «Siete altares he preparado
y he ofrecido en holocausto un novillo
y un carnero sobre cada altar.» 5 Yahvé
entonces puso una palabra en la boca
de Balaán y le dijo: «Vuelve donde Balac
y esto le dirás.» 6 Volvió donde él, que
estaba aún de pie junto a su holocausto,
con todos los príncipes de Moab. 7 Él
entonó su trova y dijo*:

«De Aram me hace venir Balac,
el rey de Moab desde los montes de Quédem:
Ven, maldíceme a Jacob;
ven, augura males a Israel.
8 ¿Cómo maldeciré, si no maldice Dios?
¿Cómo augeraré, si no augura Yahvé?
9 De la cumbre de las peñas lo diviso,
de lo alto de las colinas lo contemplo:
es un pueblo que vive aparte;
no es contado entre las naciones.
10 ¿Quién contará el polvo de Jacob,
quién numerará la polvareda de Israel?
Muera mi alma con la muerte de los justos,
sea mi paradero como el suyo.»

11 Dijo Balac a Balaán: «¿Qué me has
hecho? ¡Te he traído para maldecir a mis
enemigos y los has colmado de bendiciones!» 12 Le respondió diciendo: «¿No tengo yo que esmerarme en repetir todo lo
que Yahvé me pone en la boca?» 13 Le
respondió Balac: «Ven, pues, a otro sitio conmigo para que lo veas desde allí;

22 40 Sacrificio de comunión, ver Lv **3** 1, seguido de un holocausto, **23** 2.
23 7 Los poemas que siguen, caps. **23-24**, provienen probablemente de una colección dirigida contra Moab. Diversos rasgos, **24** 7.17, evocan la realeza israelita y al Mesías.

sólo un extremo verás, no lo verás entero. Maldícemelo desde allí.» 14 Y lo llevó al Campo de los Centinelas, hacia la
cumbre del Pisgá. Construyó siete altares y ofreció en holocausto un novillo y
un carnero en cada altar. 15 Balaán dijo
a Balac: «Quédate aquí junto a tus holocaustos, mientras yo salgo al encuentro.»
16 Salió Yahvé al encuentro de Balaán,
puso una palabra en su boca y le dijo:
«Vuelve donde Balac y esto le dirás.»
17 Volvió donde él y lo encontró aún de
pie junto a sus holocaustos, con los príncipes de Moab. Le dijo Balac: «¿Qué ha
dicho Yahvé?» 18 Él entonó su trova diciendo:

«Levántate, Balac, y escucha,
préstame oído, hijo de Sipor.
19 No es Dios un hombre, para
mentir,
ni hijo de hombre, para volverse atrás.
¿Es que él dice y no hace,
habla y no lo mantiene?
20 He aquí que me ha tocado
bendecir;
bendeciré y no me retractaré.
21 No ha divisado maldad en Jacob,
ni ha descubierto infortunio en Israel.
Yahvé su Dios está con él,
y en él se oye proclamar a un rey.
22 Cuando Dios lo sacó de Egipto,
como cuernos de búfalo fue para él.
23 No hay presagio contra Jacob,
ni sortilegio contra Israel.
A su tiempo se dirá a Jacob
y a Israel lo que hace Dios.
24 Mira, un pueblo se levanta como
leona,
se yergue como león:
no se tumbará hasta devorar la presa
y beber la sangre de sus víctimas.»

25 Balac dijo a Balaán: «Ya que no lo
maldices, por lo menos no lo bendigas.»
26 Respondió Balaán a Balac: «¿No te
he dicho que haré todo lo que me diga
Yahvé?» 27 Dijo Balac a Balaán: «Ven,
por favor, que te lleve a otro sitio, a ver
si le place a Dios que me lo maldigas
desde allí.» 28 Llevó Balac a Balaán a
la cumbre del Peor, que domina la
parte del desierto. 29 Dijo Balaán a
Balac: «Constrúyeme aquí siete altares
y prepárame aquí siete novillos y siete
carneros.» 30 Balac hizo lo que le había
dicho Balaán y ofreció en holocausto un
novillo y un carnero en cada altar.

24 1 Vio Balaán que agradaba a
Yahvé bendecir a Israel, y ya
no fue como las otras veces al encuentro de los augurios, sino que se volvió
cara al desierto. 2 Y al alzar los ojos, vio
Balaán a Israel acampado por tribus. Y
le invadió el espíritu de Dios. 3 Entonó
su trova y dijo:

«Oráculo de Balaán, hijo de Beor,
oráculo del varón clarividente.
4 Oráculo del que oye los dichos de
Dios,
del que ve la visión de Sadday,
del que obtiene respuesta,
y se le abren los ojos*.
5 ¡Qué hermosas son tus tiendas,
Jacob,
y tus moradas, Israel!
6 Como valles espaciosos,
como jardines a la vera del río,
como áloes que plantó Yahvé,
como cedros a la orilla de las aguas.
7 Sale un héroe de su descendencia,
domina sobre pueblos numerosos.
Se alza su rey por encima de Agag,
se alza su reinado.
8 Dios lo sacó de Egipto,
como cuernos de búfalo fue para él.
Devora el cadáver de sus enemigos
y les quebranta los huesos.
9 Se agacha, se tumba,
como león, como leona,
¿quién le hará levantar?
¡Bendito el que te bendiga!
¡Maldito el que te maldiga!»

10 Se enfureció Balac contra Balaán,
palmoteó fuertemente, y dijo a Balaán:
«Te he llamado para maldecir a mis enemigos y resulta que los has llenado de
bendiciones ya por tercera vez. 11 Lár-

24 4 Ver Sal **84** 2; Is **54** 2-3.

gate ya a tu tierra. Te dije que te colma-
ría de honores, pero Yahvé te ha privado de ellos.» 12 Respondió Balaán a
Balac: «¿No les dije yo a los mensajeros
que me enviaste: 13 Aunque me diera
Balac su casa llena de plata y oro, no
podría salirme de la orden de Yahvé,
ni hacer por mi cuenta nada, bueno
ni malo; lo que me diga Yahvé, eso
es lo que diré? 14 Ahora, pues, que me
marcho a mi pueblo, ven, que te voy
a anunciar lo que hará este pueblo al
tuyo al cabo del tiempo.» 15 Entonó su
trova y dijo:

«Oráculo de Balaán, hijo de Beor,
oráculo del varón clarividente.
16 Oráculo del que escucha los dichos
de Dios,
del que conoce la ciencia del
Altísimo;
del que ve lo que le hace ver Sadday,
del que obtiene la respuesta, y se le
abren los ojos.
17 Lo veo, aunque no para ahora,
lo diviso, pero no de cerca:
de Jacob avanza una estrella,
un cetro surge de Israel.
Aplasta las sienes de Moab,
el cráneo de todos los hijos de Set.
18 Será Edom tierra conquistada,
tierra conquistada Seír.
Israel despliega su poder,
19 Jacob domina a sus enemigos,
aniquila a los fugitivos de Ar.»

20 Después vio Balaán a Amalec, entonó su trova y dijo:

«Primicias de las naciones, Amalec;
pero al cabo perecerá para siempre.»

21 Vio luego a los quenitas*, entonó su
trova y dijo:

«Firme es tu morada, Caín,
en la peña has puesto tu nido.
22 Pero el nido es de Beor;
¿hasta cuándo te tendrá cautivo Asur?»

23 Entonó luego su trova y dijo:

«Pueblos del Mar reviven por el
Norte,
24 barcos por el lado de Quitín.
Oprimen a Asur, oprimen a Héber;
también él perecerá para siempre.»

25 Luego se levantó Balaán, y se fue
de vuelta a su país. También Balac se
fue por su camino.

Israel en Peor*.
31 16; Dt **3** 29; **4** 3;
Sal **106** 28-31.

25 1 Israel se estableció en Sitín. Y
el pueblo se puso a fornicar
con las hijas de Moab. 2 Éstas invitaron
al pueblo a los sacrificios de sus dioses,
y el pueblo comió y se postró ante sus
dioses. 3 Israel se adhirió así al Baal
de Peor, y se encendió la ira de Yahvé
contra Israel.

4 Dijo Yahvé a Moisés: «Toma a todos los jefes del pueblo y empálalos en
honor de Yahvé, cara al sol; así cederá
el furor de la cólera de Yahvé contra
Israel.» 5 Dijo Moisés a los jueces de
Israel: «Maten cada uno a aquellos de
los suyos que se hayan adherido al Baal
de Peor.»

6 Sucedió que un hombre, un israelita, vino y presentó ante sus hermanos
a la madianita, a los ojos de Moisés y
de toda la comunidad de los israelitas,
que estaban llorando a la entrada de la
Tienda del Encuentro. 7 Al verlos Pinjás, hijo de Eleazar, hijo del sacerdote
Aarón, se levantó de entre la comunidad, lanza en mano, 8 entró tras el hombre a la alcoba y los atravesó a los dos, al
israelita y a la mujer, por el bajo vientre.
Y se detuvo la plaga que azotaba a los
israelitas. 9 Los muertos por la plaga
fueron 24.000.

10 Yahvé dijo a Moisés: 11 «Pinjás, hijo
de Eleazar, hijo del sacerdote Aarón,

24 21 Nómadas del este del mar Muerto, ver Gn **4** 1.

25 El relato es continuación de **20** 29 y establece los derechos de Pinjás al sacerdocio, ver Si **45** 23; 1 M **2** 26. Esta escena de Peor dejará un mal recuerdo, Dt **4** 3; Sal **106** 28-31; etc.; ver 1 Co **10** 8.

ha aplacado mi furor contra los israelitas,
porque él ha sido, de entre ustedes, el
que ha sentido celo por mí; por eso no
he acabado con los israelitas a impulso
de mis celos. 12 Por eso digo: Le concedo
a él mi alianza de paz: 13 será para él y
para su descendencia después de él una
alianza de sacerdocio perpetuo. En recompensa de haber sentido celo por su
Dios, celebrará el rito de expiación sobre
los israelitas.»
14 El israelita muerto, el que fue matado con la madianita, se llamaba Zimrí,
hijo de Salú, príncipe de una casa patriarcal de Simeón. 15 Y la mujer muerta, la madianita, se llamaba Cozbí, hija
de Sur. Éste era jefe de su clan, de una
casa patriarcal de Madián.
16 Habló Yahvé a Moisés y le dijo:
17 «Ataquen a los madianitas y derró-
tenlos, 18 porque ellos los han atacado
a ustedes engañándolos con sus malas
artes, con lo de Peor, y con lo de su
hermana Cozbí, hija de un príncipe de
Madián, la que fue muerta el día de la
plaga que hubo por lo de Peor.»

VIII. Nuevas disposiciones

El censo.

19 Después de la plaga,

26 1 Yahvé habló a Moisés y a
Eleazar, hijo del sacerdote Aarón, y les dijo*: 2 «Hagan el censo de
toda la comunidad de los israelitas, por
casas patriarcales, de veinte años para
arriba, de todos los útiles para la guerra.» 3 Moisés y el sacerdote Eleazar hicieron el censo en las Estepas de Moab,
cerca del Jordán, frente a Jericó, de
veinte años para arriba, 4 como había
mandado Yahvé a Moisés.
Israelitas que salieron de Egipto:
5 Rubén, primogénito de Israel. Hijos
de Rubén: de Henoc, el clan henoquita;
de Palú, el clan paluita; 6 de Jesrón, el
clan jesronita; de Carmí, el clan carmita.
7 Ésos eran los clanes rubenitas. Hecho
el censo, resultaron ser 43.730. 8 Hijos
de Palú: Eliab. 9 Hijos de Eliab: Nemuel,
Datán y Abirón. Estos Datán y Abirón
eran famosos en la comunidad, y se
rebelaron contra Moisés y Aarón con la
cuadrilla de Coré, cuando ésta se rebeló
contra Yahvé. 10 La tierra abrió su boca
y los tragó a ellos y a Coré, cuando el
fuego devoró a doscientos cincuenta
hombres, para que sirvieran de escarmiento. 11 Pero los hijos de Coré no
murieron.
12 Hijos de Simeón, por clanes: De
Yemuel, el clan yemuelita; de Yamín, el
clan yaminita; de Yaquín, el clan yaqui-
nita; 13 de Zéraj, el clan zerajita; de Saúl,
el clan saulita. 14 Ésos eran los clanes
simeonitas. Se contaron 22.200.
15 Hijos de Gad, por clanes: De Sefón,
el clan sefonita; de Jaguí, el clan jaguita;
de Suní, el clan sunita; 16 de Ozní, el
clan oznita; de Erí, el clan erita; 17 de
Arod, el clan arodita; de Arelí, el clan
arelita. 18 Ésos eran los clanes de los hijos de Gad. Según el censo se contaron
40.500.
19 Hijos de Judá: Er y Onán. Er y
Onán murieron en la tierra de Canaán.
20 Los hijos de Judá, por clanes, eran:
de Selá, el clan selanita; de Peres, el
clan peresita; de Zéraj, el clan zerajita.
21 Hijos de Peres fueron: de Jesrón, el
clan jesronita; de Jamul, el clan jamuli-
ta. 22 Ésos eran los clanes de Judá. Según el censo se contaron 76.500.
23 Hijos de Isacar, por clanes: de Tolá,
el clan tolaíta; de Puá, el clan puvita;
24 de Yasub, el clan yasubita; de Simrón, el clan simronita. 25 Ésos eran los
clanes de Isacar. Según el censo se contaron 64.300.

26 1 Estas *disposiciones* son bastante incoherentes y en ellas se han insertado diferentes relatos. Comparar el *censo* con **1** 2-46 y la descendencia de Jacob en Gn **46**.

26 Hijos de Zabulón, por clanes: de
Séred, el clan sardita; de Elón, el clan
elonita; de Yajleel, el clan yajleelita.
27 Ésos eran los clanes de Zabulón. Según
el censo, 60.500.
28 Hijos de José, por clanes: Manasés
y Efraín.
29 Hijos de Manasés: de Maquir, el
clan maquirita. Maquir engendró a Galaad. De Galaad, el clan galaadita. 30 Los
hijos de Galaad eran: de Yézer, el clan
yezerita; de Jélec, el clan jelequita; 31 de
Asriel, el clan asrielita; de Siquén, el clan
siquenita; 32 de Semidá, el clan semidai-
ta; de Jéfer, el clan jeferita; 33 Selofjad,
hijo de Jéfer, no tuvo hijos; solamente
hijas. Se llamaban las hijas de Selofjad:
Majlá, Noá, Jojlá, Milcá y Tirsá. 34 Ésos
eran los clanes de Manasés: según el censo, 52.700.
35 Éstos eran los hijos de Efraín, por
clanes: de Sutélaj, el clan sutelajita; de
Béquer, el clan bequerita; de Taján, el
clan tajanita. 36 Éstos son los hijos de
Sutélaj: de Erán, el clan eranita. 37 Ésos
eran los clanes de los hijos de Efraín.
Según el censo se contaron 32.500.
Ésos eran los hijos de José, por clanes.
38 Hijos de Benjamín, por clanes: de
Belá, el clan belaíta; de Asbel, el clan
asbelita; de Ajirán, el clan ajiranita; 39 de
Sefufán, el clan sefufanita; de Jufán, el
clan jufanita. 40 Fueron los hijos de Belá,
Ard y Naamán: de Ard, el clan ardita; de
Naamán, el clan naamanita. 41 Ésos eran
los hijos de Benjamín, por clanes. Según
el censo se contaron 45.600.
42 Éstos eran los hijos de Dan, por
clanes: de Suján, el clan sujanita. Éstos
eran los clanes de Dan: 43 Todos los
clanes sujanitas. Según el censo se contaron 64.400.
44 Hijos de Aser, por clanes: de Yimná, el clan yimnita; de Yisví, el clan yisvi-
ta; de Beriá, el clan berita. 45 De los hijos
de Beriá: de Jéber, el clan jeberita; de
Malquiel, el clan malquielita. 46 La hija
de Aser, se llamaba Sáraj. 47 Ésos eran
los clanes de los hijos de Aser. Según el
censo se contaron 53.400.
48 Hijos de Neftalí, por clanes: de Yajseel, el clan yajseelita; de Guní, el clan
gunita; 49 de Yéser, el clan yeserita; de
Silén, el clan silenita. 50 Ésos eran los
clanes de Neftalí, por clanes. Según el
censo se contaron 45.400.
51 Los israelitas censados resultaron
ser 601.730.
52 Dijo Yahvé a Moisés: 53 «Entre éstos has de repartir la tierra en herencia,
conforme al número de censados; 54 al
grande le aumentarás la herencia y al
pequeño se la reducirás; a cada uno se
le dará la herencia según el número de
sus censados. 55 Pero el reparto se hará
a suertes; según el número de censados de cada tribu patriarcal se hará la
distribución. 56 A suertes distribuirás la
herencia, distinguiendo entre el grande
y el pequeño.»

Censo de los levitas.

57 Éstos fueron los censados de Leví,
por clanes. De Guersón, el clan guersonita; de Queat, el clan queatita; de
Merarí, el clan merarita. 58 Éstos eran
los clanes de Leví: el clan libnita, el clan
hebronita, el clan majlita, el clan musita, el clan coreíta. Queat engendró a
Amrán. 59 La mujer de Amrán se llamaba Yoquébed, hija de Leví, que le nació
a Leví en Egipto. Amrán tuvo de ella a
Aarón, a Moisés y a María su hermana.
60 Aarón engendró a Nadab y Abihú, a
Eleazar e Itamar. 61 Nadab y Abihú murieron al ofrecer fuego profano delante
de Yahvé.
62 El total del censo de todos los varones de un mes en adelante fue de
23.000. Porque no fueron alistados con
los demás israelitas, pues no se les daba
herencia entre los demás israelitas.
63 Ésos fueron los censados por Moisés y el sacerdote Eleazar. Hicieron el
censo de los israelitas en las Estepas de
Moab, cerca del Jordán, frente a Jericó.
64 Entre ellos no quedaba nadie de los
que habían sido censados por Moisés y
por el sacerdote Aarón, cuando hicieron el censo de los israelitas en el desierto del Sinaí. 65 Es que Yahvé les había

dicho que morirían en el desierto, sin que quedara uno de ellos, excepto Caleb, hijo de Jefoné, y Josué, hijo de Nun.

La herencia de las hijas.

27 1 Entonces se acercaron las hijas de Selofjad, hijo de Jéfer, hijo de Galaad, hijo de Maquir, hijo de Manasés, de los clanes de Manasés, hijo de José. Se llamaban las hijas: Majlá, Noá, Joglá, Milcá y Tirsá. 2 Se presentaron a Moisés y al sacerdote Eleazar, a los príncipes y a toda la comunidad, a la entrada de la Tienda del Encuentro, y dijeron: 3 «Nuestro padre murió en el desierto. No era de la facción que se amotinó contra Yahvé, de la facción de Coré; por sus propios pecados murió sin tener hijos varones. 4 ¿Por qué ha de ser borrado de su clan el nombre de nuestro padre, sólo por no haber tenido hijos varones? Danos alguna propiedad entre los hermanos de nuestro padre.»

5 Moisés expuso su caso ante Yahvé. 6 Respondió Yahvé a Moisés: 7 «Han hablado bien las hijas de Selofjad. Dales en propiedad una heredad entre los hermanos de su padre; traspásales a ellas la herencia de su padre. 8 Y dirás a los israelitas: Si un hombre muere y no tiene ningún hijo varón, traspasará su herencia a su hija. 9 Si tampoco tiene hija, darán la herencia a sus hermanos. 10 Si tampoco tiene hermanos, darán la herencia a los hermanos de su padre. 11 Y si su padre no tenía hermanos, darán la herencia al pariente más próximo de su clan, el cual tomará posesión de ella. Ésta será norma de derecho para los israelitas, según lo ordenó Yahvé a Moisés.»

Josué, jefe de la comunidad.
‖Dt **31** 1-8.23.

12 Dijo Yahvé a Moisés: «Sube ahí a la sierra de Abarín y contempla la tierra que he dado a los israelitas. 13 Cuando la veas, irás a reunirte tú también con los tuyos, como se reunió tu hermano Aarón. 14 Porque ustedes se rebelaron en el desierto de Sin, cuando protestó la comunidad y cuando les mandé manifestar delante de ella mi santidad, por medio del agua.» Son las aguas de Meribá de Cades, en el desierto de Sin.

15 Dijo Moisés a Yahvé: 16 «Que Yahvé, Dios de los espíritus de todo viviente, ponga un hombre al frente de esta comunidad, 17 uno que salga y entre delante de ellos y que los haga salir y entrar*, para que no quede la comunidad de Yahvé como rebaño sin pastor.» 18 Respondió Yahvé a Moisés: «Toma a Josué, hijo de Nun, hombre en quien está el espíritu, impónle tu mano, 19 y colócalo delante del sacerdote Eleazar y delante de toda la comunidad para darle órdenes en presencia de ellos 20 y comunicarle parte de tu dignidad, con el fin de que le obedezca toda la comunidad de los israelitas. 21 Que se presente al sacerdote Eleazar y que éste consulte acerca de él, según el rito de *urim*, delante de Yahvé. A sus órdenes saldrán y a sus órdenes entrarán él y todos los israelitas, toda la comunidad.» 22 Moisés hizo como le había mandado Yahvé: tomó a Josué y lo puso delante del sacerdote Eleazar y delante de toda la comunidad. 23 (Eleazar) le impuso su mano y le dio sus órdenes, como había dicho Yahvé por Moisés.

Precisiones sobre los sacrificios*:
Lv **23**; Ex **23** 14+.

28 1 Dijo Yahvé a Moisés: 2 «Manda a los israelitas en estos términos: Tendrán cuidado de ofrecer a su tiempo mi ofrenda, mi alimento, manjares míos abrasados de calmante aroma. 3 Les dirás: Éste será el manjar abrasado que ofreceréis a Yahvé:

27 17 Los términos polares, *entrar-salir,* designan toda actividad del jefe. -Sobre el *rebaño sin pastor*, ver 1 R **22** 17; Ez **34** 5; Za **10** 2; Mt **9** 36p.

28 Los caps. **28-29** desarrollan el reglamento del Templo siguiendo el ciclo litúrgico, de Lv **23**. Ver Ez **45** 21-15; **46** 11.13-15.

A. Sacrificios cotidianos.
Ex **29** 38-46; Lv **6** 2+; Ez **46** 13-15.

«Corderos de un año, sin defecto,
dos al día, como holocausto perpetuo.
4 Uno de los corderos lo ofrecerás en
holocausto por la mañana, y el otro
cordero entre dos luces; 5 y como oblación, una décima de medida de flor de
harina, amasada con un cuarto de sextario de aceite virgen. 6 Es el holocausto
perpetuo ofrecido antaño en el monte
Sinaí como calmante aroma, manjar
abrasado para Yahvé. 7 Y la libación
correspondiente: un cuarto de sextario
por cada cordero. La libación de bebida
fermentada para Yahvé la derramarás
en el santuario. 8 El segundo cordero
lo ofrecerás entre dos luces: lo ofrecerás
con la misma oblación y libación que el
de la mañana, como manjar abrasado
de calmante aroma para Yahvé.

B. El sábado.
Ex **23** 12; Ez **46** 4-5.

9 «El día de sábado, dos corderos de
un año, sin tacha, y como oblación dos
décimas de flor de harina amasada con
aceite, y su correspondiente libación.
10 El holocausto del sábado, con su
libación, se añadirá los sábados al holocausto perpetuo.

C. La luna nueva.
Am **8** 5; Is **1** 13; Ez **46** 6-7.

11 «Los primeros de mes ofrecerán
un holocausto a Yahvé: dos novillos, un
carnero y siete corderos de un año, sin
tacha. 12 Como oblación, tres décimas
de flor de harina amasada con aceite
por cada novillo; dos décimas de flor
de harina amasada con aceite, como
oblación con el carnero; 13 una décima
de flor de harina amasada con aceite,
por cada cordero. Es un holocausto de
calmante aroma, manjar abrasado para
Yahvé. 14 Las libaciones correspondientes serán: medio sextario de vino por
novillo, un tercio de sextario por carnero y un cuarto de sextario por cordero.
Éste será el holocausto mensual, todos
los meses del año, uno tras otro.
15 Ofrecerás también a Yahvé, como
sacrificio por el pecado, un macho
cabrío con su libación, además del holocausto perpetuo.

D. Los ázimos.
Ex **12**+; Ez **45** 21-24.

16 «El mes primero, el día catorce del
mes, es la Pascua de Yahvé, 17 y el día
quince del mismo mes es fiesta. Durante
siete días comerán panes ázimos. 18 El
día primero habrá reunión sagrada. No
harán ningún trabajo servil. 19 Ofrecerán
como manjar abrasado en holocausto a
Yahvé: dos novillos, un carnero, siete
corderos de un año, sin tacha. 20 La
oblación correspondiente de flor de
harina amasada con aceite será de tres
décimas por novillo, dos décimas con el
carnero, 21 y una décima por cada uno
de los siete corderos; 22 y un macho cabrío como sacrificio por el pecado, para
expiar por ustedes. 23 Esto, además del
holocausto de la mañana, que ofrecerán
como holocausto perpetuo. 24 Así harán
los siete días. Es un alimento, un manjar abrasado de calmante aroma para
Yahvé: se ofrece además del holocausto
perpetuo y de su libación. 25 El día séptimo tendrán reunión sagrada; no harán
ningún trabajo servil.

E. La fiesta de las Semanas.
Ex **23** 14+; Lv **23** 15-21.

26 «El día de las primicias, cuando
ofrezcan ustedes a Yahvé oblación de
frutos nuevos en la fiesta de las Semanas, tendrán reunión sagrada; no harán
ningún trabajo servil. 27 Ofrecerán en
holocausto, como calmante aroma para
Yahvé, dos novillos, un carnero y siete corderos de un año. 28 La oblación
correspondiente será de flor de harina
amasada con aceite: tres décimas por
novillo, dos décimas con el carnero, 29 y
una décima por cada uno de los siete
corderos; 30 y un macho cabrío como
sacrificio por el pecado para hacer ex-

piación por ustedes. 31 Harán esto además del holocausto perpetuo, con su oblación y sus libaciones.

F. La fiesta del gran Clamor.
Lv **23** 24; Nm **10** 5+.

29 1 «El mes séptimo, el primero de mes, tendrán reunión sagrada; no harán ningún trabajo servil. Será para ustedes el día del gran Clamor. 2 Ofrecerán un holocausto como calmante aroma para Yahvé: un novillo, un carnero, siete corderos de un año, sin tacha. 3 La oblación correspondiente de flor de harina amasada con aceite será de tres décimas por el novillo, dos décimas por el carnero 4 y una décima por cada uno de los siete corderos; 5 y un macho cabrío como sacrificio por el pecado, para hacer la expiación por ustedes. 6 Esto, además del holocausto mensual y de su oblación, del holocausto perpetuo y de su oblación y sus libaciones, según la norma correspondiente, como calmante aroma, manjar abrasado para Yahvé.

G. El día de la Expiación.
Lv **16**+; Ez **45** 18-20.

7 «El día décimo del mismo mes séptimo tendrán reunión sagrada; ayunarán y no harán ningún trabajo. 8 Ofrecerán en holocausto a Yahvé, como calmante aroma, un novillo, un carnero, siete corderos de un año, que habrán de ser sin defecto; 9 su oblación de flor de harina amasada con aceite será: tres décimas por el novillo, dos décimas por el carnero, 10 una décima por cada uno de los siete corderos; 11 y un macho cabrío como sacrificio por el pecado; además del sacrificio por el pecado de la fiesta de la Expiación, del holocausto perpetuo, de su oblación y sus libaciones.

H. La fiesta de las Tiendas.
Ex **23** 14+; Ez **45** 25.

12 «El día quince del mes séptimo tendrán reunión sagrada; no harán ningún trabajo servil y celebrarán fiesta en honor de Yahvé durante siete días. 13 Ofrecerán en holocausto un manjar abrasado de calmante aroma para Yahvé: trece novillos, dos carneros, catorce corderos de un año, que serán sin defecto; 14 la oblación correspondiente será de flor de harina amasada con aceite, tres décimas por cada uno de los trece novillos, dos décimas por cada uno de los dos carneros, 15 y una décima por cada uno de los catorce corderos; 16 y un macho cabrío como sacrificio por el pecado; además del holocausto perpetuo, de su oblación y su libación.

17 «El día segundo, doce novillos, dos carneros, catorce corderos de un año, sin tacha, 18 con las oblaciones y libaciones correspondientes a los novillos, carneros y corderos, conforme a su número y según la norma; 19 y un macho cabrío como sacrificio por el pecado; además del holocausto perpetuo, de su oblación y sus libaciones.

20 «El día tercero: once novillos, dos carneros, catorce corderos de un año, sin tacha, 21 con las oblaciones y libaciones correspondientes a los novillos, carneros y corderos, conforme a su número y según la norma; 22 y un macho cabrío como sacrificio por el pecado; además del holocausto perpetuo, de su oblación y su libación.

23 «El día cuarto: diez novillos, dos carneros, catorce corderos de un año, sin tacha; 24 las oblaciones y libaciones correspondientes a los novillos, carneros y corderos, conforme a su número y según la norma; 25 y un macho cabrío como sacrificio por el pecado; además del holocausto perpetuo, de su oblación y su libación.

26 «El día quinto: nueve novillos, dos carneros, catorce corderos de un año, sin tacha; 27 las oblaciones y libaciones correspondientes a los novillos, carneros y corderos, conforme a su número y según la norma; 28 y un macho cabrío como sacrificio por el pecado; además del holocausto perpetuo, de su oblación y su libación.

29 «El día sexto: ocho novillos, dos
carneros, catorce corderos de un año,
sin tacha; 30 las oblaciones y libaciones
correspondientes a los novillos, carneros y corderos, conforme a su número y
según la norma; 31 y un macho cabrío
como sacrificio por el pecado; además
del holocausto perpetuo, de su oblación
y su libación.

32 «El día séptimo: siete novillos, dos
carneros, catorce corderos de un año,
sin tacha; 33 las oblaciones y libaciones
correspondientes a los novillos, carneros y corderos, conforme a su número
y según la norma; 34 y un macho cabrío
como sacrificio por el pecado; además
del holocausto perpetuo y de su oblación y su libación.

35 «El día octavo será para ustedes de
reunión solemne; no harán ningún trabajo servil. 36 Ofrecerán un holocausto,
como manjar abrasado de calmante aroma para Yahvé: un novillo, un carnero,
siete corderos de un año, sin tacha; 37 la
oblación y libaciones correspondientes
al novillo, al carnero y a los corderos,
conforme a su número y según la norma; 38 y un macho cabrío como sacrificio
por el pecado; además del holocausto
perpetuo, de su oblación y su libación.

39 «Éstos son los sacrificios que ofrecerán a Yahvé en sus solemnidades,
aparte de sus ofrendas votivas y espontáneas, holocaustos, oblaciones, libaciones y sacrificios de comunión.»

30 1 Moisés habló a los israelitas
conforme en todo a lo que le
había ordenado Yahvé.

Leyes acerca de los votos.
Lv **27**+; Dt **23** 22-24.

2 Dijo Moisés a los jefes de tribu de
los israelitas: «Esto es lo que ha ordenado Yahvé: 3 Si un hombre hace un
voto a Yahvé, o se compromete a algo
con juramento, no violará su palabra:
cumplirá todo lo que ha salido de su
boca. 4 Y si una mujer hace un voto a
Yahvé, o adquiere un compromiso, en
su juventud, cuando está en casa de su
padre, 5 si su padre se entera de su voto
o del compromiso que ha contraído, y
no le dice nada su padre, serán firmes
todos sus votos, y todos los compromisos que ha contraído serán firmes.
6 Pero si su padre, el mismo día en que
se entera de cualquiera de sus votos o
de los compromisos que ha contraído, lo
desaprueba, no serán firmes. Yahvé no
se lo tendrá en cuenta, pues su padre lo
ha desaprobado. 7 Y si se casa cuando
todavía está ligada por sus votos o por
un compromiso que inconsideradamente contrajeron sus labios, 8 si su marido
se entera, y el mismo día en que se entera no lo desaprueba, serán firmes sus
votos, y los compromisos que adquirió
serán válidos. 9 Pero si el día en que se
entera su marido, lo desaprueba, anula
el voto que la obligaba y el compromiso
que inconsideradamente contrajeron sus
labios, Yahvé no se lo tendrá en cuenta.
10 El voto de una mujer viuda o repudiada, y todos los compromisos contraídos
por ella, serán firmes.

11 «Si una mujer ha hecho votos en
casa de su marido, o se ha comprometido con juramento, 12 y se entera su
marido y no le dice nada, no lo desaprueba, serán firmes todos sus votos,
y todo compromiso que haya adquirido
será firme. 13 Pero si su marido se los
anula el mismo día en que se entera, no
será firme nada de lo que ha salido de
sus labios, sea voto o compromiso.
Yahvé no se lo tendrá en cuenta, porque
su marido se los anuló. 14 Cualquier voto
o compromiso jurado que es gravoso
para la mujer, puede ratificarlo o anu-
larlo el marido. 15 Si no le dice nada
su marido para el día siguiente, es que
confirma cualquier voto o compromiso
que tenga; los confirma por no haberle
dicho nada el día que se enteró. 16 Pero
si los anula más tarde, cargará él con la
falta de ella.»

17 Éstos son los preceptos que Yahvé
dio a Moisés acerca de las relaciones
entre marido y mujer, y entre el padre
y la hija que, durante su juventud, vive
todavía en casa de su padre.

IX. Botín y reparto

Guerra santa contra Madián*.

Dt **20** 1-20; **21** 10-14;
Jos **6** 17+; 1 S **15** 1-33.

31 1 Dijo Yahvé a Moisés: 2 «Haz que los israelitas tomen venganza de los madianitas. Luego irás a reunirte con tu parentela.»

3 Moisés habló al pueblo en estos términos: «Que se armen algunos de ustedes para la guerra de Yahvé contra Madián, para tomar de Madián la venganza de Yahvé. 4 Pondrán sobre las armas mil de cada tribu, de todas las tribus de Israel.»

5 Los clanes de Israel suministraron, a razón de mil por cada tribu, doce mil hombres armados para la guerra. 6 Moisés envió al combate mil por cada tribu, y con ellos a Pinjás, hijo del sacerdote Eleazar, que llevaba en su mano los objetos sagrados y las trompetas del clamoreo. 7 Atacaron a Madián como había mandado Yahvé a Moisés y mataron a todos los varones. 8 Mataron también a los reyes de Madián: Eví, Requen, Sur, Jur y Rebá, cinco reyes madianitas; y a Balaán, hijo de Beor, lo mataron a filo de espada. 9 Los israelitas hicieron cautivas a las mujeres de Madián y a sus niños, y tomaron como botín su ganado, sus rebaños y todos sus bienes. 10 Prendieron fuego a todas las ciudades en que habitaban y a todos sus campamentos. 11 Reunieron todo el botín que habían capturado, hombres y bestias, 12 y llevaron los cautivos, la presa y el botín ante Moisés, ante el sacerdote Eleazar y ante toda la comunidad de los israelitas, al campamento, en las Estepas de Moab, que están cerca del Jordán, frente a Jericó.

Matanza de las mujeres y purificaciones del botín.

13 Moisés, el sacerdote Eleazar y todos los príncipes de la comunidad salieron a su encuentro hasta fuera del campamento. 14 Moisés se encolerizó contra los jefes de las tropas, jefes de millar y jefes de cien, que volvían de la expedición guerrera. 15 Les dijo Moisés: «¿Pero han dejado con vida a todas las mujeres? 16 Precisamente ellas fueron las que indujeron a prevaricar contra Yahvé a los israelitas, siguiendo el consejo de Balaán, cuando lo de Peor; por eso azotó la plaga a la comunidad de Yahvé. 17 Maten, pues, a todos los niños varones. Y a toda mujer que haya conocido varón, que haya dormido con varón, mátenla también. 18 Pero dejen con vida para ustedes a todas las muchachas que no hayan dormido con varón. 19 Y ustedes, todos los que hayan matado a alguien y todos los que hayan tocado a algún muerto, acampen fuera del campamento siete días. Purifíquense ustedes y sus cautivos, el día tercero y el día séptimo. 20 Purifiquen también todos los vestidos, todos los objetos de cuero, todo tejido de pelo de cabra y todo objeto de madera.»

21 Dijo el sacerdote Eleazar a los hombres de la tropa que habían ido a la guerra: «Éste es el precepto de la Ley que ordenó Yahvé a Moisés: 22 El oro, la plata, el bronce, el hierro, el estaño y el plomo, 23 todo lo que puede resistir al fuego, lo pasarán por el fuego y quedará puro. Pero será purificado con las aguas lustrales. Pero todo lo que no puede resistir al fuego lo pasarán por las aguas.» 24 Lavarán sus vestidos el día séptimo y quedarán puros. Luego podrán entrar en el campamento.

Reparto del botín.

25 Dijo Yahvé a Moisés: 26 «Saquen la cuenta, tú, el sacerdote Eleazar y los príncipes de las familias de la comunidad, del botín y de los cautivos, personas y bestias. 27 Luego repartirás el botín, la mitad para los combatientes que

31 Se reanuda el relato, continuación de **25** 18. El relato abarca algunas leyes sobre la guerra, el reparto del botín y, después, el de la Tierra Santa, Transjordania y Canaán.

fueron a la guerra y la otra mitad para toda la comunidad. [28] Reservarás para Yahvé, de la parte de los combatientes que fueron a la guerra, uno por cada quinientos, sean personas, bueyes, burros u ovejas. [29] Lo tomarás de la mitad que les corresponde y se lo darás al sacerdote Eleazar, como reserva para Yahvé. [30] Y de la mitad que corresponde a los israelitas, uno por cada cincuenta, sean personas, bueyes, burros u ovejas, cualquier clase de bestias, y se lo darás a los levitas, que están encargados del ministerio de la Morada de Yahvé.»

[31] Moisés y el sacerdote Eleazar hicieron como había mandado Yahvé a Moisés. [32] Fue el botín, el remanente de lo que la gente de guerra había saqueado: 675.000 cabezas de ganado lanar, [33] 72.000 de vacuno [34] y 61.000 burros. [35] En cuanto a las personas, las mujeres que no habían dormido con varón eran, en total, 32.000. [36] La mitad correspondiente a los que fueron al combate: 337.500 cabezas de ganado lanar, [37] siendo la parte de Yahvé de ganado lanar, 675 cabezas; [38] 36.000 de vacuno, siendo la parte de Yahvé, 72; [39] 30.500 burros, siendo la parte de Yahvé, 61. [40] Las personas eran 16.000, correspondiendo a Yahvé, 32. [41] Moisés dio al sacerdote Eleazar la reserva de Yahvé, como había ordenado Yahvé a Moisés.

[42] La mitad perteneciente a los israelitas, que había separado Moisés de la de los combatientes, [43] esta mitad correspondiente a la comunidad era de 337.500 cabezas de ganado lanar; [44] 36.000 de vacuno; [45] 30.500 burros, [46] y 16.000 personas. [47] Tomó Moisés de la mitad de los israelitas, a razón de uno por cincuenta, hombres y bestias, y se los dio a los levitas, que se encargan del ministerio de la Morada de Yahvé, como había ordenado Yahvé a Moisés.

Las ofrendas.
Jc **8** 24-27.

[48] Se presentaron ante Moisés los jefes de las tropas de Israel que habían ido a la guerra, jefes de millar y jefes de cien, [49] y dijeron a Moisés: «Tus siervos han sacado la cuenta de los combatientes que tenían a sus órdenes, y no falta ni uno. [50] Por eso traemos de ofrenda a Yahvé lo que cada uno de nosotros ha encontrado en objetos de oro, brazaletes, ajorcas, anillos, arracadas y collares, para hacer expiación por nosotros delante de Yahvé.» [51] Moisés y el sacerdote Eleazar recibieron de ellos el oro y las joyas. [52] El total del oro de la reserva que reservaron para Yahvé, de parte de los jefes de millar y de cien, fue 16.750 siclos.

[53] Los combatientes habían tomado cada uno su botín. [54] Pero Moisés y el sacerdote Eleazar recibieron el oro de los jefes de millar y de cien y lo llevaron a la Tienda del Encuentro, para que sirviera ante Yahvé de memorial en favor de los israelitas.

Reparto de Transjordania.
|| Dt **3** 12-20; Dt **33** 6.20s.

32 [1] Los hijos de Rubén y los hijos de Gad tenían muchos rebaños, muy grandes. Vieron que el país de Yazer y el país de Galaad eran tierra propia para el pastoreo, [2] y los hijos de Gad y los hijos de Rubén fueron y dijeron a Moisés, al sacerdote Eleazar y a los príncipes de la comunidad: [3] «Atarot, Dibón, Yazer, Nimrá, Jesbón, Elalé, Sibmá, Nebo y Meón, [4] el país que Yahvé conquistó al llegar la comunidad de Israel, es tierra de ganado, y tus siervos tienen ganado.» [5] Y añadieron: «Si hemos hallado gracia a tus ojos, que se nos dé esta tierra a tus siervos en propiedad; no nos hagas pasar el Jordán.»

[6] Respondió Moisés a los hijos de Gad y a los hijos de Rubén: «¿Es que sus hermanos van a ir al combate y ustedes se van a quedar aquí? [7] ¿Por qué se oponen a que los israelitas pasen a la tierra que les ha dado Yahvé? [8] Así hicieron ya sus padres, cuando los mandé de Cades Barnea a ver la tierra: [9] subieron al Valle de Escol, vieron la tierra e impidieron que los israelitas entraran

en la tierra que les había dado Yahvé.
10 Por eso se encendió la ira de Yahvé
aquel día y juró diciendo: 11 Nunca verán los hombres que salieron de Egipto,
de veinte años para arriba, la tierra que
prometí con juramento a Abrahán, a
Isaac y a Jacob, porque no me han sido
fieles, 12 excepto Caleb, hijo de Jefoné
el quenizeo, y Josué, hijo de Nun, que
fueron fieles a Yahvé. 13 Se encendió
la ira de Yahvé contra Israel y los hizo
andar errantes por el desierto durante
cuarenta años, hasta que se acabó toda
aquella generación que había obrado
mal a los ojos de Yahvé. 14 ¡Y ahora ustedes se alzan a imitación de sus padres,
como retoño de hombres pecadores,
para atizar más el fuego de la ira de
Yahvé contra Israel! 15 Si se apartan de
él, volverá a retenernos en el desierto,
y acarrearán el desastre a todo este
pueblo.»

16 Entonces se acercaron a Moisés
y le dijeron: «Podemos construir aquí
rediles para nuestras ovejas y ciudades
para nuestros niños. 17 Pero nosotros
tomaremos las armas a la cabeza de los
israelitas, hasta que los introduzcamos
en sus lugares, mientras que nuestros
hijos se quedarán en las plazas fuertes,
al abrigo de los habitantes del país.
18 No volveremos a nuestras casas hasta
que los israelitas se posesionen cada
uno de su herencia. 19 Que nosotros no
tendremos herencia con ellos al otro
lado del Jordán, pues nuestra herencia
nos ha tocado del lado oriental del Jordán.»

20 Moisés les dijo: «Si hacen lo que han
dicho, si se arman para combatir delante
de Yahvé, 21 y todos sus combatientes
pasan el Jordán delante de Yahvé, hasta
que arroje a sus enemigos ante ustedes,
22 y la tierra sea ocupada a la llegada
de Yahvé, y vuelven después, quedarán
exentos de culpa ante Yahvé y ante
Israel. Esta tierra les pertenecerá en propiedad delante de Yahvé. 23 Pero si no lo
hacen así, habrán pecado contra Yahvé,
y sepan que su pecado les saldrá al encuentro. 24 Construyan ciudades para sus
niños, y rediles para sus rebaños; pero
hagan lo que han prometido.» 25 Dijeron
los hijos de Gad y los hijos de Rubén
a Moisés: «Tus siervos harán como mi
Señor manda. 26 Nuestros hijos, nuestras mujeres, nuestros rebaños y todo
nuestro ganado se quedarán aquí en las
ciudades de Galaad. 27 Pero tus siervos,
todos los que llevan armas, pasarán delante de Yahvé, para ir a la guerra, como
dice mi Señor.»

28 Moisés dio orden al sacerdote Eleazar, a Josué, hijo de Nun, y a los jefes
de las casas patriarcales de las tribus
de los israelitas, 29 y les dijo Moisés: «Si
los hijos de Gad y los hijos de Rubén,
todos los que llevan armas, pasan con
ustedes el Jordán, para combatir delante
de Yahvé, y la tierra queda dominada
por ustedes, les darán el país de Galaad
en propiedad. 30 Pero si los que llevan
armas no pasan con ustedes, tendrán
su herencia entre ustedes en el país de
Canaán.»

31 Respondieron los hijos de Gad y
los hijos de Rubén: «Lo que ha hablado
Yahvé a tus siervos, eso haremos.
32 Nosotros pasaremos armados delante de Yahvé al país de Canaán; pero
danos la propiedad de nuestra herencia
a este lado del Jordán.» 33 Moisés dio a
los hijos de Gad, a los hijos de Rubén y a
la media tribu de Manasés, hijo de José,
el reino de Sijón, rey de los amorreos,
y el reino de Og, rey de Basán; el país
con las ciudades comprendidas en sus
fronteras y las ciudades colindantes.

34 Los hijos de Gad construyeron las
plazas fuertes de Dibón, Atarot y Aroer,
35 Atrot Sofán, Yazer, Yogboá, 36 Bet
Nimrá, Bet Harán, y rediles para los
rebaños.

37 Los hijos de Rubén construyeron
Jesbón, Elalé, Quiriatáin, 38 Nebo, Baal
Meón, cambiadas de nombre, y Sibmá.
Y pusieron nombres a las ciudades que
construyeron.

39 Los hijos de Maquir, hijo de Manasés, fueron a Galaad, la conquistaron y
expulsaron a los amorreos que habitaban allí. 40 Moisés dio Galaad a Maquir,

hijo de Manasés, que se estableció allí.
41 Yaír, hijo de Manasés, fue y se apoderó de las aldeas de ellos y los llamó
Aldeas de Yaír. 42 Nóbaj fue y se apoderó
de Quenat y de sus filiales, y le puso su
propio nombre Nóbaj.

Las etapas del Éxodo*.

33 1 Éstas son las etapas de los
israelitas que salieron de Egipto
por cuerpos de ejército, a las órdenes
de Moisés y Aarón. 2 Moisés, por orden
de Yahvé, escribió los puntos de donde
partían, etapa por etapa. Éstas fueron
sus etapas, con indicación de los puntos
de partida.
3 Partieron de Ramsés el mes primero. El día quince del mes primero, al
día siguiente de la Pascua, salieron los
israelitas, la mano en alto, en presencia
de todos los egipcios. 4 Los egipcios estaban enterrando a los suyos que habían
sido heridos por Yahvé, a todos los primogénitos; Yahvé había hecho justicia
de sus dioses.

Ex **12** 37; **13** 20; **14** 1-4;
15 23.27; **16** 1.

5 Partieron los israelitas de Ramsés y
acamparon en Sucot. 6 Partieron de Sucot y acamparon en Etán, que está en el
extremo del desierto. 7 Partieron de Etán
y se detuvieron en Pi Hajirot, que está
frente a Baal Sefón y acamparon delante de Migdol. 8 Partieron de Pi Hajirot
y pasaron por medio del mar hasta el
desierto. Anduvieron tres días de camino por el desierto de Etán y acamparon
en Mará. 9 Partieron de Mará y llegaron
a Elín. En Elín había doce fuentes de
agua y setenta palmeras; allí acamparon. 10 Partieron de Elín y acamparon
cerca del mar de Suf. 11 Partieron del
mar de Suf y acamparon en el desierto
de Sin. 12 Partieron del desierto de
Sin y acamparon en Dofcá. 13 Partieron de Dofcá y acamparon en Alús.
14 Partieron de Alús y acamparon en
Refidín, pero no había allí agua para
que bebiera la gente. 15 Partieron de
Refidín y acamparon en el desierto del
Sinaí. 16 Partieron del desierto del Sinaí
y acamparon en Quibrot Hatavá. 17 Partieron de Quibrot Hatavá y acamparon
en Jaserot. 18 Partieron de Jaserot y
acamparon en Ritmá. 19 Partieron de
Ritmá y acamparon en Rimón Peres.
20 Partieron de Rimón Peres y acamparon en Libná. 21 Partieron de Libná y
acamparon en Risá. 22 Partieron de Risá y acamparon en Queelatá. 23 Partieron de Queelatá y acamparon en el
monte Séfer. 24 Partieron del monte Séfer y acamparon en Jaradá. 25 Partieron
de Jaradá y acamparon en Maquelot.
26 Partieron de Maquelot y acamparon
en Tájat. 27 Partieron de Tájat y acamparon en Táraj. 28 Partieron de Táraj y
acamparon en Mitcá. 29 Partieron de
Mitcá y acamparon en Jasmoná. 30 Partieron de Jasmoná y acamparon en Moserot. 31 Partieron de Moserot y acamparon en Bene Yaacán. 32 Partieron de
Bene Yaacán y acamparon en Jor Haguidgad. 33 Partieron de Jor Haguidgad
y acamparon en Yotbá. 34 Partieron de
Yotbá y acamparon en Abroná. 35 Partieron de Abroná y acamparon en Esión
Guéber. 36 Partieron de Esión Guéber
y acamparon en el desierto de Sin, es
decir, en Cades. 37 Partieron de Cades
y acamparon en el monte Hor, en la
frontera del país de Edom. 38 El sacerdote Aarón subió al monte Hor, según
la orden de Yahvé, y murió allí, el año
cuarenta de la salida de los israelitas de
Egipto, el mes quinto, el primero del
mes. 39 Tenía Aarón ciento veintitrés
años cuando murió en el monte Hor.
40 El rey cananeo de Arad, que habitaba
en el Negueb, en el país de Canaán, se
enteró de que llegaban los israelitas.
41 Partieron del monte Hor y acamparon en Salmoná. 42 Partieron de Salmoná y acamparon en Punón. 43 Partieron de Punón y acamparon en Obot.

33 Esta enumeración de las *etapas* en la ruta de Egipto hacia Canaán se repite y esquematiza los datos anteriores. Tiene algunas omisiones, pero una buena parte de los nombres son nuevos. Ver Ex **13** 17.

44 Partieron de Obot y acamparon en
las ruinas de Abarín, en la frontera de
Moab. 45 Partieron de aquí, y acamparon en Dibón Gad. 46 Partieron de Dibón Gad y acamparon en Almón Diblatáin. 47 Partieron de Almón Diblatáin y
acamparon en los montes de Abarín,
frente al Nebo. 48 Partieron de los montes de Abarín y acamparon en las Estepas de Moab, cerca del Jordán, frente a
Jericó. 49 Acamparon cerca del Jordán
entre Bet Yesimot y Abel Sitín en las Estepas de Moab.

Reparto de Canaán.
La orden de Dios.

Lv **26**+; Dt **7** 1-6.16; **12** 2-3.

50 Yahvé habló a Moisés en las Estepas de Moab, cerca del Jordán, frente
a Jericó, y le dijo: 51 «Di a los israelitas:
Cuando pasen el Jordán hacia el país
de Canaán, 52 arrojarán a su llegada a
todos los habitantes del país. Destruirán
todas sus imágenes pintadas, destruirán
sus estatuas de fundición, demolerán
todos sus altos. 53 Se apoderarán de la
tierra y habitarán en ella, pues les doy
a ustedes todo el país en propiedad.
54 Repartirán la tierra a suertes entre
sus clanes. Al grande le aumentarán la
herencia y al pequeño se la reducirán.
Donde le caiga a cada uno la suerte,
allí será su propiedad. Harán el reparto
por tribus patriarcales. 55 Pero si no expulsan a su llegada a los habitantes del
país, los que dejen serán para ustedes
pinchos en sus ojos y aguijones en sus
costados y los oprimirán en el país en
que van a habitar. 56 Y yo los trataré a
ustedes en la forma en que había pensado tratarlos a ellos.»

Fronteras de Canaán*.

Jc **20** 1+; Jos **14-19**;
Ez **47** 13-21.

34 1 Yahvé dijo a Moisés: 2 «Da esta
orden a los israelitas: Cuando
entren en el país de Canaán, éste será el
territorio que les tocará en herencia: el
país de Canaán con todas sus fronteras.
3 Por el sur, les pertenecerá desde el
desierto de Sin, siguiendo el límite de
Edom. Su frontera meridional empe-
zará por el oriente en la extremidad del
mar de la Sal. 4 Torcerá su frontera por
el sur hacia la Subida de los Escorpiones, pasará por Sin y terminará al sur de
Cades Barnea. Luego irá hacia Jasar
Adar y pasará por Asmón. 5 Torcerá la
frontera de Asmón hacia el Torrente de
Egipto y acabará en el Mar.
6 Su frontera occidental será el mar
Grande. Esta frontera será su límite al
oeste.
7 Su frontera por el norte será la siguiente: Desde el mar Grande trazarán
el límite hasta el monte Hor. 8 Del monte
Hor, trazarán el límite hasta la Entrada
de Jamat, y vendrá a salir la frontera a
Sedad. 9 Seguirá luego la frontera hacia
Zifrón y terminará en Jasar Enán. Ésa
será su frontera septentrional.
10 Luego trazarán su frontera oriental
desde Jasar Enán hasta Sefán. 11 La
frontera bajará de Sefán hacia Arbel,
al oriente de Ayin. Seguirá bajando la
frontera, y, tocando la orilla del mar de
Quinéret por el oriente, 12 bajará al Jordán y vendrá a dar en el mar de la Sal*.
Ésa será su tierra con las fronteras
que la circunscriben.»
13 Moisés dio esta orden a los israelitas: «Éste es el país que han de repartir
a suertes, el que Yahvé ha mandado dar
a las nueve tribus y a la mitad de la otra,
14 pues la tribu de los hijos de Rubén con
sus distintas casas patriarcales y la tribu
de los hijos de Gad con sus distintas casas
patriarcales, han recibido ya su herencia;
y la media tribu de Manasés ha recibido
también su herencia. 15 Las dos tribus y
la otra media tribu han recibido ya su
herencia más allá del Jordán, a oriente
de Jericó, hacia la salida del sol.»

34 Ver Ex **23** 31+; Dt **1** 7; Jc **20** 1+; Ez **47** 13-21.

34 12 El *mar de la Sal* es el mar Muerto.

Los príncipes encargados del reparto.

[16] Dijo Yahvé a Moisés: [17] «Éstos son los nombres de los que les han de repartir la tierra: el sacerdote Eleazar y Josué, hijo de Nun. [18] Elegirán también un príncipe de cada tribu, para que repartan la tierra. [19] Éstos son sus nombres:

por la tribu de Judá, Caleb, hijo de Jefoné;

[20] por la tribu de los hijos de Simeón, Semuel, hijo de Amiud;

[21] por la tribu de Benjamín, Elidad, hijo de Quislón;

[22] por la tribu de los hijos de Dan, el príncipe Buquí, hijo de Yoglí;

[23] por los hijos de José: por la tribu de los hijos de Manasés, el príncipe Janiel, hijo de Efod; [24] y por la tribu de los hijos de Efraín, el príncipe Quemuel, hijo de Siftán;

[25] por la tribu de los hijos de Zabulón, el príncipe Elisafán, hijo de Parnac;

[26] por la tribu de los hijos de Isacar, el príncipe Paltiel, hijo de Azán;

[27] por la tribu de los hijos de Aser, el príncipe Ajiud, hijo de Selomí;

[28] por la tribu de los hijos de Neftalí, el príncipe Pedael, hijo de Amiud.»

[29] A éstos mandó Yahvé repartir la herencia a los israelitas en el país de Canaán.

La parte de los levitas*.
18 20-24; Jos **20-21**; Ez **48** 13.

35 [1] Habló Yahvé a Moisés en las Estepas de Moab, cerca del Jordán, frente a Jericó, y le dijo: [2] «Manda a los israelitas que cedan a los levitas, de la herencia que les pertenece, ciudades en las que puedan habitar y pastos de alrededor de las ciudades. Se las darán ustedes a los levitas. [3] Esas ciudades serán su morada, y sus pastos serán para sus bestias, su ganado y todos sus animales. [4] Los pastos de las ciudades que cedan a los levitas comprenderán mil codos alrededor de la ciudad, a contar desde las murallas. [5] Medirán, fuera de la ciudad, dos mil codos a oriente, dos mil codos a mediodía, dos mil codos a occidente y dos mil codos al norte, teniendo la ciudad como centro. Éstos serán los pastos de las ciudades. [6] Las ciudades que darán a los levitas serán las seis de asilo, que cederán para que se pueda refugiar en ellas el homicida, y además les darán otras cuarenta y dos ciudades. [7] El total de ciudades que darán a los levitas será cuarenta y ocho ciudades, todas ellas con sus pastos. [8] Estas ciudades que cederán de la propiedad de los israelitas, las tomarán en mayor número del grande y en menor del pequeño; cada uno cederá ciudades a los levitas en proporción a la herencia que le haya tocado.»

Las ciudades de asilo.
Ex **21** 13+; Dt **19** 1-13; Jos **20**+.

[9] Yahvé habló a Moisés: [10] «Di a los israelitas: Cuando pasen el Jordán hacia la tierra de Canaán, [11] encontrarán ciudades, de las que algunas transformarán en ciudades de asilo: en ellas se refugiará el homicida que ha herido a un hombre por inadvertencia. [12] Esas ciudades les servirán de asilo contra el vengador; no debe morir el homicida hasta que comparezca ante la comunidad para ser juzgado. [13] De las ciudades que cederán, seis ciudades les servirán de asilo: [14] tres ciudades les cederán al otro lado del Jordán y tres ciudades en el país de Canaán; serán ciudades de asilo. [15] Las seis ciudades serán de asilo tanto para los israelitas como para el forastero y para el huésped que viven en medio de ustedes, para que se pueda refugiar en ellas todo aquel que haya matado a un hombre por inadvertencia. [16] Pero si lo ha herido con un instrumento de hierro, y muere, es un asesino. El asesino debe morir. [17] Si lo hiere con una piedra como para causar la muerte con ella, y muere, es un asesino. El asesino debe morir. [18] Si lo hiere con un instrumento de madera como para matarlo, y mue-

35 Ver Lv **25** 32-34; Jos **21** 1-40.

re, es un asesino. El asesino debe morir.
19 El mismo vengador de la sangre* dará
muerte al asesino: en cuanto lo encuentre, lo matará. 20 Si el homicida lo ha
matado por odio, o le ha lanzado algo
con intención, y muere, 21 o si por enemistad lo ha golpeado con las manos,
y muere, el que lo ha herido tiene que
morir: es un asesino. El vengador de la
sangre dará muerte al asesino en cuanto
lo encuentre. 22 Pero si lo derribó de casualidad y sin enemistad, o le lanzó cualquier objeto sin ninguna mala intención,
23 o le tiró, sin verlo, una piedra capaz
de matarlo, y le causó la muerte, sin que
fuera su enemigo ni buscara su daño,
24 la comunidad juzgará entre el homicida y el vengador de la sangre según
estas normas, 25 y salvará la comunidad
al homicida de la mano del vengador de
la sangre. Lo hará volver la comunidad
a la ciudad de asilo en la que se refugió
y en ella vivirá hasta que muera el Sumo
Sacerdote ungido con el óleo santo.
26 Pero si sale el homicida de los límites
de la ciudad de asilo en que se ha refugiado, 27 y lo encuentra el vengador de
la sangre fuera del término de su ciudad
de asilo, el vengador de la sangre podrá
matar al homicida, sin ser responsable
de su sangre, 28 porque aquél debía permanecer en la ciudad de asilo hasta la
muerte del Sumo Sacerdote. Cuando
muera el Sumo Sacerdote, el homicida
podrá volver a la tierra de su propiedad.
29 Esto será norma de derecho para
ustedes y para sus descendientes, dondequiera que habiten.
30 En cualquier caso de homicidio, se
matará al homicida según la declaración
de los testigos; pero un solo testigo no
bastará para condenar a muerte a un
hombre. 31 No aceptarán rescate por la
vida de un homicida reo de muerte,
pues debe morir*. 32 Tampoco aceptarán
rescate por el que se ha refugiado en la
ciudad de asilo y quiere volver a habitar
en su tierra antes que muera el Sumo
Sacerdote. 33 No profanarán la tierra
en que están, porque aquella sangre
profana la tierra, y la tierra no queda
expiada de la sangre derramada más
que con la sangre del que la derramó.
34 No harás impura la tierra en que habitan, porque yo habito en medio de ella,
pues yo, Yahvé, tengo mi morada entre
los israelitas.

La herencia de la mujer casada*.

36 1 Los jefes de familia del clan
de los hijos de Galaad, hijo de
Maquir, hijo de Manasés, uno de los clanes de los hijos de José, se presentaron
y dijeron delante de Moisés y de los
príncipes jefes de las casas patriarcales
de los israelitas: 2 «Yahvé mandó a mi
Señor que diera la tierra en herencia,
por suertes, a los israelitas, y mi Señor
recibió orden de Yahvé de dar la herencia de Selofjad, nuestro hermano, a sus
hijas. 3 Si resulta que se casan con alguno de otra tribu israelita, será arrancada
su parte de la herencia de nuestras familias. Aumentará la herencia de la tribu a
la que vayan a pertenecer, y se reducirá
la herencia que nos tocó en suerte. 4 Y
cuando llegue el año jubilar para los
israelitas, se añadirá la herencia de ellas
a la herencia de la tribu a la que vayan a
pertenecer y se restará su herencia de la
herencia de la tribu de nuestros padres.»
5 Moisés, según la orden de Yahvé,
mandó lo siguiente a los israelitas: «Dice
bien la tribu de los hijos de José. 6 Esto
es lo que Yahvé ordenó acerca de las hijas de Selofjad: Tomarán por esposos a

35 19 El *go'el* es el pariente más próximo de la víctima, Gn **41** 15; etc. La idea fundamental es la de protección más que la de venganza, ver Ex **21** 25+; el *go'el* es el protector oficial de sus parientes, Lv **25** 23-25; Rt **4**; ver Jb **19** 25+. Y Dios es el *go'el* de Israel, Is **41** 14+; Jr **50** 34; Sal **19** 15; **69** 19; **74** 2; etc. Ver Rm **3** 24+.

35 31 La vida humana no puede ser valorada en dinero.

36 Adición a la ley de **27** 1-11, a partir del mismo caso concreto. El derecho de herencia de las hijas queda limitado por la obligación de casarse dentro de la tribu, para que no disminuya el territorio tribal.

los que bien les parezca, con tal que
se casen dentro de los clanes de la tribu
de su padre. [7] Así la herencia de los israelitas no pasará de una tribu a otra,
sino que los israelitas estarán vinculados cada uno a la herencia de la tribu
de sus padres. [8] Y toda hija que posea
una herencia en una de las tribus de los
israelitas se casará con uno de un clan
de la tribu de su padre para que cada
uno de los israelitas posea la herencia
de sus padres, [9] y no pase una herencia de una tribu a otra. Cada una de las
tribus de los israelitas quedará vincula-
da a su heredad.»

[10] Tal como había mandado Yahvé a
Moisés, así hicieron las hijas de Selofjad. [11] Majlá, Tirsá, Joglá, Milcá y Noá,
las hijas de Selofjad, se casaron con los
hijos de sus tíos paternos. [12] Tomaron
marido de los clanes de los hijos de Manasés, hijo de José, y así su herencia fue
para la tribu del clan de su padre.

Conclusión*.

[13] Éstas son las órdenes y normas que
dio Yahvé, por medio de Moisés, a los
israelitas, en las Estepas de Moab, cerca
del Jordán, frente a Jericó.

36 13 Toda la legislación de **22-36** es nuevamente atribuida a Moisés bajo la autoridad de Yahvé.

DEUTERONOMIO

I. Discursos introductorios

PRIMER DISCURSO DE MOISÉS

Tiempo y lugar*.

1 1 Éstas son las palabras que dirigió
Moisés a todo Israel al otro lado del
Jordán, en el desierto, en la Arabá,
frente a Suf, entre Parán, Tófel, Labán,
Jaserot y Di Zahab. 2 Once son las jornadas desde el Horeb, por el camino del
monte Seír, hasta Cades Barnea. 3 El
año cuarenta, el día uno del undécimo
mes, comunicó Moisés a los israelitas todo cuanto Yahvé le había mandado para
ellos. 4 Después de haber derrotado a
Sijón, rey de los amorreos, que moraba
en Jesbón, y a Og, rey de Basán, que
moraba en Astarot y en Edreí, 5 al otro
lado del Jordán, en el país de Moab,
comenzó Moisés a promulgar esta Ley,
diciendo*:

**Últimas instrucciones
en el Horeb.**

6 Yahvé, nuestro Dios, nos habló así
en el Horeb: «Ustedes ya han estado
bastante tiempo en esta montaña. 7 ¡En
marcha!, partan y entren en la montaña
de los amorreos, y en todas sus comarcas vecinas de la Arabá, la Montaña, la
Tierra Baja, el Negueb y el litoral; en la
tierra de Canaán y en el Líbano, hasta
el río grande, el río Éufrates. 8 Miren: Yo
he puesto esa tierra ante ustedes; vayan
a tomar posesión de la tierra que Yahvé
juró dar a sus padres, Abrahán, Isaac y
Jacob, y a sus descendientes.»

||Ex **18** 13-26.

9 Yo les hablé entonces y les dije: «No
puedo cargar con todos ustedes yo solo.
10 Yahvé, su Dios, los ha multiplicado
y son ahora tan numerosos como las
estrellas del cielo. 11 Que Yahvé, el Dios
de sus padres, los aumente mil veces
más todavía y los bendiga como ha
prometido. 12 Pero ¿cómo voy a poder
yo solo llevar su peso, su carga y sus litigios? 13 Escojan entre ustedes hombres
sabios, perspicaces y experimentados,
de cada una de sus tribus, y yo los pondré al frente de ustedes.» 14 Me respondieron: «Está bien lo que propones.»
15 Yo establecí a los jefes de sus tribus,
hombres sabios y experimentados, y los
constituí jefes de ustedes: como jefes de
millar, de cien, de cincuenta y de diez,
y como oficiales para sus tribus. 16 Y di
entonces esta orden a sus jueces: «Escuchen lo que haya entre sus hermanos
y administren justicia entre un hombre
y su hermano o un forastero. 17 No hagan en el juicio acepción de personas,
escuchen al pequeño lo mismo que
al grande, no tengan miedo a ningún
hombre, pues la sentencia es de Dios. El
asunto que les resulte demasiado difícil,
me lo remitirán a mí, y yo lo oiré.» 18 Yo
les prescribí entonces todo lo que tenían
que hacer.

Incredulidad en Cades.
||Nm **13** 1-**14** 9.

19 Partimos, pues, del Horeb y atravesamos ese inmenso y temible desierto
que han visto, camino de la montaña de
los amorreos, como Yahvé nuestro Dios
nos había mandado, y llegamos a Cades
Barnea. 20 Yo les dije: «Ya han llegado a

1 1 Después del título, v. 1, este párrafo reúne indicaciones de lugar y tiempo para relacionar Deuteronomio con Números; ver **4** 44-49.

1 5 Primer discurso de Moisés a *todo Israel*, **1** 6-**4** 40. Después de recordar la promesa divina, vv. 6-8, y la institución de los jueces, vv. 9-18, recapitula los acontecimientos del desierto, anuncia el Destierro como castigo de la infidelidad, pero también la conversión y el perdón.

la montaña de los amorreos que Yahvé nuestro Dios nos da. 21 Mira: Yahvé tu Dios te ha puesto delante ese país. Sube a tomar posesión de él como te ha dicho Yahvé el Dios de tus padres; no tengas miedo ni te acobardes.» 22 Pero todos ustedes se acercaron a decirme: «Enviemos por delante hombres que exploren el país y nos den noticias sobre el camino por donde hemos de subir y sobre las ciudades en que podemos entrar.» 23 Me pareció bien la propuesta y tomé de entre ustedes doce hombres, uno por tribu. 24 Partieron y subieron a la montaña; llegaron hasta el Valle de Escol y lo exploraron. 25 Tomaron en sus manos frutos del país, nos los trajeron, y nos informaron: «Buena tierra es la que Yahvé nuestro Dios nos da.» 26 Pero ustedes se negaron a subir; se rebelaron contra la orden de Yahvé su Dios, 27 y se pusieron a murmurar en sus tiendas: «Por el odio que nos tiene nos ha sacado Yahvé de Egipto, para entregarnos en manos de los amorreos y destruirnos. 28 ¿Adónde vamos a subir? Nuestros hermanos nos han descorazonado al decir: Es un pueblo más numeroso y corpulento que nosotros, las ciudades son grandes y sus murallas llegan hasta el cielo. Y hasta anaquitas hemos visto allí*.»

29 Yo les dije: «No se asusten, no tengan miedo de ellos. 30 Yahvé su Dios, que marcha al frente de ustedes, combatirá por ustedes, como vieron que lo hizo en Egipto, 31 y en el desierto, donde has visto que Yahvé tu Dios te llevaba como un hombre lleva a su hijo, a lo largo de todo el camino que han recorrido hasta llegar a este lugar.» 32 Pero aun así ninguno de ustedes confió en Yahvé su Dios, 33 que era el que los precedía en el camino y les buscaba lugar donde acampar, con el fuego durante la noche para alumbrar el camino que debían seguir, y con la nube durante el día.

Instrucciones de Yahvé en Cades.
||Nm **14** 21-35.

34 Oyó Yahvé sus palabras y se encolerizó y juró de esta manera: 35 «Ni un solo hombre de esta generación perversa verá la tierra buena que yo juré dar a sus padres, 36 excepto Caleb, hijo de Jefoné: él la verá, y yo le daré a él y a sus hijos la tierra que ha pisado, porque siguió cabalmente a Yahvé.» 37 Por culpa de ustedes Yahvé se irritó también contra mí y me dijo: «Tampoco tú entrarás allá*. 38 Será tu ayudante Josué, hijo de Nun, el que entrará. Dale ánimo, ya que él dará a Israel posesión de la tierra. 39 Pero los pequeños de ustedes, de los que dijeron que iban a servir de botín, sus hijos que no distinguen todavía el bien del mal, sí entrarán allá; a ellos se la daré, y ellos la poseerán. 40 Y ustedes ahora, den la vuelta y partan hacia el desierto por el camino del mar de Suf.»
||Nm **14** 39-45.

41 Ustedes me respondieron: «Hemos pecado contra Yahvé nuestro Dios. Subiremos y combatiremos como Yahvé nuestro Dios nos ha mandado.» Ciñeron cada uno sus armas y creyeron fácil subir a la montaña. 42 Pero Yahvé me dijo: «Diles: No suban a combatir, porque no estoy yo en medio de ustedes, y así serán derrotados por sus enemigos.» 43 Yo se lo dije, pero ustedes no me escucharon; fueron rebeldes a la orden de Yahvé y tuvieron la osadía de subir a la montaña. 44 Los amorreos, habitantes de esa montaña, les salieron al encuentro, los persiguieron como lo hubieran hecho las abejas, y los derrotaron desde Seír hasta Jormá. 45 A su regreso lloraron ante Yahvé, pero Yahvé no escuchó su voz ni les prestó oídos. 46 Por eso tuvieron que permanecer en Cades largo tiempo: todo ese tiempo que han estado allí.

1 28 Con los otros pueblos aquí nombrados, los *anaquitas* son los supervivientes de los primeros habitantes de Palestina y Transjordania; ver Jos **11** 21-22; **12** 4-6; **15** 13.

1 37 Ver **32** 48+.

De Cades al Arnón*.

2 1 Luego nos volvimos y partimos hacia el desierto, por el camino del mar de Suf, como Yahvé me había mandado. Durante mucho tiempo anduvimos rodeando la montaña de Seír. 2 Yahvé me dijo: 3 «Ya han dado ustedes bastantes vueltas a esta montaña: diríjanse hacia el norte. 4 Y da al pueblo esta orden: Van a pasar por el territorio de sus hermanos, los hijos de Esaú, que habitan en Seír. Ellos les tendrán miedo, pero ustedes tengan mucho cuidado; 5 no los ataquen, porque yo no les daré nada de su tierra, ni lo de la planta del pie, ya que la montaña de Seír se la he dado en posesión a Esaú. 6 La comida que coman se la comprarán por dinero, y por dinero les comprarán también el agua que beban. 7 Pues Yahvé tu Dios te ha bendecido en todas tus empresas: ha protegido tu marcha por este gran desierto, y hace ya cuarenta años que Yahvé tu Dios está contigo sin que te haya faltado nada.»

8 Pasamos, pues, al lado de nuestros hermanos, los hijos de Esaú que habitan en Seír, por el camino de la Arabá, de Elat y de Esión Guéber; después, cambiando de rumbo, tomamos el camino del desierto de Moab. 9 Yahvé me dijo: «No ataques a Moab, no lo provoques al combate, pues yo no te daré nada de su tierra, ya que Ar se la he dado en posesión a los hijos de Lot. 10 (Antiguamente habitaban allí los emitas, pueblo grande, numeroso y corpulento como los anaquitas. 11 Tanto a ellos como a los anaquitas se los tenía por refaítas, pero los moabitas los llamaban emitas. 12 Igualmente en Seír habitaron antiguamente los joritas*, pero los hijos de Esaú los desalojaron, los exterminaron y se establecieron en su lugar, como ha hecho Israel con la tierra de su posesión, la que Yahvé les dio.) 13 Y ahora, levántense y pasen el torrente Zéred.»

Pasamos, pues, el torrente Zéred. 14 El tiempo que estuvimos caminando desde Cades Barnea hasta que pasamos el torrente Zéred fue de treinta y ocho años; hasta que desapareció del campamento toda la generación de hombres de guerra, como Yahvé les había jurado. 15 La mano misma de Yahvé cayó sobre ellos para exterminarlos del campamento hasta acabar con ellos.

16 Cuando la muerte había hecho desaparecer del pueblo a todos los hombres de guerra, 17 Yahvé me dijo: 18 «Vas a cruzar hoy la frontera de Moab, por Ar, 19 y vas a encontrarte con los hijos de Amón. No los ataques ni los provoques; pues yo no te daré nada de la tierra de los hijos de Amón, ya que se la he entregado en posesión a los hijos de Lot. 20 (También ésta era considerada tierra de refaítas; los refaítas habitaron allí antiguamente; y los amonitas los llamaban zanzumitas: 21 pueblo grande, numeroso y corpulento como los anaquitas; Yahvé los exterminó al llegar los amonitas, que los desalojaron y se establecieron en su lugar. 22 Así había hecho también en favor de los hijos de Esaú, que habitaban en Seír, exterminando al llegar ellos a los joritas; aquéllos los desalojaron y se establecieron en su lugar hasta el día de hoy. 23 Y también a los avitas, que habitan en los campos hasta Gaza; los caftoritas, venidos de Caftor*, los exterminaron y se establecieron en su lugar). 24 Levántense, partan y pasen el torrente Arnón. Mira, yo pongo en tus manos a Sijón, el amorreo, rey de Jesbón, y todo su país. Comienza la conquista; provócalo al combate. 25 Desde hoy comienzo a infundir terror y miedo de ti entre todos los pueblos que hay debajo del cielo: al tener noticia de tu llegada temblarán todos y se estremecerán.»

2 El tema del don de la Tierra Prometida, **1** 6-8, ver **1** 5+, se combina aquí con otro más amplio: Dios distribuye a los pueblos sus territorios.

2 12 No los Hurritas de los documentos cuneiformes, sino una población de Edom; ver Gn **36** 20.

2 23 Los *caftoritas* son los *filisteos*, pueblo no semita, venido de Creta o Asia Menor; ver Jos **13** 2+.

Conquista del reino de Sijón.
||Nm **21** 21-25.

26 Del desierto de Quedemot envié
mensajeros a Sijón, rey de Jesbón, con
estas palabras de paz: 27 «Voy a pasar
por tu tierra; seguiré el camino sin desviarme ni a derecha ni a izquierda. 28 La
comida que coma me la venderás por
dinero, el agua que beba me la darás por
dinero; sólo deseo pasar a pie, 29 como
me lo han permitido los hijos de Esaú
que habitan en Seír y los moabitas que
habitan en Ar, hasta que cruce el Jordán, para ir hacia la tierra que nos da
Yahvé nuestro Dios.»
30 Pero Sijón, rey de Jesbón, no quiso
dejarnos pasar por allí, porque Yahvé tu
Dios le había obcecado el espíritu y endurecido el corazón, a fin de sometértelo,
como sigue todavía hoy. 31 Yahvé me
dijo: «Mira, voy a comenzar a entregarte
a Sijón y su territorio; empieza la conquista, apodérate de su territorio.» 32 Sijón salió a nuestro encuentro con toda su
gente, y nos presentó batalla en Yahas.
33 Yahvé nuestro Dios nos lo entregó y
lo derrotamos a él, a sus hijos y a toda
su gente. 34 Nos apoderamos entonces
de todas sus ciudades y consagramos
al anatema* toda ciudad: hombres, mujeres y niños, sin dejar superviviente.
35 Sólo guardamos como botín el ganado
y los despojos de las ciudades tomadas.
36 Desde Aroer, al borde del valle del
Arnón, y la ciudad que está en el valle,
hasta Galaad, no hubo ciudad inexpugnable para nosotros; Yahvé nuestro Dios
nos las entregó todas.
37 Únicamente respetaste el país de
los amonitas, toda la ribera del torrente
Yaboc y las ciudades de la montaña,
todo lo que Yahvé nuestro Dios nos
había prohibido.

Conquista del reino de Og.
||Nm **21** 33-35.

3 1 Luego torcimos y subimos camino
de Basán. Og, rey de Basán, salió a
nuestro encuentro con toda su gente y
nos presentó batalla en Edreí. 2 Yahvé
me dijo: «No lo temas, porque yo lo he
entregado en tus manos con toda su gente y su país. Harás con él lo que hiciste
con Sijón, el rey amorreo que habitaba
en Jesbón.» 3 Yahvé nuestro Dios entregó en nuestras manos también a Og, rey
de Basán, con todo su pueblo. Lo derrotamos hasta no dejarle ni un superviviente. 4 Nos apoderamos entonces de todas
sus ciudades; no hubo ciudad que no les
conquistáramos: sesenta ciudades, toda
la comarca de Argob, del reino de Og en
Basán, 5 plazas fuertes todas ellas, con
altas murallas, puertas y cerrojos; sin contar gran número de ciudades de los perizitas. 6 Las consagramos al anatema,
como habíamos hecho con Sijón, rey
de Jesbón; consagramos al anatema a
toda ciudad: hombres, mujeres y niños;
7 aunque guardamos como botín todo el
ganado y los despojos de estas ciudades.
8 Así tomamos entonces, de mano de
los dos reyes amorreos, el país de Transjordania, desde el torrente Arnón hasta
el monte Hermón 9 (los sidonios llaman
al Hermón Sarión, y los amorreos lo
llaman Sanir): 10 todas las ciudades de la
altiplanicie, todo Galaad y todo Basán
hasta Salcá y Edreí, ciudades del reino
de Og en Basán. 11 (Og, rey de Basán,
era el último superviviente de los refaítas: su lecho es el lecho de hierro que se
halla en Rabá de los amonitas, de nueve
codos de largo por cuatro de ancho, en
codos corrientes*).

Reparto de Transjordania.
||Nm **32**.

12 Este territorio del que tomamos
posesión entonces: desde Aroer, a orillas del torrente Arnón, la mitad de la
montaña de Galaad con sus ciudades,
se lo di a los rubenitas y a los gaditas.
13 A la media tribu de Manasés le di el
resto de Galaad y todo Basán, reino de
Og: toda la comarca de Argob. (A todo

2 34 Ver Jos **6** 17+.
3 11 *Lecho de hierro,* quizás uno de los dólmenes de la región de Amán.

este territorio de Basán se le llama el país de los refaítas). [14] Yaír, hijo de Manasés, se quedó con toda la comarca de Argob, hasta la frontera de los guesuritas y de los maacatitas, y dio a Basán el nombre que aún conserva: Aduares de Yaír. [15] A Maquir le di Galaad. [16] A los rubenitas y a los gaditas les di parte de Galaad: (por un lado) hasta el torrente Arnón, siendo frontera el curso del torrente, y (por otro) hasta el torrente Yaboc, frontera de los amonitas. [17] La Arabá y el Jordán hacían de frontera, desde Quinéret hasta el mar de la Arabá (el mar de la Sal), al pie de las laderas del Pisgá, al oriente.

Ultimas disposiciones de Moisés.

[18] Yo les ordené entonces: «Yahvé, su Dios, les ha dado esta tierra en posesión. Ustedes, todos los hombres en edad militar, pasarán armados al frente de sus hermanos los israelitas. [19] Sólo sus mujeres, sus hijos y sus rebaños (pues sé que tienen rebaños numerosos) se quedarán en las ciudades que yo les he dado, [20] hasta que Yahvé conceda reposo a sus hermanos, como a ustedes, y ellos también hayan tomado posesión de la tierra que Yahvé su Dios les ha dado al otro lado del Jordán; entonces volverán cada uno a la heredad que yo les he dado.» [21] A Josué también le di entonces la orden siguiente: «Tus propios ojos han visto todo lo que Yahvé su Dios ha hecho con estos dos reyes; lo mismo hará Yahvé con todos los reinos por donde vas a pasar. [22] No los teman, porque el mismo Yahvé su Dios combate por ustedes.»

[23] Entonces hice esta súplica a Yahvé: [24] «Yahvé, Señor mío, tú has comenzado a manifestar a tu siervo tu grandeza y la fortaleza de tu mano; pues ¿qué Dios hay, ni en los cielos ni en la tierra, que pueda hacer obras y proezas como las tuyas? [25] Déjame, por favor, pasar y ver la tierra buena de allende el Jordán, esa hermosa montaña y el Líbano.» [26] Pero, por culpa de ustedes, Yahvé se irritó contra mí y no me escuchó; antes bien me dijo: «¡Basta ya! No me hables más de ello. [27] Sube a la cumbre del Pisgá, alza tus ojos al occidente, al norte, al mediodía y al oriente; y contempla con tus ojos, porque no pasarás ese Jordán. [28] Da tus órdenes a Josué, dale ánimo y valor, porque él pasará al frente de este pueblo: él lo pondrá en posesión de esa tierra que ves.»

[29] Y nos quedamos, en el valle, enfrente de Bet Peor.

La infidelidad de Peor y la verdadera sabiduría.

4 [1] Y ahora, Israel, escucha los preceptos y las normas que yo les enseño, para que las pongan en práctica, a fin de que vivan y entren a tomar posesión de la tierra que les da Yahvé, Dios de sus padres*. [2] No añadirán nada a lo que yo les mando, ni quitarán nada, de modo que guarden los mandamientos de Yahvé su Dios que yo les prescribo. [3] Con sus propios ojos han visto lo que hizo Yahvé con Baal Peor: a todos los que se habían ido tras de Baal Peor, Yahvé tu Dios los exterminó de en medio de ti; [4] en cambio ustedes, que han seguido unidos a Yahvé su Dios, están hoy todos vivos. [5] Miren: como Yahvé mi Dios me ha mandado, yo les enseño preceptos y normas, para que los pongan en práctica en la tierra en la que van a entrar para tomar posesión de ella. [6] Guárdenlos y practíquenlos, porque ellos son su sabiduría y su inteligencia a los ojos de los demás pueblos, los cuales, cuando tengan noticia de todos estos

4 1 Moisés pasa a la exhortación directa. Más allá de los *preceptos y normas,* lentamente elaborados, vv. 1.5, descubrimos una visión global de la *Ley* que inspirará y ordenará toda la *vida* en Israel, v. 1; **8** 3; etc. El pueblo es invitado a *escuchar* con toda docilidad y obediencia, ver **5** 1; **6** 1.3.4+; **9** 7, a Dios que habla por boca de Moisés; ver Nm **12** 8+.

preceptos, dirán: «Ciertamente esta gran nación es un pueblo sabio e inteligente.» [7] Porque, en efecto, ¿hay alguna nación tan grande que tenga los dioses tan cerca como lo está Yahvé nuestro Dios siempre que lo invocamos*? [8] Y ¿qué nación hay tan grande cuyos preceptos y normas sean tan justos como toda esta Ley que yo les expongo hoy?

La revelación del Horeb y sus exigencias.

[9] Pero ten cuidado y guárdate bien de olvidarte de estas cosas que tus ojos han visto, ni dejes que se aparten de tu corazón en todos los días de tu vida; enséñaselas a tus hijos y a los hijos de tus hijos. [10] El día en que estabas en el Horeb en presencia de Yahvé tu Dios, cuando Yahvé me dijo: «Reúneme al pueblo para que les haga oír mis palabras, a fin de que aprendan a temerme mientras vivan en el suelo y se las enseñen a sus hijos», [11] ustedes se acercaron y permanecieron al pie de la montaña. La montaña ardía en llamas hasta el mismo cielo, entre tenebrosa nube y nubarrón. [12] Yahvé les habló de en medio del fuego; ustedes oían rumor de palabras, pero no percibían figura alguna, sino sólo una voz. [13] Él les reveló su alianza, y les mandó ponerla en práctica, las diez Palabras que escribió en dos tablas de piedra. [14] Y a mí me mandó entonces Yahvé que les enseñara los preceptos y normas, para que las pusieran en práctica en la tierra en la que van a entrar para tomarla en posesión*.

[15] Tengan mucho cuidado: puesto que no vieron figura alguna el día en que Yahvé les habló en el Horeb de en medio del fuego, [16] no vayan a pervertirse y se hagan alguna escultura de cualquier representación que sea: figura masculina o femenina, [17] figura de alguna de las bestias de la tierra, figura de alguna de las aves que vuelan por el cielo, [18] figura de alguno de los reptiles que se arrastran por el suelo, figura de alguno de los peces que hay en las aguas debajo de la tierra. [19] Cuando levantes tus ojos al cielo, cuando veas el sol, la luna, las estrellas y todo el ejército de los cielos, no vayas a dejarte seducir y te postres ante ellos para darles culto. Eso se lo ha repartido Yahvé tu Dios a todos los pueblos que hay debajo del cielo*. [20] Pero a ustedes los tomó Yahvé y los sacó del horno de hierro de Egipto, para que fueran el pueblo de su heredad, como lo son hoy.

Perspectivas de castigo y de conversión.

[21] Por culpa de ustedes Yahvé se irritó contra mí y juró que yo no pasaría el Jordán ni entraría en la tierra buena que Yahvé tu Dios te da en herencia. [22] Yo voy a morir en este país y no pasaré el Jordán. Ustedes en cambio lo pasarán y poseerán esa tierra buena. [23] Guárdense, pues, de olvidar la alianza que Yahvé su Dios ha concluido con ustedes, y de fabricarse alguna escultura o representación de todo lo que Yahvé tu Dios te ha prohibido; [24] porque Yahvé tu Dios es un fuego devorador, un Dios celoso*.

[25] Cuando hayan engendrado hijos y nietos y hayan envejecido en el país, si se pervierten y se fabrican alguna escultura de cualquier representación, haciendo lo malo a los ojos de Yahvé tu Dios hasta irritarlo, [26] pongo hoy por testigos contra ustedes al cielo y a la tie-

4 7 En lugar de la distancia que separa a Dios del hombre, Ex **33** 20+, el Deuteronomio insiste en la proximidad: Dios habita en medio de su pueblo, **12** 5.11; Ver Ex **25** 8+; 1 R **8** 10-29; Ez **48** 35; Jn **1** 14+.

4 14 Las *diez Palabras*, v. 13; **5** 4-5, escritas por Dios en las tablas de piedra, **5** 22; Ex **34** 28, son distintas de los *preceptos y normas* del código deuteronómico, **12** 1; **26** 16.

4 19 El culto de los astros era corriente en el Oriente antiguo, e Israel se dejó arrastrar a él con frecuencia, **17** 3; 2 R **17** 16; etc., Jr **8** 16; Sb **13** 2.

4 24 Dos expresiones del amor absoluto y exclusivo de Dios, *Fuego*: Ex **24** 16-17+; Dt **9** 3; Is **33** 14; Hb **12** 29; *Celos*: **5** 9; **6** 15; **32** 16.21; Ex **20** 5; **34** 14; Ez **8** 3-5; 2 Co **11** 2+.

rra de que desaparecerán rápidamente
de esa tierra que van a tomar en posesión al pasar el Jordán. No prolongarán
en ella sus días, porque serán completamente aniquilados. 27 Yahvé los dispersará entre los pueblos y no quedarán
más que unos pocos*, en medio de las
naciones adonde Yahvé los lleve. 28 Allí
servirán a dioses hechos por manos de
hombre, de madera y piedra, que ni ven
ni oyen, ni comen ni huelen.

29 Desde allí buscarás a Yahvé tu
Dios; y lo encontrarás si lo buscas con
todo tu corazón y con toda tu alma.
30 Cuando estés angustiado y te alcancen todas estas palabras, al fin de los
tiempos, te volverás a Yahvé tu Dios
y escucharás su voz; 31 porque Yahvé
tu Dios es un Dios misericordioso: no
te abandonará ni te aniquilará, y no se
olvidará de la alianza que con juramento
concluyó con tus padres.

Grandeza de la elección divina.

32 Pregunta, pregunta a los tiempos
antiguos que te han precedido, desde el
día en que Dios creó al hombre sobre la
tierra: ¿Hubo jamás desde un extremo
a otro del cielo cosa tan grande como
ésta? ¿Se oyó algo semejante? 33 ¿Hay
algún pueblo que haya oído como tú
has oído la voz del Dios vivo hablando
de en medio del fuego, y haya sobrevivido? 34 ¿Algún dios intentó jamás venir
a buscarse una nación de en medio de
otra por medio de pruebas, señales,
prodigios, en la guerra, con mano fuerte y tenso brazo, con portentos terribles, como todo lo que Yahvé su Dios
hizo con ustedes, a sus mismos ojos, en
Egipto?

35 A ti se te ha dado a ver todo esto,
para que sepas que Yahvé es el Dios y
que no hay otro fuera de él*. 36 Desde el
cielo te ha hecho oír su voz para instruirte, y en la tierra te ha mostrado su gran
fuego, y de en medio del fuego has oído
sus palabras. 37 Porque amó a tus padres y eligió a su descendencia después
de ellos, te sacó de Egipto personalmente con su gran fuerza, 38 desalojó
ante ti naciones más numerosas y fuertes que tú, te introdujo en su tierra y te
la dio en herencia, como la tienes hoy.

39 Reconoce, pues, hoy y medita
en tu corazón que Yahvé es el Dios
allá arriba en el cielo, y aquí abajo en
la tierra; y no hay otro. 40 Guarda los
preceptos y los mandamientos que yo te
prescribo hoy, para que seas feliz, tú y
tus hijos después de ti, y prolongues tus
días en la tierra que Yahvé tu Dios te da
para siempre.

Las ciudades de asilo.

41 Moisés reservó entonces tres ciudades allende el Jordán, al oriente, 42 en
las que pudiera refugiarse el homicida
que hubiera matado a su prójimo sin
querer, sin que hubiera enemistad anterior, y refugiándose en una de estas ciudades, salvara su vida. 43 Para Rubén:
Béser, en el desierto, en la altiplanicie;
para Gad: Ramot en Galaad; para Manasés: Golán en Basán.

SEGUNDO DISCURSO DE MOISÉS*

44 Ésta es la ley que expuso Moisés a
los israelitas. 45 Éstos son los estatutos,
los preceptos y las normas que dictó
Moisés a los israelitas a su salida de
Egipto, 46 al otro lado del Jordán, en el
valle próximo a Bet Peor, en el país de

4 27 Es el *resto* del que hablan los profetas, Is **4** 3+.

4 35 Afirmación explícita de la inexistencia de otros dioses; ver **32** 39; Ex **20** 3; Is **43** 10-11; **44** 6; **45** 5; etc.

4 44 Este segundo discurso, **5-11**, después de una breve introducción, vv. 44-49, es un amplio prólogo al gran código deuteronómico, **12** 1-**26** 15, cuyo fundamento expone. La conclusión no aparecerá hasta **26** 16 - **28** 68.

Sijón, rey de los amorreos, que habitaba
en Jesbón, aquél a quien Moisés y los
israelitas habían derrotado a su salida de
Egipto, 47 y cuyo territorio habían conquistado, así como el territorio de Og,
rey de Basán, los dos reyes amorreos
del lado oriental del Jordán: 48 desde
Aroer, que está a la orilla del torrente
Arnón, hasta el monte Sirión (es decir,
el Hermón), 49 con toda la Arabá del
lado oriental del Jordán, hasta el mar de
la Arabá, al pie de las laderas del Pisgá.

El Decálogo*.

5 1 Moisés convocó a todo Israel y les
dijo: Escucha, Israel, los preceptos y
las normas que yo pronuncio hoy a tus
oídos. Apréndelos y procura ponerlos
en práctica.
2 Yahvé nuestro Dios ha concluido
con nosotros una alianza en el Horeb.
3 No con nuestros padres concluyó Yahvé esta alianza, sino con nosotros, con
nosotros que estamos hoy aquí, todos
vivos. 4 Cara a cara les habló Yahvé en
la montaña, de en medio del fuego.
5 Yo estaba entre Yahvé y ustedes para
comunicarles la palabra de Yahvé, ya
que ustedes tenían miedo del fuego y no
subieron a la montaña. Dijo:
||Ex **20** 2-17+.
6 «Yo soy Yahvé tu Dios, que te he
sacado del país de Egipto, de la casa de
servidumbre.
7 «No tendrás otros dioses fuera de mí.
8 «No te harás escultura ni imagen
alguna, ni de lo que hay arriba en los
cielos, ni de lo que hay abajo en la tierra,
ni de lo que hay en las aguas debajo de
la tierra. 9 No te postrarás ante ellas ni
les darás culto. Porque yo, Yahvé tu
Dios, soy un Dios celoso, que castigo la
iniquidad de los padres en los hijos hasta
la tercera y cuarta generación, cuando
me odian, 10 y tengo misericordia por
mil generaciones cuando me aman y
guardan mis mandamientos.
11 «No tomarás en falso el nombre de
Yahvé tu Dios, porque Yahvé no dejará
sin castigo a quien toma su nombre en
falso.
12 «Guardarás el día del sábado santi-
ficándolo, como te lo ha mandado Yahvé tu Dios. 13 Seis días trabajarás y harás
todas tus tareas, 14 pero el día séptimo
es día de descanso, consagrado a Yahvé
tu Dios. No harás ningún trabajo, ni tú,
ni tu hijo, ni tu hija, ni tu siervo, ni tu
sierva, ni tu buey, ni tu burro, ni ninguna
de tus bestias, ni el forastero que vive en
tus ciudades; de modo que puedan descansar, como tú, tu siervo y tu sierva.
15 Recuerda que fuiste esclavo en el país
de Egipto y que Yahvé tu Dios te sacó de
allí con mano fuerte y tenso brazo; por
eso Yahvé tu Dios te manda guardar el
día del sábado*.
16 «Honra a tu padre y a tu madre,
como te lo ha mandado Yahvé tu Dios,
para que se prolonguen tus días y seas
feliz en la tierra que Yahvé tu Dios te da.
17 «No matarás.
18 «No cometerás adulterio.
19 «No robarás.
20 «No darás testimonio falso contra
tu prójimo.
21 «No desearás la mujer de tu prójimo, no codiciarás su casa, su campo, su
siervo o su sierva, su buey o su burro:
nada que sea de tu prójimo.»
22 Estas palabras dijo Yahvé a toda la
asamblea de ustedes, en la montaña, de
en medio de la nube ardiendo y el nubarrón, con voz potente. Y nada más
añadió. Luego las escribió en dos tablas
de piedra y me las entregó a mí.

Mediación de Moisés.

Ex **20** 18-21.

23 Cuando ustedes oyeron la voz que
salía de las tinieblas, mientras la montaña
ardía, se acercaron a mí todos ustedes,
jefes de tribu y ancianos, 24 y me dijeron:
«Mira, Yahvé nuestro Dios nos ha mos-

5 El recuerdo histórico comienza esta vez en Horeb y con el Decálogo, Ex **20** 1+.

5 15 El sábado se relaciona aquí con la liberación de Egipto: es un día de alegría y en el que los siervos y esclavos extranjeros se ven liberados de su penoso trabajo.

trado su gloria y su grandeza y hemos
oído su voz de en medio del fuego.
Hemos visto en este día que puede Dios
hablar al hombre y seguir éste con vida.
25 Pero, ¿por qué hemos de morir por
ese fuego que nos va a devorar?; si seguimos oyendo la voz de Yahvé nuestro
Dios, moriremos. 26 Pues, ¿qué hombre
ha oído como nosotros la voz del Dios
vivo* hablando de en medio del fuego,
y ha sobrevivido? 27 Acércate tú a oír
todo lo que diga Yahvé nuestro Dios,
y luego nos dirás todo lo que Yahvé
nuestro Dios te haya dicho; nosotros
lo escucharemos y lo pondremos en
práctica.»
28 Yahvé oyó sus palabras y me dijo:
«He oído las palabras de este pueblo,
lo que te han dicho; está bien todo lo
que han dicho. 29 ¡Ojalá fuera siempre así su corazón de modo que me
temieran y guardaran todos mis mandamientos, y de esta forma serían eternamente felices, ellos y sus hijos*! 30 Ve
a decirles: Vuelvan a sus tiendas. 31 Tú
quédate aquí junto a mí; yo te diré a
ti todos los mandamientos, preceptos
y normas que has de enseñarles, para
que los pongan en práctica en la tierra
que yo les doy en posesión.»

El amor de Yahvé, esencia de la Ley.

32 Cuiden, pues, ustedes de proceder como Yahvé su Dios les ha mandado. No se desvíen ni a derecha ni a
izquierda. 33 Sigan en todo el camino
que Yahvé su Dios les ha trazado: así
vivirán, serán felices y prolongarán sus
días en la tierra de la que van a tomar
posesión.

6 1 Éstos son los mandamientos, preceptos y normas que Yahvé su Dios
ha mandado enseñarles, para que los
pongan en práctica en la tierra a la que
van a pasar para tomar posesión de
ella. 2 Así temerás a Yahvé tu Dios,
guardando todos los preceptos y mandamientos que yo te prescribo hoy, tú,
tu hijo y tu nieto, todos los días de tu
vida, y así se prolongarán tus días. 3 Escucha, Israel; esmérate en practicarlos
para que seas feliz y te multipliques,
como te ha prometido Yahvé, el Dios
de tus padres, en la tierra que mana
leche y miel.
4 Escucha, Israel: Yahvé nuestro Dios
es el único Yahvé*. 5 Amarás a Yahvé tu
Dios con todo tu corazón, con toda tu
alma y con todas tus fuerzas*. 6 Queden
en tu corazón estas palabras que yo te
dicto hoy. 7 Se las repetirás a tus hijos,
les hablarás de ellas tanto si estás en
casa como si vas de viaje, así acostado
como levantado; 8 las atarás a tu mano
como una señal, y serán como una insignia entre tus ojos*; 9 las escribirás en
los postes de tu casa y en tus puertas.
10 Cuando Yahvé tu Dios te haya introducido en la tierra que ha de darte,
según juró a tus padres Abrahán, Isaac
y Jacob: ciudades grandes y hermosas
que tú no has edificado, 11 casas llenas
de toda clase de bienes, que tú no has
llenado, cisternas excavadas que tú no
has excavado, viñedos y olivares que
tú no has plantado, cuando comas y te
hartes, 12 cuídate de no olvidarte de Yah-

5 26 Este título expresa una percepción de la presencia activa de Dios y encierra el rechazo de los dioses falsos, que no tienen vida, **32** 40; Jos **3** 10; 1 S **17** 26.36; Jr **10** 8-10; Sal **84** 3; Mt **16** 16; **26** 23; etc.

5 29 El temor, ver **20** 20; etc., es una fidelidad a la Alianza que implica a la vez amor y obediencia, **6** 2-5.13; **10** 12-15; Jos **24** 14; Sal **15** 1; Pr **1** 7+; Is **11** 2; etc.

6 4 Es el comienzo del *Šemá* (*«Escucha»*) una de las oraciones preferidas por el judaísmo, recitada por la mañana y por la tarde (**6** 4-9; **11** 13-21; Nm **15** 37-41). Esta oración proclama en primer lugar la fe (escuchar y obedecer, **4** 1) en un sólo Dios vivo, **5** 26+, dueño único del mundo y de su pueblo; fe que se va desdoblando cada vez más hacia una negación de los falsos dioses, Is **40** 18-20; **41** 21+; Sb **13** 10+.

6 5 El *amor* a Dios responde al amor de Dios para su pueblo, **4** 37; **7** 6-8+; **10** 15; etc. Implica el temor, **5** 29+, y la obediencia, vv. 17-18.24, etc. Jesús citará Dt **6** 5 como el primer mandamiento, Mc **12** 29-30p.

6 8 En la época judía se aplicarán estas prescripciones al pie de la letra, ver Mt **23** 5.

vé que te sacó del país de Egipto, de la casa de servidumbre. [13] A Yahvé tu Dios temerás, a él servirás y por su nombre jurarás.

Llamada a la fidelidad.

[14] No vayan detrás de otros dioses, de los dioses de los pueblos que tendrán a su alrededor, [15] porque Yahvé tu Dios, que está en medio de ti, es un Dios celoso. La ira de Yahvé tu Dios se encendería contra ti y te haría desaparecer de la faz de la tierra. [16] No tentarán a Yahvé su Dios, como le han tentado en Masá. [17] Guardarán cuidadosamente los mandamientos de Yahvé su Dios, los estatutos y preceptos que te ha prescrito, [18] harás lo que es recto y bueno a los ojos de Yahvé para que seas feliz y llegues a tomar posesión de esa tierra buena que Yahvé prometió con juramento a tus padres, [19] arrojando ante ti a todos tus enemigos, como te ha dicho Yahvé.

[20] Cuando el día de mañana te pregunte tu hijo: «Qué son estos estatutos, estos preceptos y estas normas que Yahvé nuestro Dios les ha prescrito?», [21] dirás a tu hijo: «Éramos esclavos del faraón en Egipto, y Yahvé nos sacó de Egipto con mano fuerte. [22] Yahvé realizó a nuestros propios ojos señales y prodigios grandes y terribles en Egipto, contra el faraón y contra toda su casa. [23] Y nos sacó de allí para traernos y entregarnos la tierra que había prometido con juramento a nuestros padres. [24] Y Yahvé nos mandó que pusiéramos en práctica todos estos preceptos, temiendo a Yahvé nuestro Dios, para que nos vaya siempre bien y nos mantenga en vida como el día de hoy. [25] Tal será nuestra justicia: cuidar de poner en práctica todos estos mandamientos ante Yahvé nuestro Dios, como él nos ha mandado».

Israel, pueblo consagrado.

Ex **34** 11-17; Sal **106** 34-39.

7 [1] Cuando Yahvé tu Dios te haya introducido en la tierra en la que vas a entrar para tomarla en posesión, y haya arrojado al llegar tú a naciones numerosas: hititas, guirgaseos, amorreos, cananeos, perizitas, jivitas y jebuseos, siete naciones más numerosas y fuertes que tú, [2] cuando Yahvé tu Dios te las entregue a tu llegada y tú las derrotes, las consagrarás al anatema. No harás alianza con ellas, no les tendrás compasión, [3] ni emparentarás con ellas: tu hija no la darás a su hijo ni tomarás una hija suya para tu hijo, [4] porque apartaría a tu hijo de mi seguimiento, y serviría a otros dioses; y la ira de Yahvé se encendería contra ustedes y se apresuraría a destruirlos. [5] Por el contrario, esto es lo que harán con ellos: demolerán sus altares, romperán sus estelas, arrancarán sus troncos sagrados y prenderán fuego a sus ídolos. [6] Porque tú eres un pueblo consagrado a Yahvé tu Dios; a ti te ha elegido para que seas, de entre todos los pueblos que hay sobre la faz de la tierra, el pueblo de su propiedad*.

La elección y el favor divino.

[7] No porque sean el más numeroso de todos los pueblos se ha prendado Yahvé de ustedes y los ha elegido, pues son el menos numeroso de todos los pueblos; [8] sino por el amor que les tiene y por guardar el juramento hecho a sus padres, por eso los ha sacado Yahvé con mano fuerte y los ha liberado de la casa de servidumbre, del poder del faraón, rey de Egipto. [9] Has de saber, pues, que Yahvé tu Dios es el Dios, el Dios fiel que guarda su alianza y su favor por mil generaciones con los que le aman y guardan sus mandamientos, [10] pero que da su merecido en su propia persona a

7 6 La *elección* de Israel, **10** 15; **14** 2; ver **4** 20.34; **26** 7-8+, es el efecto de un amor totalmente gratuito, vv. 7-8; **4** 37; **9** 4-6; **10** 15; etc., Rm **9** 15-16+, que implica por parte de Dios la fidelidad a las promesas, **4** 37; etc. Pero el futuro mesiánico introducirá a todas las naciones en el reconocimiento de Yahvé, **32** 43; Is **45** 14+; **49** 6; Za **14** 16; ver Hch **9** 15+.

quien lo odia, destruyéndolo. No es remiso con quien lo odia: en su propia persona le da su merecido. 11 Guarda, pues, los mandamientos, preceptos y normas que yo te mando hoy poner en práctica.

12 Y por haber escuchado estas normas y haberlas guardado y practicado, Yahvé tu Dios te mantendrá la alianza y el favor que juró a tus padres. 13 Y te amará, te bendecirá y te multiplicará, y bendecirá el fruto de tu seno y el fruto de tu campo, tu trigo, tu mosto y tu aceite, las crías de tus vacas y las camadas de tu rebaño, en la tierra que juró a tus padres que te daría. 14 Serás bendito más que todos los pueblos. No habrá macho ni hembra estéril ni en ti ni en tu ganado. 15 Yahvé apartará de ti toda enfermedad; no dejará caer sobre ti ninguna de esas malignas epidemias de Egipto que tú has conocido, sino que se las enviará a todos los que te odian.

16 Destruirás, pues, todos esos pueblos que Yahvé tu Dios te entrega; tu ojo no se apiadará de ellos, y así no darás culto a sus dioses, porque eso sería un lazo para ti.

La fuerza divina.

17 Si dices en tu corazón: «Esas naciones son más numerosas que yo; ¿cómo voy a poder desalojarlas?», 18 no las temas: acuérdate bien de lo que Yahvé tu Dios ha hecho con el faraón y con todo Egipto: 19 las grandes pruebas que tus ojos han visto, las señales y prodigios, la mano fuerte y el tenso brazo con que Yahvé tu Dios te ha sacado. Lo mismo hará Yahvé tu Dios con todos los pueblos a los que temes. 20 Yahvé tu Dios enviará contra ellos incluso avispas hasta aniquilar a los que queden y se hayan ocultado a ti.

21 Así que no tiembles ante ellos, porque en medio de ti está Yahvé tu Dios, Dios grande y temible. 22 Yahvé tu Dios irá arrojando a esas naciones de delante de ti poco a poco; no podrás exterminarlas de golpe, no sea que las bestias salvajes se multipliquen contra ti*, 23 sino que Yahvé tu Dios te las entregará y les infligirá grandes descalabros hasta que queden destruidas. 24 Entregará a sus reyes en tu mano y tú borrarás sus nombres de debajo de los cielos: nadie podrá resistir ante ti, hasta que los hayas destruido.

25 Ustedes quemarán las esculturas de sus dioses, y no codiciarás ni el oro ni la plata que los recubren, ni lo tomarás para ti, no sea que por ello caigas en una trampa, pues es una cosa abominable para Yahvé tu Dios; 26 y no debes meter en tu casa una cosa abominable, pues te harías anatema como ella. La tendrás por cosa horrenda y abominable, porque es anatema.

La prueba del desierto.

8 1 Pongan en práctica todos los mandamientos que yo les prescribo hoy, para que vivan, se multipliquen y lleguen a tomar posesión de la tierra que Yahvé prometió bajo juramento a sus padres. 2 Acuérdate de todo el camino que Yahvé tu Dios te ha hecho recorrer durante estos cuarenta años en el desierto para humillarte, para probarte y para conocer lo que había en tu corazón: si ibas a guardar sus mandamientos o no. 3 Te humilló y te hizo pasar hambre, y después te alimentó con el maná que ni tú conocías ni habían conocido tus padres, para hacerte saber que no sólo de pan vive el hombre, sino que el hombre vive de todo lo que sale de la boca de Yahvé*. 4 No se gastó el vestido que llevabas ni se hincharon tus pies a lo largo de esos cuarenta años. 5 Así te darás cuenta, en tu corazón, de que Yahvé tu Dios te corrige igual que un hombre

7 22 La conquista de Canaán, a pesar de lo que se dice en **9** 3, no fue de ninguna manera fulminante, Ex **23** 29; Jc 1 17-19+.27-35. Los autores bíblicos han dado diversos motivos de esta lentitud, Jc **2** 1-6; Sb **12** 3-18.

8 3 Se trata del maná, Ex **16**; Nm **11**. Palabras citadas por Jesús, Mt **4** 4p; ver Am **8** 11; Si **24** 19-21; Jn **6** 30-36+.

corrige a su hijo, 6 y guardarás los mandamientos de Yahvé tu Dios siguiendo sus caminos y temiéndolo.

Las tentaciones de la Tierra Prometida.

7 Ahora Yahvé tu Dios te introduce en una tierra buena, tierra de torrentes, de fuentes y hontanares que manan en los valles y en las montañas, 8 tierra de trigo y de cebada, de viñas, higueras y granados, tierra de olivares, de aceite y de miel, 9 tierra donde no comerás el pan tasado y donde no carecerás de nada; tierra cuyas piedras son hierro y de cuyas montañas extraerás el bronce. 10 Comerás hasta hartarte y bendecirás a Yahvé tu Dios en esa tierra buena que te ha dado.

11 Guárdate de olvidar a Yahvé tu Dios descuidando sus mandamientos, normas y preceptos, que yo te prescribo hoy; 12 no sea que, cuando comas y quedes harto, cuando construyas hermosas casas y vivas en ellas, 13 cuando se multipliquen tus vacadas y tus ovejas, cuando tengas plata y oro en abundancia y se acrecienten todos tus bienes, 14 tu corazón se engría y olvides a Yahvé tu Dios que te sacó del país de Egipto, de la casa de servidumbre; 15 que te ha conducido a través de ese desierto grande y terrible entre serpientes abrasadoras y escorpiones, lugar de sed y sin agua, pero hizo brotar para ti agua de la roca más dura; 16 que te alimentó en el desierto con el maná, que no habían conocido tus padres, a fin de humillarte y ponerte a prueba para al final hacerte feliz.

17 No digas en tu corazón: «Con mi propia fuerza y el poder de mi mano me he creado esta riqueza», 18 sino acuérdate de Yahvé tu Dios, que es el que te da la fuerza para crear la riqueza, cumpliendo así la alianza que bajo juramento prometió a tus padres, como lo hace hoy. 19 Pero, si llegas a olvidarte de Yahvé tu Dios, si sigues a otros dioses, si les das culto y te postras ante ellos, yo certifico hoy contra ustedes que perecerán. 20 Lo mismo que las naciones que Yahvé va destruyendo a su llegada, así perecerán también ustedes por haber desoído la voz de Yahvé su Dios.

La victoria se debe a Yahvé, no a los méritos de Israel.

9 1 Escucha, Israel. Hoy vas a pasar ya el Jordán para ir a desalojar a naciones más grandes y fuertes que tú, ciudades grandes, con murallas que llegan hasta el cielo, 2 un pueblo grande y de elevada estatura, hijos de Anac, a quienes tú conoces y de quienes has oído decir: «¿Quién puede hacer frente a los hijos de Anac?» 3 Pero has de saber hoy que Yahvé tu Dios es el que va a pasar delante de ti como un fuego devorador: él los destruirá y te los someterá, para que tú los desalojes y los destruyas rápidamente, como te ha prometido Yahvé. 4 No digas en tu corazón, cuando Yahvé tu Dios los arroje de delante de ti: «Por mis méritos me ha hecho Yahvé entrar en posesión de esta tierra», siendo así que sólo por la perversidad de estas naciones las desaloja Yahvé de delante ti. 5 No por tus méritos ni por la rectitud de tu corazón llegarás a tomar posesión de su tierra, sino que sólo por la perversidad de estas naciones las desaloja Yahvé tu Dios delante de ti; y también por cumplir la palabra que juró a tus padres, Abrahán, Isaac y Jacob. 6 Has de saber, pues, que no es por tu justicia por lo que Yahvé tu Dios te da en posesión esa tierra buena, ya que eres un pueblo de dura cerviz.

Pecado de Israel en el Horeb e intercesión de Moisés*.

|| Ex **32**.

7 Acuérdate, no olvides de que irritaste a Yahvé tu Dios en el desierto, desde el día en que saliste del país de Egipto hasta su llegada a este lugar: ustedes

9 7 Moisés va a recordar los acontecimientos de Ex **32**.

han sido rebeldes a Yahvé. 8 También
en el Horeb irritaron a Yahvé, y Yahvé
montó en tal cólera contra ustedes como para destruirlos. 9 Yo había subido
al monte a recoger las tablas de piedra,
las tablas de la alianza que Yahvé había
concluido con ustedes. Yo permanecí
en el monte cuarenta días y cuarenta
noches: no comí pan ni bebí agua.
10 Yahvé me dio las dos tablas de piedra, escritas por el dedo de Dios, en las
que estaban todas las palabras que Yahvé les había dicho en la montaña, de en
medio del fuego, el día de la asamblea*.
11 Al cabo de cuarenta días y cuarenta
noches, me dio Yahvé las dos tablas de
piedra, las tablas de la alianza, 12 y me
dijo Yahvé: «Levántate, baja de aquí a
toda prisa, porque tu pueblo, el que
tú sacaste de Egipto, se ha pervertido.
Bien pronto se han apartado del camino que yo les había prescrito: se han hecho un ídolo de fundición.» 13 Continuó
Yahvé y me dijo: «He visto a este pueblo
y es un pueblo de dura cerviz. 14 Déjame
que los destruya y borre su nombre de
debajo del cielo; mientras que de ti haré
una nación más fuerte y numerosa que
ésta.»
15 Yo me volví y bajé del monte: el
monte ardía en llamas, y las dos tablas
de la alianza las llevaba yo una en cada
mano. 16 Y vi que ustedes habían pecado
contre Yahvé su Dios: se habían hecho
un becerro de fundición: bien pronto se
habían apartado del camino que Yahvé
les tenía prescrito. 17 Tomé entonces las
dos tablas, las arrojé de mis manos y las
hice pedazos en su presencia. 18 Luego
me postré ante Yahvé; como la otra
vez, cuarenta días y cuarenta noches:
no comí pan ni bebí agua, por todo el
pecado que habían cometido haciendo
el mal a los ojos de Yahvé hasta irritarlo. 19 Es que tenía mucho miedo de
la ira y del furor que irritaba a Yahvé
contra ustedes hasta querer destruirlos. Y una vez más me escuchó Yahvé.
20 También contra Aarón estaba Yahvé
violentamente irritado hasta querer destruirlo. Yo intercedí también entonces
en favor de Aarón. 21 Y su pecado, el
becerro que se habían hecho, lo tomé y
lo quemé en el fuego; lo hice pedazos,
lo trituré hasta que quedó reducido a
polvo, y tiré el polvo al torrente que baja
de la montaña.

Otros pecados. Oración de Moisés.

Ex **32** 11-14.

22 Y en Taberá, y en Masá, y en Quibrot Hatavá, irritaron a Yahvé. 23 Y
cuando Yahvé los hizo salir de Cades
Barnea diciendo: «Suban a tomar posesión de la tierra que yo les he dado», se
rebelaron contra la orden de Yahvé su
Dios, no creyeron en él ni escucharon
su voz. 24 Han sido rebeldes a Yahvé su
Dios desde el día en que los conocí.
25 Me postré, pues, ante Yahvé y estuve postrado esos cuarenta días y cuarenta noches, porque Yahvé había hablado
de destruirlos. 26 Supliqué a Yahvé y dije:
«Señor Yahvé, no destruyas a tu pueblo
y a tu heredad, que tú rescataste con tu
grandeza y que sacaste de Egipto con
mano fuerte. 27 Acuérdate de tus siervos Abrahán, Isaac y Jacob, y no tomes
en cuenta la indocilidad de este pueblo, ni su maldad ni su pecado, 28 para
que no se diga en el país de donde nos
sacaste: 'Porque Yahvé no ha podido
hacerlos entrar en la tierra que les había
prometido, y por el odio que les tiene,
los ha sacado para hacerlos morir en el
desierto.' 29 Pero ellos son tu pueblo y tu
heredad, los que tú sacaste con tu gran
fuerza y tu tenso brazo.»

El arca de la Alianza y la elección de Leví.

||Ex **34** 1s.27.

10 1 En aquel tiempo Yahvé me
dijo: «Labra dos tablas de pie-

9 10 Varias veces en Dt la palabra *qahal* designa la *asamblea* del pueblo de Dios, **18** 16. La palabra responde a la *Iglesia* del NT, Mt **16** 18; Hch **5** 11+.

dra como las primeras y sube donde mí a la montaña; también te harás un arca de madera. 2 Yo escribiré en las tablas las palabras que había en las tablas primeras que rompiste, y tú las depositarás en el arca.» 3 Hice un arca de madera de acacia, labré dos tablas de piedra como las primeras y subí a la montaña con las dos tablas en la mano. 4 Él escribió en las tablas lo mismo que había escrito antes, las diez Palabras que Yahvé había dicho en el monte, de en medio del fuego, el día de la asamblea, y Yahvé me las entregó. 5 Yo me volví y bajé del monte, puse las tablas en el arca que había hecho, y allí quedaron, como me había mandado Yahvé.

Nm **33** 31-38.

6 Los israelitas partieron de los pozos de Bené Yaacán, hacia Moserá. Allí murió Aarón y allí fue enterrado. Le sucedió en el sacerdocio su hijo Eleazar. 7 De allí se dirigieron a Guidgad y de Guidgad a Yotbá, lugar de torrentes. 8 En aquel tiempo Yahvé apartó a la tribu de Leví para llevar el arca de la alianza de Yahvé, y para estar en presencia de Yahvé, para estar a su servicio y para dar la bendición en su nombre hasta el día de hoy. 9 Por eso Leví no ha tenido parte ni heredad con sus hermanos: Yahvé es su heredad, como le dijo Yahvé tu Dios.

10 Yo me quedé en el monte, como la primera vez, cuarenta días y cuarenta noches. También esta vez me escuchó Yahvé: no quiso destruirte. 11 Y me dijo Yahvé: «Levántate, vete a ponerte en marcha al frente de este pueblo, para que vayan a tomar posesión de la tierra que yo juré dar a sus padres.»

La circuncisión del corazón.

12 Y ahora, Israel, ¿qué te pide Yahvé tu Dios, sino que temas a Yahvé tu Dios, siguiendo todos sus caminos, amándolo, sirviendo a Yahvé tu Dios con todo tu corazón y con toda tu alma, 13 guardando los mandamientos de Yahvé y sus preceptos que yo te prescribo hoy, para que te vaya bien?

14 Mira: De Yahvé tu Dios son los cielos y los cielos de los cielos, la tierra y cuanto hay en ella; 15 pero sólo de tus padres se prendó Yahvé, amándolos, y eligió a su descendencia después de ellos, a ustedes, de entre todos los pueblos, como sucede hoy. 16 Circunciden su corazón* y no endurezcan más su cerviz, 17 porque Yahvé su Dios es el Dios de los dioses y el Señor de los señores, el Dios grande, fuerte y terrible, que no es parcial ni admite soborno; 18 que hace justicia al huérfano y a la viuda, que ama al forastero y le da pan y vestido. (19 Amarán al forastero, porque forasteros fueron ustedes en el país de Egipto.) 20 A Yahvé tu Dios temerás, a él servirás, te apegarás a él y en su nombre jurarás. 21 Él es tu alabanza y él es tu Dios, que ha hecho por ti esas cosas grandes y terribles que han visto tus ojos. 22 No más de setenta personas eran tus padres cuando bajaron a Egipto, y Yahvé tu Dios te ha hecho ahora numeroso como las estrellas del cielo.

La experiencia de Israel.

11 1 Amarás a Yahvé, tu Dios, y guardarás sus consignas, sus preceptos, normas y mandamientos, todos tus días. 2 Ustedes saben hoy (no sus hijos, que ni lo saben ni lo han visto) la lección de Yahvé su Dios, su grandeza, su mano fuerte y su tenso brazo, 3 sus señales y sus hazañas, las que realizó en Egipto, contra el faraón rey de Egipto y contra todo su territorio; 4 lo que hizo con el ejército de Egipto, con sus caballos y sus carros, precipitando sobre ellos las aguas del mar de Suf cuando los perseguían, y aniquilándolos Yahvé, hasta el día de hoy; 5 lo que ha hecho por ustedes en el desierto hasta su llegada a este lugar; 6 lo que hizo con Datán y Abirón, hijos de Eliab el rubenita, cuando la tierra abrió su boca y los tra-

10 16 Ver **30** 6; Gn **17** 1+; Jr **4** 4+.

gó, con sus familias, sus tiendas y todos los que les seguían, en medio de todo Israel. [7] Pues han visto con sus propios ojos toda esta gran hazaña que ha hecho Yahvé.

Promesas y advertencias.

[8] Guardarán todos los mandamientos que yo les prescribo hoy, para que se hagan fuertes y lleguen a poseer la tierra a la que van a pasar para tomarla en posesión, [9] y para que prolonguen sus días en la tierra que Yahvé juró dar a sus padres y a su descendencia, tierra que mana leche y miel.

[10] Porque la tierra en la que vas a entrar para tomar en posesión no es como el país de Egipto del que han salido, donde sembrabas tu semilla y luego regabas con ayuda de tu pie, como en un huerto de hortalizas. [11] Sino que la tierra a la que van a pasar para tomarla en posesión es una tierra de montes y de valles, que bebe el agua de la lluvia del cielo; [12] una tierra de la que se cuida Yahvé tu Dios; los ojos de Yahvé tu Dios están constantemente puestos en ella, desde que comienza el año hasta que termina. [13] Y si ustedes* obedecen puntualmente mis mandamientos, que yo les prescribo hoy, amando a Yahvé su Dios y sirviéndole con todo su corazón y con toda su alma, [14] yo daré a su tierra la lluvia a su tiempo, lluvia de otoño y lluvia de primavera, y tú cosecharás tu trigo, tu mosto y tu aceite; [15] yo daré a tu campo hierba para tu ganado, y comerás y te hartarás. [16] Cuidado, que no se pervierta su corazón y se descarríen y den culto a otros dioses, y se postren ante ellos; [17] pues la ira de Yahvé se encendería contra ustedes y cerraría los cielos: no habría más lluvia, y el suelo no daría su fruto y ustedes desaparecerían bien pronto de esa tierra buena que Yahvé les da.

Conclusión.

[18] Pongan estas palabras mías en su corazón y en su alma, átenlas como una señal a su mano, y sean como un signo entre sus ojos. [19] Enséñenselas a sus hijos, hablando de ellas tanto si estás en casa como si vas de camino, así acostado como levantado. [20] Las escribirás en los postes de tu casa y en tus puertas, [21] para que sus días y los días de sus hijos en la tierra que Yahvé juró dar a sus padres sean tan numerosos como los días del cielo sobre la tierra.

[22] Porque, si de verdad ustedes guardan todos estos mandamientos que yo les mando practicar, amando a Yahvé su Dios, siguiendo todos sus caminos y apegándose a él, [23] Yahvé desalojará delante de ustedes a todas esas naciones, y ustedes desalojarán a naciones más numerosas y fuertes que ustedes. [24] Todo lugar que sea hollado por la planta de su pie será suyo; desde el desierto y el Líbano, desde el Río, el río Éufrates, hasta el Mar Occidental, se extenderá su frontera. [25] Nadie podrá resistirles; Yahvé su Dios sembrará el miedo y el pánico ante ustedes sobre todo el territorio que pisen sus pies, como él les ha dicho.

[26] Mira: Yo pongo hoy ante ustedes bendición y maldición*. [27] Bendición, si escuchan los mandamientos de Yahvé su Dios que yo les prescribo hoy. [28] Maldición, si desoyen los mandamientos de Yahvé su Dios, si se apartan del camino que yo les marco hoy, para seguir a otros dioses que no habían conocido. [29] Cuando Yahvé tu Dios te haya introducido en la tierra a la que vas a entrar para tomarla en posesión, pondrás la bendición sobre el monte Garizín y la maldición sobre el monte Ebal. ([30] ¿No están al otro lado del Jordán, detrás del camino del poniente, en el país de los cananeos que habitan en la Arabá, frente a Guilgal, cerca de la Encina de Mo-

11 13 Los vv. 13-21 son la segunda parte del *Semá*; ver **6** 4+. En los vv. 14-15 el texto pasa a un discurso directo de Dios.

11 26 A Israel le corresponde escoger su suerte. Ver Lv **26** 1+; **30** 15-20+; etc.

ré?) [31] Ya que van a pasar el Jordán para ir a tomar posesión de la tierra que
Yahvé su Dios les da, cuando la posean
y habiten en ella, [32] cuidarán de poner
en práctica todos los preceptos y las
normas que yo les pongo delante hoy.

*II. El código deuteronómico**

12 [1] Éstos son los preceptos y las
normas que cuidarán de po-
ner en práctica en la tierra que Yahvé
el Dios de tus padres te ha dado en
posesión, todos los días que vivan en
su suelo.

El lugar del culto*.
1 R **14** 23; 2 R **16** 4; **17** 10;
Is **57** 5; Jr **2** 20; **3** 6.13; **17** 2;
Ez **6** 13.

[2] Suprimirán ustedes todos los lugares donde los pueblos que van a desalojar han dado culto a sus dioses, en lo
alto de los montes y en las colinas, y
bajo todo árbol frondoso. [3] Demolerán
sus altares, romperán sus estelas, quemarán al fuego sus troncos sagrados,
derribarán las esculturas de sus dioses
y suprimirán su nombre de aquel lugar.
[4] No procederán así respecto de Yahvé su Dios, [5] sino que sólo irán a buscarlo al lugar elegido por Yahvé su Dios,
de entre todas las tribus, para poner allí
su nombre, morando en él. [6] Allí llevarán sus holocaustos y sus sacrificios de
comunión, sus diezmos y los presentes
de sus manos, sus votos y sus ofrendas
voluntarias, los primogénitos de su
ganado mayor y de su ganado menor.
[7] Allí comerán en presencia de Yahvé
su Dios y se regocijarán, ustedes y sus
casas, por toda empresa en que Yahvé
tu Dios te haya bendecido.
[8] No harán ustedes lo que nosotros
hacemos aquí hoy, cada cual lo que le
parece bien, [9] porque todavía no han
llegado al lugar de descanso y a la heredad que Yahvé tu Dios te da. [10] Pero
cuando pasen el Jordán y habiten en
la tierra que Yahvé su Dios les da en
herencia, cuando él los haya puesto al
abrigo de todos sus enemigos de alrededor, y vivan con tranquilidad, [11] llevarán al lugar elegido por Yahvé su Dios
para morada de su nombre todo lo que
yo les prescribo: sus holocaustos y sus
sacrificios de comunión, sus diezmos y
los presentes de sus manos, y lo más
selecto de los votos que hayan ofrecido
a Yahvé; [12] y se regocijarán en presencia
de Yahvé, ustedes, sus hijos y sus hijas,
sus siervos y sus siervas, así como el
levita que vive en sus ciudades, ya que
no tiene parte ni heredad con ustedes.

Precisiones sobre los sacrificios.

[13] Guárdate de ofrecer tus holocaustos
en cualquier lugar sagrado que veas;
[14] sólo en el lugar elegido por Yahvé en
una de tus tribus ofrecerás tus holocaustos y sólo allí pondrás en práctica todo
lo que yo te mando.
[15] Podrás, sin embargo, siempre que
lo desees, matar y comer la carne, como
bendición que te ha dado Yahvé tu Dios,
en cualquiera de tus ciudades. Tanto el
puro como el impuro la podrán comer,
como se come la gacela o el ciervo.
[16] Sólo la sangre no la comerán; la derramarás por tierra, como el agua.

12 Este código, **12-26**, agrupa diversas leyes sin orden aparente. Vemos aquí la *Ley* restaurada por Josías, 2 R **22** 8-23.27.

12 2 Prescripción que jugará un papel importante en la lucha contra los cultos cananeos y sus *lugares altos*. El culto de Yahvé había sido practicado en diversos santuarios, Jc **6** 24. 28; **13** 16; 1 S **9** 12; 1 R **3** 43; etc. En adelante el único *lugar escogido* por Yahvé, v. 5, será Jerusalén, 2 R **23.** Sólo el sacrificio profano de animales podrá hacerse en cualquier parte, v. 15.

[17] No podrás comer en tus ciudades
el diezmo de tu trigo, de tu mosto o de
tu aceite, ni los primogénitos de tu ganado mayor o de tu ganado menor, ni
ninguno de los votos que hayas ofrecido
ni tus ofrendas voluntarias, ni los presentes de tus manos. [18] Sino que en
presencia de Yahvé tu Dios lo comerás,
en el lugar que haya elegido Yahvé tu
Dios, tú, tu hijo, tu hija, tu siervo y tu
sierva, y el levita que vive en tus ciudades. Y te regocijarás en presencia de
Yahvé tu Dios por todas tus empresas.
[19] Guárdate de dejar abandonado al levita mientras vivas en tu suelo.

[20] Cuando Yahvé tu Dios haya en-
sanchado tus fronteras, como te ha prometido, y digas: «Querría comer carne»,
puesto que deseas comer carne, siempre que lo desees podrás comer carne.
[21] Si el lugar que elija Yahvé tu Dios
para poner allí su nombre te queda demasiado lejos, podrás matar del ganado
mayor y menor que Yahvé te haya concedido, del modo que yo te he prescrito;
y podrás comerlo en tus ciudades a la
medida de tus deseos; [22] exactamente
como se come la gacela o el ciervo lo
comerás; podrán comerlo tanto el puro
como el impuro. [23] Pero cuidado con
comer la sangre, porque la sangre es el
alma, y no puedes comer el alma con la
carne. [24] No la comerás, la derramarás
por tierra, como agua. [25] No la comerás, para que te vaya bien a ti y a tu hijo
después de ti, porque has hecho lo que
es recto a los ojos de Yahvé. [26] Pero las
cosas sagradas que tengas y las que hayas prometido con voto, irás a llevarlas
a aquel lugar que haya elegido Yahvé.
[27] Harás tus holocaustos, la carne y la
sangre, sobre el altar de Yahvé tu Dios.
La sangre de tus sacrificios de comunión
será derramada sobre el altar de Yahvé
tu Dios, y tú podrás comer la carne.
[28] Observa y escucha todas estas cosas
que yo te mando, para que te vaya bien
a ti y a tu hijo después de ti, para siempre, si haces lo que es bueno y recto a
los ojos de Yahvé tu Dios.

Contra los cultos cananeos.

[29] Cuando Yahvé tu Dios haya exterminado las naciones que tú vas a desalojar a tu llegada, cuando las hayas
desalojado y habites en su tierra, [30] guárdate de dejarte prender en el lazo siguiendo su ejemplo, después de haber
sido ellas exterminadas ante ti, y de ir
en busca de sus dioses, diciendo: «Como
servían estas naciones a sus dioses, así lo
haré yo también.» [31] No procederás así
con Yahvé tu Dios. Porque todo lo que
es una abominación para Yahvé, lo que
él detesta, es lo que hacen ellos en honor
de sus dioses: porque hasta a sus hijos
y a sus hijas queman al fuego en honor
de sus dioses.

13 [1] Cuidarán de poner en práctica todo esto que les mando a
ustedes: no añadirán ni quitarán nada.

Contra las seducciones de la idolatría.
17 2-7; **18** 21+.

[2] Si surge en medio de ti un profeta o
un vidente en sueños, y te ofrece una
señal o un prodigio, [3] y llega a realizarse
la señal o el prodigio que te ha anunciado, y te dice: «Vamos detrás de otros
dioses (que tú no habías conocido) a servirles», [4] no escucharás las palabras de
ese profeta o de ese vidente en sueños.
Es que Yahvé su Dios los pone a prueba
a ustedes para saber si verdaderamente
aman a Yahvé su Dios con todo su corazón y con toda su alma. [5] A Yahvé su
Dios seguirán y a él temerán, guardarán
sus mandamientos y escucharán su voz,
a él servirán y a él se apegarán. [6] Ese
profeta o vidente en sueños deberá
morir, por haber predicado la rebelión
contra Yahvé tu Dios que te sacó del
país de Egipto y te rescató de la casa
de servidumbre, para apartarte del camino que Yahvé tu Dios te ha mandado
seguir. Así harás desaparecer el mal de
en medio de ti.

[7] Si tu hermano, hijo de tu padre o
hijo de tu madre, tu hijo o tu hija, la esposa que reposa en tu seno, o tu amigo

que es como tu propia alma, trata de
seducirte en secreto diciéndote: «Vamos
a servir a otros dioses», que ni tú ni tus
padres habían conocido, 8 de entre los
dioses de los pueblos próximos o lejanos
que los rodean de un extremo a otro de
la tierra, 9 no accederás ni lo escucharás, tu ojo no tendrá piedad de él, no lo
perdonarás ni lo encubrirás, 10 sino que
le harás morir; tu mano caerá la primera
sobre él para darle muerte, y después la
mano de todo el pueblo. 11 Lo apedrearás hasta que muera, porque ha tratado
de apartarte de Yahvé tu Dios, el que
te sacó del país de Egipto, de la casa de
servidumbre. 12 Y todo Israel lo oirá y
temerá y dejará de cometer este mal en
medio de ti.
13 Si oyes decir que en una de las
ciudades que Yahvé tu Dios te da para
habitar en ella 14 algunos hombres malvados, salidos de tu propio seno, han
seducido a sus conciudadanos diciendo:
«Vamos a dar culto a otros dioses», que
ustedes no conocían, 15 consultarás, in-
dagarás y preguntarás minuciosamente.
Y si es verdad, si se comprueba que en
medio de ti se ha cometido tal abominación, 16 deberás pasar a filo de
espada a los habitantes de esa ciudad;
la consagrarás al anatema con todo lo
que haya dentro de ella. 17 Amontonarás
todos sus despojos en medio de la plaza
pública y prenderás fuego a la ciudad
con todos sus despojos, todo ello en
honor de Yahvé tu Dios. Quedará para
siempre como un montón de ruinas, y
no volverá a ser edificada. 18 De este
anatema no se te quedará nada en la
mano, para que Yahvé aplaque el ardor
de su ira y sea misericordioso contigo y
tenga piedad de ti y te multiplique como
prometió bajo juramento a tus padres,
19 a condición de que escuches la voz
de Yahvé tu Dios guardando todos sus
mandamientos que yo te prescribo hoy
y haciendo lo que es recto a los ojos de
Yahvé tu Dios.

Contra una práctica idolátrica.
Lv **19** 27-28.

14 1 Ustedes son hijos de Yahvé
su Dios. No se harán incisión
ni se harán tonsura entre los ojos por
un muerto*. 2 Porque tú eres un pueblo
consagrado a Yahvé tu Dios, y Yahvé te
ha escogido a ti para que seas el pueblo
de su propiedad entre todos los pueblos
que hay sobre la faz de la tierra.

Animales puros e impuros.
||Lv **11**+.

3 No comerás nada que sea abominable. 4 Éstos son los animales que podrán
comer: buey, carnero, cabra, 5 ciervo,
gacela, gamo, cabra montés, antílope,
búfalo, gamuza. 6 Todo animal de pezuña partida, hendida en dos, y que rumia,
lo pueden comer. 7 Sin embargo, entre
los que rumian y entre los animales de
pezuña partida y hendida no podrán comer los siguientes: el camello, la liebre
y el damán, que rumian pero no tienen
la pezuña hendida; los tendrán por impuros. 8 Tampoco el cerdo, que tiene la
pezuña partida y hendida, pero no rumia;
lo tendrán por impuro. No comerán su
carne ni tocarán su cadáver.
9 Esto es lo que pueden comer de
todo lo que vive en el agua: todo lo que
tiene aletas y escamas lo pueden comer.
10 Pero no comerán lo que no tiene aletas y escamas: lo tendrán por impuro.
11 Pueden comer toda ave pura. 12 Pero las siguientes no las pueden comer:
el águila, el quebrantahuesos, el águila
marina, 13 el buitre, las diferentes especies de halcón, 14 todas las especies
de cuervo, 15 el avestruz, la lechuza, la
gaviota y las diferentes especies de ga-
vilanes, 16 el búho, el ibis, el cisne, 17 el
pelícano, el calamón, el somormujo, 18 la
cigüeña, las diferentes especies de garza
real, la abubilla y el murciélago. 19 Todo
insecto alado lo tendrán por impuro,
no lo comerán. 20 Todo volátil puro lo
pueden comer.

14 1 Ver Lv **19** 27-28, que prohíbe el culto a los muertos. Pero aquí podría tratarse del dios Baal, cuya muerte se celebraba al comienzo del verano, ver **26** 14.

[21] No comerán ninguna bestia muerta. Se la darás al forastero que vive en
tus ciudades para que él la coma, o
bien véndesela a un extranjero. Porque
tú eres un pueblo consagrado a Yahvé
tu Dios.
No cocerás el cabrito en la leche de
su madre.

El diezmo anual*.

[22] Cada año apartarás el diezmo de
todo el producto de tu sementera, lo
que haya producido el campo, año por
año, [23] y lo comerás en presencia de
Yahvé tu Dios, en el lugar que él haya
elegido para morada de su nombre: el
diezmo de tu trigo, de tu mosto y de tu
aceite, así como los primogénitos de tu
ganado mayor y de tu ganado menor; a
fin de que aprendas a temer a Yahvé tu
Dios, toda tu vida.
[24] Si el camino te resulta demasiado
largo, si no puedes transportarlo (el
diezmo), porque el lugar que habrá elegido Yahvé para poner allí su nombre te
cae demasiado lejos, y Yahvé tu Dios te
ha bendecido, [25] lo cambiarás por dinero, llevarás el dinero en tu mano e irás
al lugar que haya elegido Yahvé tu Dios;
[26] allí emplearás este dinero en todo lo
que desees, ganado mayor o menor,
vino o bebida fermentada, todo lo que
te apetezca, y comerás allí en presencia
de Yahvé tu Dios y te regocijarás, tú y
tu casa. [27] Y al levita que vive en tus ciudades no lo abandonarás, ya que él no
tiene parte ni heredad contigo.

El diezmo trienal.
26 12.

[28] Cada tres años apartarás todo el
diezmo de tu cosecha de ese año y lo
depositarás a tus puertas. [29] Así vendrán el levita, ya que él no tiene parte ni
heredad contigo, el forastero, el huérfano y la viuda que viven en tus ciudades,
y comerán y se hartarán, para que Yahvé tu Dios te bendiga en todas las obras
que emprendas.

El año sabático.
Lv **25** 1-7+.

15 [1] Cada siete años harás la remisión*. [2] En esto consiste la
remisión: En que todo acreedor que
ha hecho un préstamo a su prójimo,
le haga remisión*; no apremiará a su
prójimo ni a su hermano, porque se ha
proclamado la remisión en honor de
Yahvé. [3] Podrás apremiar al extranjero, pero lo tuyo que tenga tu hermano
se lo condonarás. [4] Sólo que no habrá
ningún pobre entre los tuyos, porque
Yahvé te bendecirá abundantemente
en la tierra que Yahvé tu Dios te da
en herencia para que la poseas, [5] pero
sólo si escuchas de verdad la voz de
Yahvé tu Dios cuidando de poner en
práctica todos estos mandamientos
que yo te prescribo hoy. [6] Porque
Yahvé tu Dios te bendecirá, como te
ha dicho: tú prestarás a naciones numerosas, y tú no pedirás prestado; tú
dominarás a naciones numerosas, y a
ti no te dominarán.
[7] Si hay junto a ti algún pobre de entre
tus hermanos, en alguna de las ciudades
de tu tierra que Yahvé tu Dios te da, no
endurecerás tu corazón ni cerrarás tu
mano a tu hermano pobre, [8] sino que
le abrirás tu mano y le prestarás lo que
necesite para remediar lo que le falta.
[9] Cuidado con abrigar en tu corazón
estos perversos pensamientos: «Ya pronto llega el año séptimo, el año de la
remisión», y mires con malos ojos a tu
hermano pobre y no le des nada; él cla-
maría a Yahvé contra ti y tú te cargarías
con un pecado. [10] Se lo has de dar, y no
se entristecerá tu corazón por ello, que
por esta acción te bendecirá Yahvé, tu
Dios, en todas tus obras y en todas tus

14 22 El *diezmo* es debido a Yahvé como dueño de la tierra de Israel; ver **12** 6-7.17-19; Lv **27** 30-32; Nm **18** 21-32; 2 Cro **31** 5-6.

15 1 Ver Lv **25** 1+.
15 2 El deudor insolvente se comprometía a veces a trabajar para su acreedor o a entregar a uno de sus hijos.

empresas. 11 Pues no faltarán pobres en esta tierra; por eso te doy yo este mandamiento: Debes abrir tu mano a tu hermano, a aquél de los tuyos que es indigente y pobre en tu tierra.

El esclavo.

12 Si tu hermano hebreo, hombre o mujer, se vende a ti, te servirá durante seis años y al séptimo lo dejarás libre. 13 Al dejarlo libre, no lo mandarás con las manos vacías; 14 le harás algún presente de tu ganado menor, de tu era y de tu lagar; le darás aquello con lo que te ha bendecido Yahvé tu Dios. 15 Te acordarás que tú fuiste esclavo en el país de Egipto y que Yahvé tu Dios te rescató: por eso yo te mando esto hoy.

16 Pero si él te dice: «No quiero marcharme de tu lado», porque te ama, a ti y a tu casa, porque le va bien contigo, 17 tomarás un punzón, le horadarás la oreja contra la puerta, y será tu siervo para siempre. Lo mismo harás con tu sierva.

18 No se te haga duro el dejarlo en libertad, porque el haberte servido seis años vale por un doble salario de jornalero. Y Yahvé tu Dios te bendecirá en todo lo que hagas.

Los primogénitos.
Ex **13** 2.11+.

19 Todo primogénito que nazca en tu ganado mayor y en tu ganado menor, si es macho, lo consagrarás a Yahvé tu Dios. No trabajarás con el primogénito de tu vaca ni esquilarás al primogénito de tu oveja. 20 En presencia de Yahvé tu Dios lo comerás, tú y tu casa, año tras año, en el lugar que elija Yahvé. 21 Si tiene alguna tara, si es cojo o ciego o tiene cualquier otro defecto grave, no lo sacrificarás a Yahvé tu Dios; 22 lo comerás en tus ciudades, juntos el puro y el impuro, como la gacela o el ciervo; 23 sólo la sangre no la comerás; la derramarás por tierra como agua.

Las fiestas: Pascua y Ázimos*.
Ex **12**+; **23** 14+.

16 1 Guarda el mes de Abib y celebra en él la Pascua en honor de Yahvé tu Dios, porque fue en el mes de Abib, por la noche, cuando Yahvé tu Dios te sacó de Egipto. 2 Sacrificarás como pascua en honor de Yahvé tu Dios ganado mayor y ganado menor, en el lugar que elija Yahvé tu Dios para poner allí la morada de su nombre. 3 No comerás con ella pan fermentado; durante siete días la comerás con ázimos, pan de aflicción, porque a toda prisa saliste del país de Egipto: para que te acuerdes del día en que saliste del país de Egipto todos los días de tu vida. 4 Durante siete días no se verá junto a ti levadura, en todo tu territorio, y de la carne que hayas sacrificado la tarde del primer día no deberá quedar nada para la mañana siguiente. 5 No podrás sacrificar la Pascua en ninguna de las ciudades que Yahvé tu Dios te da, 6 sino que sólo en el lugar que elegirá Yahvé tu Dios para poner allí la morada de su nombre, sacrificarás la Pascua, por la tarde, a la puesta del sol, hora en que saliste de Egipto. 7 La cocerás y la comerás en el lugar que elija Yahvé tu Dios, y a la mañana siguiente te volverás y marcharás a tus tiendas. 8 Comerás ázimos durante seis días; y el día séptimo habrá reunión en honor de Yahvé tu Dios; y no harás ningún trabajo.

Otras fiestas*.
Ex **23** 14+; Lv **23** 15-21.

9 Contarás siete semanas. Desde el momento en que la hoz comience a segar la mies comenzarás a contar estas siete semanas. 10 Y celebrarás en honor de Yahvé tu Dios la fiesta de las Semanas; la medida de la ofrenda voluntaria que hagas estará en proporción con lo que Yahvé tu Dios te haya bendecido. 11 Y te regocijarás en presencia de Yah-

16 Ver Ex **12** 1+; **23** 14+. Solamente el Dt hace de la Pascua una fiesta nacional celebrada en el santuario central; ver 2 R **23** 21+.

16 9 Ver Ex **23** 14+.

vé tu Dios, tú, tu hijo y tu hija, tu siervo
y tu sierva, y el levita que vive en tus
ciudades, y el forastero, el huérfano y
la viuda que viven en medio de ti, en el
lugar que elija Yahvé tu Dios para poner
allí la morada de su nombre. 12 Te acordarás de que fuiste esclavo en Egipto
y cuidarás de poner en práctica estos
preceptos.

13 La fiesta de las Tiendas la celebrarás durante siete días, cuando hayas recogido la cosecha de tu era y de tu lagar.
14 Y te regocijarás en tu fiesta, tú, tu hijo
y tu hija, tu siervo y tu sierva, el levita,
el forastero, y el huérfano y la viuda que
viven en tus ciudades. 15 Durante siete
días harás fiesta a Yahvé tu Dios en el
lugar que elija Yahvé; porque Yahvé tu
Dios te bendecirá en todas tus cosechas
y en todas tus obras, y serás plenamente
feliz.

16 Tres veces al año se presentarán
todos tus varones ante Yahvé tu Dios,
en el lugar que él elija: en la fiesta de los
Ázimos, en la fiesta de las Semanas y en
la fiesta de las Tiendas. Nadie se presentará ante Yahvé con las manos vacías;
17 sino que cada cual ofrecerá el don de
su mano, según la bendición que Yahvé
tu Dios te haya otorgado.

Los jueces.

Ex **23** 1-3.6-8.

18 Establecerás jueces y escribas para
tus tribus en cada una de las ciudades
que Yahvé tu Dios te da; ellos juzgarán
al pueblo con juicios justos. 19 No torcerás el derecho, no harás acepción
de personas, no aceptarás soborno,
porque el soborno cierra los ojos de
los sabios y corrompe las palabras de
los justos. 20 Justicia, sólo justicia has de
buscar, para que vivas y poseas la tierra
que Yahvé tu Dios te da.

Desviaciones del culto.

21 No plantarás para ti como tronco
sagrado ninguna clase de árbol, junto al
altar de Yahvé tu Dios que hayas construido para ti; 22 y no te erigirás estela,
cosa que detesta Yahvé tu Dios*.

17 1 No sacrificarás a Yahvé tu
Dios ganado mayor o menor
que tenga cualquier tara o defecto,
porque es una abominación para Yahvé
tu Dios.

2 Si hay en medio de ti, en alguna
de las ciudades que Yahvé tu Dios te
da, un hombre o una mujer que haga
lo que es malo a los ojos de Yahvé tu
Dios, violando su alianza, 3 que vaya
a servir a otros dioses y se postre ante
ellos, o ante el sol, la luna, o todo el
ejército de los cielos, cosa que yo no he
mandado, 4 y es denunciado a ti, y tú le
has tomado declaración y has indagado
a fondo, si se comprueba como verdadera la acusación: que se ha cometido
tal abominación en Israel, 5 sacarás a
las puertas de tu ciudad a ese hombre o
mujer, culpables de esa mala acción, y
los apedrearás, al hombre o a la mujer,
hasta que mueran. 6 Por declaración de
dos o tres testigos se podrá ejecutar a
un reo de muerte; no se le hará morir
por declaración de un solo testigo. 7 La
mano de los testigos será la primera que
caerá sobre él para darle muerte, y luego la mano de todo el pueblo. Así harás
desaparecer el mal de en medio de ti.

Los jueces levitas.

8 Si el caso a juzgar te resulta demasiado difícil, casos de sangre, de pleitos,
de lesiones, casos de litigio en tus ciudades, te levantarás y subirás al lugar
que elija Yahvé tu Dios, 9 y acudirás a
los sacerdotes levitas y al juez que entonces esté en funciones. Ellos harán
una investigación y te indicarán el fallo de la causa. 10 Tú te ajustarás al fallo que te hayan indicado desde ese lugar que elija Yahvé, y cuidarás de actuar
conforme a cuanto te hayan enseñado.
11 Te ajustarás a las instrucciones que te
hayan dado y a la sentencia que te dic-

16 22 Ver Ex **23** 24; **34** 13.

ten: no te desviarás ni a derecha ni
a izquierda del fallo que te señalen. 12 Y
si un hombre procede insolentemente,
no escuchando al sacerdote que se encuentra allí al servicio de Yahvé tu Dios,
o al juez, ese hombre morirá y tú harás
desaparecer el mal de Israel. 13 Así todo
el pueblo se enterará y temerá y no actuará más con insolencia.

Los reyes.
1 S **8** 11-18.

14 Si, cuando hayas entrado en la
tierra que Yahvé tu Dios te da, la hayas
tomado en posesión y habites en ella,
dices: «Querría poner un rey sobre mí
como todas las naciones de alrededor»,
15 podrás poner sobre ti un rey, el que
elija Yahvé tu Dios; de entre tus hermanos pondrás rey sobre ti; no podrás
poner sobre ti a un extranjero, que no
sea hermano tuyo.
16 Pero no ha de multiplicar sus caballos, ni hará volver al pueblo a Egipto
para aumentar su caballería, porque
Yahvé les ha dicho: «No volverán a ir jamás por ese camino.» 17 Que no multiplique sus mujeres, para que no se desca-
rríe su corazón. Que su plata y su oro no
los multiplique demasiado. 18 Cuando
suba al trono real, deberá escribir para
su uso una copia de esta Ley, tomándola
del libro de los sacerdotes levitas*. 19 La
llevará consigo; la leerá todos los días de
su vida para aprender a temer a Yahvé
su Dios, observando todas las palabras
de esta Ley y estos preceptos, para
ponerlos en práctica. 20 Así su corazón
no se engreirá sobre sus hermanos y no
se desviará de estos mandamientos ni a
derecha ni a izquierda. Y así prolongará
los días de su reino, él y sus hijos, en
medio de Israel.

El sacerdocio levítico*.
Nm **18**.

18 1 Los sacerdotes levitas, toda la
tribu de Leví, no tendrán parte
ni heredad con Israel: comerán de los
manjares ofrecidos a Yahvé y de su
heredad. 2 No tendrá heredad entre sus
hermanos; Yahvé es su heredad, como
él le dijo.
3 Éste será el derecho de los sacerdotes sobre el pueblo, sobre aquellos que
ofrezcan un sacrificio de ganado mayor
o de ganado menor: se dará al sacerdote la espaldilla, las quijadas y el cuajar.
4 Le darás las primicias de tu trigo, de
tu mosto y de tu aceite, así como las
primicias del esquileo de tu ganado menor. 5 Porque a él le ha elegido Yahvé
tu Dios de entre todas las tribus para
ejercer su ministerio en el nombre de
Yahvé, él y sus hijos para siempre.
6 Si el levita llega de una de tus ciudades de todo Israel donde reside, y
entra, porque lo desea con toda su alma,
en el lugar que elija Yahvé, 7 oficiará
en el nombre de Yahvé su Dios, como
todos sus hermanos levitas que están
allí en presencia de Yahvé; 8 comerá
una porción igual a la de ellos, aparte
de lo que obtenga por la venta de su
patrimonio.

Los profetas*.

9 Cuando hayas entrado en la tierra
que Yahvé tu Dios te da, no aprenderás
a cometer abominaciones como las de
esas naciones. 10 No ha de haber dentro
de ti nadie que haga pasar a su hijo o a
su hija por el fuego, que practique la adivinación, la astrología, la hechicería o la
magia, 11 ningún encantador, ni quien
consulte espectros o adivinos, ni evocador de muertos. 12 Porque todo el que

17 18 Este es el nombre griego de esta copia que se ha convertido en el *Deuteronomio, segunda ley*.

18 La expresión *sacerdotes-levitas*, propia del Dt, hace pensar que la distinción entre sacerdotes y levitas no es aún clara; ver Nm **3** 11+. Lo será más tarde, Ex **44** 6-31.

18 9 Después de los jueces y reyes, **17** 8- 20, y los sacerdotes, **18** 1-8, vienen los profetas, cuya institución se atribuye a Yahvé, v. 16; ver Ex **20** 19-21; Dt **5** 23.28; Nm **12** 8+. Los otros procedimientos para consultar a Yahvé son rechazados, vv. 9-12.

hace estas cosas es una abominación para Yahvé tu Dios y por causa de estas abominaciones desaloja Yahvé tu Dios a esas naciones a tu llegada.

13 Serás íntegro con Yahvé tu Dios. 14 Porque esas naciones que vas a desalojar escuchan a astrólogos y adivinos, pero a ti Yahvé tu Dios no te permite semejante cosa. 15 Yahvé tu Dios te suscitará, de en medio de ti, de entre tus hermanos, un profeta como yo: a él escucharán. 16 Es exactamente lo que tú pediste a Yahvé tu Dios en el Horeb, el día de la asamblea, diciendo: «No volveré a escuchar la voz de Yahvé mi Dios, ni veré más ese gran fuego, para no morir». 17 Y Yahvé me dijo a mí: «Bien está lo que han dicho. 18 Yo les suscitaré, de en medio de sus hermanos, un profeta semejante a ti, pondré mis palabras en su boca, y él les dirá todo lo que yo le mande*. 19 Si un hombre no escucha mis palabras, las que ese profeta pronuncie en mi nombre, yo mismo le pediré cuentas de ello. 20 Pero si el profeta tiene la presunción de decir en mi nombre una palabra que yo no le he mandado decir, o si habla en nombre de otros dioses, ese profeta morirá.»

21 Y si dices en tu corazón: «¿Cómo reconoceremos la palabra que no ha dicho Yahvé?» 22 Si el profeta habla en nombre de Yahvé, y no sucede ni se cumple la palabra, es que Yahvé no ha dicho tal palabra; el profeta lo ha dicho por presunción; no le tengas miedo*.

El homicida y las ciudades de asilo.

Ex **21** 13-14+; Nm **35** 9-34+.

19 1 Cuando Yahvé tu Dios haya exterminado a las naciones cuya tierra te da Yahvé tu Dios, cuando las hayas desalojado y habites en sus ciudades y en sus casas, 2 te reservarás tres ciudades en medio de la tierra que Yahvé tu Dios te da en posesión. 3 Mantendrás abierto el camino de acceso a ellas, y dividirás en tres partes el territorio del país que Yahvé tu Dios te da en posesión: esto para que todo homicida pueda refugiarse allí.

4 Éste es el caso del homicida que puede salvar su vida refugiándose allí. El que mate a su prójimo sin querer, sin haberlo odiado antes 5 (por ejemplo, si va al bosque con su prójimo a cortar leña y, al blandir su mano el hacha para tirar el árbol, se sale el hierro del mango y va a herir mortalmente a su prójimo), éste podrá refugiarse en una de esas ciudades y salvará su vida. 6 No sea que el vengador de la sangre persiga al asesino cuando el corazón le arde de ira, le dé alcance por ser largo el camino y lo hiera de muerte, siendo así que no era reo de muerte, puesto que no odiaba anteriormente al otro.

7 Por eso te doy yo esta orden: «Te pondrás aparte tres ciudades». 8 Y, si Yahvé tu Dios dilata tu territorio, como juró a tus padres, y te da toda la tierra que prometió dar a tus padres, 9 a condición de que guardes y practiques todos los mandamientos que yo te prescribo hoy, amando a Yahvé tu Dios y siguiendo sus caminos toda tu vida, a estas tres ciudades añadirás otras tres. 10 Así no se derramará sangre inocente en medio de la tierra que Yahvé tu Dios te da en herencia, y no caerá sangre sobre ti.

11 Pero si un hombre odia a su prójimo y le tiende una emboscada, y se lanza sobre él, lo hiere mortalmente y aquél muere, y luego se refugia en una de esas ciudades, 12 los ancianos de su ciudad mandarán a prenderlo allí, y lo entregarán en manos del vengador de sangre, y morirá. 13 Tu ojo no se apia-

18 18 Hermosa definición de la misión del profeta; ver Jr **1** 9+; etc. El profetismo auténtico, según este pasaje, procede del de Moisés, Nm **12** 8+. Más tarde se entendió este texto en un sentido personal, como anunciador de un nuevo Moisés, y a Jesús se le considera como tal, Jn **1** 17+. 21+; **6** 14; **7** 40; Hch **3** 22-24; **7** 37.

18 22 Dos criterios para descubrir al falso profeta, no enviado por Yahvé; ver 1 R **22**; Jr **28** 9+; fidelidad a la doctrina yahvista, Dt **13**; y realización de los hechos anunciados, v. 22.

dará de él. Harás desaparecer de Israel
la sangre del inocente, y así te irá bien.

Los límites.

14 No desplazarás los mojones de tu
prójimo, los que pusieron los antepasados, en la heredad recibida en la tierra
que Yahvé tu Dios te da en posesión.

Los testigos.

15 Un solo testigo no bastará como
prueba contra un hombre por cualquier
culpa o delito, por cualquier delito que
haya cometido: sólo por declaración de
dos testigos o por declaración de tres
testigos se podrá fallar una causa.
16 Si un testigo injusto se levanta contra un hombre acusándolo de
transgresión, 17 los dos hombres que
por ello tienen pleito comparecerán en
presencia de Yahvé, ante los sacerdotes
y los jueces que estén entonces en funciones. 18 Los jueces indagarán a fondo,
y si resulta que el testigo es un testigo
falso, que ha acusado falsamente a su
hermano, 19 harán con él lo que él pretendía hacer con su hermano. Así harás
desaparecer el mal de en medio de ti.
20 Los demás se enterarán y temerán,
y no volverán a cometer una maldad
semejante en medio de ti. 21 No tendrá
piedad tu ojo.

El talión.
Ex **21** 25+.

Vida por vida, ojo por ojo, diente por
diente, mano por mano, pie por pie.

La guerra y los combatientes.

20 1 Cuando salgas a la guerra
contra tus enemigos y veas caballos, carros y un pueblo más numeroso que tú, no les tengas miedo, porque
está contigo Yahvé tu Dios, el que te
sacó del país de Egipto. 2 Cuando estén
para entablar combate, el sacerdote se
adelantará y hablará al pueblo. 3 Les
dirá: «Escucha, Israel: hoy van ustedes a
entablar combate con sus enemigos; no
desmaye su corazón, no tengan miedo
ni se turben, ni tiemblen ante ellos, 4 porque es Yahvé su Dios el que marcha
con ustedes para pelear en favor suyo
contra sus enemigos y salvarlos.»
5 Luego los escribas dirán al pueblo:
«¿Quién ha edificado una casa nueva
y no la ha estrenado todavía? Que se
vaya y vuelva a su casa, no sea que
muera en el combate y la estrene otro
hombre.
6 «¿Quién ha plantado una viña y todavía no la ha disfrutado? Que se vaya
y vuelva a su casa, no sea que muera en
el combate y la disfrute otro.
7 «¿Quién se ha desposado con una
mujer y no se ha casado aún con ella?
Que se vaya y vuelva a su casa, no sea
que muera en el combate y se case con
ella otro hombre.»
8 Los escribas volverán a hablar al
pueblo y le dirán: «¿Quién tiene miedo
y siente enflaquecer su ánimo? Que se
vaya y vuelva a su casa, para que no
desanime el corazón de sus hermanos
como lo está el suyo.»
9 En cuanto los escribas hayan acabado de hablar al pueblo, se pondrán al
frente de él jefes de tropa.

La conquista de las ciudades.

10 Cuando te acerques a una ciudad
para combatir contra ella, le propon-
drás la paz. 11 Si ella te responde con la
paz y te abre sus puertas, todo el pueblo
que se encuentre en ella te deberá tributo y te servirá. 12 Pero si no hace la
paz contigo y te declara la guerra, la
sitiarás. 13 Yahvé tu Dios la entregará en
tus manos, y pasarás a filo de espada
a todos sus varones; 14 las mujeres, los
niños, el ganado, todo lo que haya en la
ciudad, todos sus despojos, los tomarás
como botín. Comerás los despojos de
los enemigos que Yahvé tu Dios te ha
entregado.
15 Así has de tratar a todas las ciudades muy alejadas de ti, que no son
de las ciudades de estas naciones. 16 En
cuanto a las ciudades de estos pueblos
que Yahvé tu Dios te da en herencia, no

dejarás nada con vida, 17 sino que las consagrarás al anatema: a hititas, amorreos,
cananeos, perizitas, jivitas y jebuseos,
como te ha mandado Yahvé tu Dios,
18 para que no les enseñen a imitar todas
esas abominaciones que ellos cometen
en honor de sus dioses: ¡pecarían contra
Yahvé su Dios!

19 Si asedias una ciudad durante mucho tiempo, combatiéndola para tomarla, no destruirás su arbolado metiendo
el hacha en él, porque de él te has
de alimentar. No lo talarás. ¿Es acaso
hombre el árbol del campo para que lo
trates como a un sitiado? 20 Sólo el árbol
que sabes que no puedes comer de él lo
podrás destruir y cortar, y hacer con él
obras de asedio contra esa ciudad que
está en guerra contigo, hasta que caiga.

El caso del homicida desconocido.

21 1 Si en el suelo que Yahvé tu
Dios te da en posesión se descubre un hombre muerto, tendido en el
campo, sin que se sepa quién lo mató,
2 saldrán tus ancianos y tus escribas y
medirán la distancia entre la víctima y
las ciudades de alrededor. 3 Una ciudad
resultará la más próxima al muerto.
Los ancianos de esa ciudad que resulte
más próxima al muerto, tomarán una
ternera a la que no se le haya hecho
todavía trabajar ni llevar el yugo. 4 Los
ancianos de esa ciudad bajarán la ternera a un torrente de agua perenne,
donde no se haya arado ni se siembre,
y allí, en el torrente, romperán la nuca
de la ternera. 5 Se adelantarán entonces los sacerdotes hijos de Leví; porque a ellos ha elegido Yahvé tu Dios
para estar a su servicio y para dar la
bendición en el nombre de Yahvé, y a
su decisión corresponde resolver todo
litigio y toda causa de lesiones. 6 Todos
los ancianos de la ciudad más próxima
al hombre muerto se lavarán las manos
en el torrente, sobre la ternera desnu-
cada. 7 Y pronunciarán estas palabras:
«Nuestras manos no han derramado
esa sangre y nuestros ojos no han visto nada. 8 Cubre a tu pueblo Israel, tú
Yahvé que lo rescataste, y no dejes que
caiga sangre inocente en medio de tu
pueblo Israel.» Así quedarán a cubierto
de esa sangre, 9 y tú habrás quitado
de en medio de ti la sangre inocente,
haciendo lo que es justo a los ojos de
Yahvé.

Los cautivos.

10 Cuando vayas a la guerra contra tus
enemigos, y Yahvé tu Dios los entregue
en tus manos y te lleves sus cautivos,
11 si ves entre ellos una mujer hermosa,
te prendas de ella y quieres tomarla por
mujer, 12 la llevarás a tu casa. Ella se
rapará la cabeza y se cortará las uñas,
13 se quitará el vestido de cautiva que
llevaba y se quedará en tu casa y llorará
a su padre y a su madre un mes entero.
Después de esto te llegarás a ella, y serás
su marido y ella será tu mujer. 14 Si más
tarde resulta que ya no la quieres, la
dejarás marchar en libertad, y no podrás
venderla por dinero, ni hacerla tu esclava, puesto que la has humillado.

Derecho de primogenitura.

15 Si un hombre tiene dos mujeres,
una de ellas amada y a la otra no, y
tanto la mujer amada como la otra le
han dado hijos, si resulta que el primogénito es de la mujer a quien no ama,
16 el día que reparta la herencia entre
sus hijos no podrá dar el derecho de
primogenitura al hijo de la mujer amada,
en perjuicio del hijo de la mujer que no
ama, que es el primogénito. 17 Sino que
reconocerá como primogénito al hijo
de la no amada, dándole una parte
doble de todo lo que posee: porque este
hijo, primicias de su vigor, tiene derecho
de primogenitura.

El hijo indócil.

18 Si un hombre tiene un hijo rebelde
y díscolo, que no escucha la voz de su
padre ni la voz de su madre, y lo castigan y no por eso los escucha, 19 su pa-

dre y su madre lo agarrarán y lo llevarán afuera donde los ancianos de su ciudad, a la puerta del lugar*. 20 Dirán a los ancianos de su ciudad: «Este hijo nuestro es rebelde y díscolo, y no nos escucha, es un libertino y un borracho.» 21 Y todos los hombres de su ciudad lo apedrearán hasta que muera. Así harás desaparecer el mal de en medio de ti, y todo Israel se enterará y temerá.

Prescripciones diversas.

22 Si un hombre, reo de delito capital, ha sido ejecutado, lo colgarás de un árbol. 23 No dejarás que su cadáver pase la noche en el árbol; lo enterrarás el mismo día, porque un colgado es una maldición de Dios*. Así no harás impuro el suelo que Yahvé tu Dios te da en herencia.

|| Ex **23** 4-5.

22 1 Si ves extraviada alguna res de ganado mayor o menor de tu hermano, no te desentenderás de ella, sino que se la llevarás a tu hermano. 2 Y si tu hermano no es vecino tuyo, o no lo conoces, la recogerás en tu casa y la guardarás contigo hasta que tu hermano venga a buscarla; entonces se la devolverás.

3 Lo mismo harás con su burro, lo mismo harás con su manto, lo mismo harás con cualquier objeto perdido por tu hermano que tú encuentres; no puedes desentenderte.

4 Si ves caído en el camino el burro o el buey de tu hermano, no te desentenderás de ellos: le ayudarás a levantarlos.

5 La mujer no llevará ropa de hombre ni el hombre se pondrá vestidos de mujer, porque el que hace esto es una abominación para Yahvé tu Dios.

6 Si encuentras en el camino un nido de pájaros, en un árbol o en el suelo, con polluelos o huevos, y la madre echada sobre los polluelos o sobre los huevos, no tomarás a la madre con las crías. 7 Deja marchar a la madre, y podrás quedarte con las crías. Así tendrás prosperidad y larga vida.

8 Cuando construyas una casa nueva, pondrás un pretil a tu azotea; así no harás a tu casa responsable de sangre en el caso de que alguno se cayera de allí.

9 No sembrarás tu viña con semilla de dos clases, no sea que quede consagrado todo: la semilla que siembres y el fruto de la viña.

10 No ararás con un buey y una burra juntos.

11 No vestirás ropa tejida mitad de lana y mitad de lino.

12 Te harás unas borlas en las cuatro puntas del manto con que te cubras.

Calumnias contra la reputación de una joven.

13 Si un hombre se casa con una mujer y se llega a ella, pero luego le cobra aversión, 14 le atribuye acciones torpes y la difama públicamente diciendo: «Me he casado con esta mujer y me he llegado a ella, pero no la he encontrado virgen,» 15 el padre de la joven y su madre tomarán las pruebas de su virginidad y las descubrirán ante los ancianos de la ciudad, a la puerta. 16 El padre de la joven dirá a los ancianos: «Yo di mi hija por esposa a este hombre; después él le ha cobrado aversión, 17 y ahora le achaca acciones torpes diciendo: No he encontrado virgen a tu hija. Sin embargo, aquí tienen las señales de la virginidad de mi hija», y extenderán el paño ante los ancianos de la ciudad. 18 Los ancianos de aquella ciudad tomarán a ese hombre y lo castigarán, 19 y le pondrán una multa de cien monedas de plata, que entregarán al padre de la joven, por haber difamado públicamente a una virgen de Israel. Él la recibirá por mujer y no podrá repudiarla en toda su vida.

21 19 Este procedimiento supone una limitación del derecho del padre de familia sobre sus hijos, y una igualdad del padre y de la madre.

21 23 Ver Jos **8** 29; **10** 27. Ga **3** 13 aplicará este texto a Jesús crucificado.

20 Pero si resulta que es verdad, si no
aparecen en la joven las pruebas de la
virginidad, 21 sacarán a la joven a la
puerta de la casa de su padre, y los
hombres de su ciudad la apedrearán
hasta que muera, porque ha cometido
una infamia en Israel prostituyéndose
en casa de su padre. Así harás desaparecer el mal de en medio de ti.

Adulterio y fornicación.

22 Si se sorprende a un hombre acostado con una mujer casada, morirán
los dos: el hombre que se acostó con
la mujer y también la mujer. Así harás
desaparecer de Israel el mal.
23 Si una joven virgen está prometida
a un hombre y otro hombre la encuentra en la ciudad y se acuesta con ella,
24 los sacarán a los dos a la puerta de
esa ciudad y los apedrearán hasta que
mueran: a la joven por no haber pedido
socorro en la ciudad, y al hombre por
haber violado a la mujer de su prójimo.
Así harás desaparecer el mal de en medio de ti. 25 Pero si ha sido en el campo
donde el hombre ha encontrado a la
joven prometida, y la ha forzado y se ha
acostado con ella, sólo morirá el hombre que se acostó con ella; 26 no harás
nada a la joven: no hay en ella pecado
que merezca la muerte. El caso es semejante al de un hombre que se lanza sobre
su prójimo y lo mata: 27 porque fue en
el campo donde la encontró; la joven
prometida gritó, pero no había nadie
que la oyera.
28 Si un hombre encuentra a una joven virgen no prometida, la agarra y se
acuesta con ella, y son sorprendidos,
29 el hombre que se acostó con ella dará
al padre de la joven cincuenta monedas
de plata y ella será su mujer, porque la
ha violado, y no podrá repudiarla en
toda su vida.

23 1 Nadie tomará a la mujer de su
padre, ni retirará el borde del
manto de su padre.

Participación en las asambleas cultuales*.

2 El hombre que tenga los testículos
aplastados o el pene mutilado no será
admitido en la asamblea de Yahvé. 3 El
bastardo no será admitido en la asamblea de Yahvé; ni siquiera en su décima
generación será admitido en la asamblea de Yahvé.
4 Ni el amonita ni el moabita serán
admitidos en la asamblea de Yahvé; ni
aun en la décima generación serán admitidos en la asamblea de Yahvé, nunca
jamás. 5 Porque no vinieron al encuentro
de ustedes con el pan y el agua cuando
estaban de camino a la salida de Egipto,
y porque (el moabita) alquiló para maldecirte a Balaán, hijo de Beor, desde
Petor, Aram Naharáin. 6 Pero Yahvé
tu Dios no quiso escuchar a Balaán, y
Yahvé tu Dios te cambió la maldición
en bendición, porque Yahvé tu Dios te
ama. 7 No buscarás jamás mientras vivas
su prosperidad ni su bienestar.
8 No tendrás por abominable al idu-
meo, porque es tu hermano. No tendrás por abominable al egipcio, porque fuiste forastero en su país. 9 A la
tercera generación, sus descendientes
podrán ser admitidos en la asamblea
de Yahvé.

Pureza del campamento.

10 Cuando salgas a campaña contra
tus enemigos, te guardarás de todo
mal. 11 Si hay entre los tuyos un hombre que no esté puro, por causa de una
polución nocturna, saldrá del campamento y no volverá a entrar en el
campamento. 12 Pero al llegar la tarde
se lavará, y a la puesta del sol volverá al
campamento.
13 Tendrás fuera del campamento un
lugar, y saldrás allá afuera. 14 Llevarás
en tu equipo una estaca, y cuando vayas
a evacuar afuera, harás un hoyo con la
estaca, te darás vuelta, y luego taparás
tus excrementos. 15 Porque Yahvé tu

23 2 Dt conserva y comenta varios casos discutidos de participación en la asamblea.

Dios pasea por el campamento para protegerte y entregar en tu mano a tus enemigos. Por eso tu campamento debe ser una cosa sagrada, Yahvé no debe ver en él nada inconveniente; de lo contrario se apartaría de ti.

Leyes sociales y cultuales.

16 No entregarás a su amo el esclavo que se haya acogido a ti huyendo de él. 17 Se quedará contigo, entre los tuyos, en el lugar que escoja en una de tus ciudades, donde le parezca bien; no lo molestarás.

18 No habrá prostituta sagrada entre las israelitas, ni prostituto sagrado entre los israelitas. 19 No llevarás a la casa de Yahvé tu Dios don de prostituta ni salario de perro*, sea cual fuere el voto que hayas hecho: porque ambos son abominación para Yahvé tu Dios.

20 No prestarás a interés a tu hermano, sea rédito de dinero, o de víveres, o de cualquier otra cosa que produzca interés. 21 Al extranjero podrás prestarle a interés, pero a tu hermano no le prestarás a interés, para que Yahvé tu Dios te bendiga en todas tus empresas, en la tierra en la que vas a entrar para tomarla en posesión.

22 Si haces un voto a Yahvé tu Dios, no tardarás en cumplirlo, porque sin duda Yahvé tu Dios te lo reclamaría, y te cargarías con un pecado. 23 Y si te abstienes de hacer voto, no habrá pecado en ti. 24 Pero lo que salga de tus labios lo mantendrás y cumplirás, tal como has prometido a Yahvé tu Dios como don voluntario, que has prometido con tu propia boca.

25 Si entras en la viña de tu prójimo, podrás comer todas las uvas que quieras, hasta saciarte, pero no meterás nada en tu cesta. 26 Si pasas por las mieses de tu prójimo, podrás coger espigas con tu mano, pero no meterás la hoz en la mies de tu prójimo.

Divorcio.

24 1 Si un hombre toma una mujer y se casa con ella, y resulta que esta mujer no halla gracia a sus ojos, porque descubre en ella algo que le desagrada, le escribirá un acta de divorcio, se la pondrá en su mano y la despedirá de su casa. 2 Si después que ella ha salido y se ha marchado de casa de éste, se casa con otro hombre, 3 y luego este segundo hombre la aborrece, le escribe el acta de divorcio, se la pone en su mano y la despide de su casa; o si se muere este otro hombre que se ha casado con ella; 4 el primer marido que la repudió no podrá volver a tomarla por esposa después de haberse hecho ella impura. Pues sería una abominación a los ojos de Yahvé, y tú no debes hacer pecar a la tierra que Yahvé tu Dios te da en herencia.

Medidas de protección.

5 Si un hombre está recién casado, no saldrá a campaña ni se le impondrá trabajo alguno; quedará exento en su casa durante un año, para disfrutar de la mujer con la que se ha casado.

6 No se tomará en prenda ni las dos piedras de moler ni la muela de piedra; porque ello sería tomar en prenda la vida misma.

7 Si se encuentra a un hombre que ha raptado a uno de sus hermanos, de los israelitas, sea que lo haya hecho su esclavo sea que lo haya vendido, ese ladrón debe morir, y así harás desaparecer el mal de en medio de ti.

8 Ten cuidado con la plaga de lepra, observando bien y ejecutando todo lo que les enseñen los sacerdotes levitas. Procurarán poner en práctica lo que yo les he mandado. 9 Recuerda lo que Yahvé tu Dios hizo con María cuando estaban de camino a la salida de Egipto.

10 Si haces a tu prójimo un préstamo cualquiera, no entrarás en su casa para

23 19 La prostitución sagrada de los dos sexos era una de las taras de los cultos cananeos, Nm **25**, que había contaminado a Israel, 1 R **14** 24; etc.; Os **4** 14. -*Perro*, designación despectiva del prostituto sagrado.

recobrar la prenda. 11 Te quedarás fuera, y el hombre a quien has hecho el
préstamo te sacará la prenda afuera.
12 Y si es un pobre, no te acostarás
sobre su prenda; 13 se la devolverás a la
puesta del sol, para que pueda acostarse
en su manto. Así te bendecirá y tendrás
un mérito a los ojos de Yahvé tu Dios.

14 No explotarás al jornalero humilde
y pobre, ya sea uno de tus hermanos o
un forastero que residen en tu tierra, en
tus ciudades. 15 El mismo día le darás
su salario, y el sol no se pondrá sobre
esta deuda; porque es pobre, y de ese
salario depende su vida. Así no clamará
contra ti a Yahvé, y no te cargarás con
un pecado.

16 No serán ejecutados los padres
por culpa de los hijos ni los hijos serán
ejecutados por culpa de los padres.
Cada cual será ejecutado por su propio
pecado*.

17 No torcerás el derecho del forastero
ni del huérfano, ni tomarás en prenda
el vestido de la viuda. 18 Te acordarás de
que fuiste esclavo en el país de Egipto y
que Yahvé tu Dios te rescató de allí. Por
eso te mando hacer esto.

19 Cuando siegues la mies en tu campo, si dejas olvidada una gavilla en
el campo, no volverás a buscarla. Será
para el forastero, el huérfano y la viuda,
a fin de que Yahvé tu Dios te bendiga en
todas tus empresas.

20 Cuando varees tus olivos, no harás
rebusco: será para el forastero, el huérfano y la viuda.

21 Cuando vendimies tu viña, no harás rebusco: será para el forastero, el
huérfano y la viuda.

22 Te acordarás de que fuiste esclavo
en el país de Egipto. Por eso te mando
hacer esto.

25 1 Cuando haya pleito entre dos
hombres, se presentarán a jui-
cio, y se los juzgará: se declarará justo al
justo y se declarará culpable al culpable.
2 Si el culpable merece azotes, el juez le
hará echarse en tierra en su presencia
y hará que lo azoten con un número de
golpes proporcionado a su culpa. 3 Cuarenta le podrá infligir, pero no más, no
sea que, si lo golpea más, sea excesivo
el castigo, y tu hermano quede envilecido a tus ojos.

4 No pondrás bozal al buey que trilla.

La ley del levirato*.

Gn **38**; Rt **4**; ↗ Mt **22** 24p.

5 Si unos hermanos viven juntos y
uno de ellos muere sin tener hijos,
la mujer del difunto no se casará fuera
con un hombre de familia extraña. Su
cuñado se llegará a ella y la tomará por
esposa y cumplirá con ella como cuñado, 6 y el primogénito que ella dé a luz
perpetuará el nombre de su hermano
difunto; así su nombre no se borrará de
Israel. 7 Pero si el hombre no quiere
tomar a su cuñada por mujer, subirá su
cuñada a la puerta donde los ancianos
y dirá: «Mi cuñado se niega a perpetuar
el nombre de su hermano en Israel, no
quiere cumplir conmigo como cuñado.»
8 Los ancianos de su ciudad lo llamarán
y le hablarán. Si al comparecer dice:
«No quiero tomarla por mujer», 9 su cuñada se acercará a él en presencia de los
ancianos, le quitará la sandalia de su pie,
le escupirá a la cara y pronunciará estas
palabras: «Así se hace con el hombre
que no edifica la casa de su hermano»;
10 y se le llamará en Israel «Casa del des-
calzado».

El pudor en las riñas.

11 Si dos hombres están peleándose
entre sí, y la mujer de uno de ellos se
acerca para librar a su marido de los golpes del otro, y alarga la mano y agarra a

24 16 La responsabilidad individual es en esta época una novedad, ver **5** 9; Ex **34** 7; Jos **7** 24; etc. Este principio se irá imponiendo cada vez más, 2 R **14** 6; Ez **14** 12+.

25 5 Del latín *levir*, cuñado. La viuda sin hijo varón es desposada por su cuñado; el primer hijo es adjudicado al difunto y hereda de él. La institución era conocida en Oriente, ver Gn **38**; Rt **4**. Sobre el *vengador* (*go'el*), ver Num **35** 19+; Mt **22** 23-24p.

éste por sus partes, 12 tú le cortarás a
ella la mano sin piedad.

Apéndices.

13 No tendrás en tu bolsa pesa y pesa,
una grande y otra pequeña. 14 No tendrás en tu casa medida y medida, una
grande y otra pequeña. 15 Tendrás un
peso exacto y justo: tendrás una medida
exacta y justa, para que se prolonguen
tus días en el suelo que Yahvé tu Dios
te da. 16 Porque todo el que hace estas
cosas, todo el que comete una injusticia,
es una abominación para Yahvé tu Dios.
17 Recuerda lo que te hizo Amalec
cuando estaban ustedes de camino a
su salida de Egipto, 18 cómo vino a tu
encuentro en el camino y atacó por la
espalda a todos los que iban agotados
en tu retaguardia, cuando tú estabas
cansado y extenuado; ¡no tuvo temor de
Dios! 19 Por eso, cuando Yahvé tu Dios
te haya asentado al abrigo de todos tus
enemigos de alrededor, en la tierra que
Yahvé tu Dios te da en herencia para
que la poseas, borrarás el recuerdo de
Amalec de debajo de los cielos. ¡No lo
olvides!

Las primicias*.

26 1 Cuando entres en la tierra
que Yahvé tu Dios te da en
herencia, cuando la poseas y habites
en ella, 2 tomarás las primicias de todos
los frutos de la tierra que coseches en la
tierra que Yahvé tu Dios te da, las pondrás en una cesta y las llevarás al lugar
elegido por Yahvé tu Dios para poner
allí la morada de su nombre. 3 Te presentarás al sacerdote que esté entonces
allí y le dirás:

«Yo declaro hoy a Yahvé mi Dios que
he entrado en la tierra que Yahvé juró a
nuestros padres que nos daría.»

4 El sacerdote tomará de tu mano la
cesta y la depositará ante el altar de
Yahvé tu Dios. 5 Tú tomarás la palabra y
dirás ante Yahvé tu Dios*:

«Mi padre era un arameo errante, y
bajó a Egipto y residió allí siendo unos
pocos hombres, pero se hizo una nación grande, fuerte y numerosa. 6 Los
egipcios nos maltrataron, nos oprimieron y nos impusieron dura servidumbre.
7 Nosotros clamamos a Yahvé, Dios de
nuestros padres, y Yahvé escuchó nuestra voz; vio nuestra miseria, nuestras penalidades y nuestra opresión, 8 y Yahvé
nos sacó de Egipto con mano fuerte y
brazo extendido, con gran terror, con
señales y con prodigios. 9 Y nos trajo a
este lugar y nos dio esta tierra, tierra que
mana leche y miel. 10 Y ahora yo traigo
las primicias de los frutos de la tierra que
tú, Yahvé, me has dado.»

Las depositarás ante Yahvé tu Dios y
te postrarás ante Yahvé tu Dios. 11 Luego te regocijarás por todos los bienes
que Yahvé tu Dios te haya dado a ti y a
tu casa, y también se regocijarán el levita y el forastero que vive en medio de ti.

El diezmo trienal.
14 22+.

12 Cuando el tercer año, el año del
diezmo, hayas acabado de apartar el
diezmo de toda tu cosecha y se lo hayas
dado al levita, al forastero, al huérfano
y a la viuda, para que coman de ello
en tus ciudades y se sacien, 13 dirás en
presencia de Yahvé tu Dios:

«He retirado de mi casa lo que era sagrado; se lo he dado al levita, al forastero, al huérfano y a la viuda, según todos
los mandamientos que me has dado: no
he traspasado ninguno de tus mandamientos ni los he olvidado. 14 Nada de
ello he comido estando en duelo, nada
he retirado hallándome impuro, nada
he ofrecido a un muerto. He escuchado
la voz de Yahvé mi Dios y he obrado
conforme a todo lo que me has manda-

26 Las *primicias* de los productos de la tierra son consagradas a Dios como los primogénitos del hombre y de los animales, Ex **13** 1+; **22** 28; etc.

26 5 Breve confesión de fe, vv. 5-9, centrada en el Éxodo, ver **6** 20-23; Jos **24** 1-13; Ne **9** 7-25; resumen de la historia de la salvación.

do. 15 Desde la morada de tu santidad,
desde lo alto de los cielos, contempla y
bendice a tu pueblo Israel, así como a la
tierra que nos has dado como habías jurado a nuestros padres, tierra que mana
leche y miel.»

III. Discursos de conclusión

FIN DEL SEGUNDO DISCURSO*

Israel, pueblo de Yahvé.

16 En este día Yahvé tu Dios te manda
practicar estos preceptos y estas normas; las guardarás y las practicarás con
todo tu corazón y con toda tu alma.
17 Hoy le has hecho decir a Yahvé
que él será tu Dios y tú seguirás sus
caminos, observarás sus preceptos, sus
mandamientos y sus normas, y escucharás su voz. 18 Y Yahvé te ha hecho
decir hoy que tú serás su pueblo propio,
como él te ha dicho, y que tú deberás
guardar todos sus mandamientos; 19 y
que él te elevará en honor, renombre y
gloria, por encima de todas las naciones
que hizo, y que serás un pueblo consagrado a Yahvé tu Dios, como él te ha
dicho.

Inscripción de la ley y ceremonias cultuales.

27 1 Moisés y los ancianos de Israel dieron al pueblo esta orden: «Guarden todos los mandamientos
que yo les prescribo hoy. 2 El día que pasen el Jordán hacia la tierra que Yahvé
tu Dios te da, erigirás grandes piedras,
las blanquearás con cal, 3 y escribirás en
ellas todas las palabras de esta Ley, en el
momento en que pases para entrar en la
tierra que Yahvé tu Dios te da, tierra que
mana leche y miel, como te ha dicho
Yahvé, el Dios de tus padres.
4 «Y cuando hayan pasado el Jordán,
erigirán estas piedras, como se lo mando
hoy, en el monte Ebal, y las blanquearán con cal. 5 Levantarás allí en honor
de Yahvé tu Dios un altar de piedras: no
las labrarás con el hierro. 6 Harás el altar
de Yahvé tu Dios con piedras sin labrar,
y sobre este altar ofrecerás holocaustos
a Yahvé tu Dios. 7 Allí también inmolarás sacrificios de comunión, comerás y
te regocijarás en presencia de Yahvé tu
Dios. 8 Y escribirás en esas piedras todas
las palabras de esta Ley. Grábalas bien.»
9 Después Moisés y los sacerdotes
levitas hablaron así a todo Israel:
«Calla y escucha, Israel. Hoy te has
convertido en el pueblo de Yahvé tu
Dios. 10 Escucharás la voz de Yahvé tu
Dios y pondrás en práctica los mandamientos y preceptos que yo te prescribo
hoy.»
11 Y Moisés ordenó aquel día al pueblo*: 12 «Éstos son los que se situarán en
el monte Garizín para dar la bendición
al pueblo, cuando hayan pasado el Jordán: Simeón, Leví, Judá, Isacar, José y
Benjamín. 13 Y éstos los que se situarán,
para la maldición, en el monte Ebal:
Rubén, Gad, Aser, Zabulón, Dan y
Neftalí. 14 Los levitas tomarán la palabra
y dirán en voz alta a todos los hombres
de Israel:
15 Maldito el hombre que haga un
ídolo esculpido o fundido, abominación
de Yahvé, obra de manos de artífice, y
lo coloque en un lugar secreto. Y todo el
pueblo responderá y dirá: Amén.
16 Maldito quien desprecie a su padre
o a su madre. Y todo el pueblo dirá:
Amén.

26 16 El segundo discurso de Moisés, **4** 41+, se reanuda aquí y se prolonga hasta **28** 68, con inserción del **27**. El código de **12** 1-**26** 15 es la parte de la Alianza, Ex **19** 1+, que Israel deberá cumplir.

27 11 Ver **11** 26; Lv **26** 1+.

17 Maldito quien desplace el mojón
de su prójimo. Y todo el pueblo dirá:
Amén.
18 Maldito quien desvíe a un ciego en
el camino. Y todo el pueblo dirá: Amén.
19 Maldito quien tuerza el derecho del
forastero, del huérfano o de la viuda. Y
todo el pueblo dirá: Amén.
20 Maldito quien se acueste con la
mujer de su padre, porque descubre el
borde del manto de su padre. Y todo el
pueblo dirá: Amén.
21 Maldito quien se acueste con cualquier bestia. Y todo el pueblo dirá:
Amén.
22 Maldito quien se acueste con su
hermana, hija de su padre o hija de su
madre. Y todo el pueblo dirá: Amén.
23 Maldito quien se acueste con su
suegra. Y todo el pueblo dirá: Amén.
24 Maldito quien mate a escondidas
a su prójimo. Y todo el pueblo dirá:
Amén.
25 Maldito quien acepte soborno para
quitar la vida a un inocente. Y todo el
pueblo dirá: Amén.
26 Maldito quien no mantenga las
palabras de esta Ley, poniéndolas en
práctica. Y todo el pueblo dirá: Amén.

Las bendiciones prometidas*.

28 1 Y si tú escuchas de verdad la
voz de Yahvé tu Dios, cuidan-
do de practicar todos los mandamientos
que yo te prescribo hoy, Yahvé tu Dios
te levantará por encima de todas las
naciones de la tierra, 2 y vendrán sobre
ti y te alcanzarán todas las bendiciones
siguientes, por haber escuchado la voz
de Yahvé tu Dios.
3 Bendito serás en la ciudad y bendito
serás en el campo. 4 Bendito el fruto de
tu vientre, el fruto de tu suelo, y el fruto
de tu ganado, el parto de tus vacas y las
crías de tus ovejas. 5 Bendita tu cesta y
tu artesa. 6 Bendito serás cuando entres
y bendito serás cuando salgas. 7 A los
enemigos que se levanten contra ti,
Yahvé los convertirá en vencidos: por
un camino saldrán a tu encuentro, y
por siete caminos huirán delante de ti.
8 Yahvé mandará a la bendición que
esté contigo, en tus graneros y en tus
empresas, y te bendecirá en la tierra que
Yahvé tu Dios te da.
9 Yahvé te establecerá como el pueblo consagrado a él, como te ha jurado,
si tú guardas los mandamientos de
Yahvé tu Dios y sigues sus caminos.
10 Todos los pueblos de la tierra verán
que sobre ti es invocado el nombre de
Yahvé y te temerán. 11 Yahvé te hará rebosar de bienes: del fruto de tu vientre,
del fruto de tu ganado y del fruto de tu
tierra, en esta tierra que él juró a tus
padres que te daría. 12 Yahvé abrirá para ti los cielos, su rico tesoro, para dar
a su tiempo la lluvia a tu tierra y para
bendecir todas tus empresas. Prestarás
a naciones numerosas, y tú no tendrás
que tomar prestado. 13 Yahvé te pondrá
a la cabeza y no a la cola; siempre estarás encima y nunca debajo, si escuchas
los mandamientos de Yahvé tu Dios,
que yo te prescribo hoy, guardándolos
y poniéndolos en práctica, 14 si no te
apartas ni a derecha ni a izquierda de
ninguna de estas palabras que yo os
prescribo hoy, yendo detrás de otros
dioses para servirlos.

Las maldiciones.

15 Pero si desoyes la voz de Yahvé
tu Dios, y no cuidas de practicar todos
sus mandamientos y sus preceptos, que
yo te prescribo hoy, te sobrevendrán
y te alcanzarán todas las maldiciones
siguientes:
16 Maldito serás en la ciudad y maldito
serás en el campo. 17 Maldita tu cesta y
tu artesa. 18 Maldito el fruto de tu vientre y el fruto de tu tierra, el parto de tus
vacas y las crías de tus ovejas. 19 Maldito
serás cuando entres y maldito serás cuando salgas.

28 Como se trata de una especie de contrato, **26** 16+, se prevé la guarda de las cláusulas o las infracciones, al estilo oriental pero con el espíritu propio del Deuteronomio.

20 Yahvé enviará contra ti la maldición, el desastre, la amenaza, en todas tus empresas, hasta que seas exterminado y perezcas rápidamente, a causa de la perversidad de tus acciones por las que me habrás abandonado. 21 Yahvé hará que se te pegue la peste, hasta que te haga desaparecer de esa tierra en la que vas a entrar para tomarla en posesión. 22 Yahvé te herirá de tisis, de fiebre, de inflamación, de gangrena, de sequía, de tizón y roya del trigo, que te perseguirán hasta que perezcas. 23 Los cielos de encima de tu cabeza serán de bronce, y la tierra de debajo de ti será de hierro. 24 Yahvé dará como lluvia a tu tierra polvo y arena, que caerán del cielo sobre ti hasta tu destrucción. 25 Yahvé hará que sucumbas ante tus enemigos: por un camino saldrás hacia ellos, y por siete caminos huirás delante de ellos, y serás el espanto de todos los reinos de la tierra. 26 Tu cadáver será pasto de todas las aves del cielo y de todas las bestias de la tierra sin que nadie las espante.

27 Yahvé te herirá con úlceras de Egipto, con tumores, con sarna y con tiña, de las que no podrás sanar. 28 Yahvé te herirá de delirio, de ceguera y de pérdida de sentidos; 29 andarás a tientas en pleno mediodía como el ciego anda a tientas en la oscuridad, y no llegarás a término en tus caminos.

Estarás oprimido y despojado toda la vida, y no habrá quien te socorra. 30 Te desposarás con una mujer y otro hombre la hará suya; edificarás una casa y no la habitarás; plantarás una viña y no disfrutarás de ella. 31 Tu buey será degollado en tu presencia, y no comerás de él; tu burro será robado en tu presencia, y no se te devolverá; tus ovejas serán entregadas a tus enemigos, y no habrá quien te auxilie; 32 tus hijos y tus hijas serán entregados a otro pueblo; y tus ojos lo estarán viendo y se consumirán por ellos todos los días de tu vida, sin poder hacer nada. 33 El fruto de tu tierra y toda tu fatiga lo comerá un pueblo que no conoces. No serás más que un explotado y oprimido toda la vida. 34 Y te volverás loco ante el espectáculo que verás con tus ojos. 35 Yahvé te herirá de úlceras malignas en las rodillas y en las piernas, de las que no podrás sanar, desde la planta de los pies hasta la coronilla de la cabeza.

36 Yahvé te llevará, a ti y al rey que hayas puesto sobre ti, a una nación que ni tú ni tus padres conocían, y allí servirás a otros dioses de madera y de piedra. 37 Serás el asombro, el refrán y la irrisión de todos los pueblos a donde Yahvé te conduzca.

38 Echarás en tus campos mucha semilla y cosecharás poco, porque la asolará la langosta. 39 Viñas plantarás y las trabajarás, pero vino no beberás ni recogerás nada, porque el gusano las devorará. 40 Olivos tendrás por todo tu territorio, pero con aceite no te ungirás, porque tus olivos caerán. 41 Hijos e hijas engendrarás, pero no serán para ti, porque irán al cautiverio. 42 Todos tus árboles y los frutos de tu tierra serán presa de los insectos.

43 El forastero que vive en medio de ti subirá a costa tuya cada vez más alto, y tú caerás cada vez más bajo. 44 Él te prestará, y tú no le prestarás a él; él estará a la cabeza y tú a la cola.

45 Todas estas maldiciones caerán sobre ti, te perseguirán y te alcanzarán hasta destruirte, por no haber escuchado tú la voz de Yahvé tu Dios, guardando los mandamientos y los preceptos que él te ha prescrito. 46 Serán como una señal y un prodigio sobre ti y sobre tu descendencia para siempre.

Perspectivas de guerra y de destierro.

47 Por no haber servido a Yahvé tu Dios en la alegría y la dicha de corazón, cuando abundabas en todo, 48 servirás a tus enemigos, los que Yahvé enviará contra ti, con hambre, con sed, con desnudez y con privación de todo. Él pondrá en tu cuello un yugo de hierro hasta que te destruya.

49 Yahvé levantará contra ti una nación venida de lejos, de los extremos
de la tierra, como el águila que se cierne; una nación de lengua desconocida
para ti, 50 una nación de rostro fiero,
que no respetará al anciano ni tendrá
compasión del muchacho. 51 Comerá
el fruto de tu ganado y el fruto de tu
suelo, hasta destruirte; no te dejará ni
trigo, ni mosto, ni aceite, ni los partos
de tus vacas, ni las crías de tus ovejas,
hasta acabar contigo. 52 Te asediará
en todas tus ciudades, hasta que caigan
en toda tu tierra tus murallas más altas
y mejor fortificadas, en las que tú habías puesto tu confianza. Te asediará
en tus ciudades, en toda la tierra que te
habrá dado Yahvé tu Dios. 53 Comerás
el fruto de tu vientre, la carne de tus
hijos y de tus hijas que te haya dado
Yahvé tu Dios, en el asedio y la angustia a que te reducirá tu enemigo. 54 El
hombre más delicado y tierno de entre
los tuyos mirará con malos ojos a su
hermano, y a la mujer que se acostaba
en su seno y a los hijos que le queden,
55 para no compartir con ellos la carne
de sus hijos que él se va a comer, pues
no le ha quedado ya nada, por el asedio y la angustia a que tu enemigo te
reducirá en todas tus ciudades. 56 La
más delicada y tierna de las mujeres de
tu pueblo, la que no habría osado posar
en tierra la planta de su pie, mirará con
malos ojos al hombre que se acostaba
en su seno, y a su hijo y a su hija, 57 y a
la placenta que sale entre sus piernas y
a los hijos que dé a luz, pues los comerá
a escondidas, por la falta de todo, en el
asedio y la angustia a que te reducirá
tu enemigo en tus ciudades.

58 Si no cuidas de poner en práctica
todas las palabras de esta Ley escritas
en este libro, temiendo a ese nombre
glorioso y temible, a Yahvé tu Dios,
59 Yahvé hará terribles tus plagas y las
plagas de tu descendencia: plagas grandes y duraderas, enfermedades perniciosas y tenaces. 60 Hará caer de nuevo
sobre ti aquellas epidemias de Egipto,
a las que tanto miedo tenías, y se te
pegarán. 61 Más todavía, todas las enfermedades y plagas que no se mencionan
en el libro de esta Ley, las suscitará Yahvé contra ti, hasta destruirte. 62 No quedarán más que unos pocos hombres,
ustedes que eran tan numerosos como
las estrellas del cielo, por haber desoído
la voz de Yahvé tu Dios.

63 Y sucederá que lo mismo que
Yahvé se complacía en hacerles el bien
y en multiplicarlos, así se gozará en
perderlos y destruirlos. Serán arrancados de la tierra adonde vas a entrar
para tomarla en posesión. 64 Yahvé
te dispersará entre todos los pueblos,
de un extremo a otro de la tierra, y allí
servirás a otros dioses, de madera y
de piedra, que no conocían ni tú ni
tus padres. 65 No hallarás sosiego en
aquellas naciones, ni habrá descanso
para la planta de tus pies, sino que
Yahvé te dará allí corazón tembloroso,
y languidez de ojos y ansiedad de alma.
66 Tu vida estará ante ti como pendiente
de un hilo, tendrás miedo de noche y
de día, y no tendrás seguridad ni de tu
vida. 67 Por la mañana dirás: «¡Quién
me diera que anocheciera!», y por la
tarde dirás: «¡Quién me diera que amaneciera!», a causa del espanto que estremecerá tu corazón y del espectáculo
que verán tus ojos. 68 Yahvé volverá
a llevarte a Egipto en barcos, por ese
camino del que yo te había dicho: «No
volverás a verlo más.» Y allí ustedes se
ofrecerán en venta a sus enemigos como esclavos y esclavas, pero no habrá
ni comprador.

TERCER DISCURSO

69 Éstas son las palabras de la alianza que Yahvé mandó a Moisés concluir con los israelitas en el país de Moab, aparte de la alianza que había concluido con ellos en el Horeb*.

Prólogo histórico.

29 1 Moisés convocó a todo Israel y les dijo: Ustedes han visto todo lo que Yahvé ha hecho en Egipto con el faraón, y con todos sus siervos y con todo su país: 2 las grandes pruebas que personalmente han visto, esas señales, esos grandes prodigios. 3 Pero hasta el día de hoy no les ha dado Yahvé corazón para entender, ni ojos para ver, ni oídos para oír.

4 Durante cuarenta años los he hecho caminar por el desierto; no se han gastado los vestidos que llevaban ni se han gastado las sandalias en tus pies. 5 No han comido pan, ni han bebido vino o licor, para que supieran que yo, Yahvé, soy su Dios. 6 Luego llegaron a este lugar. Y Sijón, rey de Jesbón, y Og, rey de Basán, salieron a nuestro encuentro para hacernos la guerra, pero los derrotamos. 7 Conquistamos su país, y se lo di en heredad a Rubén, a Gad y a la media tribu de Manasés.

8 Guarden, pues, las palabras de esta alianza y pónganlas en práctica, para que tengan éxito en todas sus empresas.

La alianza en Moab.

9 Aquí están hoy en pie todos ustedes ante Yahvé su Dios: sus jefes de tribu, sus ancianos y sus escribas, todos los hombres de Israel, 10 sus hijos y sus mujeres y el forastero que está en tu campamento, desde tu leñador hasta tu aguador, 11 para entrar en la alianza de Yahvé tu Dios, y en el juramento que Yahvé tu Dios concluye hoy contigo, 12 para que él te constituya hoy pueblo suyo y él sea tu Dios, como te ha dicho y como juró a tus padres Abrahán, Isaac y Jacob. 13 Y no solamente con ustedes hago yo hoy esta alianza y este juramento, 14 sino que la hago tanto con quien está hoy aquí con nosotros en presencia de Yahvé nuestro Dios, como con quien no está hoy aquí con nosotros.

15 Pues ustedes saben cómo vivíamos en Egipto, y cómo hemos pasado por medio de las naciones por las que han pasado. 16 Han visto sus monstruos abominables y los ídolos de madera y de piedra, de plata y de oro que hay entre ellos.

17 No haya entre ustedes hombre o mujer, familia o tribu, cuyo corazón se aparte hoy de Yahvé su Dios para ir a servir a los dioses de esas naciones. No haya entre ustedes raíz que produzca veneno o ajenjo. 18 Si alguien, al oír las palabras de este juramento, se las promete felices en su corazón diciendo: «Yo tendré paz, aunque me conduzca en la terquedad de mi corazón, de modo que lo regado acabe con lo sediento», 19 Yahvé no se avendrá a perdonarlo. Porque la ira y el celo de Yahvé se encenderán contra ese hombre; todo el juramento escrito en este libro caerá sobre él, y Yahvé borrará su nombre de debajo de los cielos. 20 Yahvé lo separará de todas las tribus de Israel, para su desgracia, conforme a todos los juramentos de la alianza escrita en el libro de esta Ley.

Perspectivas de destierro.

21 La generación futura, sus hijos que vendrán después de ustedes, así como el extranjero llegado de un país lejano, cuando vean las plagas de esta tierra y las enfermedades con que Yahvé la castigará, exclamarán: 22 «Azufre, sal, un

28 69 Este versículo puede ser considerado como la conclusión del segundo discurso de Moisés o mejor como la introducción del tercero, caps. **29-30**, donde encontraremos los mismos temas expuestos en un tono interior y ardoroso.

brasero es su tierra entera; no se sembrará, nada germinará ni hierba alguna
crecerá en ella, como en la catástrofe
de Sodoma y Gomorra, Admá y Seboín,
que Yahvé asoló en su ira y su furor.»
23 Y todas las naciones preguntarán:
«Por qué ha tratado así Yahvé a esta
tierra? ¿Por qué el ardor de tanta ira?»
24 Y se dirá: «Porque han abandonado la
alianza que Yahvé, Dios de sus padres,
había concluido con ellos al sacarlos del
país de Egipto; 25 se han ido a servir a
otros dioses y se han postrado ante
ellos, dioses que no conocían y que él
no les había asignado. 26 Por eso se ha
encendido la ira de Yahvé contra este
país y ha traído sobre él toda la maldición escrita en este libro. 27 Yahvé los
ha arrancado de su tierra con ira, furor
y gran indignación, y los ha arrojado a
otro país, donde hoy están.»

28 Las cosas secretas pertenecen a
Yahvé nuestro Dios, pero las cosas re-
veladas nos pertenecen a nosotros y a
nuestros hijos para siempre, a fin de
que pongamos en práctica todas las
palabras de esta Ley.

Vuelta del destierro y conversión.

30 1 Cuando te sucedan todas estas cosas, la bendición y la
maldición que te he puesto delante, si
las meditas en tu corazón en medio de
todas las naciones donde Yahvé tu Dios
te haya arrojado, 2 si vuelves a Yahvé
tu Dios, si escuchas su voz en todo lo
que yo te mando hoy, tú y tus hijos,
con todo tu corazón y con toda tu alma,
3 Yahvé tu Dios cambiará tu suerte, tendrá piedad de ti, y te reunirá de nuevo
de en medio de todos los pueblos por
los que Yahvé tu Dios te haya dispersado. 4 Aunque tus desterrados estén en
el extremo de los cielos, de allí mismo
te recogerá Yahvé tu Dios y vendrá a
buscarte; 5 y te llevará otra vez a la tierra
que poseyeron tus padres, y tú la posee-
rás, y te hará feliz y te multiplicará más
que a tus padres.
6 Yahvé tu Dios circuncidará tu corazón y el corazón de tu descendencia,
a fin de que ames a Yahvé tu Dios con
todo tu corazón y con toda tu alma,
para que vivas. 7 Yahvé tu Dios descar-
gará todas estas maldiciones sobre los
enemigos y contra los que te odian, los
que te han perseguido. 8 Tú volverás a
escuchar la voz de Yahvé tu Dios y pondrás en práctica todos sus mandamientos que yo te prescribo hoy. 9 Yahvé
tu Dios te hará prosperar en todas tus
empresas, en el fruto de tu vientre, en
el fruto de tu ganado y en el fruto de
tu tierra. Porque de nuevo se complacerá Yahvé en tu felicidad, como se
complacía en la felicidad de tus padres,
10 porque tú escucharás la voz de Yahvé
tu Dios guardando sus mandamientos y
sus preceptos, lo que está escrito en el
libro de esta Ley, cuando te conviertas
a Yahvé tu Dios con todo tu corazón y
con toda tu alma.

11 Porque este mandamiento que yo
te prescribo hoy no es superior a tus
fuerzas, ni está fuera de tu alcance.
12 No está en el cielo, como para decir:
«¿Quién subirá por nosotros al cielo y
nos lo traerá, para que lo oigamos y lo
pongamos en práctica?» 13 Ni está al
otro lado del mar, como para decir:
«¿Quién irá por nosotros al otro lado del
mar y nos lo traerá para que lo oigamos
y lo pongamos en práctica?» 14 Sino que
la palabra está bien cerca de ti, en tu
boca y en tu corazón, para que la pongas en práctica*.

Los dos caminos*.

15 Mira, yo pongo hoy delante de ti la
vida y el bien, la muerte y el mal. 16 Si
escuchas los mandamientos de Yahvé
tu Dios que yo te mando hoy, amando a

30 14 La *sabiduría* es inaccesible, Jb **28**; Qo **7** 24; Si **1** 6, pero se revela en la Ley, Si **24** 23-24; Sal **119.** San Pablo, Rm **10** 6-8+, descubre en este pasaje el anuncio de la *palabra de la fe* ofrecida a todos.

30 15 Ver **11** 26+; Sal **1**; Pr **4** 18-19; Jr **21** 8-10; Mt **7** 13-14+.

Yahvé tu Dios, siguiendo sus caminos y guardando sus mandamientos, preceptos y normas, vivirás y te multiplicarás; Yahvé tu Dios te bendecirá en la tierra en la que vas a entrar para tomarla en posesión. 17 Pero si tu corazón se desvía y no escuchas, si te dejas arrastrar a postrarte ante otros dioses y a darles culto, 18 yo les declaro hoy que perecerán sin remedio y que no vivirán muchos días en el suelo que vas a tomar en posesión al pasar el Jordán. 19 Pongo hoy por testigos contra ustedes al cielo y a la tierra: te pongo delante vida o muerte, bendición o maldición. Escoge la vida, para que vivas, tú y tu descendencia, 20 amando a Yahvé tu Dios, escuchando su voz, viviendo unido a él; pues en ello está tu vida, así como la prolongación de tus días mientras habites en la tierra que Yahvé juró dar a tus padres Abrahán, Isaac y Jacob.

IV. *Últimos hechos y muerte de Moisés*

La misión de Josué.
Nm **27** 12-23.

31 1 Fue Moisés y dijo estas palabras a todo Israel. Y les añadió: 2 «Tengo hoy ciento veinte años. Ya no puedo seguir como jefe. Y Yahvé me ha dicho: Tú no pasarás este Jordán. 3 Yahvé tu Dios será el que pase delante de ti, él destruirá ante ti esas naciones y las desalojará. Será Josué quien pasará delante de ti, como ha dicho Yahvé. 4 Yahvé las tratará como ha tratado a Sijón y a Og, reyes amorreos, y a su país, a los cuales ha destruido. 5 Yahvé se los entregará, y ustedes los tratarán exactamente conforme a la orden que yo les he dado. 6 ¡Sean fuertes y valerosos!, no teman ni se asusten ante ellos, porque es Yahvé tu Dios el que marcha contigo: no te dejará ni te abandonará.» 7 Después Moisés llamó a Josué y le dijo en presencia de todo Israel: «¡Sé fuerte y valeroso!, tú entrarás con este pueblo en la tierra que Yahvé juró dar a sus padres, y tú se la darás en posesión. 8 Yahvé marchará delante de ti, él estará contigo; no te dejará ni te abandonará. No temas ni te asustes.»

Lectura ritual de la Ley.
2 R **23** 1s.

9 Moisés puso esta Ley por escrito y se la dio a los sacerdotes, hijos de Leví, que llevaban el arca de la alianza de Yahvé, así como a todos los ancianos de Israel. 10 Y Moisés les dio esta orden: «Cada siete años, en la fecha del año de la Remisión, en la fiesta de las Tiendas, 11 cuando todo Israel acuda, para ver el rostro de Yahvé tu Dios, al lugar elegido por él, leerás esta Ley en presencia de todo Israel. 12 Congrega al pueblo, hombres, mujeres y niños, y al forastero que vive en tus ciudades, para que oigan, y aprendan a temer a Yahvé su Dios, y cuiden de poner en práctica todas las palabras de esta Ley. 13 Y sus hijos, que todavía no la conocen, la oirán y aprenderán a temer a Yahvé el Dios de ustedes todos los días que vivan en la tierra que van a tomar en posesión al pasar el Jordán.»

Instrucciones de Yahvé.

14 Yahvé dijo a Moisés: «Mira que ya se acerca el día de tu muerte; llama a Josué y preséntense en la Tienda del Encuentro, para que yo le dé mis órdenes.» Fueron, pues, Moisés y Josué a presentarse en la Tienda del Encuentro. 15 Y Yahvé se apareció en la Tienda, en una columna de nube; la columna de nube se detuvo a la entrada de la Tienda.

16 Yahvé dijo a Moisés: «Mira que vas a acostarte con tus padres, y este pueblo se levantará y se prostituirá con dioses extranjeros, los de la tierra en la que

va a entrar. Me abandonará y romperá
mi alianza, que yo he concluido con él.
17 Aquel día montaré en cólera contra él,
los abandonaré y les ocultaré mi rostro.
Será pasto y presa de un sinfín de males
y adversidades. Aquel día dirá: «¿No me
habrán llegado estos males porque mi
Dios no está en medio de mí?» 18 Pero yo
ocultaré mi rostro aquel día, a causa de
todo el mal que habrá hecho, yéndose
detrás de otros dioses.

El cántico del testimonio*.

19 «Y ahora escriban para uso de ustedes el cántico siguiente; enséñaselo a los israelitas, ponlo en su boca para que este cántico me sirva de testimonio
contra los israelitas, 20 cuando yo los
introduzca en la tierra que bajo juramento prometí a sus padres, tierra que mana leche y miel, cuando ellos hayan comido y se hayan hartado y hayan engordado, y se vuelvan hacia otros dioses, les den culto, y a mí me desprecien y rompan mi alianza. 21 Y cuando
les alcancen males y adversidades sin número, este cántico dará testimonio contra él, porque no caerá en olvido en la boca de su descendencia. Pues sé muy bien los planes que está tramando hoy, incluso antes de haberlo introducido en la tierra que le tengo prometida
bajo juramento.» 22 Y Moisés escribió
aquel día este cántico y se lo enseñó a los israelitas.

23 Luego dio esta orden a Josué, hijo de Nun: «¡Sé fuerte y valeroso!, porque tú llevarás a los israelitas a la tierra que yo les tengo prometida bajo juramento, y yo estaré contigo».

La Ley colocada junto al arca*.

24 Cuando terminó Moisés de escribir
en un libro las palabras de esta Ley, 25 dio
esta orden a los levitas que llevaban el
arca de la alianza de Yahvé: 26 «Tomen
el libro de esta Ley. Pónganlo al lado del
arca de la alianza de Yahvé su Dios. Ahí
quedará como testimonio contra ti. 27 Porque conozco tu rebeldía y tu dura cerviz. Si hoy, que vivo todavía entre ustedes, son rebeldes a Yahvé, ¡cuánto más lo serán después de mi muerte!»

Israel reunido para escuchar el cántico.

28 «Congreguen junto a mí a todos los ancianos de sus tribus y a sus escribas, que voy a pronunciar en su presencia estas palabras, poniendo por testigos contra ellos al cielo y a la tierra. 29 Porque sé
que después de mi muerte no dejarán de pervertirse; se apartarán del camino que les he prescrito; y la desgracia vendrá sobre ustedes en el futuro, porque habrán hecho lo que es malo a los ojos de Yahvé, irritándolo con sus obras.»

30 Luego, en presencia de toda la asamblea de Israel, Moisés pronunció hasta el fin las palabras de este cántico:

CÁNTICO DE MOISÉS*

32 1 Presten oído, cielos,
y hablaré,
escuche la tierra las palabras de mi
boca.

2 Como lluvia se derrame mi doctrina,
caiga como rocío mi palabra,
como suave lluvia sobre la hierba
verde,

31 19 El cántico, v. 19, luego la Ley, v. 26, el cielo y la tierra, v. 28, son invocados como testimonios de la fidelidad a la Alianza.

31 24 La Ley transmitida por Moisés es colocada junto al Decálogo promulgado por Dios mismo, **4** 14+; ver **5** 24-27; **28** 69.

32 El gran *cántico* de Moisés, ver Ex **15** 1-18, exalta el poder soberano del único Dios verdadero, Yahvé, que guía a su pueblo, lo castiga y finalmente aniquila a sus opresores. Parte de las imágenes se encuentran en los Profetas y en los Salmos. -*Presten oído*: ver **4** 26; **30** 19.28; Is **1** 2; Jr **2** 12; Sal **50** 4-6.

como aguacero sobre el césped.
3 Porque voy a aclamar el nombre de Yahvé;
¡ensalcen a nuestro Dios!
4 Él es la Roca, su obra es consumada,
pues todos sus caminos son justicia.
Es Dios de lealtad, no de perfidia,
es justo y recto.
5 Se han pervertido los que él engendró sin tara,
generación perversa y tortuosa.
6 ¿Así pagan ustedes a Yahvé,
pueblo insensato y necio?
¿No es él tu padre, el que te creó*,
el que te hizo y te fundó?
7 Acuérdate de los días de antaño,
considera los años de edad en edad.
Interroga a tu padre, que te lo contará,
a tus ancianos, que te lo dirán.
8 Cuando el Altísimo repartió las naciones,
cuando distribuyó a los hijos de Adán,
fijó las fronteras de los pueblos,
según el número de los hijos de Dios;
9 mas la porción de Yahvé fue su pueblo,
Jacob su parte de heredad.
10 En tierra desierta lo encuentra,
en la soledad rugiente de la estepa.
Y lo envuelve, lo sustenta, lo cuida,
como a la niña de sus ojos.
11 Como un águila incita a su nidada,
revolotea sobre sus polluelos,
así él despliega sus alas y lo toma,
y lo lleva sobre su plumaje.
12 Sólo Yahvé lo guía a su destino,
con él ningún dios extranjero.
13 Lo hace cabalgar por las alturas de la tierra,
lo alimenta de los frutos del campo,
le da a gustar miel de la peña,
y aceite de la dura roca,
14 cuajada de vacas y leche de ovejas,
con la grasa de corderos;
carneros de raza de Basán,
y machos cabríos,
con la flor de los granos de trigo,
y por bebida la roja sangre de la uva.
15 Come Jacob, se sacia,
engorda Yesurún*, respinga,
te has puesto grueso, rollizo, turgente,
rechaza a Dios, su Hacedor,
desprecia a la Roca, su salvación.
16 Lo encelan con dioses extraños,
lo irritan con abominaciones.
17 Sacrifican a demonios, no a Dios,
a dioses que desconocían,
a nuevos, recién llegados,
que no veneraron sus padres.
18 (¡Desdeñas a la Roca que te dio el ser,
olvidas al Dios que te engendró!)
19 Yahvé lo ha visto y, en su ira,
ha desechado a sus hijos y a sus hijas.
20 Ha dicho: Les voy a esconder mi rostro,
a ver en qué paran.
Porque es una generación torcida,
hijos sin lealtad.
21 Me han encelado con lo que no es Dios,
me han irritado con sus vanos ídolos;
pues yo también voy a encelarlos
con el que no es pueblo,
con una nación fatua los irritaré.
22 Porque se ha inflamado
el fuego de mi ira,
que quemará
hasta las honduras del Seol;
devorará la tierra y sus productos,
abrasará los cimientos de los montes.
23 Acumularé desgracias sobre ellos,
agotaré en ellos mis saetas.
24 Andarán extenuados de hambre,
consumidos de fiebre y mala peste.
Dientes de fieras mandaré contra ellos,
con veneno de reptiles.
25 Por fuera la espada sembrará orfandad,
y dentro reinará el espanto.

32 6 Evocación de la historia santa del pueblo; ver los discursos de Moisés, Sal **78**; **105**; etcétera.

32 15 La etimología del nombre *Yešurun* dado a Israel, ver **33** 5.26, es incierta (*šôr, ¿toro?*).

Caerán a la vez joven y doncella,
niño de pecho y viejo encanecido*.
26 He dicho*: A polvo los reduciría,
borraría su recuerdo
de entre los hombres,
27 si no temiera
azuzar el furor del enemigo,
y que lo entiendan al revés
sus adversarios,
no sea que digan:
«Es nuestra mano la que prevalece,
y no es Yahvé el que hace todo esto.»
28 Porque es gente
que ha perdido el juicio,
y no hay inteligencia en ellos.
29 Si fueran sabios, podrían entenderlo,
sabrían vislumbrar su suerte última.
30 Pues, ¿cómo un solo hombre
puede perseguir a mil,
y dos poner en fuga a una miríada,
sino porque su Roca se los ha
vendido,
porque Yahvé se los ha entregado?
31 Mas no es su roca como nuestra
Roca,
y nuestros enemigos son testigos.
32 Porque su viña es viña de Sodoma
y de las plantaciones de Gomorra:
uvas venenosas son sus uvas,
racimos amargos sus racimos;
33 su vino, un veneno de serpiente,
mortal ponzoña de áspid.
34 Pero él, ¿no está guardado
junto a mí, sellado en mis tesoros?
35 A mí me toca la venganza y el pago
para el momento en que su pie
vacile.
Porque está cerca el día de su ruina,
ya se precipita lo que les espera.
36 (Que Yahvé va a hacer justicia
al pueblo suyo,
va a apiadarse de sus siervos.)
Porque verá que su fuerza se agota,
que no queda ya libre ni esclavo.
37 Dirá entonces: ¿Dónde están sus
dioses,
roca en que buscaban su refugio,
38 los que comían la grasa de sus
sacrificios
y bebían el vino de sus libaciones?
¡Levántense y los salven a ustedes,
sean ellos su amparo!
39 Vean ahora que yo soy yo,
y que no hay otro Dios junto a mí.
Yo hago morir y hago vivir,
yo hiero y yo sano
(y no hay quien libre de mi mano).
40 Sí, yo alzo al cielo mi mano,
y digo:
Tan cierto como que vivo
eternamente,
41 cuando afile el rayo de mi espada,
y mi mano empuñe el Juicio,
tomaré venganza de mis adversarios
y daré el pago a quienes me
aborrecen.
42 Embriagaré de sangre mis saetas,
y mi espada se saciará de carne:
de sangre de muertos y cautivos,
de cabezas encrestadas de enemigos.
43 ¡Cielos, exulten con él,
y adórenlo los hijos de Dios!
¡Aclámenlo, naciones, con su
pueblo,
y todos los mensajeros de Dios
narren su fuerza!
Porque él vengará
la sangre de sus siervos,
tomará venganza de sus adversarios,
dará su pago a quienes lo aborrecen
y purificará el suelo de su pueblo.
44 Fue Moisés y pronunció en presencia del pueblo todas las palabras de este
cántico, acompañado de Josué, hijo de
Nun.

La Ley, fuente de vida*.

45 Cuando Moisés acabó de pronunciar estas palabras a todo Israel, 46 les
dijo: «Estén bien atentos a todas estas
palabras con las que hoy los juramento.
Mandarán a sus hijos que cuiden de
poner en práctica todas las palabras de

32 25 Los vv. 19-25 contienen la sentencia del juez.
32 26 El pueblo, sin embargo, no será destruido por sus enemigos, vv. 26-42; ver Is **14**; **47**; **51**; etc.
32 45 Continuación de **31** 27. Las *palabras* son la Ley, no el cántico.

esta Ley. [47] Porque no es una palabra vana para ustedes, sino que es su vida, y por esta palabra prolongarán sus días en la tierra que van a tomar en posesión al pasar el Jordán.»

Anuncio de la muerte de Moisés*.

3 23-28.

[48] Yahvé habló a Moisés aquel mismo día y le dijo: [49] «Sube a esa montaña de los Abarín, al monte Nebo que está en el país de Moab, frente a Jericó, y contempla la tierra de Canaán que yo doy en propiedad a los israelitas. [50] En el monte al que vas a subir morirás, e irás a reunirte con los tuyos, como tu hermano Aarón murió en el monte Hor y fue a reunirse con los suyos. [51] Por haberme sido infieles en medio de los israelitas, en las aguas de Meribá de Cades, en el desierto de Sin, por no haber reconocido mi santidad en medio de los israelitas, [52] por eso, sólo de lejos verás la tierra, pero no entrarás en ella, en esa tierra que yo doy a los israelitas.»

Bendiciones de Moisés*.

33 [1] Ésta es la bendición con la que Moisés, hombre de Dios, bendijo a los israelitas antes de morir.
[2] Dijo:
Ha venido Yahvé del Sinaí.
Para ellos desde Seír se ha levantado,
ha brillado desde el monte Parán.
Con él las miríadas de Cades,
Ley de fuego en su diestra para ellos.
[3] Tú que amas a los antepasados,
todos los santos están en tu mano.
Y ellos, postrados a tus pies,
cargados están de tus palabras.
[4] Una Ley nos señaló Moisés,
herencia de la asamblea de Jacob.
[5] Hubo un rey en Yesurún,
cuando se congregaron los jefes del pueblo,
todas juntas las tribus de Israel.
[6] ¡Viva Rubén y nunca muera,
aunque sean pocos sus nombres!
[7] Para Judá dijo esto:
Escucha, Yahvé, la voz de Judá
y guíalo hacia su pueblo.
Sus manos lo defenderán
y tú serás su auxilio contra sus enemigos.
[8] Para Leví dijo:
Dale a Leví tus *urim*
y tus *tumim* al hombre de tu agrado,
a quien probaste en Masá,
con quien te querellaste
en las aguas de Meribá,
[9] el que dijo de su padre y de su madre:
«No los he visto.»
El que no reconoce a sus hermanos
y a sus hijos desconoce.
Pues guardan tu palabra,
y tu alianza observan.
[10] Ellos enseñan tus normas a Jacob
y tu Ley a Israel;
ofrecen incienso en tu presencia,
y perfecto sacrificio en tu altar.
[11] Bendice, Yahvé, su vigor,
y acepta la obra de sus manos.
Rompe los lomos a sus adversarios
y a sus enemigos, que no se levanten.
[12] Para Benjamín dijo:
Querido de Yahvé,
en seguro reposa junto a Él,
todos los días lo protege,
y entre sus hombros mora.
[13] Para José dijo:
Su tierra es bendita de Yahvé;
para él lo mejor de los cielos, el rocío,
y del abismo que reposa abajo;

32 48 Continuación del v. 44. Moisés no entrará en la Tierra prometida; ver **1** 37-38; **3** 23-28; **4** 21; Nm **20** 12+. Muerte de Aarón, **20** 22-29.

33 Encuadrado entre dos fragmentos sálmicos, vv. 2-5 y 26-29, este poema agrupa oráculos de estilo arcaico referentes a las tribus, en una perspectiva de conquista. El carácter de *bendición* está más marcado que en Gn **49**. Moisés, hombre de Dios, ver Jos **14** 6, tiene figura de profeta, **34** 10; Nm **12** 8+.

14 lo mejor de los frutos del sol,
de lo que brota a cada luna,
15 las primicias de los montes antiguos,
lo mejor de los collados eternos,
16 lo mejor de la tierra y cuanto contiene,
y el favor del que mora en la Zarza:
¡caiga sobre la cabeza de José,
sobre la frente del elegido
entre sus hermanos!
17 Primogénito del toro, a él la gloria,
cuernos de búfalo sus cuernos;
con ellos acornea a los pueblos,
a todos juntos,
hasta los confines de la tierra.
Tales son las miríadas de Efraín,
tales los millares de Manasés.
18 Para Zabulón dijo:
Regocíjate, Zabulón, en tus empresas,
y tú, Isacar, en tus tiendas.
19 Convocarán a pueblos a la montaña,
ofrecerán sacrificios de justicia,
pues gustarán
la abundancia de los mares,
y los tesoros ocultos en la arena.
20 Para Gad dijo:
¡Bendito el que ensanche a Gad!
Echado está como leona;
desgarra un brazo, y hasta una cabeza;
21 se ha quedado con las primicias,
pues allí la porción de jefe
le estaba reservada,
y ha venido a la cabeza del pueblo:
ha cumplido la justicia de Yahvé,
y sus juicios con Israel.
22 Para Dan dijo:
Dan es un cachorro de león,
que se lanza desde Basán.
23 Para Neftalí dijo:
Neftalí, saciado de favor,
colmado de la bendición de Yahvé,
Oeste y Mediodía son su posesión.
24 Para Aser dijo:
¡Bendito Aser entre los hijos!
Sea el favorito entre sus hermanos,
y bañe su pie en aceite.
25 Sea tu cerrojo de hierro y de bronce,
y tu fuerza dure como tus días.
26 Nadie como el Dios de Yesurún,
que cabalga los cielos en tu auxilio,
y las nubes, en su majestad.
27 El Dios de antaño es tu refugio,
debajo de ti están sus brazos eternos.
Él expulsa ante ti al enemigo,
y dice: ¡Destruye!
28 Israel mora en seguro;
la fuente de Jacob aparte brota
para un país de trigo y vino;
hasta sus cielos el rocío destilan.
29 Dichoso tú, Israel, ¿quién como tú,
pueblo salvado por Yahvé,
cuyo escudo es tu auxilio,
cuya espada es tu esplendor?
Tus enemigos tratarán de engañarte,
pero tú hollarás sus espaldas.

Muerte de Moisés*.

34 1 Moisés subió de las Estepas
de Moab al monte Nebo, a la
cumbre del Pisgá, frente a Jericó, y
Yahvé le mostró la tierra entera: de Galaad hasta Dan, 2 todo Neftalí, la tierra
de Efraín y de Manasés, toda la tierra
de Judá, hasta el mar Occidental, 3 el
Negueb, la comarca del valle de Jericó,
ciudad de las palmeras, hasta Soar. 4 Y
Yahvé le dijo: «Ésta es la tierra que bajo
juramento prometí a Abrahán, Isaac y
Jacob, diciendo: A tu descendencia se
la daré. Te dejo verla con tus ojos, pero
no pasarás a ella.»
5 Allí murió Moisés, siervo de Yahvé,
en el país de Moab, como había dispuesto Yahvé. 6 Lo enterró en el Valle, en el
País de Moab, frente a Bet Peor. Nadie
hasta hoy ha conocido su tumba. 7 Tenía Moisés ciento veinte años cuando
murió: no se había apagado su ojo ni se
había perdido su vigor. 8 Los israelitas
lloraron a Moisés treinta días en las Es-

34 Este último episodio pone fin al Pentateuco. Moisés no entrará en la Tierra prometida, **32** 48+, pero con su mirada toma posesión de ella para su pueblo, **3** 26-28; Gn **13** 14-15. –Las *estepas de Moab* son la llanura al este del Jordán, frente a Jericó, cuyas pendientes suben hacia Moab, ver Nm **22** 1; **33** 48; etc.

tepas de Moab, hasta que se cumplieron
los días de llanto por el duelo de Moisés.
[9] Josué, hijo de Nun, estaba lleno del
espíritu de sabiduría, porque Moisés le
había impuesto las manos. Y le obedecieron los israelitas, cumpliendo la
orden que Yahvé había dado a Moisés*.
[10] No ha vuelto a surgir en Israel un
profeta como Moisés, a quien Yahvé
trataba cara a cara; [11] nadie como él en
todas las señales y prodigios que Yahvé
le envió a realizar en el país de Egipto,
contra el faraón, y contra todos sus siervos y contra todo su país, [12] y en la mano
tan fuerte y el gran terror que Moisés
puso por obra a los ojos de todo Israel.

34 9 Ver **3** 28; Nm **27** 15-23; Jos **1** 1-9+.

LOS LIBROS HISTÓRICOS

Introducción

Los libros de Josué, Jueces, Samuel y Reyes han sido calificados en la tradición cristiana como «libros históricos», porque narran acontecimientos de la historia de Israel desde la conquista de la tierra de Canaán hasta el final del período monárquico. La tradición judía, en cambio, los ha calificado como «profetas anteriores», para diferenciarlos de los «posteriores» o libros propiamente proféticos.

Este conjunto de libros tiene una redacción literaria afín a la del Deuteronomio: muy destacada en los dos primeros, más débil en Samuel y Reyes. La base de este conjunto «deuteronomista» la componen tradiciones orales y documentos ecritos. Estos libros tuvieron dos momentos importantes en su redacción: el de la reforma de Josías (año 622) y el de la restauración después del Destierro (años 538-400).

En su forma actual son obras de unos escritores imbuidos en las ideas del Deteronomio, que meditan sobre la historia de Israel desde el ingreso en Canaán hasta el final de la monarquía, y que deducen de esta secuencia histórica una enseñanza religiosa. La historia de Israel es presentada como historia sagrada. En ella el israelita, en primer lugar, y el lector creyente, descubrirán la presencia de Yahvé en los acontecimientos del mundo y la solicitud que el mismo Yahvé ha tenido con su pueblo.

JOSUÉ

El libro traza un cuadro idealizado de la conquista de la tierra de Canaán. Todos los episodios tienen como protagonista a Josué. Pero es Yahvé quien realmente interviene en todos los acontecimientos.

El libro recibió el formato actual en el siglo VI a.C. Las tradiciones sobre la conquista y las explicaciones etnológicas de algunas leyes sagradas están todas entreveradas de la catequesis del Deuteronomio: la fidelidad a la alianza. La comunidad de Israel mantendrá el don de la tierra prometida si es fiel al pacto de Yahvé.

El formato literario del libro, con sus tres secciones bien definidas, orienta la lectura.

1.—Posesión de la tierra prometida (1 *1*-12 *24*)

*Toda la sección es un canto épico a la posesión de Canaán. La introducción (***1** *1-18) da las claves para interpretarlo: donación de la tierra, fidelidad a Yahvé, colaboración de todas las tribus. La posesión progresiva de la tierra se distribuye en tres ciclos, centrados en tres «lugares sagrados», santificados por la presencia de Yahvé: Guilgal, Gabaón y Merón.*

a) Ciclo de Guilgal *(***2** *1-***9** *27). Con este lugar sagrado relaciona el libro de Josué unas tradiciones sobre los primeros pasos en la conquista de Canaán y que pertenecían, probablemente, a los recuerdos de la tribu de Benjamín. La conquista es rápida. Los episodios son maravillosos, como procede, siendo Yahvé el verdadero protagonista: paso del Jordán (***3** *1-***5** *1), caída de las murallas de Jericó (***6** *1-***7** *26), conquista de Ay (***8** *14-29). El paso del Jordán y la caída de las murallas están narrados no como acciones de guerra, sino como actos cultuales, en los que sobresalen los elementos tradicionales de los mismos: procesiones, sacerdotes, arca, trompetas.*

*Y estas tradiciones se enmarcan en ritos religiosos de la alianza: renovación de la circuncisión (***5** *2-9), cele-*

*bración de la Pascua (***5** *10-15) y una ceremonia de culto yahvista (***8** *30-35). Incluso tradiciones que abren y cierran este ciclo: Rajab y los espías (***2** *1-24 más* **6** *22-25) y la incorporación de los gabaonitas (***9** *3-27) están presentadas como pactos o alianzas en los que se proclama la fe en Yahvé (ver* **2** *9-21 y* **9** *6-15); reminiscencias de celebraciones cultuales más que memorias de acciones de guerra.*

b) Ciclo de Gabaón *(***10** *1-43). El recuerdo de una segunda expedición contra los reyes cananeos, relacionada artificialmente con la saga etiológica de la cueva de Maquedá, sirve de apoyo al autor para sintetizar toda la conquista del norte de Canaán: conquista rápida, maravillosa, porque es Yahvé quien está con Israel, pero que no concuerda con otras anotaciones sobre la lentitud de la conquista (***13** *1-6;* **14** *6-13;* **15** *13-19;* **17** *2.16; ver también Jc* **1***). La acción maravillosa de Dios se subraya con la intercalación de un fragmento de un himno que exalta poéticamente la ayuda de Yahvé (***10** *12-13; comparar con Ex* **15** *y Jc* **5** *20).*

c) Ciclo de Merón *(***11** *1-23). Sigue el mismo esquema literario del ciclo de Gabaón: batalla contra la coalición de reyes cananeos y conquista de las ciudades del Sur. El cap.* **12** *enumera todas las ciudades sometidas a modo de epílogo de la epopeya de la conquista.*

2.—Reparto del país entre las tribus *(***13** *1-***21** *45)*

*Sección de estilo catastral, árida. Distribuye todo el país, incluso regiones que nunca pertenecieron a Israel, entre las tribus. Primero los territorios de las tribus del Este del Jordán: Rubén, Gad y parte de Manasés (***13** *8-23); luego, los de las grandes tribus del Oeste: Judá, Efraín, y el resto de Manasés (***14** *1-***17** *18); en tercer lugar, los de las demás tribus (***18** *1-***19** *51); termina con la enumeración de unas ciudades con estatuto peculiar: las seis de asilo (***20** *1-9) y las veinticuatro de los levitas (***21** *1-42). La tribu de Leví no tiene un territorio determinado: «su heredad es el sacerdocio de Yahvé» (***18** *7).*

3.—Apéndices *(***22** *1-***24** *33)*

*Cuatro adiciones completan la narración de la conquista y distribución de Canaán: a) todas las tribus deben constituir una unidad nacional (***22** *1-34); b) Josué, en su discurso de despedida, al estilo del de Moisés (Dt* **31***), exhorta a todos a mantenerse fieles a la alianza (***23** *1-16); c) la gran asamblea de Siquén (***24** *1-24) celebra la unificación de las tribus y acepta a Yahvé como Dios único de la nación: compromisos de fidelidad que se ponen por escrito y que son «testificados» por una piedra alzada en Siquén; d) Muerte de Josué y traslado de los restos de José (***24** *29-33).*

JUECES

Los «Jueces», a los que se atribuyen las hazañas de conquista narradas en este libro, son personas dotadas de un carisma peculiar, administran justicia y gobiernan su ciudad o un distrito más amplio.

Algunos de los hechos recopilados en este libro existieron primero en la tradición oral de las tribus; luego se fijaron por escrito en la época de Salomón. Otros, como los comprendidos en los capítulos **17**-**21***, se añadieron a la colección de «Jueces» en época tardía, al regreso del Destierro, aunque su origen era también tradición primitiva sobre el asentamiento de las tribus de Dan y Benjamín.*

Toda esta colección va precedida de dos introducciones: una histórica y otra teológica. La segunda es una guía de lectura para interpretar correctamente los episodios y las figuras de los jueces. El libro es de amena lectu-

ra, pero hay que evitar interpretar los relatos con crudo realismo.

1.—Introducción histórica (**1** *2*-**2** *5)*

*El asentamiento de las tribus en Canaán fue largo y difícil. Las tribus no habían adquirido todavía conciencia de ser una nación, a pesar de lo que dice el libro de Josué. Hay conquistas aisladas de diversos territorios. Esta lentitud se atribuye a la falta de fidelidad a la alianza (***2** *2-3).*

2.—Introducción teológica (**2** *6*-**3** *6)*

Guía interpretativa del período de los Jueces: a) El pueblo se mantiene fiel a Yahvé hasta la muerte de Josué. b) Una nueva generación se entrega al culto de otros dioses, porque «no había conocido a Yahvé ni lo que éste había hecho por Israel». c) Yahvé, el dios de Israel, se encoleriza y deja que su pueblo caiga en manos de los enemigos. d) El pueblo (la tribu, según sea el relato) se arrepiente. Yahvé cesa en su cólera y envía un libertador: es el «juez». e) Pero el arrepentimiento es efímero. A la muerte del juez, el pueblo se aparta de Yahvé.

Este ciclo se repite en las narraciones. La historia de algunos jueces no es sino una mera repetición del ciclo teológico.

3.—Los jueces (**3** *7*-**16** *31)*

El libro selecciona doce tradiciones sobre los Jueces. Todas están enmarcadas por el esquema introductorio. Las fórmulas redaccionales se repiten. De unos jueces las tradiciones conservadas son más amplias; son las de los jueces llamados «mayores» (Otniel, **3** *7-11; Ehúd,* **3** *12-30; Débora-Barac,* **4** *1-5 31; Gedeón,* **6** *1-***8** *35; Jefté,* **10** *6-***12** *7; y Sansón,* **13** *1-***16** *31). De otros, apenas se conservan datos, fuera de su nombre (Sangar, Tolá, Yaír, Ibsán, Elón y Abdón).*

Varias historias, como las de Jefté, Gedeón y Sansón, son un conjunto de elementos populares, unos irreales, otros exagerados. El autor los conserva y los interpreta como manifestaciones del «espíritu» o fuerza liberadora que Yahvé había comunicado al juez.

*Unos fragmentos poéticos primitivos están intercalados en los relatos: canto de Débora (***5***) y apólogo de Jotán (***9** *7-15). Se intercala también en estos relatos el intento de Abimélec (***9** *1-57) de proclamarse rey. El autor lo ha revestido de connotaciones antimonárquicas. Esta tendencia está más acentuada en el libro primero de Samuel.*

4.—Apéndices (**17** *1*-**21** *25)*

*Al final del libro se añaden dos relatos que sólo tienen relación con los «Jueces» en cuanto a la época: son acontecimientos anteriores a la monarquía y pretenden poner de relieve el desorden que reinaba en las tribus de Israel «cuando aún no había rey en Israel» (***17** *6;* **18** *1;* **19** *1;* **21** *25).*

*El primero es la migración de los danitas (***17** *1-***18** *31): recoge tradiciones sobre el santuario de Dan y el origen del sacerdocio del mismo. El juicio del autor es negativo: era un culto idolátrico, pues el ídolo es producto de un robo y el sacerdocio tiene su origen en un levita que abandona su primer patrono para irse a ganar más dinero.*

*El segundo es el crimen de Guibeá (***19** *1-***21** *25). Relato novelesco que combina dos tradiciones: una sobre el santuario de Mispá (***19** *1-***20** *48) y otra sobre el de Betel (***21** *1-25). El relato tiene rasgos de crueldad intensa y refleja la situación caótica del tiempo anterior a la monarquía, en la que «cada uno hacía lo que le parecía bien». Prepara así este libro el advenimiento de la monarquía y rebaja de esta forma el carácter antimonárquico de algunos relatos precedentes (ver* **9** *1-57).*

RUT

El libro de Rut es un escrito breve, ingenuo, de tono popular y contenido moralizante; casi una fábula, pero con personajes humanos. Este librito forma parte de los cinco rollos o «megui-llot» que los hebreos leían en las fiestas principales. Rut se leía en Pentecostés.

*Se escribió probablemente en la época de la restauración después del Destierro y se opone a unas interpretaciones de la Ley demasiado rigoristas, propugnadas por Esdras y Nehemías. Subraya la universalidad de la providencia de Dios, que recae también sobre personas no judías. Incluso una extranjera, la moabita Rut, forma parte de la cadena de transmisión de la Promesa (***4** *17).*

La disposición del libro es muy sencilla: Cuatro escenas separadas por tres intermedios. Todo este conjunto va enmarcado con una introducción y una conclusión.

Introducción *(***1** *1-5). Describe las circunstancias que preparan la acción.*

Escena primera *(***1** *6-18). Parlamento de Noemí con sus dos nueras, que muy pronto se centra en un diálogo entre Noemí y Rut. Ésta decide acompañar a su suegra y correr su suerte.*

Intermedio *(***1** *19-22). Las dos mujeres llegan a Belén. Cambia la escena. Ahora es Belén, donde se plantea el tema.*

Escena segunda *(***2** *1-17). Rut, espigadora en los campos de Booz. Entran en escena nuevos personajes: Booz y los segadores.*

Intermedio *(***2** *18-23). Valoración que Noemí y Rut hacen de la escena anterior.*

Escena tercera *(***3** *1-15). Nudo del pequeño drama: Rut, acostada a los pies de Booz. El diálogo prepara ya el desenlace, pero marcando pequeños inconvenientes.*

Intermedio *(***3** *16-18). Rut y Noemí valoran la escena precedente.*

Escena cuarta *(***4** *1-12). Desenlace: Booz adquiere los derechos sobre las posesiones de Noemí y, por tanto, el poder tomar por esposa a Rut.*

Conclusión *(***4** *13-17). Boda de Booz y Rut. La genealogía final (***4** *18-22) es una añadidura posterior.*

La narración conserva unas costumbres antiguas: las figuras del protector («go'el») y del «levir» o cuñado, que debe desposar a la viuda de su hermano. Costumbres que reflejan una sociedad sencilla que contrasta con la sociedad rigorista y normativa de la época del autor.

Rut, la extranjera, entra en la familia de David. El Evangelio de Mt la incluye entre los ascendientes de Jesús (Mt **1** *3-16).*

LIBROS DE SAMUEL

Los libros atribuidos al profeta Samuel recogen tradiciones, crónicas de palacio y otros escritos para llenar el período que va desde el principio de la monarquía hasta el final del reinado de David. Esta elaboración literaria se realizó en torno al año 700, aunque su forma definitiva no la recibió hasta que fue incorporada al gran conjunto deuteronomista, en la reforma de Josías (622) o al regreso del Destierro (538).

En un principio los dos libros formaban una sola obra. La división en dos volúmenes es del tiempo de la traducción al griego (siglo IV).

En su forma actual toda la narración se centra en tres protagonistas: Samuel, Saúl y David. El hilo conductor que unifica tradiciones y documentos es la institución de la monarquía, como algo querido por Yahvé. La monarquía se prepara con Samuel, se ensaya con Saúl y se afirma con David, el rey ideal.

El rey verdadero de Israel es Yahvé. El rey es un instrumento que debe cumplir y hacer cumplir la alianza. Pe-

ro la monarquía con sus instituciones propias: ejército, alianzas políticas y comerciales, etc., más la prepotencia de gobiernos absolutistas, llevan a Israel a la infidelidad, al «pecado» o transgresión del plan de Yahvé.

Para velar por la fidelidad a la alianza aparece en Israel, desde los orígenes de la monarquía, la institución profética. Es la conciencia crítica de reyes y de todo el pueblo. Los primeros profetas que intervienen en este período monárquico son Samuel, Gad y Natán.

1.—Samuel y la institución de la monarquía *(1 S* **1** *1-***7** *17)*

Samuel marca un giro decisivo en la historia del pueblo de Dios. Como ocurre con otras figuras bíblicas influyentes, Samuel es presentado bajo una especial protección de Yahvé en su nacimiento, en su vocación y en todas sus actuaciones: Desde su nacimiento es consagrado al Señor (1 S **1** *1-***2** *36). La narración de la vocación de Samuel sigue el esquema literario propio de las vocaciones de los héroes bíblicos: llamada, misión y promesa de la ayuda de Yahvé. Y puesto que la misión es profética, la palabra del Señor adquiere en esta narración un relieve preponderante (1 S* **3** *1-***4** *1).*

Además de profeta o vidente, Samuel desempeña funciones de sacerdote y juez (1 S **7** *2-17): Su función en el advenimiento de la monarquía garantiza que la institución nueva es querida por Yahvé, aunque su implantación encontró oposición en las tribus.*

El episodio del arca (1 S **4** *1-7 1) es un recuerdo independiente, sin clara relación con Samuel.*

2.—Institución de la monarquía *(1 S* **8** *1-***15** *35)*

La implantación de la monarquía en Israel era una necesidad política si la confederación de las tribus quería mantener su personalidad nacional frente a las ambiciones de las naciones vecinas, sobre todo frente a los filisteos.

*Las dificultades para implantar la monarquía se advierten en esta sección. Literariamente la componen varias tradiciones yuxtapuestas centradas en lugares de culto y asambleas de las tribus: una en Ramá (***8** *1-22), otra en Guilgal (***11** *1-15). De ahí las dificultades para concordar los datos de estas tradiciones, por ejemplo los referentes a la proclamación de Saúl como rey (comparar 1 S* **10** *24 con* **11** *12-14). Ante la petición de un rey Samuel actúa dejando en claro que el verdadero rey de Israel es Yahvé. El rey es un servidor de los derechos de Yahvé y del pueblo. Pero el pueblo queda sometido al rey, cuyo fuero habrá de respetar (1 S* **8** *10-22).*

La proclamación de Saúl es presentada como una acción de Yahvé. La figura de Samuel va desapareciendo (1 S **12** *1-25).*

Sin embargo este intento de implantar la monarquía fracasa. El reinado de Saúl es narrado de forma breve (1 S **13** *1-***14** *52). El fracaso se atribuye a una infidelidad del rey a la alianza: Yahvé lo rechaza. Y el profeta Samuel lamenta el fracaso: «Lloraba Samuel por Saúl, pero Yahvé se había arrepentido de haberle hecho rey de Israel» (1 S* **15** *35).*

3.—Intentos de consolidación de la monarquía *(1 S* **16** *1-***30** *31)*

*David irrumpe en la historia de Saúl. El libro narra su unción por Samuel, unción en secreto, pues Saúl sigue siendo rey, aunque rechazado por Yahvé (***16** *1-13). David es presentado como un héroe (***16** *14-***18** *16) mediante la narración de unas gestas que manifiestan que el espíritu de Yahvé está con él (1 S* **16** *13), afirmación que jalona el resto de la historia del joven David (1 S* **17** *37;* **18** *12.14.28;* **20** *13; etc.). Otros relatos tienden a presentar la tensión entre Saúl y David y el talante tan opuesto de estos dos* *personajes: Saúl vengativo, intenta liquidar al joven; David generoso, respetuoso con el rey (1 S* **24** *1-***29** *11).*

La amistad entre Jonatán y David (1 S **20** *1-***21** *1) interrumpe los tensos episodios; es un remanso de paz: exaltación de la amistad entre los dos jóvenes y preludio de los nuevos tiempos que se inaugurarán con David rey.*

La elegía que el autor pone en boca de David para cantar la muerte de Saúl y Jonatán es una pieza arcaica de muy buena factura poética (2 S **1** *19-27).*

4.—Consolidación de la monarquía *(1 S* **31** *1-2 S* **8** *18)*

La monarquía se consolida por la unción de David en Hebrón, primero como rey de Judá (2 S **2** *1-7) y luego de todo Israel (2 S* **5** *1-5). La familia de Saúl desaparece de la escena.*

David es el rey ideal. Logra la unidad nacional afianzando las fronteras y fijando la capital en Jerusalén (2 S **5** *6-***6** *23 y* **8** *1-18). Israel es una nación moderna, al estilo de las naciones vecinas. Es además una nación teocrática, un pueblo del Dios Yahvé. De esta forma para el autor el reinado de David es la realización histórica del proyecto de Yahvé. El profeta Natán, intérprete de la voluntad de Dios, es quien garantiza y «bendice» al rey David y a toda su dinastía futura (***7** *1-29).*

5.—La dinastía davídica *(2 S* **9** *1-***20** *26)*

El mantenimiento de este ideal teocrático no está libre de tensiones y crisis. La evolución de estas tensiones pone de manifiesto que es Yahvé, por medio de su profeta, quien rige la historia de Israel.

Varios familiares de David intrigan para suceder a David: Amnón, Absalón, Adonías. Al margen de ellos, intrigan también los familiares de Saúl y las tribus del norte.

Finalmente, y tras una serie de enfrentamientos, van desapareciendo los diversos pretendientes hasta quedar como único heredero Salomón, el hijo de David y Betsabé, la que fue esposa de Urías (2 S **11** *1-***12** *25). El nacimiento de Salomón introduce una línea nueva en esta maraña de intrigas cortesanas. La ratificación de la sucesión de David se narra en el libro primero de los Reyes.*

Unos apéndices (2 S **21** *1-***24** *25) colocados aquí artificialmente, cierran la historia de David. Las composiciones líricas puestas en boca de David (2 S* **22** *1-51 y* **23** *1-7) exaltan a este rey como el monarca ideal y ratifican las promesas de Yahvé sobre la «casa» de David.*

LIBROS DE LOS REYES

Los redactores de estos libros organizan materiales diversos para cubrir la historia de Israel durante cuatro siglos (del 970 al 587). El resultado es una historia religiosa del pueblo de Israel. El hilo conductor es la fidelidad o infidelidad a la alianza de Yahvé vista sobre todo desde el culto al Dios único y desde el templo como centro del culto legítimo.

Los reyes son enjuiciados como responsables de esta fidelidad. Los del reino del norte (Israel) merecen un juicio negativo: los del sur (Judá) lo reciben positivo o negativo, según sigan o no los pasos de David, el rey ideal.

Una división en varios bloques de esta historia orienta la lectura y su comprensión.

1.—Introducción *(1 R* **1** *1-***2** *46)*

Enlace literario con el segundo libro de Samuel. Contiene las últimas intrigas en la sucesión de David, que se decanta a favor de Salomón, gracias a la intervención del profeta Natán y Betsabé. David muere. Su testamen-

to, que es una llamada a la fidelidad a la alianza, contiene cláusulas de venganza que habremos de leer en el contexto duro y cruel de la época.

2.—Salomón, un rey magnífico (*1 R* **3** *1*-**11** *43*)

El reinado de Salomón está pintado como una época de paz y bienestar en el interior y en las relaciones internacionales. La realidad histórica no fue tan ideal; pero los autores bíblicos ven en esta época el ideal del reino de Yahvé, que se habría mantenido así si los sucesores de Salomón hubieran sido fieles a la alianza.

Salomón sobresale por su sabiduría, que se traduce en un gobierno prudente (1 R **3** *1-***5** *14), en el esplendor de sus construcciones, sobre todo del templo y el palacio (1 R* **5** *15-***8** *66) y en sus riquezas (***9** *26-***10** *29). La plegaria del rey en la dedicación del templo (1 R* **8** *22-61) da la clave religiosa de este reinado próspero: Dios ha cumplido sus promesas, está presente en Israel. La oración es una síntesis de la historia sagrada del pueblo contemplada desde el Destierro babilonio (ver 1 R* **8** *33-34. 41-43).*

Esta visión idealizada del reinado de Salomón tuvo también sus sombras (1 R **11** *1-43). El libro las enmarca en los últimos años del rey y son un preludio de la ruptura de la unidad nacional (1 R* **11** *26-40).*

3.—Historia sincrónica de los dos reinos (*1 R* **12** *1-2 R* **17** *41*)

La unidad del pueblo se rompe: ruptura política (1 R **12** *1-25) y ruptura religiosa (***12** *26-***13** *34). La explicación religiosa de esta desgracia es «el pecado de Jeroboán»: el culto a Yahvé fuera de Jerusalén contaminado con los símbolos cultuales cananeos. La explicación política, más verosímil, se apunta en* **12** *6-16. Consecuencia de esta ruptura son las hostilidades entre las dos partes del pueblo. Unas afirmaciones contundentes de los autores orientan en la lectura de la historia de estos siglos: Roboán (Judá) y Jeroboán (Israel) estuvieron siempre en guerra (1 R* **14** *30), lo mismo que Asá (Judá) y Basá (Israel) (1 R* **15** *16).*

Son historias sintéticas de reinados que siguen un esquema literario uniforme: a) sincronía de los reyes de Judá e Israel; b) edad del nuevo rey al iniciar su reinado (exclusivo de los reyes de Judá). c) años de reinado; d) nombre de la reina madre (sólo se dice de los de Judá); e) juicio global sobre el reinado; f) fuentes de los datos. A veces se añade la noticia de la muerte del rey y el lugar de su sepulcro.

4.—Los profetas Elías y Eliseo (*1 R* **17** *1-2 R* **8** *29*)

En medio de la historia de los reyes se han intercalado dos documentos que tienen como protagonistas a los profetas Elías y Eliseo. Estos profetas son la conciencia crítica de los monarcas. Aparecen en momentos puntuales de los reyes de Judá e Israel (entre los años 874-798). Los dos son defensores del yahvismo, forman parte de agrupaciones proféticas, donde probablemente tuvieron su origen estos documentos literarios.

Los relatos rezuman estilo popular; contienen historias maravillosas tendentes a presentar a los profetas como personas dotadas del espíritu de Yahvé que se manifiesta mediante estas acciones extraordinarias (1 R **17** *8-24; 2 R* **2** *1-25;* **4** *1-***6** *7; etc.).*

5.—Decadencia de los reinos (*2 R* **9** *1-***17** *41*)

El último siglo del reinado sincrónico de Judá e Israel (798-721) está salpicado de sublevaciones, asesinatos, guerras. En Israel se suceden varias dinastías. En Judá se mantiene la de David. La capital del reino del norte, Samaría, cae en poder de los asirios el año 721. Los ciudadanos de Israel son deportados al norte de Mesopotamia. El libro incluye como final de este período, una reflexión religiosa para explicar el desastre nacional (2 R **17** *7-23) «Esto sucedió porque los israelitas habían pecado contra Yahvé... habían dado culto a otros dioses».*

6.—El reinado de Judá
(2 R **18** *1-***25** *30)*

El pueblo de Dios ha quedado reducido a una parcela: Judá. Los últimos capítulos sintetizan los postreros años de este pequeño reino (del 721 al 587 ó 586). Esta síntesis la ocupan, con bastante amplitud, los reinados de dos reyes fieles a la alianza: Ezequías (716-687) y Josías (640-609). El primero inicia una reforma religiosa apoyado por el profeta Isaías (2 R **18** *1-***20** *21); el segundo continúa, después de un paréntesis de «impiedad» (2 R* **21** *1-26), la obra reformadora (2 R* **22** *1-***23** *30). En este reinado de Josías el protagonista es el rollo de la Doctrina, el Deuteronomio en su redacción primitiva, que pudo ser escrito en el reinado de Ezequías. El libro marca las líneas de la reforma de Josías.*

Pero esta vuelta a la fidelidad al yahvismo queda anulada por los siguientes reyes que «hicieron lo malo a los ojos de Yahvé». La consecuencia es la caída de Jerusalén y la deportación de los judíos, con sus reyes Jeconías y Sedecías, a Babilonia (2 R **24** *10-16;* **25** *1-7).*

Las últimas líneas de la historia religiosa de la monarquía (2 R **25** *27-30) son un presagio de la futura restauración del pueblo de la alianza: «El rey de Babilonia trató con benevolencia a Jeconías y le concedió un trono superior al de los otros reyes que estaban con él en Babilonia...»*

JOSUÉ

*I. Conquista de la Tierra Prometida**

1. PREPARATIVOS

Invitación a entrar en la Tierra Prometida.

1 1 Después de la muerte de Moisés, siervo de Yahvé, habló Yahvé a Josué, hijo de Nun, y ayudante de Moisés*, y le dijo: 2 «Moisés, mi siervo, ha muerto; arriba, pues; pasa ese Jordán, tú con todo este pueblo, hacia la tierra que yo les doy (a los israelitas). 3 Les doy todo lugar que sea hollado por la planta de sus pies, según declaré a Moisés. 4 Desde el desierto y el Líbano hasta el Río Grande, el Éufrates (toda la tierra de los hititas) y hasta el mar Grande de poniente, será territorio de ustedes. 5 Nadie podrá resistirte en todos los días de tu vida: lo mismo que estuve con Moisés estaré contigo; no te dejaré ni te abandonaré.

La fidelidad a la Ley, condición del auxilio divino.

Dt **3** 28; **31** 7-8.23.

6 «Sé fuerte y valiente, porque tú vas a dar a este pueblo la posesión del país que juré dar a sus padres. 7 Basta que seas muy fuerte y valiente, teniendo cuidado de cumplir toda la Ley que te dio mi siervo Moisés. No te apartes de ella ni a la derecha ni a la izquierda, para que tengas éxito adondequiera que vayas. 8 No se aparte el libro de esta Ley de tus labios: medítalo día y noche; así procurarás obrar en todo conforme a lo que en él está escrito, y tendrás suerte y éxito en tus empresas. 9 ¿No te he mandado que seas fuerte y valiente? No tengas miedo ni te acobardes, porque Yahvé tu Dios estará contigo adondequiera que vayas.»

Colaboración de las tribus de Transjordania.

10 Josué, pues, dio a los escribas del pueblo la orden siguiente: 11 «Pasen por medio del campamento y den esta orden al pueblo: Hagan provisiones, porque dentro de tres días pasarán ese Jordán, para entrar a poseer la tierra que Yahvé su Dios les da en posesión.»

12 A los rubenitas, a los gaditas y a la media tribu de Manasés les habló así: 13 «Recuerden la orden que les dio Moisés, siervo de Yahvé: Yahvé su Dios les ha concedido descanso, dándoles esta tierra. 14 Sus mujeres, sus pequeños y sus rebaños se quedarán en la tierra que les ha dado Moisés aquí en Transjordania. Pero ustedes, todos los guerreros esforzados, pasarán en orden de batalla al frente de sus hermanos y los ayudarán 15 hasta que Yahvé conceda descanso a sus hermanos igual que a ustedes, y también ellos tomen posesión de la tierra que Yahvé su Dios les da. Entonces volverán al país que les pertenece, el que les dio Moisés, siervo de Yahvé, al lado oriental del Jordán*.» 16 Ellos respondieron a Josué: «Todo lo que nos has mandado, lo haremos; adondequiera que nos envíes, iremos. 17 Lo mismo que obedecimos en todo a Moisés, te obedeceremos a ti. Basta con que Yahvé

1 Sirviéndose de tradiciones antiguas, el libro de Josué narra el establecimiento de las tribus en la Tierra Prometida con el estilo del Dt, del que se presenta como una continuación.

1 1 Sobre el nombre de Josué, su papel en la exploración de la Tierra prometida, su fidelidad, su designación como sucesor de Moisés, véase Ex **17** 9; **24** 13; **33** 11; Nm **11** 28; **13** 16; **14** 5-6.30.38; **27** 15-23; Dt **3** 21.28; **31** 7-8.14.23; **34** 9. Este pasaje, vv. 1-9, expresa con términos inspirados en Dt la misión de Josué y la fidelidad a la Ley que se le exige, ver Si **46** 1-6.

1 15 La conquista será la obra de todo el pueblo, no el resultado de esfuerzos aislados de las tribus.

tu Dios esté contigo como estuvo con
Moisés. 18 A todo el que sea rebelde a
tu voz y no obedezca tus órdenes, en
cualquier cosa que le mandes, se le hará
morir. Tú, sé fuerte y valiente.»

Los espías de Josué en Jericó.

2 1 Josué, hijo de Nun, envió secretamente desde Sitín dos espías con
esta orden: «Vayan y exploren el país y
la ciudad de Jericó.» Fueron y entraron
en casa de una prostituta, llamada Rajab, y durmieron allí. 2 Se le dijo al rey
de Jericó: «Mira que unos hombres israelitas han entrado aquí por la noche
para explorar el país.» 3 Entonces el rey
de Jericó mandó decir a Rajab: «Haz salir a los hombres que han entrado donde ti (que han entrado a tu casa), porque
han venido para explorar todo el país.»
4 Pero la mujer tomó a los dos hombres
y los escondió. Luego respondió: «Es
verdad que esos hombres han venido
a mi casa, pero yo no sabía de dónde
eran. 5 Cuando se iba a cerrar la puerta
por la noche, esos hombres salieron y
no sé adónde han ido. Persíganlos aprisa, que los alcanzarán.» 6 Pero ella los
había hecho subir al terrado y los había
escondido entre unos haces de lino
que tenía amontonados en el terrado.
7 Salieron algunos hombres en su persecución camino del Jordán, hacia los
vados, y se cerró la puerta en cuanto los
perseguidores salieron tras ellos.

El pacto entre Rajab y los espías.

8 Todavía ellos no se habían acostado
cuando Rajab subió al terrado, donde
ellos 9 y les dijo: «Ya sé que Yahvé les ha
dado esta tierra, que nos han aterroriza-
do y que todos los habitantes de esta región han temblado ante ustedes: 10 porque nos hemos enterado de cómo Yahvé
secó las aguas del mar de Suf delante de
ustedes a su salida de Egipto, y lo que
han hecho con los dos reyes amorreos
del otro lado del Jordán, Sijón y Og, a
quienes consagraron al anatema. 11 Al
oírlo, ha desfallecido nuestro corazón y
no se encuentra ya nadie con aliento
ante la llegada de ustedes, porque Yahvé, su Dios, es Dios arriba en los cielos
y abajo en la tierra*. 12 Júrenme, pues,
ahora por Yahvé, ya que los he tratado
con bondad, que ustedes también tratarán con bondad a la casa de mi padre,
y denme una señal segura 13 de que
respetarán la vida de mi padre y de mi
madre, de mis hermanos y hermanas, y
de todos los suyos, y que librarán nuestras vidas de la muerte.»

14 Los hombres le respondieron: «Muramos nosotros en vez de ustedes, con
tal de que no nos denuncien. Cuando
Yahvé nos haya entregado la tierra, te
trataremos a ti con bondad y lealtad.»
15 Ella los descolgó con una cuerda por
la ventana, pues su casa estaba en la
pared de la muralla y ella vivía en la
misma muralla. 16 Les dijo: «Vayan hacia
la montaña, para que no los encuentren
los que los persiguen. Estén escondidos
allí tres días hasta que vuelvan los perseguidores: después pueden seguir su
camino.» 17 Los hombres le respondieron: «Nosotros cumpliremos ese juramento que nos has exigido con esta
condición: 18 cuando estemos entrando
en el país, atarás este cordón de hilo
escarlata a la ventana por la que nos has
descolgado, y reunirás junto a ti en casa
a tu padre, a tu madre, a tus hermanos y
a toda la familia de tu padre. 19 Si alguno sale fuera de las puertas de tu casa,
caiga su sangre sobre su cabeza. Nosotros seremos inocentes. Pero la sangre
de todos los que estén contigo en casa,
caiga sobre nuestras cabezas, si alguien
pone su mano sobre ellos. 20 Mas si nos
denuncias, quedaremos libres del juramento que nos has exigido.» 21 Ella respondió: «Sea según sus palabras.» Y los
hizo marchar; ellos se fueron, y ella ató
el cordón escarlata a la ventana.

2 11 Esta profesión de fe en el Dios de Israel, ver Dt **4** 39, ha hecho de *Rajab,* a los ojos de más de un Padre de la Iglesia, una figura de la Iglesia venida de la Gentilidad, salvada por su fe, Hb **11** 31, y justificada gracias a sus obras; St **2** 25.

Vuelta de los espías.

[22] Marcharon ellos y se metieron en el monte. Se quedaron allí tres días, hasta que regresaron los perseguidores. Éstos los habían buscado por todo el camino, pero no los encontraron. [23] Entonces los dos hombres volvieron a bajar del monte, pasaron el río y fueron donde Josué, hijo de Nun, a quien contaron todo lo que les había ocurrido. [24] Dijeron a Josué: «Cierto que Yahvé ha puesto en nuestras manos todo el país; todos los habitantes del país tiemblan ya ante nosotros.»

2. EL PASO DEL JORDÁN*

Preliminares del paso.

3 [1] Josué se levantó de madrugada, partieron de Sitín y llegaron hasta el Jordán, él y todos los israelitas. Allí pernoctaron antes de pasar. [2] Al cabo de tres días, los escribas pasaron por medio del campamento [3] y dieron al pueblo esta orden: «Cuando vean el arca de la alianza de Yahvé su Dios y a los sacerdotes levitas que la llevan, ustedes partirán del sitio donde están e irán tras ella, [4b] para que sepan qué camino han de seguir, pues no han pasado nunca hasta ahora por este camino. [4a] Pero que haya entre ustedes y el arca una distancia de unos dos mil codos: no se acerquen más.» [5] Josué dijo al pueblo: «Purifíquense, porque mañana Yahvé va a obrar maravillas en medio de ustedes.» [6] Y dijo Josué a los sacerdotes: «Tomen el arca de la alianza y pasen al frente del pueblo.» Ellos tomaron el arca de la alianza y partieron al frente del pueblo.

Últimas instrucciones.

[7] Yahvé dijo a Josué: «Hoy mismo voy a empezar a engrandecerte a los ojos de todo Israel, para que sepan que, lo mismo que estuve con Moisés, estoy contigo. [8] Tú darás esta orden a los sacerdotes que llevan el arca de la alianza: 'En cuanto lleguen a la orilla del agua del Jordán, se pararán, en el Jordán'.» [9] Josué dijo a los israelitas: «Acérquense y escuchen las palabras de Yahvé su Dios.» [10] Y dijo Josué: «En esto conocerán que el Dios vivo está en medio de ustedes y que arrojará ciertamente a su llegada al cananeo, al hitita, al jivita, al perizita, al guirgaseo, al amorreo y al jebuseo. [11] He aquí que el arca de Yahvé, Señor de toda la tierra, va a pasar el Jordán delante de ustedes. [12] Escojan, pues, doce hombres de las tribus de Israel, un hombre por cada tribu. [13] En cuanto las plantas de los pies de los sacerdotes que llevan el arca de Yahvé, Señor de toda la tierra, pisen las aguas del Jordán, las aguas del Jordán que vienen de arriba, quedarán cortadas y se pararán formando un solo bloque.»

El paso del río.

[14] Cuando el pueblo partió de sus tiendas para pasar el Jordán, los sacerdotes llevaban el arca de la alianza a la cabeza del pueblo. [15] Y en cuanto los que llevaban el arca llegaron al Jordán, y los pies de los sacerdotes que llevaban el arca tocaron la orilla de las aguas (y el Jordán baja crecido hasta los bordes todo el tiempo de la siega*), [16] las aguas que

3 El paso del Jordán y la entrada en Canaán, **3** 1-**5** 12, están presentados en muchos aspectos como paralelos de la salida de Egipto, Ex **13** 7+. El redactor subraya esta semejanza, **3** 7; **4** 14.23, y la tradición judía insistirá en ella. Como por otra parte la pasión y la resurrección de Jesús renovarán espiritualmente los acontecimientos del Éxodo, ver 1 Co **10** 1, *Josué* fue considerado por los Padres como una figura de su homónimo *Jesús* y el paso del Jordán como una figura del bautismo cristiano.

3 15 La crecida del *primer mes,* **4** 19, con el deshielo de las nieves del Hermón, en

bajaban de arriba se detuvieron y formaron un solo bloque a gran distancia, en Adán, la ciudad que está al lado de Sartán, mientras que las que bajaban hacia el mar de la Arabá, o mar de la Sal*, quedaron cortadas por completo, y el pueblo pasó frente a Jericó. 17 Los sacerdotes que llevaban el arca de la alianza de Yahvé se estuvieron a pie firme, en seco, en medio del Jordán, mientras que todo Israel pasaba en seco, hasta que todo el pueblo acabó de pasar el Jordán.

Las doce piedras conmemorativas.

4 1 Cuando todo el pueblo acabó de pasar el Jordán, Yahvé dijo a Josué: 2 «Escojan ustedes doce hombres del pueblo, un hombre por cada tribu, 3 y denles esta orden: 'Saquen de aquí, del medio del Jordán, de donde se han detenido los pies de los sacerdotes, doce piedras, que llevarán con ustedes y depositarán en el lugar donde pasen la noche'.» 4 Llamó Josué a los doce hombres que había elegido entre los israelitas, uno por cada tribu, 5 y les dijo: «Pasen delante del arca de Yahvé su Dios, hasta el medio del Jordán, y cada uno de ustedes cargue sobre sus hombros una piedra, según el número de las tribus israelitas, 6 para que sea esto una señal en medio de ustedes. Cuando el día de mañana sus hijos les pregunten: '¿Qué significan esas piedras?', 7 les dirán: 'Es que las aguas del Jordán se separaron delante del arca de la alianza de Yahvé; cuando atravesó el Jordán, las aguas del Jordán se separaron. Estas piedras serán para los israelitas memorial para siempre'.» 8 Así lo hicieron los israelitas, según las órdenes de Josué: sacaron doce piedras del medio del Jordán, según el número de las tribus israelitas, como había mandado Yahvé a Josué; las llevaron al lugar donde iban a pasar la noche y las depositaron allí. 9 Y Josué erigió doce piedras en medio del Jordán, donde habían pisado los pies de los sacerdotes portadores del arca de la alianza, y allí están todavía hoy.

Fin del paso.

10 Los sacerdotes portadores del arca estaban parados en medio del Jordán hasta que se cumpliera todo lo que Yahvé había mandado a Josué que dijera al pueblo (según todo lo que Moisés había ordenado a Josué); y el pueblo se apresuró a pasar. 11 En cuanto terminó de pasar todo el pueblo, pasó el arca de Yahvé, y los sacerdotes (se pusieron) a la cabeza del pueblo. 12 Los rubenitas, los gaditas y la media tribu de Manasés pasaron en orden de batalla al frente de los israelitas, como les había dicho Moisés. 13 Pasaron unos cuarenta mil guerreros armados, dispuestos al combate, delante de Yahvé, hacia la llanura de Jericó. 14 Aquel día Yahvé engrandeció a Josué a los ojos de todo Israel; y lo respetaron a él como habían respetado a Moisés durante toda su vida.

15 Yahvé dijo a Josué: 16 «Manda a los sacerdotes que llevan el arca del Testimonio que salgan del Jordán.» 17 Josué mandó a los sacerdotes: «Salgan del Jordán.» 18 Cuando los sacerdotes portadores del arca de la alianza de Yahvé salieron del Jordán, apenas las plantas de sus pies tocaron la orilla, las aguas del Jordán volvieron a su cauce y empezaron a correr como antes, por todas sus riberas.

Llegada a Guilgal*.

19 El pueblo salió del Jordán el día diez del mes primero y acamparon en Guilgal, al oriente de Jericó. 20 Las doce piedras que habían sacado del Jordán las erigió Josué en Guilgal. 21 Y dijo a los

---

el tiempo de la siega en el bajo valle del Jordán.

3 16 *Mar de la Arabá y mar de la Sal*, dos nombres del *mar Muerto*.

4 19 *Guilgal* significa *círculo* de piedras, relacionadas con las doce tribus. Guilgal quedará como un centro nacional y religioso, Dt **11** 30; Is **11** 15; etc.; después será reprobado por los profetas, Os **4** 15; Am **4** 4; etc.

israelitas: «Cuando el día de mañana sus hijos pregunten a sus padres: '¿Qué significan estas piedras?', [22] se lo explicarán a sus hijos diciendo: 'A pie enjuto pasó Israel ese Jordán, [23] porque Yahvé su Dios secó delante de ustedes las aguas del Jordán hasta que pasaron, lo mismo que había hecho Yahvé su Dios con el mar de Suf, que secó delante de nosotros hasta que pasamos, [24] para que todos los pueblos de la tierra reconozcan lo fuerte que es la mano de Yahvé, y para que teman siempre a Yahvé su Dios'.»

Terror de las poblaciones del oeste del Jordán.

5 [1] Cuando oyeron todos los reyes de los amorreos que habitaban al otro lado del Jordán, al poniente, y todos los reyes de los cananeos que vivían hacia el mar, que Yahvé había secado las aguas del Jordán ante los israelitas hasta que pasaron, desfalleció su corazón y les faltó el aliento ante la presencia de los israelitas.

La circuncisión de los hebreos en Guilgal.

[2] En aquel tiempo dijo Yahvé a Josué: «Hazte cuchillos de pedernal y vuelve a circuncidar (por segunda vez*) a los israelitas.» [3] Josué se hizo cuchillos de pedernal y circuncidó a los israelitas en el Collado de los Prepucios.

[4] Por este motivo hizo Josué esta circuncisión: toda la población masculina salida de Egipto, la gente apta para la guerra, había muerto en el desierto, por el camino, después de la salida de Egipto. [5] Estaba circuncidada toda la población que había salido, pero el pueblo nacido en el desierto, por el camino, después de la salida de Egipto, no había sido circuncidado. [6] Porque durante cuarenta años anduvieron los israelitas por el desierto, hasta que pereció toda la nación, los hombres salidos de Egipto aptos para la guerra. No obedecieron a la voz de Yahvé y Yahvé les juró que no les dejaría ver la tierra que había prometido a sus padres que nos daría a nosotros, tierra que mana leche y miel. [7] En su lugar puso a sus hijos y éstos son los que Josué circuncidó, porque eran incircuncisos, ya que no los habían circuncidado por el camino. [8] Cuando acabó de circuncidarse toda la gente, se quedaron donde estaban, en el campamento, hasta que se curaron. [9] Y dijo Yahvé a Josué: «Hoy he quitado de encima de ustedes el oprobio de Egipto.» Por eso se llamó aquel lugar Guilgal, hasta el día de hoy.

La celebración de la Pascua.

[10] Los israelitas acamparon en Guilgal y celebraron allí la Pascua el día catorce del mes, a la tarde, en los llanos de Jericó. [11] Al día siguiente de la Pascua comieron ya de los productos del país: panes ázimos y espigas tostadas, desde ese mismo día. [12] Y el maná cesó desde el día siguiente, en que empezaron a comer los productos del país. Los israelitas no tuvieron en adelante maná, y se alimentaron ya aquel año de los productos de la tierra de Canaán.

3. LA CONQUISTA DE JERICÓ

Preludio: Teofanía*.

[13] Sucedió que, estando Josué cerca de Jericó, levantó los ojos y vio a un hombre plantado frente a él con una espada desnuda en la mano. Josué se adelantó hacia él y le dijo: «¿Eres de los nuestros o de nuestros enemigos?»

5 2 Como la generación del Éxodo, globalmente considerada. Sobre la circuncisión, ver Gn **17**+.

5 13 Esta teofanía, ver Gn **32**; Ex **3**, parece incompleta; debía contener las órdenes de Dios a Josué para la conquista.

14 Respondió: «No, sino que soy el jefe del ejército de Yahvé. Acabo de llegar.» Cayó Josué rostro en tierra, lo adoró y dijo: «¿Qué dice mi Señor a su siervo?» 15 El jefe del ejército de Yahvé respondió a Josué: «Quítate las sandalias de tus pies, porque el lugar en que estás es sagrado.» Así lo hizo Josué.

Toma de Jericó*.

6 1 Jericó estaba cerrada a cal y canto por miedo a los israelitas: nadie salía ni entraba. 2 Yahvé dijo a Josué: «Mira, yo pongo en tus manos a Jericó y a su rey. 3 Ustedes, todos los hombres de guerra, rodearán la ciudad, dando una vuelta alrededor. Así harás durante seis días. 4 Siete sacerdotes llevarán delante del arca las siete trompetas de cuerno de carnero. El séptimo día darán la vuelta a la ciudad siete veces y los sacerdotes tocarán las trompetas. 5 Cuando suene el cuerno de carnero (cuando oigan el sonar de la trompeta), todo el pueblo prorrumpirá en un gran alarido* y el muro de la ciudad se vendrá abajo. Y el pueblo se lanzará al asalto, cada uno por el lugar que tenga enfrente.»

6 Josué, hijo de Nun, llamó a los sacerdotes y les dijo: «Tomen el arca de la alianza y que siete sacerdotes lleven las trompetas de cuerno de carnero delante del arca de Yahvé.» 7 Al pueblo le dijo: «Pasen y den la vuelta a la ciudad y que la vanguardia pase delante del arca de Yahvé.» 8 (Se hizo según la orden dada por Josué al pueblo). Los siete sacerdotes que llevaban las siete trompetas de cuerno de carnero delante de Yahvé pasaron y tocaron las trompetas; el arca de la alianza de Yahvé iba tras ellos; 9 la vanguardia iba delante de los sacerdotes que tocaban las trompetas y la retaguardia marchaba detrás del arca. Según iban caminando, tocaban las trompetas.

10 Josué había dado esta orden al pueblo: «No griten, ni dejen oír sus voces (que no salga ni una palabra de su boca) hasta el día en que yo les diga: Griten. Entonces gritarán.»

11 Hizo que el arca de Yahvé diera la vuelta a la ciudad (rodeándola una vez); luego volvieron al campamento, donde pasaron la noche. 12 Josué se levantó de mañana y los sacerdotes tomaron el arca de Yahvé. 13 Los siete sacerdotes que llevaban las siete trompetas de cuerno de carnero delante del arca de Yahvé, iban caminando y tocando las trompetas según caminaban. La vanguardia iba delante de ellos y la retaguardia detrás del arca de Yahvé, desfilando al son de las trompetas.

14 Dieron (el segundo día) una vuelta a la ciudad y volvieron al campamento. Se hizo lo mismo durante seis días. 15 El séptimo día, se levantaron con el alba y dieron la vuelta a la ciudad (según el mismo rito) siete veces. (Sólo aquel día dieron la vuelta a la ciudad siete veces.) 16 La séptima vez, los sacerdotes tocaron la trompeta y Josué dijo al pueblo: «¡Lancen el alarido, porque Yahvé les ha entregado la ciudad!»

Jericó consagrada al anatema*.

17 «La ciudad será consagrada como anatema a Yahvé con todo lo que haya en ella; únicamente, Rajab, la prostituta, quedará con vida, así como todos los que están con ella en su casa, por haber ocultado a los emisarios que enviamos. 18 Pero ustedes guárdense del anatema, no vayan a quedarse, llevados de la codicia, con algo de lo que es anatema, porque convertirían en anatema todo el campamento de Israel y le acarrearían

6 Relato que combina dos tradiciones (los datos de la segunda van entre paréntesis).
6 5 *Alarido,* clamor religioso y guerrero; ver Nm **10** 5.
6 17 El anatema *reservaba* para Dios todo el botín: todos los seres vivientes eran muertos, y los objetos preciosos entregados para el santuario. Era una manera primitiva de reconocer que la victoria era debida a Dios, ver **7** 12; Dt **7** 1-2; **20** 13-14; 1 S **15** 3; etc. Esta norma tiene dos atenuaciones, Nm **31** 15-23; Jos **8** 26-27; etc. Y la paternidad universal de Dios se irá afirmando poco a poco; Sb **1** 13; Mt **5** 44-45; etc.

la desgracia. 19 Toda la plata y todo el oro, todos los objetos de bronce y de hierro, están consagrados a Yahvé: ingresarán en su tesoro.»

20 El pueblo lanzó el alarido y se tocaron las trompetas. Al escuchar el pueblo la voz de la trompeta, prorrumpió en gran alarido, y el muro se vino abajo. La gente escaló la ciudad, cada uno por el lugar que tenía enfrente, y se apoderaron de ella. 21 Consagraron al anatema todo lo que había en la ciudad, hombres y mujeres, jóvenes y viejos, bueyes, ovejas y burros, a filo de espada.

La casa de Rajab preservada*.

22 Josué dijo a los dos hombres que habían explorado el país: «Entren en la casa de la prostituta y hagan salir de ella a esa mujer con todos los suyos, como se lo han jurado.» 23 Los jóvenes espías fueron e hicieron salir a Rajab, a su padre, a su madre, a sus hermanos y a todos los suyos. También hicieron salir a todos los de su familia y los dejaron fuera del campamento de Israel.

24 Prendieron fuego a la ciudad con todo lo que contenía. Sólo la plata, el oro y los objetos de bronce y de hierro los depositaron en el tesoro de la casa de Yahvé.

25 Pero a Rajab, la prostituta, así como a la casa de su padre y a todos los suyos, Josué los conservó con vida. Ella se quedó en Israel hasta el día de hoy, por haber escondido a los emisarios que Josué había enviado a explorar Jericó.

Maldición a quien reconstruya Jericó.

26 En aquel tiempo Josué pronunció este juramento:

¡Maldito sea delante de Yahvé el hombre que se levante
y reconstruya esta ciudad (de Jericó)!
¡Al precio de su primogénito echará su cimiento
y al de su benjamín colocará las puertas*!

27 Y Yahvé estuvo con Josué, cuya fama se extendió por toda la tierra.

Violación del anatema.

7 1 Pero los israelitas cometieron un delito en relación con el anatema. Acán, hijo de Carmí, hijo de Zabdí, hijo de Zéraj, de la tribu de Judá, se quedó con algo del anatema, y la ira de Yahvé se encendió contra los israelitas.

Derrota ante Ay, castigo del sacrilegio.

2 Josué envió de Jericó a Ay, que está (junto a Bet Avén) al oriente de Betel, unos hombres, diciéndoles: «Suban a explorar el país.» Los hombres subieron y exploraron Ay. 3 Volvieron donde Josué y le dijeron: «Que no suba toda la gente; para atacar a Ay basta con que suban dos o tres mil hombres. No molestes a toda la gente haciéndolos subir hasta allí, porque ellos son pocos.»

4 Subieron a Ay unos tres mil hombres del pueblo, pero tuvieron que huir ante los hombres de Ay. 5 Los hombres de Ay les mataron como unos treinta y seis hombres y los persiguieron fuera de la puerta hasta Sebarín, y los derrotaron en la bajada. Entonces desfalleció el corazón del pueblo y se derritió como agua.

Oración de Josué.

6 Josué desgarró sus vestidos, se postró rostro en tierra delante del arca de Yahvé hasta la tarde, junto con los ancianos de Israel, y todos esparcieron polvo sobre sus cabezas. 7 Dijo Josué: «¡Ah, Señor Yahvé! ¿Por qué has hecho pasar el Jordán a este pueblo, para entregarnos en manos de los amorreos y destruirnos? ¡Ojalá nos hubiéramos empeñado en establecernos al otro lado del Jordán! 8 ¡Perdón, Señor! ¿Qué puedo

6 22 Final de la historia de Rajab y los espías, cap. **2**.

6 26 Ver 1 R **16** 34.

decir ahora que Israel ha vuelto la espalda ante sus enemigos? 9 Se enterarán
los cananeos y todos los habitantes del
país: se aliarán contra nosotros y borra-
rán nuestro nombre de la tierra. ¿Qué
harás tú entonces por tu gran nombre?»

Respuesta de Yahvé.

10 Yahvé respondió a Josué: «¡Levántate! ¿Por qué estás así rostro en tierra?
11 Israel ha pecado, y también ha violado
la alianza que yo le había impuesto. Y
hasta se han quedado con algo del
anatema, lo han robado, lo han escondido y lo han puesto entre sus utensilios. 12 Los israelitas no podrán resistir
ante sus enemigos; volverán la espalda
ante sus enemigos, porque se han convertido en anatema. Yo no estaré ya
con ustedes, si no hacen desaparecer
el anatema de en medio de ustedes*.
13 Levántate, purifica al pueblo y diles:
Purifíquense para mañana, porque así
dice Yahvé, el Dios de Israel: El anatema
está dentro de ti, Israel; no podrás resistir ante tus enemigos hasta que extirpen
el anatema de entre ustedes. 14 Se presentarán, pues, mañana por la mañana,
por tribus: la tribu que Yahvé designe
por la suerte* se presentará por clanes,
el clan que Yahvé designe se presentará
por familias, y la familia que Yahvé designe se presentará hombre por hombre. 15 El designado por la suerte en lo
del anatema será entregado al fuego
con todo lo que le pertenece, por haber
violado la alianza de Yahvé y cometido
una infamia en Israel.»

Descubrimiento y castigo del culpable.

16 Josué se levantó de mañana; mandó que se acercara Israel por tribus, y
fue designada por la suerte la tribu de
Judá. 17 Mandó que se acercaran los clanes de Judá, y fue designado por la suerte
el clan de Zéraj. Mandó que se acercara
el clan de Zéraj por familias, y fue designado por la suerte Zabdí. 18 Mandó que
se acercara la familia de Zabdí, hombre
por hombre, y fue designado por la suerte
Acán, hijo de Carmí, hijo de Zabdí, hijo
de Zéraj, de la tribu de Judá.

19 Dijo entonces Josué a Acán: «Hijo
mío, da gloria a Yahvé, Dios de Israel,
y tribútale alabanza; declárame lo que
has hecho, no me lo ocultes.» 20 Acán
respondió a Josué: «En verdad, yo soy
el que ha pecado contra Yahvé, Dios de
Israel; esto y esto es lo que he hecho:
21 Vi entre el botín un hermoso manto
de Senaar, doscientos siclos de plata y
un lingote de oro de cincuenta siclos de
peso, me gustaron y me los guardé. Están escondidos en la tierra en medio de
mi tienda, y la plata debajo.»

22 Josué envió emisarios, que fueron
corriendo a la tienda, y en efecto el
manto estaba escondido en la tienda
y la plata debajo. 23 Lo sacaron de la
tienda y se lo llevaron a Josué y a todos
los israelitas, y fue depositado delante
de Yahvé.

24 Entonces Josué tomó a Acán, hijo
de Zéraj, con la plata, el manto y el
lingote de oro, a sus hijos, sus hijas, su
toro, su burro y su oveja, su tienda y
todo lo suyo y los hizo subir al valle de
Acor. Todo Israel lo acompañaba.

25 Josué dijo: «¿Por qué nos has traído la desgracia? Que Yahvé te haga
desgraciado en este día.» Y todo Israel lo
apedreó (y los quemaron en la hoguera
y los apedrearon).

26 Levantaron sobre él un gran montón de piedras, que existe todavía hoy.
Así Yahvé se calmó del furor de su cólera. Por eso se llama aquel lugar Valle
de Acor hasta el día de hoy.

7 12 El anatema, **6** 17+, obliga al pueblo como tal. El que lo olvida es un sacrílego que mancha a toda la comunidad; él debe sufrir el anatema.

7 14 Ver 1 S **2** 28+.

4. LA CONQUISTA DE AY

Orden dada a Josué.

8 1 Yahvé dijo entonces a Josué: «¡No tengas miedo ni te asustes! Toma contigo a toda la gente de armas; levántate y ataca a Ay, pues entrego en tus manos al rey de Ay, a su pueblo, su ciudad y su territorio. 2 Harás con Ay y con su rey lo que has hecho con Jericó y con su rey. Pero como botín sólo tomarán ustedes el botín y el ganado. Pon una emboscada a espaldas de la ciudad.»

Maniobra de Josué.

3 Josué se levantó con toda la gente de armas para marchar sobre Ay. Escogió Josué treinta mil guerreros valientes y los hizo salir de noche, 4 dándoles esta orden: «Miren, ustedes van a estar emboscados a espaldas de la ciudad, pero no se alejen mucho de ella, y estén todos alerta. 5 Yo y toda la gente que me acompaña nos acercaremos a la ciudad y, cuando la gente de Ay salga a nuestro encuentro como la primera vez, huiremos ante ellos. 6 Saldrán tras de nosotros hasta que los alejemos de la ciudad, porque se dirán: Huyen delante de nosotros como la primera vez. 7 Entonces ustedes saldrán de la emboscada y se apoderarán de la ciudad; Yahvé, su Dios, la pondrá en sus manos. 8 En cuanto tomen la ciudad la incendiarán. Lo harán según la orden de Yahvé. Miren que se lo mando yo.»

9 Los despachó Josué y fueron al lugar de la emboscada, y se apostaron entre Betel y Ay, al occidente de Ay; Josué pasó aquella noche en medio de la gente. 10 Se levantó de mañana Josué, revistó la tropa y subió contra Ay, con los ancianos de Israel al frente de la tropa. 11 Toda la gente de guerra que estaba con él subió y se acercó hasta llegar ante la ciudad. Acamparon al norte de Ay. El valle quedaba entre ellos y la ciudad. 12 Tomó unos cinco mil hombres y tendió con ellos una emboscada entre Betel y Ay, al oeste de la ciudad. 13 Pero el grueso de la tropa acampó al norte de la ciudad, quedando la emboscada al oeste de la ciudad. Josué pasó aquella noche en medio del valle.

Batalla de Ay.

14 En cuanto vio esto el rey de Ay, se dieron prisa, se levantaron temprano y salieron él y toda su gente a presentar batalla a Israel en la bajada, frente a la Arabá, sin saber que tenía una emboscada a espaldas de la ciudad. 15 Josué y todo Israel se hicieron los derrotados y huyeron camino del desierto. 16 Toda la gente que estaba en la ciudad se puso a dar grandes alaridos saliendo tras ellos y, al perseguir a Josué, se alejaron de la ciudad. 17 No quedó un solo hombre en Ay (ni en Betel) que no saliera en persecución de Israel. Y dejaron la ciudad abierta por perseguir a Israel.

18 Yahvé dijo entonces a Josué: «Tiende hacia Ay el sable que tienes en tu mano, porque en tu mano te la entrego.» Josué tendió el sable que tenía en la mano hacia la ciudad. 19 Tan pronto como extendió la mano, los emboscados surgieron rápidamente de su puesto, corrieron y entraron en la ciudad, se apoderaron de ella y a toda prisa la incendiaron.

Desastre de la gente de Ay.

20 Los hombres de Ay volvieron la vista atrás y vieron la humareda que subía de la ciudad hacia el cielo; no tenían posibilidad de escapar ni por un lado ni por otro. El pueblo que iba huyendo hacia el desierto se volvió contra los perseguidores. 21 Viendo Josué y todo Israel que los emboscados habían tomado la ciudad y que subía de ella una humareda, se volvieron y atacaron a los hombres de Ay. 22 Los otros salieron de la ciudad a su encuentro, de modo que los hombres de Ay se encontraron rodeados por los israelitas, unos por un lado y otros por otro. Éstos los derrotaron hasta que no quedó superviviente ni fugitivo.

[23] Pero al rey de Ay lo prendieron vivo y lo condujeron ante Josué. [24] Cuando los israelitas acabaron de matar a todos los habitantes de Ay en el campo y en el desierto, hasta donde habían salido en su persecución, y todos ellos cayeron a filo de espada hasta no quedar uno, todo Israel volvió a Ay y pasó a su población a filo de espada. [25] El total de los que cayeron aquel día, hombres y mujeres, fue doce mil: todos los habitantes de Ay.

El anatema y la ruina.

[26] Josué no retiró la mano que tenía extendida con el sable hasta que consagró al anatema a todos los habitantes de Ay. [27] Los israelitas se repartieron solamente el ganado y el botín de dicha ciudad, según la orden que Yahvé había dado a Josué.

[28] Josué incendió Ay y la convirtió para siempre en una ruina, en desolación hasta el día de hoy. [29] Al rey de Ay lo colgó de un árbol hasta la tarde; y a la puesta del sol ordenó Josué que bajaran el cadáver del árbol. Lo echaron luego a la entrada de la puerta de la ciudad y apilaron sobre él un gran montón de piedras, que existe todavía hoy.

5. SACRIFICIO Y LECTURA DE LA LEY SOBRE EL MONTE EBAL*

El altar de piedras sin labrar.

[30] Entonces Josué construyó un altar a Yahvé, Dios de Israel, en el monte Ebal, [31] como había mandado Moisés, siervo de Yahvé, a los israelitas, según está escrito en el libro de la Ley de Moisés: un altar de piedras sin labrar, a las que no haya tocado el hierro. Ofrecieron sobre él holocaustos a Yahvé e inmolaron sacrificios de comunión.

Lectura de la Ley.

[32] Josué escribió allí mismo, sobre las piedras, una copia de la Ley que Moisés había escrito delante de los israelitas. [33] Y todo Israel, sus ancianos, sus escribas y sus jueces, de pie a los lados del arca, delante de los sacerdotes levitas que llevaban el arca de la alianza de Yahvé, todos, tanto forasteros como ciudadanos, se colocaron la mitad en la falda del monte Garizín y la otra mitad en la falda del monte Ebal, según la orden de Moisés, siervo de Yahvé, para bendecir por primera vez al pueblo de Israel. [34] Luego, Josué leyó todas las palabras de la Ley, la bendición y la maldición, a tenor de cuanto está escrito en el libro de la Ley. [35] No hubo ni una palabra de cuanto Moisés había mandado que no la leyera Josué en presencia de toda la asamblea de Israel, incluidas las mujeres, los niños y los forasteros que vivían en medio de ellos.

6. EL TRATADO ENTRE ISRAEL Y LOS GABAONITAS

Coalición contra Israel.

9 [1] En cuanto se enteraron todos los reyes que estaban de este lado del Jordán, en la montaña, en la Tierra Baja, a lo largo de la costa del mar Grande hasta la región del Líbano, hititas, amorreos, cananeos, perizitas, jivitas y jebuseos, [2] se aliaron como un solo hombre para combatir contra Josué e Israel.

Engaño de los gabaonitas*.

[3] Pero los habitantes de Gabaón se enteraron de lo que había hecho Josué con Jericó y Ay, [4] y recurrieron por su

8 30 Escena insertada en el relato de la conquista, inspirada en Dt **11**; **27**; **31**. Se desarrolla al oeste de Siquén, en las vertientes del Ebal y del Garizín, que están frente a frente.

9 3 Las gabaonitas, de linaje no cananeo, habitaban en algunas ciudades al norte de Jerusalén, v. 17. Su astucia les hizo entrar en alianza con Israel, **11** 19; 2 S **21** 1-4.

parte a la astucia. Fueron y se proveyeron de víveres, tomaron alforjas viejas para sus burros y pellejos de vino viejos, rotos y recosidos; 5 sandalias viejas y remendadas en sus pies y vestidos viejos. Todo el pan que llevaban para su alimento era seco y hecho migajas.

6 Fueron donde Josué, al campamento de Guilgal, y le dijeron a él y a los hombres de Israel: «Venimos de un país lejano: hagan, pues, alianza con nosotros.» 7 Los hombres de Israel respondieron a aquellos jivitas: «¿A ver si habitan en medio de nosotros? Entonces no podemos hacer alianza con ustedes.»
8 Respondieron a Josué: «Nosotros somos tus siervos.» Josué les dijo: «¿Quiénes son ustedes y de dónde vienen?»
9 Le respondieron: «De muy lejana tierra vienen tus siervos, por la fama de Yahvé tu Dios, pues hemos oído hablar de él, de todo lo que ha hecho en Egipto 10 y de todo lo que ha hecho con los dos reyes amorreos del otro lado del Jordán, Sijón, rey de Jesbón y Og, rey de Basán, que vivía en Astarot. 11 Y nos han dicho nuestros ancianos y todos los habitantes de nuestra tierra: «Tomen en sus manos provisiones para el viaje, vayan a su encuentro y díganles: Siervos suyos somos: hagan, pues, alianza con nosotros. 12 Este nuestro pan estaba caliente cuando hicimos provisión de él en nuestras casas para el viaje, el día en que partimos para venir al encuentro de ustedes: mírenlo ahora duro o hecho migajas. 13 Estos pellejos de vino, que eran nuevos cuando los llenamos, se han roto; nuestras sandalias y nuestros vestidos están gastados por lo largo del camino.»

14 Los notables hicieron aprecio de las provisiones de ellos sin haber consultado el oráculo de Yahvé. 15 Josué hizo las paces con ellos, hizo con ellos pacto de conservarles la vida, y los príncipes de la comunidad se lo juraron.

16 Sucedió que, al cabo de tres días de cerrado este pacto, supieron que vivían cerca y habitaban en medio de Israel.
17 Los israelitas partieron del campamento y llegaron al tercer día a las ciudades de ellos, que eran Gabaón, Quefirá, Beerot y Quiriat Yearín. 18 Los israelitas no los mataron, porque los príncipes de la comunidad se lo habían jurado por Yahvé, Dios de Israel. Pero toda la comunidad murmuró de los príncipes.

Estatuto de los gabaonitas.

19 Todos los príncipes declararon a la comunidad reunida: «Nosotros lo hemos jurado por Yahvé, Dios de Israel; no podemos, pues, tocarlos. 20 Lo que hemos de hacer con ellos es: Déjalos con vida para que no venga sobre nosotros la Cólera por el juramento que hemos hecho.» 21 Les dijeron también los príncipes: «Que vivan, pero que sean leñadores y aguadores para toda la comunidad.» Así les dijeron los príncipes.
22 Josué los llamó y les dijo: «¿Por qué nos han engañado diciendo: Vivimos muy lejos de ustedes, siendo así que habitan en medio de nosotros? 23 Son, pues, unos malditos y nunca dejarán de servir como leñadores y aguadores de la casa de mi Dios.» 24 Le respondieron a Josué: «Es que tus siervos se habían enterado de la orden que había dado Yahvé tu Dios a Moisés su siervo, de entregarles todo este país y exterminar a su llegada a todos sus habitantes. Temimos mucho por nuestras vidas a su llegada y por eso hemos hecho esto. 25 Ahora, aquí estamos en tus manos: haz con nosotros lo que te parezca bueno y justo.»
26 Así hizo con ellos, los salvó de la mano de los israelitas, que no los mataron.
27 Aquel día los puso Josué como leñadores y aguadores de la comunidad y del altar de Yahvé hasta el día de hoy, en el lugar que Yahvé había de elegir.

7. COALICIÓN DE LOS CINCO REYES AMORREOS CONQUISTA DEL SUR DE PALESTINA*

Jc **1** 1-8

Cinco reyes hacen la guerra a Gabaón.

10 1 Sucedió, pues, que Adoni Sédec, rey de Jerusalén, se enteró de que Josué se había apoderado de Ay y la había consagrado al anatema, haciendo con Ay y su rey como había hecho con Jericó y su rey, y de que los habitantes de Gabaón habían hecho las paces con Israel y que vivían entre los israelitas. 2 Y se atemorizó mucho con ello, porque Gabaón era una ciudad grande, tanto como cualquier ciudad real, mayor que Ay, y todos sus hombres eran valientes. 3 Entonces Adoni Sédec, rey de Jerusalén, mandó a decir a Hohán, rey de Hebrón, a Pirán, rey de Yarmut, a Yafía, rey de Laquis, y a Debir, rey de Eglón: 4 «Vengan en mi auxilio para que derrotemos a Gabaón, pues ha hecho las paces con Josué y con los israelitas.» 5 Se juntaron y subieron los cinco reyes amorreos: el rey de Jerusalén, el rey de Hebrón, el rey de Yarmut, el rey de Laquis y el rey de Eglón, con todas sus tropas; asediaron Gabaón y la atacaron.

Josué socorre a Gabaón.

6 Los gabaonitas mandaron a decir a Josué al campamento de Guilgal: «No dejes solos a tus siervos; sube aprisa donde nosotros, sálvanos y socórrenos, porque se han aliado contra nosotros todos los reyes amorreos que habitan en la montaña.» 7 Josué subió de Guilgal con toda la gente de guerra y todos los guerreros valientes. 8 Y Yahvé dijo a Josué: «No los temas, porque los he puesto en tus manos; ninguno de ellos te podrá resistir.» 9 Josué cayó sobre ellos de improviso, tras haber caminado toda la noche desde Guilgal.

El socorro de lo alto.

10 Yahvé los desbarató ante Israel, el cual les causó una gran derrota en Gabaón y los persiguió por el camino de la subida de Bet Jorón, y los fue destrozando hasta Azecá (y hasta Maquedá). 11 Y, mientras huían ante Israel por la bajada de Bet Jorón, Yahvé lanzó del cielo sobre ellos hasta Azecá grandes piedras, y murieron. Y fueron más los que murieron por las piedras que los que mataron los israelitas a filo de espada. 12 Entonces, el día en que Yahvé entregó al amorreo en manos de los israelitas, habló Josué a Yahvé, en presencia de Israel, y dijo:

«Deténte, sol, en Gabaón,
y tú, luna, en el valle de Ayalón.»
13 Y el sol se detuvo y la luna se paró
hasta que el pueblo se vengó de sus enemigos.

¿No está esto escrito en el libro del Justo*? El sol se paró en medio del cielo y no tuvo prisa en ponerse como un día entero. 14 No hubo día semejante ni antes ni después, en que obedeciera Yahvé a la voz de un hombre. Es que Yahvé combatía por Israel. 15 Josué volvió con todo Israel al campamento de Guilgal.

Los cinco reyes en la cueva de Maquedá.

16 Aquellos cinco reyes habían huido y se habían escondido en la cueva de Maquedá. 17 Se dio aviso a Josué: «Han sido descubiertos los cinco reyes, escondidos en la cueva de Maquedá.» 18 Josué

10 Los cap. **10-11** presentan un resumen de las conquistas de Josué y de las tribus en todo el sur, luego en todo el norte. Otros pasajes de Josué, **13+**; **14** 6-13; **15** 13-19; **17** 12.16, así como Jc **1**, hacen pensar en una victoria menos rápida y menos completa.

10 13 Antigua colección poética, ver 2 S **1** 18. La estrofa citada aquí traduce en términos épicos la intervención de Yahvé, ver Ex **14-15**; Jc **5**.

respondió: «Hagan rodar unas piedras
grandes a la boca de la cueva y pongan
junto a ella hombres que la guarden.
19 Y ustedes no se queden quietos: persigan a sus enemigos, córtenles la retirada, no los dejen entrar en sus ciudades,
porque Yahvé su Dios los ha puesto en
manos de ustedes.»

20 Cuando Josué y los israelitas terminaron de causarles una grandísima derrota, hasta acabar con ellos, los supervivientes se les escaparon y se metieron
en las plazas fuertes. 21 Todo el pueblo
volvió sano y salvo al campamento, junto
a Josué, a Maquedá, y no hubo quien
ladrara contra los israelitas.

22 Dijo entonces Josué: «Abran la
boca de la cueva y sáquenme de ella a
esos cinco reyes.» 23 Así lo hicieron: le
sacaron de la cueva a los cinco reyes: al
rey de Jerusalén, al rey de Hebrón, al
rey de Yarmut, al rey de Laquis y al rey
de Eglón. 24 En cuanto sacaron a los reyes, Josué llamó a todos los hombres de
Israel y dijo a los capitanes de tropa que
lo habían acompañado: «Acérquense y
pongan sus pies sobre la nuca de esos
reyes.» Ellos se acercaron y pusieron los
pies sobre las nucas de ellos. 25 «No tengan miedo, les dijo Josué, ni se acobarden; sean valientes y decididos, porque
así hará Yahvé con todos los enemigos
con quienes tienen que combatir.» 26 Acto seguido, Josué los hirió, les dio muerte
y los hizo colgar de cinco árboles, de los
que quedaron colgados hasta la tarde.

27 A la hora de la puesta del sol, a una
orden de Josué, los descolgaron de los
árboles y los arrojaron a la cueva en que
se habían escondido, y echaron unas
piedras grandes a la boca de la cueva:
allí están todavía hoy.

Conquista de las ciudades meridionales de Canaán.

28 El mismo día Josué tomó Maquedá
y la pasó a filo de espada, a ella y a su
rey: los consagró al anatema con todos
los seres vivientes que había en ella. No
dejó escapar a nadie. Hizo con el rey de
Maquedá como había hecho con el rey
de Jericó.

29 Josué, con todo Israel, pasó de Maquedá a Libná y la atacó. 30 Y Yahvé la
entregó también, con su rey, en manos
de Israel, que la pasó a filo de espada
con todos los seres vivientes que había
en ella: no dejó en ella ni uno solo con
vida. Hizo con su rey como había hecho
con el rey de Jericó.

31 Josué, con todo Israel, pasó de Libná a Laquis, la asedió y atacó. 32 Yahvé
entregó Laquis en manos de Israel, que
la tomó al segundo día, y la pasó a cuchillo con todos los seres vivientes que
había en ella, lo mismo que había hecho
con Libná. 33 Entonces Horán, el rey de
Guézer, subió en ayuda de Laquis, pero
Josué lo derrotó a él y a su pueblo, hasta no dejar ni un superviviente.

34 Josué, con todo Israel, pasó de Laquis a Eglón. La sitiaron y atacaron. 35 La
tomaron aquel mismo día y la pasaron
a cuchillo. Consagró al anatema aquel
día a todos los seres vivientes que había
en ella, lo mismo que había hecho con
Laquis.

36 Josué subió, con todo Israel, de
Eglón a Hebrón y la atacaron. 37 La tomaron y la pasaron a cuchillo, así como
a su rey, y todas sus ciudades y todos
los seres vivientes que había en ella.
No dejó ni un superviviente, igual que
había hecho con Eglón. La consagró
al anatema, así como a todos los seres
vivientes que había en ella.

38 Entonces Josué, con todo Israel,
se volvió contra Debir y la atacó. 39 Se
apoderó de ella, de su rey y de todas sus
ciudades; las pasaron a filo de espada y
consagraron al anatema a todos los seres
vivientes que había en ella, sin dejar uno
solo con vida. Como había hecho con
Hebrón, así hizo con Debir y su rey, igual
que había hecho con Libná y con su rey.

Recapitulación de las conquistas del Sur.

40 Así conquistó Josué todo el país: la
montaña, el Negueb, la Tierra Baja y las

laderas, con todos sus reyes, sin dejar ni un superviviente. Consagró a todos los seres vivientes al anatema, como Yahvé, el Dios de Israel, le había ordenado. [41] Josué conquistó desde Cades Barnea hasta Gaza, y toda la región de Gosen hasta Gabaón. [42] Se apoderó Josué de todos aquellos reyes y de sus territorios de una sola vez, porque Yahvé, el Dios de Israel, peleaba en favor de Israel. [43] Y Josué, con todo Israel, se volvió al campamento de Guilgal.

8. CONQUISTA DEL NORTE

Coalición de los reyes del Norte.

11 [1] Cuando Yabín, rey de Jasor, se enteró, mandó aviso a Yobab, rey de Merón, al rey de Simrón, al rey de Acsaf, [2] y a los reyes de la parte norte de la montaña, del valle al sur de Quinéret, de la Tierra Baja y de las alturas del oeste de Dor. [3] El cananeo estaba al oriente y al occidente; el amorreo, el jivita, el perizita y el jebuseo en la montaña; el hitita en las faldas del Hermón, en el país de Mispá. [4] Partieron, pues, con todas sus tropas: una muchedumbre innumerable como la arena de la orilla del mar y con gran número de caballos y carros.

Victoria de Merón.

[5] Se juntaron todos estos reyes, llegaron y acamparon juntos hacia las aguas de Merón para luchar contra Israel. [6] Yahvé dijo entonces a Josué: «No les tengas miedo, porque mañana a esta misma hora los haré caer a todos ellos muertos ante Israel; tú desjarretarás sus caballos y quemarás sus carros.» [7] Josué, con toda su gente de armas, los alcanzó de improviso junto a las aguas de Merón y cayó sobre ellos. [8] Yahvé los entregó en manos de Israel, que los batió y persiguió por occidente hasta Sidón la Grande y hasta Misrefot y, por oriente, hasta el valle de Mispé. Los derrotó hasta que no quedó ni uno vivo. [9] Josué los trató como le había dicho Yahvé: desjarretó sus caballos y quemó sus carros.

Toma de Jasor y de otras ciudades del Norte.

[10] Por entonces, Josué se volvió y tomó Jasor, y mató a su rey a espada. Jasor era antiguamente la capital de todos aquellos reinos. [11] Pasaron a cuchillo a todo ser viviente que había en ella, dando cumplimiento al anatema. No quedó alma viva, y Jasor fue entregada a las llamas. [12] Josué se apoderó de todas las ciudades de aquellos reyes, y de todos sus reyes, y las pasó a cuchillo. Cumplió en ellos el anatema, según le había mandado Moisés, siervo de Yahvé.

[13] Pero Israel no quemó ninguna de las ciudades emplazadas sobre sus montículos; con la única excepción de Jasor, que fue incendiada por Josué. [14] El botín de estas ciudades, incluso el ganado, se lo repartieron los israelitas. Pero pasaron a cuchillo a todo ser humano hasta acabar con todos. No dejaron ninguno con vida.

El mandato de Moisés ejecutado por Josué.

[15] Tal como Yahvé había ordenado a su siervo Moisés, éste se lo había ordenado a Josué y éste lo ejecutó: no descuidó una sola palabra de lo que Yahvé había ordenado a Moisés. [16] Josué se apoderó de todo el país: de la montaña, de todo el Negueb y de todo el país de Gosen, de la Tierra Baja, de la Arabá, de la montaña de Israel y de sus estribaciones.

[17] Desde el monte Pelado, que sube hacia Seír, hasta Baal Gad en el valle del Líbano, al pie del monte Hermón, apresó a todos sus reyes y los ajustició. [18] Largo tiempo estuvo Josué haciendo la guerra a todos estos reyes; [19] no hubo ciudad que hiciera paz con los israelitas, excepto los jivitas que vivían en Gabaón: de todas se apoderaron por la

fuerza. [20] Porque de Yahvé provenía el endurecer su corazón para combatir a Israel, para que fueran así consagradas al anatema sin remisión y para ser exterminadas, como había mandado Yahvé a Moisés.

Exterminio de los anaquitas*.
Dt **1** 28+; Jos **15** 13-14;
Jc **1** 10-15+.

[21] Por entonces fue Josué y exterminó a los anaquitas de la montaña, de Hebrón, de Debir, de Anab, de toda la montaña de Judá y de toda la montaña de Israel: los consagró al anatema con sus ciudades. [22] No quedó un anaquita en el país de los israelitas; sólo quedaron en Gaza, Gad y Asdod. [23] Josué se apoderó de toda la tierra tal como Yahvé le había dicho a Moisés, y se la dio en herencia a Israel según los lotes asignados a cada tribu.

Y, acabada la guerra, el país quedó en paz.

9. RECAPITULACIÓN*

Los reyes vencidos al este del Jordán.

12 [1] Éstos son los reyes del país vencidos por los israelitas y despojados de su territorio en Transjordania, al oriente, desde el torrente Arnón hasta el monte Hermón, con toda la Arabá oriental: [2] Sijón, rey de los amorreos, que residía en Jesbón, y dominaba desde Aroer, situada a la orilla del torrente Arnón, la cuenca del torrente y la mitad de Galaad hasta el torrente Yaboc, que sirve de frontera con los amonitas, [3] y, al oriente, la Arabá hasta el mar de Genesaret por una parte y hasta el mar de la Arabá, o mar de la Sal, por otra, camino de Bet Yesimot, hasta llegar por el sur al pie de las laderas del Pisgá.

[4] Y Og, rey de Basán, un residuo de los refaítas, que residía en Astarot y en Edreí, [5] y dominaba en la montaña del Hermón y Salcá, y en todo el Basán hasta la frontera de los guesuritas y los maacatitas, y en la mitad de Galaad hasta la frontera de Sijón, rey de Jesbón. [6] Moisés, siervo de Yahvé, y los israelitas los habían vencido, y Moisés, siervo de Yahvé, había dado el territorio en propiedad a los rubenitas, a los gaditas y a la media tribu de Manasés.

Los reyes vencidos al oeste del Jordán.

[7] Éstos son los reyes del país, vencidos por Josué y los israelitas, del lado occidental del Jordán, desde Baal Gad, en el valle del Líbano, hasta el monte Pelado, que se alza hacia Seír, y cuya tierra repartió Josué en herencia a las tribus de Israel según sus suertes: [8] en la montaña, en la Tierra Baja, en la Arabá, en las estribaciones, en el desierto, en el Negueb: hititas, amorreos, cananeos, perizitas, jivitas y jebuseos:

[9] el rey de Jericó uno;
el rey de Ay, que está junto a Betel, uno;
[10] el rey de Jerusalén, uno;
el rey de Hebrón, uno;
[11] el rey de Yarmut, uno;
el rey de Laquis, uno;
[12] el rey de Eglón, uno;
el rey de Guézer, uno;
[13] el rey de Debir, uno;
el rey de Guéder, uno;
[14] el rey de Jormá, uno;
el rey de Arad, uno;
[15] el rey de Libná, uno;
el rey de Adulán, uno;
[16] el rey de Maquedá, uno;
el rey de Betel, uno;
[17] el rey de Tapúaj, uno;
el rey de Jéfer, uno;

11 21 Ver Dt **1** 28+.
12 El balance de la victoria reúne Dt **2-3** y Jos **1-10**, añadiendo algunos nombres. Los *reyes* son jefes de ciudad o de clan.

18 el rey de Afec, uno;
el rey de Sarón, uno;
19 el rey de Merón, uno;
el rey de Jasor, uno;
20 el rey de Simron Merón, uno;
el rey de Acsaf, uno;
21 el rey de Tanac, uno;
el rey de Meguidó, uno;
22 el rey de Cades, uno;
el rey de Yocneán,
en el Carmelo, uno;
23 el rey de Dor,
en la región de Dor, uno;
el rey de Goin,
en Galilea, uno;
24 el rey de Tirsá, uno;

Total de reyes: treinta y uno.

II. Reparto del país entre las tribus

Tierras que quedan sin conquistar*.

13 1 Josué era ya viejo y entrado
en años. Yahvé le dijo: «Eres
viejo y entrado en años, y queda todavía
muchísima tierra por conquistar. 2 Ésta
es la tierra que queda:
«Todos los distritos de los filisteos y
todo lo de los guesuritas; 3 desde Sijor,
que está al lado de Egipto, hasta el límite
de Ecrón por el norte, es considerado como de los cananeos. Los cinco tiranos de
los filisteos son el de Gaza, el de Asdod, el
de Ascalón, el de Gat y el de Ecrón. Los
avitas 4 están al sur. Todo el país de los
cananeos, y Mearah, que es de los sidonios, hasta Afec y hasta la frontera de los
amorreos; 5 luego el país de los guiblitas
con todo el Líbano hacia la salida del sol,
desde Baal Gad, al pie del monte Hermón, hasta la Entrada de Jamat.
6 «Yo arrojaré de la presencia de los israelitas a todos los habitantes de la montaña, desde el Líbano hasta Misrefot
al occidente: a todos los sidonios. Tú
solamente reparte por suertes la tierra
como heredad entre los israelitas, según
te he ordenado. 7 Reparte ya esta tierra
como heredad entre las nueve tribus y la
media tribu de Manasés: se la repartirás
desde el Jordán hasta el mar Grande de
occidente; el mar Grande será su límite.»

1. DESCRIPCIÓN DE LAS TRIBUS DE TRANSJORDANIA*

Nm **32**; Dt **3** 12-17.

Esbozo de conjunto.

8 La otra media tribu de Manasés,
junto con los rubenitas y los gaditas,
había recibido ya la parte de la heredad que Moisés les había dado al lado
oriental del Jordán, tal como Moisés,
siervo de Yahvé, se la había dado: 9 la
tierra desde Aroer, que está a orillas del
torrente Arnón, y la ciudad que está en
medio de la vaguada; y toda la llanura
desde Mádaba hasta Dibón; 10 todas las
ciudades de Sijón, rey de los amorreos,
que había reinado en Jesbón, hasta la
frontera de los amonitas. 11 Además,
Galaad y el territorio de los guesuritas y
los maacatitas con toda la montaña del
Hermón y todo Basán hasta Salcá; 12 y
en el Basán, todo el reino de Og, que
había reinado en Astarot y en Edreí,
y era el último residuo de los refaítas.
Moisés los había derrotado y expulsado.

13 Antes de describir al detalle la parte de la Tierra que toca a cada uno, el autor precisa qué territorios no han sido nunca israelitas: los de los Filisteos al sur, los de los Sidonios al norte (Fenicia). Los *Filisteos,* Dt **2** 23, estarán en perpetuo conflicto con Israel en tiempo de los Jueces y de los Reyes; su nombre, grecizado, dará el de *Palestina.*

13 8 La descripción de esta región es mucho más vaga que la del oeste, caps. **14-19**. Las fronteras han variado con el desarrollo de los reinos de Amón y Moab.

13 Pero los israelitas no expulsaron ni a los guesuritas ni a los maacatitas, de manera que Guesur y Maacá siguen todavía hoy habitando en medio de Israel. 14 La tribu de Leví fue la única a la que no se dio heredad: Yahvé, Dios de Israel, fue su heredad, como se lo había dicho.

La tribu de Rubén.

Gn **49** 3-4; Dt **33** 6.

15 Moisés había dado a la tribu de los hijos de Rubén una parte, por clanes. 16 Su territorio iba desde Aroer, que está a orillas del torrente Arnón, incluida la ciudad que está en medio de la vaguada, y todo el llano hasta Mádaba; 17 Jesbón con todas las ciudades situadas en el llano: Dibón, Bamot Baal, Bet Baal Meón, 18 Yahas, Quedemot, Mefaat, 19 Quiriatáin, Sibmá, y Seret Hassajar, en el monte del valle; 20 Bet Peor, las laderas del Pisgá, Bet Yesimot, 21 todas las ciudades del llano y todo el reino de Sijón, rey de los amorreos, que reinó en Jesbón y a quien venció Moisés, igual que a los príncipes de Madián: Eví, Requen, Sur, Jur, Rebá, vasallos de Sijón, que habitaban en el país. 22 Al adivino Balaán, hijo de Beor, los israelitas lo habían pasado a cuchillo con otras víctimas. 23 Así el territorio de los rubenitas llegaba hasta el Jordán. Ésta fue la heredad de los hijos de Rubén, por clanes: las ciudades y sus aldeas.

La tribu de Gad.

Gn **49** 19; Dt **33** 20-21.

24 A la tribu de Gad, a los hijos de Gad, había dado Moisés una parte, por clanes. 25 Su territorio fue Yazer, todas las ciudades de Galaad, la mitad del país de los amonitas hasta Aroer, que está enfrente de Rabá, 26 y desde Jesbón hasta Ramat Hamispé y Betonín, y desde Majanáin hasta el territorio de Lo Debar; 27 y en el valle: Bet Harán, Bet Nimrá, Sucot, Safón, el resto del reino de Sijón, rey de Jesbón, el Jordán y el territorio hasta la punta del mar de Genesaret, al lado oriental del Jordán. 28 Ésta fue la heredad de los hijos de Gad, por clanes: las ciudades y sus aldeas.

La media tribu de Manasés.

29 A la media tribu de Manasés le había dado Moisés una parte, por clanes. 30 Su territorio comprendía, desde Majanáin, todo el Basán, todas las Aldeas de Yaír en Basán: sesenta ciudades; 31 la mitad de Galaad, Astarot y Edreí, ciudades del reino de Og en Basán. Pasaron a ser de los hijos de Maquir, hijo de Manasés (de la mitad de los hijos de Maquir), por clanes.

32 Esto fue lo que repartió en heredad Moisés en las Estepas de Moab, al otro lado del Jordán, al oriente de Jericó. 33 Pero Moisés no dio heredad a la tribu de Leví: Yahvé, el Dios de Israel, es su heredad, como se lo había dicho.

2. DESCRIPCIÓN DE LAS TRES GRANDES TRIBUS AL OESTE DEL JORDÁN*

Introducción.

14 1 Esto es lo que recibieron como heredad los israelitas en el país de Canaán, lo que les repartieron como heredad el sacerdote Eleazar y Josué, hijo de Nun, y los cabezas de familia de las tribus de Israel. 2 El reparto para las nueve tribus de Israel y la media tribu se hizo a suertes, como Yahvé había ordenado por medio de Moisés. 3 Porque Moisés había dado ya su heredad a las dos tribus y media de Transjordania sin dar a los levitas heredad entre

14 Los documentos reunidos en **14-19** dan una descripción de la ocupación bajo Josué; cada tribu se fue estableciendo poco a poco. Ver Gn **49**; Dt **33**.

ellas. 4 Pues los hijos de José vinieron a formar dos tribus: Manasés y Efraín, pero a los levitas no se les dio ninguna parte en el territorio, sino sólo ciudades para residir, con los pastos correspondientes para sus ganados y su hacienda. 5 Como Yahvé había mandado a Moisés, así hicieron los israelitas en el reparto de la tierra.

La parte de Caleb*.

6 Se acercaron los hijos de Judá a Josué en Guilgal, y Caleb, hijo de Jefoné el quenizita, le dijo: «Ya sabes lo que le dijo Yahvé a Moisés, el hombre de Dios, de ti y de mí en Cades Barnea. 7 Cuarenta años tenía yo cuando Moisés, siervo de Yahvé, me envió de Cades Barnea a explorar esta tierra y yo le di un informe con toda sinceridad. 8 Los hermanos que habían subido conmigo desanimaron al pueblo, pero yo me mantuve fiel a Yahvé mi Dios. 9 Aquel día Moisés hizo este juramento: Te juro que la tierra que ha hollado tu pie será heredad tuya y de tus hijos para siempre, porque has sido fiel a Yahvé mi Dios. 10 Pues ahora mira cómo Yahvé me ha conservado con vida, según lo prometió. Hace cuarenta y cinco años que Yahvé le dijo esto a Moisés, cuando Israel iba por el desierto, y ahora tengo ochenta y cinco años. 11 Todavía estoy tan fuerte como el día en que Moisés me envió. Conservo todo mi vigor de entonces para combatir y para ir y venir. 12 Dame ya esta montaña que me prometió Yahvé aquel día. Ya entonces supiste que hay en ella anaquitas y ciudades grandes y fuertes. Si Yahvé está conmigo, los expulsaré, como me prometió Yahvé.»

13 Josué bendijo a Caleb, hijo de Jefoné, y le dio Hebrón por heredad. 14 Por eso Hebrón sigue siendo hasta el día de hoy heredad de Caleb, hijo de Jefoné el quenizita, por haber sido fiel a Yahvé, Dios de Israel. 15 El nombre primitivo de Hebrón era Quiriat Arbá. Arbá era el hombre más alto entre los anaquitas.

Y, acabada la guerra, el país quedó en paz.

La tribu de Judá*.

Gn **49** 8-12; Dt **33** 7.

15 1 La suerte que tocó a la tribu de los hijos de Judá, por clanes, cayó hacia la frontera de Edom, desde el desierto de Sin, hacia el mediodía, hasta Cades, en el extremo sur. 2 Su límite meridional partía del extremo del Mar de la Sal, desde la lengua que da hacia el sur; 3 luego se dirigía por el sur de la Subida de los Escorpiones, pasaba hacia Sin y subía por el sur de Cades Barnea; pasando por Jesrón, subía hacia Adar y volvía a Carcá; 4 pasaba por Asmón, iba hacia el torrente de Egipto y venía a salir al mar. Ésa será la frontera de ustedes por el sur. 5 Al oriente, el límite era el Mar de la Sal, hasta la desembocadura del Jordán. La frontera por el lado norte partía de la lengua de mar que hay en la desembocadura del Jordán. 6 El límite subía a Bet Joglá, pasaba al norte de Bet Arabá y subía hasta la Peña de Boján, hijo de Rubén. 7 El límite subía desde el Valle de Acor hasta Debir y volvía al norte hacia el círculo de piedras que hay enfrente de la subida de Adumín, que está al sur del Torrente. El límite pasaba hacia las aguas de En Semes y venía a salir a En Roguel. 8 Subía después por el Valle de Ben Hinón, por el sur, al Hombro del Jebuseo*, es decir, a Jerusalén; subía el límite por el oeste a la cima del monte que hay frente al Valle de Hinón, al extremo norte del Valle

14 6 *Caleb,* Nm **13-14**, no es un israelita, vv. 6.14; ver Nm **24** 21; **32** 12, pero se asimiló a Judá, 1 Cro **2** 18-14; etc.

15 Los límites sur, este y oeste de Judá son en realidad los del país de Canaán; el límite norte, el más detallado, representa la frontera de Judá en la época de David. Su prolongación hasta el mar es teórica.

15 8 *El hombro (o el costado)* del *Jebuseo,* ver **18** 6; Jc **19** 10, era la ladera de la colina en la que se asentaba Jerusalén. La ciudad no será tomada hasta el reinado de David, 2 S **5** 6+.

de los Refaín. 9 El límite torcía de la cumbre del monte hacia la fuente de agua de Neftoaj y seguía hacia las ciudades del monte Efrón para torcer en dirección a Baalá, o sea, Quiriat Yearín. 10 De Baalá, el límite doblaba por el oeste hacia el monte Seír y, pasando por la vertiente norte del monte Yearín, o sea Quesalón, bajaba a Bet Semes, pasaba a Timná, 11 iba hacia el lado norte de Ecrón, doblaba hacia Sicarón, pasaba por el monte de Baalá y salía por Yabnel. La frontera terminaba en el mar.

12 El límite occidental era el mar Grande Éste era el límite que rodeaba el territorio de los hijos de Judá, por clanes.

Los calebitas ocupan el territorio de Hebrón.

‖Jc **1** 10-15; Jos **14** 6+.

13 A Caleb, hijo de Jefoné, se le dio una parte entre los hijos de Judá, según la orden de Yahvé a Josué: Quiriat Arbá, la ciudad del padre de Anac, que es Hebrón. 14 Caleb echó de allí a los tres hijos de Anac: Sesay, Ajimán y Talmay, descendientes de Anac. 15 De allí se dirigió hacia los habitantes de Debir, que antiguamente se llamaba Quiriat Séfer. 16 Entonces dijo Caleb: «Al que derrote a Quiriat Séfer y la tome, le daré mi hija Acsá por mujer.» 17 El que la tomó fue Otniel, hijo de Quenaz, hermano de Caleb, y éste le dio su hija Acsá por mujer. 18 Cuando iba a casa de su marido, éste le incitó a que pidiera a su padre un campo; ella se apeó del burro y Caleb le preguntó: «¿Qué quieres?» 19 Ella respondió: «Hazme un regalo; ya que me has dado el desierto de Negueb, dame fuentes de agua.» Y él le dio las fuentes de arriba y las fuentes de abajo. 20 Ésta fue la heredad de la tribu de los hijos de Judá por clanes.

Nombres de las localidades de la tribu de Judá.

21 Ciudades fronterizas de la tribu de los hijos de Judá, hacia la frontera de Edom, en el Negueb:

Cabseel, Éder, Yagur, 22 Quiná, Dimón, Adadá, 23 Cades, Jasor Yitnán, 24 Zif, Telen, Bealot, 25 Jasor Jadatá, Queriyot Jesrón (que es Jasor), 26 Amán, Semá, Moladá, 27 Jasar Gadá, Jesmón, Bet Pélet, 28 Jasar Sual, Berseba y sus filiales, 29 Baalá, Iyín, Esen, 30 Eltolad, Quesil, Jormá, 31 Sicelag, Madmaná, Sansaná, 32 Lebaot, Siljín, Ayin y Rimón. En total veintinueve ciudades con sus aldeas.

33 En la Tierra Baja:

Estaol, Sorá, Asná, 34 Zanoaj, En Ganín, Tapúaj, Enán, 35 Yarmut, Adulán, Socó, Azecá, 36 Saaráin, Aditáin, Hag Guederá, Guederotáin: catorce ciudades con sus aldeas.

37 Senán, Jadasá, Migdal Gad, 38 Dilán, Mispé, Yocteel, 39 Laquis, Boscat, Eglón, 40 Cabón, Lajmás, Quitlís, 41 Guederot, Bet Dagón, Naamá, Maquedá: dieciséis ciudades con sus aldeas.

42 Libná, Éter, Asán, 43 Iftaj, Asná, Nesib, 44 Queilá, Aczib, Maresá: nueve ciudades con sus aldeas.

45 Ecrón con sus filiales y aldeas. 46 De Ecrón hasta el mar, todo lo que está al lado de Asdod con sus aldeas. 47 Asdod con sus filiales y aldeas, Gaza con sus filiales y aldeas hasta el Torrente de Egipto, limitando con el mar Grande.

48 En la montaña:

Samir, Yatir, Socó, 49 Daná, Quiriat Saná, que es Debir, 50 Anab, Estemoa, Anín, 51 Gosen, Jolón, Guiló: once ciudades y sus aldeas.

52 Arab, Dumá, Esan, 53 Yanún, Bet Tapúaj, Afec, 54 Jumtá, Quiriat Arbá, que es Hebrón, Sior: nueve ciudades y sus aldeas.

55 Maón, Carmelo, Zif, Yutá, 56 Yizreel, Yocdeán, Zanoaj, 57 Haccayin, Guibeá y Timná: diez ciudades con sus aldeas.

58 Jaljul, Bet Sur, Guedor, 59 Maarat, Bet Anot, Eltecón: seis ciudades con sus aldeas.

Técoa, Efratá, que es Belén, Peor, Etán, Culón, Tatán, Sores, Caren, Galín, Béter, Manaj: once ciudades con sus aldeas.

60 Quiriat Baal, que es Quiriat Yearín,
y Rabá: dos ciudades con sus aldeas.
61 En el desierto:
Bet Arabá, Midín, Secacá, 62 Nibsán,
la ciudad de la Sal y Engadí: seis ciudades con sus aldeas.
63 Pero los hijos de Judá no pudieron
echar a los jebuseos que ocupaban Jerusalén. Por eso los jebuseos siguen
habitando en Jerusalén junto a los hijos
de Judá hasta el día de hoy.

La tribu de Efraín.
Gn **49** 22-26; Dt **33** 13-17.

16 1 La suerte que tocó a los hijos
de José comenzaba, por el lado
oriental, en el Jordán, a la altura de Jericó (las aguas de Jericó), en el desierto que
sube de Jericó a la montaña de Betel;
2 siguiendo de Betel a Luz, pasaba hacia
la frontera de los arquitas por Atarot;
3 bajaba después al oeste hacia la frontera de los yafletitas, hasta el límite de Bet
Jorón de Abajo y hasta Guézer, y venía a
salir al mar. 4 Ésta fue la heredad de los
hijos de José, Manasés y Efraín.
5 Frontera de los hijos de Efraín, por
clanes: el límite de su heredad era por
el este Atrot Arac hasta Bet Jorón de
Arriba 6 e iba a salir el límite al mar, con
Micmetat al norte, y el límite doblaba al
oriente hacia Taanat Siló, y cruzaba al
este de Yanóaj; 7 bajaba de Yanóaj a Atarot y a Naará y tocaba en Jericó para
terminar en el Jordán. 8 De Tapúaj iba
el límite hacia occidente por el torrente
de Caná y venía a parar en el mar. Ésta
fue la heredad de la tribu de los hijos de
Efraín, por clanes, 9 además de las ciudades reservadas para los hijos de Efraín
de la herencia de los hijos de Manasés;
todas estas ciudades y sus aldeas. 10 El
cananeo que ocupaba Guézer no fue
expulsado, y así continúa en medio de
Efraín hasta el día de hoy, pero sujeto a
servidumbre.

La tribu de Manasés.
Gn **49** 22-26; Dt **33** 13-17.

17 1 A la tribu de Manasés le correspondió una suerte, porque
era el primogénito de José. A Maquir,
primogénito de Manasés y padre de
Galaad, como era hombre de armas,
le tocó Galaad y Basán; 2 y a los otros
hijos de Manasés, por clanes: a los hijos
de Abiezer, a los hijos de Jelec, a los
hijos de Asriel, a los hijos de Siquén, a
los hijos de Jéfer, a los hijos de Semidá;
éstos eran los hijos varones de Manasés,
hijo de José, por clanes. 3 Pero Selofjad, hijo de Jéfer, hijo de Galaad, hijo de
Maquir, hijo de Manasés, no tenía hijos;
sólo tenía hijas. Sus hijas se llamaban:
Majlá, Noá, Joglá, Milcá y Tirsá. 4 Éstas
se presentaron ante el sacerdote Eleazar, ante Josué, hijo de Nun, y ante los
príncipes, y dijeron: «Yahvé ordenó a
Moisés que nos diera una heredad entre
nuestros hermanos». Les dio, pues, según la orden de Yahvé, una heredad entre los hermanos de su padre. 5 Tocaron a Manasés diez porciones, además
del país de Galaad y de Basán, situado
en Transjordania, 6 pues las hijas de
Manasés obtuvieron una heredad entre
sus hijos. El país de Galaad pertenecía a
los otros hijos de Manasés.
7 El límite de Manasés era, por el lado
de Aser, Micmetat, que está en frente de
Siquén; de allí iba hacia la derecha,
hacia Yasib, en la fuente de Tapúaj. 8 El
país de Tapúaj era de Manasés, pero
Tapuaj, en la frontera de Manasés, era
de los hijos de Efraín. 9 El límite bajaba
por el torrente de Caná; al sur del torrente estaban las ciudades de Efraín,
además de las que tenía Efraín entre las
ciudades de Manasés, y el territorio de
Manasés estaba al norte del torrente, e
iba a salir al mar. 10 Lo del sur era de
Efraín y lo del norte de Manasés, y el
mar era su frontera; lindaban con Aser
al norte y con Isacar al este. 11 Manasés
tenía, en Isacar y en Aser, Betsán y sus
filiales, Yibleán y sus filiales, los habitantes de Dor y sus filiales, los habitantes de
Tanac y Meguidó y sus filiales, y un tercio de Néfet. 12 Los hijos de Manasés no
pudieron apoderarse de estas ciudades
y los cananeos lograron mantenerse en
aquel país. 13 Pero, cuando los israelitas

se hicieron más fuertes, sometieron a los cananeos a servidumbre, aunque no llegaron a expulsarlos.

Reclamación de los hijos de José.

[14] Los hijos de José se dirigieron a Josué y le dijeron: «¿Por qué no me has asignado en heredad más que una suerte, una sola porción, siendo tan numeroso como soy porque Yahvé me ha bendecido?» [15] Josué respondió: «Si eres un pueblo tan numeroso sube a los bosques y tala árboles para ti en la región de los perizitas y de los refaítas, pues la montaña de Efraín es demasiado estrecha para ti.» [16] Los hijos de José respondieron: «La montaña no nos basta, y todos los cananeos que habitan en el llano tienen carros de hierro, lo mismo los de Betsán y sus filiales que los de la llanura de Yizreel.» [17] Josué dijo a la casa de José, a Efraín y a Manasés: «Eres un pueblo grande y tienes mucha fuerza; no tendrás sólo un lote, [18] sino que tendrás también la montaña; está cubierta de bosques, pero tú la talarás y será tuya esa región; y expulsarás al cananeo, aunque tiene carros de hierro y es muy fuerte.»

3. DESCRIPCIÓN DE LAS OTRAS SIETE TRIBUS

Descripción del territorio.

18 [1] Toda la comunidad de los israelitas se reunió en Siló*, donde alzaron la Tienda del Encuentro; todo el país les estaba sometido. [2] Pero quedaban todavía entre los israelitas siete tribus a las que no se había repartido su heredad. [3] Josué, pues, dijo a los israelitas: «¿Hasta cuándo van a retardar el ir a tomar posesión de la tierra que les ha dado Yahvé, el Dios de sus padres? [4] Escojan tres hombres por cada tribu, y los enviaré para que vayan a recorrer el país y hagan una descripción de él en orden al reparto; luego volverán donde mí. [5] Dividirán el territorio en siete lotes. Judá se quedará en su territorio al sur y la casa de José se quedará en su territorio al norte. [6] Ustedes harán una descripción del país distribuyéndolo en siete lotes, y me la traerán para que se lo sortee aquí, en presencia de Yahvé nuestro Dios. [7] Porque los levitas no tienen su parte entre ustedes, pues el sacerdocio de Yahvé es su heredad; y Gad, Rubén y la media tribu de Manasés, han recibido ya, al lado oriental del Jordán, la heredad que les dio Moisés, siervo de Yahvé.»

[8] Los hombres se pusieron en camino. Josué dio esta orden a los que iban a hacer la descripción del país: «Vayan, recorran el país y descríbanlo, y después vuelvan donde mí; yo les haré el sorteo del territorio aquí delante de Yahvé, en Siló.» [9] Fueron los hombres, recorrieron la comarca, y la describieron ciudad por ciudad, en siete lotes, en un escrito que llevaron a Josué, al campamento de Siló.

[10] Josué les echó suertes en Siló, delante de Yahvé, y repartió allí la tierra entre los israelitas, por lotes.

La tribu de Benjamín.

Gn **49** 27; Dt **33** 12.

[11] Tocó una suerte a la tribu de los hijos de Benjamín, por clanes: los límites de su suerte resultaron comprendidos entre los de los hijos de Judá y los de los hijos de José. [12] Su límite, por el lado norte, partía del Jordán, subía por el flanco norte de Jericó, hasta alcanzar la montaña hacia el oeste, y venía a salir al desierto de Bet Avén. [13] De allí pasaba el límite hacia Luz, por el flanco sur de Luz, o sea Betel, y bajaba a Atrot Adar sobre el monte que está al sur de

18 1 Un cuadro narrativo, vv. 1-10; **19** 51, sitúa este último reparto en Siló, que se convertirá en uno de los principales santuarios, **21** 2; etc.; 1 S **1** 3; Jr **7** 12; etc.

Bet Jorón de Abajo. [14] Torcía el límite
y volvía por el oeste hacia el sur, desde
el monte que está al lado meridional de
Bet Jorón, para ir a salir hacia Quiriat
Baal, que es Quiriat Yearín, ciudad de
los hijos de Judá. Ése era el lado oeste.
[15] Y el lado sur: desde el extremo de
Quiriat Yearín, el límite seguía hacia
Gasín y salía cerca de la fuente de las
aguas de Neftoaj, [16] luego bajaba hacia
el extremo del monte que está frente al
Valle de Ben Hinón, al norte del Valle de
Refaín, bajaba al Valle de Hinón por el
flanco sur del jebuseo y seguía bajando
hasta En Roguel. [17] Doblaba luego por
el norte, salía en En Semes y salía hacia
el círculo de piedras que hay frente a la
subida de Adumín; bajaba a la Peña de
Boján, hijo de Rubén; [18] pasaba luego
hacia la vertiente de Bet Haarabá por el
norte y bajaba hacia la Arabá; [19] pasaba
el límite hacia la pendiente de Bet Joglá
al norte, e iba a dar el límite a la lengua
septentrional del Mar de la Sal, en el
extremo sur del Jordán. Ése era el límite
meridional. [20] El Jordán era el límite del
lado oriental. Ésa fue la heredad de los
hijos de Benjamín, por clanes, con los límites que la rodean.

Ciudades de Benjamín.

[21] Las ciudades de la tribu de los hijos
de Benjamín, por clanes, fueron: Jericó,
Bet Joglá, Émec Quesís; [22] Bet Arabá,
Semaráin, Betel; [23] Avín, Pará, Ofrá;
[24] Quefar Amoná, Ofní, Gabá: doce ciu-
dades con sus aldeas. [25] Gabaón, Ramá,
Beerot, [26] Mispé, Quefirá, Mosá; [27] Re-
quen, Yirpeel, Taralá; [28] Sela Haalef, el
Jebuseo (es decir, Jerusalén), Guibeá y
Quiriat: catorce ciudades con sus aldeas.
Ésa fue la heredad de los hijos de Benja-
mín, por clanes.

La tribu de Simeón.
Gn **49** 5-7; 1 Cro **4** 28-33.

19 [1] La segunda suerte cayó a Simeón, a la tribu de los hijos de
Simeón, por clanes: su heredad estaba
en medio de la heredad de los hijos de
Judá. [2] Les correspondió como heredad:
Berseba, Semá, Moladá; [3] Jasar Sual,
Balá, Esen; [4] Eltolad, Betul, Jormá; [5] Sicelag, Bet Marcabot; Jasar Susá; [6] Bet
Lebaot y Sarujén: trece ciudades y sus
aldeas. [7] Ayin, Rimón, Éter y Asán;
cuatro ciudades y sus aldeas. [8] Además
todas las aldeas de los alrededores de
estas ciudades hasta Baalat Beer, Ramá
del Negueb. Ésa fue la heredad de la
tribu de los hijos de Simeón, por clanes.
[9] La heredad de los hijos de Simeón se
tomó de la porción de los hijos de Judá,
porque la parte de los hijos de Judá era
demasiado grande para ellos. Los hijos
de Simeón recibieron, pues, su heredad
en medio de la heredad de los hijos de
Judá.

La tribu de Zabulón.
Jc **1** 30; Gn **49** 13; Dt **33** 18-19.

[10] La tercera suerte tocó a los hijos
de Zabulón, por clanes: el límite de su
heredad se extendía hasta Sadud; [11] su
límite subía al occidente hacia Maraalá y
tocaba en Dabéset y luego en el torrente
que hay frente a Yocneán. [12] De Sadud
volvía el límite hacia el este, hacia la salida del sol, hasta el límite de Quislot Tabor, seguía hacia Dobrat y subía a Yafía.
[13] De allí pasaba hacia el este, al oriente,
por Gat Jéfer y por Ita Casín, iba hacia
Rimón y volvía hacia Neá. [14] El límite
volvía por el norte hacia Janatón e iba
a salir al valle de Yiftajel. [15] Además,
Catat, Nahalal, Simrón, Yiralá y Belén*:
doce ciudades con sus aldeas. [16] Ésa fue
la heredad de los hijos de Zabulón, por
clanes: esas ciudades y sus aldeas.

La tribu de Isacar.
Gn **49** 14-15; Dt **33** 18-19.

[17] La cuarta suerte tocó a Isacar, a los
hijos de Isacar, por clanes. [18] Su territorio se extendía hasta Yizreel y comprendía Quesulot y Sunén; [19] Jafaráin, Sión,

19 15 Distinta de la Belén de Judá; esta ciudad se hallaba en la Galilea inferior.

Anajarat, 20 Daberat, Quisión, Ebes; 21 Rémet y En Ganín, En Jadá y Bet Pasés. 22 Su límite tocaba en el Tabor, en Sajasín y en Bet Semes, y el límite terminaba en el Jordán; dieciséis ciudades con su aldeas. 23 Ésa fue la heredad de la tribu de los hijos de Isacar, por clanes: las ciudades y sus aldeas.

La tribu de Aser.
Jc **1** 31-32; Gn **49** 20;
Dt **33** 24-25.

24 La quinta suerte tocó a la tribu de los hijos de Aser, por clanes. 25 Su territorio comprendía: Jelcat, Jalí, Beten, Acsaf, 26 Alamélec, Amad, Misal; tocaba en el Carmelo por el oeste y en el curso del Libnat; 27 volvía luego hacia la salida del sol hasta Bet Dagón y tocaba por el norte en Zabulón y en el valle de Yiftajel, y Bet Émec y Neiel, yendo a parar hacia Cabul por la izquierda, con 28 Abdón, Rejob, Jamón y Caná hasta Sidón la Grande. 29 El límite volvía a Ramá y hasta la plaza fuerte de Tiro y hasta Josá, e iba a terminar en el mar. Majaleb, Aczib, 30 Aco, Afec, Rejob: veintidós ciudades con sus aldeas. 31 Ésa fue la heredad de la tribu de los hijos de Aser, por clanes: esas ciudades y sus aldeas.

La tribu de Neftalí.
Jc **1** 33; Gn **49** 21; Dt **33** 23.

32 A los hijos de Neftalí les tocó la sexta suerte; a los hijos de Neftalí, por clanes: 33 su límite iba de Jélef y de la Encina de Saananín y Adamí Hanéqueb y Yabnel hasta Lacún e iba a salir al Jordán. 34 Volvía el límite hacia el oeste por Aznot Tabor y de allí salía a Jucoc, lindaba con Zabulón al sur, con Aser al oeste y con el Jordán al oriente. 35 Y las ciudades fuertes eran: Sidín, Ser, Jamat, Racat, Quinéret, 36 Adamá, Ramá, Jasor; 37 Cades, Edreí, En Jasor, 38 Yirón, Migdal El, Joren, Bet Anat, Bet Semes: diecinueve ciudades con sus aldeas. 39 Ésa fue la heredad de los hijos de Neftalí, por clanes: las ciudades y sus aldeas.

La tribu de Dan.
Gn **49** 16-17; Dt **33** 22.

40 A la tribu de los hijos de Dan, por clanes, tocó la séptima suerte. 41 El territorio de su heredad comprendía: Sorá, Estaol, Ir Semes. 42 Saalbín, Ayalón, Silatá; 43 Elón, Timná, Ecrón, 44 Eltequé, Guibetón, Baalat; 45 Azor, Bené Berac, Gat Rimón; 46 y hacia el mar, Yeracón con el territorio de enfrente de Jope.

47 Pero el territorio de los hijos de Dan quedaba fuera de su poder. Por eso, los hijos de Dan subieron a atacar a Lésem; la tomaron y la pasaron a cuchillo. Tomada la ciudad, se establecieron en ella y a Lésem la llamaron Dan, por el nombre de Dan su padre.

48 Ésa fue la heredad de la tribu de los hijos de Dan, por clanes: esas ciudades y sus aldeas.

49 Acabaron, pues, de sortear el país con sus fronteras. Y los israelitas dieron a Josué, hijo de Nun, una heredad en medio de ellos; 50 según orden de Yahvé, le dieron la ciudad que había pedido, Timnat Sérac, en la montaña de Efraín. Reconstruyó la ciudad y se estableció en ella*.

51 Ésas son las heredades que el sacerdote Eleazar, Josué, hijo de Nun, y los jefes de familia sortearon entre las tribus de Israel en Siló, en presencia de Yahvé, a la entrada de la Tienda del Encuentro; y así se terminó el reparto de la tierra.

19 50 La partición del territorio concluye con una nota redaccional sobre la parte personal de Josué, inspirada en la reseña de su tumba, Jos **24** 30 = Jc **2** 9. Ver **14** 1; **18** 1.

4. CIUDADES PRIVILEGIADAS

Las ciudades de asilo*.

Ex **21** 13+; Nm **35** 9-34;
Dt **19** 1-13.

20 [1] Yahvé dijo a Josué: [2] «Di a los
israelitas: Señalen las ciudades
de asilo de las que les hablé por medio
de Moisés, [3] a las que pueda huir el
homicida que haya matado a alguien
por inadvertencia (sin querer), y que le
sirvan de asilo contra el vengador de la
sangre. ([4] El homicida huirá a una de
estas ciudades: se detendrá a la entrada
de la puerta de la ciudad y expondrá su
caso a los ancianos de la ciudad. Éstos
lo admitirán en su ciudad y le señalarán
una casa para que habite con ellos. [5] Si
el vengador de la sangre lo persigue, no
le entregarán al homicida en sus manos,
pues ha herido a su prójimo sin querer,
y no le tenía odio anteriormente. [6] El
homicida habrá de permanecer en la
ciudad), hasta que comparezca en juicio
ante la comunidad, (hasta la muerte del
Sumo Sacerdote que esté en funciones
por aquel tiempo. Entonces el homicida
podrá volver a su ciudad y a su casa, a la
ciudad de la que huyó).»
[7] Los israelitas consagraron: Cades
en Galilea, en la montaña de Neftalí,
Siquén en la montaña de Efraín, Quiriat
Arbá, o sea Hebrón, en la montaña de
Judá. [8] En Transjordania, al oriente de
Jericó, habían designado Béser, de la tribu de Rubén, en el desierto, en el llano;
Ramot en Galaad, de la tribu de Gad, y
Golán en Basán, de la tribu de Manasés.
[9] Éstas son las ciudades designadas para
todos los israelitas, así como para el
forastero residente entre ellos, para que
pueda refugiarse en ellas cualquiera que
haya matado a alguien por inadvertencia, y no muera a manos del vengador
de la sangre, hasta que comparezca ante
la comunidad.

Ciudades levíticas*.

Nm **35** 1-8; ‖ 1 Cro **6** 39-66.

21 [1] Se acercaron los cabezas de
familia de los levitas al sacerdote
Eleazar, a Josué, hijo de Nun, y a los
cabezas de familia de las tribus de Israel,
[2] cuando estaban en Siló, en tierra de
Canaán, y les dijeron: «Yahvé ordenó
por medio de Moisés que se nos dieran
ciudades donde residir, con sus pastos
para nuestro ganado.» [3] Los israelitas,
conforme a la orden de Yahvé, dieron a
los levitas, de su heredad, las siguientes
ciudades con sus pastos.
[4] Se hizo el sorteo para los clanes
queatitas: y a los levitas hijos del sacerdote Aarón les tocaron trece ciudades
de las tribus de Judá, Simeón y Benjamín; [5] a los otros hijos de Queat, por
clanes, diez ciudades de las tribus de
Efraín, de Dan y de la media tribu de
Manasés. [6] A los hijos de Guersón, por
clanes, les tocaron trece ciudades de las
tribus de Isacar, Aser, Neftalí y de la media tribu de Manasés, en Basán. [7] A los
hijos de Merarí, por clanes, les tocaron
doce ciudades de las tribus de Rubén,
Gad y Zabulón.
[8] Los israelitas dieron a los levitas por
suertes esas ciudades y sus pastos, como Yahvé había ordenado por boca de
Moisés.

Parte de los queatitas.

[9] De la tribu de Judá y de la tribu de Simeón les dieron las ciudades que se nom-
bran a continuación. [10] Ésta fue la parte
de los hijos de Aarón, pertenecientes al
clan queatita, de los hijos de Leví (porque
la primera suerte fue para ellos). [11] Les
dieron Quiriat Arbá (ciudad del padre de
Anac), o sea Hebrón, en la montaña de
Judá, con los pastos circundantes. [12] Pe-

20 Aplicación de la ley de asilo, Ex **21** 13; ver Nm **35** 19+. Los pasajes entre paréntesis, que faltan en el griego, han sido tomados a veces palabra por palabra de Dt **19** y Nm **35**.

21 La tribu de Leví no gozaba de autonomía política ni, por consiguiente, de territorio, **13** 14.33; etc. Se concede a los levitas la residencia en algunas ciudades, entre ellas las seis ciudades del cap. **20**.

ro la campiña de esta ciudad con sus aldeas se la dieron en propiedad a Caleb,
hijo de Jefoné. 13 A los hijos del sacerdote Aarón les dieron, como ciudad de asilo
para los homicidas, Hebrón con sus pastos, y además Libná y sus pastos, 14 Yatir
con sus pastos, Estemoa con sus pastos, 15 Jolón con sus pastos, Debir con
sus pastos, 16 Asán con sus pastos, Yutá
con sus pastos, Bet Semes con sus pastos: nueve ciudades de esas dos tribus.
17 De la tribu de Benjamín, Gabaón y sus
pastos, Gueba y sus pastos, 18 Anatot y
sus pastos, Almón y sus pastos: cuatro
ciudades. 19 Total de las ciudades de los
sacerdotes hijos de Aarón: trece ciudades con sus pastos.

20 A los clanes de los hijos de Queat,
a los levitas restantes entre los hijos de
Queat, les tocaron en suerte ciudades
de la tribu de Efraín. 21 Se les dio, como
ciudad de asilo para los homicidas, Siquén con sus pastos, en la montaña de
Efraín, y además Guézer con sus pastos,
22 Quibsáin con sus pastos, Bet Jorón
con sus pastos: cuatro ciudades. 23 De
la tribu de Dan, Eltequé con sus pastos,
Guibetón con sus pastos, 24 Ayalón con
sus pastos, Gat Rimón con sus pastos:
cuatro ciudades. 25 De la media tribu de
Manasés, Tanac con sus pastos y Yibleán
con sus pastos: dos ciudades. 26 Total:
diez ciudades con sus pastos para los restantes clanes de los hijos de Queat.

Parte de los hijos de Guersón.

27 A los hijos de Guersón, de los
clanes levíticos, les dieron: de la media
tribu de Manasés, como ciudad de asilo
para los homicidas, Golán en Basán
con sus pastos, y Astarot con sus pastos: dos ciudades. 28 De la tribu de Isacar,
Quisión con sus pastos, Dobrat con sus
pastos, 29 Yarmut con sus pastos, En
Ganín con sus pastos: cuatro ciudades.
30 De la tribu de Aser, Misal con sus
pastos, Abdón con sus pastos, 31 Jelcat
con sus pastos, Rejob con sus pastos:
cuatro ciudades. 32 De la tribu de Neftalí, como ciudad de asilo para los homicidas, Cades en Galilea con sus pastos,
Jamot Dor con sus pastos, Racat con
sus pastos: tres ciudades. 33 Total de
ciudades de los guersonitas, por clanes:
trece ciudades con sus pastos.

Parte de los hijos de Merarí.

34 A los clanes de los hijos de Merarí,
al resto de los levitas: de la tribu de
Zabulón: Yocneán con sus pastos, Cartá
con sus pastos, 35 Rimón con sus pastos,
Nahalal con sus pastos: cuatro ciudades;
36 al otro lado del Jordán, de la tribu de
Rubén, como ciudad de asilo para los
homicidas, Béser en el desierto, en el
llano, con sus pastos, y además Yahás
con sus pastos, 37 Quedemot con sus
pastos, Mefaat con sus pastos: cuatro
ciudades. 38 De la tribu de Gad, como
ciudad de asilo para los homicidas,
Ramot en Galaad, y Majanáin, 39 Jesbón
con sus pastos, Yazer con sus pastos:
cuatro ciudades. 40 Total de ciudades asig-
nadas por suerte a los hijos de Merarí,
por clanes, es decir, al resto de los clanes levíticos: doce ciudades.

41 Total de las ciudades de los levitas
en medio de la propiedad de los israelitas:
cuarenta y ocho ciudades con sus pastos.
42 Cada una de las ciudades comprendía
la ciudad y los pastos circundantes. Así
todas las ciudades mencionadas.

Conclusión del reparto*.

43 Yahvé dio a los israelitas toda la
tierra que había jurado dar a sus padres. La ocuparon y se establecieron en
ella. 44 Yahvé les concedió paz en todos
sus confines, tal como había jurado a
sus padres, y ninguno de sus enemigos
pudo hacerles frente. Yahvé entregó a
todos sus enemigos en sus manos. 45 No
falló una sola de todas las espléndidas
promesas que Yahvé había hecho a la
casa de Israel. Todo se cumplió.

21 43 Conclusión de toda la sección geográfica iniciada en **13** 1; ver **1** 6-15; **10** 8; **23** 14.

III. *Fin de la jefatura de Josué*

1. VUELTA DE LAS TRIBUS ORIENTALES. LA CUESTIÓN DE SU ALTAR

Despedida de las tribus de Transjordania.

22 1 Josué convocó a los rubenitas, a los gaditas y a la media tribu de Manasés, 2 y les dijo: «Han cumplido todo lo que les mandó Moisés, siervo de Yahvé, y han atendido a mis órdenes siempre que les he mandado algo. 3 No han abandonado a sus hermanos durante tan largo tiempo hasta el día de hoy; han cumplido la orden que les encomendó Yahvé su Dios. 4 Ahora Yahvé su Dios ha dado a sus hermanos el descanso que les había prometido. Vuélvanse, pues, y vayan a sus tiendas, a la tierra de su propiedad, la que les dio Moisés, siervo de Yahvé, al otro lado del Jordán. 5 Únicamente preocúpense de guardar el mandato y la Ley que les dio Moisés, siervo de Yahvé: que amen a Yahvé su Dios, que sigan siempre sus caminos, que guarden sus mandamientos y se mantengan unidos a él y le sirvan con todo su corazón y con toda su alma*.» 6 Josué los bendijo y los despidió, y ellos se fueron a sus tiendas.

7 Moisés había dado a la media tribu de Manasés su parte en Basán; a la otra media se la dio Josué entre sus hermanos, al lado occidental del Jordán. Cuando los mandó Josué a sus tiendas, les dio la bendición 8 y les dijo: «Vuelven a sus tiendas con grandes riquezas, rebaños numerosos, plata, oro, bronce, hierro y gran cantidad de vestidos; repartan con sus hermanos el botín de sus enemigos.»

Erección de un altar a orillas del Jordán.

9 Los rubenitas y los gaditas, con la media tribu de Manasés, se volvieron y dejaron a los israelitas en Siló, en la tierra de Canaán, para volver a la tierra de Galaad, tierra de su propiedad, donde se habían establecido según la orden de Yahvé dada por medio de Moisés. 10 Cuando llegaron a los círculos de piedras del Jordán, en tierra de Canaán, los rubenitas y los gaditas y la media tribu de Manasés levantaron allí un altar a orillas del Jordán, un altar de grandioso aspecto.

11 Se enteraron los israelitas y dijeron: «Miren, los rubenitas, los gaditas y la media tribu de Manasés han levantado ese altar, frente al país de Canaán, junto a los círculos de piedras del Jordán, del lado de los israelitas.» 12 Al oír esto los israelitas, se reunió en Siló toda la comunidad de los israelitas para hacerles la guerra.

Reproches dirigidos a las tribus de Transjordania.

13 Los israelitas enviaron donde los rubenitas, los gaditas y la media tribu de Manasés, al país de Galaad, al sacerdote Pinjás, hijo de Eleazar, 14 y a diez príncipes con él, un príncipe por cada familia, por cada tribu de Israel: cada uno de ellos era cabeza de su familia en los clanes de Israel. 15 Cuando llegaron donde los rubenitas, los gaditas y la media tribu de Manasés, al país de Galaad, les hablaron así:

16 «Esto ha dicho toda la comunidad de Yahvé: ¿Qué significa esa infidelidad* que han cometido contra el Dios de Israel, apartándose hoy de Yahvé, al construirse un altar, rebelándose hoy contra Yahvé? 17 ¿No teníamos bastante con el crimen de Peor, del que hoy todavía no hemos acabado de purificarnos, a pesar de que vino la plaga sobre la comunidad

22 5 En este versículo se encuentra la mayor parte de las expresiones típicas del Dt sobre la fidelidad a la Ley, ver Dt **6** 5; **10** 12.13.

22 16 La iniciativa de Rubén y Gad es censurada aquí y en el v.19 en nombre del santuario único, Dt **12** 2+.

de Yahvé? 18 Si ustedes hoy se apartan
de Yahvé, si hoy se rebelan contra Yahvé, mañana se encenderá su ira contra
toda la comunidad de Israel.

19 «Ahora bien, si les parece impura
su propiedad, pasen a la tierra de propiedad de Yahvé, donde ha fijado su
morada, y establézcanse entre nosotros.
Pero no se rebelen contra Yahvé, ni nos
arrastren en su rebeldía al construirse un
altar aparte del altar de Yahvé nuestro
Dios. 20 ¿No fue infiel Acán, hijo de
Zéraj, en el anatema, y la Cólera alcanzó
a toda la comunidad de Israel, aunque él
no era más que un solo individuo? ¿No
murió por su crimen?»

Justificación de las tribus de Transjordania.

21 Respondieron los rubenitas, los gaditas y la media tribu de Manasés y dijeron a los jefes de los clanes de Israel:
22 «El Dios de los dioses, Yahvé, el
Dios de los dioses*, Yahvé, lo sabe bien,
y que lo sepa también Israel: si ha habido por nuestra parte rebelión o infidelidad contra Yahvé, que no nos salve hoy;
23 y si hemos levantado un altar para
apartarnos de Yahvé y para ofrecer en
él holocausto y oblación o para hacer
sobre él sacrificios de comunión, que
Yahvé nos lo demande. 24 En verdad, lo
hemos hecho así por preocupación, diciéndonos a nosotros mismos que el día
de mañana podrían decir sus hijos a los
nuestros: '¿Qué tienen que ver ustedes
con Yahvé, el Dios de Israel? 25 Yahvé ha
puesto entre nosotros y ustedes, rubenitas y gaditas, la frontera del Jordán. No
tienen ustedes parte con Yahvé.' Así sus
hijos harían que nuestros hijos dejaran
de temer a Yahvé. 26 Y nos hemos dicho:
Vamos a construir este altar, pero no
para holocaustos, ni sacrificios, 27 sino
para que sea testigo entre nosotros y
ustedes y entre nuestros descendientes
después de nosotros, de que rendimos
culto a Yahvé en su presencia con nuestros holocaustos, nuestras víctimas y
nuestros sacrificios de comunión. Así
no podrán decir mañana sus hijos a los
nuestros: 'Ustedes no tienen parte con
Yahvé.' 28 Nos hemos dicho: Si llega a
suceder que nos hablen así a nosotros
o el día de mañana a nuestros descendientes, les podremos responder: 'Miren
la forma del altar de Yahvé que hicieron
nuestros padres, que no es para ofrecer
holocaustos ni sacrificios, sino como testigo entre nosotros y ustedes.' 29 Lejos
de nosotros rebelarnos contra Yahvé y
desertar hoy de su servicio, levantando,
para ofrecer en él holocaustos, oblaciones o sacrificios, un altar aparte del altar
de Yahvé nuestro Dios erigido delante de
su morada.»

Restablecimiento de la concordia.

30 Cuando el sacerdote Pinjás, los
príncipes de la comunidad y los jefes de
los clanes de Israel que lo acompañaban,
oyeron las palabras pronunciadas por
los gaditas, los rubenitas y los manasitas,
les pareció bien. 31 Y el sacerdote Pinjás,
hijo de Eleazar, dijo a los rubenitas, a los
gaditas y a los manasitas: «Ahora reconocemos que Yahvé está en medio de
nosotros, pues ustedes no han cometido
tan grande infidelidad contra él. Así han
salvado a los israelitas de la mano de
Yahvé.»

32 El sacerdote Pinjás, hijo de Eleazar,
y los príncipes, dejando a los rubenitas
y a los gaditas, volvieron del país de Galaad al de Canaán, a donde los israelitas,
y les dieron la respuesta. 33 La cosa
pareció bien a los israelitas: los israelitas
dieron gracias a Dios y no hablaron más
de hacerles la guerra y devastar el territorio habitado por los rubenitas y los gaditas. 34 Los rubenitas y gaditas llamaron
al altar...*, porque decían: «Será testigo
entre nosotros de que Yahvé es Dios.»

22 22 Esta fórmula no supone politeísmo alguno; es un arcaísmo literario que viene de Gn **33** 20; **46** 3; Nm **16** 22: ver también Dt **10** 17; Sal **50** 1; Dn **11** 36.

22 34 El nombre ha desaparecido del texto; probablemente contenía la palabra «testigo».

2. ÚLTIMO DISCURSO DE JOSUÉ*

Josué resume su obra.

23 1 Sucedió, mucho tiempo después de que Yahvé concediera
a Israel la paz de todos los enemigos
de alrededor (Josué era ya viejo y de
edad avanzada), 2 que Josué convocó
a todo Israel, a sus ancianos, sus jefes,
sus jueces, sus escribas y les dijo: «Yo ya
soy viejo, avanzado en edad; 3 y ustedes
han visto todo lo que Yahvé, su Dios, ha
hecho en atención a ustedes con todos
estos pueblos; pues Yahvé su Dios era el
que combatía por ustedes. 4 Miren, yo les
he dado por suertes, como heredad para
sus tribus, esos pueblos que quedan por
conquistar, así como todos los pueblos
que yo exterminé desde el Jordán hasta
el mar Grande de occidente. 5 Yahvé mismo, su Dios, los arrojará delante de ustedes, los expulsará de delante de ustedes,
y ustedes tomarán posesión de su tierra,
como se lo ha prometido Yahvé su Dios.

Cómo proceder en medio de las poblaciones extranjeras.

6 «Esfuércense mucho en guardar y
cumplir todo lo que está escrito en el libro
de la Ley de Moisés, no apartándose de
ella ni a la derecha ni a la izquierda, 7 no
mezclándose con esos pueblos que quedan todavía entre ustedes. No mentarán
el nombre de sus dioses ni jurarán por
ellos, no les darán culto ni se postrarán
ante ellos, 8 sino manténganse unidos a
Yahvé su Dios, como han hecho hasta
el día de hoy. 9 Yahvé ha arrojado de la
presencia de ustedes a pueblos numerosos y fuertes, y nadie les ha podido resistir
hasta el presente. 10 Uno solo de ustedes
perseguía a mil, porque Yahvé mismo,
su Dios, peleaba por ustedes, como se
lo había prometido. 11 Tendrán buen
cuidado, por su vida, de amar a Yahvé
su Dios.

12 «Pero si se desvían y se unen a ese
resto de naciones que quedan todavía
entre ustedes, emparentan con ellas y
entran en tratos con ellas, 13 tengan por
sabido que Yahvé su Dios no seguirá
arrojando de delante de ustedes a esos
pueblos; serán para ustedes red, lazo,
aguijones en sus costados y pinchos en
sus ojos, hasta que ustedes desaparezcan
de esta espléndida tierra que les ha dado
Yahvé su Dios.

14 «Miren que yo me voy ya por el camino de todo el mundo. Reconozcan con
todo su corazón y con toda su alma que,
de todas las promesas que Yahvé su Dios
había hecho en su favor, no ha fallado
ni una sola: todas se les han cumplido.
Ni una sola ha fallado.

15 «Pues de la misma manera que se
les han cumplido todas las espléndidas
promesas hechas por Yahvé su Dios
en su favor, igualmente acarreará Yahvé
contra ustedes todas sus amenazas, hasta
borrarlos de la espléndida tierra que
Yahvé su Dios les ha dado.

16 «Si quebrantan la alianza que Yahvé
su Dios les dio, si se van a dar culto a
otros dioses y se postran ante ellos, la ira
de Yahvé se encenderá contra ustedes y
desaparecerán rápidamente de la espléndida tierra que les ha dado.»

3. LA GRAN ASAMBLEA DE SIQUÉN*

Recuerdo de la vocación de Israel.

24 1 Josué reunió a todas las tribus
de Israel en Siquén, llamó a los
ancianos de Israel, a sus jefes, jueces y
escribas, que se situaron en presencia de
Dios. 2 Josué dijo a todo el pueblo: «Esto
dice Yahvé el Dios de Israel: Al otro lado

23 Ver Dt **31**; 1 S **12**; 1 R **2** 1-9; 1 M **2** 49-68. Este discurso de despedida, que parece ser un duplicado del cap. **24**, tiene su continuación normal en Jc **2** 6-9.

24 Después de que Josué ha recordado, vv. 2-13, las intervenciones de Yahvé en

del Río habitaban antaño sus padres,
Téraj, padre de Abrahán y de Najor, y
daban culto a otros dioses. [3] Yo tomé a
su padre Abrahán del otro lado del Río y
le hice recorrer toda la tierra de Canaán,
multipliqué su descendencia y le di por
hijo a Isaac. [4] A Isaac le di por hijos a
Jacob y Esaú. A Esaú le di en propiedad la montaña de Seír. Jacob y sus
hijos bajaron a Egipto. [5] Envié después a
Moisés y Aarón y herí a los egipcios con
los prodigios que obré en medio de ellos.
Luego los saqué de allí. [6] Saqué a sus padres de Egipto y ustedes llegaron al mar;
los egipcios persiguieron a sus padres
con sus carros y guerreros hasta el mar
de Suf. [7] Clamaron entonces a Yahvé,
el cual tendió unas densas nieblas entre
ustedes y los egipcios, e hizo volver sobre
ellos el mar, que los cubrió. Ustedes vieron con sus propios ojos lo que hice con
Egipto; luego habitaron largo tiempo en
el desierto. [8] Los introduje después en la
tierra de los amorreos, que habitaban al
otro lado del Jordán; ellos les declararon
la guerra y yo los entregué en sus manos;
y así pudieron ustedes poseer su tierra,
porque yo los exterminé a su llegada.
[9] Después se levantó Balac, hijo de
Sipor, rey de Moab, para pelear contra
Israel, y mandó llamar a Balaán, hijo de
Beor, para que los maldijera. [10] Pero no
quise escuchar a Balaán, y hasta tuvo que
bendecirlos; así los salvé yo de su mano.
[11] «Pasaron el Jordán y llegaron a
Jericó; pero las gentes de Jericó les hicieron la guerra, igual que los amorreos,
los perizitas, los cananeos, los hititas, los
guirgaseos, los jivitas y los jebuseos, pero
yo los entregué en sus manos. [12] Mandé
delante de ustedes avispas que expulsaron, antes que llegaran, a los dos reyes
de los amorreos; no fue con tu espada ni
con tu arco. [13] Les he dado una tierra que
no les ha costado fatiga, unas ciudades
que no han construido y en las que sin
embargo habitan, viñas y olivares que no
han plantado y de los que se alimentan.

Israel elige a Yahvé.

[14] «Ahora, pues, teman a Yahvé y sírvanle perfectamente, con fidelidad; apártense de los dioses a los que sirvieron sus
padres más allá del Río y en Egipto y
sirvan a Yahvé. [15] Pero, si no les parece
bien servir a Yahvé, elijan hoy a quién
han de servir, o a los dioses a quienes
servían sus padres más allá del Río, o a
los dioses de los amorreos en cuyo país
habitan ahora. Yo y mi casa serviremos
a Yahvé.»
[16] El pueblo respondió: «Lejos de nosotros abandonar a Yahvé para servir a
otros dioses. [17] Porque Yahvé nuestro
Dios es el que nos hizo subir, a nosotros y
a nuestros padres, de la tierra de Egipto,
de la casa de servidumbre, y el que delante de nuestros ojos obró tan grandes
señales y nos guardó por todo el camino
que recorrimos y en todos los pueblos
por los que pasamos. [18] Además Yahvé
expulsó delante de nosotros a todos esos
pueblos y a los amorreos que habitaban
en el país. También nosotros serviremos
a Yahvé, porque él es nuestro Dios.»
[19] Entonces Josué dijo al pueblo: «Ustedes no podrán servir a Yahvé, porque
es un Dios santo, es un Dios celoso,
que no perdonará ni sus rebeldías ni sus
pecados. [20] Si abandonan a Yahvé para
servir a los dioses del extranjero, él a su
vez traerá el mal sobre ustedes y acabará
con ustedes, después de haberles hecho
tanto bien.»
[21] El pueblo respondió a Josué: «No;
nosotros serviremos a Yahvé.» [22] Josué
dijo al pueblo: «Ustedes son testigos
contra ustedes mismos de que han elegido a Yahvé para servirlo.» Respondieron
ellos: «¡Testigos somos!» [23] «Entonces,

favor de Israel, ver Dt **6** 21-24; **26** 5-9, la asamblea se pronuncia en favor de Yahvé con la exclusión de dioses extranjeros; luego, vv. 25-28 renuevan la Alianza por escrito. Quizá la fe yahvista es aquí propuesta a grupos emparentados con Israel y que no han estado en Egipto. La unidad de las tribus, a la vez religiosa y política, será decisiva para el futuro del pueblo. *–Siquén,* consagrado por los Patriarcas, Gn **12** 6-7; **33** 18-20; **35** 2-4, ocupaba un lugar céntrico.

quiten de en medio los dioses del extranjero e inclinen su corazón hacia Yahvé, Dios de Israel.» [24] El pueblo respondió a Josué: «A Yahvé nuestro Dios serviremos y a su voz atenderemos.»

El pacto de Siquén.

[25] Aquel día, Josué selló una alianza con el pueblo; le impuso decretos y normas en Siquén. [26] Josué escribió estas palabras en el libro de la Ley de Dios. Tomó luego una gran piedra y la plantó allí, al pie de la encina que hay en el santuario de Yahvé. [27] Josué dijo a todo el pueblo: «Miren, esta piedra será testigo contra nosotros*, pues ha oído todas las palabras que Yahvé ha hablado con nosotros; ella será testigo contra ustedes para que no puedan renegar de su Dios.» [28] Y Josué despidió al pueblo, cada uno a su heredad.

4. APÉNDICES

Muerte de Josué.

||Jc **2** 6-10.

[29] Después de estos acontecimientos, murió Josué, hijo de Nun, siervo de Yahvé*, a la edad de ciento diez años. [30] Fue enterrado en el término de su heredad, en Timnat Séraj, que está en la montaña de Efraín, al norte del monte Gaás. [31] Israel sirvió a Yahvé todos los días de Josué y todos los días de los ancianos que siguieron viviendo después de Josué y que sabían todas las hazañas que Yahvé había hecho en favor de Israel.

Los huesos de José. Muerte de Eleazar*.

[32] Los huesos de José, que los hijos de Israel habían subido de Egipto, fueron sepultados en Siquén, en la parcela de campo que había comprado Jacob a los hijos de Jamor, padre de Siquén, por cien pesos, y que pasó a ser heredad de los hijos de José. [33] También Eleazar, hijo de Aarón, murió y lo enterraron en Guibeá, ciudad de su hijo Pinjás, que le había sido dada en la montaña de Efraín.

24 27 Comparar el montón-testigo, Gn **31** 48.52; el altar-testigo, Jos **22** 26s; la estela-testigo, Is **19** 19-20.

24 29 Ver Jc **2** 6-10; Si **46** 1-6. -El título de *siervo de Yahvé,* ya fue dado a Moisés, **1** 2.7; Ex **14** 3; etc.; le será dado a David, Sal **18** 1; etc., y un día al «Siervo de Yahvé», Is **42**+.

24 32 Moisés y Aarón murieron antes de pasar el Jordán; Josué y Eleazar mueren en la Tierra prometida y conquistada. José fue traído también a la tierra de los Patriarcas, Gn **50** 24-25; Ex **13** 19; ver Gn **33** 18-20. Así concluye la vuelta de Egipto.

JUECES

Primera introducción

NARRACIÓN RESUMIDA DEL ESTABLECIMIENTO EN CANAÁN*

Establecimiento de Judá, Simeón, Caleb y los quenitas.

1 [1] Después de la muerte de Josué, los israelitas hicieron esta consulta a Yahvé: «¿Quién de nosotros subirá el primero a combatir a los cananeos?» [2] Yahvé respondió: «Subirá Judá, he puesto el país en sus manos.» [3] Judá dijo a su hermano Simeón: «Sube conmigo al territorio que me ha tocado; atacaremos al cananeo; y luego yo también iré contigo a tu territorio.» Y Simeón marchó con él. [4] Subió Judá; Yahvé puso en sus manos a los cananeos y a los perizitas, y derrotaron en Bézec a diez mil hombres. [5] Habiendo encontrado en Bézec a Adoni Bézec, le atacaron y derrotaron a los cananeos y a los perizitas. [6] Huyó Adoni Bézec, pero lo persiguieron, lo capturaron y le cortaron los pulgares de manos y pies. [7] Y Adoni Bézec dijo: «Setenta reyes, con los pulgares de manos y pies cortados, andaban recogiendo migajas bajo mi mesa. Según lo que yo hice, así me ha pagado Dios.» Lo llevaron a Jerusalén, y allí murió. [8] (Los hijos de Judá atacaron a Jerusalén, la tomaron, la pasaron a cuchillo y prendieron fuego a la ciudad*).

[9] Después, los hijos de Judá bajaron a atacar a los cananeos, que ocupaban la Montaña, el Negueb y la Tierra Baja. [10] Luego Judá marchó contra los cananeos que habitaban en Hebrón* (el nombre de Hebrón era antes Quiriat Arbá) y derrotó a Sesay, Ajimán y Talmay. [11] De allí marchó contra los habitantes de Debir (el nombre de Debir era antes Quiriat Séfer). [12] Y Caleb dijo: «Al que derrote a Quiriat Séfer y la tome, le daré mi hija Acsá por mujer.» [13] La tomó Otniel, hijo de Quenaz, el hermano menor de Caleb. Y éste le dio su hija Acsá por mujer. [14] Cuando ella vino donde el marido, le incitó a que pidiera a su padre un campo. Ella se apeó del burro, y Caleb le preguntó: «¿Qué quieres?» [15] Ella respondió: «Hazme un regalo. Ya que me has dado la tierra del Negueb, dame fuentes de agua.» Y Caleb le dio las fuentes de arriba y las fuentes de abajo.

[16] Los hijos de Jobab el quenita, suegro de Moisés*, subieron con los hijos de Judá de la ciudad de las Palmeras al desierto de Judá, que está en el Negueb de Arad, y fueron a habitar con el pueblo.

[17] Judá se fue con su hermano Simeón, derrotaron a los cananeos que habitaban en Sefat y consagraron la ciudad al anatema. Por eso la ciudad se llamó Jormá. [18] Judá se apoderó de Gaza y su comarca, de Ascalón y su comarca, de Ecrón y su comarca; [19] Yahvé estuvo con Judá, que conquistó la montaña; pero no pudo expulsar a los habitantes del llano, porque tenían carros de hierro.

[20] A Caleb le asignaron Hebrón, según el mandato de Moisés; y él arrojó de allí a los tres hijos de Anac. [21] Los hijos de Benjamín no expulsaron a los jebuseos que habitaban en Jerusalén; por eso los jebuseos siguen habitando en Jerusalén con los hijos de Benjamín, hasta el día de hoy.

Toma de Betel.

[22] También la casa de José subió a Betel; Yahvé estuvo con ella. [23] La casa de

1 Visión realista de la situación en Palestina después de la muerte de Josué. Mientras que Jos **1-12**, sobre todo **10-11**, describía esquemáticamente una conquista rápida y total, la conquista aparece aquí lenta, penosa, incompleta. Sobre la costumbre de *consultar a Yahvé,* ver 1 R **20** 14+.

1 8 Glosa, ver **1** 21; Jos **15** 63; 2 S **5** 6-9.

1 10 Ver Jos **15** 13-19.

1 16 Ver Nm **10** 29-32; **24** 21+.

José hizo una exploración por Betel. (Antes la ciudad se llamaba Luz.) [24] Los espías vieron a un hombre que salía de la ciudad y le dijeron: «Indícanos la entrada de la ciudad y te lo agradeceremos.» [25] Él les enseñó la entrada de la ciudad: la pasaron a cuchillo, y dejaron libre a aquel hombre con toda su familia. [26] El hombre se fue al país de los hititas y construyó una ciudad, a la que llamó Luz. Es el nombre que tiene hasta la fecha.

Las tribus septentrionales.

[27] Manasés no se apoderó de Betsán y sus filiales, ni de Tanac y sus filiales. No expulsó a los habitantes de Dor y sus filiales, ni a los de Yibleán y sus filiales, ni a los de Meguidó y sus filiales: los cananeos siguieron ocupando el territorio. [28] Sin embargo, cuando Israel cobró más fuerza, sometió a los cananeos a tributo, aunque no llegó a expulsarlos. [29] Tampoco Efraín expulsó a los cananeos que habitaban en Guézer, de manera que los cananeos siguieron viviendo en Guézer, en medio de Israel. [30] Zabulón no expulsó a los habitantes de Catat, ni a los de Nahalal. Los cananeos se quedaron en medio de Zabulón, pero fueron sometidos a tributo. [31] Aser no expulsó a los habitantes de Aco, ni a los de Sidón, de Majaleb, de Aczib, de Jelbá, de Afec, ni de Rejob. [32] Los aseritas se establecieron, pues, entre los cananeos que habitaban en el país, porque no los expulsaron. [33] Neftalí no expulsó a los habitantes de Bet Semes, ni a los de Bet Anat, y se estableció entre los cananeos que habitaban en el país; pero los habitantes de Bet Semes y de Bet Anat fueron sus tributarios. [34] Los amorreos rechazaron hacia la montaña a los hijos de Dan, sin dejarles bajar a la llanura. [35] Los amorreos se mantuvieron en Har Jeres, en Ayalón y en Saalbín, pero luego cargó pesadamente sobre ellos la mano de la casa de José y fueron reducidos a tributo.

[36] (La frontera de los edomitas va desde la Cuesta de los Escorpiones, desde la Peña, y hacia arriba.)

El Ángel de Yahvé anuncia desgracias a Israel*.

2 [1] El Ángel de Yahvé subió de Guilgal a Betel y dijo: «Yo les hice subir de Egipto y los introduje en la tierra que había prometido con juramento a sus padres. Yo dije: No romperé jamás mi alianza con ustedes. [2] Pero ustedes no pactarán con los habitantes de este país; sino que destruirán sus altares. Pero no han escuchado mi voz. ¿Por qué han hecho esto? [3] Por eso les digo: No los arrojaré delante de ustedes; ellos serán sus opresores, y sus dioses una trampa para ustedes.» [4] Así que el Ángel de Yahvé dijo estas palabras a todos los israelitas, el pueblo se puso a llorar a gritos. [5] Y llamaron a aquel lugar Bojín, y ofrecieron allí sacrificios a Yahvé.

Segunda introducción

CONSIDERACIONES GENERALES SOBRE EL PERIODO DE LOS JUECES*

Fin de la vida de Josué.

[6] Josué despidió al pueblo, y los israelitas se volvieron cada uno a su heredad para ocupar la tierra. [7] El pueblo sirvió a Yahvé en vida de Josué y de los ancianos que le sobrevivieron y que habían sido testigos de todas las grandes hazañas que

2 Explicación teológica, vv. 1-5, del fracaso parcial de la conquista. Sobre el *Ángel de Yahvé,* ver Gn **16** 7; Jos **5** 13-15. Sobre *Guilgal,* Jos **4** 19+.

2 6 Aquí se expone, ver Jos **24** 28-31, el tema moral del libro, vv. 11-15. Israel, en otro tiempo fiel bajo Josué, abandona a Yahvé, quien lo entrega a sus enemigos; Israel

Yahvé había hecho a favor de Israel. 8 Josué, hijo de Nun, siervo de Yahvé, murió
a la edad de ciento diez años. 9 Lo enterraron en el término de su heredad, en
Timnat Jeres, en la montaña de Efraín,
al norte del monte Gaás. 10 También
aquella generación fue a reunirse con
sus padres y les sucedió otra generación
que no conocía a Yahvé ni lo que había
hecho por Israel.

Interpretación religiosa del período de los jueces.

11 Entonces los hijos de Israel hicieron
lo que desagradaba a Yahvé. Dieron culto a los Baales. 12 Abandonaron a Yahvé, el Dios de sus padres, que los había
sacado de la tierra de Egipto, y siguieron
a otros dioses de los pueblos de alrededor; se postraron ante ellos, irritaron a
Yahvé; 13 dejaron a Yahvé y dieron culto
a Baal y a las Astartés*. 14 Entonces se
encolerizó Yahvé contra Israel. Los entregó en manos de salteadores que los
despojaron, los dejó vendidos en manos
de los enemigos de alrededor y no pudieron ya sostenerse ante sus enemigos.
15 En todas sus campañas la mano de
Yahvé intervenía contra ellos para hacerles daño, como Yahvé se lo tenía dicho
y jurado. Los puso así en gran aprieto.
16 Entonces Yahvé hizo surgir jueces*
que los salvaron de la mano de los que los
saqueaban. 17 Pero tampoco a sus jueces
los escuchaban. Se prostituyeron siguiendo a otros dioses, y se postraron ante
ellos. Se desviaron muy pronto del camino que habían seguido sus padres, que
atendían a los mandamientos de Yahvé;
no los imitaron. 18 Cuando Yahvé les sus-
citaba jueces, Yahvé estaba con el juez y
los salvaba de la mano de sus enemigos
mientras vivía el juez, porque Yahvé se
conmovía de los gemidos que proferían
ante los que los maltrataban y oprimían.
19 Pero cuando moría el juez, volvían a
corromperse más todavía que sus padres,
yéndose tras de otros dioses, dándoles
culto y postrándose ante ellos, sin renunciar en nada a las prácticas y a la conducta obstinada de sus padres.

Razón de la permanencia de las naciones extranjeras*.

20 Se encolerizó Yahvé contra el pueblo de Israel y dijo: «Ya que este pueblo
ha quebrantado la alianza que prescribí
a sus padres y no ha escuchado mi voz,
21 tampoco yo arrojaré en adelante de
su presencia a ninguno de los pueblos
que dejó Josué cuando murió.» 22 Era
para probar con ellos a Israel, a ver si seguían o no los caminos de Yahvé, como
los habían seguido sus padres. 23 Yahvé
dejó en paz a estos pueblos, en vez de
expulsarlos enseguida, y no los entregó
en manos de Josué.

3 1 Éstos son los pueblos que Yahvé
dejó subsistir para probar con ellos
a Israel, a cuantos no habían conocido
ninguna de las guerras de Canaán. 2 (Era
sólo para que aprendieran las generaciones de los hijos de Israel, para enseñarles
el arte de la guerra; por lo menos los que
antes no lo habían conocido): 3 los cinco
príncipes de los filisteos y todos los cana-

clama a Yahvé que suscita *jueces* salvadores, **2** 16+; **3** 10+, y éstos le hacen volver por algún tiempo al verdadero Dios, ver **3** 7.12-15; **4** 1-3; etc. Los autores de la Biblia han dado otras explicaciones de los reveses de Israel, **2** 22-23; **3** 2-6; **10** 6-16; etc.; Ex **23** 29; Dt **7** 22; Jos **13** 2-6; **23** 4-13; Sb **12** 3-18.

2 13 *Baal y Astarté,* designación corriente de las divinidades cananeas, masculina y femenina.

2 16 El papel de los *jueces* es difícil de definir. El verbo *safat* quiere decir *juzgar*, pero también *gobernar.* Aquí los jueces son escogidos por Dios como salvadores del pueblo, **3** 9.15; etc.

2 20 Según **2** 11-15, ver también **2** 3, se ha dejado subsistir a las naciones extranjeras en castigo de la infidelidad de Israel. Aquí ha venido a ser un medio para poner a prueba su fidelidad, vv. 22-23; **3** 1 y **4**. La glosa de **3** 2 ofrece otra explicación: mantener el espíritu guerrero. Otras razones, en Ex **23** 29 y Dt **7** 22: no convertir el país en un desierto abandonado a las bestias salvajes, y en Sb **12** 3-22: dar tiempo para arrepentirse a los antiguos habitantes.

neos, los sidonios y los hititas que vivían en el monte Líbano, desde la montaña de Baal Hermón hasta la entrada de Jamat. 4 Sirvieron para probar con ellos a Israel, a ver si guardaban los mandamientos que Yahvé había prescrito a sus padres por medio de Moisés. 5 Y los israelitas habitaron en medio de los cananeos, hititas, amorreos, perizitas, jivitas y jebuseos; 6 se casaron con sus hijas, dieron sus propias hijas a los hijos de aquéllos y dieron culto a sus dioses.

*Historia de los Jueces**

1. OTNIEL

7 Los israelitas hicieron lo que desagradaba a Yahvé. Se olvidaron de Yahvé su Dios y dieron culto a los Baales y a las Aserás. 8 Se encolerizó Yahvé contra Israel y los dejó a merced de Cusán Risatáin, rey de Edom, y los israelitas sirvieron a Cusán Risatáin durante ocho años.

9 Los israelitas clamaron a Yahvé y Yahvé suscitó a los israelitas un libertador que los salvó: Otniel, hijo de Quenaz y hermano menor de Caleb. 10 El espíritu de Yahvé vino sobre él*, fue juez de Israel y salió a la guerra. Yahvé entregó en sus manos a Cusán Risatáin, rey de Edom y triunfó sobre Cusán Risatáin. 11 El país quedó tranquilo cuarenta años. Y murió Otniel, hijo de Quenaz.

2. EHÚD

12 Los israelitas volvieron a hacer lo que desagradaba a Yahvé; y Yahvé fortaleció a Eglón, rey de Moab, por encima de Israel, porque hacían lo que desagradaba a Yahvé. 13 A Eglón se le juntaron los hijos de Amón y de Amalec; salió y derrotó a Israel, y tomó la ciudad de las Palmeras. 14 Los israelitas estuvieron sometidos a Eglón, rey de Moab, dieciocho años.

15 Entonces los israelitas clamaron a Yahvé y Yahvé les suscitó un libertador: Ehúd, hijo de Guerá, benjaminita, que era zurdo. Los israelitas le encargaron de llevar el tributo a Eglón, rey de Moab. 16 Ehúd se hizo un puñal de dos filos, de un codo de largo, se lo ciñó debajo de la ropa sobre el muslo derecho, 17 y presentó el tributo a Eglón, rey de Moab. Eglón era un hombre muy obeso. 18 En cuanto terminó de presentar el tributo, Ehúd mandó marchar a la gente que había llevado el tributo; 19 pero él, al llegar a los Ídolos que hay en la región de Guilgal, volvió otra vez y dijo: «Tengo un mensaje secreto para ti ¡oh rey!» El rey respondió: «¡Silencio!», y salieron de su presencia todos los que estaban con él. 20 Ehúd se le acercó. El rey estaba sentado en su galería fresca particular. Ehúd le dijo: «Tengo una palabra de Dios para ti.» El rey se levantó de su silla. 21 Ehúd alargó su mano izquierda, cogió el puñal de su cadera derecha y se lo hundió en el vientre. 22 Detrás de la hoja entró hasta el mango, y la grasa se cerró sobre la hoja, pues Ehúd no le sacó el puñal del vientre. Luego escapó por la ventana. 23 Ehúd salió por la

3 7 La sucesión de los episodios siguientes no es necesariamente cronológica. El libro actual ha reunido los relatos referentes a los héroes locales. El número de *doce* (jueces) se corresponde artificialmente con las doce tribus. Aunque el libro presenta a algunos de estos personajes como si hubieran «juzgado» a todo Israel, la realidad es que los jueces actuaron en los límites de una ciudad o de un distrito. Los relatos del libro llenan el periodo que corre entre el gobierno tribal y la monarquía.

3 10 Los jueces son *inspirados* como los profetas, **6** 34; **11** 29; **13** 25; **14** 6.19; ver 1 S **11** 6; **16** 13; Is **11** 2+.

galería; había cerrado tras de sí las puertas de la galería y echado el cerrojo.

24 Después que se fue, llegaron los criados y vieron que las puertas de la galería tenían echado el cerrojo. Y se dijeron para sí: «Sin duda se está cubriendo los pies* en el aposento de la galería fresca.» 25 Estuvieron esperando hasta quedar desconcertados, porque no acababan de abrirse las puertas de la galería. Cogieron la llave y abrieron. Su amo yacía en tierra, muerto.

26 Mientras esperaban, Ehúd había huido: había pasado los Ídolos y se había puesto a salvo en Seirá. 27 En cuanto llegó, tocó el cuerno en la montaña de Efraín y los israelitas bajaron con él de la montaña. Él se puso al frente de ellos, 28 y les dijo: «Síganme, porque Yahvé ha entregado a Moab, su enemigo, en manos de ustedes.» Bajaron tras él, cortaron a Moab los vados del Jordán y no dejaron pasar a nadie. 29 Derrotaron en aquella ocasión a los de Moab; eran unos diez mil hombres, todos fuertes y valientes, y no escapó ni uno. 30 Aquel día fue humillado Moab bajo la mano de Israel, y el país quedó tranquilo ochenta años.

3. SANGAR

31 Después de él vino Sangar, hijo de Anat. Derrotó a los filisteos, que eran seiscientos hombres, con una aguijada de bueyes; él también salvó a Israel.

4. DÉBORA Y BARAC*

Israel oprimido por los cananeos.

4 1 Cuando murió Ehúd, los israelitas volvieron a hacer lo que desagradaba a Yahvé, 2 y Yahvé los dejó a merced de Yabín, rey de Canaán, que reinaba en Jasor. El jefe de su ejército era Sísara, que habitaba en Jaróset Hagoin.

3 Entonces los israelitas clamaron a Yahvé. Porque Yabín tenía novecientos carros de hierro y había oprimido duramente a los israelitas durante veinte años.

Débora.

4 En aquel tiempo, Débora, una profetisa, mujer de Lapidot, era juez en Israel. 5 Se sentaba bajo la palmera de Débora, entre Ramá y Betel, en la montaña de Efraín; y los israelitas subían donde ella en busca de justicia. 6 Ésta mandó llamar a Barac, hijo de Abinoán, de Cades de Neftalí, y le dijo: «¿No te ha dado Yahvé, Dios de Israel, esta orden: Vete, y recluta y toma contigo en el monte Tabor a diez mil hombres de los hijos de Neftalí y de los hijos de Zabulón, 7 que yo atraeré hacia ti al torrente Quisón a Sísara, jefe del ejército de Yabín, con sus carros y sus tropas, y los entregaré en tus manos?» 8 Barac le respondió: «Si vienes tú conmigo, voy. Pero si no vienes conmigo, no voy, porque no sé en qué día me dará la victoria el Ángel de Yahvé.» 9 «Iré contigo», dijo ella, «sólo que entonces no será tuya la gloria de la campaña que vas a emprender, porque Yahvé entregará a Sísara en manos de una mujer.» Débora se levantó y marchó con Barac a Cades. 10 Y Barac convocó en Cades a Zabulón y Neftalí. Subieron tras él diez mil hombres y Débora subió con él.

Jéber el quenita.

11 Jéber, el quenita, se había separado de la tribu de Caín y del clan de los hijos

3 24 Eufemismo por satisfacer una necesidad natural.

4 Las tribus hacen un esfuerzo para unirse contra los príncipes cananeos coaligados. La victoria, probablemente en la mitad del siglo XII antes de Cristo, volvió a unir las tribus del Norte y las del Sur.

de Jobab, el suegro de Moisés; había
plantado su tienda cerca de la Encina de
Saananín, cerca de Cades.

Derrota de Sísara.

12 Le comunicaron a Sísara que Barac,
hijo de Abinoán, había subido al monte
Tabor. 13 Reunió Sísara todos sus carros,
y todas las tropas que tenía y las llevó de
Jaróset Hagoin al Torrente de Quisón.
14 Débora dijo a Barac: «Levántate, porque éste es el día en que Yahvé pone a
Sísara en tus manos. ¿No es cierto que
Yahvé marcha delante de ti?» Barac bajó
del monte Tabor seguido de los diez mil
hombres. 15 Yahvé sembró el pánico en
Sísara, en todos sus carros y en todo su
ejército ante Barac. Sísara bajó de su carro y huyó a pie. 16 Barac persiguió a los
carros y al ejército hasta Jaróset Hagoin.
Todo el ejército de Sísara cayó a filo de
espada: no quedó ni uno.

Muerte de Sísara.

17 Pero Sísara huyó a pie hacia la tienda de Yael, mujer de Jéber el quenita,
porque reinaba la paz entre Yabín, rey
de Jasor, y la casa de Jéber el quenita.
18 Yael salió al encuentro de Sísara y le
dijo: «Entra, señor mío, entra en mi casa.
No temas.» Y entró en su tienda y ella lo
tapó con un cobertor. 19 Él le dijo: «Por
favor, dame de beber un poco de agua,
porque tengo sed.» Ella abrió el odre de la
leche, le dio de beber y lo volvió a tapar.
20 Él le dijo: «Estáte a la entrada de la tienda, y si alguno viene, te pregunta y te dice: ¿Hay alguien aquí?, respóndele que
no.» 21 Pero Yael, mujer de Jéber, cogió
una clavija de la tienda, tomó el martillo
en su mano, se le acercó callando y le
hincó la clavija en la sien hasta clavarla
en tierra. Él estaba profundamente dormido, agotado de cansancio; y murió.
22 Cuando llegó Barac persiguiendo a Sísara, Yael salió a su encuentro y le dijo:
«Ven, que te voy a mostrar al hombre que
buscas.» Entró donde ella, y Sísara yacía
muerto con la clavija en la sien.

La liberación de Israel.

23 Así humilló Dios aquel día a Yabín,
rey de Canaán, ante los israelitas. 24 La
mano de los israelitas fue haciéndose cada vez más pesada sobre Yabín, rey de
Canaán, hasta que acabaron con Yabín,
rey de Canaán.

CÁNTICO DE DÉBORA Y BARAC*

5 1 Aquel día, Débora y Barac, hijo de
Abinoán, entonaron este cántico:

2 Cuando Israel se suelta la cabellera,
cuando el pueblo se ofrece voluntario,
¡bendigan a Yahvé!
3 ¡Escuchen, reyes! ¡Presten oídos,
príncipes!
A Yahvé voy a cantar.
Tocaré el salterio para Yahvé, Dios de
Israel.
4 Cuando saliste de Seír, Yahvé,
cuando avanzaste por los campos de
Edom,
tembló la tierra, gotearon los cielos,
las nubes en agua se fundieron.
5 Los montes se licuaron
delante de Yahvé, el del Sinaí,
delante de Yahvé, el Dios de Israel.
6 En los días de Sangar, hijo de Anat,
en los días de Yael,
no había caravanas;
los que hollaban calzadas
marchaban por senderos desviados.
7 Vacíos en Israel quedaron los
poblados,
vacíos hasta tu despertar, oh Débora,
hasta tu despertar, oh madre de Israel.

5 El relato en prosa, cap. **4**, viene seguido de uno de los más antiguos poemas de la Biblia. Es un himno de victoria que exalta a Yahvé, salvador de su pueblo, y a las tribus que están unidas en su culto. El texto es a veces inseguro.

[8] Se elegían dioses nuevos;
la guerra les llegaba hasta las puertas;
¡ni un escudo se ve ni una lanza
para cuarenta mil en Israel!
[9] Mi corazón con los jefes de Israel,
con los voluntarios del pueblo.
¡Bendigan a Yahvé!
[10] Los que cabalgan en blancas burras,
los que se sientan sobre tapices,
los que van por el camino, canten,
[11] al clamor de los pregoneros del botín,
junto a los abrevaderos.
Allí se cantan los favores de Yahvé,
los favores a sus poblados de Israel.
(Entonces el pueblo de Yahvé bajó a las puertas).
[12] ¡Despierta, Débora, despierta!
¡Despierta, despierta, entona un cantar!
¡Ánimo! ¡Arriba, Barac!
¡Apresa a los que te apresaron, hijo de Abinoán!

[13] Entonces Israel bajó a las puertas,
el pueblo de Yahvé bajó por él,
como un héroe.

[14] Los principales de Efraín en el valle.
Detrás de ti Benjamín entre tu gente.
De Maquir han bajado capitanes,
de Zabulón los que manejan cetro.
[15] Los jefes de Isacar están con Débora,
y Neftalí, con Barac, en la llanura,
lanzado tras sus huellas.
En los arroyos de Rubén,
grandes son las intenciones.
[16] ¿Por qué te has quedado en los corrales,
escuchando los silbidos entre los rebaños?
(En los arroyos de Rubén,
grandes son las intenciones.)
[17] Allende el Jordán, Galaad se queda,
y Dan, ¿por qué vive en naves extranjeras?
Aser se ha quedado a orillas del mar,
tranquilo en sus puertos mora.

[18] Zabulón es un pueblo que reta a la muerte,
y Neftalí, en las alturas del país*.
[19] Vinieron los reyes, combatieron,
combatieron entonces los reyes de Canaán,
en Tanac, en las aguas de Meguidó,
mas no lograron botín de plata.
[20] Desde los cielos combatieron las estrellas*,
desde sus órbitas combatieron contra Sísara.
[21] El torrente Quisón los barrió,
¡el viejo torrente, el torrente Quisón!
¡Avanza, alma mía, con denuedo!
[22] Cascos de caballos sacuden el suelo:
¡galopan, galopan sus corceles!
[23] Maldigan a Meroz, dice el Ángel de Yahvé,
maldigan, maldigan a sus moradores:
pues no vinieron en ayuda de Yahvé,
en ayuda de Yahvé como los héroes.
[24] ¡Bendita entre las mujeres Yael
(mujer de Jéber el quenita),
entre las mujeres que habitan en tiendas, bendita sea*!
[25] Pedía agua, le dio leche,
en la copa de los nobles le ofreció nata.
[26] Tendió su mano a la clavija,
la diestra al martillo de los carpinteros.
Hirió a Sísara, le partió la cabeza,
lo golpeó y le partió la sien;
[27] a sus pies se desplomó, cayó, durmió,
a sus pies se desplomó, cayó;
donde se desplomó, allí cayó, deshecho.
[28] A la ventana se asoma y atisba
la madre de Sísara, por las celosías:
«¿Por qué tarda en llegar su carro?;
¿por qué se retrasa el galopar de su carroza?»
[29] La más discreta de sus princesas le responde;
ella se lo repite a sí misma:

5 18 Así que cuatro de las tribus mencionadas no han tomado parte en el combate; Judá y Simeón, en el sur, ni siquiera son mencionadas. Ver Gn **49**; Dt **33**.

5 20 Ver Jos **10** 10-14; 2 S **22** 8-11; etc.

5 24 Este breve relato, de una poesía salvaje, reanuda **4** 18-21.

30 «¡Será que han cogido botín y lo
reparten:
una doncella, dos doncellas para cada
guerrero;
botín de paños de colores para Sísara,
botín de paños de colores;
un manto, dos mantos bordados para
mi cuello!»

31 Así perezcan todos tus enemigos, ¡oh
Yahvé!
¡Y sean los que te aman como el sol
cuando sale en todo su fulgor*!

Y el país quedó tranquilo cuarenta años.

5. GEDEÓN Y ABIMÉLEC*

A. VOCACIÓN DE GEDEÓN

Israel oprimido por los madianitas.

6 1 Los israelitas hicieron lo que desagradaba a Yahvé y Yahvé los entregó durante siete años en manos de Madián, 2 y la mano de Madián cargó pesadamente sobre Israel. Para escapar de
Madián, los israelitas se valieron de las
hendiduras de las montañas, de las cuevas y de las cumbres escarpadas. 3 Cuando sembraba Israel, venía Madián, con
Amalec y los hijos de Oriente: subían
contra Israel, 4 acampaban en sus tierras
y devastaban los productos de la tierra
hasta la entrada de Gaza. No dejaban
víveres en Israel: ni ovejas, ni bueyes, ni
burros, 5 porque subían numerosos como
langostas, con sus ganados y sus tiendas.
Ellos y sus camellos eran innumerables e
invadían el país y lo saqueaban. 6 Así Madián redujo a Israel a una gran miseria, y
los israelitas clamaron a Yahvé.

Intervención de un profeta.

7 Cuando los israelitas clamaron a
Yahvé por causa de Madián, 8 Yahvé envió a los israelitas un profeta que les dijo:
«Así habla Yahvé, Dios de Israel: Yo los
hice subir de Egipto, y los saqué de la
casa de servidumbre. 9 Los libré de la
mano de los egipcios y de todos los que
los oprimían. Los arrojé de delante de ustedes, les di su tierra, 10 y les dije: Yo soy
Yahvé, su Dios. No veneren a los dioses
de los amorreos, en cuya tierra habitan.
Pero no han escuchado mi voz.»

Aparición del Ángel de Yahvé a Gedeón.

11 Vino el Ángel de Yahvé* y se sentó
bajo el terebinto de Ofrá, que pertenecía a Joás de Abiezer. Su hijo Gedeón
majaba trigo en el lagar para ocultárselo
a Madián, 12 cuando el Ángel de Yahvé
se le apareció y le dijo: «Yahvé contigo,
valiente guerrero.» 13 Contestó Gedeón:
«Perdón, señor mío. Si Yahvé está con
nosotros, ¿por qué nos ocurre todo esto? ¿Dónde están todos esos prodigios
que nos cuentan nuestros padres cuando dicen: ¿No nos hizo subir Yahvé de
Egipto? Pero ahora Yahvé nos ha abandonado, nos ha entregado en manos de
Madián...»

14 Entonces Yahvé se volvió hacia él
y dijo: «Vete con esa fuerza que tienes y
salvarás a Israel de la mano de Madián.
¿No soy yo el que te envía?» 15 Le respondió Gedeón: «Perdón, señor mío,
¿cómo voy a salvar yo a Israel? Mi clan

5 31 Intención religiosa del cántico: estos hombres salvajes aman a Dios.

6 Los diversos relatos reunidos aquí ponen de manifiesto la crisis religiosa provocada por la sedentarización y la influencia del culto de Baal, y la crisis política, que se manifiesta con el ofrecimiento de la realeza a Gedeón y la desdichada experiencia de Abimélec.

6 11 Ver vv. 14.16.23; Gn **16** 7+.

es el más pobre de Manasés y yo el último en la casa de mi padre.» 16 Yahvé le
respondió: «Yo estaré contigo y derrotarás a Madián como si fuera un hombre solo.» 17 Gedeón le dijo: «Si he hallado gracia a tus ojos, dame una señal
de que eres tú el que me hablas. 18 No
te marches de aquí, por favor, hasta que
vuelva donde ti. Te traeré mi ofrenda y
la pondré delante de ti.» Él respondió:
«Me quedaré hasta que vuelvas.»

19 Gedeón se fue, preparó un cabrito
y con una medida de harina hizo unas
tortas ázimas; puso la carne en un canastillo y el caldo en una olla, y lo llevó
bajo el terebinto. Cuando se acercaba,
20 le dijo el Ángel de Yahvé: «Toma la
carne y las tortas ázimas, ponlas sobre
esa roca y vierte el caldo.» Gedeón lo
hizo así. 21 Entonces el Ángel de Yahvé
extendió la punta del bastón que tenía
en la mano y tocó la carne y las tortas
ázimas. Salió fuego de la roca*, consumió la carne y las tortas ázimas, y el
Ángel de Yahvé desapareció de su vista.
22 Entonces Gedeón se dio cuenta de
que era el Ángel de Yahvé y dijo: «¡Ay,
mi señor Yahvé, que he visto al Ángel
de Yahvé cara a cara!» 23 Yahvé le respondió: «La paz sea contigo. No temas,
no morirás*.» 24 Gedeón levantó en
aquel lugar un altar a Yahvé y lo llamó
Yahvé-Paz. Todavía hoy está en Ofrá
de Abiezer.

Gedeón contra Baal.

25 Sucedió que aquella misma noche
Yahvé dijo a Gedeón: «Toma el toro de
tu padre, el toro de siete años; vas a
derribar el altar de Baal propiedad de tu
padre y cortar el tronco sagrado que está
junto a él. 26 Luego construirás a Yahvé
tu Dios, en la cima de esa altura escarpada, un altar bien dispuesto. Tomarás
el toro y lo quemarás en holocausto, con
la leña del tronco que cortes.» 27 Gedeón
tomó entonces diez hombres de entre
sus criados e hizo como Yahvé le había
ordenado. Pero, como temía a su familia
y a la gente de la ciudad, en lugar de
hacerlo de día, lo hizo de noche. 28 A la
mañana siguiente se levantó la gente de
la ciudad; el altar de Baal estaba derruido, el tronco que se alzaba junto a él,
cortado; y el toro había sido ofrecido en
holocausto sobre el altar recién construido. 29 Entonces se dijeron unos a otros:
«¿Quién habrá hecho esto?» Tras indagar
y averiguar dijeron: «Es Gedeón, hijo de
Joás, el que lo ha hecho.» 30 La gente de
la ciudad dijo entonces a Joás: «Haz salir
a tu hijo, y que muera, pues ha derruido
el altar de Baal y cortado el tronco que
se alzaba a su lado.» 31 Joás respondió
a todos los que tenía delante: «¿Es que
ustedes van a salir en defensa de Baal?
¿Ustedes lo van a salvar? (El que defienda
a Baal, será muerto antes del amanecer.)
Si es dios, que se defienda, ya que se le
ha destruido el altar.» 32 Aquel día se llamó a Gedeón Yerubaal, porque decían:
«¡Que Baal se defienda, pues se le ha
destruido el altar!»

Llamamiento a las armas.

33 Todo Madián, Amalec y los hijos
de Oriente se juntaron, pasaron el Jordán y acamparon en la llanura de Yizreel. 34 El espíritu de Yahvé revistió a
Gedeón; tocó el cuerno y Abiezer se
reunió con él. 35 Envió mensajeros por
todo Manasés, que se reunió también
con él; y envió mensajeros por Aser,
Zabulón y Neftalí, y le salieron al encuentro.

La prueba del vellón*.

36 Gedeón dijo a Dios: «Si verdaderamente vas a salvar por mi mano a Israel, como has dicho, 37 yo voy a tender
un vellón sobre la era; si hay rocío solamente sobre el vellón y todo el suelo
queda seco, sabré que tú salvarás a Is-

6 21 El fuego divino hace del sacrificio un holocausto; Lv **1** 1+; 1 R **18** 38+; 1 Cro **21** 26; 2 Cro **7** 1.

6 23 Ver Ex **33** 20+.

6 36 Señal pedida por Gedeón, v. 17; Ex **4** 1-7.

rael por mi mano, como has prometido.» 38 Así sucedió. Gedeón se levantó de madrugada, estrujó el vellón y exprimió su rocío, una vasija llena de agua. 39 Gedeón dijo a Dios: «No te irrites contra mí si me atrevo a hablar de nuevo. Por favor, quisiera hacer por última vez la prueba con el vellón: que quede seco sólo el vellón y que haya rocío por todo el suelo.» 40 Y Dios lo hizo así aquella noche. Quedó seco solamente el vellón y por todo el suelo había rocío.

B. LA CAMPAÑA DE GEDEÓN AL OESTE DEL JORDÁN

Yahvé reduce el ejército de Gedeón*.

7 1 Madrugó Yerubaal (o sea Gedeón), así como todo el pueblo que estaba con él, y acampó junto a En Jarod; el campamento de Madián quedaba al norte del suyo, al pie de la colina de Moré, en el valle. 2 Yahvé dijo a Gedeón: «Demasiado numeroso es el pueblo que te acompaña para que entregue yo a Madián en sus manos; no se vaya a enorgullecer Israel de ello a mi costa diciendo: ¡Mi propia mano me ha salvado! 3 Ahora pues, pregona esto a oídos del pueblo: El que tenga miedo y tiemble, que se vuelva* y mire desde el monte Gelboé.» Veintidós mil hombres de la tropa se volvieron y quedaron diez mil.

4 Yahvé dijo a Gedeón: «Hay todavía demasiada gente; hazles bajar al agua y allí te los pondré a prueba. Aquél de quien te diga: Que vaya contigo, ése irá contigo. Y aquél de quien te diga: Que no vaya contigo, no ha de ir.» 5 Gedeón hizo bajar la gente al agua y Yahvé le dijo: «A todos los que lamieren el agua con la lengua, como lame un perro, los pondrás a un lado, y a todos los que se arrodillen para beber, los pondrás al otro.» 6 El número de los que lamieron el agua (llevándola con las manos a la boca) resultó ser de trescientos. Todo el resto del pueblo se había arrodillado para beber. 7 Entonces Yahvé dijo a Gedeón: «Con los trescientos hombres que han lamido el agua los salvaré, y entregaré a Madián en tus manos. Que todos los demás vuelvan cada uno a su casa.» 8 Tomaron en sus manos las provisiones del pueblo y sus cuernos, y mandó a todos los israelitas a sus respectivas tiendas, quedándose sólo con los trescientos hombres. El campamento de Madián estaba debajo del suyo, en el valle.

Presagio de victoria.

9 Aquella noche le dijo Yahvé: «Levántate y baja al campamento, porque lo he puesto en tus manos. 10 No obstante, si temes bajar, baja al campamento con tu criado Purá, 11 y escucha lo que dicen. Se fortalecerá tu mano con ello y luego bajarás a atacar al campamento. Bajó, pues, con su criado Purá hasta la extremidad de las avanzadillas del campamento.

12 Madián, Amalec y todos los hijos de Oriente habían caído sobre el valle, numerosos como langostas, y sus camellos eran innumerables como la arena de la orilla del mar. 13 Se acercó Gedeón y he aquí que un hombre contaba un sueño a su vecino; decía: «He tenido un sueño: una hogaza de pan de cebada rodaba por el campamento de Madián, llegaba hasta la tienda, chocaba contra ella y la volcaba lo de arriba abajo*.» 14 Su vecino le respondió: «Esto no puede significar más que la espada de Gedeón, hijo de Joás, el israelita. Dios ha entregado en sus manos a Madián y a todo el campamento.» 15 Cuando Ge-

7 La victoria es de Dios, no de Israel; ver 1 S **14** 6; 1 Co **1** 25-26.
7 3 Ver Dt **20** 8; 1 M **3** 56.
7 13 La tienda representa a los nómadas; el pan, a los Israelitas agricultores; ver v. 14. El sueño es una manera de revelación divina, Gn **20** 3.

deón oyó la narración del sueño y su explicación, se postró, volvió al campamento de Israel y dijo: «¡Levántense!, porque Yahvé ha puesto en manos de ustedes el campamento de Madián.»

Ataque por sorpresa.

16 Gedeón dividió a los trescientos hombres en tres cuerpos. Les dio a todos cuernos y cántaros vacíos, con antorchas dentro de los cántaros. 17 Les dijo: «Fíjense en mí y hagan lo mismo que yo. Cuando llegue yo al extremo del campamento, lo que yo haga lo harán ustedes. 18 Yo y todos mis compañeros tocaremos los cuernos; ustedes también tocarán los cuernos alrededor del campamento y gritarán: ¡Por Yahvé y por Gedeón!»

19 Gedeón y los cien hombres que lo acompañaban llegaron al extremo del campamento al comienzo de la guardia de la medianoche, cuando acababan de hacer el relevo de los centinelas; tocaron los cuernos y rompieron los cántaros que llevaban en la mano. 20 Entonces los tres cuerpos del ejército tocaron los cuernos, y rompieron los cántaros; en la izquierda tenían las antorchas y en la derecha los cuernos para poder tocarlos; y gritaron: «¡La espada por Yahvé y por Gedeón!» 21 Y se quedaron quietos cada uno en su lugar alrededor del campamento. Todo el campamento se despertó y, lanzando alaridos, se dieron a la fuga. 22 Mientras los trescientos tocaban los cuernos, Yahvé volvió la espada de cada uno contra su compañero por todo el campamento. La tropa huyó hasta Bet Hasitá, hacia Sartán, hasta la orilla de Abel Mejolá frente a Tabat.

La persecución.

23 Los hombres de Israel, de Neftalí, de Aser y de todo Manasés, se reunieron y persiguieron a Madián. 24 Gedeón envió mensajeros por toda la montaña de Efraín diciendo: «Bajen al encuentro de Madián y córtenles los vados hasta Bet Bará y el Jordán.» Se reunieron todos los hombres de Efraín y ocuparon los vados hasta Bet Bará y el Jordán. 25 Hicieron prisioneros a los dos jefes de Madián, Oreb y Zeeb*; mataron a Oreb en la Peña de Oreb y a Zeeb en el Lagar de Zeeb. Persiguieron a Madián y llevaron a Gedeón, al otro lado del Jordán, las cabezas de Oreb y Zeeb.

Quejas de los efrainitas*.
12 1-6.

8 1 La gente de Efraín dijo a Gedeón: «¿Por qué has hecho esto con nosotros, no convocándonos cuando has ido a combatir a Madián?» Y discutieron con él violentamente. 2 Él les respondió: «¿Qué he hecho yo en comparación de lo que han hecho ustedes? ¿No vale más el rebusco de Efraín que la vendimia de Abiezer? 3 Dios ha entregado a los jefes de Madián, a Oreb y a Zeeb, en sus manos. ¿Qué he podido hacer yo en comparación con ustedes?» Con estas palabras que les dijo, se calmó su animosidad contra él.

C. LA CAMPAÑA DE GEDEÓN EN TRANSJORDANIA Y MUERTE DE GEDEÓN

Gedeón persigue al enemigo más allá del Jordán.

4 Gedeón llegó al Jordán y lo pasó; pero él y los trescientos hombres que tenía consigo estaban agotados por la persecución. 5 Dijo, pues, a la gente de Sucot: «Den, por favor, tortas de pan a la tropa que me sigue, porque está agotada, y voy persiguiendo a Zébaj y a Salmuná,

7 25 Ver **8** 3; Is **10** 25; Sal **83** 12.
8 Efraín estaba subordinado a Manasés, 7 24; pero llegará a superarlo, **12** 1-6; ver Gn **48** 17.

reyes de Madián.» 6 Pero los jefes de Sucot respondieron: «¿Acaso tienes ya sujetas las manos de Zébaj y Salmuná para
que demos pan a tu ejército?» 7 Gedeón
les respondió: «Bien; cuando Yahvé haya
entregado en mis manos a Zébaj y a Salmuná, a ustedes les desgarraré las carnes
con espinas del desierto y con cardos.»
8 De allí subió a Penuel y les habló de
igual manera. Pero la gente de Penuel le
respondió como lo había hecho la gente
de Sucot. 9 Él respondió a los de Penuel:
«Cuando vuelva vencedor, derribaré esa
torre.»

Derrota de Zébaj y Salmuná.

10 Zébaj y Salmuná estaban en Carcor
con su ejército, unos quince mil hombres,
todos los que habían quedado del ejército
de los hijos de Oriente. Los guerreros
que habían caído eran ciento veinte mil.
11 Gedeón subió por el camino de los que
habitan en tiendas, al este de Nóbaj y de
Yogboá, y derrotó al ejército, cuando se
creían ya seguros. 12 Zébaj y Salmuná
huyeron. Él los persiguió e hizo prisioneros a los dos reyes de Madián, Zébaj
y Salmuná. Y destruyó todo el ejército.

La venganza de Gedeón.

13 Después de la batalla, Gedeón, hijo
de Joás, volvió por la pendiente de Jeres.
14 Tras detener a un joven de la gente de
Sucot, lo interrogó, y él le dio por escrito
los nombres de los jefes de Sucot y de los
ancianos: setenta y siete hombres. 15 Gedeón se dirigió entonces a la gente de
Sucot y dijo: «Aquí tienen a Zébaj y Salmuná, a propósito de los cuales me inju-
riaron diciendo: ¿Acaso tienes ya sujetas
las manos de Zébaj y Salmuná para que
demos pan a tus tropas agotadas?» 16 Tomó entonces a los ancianos de la ciudad
y, cogiendo espinas del desierto y cardos, desgarró las carnes de los hombres
de Sucot. 17 Derribó la torre de Penuel
y mató a los habitantes de la ciudad.
18 Luego dijo a Zébaj y Salmuná: «¿Cómo
eran los hombres que ustedes mataron
en el Tabor?» Ellos respondieron: «Se
parecían a ti; cualquiera de ellos tenía el
aspecto de un hijo de rey.» 19 Respondió
Gedeón: «Eran mis hermanos, hijos de
mi madre. ¡Vive Yahvé que, si los hubieran dejado vivos, no los mataría a
ustedes!» 20 Y dijo a Yéter, su hijo mayor:
«¡Venga! ¡Mátalos!» Pero el muchacho
no desenvainó la espada; no se atrevía,
porque era todavía muy joven. 21 Zébaj
y Salmuná dijeron entonces: «Anda, má-
tanos tú, porque según es el hombre es
su valentía.» Gedeón se levantó, mató a
Zébaj y a Salmuná y tomó las lunetas que
sus camellos llevaban al cuello.

Gedeón. Fin de su vida.

22 Los hombres de Israel dijeron a Gedeón: «Reina sobre nosotros tú, tu hijo y
tu nieto, pues nos has salvado de la mano
de Madián.» 23 Pero Gedeón les respondió: «No seré yo el que reine sobre ustedes ni mi hijo; Yahvé será su rey*.» 24 Y
añadió Gedeón: «Les voy a pedir una
cosa: que cada uno me dé un anillo de su
botín.» Porque los vencidos tenían anillos
de oro, pues eran ismaelitas. 25 Respondieron ellos: «Te los damos con mucho
gusto.» Extendió él su manto y ellos echaron en él cada uno un anillo de su botín.
26 El peso de los anillos de oro que les
había pedido se elevó a mil setecientos
siclos de oro, sin contar las lunetas, los
pendientes y los vestidos de púrpura que
llevaban los reyes de Madián, ni tampoco
los collares que pendían del cuello de sus
camellos. 27 Gedeón hizo con todo ello
un efod*, que colocó en su ciudad, en
Ofrá. Y todo Israel se prostituyó allí tras
él y vino a ser una trampa para Gedeón
y su familia.

28 Allí fue humillado Madián ante los
israelitas, y no volvió a levantar cabeza.

8 23 Gedeón rechaza el título de rey, pero no el poder, ver 1 S **8-12**, que ejerce por lo menos sobre Siquén y algunos clanes, **8** 31; **9**.

8 27 Ver Ex **28** 6+; 1 S **2** 28+. Aquí la palabra *efod* designa un instrumento de adivinación idolátrica, ver **9** 16-20; **17** 5; 1 R **12** 26-32, destinado por Gedeón al culto de Yahvé.

El país estuvo tranquilo cuarenta años,
mientras vivió Gedeón. 29 Se fue, pues,
Yerubaal, hijo de Joás, y se quedó en
su casa. 30 Gedeón tuvo setenta hijos
propios, pues tenía muchas mujeres.
31 Y la concubina que tenía en Siquén le
dio a luz también un hijo, a quien puso
por nombre Abimélec. 32 Murió Gedeón,
hijo de Joás, después de una dichosa
vejez; fue enterrado en la tumba de su
padre Joás, en Ofrá de Abiezer.

Recaída de Israel.

33 Después de la muerte de Gedeón,
los israelitas volvieron a prostituirse ante
los Baales y tomaron por dios a Baal
Berit*. 34 Los israelitas olvidaron a Yahvé
su Dios, que los había librado de la mano de todos los enemigos de alrededor.
35 No fueron agradecidos con la casa de
Yerubaal-Gedeón, por todo el bien que
había hecho a Israel.

D. EL REINADO DE ABIMÉLEC

Abimélec, rey.

9 1 Abimélec, hijo de Yerubaal, marchó a Siquén, donde los hermanos
de su madre, y les dijo a ellos y a todo el
clan de la familia de su madre: 2 «Digan
esto, por favor, a oídos de todos los
señores de Siquén: ¿Qué es mejor para
ustedes, que los estén mandando setenta hombres, todos los hijos de Yerubaal,
o que los mande uno solo? Recuerden
además que yo soy de sus huesos y de
su carne.» 3 Los hermanos de su madre
hablaron de él en los mismos términos
a todos los señores de Siquén, y su corazón se inclinó hacia Abimélec, porque
se decían: «Es nuestro hermano.» 4 Le
dieron setenta siclos de plata del templo
de Baal Berit, con los que Abimélec
contrató a hombres miserables y vagabundos, que se fueron con él. 5 Fue
entonces a casa de su padre, en Ofrá,
y mató a sus hermanos, los hijos de
Yerubaal, setenta hombres, sobre una
misma piedra*. Sólo escapó Jotán, el
hijo menor de Yerubaal, porque se
escondió. 6 Luego se reunieron todos
los señores de Siquén y todo Bet Miló,
y fueron y proclamaron rey a Abimélec
junto al Terebinto de la estela que hay
en Siquén.

Apólogo de Jotán*.

7 Se lo anunciaron a Jotán, quien se
colocó en la cumbre del monte Garizín,
alzó la voz y clamó:

«Escúchenme, señores de Siquén,
y que Dios los escuche.
8 Los árboles se propusieron
ungir a uno como su rey.
Dijeron al olivo: Sé tú nuestro rey.
9 Les respondió el olivo:
¿Voy a renunciar a mi aceite
con el que son honrados los dioses y
los hombres,
para ir a mecerme por encima de los
árboles?
10 Los árboles dijeron a la higuera:
Ven tú, reina sobre nosotros.
11 Les respondió la higuera:
¿Voy a renunciar a mi dulzura
y a mi sabroso fruto,
para ir a mecerme por encima de los
árboles?
12 Los árboles dijeron a la vid:
Ven tú, reina sobre nosotros.
13 Les respondió la vid:
¿Voy a renunciar a mi mosto,
que alegra a los dioses y a los hombres,
para ir a mecerme por encima de los
árboles?

8 33 Este nombre de *Baal-Berit* parece ser una contaminación del Baal cananeo de Siquén, **9** 46 y de la Alianza con Yahvé, Jos **24**.

9 5 Ver 2 R **10** 1-17+; **11** 1-3.

9 7 Tenemos también aquí un texto muy antiguo, ver **5**, el más antiguo ejemplo de apólogo en la Biblia, ver 2 R **9**; Ez **17** 1-10; etc. Los tres árboles productivos (Yerubaal) desprecian al rey inútil y hasta peligroso (Abimélec); ver **8** 23; 1 S **8**.

14 Todos los árboles dijeron a la zarza:
Ven tú, reina sobre nosotros.
15 La zarza respondió a los árboles:
Si con sinceridad vienen a ungirme a
mí para reinar sobre ustedes,
lleguen y cobíjense a mi sombra.
Y si no es así, brote fuego de la zarza
y devore los cedros del Líbano.

16 «Ahora pues, ¿han obrado con sinceridad y lealtad al elegir rey a Abimélec? ¿Se han portado bien con Yerubaal y su casa y lo han tratado según el mérito de sus manos*? 17 Mi padre combatió por ustedes, arriesgó su vida, los libró de la mano de Madián; 18 y ustedes se han alzado hoy contra la casa de mi padre, han matado a sus hijos, setenta hombres sobre una misma piedra, y han puesto por rey a Abimélec, el hijo de su esclava, sobre los señores de Siquén, por ser él su hermano. 19 Si, pues, han obrado con sinceridad y lealtad con Yerubaal y con su casa en el día de hoy, que Abimélec sea su alegría y ustedes la suya. 20 De lo contrario, que salga fuego de Abimélec y devore a los señores de Siquén y de Bet Miló; y que salga fuego de los señores de Siquén y Bet Miló y devore a Abimélec.»

21 Y Jotán huyó, se puso a salvo y fue a Beer, donde se estableció, lejos del alcance de su hermano Abimélec.

Revolución de los siquenitas contra Abimélec.

22 Abimélec gobernó tres años en Israel. 23 Pero Dios envió un espíritu de discordia entre Abimélec y los señores de Siquén; y los señores de Siquén traicionaron a Abimélec, 24 para que el crimen cometido contra los setenta hijos de Yerubaal fuera vengado y su sangre cayera sobre su hermano Abimélec, que los había asesinado, y sobre los señores de Siquén, que lo habían ayudado a asesinar a sus hermanos. 25 Los señores de Siquén prepararon contra él emboscadas en las cimas de los montes y saqueaban a todo el que pasaba cerca por el camino. Y se dio aviso a Abimélec. 26 Gaal, hijo de Obed, acompañado de sus hermanos, vino a pasar por Siquén y se ganó la confianza de los señores de Siquén. 27 Salieron éstos al campo a vendimiar sus viñas, pisaron las uvas, hicieron fiesta y entraron en el templo de su dios. Comieron y bebieron y maldijeron a Abimélec. 28 Entonces Gaal, hijo de Obed, exclamó: «¿Quién es Abimélec y qué es Siquén para que lo sirvamos? ¿Por qué el hijo de Yerubaal, y Zebul, su lugarteniente, no han de servir a la gente de Jamor, padre de Siquén? ¿Por qué hemos de servirles nosotros? 29 ¡Quién pusiera este pueblo en mis manos! Yo echaría a Abimélec y le diría: Refuerza tu ejército y sal a la lucha.» 30 Zebul, gobernador de la ciudad, se enteró de la propuesta de Gaal, hijo de Obed, y montó en cólera. 31 Envió secretamente mensajeros donde Abimélec, para decirle: «Mira que Gaal, hijo de Obed, con sus hermanos, ha llegado a Siquén y están soliviantando a la ciudad contra ti. 32 Por tanto, levántate de noche, tú y la gente que tienes contigo, y tiende una emboscada en el campo; 33 por la mañana temprano, en cuanto salga el sol, te levantas y te lanzas contra la ciudad. Cuando Gaal salga a tu encuentro con su gente, harás con él lo que te venga a mano.» 34 Abimélec se levantó de noche con todas las tropas de que disponía y tendieron una emboscada frente a Siquén, repartidos en cuatro grupos. 35 Cuando Gaal, hijo de Obed, salió y se detuvo a la entrada de la puerta de la ciudad, Abimélec y la tropa que le acompañaba salieron de su emboscada. 36 Gaal vio la tropa y dijo a Zebul: «Mira la gente que baja de las cumbres de los montes.» Zebul respondió: «Es la sombra de los montes lo que ves y te parecen hombres.» 37 Gaal volvió a decir: «Miren la gente que baja del lado del Ombligo de la Tierra, y otra partida llega por el camino de la Encina de los Adivinos*.» 38 Zebul le

9 16 Nueva lección del apólogo contra los siquenitas que apoyan a Abimélec.

9 37 El *Ombligo de la Tierra,* una cumbre redonda, como el Garizín. Ver Ez **38** 12.

dijo entonces: «¿Qué has hecho de tu boca tú que decías: Quién es Abimélec para que le sirvamos? ¿No es ésa la gente que despreciaste? Sal, pues, ahora y pelea contra ellos.» 39 Gaal salió al frente de los señores de Siquén y presentó batalla a Abimélec. 40 Abimélec persiguió a Gaal, pero éste se le escapó; y muchos cayeron muertos antes de llegar a la puerta. 41 Abimélec habitó en Arumá; y Zebul expulsó a Gaal y a sus hermanos y no los dejó habitar en Siquén.

Destrucción de Siquén y toma de Migdal Siquén.

42 Al día siguiente el pueblo salió al campo. Se dio aviso de ello a Abimélec, 43 que tomó su tropa, la repartió en tres cuerpos y tendió una emboscada en el campo. Cuando vio que la gente salía de la ciudad, cayó sobre ellos y los derrotó. 44 Abimélec, con el cuerpo que estaba con él, atacó y tomó posiciones a la entrada de la puerta de la ciudad; los otros dos cuerpos se lanzaron contra todos los que estaban en el campo y los derrotaron. 45 Todo aquel día estuvo Abimélec atacando a la ciudad. Cuando la tomó, mató a la población, arrasó la ciudad y la sembró de sal. 46 Al saberlo, los vecinos de Migdal Siquén se metieron en la cripta del templo de El Berit. 47 Se comunicó a Abimélec que todos los señores de Migdal Siquén estaban juntos; 48 entonces Abimélec subió al monte Salmón, con toda su tropa, y tomando un hacha en sus manos, cortó una rama de árbol, la alzó y echándosela al hombro dijo a la tropa que lo acompañaba: «¡De prisa! Lo que me han visto hacer, háganlo también ustedes.» 49 Y todos sus hombres cortaron cada uno su rama; luego siguieron a Abimélec, pusieron las ramas sobre la cripta y prendieron fuego a la cripta con ellos debajo. Así murieron también todos los habitantes de Migdal Siquén, unos mil hombres y mujeres.

Asedio de Tebés y muerte de Abimélec.

50 Marchó Abimélec contra Tebés, la asedió y tomó. 51 Había en medio de la ciudad una torre fuerte, y en ella se refugiaron todos los hombres y mujeres, y todos los señores de la ciudad. Cerraron por dentro y subieron a la terraza de la torre. 52 Abimélec llegó hasta la torre, la atacó y alcanzó la puerta de la torre con ánimo de prenderle fuego. 53 Entonces una mujer le arrojó una muela de molino a la cabeza y le partió el cráneo. 54 Él llamó en seguida a su escudero y le dijo: «Desenvaina tu espada y mátame, para que no digan de mí: Lo ha matado una mujer.» Su escudero lo atravesó y murió*. 55 Cuando la gente de Israel vio que Abimélec había muerto, se volvió cada uno a su lugar.

56 Así devolvió Dios a Abimélec el mal que había hecho a su padre al matar a sus setenta hermanos. 57 Y también sobre la cabeza de la gente de Siquén hizo Dios caer toda su maldad. De este modo se cumplió en ellos la maldición de Jotán, hijo de Yerubaal.

Jefté y los «Jueces Menores»

6. TOLÁ

10 1 Después de Abimélec surgió para salvar a Israel Tolá, hijo de Puá, hijo de Dodó. Era de Isacar y habitaba en Samir, en la montaña de Efraín. 2 Fue juez de Israel veintitrés años; murió y fue sepultado en Samir.

9 54 Ver 1 S **31** 4. Se saca una conclusión teológica, ver **9** 20.

7. YAÍR

3 Tras él surgió Yaír, de Galaad, que fue juez de Israel veintidós años. 4 Tenía treinta hijos que montaban treinta burritos y tenían treinta poblados, que se llaman todavía hoy las Aldeas de Yaír, en el país de Galaad.

5 Murió Yaír, y fue sepultado en Camón.

8. JEFTÉ

Opresión de los amonitas*.

6 Los israelitas volvieron a hacer lo que desagradaba a Yahvé. Dieron culto a los Baales y a las Astartés, a los dioses de Aram y Sidón, a los dioses de Moab, a los de los amonitas y de los filisteos. Abandonaron a Yahvé y ya no lo servían. 7 Entonces se encolerizó Yahvé contra Israel y los entregó en manos de los filisteos y en manos de los amonitas. 8 Éstos molestaron y oprimieron a los israelitas desde aquel año durante dieciocho años, a todos los israelitas que vivían en Transjordania, en el país amorreo de Galaad. 9 Los amonitas pasaron el Jordán para atacar también a Judá, a Benjamín y a la casa de Efraín, e Israel pasó por grave aprieto. 10 Los israelitas clamaron a Yahvé diciendo: «Hemos pecado contra ti, porque hemos abandonado a Yahvé nuestro Dios para dar culto a los Baales.» 11 Y Yahvé dijo a los israelitas: «Cuando los egipcios, los amorreos, los amonitas, los filisteos, 12 los sidonios, Amalec y Madián los oprimían y ustedes clamaron a mí, ¿no los salvé de sus manos? 13 Pero ustedes me han abandonado y han dado culto a otros dioses. Por eso no he de salvarlos otra vez. 14 Vayan y griten a los dioses que han elegido: que los salven ellos en el tiempo de su angustia.» 15 Los israelitas respondieron a Yahvé: «Hemos pecado, haz con nosotros todo lo que te plazca; pero, por favor, sálvanos hoy.» 16 Y quitaron de en medio a los dioses extranjeros y sirvieron a Yahvé. Y Yahvé no pudo soportar el sufrimiento de Israel.

17 Los amonitas se concentraron y vinieron a acampar en Galaad. Los israelitas se reunieron y acamparon en Mispá. 18 Entonces el pueblo, los jefes de Galaad, se dijeron unos a otros: «¿Quién será el hombre que emprenda el ataque contra los amonitas? Él acaudillará a todos los habitantes de Galaad.»

Jefté pone condiciones.

11 1 Jefté, el galaadita, era un valiente guerrero. Era hijo de una prostituta. Y era Galaad el que había engendrado a Jefté. 2 Pero la mujer de Galaad le había dado hijos. Cuando crecieron los hijos de la mujer, echaron a Jefté diciéndole: «Tú no tendrás herencia en la casa de nuestro padre, porque eres hijo de una mujer extraña.» 3 Jefté huyó lejos de sus hermanos y se quedó en el país de Tob. Se le juntó una banda de gente miserable, que hacía correrías con él.

4 Andando el tiempo, los amonitas vinieron a combatir contra Israel. 5 Y cuando los amonitas estaban atacando a Israel, los ancianos de Galaad fueron a buscar a Jefté al país de Tob. 6 Dijeron a Jefté: «Ven, tú serás nuestro caudillo en la guerra con los amonitas.» 7 Pero Jefté respondió a los ancianos de Galaad: «¿No son ustedes los que me odiaban y me echaron de la casa de mi padre? ¿Por qué acuden a mí ahora que están en aprieto?» 8 Los ancianos de Galaad replicaron a Jefté: «Por eso ahora volvemos donde ti: ven con nosotros; tú atacarás a los amonitas y serás nuestro jefe y el de todos los habitantes de Galaad.» 9 Jefté

10 6 Los vv. 6-16 son una larga introducción, al estilo de **2** 6-19, de las historias de Jefté, Sansón, y quizá de Samuel, 1 S **1-12**.

respondió a los ancianos de Galaad: «Si
ustedes me hacen volver para combatir a
los amonitas y Yahvé me los entrega, yo
seré su jefe*.» [10] Respondieron a Jefté los
ancianos de Galaad: «Yahvé sea testigo
entre nosotros si no hacemos como tú
has dicho.» [11] Jefté partió con los ancianos de Galaad y el pueblo lo hizo su
jefe y caudillo; y Jefté repitió todas sus
condiciones delante de Yahvé en Mispá.

Conversaciones de Jefté con los amonitas*.

[12] Jefté envió al rey de los amonitas
mensajeros que le dijeran: «¿Qué tenemos que ver tú y yo para que vengas a
atacarme en mi propio país?» [13] El rey de
los amonitas respondió a los mensajeros
de Jefté: «Porque Israel, cuando subía de
Egipto, se apoderó de mi país desde el
Arnón hasta el Yaboc y el Jordán. Así
que ahora devuélvemelo por las buenas.»
[14] Jefté envió de nuevo mensajeros al rey
de los amonitas [15] y le dijo: «Así habla
Jefté: Israel no se ha apoderado ni del
país de Moab ni del país de los amonitas.
[16] Cuando subió de Egipto, Israel caminó
por el desierto hasta el mar de Suf y llegó
a Cades. [17] Entonces Israel envió mensajeros al rey de Edom para decirle: Déjame, por favor, pasar por tu país; pero
el rey de Edom no los atendió. Los envió
también al rey de Moab, el cual tampoco
accedió, e Israel se quedó en Cades;
[18] luego, avanzando por el desierto, bor-
deó el país de Edom y el de Moab y llegó
al oriente del país de Moab. Acamparon
a la otra parte del Arnón, sin cruzar la
frontera de Moab, pues el Arnón es el límite de Moab. [19] Israel envió mensajeros
a Sijón, rey de los amorreos, que reinaba
en Jesbón, y le dijo: Déjame, por favor,
pasar por tu país hasta llegar a mi destino. [20] Pero Sijón le negó a Israel el paso
por su territorio, reunió toda su gente,
que acampó en Yahas, y atacó a Israel.
[21] Yahvé, Dios de Israel, entregó a Sijón
y a todo su pueblo en manos de Israel,
que los derrotó, y conquistó Israel todo
el país de los amorreos que habitaban
allí. [22] Así conquistaron todo el territorio
de los amorreos, desde el Arnón hasta
el Yaboc y desde el desierto hasta el Jordán. [23] De modo que, después que Yahvé, Dios de Israel, ha quitado su heredad
a los amorreos en favor de su pueblo Israel, ¿ahora tú se la vas a quitar a Israel?
[24] ¿No posees ya todo lo que tu dios Camós ha quitado para ti a sus poseedores?
Igualmente nosotros poseemos todo lo
que Yahvé nuestro Dios ha quitado para
nosotros a sus poseedores. [25] ¿Vas a ser
tú más que Balac, hijo de Sipor, rey de
Moab? ¿Pudo acaso él hacerse fuerte
contra Israel y luchar contra él? [26] Cuando se estableció Israel en Jesbón y en sus
filiales, en Aroer y en sus filiales y en todos los poblados que están a ambos lados
del Arnón (trescientos años), ¿por qué
no las han recuperado desde entonces?
[27] Yo no te he ofendido; eres tú el que te
portas mal conmigo si me atacas. Yahvé,
el Juez, juzgue hoy entre los hijos de Israel y los hijos de Amón.» [28] Pero el rey
de los amonitas no hizo caso del mensaje
que le envió Jefté.

El voto de Jefté y su victoria*.

[29] El espíritu de Yahvé vino sobre Jefté, que recorrió Galaad y Manasés, pasó
por Mispé de Galaad y de Mispé de Galaad pasó donde los amonitas. [30] Y Jefté
hizo un voto a Yahvé: «Si entregas en mis
manos a los amonitas, [31] el primero que

11 9 Jefté reclama y consigue los poderes de rey, ver **8** 23. Ha salvado al pueblo y recibido el Espíritu, **11** 29; ver **3** 10+. Se camina hacia la realeza, 1 S **11**, pero continúan las hostilidades entre las tribus, **12** 1-6.
11 12 Las llanuras de Moab, Dt **34** 1+, eran reclamadas a la vez por Israel y sus vecinos, Moab y Amón. Ver Nm **21** 21-25; Dt **2** 26-37. -*Camós*, v. 24, es el dios principal de los moabitas.

11 29 La historia, que explica una fiesta anual celebrada en Galaad, v. 40, subraya la fidelidad de Jefté a su voto, ver Hb **11** 32, por más que los sacrificios humanos, v. 31, estén reprobados en Israel, Gn **22** 1+; Ex **22** 28-29; Lv **18** 21+; Dt **12** 31; Mi **6** 7; 2 R **23** 10; etc.

salga de las puertas de mi casa a mi encuentro cuando vuelva victorioso de los amonitas, será para Yahvé y lo ofreceré en holocausto.» [32] Jefté pasó al territorio de los amonitas para atacarlos, y Yahvé los entregó en sus manos. [33] Los derrotó desde Aroer hasta cerca de Minit (veinte poblados) y hasta Abel Queramín. Fue grandísima la derrota y los amonitas fueron humillados delante de los israelitas.

[34] Cuando Jefté volvió a Mispá, a su casa, he aquí que su hija salía a su encuentro bailando al son de las panderetas. Era su única hija; no tenía ni más hijo ni más hija que ella. [35] Al verla, rasgó sus vestiduras y gritó: «¡Ay, hija mía! ¡Me has deshecho! ¿Habías de ser tú la causa de mi desgracia? Abrí la boca ante Yahvé y no puedo volverme atrás.» [36] Ella le respondió: «Padre mío, has abierto tu boca ante Yahvé, haz conmigo lo que salió de tu boca, ya que Yahvé te ha concedido vengarte de tus enemigos los amonitas.» [37] Después dijo a su padre: «Que se me conceda esta gracia: déjame dos meses para ir a vagar por las montañas y llorar mi virginidad con mis compañeras.» [38] Él le dijo: «Vete.» Y la dejó marchar dos meses. Ella se fue con sus compañeras y estuvo llorando su virginidad por los montes. [39] Al cabo de los dos meses, volvió donde su padre y él cumplió en ella el voto que había hecho. La joven no había conocido varón. Y se hizo costumbre en Israel: [40] las hijas de Israel van, de año en año, cuatro días al año, a lamentarse por la hija de Jefté el galaadita.

Guerra contra Efraín y Galaad. Muerte de Jefté.

12 [1] Los hombres de Efraín se juntaron, pasaron el Jordán en dirección a Safón y dijeron a Jefté: «¿Por qué has ido a atacar a los amonitas y no nos has invitado a marchar contigo? Vamos a prender fuego a tu casa contigo dentro.» [2] Jefté les respondió: «Teníamos un gran conflicto mi pueblo y yo con los amonitas; les pedí ayuda a ustedes y no me libraron de sus manos. [3] Cuando vi que nadie venía a ayudarme, arriesgué la vida, marché contra los amonitas y Yahvé los entregó en mis manos. ¿Por qué, pues, han subido hoy contra mí para hacerme la guerra?» [4] Entonces Jefté reunió a todos los hombres de Galaad y atacó a Efraín; los de Galaad derrotaron a los de Efraín, porque éstos decían: «Ustedes los galaaditas son fugitivos de Efraín, en medio de Efraín, en medio de Manasés.» [5] Galaad cortó a Efraín los vados del Jordán y cuando los fugitivos de Efraín decían: «Déjenme pasar», los hombres de Galaad preguntaban: «¿Eres efrainita?» Y si respondía: «No», [6] le añadían: «Pues di Shibbólet». Pero él decía: «Sibbólet» porque no podía pronunciarlo correctamente*. Entonces le echaban mano y lo degollaban junto a los vados del Jordán. Perecieron en aquella ocasión cuarenta y dos mil hombres de Efraín.

[7] Jefté juzgó a Israel seis años; luego Jefté el galaadita murió y fue sepultado en su ciudad, Mispá de Galaad.

9. IBSÁN

[8] Después de él fue juez en Israel Ibsán de Belén. [9] Tenía treinta hijos y treinta hijas. A éstas las casó fuera y de fuera trajo treinta mujeres para sus hijos. Fue juez en Israel siete años. [10] Y murió Ibsán y fue sepultado en Belén.

12 6 *Sibbólet,* palabra que significa *espiga.* Su defectuosa pronunciación delata a los Efrainitas.

10. ELÓN

11 Después de él fue juez en Israel Elón
de Zabulón. Juzgó a Israel diez años. 12 Y
murió Elón de Zabulón y fue sepultado
en Ayalón, en tierra de Zabulón.

11. ABDÓN

13 Después de él fue juez en Israel Abdón, hijo de Hilel, de Piratón. 14 Tenía
cuarenta hijos y treinta nietos, que montaban setenta burritos. Juzgó a Israel
ocho años. 15 Y murió Abdón, hijo de
Hilel de Piratón, y fue sepultado en Piratón, en tierra de Efraín, en la montaña
de los amalecitas.

12. SANSÓN*

El anuncio del nacimiento de Sansón.

13 1 Los israelitas volvieron a hacer
lo que desagradaba a Yahvé y
Yahvé los dejó a merced de los filisteos
durante cuarenta años.
2 Había un hombre en Sorá, de la tribu
de Dan, llamado Manóaj. Su mujer era
estéril y no había tenido hijos*. 3 El Ángel
de Yahvé se apareció a esta mujer y le
dijo: «Mira, eres estéril y no has tenido
hijos, 4 pero concebirás y darás a luz un
hijo. En adelante guárdate de beber vino
ni bebida fermentada y no comas nada
impuro. 5 Porque vas a concebir y a dar a
luz un hijo. No pasará la navaja por su cabeza, porque el niño será nazireo de Dios
desde el seno de su madre. Él comenzará
a salvar a Israel de la mano de los filisteos.» 6 La mujer fue a decírselo a su marido: «Un hombre de Dios ha venido donde
mí; su aspecto era como el del Ángel de
Dios, muy terrible. No le he preguntado
de dónde venía ni él me ha manifestado
su nombre. 7 Pero me ha dicho: Vas a
concebir y a dar a luz un hijo. En adelante
no bebas vino ni bebida fermentada y no
comas nada impuro, porque el niño será
nazireo de Dios desde el seno de su madre hasta el día de su muerte.»

Segunda aparición del Ángel.

8 Manóaj invocó a Yahvé y dijo: «Te
ruego, Señor, que el hombre de Dios
que has enviado venga otra vez donde
nosotros y nos enseñe lo que hemos de
hacer con el niño cuando nazca.» 9 Dios
escuchó a Manóaj y el Ángel de Dios
vino otra vez donde la mujer cuando
estaba sentada en el campo. Manóaj, su
marido, no estaba con ella. 10 La mujer
corrió en seguida a informar a su marido
y le dijo: «Mira, se me ha aparecido el
hombre que vino donde mí el otro día.»
11 Manóaj se levantó y, siguiendo a su
mujer, llegó donde el hombre y le dijo:
«¿Eres tú el que has hablado con esta
mujer?» Él respondió: «Yo soy.» 12 Le dijo
Manóaj: «Cuando tu palabra se cumpla,
¿cuál deberá ser la norma de conducta
del niño?» 13 El Ángel de Yahvé respondió a Manóaj: «Deberá abstenerse él de
todo lo que indiqué a esta mujer. 14 No
probará nada de lo que procede de la vid,
no beberá vino ni bebida fermentada, no
comerá nada impuro y observará todo lo
que yo le he mandado.» 15 Manóaj dijo
entonces al Ángel de Yahvé: «Por favor,
vamos a retenerte y te vamos a preparar
un cabrito.» 16b Porque Manóaj no sabía
que era el Ángel de Yahvé. 16a Pero el

13 Las proezas heroicas de Sansón, sobre las que ha fantaseado la imaginación popular, atestiguan la protección de Yahvé para con los que le son fieles. La fuerza de Sansón es un don de Yahvé, **16** 28. Está animado por el espíritu, **13** 25; etc.; es *nazir,* **13**; **16** 17; ver Nm **6**+.

13 2 Sansón nace, por gracia, de una madre estéril, ver Gn **11** 30; **18**; 1 S **1**; Lc **1** 5-25.

Ángel de Yahvé dijo a Manóaj: «Aunque
me obligues a quedarme no probaré tu
comida. Pero si quieres preparar un holocausto, ofréceselo a Yahvé.» 17 Manóaj
dijo entonces al Ángel de Yahvé: «¿Cuál
es tu nombre para que, cuando se cumpla tu palabra, te podamos honrar?» 18 El
Ángel de Yahvé le respondió: «¿Por qué
me preguntas el nombre, si es misterioso*?» 19 Manóaj tomó el cabrito y la oblación y lo ofreció en holocausto, sobre la
roca, a Yahvé, que actúa misteriosamente. Manóaj y su mujer estaban mirando.
20 Cuando la llama subía del altar hacia el
cielo, el Ángel de Yahvé subía en la llama. Manóaj y su mujer lo estaban viendo
y cayeron rostro en tierra. 21 Al desaparecer el Ángel de Yahvé de la vista de
Manóaj y su mujer, Manóaj se dio cuenta
de que era el Ángel de Yahvé. 22 Y dijo
Manóaj a su mujer: «Seguro que vamos a
morir, porque hemos visto a Dios*.» 23 Su
mujer le respondió: «Si Yahvé hubiera
querido matarnos no habría aceptado de
nuestra mano el holocausto ni la oblación, ni nos habría mostrado todas estas
cosas, ni nos habría hecho oír tales cosas
ahora mismo.» 24 La mujer dio a luz un
hijo y lo llamó Sansón. El niño creció y
Yahvé lo bendijo. 25 Y el espíritu de Yahvé comenzó a agitarlo en el Campamento de Dan, entre Sorá y Estaol.

El matrimonio de Sansón.

14 1 Sansón bajó a Timná y se fijó
en una mujer entre las hijas de
los filisteos. 2 Subió y se lo dijo a su
padre y a su madre: «He visto en Timná
una mujer de las hijas de los filisteos:
me la tomen para esposa.» 3 Su padre y
su madre le dijeron: «¿No hay ninguna
mujer entre las hijas de tus hermanos
y en todo mi pueblo, para que vayas a
tomar mujer entre esos filisteos incircuncisos?» Pero Sansón respondió a su
padre: «Toma a ésa para mí, porque ésa
es la que me gusta.» 4 Ni su padre ni su
madre sabían que esto venía de Yahvé,
que buscaba un pretexto contra los filisteos, pues por aquel tiempo los filisteos
dominaban a Israel.
5 Sansón bajó a Timná y, al llegar a
las viñas de Timná, vio un leoncillo que
venía rugiendo a su encuentro. 6 El espíritu de Yahvé lo invadió, y sin tener nada
en la mano, Sansón despedazó al león
como se despedaza un cabrito; pero no
contó ni a su padre ni a su madre lo
que había hecho. 7 Bajó y habló con la
mujer, la cual le agradó. 8 Algún tiempo
después, volvió Sansón para casarse con
ella. Dio un rodeo para ver el cadáver
del león y resulta que en el esqueleto
del león había un enjambre de abejas
con miel. 9 La recogió en su mano y la
iba comiendo según caminaba. Cuando
llegó donde su padre y su madre les dio
miel, y comieron, pero no les dijo que la
había cogido del esqueleto del león. 10 Su
padre bajó donde la mujer y Sansón hizo
allí un banquete, pues así suelen hacer
los jóvenes. 11 Pero, cuando lo vieron,
eligieron treinta compañeros, los cuales
estuvieron con él.

La adivinanza de Sansón.

12 Sansón les dijo: «Les voy a proponer una adivinanza. Si me dan la solución
dentro de los siete días de la fiesta y acier-
tan, les daré treinta túnicas y treinta
mudas. 13 Pero si no pueden darme la
solución, entonces me darán ustedes
treinta túnicas y treinta mudas.» Ellos le
dijeron: «Propón tu adivinanza, que te
escuchamos.» 14 Él les dijo:

«Del que come salió comida,
y del fuerte salió dulzura.»

A los tres días aún no habían acertado
la adivinanza.
15 Al cuarto día dijeron a la mujer de
Sansón: «Convence a tu marido para que
nos descifre la adivinanza. Si no, te que-
maremos a ti y a la casa de tu padre. ¿O
es que nos han invitado para robarnos?»
16 La mujer de Sansón se puso a llorar
sobre él, y dijo: «Tú me odias y no me
amas. Has propuesto una adivinanza a

13 18 Ver Gn **32** 30; Ex **3** 14-15+; Is **29** 14.

13 22 Ver **6** 23; Ex **33** 20+.

mis paisanos y a mí no me la has descifrado.» Él le respondió: «Ni a mi padre ni a mi madre se la he descifrado, ¿y te la voy a descifrar a ti?» [17] Ella estuvo llorando encima de él los siete días que duró la fiesta. Por fin el séptimo día se la descifró, porque lo tenía asediado y ella descifró la adivinanza a sus paisanos.

[18] El séptimo día, antes que entrara en la alcoba, la gente de la ciudad dijo a Sansón:

«¿Qué hay más dulce que la miel,
qué más fuerte que el león?»

Él les respondió:

«Si no hubieran arado con mi novilla,
no habrían acertado mi adivinanza.»

[19] Luego el espíritu de Yahvé lo invadió, bajó a Ascalón y mató allí a treinta hombres, tomó sus despojos y entregó las mudas a los acertantes de la adivinanza; luego, encendido en cólera, subió a la casa de su padre. [20] La mujer de Sansón pasó a ser de un compañero suyo, al que había tenido de compañero.

Sansón quema las mieses de los filisteos.

15 [1] Algún tiempo después, por los días de la siega del trigo, fue Sansón a visitar a su mujer llevando un cabrito y dijo: «Quiero llegarme a mi mujer, en la alcoba.» Pero el padre de ella no lo dejó entrar. [2] Y le dijo: «Yo pensé que ya no la querías y se la di a tu compañero. ¿No vale más su hermana menor? Sea tuya en lugar de la otra.» [3] Sansón les replicó: «Esta vez soy inocente del daño que pueda hacer a los filisteos.» [4] Se fue Sansón, y cazó trescientas zorras; cogió unas teas y, juntando a los animales cola con cola, puso una tea en medio, entre las dos colas. [5] Prendió fuego a las teas y luego, soltando las zorras por las mieses de los filisteos, incendió las gavillas y el trigo todavía en pie y hasta las viñas y olivares.

[6] Los filisteos preguntaron: «¿Quién ha hecho esto?» Y les respondieron: «Sansón, el yerno del timnita, porque éste tomó a su mujer y se la dio a su compañero.» Entonces los filisteos subieron y quemaron a aquella mujer y la casa de su padre. [7] Sansón les dijo: «Ya que se portan así, no he de parar hasta vengarme de ustedes.» [8] Y les midió las costillas causándoles un gran estrago. Después bajó a la gruta de la roca de Etán y se quedó allí.

La quijada de burro.

[9] Los filisteos subieron a acampar en Judá e hicieron una incursión por Lejí.

[10] Y les dijeron los hombres de Judá: «¿Por qué han subido contra nosotros?» Respondieron: «Hemos subido para amarrar a Sansón, para hacer con él lo que él ha hecho con nosotros.» [11] Tres mil hombres de Judá bajaron a la gruta de la roca de Etán y dijeron a Sansón: «¿No sabes que los filisteos nos están dominando? ¿Qué nos has hecho?» Él les respondió: «Como me trataron a mí, los he tratado yo a ellos.» [12] Ellos le dijeron: «Hemos bajado para amarrarte y entregarte en manos de los filisteos.» Sansón les dijo: «Júrenme que no me van a matar ustedes mismos.» [13] Le respondieron: «No; sólo queremos amarrarte y entregarte en sus manos; pero matarte, no te mataremos.» Lo amarraron, pues, con dos cordeles nuevos y lo sacaron de entre las rocas.

[14] Cuando llegaba a Lejí y los filisteos corrían a su encuentro, con gritos de triunfo, el espíritu de Yahvé vino sobre él: los cordeles que sujetaban sus brazos fueron como hilos de lino que se queman al fuego y las ligaduras se deshicieron entre sus manos. [15] Encontró una quijada de burro todavía fresca, alargó la mano, la cogió y mató con ella a mil hombres. [16] Sansón dijo entonces:

«Con quijada de burro los amontoné.
Con quijada de burro, a mil hombres sacudí.»

[17] Cuando terminó de hablar, tiró la quijada: por eso se llamó aquel lugar Ramat Lejí. [18] Entonces sintió una sed terrible e invocó a Yahvé diciendo: «Tú has logrado esta gran victoria por mano de tu siervo y ahora, ¿voy a morir de sed y a

caer en manos de los incircuncisos?» 19 Entonces Dios hendió la cavidad que hay en Lejí y brotó agua de ella. Sansón bebió, recobró su espíritu y se reanimó. Por eso, a la fuente que existe todavía hoy en Lejí, se le dio el nombre de En Hacoré. 20 Sansón fue juez en Israel en la época de los filisteos por espacio de veinte años.

El episodio de las puertas de Gaza.

16 1 De allí Sansón se dirigió a Gaza, vio allí una prostituta y entró en su casa. 2 Se dio aviso a los hombres de Gaza: «Ha venido Sansón.» Ellos lo rodearon y le estuvieron acechando a la puerta de la ciudad. Estuvieron tranquilos toda la noche pensando: «Esperemos hasta que despunte el día y lo mataremos.» 3 Sansón estuvo durmiendo hasta media noche; y a media noche se levantó, cogió las hojas de la puerta de la ciudad con sus dos postes, las arrancó junto con la barra, se las cargó a la espalda, y las subió hasta la cumbre del monte que está frente a Hebrón.

Sansón traicionado por Dalila.

4 Después de esto, se enamoró de una mujer de la vaguada de Sorec, que se llamaba Dalila. 5 Los tiranos de los filisteos subieron donde ella y le dijeron: «Sonsácale y entérate de dónde le viene esa fuerza tan enorme, y cómo podríamos dominarlo para amarrarlo y tenerlo sujeto. Nosotros te daremos cada uno mil cien siclos de plata.»

6 Dalila dijo a Sansón: «Dime, por favor, ¿de dónde te viene esa fuerza tan grande y con qué habría que atarte para tenerte sujeto?» 7 Sansón le respondió: «Si me amarraran con siete cuerdas de arco todavía frescas, sin dejarlas secar, me debilitaría y sería como un hombre cualquiera.» 8 Los tiranos de los filisteos llevaron a Dalila siete cuerdas de arco frescas, sin secar aún, y lo amarró con ellas. 9 Tenía ella hombres apostados en la alcoba y le gritó: «Los filisteos contra ti, Sansón.» Él rompió las cuerdas de arco como se rompe el hilo de estopa en cuanto siente el fuego. Así no se descubrió el secreto de su fuerza.

10 Entonces Dalila dijo a Sansón: «Te has reído de mí y me has dicho mentiras; dime pues, por favor, con qué habría que atarte.» 11 Él le respondió: «Si me amarraran bien con cordeles nuevos sin usar, me debilitaría y sería como un hombre cualquiera.» 12 Dalila cogió unos cordeles nuevos, lo amarró con ellos y le gritó: «Los filisteos contra ti, Sansón.» Tenía ella hombres apostados en la alcoba, pero él rompió los cordeles de sus brazos como un hilo.

13 Entonces Dalila dijo a Sansón: «Hasta ahora te has estado burlando de mí y no me has dicho más que mentiras. Dime con qué habría de amarrarte.» Él le respondió: «Si tejieras las siete trenzas de mi cabellera con la trama y las clavaras con la clavija del tejedor, me debilitaría y sería como un hombre cualquiera.» 14 Ella lo hizo dormir, tejió luego las siete trenzas de su cabellera con la trama, las clavó con la clavija y le gritó: «Los filisteos contra ti, Sansón.» Él se despertó de su sueño y arrancó la trama y la clavija. Así no se descubrió el secreto de su fuerza.

15 Dalila le dijo: «¿Cómo puedes decir: Te amo, si tu corazón no está conmigo? Tres veces te has reído ya de mí y no me has dicho en qué consiste esa fuerza tan grande.» 16 Como todos los días le asediaba con sus palabras y le importunaba, aburrido de la vida, 17 le abrió todo su corazón y le dijo: «La navaja no ha pasado jamás por mi cabeza, porque soy nazireo de Dios desde el vientre de mi madre. Si me rasuraran, mi fuerza se retiraría de mí, me debilitaría y sería como un hombre cualquiera.» 18 Dalila comprendió entonces que le había abierto todo su corazón, mandó llamar a los tiranos de los filisteos y les dijo: «Vengan, pues esta vez me ha abierto todo su corazón.» Y los tiranos de los filisteos vinieron donde ella con el dinero en la mano. 19 Ella hizo dormir a Sansón sobre sus rodillas y llamó a un hombre, que le cortó las siete trenzas de su cabeza. Y comenzó a debilitarse, y

se le fue el vigor. [20] Ella gritó: «Los filisteos contra ti, Sansón.» Él se despertó de su sueño y se dijo: «Saldré como las otras veces y me los sacudiré.» No sabía que Yahvé se había apartado de él*. [21] Los filisteos le echaron mano, le sacaron los ojos y lo bajaron a Gaza. Allí lo ataron con una doble cadena de bronce y daba vueltas a la muela en la cárcel.

Venganza y muerte de Sansón.

[22] Pero el pelo de su cabeza, nada más rapado, empezó a crecer. [23] Los tiranos de los filisteos se reunieron para ofrecer un gran sacrificio a su dios Dagón* y hacer gran fiesta. Decían:

«Nuestro dios ha puesto en nuestras manos
a Sansón, nuestro enemigo.»

[24] En cuanto lo vio la gente, alababa a su dios diciendo:

«Nuestro dios ha puesto en nuestras manos
a Sansón nuestro enemigo,
al que devastaba nuestro país
y multiplicaba nuestros muertos.»

[25] Y como su corazón estaba alegre, dijeron: «Llamad a Sansón para que nos divierta.» Trajeron, pues, a Sansón de la cárcel, y él los estuvo divirtiendo; luego lo pusieron de pie entre las columnas. [26] Sansón dijo entonces al muchacho que lo llevaba de la mano: «Ponme donde pueda tocar las columnas en las que descansa el edificio, para que me apoye en ellas.» [27] El edificio estaba lleno de hombres y mujeres. Estaban dentro todos los tiranos de los filisteos y, en el terrado, unos tres mil hombres y mujeres contemplando los juegos de Sansón. [28] Sansón invocó a Yahvé y exclamó: «Señor Yahvé, dígnate acordarte de mí, hazme fuerte aunque sólo sea esta vez, oh Dios, para que de un golpe me vengue de los filisteos por mis dos ojos.» [29] Y Sansón tanteó las dos columnas centrales sobre las que descansaba el edificio, se apoyó en ellas, en una con su brazo derecho, en la otra con el izquierdo, [30] y gritó: «¡Muera yo con los filisteos!» Apretó con todas sus fuerzas y el edificio se derrumbó sobre los tiranos y sobre toda la gente allí reunida. Los muertos que mató al morir fueron más que los que había matado en vida. [31] Sus hermanos y toda la casa de su padre bajaron y se lo llevaron. Lo subieron y sepultaron entre Sorá y Estaol, en el sepulcro de su padre Manóaj. Había juzgado a Israel por espacio de veinte años.

Apéndices

1. EL SANTUARIO DE MICÁ Y EL SANTUARIO DE DAN*

El Santuario privado de Micá.

17 [1] Había en la montaña de Efraín un hombre llamado Mikayehú. [2] Dijo a su madre: «Los mil cien siclos de plata que te quitaron y por los que lanzaste una maldición, incluso oí que dijiste... esa plata la tengo yo; yo la robé.» Su madre respondió: «Que mi hijo sea bendito de Yahvé.» [3] Y él le devolvió los mil cien siclos de plata. Y su madre dijo: «Yo había consagrado solemne y espontánea-

16 20 El voto del nazireato había quedado violado, ver 1 S **16** 14.

16 23 *Dagón,* divinidad antigua del Éufrates medio, conocida en Palestina, ver Jos **15** 41; **19** 27, y adoptada por los filisteos, que muy pronto se olvidaron de todo lo referente a su religión original. Encontramos de nuevo a Dagón en la historia del arca, 1 S **5** 1-5. Ver también 1 M **10** 84.

17 Relato antiguo que revela el estado de Israel antes de la monarquía: anarquía, **18** 1, contagio de idolatría, etc. Sin embargo, Mika y los Danitas creen seguir fieles a Yahvé.

mente, por mi hijo, esta plata a Yahvé*, para hacer con ella una imagen y un ídolo de fundición, pero ahora te la devuelvo.» Pero él devolvió la plata a su madre.

4 Su madre tomó doscientos siclos de plata y los entregó al fundidor. Éste le hizo una imagen (y un ídolo de metal fundido) que quedó en casa de Mikayehú. 5 Este hombre, Micá, tenía una Casa de Dios; hizo un efod y unos *terafim* e invistió a uno de sus hijos, que vino a ser su sacerdote*. 6 En aquel tiempo no había rey en Israel y hacía cada uno lo que le parecía bien*.

7 Había un joven de Belén de Judá, de la familia de Judá, que era levita y residía allí como forastero. 8 Este hombre dejó la ciudad de Belén de Judá para ir a residir donde pudiera. Haciendo su camino llegó a la montaña de Efraín, a la casa de Micá. 9 Micá le preguntó: «¿De dónde vienes?» Le respondió: «Soy un levita de Belén de Judá. Vengo de paso para residir donde pueda.» 10 Micá le dijo: «Quédate en mi casa, y serás para mí un padre y un sacerdote; yo te daré diez siclos de plata al año, el vestido y la comida.» 11 El levita accedió a quedarse en casa de aquel hombre y el joven fue para él como uno de sus hijos. 12 Micá invistió al levita; el joven fue su sacerdote y se quedó en casa de Micá. 13 Y dijo Micá: «Ahora sé que Yahvé me favorecerá, porque tengo a este levita como sacerdote.»

Los danitas en busca de territorio*.

18 1 Por aquel tiempo no había rey en Israel. Por entonces la tribu de Dan buscaba un territorio donde habitar, pues hasta aquel día no le había tocado heredad entre las tribus de Israel. 2 Los danitas enviaron a cinco hombres de su familia, hombres valientes, de Sorá y Estaol, para recorrer el país y explorarlo. Y les dijeron: «Vayan a explorar esa tierra.» Llegaron a la montaña de Efraín, cerca de la casa de Micá, y pasaron allí la noche. 3 Como estaban cerca de la casa de Micá, reconocieron la voz del joven levita, y acercándose le preguntaron: «¿Quién te ha traído por acá?, ¿qué haces en este lugar?, ¿qué se te ha perdido aquí?» 4 Él les respondió: «Esto y esto ha hecho por mí Micá. Me ha tomado a sueldo y soy su sacerdote.» 5 Le dijeron: «Consulta, pues, a Dios, para que sepamos si el viaje que estamos haciendo tendrá feliz término.» 6 Les respondió el sacerdote: «Vayan en paz; el viaje que hacen está bajo la mirada de Yahvé.» 7 Los cinco hombres partieron y llegaron a Lais. Vieron que las gentes que habitaban allí vivían seguras, según las costumbres de los sidonios, tranquilas y confiadas; que nada faltaba allí de cuanto produce la tierra, que estaban lejos de los sidonios y no tenían relaciones con los arameos. 8 Volvieron entonces donde sus hermanos, a Sorá y Estaol, y éstos les preguntaron: «¿Qué noticias traen?» 9 Ellos respondieron: «¡Arriba!, vayamos contra ellos, porque hemos visto el país y es excelente. Pero, ¿por qué están parados sin decir nada? No duden en partir para ir a conquistar aquella tierra. 10 Cuando lleguen, se encontrarán con un pueblo tranquilo. El país es espacioso y Dios lo ha puesto en nuestras manos; es un lugar en el que no falta nada de lo que puede haber sobre la tierra.»

La migración de los danitas.

11 Partieron, pues, de allí, del clan de los danitas, de Sorá y Estaol, seiscientos hombres bien armados. 12 Subieron y acamparon en Quiriat Yearín, en Judá.

17 3 Emplear en usos profanos este dinero consagrado a Yahvé les expone a la maldición divina. Los vv. 2-3, traducidos literalmente, son bastantes oscuros.

17 5 Sobre el *efod*, ver **8** 27+. Sobre los *terafim*, ver **18** 17-20; Gn **31** 19; Os **3** 4. Una costumbre antigua autorizaba al jefe del clan y de la familia a desempeñar el cargo de sacerdote o escoger los sacerdotes. El relato pone de manifiesto que el privilegio de los levitas estaba reconocido.

17 6 Ver **18** 1; **19** 1; **21** 25.

18 La migración danita, Jos **19** 47-48, presenta una tribu obrando por su cuenta, ver Jc **1** 1+.

Por eso, todavía hoy, se llama aquel lugar el Campamento de Dan. Está detrás
de Quiriat Yearín. 13 De allí pasaron a
la montaña de Efraín y llegaron a la casa
de Micá.

14 Los cinco hombres que habían ido a
recorrer la tierra, tomaron la palabra y
dijeron a sus hermanos: «¿No saben que
hay aquí en estas casas un efod, unos
terafim, una imagen y un ídolo de metal
fundido? Consideren, pues, lo que han
de hacer.» 15 Llegándose allá entraron en
la casa del joven levita, la casa de Micá,
y le dieron el saludo de paz. 16 Los seiscientos hombres danitas con sus armas
de guerra estaban en el umbral de la
puerta. 17 Los cinco hombres que habían
ido a recorrer la tierra subieron, entraron
dentro y cogieron la imagen, el efod, los
terafim y el ídolo de fundición; entre
tanto el sacerdote estaba en el umbral
de la puerta con los seiscientos hombres
armados. 18 Aquéllos, pues, entrando en
la casa de Micá, cogieron la imagen, el
efod, los *terafim* y el ídolo de fundición.
El sacerdote les dijo: «¿Qué están haciendo?» 19 «Calla», le contestaron, «pon
la mano en la boca y ven con nosotros.
Serás para nosotros padre y sacerdote.
¿Prefieres ser sacerdote de la casa de un
particular a ser sacerdote de una tribu y
de un clan de Israel?» 20 Se alegró con
ello el corazón del sacerdote, tomó el
efod, los *terafim* y la imagen y se fue en
medio de la tropa.

21 Reemprendieron el camino colo-
cando en la cabeza a las mujeres, los niños, los rebaños y los objetos preciosos.
22 Estaban ya lejos de la casa de Micá,
cuando los hombres de las casas vecinas
a la casa de Micá dieron la alarma y salieron en persecución de los danitas, 23 y
les gritaron. Se volvieron éstos y dijeron
a Micá: «¿Qué te pasa para gritar así?»
24 Respondió: «Me han quitado a mi dios,
el que yo me había hecho, y a mi sacerdote. Ustedes se marchan, y a mí ¿qué
me queda?, y encima me dicen: ¿Qué
te pasa?» 25 Los danitas le contestaron:
«Calla de una vez, no sea que algunos
irritados caigan sobre ustedes y pierdas
tu vida y la de tu familia.» 26 Los danitas
siguieron su camino; y Micá, viendo que
eran más fuertes, se volvió a su casa.

Toma de Lais. Fundación de Dan y de su santuario.

27 Ellos tomaron el dios que Micá había fabricado y el sacerdote que éste
tenía, y marcharon contra Lais, pueblo
tranquilo y confiado. Pasaron a cuchillo
a la población e incendiaron la ciudad.
28 Nadie vino en su ayuda, porque estaba
lejos de Sidón y no tenía relaciones con
los arameos. Estaba situada en el valle
que se extiende hacia Bet Rejob. Reconstruyeron la ciudad, se establecieron en
ella, 29 y le pusieron el nombre de Dan,
en recuerdo de su padre Dan, hijo de
Israel. Aunque antiguamente la ciudad
se llamaba Lais. 30 Los danitas instalaron
para sí la imagen. Jonatán, hijo de Guersón, hijo de Moisés, y después sus hijos,
fueron sacerdotes de la tribu de Dan hasta
el día de la deportación del país*. 31 Se
instalaron la imagen que había hecho
Micá y allí permaneció mientras estuvo
en Siló, la casa de Dios.

2. EL CRIMEN DE GUIBEÁ Y LA GUERRA CONTRA BENJAMÍN*

El levita de Efraín y su concubina.

19 1 En aquel tiempo, cuando aún
no había rey en Israel, hubo un
hombre, levita, que residía como forastero en los confines de la montaña de
Efraín. Tomó por concubina a una mujer
de Belén de Judá. 2 Se enfadó con él su

18 30 El santuario de Dan, 2 R **10** 29, ha sobrevivido al de Siló, 1 S **4**. -La deportación aquí aludida es la del año 734; ver 2 R **15** 29.

19 El relato combina dos tradiciones relativas a Mispá y a Betel. Subraya las exigencias de santidad de Yahvé para con su pueblo. Pero la tribu benjaminita diezmada renacerá, **21** 1-2.15-23.

concubina y lo dejó para volver a la casa de su padre en Belén de Judá, donde permaneció bastante tiempo, unos cuatro meses. 3 Su marido se puso en camino y fue donde ella, para hablarle al corazón y hacerla volver; llevaba consigo a su criado y un par de burros. Cuando llegó a casa del padre de ella, lo vio el padre de la joven y salió contento a su encuentro. 4 Su suegro, el padre de la joven, lo retuvo y él se quedó con él tres días; comieron y bebieron y pasaron allí la noche. 5 Al cuarto día se levantaron de madrugada y el levita se dispuso a partir; el padre de la joven dijo a su yerno: «Toma un bocado de pan para cobrar ánimo, y luego marcharás.» 6 Se sentaron, y se pusieron a comer y beber los dos juntos. Luego el padre de la joven dijo al hombre: «Dígnate pasar aquí la noche y que se alegre tu corazón.» 7 Se levantó el hombre para marchar, pero el suegro le porfió y se quedó aquella noche. 8 Al quinto día madrugó para marchar, pero el padre de la joven le dijo: «Cobra ánimo primero, por favor.» Y pasaron el tiempo hasta declinar el día y comieron juntos. 9 Se levantaron para marchar el marido con su concubina y su siervo, pero su suegro, el padre de la joven, le dijo: «Mira que la tarde está al caer. Pasa aquí la noche y que se alegre tu corazón. Mañana de madrugada marcharán y volverás a tu tienda.» 10 Pero el hombre no quiso pasar la noche allí; se levantó, partió y llegó frente a Jebús, o sea, Jerusalén*. Llevaba consigo los dos burros cargados, su concubina y su criado.

El crimen de los vecinos de Guibeá*.

Gn **19** 1-11; Os **9** 9; **10** 9.

11 Cuando llegaban cerca de Jebús, era ya hora muy avanzada. El criado dijo a su amo: «Vamos, dejemos el camino y entremos en esa ciudad de los jebuseos para pasar allí la noche.» 12 Su amo le respondió: «No vamos a entrar en una ciudad de extranjeros, que no son israelitas; pasaremos de largo hasta Guibeá.» 13 Y añadió a su criado: «Vamos a acercarnos a uno de esos poblados; pasaremos la noche en Guibeá o Ramá.» 14 Pasaron, pues, de largo y continuaron su marcha. Y a la puesta del sol, llegaron frente a Guibeá de Benjamín. 15 Se desviaron hacia allí y fueron a pasar la noche en Guibeá. El levita entró y se detuvo en la plaza de la ciudad, pero no hubo nadie que les ofreciera casa donde pasar la noche.

16 Llegó un viejo que volvía por la tarde de sus faenas del campo. Era un hombre de la montaña de Efraín que residía como forastero en Guibeá; mientras que la gente del lugar era benjaminita. 17 Alzando los ojos, se fijó en el viajero que estaba en la plaza de la ciudad, y el anciano le dijo: «¿A dónde vas y de dónde vienes?» 18 Y el otro le respondió: «Estamos de paso, venimos de Belén de Judá y vamos hasta los confines de la montaña de Efraín, de donde soy. Fui a Belén de Judá y ahora vuelvo a mi casa, pero nadie me ha ofrecido la suya. 19 Y eso que tenemos paja y forraje para nuestros burros, y pan y vino para mí, para tu sierva y para el joven que acompaña a tu siervo. No nos falta de nada.» 20 El viejo le dijo: «La paz sea contigo; yo proveeré a todas tus necesidades; pero no pases la noche en la plaza.» 21 Lo llevó, pues, a su casa y echó pienso a los burros. Y ellos se lavaron los pies, comieron y bebieron.

22 Mientras alegraban su corazón, los hombres de la ciudad, gente malvada, cercaron la casa y golpeando la puerta le dijeron al viejo, dueño de la casa: «Haz salir al hombre que ha entrado en tu casa, para que lo conozcamos.» 23 El dueño de la casa salió donde ellos y les dijo: «No, hermanos míos; no se porten mal. Puesto que este hombre ha entrado en mi casa no cometan esa infamia. 24 Aquí está mi hija, que es doncella. Se la entregaré. Abusen de ella y hagan con

19 10 Ver 1 Cro **11** 4-5. Pero a la ciudad nunca se la llama *Jebús,* ver Jos **15** 8+.

19 11 Ver la historia de Lot, Gn **19** 1-11.

ella lo que les parezca; pero no cometan con este hombre semejante infamia.»
25 Pero aquellos hombres no quisieron
escucharlo. Entonces el hombre tomó a
su concubina y se la sacó fuera. Ellos la
conocieron, la maltrataron toda la noche
hasta la mañana y la dejaron al amanecer.
26 Llegó la mujer de madrugada y cayó
a la entrada de la casa del hombre donde
estaba su marido; allí quedó hasta que
fue de día. 27 Por la mañana se levantó
su marido, abrió las puertas de la casa y
salió para continuar su camino; y vio que
la mujer, su concubina, estaba tendida a
la entrada de la casa, con las manos en
el umbral, 28 y le dijo: «Levántate, vámonos.» Pero no le respondió. Entonces
el hombre la cargó sobre su burro y se
dirigió a su pueblo. 29 Llegado a su casa,
cogió un cuchillo y tomando a su concubina la partió miembro por miembro
en doce trozos y los envió por todo el
territorio de Israel*. 30 Y dio esta orden a
sus emisarios: «Esto han de decir a todos
los israelitas: ¿Se ha visto alguna vez
cosa semejante desde que los israelitas
subieron del país de Egipto hasta hoy?
Piensen en ello, pidan consejo y tomen
una decisión.» Y todos los que lo veían,
decían: «Nunca ha ocurrido ni se ha
visto cosa igual desde que los israelitas
subieron del país de Egipto hasta hoy.»

Los israelitas se comprometen a vengar el crimen de Guibeá.

20 1 Salieron, pues, todos los israelitas y se reunió toda la comunidad
como un solo hombre, desde Dan hasta
Berseba* y el país de Galaad, delante de
Yahvé, en Mispá. 2 Los principales de
todo el pueblo y todas las tribus de Israel acudieron a la asamblea del pueblo
de Dios: cuatrocientos mil hombres de
a pie, armados de espada. 3 Oyeron los
benjaminitas que los hijos de Israel habían subido a Mispá... Los israelitas dijeron: «Díganos cómo ha sido el crimen.»
4 El levita, marido de la mujer asesinada,
tomó la palabra y dijo: «Había llegado yo
con mi concubina a Guibeá de Benjamín
para pasar la noche. 5 Los señores de
Guibeá se levantaron contra mí y rodearon por la noche la casa; intentaron matarme a mí, y abusaron tanto de mi concubina que murió. 6 Tomé entonces a mi
concubina, la descuarticé y la envié por
todo el territorio de la heredad de Israel,
porque habían cometido una vergüenza
y una infamia en Israel. 7 Aquí están
todos, israelitas: trátenlo y tomen aquí
mismo una resolución.» 8 Todo el pueblo
se levantó como un solo hombre diciendo: «Ninguno de nosotros marchará a su
tienda, nadie volverá a su casa. 9 Esto
es lo que hemos de hacer con Guibeá.
Echaremos a suertes 10 y tomaremos de
todas las tribus de Israel diez hombres
por cada cien, cien por cada mil, y mil
por cada diez mil; ellos recogerán víveres para la tropa, para hacer, en cuanto
lleguen, con Guibeá de Benjamín según
la infamia que han cometido en Israel.»
11 Así se juntó contra la ciudad toda la
gente de Israel como un solo hombre.

Obstinación de los benjaminitas.

12 Las tribus de Israel enviaron emisarios a toda la tribu de Benjamín diciendo: «¿Qué crimen es ése que se ha
cometido entre ustedes? 13 Ahora, pues,
entréguennos a esos hombres malvados
de Guibeá, para que los matemos y
desaparezca el mal de Israel.» Pero los
benjaminitas no quisieron hacer caso a
sus hermanos los israelitas.

Primeros combates.

14 Los benjaminitas, dejando sus poblados, se reunieron en Guibeá para salir
al combate contra los israelitas. 15 Aquel
día los benjaminitas llegados de los diversos poblados hicieron el censo, que dio
en total veinticinco mil hombres armados de espada, sin contar los habitantes

19 29 Este horrible mensaje de venganzas, ver 1 S **11** 7, va dirigido a todo Israel, ver **20** 1-2.

20 1 Expresión estereotipada que designa los límites del país al norte y al sur, 1 S **3** 20; 2 S **17** 11; etc.

de Guibeá. [16] En toda esta tropa había setecientos hombres elegidos, zurdos, capaces todos ellos de lanzar una piedra con la honda contra un cabello sin errar el tiro. [17] La gente de Israel hizo también el censo. Sin contar a Benjamín, eran cuatrocientos mil armados de espada; todos hombres de guerra. [18] Partieron, pues, y subieron a Betel. Consultaron a Dios y le preguntaron los israelitas: «¿Quién de nosotros subirá el primero a combatir contra los benjaminitas?» Y Yahvé respondió: «Judá subirá primero.»

[19] Los israelitas se levantaron temprano y acamparon frente a Guibeá. [20] Salieron los hombres de Israel para combatir contra Benjamín y se pusieron en orden de batalla frente a Guibeá. [21] Pero los benjaminitas salieron de Guibeá y dejaron muertos en tierra aquel día a veintidós mil hombres de Israel. [23] Los israelitas subieron a llorar delante de Yahvé hasta la tarde y luego consultaron a Yahvé diciendo: «¿He de entablar combate otra vez contra los hijos de mi hermano Benjamín?» Yahvé respondió: «Suban contra él.» [22] Entonces la tropa de Israel recobró su valor y volvió a ponerse en orden de batalla en el mismo lugar que el primer día. [24] El segundo día los israelitas se acercaron a los benjaminitas; [25] pero también aquel segundo día Benjamín salió de Guibeá a su encuentro y volvió a dejar tendidos en tierra a dieciocho mil israelitas; todos ellos armados de espada. [26] Entonces todos los israelitas y todo el pueblo subieron hasta Betel, lloraron, se quedaron allí delante de Yahvé, ayunaron todo el día hasta la tarde y ofrecieron holocaustos y sacrificios de comunión delante de Yahvé. [27] Consultaron luego los israelitas a Yahvé, pues el arca de la alianza de Dios se encontraba allí, [28] y Pinjás, hijo de Eleazar, hijo de Aarón, estaba entonces a su servicio. Dijeron: «¿He de salir otra vez a combatir a los hombres de mi hermano Benjamín o debo dejarlo?» Yahvé respondió: «Suban, porque mañana lo entregaré en sus manos.»

Derrota y exterminio de Benjamín*.

[29] Israel puso gente emboscada alrededor de Guibeá. [30] Al tercer día los israelitas marcharon contra los benjaminitas y se pusieron en orden de batalla como las otras veces frente a Guibeá. [31] Los benjaminitas salieron a su encuentro y se dejaron atraer lejos de la ciudad. Comenzaron como las otras veces a matar gente del pueblo por los caminos que suben, uno a Betel y otro a Guibeá, a campo raso: unos treinta hombres de Israel. [32] Los benjaminitas se decían: «Los hemos derrotado como la primera vez.» Pero los israelitas se habían dicho: «Vamos a huir para atraerlos lejos de la ciudad hacia los caminos.» [33] Entonces todos los hombres de Israel se levantaron de sus puestos, tomaron posiciones en Baal Tamar, y los emboscados de Israel atacaron desde su puesto al oeste de Gueba. [34] Diez mil hombres elegidos de todo Israel llegaron frente a Guibeá. El combate se endureció; los benjaminitas no se daban cuenta de la calamidad que se les venía encima. [35] Yahvé derrotó a Benjamín ante Israel y aquel día los israelitas mataron en Benjamín a veinticinco mil cien hombres, todos ellos armados de espada. [36] Los benjaminitas se vieron derrotados.

Los hombres de Israel habían cedido terreno a Benjamín porque contaban con la emboscada que habían puesto contra Guibeá. [37] Los emboscados marcharon a toda prisa contra Guibeá, se desplegaron y pasaron a cuchillo a toda la ciudad. [38] La gente de Israel y los emboscados habían convenido en levantar una humareda, como señal, desde la ciudad; [39] entonces harían frente a los combatientes de Israel. Benjamín comenzó matando a algunos israelitas, unos treinta hombres. Y se decían: «Están completamente derrotados ante nosotros, como en la primera batalla.» [40] Pero entonces, la señal, la columna de humo, comenzó a levantarse de la ciudad, y Benjamín, mirando atrás, vio que toda la ciudad ardía

20 29 Dos relatos yuxtapuestos, vv. 29-36a.36b-44.

en llamas que subían hacia el cielo. 41 Entonces los hombres de Israel se volvieron
y los benjaminitas temblaron al ver la
calamidad que se les venía encima.
42 Volvieron la espalda ante la gente
de Israel camino del desierto, pero los
combatientes los acosaban, y los que venían de la ciudad los destrozaban cogién-
dolos en medio. 43 Así envolvieron a
Benjamín, lo persiguieron sin descanso y
lo aplastaron hasta llegar frente a Gueba
por el oriente. 44 Cayeron de Benjamín
dieciocho mil hombres, todos ellos hombres valerosos. 45 Volvieron la espalda y
huyeron al desierto, hacia la Peña de Rimón. Los israelitas fueron atrapando por
los caminos a cinco mil hombres. Luego
persiguieron a Benjamín hasta Guidón y
le mataron dos mil hombres. 46 El total de
los benjaminitas que cayeron aquel día
fue de veinticinco mil hombres, armados
de espada, todos ellos hombres valerosos. 47 Seiscientos hombres habían podido volverse y escapar al desierto, hacia la
Peña de Rimón. Se quedaron en la Peña
de Rimón cuatro meses. 48 Las tropas de
Israel se volvieron contra los benjaminitas, y pasaron a cuchillo a los varones
de la ciudad, al ganado, y a todo lo que
encontraron. Incendiaron también todos
los poblados que encontraron.

Pesar de los israelitas*.

21 1 Los hombres de Israel habían
jurado en Mispá: «Ninguno de
nosotros dará su hija en matrimonio a
Benjamín.» 2 El pueblo fue a Betel y
allí permaneció delante de Dios hasta
la tarde clamando y llorando con grandes gemidos. 3 Decían: «Yahvé, Dios de
Israel, ¿por qué ha de suceder esto en
Israel, que desaparezca hoy de Israel
una de sus tribus?» 4 Al día siguiente el
pueblo se levantó de madrugada, construyó allí un altar, y ofreció holocaustos
y sacrificios de comunión. 5 Dijeron los
israelitas: «¿Quién de entre todas las
tribus de Israel no acudió a la asamblea
ante Yahvé?» Porque se había jurado
solemnemente que el que no subiera a
Mispá ante Yahvé tenía que morir.
6 Los israelitas estaban apenados por
su hermano Benjamín y decían: «Hoy ha
sido arrancada una tribu de Israel. 7 ¿Qué
haremos para proporcionar mujeres a
los que quedan? Pues nosotros hemos jurado por Yahvé no darles nuestras hijas
en matrimonio.»

Las vírgenes de Yabés dadas a los benjaminitas.

8 Entonces se dijeron: «¿Cuál es la única tribu de Israel que no subió ante Yahvé
a Mispá?» Y vieron que nadie de Yabés
de Galaad había ido al campamento, a la
asamblea. 9 Hicieron el censo de la gente
y no había entre ella ninguno de los habitantes de Yabés de Galaad. 10 Entonces
la comunidad mandó allá doce mil hombres valientes y les dio esta orden: «Vayan
y pasen a cuchillo a los habitantes de
Yabés de Galaad, incluidas las mujeres y
los niños. 11 Esto es lo que han de hacer:
Consagrarán al anatema a todo varón y
a toda mujer que haya conocido varón,
pero dejarán con vida a las doncellas.»
Así lo hicieron. 12 Entre los habitantes
de Yabés de Galaad encontraron cuatrocientas muchachas vírgenes que no
habían conocido varón y las llevaron al
campamento (de Siló, que está en el país
de Canaán).
13 Toda la comunidad mandó emisarios a los benjaminitas que estaban en
la Peña de Rimón para hacer las paces.
14 Volvió entonces Benjamín. Les dieron
las mujeres de Yabés de Galaad que habían quedado con vida, pero no hubo
suficientes para todos.

El rapto de las muchachas de Siló.

15 El pueblo se compadeció de Benjamín, pues Yahvé había abierto una brecha entre las tribus de Israel. 16 Decían los
ancianos de la comunidad: «¿Qué pode-

21 Relato complejo que subraya la solidaridad de las tribus que han tenido que amputar el miembro culpable; pero no pueden aceptar esta *brecha* abierta en Israel, v. 15.

mos hacer para proporcionar mujeres
a los que quedan, pues las mujeres de
Benjamín han sido exterminadas?» 17 Y
añadían: «¿Cómo conservar un resto a
Benjamín para que no sea borrada una
tribu de Israel? 18 Porque nosotros no
podemos darles nuestras hijas en matrimonio.» Es que los israelitas habían pronunciado este juramento: «Maldito sea el
que dé mujer a Benjamín.»

19 Pero se dijeron: «Es ahora la fiesta
de Yahvé, la que se celebra todos los
años en Siló*.» (La ciudad está al norte de
Betel, al oriente de la calzada que sube
de Betel a Siquén y al sur de Leboná.)
20 Dieron esta orden a los benjaminitas:
«Vayan a esconderse entre las viñas.
21 Estarán alerta, y cuando las muchachas de Siló salgan para danzar en corro, saldrán de las viñas y raptarán cada
uno una mujer de entre las muchachas
de Siló y se irán a la tierra de Benjamín.
22 Si sus padres o sus hermanos vienen
a querellarse contra ustedes, les diremos:
Háganos el favor de perdonarlos, pues
no hemos podido capturar una mujer
para cada uno en el combate; y no son
ustedes los que se las han dado, porque
en ese caso serían culpables.» 23 Así lo
hicieron los benjaminitas: se llevaron tantas mujeres cuantos eran ellos raptando
otras tantas danzarinas; luego se fueron,
volvieron a su heredad, reedificaron las
ciudades y se establecieron en ellas.

24 Los israelitas se marcharon entonces de allí cada uno a su tribu y a su clan,
y partieron de allí cada uno a su heredad.
25 Por aquel tiempo no había rey en Israel y cada uno hacía lo que le parecía
bien.

21 19 Una fiesta cananea asimilada a una de las grandes fiestas nacionales, Ex **23** 14+.

RUT

Rut y Noemí

1 1 En los días en que gobernaban los Jueces* hubo hambre en el país, y un hombre de Belén de Judá se fue a residir, con su mujer y sus dos hijos, a los campos de Moab. 2 El hombre se llamaba Elimélec, su mujer Noemí y sus dos hijos Majlón y Quilión; eran efrateos de Belén de Judá. Llegados a los campos de Moab, se establecieron allí. 3 Murió Elimélec, el marido de Noemí, y quedó ella con sus dos hijos. 4 Éstos se casaron con mujeres moabitas, una de las cuales se llamaba Orfá y la otra Rut. Y habitaron allí unos diez años. 5 Murieron también los dos, Majlón y Quilión, y quedó sola Noemí, sin sus dos hijos y sin marido. 6 Entonces decidió regresar de los campos de Moab con sus dos nueras, porque oyó en los campos de Moab que Yahvé había visitado a su pueblo y le daba pan. 7 Salió, pues, con sus nueras, del país donde había vivido y se pusieron en camino para volver a la tierra de Judá.

8 Noemí dijo a sus dos nueras: «Anden, vuélvanse cada una a casa de su madre. Que Yahvé tenga piedad con ustedes como ustedes la han tenido con los que murieron y conmigo. 9 Que Yahvé les conceda encontrar vida apacible en la casa de un nuevo marido.» Y las besó. Pero ellas rompieron a llorar, 10 y dijeron: «No; volveremos contigo a tu pueblo.» 11 Noemí respondió: «Vuélvanse, hijas mías, ¿por qué van a venir conmigo? ¿Acaso tengo yo aún hijos en mi seno que puedan llegar a ser sus maridos*? 12 Vuélvanse, hijas mías, anden, porque yo soy demasiado vieja para casarme otra vez. Y aun cuando dijera que no he perdido toda esperanza, que esta misma noche voy a tener un marido y que tendré hijos, 13 ¿habrían de esperar hasta que fueran mayores?, ¿dejarían por eso de casarse? No, hijas mías. Siento gran pena por ustedes, porque la mano de Yahvé ha caído sobre mí.» 14 Ellas rompieron a llorar de nuevo; después Orfá besó a su suegra y se volvió a su pueblo, pero Rut se quedó con ella.

15 Entonces Noemí dijo: «Mira, tu cuñada se ha vuelto a su pueblo y a su dios, vuélvete tú también con ella.»

16 Pero Rut respondió: «No insistas en que te abandone y me separe de ti, porque

adonde tú vayas, iré yo,
donde tú vivas, viviré yo.
Tu pueblo será mi pueblo
y tu Dios será mi Dios*.
17 Donde tú mueras moriré
y allí seré enterrada.
Que Yahvé me dé este mal
y añada este otro todavía*
si no es tan sólo la muerte
lo que nos ha de separar.»

18 Viendo Noemí que Rut estaba decidida a acompañarla, no insistió más.

19 Caminaron, pues, las dos juntas hasta Belén. Cuando llegaron a Belén, su presencia provocó una gran excitación en toda la ciudad. Las mujeres exclamaban: «Pero, ¿no es esta Noemí?» 20 Mas ella respondía: «¡No me llamen ya Noemí! Llámenme Mará*, porque Sadday me ha llenado de amargura.

21 Colmada partí yo,
vacía me devuelve Yahvé.
¿Por qué me llaman aún Noemí,
cuando Yahvé da testimonio contra mí
y Sadday me ha hecho desdichada?»

1 1 Expresión bastante vaga que sitúa al lector antes de la monarquía.

1 11 Ley del levirato, Dt **25** 5+.

1 16 Rut abandona Moab y entra en los dominios de la Alianza, Ex **6** 7+.

1 17 Fórmula del juramento imprecatorio, 1 S **3** 17; **14** 44, etc.; que el narrador se abstiene siempre de precisar.

1 20 *Mará, la amarga,* y no *Noemí, mi graciosa.*

22 Así fue como regresó Noemí, con
su nuera Rut, la moabita, la que vino de
los campos de Moab. Llegaron a Belén
al comienzo de la siega de la cebada.

Rut en los campos de Booz

2 1 Tenía Noemí por parte de su marido un pariente de buena posición,
de la familia de Elimélec, llamado Booz.
2 Rut, la moabita, dijo a Noemí: «Déjame
ir al campo a espigar* detrás de aquél a
cuyos ojos encuentre favor»; ella respondió: «Vete, hija mía.» 3 Fue ella y se
puso a espigar en el campo detrás de los
segadores, y quiso su suerte que fuera
a dar en una parcela de Booz, el de la
familia de Elimélec. 4 Llegaba entonces
Booz de Belén y dijo a los segadores:
«Yahvé con ustedes.» Le respondieron:
«Que Yahvé te bendiga.» 5 Preguntó Booz
al criado que estaba al mando de los segadores: «¿De quién es esta muchacha?»
6 El criado que estaba al mando de los
segadores dijo: «Es la joven moabita que
vino con Noemí de los campos de Moab.
7 Me dijo: 'Permítanme, por favor, espigar y recoger detrás de los segadores.'
Ha venido y ha estado sin parar desde la
mañana hasta ahora.»

8 Booz dijo a Rut: «¿Me oyes, hija mía?
No vayas a espigar a otro campo ni te
alejes de aquí; quédate junto a mis criadas. 9 Fíjate en la parcela que siegan y
vete detrás de ellas. ¿No he mandado a
mis criados que no te molesten? Si tienes
sed vete a las vasijas y bebe de lo que saquen del pozo los criados.» 10 Cayó ella
sobre su rostro, se postró en tierra y le
dijo: «¿Cómo he hallado gracia a tus ojos
para que te fijes en mí, que no soy más
que una extranjera?» 11 Booz le respondió: «Me han contado al detalle todo lo
que hiciste con tu suegra después de la
muerte de tu marido, y cómo has dejado
a tu padre y a tu madre y la tierra en
que naciste, y has venido a un pueblo
que hasta entonces no conocías. 12 Que
Yahvé te recompense por tu obra y que
tengas cumplida recompensa de parte
de Yahvé, Dios de Israel, bajo cuyas alas
has venido a refugiarte.» 13 Ella dijo: «Halle
yo favor a tus ojos, mi señor, pues me
has consolado y has hablado al corazón
de tu sierva, cuando yo no soy ni siquiera una de tus criadas.»

14 A la hora de la comida, Booz le dijo:
«Acércate aquí, puedes comer y untar tu
pan en el vinagre.» Ella se sentó junto a
los segadores, y él le ofreció grano tostado. Comió ella hasta saciarse y aun le so-
bró. 15 Cuando se levantó ella para seguir
espigando, Booz ordenó a sus criados:
«Déjenla espigar también entre las gavillas y no la molesten. 16 Pueden sacar incluso algunas espigas de las gavillas y las
dejan caer para que ella las recoja, y no la
riñan*.» 17 Estuvo espigando en el campo
hasta el atardecer y, cuando desgranó lo
que había espigado, había como unos
cuarenta y cinco kilos de cebada.

18 Cargó con ella y entró en la ciudad. Mostró a su suegra lo que había
espigado, sacó lo que le había sobrado
después de haberse saciado y se lo dio.
19 Su suegra le dijo: «¿Dónde has estado
espigando hoy y qué has hecho? ¡Bendito sea el que se ha fijado en ti!» Ella
contó a su suegra con quién había estado trabajando y añadió: «El hombre con
quien he trabajado hoy se llama Booz.»
20 Noemí dijo a su nuera: «Bendito sea
Yahvé que no deja de mostrar su bondad hacia los vivos y los muertos.» Le
dijo Noemí: «Ese hombre es nuestro pariente, es uno de los que tienen derecho
de rescate sobre nosotros*.» 21 Dijo Rut
a su suegra: «Hasta me ha dicho: Quédate con mis criados hasta que hayan

2 2 Según el derecho de los pobres, Lv **19** 9-10; **23** 22; Dt **24** 19-22.

2 16 Esta insistencia supone que los segadores son pocos favorables a los espigadores.

2 20 Un *go'el,* Nm **35** 19+. Aquí el *go'el* debe rescatar el campo del difunto, **4** 4; Lv

acabado toda mi cosecha.» 22 Dijo Noemí
a Rut su nuera: «Es mejor que salgas con
sus criadas, hija mía, así no te molesta-
rán en otro campo.» 23 Se quedó, pues,
con las criadas de Booz para espigar
hasta que acabó la recolección de la cebada y la recolección del trigo, y siguió
viviendo con su suegra.

Booz dormido en la era

3 1 Noemí, su suegra, le dijo: «Hija mía,
¿es que no debo procurarte una posición segura que te convenga? 2 Ahora
bien: ¿No es pariente nuestro aquel Booz
con cuyas criadas estuviste? Pues mira:
Esta noche estará aventando la cebada
en la era. 3 Lávate, perfúmate y ponte
encima el manto, y baja a la era; que
no te reconozca ese hombre antes que
acabe de comer y beber. 4 Cuando se
acueste, mira el lugar en que se haya
acostado, vas, descubres un sitio a sus
pies y te acuestas; y él mismo te indicará
lo que debes hacer.» 5 Ella le dijo: «Haré
todo lo que me dices.»

6 Bajó a la era e hizo todo lo que su
suegra le había mandado. 7 Booz comió y bebió, y sintió el corazón alegre.
Entonces fue a acostarse junto al montón
de cebada. Vino ella sigilosamente, descubrió un sitio a sus pies y se acostó. 8 A
media noche sintió el hombre un escalofrío, se volvió y notó que había una mujer
acostada a sus pies. 9 Dijo: «¿Quien eres
tú?»; ella respondió: «Soy Rut, tu sierva.
Extiende sobre tu sierva el borde de tu
manto, porque tienes derecho de rescate.» 10 Él dijo: «Bendita seas de Yahvé,
hija mía; tu segundo acto de lealtad* ha
sido mejor que el primero, porque no
has pretendido a ningún joven, pobre o
rico. 11 Y ahora, hija mía, no temas; haré
por ti cuanto me digas, porque toda la
gente de mi pueblo sabe que eres una
mujer virtuosa. 12 Ahora bien: es verdad
que tengo derecho de rescate, pero hay
un pariente más cercano que yo que
tiene este derecho. 13 Pasa aquí esta
noche, y mañana, si él quiere ejercer su
derecho, que lo ejerza; pero, si se niega,
te rescataré yo, ¡vive Yahvé! Acuéstate
hasta el amanecer.» 14 Se acostó ella a
sus pies hasta la madrugada; se levantó
él a la hora en que todavía un hombre no
puede reconocer a otro, pues se decía:
«Que no se sepa que la mujer ha venido
a la era.» 15 Él dijo: «Trae el manto que
tienes encima y sujeta bien.» Sujetó ella,
y él midió seis medidas de cebada, se las
puso a cuestas y luego entró en la ciudad.

16 Volvió ella donde su suegra que le
dijo: «¿Cómo te ha ido, hija mía?» Y le
contó cuanto el hombre había hecho por
ella, 17 y añadió: «Me ha dado estas seis
medidas de cebada, pues dijo: 'No debes
volver de vacío donde tu suegra.'» 18 Noemí le dijo: «Quédate tranquila, hija mía,
hasta que sepas cómo acaba el asunto;
este hombre no parará hasta concluirlo
hoy mismo.»

Booz se casa con Rut

4 1 Booz subió a la puerta de la ciudad
y se sentó allí. Acertó a pasar el pariente de que había hablado Booz, y le
dijo: «Acércate y siéntate aquí, fulano.»
Fue y se sentó. 2 Reunió a diez ancianos
de la ciudad y dijo: «Siéntense aquí.» Y se

25 23-25, y darle descendencia, Dt **25** 5-10. Booz no es el pariente más próximo, **3** 12; **4** 1-6, pero se desposará con Rut.

3 10 Ella no sólo no ha abandonado a su suegra, **2** 11, sino que se casa con Booz para dar un descendiente a su suegro y perpetuar así la familia de Elimélec.

sentaron. 3 Dijo entonces al que tenía
el derecho de rescate: «Noemí, que ha
vuelto de los campos de Moab, vende la
parcela de campo de nuestro hermano
Elimélec. 4 He querido hacértelo saber
y decirte: Adquiérela en presencia de
los aquí sentados, en presencia de los
ancianos de mi pueblo. Si vas a rescatar,
rescata; si no vas a rescatar, dímelo para
que yo lo sepa, porque después de ti
soy yo quien tiene derecho de rescate.»
Él dijo: «Yo rescataré.» 5 Booz añadió:
«El día que adquieras la parcela para ti
de manos de Noemí tienes que adquirir
también a Rut, la moabita, mujer del
difunto, para perpetuar el nombre del
difunto en su heredad.» 6 El pariente respondió: «Así no puedo rescatar, porque
podría perjudicar mi herencia. Usa tú mi
derecho de rescate, porque yo no puedo
usarlo.» 7 Antes en Israel, en caso de
rescate o de cambio, para dar fuerza al
contrato, había la costumbre de quitarse
uno la sandalia y dársela al otro. Ésta
era la manera de testificar en Israel. 8 El
que tenía el derecho de rescate dijo a
Booz: «Adquiérela para ti.» Y se quitó la
sandalia*.

9 Entonces dijo Booz a los ancianos y
a todo el pueblo: «Testigos son ustedes
hoy de que adquiero todo lo de Elimélec
y todo lo de Quilión y Majlón de manos
de Noemí 10 y de que adquiero también
a Rut la moabita, la que fue mujer de
Majlón, para que sea mi mujer a fin de
perpetuar el nombre del difunto en su
heredad y que el nombre del difunto no
sea borrado entre sus hermanos y en la
puerta de su localidad. Ustedes son hoy
testigos.» 11 Toda la gente que estaba en
la puerta y los ancianos respondieron:
«Somos testigos. Haga Yahvé que la
mujer que entra en tu casa sea como
Raquel y como Lía, las dos que edificaron la casa de Israel.

Hazte poderoso en Efratá
y sé famoso en Belén.

12 Sea tu casa como la casa de Peres*,
el que Tamar dio a Judá, gracias a la descendencia que Yahvé te conceda por
esta joven.»

13 Booz tomó a Rut, y ella fue su
mujer; se unió a ella, y Yahvé hizo que
concibiera, y dio a luz un niño. 14 Las
mujeres dijeron a Noemí: «Bendito sea
Yahvé que no ha permitido que te falte
hoy uno que te rescate para perpetuar su
nombre en Israel. 15 Será el consuelo de
tu alma y el apoyo de tu ancianidad, porque lo ha dado a luz tu nuera que tanto
te quiere y que es para ti mejor que siete
hijos.» 16 Tomó Noemí al niño y lo puso
en su seno y se encargó de criarlo.

17 Las vecinas le pusieron un nombre
diciendo: «Le ha nacido un hijo a Noemí».
Y le llamaron Obed. Es el padre de Jesé,
padre de David.

Genealogía de David*.

|| 1 Cro **2** 5-15;
↗ Mt **1** 3-6; ↗ Lc **3** 31-33.

18 Estos son los descendientes de Peres. Peres engendró a Jesrón. 19 Jesrón
engendró a Ram y Ram engendró a Aminadab. 20 Aminadab engendró a Najsón
y Najsón engendró a Salmón. 21 Salmón
engendró a Booz y Booz engendró a
Obed. 22 Obed engendró a Jesé y Jesé
engendró a David.

4 8 El calzado viene a ser el símbolo del derecho de poner los pies en una tierra, Sal **60** 10; **108** 10. El gesto confirma aquí el contrato de cambio. En Dt **25** 9-10 el gesto tiene un sentido diferente.

4 12 *Peres,* Gn **38** 1+.29, es el antepasado de Booz y de Efratá, 1 Cro **2** 5.9-12.19.50.

4 18 Añadidura que no esta conforme con los datos del libro. Booz es el padre de Obed: el levirato y la religiosidad de Rut se han dejado en silencio. Pero se desprende otra enseñanza: Rut la extranjera, ver Mt **1** 5, es abuela de David y, por él, de Cristo.

SAMUEL

LIBRO PRIMERO DE SAMUEL

I. Samuel

1. LA INFANCIA DE SAMUEL*

Peregrinación de Siló.

1 1 Hubo un hombre de Ramatáin Sofín, un sufita de la montaña de Efraín, llamado Elcaná, hijo de Yeroján, hijo de Elihú, hijo de Toju, hijo de Suf, efrainita. 2 Tenía dos mujeres: una se llamaba Ana y la otra Peniná. Peniná tenía hijos; Ana, en cambio, no los tenía. 3 Este hombre subía anualmente desde su ciudad para adorar y ofrecer sacrificios a Yahvé Sebaot* en Siló, donde estaban Jofní y Pinjás, los dos hijos de Elí, sacerdotes de Yahvé.

4 El día en que Elcaná sacrificaba, daba sendas porciones a su mujer Peniná y a sus hijos e hijas, 5 y a Ana le daba una porción especial, pues era su preferida, aunque Yahvé había cerrado su seno. 6 Su rival la zahería para irritarla, porque Yahvé había cerrado su seno. 7 Así sucedía año tras año: cuando subía al templo de Yahvé la mortificaba. Ana no dejaba de llorar y se negaba a comer. 8 Elcaná su marido le decía: «Ana, ¿por qué lloras y no comes? ¿Por qué está apenado tu corazón? ¿No soy para ti mejor que diez hijos?»

Oración de Ana.

9 Tras haber comido y bebido en Siló, Ana se levantó. —El sacerdote Elí estaba sentado en su silla, contra la jamba de la puerta del santuario de Yahvé. 10 Estaba ella llena de amargura y oró a Yahvé llorando sin consuelo, 11 e hizo este voto: «¡Oh Yahvé Sebaot! Si te dignas mirar la aflicción de tu sierva y acordarte de mí, no olvidarte de tu sierva y darle un hijo varón, yo lo entregaré a Yahvé por todos los días de su vida y la navaja no tocará su cabeza*.»

12 Mientras ella prolongaba su oración ante Yahvé, Elí observaba sus labios. 13 Ana oraba para sus adentros; sus labios se movían, pero no se oía su voz. Elí creyó que estaba ebria 14 y le dijo: «¿Hasta cuándo va a durar tu embriaguez? ¡Echa el vino que llevas!» 15 Pero Ana le respondió: «No, señor; soy una mujer acongojada; no he bebido vino ni cosa que embriague, sino que desahogo mi alma ante Yahvé. 16 No juzgues a tu sierva como una mala mujer; hasta ahora sólo por pena y pesadumbre he hablado.» 17 Elí le respondió: «Vete en paz y que el Dios de Israel te conceda lo que le has pedido.» 18 Ella dijo: «Que tu sierva halle gracia a tus ojos.» Se fue la mujer por su camino, comió y no pareció ya la misma.

Nacimiento y consagración de Samuel.

19 Se levantaron de mañana y, después de haberse postrado ante Yahvé, regresaron a su casa, en Ramá. Elcaná se unió a su mujer Ana y Yahvé se acordó de ella. 20 Concibió Ana y, llegado el

---

1 Los capítulos **1-3** son un relato de composición antigua.

1 3 Aparición del título *Yahvé Sebaot,* ligado al culto de Siló, Jos **18** 1, y que será repetido por los profetas y los Salmos. Se traduce *Yahvé de los ejércitos* (los ejércitos de Israel, los ejércitos del cielo, astros o ángeles, las fuerzas cósmicas): el elemento esencial es el poder. -La peregrinación anual es la fiesta de las Tiendas, Ex **23** 14+; Jc **21** 19.

1 11 Samuel, concedido por Dios a una madre estéril (como Isaac, Sansón, Juan Bautista), es consagrado a Dios: los cabellos largos son la señal. Pero no es llamado expresamente *nazir,* ver Nm **6** 1+.

tiempo, dio a luz un niño a quien llamó
Samuel, «porque, dijo, se lo he pedido
a Yahvé». 21 Subió el marido Elcaná con
toda su familia para ofrecer a Yahvé el
sacrificio anual y cumplir su voto, 22 pero Ana no subió, porque dijo a su marido: «Cuando el niño haya sido destetado, entonces lo llevaré, será presentado
a Yahvé y se quedará allí para siempre.»
23 Elcaná, su marido, le respondió: «Haz
lo que mejor te parezca, y quédate hasta
que lo destetes; así Yahvé cumpla su
palabra.» Se quedó, pues, la mujer y
amamantó a su hijo hasta su destete.
24 Cuando lo hubo destetado, lo subió consigo, llevando además un novillo
de tres años, una medida de harina y un
odre de vino, e hizo entrar en la casa de
Yahvé, en Siló, al niño todavía muy pequeño. 25 Inmolaron el novillo y llevaron
el niño a Elí. 26 Ella dijo: «Óyeme, señor.
Por tu vida, señor, yo soy la mujer que
estuvo aquí junto a ti, orando a Yahvé.
27 Este niño pedía yo y Yahvé me ha concedido la petición que le hice. 28 Ahora
se lo ofrezco a Yahvé por todos los días
de su vida; está ofrecido a Yahvé.» Y se
postró allí, ante Yahvé.

Cántico de Ana*.
Sal **2**; **18**; ↗ Lc **1** 45-55.

2 1 Entonces Ana dijo esta oración:

«Mi corazón exulta en Yahvé,
mi fuerza se apoya en Dios,
mi boca se burla de mis enemigos,
porque he gozado de tu socorro.

2 No hay Santo como Yahvé,
(porque nadie hay fuera de ti),
ni roca como nuestro Dios.

3 No multipliquen ustedes palabras
altaneras,
no salga de su boca la arrogancia.
Dios de sabiduría es Yahvé,
Él juzga las acciones.

4 El arco de los fuertes se ha quebrado,
los que tambalean se ciñen de fuerza.
5 Los hartos se contratan por pan,
los hambrientos dejan su trabajo.
La estéril da a luz siete veces,
la de muchos hijos se marchita.

6 Yahvé da muerte y vida,
hace bajar al Abismo y retornar.
7 Yahvé enriquece y despoja,
abate y ensalza.

8 Levanta del polvo al humilde,
alza del muladar al indigente
para sentarlo junto a los nobles,
y darle en heredad trono de gloria,
pues de Yahvé los pilares de la tierra
y sobre ellos ha asentado el universo.

9 Guarda los pasos de sus fieles,
y los malos perecen en tinieblas
(pues no por la fuerza triunfa el
hombre).

10 Yahvé, ¡quebrantados sus rivales!,
el Altísimo truena desde el cielo.
Yahvé juzga los confines de la tierra,
da pujanza a su Rey,
exalta el poder de su Ungido.»

11 Partió Elcaná para su casa de Ramá, y el niño servía a Yahvé a las órdenes del sacerdote Elí.

Los hijos de Elí.

12 Los hijos de Elí eran unos malvados que no conocían a Yahvé 13 ni las
normas de los sacerdotes respecto del
pueblo*: cuando alguien ofrecía un sacrificio, venía el criado del sacerdote,
mientras se estaba cociendo la carne,
con el tenedor de tres dientes en la
mano, 14 lo hincaba en el caldero o la
olla, en la cacerola o el puchero, y el sacerdote se quedaba con todo lo que sacaba el tenedor; y así hacían con todos
los israelitas que iban allí, a Siló. 15 Incluso antes de que quemaran la grasa, ve-

2 Salmo de la época monárquica que expresa la esperanza de los pobres, ver So **2** 3+ y que termina con una nota mesiánica, ver Sal **98** 9; **89** 25. Puede compararse con este texto el *Cántico de María,* Lc **1** 46-55, que se inspira en él, pero que es mucho más personal.

2 13 Las reglas que fijaban la parte de los sacerdotes, Lv **7** 29-36; Nm **18** 8-10; Dt **18** 3-8.

nía el criado del sacerdote y decía al que
sacrificaba: «Dame carne para asársela
al sacerdote. No te aceptará carne her-
vida, sino solamente carne cruda.» 16 Y
si el hombre le decía: «Primero se quema la grasa, y después tomarás cuanto
se te antoje», le respondía: «No, me lo
darás ahora o lo tomo por la fuerza.»
17 Yahvé consideraba grave el pecado
de los jóvenes, porque la gente despreciaba la ofrenda hecha a Yahvé.

Samuel en Siló.

18 El muchacho Samuel estaba al servicio de Yahvé, vestido con efod de lino*.
19 Le hacía su madre un vestido pequeño
que le llevaba de año en año, cuando
subía con su marido para ofrecer el sacrificio anual. 20 Bendecía luego Elí a Elcaná y a su mujer diciendo: «Que Yahvé
te conceda descendencia de esta mujer
a causa de la súplica que ha presentado a Yahvé.» Y ellos se volvían a su lugar.
21 En efecto, Yahvé visitó a Ana, que
concibió y dio a luz tres hijos y dos hijas;
el niño Samuel crecía ante Yahvé.

Nuevos datos sobre los hijos de Elí.

22 Elí era muy anciano. Cuando se
enteró de todo cuanto sus hijos hacían a
todo Israel, 23 y de que se acostaban con
las mujeres que servían a la entrada de
la Tienda del Encuentro, les dijo: «¿Por
qué hacen esas villanías que yo mismo
he oído comentar a todo el pueblo?
24 No, hijos míos, los rumores que oigo no son buenos... 25 Si un hombre
peca contra otro hombre, Dios será el
árbitro; pero si el hombre peca contra
Yahvé, ¿quién intercederá por él?» Pero
ellos no escucharon la voz de su padre,
porque Yahvé deseaba hacerlos morir.

26 Cuanto al niño Samuel, iba creciendo y haciéndose grato tanto a Yahvé
como a los hombres.

Anuncio del castigo*.

3 11-14.

27 Vino un hombre de Dios a Elí y le
dijo: «Así ha dicho Yahvé. Claramente
me he revelado a la casa de tu padre,
cuando ellos estaban en Egipto al servicio de la casa del faraón. 28 Y lo elegí entre todas las tribus de Israel para
ser mi sacerdote, para subir a mi altar,
incensar la ofrenda y llevar el efod* en
mi presencia, y he concedido a la casa
de tu padre parte en todos los sacrificios por el fuego de los hijos de Israel.
29 ¿Por qué pisotean ustedes el sacrificio
y la ofrenda que yo dispuse en la Morada, y por qué honras a tus hijos más
que a mí, cebándose con lo mejor de
todas las ofrendas de mi pueblo Israel?
30 Por eso —palabra de Yahvé, Dios de
Israel— yo había dicho que tu casa y la
casa de tu padre andarían siempre en
mi presencia, pero ahora —palabra de
Yahvé— me guardaré bien de ello. Porque a los que me honran, yo los honro,
pero los que me desprecian son despreciados. 31 He aquí que vienen días en
que amputaré tu brazo y el brazo de la
casa de tu padre, de suerte que en tu
casa los hombres no lleguen a madurar.
32 Mirarás como enemigo la Morada y
todo el bien que yo haré a Israel, y nunca habrá hombres maduros en tu casa.
33 Conservaré a alguno de los tuyos cerca de mi altar para que sus ojos se consuman y tu alma se marchite, pero la
mayor parte de los tuyos perecerá por
la espada de los hombres. 34 Será para
ti señal lo que va a suceder a tus dos hijos Jofní y Pinjás: en el mismo día mo-

2 18 *Efod,* vestidura cultual, ver **22** 18; 2 S **6** 14, y no instrumento para consultar las suertes, **2** 28, o atributo del sumo sacerdote, Ex **28** 6+. El contexto no dice que Samuel sea sacerdote; más bien sugiere que Samuel es más importante que Elí y sus hijos.

2 27 Este pasaje, vv. 27-36, parece un duplicado de **3** 11-14. La muerte de los dos hijos, **4** 11, *es presagio* de otras desgracias familiares, vv. 33-34; ver **22** 18-23; 1 R **2** 27; 2 R **23** 9.

2 28 Esta vez, ver **2** 18+, el *efod* es un objeto que se *lleva o se trae*, **14** 3; etc., y contiene las suertes sagradas por medio de las cuales se consulta a Yahvé, **14** 18.41; etc.; ver Jc **8** 27+.

rirán los dos. [35] Yo me suscitaré un sacerdote fiel, que obre según mi corazón y mis deseos, le edificaré una casa permanente y caminará siempre en presencia de mi ungido. [36] El que quedare de tu casa vendrá a postrarse ante él para conseguir algún dinero o una hogaza de pan y dirá: 'Destíname, por favor, a una función sacerdotal cualquiera, para que tenga un bocado de pan que comer.'»

Llamada de Dios a Samuel*.

3 [1] Servía el niño Samuel a Yahvé a las órdenes de Elí; en aquel tiempo era rara la palabra de Yahvé, y no eran corrientes las visiones. [2] Cierto día, estaba Elí acostado en su habitación. Sus ojos iban debilitándose y ya no podía ver. [3] No estaba aún apagada la lámpara de Dios; Samuel estaba acostado en el Santuario de Yahvé, donde se encontraba el arca de Dios. [4] Llamó Yahvé a Samuel. Él respondió: «¡Aquí estoy!», [5] y corrió donde Elí diciendo: «Aquí estoy, porque me has llamado.» Pero Elí le contestó: «Yo no te he llamado. Vuelve a acostarte.» Él se fue y se acostó. [6] Volvió a llamar Yahvé a Samuel. Se levantó Samuel y se fue donde Elí diciendo: «Aquí estoy, porque me has llamado.» Elí le respondió: «Yo no te he llamado, hijo mío; vuelve a acostarte.» [7] Aún no conocía Samuel a Yahvé, pues no le había sido revelada la palabra de Yahvé. [8] Por tercera vez llamó Yahvé a Samuel y él se levantó y se fue donde Elí diciendo: «Aquí estoy, porque me has llamado.» Comprendió entonces Elí que era Yahvé quien llamaba al niño, [9] y dijo a Samuel: «Vete y acuéstate, y si te llaman, dirás: Habla, Yahvé, que tu siervo escucha.» Samuel se fue y se acostó en su sitio.

[10] Vino Yahvé, se paró y llamó como las veces anteriores: «¡Samuel, Samuel!» Respondió Samuel: «¡Habla, que tu siervo escucha!». [11] Dijo Yahvé a Samuel: «Voy a ejecutar una cosa tal en Israel, que a todo el que la oiga le zumbarán los oídos. [12] Ese día cumpliré contra Elí todo cuanto he dicho contra su casa, desde el principio hasta el fin. [13] Ya le he anunciado que yo condeno su casa para siempre, porque sabía que sus hijos vilipendiaban a Dios y no los ha corregido. [14] Por esto juro a la casa de Elí que ni sacrificio ni ofrenda expiarán jamás la iniquidad de la casa de Elí.»

[15] Samuel siguió acostado hasta la mañana y después abrió las puertas del santuario de Yahvé. Samuel temía contar la visión a Elí, [16] pero Elí lo llamó y le dijo: «Samuel, hijo mío»; él respondió: «Aquí estoy.» [17] Él preguntó: «¿Qué es lo que te ha dicho? ¡No me ocultes nada! Que Dios te haga esto y añada esto otro si me ocultas una palabra de lo que te ha dicho.» [18] Entonces Samuel se lo manifestó todo, sin ocultarle nada; Elí dijo: «Él es Yahvé. Que haga lo que bien le parezca.»

[19] Samuel crecía, Yahvé estaba con él y no dejó caer en tierra ninguna de sus palabras*. [20] Todo Israel, desde Dan hasta Berseba, supo que Samuel estaba acreditado como profeta de Yahvé. [21] Yahvé continuó manifestándose en Siló, porque en Siló se revelaba Yahvé a Samuel mediante la palabra de Yahvé.

4 [1] La palabra de Samuel llegaba a todo Israel.

3 Primera revelación que consagra a Samuel como profeta, v. 20.

3 19 Fórmula que expresa el fiel cumplimiento de la palabra de Dios, ver 2 R **10** 10.

2. EL ARCA ENTRE LOS FILISTEOS*

Derrota de los israelitas y captura del arca.

Salió Israel al encuentro de los filisteos para el combate y acamparon
cerca de Eben Haézer, mientras que los
filisteos habían acampado en Afec. 2 Se
pusieron los filisteos en orden de batalla
contra Israel; se libró un gran combate
e Israel fue batido por los filisteos, que
mataron, en campo abierto, cerca de
cuatro mil hombres. 3 Volvió el pueblo*
al campamento, y los ancianos de Israel
dijeron: «¿Por qué nos ha derrotado hoy
Yahvé delante de los filisteos? Vamos a
buscar en Siló el arca de la alianza de
Yahvé; que venga en medio de nosotros
y que nos salve del poder de nuestros
enemigos.» 4 El pueblo envió a Siló y
sacaron de allí el arca de Yahvé Sebaot
que está sobre los querubines*; estaban
allí, con el arca de la alianza de Dios, los
dos hijos de Elí, Jofní y Pinjás. 5 Cuando
el arca de la alianza de Yahvé llegó al
campamento, todos los israelitas lanzaron un gran clamor que hizo retumbar
las tierras. 6 Los filisteos oyeron el estruendo del clamoreo y dijeron: «¿Qué
significa este gran clamor en el campamento de los hebreos?» Y se enteraron
de que el arca de Yahvé había llegado
al campamento. 7 Temieron entonces
los filisteos, porque se decían: «Dios ha
venido al campamento.» Y exclamaron:
«¡Ay de nosotros! Nunca había sucedido tal cosa. 8 ¡Ay de nosotros! ¿Quién
nos librará de la mano de estos dioses
poderosos? ¡Éstos son los dioses que
castigaron a Egipto con toda clase de
plagas en el desierto! 9 ¡Cobren ánimo
y sean hombres, filisteos, para no tener
que servir a los hebreos como ellos los
han servido a ustedes; sean hombres y
peleen!» 10 Trabaron batalla los filisteos.
Israel fue batido y cada cual huyó a sus
tiendas; la mortandad fue muy grande,
cayendo de Israel treinta mil infantes.
11 El arca de Dios fue capturada y murieron Jofní y Pinjás, los dos hijos de Elí.

Muerte de Elí.

12 Un hombre de Benjamín salió
corriendo del campo de batalla y llegó a
Siló aquel mismo día, con los vestidos
rotos y la cabeza cubierta de polvo.
13 Cuando llegó, estaba Elí en su asiento,
a la puerta, atento al camino, porque
su corazón temblaba por el arca de
Dios. Vino, pues, este hombre a traer
la noticia a la ciudad, y toda la ciudad
comenzó a gritar. 14 Oyó Elí los gritos y
preguntó: «¿Qué tumulto es éste?» Se
dio prisa el hombre y se lo anunció a Elí.
15 Contaba Elí noventa y ocho años, tenía las pupilas inmóviles y no podía ver.
16 El hombre dijo a Elí: «Vengo del campo de batalla, he huido hoy del campo.»
Elí preguntó: «¿Qué ha pasado, hijo
mío?» 17 El mensajero respondió: «Israel
ha huido ante los filisteos. El ejército ha
sufrido una gran derrota, también han
muerto tus dos hijos y hasta el arca de
Dios ha sido capturada.» 18 A la mención del arca de Dios, cayó Elí de su
asiento, hacia atrás, junto a la puerta, se
rompió la nuca y murió, pues era anciano y estaba ya torpe. Había sido juez en
Israel durante cuarenta años.

Muerte de la mujer de Pinjás.

19 Su nuera, la mujer de Pinjás, estaba embarazada y para dar a luz. Cuando
oyó la noticia de que el arca de Dios había sido capturada y la muerte de su sue-

4 1 Los caps. **4** 1-**7** 2 hablan sobre todo del *arca.* Los efectos de su santidad, ver 2 S **6** 7+, están destacados, y no sin ironía, con respecto a los filisteos, ver Jos **13** 1; Jc **13-16**. La historia del arca continúa en 2 S **6**; 1 R **8** 1-11.

4 3 *Pueblo,* designa a los hombres armados para la guerra.

4 4 Primera mención de este título, en relación con Siló, **1** 3+. Los *querubines* son en Oriente esfinges aladas que encuadran el trono divino o real, Ex **25** 10+. Aquí son, con el arca, la *sede* de la presencia de Dios, ver Sal **18** 11+; **80** 2; **99** 1; etc.

gro y su marido, se encogió y dio a luz,
pues la habían acometido sus dolores.
20 Estando a la muerte, las que la asistían le decían: «Ánimo, que es un niño
lo que has dado a luz», pero ella no respondió ni prestó atención. 21 Llamó al
niño Icabod, diciendo: «La gloria ha sido
desterrada de Israel», aludiendo a la captura del arca de Dios, a su suegro y a su
marido. 22 Y dijo: «La gloria ha sido desterrada de Israel, porque el arca de Dios
ha sido capturada.»

Sinsabores de los filisteos con el arca*.

5 1 Los filisteos, por su parte, tomaron
el arca de Dios y la llevaron de Eben
Haézer a Asdod. 2 Tomaron los filisteos
el arca de Dios, la introdujeron en el
templo de Dagón y la colocaron al lado
de Dagón. 3 Cuando al día siguiente se
levantaron los asdodeos, se encontraron
con que Dagón estaba caído de bruces
en tierra, delante del arca de Yahvé.
Tomaron a Dagón y lo volvieron a su
sitio. 4 Pero a la mañana siguiente temprano, Dagón estaba caído de bruces
en tierra, delante del arca de Yahvé, y
la cabeza de Dagón y sus dos manos
estaban rotas en el umbral; sólo quedaba Dagón. 5 Por eso los sacerdotes
de Dagón y todos los que entran en el
templo de Dagón no pisan el umbral de
Dagón en Asdod hasta el día de hoy.
6 La mano de Yahvé cayó pesadamente sobre los asdodeos hiriéndolos
con tumores, a Asdod y su comarca.
7 Cuando los vecinos de Asdod vieron
lo que sucedía, dijeron: «Que no se quede
entre nosotros el arca del Dios de Israel,
porque su mano se ha endurecido contra
nosotros y contra nuestro dios Dagón.»
8 Hicieron, pues, convocar junto a ellos
a todos los príncipes de los filisteos y
dijeron: «¿Qué debemos hacer con el
arca del Dios de Israel?» Decidieron: «El
arca del Dios de Israel será trasladada a
Gat.» Y trasladaron allí el arca del Dios
de Israel. 9 Pero así que la trasladaron,
la mano de Yahvé cayó sobre la ciudad
provocando gran terror; los hombres de
la ciudad, desde el más pequeño al más
grande, fueron castigados y les salieron
tumores. 10 Enviaron entonces el arca
de Dios a Ecrón, pero cuando el arca
de Dios llegó a Ecrón, exclamaron los
ecronitas: «Han encaminado hacia mí
el arca del Dios de Israel para hacerme
perecer con mi pueblo.» 11 Hicieron convocar a todos los príncipes de los filisteos
y dijeron: «Devuelvan el arca del Dios de
Israel; que vuelva a su sitio y no me haga
morir a mí y a mi pueblo.» Pues había un
terror mortal en toda la ciudad, porque
descargó allí duramente la mano de
Dios. 12 Los hombres que no murieron
fueron atacados de tumores y los alaridos de angustia de la ciudad subieron
hasta el cielo.

Devolución del arca.

6 1 Siete meses estuvo el arca de Yahvé en territorio filisteo. 2 Llamaron
los filisteos a los sacerdotes y adivinos
y preguntaron: «¿Qué debemos hacer
con el arca de Yahvé? Hágannos saber
cómo la hemos de enviar a su sitio.»
3 Ellos respondieron: «Si quieren devolver el arca del Dios de Israel, no la devuelvan de vacío, ofrézcanle una reparación y entonces sanarán y sabrán por
qué no se ha apartado su mano de ustedes.» 4 Preguntaron ellos: «¿Qué reparación hemos de ofrecer?» Y respondieron: «Conforme al número de los
príncipes de los filisteos, cinco tumores
de oro y cinco ratas de oro*, porque el
mismo castigo sufren ustedes que sus
príncipes. 5 Hagan imágenes de sus tumores y de sus ratas que devastan el

5 Los filisteos y su dios Dagón, Jc **16** 23+, experimentarán los efectos de la santidad del arca, Ex **25** 10+; 2 R **8** 1. Los tumores, v. 6, pueden ser hemorroides, ver Sal **78** 66.

6 4 El texto de los vv. 4-5 evoca una invasión de ratas de campo. Es posible que se combinen aquí dos tradiciones sobre dos plagas: una afecta a los hombres (tumores) y otra devasta el país (ratas).

país y den gloria al Dios de Israel. Acaso aligere su mano de sobre ustedes, sus dioses y su tierra. 6 ¿Por qué han de endurecer sus corazones como endurecieron su corazón los egipcios y el faraón? ¿No los tuvieron que dejar partir después de haberlos dejado malparados? 7 Ahora, pues, tomen y preparen una carreta nueva y dos vacas que estén criando y que no hayan llevado yugo; uncirán las vacas a la carreta y harán volver sus terneros al establo. 8 Tomarán el arca de Yahvé y la pondrán sobre la carreta. Cuanto a los objetos de oro que le han ofrecido como reparación, los meterán en un cofre, a su lado. Déjenla marchar y se irá. 9 Y fíjense: si toma el camino de su país, hacia Bet Semes, es él el que nos ha causado esta gran calamidad; si no, sabremos que no ha sido su mano la que nos ha castigado y que todo esto nos ha sucedido por casualidad.»

10 Así lo hicieron aquellos hombres: tomaron dos vacas que estaban criando y las uncieron a la carreta, pero retuvieron las crías en el establo. 11 Colocaron sobre la carreta el arca de Yahvé y el cofre con las ratas de oro y las imágenes de sus tumores.

12 Tomaron las vacas en derechura por el camino de Bet Semes y se mantuvieron en la misma ruta; caminaban mugiendo, sin desviarse ni a derecha ni a izquierda. Los príncipes de los filisteos las siguieron hasta los confines de Bet Semes.

El arca en Bet Semes.

13 Estaban los de Bet Semes segando el trigo en el valle y, alzando la vista, se sintieron dichosos de verla. 14 Al llegar la carreta al campo de Josué de Bet Semes, se detuvo; había allí una gran piedra. Astillaron la madera de la carreta y ofrecieron las vacas en holocausto a Yahvé. 15 Los levitas bajaron el arca de Yahvé y el cofre que estaba a su lado y que contenía los objetos de oro, y lo depositaron sobre la gran piedra. Los de Bet Semes ofrecieron aquel día holocaustos e hicieron sacrificios a Yahvé. 16 Cuando los cinco príncipes filisteos lo vieron, se tornaron a Ecrón el mismo día. 17 Éstos son los tumores de oro que los filisteos ofrecieron en reparación a Yahvé: uno por Asdod, uno por Gaza, uno por Ascalón, uno por Gat, uno por Ecrón. 18 Y ratas de oro, tantas cuantas son las ciudades de los filisteos, las de los cinco príncipes, desde las ciudades fortificadas hasta las aldeas abiertas y hasta la gran piedra que está en el campo de Josué de Bet Semes, hasta el día de hoy. 19 De entre los habitantes de Bet Semes, los hijos de Jeconías no se alegraron cuando vieron el arca de Yahvé, y castigó Yahvé a setenta hombres. El pueblo hizo duelo porque Yahvé los había castigado con un gran golpe.

El arca en Quiriat Yearín.

20 Dijeron entonces las gentes de Bet Semes: «¿Quién podrá resistir delante de Yahvé, este Dios Santo? ¿A quién subirá, alejándose de nosotros? 21 Enviaron mensajeros a los habitantes de Quiriat Yearín para decirles: «Los filisteos han devuelto el arca de Yahvé. Bajen y súbanla con ustedes.»

7 1 Vinieron las gentes de Quiriat Yearín y subieron el arca de Yahvé. La llevaron a la casa de Abinadab, en la loma, y consagraron a su hijo Eleazar para que custodiara el arca de Yahvé.

Samuel, juez y libertador*.

2 Pasaron muchos días —veinte años— desde el día en que el arca se instaló en Quiriat Yearín, y toda la casa de Israel suspiró por Yahvé. 3 Dijo entonces Samuel a toda la casa de Israel: «Si ustedes se vuelven a Yahvé con todo su corazón, quiten de en medio de ustedes los dioses extraños y las Astartés, fijen su corazón en Yahvé y sírvanle a él solo y entonces él los librará de la mano

7 2 Samuel, ver **1-3**, es *juez*, salvador suscitado por Dios, ver **8**+; **12** 11; **25**+.

de los filisteos.» 4 Los israelitas quitaron los Baales y las Astartés y sirvieron sólo a Yahvé*.

5 Samuel dijo: «Congreguen a todo Israel en Mispá y yo suplicaré a Yahvé por ustedes.» 6 Se congregaron, pues, en Mispá, sacaron agua, que derramaron ante Yahvé, ayunaron aquel día y dijeron: «Hemos pecado contra Yahvé.» Samuel juzgó a los israelitas en Mispá.

7 Cuando los filisteos supieron que los israelitas se habían reunido en Mispá, subieron los príncipes de los filisteos contra Israel. Habiéndolo oído los israelitas, temieron a los filisteos 8 y dijeron los israelitas a Samuel: «No dejes de invocar a Yahvé nuestro Dios, para que él nos salve de la mano de los filisteos.» 9 Tomó Samuel un cordero lechal y lo ofreció entero en holocausto a Yahvé, invocó a Yahvé en favor de Israel y Yahvé lo escuchó. 10 Estaba Samuel ofreciendo el holocausto, cuando los filisteos presentaron batalla a Israel, pero tronó Yahvé aquel día con gran estruendo sobre los filisteos, los llenó de terror y fueron batidos ante Israel. 11 Los hombres de Israel salieron de Mispá y persiguieron a los filisteos desbaratándolos hasta más abajo de Bet Car. 12 Tomó entonces Samuel una piedra y la erigió entre Mispá y Yesaná y le dio el nombre de Eben Haézer, diciendo: «Hasta aquí nos ha socorrido Yahvé.»

13 Los filisteos fueron humillados. No volvieron más sobre el territorio de Israel, y la mano de Yahvé pesó sobre los filisteos durante toda la vida de Samuel. 14 Las ciudades que los filisteos habían tomado a los israelitas volvieron a Israel, desde Ecrón hasta Gat, liberando Israel su territorio del dominio de los filisteos. Y hubo paz entre Israel y los amorreos.

15 Samuel juzgó a Israel todos los días de su vida. 16 Hacía cada año un recorrido por Betel, Guilgal, Mispá, juzgando a Israel en todos estos lugares. 17 Después se volvía a Ramá porque allí tenía su casa, allí juzgaba a Israel y allí edificó un altar a Yahvé.

II. Samuel y Saúl

1. INSTITUCIÓN DE LA MONARQUÍA*

El pueblo pide un rey.

8 1 Cuando Samuel se hizo viejo, puso a sus hijos como jueces de Israel. 2 Su primogénito se llamaba Joel, y el segundo, Abías; juzgaban a Israel en Berseba. 3 Pero sus hijos no siguieron su camino: fueron atraídos por el lucro, aceptaron regalos y torcieron el derecho. 4 Se reunieron, pues, todos los ancianos de Israel y se fueron donde Samuel a Ramá, 5 y le dijeron: «Mira, tú te has hecho viejo y tus hijos no siguen tu camino. Por tanto, asígnanos un rey para que nos juzgue, como todas las naciones.» 6 Disgustó a Samuel que dijeran: «Danos un rey para que nos juzgue» y oró a Yahvé. 7 Pero Yahvé dijo a Samuel: «Haz caso a todo lo que el pueblo te dice. Porque no te han rechazado a ti, me han rechazado a mí, para que no reine sobre ellos. 8 Todo lo que ellos me han hecho desde el día que los saqué de Egipto hasta hoy, abandonándome y sirviendo a otros dioses, te han hecho también a ti. 9 Escucha, sin embargo, su

7 4 Ver Jc **2** 13+.

8 Punto importante de la historia política y religiosa de Israel. Una parte del pueblo pide un rey, ver ya Jc **8** 22-23; **9** 1; otros prefieren dejar a Yahvé el cuidado de suscitar jefes, ver Jc **2** 16; etc. Los relatos que siguen reflejan estas dos corrientes: por una parte **8; 10** 17-24; **12**; por otra **9** 1-**10** 16; **11**. De hecho Israel tendrá un rey, pero elegido por Yahvé. David es quien dará cuerpo a la monarquía israelita y será figura del futuro rey mesiánico.

petición. Pero les advertirás claramente
y les enseñarás el fuero del rey que va a
reinar sobre ellos.»

Los inconvenientes de la monarquía.

10 Samuel repitió todas estas palabras
de Yahvé al pueblo que le pedía un rey,
11 diciendo: «He aquí el fuero del rey
que va a reinar sobre ustedes*. Tomará
los hijos de ustedes y los destinará a sus
carros y a sus caballos y tendrán que
correr delante de su carro. 12 Los nombrará jefes de mil y jefes de cincuenta;
les hará labrar sus campos, segar su cosecha, fabricar sus armas de guerra y los
arreos de sus carros. 13 Tomará sus hijas para perfumistas, cocineras y pana-
deras. 14 Tomará sus campos, sus viñas
y sus mejores olivares y se los dará a sus
servidores*. 15 Tomará el diezmo de sus
cultivos y sus viñas para dárselo a sus
eunucos y a sus servidores. 16 Tomará
sus criados y criadas, y sus jóvenes y burros, y los hará trabajar para él. 17 Sacará el diezmo de sus rebaños y ustedes
mismos serán sus criados. 18 Ese día se
lamentarán a causa del rey que se han
elegido, pero entonces Yahvé no les
responderá.»

19 El pueblo no quiso escuchar la voz
de Samuel y dijo: «¡No! Tendremos un
rey 20 y nosotros seremos también como los demás pueblos: nuestro rey nos
juzgará, irá al frente de nosotros y combatirá nuestros combates.» 21 Oyó Samuel todas las palabras del pueblo y las
repitió a los oídos de Yahvé. 22 Pero
Yahvé dijo a Samuel: «Hazles caso y haz
que reine sobre ellos un rey.» Samuel
dijo entonces a los hombres de Israel:
«Vuelvan cada uno a su ciudad.»

Saúl y las burras de su padre*.

9 1 Había un hombre de Benjamín,
llamado Quis, hijo de Abiel, hijo de
Seror, hijo de Becorat, hijo de Afíaj. Era
un benjaminita y hombre bien situado.
2 Tenía un hijo llamado Saúl, joven
aventajado y apuesto. Nadie entre los
israelitas le superaba en gallardía; de los
hombros arriba aventajaba a todos. 3 Se
habían extraviado unas burras pertenecientes a su padre Quis. Dijo Quis a su
hijo Saúl: «Toma contigo uno de los criados y vete a buscar las burras.» 4 Atravesó la montaña de Efraín, atravesó el
territorio de Salisá y no encontraron
nada; cruzaron el país de Saalín, pero
no estaban allí; cruzaron el país de Benjamín y no encontraron nada. 5 Cuando
llegaron a la comarca de Suf, dijo Saúl a
su criado que lo acompañaba: «Vamos a
volvernos, no sea que mi padre se olvide
de las burras y se inquiete por nosotros.»
6 Pero él respondió: «Cabalmente hay
en esta ciudad un hombre de Dios. Es
hombre acreditado: todo lo que dice se
cumple con seguridad. Vamos, pues,
allá y acaso nos oriente en nuestro viaje.» 7 Saúl dijo a su criado: «Vamos a ir,
pero, ¿qué ofreceremos a ese hombre?
No queda pan en nuestros morrales y
no tenemos ningún regalo que llevar
al hombre de Dios. ¿Qué nos queda?»
8 Replicó el criado y dijo a Saúl: «Es el
caso que tengo en mi poder un cuarto
de siclo de plata; se lo daré al hombre
de Dios y nos orientará sobre nuestro
viaje.» 9 Antes, en Israel, cuando alguien
iba a consultar a Dios, decía: «Vamos al
vidente,» porque en vez de «profeta» como hoy, antes se decía «vidente». 10 Saúl
dijo a su criado: «Tienes razón; vamos,
pues.» Y se fueron a la ciudad donde se
encontraba el hombre de Dios.

Saúl encuentra a Samuel.

11 Cuando subían por la cuesta de la
ciudad, encontraron a unas muchachas
que salían a sacar agua y les preguntaron: «¿Está aquí el vidente?» 12 Ellas les

8 11 Ver 1 R **12**; Dt **17** 14-20.

8 14 *Servidores,* aquí y en el v. 16, son los funcionarios reales.

9 Samuel actúa aquí como profeta. Saúl recibirá de él la unción real, v. 26, y estará invadido por el espíritu de los profetas, **10** 6.10.

respondieron con estas palabras: «Sí, ahí delante de ti; date prisa, pues acaba ahora de llegar a la ciudad, porque hay hoy un sacrificio por el pueblo en el alto*. 13 En cuanto entren en la ciudad, lo encontrarán antes de que suba al alto para la comida. El pueblo no comerá antes que él llegue, porque es él quien ha de bendecir el sacrificio; y a continuación comerán los invitados. Suban ahora y al momento lo encontrarán.»

14 Subieron, pues, a la ciudad, y cuando entraban en la ciudad salía Samuel en dirección a ellos para subir al alto. 15 Ahora bien, la víspera de la venida de Saúl Yahvé había revelado a Samuel: 16 «Mañana, a esta misma hora, te enviaré un hombre de la tierra de Benjamín, lo ungirás como jefe de mi pueblo Israel y él librará a mi pueblo de la mano de los filisteos, porque he visto a mi pueblo y su clamor ha llegado hasta mí.» 17 Y cuando Samuel vio a Saúl, Yahvé le indicó: «Éste es el hombre del que te he hablado. Él regirá a mi pueblo.» 18 Saúl se acercó a Samuel en medio de la puerta, y le dijo: «Indícame, por favor, dónde está la casa del vidente.» 19 Samuel respondió a Saúl: «Yo soy el vidente; sube delante de mí al alto y ustedes comerán hoy conmigo. Mañana por la mañana te despediré y te descubriré todo lo que hay en tu corazón. 20 No te preocupes por las burras que perdiste hace tres días, porque ya han aparecido. Por lo demás, ¿para quién es lo mejor de Israel? ¿No es para ti y para la casa de tu padre?» 21 Saúl respondió: «¿No soy yo de Benjamín, una de las menores tribus de Israel? ¿No es mi familia la más pequeña de todas las de la tribu de Benjamín? ¿Cómo me dices estas cosas?»

22 Tomó Samuel a Saúl y a su criado y los hizo entrar en la sala, y les dio un asiento a la cabecera de los invitados, que eran unos treinta. 23 Después dijo Samuel al cocinero: «Sirve la porción que te di, la que te dije que pusieras aparte.» 24 Tomó el cocinero la pierna y lo que había encima, lo puso delante de Saúl y dijo: «Aquí tienes, delante de ti, lo que se guardó. Come, porque ha sido guardado para el tiempo reservado para ti, al decir: He invitado al pueblo*.» Aquel día Saúl comió con Samuel.

25 Bajaron del alto a la ciudad. Se extendió una estera para Saúl en el terrado, 26 y se acostó.

Consagración de Saúl*.

Cuando apuntó el alba, llamó Samuel a Saúl en el terrado y le dijo: «Levántate, que voy a despedirte.» Se levantó Saúl y salieron ambos afuera, Samuel y Saúl. 27 Habían bajado hasta las afueras de la ciudad, cuando Samuel dijo a Saúl: «Manda a tu criado que se adelante —y se adelantó—, y tú quédate ahora para que te dé a conocer la palabra de Dios.»

10 1 Tomó Samuel el cuerno de aceite y lo derramó sobre la cabeza de Saúl, y después lo besó diciendo: «¿No es Yahvé quien te ha ungido como caudillo de su heredad? Tú regirás al pueblo de Yahvé y lo librarás de la mano de los enemigos que lo rodean. Y ésta será para ti la señal de que Yahvé te ha ungido como caudillo de su heredad. 2 En cuanto te separes hoy de mí, encontrarás dos hombres junto a la tumba de Raquel, sobre la frontera de Benjamín, en Selsaj, y ellos te dirán: 'Las burras que has ido a buscar ya han aparecido. Ahora tu padre ha olvidado el asunto de las burras y está preocupado por ustedes, diciendo: ¿Qué debo hacer por mi hijo?' 3 Pasando más allá, cuando llegues

9 12 Más de una vez el culto de Yahvé reemplazó al de Baal en los santuarios cananeos, **7** 4; Jc **6** 25-32; 1 R **3** 4-5; etc.; ver Ex **34** 13. Después vino la ley del santuario único, Dt **12** 2+.

9 24 Texto difícil. La acción y las palabras ponen de relieve el papel futuro de Saúl, y anticipan lo que hará y dirá Samuel al día siguiente.

9 26 Los reyes de Israel eran *ungidos* por un hombre de Dios, sacerdote o profeta; **16** 13; 1 R **1** 39; 2 R **9** 6; **11** 12. El rey, vasallo de Yahvé, tiene un carácter sagrado, ver **24** 7.11; **26** 9.16; Ex **30** 22+.

a la Encina del Tabor, encontrarás tres
hombres que suben hacia Dios, a Betel,
uno llevará tres cabritos, otro llevará
tres tortas de pan, y el tercero llevará un
odre de vino. 4 Te saludarán y te darán
dos ofrendas de pan, que tú tomarás de
su mano. 5 Llegarás después a Guibeá de
Dios, donde se encuentran los gobernadores de los filisteos, y a la entrada de la
ciudad tropezarás con un grupo de profetas que bajan del alto, precedidos del
añafil, el pandero, la flauta y la cítara, en
trance profético*. 6 Te invadirá entonces
el espíritu de Yahvé, entrarás en trance
con ellos y quedarás cambiado en otro
hombre. 7 Cuando se te hayan cumplido
estas señales, haz lo que te parezca bien,
porque Dios está contigo. 8 Bajarás delante de mí a Guilgal, y yo me reuniré allí
contigo para ofrecer holocaustos y sacrificios de comunión. Esperarás siete días
a que yo vaya a tu encuentro y te diré lo
que debes hacer.»

Vuelta de Saúl.

9 Apenas volvió las espaldas para dejar a Samuel, le cambió Dios el corazón
y todas las señales se realizaron aquel
mismo día. 10 Cuando llegaron allí, a
Guibeá, venía frente a él un grupo de
profetas; lo invadió el espíritu de Dios
y se puso en trance en medio de ellos.
11 Los que lo conocían de toda la vida lo
vieron profetizando con los profetas, y
todos los del pueblo se decían entre sí:
«¿Qué le ha pasado al hijo de Quis?
¿Conque también Saúl anda entre los
profetas?» 12 Replicó uno de allá: «Y
¿quién es su padre*?» Y así pasó a proverbio: «¿Conque también Saúl entre los
profetas?»
13 Y cuando salió del trance se fue a
su casa. 14 El tío de Saúl le dijo a él y a su
criado: «¿A dónde han ido?» Contestó:
«A buscar las burras. Y como no vimos
nada, acudimos a Samuel.» 15 Dijo el tío
de Saúl: «Vamos, cuéntame qué les ha
dicho Samuel.» 16 Saúl dijo a su tío:
«Sencillamente, nos avisó que las burras
habían aparecido.» Pero no le dijo ni
palabra de lo que le había dicho Samuel
acerca del reino.

Saúl es designado rey por suertes.

17 Samuel convocó al pueblo en Mispá
junto a Yahvé. 18 Y dijo a los israelitas:
«Así ha dicho Yahvé, el Dios de Israel:
Yo hice subir a Israel de Egipto y los
libré de la mano de Egipto y de la mano de todos los reinos que los tenían
oprimidos. 19 Pero ustedes ahora han
rechazado a su Dios, a aquel mismo que
los salvó de todos sus males y aprietos,
y le han dicho: 'No: tú danos un rey'.
Ahora, pues, comparezcan delante de
Yahvé distribuidos por tribus y familias.»
20 Samuel hizo acercarse a todas las
tribus de Israel y fue designada la tribu
de Benjamín. 21 Hizo que se acercara la
tribu de Benjamín por familias y fue designada la familia de Matrí. Y fue designado Saúl, hijo de Quis, y lo buscaron,
pero no lo encontraron.
22 Entonces volvieron a interrogar a
Yahvé: «¿Ha venido ese hombre?» Dijo
Yahvé: «Aquí lo tienen escondido entre
la impedimenta.» 23 Corrieron y lo
sacaron de allí y, puesto en medio del
pueblo, les llevaba a todos la cabeza.
24 Dijo Samuel a todo el pueblo: «¿Ven
al que ha elegido Yahvé? No hay como
él en todo el pueblo.» Y todo el pueblo
gritó: «¡Viva el rey!»
25 Samuel dictó al pueblo el fuero
real* y lo puso por escrito, depositán-
dolo delante de Yahvé, y despidió Samuel a todo el pueblo, a cada cual a su

10 5 Estos grupos de profetas extáticos, **19** 20-24; 1 R **18** 4.25-29; **22** 10; 2 R **2** 3+, representan una forma de profetismo inferior al de los grandes profetas.

10 12 La pregunta da a entender que este grupo no puede reclamar para sí un fundador o un antepasado con prestigio. El juicio negativo alcanza también a Saúl, cuya presencia entre estos iluminados causa extrañeza.

10 25 El *fuero real,* ver **8** 11-18, es aquí un texto escrito.

casa. [26] También Saúl se fue a su casa,
a Guibeá; lo acompañaron algunos valientes a quienes Dios tocó el corazón.
[27] Pero algunos malvados dijeron: «¡Qué
nos va a salvar ése!» Y lo despreciaron
y no le llevaron regalos. Pero él no contestó.

Victoria contra los amonitas*.

11 Cosa de un mes más tarde, [1] subió Najás el amonita, y acampó
contra Yabés de Galaad. Y todos los
hombres de Yabés dijeron a Najás: «Haz
un trato con nosotros y te serviremos.»
[2] Dijo Najás el amonita: «Éstas son mis
condiciones: saltar a todos el ojo derecho
y quedará en ridículo todo Israel.» [3] Y
los ancianos de Yabés le dijeron: «Danos
una tregua de siete días y mandaremos
mensajeros por todo el territorio de Israel
y, si no hay quien nos socorra, entonces
nos rendiremos a ti.» [4] Llegaron los mensajeros a Guibeá de Saúl y comunicaron
todo esto al pueblo, que se puso a llorar
a voces.

[5] Saúl, que venía entonces del campo
detrás de sus bueyes, dijo: «¿Qué tiene el
pueblo que está llorando?», y le contaron
las palabras de los de Yabés. [6] Invadió a
Saúl el espíritu de Dios en oyendo estas
palabras, y se irritó sobremanera. [7] Y
tomando una yunta de bueyes los despedazó y los repartió por todo el territorio de Israel por medio de mensajeros,
diciendo: «Así se hará con los bueyes
del que no salga detrás de Saúl y de
Samuel.» Y el temor de Yahvé se apoderó del pueblo, que salió como un solo
hombre. [8] Les pasó revista en Bézec, y
eran los israelitas trescientos mil y los
hombres de Judá treinta mil. [9] Dijeron a
los mensajeros que habían venido: «Así
dirán a los hombres de Yabés de Galaad:
Mañana, cuando el sol apriete, serán
liberados.» Fueron los mensajeros y lo
anunciaron a los hombres de Yabés, que
se alegraron. [10] Y los hombres de Yabés
dijeron: «Mañana salimos a ustedes y
hacen con nosotros lo que mejor les
parezca.»

[11] A la mañana siguiente dispuso Saúl
a sus hombres en tres columnas, que
irrumpieron en el campamento durante
la guardia de la madrugada, y batieron
a los amonitas hasta que apretó el sol.
Y los demás huyeron no quedando dos
juntos.

Saúl es proclamado rey*.

[12] El pueblo dijo a Samuel: «¿Quién
andaba preguntando si Saúl iba a reinar
sobre nosotros? Dennos esos hombres
y los haremos morir.» [13] Pero Saúl dijo:
«Que no muera nadie en este día, porque Yahvé ha realizado hoy una liberación en Israel.» [14] Samuel dijo al pueblo:
«Vamos todos a Guilgal e inauguraremos
allí la monarquía.»

[15] Fue todo el pueblo a Guilgal, y allí
en Guilgal, proclamaron rey a Saúl delante de Yahvé, ofreciendo allí sacrificios de comunión delante de Yahvé;
y Saúl y todos los israelitas se alegraron
en extremo.

Samuel pasa a segundo plano*.

Jos **24** 1-28.

12 [1] Samuel dijo a todo Israel: «Ya
ven que los he atendido en
todo lo que me han pedido y les he asignado un rey. [2] En adelante, el rey marchará delante de ustedes. Cuanto a mí,
he envejecido y encanecido, y mis hijos
entre ustedes están. He andado delante
de ustedes desde mi juventud hasta hoy.
[3] Aquí me tienen. Atestigüen contra mí*
delante de Yahvé y delante de su ungido.
¿De quién he tomado yo el buey o de
quién he tomado el burro? ¿A quién he

11 El ataque amonita es la ocasión anunciada en **10** 7, que manifiesta que Saúl ha sido elegido por Yahvé.
11 12 Saúl ha sido proclamado rey en Mispá, **10** 24; pero no ha sido reconocido por todos, **10** 27; hay que «renovar» su entronización. Ver también Os **8** 4; **9** 15.
12 Discurso de despedida, Dt **29-30;** Jos **23**, relacionado implícitamente, vv. 7-15, con una renovación de la Alianza, como Dt **31** y Jos **24**. Ver también Ex **19** 3-8+.
12 3 Ver **8** 11-17; Nm **16** 15.

atropellado u oprimido? ¿Quién me ha sobornado para que cerrara los ojos? Yo se lo restituiré.» 4 Respondieron: «No nos has atropellado ni oprimido, y nada has recibido de nadie.» 5 Él les dijo: «Yahvé es testigo contra ustedes, y su ungido es testigo hoy de que ustedes no han encontrado nada en mis manos.» Respondieron: «Es testigo.»

6 Dijo entonces Samuel al pueblo: «Es Yahvé quien suscitó a Moisés y Aarón y quien hizo subir a sus padres del país de Egipto. 7 Preséntense ahora para que yo pleitee con ustedes ante Yahvé acerca de todos los beneficios que Yahvé ha llevado a cabo en favor de ustedes y de sus padres. 8 Cuando Jacob entró en Egipto*, los egipcios los oprimieron y los padres de ustedes clamaron a Yahvé. Entonces Yahvé envió a Moisés y Aarón, que sacaron a sus padres de Egipto y los puso en este lugar. 9 Pero ellos olvidaron a Yahvé su Dios, y él los entregó en manos de Sísara, jefe del ejército de Jasor, en manos de los filisteos y del rey de Moab, que combatieron contra ellos. 10 Clamaron a Yahvé diciendo: 'Hemos pecado, porque hemos abandonado a Yahvé y servido a los Baales y a las Astartés. Pero ahora, líbranos de las manos de nuestros enemigos y te serviremos.' 11 Envió entonces Yahvé a Yerubaal, a Bedán, a Jefté y a Samuel, los ha librado de los enemigos que los rodeaban y han vivido en seguridad.

12 «Pero, en cuanto han visto que Najás, rey de los amonitas, venía contra ustedes, me han dicho: '¡No! Que reine un rey sobre nosotros,' siendo así que vuestro rey es Yahvé, Dios suyo. 13 Aquí tienen ahora al rey que se han elegido, que han reclamado. Yahvé ha establecido un rey sobre ustedes. 14 Si temen a Yahvé y le sirven, si escuchan su voz y no se rebelan contra las órdenes de Yahvé; si ustedes y el rey que reine sobre ustedes siguen a Yahvé su Dios, está bien. 15 Pero si no escuchan la voz de Yahvé, si se rebelan contra sus órdenes, entonces la mano de Yahvé pesará sobre ustedes y sobre sus padres.

16 «Una vez más, quédense para ver este gran prodigio que Yahvé realiza a sus ojos. 17 ¿No es ahora la cosecha del trigo? Pues bien, voy a invocar a Yahvé para que haga tronar y llover. Reconozcan y vean el gran mal que han hecho a los ojos de Yahvé, al pedir un rey para ustedes.» 18 Invocó Samuel a Yahvé, que hizo tronar y llover aquel mismo día, y todo el pueblo cobró mucho temor a Yahvé y a Samuel. 19 Dijo todo el pueblo a Samuel: «Suplica a Yahvé tu Dios en favor de tus siervos, para que no muramos, pues a todos nuestros pecados hemos añadido la maldad de pedir un rey para nosotros.»

20 Pero Samuel dijo al pueblo: «No teman. Cierto que han hecho esta maldad. Pero ahora, no se alejen de Yahvé y sírvanle con todo su corazón, 21 y no se aparten tras de los que no son nada, que no sirven ni salvan porque no son nada. 22 Pues Yahvé no rechazará a su pueblo a causa del honor de su gran nombre, pues Yahvé ha querido hacerlos su pueblo. 23 Por mi parte, lejos de mí pecar contra Yahvé dejando de suplicar por ustedes y de enseñarles el camino bueno y recto. 24 Sólo a Yahvé temerán y le servirán fielmente, con todo su corazón, porque han visto esta cosa grandiosa que ha realizado con ustedes. 25 Pero si se portan mal, perecerán, ustedes y su rey*.»

12 8 Esta retrospectiva histórica ofrece un resumen de la historia de Israel.

12 25 Ver Ez **32** 11+; Dt **7** 6+; **11** 26; etc.

2. COMIENZOS DEL REINADO DE SAÚL

Levantamiento contra los filisteos.

13 1 Saúl tenía la edad de...* cuando llegó a ser rey, y reinó dos
años sobre Israel. 2 Se eligió Saúl tres
mil hombres de Israel; había dos mil
con Saúl en Micmás y en las montañas
de Betel, y mil con Jonatán* en Gueba
de Benjamín, y el resto del pueblo lo
devolvió a sus tiendas.
3 Jonatán mató al gobernador de los
filisteos que se hallaba en Guibeá y los
filisteos lo supieron. Saúl hizo sonar
el cuerno por toda la tierra, diciendo:
«¡Entérense, hebreos*!» 4 Y todo Israel
se enteró de la noticia: «Saúl ha matado
al gobernador de los filisteos y también
Israel se ha hecho odioso a los filisteos.»
Y se reunió el pueblo tras Saúl en Guilgal. 5 Se concentraron los filisteos para
combatir a Israel: treinta mil carros, seis
mil caballos y un ejército tan numeroso
como la arena de la orilla del mar; y
acamparon en Micmás, al este de Bet
Avén. 6 Cuando los hombres de Israel
se vieron en peligro, porque se los apretaba de cerca, se escondió la gente en
las cavernas, los agujeros, las hendiduras de las peñas, los subterráneos y las
cisternas. 7 Algunos hebreos pasaron
también el Jordán al país de Gad y Galaad.

Ruptura entre Samuel y Saúl*.
Ver **15**.

Saúl estaba todavía en Guilgal y todo
el pueblo temblaba junto a él. 8 Esperó
siete días, según el plazo que Samuel
había fijado, pero Samuel no llegó
a Guilgal y el ejército se desbandó,
abandonando a Saúl. 9 Entonces Saúl
dijo: «Acérquenme el holocausto y los
sacrificios de comunión», y ofreció el
holocausto. 10 Acababa él de ofrecer
el holocausto, cuando llegó Samuel, y
Saúl le salió al encuentro para saludarlo.
11 Samuel dijo: «¿Qué has hecho?» Y
Saúl respondió: «Como vi que el ejército
me abandonaba y se desbandaba, y que
tú no venías en el plazo fijado, y que
los filisteos estaban ya concentrados en
Micmás, 12 me dije: Ahora los filisteos
van a bajar contra mí a Guilgal y no he
apaciguado a Yahvé. Entonces me he
visto forzado a ofrecer el holocausto.»
13 Samuel dijo a Saúl: «Te has portado
como un necio. No has cumplido la orden que Yahvé tu Dios te ha dado; entonces Yahvé hubiera afianzado tu reino
para siempre sobre Israel. 14 Pero ahora
tu reino no se mantendrá. Yahvé se
ha buscado un hombre según su corazón, al que ha designado caudillo de
su pueblo, porque tú no has cumplido
lo que Yahvé te había ordenado.» 15 Se
levantó Samuel y subió de Guilgal para
seguir su camino.

Los que quedaban del pueblo subieron tras Saúl al encuentro de los hombres de guerra, y vino de Guilgal a Gueba
de Benjamín. Saúl pasó revista a las
tropas que tenía con él: había unos seiscientos hombres.

Preparativos de guerra.

16 Saúl, su hijo Jonatán y las tropas
que estaban con ellos, se hallaban situados en Gueba de Benjamín, mientras
que los filisteos acampaban en Micmás.

13 1 Probablemente se desconocía la edad que tenía Saúl al subir al trono, por lo que se dejó un espacio en blanco en los manuscritos. La duración de su reinado ha sido reducida a *dos años,* pero es absurdo. Saúl habría reinado cuarenta años, Hch **13** 21.

13 2 *Jonatán* es el hijo mayor de Saúl; cuando aparece mencionado, es ya un guerrero, capaz de notables hazañas.

13 3 La palabra *hebreos* designa una población más amplia que la de los israelitas. Frecuentemente los extranjeros son los que llaman a los israelitas «hebreos», **14** 11; ver **4** 6.9.

13 7 Es el drama del reinado de Saúl: escogido por Yahvé, ha salvado a su pueblo, **11** y **14**; pero es rechazado, **13** y **15**. Como en toda la historia sagrada, la elección divina es gratuita, ver Gn **25** 23; Dt **7** 6; Am **3** 2; Rm **9** 13; etc.; pero la conservación de la gracia depende de la fidelidad del elegido.

[17] La fuerza de choque salió del campo filisteo en tres columnas: una columna tomó la dirección de Ofrá, en la comarca de Sual; [18] la segunda tomó la dirección de Bet Jorón y la tercera tomó el camino de la frontera que domina el valle de los Seboín, hacia el desierto.

[19] No había herreros en todo el territorio de Israel, porque los filisteos se decían: «Que no hagan los hebreos espadas ni lanzas.» [20] Así, todos los israelitas tenían que bajar a los filisteos para afilar cada cual su reja, su hacha, su azuela o su aguijada. [21] El precio era dos tercios de siclo por aguzar las azuelas y enderezar la aguijada. [22] Y así, el día de la batalla nadie, en toda la tropa que estaba con Saúl y Jonatán, tenía en la mano espada ni lanza. Las había sólo para Saúl y para su hijo Jonatán.

[23] Una avanzadilla de filisteos partió hacia el paso de Micmás.

Jonatán ataca el puesto.

14 [1] Un día, Jonatán, hijo de Saúl, dijo a su escudero: «Ven, vamos a cruzar hasta la avanzadilla de los filisteos que está al otro lado», pero no dijo nada a su padre. [2] Saúl estaba situado en el límite de Guibeá, bajo el granado que está cerca de Migrón, y la gente que estaba con él sumaban unos seiscientos hombres. [3] Ajías, hijo de Ajitub, hermano de Icabod, hijo de Pinjás, hijo de Elí, sacerdote de Yahvé en Siló, llevaba el efod*. La tropa no advirtió que Jonatán se había marchado.

[4] Entre los pasos que Jonatán intentaba franquear para llegar a la avanzadilla de los filisteos, uno de ellos tenía a ambos lados sendos picachos. Uno se llama Boses y el otro Sené; [5] el primer picacho está al norte, frente a Micmás, el segundo al sur, frente a Gueba. [6] Jonatán dijo a su escudero: «Ven, crucemos hasta la avanzadilla de esos incircuncisos. Acaso Yahvé haga algo por nosotros, porque nada impide a Yahvé dar la victoria con pocos o con muchos.» [7] Su escudero respondió: «Haz lo que te parezca razonable. Yo estoy contigo, a tu servicio.» [8] Jonatán dijo: «Vamos a pasar hacia esos hombres y dejaremos que nos vean. [9] Si nos dicen: '¡Quédense ahí! hasta que lleguemos a ustedes', nos quedaremos en el sitio y no subiremos a ellos. [10] Pero si nos dicen: 'Suban hacia nosotros,' subiremos, porque Yahvé los ha entregado en nuestras manos; esto nos servirá de señal*.»

[11] Se dejaron ver de la avanzadilla de los filisteos, que dijeron: «Miren, los hebreos salen de los escondrijos donde se habían metido.» [12] Los hombres de la avanzadilla, dirigiéndose a Jonatán y a su escudero, dijeron: «Suban hacia nosotros, que les vamos a enseñar algo.» Entonces Jonatán dijo a su escudero: «Sube detrás de mí, pues Yahvé los ha entregado en manos de Israel.» [13] Subió Jonatán ayudándose de pies y manos, y su escudero lo seguía. Caían los filisteos ante Jonatán y detrás de él su escudero los iba rematando. [14] Este primer estrago de Jonatán y de su escudero alcanzó a unos veinte hombres, como en medio surco de tierra.

Batalla general.

[15] Cundió el terror en el campo y en el campamento y en la gente toda; la avanzadilla y los cuerpos de descubierta fueron presa del espanto, la tierra tembló y hubo un terror de Dios. [16] Los escuchas de Saúl que estaban en Guibeá de Benjamín vieron que la multitud se agitaba de un lado para otro, [17] y dijo Saúl a las tropas que estaban con él: «Pasen revista y vean quién se ha marchado de los nuestros.» Se pasó revista y vieron que faltaban Jonatán y su escudero.

14 3 Ver **2** 18.28+.
14 10 El acontecimiento, que manifiesta la voluntad de Dios, es anunciado por Dios, Ex **13** 12, o por un hombre de Dios, **2** 34; **10**, 7-9; 2 R **19** 29, o, como aquí, propuesto por el hombre para obtener una respuesta de Dios, ver Gn **24** 12-14; Jc **6** 17-18.36-40; etc.

18 Entonces Saúl dijo a Ajías: «Trae el arca de Dios», porque aquel día el arca de Dios estaba con los israelitas*. 19 Pero mientras Saúl hablaba al sacerdote, el tumulto del campamento filisteo iba creciendo y Saúl dijo al sacerdote: «Retira tu mano*.» 20 Saúl y toda la tropa que estaba con él se reunieron y llegaron al campo de batalla, y he aquí que la espada de cada uno se volvía contra el otro. La confusión era enorme. 21 Los hebreos que de antes estaban al servicio de los filisteos y que habían subido con ellos al campamento, también se pusieron de parte de los israelitas que estaban con Saúl y Jonatán. 22 Todos los israelitas que se habían escondido en la montaña de Efraín, al saber que los filisteos huían, los persiguieron hostigándolos. 23 Aquel día Yahvé dio la victoria a Israel.

Una prohibición de Saúl violada por Jonatán.

El combate se extendió más allá de Bet Jorón. 24 Los hombres de Israel estaban en gran apuro aquel día y Saúl pronunció una imprecación sobre el pueblo: «Maldito el hombre que coma algo antes del anochecer, antes que me haya vengado de mis enemigos.» Y nadie del pueblo probó bocado.

25 Toda la gente entró en el bosque. Había miel por el suelo. 26 Entró el pueblo en el bosque y el panal destilaba miel, pero nadie se llevó la mano a su boca, porque el pueblo temía la imprecación. 27 Jonatán no había oído la imprecación que su padre había pronunciado sobre el pueblo y alargó la punta de la vara que tenía en la mano, la metió en el panal y después llevó la mano a su boca y le brillaron los ojos*. 28 Uno del pueblo le habló diciendo: «Tu padre ha pronunciado solemnemente esta imprecación sobre el pueblo; ha dicho 'Maldito el hombre que coma hoy algo'». Y el pueblo está extenuado. 29 Jonatán respondió: «Mi padre ha causado un trastorno al país. Vean cómo me brillan los ojos por haber tomado este poco de miel. 30 Pues si la tropa hubiera comido hoy del botín tomado al enemigo, ¿no hubiera sido mayor el estrago de los filisteos?»

Pecado ritual del pueblo.

31 Aquel día fueron batidos los filisteos desde Micmás hasta Ayalón y la gente quedó extenuada. 32 La tropa se arrojó sobre el botín y, tomando ganado menor, bueyes y terneros, los inmoló sobre el suelo y lo comió con la sangre*. 33 Avisaron a Saúl: «El pueblo está pecando contra Yahvé comiendo la sangre.» Él entonces dijo: «Ustedes han sido infieles. Traigan rodando ahora mismo una piedra grande.» 34 Luego dijo: «Repártanse entre el pueblo y díganles: que cada uno traiga su buey o su carnero; los inmolarán aquí y comerán, sin pecar contra Yahvé por comerlo con sangre.» Todos los hombres llevaron cada cual el buey que tenía aquella noche y lo inmolaron allí. 35 Alzó Saúl un altar a Yahvé; éste fue el primer altar que edificó.

Jonatán reconocido culpable es salvado por el pueblo.

36 Saúl dijo: «Bajemos durante la noche en persecución de los filisteos y saqueémoslos hasta el amanecer; no dejaremos ni un solo hombre.» Le respondieron: «Haz lo que mejor te parezca.» Pero el sacerdote dijo: «Acerquémonos aquí a Dios.» 37 Consultó Saúl a Dios: «¿Bajaré en persecución de los filisteos? ¿Los entregarás en manos de Israel?»

14 18 El *arca de Dios,* que tiene en las manos el sacerdote Ajías, es aquí una caja que contiene los datos adivinatorios. Un redactor tardío la ha confundido con el arca tomada por los filisteos, cap. **5-6**; de ahí el inicio explicando la orden de Saúl.
14 19 El sacerdote se dispone a echar las suertes, ver **2** 28+; **14** 41; pero Saúl, al oír el tumulto, interrumpe la consulta y se lanza al combate.
14 27 La fórmula (como otras análogas) indica que la persona en cuestión es objeto de la benevolencia divina.
14 32 Ver Lv **1** 5+; **19** 26.

Pero no respondió en aquella ocasión.
38 Entonces dijo Saúl: «Acérquense aquí
todos los principales del pueblo. Inves-
tiguen y vean en qué ha consistido el
pecado de hoy. 39 ¡Vive Yahvé que ha
salvado a Israel!, que el que ha pecado,
aunque se trate de mi hijo Jonatán,
morirá sin remisión.» Nadie del pueblo
se atrevió a responderle. 40 Dijo a todo
Israel: «Pónganse a un lado, y yo y mi
hijo Jonatán nos pondremos al otro», y
el pueblo respondió a Saúl: «Haz lo que
mejor te parezca.» 41 Dijo entonces Saúl:
«Yahvé Dios de Israel, ¿por qué no respondes hoy a tu siervo? Si el pecado es
mío o de mi hijo Jonatán, Yahvé Dios de
Israel, da *urim;* si el pecado es de tu pueblo Israel, da *tumim**.» Fueron señalados
Saúl y Jonatán, quedando libre el pueblo.
42 Saúl dijo: «Sorteen entre mi hijo Jonatán y yo»; y fue señalado Jonatán.
43 Dijo entonces Saúl a Jonatán:
«Cuéntame lo que has hecho.» Jonatán
se lo contó. Y dijo: «No he hecho más
que probar un poco de miel con la punta de la vara que tenía en la mano. Estoy
dispuesto a morir.» 44 Saúl replicó: «Que
Dios me haga esto y me añada esto
otro si no mueres, Jonatán.» 45 Pero el
pueblo dijo a Saúl: «¿Es que va a morir
Jonatán siendo él quien ha conseguido
esta gran victoria en Israel? ¡Dios nos
libre! ¡Vive Yahvé! que no caerá en tierra ni un cabello de su cabeza, porque
con ayuda de Dios lo hizo.» Así salvó el
pueblo a Jonatán y no murió.
46 Regresó Saúl de la persecución de
los filisteos y los filisteos alcanzaron su
país.

Resumen del reinado de Saúl.

47 Cuando Saúl se constituyó rey sobre Israel guerreó por todas partes contra todos sus enemigos: contra Moab,
los amonitas, Edom, el rey de Sobá y
los filisteos; doquiera se dirigía llevaba
la salvación. 48 Hizo proezas de valor,
batió a los amalecitas y libró a Israel del
poder de los que lo saqueaban.
49 Los hijos de Saúl fueron: Jonatán,
Isyó y Malquisúa. Los nombres de sus
dos hijas eran: Merab la mayor y Mical
la más pequeña. 50 La mujer de Saúl se
llamaba Ajinoán, hija de Ajimás. El jefe
de su ejército se llamaba Abner, hijo de
Ner, tío de Saúl; 51 Quis, padre de Saúl,
y Ner, padre de Abner, eran hijos de
Abiel.
52 Hubo una guerra encarnizada contra los filisteos toda la vida de Saúl. En
cuanto Saúl veía un hombre fuerte y
valeroso, se lo incorporaba.

Guerra santa contra los amalecitas*.

15 1 Samuel dijo a Saúl: «Yahvé
me ha enviado para ungirte rey
de su pueblo Israel. Escucha, pues, las
palabras de Yahvé: 2 Esto dice Yahvé
Sebaot: He decidido castigar a Amalec
por lo que hizo a Israel, cortándole el camino cuando subía de Egipto. 3 Ahora,
vete y castiga a Amalec, consagrándolo
al anatema con todo lo que posee; no
tengas compasión de él, mata hombres
y mujeres, niños y lactantes, bueyes y
ovejas, camellos y burros.»
4 Convocó Saúl al pueblo y le pasó
revista en Telán: doscientos mil infantes
y diez mil hombres de Judá. 5 Avanzó
Saúl hasta la ciudad de Amalec y se em-
boscó en el barranco. 6 Dijo Saúl a los
quenitas: «Márchense, apártense de los
amalecitas, no sea que los haga desaparecer con ellos, pues ustedes se portaron
con benevolencia con todos los israelitas
cuando subían de Egipto.» Y los quenitas
se apartaron de los amalecitas.

14 41 El *efod*, **2** 28+, contenía dos objetos: *urim y tumim,* que daban una respuesta divina con el «sí» o con el «no». El manejo de las suertes estaba reservado a los sacerdotes levitas, Nm **27** 21; Dt **33** 8. Su empleo desapareció después de David.

15 Este cap. es paralelo al **13**. Pone en contraste la política profana y las exigencias de Yahvé, que se manifiesta en el conflicto del rey y del profeta. Tema que se repetirá frecuentemente.

7 Batió Saúl a los amalecitas desde Javilá, en dirección de Sur, frente a Egipto.
8 Capturó vivo a Agag, rey de los amalecitas, y pasó a todo el pueblo a filo de
espada en cumplimiento del anatema.
9 Pero Saúl y la tropa perdonaron a Agag
y a lo más escogido del ganado mayor y
menor, las reses cebadas y los corderos
y todo lo bueno. No quisieron consagrarlo
al anatema. Sólo consagraron al anatema toda la hacienda vil y sin valor*.

Saúl es rechazado por Yahvé.

10 Le fue dirigida la palabra de Dios a
Samuel diciendo: 11 «Me arrepiento de
haber hecho rey a Saúl, porque se ha
apartado de mí y no ha ejecutado mis
órdenes.» Se conmovió Samuel y estuvo
clamando a Yahvé toda la noche.
12 Se levantó Samuel por la mañana
al encuentro de Saúl. Avisaron a Samuel: «Saúl ha ido a Carmelo*, se ha
erigido un monumento y después ha
seguido y ha bajado a Guilgal.» 13 Llegó
Samuel donde Saúl y éste dijo: «Bendito
seas de Yahvé. Ya he ejecutado la orden
de Yahvé.» 14 Pero Samuel preguntó:
«¿Y qué son esos balidos que vienen a
mis oídos y esos mugidos que oigo?»
15 Respondió Saúl: «Los hemos traído de
Amalec porque el pueblo ha perdonado
lo mejor del ganado mayor y menor
para ofrecerlo en sacrificio a Yahvé tu
Dios. Cuanto a lo demás, lo hemos entregado al anatema.»
16 Pero Samuel dijo a Saúl: «Basta ya.
Deja que te anuncie lo que Yahvé me ha
revelado esta noche.» Él le dijo: «Habla.»
17 Entonces Samuel dijo: «Aunque tú te
crees pequeño, ¿no eres acaso el jefe de
las tribus de Israel? Yahvé te ha ungido
rey de Israel. 18 Yahvé te ha enviado por
el camino y te ha dicho: 'Vete, y consagra al anatema a estos pecadores,
los amalecitas, hazles la guerra hasta
el exterminio'. 19 ¿Por qué no has escuchado la voz de Yahvé? ¿Por qué te
has lanzado sobre el botín y has hecho
lo que desagrada a Yahvé?» 20 Saúl respondió a Samuel: «¡Yo he escuchado la
voz de Yahvé! He seguido el camino por
el que me envió, he traído a Agag, rey
de los amalecitas, y he entregado a
éstos al anatema. 21 Del botín, el pueblo
ha tomado el ganado mayor y menor,
lo mejor del anatema, para sacrificarlo
a Yahvé, tu Dios, en Guilgal.» 22 Pero
Samuel dijo*:

«¿Acaso se complace Yahvé en los holocaustos y sacrificios
tanto como en la obediencia a la palabra de Yahvé?
Mejor es obedecer que sacrificar,
mejor la docilidad que la grasa de los carneros.
23 Como pecado de hechicería es la rebeldía,
crimen de idolatría la contumacia.

Porque has rechazado la palabra de
Yahvé, él te rechaza para que no seas
rey.»

Saúl pide perdón en vano.

24 Saúl dijo a Samuel: «He pecado
conculcando la orden de Yahvé y tus
palabras, porque tuve miedo al pueblo y
lo escuché. 25 Ahora, pues, perdona mi
pecado, por favor, y vuelve conmigo
para que adore a Yahvé.» 26 Pero Samuel respondió a Saúl: «No iré más contigo; ya que has rechazado la palabra de
Yahvé, Yahvé te ha rechazado para que
no seas rey de Israel.» 27 Y como Samuel se volviera para marcharse, lo
tomó Saúl del extremo del manto, que
se desgarró, 28 y Samuel dijo: «Hoy te
ha desgarrado Yahvé el reino de Israel
y se lo ha dado a otro mejor que tú.»
29 Pues la Gloria de Israel no miente ni
se arrepiente, porque no es un hombre

15 9 El anatema, Jos **6** 17+, no admitía excepciones. Saúl ha obrado mal en escoger, para complacer al pueblo, una manera de honrar a Dios, v. 15, que el profeta no había mandado.

15 12 *Carmelo,* una ciudad al sur de Hebrón, ver **25** 2; Jos **15** 55.

15 22 Samuel no condena el culto de los sacrificios. Pero no es el rito exterior solo lo que agrada a Dios. Es la obediencia interior, ver Sal **40** 9+; Am **5** 21-25+; Mc **12** 33.

para arrepentirse*. 30 Saúl dijo: «He pecado, pero, con todo, te ruego que me honres ahora delante de los ancianos de mi pueblo y delante de Israel y vuelvas conmigo para que adore a Yahvé tu Dios.» 31 Volvió Samuel con Saúl y éste adoró a Yahvé.

Muerte de Agag y partida de Samuel.

32 Después dijo Samuel: «Tráiganme a Agag, rey de los amalecitas». Agag se acercó a él, ligero, pues se decía: «Se ha alejado la amargura de la muerte.» 33 Samuel dijo:

«Como tu espada ha privado a las mujeres de sus hijos,
así entre las mujeres, privada de su hijo será tu madre»,

y Samuel descuartizó a Agag ante Yahvé en Guilgal.

34 Partió Samuel para Ramá, y Saúl subió a su casa en Guibeá de Saúl. 35 Samuel no vio más a Saúl hasta el día de su muerte. Y lloraba Samuel por Saúl, pero Yahvé se había arrepentido de haberlo hecho rey de Israel.

III. Saúl y David

1. DAVID EN LA CORTE

Unción de David*.

16 1 Dijo Yahvé a Samuel: «¿Hasta cuándo vas a estar llorando por Saúl, después que yo lo he rechazado para que no reine sobre Israel? Llena tu cuerno de aceite y vete. Voy a enviarte a Jesé, de Belén, porque he visto entre sus hijos un rey para mí.» 2 Samuel replicó: «¿Cómo voy a ir? Se enterará Saúl y me matará.» Respondió Yahvé: «Lleva contigo una ternera y di: 'He venido a sacrificar a Yahvé.' 3 Invitarás a Jesé al sacrificio y yo te indicaré lo que tienes que hacer, y me ungirás a aquel que yo te diga.»

4 Hizo Samuel lo que Yahvé le había ordenado y se fue a Belén. Salieron temblando a su encuentro los ancianos de la ciudad y le preguntaron: «¿Es de paz tu venida, vidente?» 5 Samuel respondió: «De paz. He venido a sacrificar a Yahvé. Purifíquense y vengan conmigo al sacrificio.» Purificó a Jesé y a sus hijos y los invitó al sacrificio.

6 Cuando ellos se presentaron, vio a Eliab y se dijo: «Sin duda está ante Yahvé su ungido.» 7 Pero Yahvé dijo a Samuel: «No mires su apariencia ni su gran estatura, pues yo lo he descartado. No es como ve el hombre, pues el hombre ve las apariencias, pero Yahvé ve el corazón.» 8 Llamó Jesé a Abinadab y le hizo pasar ante Samuel, que dijo: «Tampoco a éste ha elegido Yahvé.» 9 Jesé hizo pasar a Samá, pero Samuel dijo: «Tampoco a éste ha elegido Yahvé.» 10 Hizo pasar Jesé a sus siete hijos ante Samuel, pero Samuel dijo: «A ninguno de éstos ha elegido Yahvé.» 11 Preguntó, pues, Samuel a Jesé: «¿No quedan ya más muchachos?» Él respondió: «Todavía falta el más pequeño, que está guardando el rebaño.» Dijo entonces Samuel a Jesé: «Manda que lo traigan, porque no comeremos hasta que haya venido.» 12 Mandó, pues, que lo trajeran; era rubio, de bellos ojos y hermosa presencia. Dijo Yahvé: «Levántate y úngelo, porque éste es.» 13 Tomó Samuel el cuerno de aceite y lo ungió en medio de sus hermanos. Y, a partir de entonces, vino sobre David el espíritu de Yahvé. Samuel se levantó y se fue a Ramá.

15 29 Ver **15** 11; Nm **23** 19.

16 Esta unción de David por Samuel no se mencionará ya más. En cambio se mencionan una unción de David por el pueblo de Judá, 2 S **2** 4, y otra por los ancianos de Israel, 2 S **5** 3.

David entra al servicio de Saúl*.

14 El espíritu de Yahvé se había apartado de Saúl y un espíritu malo que venía de Yahvé le infundía espanto. 15 Le dijeron, pues, los servidores de Saúl: «Mira, un espíritu malo de Dios te infunde espanto; 16 permítenos, señor, que tus siervos que están en tu presencia te busquen un hombre que sepa tocar la cítara, y cuando te asalte el espíritu malo de Dios tocará y te hará bien.» 17 Dijo Saúl a sus servidores: «Búsquenme, pues, un hombre que sepa tocar bien y tráiganmelo.» 18 Tomó la palabra uno de los servidores y dijo: «He visto a un hijo de Jesé el belenita que sabe tocar; es valeroso, buen guerrero, de palabra amena, de agradable presencia y Yahvé está con él.» 19 Despachó Saúl mensajeros a Jesé que le dijeran: «Envíame a tu hijo David, el que está con el rebaño.» 20 Tomó Jesé un burro, pan, un odre de vino y un cabrito y lo envió a Saúl por medio de su hijo David. 21 Llegó David donde Saúl y se quedó a su servicio. Saúl le cobró mucho afecto y lo hizo su escudero. 22 Mandó Saúl a decir a Jesé: «Te ruego que David se quede a mi servicio, porque ha hallado gracia a mis ojos.» 23 Cuando el espíritu de Dios asaltaba a Saúl, tomaba David la cítara, la tocaba, Saúl encontraba calma y bienestar y el espíritu malo se apartaba de él.

Goliat desafía al ejército de Israel.

17 1 Reunieron los filisteos sus tropas para la guerra y se concentraron en Socó de Judá, acampando entre Socó y Azeca, en Fesdamín. 2 Se reunieron Saúl y los hombres de Israel, acamparon en el valle del Terebinto y se ordenaron en batalla frente a los filisteos. 3 Ocupaban los filisteos una montaña por un lado y los israelitas ocupaban la montaña frontera, quedando el valle por medio.

4 Salió de las filas de los filisteos un hombre de las tropas de choque, llamado Goliat*, de Gat, de seis codos y un palmo de estatura; 5 tenía un yelmo de bronce sobre su cabeza y estaba revestido de una coraza de escamas, siendo el peso de la coraza cinco mil siclos de bronce. 6 Tenía en las piernas grebas de bronce y una jabalina de bronce entre los hombros. 7 El asta de su lanza era como enjullo* de tejedor y la punta de su lanza pesaba seiscientos siclos de hierro. Su escudero le precedía.

8 Goliat se plantó y gritó a las filas de Israel diciéndoles: «¿Para qué han salido a ponerse en orden de batalla? ¿Acaso no soy yo filisteo y ustedes servidores de Saúl? Escojan un hombre y que baje contra mí. 9 Si es capaz de pelear conmigo y me mata, seremos sus esclavos, pero si yo lo venzo y lo mato, serán nuestros esclavos y nos servirán.» 10 Y añadió el filisteo: «Yo desafío hoy a las filas de Israel; denme un hombre y lucharemos mano a mano.» 11 Oyó Saúl y todo Israel estas palabras del filisteo y se consternaron y se llenaron de miedo.

Llegada de David al campamento.

12 Era David hijo de un efrateo, el de Belén de Judá, llamado Jesé, que tenía ocho hijos. En tiempo de Saúl este hombre era ya anciano, muy entrado en años. 13 Los tres hijos mayores de Jesé se habían ido a la guerra con Saúl; el nombre de los tres hijos suyos que marcharon a la guerra era Eliab, el primogénito, Abinadab, el segundo, y Samá,

16 14 Siguiendo una tradición, David es ya el trovador y el escudero de Saúl, **16** 14-23, cuando le acompaña a la guerra, **17** 1-11; según la otra tradición, David es un joven pastor, desconocido del rey, **17** 12-30; **17** 55 - **18** 12. -El espíritu malo proviene de Yahvé, como de su primera causa.

17 4 Otra tradición sobre esta victoria en 2 S **21** 19; ver Si **47** 4-7.

17 7 *Enjullo,* grueso cilindro que enrolla la urdimbre en un telar. Goliat está descrito como un guerrero de la época de la redacción del texto.

el tercero. [14] David era el más pequeño;
los tres mayores habían seguido a Saúl.
[15] David iba y venía del campamento de
Saúl para cuidar el rebaño de su padre
en Belén. [16] El filisteo se acercaba mañana y tarde, y se presentó así durante
cuarenta días. [17] Jesé dijo a su hijo David: «Toma para tus hermanos esta medida de trigo tostado y estos diez panes
y corre a llevarlo al campamento, adonde tus hermanos. [18] Y estos diez requesones llévalos al jefe de millar; entérate de la salud de tus hermanos y toma
señal de recibo de ellos. [19] Están Saúl,
ellos y todos los hombres de Israel en
el valle del Terebinto, guerreando con
los filisteos.»

[20] Se levantó David de madrugada,
dejó el rebaño al guarda y, tomando las
cosas, se fue como le había mandado
Jesé, y llegó al círculo del campamento
justo cuando salía el ejército para ordenarse en batalla, lanzando el grito de
guerra. [21] Israel y los filisteos se pusieron en orden de batalla, fila contra fila.
[22] Dejó David las cosas que traía encima
en manos del guardia de la impedimenta
y corrió a las filas y fue a preguntar a sus
hermanos cómo estaban.

[23] Mientras hablaba con ellos, el hombre de las tropas de choque, llamado
Goliat, el filisteo de Gat, subía de las filas
de los filisteos, diciendo las mismas palabras, y lo oyó David. [24] Al ver a aquel
hombre, todos los hombres de Israel
huyeron delante de él, llenos de miedo.
[25] Los hombres de Israel decían: «¿Han
visto a este hombre que sube? Sube a
provocar a Israel. A quien lo mate colmará el rey de grandes riquezas y le dará
su hija y librará de tributo la casa de su
padre en Israel.»

[26] Preguntó, pues, David a los hombres que estaban a su lado: «¿Qué se
hará al hombre que mate a ese filisteo y
aparte la afrenta de Israel? Pues ¿quién
es ese filisteo incircunciso para injuriar
a las huestes de Dios vivo*?» [27] Y el
pueblo le repitió las mismas palabras:
«Así se hará al hombre que lo mate.»
[28] Se enteró Eliab, su hermano mayor,
de su pregunta a los hombres y se encendió en cólera Eliab contra David, y
le dijo: «¿Para qué has bajado, y a quién
has dejado aquel pequeño rebaño en
el desierto? Ya sé yo tu atrevimiento y
la maldad de tu corazón. Has bajado
para ver la batalla.» [29] Respondió David:
«Pues ¿qué he hecho yo?, ¿es que uno
no puede hablar?» [30] Y volviéndose se
dirigió a otro y preguntó lo mismo y la
gente le respondió como la primera vez.
[31] Fueron oídas las palabras que decía
David y las contaron ante Saúl, que lo
hizo venir.

David se ofrece a aceptar el desafío.

[32] Dijo David a Saúl: «Que nadie se
acobarde por ése. Tu siervo irá a combatir con ese filisteo.» [33] Dijo Saúl a David:
«No puedes ir contra ese filisteo para
luchar con él, porque tú eres un niño y él
es hombre de guerra desde su juventud.»

[34] Respondió David a Saúl: «Cuando
tu siervo estaba guardando el rebaño de
su padre y venía el león o el oso y se
llevaba una oveja del rebaño, [35] salía tras
él, lo golpeaba y se la arrancaba de sus
fauces, y si se revolvía contra mí, lo sujetaba por la quijada y lo golpeaba hasta
matarlo. [36] Tu siervo ha dado muerte al
león y al oso, y ese filisteo incircunciso
será como uno de ellos, pues ha retado
a las huestes del Dios vivo.» [37] Añadió
David: «Yahvé que me ha librado de
las garras del león y del oso, me librará
de la mano de ese filisteo.» Dijo Saúl a
David: «Vete, y que Yahvé sea contigo.»

[38] Mandó Saúl que vistieran a David
con sus propios vestidos y le puso un
casco de bronce en la cabeza y lo cubrió
con una coraza. [39] Ciñó a David su espada sobre su vestido. Intentó David caminar, pues aún no estaba acostumbrado,
y dijo a Saúl: «No puedo caminar con
esto, pues nunca lo he hecho.» Y David
se lo quitó de encima.

17 26 Ver Is **37** 4.17; 2 R **19** 4.16.

Combate singular.

40 Tomó su cayado en la mano, escogió en el torrente cinco cantos lisos
y los puso en su bolsa de pastor, en su
morral, y con su honda en la mano se
acercó al filisteo. 41 El filisteo fue avanzando y acercándose a David, precedido
de su escudero. 42 Volvió los ojos el
filisteo y, viendo a David, lo despreció,
porque era un muchacho rubio y apuesto. 43 Dijo el filisteo a David: «¿Acaso
soy un perro, pues vienes contra mí con
palos?» Y maldijo a David el filisteo por
sus dioses, 44 y dijo el filisteo a David:
«Ven hacia mí y daré tu carne a las aves
del cielo y a las fieras del campo.» 45 Dijo David al filisteo: «Tú vienes contra
mí con espada, lanza y jabalina, pero
yo voy contra ti en nombre de Yahvé
Sebaot, Dios de los ejércitos de Israel, a
los que has desafiado. 46 Hoy mismo te
entrega Yahvé en mis manos, te mataré
y te cortaré la cabeza y entregaré hoy
mismo los cadáveres del ejército filisteo
a las aves del cielo y a las fieras de la
tierra, y sabrá toda la tierra que hay
Dios para Israel. 47 Y toda esta asamblea
sabrá que no por la espada ni por la lanza
salva Yahvé, porque de Yahvé es el combate y a ustedes los entrega en nuestras
manos.»

48 Se levantó el filisteo y fue acercándose al encuentro de David. David salió
rápidamente de las filas al encuentro del
filisteo. 49 Metió su mano David en su
bolsa, sacó de él una piedra, la lanzó
con la honda e hirió al filisteo en la frente; la piedra se clavó en su frente y cayó
de bruces en tierra. 50 Y venció David al
filisteo con la honda y la piedra; hirió al
filisteo y lo mató sin tener espada en su
mano. 51 Corrió David, se detuvo sobre
el filisteo y tomando la espada de éste
la sacó de su vaina, lo mató y le cortó
la cabeza.

Viendo los filisteos que había muerto
su campeón, huyeron. 52 Se levantaron
los hombres de Israel y de Judá y, lanzando el grito de guerra, persiguieron a
los filisteos hasta la entrada del valle y
hasta las puertas de Ecrón. Los cadáveres de los filisteos cubrían el camino, desde Saaráin hasta Gat y Ecrón. 53 Cuando
los israelitas regresaron de perseguir
sañudamente a los filisteos, saquearon el
campamento. 54 Tomó David la cabeza
del filisteo y la llevó a Jerusalén; pero sus
armas las colocó en su tienda.

David vencedor es presentado a Saúl.

55 Cuando Saúl vio a David salir al encuentro del filisteo, preguntó a Abner,
jefe del ejército: «¿De quién es hijo este
muchacho, Abner?» Abner respondió:
«Por tu vida, oh rey, que no lo sé.» 56 El
rey dijo: «Pregunta de quién es hijo este
muchacho.»

57 Cuando volvió David de matar al
filisteo, lo tomó Abner y lo llevó ante
Saúl con la cabeza del filisteo en la
mano. 58 Saúl le preguntó: «¿De quién
eres hijo, muchacho?» David respondió:
«De tu siervo Jesé, de Belén.»

18 1 En acabando de hablar David
a Saúl, el alma de Jonatán se
apegó al alma de David, y lo amó Jonatán como a sí mismo*. 2 Lo retuvo
Saúl aquel día y no le permitió regresar a casa de su padre. 3 Hizo Jonatán
alianza con David, pues lo amaba como
a sí mismo. 4 Se quitó Jonatán el manto
que llevaba y se lo dio a David, su vestido y también su espada, su arco y su
cinturón. 5 David lograba éxito en todas
las campañas que Saúl le encomenda-
ba, y lo puso Saúl al frente de hombres
de guerra, y se hizo querer de todo
el pueblo, también de los servidores
de Saúl.

Despierta la envidia de Saúl.

6 A su regreso, cuando volvió David
de matar al filisteo, salían las mujeres de
todas la ciudades de Israel al encuentro
del rey Saúl para cantar danzando al
son de panderos y triángulos con cantos

18 1 Nacimiento de una amistad duradera, **19** 17; **20**; **23** 15-18; 2 S **1** 17-27.

de alegría. 7 Las mujeres, danzando, cantaban a coro:

«Saúl mató sus millares
y David sus miríadas.»

8 Se irritó mucho Saúl y le disgustó el suceso, pues decía: «Dan miríadas a David y a mí millares; sólo le falta ser rey.» 9 Y desde aquel día en adelante miraba Saúl a David con ojos de envidia.

=**19** 9-10; ver **16** 14+.

10 Al día siguiente se apoderó de Saúl un espíritu malo de Dios y deliraba en medio de la casa; David tocaba como otras veces. Tenía Saúl la lanza en la mano. 11 Blandió Saúl la lanza y dijo: «Voy a clavar a David en la pared.» Pero David le esquivó dos veces.

12 Temía Saúl a David porque Yahvé estaba con David y de Saúl se había apartado, 13 y lo alejó Saúl de junto a sí, nombrándolo jefe de mil, y entraba y salía a la cabeza de la tropa. 14 David ejecutaba con éxito todas sus empresas y Yahvé estaba con él. 15 Viendo Saúl que tenía mucho éxito lo temió. 16 Todo Israel y Judá quería a David, pues salía y entraba a la cabeza de ellos.

Matrimonio de David.

17 Dijo Saúl a David: «Voy a darte por mujer a mi hija mayor Merab, tan sólo con que me seas valeroso y luches las batallas de Yahvé.» Saúl se había dicho: «Que no muera por mi mano, sino por mano de los filisteos.» 18 Dijo David a Saúl: «¿Quién soy yo y qué es mi vida y la casa de mi padre en Israel, para ser yerno del rey?» 19 Pero cuando llegó el tiempo de entregar a Merab, la hija de Saúl, a David, fue entregada a Adriel de Mejolá.

20 Mical, hija de Saúl, estaba enamorada de David; se lo dijeron a Saúl y le agradó la noticia. 21 Dijo Saúl: «Se la entregaré, pero será para él un lazo, pues caerá sobre él la mano de los filisteos.» Saúl, pues, dijo dos veces a David: «Ahora serás mi yerno.» 22 Ordenó Saúl a sus servidores: «Insinúen a David: Mira que el rey te estima; también te estiman todos sus servidores; procura ser yerno del rey.» 23 Los servidores de Saúl dijeron estas palabras a oídos de David y David replicó: «¿Les parece sencillo ser yerno del rey? Yo soy un hombre pobre y ruin.» 24 Comunicaron a Saúl sus servidores: «Estas palabras ha dicho David.» 25 Respondió Saúl: «Digan así a David: No quiere el rey dote, sino cien prepucios* de filisteos para vengarse de los enemigos del rey.» Tramaba el rey hacer sucumbir a David a manos de los filisteos.

26 Los servidores comunicaron a David estas palabras y la cosa pareció bien a David para llegar a ser yerno del rey. No se había cumplido el plazo, 27 cuando se levantó David y partió con sus hombres. Mató a los filisteos doscientos hombres y trajo David sus prepucios, que entregó cumplidamente al rey para ser yerno del rey. Saúl le dio a su hija Mical por mujer.

28 Temió Saúl, pues sabía que Yahvé estaba con David y que Mical, hija de Saúl, lo amaba. 29 Aumentó el temor de Saúl hacia David y fue siempre hostil a David. 30 Salían los jefes de los filisteos, pero en todas sus incursiones obtenía David más éxito que los demás servidores de Saúl, y su nombre se hizo muy famoso.

Jonatán intercede por David.

Ver **20**.

19 1 Saúl dijo a su hijo Jonatán y a todos sus servidores que haría morir a David; pero Jonatán, hijo de Saúl, amaba mucho a David, 2 y avisó Jonatán a David diciéndole: «Mi padre Saúl te busca para matarte. Anda sobre aviso mañana por la mañana; retírate a un lugar oculto y escóndete. 3 Yo saldré y estaré junto a mi padre en el campo, donde tú estés, y hablaré por ti a mi padre; veré lo que hay y te avisaré.»

18 25 Algunas veces se hacía recuento de los enemigos muertos cortándoles un miembro. Los prepucios certificarán que las víctimas son filisteos incircuncisos.

[4] Habló Jonatán a Saúl su padre en favor de David y dijo: «No peque el rey contra su siervo David, porque él no ha pecado contra ti, sino que te ha hecho grandes servicios. [5] Puso su vida en peligro, mató al filisteo y concedió Yahvé una gran victoria para todo Israel. Tú lo viste y te alegraste. ¿Por qué, pues, vas a pecar contra sangre inocente haciendo morir a David sin motivo?» [6] Escuchó Saúl las palabras de Jonatán y juró: «¡Vive Yahvé!, no morirá.» [7] Llamó entonces Jonatán a David, le contó todas estas palabras y llevó a David donde Saúl, y se quedó a su servicio como antes.

2. FUGA DE DAVID

Atentado de Saúl contra David.
=**18** 10-11.

[8] Reanudada la guerra, partió David para combatir a los filisteos, les causó una gran derrota y huyeron ante él. [9] Se apoderó de Saúl un espíritu malo de Yahvé; estaba sentado en medio de la casa con su lanza en su mano y David tocaba. [10] Intentó Saúl clavar con su lanza a David en la pared; esquivó David a Saúl y la lanza se clavó en la pared; huyó David y se puso a salvo aquella misma noche.

David salvado por Mical.

[11] Envió Saúl gente a casa de David para vigilarlo y matarlo por la mañana, pero su mujer Mical advirtió a David: «Si no te pones a salvo esta misma noche, mañana morirás.» [12] Mical hizo bajar a David por la ventana. Él huyó y se puso a salvo.

[13] Tomó Mical los ídolos y los puso en el lecho, colocó una estera de pelos de cabra a la cabecera, y los cubrió con una colcha. [14] Cuando Saúl envió emisarios para prender a David, ella dijo: «Está enfermo.» [15] Saúl envió emisarios para ver a David y les dijo: «Tráiganmelo en su lecho, para matarlo.» [16] Entraron los emisarios y hallaron los ídolos en el lecho y la estera de pelos de cabra en la cabecera. [17] Dijo Saúl a Mical: «¿Por qué me has engañado y has dejado escapar a mi enemigo para que se salve?» Respondió Mical a Saúl: «Él me dijo: déjame escapar o te mato.»

Saúl y David con Samuel.

[18] Huyó David y se puso a salvo. Se fue donde Samuel, en Ramá, y le contó cuanto Saúl le había hecho. Después, él y Samuel se fueron a habitar en las celdas*. [19] Avisaron a Saúl: «Mira, David está en las celdas de Ramá.» [20] Mandó Saúl emisarios para prender a David; vieron éstos la agrupación de los profetas en trance de profetizar, con Samuel a la cabeza*. Vino sobre los emisarios de Saúl el espíritu de Dios y también ellos se pusieron en trance. [21] Se lo comunicaron a Saúl y envió nuevos emisarios que también se pusieron en trance. Saúl volvió a enviar emisarios por tercera vez y también éstos se pusieron en trance.

[22] Entonces partió él mismo para Ramá y llegó a la gran cisterna de la era que está en Secu y preguntó: «¿Dónde están Samuel y David?», y le dijeron: «Están en las celdas de Ramá.» [23] Se fue de allí a las celdas de Ramá y vino también sobre él el espíritu de Dios e iba caminando en trance hasta que llegó a las celdas de Ramá. [24] También él se quitó sus vestidos y se puso en trance profético ante Samuel, y quedó desnudo en tierra todo aquel día y toda aquella noche, por lo que se suele decir: «¿Conque también Saúl entre los profetas*?»

19 18 *Celdas,* habitaciones de los profetas, ver 2 R **6** 1.

19 20 Único pasaje en el que Samuel se presenta así, ver **10** 5+.

19 24 Ver **10** 9-13.

Jonatán favorece la huida de David.

19 1-7.11-17.

20 1 Huyó David de las celdas de Ramá y se fue a decir a Jonatán: «¿Qué he hecho, cuál es mi falta y en qué he pecado contra tu padre para que busque mi muerte?» 2 Jonatán le dijo: «De ninguna manera, no morirás. Mi padre no hace ninguna cosa, grande o pequeña, sin descubrírmela; ¿por qué me había de ocultar mi padre este asunto? ¡No puede ser!» 3 Pero David volvió a jurar: «Sabe muy bien tu padre que me tienes mucho afecto y se ha dicho: 'Que no lo sepa Jonatán para que no se apene.' Y, con todo, por vida de Yahvé y por tu vida, que no hay más que un paso entre yo y la muerte.»

4 Dijo Jonatán a David: «Dime lo que deseas y te lo haré.» 5 Dijo David a Jonatán: «Mira, mañana es el novilunio*; yo tendría que sentarme con el rey a comer, pero tú me dejarás marchar y me esconderé en el campo hasta la noche. 6 Si tu padre nota mi ausencia, dirás: 'David me ha pedido con insistencia que le deje hacer una escapada a Belén, su ciudad, porque se celebra allí el sacrificio anual de toda la familia.' 7 Si tu padre dice: 'Está bien,' es que me encuentro a salvo; pero si se enfurece, sabrás que ha decidido mi ruina. 8 Haz este favor a tu siervo, ya que hiciste que tu siervo estableciera contigo alianza de Yahvé; si en algo he fallado, dame tú mismo la muerte; ¿para qué llevarme hasta tu padre?» 9 Respondió Jonatán: «¡Lejos de ti! Si yo supiera con certeza que por parte de mi padre está decretado que venga la ruina sobre ti, ¿no te lo avisaría?» 10 Respondió David a Jonatán: «¿Quién me avisará si tu padre te responde con aspereza?»

11 Respondió Jonatán a David: «Ven, salgamos al campo.» Y salieron ambos al campo. 12 Dijo Jonatán a David: «Por Yahvé, Dios de Israel, te juro que mañana a esta misma hora sondearé a mi padre; si la cosa se pone bien para David y no envío un mensaje y quien te lo haga saber, 13 que Yahvé me pida cuentas de lo que he hecho. Si mi padre decide hacerte mal, te lo haré saber para que te pongas a salvo y vayas en paz. Y que Yahvé sea contigo como lo fue con mi padre. 14 Si para entonces estoy vivo todavía, usa conmigo la bondad de Yahvé y, si muerto, 15 nunca apartes tu misericordia de mi casa. Y cuando Yahvé haya exterminado a los enemigos de David de la faz de la tierra, 16 que no sea exterminado Jonatán* con la casa de Saúl; de lo contrario, que Yahvé pida cuentas a David.» Jonatán concluyó un pacto con la casa de David: Yahvé pedirá cuentas a la casa de David. 17 Jonatán hizo jurar a David por el amor que le tenía, pues lo amaba como a sí mismo.

18 Jonatán le dijo: «Mañana es novilunio y se notará tu ausencia, porque mirarán tu asiento. 19 Pasado mañana se notará más. Tú te vas al sitio en que te escondiste el día del suceso aquel y te pones junto a aquella piedra. 20 Ese mismo día, yo tiraré flechas por esa parte, como para tirar al blanco. 21 Mandaré al muchacho: 'Anda, busca la flecha.' Si digo al muchacho: 'La flecha está más acá de ti, tómala,' vienes, porque todo va bien para ti y no hay nada, por vida de Yahvé. 22 Pero si digo al muchacho: 'La flecha está más allá de ti,' vete, porque Yahvé quiere que te vayas. 23 Cuanto a la palabra que tú y yo tenemos hablada, mira, Yahvé está entre los dos para siempre.»

24 David se escondió en el campo. Llegado el novilunio, el rey se puso a la mesa para comer. 25 Se sentó el rey en su asiento, como de costumbre, en el asiento de la pared; Jonatán se sentó enfrente y Abner al lado de Saúl; el asiento de David quedó vacío. 26 Saúl no dijo nada aquel día, porque pensó: «Será un accidente, no estará puro porque no se ha purificado.» 27 Al día si-

20 5 Fiesta religiosa al principio de cada mes, Nm **28** 11-15; Is **1** 13-14; Am **8** 5.

20 16 Ver 2 S **9**; **21** 7.

guiente del novilunio, el segundo día,
se fijaron en el asiento de David, y Saúl
dijo a su hijo Jonatán: «¿Por qué no ha
venido a comer ni ayer ni hoy el hijo de
Jesé?» 28 Jonatán respondió a Saúl: «David me pidió con insistencia poder ir a
Belén. 29 Me dijo: 'Déjame ir, por favor,
porque es nuestro sacrificio de familia en
la ciudad y mis hermanos me han reclamado. Así que, si he hallado gracia a tus
ojos, déjame hacer una escapada para
ver a mis hermanos.' Por esto no ha venido a la mesa del rey.»
30 Se encendió la cólera de Saúl contra Jonatán y le dijo: «¡Hijo de una perdida! ¿Acaso no sé yo que prefieres al
hijo de Jesé para vergüenza tuya y vergüenza de la desnudez de tu madre?
31 Pues mientras viva sobre el suelo el
hijo de Jesé, no estarás a salvo ni tú ni tu
reino; así que manda a buscarlo y tráe-
melo, porque es reo de muerte*.» 32 Respondió Jonatán a su padre Saúl y le
dijo: «¿Por qué ha de morir? ¿Qué ha
hecho?» 33 Blandió Saúl su lanza contra
él para herirlo y comprendió Jonatán
que por parte de su padre la muerte de
David era cosa decidida. 34 Se levantó
Jonatán de la mesa ardiendo en ira y
no comió el segundo día del novilunio,
pues estaba afligido por David y porque
su padre lo había injuriado.
35 A la mañana siguiente salió Jonatán
con un muchacho al campo, a la hora
acordada con David. 36 Dijo al muchacho: «Corre a buscar las flechas que voy
a tirar.» Corrió el muchacho, y entonces
Jonatán lanzó las flechas más allá de él.
37 Cuando el muchacho llegaba al lugar
donde había lanzado la flecha Jonatán,
éste gritó detrás de él: «¿Acaso no está
la flecha más allá de ti?», 38 y siguió gritando detrás del muchacho: «Pronto,
date prisa, no te detengas.» Tomó el
muchacho de Jonatán la flecha y volvió
donde su señor. 39 El muchacho no se
enteró de nada. Solamente lo entendían
Jonatán y David.
40 Dio Jonatán sus armas al muchacho
que estaba con él y le dijo: «Anda, llévalas
a la ciudad.» 41 Se marchó el muchacho
y David se levantó de junto a la loma. Y,
cayendo sobre su rostro en tierra, se postró tres veces. Se abrazaron los dos y
lloraron copiosamente. 42 Dijo Jonatán
a David: «Vete en paz, ya que nos hemos
jurado en nombre de Yahvé: 'Que Yahvé
esté entre tú y yo, entre mi descendencia
y la tuya para siempre.'»

21 1 Se levantó David y se fue, y
Jonatán volvió a la ciudad.

Parada en Nob.

2 Llegó David a Nob, donde el sacerdote Ajimélec; vino Ajimélec temblando
al encuentro de David y le preguntó:
«¿Por qué vienes solo y no hay nadie contigo?» 3 Respondió David al sacerdote
Ajimélec: «El rey me ha dado una orden
y me ha dicho: 'Que nadie sepa el asunto
que te mando y que te ordeno.' A los muchachos los he citado en tal lugar. 4 Así,
pues, ¿qué tienes a mano? Dame cinco
panes o lo que haya.» 5 Respondió el sacerdote a David: «No tengo a mano pan
profano, pero hay pan consagrado*, si es
que los muchachos se han abstenido al
menos del trato con mujeres.»
6 Respondió David al sacerdote: «Ciertamente que la mujer nos está prohibida,
como siempre que salgo a campaña, y
los cuerpos de los muchachos están puros; aunque es un viaje profano, cierto
que hoy sus cuerpos están puros*.» 7 El
sacerdote le dio entonces pan consagrado, porque no había allí otro pan
sino el pan de la presencia, el retirado
de delante de Yahvé para colocar pan
reciente el día que tocaba retirarlo.
8 Estaba allí aquel día uno de los servidores de Saúl, detenido ante Yahvé;

20 31 El ascendiente creciente de David hace temer a Saúl que no podrá trasmitir su poder a su hijo.
21 5 Los panes de la Presencia, Ex **25** 30; Lv **24** 5-9, reservados en principio a los sacerdotes, ver Mt **12** 3-4p.
21 6 La pureza ritual, y por tanto la continencia, se requería en aquellos que recibían estos panes, Dt **23** 10.

se llamaba Doeg, edomita, mayoral de
los pastores de Saúl.
9 Dijo David a Ajimélec: «¿No tienes
aquí a mano una lanza o una espada?
Porque ni siquiera he cogido mi espada
y mis armas, pues urgía la orden del rey.»
10 Respondió el sacerdote: «Ahí está la
espada de Goliat el filisteo que mataste
en el valle del Terebinto, envuelta en
un paño detrás del efod*; si la quieres,
tómala; fuera de ésta, no hay otra.» Dijo
David: «Ninguna mejor. Dámela.»

David en Gat.

Ver **27**.

11 David huyó aquel día de Saúl y se
refugió donde Aquis, rey de Gat. 12 Los
servidores de Aquis le dijeron: «¿No es
éste David, rey de la tierra? ¿No es éste
a quien cantaban en corro:

Saúl mató sus millares
y David sus miríadas?»

13 Meditó David estas palabras y temió
mucho a Aquis, rey de Gat. 14 Y se fingió demente ante sus ojos, haciéndose
el loco en medio de ellos; tamborileaba
sobre el batiente de la puerta y dejaba
caer la saliva sobre su barba.
15 Dijo, pues, Aquis a sus servidores:
«Miren, este hombre está loco. ¿Para
qué me lo han traído? 16 ¿Es que me hacen falta locos, que me han traído a éste
para que haga el loco a mi costa? ¿Va a
entrar éste en mi casa?»

3. DAVID JEFE DE BANDA

David comienza su vida errante*.

22 1 Partió de allí David y se refugió en la cueva de Adulán. Se
enteraron sus hermanos y toda la casa
de su padre y bajaron allí, junto a él.
2 Todo el que se encontraba en apuros,
todos los entrampados y desesperados
se unieron a él y fue jefe de ellos. Había
con él unos cuatrocientos hombres.
3 De allí se fue David a Mispé de Moab
y dijo al rey de Moab: «Permite, por favor, que mi padre y mi madre se queden
con ustedes hasta que yo sepa qué va a
hacer conmigo Dios.» 4 Los llevó ante
el rey de Moab, y se quedaron con él
todo el tiempo que David estuvo en el
refugio.
5 El profeta Gad dijo a David: «No te
quedes en el refugio. Vete y penetra en
las tierras de Judá.» Partió David y entró
en el bosque de Jéret.

Matanza de los sacerdotes de Nob.

6 Oyó Saúl que David y los hombres
que estaban con él habían sido descubiertos. Estaba Saúl en Guibeá, en el
alto, debajo del tamarisco, con la lanza
en la mano, rodeado de todos sus servidores. 7 Dijo Saúl a todos los servidores
que le rodeaban: «Oiganme todos, benjaminitas: ¿también a cada uno de ustedes les va a dar el hijo de Jesé campos y
viñas y los va a nombrar a todos jefes
de millares y jefes de cien, 8 pues conspiran todos contra mí y no ha habido
quien me descubriera la alianza de mi
hijo con el hijo de Jesé, nadie que sintie-
ra pena por mí y me avisara que mi hijo
hacía que mi servidor atentara contra
mí, como ocurre hoy mismo?»
9 Respondió Doeg el edomita, que
estaba entre los servidores de Saúl: «Yo
he visto al hijo de Jesé venir a Nob,
donde Ajimélec, hijo de Ajitub. 10 Consultó por él a Yahvé, le dio víveres e
incluso le entregó la espada de Goliat
el filisteo.» 11 Mandó el rey llamar al
sacerdote Ajimélec, hijo de Ajitub, y a
toda la casa de su padre, a los sacerdotes que había en Nob, y vinieron todos
donde el rey.

21 10 Probablemente el *efod* adivinatorio, ver **2** 28+, que era un objeto bastante voluminoso, ver Jc **8** 27+. Otros creen que se trata de una estatua.

22 David, obligado a huir, reagrupará a todos los descontentos, **22** 23.

12 Dijo Saúl: «Escucha, hijo de Ajitub.» Éste respondió: «Aquí estoy, mi
señor.» 13 Le dijo Saúl: «¿Por qué conspiran contra mí tú y el hijo de Jesé, pues
le diste pan y una espada y consultaste a
Dios por él, para que se alzara contra mí,
como ahora está sucediendo?» 14 Respondió Ajimélec al rey: «¿Y quién, entre
todos tus servidores, es como David,
el fiel, el yerno del rey y el jefe de tu
guardia personal y honrado en tu propia
casa? 15 ¿Es que he comenzado hoy a
consultar a Dios por él? ¡Líbreme Dios!
No achaque el rey a su siervo y a toda la
casa de mi padre una cosa tal porque nada sabe tu siervo de esto, ni poco ni mucho.» 16 Respondió el rey: «Vas a morir,
Ajimélec, tú y toda la casa de tu padre.»

17 Dijo pues el rey a los corredores
que estaban a su lado: «Acérquense y
den muerte a los sacerdotes de Yahvé,
porque también su mano está con David, pues sabían que huía y no me lo
hicieron saber.» Pero los servidores del
rey no quisieron alzar su mano para
herir a los sacerdotes de Yahvé. 18 Dijo,
pues, el rey a Doeg: «Acércate tú y hiere
a los sacerdotes.» Se acercó Doeg el
edomita y él mismo hirió a los sacerdotes; mató aquel día a ochenta y cinco
hombres que llevaban efod de lino.
19 Saúl pasó a filo de espada a Nob, la
ciudad de los sacerdotes, hombres, mujeres, niños y lactantes, bueyes, burros y
ovejas, todos a cuchillo.

20 Sólo pudo escapar un hijo de Ajimélec, hijo de Ajitub, llamado Abiatar,
y huyó donde David. 21 Abiatar notificó
a David que Saúl había dado muerte
a los sacerdotes de Yahvé. 22 David
dijo a Abiatar: «Ya sabía yo aquel día
que, estando allí Doeg el edomita,
no dejaría de avisar a Saúl. Yo soy el
responsable de todas las vidas de la
casa de tu padre. 23 Quédate conmigo
y no temas, que quien busca tu muerte
busca la mía, y junto a mí estarás bien
custodiado*.»

David en Queilá.

23 1 Avisaron a David: «Mira, los
filisteos están atacando a Queilá y han saqueado las eras.» 2 Consultó
David a Yahvé: «¿Debo ir a batir a esos
filisteos?» Yahvé respondió a David:
«Vete, batirás a los filisteos y salvarás a
Queilá.» 3 Dijeron a David sus hombres:
«Mira, ya en Judá estamos con temor, ¿y
todavía vamos a marchar a Queilá contra las huestes de los filisteos?» 4 David
consultó de nuevo a Yahvé. Yahvé respondió: «Levántate, baja a Queilá porque he entregado a los filisteos en tus
manos.» 5 Fue David con sus hombres a
Queilá, atacó a los filisteos, se llevó sus
rebaños, les causó una gran mortandad
y libró David a los habitantes de Queilá.
6 Cuando Abiatar, hijo de Ajimélec, huyó a donde David, descendió también a
Queilá, con el efod en su mano.

7 Se avisó a Saúl que David había
entrado en Queilá y dijo: «Dios lo ha
entregado en mis manos, pues él mismo
se ha encerrado yendo a una ciudad con
puertas y cerrojos.» 8 Llamó Saúl a todo
el pueblo a las armas para bajar a Queilá
y cercar a David y sus hombres. 9 Supo
David que Saúl tramitaba su ruina, y dijo
al sacerdote Abiatar: «Acerca el efod.»
10 Dijo David: «Yahvé, Dios de Israel, tu
siervo ha oído que Saúl intenta venir a
Queilá para destruir la ciudad por mi
causa. 11 ¿Me entregarán en sus manos
los notables de Queilá? ¿Descenderá de
verdad Saúl como tu siervo ha oído?
Yahvé, Dios de Israel, hazlo saber por
favor a tu siervo.» Yahvé respondió:
«Bajará.» 12 Preguntó David: «¿Me entregarán los notables de Queilá, a mí y a
mis hombres, en manos de Saúl?» Respondió Yahvé: «Te entregarán.» 13 Se levantó David con sus hombres, que eran
unos trescientos; salieron de Queilá, y
anduvieron errando. Avisaron a Saúl
que David se había escapado de Queilá
y suspendió la expedición.

22 23 Abiatar seguirá siendo sacerdote de David hasta la muerte de éste, 1 R **2** 26-27.

14 David se asentó en el desierto, en refugios, y se quedó en la montaña del desierto de Zif; Saúl lo buscaba sin cesar, pero Dios no lo entregó en sus manos.

David en Jorsa. Visita de Jonatán.

15 Se enteró David de que Saúl había salido a campaña para buscar su muerte. Estaba entonces David en el desierto de Zif, en Jorsa. 16 Jonatán, hijo de Saúl, se levantó y fue donde David, en Jorsa, le dio ánimos en Dios, 17 y le dijo: «No temas, porque la mano de Saúl, mi padre, no te alcanzará; tú reinarás sobre Israel y yo seré tu segundo. Hasta mi padre Saúl lo tiene sabido.» 18 Hicieron ambos una alianza ante Yahvé; David se quedó en Jorsa y Jonatán se volvió a su casa.

David escapa con apuros de Saúl.

19 Subieron algunos zifitas a Guibeá, donde Saúl, para decirle: «¿No se esconde David entre nosotros, en los refugios de Jorsa, en la colina de Jaquilá, que está al sur de la estepa? 20 Tú deseas con toda tu alma, oh rey, descender. Desciende y es cosa nuestra entregarlo en manos del rey.» 21 Respondió Saúl: «Que Yahvé los bendiga por haberse compadecido de mí. 22 Vayan, pues; entérense bien y miren el lugar por donde anda y quién lo ha visto allí, porque me han dicho que es muy astuto. 23 Miren y reconozcan todos los escondrijos en que pueda esconderse, y vuelvan a mí cuando estén seguros y subiré con ustedes, y si está en la comarca lo rebuscaré entre todas las familias de Judá.»

24 Se pusieron en marcha hacia Zif antes que Saúl. Estaban David y sus hombres en el desierto de Maón, en la llanura, al sur del desierto. 25 Fue Saúl con sus hombres en su busca; avisaron a David y bajó al tajo que está en el desierto de Maón. Lo oyó Saúl y persiguió a David en el desierto de Maón. 26 Iba Saúl y sus hombres por un lado de la montaña, y David y sus hombres por el lado de la otra. Huía David a toda prisa ante Saúl, mientras éste y sus hombres intentaban rodear a David y sus hombres para apresarlos, 27 cuando de pronto llegó un mensajero a Saúl y le dijo: «Date prisa y ven, porque los filisteos han invadido la tierra.» 28 Abandonó Saúl la persecución de David y marchó al encuentro de los filisteos. Por eso se llamó aquel lugar «Peña de la Separación.»

David perdona a Saúl.

=**26**.

24 1 Subió de allí David y se asentó en los refugios de Engadí. 2 Cuando regresó Saúl de perseguir a los filisteos, le avisaron: «David está en el desierto de Engadí.» 3 Tomó entonces Saúl tres mil hombres selectos de todo Israel y partió en busca de David y de sus hombres frente a las Peñas de los Rebecos. 4 Llegó a unos rediles de ganado junto al camino; había allí una cueva y Saúl entró en ella para hacer sus necesidades. David y sus hombres estaban en el fondo de la cueva. 5 Los hombres de David le dijeron: «Mira, éste es el día que Yahvé te anunció: Yo pongo a tu enemigo en tus manos, haz de él lo que te plazca.» Se levantó David y silenciosamente cortó la punta del manto de Saúl. 6 Después su corazón le latía fuertemente por haber cortado la punta del manto de Saúl, 7 y dijo a sus hombres: «Yahvé me libre de hacer tal cosa a mi señor, al ungido de Yahvé, y de alzar mi mano contra él, porque es el ungido de Yahvé*.» 8 David disuadió a sus hombres con estas palabras, y no les permitió lanzarse contra Saúl.

Saúl marchó de la cueva y siguió su camino. 9 A continuación salió David de la cueva y gritó a espaldas de Saúl: «¡Oh rey, mi señor!» Volvió Saúl la vista, e in-

24 7 Ver **9** 26+. Generosidad de David y respeto por el carácter sagrado del rey, **26**.

clinándose David, rostro en tierra, se postró ante él, 10 y dijo David a Saúl: «¿Por qué escuchas las palabras de la gente que te dice: David busca tu ruina? 11 Acabas de ver que Yahvé te ha puesto en mis manos en la cueva, y han hablado de matarte, pero te he perdonado, pues me he dicho: No alzaré mi mano contra mi señor, porque es el ungido de Yahvé. 12 Mira, padre mío, mira la punta de tu manto en mi mano; si he cortado la punta de tu manto y no te he matado, reconoce y mira que no hay en mi camino maldad ni crimen, ni he pecado contra ti, mientras que tú me pones insidias para quitarme la vida. 13 Que juzgue Yahvé entre los dos y que Yahvé me vengue de ti, pero mi mano no te tocará, 14 pues como dice el antiguo proverbio: De los malos sale malicia, pero mi mano no te tocará. 15 ¿Contra quién sale el rey de Israel, a quién estás persiguiendo? A un perro muerto, a una pulga. 16 Que Yahvé juzgue y sentencie entre los dos, que él vea y defienda mi causa y me haga justicia librándome de tu mano.»

17 Cuando David hubo acabado de decir estas palabras a Saúl, dijo Saúl: «¿Es ésta tu voz, hijo mío David?» Y alzando Saúl su voz, rompió a llorar, 18 y dijo a David: «Más justo eres tú que yo, pues tú me haces beneficios y yo te devuelvo males; 19 hoy has mostrado tu bondad, pues Yahvé me ha puesto en tus manos y no me has matado. 20 ¿Qué hombre encuentra a su enemigo y le permite seguir su camino en paz? Que Yahvé te premie por el bien que hoy me has hecho. 21 Ahora tengo por cierto que reinarás y que el reino de Israel se afirmará en tu mano. 22 Ahora, pues, júrame por Yahvé que no exterminarás mi descendencia después de mí y que no borrarás mi nombre de la casa de mi padre.» 23 David se lo juró a Saúl. Éste se fue a su casa y David y sus hombres subieron al refugio.

Muerte de Samuel.

=**28** 3.

25

1 Samuel murió. Todo Israel se congregó para llorarlo y lo sepultaron en su heredad, en Ramá.

Historia de Nabal y Abigail.

David se puso en marcha y bajó al desierto de Parán.

2 Había un hombre en Maón que tenía su hacienda en Carmelo*. Era un hombre muy rico; poseía tres mil ovejas y mil cabras. Estaba entonces en Carmelo, esquilando su rebaño. 3 El hombre se llamaba Nabal y su mujer se llamaba Abigail; ella era muy prudente y hermosa, pero el hombre era duro y de mala conducta. Era calebita.

4 Supo David en el desierto que Nabal estaba esquilando su rebaño 5 y mandó diez muchachos. David dijo a los muchachos*: «Suban a Carmelo y lleguen donde Nabal y lo saludan en mi nombre. 6 Le dirán: 'Que sea así también el año que viene. Salud para ti, salud para tu casa y salud para todo lo tuyo. 7 He sabido que estás de esquileo; pues bien, tus pastores han estado con nosotros y nunca los hemos molestado ni han echado en falta nada de lo suyo mientras estuvieron en Carmelo. 8 Pregunta a tus criados y ellos te lo dirán. Que estos muchachos encuentren, pues, gracia a tus ojos, ya que hemos venido en un día de fiesta, y dales lo que tengas a mano para tus siervos y tu hijo David.'»

9 Llegaron los muchachos de David, dijeron a Nabal todas estas palabras en nombre de David y se quedaron esperando. 10 Pero Nabal respondió a los servidores de David: «¿Quién es David y quién es el hijo de Jesé? Abundan hoy en día los siervos que andan huidos de sus señores. 11 ¿Voy a tomar acaso mi pan y mi agua y las reses que he sacrificado para los esquiladores y se las voy a dar a unos hombres que no sé de dónde

25 2 Ver **15** 12.

25 5 David se aprovecha de la fiesta del esquileo de las ovejas para exigir la tasa *debida* a los nómadas que no saquean las ciudades, v. 16; es el derecho de *fraternidad,* v. 6.

son?» 12 Los muchachos de David dieron la vuelta y se volvieron por su camino, y en llegando le comunicaron todas estas palabras. 13 David dijo a sus hombres: «Que cada uno ciña su espada.» Todos ciñeron su espada. También David se ciñó su espada. Subieron detrás de David unos cuatrocientos hombres, quedándose doscientos con el bagaje.

14 Uno de los servidores avisó a Abigail, mujer de Nabal, diciendo: «Mira que David ha enviado mensajeros desde el desierto para saludar a nuestro amo, y se ha lanzado contra ellos. 15 Sin embargo, esos hombres han sido muy buenos con nosotros, no nos han molestado y nada echamos en falta mientras anduvimos con ellos, cuando estábamos en el campo. 16 Fueron nuestra defensa noche y día todo el tiempo que estuvimos con ellos guardando el ganado. 17 Date cuenta y mira lo que debes hacer, porque ya está decretada la ruina de nuestro amo y de toda la casa, y es un necio al que nada se puede decir.»

18 Tomó Abigail a toda prisa doscientos panes y dos odres de vino, cinco carneros ya preparados, cinco arrobas de trigo tostado, cien racimos de uvas pasas y doscientos panes de higos secos, y lo cargó sobre unos burros, 19 diciendo a sus servidores: «Pasen delante de mí, que yo los sigo.» Pero nada dijo a su marido Nabal.

20 Cuando bajaba ella, montada en el burro, por lo cubierto de la montaña, David y sus hombres bajaban a su encuentro y se tropezó con ellos. 21 David se decía: «Muy en vano he guardado en el desierto todo lo de este hombre para que nada de lo suyo le faltara, pues me devuelve mal por bien. 22 Esto haga Dios a David y esto otro añada si para el alba dejo con vida ni un solo varón de los de Nabal.» 23 Apenas vio a David, se apresuró Abigail a bajar del burro y cayendo ante David se postró en tierra, y 24 arrojándose a sus pies le dijo: «Caiga sobre mí la falta, señor. Deja que tu sierva hable a tus oídos y escucha las palabras de tu sierva. 25 No haga caso mi señor de este necio de Nabal; porque le va bien el nombre: necio se llama y la vileza está con él; yo, tu sierva, no vi a los siervos que mi señor había enviado. 26 Ahora, mi señor, por Yahvé y por tu vida, por Yahvé que te ha impedido derramar sangre y tomarte la justicia por tu propia mano, que sean como Nabal tus enemigos y los que buscan la ruina de mi señor. 27 Cuanto a este presente que tu sierva ha hecho traer para mi señor, que sea entregado a los muchachos que marchan detrás de mi señor. 28 Perdona, por favor, la falta de tu sierva, ya que ciertamente hará Yahvé una casa permanente a mi señor, pues mi señor combate las batallas de Yahvé y no vendrá mal sobre ti en toda tu vida. 29 Y aunque se alza un hombre para perseguirte y buscar tu vida, la vida de mi señor está encerrada en la bolsa de la vida*, al lado de Yahvé tu Dios, mientras que la vida de los enemigos de mi señor la volteará en el hueco de la honda. 30 Cuando haga Yahvé a mi señor todo el bien que te ha prometido y te haya establecido como caudillo de Israel, 31 que no haya turbación ni remordimiento en el corazón de mi señor por haber derramado sangre inocente y haberse tomado mi señor la justicia por su mano; y cuando Yahvé haya favorecido a mi señor, acuérdate de tu sierva.»

32 David dijo a Abigail: «Bendito sea Yahvé, Dios de Israel, que te ha enviado hoy a mi encuentro. 33 Bendita sea tu prudencia y bendita tú misma que me has impedido derramar sangre y tomarme la justicia por mi mano. 34 Pero con todo, vive Yahvé, Dios de Israel, que me ha impedido hacerte mal, que de no haberte apresurado a venir a mi encuentro, no le hubiera quedado a Nabal, al romper el alba, ni un solo varón.» 35 Tomó David de mano de ella lo que le traía y le dijo: «Sube en paz a tu casa; mira, he escuchado tu voz y he accedido a tu petición.»

25 29 Bolsita donde Dios conserva la vida de sus amigos; imagen análoga al *libro* de la vida.

36 Cuando Abigail llegó donde Nabal,
estaba celebrando en su casa un banquete regio; estaba alegre su corazón y
completamente borracho. No le dijo
una palabra, ni grande ni pequeña, hasta el lucir del día. 37 Pero a la mañana,
cuando se le pasó el vino a Nabal, le
contó su mujer lo sucedido; el corazón
se le murió en el pecho y se le quedó
como una piedra. 38 Al cabo de unos
diez días hirió Yahvé a Nabal y murió.

39 Oyó David que Nabal había muerto
y dijo: «Bendito sea Yahvé que ha defendido mi causa contra la injuria de Nabal
y ha preservado a su siervo de hacer
mal. Yahvé ha hecho caer la maldad de
Nabal sobre su cabeza.»

Envió David mensajeros para proponer a Abigail que fuera su mujer. 40 Llegaron los mensajeros de David a casa de
Abigail en Carmelo y le hablaron diciendo: «David nos envía a ti para tomarte
por mujer.» 41 Se levantó ella y se postró
rostro en tierra diciendo: «Tu sierva es
una esclava para lavar los pies de los
siervos de mi señor.» 42 Se levantó Abigail
apresuradamente, montó en su burro y,
seguida de cinco de sus siervas, se fue
tras los enviados de David y fue su mujer.

43 David había tomado también por
mujer a Ajinoán de Yizreel y las dos fueron mujeres suyas. 44 Saúl había dado
su hija Mical, mujer de David, a Paltí,
hijo de Layis, de Galín.

David perdona a Saúl.

=**24**; ver **23** 19s.

26 1 Llegaron los de Zif donde Saúl,
en Guibeá, diciendo: «¿Acaso
no está escondido David en la colina
de Jaquilá, hacia el este de la estepa?»
2 Se levantó Saúl y bajó al desierto de
Zif, con tres mil hombres escogidos de
Israel, para buscar a David en el desierto de Zif. 3 Acampó Saúl en la colina
de Jaquilá, que está frente a la estepa,
junto al camino. Andaba David por el
desierto y vio que entraba Saúl en el
desierto para perseguirlo. 4 Envió David
exploradores y supo con seguridad que
Saúl había venido. 5 Se puso David en
marcha y llegó al lugar donde acampaba
Saúl. Observó el sitio en que estaban
acostados Saúl y Abner, hijo de Ner, jefe de su tropa. Dormía Saúl en el círculo
del campamento, y la tropa acampaba
en torno a él.

6 David dirigió la palabra a Ajimélec,
hitita, y a Abisay, hijo de Sarvia, hermano de Joab, diciendo: «¿Quién quiere bajar conmigo al campamento, donde Saúl?» Abisay respondió: «Yo bajo
contigo.» 7 David y Abisay se dirigieron
de noche hacia la tropa. Saúl dormía
acostado en el centro del campamento,
con su lanza, clavada en tierra, a su
cabecera; Abner y el ejército estaban
acostados en torno a él.

8 Dijo entonces Abisay a David: «Hoy
ha copado Dios a tu enemigo en tu mano. Déjame que ahora mismo lo clave en
tierra con la lanza de un solo golpe. No
tendré que repetir.» 9 Pero David dijo a
Abisay: «No lo mates. ¿Quién atentó contra el ungido de Yahvé y quedó impune?»
10 Añadió David: «Vive Yahvé, que ha de
ser Yahvé quien lo hiera, bien que llegue
su día y muera, bien que baje al combate
y perezca. 11 Líbreme Yahvé de levantar
mi mano contra el ungido de Yahvé.
Ahora toma la lanza de su cabecera y
el jarro de agua y vámonos.» 12 Tomó
David la lanza y el jarro de la cabecera
de Saúl y se fueron. Nadie los vio, nadie
se enteró, nadie se despertó. Todos dormían porque se había abatido sobre ellos
el sopor profundo de Yahvé.

13 Pasó David al otro lado y se colocó
lejos, en la cumbre del monte, quedando un gran espacio entre ellos. 14 Gritó
David a la gente y a Abner, hijo de Ner,
diciendo : «¿No me respondes, Abner?»
Respondió Abner: «¿Quién eres tú, llamas al rey?» 15 Dijo David a Abner:
«¿No eres tú un hombre? ¿Quién como
tú en Israel? ¿Por qué, pues, no has
custodiado al rey tu señor? Pues uno del
pueblo ha entrado para matar al rey,
tu señor. 16 No está bien esto que has
hecho. Vive Yahvé que son ustedes reos
de muerte por no haber velado sobre su
señor, el ungido de Yahvé. Mira ahora.

¿Dónde está la lanza del rey y el jarro
del agua que había junto a la cabecera?»
[17] Reconoció Saúl la voz de David y
preguntó: «¿Es ésta tu voz, hijo mío David?» Respondió David: «Mi voz es, oh
rey, mi señor.» [18] Y añadió: «¿Por qué
persigue mi señor a su siervo? ¿Qué
he hecho y qué maldad hay en mí?
[19] Que el rey mi señor se digne escuchar
ahora las palabras de su siervo. Si es
Yahvé quien te excita contra mí, que
sea aplacado con una ofrenda, pero
si son los hombres, malditos sean
ante Yahvé, porque me expulsan hoy
para que no participe en la heredad de
Yahvé, diciéndose: 'Que vaya a servir a
otros dioses*'. [20] Que no caiga ahora mi
sangre en tierra lejos de la presencia de
Yahvé, pues ha salido el rey de Israel a
la caza de una simple pulga como quien
persigue una perdiz en los montes.»
[21] Respondió Saúl: «He pecado. Vuelve, hijo mío, David, no te haré ya ningún mal, ya que mi vida ha sido hoy
preciosa a tus ojos. Me he portado
como un necio y estaba totalmente
equivocado.» [22] Respondió David: «Aquí
está la lanza del rey. Que pase uno de
los servidores y la tome. [23] Yahvé devolverá a cada uno según su justicia y
su fidelidad; pues hoy te ha entregado
Yahvé en mis manos, pero no he querido alzar mi mano contra el ungido de
Yahvé. [24] De igual modo que tu vida ha
sido hoy de gran precio a mis ojos, así
será de gran precio la mía a los ojos de
Yahvé, de suerte que me libere de toda
angustia.»
[25] Dijo Saúl a David: «Bendito seas,
hijo mío David. Triunfarás en todas tus
empresas.» Siguió David por su camino
y Saúl se volvió a su casa.

4. DAVID CON LOS FILISTEOS

David se refugia en Gat.

27 [1] David dijo para sí: «Algún día
voy a perecer a manos de Saúl.
Estaré a salvo y seguro en tierra de filisteos. Saúl dejará de perseguirme por todos los términos de Israel y escaparé de
sus manos.» [2] David se puso en marcha
y pasó, con los seiscientos hombres que
tenía, a Aquis, hijo de Maoc, rey de Gat.

David vasallo de Aquis.

[3] Se asentó David con Aquis en Gat,
él y sus hombres, cada cual con su familia; David con sus dos mujeres, Ajinoán
de Yizreel y Abigail, mujer de Nabal, de
Carmelo. [4] Se dio aviso a Saúl que David
había huido a Gat y dejó de buscarlo.
[5] Dijo David a Aquis: «Si he hallado
gracia a tus ojos, que se me asigne un
lugar en una de las ciudades del territorio y residiré en ella. ¿Por qué ha de
morar tu siervo a tu lado, en la ciudad
real?» [6] Aquel mismo día Aquis le asignó Sicelag; por eso Sicelag pertenece
hasta el día de hoy a los reyes de Judá.
[7] El número de días que moró David en
territorio de los filisteos fue de un año y
cuatro meses.
[8] Subía David con su gente y hacía
incursiones contra los guesuritas, los
guirzitas y los amalecitas, pues éstos son
los habitantes de la región, desde Telán,
hasta Sur y hasta la tierra de Egipto.
[9] Devastaba David la tierra y no dejaba
con vida hombre ni mujer; se apoderaba
de las ovejas y bueyes, burros y camellos
y vestidos, y se volvía para llevarlos a
Aquis. [10] Aquis preguntaba: «¿Dónde
han hecho hoy la incursión?», y David
respondía: «Contra el Negueb de Judá,
o contra el Negueb de Yerajmeel, o
contra el Negueb de los quenitas*.»
[11] David no dejaba llevar a Gat con vida

26 19 El vínculo entre Yahvé y el país de Israel es tan fuerte que un desterrado parece quedar obligado a adorar a otros dioses, ver Rt **2** 12; 2 R **5** 17.

27 10 David hace creer a Aquis que sus incursiones van dirigidas contra los judíos y sus aliados.

hombres ni mujeres, pues decía: «No sea que den aviso contra nosotros y digan: 'Esto ha hecho David.'» De esta forma se comportó David todo el tiempo que moró en territorio de filisteos. 12 Aquis confiaba en David diciéndose: «Seguramente se ha hecho odioso a su pueblo Israel y será mi servidor para siempre.»

Los filisteos van a la guerra contra Israel.

28 1 Por aquellos días reunieron los filisteos sus tropas para ir a la guerra contra Israel; Aquis dijo a David: «Bien sabes que debes venir a la guerra conmigo, tú y tus hombres.» 2 Respondió David a Aquis: «Ahora vas a saber bien lo que va a hacer tu servidor.» Dijo Aquis a David: «Con seguridad te haré mi guardia personal para siempre.»

Saúl y la pitonisa de Endor*.
=**25** 1.

3 Samuel había muerto, todo Israel le había llorado y fue sepultado en Ramá, su ciudad. Saúl había echado del país a los nigromantes y adivinos.

4 Los filisteos se reunieron, llegaron y acamparon en Sunén. Reunió Saúl a todo Israel y acampó en Gelboé. 5 Vio Saúl el campamento de los filisteos y tuvo miedo, temblando sobremanera su corazón. 6 Consultó Saúl a Yahvé, pero Yahvé no le respondió ni por sueños ni por los *urim* ni por los profetas. 7 Dijo Saúl a sus servidores: «Búsquenme una nigromante para que vaya a consultarla.» Le dijeron sus servidores: «Aquí mismo, en Endor, hay una nigromante.»

8 Se disfrazó Saúl poniéndose otras ropas y fue con dos de sus hombres; llegó donde la mujer de noche y dijo: «Adivíname por un muerto y evócame al que yo te diga.» 9 La mujer le respondió: «Bien sabes lo que hizo Saúl, que suprimió de esta tierra a los nigromantes y adivinos. ¿Por qué tiendes un lazo a mi vida para hacerme morir?» 10 Saúl juró por Yahvé diciendo: «¡Vive Yahvé! Ningún castigo te vendrá por este hecho.» 11 La mujer dijo: «¿A quién debo invocar para ti?» Respondió: «Evócame a Samuel.»

12 Vio entonces la mujer a Samuel y lanzó un gran grito. Dijo la mujer a Saúl: «¿Por qué me has engañado? ¡Tú eres Saúl!» 13 El rey le dijo: «No temas, pero ¿qué has visto?» La mujer respondió a Saúl: «Veo un espectro que sube de la tierra.» 14 Saúl le preguntó: «¿Qué aspecto tiene?» Ella respondió: «Es un hombre anciano que sube envuelto en su manto.» Comprendió Saúl que era Samuel y cayendo rostro en tierra se postró.

15 Samuel dijo a Saúl: «¿Por qué me perturbas evocándome?» Respondió Saúl: «Estoy en grande angustia; los filisteos mueven guerra contra mí, Dios se ha apartado de mí y ya no me responde ni por los profetas ni en sueños. Te he llamado para que me indiques lo que debo hacer.» 16 Dijo Samuel: «¿Para qué me consultas si Yahvé se ha separado de ti y se ha convertido en tu enemigo? 17 Yahvé ha cumplido lo que dijo por mi boca: ha arrancado Yahvé el reino de tu mano y se lo ha dado a otro, a David, 18 porque no oíste la voz de Yahvé y no llevaste a cabo la indignación de su ira contra Amalec. Por eso te trata hoy Yahvé de esta manera. 19 Y contigo entregará Yahvé también a todo Israel en manos de los filisteos. Mañana tú y tus hijos estarán conmigo. Yahvé ha entregado también el ejército de Israel en manos de los filisteos.»

20 Al instante Saúl cayó en tierra cuan largo era. Estaba aterrado por las palabras de Samuel: se hallaba, además, sin

28 3 La nigromancia, prohibida por la Ley, Lv **19** 31; **20** 6.27; Dt **18** 11, fue practicada en Israel, ver 2 R **21** 6; Is **8** 19. La superstición sin embargo, según Orígenes, da al alma de Samuel una ocasión de manifestarse para anunciar, vv. 16-19, la suerte trágica de Saúl y de su familia, ver **31** 2-6. Probablemente el narrador subraya con esta escenificación la repulsa de Saúl y su sustitución por David, tema de estos episodios.

fuerzas, porque no había comido nada
en todo el día y toda la noche. 21 Se
acercó la mujer donde Saúl, y viendo
que estaba tan conturbado, le dijo: «Tu
sierva ha escuchado tu voz y he puesto
mi vida en peligro por obedecer las órdenes que me diste. 22 Escucha, pues, tú
también la voz de tu sierva y permíteme
que te sirva un bocado de pan para que
comas y tengas fuerzas para ponerte en
camino.» 23 Saúl se negó diciendo: «No
quiero comer.» Pero sus servidores, a
una con la mujer, le insistieron hasta
que accedió. Se levantó del suelo y se
sentó en el diván. 24 Tenía la mujer en
casa un ternero cebado y se apresuró
a degollarlo. Tomó harina, la amasó y
coció unos ázimos. 25 Lo sirvió a Saúl
y a sus servidores. Lo comieron, se
levantaron y se marcharon aquella
misma noche.

David es despedido por los jefes de los filisteos.

29 1 Los filisteos concentraron
todas sus tropas en Afec, mientras que los israelitas acamparon en la
fuente que hay en Yizreel. 2 Los príncipes de los filisteos marcharon al frente
de las centurias y millares; David y sus
hombres marchaban a retaguardia con
Aquis. 3 Dijeron los príncipes de los filisteos: «¿Qué hacen estos hebreos?» Aquis
respondió a los príncipes de los filisteos:
«Es David, el servidor de Saúl, rey de
Israel; ha estado conmigo días y años
y no he hallado nada contra él desde el
día en que vino a mí hasta hoy.» 4 Pero
los príncipes de los filisteos se irritaron
contra él y le dijeron: «Manda regresar a
ese hombre y que se vuelva al lugar que
le señalaste. Que no baje con nosotros
a la batalla, no sea que se convierta en
nuestro adversario durante la lucha. ¿Cómo se ganará éste el favor de su dueño
mejor que con las cabezas de estos
hombres? 5 ¿No es éste David de quien
cantaban en corro:

Saúl mató sus millares
y David sus miríadas?»

6 Aquis llamó a David y le dijo: «¡Vive
Yahvé! que tú eres leal y me hubiera
gustado que salieras y entraras conmigo
en el campamento, pues nada malo he
hallado en ti desde el día en que viniste
a mí hasta hoy, pero no eres bien visto
por los príncipes. 7 Ahora vuélvete y
vete en paz, y así no harás nada malo a
los ojos de los príncipes de los filisteos.»
8 David dijo a Aquis: «¿Qué he hecho
yo y qué has hallado en tu siervo, desde
el día en que me puse a tu servicio hasta
hoy, para que no pueda ir a luchar contigo contra los enemigos del rey, mi señor?» 9 Respondió Aquis a David: «Lo sé.
Me eres grato como un ángel de Dios;
pero los príncipes filisteos han dicho:
'No bajará al combate con nosotros.'
10 Levántate, pues, de mañana, con
los servidores de tu señor que han venido contigo y vayan al sitio que les he
asignado. No guardes resentimiento en
tu corazón, porque me eres grato. Levántense de mañana y partan en cuanto
sea de día.»
11 David y sus hombres se levantaron
temprano para partir por la mañana y
volverse a la tierra de los filisteos. Los filisteos, por su parte, subieron a Yizreel.

Campaña contra los amalecitas.

30 1 Cuando David y sus hombres
llegaron al tercer día a Sicelag,
los amalecitas habían hecho una incursión contra el Negueb y contra Sicelag,
y habían irrumpido en Sicelag y la
habían incendiado. 2 Se llevaron a las
mujeres que había allí, a pequeños y
grandes, pero no mataron a nadie, sino
que se los llevaron cautivos y se fueron
por su camino. 3 Cuando David y sus
hombres llegaron a la ciudad, vieron que
estaba incendiada y que sus mujeres, hijos e hijas habían sido llevados. 4 David y
las tropas que con él estaban alzaron su
voz y lloraron hasta quedar sin aliento.
5 Habían sido llevadas las dos mujeres
de David, Ajinoán de Yizreel y Abigail,
mujer de Nabal, de Carmelo.
6 David se hallaba en grave apuro
porque la gente hablaba de apedrearlo,

pues el alma de todo el pueblo estaba
llena de amargura, cada uno por sus hijos y sus hijas. Pero David halló fortaleza
en Yahvé su Dios. 7 Dijo David al sacerdote Abiatar, hijo de Ajimélec: «Acérca-
me el efod.» Abiatar acercó el efod a
David. 8 Consultó David a Yahvé diciendo: «¿Debo perseguir a esta banda? ¿Le
daré alcance?» Le contestó: «Persíguela,
porque de cierto la alcanzarás y librarás
a los cautivos.» 9 Partió David con los
seiscientos hombres que tenía y llegaron al torrente Besor. 10 Continuó David la persecución con cuatrocientos
hombres; doscientos se quedaron, pues
estaban demasiado fatigados para atravesar el torrente Besor.

11 Encontraron en el campo a un
egipcio y lo llevaron a David. Le dieron
pan, que él comió, y agua para beber.
12 Le dieron también un trozo de pan
de higos secos y dos racimos de pasas.
Cuando hubo comido, recobró su espíritu, pues había estado tres días y tres
noches sin comer pan ni beber agua.
13 David le preguntó: «¿A quién perteneces y de dónde eres?» Respondió:
«Soy un muchacho egipcio, esclavo de
un amalecita, pero mi dueño me abandonó porque me puse enfermo hace
tres días. 14 Hemos hecho una incursión
contra el Negueb de los quereteos y el
de Judá, y contra el Negueb de Caleb,
y hemos incendiado Sicelag.» 15 Le dijo
David: «¿Podrías guiarme hacia esa banda?» Respondió: «Júrame por Dios que
no me matarás y que no me entregarás
en manos de mi dueño, y te guiaré hacia
esa banda.»

16 Los guió, y los hallaron desparra-
mados por todo el campo, comiendo,
bebiendo y bailando por el gran botín
que habían tomado en tierra de filisteos y en tierra de Judá. 17 David los
batió desde el alba al anochecer; sólo
se salvaron de entre ellos cuatrocientos
jóvenes, que montaron en camellos y
huyeron. 18 Salvó David todo lo que los
amalecitas habían capturado. También
rescató David a sus dos mujeres. 19 Nada
les faltó, ni pequeño ni grande, ni sus
hijos, ni sus hijas, ni el botín, nada de
cuanto les habían capturado. David se lo
llevó todo. 20 Tomó David todo el ganado menor. Y llevaron el ganado mayor
delante de aquel rebaño, diciendo: «Éste
es el botín de David.»

21 Llegó David donde los doscientos
hombres que, demasiado fatigados
para seguirlo, se habían quedado en el
torrente Besor. Salieron al encuentro
de David y de la gente que venía con
él; se acercaron David y la tropa y los
saludaron. 22 Pero todos los perversos
y malvados de entre los hombres que
habían ido con David, contestaron: «A
los que no han venido conmigo* no se
les dará el botín que hemos salvado, sino
sólo su mujer y sus hijos; que lo tomen y
se vayan.» 23 David dijo: «No hagan así,
hermanos míos, con lo que Yahvé nos
ha concedido. Nos ha guardado y ha
entregado en nuestras manos a esa banda que vino contra nosotros. 24 ¿Quién
les dará a ustedes la razón en este caso?
Porque:

Ésta es la parte del que baja a la
batalla
y ésta la parte del que se queda con la
impedimenta.
Se partirá por igual.»

25 Y desde aquel día en adelante lo
estableció como decreto y norma para
Israel, hasta el día de hoy.

26 Llegó David a Sicelag y envió parte
del botín a los ancianos de Judá, sus
compañeros, diciendo: «Aquí tienen un
presente del botín tomado a los enemigos de Yahvé»,
27 a los de Betul,
a los de Ramot del Négueb,
a los de Yatir,
28 a los de Aroer,
a los de Sifmot,
a los de Estemoa,
29 a los de Racal,

30 22 Hablan como si cada uno de ellos fuera el vencedor, olvidando así la solidaridad con los otros y con David.

a los de las ciudades de los yerajmeelitas,
a los de las ciudades de los quenitas,
30 a los de Jormá,
a los de Borasán,
a los de Atac,
31 a los de Hebrón
y a todos los lugares por donde anduvo David con sus hombres.

Batalla de Gelboé. Muerte de Saúl*.
‖1 Cro **10** 1-12; 2 S **1** 1-16.

31 1 Trabaron batalla los filisteos
contra Israel; huyeron los hom-
bres de Israel ante los filisteos y cayeron
heridos de muerte en el monte Gelboé.
2 Apretaron de cerca los filisteos a Saúl
y a sus hijos y mataron los filisteos a Jonatán, Abinadab y Malquisúa, hijos de
Saúl. 3 El peso de la batalla cargó sobre
Saúl. Lo descubrieron los tiradores, los
hombres del arco, y se llenó de miedo
ante los tiradores. 4 Dijo Saúl a su escudero: «Saca tu espada y traspásame,
no sea que lleguen esos incircuncisos y
hagan mofa de mí», pero el escudero no
quiso, pues estaba lleno de temor*. Entonces Saúl tomó la espada y se arrojó
sobre ella. 5 Viendo el escudero que
Saúl había muerto, se arrojó también
sobre su espada y murió con él. 6 Así
murieron aquel día juntamente Saúl y
sus tres hijos y su escudero, así como
todos sus hombres. 7 Cuando los hombres de Israel que estaban del lado fron-
tero del valle y del otro lado del Jordán
vieron que las tropas de Israel se daban
a la fuga y que Saúl y sus hijos habían
muerto, abandonaron sus ciudades y
huyeron; vinieron los filisteos y se establecieron en ellas.
8 Al otro día vinieron los filisteos para
despojar a los muertos y encontraron a
Saúl y a sus tres hijos caídos en el monte Gelboé. 9 Cortaron su cabeza y lo
despojaron de sus armas, que hicieron
pasear a la redonda por el país de los
filisteos para anunciar la buena nueva en
sus templos y a su pueblo. 10 Depositaron sus armas en el templo de Astarté
y colgaron su cuerpo de los muros de
Betsán.
11 Supieron los habitantes de Yabés
de Galaad lo que los filisteos habían
hecho con Saúl, 12 se levantaron todos
los valientes y, caminando durante toda
la noche, tomaron del muro de Betsán
el cuerpo de Saúl y los cuerpos de sus
hijos y, habiendo vuelto a Yabés, los
quemaron allí. 13 Tomaron sus huesos
y los sepultaron bajo el tamarisco de
Yabés y ayunaron siete días.

31 Continuación del cap. **28**.
31 4 Temor religioso de poner la mano sobre el rey, ver **9** 26+; **26** 9; 2 S **1** 14.

LIBRO SEGUNDO DE SAMUEL*

David se entera de la muerte de Saúl.

1 1 Después de la muerte de Saúl*, volvió David de derrotar a los amalecitas y se quedó dos días en Sicelag. 2 Al tercer día llegó del campamento uno de los hombres de Saúl, con los vestidos rotos y cubierta de polvo su cabeza; al llegar donde David cayó en tierra y se postró. 3 David le dijo: «¿De dónde vienes?» Le respondió: «Vengo huyendo del campamento de Israel.» 4 Le preguntó David: «¿Qué ha pasado? Cuéntamelo.» Respondió: «Que el pueblo ha huido de la batalla; han caído y han muerto muchos del pueblo, y también han muerto Saúl y su hijo Jonatán.»

5 Dijo David al joven que le daba la noticia: «¿Cómo sabes que han muerto Saúl y su hijo Jonatán?» 6 Respondió el joven que daba la noticia: «Yo estaba casualmente en el monte Gelboé; Saúl se apoyaba en su lanza, mientras los carros y los jinetes lo acosaban. 7 Se volvió y, al verme, me llamó y contesté: 'Aquí estoy.' 8 Me dijo: '¿Quién eres tú?' Le respondí: 'Soy un amalecita.' 9 Me dijo: 'Acércate a mí y mátame, porque me ha acometido un vértigo aunque tengo aún toda la vida en mí.' 10 Me acerqué a él y lo maté, pues sabía que no podría vivir después de su caída; luego tomé la diadema que tenía en su cabeza y el brazalete que tenía en el brazo y se los he traído aquí a mi señor.»

11 Tomando David sus vestidos los desgarró, y lo mismo hicieron los hombres que estaban con él. 12 Se lamentaron y lloraron y ayunaron hasta la noche por Saúl y por su hijo Jonatán, por el pueblo de Yahvé, y por la casa de Israel, pues habían caído a espada.

13 David preguntó al joven que le había llevado la noticia: «¿De dónde eres?» Respondió: «Soy hijo de un forastero amalecita.» 14 Le dijo David: «¿Cómo no has temido alzar tu mano para matar al ungido de Yahvé?» 15 Y llamó David a uno de los jóvenes y le dijo: «Acércate y mátalo.» Él lo hirió y murió. 16 David le dijo: «Tu sangre sobre tu cabeza, pues tu misma boca te acusó cuando dijiste: 'Yo maté al ungido de Yahvé.'»

Elegía de David por Saúl y Jonatán*.

17 David entonó esta elegía por Saúl y por su hijo Jonatán. 18 Está escrita en el Libro del Justo, para que aprendan el arco los hijos de Judá*. Dijo:

19 La gloria, Israel, ha sucumbido en tus
montañas.
¡Cómo han caído los héroes!

20 No lo anuncien en Gat,
no lo divulguen por las calles de
Ascalón,
que no se regocijen las hijas de los
filisteos,
no salten de gozo las hijas de los
incircuncisos.

21 Montañas de Gelboé:
Ni lluvia ni rocío sobre ustedes,
ni sean campos de primicias,
porque allí fue mancillado el escudo
de los héroes.
El escudo de Saúl, no ungido de aceite,

22 ¡mas de sangre de muertos, de grasa
de héroes!
El arco de Jonatán jamás retrocedía,
nunca fracasaba la espada de Saúl.

23 Saúl y Jonatán, amados y amables,
ni en vida ni en muerte separados,
más veloces que águilas,
más fuertes que leones.

24 Hijas de Israel, por Saúl lloren,

1 Los dos libros de Samuel constituían primitivamente una sola obra, ver 2 R **1**+.
1 1 Relato que se encadena con **1** S **30-31**.
1 17 Poema muy antiguo, último eco de esta amistad fiel, 1 S **18** 1+.
1 18 La lamentación, vv 19-27, acompañaba probablemente a los ejercicios de tiro con arco, ver 2 S **22** 35.

que con púrpura las vestía y
adornaba,
que prendía joyas de oro
de sus vestidos.

25 ¡Cómo cayeron los héroes en medio
del combate!

¡Jonatán! Herido de muerte en las
alturas.

26 Lleno estoy de angustia por ti,
Jonatán, hermano mío,
en extremo querido.
Tu amor fue para mí más delicioso
que el amor de las mujeres.

27 ¡Cómo cayeron los héroes,
cómo perecieron las armas de
combate!

IV. David

1. DAVID REY DE JUDÁ

Consagración de David en Hebrón.

2 1 Después de esto, consultó David a
Yahvé* diciendo: «¿Debo subir a alguna de las ciudades de Judá?» Yahvé le
respondió: «Sube.» David preguntó: «¿A
cuál subiré?» Le respondió: «A Hebrón».
2 Subió allí David con sus dos mujeres,
Ajinoán de Yizreel y Abigail, la mujer de
Nabal de Carmelo. 3 David hizo subir a
los hombres que estaban con él, cada
cual con su familia, y se asentaron en
las ciudades de Hebrón. 4 Llegaron los
hombres de Judá, y ungieron allí a David como rey sobre la casa de Judá*.

Mensaje a los habitantes de Yabés.

Comunicaron a David que los hombres de Yabés de Galaad habían sepultado a Saúl. 5 Y David envió mensajeros
a los hombres de Yabés de Galaad para
decirles: «Benditos sean de Yahvé por
haber hecho esta misericordia con Saúl,
su señor, y haberle dado sepultura. 6 Que
Yahvé sea con ustedes misericordioso
y fiel. También yo los trataré bien por
haber hecho esto. 7 Y ahora tengan
fortaleza y sean valerosos, pues murió
Saúl, su señor, pero la casa de Judá me
ha ungido a mí por rey suyo.»

Abner proclama a Isbaal rey de Israel.

8 Abner, hijo de Ner, jefe del ejército
de Saúl, tomó a Isbaal, hijo de Saúl, y
le hizo pasar a Majanáin. 9 Lo proclamó
rey sobre Galaad, sobre los aseritas,
sobre Yizreel, sobre Efraín y Benjamín
y sobre todo Israel. 10 Cuarenta años
tenía Isbaal, hijo de Saúl, cuando fue
proclamado rey de Israel; reinó dos
años. Solamente la casa de Judá siguió
a David. 11 El número de días que estuvo
David en Hebrón como rey de la casa
de Judá fue de siete años y seis meses.

Guerra entre Judá e Israel. Batalla de Gabaón.

12 Salió Abner, hijo de Ner, y los servidores de Isbaal, hijo de Saúl, de Majanáin hacia Gabaón. 13 Salieron también
Joab, hijo de Sarvia, y los veteranos
de David, y se encontraron cerca de la
alberca de Gabaón; se detuvieron, los
unos a un lado de la alberca y los otros
al otro.
14 Dijo Abner a Joab: «Que se levanten los muchachos y luchen en nuestra
presencia.» Dijo Joab: «Que se levanten.» 15 Se levantaron y avanzaron los
designados: doce por Benjamín y por
Isbaal, hijo de Saúl, y doce de los vete-

2 1 Ver 1 S **2** 28+.

2 4 David había ganado simpatías en Judá, 1 S **27** 10-12; **30** 26-31. No se habla ya más de la unción anterior por Samuel, 1 S **16** 1.

ranos de David. 16 Cada uno agarró a su adversario por la cabeza y le hundió la espada en el costado; así cayeron todos a la vez, por lo que aquel lugar se llamó: «Campo de las Rocas»; está en Gabaón.

17 Hubo aquel día una batalla durísima, y Abner y los hombres de Israel fueron derrotados por los veteranos de David. 18 Estaban allí los tres hijos de Sarvia: Joab, Abisay y Asael; era Asael ligero de pies como un corzo montés. 19 Asael marchó en persecución de Abner, sin desviarse en su carrera tras de Abner ni a la derecha ni a la izquierda. 20 Se volvió Abner y dijo: «¿Eres tú Asael?» Respondió: «Yo soy.» 21 Abner le dijo: «Apártate a la derecha o a la izquierda. Atrapa a uno de esos muchachos y apodérate de sus despojos.» Pero Asael no quiso apartarse. 22 Insistió de nuevo Abner diciendo a Asael: «¡Apártate de mí! ¿Por qué he de derribarte en tierra? ¿Cómo podré alzar la vista ante tu hermano Joab?» 23 Pero no quiso apartarse y Abner lo hirió en el vientre con el extremo de la lanza, y la lanza le salió por detrás. Cayó y allí mismo murió. Todos cuantos llegaban al lugar donde Asael cayó y murió se detenían.

24 Joab y Abisay partieron en persecución de Abner; cuando el sol se ponía llegaron a la colina de Amá que está frente a Giaj, en el camino del desierto de Gabaón. 25 Los benjaminitas se agruparon tras de Abner en escuadrón cerrado y aguantaron a pie firme en la cumbre de una colina. 26 Abner llamó a Joab y le dijo: «¿Hasta cuándo devorará la espada? ¿No sabes que, al cabo, todo será amargura? ¿Hasta cuándo esperas a decir al pueblo que deje de perseguir a sus hermanos?» 27 Respondió Joab: «¡Vive Dios, que de no haber hablado tú, mi gente no hubiera dejado de perseguir cada uno a su hermano hasta el alba!» 28 Joab hizo sonar el cuerno: toda la tropa se detuvo y no persiguió más a Israel; así cesó el combate.

29 Abner y sus hombres marcharon toda aquella noche por la Arabá, pasaron el Jordán, recorrieron todo el Bitrón y llegaron a Majanáin. 30 Joab se volvió de la persecución de Abner y reunió todo el ejército; de los veteranos de David faltaban diecinueve hombres, además de Asael. 31 Los veteranos de David mataron de Benjamín y de los hombres de Abner trescientos sesenta hombres. 32 Se llevaron a Asael y lo sepultaron en el sepulcro de su padre en Belén. Joab y sus hombres caminaron toda la noche y despuntaba el día cuando llegaron a Hebrón.

3 1 Se prolongó la guerra entre la casa de Saúl y la casa de David; pero David se iba fortaleciendo, mientras que la casa de Saúl se debilitaba.

Hijos de David nacidos en Hebrón.

‖1 Cro **3** 1-4; 2 S **5** 13-16.

2 David tuvo hijos en Hebrón. Su primogénito era Amnón, hijo de Ajinoán de Yizreel; 3 su segundo, Quilab, de Abigail, mujer de Nabal de Carmelo; el tercero, Absalón, hijo de Maacá, la hija de Talmay, rey de Guesur; 4 el cuarto, Adonías, hijo de Jaguit; el quinto, Sefatías, hijo de Abital; 5 el sexto, Yitreán, de Eglá, mujer de David. Éstos le nacieron a David en Hebrón.

Ruptura entre Abner e Isbaal.

6 En el curso de la guerra entre la casa de Saúl y la casa de David, Abner se fue afianzando en la casa de Saúl. 7 Había tenido Saúl una concubina, llamada Rispá, hija de Ayá, y Abner la tomó*. Pero Isbóset dijo a Abner: «¿Por qué te has llegado a la concubina de mi padre?» 8 Abner se irritó mucho por las palabras de Isbóset y respondió: «¿Soy yo una cabeza de perro que pertenece a Judá? Hasta hoy he favorecido a la casa de tu padre Saúl, a sus hermanos y sus amigos, y no te he entregado en manos de

3 7 El harén del rey fallecido pasaba a su sucesor, ver **12** 8; **16** 20-22; 1 R **2** 22. Por lo que Abner aparece como pretendiente al trono.

David, ¿y hoy me llamas la atención
por una falta con esta mujer? 9 Esto haga
Dios a Abner y esto le añada si no cumplo a David lo que Yahvé le ha jurado*,
10 que quitaría la realeza a la casa de Saúl
y levantaría el trono de David sobre Israel
y sobre Judá, desde Dan hasta Berseba.»
11 Isbaal no replicó ni una palabra a
Abner, por el miedo que le tenía.

Abner negocia con David.

12 Envió Abner mensajeros para decir
a David: «¿A quién pertenece el país?
Haz un pacto conmigo y me pondré de
tu parte para traer a ti todo Israel.»
13 David respondió: «Bien. Haré un pacto contigo. Solamente te pido una cosa:
No te presentes ante mí si no traes a
Mical, hija de Saúl*, cuando vengas a mi
presencia.» 14 Envió David mensajeros a
Isbóset, hijo de Saúl, para decirle: «Devuélveme a mi mujer Mical, que adquirí
por cien prepucios de filisteos.» 15 Isbóset mandó que se la quitaran a su marido Paltiel, hijo de Layis. 16 Su marido
partió con ella; la seguía llorando detrás
de ella, hasta Bajurín. Abner le dijo:
«Anda vuélvete.» Y se volvió.

17 Abner había hablado con los ancianos de Israel diciendo: «Desde siempre
han estado buscando a David para rey
de ustedes. 18 Pues háganlo ahora, ya
que Yahvé ha dicho a David: Por mano
de David mi siervo libraré a mi pueblo
Israel de mano de los filisteos y de mano de todos sus enemigos.» 19 Abner
habló igualmente a Benjamín y marchó
después a Hebrón a comunicar a David
lo que había parecido bien a los ojos
de Israel y a los ojos de toda la casa de
Benjamín.

20 Llegó Abner a donde David, en
Hebrón, con veinte hombres. Y David
ofreció un banquete a Abner y a los
hombres que lo acompañaban. 21 Abner dijo a David: «Voy a levantarme e iré
a reunir todo Israel junto a mi señor, el
rey; harán un pacto contigo y reinarás
conforme a tus deseos.» Despidió David
a Abner, que se fue en paz.

Asesinato de Abner.

22 Vinieron los veteranos de David,
con Joab, de hacer una incursión, trayendo un gran botín. No estaba ya Abner con David en Hebrón, pues David
lo había despedido y él había marchado
en paz. 23 Llegaron, pues, Joab y todo
el ejército que lo acompañaba; y se hizo
saber a Joab: «Abner, hijo de Ner, ha venido donde el rey, que lo ha despedido y
él se ha ido en paz.» 24 Entró Joab donde
el rey y dijo: «¿Qué has hecho? Abner
ha venido a ti, ¿por qué lo has dejado
marcharse? 25 ¿No sabes que Abner, hijo
de Ner, ha venido para engañarte, para
enterarse de tus idas y venidas y saber
todo lo que haces?»

26 Salió Joab de donde David y envió
mensajeros tras de Abner, que lo hicieron volver desde la cisterna de Sirá, sin
saberlo David. 27 Volvió Abner a Hebrón y lo tomó aparte Joab en la misma
puerta, como para hablarle en secreto;
y lo hirió en el vientre allí mismo y
lo mató por la sangre de su hermano
Asael. 28 Lo supo David inmediatamente y dijo: «Limpio estoy yo, y mi reino,
ante Yahvé para siempre de la sangre
de Abner, hijo de Ner. 29 Caiga sobre
la cabeza de Joab y sobre toda la casa
de su padre, nunca falte en la casa de
Joab quien padezca flujo de sangre, ni
leproso, ni quien ande con cachava, ni
quien muera a espada, ni quien carezca
de pan.» 30 Joab y su hermano Abisay
asesinaron a Abner porque éste había
matado a su hermano Asael en la batalla
de Gabaón. 31 Y dijo David a Joab y a
todo el ejército que lo acompañaba:
«Rasguen sus vestidos, cíñanse los sacos
y lloren por Abner.» El rey David iba detrás de las andas. 32 Sepultaron a Abner
en Hebrón. El rey alzó su voz y lloró
junto al sepulcro de Abner, y también
lloró todo el pueblo.

3 9 Ver **3** 18; **5** 2; 1 S **25** 30.

3 13 Ver 1 S **18** 20-27. Al volver a tomar la hija de Saúl, David entra en la familia real.

33 El rey entonó esta elegía por Abner:

«¿Como muere un necio había de
morir Abner?
34 No ligadas tus manos ni puestos en
cadenas tus pies.
Has caído como quien cae ante malhechores.»

Y arreció el pueblo en su llanto por él.

35 Fue todo el pueblo y, siendo aún de
día, rogaban a David que comiera, pero
David juró: «Esto me haga Dios y esto
me añada, si pruebo el pan o cualquiera
otra cosa antes de ponerse el sol.» 36 Todo el pueblo lo supo y lo aprobó. Todo
lo que hizo el rey pareció bien a todo
el pueblo. 37 Y aquel día supo todo el
pueblo y todo Israel que el rey no había
tenido parte en la muerte de Abner, hijo
de Ner.
38 El rey dijo a sus servidores: «¿No
saben que hoy ha caído un gran caudillo
en Israel? 39 Hoy estoy reblandecido,
pues soy rey ungido*, pero estos hombres, hijos de Sarvia, son más duros que
yo. Que Yahvé devuelva al malhechor
según su malicia.»

Asesinato de Isbaal.

4 1 Se enteró el hijo de Saúl de que
había muerto Abner en Hebrón
y sus manos desfallecieron, y todo Israel quedó consternado. 2 Estaban con
Isbaal, hijo de Saúl, dos hombres, jefes
de banda, uno llamado Baaná y el otro
Recab, hijos de Rimón de Beerot, benjaminitas, porque también Beerot se
considera de Benjamín. 3 Los habitantes
de Beerot habían huido a Guitáin, donde se han quedado hasta el día de hoy
como forasteros residentes.

4 Tenía Jonatán, hijo de Saúl, un hijo
tullido de pies. Tenía cinco años cuando
llegó de Yizreel la noticia de lo de Saúl
y Jonatán; su nodriza lo tomó y huyó,
pero con la prisa de la fuga, cayó y se
quedó cojo. Se llamaba Mefibóset*.
5 Se pusieron en camino Recab y
Baaná, hijos de Rimón de Beerot, y
llegaron a casa de Isbaal con el calor del
día, cuando dormía la siesta. 6 Entraron
en la casa, llevando trigo, Recab y su
hermano Baaná, que lo hirieron en el
vientre y huyeron. 7 Cuando entraron
en la casa, estaba acostado en su lecho, en su dormitorio; lo hirieron y lo
mataron; luego le cortaron la cabeza y,
tomándola, caminaron toda la noche
por la ruta de la Arabá. 8 Llevaron la
cabeza de Isbaal a David, en Hebrón,
y dijeron al rey: «Aquí tienes la cabeza
de Isbaal, hijo de Saúl, tu enemigo, el
que buscó tu muerte. Hoy ha concedido
Yahvé a mi señor el rey venganza sobre
Saúl y sobre su descendencia.»
9 Respondió David a Recab y a su
hermano Baaná, hijos de Rimón de
Beerot, y les dijo: «¡Vive Yahvé, que ha
librado mi alma de toda angustia! 10 Al
que me anunció que Saúl había muerto,
creyendo que me daba buena noticia,
lo agarré y ordené matarlo en Sicelag,
dándole este pago por su buena noticia;
11 ¿cuánto más ahora que hombres malvados han dado muerte a un hombre
justo en su casa y en su lecho no les
voy a pedir cuenta de su sangre, exterminándolos de la tierra?» 12 Y David dio
una orden a sus muchachos, que los
mataron, les cortaron las manos y los
pies y los colgaron junto a la alberca de
Hebrón. Tomaron la cabeza de Isbaal y
la sepultaron en el sepulcro de Abner,
en Hebrón.

3 39 Sentido incierto. David se disculpa de no actuar contra los homicidas, por ser tan reciente su consagración, y deja el castigo a Yahvé; ver 1 R **2** 5-6.

4 4 Como sucede con Isbaal, llamado a menudo Isbóset, 2 S **2** 8, al hijo de Jonatán se le llama aquí Mefibóset y no Meribaal, ver 1 Cro **8** 34; **9** 40, para suprimir la referencia al Baal («señor») cananeo.

2. DAVID, REY DE JUDÁ Y DE ISRAEL

Consagración de David como rey de Israel.

||1 Cro **11** 1-3.

5 1 Vinieron todas las tribus de Israel donde David a Hebrón y le dijeron: «Mira: hueso tuyo y carne tuya somos nosotros. 2 Ya de antes, cuando Saúl era nuestro rey, eras tú el que dirigías las entradas y salidas de Israel. Yahvé te ha dicho: Tú apacentarás a mi pueblo Israel, tú serás el caudillo de Israel.» 3 Vinieron, pues, todos los ancianos de Israel donde el rey, a Hebrón. El rey David hizo un pacto con ellos en Hebrón, en presencia de Yahvé, y ungieron a David como rey de Israel.

4 David tenía treinta años cuando comenzó a reinar, y reinó cuarenta años.

=**2** 11; ||1 Cro **3** 4.

5 Reinó en Hebrón sobre Judá siete años y seis meses. Reinó en Jerusalén sobre todo Israel y sobre Judá treinta y tres años*.

Conquista de Jerusalén*.

||1 Cro **11** 4-9.

6 Marchó el rey con sus hombres sobre Jerusalén contra los jebuseos que habitaban aquella tierra. Dijeron éstos a David: «No entrarás aquí; porque hasta los ciegos y cojos bastan para rechazarte.» (Querían decir: no entrará David aquí.) 7 Pero David conquistó la fortaleza de Sión, que es la Ciudad de David. 8 Y dijo David aquel día: «Todo el que quiera atacar a los jebuseos deberá subir por el canal*. En cuanto a los ciegos y a los cojos, David los aborrece.» Por eso se dice: «Ni cojo ni ciego entrarán en la Casa.» 9 David se instaló en la fortaleza y la llamó Ciudad de David. Edificó una muralla en derredor, desde el Miló hacia el interior. 10 David iba medrando y Yahvé, el Dios Sebaot, estaba con él.

||1 Cro **14** 1-2; ver 1 R **5** 15.

11 Jirán, rey de Tiro, envió a David mensajeros con maderas de cedro, carpinteros y canteros que construyeron el palacio de David. 12 Y David conoció que Yahvé lo había confirmado como rey de Israel y que había exaltado su reino a causa de su pueblo Israel.

Hijos de David en Jerusalén.

||1 Cro **14** 3-7; ver 2 S **3** 2-5.

13 Tomó David más concubinas y mujeres en Jerusalén, después de venir de Hebrón, y le nacieron a David hijos e hijas. 14 Éstos son los nombres de los que le nacieron en Jerusalén: Samúa, Sobab, Natán, Salomón, 15 Yibjar, Elisúa, Néfeg, Yafía, 16 Elisamá, Baalyadá, Elifélet.

Victoria contra los filisteos*.

||1 Cro **14** 8-16.

17 Oyeron los filisteos que David había sido ungido rey de Israel y subieron todos en busca de David. Lo supo David

5 5 Consagrado por los de Judá, **2** 4+, David reina sobre *todo Israel*. Una tensión constante entre los dos grupos provocará su escisión, 1 R **12**.

5 6 La ciudad de *Jerusalén*, Jos **15** 8; ver Gn **14** 18+, se encuentra entre las tribus del norte y las del sur, en el extremo sur de la colina oriental de la ciudad actual. Se convierte en la *ciudad de David*, v. 9, capital política y religiosa. Pronto se desarrollará hacia el norte, **24** 18; 1 R **5-7**; 2 R **14** 13, y hacia el oeste. Después del Destierro será reconstruida, Esd **6** 15; Ne **2-6**, y su prestigio seguirá acrecentándose, aun después de su destrucción el año 70 d.C., Lc **21** 20p. Personifica al pueblo elegido, Ez **23**; Is **62**. Es la morada de Yahvé, Sal **76** 3; etc., la ciudad santa, Ne **11** 1+; el lugar del encuentro de las naciones, Is **2** 1-5; **60**. Con la visión de la *nueva* Jerusalén, Is **54** 10-17, concluirá la Biblia, Ap **21** 2+

5 8 Texto incierto. *El canal (sinnor)* sería el túnel que de la colina de Jerusalén bajaba a la fuente, 1 R **1** 33; se podían deslizar por él hasta dentro de la ciudad. Esta galería existe todavía en Jerusalén y en otros lugares cananeos.

5 17 David, rey de Judá en Hebrón, seguía siendo nominalmente vasallo de los filisteos, 1 S **27** 5-6. Ahora empieza a inquietarles su creciente poder.

y bajó al refugio. [18] Llegaron los filisteos
y se desplegaron por el Valle de Refaín.
[19] Entonces David consultó a Yahvé diciendo: «¿Debo subir contra los filisteos?
¿Los entregarás en mis manos?» Respondió Yahvé a David: «Sube, porque
ciertamente entregaré a los filisteos en
tus manos.» [20] Llegó David a Baal Perasín. Allí los derrotó David y dijo: «Yahvé me ha abierto brecha entre mis enemigos como brecha de aguas.» Por eso
se llamó aquel lugar Baal Perasín. [21] Ellos
abandonaron allí sus ídolos y David y sus
hombres se los llevaron.

[22] Volvieron a subir los filisteos y se
desplegaron por el Valle de Refaín.
[23] David consultó a Yahvé, que le dijo:
«No subas contra ellos. Da un rodeo
detrás de ellos y atácalos desde las balsameras. [24] Cuando oigas ruido de pasos
en la cima de las balsameras, ataca con
decisión, porque Yahvé sale delante de ti
para derrotar al ejército de los filisteos.»
[25] Hizo David lo que Yahvé le ordenaba y
batió a los filisteos desde Gabaón hasta
la entrada de Guézer.

El arca en Jerusalén*.
‖1 Cro **13**; Sal **132** 6-10.13-14.

6 [1] Reunió de nuevo David a todo lo
mejor de Israel, treinta mil hombres.
[2] Se levantó David y partió con todo el
pueblo que estaba con él a Baalá de
Judá para subir desde allí el arca de Dios
sobre la que se invoca un nombre, el
nombre de Yahvé Sebaot que se sienta
sobre los querubines. [3] Cargaron el arca
de Dios en una carreta nueva y la llevaron de la casa de Abinadab que está en
la loma. Uzá y Ajió, hijos de Abinadab,
conducían la carreta con el arca de
Dios. [4] Uzá caminaba al lado del arca de
Dios y Ajió iba delante de ella. [5] David y
toda la casa de Israel bailaban delante de
Yahvé con todas sus fuerzas, cantando
con cítaras, arpas, panderos, sistros y
cimbalillos. [6] Al llegar a la era de Nacón,
extendió Uzá la mano hacia el arca de
Dios y la sujetó porque los bueyes amenazaban volcarla. [7] Entonces la ira de
Yahvé se encendió contra Uzá: allí mismo lo hirió Dios por este atrevimiento y
murió allí junto al arca de Dios*. [8] David
se irritó porque Yahvé había irrumpido
contra Uzá y se llamó aquel lugar Peres
de Uzá hasta el día de hoy.

[9] Aquel día David tuvo miedo de Yahvé y dijo: «¿Cómo voy a llevar a mi casa
el arca de Yahvé?» [10] Y no quiso llevar el
arca de Yahvé junto a sí, a la Ciudad de
David, sino que la hizo llevar a casa de
Obededón, el de Gat. [11] El arca de Yahvé
estuvo en casa de Obededón, el de Gat,
tres meses y Yahvé bendijo a Obededón
y a toda su casa.

‖1 Cro **15**.

[12] Se hizo saber al rey David: «Yahvé ha
bendecido la casa de Obededón y todas
sus cosas a causa del arca de Dios.» Fue
David e hizo subir el arca de Dios de casa
de Obededón a la Ciudad de David, con
gran alborozo. [13] Cada seis pasos que
avanzaban los portadores del arca de
Yahvé, sacrificaba un buey y un carnero
cebado. [14] David danzaba girando con todas sus fuerzas delante de Yahvé, ceñido
de un efod de lino. [15] David y toda la casa
de Israel hacían subir el arca de Yahvé
entre clamores y resonar de cuernos.
[16] Cuando el arca de Yahvé entró en la
Ciudad de David, Mical, hija de Saúl, que
estaba mirando por la ventana, vio al rey
David saltando y girando ante Yahvé y lo
despreció en su corazón.

‖1 Cro **16** 1-3.

[17] Metieron el arca de Yahvé y la colocaron en su sitio, en medio de la tienda que David había levantado para ella*,
y David ofreció holocaustos y sacrificios
de comunión en presencia de Yahvé.

6 Continuación de 1 S **7** 1. Al recibir el arca donde Dios se hace presente, Ex **25** 8+; Dt **4** 7; 1 S **4** 1+, Jerusalén se convierte en la Ciudad Santa

6 7 El arca no solamente era temible para sus enemigos, 1 S **5**, y para los que la despreciaban, 1 S **6** 19; era intangible, Nm **4** 5.15.20; Ex **25** 15; ver también Ex **33** 20+; Lv **17** 1+.

6 17 La tienda del desierto había desaparecido, pero David trata de ligarla al nuevo santuario, **7** 2; 1 R **1** 39; **2** 28-30.

[18] Cuando David hubo acabado de ofrecer los holocaustos y sacrificios de comunión, bendijo al pueblo en nombre de Yahvé Sebaot [19] y repartió a todo el pueblo, a toda la muchedumbre de Israel, hombres y mujeres, una torta de pan, un pastel de dátiles y un pan de pasas a cada uno de ellos, y se fue todo el pueblo cada uno a su casa.

[20] Cuando se volvía David para bendecir su casa, Mical, hija de Saúl, le salió al encuentro y le dijo: «¡Cómo se ha cubierto hoy de gloria el rey de Israel, descubriéndose hoy a la vista de las criadas de sus servidores, como se descubriría un cualquiera!» [21] Respondió David a Mical: «Delante de Yahvé, que me ha preferido a tu padre y a toda su casa para constituirme caudillo de todo el pueblo de Yahvé, de Israel, delante de Yahvé danzo yo. [22] Y me haré más vil todavía; seré vil a tus ojos, pero seré honrado ante las criadas de que hablas.» [23] Y Mical, hija de Saúl, no tuvo ya hijos hasta el día de su muerte.

Profecía de Natán*.

‖1 Cro **17** 1-15.

7 [1] Cuando el rey se estableció en su casa y Yahvé le concedió paz de todos sus enemigos de alrededor, [2] dijo el rey al profeta Natán: «Mira, yo habito en una casa de cedro mientras que el arca de Dios habita en una tienda de lona.» [3] Respondió Natán al rey: «Anda, haz todo lo que te dicta el corazón, porque Yahvé está contigo.»

[4] Pero aquella misma noche vino la palabra de Dios a Natán diciendo: [5] «Ve y di a mi siervo David: Esto dice Yahvé. ¿Me vas a edificar tú una casa para que yo habite? [6] No he habitado en una casa desde el día en que hice subir a los israelitas de Egipto hasta el día de hoy, sino que he ido de un lado para otro en una tienda, en un refugio*. [7] En todo el tiempo que he caminado entre todos los israelitas, ¿he dicho acaso a uno de los jueces de Israel a los que mandé que apacentaran a mi pueblo Israel: '¿Por qué no me edifican una casa de cedro?' [8] Ahora, pues, di esto a mi siervo David: Así habla Yahvé Sebaot: Yo te he tomado del pastizal, de detrás del rebaño, para que seas caudillo de mi pueblo Israel. [9] He estado contigo dondequiera has ido, he eliminado de delante de ti a todos tus enemigos y voy a hacerte un nombre grande como el nombre de los grandes de la tierra. [10] Fijaré un lugar a mi pueblo Israel y lo plantaré allí para que more en él; no será ya perturbado y los malhechores no seguirán oprimiéndolo como antes, [11] en el tiempo en que instituí jueces en mi pueblo Israel; y te daré paz con todos sus enemigos. Yahvé te anuncia que Yahvé te edificará una casa. [12] Y cuando tus días se hayan cumplido y te acuestes con tus padres, afirmaré después de ti la descendencia que saldrá de tus entrañas, y consolidaré el trono de su realeza. [13] (Él constituirá una casa para mi Nombre y yo consolidaré el trono de su realeza para siempre*.) [14] Yo seré para él padre y él será para mí hijo*. Si hace mal, lo castigaré con vara de hombres y con golpes de hombres, [15] pero no apartaré de él mi amor, como lo aparté de Saúl, a quien quité de delante de mí. [16] Tu casa y tu reino permanecerán para siempre ante ti*; tu trono estará firme, eternamente.»

7 La profecía se apoya en una contraposición: no es David quien edificará una casa (templo) a Yahvé, sino que será Yahvé quien hará una casa (dinastía) a David. La promesa se refiere a la permanencia de la línea davídica en el trono de Israel, vv. 12-16. 19-29; **23** 5; Is **7** 14+; Sal **89** 30-38: **132** 11-12; Si **47** 11. Después de Salomón, **12** 15, deja entrever un descendiente privilegiado. Es el primer eslabón de la cadena de profecías sobre el Mesías, hijo de David, ver Mt **1** 1; Hch **2** 30; Rm **1** 3-4.

7 6 Ver 1 R **8** 16. 27; Is **66** 1; Hch **7** 48.

7 13 Ver 1 R **5** 19; **8** 19; 1 Cro **17** 11-14; **22** 10; **28** 6.

7 14 Fórmula de adopción, ver Sal **2** 7; **89** 31-34; **110** 3, y no título mesiánico, Hb **1** 5.

7 16 Ver **23** 5; Lc **1** 32s.

17 Natán habló a David según todas
estas palabras y esta visión.

Oración de David*.
‖1 Cro **17** 16-27.

18 El rey David entró, se sentó ante
Yahvé y dijo:
«¿Quién soy yo, Señor Yahvé, y qué
mi casa, que me has traído hasta aquí?
19 Y aun esto es poco a tus ojos, Señor
Yahvé, que hablas también a la casa de
tu siervo para el futuro lejano. Y ésta
es la ley del hombre, Señor Yahvé.
20 ¿Qué más podrá David añadir a estas
palabras? Tú me tienes conocido, Señor
Yahvé. 21 Has realizado todas estas grandes cosas según tu palabra y tu corazón, para dárselo a conocer a tu siervo.
22 Por eso eres grande, Señor Yahvé;
nadie como tú, no hay Dios fuera de ti,
como oyeron nuestros oídos. 23 ¿Qué
otro pueblo hay en la tierra como tu
pueblo Israel a quien un dios haya ido
a rescatar para hacerlo su pueblo, darle
renombre y hacer en su favor grandes
y terribles cosas, expulsando de delante de tu pueblo, al que rescataste de
Egipto, a naciones y dioses extraños?
24 Tú has constituido a tu pueblo Israel
para que sea tu pueblo para siempre,
y tú, Yahvé, eres su Dios. 25 Y ahora,
Yahvé Dios, mantén firme eternamente
la palabra que has dirigido a tu siervo y
a su casa y haz según lo que has dicho.
26 Sea tu nombre por siempre engrandecido; que se diga: Yahvé Sebaot es
Dios de Israel; y que la casa de tu siervo
David subsista en tu presencia, 27 ya
que tú, Yahvé Sebaot, Dios de Israel,
has hecho esta revelación a tu siervo
diciendo: 'yo te edificaré una casa'; por
eso tu siervo ha encontrado valor para
orar en tu presencia. 28 Ahora, Señor
Yahvé, tú eres Dios, tus palabras son
verdad y has prometido a tu siervo esta
dicha; 29 dígnate, pues, bendecir la casa
de tu siervo para que permanezca por
siempre en tu presencia, pues tú, Señor
Yahvé, has hablado y con tu bendición
la casa de tu siervo será eternamente
bendita.»

Las guerras de David*.
‖1 Cro **18** 1-13.

8 1 Después de esto, batió David a los
filisteos y los humilló; tomó David de
manos de los filisteos Gat y sus dependencias. 2 Batió también a los moabitas
y los midió con la cuerda, haciendo que
se echaran en tierra; midió dos cuerdas
y los condenó a muerte, y una cuerda
llena la dejó con vida. Los moabitas
quedaron sometidos a David y pagaron
tributo.
3 David batió a Hadadézer, hijo de
Rejob, rey de Sobá, cuando iba a imponerse su dominio en el Río. 4 David
le apresó mil setecientos jinetes y veinte
mil de a pie, y desjarretó toda la caballería de los carros, reservando cien tiros.
5 Los arameos de Damasco vinieron en
socorro de Hadadézer, rey de Sobá;
pero David causó veintidós mil bajas a
los arameos. 6 Y estableció David gobernadores en Aram de Damasco. Los
arameos quedaron sometidos a David y
pagaron tributo; Yahvé hizo triunfar a
David por dondequiera que iba. 7 Tomó
David los escudos de oro que llevaban
los servidores de Hadadézer y los llevó
a Jerusalén. 8 De Tebaj y de Berotay,
ciudades de Hadadézer, tomó el rey una
gran cantidad de bronce.
9 Tou, rey de Jamat, supo que David
había derrotado a todas las fuerzas de
Hadadézer, 10 y envió a su hijo Jorán al
rey David para saludarlo y felicitarlo por
haber atacado y vencido a Hadadézer,
ya que Tou estaba en guerra con Hadadézer. Traía Hadorán vasos de plata,
oro y bronce. 11 El rey David los consagró también a Yahvé, con la plata y el
oro consagrado procedente de todos

7 18 Oración de alabanza y de acción de gracias, llena de ecos del AT referentes a las promesas de la Alianza.

8 Resumen de las campañas del reino; se omite la guerra amonita que servirá de marco a la historia de Betsabé, caps. **10-12**.

los pueblos sometidos, 12 de Aram, de Moab, de los amonitas, de los filisteos, de Amalec y del botín de Hadadézer, hijo de Rejob, rey de Sobá.

13 David se hizo famoso cuando volvió de su victoria sobre los arameos, en el valle de la Sal, en número de dieciocho mil. 14 Puso gobernadores en Edom; en todo Edom puso gobernadores, y todos los edomitas quedaron sometidos a David, y Yahvé hizo triunfar a David dondequiera que iba.

La administración del reino.

||1 Cro **18** 14-17; =2 S **20** 23-26.

15 Reinó David sobre todo Israel, administrando derecho y justicia a todo su pueblo. 16 Joab, hijo de Sarvia, era jefe del ejército, y Josafat, hijo de Ajilub, era el heraldo. 17 Sadoc, hijo de Ajitub, y Abiatar, hijo de Ajimélec, eran sacerdotes*. Serayas era secretario, 18 Benaías, hijo de Joadá, mandaba a los quereteos y los peleteos. Los hijos de David eran sacerdotes*.

3. LA FAMILIA DE DAVID Y LAS INTRIGAS POR LA SUCESIÓN*

A. MEFIBÓSET

Bondad de David con el hijo de Jonatán.

9 1 David preguntó: «¿Queda todavía algún hijo de la casa de Saúl? Quiero favorecerlo por amor a Jonatán.» 2 Tenía la familia de Saúl un siervo llamado Sibá. Lo convocaron ante David y el rey le dijo: «¿Eres tú Sibá?» Respondió: «Tu siervo soy.» 3 Dijo el rey: «¿Queda alguien todavía de la casa de Saúl para que yo tenga con él una misericordia sin medida?» Sibá contestó al rey: «Vive todavía un hijo de Jonatán, tullido de pies.» 4 El rey le preguntó: «¿Dónde está?» Respondió Sibá al rey: «Está en casa de Maquir, hijo de Amiel, en Lo Debar.» 5 Y el rey David mandó traerlo de la casa de Maquir, hijo de Amiel, de Lo Debar.

6 Llegó Mefibóset, hijo de Jonatán, hijo de Saúl, adonde David y, cayendo sobre su rostro, se postró. David le dijo: «Mefibóset», y respondió: «Aquí tienes a tu siervo.» 7 David le dijo: «No temas, quiero favorecerte por amor de Jonatán, tu padre. Haré que te devuelvan todos los campos de tu padre Saúl, y tú comerás siempre a mi mesa.» 8 Él se postró y dijo: «¿Qué es tu siervo, para que te fijes en un perro muerto como yo?»

9 Llamó el rey a Sibá, criado de Saúl, y le dijo: «Todo lo que pertenecía a Saúl y a toda su casa, se lo doy al hijo de tu señor. 10 Cultivarás para él la tierra tú, tus hijos y tus siervos, y se lo llevarás a la familia de tu señor para que pueda comer. Mefibóset, el hijo de tu señor, comerá siempre a mi mesa.» Tenía Sibá quince hijos y veinte siervos. 11 Respondió Sibá al rey: «Tu siervo hará todo lo que mi señor el rey ha mandado a su siervo.» Mefibóset comía a la mesa de David como uno de los hijos del rey. 12 Tenía Mefibóset un hijo pequeño, llamado Micá. Todos los que vivían en casa de Sibá eran siervos de Mefibóset. 13 Pero Mefibóset vivía en Jerusalén porque comía siempre a la mesa del rey. Estaba tullido de pies.

8 17 Abiatar, 1 S **22** 20-23, será destituido por Salomón, 1 R **2** 26-27, en beneficio de Sadoc, ver 1 S **2** 30-36.

8 18 Indicación extraña que no se encuentra en 1 Cro **18** 17.

9 Los capítulos **9-20**, que continúan en 1 R **1-2**, relatan cómo la sucesión de David ha correspondido por fin a Salomón a través de dramáticas peripecias. Respecto de Jonatán, ver 1 S **18** 1+; **20** 15-16.

B. LA GUERRA AMONITA. NACIMIENTO DE SALOMÓN

Afrenta a los embajadores de David.

‖1 Cro **19** 1-5.

10 1 Después de esto, murió el rey de los amonitas y reinó en su lugar su hijo Janún. 2 Dijo David: «Tendré con Janún, hijo de Najás, la misma benevolencia que su padre tuvo conmigo.» David envió a sus servidores para que lo consolaran por su padre. Cuando los servidores de David llegaron al país de los amonitas, 3 dijeron los jefes de los amonitas a Janún, su señor: «¿Acaso David te envía a consolar porque quiere hacer honor a tu padre ante tus ojos? ¿No te ha enviado David sus siervos para espiar la ciudad, explorarla y destruirla?» 4 Entonces Janún prendió a los servidores de David, les rapó la mitad de la barba, cortó sus vestidos hasta la mitad de las nalgas, y los despachó. 5 Se lo comunicaron a David y envió gente a su encuentro porque los hombres estaban cubiertos de vergüenza; el rey les mandó a decir: «Quédense en Jericó hasta que les crezca la barba; después volverán.»

Primera campaña amonita.

‖1 Cro **19** 6-15.

6 Vieron los amonitas que se habían hecho odiosos a David y enviaron para tomar a sueldo arameos de Bet Rejob y arameos de Sobá, veinte mil infantes; del rey de Maacá mil hombres y del rey de Tob doce mil. 7 Lo supo David y mandó a Joab con toda la tropa, los valientes*. 8 Salieron a campaña los amonitas y se ordenaron en batalla a la entrada de la puerta, mientras que los arameos de Sobá y de Rejob, y los hombres de Tob y de Maacá estaban aparte en el campo. 9 Viendo Joab que tenía un frente de combate por delante y otro por detrás, escogió a los mejores de Israel y los puso en línea contra los arameos. 10 Puso el resto del ejército al mando de su hermano Abisay y lo ordenó en batalla frente a los amonitas. 11 Y dijo: «Si los arameos me dominan, ven en mi ayuda; si los amonitas te dominan a ti, vendré en tu socorro. 12 Ten fortaleza, esforcémonos por nuestro pueblo y por las ciudades de nuestro Dios y que Yahvé haga lo que bien le parezca.» 13 Y avanzó Joab con su ejército para luchar contra los arameos, que huyeron ante él. 14 Vieron los amonitas que los arameos emprendían la fuga, y huyeron también ellos ante Abisay y entraron en la ciudad. Joab se alejó de los amonitas y entró en Jerusalén.

Victoria sobre los arameos.

‖1 Cro **19** 16-19; 2 S **8** 3-8.

15 Vieron los arameos que habían sido vencidos por Israel y se concentraron todos. 16 Hadadézer mandó venir a los arameos del otro lado del Río y llegaron a Jelán. Venía a su cabeza Sobac, jefe del ejército de Hadadézer. 17 Se dio aviso a David, que reunió a todo Israel, pasó el Jordán y llegó a Jelán; los arameos se ordenaron en batalla frente a David y combatieron contra él. 18 Huyeron los arameos ante Israel y David abatió a los arameos setecientos carros y cuarenta mil jinetes. Hirió también a Sobac, jefe de su ejército, que murió allí mismo. 19 Cuando todos los reyes vasallos de Hadadézer vieron que habían sido batidos ante Israel, hicieron la paz con Israel y le quedaron sometidos. Los arameos no se atrevieron a seguir ayudando a los amonitas.

Segunda campaña amonita. Crimen de David.

11 1 A la vuelta del año, en la época en que los reyes salen a la

---

10 7 La aposición *(la tropa, los valientes)* indica una distinción entre el grupo de los veteranos y el ejército reclutado entre las tribus; éste intervendrá más tarde, v. 7 y **11** 1.11.

campaña, envió David a Joab con sus
veteranos y todo Israel. Derrotaron a los
amonitas y pusieron sitio a Rabá, mientras que David se quedó en Jerusalén.
2 Un atardecer se levantó David de
su lecho y se paseaba por el terrado de
la casa del rey cuando vio desde lo alto
del terrado a una mujer que se estaba
bañando. Era una mujer muy hermosa.
3 Mandó David para informarse sobre la
mujer y le dijeron: «Es Betsabé, hija de
Elián, mujer de Urías el hitita*.» 4 David
envió gente que la trajera; llegó donde
David y él se acostó con ella, cuando
acababa de purificarse de sus reglas. Y
ella se volvió a su casa. 5 La mujer quedó embarazada y le hizo saber a David:
«Estoy embarazada.»
6 David envió a decir a Joab: «Mándame a Urías el hitita.» Joab envió a Urías
adonde David. 7 Llegó Urías donde él
y David le preguntó por Joab, por el
ejército y por la marcha de la guerra.
8 Y dijo David a Urías: «Baja a tu casa y
lava tus pies.» Salió Urías de la casa del
rey, seguido de un obsequio de la mesa
real. 9 Pero Urías se acostó a la entrada
de la casa del rey, con la guardia de su
señor, y no bajó a su casa.
10 Avisaron a David: «Urías no ha
bajado a su casa.» Preguntó David a
Urías: «¿No vienes de un viaje? ¿Por
qué no has bajado a tu casa?» 11 Urías
respondió a David: «El arca, Israel y
Judá habitan en tiendas; Joab mi señor
y los siervos de mi señor acampan en
el suelo, ¿y voy a entrar yo en mi casa
para comer, beber y acostarme con
mi mujer*? ¡Por tu vida y la vida de tu
alma, no haré tal!» 12 Entonces David
dijo a Urías: «Quédate hoy también y
mañana te despediré.» Se quedó Urías
aquel día en Jerusalén y al día siguiente
13 lo invitó David a comer con él y le
hizo beber hasta emborracharse. Por la
tarde salió y se acostó en el lecho, con
la guardia de su señor, pero no bajó a
su casa.
14 A la mañana siguiente escribió David una carta a Joab y se la envió por
medio de Urías. 15 En la carta había escrito: «Pongan a Urías en primera línea,
donde la lucha sea más reñida, y retírense de detrás de él para que sea herido
y muera.» 16 Estaba Joab asediando la
ciudad y colocó a Urías en el sitio en
que sabía que estaban los hombres más
valientes. 17 Los hombres de la ciudad
hicieron una salida y atacaron a Joab;
cayeron algunos del ejército de entre los
veteranos de David. También murió
Urías el hitita.
18 Joab envió a comunicar a David todas las noticias de la guerra, 19 y ordenó
al mensajero: «Cuando hayas acabado
de decir al rey todas las noticias sobre
la batalla, 20 si salta la cólera del rey y
te dice: '¿Por qué se han acercado a la
ciudad para atacarla? ¿No sabían que
tirarían sobre ustedes desde lo alto de la
muralla? 21 ¿Quien mató a Abimélec, el
hijo de Yerubaal*? ¿No arrojó una mujer
sobre él una piedra de molino desde lo
alto de la muralla y murió él en Tebés?
¿Por qué se han acercado a la muralla?',
tú le dices: También ha muerto tu siervo
Urías, el hitita.»
22 Partió el mensajero y fue a comunicar a David todo lo que le había
mandado Joab. David se irritó contra
Joab y dijo al mensajero: «¿Por qué se
han acercado a la muralla para luchar?
¿Quién mató a Abimélec, el hijo de
Yerubaal? ¿No arrojó una mujer sobre él
una piedra de molino desde lo alto de la
muralla y murió él en Tebés? ¿Por qué
se han acercado a la muralla?» 23 El mensajero dijo a David: «Aquellos hombres
se crecieron frente a nosotros, hicieron
una salida contra nosotros en campo
raso y los rechazamos hasta la entrada
de la puerta, 24 pero los arqueros tiraron
contra tus veteranos desde lo alto de la
muralla y murieron algunos de los veteranos del rey. También murió tu siervo
Urías, el hitita.»

11 3 *Urías el hitita*, un mercenario extranjero (su nombre es hurrita).
11 11 La continencia es una ley religiosa de la guerra, ver 1 S **21** 6.
11 21 Ver Jc **9** 50-57. *Yerubaal* = Yerubéset, ver **4** 4+.

25 Entonces David dijo al mensajero:
«Esto has de decir a Joab: 'No te inquietes por este asunto, porque la espada devora unas veces a unos y otras a
otros. Redobla tu ataque contra la ciudad y destrúyela.' Y así le darás ánimos.»
26 Supo la mujer de Urías que había
muerto Urías su marido e hizo duelo por
su señor. 27 Pasado el luto, David envió
por ella y la recibió en su casa y la tomó
por mujer; ella le dio a luz un hijo; pero
aquella acción que David había hecho
desagradó a Yahvé.

Reproches de Natán. Arrepentimiento de David*.

12 1 Envió Yahvé a Natán donde
David, y llegando a él le dijo:

«Había dos hombres en una ciudad,
el uno era rico y el otro era pobre.
2 El rico tenía ovejas y bueyes en gran
abundancia;
3 el pobre no tenía más que una cor-
derilla, sólo una, pequeña, que había
comprado.
Él la alimentaba y ella iba creciendo
con él y sus hijos, comiendo su pan,
bebiendo en su copa, durmiendo en
su seno igual que una hija.
4 Vino un visitante donde el hombre
rico, y, dándole pena tomar su ganado, sus vacas y sus ovejas, para dar
de comer a aquel hombre llegado a
su casa, tomó la ovejita del pobre y
dio de comer a aquel hombre llegado
a su casa.»

5 David se encendió en gran cólera
contra aquel hombre y dijo a Natán:
«¡Vive Yahvé! que merece la muerte el
hombre que tal hizo. 6 Pagará cuatro
veces la oveja por haber hecho semejante cosa y por no haber tenido compasión.»
7 Entonces Natán dijo a David: «Tú
eres ese hombre. Así dice Yahvé, Dios
de Israel: Yo te he ungido rey de Israel y
te he librado de las manos de Saúl. 8 Te
he dado la casa de tu señor y he puesto
en tu seno las mujeres de tu señor; te
he dado la casa de Israel y de Judá; y si
es poco, te añadiré todavía otras cosas.
9 ¿Por qué has menospreciado a Yahvé
haciendo lo que le parece mal? Has
matado a espada a Urías el hitita, has
tomado a su mujer por mujer tuya y lo
has matado por la espada de los amonitas. 10 Pues bien, nunca se apartará
la espada de tu casa*, ya que me has
despreciado y has tomado la mujer de
Urías el hitita para mujer tuya.
11 «Así habla Yahvé: Haré que de tu
propia casa se alce el mal contra ti.
Tomaré tus mujeres ante tus ojos y se
las daré a otro que se acostará con tus
mujeres a la luz de este sol. 12 Pues tú
has obrado en lo oculto, pero yo cumpliré esta palabra ante todo Israel y a la
luz del sol.»
13 David dijo a Natán: «He pecado
contra Yahvé.» Respondió Natán a David: «También Yahvé ha perdonado tu
pecado; no morirás. 14 Pero por haber
ultrajado a Yahvé con ese hecho, el hijo
que te ha nacido morirá sin remedio.»
15 Y Natán se fue a su casa.

Muerte del hijo de Betsabé. Nacimiento de Salomón.

Hirió Yahvé al niño que había engendrado a David la mujer de Urías y
enfermó gravemente. 16 David suplicó a
Dios por el niño; hizo David un ayuno
riguroso, entraba en casa y pasaba la
noche acostado en el suelo. 17 Los ancianos de su casa estaban junto a él y
se esforzaban por levantarlo del suelo,
pero él se negó y no quiso comer con
ellos. 18 El séptimo día murió el niño; los
servidores de David temieron decirle que
el niño había muerto, porque se decían:
«Cuando el niño aún vivía le hablába-
mos y no nos escuchaba. ¿Cómo le
diremos que el niño ha muerto? ¡Hará un

12 La intervención de Natán parece insertada entre **11** 27 y **12** 15b. El crimen de David es deshonroso, pero su arrepentimiento, v. 13, le valdrá el perdón, ver Si **47** 11.
12 10 Muerte violenta de los tres hijos, Amnón, Absalón y Adonías.

desatino!» [19] Vio David que sus servidores cuchicheaban entre sí, comprendió David que el niño había muerto y dijo a sus servidores: «¿Ha muerto el niño?» Le respondieron: «Así es.»

[20] David se levantó del suelo, se lavó, se ungió y se cambió de vestidos. Fue luego a la casa de Yahvé y se postró. Se volvió a su casa, pidió que le trajeran de comer y comió. [21] Sus servidores le dijeron: «¿Qué es lo que haces? Cuando el niño aún vivía ayunabas y llorabas, y ahora que ha muerto te levantas y comes*.» [22] Respondió: «Mientras el niño vivía ayuné y lloré, pues me decía: ¿Quién sabe si Yahvé tendrá compasión de mí y el niño vivirá? [23] Pero ahora que ha muerto, ¿por qué he de ayunar? ¿Podré hacer que vuelva? Yo iré donde él, pero él no volverá a mí.»

[24] David consoló a Betsabé su mujer, fue donde ella y se acostó con ella; dio ella a luz un hijo y se llamó Salomón; Yahvé lo amó, [25] y envió al profeta Natán, que lo llamó Yedidías, por lo que había dicho Yahvé*.

Conquista de Rabá.

‖1 Cro **20** 1b-3.

[26] Joab atacó a Rabá de los amonitas y conquistó la ciudad real. [27] Y envió Joab mensajeros a David para decirle: «He atacado a Rabá y me he apoderado también de la ciudad de las aguas. [28] Ahora, pues, reúne el resto del ejército, acampa contra la ciudad y tómala, para que no sea yo quien la conquiste y no le dé mi nombre.» [29] Reunió David todo el ejército y partió para Rabá, la atacó y la conquistó. [30] Tomó de la cabeza de Milcón* la corona, que pesaba un talento de oro; tenía ésta engarzada una piedra preciosa que fue puesta en la cabeza de David; y se llevó un enorme botín de la ciudad. [31] A la gente que había en ella la hizo salir y la puso a trabajar en las sierras, en los trillos de dientes de hierro, en las hachas de hierro y los empleó en los hornos de ladrillo*. Lo mismo hizo con todas las ciudades de los amonitas. Luego David regresó con todo el ejército a Jerusalén.

*C. HISTORIA DE ABSALÓN**

Amnón ultraja a su hermana Tamar.

13 [1] Sucedió después que Absalón, hijo de David, tenía una hermana que era hermosa, llamada Tamar, y Amnón, hijo de David, se prendó de ella. [2] Estaba Amnón tan atormentado que se puso enfermo, porque su hermana Tamar era virgen y le parecía difícil a Amnón hacerle algo. [3] Tenía Amnón un amigo llamado Jonadab, hijo de Simá, hermano de David; era Jonadab hombre muy astuto, [4] y le dijo: «¿Qué te sucede, hijo del rey, que de día en día estás más afligido? ¿No me lo vas a descubrir?» Amnón le dijo: «Estoy enamorado de Tamar, hermana de mi hermano Absalón.» [5] Jonadab le dijo: «Acuéstate en tu lecho y fíngete enfermo y cuando tu padre venga a verte le dices: Que venga, por favor, mi hermana Tamar a darme de comer; que prepare delante de mí algún manjar para que lo vea yo y lo coma de su mano.» [6] Amnón se acostó y se fingió enfermo. Entró el rey a verlo y Amnón dijo al rey:

12 21 David sorprende a su corte al no guardar las reglas del duelo. Su religiosidad es espontánea y no conformista, vv. 22-23 y **6** 21-22.
12 25 Salomón, *Yedidías (Amado de Yahvé),* será objeto de elección gratuita de Dios para suceder a su padre, ver Mt **1** 6.
12 30 Esta corona pesa más de 30 kg. Esto hace pensar que se trata aquí de la estatua de Milcón, dios de los amonitas, 1 R **11** 5.
12 31 Trabajo penoso al que se sometía a los prisioneros de guerra o a los esclavos, Ex **5**.
13 Absalón es el personaje central del drama que divide a la familia de David, **13-20**; provoca graves crisis que comprometerán el porvenir del reino.

«Que venga, por favor, mi hermana Tamar y fría delante de mí un par de buñuelos, y yo los comeré de su mano.» 7 David
envió a decir a Tamar a su casa: «Vete a
casa de tu hermano Amnón y prepárale
algo de comer.» 8 Fue, pues, Tamar a casa de su hermano, que estaba acostado;
tomó harina, la amasó, hizo los buñuelos
y los puso a freír delante de su hermano;
9 tomó la sartén y la vació delante de él,
pero él no quiso comer; y dijo Amnón:
«Que salgan todos de aquí.» Y todos
salieron de allí. 10 Entonces Amnón dijo
a Tamar: «Tráeme la comida a la alcoba
para que coma de tu mano.» Tomó Tamar los buñuelos que había hecho, se los
llevó a su hermano Amnón a la alcoba
11 y se los acercó para que los comiera,
pero él la sujetó y le dijo: «Ven, acuéstate
conmigo, hermana mía.» 12 Pero ella
respondió: «No, hermano mío, no me
fuerces, pues no se hace esto en Israel.
No cometas esta infamia*. 13 ¿A dónde
iría yo deshonrada? Y tú serías como un
infame en Israel. Habla, te lo suplico, al
rey, que no rehusará entregarme a ti*.»
14 Pero él no quiso escucharla, sino que
la sujetó y forzándola se acostó con ella.

15 Después Amnón la aborreció con
tan gran aborrecimiento que fue mayor
su aborrecimiento que el amor con
que la había amado. Y le dijo Amnón:
«Levántate y vete.» 16 Ella le dijo: «No,
hermano mío, por favor, porque si
me echas, este segundo mal es peor que
el que me hiciste primero.» Pero él no
quiso escucharla. 17 Llamó al criado que
le servía y le dijo: «Échame a ésta fuera
y cierra la puerta tras ella.» 18 Vestía
ella una túnica con mangas, porque así
vestían antes las hijas del rey que eran
vírgenes. Su criado la hizo salir fuera y
cerró la puerta tras ella.

19 Tamar se echó ceniza sobre la cabeza, rasgó la túnica de mangas que llevaba, puso sus manos sobre la cabeza
y se iba gritando mientras caminaba.
20 Su hermano Absalón le dijo: «¿Es que
tu hermano Amnón ha estado contigo?
Ahora calla, hermana mía; es tu hermano. No te preocupes de este asunto.»
Y Tamar quedó desolada en casa de su
hermano Absalón.

21 Se enteró David de todas estas cosas y se irritó en extremo. 22 Absalón no
dijo a Amnón ni una palabra, ni buena
ni mala, pues odiaba Absalón a Amnón
porque había violado a su hermana Tamar.

Absalón hace asesinar a Amnón y huye.

23 Dos años después, estaban los esquiladores con Absalón esquilando en
Baal Jasor, junto a Efraín, y Absalón
invitó a todos los hijos del rey. 24 Se
presentó Absalón al rey y le dijo: «Ya
que estoy de esquileo, que vengan, por
favor, conmigo el rey y sus servidores.»
25 El rey dijo a Absalón: «No, hijo mío,
no podemos ir todos para no serte gra-
vosos.» Insistió, pero el rey no quiso ir
y le dio su bendición. 26 Absalón le dijo:
«Que venga, por favor, con nosotros mi
hermano Amnón.» Respondió el rey:
«¿Para qué ha de ir contigo?» 27 Pero
Absalón le insistió y dejó que fueran con
él Amnón y todos los hijos del rey.

Absalón mandó preparar un convite
regio. 28 Y ordenó a sus criados: «Estén
atentos: cuando el corazón de Amnón
esté alegre por el vino y yo les diga:
'Hieran a Amnón', lo matarán. No
tengan temor, porque se lo mando yo.
Cobren ánimo y sean valerosos.» 29 Los
criados de Absalón hicieron con Amnón lo que Absalón les había mandado.
Entonces todos los hijos del rey se levantaron, montó cada cual en su mulo
y huyeron.

30 Cuando iban todavía de camino,
llegó a David la noticia de que Absalón
había matado a todos los hijos del rey
y que no había quedado ni uno solo de
ellos. 31 Se levantó el rey, rasgó sus ves-

13 12 Ver Gn **34** 7; Dt **22** 21; Jc **20** 6.10; etc.

13 13 Costumbre antigua, ver Gn **20** 12, más tarde prohibida por la ley, Lv **18** 9; **20** 17; Dt **27** 22.

tidos y se echó en tierra; todos los servidores que estaban a su lado rasgaron
también sus vestidos. 32 Pero Jonadab,
hijo de Simá, hermano de David, tomó
la palabra y dijo: «No diga el rey, mi señor, que han muerto todos los muchachos, los hijos del rey, porque solamente ha muerto Amnón; pues era cosa decidida en boca de Absalón desde el día
en que aquél violó a su hermana Tamar.
33 Así que no haga caso mi señor el rey
de esos rumores de que han muerto todos los hijos del rey, porque sólo ha
muerto Amnón.» 34 Absalón huyó.

El joven que estaba de centinela
levantó la vista y vio una multitud que
venía por el camino de Joronáin, por
la ladera, y fue a avisar al rey: «He
visto algunos hombres que bajan por el
camino de Joronáin, por la ladera de la
montaña.» 35 Jonadab dijo al rey: «Son
los hijos del rey que llegan; ha sido lo
que tu servidor había dicho.» 36 Apenas
había acabado de hablar, entraron los
hijos del rey y lloraron a voz en grito.
También el rey y todos los servidores se
echaron a llorar con gran llanto. 37 Absalón huyó y se fue adonde Talmay, hijo
de Amiud, rey de Guesur; y el rey lloraba todos los días por su hijo. 38 Absalón,
por su parte, había huido y se había ido
a Guesur: allí se quedó tres años.

Joab negocia la vuelta de Absalón.

39 La cólera del rey David contra Absalón se calmó finalmente, porque
se había consolado ya de la muerte de
Amnón.

14 1 Conoció Joab, hijo de Sarvia,
que el corazón del rey estaba
por Absalón 2 y envió Joab a Técoa, a
traer de allí una mujer sagaz a la que
dijo: «Da muestras de duelo, vístete de
luto y no te perfumes; pórtate como
una mujer que hace muchos días que
está en duelo por un muerto. 3 Entra
luego donde el rey y dile estas palabras»,
y Joab puso las palabras en su boca*.
4 Entró, pues, donde el rey la mujer
de Técoa, cayó rostro en tierra, se postró y dijo: «¡Sálvame, oh rey*!» 5 El rey
le dijo: «¿Qué te pasa?» Y ella contestó:
«¡Ay de mí! Soy una mujer viuda. Mi
marido ha muerto. 6 Tu sierva tiene dos
hijos. Se pelearon en el campo, no había quien los separara y uno hirió al otro
y lo mató. 7 Y ahora se alza toda la familia contra tu sierva y dicen: 'Entréganos
al asesino de su hermano: lo haremos
morir por la vida de su hermano, al que
mató, y haremos desaparecer también
al heredero.' Así van a extinguir la
brasa que me queda y no dejarán a mi
marido nombre ni superviviente en la
tierra.» 8 El rey dijo a la mujer: «Vete a
tu casa, que yo daré órdenes sobre tu
asunto.» 9 Pero la mujer de Técoa dijo
al rey: «Caiga, oh rey mi señor, la culpa
sobre mí y sobre la casa de mi padre y
queden inocentes el rey y su trono.»
10 El rey dijo: «Si alguno todavía te dice
algo, hazlo venir y no te molestará más.»
11 Replicó ella: «Que el rey mencione,
por favor, a Yahvé, tu Dios, para que
el vengador de sangre no aumente la
ruina y no extermine a mi hijo.» Él dijo:
«Vive Yahvé, que no caerá en tierra ni
un cabello de tu hijo*.»
12 La mujer dijo: «Te suplico que tu
sierva pueda decir a mi señor el rey una
palabra.» Dijo: «Habla». 13 Respondió
la mujer: «¿Por qué has tenido tal pensamiento contra el pueblo de Dios y
se hace el rey culpable diciendo que
no vuelva más su desterrado? 14 Todos
hemos de morir; como el agua que se
derrama en tierra no se vuelve a recoger, así Dios no vuelve a conceder la
vida. Que el rey elija medios para que el
proscrito no siga alejado de él.
15 «Así, pues, si tu sierva ha venido
para hablar a mi señor el rey estas cosas, es porque la gente me ha metido
miedo y tu sierva se ha dicho: Hablaré al

14 3 Al igual que Natán, **12** 1, Joab va a inducir al rey a pronunciarse simulando un caso de justicia.

14 4 Fórmula utilizada cuando se recurría al rey.

14 11 Ver Nm **35** 19+.

rey y acaso el rey cumpla la palabra de
su esclava, [16] pues el rey me escuchará
y librará a su esclava de la ira del hombre que quiere exterminarme, a mí juntamente con mi hijo, de la heredad de
Dios. [17] Tu sierva dice: Que la palabra
de mi señor el rey traiga la paz, pues mi señor el rey es como el Ángel de Dios para discernir el bien y el mal. Y que Yahvé tu Dios sea contigo.»

[18] El rey respondió a la mujer y dijo: «No me ocultes nada de lo que voy a preguntarte.» La mujer dijo: «Habla, oh
rey, mi señor.» [19] Dijo el rey: «¿No anda
contigo la mano de Joab en todo esto?» Respondió la mujer: «Por tu vida, oh rey mi señor, que no se desvía ni a la derecha ni a la izquierda nada de lo que el rey mi señor dice. Tu siervo Joab me ha mandado y ha puesto en la boca de
tu sierva todas estas palabras. [20] Para
abordar con rodeos el tema hizo esto tu siervo Joab. Pero mi señor es prudente como el Ángel de Dios y sabe todo cuanto sucede en la tierra.»

[21] Entonces el rey dijo a Joab: «Mira, he decidido el asunto. Anda y haz que
regrese el joven Absalón.» [22] Cayó Joab
sobre su rostro en tierra y postrándose bendijo al rey. Joab dijo: «Hoy ha conocido tu siervo que ha hallado gracia a tus ojos, oh rey mi señor, pues ha cumplido el rey el deseo de su siervo.» [23] Se
levantó Joab, fue a Guesur y llevó a
Absalón a Jerusalén. [24] Pero el rey dijo:
«Que se retire a su casa, pues no pienso recibirlo.» Y Absalón se retiró a su casa sin poder entrevistarse con el rey.

Algunos pormenores sobre Absalón.

[25] No había en todo Israel un hombre tan apuesto como Absalón, ni tan celebrado; de la planta de los pies hasta la coronilla de la cabeza no había en él
defecto. [26] Cuando se cortaba el pelo
—y se lo cortaba cada año, porque le pesaba mucho y por eso se lo cortaba— pesaba el cabello de su cabeza doscientos siclos, peso real. [27] Le nacieron a
Absalón tres hijos y una hija, llamada Tamar; era una mujer de gran belleza.

Absalón obtiene el perdón.

[28] Absalón estuvo en Jerusalén dos
años sin ver el rostro del rey. [29] Llamó
Absalón a Joab para enviarlo al rey, pero él no quiso ir. Lo llamó todavía una segunda vez, pero tampoco quiso.
[30] Entonces dijo a sus servidores: «Vean
el campo de Joab, que está junto al mío, donde él tiene la cebada. Vayan y préndanle fuego.» Los servidores de Absalón
prendieron fuego al campo. [31] Entonces
se levantó Joab, fue a casa de Absalón y le dijo: «¿Por qué tus servidores han
prendido fuego a mi campo?» [32] Absalón
respondió a Joab: «Te he mandado llamar para decirte: Ven, por favor, pues quiero enviarte al rey para que le digas: ¿Para qué he vuelto de Guesur? Mejor me hubiera sido estarme allí. Quiero ver el rostro del rey; si hay alguna culpa en
mí, que me haga morir.» [33] Fue Joab al
rey y se lo comunicó. Entonces llamó a Absalón. Entró éste donde el rey y se postró sobre su rostro en presencia del rey. Y el rey besó a Absalón.

Intrigas de Absalón.

15 [1] Después de esto, se hizo Absalón con un carro, caballos y cincuenta hombres que corrían delante
de él. [2] Se levantaba Absalón temprano
y se colocaba a la vera del camino de la puerta, y a los que tenían algún pleito y venían donde el rey para el juicio, los llamaba Absalón y les decía: «¿No eres tú de...?» Él respondía: «Tu siervo es de
tal tribu de Israel*.» [3] Absalón le decía:
«Mira, tu causa es justa y buena, pero
nadie te escuchará de parte del rey.» [4] Y
añadía Absalón: «¡Quién me pusiera por juez de esta tierra! Podrían venir a mí todos los que tienen pleitos o juicios
y yo les haría justicia.» [5] Cuando alguno
se acercaba a él y se postraba, le tendía

15 2 Las tribus del Norte, por oposición a Judá, ver **5** 5; **19** 42-44.

la mano, lo retenía y lo besaba. 6 Así hacía Absalón con todos los israelitas que
iban al tribunal del rey. Absalón robaba
así el corazón de los hombres de Israel.

Revuelta de Absalón.

7 Al cabo de cuatro años dijo Absalón
al rey: «Permíteme que vaya a Hebrón
a cumplir el voto que hice a Yahvé.
8 Porque tu siervo hizo voto cuando
estaba en Guesur de Aram diciendo: Si
Yahvé me permite volver a Jerusalén,
daré culto a Yahvé en Hebrón.» 9 El rey
le dijo: «Vete en paz.» Él se levantó y se
fue a Hebrón.
10 Envió Absalón mensajeros a todas
las tribus de Israel diciendo: «Cuando oigan el sonido del cuerno, digan: ¡Absalón se ha proclamado rey en Hebrón!»
11 Con Absalón habían partido de Jerusalén doscientos hombres invitados; eran
inocentes y no sabían absolutamente
nada. 12 Mientras ofrecía los sacrificios,
mandó Absalón llamar a Ajitófel el gui-
lonita, consejero de David, de su ciudad
de Guiló. Así la conjuración se fortalecía
y eran cada vez más numerosos los partidarios de Absalón.

Huida de David.

13 Llegó uno que avisó a David: «El
corazón de los hombres de Israel va tras
de Absalón.» 14 Entonces David dijo a
todos los servidores que estaban con él
en Jerusalén: «Levántanse y huyamos,
porque no tenemos escape ante Absalón.
Apresúrense a partir, no sea que venga a
toda prisa y nos dé alcance, vierta sobre
nosotros la ruina y pase la ciudad a filo de
espada.» 15 Dijeron al rey sus servidores:
«Para todo cuanto mi señor el rey elija
estamos aquí tus servidores.» 16 El rey salió con toda su casa, a pie, dejando diez
concubinas para guardar la casa. 17 Salió
el rey a pie, con todo el pueblo, y se
detuvieron en la última casa. 18 Pasaron
a su lado todos sus veteranos. Todos
los quereteos, los perizitas, Itay y todos
los guititas, seiscientos hombres que le
habían seguido desde Gat, marchaban
delante del rey. 19 Y dijo el rey a Itay el
guitita: «¿Por qué has de venir tú también
conmigo? Vuélvete y quédate con el rey
porque eres un extranjero, desterrado
también de tu país. 20 Llegaste ayer, ¿y
voy a obligarte hoy a andar errando
con nosotros, cuando voy a la ventura?
Vuélvete y haz que tus hermanos se vuelvan contigo; y que Yahvé tenga contigo
amor y fidelidad.» 21 Itay respondió al rey:
«¡Por vida de Yahvé y por tu vida, rey mi
señor, que donde el rey mi señor esté,
para muerte o para vida, allí estará tu siervo!» 22 Entonces David dijo a Itay: «Anda
y pasa.» Pasó Itay de Gat con todos sus
hombres y todos sus niños. 23 Iban todos
llorando a voz en grito. El rey se detuvo
en el torrente Cedrón y toda la gente
pasaba ante él por el camino del desierto.

La suerte del arca.

24 Llegó también Sadoc acompañado de todos los levitas, llevando el arca
de la alianza de Dios. Se detuvieron
con el arca de Dios junto a Abiatar hasta
que todo el pueblo acabó de salir de la
ciudad. 25 Dijo el rey a Sadoc: «Haz
volver el arca de Dios a la ciudad. Si he
hallado gracia a los ojos de Yahvé, me
hará volver y me permitirá ver el arca y
su morada. 26 Y si él dice: 'No me has
agradado', que me haga lo que mejor
le parezca.» 27 Dijo el rey al sacerdote
Sadoc: «Mira, vuelve en paz a la ciudad
y que vuelvan con ustedes sus dos
hijos, tu hijo Ajimás y Jonatán, hijo de
Abiatar. 28 Miren, yo me detendré en
las estepas del desierto, hasta que me
llegue una palabra de ustedes que me
dé noticias.» 29 Sadoc y Abiatar devolvieron el arca de Dios a Jerusalén y se
quedaron allí.

David se asegura el concurso de Jusay.

30 David subía la cuesta de los Olivos, subía llorando con la cabeza
cubierta y los pies desnudos; y toda la
gente que estaba con él había cubierto
su cabeza y subía la cuesta llorando.

31 Notificaron entonces a David: «Ajitófel está entre los conjurados con Absalón», y David dijo: «¡Vuelve necios, Yahvé, los consejos de Ajitófel!»

32 Cuando David llegó a la cima donde se postran ante Dios, le salió al encuentro Jusay el arquita, con la túnica desgarrada y cubierta de polvo su cabeza. 33 David le dijo: «Si vienes conmigo, me serás una carga. 34 Pero si te vuelves a la ciudad y dices a Absalón: 'Soy tu siervo, oh rey, mi señor; antes serví a tu padre, ahora soy siervo tuyo', podrás frustrar, en favor mío, los consejos de Ajitófel. 35 ¿No estarán allí contigo los sacerdotes Sadoc y Abiatar? Todo cuanto oigas en la casa del rey, se lo comunicas a los sacerdotes Sadoc y Abiatar. 36 Estarán allí con ellos sus dos hijos, Ajimás de Sadoc y Jonatán de Abiatar, y por su medio podrán comunicarme todo lo que sepan.» 37 Jusay, amigo de David, entró en la ciudad cuando Absalón llegaba a Jerusalén.

David y Sibá.

16 1 Había pasado David un poco más allá de la cumbre, cuando le salió al encuentro Sibá, criado de Mefibóset, con dos burros aparejados, cargados con doscientos panes, cien racimos de uvas pasas, cien frutas maduras y un odre de vino. 2 El rey preguntó a Sibá: «¿Para qué es esto?» Sibá contestó: «Los burros son para que la familia del rey pueda montar, los panes y frutas son para que los muchachos coman y el vino para que beba el que se fatigue en el desierto.» 3 El rey preguntó: «¿Dónde está el hijo de tu señor?» Sibá respondió al rey: «Se ha quedado en Jerusalén porque se ha dicho: Hoy me devolverá la casa de Israel el reino de mi padre.» 4 El rey dijo a Sibá: «Todo lo de Mefibóset es para ti.» Sibá respondió: «Me postro ante ti. ¡Que halle yo gracia a tus ojos, oh rey mi señor!»

Semeí maldice a David.

5 Cuando el rey David llegó a Bajurín, salió de allí un hombre de la misma familia que la casa de Saúl, llamado Semeí, hijo de Guerá. Iba maldiciendo mientras avanzaba. 6 Tiraba piedras a David y a todos los servidores del rey, mientras toda la gente y todos los servidores se colocaban a derecha e izquierda. 7 Semeí decía maldiciendo: «Vete, vete, hombre sanguinario y malvado. 8 Yahvé te devuelva toda la sangre de la casa de Saúl, cuyo reino usurpaste. Así Yahvé ha entregado tu reino en manos de Absalón tu hijo. Has caído en tu propia maldad, porque eres un hombre sanguinario.» 9 Abisay, hijo de Sarvia, dijo al rey: «¿Por qué ha de maldecir este perro muerto a mi señor el rey? Voy ahora mismo y le corto la cabeza.» 10 Respondió el rey: «¿Qué tengo yo con ustedes, hijos de Sarvia? Deja que maldiga, pues si Yahvé le ha dicho: 'Maldice a David' ¿quién le puede decir: 'Por qué haces esto'?» 11 Y añadió David a Abisay y a todos sus siervos: «Miren, mi hijo, salido de mis entrañas, busca mi muerte, pues ¿cuánto más ahora un benjaminita? Déjenlo que maldiga, pues se lo ha mandado Yahvé. 12 Acaso Yahvé mire mi aflicción y me devuelva Yahvé bien por las maldiciones de este día.» 13 Y David y sus hombres prosiguieron su camino, mientras Semeí marchaba por el flanco de la montaña, paralelo a él; iba maldiciendo, tirando piedras y arrojando polvo. 14 El rey y todo el pueblo que iba con él, llegaron extenuados a... y allí tomaron aliento.

Jusay se une a Absalón.

15 Absalón y todos los hombres de Israel entraron en Jerusalén; Ajitófel estaba con él. 16 Llegó Jusay el arquita, amigo de David, donde Absalón y dijo Jusay a Absalón: «¡Viva el rey, viva el rey!» 17 Absalón dijo a Jusay: «¿Es éste tu afecto por tu amigo? ¿Por qué no te has ido con tu amigo?» 18 Jusay respondió a Absalón: «No. Yo quiero estar y permanecer con aquel a quien ha elegido Yahvé, este pueblo y todos los hombres de Israel. 19 Por lo demás ¿a quién

voy a servir? ¿No es a su hijo? Como he servido a tu padre, te serviré a ti.»

Absalón y las concubinas de David.

20 Absalón dijo a Ajitófel: «Tomen consejo sobre lo que se debe hacer.» 21 Ajitófel dijo a Absalón: «Llégate a las concubinas que tu padre ha dejado para guardar la casa; todo Israel sabrá que te has hecho odioso a tu padre y se fortalecerán las manos de todos los que están contigo*.» 22 Se levantó, pues, una tienda para Absalón sobre el terrado y Absalón se unió a las concubinas de su padre a la vista de todo Israel. 23 El consejo que daba Ajitófel aquellos días era como si se hubiese pedido un oráculo a Dios. Así era tenido el consejo de Ajitófel, tanto por David como por Absalón.

Jusay trastoca los planes de Ajitófel.

17 1 Ajitófel dijo a Absalón: «Voy a elegir doce mil hombres y me lanzaré en persecución de David esta misma noche. 2 Caeré sobre él cuando esté fatigado y falto de fuerzas, lo llenaré de espanto y huirá toda la gente que está con él; heriré al rey solamente 3 y haré que vuelva a ti todo el pueblo, como la novia viene a su esposo. Tú sólo buscas la muerte de un hombre, y todo el pueblo quedará en paz.» 4 Pareció bueno el consejo a Absalón y a todos los ancianos de Israel.

5 Pero Absalón dijo: «Llamen también a Jusay, el arquita, y oigámosle también a él.» 6 Llegó Jusay donde Absalón y éste le dijo: «Ajitófel nos ha dicho esto. ¿Debemos hacer lo que dice? Si no, habla tú.» 7 Jusay dijo a Absalón: «Por esta vez, no es bueno el consejo de Ajitófel.» 8 Añadió Jusay: «Tú ya sabes que tu padre y sus hombres son gente valerosa y están exasperados como una osa salvaje a la que han quitado sus oseznos. Tu padre es hombre de guerra y no permitirá que el pueblo descanse durante la noche. 9 Ahora estará escondido en alguna caverna o en algún lugar. Si caen al principio algunos de los nuestros se correrá el rumor y se dirá: Ha habido un desastre en la tropa que sigue a Absalón. 10 Y sucederá que incluso los más valientes, cuyo corazón es como corazón de león, perderán el ánimo, porque todo Israel sabe que tu padre es esforzado y que son valerosos los que están con él. 11 Por eso te aconsejo que reúnas en torno a ti a todo Israel, desde Dan hasta Berseba, como la arena de la orilla del mar, y tú marcharás en persona al combate. 12 Nos acercaremos a él en cualquier lugar en que se encuentre, caeremos sobre él como cae el rocío sobre la tierra y no dejaremos con vida ni a él ni a uno solo de los hombres que lo acompañan. 13 Si se recoge en una ciudad, todo Israel hará llevar cuerdas y la arrastraremos hasta el torrente, de modo que no se pueda hallar en ella ni un pedrusco.» 14 Absalón y todos los hombres de Israel dijeron: «El consejo de Jusay, el arquita, es mejor que el consejo de Ajitófel.» Es que Yahvé había decidido frustrar el consejo de Ajitófel —que era bueno— para traer Yahvé la ruina sobre Absalón.

15 Después Jusay dijo a los sacerdotes Sadoc y Abiatar: «Esto ha aconsejado Ajitófel a Absalón y a los ancianos de Israel; y esto y esto he aconsejado yo. 16 Ahora manden rápidamente a avisar a David: 'No pases la noche en las estepas del desierto. Pasa sin tardanza al otro lado, no vaya a ser devorado el rey y todo el pueblo que lo acompaña.'»

David, avisado, pasa el Jordán.

17 Jonatán y Ajimás estaban apostados en la fuente de Roguel. Una criada vendría a avisarles y ellos irían a comunicárselo al rey David, porque no podían dejarse ver al entrar en la ciudad.

16 21 Al tomar posesión de las mujeres de su padre, ver **12** 11-12, Absalón afirma su derecho a la sucesión, ver **3** 7+.

18 Pero los vio un muchacho y avisó a Absalón. Entonces los dos partieron a toda prisa y entraron en casa de un hombre de Bajurín. Tenía éste un pozo en el patio y los bajaron a él. 19 La mujer tomó una manta, la extendió sobre la boca del pozo y puso encima grano trillado, de modo que no se notaba nada.

20 Llegó la gente de Absalón a la casa, donde la mujer, y dijeron: «¿Dónde están Ajimás y Jonatán?» La mujer respondió: «Han pasado cerca del agua*.» Buscaron, pero no hallaron nada y se volvieron a Jerusalén. 21 Después que se fueron, subieron ellos del pozo y fueron a avisar al rey David diciéndole: «Levántense y pasen aprisa el agua, porque este consejo les ha dado Ajitófel contra ustedes.» 22 Se levantó David y todo el pueblo que estaba con él y pasaron el Jordán; al romper la luz de la mañana no quedaba nadie sin pasar el Jordán.

23 Cuando vio Ajitófel que no habían seguido su consejo, aparejó el burro y se dirigió a su casa en su ciudad; ordenó su casa, y luego se dio muerte ahorcándose*. Lo sepultaron en la tumba de su padre.

Absalón atraviesa el Jordán. David en Majanáin.

24 Llegaba David a Majanáin cuando atravesaba Absalón el Jordán con todos los hombres de Israel. 25 Absalón había puesto a Amasá al frente del ejército, en lugar de Joab. Amasá era hijo de un hombre llamado Yéter el ismaelita, que se había unido con Abigail, hija de Najás, hermana de Sarvia, madre de Joab. 26 Israel y Absalón acamparon en tierra de Galaad.

27 Cuando David llegó a Majanáin, Sobí, hijo de Najás, de Rabá de los amonitas, y Maquir, hijo de Amiel, de Lo Debar, y Barzilay de Galaad de Roguelín, 28 llevaron lechos, esteras, copas y vasos de barro, así como trigo, cebada, harina, grano tostado, lentejas, habas, 29 miel, cuajada, ovejas y quesos de vaca, y lo ofrecieron a David y a la gente que estaba con él, para que comieran, pues se habían dicho: «La gente habrá pasado hambre, fatigas y sed en el desierto.»

Derrota del partido de Absalón.

18 1 David pasó revista al ejército que estaba con él y puso a su cabeza jefes de millar y de cien. 2 Dividió David el ejército en tres cuerpos: un tercio a las órdenes de Joab; un tercio a las órdenes de Abisay, hijo de Sarvia, hermano de Joab, y un tercio a las órdenes de Itay de Gat. Y dijo David a su ejército: «Yo mismo saldré también con ustedes.» 3 Pero la tropa dijo: «No debes salir, porque si nosotros tenemos que huir, no tendría importancia; aunque muriera la mitad de nosotros no tendría importancia; pero tú eres como diez mil de nosotros. Es mejor que puedas venir en nuestra ayuda desde la ciudad.» 4 El rey les dijo: «Haré lo que bien les parezca.» Se quedó, pues, el rey junto a la puerta y salió todo el ejército por centenares y millares. 5 El rey ordenó a Joab, Abisay e Itay: «Traten bien, por amor a mí, al joven Absalón.» Y todo el ejército oyó las órdenes del rey a todos los jefes acerca de Absalón. 6 El ejército salió al campo, al encuentro de Israel, y se trabó la batalla en el bosque de Efraín. 7 El pueblo de Israel fue derrotado allí por los veteranos de David, y hubo aquel día un gran estrago de veinte mil hombres. 8 La batalla se extendió por todo aquel contorno y aquel día devoró el bosque más hombres que la espada.

Muerte de Absalón.

9 Absalón se topó con los veteranos de David. Iba Absalón montado en un

17 20 La indicación es irónica, pues los enviados de Absalón ignoran que hay un pozo en el patio.

17 23 Único caso de suicidio mencionado en el AT fuera de un contexto de guerra.

mulo y el mulo se metió bajo el ramaje de una gran encina. La cabeza de Absalón se trabó y quedó en la encina colgado entre el cielo y la tierra, mientras que el mulo sobre el que montaba siguió adelante. 10 Lo vio un hombre y se lo avisó a Joab diciendo: «He visto a Absalón colgado de una encina.» 11 Joab dijo al hombre que le avisaba: «Si lo has visto, ¿por qué no lo has derribado allí mismo en tierra? Yo te habría dado diez siclos de plata y un cinturón.» 12 El hombre respondió a Joab: «Aunque pudiera pesar en la palma de mi mano mil siclos de plata, no alzaría mi mano contra el hijo del rey, pues ante nuestros oídos te ordenó el rey, a ti, a Abisay y a Itay: 'Guárdenme al joven Absalón.' 13 Si me hubiera mentido a mí mismo, expondría mi vida, pues al rey nada se le oculta y tú mismo te hubieras mantenido aparte.» 14 Respondió Joab: «No voy a estarme mirando tu cara.» Y tomando tres dardos en su mano los clavó en el corazón de Absalón, que estaba todavía vivo en medio de la encina. 15 Luego se acercaron diez jóvenes, escuderos de Joab, que hirieron a Absalón y lo remataron.

16 Joab mandó tocar el cuerno y el ejército dejó de perseguir a Israel, porque Joab retuvo al ejército. 17 Tomaron a Absalón, lo echaron en el bosque en un gran hoyo y pusieron encima un gran montón de piedras; y todo Israel huyó, cada uno a su tienda.

18 Estando en vida, había decidido Absalón alzarse la estela que está en el valle del rey, pues se había dicho: «No tengo hijo para perpetuar mi nombre», y había puesto a la estela su mismo nombre. Se llama «La Mano de Absalón», hasta el día de hoy.

Llegan noticias a David.

19 Ajimás, hijo de Sadoc, dijo: «Voy a correr y anunciar al rey la buena noticia de que Yahvé lo ha librado de manos de sus enemigos.» 20 Pero Joab le dijo: «No serás tú hombre que dé buenas noticias hoy. Otro día las darás; hoy no las darás porque el hijo del rey ha muerto.» 21 Y Joab dijo al cusita: «Anda y anuncia al rey lo que has visto.» El cusita se postró ante Joab y partió a la carrera. 22 Insistió de nuevo Ajimás, hijo de Sadoc, y dijo a Joab: «Pase lo que pase, yo también quiero correr tras el cusita.» Joab le dijo: «¿Para qué vas a correr, hijo mío? Aunque vayas, por esta noticia no te van a dar albricias.» 23 Él dijo: «Pase lo que pase, voy a correr.» Entonces le dijo: «Corre.» Ajimás corrió por el camino de la vega y adelantó al cusita.

24 Estaba David entre las dos puertas. El centinela que estaba en el terrado de la puerta, sobre la muralla, alzó la vista y vio a un hombre que venía corriendo solo. 25 Gritó el centinela y se lo comunicó al rey, y él dijo: «Si viene solo, hay buenas noticias en su boca.» Mientras éste se acercaba corriendo, 26 vio el centinela otro hombre corriendo y gritó el centinela de la puerta: «Ahí viene otro hombre solo, corriendo.» Dijo el rey: «También éste trae buenas noticias.» 27 Dijo el centinela: «Ya distingo el modo de correr del primero: por su modo de correr es Ajimás, hijo de Sadoc.» Dijo el rey: «Es un hombre de bien; viene para dar buenas noticias.»

28 Ajimás gritó al rey: «¡Paz!», y se postró ante el rey, rostro en tierra. Luego prosiguió: «Bendito sea Yahvé, tu Dios, que ha sometido a los hombres que alzaban la mano contra mi señor el rey.» 29 Preguntó el rey: «¿Está bien el joven Absalón?» Ajimás respondió: «Yo vi un gran tumulto cuando el siervo del rey, Joab, envió a tu siervo, pero no sé qué era.» 30 El rey dijo: «Pasa y ponte acá.» Él pasó y se quedó.

31 Llegó el cusita y dijo: «Recibe, oh rey mi señor, la buena noticia, pues hoy te ha liberado Yahvé de la mano de todos los que se alzaban contra ti.» 32 Dijo el rey al cusita: «¿Está bien el joven Absalón?» Respondió el cusita: «Que les suceda como a ese joven a todos los enemigos de mi señor el rey y a todos los que se levantan contra ti para hacerte mal.»

Dolor de David.

19 1 Entonces el rey se estremeció. Subió a la estancia que
había encima de la puerta y rompió a
llorar. Decía mientras caminaba: «¡Hijo
mío, Absalón; hijo mío, hijo mío, Absalón! ¡Quién me diera haber muerto en
tu lugar, Absalón, hijo mío, hijo mío!»
2 Avisaron a Joab: «Mira que el rey está
llorando y lamentándose por Absalón.»
3 La victoria se trocó en duelo aquel día
para todo el pueblo, porque aquel día supo el pueblo que el rey estaba desolado
por su hijo. 4 Y aquel día fue entrando el
ejército a escondidas en la ciudad, como
cuando va a escondidas un ejército que
huye avergonzado de la batalla. 5 El rey,
tapado el rostro, decía con grandes gemidos: «¡Hijo mío, Absalón; Absalón, hijo
mío, hijo mío!»
6 Entró Joab en la casa, donde el rey,
y le dijo: «Estás hoy cubriendo de vergüenza el rostro de todos tus servidores,
que han salvado hoy tu vida, la vida de
tus hijos y tus hijas, la vida de tus mujeres y la vida de tus concubinas, 7 porque
amas a los que te aborrecen y aborreces
a los que te aman; hoy has demostrado
que nada te importan tus jefes ni tus
soldados; ahora comprendo que si Absalón viviera y todos nosotros hubiéramos
muerto hoy, te habría parecido bien.
8 Ahora, pues, levántate, sal y habla al
corazón de tus servidores, porque por
Yahvé te juro que, si no sales, no quedará contigo esta noche ni un hombre,
y esto sería para ti mayor calamidad
que cuantas vinieron sobre ti desde tu
juventud hasta hoy.» 9 Se levantó el rey
y vino a sentarse a la puerta. Se avisó a
todo el ejército: «El rey está sentado a
la puerta», y todo el ejército se presentó
ante el rey.

Se prepara la vuelta de David.

Israel había huido cada uno a su tienda. 10 Y todo el pueblo discutía en todas
las tribus de Israel diciendo: «El rey nos
libró de nuestros enemigos y nos salvó
de manos de los filisteos y ahora ha tenido que huir del país, lejos de Absalón.
11 Pero Absalón, a quien ungimos por
rey nuestro, ha muerto en la batalla. Así
pues, ¿por qué están ustedes sin hacer
nada para traer al rey?»
12b Llegaron hasta el rey estas palabras de todo Israel; 12a y el rey David
mandó a decir a los sacerdotes Sadoc y
Abiatar: «Digan a los ancianos de Judá*:
'¿Por qué van a ser los últimos en traer
al rey a su casa? 13 Ustedes son mis
hermanos, mi carne y mis huesos son,
y ¿van a ser los últimos en hacer volver
al rey?' 14 Digan también a Amasá: '¿No
eres tú hueso mío y carne mía? Esto me
haga Dios y esto me añada si no entras
a mi servicio toda mi vida como jefe del
ejército, en lugar de Joab*.'» 15 Entonces se inclinó el corazón de todos los
hombres de Judá como un solo hombre
y enviaron a decir al rey: «Vuelve, tú y
todos tus servidores.»

Episodios de la vuelta: Semeí.

16 Volvió, pues, el rey y llegó hasta el
Jordán. Judá llegó hasta Guilgal, viniendo al encuentro del rey para ayudar al
rey a pasar el Jordán. 17 Semeí, hijo de
Guerá, benjaminita de Bajurín, se apresuró a bajar con los hombres de Judá al
encuentro del rey David. 18 Venían con
él mil hombres de Benjamín. Sibá, criado de la casa de Saúl, sus quince hijos
y sus veinte siervos bajaron al Jordán
delante del rey, 19 para ayudar a pasar a
la familia del rey, y hacer todo lo que le
pareciera bien.
Semeí, hijo de Guerá, se echó ante el
rey, cuando hubo pasado el Jordán, 20 y
dijo al rey: «No me impute culpa mi señor y no recuerdes el mal que tu siervo
hizo el día en que mi señor el rey salía de
Jerusalén; que no lo guarde el rey en su
corazón, 21 porque bien conoce tu sier-

19 12 David presiente que su dinastía no puede contar más que con su propia tribu.
19 14 David querría alejar a Joab; pero éste seguirá en su cargo, **20** 8-13; 1 R **2** 5.28.35.

vo que he pecado, pero he venido hoy el primero de toda la casa de José, para bajar al encuentro de mi señor el rey.»

[22] Entonces Abisay, hijo de Sarvia, tomó la palabra y dijo: «¿Es que no va a morir Semeí por haber maldecido al ungido de Yahvé?» [23] Pero David dijo: «¿Qué tengo yo con ustedes, hijos de Sarvia, que se convierten hoy en adversarios míos? ¿Ha de morir hoy alguien en Israel? ¿Acaso no conozco que hoy vuelvo a ser rey de Israel?» [24] El rey dijo a Semeí: «No morirás.» Y el rey se lo juró*.

Mefibóset.

[25] También Mefibóset, nieto de Saúl, bajó al encuentro del rey. No había aseado sus manos, no había cuidado su bigote ni había lavado sus vestidos desde el día en que se marchó el rey hasta el día en que volvió en paz a Jerusalén. [26] Cuando llegó al encuentro del rey, éste le dijo: «¿Por qué no viniste conmigo, Mefibóset?» [27] Respondió él: «¡Oh rey, señor mío! Mi servidor me engañó: Tu siervo se había dicho: 'Aparejaré mi burro, montaré en él y me iré con el rey', porque tu siervo es cojo. [28] Ha calumniado a tu siervo ante mi señor el rey. Pero el rey mi señor es como el Ángel de Dios y harás lo que bien te pareciere. [29] Pues toda la familia de mi padre merecía la muerte de parte del rey mi señor, y tú, con todo, has puesto a tu siervo entre los que comen a tu mesa. ¿Qué derecho tengo yo a implorar todavía al rey?» [30] El rey le dijo: «¿Para qué vas a seguir repitiendo tus palabras? He decidido que tú y Sibá se repartan las tierras.» [31] Dijo Mefibóset al rey: «Y aun todo puede llevárselo, ya que mi señor el rey ha vuelto en paz a su casa.»

Barzilay.

[32] También Barzilay de Galaad había bajado de Roguelín y había pasado el Jordán con el rey para despedirlo en el Jordán. [33] Barzilay era muy anciano; tenía ochenta años. Había proporcionado alimentos al rey durante su estancia en Majanáin, porque era un hombre muy rico. [34] Dijo el rey a Barzilay: «Sigue conmigo y yo te mantendré junto a mí en Jerusalén.» [35] Pero Barzilay dijo al rey: «¿Cuántos podrán ser los años de mi vida para que suba con el rey a Jerusalén? [36] Ochenta años tengo. ¿Puedo hoy distinguir entre lo bueno y lo malo? Tu siervo no llega ya a saborear lo que come o bebe, ni alcanzo ya a oír la voz de los cantores y cantoras. ¿Por qué tu siervo ha de seguir siendo una carga para el rey mi señor? [37] Tu siervo continuará con el rey un poco más allá del Jordán, pero ¿para qué ha de concederme el rey tal recompensa? [38] Permite que tu siervo se vuelva para morir en mi ciudad, junto al sepulcro de mi padre y de mi madre. Aquí está tu siervo Quinhán. Que siga él con el rey mi señor y haz con él lo que bien te parezca.» [39] Dijo el rey: «Que venga Quinhán conmigo; haré por él cuanto desees, y todo cuanto me pidas te lo concederé.» [40] Todo el pueblo pasó el Jordán. Pasó el rey, que besó a Barzilay y lo bendijo, y éste se volvió a su casa.

Israel y Judá se disputan al rey.

[41] Siguió el rey hacia Guilgal* y Quinhán pasó con él. Hicieron pasar a todo el pueblo de Judá y la mitad del pueblo de Israel. [42] En esto todos los hombres de Israel fueron al rey y le dijeron: «¿Por qué nuestros hermanos, los hombres de Judá, te tienen secuestrado y han hecho pasar el Jordán al rey, a su casa y a todos los hombres de David con él?» [43] Todos los hombres de Judá respondieron a los hombres de Israel: «Porque el rey está emparentado conmigo. ¿Por qué te ha de irritar esto? ¿Hemos comido acaso a expensas del rey? ¿O nos hemos reservado algo para nosotros?» [44] Los hombres de Israel respondieron a

19 24 Se reserva una venganza póstuma, 1 R **2** 8-9.36-46.

19 41 Guilgal, ver Jos **4** 19+, era todavía un centro religioso en activo.

los hombres de Judá: «Yo tengo diez
partes del rey y más derechos que tú
sobre David. ¿Por qué me has menospreciado? ¿No hablé yo primero para
hacer volver a mi rey?» Pero las palabras
de los hombres de Judá fueron más ás-
peras que las de los hombres de Israel.

Revuelta de Seba.

20 1 Había allí un malvado llamado
Seba, hijo de Bicrí, benjaminita,
que hizo sonar el cuerno y dijo:

«No tenemos parte con David,
ni tenemos heredad con el hijo de
Jesé.
¡Cada uno a sus tiendas, Israel*!»

2 Y todos los hombres de Israel se
apartaron de David para seguir a Seba,
hijo de Bicrí, mientras que los hombres
de Judá se adhirieron a su rey, desde el
Jordán hasta Jerusalén.
3 David entró en su casa de Jerusalén; tomó el rey las diez concubinas que
había dejado para guardar la casa y las
puso bajo custodia. Proveyó a su mantenimiento, pero no se acercó a ellas y
estuvieron encerradas hasta el día de su
muerte, como viudas de por vida.

Asesinato de Amasá.

4 El rey dijo a Amasá: «Convócame a
los hombres de Judá y preséntate aquí
dentro de tres días.» 5 Partió Amasá
para convocar a Judá, pero tardó más
tiempo del señalado. 6 Entonces David
dijo a Abisay: «Ahora Seba, hijo de Bicrí, nos va a hacer más mal que Absalón. Toma los veteranos de tu señor y
parte en su persecución para que no
alcance las ciudades fortificadas y lo
perdamos de vista.» 7 Salieron tras él los
hombres de Joab, los quereteos, los peleteos y todos los valientes; salieron de
Jerusalén para perseguir a Seba, hijo de
Bicrí. 8 Estaban cerca de la piedra grande que hay en Gabaón cuando Amasá
se presentó ante ellos. Vestía Joab su
vestido militar y llevaba sobre él la espada, en la vaina, ceñida al costado. La
espada se salió y cayó. 9 Joab dijo a
Amasá: «¿Estás bien, hermano mío?»,
y sujetó Joab con su mano derecha la
barba de Amasá como para besarle.
10 Amasá no se fijó en la espada que
Joab tenía en su mano; éste lo hirió en
el vientre y se esparcieron sus entrañas
por tierra. No tuvo que repetir para matarlo. Luego Joab y su hermano Abisay
continuaron la persecución de Seba,
hijo de Bicrí.
11 Se quedó junto a Amasá uno de los
criados de Joab que decía: «Quien quiera a Joab y quien esté por David, que
siga a Joab.» 12 Amasá, envuelto en sangre, estaba en medio del camino; viendo
el hombre que todo el pueblo paraba,
apartó a Amasá del camino al campo,
y le puso encima un vestido, porque vio
que todos los que llegaban hasta él se
detenían. 13 Cuando Amasá fue apartado
del camino, todos los hombres seguían
tras de Joab, en persecución de Seba,
hijo de Bicrí.

Fin de la revuelta.

14 Atravesó todas las tribus de Israel
hacia Abel Bet Maacá, y todos los aliados se reunieron y lo siguieron. 15 Vinieron y lo cercaron en Abel Bet Maacá.
Alzaron junto a la ciudad un terraplén
que llegaba hasta el contramuro y todo
el ejército que estaba con Joab hacía
trabajos de zapa para derribar el muro.
16 Entonces una mujer sagaz gritó desde
la ciudad: «¡Escuchen, escuchen! Digan
a Joab que se acerque aquí, que quiero
hablarle.» 17 Se acercó él y la mujer dijo:
«¿Eres tú Joab?» Respondió: «Yo soy.»
Ella le dijo: «Escucha las palabras de tu
sierva.» «Te escucho» —dijo él—. 18 Ella
continuó: «Antes se solía decir: Para
consultar, que se consulte en Abel. Y el
asunto queda zanjado*. 19 Soy pacífica y

20 1 Se ve aquí estallar la hostilidad entre Israel y Judá, que causará la ruptura de la unidad del reino, 1 R **12** 16.

20 18 La mujer habla en nombre de la ciudad, cuya reputación en materia de juicio es proverbial.

fiel en Israel. ¿Y tú estás buscando la destrucción de una ciudad, madre de ciudades en Israel? ¿Por qué quieres destruir una heredad de Yahvé?» [20] Respondió Joab: «¡Lejos, lejos de mí querer destruir y aniquilar! [21] No se trata de eso, sino de un hombre de la montaña de Efraín, llamado Seba, hijo de Bicrí, que ha alzado su mano contra el rey, contra David. Entréguenlo en nuestras manos y me marcharé de la ciudad.» Respondió la mujer a Joab: «Se te echará su cabeza por encima del muro.» [22] La mujer habló a todo el pueblo con su habitual sagacidad. Le cortaron la cabeza a Seba, hijo de Bicrí, y se la arrojaron a Joab. Entonces éste hizo sonar el cuerno y se alejaron de la ciudad cada uno a su tienda. Joab se volvió a Jerusalén junto al rey.

Altos cargos del reino de David. =**8** 16-18.

[23] Joab era jefe de todo el ejército de Israel. Benaías, hijo de Joadá, era jefe de los quereteos y los peleteos. [24] Adonirán era jefe de la leva, y Josafat, hijo de Ajilud, era el heraldo. [25] Serayas era secretario; Sadoc y Abiatar eran sacerdotes. [26] También Irá el yairita era sacerdote de David.

*V. Apéndices. Suplementos**

La gran hambre y la ejecución de los descendientes de Saúl.

21 [1] En tiempo de David hubo hambre por tres años consecutivos. David consultó a Yahvé, que respondió así: «Hay sangre sobre Saúl y sobre su casa, porque mató a los gabaonitas.» [2] Llamó el rey a los gabaonitas y les dijo: (Estos gabaonitas no eran israelitas, sino uno de los residuos amorreos, a los que los israelitas habían hecho juramento*. Pero Saúl intentó exterminarlos, llevado del celo por los israelitas y Judá.) [3] Dijo, pues, David a los gabaonitas: «¿Qué debo hacer por ustedes y cómo puedo aplacarlos para que bendigan la heredad de Yahvé*?» [4] Le respondieron los gabaonitas: «No es para nosotros cuestión de oro ni plata con Saúl y su casa, ni se trata de hacer morir a nadie en Israel.» Él dijo: «Haré por ustedes lo que me digan.» [5] Entonces ellos dijeron al rey: «Aquel hombre nos exterminó y proyectó aniquilarnos para hacernos desaparecer de todos los términos de Israel. [6] Que se nos entreguen siete de entre sus hijos y los despeñaremos ante Yahvé, en Guibeá de Saúl, el elegido de Yahvé*.» El rey dijo: «Se los entregaré.» [7] Pero el rey perdonó a Mefibóset, hijo de Jonatán, hijo de Saúl, a causa del juramento de Yahvé que había entre ellos, entre David y Jonatán, hijo de Saúl. [8] Tomó el rey a los dos hijos que Rispá, hija de Ayá, había dado a Saúl, Armoní y Mefibóset, y a los cinco hijos que Mical, hija de Saúl, había dado a Adriel, hijo de Barzilay de Mejolá [9] y los puso en manos de los gabaonitas, que los despeñaron en el monte ante Yahvé. Cayeron los siete a la vez; fueron muertos en los primeros días de la cosecha, al comienzo de la siega de la cebada*.

21 Seis apéndices que van distribuidos de dos en dos. Dos castigos, **21** 1-14 (hambre de tres años); **24** (peste de tres días). Dos relatos heroicos, **21** 15-22 (los gigantes filisteos); **23** 8-39, (los guerreros de David). Dos poemas, **22** y **23** 1-17.

21 2 Ver Jos **9** 3-27. Todo el v. 2 es una observación para el lector.

21 3 La maldición de los ofendidos debe ser reparada por una bendición, ver Jc **17** 2; 1 R **2** 33.44-45.

21 6 El título *elegido de Yahvé* dado a Saúl, ver 1 S **10** 24, expresa el desprecio de los gabaonitas hacia quien ha querido aniquilarlos.

21 9 Esta ejecución es un acto religioso, v. 6, un rito cananeo que debe traer la terminación de la sequía.

10 Rispá, hija de Ayá, tomó un saco y se lo tendía sobre la roca desde el comienzo de la siega hasta que cayeron sobre ellos las lluvias del cielo; no dejaba que se pararan junto a ellos las aves del cielo por el día ni las bestias del campo por la noche. 11 Avisaron a David lo que había hecho Rispá, hija de Ayá, concubina de Saúl. 12 Entonces David fue a recoger los huesos de Saúl y los huesos de su hijo Jonatán, de entre los vecinos de Yabés de Galaad que los habían hurtado de la explanada de Betsán, donde los filisteos los habían colgado el día que mataron a Saúl en Gelboé; 13 subió desde allí los huesos de Saúl y los huesos de su hijo Jonatán y los reunió con los huesos de los despeñados. 14 Sepultaron los huesos de Saúl y los de su hijo Jonatán en tierra de Benjamín, en Selá, en el sepulcro de Quis, padre de Saúl, y ejecutaron cuanto había ordenado el rey, después de lo cual Dios quedó aplacado con la tierra.

Hazañas contra los filisteos.

15 Hubo otra guerra de los filisteos contra Israel. Bajó David con sus veteranos y atacaron a los filisteos. David estaba extenuado. 16 Yisbi, hijo de Nob, era un campeón de los descendientes de Rafá; el peso de su lanza era de trescientos siclos de bronce, ceñía una espada nueva y se dijo: «Voy a matar a David.» 17 Pero acudió en su socorro Abisay, hijo de Sarvia, que hirió al filisteo y lo mató. Entonces los hombres de David le conjuraron diciendo: «No vuelvas a salir al combate con nosotros, para que no apagues la antorcha en Israel*.»

18 Después de esto, hubo guerra de nuevo en Gob contra los filisteos; entonces Sibecay, jusatita, mató a Saf, uno de los descendientes de Rafá. 19 Hubo otra guerra en Gob contra los filisteos, y Eljanán, hijo de Yaír de Belén, mató a Goliat de Gat; el asta de su lanza era como un enjullo de tejedor.

20 Hubo guerra de nuevo en Gat y había allí un campeón que tenía seis dedos en cada mano y seis dedos en cada pie, veinticuatro dedos en total; también él descendía de Rafá. 21 Desafió a Israel, y Jonatán, hijo de Simá, hermano de David, lo mató.

22 Estos cuatro descendían de Rafá de Gat y sucumbieron a manos de David y de sus veteranos.

Salmo de David*.

22 1 David dijo a Yahvé las palabras de este cántico el día que lo salvó Yahvé de la mano de todos sus enemigos y de la mano de Saúl. 2 Dijo:

‖Sal **18**.

Yahvé, mi roca y mi baluarte,
mi libertador, 3 mi Dios,
la roca en que me amparo,
mi escudo y fuerza salvadora,
mi ciudadela y mi refugio,
mi salvador que me salva de la violencia.

4 Invoco a Yahvé, digno de alabanza,
y me veo libre de mis enemigos.

5 Las olas de la muerte me envolvían,
me espantaban los torrentes destructores,
6 los lazos del Seol me rodeaban,
me aguardaban los cepos de la muerte.

7 En mi angustia grité a Yahvé,
pedí socorro a mi Dios;
desde su templo escuchó mi voz,
resonó mi socorro en sus oídos.

8 La tierra rugió, retembló,
las bases de los cielos retemblaron.
Vacilaron bajo su furor.
9 De su nariz salía una humareda,
de su boca un fuego abrasador
(y lanzaba carbones encendidos).

10 Inclinó los cielos y bajó,
con espeso nublado a sus pies;

21 17 Ver **14** 7; 1 R **11** 36; **15** 4; 2 R **8** 19.

22 Este cántico antiguo se encuentra con variantes en el Sal **18**.

11 volaba a lomos de un querubín,
sostenido por las alas del viento.

12 Se puso como tienda un cerco de tinieblas,
de aguas oscuras y espesos nubarrones;
13 el brillo de su presencia despedía
granizo y ascuas de fuego.

14 Tronó Yahvé desde los cielos,
lanzó el Altísimo su voz;
15 disparó sus saetas y los dispersó,
la cantidad de rayos los desbarató.

16 El fondo del mar quedó a la vista,
los cimientos del orbe aparecieron
a causa de tu bramido, Yahvé,
al resollar el aliento en sus narices.

17 Lanzó su mano de lo alto y me agarró
para sacarme de las aguas caudalosas;
18 me libró de un enemigo poderoso,
de adversarios más fuertes que yo.

19 Me aguardaban el día de mi ruina.
Mas Yahvé fue un apoyo para mí;
20 me sacó a campo abierto,
me quería y me salvó.

21 Mi rectitud recompensa Yahvé,
retribuye la pureza de mis manos,
22 pues guardé los caminos de Yahvé
y no me rebelé contra mi Dios.

23 Pues tengo presentes sus normas,
sus preceptos no aparto de mi lado;
24 he sido irreprochable con él,
y de incurrir en culpa me he guardado.

25 Yahvé retribuye mi rectitud,
según mi pureza que está ante sus ojos.
26 Con el leal te muestras leal,
intachable con el hombre sin tacha;

27 con el puro eres puro,
y sagaz con el ladino;
28 tú que salvas a la gente humilde,
y abates los ojos altaneros.

29 Tú, Yahvé, eres mi lámpara,
mi Dios que alumbra mis tinieblas;
30 con tu ayuda yo fuerzo el cerco,
con mi Dios asalto la muralla.

31 Dios es íntegro en su proceder,
la palabra de Yahvé, acrisolada,
escudo de quienes se acogen a él.

32 Pues ¿quién es Dios, fuera de Yahvé?
¿Quién Roca, sino sólo nuestro Dios?
33 El Dios que me ciñe de fuerza
y hace mi conducta irreprochable.

34 Que hace mis pies como de ciervas,
y en las alturas me sostiene en pie,
35 que adiestra mis manos para la lucha
y mis brazos para tensar el arco.

36 Tú me das tu escudo victorioso,
multiplicas tus cuidados conmigo;
37 al andar ensanchas mis pasos,
mis tobillos no se tuercen.

38 Persigo a mis enemigos, los deshago,
no vuelvo hasta que acabo con ellos;
39 los machaco, no pueden levantarse,
sucumben debajo de mis pies.

40 Me ciñes de valor para el combate,
sometes bajo mi pie a mis agresores,
41 pones en fuga a mis enemigos,
exterminas a los que me odian.

42 Piden auxilio y nadie los salva,
a Yahvé, y no les responde.
43 Los reduzco como polvo de la tierra,
los piso como barro de las calles.

44 Me libras de los pleitos de mi pueblo,
me pones al frente de naciones;
pueblos desconocidos me sirven;
45 los extranjeros me adulan,
todo oídos, me obedecen;
46 los extranjeros se acobardan,
dejan temblando sus refugios.

47 ¡Viva Yahvé, bendita sea mi Roca,
sea ensalzado mi Dios salvador,
48 el Dios que me concede la venganza
y abate los pueblos a mis plantas!

49 Tú me libras de mis enemigos,
me exaltas sobre mis agresores,
me salvas del hombre violento.

50 Por eso te alabaré entre las naciones,
en tu honor, Yahvé, cantaré.

51 Él ennoblece las victorias de su rey
y muestra su amor a su ungido,
a David y su linaje para siempre.

Últimas palabras de David*.
1 R **2** 1-9.

23 1 Éstas son las últimas palabras
de David:

Oráculo de David, hijo de Jesé,
oráculo del hombre puesto en alto,
el ungido del Dios de Jacob,
el suave salmista de Israel:

2 El espíritu de Yahvé habla por mí,
su palabra está en mi lengua.
3 El Dios de Israel ha hablado,
me ha dicho la Roca de Israel:

Quien gobierna a los hombres con
justicia,
el que gobierna en el temor de Dios,
4 como luz del alba cuando rompe el
sol
en una mañana sin nubes,
y hace brillar tras la lluvia
el césped de la tierra.

5 ¿No es así mi casa ante Dios*?
Porque ha hecho conmigo un pacto
eterno,
en todo ordenado y custodiado.
Él hará germinar toda mi salud y todo mi deseo.
6 Todos los malvados como espinas
del desierto
que no se recogen con la mano.
7 Nadie los toca si no es con hierro
o el fuste de una lanza
para ser consumidos por el fuego.

Los Valientes de David.
‖1 Cro **11** 11-47; **27** 2-15.

8 Éstos son los nombres de los valientes de David:
Isbaal el jacmonita, el primero de los
Tres; fue el que blandió su lanza e hizo
ochocientas víctimas de una sola vez.
9 Después de él, Eleazar, hijo de Dodó,
ajojita, uno de los tres héroes. Estaba con
David en Fesdamín cuando desafiaron a
los filisteos que se habían concentrado
para presentar batalla. Los hombres de
Israel se retiraban. 10 Pero él se levantó
y atacó a los filisteos hasta que se le
crispó la mano y se le quedó pegada
a la espada; aquel día obró Yahvé una
gran victoria; el ejército volvió sobre sus
pasos, pero sólo para apoderarse de los
despojos. 11 Después de él, Samá, hijo
de Agué, ararita. Los filisteos se habían
concentrado en Lejí. Había allí una pieza toda de lentejas. El ejército huyó ante
los filisteos. 12 Pero él se puso en medio
de la pieza, la defendió y batió a los
filisteos. Yahvé obró una gran victoria.
13 Tres de los Treinta bajaron al
tiempo de la cosecha y llegaron donde
David a la caverna de Adulán, cuando
un destacamento filisteo estaba acampado en el Valle de los Refaín. 14 David
estaba en el refugio y había en Belén
un puesto de filisteos. 15 David expresó
este deseo: «¡Quién me diera a beber
agua de la cisterna que hay a la puerta
de Belén!» 16 Rompieron entonces los
Tres héroes por el campamento de los
filisteos y sacaron agua de la cisterna
que hay a la puerta de Belén, se la llevaron y la ofrecieron a David, pero él no
quiso beberla, sino que la derramó como
libación a Yahvé, 17 diciendo: «¡Líbreme
Yahvé de hacer tal cosa! ¡Es la sangre
de los hombres que han ido exponiendo
su vida!» Y no quiso beberla. —Estas
cosas hicieron los Tres héroes.
18 Abisay, hermano de Joab e hijo de
Sarvia, era jefe de los Tres; fue él quien
blandió su lanza contra trescientos hombres, y conquistó renombre entre los Tres.
19 Fue el más afamado de los Treinta, y
llegó a ser su capitán, pero no igualó a
los Tres.

23 *Últimas palabras* atribuidas a David, ver Gn **49**; Dt **33**. La introducción imita a Nm **24** 3.15-16; el contenido está emparentado con Pr **4** 10-19. El poema puede ser de la época monárquica; pero el testamento de 1 R **2** 5-9 es el más cercano a la historia.

23 5 Ver **7** 11-16; Gn **9** 16; Is **55** 3.

[20] Benaías, hijo de Joadá, hombre animoso y pródigo en hazañas, era de Cabseel. Fue el que mató a los dos héroes de Moab; el que bajó y mató al león dentro del pozo, un día de nieve.
[21] Mató también a un egipcio de hermosa presencia; tenía el egipcio una lanza en su mano, pero él bajó a su encuentro con un bastón, arrancó la lanza de la mano del egipcio y con su misma lanza
lo mató. [22] Esto hizo Benaías, hijo de Joadá, y se granjeó renombre entre los
Tres valientes. [23] Fue más ilustre que los Treinta pero no igualó a los Tres. David lo hizo jefe de su guardia personal.
[24] Asael, hermano de Joab, estaba entre los Treinta.
Eljanán, hijo de Dodó, de Belén.
[25] Samá, de Jarod.
Elicá, de Jarod.
[26] Jeles, de Bet Pélet.
Irá, hijo de Iqués, de Técoa.
[27] Abiezer, de Anatot.
Sabení, de Jusá.
[28] Salmón, de Ajoj.
Majray, de Netofá.
[29] Jeled, hijo de Baaná, de Netofá.
Itay, hijo de Ribay, de Guibeá de Benjamín.
[30] Benaías, de Piratón.
Hiday, de los torrentes de Gaás.
[31] Abibaal, de Bet Arabá.
Azmávet de Bajurín.
[32] Elyajbá, de Saalbín.
Yasén, de Guizón.
Jonatán, [33] hijo de Samá, de Arar.
Ajián, hijo de Sarar, de Arar.
[34] Elifélet, hijo de Ajasbay, de Bet Maacá.
Elián, hijo de Ajitófel, de Guiló.
[35] Jesró, de Carmelo.
Paaray, de Arab.
[36] Yigal, hijo de Natán, de Sobá.
Baní, de Gad.
[37] Sélec el amonita.
Najray, de Beerot, escudero de Joab, hijo de Sarvia.
[38] Irá, de Yatir.
Gareb, de Yatir.
[39] Urías el hitita.
En total, treinta y siete.

Censo del pueblo*.
‖1 Cro **21** 1-5.

24 [1] Se encendió otra vez la ira de Yahvé contra los israelitas e incitó a David contra ellos diciendo: «Anda, haz el censo de Israel y de Judá.»
[2] El rey dijo a Joab, jefe del ejército, que estaba con él: «Recorre todas las tribus de Israel desde Dan hasta Berseba y haz el censo para que yo sepa la cifra de la
población.» [3] Joab respondió al rey: «Que Yahvé tu Dios multiplique el pueblo cien veces más de lo que es y que los ojos de mi señor el rey lo vean. Mas ¿para qué quiere esto mi señor el rey?»
[4] Pero prevaleció la orden del rey sobre Joab y los jefes del ejército, y salió Joab con los jefes del ejército de la presencia del rey para hacer el censo del pueblo de Israel.
[5] Pasaron el Jordán y acamparon en Aroer. Por el sur de la ciudad que está en medio del torrente de Gad llegaron
hasta Yazer. [6] Fueron luego a Galaad y al país de los hititas, a Cades. Llegaron hasta Dan y desde Dan doblaron hacia
Sidón. [7] Llegaron hasta la fortaleza de Tiro y todas las ciudades de los jivitas y cananeos, saliendo finalmente al Negueb de Judá, a Berseba. [8] Recorrieron así todo el país y al cabo de nueve meses y veinte días volvieron a Jerusalén.
[9] Joab entregó al rey la cifra del censo del pueblo. Había en Israel ochocientos mil hombres de guerra capaces de manejar las armas; en Judá había quinientos mil hombres.

La peste y el perdón divino.
↗ 1 Cro **21** 7-17.

[10] Después de haber hecho el censo del pueblo, le remordió a David el corazón y dijo David a Yahvé: «He cometido

24 Este censo militar será considerado luego por David como un pecado, v. 10, por ser Dios el único dueño de la vida, Ex **32** 32-33. Este pecado es aquí atribuido a la ira de Dios, v. 1; pero más tarde, 1 Cro **21** 1, se atribuirá a Satán.

un gran pecado. Pero ahora, Yahvé, perdona, te ruego, la falta de tu siervo, pues he sido muy necio.» 11 Cuando David se levantó por la mañana, le había sido dirigida la palabra de Yahvé al profeta Gad, vidente de David, diciendo: 12 «Anda y di a David: Así dice Yahvé: Tres cosas te propongo; elige una de ellas y la llevaré a cabo.» 13 Llegó Gad donde David y le anunció: «¿Qué quieres que te venga, tres años de gran hambre en tu país, tres meses de derrotas ante tus enemigos y que te persigan, o tres días de peste en tu tierra? Ahora piensa y mira qué debo responder al que me envía.» 14 David respondió a Gad: «Estoy en grande angustia. Pero caigamos en manos de Yahvé, que es grande su misericordia. No caiga yo en manos de los hombres.» 15 Y David eligió la peste para sí.

Eran los días de la recolección del trigo. Yahvé envió la peste a Israel desde la mañana hasta el tiempo señalado y murieron setenta mil hombres del pueblo, desde Dan hasta Berseba. 16 El ángel extendió la mano hacia Jerusalén para destruirla, pero Yahvé se arrepintió del estrago y dijo al ángel que exterminaba el pueblo: «¡Basta ya! Retira tu mano.» El ángel de Yahvé estaba entonces junto a la era de Arauná el jebuseo. 17 Cuando David vio al ángel que hería al pueblo, dijo a Yahvé: «Yo fui quien pequé, yo cometí el mal, pero estas ovejas ¿qué han hecho? Caiga, te suplico, tu mano sobre mí y sobre la casa de mi padre.»

Construcción de un altar*.
‖1 Cro **21** 18-28.

18 Vino Gad aquel día donde David y le dijo: «Sube y levanta un altar a Yahvé en la era de Arauná el jebuseo.» 19 David subió, según la palabra de Gad, como había ordenado Yahvé. 20 Miró Arauná y vio al rey y a sus servidores que venían hacia él. Entonces Arauná salió y se postró rostro en tierra ante el rey. 21 Y dijo Arauná: «¿Cómo mi señor el rey viene a su siervo?» David respondió: «Vengo a comprarte la era para levantar un altar a Yahvé y detener la plaga del pueblo.» 22 Arauná dijo a David: «Que el rey mi señor tome y ofrezca lo que bien le parezca. Mira los bueyes para el holocausto, los trillos y los yugos de los bueyes para leña. 23 Todo esto, oh rey, se lo da Arauná al rey.» Y Arauná dijo al rey: «Que Yahvé tu Dios te sea propicio.»

24 Pero el rey dijo a Arauná: «No; quiero comprártelo por su precio, no quiero ofrecer a Yahvé mi Dios holocaustos de balde.» Y David compró la era y los bueyes por cincuenta siclos de plata. 25 Levantó allí David un altar a Yahvé y ofreció holocaustos y sacrificios de comunión. Entonces Yahvé atendió a las súplicas en favor de la tierra y la peste se apartó de Israel.

24 18 La *era de Arauná* se encontraba fuera de la ciudad, sobre la colina que dominaba Jerusalén por el norte, **5** 6+; allí donde pronto se levantará el Templo de Salomón, 1 Cro **21** 18-28.

REYES

LIBRO PRIMERO DE LOS REYES

*I. La sucesión de David**

David anciano.

1 1 El rey David era ya viejo y entrado en años; lo cubrían con mantas, pero no entraba en calor. 2 Sus servidores le dijeron: «Que se busque para el rey mi señor una joven virgen que sirva al rey y sea su doncella; que duerma sobre tu pecho y el rey mi señor entrará en calor.» 3 Buscaron una muchacha hermosa por todos los términos de Israel; encontraron a Abisag la sunamita, y la llevaron al rey. 4 La joven era extraordinariamente hermosa; era su doncella y le servía, pero el rey no intimó con ella.

Adonías pretendiente al trono.

5 Adonías, hijo de Jaguit, se jactaba diciendo: «Yo he de ser el rey.» Se procuró carros y caballos y una escolta de cincuenta hombres que desfilaban ante él. 6 Su padre nunca lo había disgustado preguntándole: «¿Por qué obras de esta o de aquella manera?» Adonías tenía también buena prestancia y era más joven que Absalón. 7 Entabló negociaciones con Joab, hijo de Sarvia, y con el sacerdote Abiatar, quienes apoyaban a Adonías. 8 En cambio, el sacerdote Sadoc, Benaías, hijo de Joadá, el profeta Natán, Semeí, el amigo del rey y los valientes de David no tomaron parte a favor de Adonías.

9 Éste hizo un sacrificio de ovejas, bueyes y vacas cebadas en la Piedra de Sojélet, junto a la fuente de Roguel. Invitó a todos sus hermanos, los hijos del rey, y a todos los hombres de Judá, servidores del rey, 10 pero no invitó al profeta Natán, a Benaías, a los valientes ni tampoco a su hermano Salomón.

Natán y Betsabé a favor de Salomón.

11 Natán dijo entonces a Betsabé, madre de Salomón: «¿No has oído que Adonías, hijo de Jaguit, se ha erigido en rey sin que David nuestro señor lo sepa? 12 Ve ahora mismo, te daré un consejo para que pongas a salvo tu vida y la vida de tu hijo Salomón. 13 Ve y entra donde el rey David y dile: 'Rey mi señor, ¿no juraste a tu sierva: Tu hijo Salomón será quien reine después de mí y se siente en mi trono? ¿Entonces, por qué Adonías se ha erigido en rey?' 14 Mientras estés hablando allí con el rey, entraré detrás de ti y corroboraré tus palabras.»

15 Betsabé entró donde el rey, en la alcoba —el rey era muy anciano, y Abisag la sunamita cuidaba de él—. 16 Betsabé hizo una inclinación y, postrada ante el rey, le preguntó éste: «¿Qué te trae?» 17 Ella le respondió: «Mi señor, tú has jurado a tu sierva por Yahvé tu Dios: 'Tu hijo Salomón será quien reine después de mí y se siente en mi trono.' 18 Pero Adonías se ha erigido en rey, sin saberlo tú, rey mi señor. 19 Ha sacrificado bueyes, vacas cebadas y ovejas en abundancia, y ha invitado a todos los hijos del rey, al sacerdote Abiatar y a Joab, jefe del ejército, pero a tu siervo Salomón no lo ha invitado. 20 Rey mi señor, todo Israel tiene sus ojos puestos en ti, esperando que les anuncies quién ocupará el trono del rey mi señor tras él. 21 De lo contrario, cuando el rey mi señor repose con sus antepasados, yo y mi hijo Salomón seremos tratados como culpables.»

22 Estaba todavía hablando con el rey cuando llegó el profeta Natán. 23 Avisaron al rey: «Está aquí el profeta Natán.»

1 Fin de la historia de David **1-2**, continuación de 2 S **13-20**. La monarquía se hará hereditaria, pero el rey no ha escogido aún su sucesor entre sus hijos.

Entró donde el rey y se postró ante él, rostro en tierra, y 24 dijo: «Rey mi señor: Tú tienes que haber dispuesto: 'Adonías reinará después de mí y se sentará en mi trono,' 25 porque Adonías ha bajado hoy a sacrificar bueyes, vacas cebadas y ovejas en abundancia, y ha invitado a todos los hijos del rey, a los jefes del ejército y al sacerdote Abiatar; en este momento comen y beben en su presencia y profieren gritos de 'Viva el rey Adonías.' 26 Pero ni a mí, tu siervo, ni al sacerdote Sadoc, ni a Benaías, hijo de Joadá, nos ha invitado, ni tampoco a tu siervo Salomón. 27 ¿Viene esta orden del rey mi señor, sin que hayas comunicado a tus siervos quién se sentará en el trono del rey mi señor tras él?»

Salomón, designado por David, es consagrado rey*.

28 El rey David respondió: «Llámenme a Betsabé.» Ella entró a presencia del rey y se quedó de pie ante él. 29 Entonces el rey pronunció este juramento: «¡Vive Yahvé que me ha librado de todo aprieto! 30 Te juré por Yahvé, Dios de Israel: 'Tu hijo Salomón reinará después de mí y se sentará sobre mi trono en mi lugar'. ¡Pues así he de cumplirlo hoy mismo!» 31 Betsabé se inclinó rostro a tierra y, postrada ante el rey, dijo: «¡Viva por siempre el rey David, mi señor!»

Salomón consagrado rey.

32 El rey David ordenó: «Llámenme al sacerdote Sadoc, al profeta Natán y a Benaías, hijo de Joadá.» Entraron a presencia del rey, 33 quien les dijo: «Tomen con ustedes a los leales de su señor, monten a mi hijo Salomón en mi propia mula y bájenlo a Guijón y allí 34 el sacerdote Sadoc y el profeta Natán lo ungirán rey de Israel. Toquen entonces el cuerno y aclamen: '¡Viva el rey Salomón!' 35 Subirán luego tras él, y cuando llegue se sentará en mi trono y reinará en mi lugar, pues he dispuesto que sea el príncipe designado de Israel y de Judá.» 36 Benaías, hijo de Joadá, respondió al rey: «Amén. Así lo disponga Yahvé, Dios del rey mi señor. 37 ¡Que Yahvé esté con Salomón como lo estuvo con el rey mi señor! ¡Que exalte su trono más aún que el del rey David, mi señor!»

38 El sacerdote Sadoc, el profeta Natán, Benaías, hijo de Joadá, descendieron con los quereteos y los peleteos. Montaron a Salomón en la mula del rey David y lo condujeron a Guijón. 39 El sacerdote Sadoc tomó de la Tienda el cuerno del aceite y ungió a Salomón. Hicieron sonar la trompeta y el pueblo todo aclamaba: «Viva el rey Salomón.» 40 Luego todo el pueblo subió tras él tocando flautas, con una fiesta tan estruendosa que la tierra parecía resquebrajarse.

Salomón perdona la vida a Adonías.

41 Adonías y todos sus invitados estaban acabando de comer cuando oyeron lo que pasaba. Al escuchar el sonido de la trompeta, Joab preguntó: «¿Por qué ese ruido de la ciudad alborotada?» 42 Estaba hablando todavía cuando llegó Jonatán, hijo del sacerdote Abiatar. Adonías le dijo: «Entra, eres hombre valeroso y traerás buenas noticias.» 43 Jonatán le respondió: «Todo lo contrario. El rey David, señor nuestro, ha proclamado rey a Salomón. 44 Ha enviado con él al sacerdote Sadoc, al profeta Natán, a Benaías, hijo de Joadá, con los quereteos y peleteos, y lo han montado en la mula del rey. 45 El sacerdote Sadoc y el profeta Natán lo han ungido rey en Guijón; desde allí han subido alegres y contentos y la ciudad está alborotada; éste es el tumulto que han oído. 46 Más aún, Salomón se ha sentado en el trono real, 47 y los servidores del rey han ido a felicitar a nuestro rey David diciendo: '¡Que tu Dios encumbre el nombre de

1 28 Una vez designado Salomón, David señala la ceremonia, vv. 33-35, en el valle del Cedrón al pie de la colina, ver 2 S **5** 6+.

Salomón más que tu propio nombre y
exalte su trono más aún que el tuyo!’.
El rey en su lecho, con un gesto de
reverencia, ha exclamado: 48 ‘Bendito
Yahvé, Dios de Israel, que ha concedido
hoy que un descendiente mío se siente
sobre mi trono y que mis ojos lo vean.’»
49 A todos los invitados que estaban
con Adonías les entró pánico, se levantaron y se fueron cada uno por su lado.
50 Adonías tuvo miedo de Salomón, se
levantó, fue a la Tienda de Yahvé y se
agarró a los cuernos del altar*. 51 Avisaron a Salomón: «Adonías tiene miedo
del rey Salomón, pues está asido a los
cuernos del altar y dice: ‘¡Júreme hoy el
rey Salomón que no me matará a espada!’.» 52 Salomón repuso: «Si se porta
como un hombre de bien, no caerá a
tierra uno solo de sus cabellos, pero si
se le prueba malicia, ha de morir.» 53 El
rey Salomón envió gente que lo bajara
del altar; él vino a postrarse ante el rey
Salomón, y éste le dijo: «Ve a tu casa.»

Testamento y muerte de David*.

2 1 Se acercaban los días de la muerte
de David. Aconsejó a su hijo Salomón: 2 «Yo emprendo el camino de
todos. Ten valor y sé hombre. 3 Guarda
lo que Yahvé tu Dios manda guardar,
siguiendo sus caminos, observando sus
preceptos, órdenes, sentencias e instrucciones, según está escrito en la ley
de Moisés. Así tendrás éxito en cuanto
emprendas, según todo lo que te aconsejo. 4 Así Yahvé cumplirá la promesa
que hizo diciendo: ‘(Si tus hijos guardan
su senda, caminando fielmente en mi
presencia, con todo su corazón y toda
su alma) no te faltará uno de los tuyos
sobre el trono de Israel.’
5 «Tú sabes bien lo que me hizo Joab,
hijo de Sarvia, lo que hizo a los dos
jefes de los ejércitos de Israel: a Abner,
hijo de Ner, y a Amasá, hijo de Yéter:
los asesinó, derramando en tiempo de
paz sangre de guerra; ha manchado de
sangre inocente la faja de mi cintura y
la sandalia de mis pies*. 6 Haz lo que
tu prudencia te dicte, pero no permitas
que sus canas desciendan en paz al Seol.
7 En cambio, a los hijos de Barcilay de
Galaad los tratarás con magnanimidad.
Los contarás entre los que comen a tu
mesa, porque también ellos se portaron
como parientes míos cuando yo huía
de tu hermano Absalón. 8 Ahí tienes
a Semeí, hijo de Guerá, el benjaminita
de Bajurín, que me lanzó atroces maldiciones el día en que yo iba a Majanáin;
pero bajó a mi encuentro al Jordán y entonces le juré por Yahvé: ‘No te mataré
a espada’*. 9 Pero tú no lo dejes impune;
eres hombre avisado y sabrás qué hacer
con él para que sus canas bajen en sangre al Seol.»
10 David reposó con sus antepasados
y lo sepultaron en la Ciudad de David.
11 David reinó sobre Israel cuarenta
años; en Hebrón reinó siete años y en
Jerusalén treinta y tres. 12 Salomón se
sentó en el trono de David su padre y el
reino quedó establecido sólidamente en
su mano.

Muerte de Adonías.

13 Adonías, hijo de Jaguit, fue donde
Betsabé, madre de Salomón. Ella le
preguntó: «¿En son de paz?» Respondió:
«Paz.» 14 Y añadió: «Tengo algo que decirte.» Ella dijo: «Dilo.» 15 Respondió: «Tú
sabes que el poder real me pertenecía y
que todos los israelitas tenían puestos

1 50 Derecho de asilo, ver **2** 28; Ex **21** 13+; **27** 2+; Ne **6** 11.

2 David recomienda a Salomón la fidelidad a Yahvé y le confía la ejecución de sus venganzas personales. Esto puede chocarnos, pero refleja las ideas de esta época sobre la venganza de la sangre y la eficacia de las maldiciones.

2 5 Los crímenes de Joab, 2 S **3** 27; **20** 10, han recaído sobre David. La venganza de la sangre solamente puede extinguirse hiriendo al verdadero culpable.

2 8 Para desvanecer esta maldición que sigue pesando sobre David, ver 2 S **19** 19-24, hay que hacer que se vuelva contra su autor, vv. 44-45. Salomón no está obligado por el juramento.

los ojos en mí para hacerme rey; pero el poder real me dio la espalda y fue a parar a mi hermano, pues Yahvé lo tenía destinado para él. 16 Ahora pues, tengo un único ruego que hacerte y no me apartes la cara. Ella le dijo: «Habla.» 17 Él dijo: «Habla, por favor, al rey Salomón, que a ti no te volverá la cara. Que me dé por mujer a Abisag, la sunamita.» 18 Betsabé contestó: «Está bien. Hablaré al rey en favor tuyo.» 19 Betsabé entró donde el rey Salomón para interceder en favor de Adonías. El rey se levantó a su encuentro, hizo una inclinación ante ella, y tomó luego asiento en su trono. Dispuso un trono para la madre del rey, que tomó asiento a su derecha. 20 Ella dijo: «Tengo sólo un pequeño ruego que hacerte, no me vuelvas la cara.» El rey contestó: «Expón tu ruego, madre, que no te volveré la cara.» 21 Ella continuó: «Que Abisag, la sunamita, sea entregada por mujer a tu hermano Adonías.» 22 El rey Salomón replicó a su madre: «¿Por qué pides tú a Abisag, la sunamita, para Adonías? Pide también para él el poder real*, pues, además de ser mi hermano mayor, ya tiene de su parte al sacerdote Abiatar y a Joab, hijo de Sarvia.» 23 El rey Salomón juró entonces por Yahvé: «Así me castigue Yahvé una y mil veces*, si al decir tal cosa no se ha jugado Adonías la vida. 24 ¡Vive Yahvé, quien me ha entronizado y consolidado sobre el trono de David mi padre, y me ha dado una dinastía, tal como había prometido, que Adonías será hoy hombre muerto!» 25 El rey Salomón envió a Benaías, hijo de Joadá, que cargó sobre él y lo mató.

Suerte de Abiatar y de Joab.

26 En cuanto al sacerdote Abiatar, el rey le dijo: «¡A Anatot, ve a tus tierras! ¡Eres reo de muerte! Aunque, en esta ocasión, no voy a matarte, en atención a que llevabas el arca de mi Señor Yahvé en presencia de mi padre David y que compartiste todas las tribulaciones de mi padre.» 27 Salomón destituyó a Abiatar de su función como sacerdote de Yahvé, cumpliendo así la palabra que Yahvé había sentenciado contra la casa de Elí en Siló.

28 El rumor de lo sucedido llegó a Joab, quien había tomado partido por Adonías —aunque no por Absalón—. Joab huyó entonces a la Tienda de Yahvé y se agarró a los cuernos del altar. 29 Comunicaron al rey Salomón: «Joab ha huido a la Tienda de Yahvé y allí está, al lado del altar.» Salomón envió a decir a Joab: «¿Qué te sucede, que has huido al altar?» Joab respondió: «He tenido miedo de ti y he huido a Yahvé.» Salomón envió a Benaías, hijo de Joadá, con esta orden: «Ve, carga contra él.» 30 Benaías entró en la Tienda de Yahvé y le dijo: «Así dice el rey: 'Sal'.» Respondió: «No, aquí moriré*.» Benaías llevó respuesta al rey: «Así ha hablado Joab y así le he respondido.» 31 El rey le dijo: «Haz como él ha dicho. ¡Carga contra él y entiérralo! Así apartarás de mí y de la casa de mi padre la sangre inocente, derramada por Joab. 32 ¡Que Yahvé haga recaer su sangre sobre su cabeza por haber cargado contra dos hombres más justos y mejores que él, asesinándolos con la espada, —sin que mi padre David supiera nada de ello—: a Abner, hijo de Ner, jefe del ejército de Israel, y a Amasá, hijo de Yéter, jefe del ejército de Judá. 33 ¡Que la sangre de ellos recaiga sobre la cabeza de Joab y la de su descendencia para siempre! ¡Para David, su descendencia, su casa y su trono, haya paz perpetua de parte de Yahvé!» 34 Benaías, hijo de Joadá, subió, cargó contra Joab y lo mató. Luego lo enterraron en su casa, en el desierto. 35 En su lugar, el rey puso al frente del ejército a Benaías, hijo de Joadá, y en lugar de Abiatar, puso a Sadoc, el sacerdote.

2 22 Poseer a una de las mujeres del rey muerto o destituido, confiere un título a la sucesión, ver 2 S **3** 7+; **16** 22.

2 23 Ver Rt **1** 17+.

2 30 Ver Ex **21** 14. Joab quiere inducir a Salomón a una profanación.

Muerte de Semeí.

36 El rey envió a llamar a Semeí y le
dijo: «Constrúyete una casa en Jerusalén y vive en ella. No saldrás de allí ni a
un lado ni a otro. 37 Ten por cierto que
el día en que salgas y cruces el torrente Cedrón, morirás y tu sangre caerá
sobre tu cabeza.» 38 Semeí dijo al rey:
«Está bien lo que dices. Tu siervo hará
como el rey mi señor ha dicho.» Semeí
permaneció en Jerusalén por mucho
tiempo.

39 Pero al cabo de tres años, dos siervos de Semeí huyeron a donde Aquis,
hijo de Maacá, rey de Gat. Se lo comunicaron a Semeí: «Tus siervos están en
Gat.» 40 Semeí se alzó, aparejó su burro
y marchó a Gat, donde Aquis, en busca
de sus siervos. Fue y se trajo de Gat a
sus siervos. 41 Informaron a Salomón:
«Semeí ha ido de Jerusalén a Gat y ha
traído a sus siervos.»

42 El rey envió a llamar a Semeí y le
dijo: «¿No te hice jurar por Yahvé y te
advertí: 'El día en que salgas para ir a
dondequiera que sea ten por cierto que
morirás y tú asentiste a lo que escuchabas?'. 43 ¿Por qué no has guardado el
juramento pronunciado ante Yahvé y la
orden que te impuse?» 44 El rey añadió:
«Tú sabes todo el mal —bien lo recuer-
das— que hiciste a David mi padre.
¡Que Yahvé haga recaer toda tu maldad
sobre tu cabeza! 45 Pero ¡el rey Salomón sea bendito y el trono de David
se mantenga firme por siempre ante
Yahvé!» 46 El rey dio instrucciones a Benaías, hijo de Joadá, que salió y cargó
contra él hasta que murió.

El poder real quedó entonces consolidado en manos de Salomón.

II. Historia de Salomón

1. SALOMÓN EL SABIO

Matrimonio con la hija del faraón.

3 1 Salomón emparentó con el faraón, rey de Egipto. Tomó a la hija
del faraón y la condujo a la Ciudad de
David, mientras terminaba de construir
su palacio, el templo de Yahvé y la muralla en torno a Jerusalén. 2 El pueblo
seguía ofreciendo sacrificios en los altozanos, pues todavía no se había construido hasta entonces un templo al
Nombre de Yahvé. 3 Salomón amaba a
Yahvé y obraba según los preceptos de
su padre David. A pesar de ello, ofrecía
sacrificios y quemaba incienso en los
altozanos*.

El sueño de Gabaón.
|| 2 Cro **1** 3-12; ver Sb **8** 19-**9** 12.

4 El rey acudió a Gabaón a ofrecer allí
sacrificios, pues era entonces el santuario principal. Salomón ofreció mil holocaustos sobre aquel altar. 5 En Gabaón
se apareció Yahvé a Salomón aquella
noche mediante un sueño. Dios dijo:
«Pídeme lo que haya de darte.» 6 Salomón respondió: «Has actuado con gran
benevolencia hacia tu siervo David, mi
padre, porque él caminaba en tu presencia con lealtad, justicia y rectitud de
corazón. Has guardado hacia él esta
gran benevolencia, concediéndole un
hijo que había de sentarse en su trono,
como así acaece en este día. 7 Pues
bien, Yahvé mi Dios, tú has hecho rey
a tu siervo en lugar de David mi padre,
pero soy un joven muchacho y no sé
por dónde empezar y terminar. 8 Tu
siervo está en medio de tu pueblo, el
que tú te elegiste, un pueblo numeroso,
que no es posible contar ni calcular.
9 Concede, pues, a tu siervo, un cora-

3 3 El autor trata de excusar la persistencia de los cultos cananeos, Jc **6** 25ss; 1 S **9** 12+, frente a la Ley del santuario único, Dt **12** 2+; ver 2 R **18** 4+.

zón atento para juzgar* a tu pueblo,
para discernir entre el bien y el mal.
Cierto, ¿quién podrá hacer justicia a
este pueblo tuyo tan grande?» 10 Agradó
al Señor esta súplica de Salomón. 11 Entonces le dijo Dios: «Por haber pedido
esto y no una vida larga o riquezas
para ti ni tampoco la vida de tus enemigos, sino inteligencia para atender a
la justicia, 12 obraré según tu palabra:
te concedo un corazón sabio e inteligente, como no ha habido antes de ti
ni surgirá otro igual después de ti. 13 Te
concedo también aquello que no has pedido, riquezas y gloria, mayores que las
de ningún otro rey mientras vivas. 14 [Si
caminas por mis sendas, guardando mis
preceptos y mandamientos, como hizo
David, tu padre, prolongaré los días de
tu vida].» 15 Salomón se despertó: ¡Había sido un sueño! Entonces se levantó
y fue a Jerusalén. Puesto en pie ante
el arca de la alianza del Señor, ofreció
holocaustos y sacrificios de comunión,
y dio luego un banquete a todos sus servidores.

Juicio de Salomón*.

16 Por entonces dos mujeres prostitutas fueron a presentarse al rey. Se pararon ante él, 17 y dijo una de ellas: «Por
favor, mi señor, yo y esa mujer vivíamos
en una misma casa, y di a luz, mientras
ella estaba conmigo en la casa. 18 A los
tres días de mi parto, parió también la
mujer esa; estábamos juntas, no había
nadie más en la casa, sólo nosotras dos.
19 Una noche murió el hijo de la mujer
esa, porque ella había permanecido
acostada sobre él. 20 Se levantó durante
la noche y, mientras tu servidora dormía, tomó a mi hijo de mi costado y lo
acostó en su regazo, y a su hijo, el que
estaba muerto, lo acostó en el mío. 21 Al
amanecer me levanté para amamantar a
mi hijo, y ¡estaba muerto! Pero lo exa-
miné bien a la luz de la mañana y vi
que no era mi hijo, el que yo había pa-
rido.» 22 La otra mujer repuso: «No, por
cierto, mi hijo es el vivo y tu hijo es el
muerto.» Pero la otra replicaba: «No, al
contrario, tu hijo es el muerto y mi hijo
es el vivo.» Y seguían discutiendo ante el
rey. 23 Dijo el rey: «Ésa dice: ‘Éste es mi
hijo, el vivo, y tu hijo es el muerto,’ y la
otra dice: ‘No, al contrario, tu hijo es el
muerto, y mi hijo es el vivo.’» 24 Entonces ordenó el rey: «Tráiganme una espada.» Presentaron la espada al rey 25 y
éste sentenció: «Corten al niño vivo en
dos partes y den mitad a una y mitad a
otra.» 26 A la mujer de quien era el niño
vivo se le conmovieron las entrañas por
su hijo y replicó al rey: «Por favor, mi
señor, que le den a ella el niño vivo, pero
matarlo, ¡no!, ¡no lo maten!» Mientras,
la otra decía: «Ni para mí ni para ti: ¡que
lo corten!» 27 Sentenció entonces el rey:
«Entréguenle a ella el niño vivo, ¡no lo
maten! Ella es su madre.» 28 El juicio
pronunciado por el rey llegó a oídos de
todo Israel y cobraron respeto al rey, al
ver que dentro de él había una sabiduría
divina con la que hacer justicia.

Dignatarios del reino de Salomón.

4 1 El rey Salomón era rey sobre todo
Israel. 2 Éstos eran sus ministros:
Azarías, hijo de Sadoc, sacerdote;
3 Elihaf y Ajías, hijos de Serayas,
secretarios;
Josafat, hijo de Ajilud, heraldo;
4 (Benaías, hijo de Joadá, jefe del
ejército;
Sadoc y Abiatar, sacerdotes);
5 Azarías, hijo de Natán, jefe de gobernadores;
Zabud, hijo de Natán, amigo del rey,
6 Ajisar mayordomo de la casa real;
Eliab, hijo de Joab, jefe del ejército;
Adonirán hijo de Abdá, supervisor de
trabajos forzados.

3 9 *Un corazón atento para juzgar* (lit.: *que escuche*), ver Dt **4** 1+, es una sabiduría basada en la docilidad y mirando sobre todo al gobierno del pueblo, ver **5** 13+; Pr **2** 6-9; etc.

3 16 Dios ha escuchado a Salomón, vv. 9.12, dándole la justicia, ver **10** 9, que los vv. 16-28 van a presentar en acción.

Gobernadores de Salomón.

7 Salomón tenía doce gobernadores*
al frente de todo Israel. Proveían al rey
y a la casa real; un mes al año recaía
sobre cada uno procurar el suministro.
8 Éstos eran sus nombres*:
...hijo de Jur, en la montaña de
Efraín, uno.
9 ...hijo de Dequer, en Mahás, Saalbín, Bet Semes, Ayalón, hasta Bet Janán, uno.
10 ...hijo de Jésed, en Arubot; tenía
Socó y toda la tierra de Jéfer.
11 ...hijo de Abinadab: todo el distrito
de Dor (Tabaat, hija de Salomón, fue su
mujer), uno.
12 ...Baaná, hijo de Ajilud, en Tanac,
Meguidó (hasta más allá de Yocmeán) y
todo Betsán, por debajo de Yizreel, desde Betsán hasta Abel Mejolá, que está
hacia Sartán, uno.
13 ...hijo de Guéber, en Ramot de Galaad (le correspondían las aldeas de
Yaír, hijo de Manasés, que están en Galaad) (también la región de Argob en el
Basán, sesenta grandes ciudades, amuralladas y con cerrojos de bronce), uno.
14 Ajinadab, hijo de Idó, en Majanáin.
15 Ajimás en Neftalí (también éste
casó con una hija de Salomón, llamada
Basmat), uno.
16 Baaná, hijo de Jusay, en Aser y las
subidas, uno.
17 Josafat, hijo de Paruaj, en Isacar.
18 Semeí, hijo de Elá, en Benjamín.
19 Guéber, hijo de Urí, en la tierra de
Gad, el país de Sijón, rey de los amorreos, y de Og, rey de Basán.
Y había, además, un gobernador en
el país.

5 7 *Estos gobernadores proveían, un
mes cada uno, al rey Salomón y a
todos los acogidos por Salomón a mesa
puesta, sin que les faltara cosa alguna.
8 Cada uno, según su turno, suministra-
ban también la cebada y la paja para
los caballos y los animales de tiro, allí
donde el rey se encontrara. 2 El suministro diario de Salomón era de treinta
cargas de flor de harina y sesenta cargas de harina, 3 diez bueyes cebados y
veinte de pasto, cien cabezas de ganado
menor, aparte los ciervos y gacelas, los
gamos y las aves cebadas. 4 Dominaba
en toda la Transeufratina, desde Tafsaj
hasta Gaza, sobre todos los reyes de
más acá del Río; gozó de paz en todas
sus fronteras.

4 20 Judá e Israel eran numerosos
como la arena a orillas del mar. Comían y bebían felices y contentos.

5 1 Salomón regía todos los reinos
(desde el Río hasta el país de los
filisteos y hasta la frontera de Egipto).
Pagaron tributo y estuvieron sometidos
a Salomón durante todo el tiempo de su
vida. 5 Durante los días de Salomón, Judá e Israel vivieron en tranquilidad, cada
cual bajo su parra y su higuera, desde
Dan hasta Berseba. 6 Salomón disponía
de establos para cuatro mil caballos de
tiro y doce mil caballos de montar.

Fama de sabio de Salomón*.

9 Dios concedió a Salomón sabiduría
e inteligencia extraordinarias y un corazón abierto como la playa a orillas del
mar. 10 La sabiduría de Salomón superaba a la de todos los hijos de Oriente y
a toda la sabiduría de Egipto. 11 Superó
en sabiduría a cualquier hombre, a Etán
el ezrajita, a Hemán, Calcol y Dardá, hijos de Majol; su nombre se hizo famoso
entre todos los países vecinos. 12 Compuso tres mil proverbios y su cancionero
contenía mil y cinco canciones. 13 Trató

4 7 Institución salomónica que asegura la recaudación de impuestos y el empleo de las prestaciones en especie.

4 8 El documento de archivo inserto en este lugar tenía el borde deteriorado, lo cual explica que sólo se haya conservado el nombre del padre de los primeros gobernadores.

5 7 Seguimos el orden del griego.

5 9 Salomón es el primer *sabio de Israel*. Ciertamente desplegó una actividad literaria y poética, ver **8** 12-13. Una parte de Pr puede atribuírsele a él, ver Pr **10** 1+. Se han puesto a su nombre Sal **72; 127;** Qo, Ct, Sb. Ver Si **47** 12-18.

sobre las plantas, desde el cedro del Líbano hasta el hisopo que brota en el muro; disertó también sobre cuadrúpedos, aves, reptiles y peces. 14 De todos los pueblos venían a escuchar la sabiduría de Salomón, trayendo presentes de parte de todos los reyes de la tierra que habían tenido noticia de su sabiduría.

2. SALOMÓN CONSTRUCTOR

Preparativos para la construcción del Templo.
‖2 Cro **2**.

15 Jirán, rey de Tiro, oyó que Salomón había sido ungido en lugar de su padre. Envió una embajada a Salomón, pues Jirán había sido amigo de David durante toda la vida de éste. 16 Salomón remitió a Jirán esta respuesta: 17 «Tú sabes que mi padre David no pudo construir un templo al Nombre de Yahvé su Dios, debido a las guerras que lo tuvieron cercado hasta que Yahvé puso a sus enemigos bajo las plantas de sus pies. 18 Pero ahora, Yahvé mi Dios me ha concedido tranquilidad a mi alrededor. No tengo adversario alguno ni se producen acciones hostiles. 19 Me propongo construir un templo al Nombre de Yahvé mi Dios (según lo dicho por Yahvé a David mi padre: 'Tu hijo, al que pondré en tu lugar sobre tu trono, será quien construya el templo a mi Nombre).' 20 Así pues, da orden de que corten para mí cedros del Líbano. Mis servidores irán con los tuyos. Te pagaré el salario de tus servidores conforme a lo que me digas, pues tú sabes que no hay entre nosotros quien sepa talar árboles como los sidonios.» 21 Cuando Jirán oyó las palabras de Salomón se alegró sobremanera y exclamó: «Bendito sea hoy Yahvé, que ha concedido a David un hijo sabio al frente de ese pueblo numeroso.» 22 Jirán envió a decir a Salomón: «He escuchado lo que me has enviado a decir. Cumpliré tu deseo acerca de la madera de cedro y de ciprés. 23 Mis siervos la bajarán del Líbano al mar, la cargaré en balsas y la haré llegar por mar al lugar que me indiques. Allí la desmontaré y tú la cargarás. Por tu parte, cumple tú mi deseo suministrando víveres para mi casa real.» 24 Jirán entregaba a Salomón madera de cedro y ciprés según su deseo. 25 Por su parte, Salomón entregaba a Jirán veinte mil cargas de trigo para el aprovisionamiento de su casa real y veinte mil medidas de oliva molida. Tal era la aportación anual de Salomón a Jirán. 26 Yahvé concedió sabiduría a Salomón, como le había prometido. Entre Jirán y Salomón reinó la paz, establecida mediante tratado.

27 El rey Salomón suscitó una leva de trabajos forzados en todo Israel. La leva alcanzó a treinta mil hombres. 28 Los envió al Líbano, diez mil por mes, en turnos de estancia de un mes en el Líbano y dos meses en casa. Adonirán estaba al frente de la leva. 29 Salomón disponía también de setenta mil cargadores y ochenta mil canteros en la montaña, 30 además de los capataces que tenía al frente de las obras, tres mil trescientos que mandaban a la gente empleada en las obras. 31 El rey mandó extraer grandes bloques de piedra de calidad, para cimentar el templo con sillares. 32 Los obreros de Salomón, los de Jirán y los guiblitas labraron la piedra y prepararon la madera para construir el templo.

La construcción del Templo*.
‖2 Cro **3** 1-7.

6 1 El año cuatrocientos ochenta de la salida de los israelitas de la tierra de Egipto, el año cuarto del reinado de

6 El templo era un edificio alargado compuesto de tres piezas sucesivas. El *Ulam* es el vestíbulo; el *Hekal* (llamado más tarde el *Santo*), es la gran sala de culto; el *Debir* (el *Santo de los Santos*) es la parte más sagrada donde se guardaba el arca, v. 19. Sobre tres

Salomón en Israel, en el segundo mes
(que es el de Ziv), Salomón construyó
el templo de Yahvé. 2 El templo que
edificó el rey Salomón a Yahvé tenía sesenta codos de largo, veinte de ancho
y veinticinco de alto. 3 El vestíbulo ante
la nave del templo tenía veinte codos de
longitud a lo ancho del templo y diez
codos de anchura a lo largo del edificio. 4 Hizo en el templo ventanas con
celosías. 5 Adosada al muro del templo
edificó una galería en torno a la nave y
al santuario (con habitaciones laterales).
6 La galería inferior medía cinco codos
de ancho, la intermedia seis codos y la
tercera siete codos, pues había dispuesto huecos alrededor del templo, por la
parte exterior, para no horadar sus muros. 7 (El templo se construyó con piedra tallada en la cantera, de modo que
durante la construcción no se escucharon martillos, sierras ni instrumentos de
hierro.) 8 La entrada del piso bajo estaba
en el ala derecha del templo. Por una
escalera de caracol se subía al piso intermedio y de éste al tercero. 9 Construyó
el templo hasta su conclusión. Recubrió
el templo con artesonado de cedro.
10 Construyó la galería adosada a todo
el edificio, de cinco codos de altura y
unida al templo por vigas de cedro.
11 Llegó a Salomón la palabra de Yahvé
que decía: 12 «Por este templo que estás
construyendo, si caminas según mis
preceptos, obras según mis sentencias
y guardas todos mis mandamientos,
caminando conforme a ellos, yo te cumpliré mi palabra, la que prometí a David
tu padre. 13 Habitaré en medio de los
hijos de Israel y no abandonaré a mi
pueblo Israel.» 14 Construyó Salomón
el templo hasta su conclusión.

Interior del Templo. El Santo de los Santos.

‖2 Cro **3** 8-9.

15 Revistió los muros interiores del
templo con planchas de cedro desde el
suelo hasta las vigas del techo; revistió
de madera el interior y el suelo con
planchas de ciprés. 16 Recubrió los
veinte codos del fondo con planchas de
cedro desde el suelo hasta las vigas,
formando así en el interior el santuario,
el Santo de los Santos. 17 El templo,
es decir, la nave delante del santuario
medía cuarenta codos. 18 El cedro del
interior presentaba bajorrelieves de calabazas y capullos abiertos; todo era de
cedro, no se veía la piedra. 19 Dispuso el
santuario al fondo del templo, colocan-
do allí el arca de la alianza de Yahvé.
20 El santuario medía veinte codos de
largo, veinte de ancho y veinte de alto.
Lo revistió de oro fino y alzó, delante del
santuario, un altar de cedro, 21 recubierto de oro. 22 Revistió de oro la totalidad
del templo, de arriba abajo.

Los querubines.

‖2 Cro **3** 10-13;
ver Ex **25** 18+.

23 Hizo en el santuario dos querubines de madera de acebuche de diez
codos de altura. 24 Un ala de un querubín medía cinco codos y cinco codos
también la otra ala: diez codos desde
la punta de un ala hasta la punta de
la otra. 25 El segundo querubín medía
también diez codos. Los dos querubines
tenían las mismas medidas y la misma
forma. 26 La altura de un querubín era
de diez codos; igualmente el segundo
querubín. 27 Colocó los querubines en
medio del recinto interior. Los querubines tenían las alas desplegadas. Cada
uno tocaba un muro con un ala y en
el centro del templo se tocaban uno al
otro, ala con ala. 28 Revistió de oro los
querubines. 29 (Esculpió todos los muros
del templo, del santuario y de la nave,
con bajorrelieves de querubines, palmeras, capullos abiertos. 30 Recubrió de oro
el pavimento del templo, del santuario
y de la nave.)

de los lados exteriores del templo se apoyaba un edificio de tres pisos poco elevados, v. 10.

Ver la Tienda en el desierto, Ex **26-36,** y el templo futuro según Ez **40-42.**

Las puertas. El patio.

[31] Construyó la entrada del santuario con puertas de madera de acebuche (el dintel y los postes tenían cinco laterales.) [32] Esculpió sobre ellos bajorrelieves de querubines, palmas y capullos abiertos. Los recubrió de oro, aplicando láminas de oro sobre los querubines y las palmeras. [33] Lo mismo hizo para la puerta de la nave: montantes de madera de acebuche (de cuatro laterales) [34] y dos puertas de madera de abeto: las dos planchas de cada puerta estaban redondeadas. [35] Esculpió querubines, palmeras, capullos abiertos y aplicó oro sobre los relieves.

[36] Construyó el patio interior, con tres hileras de piedra tallada y una de tablones de cedro.

Fechas.

[37] El año cuarto, en el mes de Ziv, se echaron los cimientos del templo de Yahvé, [38] y el año once, en el mes de Bul —que es el mes octavo— fue concluido el templo en su totalidad, conforme al proyecto establecido. Salomón lo construyó en siete años.

El palacio de Salomón*.

7 [1] Salomón construyó su palacio en trece años. Lo concluyó en su totalidad. [2] Construyó la sala del «Bosque del Líbano», de cien codos de longitud, cincuenta de anchura y treinta de altura, sobre cuatro hileras de columnas de cedro, con vigas también de cedro que reposaban sobre las columnas. [3] Un artesonado de cedro reposaba sobre los travesaños que apoyaban sobre las columnas —cuarenta y cinco, en total, quince por cada fila—. [4] Había tres filas de ventanas con celosías, unas frente a otras, de tres en tres. [5] Todas las puertas y montantes eran cuadrangulares, unas frente a otras, de tres en tres. [6] Hizo el Pórtico de las columnas, de cincuenta codos de longitud y treinta de anchura; el Pórtico estaba en frente de (las columnas), y había columnas con un dosel en frente. [7] Hizo el Salón del trono o de la audiencia, donde administraba justicia (estaba recubierto de cedro desde el suelo hasta las vigas.) [8] El edificio en el que residía, en otro patio en el interior del Pórtico, tenía la misma estructura; hizo también otro edificio como este Pórtico para la hija del faraón que Salomón había tomado por mujer.

[9] Todo era de piedras selectas, (talladas a medida), cortadas con sierra por los lados externo e interno, desde los cimientos hasta las cornisas y en el exterior hasta el patio principal. [10] (Los cimientos eran de piedras de calidad, grandes piedras, de diez y de ocho codos, [11] y encima piedras escogidas, talladas a medida, y madera de cedro). [12] En el exterior, el patio principal tenía en torno tres filas de piedras talladas y una de vigas de cedro, igual que el patio interior del templo de Yahvé y el Pórtico del palacio.

Jirán el broncista.

‖2 Cro **2** 12-14; ver Ex **35** 30-35.

[13] El rey Salomón envió a buscar y trajo a Jirán de Tiro. [14] Era hijo de una viuda de la tribu de Neftalí. Su padre había sido un tirio, artesano del cobre. Estaba dotado de conocimiento, pericia y habilidad para ejecutar cualquier trabajo en bronce. Se presentó ante el rey Salomón y llevó a cabo todo el trabajo encomendado.

Las columnas de bronce.

‖2 Cro **3** 15-17.

[15] Fundió las dos columnas de bronce*. Una medía dieciocho codos de altura y doce de circunferencia; lo mismo

7 La descripción no se extiende más que a las partes públicas del palacio, situado en la colina del Ofel, al sur de la explanada del templo.

7 15 La descripción minuciosa que sigue (‖2 Cro **3-4**) contiene términos técnicos difíciles.

la segunda columna. 16 Hizo dos capiteles de bronce fundido, de cinco codos
de altura cada uno, con objeto de situar-
los sobre lo alto de las columnas. 17 Hizo dos encajes y dos trenzados a modo
de cadenas para los capiteles en lo alto
de las columnas, un trenzado para cada
capitel. 18 Hizo dos hileras de granadas
alrededor de cada trenzado. 19 Los capiteles que estaban en lo alto de las columnas tenían forma de azucenas (cuatrocientas en total, 20 colocadas sobre
la moldura situada detrás del trenzado;
doscientas granadas alrededor de cada
capitel. 21 Erigió las columnas ante el
pórtico de la nave. Alzó la columna de
la derecha y la llamó Yaquín; elevó la
columna de la izquierda y la llamó Boaz.
22 Los capiteles que estaban en lo alto de
las columnas tenían forma de azucenas.)
Concluyó el trabajo de las columnas.

El Mar de bronce.
‖2 Cro **4** 2-5.

23 Hizo el Mar* de metal fundido, que
medía diez codos de diámetro, cinco de
altura y treinta de circunferencia. 24 Debajo del borde había calabazas todo
alrededor, dando vuelta al Mar a lo largo
de treinta codos; había dos filas de calabazas fundidas en una sola pieza. 25 Reposaba sobre doce bueyes, tres mirando
al Norte, tres al Oeste, tres al Sur y tres
al Este. Sobre ellos se asentaba el Mar,
quedando hacia el interior las partes
traseras de los bueyes. 26 Su espesor era
de un palmo y su borde era como el del
cáliz de la flor de azucena. Su capacidad
era de dos mil medidas.

Las basas móviles y los estanques de bronce.

27 Hizo también las diez basas de
bronce, de cuatro codos de largo cada
una, cuatro de ancho y tres de alto.
28 La estructura de las basas era ésta:
tenían paneles y los paneles estaban entre listones. 29 Sobre el panel que estaba
entre los listones había leones, bueyes
y querubines. Lo mismo sobre los listones. Por encima y por debajo de los
leones y de los toros había volutas de
metal labrado. 30 Cada basa tenía cuatro ruedas de bronce y ejes de bronce;
sus cuatro pies tenían asas debajo de la
pila, y los apliques estaban fundidos...
31 Su boca, desde el interior de las asas
hasta arriba, tenía un codo; la boca era
redonda, teniendo un soporte de codo y
medio; sobre la boca había también esculturas, pero los paneles eran cuadra-
dos, no redondos. 32 Las cuatro ruedas
estaban bajo los paneles, y los ejes de
las ruedas estaban en la basa; la altura
de cada rueda era de codo y medio.
33 La forma de las ruedas era como la
forma de la rueda de un carro, y sus
ejes, sus llantas, sus radios y sus cubos,
todo era de metal fundido. 34 Había cuatro asas en los cuatro ángulos de cada
basa; la basa formaba un cuerpo con su
asa. 35 En la cima de la basa había un
soporte de medio codo de altura completamente redondo; y en la cima de la
basa, los ejes y el armazón formaban
un cuerpo con ella. 36 Grabó sobre las
tablas querubines, leones y palmeras...
y volutas alrededor. 37 De esta forma hizo las diez basas: una misma fundición
y un mismo tamaño para todas.
38 Hizo diez pilas de bronce de cuarenta medidas cada una; cada pila medía cuatro codos; había una pila sobre
cada una de las diez basas. 39 Colocó las
basas, cinco al lado derecho del templo
y cinco al lado izquierdo del templo. El
Mar lo colocó en el lado derecho del
templo hacia el sureste.

Mobiliario menor. Resumen.
‖2 Cro **4** 11-**5** 1.

40 Jirán hizo los ceniceros, las paletas y los acetres. Jirán concluyó toda la
obra que el rey Salomón le encargó que
hiciera para el templo de Yahvé: 41 dos
columnas, las molduras de los capiteles

7 23 El *Mar* era un gran depósito de agua lustral.

que estaban sobre la cima de las dos
columnas, los dos trenzados para recubrir las dos molduras de los capiteles
que estaban en la cima de las columnas;
[42] las cuatrocientas granadas para los dos
trenzados; dos filas de granadas para
cada trenzado; [43] las diez basas y las diez
pilas sobre las basas; [44] el Mar y los doce
bueyes debajo del Mar; [45] y los ceniceros, las paletas y los acetres.

Todos estos objetos que Jirán hizo al
rey Salomón para el templo de Yahvé
eran de bronce bruñido. [46] El rey los
hizo fundir en la vega del Jordán, en
moldes de tierra, entre Sucot y Sartán;
[47] en cantidad tan enorme que no era
posible calcular el peso del bronce.

[48] Salomón hizo todos los objetos
que había en el templo de Yahvé; el
altar, de oro; la mesa sobre la que se
ponían los panes presentados*, de oro;
[49] los candelabros delante del santuario,
cinco a la derecha y cinco a la izquierda,
de oro fino; las flores, las lámparas y las
despabiladeras, de oro; [50] las cucharas,
los cuchillos, los acetres, las copas y los
braseros, de oro fino; los goznes para
las puertas del santuario interior, el Santo de los Santos, y para las puertas de la
nave del templo, de oro.

[51] Cuando se completó toda la obra
que el rey Salomón había hecho en el
templo de Yahvé, Salomón hizo traer todo lo consagrado por David su padre, la
plata, el oro y los objetos, y lo depositó
entre los tesoros del templo de Yahvé.

Traslado del arca de la alianza*.
‖2 Cro **5** 2-10.

8 [1] Entonces Salomón congregó a
los ancianos de Israel (todos los jefes
de las tribus y los cabezas de familia
de los israelitas ante el rey Salomón)
en Jerusalén para hacer subir el arca
de la alianza de Yahvé desde la ciudad
de David, que es Sión. [2] (Se congregaron en torno al rey Salomón todos los
hombres de Israel). En el mes de Etanín
(que es el mes séptimo, en la fiesta*,
[3] vinieron todos los ancianos de Israel
y) los sacerdotes condujeron el arca
[4] (e hicieron subir el arca de Yahvé) y
la Tienda del Encuentro, con todos los
objetos sagrados que había en ella*.
[5] El rey (Salomón) y todo Israel (toda la
comunidad de Israel reunida en torno
a él) sacrificaron ante el arca ovejas y
bueyes en número incalculable e incontable. [6] Los sacerdotes llevaron el arca
de la alianza de Yahvé al santuario del
templo, el Santo de los Santos, a su
propio lugar, situado bajo las alas de los
querubines. [7] Los querubines extendían
las alas sobre el lugar del arca y cubrían
el arca y sus varales por encima. [8] Los
varales se prolongaban hasta dejar ver
sus extremos desde el santuario, pero
no se dejaban ver más hacia fuera. (Han
estado allí hasta el día de hoy). [9] En el
arca no había nada más que las dos tablas de piedra que Moisés depositó allí,
en el Horeb, las tablas de la alianza que
Yahvé estableció con los israelitas cuando salieron de la tierra de Egipto.

Dios toma posesión de su templo.
‖2 Cro **5** 11-**6** 2.

[10] Cuando los sacerdotes salieron del
santuario, —pues la nube* había llenado el templo de Yahvé—, [11] los sacerdotes no pudieron permanecer ante la
nube para completar el servicio, pues
la gloria de Yahvé llenaba el templo
de Yahvé.

[12] Entonces Salomón dijo:
«Yahvé puso el sol en los cielos,
pero ha decidido habitar en densa nube.
[13] He querido erigirte una morada
principesca,
un lugar donde habites para siempre.»

7 48 Sobre el altar del incienso, los panes presentados, ver Ex **25** 30; 1 S **21** 5+.
8 Ver Ex **25** 10+; 1 S **5-6**; etc.
8 2 La fiesta por excelencia es la de las Tiendas, ver Ex **23** 14+.
8 4 La *Tienda del Encuentro*, la que ha preparado David, 2 S **6** 17, llamada como la del desierto, donde Yahvé se *encontraba* con Moisés, Ex **25** 22.
8 10 Ver Ex **13** 22; **19** 16+; **40** 34+; Ez **43** 4-5.

Discurso de Salomón al pueblo.
‖2 Cro **6** 3-11.

14 El rey, volviéndose, bendijo a toda la asamblea de Israel, que se mantenía en pie, 15 y dijo: «Bendito sea Yahvé, Dios de Israel, que con su mano ha cumplido lo que había prometido con su propia boca*, diciendo: 16 'Desde el día en que saqué de Egipto a mi pueblo Israel no elegí ninguna ciudad entre todas las tribus de Israel para edificar un templo en el que resida mi Nombre [y no elegí tampoco ningún varón para que fuera príncipe sobre mi pueblo Israel, pero he elegido a Jerusalén para que resida allí mi Nombre]*, y he elegido a David para que esté al frente de mi pueblo Israel.' 17 Mi padre David acariciaba en su corazón el propósito de construir un templo al Nombre de Yahvé, Dios de Israel, 18 pero Yahvé dijo a David mi padre: 'Has acariciado en tu corazón el deseo de construir un templo a mi Nombre; has hecho bien en ello, 19 pero no serás tú el que construya el templo. Un hijo tuyo, salido de tus entrañas, ése será quien construya el templo a mi Nombre.' 20 Yahvé ha cumplido la promesa que pronunció. Me ha establecido como sucesor de mi padre David y me ha sentado sobre el trono de Israel, como Yahvé había dicho, y yo construiré el templo al Nombre de Yahvé, Dios de Israel, 21 y fijaré en él un lugar para el arca en la que se encuentra la alianza que Yahvé pactó con nuestros padres cuando los sacó de la tierra de Egipto.»

Oración personal de Salomón*.
‖2 Cro **6** 12-20.

22 Salomón se puso en pie ante el altar de Yahvé frente a toda la asamblea de Israel, extendió las manos al cielo 23 y dijo: «Yahvé, Dios de Israel, no hay Dios como tú arriba en los cielos ni abajo en la tierra, tú (que guardas la alianza y la fidelidad a tus siervos que caminan ante ti de todo corazón,) 24 que has mantenido a mi padre David la promesa que le hiciste y que has cumplido en este día con tu mano lo que con tu boca habías prometido. 25 Ahora, pues, Yahvé, Dios de Israel, mantén a tu siervo David mi padre la promesa que le hiciste diciéndole: 'Nunca te faltará uno de los tuyos en mi presencia que se siente en el trono de Israel, siempre que tus hijos guarden su camino, procediendo ante mí como tú has procedido.' 26 Y ahora, Dios de Israel, cúmplase la palabra que dijiste a tu siervo David, mi padre. 27 ¿Habitará Dios con los hombres en la tierra*? Los cielos y los cielos de los cielos no pueden contenerte, ¡cuánto menos este templo que yo te he construido! 28 Inclínate a la plegaria y a la súplica de tu siervo, Yahvé, Dios mío. Escucha el clamor y la plegaria que tu siervo entona hoy en tu presencia. 29 Que día y noche tus ojos estén abiertos hacia este templo, hacia este lugar del que dijiste: 'Allí estará mi Nombre'. Escucha la plegaria que tu servidor entona en dirección a este lugar. 30 Escucha la súplica de tu siervo y de tu pueblo Israel que entonen en dirección a este lugar. Escucha tú, hacia el lugar de tu morada, hacia el cielo, escucha y perdona.

Súplicas por el pueblo.
‖2 Cro **6** 21-31.

31 «Si un hombre peca contra su prójimo y éste pronuncia una imprecación* para traer maldición sobre él y viene

8 15 La profecía de Natán, 2 S **7** 4-16; ver 1 R **5** 19; Sal **132.**

8 16 El texto entre corchetes se encuentra en el manuscrito de Qumrán de Reyes (4Q54) y en el pasaje paralelo de 2 Cro **6** 5-6. Yahvé no puede ser contenido en el templo, v. 27, pero está en él especialmente presente, Dt **12** 5, por su Nombre que le representa, Ez **48** 35; ver Ex **25** 8+.

8 22 Ampliación de los vv. 23.25, en el estilo de Dt, desarrollando una teología de la Alianza, Ver Dt **4** 39; **7** 9.

8 27 Dt **4** 7+; Jn **1** 14+.

8 31 Un juicio de Dios. El acusador pronuncia delante del altar una imprecación a la cual queda asociado el acusado; éste será declarado culpable si se cumple la maldición. Ver Nm **5** 19-28; Jc **17** 1-3.

con su imprecación ante tu altar en este
templo, 32 escucha tú en los cielos; intervén y juzga a tus siervos; declara culpable al malo, de modo que su conducta
recaiga sobre su cabeza, e inocente al
justo, retribuyéndole según su justicia.
33 «Cuando tu pueblo Israel haya sido
derrotado por un enemigo, por haber
pecado contra ti, y se vuelva a ti y alabe
tu Nombre, ore y suplique ante ti en
este templo, 34 escucha tú en los cielos
y perdona el pecado de tu pueblo Israel
y devuélvelos a la tierra que diste a sus
padres.
35 «Cuando, por haber pecado contra
ti, los cielos se cierren y deje de haber
lluvia, y acudan a orar en este lugar y
alaben tu Nombre y se conviertan de su
pecado porque los humillaste, 36 escucha tú en los cielos y perdona el pecado
de tus siervos y de tu pueblo Israel, enseñándoles el buen camino que deberán
seguir, y envía lluvia a la tierra que diste
en herencia a tu pueblo.
37 «Cuando en el país haya hambre,
peste, tizón, añublo, langosta o pulgón,
cuando el enemigo ponga asedio en
una de sus puertas, en la desgracia o
la enfermedad 38 de cualquier persona
(o de todo el pueblo de Israel), que conozca la aflicción en su corazón, eleve
plegarias y súplicas y extienda sus manos hacia este templo, 39 escucha tú en
los cielos, lugar de tu morada, perdona
e intervén, dando a cada uno según su
merecido, tú que conoces su corazón,
tú el único que conoce el corazón de los
hijos de los hombres, 40 de modo que te
respeten a lo largo de los días que vivan
en la tierra que diste a nuestros padres.

Otras oraciones*.
||2 Cro **6** 32-39.

41 «También al extranjero, al que no
es de tu pueblo Israel y viene de un país
lejano a orar en este templo a causa de
tu Nombre, —42 porque oirán hablar de
tu gran Nombre, de tu mano fuerte y de
tu brazo extendido—, 43 escúchalo tú en
los cielos, lugar de tu morada; haz al extranjero según lo que te pida, para que
todos los pueblos de la tierra conozcan
tu Nombre y te respeten como tu pueblo Israel, y reconozcan que tu Nombre
es invocado en este templo que yo he
construido.
44 «Cuando tu pueblo salga a la guerra
contra el enemigo, por el camino por
el que lo envíes, y supliquen a Yahvé
vueltos hacia la ciudad que has elegido y
hacia el templo que he construido para
tu Nombre, 45 escucha tú en los cielos
su oración y su plegaria y hazles justicia.
46 Cuando pequen contra ti, pues no
hay hombre que no peque, y tú, irritado
contra ellos, los entregues al enemigo, y
sus vencedores los deporten al país enemigo, lejano o próximo, 47 si en la tierra
de sus dominadores se convierten en su
corazón, se arrepienten y te suplican, diciendo: 'Hemos pecado, hemos actuado
perversamente, nos hemos hecho culpables', 48 si en el país de los enemigos que
los deportaron se vuelven a ti con todo su
corazón y con toda su alma y te suplican
vueltos hacia la tierra que diste a sus padres y hacia la ciudad que has elegido y
el templo que he edificado a tu Nombre,
49 escucha tú en los cielos, lugar de tu
morada; 50 perdona a tu pueblo lo que ha
pecado contra ti, todas las rebeliones que
cometieron; concédeles que encuentren
la compasión de sus dominadores para
que se apiaden de ellos, 51 porque son tu
pueblo y tu heredad, los que sacaste de
Egipto, del crisol del hierro.

Conclusión de la plegaria y bendición del pueblo*.
||2 Cro **6** 40.

52 «Estén abiertos tus ojos a la súplica
de tu siervo, a la súplica de tu pueblo Is-

8 41 Añadidas después del Destierro. Obsérvese el universalismo, ver v. 4; **19** 11+; Is **2** 2-5; **40** 55; Jon; Za **2** 15; **8** 18-23, la oración en dirección a Jerusalén, vv. 44.48; ver Dn **6** 11, la preocupación por los que han quedado en el extranjero, vv. 47-51.

8 52 Ver Dt **7** 6+; **31** 6; Jr **29** 5-8; **31** 31+; etc.

rael, para escucharlos en cuanto te imploren. [53] Porque tú, Señor Yahvé, los apartaste para ti, en herencia, entre todos los pueblos de la tierra, según dijiste a través de Moisés tu siervo cuando sacaste a nuestros padres de Egipto.»

[54] Cuando Salomón concluyó esta plegaria y súplica a Yahvé, se levantó de delante del altar de Yahvé, donde había estado arrodillado con las manos extendidas hacia el cielo, [55] y, puesto en pie, bendijo a toda la asamblea de Israel, diciendo en voz alta: [56] «Bendito sea Yahvé que ha dado el descanso a su pueblo Israel, según todas sus promesas; no ha fallado ni una sola de las palabras de bondad que prometió por medio de Moisés su siervo. [57] Que Yahvé, nuestro Dios, esté con nosotros como estuvo con nuestros padres, que no nos abandone ni nos rechace. [58] Que incline nuestros corazones hacia él, para que marchemos por sus caminos y guardemos todos los mandatos, preceptos y decretos que ordenó a nuestros padres. [59] Que estas palabras mías con las que he suplicado ante Yahvé permanezcan cercanas a Yahvé, nuestro Dios, día y noche, para que haga justicia a su siervo y a su pueblo Israel, según las necesidades de cada día, [60] para que todos los pueblos de la tierra reconozcan que Yahvé es Dios y no hay otro, [61] y los corazones de ustedes estén enteramente con Yahvé, nuestro Dios, marchando según sus decretos y guardando sus mandatos como en este día.»

Sacrificios en la fiesta de la Dedicación.

||2 Cro **7** 4-10.

[62] El rey, y todo Israel con él, ofrecieron sacrificios ante Yahvé. [63] Salomón sacrificó, como sacrificios de comunión en honor de Yahvé, veintidós mil bueyes y ciento veinte mil ovejas. De este modo el rey y todos los hijos de Israel dedicaron el templo de Yahvé. [64] Aquel día consagró el rey el atrio interior que está delante del templo de Yahvé, ofreciendo allí el holocausto, la oblación y las grasas de los sacrificios de comunión, pues el altar de bronce que estaba ante Yahvé era demasiado reducido para contener el holocausto, la oblación y las grasas de los sacrificios de comunión. [65] En aquella ocasión Salomón celebró la fiesta. Todo Israel estaba con él, una asamblea inmensa, desde la entrada de Jamat hasta el torrente de Egipto, ante Yahvé, nuestro Dios, en el templo que había construido. Comieron, bebieron e hicieron fiesta ante Yahvé, nuestro Dios, durante siete días. [66] El día octavo despidió al pueblo. Bendijeron al rey y regresaron a sus tiendas, gozosos y felices por todos los beneficios que Yahvé había hecho a su siervo David y a su pueblo Israel.

Nueva aparición divina*.

||2 Cro **7** 11-22.

9 [1] Cuando Salomón terminó de construir el templo de Yahvé, el palacio real y todo cuanto era su deseo haber hecho, [2] se apareció Yahvé a Salomón por segunda vez, como se le había manifestado en Gabaón. [3] Yahvé le dijo: «He escuchado la plegaria y la súplica que has pronunciado ante mí. Consagro este templo que me has construido para poner en él mi Nombre para siempre; mis ojos y mi corazón estarán en él por siempre. [4] Y en cuanto a ti, si marchas ante mí como lo hizo David tu padre, con corazón íntegro y recto, haciendo todo lo que te ordene y guardando mis mandatos y decretos, [5] afianzaré el trono de tu realeza sobre Israel para siempre, como prometí a David tu padre: 'No te habrá de faltar alguno de los tuyos que se siente sobre el trono de Israel.' [6] Pero si ustedes y sus hijos dan la vuelta tras de mí y no guardan los mandatos y decretos que les he dado, y van a servir a otros dioses

9 Escena análoga a **3** 4-15, nueva promesa de bendición, con anuncio del castigo, si Israel es infiel.

postrándose ante ellos, 7 arrancaré a Israel de la superficie de la tierra que les di; retiraré de mi presencia el templo que he consagrado a mi Nombre, e Israel se convertirá en ejemplo y escarnio entre todos los pueblos. 8 Y todos los que pasen ante este templo que debía ser sublime, quedarán estupefactos* y silbarán, diciendo: '¿Por qué ha actuado Yahvé de este modo con esta tierra y este templo?' 9 Y responderán: 'Porque abandonaron a Yahvé, su Dios, que había sacado a sus padres de la tierra de Egipto; abrazaron otros dioses, se postraron ante ellos y les rindieron culto; por eso ha hecho venir Yahvé sobre ellos todo este mal'.»

Tratado con Jirán.
||2 Cro **8** 1-6.

10 Al cabo de los veinte años que duró la construcción por Salomón de las dos casas, el templo de Yahvé y el palacio real, 11 para lo que Jirán, rey de Tiro, había proporcionado a Salomón madera de cedro y de ciprés y todo el oro que quiso, entonces el rey Salomón entregó a Jirán veinte ciudades en la tierra de Galilea. 12 Salió Jirán de Tiro para observar las ciudades que Salomón le había entregado, pero no le agradaron, 13 y se quejó: «¿Qué ciudades son éstas que me has entregado, hermano mío?» Las denominó: «Tierra de Cabul», nombre conservado hasta el día de hoy. 14 Jirán había enviado al rey ciento veinte talentos de oro.

Leva para las construcciones.
||2 Cro **8** 7-10.

15 Esto es lo referente a la prestación personal que el rey Salomón estableció para construir el templo de Yahvé y el palacio real, el Miló* y la muralla de Jerusalén, Jasor, Meguidó y Guézer, (16 el faraón rey de Egipto había subido y tomado Guézer y, tras incendiarla y matar a los cananeos que habitaban la ciudad, la entregó en dote a su hija, la mujer de Salomón, 17 quien reconstruyó Guézer), Bet Jorón de abajo, 18 Baalat y Tamar (en el desierto del país, 19 todas las ciudades de aprovisionamiento que tenía Salomón), las ciudades de carros y las de caballos, y todo cuanto Salomón quiso construir en Jerusalén, (en el Líbano) y en todos los dominios de su reino. 20 A cuantos quedaron* de los amorreos, hititas, perizitas, jivitas y jebuseos, que no eran israelitas y 21 cuyos descendientes habían permanecido en el país y a los que los israelitas no habían podido exterminar mediante anatema, Salomón los redujo a mano de obra forzada, como ha sucedido hasta el día de hoy. 22 Pero a los israelitas no les impuso trabajos forzados, pues eran sus hombres de guerra, oficiales y jefes, escuderos y jefes de sus carros y de su caballería. 23 Éstos eran los capataces de los prefectos que estaban al frente de las obras de Salomón: quinientos cincuenta que mandaban a la gente que trabajaba en las obras. 24 Una vez que la hija del faraón subió de la ciudad de David al palacio que Salomón había construido para ella, entonces edificó el Miló*.

El servicio del Templo.
||2 Cro **8** 12-16.

25 Tres veces al año, Salomón ofrecía holocaustos y sacrificios de comunión en el altar que había construido a Yahvé y quemaba ante Yahvé las ofrendas abrasadas. Llevó a conclusión la obra del templo.

9 8 Ver Dt **29** 23-26; Jr **18** 16; etc.
9 15 El *Miló* es un terraplén que nivela la colina cerca del templo y del palacio.
9 20 Ver Dt **7** 1; etc.
9 24 Ver **3** 1.

3. SALOMÓN COMERCIANTE

Salomón naviero.

‖2 Cro **8** 17-18.

26 El rey Salomón construyó una flota en Esión Guéber, que está cerca de Elat, a orillas del mar de Suf, en la tierra de Edom. 27 Jirán envió en las naves servidores suyos, marineros expertos en la mar, con los servidores de Salomón. 28 Llegaron a Ofir, y trajeron de allí cuatrocientos veinte talentos de oro que llevaron al rey Salomón.

Visita de la reina de Sabá*.

‖2 Cro **9** 1-12.

10 1 La reina de Sabá oyó la fama de Salomón... y vino a ponerlo a prueba con enigmas. 2 Llegó a Jerusalén con una gran fuerza de camellos que portaban perfumes, oro en gran cantidad y piedras preciosas. Se presentó ante Salomón y le planteó todo cuanto había ideado. 3 Salomón resolvió todas sus preguntas. No había cuestión tan arcana que el rey no pudiera desvelar. 4 Cuando la reina de Sabá observó la sabiduría toda de Salomón, el palacio que había construido, 5 los manjares de su mesa, las residencias de sus servidores, el porte de sus ministros y sus vestimentas, sus coperos y los holocaustos que ofrecía en el templo de Yahvé, se quedó sin respiración 6 y dijo al rey: «¡Era verdad cuanto oí en mi tierra acerca de tus enigmas y tu sabiduría! 7 Yo no daba crédito a lo que se decía; ahora he venido y mis propios ojos lo han visto. ¡No me dijeron ni la mitad! Tu sabiduría y prosperidad superan con mucho las noticias que yo escuché. 8 Dichosas tus mujeres, dichosos estos servidores tuyos que están siempre en tu presencia y escuchan tu sabiduría. 9 Bendito sea Yahvé, tu Dios, que se ha complacido en ti y te ha situado en el trono de Israel. Por el amor eterno de Yahvé a Israel, te ha puesto como rey para administrar derecho y justicia.» 10 Dio al rey ciento veinte talentos de oro, gran cantidad de perfumes y piedras preciosas. Jamás llegaron en tal abundancia perfumes como los que la reina de Sabá dio al rey Salomón. 11 La flota de Jirán, la que transportó el oro de Ofir, trajo también madera de almugguim* en gran cantidad, y piedras preciosas. 12 Con la madera de almugguim hizo el rey balaustradas para el templo de Yahvé y para el palacio real, cítaras y salterios para los cantores. Nunca como entonces volvió a llegar madera de almugguim ni ha vuelto a verse hasta el día de hoy. 13 El rey Salomón concedió a la reina de Sabá todos los deseos que ella manifestó, aparte de lo que le regaló con la munificencia regia propia de Salomón. Luego se volvió a su país, ella y sus servidores.

Riqueza de Salomón.

‖2 Cro **9** 13-24.

14 El peso del oro que llegaba a Salomón cada año era de seiscientos sesenta y seis talentos de oro, 15 sin contar lo procedente de los tributos impuestos a los mercaderes, las ganancias por el tráfico comercial y lo aportado por todos los reyes árabes y los inspectores del país. 16 El rey Salomón hizo doscientos escudos de gran tamaño en oro batido, seiscientos siclos de oro batido por cada escudo, 17 y trescientos escudos de menor tamaño en oro batido, tres minas de oro por cada escudo. El rey los colocó en la casa denominada «Bosque del Líbano». 18 El rey hizo un gran trono de marfil, que revistió de oro finísimo. 19 El

10 El reino de Sabá se extendía al suroeste de Arabia, pero tenía colonias hacia el norte. La reina vino sin duda quizá por un motivo comercial, vv. 2.10.13. Se anuncia el homenaje de Sabá al rey mesiánico, Sal **72** 10; Is **45** 14; **60** 6. Jesús evocará este episodio, Mt **12** 42p.

10 11 *Almugguim*, esencia rara imposible de determinar. Ver 2 Cro **2** 7.

trono tenía seis gradas, un respaldo redondo, brazos a uno y otro lado del
asiento, dos leones de pie junto a los brazos [20] y doce leones de pie sobre las seis
gradas, a uno y otro lado. Nada igual
llegó a hacerse para ningún otro reino.
[21] Todas las copas para bebidas del
rey Salomón eran de oro y toda la vajilla
de la casa «Bosque del Líbano» era de
oro puro; en tiempos del rey Salomón,
la plata no se estimaba en nada, [22] porque el rey tenía una flota de Tarsis en el
mar, junto con la de Jirán, y cada tres
años venía la flota de Tarsis, trayendo
oro, plata, marfil, monos y pavos reales.
[23] El rey Salomón superó a todos los
reyes de la tierra en riqueza y sabiduría.
[24] Todo el mundo quería ver el rostro de
Salomón para escuchar la sabiduría con
la que Dios había dotado su mente. [25] Y
cada cual aportaba su presente, año tras
año: objetos en plata y oro, vestiduras,
aromas y perfumes, caballos y mulos.

Los carros de Salomón.
||2 Cro **1** 14-17.

[26] Salomón reunió carros y caballos;
tenía mil cuatrocientos carros y doce mil
caballos que acuarteló en las ciudades de
carros y en Jerusalén en torno al rey.
[27] El rey hizo que en Jerusalén la plata
fuera tan abundante como las piedras, y
los cedros tanto como los sicómoros de
la Tierra Baja. [28] Los caballos de Salomón procedían de Musur y Cilicia. Los
mercaderes del rey los compraban en
Cilicia a precio fijo. [29] Un carro importa-
do de Egipto valía seiscientos siclos de
plata y un caballo ciento cincuenta. Eran
exportados también a todos los reyes de
los hititas y a los reyes de Aram.

4. LAS SOMBRAS DEL REINO

Las mujeres de Salomón*.

11 [1] El rey Salomón amó a muchas
mujeres extranjeras, además de
la hija del faraón: moabitas, amonitas,
edomitas, sidonias e hititas, [2] de los
pueblos de los que había dicho Yahvé a
los israelitas: «No se unan a ellas y ellas
a ustedes, pues seguro que arrastrarán su
corazón tras sus dioses». Pero Salomón
se unía a ellas por amor; [3] tuvo setecien-
tas mujeres con rango de princesas y
trescientas concubinas. [4] Al tiempo de
su ancianidad, las mujeres de Salomón
desviaron su corazón tras otros dioses, y
su corazón no fue por entero de Yahvé
su Dios, como el corazón de David, su
padre*. [5] Salomón marchaba tras Astarté, diosa de los sidonios, y tras Milcón,
abominación de los amonitas. [6] Salomón
hizo lo malo a los ojos de Yahvé, y no
se mantuvo del todo al lado de Yahvé,
como David su padre. [7] Por entonces
Salomón edificó un altar a Camós, abominación de Moab, sobre el monte que
está frente a Jerusalén, y a Milcón, abominación de los amonitas. [8] Lo mismo
hizo con todas sus mujeres extranjeras
que quemaban incienso y sacrificaban a
sus dioses.
[9] Yahvé se enojó contra Salomón por
haber desviado su corazón de Yahvé,
Dios de Israel, que se le había aparecido
dos veces, [10] y le había dado instrucciones sobre esta cuestión: que no marchara en pos de otros dioses. Pero no
guardó lo que Yahvé le había ordenado.
[11] Yahvé dijo a Salomón: «Por haber

11 Los matrimonios con extranjeros no eran en modo alguno desconocidos, pero la legislación intenta prevenir contra sus peligros, Ex **34** 15-16; Dt **7** 3-4; Esd **9-10.** En el caso de Salomón, tenían un interés político. El número de esposas, v. 3, es evidentemente exagerado.

11 4 Los santuarios paganos estaban destinados a las mujeres del rey y a los comerciantes, pero el autor los reprueba, siguiendo el espíritu de Dt. Dios castiga a Salomón suscitando contra él enemigos tanto fuera, vv. 14-25, como dentro, vv. 26-40; ver Si **47** 19-21.

actuado así y no haber guardado mi
alianza y las leyes que te ordené, voy
a arrancar el reino de tus manos y lo
daré a un siervo tuyo. 12 Pero no lo haré
en vida tuya, en atención a David tu padre. Lo arrancaré de mano de tu hijo.
13 Tampoco arrancaré todo el reino;
daré una tribu a tu hijo, en atención a
David, mi siervo, y a Jerusalén que he
elegido.»

Adversarios de Salomón.

14 Yahvé suscitó a Salomón un adversario, Hadad el edomita, de la estirpe
real de Edom. 15 Cuando David derrotó
a Edom*, Joab, jefe del ejército, subió a
dar sepultura a los muertos y mató a todos los varones de Edom, 16 pues Joab
y todo Israel permanecieron allí seis meses hasta que exterminaron a todos los
varones de Edom. 17 Pero Hadad huyó
en dirección a Egipto, junto con algunos
hombres edomitas de entre los servidores de su padre. Hadad era entonces
un muchacho joven. 18 Partieron de Madián y llegaron a Farán, tomaron consigo hombres de Farán y llegaron a Egipto, ante el faraón, rey de Egipto, quien
le dio casa, le prometió sustento y le
concedió tierras. 19 Hadad encontró gran
favor a los ojos del faraón, que le dio
como mujer a la hermana de su mujer,
la hermana de la Gran Dama Tajfenés.
20 La hermana de Tajfenés le dio a luz
su hijo, Guenubat. Tajfenés lo crió en la
casa del faraón, y Guenubat vivió en la
casa del faraón con los hijos del faraón.
21 Cuando Hadad se enteró de que David había reposado con sus antepasados y que Joab, jefe del ejército, había
muerto, Hadad dijo al faraón: «Dame la
despedida para que pueda regresar a mi
tierra.» 22 El faraón le dijo: «¿Qué te falta
aquí a mi lado para que trates de ir a tu
tierra?» Él respondió: «Nada, pero dame
la despedida.» 25b Hadad regresó a su
tierra. El mal hecho por Hadad consistió en rechazar la autoridad de Israel y
reinar en Edom.
23 Dios le suscitó otro adversario, Re-
zón hijo de Elyadá, que había huido de
su señor Hadadézer, rey de Sobá: 24 se
le unieron algunos hombres y se hizo
jefe de banda (en el tiempo en que David los mató). Fueron a Damasco, se
instalaron allí y establecieron un reino
en Damasco. 25a Fue un adversario de
Israel durante toda la vida de Salomón.

Revuelta de Jeroboán.

26 Jeroboán era hijo de Nebat, efrainita de Seredá; su madre, una mujer viuda, se llamaba Seruá. Estaba al servicio
de Salomón, pero alzó la mano contra
el rey. 27 Las circunstancias de su alza-
miento contra el rey fueron éstas:
Salomón construía el Miló, con objeto de cerrar la brecha de la ciudad de
David, su padre. 28 El hombre aquel, Jeroboán, era un líder valeroso. Salomón
observó que el joven era un trabajador
experto y lo puso al frente de todo el
personal de la Casa de José. 29 Sucedió
entonces que Jeroboán salía de Jerusalén y el profeta Ajías de Siló le salió al
encuentro cubierto con un manto nuevo. Estando los dos solos en campo
abierto, 30 Ajías tomó el manto nuevo
que llevaba puesto, lo rasgó en doce
jirones* 31 y dijo a Jeroboán: «Toma diez
jirones para ti, porque así dice Yahvé,
Dios de Israel: Rasgaré el reino de manos de Salomón y te daré diez tribus.
32 La otra tribu será para él, en atención
a mi siervo David y a Jerusalén, la ciudad que me elegí entre todas las tribus
de Israel; 33 porque me ha abandonado
y se ha postrado ante Astarté, diosa de
los sidonios, ante Camós, dios de Moab,
y ante Milcón, dios de los amonitas, y
no ha seguido mis caminos, haciendo lo
que es justo a mis ojos, ni mis decretos
ni mis sentencias como su padre David.
34 Pero no tomaré todo el reino de su

11 15 Ver 2 S **8** 13-14.
11 30 *Rasgar el manto en doce jirones*, es una acción simbólica y eficaz, ver Jr **18** 1+; diez pedazos para las tribus del Norte, ver 2 S **19** 44, y dos para Judá, **12** 20, que había absorbido a Simeón, Jos **19** 1.

mano; lo mantendré como príncipe todos los días de su vida en atención a
David mi siervo, a quien elegí y quien
guardó mis mandatos y mis decretos.
35 Pero tomaré el reino de mano de su
hijo y te lo daré, las diez tribus; 36 daré
a su hijo una tribu para que a David mi
siervo le quede siempre una lámpara* en
mi presencia en Jerusalén, la ciudad que
me elegí para poner allí mi Nombre. 37 A
ti, te tomaré y reinarás sobre cuanto desees. Serás rey de Israel. 38 Si escuchas
todo cuanto yo te ordene, y andas por
mi camino, y haces lo recto a mis ojos
guardando mis decretos y mis mandamientos como hizo David mi siervo, yo
estaré contigo y te daré una dinastía estable como se la di a David. (Te entrego
Israel 39 y humillaré el linaje de David
por esta causa. Pero no para siempre).»
40 Salomón intentó matar a Jeroboán, pero Jeroboán emprendió la huida
a Egipto, junto a Sosac, rey de Egipto, y
permaneció en Egipto hasta la muerte
de Salomón.

Muerte de Salomón.
‖2 Cro **9** 29-31.

41 El resto de los hechos de Salomón,
todo cuanto hizo y su sabiduría, ¿no
está escrito en el libro de los hechos de
Salomón? 42 El tiempo que Salomón reinó en Jerusalén sobre todo Israel fue de
cuarenta años. 43 Salomón pasó a reposar con sus antepasados y lo enterraron
en la ciudad de su padre David. Su hijo
Roboán reinó en su lugar.

III. Secesión política y cisma religioso

La asamblea de Siquén.
‖2 Cro **10**.

12 1 Roboán fue a Siquén, porque
todo Israel había ido a Siquén
con objeto de proclamarlo rey. 2 Cuando se enteró Jeroboán, hijo de Nebat,
—estaba todavía en Egipto, adonde
había huido del rey Salomón para establecerse allí— 3 después que enviaron
a llamarlo, Jeroboán llegó con toda la
asamblea de Israel y hablaron a Roboán
diciendo: 4 «Tu padre hizo pesado nuestro yugo; aligera tú ahora la dura servidumbre de tu padre y el pesado yugo
que cargó sobre nosotros, y te serviremos.» 5 Él les dijo: «Márchense todavía
durante tres días y vuelvan luego a mí».
El pueblo se fue.
6 El rey Roboán se aconsejó con los
ancianos que habían servido a su padre Salomón en vida de éste: «¿Cómo
me aconsejan que dé respuesta a este
pueblo?» 7 Le dijeron: «Si hoy tú te
conviertes en servidor de este pueblo y
les sirves a ellos y les ofreces buenas
palabras, ellos serán tus siervos por
siempre.» 8 Pero él ignoró el consejo que
los ancianos le ofrecían y buscó consejo
entre los jóvenes que se habían criado
con él y estaban a su servicio. 9 Les dijo:
«¿Qué me aconsejan que responda a
este pueblo que me ha hablado diciendo:
'Aligera el yugo que tu padre puso sobre
nosotros'?» 10 Los jóvenes que se habían
criado con él respondieron: «Esto debes
contestar a este pueblo que te ha dicho:
'Tu padre hizo pesado nuestro yugo;
aligera tú ahora nuestro yugo', esto debes contestar: 'Mi dedo meñique es más
grueso que los lomos de mi padre.

11 Mi padre les impuso un yugo pesado,
yo añadiré peso a su yugo;
mi padre los azotaba con látigos,
yo los azotaré con escorpiones'.»

12 Al día tercero, Jeroboán y todo el
pueblo vinieron a Roboán, como había
dicho el rey: «Vuelvan a mí al tercer día.»
13 El rey respondió al pueblo con dure-

11 36 Ver 2 S **21** 17+.

za, ignorando el consejo que los ancianos le habían dado, 14 y les habló según el consejo de los jóvenes, diciendo:

«Mi padre hizo pesado su yugo,
yo añadiré peso a su yugo.
Mi padre los azotaba con látigos,
yo los azotaré con escorpiones.»

15 (No escuchó el rey al pueblo, pues se trataba de algo dispuesto por Yahvé, para que se cumpliera la palabra que Yahvé había anunciado a Jeroboán, hijo de Nebat, por medio de Ajías de Siló). 16 Viendo todo Israel que el rey no escuchaba, el pueblo devolvió la palabra al rey diciendo:

«¡No tenemos parte con David*!
¡No tenemos herencia con el hijo de Jesé!
¡A tus tiendas, Israel!
¡Mira ahora por tu casa, David!»

Israel regresó a sus tiendas. 17 Roboán reinó sobre aquellos israelitas que habitaban en las ciudades de Judá. 18 El rey Roboán envió entonces a Adonirán, jefe del personal, pero todo Israel lo apedreó hasta matarlo, y el rey Roboán se apresuró a subir a su carro para huir a Jerusalén. 19 Israel se rebeló contra la casa de David, así hasta el día de hoy.

Secesión política.
||2 Cro **11** 1-4.

20 Cuando todo Israel supo que Jeroboán había vuelto, enviaron a llamarlo a la asamblea y lo proclamaron rey sobre todo Israel; nadie se puso de parte de la casa de David, sino únicamente la tribu de Judá.

21 Al llegar a Jerusalén, Roboán reunió a toda la casa de Judá y a la tribu de Benjamín, ciento ochenta mil jóvenes dispuestos para la guerra, con objeto de combatir contra la casa de Israel y devolver el reino a Roboán, hijo de Salomón. 22 La palabra de Dios se dirigió a Semaías, hombre de Dios, diciendo: 23 «Habla a Roboán, hijo de Salomón, rey de Judá, y a toda la casa de Judá, a Benjamín y al resto del pueblo y diles: 24 Así dice Yahvé: No suban a combatir con sus hermanos los israelitas. Que cada uno se vuelva a su casa, pues por mí se resolverá este asunto.» Ellos obedecieron la palabra de Yahvé, y dieron la vuelta y se fueron conforme a lo dicho por Yahvé.

25 Jeroboán fortificó Siquén, en la montaña de Efraín, y residió en ella. Se trasladó de ella y fortificó Penuel.

Cisma religioso*.

26 Jeroboán se dijo en su corazón: «Ahora podría volver el reino a la casa de David. 27 Si el pueblo continúa subiendo para ofrecer sacrificios en el templo de Yahvé en Jerusalén, el corazón del pueblo se volverá a su señor, a Roboán, rey de Judá, y me matarán.» 28 Tomó consejo el rey, hizo dos becerros de oro, y dijo al pueblo: «Basta ya de subir a Jerusalén. Éste es tu dios, Israel, el que te hizo subir de la tierra de Egipto.» 29 Instaló uno en Betel y el otro en Dan. 30 (Este hecho fue ocasión de pecado). El pueblo marchó delante de uno a Betel y delante del otro hasta Dan. 31 Construyó lugares de culto en los altos e instituyó sacerdotes del común del pueblo, que no eran descendientes de Leví. 32 Estableció Jeroboán una fiesta en el mes octavo, el día quince del mes, al modo de la fiesta de Judá. (Subió al altar que había edificado en Betel a ofrecer sacrificios a los becerros que había hecho. Estableció en Betel sacerdotes para los lugares de culto que había instituido). 33 Subió al altar que había edificado en Betel el día quince del octavo

12 16 Ver 2 S **20** 1.
12 26 Jeroboán quería disuadir al pueblo de ir a Jerusalén, y no de cambiar de divinidad. Pero al representar a Yahvé como un novillo, v. 28, ver Ex **32** 4, rebajaba el yahvismo al nivel de los cultos cananeos, ver Os **13** 2. El *pecado de Jeroboán* será echado en cara también a los otros reyes de Israel, 2 R **17** 7+.

mes (el mes que ideó por su cuenta) e instituyó una fiesta para los israelitas, y subió al altar a ofrecer incienso.

Condenación del altar de Betel.

13 1 Un hombre de Dios llegó de Judá a Betel, bajo orden de Yahvé, en el momento en que Jeroboán estaba en pie sobre el altar dispuesto a quemar incienso. 2 Por orden de Yahvé, gritó al altar diciendo: «Altar, altar, así dice Yahvé: Un hijo nacerá a la casa de David, de nombre Josías. Él sacrificará sobre ti a los sacerdotes de los lugares de culto, a los que queman incienso sobre ti. Se quemarán huesos humanos sobre ti.» 3 Aquel día realizó un signo portentoso, diciendo: «Éste es el signo y el portento que Yahvé ha decretado. El altar se hará pedazos y las cenizas que hay sobre él quedarán esparcidas.» 4 Cuando el rey oyó lo que el hombre de Dios gritaba contra el altar de Betel, extendió Jeroboán su mano desde lo alto del altar diciendo: «Préndanlo.» Pero la mano extendida quedó seca y no podía volverla hacia sí. 5 El altar se hizo pedazos y las cenizas que había sobre el altar quedaron esparcidas, conforme al signo portentoso que había realizado el hombre de Dios por orden de Yahvé. 6 Respondió el rey al hombre de Dios: «Aplaca, por favor, el rostro de Yahvé tu Dios, para que mi mano pueda volver a mí.» El hombre de Dios aplacó el rostro de Yahvé y la mano del rey volvió hacia él y quedó como antes. 7 El rey dijo al hombre de Dios: «Entra a palacio conmigo para reconfortarte y te haré un regalo.» 8 El hombre de Dios replicó al rey: «Aunque me dieras la mitad de tu palacio, no entraré contigo. No comeré pan ni beberé agua en este lugar, 9 porque así me ha sido ordenado a través de la palabra de Yahvé: 'No comerás pan ni beberás agua ni volverás por el camino por el que has ido'.» 10 Y se fue por otro camino, no volvió por el camino por donde había venido a Betel.

El hombre de Dios y el profeta*.

11 Un anciano profeta vivía en Betel. Sus hijos vinieron y le contaron cuanto el hombre de Dios había hecho aquel día en Betel y las palabras que había dicho al rey. 12 Cuando terminaron su relato, el padre les preguntó: «¿Por qué camino se ha ido?» Sus hijos le mostraron el camino por el que se había ido el hombre de Dios venido de Judá. 13 Dijo a sus hijos: «Aparéjenme el burro.» Aparejaron el burro y se montó en él. 14 Fue tras el hombre de Dios y lo encontró sentado bajo el terebinto. Le preguntó: «¿Eres tú el hombre de Dios que ha venido de Judá?» Él respondió: «Yo soy.» 15 Le dijo: «Ven conmigo a casa y toma algo de comer.» 16 Respondió: «No puedo volver contigo ni entrar en tu casa. No puedo comer pan ni beber agua en este lugar 17 porque he recibido orden, por la palabra de Dios: 'No comerás pan ni beberás agua ni volverás por el camino por el que viniste'.» 18 Pero él le dijo: «También yo soy profeta como tú, y un ángel me ha hablado por orden de Yahvé diciendo: 'Hazle volver contigo a tu casa y que coma pan y beba agua'», pero le estaba mintiendo*. 19 Lo hizo volver y comió pan y bebió agua en su casa.

20 Estando ellos sentados a la mesa, llegó la palabra de Dios al profeta que lo había hecho volver. 21 Éste gritó al hombre de Dios venido de Judá: «Así dice Yahvé: Has desobedecido la voz de Yahvé y no has guardado la orden que Yahvé tu Dios te había dado, 22 sino que has vuelto y has comido pan y bebido agua en el lugar del que dijo: 'No comerás pan y no beberás agua'. Por ello, tu cadáver no acabará en la tumba de tus

13 11 Por esta época el profeta era un inspirado inferior al *hombre de Dios*. Ver 1 S **10** 5; 2 R **2**; Am **7** 14. El relato, de estilo popular, enseña que es necesario no poner jamás en duda las órdenes recibidas de Dios, ver **20** 35-36.

13 18 Le *estaba mintiendo* para probarlo.

antepasados.» 23 Después que hubo comido y bebido, le aparejó su burro (al profeta al que había hecho volver). 24 Éste partió, y un león le salió al encuentro en el camino y lo mató; su cadáver yacía en el camino, el burro de pie junto a él y el león erguido también junto al cadáver. 25 Algunos hombres que pasaban vieron el cadáver tirado en el camino y al león de pie junto al cadáver; fueron y lo contaron en la ciudad en la que vivía el anciano profeta. 26 Lo oyó el profeta que le había hecho volver del camino, y dijo: «Es el hombre de Dios que desobedeció la orden de Yahvé, y Yahvé lo ha entregado al león, que lo ha destrozado y matado, según la palabra que Yahvé le dijo.» 27 Habló a sus hijos diciendo: «Aparéjenme el burro». Se lo aparejaron. 28 Marchó y encontró el cadáver tendido en el camino, y al burro y al león de pie junto al cadáver. El león no había devorado el cadáver ni había descuartizado al burro. 29 El profeta recogió el cadáver del hombre de Dios, lo acomodó sobre el burro y lo volvió a llevar a la ciudad para enterrarlo. 30 Depositó el cadáver en su propio sepulcro, y entonaron lamentaciones por él: «¡Ay, hermano mío!» 31 Después de enterrarlo, dijo a sus hijos: «Cuando yo muera, entiérrenme en el sepulcro en el que el hombre de Dios está enterrado. Donde están sus huesos pongan los míos, 32 porque se ha de cumplir la palabra que, por orden de Yahvé, gritó contra el altar de Betel y contra todos los santuarios de los lugares altos que hay en las ciudades de Samaría.»

33 Tras esto, Jeroboán no se volvió de su mal camino, siguió consagrando para los lugares de culto sacerdotes tomados de entre el pueblo común; a todo el que lo deseaba, lo consagraba sacerdote de los lugares de culto. 34 Este proceder condujo al pecado a la casa de Jeroboán y a su perdición y exterminio de la superficie de la tierra.

IV. *Los dos reinos hasta Elías*

Continuación del reinado de Jeroboán I (931-910).

14 1 Por aquel tiempo cayó enfermo Abías, hijo de Jeroboán. 2 Éste dijo a su mujer: «Anda, disfrázate para que nadie sepa que eres la mujer de Jeroboán; ve a Siló, pues allí se encuentra el profeta Ajías, el que me predijo que yo sería rey de este pueblo. 3 Toma en tus manos diez panes, tortas y un tarro de miel, y preséntate a él; él te dará a conocer qué será del niño.» 4 Hizo así la mujer de Jeroboán: se levantó, fue a Siló, y entró en casa de Ajías. Ajías no podía ver porque sus ojos estaban rígidos por su ancianidad, 5 pero Yahvé había dicho a Ajías: «Ahí tienes a la mujer de Jeroboán, viene a pedirte un oráculo sobre su hijo enfermo. Le hablarás así y así. Cuando entre, se hará pasar por otra.» 6 En cuanto Ajías oyó el ruido de sus pasos al entrar por la puerta, dijo: «Entra, mujer de Jeroboán. ¿Por qué pretendes pasar por otra? Tengo un duro mensaje para ti. 7 Ve, di a Jeroboán: 'Así dice Yahvé, Dios de Israel: Te elevé de entre el pueblo y te hice príncipe designado de mi pueblo Israel; 8 arranqué el reino de la casa de David y te lo di a ti, pero tú no has sido como mi siervo David, que guardó mis mandatos y me siguió con todo su corazón, haciendo sólo lo que es recto a mis ojos; 9 tú has actuado peor que todos los que te han precedido; has ido a hacerte otros dioses, imágenes fundidas, para irritarme, y me has echado detrás dándome tu espalda. 10 Por ello, traeré el mal a la casa de Jeroboán, exterminaré todo varón de Jeroboán, siervo o libre en Israel, barreré a fondo la casa de Jeroboán como se barre del todo la basura. 11 Al de Jeroboán que muera en la ciudad lo devorarán los perros, y al que muera en el campo, lo devorarán las aves del cielo, porque ha hablado Yahvé.' 12 Y tú, álzate y vete a tu casa; en cuanto tus pies pisen la ciudad, morirá el niño. 13 Todo Israel llorará por él y le darán sepultura, pues éste es el único de los de Jeroboán que accederá a un sepulcro, porque de la casa de Jeroboán sólo en él se encuentra algo agradable a Yahvé, Dios de Israel. 14 Yahvé suscitará para sí un rey en Israel que exterminará la casa de Jeroboán. 15 Yahvé golpeará a Israel como se agita a una caña en las aguas; arrojará a Israel de esta tierra fecunda que dio a sus padres, y los dispersará al otro lado del Río, porque se hicieron sus estelas, irritando a Yahvé. 16 Y entregará a Israel por los pecados que Jeroboán cometió e hizo cometer a Israel.» 17 La mujer de Jeroboán se alzó, fue y llegó a Tirsá*. Cuando entraba por el umbral de la casa, el niño murió. 18 Lo enterraron y todo Israel hizo duelo por él, conforme a la palabra que Yahvé había dicho por boca de su siervo, el profeta Ajías.

19 El resto de los hechos de Jeroboán, cuanto guerreó y lo que reinó, está escrito en el libro de los Anales de los reyes de Israel. 20 El tiempo que reinó Jeroboán fueron veintidós años y reposó con sus antepasados. Su hijo Nadab reinó en su lugar.

Reinado de Roboán (931-913).

‖2 Cro **12** 13-14.

21 Roboán, hijo de Salomón, reinó en Judá; tenía cuarenta y un años cuando comenzó a reinar y reinó diecisiete años en Jerusalén, la ciudad que había elegido Yahvé entre todas las tribus de Israel para poner allí su Nombre. Su madre se llamaba Naamá y era amonita. 22 Judá obró el mal a los ojos de Yahvé. Provocaron su celo más que lo hicieron sus antepasados con los pecados que cometieron: 23 construyeron (también ellos) santuarios, estelas y troncos sagrados en toda colina elevada y bajo todo árbol frondoso*. 24 En el país hubo incluso consagrados a la prostitución*. Cometieron los mismos actos abominables de los pueblos que Yahvé había expulsado frente a los israelitas.

‖2 Cro **12** 2.9-11.

25 El año quinto del rey Roboán, Sosac, rey de Egipto, subió contra Jerusalén 26 . Se apoderó de los tesoros del templo de Yahvé y del palacio real. Se apoderó de todo, incluso de todos los escudos de oro que había hecho Salomón, 27 por lo que el rey Roboán hizo en su lugar escudos de bronce, que confió a los jefes de la guardia que custodiaban la entrada del palacio real. 28 Cuando el rey entraba en el templo de Yahvé, los guardianes los portaban y después los devolvían a la sala de guardia.

29 El resto de los hechos de Roboán, todo cuanto hizo, ¿no está escrito en el libro de los Anales de los reyes de Judá? 30 Hubo guerras incesantes entre Roboán y Jeroboán. 31 Roboán reposó con sus antepasados y lo enterraron en la ciudad de David. Su hijo Abías reinó en su lugar.

Reinado de Abías en Judá (913-911).

‖2 Cro **13** 1-2a.

15 1 El año dieciocho del rey Jeroboán, hijo de Nebat, comenzó a reinar Abías sobre Judá. 2 Reinó tres años en Jerusalén; el nombre de su madre era Maacá, hija de Absalón. 3 Prosiguió la serie de pecados que su padre había cometido antes de él. Su corazón no estaba por entero de parte de Yahvé su Dios, como el corazón de David su padre. 4 Pero en atención a David, Yahvé, su Dios, le concedió una lámpara* en Jerusalén, suscitando a su hijo después de él y afianzando a Jerusalén,

14 17 *Tirsá*, primera capital del reino de Israel antes de la fundación de Samaría, **16** 24. Hoy, Tel el-Fâr'ah, al norte de Nablus.

14 23 Ver **3** 3; 1 S **9** 12+; Ex **23** 24+.
14 24 Ver **15** 12; Dt **23** 19+.
15 4 Ver 2 S **21** 17+.

5 porque David había hecho lo recto a
los ojos de Yahvé sin apartarse durante
toda su vida de lo que le había prescrito
(salvo en el caso de Urías el hitita).
(6 *) 7 El resto de los hechos de Abías,
todo cuanto hizo, ¿no está escrito en el
libro de los Anales de los reyes de Judá?
Hubo guerras incesantes entre Abías y
Jeroboán. 8 Abías reposó con sus antepasados y lo enterraron en la ciudad de
David. Su hijo Asá reinó en su lugar.

Reinado de Asá en Judá (911-870).

‖2 Cro **14** 1-3; **15** 16-18; **16** 1-6.11-14.

9 El año veinte de Jeroboán, rey de
Israel, Asá comenzó a reinar en Judá.
10 Reinó cuarenta y un años en Jerusalén; su madre* se llamaba Maacá, hija
de Absalón. 11 Asá hizo lo recto a los
ojos de Yahvé, como David su padre.
12 Expulsó del país a los consagrados a
la prostitución, y retiró todos los ídolos
fabricados por sus antepasados. 13 Llegó a retirar a su madre la función de
Gran Dama por haber hecho un objeto
abominable para Aserá. Asá abatió este
objeto abominable y lo quemó en el torrente Cedrón. 14 Pero no abolieron los
santuarios, aunque el corazón de Asá
fue por completo de Yahvé toda su vida.
15 Introdujo en el templo de Yahvé las
ofrendas consagradas por su padre y las
suyas propias, plata, oro y utensilios.
16 Hubo guerras incesantes entre Asá
y Basá, rey de Israel. 17 Basá, rey de Israel, subió contra Judá y fortificó Ramá,
para impedir las idas y venidas de Asá,
rey de Judá. 18 Entonces Asá tomó toda
la plata y el oro que quedaban en los tesoros del templo de Yahvé y del palacio
real, lo confió a sus servidores y lo envió
a Ben Hadad*, hijo de Tabrimón, hijo
de Jezión, rey de Aram, que habitaba
en Damasco, con el mensaje: 19 «Existe
una alianza entre tú y yo, entre mi padre y tu padre. Te envío un presente de
plata y oro. Ve, rompe tu alianza con
Basá, rey de Israel, para que se aleje de
mí.» 20 Ben Hadad atendió la petición del
rey Asá y envió a los jefes de su ejército
contra las ciudades de Israel, atacando a
Iyón, Dan y Abel Bet Maacá, todo el Qui-
nerot y todo el país de Neftalí. 21 Cuando se enteró Basá, suspendió las obras
de Ramá y permaneció en Tirsá. 22 El
rey Asá convocó a todo Judá sin excepción. Se llevaron la piedra y la madera
con las que Basá fortificaba Ramá. Con
ellas el rey Asá fortificó Gueba de Benjamín y Mispá.
23 El resto de los hechos de Asá, todos sus éxitos militares y cuanto hizo,
¿no está escrito en el libro de los Anales
de los reyes de Judá? En su ancianidad
enfermó de los pies. 24 Asá reposó con
sus antepasados y lo enterraron junto
a sus padres en la ciudad de David, su
padre. Su hijo Josafat reinó tras él.

Reinado de Nadab en Israel (910-909).

25 Nadab, hijo de Jeroboán, comenzó
a reinar en Israel el año segundo de Asá,
rey de Judá, y reinó dos años sobre Israel. 26 Obró el mal a los ojos de Yahvé,
y siguió el camino de su padre y los pecados que hizo cometer a Israel. 27 Basá,
hijo de Ajías, de la casa de Isacar, conspiró contra él y lo mató en Guibetón de
los filisteos, cuando Nadab y todo Israel
asediaban Guibetón. 28 Basá hizo que lo
mataran el año tercero de Asá, rey de
Judá, y reinó en su lugar. 29 Cuando llegó
a rey, mató a toda la casa de Jeoboán,
no dejó con vida a ninguno de los de Jeroboán, exterminándolos conforme a la
palabra que Yahvé había dicho por boca de su siervo el profeta Ajías de Siló,
30 por los pecados que Jeroboán cometió

15 6 Este v., que falta en los mejores testigos griegos, es un duplicado de **14** 30.
15 10 *su madre*, así el texto hebreo; en realidad, era *su abuela*; lo mismo en el v. 13.

15 18 Ben Hadad I. Ver **20** 1. Las alianzas extranjeras serán censuradas por los profetas, Is **7** 4-9; **8** 6-8; etc.

e hizo cometer a Israel, provocando la
irritación de Yahvé, Dios de Israel.
31 El resto de los hechos de Nadab y
todo cuanto hizo, ¿no está escrito en el
libro de los Anales de los reyes de Israel?
(32 *).

Reinado de Basá en Israel (909-886).

33 El año tercero de Asá, rey de Judá,
comenzó a reinar Basá, hijo de Ajías,
sobre todo Israel en Tirsá; reinó veinticuatro años. 34 Obró el mal a los ojos de
Yahvé y siguió el camino de Jeroboán y
los pecados que hizo cometer a Israel.

16 1 La palabra de Yahvé llegó a
Jehú, hijo de Jananí, contra
Basá diciendo: 2 «Te he alzado del polvo
y te he concedido ser príncipe designado de mi pueblo Israel, pero tú has
seguido el camino de Jeroboán y has
hecho pecar a mi pueblo Israel irritándome con sus pecados. 3 Por ello, voy
a barrer a Basá y a su casa, la trataré
como a la de Jeroboán, hijo de Nebat.
4 Al de Basá que muera en la ciudad lo
comerán los perros, y al que muera en
el campo lo comerán las aves del cielo.»
5 El resto de los hechos de Basá, todo
cuanto hizo y sus éxitos militares, ¿no
está escrito en el libro de los Anales de
los reyes de Israel? 6 Basá reposó con
sus antepasados y lo enterraron en Tirsá. Su hijo Elá reinó en su lugar.
7 La palabra de Yahvé había llegado
por boca del profeta Jehú, hijo de Jananí, contra Basá y contra su casa por
todo el mal que había hecho a los ojos
de Yahvé, irritándolo con los ídolos
fabricados con sus manos y haciéndose
igual a la casa de Jeroboán, y también
por haber exterminado a ésta.

Reinado de Elá en Israel (886-885).

8 El año veintiséis de Asá, rey de Judá,
comenzó a reinar Elá, hijo de Basá, sobre
Israel en Tirsá. Reinó dos años. 9 Su servidor Zimrí, jefe de la mitad del cuerpo de
carros, conspiró contra él mientras bebía
y se emborrachaba en Tirsá, en casa de
Arsá, mayordomo del palacio de Tirsá.
10 Zimrí entró, lo hirió y lo mató el año
veintisiete de Asá, rey de Judá, reinando
en su lugar. 11 Tan pronto como llegó a
rey y tomó posesión de su trono, mató a
toda la casa de Basá, sin dejar ni un solo
varón, pariente o amigo. 12 Zimrí exterminó a toda la casa de Basá conforme
a la palabra que Yahvé había dirigido a
Basá por boca del profeta Jehú, 13 a causa de todos los pecados que Basá y Elá,
su hijo, cometieron e hicieron cometer a
Israel, irritando con sus ídolos a Yahvé,
Dios de Israel.
14 El resto de los hechos de Elá, todo
cuanto hizo, ¿no está escrito en el libro
de los Anales de los reyes de Israel?

Reinado de Zimrí en Israel (885).

15 El año veintisiete de Asá, rey de
Judá, reinó Zimrí siete días en Tirsá. El
pueblo acampaba en Guibetón de los
filisteos. 16 El ejército acampado oyó que
se decía: «Zimrí ha conspirado e incluso
ha matado al rey». Aquel día en el campamento, todo Israel proclamó rey de
Israel a Omrí, jefe del ejército. 17 Omrí y
con él todo Israel subieron de Guibetón
y pusieron sitio a Tirsá. 18 Cuando Zimrí
vio que la ciudad era tomada, entró en
la torre del palacio real, al que prendió
fuego consigo dentro, y murió. 19 Todo a
causa de los pecados que cometió obrando el mal a los ojos de Yahvé, siguiendo
el camino de Jeroboán y los pecados que
hizo cometer a Israel.
20 El resto de los hechos de Zimrí y la
conjuración que tramó, ¿no está escrito
en el libro de los Anales de los reyes de
Israel?
21 Entonces el pueblo de Israel se dividió en dos facciones; una parte del
pueblo se alió a favor de Tibní, hijo de
Guinat, con el propósito de hacerle rey,
y otra a favor de Omrí. 22 El pueblo que
seguía a Omrí se impuso al que seguía a

15 32 El v. 32 es un simple duplicado del v. 16, omitido en el griego.

Tibní, hijo de Guinat; Tibní murió y reinó Omrí.

Reinado de Omrí en Israel (885-874).

23 El año treinta y uno de Asá, rey de Judá, comenzó a reinar Omrí sobre Israel. Reinó doce años, seis en Tirsá. 24 Compró a Sémer la montaña de Samaría por dos talentos de plata, fortificó la montaña y construyó en lo alto una ciudad, a la que puso por nombre Samaría, por el nombre de Sémer, dueño de la montaña. 25 Omrí obró el mal a los ojos de Yahvé y actuó peor que cuantos le precedieron. 26 Siguió en todo el camino de Jeroboán, hijo de Nebat, y los pecados que hizo cometer a Israel irritando a Yahvé, Dios de Israel, con sus ídolos.

27 El resto de los hechos de Omrí, cuanto hizo y sus éxitos militares, ¿no está escrito en el libro de los Anales de los reyes de Israel? 28 Omrí reposó con sus antepasados, y lo enterraron en Samaría. Su hijo Ajab reinó en su lugar.

Introducción al reinado de Ajab (874-853).

29 Ajab, hijo de Omrí, comenzó a reinar en Israel el año treinta y ocho de Asá, rey de Judá. Ajab, hijo de Omrí, reinó sobre Israel en Samaría veintidós años. 30 Ajab, hijo de Omrí, obró el mal a los ojos de Yahvé, más que todos los que le precedieron. 31 No le bastó seguir los pecados de Jeroboán, hijo de Nebat, sino que, además, tomó por mujer a Jezabel, hija de Itobaal, rey de los sidonios*, y se puso a servir a Baal postrándose ante él. 32 Elevó un altar a Baal en el santuario de Baal que edificó en Samaría. 33 Construyó Ajab la estela y prosiguió obrando de forma que irritó a Yahvé, Dios de Israel, más que todos los reyes de Israel que le precedieron. 34 En su tiempo, Jiel de Betel reconstruyó Jericó. A costa de Abirón, su primogénito, echó los fundamentos, y a costa de su hijo menor, Segub, erigió las puertas*, según la palabra que había dicho Yahvé por boca de Josué, hijo de Nun.

V. *El ciclo de Elías**

1. LA GRAN SEQUÍA

El anuncio del castigo.

17 1 Elías, el tesbita, de Tisbé de Galaad, dijo a Ajab: «Vive Yahvé, Dios de Israel, ante quien sirvo, que no habrá en estos años rocío ni lluvia si no es por la palabra de mi boca.»

En el torrente de Querit.

2 La palabra de Yahvé llegó a Elías diciendo: 3 «Sal de aquí, dirígete hacia oriente y escóndete en el torrente de Querit que está frente al Jordán. 4 Habrás de beber del torrente y he ordenado a los cuervos que te suministren allí alimento.» 5 Procedió según la palabra de Yahvé, y fue a establecerse en el torrente de Querit que está frente al Jordán. 6 Los cuervos le llevaban pan por la mañana y carne por la tarde*, y bebía del torrente, 7 pero al cabo de los días el torrente se secó, porque no había lluvia en el país.

16 31 La alianza entre los descendientes de los dos usurpadores, Omrí e Itobaal, de Tiro, tuvo bien pronto consecuencias religiosas.

16 34 Quizá un doble sacrificio de fundación, ver 2 R **3** 27; Lv **18** 21+; Jos **6** 26, o una muerte natural interpretada de ese modo.

17 El documento particular sobre Elías utilizado en **17-19** enlaza con el relato precedente, **16** 32-33; la sequía castiga el culto de Baal, ver Jc **5** 17-18. Sobre Elías, ver Si **48** 1-11.

17 6 Como el pueblo en el desierto, Ex **16** 8.12.

En Sarepta. El milagro de la harina y el aceite.
2 R **4** 1-7; ↗ Lc **4** 25-26.

[8] La palabra de Yahvé llegó a Elías
diciendo: [9] «Álzate, vete a Sarepta de
Sidón y establécete allí, pues he ordenado a una mujer viuda de allí que te
suministre alimento.» [10] Se alzó y fue
a Sarepta. Entraba por la puerta de la ciudad cuando una mujer viuda estaba allí recogiendo leña. Elías la llamó y le dijo: «Tráeme, por favor, un poco de
agua en el jarro y beberé.» [11] Ella fue a
traérsela, pero le gritó: «Tráeme, por favor, en tu mano un trozo de pan.» [12] Ella
respondió: «Vive Yahvé, tu Dios, que no me queda pan cocido; sólo un puñado de harina en el cántaro y un poco de aceite en la aceitera. Estoy recogiendo un par de palos, entraré y prepararé el pan para mí y mi hijo, lo comeremos y
luego moriremos.» [13] Pero Elías le dijo:
«No temas. Entra y haz como has dicho, pero primero haz con él para mí una pequeña torta y tráemela. Para ti y tu
hijo la harás después. [14] Porque así dice
Yahvé, Dios de Israel:

El cántaro de harina no quedará vacío,
la aceitera de aceite no se agotará,
hasta el día en que Yahvé conceda
lluvia sobre la superficie de la tierra.

[15] Ella se fue e hizo según la palabra
de Elías, y comieron él y ella y su familia.
[16] Por mucho tiempo el cántaro de harina no quedó vacío y la aceitera de aceite no se agotó, según la palabra que Yahvé había dicho por boca de Elías.

La resurrección del hijo de la viuda.

[17] Después de esto, el hijo de la dueña de la casa cayó enfermo; la enfermedad se agravó hasta el punto de que no le
quedaba ya aliento. [18] Entonces ella dijo
a Elías: «¿Se acabó todo entre tú y yo, hombre de Dios? ¡Has venido a recordarme mis faltas y a causar la muerte de
mi hijo*!» [19] Elías respondió: «Entrégame
a tu hijo.» Él lo tomó de su regazo y lo subió a la habitación de arriba, donde él
vivía, y lo acostó en su lecho. [20] Luego
clamó a Yahvé, diciendo: «Yahvé, Dios mío, ¿vas a hacer mal también a la viuda que me hospeda, causando la muerte de
su hijo?» [21] Se tendió tres veces sobre el
niño*, y gritó a Yahvé: «Yahvé, Dios mío, que vuelva la vida de este niño a
su cuerpo.» [22] Yahvé escuchó el grito de
Elías, y volvió la vida del niño a su cuerpo
y revivió. [23] Elías tomó al niño, lo bajó
de la habitación de arriba al interior de la casa y lo entregó a su madre. Dijo Elías:
«Mira, tu hijo está vivo.» [24] La mujer dijo
a Elías: «Ahora sé que eres un hombre de Dios, y que la palabra de Yahvé está de verdad en tu boca.»

Encuentro de Elías y Abdías.

18 [1] Pasado mucho tiempo, llegó la palabra de Yahvé a Elías, al tercer año, diciendo: «Vete, déjate ver de Ajab, pues voy a conceder lluvia sobre la superficie de la tierra.» [2] Elías partió para dejarse ver de Ajab. El hambre
arreciaba en Samaría. [3] Ajab llamó a
Abdías, mayordomo de palacio. (Abdías era profundamente temeroso de Yahvé. [4] Cuando Jezabel exterminó a los
profetas de Yahvé, Abdías había tomado a cien de ellos y los había ocultado en una cueva, en dos grupos de cincuenta,
alimentándolos con pan y agua)*. [5] Ajab
dijo a Abdías: «Vete por el país, por todas las fuentes y torrentes; tal vez encontremos hierba y vivan los caballos y mulos y no nos quedemos con el ganado
exterminado.» [6] Se repartieron el país
para recorrerlo: Ajab se fue solo por un camino y Abdías solo por el otro.
[7] Estando Abdías de camino, Elías salió

17 18 La mujer atribuye su desgracia a la intervención de Elías. La presencia de un hombre de Dios descubre las faltas y atrae el castigo.

17 21 Ver 2 R **4** 33-36; Hch **20** 10.
18 4 Los *profetas*, ver 1 S **10** 5+, tendrán una gran importancia en el ciclo de Eliseo, 2 R **2** 3; etc.

a su encuentro. Lo reconoció y cayó rostro en tierra, y dijo «¿Eres tú, Elías, mi señor?» 8 Él respondió: «Yo soy. Vete y di a tu señor: 'Elías está aquí'.» 9 Respondió: «¿Qué pecado he cometido? Así entregas a tu siervo en manos de Ajab para que me mate. 10 ¡Vive Yahvé tu Dios que no hay pueblo ni reino adonde mi señor no haya enviado a alguien a buscarte! Y si decían: 'No está aquí', hacía jurar al pueblo o al reino que no te habían encontrado. 11 Y ahora tú dices: 'Vete y di a tu señor: Elías está aquí.' 12 Cuando me aleje de ti, el espíritu de Yahvé te llevará adonde yo no sepa*; entonces llego y aviso a Ajab, pero no te encuentra y me mata. Sin embargo, tu siervo es temeroso de Yahvé desde su juventud. 13 ¿Nadie ha hecho saber a mi señor lo que hice cuando Jezabel mató a los profetas de Yahvé, que oculté a cien de los profetas de Yahvé, de cincuenta en cincuenta, en una cueva, y los alimenté con pan y agua? 14 Y ahora tú me dices: 'Ve y di a tu señor: Elías está aquí.' ¡Me matará!» 15 Elías respondió: «¡Vive Yahvé Sebaot a quien sirvo que hoy me haré ver de él!»

Elías y Ajab.

16 Abdías fue al encuentro de Ajab y le dio aviso. Ajab partió al encuentro de Elías, 17 y al verlo, le dijo: «¿Eres tú, ruina de Israel?» 18 Él respondió: «No soy yo quien ha arruinado a Israel, sino tú y la casa de tu padre, por abandonar los mandatos de Yahvé y seguir a los Baales. 19 Pero ahora, haz un llamamiento y reúne en torno a mí a todo Israel en el monte Carmelo, y especialmente a los cuatrocientos cincuenta profetas de Baal que comen a la mesa de Jezabel.»

El sacrificio del Carmelo.

20 Ajab hizo un llamamiento entre todos los israelitas y reunió a los profetas en el monte Carmelo. 21 Elías se acercó a todo el pueblo y dijo: «¿Hasta cuándo van a estar cojeando sobre dos muletas? Si Yahvé es el Dios, síganlo; si Baal lo es, sigan a Baal.» El pueblo no respondió palabra. 22 Elías les dijo: «Quedo yo solo como profeta de Yahvé, mientras que los profetas de Baal son cuatrocientos cincuenta. 23 Que nos den dos novillos; que ellos elijan uno, lo despedacen y lo acomoden sobre la leña, pero sin prenderle fuego. Yo prepararé el otro novillo y lo pondré sobre la leña, y tampoco prenderé fuego. 24 Ustedes clamarán invocando el nombre de su dios; yo clamaré invocando el nombre de Yahvé. Y el dios que responda por el fuego, ése es el Dios*.» Todo el pueblo respondió: «¡Está bien lo que propones!» 25 Elías dijo a los profetas de Baal: «Elijan un novillo y prepárenlo ustedes primero, pues son más numerosos. Clamen invocando el nombre de su dios, pero no pongan fuego.» 26 Tomaron el novillo que les dieron, lo prepararon y estuvieron invocando el nombre de Baal desde la mañana hasta el mediodía, diciendo: «¡Baal, respóndenos!» Pero no hubo voz ni respuesta. Danzaban cojeando en torno al altar que habían hecho. 27 Al mediodía, Elías se puso a burlarse de ellos y decía: «¡Griten con voz más fuerte, porque él es dios, pero tendrá algún negocio, le habrá ocurrido algo, estará de camino; tal vez esté dormido y despertará!» 28 Gritaron con voz más fuerte, haciéndose incisiones, según su costumbre, con cuchillos y lancetas hasta chorrear la sangre por sus cuerpos. 29 Pasado el mediodía, se pusieron a hacer el profeta hasta la hora de la presentación de la ofrenda, pero no hubo voz, no hubo quien escuchara ni quien respondiera.

30 Entonces Elías dijo a todo el pueblo: «Acérquense a mí.» Todo el pueblo se acercó a él. Entonces él restauró

18 12 Ver 2 R **2** 11-12.16. La fuerza del Espíritu *arrebata* al profeta, Ez **3** 12; **8** 3; **11** 1; Hch **8** 39.
18 24 Se trata de decidir no *cuál de los dos,* Yahvé o Baal, *es el más poderoso,* sino absolutamente *cuál es (el único) Dios,* vv. 36-39.

el altar de Yahvé que estaba demolido.
31 Elías tomó doce piedras (según el número de tribus de los hijos de Jacob, sobre el que viniera la palabra de Yahvé:
«Tu nombre será Israel.») 32 Erigió con
las piedras un altar (al nombre de Yahvé), e hizo alrededor una zanja de la capacidad de un par de arrobas de sembrado. 33 Dispuso la leña, descuartizó el
novillo y lo puso sobre la leña. 34 Dijo
luego: «Llenen de agua cuatro tinajas y
derrámenla sobre el holocausto y sobre
la leña.» Así lo hicieron. Dijo: «Háganlo
segunda vez», y segunda vez lo hicieron.
Dijo: «Háganlo tercera vez», y tercera
vez lo hicieron. 35 El agua corrió alrededor del altar, e incluso la zanja se llenó
de agua. 36 A la hora de la ofrenda, el
profeta Elías se acercó y dijo: «Yahvé,
Dios de Abrahán, de Isaac y de Israel,
que se reconozca hoy que tú eres Dios
en Israel y que yo soy tu servidor y que
por orden tuya he obrado todas estas
cosas. 37 Respóndeme, Yahvé, respóndeme, para que todo este pueblo sepa
que tú, Yahvé, eres Dios y que tú has
convertido sus corazones.» 38 Cayó el
fuego de Yahvé*, que devoró el holocausto y la leña, y lamió el agua de las
zanjas. 39 Todo el pueblo lo vio, cayeron
rostro en tierra y exclamaron: «¡Yahvé,
él es Dios; Yahvé, él es Dios!» 40 Elías
les dijo: «Echen mano a los profetas de
Baal, que no escape ni uno de ellos».
Les echaron mano y Elías los hizo bajar
al torrente de Quisón, y allí los degolló.

Fin de la sequía.

41 Elías dijo a Ajab: «Sube, come y bebe, porque hay ruido de mucha lluvia.»
42 Ajab subió a comer y beber, mientras
que Elías subía a la cima del Carmelo,
y se encorvó hacia tierra, con el rostro
entre las rodillas. 43 Dijo a su criado:
«Sube y mira hacia el mar.» Subió, miró
y dijo: «No hay nada.» Él dijo: «Vuelve.»
Y así siete veces. 44 A la séptima dijo:
«Aparece una nubecilla como la palma de una mano, que sube del mar.»
Entonces dijo: «Sube y dile a Ajab:
'Engancha el carro y desciende, no te
detenga la lluvia'.» 45 En unos instantes
los cielos se oscurecieron a causa de las
nubes y el viento, y sobrevino una gran
lluvia. Ajab montó en su carro y marchó
a Yizreel. 46 La mano de Yahvé estaba
sobre Elías*, que se ciñó la cintura y
echó a correr delante de Ajab hasta la
entrada de Yizreel.

2. ELÍAS EN EL HOREB

En camino hacia el Horeb.

19 1 Ajab comunicó a Jezabel cuanto había hecho Elías y cómo
había pasado a cuchillo a todos los profetas. 2 Jezabel envió un mensajero a
Elías, diciendo: «Así me hagan los dioses y aún más si mañana a estas horas
no he hecho de tu vida como ha sido de
la de ellos.» 3 Él tuvo miedo, se levantó y
se fue para poner su vida a salvo. Llegó
a Berseba de Judá y dejó allí a su criado.
4 Anduvo por el desierto una jornada de
camino, hasta llegar y sentarse bajo una
retama. Imploró la muerte y dijo: «¡Ya
es demasiado, Yahvé! ¡Toma mi vida,
pues no soy mejor que mis padres!» 5 Se
recostó y quedó dormido bajo una retama, pero un ángel lo tocó y le dijo: «Levántate y come.» 6 Miró y a su cabecera
había una torta cocida sobre piedras calientes y un jarro de agua. Comió y bebió y se volvió a recostar. 7 El ángel de
Yahvé volvió segunda vez, lo tocó y le
dijo: «Levántate y come, pues el camino
ante ti es muy largo.» 8 Se levantó, comió y bebió, y con la fuerza de aquella
comida caminó cuarenta días y cuaren-

18 38 Ver Nm **11** 1; **16** 35; Lv **9** 24; Jc **6** 21.

18 46 Ver 2 R **3** 15; Ez **1** 3+.

ta noches hasta el monte de Dios, el Horeb*.

El encuentro con Dios.

Ex **33** 18-**34** 9.

9 Allí se introdujo en la cueva, y pasó en ella la noche. Le llegó la palabra de Yahvé, diciendo: «¿Qué haces aquí, Elías?» 10 Él dijo: «Ardo en celo por Yahvé, Dios Sebaot, porque los israelitas han abandonado tu alianza, han derribado tus altares y han pasado a espada a tus profetas; quedo yo solo y buscan mi vida para quitármela.» 11 Le dijo: «Sal y permanece de pie en el monte ante Yahvé.» Entonces Yahvé pasó y hubo un huracán tan violento que hendía las montañas y quebraba las rocas ante Yahvé; pero en el huracán no estaba Yahvé. Después del huracán, un terremoto; pero en el terremoto no estaba Yahvé. 12 Después del terremoto, fuego, pero en el fuego no estaba Yahvé. Después del fuego, el susurro de una brisa suave*. 13 Al oírlo Elías, enfundó su rostro con el manto*, salió y se mantuvo en pie a la entrada de la cueva. Le llegó una voz que le dijo: «¿Qué haces aquí, Elías?» 14 Él respondió: «Ardo en celo por Yahvé, Dios Sebaot, porque los israelitas han abandonado tu alianza, han derribado tus altares y han pasado a espada a tus profetas; quedo yo solo y buscan mi vida para quitármela*.»

15 Yahvé le dijo: «Vuelve a tu camino en dirección al desierto de Damasco. Cuando llegues, unge rey de Aram a Jazael, 16 rey de Israel a Jehú, hijo de Nimsí, y profeta sucesor tuyo a Eliseo*, hijo de Safat, de Abel Mejolá. 17 Al que escape a la espada de Jazael lo matará Jehú, y al que escape a la espada de Jehú lo matará Eliseo. 18 Dejaré un resto de siete mil en Israel*: todas las rodillas que no se doblaron ante Baal, y todas las bocas que no lo besaron.»

La vocación de Eliseo.

19 Partió de allí y encontró a Eliseo, hijo de Safat, que estaba arando. Tenía frente a él doce yuntas y él estaba con la duodécima. Elías pasó a su lado y le echó su manto encima*. 20 Entonces Eliseo abandonó los bueyes y echó a correr tras Elías, diciendo: «Déjame ir a besar a mi padre y a mi madre y te seguiré*.» Le respondió: «Anda y vuélvete, pues ¿qué te he hecho?» 21 Volvió atrás Eliseo, tomó la yunta de bueyes y los ofreció en sacrificio. Con el yugo de los bueyes asó la carne y la entregó al pueblo para que comieran. Luego se levantó, siguió a Elías y lo servía.

3. GUERRAS ARAMEAS

Sitio de Samaría.

20 1 Ben Hadad, rey de Aram*, reunió todo su ejército. Lo acompañaban treinta y dos reyes, con caballos y carros. Subió y puso sitio a Samaría y la atacó. 2 Envió mensajeros a la ciudad, a Ajab, rey de Israel. 3 Le decía: «Así habla Ben Hadad: Tu plata y tu oro son míos. Tus mujeres y tus hijos

19 8 Para salvaguardar la alianza y restablecer la pureza de la fe, Elías enlaza con Moisés, ver Ex **3**; **33** 18 - **34** 9; **19** y **24**. Moisés y Elías estarán presentes en la transfiguración de Jesús, Mt **17** 1-9p.

19 12 Huracán, temblor de tierra, relámpagos, no son esta vez, ver Ex **19** 16+, más que signos precursores del paso de Yahvé. El susurro del viento simboliza la *espiritualidad* de Dios, ver Jn **3** 8; **4** 24, no su dulzura, vv. 15-17.

19 13 Ver Ex **3** 6; **33** 20+.

19 14 Ver Rm **11** 3.

19 16 Ver 2 R **8** 7-15; **9** 1-3.

19 18 Ver Is **4** 3+; Rm **11** 4-5.

19 19 El *manto* simboliza la personalidad y los derechos de su poseedor. Eliseo no puede sustraerse a esta empresa, 2 R **2** 13; renuncia a su primer estado.

19 20 Ver Lc **9** 61-62.

20 1 Ben Hadad II, sucesor de Ben Hadad I, **15** 18. Ajab se comporta como vencido y vasallo, vv. **4**.9.31.

mejores son míos.» [4] El rey de Israel respondió: «Como tú digas, rey mi señor; tuyo soy, yo y todo lo mío.»

[5] Volvieron los mensajeros y dijeron: «Así habla Ben Hadad: Envié a decirte: 'Dame tu plata, tu oro, tus mujeres y tus hijos'. [6] Así que mañana a estas horas te enviaré mis siervos que registrarán tu casa y las casas de tus siervos, y echarán mano de cuanto sea precioso a tus ojos y se lo llevarán.»

[7] El rey de Israel convocó a todos los ancianos del país, y les dijo: «Reconozcan y vean cómo éste busca el mal, pues cuando me pidió mis mujeres y mis hijos, mi plata y mi oro, no se lo negué.» [8] Todos los ancianos y todo el pueblo dijeron: «No le hagas caso y no le consientas.» [9] Dijo a los enviados de Ben Hadad: «Digan a mi señor el rey: Haré todo lo que mandaste a tu siervo la primera vez, pero esto no puedo hacerlo.» Los mensajeros se fueron llevando la respuesta.

[10] Entonces, Ben Hadad envió a decir: «Así me hagan los dioses y aún más si hay polvo suficiente en Samaría para los puñados que recogerán los hombres que me siguen.» [11] El rey de Israel respondió: «Repliquen: No ha de cantar victoria quien ciñe la espada, sino quien la desciñe.» [12] Nada más escuchar esta respuesta en el momento en que estaban de bebidas él y los otros reyes en Sucot, ordenó a sus servidores: «Tomen posiciones.» Y tomaron posiciones frente a la ciudad.

Victoria israelita.

[13] Un profeta se acercó a Ajab, rey de Israel, y le dijo: «Así habla Yahvé: ¿Ves esa gran multitud? La entrego hoy en tus manos y sabrás que yo soy Yahvé.» [14] Ajab preguntó: «¿Por medio de quién?» Respondió: «Así dice Yahvé: Por medio de los ayudantes de los gobernadores provinciales.» Ajab preguntó: «¿Quién ha de entablar el combate?» Respondió: «Tú*.»

[15] Ajab pasó revista a los ayudantes de los gobernadores provinciales, doscientos treinta y dos, y seguidamente a todo el ejército (todos los israelitas), siete mil. [16] Hicieron una salida a mediodía, mientras Ben Hadad estaba en Sucot bebiendo hasta emborracharse con los treinta y dos reyes aliados. [17] Los ayudantes de los gobernadores provinciales salieron en cabeza. Ben Hadad envió (mensajeros), que le advirtieron: «Algunos hombres han salido de Samaría.» [18] Él respondió: «Si han salido en son de paz, préndanlos vivos, y si en son de guerra, vivos han de cogerlos.» [19] Habían salido, pues, de la ciudad los ayudantes de los gobernadores provinciales y los siguió luego la tropa. [20] Cada uno mató a un adversario. Aram se dio a la fuga e Israel los persiguió, pero Ben Hadad, rey de Aram, logró salvarse a caballo con algunos jinetes. [21] El rey de Israel salió, atacó a los caballos y carros e infligió a Aram una gran derrota.

Intermedio.

[22] Entonces el profeta se acercó al rey de Israel y le dijo: «Anda, mantente fuerte, piensa y mira lo que has de hacer, porque a la vuelta del año el rey de Aram subirá para atacarte.»

[23] Los servidores del rey de Aram le dijeron: «Su Dios es un Dios de las montañas; por eso han sido más fuertes que nosotros. Pero si los combatimos en la llanura, seremos más fuertes que ellos. [24] Has de actuar de esta manera: Destituye a los reyes de sus puestos y pon gobernadores en su lugar. [25] Recluta un ejército como el que perdiste, otros tantos caballos y carros. Los combatiremos en la llanura y seremos más fuertes que ellos.» Atendió su aviso y actuó de esta manera.

Victoria de Afec.

[26] A la vuelta del año, Ben Hadad pasó revista a los arameos y subió a Afec para

20 14 Dios es consultado sobre el modo de entablar la batalla, Jc **1** 1; **20** 18; ver Ex **33** 7+.

luchar contra Israel. 27 Se revistó a los israelitas y, tras suministrarles provisiones,
marcharon a su encuentro. Los israelitas
acamparon frente a ellos; parecían un
par de rebaños de cabras, mientras que
los arameos llenaban la tierra.
28 El hombre de Dios se acercó al rey
de Israel y dijo: «Así habla Yahvé: Por
haber dicho los arameos: 'Yahvé es un
Dios de las montañas, no es Dios de las
llanuras', he entregado toda esta gran
muchedumbre en tus manos y así sabrán
ustedes que yo soy Yahvé.» 29 Estuvieron
acampados frente a frente durante siete
días y el séptimo trabaron batalla. Los
israelitas derrotaron a los arameos,
cien mil hombres de infantería en un
solo día. 30 Los supervivientes huyeron
a la ciudad de Afec, pero la muralla se
desplomó sobre los veintisiete mil supervivientes.
Ben Hadad huyó y se refugió dentro
de la ciudad, en una habitación interior.
31 Dijo a sus servidores: «Conozco que
los reyes de la casa de Israel son reyes
misericordiosos. Pongámonos sacos a
la cintura y cuerdas a la cabeza y salgamos ante el rey de Israel. Tal vez nos
perdone la vida.» 32 Se ciñeron sacos a
la cintura y cuerdas a la cabeza y se presentaron al rey de Israel, diciendo: «Tu
siervo Ben Hadad pide: 'Perdóname la
vida'.» Él respondió: «¿Está vivo todavía? ¡Es mi hermano!» 33 Los hombres
adivinaron el sentido y le tomaron la
palabra, diciendo: «Ben Hadad es hermano tuyo.» Él dijo: «Id a traerlo.» Ben
Hadad salió hacia él, que lo subió a su
carro. 34 Ben Hadad le dijo: «Devolveré
las ciudades que mi padre tomó a tu
padre; y podrás abrir bazares para ti en
Damasco, como mi padre los puso en
Samaría.» «Por mi parte, (dijo Ajab), con
este pacto te dejaré partir.» Estableció
un pacto con él y lo dejó partir.

Un profeta condena la conducta de Ajab.

35 Un hombre, discípulo de los profetas*, dijo a su compañero por orden de
Yahvé: «Hiéreme»; pero el hombre no
quiso herirle. 36 Le dijo: «Por no haber
atendido a la voz de Yahvé, en cuanto te
apartes de mí, el león te herirá.» Partió
de su lado y el león dio con él y lo mató*. 37 Entonces encontró a otro hombre
y le dijo: «Hiéreme.» El hombre le pegó
un golpe y lo hirió. 38 El profeta se fue y
se puso a esperar al rey en el camino*,
disfrazado con una banda sobre los ojos.
39 Cuando el rey pasaba, gritó al rey: «Tu
siervo se introdujo en el centro de la batalla cuando uno se retiró y me entregó
un hombre diciendo: 'Custodia a este
hombre; si llega a faltar, tu vida responderá por la suya, o pagarás un talento de
plata.' 40 Tu siervo estaba ocupado de acá
para allá y el hombre desapareció.» El rey
de Israel le dijo: «Así será tu sentencia. Tú
mismo la has pronunciado.» 41 Él quitó
rápidamente la banda de los ojos y el rey
de Israel lo reconoció como uno de los
profetas. 42 Dijo al rey: «Así habla Yahvé:
Por haber dejado partir al hombre entregado a mi anatema, tu vida pagará
por su vida y tu ejército por su ejército.»
43 El rey de Israel se fue a su casa triste e
irritado, y entró en Samaría.

4. LA VIÑA DE NABOT

Nabot se niega a ceder su viña.

21 1 Tras estos sucesos ocurrió que
Nabot, de Yizreel, tenía una viña
junto al palacio de Ajab, rey de Samaría.
2 Ajab habló a Nabot diciendo: «Dame tu
viña para que pueda tener un huerto ajar-
dinado, pues está pegando a mi casa; yo
te daré a cambio una viña mejor, o si te
parece bien te daré su precio en plata.»

20 35 Ver 2 R **2** 3+.
20 36 Ver **13** 18+.
20 38 Ver 2 S **12** 1-2; **14** 1-20.

3 Respondió Nabot a Ajab: «Que Yahvé
me libre de cederte la herencia de mis
padres.»

Ajab y Jezabel.

4 Ajab se fue a su casa triste e irritado
por la respuesta que le diera Nabot
de Yizreel: «No te cederé la heredad
de mis padres»; se postró en su lecho,
volvió la cara y no comió alimento alguno. 5 Jezabel, su mujer, se le acercó y le
dijo: «¿Qué pasa que estás entristecido
y no comes alimento alguno?» 6 Él le
respondió: «Hablé con Nabot de Yizreel
y le propuse: 'Dame tu viña por su valor
en plata, o, si lo prefieres, te daré otra
viña a cambio', y me respondió: 'No te
cederé mi viña.'» 7 Jezabel, su mujer, le
replicó: «¡Ya es hora de que ejerzas el
poder regio en Israel! Álzate, come y se
te alegrará el ánimo. Yo me encargo de
darte la viña de Nabot de Yizreel.»

Asesinato de Nabot.

8 Escribió cartas con el nombre de
Ajab y las selló con su sello, y las envió
a los ancianos y notables que vivían junto a Nabot. 9 En las cartas escribió lo
siguiente: «Proclamen un ayuno y sienten a Nabot al frente de la asamblea.
10 Sienten frente a él a dos hombres
hijos del diablo, que testifiquen contra
él* diciendo: 'Tú has maldecido a Dios
y al rey'. Entonces lo sacarán fuera y lo
lapidarán hasta que muera.»
11 Los hombres de la ciudad, los ancianos y notables que vivían junto a Nabot
en su ciudad, hicieron tal como Jezabel
les ordenó según lo escrito en las cartas
que les había remitido. 12 Proclamaron
un ayuno y sentaron a Nabot al frente de la asamblea. 13 Llegaron los dos
hombres hijos del diablo, se sentaron
frente a él y testificaron contra él diciendo: «Nabot ha maldecido a Dios y al
rey». Lo sacaron fuera de la ciudad y lo
lapidaron a pedradas hasta que murió.
14 Enviaron a decir a Jezabel: «Nabot ha
sido lapidado y ha muerto.» 15 En cuanto Jezabel oyó que Nabot había sido
lapidado y muerto, dijo a Ajab: «Álzate
y toma posesión de la viña de Nabot, el
de Yizreel, que se negó a dártela por su
valor en plata, pues Nabot ya no está
vivo, ha muerto.» 16 Apenas oyó Ajab
que Nabot había muerto, se levantó y
bajó a la viña de Nabot, el de Yizreel,
para tomar posesión de ella.

Elías fulmina la condenación divina.
2 S **12**.

17 La palabra de Yahvé llegó entonces
a Elías tesbita diciendo: 18 «Álzate, baja al
encuentro de Ajab, rey de Israel, que está en Samaría. Se encuentra ahora en la
viña de Nabot, a donde ha bajado para
tomar posesión de ella. 19 Le hablarás
diciendo: Así habla Yahvé: ¿Has asesinado y pretendes tomar posesión? Por
esto, así habla Yahvé: En el mismo lugar
donde los perros han lamido la sangre
de Nabot, lamerán los perros también tu
propia sangre*.» 20 Ajab dijo a Elías: «Así
que has dado conmigo, enemigo mío.»
Respondió: «He dado contigo. Por haberte vendido, haciendo el mal a los ojos
de Yahvé, 21 yo mismo voy a traer sobre
ti el desastre. Barreré tu descendencia y
exterminaré todo varón de Ajab, libre o
esclavo en Israel. 22 Dispondré de tu casa
como de la de Jeroboán, hijo de Nebat,
y de la de Basá, hijo de Ajías, por la irritación que me has producido y por haber
hecho pecar a Israel. 23 También contra
Jezabel ha hablado Yahvé diciendo: 'Los
perros devorarán a Jezabel en el campo
de Yizreel.' 24 A los de Ajab que mueran
en la ciudad los devorarán los perros y a
los que mueran en el campo los devorarán las aves del cielo.»
25 (No hubo otro como Ajab que se
vendiera para hacer el mal a los ojos de
Yahvé, instigado por su mujer Jezabel.
26 Actuó del modo más abominable,
siguiendo a los ídolos, procediendo en

21 10 Hacían falta dos testigos para una ejecución capital, Nm **35** 30; Dt **17** 6; Mt **26** 60. -*Dios y el rey*, ver Lv **24** 14; Ex **22** 27.
21 19 Ver 2 R **9** 10.25-26.

todo como los amorreos a los que Yahvé había expulsado frente a los israelitas).

Arrepentimiento de Ajab.

27 Al oír estas palabras, Ajab rasgó sus vestiduras, se echó un saco sobre el cuerpo y ayunó. Se acostaba con el saco puesto y andaba pesadamente. 28 Llegó a Elías tesbita la palabra de Yahvé diciendo: 29 «¿Has visto cómo se ha humillado Ajab ante mí? Por haberse humillado ante mí, no traeré el mal en los días de su vida, sino en vida de su hijo.»

5. NUEVA GUERRA ARAMEA

Ajab decide una expedición a Ramot de Galaad.
||2 Cro **18**.

22 1 Pasaron tres años en los que no hubo guerra entre Aram e Israel. 2 Al tercer año, Josafat, rey de Judá, descendió a visitar al rey de Israel. 3 Éste dijo a sus servidores: «Ustedes saben que Ramot de Galaad nos pertenece y, sin embargo, no hacemos nada por rescatarla de manos del rey de Aram.» 4 Dijo a Josafat: «¿Vas a venir conmigo a la guerra contra Ramot de Galaad?» Josafat respondió al rey de Israel: «Yo haré como tú, mi pueblo como tu pueblo, mis caballos como tus caballos.»

Los falsos profetas predicen el éxito.
||2 Cro **18** 4-11.

5 Josafat dijo al rey de Israel: «Consulta en este día la palabra de Yahvé.» 6 El rey de Israel reunió a los profetas, unos cuatrocientos hombres, y les dijo: «¿He de ir a la guerra contra Ramot de Galaad, o debo desistir?» Le respondieron: «Sube, porque Yahvé la entregará en manos del rey.» 7 Pero Josafat dijo: «¿No hay aquí todavía otro profeta de Yahvé al que consultar?» 8 Dijo el rey de Israel a Josafat: «Hay todavía un hombre para consultar a Yahvé por su medio, pero yo lo odio, pues no me profetiza el bien, sino el mal. Es Miqueas, hijo de Yimlá*.» Dijo Josafat: «No hable el rey de esta manera.» 9 Llamó el rey de Israel a un eunuco y le dijo: «Trae en seguida a Miqueas, hijo de Yimlá.»

10 El rey de Israel y Josafat, rey de Judá, estaban sentados en sus tronos, vestidos con sus galas, en la era que se encuentra a la entrada de la puerta de Samaría, mientras todos los profetas hacían el profeta ante ellos. 11 Sedecías, hijo de Quenaaná, se había hecho unos cuernos de hierro y decía: «Así dice Yahvé: Con éstos herirás a los arameos hasta acabar con ellos.» 12 Todos los profetas profetizaban del mismo modo diciendo: «Sube contra Ramot de Galaad, tendrás éxito. Yahvé la entregará en manos del rey.»

El profeta Miqueas predice el fracaso.
||2 Cro **18** 12-27.

13 El mensajero que había ido a llamar a Miqueas le habló diciendo: «Los oráculos de los profetas a una voz son favorables al rey. Que tu oráculo sea como el de cualquiera de ellos y sea favorable lo que anuncies.» 14 Miqueas respondió: «¡Vive Yahvé que lo que Yahvé me diga, eso anunciaré!» 15 Cuando llegó ante el rey, éste le preguntó: «Miqueas, ¿hemos de marchar en guerra contra Ramot de Galaad o debemos desistir?» Le respondió: «Sube, tendrás éxito. Yahvé la entregará en manos del rey.» 16 Pero el rey dijo: «¿Cuántas veces he de hacerte jurar que no me digas sino sólo la verdad en nombre de Yahvé?» 17 Entonces él dijo:

He visto todo Israel en desbandada
por los montes,
como rebaño sin pastor.

22 8 Este *Miqueas* no es el «profeta menor» de la Biblia.

Yahvé ha dicho: «No tienen señor.
Vuelva cada cual en paz a su casa.»

18 El rey de Israel dijo a Josafat: «¿No
te dije que no me profetiza el bien, sino
el mal?» 19 Dijo Miqueas: «Por todo ello,
escucha la palabra de Yahvé: He visto a
Yahvé sentado en su trono, con todo el
ejército de los cielos en pie junto a él, a
derecha e izquierda. 20 Preguntó Yahvé:
'¿Quién engañará a Ajab para que suba
y caiga en Ramot de Galaad?' Entonces
unos decían una cosa y otros otra, 21 hasta que el espíritu se adelantó y de pie ante
Yahvé dijo: 'Yo lo engañaré.' Yahvé le
preguntó: '¿De qué modo?' 22 Respondió: 'Iré y me convertiré en espíritu de
mentira en la boca de todos sus profetas.'
Yahvé dijo: 'Lo engañarás y vencerás. Ve
y haz como dices.' 23 Así pues, Yahvé ha
puesto un espíritu de mentira en la boca
de todos estos profetas tuyos, porque
Yahvé ha predicho el mal contra ti.»

24 Entonces Sedecías, hijo de Quenaaná, se acercó y dio una bofetada a Miqueas en la mejilla, preguntándole: «¿Por
qué camino el espíritu de Yahvé ha pasado de mí para hablar contigo?» 25 Miqueas replicó: «Tú mismo lo verás en el
día aquel, cuando trates de esconderte en
la habitación más oculta.» 26 Entonces el
rey de Israel sentenció: «Prende a Miqueas y entrégalo a Amón, gobernador
de la ciudad, y a Joás, hijo del rey. 27 Y les
dirás: Así habla el rey: Metan a éste en
la cárcel y aliméntenlo a pan y agua de
prisión hasta que yo vuelva victorioso.»
28 Miqueas replicó: «Si vuelves salvo, es
que Yahvé no ha hablado por mi boca.»

Muerte de Ajab en Ramot de Galaad.

‖2 Cro **18** 28-34.

29 El rey de Israel y Josafat, rey de Judá, subieron contra Ramot de Galaad.
30 El rey de Israel dijo a Josafat: «Voy
a disfrazarme para entrar en combate,
pero tú ponte tus vestiduras.» El rey de
Israel se disfrazó y entró en combate.
31 Ahora bien, el rey de Aram había
ordenado a los jefes de los carros: «No
ataquen a chicos ni a grandes, sino sólo
al rey de Israel.» 32 Cuando los jefes de los
carros vieron a Josafat, dijeron: «Seguro
que éste es el rey de Israel.» Y lo rodearon para cargar sobre él, pero Josafat
dio el grito, 33 y, viendo los jefes de los
carros que no era él el rey de Israel, dieron vuelta en su persecución.

34 Entonces un hombre disparó su
arco al azar e hirió al rey de Israel por
entre las placas de la coraza, y el rey dijo
a su auriga: «Da la vuelta a los caballos
y sácame de la batalla, porque me siento
mal.» 35 Aquel día el combate se prolongó y el rey hubo de ser sostenido en pie
en su carro frente a los arameos, hasta
que murió al atardecer; la sangre de la
herida corría por el fondo del carro.
36 Al caer el sol corrió un grito por el
campamento: «Cada uno a su ciudad,
cada uno a su herencia. 37 ¡El rey ha
muerto!» Condujeron al rey a Samaría y
allí lo enterraron. 38 Lavaron el carro
junto a la alberca de Samaría. Los perros lamieron su sangre y las prostitutas
se bañaron en ella, según la palabra que
Yahvé había dicho.

6. DESPUÉS DE LA MUERTE DE AJAB

Conclusión del reinado de Ajab.

39 El resto de los hechos de Ajab, todo
cuanto hizo, —la casa de marfil que edificó y todas las ciudades que fortificó—,
¿no está escrito en el libro de los Anales
de los reyes de Israel? 40 Ajab reposó
con sus antepasados y Ocozías, su hijo,
reinó en su lugar.

Reinado de Josafat en Judá (870-848).

‖2 Cro **20** 31-**21** 1.

41 Josafat, hijo de Asá, comenzó a
reinar en Judá el año cuarto de Ajab,
rey de Israel. 42 Josafat tenía treinta y
cinco años cuando comenzó a reinar y
reinó veinticinco años en Jerusalén. Su

madre se llamaba Azubá, hija de Siljí.
[43] Siguió en todo el camino de Asá, su padre, sin desviarse de él, haciendo lo recto a los ojos de Yahvé.
[44] Pero no desaparecieron los lugares de culto; el pueblo seguía sacrificando y quemando incienso en los lugares de culto.
[45] Josafat mantuvo la paz con el rey de Israel.
[46] El resto de los hechos de Josafat, la bravura que demostró (y las guerras que sostuvo), ¿no está escrito en el libro de los Anales de los reyes de Judá?
[47] (Barrió de la tierra a los consagrados a la prostitución* que habían quedado en el país en los días de Asá su padre).
[48] No había rey establecido en Edom; un virrey actuaba como rey.
[49] Josafat construyó una flota de Tarsis para ir a Ofir por oro, pero no fue, porque la flota naufragó en Esión Guéber*.
[50] Entonces Ocozías, hijo de Ajab, dijo a Josafat: «Que mis siervos naveguen con los tuyos en las naves», pero Josafat no aceptó.
[51] Josafat reposó con sus antepasados y lo enterraron con sus padres en la ciudad de su padre David. Jorán, su hijo, reinó en su lugar.

El rey Ocozías de Israel (853-852) y el profeta Elías.

[52] Ocozías, hijo de Ajab, comenzó a reinar sobre Israel, en Samaría, el año diecisiete de Josafat, rey de Judá, y reinó dos años sobre Israel.
[53] Hizo el mal a los ojos de Yahvé y siguió el camino de su padre, de su madre y de Jeroboán, hijo de Nabat, el que hizo pecar a Israel.
[54] Rindió culto a Baal, se postró ante él e irritó a Yahvé, Dios de Israel, exactamente como había hecho su padre.

22 47 Ver **14** 24; **15** 12: Dt **23** 19+.

22 49 Ver **9** 26-28; **10** 22.

LIBRO SEGUNDO DE LOS REYES*

1 1 Tras la muerte de Ajab, Moab se
rebeló contra Israel.
2 Ocozías cayó del balcón de su cámara alta en Samaría y quedó malherido.
Envió mensajeros diciéndoles: «Vayan
a consultar a Baal Zebub*, el dios de
Ecrón, para saber si me repondré de
estas heridas.» 3 El Ángel de Yahvé dijo
entonces a Elías el tesbita: «Álzate, sube
al encuentro de los mensajeros del rey
de Samaría y diles: ¿No hay Dios en Israel para que vayan ustedes a consultar
a Baal Zebub, el dios de Ecrón? 4 Por
eso, así habla Yahvé: De la cama en la
que te has metido ya no saldrás. Morirás
sin remedio.» Y Elías se fue.
5 Los mensajeros volvieron ante Ocozías, quien les preguntó: «¿Qué sucede para que hayan vuelto?» 6 Le respondieron: «Un hombre salió a nuestro
encuentro y nos dijo: 'Vuelvan al rey
que los ha enviado y díganle: Así habla
Yahvé: ¿No hay Dios en Israel para que
envíes a consultar a Baal Zebub, el dios
de Ecrón? Por eso, de la cama en la que
te has metido ya no saldrás. Morirás sin
remedio.'» 7 Les preguntó: «¿Cómo era
ese hombre que subió a su encuentro y
les dijo tales palabras?» 8 Le respondieron: «Un hombre con vestido de pieles y
faja de piel ceñida a la cintura*.» Él dijo:
«Es Elías el tesbita.»
9 Envió a Elías un jefe de cincuenta con
sus cincuenta hombres. Subió a donde
estaba él y lo encontró sentado en la
cumbre de la montaña. Le dijo: «Hombre de Dios, el rey ha ordenado: 'Desciende'.» 10 Elías respondió al jefe de
los cincuenta: «Si efectivamente soy un
hombre de Dios, descienda fuego del
cielo y te consuma a ti y a tus cincuenta
hombres.» Descendió fuego del cielo
que lo consumió a él y a sus cincuenta
hombres. 11 El rey envió de nuevo otro
jefe de cincuenta hombres, que subió y
le dijo: «Hombre de Dios. Así dice el rey:
Desciende sin tardar.» 12 Pero Elías les
respondió: «Si efectivamente soy un
hombre de Dios, descienda fuego del
cielo y te consuma a ti y a tus cincuenta
hombres.» Descendió fuego del cielo,
que lo devoró a él y a sus cincuenta
hombres. 13 El rey envió un tercer jefe
de cincuenta con sus cincuenta hombres. Subió el tercer jefe de cincuenta,
pero, al llegar, cayó de rodillas ante
Elías y le suplicaba diciendo: «Hombre
de Dios, te ruego, ten consideración de
mi vida y de la vida de estos cincuenta
siervos tuyos. 14 Mira que ya descendió
fuego del cielo y devoró a los dos jefes
de cincuenta anteriores y a sus cincuenta hombres. Pero ahora, ten consideración de mi vida.» 15 El Ángel de Yahvé
dijo a Elías: «Desciende con él. No tengas miedo ante él.» Se alzó y descendió
con él donde el rey. 16 Le dijo: «Así dice
Yahvé: Por haber enviado mensajeros
a consultar a Baal Zebub, el dios de
Ecrón, por eso, de la cama en que te
has metido ya no saldrás. Morirás sin
remedio*.»
17 Y murió, conforme a la palabra de
Yahvé que Elías había pronunciado. En
su lugar reinó su hermano Jorán, en el
año segundo de Jorán, hijo de Josafat,
rey de Judá, porque él no tenía hijos.
18 El resto de los hechos de Ocozías,
cuanto hizo, ¿no está escrito en el Libro
de los Anales de los reyes de Israel?

1 La división en dos libros es artificial, posterior a su redacción, ver 2 S **1** 1.

1 2 *Baal Zebub, Baal de las moscas*, un mote del nombre real *Baal Zebul, Baal el príncipe;* ver Mt **10** 25; **12** 24.

1 8 Ver 1 R **18** 46; Za **13** 4; Mt **3** 4p.

1 16 Se trata de inculcar el absoluto respeto debido a los representantes de Dios, ver **2** 23-34; 1 R **13** 18+.

VI. El ciclo de Eliseo

1. LOS COMIENZOS

Elías arrebatado al cielo.

2 1 Esto es lo que sucedió cuando
Yahvé arrebató a Elías en la tempestad hacia el cielo. Elías y Eliseo partieron de Guilgal. 2 Elías dijo a Eliseo:
«Quédate aquí, pues Yahvé me envía a
Betel.» Eliseo dijo: «¡Por el Dios vivo y
por tu propia vida, yo no te dejaré!» Y
bajaron a Betel. 3 Los discípulos de los
profetas* que había en Betel salieron al
encuentro de Eliseo y le dijeron: «¿Sabes que Yahvé va hoy a arrebatar a tu
señor por encima de tu cabeza?» Respondió: «Ya lo sé yo también. ¡Callen!»
4 Elías le dijo: «Eliseo, quédate aquí,
porque Yahvé me envía a Jericó.» Pero
él respondió: «¡Por el Dios vivo y por
tu propia vida, yo no te dejaré!». Y llegaron a Jericó. 5 Los discípulos de los
profetas que había en Jericó se acercaron a Eliseo y le dijeron: «¿Sabes que
Yahvé va hoy a arrebatar a tu señor por
encima de tu cabeza?» Respondió: «Ya
lo sé yo también. ¡Callen!» 6 Elías le dijo:
«Quédate aquí, porque Yahvé me envía al
Jordán.» Respondió: «¡Por el Dios vivo y
por tu propia vida, yo no te dejaré!» Y los
dos continuaron caminando.

7 Cincuenta hombres de los discípulos de los profetas iban también de
camino y se pararon frente (al Jordán), a
cierta distancia de Elías y Eliseo, que se
detuvieron al lado del Jordán. 8 Elías se
quitó el manto, lo enrolló y golpeó con
él las aguas, que se separaron a un lado
y a otro y ambos pasaron sobre terreno
seco*. 9 Mientras pasaban, Elías dijo a
Eliseo: «Pídeme lo que quieras que haga
por ti antes de que sea arrebatado de tu
lado.» Eliseo respondió: «Que pasen a
mí dos tercios de tu espíritu*.» 10 Replicó: «Pides algo difícil; si alcanzas a verme cuando sea arrebatado de tu lado,
entonces pasará a ti; si no, no pasará.»
11 Iban caminando y hablando, y de
pronto un carro de fuego con caballos
de fuego los separó a uno del otro. Elías
subió al cielo en la tempestad. 12 Eliseo
lo veía y clamaba: «¡Padre mío, padre
mío! ¡Carros y caballería de Israel*!»
Cuando dejó de verlo, agarró sus vestidos y los desgarró en dos. 13 Recogió el
manto que había caído de las espaldas
de Elías, volvió al Jordán y se detuvo a
la orilla.

14 Tomó el manto que había caído de
las espaldas de Elías y golpeó las aguas,
pero éstas no se separaron. Dijo entonces: «¿Dónde está Yahvé, el Dios de
Elías?» Golpeó otra vez las aguas, que
se separaron a un lado y a otro, y Eliseo
pasó sobre terreno seco. 15 Cuando los
discípulos de los profetas lo vieron venir
hacia ellos, dijeron: «El espíritu de Elías
se ha posado sobre Eliseo.» Fueron a su
encuentro, se postraron en tierra ante
él, 16 y le dijeron: «Tus siervos cuentan
con cincuenta hombres de guerra. Deja
que marchen y busquen a tu señor. Tal
vez el espíritu de Yahvé se lo ha llevado
y lo ha arrojado sobre alguna montaña o
algún valle.» Él dijo: «No envíen a nadie.»
17 Pero tanto le insistieron que exclamó
abochornado: «Envíenlos.» Ellos enviaron cincuenta hombres que estuvieron
tres días buscándolo, pero no lo encontraron. 18 Cuando volvieron a Eliseo, que
se había quedado en Jericó, les dijo: «¿No
les ordené: 'No vayan'*?»

2 3 *Los discípulos de los profetas*, lit.: «los hijos de los profetas» son profetas agrupados en hermandades y que viven juntos. Ver 1 R **18** 4; **20** 35; Am **7** 14.

2 8 Ver Ex **14** 16.22; Jos **3** 14-17.

2 9 El primogénito recibía doble parte de la herencia, Dt **21** 17. Eliseo desea ser el principal heredero espiritual de Elías. Dios escuchará la petición concediendo a Eliseo *ver*, v. 12; **6** 17; ver Si **48** 12-14.

2 12 Ver **13** 14. Los dos profetas valen más para Israel que los carros de guerra.

2 18 Elías ya no es de este mundo, y su destino sigue siendo misterioso. Se ha pen-

Dos milagros de Eliseo*.

19 Los hombres de la ciudad dijeron a Eliseo: «El emplazamiento de la ciudad es bueno, como mi señor puede apreciar, pero el agua es mala y la tierra lo aborta todo.» 20 Él dijo: «Tráiganme una olla nueva y pongan sal en ella.» Cuando se la trajeron, 21 salió hacia el lugar del manantial, lo roció con la sal y dijo: «Así dice Yahvé: Yo he saneado esta agua; ya no surgirán de aquí muerte o esterilidad.» 22 El agua quedó saneada hasta el día de hoy, conforme a la palabra que había pronunciado Eliseo.

23 Luego subió de allí a Betel y, según subía por el camino, unos cuantos chicuelos salieron de la ciudad y se burlaban de él diciendo: «¡Sube, calvo; sube, calvo!» 24 Él se dio la vuelta, se les quedó mirando y los maldijo en el nombre de Yahvé. Dos osos salieron entonces del bosque y despedazaron a cuarenta y dos de aquellos chicuelos. 25 De allí se fue al monte Carmelo, de donde regresó a Samaría.

2. LA GUERRA MOABITA

Introducción al reinado de Jorán en Israel (852-841).

3 1 Jorán, hijo de Ajab, comenzó a reinar sobre Israel en Samaría el año dieciocho de Josafat, rey de Judá, y reinó doce años. 2 Hizo lo malo a los ojos de Yahvé, aunque no como su padre y su madre, pues hizo desaparecer la estela de Baal que había erigido su padre. 3 Siguió apegado, sin embargo, a los pecados que Jeroboán, hijo de Nebat, hizo cometer a Israel, sin retractarse de ellos.

Expedición de Israel y Judá contra Moab.

4 Mesá, rey de Moab, poseía ganado lanar y pagaba al rey de Israel cien mil corderos y la lana de cien mil carneros. 5 Pero a la muerte de Ajab, el rey de Moab se rebeló contra el rey de Israel.

6 El rey Jorán salió aquel día de Samaría y pasó revista a todo Israel, 7 al tiempo que enviaba a decir a Josafat, rey de Judá*: «El rey de Moab se ha rebelado contra mí. ¿Vas a venir conmigo a la guerra contra Moab?» Respondió: «Subiré. Yo seré como tú; mi pueblo como tu pueblo, mis caballos como tus caballos.» 8 Y preguntó: «¿Por qué camino hemos de subir?» Respondió: «Por el camino del desierto de Edom.»

9 El rey de Israel, el rey de Judá y el rey de Edom partieron e hicieron el recorrido de siete días de marcha. Faltó entonces el agua para el campamento y para las bestias de carga que los seguían. 10 El rey de Israel dijo: «¡Ay! ¡Yahvé ha convocado a estos tres reyes nada más que para entregarlos en manos de Moab!» 11 Pero Josafat dijo: «¿No hay aquí algún profeta de Yahvé para consultar a Yahvé por medio de él?» Uno de los servidores del rey de Israel respondió: «Aquí está Eliseo, hijo de Safat, el que vertía el agua sobre las manos de Elías.» 12 Dijo Josafat: «Por él llega la palabra de Yahvé.» El rey de Israel, Josafat, y el rey de Edom bajaron entonces donde él 13 y Eliseo dijo al rey de Israel: «¿Qué tenemos que ver tú y yo? ¡Acude a los profetas de tu padre y a los de tu madre!» Pero el rey de Israel respondió: «No (hables así), pues Yahvé ha convocado a estos tres reyes para entregarlos en manos de Moab.» 14 Eliseo dijo entonces: «Vive Yahvé Sebaot a quien sirvo, que si no fuera por la consideración que Josafat, rey de Judá, me merece, no

sado que volverá a venir (como Henoc, Gn **5** 24+), Si **48** 11; Ml **3** 23-24+.
2 19 Dos anécdotas de estilo popular, ver **4**, sobre el poder divino del profeta.
3 7 El texto nombra a Josafat, ver 1 R **22**; pero se trata de su hijo Jorán.

había de mirarte ni te prestaría atención.
15 Tráiganme ahora un músico.» Mientras
el músico tañía, la mano de Yahvé vino
sobre Eliseo, 16 que dijo: «Así dice Yahvé:
'Excaven en este valle albercas y más
albercas', 17 pues así dice Yahvé: 'No
podrán ustedes vislumbrar viento ni lluvia y, sin embargo, esta torrentera se
colmará de agua y beberán ustedes, sus
ejércitos y sus ganados.' 18 Y Yahvé no se
contenta con esto, pues entregará también a Moab en sus manos: 19 tomarán
todas las ciudades amuralladas, talarán
los árboles mejores, cegarán las fuentes
todas y cubrirán con piedras los campos
más fértiles.» 20 A la mañana siguiente, a
la hora de la ofrenda, comenzó a llegar
agua de la dirección de Edom y la tierra
se cubrió de agua.

21 Los moabitas todos habían oído
que los reyes subían para atacarlos. Mo-
vilizaron a los que estaban ya en edad de
ceñir espada y de ahí en adelante, y se
apostaron en la frontera. 22 Cuando se
levantaron por la mañana, el sol brillaba
sobre las aguas. Los moabitas veían de
frente las aguas rojas como sangre, 23 y
exclamaron: «Es sangre. Los reyes se
han pasado a espada unos a otros, se
han matado entre sí. Así que, ¡al botín,
Moab!»

24 Pero cuando llegaron al campamento de Israel, los israelitas se alzaron
y atacaron a los moabitas, que huían
delante de ellos; avanzaron con ímpetu
y derrotaron a Moab. 25 Demolieron las
ciudades, cada uno arrojó una piedra sobre las tierras fértiles hasta cubrirlas, cegaron todos los manantiales y talaron los
árboles frutales. Sólo quedaron las murallas de Quir Jeres, pero los honderos la
cercaron y la destruyeron. 26 Viendo que
la batalla arreciaba en su contra, el rey de
Moab tomó consigo setecientos hombres
que empuñaban espada y trató de abrir
brecha hacia el rey de Aram, pero no lo
consiguieron. 27 Tomó entonces a su hijo
primogénito, el que había de reinar tras
él, y lo ofreció en holocausto sobre la
muralla. Una cólera* inmensa se desató
entre los israelitas, que se retiraron apartándose de él y regresaron a su país.

3. ALGUNOS MILAGROS DE ELISEO

Eliseo socorre a la viuda.
1 R **17** 8-15.

4 1 Una mujer, de las mujeres de los
discípulos de los profetas, clamó a
Eliseo diciendo: «Tu siervo, mi marido,
ha muerto. Tú sabes que tu siervo temía
a Yahvé y ahora viene un acreedor a
llevarse a mis dos hijos como esclavos.»
2 Eliseo le respondió: «¿Qué puedo hacer por ti? Dime, ¿qué tienes en casa?.»
Ella respondió: «Tu sierva no tiene nada
en casa; sólo un frasco de aceite de
perfume.» 3 Él dijo: «Anda y pide a todas
tus vecinas vasijas de las de importación,
vasijas que estén vacías, y no te vayas
a quedar corta al final. 4 Entra luego y
cierra la puerta tras de ti y de tus hijos.
Vierte (aceite) en todas las vasijas, poniendo aparte las llenas.» 5 Ella lo dejó y
cerró la puerta tras de sí y de sus hijos.
Ellos le acercaban las vasijas y ella vertía
el aceite. 6 Cuando las vasijas estuvieron llenas, dijo a su hijo: «Tráeme otra
vasija.» Él le respondió: «Ya no quedan
más.» Entonces dejó de fluir el aceite.
7 Ella fue a decírselo al hombre de Dios,
que dijo: «Ve a vender el aceite y paga
a tu acreedor. Así tú y tus hijos podrán
vivir de lo restante.»

Eliseo, la sunamita y su hijo.

8 Eliseo pasó un día por Sunén, donde
vivía una mujer principal que le porfió
a que se quedara a comer. Desde en-

3 27 Quizá el sacrificio del príncipe heredero provocó el pánico entre los sitiadores
israelitas, ver 1 R **16** 34+, que se sienten
objeto de la cólera divina.

tonces, cada vez que pasaba, se detenía allí a comer. 9 Ella dijo a su marido: «Estoy segura de que es un santo hombre de Dios, que pasa siempre junto a nosotros. 10 Construyamos en la terraza una pequeña habitación y pondremos allí para él una cama, una mesa, una silla y una lámpara, para que, cuando venga junto a nosotros, pueda retirarse allí arriba.» 11 Llegó el día en el que Eliseo se acercó por allí y se retiró a la habitación de arriba, donde se acostó. 12 Él dijo a Guejazí, su criado: «Llama a esta sunamita.» Éste la llamó y ella se quedó de pie ante él. 13 Eliseo dijo a su criado: «Dile: 'Te has tomado todas estas molestias por nosotros, ¿qué podemos hacer por ti?, ¿hemos de hablar en tu favor al rey o al jefe del ejército?'» Ella respondió: «Yo vivo tranquila entre las gentes de mi pueblo.» 14 Él dijo: «¿Qué podemos hacer entonces por ella?» Guejazí respondió: «Por desgracia ella no tiene hijos y su marido es ya anciano.» 15 Dijo él: «Llámala.» La llamó y ella se detuvo a la entrada. 16 Él dijo: «El año próximo, por esta época, tú estarás abrazando un hijo.» Ella respondió: «No, mi señor, no engañes a tu sierva.» 17 La mujer concibió y dio a luz un niño por la época que le había dicho Eliseo.

1 R **17** 17-24.

18 El niño creció y un día fue donde estaba su padre con los segadores, 19 y dijo a su padre: «¡Ay, mi cabeza, mi cabeza!» El padre dijo a un criado: «Llévalo a su madre.» 20 Lo tomó y lo llevó a su madre. Estuvo sentado en las rodillas de la madre hasta el mediodía y luego murió. 21 Entonces ella lo subió y lo acostó sobre el lecho del hombre de Dios. Lo dejó cerrado y salió. 22 Llamó a su marido y le dijo: «Envíame uno de los criados y una de las burras. Voy corriendo junto al hombre de Dios y vuelvo.» 23 Él dijo: «¿Por qué vas donde él? Hoy no es novilunio ni sábado.» Pero ella se despidió: «Paz.» 24 Hizo aparejar la burra y dijo a su criado: «Conduce. En marcha y no me frenes el trote a no ser que te lo diga.» 25 Hizo camino hasta llegar donde el hombre de Dios en el monte Carmelo. Cuando el hombre de Dios la vio a lo lejos, dijo a su criado Guejazí: «Ahí viene aquella mujer sunamita. 26 Corre a su encuentro y pregúntale: ¿Estás bien? ¿Está bien tu marido? ¿Está bien el niño?» Ella respondió: «Bien.» 27 Pero cuando llegó junto al hombre de Dios, a lo alto del monte, se abrazó a sus pies. Guejazí se acercó para apartarla, pero el hombre de Dios dijo: «Déjala, porque está pasando una amargura y Yahvé me lo ha ocultado, no me lo ha manifestado.» 28 Ella dijo: «¿Pedí yo acaso a mi señor un hijo? ¿No te dije: 'No me engañes'?»

29 Él dijo a Guejazí: «Ciñe tu cintura y toma mi bastón en tu mano. Si encuentras a alguien no lo saludes, y si alguien te saluda no le respondas*. Ve y coloca mi bastón sobre la cara del niño.» 30 Pero la madre del niño dijo: «Por el Dios vivo y por tu vida que no te dejaré.» Entonces él se alzó y marchó tras ella. 31 Guejazí había pasado antes que ellos y había colocado el bastón sobre la cara del niño, pero no se escuchó voz ni respuesta alguna. Se volvió al encuentro de Eliseo y le comunicó: «El niño no ha despertado.» 32 Eliseo entró en la casa; allí estaba el niño, muerto, acostado en su lecho. 33 Entró, cerró la puerta con ellos dos dentro, y oró a Yahvé. 34 Se subió (a la cama) y se tumbó sobre el niño, boca con boca, ojos con ojos, manos con manos. Se mantuvo recostado sobre él y la carne del niño iba entrando en calor. 35 Se bajó y se puso a caminar por la casa de acá para allá. Se subió y se recostó insuflando sobre él hasta siete veces. El niño estornudó* y abrió sus ojos. 36 Llamó a Guejazí y le dijo: «Llama a la sunamita.» Y la llamó. Cuando llegó, él le dijo: «Toma tu hijo.» 37 Ella entró y se echó a sus pies postrada en tierra. Luego tomó a su hijo y salió.

4 29 La misión es urgente, ver Lc **10** 4.

4 35 Ver 1 R **17** 19-23. El *estornudo* es señal del retorno del soplo vital, ver Gn **2** 7; Is **2** 22.

La olla envenenada.

38 Eliseo regresó a Guilgal cuando había una hambruna en el país. Los discípulos de los profetas estaban sentados ante él y dijo a su criado: «Coloca la olla grande y cuece un potaje para los discípulos de los profetas.» 39 Uno de ellos salió al campo a recoger hierbas comestibles; encontró unas cepas silvestres y arrancó calabazas silvestres hasta llenar su vestido. Llegó y, sin saber lo que era, las cortó en pedazos en la olla del potaje. 40 Lo sirvieron a los hombres para que comieran y, mientras estaban comiendo, comenzaron a dar gritos: «¡Muerte en la olla, hombre de Dios!» Y no podían comer. 41 Él dijo: «Tráiganme harina». La echó en la olla y dijo: «Sírvanlo a la gente y que coman.» Y no había ya mal alguno en la olla.

La multiplicación de los panes.
Mt **14** 13-21+; **15** 32-38.

42 Un hombre de Baal Salisá llegó trayendo al hombre de Dios primicias de pan, veinte panes de cebada y grano fresco en espiga. Eliseo dijo: «Dáselo a la gente y que coman.» 43 Su servidor replicó: «¿Cómo voy a poner esto delante de cien hombres?» Él dijo: «Dáselo a la gente y que coman, porque así dice Yahvé: 'Comerán y sobrará'.» 44 Lo puso ante ellos, comieron y dejaron todavía sobras, conforme a la palabra de Yahvé.

Curación de Naamán.

5 1 Naamán, jefe del ejército del rey de Aram, era hombre notable y muy estimado por su señor, pues por su medio Yahvé había concedido la victoria a Aram*. Pero este hombre (siendo un gran militar) era leproso. 2 Unas bandas de arameos habían hecho una incursión y habían traído de la tierra de Israel una muchacha que pasó al servicio de la mujer de Naamán. 3 Ella dijo a su señora: «Ah, si mi señor pudiera presentarse ante el profeta que hay en Samaría. Él lo curaría de su lepra.» 4 (Naamán) fue y se lo comunicó a su señor diciendo: «Esto y esto ha dicho la muchacha que procede de la tierra de Israel.» 5 El rey de Aram dijo: «Anda y ve; yo enviaré una carta al rey de Israel.» Tomó en su mano diez talentos de plata, seis mil siclos de oro y diez vestidos nuevos 6 y llevó al rey de Israel la carta que decía: «Cuando te llegue esta carta, sabrás que te envío a mi siervo Naamán, para que lo cures de su lepra.» 7 Cuando el rey de Israel leyó la carta, rasgó sus vestiduras, diciendo: «¿Soy yo Dios para repartir muerte y vida? Éste me encarga nada menos que curar a un hombre de su lepra. Dense cuenta y verán que está buscando querella contra mí.»

8 Cuando Eliseo, el hombre de Dios, oyó que el rey de Israel había rasgado sus vestiduras, envió a decir al rey: «¿Por qué has rasgado tus vestiduras? Que venga a mí y sabrá que hay un profeta en Israel.» 9 Naamán llegó con sus caballos y carros y se detuvo a la entrada de la casa de Eliseo. 10 Éste envió un mensajero a decirle: «Ve y lávate siete veces en el Jordán. Tu carne te renacerá y quedarás limpio.» 11 Naamán se puso furioso y se marchó diciendo: «Yo me había dicho: ¡Saldrá seguramente a mi encuentro, se detendrá, invocará el nombre de su Dios, frotará con su mano mi parte enferma y sanaré de la lepra! 12 El Abaná y el Farfar, los ríos de Damasco, ¿no son mejores que todas las aguas de Israel? ¡Podía bañarme en ellos y quedar limpio!» Se dio la vuelta y se marchó furioso. 13 Sus servidores se le acercaron y le dijeron: «Padre mío, si el profeta te hubiera mandado una cosa difícil, ¿no la habrías hecho? ¡Cuánto más si te ha dicho: Lávate y quedarás limpio!» 14 Bajó, pues, y se bañó en el Jordán siete veces, conforme a la palabra del hombre de Dios. Su carne volvió a ser como la de un niño pequeño, y quedó limpio.

5 1 Yahvé, Dios de Israel, preside también los destinos de Aram, vv. 15.17; enseñanza que enlaza con 1 R **18** 20-40.

15 Él y toda su comitiva volvieron ante
el hombre de Dios. Al llegar, se detuvo
ante él y exclamó: «Ahora conozco que
no hay en toda la tierra otro Dios que el
de Israel. Recibe, pues, un presente de
tu siervo.» 16 Pero él replicó: «Vive Yahvé
ante quien sirvo, que no he de aceptar
nada». Le insistió que aceptara, pero él
rehusó. 17 Naamán dijo: «Entonces, que
al menos se entregue a tu siervo tierra,
la carga de un par de mulos, porque
tu siervo no ofrecerá ya holocausto ni
sacrificio a otros dioses más que a Yahvé. 18 Que Yahvé perdone a su siervo
por esto: cuando mi señor entra en el
templo de Rimón para postrarse allí en
adoración, se apoya en mi brazo de manera que yo tengo que postrarme en el
templo de Rimón. Así que, cuando me
postro en el templo de Rimón, que Yahvé perdone a tu siervo por ello.» 19 Él le
dijo: «Ve en paz.»
Cuando se había alejado de él a una
cierta distancia, 20 Guejazí, el criado de
Eliseo, el hombre de Dios, pensó para sí:
«Mi amo ha dejado marchar a ese arameo, Naamán, sin aceptar lo que traía.
¡Vive Yahvé que correré para conseguir
algo de él!» 21 Guejazí se precipitó tras
Naamán, que, al verlo correr tras él, se
apeó del carro a su encuentro y le preguntó: «¿Está todo bien?» 22 Respondió:
«Todo bien. Mi señor me envía a decirte: Dos jóvenes de los discípulos de los
profetas acaban de llegar a mí desde la
montaña de Efraín. Dame, por favor, para ellos un talento de plata y dos mudas
de ropa.» 23 Naamán dijo: «Acepta, por
favor, dos talentos.» Le insistió, y envolvió los dos talentos de plata en dos bolsas, que entregó, junto con dos mudas
de ropa, a dos de sus criados para que
se los llevaran. 24 Cuando llegó al Ofel,
(Guejazí) recogió todo lo que le entregaron y lo depositó en la casa. Luego despidió a los hombres y éstos se marcharon.
25 Él entró y se presentó a su señor.
Eliseo le dijo: «¿De dónde vienes, Guejazí?» Él respondió: «Tu siervo no ha ido a
ninguna parte.» 26 Le replicó: «¿No iba
mi espíritu por el camino cuando un
hombre se apeó de su carro a tu encuentro? ¿Es momento éste para recibir
plata y adquirir ropas, olivares y viñas,
rebaños de ovejas y bueyes, siervos y
siervas? 27 La lepra de Naamán se pegará a ti y a tus descendientes para siempre.» (Guejazí) salió de su presencia con
lepra de un blanco de nieve*.

El hacha perdida y hallada.

6 1 Los discípulos de los profetas dijeron a Eliseo: «Mira, el lugar en el
que residimos bajo tu dirección, es demasiado estrecho para nosotros. 2 Iremos al Jordán, tomaremos una viga
cada uno y nos construiremos allí un
lugar donde habitar.» Él respondió: «Vayan.» 3 Uno de ellos dijo: «¿Querrás,
por favor, venir con tus siervos?» Él
respondió: «Sí, iré.» 4 Los acompañó y,
al llegar al Jordán, se pusieron a cortar
madera. 5 Cuando uno de ellos derriba-
ba un tronco, el hierro del hacha cayó
al agua, y gritó: «¡Ay, mi señor, que era
prestada!» 6 El hombre de Dios preguntó: «¿Dónde ha caído?» Le indicó el lugar y (Eliseo) cortó un palo, lo tiró hacia
allí y sacó el hierro a flote. 7 Dijo: «Sú-
belo.» Él extendió su mano y lo alcanzó.

4. GUERRAS ARAMEAS

Eliseo captura un destacamento arameo.

8 El rey de Aram estaba en guerra
con Israel y tomó consejo con sus siervos diciendo: «Acamparé en tal y tal
lugar.» 9 El hombre de Dios envió a decir
al rey de Israel: «Cuidado con pasar por
tal lugar, porque los arameos están allí
acampados.» 10 El rey de Israel envió

5 27 Ver Lv **13** 1.

entonces gente al lugar que el hombre
de Dios le había dicho. Éste lo alertó
más de dos y tres veces sobre aquel lugar y el rey montaba allí vigilancia.
11 El rey de Aram, muy alarmado por
este hecho, convocó a sus oficiales y les
dijo: «¿No son capaces de asegurar la información? ¿Quién de los nuestros está
de parte del rey de Israel?» 12 Uno de los
oficiales dijo: «Nadie, rey mi señor. Lo
que sucede es que Eliseo, el profeta que
hay en Israel, comunica al rey de Israel
todo lo que tú dices en el interior de tu
cámara.» 13 Él dijo: «Vayan y averigüen
dónde se encuentra para enviar a prenderlo.» Le informaron: «Está en Dotán.»
14 Envió allí caballos, carros y un fuerte
destacamento. Llegaron de noche y pusieron cerco a la ciudad.
15 Cuando el criado del hombre de
Dios se levantó de mañana y salió fuera,
vio el destacamento que rodeaba la ciudad con caballos y carros, y preguntó:
«¡Ay, mi señor!, ¿cómo vamos a hacer?»
16 Él respondió: «No temas. Están más
con nosotros que con ellos.» 17 Entonces Eliseo oró diciendo: «Yahvé, abre
sus ojos para que vea.» Yahvé abrió los
ojos del criado y vio la montaña cubierta
de caballos y carros de fuego en torno
a Eliseo*.
18 (Los arameos) descendieron contra
él y Eliseo suplicó a Yahvé diciendo:
«Hiere a esa gente con una luz cegadora.»
Y los deslumbró*, conforme a la palabra
de Eliseo. 19 Eliseo les dijo: «No es éste
el camino ni es ésta la ciudad. Síganme
y los conduciré al hombre que buscan.»
Y los condujo a Samaría. 20 Cuando entraban en Samaría, Eliseo dijo: «Abre,
Yahvé, sus ojos para que vean.» Yahvé
abrió sus ojos y vieron sorprendidos que
estaban en medio de Samaría.
21 Cuando el rey de Israel los vio, dijo
a Eliseo: «¿Los ataco, padre mío?» 22 Él
respondió: «No los ataques. ¿Matas tú
acaso a quienes has hecho prisioneros
con tu espada y con tu arco? Ofréceles
pan y agua para que coman y beban
y vuelvan a su señor.» 23 Les sirvió un
gran banquete y, luego que comieron y
bebieron, los despidió y regresaron a su
señor. Las bandas de arameos dejaron
de invadir la tierra de Israel.

Hambre en el sitio de Samaría.

24 Tiempo después, Ben Hadad, rey
de Aram, movilizó todas sus tropas, se
puso en marcha y sitió Samaría. 25 El
hambre arreciaba en Samaría y el asedio se prolongaba hasta el punto de que
una cabeza de burro llegó a venderse
a ochenta siclos de plata, y un par de
cebollas silvestres a cinco siclos de plata.
26 El rey de Israel pasaba por la muralla cuando una mujer le gritó: «¡Ayúdame, rey, mi señor!» 27 Él respondió:
«No (hables así). ¡Que Yahvé te salve!
¿De dónde puedo yo sacar ayuda?, ¿de
la era o del lagar?» 28 El rey le preguntó:
«¿Qué te aflige?» Ella respondió: «La
mujer esa me dijo: 'Entrega a tu hijo y lo
comeremos hoy; y mañana comeremos
el mío.' 29 Así que cocimos a mi hijo y
lo comimos. Al otro día le dije: 'Entrega
a tu hijo y lo comeremos', pero ella lo
escondió.» 30 Cuando el rey oyó las palabras de la mujer rasgó sus vestiduras.
Pasaba a lo largo de la muralla y el pueblo pudo ver que llevaba debajo un saco.
31 Él dijo: «Así y así me haga Dios si la
cabeza de Eliseo, hijo de Safat, permanece hoy sobre sus hombros.»

Eliseo anuncia el fin inmediato del asedio.

32 Eliseo estaba sentado en su casa y
los ancianos estaban también sentados
con él. El rey envió por delante a un
hombre, pero antes de que el mensajero
llegara ante Eliseo, éste dijo a los ancianos: «¿Han visto? Ese hijo de asesino
ha enviado uno a cortarme la cabeza.
¡Estén vigilantes! Cuando llegue el mensajero, cierren la puerta y sosténganla

6 17 Ver **2** 10-12; **7** 6.
6 18 Alguna perturbación de la vista, ver Gn **19** 11.

bien contra él. ¿No es ése el ruido de los
pasos de su señor?» 33 Estaba (Eliseo)
hablando con ellos cuando el rey descendió donde él y dijo: «¡Esta desgracia
procede de Yahvé! ¿Qué puedo esperar
todavía de Yahvé?»

7 1 Eliseo repuso: «Escucha la palabra
de Yahvé: Así dice Yahvé: Mañana
a estas horas, en la puerta de Samaría,
la arroba de flor de harina se venderá a
un siclo y las dos arrobas de cebada a un
siclo.» 2 El ayudante en cuyo brazo se
apoyaba el rey, respondió al hombre de
Dios y le dijo: «Incluso si Yahvé abriera
ventanas en el cielo, ¿podría ocurrir tal
cosa?» Respondió: «Lo verás con tus
ojos, pero de ello no has de comer.»

El campamento arameo abandonado.

3 Había cuatro hombres, leprosos, a
la entrada de la puerta, y se decían:
«¿Qué estamos haciendo aquí sentados
hasta morir? 4 Si decidimos entrar en la
ciudad, con el hambre que hay en ella,
moriremos allí, y si quedamos aquí, moriremos lo mismo. ¡Ea!, pasémonos al
campamento de Aram; si nos dejan vivir,
viviremos, y si nos matan, moriremos.»
5 Al oscurecer se pusieron en camino
hacia el campamento arameo. Cuando
llegaron al límite del campamento arameo, allí no había nadie. 6 Yahvé había
hecho oír en el campamento arameo estrépito de carros y caballos, el estrépito
de un gran ejército, y se dijeron unos a
otros: «El rey de Israel ha pagado a los
reyes de los hititas y a los reyes de Egipto
para que vengan contra nosotros.» 7 Al
anochecer emprendieron la huida, abandonando sus tiendas, caballos y burros,
el campamento tal como estaba, y así
huyeron para salvar sus vidas. 8 Cuando
aquellos leprosos llegaron al límite del
campamento, entraron en una tienda,
comieron y bebieron; luego se llevaron
de allí plata, oro y vestidos, y fueron a
esconderlo. Regresaron y entraron en
otra tienda, se llevaron lo que allí había y
lo escondieron.

Fin del asedio y del hambre.

9 Entonces se dijeron unos a otros:
«No está bien lo que hacemos. Hoy es
un día de alegría y nosotros estamos
callados. Si esperamos hasta la luz de
la mañana, se nos tratará como culpables. ¡Andando!, vayamos a informar
al palacio real.» 10 Llegaron y llamaron
a los guardias de la puerta de la ciudad
e informaron diciendo: «Hemos ido al
campamento arameo, y allí no hay nadie, ni una voz humana, sólo los caballos
atados, los burros atados y las tiendas
tal como estaban.» 11 Los centinelas llamaron y pasaron noticia al interior del
palacio real.

12 El rey se levantó de noche y dijo a
sus oficiales: «Les diré lo que nos han
hecho los arameos. Como saben que nos
estamos muriendo de hambre, han dejado el campamento y se han escondido en descampado, pensando: 'Seguro
que saldrán de la ciudad. Los prendere-
mos vivos y entraremos en la ciudad'.»
13 Uno de los oficiales respondió: «Que
tomen cinco caballos de los que quedan
en ella y los enviaremos para reconocimiento, pues, al fin y al cabo, les va a
pasar lo que a toda la muchedumbre de
Israel que había quedado y ha perecido.» 14 Tomaron dos tiros de caballos y
el rey los envió tras el ejército arameo,
diciendo: «Vayan y vean.» 15 Los siguieron hasta el Jordán: todo el camino
estaba lleno de vestidos y objetos que los
arameos habían arrojado en sus prisas.
Los mensajeros regresaron y dieron
cuenta al rey.

16 Entonces el pueblo salió y saqueó
el campamento arameo. La arroba de
flor de harina se vendía a un siclo y dos
arrobas de cebada se vendían a un siclo,
conforme a la palabra de Yahvé. 17 El
rey había puesto de vigilante a la puerta
al ayudante en cuyo brazo se apoyaba,
pero el pueblo lo pisoteó en la puerta y
murió, conforme a la palabra del hombre de Dios pronunciada cuando el rey
había bajado donde él. 18 Sucedió todo
conforme a la palabra del hombre de
Dios al rey: «Mañana a estas horas en la

puerta de Samaría, dos arrobas de cebada se venderán a un siclo y la arroba de
flor de harina a un siclo.» 19 El ayudante respondió al hombre de Dios: «Aun si
Yahvé abriera ventanas en el cielo, ¿podría ocurrir tal cosa?» Respondió: «Lo
verás con tus ojos, pero de aquello no
has de comer.» 20 Y así sucedió. El pueblo lo pisoteó en la puerta y murió.

Epílogo de la historia de la sunamita*.

8 1 Eliseo dijo a la mujer cuyo hijo
había revivido: «Anda, tú y tu familia, ve a residir donde puedas, pues
Yahvé ha decretado siete años de hambre sobre el país y ya han comenzado.»
2 La mujer se alzó e hizo conforme a la
palabra del hombre de Dios; ella y su
familia fueron a vivir en el país de los
filisteos por siete años. 3 Al cabo de los
siete años, la mujer regresó del país de
los filisteos y fue a quejarse ante el rey
por su casa y su campo.

4 El rey estaba hablando con Guejazí,
criado del hombre de Dios, y le dijo:
«Cuéntame todas las maravillas que hacía Eliseo.» 5 Mientras estaba contando
al rey cómo había devuelto la vida al
niño muerto, apareció la mujer cuyo
hijo había revivido, quejándose por su
casa y su campo. Guejazí dijo entonces: «¡Rey, mi señor! Ésta es la mujer
y éste su hijo, al que Eliseo devolvió la
vida.» 6 El rey preguntó a la mujer y ella
le hizo su relato. El rey puso un eunuco
a disposición de la mujer con la orden:
«Devuelve todo lo que le pertenece y
las rentas de su campo, desde el día en
que dejó el país hasta ahora.»

Eliseo y Jazael de Damasco*.

7 Eliseo fue a Damasco cuando Ben
Hadad, rey de Aram, se encontraba enfermo, y avisaron al rey: «El hombre de
Dios viene de camino hacia aquí.» 8 El
rey dijo a Jazael: «Toma en tu mano un
regalo, ve al encuentro del hombre de
Dios y consulta a Yahvé a través de él,
diciendo: ¿Sobreviviré a esta enfermedad?»

9 Jazael fue a su encuentro llevando
en su mano como regalo la carga de
cuarenta camellos con todo lo mejor de
Damasco. Entró, se detuvo ante él y
dijo: «Tu hijo, Ben Hadad, rey de Aram,
me ha enviado a ti para preguntarte:
¿Sobreviviré a esta enfermedad?» 10 Eliseo le dijo: «Ve y dile: 'Sobrevivirás',
pero Yahvé me ha revelado que morirá
sin remedio.» 11 Al hombre de Dios se
le quedó el rostro totalmente rígido por
largo tiempo, y luego se echó a llorar.
12 Jazael le preguntó: «¿Por qué llora
mi señor?» Le respondió: «Porque sé
el mal que vas a hacer a los israelitas:
pondrás fuego a sus fortalezas, matarás
sus jóvenes a espada, despedazarás a
sus pequeñuelos y abrirás el vientre a
sus embarazadas.» 13 Jazael dijo: «Pues,
¿cómo puede tu siervo, siendo como es
un perro, hacer algo tan grande?» Eliseo
respondió: «Yahvé me ha mostrado una
visión en la que tú eres rey de Aram.»

14 Dejó a Eliseo y regresó ante su
señor, quien le preguntó: «¿Qué te ha
dicho Eliseo?» Respondió: «Me ha dicho
que sobrevivirás.» 15 A la mañana siguiente, (Jazael) tomó una manta, la
empapó en agua y la tendió sobre la
cara (del rey) hasta que murió. Jazael
reinó en su lugar.

Reinado de Jorán en Judá (848-841).

||2 Cro **21**.

16 El año quinto de Jorán, hijo de
Ajab, rey de Israel, comenzó a reinar
Jorán, hijo de Josafat, rey de Judá.
17 Tenía treinta y dos años cuando comenzó a reinar y reinó ocho años en Jerusalén. 18 Siguió el camino de los reyes
de Israel, como había hecho la casa de

8 Continuación de **4** 37.

8 7 Antes de su usurpación, v. 15, Jazael aparecía como oficial de Ben Hadad. Eliseo le anuncia que Dios está preparándose en él un justiciero de su pueblo culpable, ver 1 R **19** 15.

Ajab, porque se había casado con una
mujer* de la familia de Ajab, e hizo mal
a los ojos de Yahvé. 19 Pero Yahvé no
quiso destruir a Judá en atención a David su siervo, conforme a lo que le había
prometido: darle una lámpara a sus hijos
para siempre.
20 En su tiempo Edom se rebeló contra el poder de Judá, y se dieron un rey
propio. 21 Jorán pasó a Saír con todos
sus carros. Se levantó por la noche y derrotó a los edomitas que lo estaban cercando a él y a los jefes de los carros,
pero su ejército huyó a sus tiendas. 22 Así
Edom se independizó del poder de Judá, como sucede hasta hoy. También en
aquel tiempo se rebeló Libná.
23 El resto de los hechos de Jorán,
cuanto hizo, ¿no está escrito en el Libro
de los Anales de los reyes de Judá?
24 Jorán reposó con sus antepasados y
fue sepultado con sus padres en la ciudad de David. Ocozías, su hijo, reinó en
su lugar.

Reinado de Ocozías en Judá (841).

‖2 Cro **22** 1-6.

25 El año doce de Jorán, hijo de Ajab,
rey de Israel, comenzó a reinar Ocozías,
hijo de Jorán, rey de Judá. 26 Ocozías
tenía veintidós años cuando comenzó a
reinar y reinó un año en Jerusalén. Su
madre se llamaba Atalía, hija de Omrí,
rey de Israel. 27 Siguió el camino de la
casa de Ajab, e hizo mal a los ojos de
Yahvé como la casa de Ajab, pues había
emparentado con la casa de Ajab.
28 Partió con Jorán, hijo de Ajab, en
guerra contra Jazael, rey de Aram, en
Ramot de Galaad*, pero los arameos hirieron a Jorán. 29 El rey Jorán regresó a
Yizreel para curarse de las heridas que le
habían infligido los arameos en Ramot
luchando contra Jazael, rey de Aram.
Ocozías, hijo de Jorán, rey de Judá, bajó
a Yizreel a visitar a Jorán, hijo de Ajab,
cuando estaba enfermo.

5. HISTORIA DE JEHÚ

Un discípulo de Eliseo unge rey a Jehú.

9 1 El profeta Eliseo llamó a uno de los
discípulos de los profetas y le dijo*:
«Ciñe tu cintura, toma en tu mano este
frasco de aceite y ve a Ramot de Galaad.
2 Cuando llegues allí, ve a ver a Jehú, hijo
de Josafat, hijo de Nimsí. Entras, logras
que se levante de entre sus camaradas y
lo llevas a una habitación interior. 3 Entonces tomas el frasco de aceite y lo
derramas sobre su cabeza diciendo: 'Así
dice Yahvé: Te unjo rey de Israel.' Luego
abres la puerta y huyes sin detenerte.»
4 El joven, el siervo del profeta, marchó a Ramot de Galaad. 5 Cuando llegó,
los jefes del ejército estaban sentados
y dijo: «Jefe, tengo un mensaje para ti.»
Jehú preguntó: «¿Para quién de nosotros?» Respondió: «Para ti, jefe.» 6 Jehú se
levantó y entró en la casa y (el discípulo)
derramó el aceite sobre su cabeza y le
dijo: «Así habla Yahvé, Dios de Israel:
Te unjo rey del pueblo de Yahvé, de
Israel. 7 Derrotarás a la casa de Ajab,
tu señor. Así vengaré sobre Jezabel la
sangre de mis siervos los profetas y la
sangre de todos los siervos de Yahvé.
8 Perecerá toda la casa de Ajab y exterminaré a todos los varones de Ajab,
libres o esclavos, en Israel. 9 Dejaré la
casa de Ajab como la casa de Jeroboán,
hijo de Nebat, y como la casa de Basá,
hijo de Ajías. 10 Y a Jezabel la comerán
los perros en el campo de Yizreel, sin
que nadie la entierre*.» Luego abrió la
puerta y huyó.

8 18 Atalía, hija de Omrí, v. 26, y por tanto hermana de Ajab, ver **11**.
8 28 Ver **9** 14; 1 R **22** 3-4.
9 1 Ver 1 R **19** 16.
9 10 Ver 1 R **14** 10-11; **16** 3-4; **21** 21-24.

Jehú es proclamado rey.

[11] Jehú salió adonde los servidores de su señor, que le preguntaron: «¿Está todo bien? ¿A qué ha venido a ti ese loco?» Respondió: «Ya conocen ustedes a ese hombre y sus desvaríos.» [12] Dijeron: «Mentira. Infórmanos.» Replicó: «Me ha dicho esto y esto. Así dice Yahvé: Te unjo rey de Israel.» [13] Cada uno se apresuró a tomar su manto y lo colocó a sus pies sobre el empedrado. Tocaron el cuerno y dieron el grito: «Jehú es rey.»

Jehú prepara la usurpación del poder.

[14] Jehú, hijo de Josafat, hijo de Nimsí, conspiró contra Jorán. Jorán y todo Israel habían estado defendiendo Ramot de Galaad contra Jazael, rey de Aram. [15] Pero el rey Jorán había regresado a Yizreel para curarse de las heridas que los arameos le habían infligido en su batalla contra Jazael, rey de Aram. Jehú dijo: «Si les parece bien, que no salga ni un fugitivo de la ciudad para ir a informar a Yizreel.» [16] Jehú montó en el carro y se dirigió a Yizreel, pues Jorán estaba allí convaleciente, y Ocozías, rey de Judá, había bajado a visitar a Jorán.

[17] El vigía, en pie en lo alto de la torre de Yizreel, vio la tropa de Jehú que se aproximaba, y dijo: «Veo una tropa.» Dijo Jorán: «Toma un jinete y envíalo a su encuentro a preguntar: ¿Vienen en son de paz?» [18] El jinete salió a su encuentro y preguntó: «Así dice el rey: ¿Vienen en son de paz?» Jehú respondió: «¿Qué te importa a ti si hay paz? Da la vuelta tras de mí.» El vigía avisó: «El mensajero ha llegado donde ellos, pero no regresa.» [19] Envió un segundo jinete que llegó donde ellos y dijo: «Así dice el rey: ¿Vienen en son de paz?» Jehú respondió: «¿Qué te importa a ti si hay paz? Da la vuelta tras de mí.» [20] El vigía avisó: «Ha llegado donde ellos pero no regresa. Su modo de guiar es el de Jehú, hijo de Nimsí, pues conduce como un loco.» [21] Dijo Jorán: «Enganchen», y engancharon su carro. Jorán, rey de Israel, y Ocozías, rey de Judá, cada uno en su carro, salieron al encuentro de Jehú y lo encontraron en el campo de Nabot el de Yizreel.

Asesinato de Jorán.

[22] Cuando Jorán vio a Jehú, preguntó: «¿En son de paz, Jehú?» Respondió: «¿Qué paz puede haber mientras continúen las prostituciones de tu madre Jezabel y sus muchas hechicerías?» [23] Jorán volvió riendas y huyó gritando a Ocozías: «¡Traición!, Ocozías.» [24] Pero Jehú tensó el arco en su mano y alcanzó a Jorán entre los hombros; la flecha le atravesó el corazón y se desplomó en su carro. [25] Jehú ordenó a su escudero Bidcar: «Recógelo y tíralo en el campo de Nabot de Yizreel*, pues recuerda cómo tú y yo cabalgábamos uno al lado del otro detrás de Ajab, su padre, y entonces Yahvé lanzó contra él esta sentencia: [26] 'Juro que vi ayer la sangre de Nabot y la sangre de sus hijos, oráculo de Yahvé. En este mismo campo te lo reclamaré, oráculo de Yahvé.' Así que recógelo y tíralo al campo según la palabra de Yahvé.»

Asesinato de Ocozías.
||2 Cro **22** 8-9.

[27] Al ver esto, Ocozías, rey de Judá, huyó por el camino de Bet Hagán. Jehú partió en su persecución diciendo: «¡También a él! ¡Tírenle!» Y le tiraron en su carro en la cuesta de Gur, cerca de Yibleán. Se refugió en Meguidó y allí murió. [28] Sus servidores lo condujeron en un carro a Jerusalén y lo enterraron en su sepultura con sus padres en la ciudad de David. [29] Ocozías había comenzado a reinar en Judá en el año once de Jorán, hijo de Ajab.

Asesinato de Jezabel.

[30] Jehú fue a Yizreel. Nada más enterarse, Jezabel se pintó los ojos con

9 25 Ver 1 R **21**.

antimonio, se adornó la cabeza y se aso-
mó al balcón. [31] Cuando Jehú llegó a la
puerta, le gritó: «¿Te va bien, Zimrí, asesino de su señor*?» [32] Jehú alzó la vista
hacia el balcón y preguntó: «¿Quién está
conmigo, quién?» Dos o tres eunucos
miraron hacia Jehú [33] y él les ordenó:
«Arrójenla abajo.» Ellos la arrojaron y su
sangre salpicó las murallas y los caballos, que la pisotearon. [34] Luego entró,
comió y bebió. Jehú dio órdenes: «Atiendan a esa maldita y denle sepultura, pues
no deja de ser hija del rey.» [35] Cuando
fueron a enterrarla, no encontraron de
ella más que el cráneo, los pies y las
palmas de las manos. [36] Volvieron a dar
cuenta a Jehú, quien sentenció: «Se cumple la palabra de Yahvé que dijo por boca
de su siervo Elías el tesbita: 'En el campo
de Yizreel comerán los perros la carne
de Jezabel. [37] El cadáver de Jezabel será
como estiércol sobre la superficie del
campo, de modo que nadie podrá decir:
Ésa era Jezabel*.'»

Matanza de la familia real de Israel.

Jc **9** 5; 1 R **15** 29; **16** 11; 2 R **11** 1.

10 [1] Ajab tenía setenta hijos en Samaría. Jehú escribió cartas y las
envió a Samaría, a los jefes de la ciudad,
a los ancianos y a los preceptores de los
hijos de Ajab diciendo: [2] «Así que esta
carta llegue a ustedes, dado que los hijos
de su señor están con ustedes y disponen
de carros, caballos, una ciudad amurallada y un arsenal de armas, [3] vean cuál
es el mejor y más justo de los hijos de
su señor, pónganlo en el trono de su
padre y luchen por la casa de su señor.»
[4] Pero ellos fueron presa del pánico,
pues pensaron: «Los dos reyes no pudieron hacerle frente, ¿cómo podremos
nosotros?» [5] El mayordomo de palacio,
el gobernador de la ciudad, los ancianos
y los preceptores enviaron a decir a
Jehú: «Somos siervos tuyos; haremos
cuanto nos digas; no proclamaremos
rey a nadie; haz lo que te parezca bien.»
[6] Les envió por segunda vez una carta, que decía: «Si están de mi lado y obedecen mi voz, tomen a los jefes* de los
hombres de la casa de su señor y vengan
a mí a Yizreel, mañana a esta hora.» (Los
hijos del rey, setenta en número, estaban
con los notables de la ciudad que los
criaban.) [7] En cuanto les llegó la carta,
tomaron a los hijos del rey y degollaron
a los setenta, pusieron sus cabezas en
cestas y se las enviaron a Yizreel.

[8] Llegó el mensajero e informó: «Han
traído las cabezas de los hijos del rey.»
Respondió: «Apílenlas en dos montones a la entrada de la puerta, hasta la
mañana.» [9] Por la mañana salió, se paró
allí y dijo a todo el pueblo: «Ustedes son
inocentes. Es cierto, yo he conspirado
contra mi señor y lo he matado, pero ¿quién ha matado a todos éstos?
[10] Sepan, pues, que nada de lo que Yahvé ha dicho sobre la casa de Ajab quedará sin cumplir, pues Yahvé ha hecho
lo que dijo por boca de su siervo Elías.»
[11] Y Jehú mató a todos los que quedaban
de la casa de Ajab en Yizreel, a todos
sus notables, familiares y sacerdotes, sin
dejar uno solo con vida.

Matanza de los príncipes de Judá.

||2 Cro **22** 8.

[12] Jehú se puso en marcha hacia Samaría y, estando de camino en Betequed
de los Pastores, [13] encontró a los hermanos de Ocozías, rey de Judá, y preguntó:
«¿Quiénes son ustedes?» Ellos respondieron: «Somos los hermanos de Ocozías
y hemos bajado a saludar a los hijos del
rey y a los hijos de la reina madre.» [14] Él
ordenó: «Préndanlos vivos.» Los prendieron vivos y los degollaron junto a la
cisterna de Betequed, cuarenta y dos
hombres. No dejó uno solo con vida.

9 31 Alusión a un usurpador, que no reinó más que siete días, 1 R **16** 9-18.
9 37 Ver **9** 10; 1 R **21** 23.
10 6 La palabra hebrea significa «jefe» y «cabeza». El equívoco, quizá intencionado por parte de Jehú, lo resuelven los destinatarios de la carta en el sentido más brutal, v. 7, a quienes hace responsables, v. 9.

Jehú y Jonadab*.

15 Marchó de allí y encontró a Jonadab, hijo de Recab, que salía a su encuentro. Lo saludó y le dijo: «¿Estás de
mi parte con la misma lealtad con la que
yo estoy de tu parte?» Respondió Jonadab: «Sí, estoy.» «Si así es, (dijo Jehú),
dame tu mano.» Le dio la mano y (Jehú)
le hizo subir junto a él en su carro. 16 Le
dijo: «Ven conmigo y verás mi celo por
Yahvé». Y lo llevó en su carro. 17 Cuando llegó a Samaría mató a todos los supervivientes de Ajab en Samaría, hasta
acabar con ellos, conforme a la palabra
que Yahvé había dicho a Elías.

Matanza de los fieles de Baal y destrucción de su templo.

18 Jehú reunió a todo el pueblo y les
dijo: «Ajab dio algo de culto a Baal, Jehú
le dará mucho. 19 Así que convóquen-
me a todos los profetas de Baal y a todos sus sacerdotes. Que no falte ninguno, pues voy a hacer un gran sacrificio a
Baal. Quien falte, no sobrevivirá.» Jehú
obraba con astucia para hacer perecer a
los fieles de Baal. 20 Jehú ordenó: «Convoquen una asamblea sagrada en honor
de Baal», y la convocaron. 21 Jehú envió
mensajeros por todo Israel y vinieron
todos los fieles de Baal; no quedó uno
solo que no viniera. Entraron en el templo de Baal, que se llenó de un cabo al
otro. 22 Dijo al encargado del vestuario:
«Saca las vestiduras para todos los fieles
de Baal.» Él las sacó. 23 Jehú y Jonadab,
hijo de Recab, entraron entonces en el
templo de Baal y él dijo a los fieles de
Baal: «Busquen y asegúrense de que no
hay aquí entre ustedes ningún fiel de
Yahvé, sino sólo fieles de Baal.» 24 Se
adelantaron para hacer los sacrificios y
holocaustos.

Pero Jehú había apostado afuera
ochenta de sus hombres, con la orden:
«Por cada uno que escape de los hombres que pongo en sus manos, pagará
con su vida uno de ustedes.» 25 Cuando
Jehú terminó de ofrecer el holocausto,
dijo a los guardias y oficiales: «Entren
y mátenlos. Que no salga ni uno.» Los
pasaron a filo de espada, dejándolos
allí tirados. Luego avanzaron hasta el
interior del templo de Baal. 26 Sacaron
la estatua del templo de Baal y la quemaron. 27 Derribaron el altar de Baal,
demolieron el templo de Baal y lo convirtieron en letrinas hasta el día de hoy.

Reinado de Jehú en Israel (841-814).

28 Así erradicó Jehú a Baal de Israel.
29 Pero Jehú no se retractó de los pecados que Jeroboán, hijo de Nebat, hizo
cometer a Israel, los becerros de oro de
Betel y de Dan*. 30 Yahvé dijo a Jehú:
«Por haber actuado bien, haciendo lo
recto a mis ojos, y por haber cumplido
todo lo que yo tenía decidido respecto a
la casa de Ajab, tus descendientes ocuparán el trono de Israel hasta la cuarta
generación.» 31 Pero Jehú no guardó el
sendero de la enseñanza de Yahvé, Dios
de Israel, con todo su corazón. No se
retractó de los pecados que Jeroboán
hizo cometer a Israel.

32 En aquellos días Yahvé comenzó a
reducir el territorio de Israel. Jazael los
hostigaba a lo largo de todas las fronteras de Israel, 33 desde el Jordán al sol
levante, todo el país de Galaad (de los
gaditas y rubenitas, de Manasés, desde
Aroer, sobre el torrente Arnón, hasta
Galaad) y Basán.

34 El resto de los hechos de Jehú, todo
cuanto hizo y todos sus éxitos militares, ¿no está escrito en el Libro de los
Anales de los reyes de Israel? 35 Jehú reposó con sus antepasados y lo enterraron en Samaría. Joacaz, su hijo, reinó
en su lugar. 36 Jehú reinó sobre Israel
veintiocho años en Samaría.

10 15 Jonadab, un yahvista fervoroso, v. 16, había impuesto a su clan las reglas que recordaban la vida del desierto, Jr **35**.

10 29 Juicio del autor de *Reyes*. Ver 1 R **12** 26-29+.

6. DESDE EL REINADO DE ATALÍA A LA MUERTE DE ELISEO

Historia de Atalía (841-835).
||2 Cro **22** 10-**23** 21.

11 1 Cuando Atalía, madre de Ocozías, vio que su hijo había muerto, se dispuso a eliminar toda la estirpe real. 2 Pero Josebá, hija del rey Jorán y hermana de Ocozías, tomó a Joás, hijo de Ocozías, de entre los hijos del rey que estaban siendo asesinados y lo escondió e instaló, a él y a su nodriza, en el dormitorio. Lo mantuvieron oculto de la vista de Atalía y no lo mataron. 3 Seis años estuvo con ella, escondido en el templo de Yahvé, mientras Atalía reinaba en el país.

4 El año séptimo, Joadá envió a buscar y tomó a los centuriones de los carios y de los guardias, conduciéndolos junto a sí al templo de Yahvé. Estableció un pacto con ellos, haciéndoles prestar juramento, y les presentó al hijo del rey. 5 Luego, les ordenó: «Esto han de hacer: un tercio de los que entran de servicio el sábado, mantendrán la guardia del palacio real. 6 *Otro tercio se situará en la Puerta de la Fundación, y otro tercio en la puerta detrás de los guardias, manteniendo la guardia del templo por todos lados. 7 Las otras dos divisiones, todos los que salen de servicio el sábado, quedarán de guardia en el templo de Yahvé para protección del rey. 8 Rodearán al rey por todos lados, arma en mano. El que intente forzar sus filas morirá. Manténganse junto al rey en su ir y venir.»

9 Los centuriones cumplieron cuanto el sacerdote Joadá les ordenó. Cada uno tomó sus hombres, los que entraban y los que salían de servicio el sábado, y se presentaron ante el sacerdote Joadá. 10 El sacerdote entregó a los centuriones las lanzas y escudos del rey David depositados en el templo de Yahvé. 11 Los guardias se apostaron, arma en mano, desde el extremo sur hasta el extremo norte del templo, ante el altar y el templo, rodeando al rey de un lado y de otro. 12 Hizo salir entonces al hijo del rey y le impuso la diadema y las insignias. Luego lo proclamaron rey y lo ungieron. Batieron palmas y gritaron: «¡Viva el rey!»

13 Cuando Atalía oyó el griterío de los guardias y del pueblo, se fue hacia la muchedumbre que estaba en el templo de Yahvé. 14 Miró y vio al rey de pie junto a la columna, según la costumbre, los jefes con sus trompetas junto al rey, y a todo el pueblo de la tierra* en júbilo y tocando las trompetas. Atalía rasgó sus vestiduras y gritó: «¡Traición, traición!» 15 Entonces el sacerdote Joadá dio orden a los jefes de las tropas: «Háganla salir de entre las filas. Quien la siga será pasado a espada» (pues el sacerdote se decía: «No debe ser ejecutada en el templo de Yahvé.») 16 Le abrieron paso y, cuando entró en el palacio real por la Puerta de los Caballos, allí fue ejecutada.

17 Joadá celebró la alianza entre Yahvé, el rey y el pueblo, por la que el pueblo se convertía en pueblo de Yahvé (así como entre el rey y el pueblo). 18 El pueblo todo de la tierra acudió al templo de Baal. Lo derribaron, hicieron pedazos sus altares e imágenes, y a Matán, sacerdote de Baal, lo mataron frente a los altares.

El sacerdote puso centinelas en el templo de Yahvé. Tomó 19 luego a los centuriones, a los carios, a la guardia y a todo el pueblo del país. Escoltaron al rey desde el templo de Yahvé al palacio real, haciendo entrada por la puerta de la guardia, y lo entronizaron en el trono

11 6 El texto de este v. es dudoso. Parece un conjunto de glosas corrompidas.
11 14 *El pueblo de la tierra* designa aquí a hombres libres del país, con plenos derechos civiles, que intervenían en negocios públicos y en actividades políticas, ver **21** 24; **23** 30. Después del Destierro designa al conjunto del pueblo llano, a veces con matiz despectivo, ver Esd **3** 3+.

de los reyes. 20 Todo el pueblo del país
exultaba de júbilo y la ciudad quedó tranquila. En cuanto a Atalía, había muerto
a espada en el palacio real.

Reinado de Joás en Judá (835-796).

‖2 Cro **24** 1-16.23-27.

12 1 Joás tenía siete años al subir
al trono. 2 Comenzó a reinar el
año séptimo de Jehú y reinó cuarenta
años en Jerusalén. El nombre de su madre era Sibía, de Berseba. 3 A lo largo
de su vida, Joás hizo lo recto a los ojos
de Yahvé, como el sacerdote Joadá le
había instruido. 4 Sin embargo, los lugares de culto no fueron retirados, y
el pueblo seguía ofreciendo sacrificios
y quemando incienso en los altozanos.

5 Joás dijo a los sacerdotes: «Todo el
dinero, en moneda corriente, aportado
al templo de Yahvé por las ofrendas
sagradas (el dinero que alguien pueda pagar como dinero equivalente de
personas, todo el dinero que cada uno
piense ofrecer al templo de Yahvé), 6 los
sacerdotes lo tomarán, cada uno de
su benefactor. Proveerán con él a las
reparaciones del templo, de todo des-
perfecto que se pueda encontrar.» 7 Sin
embargo, en el año veintitrés del rey
Joás, los sacerdotes no habían procedido todavía a la reparación del templo.
8 El rey Joás llamó entonces al sacerdote
Joadá y a los sacerdotes y les dijo: «¿Por
qué no han procedido a la reparación
del templo? A partir de ahora, no recojan ya el dinero de sus benefactores,
sino entréguenlo para la reparación del
templo.» 9 Los sacerdotes consintieron
en no recoger dinero del pueblo y en no
hacer reparaciones en el templo.

10 El sacerdote Joadá tomó un cofre
e hizo una ranura en la tapa. Lo colocó
junto al altar, al lado derecho según se
entra en el templo de Yahvé. Los sacerdotes que custodiaban el umbral depositaban en él todo el dinero ofrecido al
templo de Yahvé. 11 Cuando veían que
había mucho dinero en el cofre, el secretario real y el sumo sacerdote subían,
lo depositaban en bolsas y contaban
el dinero acumulado en el templo de
Yahvé. 12 Entregaban el dinero, una vez
pesado, en manos de los capataces que
estaban al cargo del templo de Yahvé;
éstos lo destinaban al pago de los carpinteros y constructores que trabajaban
en el templo de Yahvé, 13 de los albañiles
y canteros, y a la compra de madera y
de piedra de cantería para las reparaciones en el templo de Yahvé y para
todo otro gasto preciso para restaurar
el edificio. 14 Sin embargo, con el dinero
ofrecido al templo de Yahvé no se hacían fuentes de plata, cuchillos, acetres,
trompetas, ni objetos de oro o plata;
15 éstos eran entregados a los capataces
para la reparación del templo de Yahvé.
16 No se pedían cuentas a los hombres a
cuyas manos se confiaba el dinero para
el pago de los trabajadores, pues actuaban con honestidad. 17 El dinero de las
ofrendas de expiación y el dinero de las
ofrendas por el pecado no era depositado en el templo de Yahvé, sino que
era para los sacerdotes.

18 Por entonces Jazael, rey de Aram,
hizo una campaña de ataque contra Gat
y la capturó; luego se dirigió en campaña
contra Jerusalén. 19 Entonces Joás, rey
de Judá, tomó todos los objetos sagrados
que sus padres Josafat, Jorán y Ocozías, reyes de Judá, habían consagrado,
todos los que él mismo había consagrado y todo el oro que se encontraba
en los tesoros del templo de Yahvé y
en el palacio real, y los envió a Jazael,
rey de Aram, que suspendió el ataque a
Jerusalén.

20 El resto de los hechos de Joás, todo
cuanto hizo, ¿no está escrito en el Libro de los Anales de los reyes de Judá?
21 Sus cortesanos promovieron un alza-
miento y una conspiración y asesinaron
a Joás en Bet Miló, en la bajada a Silá.
22 Los cortesanos que lo asesinaron fueron Yosacar, hijo de Simat, y Jozabad,
hijo de Somer. Murió y lo enterraron
con sus antepasados en la ciudad de David. Amasías, su hijo, reinó en su lugar.

Reinado de Joacaz en Israel (814-798).

13 [1] En el año veintitrés de Joás, hijo de Ocozías, rey de Judá, comenzó a reinar Joacaz, hijo de Jehú, sobre Israel, en Samaría. Reinó diecisiete años. [2] Hizo lo malo a los ojos de Yahvé y siguió los pecados que Jeroboán, hijo de Nebat, hizo cometer a Israel, sin retractarse de ellos.

[3] Yahvé descargó su ira contra los israelitas y los entregó, durante aquel tiempo, en manos de Jazael, rey de Aram, y de Ben Hadad*, hijo de Jazael. [4] Pero Joacaz suplicó a Yahvé, que lo escuchó, pues había visto la represión con la que el rey de Aram tiranizaba a Israel. [5] Yahvé concedió entonces a Israel un libertador que los sacó de la opresión de Aram. Los israelitas habitaron en sus casas como antes. [6] Sin embargo, no se retractaron de los pecados que Jeroboán había hecho cometer a Israel, persistieron en ellos e incluso la estela permaneció erigida en Samaría. [7] En realidad Joacaz se quedó con un ejército de sólo cincuenta jinetes, diez carros y diez mil infantes, pues el rey de Aram había hecho perecer a los demás y los había pisado como polvo bajo sus pies.

[8] El resto de los hechos de Joacaz, todo cuanto hizo y sus éxitos militares, ¿no está escrito en el Libro de los Anales de los reyes de Israel? [9] Joacaz reposó con sus antepasados y lo enterraron en Samaría. Joás, su hijo, reinó en su lugar.

Reinado de Joás en Israel (798-783).

[10] En el año treinta y siete de Joás, rey de Judá, comenzó a reinar Joás, hijo de Joacaz, sobre Israel, en Samaría. Reinó dieciséis años. [11] Hizo lo malo a los ojos de Yahvé, no se retractó de ninguno de los pecados que Jeroboán, hijo de Nebat, hizo cometer a Israel, sino que persistió en ellos.

[12] El resto de los hechos de Joás, todo cuanto hizo, sus éxitos militares y guerras contra Amasías, rey de Judá, ¿no está escrito en el Libro de los Anales de los reyes de Israel? [13] Joás reposó con sus antepasados y Jeroboán ocupó su trono. Joás fue enterrado en Samaría, junto a los reyes de Israel.

Muerte de Eliseo.

[14] Eliseo cayó enfermo de la enfermedad de que había de morir. Joás, rey de Israel, bajó para verlo y lloró por él diciendo: «¡Padre mío, padre mío, carros y caballería de Israel*!» [15] Eliseo le dijo: «Toma un arco y flechas», y él tomó un arco y flechas. [16] Dijo al rey de Israel: «Pon tu mano sobre el arco». Él puso su mano y Eliseo puso las suyas sobre las manos del rey, [17] y dijo: «Abre la ventana que mira a Oriente.» Él la abrió. Eliseo dijo: «¡Dispara!» Y disparó. Eliseo dijo: «¡Flecha de victoria de Yahvé!, ¡flecha de victoria contra Aram! Derrotarás por completo a Aram en Afec*.»

[18] Añadió luego: «Toma las flechas.» Él las tomó y Eliseo dijo al rey de Israel: «Golpea hacia tierra.» El golpeó tres veces, pero se detuvo. [19] El hombre de Dios se irritó entonces con él y le dijo: «¡Si hubieras golpeado cinco o seis veces, entonces habrías derrotado por completo a Aram! Pero ahora derrotarás a Aram sólo tres veces.»

[20] Eliseo murió y lo enterraron. Bandas de moabitas penetraban en el país al inicio de cada año. [21] En una ocasión estaban unos enterrando a un hombre y, al avistar la banda, lo arrojaron en la tumba de Eliseo y huyeron. El hombre entró en contacto con los huesos de Eliseo, cobró vida y se puso en pie.

13 3 Ben Hadad III, hijo de Jazael, **8** 7, adversario de Joás de Israel, v. 27.
13 14 Ver **2** 12+.
13 17 Eliseo, al poner sus manos sobre las del rey, le comunica la fuerza divina. La flecha lanzada hacia el Este está dirigida contra los Arameos. Sobre estas acciones proféticas, ver Jr **18**+.

Victorias sobre los arameos.

[22] Jazael, rey de Aram, había oprimido a Israel durante toda la vida de Joacaz. [23] Pero Yahvé tuvo piedad y se compadeció de ellos, se volvió hacia ellos
en atención a su alianza con Abrahán,
Isaac y Jacob y no quiso aniquilarlos ni
rechazarlos lejos de su rostro. [24] Jazael,
rey de Aram, murió y Ben Hadad, su
hijo, reinó en su lugar. [25] Joás, hijo de
Joacaz, recuperó del domino de Ben
Hadad, hijo de Jazael, las ciudades que
habían tomado por las armas a Joacaz
su padre. Joás lo derrotó tres veces y recobró las ciudades de Israel.

VII. Los dos reinos hasta la caída de Samaría

Reinado de Amasías en Judá (796-781).
||2 Cro **25** 1-4.11-12.17-28.

14 [1] En el año segundo de Joás,
hijo de Joacaz, rey de Israel,
comenzó a reinar Amasías, hijo de Joás,
rey de Judá. [2] Tenía veinticinco años
cuando comenzó a reinar, y reinó veintinueve años en Jerusalén. Su madre se
llamaba Joadán, de Jerusalén. [3] Hizo lo
recto a los ojos de Yahvé, pero no como su padre David. Actuó exactamente
como su padre Joás. [4] Sin embargo, los
altozanos no desaparecieron; el pueblo
seguía ofreciendo sacrificios y quemando incienso en los altozanos.

[5] Cuando el reino estuvo afianzado
en sus manos, mató a los servidores que
habían matado al rey su padre, [6] pero
no ejecutó a los hijos de los asesinos, en
conformidad con lo escrito en el libro de
la Doctrina de Moisés, donde Yahvé dio
una orden diciendo: *«Los padres no serán ajusticiados por causa de los hijos;
los hijos no serán ajusticiados a causa
de los padres, sino que cada uno será
ajusticiado por su propio pecado*.»*

[7] Fue él quien derrotó a los edomitas,
diez mil hombres, en el Valle de la Sal*
y quien conquistó Sela en el curso de la
guerra. Le puso el nombre de Yocteel,
conservado hasta el día de hoy.

[8] Entonces Amasías envió mensajeros a Joás, hijo de Joacaz, hijo de Jehú,
rey de Israel, diciendo: «Ponte en marcha, que nos veamos las caras en la guerra.» [9] Joás, rey de Israel, envió respuesta
a Amasías, rey de Judá: «El cardo del
Líbano mandó a decir al cedro del Líbano: 'Dame tu hija por esposa de mi
hijo'. Pero pasó una fiera del Líbano y
pisoteó el cardo*. [10] Porque has derrotado a Edom te has vuelto arrogante. ¡Puedes jactarte de tu gloria, pero
quédate en tu casa! ¿Por qué provocar
un desastre y un fracaso, arrastrando
contigo a Judá?»

[11] Pero Amasías no le hizo caso. Joás,
rey de Israel, emprendió la marcha y se
enfrentaron él y Amasías, rey de Judá,
en Bet Semes de Judá. [12] Judá cayó
derrotada ante Israel y cada uno huyó a
su casa. [13] Joás, rey de Israel, hizo prisionero en Bet Semes a Amasías, rey de
Judá, hijo de Joás, hijo de Ocozías, y lo
condujo a Jerusalén. Abrió una brecha
de cuatrocientos codos en la muralla de
Jerusalén desde la puerta de Efraín hasta la Puerta del Ángulo*. [14] Tomó todo
el oro y la plata y todos los objetos que
se encontraban en el templo de Yahvé y
en los tesoros del palacio real, así como
rehenes. Se volvió luego a Samaría.

[15] El resto de los hechos de Joás,
cuanto hizo, sus éxitos militares y sus
guerras contra Amasías, rey de Judá,
¿no está escrito en el Libro de los Anales de los reyes de Israel? [16] Joás reposó
con sus antepasados y lo enterraron en

14 6 Ver Dt **24** 16+; Ez **14** 12+.
14 7 Ver 2 S **8** 13.
14 9 Ver Jc **9** 8-15.
14 13 Muralla de la colina occidental, ver 2 S **5** 6+; 2 Cro **32** 5.

Samaría junto a los reyes de Israel. Jeroboán, su hijo, reinó en su lugar.

17 Amasías, hijo de Joás, rey de Judá, vivió quince años después de la muerte de Joás, hijo de Joacaz, rey de Israel.

18 El resto de los hechos de Amasías, ¿no está escrito en el Libro de los Anales de los reyes de Judá? 19 Se tramó una conjura contra él en Jerusalén, por lo que huyó a Laquis. Pero enviaron gente tras él hasta Laquis, donde lo mataron. 20 Lo condujeron luego a lomos de caballo y lo enterraron en Jerusalén con sus antepasados, en la Ciudad de David. 21 Entonces todo el pueblo de Judá tomó a Ozías*, que tenía dieciséis años, y lo proclamaron rey como sucesor de su padre Amasías. 22 Fue él quien reconstruyó Elat y la devolvió a Judá, después que el rey (Amasías) hubo reposado con sus antepasados.

Reinado de Jeroboán II en Israel (783-743).

23 En el año quince de Amasías, hijo de Joás, rey de Judá, comenzó a reinar Jeroboán, hijo de Joás, rey de Israel, en Samaría. Reinó cuarenta y un años. 24 Hizo lo malo a los ojos de Yahvé y no se retractó de todos los pecados que Jeroboán, hijo de Nebat, hizo cometer a Israel.

25 Fue él quien recuperó el territorio fronterizo de Israel, desde la Entrada de Jamat hasta el mar de la Arabá, conforme a la palabra que Yahvé, Dios de Israel, había dicho por medio de su siervo, el profeta Jonás*, hijo de Amitay, el de Gat de Jéfer. 26 Yahvé vio la amarga desgracia de Israel, pues no quedaba ya esclavo ni libre ni quien auxiliara a Israel. 27 Pero Yahvé no había decidido borrar el nombre de Israel bajo los cielos y lo salvó por medio de Jeroboán, hijo de Joás.

28 El resto de los hechos de Jeroboán, todo cuanto hizo, sus éxitos militares y sus guerras, y cómo recuperó Damasco y Jamat para Israel, ¿no está escrito en el Libro de los Anales de los reyes de Israel? 29 Jeroboán reposó con sus antepasados y lo enterraron en Samaría con los reyes de Israel. Zacarías, su hijo, reinó en su lugar.

Reinado de Ozías en Judá (781-740).

||2 Cro **26** 3-4.21-23.

15 1 En el año veintisiete de Jeroboán, rey de Israel, comenzó a reinar Ozías, hijo de Amasías, rey de Judá. 2 Tenía dieciséis años cuando comenzó a reinar y reinó cincuenta y dos años en Jerusalén. Su madre se llamaba Yecolía, de Jerusalén. 3 Hizo lo recto a los ojos de Yahvé, exactamente como había hecho Amasías, su padre. 4 Sin embargo, los lugares altos no desaparecieron y el pueblo siguió ofreciendo sacrificios y quemando incienso en los altozanos.

5 Yahvé contagió al rey, que se quedó leproso y vivió en una residencia apartada hasta el día de su muerte. Jotán, hijo del rey, estaba al frente del palacio y gobernaba al pueblo del país.

6 El resto de los hechos de Ozías, todo cuanto hizo, ¿no está escrito en el Libro de los Anales de los reyes de Judá? 7 Ozías reposó con sus antepasados y lo enterraron con sus padres en la Ciudad de David. Jotán, su hijo, reinó en su lugar.

Reinado de Zacarías en Israel (743).

8 En el año treinta y ocho de Ozías, rey de Judá, comenzó a reinar Zacarías, hijo de Jeroboán, sobre Israel, en Samaría; reinó seis meses. 9 Hizo lo malo a los ojos de Yahvé como hicieron sus padres; no se retractó de los pecados que Jeroboán, hijo de Nebat, hizo cometer a Israel.

14 21 *Ozías*, llamado también Azarías, 2 Cro **26** 1-2.

14 25 Por pseudonimia le será atribuido el libro de Jonás.

10 Salún, hijo de Yabés, conspiró contra él, lo atacó en Yibleán, lo mató, y reinó en su lugar.

11 El resto de los hechos de Zacarías ¿no está escrito en el Libro de los Anales de los reyes de Israel? 12 Ésta fue la palabra de Yahvé dicha a Jehú: «Tus hijos hasta la cuarta generación se sentarán en el trono de Israel*.» Y así fue.

Reinado de Salún en Israel (743).

13 Salún, hijo de Yabés, comenzó a reinar el año treinta y nueve de Ozías, rey de Judá, y reinó un mes en Samaría.

14 Menajén, hijo de Gadí, subió de Tirsá, entró en Samaría y atacó a Salún, hijo de Yabés, en Samaría; lo mató y reinó en su lugar.

15 El resto de los hechos de Salún y la conspiración que tramó está escrito en el Libro de los Anales de los reyes de Israel. 16 Por entonces Menajén, partiendo de Tirsá, atacó Tapúaj, a sus habitantes y su territorio, y, por no haberle abierto las puertas, masacró a su población y abrió el vientre a todas las mujeres embarazadas.

Reinado de Menajén en Israel (743-738).

17 En el año treinta y nueve de Ozías, rey de Judá, comenzó a reinar Menajén, hijo de Gadí, en Israel. Reinó diez años en Samaría. 18 Hizo lo malo a los ojos de Yahvé y no se retractó de los pecados que Jeroboán, hijo de Nebat, hizo cometer a Israel.

En su tiempo, 19 Pul*, rey de Asiria, invadió el país, pero Menajén entregó a Pul mil talentos de plata para que le prestara ayuda y consolidara el poder real en su mano. 20 Menajén consiguió el dinero a través de impuestos sobre Israel: los ricos todos habían de entregar al rey de Asiria cincuenta siclos de plata por cabeza. Entonces el rey de Asiria regresó, sin detenerse en el país.

21 El resto de los hechos de Menajén, todo cuanto hizo, ¿no está escrito en el Libro de los Anales de los reyes de Israel? 22 Menajén reposó con sus antepasados, y Pecajías, su hijo, reinó en su lugar.

Reinado de Pecajías en Israel (738-737).

23 En el año cincuenta de Ozías, rey de Judá, comenzó a reinar Pecajías, hijo de Menajén, sobre Israel, en Samaría. Reinó dos años. 24 Hizo lo malo a los ojos de Yahvé y no se retractó de los pecados que Jeroboán, hijo de Nebat, hizo cometer a Israel.

25 Su ayudante Pécaj, hijo de Romelías, tramó una conspiración contra él y lo atacó en Samaría, en el torreón del palacio real en Samaría. Lo acompañaban cincuenta hombres de los galaaditas. Mató al rey y reinó en su lugar.

26 El resto de los hechos de Pecajías, todo cuanto hizo, está escrito en el Libro de los Anales de los reyes de Israel.

Reinado de Pécaj en Israel (737-732).

27 En el año cincuenta y dos de Ozías, rey de Judá, comenzó a reinar Pécaj, hijo de Romelías, sobre Israel, en Samaría. Reinó veinte años. 28 Hizo lo malo a los ojos de Yahvé y no se retractó de los pecados que Jeroboán, hijo de Nebat, hizo cometer a Israel.

29 En tiempo de Pécaj, rey de Israel, llegó Teglatfalasar, rey de Asiria, que tomó Iyón, Abel Bet Maacá, Yanóaj, Cades, Jasor, Galaad, Galilea y todo el país de Neftalí, deportando (a sus habitantes) a Asiria*. 30 Oseas, hijo de Elá, tramó una conspiración contra Pécaj, hijo de Romelías, lo atacó, lo mató y reinó en su lugar.

15 12 Ver **10** 30.
15 19 *Pul*, nombre que Teglatfalasar III, rey de Asiria, en 745-727, tomó como rey de Babilonia, año 729. Este rey llevó la guerra a Siria en el 738.
15 29 Primera deportación israelita después de las dos campañas contra Filistea y Damasco, 734-732.

31 El resto de los hechos de Pécaj, todo cuanto hizo, está escrito en el Libro de los Anales de los reyes de Israel.

Reinado de Jotán en Judá (740-736).
||2 Cro **27** 1-4.7-9.

32 En el año segundo de Pécaj, hijo de Romelías, rey de Israel, comenzó a reinar Jotán, hijo de Ozías, rey de Judá. 33 Tenía veinticinco años cuando comenzó a reinar, y reinó dieciséis años en Jerusalén. Su madre se llamaba Yerusá, hija de Sadoc. 34 Hizo lo recto a los ojos de Yahvé, exactamente como había hecho su padre Ozías. 35 Sin embargo, los altozanos no desaparecieron y el pueblo siguió sacrificando y quemando incienso en los altos.

Fue él quien construyó la Puerta Superior del templo de Yahvé.

36 El resto de los hechos de Jotán, cuanto hizo, ¿no está escrito en el Libro de los Anales de los reyes de Judá? 37 En aquellos días, Yahvé comenzó a enviar contra Judá a Rasón, rey de Aram, y a Pécaj, hijo de Romelías. 38 Jotán reposó con sus antepasados y lo enterraron con sus padres en la ciudad de David, su padre. Ajaz, su hijo, reinó en su lugar.

Reinado de Ajaz en Judá (736-716).
||2 Cro **28**.

16 1 En el año diecisiete de Pécaj, hijo de Romelías, comenzó a reinar Ajaz, hijo de Jotán, rey de Judá. 2 Tenía Ajaz veinte años cuando comenzó a reinar y reinó dieciséis años en Jerusalén. No hizo lo recto a los ojos de Yahvé, su Dios, como David, su padre. 3 Siguió el camino de los reyes de Israel; incluso arrojó a su hijo a la pira de fuego*, según la costumbre abominable de las naciones que Yahvé había expulsado ante los israelitas. 4 Ofreció sacrificios y quemó incienso en los altozanos, en las colinas y bajo todo árbol frondoso.

5 Entonces Rasón, rey de Aram, y Pécaj, hijo de Romelías, rey de Israel, avanzaron sobre Jerusalén para atacarla y pusieron cerco a Ajaz*, pero no pudieron entablar combate. 6 En aquel tiempo, Rasón, rey de Aram, recuperó Elat para Aram. Expulsó de Elat a los de Judá y los edomitas entraron en Elat y habitaron allí hasta el día de hoy. 7 Ajaz envió mensajeros a Teglatfalasar, rey de Asiria, diciendo: «Siervo tuyo e hijo tuyo soy. Emprende una campaña y líbrame de manos del rey de Aram y del rey de Israel que se han alzado contra mí.» 8 Ajaz tomó la plata y el oro que se encontraba en el templo de Yahvé y en los tesoros del palacio real y lo envió como regalo al rey de Asiria. 9 El rey de Asiria atendió su demanda, marchó contra Damasco, la conquistó, deportó (sus habitantes) a Quir y mató a Rasón.

10 Cuando el rey Ajaz fue a Damasco a recibir a Teglatfalasar, rey de Asiria, y vio el altar que había en Damasco, envió al sacerdote Urías un modelo del altar y un proyecto para su reproducción. 11 El sacerdote Urías construyó el altar conforme a las instrucciones enviadas por el rey Ajaz desde Damasco; (de esta forma el sacerdote Urías construyó el altar, antes incluso de que el rey Ajaz regresara de Damasco). 12 Cuando, a su regreso de Damasco, el rey vio el altar, se acercó y subió al altar, 13 quemó su holocausto y su ofrenda y vertió su libación sobre el altar, que asperjó con la sangre de los sacrificios de comunión. 14 Respecto al altar de bronce que estaba ante Yahvé, lo retiró de su lugar delante del templo, entre el (nuevo) altar y el templo de Yahvé, y lo instaló al lado norte del (nuevo) altar. 15 Después el rey Ajaz ordenó al sacerdote Urías: «Sobre este gran altar quemarás el holocausto de la mañana y la ofrenda de la tarde, el holocausto y la ofrenda del rey, el holocausto, la ofrenda y las libaciones de todo el pueblo del país. Rociarás (el al-

16 3 Ver Lv **18** 21+.
16 5 Esta guerra fue la ocasión de las profecías de Is **7-8**.

tar) con la sangre de todos los holocaustos y la sangre de todos los sacrificios. En cuanto al altar de bronce, yo decidiré.» [16] El sacerdote Urías hizo cuanto el rey Ajaz le había ordenado.

[17] El rey Ajaz desmontó los paneles de las basas y retiró la pila que estaba encima. Bajó también el Mar que estaba sobre los bueyes de bronce y lo colocó sobre un pavimento de piedra. [18] En atención al rey de Asiria tuvo que retirar el estrado del trono construido en el templo de Yahvé y la entrada exterior del rey.

[19] El resto de los hechos de Ajaz, lo que hizo, ¿no está escrito en el Libro de los Anales de los reyes de Judá? [20] Ajaz reposó con sus antepasados y lo enterraron con sus padres en la Ciudad de David. Ezequías, su hijo, reinó en su lugar.

Reinado de Oseas en Israel (732-724).

17 [1] En el año doce de Ajaz, rey de Judá, comenzó a reinar Oseas, hijo de Elá, en Samaría, sobre Israel. Reinó nueve años. [2] Hizo lo malo a los ojos de Yahvé, aunque no tanto como los reyes de Israel que lo precedieron.

[3] Salmanasar, rey de Asiria, marchó contra Oseas, que se hizo vasallo suyo y le pagaba tributo. [4] Pero el rey de Asiria descubrió que Oseas lo traicionaba: había despachado mensajeros a So, rey de Egipto, y dejó de pagar tributo al rey de Asiria, como en años anteriores. El rey de Asiria arrestó a Oseas y lo encadenó en prisión.

Caída de Samaría (721).

=**18** 9-12.

[5] Entonces el rey de Asiria avanzó contra todo el país, marchó contra Samaría y la cercó durante tres años. [6] El año noveno de Oseas, el rey de Asiria conquistó Samaría*. Deportó a los israelitas a Asiria y los estableció en Jalaj, en el Jabor, río de Gozán, y en las ciudades de los medos.

Reflexiones sobre la ruina del reino de Israel*.

[7] Esto sucedió porque los israelitas habían pecado contra Yahvé, su Dios, que los había sacado de la tierra de Egipto, sustrayéndolos a la mano del faraón, rey de Egipto. Habían dado culto a otros dioses y [8] seguido las costumbres de las naciones que Yahvé había expulsado ante ellos. [9] Los israelitas cometieron acciones torcidas contra Yahvé su Dios: se edificaron altozanos en todas sus poblaciones, desde las atalayas de vigía hasta las ciudades amuralladas. [10] Se erigieron estelas y troncos sagrados sobre toda colina elevada y bajo todo árbol frondoso. [11] Allí quemaban incienso, en todo lugar de culto, al modo de los pueblos paganos que Yahvé había deportado ante ellos. Obraron mal, irritando a Yahvé, [12] y daban culto a los ídolos cuando Yahvé les había dicho: «Ustedes no harán tal cosa.»

[13] Yahvé había advertido a Israel y a Judá por boca de todos los profetas y videntes: «Vuélvanse de sus malos caminos y guarden mis mandamientos y decretos, conforme a la Doctrina que prescribí a sus padres y que les transmití por mano de mis siervos los profetas.» [14] Pero no hicieron caso y mantuvieron rígida la cerviz como habían hecho sus padres, que no confiaron en Yahvé, su Dios. [15] Despreciaron sus leyes y la alianza que había establecido con sus padres y las exigencias que les había impuesto. Caminaron tras dioses que eran nada y se volvieron nada, imitando a las naciones de alrededor, cuando Yahvé les había prescrito no actuar como ellas.

17 6 Salmanasar sitió la ciudad el 724; pero la tomó su hijo Sargón, probablemente a principios del 721.

17 7 Al recuerdo del gran pecado de Israel, el cisma religioso, vv. 7a.21-23; ver 1 R **12** 26-33+, se ha añadido una exposición, vv. 7b-18, inspirada en el Dt y en los profetas, sobre todo Jr, acerca de las infiltraciones paganas y los santuarios locales. Los vv. 19-20 se refieren a Judá.

16 Abandonaron todos los mandamientos de Yahvé su Dios, y se hicieron
ídolos fundidos, los dos becerros, y un
tronco sagrado. Se postraron ante todo
el ejército de los cielos y rindieron culto
a Baal. 17 Arrojaron sus hijos e hijas a
la pira de fuego, consultaron los augurios y practicaron la adivinación. Se
prestaron por dinero a hacer lo malo
a los ojos de Yahvé, hasta el punto de
provocar su ira. 18 Yahvé se encolerizó
sobremanera contra Israel y los apartó
de delante de su rostro. No quedó sino
sólo la tribu de Judá.
19 Tampoco Judá guardó los mandamientos de Yahvé, su Dios. Siguieron
las costumbres que Israel había practicado. 20 Yahvé rechazó la descendencia
de Israel, los humilló y entregó en manos
de saqueadores, hasta que los arrojó de
su presencia, 21 porque Israel se había
desgajado de la casa de David y había
hecho rey a Jeroboán, hijo de Nebat.
Jeroboán provocó que Israel se alejara
de Yahvé y cometiera un gran pecado.
22 Los israelitas persistieron en todos
los pecados que Jeroboán había cometido; no se apartaron de ellos, 23 hasta
que Yahvé apartó a Israel de su presencia, como había advertido por medio de
todos sus siervos los profetas, y deportó
a Israel de su tierra a Asiria, hasta el día
de hoy.

Origen de los samaritanos*.

24 El rey de Asiria hizo venir gentes
de Babilonia, de Cutá, de Avá, de Jamat
y de Sefarváin, y los estableció en las
poblaciones de Samaría en lugar de los
israelitas; ellos tomaron posesión de Samaría y habitaron en sus ciudades.
25 Cuando empezaron a establecerse
allí, no conocían el culto a Yahvé, y
Yahvé soltó leones que causaban muertos entre ellos. 26 Entonces dijeron
al rey de Asiria: «Las gentes paganas
que has deportado y establecido en las
poblaciones de Samaría no conocen
las reglas del dios de la tierra y éste ha
soltado leones que los están matando,
pues no conocen las reglas del dios de
la tierra.» 27 El rey de Asiria dio orden:
«Envíen allá a uno de los sacerdotes que
han deportado; que vaya a establecerse
allí y les enseñe las reglas del dios de la
tierra.» 28 Uno de los sacerdotes deportados de Samaría fue a establecerse
en Betel y les enseñó cómo dar culto
a Yahvé.
29 Sin embargo, cada uno de aquellos
pueblos paganos continuaba fabricando
sus propios dioses y los instalaban en los
altozanos que habían hecho los samaritanos; cada nación (los ponía) en las poblaciones que habitaba. 30 Las gentes de
Babilonia hacían unos Sucot Benot, las
de Cutá un Nergal, las de Jamat un Asi-
má, 31 los avitas un Nibjaz y un Tartac,
y los sefarvitas quemaban a sus hijos
en honor de Adramélec y Anamélec,
dioses de los sefarvitas. 32 Daban culto
también a Yahvé y se hicieron entre
ellos sacerdotes de los altozanos, que
oficiaban en los lugares de culto.
33 Daban culto a Yahvé y servían a la
vez a sus dioses según las costumbres
de las naciones de las que habían sido
deportados. 34 Hasta el día de hoy han
seguido practicando sus ritos antiguos.
No rinden culto (adecuado) a Yahvé
y no siguen sus preceptos y sus ritos,
la Doctrina y la Instrucción que Yahvé
mandó a los hijos de Jacob, al que puso
el nombre de Israel. 35 Yahvé hizo una
alianza con ellos con el mandato: «No
darán culto a otros dioses, no se postrarán ante ellos, no les servirán ni ofrecerán sacrificios. 36 Rendirán culto únicamente a Yahvé, que los trajo de la tierra
de Egipto con gran fuerza y con su brazo extendido; ante él se postrarán y a
él ofrecerán sacrificios. 37 Guardarán los
preceptos, los ritos, la Doctrina y la Ins-

17 24 Los vv. 24-28 y 41 dan una visión simplificada de la repoblación pagana del reino del Norte y explican el mantenimiento del culto yahvista. Algunos detalles, vv. 29-34a, datan del Destierro. Los vv. 34b-40 vuelven a insistir en las causas de la ruina de Israel, ver vv. 7-23; siempre sigue en pie una animosidad entre los samaritanos y los judíos.

trucción que les dio por escrito, cumpliéndolos todos los días, y no darán culto a otros dioses. 38 No olviden la alianza que hice con ustedes; no den culto a otros dioses. 39 Pues sólo a Yahvé su Dios rendirán culto y él los librará de las manos de todos sus enemigos.» 40 Pero ellos no obedecieron, sino que persistieron en sus antiguos ritos.

41 Aquellas gentes daban culto a Yahvé, pero servían también a sus ídolos. Hasta el día de hoy, sus hijos y los hijos de sus hijos han seguido actuando como lo habían hecho sus padres.

VIII. Los últimos tiempos del reino de Judá

1. EZEQUÍAS, EL PROFETA ISAÍAS Y ASIRIA

Introducción al reinado de Ezequías (716-687).
||2 Cro **29** 1-2.

18 1 En el año tercero de Oseas, hijo de Elá, rey de Israel, comenzó a reinar Ezequías, hijo de Ajaz, rey de Judá. 2 Tenía veinticinco años cuando comenzó a reinar y reinó veintinueve años en Jerusalén. Su madre se llamaba Abía, hija de Zacarías. 3 Hizo lo recto a los ojos de Yahvé, exactamente como David, su padre. 4 Él fue quien retiró los santuarios, derribó las estelas y cortó los troncos sagrados. Hizo pedazos la serpiente de bronce que Moisés había hecho, pues hasta entonces los israelitas habían quemado incienso en su honor; la llamaban Nejustán*.

5 Puso su confianza en Yahvé, Dios de Israel, y no hubo entre todos los reyes de Judá ninguno semejante a él, ni antes ni después de él. 6 Se arrimó a Yahvé y no se apartó de él, guardando los mandamientos que Yahvé había mandado a Moisés. 7 Yahvé estuvo con él y tuvo éxito en todas sus empresas; se rebeló contra el rey de Asiria y le negó vasallaje. 8 Él fue quien derrotó a los filisteos hasta Gaza y sus fronteras, desde las atalayas de vigía hasta las ciudades amuralladas.

Recuerdo de la caída de Samaría*.
=**17** 1-7.

9 En el año cuarto del rey Ezequías, que era el séptimo de Oseas, hijo de Elá, rey de Israel, marchó Salmanasar, rey de Asiria, contra Samaría y la cercó. 10 Al cabo de tres años la conquistó. Era el año sexto de Ezequías, el noveno de Oseas, rey de Israel, cuando Samaría fue conquistada. 11 El rey de Asiria deportó a los israelitas a Asiria, instalándolos en Jalaj, en el Jabor, río de Gozán, y en las poblaciones de los medos. 12 Esto sucedió porque no escucharon la voz de Yahvé, su Dios, y violaron su alianza, todo cuanto había ordenado Moisés, siervo de Yahvé. No obedecieron y no lo pusieron en práctica.

Invasión de Senaquerib*.

13 En el año catorce del rey Ezequías, Senaquerib, rey de Asiria, marchó contra todas las ciudades amuralladas de Judá y se apoderó de ellas. 14 Ezequías, rey de Judá, envió este mensaje a Senaquerib, a Laquis: «He cometido un error; retírate de mí y soportaré cuanto me impongas.» El rey de Asiria impuso a Ezequías, rey de Judá, el tributo de trescientos talentos de plata y treinta talen-

18 4 Ezequías prepara la reforma deuteronómica de Josías, **23**. -*Nejustán*: una imagen que pasaba por ser la que Moisés había hecho en el desierto, Nm **21** 8-9; Sb **16** 6-7, y que recibía un culto idolátrico.
18 9 Repetición y resumen de **17** 1-7.

18 13 Dos relatos paralelos: por una parte **18** 17; **19** 9a.36-37, y por otra **19** 9b-35. La campaña tuvo lugar el año 701. El conjunto, **18** 13-**19** 37, se repite en Is **36-37**. Ver 2 Cro **32**.

tos de oro. [15] Ezequías entregó todo el
dinero que se encontraba en el templo
de Yahvé y en los tesoros del palacio real. [16] En aquella ocasión Ezequías rompió las puertas del santuario de Yahvé y
los batientes que Ezequías, rey de Judá,
había revestido de oro, y los entregó al
rey de Asiria.

Misión del copero mayor.
||2 Cro **32** 9-19; ||Is **36** 2-22.

[17] El rey de Asiria despachó al copero
mayor desde Laquis a Jerusalén, donde
el rey Ezequías, con un fuerte destacamento. Avanzó sobre Jerusalén y, nada
más llegar, tomó una posición próxima
al canal de la Alberca Superior, junto
al camino del Campo del Batanero*.
[18] Llamaron al rey y salieron hacia ellos
el mayordomo de palacio, Eliaquín,
hijo de Jilquías, el secretario Sebná y el
heraldo Joaj, hijo de Asaf*. [19] El copero
mayor les dijo: «Digan a Ezequías: Así
habla el gran rey, el rey de Asiria: ¿Qué
seguridad es ésa en la que has puesto tu
confianza? [20] Has pensado para ti: 'La
palabra de los labios es consejo y valor
para la guerra'. Pero, ¿en quién confías
para haberte rebelado contra mí? [21] Te
has confiado al apoyo de esa caña rota
que es Egipto*, que penetra y traspasa la
mano de quien se apoya en ella. Eso es
el faraón, rey de Egipto, para todos los
que en él confían. [22] Pero si ustedes me
replican: 'Nosotros confiamos en Yahvé,
nuestro Dios', entonces, ¿no es ése el
dios cuyos santuarios y altares retiró
Ezequías, ordenando a Judá y Jerusalén:
'Darán culto sólo en Jerusalén, ante este
altar'? [23] Hagan, pues, una apuesta con
mi señor, el rey de Asiria: Te daré dos
mil caballos si eres capaz de agenciarte
jinetes para ellos. [24] ¿Te crees capaz
de ofender aunque sea a uno solo de los
siervos más insignificantes de mi señor?
¡Te fías de Egipto para disponer de carros y caballería! [25] ¿Crees que he venido
a destruir este lugar sin contar antes con
Yahvé? Yahvé es quien me ha dicho:
Marcha contra esa tierra y destrúyela.»

[26] Eliaquín, Sebná y Joaj dijeron al
copero mayor: «Por favor, háblanos a
nosotros, tus siervos, en arameo, que
lo entendemos; no nos hables en el
hebreo de Judá y a oídos del pueblo que
está en la muralla.» [27] El copero mayor
respondió: «¿Crees que es a tu señor
o a ti a quienes me envía mi señor a
decir estas cosas? Es precisamente a los
hombres que se asoman en la muralla,
quienes como ustedes habrán de comerse sus excrementos y beberse su orina.»

[28] El copero mayor se puso en pie y
gritó a toda voz en el hebreo de Judá:
«Escuchen la palabra del Gran Rey, rey
de Asiria. [29] Así habla el rey: No los engañe Ezequías, que no podrá librarlos de
mi mano. [30] Que Ezequías no les haga
confiar en Yahvé diciendo: 'Yahvé nos librará; esta ciudad no caerá jamás en manos del rey de Asiria.' [31] No hagan caso
a Ezequías, porque así habla el rey de
Asiria: Hagan las paces conmigo y salgan hacia aquí. Así cada uno de ustedes
podrá comer de su viña y de su higuera
y beber del agua de su cisterna, [32] hasta
que llegue yo y los conduzca a una tierra como la de ustedes, tierra de trigo y
mosto, de pan y de vino, de aceite y de
miel, para que vivan y no mueran. Pero
no hagan caso a Ezequías, que los engaña diciendo: 'Yahvé nos librará.' [33] ¿Es
que los dioses de las demás naciones han
podido librar sus territorios del poder del
rey de Asiria? [34] ¿Dónde están los dioses
de Jamat y de Arpad? ¿Dónde están los
dioses de Sefarváin, de Hená y de Avá?
¿Han podido (los dioses de Samaría)
librar a Samaría de mi mano? [35] ¿Qué
dioses, de entre todos los dioses de las
naciones, han librado sus territorios de
mi poder, como para que Yahvé pueda
librar a Jerusalén de mi mano?»

[36] El pueblo callaba, sin responder palabra, pues el rey había ordenado: «No le
respondan.» [37] Eliaquín, hijo de Jilquías,
mayordomo de palacio, y el secretario

18 17 Ver 1 R **1** 9; Is **7** 3.
18 18 Ver Is **22** 13-25.
18 21 La alianza con Egipto es censurada por Is **30-31**; ver Ez **29** 6-7.

Sebná y el heraldo Joaj, hijo de Asaf, se presentaron ante Ezequías, con las vestiduras rasgadas, y le comunicaron lo dicho por el copero mayor.

Recurso al profeta Isaías.
||Is **37** 1-7.

19 [1] Cuando el rey Ezequías lo oyó,
rasgó sus vestiduras, se cubrió
de saco y fue al templo de Yahvé. [2] Envió a Eliaquín, mayordomo de palacio,
a Sebná, el secretario, y a los más ancianos de los sacerdotes, todos cubiertos
de saco, donde el profeta Isaías, hijo de
Amós*, [3] para decirle: «Así habla Ezequías: ¡Día de angustia, de castigo y de
vergüenza! Los niños coronan en el
cuello del útero, pero falta fuerza para
alumbrarlos. [4] ¿Tal vez Yahvé tu Dios ha
tomado nota de todas las palabras del
copero mayor, enviado por el rey de
Asiria, su señor, para insultar al Dios
vivo, y Yahvé tu Dios castiga las palabras que ha oído? ¡Eleva una plegaria
por el resto que aún queda*!»
[5] Cuando los siervos del rey Ezequías
llegaron donde Isaías, [6] éste les dijo:
«Hablen ustedes así a su señor: Esto
dice Yahvé: No tengas miedo por las
palabras que has oído y con las que los
criados del rey de Asiria me han insultado. [7] Infundiré en él un espíritu por
el que oirá ciertos rumores y entonces
se volverá a su tierra. Haré que caiga a
espada en su país.»

Partida del copero mayor.
||Is **37** 8-9.

[8] El copero mayor, tras oír que el rey
de Asiria se había retirado de Laquis,
se dio la vuelta para ir al encuentro del
rey que estaba atacando Libná. [9] Pero
(el rey de Asiria) recibió esta noticia:
«Tirhacá*, rey de Cus, ha partido en campaña contra ti.»

Carta de Senaquerib a Ezequías.
||Is **37** 9-20; ||2 Cro **32** 17.

Entonces envió de nuevo mensajeros
a Ezequías, diciendo: [10] «Así hablarán a
Ezequías, rey de Judá: Que tu Dios, en
el que confías, no te engañe, diciendo:
'Jerusalén no será entregada en manos
del rey de Asiria'. [11] Tú mismo has oído
cómo los reyes de Asiria han tratado a
todos los países, entregándolos al anatema, ¿y vas tú a librarte? [12] ¿Salvaron
acaso los dioses de las naciones a Gozán, a Jarán, a Résef y a los habitantes
de Eden en Tel Basar, que mis antepasados habían aniquilado? [13] ¿Dónde está
el rey de Jamat?, ¿y el rey de Arpad?, ¿y
los reyes de Laír, de Sefarváin, de Hená
y de Avá?»
[14] Ezequías tomó la carta de manos
de los mensajeros y la leyó. Luego subió
al templo de Yahvé y Ezequías abrió el
rollo de carta ante Yahvé. [15] Ezequías
elevó esta plegaria ante Yahvé: «Yahvé,
Dios de Israel, entronizado sobre los
Querubines, tú sólo eres el Dios para todos los reinos de la tierra. Tú hiciste los
cielos y la tierra. [16] ¡Inclina tu oído, Yahvé, y escucha; abre tus ojos, Yahvé, y
mira! Escucha las palabras de Senaquerib, enviadas para insulto del Dios vivo.
[17] Es verdad, Yahvé, los reyes de Asiria
han exterminado las naciones, [18] han
arrojado sus dioses al fuego y los han
destruido, pero no eran dioses, sino hechuras de mano de hombre, de madera
y de piedra. [19] Pero ahora, Yahvé, Dios
nuestro, líbranos de sus manos, sepan
todos los reinos de la tierra que sólo tú
eres Yahvé Dios*.»

Intervención de Isaías.
||Is **37** 21-35.

[20] Isaías, hijo de Amós, envió a Ezequías este mensaje: «Así dice Yahvé,

19 2 Ya los antiguos reyes recurrían a los profetas con motivo de sus guerras: 1 R **22** 8-12; 2 R **1** 9-16; etc.
19 4 Idea del *resto* del pueblo elegido, vv. 30-31; ver 1 R **19** 18, tema de la predicación de los profetas, sobre todo de Isaías, **4** 3+.
19 9 *Tirhacá*, Faraón de la XXV dinastía (etiópica).
19 19 Ver 1 R **18** 24+.

Dios de Israel: He escuchado tu plegaria
acerca de Senaquerib, rey de Asiria.
21 Éste es el oráculo que Yahvé pronuncia contra él*:

«Te desprecia, se burla de ti,
la doncella Sión,
menea la cabeza a tu espalda
la dama Jerusalén.
22 ¿A quién has insultado y ultrajado?
¿Contra quién has alzado la voz
y lanzado miradas altivas?
Contra el Santo de Israel.

23 A través de tus mensajeros has insultado a mi Señor.
Has pensado: 'Con mis carros numerosos
he subido a las cumbres de las montañas,
a los extremos inaccesibles del Líbano,
he talado los cedros más altos,
los cipreses más escogidos,
he alcanzado el pico más elevado,
la espesura más densa.
24 Yo extraje y bebí aguas extranjeras,
con la planta de mis pies
sequé los canales todos de Egipto'.

25 ¿No has oído? Desde lejos lo planeé,
de antiguo lo preparé,
y ahora, lo cumplo.
A ti el reducir a montaña de ruinas
las ciudades amuralladas.
26 Sus habitantes, manicortos*,
confusos y aterrados,
eran hierba del campo, verde heno,
musgo de azotea
abrasado por el viento del este.

27 Conozco tu estar, tu ir y tu venir*
(y tu estallar de rabia contra mí),
28 porque has estallado de rabia contra mí,
y tu alboroto ha llegado a mis oídos.
Te pondré mi argolla en la nariz
y mi freno en el hocico,
y te haré volver por el camino
por el que has venido.

29 Ésta será para ti la señal:
Coman este año lo que crece sin cultivo,
el próximo lo que brota sin siembra,
y al tercer año, siembren y sieguen,
planten viñas y coman sus frutos.

30 Los supervivientes de la casa de Judá,
los que han quedado,
echarán de nuevo raíces en lo hondo
y fruto en lo alto.
31 Pues de Jerusalén saldrá un resto,
los supervivientes, del monte Sión.
El celo de Yahvé lo hará realidad.

32 Por ello así dice el Señor acerca del rey de Asiria:
No entrará en esta ciudad,
no disparará contra ella una flecha,
no avanzará sobre ella con escudo,
no alzará junto a ella una rampa.
33 Por el camino que ha venido,
regresará,
en esta ciudad no entrará —dice Yahvé.
34 Yo protegeré esta ciudad
(para salvarla),
por mi honor y el de David,
mi siervo—.»

Fracaso y muerte de Senaquerib.
||2 Cro **32** 21-22; ||Is **37** 36-38.

35 Aquella misma noche el Ángel de
Yahvé avanzó y golpeó en el campamento asirio a ciento ochenta y cinco
mil hombres; al amanecer eran todos
cadáveres*.
36 Senaquerib, rey de Asiria, levantó
el campamento y regresó a Nínive,
quedándose allí. 37 Mientras estaba celebrando el culto en el templo de su dios

19 21 Poema en el estilo de Isaías, por ej. **10** 5-19, probablemente retocado por un discípulo. Sólo el tercer oráculo, vv. 32-34, se refiere directamente a la situación, vv. 15-19.
19 26 *Manicortos*, expresa escasas posibilidades de actuar; la «mano» representa (y significa) el «poder».
19 27 Ver Sal **139** 2-3.
19 35 Un azote de Dios (¿una peste?, ver 2 S **24** 15-17) diezma el ejército asirio.

Nisroc, sus hijos Adramélec y Saréser
lo mataron a espada. Huyeron al país
de Ararat* y su hijo Asaradón reinó en
su lugar.

Enfermedad y curación de Ezequías*.

||2 Cro **32** 24; ||Is **38** 1-6.21-22.7-8.

20 1 En aquellos días Ezequías cayó
enfermo de muerte. El profeta
Isaías, hijo de Amós, vino a decirle:
«Así habla Yahvé: Pon orden en tu casa,
pues eres hombre muerto y no revivi-
rás.» 2 Ezequías volvió la cara a la pared
y oró a Yahvé: 3 «¡Ah, Yahvé!, recuerda
que he caminado ante ti con sinceridad
y un corazón íntegro, haciendo lo recto
a tus ojos.» Y Ezequías lloró deshecho
en lágrimas.
4 Antes de que Isaías abandonara el
patio central, le llegó la palabra de Yahvé en estos términos: 5 «Vuelve y di a
Ezequías, jefe de mi pueblo: Así habla
Yahvé, el Dios de tu padre David: He
escuchado tu plegaria y he visto tus
lágrimas. Voy a curarte; al tercer día
subirás al templo de Yahvé. 6 Añadiré
otros quince años a tu vida. Te libraré
además, a ti y a esta ciudad, de la mano
del rey de Asiria, y, por mi honor y el
de David, mi siervo, extenderé mi protección sobre esta ciudad.»
7 Isaías dijo entonces: «Traigan una
torta de higos.» La trajeron, la aplicaron
sobre la úlcera y quedó sano.
8 Ezequías dijo a Isaías: «¿Cuál será
la señal de que Yahvé me va a curar y
de que al tercer día subiré al templo de
Yahvé?» 9 Isaías respondió: «Ésta es la señal que Yahvé te envía de que cumplirá
lo prometido: ¿Avanzará o retrocederá
la sombra diez gradas?» 10 Ezequías dijo:
«Es fácil que la sombra se alargue diez
gradas, pero no que retroceda diez gradas.» 11 El profeta Isaías invocó a Yahvé
y Yahvé hizo que la sombra retrocediera
las diez gradas que había recorrido en
las escalinatas de Ajaz*.

Embajada de Merodac Baladán.

||Is **39**.

12 En aquel tiempo, Merodac Baladán, hijo de Baladán*, rey de Babilonia,
enterado de que Ezequías había estado
enfermo, le envió cartas y un presente.
13 Ezequías se alegró por ello y enseñó
a los mensajeros su cámara del tesoro,
la plata, el oro, los aromas y el aceite
perfumado, así como su arsenal y todo
cuanto había en los tesoros; no quedó
nada en su palacio y en todos sus dominios que Ezequías no les mostrara.
14 Entonces el profeta Isaías se presentó al rey Ezequías y le dijo: «¿Qué
te han dicho estos hombres y de dónde han venido?» Respondió Ezequías:
«Han venido de un país lejano, de
Babilonia.» 15 Preguntó de nuevo: «¿Qué
han visto en tu palacio?» Respondió
Ezequías: «Han visto todo cuanto hay
en mi palacio; no quedó nada en los
tesoros por enseñarles.»
16 Isaías dijo a Ezequías: «Escucha la
palabra de Yahvé: 17 Llega el tiempo en
que se llevarán a Babilonia cuanto hay en
tu palacio y cuanto atesoraron tus padres
hasta el día de hoy. No quedará nada,
dice Yahvé. 18 A algunos de tus hijos, salidos de ti, que tú engendraste, se los llevarán para convertirlos en eunucos en el
palacio del rey de Babilonia.» 19 Ezequías
respondió a Isaías: «Está bien la palabra
de Yahvé que me anuncias.» Pensaba para sí: «¿No quiere eso decir que a lo largo
de mi vida habrá paz y tranquilidad*?»

19 37 Senaquerib fue asesinado el 681.

20 Como **18-19**, este cap. **20** se encuentra en Is **38-39**, un poco diferente, con la añadidura del cántico de Ezequías, **38** 9-20, de composición más tardía. Los sucesos relatados preceden a la campaña de Senaquerib, **18-19**.

20 11 La escalera que sube al terrado construido por Ajaz, ver **23** 12.

20 12 *Merodac Baladán* es el promotor de la independencia babilónica contra Asiria.

20 19 Isaías anuncia el pillaje y la deportación de **24** 13-16. Ezequías deduce de esto que él morirá en paz.

Conclusión del reinado de Ezequías.

20 El resto de los hechos de Ezequías,
sus éxitos militares, cómo construyó la alberca y el canal para la traída de aguas a
la ciudad*, ¿no está escrito en el Libro de
los Anales de los reyes de Judá? 21 Ezequías reposó con sus antepasados, y
Manasés, su hijo, reinó en su lugar.

2. DOS REYES IMPÍOS

Reinado de Manasés en Judá (687-642).

‖2 Cro **33** 1-10.

21 1 Manasés tenía doce años cuando comenzó a reinar, y reinó
cincuenta y cinco años en Jerusalén. Su
madre se llamaba Jefsí Baj. 2 Hizo lo
malo a los ojos de Yahvé según la costumbre abominable de las naciones que
Yahvé había expulsado ante los israelitas. 3 Reconstruyó los santuarios que su
padre Ezequías había destruido; erigió
altares dedicados a Baal y fabricó un
tronco sagrado como había hecho Ajab,
rey de Israel. Se postraba ante todo el
ejército de los cielos al que rendía culto,
y 4 construyó altares en el templo de
Yahvé, del que Yahvé había dicho: «En
Jerusalén estableceré mi Nombre.»
5 Construyó altares a todo el ejército
de los cielos en los dos patios del templo
de Yahvé. 6 Arrojó su hijo a la pira de
fuego; practicó la adivinación y la magia, consultó a adivinos y nigromantes;
se excedió en hacer lo malo a los ojos de
Yahvé, provocando su cólera. 7 Fabricó
la imagen esculpida de Aserá* y la instaló en el templo del que Yahvé había
dicho a David y a Salomón, su hijo: «En
este templo y en Jerusalén, que he elegido entre todas las tribus de Israel, estableceré mi Nombre para siempre. 8 No
volveré a hacer que Israel vague errante fuera de la tierra que di a sus padres,
a condición de que se comprometan a
actuar conforme a todo lo que les he
mandado y a la Doctrina toda que mi
siervo Moisés les mandó*.» 9 Pero ellos
no obedecieron y Manasés los extravió
hasta el punto de actuar peor que las naciones que Yahvé había eliminado ante
los israelitas.
10 Yahvé habló por boca de sus siervos, los profetas, diciendo: 11 «Manasés,
rey de Judá, ha hecho estos actos abominables, superando todo el mal que
cometieron los amorreos antes de él y
provocando que también Judá pecara
con sus ídolos. 12 Por eso, así habla
Yahvé, Dios de Israel: Voy a acarrear tal
desgracia sobre Jerusalén y Judá que a
quienes lo oigan les zumbarán los oídos.
13 Aplicaré a Jerusalén la misma medida
que a Samaría y los mismos pesos que
a la casa de Ajab*; fregaré a Jerusalén
como se friega un plato y se le deja cara
abajo. 14 Arrojaré el resto de mi heredad*
y los entregaré en manos de sus enemigos; serán presa y botín de todos sus enemigos, 15 porque hicieron lo malo a mis
ojos y me irritaron desde el día en que sus
padres salieron de Egipto hasta este día.»
16 Manasés derramó tanta sangre
inocente que inundó Jerusalén de punta
a punta, aparte del pecado que hizo cometer a Judá, haciendo lo que es malo
a los ojos de Yahvé.
17 El resto de los hechos de Manasés,
todo cuanto hizo, los pecados que co-

20 20 Este canal cavado en la roca, entre la fuente de Guijón, 1 R **1** 33, y la piscina *de Siloé,* Jn **9** 7; ver Is **22** 11, diferente del canal a cielo abierto de **18** 17; Is **7** 3, existe todavía hoy, ver Si **48** 17+.

21 7 *Aserá* es aquí una imagen de la diosa cananea, y no un tronco sagrado que lleva su nombre, Ex **34** 13+.

21 8 Todo el pasaje se refiere al Dt **17** 3; **18** 9-14; **12** 5.29-31.

21 13 Ver Is **34** 11; Am **7** 7; Lm **2** 8.

21 14 Después de la caída del reino del Norte, los judíos son el *resto* del pueblo elegido, **19** 4+.

metió, ¿no está escrito en el Libro de los
Anales de los reyes de Judá? [18] Manasés reposó con sus padres y lo enterraron en el jardín de su palacio, en el jardín de Uzá, y su hijo, Amón, reinó en su
lugar.

Reinado de Amón en Judá (642-640).
||2 Cro **33** 21-25.

[19] Amón tenía veintidós años cuando
comenzó a reinar y reinó dos años en
Jerusalén. Su madre se llamaba Mesu-
lémet, hija de Jarús de Yotbá. [20] Hizo lo
malo a los ojos de Yahvé como había
hecho su padre Manasés. [21] Siguió en todo los caminos de su padre, dando culto
a los ídolos a los que su padre había servido y postrándose ante ellos. [22] Abandonó a Yahvé, Dios de sus padres, y no
siguió el camino de Yahvé.
[23] Los siervos de Amón conspiraron
contra él y mataron al rey en su palacio.
[24] Pero el pueblo de la tierra* mató a
todos los que habían conspirado contra
el rey Amón, y el pueblo del país proclamó rey a su hijo Josías en su lugar.
[25] El resto de los hechos de Amón,
cuanto hizo, ¿no está escrito en el Libro
de los Anales de los reyes de Judá?
[26] Lo enterraron en su sepulcro, en el
jardín de Uzá, y Josías, su hijo, reinó en
su lugar.

3. JOSÍAS Y LA REFORMA RELIGIOSA

Introducción al reinado de Josías (640-609).
||2 Cro **34** 1-2.

22 [1] Josías tenía ocho años cuando comenzó a reinar, y reinó
treinta y un años en Jerusalén. Su madre se llamaba Yedidá, hija de Adaías,
de Boscat. [2] Hizo lo recto a los ojos de
Yahvé y siguió en todo los caminos de
David su padre, sin desviarse a derecha
ni izquierda.

Descubrimiento del rollo de la Doctrina*.
||2 Cro **34** 8-18.

[3] En el año dieciocho del rey Josías,
el rey envió al secretario Safán, hijo de
Asalías, hijo de Mesulán, al templo de
Yahvé con este mensaje: [4] «Ve al sumo
sacerdote Jilquías y que pese el dinero
recogido entre el pueblo por los guardianes del umbral, depositado en el templo
de Yahvé; [5] que se entregue en manos
de los capataces que están al cargo del
templo de Yahvé y que éstos lo destinen
al pago de los que trabajan en restaurar
el templo de Yahvé, [6] carpinteros, constructores y albañiles, y para la compra
de madera y piedra de cantería para la
restauración del edificio. [7] Pero que no
se les pida cuentas del dinero que se les
entrega, porque actúan con honestidad.»
[8] El sumo sacerdote Jilquías dijo al escriba Safán: «He hallado en el templo de
Yahvé un rollo de la Doctrina.» Jilquías
entregó el rollo a Safán, que lo leyó. [9] El
secretario Safán se presentó al rey y le
dio cuenta: «Tus siervos han fundido el
dinero depositado en el templo y lo han
entregado a los capataces encargados
del templo de Yahvé.» [10] El secretario
Safán informó también al rey: «El sumo
sacerdote Jilquías me ha entregado un
rollo.» Y Safán lo leyó ante el rey.

Consulta a la profetisa Juldá.
||2 Cro **34** 19-28.

[11] Cuando el rey oyó las palabras del
rollo de la Doctrina, rasgó sus vestidu-

21 24 Ver **11** 14+; **14** 21.
22 3 Este *rollo de la Doctrina*, v. 8, o de la Alianza, **23** 2.21, es el *Deuteronomio*, por lo menos su parte central legislativa, cuyas prescripciones ordenan la reforma radical que va a tener lugar. Quizá el documento era anterior, **18** 4, escondido o perdido u olvidado en el reinado de Manasés, ver **21** 2-9.

ras. 12 Y el rey ordenó al sacerdote Jilquías, a Ajicán, hijo de Safán, a Acbor, hijo de Miqueas, al escriba Safán y a Asayas, ministro del rey: 13 «Vayan a consultar a Yahvé por mí y por el pueblo y por todo Judá a propósito de las palabras de este rollo que se ha encontrado, pues ha debido de encenderse la ira de Yahvé contra nosotros, porque nuestros padres no obedecieron las palabras de este rollo haciendo lo que está escrito para nosotros.»

14 El sacerdote Jilquías, Ajicán, Acbor, Safán y Asayas fueron donde la profetisa Juldá, mujer de Salún, hijo de Ticvá, hijo de Jarjás, encargado del vestuario. Vivía en Jerusalén, en el Barrio Nuevo. Ellos le hablaron 15 y ella respondió: «Así habla Yahvé, Dios de Israel: Digan al hombre que los ha enviado a mí: 16 'Así habla Yahvé: Voy a traer el desastre sobre este lugar y sus habitantes, todo lo dicho en el rollo que ha leído el rey de Judá. 17 Porque ellos me han abandonado y han quemado incienso a otros dioses irritándome con todos los ídolos que se han hecho. Arde mi ira contra este lugar y ya no se apagará.' 18 Digan al rey de Judá, que los envió a consultar a Yahvé: 'Así dice Yahvé, Dios de Israel: Ya que al escuchar mis palabras 19 contra este lugar y sus habitantes, que se volverán espanto y maldición, (tu corazón se ha conmovido y te has humillado ante Yahvé), has rasgado tus vestiduras y has llorado ante mí, yo a mi vez he escuchado, oráculo de Yahvé: 20 Por eso, te reuniré con tus antepasados y serás enterrado en paz en tu sepulcro; tus ojos no verán todo el desastre que yo acarrearé sobre este lugar.'» Ellos llevaron la respuesta al rey.

Lectura solemne del rollo de la Doctrina.
||2 Cro **34** 29-31.

23 1 El rey envió una orden y todos los ancianos de Judá y de Jerusalén se reunieron en asamblea ante él. 2 El rey subió al templo de Yahvé con todos los hombres de Judá y todos los habitantes de Jerusalén, los sacerdotes, los profetas y todo el pueblo, desde los más jóvenes a los más ancianos, y leyó ante ellos el texto completo del rollo de la alianza* hallado en el templo de Yahvé. 3 El rey se situó en pie junto a la columna y celebró el rito de la alianza ante Yahvé: que ellos deberían seguir a Yahvé y guardar sus mandamientos, sus testimonios y sus preceptos con todo el corazón y toda el alma, y cumplir los términos de esta alianza tal como estaban en este rollo. Todo el pueblo se comprometió a la alianza*.

Reforma religiosa de Judá.
||2 Cro **34** 3-5.

4 El rey ordenó a Jilquías, al segundo de los sacerdotes y a los encargados del umbral que sacaran del santuario de Yahvé todos los objetos fabricados para Baal y Aserá y todo el ejército de los cielos. Los quemó fuera de Jerusalén en los yermos del Cedrón y llevó sus cenizas a Betel. 5 Suprimió los sacerdotes paganos que los reyes de Judá habían designado para quemar incienso en los altozanos, en las poblaciones de Judá y alrededores de Jerusalén, y los que ofrecían incienso a Baal, al sol, a la luna, a las constelaciones y a todo el ejército de los cielos. 6 Sacó la Aserá del templo de Yahvé fuera de Jerusalén, al torrente Cedrón, la quemó allí en el torrente Cedrón, la redujo a cenizas y esparció las cenizas sobre las tumbas del pueblo llano. 7 Derribó las dependencias de los consagrados a la prostitución que estaban en el templo de Yahvé, en el lugar en el que las mujeres tejían mantos para Aserá.

8 Hizo venir a todos los sacerdotes de las poblaciones de Judá y profanó los altozanos en los que los sacerdotes habían quemado incienso, desde Gueba

23 2 Ver **22** 3+. Dt se presenta como el código de la Alianza, **5** 3; **28** 69; etc.

23 3 Ver Ex **24** 7-8; Jos **24** 25-27.

hasta Berseba*. Derribó los templetes de las puertas que estaban a la entrada de la puerta de Josué, gobernador de la ciudad, a la izquierda según se entra por la puerta de la ciudad. [9] Sin embargo, los sacerdotes de los altozanos no podían subir al altar de Yahvé en Jerusalén, pero comían los panes ázimos junto con sus hermanos. [10] Profanó el Tófet* que había en el valle de Ben Hinón, para que nadie pudiera arrojar a su hijo o hija a la pira de fuego en honor de Mólec. [11] Retiró los caballos que los reyes de Judá habían dedicado al Sol, situados a la entrada del templo de Yahvé, cerca de la cámara del eunuco Natanmélec que había en las dependencias. Quemó el carro del Sol [12] y derribó los altares construidos por los reyes de Judá que estaban sobre la azotea de la cámara superior de Ajaz, y los altares que edificó Manasés en los dos patios del templo de Yahvé. Los retiró, los destruyó allí y arrojó sus cenizas al torrente Cedrón. [13] El rey profanó también los altozanos que estaban frente a Jerusalén, al sur del Monte de los Olivos, que Salomón, rey de Israel, había construido a Astarté, abominación de los sidonios, a Camós, abominación de Moab, y a Milcón, abominación de los amonitas. [14] Deshizo las estelas y cortó los troncos sagrados, cubriendo sus lugares con huesos humanos*.

La reforma se extiende al antiguo reino del Norte*.

[15] También derribó el altar que había en Betel y el altozano que había levantado Jeroboán, hijo de Nebat, el que hizo incurrir en pecado a Israel. Quemó el altozano, rompió las piedras, las redujo a polvo, y quemó el tronco sagrado.

[16] Josías se dio la vuelta y vio los sepulcros que había allí en la montaña. Mandó entonces que recogieran los huesos de las tumbas y los quemaran sobre el altar. Lo profanó en cumplimiento del oráculo de Yahvé que el hombre de Dios había proclamado (cuando Jeroboán estaba en pie junto al altar durante la fiesta*. Josías se dio la vuelta y alzó los ojos sobre la tumba del hombre de Dios que había proclamado estos acontecimientos). [17] Y preguntó: «¿Qué monumento es ése que estoy viendo?» Los hombres de la ciudad le respondieron: «Es la tumba del hombre de Dios que vino de Judá y anunció esto que has hecho con el altar de Betel.» [18] Él dijo: «Déjenlo. Que nadie remueva sus huesos.» Así respetaron sus huesos junto con los del profeta que procedía de Samaría.

‖2 Cro **34** 6-7.

[19] Josías abolió también todos los santuarios de los altozanos en las poblaciones de Samaría que habían construido los reyes de Israel irritando con ello a Yahvé. Hizo con ellos exactamente como había hecho con Betel. [20] Inmoló sobre los altares a todos los sacerdotes de los altozanos que se encontraban allí y quemó sobre ellos huesos humanos. Luego se volvió a Jerusalén.

Celebración de la Pascua*.

‖2 Cro **35** 1.18-19.

[21] El rey dio orden a todo el pueblo: «Celebren la Pascua en honor de Yahvé, su Dios, según está escrito en este rollo de la alianza.» [22] La Pascua no se había celebrado de este modo en los

23 8 Siguiendo la ley del Dt **12** 2+, Josías centraliza en Jerusalén el culto de todo el territorio de Judá, suprimiendo hasta los santuarios yahvistas.

23 10 *Tófet*, lugar donde se sacrificaban los niños a Mólec, Lv **18** 21+.

23 14 Para profanar definitivamente estos lugares, ver vv. 16.20. A la centralización del culto Josías añade la lucha contra los cultos cananeos y asirios. La contaminación de idolatría está confirmada por Jeremías, Sofonías, Ezequiel.

23 15 Gracias a la decadencia de Asiria, Josías había extendido su autoridad a una parte del antiguo territorio del reino de Israel. Sobre Betel, ver 1 R **12** 31-32.

23 16 Ver 1 R **12** 33-**13** 32.

23 21 Celebración enteramente conforme al Dt **16** 1-8+, pero el v. 22 introduce una novedad importante en el ritual: la obligación de celebrar la Pascua en el templo.

días de los Jueces que habían gobernado Israel ni en los días de los reyes de
Israel y de los reyes de Judá. 23 Tan sólo
el año dieciocho del rey Josías se celebró de este modo una Pascua en honor
de Yahvé en Jerusalén.

Conclusión sobre la reforma religiosa.

24 Josías eliminó también los nigromantes y adivinos, los dioses familiares
y los ídolos, y todas las abominaciones
que se podían ver en la tierra de Judá y
en Jerusalén, cumpliendo así los términos de la Doctrina escritos en el rollo
encontrado por el sacerdote Jilquías en
el templo de Yahvé. 25 No hubo antes
rey alguno que como él se volviera a
Yahvé con todo su corazón, con toda su
alma y con todas sus fuerzas*, conforme
a la Doctrina de Moisés; tampoco ha
surgido después ninguno como él.
26 Sin embargo, Yahvé no se volvió
atrás del ardor de su fuerte cólera que
echaba chispas contra Judá por todo lo
que Manasés había hecho para irritarlo.
27 Yahvé había dicho: «Expulsaré también
a Judá de mi presencia, como aparté a
Israel, y rechazaré a Jerusalén, la ciudad
que había elegido, y el templo del que
había dicho: Mi Nombre estará en él.»

Final del reinado de Josías.

||2 Cro **35** 26-27.

28 El resto de los hechos de Josías, todo cuanto hizo, ¿no está escrito en el Libro de los Anales de los reyes de Judá?

||2 Cro **35** 20-24; **36** 1.

29 En sus días el faraón Necó, rey de
Egipto, marchó hacia el río Éufrates
donde el rey de Asiria. El rey Josías fue
a su encuentro, pero, en cuanto le hizo
frente, Necó lo mató en Meguidó*. 30 Sus
servidores condujeron su cuerpo en carro desde Meguidó, lo trasladaron a Jerusalén y lo enterraron en su sepulcro.
El pueblo del país tomó a Joacaz, hijo
de Josías, y lo ungieron y proclamaron
rey, en lugar de su padre.

4. LA RUINA DE JERUSALÉN

Reinado de Joacaz en Judá (609).

||2 Cro **36** 2-4.

31 Joacaz tenía veintitrés años cuando
comenzó a reinar, y reinó tres meses
en Jerusalén. Su madre se llamaba
Jamital, hija de Jeremías, de Libná.
32 Hizo lo malo a los ojos de Yahvé, exactamente como habían hecho sus padres.
33 El faraón Necó lo hizo prisionero
en Riblá, en el país de Jamat (para im-
pedirle reinar en Jerusalén), e impuso al
país una indemnización de cien talentos
de plata y diez talentos de oro. 34 El
faraón Necó designó rey a Eliaquín, hijo
de Josías, en lugar de su padre Josías,
cambiando su nombre por el de Joaquín*. Tomó a Joacaz y lo llevó a Egipto, donde murió.
35 Joaquín entregó al faraón la plata y
el oro, pero impuso un gravamen sobre
el país para pagar el dinero exigido por
el faraón. Requirió al pueblo del país, a
cada uno según sus bienes, la plata y el
oro que había de entregar al faraón
Necó.

Reinado de Joaquín en Judá (609-598).

||2 Cro **36** 5-7.

36 Joaquín tenía veinticinco años cuando comenzó a reinar, y reinó once años
en Jerusalén. Su madre se llamaba Ze-

23 25 Ver Dt **6** 5+.
23 29 El Faraón Necao (Necó, aquí) vino el año 609 en ayuda del último rey de Asiria derrotado por los Medos y Babilonios. Josías quiso oponerse a esta unión, creyendo que la ruina de Asiria sería ventajosa para Judá. Fue herido y traído a Jerusalén para morir allí, 2 Cro **35** 22-24.
23 34 Nombre de coronación, ver **14** 21, o señal de vasallaje, ver **24** 17.

bida, hija de Pedayas, de Rumá. 37 Hizo lo malo a los ojos de Yahvé, exactamente como hicieron sus padres.

24 1 En sus días, Nabucodonosor*, rey de Babilonia, emprendió una campaña y Joaquín pasó a ser vasallo suyo por tres años, pero luego cambió y se rebeló contra él. 2 Yahvé lanzó contra él bandas de caldeos, arameos, moabitas y amonitas; las envió contra Judá para aniquilarla, conforme al oráculo de Yahvé pronunciado por boca de sus siervos los profetas. 3 Esto le ocurrió a Judá por orden de Yahvé, que la echó de su presencia por los pecados cometidos por Manasés, 4 y también por la sangre inocente que había derramado. Inundó Jerusalén de sangre inocente y Yahvé no quiso perdonar.

5 El resto de los hechos de Joaquín, todo cuanto hizo, ¿no está escrito en el Libro de los Anales de los reyes de Judá? 6 Joaquín reposó con sus antepasados y Jeconías, su hijo, reinó en su lugar.

7 El rey de Egipto no volvió a aventurarse fuera de su tierra, pues el rey de Babilonia había conquistado todo el territorio desde el torrente de Egipto hasta el río Éufrates, todo cuanto pertenecía al rey de Egipto.

Introducción al reinado de Jeconías (598).
||2 Cro **36** 9.

8 Jeconías tenía dieciocho años cuando comenzó a reinar, y reinó tres meses en Jerusalén. Su madre se llamaba Nejustá, hija de Elnatán, de Jerusalén. 9 Hizo lo malo a los ojos de Yahvé, exactamente como había hecho su padre.

Primera deportación.
||2 Cro **36** 10; Jr **52** 1-3.

10 En aquel tiempo, Nabucodonosor, rey de Babilonia, marchó contra Jerusalén y la ciudad quedó cercada. 11 Nabucodonosor, rey de Babilonia, llegó a la ciudad mientras sus siervos la asediaban. 12 Entonces Jeconías, rey de Judá, se rindió al rey de Babilonia, él, su madre, sus cortesanos, jefes y eunucos; el rey de Babilonia lo hizo prisionero en el año octavo de su reinado. 13 Se llevó de allí todos los tesoros del templo de Yahvé y los del palacio real y deshizo toda la decoración de oro que Salomón, rey de Israel, había hecho en el santuario de Yahvé, como Yahvé había advertido. 14 Deportó a todo Jerusalén, todos los jefes y guerreros, diez mil deportados, y todos los herreros y cerrajeros. No quedó más que la gente más pobre del país. 15 Deportó a Babilonia a Jeconías y llevó al destierro, de Jerusalén a Babilonia, a la madre del rey y a las mujeres del rey, a sus eunucos y a los notables del país. 16 El rey de Babilonia llevó deportados a Babilonia a todos los hombres pudientes, en número de siete mil, entre ellos los herreros y cerrajeros que hacían un millar, así como a todos los hombres aptos para la guerra.

17 El rey de Babilonia designó rey, en lugar de Jeconías, a su tío Matanías, cambiando su nombre por el de Sedecías.

Introducción al reinado de Sedecías en Judá* (598-587).
||2 Cro **36** 11-12; ||Jr **52** 1-3.

18 Sedecías tenía veintiún años cuando comenzó a reinar, y reinó once años en Jerusalén. Su madre se llamaba Jamital, hija de Jeremías, de Libná. 19 Hizo lo malo a los ojos de Yahvé, exactamente como había hecho Jeconías. 20 Esto sucedió por la cólera de Yahvé contra Jerusalén y Judá, hasta el punto de echarlas de su presencia.

24 1 *Nabucodonosor*, organizador del imperio neobabilónico, o caldeo, sucesor del imperio asirio. Primera expedición a Palestina, el 604; rebelión de Judá, el 601.

24 18 El relato de **24** 18-**25** 21 se encuentra en Jr **52**, como conclusión del libro. Lo mismo el de **25** 1-12 se encuentra en Jr **39** 1-10.

Sitio de Jerusalén.
||Jr **39** 1-7; **52** 3-11;
||2 Cro **36** 13.

Sedecías se rebeló contra el rey de Babilonia.

25 1 El año noveno de su reinado, el mes décimo (el día diez), Nabucodonosor, rey de Babilonia, vino con todo su ejército contra Jerusalén. Acampó frente a ella y la cercaron con una empalizada. 2 La ciudad quedó sitiada hasta el año once de Sedecías. 3 El mes cuarto, el nueve del mes, arreciaba el hambre en la ciudad y no quedaba pan para la gente del pueblo; 4 se abrió entonces un boquete en la (muralla de la) ciudad y, a pesar de que los caldeos rodeaban completamente la ciudad, el rey salió con todos los soldados, durante la noche, por la puerta entre los dos muros que está cerca del parque del rey; se fue por el camino de la Arabá*. 5 Las tropas caldeas persiguieron al rey y le dieron alcance en las estepas de Jericó; entonces todas sus tropas se dispersaron abandonándolo.

6 Capturaron al rey, lo llevaron ante el rey de Babilonia, a Riblá, y lo sometieron a juicio*. 7 A la vista de Sedecías degollaron a sus hijos, a él le arrancaron los ojos, lo encadenaron con una doble cadena de bronce y lo condujeron a Babilonia.

Saqueo de Jerusalén y segunda deportación.
||Jr **39** 8-10; **52** 12-27.

8 En el mes quinto, el siete del mes —era aquél el año diecinueve de Nabucodonosor, rey de Babilonia—, Nebuzardán, jefe de la guardia, siervo del rey de Babilonia, vino a Jerusalén. 9 Incendió el templo de Yahvé, el palacio real y todas las casas de Jerusalén; puso fuego a las casas de los altos personajes. 10 Todas las tropas caldeas que acompañaban al jefe de la guardia demolieron las murallas que rodeaban Jerusalén. 11 Nebuzardán, jefe de la guardia, deportó al resto del pueblo que quedaba en la ciudad, a los desertores que se habían pasado al rey de Babilonia y al resto de la población. 12 El jefe de la guardia dejó una parte de los más pobres del pueblo del país para cultivar las viñas y los campos.

13 Los caldeos rompieron las columnas de bronce del templo de Yahvé, las basas y el Mar de bronce que estaba en el templo de Yahvé*, y el bronce se lo llevaron a Babilonia. 14 Tomaron también los ceniceros, las paletas, los cuchillos, las cucharas y todos los utensilios de bronce destinados al culto. 15 El jefe de la guardia tomó los incensarios y los aspersorios, tanto los de oro como los de plata. 16 Las dos columnas, el Mar, que era único, y las basas que Salomón había fabricado para el templo de Yahvé: el peso del bronce de todos estos objetos era incalculable. 17 La altura de la primera columna era de dieciocho codos; soportaba un capitel de bronce de cinco codos de alto, con un trenzado y granadas en torno, todo de bronce. La segunda columna con su trenzado era similar.

18 El jefe de la guardia hizo prisioneros a Serayas, sacerdote principal, a Sefanías, segundo sacerdote, y a los tres guardias del umbral. 19 En la ciudad arrestó a un eunuco, inspector militar, a cinco de los cortesanos del rey que se encontraban en la ciudad, al secretario del jefe del ejército, encargado de alistar al pueblo del país, y a sesenta hombres del pueblo del país que se hallaban en la ciudad. 20 Nebuzardán, jefe de la guardia, los hizo prisioneros y los condujo a Riblá ante el rey de Babilonia. 21 Éste los golpeó y mató en Riblá, en el país de Jamat. Así fue como Judá partió al exilio, lejos de su tierra.

25 4 Arabá, valle desolado del Jordán, que discurre desde el Mar Muerto hacia el sur.
25 6 Como un vasallo traidor.
25 13 Recordar las descripciones del templo, 1 R **7**; 2 R **16**.

Godolías gobernador de Judá*.

22 Nabucodonosor, rey de Babilonia,
puso a Godolías, hijo de Ajicán, hijo de
Safán, al frente del pueblo que quedó en
el territorio de Judá. 23 Cuando los jefes
de las tropas y sus hombres oyeron que
el rey de Babilonia había hecho gobernador a Godolías, se presentaron en
Mispá ante Godolías con Ismael, hijo de
Netanías, Juan, hijo de Caréaj, Serayas,
hijo de Tanjumet el netofita, Jazanías de
Maacá, acompañados de sus hombres.
24 Godolías les tomó juramento, a ellos
y a sus hombres, diciendo: «No teman a
los siervos de los caldeos, quédense en
el país, sirvan al rey de Babilonia y les
irá bien.»

25 Pero en el mes séptimo, Ismael, hijo de Netanías, hijo de Elisamá, que era
de linaje real, vino con diez hombres e
hirieron de muerte a Godolías, así como
a los judíos y caldeos que estaban con
él, en Mispá. 26 Entonces todo el pueblo,
desde los más jóvenes a los más ancianos, y también los jefes de tropas se pusieron en marcha y fueron a Egipto,
pues tenían miedo de los caldeos.

El perdón del rey Jeconías.
||Jr **52** 31-34.

27 En el año treinta y siete de la deportación de Jeconías, rey de Judá, el mes
doce, el veintisiete del mes, Evil Merodac*, rey de Babilonia, en el año en que
comenzó a reinar, hizo gracia a Jeconías,
rey de Judá, y lo liberó de la prisión. 28 Lo
trató con benevolencia y le concedió un
trono superior al de los otros reyes que
estaban con él en Babilonia. 29 Le hizo
mudar sus ropas de prisión y (Jeconías)
comió siempre a la mesa en su presencia
por el resto de sus días. 30 Por disposición
del rey, se le consignó un sustento permanente, para cada día, durante todos
los días de su vida.

25 22 *Godolías*, nacido de una familia de altos funcionarios, ver **22** 12; Jr **26** 24; **40** 5.7; **41** 18.

25 27 *Evil Merodac*, es Avil-Marduc, hijo de Nabucodonosor, **24** 1, que sube al trono el 562. El libro de los Reyes termina con un rayo de esperanza, ver Jr **52** 34.

LOS LIBROS DE LAS CRÓNICAS, DE ESDRAS Y NEHEMÍAS

Introducción

Los libros de las Crónicas, Esdras y Nehemías *repiten, en parte, y continúan luego la historia deuteronomista, con una visión nueva de la historia y un estilo nuevo. Pertenecen a la época del judaísmo postexílico, en la que el pueblo era dirigido por los sacerdotes y según las reglas de su ley religiosa. Las instituciones sagradas eran el centro de su vida. A este conjunto de libros, que tienen esta peculiar visión de la historia de Israel y que coinciden en sus rasgos literarios se le llama «historia cronística».*

LOS LIBROS DE LAS CRÓNICAS

Nueva visión de la Historia de Israel

En Jerusalén, entre los años 336-300, poco antes de la dominación griega o coincidiendo con sus comienzos, un levita escribe una síntesis de la historia del pueblo de Yahvé con una visión religiosa nueva

El 538 se había producido en Israel un acontecimiento clave de su historia: el regreso de los desterrados de Babilonia. Y durante estos años de dominio persa, sobre todo a partir del año 450, se ha producido en Palestina una renovación religiosa. Israel no tenía ya reyes: los profetas son pocos; los rectores del pueblo y promotores de la reforma religiosa, que iniciaron Nehemías y Esdras con la restauración de la ciudad y del templo, son los sacerdotes y levitas.

La reforma religiosa se centra en el templo y en el culto, y va orientada hacia la piedad personal, apoyada en doctrinas sapienciales (de esta época datan la mayoría de los libros sapienciales de la Biblia) y en el recuerdo de las glorias pasadas de Israel y en la fe en las promesas de un futuro glorioso del pueblo.

Para fomentar esta renovación religiosa nuestro levita escribe una meditación sobre la historia de Israel. La meditación son los libros de las Crónicas, que en su origen fueron un solo volumen.

El centro de la meditación «cronística» es la dinastía de David: exalta su fidelidad, el cumplimiento de la Ley, las celebraciones cultuales, etc. Todo en un marco legalista y ritual; la fidelidad a la alianza se traduce en cumplimiento de la Ley (1 Cro **22-26** *y 2 Cro* **29-30** *y* **35***).*

Autores posteriores ampliaron esta meditación con añadiduras en la misma línea legalista y ritual del primer autor.

Para orientar nuestra lectura podemos dividir el contenido de esta obra en unos apartados que marcan, a su vez, las líneas de la meditación del Cronista.

1.—Genealogías *(1 Cro* 1 *1-*10 *14)*

El Cronista recapitula grandes períodos de la historia de Israel a partir de listas genealógicas que se apoyan en las listas de Génesis, Éxodo, Números, Josué y Rut, para desembocar en lo que le interesa: la tribu de Judá.

2.—David *(1 Cro* 11 *1-*29 *30)*

Es el rey ideal, fiel al proyecto de Yahvé, el que unifica las tribus (1 Cro **12** *19), conquista Jerusalén que convierte en capital del Reino; es quien organiza el culto. Los episodios que pudieran ensombrecer la figura ideal de David son eliminados: adulterio, intrigas familiares, decrepitud del anciano*

David, instrucciones testamentarias de venganza, etc. David es el modelo de la piedad personal y del culto a Yahvé (1 Cro **29** *1-19).*

3.—Salomón *(2 Cro* **1** *1-***9** *31)*

Heredero legítimo de David. Lo presenta el Cronista como un rey fiel a la alianza, como su padre. Por eso elimina todos los actos de su política censurados en 1 R **11**. *Salomón es el ejecutor de los planes de su padre en la construcción del templo y en la organización del culto: todo lo hizo Salomón «conforme al reglamento de su padre David» (2 Cro* **8** *14).*

4.—Los reyes de Judá *(2 Cro* **10** *1-***36** *23)*

El Cronista medita sobre la división del reino y anota las causas de esta escisión: el rey no escuchó al pueblo y, además, esto formaba parte del plan de Dios (2 Cro **10** *15). Omite toda referencia a los reyes del norte. Sólo le interesan los sucesores de David, y de modo particular los que se mantuvieron fieles a la alianza, como Asá, Josafat, Ezequías y Josías. El resto de los reyes de Judá le merecen poco interés. Los últimos, Joacaz, Joaquín, Jeconías y Sedecías se apartan del ideal davídico: «hicieron lo malo a los ojos de Yahvé».*

Para este levita piadoso la infidelidad a la alianza de Yahvé es la causa de la destrucción de la ciudad santa, del templo y de su culto.

En su meditación, como corolario final, el levita ve el destierro babilonio como un tiempo de purificación y santificación, un descanso sabático, que prepara la restauración de la casa de David: «Hasta que el país haya pagado sus sábados, descansará todos los días de la desolación, hasta que se cumplan los setenta años» (2 Cro **36** *21).*

*Un autor posterior amplió esta reflexión final del Cronista copiando, como final del libro (***36** *22-23), el inicio de un libro anterior en el tiempo, el de Esdras (ver Esd* **1** *1-3).*

LOS LIBROS DE ESDRAS Y NEHEMÍAS

Los libros de Esdras y Nehemías formaban un conjunto único que cubría 150 años de la historia de Israel (del 538 al 398), época de la restauración de Jerusalén, del templo y del culto bajo unas directrices religiosas muy concretas y que configuraron el judaísmo. De redacción anterior a los libros de las Crónicas, éstos marcaron el estilo del conjunto literario (Crónicas, Esdras y Nehemías) llamado «historia cronística».

EL LIBRO DE ESDRAS

Esdras era un escriba responsable de los asuntos judíos en la corte de Persia. Llega a Palestina con facultades del rey persa para renovar la comunidad judía. Desde estas perspectivas reformadoras hay que entender la síntesis histórica que el autor «cronista» centra en la personalidad de Esdras.

1.—Regreso del destierro y reconstrucción del templo *(***1** *1-***6** *22)*

El autor contempla como hechos fundamentales de la constitución del judaísmo los acontecimientos que van desde la conquista de Babilonia por Ciro y el decreto de liberación de los judíos (año 538) hasta la constitución de la comunidad judía (año 433 aproximadamente):

*— La decisión de Ciro de dar la libertad a los judíos cautivos y autorización para que reconstruyan su ciudad y su templo juntamente con ayudas económicas otorgadas (***1** *1-11) son cumplimiento del plan de Yahvé (***1** *2).*

*— El regreso de los desterrados (**2** 1-70) es un nuevo éxodo; por eso el pueblo es «censado» (comparar con Nm **1-3**) y organizado según las funciones y servicios que debe prestar cada familia.*

*— Las obras de restauración las dirigen Josué y Zorobabel, con sus hermanos sacerdotes: es una restauración «sagrada», no laica. Quizás, en realidad, fue una restauración laica, pues en Esd **5** 13-16 y **6** 3-5 el responsable de las obras es un sátrapa delegado de Ciro, Sesbasar.*

*— La oposición a estas restauraciones procede, según el autor, del grupo disidente de los samaritanos. En cambio según el profeta Ageo, contemporáneo de los hechos, la lentitud en las obras obedece a la desidia y pereza de los mismos judíos (ver Ag **1**,2).*

*— Las dificultades son superadas con la ayuda y protección de Yahvé, ayuda y protección que esta vez llega a través de una intervención política de Darío (**6** 1-12).*

*— La obra restauradora culmina con unas acciones cultuales: dedicación del templo y celebración de la Pascua (**6** 16-22).*

2.—Organización de la comunidad judía (7 1-10 44)

*Unos 80 años después de la restauración material llevada a cabo por Josué y Zorobabel (¿o Sesbasar?), Esdras emprende la tarea de formar una comunidad auténtica judía en Jerusalén. La comunidad debe fundamentarse en el conocimiento y observancia estricta de la Ley. El libro presenta a Esdras como la persona adecuada para esta tarea: «Esdras había aplicado su corazón a escrutar la Ley de Yahvé, a ponerla en práctica y a enseñar en Israel los preceptos y las normas» (**7** 10).*

*Antes que Esdras, ya Nehemías había marcado unas orientaciones rigoristas en la interpretación de la Ley. Esdras las potencia. La formación de la comunidad judía tiene como base la fidelidad a la alianza, pero una fidelidad que debe ser ante todo legalista. La comunidad debe ser purificada de sus infidelidades; y de modo especial de la infidelidad legal que suponen los matrimonios mixtos. Esdras impone la disolución de estos matrimonios. Los restauradores de la comunidad judía están convencidos de los perjuicios que acarrea la convivencia entre judíos y no judíos: «la raza santa se ha mezclado con la gente del país; los jefes y los consejeros han sido los primeros en esta rebeldía» (**9** 2).*

Despunta aquí un rasgo del judaísmo postexílico que se irá acentuando con el paso de los años.

EL LIBRO DE NEHEMÍAS

Nehemías era el «copero» de Artajerjes, es decir un alto funcionario de la corte persa. Hombre capaz de llevar, de modo enérgico, la obra restauradora de Jerusalén. Fue nombrado gobernador de la provincia de Judea. Estamos en el año 445 a. C. La misión de Nehemías es anterior a la de Esdras.

Nehemías, después de impulsar la restauración, regresó a Babilonia. Hacia el 432(¿) vuelve de nuevo a Jerusalén.

El libro que lleva su nombre sintetiza la labor de la primera estancia de Nehemías en Judea.

1.—Actividad de Nehemías (1 1-7 72)

*Después de presentar a este hombre enérgico y organizador (**1** 1-11) y su viaje a Judea (**2** 1-20), el «cronista», aprovechando diversos documentos de los archivos del templo, informa sobre la restauración de la ciudad y del templo y sobre la serie de dificultades surgidas por la oposición de los gobernadores de las otras regiones* *limítrofes y por la oposición también de algunos judíos. Nehemías lleva adelante su obra porque es obra de Dios: «Todos nuestros enemigos y todas las naciones reconocieron que esta obra había sido realizada por nuestro Dios» (**6** 16).*

*Traza también las líneas básicas para reformar la comunidad judía; corta los abusos de ricos y usureros. Él mismo da ejemplo de austeridad e intransigencia (**5** 14-19).*

2.—Nacimiento del judaísmo (**8** *1*-**10** *40*)

El momento cumbre de la obra de Nehemías es la organización de la nueva comunidad judía. Toda esta sección está encajada artificialmente dentro del conjunto del libro. Pero pone en evidencia las líneas maestras de la nueva comunidad. Estas líneas son:

*— Lectura pública de la Ley, que es la norma suprema del nuevo tipo de nación (**8** 1-12)*

*— Celebración de la fiesta de las Tiendas, como vuelta a las viejas tradiciones de Israel (**8** 13-18).*

*— Expiación de las faltas del pueblo dentro del marco de una liturgia penitencial (**9** 1-37).*

*— Compromiso público de toda la comunidad, firmado por los responsables: jefes, levitas y sacerdotes (**10** 1-40).*

3.—La nueva comunidad (**11** *1*-**12** *47*)

*Muchas familias se agrupan en la capital de la nueva comunidad, Jerusalén. Otras, en poblaciones diversas. Agrupados así todos los de raza judía, comprometidos con la observancia de la Ley, se inaugura la nueva época religiosa de la nación con una ceremonia religiosa que comprende la dedicación de la ciudad y una procesión que recorre sus calles y termina en el templo. La nueva comunidad de Nehemías es una comunidad ideal (**12** 44-47).*

4.—Segunda misión de Nehemías (**13** *1-31*)

*Después de unos años de ausencia en Babilonia, Nehemías regresa a Judea. Debe corregir abusos y deficiencias en la observancia rigorista de la Ley. Y lo hace con energía, con dureza y a veces con violencia (**13** 8.25) y con tintes que a nosotros nos suenan a racistas (**13** 23-28).*

Esdras, en el cuidado de la nueva comunidad judía, seguirá el camino intransigente y rigorista trazado por Nehemías.

Nota: Aunque los problemas cronológicos de estos dos libros son muy controvertidos y, por ahora, insolubles, su contenido resulta más claro y lógico si leemos Nehemías antes que Esdras.

LOS LIBROS DE LAS CRÓNICAS

LIBRO PRIMERO DE LAS CRÓNICAS

*I. En torno a David: Las Genealogías**

1. DE ADÁN A ISRAEL

Origen de los tres grandes grupos.
||Gn **5**.

1 1 Adán, Set, Enós; 2 Quenán, Mahalalel, Yéred; 3 Henoc, Matusalén,
Lámec; 4 Noé, Sem, Cam y Jafet.

Los jafetitas*.
||Gn **10** 2-4.

5 Hijos de Jafet: Gómer, Magog, los
medos, Yaván, Túbal, Mésec y Tirás.
6 Hijos de Gómer: Asquenaz, Rifat y
Togarmá. 7 Hijos de Yaván: Elisá, Tarsis,
los queteos y los rodenses.

Los camitas.
||Gn **10** 6-8.

8 Hijos de Cam: Cus y Egipto, Put y
Canaán.
9 Hijos de Cus: Sebá, Javilá, Sabtá,
Ramá y Sabtecá.
Hijos de Ramá: Sebá y Dedán. 10 Cus
engendró a Nimrod, que fue el primer
hombre poderoso de la tierra.
||Gn **10** 13-18.
11 Egipto engendró a los lidios, anamitas, lehabitas, naftujitas, 12 patrusitas,
caslujitas y caftoritas, de donde proceden los filisteos. 13 Canaán engendró a
Sidón, su primogénito, a Het, 14 y al
jebuseo, al amorreo, al guirgaseo, 15 al
jivita, al arquita, al sinita, 16 al arvadita,
al semarita y al jamatita.

Los semitas.
||Gn **10** 22-29.

17 Hijos de Sem: Elam, Asur, Arfacsad, Lud y Aram. Hijos de Aram: Us,
Jul, Guéter y Mésec.
18 Arfacsad engendró a Sélaj, y Sélaj
engendró a Héber. 19 A Héber le nacieron dos hijos: el nombre del primero era
Péleg, porque en sus días fue dividida la
tierra, y el nombre de su hermano era
Yoctán.
20 Yoctán engendró a Almodad, Sélef,
Jasarmávet, Yéraj, 21 Hadorán, Uzal, Diclá, 22 Ebal, Abimael, Sebá, 23 Ofir, Javilá, Yobab: todos ellos hijos de Yoctán.

De Sem a Abrahán.
||Gn **11** 10-26.

24 Arfacsad, Sélaj, 25 Héber, Péleg,
Reú, 26 Serug, Najor, Téraj, 27 Abrán, o
sea Abrahán. 28 Hijos de Abrahán: Isaac
e Ismael.
29 Sus descendientes son éstos:

Los ismaelitas.
||Gn **25** 13-16.

El primogénito de Ismael: Nebayot;
después, Quedar, Adbeel, Mibsán, 30 Mis-

—Cuando los libros de las Crónicas repiten otros textos bíblicos, se remite a las notas que acompañan estos textos; será fácil encontrarlos a todo lo largo de 1-2 Reyes.

1 Salvo algunas alusiones a los acontecimientos, los caps. **1-9** se reducen a unas listas genealógicas que frecuentemente no indican más que relaciones bastante imprecisas entre clanes y tribus. Las listas ofrecen a los historiadores diversas dificultades. Todo está orientado hacia Saúl y por él a David. Este es el héroe principal del Cronista, antepasado y prototipo del Mesías, rodeado de numeroso personal sagrado. Ver las genealogías de Jesucristo, Mt **1** 1-17; Lc **3** 23-38.

1 5 Así como Gn **1-12** desembocaba en Abrahán, esta lista, vv. 5-27, elimina los descendientes de Jafet y de Cam para quedarse con Abrahán; después no se interesará más que por Isaac y Jacob (llamado Israel).

má, Dumá, Masá, Jadad, Temá, 31 Yetur, Nafís y Quedmá. Éstos son los hijos de Ismael.

‖Gn **25** 2-4.

32 Hijos de Queturá, concubina de Abrahán. Dio a luz a Zimrán, Yocsán, Medán, Madián, Yisbac y Súaj. Hijos de Yocsán: Sebá y Dedán. 33 Hijos de Madián: Efá, Éfer, Henoc, Abidá y Eldaá. Todos ellos son hijos de Queturá.

Isaac y Esaú.

‖Gn **25** 19; **36** 10-13.15-17.

34 Abrahán engendró a Isaac. Hijos de Isaac: Esaú e Israel.

35 Hijos de Esaú: Elifaz, Reuel, Yeús, Yalán y Coré. 36 Hijos de Elifaz: Temán, Omar, Sefó, Gatán, Quenaz, Timná y Amalec. 37 Hijos de Reuel: Nájat, Zéraj, Samá y Mizá.

Seír.

‖Gn **36** 20-28.

38 Hijos de Seír: Lotán, Sobal, Sibeón, Aná, Disón, Éser y Disán. 39 Hijos de Lotán: Jorí y Homán. Hermana de Lotán fue Timná. 40 Hijos de Sobal: Alván, Manájat, Ebal, Sefó y Onán. Hijos de Sibeón: Ayá y Aná.

41 Hijos de Aná: Disón. Hijos de Disón: Jamrán, Esbán, Yitrán y Querán. 42 Hijos de Éser: Bilán, Zaaván y Acán. Hijos de Disón: Us y Arán.

Los reyes de Edom.

‖Gn **36** 31-39.

43 Éstos son los reyes que reinaron en el país de Edom antes de que hubiera rey entre los israelitas: Belá, hijo de Beor; el nombre de su ciudad era Dinhabá. 44 Murió Belá, y reinó en su lugar Yobab, hijo de Zéraj, de Bosrá. 45 Murió Yobab, y reinó en su lugar Jusán, del país de los temanitas. 46 Y murió Jusán, y en su lugar reinó Hodad, hijo de Bedad, que derrotó a los madianitas en los campos de Moab; el nombre de su ciudad fue Avit. 47 Murió Hodad, y reinó en su lugar Samlá, de Masrecá. 48 Murió Samlá, y reinó en su lugar Saúl, de Rejobot del Río. 49 Murió Saúl y reinó en su lugar Baal Janán, hijo de Acbor. 50 Murió Baal Janán y reinó en su lugar Hodad. El nombre de su ciudad era Pau, y el de su mujer Mehetabel, hija de Matred, hija de Mezahab.

Los jeques de Edom.

‖Gn **36** 40-43.

51 Murió Hodad, y hubo jeques en Edom: el jeque Timná, el jeque Alvá, el jeque Yetet, 52 el jeque Oholibamá, el jeque Elá, el jeque Pinón, 53 el jeque Quenaz, el jeque Temán, el jeque Mibsar, 54 el jeque Magdiel, el jeque Irán. Éstos fueron los jeques de Edom.

2. JUDÁ

Hijos de Israel.

‖Gn **35** 23-26.

2 1 Éstos son los hijos de Israel: Rubén, Simeón, Leví y Judá, Isacar y Zabulón, 2 Dan, José y Benjamín, Neftalí, Gad y Aser.

Descendientes de Judá.

‖Gn **38** 2-5.7.27-30.

3 Hijos de Judá: Er, Onán y Selá; los tres le nacieron de Bat Súa la cananea. Er, primogénito de Judá, era malo a los ojos de Yahvé, que le quitó la vida. 4 Tamar, nuera de Judá, le dio a luz a Peres y Zéraj. En total, Judá tuvo cinco hijos.

‖Gn **46** 12; ‖1 R **5** 11.

5 Hijos de Peres: Jesrón y Jamul.

6 Hijos de Zéraj: Zimrí, Etán, Hemán, Calcol y Dardá. Cinco en total.

7 Hijos de Carmí: Acán, que perturbó a Israel por haber quebrantado el anatema.

8 Hijos de Etán: Azarías.

Orígenes de David.

9 Hijos que le nacieron a Jesrón: Yerajmeel, Ram y Quelubay*.
‖Nm **1** 7; ‖Rt **4** 19-22.
10 Ram engendró a Aminadab, Aminadab engendró a Najsón, príncipe de
los hijos de Judá. 11 Najsón engendró
a Salmá, y Salmá engendró a Booz.
12 Booz engendró a Obed y Obed engendró a Jesé. 13 Jesé engendró a su
primogénito Eliab; Abinadab, el segundo; Simá, el tercero; 14 Netanel, el cuarto; Raday, el quinto; 15 Osen, el sexto;
David, el séptimo. 16 Hermanas suyas
fueron Sarvia y Abigail. Hijos de Sarvia:
Abisay, Joab y Asael, tres. 17 Abigail dio
a luz a Amasá, el padre de Amasá fue
Yéter el ismaelita.

Caleb.

Jos **14** 6+; 1 Cro **2** 42s; **4** 11s.

18 Caleb, hijo de Jesrón, engendró a
Yeriot, de su mujer Azubá. Éstos son
sus hijos: Yéser, Sobab y Ardón. 19 Murió Azubá y Caleb tomó por mujer a
Efratá, de la que tuvo a Jur. 20 Jur engendró a Urí, y Urí engendró a Besalel.
21 Después se unió Jesrón a la hija de
Maquir, padre de Galaad. Tenía él sesenta años cuando la tomó por mujer; y le
dio a luz a Segub. 22 Segub engendró a
Yaír, que poseyó veintitrés ciudades en
el país de Galaad. 23 Los guesuritas y los
arameos les tomaron las aldeas de Yaír,
Quenat y sus aduares: sesenta ciudades. Todo esto pertenece a los hijos de
Maquir, padre de Galaad.
24 Después de morir Jesrón, Caleb se
unió a Efratá, mujer de su padre Jesrón,
la cual le dio a luz a Asjur, padre de Técoa.

Yerajmeel.

25 Los hijos de Yerajmeel, primogénito de Jesrón, fueron: Ram, el primogénito, y Buná, Oren, Osen y Ajías.
26 Yerajmeel tuvo otra mujer cuyo nombre era Atará, que fue madre de Onán.
27 Los hijos de Ram, primogénito
de Yerajmeel, fueron: Maás, Yamín y
Équer.
28 Y los hijos de Onán fueron Samay
y Yadá; los hijos de Samay, Nadab y
Abisur. 29 La mujer de Abisur se llamaba Abihail, que le dio a luz a Ajbán
y Molid. 30 Los hijos de Nadab fueron
Séled y Efraín; Séled murió sin hijos.
31 Hijo de Efraín fue Yisí; hijo de Yisí,
Sesán; hijo de Sesán, Ajlay. 32 Hijos de
Yadá, hermano de Samay, fueron Yéter
y Jonatán; Yéter murió sin hijos. 33 Hijos
de Jonatán: Pélet y Zazá.
Éstos fueron los descendientes de
Yerajmeel.
34 Sesán no tuvo hijos, sino hijas; tenía
Sesán un siervo egipcio que se llamaba
Yarjá. 35 Y dio Sesán una hija suya a su
siervo Yarjá por esposa, la cual le engendró a Atay, 36 Atay engendró a Natán,
Natán engendró a Zabad, 37 Zabad engendró a Eflal, Eflal engendró a Obed,
38 Obed engendró a Jehú, Jehú engendró a Azarías, 39 Azarías engendró a
Jeles, Jeles engendró a Elasá, 40 Elasá
engendró a Sismay, Sismay engendró
a Salún, 41 Salún engendró a Yecamías,
Yecamías engendró a Elisamá.

Caleb.

42 Hijos de Caleb, hermano de Yerajmeel: Mesá, su primogénito, que fue
padre de Zif; tuvo por hijo a Maresá,
padre de Hebrón. 43 Hijos de Hebrón:
Coré, Tapúaj, Requen y Sema. 44 Sema
engendró a Rajan, padre de Yorqueán;
Requen engendró a Samay. 45 Hijo de
Samay fue Maón, y Maón fue padre de
Bet-Sur.
46 Efá, concubina de Caleb, dio a luz
a Jarán, Mosá y Gazez; Jarán engendró
a Gazez.
47 Hijos de Yoday: Reguen, Jotán,
Guesán, Pélet, Efá y Sáaf.
48 Maacá, concubina de Caleb, dio a
luz a Séber y Tirjaná. 49 Engendró también a Sáaf, padre de Madmaná, y a

2 9 Quelubay, como Quelub, es idéntico a Caleb, **2** 18.42-50; ver Jos **14** 6+.

Sevá, padre de Macdená y padre de
Guibeá.

Hija de Caleb fue Acsá.

50 Éstos fueron los hijos de Caleb.

Jur.

Hijos de Jur, primogénito de Efratá:
Sobal, padre de Quiriat Yearín; 51 Salmá, padre de Belén; Járef, padre de Bet
Gáder. 52 Sobal, padre de Quiriat Yearín,
tuvo por hijos a Haroé, es decir, la mitad
de los manajatitas 53 y las familias de
Quiriat Yearín; los yeteritas, los futeos,
los sumateos y los misraítas. De ellos
salieron los soraítas y los de Estaol.

54 Hijos de Salmá: Belén y los netofatitas, Atrot Bet Joab, la otra mitad de los
manajatitas, los soraítas 55 y las familias
de los sofritas que habitaban en Yabés,
los tirateos, los simateos, los sucateos.
Éstos son quenitas, descendientes de
Jamat, padre de la casa de Recab.

3. LA CASA DE DAVID

Hijos de David.
‖2 S **3** 2-5.

3 1 Éstos son los hijos que le nacieron
a David en Hebrón: el primogénito
Amnón, hijo de Ajinoán, de Yizreel;
el segundo, Daniel, hijo de Abigail, de
Carmelo; 2 el tercero, Absalón, hijo de
Maacá, hija de Talmay, rey de Guesur;
el cuarto, Adonías, hijo de Jaguit; 3 el
quinto, Sefatías, de Abital; el sexto, Yitreán, de su mujer Eglá. 4 Estos seis le
nacieron en Hebrón, donde reinó siete
años y seis meses.

=**14** 3-7; ‖2 S **5** 14-16.

Reinó en Jerusalén treinta y tres años.
5 Éstos son los que le nacieron en Jerusalén: Simá, Sobab, Natán, Salomón, los
cuatro de Bat Súa, hija de Amiel. 6 Además, Yibjar, Elisamá, Elifélet, 7 Nogah,
Néfeg, Yafía, 8 Elisamá, Elyadá, Elifélet:
nueve.

9 Éstos son todos los hijos de David,
sin contar los hijos de las concubinas.
Hermana de ellos fue Tamar.

Reyes de Judá.

10 Hijo de Salomón: Roboán; hijo
suyo, Abías; hijo suyo, Asá; hijo suyo,
Josafat; 11 hijo suyo, Jorán; hijo suyo,
Ocozías; hijo suyo, Joás; 12 hijo suyo,
Amasías; hijo suyo, Azarías; hijo suyo,
Jotán; 13 hijo suyo, Acaz; hijo suyo,
Ezequías; hijo suyo, Manasés; 14 hijo
suyo, Amón; hijo suyo, Josías. 15 Hijos
de Josías: Juan, el primogénito; Joaquín,
el segundo; Sedecías, el tercero; Salún,
el cuarto. 16 Hijos de Joaquín: su hijo
Jeconías y su hijo Sedecías.

Linaje monárquico post-exílico*.

17 Hijos de Jeconías, el cautivo: Sealtiel su hijo; 18 Malquirán, Pedayas, Se-
nasar, Yecamías, Hosamá, Nedabías.
19 Hijos de Pedayas: Zorobabel y Semeí.
Hijos de Zorobabel: Mesulán, Jananías
y Selomit, hermana de ellos. 20 Hijos de
Mesulán: Jasubá, Ohel, Berequías, Jasa-
días y Yusab Jésed: cinco. 21 Hijos de Jananías: Pelatías; Isaías, hijo suyo; Refayas, hijo suyo; Arnán, hijo suyo; Abdías,
hijo suyo; Secanías, hijo suyo. 22 Hijos de
Secanías: Semaías, Jatús, Yigal, Baríaj,
Nearías y Safat: seis. 23 Hijos de Nearías:
Eljoenay, Ezequías, Azricán: tres. 24 Hijos
de Eljoenay: Hodavías, Eliasib, Pelayas,
Acub, Juan, Delaías y Ananí: siete.

3 17 Esta lista llega probablemente hasta el tiempo en que escribe el Cronista.

4. LAS TRIBUS MERIDIONALES

Judá. Sobal.

4 1 Hijos de Judá: Peres, Jesrón, Carmí, Jur y Sobal.
2 Reayas, hijo de Sobal, engendró
a Yájat. Yájat engendró a Ajumay y a
Lahad. Éstas son familias de los soraítas.

Jur.

Ver **2** 50.

3 Éstos son los hijos de Jur, padre de
Etán: Yizreel, Yismá y Yibdás. Su hermana se llamaba Haslelponí.
4 Penuel fue el padre de Guedor, y
Ézer padre de Jusá.
Éstos son los hijos de Jur, primogénito de Efratá, padre de Belén.

Asjur.

5 Asjur, padre de Técoa, tuvo dos mujeres: Jelá y Naará.
6 Naará dio a luz a Ajuzán, Jéfer, los
timnitas y los ajastaritas. Éstos son los
hijos de Naará.
7 Hijos de Jelá: Séret, Sójar, Etnán.
8 Cos engendró a Anub, a Sobebá y a
las familias de Ajarjel, hijo de Harún.
9 Pero Yabés fue más ilustre que sus
hermanos, y su madre le dio el nombre
de Yabés, diciendo: «Di a luz con dolor.»
10 Yabés invocó al Dios de Israel, excla-
mando: «Si de verdad me bendices, en-
sancharás mis términos, tu mano estará
conmigo y alejarás el mal para que no
padezca aflicción.» Y Dios escuchó su
petición.

Descendencia de Caleb.

11 Quelub, hermano de Sujá, engendró a Mejir, que fue padre de Estón.
12 Estón engendró a Bet Rafá, Paséaj y
Tejiná, padre de Ir Najás. Éstos son los
hombres de Recal.
‖Jc **1** 13.
13 Hijos de Quenaz: Otniel y Serayas.
Hijos de Otniel: Jatat y Meonotay.
14 Meonotay engendró a Ofrá, y Serayas engendró a Joab, padre de Gue
Jarasín, pues eran artesanos.
‖Nm **13** 6.
15 Hijos de Caleb, hijo de Jefoné: Ir,
Elá y Naán; hijo de Elá: Quenaz.
16 Hijos de Jalelel: Zif, Zifá, Tiryá y
Asarel.
17 Hijos de Ezrá: Yéter, Méred, Éfer y
Yalón. Ella concibió a María, Samay y
Yisbaj, padre de Estemoa. 18 Su mujer,
la de Judá, dio a luz a Yéred, padre de
Guedor, a Héber, padre de Socó, y a
Yecutiel, padre de Zanóaj. Éstos son los
hijos de Bitía, hija del faraón, que Méred
había tomado por esposa.
19 Hijos de la mujer de Hodías, hermana de Naján, padre de Queilá el garmita
y Estemoa el maacatita.
20 Hijos de Simón: Amnón y Riná,
Ben Janán y Tilón.
Hijos de Yisí: Zójet y Ben Zójet.

Hijos de Selá.

21 Hijos de Selá, hijo de Judá: Er, padre de Lecá, y Ladá, padre de Maresá,
y las familias de los que trabajan el lino
en Bet Asbea. 22 Yoquín, los hombres de
Cozebá; y Joás y Saraf, que se casaron
en Moab, antes de volver a Belén. Éstas
son cosas muy antiguas. 23 Ellos eran alfareros y habitaban en Netaín y Guederá; moraban allí con el rey, trabajando a
su servicio.

Descendientes de Simeón.

‖Gn **46** 10; ‖Nm **26** 12s.

24 Hijos de Simeón: Yemuel, Yamín,
Yarib, Zéraj y Saúl. 25 Salún, su hijo;
Mibsán, su hijo; Mismá, su hijo. 26 Hijos
de Mismá: Jamuel, hijo suyo; Zacur,
hijo suyo; Semeí, hijo suyo. 27 Semeí
tuvo dieciséis hijos y seis hijas, pero sus
hermanos no tuvieron muchos hijos, ni
todas sus familias se multiplicaron como
los hijos de Judá.
‖Jos **19** 1-8.
28 Habitaban en Berseba, Moladá,
Jasar-Sual, 29 Balá, Esen y Tolad, 30 Be-

tuel, Jormá, Sicelag, 31 Bet Marcabot,
Jasar Susá, Bet Birí y Saaráin. Éstas fueron sus ciudades hasta el reino de David. 32 También sus aldeas: Etán, Ayin,
Rimón, Toquén y Asán, cinco ciudades,
33 y todas sus aldeas que están en torno
a aquellas ciudades, hasta Baalat. Aquí
habitaron y éste fue su registro genealógico.

34 Mesobab, Yamlec, Yocsá, hijo de
Amasías, 35 Joel, Jehú, hijo de Josibías,
hijo de Serayas, hijo de Asiel; 36 Eljoenay,
Jacobá, Yesojaías, Asayas, Adiel, Yesi-
miel y Benaías, 37 Zizá, hijo de Sifí, hijo
de Alón, hijo de Yedaías, hijo de Simrí,
hijo de Semaías. 38 Éstos que han sido
citados por sus nombres, fueron jefes en
sus familias y en sus casas paternas, y
se multiplicaron sobremanera. 39 Se dirigieron a la entrada de Guerar, hasta el
oriente del valle, buscando pastos para
sus ganados. 40 Y hallaron pastos pingües y buenos, y una tierra espaciosa,
tranquila y segura, pues antes habían
morado allí los descendientes de Cam.

41 Éstos que se han citados por sus
nombres vinieron en tiempos de Ezequías, rey de Judá, y destruyeron las
tiendas de aquellos y los refugios que allí
se encontraban, entregándolos al anatema hasta el día de hoy; y habitaron en
lugar de ellos, ya que había allí pastos
para sus ganados.

42 Algunos de los hijos de Simeón, en
número de quinientos hombres, se fueron a la montaña de Seír; sus jefes eran
Pelatías, Nearías, Refayas, Uziel, hijos
de Yisí: 43 derrotaron a los restos de
Amalec que habían escapado, y habitaron allí hasta el día de hoy.

5. LAS TRIBUS DE TRANSJORDANIA

Descendientes de Rubén.

5 1 Hijos de Rubén, primogénito de
Israel. Verdad es que había nacido
el primero, pero por haber manchado
el tálamo de su padre* se dio su primogenitura a los hijos de José, hijo de
Israel. Con todo, José no fue inscrito en
las genealogías como el primogénito,
2 pues Judá se hizo poderoso entre sus
hermanos y de él procede el príncipe,
pero la primogenitura pertenece a José.

‖Gn **46** 9; ‖Nm **26** 5s.

3 Hijos de Rubén, primogénito de
Israel: Henoc, Palú, Jesrón y Carmí.

Joel.

4 Hijos de Joel: Semaías, hijo suyo;
Gog, hijo suyo; Semeí, hijo suyo; 5 Micá,
hijo suyo; Reayas, hijo suyo; Baal, hi-
jo suyo; 6 Beerá, hijo suyo, al cual
Teglatfalasar, rey de Asiria, llevó cautivo.
Era jefe de los rubenitas.

7 Hermanos suyos, por familias, agrupados según sus genealogías: el primero, Yeiel, Zacarías, 8 Belá, hijo de Azaz,
hijo de Sema, hijo de Joel.

Lugar de residencia.

‖Nm **32** 37s.

Éste habitaba en Aroer y hasta Nebo
y Baal Meón. 9 Habitaban, asimismo, al
oriente hasta el borde del desierto que
se extiende desde el río Éufrates, pues
sus ganados se habían multiplicado en
la tierra de Galaad.

10 En los días de Saúl hicieron guerra
contra los agarenos, que cayeron en sus
manos; y habitaron en sus tiendas por
toda la parte oriental de Galaad.

Descendencia de Gad.

Jos **13** 24-28; Gn **46** 16;
Nm **26** 15-18; Dt **3** 10s.

11 Los hijos de Gad habitaban junto a
ellos en la tierra de Basán, hasta Salcá.
12 Joel fue el primero, Safán el segundo; luego Yanay y Safat, en Basán.

5 1 Ver Gn **35** 22.

13 Sus hermanos, por casas paternas,
fueron: Miguel, Mesulán, Seba, Yoray,
Yacán, Zía y Héber: siete.
14 Éstos son los hijos de Abijail, hijo
de Jurí, hijo de Yaróaj, hijo de Guilad,
hijo de Miguel, hijo de Yesisay, hijo de
Yajdó, hijo de Buz. 15 Ají, hijo de Ab-
diel, hijo de Guní, era cabeza de sus
casas paternas.
16 Habitaban en Galaad, en Basán y
sus aldeas, y en todos los ejidos de Sarón hasta sus confines. 17 Todos ellos
fueron registrados en los días de Jotán,
rey de Judá, y en los días de Jeroboán,
rey de Israel.
18 Los hijos de Rubén, los de Gad y la
media tribu de Manasés eran hombres
valientes, llevaban escudo y espada,
manejaban el arco y eran diestros en la
guerra. Salían a campaña en número de
44.760. 19 Hicieron guerra contra los
agarenos, contra Yetur, Nafís y Nodab,
20 y Dios les ayudó contra ellos, de suerte que los agarenos y todos los que con
ellos estaban fueron entregados en sus
manos; pues en la batalla clamaron a
Dios y les fue propicio, por cuanto con-
fiaban en él. 21 Capturaron sus ganados:
sus camellos, en número de 50.000,
250.000 ovejas, 2.000 burros y 100.000
personas, 22 pues, por ser guerra de Dios,
cayeron muertos muchos. Y habitaron
sus territorios hasta el destierro.

La media tribu de Manasés.
||Nm **32** 39.

23 Los hijos de la media tribu de Manasés habitaron en el país desde Basán
hasta Baal Hermón, Senir y la montaña
de Hermón.
Eran muy numerosos. 24 Éstos fueron
los jefes de sus casas paternas: Éfer,
Yisí, Eliel, Azriel, Jeremías, Hodavías y
Yajdiel, hombres valerosos y renombra-
dos, jefes de sus casas paternas.
25 Pero fueron infieles al Dios de sus
padres y se prostituyeron siguiendo a
los dioses de los pueblos del país que
Dios había destruido delante de ellos.
26 Entonces el Dios de Israel suscitó el
espíritu de Pul, rey de Asiria, y el espíritu de Teglatfalasar, rey de Asiria, que
deportó a los rubenitas, los gaditas y la
media tribu de Manasés, y los llevó a
Jalaj, Jabor, Jará y el río Gozán, hasta
el día de hoy.

6. LEVÍ

Ascendencia de los Sumos Sacerdotes*.
||Gn **46** 11;
||Nm **26** 59-60.

27 Hijos de Leví: Guersón, Queat y
Merarí. 28 Hijos de Queat: Amrán, Yisar, Hebrón y Uziel. 29 Hijos de Amrán:
Aarón, Moisés y María. Hijos de Aarón:
Nadab, Abihú, Eleazar e Itamar.
30 Eleazar engendró a Pinjás, Pinjás
engendró a Abisúa. 31 Abisúa engendró
a Buquí, y Buquí engendró a Uzí; 32 Uzí
engendró a Zerajías, Zerajías engendró
a Merayot, 33 Merayot engendró a Amarías, Amarías engendró a Ajitub, 34 Ajitub
engendró a Sadoc, Sadoc engendró a
Ajimás, 35 Ajimás engendró a Azarías,
Azarías engendró a Juan, 36 Juan engendró a Azarías, el cual ejerció el sacerdocio
en el templo que Salomón edificó en Jerusalén. 37 Azarías engendró a Amarías,
Amarías engendró a Ajitub, 38 Ajitub engendró a Sadoc, Sadoc engendró a Salún, 39 Salún engendró a Jilquías, Jilquías
engendró a Azarías, 40 Azarías engendró
a Serayas, Serayas engendró a Josadac,
41 Josadac marchó cuando Yahvé deportó
a Judá y Jerusalén por mano de Nabucodonosor.

5 27 Lista que llega hasta el Destierro y responde a la de los descendientes de David, **3**.

Hijos de Leví*.
Nm **3** 17-20.

6 1 Hijos de Leví: Guersón, Queat y
Merarí.
2 Éstos son los nombres de los hijos
de Guersón: Libní y Semeí. 3 Hijos de
Queat: Amrán, Yisar, Hebrón y Uziel.
4 Hijos de Merarí: Majlí y Musí. Éstas
son las familias de los levitas según sus
casas paternas.
5 De Guersón: Libní, hijo suyo; Yájat,
hijo suyo: Zimá, hijo suyo; 6 Joaj, hijo
suyo; Idó, hijo suyo; Zéraj, hijo suyo;
Yeatray, hijo suyo.
7 Hijos de Queat: Aminadab, hijo
suyo; Coré, hijo suyo; Asir, hijo suyo;
8 Elcaná, hijo suyo; Abiasaf, hijo suyo;
Asir, hijo suyo; 9 Tájat, hijo suyo; Uriel,
hijo suyo; Uzías, hijo suyo; Saúl, hijo suyo. 10 Hijos de Elcaná: Amasay y Ajimot.
11 Elcaná, hijo suyo; Sufay, hijo suyo; Nájat, hijo suyo. 12 Eliab, hijo suyo; Yeroján,
hijo suyo; Elcaná, hijo suyo. 13 Hijos de
Elcaná: Samuel, el primogénito, y Abías,
el segundo.
14 Hijos de Merarí: Majlí; Libní, hijo
suyo; Semeí, hijo suyo; Uzá, hijo suyo;
15 Simá, hijo suyo; Jaguías, hijo suyo;
Asayas, hijo suyo.

Los cantores y sus familias*.

16 Éstos son los que puso David para
dirigir el canto en el templo de Yahvé,
desde que el arca tuvo un lugar de
reposo. 17 Ejercían el ministerio de cantores ante la Morada de la Tienda del
Encuentro, hasta que Salomón edificó el
templo de Yahvé en Jerusalén. Cumplían
su servicio conforme a su reglamento.
18 Éstos son los que ejercían ese ministerio con sus hijos*:
De los hijos de Queat: Hemán el cantor, hijo de Joel, hijo de Samuel, 19 hijo
de Elcaná, hijo de Yeroján, hijo de Eliel,
hijo de Toju, 20 hijo de Suf, hijo de Elcaná, hijo de Májat, hijo de Amasay,
21 hijo de Elcaná, hijo de Joel, hijo de
Azarías, hijo de Sofonías, 22 hijo de Tájat, hijo de Asir, hijo de Abiasaf, hijo de
Coré, 23 hijo de Yisar, hijo de Queat,
hijo de Leví, hijo de Israel.
24 Su hermano Asaf asistía a su derecha: Asaf era hijo de Berequías, hijo de
Simá, 25 hijo de Miguel, hijo de Baasías,
hijo de Malquías, 26 hijo de Etní, hijo de
Zéraj, hijo de Adaías, 27 hijo de Etán,
hijo de Zimá, hijo de Semeí, 28 hijo de
Yájat, hijo de Guersón, hijo de Leví.
29 Sus hermanos, los hijos de Merarí,
asistían a la izquierda: Etán, hijo de Cusayas, hijo de Abdí, hijo de Maluc, 30 hijo
de Jasabías, hijo de Amasías, hijo de Jilquías, 31 hijo de Amsí, hijo de Baní, hijo
de Sémer, 32 hijo de Majlí, hijo de Musí,
hijo de Merarí, hijo de Leví.

Los levitas restantes.

33 Sus hermanos, los levitas, estaban
dedicados* a los servicios de la Morada
del templo de Dios. 34 Aarón y sus hijos
quemaban las ofrendas en el altar del
holocausto y en el altar de los perfumes,
según todo el servicio de las cosas sacratísimas, y hacían la expiación por todo
Israel, conforme a todo cuanto había
mandado Moisés, siervo de Dios.
35 Éstos son los hijos de Aarón: Eleazar, su hijo; Pinjás, su hijo; Abisúa, su
hijo; 36 Buquí, su hijo; Uzí, su hijo; Zerajías, su hijo; 37 Merayot, su hijo; Amarías, su hijo; Ajitub, su hijo; 38 Sadoc, su
hijo; Ajimás, su hijo.

Ciudades aaronitas.
Jos **21** 4-40.

39 Éstas fueron sus residencias según
el orden de sus fronteras:

6 Estas listas contienen verosímilmente muchas adiciones a un núcleo primitivo que sería **6** 1-4.34-38.
6 16 El Cronista ve en el canto sagrado lo esencial del culto yahvista, que él relaciona con David. Ver Is **12**; **25-26**; Ml **1** 11; Am **5** 21+.
6 18 Ver 1 R **5** 11. Parece que para la liturgia del templo se recurrió al principio a expertos cananeos.
6 33 Estos son los *donados* de Esd **2** 43+; ver Nm **3** 9.

||Jos **21** 4.10-19.

A los hijos de Aarón, de la familia de los queatitas —pues a ellos les tocó en suerte— [40] se les dio Hebrón en la tierra de Judá, con sus ejidos circundantes; [41] pero el campo de la ciudad y sus aldeas se le dieron a Caleb, hijo de Jefoné. [42] Se dio a los hijos de Aarón como ciudades de asilo: Hebrón, Libná con sus ejidos, Yatir y Estemoa con sus ejidos, [43] Jilaz con sus ejidos, Debir con sus ejidos, [44] Asán con sus ejidos y Bet Semes con sus ejidos. [45] De la tribu de Benjamín: Gueba con sus ejidos, Alémet con sus ejidos y Anatot con sus ejidos. El total de todas sus ciudades: trece ciudades según sus familias.

Ciudades de los restantes levitas.
||Jos **21** 5-8.9.20-39.

[46] A los otros hijos de Queat les dieron por sorteo, conforme a sus familias, diez ciudades de la tribu de Efraín, de la tribu de Dan y de la media tribu de Manasés. [47] A los hijos de Guersón, según sus familias, trece ciudades de la tribu de Isacar, de la tribu de Aser, de la tribu de Neftalí y de la tribu de Manasés en Basán. [48] A los hijos de Merarí, según sus familias, les tocaron en suerte doce ciudades de la tribu de Rubén, de la tribu de Gad y de la tribu de Zabulón; [49] los israelitas dieron a los levitas estas ciudades con sus ejidos.

[50] Les tocaron, pues, en suerte, estas ciudades de la tribu de los hijos de Judá, de la tribu de los hijos de Simeón y de la tribu de los hijos de Benjamín, a las que pusieron sus nombres.

[51] En la tribu de Efraín se tomaron ciudades para algunas familias de los hijos de Queat. [52] Se les asignó como ciudades de asilo: Siquén con sus ejidos, en la montaña de Efraín, Guézer con sus ejidos, [53] Yocmeán con sus ejidos y Bet Jorón con sus ejidos, [54] Ayalón con sus ejidos, Gat Rimón con sus ejidos. [55] Y de la media tribu de Manasés: Aner con sus ejidos, Yibleán con sus ejidos. Esto para las familias de los restantes hijos de Queat.

[56] Para los hijos de Guersón: De la familia de la media tribu de Manasés, Golán, en Basán, con sus ejidos, Astarot con sus ejidos. [57] De la tribu de Isacar, Cades con sus ejidos, Dobrat con sus ejidos, [58] Ramot con sus ejidos, Ain Ganín con sus ejidos. [59] De la tribu de Aser, Misal con sus ejidos, Abdón con sus ejidos, [60] Jucoc con sus ejidos y Rejob con sus ejidos. [61] De la tribu de Neftalí: Cades en Galilea con sus ejidos, Jamón con sus ejidos y Quiriatáin con sus ejidos.

[62] Para los demás hijos de Merarí: de la tribu de Zabulón: Rimón con sus ejidos y Tabor con sus ejidos. [63] Y en la otra parte del Jordán, frente a Jericó, al oriente del Jordán, de la tribu de Rubén: Béser en el desierto, con sus ejidos, y Yahas con sus ejidos, [64] Quedemot con sus ejidos y Mefaat con sus ejidos. [65] De la tribu de Gad: Ramot en Galaad con sus ejidos, Majanáin con sus ejidos, [66] Jesbón con sus ejidos y Yazer con sus ejidos.

7. LAS TRIBUS DEL NORTE

Descendientes de Isacar.
||Gn **46** 13;
||Nm **26** 23-24;
ver Jc **10** 1.

7 [1] Hijos de Isacar: Tolá, Puá, Yasub, Simrón: cuatro.

[2] Hijos de Tolá: Uzí, Refayas, Yeriel, Yajmay, Yibsán y Samuel, jefes de las casas paternas de Tolá. En los días de David, su número era, según sus genealogías, de 22.600 guerreros valientes.

[3] Hijos de Uzí: Yizrajías; hijos de Yizrajías: Miguel, Abdías, Joel, Yisías: en total cinco jefes. [4] Según sus genealogías, por sus casas paternas, sus escuadrones de tropas de guerra sumaban 36.000 hombres, pues tenían muchas mujeres e hijos. [5] Sus hermanos de todas las familias de Isacar eran 87.000,

guerreros esforzados, inscritos todos
ellos en las genealogías.

Descendientes de Benjamín.
Ver **8** 1s; ||Gn **46** 21; ||Nm **26** 38.

6 Hijos de Benjamín: Belá, Béquer,
Yediael: tres.
7 Hijos de Belá: Esbón, Uzí, Uziel,
Yerimot e Irí: cinco jefes de las casas paternas, esforzados guerreros, inscritos en
las genealogías en número de 22.034.
8 Hijos de Béquer: Zemirá, Joás, Eliezer, Eljoenay, Omrí, Yeremot, Abías,
Anatot y Alémet; todos éstos hijos de
Béquer. 9 Estaban inscritos según sus
linajes y los jefes de sus casas paternas;
tenían 20.200 guerreros esforzados.
10 Hijos de Yediael: Bilán. Hijos de
Bilán: Yeús, Benjamín, Ehúd, Cananá,
Zetán, Tarsis y Ajisajar. 11 Todos éstos
fueron hijos de Yediael, cabezas de familia, esforzados guerreros, en número
de 17.200, aptos para la milicia y la
guerra.
12 Supín y Jupín eran hijos de Irí. Jusín era de Ajer.

Descendencia de Neftalí.
||Gn **46** 24; ||Nm **26** 48-50.

13 Hijos de Neftalí: Yajseel, Guní, Yéser y Salún, hijos de Bilhá.

Descendencia de Manasés.

14 Hijos de Manasés: Asriel, que le dio
a luz su concubina aramea. Ésta le dio
también a luz a Maquir, padre de Galaad.
15 Maquir tomó mujer para Jupín y para
Supín, y su hermana se llamaba Maacá.
El nombre del segundo era Selofjad;
Selofjad tuvo hijas.
16 Maacá, mujer de Maquir, dio a luz
un hijo, a quien llamó Peres. Su hermano se llamaba Seres y sus hijos Ulán y
Requen.
17 Hijos de Ulán: Bedán. Éstos son
los hijos de Galaad, hijo de Maquir, hijo
de Manasés.
18 Su hermana, Malcat, dio a luz a Is-
hod, Abiezer y Majlá.
19 Los hijos de Semidá fueron: Ajián,
Siquén, Licjí y Anián.

Descendencia de Efraín.
||Nm **26** 35.

20 Hijos de Efraín: Sutélaj, Béred, su
hijo; Tájat, su hijo; Eladá, su hijo; Tájat,
su hijo; 21 Zabad, su hijo; Sutélaj, su hijo;
Ézer y Elad.
Pero los hombres de Gat, nativos
del país, los mataron, pues habían bajado a apoderarse de sus ganados. 22 Su
padre Efraín los lloró durante muchos
días, y sus hermanos vinieron a consolarlo. 23 Después se unió a su mujer, que
concibió y le dio un hijo, a quien llamó
Beriá, porque la desgracia estaba en su
casa. 24 Hija suya fue Seerá, que edificó
Bet Jorón de Arriba y de Abajo, y Uzén
Seerá.
25 Réfaj, hijo suyo; Sutélaj, hijo suyo;
Taján, hijo suyo. 26 Ladán, hijo suyo;
Amiud, hijo suyo; Elisamá, hijo suyo;
27 Nun, hijo suyo; Josué, hijo suyo.
28 Tenían propiedades y habitaban
en Betel y sus aldeas anejas, en Naará
hacia el oriente, en Guézer y sus aldeas
anejas hacia el occidente, en Siquén y
sus aldeas hasta Ayá y sus aldeas. 29 Y
en manos de los hijos de Manasés estaban Betsán y sus aldeas anejas, Tanac y
sus aldeas, Meguidó y sus aldeas, Dor y
sus aldeas. En ellas habitaron los hijos
de José, hijo de Israel.

Descendencia de Aser.
||Gn **46** 17;
||Nm **26** 44s.

30 Hijos de Aser: Yimná, Yisvá, Yisví,
Beriá, y Séraj, hermana de éstos.
31 Hijos de Beriá: Jéber y Malquiel,
el cual fue padre de Birzait. 32 Jéber
engendró a Yaflet, Semer, Jotán y Suá,
hermana de ellos.
33 Hijos de Yaflet: Pasac, Binhal y As-
vat. Éstos son los hijos de Yaflet.
34 Hijos de Sémer: Ají, Rohagá, Jubá
y Aram.
35 Hijos de su hermano Helen: Sofaj,
Yimná, Seles y Amal. 36 Hijos de Sofaj:

Súaj, Jarnéfer, Sual, Berí y Yimrá; 37 Béser, Hod, Samá, Silsá, Yitrán y Beerá.
38 Hijos de Yéter: Jefoné, Pispá y Ará.
39 Hijos de Ulá: Araj, Janiel y Risiá.
40 Todos éstos fueron hijos de Aser,
jefes de familia, gente escogida, esforzados guerreros, jefes de príncipes. En
los registros genealógicos estaban inscritos en número de 26.000 hombres,
aptos para la milicia y la guerra.

8. BENJAMÍN Y JERUSALÉN

Descendencia de Benjamín*.
‖Gn **46** 21; ‖Nm **26** 38-40.

8 1 Benjamín engendró a Belá, su primogénito; Asbel, el segundo; Ajirán
el tercero; 2 Nojá, el cuarto, y Rafá, el
quinto. 3 Los hijos de Belá fueron: Adar
y Guerá, padre de Ehúd, 4 Abisúa, Naamán, Ajóaj, 5 Guerá, Sefufán y Jurán.

En Gueba.

6 Éstos son los hijos de Ehúd, los jefes
de familia de los que moraban en Gueba
y a los que deportaron a Manájat: 7 Naamán, Ajías y Guerá. Éste los deportó, y
engendró a Uzá y Ajijud.

En Moab.

8 Sajaráin engendró hijos en los campos de Moab, después de haber repudiado a sus mujeres Jusín y Baará. 9 Y
de su nueva mujer engendró a Yobab,
Sibías, Mesá, Malcán, 10 Yeús, Saquías
y Mirmá. Éstos son sus hijos, jefes de
casas paternas.

En Onó y Lud.

11 Y de Jusín había engendrado a
Abitub y Elpaal. 12 Hijos de Elpaal: Hé-
ber, Misán y Sémed, el cual edificó Onó,
Lud y sus aldeas anejas.

En Ayalón.

13 Beriá y Sema fueron cabezas de
familia de los habitantes de Ayalón,
que pusieron en fuga a los moradores
de Gat.
14 Hermano suyo: Sesac.

En Jerusalén.

Yeremot, 15 Zebadías, Arad, Éder,
16 Miguel, Yispá, Yojá: eran hijos de
Beriá.
17 Zebadías, Mesulán, Jizquí, Jéber,
18 Yismeray, Yizlías y Yobab: hijos de
Elpaal.
19 Yaquín, Zicrí, Zabdí, 20 Elienay, Siletay, Eliel, 21 Adaías, Beraías y Simrat:
hijos de Semeí.
22 Yispán, Éber, Eliel, 23 Abdón, Zicrí, Janán, 24 Jananías, Elam, Antotías,
25 Yifdías y Penuel: hijos de Sesac.
26 Samseray, Serajías, Atalías, 27 Ya-
resías, Elías y Zicri: hijos de Yeroján.
28 Éstos eran los jefes de las casas paternas, según sus linajes, que habitaban
en Jerusalén.

En Gabaón.

29 En Gabaón habitaba Yeiel, padre
de Gabaón, cuya mujer se llamaba Maacá, 30 y su primogénito Abdón; después
Sur, Quis, Baal, Ner, Nadab, 31 Guedor,
Ajió, Zéquer. 32 Miclot engendró a Simá.
También éstos habitaron, igual que sus
hermanos, en Jerusalén, con sus hermanos.

Saúl y su familia.
‖1 S **14** 49-51; =1 Cro **9** 39-43.

33 Ner engendró a Quis y éste a Saúl;
Saúl engendró a Jonatán, Malquisúa,
Abinadab y Esbaal. 34 Hijo de Jonatán:
Meribaal. Meribaal engendró a Micá.
35 Hijos de Micá: Pitón, Mélec, Tarea,
Ajaz. 36 Ajaz engendró a Joadá, Joadá
engendró a Alémet, Azmávet y Zimrí;

8 Lista diferente de **7** 6-11, concebida en relación con Jerusalén, Jos **15** 8; **18** 16; 2 S **5** 6+, centro del culto futuro, ver Ez **40**+.

Zimrí engendró a Mosá. 37 Mosá engendró a Biná, cuyo hijo fue Rafá, cuyo
hijo fue Elasá, cuyo hijo fue Asel. 38 Asel
tuvo seis hijos, cuyos nombres son: Azricán, su primogénito; después, Ismael,
Searías, Abdías y Janán. Todos ellos son
hijos de Asel.

39 Hijos de su hermano Ésec: Ulán,
su primogénito, Yeús, el segundo, y Elifélet, el tercero. 40 Los hijos de Ulán
fueron esforzados guerreros que manejaban el arco; tuvieron muchos hijos y
nietos: ciento cincuenta.

Todos estos eran descendientes de
Benjamín.

Jerusalén, ciudad israelita y ciudad santa.

9 1 Todos los israelitas estaban registrados en las genealogías e inscritos
en el libro de los reyes de Israel y de
Judá, cuando fueron deportados a Babilonia por sus infidelidades.

||Ne **11** 3-19.

2 Los primeros que volvieron a habitar
en sus propiedades y ciudades fueron
israelitas, sacerdotes, levitas y donados.
3 En Jerusalén habitaron hijos de Judá,
hijos de Benjamín, hijos de Efraín y de
Manasés.

4 De los hijos de Peres, hijo de Judá,
Utay, hijo de Amiud, hijo de Omrí, hijo
de Imrí, hijo de Baní. 5 De los silonitas:
Asayas, el primogénito, y sus hijos. 6 De
los hijos de Zéraj: Yeuel y sus hermanos:
690.

7 De los hijos de Benjamín: Salú, hijo
de Mesulán, hijo de Hodavías, hijo de
Hasenuá; 8 Yibnías, hijo de Yeroján; Elá,
hijo de Uzí, hijo de Micrí, y Mesulán, hijo
de Sefatías, hijo de Reuel, hijo de Yibnías, 9 y sus hermanos, según sus genealogías: 956. Todos éstos eran jefes de familia en sus respectivas casas paternas.

10 De los sacerdotes: Yedaías, Joarib,
Yaquín, 11 Azarías, hijo de Jilquías, hijo
de Mesulán, hijo de Sadoc, hijo de Merayot, hijo de Ajitub, príncipe del templo de Dios. 12 Adaías, hijo de Yeroján,
hijo de Pasjur, hijo de Malquías; Masay,
hijo de Adiel, hijo de Yajzerá, hijo de Mesulán, hijo de Mesilemot, hijo de Imer;
13 y sus hermanos, jefes de sus casas
paternas: 1.760 hombres aptos para los
ejercicios del culto en el templo de Dios.

14 De los levitas: Semaías, hijo de Jasub, hijo de Azricán, hijo de Jasabías, de
los hijos de Merarí. 15 Bacbacar, Jeres,
Galal y Matanías, hijo de Micá, hijo de
Zicrí, hijo de Asaf. 16 Abdías, hijo de Semaías, hijo de Galal, hijo de Yedutún; y
Berequías, hijo de Asá, hijo de Elcaná,
que habitaban en los poblados de los
netofatitas.

17 Los porteros*: Salún, Acub, Talmón, Ajimán y sus hermanos. Salún era
el jefe. 18 Están hasta el presente junto a
la puerta del rey, al oriente. Éstos son los
porteros del campamento de los hijos de
Leví: 19 Salún, hijo de Coré, hijo de Abiasaf, hijo de Coré, y sus hermanos los coreítas, de la misma casa paterna, tenían
el servicio del culto como guardianes de
los umbrales de la Tienda, pues sus padres habían tenido a su cargo la guardia
de acceso al campamento de Yahvé.
20 Antiguamente había sido su jefe Pinjás, hijo de Eleazar, con el que estuvo
Yahvé. 21 Zacarías, hijo de Meselemías,
era portero de la entrada de la Tienda del
Encuentro. 22 El total de los elegidos para
porteros de las entradas era de 212, y estaban inscritos en sus poblados. David y
Samuel el vidente les habían establecido
en sus cargos permanentemente.

23 Ellos y sus hijos tenían a su cargo
las puertas del templo de Yahvé, la casa
de la Tienda. 24 Había porteros a los
cuatro vientos: al oriente, al occidente,
al norte y al mediodía. 25 Sus hermanos,
que habitaban en sus alquerías, tenían
que venir periódicamente a estar con
ellos durante siete días, 26 pero los cuatro jefes de los porteros tenían servicio
permanente. Algunos levitas estaban al

9 17 Los *porteros* ocupan un lugar importante; sus funciones se remontan al desierto, vv. 19-21, y es alabada su fidelidad, v. 22. De hecho, su asimilación a los levitas es tardía, Esd **2** 42; Ne **7** 45; **11** 19.

cuidado de las cámaras y de los tesoros del templo de Dios. 27 Pasaban la noche alrededor del templo de Dios, pues les incumbía su vigilancia y tenían que abrirlo todas las mañanas.

28 Unos tenían el cuidado de los utensilios del culto, y los contaban al meterlos y al sacarlos. 29 Otros estaban encargados de los utensilios y de todos los instrumentos del Santuario, de la flor de harina, el vino, el aceite, el incienso y los aromas. 30 Los que preparaban la mezcla para los aromas eran hijos de los sacerdotes.

31 Matitías, uno de los levitas, primogénito de Salún, el coreíta, estaba al cuidado constante de las cosas que se freían en sartén. 32 Entre los queatitas, sus hermanos, algunos estaban encargados de poner en filas los panes cada sábado. 33 Había también cantores, cabezas de familia de los levitas; moraban en las habitaciones del templo, exentos de servicio, pues se ocupaban de día y de noche en su ministerio.

34 Éstos eran, según sus genealogías, los cabezas de familia de los levitas, jefes de sus linajes que habitaban en Jerusalén.

9. SAÚL, PREDECESOR DE DAVID

Orígenes de Saúl.

=**8** 29-38.

35 En Gabaón moraban el padre de Gabaón, Yeiel, cuya mujer se llamaba Maacá 36 y Abdón su hijo primogénito; después, Sur, Quis, Baal, Ner, Nadab, 37 Guedor, Ajió, Zacarías y Miclot. 38 Miclot engendró a Simá. También éstos habitaron en Jerusalén junto a sus hermanos y en unión con éstos.

39 Ner engendró a Quis y éste a Saúl; Saúl engendró a Jonatán, Malquisúa, Abinadab y Esbaal. 40 Meribaal, que era hijo de Jonatán, engendró a Micá. 41 Hijos de Micá: Pitón, Mélec, Tarea. 42 Ajaz engendró a Yará, Yará engendró a Alémet, Azmávet y Zimrí. Zimrí engendró a Mosá.

43 Mosá engendró a Biná, cuyo hijo fue Refayas, cuyo hijo fue Elasá, cuyo hijo fue Asel. 44 Asel tuvo seis hijos, cuyos nombres son: Azricán, su primogénito, Ismael, Searías, Abdías y Janán. Éstos fueron los hijos de Asel.

Batalla de Gelboé, muerte de Saúl*.

||1 S **31** 1-13.

10 1 Trabaron batalla los filisteos contra Israel; huyeron los hombres de Israel ante los filisteos, y cayeron heridos de muerte en el monte Gelboé. 2 Los filisteos apretaron de cerca a Saúl y a sus hijos, y mataron a Jonatán, Abinadab y Malquisúa, hijos de Saúl. 3 El peso de la batalla cargó sobre Saúl, los arqueros lo descubrieron y lo hirieron con flechas. 4 Dijo Saúl a su escudero: «Saca tu espada y traspásame con ella, no sea que vengan esos incircuncisos y se burlen de mí.» Pero el escudero no quiso, pues estaba lleno de temor. Entonces tomó Saúl la espada y se arrojó sobre ella. 5 Al ver el escudero que Saúl había muerto, se arrojó, también él, sobre la espada y murió con él. 6 Así murió Saúl con sus tres hijos; y toda su casa murió juntamente con él. 7 Viendo todos los hombres de Israel, que estaban en el valle, que las tropas de Israel se daban a la fuga y que Saúl y sus hijos habían muerto, abandonaron sus ciudades y huyeron; vinieron los filisteos y se establecieron en ellas.

8 Al otro día vinieron los filisteos para despojar a los muertos, y encontraron a Saúl y a sus hijos caídos en el monte Gelboé. 9 Lo despojaron, se llevaron su cabeza y sus armas, y mandaron anunciar la buena nueva por el contorno del

10 Como prólogo a la historia de David, el Cronista recuerda el trágico fin del primer rey de Israel, rechazado por Dios.

país de los filisteos, a sus dioses y al pueblo. 10 Depositaron sus armas en el templo de su dios y clavaron su cabeza en el templo de Dagón.

11 Supieron todos los habitantes de Yabés de Galaad lo que los filisteos habían hecho con Saúl, 12 se pusieron en marcha todos los valientes, tomaron el cadáver de Saúl y los cadáveres de sus hijos, y los llevaron a Yabés. Enterraron sus huesos bajo el tamarindo de Yabés, y ayunaron siete días.

13 Saúl murió a causa de la infidelidad que había cometido contra Yahvé, porque no guardó la palabra de Yahvé y también por haber interrogado y consultado a una nigromante, 14 en vez de consultar a Yahvé, por lo que le hizo morir, y transfirió el reino a David, hijo de Jesé.

II. David, fundador del culto del templo

1. LA MONARQUÍA DE DAVID

Unción de David*.
‖2 S **5** 1-3.

11 1 Se congregó todo Israel en torno a David, en Hebrón, y dijeron: «Mira: hueso tuyo y carne tuya somos nosotros. 2 Ya de antes, cuando Saúl era nuestro rey, eras tú el que dirigías las entradas y salidas de Israel; Yahvé, tu Dios, te ha dicho: 'Tú apacentarás a mi pueblo Israel'.» 3 Vinieron todos los ancianos de Israel adonde el rey, a Hebrón; David hizo un pacto con ellos en Hebrón, en presencia de Yahvé; y ellos ungieron a David como rey sobre Israel, según la palabra que Yahvé había pronunciado por boca de Samuel.

Conquista de Jerusalén.
‖2 S **5** 6-10.

4 Después marchó David con todo Israel contra Jerusalén, o sea, Jebús; los habitantes del país eran jebuseos. 5 Y decían los habitantes de Jebús a David: «No entrarás aquí.» Conquistó David la fortaleza de Sión, que es la Ciudad de David. 6 Y dijo David: «El que primero ataque al jebuseo, será jefe y capitán.» Subió el primero Joab, hijo de Sarvia, y pasó a ser jefe. 7 Se instaló David en la fortaleza; por eso la llamaron Ciudad de David. 8 Y edificó en derredor de la ciudad, tanto el Miló como la circunvalación; Joab restauró el resto de la ciudad. 9 David iba medrando, y Yahvé Sebaot estaba con él.

Los valientes de David.
‖2 S **23** 8-39.

10 Éstos son los jefes de los valientes que tenía David, y que, durante su reinado, se esforzaron con él y con todo Israel para hacerle reinar, conforme a la palabra de Yahvé respecto de Israel. 11 Ésta es la lista de los héroes que tenía David: Yasobán, hijo de Jacmoní, jefe de los Treinta, que blandió su lanza e hizo más de trescientas bajas de una sola vez.

12 Después de él Eleazar, hijo de Dodó, el ajotita, que era uno de los Tres héroes. 13 Éste estaba con David en Fesdamín, donde los filisteos se habían concentrado para la batalla. Había allí una parcela toda de cebada, y el pueblo estaba ya huyendo delante de los filisteos, 14 pero él se apostó en medio de la par-

11 A partir de aquí los relatos de 1-2 Cro serán más o menos paralelos a los de 2 S y 1-2 R. La reagrupación de las tribus del Norte tuvo lugar varios años después de la muerte de Saúl; pero el Cronista pone de relieve la unificación de las tribus efectuada por David. A la lista de los guerreros de David añadirá, cap. **12**, datos sobre las tribus reunidas en torno a él.

cela, la defendió y derrotó a los filisteos.
Yahvé obró allí una gran victoria.
[15] Tres de los Treinta bajaron a la
peña de la cueva de Adulán, donde
David, cuando los filisteos se hallaban
acampados en el Valle de los Refaín.
[16] David estaba a la sazón en el refugio,
mientras que una guarnición de filisteos
ocupaba Belén. [17] Le vino a David un
deseo y dijo: «¡Quién me diera a beber
agua de la cisterna que hay en la puerta
de Belén!» [18] Rompieron los Tres por
el campamento de los filisteos, sacaron
agua de la cisterna que hay en la puerta
de Belén, se la llevaron y se la ofrecieron a David. Pero David no quiso
beberla, sino que la derramó como
libación a Yahvé, [19] diciendo: «¡Líbreme
Dios de hacer tal cosa! ¿Voy a beber yo
la sangre de estos hombres junto con
sus vidas? Pues con riesgo de sus vidas
la han traído.» Y no quiso beberla. Esto
hicieron los Tres héroes.
[20] Abisay, hermano de Joab, era el
prinero de los Treinta. Hirió con su
lanza atrescientos hombres, y conquistó
renombre entre los Treinta. [21] Fue más
afamado que los Treinta, llegando a ser
su capitán; pero no igualó a los Tres.
[22] Benaías, hijo de Joadá, hombre
valeroso y pródigo en hazañas, de Cabseel, mató a los dos héroes de Moab;
además bajó y mató a un león dentro
de una cisterna, en un día de nieve.
[23] Mató también a un egipcio que tenía
cinco codos de altura; tenía el egipcio
una lanza en su mano del tamaño de
un enjullo de tejedor, pero Benaías bajó
contra él con un bastón, arrancó la lanza
de la mano del egipcio, y con su misma
lanza lo mató. [24] Esto hizo Benaías, hijo
de Joadá, y se conquistó renombre entre los Tres héroes. [25] Fue muy famoso
entre los Treinta, pero no igualó a los
Tres; David lo hizo jefe de su guardia
personal.
[26] Los valientes esforzados fueron:
Asael, hermano de Joab; Eljanán, hijo
de Dodó, de Belén; [27] Samá, de Arod;
Jeles, el pelonita; [28] Irá, hijo de Iqués, de
Técoa; Abiezer, de Anatot; [29] Sibcay,
de Jusá; Ilay, el ajotita; [30] Mahray, de
Netofá; Jéled, hijo de Baaná, de Netofá;
[31] Itay, hijo de Ribay, de Guibeá, de los
hijos de Benjamín; Benaías, de Piratón;
[32] Juray, de los torrentes de Gaás;
Abiel, de Arabá; [33] Azmávet, de Bajurín;
Elyajbá, de Saalbín; [34] Bené Hasén, el
guizonita; Jonatán, hijo de Sagué, de
Arar; [35] Ajián, hijo de Sacar, el ararita;
Elifélet, hijo de Ur; [36] Jéfer, de Mequerá;
Ajías, el pelonita; [37] Jesró, de Carmelo;
Naaray, hijo de Ezbay; [38] Joel, hermano
de Natán; Mibjar, hijo de Agrí; [39] Sélec,
el amonita; Najray, de Berot, escudero
de Joab, hijo de Sarvia; [40] Irá, de Yatir;
Gareb, de Yatir; [41] Urías, el hitita; Zabad, hijo de Ajlay; [42] Adiná, hijo de
Sizá, el rubenita, jefe de los rubenitas, y
con él treinta; [43] Janán, hijo de Maacá;
Josafat, el mitnita; [44] Uzías, de Astarot;
Samá y Yeiel, hijos de Jotán, de Aroer;
[45] Yediael, hijo de Simrí; Jojá, su hermano, el tisita. [46] Eliel, el majavita; Yeribay
y Josavías, hijos de Elnaán; Yitmá, el
moabita; [47] Eliel, Obed y Yaasiel, de
Sobá.

Los primeros partidarios de David.

12 [1] Éstos son los que vinieron
donde David, a Sicelag, cuando
estaba retenido lejos de Saúl, hijo de
Quis. Estaban también entre los valientes que le ayudaron en la guerra. [2] Manejaban el arco con la derecha y con la
izquierda, y lanzaban con el arco piedras
y flechas.
De los hermanos de Saúl el benjaminita: [3] Ajiézer, el jefe, y Joás, hijos
de Semaá, de Guibeá; Yeziel y Pélet,
hijos de Azmávet; Beracá y Jehú, de
Anatot; [4] Yismaías, de Gabaón, valeroso
entre los Treinta y jefe de los mismos;
[5] Jeremías, Yajaziel, Juan, Jozabad, de
Guederot; [6] Eluzay, Yerimot, Bealías,
Semarías y Sefatías, de Jarif; [7] Elcaná,
Isaías, Azarel, Yoézer, Yasobán, coreítas; [8] Yoelá y Zebadías, hijos de Yeroján,
de Guedor.
[9] Y hubo también gaditas que se pasaron a David en los refugios del desierto,

guerreros valientes, hombres de guerra,
preparados para el combate, diestros
con el escudo y la lanza. Sus rostros,
como rostros de león, y ligeros como la
gacela de los montes. 10 Su jefe era Ézer;
Abdías, el segundo; Eliab, el tercero;
11 Masmaná, el cuarto; Yirmeyá, el quinto; 12 Atay, el sexto; Eliel, el séptimo;
13 Juan, el octavo; Elzabad, el noveno;
14 Jeremías, el décimo; Macbanay, el
undécimo; 15 éstos eran, entre los hijos
de Gad, jefes del ejército; el menor mandaba sobre cien, y el mayor sobre mil.
16 Éstos fueron los que atravesaron el
Jordán en el mes primero, cuando suele
desbordarse por todas sus riberas, y pusieron en fuga a todos los habitantes de
los valles, a oriente y occidente.
17 También vinieron al refugio, donde
estaba David, algunos de los hijos de
Benjamín y Judá. 18 Salió David a su
encuentro y les dijo: «Si vienen a mí en
son de paz para ayudarme, mi corazón
irá a una con ustedes; pero si es para
engañarme en favor de mis enemigos,
sin que hubiere violencia en mis manos, ¡véalo el Dios de nuestros padres
y lo castigue!»
19 Entonces el espíritu revistió a Amasay, jefe de los Treinta:

«¡A ti, David! ¡Contigo, hijo de Jesé!
¡Paz, paz a ti!
¡Y paz a los que te ayuden,
pues tu Dios te ayuda a ti!»

David los recibió y los puso entre los
jefes de las tropas.
20 También de Manasés se pasaron
algunos a David, cuando éste iba con los
filisteos a la guerra contra Saúl, aunque
no los ayudaron, porque los príncipes de
los filisteos, reunidos en consejo, lo despidieron, diciendo: «Se pasará a Saúl, su
señor, con nuestras cabezas.» 21 Cuando regresó a Sicelag, se pasaron a él
algunos de los hijos de Manasés: Adná,
Yozabad, Yediael, Miguel, Jozabad, Elihú y Siletay, jefes de millares de Manasés. 22 Éstos ayudaron a David al frente
de algunas partidas, pues todos eran
hombres valientes y llegaron a ser jefes
en el ejército.
23 Cada día, en efecto, acudía gente a
David para ayudarlo, hasta que el campamento llegó a ser grande, como un
campamento de Dios.

Guerreros que hicieron rey a David*.

24 Éste es el número de los guerreros
preparados para la guerra que vinieron
donde David, a Hebrón, para transferir-
le el reino de Saúl, conforme a la orden
de Yahvé.
25 De los hijos de Judá, llevando escudo y lanza, 6.800, armados para la
guerra.
26 De los hijos de Simeón, hombres
valerosos para la guerra, 7.100.
27 De los hijos de Leví, 4.600. 28 Joadá, príncipe de los hijos de Aarón, con
otros 3.700. 29 Sadoc, joven y valeroso,
con veintidós jefes de su casa paterna.
30 De los hijos de Benjamín, hermanos de Saúl, 3.000; hasta entonces la
mayor parte de ellos habían permanecido fieles a la casa de Saúl.
31 De los hijos de Efraín, 20.800 hombres valientes, famosos en sus casas
paternas.
32 De la media tribu de Manasés,
18.000, nominalmente designados para
ir a proclamar rey a David.
33 De los hijos de Isacar, duchos en
discernir las oportunidades y saber lo
que Israel debía hacer, 200 jefes, y todos sus hermanos bajo sus órdenes.
34 De Zabulón, 50.000 aptos para
salir a campaña, preparados para la
batalla, provistos de todas las armas de
guerra, audaces en la lucha, con corazón entero.
35 De Neftalí, 1.000 jefes, y con ellos
37.000 hombres con escudo y lanza.
36 De los danitas, preparados para la
batalla, 28.600.
37 De Aser, aptos para salir a campaña
y preparados para la batalla, 40.000.

12 24 Censo verificado siguiendo el esquema de Nm **1-3**; **26**. Ver 2 S **24**.

38 Y de Transjordania, de los rubenitas, de los gaditas y de la media tribu de
Manasés, provistos de todos los pertre-
chos de guerra para la batalla, 120.000.
39 Todos estos hombres de guerra,
formados en orden de batalla, vinieron
a Hebrón con corazón entero para proclamar a David rey sobre todo Israel; y
los demás israelitas estaban unánimes
en hacer rey a David. 40 Permanecieron
allí con David tres días comiendo y
bebiendo, porque sus hermanos les proveían. 41 Además, los que estaban cerca
y hasta de Isacar, Zabulón y Neftalí
traían víveres en burros, camellos, mulos
y bueyes; provisiones de harina, tortas
de higos y pasas, vino, aceite, ganado
mayor y menor en abundancia; pues reinaba la alegría en Israel.

Traslado del arca de Quiriat Yearín*.

13 1 Consultó David con los jefes
de millar y de ciento y con
todos los caudillos, 2 y dijo a toda la
asamblea de Israel: «Si les parece bien
y la cosa viene de Yahvé, nuestro Dios,
vamos a mandar un mensaje a nuestros
hermanos que han quedado en todas
las regiones de Israel y, además, a los
sacerdotes y levitas en sus ciudades y
ejidos, para que se reúnan con nosotros;
3 y volvamos a traer a nuestro lado el
arca de nuestro Dios, ya que no nos
hemos preocupado de ella desde los
días de Saúl.»
4 Toda la asamblea resolvió hacerlo
así, pues la propuesta pareció bien a
todo el pueblo. 5 Congregó entonces
David a todo Israel, desde Sijor de
Egipto hasta la Entrada de Jamat, para traer el arca de Dios desde Quiriat
Yearín. 6 Fue, pues, David, con todo
Israel, hacia Baalá, a Quiriat Yearín de
Judá, para subir desde allí el arca de
Dios que lleva el Nombre de Yahvé que
está sobre los querubines. 7 Cargaron
el arca de Dios en una carreta nueva y
la sacaron de la casa de Abinadab; Uzá
y Ajió conducían la carreta. 8 David y
todo Israel bailaban delante de Dios con
todas sus fuerzas, cantando y tocando
cítaras, salterios, panderos, címbalos
y trompetas. 9 Al llegar a la era de
Quidón, extendió Uzá su mano para
sostener el arca, porque los bueyes
amenazaban volcarla. 10 Se encendió
contra Uzá la ira de Yahvé y lo hirió por
haber extendido su mano hacia el arca;
y murió allí delante de Dios. 11 Se irritó
David porque Yahvé había irrumpido
contra Uzá; y se llamó aquel lugar Peres
de Uzá hasta el día de hoy.
12 Aquel día tuvo David miedo de Dios,
y dijo: «¿Cómo voy a llevar a mi casa el
arca de Dios?» 13 Y no trasladó David el
arca de Dios junto a sí, a la Ciudad de
David, sino que la hizo llevar a casa de
Obededón, el de Gat. 14 El arca de Dios
estuvo tres meses en la casa de Obededón, en su misma casa. Y bendijo Yahvé
la casa de Obededón y cuanto tenía.

David en Jerusalén. Su familia.
||2 S **5** 11-16.

14 1 Jirán, rey de Tiro, envió a
David mensajeros y maderas de
cedro, y también albañiles y carpinteros,
para edificarle una casa. 2 Y conoció David que Yahvé lo había confirmado como
rey de Israel, pues había ensalzado su
realeza en atención a su pueblo Israel.
=**3** 5-8.
3 Tomó David otras mujeres en Jerusalén y engendró más hijos e hijas. 4 Éstos son los nombres de los que tuvo en
Jerusalén: Samúa, Sobab, Natán, Salomón, 5 Yibjar, Elisúa, Elpálet, 6 Nogah,
Néfeg, Yafía, 7 Elisamá, Baalyadá y
Elifélet.

Guerras contra los filisteos.
||2 S **5** 17-25.

8 Oyeron los filisteos que David había
sido ungido rey de todo Israel y subieron

13 Inmediatamente después de la toma de Jerusalén, **11** 4-6; ver 2 S **5** 6-10+, David traerá el arca al único santuario donde se debe adorar a Yahvé.

todos en su busca. Lo supo David y les salió al paso. [9] Llegaron los filisteos y se desplegaron por el Valle de Refaín. [10] Entonces consultó David a Dios, diciendo: «¿Debo subir contra los filisteos? ¿Los entregarás en mis manos?» Yahvé le respondió: «Sube, pues yo los entregaré en tu mano.» [11] Y subieron a Baal Perasín, donde David los derrotó. Dijo entonces David: «Dios ha abierto brecha entre mis enemigos por mi mano, como una brecha de aguas.» Por eso se llamó a aquel lugar Baal Perasín. [12] Abandonaron allí a sus ídolos, y dijo David: «Arrójenlos al fuego.»

[13] Volvieron otra vez los filisteos y se desplegaron por el valle, [14] y David volvió a consultar a Dios, y Dios le contestó: «No subas contra ellos; da un rodeo y atácalos desde las balsameras. [15] Y cuando oigas el ruido de pasos en la cima de las balsameras, saldrás a la batalla, porque Dios sale delante de ti para derrotar al ejército de los filisteos.» [16] Hizo David como le había mandado Dios, y derrotaron al campamento de los filisteos desde Gabaón hasta Guézer. [17] La fama de David se extendió por todas las regiones, pues Yahvé lo hizo temible a todas las naciones.

2. EL ARCA EN LA CIUDAD DE DAVID

Preparativos para el traslado*.

15 [1] Se hizo casas en la Ciudad de David, preparó un lugar para el arca de Dios y le levantó una Tienda para ella. [2] Entonces dijo David: «Solamente los levitas han de llevar el arca de Dios, pues a ellos los escogió Yahvé para llevar el arca de Yahvé y servirlo por siempre.»

[3] Congregó, pues, David a todo Israel en Jerusalén para subir el arca de Yahvé al lugar que había preparado para ella. [4] David reunió también a los hijos de Aarón y a los levitas: [5] De los hijos de Queat: a Uriel, el jefe, y a sus hermanos, ciento veinte; [6] de los hijos de Merarí: a Asayas, el jefe, y a sus hermanos, doscientos veinte; [7] de los hijos de Guersón: a Joel, el jefe, y a sus hermanos, ciento treinta; [8] de los hijos de Elisafán: a Semaías, el jefe, y a sus hermanos, doscientos; [9] de los hijos de Hebrón: a Eliel, el jefe, y a sus hermanos, ochenta; [10] de los hijos de Uziel: a Aminadab, el jefe, y a sus hermanos, ciento doce.

[11] También llamó David a los sacerdotes Sadoc y Abiatar, y a los levitas Uriel, Asayas, Joel, Semaías, Eliel y Aminadab, [12] y les dijo: «Ustedes son los cabezas de familia de los levitas. Santifíquense, ustedes y sus hermanos, para subir el arca de Yahvé, el Dios de Israel, al lugar que para ella tengo preparado; [13] pues por no haber estado ustedes la vez primera, Yahvé, nuestro Dios, hizo brecha en nosotros, ya que no lo consultamos conforme a la norma.» [14] Se santificaron, pues, los sacerdotes y los levitas, para subir el arca de Yahvé, Dios de Israel.

[15] Y los levitas trasladaron el arca de Dios a hombros, llevando los varales sobre los hombros, como lo había ordenado Moisés, según la palabra de Yahvé.

[16] Dijo David a los jefes de los levitas que colocaran a sus hermanos los cantores, con instrumentos músicos, salterios, cítaras y címbalos, para que los hicieran resonar, alzando la voz con júbilo. [17] Los levitas designaron a Hemán, hijo de Joel; y de sus hermanos, a Asaf, hijo de Berequías; y de los hijos de Merarí, hermanos suyos, a Etán, hijo de Cusayas. [18] Y con ellos, como segundos, a sus hermanos Zacarías, hijo de Yaaziel, Semiramot, Yejiel, Uní, Eliab, Benaías, Maasías, Matitías, Eliflehú, Micnías, Obededón y Yeiel, porteros. [19] Los cantores Hemán, Asaf y Etán hacían resonar címbalos de bronce.

15 La ocasión es buena para describir las funciones de los sacerdotes y levitas.

[20] Zacarías, Yaaziel, Semiramot, Yejiel, Uní, Eliab, Maasías y Benaías tenían salterios de tonos altos. [21] Matitías, Eliflehú, Micnías, Obededón, Yeiel y Azazías tenían cítaras de octava, para dirigir el canto. [22] Quenanías, jefe de los levitas encargados del transporte, dirigía el traslado, porque era hombre entendido. [23] Berequías y Elcaná eran porteros del arca. [24] Sebanías, Josafat, Natanael, Amasay, Zacarías, Benaías y Eliezer, sacerdotes, tocaban las trompetas delante del arca de Dios. Obededón y Yejías eran porteros del arca.

Traslado del arca.
||2 S **6** 12-19.

[25] Así pues, David, los ancianos de Israel y los jefes de millares fueron a traer el arca de la alianza de Yahvé, desde la casa de Obededón, con alborozo. [26] Y habiendo Dios ayudado a los levitas portadores del arca de la alianza de Yahvé, sacrificaron siete terneros y siete carneros. [27] David iba revestido de un manto de lino fino, lo mismo que todos los levitas que portaban el arca, los cantores y Quenanías, el jefe que dirigía el traslado. Llevaba también David sobre sí un efod de lino. [28] Todo Israel subía el arca de la alianza de Yahvé entre clamores y resonar de cuernos, trompetas y címbalos, y haciendo sonar los salterios y las cítaras. [29] Cuando el arca de la alianza de Yahvé entró en la Ciudad de David, Mical, hija de Saúl, que estaba mirando por la ventana, vio al rey David que saltaba y bailaba, y lo despreció en su corazón.

16 [1] Introdujeron el arca de Dios y la colocaron en medio de la Tienda que David había hecho levantar para ella; y ofrecieron holocaustos y sacrificios de comunión en presencia de Dios. [2] Cuando David hubo acabado de ofrecer los holocaustos y sacrificios de comunión, bendijo al pueblo en nombre de Yahvé, [3] y repartió a todo el pueblo de Israel, hombres y mujeres, a cada uno una torta de pan, un pastel de dátiles y un pastel de pasas.

Organización del culto*.

[4] David determinó los levitas que habían de hacer el servicio delante del arca de Yahvé para celebrar, glorificar y alabar a Yahvé, el Dios de Israel. [5] Asaf era el jefe; Zacarías era el segundo; luego Uziel, Semiramot, Yejiel, Matitías, Eliab, Benaías, Obededón y Yeiel, con salterios y cítaras. Asaf hacía sonar los címbalos. [6] Los sacerdotes Benaías y Yajaziel tocaban sin interrupción las trompetas delante del arca de la alianza de Dios. [7] Aquel día David, alabando el primero a Yahvé, entregó a Asaf y a sus hermanos este canto*:

||Sal **105** 1-15.

8 ¡Den gracias a Yahvé, invoquen su nombre,
divulguen entre los pueblos sus hazañas!
9 ¡Cántenle, tañan para él,
reciten todas sus maravillas;
10 gloríense en su santo Nombre,
se alegren los que buscan a Yahvé!
11 ¡Busquen a Yahvé y su poder,
vayan tras su rostro sin tregua,
12 recuerden todas sus maravillas,
sus prodigios y los juicios de su boca!
13 Raza de Israel, su siervo,
hijos de Jacob, su elegido:
14 él, Yahvé, es nuestro Dios,
sus juicios afectan a toda la tierra.
15 Él se acuerda siempre de su alianza,
palabra que impuso a mil generaciones,
16 aquello que pactó con Abrahán,
el juramento que hizo a Isaac,
17 que puso a Jacob como precepto,
a Israel como alianza eterna:
18 diciendo: «Te daré la tierra de Canaán
como lote de su herencia».

16 4 Según el Cronista, toda la liturgia del templo se remonta a David, conformándose ya a las prescripciones del Código sacerdotal.

16 7 Este himno está compuesto con fragmentos de los Sal **105**; **96**; **106**.

19 Cuando ustedes eran poco
numerosos,
gente de paso y forasteros,
20 vagando de nación en nación,
yendo de un reino a otro pueblo,
21 a nadie permitió oprimirlos,
por ello castigó a los reyes:
22 «Guárdense de tocar a mis ungidos
no hagan daño a mis profetas.»
||Sal **96**.
23 Canten a Yahvé, toda la tierra
anuncien su salvación día tras día.
24 Cuenten su gloria a las naciones,
sus maravillas a todos los pueblos.
25 Pues grande es Yahvé y digno de
alabanza,
más temible que todos los dioses.
26 Pues nada son los dioses paganos,
pero Yahvé hizo los cielos.

27 Gloria y majestad están ante él,
fortaleza y alegría en su Morada.

28 ¡Tributen a Yahvé, familias de los
pueblos,
tributen a Yahvé gloria y poder!
29 Tributen a Yahvé la gloria de su
nombre.

Traigan ofrendas, entren en sus atrios.
Póstrense ante Yahvé en el atrio
sagrado
30 ¡Tiemble en su presencia toda la
tierra!
El orbe está seguro, no vacila.
31 ¡Alégrense los cielos, goce la tierra!
Digan a las naciones: «¡Yahvé es rey!»
32 ¡Retumbe el mar y cuanto encierra!
¡Exulte el campo y cuanto hay en él!
33 Griten de júbilo los árboles de los
bosques
ante Yahvé, pues viene a juzgar la
tierra.

||Sal **106** 1.47-48.
34 ¡Den gracias a Yahvé, porque es
bueno,
porque es eterna su misericordia!

35 Y digan:
«¡Sálvanos, Yahvé, Dios nuestro,
reúnenos de entre las naciones,
para dar gracias a tu santo Nombre
y honrarnos cantando tu alabanza!»

36 ¡Bendito Yahvé, Dios de Israel,
desde siempre y para siempre!»

Y todo el pueblo dijo: «Amén.» Y alabó a Yahvé.

37 David dejó allí, ante el arca de la
alianza de Yahvé, a Asaf y a sus hermanos, para el ministerio continuo delante
del arca, según el rito de cada día; 38 y
a Obededón, con sus hermanos, en número de sesenta y ocho, y a Obededón,
hijo de Yedutún, y a Josá, como porteros; 39 y al sacerdote Sadoc y a sus
hermanos, los sacerdotes, delante de la
Morada de Yahvé, en el alto de Gabaón,
40 para que ofrecieran continuamente
holocaustos a Yahvé en el altar de los
holocaustos, por la mañana y por la tarde, según todo lo escrito en la Ley que
Yahvé había mandado a Israel. 41 Con
ellos estaban Hemán y Yedutún y los
restantes escogidos y nominalmente designados para alabar a Yahvé: «Porque
es eterno su amor.» 42 Y con ellos, Hemán y Yedutún, que hacían sonar trompetas, címbalos e instrumentos para los
cánticos de Dios. Los hijos de Yedutún
eran porteros.

||2 S **6** 19-20.

43 Luego, todo el pueblo se fue, cada
cual a su casa; también David se volvió
para bendecir su casa.

La profecía de Natán*.

||2 S **7** 1-17.

17 1 Una vez instalado en su casa,
dijo David al profeta Natán:
«Ya ves, yo habito en una casa de cedro,
mientras que el arca de la alianza de
Yahvé está bajo una lona.» 2 Respondió
Natán a David: «Haz lo que dicte el corazón, porque Dios está contigo.»

3 Pero aquella misma noche vino la
palabra de Dios a Natán en estos términos: 4 «Ve y di a mi siervo David: Esto
dice Yahvé: No serás tú quien me edifi-

17 El Cronista repite casi textualmente la profecía de Natán, 2 S **7**+.

que Casa para que habite yo en ella.
[5] Pues no he habitado en casa alguna
desde el día en que hice subir a los israelitas hasta el día de hoy; sino que he andado de tienda en tienda y de refugio en
refugio. [6] En todo el tiempo que he ido
de un lado para otro con todo Israel,
¿he dicho acaso a alguno de los Jueces
de Israel, a los que mandé que apacentaran a mi pueblo: Por qué no me edifican una casa de cedro? [7] Di, pues,
ahora esto a mi siervo David: Así habla Yahvé Sebaot: Yo te he tomado del
pastizal, de detrás del rebaño, para que
seas caudillo de mi pueblo Israel. [8] He
estado contigo dondequiera que hayas
ido, he eliminado de delante de ti a todos tus enemigos y voy a hacerte un
nombre grande como el nombre de los
grandes de la tierra. [9] Fijaré un lugar a
mi pueblo Israel, y lo plantaré allí para
que more en él; no será ya perturbado, y los malhechores no seguirán oprimiéndolo como al principio, [10] y como
en los días en que instituí Jueces sobre
mi pueblo Israel. Someteré a todos tus
enemigos. Y te anuncio que Yahvé te
edificará una casa. [11] Cuando se cumplan tus días para ir con tus padres,
afirmaré después de ti la descendencia
que saldrá de tus entrañas y consolidaré
su reino. [12] Él me construirá una casa y
yo consolidaré su trono para siempre.
[13] Yo seré para él padre y él será para
mí hijo, y no apartaré de él mi amor,
como lo aparté de aquel que fue antes
de ti. [14] Yo lo estableceré en mi Casa y
en mi reino para siempre, y su trono estará firme eternamente.»

[15] Conforme a todas estas palabras, y
conforme a toda esta visión, habló Natán a David.

Acción de gracias de David.

||2 S **7** 18-29.

[16] El rey David entró, se puso delante
de Yahvé y dijo: «¿Quién soy yo, oh
Yahvé Dios, y qué mi casa, que me has
traído hasta aquí? [17] Y aun esto es poco
a tus ojos, oh Dios, que hablas también
a la casa de tu siervo para el futuro lejano y me miras como si fuera un hombre
distinguido, oh Yahvé Dios. [18] ¿Qué más
podrá añadirte David por la gloria que
concedes a tu siervo? Pues tú conoces a
tu siervo. [19] Oh Yahvé, por amor de tu
siervo, y según tu corazón, has hecho
todas estas cosas tan grandes, para manifestar todas estas grandezas. [20] Oh
Yahvé, nadie como tú, ni hay Dios fuera
de ti, según todo lo que hemos oído con
nuestros oídos. [21] ¿Qué otro pueblo hay
sobre la tierra como tu pueblo Israel, a
quien un dios haya ido a rescatar para
hacerlo su pueblo, dándole renombre
por medio de obras grandes y terribles,
arrojando naciones de delante de tu pueblo al que rescataste de Egipto? [22] Tú
has constituido a Israel tu pueblo como
pueblo tuyo para siempre; y tú, Yahvé,
eres su Dios. [23] Y ahora, Yahvé, mantén
firme eternamente la palabra que has
dirigido a tu siervo y a su casa; y haz
según lo que has dicho. [24] Sí, sea firme;
y sea tu nombre por siempre engrandecido; que se diga: 'Yahvé Sebaot, el
Dios de Israel, es el Dios para Israel'. Y
que la casa de tu siervo David subsista
en tu presencia. [25] Ya que tú, oh Dios
mío, has revelado a tu siervo que vas
a edificarle una casa, por eso tu siervo
ha encontrado valor para orar en tu presencia. [26] Ahora, Yahvé, tú eres Dios, y
tú has prometido a tu siervo esta dicha.
[27] Y ahora te has dignado bendecir la
casa de tu siervo, para que permanezca
por siempre en tu presencia, porque lo
que tú bendices, Yahvé, queda bendito
por siempre.»

Victorias de David*.

||2 S **8** 1-14.

18 [1] Después de esto, batió David
a los filisteos, los humilló y tomó
Gat y sus dependencias de manos de los
filisteos. [2] Batió también a los moabitas,
que quedaron sometidos a David y pagaron tributo.

18 El relato omite todo lo que podría empañar la imagen de David.

3 Batió David a Hadadézer, rey de
Sobá, en Jamat, cuando éste iba a establecer su dominio sobre el río Éufrates.
4 David apresó mil carros, siete mil soldados de carro y veinte mil hombres
de a pie y desjarretó toda la caballería
de los carros, reservando cien tiros.
5 Los arameos de Damasco vinieron
en socorro de Hadadézer, rey de Sobá,
pero David causó veintidós mil bajas
a los arameos. 6 Estableció David gobernadores en Aram de Damasco. Los
arameos quedaron sometidos a David
y pagaron tributo. Yahvé hizo triunfar a
David por dondequiera que iba. 7 Tomó
David los escudos de oro que llevaban
los servidores de Hadadézer y los llevó
a Jerusalén. 8 De Tibjat y Cun, ciudades de Hadadézer, tomó David una
gran cantidad de bronce, con el cual
hizo Salomón el Mar de bronce, las columnas y los utensilios de bronce.

9 Tou, rey de Jamat, supo que David
había derrotado a todas las fuerzas de
Hadadézer, rey de Sobá, 10 y envió a
Hadorán, su hijo, donde el rey David
para saludarlo y para felicitarlo por
haber atacado y vencido a Hadadézer,
ya que Tou estaba en guerra con
Hadadézer. Traía Hadorán toda clase
de objetos de oro, de plata y de bronce.
11 El rey David los consagró también a
Yahvé, con la plata y el oro que había
tomado a todas las naciones: a Edom,
a Moab, a los amonitas, a los filisteos y
a los amalecitas.

12 Abisay, hijo de Sarvia, derrotó en
el Valle de la Sal a dieciocho mil edomitas; 13 puso gobernadores en Edom; y
todos los edomitas quedaron sometidos
a David. Yahvé hizo triunfar a David
dondequiera que iba.

Altos cargos del reino.
‖2 S **8** 15-18.

14 Reinó David sobre todo Israel administrando derecho y justicia a todo
su pueblo.

15 Joab, hijo de Sarvia, era jefe del
ejército; Josafat, hijo de Ajilud, era el
heraldo; 16 Sadoc, hijo de Ajitub, y Ajimélec, hijo de Abiatar, eran sacerdotes;
Serayas era secretario; 17 Benaías, hijo
de Joadá, mandaba a los quereteos y a
los peleteos, y los hijos de David eran
los primeros junto al rey.

Guerra contra Amón y Aram.
‖2 S **10** 1-5.

19 1 Después de esto, murió Najás, rey de los amonitas, y en su
lugar reinó su hijo. 2 Dijo entonces David: «Tendré con Janún, hijo de Najás, la
misma benevolencia que su padre tuvo
conmigo.» Y envió David mensajeros
para que lo consolaran por su padre.
Pero cuando los servidores de David
llegaron al país de los amonitas, donde Janún, para consolarlo, 3 dijeron
los príncipes de los amonitas a Janún:
«¿Acaso David ha enviado a consolarte
porque quiere hacer honor a tu padre
ante tus ojos? ¿No han venido a ti sus
servidores más bien para explorar y
destruir y para espiar el país?» 4 Entonces Janún prendió a los servidores
de David, los rapó, cortó a media altura
sus vestidos, y los despachó. 5 Fueron a
avisar a David lo de estos hombres; y él
envió gente a su encuentro, porque los
hombres estaban cubiertos de vergüenza. El rey les dijo: «Quédense en Jericó
hasta que les crezca la barba; después
volverán.»

Primera campaña amonita.
‖2 S **10** 6-14.

6 Vieron los amonitas que se habían
hecho odiosos a David y Janún, y los
amonitas enviaron mil talentos de plata
para tomar a sueldo carros y hombres
de carro de Aram Naharáin, de Aram
de Maacá y de Sobá. 7 Tomaron a sueldo treinta y dos mil carros y al rey de
Maacá con su ejército, los cuales vinieron y acamparon frente a Mádaba. Los
amonitas se congregaron también desde sus ciudades y salieron a campaña.
8 Lo supo David y mandó a Joab con
toda la tropa y con los valientes. 9 Salieron a campaña los amonitas y se orde-

naron en batalla a la entrada de la ciudad, mientras que los reyes que habían venido estaban aparte en el campo. 10 Viendo Joab que tenía un frente
de combate por delante y otro por detrás escogió a los mejores de Israel y los
puso en línea contra Aram. 11 Puso el
resto del ejército al mando de su hermano Abisay y lo ordenó en batalla frente
a los amonitas. 12 Y dijo: «Si los arameos
me dominan, ven en mi ayuda; y si los
amonitas te dominan a ti, iré en tu socorro. 13 Ten fortaleza y esforcémonos
por nuestro pueblo y por las ciudades
de nuestro Dios. Y que Yahvé haga lo
que bien le parezca.» 14 Y avanzó Joab
con su ejército para luchar contra los
arameos, que huyeron delante de él.
15 Vieron los amonitas que los arameos
emprendían la fuga y huyeron también
ellos ante Abisay, hermano de Joab,
y entraron en la ciudad, mientras que
Joab volvió a Jerusalén.

Victoria sobre los arameos.

|| 2 S **10** 15-19.

16 Al ver los arameos que habían sido
vencidos por Israel, enviaron emisarios
para hacer venir a los arameos del otro
lado del Río; venía a su cabeza Sofac,
jefe del ejército de Hadadézer. 17 Se dio
aviso a David, que reunió a todo Israel,
pasó el Jordán, llegó donde estaban y
tomó posiciones frente a ellos. Se puso
David en orden de batalla contra los
arameos y éstos trabaron combate con
él. 18 Huyeron los arameos ante Israel;
y David mató a los arameos siete mil
jinetes y cuarenta mil hombres de a pie.
Mató también a Sofac, jefe del ejército.
19 Cuando los vasallos de Hadadézer
vieron que habían sido batidos ante
Israel, hicieron la paz con David y le
quedaron sometidos. Los arameos no
se atrevieron a seguir ayudando a los
amonitas.

Segunda campaña amonita.

|| 2 S **11** 1; **12** 26.30-31.

20 1 A la vuelta del año, por la
época en que los reyes salen a
campaña, llevó Joab el grueso del ejército y asoló el país de los amonitas; después fue a poner sitio a Rabá. Mientras,
David se quedó en Jerusalén. Entretanto Joab derrotó a Rabá y la destruyó.
2 David tomó de la cabeza de Milcón la
corona y resulta que pesaba un talento
de oro. Había en ella una piedra preciosa que fue puesta en la cabeza de David,
y se llevó un enorme botín de la ciudad.
3 Hizo salir a la gente que había en ella y la
puso a trabajar en las sierras, los trillos de
dientes de hierro y las hachas de hierro.
Hizo lo mismo con todas las ciudades
de los amonitas. Luego David se volvió
con todo el ejército a Jerusalén.

Hazañas contra los filisteos.

|| 2 S **21** 18-22.

4 Después de esto, tuvo lugar una
batalla en Guézer contra los filisteos;
entonces Sibecay, jusatita, mató a Saf,
uno de los descendientes de Rafá. Los
filisteos fueron sometidos.
5 Hubo otra guerra contra los filisteos, y Eljanán, hijo de Yaír, mató a
Lajmí, hermano de Goliat el de Gat*; el
asta de su lanza era como un enjullo de
tejedor. 6 Hubo guerra de nuevo en Gat,
y había un campeón que tenía veinticuatro dedos, seis en cada extremidad.
También él descendía de Rafá. 7 Desafió a Israel, y Jonatán, hijo de Simá, hermano de David, lo mató. 8 Éstos descendían de Rafá de Gat y sucumbieron
a manos de David y de sus servidores.

20 5 Interpretación de 2 S **21** 19, que a su vez tiene en cuenta a 1 S **17**.

3. HACIA LA CONSTRUCCIÓN DEL TEMPLO

El censo*.
||2 S **24** 1-9.

21 1 Se alzó Satán contra Israel, e incitó a David a hacer el censo del pueblo. 2 Dijo, pues, David a Joab y a los jefes del ejército: «Vayan, cuenten los israelitas desde Berseba hasta Dan, y vuelvan después para que yo sepa su número.» 3 Respondió Joab: «¡Multiplique Yahvé su pueblo cien veces más de lo que es! ¿Acaso no son, oh rey mi señor, todos ellos siervos de mi señor? ¿Por qué, pues, pide esto mi señor? ¿Por qué acarrear culpa sobre Israel?» 4 Pero prevaleció la orden del rey sobre Joab, de modo que éste salió y recorrió todo Israel, volviéndose después a Jerusalén. 5 Joab entregó a David la cifra del censo del pueblo: había en todo Israel 1.100.000 hombres capaces de manejar las armas; había en Judá 470.000 hombres capaces de manejar las armas. 6 No incluyó en este censo a Leví y Benjamín, porque Joab detestaba la orden del rey.

La peste y el perdón.
||2 S **24** 10-17.

7 Desagradó esto a Dios, por lo cual castigó a Israel. 8 Entonces dijo David a Dios: «He cometido un gran pecado haciendo esto. Pero ahora perdona, te ruego, la falta de tu siervo, pues he sido muy necio.» 9 Y Yahvé habló a Gad, vidente de David, en estos términos: 10 «Anda y di a David: Así dice Yahvé: Tres cosas te propongo; elige una de ellas y la llevaré a cabo.» 11 Llegó Gad donde David y le dijo: «Así dice Yahvé: Elige para ti: 12 tres años de hambre, o tres meses de derrotas ante tus enemigos, con la espada de tus enemigos a la espalda, o bien tres días durante los cuales la espada de Yahvé y la peste anden por la tierra y el ángel de Yahvé haga estragos en todo el territorio de Israel. Ahora, pues, mira qué debo responder al que me envía.» 13 David respondió a Gad: «Estoy en gran angustia. Pero caigamos en manos de Yahvé, que es grande su misericordia. No caiga yo en manos de los hombres.»

14 Yahvé envió la peste sobre Israel, y cayeron de Israel 70.000 hombres. 15 Mandó Dios un ángel contra Jerusalén para destruirla; pero cuando ya estaba destruyéndola, miró Yahvé y se arrepintió del estrago, y dijo al ángel exterminador: «¡Basta ya; retira tu mano!»

El ángel de Yahvé estaba junto a la era de Ornán el jebuseo. 16 *Alzando David los ojos vio al ángel de Yahvé que estaba entre la tierra y el cielo con una espada desenvainada en su mano, extendida contra Jerusalén. Entonces David y los ancianos, cubiertos de saco, cayeron rostro en tierra. 17 Y dijo David a Dios: «Yo fui quien mandé hacer el censo del pueblo. Yo fui quien pequé, yo cometí el mal; pero estas ovejas, ¿qué han hecho? ¡Oh Yahvé, Dios mío, caiga tu mano sobre mí y sobre la casa de mi padre, y no haya plaga entre tu pueblo!»

Se erige el altar*.
||2 S **24** 18-25.

18 Entonces el ángel de Yahvé dijo a Gad que diera a David la orden de subir para alzar un altar a Yahvé en la era de Ornán el jebuseo. 19 Subió David, según la palabra que Gad le había dado en nombre de Yahvé. 20 Ornán, que estaba trillando el trigo, se volvió y, al ver al ángel, él y sus cuatro hijos se escondieron.

21 Aquí comienza una sección capital del libro. La organización del culto y clero en la comunidad davídica es anterior a la construcción del templo. Ez **40-48** no llega hasta aquí. -Sobre *Satán*, (ver Jb **1** 6+) comparar con 2 S **24** 1 que denota una teología menos desarrollada y hablaba de Yahvé.

21 16 Representación de los ángeles, bastante cercana a la de Dn **9** 21 y de 2 M **10** 29.

21 18 Este pasaje es el único en que se relaciona el templo con la *era de Ornán*, 2 S **24** 18+.

21 Cuando David llegó junto a Ornán,
miró Ornán y, viendo a David, salió de
la era y se postró ante David, rostro en
tierra. 22 Dijo David a Ornán: «Dame el
sitio de esta era para erigir en él un altar
a Yahvé —dámelo por su justo valor en
plata— para que la plaga se retire del
pueblo.» 23 Respondió Ornán a David:
«Tómalo, y haga mi señor el rey lo que
bien le parezca. Mira que te doy los
bueyes para holocaustos, los trillos para
leña y el trigo para la ofrenda; todo te
lo doy.» 24 Replicó el rey David a Ornán:
«No; quiero comprártelo por su justo
precio, pues no tomaré para Yahvé lo
que es tuyo, ni ofreceré holocaustos de
balde.» 25 Y David dio a Ornán por el
sitio la suma de seiscientos siclos de oro.
26 David erigió allí un altar a Yahvé
y ofreció holocaustos y sacrificios de
comunión e invocó a Yahvé, el cual le
respondió con fuego del cielo sobre el
altar del holocausto. 27 Entonces Yahvé
ordenó al ángel que volviera la espada
a la vaina. 28 En aquel tiempo, al ver
David que Yahvé le había respondido en
la era de Ornán el jebuseo, ofreció allí
sacrificios. 29 Pues la Morada de Yahvé,
que Moisés había hecho en el desierto,
y el altar de los holocaustos estaban a
la sazón en el alto de Gabaón; 30 pero
David no se había atrevido a presentarse
delante de Dios para consultarlo, porque estaba aterrado ante la espada del
ángel de Yahvé.

22 1 Entonces dijo David: «¡Aquí
está el templo de Yahvé Dios,
y aquí el altar de los holocaustos para
Israel!»

Preparativos para la construcción del Templo.

2 Mandó, pues, David reunir a los forasteros residentes en la tierra de Israel,
y designó canteros que prepararan piedras talladas para la construcción del
templo de Dios. 3 Preparó también David hierro en abundancia para la clavazón de las hojas de las puertas y para las
grapas, incalculable cantidad de bronce,
4 y madera de cedro innumerable, pues
los sidonios y los tirios trajeron a David
una gran cantidad de madera de cedro.
5 Porque David se decía: «Mi hijo Salomón es todavía joven e inmaduro, y el
templo que ha de edificarse para Yahvé
debe ser grandioso sobre toda ponderación, para tener nombre y gloria en
todos los países. Así que le haré yo los
preparativos.» Hizo David, en efecto,
grandes preparativos antes de su muerte. 6 Después llamó a su hijo Salomón y
le mandó que edificara un templo para
Yahvé, el Dios de Israel. 7 Dijo David a
Salomón: «Hijo mío, yo había deseado
edificar un templo al nombre de Yahvé,
mi Dios. 8 Pero me fue dirigida la palabra de Yahvé, que me dijo: 'Tú has derramado mucha sangre y hecho grandes
guerras; no podrás edificar tú el templo a mi nombre, porque has derramado en tierra mucha sangre delante de
mí. 9 Mira que te va a nacer un hijo,
que será hombre de paz; le concederé
paz con todos sus enemigos en derredor, porque Salomón será su nombre*
y en sus días concederé paz y tranquilidad a Israel. 10 Él edificará un templo
a mi nombre; él será para mí un hijo y
yo seré para él un padre y consolidaré
el trono de su reino sobre Israel para
siempre'. 11 Ahora, pues, hijo mío, que
Yahvé sea contigo, para que logres edificar el templo de Yahvé tu Dios, como
él de ti lo ha predicho. 12 Quiera Yahvé
concederte prudencia y entendimiento
y darte órdenes sobre Israel, para que
guardes la Ley de Yahvé tu Dios. 13 No
prosperarás si no cuidas de cumplir los
decretos y las normas que Yahvé ha
prescrito a Moisés para Israel. ¡Sé fuerte
y ten buen ánimo! ¡No temas ni desmayes! 14 Mira lo que yo he preparado en
mi pequeñez para el templo de Yahvé:
cien mil talentos de oro, un millón de ta-

22 9 El nombre de *Salomón* deriva de *salom, paz*. Las guerras victoriosas de David han hecho posible la paz.

lentos de plata y una cantidad de cobre y de hierro incalculable por su abundancia. He preparado también maderas y piedras que tú podrás aumentar. 15 Y tienes a mano muchos obreros, canteros, artesanos en piedra y en madera, expertos en toda clase de obras. 16 El oro, la plata, el bronce y el hierro son innumerables. ¡Levántate, pues! Manos a la obra y que Yahvé sea contigo.»

17 Mandó David a todos los jefes de Israel que ayudaran a su hijo Salomón: 18 «¿No está con ustedes Yahvé su Dios? ¿Y no les ha dado paz por todos lados? Pues él ha entregado en mis manos a los habitantes del país y el país está sujeto ante Yahvé y ante su pueblo. 19 Apliquen ahora su corazón y su alma a buscar a Yahvé su Dios. Levántense y edifiquen el santuario de Yahvé Dios, para trasladar el arca de la alianza de Yahvé y los utensilios del santuario de Dios al templo que ha de edificarse al Nombre de Yahvé.»

Organización de los levitas*.

23 1 Viejo ya David y colmado de días, proclamó a su hijo Salomón rey de Israel. 2 Reunió a todos los jefes de Israel, a los sacerdotes y a los levitas, 3 y se hizo el censo de los levitas de treinta años para arriba; su número, contado por cabezas uno a uno, fue de 38.000 varones. 4 De éstos, 24.000 estaban al frente del servicio del templo de Yahvé; 6.000 eran escribas y jueces, 5 4.000 eran porteros y 4.000 alababan a Yahvé con los instrumentos que David había fabricado para rendir alabanzas*.

6 *David los distribuyó por clases, según los hijos de Leví: Guersón, Queat y Merarí.

7 De los guersonitas: Ladán y Semeí. 8 Hijos de Ladán: Yejiel, el primero, Zetán y Joel, tres. 9 Hijos de Semeí: Selomit, Jaziel y Harán, tres. Éstos son los jefes de las casas paternas de Ladán. 10 Hijos de Semeí: Yájat, Zizá, Yeús y Beriá. Éstos eran los cuatro hijos de Simí. 11 Yájat era el jefe, Zizá, el segundo, Yeús y Beriá no tuvieron muchos hijos, por lo cual representaron en el censo una sola casa paterna.

12 Hijos de Queat: Amrán, Yisar, Hebrón y Uziel, cuatro. 13 Hijos de Amrán: Aarón y Moisés. Aarón fue separado, juntamente con sus hijos, para consagrar por siempre las cosas sacratísimas, para quemar incienso ante Yahvé, para servirlo y para bendecir en su nombre por siempre. 14 En cuanto a Moisés, varón de Dios, sus hijos fueron contados en la tribu de Leví. 15 Hijos de Moisés: Guersón y Eliezer. 16 Hijos de Guersón: Sebuel, el primero. 17 Hijos de Eliezer: Rejabías, el primero. Eliezer no tuvo más hijos, pero los hijos de Rejabías fueron muy numerosos. 18 Hijos de Yisar: Selomit, el primero, 19 Hijos de Hebrón: Yerías, el primero, Amarías, el segundo, Yajaziel, el tercero y Yecamán, el cuarto. 20 Hijos de Uziel: Micá, el primero y Yisías el segundo.

21 Hijos de Merarí: Majlí y Musí. Hijos de Majlí: Eleazar y Quis. 22 Eleazar murió sin tener hijos; sólo tuvo hijas, a las que los hijos de Quis, sus hermanos, tomaron por mujeres. 23 Hijos de Musí: Majlí, Éder y Yeremot, tres.

24 Éstos son los hijos de Leví, según sus casas paternas, los cabezas de familia, según su censo, contados nominalmente uno por uno. Estaban encargados del servicio del templo de Yahvé desde la edad de veinte años en adelante.

25 Pues David había dicho: «Yahvé, el Dios de Israel, ha dado reposo a su pueblo y mora en Jerusalén para siempre. 26 Y en cuanto a los levitas, ya no tendrán que transportar la Morada, con todos los utensilios de su servicio.» 27 Conforme a estas últimas disposiciones de

23 Resumen de 1 R **1** 1-**2** 1.
23 5 Ver Am **6** 5.
23 6 Los vv. 6-32 son una introducción a la organización del clero, inspirada en Nm **8** 5-22. Pero las funciones del clero son nuevas, en relación con Nm **3-4**: los levitas permanecen en el templo para ayudar al sacerdote en las funciones previstas en el Lv. Al estatuto itinerante y provisional del tiempo de Moisés sucede otro, estable y definitivo, atribuido a David.

David, se hizo el cómputo de los hijos de Leví de veinte años para arriba. 28 Estaban a las órdenes de los hijos de Aarón, para el servicio del templo de Yahvé, teniendo a su cargo los atrios y las cámaras, la limpieza de todas las cosas sagradas y la obra del servicio del templo de Dios; 29 asimismo tenían a su cargo disponer en filas los panes, la flor de harina para la oblación, las tortas sin levadura, lo frito en la sartén, lo cocido y toda clase de medidas de capacidad y longitud*. 30 Tenían que estar presentes todas las mañanas y todas las tardes para celebrar y alabar a Yahvé 31 y para ofrecer todos los holocaustos a Yahvé en los sábados, novilunios y solemnidades, según su número y su rito especial*, delante de Yahvé para siempre, 32 guardando en el servicio del templo de Dios el ritual de la Tienda del Encuentro, el ritual del santuario y el ritual de los hijos de Aarón, sus hermanos.

Organización de los sacerdotes. ‖Nm **3** 2-4.

24 1 Éstas son las clases de los hijos de Aarón. Hijos de Aarón: Nadab, Abihú, Eleazar e Itamar. 2 Nadab y Abihú murieron antes que su padre, sin tener hijos, de modo que ejercieron las funciones sacerdotales Eleazar e Itamar. 3 David, junto con Sadoc, descendiente de Eleazar, y con Ajimélec, descendiente de Itamar, los clasificó y los inscribió en el registro según sus funciones. 4 Se hallaron entre los hijos de Eleazar más varones que entre los hijos de Itamar, por lo que se dividió a los hijos de Eleazar en dieciséis jefes de casas paternas y a los hijos de Itamar en ocho jefes de casas paternas. 5 Los repartieron por suertes a unos y otros; porque había jefes del santuario y jefes de Dios, tanto entre los hijos de Eleazar como entre los hijos de Itamar. 6 Los inscribió el escriba Semaías, hijo de Natanael, de la tribu de Leví, en presencia del rey y de los jefes, y en presencia del sacerdote Sadoc, de Ajimélec, hijo de Abiatar, y de los jefes de familias sacerdotales y levíticas. Se sacaba a suertes: una vez para Itamar y dos veces para Eleazar.

7 Tocó la primera suerte a Joarib; la segunda a Yedaías; 8 la tercera a Jarín; la cuarta a Seorín; 9 la quinta a Malquías; la sexta a Miyamín; 10 la séptima a Hacós; la octava a Abías*; 11 la novena a Yesúa; la décima a Secanías; 12 la once a Eliasib; la doce a Yaquín; 13 la trece a Jupá; la catorce a Yisbaal; 14 la quince a Bilgá; la dieciséis a Imer; 15 la diecisiete a Jezir; la dieciocho a Hapisés; 16 la diecinueve a Petajías; la veinte a Ezequiel; 17 la veintiuna a Yaquín; la veintidós a Gamul; 18 la veintitrés a Delaías; la veinticuatro a Maazías.

19 Fueron inscritos en el registro según sus servicios para entrar en el templo de Yahvé conforme al reglamento que Yahvé, el Dios de Israel, había prescrito por medio de su padre Aarón.

20 Respecto de los otros hijos de Leví:

De los hijos de Amrán: Subael. De los hijos de Subael: Yejdías. 21 De Rejabías: de los hijos de Rejabías, Yisías era el primero. 22 De los yisaritas, Selomot; de los hijos de Selomot, Yájat. 23 Hijos de Hebrón: Yerías, el primero; Amarías, el segundo; Yajaziel, el tercero; Yecamán, el cuarto. 24 Hijos de Uziel: Micá; de los hijos de Micá, Samir; 25 Yisías era hermano de Micá; de los hijos de Yisías, Zacarías. 26 Hijos de Merarí: Majlí y Musí. Hijos de Yaazías, su hijo; 27 hijos de Metarí por la línea de Yaazías, su hijo: Sohán, Zacur e Ibrí. 28 De Majlí: Eleazar, que no tuvo hijos. 29 De Quis: los hijos de Quis: Yerajmeel. 30 Hijos de Musí: Majlí, Éder y Yerimot.

Éstos fueron los hijos de los levitas según sus casas paternas. 31 También éstos entraron en suerte, de la misma manera que sus hermanos, los hijos de Aarón, en presencia del rey David, de

23 29 Los levitas vigilan para que las ofrendas tengan la cantidad fijada por el ritual.

23 31 Ver Nm **28-29**, que no hace alusión alguna a los levitas.

24 10 A esta clase pertenecerá Zacarías, padre de Juan el Bautista, Lc **1** 5.

Sadoc, Ajimélec y los cabezas de familias de los sacerdotes y de los levitas.
Recibieron el mismo trato las primeras
familias y las últimas.

Organización de los cantores*.

25 1 David y los jefes del ejército
separaron para el servicio a los
hijos de Asaf, Hemán y Yedutún, profetas, que cantaban con cítaras, salterios y
címbalos. Éste es el número de personas
que se encargaban de este servicio:
2 De los hijos de Asaf: Zacur, José,
Natanías, Asarelá, hijos de Asaf, bajo la
dirección de Asaf, que profetizaba según
las órdenes del rey.
3 De Yedutún: los hijos de Yedutún:
Godolías, Serí, Isaías, Jasabías y Matitías, seis, bajo la dirección de su padre
Yedutún, que profetizaba al son de la
cítara para celebrar y alabar a Yahvé.
4 De Hemán: los hijos de Hemán:
Buquías, Matanías, Uziel, Sebuel, Yerimot, Jananías, Jananí, Eliatá, Guidaltí,
Romanti Ézer, Yosbecasa, Malotí, Hotir,
Majaziot. 5 Todos éstos eran hijos de
Hemán, vidente del rey; a las palabras
de Dios debían hacer sonar la trompa.
Dios había dado a Hemán catorce hijos
y tres hijas. 6 Todos ellos se hallaban bajo
la dirección de su padre para el canto del
templo de Yahvé, con címbalos, salterios
y cítaras al servicio del templo de Dios,
siguiendo las indicaciones del rey, de
Asaf, Yedutún y Hemán. 7 Su número,
contando a sus hermanos, los que estaban instruidos en el canto de Yahvé,
todos ellos maestros, era de doscientos
ochenta y ocho. 8 Echaron a suertes el
turno del servicio, tanto el pequeño como
el grande, el maestro como el discípulo.
9 La primera suerte recayó sobre el asa-
fita José; la segunda sobre Godolías con
sus hermanos e hijos, doce; 10 la tercera,
sobre Zacur, sus hijos y hermanos, doce;
11 la cuarta sobre Yisrí, sus hijos y hermanos, doce; 12 la quinta sobre Natanías, sus
hijos y hermanos, doce; 13 la sexta sobre
Buquías, sus hijos y hermanos, doce;
14 la séptima sobre Yesarela, sus hijos y
hermanos, doce; 15 la octava sobre Isaías,
sus hijos y hermanos, doce; 16 la novena
sobre Matanías, sus hijos y hermanos,
doce; 17 la décima sobre Semeí, sus hijos
y hermanos, doce; 18 la once sobre Azarel, sus hijos y hermanos, doce; 19 la doce
sobre Jasabías, sus hijos y hermanos,
doce; 20 la trece, sobre Sebuel, sus hijos
y hermanos, doce; 21 la catorce, sobre
Matitías, sus hijos y hermanos, doce;
22 la quince, sobre Yerimot, sus hijos y
hermanos, doce; 23 la dieciséis, sobre
Jananías, sus hijos y hermanos, doce;
24 la diecisiete, sobre Yosbecasa, sus hijos
y hermanos, doce; 25 la dieciocho, sobre
Jananí, sus hijos y hermanos, doce; 26 la
diecinueve, sobre Malotí, sus hijos y hermanos, doce; 27 la veinte, sobre Eliatá, sus
hijos y hermanos, doce; 28 la veintiuna,
sobre Hotir, sus hijos y hermanos, doce;
29 la veintidós, sobre Guidaltí, sus hijos
y hermanos, doce; 30 la veintitrés, sobre
Majaziot, sus hijos y hermanos, doce;
31 la veinticuatro, sobre Romanti Ézer, sus
hijos y hermanos, doce.

Organización de los porteros*.
Ver **9** 17-27.

26 1 Éstas son las clases de porteros: de los coreítas: Meselemías,
hijo de Coré, de los hijos de Abiasaf.
2 Meselemías tuvo hijos: el primogénito,
Zacarías; el segundo, Yediael; el tercero,
Zebadías; el cuarto, Yatniel; 3 el quinto,
Elam; el sexto, Juan; el séptimo, Eljoenay.
4 Hijos de Obededón: Semaías, el
primogénito; Jozabad, el segundo; Joaj,
el tercero; Sacar, el cuarto; Natanael, el
quinto; 5 Amiel, el sexto; Isacar el sépti-

25 Los *cantores* son aquí calificados de profetas, vv. 2-3, o de videntes, v. 5, porque la composición y el canto suponen una cierta inspiración; ver 2 Cro **20** 14; **24** 20. Haciendo juego con las 24 clases de sacerdotes, hay 24 clases de cantores, vinculados a tres grandes nombres.

26 Los *porteros*, equiparados a los cantores en **16** 37-43, aquí son distinguidos de ellos, ver **9** 17+.

mo; Peuletay, el octavo; pues Dios le
había bendecido. 6 A su hijo Semaías le
nacieron hijos, que se impusieron en sus
familias paternas, pues eran hombres valerosos. 7 Hijos de Semaías: Otní, Rafael,
Obed, Elzabad y sus hermanos, hombres
valerosos, Elihú y Semaquías. 8 Todos
éstos eran hijos de Obededón; ellos y sus
hijos y sus hermanos eran hombres de
gran valor para el servicio. Sesenta y dos
de Obededón.

9 Meselemías tuvo hijos y hermanos,
dieciocho hombres valerosos.

10 Josá, de los hijos de Merarí, tuvo
como hijos a Simrí, el primero, pues
aunque no fue el primogénito, su padre
lo puso al frente; 11 Jilquías, el segundo;
Tebalías, el tercero; Zacarías, el cuarto.
El total de los hijos y hermanos de Josá
fue de trece.

12 Estas secciones de los porteros, los
jefes, igual que sus hermanos, tenían el
cuidado del ministerio del templo de Yahvé. 13 Echaron suertes para cada puerta,
sobre pequeños y grandes, con arreglo
a sus casas paternas. 14 Para la puerta
oriental cayó la suerte sobre Selemías.
Después echaron suertes: tocó la parte
norte a su hijo Zacarías, que era un prudente consejero. 15 A Obededón le tocó
el sur, y a sus hijos los almacenes. 16 A
Supín y a Josá, el occidente, con la puerta del tronco abatido, en el camino de la
subida, correspondiéndose un puesto de
guardia con el otro. 17 Al oriente seis por
día, al norte cuatro por día, al mediodía
cuatro por día y en los almacenes de
dos en dos; 18 en el Parbar, a occidente,
había cuatro para la subida, dos para el
Parbar. 19 Éstas son las clases de los porteros, de entre los hijos de los coreítas y
de los hijos de Merarí.

Los encargados de los tesoros del Templo.

20 Los levitas, sus hermanos, custodiaban los tesoros del templo de Dios y
los tesoros de las cosas sagradas.

21 Los hijos de Ladán, hijos de Guersón por la línea de Ladán, tenían a los
yejielitas por jefes de familia de Ladán el
guersonita. 22 Los yejielitas, Zetán y su
hermano Joel estaban al frente de los
tesoros del templo de Yahvé.

23 Cuanto a los amranitas, los yisaritas, los hebronitas y los uzielitas:

24 Sebuel, hijo de Guersón, hijo de
Moisés, era tesorero mayor. 25 Sus hermanos por parte de Eliezer: Rejabías,
hijo suyo; Isaías, hijo suyo; Jorán, hijo
suyo; Zicrí, hijo suyo; Selomit, hijo suyo.
26 Este Selomit y sus hermanos estaban
al cuidado de los tesoros de las cosas
sagradas que había consagrado el rey
David, los cabezas de las casas paternas,
los jefes de millar y de cien y los jefes del
ejército. 27 Lo habían consagrado del
botín de guerra y de los despojos, para
el sostenimiento del templo de Yahvé.
28 Todo lo que habían consagrado el vidente Samuel, Saúl, hijo de Quis, Abner,
hijo de Ner, y Joab, hijo de Sarvia: todo
lo consagrado estaba al cuidado de
Selomit y sus hermanos.

29 De los yisaritas: Quenanías y sus hijos administraban como escribas y jueces
los negocios exteriores de Israel*.

30 De los hebronitas: Jasabías y sus
hermanos, hombres de valer, en número de mil setecientos, estaban encargados de la administración de Israel
allende el Jordán, al occidente, para
todos los asuntos referentes a Yahvé y
al servicio del rey. 31 El jefe de los hebronitas era Yerías. Acerca de los hebronitas, en el año cuarenta del reinado de
David, se hicieron investigaciones sobre
sus genealogías paternas, y se hallaron
entre ellos hombres de valía en Yazer
de Galaad. 32 Los hermanos de Yerías,
hombres valerosos, jefes de familias en
número de dos mil setecientos, fueron
constituidos por el rey David sobre los
rubenitas, los gaditas y la media tribu de
Manasés, en todos los asuntos de Dios y
en todos los negocios del rey.

26 29 Ver Ne **11** 16: funciones de *escribas* y de *jueces*, confiada a los levitas por el rey, vv. 30.32, fuera del servicio cultual; ver 2 Cro **19** 4-11.

Organización militar y civil*.

27 1 Por lo que se refiere al número de los hijos de Israel:

Los cabezas de casas paternas, los jefes de millar y de cien y sus escribas atendían al servicio de todo el que acudiera. Las secciones intervenían en todos los asuntos del rey y se turnaban todos los meses del año. Cada sección tenía 24.000 hombres.

2 Al frente de la primera sección, que era la del primer mes, estaba Yasobán, hijo de Zabdiel; en su sección había 24.000 hombres. 3 Pertenecía a los hijos de Peres y era jefe de todos los comandantes del ejército del primer mes.

4 Al frente de la sección del segundo mes estaba Doday, el ajojita; su sección tenía 24.000 hombres.

5 Jefe del tercer ejército, para el tercer mes, era Benaías, hijo del sacerdote Joadá; en su sección había 24.000 hombres. 6 Este Benaías era uno de los Treinta valientes y se hallaba al frente de ellos; en su sección estaba su hijo Amizabad.

7 El cuarto, para el cuarto mes, era Asael, hermano de Joab; le sucedió su hijo Zebadías. En su sección había 24.000 hombres. 8 El quinto, para el quinto mes, era el jefe Samá, el zarejita, cuya sección constaba de 24.000 hombres. 9 El sexto, para el sexto mes, era Irá, hijo de Iqués, el tecoíta, y en su sección había 24.000 hombres. 10 El séptimo, para el séptimo mes, era Jeles, el pelonita, de los benjaminitas; su sección constaba de 24.000 hombres. 11 El octavo, para el octavo mes, era Sibecay, de Jusá, el zarejita; su sección constaba de 24.000 hombres. 12 El noveno, para el noveno mes, era Abiezer, de Anatot de los benjaminitas; en su sección había 24.000 hombres. 13 El décimo, para el décimo mes, era Mahray, de Netofá, zarejita; su sección constaba de 24.000 hombres. 14 El undécimo, para el mes undécimo, era Benaías, de Piratón, de los efrainitas; su sección tenía 24.000 hombres. 15 El duodécimo, para el mes duodécimo, era Jelday, de Netofá, de la estirpe de Otniel; su sección comprendía 24.000 hombres.

16 Jefes de las tribus de Israel: Jefe de los rubenitas: Eliezer, hijo de Zicrí. De los simeonitas: Sefatías, hijo de Maacá. 17 De los levitas: Jasabías, hijo de Quemuel. De Aarón: Sadoc. 18 De Judá: Elihú, uno de los hermanos de David. De Isacar: Omrí, hijo de Miguel. 19 De Zabulón: Yismaías, hijo de Abdías. De Neftalí: Yerimot, hijo de Azriel. 20 De los efrainitas: Oseas, hijo de Azazías. De la media tribu de Manasés: Joel, hijo de Pedayas. 21 De la media tribu de Manasés en Galaad: Yidó, hijo de Zacarías. De Benjamín: Yaasiel, hijo de Abner. 22 De Dan: Azarael, hijo de Yeroján. Éstos son los jefes de las tribus de Israel.

23 David no hizo el censo de los que tenían menos de veinte años, porque Yahvé había dicho que multiplicaría a Israel como las estrellas del cielo. 24 Joab, hijo de Sarvia, comenzó a hacer el censo, pero no lo acabó; pues con ese motivo la Cólera descargó sobre Israel, por eso su número no alcanza el número de los Anales del rey David.

25 Azmávet, hijo de Adiel, tenía a su cargo los depósitos reales*. Sobre los depósitos del campo, de las ciudades, de las aldeas y de las torres, estaba Jonatán, hijo de Uzías; 26 sobre los labradores del campo que cultivaban las tierras, Ezrí, hijo de Quelub; 27 sobre las viñas, Semeí, de Ramá; sobre las provisiones de vino de las bodegas, Zabdí, de Sefán; 28 sobre los olivares y los sicómoros que había en la Tierra Baja, Baal Janán, de Guéder; sobre los almacenes de aceite, Joás; 29 sobre las vacadas que pacían en Sarón, Sitray, el saronita; sobre las vacadas de los valles, Safat, hijo de Adlay; 30 sobre los camellos, Obil, el ismaelita; sobre las burras, Yejdías, de

27 Extensión a las funciones profanas del sistema religioso de clases. Los nombres de los vv. 1-15 proceden de **11** 10-25 mejor que de 2 S **23**. Ver también 1 R **4** 7-19.

27 25 Son administradores de los dominios reales, que ya existían bajo David, ver **28** 1.

Meronot; [31] sobre las ovejas, Yaziz, el agareno. Todos éstos eran intendentes de la hacienda del rey David.

[32] Jonatán, tío de David, hombre prudente e instruido, era consejero; él y Yejiel, hijo de Yacmoní, cuidaban de los hijos del rey. [33] Ajitófel era consejero del rey, y Jusay, el arquita, era amigo del rey. [34] Después de Ajitófel, lo fueron Joadá, hijo de Benaías, y Abiatar. Joab era el jefe del ejército del rey.

Recomendaciones de David para la edificación del Templo*.

28 [1] David reunió en Jerusalén a todos los jefes de Israel, los jefes de las tribus, los jefes de las secciones que estaban al servicio del rey, los jefes de millar y los jefes de cien, los administradores de la hacienda y del ganado del rey y de sus hijos, a los eunucos, los valientes y todos los hombres de valor. [2] Y, poniéndose en pie, dijo el rey David:

«Óiganme, hermanos míos y pueblo mío: Había decidido en mi corazón edificar una Casa donde descansara el arca de la alianza de Yahvé y sirviera de estrado de los pies de nuestro Dios. Ya había hecho yo preparativos para la construcción, [3] pero Dios me dijo: 'No edificarás tú la Casa a mi nombre, pues eres hombre de guerra y has derramado sangre.'

[4] «Sin embargo, Yahvé, el Dios de Israel, me ha elegido de entre toda la casa de mi padre, para que fuera rey de Israel para siempre. Pues escogió a Judá para ser caudillo, y de las familias de Judá a la casa de mi padre, y de entre los hijos de mi padre se ha complacido en mí para establecer un rey sobre todo Israel. [5] Y entre todos mis hijos —pues Yahvé me ha dado muchos hijos— eligió a mi hijo Salomón para que se siente en el trono del reino de Yahvé sobre Israel. [6] Y Él me dijo: 'Tu hijo Salomón edificará mi Casa y mis atrios; porque lo he escogido a él por hijo mío, y yo seré para él padre. [7] Haré estable su reino para siempre, si se mantiene firme en el cumplimiento de mis mandamientos y de mis normas como lo hace hoy.'

[8] «Ahora, pues, a los ojos de todo Israel, que es la asamblea de Yahvé, y a oídos de nuestro Dios, guarden y mediten todos los mandamientos de Yahvé su Dios, para que puedan poseer esta tierra espléndida y la dejen como heredad a sus hijos después de ustedes para siempre.

[9] «Y tú, Salomón, hijo mío, reconoce al Dios de tu padre, y sírvelo con corazón entero y con ánimo generoso, porque Yahvé sondea todos los corazones y penetra los pensamientos en todas sus formas. Si lo buscas, se dejará encontrar; pero si lo dejas, él te desechará para siempre. [10] Mira ahora que Yahvé te ha elegido para edificar una Casa que sea su santuario. ¡Sé fuerte, y manos a la obra*!»

[11] David dio a su hijo Salomón el diseño del vestíbulo* y de los demás edificios, de los almacenes, de las salas altas, de las salas interiores y del lugar del Propiciatorio; [12] y también el diseño de todo lo que tenía en su mente respecto de los atrios del templo de Yahvé y de todas las cámaras de alrededor, para los tesoros del templo de Dios y los tesoros de las cosas sagradas; [13] asimismo respecto de las clases de los sacerdotes y de los levitas y del ejercicio del servicio del templo de Yahvé, como también de todos los utensilios del servicio de la Casa de Yahvé. [14] Cuanto al oro, el peso de oro para cada uno de los utensilios de cada servicio, y también la pla-

28 El relato parece reanudar **23** 1, omitiendo lo que narra 1 R **1-2**. La elección divina pasa de David a su hijo, quien construirá el templo.

28 10 Esta exhortación moral al estilo de Dt precede a la descripción puramente cultual; ver Am **5** 21+.

28 11 Moisés había recibido de Dios el modelo de la Tienda, Ex 25 9. Aquí, es David quien da, de parte de Dios, el modelo del templo, v. 19.

ta, según el peso que correspondía a
cada uno de los utensilios de cada clase
de servicio; [15] asimismo el peso de los
candelabros de oro y sus lámparas de
oro, según el peso de cada candelabro y
de sus lámparas, y para los candelabros
de plata según el peso de cada candelabro y sus lámparas, conforme al servicio
de cada candelabro; [16] el peso de oro
para las mesas de las filas de pan, para
cada mesa, y la plata para las mesas de
plata; [17] oro puro para los tenedores, los
acetres y los jarros; y asimismo lo correspondiente para las copas de oro, según
el peso de cada copa, y para las copas
de plata según el peso de cada copa;
[18] para el altar del incienso, oro acrisolado según el peso; asimismo el modelo
de la carroza* y de los querubines que
extienden las alas y cubren el arca de la
alianza de Yahvé. [19] Todo esto conforme
a lo que Yahvé había escrito de su mano
para hacer comprender todos los detalles
del diseño.

[20] Y dijo David a su hijo Salomón:
«¡Sé fuerte, ten buen ánimo y manos a
la obra! No temas ni desmayes, porque
Yahvé Dios, el Dios mío, está contigo;
no te dejará ni te desamparará, hasta
que acabes toda la obra para el servicio
del templo de Yahvé. [21] Ahí tienes las
clases de los sacerdotes y de los levitas
para todo el servicio del templo de
Dios; estarán a tu lado, para cada clase
de obra, todos los hombres de buena
voluntad y hábiles para cualquier clase
de servicio; y los jefes del pueblo entero
están a tus órdenes.»

Donativos para el Templo.

29 [1] Dijo el rey David a toda la
asamblea: «Mi hijo Salomón, el
único elegido por Dios, es todavía joven
e inmaduro, y la obra es grande; pues
este alcázar no es para hombre, sino
para Yahvé Dios. [2] Con todas mis fuerzas
he preparado, con destino al templo de
mi Dios, el oro para los objetos de oro,
la plata para los de plata, el bronce para
los de bronce, el hierro para los de hierro
y la madera para los de madera; piedras
de ónice y de engaste, piedras brillantes y
de varios colores, toda suerte de piedras
preciosas y piedras de alabastro en abundancia. [3] Fuera de esto, en mi amor por
el templo de mi Dios, doy al templo de mi
Dios el oro y la plata que poseo, además
de todo lo que tengo preparado para el
templo del santuario: [4] 3.000 talentos de
oro, del oro de Ofir, y 7.000 talentos de
plata acrisolada para recubrir las paredes
de los edificios; [5] el oro para los objetos
de oro, la plata para los de plata y para
todas las obras de orfebrería. ¿Quién,
pues, quiere ahora hacer a manos llenas
una ofrenda a Yahvé?»

[6] Entonces los cabezas de familia, los
jefes de las tribus de Israel, los jefes de
millar y de cien y los encargados de las
obras del rey ofrecieron espontáneamente sus donativos [7] y dieron para el
servicio del templo de Dios 5.000 talentos de oro, 10.000 dáricos, 10.000
talentos de plata, 18.000 talentos de
bronce y 100.000 talentos de hierro.
[8] Los que tenían piedras preciosas las
entregaron para el tesoro del templo
de Yahvé, en manos de Yejiel el guersonita. [9] Y el pueblo se alegró por estas
ofrendas voluntarias; porque de todo
corazón lo habían ofrecido espontáneamente a Yahvé. También el rey David
tuvo un gran gozo.

Acción de gracias de David*.

[10] Después bendijo David a Yahvé en
presencia de toda la asamblea diciendo:
«¡Bendito tú, oh Yahvé, Dios de nuestro
padre Israel, desde siempre hasta siempre! [11] Tuya, oh Yahvé, es la grandeza,
la fuerza, la magnificencia, el esplendor
y la majestad; pues tuyo es cuanto hay
en el cielo y en la tierra. Tuyo, oh Yahvé, es el reino; tú te levantas por encima

28 18 El arca de la alianza representaba un trono, ver Ez **25** 10+, y no una carroza. Pero el Cronista piensa en el carro de Ez **1** y **10**.

29 10 David ofrece a Dios todos los dones traídos para el templo, recogiendo el homenaje interior de todos, v. 17; ver **28** 10.

de todo. [12] De ti proceden las riquezas y la gloria. Tú lo gobiernas todo; en tu mano están el poder y la fortaleza, y es tu mano la que todo lo engrandece y a todo da consistencia. [13] Pues bien, oh Dios nuestro, te celebramos y alabamos tu Nombre magnífico. [14] Pues, ¿quién soy yo y quién es mi pueblo para que podamos ofrecerte estos donativos? Porque todo viene de ti, y de tu mano te lo damos. [15] Porque forasteros y huéspedes somos delante de ti, como todos nuestros padres; como sombras son nuestros días sobre la tierra y no hay esperanza. [16] Yahvé, Dios nuestro, todo este gran acopio que hemos preparado para edificarte un templo para tu santo Nombre viene de tu mano y tuyo es todo. [17] Bien sé, Dios mío, que tú pruebas los corazones y amas la rectitud; por eso te he ofrecido voluntariamente todo esto con rectitud de corazón, y ahora veo con regocijo que tu pueblo, que está aquí, te ofrece espontáneamente sus dones. [18] Oh Yahvé, Dios de nuestros padres Abrahán, Isaac e Israel, conserva esto perpetuamente para formar los pensamientos en el corazón de tu pueblo y dirige tú su corazón hacia ti. [19] Da a mi hijo Salomón un corazón perfecto, para que guarde tus mandamientos, tus instrucciones y tus preceptos, para que todo lo ponga por obra y edifique el alcázar que yo te he preparado.»

[20] Después dijo David a toda la asamblea: «¡Bendigan a Yahvé, su Dios!» Y toda la asamblea bendijo a Yahvé, el Dios de sus padres, se inclinaron y se postraron ante Yahvé y ante el rey.

Advenimiento de Salomón. Final de David.

[21] Al día siguiente sacrificaron víctimas a Yahvé y le ofrecieron holocaustos: mil novillos, mil carneros y mil corderos, con sus libaciones y muchos sacrificios por todo Israel. [22] Aquel día comieron y bebieron ante Yahvé con gran gozo y por segunda vez proclamaron rey a Salomón, hijo de David; lo ungieron como caudillo ante Yahvé, y a Sadoc como sacerdote*. [23] Se sentó Salomón como rey sobre el trono de Yahvé en lugar de su padre David; él prosperó y todo Israel le obedeció. [24] Todos los jefes y valientes, y también todos los hijos del rey David, prestaron obediencia al rey Salomón. [25] Y Yahvé engrandeció sobremanera a Salomón a los ojos de todo Israel y le dio un reinado glorioso como nunca había tenido ningún rey de Israel antes de él.

‖1 R **2** 11.

[26] David, hijo de Jesé, había reinado sobre todo Israel. [27] El tiempo que reinó sobre Israel fue de cuarenta años. En Hebrón reinó siete años y en Jerusalén treinta y tres. [28] Murió en buena vejez, lleno de días, riqueza y gloria; y en su lugar reinó su hijo Salomón. [29] Los hechos del rey David, de los primeros a los postreros, están escritos en la historia del vidente Samuel, en la historia del profeta Natán y en la historia del vidente Gad, [30] juntamente con todo su reinado y sus hazañas, y las cosas que le sobrevinieron a él, a Israel y a todos los reinos de los demás países.

29 22. Como en la primera Alianza, Ex **24** 5.11. Salomón fue ungido antes de la muerte de su padre, 1 R **1** 39.

LIBRO SEGUNDO DE LAS CRÓNICAS

*III. Salomón y la construcción del templo**

Salomón recibe la Sabiduría.

‖1 R **3** 4-15.

1 1 Salomón, hijo de David, se afianzó
en su reino; Yahvé, su Dios, estaba
con él y lo engrandeció sobremanera.
2 Salomón habló a todo Israel, a los
jefes de millar y de cien, a los jueces y
a todos los jefes de todo Israel, cabezas
de casas paternas. 3 Después Salomón
fue con toda la asamblea al alto de Gabaón, porque allí se hallaba la Tienda
del Encuentro de Dios, que Moisés, siervo de Yahvé, había hecho en el desierto*. 4 Cuanto al arca de Dios, David la
había llevado de Quiriat Yearín al lugar
preparado para ella, pues le había alzado una tienda en Jerusalén. 5 Estaba
también allí, delante de la Morada de
Yahvé, el altar de bronce que había hecho Besalel, hijo de Urí, hijo de Jur.
Fueron, pues, Salomón y la asamblea
para consultarle. 6 Subió Salomón allí,
al altar de bronce que estaba ante Yahvé, junto a la Tienda del Encuentro, y
ofreció sobre él mil holocaustos.

7 Aquella noche se apareció Dios a
Salomón y le dijo: «Pídeme lo que haya
de darte.» 8 Salomón respondió a Dios:
«Tú tuviste gran amor a mi padre David,
y a mí me has hecho rey en su lugar.
9 Ahora, pues, oh Yahvé Dios, que se
cumpla la promesa que hiciste a mi
padre David, ya que tú me has hecho
rey sobre un pueblo numeroso como el
polvo de la tierra. 10 Dame, pues, ahora
sabiduría e inteligencia, para que sepa
conducirme ante este pueblo tuyo tan
grande.»

11 Respondió Dios a Salomón: «Ya
que piensas esto en tu corazón, y no has
pedido riquezas ni bienes ni gloria ni la
muerte de tus enemigos; ni tampoco
has pedido larga vida, sino que has pedido para ti sabiduría e inteligencia para
saber juzgar a mi pueblo, del cual te he
hecho rey, 12 por eso te son dadas la
sabiduría y el entendimiento, y además
te daré riqueza, bienes y gloria como no
las tuvieron los reyes que fueron antes
de ti, ni las tendrá ninguno de los que
vengan después de ti.»

13 Salomón regresó a Jerusalén desde el alto de Gabaón, de delante de la
Tienda del Encuentro, y reinó sobre
Israel. 14 Salomón reunió carros y caballos, tuvo 1.400 carros y 12.000 caballos que acuarteló en las ciudades de los
carros y en Jerusalén en torno al rey.
15 El rey consiguió que en Jerusalén la
plata y el oro fuesen tan abundantes
como las piedras, y los cedros tanto
como los sicómoros de la Tierra Baja.
16 Los caballos de Salomón procedían
de Musur y de Cilicia; los mercaderes
del rey los adquirían en Cilicia a precio
fijo. 17 Traían de Egipto un carro por
seiscientos siclos de plata, y un caballo
por ciento cincuenta. Eran exportados
también a todos los reyes de los hititas y
todos los reyes de Aram.

Últimos preparativos. Jirán de Tiro.

=**2** 17; ver 1 R **5** 29-30.

18 Decidió, pues, Salomón edificar un
templo al Nombre de Yahvé y un palacio para sí.

2 1 Salomón designó 70.000 hombres para porteadores y 80.000
canteros en el monte, y puso al frente
de ellos 3.600 capataces.

1 Como lo ha hecho 1 Cro con David, los capítulos **1-9** presentan a Salomón como constructor del templo, no fijándose más que en su sabiduría y su gloria. -Toda la gloria de Salomón procede de la *sabiduría* recibida en Gabaón, 1 R **3** 4-15.

1 3 En el pasaje siguiente, el Cronista se aparta de 1 R para relacionar el culto del Templo con las instituciones mosaicas, ver 1 Cro **16** 39; **21** 29.

||1 R **5** 15-20.
2 Salomón envió a decir a Jirán, rey de
Tiro: «Haz conmigo como hiciste con mi
padre David, enviándole maderas de cedro para que se construyera una casa en
que habitar. 3 Me propongo edificar un
templo al Nombre de Yahvé, mi Dios,
para consagrárselo, para quemar ante
él incienso aromático, para la ofrenda
perpetua de los panes presentados, y
para los holocaustos de la mañana y de
la tarde, de los sábados, novilunios y
solemnidades de Yahvé nuestro Dios,
como se hace siempre en Israel. 4 El
templo que voy a edificar será grande,
porque nuestro Dios es mayor que todos los dioses. 5 Pero ¿quién será capaz
de construirle un templo, cuando los
cielos y los cielos de los cielos no pueden contenerlo? ¿Y quién soy yo para
edificarle un templo, aunque esté destinado tan sólo para quemar incienso
en su presencia*? 6 Envíame, pues,
un hombre diestro en trabajar el oro, la
plata, el bronce, el hierro, la púrpura
escarlata, el carmesí y la púrpura violeta, y que sepa grabar; estará con los
expertos que tengo conmigo en Judá y
en Jerusalén, y que mi padre David ya
había preparado. 7 Envíame también
madera de cedro, de ciprés y algummim
del Líbano; pues bien sé que tus siervos
saben talar los árboles del Líbano, y mis
siervos trabajarán con tus siervos, 8 para prepararme madera en abundancia;
pues el templo que voy a edificar ha de
ser grande y maravilloso. 9 Daré para
el sustento* de tus siervos, los taladores
de los árboles, 20.000 cargas de trigo,
20.000 cargas de cebada, 20.000
medidas de vino y 20.000 medidas de
aceite.»
10 Jirán, rey de Tiro, respondió en una
carta que envió al rey Salomón: «Por el
amor que tiene Yahvé a su pueblo te ha
hecho rey sobre ellos.» 11 Y añadía Jirán:
«Bendito sea Yahvé, el Dios de Israel,
hacedor del cielo y de la tierra, que ha
dado al rey David un hijo sabio, prudente e inteligente, que edificará un templo
a Yahvé y un palacio para sí. 12 Te envío,
pues, ahora a Jirán Abí, hombre hábil,
dotado de inteligencia; 13 es hijo de una
danita, y su padre es de Tiro. Sabe
trabajar el oro, la plata, el bronce, el
hierro, la piedra y la madera, la púrpura
escarlata, la púrpura violeta, el lino fino
y el carmesí. Sabe también hacer toda
clase de grabados y ejecutar cualquier
obra que se le proponga, a una con
tus artífices y los artífices de mi señor
David, tu padre. 14 Que mande, pues, a
sus siervos el trigo, la cebada, el aceite
y el vino de que ha hablado mi señor,
||1 R **5** 22-26.
15 y por nuestra parte cortaremos del
Líbano toda la madera que necesites
y te la llevaremos en balsas, por mar,
hasta Jope, y luego tú mandarás que la
suban a Jerusalén.»

Las obras.

16 Salomón hizo el censo de todos los
forasteros residentes en Israel, tomando
por modelo el censo que había hecho su
padre, David. Eran 153.600. 17 De ellos
destinó 70.000 para el transporte de cargas, 80.000 para las canteras en las
montañas y 3.600 como capataces para
los trabajos del pueblo.

||1 R **6**.
3 1 Empezó, pues, Salomón a edificar
el templo de Yahvé en Jerusalén, en
el monte Moria*, donde Dios se había
manifestado a su padre David, en el
lugar donde David había hecho los preparativos, en la era de Ornán el jebuseo.
2 Dio comienzo a las obras el segundo
mes del año cuarto de su reinado. 3 Éste
es el plano sobre el que Salomón edificó

2 5 Dios no está contenido en el Templo; su morada está en los cielos, **6** 21; ver 1 R **8** 16+.

2 9 El Cronista ha resumido la descripción de 1 R **5**. Las obras del Templo le interesan menos que el culto.

3 1 Aquí, en el *monte Moria,* David es relacionado con Abrahán por encima de Moisés, Gn **22** 2; ver 1 Cro **21** 18+.

el templo de Dios: sesenta codos de longitud, en codos de medida antigua, y veinte codos de anchura. [4] El vestíbulo que estaba delante de la nave del templo tenía una longitud de veinte codos, correspondiente al ancho del templo, y una altura de ciento veinte. Salomón lo recubrió por dentro de oro puro. [5] Revistió la Sala Grande de madera de ciprés y la recubrió de oro fino, haciendo esculpir en ella palmas y cadenillas. [6] Para adornar el templo lo revistió también de piedras preciosas; el oro era oro de Parváin. [7] Recubrió de oro el templo, las vigas, los umbrales, sus paredes y sus puertas, y esculpió querubines sobre las paredes.

[8] Construyó también la sala del Santo de los Santos*, cuya longitud, correspondiente al ancho del templo, era de veinte codos, y su anchura igualmente de veinte codos. Lo recubrió de oro puro, que pesaba seiscientos talentos. [9] Los clavos de oro pesaban cincuenta siclos. Recubrió también de oro las salas superiores. [10] En el interior de la sala del Santo de los Santos hizo dos querubines, de obra esculpida, que revistió de oro. [11] Las alas de los querubines tenían veinte codos de largo. Un ala era de cinco codos y tocaba la pared de la sala; la otra ala tenía también cinco codos y tocaba el ala del otro querubín. [12] El ala del segundo querubín era de cinco codos y tocaba la pared de la sala; la otra ala tenía también cinco codos y pegaba con el ala del primer querubín. [13] Las alas desplegadas de estos querubines medían veinte codos. Estaban de pie, y con sus caras vueltas hacia la sala.

[14] Hizo también el velo de púrpura violeta, púrpura escarlata, carmesí y lino fino, con querubines bordados.

||1 R **7** 15-22.

[15] Delante de la sala hizo dos columnas de treinta y cinco codos de alto. El capitel que las coronaba tenía cinco codos. [16] En el santuario hizo cadenillas y las colocó sobre los remates de las columnas; hizo también cien granadas, que puso en las cadenillas. [17] Erigió las columnas delante de la nave, una a la derecha y otra a la izquierda, y llamó a la de la derecha Yaquín y a la de la izquierda Boaz.

||1 R **7** 23-26.

4 [1] Construyó también un altar de bronce de veinte codos de largo, veinte codos de ancho y diez codos de alto. [2] Hizo el Mar de metal fundido, que medía diez codos de diámetro, cinco de altura y treinta de circunferencia. [3] Debajo del borde, todo alrededor, había figuras de toros, diez en cada codo, colocadas en dos órdenes y fundidas en una sola pieza. [4] Reposaba sobre doce bueyes: tres mirando al Norte, tres al Oeste, tres al Sur y tres al Este. Sobre ellos se asentaba el Mar, quedando hacia el interior las partes traseras de los bueyes. [5] Su espesor era de un palmo y su borde como el del cáliz de la flor de la azucena. Su capacidad era de tres mil medidas.

||1 R **7** 38-39.49-50.

[6] Hizo diez pilas para las abluciones y colocó cinco de ellas a la derecha y cinco a la izquierda para lavar en ellas lo que se ofrecía en holocausto. El Mar era para las abluciones de los sacerdotes. [7] Hizo diez candelabros de oro según la forma prescrita, y los colocó en la nave, cinco a la derecha y cinco a la izquierda. [8] Hizo diez mesas, que puso en la nave, cinco a la derecha y cinco a la izquierda. Hizo también cien acetres de oro.

||1 R **7** 12.

[9] Construyó también el atrio de los sacerdotes* y el atrio grande con sus puertas, y recubrió las puertas de bronce. [10] Colocó el Mar al lado derecho, hacia el sureste.

3 8 El término *Santo de los Santos* sustituye aquí el de *Debir*, ver v. 16; **4** 21-22; 1 R **6** 1+. Pertenecía a la descripción de la Tienda del desierto, Ex **26** 33+; ver Ez **41** 3-4. Evoca aquí la santidad del lugar y la del sumo sacerdote, el único que entraba una sola vez al año en esta sala, Lv **16** 17; ver Hb **9** 7.

4 9 El atrio interior quedó reservado para los sacerdotes después de Ezequiel, Ez **42** 13.

1 R **7** 40-51.

[11] Jirán hizo los ceniceros, las paletas y los acetres. Jirán concluyó toda la obra que el rey Salomón le encargó que hiciera para el templo de Yahvé:

[12] dos columnas, las molduras de los capiteles que estaban sobre la cima de las dos columnas, los dos trenzados para recubrir las dos molduras de los capiteles que estaban en la cima de las columnas; [13] las cuatrocientas granadas para los dos trenzados;

[14] las diez basas y las diez pilas sobre las basas;

[15] el Mar y los doce bueyes debajo del Mar;

[16] los ceniceros, las paletas y los acetres. Todos estos objetos que hizo Jirán al rey Salomón para el templo de Yahvé eran de bronce bruñido. [17] El rey los hizo fundir en la vega del Jordán, en moldes de tierra, entre Sucot y Seredá. [18] Salomón fabricó todos estos utensilios en tan enorme cantidad que no se pudo calcular el peso del bronce.

[19] Salomón hizo todos los objetos que había en el templo de Yahvé: el altar de oro; la mesa sobre la que se ponían los panes presentados, [20] de oro; los candelabros con sus lámparas, delante del santuario, para que ardieran, según el rito, de oro fino; [21] las flores, las lámparas y las despabiladeras de oro, de oro purísimo; [22] y los cuchillos, los acetres, las copas y los braseros, de oro fino. Eran también de oro las puertas del santuario interior, el Santo de los Santos, y las puertas de la nave del templo.

5 [1] Cuando se completó toda la obra que el rey Salomón había hecho en el templo de Yahvé, Salomón hizo traer todo lo consagrado por David, su padre: la plata, el oro y los objetos, y lo depositó entre los tesoros del templo de Yahvé.

Traslado del arca.

‖1 R **8** 1-9.

[2] Entonces congregó Salomón en Jerusalén a todos los ancianos de Israel, a todos los jefes de las tribus y a los principales de las casas paternas de los hijos de Israel, para hacer subir el arca de la alianza de Yahvé desde la Ciudad de David, que es Sión. [3] Se congregaron en torno al rey todos los hombres de Israel, en la fiesta del mes séptimo. [4] Cuando llegaron todos los ancianos de Israel, los levitas* alzaron el arca; [5] y llevaron el arca y la Tienda del Encuentro y todos los objetos del santuario que había en la Tienda; lo llevaron los sacerdotes levitas.

[6] El rey Salomón, con toda la comunidad de Israel que se había reunido en torno a él, sacrificaron ante el arca ovejas y bueyes en número incalculable e incontable. [7] Los sacerdotes llevaron el arca de la alianza de Yahvé al santuario del templo, el Santo de los Santos, a su propio lugar, situado bajo las alas de los querubines. [8] Los querubines extendían las alas sobre el lugar del arca y cubrían el arca y sus varales por encima. [9] Los varales se prolongaban hasta dejar ver sus extremos desde el santuario, pero no se dejaban ver más hacia afuera. (Han estado allí hasta el día de hoy). [10] En el arca no había nada más que las dos tablas de piedra que Moisés depositó allí, en el Horeb, cuando Yahvé estableció alianza con los israelitas cuando salieron de Egipto.

Dios toma posesión de su Templo*.

‖1 R **8** 10-13.

[11] Cuando los sacerdotes salieron del santuario (pues todos los sacerdotes que se hallaban presentes se habían santificado, sin guardar orden de clases), [12] y todos los levitas cantores, Asaf, Hemán

5 4 En lugar de los *levitas,* 1 R **8** 6 habla de los *sacerdotes*; pero véase Nm **1** 50-53; ver 1 Cro **15** 2. Las dos tradiciones se unen en la expresión *sacerdotes-levitas,* v. 5; etc.

5 11 Con esta añadidura el Cronista recalca la importancia de las funciones de los cantores.

y Yedutún, con sus hijos y hermanos,
vestidos de lino fino, estaban de pie al
oriente del altar, tocando címbalos, salterios y cítaras, y con ellos ciento veinte
sacerdotes que tocaban las trompetas,
13 se hacían oír al mismo tiempo y al
unísono los que tocaban las trompetas
y los cantores, alabando y celebrando a
Yahvé; alzando la voz con las trompetas
y con los címbalos y otros instrumentos
de música, alababan a Yahvé diciendo:
«Porque es bueno, porque es eterna
su misericordia»; el templo se llenó de
una nube, el templo mismo de Yahvé.
14 Cuando los sacerdotes salieron del
santuario —pues la nube había llenado
el templo de Yahvé— los sacerdotes no
pudieron permanecer ante la nube para
completar el servicio, pues la gloria de
Yahvé llenaba el templo de Yahvé.

6 1 Entonces Salomón dijo:
«Yahvé puso el sol en los cielos,
pero ha decidido habitar en densa
nube.
2 He querido erigirte una morada principesca,
un lugar donde habites para siempre.»

Discurso de Salomón al pueblo.
‖1 R **8** 14-21.

3 El rey, volviéndose, bendijo a toda
la asamblea de Israel, que se mantenía
en pie.
4 Dijo: «Bendito sea Yahvé, Dios de
Israel, que habló por su boca a mi padre
David, y ha cumplido por su mano lo
que dijo: 5 'Desde el día en que saqué de
la tierra de Egipto a mi pueblo Israel, no
he elegido ninguna ciudad entre todas
las tribus de Israel para edificar un templo en el que resida mi Nombre (y no
elegí tampoco ningún varón que fuera
príncipe sobre mi pueblo Israel, 6 pero
he elegido a Jerusalén para que resida
allí mi Nombre) y he elegido a David
para que esté al frente de mi pueblo
Israel.'
7 «Mi padre David acariciaba en su corazón el propósito de construir un templo al Nombre de Yahvé, Dios de Israel.
8 Pero Yahvé dijo a David, mi padre:
'Has acariciado en tu corazón el deseo
de construir un templo a mi Nombre;
has hecho bien en ello. 9 Pero no serás
tú el que construya el templo a mi Nombre. Un hijo tuyo, salido de tus entrañas,
será quien construya el templo a mi
Nombre.' 10 Yahvé ha cumplido la promesa que pronunció. Me ha establecido
como sucesor de mi padre David y me
he sentado sobre el trono de Israel, como Yahvé había dicho, y he construido
el templo al Nombre de Yahvé, Dios de
Israel; 11 y he fijado en él un lugar para
el arca en la que se encuentra la alianza
que Yahvé pactó con los israelitas.»

Oración personal de Salomón.
‖1 R **8** 22-29.

12 Salomón se puso en pie ante el altar de Yahvé, frente a toda la asamblea
de Israel, y extendió las manos. 13 Salomón había hecho un estrado de bronce
de cinco codos de largo, cinco codos de
ancho, y tres codos de alto, que había
colocado en medio del atrio; poniéndose sobre él se arrodilló frente a toda la
asamblea de Israel. Y extendiendo sus
manos hacia el cielo, 14 dijo:
«Yahvé, Dios de Israel, no hay Dios
como tú ni en el cielo ni en la tierra;
tú que guardas la alianza y la fidelidad a
tus siervos que caminan ante ti de todo
corazón; 15 que has mantenido a mi padre David la promesa que le hiciste y
que has cumplido en este día con tu mano lo que con tu boca habías prometido.
16 Ahora, pues, Yahvé, Dios de Israel,
mantén a tu siervo David, mi padre, la
promesa que le hiciste, diciéndole: 'Nunca
te faltará uno de los tuyos en mi presencia que se siente en el trono de Israel,
siempre que tus hijos guarden su camino, andando en mi Ley, procediendo
ante mí como tú has procedido.' 17 Y
ahora, Dios de Israel, cúmplase la palabra que dijiste a tu siervo David. 18 ¿Habitará Dios con los hombres en la tierra?

Los cielos y los cielos de los cielos no
pueden contenerte, ¡cuánto menos este
templo que yo te he construido! 19 Inclínate a la plegaria y a la súplica de tu siervo, Yahvé, Dios mío. Escucha el clamor
y la plegaria que tu siervo entona en tu
presencia. 20 ¡Que día y noche tus ojos
estén abiertos hacia este templo, hacia
este lugar del que dijiste: 'Allí estará mi
Nombre'. Escucha la súplica de tu siervo
que entona en dirección a este lugar!

Plegaria en favor del pueblo.
||1 R **8** 30-51.

21 «Escucha la plegaria de tu siervo Israel, tu pueblo, que entone en dirección
a este lugar. Escucha tú, hacia el lugar
de tu morada, hacia el cielo, escucha y
perdona.
22 «Si un hombre peca contra su prójimo y éste pronuncia una imprecación
ante tu altar en este templo, 23 escucha
tú en los cielos; intervén y juzga a tus
siervos; declara culpable al malo, de
modo que su conducta recaiga sobre su
cabeza, e inocente al justo, retribuyéndole según su justicia.
24 «Cuando tu pueblo Israel haya sido
derrotado por un enemigo por haber
pecado contra ti, y se vuelva a ti y alabe
tu Nombre, ore y suplique ante ti en
este templo, 25 escucha tú en el cielo y
perdona el pecado de tu pueblo Israel,
y devuélvelos a la tierra que diste a sus
padres.
26 «Cuando, por haber pecado contra
ti, los cielos se cierren y deje de haber
lluvia, y acudan a orar en este lugar y
alaben tu Nombre, y se conviertan de su
pecado porque los humillaste, 27 escucha tú en el cielo y perdona el pecado
de tus siervos y de tu pueblo Israel, enseñándoles el buen camino que deberán
seguir, y envía lluvia a tu tierra, la que
diste en herencia a tu pueblo.
28 «Cuando en el país haya hambre,
peste, tizón, añublo, langosta o pulgón,
cuando el enemigo ponga asedio a una
de sus puertas, en la desgracia o la enfermedad 29 de cualquier persona o de
todo el pueblo de Israel, que conozca la
aflicción en su corazón, eleve plegarias
y súplicas, y extienda sus manos hacia
este templo, 30 escucha tú en el cielo,
lugar de tu morada, perdona e intervén,
dando a cada uno según su conducta, tú
que conoces su corazón, — tú el único
que conoce el corazón de los hijos de los
hombres—, 31 de modo que te respeten
a lo largo de los días que vivan en la
tierra que diste a nuestros padres.
32 «También al extranjero, al que no
es de tu pueblo y viene de un país lejano a orar en este templo a causa de tu
gran Nombre, tu mano fuerte y tu tenso
brazo, 33 escúchalo tú en el cielo, lugar
de tu morada; haz al extranjero según
lo que te pida, para que todos los pueblos de la tierra conozcan tu Nombre
y te respeten como tu pueblo Israel, y
reconozcan que tu Nombre es invocado
en este templo que yo te he construido.
34 «Cuando tu pueblo salga a la guerra
contra el enemigo, por el camino por
el que lo envíes, y supliquen a Yahvé
vueltos hacia la ciudad que has elegido y
hacia el templo que he construido para
tu Nombre, 35 escucha tú en el cielo su
oración y su plegaria, y hazles justicia. 36 Cuando pequen contra ti —pues
no hay hombre que no peque— y tú,
irritado contra ellos, los entregues al
enemigo y sus vencedores los deporten
al país enemigo, lejano o próximo, 37 si
en la tierra de su cautividad se convierten
en su corazón y te suplican diciendo:
'Hemos pecado, hemos actuado perversamente, nos hemos hecho culpables';
38 si en el país de los enemigos que los
deportaron se vuelven a ti con todo su
corazón y con toda su alma y te suplican
vueltos hacia la tierra que diste a sus
padres y hacia la ciudad que has elegido y el templo que he edificado a tu
Nombre, 39 escucha tú en el cielo, lugar
de tu morada, su oración y su plegaria,
hazles justicia y perdona lo que ha pecado contra ti.

Conclusión de la plegaria*.
‖1 R **8** 52.

[40] «Estén abiertos tus ojos y atentos tus oídos, Dios mío, a la súplica que se haga en este lugar. [41] Y ahora
‖Sal **132** 8-10.

¡levántate, Yahvé Dios, hacia tu reposo,
tú y el arca de tu fuerza!
¡Que tus sacerdotes, Yahvé Dios,
se revistan de salvación,
y tus fieles gocen de la felicidad!
[42] Yahvé, Dios mío, no rechaces el rostro de tu Ungido;
acuérdate de las misericordias
otorgadas a David tu siervo.»

Fiesta de la Dedicación.
‖1 R **8** 62-66.

7 [1] Cuando Salomón acabó de orar, bajó fuego del cielo que devoró el holocausto y los sacrificios; y la gloria de Yahvé llenó el templo*. [2] Los sacerdotes no podían entrar en el templo de Yahvé, porque la gloria de Yahvé llenaba el templo de Yahvé. [3] Entonces todos los israelitas, viendo descender el fuego y la gloria de Yahvé sobre el templo, se postraron rostro en tierra sobre el pavimento y adoraron y alabaron a Yahvé «porque es bueno, porque es eterna su misericordia». [4] Luego el rey y todo el pueblo ofrecieron sacrificios ante Yahvé. [5] El rey Salomón ofreció en sacrificio 22.000 bueyes y 120.000 ovejas. De este modo el rey y todos los israelitas dedicaron el templo de Yahvé. [6] Los sacerdotes atendían a su ministerio, mientras los levitas glorificaban a Yahvé con los instrumentos que el rey David fabricó para acompañar los cánticos de Yahvé, «porque es eterna su misericordia», ejecutando los cánticos compuestos por David*. Los sacerdotes estaban delante de ellos tocando las trompetas, y todo Israel se mantenía en pie.

[7] Salomón consagró el interior del patio que está delante del templo de Yahvé, ofreciendo allí los holocaustos y las grasas de los sacrificios de comunión, pues el altar de bronce que había hecho Salomón era demasiado reducido para contener el holocausto, la comunión y las grasas. [8] En aquella ocasión Salomón celebró la fiesta durante siete días. Todo Israel estaba con él, una asamblea inmensa, desde la entrada de Jamat hasta el torrente de Egipto. [9] El día octavo tuvo lugar la asamblea solemne, pues habían hecho la dedicación del altar por siete días, de manera que la fiesta duró siete días. [10] El día veintitrés del mes séptimo, Salomón envió al pueblo a sus tiendas, gozosos y felices por todos los beneficios que Yahvé había hecho a David, a Salomón y a su pueblo Israel.

Respuesta de Yahvé a Salomón.
‖1 R **9** 1-9.

[11] Cuando Salomón terminó de construir el templo de Yahvé, el palacio real y todo cuanto fue su deseo hacer tanto en el templo de Yahvé como en su propia casa, [12] se apareció Yahvé a Salomón por la noche y le dijo: «He oído tu oración, y me he elegido este lugar como templo de sacrificio. [13] Si yo cierro el cielo y no llueve, si yo mando a la langosta devorar la tierra, o envío la peste entre mi pueblo, [14] y mi pueblo, sobre el cual es invocado mi Nombre, se humilla, orando y buscando mi rostro, y se vuelven de sus malos caminos, yo los oiré desde los cielos, perdonaré su pecado y sanaré su tierra. [15] Mis ojos estarán abiertos, y mis oídos atentos a la oración que se haga en este lugar; [16] pues ahora he escogido

6 40 El Cronista omite las referencias a la salida de Egipto, a Moisés y a la elección del pueblo. Lo sustituye con una cita libre del Sal **132**, que celebra la alianza davídica.

7 1 Ver 1 Cro **21** 26. -Sobre la *gloria de Yahvé* que llena el Templo, ver **5** 14; Ex **24** 16+.

7 6 Papel de David en los Salmos y su canto, ver Sal **136**. Las trompetas, Nm **10** 1-10, pasan a segundo plano.

y santificado este templo para que en él permanezca mi Nombre por siempre. Allí estarán mis ojos y mi corazón todos los días. [17] Y en cuanto a ti, si marchas ante mí como lo hizo David, tu padre, haciendo todo lo que te ordene y guardando mis mandatos y mis decretos, [18] afianzaré el trono de tu realeza para siempre, como prometí a David, tu padre: 'No te habrá de faltar alguno de los tuyos que domine en Israel.' [19] Pero si ustedes se apartan, abandonando los decretos y los mandatos que les he dado, y van a servir a otros dioses, postrándose ante ellos, [20] los arrancaré de mi tierra que les he dado, retiraré de mi presencia el templo que he consagrado a mi Nombre y lo convertiré en ejemplo y escarnio entre todos los pueblos. [21] Y este templo, que debía ser tan sublime, vendrá a ser el espanto de todos los que pasen cerca de él, y dirán: '¿Por qué ha actuado Yahvé de este modo con esta tierra y este templo?' [22] Y responderán: 'Porque abandonaron a Yahvé, el Dios de sus padres, que los había sacado de la tierra de Egipto, abrazaron otros dioses, se postraron ante ellos y les rindieron culto; por eso ha hecho venir sobre ellos todo este mal.'»

Conclusión: Fin de las obras.

||1 R **9** 10-25.

8 [1] Al cabo de los veinte años que empleó Salomón en edificar el templo de Yahvé y su palacio, [2] reconstruyó las ciudades que Jirán le había dado, y estableció allí a los israelitas. [3] Salomón marchó contra Jamat de Sobá y se apoderó de ella; [4] reedificó Tadmor en el desierto, y todas las ciudades de avituallamiento que construyó en Jamat; [5] reconstruyó Bet Jorón de arriba y Bet Jorón de abajo, ciudades fortificadas, con murallas, puertas y barras, [6] y Baalat, con todas las ciudades de aprovisionamiento que tenía Salomón, todas las ciudades de carros y las de los caballos, y todo cuanto quiso construir en Jerusalén, en el Líbano y en todos los dominios de su reino.

[7] A cuantos quedaron de los hititas, los amorreos, los perizitas, los jivitas y los jebuseos, que no eran israelitas, [8] y cuyos descendientes habían permanecido en el país, y a los que los israelitas no habían exterminado, Salomón los redujo a mano de obra forzada, como ha sucedido hasta el día de hoy. [9] Pero a los israelitas Salomón no les impuso trabajos forzados, pues eran sus hombres de guerra, oficiales y jefes, escuderos y jefes de sus carros y de su caballería. [10] Los jefes de las guarniciones que tenía el rey Salomón eran doscientos cincuenta, que gobernaban al pueblo.

[11] Salomón trasladó a la hija de faraón desde la Ciudad de David a la casa que había edificado para ella; pues se decía: «Mi mujer no puede vivir en la casa de David, rey de Israel, porque los lugares donde ha estado el arca de Yahvé son sagrados.»

[12] Entonces empezó a ofrecer Salomón holocaustos a Yahvé sobre el altar de Yahvé que había erigido delante del vestíbulo*; [13] ofreció holocaustos según el rito de cada día, conforme a lo prescrito por Moisés, en los sábados, los novilunios y en las solemnidades, tres veces al año: en la fiesta de los Ázimos, en la fiesta de las Semanas y en la fiesta de las Tiendas*. [14] Estableció también las secciones de los sacerdotes en sus servicios conforme al reglamento de su padre David, a los levitas en sus cargos de alabar y servir junto a los sacerdotes, según el rito de cada día; y a los porteros con arreglo a sus secciones, en cada puerta; porque ésta era la orden de David, hombre de Dios. [15] No se apartaron en nada de la orden del rey en lo tocante a los sacerdotes y los levitas, ni tampoco

8 12 Este texto desarrolla 1 R **9** 25 para vincular la obra de Salomón con las prescripciones mosaicas; ver Lv **23**; Nm **28-29**; 1 Cro **23-26**.

8 13 Ver Nm **28-29**; Ex **23** 14+. Aquí se suceden la fiesta de la Dedicación y la de las Tiendas.

en lo relativo a los tesoros. 16 Así fue dirigida toda la obra de Salomón, desde el día en que se echaron los cimientos del templo de Yahvé hasta su terminación. De esta manera fue acabado el templo de Yahvé.

Gloria de Salomón.

‖1 R **9** 26-28.

17 Entonces Salomón fue a Esión Guéber y a Elat, a orillas del mar, en la tierra de Edom, 18 y Jirán le envió, por medio de sus siervos, navíos y marineros expertos en la mar, que fueron con los siervos de Salomón a Ofir. Trajeron de allí cuatrocientos cincuenta talentos de oro, que llevaron al rey Salomón.

‖1 R **10** 1-13.

9 1 La reina de Sabá oyó la fama de Salomón y vino a poner a prueba a Salomón con enigmas. Llegó a Jerusalén con una gran fuerza de camellos que portaban perfumes, oro en gran cantidad y piedras preciosas. Se presentó a Salomón y le planteó todo cuanto había ideado. 2 Salomón resolvió todas sus preguntas. No había cuestión tan arcana que el rey no pudiera desvelar. 3 Cuando la reina de Sabá observó la sabiduría toda de Salomón, el palacio que había construido, 4 los manjares de su mesa, las residencias de sus servidores, el porte de sus ministros y sus vestimentas, sus coperos con sus trajes y los holocaustos que ofrecía en el templo de Yahvé, se quedó sin respiración, 5 y dijo al rey: «¡Era verdad cuanto yo oía en mi tierra acerca de tus enigmas y tu sabiduría! 6 Yo no daba crédito a lo que se decía; ahora he venido y mis propios ojos lo han visto. ¡No me dijeron ni la mitad! Tu sabiduría y tu prosperidad superan con mucho las noticias que yo escuché. 7 ¡Dichosa tu gente! ¡Dichosos estos servidores tuyos que están siempre en tu presencia y escuchan tu sabiduría! 8 ¡Bendito sea Yahvé, tu Dios, que se ha complacido en ti, poniéndote sobre su trono como rey de Yahvé, tu Dios, y te ha situado en el trono de Israel. Por el amor eterno de Yahvé a Israel te ha puesto como rey sobre ellos para administrar derecho y justicia!» 9 Dio al rey ciento veinte talentos de oro, gran cantidad de aromas y piedras preciosas. Nunca hubo aromas como los que la reina de Sabá dio al rey Salomón. 10 Los siervos de Jirán y los siervos de Salomón, que habían traído oro de Ofir, trajeron también madera de algummim y piedras preciosas. 11 Con la madera de algummim hizo el rey entarimados para el templo de Yahvé y para el palacio real, cítaras y salterios para los cantores. No se había visto nunca en la tierra de Judá madera semejante. 12 El rey Salomón concedió a la reina de Sabá todos los deseos que ella manifestó, aparte lo que ella había traído al rey. Luego se volvió a su país, ella y sus servidores.

‖1 R **10** 14-20.

13 El peso del oro que llegaba a Salomón cada año era de seiscientos sesenta y seis talentos de oro, 14 sin contar lo procedente de los tributos impuestos a los mercaderes y las ganancias del tráfico comercial. Todos los reyes árabes y los inspectores del país traían oro y plata a Salomón. 15 El rey Salomón hizo doscientos escudos de gran tamaño en oro batido, seiscientos siclos de oro batido por cada escudo, 16 y trescientos escudos de menor tamaño en oro batido, trescientos siclos de oro por cada escudo. El rey los colocó en la casa denominada «Bosque del Líbano». 17 El rey hizo un gran trono de marfil, que revistió de oro finísimo. 18 El trono tenía seis gradas y un cordero de oro al respaldo, y brazos a uno y otro lado del asiento, y dos leones, de pie, junto a los brazos. 19 Más doce leones de pie sobre las seis gradas a uno y otro lado. Nada igual llegó a hacerse para ningún otro reino.

‖1 R **10** 21-25.

20 Todas las copas para bebidas del rey Salomón eran de oro, y toda la vajilla de la casa «Bosque del Líbano» era de oro puro. La plata no se estimaba en nada en tiempo del rey Salomón, 21 porque el rey tenía una flota de Tarsis con

los siervos de Jirán, y cada tres años venía la flota de Tarsis trayendo oro y plata, marfil, monos y pavos reales.
22 Así el rey Salomón sobrepujó a
todos los reyes de la tierra en riqueza y
sabiduría. 23 Todos los reyes de la tierra
querían ver el rostro de Salomón para
escuchar la sabiduría con la que Dios
había dotado su mente. 24 Y cada uno
de ellos traía su presente, objetos de plata y objetos de oro, vestidos, armas,
aromas, caballos y mulos, año tras año.
‖1 R **5** 6; **10** 26; =2 Cro **1** 14.
25 Tenía Salomón cuatro mil caballerizas para sus caballos y carros, y doce
mil caballos que acuarteló en las ciudades de carros y en Jerusalén en torno
al rey.
‖1 R **5** 1; **10** 27-28; =2 Cro **1** 15.
26 Dominaba sobre todos los reyes
desde el Río hasta el país de los filisteos
y hasta la frontera de Egipto. 27 El rey
hizo que en Jerusalén la plata fuese tan
abundante como las piedras, y los cedros
tanto como los sicómoros en la Tierra
Baja. 28 Los caballos de Salomón procedían de Musur y de todos los países.

Muerte de Salomón.
‖1 R **11** 41-43.

29 El resto de los hechos de Salomón,
los primeros y los postreros, ¿no están
escritos en la historia del profeta Natán,
en la profecía de Ajías el silonita, y en
las visiones de Yedó el vidente, sobre
Jeroboán, hijo de Nebat? 30 Salomón
reinó en Jerusalén sobre todo Israel cuarenta años. 31 Salomón pasó a reposar
con sus antepasados y fue enterrado en
la ciudad de su padre David. Roboán, su
hijo, reinó en su lugar.

IV. Primeras reformas de la monarquía

1. ROBOÁN Y LA REAGRUPACIÓN DE LOS LEVITAS

El cisma.
‖1 R **12** 1-19.

10 1 Roboán fue a Siquén, porque
todo Israel había ido a Siquén
con objeto de proclamarlo rey. 2 Cuando se enteró Jeroboán, hijo de Nebat
—que estaba todavía en Egipto, adonde
había huido del rey Salomón para establecerse allí—, 3 después que enviaron a
llamarlo, llegó Jeroboán con todo Israel,
y hablaron a Roboán diciendo: 4 «Tu
padre hizo pesado nuestro yugo: aligera
tú ahora la dura servidumbre de tu
padre y el pesado yugo que cargó sobre
nosotros y te serviremos.» 5 Él les dijo:
«Vuelvan a mí de aquí a tres días.» El
pueblo se fue.
6 El rey Roboán se aconsejó de los
ancianos que habían servido a su padre
Salomón en vida de éste: «¿Cómo me
aconsejan que dé respuesta a este pueblo?» 7 Le dijeron: «Si eres bueno con
este pueblo y les sirves y les ofreces buenas palabras, ellos serán tus siervos por
siempre.» 8 Pero él ignoró el consejo
que los ancianos le ofrecían y buscó
consejo entre los jóvenes que se habían
criado con él y estaban a su servicio.
9 Les dijo: «¿Qué me aconsejan que responda a este pueblo que me ha hablado
diciendo: ‘Aligera el yugo que tu padre
puso sobre nosotros?’»
10 Los jóvenes que se habían criado
con él le respondieron: «Esto debes
contestar al pueblo que te ha dicho: ‘Tu
padre hizo pesado nuestro yugo, ahora
tú aligera nuestro yugo’. Esto debes contestar: ‘Mi dedo meñique es más grueso
que los lomos de mi padre. 11 Mi padre
les impuso un yugo pesado, yo añadiré
peso a su yugo; mi padre los azotaba
con látigos, yo los azotaré con escorpiones.’»
12 Al día tercero, Jeroboán y todo el
pueblo vinieron a Roboán, como había

dicho el rey: «Vuelvan a mí al tercer día».
13 El rey respondió al pueblo con dureza, ignorando el consejo que los ancianos le habían dado, 14 y les habló según
el consejo de los jóvenes: «Mi padre hizo
pesado el yugo de ustedes, yo añadiré
peso a su yugo. Mi padre los azotaba
con látigos, yo los azotaré con escorpiones.» 15 —No escuchó el rey al pueblo,
pues se trataba de algo dispuesto por
Dios, para que se cumpliera la palabra
que Yahvé había anunciado a Jeroboán, hijo de Nebat, por medio de Ajías
de Siló—. 16 Viendo todo Israel que el
rey no lo escuchaba, el pueblo devolvió
la palabra al rey diciendo:

«No tenemos parte con David.
No tenemos herencia en el hijo de
Jesé.
¡A tus tiendas, Israel!
Mira ahora por tu casa, David.»
Y todo Israel se fue a sus tiendas.

17 Roboán reinó sobre aquellos israelitas que habitaban en las ciudades de
Judá. 18 El rey Roboán envió entonces
a Adonirán, jefe del personal, pero todo
Israel lo apedreó hasta matarlo, y el rey
Roboán se apresuró a subir a su carro
para huir a Jerusalén. 19 Israel se rebeló
contra la casa de David hasta el día de
hoy.

Reinado de Roboán.
‖1 R **12** 21-24.

11 1 Al llegar a Jerusalén, Roboán
reunió a la casa de Judá y Benjamín, 180.000 jóvenes dispuestos para la guerra, con objeto de combatir contra Israel y devolver el reino a Roboán.
2 Pero la palabra de Yahvé se dirigió a
Semaías, hombre de Dios, diciendo:
3 «Habla a Roboán, hijo de Salomón, rey
de Judá, y a todo Israel que está en Judá
y Benjamín, y diles: 4 Así habla Yahvé:
'No suban a combatir con sus hermanos;
que cada uno se vuelva a su casa, porque
esto es cosa mía'.» Ellos escucharon la
palabra de Yahvé y desistieron de marchar contra Jeroboán.
5 Roboán habitó en Jerusalén y edificó ciudades fortificadas en Judá. 6 Fortificó Belén, Etán, Técoa, 7 Bet Sur,
Socó, Adulán, 8 Gat, Maresá, Zif, 9 Ado-
ráin, Laquis, Azecá, 10 Sorá, Ayalón y
Hebrón, ciudades fortificadas de Judá y
Benjamín. 11 Reforzó las fortificaciones y
puso en ellas comandantes y provisiones
de víveres, de aceite y vino. 12 En todas
estas ciudades había escudos y lanzas, y
las hizo sumamente fuertes. Estaban por
él Judá y Benjamín.

Los sacerdotes y levitas partidarios de Roboán*.

13 Los sacerdotes y levitas de todo
Israel se pasaron a él desde todos sus territorios; 14 pues los levitas abandonaron
sus ejidos y sus posesiones y se fueron a
Judá y a Jerusalén, porque Jeroboán y
sus hijos les habían prohibido el ejercicio
del sacerdocio de Yahvé, 15 y Jeroboán
nombró sus propios sacerdotes para los
altos, los sátiros* y los becerros que había
hecho. 16 Tras ellos vinieron a Jerusalén,
para ofrecer sacrificios a Yahvé, el Dios
de sus padres, aquellos de entre todas
las tribus de Israel que tenían puesto
su corazón en buscar a Yahvé, el Dios
de Israel; 17 y fortalecieron el reino de
Judá y consolidaron a Roboán, hijo de
Salomón, por tres años. Pues tres años
siguió el camino de David y de Salomón.

La familia de Roboán*.
1 R **11** 1-13.

18 Roboán tomó por mujer a Majalat,
hija de Yerimot, hijo de David y de Abihail, hija de Eliab, hijo de Jesé. 19 Ésta
le dio los hijos Yeús, Semarías y Zahán.
20 Después de ésta tomó a Maacá, hija

11 13 El cisma habría provocado una afluencia de levitas y de israelitas fieles hacia la Ciudad santa. Ver Jos **21**; 1 Cro **6**. Una emigración de este género se produjo dos siglos más tarde, después de la caída de Samaría.

11 15 Ver Lv **16** 8+.

11 18 Como lo hacía 1 R **11** con Salomón, el Cronista hace depender los descalabros de Roboán de sus pecados. Ver 1 R **14** 22; Ez **14** 12+.

de Absalón, la cual le dio a Abías, Atay,
Zizá y Selomit. 21 Roboán amaba a Maacá, hija de Absalón, más que a todas sus
mujeres y concubinas, pues tuvo dieciocho mujeres y sesenta concubinas; y
engendró veintiocho hijos y sesenta hijas.
22 Roboán puso a la cabeza a Abías, hijo
de Maacá, como príncipe de sus hermanos, porque quería hacerlo rey. 23 Repartió hábilmente a todos sus hijos por toda
la tierra de Judá y de Benjamín, en todas
las ciudades fortificadas, les dio alimentos
en abundancia y les buscó mujeres.

Infidelidad de Roboán.

12 1 Tras haber consolidado y afianzado el reino, Roboán abando-
nó la Ley de Yahvé y con él todo Israel.
2 Y sucedió que el año quinto del rey
Roboán subió Sosac, rey de Egipto, contra
Jerusalén, —pues no era fiel a Yahvé—
3 con 1.200 carros y 60.000 caballos;
no se podía contar la gente que venía con
él de Egipto: libios, suquíes y etíopes.
4 Tomó las ciudades fortificadas de Judá
y llegó hasta Jerusalén. 5 El profeta Semaías vino a Roboán y a los jefes de Judá
que se habían reunido en Jerusalén para
hacer frente a Sosac, y les dijo: «Así dice
Yahvé: Ustedes me han abandonado, y
por esto también yo los abandono en
manos de Sosac.» 6 Entonces los jefes
de Israel y el rey se humillaron y dijeron:
«¡Justo es Yahvé!» 7 Cuando Yahvé vio
que se habían humillado, la palabra de
Yahvé se dirigió a Semaías, diciendo: «Ya
que se han humillado, no los destruiré,
sino que dentro de poco les daré la salvación y no se derramará mi cólera sobre Jerusalén por mano de Sosac. 8 Pero
serán sus siervos, para que sepan lo que
es mi servidumbre y la servidumbre de
los reinos de las naciones.»
‖1 R **14** 26-28.
9 Subió, pues, Sosac, rey de Egipto,
contra Jerusalén y se apoderó de los
tesoros del templo de Yahvé y de los
tesoros del palacio real. Se apoderó de
todo, incluso de todos los escudos de
oro que había hecho Salomón, 10 por
lo que el rey Roboán hizo en su lugar
escudos de bronce, que confió a los jefes
de la guardia que custodiaban la entrada
del palacio real. 11 Cuando el rey entraba
en el templo de Yahvé, los guardias los
portaban, y después los devolvían a la
sala de la guardia.
12 Gracias a su humillación se apartó
de él la ira de Yahvé y no lo destruyó del
todo; y concedió algunas cosas buenas
a Judá. 13 Se afianzó, pues, el rey Roboán en Jerusalén, y reinó.
‖1 R **14** 21.
Roboán tenía cuarenta y un años
cuando comenzó a reinar y reinó diecisiete años en Jerusalén, la ciudad que
había elegido Yahvé entre todas las tribus de Israel para poner allí su Nombre.
Su madre se llamaba Naamá, y era
amonita. 14 Hizo lo que era malo, porque no había dispuesto su corazón para
buscar a Yahvé.
‖1 R **14** 29-31.
15 El resto de los hechos de Roboán,
de los primeros a los postreros, ¿no está
escrito en la historia del profeta Semaías
y del vidente Idó? Hubo guerras incesantes entre Roboán y Jeroboán. 16 Roboán
reposó con sus antepasados y fue enterrado en la ciudad de David. Abías, su
hijo, reinó en su lugar.

2. ABÍAS Y LA FIDELIDAD AL SACERDOCIO LEGÍTIMO

La guerra entre Abías y Jeroboán.
‖1 R **15** 1-2.7.

13 1 El año dieciocho del rey Jeroboán comenzó a reinar Abías sobre Judá. 2 Reinó tres años en Jerusalén.
Su madre se llamaba Micaía, hija de Uriel,
de Guibeá. Hubo guerra entre Abías y Jeroboán. 3 Abías partió al combate con un
ejército de valientes guerreros: cuatrocientos mil hombres escogidos; Jeroboán se
ordenó en batalla contra él con ochocientos mil guerreros escogidos y valerosos.

El discurso de Abías*.

[4] Abías se levantó en el monte Semaráin, que está en la montaña de Efraín, y dijo: «¡Óiganme, Jeroboán y todo Israel!
[5] ¿Acaso no saben que Yahvé, el Dios de Israel, dio el reino de Israel para siempre a David, a él y a sus hijos, con pacto de sal? [6] Pero Jeroboán, hijo de Nebat, siervo de Salomón, hijo de David, se alzó en rebeldía contra su señor. [7] Se le unieron algunos hombres fatuos y malvados que se impusieron a Roboán, hijo de Salomón, pues Roboán era joven y débil de corazón y no podía resistirles.
[8] ¿Y ahora tratan ustedes de poner resistencia al reino de Yahvé, que está en manos de los hijos de David, porque ustedes son una gran muchedumbre? Pero tienen los becerros de oro que Jeroboán les puso por dioses. [9] ¿No han expulsado a los sacerdotes de Yahvé, los hijos de Aarón y los levitas? ¿No se han hecho sacerdotes a la manera de los pueblos de los demás países? Cualquiera que viene con un novillo y siete carneros y pide ser consagrado, es hecho sacerdote de los que no son dioses. [10] Cuanto a nosotros, Yahvé es nuestro Dios y no lo hemos abandonado; los sacerdotes que sirven a Yahvé son los hijos de Aarón, igual que los levitas en su ministerio. [11] Cada mañana y cada tarde quemamos holocaustos a Yahvé, y tenemos el incienso aromático; las filas de pan están sobre la mesa pura, y el candelabro de oro con sus lámparas para ser encendidas cada tarde, pues nosotros guardamos el ritual de Yahvé nuestro Dios, en tanto que ustedes lo han abandonado. [12] He aquí que con nosotros, a nuestra cabeza, está Dios con sus sacerdotes y las trompetas del clamor, para lanzar el grito de guerra contra ustedes. Israelitas, no hagan la guerra contra Yahvé, el Dios de sus padres, porque nada conseguirán.»

La batalla.

[13] Entre tanto, Jeroboán había hecho dar un rodeo para poner una emboscada y atacarlos por detrás, de manera que él estaba frente a Judá y la emboscada a espaldas de éstos. [14] Al volver Judá la cabeza, vio que se presentaba combate de frente y por detrás. Entonces clamaron a Yahvé y, mientras los sacerdotes tocaban las trompetas, [15] los hombres de Judá lanzaron el grito de guerra; y al lanzar el grito de guerra los hombres de Judá, desbarató Dios a Jeroboán y a todo Israel delante de Abías y de Judá. [16] Huyeron los israelitas delante de Judá, y Dios los entregó en sus manos. [17] Abías y su tropa les causaron una gran derrota; cayeron quinientos mil hombres escogidos de Israel. [18] Quedaron entonces humillados los israelitas y prevalecieron los hijos de Judá por haberse apoyado en Yahvé, el Dios de sus padres.

Fin del reinado.

[19] Abías persiguió a Jeroboán y le tomó las ciudades de Betel con sus aldeas, Yesaná con sus aldeas y Efrón con sus aldeas*. [20] Jeroboán ya no tuvo fuerza en los días de Abías, pues Yahvé lo hirió y murió. [21] Pero Abías se fortaleció; tomó catorce mujeres y engendró veintidós hijos y dieciséis hijas. [22] El resto de los hechos de Abías, sus hechos y sus acciones, están escritos en el midrás del profeta Idó. [23] Abías reposó con sus antepasados y fue enterrado en la ciudad de David. Asá, su hijo, reinó en su lugar.

En su tiempo el país estuvo en paz durante diez años.

13 4 Ejemplo de predicación levítica de la época del Cronista: Habla desde lo alto de una montaña, ver Jc **9** 7; Jos **18** 22; se sirve de acontecimientos del pasado para deducir la enseñanza de la legitimidad de Judá y la superioridad del culto de Jerusalén: un único rey, un único y verdadero Dios, un único sacerdocio y un único culto.

13 19 Esta conquista no fue más que un episodio de los incesantes conflictos fronterizos entre Judá e Israel.

3. ASÁ Y SUS REFORMAS CULTUALES

Piedad y prosperidad de Asá.

‖1 R **15** 11-12.

14 1 Asá hizo lo que era bueno y
recto a los ojos de Yahvé su
Dios. 2 Suprimió los altares del culto
extranjero y los altos; rompió las estelas,
abatió los troncos sagrados*, 3 y mandó
a Judá que buscara a Yahvé, el Dios
de sus padres, y cumpliera la ley y los
mandamientos. 4 Hizo desaparecer de
todas las ciudades de Judá los altos y los
altares de incienso; y el reino estuvo en
paz bajo su reinado. 5 Edificó ciudades
fuertes en Judá, porque el país estaba
en paz, y no hubo guerra contra él por
aquellos años; pues Yahvé le había dado
tranquilidad.
6 Dijo a Judá: «Edifiquemos estas ciudades, y cerquémoslas de murallas, torres, puertas y barras, mientras el país
esté a nuestra disposición; pues hemos
buscado a Yahvé, nuestro Dios, y por
haberlo buscado, él nos ha dado paz
por todas partes.»
Edificaron, pues, y prosperaron. 7 Asá
tenía un ejército de trescientos mil hombres de Judá, que llevaban escudo y lanza,
y doscientos ochenta mil de Benjamín,
que llevaban escudo y eran arqueros;
todos ellos esforzados guerreros.

La invasión de Zéraj*.

8 Salió contra ellos Zéraj el etíope,
con un ejército de un millón de hombres
y trescientos carros, y llegó hasta Maresá. 9 Salió Asá contra él y se pusieron en
orden de batalla en el valle de Sefatá,
junto a Maresá. 10 Asá invocó a Yahvé
su Dios, y dijo: «¡Oh Yahvé, sólo tú
puedes ayudar entre el poderoso y el
desvalido! ¡Ayúdanos, pues, Yahvé, Dios
nuestro, porque en ti nos apoyamos y
en tu nombre marchamos contra esta
inmensa muchedumbre! ¡Yahvé, tú eres
nuestro Dios! ¡No prevalezca contra ti
hombre alguno!»
11 Yahvé derrotó a los etíopes ante
Asá y Judá; y los etíopes se pusieron en
fuga. 12 Asá y la gente que con él estaba
los persiguieron hasta Guerar; y cayeron de los etíopes hasta no quedar uno
vivo, pues fueron destrozados delante
de Yahvé y su campamento; y se recogió un botín inmenso. 13 Batieron todas
las ciudades de los alrededores de Guerar, porque el terror de Yahvé cayó sobre
ellas; y saquearon todas las ciudades,
pues había en ellas gran botín. 14 Asimismo atacaron las majadas y capturaron
gran cantidad de ovejas y camellos. Después se volvieron a Jerusalén.

La profecía de Azarías y la reforma religiosa*.

15 1 Vino entonces el espíritu de
Dios sobre Azarías, hijo de
Oded, 2 el cual salió al encuentro de
Asá y le dijo: «¡Óiganme ustedes, Asá y
todo Judá y Benjamín! Yahvé estará con
ustedes mientras ustedes estén con él;
si lo buscan, se dejará hallar de ustedes;
pero si lo abandonan, los abandonará.
3 Durante mucho tiempo Israel estará sin
verdadero Dios, sin sacerdote que enseñe y sin ley. 4 Mas cuando en su angustia
se vuelva a Yahvé, el Dios de Israel, y lo
busque, él se dejará hallar de ellos. 5 En
aquellos tiempos no habrá paz para los
hombres, sino grandes terrores sobre
todos los habitantes de los países. 6 Cho-
carán pueblo contra pueblo y ciudad
contra ciudad, porque Dios los conturbará
con toda suerte de aflicciones. 7 ¡Uste-

14 2 Ver Ex **23** 24+; **34** 13+; 1 S **9** 12+. Medidas análogas a la reforma de Josías, 2 R **22-23.**

14 8 Zéraj no es conocido por otros textos. Parece que se trata de una incursión de los nómadas del Negueb.

15 El tema de la reforma, **14** 1-4, es repetido por un profeta. Ver Os **3** 4-5; Dt **4** 29-30. El relato se inspira en la reforma de Ezequías, 2 Cro **29-31**, ver Jr **26** 18-19, y sobre todo en la de Josías, 2 Cro **34-35**: supresión de los ídolos y de los altos en todo el país, trabajos en el Templo, predicación profética, renovación de la alianza y sacrificios solemnes.

des, pues, esfuércense, y que no se debi-
liten sus manos! Porque sus obras tendrán
recompensa.»
[8] Al oír Asá estas palabras y esta profecía cobró ánimo e hizo desaparecer los
monstruos abominables de todo el país
de Judá y Benjamín y de las ciudades
que había conquistado en la montaña de
Efraín, y restauró el altar de Yahvé, que
estaba delante del vestíbulo de Yahvé*.
[9] Congregó a todo Judá y Benjamín, y
a los de Efraín, Manasés y Simeón que
habitaban entre ellos; pues se habían
pasado a él muchos de los israelitas,
al ver que Yahvé, su Dios, estaba con
él. [10] Se reunieron en Jerusalén en el
mes tercero del año quince del reinado
de Asá. [11] Aquel día ofrecieron a Yahvé
sacrificios del botín que habían traído:
setecientos bueyes y siete mil ovejas.
[12] Y se obligaron con un pacto a buscar
a Yahvé, el Dios de sus padres, con todo
su corazón y con toda su alma; [13] y que
todo aquel que no buscara a Yahvé, el
Dios de Israel, moriría, desde el pequeño hasta el grande, hombre o mujer.
[14] Juraron, pues, a Yahvé en alta voz,
con gritos de júbilo y al son de las trompetas y cuernos. [15] Y todo Judá se alegró
con motivo del juramento, porque de todo corazón había prestado el juramento,
y con plena voluntad había buscado a
Yahvé. Por eso él se dejó hallar de ellos;
y les dio paz por todas partes.

Otras actividades de Asá.

‖1 R **15** 13-15.

[16] El rey Asá llegó a retirar a su madre
Maacá la función de Gran Dama por
haber hecho un objeto abominable para
Aserá. Asá abatió este objeto abominable, lo hizo pedazos y lo quemó en el torrente Cedrón. [17] Pero no abolieron los
santuarios de los altos de en medio de
Israel, aun cuando el corazón de Asá fue
perfecto todos sus días. [18] Introdujo en
el templo de Yahvé las ofrendas consagradas por su padre y las suyas propias:
plata, oro y utensilios. [19] No hubo guerra
hasta el año treinta y cinco del reinado
de Asá.

Guerra contra Basá.

‖1 R **15** 16-22.

16 [1] El año treinta y seis del reinado de Asá, Basá, rey de Israel,
subió contra Judá y fortificó Ramá, para
impedir las idas y venidas de Asá, rey de
Judá. [2] Entonces Asá tomó plata y oro
de los tesoros del templo de Yahvé y del
palacio real, y envió mensajeros a Ben
Hadad, rey de Aram, que habitaba en
Damasco, con el mensaje: [3] «Existe una
alianza entre tú y yo, entre mi padre y tu
padre. Te envío plata y oro. Ve, rompe
tu alianza con Basá, rey de Israel, para
que se aleje de mí.» [4] Ben Hadad atendió
la petición del rey Asá y envió a los jefes de su ejército contra las ciudades de
Israel; conquistó Iyón, Dan, Abel Mayin
y todos los depósitos de las ciudades
situadas en Neftalí. [5] Cuando se enteró
Basá, suspendió las obras de Ramá e
interrumpió los trabajos. [6] Entonces el
rey Asá tomó a todo Judá y se llevaron
de Ramá las piedras y maderas que Basá
había empleado para la construcción; y
con ellas fortificó Gueba y Mispá.
[7] En aquel tiempo el vidente Janani
fue donde Asá, rey de Judá, y le dijo*:
«Por haberte apoyado en el rey de Aram,
y no haberte apoyado en Yahvé, tu Dios,
por eso se ha escapado de tu mano el
ejército del rey de Aram. [8] ¿No eran
un ejército numeroso los etíopes y los
libios, con carros y una muchedumbre
de hombres de carro? Y, sin embargo,
por haber puesto tu confianza en Yahvé,
él los entregó en tu mano. [9] Porque los
ojos de Yahvé recorren toda la tierra,
para fortalecer a los que tienen corazón
entero para con él. Has procedido neciamente en esto, y por eso de aquí en
adelante tendrás guerras.» [10] Se irritó
entonces Asá contra el vidente y lo metió en la cárcel, pues estaba enojado con

15 8 Esta restauración fue la obra de Ezequías, 2 R **16** 11.14.

16 7 Los mismos reproches de Isaías a
Ajaz, Is **7** 13ss.

él por este asunto. En esa época también maltrató Asá a varios del pueblo.

Fin del reinado.

‖1 R **15** 23-24.

11 Éstos son los hechos de Asá, los primeros y los postreros; están escritos en el libro de los reyes de Judá y de Israel. 12 El año treinta y nueve de su reinado enfermó Asá de los pies, pero tampoco en su enfermedad buscó a Yahvé, sino a los médicos*. 13 Asá reposó con sus antepasados. Murió el año cuarenta y uno de su reinado, 14 y lo sepultaron en el sepulcro que se había hecho en la Ciudad de David. Lo pusieron sobre un lecho lleno de bálsamo, de aromas y de ungüentos preparados según el arte de los perfumistas; y le encendieron una hoguera enorme*.

4. JOSAFAT Y LA ADMINISTRACIÓN

Poderío de Josafat*.

17 1 Reinó tras él su hijo Josafat, que se fortificó contra Israel. 2 Puso guarniciones en todas las ciudades fortificadas de Judá y estableció gobernadores en el país de Judá y en las ciudades de Efraín, que Asá su padre había conquistado.

Sus desvelos por la Ley.

3 Estuvo Yahvé con Josafat, porque anduvo por los caminos que había seguido anteriormente su padre David y no buscó a los Baales, 4 sino que buscó al Dios de sus padres andando en sus mandamientos, sin imitar los hechos de Israel. 5 Yahvé consolidó el reino en su mano; y todo Judá traía presentes a Josafat, que adquirió grandes riquezas y honores. 6 Su corazón cobró ánimo en los caminos de Yahvé, hasta hacer desaparecer de Judá los santuarios de los altos y los troncos sagrados.

7 El año tercero de su reinado envió a sus oficiales Ben Jáyil, Abdías, Zacarías, Natanael y Miqueas para que enseñaran en las ciudades de Judá, 8 y con ellos a los levitas Semaías, Natanías, Zebadías, Asael, Semiramot, Jonatán, Adonías, Tobías, y con estos levitas a los sacerdotes Elisamá y Jorán, 9 los cuales enseñaron en Judá, llevando consigo el libro de la Ley de Yahvé. Recorrieron todas las ciudades de Judá, enseñando al pueblo. 10 El terror de Yahvé se apoderó de todos los reinos de los países que rodeaban a Judá, de manera que no hicieron guerra contra Josafat. 11 Los filisteos trajeron a Josafat presentes y plata como tributo. También los árabes le trajeron ganado menor: siete mil setecientos carneros y siete mil setecientos machos cabríos. 12 Así Josafat iba engrandeciéndose cada vez más, hasta lo sumo, y edificó en Judá castillos y ciudades de aprovisionamiento.

El ejército.

13 Llevó a cabo muchas obras en las ciudades de Judá, y tuvo una guarnición de guerreros escogidos en Jerusalén. 14 Ésta es la lista, por sus casas paternas: De Judá, jefes de millar: Adná, el jefe, y con él 300.000 hombres esforzados. 15 A su lado el jefe Juan, y con él 280.000. 16 A su lado Amasías, hijo de Zicrí, que se había consagrado espontáneamente a Yahvé, y bajo su mando 200.000 hombres esforzados.

17 De Benjamín: Elyadá, hombre valeroso, y con él, 200.000 armados de arco y escudo. 18 A su lado Jozabad, y con él, 180.000 equipados para la guerra.

16 12 La medicina estaba frecuentemente contaminada por la magia y, sobre todo, Asá se ha dirigido a los médicos para librarse de un castigo de Dios.

16 14 No es una incineración, sino una combustión de aromas, rito funeral para los reyes muertos en paz con Dios, ver Jr 34 5.

17 Josafat es el tipo de rey que gobierna bien. Con Ezequías y Josías, es uno de los favoritos del Cronista.

19 Éstos eran los que servían al rey, sin contar los que el rey había puesto en las ciudades fortificadas por todo Judá.

Alianza con Ajab e intervención de los profetas*.

‖1 R **22** 1-35.

18 1 Josafat tuvo grandes riquezas y honores; emparentó con Ajab, 2 y al cabo de algunos años bajó a visitarlo a Samaría. Ajab sacrificó gran número de ovejas y de bueyes para él y la gente que lo acompañaba; y lo incitó a que subiera con él contra Ramot de Galaad. 3 Dijo Ajab, rey de Israel, a Josafat, rey de Judá: «¿Vas a venir conmigo a Ramot de Galaad?» Le contestó: «Yo haré como tú, mi pueblo como tu pueblo, mis caballos como tus caballos. Contigo estaremos en la batalla.»

4 Josafat dijo al rey de Israel: «Consulta en este día la palabra de Yahvé.» 5 El rey de Israel reunió a los profetas, unos cuatrocientos hombres, y les dijo: «¿He de ir a guerrear contra Ramot de Galaad o debo desistir?» Le respondieron: «Sube, porque Dios la entregará en manos del rey.» 6 Pero Josafat dijo: «¿No hay aquí todavía otro profeta de Yahvé al que consultar?» 7 Dijo el rey de Israel a Josafat: «Hay todavía un hombre para consultar a Yahvé por su medio, pero yo lo odio, pues no me profetiza el bien, sino el mal. Es Miqueas, hijo de Yimlá.» Dijo Josafat: «No hable el rey de esta manera.» 8 Llamó el rey de Israel a un eunuco y le dijo: «Trae enseguida a Miqueas, hijo de Yimlá.»

9 El rey de Israel y Josafat, rey de Judá, estaban sentados en sus tronos, vestidos con sus galas, en la era que se encuentra a la entrada de la puerta de Samaría, mientras todos los profetas estaban en trance ante ellos. 10 Sedecías, hijo de Quenaaná, se había hecho unos cuernos de hierro, y decía: «Así dice Yahvé: Con éstos herirás a Aram hasta acabar con ellos.» 11 Todos los profetas profetizaban del mismo modo diciendo: «¡Sube contra Ramot de Galaad! Tendrás éxito. Yahvé la entregará en manos del rey.»

12 El mensajero que había ido a llamar a Miqueas le habló diciendo: «Los oráculos de los profetas a una voz son favorables al rey. Que tu oráculo sea como el de cualquiera de ellos y sea favorable lo que anuncies.» 13 Respondió Miqueas: «¡Vive Yahvé, que lo que mi Dios me diga, eso anunciaré!» 14 Cuando llegó ante el rey, éste le preguntó: «Miqueas, ¿hemos de marchar en guerra contra Ramot de Galaad o debemos desistir?» Le respondió: «Sube, tendrás éxito. Yahvé la entregará en manos del rey.» 15 Pero el rey le dijo: «¿Cuántas veces he de hacerte jurar que no me digas sino sólo la verdad en nombre de Yahvé?» 16 Entonces él dijo:

«He visto a todo Israel en desbandada por los montes,
como rebaño sin pastor.
Yahvé ha dicho: 'No tienen señor.
Vuelva cada cual en paz a su casa'.»

17 El rey de Israel dijo a Josafat: «¿No te dije que nunca me profetiza el bien, sino el mal?»

18 Miqueas dijo:

«Por todo ello, escuchen la palabra de Yahvé. He visto a Yahvé sentado en su trono, con todo el ejército de los cielos a su lado, a derecha e izquierda. 19 Preguntó Yahvé: '¿Quién engañará a Ajab, rey de Israel, para que suba y caiga en Ramot de Galaad?' Entonces unos decían una cosa y otros otra. 20 Entonces se adelantó el Espíritu, se puso ante Yahvé y dijo: 'Yo lo engañaré.' Le preguntó Yahvé: '¿De qué modo?' 21 Respondió: 'Iré y me haré espíritu de mentira en la boca de todos sus profetas.' Y

18 El Cronista no se ocupa del reino del Norte. Sin embargo aquí reproduce unos datos propios del Norte. Lo hace porque el hijo de Josafat, *Jorán*, se había casado con Atalía, hermana de Ajab (de Israel), 2 R **8** 18, y por tanto Josafat estaba implicado en la historia del Norte; además, porque interviene un verdadero profeta de Yahvé, Miqueas, que se opone a los falsos profetas a sueldo de Ajab.

Yahvé dijo: 'Lo engañarás y vencerás. Ve y haz lo que dices'. 22 Así, pues, Yahvé ha puesto un espíritu de mentira en la boca de todos estos profetas tuyos, porque Yahvé ha predicho el mal contra ti.»

23 Entonces Sedecías, hijo de Quenaaná, se acercó y dio una bofetada a Miqueas en la mejilla, diciendo: «¿Por qué camino se ha ido de mí el espíritu de Yahvé para hablar contigo?» 24 Miqueas replicó: «Tú mismo lo verás en el día aquel, cuando trates de esconderte en la habitación más oculta.» 25 El rey de Israel sentenció: «Prendan a Miqueas y entréguenselo a Amón, gobernador de la ciudad, y a Joás, hijo del rey; 26 y les dirán: 'Así habla el rey: Metan a éste en la cárcel y aliméntenlo a pan y agua hasta que yo vuelva victorioso.'» 27 Miqueas replicó: «Si vuelves sano, es que no ha hablado Yahvé por mí.»

El combate. Intervención de un profeta.

28 El rey de Israel y Josafat, rey de Judá, subieron contra Ramot de Galaad. 29 El rey de Israel dijo a Josafat: «Yo voy a disfrazarme para entrar en combate. Pero tú ponte tus vestiduras.» El rey de Israel se disfrazó, y así entraron en combate. 30 Ahora bien, el rey de Aram había ordenado a los jefes de sus carros: «No ataquen ni a chicos ni a grandes, sino tan sólo al rey de Israel.» 31 Cuando los jefes de los carros vieron a Josafat, dijeron: «Seguro que éste es el rey de Israel», y lo rodearon para cargar sobre él. Pero Josafat dio el grito y Yahvé lo socorrió, alejándolos Dios de él. 32 Viendo los jefes de los carros que no era el rey de Israel, dieron vuelta en su persecución.

33 Entonces un hombre disparó su arco al azar e hirió al rey de Israel por entre las placas de la coraza; el rey dijo al auriga: «Da vuelta a los caballos y sácame de la batalla, porque me siento mal.» 34 Aquel día el combate se prolongó y el rey de Israel tuvo que ser sostenido en pie en su carro frente a los arameos hasta la tarde; y a la caída del sol murió.

19 1 Cuando Josafat, rey de Judá, regresaba en paz a su casa, a Jerusalén, 2 le salió al encuentro Jehú*, hijo de Jananí, el vidente, y le dijo al rey Josafat: «¿Con que tú ayudas al malo y amas a los que aborrecen a Yahvé? Por esto ha caído sobre ti la cólera de Yahvé. 3 Sin embargo, han sido halladas en ti obras buenas, porque has quitado de esta tierra los troncos sagrados, y has dispuesto tu corazón para buscar a Dios.»

Reformas judiciales*.

4 Residía Josafat en Jerusalén, pero volvió a visitar al pueblo desde Berseba hasta la montaña de Efraín; y los convirtió a Yahvé, el Dios de sus padres. 5 Estableció jueces en el país, en todas las ciudades fortificadas de Judá, de ciudad en ciudad; 6 y dijo a los jueces: «Miren lo que hacen; porque ustedes no juzgan en nombre de los hombres, sino en nombre de Yahvé, que está con ustedes cuando administran justicia. 7 ¡Que esté sobre ustedes el temor de Yahvé! Atiendan bien a lo que hacen, porque en Yahvé nuestro Dios no hay iniquidad ni acepción de personas ni soborno.»

8 También en Jerusalén estableció Josafat levitas, sacerdotes y cabezas de familia de Israel, para la administración de la justicia de Yahvé y para los litigios. Éstos habitaban en Jerusalén. 9 Les dio esta orden: «Obrarán en todo en el temor de Yahvé, con fidelidad y con corazón perfecto. 10 En todo pleito que venga a ustedes de parte de sus hermanos que habitan en sus ciudades, sean causas de sangre o cuestiones de la Ley, de los mandamientos, decretos y sentencias, han de esclarecerlos, a fin de que no se hagan culpables para con Yahvé y

19 2 El profeta *Jehú* es desconocido para 1 R **22**.

19 4 Josafat instituye una jurisdicción central, intermediaria entre el rey y la jurisdicción local. Ver Ex **18** 13; Dt **16** 18-20; **17** 8-13. Esta medida es una reforma religiosa, vv. 6-8.10-11.

se encienda su ira contra ustedes y contra sus hermanos. Obrando así, no se
harán culpables.
11 «Amarías, sumo sacerdote, será su
jefe en todos las asuntos de Yahvé; y Zebadías, hijo de Ismael, jefe de la casa de
Judá, en todos los asuntos del rey. Los
levitas les servirán de escribas. ¡Esfuércense, y manos a la obra! Y esté Yahvé
con quien sea bueno.»

La guerra santa edomita*.

20 1 Después de esto, los moabitas
y amonitas, y con ellos algunos
maonitas, marcharon contra Josafat para atacarlo. 2 Vinieron mensajeros que
avisaron a Josafat diciendo: «Viene contra ti una gran muchedumbre de gentes
de allende el mar, de Edom, que están ya
en Jasasón Tamar, o sea, Engadí.»
3 Tuvo miedo Josafat y se dispuso a
buscar a Yahvé, promulgando un ayuno
para todo Judá. 4 Se congregó Judá
para implorar a Yahvé, y también de
todas las ciudades de Judá vino gente
a suplicar a Yahvé. 5 Entonces Josafat,
puesto en pie en medio de la asamblea
de Judá y de Jerusalén, en el templo de
Yahvé, delante del atrio nuevo, 6 dijo:
«Yahvé, Dios de nuestros padres, ¿no
eres tú Dios en el cielo, y no dominas tú
en todos los reinos de las naciones? ¿No
está en tu mano el poder y la fortaleza,
sin que nadie pueda resistirte? 7 ¿No
has sido tú, oh Dios nuestro, el que
expulsaste a los habitantes de esta tierra
delante de tu pueblo Israel, y la diste a
la posteridad de tu amigo Abrahán para
siempre? 8 Ellos la han habitado, y han
edificado un santuario a tu Nombre, diciendo: 9 'Si viene sobre nosotros algún
mal, espada, castigo, peste o hambre,
nos presentaremos delante de este templo, y delante de ti, porque tu Nombre
reside en este templo; clamaremos a
ti en nuestra angustia, y tú oirás y nos
salvarás.'
10 «Pero mira ahora cómo los amonitas y moabitas y los del monte Seír, a
donde no dejaste entrar a Israel cuando
salía de la tierra de Egipto, de modo que
Israel se apartó de ellos sin destruirlos,
11 ahora nos pagan viniendo a echarnos
de la heredad que tú nos has legado.
12 Oh Dios nuestro, ¿no harás tú justicia
con ellos? Pues nosotros no tenemos
fuerza contra esta gran multitud que
viene contra nosotros y no sabemos qué
hacer. Pero nuestros ojos se vuelven
hacia ti.»
13 Todo Judá estaba en pie ante Yahvé con sus niños, sus mujeres y sus
hijos. 14 Vino el espíritu de Yahvé sobre
Yajaziel*, hijo de Zacarías, hijo de Benaías, hijo de Yeiel, hijo de Matanías, levita, de los hijos de Asaf, que estaba en
medio de la asamblea, 15 y dijo: «¡Atiendan ustedes, Judá entero y habitantes de
Jerusalén, y tú, oh rey Josafat! Así les
dice Yahvé: No teman ni se asusten ante esa gran muchedumbre; porque esta
guerra no es de ustedes, sino de Dios.
16 Bajen contra ellos mañana; miren,
ellos van a subir por la cuesta de Sis. Los
encontrarán en el valle de Sof, junto al
desierto de Yeruel. 17 No tendrán que
pelear en esta ocasión. Apóstense y
quédense quietos, y verán la salvación
de Yahvé que vendrá sobre ustedes,
oh Judá y Jerusalén. ¡No teman ni se
asusten! Salgan mañana al encuentro de
ellos, pues Yahvé estará con ustedes.»
18 Josafat se inclinó rostro en tierra; y
todo Judá y los habitantes de Jerusalén
se postraron ante Yahvé para adorar a
Yahvé. 19 Y los levitas, de los hijos de
los queatitas y de la estirpe de los coreítas, se levantaron para alabar con gran
clamor a Yahvé, el Dios de Israel.
20 Al día siguiente se levantaron temprano y salieron al desierto de Técoa.
Mientras iban saliendo, Josafat, puesto
en pie, dijo: «¡Óiganme, Judá y habitantes de Jerusalén! Tengan confianza en
Yahvé su Dios y estarán seguros*; tengan

20 Parece que se trata de una incursión procedente del Este y del Sur, ver **14** 8-14. Numerosas reminiscencias del Dt.

20 14 *Yajaziel*, un cantor profeta, ver 1 Cro **25** 1+.

20 20 Ver Is **7** 9.

confianza en sus profetas y triunfarán.»
21 Después, habiendo deliberado con el
pueblo, señaló cantores que, vestidos
de ornamentos sagrados y marchando
al frente de los guerreros, cantaran en
honor de Yahvé: «¡Alaben a Yahvé porque es eterna su misericordia*!» 22 Y en
el momento en que comenzaron las aclamaciones y las alabanzas, Yahvé puso
emboscadas contra los amonitas y moabitas y los del monte Seír, que habían venido contra Judá, y fueron derrotados.
23 Porque se levantaron los amonitas y
moabitas contra los moradores del monte Seír, para entregarlos al anatema y
aniquilarlos, y cuando hubieron acabado
con los moradores de Seír se aplicaron
a destruirse mutuamente.

24 Judá había venido a la atalaya del
desierto y se volvieron hacia la multitud,
pero no había más que cadáveres tendidos por tierra, pues ninguno pudo
escapar. 25 Josafat y su pueblo fueron
a saquear los despojos y hallaron mucho
ganado, riquezas y vestidos y objetos
preciosos, y recogieron tanto que no lo
podían llevar. Emplearon tres días en
saquear el botín, porque era abundante.
26 Al cuarto día se reunieron en el valle
de Beracá, y allí bendijeron a Yahvé;
por eso se llama aquel lugar valle de Beracá hasta el día de hoy. 27 Después todos los hombres de Judá y de Jerusalén,
con Josafat al frente, regresaron con
júbilo a Jerusalén, porque Yahvé los había colmado de gozo a costa de sus enemigos. 28 Entraron en Jerusalén, en el
templo de Yahvé, con salterios, cítaras y
trompetas. 29 El terror de Dios cayó sobre todos los reinos de los países cuando
supieron que Yahvé había peleado contra
los enemigos de Israel. 30 El reinado de
Josafat fue tranquilo, y su Dios le dio
paz por todos lados.

Fin del reinado.

‖1 R **22** 41-51.

31 Josafat reinó sobre Judá. Tenía
treinta y cinco años cuando comenzó
a reinar, y reinó veinticinco años en
Jerusalén. Su madre se llamaba Azubá,
hija de Siljí. 32 Siguió en todo el camino
de Asá, su padre, sin desviarse de él,
haciendo lo que era recto a los ojos de
Yahvé. 33 Pero no desaparecieron los lugares altos de culto, pues el pueblo aún
no había fijado su corazón en el Dios
de sus padres. 34 El resto de los hechos
de Josafat, los primeros y los postreros,
están escritos en la historia de Jehú, hijo
de Janani, que se halla inserta en el libro
de los reyes de Israel.

35 Después de esto, Josafat, rey de
Judá, se alió con Ocozías, rey de Israel,
que le impulsó a hacer el mal. 36 Se
asoció con él para construir naves que
fueran a Tarsis; y fabricaron las naves en
Esión Guéber. 37 Entonces Eliezer, hijo
de Dodaías, de Maresá, profetizó contra
Josafat diciendo: «Por haberte aliado
con Ocozías, Yahvé ha abierto brecha
en tus obras.» En efecto, las naves se
destrozaron y no pudieron ir a Tarsis*.

21 1 Josafat reposó con sus antepasados y fue enterrado con sus
padres en la ciudad de su padre David.
Jorán, su hijo, reinó en su lugar.

5. IMPIEDAD Y DESASTRES DE JORÁN, OCOZÍAS, ATALÍA Y JOÁS

Advenimiento y crimen de Jorán.

2 Jorán tenía seis hermanos, hijos de
Josafat, que eran Azarías, Yejiel, Zacarías, Azaryau, Miguel y Sefatías. Todos
éstos eran hijos de Josafat, rey de Israel.
3 Su padre les había hecho grandes
donaciones de plata, oro y objetos preciosos, y ciudades fuertes en Judá; pero
entregó el reino a Jorán porque era el

20 21 Ver Sal **118**; **136**.

20 37 El Cronista atribuye el fracaso de Josafat a su alianza con el rey de Israel. El profeta *Eliezer* es desconocido.

primogénito. 4 Jorán tomó posesión del trono de su padre; y cuando se afianzó en él pasó a cuchillo a todos sus hermanos y también a algunos de los jefes de Israel.

‖2 R **8** 17-19.

5 Treinta y dos años tenía Jorán cuando empezó a reinar, y reinó ocho años en Jerusalén. 6 Siguió el camino de los reyes de Israel, como había hecho la casa de Ajab, porque se había casado con una mujer de la familia de Ajab, e hizo el mal a los ojos de Yahvé. 7 Pero Yahvé no quiso destruir la casa de David, a causa de la alianza que había hecho con David, porque le había prometido que le daría siempre una lámpara a él y a sus hijos.

Rebelión de Edom y de Libná.

‖2 R **8** 20-22.

8 En su tiempo, Edom se rebeló contra el poder de Judá y se dieron un rey propio. 9 Pasó Jorán con sus jefes y con todos sus carros. Se levantó por la noche y derrotó a los edomitas que lo estaban cercando a él y a todos los jefes de los carros. 10 Así se independizó Edom del poder de Judá, como sucede hasta hoy. También en aquel tiempo se rebeló Libná de bajo su mano, porque había abandonado a Yahvé, el Dios de sus padres.

11 Construyó asimismo lugares de culto en los montes de Judá, incitó a la prostitución a los habitantes de Jerusalén y empujó a ella a Judá. 12 Le llegó un escrito del profeta Elías*, que decía: «Así dice Yahvé, el Dios de tu padre David: Porque no has seguido los caminos de tu padre Josafat, ni los caminos de Asá, rey de Judá, 13 sino que has andado por los caminos de los reyes de Israel, y has prostituido a Judá y a los habitantes de Jerusalén siguiendo las prostituciones de la casa de Ajab, y también porque has dado muerte a tus hermanos de la casa de tu padre que eran mejores que tú; 14 he aquí que Yahvé castigará con terrible azote a tu pueblo, tus hijos, tus mujeres y toda tu hacienda; 15 tú mismo padecerás grandes enfermedades y una dolencia de entrañas tal, que día tras día se te saldrán fuera a causa de la enfermedad.»

16 Excitó Yahvé contra Jorán el espíritu de los filisteos y de los árabes, vecinos de los etíopes, 17 que subieron contra Judá y lo invadieron llevándose todas las riquezas que hallaron en la casa del rey, y también a sus hijos y a sus mujeres, no dejándole otro hijo que Ocozías, el menor. 18 Después de todo esto lo hirió Yahvé con una enfermedad incurable de vientre. 19 Y al cabo de cierto tiempo, al fin del año segundo, se le salieron las entrañas a causa de su enfermedad, y murió en medio de terribles dolores. El pueblo no le encendió fuego, como lo había encendido por su padre.

‖2 R **8** 24a.

20 Tenía treinta y dos años cuando empezó a reinar, y reinó en Jerusalén ocho años. Se fue sin que nadie lo llorara; y lo sepultaron en la ciudad de David, pero no en los sepulcros de los reyes.

Ocozías y su política.

2 R **8** 24b-29.

22 1 Los habitantes de Jerusalén proclamaron rey en su lugar a su hijo menor Ocozías, porque una banda de árabes que había invadido el campamento había dado muerte a todos los mayores, de suerte que llegó a ser rey Ocozías, hijo de Jorán, rey de Judá. 2 Ocozías tenía cuarenta y dos años cuando comenzó a reinar, y reinó un año en Jerusalén. Su madre se llamaba Atalía, hija de Omrí. 3 También él siguió los caminos de la casa de Ajab, pues su madre lo instigaba a hacer el mal. 4 Hizo el mal a los ojos de Yahvé, como los de la casa de Ajab, porque después de la muerte de su padre fueron ellos sus consejeros para su perdición. 5 También por consejo de ellos fue con Jorán, hijo de Ajab, rey de Israel, para combatir a Jazael, rey de Aram, en Ramot de Ga-

21 12 Única intervención de Elías en 2 Cro, desconocida por 2 R.

laad; los arameos hirieron a Jorán, 6 que se retiró a Yizreel para curarse de las heridas que había recibido en Ramá, en la batalla contra Jazael, rey de Aram.

‖2 R **9** 21.28-29; **10** 12-14.

Ocozías, hijo de Jorán, rey de Judá, bajó a Yizreel para visitar a Jorán, hijo de Ajab, que se hallaba enfermo. 7 Esta visita a Jorán vino de Dios para ruina de Ocozías; pues llegado allí, salió con Jorán contra Jehú, hijo de Nimsí, a quien Yahvé había ungido para exterminar la casa de Ajab. 8 Mientras Jehú hacía justicia de la casa de Ajab, se encontró con los jefes de Judá y con los hijos de los hermanos de Ocozías, que se hallaban al servicio de Ocozías, y los mató.

9 Buscó luego a Ocozías, al que prendieron en Samaría, donde se había escondido. Lo llevaron donde Jehú, que lo mató, pero le dieron sepultura, pues decían: «Es hijo de Josafat, el que buscó a Yahvé con todo su corazón.»

El crimen de Atalía.

‖2 R **11** 1-3.

No quedó de la casa de Ocozías nadie que fuese capaz de reinar. 10 Cuando Atalía, madre de Ocozías, vio que su hijo había muerto, se dispuso a eliminar a toda la estirpe real de la casa de Judá. 11 Pero Josebá, hija del rey, tomó a Joás, hijo de Ocozías, de entre los hijos del rey que estaban siendo asesinados, y lo escondió e instaló, a él y a su nodriza, en el dormitorio. Josebá, hija del rey Jorán, mujer del sacerdote Joadá y hermana de Ocozías, lo ocultó de la vista de Atalía, que no pudo matarlo. 12 Seis años estuvo escondido con ellos en el templo de Yahvé, mientras Atalía reinaba en el país.

El clero contra Atalía. Proclamación de Joás*.

‖2 R **11** 4-16.

23 1 El año séptimo, Joadá cobró ánimo y envió a buscar a los jefes de cien, a Azarías, hijo de Yeroján; a Ismael, hijo de Juan; a Azarías, hijo de Obed; a Maasías, hijo de Adaías, y a Elisafat, hijo de Zicrí; concertando un pacto con ellos, 2 recorrieron Judá y reunieron a los levitas de todas las ciudades de Judá y a los cabezas de familia de Israel, que vinieron a Jerusalén. 3 Toda la asamblea hizo alianza con el rey en el templo de Dios. Joadá les dijo: «Aquí tienen al hijo del rey que ha de reinar, como dijo Yahvé de los hijos de David. 4 Esto han de hacer: Un tercio de ustedes, así sacerdotes como levitas, los que entran el sábado, se quedarán de porteros en las entradas; 5 otro tercio en el palacio real y otro tercio se situará en la Puerta de la Fundación, mientras que todo el pueblo estará en los atrios del templo de Yahvé. 6 Nadie podrá entrar en el templo de Yahvé fuera de los sacerdotes y los levitas que estén de servicio; éstos podrán entrar por estar consagrados, pero todo el pueblo tiene que guardar el precepto de Yahvé. 7 Los levitas rodearán al rey por todos lados, arma en mano. Cualquiera que penetre en el palacio morirá. Sólo ellos acompañarán al rey en su ir y venir.»

8 Los levitas y todo Judá hicieron cuanto les había mandado el sacerdote Joadá. Cada uno tomó sus hombres, los que entraban y los que salían de servicio el sábado, pues el sacerdote Joadá no exceptuó a ninguna de las secciones. 9 El sacerdote Joadá entregó a los jefes de cien las lanzas y los escudos, grandes y pequeños, del rey David depositados en el templo de Yahvé, 10 y apostó a todo el pueblo, arma en mano, desde el extremo oriental del templo hasta el extremo occidental, entre el altar y el templo, rodeando al rey. 11 Hicieron salir entonces al hijo del rey y le pusieron la diadema y las insignias*. Lo proclamaron rey. Joadá y sus hijos lo ungieron y gritaron: «¡Viva el rey!»

23 Comparado con el de 2 R **11**, este golpe de estado tiene el aspecto de una función litúrgica: está dirigida por los levitas y se desarrolla según «el precepto de Yahvé».

23 11 Ver Dt **17** 18.

12 Cuando Atalía oyó el griterío del pueblo que corría y aclamaba al rey, se fue hacia la muchedumbre que estaba en el templo de Yahvé. 13 Miró y vio al rey en pie junto a la columna, a la entrada, a los jefes con sus trompetas junto al rey, a todo el pueblo de la tierra en júbilo y tocando las trompetas, y a los cantores que, con instrumentos de música, dirigían los cánticos de alabanza. Atalía rasgó sus vestiduras y gritó: «¡Traición, traición!» 14 Entonces el sacerdote Joadá dio esta orden a los jefes de las tropas: «Háganla salir de las filas. Quien la siga será pasado a espada», pues el sacerdote se decía: «No debe ser ejecutada en el templo de Yahvé.» 15 Le abrieron paso y, cuando entró en el palacio real por la Puerta de los Caballos, allí fue ejecutada.

La reforma de Joadá.
||2 R **11** 17-20.

16 Entonces Joadá celebró alianza con todo el pueblo y el rey, por la que el pueblo se convertía en pueblo de Yah -vé. 17 Acudió después todo el pueblo al templo de Baal. Lo derribaron, hicieron pedazos sus altares e imágenes, y a Matán, sacerdote de Baal, lo mataron frente a los altares.

18 Joadá puso centinelas en el templo de Yahvé, a las órdenes de los sacerdotes y levitas que David había distribuido en el templo de Yahvé, conforme a lo escrito en la Ley de Moisés*, para ofrecer los holocaustos con alegría y cánticos, según las disposiciones de David. 19 Puso porteros junto a las puertas del templo de Yahvé para que no entrara ninguno que por cualquier causa fuera inmundo*. 20 Tomó después a los centuriones, a los notables, a los dirigentes del pueblo y al pueblo entero del país, y escoltaron al rey desde el templo de Yahvé, haciendo entrada por la puerta superior del palacio real, y lo entronizaron en el trono del reino. 21 Todo el pueblo del país exultaba de júbilo y la ciudad quedó tranquila. En cuanto a Atalía, había muerto a espada.

Joás restaura el Templo.
||2 R **12** 1-17.

24 1 Joás tenía siete años al subir al trono y reinó cuarenta años en Jerusalén. Su madre se llamaba Sibía, de Berseba. 2 Joás hizo lo recto a los ojos de Yahvé durante toda la vida del sacerdote Joadá. 3 Éste lo casó con dos mujeres, y engendró hijos e hijas. 4 Después de esto resolvió Joás restaurar el templo de Yahvé. 5 Reunió a los sacerdotes y a los levitas y les dijo: «Recorran las ciudades de Judá y junten cada año plata en todo Israel para reparar el templo de su Dios; y dense prisa en ello.» Pero los levitas no se dieron prisa. 6 Llamó entonces el rey a Joadá, sumo sacerdote, y le dijo: «¿Por qué no has tenido cuidado de que los levitas trajeran de Judá y de Jerusalén la contribución que Moisés, siervo de Yahvé, y la asamblea de Israel prescribieron para la Tienda del Testimonio*?» 7 Pues la impía Atalía y sus hijos habían arruinado el templo de Dios, llegando incluso a emplear para los Baales todas las cosas consagradas al templo de Yahvé. 8 Mandó, pues, el rey que se hiciera un cofre, que fue colocado junto a la puerta del templo de Yahvé, por la parte exterior; 9 y echaron bando en Judá y en Jerusalén de que trajeran a Yahvé la contribución que Moisés, siervo de Dios, había impuesto a Israel en el desierto. 10 Todos los jefes y todo el pueblo se alegraron; y traían la contribución y la echaban en el cofre hasta que se llenaba.

23 18 Aquí y en **30** 16, estas palabras, *Ley de Moisés*, designan no sólo el Dt, ver Jos **8** 31; **23** 6; etc., sino el conjunto de los cinco libros que nosotros llamamos *Pentateuco*, Ne **8** 1; ver Si pról; **24** 23.
23 19 La reforma de Joadá está presentada como un retorno a las instituciones de David.
24 6 Esta colecta está inspirada en las prescripciones atribuidas a Moisés para la construcción de la Tienda, Ex **25** 1-9; **30** 12-16; **38** 25-28, y renovadas por Nehemías, Ne **10** 33-35. Ver también Mt **17** 24s.

11 Cuando llevaban el cofre a los inspectores del rey, por medio de los levitas, si veían que había mucho dinero,
venía el secretario del rey y el inspector
del sumo sacerdote para vaciar el cofre;
luego, lo tomaban y lo volvían a su lugar. Así lo hacían cada vez, y recogían
dinero en abundancia. 12 El rey y Joadá
se lo daban a los encargados de las
obras del servicio del templo de Yahvé,
y éstos tomaban a sueldo canteros y
carpinteros para restaurar el templo
de Yahvé, y también a los que trabajaban en hierro y bronce, para reparar el
templo de Yahvé. 13 Trabajaron, pues,
los encargados de la obra, y con sus
trabajos adelantaron las reparaciones
del edificio; restituyeron el templo de
Dios a su primer estado y lo consolidaron. 14 Acabado el trabajo, entregaron
al rey y a Joadá el resto del dinero, con
el cual hicieron objetos para el templo
de Yahvé, utensilios para el ministerio
y para los holocaustos, vasos y objetos
de oro y plata.

Durante toda la vida de Joadá se
ofrecieron siempre holocaustos en el
templo de Yahvé. 15 Envejeció Joadá,
y murió colmado de días. Tenía ciento
treinta años cuando murió. 16 Lo sepultaron en la Ciudad de David, con los
reyes, porque había hecho el bien en
Israel, con Dios y con su templo.

Apostasía y castigo de Joás.

17 Después de la muerte de Joadá
vinieron los jefes de Judá a postrarse delante del rey, y entonces el rey les prestó
oído. 18 Abandonaron el templo de Yahvé, el Dios de sus padres, y sirvieron a los
troncos sagrados y a los ídolos; la cólera
estalló contra Judá y Jerusalén a causa de
esta culpa suya. 19 Yahvé les envió profetas que dieron testimonio contra ellos
para que se convirtieran a él, pero no les
prestaron oído. 20 Entonces el espíritu de
Dios revistió a Zacarías, hijo del sacerdote
Joadá, que, presentándose delante del
pueblo, les dijo: «Así dice Dios: ¿Por qué
traspasan los mandamientos de Yahvé?
No tendrán éxito; pues por haber abandonado a Yahvé, él los abandonará a
ustedes.» 21 Mas ellos conspiraron contra
él, y por mandato del rey lo apedrearon
en el atrio del templo de Yahvé*. 22 Pues
el rey Joás no se acordó del amor que le
había tenido Joadá, padre de Zacarías,
sino que mató a su hijo, que exclamó al
morir: «¡Véalo Yahvé y exija cuentas!»

||2 R **12** 18-22.

23 A la vuelta de un año subió contra
Joás el ejército de los arameos, que invadieron Judá y Jerusalén, mataron de
entre la población a todos los jefes del
pueblo, y enviaron todo el botín al rey
de Damasco, 24 pues aunque el ejército
de los arameos había venido con poca
gente, Yahvé entregó en sus manos a
un ejército muy grande; porque habían
abandonado a Yahvé, el Dios de sus
padres.

De este modo los arameos hicieron
justicia con Joás. 25 Y cuando se alejaron
de él, dejándolo gravemente enfermo, se
conjuraron contra él sus servidores, por
la sangre del hijo del sacerdote Joadá, lo
mataron en su lecho y murió. Lo sepultaron en la Ciudad de David, pero no lo
sepultaron en los sepulcros de los reyes.
26 Los que conspiraron contra él fueron
Zabad, hijo de Simat la amonita, y Jozabad, hijo de Simrit la moabita. 27 Lo
tocante a sus hijos, la gran cantidad de
impuestos que percibió y la restauración
del templo de Dios, se halla escrito en el
midrás del libro de los reyes. Amasías,
su hijo, reinó en su lugar.

24 21 Ver Mt **23** 35.

6. PIEDAD Y PROSPERIDAD RELATIVAS DE AMASÍAS, OZÍAS Y JOTÁN

Advenimiento de Amasías.
‖2 R **14** 2-6.

25 1 Veinticinco años tenía Amasías cuando comenzó a reinar, y
reinó veintinueve años en Jerusalén. Su
madre se llamaba Joadán, de Jerusalén.
2 Hizo lo recto a los ojos de Yahvé,
aunque no de todo corazón. 3 Cuando
el reino estuvo afianzado en sus manos,
mató a los servidores que habían matado al rey, su padre, 4 pero no ejecutó a
los hijos de los asesinos, en conformidad
con lo escrito en el libro de la Doctrina
de Moisés, donde Yahvé dio una orden
diciendo: *«Los padres no serán ajusticiados por causa de los hijos; los hijos
no serán ajusticiados por causa de los
padres, sino que cada uno será ajusticiado por su propio pecado*.»*

Guerra contra Edom.

5 Amasías congregó a Judá y estableció por todo Judá y Benjamín, según las
casas paternas, jefes de millar y jefes de
cien; hizo el censo de ellos, desde los
veinte años para arriba, y halló trescientos mil hombres escogidos, aptos para
la guerra y el manejo de lanza y escudo.
6 Tomó también a sueldo en Israel, por
cien talentos de plata, a cien mil hombres valientes. 7 Pero vino donde él un
hombre de Dios que le dijo: «Oh rey,
que no salga contigo el ejército de Israel,
porque Yahvé no está con Israel, ni con
ninguno de los efrainitas. 8 Si vienen
contigo, tú te portarás esforzadamente
en la batalla, pero Dios te hará caer ante
el enemigo, porque Dios tiene poder
para ayudar y para derribar.» 9 Respondió Amasías al hombre de Dios: «¿Y qué
hay de los cien talentos que he dado a la
tropa de Israel?» Contestó el hombre de
Dios: «Tiene Yahvé poder para darte
mucho más que eso.» 10 Y Amasías
apartó los destacamentos que le habían
venido de Efraín, para que se volvieran
a sus lugares. Ellos se irritaron mucho
contra Judá y se volvieron a sus casas
ardiendo en cólera.

Infidelidad después de la campaña edomita*.
‖2 R **14** 7.

11 Amasías cobró ánimo y, tomando el mando de su pueblo, marchó al
valle de la Sal, y dio muerte a diez mil
hombres de los seiríes. 12 Los hijos de
Judá apresaron vivos a otros diez mil
y, llevándolos a la cumbre de la peña,
los precipitaron desde allí, quedando
todos ellos reventados. 13 Entretanto,
la tropa que Amasías había despedido,
para que no fueran con él a la guerra,
se desparramaron por las ciudades de
Judá, desde Samaría hasta Bet Jorón,
pero fueron derrotados tres mil de ellos
y se recogió mucho botín.
14 Después de regresar Amasías de su
victoria sobre los edomitas, introdujo los
dioses de los seiríes; eligió los dioses de
ellos, se postró ante ellos y les quemó
incienso. 15 Se encendió la ira de Yahvé
contra Amasías y le envió un profeta,
que le dijo: «¿Por qué has buscado a los
dioses de ese pueblo, que no han podido librar de tu mano a su propia gente?»
16 Mientras él le hablaba, Amasías le
interrumpió: «¿Acaso te hemos hecho
consejero del rey? ¡Cállate! ¿Por qué
te han de matar?» El profeta concluyó
diciendo: «Yo sé que Dios ha determinado destruirte, porque hiciste eso y no
quieres escuchar mi consejo.»

El desastre de Bet Semes.
‖2 R **14** 8-14.

17 Amasías, rey de Judá, después de
haber deliberado, envió mensajeros a

25 4 Cita de Dt **24** 16.
25 11 La venganza de los israelitas mercenarios después de su licenciamiento, ver 2 R **14** 7, llevará a la guerra entre Judá e Israel, vv. 17-24.

Joás, hijo de Joacaz, hijo de Jehú, rey
de Israel, diciéndole: «¡Ponte en marcha,
que nos veamos las caras en la guerra!»
18 Joás, rey de Israel, envió esta respuesta a Amasías, rey de Judá*: «El cardo
del Líbano mandó a decir al cedro del
Líbano: Dame tu hija por esposa de
mi hijo. Pero pasó una fiera del Líbano
y pisoteó el cardo. 19 Tú te dices: 'He
derrotado a Edom'. Por eso te lleva tu
corazón a jactarte. Puedes jactarte de
tu gloria, pero quédate en tu casa. ¿Por
qué provocar un desastre y un fracaso,
arrastrando contigo a Judá?»
20 Pero Amasías no hizo caso, pues
era disposición de Dios entregarlos en
manos de sus enemigos, por haber buscado a los dioses de Edom. 21 Subió
Joás, rey de Israel, y se enfrentaron, él
y Amasías, rey de Judá, en Bet Semes de
Judá. 22 Judá cayó derrotada ante Israel
y cada uno huyó a su casa. 23 Joás, rey
de Israel, hizo prisionero en Bet Semes
a Amasías, rey de Judá, hijo de Joás,
hijo de Ocozías, y lo condujo a Jerusalén. Abrió una brecha de cuatrocientos
codos en la muralla de Jerusalén, desde
la puerta de Efraín hasta la puerta del
Ángulo. 24 Tomó todo el oro y la plata y
todos los objetos que se hallaban al cuidado de Obededón en el templo de Dios
y en los tesoros del palacio real, así como rehenes. Se volvió luego a Samaría.

Muerte de Amasías.
||2 R **14** 17-20.

25 Amasías, hijo de Joás, rey de Judá,
vivió quince años después de que hubiera muerto Joás, hijo de Joacaz, rey
de Israel. 26 El resto de los hechos de
Amasías, los primeros y los postreros,
¿no están escritos en el libro de los reyes
de Judá y de Israel? 27 Después que
Amasías se apartó de Yahvé, se tramó
una conjura contra él en Jerusalén, por
lo que huyó a Laquis; pero enviaron
gente tras él hasta Laquis y allí lo mataron. 28 Lo condujeron a lomos de caballo
y lo sepultaron con sus antepasados en
la Ciudad de David.

Comienzos de Ozías.
||2 R **14** 21-22; **15** 2-4.

26 1 Entonces todo el pueblo de
Judá tomó a Ozías, que tenía
dieciséis años, y lo proclamaron rey como sucesor de su padre Amasías. 2 Fue
él quien reconstruyó Elat y la devolvió a
Judá, después que el rey hubo reposado con sus antepasados. 3 Tenía Ozías
dieciséis años cuando comenzó a reinar,
y reinó cincuenta y dos años en Jerusalén. Su madre se llamaba Yecolía, de
Jerusalén. 4 Hizo lo recto a los ojos de
Yahvé, exactamente como había hecho
su padre, Amasías. 5 Buscó a Dios
durante la vida de Zacarías*, que lo
instruyó en el temor de Dios; y mientras
buscó a Yahvé, Dios le dio prosperidad.

Poderío de Ozías.

6 Salió a campaña contra los filisteos
y abrió brecha en el muro de Gat, en el
muro de Yabné y en el muro de Asdod;
restauró las ciudades en la región de Asdod y entre los filisteos. 7 Dios lo ayudó
contra los filisteos, contra los árabes que
habitaban en Gur Baal* y contra los meunitas. 8 Los amonitas pagaron tributo a
Ozías, y su fama llegó hasta la frontera
de Egipto, porque se había hecho sumamente poderoso.
9 Ozías construyó torres en Jerusalén
sobre la puerta del Ángulo, sobre la
puerta del Valle y en el Ángulo, y las
fortificó. 10 Construyó también torres
en el desierto y excavó muchas cisternas,
pues poseía numerosos ganados en la
Tierra Baja y en la llanura, así como labradores y viñadores en las montañas y
en los campos fértiles, porque le gustaba
la agricultura.
11 Ozías tenía un ejército que hacía la
guerra; salía de campaña por grupos,

25 18 Ver Jc **9** 7-15.
26 5 Zacarías, personaje desconocido, desarrolla un papel análogo al de Joadá, **24** 2.
26 7 *Gur Baal*, al pie de la letra: *Residencia de Baal*, localidad desconocida.

conforme al número de su censo hecho
bajo la vigilancia de Yeiel, el escriba, y
de Maasías, el notario, a las órdenes
de Jananías, uno de los jefes del rey.
12 El número total de los jefes de familia era de dos mil seiscientos hombres
esforzados. 13 A sus órdenes había un
ejército de campaña de trescientos siete
mil quinientos hombres, que hacían la
guerra con gran valor, para ayudar al rey
contra el enemigo. 14 Ozías proporcionó
a todo aquel ejército en cada una de
sus campañas escudos y lanzas, yelmos
y corazas, arcos y hondas, para tirar
piedras. 15 Hizo construir en Jerusalén
ingenios inventados por expertos, para
colocarlos sobre las torres y los ángulos
y para arrojar saetas y grandes piedras*.
Su fama se extendió lejos, porque fue
prodigioso el modo como supo buscarse colaboradores hasta hacerse fuerte.

Orgullo y castigo del rey.

16 Mas, una vez fortalecido en su poder, se ensoberbeció hasta acarrearse la
ruina, y se rebeló contra Yahvé, su Dios,
pues entró en el templo de Yahvé para
quemar incienso sobre el altar del incienso. 17 Fue tras él Azarías, el sacerdote,
y con él ochenta sacerdotes de Yahvé,
hombres valientes, 18 que se opusieron al
rey Ozías y le dijeron: «No te corresponde a ti, Ozías, quemar incienso a Yahvé,
sino a los sacerdotes, los hijos de Aarón,
que han sido consagrados para quemar
el incienso. ¡Sal del santuario porque estás prevaricando, y tú no tienes derecho
a la gloria que viene de Yahvé Dios!»
19 Entonces Ozías, que tenía en la mano
un incensario para ofrecer incienso, se
llenó de ira, y mientras se irritaba contra
los sacerdotes, brotó la lepra en su frente,
a vista de los sacerdotes, en el templo
de Yahvé, junto al altar del incienso.
20 El sumo sacerdote Azarías y todos los
sacerdotes volvieron hacia él sus ojos, y
vieron que tenía lepra en la frente. Por lo
cual lo echaron de allí a toda prisa; y él
mismo se apresuró a salir, porque Yahvé
lo había herido*.
‖2 R **15** 5-7.
21 El rey Ozías quedó leproso hasta el
día de su muerte, y habitó en una residencia aislada, porque, como leproso,
había sido excluido del templo de Yahvé. Jotán, hijo del rey, estaba al frente
del palacio real y administraba justicia al
pueblo del país. 22 El resto de los hechos
de Ozías, los primeros y los postreros,
los escribió el profeta Isaías, hijo de
Amós. 23 Ozías reposó con sus antepasados y fue enterrado con sus padres en
el campo de los sepulcros de los reyes,
porque decían: «Es un leproso.» Jotán,
su hijo, reinó en su lugar.

Reinado de Jotán.
‖2 R **15** 32-38.

27 1 Tenía Jotán veinticinco años
cuando comenzó a reinar, y reinó dieciséis años en Jerusalén. Su madre
se llamaba Yerusá, hija de Sadoc. 2 Hizo
lo recto a los ojos de Yahvé, exactamente
como había hecho su padre Ozías, salvo
que no penetró en el templo de Yahvé.
El pueblo, sin embargo, seguía corrom-
piéndose.
3 Fue él quien construyó la Puerta
Superior del templo de Yahvé, e hizo
muchas obras en los muros de Ofel.
4 Edificó también ciudades en la montaña de Judá, y edificó castillos y torres en
las tierras de labor.
5 Hizo guerra contra el rey de los
amonitas, a los que venció. Los amonitas le dieron aquel año cien talentos
de plata, diez mil cargas de trigo y diez
mil de cebada. Los amonitas le trajeron
lo mismo el año segundo y el tercero.
6 Jotán llegó a ser poderoso, porque se
afirmó en los caminos de Yahvé su Dios.
7 El resto de los hechos de Jotán, todas sus guerras y sus obras, están escritos en el libro de los reyes de Israel y de

26 15 No armas arrojadizas, sino maderas colgadas de las murallas.

26 20 La impureza de la *lepra* prohibía el acceso al santuario, Lv **13** 1+; ver Nm **12** 10.

Judá. 8 Tenía veinticinco años cuando
comenzó a reinar, y reinó dieciséis años
en Jerusalén. 9 Jotán reposó con sus antepasados y fue enterrado en la Ciudad
de David, su padre. Ajaz, su hijo, reinó
en su lugar.

V. Las grandes reformas de Ezequías y de Josías

1. IMPIEDAD DE AJAZ, PADRE DE EZEQUÍAS

Características del reinado de Ajaz.
‖2 R **16** 2-4.

28 1 Tenía Ajaz veinte años cuando empezó a reinar, y reinó
dieciséis años en Jerusalén. No hizo lo
recto a los ojos de Yahvé, como David
su padre. 2 Siguió los caminos de los reyes de Israel, llegando a fundir estatuas
para los Baales. 3 Quemó incienso en
el valle de Ben Hinón* e incluso arrojó
a su hijo a la pira de fuego, según la
costumbre abominable de las naciones
que Yahvé había expulsado ante los israelitas. 4 Ofreció sacrificios y quemó
incienso en los altozanos, en las colinas y
bajo todo árbol frondoso.

La invasión.
2 R **16**; Is **7-9**.

5 Yahvé su Dios lo entregó en manos
del rey de los arameos, que lo derrotaron, haciéndole gran número de prisioneros, que fueron llevados a Damasco.
Fue entregado también en manos del
rey de Israel, que le causó una gran derrota. 6 Pécaj, hijo de Remalías, mató
en Judá en un solo día a ciento veinte
mil, todos ellos hombres valientes, porque habían abandonado a Yahvé, el
Dios de sus padres. 7 Zicrí, uno de los
valientes de Efraín, mató a Maasías,
hijo del rey, a Azricán, mayordomo de
palacio, y a Elcaná, segundo después del
rey. 8 Los israelitas se llevaron de entre
sus hermanos doscientos mil prisioneros: mujeres, hijos e hijas. Se apoderaron también de un enorme botín, que se
llevaron a Samaría.

Los israelitas escuchan al profeta Oded.

9 Había allí un profeta de Yahvé, llamado Oded, que salió al encuentro del
ejército que volvía a Samaría, y les dijo:
«He aquí que Yahvé, el Dios de sus padres, irritado contra Judá, los ha entregado en sus manos, mas ustedes los
han matado con un furor que ha subido
hasta el cielo. 10 Y ahora piensan en someter a los hijos de Judá y de Jerusalén
como siervos y siervas suyos. ¿Es que
ustedes mismos no son culpables contra
Yahvé su Dios? 11 Óiganme, pues, y
dejen volver a sus hermanos que han
tomado prisioneros, porque el furor de
la ira de Yahvé viene sobre ustedes.»
12 Entonces algunos hombres de los
jefes de Efraín: Azarías, hijo de Juan;
Berequías, hijo de Mesilemot; Ezequías,
hijo de Salún, y Amasá, hijo de Jadlay,
se levantaron contra los que venían de la
guerra, 13 y les dijeron: «No metan aquí a
estos prisioneros. ¿Por qué, además de
la culpa contra Yahvé que ya tenemos
contra nosotros, hablan de aumentar todavía nuestros pecados y nuestro delito?;
pues grande es nuestro delito y el furor
de la ira amenaza a Israel.» 14 Entonces la
tropa dejó a los prisioneros y el botín delante de los jefes y de toda la asamblea.
15 Se levantaron entonces los hombres
nominalmente designados, reanimaron a
los prisioneros y vistieron con el botín a
todos los que estaban desnudos, dándoles
vestido y calzado. Les dieron de comer y
de beber y los ungieron; y transportaron
en burros a todos los débiles, los llevaron a Jericó, ciudad de las palmeras,

28 3 La *Gehenna*, barranco al sur de Jerusalén. Ver Lv **18** 21+.

junto a sus hermanos. Luego se volvieron a Samaría*.

Impiedad de Ajaz.

||2 R **16** 7; ver Is **7-8**.

16 En aquel tiempo el rey Ajaz envió
mensajeros a los reyes de Asiria para
que lo socorrieran*.
17 Porque los de Edom habían venido
otra vez y habían derrotado a Judá,
llevándose algunos prisioneros. 18 También los filisteos invadieron las ciudades
de la Tierra Baja y del Negueb de Judá,
y tomaron Bet Semes, Ayalón, Guederot, Socó con sus aldeas, Timná con
sus aldeas y Guinzó con sus aldeas, y
se establecieron allí. 19 Porque Yahvé
humillaba a Judá a causa de Ajaz, rey
de Israel, que permitía el desenfreno de
Judá, y se había rebelado contra Yahvé.
||2 R **16** 8.12-13.17.
20 Vino contra él Teglatfalasar, rey de
Asiria; y le puso sitio, pero no lo dominó. 21 Porque Ajaz despojó el templo de
Yahvé, el palacio real y las casas de los
jefes para dárselo al rey de Asiria, pero
de nada le sirvió. 22 Aun en el tiempo
del asedio, el rey Ajaz persistió en su
rebeldía contra Yahvé. 23 Ofrecía sacrificios a los dioses de Damasco que lo
habían derrotado, pues se decía: «Los
dioses de los reyes de Aram los ayudan
a ellos; les ofreceré sacrificios, y me
ayudarán a mí.» Ellos fueron la causa
de su ruina y de la de todo Israel.
||2 R **16** 17.
24 Ajaz juntó algunos de los objetos
del templo de Dios e hizo añicos otros;
cerró las puertas de la Casa de Yahvé y
fabricó altares en todas las esquinas de
Jerusalén. 25 Erigió altos en cada una
de las ciudades de Judá, para quemar
incienso a otros dioses, provocando así
la ira de Yahvé, el Dios de sus padres.
||2 R **16** 19-20.
26 El resto de sus hechos y todas sus
obras, las primeras y las postreras, está
escrito en el libro de los reyes de Judá
e Israel.
27 Ajaz reposó con sus antepasados y
fue enterrado dentro de la Ciudad, en
Jerusalén: pues no lo colocaron en los
sepulcros de los reyes de Israel. Ezequías, su hijo, reinó en su lugar.

2. LA RESTAURACIÓN DE EZEQUÍAS

Introducción.

||2 R **18** 1-3.

29 1 Ezequías tenía veinticinco años
cuando comenzó a reinar y rei-
nó veintinueve años en Jerusalén. Su
madre se llamaba Abía, hija de Zacarías.
2 Hizo lo recto a los ojos de Yahvé, exactamente como David su padre*.

Purificación del Templo.

3 En el año primero de su reinado, el
primer mes, abrió las puertas del templo de Yahvé y las reparó. 4 Hizo venir
a los sacerdotes y levitas, los reunió en
la plaza oriental, 5 y les dijo:
«¡Escúchenme, levitas! Santifíquense
ahora y santifiquen el templo de Yahvé,
el Dios de sus padres; y saquen fuera del
santuario la inmundicia. 6 Porque nuestros padres han sido infieles* haciendo
lo malo a los ojos de Yahvé, nuestro
Dios; lo han abandonado, han apartado sus rostros de la Morada de Yahvé, le
han vuelto la espalda. 7 Hasta llegaron a
cerrar las puertas del Vestíbulo, apaga-

28 15 El Cronista, de ordinario poco favorable al reino del Norte, manifiesta en este relato su amplitud de espíritu y de corazón. Los samaritanos son mejores que su culto, ver 2 R **17** 24; Lc **10** 29-37.

28 16 Los Anales asirios testifican una campaña de Teglatfalasar contra los filisteos. El precio de esta asistencia fue un fuerte tributo y la reducción al vasallaje impuestos a Ajaz.

29 2 Amplia exposición, **29-31**, de una reforma centralizadora mencionada en 2 R **18** 4.

29 6 Confesión pública, como en Dn **9** 4-19; Ba **1** 15-**3** 8; ver Lm **5**; Jr **3** 22-25; Sal **106** 1+.

ron las lámparas, y no quemaron incienso ni ofrecieron holocaustos en el santuario al Dios de Israel. 8 Por eso, la ira de Yahvé ha venido sobre Judá y Jerusalén, y él los ha convertido en objeto de espanto, terror y burla, como lo están viendo ustedes con sus ojos. 9 Por esto han caído a espada nuestros padres; y nuestros hijos, hijas y mujeres se hallan en cautividad. 10 Pero ahora he decidido en mi corazón hacer alianza con Yahvé, el Dios de Israel, para que aparte de nosotros el furor de su ira. 11 Hijos míos, no sean ahora negligentes; porque Yahvé los ha elegido a ustedes para que estén en su presencia y le sirvan para ser sus ministros y para quemarle incienso.»

12 Se levantaron entonces los levitas*: Májat, hijo de Amasay, y Joel, hijo de Azarías, de los hijos de Queat; Quis, hijo de Abdí, y Azarías, hijo de Jalelel, de los hijos de Merarí; Joaj, hijo de Zimá, y Eden, hijo de Joaj, de los hijos de los guersonitas; 13 Simrí y Yeiel, de los hijos de Elisafán; Zacarías y Matanías, de los hijos de Asaf; 14 Yejiel y Semeí, de los hijos de Hemán; Semaías y Uziel, de los hijos de Yedutún. 15 Éstos reunieron a sus hermanos, se santificaron y vinieron a purificar el templo de Yahvé, conforme al mandato del rey, según las palabras de Yahvé.

16 Los sacerdotes entraron en el interior del templo de Yahvé para purificarlo, y sacaron al atrio del templo de Yahvé todas las impurezas que encontraron en el santuario de Yahvé. Los levitas, por su parte, las amontonaron para llevarlas fuera, al torrente Cedrón. 17 Comenzaron la consagración el día primero del primer mes, y el día octavo del mes llegaron al Vestíbulo de Yahvé; pasaron ocho días consagrando el templo de Yahvé, y el día dieciséis del mes primero habían acabado.

Sacrificio expiatorio.

18 Fueron luego a las habitaciones del rey Ezequías y le dijeron: «Hemos purificado todo el templo de Yahvé, el altar del holocausto con todos sus utensilios, y la mesa de las filas de pan con todos sus utensilios. 19 Hemos preparado y santificado todos los objetos que profanó el rey Ajaz durante su reinado con su infidelidad, y están ante el altar de Yahvé.»

20 Entonces se levantó el rey Ezequías de mañana, reunió a los jefes de la ciudad y subió al templo de Yahvé. 21 Trajeron siete novillos, siete carneros, siete corderos y siete machos cabríos para el sacrificio por el pecado en favor del reino, del santuario y de Judá; y mandó a los sacerdotes, hijos de Aarón, que ofrecieran holocaustos sobre el altar de Yahvé. 22 Inmolaron los novillos, y los sacerdotes recogieron la sangre y rociaron el altar; luego inmolaron los carneros y rociaron con su sangre el altar; degollaron igualmente los corderos y rociaron con la sangre el altar. 23 Acercaron después los machos cabríos por el pecado, ante el rey y la asamblea, y éstos pusieron las manos sobre ellos; 24 los sacerdotes los inmolaron y ofrecieron la sangre en sacrificio por el pecado junto al altar como expiación por todo Israel; porque el rey había ordenado que el holocausto y el sacrificio por el pecado fuera por todo Israel*.

25 Luego estableció en el templo de Yahvé a los levitas con címbalos, salterios y cítaras, según las disposiciones de David, de Gad, vidente del rey, y de Natán, profeta; pues de mano de Yahvé había venido ese mandamiento, por medio de sus profetas. 26 Cuando ocuparon su sitio los levitas con los instrumentos de David, y los sacerdotes con las trompetas, 27 mandó Ezequías ofrecer el holocausto sobre el altar. Y al comenzar el holocausto, comenzaron también los cantos de

29 12 Lista que reúne a levitas y cantores; ver 1 Cro **6** 18-32.

29 24 Este ritual se inspira en Lv **4** 13-21, pero también en Nm **29** 7-11. Él quizá a su vez inspirará otra purificación del Templo, 1 M **4** 42-59.

Yahvé, al son de las trompetas y con el acompañamiento de los instrumentos de David, rey de Israel. [28] Toda la asamblea estaba postrada, se cantaban cánticos y las trompetas sonaban. Todo ello duró hasta que fue consumido el holocausto.

[29] Consumido el holocausto, el rey y todos los presentes doblaron las rodillas y se postraron. [30] Después, el rey Ezequías y los jefes mandaron a los levitas que alabaran a Yahvé con las palabras de David y del vidente Asaf; y ellos cantaron alabanzas hasta la exaltación, e inclinándose, adoraron. [31] Después tomó Ezequías la palabra y dijo: «Ahora están ustedes enteramente consagrados a Yahvé; acérquense y ofrezcan víctimas y sacrificios de alabanza en el templo de Yahvé.» Y la asamblea trajo sacrificios en acción de gracias, y los de corazón generoso también holocaustos. [32] El número de los holocaustos ofrecidos por la asamblea fue de setenta bueyes, cien carneros y doscientos corderos; todos ellos en holocausto a Yahvé. [33] Se consagraron también seiscientos bueyes y tres mil ovejas. [34] Pero como los sacerdotes eran pocos y no bastaban para desollar todos estos holocaustos, los ayudaron sus hermanos los levitas, hasta que terminaron la labor, y los sacerdotes se santificaron, pues los levitas estaban más dispuestos que los sacerdotes para santificarse. [35] Hubo, además, muchos holocaustos de grasa de los sacrificios de comunión y libaciones para el holocausto. Así quedó restablecido el culto del templo de Yahvé. [36] Ezequías y el pueblo entero se regocijaron de que Dios hubiera dispuesto al pueblo; pues todo se hizo rápidamente.

Convocatoria para la Pascua*.

30 [1] Ezequías envió mensajeros a todo Israel y Judá, y escribió también cartas a Efraín y Manasés, para que vinieran al templo de Yahvé, en Jerusalén, a fin de celebrar la Pascua en honor de Yahvé, el Dios de Israel. [2] Pues el rey y sus jefes y toda la asamblea de Jerusalén habían determinado celebrar la Pascua en el mes segundo, [3] ya que no fue posible celebrarla a su debido tiempo, porque los sacerdotes no se habían santificado en número suficiente y el pueblo no se había reunido en Jerusalén. [4] Pareció bien esto a los ojos del rey y de toda la asamblea. [5] Y decidieron enviar aviso a todo Israel, desde Berseba hasta Dan, para que vinieran a Jerusalén a celebrar la Pascua en honor de Yahvé, Dios de Israel, pues eran muchos los que no la habían celebrado según lo escrito. [6] Los correos, con las cartas del rey y de sus jefes, recorrieron todo Israel y Judá, como el rey lo había mandado y decían: «Hijos de Israel, vuélvanse a Yahvé, el Dios de Abrahán, de Isaac y de Israel, y él se volverá al resto que ha quedado de ustedes, los que han escapado de la mano de los reyes de Asiria. [7] No sean como sus padres y sus hermanos, que fueron infieles a Yahvé, el Dios de sus padres; por lo cual él los entregó a la desolación, como están viendo. [8] Ahora, no endurezcan su cerviz como sus padres; den la mano a Yahvé, vengan a su santuario, que él ha santificado para siempre; sirvan a Yahvé, su Dios, y se apartará de ustedes el furor de su ira. [9] Porque si se vuelven a Yahvé, sus hermanos y sus hijos hallarán misericordia ante aquellos que los llevaron cautivos, y volverán a esta tierra, pues Yahvé su Dios es clemente y misericordioso, y no apartará de ustedes su rostro, si ustedes se convierten a él.»

[10] Los correos pasaron de ciudad en ciudad por el país de Efraín y de Manasés, llegaron hasta Zabulón; pero se reían y se burlaban de ellos. [11] Sin embargo, hubo hombres de Aser, de Manasés y de Zabulón que se humillaron y vinieron a Jerusalén. [12] También en Judá se dejó sentir la mano de Dios, que les dio corazón unánime para cumplir el

30 Esta Pascua solemne, ver Ex **12** 1+, fuera de la fecha normal del primer mes, v. 3; ver Nm **9** 6-13, sigue menos a Dt **16** que a Lv **23** 5-8, en que los Ázimos están relacionados con la Pascua, vv. 15ss.

mandamiento del rey y de los jefes, según la palabra de Yahvé. 13 Se reunió en
Jerusalén mucha gente para celebrar la
fiesta de los Ázimos en el mes segundo;
era una asamblea muy grande. 14 Y se
levantaron y quitaron los altares que había en Jerusalén; quitaron también todos
los altares de incienso y los arrojaron al
torrente Cedrón.

La Pascua y los Ázimos.

15 Inmolaron la Pascua el día catorce
del mes segundo. También los sacerdotes y los levitas, llenos de confusión,
se santificaron y trajeron holocaustos
al templo de Yahvé. 16 Ocuparon sus
puestos según su reglamento, conforme
a la Ley de Moisés, hombre de Dios; y
los sacerdotes rociaban con la sangre
que recibían de mano de los levitas. 17 Y
como muchos de la asamblea no se
habían santificado, los levitas fueron
encargados de inmolar los corderos pascuales para todos los que no se hallaban
puros, a fin de santificarlos para Yahvé.
18 Pues una gran parte del pueblo, muchos de Efraín, de Manasés, de Isacar
y de Zabulón, no se habían purificado
y, con todo, comieron la Pascua sin
observar lo escrito. Pero Ezequías oró
por ellos diciendo: «¡Que Yahvé, que es
bueno, perdone a todos aquellos 19 cuyo
corazón está dispuesto a buscar al Dios
Yahvé, el Dios de sus padres, aunque no
tengan la pureza requerida para las cosas sagradas!» 20 Y oyó Yahvé a Ezequías
y dejó salvo al pueblo.
21 Los israelitas que estaban en Jerusalén celebraron la fiesta de los Ázimos
por siete días con gran alegría; mientras
los levitas y los sacerdotes alababan
a Yahvé todos los días con todas sus
fuerzas. 22 Ezequías habló al corazón
de todos los levitas que tenían perfecto conocimiento de Yahvé. Comieron
durante los siete días las víctimas de la
solemnidad, sacrificando sacrificios de
comunión y alabando a Yahvé, el Dios
de sus padres. 23 Toda la asamblea resolvió celebrar la solemnidad por otros siete
días, y la celebraron con júbilo siete días
más. 24 Porque Ezequías, rey de Judá,
había reservado para toda la asamblea
mil novillos y siete mil ovejas. Los jefes,
por su parte, habían reservado para la
asamblea mil novillos y diez mil ovejas,
pues ya se habían santificado muchos
sacerdotes. 25 Toda la asamblea de Judá,
los sacerdotes y los levitas y también
toda la asamblea que había venido de
Israel y los forasteros venidos de la tierra
de Israel, lo mismo que los que habitaban
en Judá, se llenaron de alegría. 26 Hubo
gran gozo en Jerusalén; porque desde
los días de Salomón, hijo de David,
rey de Israel, no se había hecho cosa
semejante en Jerusalén. 27 Después se
levantaron los sacerdotes y los levitas, y
bendijeron al pueblo; y fue oída su voz, y
su oración penetró en el cielo, su santa
morada.

Reforma del culto.
‖2 R **18** 4.

31 1 Terminado todo esto, salieron
todos los israelitas que se hallaban presentes a recorrer las ciudades de
Judá; y rompieron las estelas, abatieron
los troncos sagrados y derribaron los altozanos y los altares en todo Judá y Benjamín, y también en Efraín y Manasés,
hasta acabar con ellos. Después volvieron todos los israelitas, cada cual a su
propiedad, a sus ciudades.

Reorganización del clero.

2 Ezequías restableció las clases de los
sacerdotes y de los levitas, cada uno en
su sección, según su servicio, ya fuera
sacerdote, ya levita, ya se tratara de holocaustos y sacrificios de comunión, ya
de servicio litúrgico, acción de gracias o
himnos, en las puertas del campamento
de Yahvé. 3 Destinó el rey una parte de
su hacienda para los holocaustos, holocaustos de la mañana y de la tarde y
holocaustos de los sábados, de los novilunios y de las solemnidades, según lo
escrito en la Ley de Yahvé. 4 Mandó al
pueblo que habitaba en Jerusalén que
entregara la parte de los sacerdotes y le-

vitas a fin de que pudieran perseverar
en la Ley de Yahvé. 5 Cuando se divulgó esta disposición, los israelitas trajeron en abundancia las primicias del trigo, del vino, del aceite y de la miel y de
todos los productos del campo; presentaron igualmente el diezmo de todo en
abundancia*. 6 Los hijos de Israel y de
Judá que habitaban en las ciudades de
Judá trajeron también el diezmo del ganado mayor y menor y el diezmo de las
cosas sagradas consagradas a Yahvé, su
Dios, y lo distribuyeron por montones.
7 En el mes tercero comenzaron a apilar
los montones y terminaron el mes séptimo. 8 Vinieron Ezequías y los jefes a
ver los montones y bendijeron a Yahvé
y a su pueblo Israel. 9 Cuando Ezequías
preguntó a los sacerdotes y a los levitas
acerca de los montones, 10 respondió el
sumo sacerdote Azarías, de la casa de
Sadoc, y dijo: «Desde que se comenzaron a traer las ofrendas reservadas al
templo de Yahvé, hemos comido y nos
hemos saciado, y aún sobra muchísimo, porque Yahvé ha bendecido a su
pueblo; y esta gran cantidad es lo que
sobra.»

11 Entonces mandó Ezequías que se
prepararan salas en el templo de Yahvé. Las prepararon, 12 y metieron allí en
lugar seguro las ofrendas reservadas, los
diezmos y las cosas consagradas. El levita
Quenanías fue nombrado intendente, y
Semeí, hermano suyo, era el segundo.
13 Yejiel, Azazías, Nájat, Asael, Yerimot,
Jozabad, Eliel, Yismaquías, Májat y Benaías eran inspectores, a las órdenes de
Quenanías y de Semeí, su hermano, bajo
la vigilancia del rey Ezequías y de Azazías,
príncipe del templo de Dios. 14 El levita
Coré, hijo de Yimná, portero de la puerta
oriental, estaba encargado de las ofrendas voluntarias hechas a Dios, y de repartir la ofrenda reservada a Yahvé y las
cosas sacratísimas. 15 En las ciudades
sacerdotales estaban permanentemente
bajo sus órdenes Eden, Minyamín, Yesúa, Semaías, Amarías y Secanías, para
repartir a sus hermanos, así grandes
como chicos, según sus clases, 16 dejando aparte a los hombres de treinta años
para arriba, inscritos en las genealogías,
a todos los que entraban en la Casa de
Yahvé, según la tarea de cada día, para
cumplir los servicios de su ministerio,
conforme a sus clases. 17 Los sacerdotes estaban inscritos en las genealogías,
conforme a sus casas paternas, igual
que los levitas, desde los veinte años
en adelante, según sus obligaciones y
sus clases. 18 Estaban también inscritos
en las genealogías todos sus niños, sus
mujeres, sus hijos y sus hijas, de toda la
asamblea, porque se santificaban fielmente por medio de las cosas sagradas*.
19 Para los sacerdotes, hijos de Aarón,
que vivían en el campo, en los ejidos de
sus ciudades, había en cada ciudad hombres designados nominalmente, para dar
las porciones a todos los varones de los
sacerdotes, y a todos los levitas inscritos
en las genealogías.

20 Esto hizo Ezequías en todo Judá,
haciendo lo bueno y recto y verdadero
ante Yahvé su Dios. 21 Todas las obras
que emprendió en servicio del templo
de Dios, la Ley y los mandamientos, las
hizo buscando a su Dios con todo su
corazón y tuvo éxito.

Invasión de Senaquerib*.

‖2 R **18** 13.

32 1 Después de todas estas pruebas de lealtad, vino Senaquerib, rey de Asiria, invadió Judá, puso
sitio a las ciudades fortificadas y mandó
forzar las murallas. 2 Cuando vio Ezequías que Senaquerib venía con inten-

31 5 Ver Nm **18** 8-24; Dt **14** 22+. Pero el diezmo parece que se extiende a las ofrendas voluntarias, v. 6.

31 18 Texto oscuro. Las familias se santifican consumiendo las cosas santas, ver **35** 12-13, e incluso los sacerdotes.

32 El Cronista exalta la figura de Ezequías, lo muestra decidido y animoso, exhortando al pueblo a que tenga confianza en la ayuda de Yahvé, vv. 7-8, con términos que recuerdan los del profeta Isaías en 2 R **19** 20-34.

ción de atacar a Jerusalén, 3 decidió, en
consejo con sus jefes y sus valientes, cegar las fuentes de agua que había fuera
de la ciudad; y ellos lo apoyaron. 4 Se
juntó mucha gente, y cegaron todas las
fuentes y el arroyo que corría por medio
de la región, diciendo: «Cuando vengan
los reyes de Asiria, ¿por qué han de hallar tanta agua?» 5 Y cobrando ánimo, reparó toda la muralla que estaba derriba-
da, alzando torres sobre la misma, levantó otra muralla exterior, fortificó el Miló
en la Ciudad de David, y fabricó una
gran cantidad de armas arrojadizas y escudos. 6 Puso jefes de combate al frente
del pueblo, los reunió a su lado en la plaza de la puerta de la ciudad y, hablándoles al corazón, dijo: 7 «Sean fuertes y tengan ánimo; no teman, ni desmayen ante
el rey de Asiria, ni ante toda la muchedumbre que viene con él, porque es más
el que está con nosotros que el que está
con él*. 8 Con él está un brazo de carne, pero con nosotros está Yahvé nuestro Dios para ayudarnos y para combatir
nuestros combates.» Y el pueblo quedó
confortado con las palabras de Ezequías,
rey de Judá.

Palabras impías de Senaquerib.
||2 R **18** 17-37; ||Is **36** 1-22.

9 Después de esto, Senaquerib, rey de
Asiria, que estaba sitiando Laquis con todas sus fuerzas, envió sus siervos a Jerusalén, a Ezequías, rey de Judá, y a todos
los de Judá que estaban en Jerusalén
para decirles: 10 «Así dice Senaquerib, rey
de Asiria: ¿En qué ponen su confianza,
para permanecer cercados en Jerusalén?
11 ¿No los engaña Ezequías para entregarlos a la muerte por hambre y sed,
cuando dice: 'Yahvé nuestro Dios nos
librará de la mano del rey de Asiria'?
12 ¿No es éste el mismo Ezequías que ha
quitado sus santuarios y sus altares, ordenando a Judá y Jerusalén: 'darán culto
ante un solo altar y sobre él quemarán
incienso'? 13 ¿Acaso no saben lo que yo y
mis padres hemos hecho con todos los
pueblos de los países? ¿Por ventura los
dioses de las naciones de estos países
han sido capaces de librar sus territorios
de mi mano? 14 ¿Quién de entre todos
los dioses de aquellas naciones que mis
padres dieron al anatema pudo librar a
su pueblo de mi mano? ¿Es que el Dios
de ustedes podrá librarlos de mi mano?
15 Ahora, pues, que no los engañe Ezequías ni los seduzca de esa manera. No
le crean; ningún dios de ninguna nación
ni de ningún reino ha podido salvar a su
pueblo de mi mano, ni de la mano de mis
padres, ¡cuánto menos podrá su Dios
librarlos a ustedes de mi mano!»
||2 R **19** 9-13;
||Is **37** 9-13.
16 Sus siervos dijeron todavía más cosas contra Yahvé Dios y contra Ezequías
su siervo. 17 Escribió además cartas para
insultar a Yahvé, Dios de Israel, hablando
contra él de este modo: «Así como los
dioses de las naciones de otros países no
han salvado a sus pueblos de mi mano,
así tampoco el Dios de Ezequías salvará a
su pueblo de mi mano.» 18 Los enviados
gritaban en voz alta, en lengua judía, al
pueblo de Jerusalén, que estaba sobre el
muro, para atemorizarlos y asustarlos, y
poder conquistar la ciudad. 19 Hablaban
del Dios de Jerusalén como de los dioses
de los pueblos de la tierra, que son obra
de manos de hombre.

Plegaria de Ezequías.
||2 R **19** 15.35-37; **20** 12;
||Is **37** 15.36-38.

20 En esta situación, el rey Ezequías y
el profeta Isaías, hijo de Amós, oraron
y clamaron al cielo. 21 Y Yahvé envió
un ángel que exterminó a todos los guerreros esforzados de su ejército, a los
príncipes y a los jefes que había en
el campamento del rey de Asiria, que
volvió a su tierra cubierta la cara de vergüenza y, al entrar en la casa de su dios,
allí mismo, los hijos de sus propias entrañas lo hicieron caer a espada. 22 Así
salvó Yahvé a Ezequías y a los habitantes
de Jerusalén de la mano de Senaquerib,

32 7 Ver **14** 10; **20** 6-12; Is **31** 3.

rey de Asiria, y de la mano de todos sus enemigos, y les dio paz por todos lados.
[23] Muchos trajeron entonces ofrendas a Yahvé, a Jerusalén, y presentes a Ezequías, rey de Judá, que de allí en adelante adquirió gran prestigio a los ojos de todas las naciones.

‖2 R **20** 1s.12-19; ‖Is **38** 1s; **39** 1-8.

[24] En aquellos días Ezequías cayó enfermo de muerte; pero hizo oración a Yahvé, que lo escuchó y le otorgó una señal maravillosa. [25] Pero Ezequías no correspondió al bien que había recibido, pues se ensoberbeció su corazón, por lo cual la Cólera vino sobre él, sobre Judá y Jerusalén. [26] Mas después de haberse ensoberbecido en su corazón, se humilló Ezequías, él y los habitantes de Jerusalén; y por eso no estalló contra ellos la ira de Yahvé en los días de Ezequías.
[27] Ezequías tuvo riquezas y gloria en gran abundancia. Adquirió tesoros de plata, oro, piedras preciosas, bálsamos, joyas y toda suerte de objetos de valor. [28] Tuvo también almacenes para las rentas de trigo, de mosto y de aceite; pesebres para toda clase de ganado y apriscos para los rebaños. [29] Se hizo con burros y poseía ganado menor y mayor en abundancia, pues Dios le había dado muchísima hacienda*.

Resumen del reinado.

‖2 R **20** 20-21.

[30] Este mismo Ezequías cegó la salida superior de las aguas del Guijón y las condujo, bajo tierra, a la parte occidental de la Ciudad de David. Ezequías triunfó en todas sus empresas; [31] cuando los príncipes de Babilonia enviaron embajadores para investigar la señal maravillosa ocurrida en el país, Dios lo abandonó para probarlo y descubrir todo lo que tenía en su corazón. [32] El resto de los hechos de Ezequías y sus obras piadosas están escritos en las visiones del profeta Isaías, hijo de Amós, y en el libro de los reyes de Judá y de Israel. [33] Ezequías reposó con sus antepasados y fue enterrado en la subida de los sepulcros de los hijos de David; y todo Judá y los habitantes de Jerusalén le rindieron honores a su muerte. Manasés, su hijo, reinó en su lugar.

3. IMPIEDAD DE MANASÉS Y DE AMÓN

Manasés destruye la obra de Ezequías.

‖2 R **21** 1-18.

33 [1] Manasés tenía doce años cuando comenzó a reinar, y reinó cincuenta y cinco años en Jerusalén. [2] Hizo lo malo a los ojos de Yahvé, según la costumbre abominable de las naciones que Yahvé había expulsado delante de los israelitas. [3] Reconstruyó los santuarios que su padre Ezequías había destruido, erigió altares dedicados a los Baales, hizo troncos sagrados, se postró ante todo el ejército de los cielos, al que rendía culto, [4] y construyó altares en el templo de Yahvé del que Yahvé había dicho: «En Jerusalén estableceré mi Nombre para siempre.»
[5] Construyó altares a todo el ejército de los cielos en los dos patios del templo de Yahvé. [6] Arrojó a sus hijos a la pira del fuego en el valle de Ben Hinón; practicó la adivinación, la magia y la hechicería, consultó a nigromantes y adivinos; se excedió en hacer lo malo a los ojos de Yahvé, provocando su cólera. [7] Instaló en el templo de Dios la imagen del ídolo que había fabricado, del que había dicho Yahvé a David y a Salomón, su hijo: «En este templo y en Jerusalén, que he elegido de entre todas las tribus de Israel, estableceré mi Nombre para siempre. [8] No volveré a hacer

32 29 Este restaurador recibe las bendiciones divinas, como David, 1 Cro **27** 25-31; **29** 2, y Salomón, 2 Cro **9** 10-28.

que Israel vague errante fuera de la tierra
que di a sus padres, a condición de que
se comprometan a actuar conforme a
todo lo que les he mandado, según toda
la Ley, los decretos y normas ordenados
por Moisés.» 9 Manasés desvió a Judá y
a la población de Jerusalén, hasta el
punto de actuar peor que las naciones
que Yahvé había eliminado ante los israelitas. 10 Yahvé habló a Manasés y a su
pueblo, pero no hicieron caso.

Castigo y conversión de Manasés*.

11 Entonces Yahvé hizo venir sobre
ellos a los jefes del ejército del rey de Asiria, que apresaron a Manasés con ganchos, lo ataron con cadenas de bronce y
lo llevaron a Babilonia. 12 Cuando se vio
en angustia, quiso aplacar a Yahvé su
Dios, humillándose profundamente en
presencia del Dios de sus padres. 13 Oró
a él y Dios accedió, oyó su oración y le
concedió el retorno a Jerusalén, a su reino. Entonces supo Manasés que Yahvé
es el Dios. 14 Después de esto edificó la
muralla exterior de la Ciudad de David al
occidente de Guijón, en el torrente, hasta
la entrada de la Puerta de los Peces, cercando el Ofel, y la elevó a gran altura.
Puso también jefes del ejército en todas
las plazas fuertes de Judá.
15 Quitó del templo de Yahvé los dioses extraños, el ídolo y todos los altares
que había erigido en el monte del templo de Yahvé y en Jerusalén, y los echó
fuera de la ciudad. 16 Reconstruyó el altar
de Yahvé y ofreció sobre él sacrificios
de comunión y de alabanza, y mandó a
Judá que diese culto a Yahvé, el Dios
de Israel. 17 Sin embargo, el pueblo ofrecía aún sacrificios en los altos, aunque
sólo a Yahvé su Dios.

||2 R **21** 17-18.

18 El resto de los hechos de Manasés,
su oración a Dios, y las palabras de los
videntes que le hablaron en nombre de
Yahvé, Dios de Israel, se encuentran
escritos en los Hechos de los reyes de
Israel. 19 Su oración y cómo fue oído, todo
su pecado, su infidelidad, los sitios donde
edificó santuarios y donde puso troncos
sagrados e ídolos antes de humillarse:
todo está escrito en los Hechos de Jozay.
20 Manasés reposó con sus antepasados
y fue enterrado en su casa. Amón, su
hijo, reinó en su lugar.

Obstinación de Amón.

||2 R **21** 19-26.

21 Amón tenía veintidós años cuando
empezó a reinar, y reinó dos años en
Jerusalén. 22 Hizo lo malo a los ojos de
Yahvé, como había hecho su padre Manasés. Amón ofreció sacrificios y dio
culto a todos los ídolos que había fabricado su padre Manasés. 23 Pero no se
humilló delante de Yahvé, como se había humillado su padre Manasés; al contrario, Amón cometió aún más pecados.
24 Los siervos de Amón conspiraron
contra él y mataron al rey en su palacio.
25 Pero el pueblo del país mató a todos
los que habían conspirado contra el rey
Amón y el pueblo del país proclamó rey
en su lugar a su hijo Josías.

4. LA REFORMA DE JOSÍAS

Síntesis del reinado.

||2 R **22** 1-2.

34 1 Josías tenía ocho años cuando
comenzó a reinar, y reinó treinta
y un años en Jerusalén. 2 Hizo lo recto
a los ojos de Yahvé y siguió los caminos
de David, su padre, sin desviarse a derecha ni a izquierda.

33 11 Relato que presenta el regreso de Manasés a Jerusalén, v. 13, como fruto de su conversión. El castigo recaerá sobre Amón, vv. 21-25.

Primeras reformas*.
‖2 R **23** 4-20.

3 El año octavo de su reinado, siendo todavía joven, comenzó a buscar al Dios de su padre David; y en el año doce empezó a purificar a Judá y a Jerusalén de los santuarios, de los troncos sagrados, de las estatuas y de los ídolos fundidos. 4 Derribaron en su presencia los altares de los Baales, hizo arrancar los altares de aromas que había sobre ellos, y rompió los troncos sagrados, las imágenes y los ídolos fundidos reduciéndolos a polvo, que esparció sobre las sepulturas de los que les habían ofrecido sacrificios. 5 Quemó los huesos de los sacerdotes sobre los altares y purificó a Judá y Jerusalén. 6 En las ciudades de Manasés, de Efraín y de Simeón, y hasta en Neftalí y en los territorios asolados que las rodeaban, 7 derribó los altares, demolió los troncos sagrados y las estatuas y las redujo a polvo, y abatió los altares de aromas en toda la tierra de Israel. Después regresó a Jerusalén.

Las obras del Templo.
‖2 R **22** 3-7.

8 El año dieciocho de su reinado, mandó a Safán, hijo de Asalías, a Maasías, comandante de la ciudad, y a Joaj, hijo de Joacaz, heraldo, que repararan el templo de Yahvé, su Dios, para purificar la tierra y el edificio. 9 Fueron ellos donde el sumo sacerdote Jilquías y le entregaron el dinero traído al templo de Dios, que los levitas y porteros habían recibido de Manasés y de Efraín y de todo el resto de Israel, de todo Judá y Benjamín y de los habitantes de Jerusalén. 10 Lo pusieron en manos de los que hacían el trabajo, los encargados del templo de Yahvé, y éstos se lo dieron a los obreros para reparar y restaurar el edificio. 11 Lo dieron a los carpinteros, constructores y albañiles para la compra de piedra de cantería, madera y vigas de trabazón para el maderamen de los edificios destruidos por los reyes de Judá.

12 Estos hombres ejecutaban los trabajos con honradez. Estaban bajo la vigilancia de Yájat y Abdías, levitas de los hijos de Merarí, y de Zacarías y Mesulán, de los hijos de Queat, que les dirigían, y de otros levitas; todos ellos maestros en tañer instrumentos musicales. 13 Dirigían también a los peones de carga y a todos los que trabajaban en la obra, en los distintos servicios. Entre los levitas había además escribas, notarios y porteros.

Descubrimiento del rollo de la Doctrina.
‖2 R **22** 8-13.

14 Cuando estaban sacando el dinero traído al templo de Yahvé, el sacerdote Jilquías encontró el rollo de la Doctrina de Yahvé dada por Moisés. 15 Jilquías tomó la palabra y dijo al secretario Safán: «He encontrado un rollo de la Doctrina en el templo de Yahvé». Y entregó el rollo a Safán. 16 Safán llevó el libro al rey, y le rindió cuentas diciendo: «Tus siervos están haciendo todo lo que les ha sido encargado. 17 Han fundido el dinero traído al templo de Yahvé y lo han entregado a los encargados y a los que trabajan en la obra.» 18 El secretario Safán informó también al rey: «El sacerdote Jilquías me ha entregado un rollo.» Y Safán leyó una parte ante el rey.

19 Cuando el rey oyó las palabras del rollo de la Doctrina, rasgó sus vestiduras, 20 y ordenó a Jilquías, a Ajicán, hijo de Safán, a Abdón, hijo de Miqueas, a Safán, secretario, y a Asayas, ministro del rey: 21 «Vayan a consultar a Yahvé por mí y por el resto de Israel y de Judá, a propósito de las palabras de este rollo que se ha encontrado, pues ha debido de encenderse la ira de Yahvé contra nosotros, pues nuestros padres no han guardado las palabras de Yahvé actuando conforme a todo lo escrito en este rollo.»

34 3 Los trabajos que, según 2 R **22** 3-10, han traído el descubrimiento del rollo de la Doctrina, son aquí una purificación del Templo, v. 8, precedida de una primera reforma, descrita como la de 2 R **23**; la gran Pascua, cap. **35**, consagra la última fase de la reforma.

El oráculo de la profetisa.
2 R **22** 14-20.

[22] Jilquías y los enviados del rey fueron donde la profetisa Juldá, mujer de Salún, hijo de Tocat, hijo de Jasrá, encargado del vestuario. Vivía ella en Jerusalén, en el Barrio Nuevo. Y ellos le hablaron conforme a lo indicado. [23] Ella les respondió: «Así habla Yahvé, el Dios de Israel: Digan al hombre que los ha enviado a mí: [24] Así habla Yahvé: Voy a traer el desastre sobre este lugar y sobre sus habitantes; todas las maldiciones escritas en el rollo que se ha leído delante del rey de Judá; [25] porque ellos me han abandonado y han quemado incienso a otros dioses, irritándome con todas las obras de sus manos; arde mi cólera contra este lugar y ya no se apagará. [26] Digan al rey de Judá que los envió a consultar a Yahvé: Así dice Yahvé, Dios de Israel, acerca de las palabras que has oído... [27] Porque tu corazón se ha conmovido y te has humillado delante de Dios al oír sus palabras contra este lugar y sus habitantes, y porque te has humillado ante mí, has rasgado tus vestiduras y has llorado ante mí, por eso yo, a mi vez, te escucho, oráculo de Yahvé. [28] Te reuniré con tus antepasados y serás enterrado en paz en tu sepulcro; tus ojos no verán todo el desastre que yo acarrearé sobre este lugar y sobre sus moradores.» Ellos llevaron la respuesta al rey.

Renovación de la alianza.
‖2 R **23** 1-3.

[29] El rey envió una orden y todos los ancianos de Judá y de Jerusalén se reunieron en asamblea. [30] El rey subió al templo de Yahvé con todos los hombres de Judá y los habitantes de Jerusalén, los sacerdotes, los levitas y todo el pueblo, desde los más jóvenes a los más ancianos, y leyó a sus oídos el texto completo del rollo de la alianza que había sido hallado en el templo de Yahvé. [31] El rey se situó en pie junto a la columna y celebró el rito de la alianza ante Yahvé: que ellos deberían seguir a Yahvé y guardar sus mandamientos, sus testimonios y sus preceptos, con todo su corazón y con toda su alma, y cumplir los términos de esta alianza tal como estaban escritos en este rollo. [32] Hizo que la aceptaran cuantos se hallaban en Jerusalén y en Benjamín. Y los habitantes de Jerusalén hicieron conforme a la alianza de Dios, el Dios de sus padres. [33] Josías hizo desaparecer todas las abominaciones de todas las regiones de los israelitas, y obligó a todos los que se hallaban en Israel a servir a Yahvé su Dios. Y mientras él vivió no se apartaron de Yahvé, el Dios de sus padres.

Preparación de la Pascua*.
‖2 R **23** 21.

35 [1] Josías celebró una Pascua en honor de Yahvé en Jerusalén; inmolaron la Pascua el día catorce del primer mes.

[2] Restableció a los sacerdotes en sus ministerios y los animó al servicio del templo de Yahvé. [3] Dijo a los levitas que tenían inteligencia para todo Israel y estaban consagrados a Yahvé: «Coloquen el arca santa en el templo que construyó Salomón, hijo de David, rey de Israel, porque ya no habrán de llevarla a hombros; sirvan ahora a Yahvé su Dios y a Israel, su pueblo. [4] Estén preparados según sus casas paternas y sus clases, conforme a lo escrito por David, rey de Israel, y lo escrito por su hijo Salomón. [5] Ocupen sus sitios en el santuario según los grupos de casas paternas a disposición de sus hermanos, los hijos del pueblo; los levitas tendrán parte en la familia paterna. [6] E inmolen la Pascua, santifíquense y prepárenla para sus hermanos, cumpliendo la orden de Yahvé, dada por medio de Moisés.

35 La fiesta mencionada en 2 R **23** 21 está aquí descrita al detalle. Como en tiempo de Ezequías, **31**, va precedida de una reforma del clero, especialmente de los levitas, según las normas davídicas, 1 Cro **24**.

La solemnidad.

7 Josías reservó para la gente del
pueblo ganado menor, así corderos como cabritos, en número de treinta mil,
todos ellos como víctimas pascuales para
cuantos se hallaban presentes, y tres mil
bueyes. Todo ello de la hacienda del rey.
8 También sus jefes reservaron ofrendas
voluntarias para el pueblo, los sacerdotes
y los levitas. Jilquías, Zacarías y Yejiel,
intendentes del templo de Dios, dieron a
los sacerdotes, como víctimas pascuales,
dos mil seiscientas ovejas y trescientos
bueyes. 9 Quenanías, Semaías y Natanael, su hermano, y Jasabías, Yeiel y
Jozabad, jefes de los levitas, reservaron
para los levitas cinco mil corderos pascuales y quinientos bueyes. 10 Preparado así el servicio, ocuparon los sacerdotes sus puestos, lo mismo que los levitas,
según sus clases, conforme al mandato
del rey. 11 Se inmolaron las víctimas pascuales, y mientras los sacerdotes rociaban con la sangre que recibían de mano
de los levitas, los levitas las desollaban
12 y apartaban lo destinado al holocausto
para darlo a las secciones de las casas
paternas de los hijos del pueblo, a fin de
que lo ofrecieran a Yahvé conforme a lo
escrito en el libro de Moisés. Lo mismo
se hizo con los bueyes. 13 Asaron la
Pascua al fuego, según el ritual; cocieron
las cosas sagradas en ollas, calderos y ca-
zuelas, y las repartieron con presteza entre todos los hijos del pueblo. 14 Después
prepararon la Pascua para sí y para los
sacerdotes, porque los sacerdotes, hijos
de Aarón, estuvieron ocupados hasta la
noche en ofrecer los holocaustos y las
grasas. Por eso los levitas la prepararon
para sí y para los sacerdotes, hijos de
Aarón. 15 También los cantores, hijos de
Asaf, estaban en su puesto, conforme a
lo dispuesto por David, Asaf, Hemán y
Yedutún, vidente del rey; lo mismo los
porteros, cada uno en su puerta. No tenían necesidad de retirarse de su servicio,
porque sus hermanos, los levitas, se lo
preparaban todo.
16 De esta manera se organizó aquel
día todo el servicio de Yahvé para celebrar la Pascua y ofrecer los holocaustos
sobre el altar de Yahvé, según la orden
del rey Josías. 17 Los israelitas que se
hallaban allí celebraron en ese tiempo la
Pascua y la fiesta de los Ázimos durante
siete días.

||2 R **23** 22.

18 No se había celebrado Pascua como
ésta en Israel desde los días de Samuel,
profeta; y ningún rey de Israel celebró
una Pascua como la que celebraron Josías*, los sacerdotes y los levitas, todo
Judá e Israel, que allí se hallaban presentes, y los habitantes de Jerusalén.

Fin trágico de Josías.

||2 R **23** 23.29-30.

19 Esta Pascua se celebró el año dieciocho del reinado de Josías. 20 Después de
todo lo que hizo para reparar el Templo,
subió Necó, rey de Egipto, para combatir
en Carquemis, junto al Éufrates; y Josías
le salió al encuentro. 21 Necó le envió
mensajeros para decirle: «¿Qué tengo yo
que ver contigo, rey de Judá? No he venido hoy contra ti, sino contra la casa con
la cual estoy en guerra; y Dios me ha
mandado que me apresure. Deja de opo-
nerte a Dios, que está conmigo, no sea
que él te destruya.» 22 Pero Josías no se
apartó de él, pues estaba decidido a darle batalla, sin escuchar las palabras de
Necó, que venían de boca de Dios. Y
avanzó para librar batalla en la llanura de
Meguidó. 23 Los arqueros tiraron contra
el rey Josías, y dijo el rey a sus siervos:
«Llévenme fuera, pues estoy gravemente
herido.» 24 Sus siervos lo sacaron del carro, y pasándolo a otro carro que tenía, lo
llevaron a Jerusalén, donde murió. Fue
sepultado en los sepulcros de sus padres
y todo Judá y Jerusalén hicieron duelo
por Josías. 25 Jeremías compuso una ele-

35 18 La *Pascua*, ceremonia familiar en su origen, es ahora celebrada por todo el pueblo reunido en el Templo de Jerusalén, **30** 15-27; ver Dt **12** 1+. Evoca el festín mesiánico, Is **25** 6+; Mt **22** 1-14; etc.

gía sobre Josías, y todos los cantores y cantoras hablan todavía hoy de Josías en sus elegías; lo cual se ha hecho costumbre en Israel. Están escritas entre las Lamentaciones.

26 El resto de los hechos de Josías, sus obras piadosas conforme a lo escrito en la Ley de Yahvé, 27 y sus obras primeras y postreras, están escritas en el libro de los reyes de Israel y de Judá.

5. SITUACIÓN DE ISRAEL AL FINAL DE LA MONARQUÍA*

Joacaz.

||2 R **23** 30-34.

36 1 El pueblo del país tomó a Joacaz, hijo de Josías, y lo proclamó rey en Jerusalén, en lugar de su padre. 2 Joacaz tenía veintitrés años cuando comenzó a reinar, y reinó tres meses en Jerusalén. 3 El rey de Egipto lo destituyó en Jerusalén e impuso al país una indemnización de cien talentos de plata y un talento de oro. 4 El rey de Egipto proclamó rey de Judá y Jerusalén a Eliaquín, hermano de Joacaz, cambiándole el nombre por el de Joaquín. Y a Joacaz, su hermano, lo tomó Necó y lo llevó a Egipto.

Joaquín.

||2 R **23** 36-37; **24** 1s.5.

5 Joaquín tenía veinticinco años cuando comenzó a reinar, y reinó once años en Jerusalén. Hizo lo malo a los ojos de Yahvé, su Dios. 6 Nabucodonosor, rey de Babilonia, subió contra él y lo ató con cadenas de bronce para conducirlo a Babilonia. 7 Nabucodonosor llevó también a Babilonia algunos objetos del templo de Yahvé, que depositó en su santuario, en Babilonia. 8 El resto de los hechos de Joaquín, las abominaciones que cometió y todo lo que le sucedió, está escrito en el libro de los reyes de Israel y de Judá. Jeconías, su hijo, reinó en su lugar.

Jeconías.

||2 R **24** 8-17.

9 Jeconías tenía ocho años cuando empezó a reinar, y reinó tres meses y diez días en Jerusalén; hizo lo malo a los ojos de Yahvé. 10 A la vuelta de un año mandó el rey Nabucodonosor que lo llevaran a Babilonia, juntamente con los objetos más preciosos del templo de Yahvé, y puso por rey en Judá y Jerusalén a Sedecías, hermano de Jeconías.

Sedecías.

||2 R **24** 18-20; ||Jr **52** 1-3.

11 Sedecías tenía veintiún años cuando comenzó a reinar, y reinó once años en Jerusalén. 12 Hizo lo malo a los ojos de Yahvé, su Dios, y no se humilló ante el profeta Jeremías que le hablaba por boca de Yahvé*. 13 También él se rebeló contra el rey Nabucodonosor, que le había hecho jurar por Dios; endureció su cerviz y se obstinó en su corazón, en vez de volverse a Yahvé, el Dios de Israel.

La nación.

14 Del mismo modo, todos los jefes de los sacerdotes y el pueblo multiplicaron sus infidelidades, según todas las costumbres abominables de las gentes, y mancharon el templo de Yahvé, que él se había consagrado en Jerusalén. 15 Yahvé, el Dios de sus padres, les envió desde el principio avisos por medio de sus mensajeros, porque tenía compasión de su pueblo y de su Morada. 16 Pero ellos se burlaron de los mensajeros de Dios, despreciaron sus palabras y se mofaron de sus profetas, hasta que subió la ira de Yahvé contra su pueblo a tal punto que ya no hubo remedio.

36 Este resumen de 2 R **23** 31-**25** 30 oculta el periodo sombrío que corre entre Josías y la restauración después del Destierro con la reforma de Esdras y Nehemías.

36 12 Ver Jr **37-39**.

La ruina.

17 Entonces hizo subir contra ellos al
rey de los caldeos, que mató a espada a
los mejores en el edificio de su santuario, sin perdonar a joven ni a doncella,
a viejo ni a canoso; a todos los entregó
Dios en su mano.

‖2 R **25** 14s; **25** 9s.

18 Todos los objetos del templo de
Dios, grandes y pequeños, los tesoros del
templo de Yahvé y los tesoros del rey y
de sus jefes, todo se lo llevó a Babilonia.
19 Incendiaron el templo de Dios y derribaron las murallas de Jerusalén, pegaron
fuego a todos sus palacios y destruyeron
todos sus objetos preciosos. 20 Y a los
que escaparon de la espada los llevó cautivos a Babilonia, donde fueron esclavos
de él y de sus hijos hasta el advenimiento del reino de los persas; 21 para que se
cumpliera la palabra de Yahvé, por boca
de Jeremías: «Hasta que el país haya
pagado sus sábados, descansará todos
los días de la desolación, hasta que se
cumplan los setenta años*.»

Hacia el porvenir*.

‖Esd **1** 1-3.

22 En el año primero de Ciro, rey de
Persia, en cumplimiento de la palabra
de Yahvé, por boca de Jeremías, movió
Yahvé el espíritu de Ciro, rey de Persia,
que mandó publicar de palabra y por
escrito en todo su reino: 23 «Así habla
Ciro, rey de Persia: Yahvé, el Dios de
los cielos, me ha dado todos los reinos
de la tierra. Él me ha encargado que le
edifique un templo en Jerusalén, en Judá. Quien de entre ustedes pertenezca a
su pueblo, ¡sea su Dios con él y suba!»

36 21 Las últimas palabras recuerdan a Jr **25** 11; **29** 10. Lo que precede viene de Lv **26** 34-40.

36 22 Estos dos últimos versículos de la conclusión reproducen a Esd **1** 1-3; pero la frase interrumpida es aquí un grito de triunfo y de esperanza.

EL LIBRO DE ESDRAS

I. La vuelta del destierro y la reconstrucción del templo

La vuelta de los sionistas*.
||2 Cro **36** 22-23.

1 [1] En el año primero de Ciro, rey de Persia, en cumplimiento de la palabra de Yahvé, por boca de Jeremías,
movió Yahvé el espíritu de Ciro, rey de
Persia, que mandó publicar de palabra
y por escrito en todo su reino: [2] «Así habla Ciro, rey de Persia: Yahvé, el Dios
de los cielos, me ha dado todos los reinos de la tierra. Él me ha encargado que
le edifique un templo en Jerusalén, en
Judá. [3] Quien de entre ustedes pertenezca a su pueblo, sea su Dios con él.
Suba a Jerusalén, en Judá, a edificar el
templo de Yahvé, Dios de Israel, el Dios
que está en Jerusalén. [4] A todo el resto*
del pueblo, dondequiera residan, que las
gentes del lugar les ayuden proporcio-
nándoles plata, oro, hacienda y ganado,
así como ofrendas voluntarias para el
templo de Dios que está en Jerusalén.»
[5] Entonces los cabezas de familia de
Judá y Benjamín, los sacerdotes y los levitas y todos aquellos cuyo ánimo había
movido Dios, se pusieron en marcha para subir a edificar el templo de Yahvé en
Jerusalén. [6] Todos sus vecinos les pro-
porcionaron toda clase de ayuda: plata,
oro, hacienda, ganado, gran cantidad de
objetos preciosos y toda clase de ofrendas voluntarias.
[7] El rey Ciro mandó sacar los utensilios del templo de Yahvé que Nabucodonosor se había llevado de Jerusalén
y había depositado en el templo de su
dios. [8] Ciro, rey de Persia, los puso en
manos del tesorero Mitrídates, el cual
los contó para entregárselos a Sesbasar,
príncipe de Judá*. [9] Éste es el inventario: fuentes de oro: 30; fuentes de
plata: 1.000; reparadas: 29; [10] copas
de oro: 30; copas de plata: 1.000; es-
tropeadas: 410; otros utensilios: 1.000.
[11] Total de los utensilios de oro y plata:
5.400. Todo esto se lo llevó Sesbasar,
cuando los deportados subieron con él,
de Babilonia a Jerusalén.

Lista de los sionistas*.
||Ne **7** 6-72a.

2 [1] Éstas son las personas de la provincia que regresaron del cautiverio,
las que había deportado a Babilonia
Nabucodonosor, rey de Babilonia, y que
volvieron a Jerusalén y Judá, cada uno
a su ciudad. [2] Vinieron con Zorobabel,
Josué, Nehemías, Serayas, Reelayas,
Najamaní, Mardoqueo, Bilsán, Mispar,
Bigvay, Rejún, Baaná.
Lista de los hombres del pueblo de Israel: [3] los hijos de Parós: 2.172; [4] los hijos de Sefatías: 372; [5] los hijos de Araj:
775; [6] los hijos de Pajat Moab, por
parte de los hijos de Josué y de Joab:
2.812; [7] los hijos de Elam: 1.254; [8] los
hijos de Zatú: 945; [9] los hijos de Zacay:
760; [10] los hijos de Baní: 642; [11] los hijos de Bebay: 623; [12] los hijos de Azgad: 1.222; [13] los hijos de Adonicán:

1 El grito de esperanza con que acaba 2 Cro **36** 22-23 continúa aquí, v. 4, con el anun-cio de un esfuerzo muy rudo. -Sobre el papel de *Jeremías*, ver Jr **25** 11-12+; **29** 10; Za **1** 12. *Ciro* reina desde 538. Su papel es anunciado por Is **44** 28; **45** 1-5. Los reyes de Persia fueron en general muy liberales con los cultos de los pueblos conquistados. Quizá, además Yahvé, *Dios del cielo*, **5** 11, etc., era equiparado al dios supremo Ahura-Mazda.

1 4 Ver **9** 8.13-15; Ne **1** 2. Es el *resto*, conservado por Dios, ver Is **4** 3+, identificado, según Ez **6** 8-10, con los deportados, **4** 1; **6** 16; **10** 6.8.16.

1 8 *Sesbasar*, jefe de la primera expedición.

2 Lista, que se repite en Ne **7**, de un censo posterior a las primeras expediciones de repatriados.

666; 14 los hijos de Bigvay: 2.056; 15 los hijos de Adín: 454; 16 los hijos de Ater, de Ezequías: 98; 17 los hijos de Besay: 323; 18 los hijos de Yorá: 112; 19 los hijos de Jasún: 223; 20 los hijos de Guibar: 95; 21 los hombres de Belén: 123; 22 los hombres de Netofá: 56; 23 los hombres de Anatot: 128; 24 los hombres de Azmávet: 42; 25 los hombres de Quiriat Yearín, Quefirá y Beerot: 743; 26 los hombres de Ramá y Gueba: 621; 27 los hombres de Micmás: 122; 28 los hombres de Betel y de Ay: 223; 29 los hijos de Nebo: 52; 30 los hijos de Magbís: 156; 31 los hijos del otro Elam: 1.254; 32 los hijos de Jarín: 320; 33 los hombres de Lod, Jadid y Onó: 725; 34 los hombres de Jericó: 345; 35 los hombres de Senaá: 3.630.

36 Sacerdotes: los hijos de Yedaías, de la casa de Josué: 973; 37 los hijos de Imer: 1.052; 38 los hijos de Pasjur: 1.247; 39 los hijos de Jarín: 1.017.

40 Levitas: los hijos de Josué y de Cadmiel, de los hijos de Hodavías: 74.

41 Cantores: los hijos de Asaf: 128.

42 Porteros: los hijos de Salún, los hijos de Ater, los hijos de Talmón, los hijos de Acub, los hijos de Jatitá, los hijos de Sobay: en total 139.

43 Donados*: los hijos de Sijá, los hijos de Jasufá, los hijos de Tabaot, 44 los hijos de Querós, los hijos de Siahá, los hijos de Padón, 45 los hijos de Lebaná, los hijos de Jagabá, los hijos de Acub, 46 los hijos de Jagab, los hijos de Salmay, los hijos de Janán, 47 los hijos de Guidel, los hijos de Gajar, los hijos de Reayas, 48 los hijos de Resín, los hijos de Necodá, los hijos de Gazán, 49 los hijos de Uzá, los hijos de Paséaj, los hijos de Besay, 50 los hijos de Asná, los hijos de los meunitas, los hijos de los nefusitas, 51 los hijos de Bacbuc, los hijos de Jacufá, los hijos de Jarjur, 52 los hijos de Baslut, los hijos de Mejidá, los hijos de Jarsá, 53 los hijos de Barcós, los hijos de Sisrá, los hijos de Témaj, 54 los hijos de Nesíaj, los hijos de Jatifá.

55 Hijos de los siervos de Salomón: los hijos de Sotay, los hijos de Has Soféret, los hijos de Perudá, 56 los hijos de Yaalá, los hijos de Darcón, los hijos de Guidel, 57 los hijos de Sefatías, los hijos de Jatil, los hijos de Poquéret Hasebáin, los hijos de Amí. 58 Total de los donados y de los hijos de los siervos de Salomón: 392.

59 Y éstos son los que venían de Tel Mélaj, Tel Jarsá, Querub, Adón e Imer, y que no pudieron probar si su familia y su estirpe eran de origen israelita: 60 los hijos de Delaías, los hijos de Tobías, los hijos de Necodá: 652. 61 Y entre los sacerdotes: los hijos de Jobaías, los hijos de Hacós, los hijos de Barzilay —el cual se había casado con una de las hijas de Barzilay el gaaladita, cuyo nombre adoptó—. 62 Éstos investigaron en su registro genealógico, pero no figuraban, por lo cual se los excluyó del sacerdocio. 63 El gobernador les prohibió comer de las cosas sacratísimas hasta que no se presentara un sacerdote para el *urim* y el *tumim**.

64 La asamblea ascendía a 42.360 personas, 65 sin contar sus siervos y siervas, que eran 7.337, y los 200 cantores y cantoras. 66 Tenían 736 caballos, 245 mulos, 67 435 camellos y 6.720 burros.

68 Algunos de los cabezas de familia, al llegar al templo de Yahvé en Jerusalén, hicieron ofrendas voluntarias para el templo de Dios, para que fuera reedificado en su mismo emplazamiento. 69 Según sus posibilidades, entregaron al tesoro de la obra 61.000 dracmas de oro, 5.000 minas de plata y 100 túnicas sacerdotales.

70 Los sacerdotes, los levitas y parte del pueblo se establecieron en Jerusalén; los cantores, los porteros y los donados, en sus ciudades respectivas. Todo Israel estaba, pues, en sus respectivas ciudades.

2 43 El origen de los *donados* es relatado en Jos **9** 27. Desempeñaban en el templo funciones inferiores al servicio de los levitas; ver Ne **11** 3; Ez **44** 7-9.

2 63 El gobernador no se inmiscuye en el terreno religioso, ver Ez **45** 7-17; etc. El *urim* y el *tumim* son las suertes sagradas para consultar a Dios, 1 S **14** 41+.

Reanudación del culto.

‖Ne **7** 72b-**8** 1.

3 1 Llegado el séptimo mes, y estando ya los israelitas en sus ciudades, se congregó todo el pueblo como un solo hombre en Jerusalén. 2 Josué, hijo de Josadac, con sus hermanos los sacerdotes, y Zorobabel, hijo de Sealtiel, con sus hermanos, se pusieron a reconstruir el altar del Dios de Israel, para ofrecer en él holocaustos, como está escrito en la Ley de Moisés, hombre de Dios. 3 Erigieron el altar en su emplazamiento, a pesar del temor que les infundían los pueblos de la tierra*, y ofrecieron en él holocaustos a Yahvé, holocaustos de la mañana y de la tarde; 4 celebraron la fiesta de las Tiendas, según está escrito, con el número de holocaustos cotidianos establecidos según el rito de cada día; 5 después, ofrecieron el holocausto perpetuo y los de los sábados, novilunios y todas las solemnidades consagradas a Yahvé, además de lo que cada uno quería ofrecer voluntariamente a Yahvé. 6 Desde el día primero del séptimo mes, comenzaron a ofrecer holocaustos a Yahvé, aunque no se habían echado todavía los cimientos del santuario de Yahvé.

7 Pagaron con dinero a los canteros y a los carpinteros, y dieron víveres, bebidas y aceite a los sidonios y a los tirios para que enviaran por mar a Jope madera de cedro del Líbano, según la autorización de Ciro, rey de Persia. 8 El año segundo de su llegada al templo de Dios en Jerusalén, el segundo mes, Zorobabel, hijo de Sealtiel, y Josué, hijo de Josadac, con el resto de sus hermanos, los sacerdotes, los levitas y todos los que habían vuelto del destierro a Jerusalén, comenzaron la obra; designaron a algunos levitas, de veinte años en adelante, para dirigir las obras del templo de Yahvé. 9 Josué, sus hijos y sus hermanos, Cadmiel y sus hijos, los hijos de Hodavías, se pusieron como un solo hombre a dirigir a los que trabajaban en la obra del templo de Dios. 10 Cuando los albañiles echaron los cimientos del santuario de Yahvé, estaban presentes los sacerdotes, revestidos de lino fino, con trompetas, y los levitas, hijos de Asaf, con címbalos, para alabar a Yahvé según las prescripciones de David, rey de Israel. 11 Cantaban alabando y dando gracias a Yahvé: «Porque es bueno, porque es eterna su misericordia para Israel*.» Y el pueblo entero prorrumpía en grandes clamores, alabando a Yahvé, porque el templo de Yahvé tenía ya sus cimientos. 12 Muchos sacerdotes, levitas y jefes de familia, ya ancianos, que habían conocido con sus propios ojos el primer templo, sobre sus cimientos, lloraban a voz en grito, mientras que otros lanzaban gozosos clamores. 13 Y nadie podía distinguir los acentos de clamor jubiloso de los acentos de lamentación, porque el pueblo lanzaba grandes clamores, y el estrépito se podía oír desde muy lejos.

Alegato antisamaritano: obstrucción samaritana bajo Ciro*.

4 1 Cuando los enemigos de Judá y de Benjamín se enteraron de que los deportados estaban edificando un santuario a Yahvé, Dios de Israel, 2 se presentaron a Zorobabel, a Josué y a los cabezas de familia, y les dijeron: «Vamos a edificar junto con ustedes, porque, como ustedes, buscamos a su Dios y le sacrificamos, desde los tiempos de Asaradón, rey de Asiria, que nos trajo aquí.» 3 Zorobabel, Josué y los restantes cabezas de familia israelitas les contestaron: «No podemos edificar juntos no-

3 3 Ver 2 R **11** 14+. Aquí; **4** 4; **9** 1-2; etc., la expresión *pueblos de la tierra* designa a los samaritanos o extranjeros que han ocupado las tierras de los deportados y que no observan la Ley.

3 11 Estribillo frecuentemente repetido, Jr **33** 11; Sal **100** 5; **136**+.

4 La oposición de los samaritanos se junta a la negligencia de los judíos, Ag **1** 2.

sotros y ustedes un templo a nuestro
Dios: a nosotros solos nos toca construir para Yahvé, Dios de Israel, como
nos lo ha mandado Ciro, rey de Persia.»
4 Entonces el pueblo de la tierra se puso
a desanimar al pueblo de Judá y a atemorizarlos para que no siguieran edificando.
5 Sobornaron contra ellos a algunos consejeros para hacer fracasar su
proyecto; así durante todo el tiempo de
Ciro, rey de Persia, hasta el reinado de
Darío, rey de Persia.

Obstrucción samaritana bajo Jerjes y Artajerjes*.

6 Bajo el reinado de Jerjes, al comienzo de su reinado, presentaron ellos por
escrito una denuncia contra los habitantes de Judá y Jerusalén.
7 En tiempo de Artajerjes, Mitrídates,
Tabel y demás colegas suyos escribieron contra Jerusalén a Artajerjes, rey de
Persia. El texto del documento estaba
redactado en escritura aramea y en lengua aramea.
8 El gobernador* Rejún y el secretario
Sinsay escribieron una carta al rey Artajerjes en contra de Jerusalén.
9 —El
gobernador Rejún, el secretario Sinsay
y demás colegas; los jueces y los legados, funcionarios persas; las gentes de
Uruc, de Babilonia y de Susa —es decir
los elamitas—
10 y los restantes pueblos
que el gran Asurbanipal deportó y estableció en las ciudades de Samaría y en
el resto de Transeufratina.
11 Ésta es la copia de la carta que le
enviaron:

«Al rey Artajerjes, tus servidores, las
gentes de Transeufratina, etc.
12 «Ha de saber el rey que los judíos
que subieron de tu lado hacia nosotros
y llegaron a Jerusalén están reconstruyendo esta ciudad rebelde y perversa;
tratan de levantar las murallas, y ya han
echado los cimientos.
13 Sepa, pues, el
rey, que si esta ciudad se reconstruye y
se levantan sus murallas, no se pagarán
más impuestos, contribución ni peaje, y
al fin esta ciudad perjudicará a los reyes.
14 Y puesto que nosotros comemos la
sal del palacio y nos resulta intolerable
ver esta afrenta que se hace al rey, enviamos al rey esta denuncia,
15 para que
se investigue en las Memorias de tus
padres: en estas Memorias encontrarás
y descubrirás que esta ciudad es una ciudad rebelde, molesta para los reyes y las
provincias, y que en ella se han fomentado insurrecciones desde antiguo. Por
este motivo fue destruida esta ciudad.
16 Nosotros informamos al rey que, si
esta ciudad se reconstruye y se levantan
sus murallas, bien pronto ya no tendrás
más territorios en Transeufratina.»
17 El rey envió esta respuesta:

«Al gobernador Rejún, al secretario
Sinsay y a los restantes colegas residentes
en Samaría y demás lugares en Transeufratina, paz, etc.
18 «El documento que nos han enviado
ha sido traducido y leído en mi presencia.
19 Di orden de que se investigara, y se ha
encontrado que esta ciudad se ha venido
rebelando contra los reyes desde antiguo,
y que ha fomentado revueltas e insurrecciones.
20 Que hubo en Jerusalén reyes
poderosos, cuyo dominio se extendía sobre toda Transeufratina a los que pagaban impuestos, contribuciones y peaje.
21 Ordenen, pues, que se interrumpa la
empresa de esos hombres: esa ciudad no
debe ser reconstruida hasta nueva orden.
22 Guárdense de actuar con negligencia
en este asunto, no sea que el mal aumente en perjuicio de los reyes.»
23 En cuanto la copia del documento
del rey Artajerjes fue leída ante el gobernador Rejún, el secretario Sinsay y
sus colegas, salieron a toda prisa hacia
Jerusalén, donde los judíos, y, por la
fuerza de las armas, los obligaron a suspender las obras.

4 6 La *fuente aramea* abarca desde este lugar hasta **6** 18. *El comienzo del reinado* de Jerjes: final del 486 al comienzo del 485.

4 8 *Rejún, gobernador* de Samaría, v. 17, de quien dependía Jerusalén.

La construcción del Templo (520-515).

24 Así se suspendieron las obras del
templo de Dios en Jerusalén. Estuvieron interrumpidas hasta el año segundo
del reinado de Darío, rey de Persia.

5 1 El profeta Ageo y el profeta Zacarías, hijo de Idó, empezaron a
profetizar a los judíos de Judá y de Jerusalén, en nombre del Dios de Israel
que velaba sobre ellos. 2 Con esto, Zorobabel, hijo de Sealtiel, y Josué, hijo de
Josadac, se decidieron a reanudar la
construcción del templo de Dios en Jerusalén: los profetas de Dios estaban con
ellos, apoyándolos*. 3 Por entonces, Tatenay, sátrapa de Transeufratina, Setar
Boznay y sus colegas vinieron donde
ellos y les preguntaron: «¿Quién les
ha autorizado a construir este templo
y a rematar este santuario? 4 ¿Cómo
se llaman los hombres que construyen
este edificio?» 5 Pero los ojos de su Dios
velaban sobre los ancianos de los judíos,
y no se los obligó a suspender la obra
en espera de que llegara un informe a
Darío y volviera un decreto oficial sobre
aquel asunto.

6 Copia de la carta que Tatenay, sátrapa de Transeufratina, Setar Boznay y
sus colegas, las autoridades de Transeufratina, remitieron al rey Darío. 7 Le enviaron un escrito de este tenor:

«Al rey Darío, paz completa. 8 Sepa
el rey que nosotros hemos ido a la provincia de Judá, al templo del gran Dios:
se está reconstruyendo con piedras sillares; se recubren de madera las paredes;
la obra se ejecuta cuidadosamente y adelanta en sus manos. 9 Hemos preguntado a estos ancianos y les hemos dicho:
'¿Quién los ha autorizado a construir
este templo y a rematar este santuario?'
10 Les hemos preguntado además sus
nombres para informarte de ello. Te
damos, pues, por escrito los nombres de
los hombres que están al frente de ellos.
11 «Ellos nos han dado esta respuesta:
'Nosotros somos servidores del Dios del
cielo y de la tierra; estamos reconstruyendo un templo que estuvo en pie anteriormente durante muchos años y que
un gran rey de Israel construyó y acabó.
12 Pero nuestros padres irritaron al Dios
del cielo, y él los entregó en manos de
Nabucodonosor, el caldeo, rey de Babilonia. 13 Sin embargo, el año primero de
Ciro, rey de Babilonia, el rey Ciro dio
autorización para reconstruir este templo de Dios; 14 además, el rey Ciro mandó sacar del santuario de Babilonia los
utensilios de oro y plata del templo de
Dios que Nabucodonosor había quitado
al santuario de Jerusalén y había llevado
al santuario de Babilonia, y entregárselos
a un hombre llamado Sesbasar, a quien
nombró sátrapa; 15 y le dijo: Toma estos
utensilios; vete a llevarlos al santuario
de Jerusalén y que sea reconstruido el
templo de Dios en su emplazamiento.
16 Vino, pues, el tal Sesbasar y echó
los cimientos del templo de Dios en
Jerusalén. Y desde entonces hasta el
presente se viene reconstruyendo, pero
no está acabado.'

17 «Ahora, pues, si le place al rey, in-
vestíguese en el departamento del tesoro del rey de Babilonia* si es verdad que
el rey Ciro dio autorización para reconstruir este templo de Dios en Jerusalén.
Y que se nos remita la decisión del rey
sobre este asunto.»

6 1 Entonces, por orden del rey Darío, se investigó en los archivos del
tesoro conservados en Babilonia, 2 y se
encontró en Ecbátana, la fortaleza situada en la provincia de los medos, un rollo
del tenor siguiente:
«Memorándum.

3 «El año primero del rey Ciro, el rey
Ciro ha ordenado: 'Templo de Dios en
Jerusalén':

«Constrúyase el templo como lugar
donde se ofrezcan sacrificios y échense

5 2 El impulso inicial había quedado sin efecto. Ver Ag **1** 14; **2** 9; Za **4** 9.

5 17 *Babilonia* era uno de los nombres del imperio persa; **5** 13; **6** 1.

sus cimientos. Su altura será de sesenta
codos y de sesenta codos su anchura.
4 Habrá tres hileras de piedras de sillería
y una de madera. Los gastos serán cos-
teados por la casa del rey. 5 Además,
serán restituidos los utensilios de oro
y plata del templo de Dios, que Nabucodonosor sacó del santuario de Jerusalén
y se llevó a Babilonia, para que todo
vuelva a ocupar su lugar en el santuario
de Jerusalén y vuelva a ser colocado en
el templo de Dios.

6 «Ahora, pues, Tatenay, sátrapa de
Transeufratina, Setar Boznay y ustedes,
sus colegas, las autoridades de Transeufratina, retírense de allí; 7 dejen trabajar
en este templo de Dios al sátrapa de
Judá y a los ancianos de los judíos, y que
reconstruyan ese templo de Dios en su
emplazamiento. 8 Éstas son mis órdenes
acerca del proceder de ustedes con los
ancianos de los judíos para la reconstrucción de ese templo de Dios: de los fondos
reales de los impuestos de Transeufratina, se les pagarán a esos hombres los
gastos exactamente y sin interrupción.
9 Lo que necesiten para holocaustos del
Dios del cielo: novillos, carneros y corderos, así como trigo, sal, vino y aceite,
se les proporcionará sin falta cada día,
según las indicaciones de los sacerdotes
de Jerusalén, 10 para que se ofrezcan al
Dios del cielo ofrendas agradables y se
ruegue por la vida del rey y de sus hijos*.
11 Ordeno, además, lo siguiente: A todo
aquel que no cumpla este edicto, le será
arrancada de su casa una viga, se le ama-
rrará a ella y será azotado; en cuanto a su
casa, será reducida, por este delito, a un
montón de escombros. 12 Y el Dios que
ha puesto allí la morada de su Nombre,
aplaste a todo aquel rey o pueblo que trate de transgredir este decreto y destruir
ese templo de Dios en Jerusalén. Yo,
Darío, he promulgado este decreto. Sea
ejecutado exactamente.»

13 Tatenay, sátrapa de Transeufratina, Setar Boznay y sus colegas ejecutaron exactamente las instrucciones dadas por el rey Darío. 14 Los ancianos de
los judíos continuaron reconstruyendo
con éxito, según la profecía del profeta
Ageo y de Zacarías, hijo de Idó. Llevaron a término la construcción según la
orden del Dios de Israel y la orden de
Ciro y de Darío. 15 Este templo fue terminado el día veintitrés del mes de Adar,
el año sexto del reinado del rey Darío*.
16 Los israelitas —los sacerdotes, los
levitas y el resto de los deportados— celebraron con júbilo la dedicación de este
templo de Dios. 17 Ofrecieron para la
dedicación de este templo de Dios cien
toros, doscientos carneros, cuatrocientos corderos y, como sacrificio por el
pecado de todo Israel, doce machos cabríos, conforme al número de las tribus
de Israel. 18 Luego establecieron a los
sacerdotes según sus categorías, y a los
levitas según sus clases, para el servicio
del templo de Dios en Jerusalén, según
está escrito en el libro de Moisés.

La Pascua del 515*.

19 Los deportados celebraron la Pascua el día catorce del primer mes. 20 Como los levitas se habían purificado todos
a una, estaban todos puros. Inmolaron,
pues, la pascua para todos los deportados, para sus hermanos los sacerdotes y
para sí mismos. 21 Comieron la pascua
los israelitas que habían vuelto del destierro y todos aquellos que, habiendo roto con la impureza de la gente del país,
se habían unido a ellos para buscar a
Yahvé, Dios de Israel. 22 Celebraron con
júbilo, durante siete días, la fiesta de los
Ázimos, porque Yahvé los había llenado de gozo, pues cambió en su favor el
corazón del rey de Asiria para reafirmar
sus manos en las obras del templo de su
Dios, el Dios de Israel.

6 10 Oración por los soberanos paganos, Jr **29** 7; Ba **1** 10-11; 1 M **7** 33; ver Rm **13** 1-7; 1 Tm **2** 1-2; 1 P **2** 13-17.

6 15 El primero de abril del 515. Este templo ampliamente transformado por Herodes el Grande, ver Jn **2** 20, no será destruido hasta el año 70 d.C. por Tito.

6 19 Vuelve aquí el texto hebreo. Sobre la *Pascua*, ver Ex **12** 1+; 2 Cro **35** 6.11.

II. Organización de la comunidad por Esdras y Nehemías

Misión y personalidad de Esdras.

7 1 Después de estos acontecimientos,
bajo el reinado de Artajerjes, rey de
Persia, Esdras, hijo de Serayas, hijo de
Azarías, hijo de Jilquías, 2 hijo de Salún,
hijo de Sadoc, hijo de Ajitub, 3 hijo de
Amarías, hijo de Azarías, hijo de Merayot, 4 hijo de Zerajías, hijo de Uzí, hijo
de Buquí, 5 hijo de Abisúa, hijo de Pinjás,
hijo de Eleazar, hijo del sumo sacerdote
Aarón, 6 este Esdras subió de Babilonia.
Era un escriba versado* en la Ley de
Moisés que había dado Yahvé, Dios de
Israel. Como la mano de Yahvé su Dios
estaba con él, el rey le concedió todo lo
que pedía. 7 Subieron también a Jerusalén, el año séptimo del rey Artajerjes, algunos israelitas, sacerdotes, levitas,
cantores, porteros y donados. 8 Llegó a
Jerusalén el mes quinto: era el año séptimo del rey. 9 Había decidido salir de Babilonia el día uno del primer mes, y llegó
a Jerusalén el día uno del quinto mes. La
mano bondadosa de su Dios estaba con
él, 10 porque Esdras había aplicado su
corazón a escrutar la Ley de Yahvé, a
ponerla en práctica y a enseñar en Israel
los preceptos y las normas.

El decreto de Artajerjes*.

11 Ésta es la copia del documento que
el rey Artajerjes entregó a Esdras, el
sacerdote-escriba dedicado a escribir las
palabras de los mandamientos de Yahvé y sus decretos acerca de Israel.
12 «Artajerjes, rey de reyes, al sacerdote Esdras, secretario de la Ley del Dios
del cielo, paz perfecta, etc.
13 «Éstas son mis órdenes: Todo aquel
que en mi reino pertenezca al pueblo de
Israel, o a sus sacerdotes o sus levitas,
y quiera volver a Jerusalén, puede partir contigo, 14 ya que el rey y sus siete
consejeros te envían para inspeccionar
a Judá y Jerusalén en lo referente a la
Ley de tu Dios que está en tus manos,
15 y para llevar la plata y el oro que el
rey y sus consejeros han ofrecido voluntariamente al Dios de Israel, cuya morada está en Jerusalén, 16 así como toda la
plata y el oro que hayas reunido de toda
la provincia de Babilonia, con las ofrendas voluntarias que el pueblo y los sacerdotes hayan hecho para el templo de su
Dios en Jerusalén. 17 Con este dinero procura comprar novillos, carneros,
corderos, con las ofrendas y libaciones
correspondientes, para ofrecerlo luego
sobre el altar del templo de vuestro Dios
en Jerusalén. 18 La plata y el oro que sobre, lo emplearán como mejor les parezca a ti y a tus hermanos, conforme a
la voluntad de su Dios. 19 Los utensilios
que se te entregan para el servicio del
templo de tu Dios, depositalos delante
de tu Dios en Jerusalén. 20 El tesoro real
te proporcionará las restantes cosas que
necesites para el templo de tu Dios. 21 Yo,
el rey Artajerjes, doy esta orden a todos
los tesoreros de Transeufratina: 'Todo
lo que les pida el sacerdote Esdras, Secretario de la Ley del Dios del cielo, se
lo darán puntualmente, 22 hasta la suma
de cien talentos de plata, cien cargas de
trigo, cien medidas de vino y cien medidas de aceite; la sal se le dará sin tasa.
23 Todo lo que ordena el Dios del cielo debe ser cumplido con celo para el
templo del Dios del cielo, a fin de que
la Cólera no caiga sobre el reino, el rey
y sus hijos. 24 Les hacemos saber también que no se puede percibir impuesto,
contribución o peaje de ninguno de los

7 6 *Escriba versado*, lit.: *escriba rápido*, ver Sal **45** 2. Los escribas eran poderosos en las cortes orientales, vv. 11.21. Pero su función tiene aquí carácter religioso, Ne **8** 8; el escriba lee, traduce y explica la Ley. Los escribas serán influyentes después del Destierro y los encontramos en los Evangelios.

7 11 El decreto de Artajerjes (vv. 12-26, texto en arameo) autoriza a los *judíos* a volver a Judá, a tener la Ley de Moisés por ley del Estado y a contar con el sostenimiento financiero del poder.

sacerdotes, levitas, cantores, porteros,
donados ni de ninguno de los servidores
de este templo de Dios.'
25 «Y tú, Esdras, conforme a la sabiduría de tu Dios, que posees, nombra
jueces y magistrados que administren la
justicia a todo el pueblo de Transeufratina, a todos los que conocen la Ley de
tu Dios. A quienes la ignoran, habrán
de enseñársela. 26 Y a todo aquel que no
cumpla la Ley de tu Dios y la ley del rey,
aplíquesele una rigurosa justicia: muerte,
destierro, multa o cárcel.»

Viaje de Esdras de Babilonia a Palestina.

27 ¡Bendito sea Yahvé, Dios de nuestros padres, que movió de esta manera
el corazón del rey para glorificar el
templo de Yahvé en Jerusalén, 28 y me
granjeó el favor del rey, de sus consejeros y de los altos jefes del rey! Yo cobré
ánimo porque la mano de Yahvé, mi
Dios, estaba conmigo, y reuní a los jefes
de Israel para que salieran conmigo.

8 1 Éstos son, según su genealogía,
los cabezas de familia que subieron
conmigo de Babilonia en el reinado del
rey Artajerjes*:
2 De los hijos de Pinjás: Guersón; de
los hijos de Itamar*: Daniel; de los hijos
de David: Jatús, 3 hijo de Secanías; de
los hijos de Pardós: Zacarías, con el
que fueron registrados ciento cincuenta
varones; 4 de los hijos de Pajat Moab:
Eljoenay, hijo de Zerajías, y con él doscientos varones; 5 de los hijos de Zatú:
Secanías, hijo de Yajaziel, y con él trescientos varones; 6 de los hijos de Adín:
Ébed, hijo de Jonatán, y con él cincuenta varones; 7 de los hijos de Elam: Isaías,
hijo de Atalías, y con él setenta varones;
8 de los hijos de Sefatías: Zebadías, hijo
de Miguel, y con él ochenta varones;
9 de los hijos de Joab: Abdías, hijo de
Yejiel y con él doscientos dieciocho varones; 10 de los hijos de Baní: Selomit,
hijo de Josifías, y con él ciento sesenta
varones; 11 de los hijos de Bebay: Zacarías, hijo de Bebay, y con él veintiocho
varones; 12 de los hijos de Azgad: Juan,
hijo de Hacadán, y con él ciento diez
varones; 13 de los hijos de Adonicán: los
últimos, cuyos nombres son: Elifélet,
Yeiel y Semaías, y con ellos sesenta varones; 14 y de los hijos de Bigvay: Utay,
hijo de Zabud, y con él setenta varones.
15 Yo los reuní junto al río que corre
hacia Ahavá. Allí acampamos tres días.
Observé que había laicos y sacerdotes,
pero no encontré ningún levita. 16 Entonces llamé a Eliezer, Ariel, Semaías,
Elnatán, Yarib, Elnatán, Natán, Zacarías y Mesulán, hombres discretos, 17 y
los mandé donde Idó, jefe de la localidad de Casifías. Puse en su boca las
palabras que habían de decir a Idó y a
su hermano, establecidos en la localidad
de Casifías, para que nos proporciona-
ran ministros para el templo de nuestro
Dios. 18 Y gracias a la mano bondadosa
de nuestro Dios que estaba con nosotros, nos trajeron a Serebías, de los
hijos de Majlí, hijo de Leví, hijo de Israel,
hombre experto, y a sus hijos y hermanos: dieciocho hombres; 19 además a
Jasabías, y con él a su hermano Isaías,
de los hijos de Merarí, y sus hijos: veinte
hombres. 20 Y doscientos veinte donados de los que David y los jefes habían
destinado al servicio de los levitas, todos
ellos nominalmente designados.
21 Allí, a orillas del río Ahavá, prego-
né un ayuno para humillarnos delante
de nuestro Dios y pedirle un viaje feliz
para nosotros, nuestros hijos y nuestros
bienes. 22 Pues me daba vergüenza soli-
citar del rey soldados de infantería y de
caballería para protegernos del enemigo
en el camino; por el contrario, habíamos
declarado al rey: «La mano de nuestro
Dios está, para bien, con todos los que
lo buscan; y su poder y su cólera so-

8 1 En total, alrededor de 1.500 hombres, sin contar sus familias.

8 2 La descendencia de Abiatar había sido descartada del templo, 1 R **2** 27. Las dos familias se reconciliaron, pero los Sadoquitas tendrán más preponderancia, 1 Cro **24** 4.

bre todos los que lo abandonan.» 23 Ayunamos, pues, e invocamos a nuestro Dios con este fin. Y él nos atendió.

24 Elegí a doce jefes de los sacerdotes, y además a Serebías y Jasabías, y con ellos a diez de sus hermanos; 25 les pesé la plata, el oro y los utensilios, ofrendas que el rey, sus consejeros, sus jefes y todos los israelitas que se encontraban allí habían reservado para el templo de nuestro Dios. 26 Pesé y les entregué seiscientos cincuenta talentos de plata, cien utensilios de plata de dos talentos, cien talentos de oro, 27 veinte copas de oro de mil dáricos y dos objetos de hermoso bronce dorado, preciosos como el oro. 28 Y les dije: «Ustedes están consagrados a Yahvé; estos utensilios son sagrados; esta plata y este oro son una ofrenda voluntaria a Yahvé, Dios de nuestros padres. 29 Vigilen y guárdenlos hasta que los pesen ante los jefes de los sacerdotes y de los levitas y los cabezas de familia de Israel, en Jerusalén, en las cámaras del templo de Yahvé.» 30 Los sacerdotes y levitas tomaron entonces el oro y la plata ya pesados y los utensilios, para llevarlos a Jerusalén, al templo de nuestro Dios.

31 El día doce del primer mes partimos del río Ahavá para ir a Jerusalén. La mano de nuestro Dios estaba con nosotros y nos salvó en el camino de la mano de enemigos y salteadores. 32 Llegamos a Jerusalén y descansamos allí tres días. 33 El cuarto día, fueron pesados en el templo de nuestro Dios la plata, el oro y los utensilios, y entregados al sacerdote Meremot, hijo de Urías; estaba con él Eleazar, hijo de Pinjás; los acompañaban los levitas Jozabad, hijo de Josué, y Noadías, hijo de Binuy. 34 Todo se contó y se pesó, y se registró su peso total.

En aquel tiempo, 35 los deportados que volvían del cautiverio ofrecieron holocaustos al Dios de Israel: doce novillos por todo Israel, noventa y seis carneros, setenta y siete corderos y doce machos cabríos por el pecado: todo en holocausto a Yahvé.

36 Y se entregaron los decretos del rey a los sátrapas del rey y a los gobernadores de Transeufratina, los cuales favorecieron al pueblo y a la Casa de Dios.

Separación de los matrimonios con extranjeros*.

9 1 Concluido esto, se me presentaron los jefes diciendo: «El pueblo de Israel, los sacerdotes y los levitas no se han separado de las abominaciones de la gente del país —cananeos, hititas, perizitas, jebuseos, amonitas, moabitas, egipcios y amorreos—, 2 sino que han tomado para sí y para sus hijos mujeres de entre las hijas de ellos: la raza santa se ha mezclado con la gente del país; los jefes y los consejeros han sido los primeros en esta rebeldía.» 3 Al oír esto rasgué mis vestiduras y mi manto, me arranqué los pelos de la cabeza y de la barba, y me senté desolado. 4 Todos los temerosos de las palabras del Dios de Israel se reunieron en torno a mí, a causa de esta rebeldía de los deportados*. Yo permanecí sentado, desolado, hasta la ofrenda de la tarde. 5 A la hora de la ofrenda de la tarde salí de mi postración y, con las vestiduras y el manto rasgados, caí de rodillas, extendí las manos hacia Yahvé mi Dios, 6 y dije*:

«Dios mío, harta vergüenza y confusión tengo para levantar mi rostro hacia ti, Dios mío. Porque nuestros crímenes se han multiplicado hasta sobrepasar nuestra cabeza, y nuestro delito ha crecido hasta el cielo. 7 Desde los días de nuestros padres hasta el día de hoy nos hemos hecho muy culpables: por nues-

9 Los *matrimonios* con extranjeros, durante largo tiempo autorizados, Gn **41** 45; **48** 5-6; etc., fueron prohibidos por Dt **7** 1-4. A la preocupación de luchar contra la idolatría, **9** 1.11, se añade la de la pureza de la sangre, v. 2. Ver Ne **9** 2; Mt **2** 10-12.

9 4 La comunidad judía en su conjunto es llamada la *Golah* (los deportados), del nombre de su élite, **4** 1; **6** 16; **10** 6.8.16. Se identifica con un «Resto», ver Is **4** 3+.

9 6 Plegaria con mezcla de exhortación, inspirada en Dt y en los profetas, vv. 11-12.

tros crímenes fuimos entregados, nosotros, nuestros reyes y nuestros sacerdotes, en manos de los reyes de los países,
a la espada, al cautiverio, al saqueo y al
oprobio, como sigue sucediendo en la
actualidad. 8 Mas ahora, en un instante, Yahvé nuestro Dios nos ha concedido la gracia de dejarnos un Resto* y de
darnos una liberación en su lugar santo: nuestro Dios ha iluminado así nuestros ojos y nos ha reanimado en medio
de nuestra esclavitud. 9 Porque esclavos
fuimos nosotros, pero en nuestra esclavitud nuestro Dios no nos ha abandonado; nos ha granjeado el favor de los reyes de Persia, nos ha dado ánimos para
levantar de nuevo el templo de nuestro
Dios, restaurar sus ruinas y procurarnos
un valladar seguro en Judá y Jerusalén.
10 Pero ahora, Dios nuestro, ¿qué vamos a decir, si, después de todo esto,
hemos abandonado tus mandamientos,
11 que por medio de tus siervos los profetas tú habías prescrito en estos términos: 'La tierra en cuya posesión van a
entrar es una tierra manchada por la inmundicia de las gentes de la tierra, por
las abominaciones con que la han llenado de un extremo a otro con su impureza? 12 Así, pues, no den sus hijas a los
hijos de ellos ni tomen las hijas de ellos
para sus hijos; no busquen nunca la paz
ni el bienestar de ellos, a fin de que puedan hacerse fuertes, coman los mejores
frutos de la tierra y la dejen en herencia
a sus hijos para siempre.'

13 «Mas después de todo lo que nos
ha sobrevenido por nuestras malas acciones y nuestras culpas —y eso que tú,
Dios nuestro, has disminuido nuestros
crímenes y nos has concedido esta liberación—, 14 ¿hemos de volver a violar
tus mandamientos, emparentándonos
con esta gente abominable? ¿No te irri-
tarías tú contra nosotros hasta exterminarnos sin que quedara Resto sin salvación? 15 Yahvé, Dios de Israel, justo eres,
pues un Resto nos hemos salvado, como
en el caso presente: aquí estamos ante ti,
con nuestro delito, pues por su causa no
podemos resistir en tu presencia.»

10 1 Mientras Esdras, llorando y
prosternado ante el templo de
Dios, oraba y hacía esta confesión, una
inmensa asamblea de Israel, hombres,
mujeres y niños, se había reunido en
torno a él: y este pueblo lloraba copiosamente. 2 Entonces, Secanías, hijo de Yejiel, de los hijos de Elam, dijo a Esdras:
«Hemos sido rebeldes a nuestro Dios,
casándonos con mujeres extranjeras, tomadas de entre la gente del país. Ahora
bien, a pesar de ello, todavía hay una esperanza para Israel. 3 Hagamos un pacto
con nuestro Dios comprometiéndonos a
despedir a todas las mujeres extranjeras y
a los hijos nacidos de ellas, conforme al
consejo de mi señor y de los temerosos
de los mandamientos de nuestro Dios.
Hágase según la Ley. 4 Levántate, que
este asunto te incumbe a ti; nosotros
estaremos a tu lado. ¡Ánimo y manos a
la obra!» 5 Entonces Esdras se levantó e
hizo jurar a los jefes de los sacerdotes y de
los levitas y a todo Israel que harían conforme a lo dicho; y lo juraron. 6 Luego
Esdras se retiró de delante del templo de
Dios y se fue al aposento de Juan, hijo de
Eliasib, donde pasó la noche sin comer
pan ni beber agua, haciendo duelo a causa de la rebeldía de los deportados.

7 Se pregonó un bando en Judá y Jerusalén para que todos los deportados se
reunieran en Jerusalén. 8 Todo aquel que
no viniera en el plazo de tres días, según
el consejo de los jefes y de los ancianos,
vería consagrada al anatema toda su
hacienda y sería él mismo excluido de la
asamblea de los deportados. 9 Todos los
hombres de Judá y de Benjamín se reunieron, pues, en Jerusalén en el plazo de
tres días. Era el día veinte del mes noveno. Todo el pueblo se congregó en la plaza del templo de Dios, temblando, debido
al caso, y también porque llovía a cántaros. 10 Entonces el sacerdote Esdras se
levantó y les dijo: «Han sido rebeldes al
casarse con mujeres extranjeras, aumen-

9 8 Ver **1** 4+; Is **4** 3+.

tando así el delito de Israel. 11 Ahora,
pues, den gracias a Yahvé, el Dios de sus
padres, cumplan su voluntad y sepárense
de la gente del país y de las mujeres extranjeras.» 12 Toda la asamblea respondió
en alta voz: «Sí; haremos como tú dices;
13 sólo que el pueblo es numeroso y estamos a la intemperie; además, no se trata
de una cosa de un día o dos, porque
somos muchos los que hemos incurrido
en este pecado. 14 Nuestros jefes podrían
representar a toda la asamblea: todos los
que en nuestras ciudades se hayan casado con mujeres extranjeras, vendrían
a plazos fijados, acompañados de los
ancianos y los jueces de cada ciudad,
hasta que hayamos apartado de nosotros el furor de la cólera de nuestro Dios
por causa de este asunto.» 15 Sólo Jonatán, hijo de Asahel, y Yajzías, hijo de
Ticvá, se opusieron a esto, apoyados
por Mesulán y el levita Sabtay. 16 Los
deportados actuaron según lo convenido. El sacerdote Esdras escogió como
colaboradores a los cabezas de familia,
según sus casas, todos ellos designados
nominalmente. Las sesiones para examinar el caso se iniciaron el día uno del
décimo mes. 17 Y el día uno del primer
mes se había terminado ya con todos
los hombres que estaban casados con
mujeres extranjeras.

Lista de los culpables.

18 Entre los sacerdotes, se halló que se
habían casado con mujeres extranjeras
los siguientes: entre los hijos de Josué,
hijo de Josadac, y entre sus hermanos:
Maasías, Eliezer, Yarib y Godolías; 19 éstos se comprometieron bajo juramento
a despedir a sus mujeres, y ofrecieron
por su delito un carnero en sacrificio de
reparación.

20 Entre los hijos de Imer: Jananí y
Zebadías.

21 Entre los hijos de Jarín: Maasías,
Elías, Semaías, Yejiel y Uzías.

22 Entre los hijos de Pasjur: Eljoenay,
Maasías, Ismael, Natanael, Jozabad y
Elasá.

23 Entre los levitas: Jozabad, Semeí,
Quelayas (es decir, Quelitá), Petajías,
Judá y Eliezer.

24 Entre los cantores: Eliasib y Zacur.

Entre los porteros: Salún, Telen y Urí.

25 Entre los israelitas:

de los hijos de Parós: Ramías, Yizías,
Malquías, Miyamín, Eleazar, Malquías y
Benaías;

26 de los hijos de Elam: Matanías, Zacarías, Yejiel, Abdí, Yeremot y Elías;

27 de los hijos de Zatú: Eljoenay, Eliasib, Matanías, Yeremot, Zabad y Azizá;

28 de los hijos de Bebay: Juan, Jananías, Zabay, Atlay;

29 de los hijos de Bigvay: Mesulán,
Maluc, Adaías, Yasub, Yisal, Yeremot;

30 de los hijos de Pajat Moab: Adná,
Quelal, Benaías, Maasías, Matanías, Besalel, Binuy y Manasés;

31 de los hijos de Jarín: Eliezer, Yisías,
Malquías, Semaías, Simeón, 32 Benjamín, Maluc, Semarías;

33 de los hijos de Jasún: Matenay, Matatá, Zabad, Elifélet, Yeremay, Manasés, Semeí;

34 de los hijos de Baní: Maday, Amrán, Joel, 35 Benaías, Bedías, Quelaías,
36 Vanías, Meremot, Eliasib, 37 Matanías,
Matenay y Yasay;

38 de los hijos de Binuy: Semeí, 39 Selemías, Natán y Adaías;

40 de los hijos de Zacay: Sasay, Saray,
41 Azareel, Selemías, Semarías, 42 Salún, Amarías, José;

43 de los hijos de Nebo: Yeiel, Matitías,
Zabad, Zebiná, Yaday, Joel, Benaías.

44 Todos éstos se habían casado con
mujeres extranjeras, pero despidieron
tanto a las mujeres como a sus hijos*.

10 44 El Cronista ha introducido esta lista de culpables, vv. 18.20-44a, que ha podido tomar de los archivos del templo, pero que ha modificado inspirándose en Esd **2** = Ne **7** y en Esd **8**.

EL LIBRO DE NEHEMÍAS

Vocación de Nehemías:
su misión a Judá.

1 1 Palabras de Nehemías, hijo de Jacalías.
En el mes de Quisleu, el año veinte
del rey Artajerjes, estando yo en la ciudadela de Susa*, 2 llegó Janani, uno de
mis hermanos, con algunos hombres venidos de Judá. Yo les pregunté por los judíos —el Resto que se había salvado del
cautiverio— y por Jerusalén. 3 Me respondieron: «Los restos del cautiverio
que han quedado allí en la provincia se
encuentran en gran estrechez y confusión. La muralla de Jerusalén está llena
de brechas, y sus puertas incendiadas*.»
4 Al oír estas palabras me senté y rompí
a llorar. Permanecí en duelo algunos
días, ayunando y orando ante el Dios
del cielo.
5 Y dije*: «Ah, Yahvé, Dios del cielo,
tú, el Dios grande y temible, que guardas la alianza y el amor a los que te
aman y observan tus mandamientos.
6 Estén atentos tus oídos y abiertos tus
ojos para escuchar la oración de tu
siervo, que yo hago ahora en tu presencia día y noche, por los israelitas,
tus siervos, confesando los pecados que
los israelitas hemos cometido contra ti;
¡yo mismo y la casa de mi padre hemos
pecado! 7 Hemos obrado muy mal
contigo, porque no hemos observado
los mandamientos, los preceptos y las
normas que tú habías prescrito a Moisés
tu siervo. 8 Pero acuérdate de la palabra
que confiaste a Moisés, tu siervo: 'Si
ustedes son infieles, yo los dispersaré
entre los pueblos; 9 pero si, volviéndose
a mí, guardan mis mandamientos y los
ponen en práctica, aunque sus desterrados estuvieren en los confines de los cielos, yo los reuniré de allí y los conduciré
de nuevo al Lugar que he elegido para
morada de mi Nombre.' 10 Aquí tienes
a tus siervos y a tu pueblo que tú has
rescatado con tu gran poder y tu fuerte mano. 11 ¡Ea, Señor, estén atentos
tus oídos a la oración de tu siervo, a la
oración de tus servidores, que desean
venerar tu Nombre! Muéstrate ahora
favorable a tu siervo y haz que tenga
éxito ante ese hombre.»
Era yo entonces copero del rey.

2 1 En el mes de Nisán, el año veinte
del rey Artajerjes, siendo yo encargado del vino, tomé vino y se lo ofrecí
al rey. Anteriormente nunca había estado yo triste. 2 Me dijo, pues, el rey:
«¿Por qué ese semblante tan triste? Tú,
enfermo no estás. ¿Acaso tienes alguna
preocupación en el corazón?» Yo quedé
muy turbado, 3 y dije al rey: «¡Viva por
siempre el rey! ¿Cómo no ha de estar
triste mi semblante, cuando la ciudad
donde están las tumbas de mis padres
está en ruinas, y sus puertas devoradas
por el fuego?» 4 Me replicó el rey: «¿Qué
deseas, pues?» Invoqué al Dios del cielo,
5 y respondí al rey: «Si le place al rey y
estás satisfecho de tu siervo, envíame a
Judá, a la ciudad de las tumbas de mis
padres, para que yo la reconstruya.» 6 El
rey, que tenía a la reina sentada a su
lado, me preguntó: «¿Cuánto durará tu
viaje? ¿Cuándo volverás?» Yo le fijé un
plazo que pareció aceptable al rey, y
él me envió. 7 Añadí al rey: «Si le place
al rey, que se me den cartas para los
gobernadores de Transeufratina, para
que me faciliten el camino hasta Judá;
8 y asimismo una carta para Asaf, el encargado de los parques reales, para que
me proporcione madera de construcción

1 1 Babilonia, Esd **5** 14, Ecbátana, Esd **6** 2, y Susa eran las tres capitales del imperio persa.

1 3 La preocupación por reconstruir las *murallas* de Jerusalén aparece durante el destierro, Is **54** 11-12, y después, Is **60** 10-17; Za **2** 5-9. La iniciativa data probablemente del tiempo de Jerjes, Esd **4** 6; aparece claramente atestiguada bajo Artajerjes, Esd **4** 12-16. Como reivindicación nacional, perjudicaba a Samaría, Esd **4** 8, que logra del poder real la paralización de las obras, Esd **4** 23.

1 5 Plegaria inspirada en el Dt.

para las puertas de la ciudadela del templo, la muralla de la ciudad y la casa en
que yo me he de instalar.» El rey me lo
concedió, pues la mano bondadosa de
mi Dios estaba conmigo.
9 Me dirigí, pues, a los gobernadores
de Transeufratina y les entregué las cartas del rey. El rey me había proporcionado una escolta de oficiales del ejército
y gente de a caballo.
10 Al enterarse de ello Sambalat el
joronita y Tobías, el servidor amonita*,
les sentó muy mal que alguien viniera
a procurar el bienestar de los israelitas.

Decisión de reconstruir la muralla de Jerusalén.

11 Llegué a Jerusalén y me quedé allí
tres días. 12 Luego me levanté de noche
con unos pocos hombres, sin comunicar
a nadie lo que mi Dios me había inspirado que hiciera por Jerusalén, y sin
llevar conmigo más que la cabalgadura
en que iba montado. 13 Saliendo, pues,
de noche por la Puerta del Valle, me dirigí hacia la Fuente del Dragón y hacia la
Puerta del Muladar: inspeccioné la muralla de Jerusalén por donde tenía brechas,
y las puertas que habían sido devoradas
por el fuego. 14 Continué luego hacia la
Puerta de la Fuente y la alberca del Rey,
pero no había paso para mi cabalgadura.
15 Volví a subir, todavía de noche, por el
Torrente, inspeccionando la muralla, y
volví a entrar por la Puerta del Valle. Así
regresé a casa. 16 Los consejeros no supieron dónde había ido ni lo que había
hecho. Hasta entonces no había dicho
nada a los judíos: ni a los sacerdotes
ni a los notables ni a los consejeros ni
a los funcionarios. 17 Entonces les dije:
«Ustedes mismos ven la triste situación
en que nos encontramos, pues Jerusalén
está en ruinas, y sus puertas devoradas
por el fuego. Vamos a reconstruir la
muralla de Jerusalén, y no seremos más
objeto de escarnio.» 18 Y les referí cómo
la mano bondadosa de mi Dios había
estado conmigo, y les relaté también
las palabras que el rey me había dicho.
Ellos dijeron: «¡Levantémonos y construyamos!» Y se afianzaron en su buen
propósito.
19 Al enterarse de ello Sambalat, el joronita, Tobías el siervo amonita, y Guesen el árabe, se burlaban de nosotros y
nos menospreciaban diciendo: «¿Qué
hacen? ¿Es que se han rebelado contra
el rey?» 20 Yo les respondí: «El Dios del
cielo nos hará triunfar. Nosotros sus
siervos, vamos a ponernos a la obra.
En cuanto a ustedes, no tienen parte ni
derecho ni recuerdo en Jerusalén.»

Los voluntarios en la reconstrucción*.

3 1 El sumo sacerdote Eliasib y sus
hermanos, los sacerdotes, se encargaron de construir la Puerta de las Ovejas: la armaron, fijaron sus hojas, barras
y goznes, y continuaron hasta la Torre
de los Cien y hasta la torre de Jananel.
2 Al lado de ellos construyeron los de
Jericó; a su lado construyó Zacur, hijo
de Imrí. 3 Los hijos de Hasenúa construyeron la Puerta de los Peces: la armaron
y fijaron sus hojas, barras y goznes. 4 A
su lado reparó Meremot, hijo de Urías,
hijo de Hacós; a continuación reparó
Mesulán, hijo de Berequías, hijo de Mesezabel; a su lado reparó Sadoc, hijo de
Baaná. 5 Junto a él repararon los de Técoa, pero sus notables se negaron a poner su cuello al servicio de sus señores.
6 La Puerta del Barrio nuevo la repararon Joadá, hijo de Paséaj, y Mesulán,
hijo de Besodías: la armaron y fijaron
sus hojas, barras y goznes. 7 A continuación de éstos repararon Melatías de
Gabaón y Yadón de Meronot, así como
los de Gabaón y de Mispá, a expensas
del gobernador de Transeufratina. 8 A su
lado reparó Uziel, hijo de Jaraías, del
gremio de los orfebres, y a continuación

2 10 *Sambalat*, gobernador de Samaría, y, bajo sus órdenes, *Tobías*, un judío, gobernador de Amón.

3 Documento sacado de los archivos del templo.

reparó Jananías, del gremio de los perfumistas. Éstos reconstruyeron Jerusalén hasta el muro ancho. 9 A continuación reparó Refayas, hijo de Jur, jefe
de la mitad del distrito de Jerusalén.
10 A continuación reparó Yedaías, hijo
de Harumaf, delante de su casa; a continuación reparó Jatús, hijo de Hasab-
nías. 11 Malquías, hijo de Jarín, y Jasub,
hijo de Pajat Moab, repararon la parte
siguiente, hasta la torre de los Hornos.
12 A continuación de éstos reparó, con
sus hijos*, Salún, hijo de Halojés, jefe
de la mitad del distrito de Jerusalén.
13 Repararon la Puerta del Valle, Hanún
y los habitantes de Zanóaj. La construyeron, fijaron sus hojas, barras y goznes, e hicieron mil codos de muro, hasta la Puerta del Muladar. 14 La Puerta
del Muladar la reparó Malquías, hijo de
Recab, jefe del distrito de Bet Queren,
con sus hijos. Fijó sus hojas, barras y
goznes.

15 La Puerta de la Fuente la reparó
Salún, hijo de Coljozé, jefe del distrito
de Mispá. La construyó, la cubrió y fijó
sus hojas, barras y goznes. También
restauró el muro de la alberca del canal,
que está junto al huerto del rey, hasta
las escaleras que bajan de la Ciudad de
David. 16 Después de él Nehemías, hijo
de Aztuc, jefe de la mitad del distrito
de Bet Sur, reparó hasta enfrente de
las tumbas de David, hasta la alberca
artificial y hasta la Casa de los Valientes.
17 A continuación repararon los levitas:
Rejún, hijo de Baní; a su lado reparó
Jasabías, jefe de la mitad del distrito de
Queilá, en su distrito. 18 A continuación
repararon sus hermanos: Binuy, hijo
de Jenadad, jefe de la mitad del distrito
de Queilá. 19 A continuación Ézer, hijo
de Josué, jefe de Mispá, reparó otra
sección frente a la subida del Arsenal
del Ángulo.

20 Después de él Baruc, hijo de Zabay,
reparó otro sector, desde el Ángulo hasta
la puerta de la casa del sumo sacerdote
Eliasib. 21 Después de él Meremot, hijo de
Urías, hijo de Hacós, reparó otro sector,
desde la puerta de la casa de Eliasib hasta
el término de la misma. 22 Después de él
prosiguieron la reparación los sacerdotes
que habitaban en la Vega. 23 Repararon
a continuación Benjamín y Jasub frente
a sus casas. Después de ellos Azarías,
hijo de Maasías, hijo de Ananías, reparó
junto a su casa. 24 Después de él Binuy,
hijo de Jenadad, reparó otra sección,
desde la casa de Azarías hasta el Ángulo
y la esquina. 25 A continuación Palal, hijo
de Uzay, reparó enfrente del Ángulo
y de la torre en saliente de la casa del
rey, la de arriba que da al patio de la
cárcel. Después de él Pedayas, hijo de
Parós, reparó 26 hasta la Puerta de las
Aguas hacia Oriente y hasta delante de
la torre en saliente. 27 A continuación los
de Técoa repararon otro sector frente a
la torre grande en saliente hasta el muro
del Ofel.

28 Desde la Puerta de los Caballos repararon los sacerdotes, cada uno frente
a su casa. 29 Después de ellos reparó
Sadoc, hijo de Imer, frente a su casa.
Después de él reparó Semaías, hijo
de Secanías, encargado de la puerta
Oriental. 30 Después de él, repararon
otro sector Jananías, hijo de Selemías, y
Janún, sexto hijo de Salaf. A continuación reparó Mesulán, hijo de Berequías,
frente a su vivienda. 31 Después de él
Malquías, del gremio de los orfebres,
reparó hasta la casa de los donados y de
los comerciantes, frente a la puerta de
la Inspección, hasta la cámara alta del
ángulo. 32 Y entre la cámara alta del ángulo y la Puerta de las Ovejas repararon
los orfebres y los comerciantes.

Reacción de los enemigos de los judíos*.

33 Cuando Sambalat se enteró de que
estábamos reconstruyendo la muralla,

3 12 Este reconocimiento nocturno, vv. 13-15, y el documento del cap. **3** contienen enseñanzas topográficas preciosas.

3 33 Las dificultades del exterior son las más subrayadas: burlas e insultos, **2** 19-20; **3** 33-35; amenazas de acción directa, **4**; chantaje, **6**.

montó en cólera y se irritó mucho. Se
burlaba de los judíos, 34 y decía delante
de sus hermanos y de la gente principal
de Samaría: «¿Qué pretenden hacer esos
miserables judíos? ¿Es que quieren terminar en un día? ¿Van a dar vida a esas
piedras, sacadas de montones de escombros y calcinadas?» 35 Tobías el amonita, que estaba junto a él, dijo: «¡Déjalos
que construyan; que si un chacal se alza,
abrirá brecha en su muralla de piedra!»
36 ¡Escucha, Dios nuestro, porque nos
desprecian. Haz que su insulto caiga
sobre su cabeza. Entrégalos al desprecio
en un país de cautividad! 37 No pases
por alto su iniquidad, ni su pecado sea
borrado en tu presencia, porque han
insultado a los constructores.

38 Construimos, pues, la muralla, que
quedó terminada hasta media altura. El
pueblo había puesto su corazón en el
trabajo.

4 1 Cuando Sambalat, Tobías, los árabes, los amonitas y los asdodeos se
enteraron de que la reparación de la
muralla de Jerusalén adelantaba —pues
las brechas comenzaban a taparse— se
enfurecieron mucho 2 y se conjuraron
todos a una para venir a atacar Jerusalén y sembrar confusión en ella.

3 Pero invocamos a nuestro Dios y
montamos guardia contra ellos de día y
de noche. 4 Judá decía: «¡Flaquean las
fuerzas de los cargadores: hay demasiado escombro; nosotros no podemos
reconstruir la muralla!» 5 Y nuestros enemigos decían: «¡Antes que se enteren o
se den cuenta, iremos contra ellos, y los
mataremos y pararemos la obra!» 6 Pero
algunos judíos que vivían junto a ellos
vinieron a advertirnos por diez veces:
«Vienen contra nosotros desde todos los
lugares que habitan.» 7 Aposté, pues, al
pueblo en los puntos más bajos, detrás
de la muralla y en los lugares descubiertos, y coloqué a la gente por familias,
cada uno con sus espadas, sus lanzas
y sus arcos. 8 Al ver su miedo, me levanté y dije a los notables, a los consejeros
y al resto del pueblo: «¡No los teman;
acuérdense del Señor, grande y terrible,
y combatan por sus hermanos, sus hijos
y sus hijas, sus mujeres y sus casas!»
9 Cuando nuestros enemigos supieron
que estábamos advertidos y que Dios
había desbaratado sus planes, se retiraron, y todos nosotros volvimos a la
muralla, cada cual a su trabajo.

10 Pero desde aquel día, sólo la mitad de mis hombres tomaban parte
en el trabajo; la otra mitad, provistos
de lanzas, escudos, arcos y corazas, se
mantenía detrás de toda la casa de Judá
11 que construía la muralla. También los
cargadores estaban armados: con una
mano cuidaba cada uno de su trabajo,
con la otra empuñaba el arma. 12 Cada
uno de los constructores tenía ceñida a
la cintura su espada mientras trabajaba.
Había un corneta junto a mí para sonar
el cuerno. 13 Dije a los notables, a los
consejeros y al resto del pueblo: «La obra
es importante y extensa, y nosotros estamos diseminados a lo largo de la muralla,
lejos unos de otros: 14 corran ustedes a
reunirse con nosotros al lugar donde oigan el sonido del cuerno, y nuestro Dios
combatirá por nosotros.» 15 Así organi-
zábamos el trabajo desde el despuntar
del alba hasta que salían las estrellas.
16 Dije también entonces al pueblo: «Todos pasarán la noche en Jerusalén con
sus criados, y así haremos guardia de
noche y trabajaremos de día.» 17 Pero ni
yo ni mis hermanos ni mis gentes ni los
hombres de guardia que me seguían nos
quitábamos la ropa. Todos teníamos el
arma al alcance de la mano.

Dificultades sociales en tiempo de Nehemías. Apología de su administración.

5 1 Un gran clamor se suscitó entre la
gente del pueblo y sus mujeres contra sus hermanos judíos. 2 Había quienes
decían: «Nosotros, nuestros hijos y nuestras hijas somos muchos y necesitamos
grano con que comer y vivir.» 3 Había
otros que decían: «Nosotros tenemos
que empeñar nuestros campos, nuestras
viñas y nuestras casas para conseguir
grano en esta penuria.» 4 Y otros decían:

«Tenemos que pedir prestado dinero a
cuenta de nuestros campos y de nuestras viñas para el impuesto del rey; 5 y
siendo así que tenemos la misma carne
que nuestros hermanos, y que nuestros
hijos son como sus hijos, sin embargo
tenemos que entregar como esclavos
a nuestros hijos y a nuestras hijas; ¡hay
incluso entre nuestras hijas quienes son
deshonradas! Y no podemos hacer nada, ya que nuestros campos y nuestras
viñas pertenecen a otros*.»

6 Yo me indigné mucho al oír su queja
y estas palabras. 7 Tomé la firme determinación de reprender a los notables y
a los consejeros, y les dije: «¡Qué carga
impone cada uno de ustedes a su hermano!» Congregué contra ellos una gran
asamblea, 8 y les dije: «Nosotros hemos
rescatado, en la medida de nuestras posibilidades, a nuestros hermanos judíos
que habían sido vendidos a las naciones.
¡Y ahora son ustedes los que venden a
sus hermanos para que nosotros se los
compremos!» Ellos callaron sin saber
qué responder. 9 Y yo continué: «No
está bien lo que ustedes están haciendo.
¿No quieren caminar en el temor de
nuestro Dios, para evitar los insultos de
las naciones enemigas? 10 También yo,
mis hermanos y mi gente, les hemos
prestado dinero y trigo. Pues bien, con-
donemos estas deudas. 11 Restitúyanles
inmediatamente sus campos, sus viñas,
sus olivares y sus casas, y perdónenles
la deuda del dinero, del trigo, del vino
y del aceite que les han prestado*.»
12 Respondieron ellos: «Restituiremos y
no les reclamaremos ya nada; haremos
como tú has dicho.» Entonces llamé a
los sacerdotes y les hice jurar que harían
cumplir esta promesa. 13 Luego sacudí
los pliegues de mi manto diciendo: «¡Así
sacuda Dios, fuera de su casa y de su hacienda, a todo aquel que no mantenga
esta palabra: así sea sacudido y despojado!» Toda la asamblea respondió:
«¡Amén!», y alabó a Yahvé. Y el pueblo
cumplió esta palabra.

14 Además, desde el día en que el rey
me nombró gobernador del país de Judá, desde el año veinte hasta el treinta y
dos del rey Artajerjes, durante doce años,
ni yo ni mis hermanos comimos jamás
del pan del gobernador. 15 En cambio,
los gobernadores anteriores que me precedieron gravaban al pueblo, tomándole
pan y vino, además de cuarenta siclos de
plata; también sus servidores oprimían al
pueblo. Pero yo, por temor de Dios, no
hice nunca esto.

16 Además, he ayudado a la obra de
la reparación de esta muralla y, aunque
no he adquirido campos, toda mi gente
estaba también allí colaborando en la
tarea.

17 A mi mesa se sentaban los jefes y
los consejeros en número de ciento cincuenta, sin contar los que venían a nosotros de las naciones vecinas. 18 Diariamente se aderezaban a expensas mías
un toro, seis carneros escogidos y aves;
y cada diez días se traía cantidad de
odres de vino. Y a pesar de todo, jamás
reclamé el pan del gobernador, porque
un duro trabajo gravaba ya al pueblo.

19 ¡Acuérdate, Dios mío, para mi bien,
de todo lo que he hecho por este pueblo!

Intrigas de los enemigos de Nehemías. Terminación de la muralla.

6 1 Cuando Sambalat, Tobías, Guesen, el árabe, y los demás enemigos
nuestros se enteraron de que yo había
reconstruido la muralla y de que ya no
quedaba en ella brecha alguna —aunque en aquel tiempo no estaban colocadas las hojas de las puertas— 2 Sambalat y Guesen mandaron a decirme: «Ven
a entrevistarte con nosotros en Haque-
firín, en el valle de Onó.» Pero ellos tra-
maban hacerme mal. 3 Por eso les envié

5 5 La crisis no dependía solamente de los trabajos en curso. El mal era endémico en Israel, 2 R **4** 1; Am **2** 6; **8** 6, etc.; reprimido por la legislación, Ex **21** 7; Lv **25** 39.

5 11 Nehemías se inspira en Dt **15**; ver Jr **34** 8-22; pero sin hacer depender la remisión de las deudas del año sabático, Lv **25** 1+.

mensajeros para decirles: «Es-toy ocupado en una obra importante y no puedo bajar. ¿Por qué voy a abandonar la
obra y dejar que se paralice para bajar
donde ustedes?» 4 Cuatro veces me enviaron el mismo recado, y yo di la misma respuesta. 5 Entonces Sambalat me
envió a decir por quinta vez lo mismo
por un criado suyo que traía una carta abierta 6 en la que estaba escrito: «Se
oye entre las naciones, y así lo afirma
Gasmu, el rumor de que tú y los judíos
están pensando sublevarse; que para
ello reconstruyes la muralla y tratas de
hacerte su rey, 7 que incluso has designado profetas* que proclamen en Jerusalén, refiriéndose a ti: ¡Judá tiene rey!
Estos rumores van a ser oídos por el
rey; así que ven para que tomemos consejo juntos.» 8 Pero yo les mandé decir:
«No hay nada de eso que dices; son in-
venciones de tu corazón.» 9 Porque lo
que querían era atemorizarnos, pensando: «Desfallecerán sus manos y no acabarán la obra.» Pero, por el contrario,
yo me reafirmé más.

10 Había ido yo a casa de Semaías,
hijo de Delaías, hijo de Mehetabel, que
se encontraba detenido. Dijo él:

«Démonos cita en el templo de Dios,
en el interior del santuario;
cerremos las puertas del santuario;
porque van a venir a matarte,
esta misma noche vienen a matarte.»

11 Pero yo respondí: «¿Un hombre
como yo va a huir? ¿Qué hombre que
sea como yo entraría en el santuario
para salvar su vida*? No iré.»
12 Pues comprendí que él no había
sido enviado por Dios, sino que había
dicho esta profecía sobre mí porque
Tobías y Sambalat lo habían comprado,
13 para que yo, llevado del miedo, lo hiciera así y pecara; y esto me diera mala
reputación y pudieran burlarse de mí.
14 Acuérdate, Dios mío, de Tobías y de
Sambalat por lo que han hecho; y también de la profetisa Noadía y de los demás profetas que trataron de asustarme.

15 La muralla quedó terminada el día
veinticinco de Elul, en cincuenta y dos
días. 16 Cuando se enteraron todos nuestros enemigos y todas las naciones de
alrededor lo vieron, les pareció una gran
maravilla y reconocieron que esta obra
había sido realizada por nuestro Dios.

17 En aquellos mismos días, los notables de Judá multiplicaron sus cartas a
Tobías y recibían las de éste, 18 porque
tenía en Judá muchos aliados, por ser
yerno de Secanías, hijo de Araj, y por
estar casado su hijo Juan con la hija de
Mesulán, hijo de Berequías. 19 Incluso llegaron a hablar bien de Tobías en mi presencia y le repetían mis palabras. Y Tobías mandaba cartas para intimidarme.

7 1 Reconstruida la muralla, y una vez
que hube fijado las hojas de las puertas, se colocaron guardias en las puertas
(cantores y levitas). 2 Puse al frente de
Jerusalén a mi hermano Janani y a
Jananías, jefe de la ciudadela, porque
era un hombre fiel y temeroso de Dios
como pocos. 3 Y les dije: «No se abrirán
las puertas de Jerusalén hasta que el sol
comience a calentar. Y se cerrarán y se
echarán las barras cuando todavía esté
alto. Se establecerán puestos de guardia
de entre los habitantes de Jerusalén,
unos en su puesto y otros delante de su
casa.»

La repoblación de Jerusalén*.

4 La ciudad era espaciosa y grande,
pero tenía muy poca población y no se
fundaban nuevas familias. 5 Me puso

6 7 Ageo y Zacarías habían apoyado también a Zorobabel.

6 11 Semaías parece aconsejar recurrir al derecho del asilo, 1 R **1** 50-53+, extendido a todo el templo, 1 M **10** 43. Pero un laico no podía penetrar en el «interior del santuario»; Nehemías habría caído así en una falta grave, vv. 11.13; ver Nm **18** 7.

7 4 La repoblación aquí descrita, **7**; **11** 1-2.20.25, es análoga al *sinecismo* del mundo griego, ya sea concentrar diversas aglomeraciones dispersas en una sola, ya sea centralizar en una ciudad los cuadros administrativos y culturales de una región.

Dios en el corazón reunir a los notables,
a los consejeros y al pueblo, para hacer
el registro genealógico. Hallé el registro
genealógico de los que habían venido al
principio, y encontré escrito en él:

Lista de los primeros sionistas.
‖Esd **2** 1-70.

6 Éstas son las personas de la provincia que regresaron del cautiverio, aquellos que Nabucodonosor, rey de Babilonia, había deportado y que volvieron
a Jerusalén y Judea, cada uno a su ciudad. 7 Vinieron con Zorobabel, Josué,
Nehemías, Azarías, Raamías, Najamaní, Mardoqueo, Bilsán, Mispar, Bigvay,
Nejún y Baaná.
Lista de los hombres del pueblo de Israel: 8 los hijos de Parós: 2.172; 9 los hijos de Sefatías: 372; 10 los hijos de Araj:
652; 11 los hijos de Pajat Moab, por
parte de los hijos de Josué y de Joab:
2.818; 12 los hijos de Elam: 1.254;
13 los hijos de Zatú: 845; 14 los hijos de
Zacay: 760; 15 los hijos de Binuy: 648;
16 los hijos de Bebay: 628; 17 los hijos
de Azgad: 2.322; 18 los hijos de Adonicán: 667; 19 los hijos de Bigvay: 2.067;
20 los hijos de Adín: 655; 21 los hijos
de Ater, de Ezequías: 98; 22 los hijos
de Jasún: 328; 23 los hijos de Besay:
324; 24 los hijos de Jarif: 112; 25 los
hijos de Gabaón: 95; 26 los hombres de
Belén y de Netofá: 188; 27 los hombres
de Anatot: 128; 28 los hombres de Bet
Azmávet: 42; 29 los hombres de Quiriat
Yearín, Quefirá y Beerot: 743; 30 los
hombres de Ramá y Gueba: 621; 31 los
hombres de Micmás: 122; 32 los hombres de Betel y de Ay: 123; 33 los hombres de Nebo: 52; 34 los hijos del otro
Elam: 1.254; 35 los hijos de Jarín: 320;
36 los hombres de Jericó: 345; 37 los
hijos de Lod, Jadid y Onó: 721; 38 los
hijos de Senaá: 3.930.
39 Sacerdotes: los hijos de Yedaías,
de la casa de Josué: 973; 40 los hijos
de Imer: 1.052; 41 los hijos de Pasjur:
1.247; 42 los hijos de Jarín: 1.017.
43 Levitas: los hijos de Josué y Cadmiel, de los hijos de Hodavías: 74.
44 Cantores: los hijos de Asaf: 148.
45 Porteros: los hijos de Salún, los
hijos de Ater, los hijos de Talmón, los
hijos de Acub, los hijos de Jatitá, los
hijos de Sobay: 138.
46 Donados: los hijos de Sijá, los hijos
de Jasufá, los hijos de Tabaot, 47 los hijos de Querós, los hijos de Siá, los hijos
de Padón, 48 los hijos de Lebaná, los hijos
de Jagabá, los hijos de Salmay, 49 los
hijos de Janán, los hijos de Guidel, los
hijos de Gajar, 50 los hijos de Reayas,
los hijos de Resín, los hijos de Necodá,
51 los hijos de Gazán, los hijos de Uzá,
los hijos de Paséaj, 52 los hijos de Besay,
los hijos de los meunitas, los hijos de los
nefusitas, 53 los hijos de Bacbuc, los hijos
de Jacufá, los hijos de Jarjur, 54 los hijos
de Baslit, los hijos de Mejidá, los hijos de
Jarsá, 55 los hijos de Barcós, los hijos de
Sisrá, los hijos de Témaj, 56 los hijos de
Nesíaj, los hijos de Jatifá.
57 Los hijos de los siervos de Salomón: los hijos de Setay, los hijos de Soféret, los hijos de Perudá, 58 los hijos de
Yaalá, los hijos de Darcón, los hijos de
Guidel, 59 los hijos de Sefatías, los hijos
de Jatil, los hijos de Poquéret Hasebáin,
los hijos de Amón. 60 Total de los donados y de los hijos de los siervos de
Salomón: 392.
61 Y éstos eran los que venían de Tel
Mélaj, Tel Jarsá, Querub, Adón e Imer,
y que no pudieron probar si su familia y
su estirpe eran de origen israelita: 62 los
hijos de Delaías, los hijos de Tobías, los
hijos de Necodá: 642. 63 Y entre los
sacerdotes, los hijos de Jobaías, los hijos
de Hacós, los hijos de Barzilay —el cual
se había casado con una de las hijas de
Barzilay el galaadita, cuyo nombre adoptó—. 64 Éstos investigaron en su registro genealógico, pero no figuraban; por
lo cual se los excluyó del sacerdocio.
65 El gobernador les prohibió comer de
las cosas sacratísimas hasta que no se
presentara un sacerdote para el *urim* y
el *tumim*.
66 La asamblea ascendía a 42.360
personas, 67 sin contar sus siervos y siervas, que eran 7.337, y los 245 cantores

y cantoras. 68 Tenían 736 caballos, 245
mulos, 435 camellos y 6.720 burros.
69 Algunos de los cabezas de familia
hicieron ofrendas para la obra. El gobernador entregó al tesoro mil dracmas
de oro, 50 copas y 30 túnicas sacerdotales. 70 Entre los cabezas de familia
entregaron al tesoro de la obra 20.000
dracmas de oro y 2.200 minas de plata.
71 Lo que entregó el resto del pueblo ascendía a 20.000 dracmas de oro, 2.000
minas de plata y 67 túnicas sacerdotales.
72 *Los sacerdotes, los levitas, los porteros, los cantores, los donados y todos
los demás israelitas se establecieron en
sus respectivas ciudades.

El día del nacimiento del Judaísmo. Esdras lee la Ley. La fiesta de las Tiendas*.

Llegado el mes séptimo,

8 1 todo el pueblo se congregó como
un solo hombre en la plaza que está
delante de la puerta del Agua. Dijeron al
escriba Esdras que trajera el libro de la
Ley de Moisés que Yahvé había prescrito a Israel*. 2 Trajo el sacerdote Esdras
la Ley ante la asamblea, integrada por
hombres, mujeres y todos los que tenían
uso de razón. Era el día uno del mes séptimo. 3 Leyó una parte en la plaza que
está delante de la puerta del Agua, desde
el alba hasta el mediodía, en presencia de
los hombres, las mujeres y todos los que
tenían uso de razón; y los oídos del pueblo estaban atentos al libro de la Ley.
4 El escriba Esdras estaba de pie sobre
un estrado de madera levantado para
esta ocasión; junto a él estaban: a su derecha, Matitías, Sema, Anayas, Urías, Jilquías y Maasías, y a su izquierda, Pedayas, Misael, Malquías, Jasún, Jasbadaná,
Zacarías y Mesulán. 5 Esdras abrió el libro
a los ojos de todo el pueblo —pues estaba más alto que todo el pueblo— y al
abrirlo, el pueblo entero se puso en pie.
6 Esdras bendijo a Yahvé, el Dios grande;
y todo el pueblo, alzando las manos,
respondió: «¡Amén! ¡Amén!»; e inclinándose se postraron ante Yahvé, rostro en
tierra. 7 (Josué, Baní, Serebías, Yamín,
Acub, Sabtay, Hodías, Maasías, Quelitá,
Azarías, Jozabad, Janán, Pelayas, que
eran levitas, explicaban la Ley al pueblo
que seguía en pie.) 8 Y Esdras leyó en
el libro de la Ley de Dios, aclarando e
interpretando el sentido, para que comprendieran la lectura.
9 Entonces (Nehemías —el gobernador— y) Esdras, el sacerdote escriba
(y los levitas que explicaban al pueblo)
dijeron a todo el pueblo: «Este día está
consagrado a Yahvé su Dios; no estén
tristes ni lloren». Pues todo el pueblo
lloraba al oír las palabras de la Ley.
10 Les dijo también: «Vayan y coman
manjares grasos, beban bebidas dulces
y manden su ración a quien no tiene
nada preparado. Porque este día está
consagrado a nuestro Señor. No estén
tristes: la alegría de Yahvé es su fortaleza.» 11 También los levitas tranquilizaban
al pueblo diciéndole: «Callen: este día es
santo. No estén tristes.» 12 Y el pueblo
entero se fue a comer y beber, a repartir
raciones y hacer gran festejo, porque
habían comprendido las palabras que les
habían enseñado.
13 El segundo día, los cabezas de familia de todo el pueblo, los sacerdotes y
levitas se reunieron junto al escriba Esdras para comprender las palabras de la
Ley. 14 Y encontraron escrito en la Ley
que Yahvé había mandado por medio
de Moisés que los israelitas tenían que
habitar en cabañas durante la fiesta del
séptimo mes*. 15 En cuanto lo oyeron,

7 72 7 72-**8** 1 es paralelo de Esd **2** 70-**3** 1, al que seguimos en la traducción del v. 72.

8 Continuación de Esdras **8** 36. Esdras ha venido de Babilonia para promulgar la Ley, Esd **7** 25-26, y otorgar su constitución a la comunidad.

8 1 El *Pentateuco* tal como existía entonces, ver 2 Cro **23** 18+.

8 14 Lv **23** 33-36.39-43 coloca también la fiesta de las Tiendas en el séptimo mes; la fiesta dura ocho días. Ver Ex **23** 14+. Nuestro relato ignora el día de la Expiación, Lv **16** 1+; **23** 27.

hicieron pregonar en todas las ciudades
y en Jerusalén: «Salgan al monte y traigan ramas de olivo, de pino, de mirto,
de palmera y de otros árboles frondosos,
para hacer cabañas conforme a lo escrito.» 16 Salió el pueblo y trajeron ramas
y se hicieron cabañas, cada uno en su
terrado, en sus patios, en los atrios del
templo de Dios, en la plaza de la puerta
del Agua y en la plaza de la puerta de
Efraín. 17 Toda la asamblea, los que
habían vuelto del cautiverio, construyó
cabañas y habitó en ellas —cosa que los
israelitas no habían hecho desde los días
de Josué, hijo de Nun, hasta aquel día—
y hubo gran regocijo.
18 Esdras leyó en el libro de la Ley de
Dios diariamente, desde el primer día al
último. Durante siete días se celebró
fiesta; al octavo tuvo lugar, según la norma, una asamblea solemne.

Ceremonia expiatoria*.

9 1 El día veinticuatro de aquel mismo
mes, se congregaron los israelitas
para ayunar, vestidos de saco y la cabeza cubierta de polvo. 2 La raza de Israel
se separó de todos los extranjeros; y
puestos en pie, confesaron sus pecados
y las culpas de sus padres. 3 (De pie, y
cada uno en su sitio, leyeron en el libro
de la Ley de Yahvé su Dios, por espacio
de un cuarto de día; durante otro cuarto
hacían confesión y se postraban ante
Yahvé su Dios.) 4 (Josué, Binuy, Cadmiel, Sebanías, Buní, Serebías, Baní y
Quenaní subieron al estrado de los levitas y clamaron en alta voz hacia Yahvé
su Dios, 5 y los levitas Josué, Cadmiel,
Baní, Jasabnías, Serebías, Hodías, Sebanías y Petajías dijeron: «¡Levántense,
bendigan a Yahvé nuestro Dios!»)

¡Bendito seas, Yahvé Dios nuestro,
de eternidad en eternidad!
¡Y sea bendito el Nombre de tu Gloria
que supera toda bendición y
alabanza*!

6 ¡Tú, Yahvé, tú el único!
Tú hiciste los cielos, el cielo de los
cielos y toda su mesnada,
la tierra y todo cuanto abarca,
los mares y todo cuanto encierran.
Todo esto tú lo animas,
y la mesnada de los cielos ante ti se
prosterna.

7 Tú, Yahvé, eres el Dios
que elegiste a Abrán,
le sacaste de Ur de Caldea
y le diste el nombre de Abrahán.
8 Hallaste su corazón fiel ante ti,
con él hiciste alianza,
para darle el país del cananeo,
del hitita y del amorreo,
del perizita, del jebuseo y del
guirgaseo,
a él y a su posteridad.
Y has mantenido tu palabra,
porque eres justo.

9 Tú viste la aflicción de nuestros
padres en Egipto,
y escuchaste su clamor junto al mar
de Suf.
10 Contra el faraón obraste señales y
prodigios,
contra sus siervos y todo el pueblo
de su país,
pues sabías que eran altivos con ellos.
¡Te hiciste un nombre hasta el día de
hoy!
11 Tú hendiste el mar ante ellos:
por medio del mar pasaron a pie
enjuto.
Hundiste en los abismos a sus
perseguidores,
como una piedra en aguas
tumultuosas.
12 Con columna de nube los guiaste de
día,
con columna de fuego por la noche,
para alumbrar ante ellos el camino
que debían recorrer.
13 Bajaste sobre el monte Sinaí
y del cielo les hablaste;

9 El relato es continuación de Esd **10** 44, sobre los matrimonios mixtos.

9 5 El salmo debe estar tomado de la liturgia de su tiempo. Recuerda a Si **36** 1-17 y contiene numerosas reminiscencias bíblicas. Ver Sal **74**; **79**; **83**; **106**.

les diste normas justas,
leyes verdaderas,
preceptos y mandamientos
excelentes;
14 les diste a conocer tu santo sábado;
les ordenaste mandamientos,
preceptos y Ley
por mano de Moisés, tu siervo.
15 Del cielo les mandaste el pan para su
hambre,
para su sed hiciste brotar el agua de
la roca.
Y les mandaste ir
a apoderarse de la tierra
que tú juraste darles mano en alto.

16 Altivos se volvieron nuestros padres,
su cerviz endurecieron y desoyeron
tus mandatos.
17 No quisieron oír, no recordaron los
prodigios
que con ellos hiciste;
endurecieron la cerviz y se obstinaron
en volver a Egipto y a su servidumbre.
Pero tú eres el Dios de los perdones,
clemente y entrañable,
tardo a la cólera y rico en bondad.
¡No los desamparaste!
18 Ni siquiera cuando se fabricaron
un becerro de metal fundido
y exclamaron: «¡Éste es tu dios
que te sacó de Egipto!»,
y gran desprecio te hicieron.
19 Tú, en tu inmensa ternura,
no los abandonaste en el desierto:
la columna de nube no se apartó de
ellos,
para guiarlos de día por la ruta,
ni la columna de fuego por la noche,
para alumbrar ante ellos el camino
que debían recorrer.
20 Tu espíritu bueno les diste
para instruirlos,
el maná no retiraste de su boca,
y para su sed agua les diste.
21 Cuarenta años los sustentaste en el
desierto,
y nada les faltó:
ni sus vestidos se gastaron
ni se hincharon sus pies.
22 Reinos y pueblos les donaste
y las tierras vecinas repartiste:
se apoderaron del país de Sijón, rey
de Jesbón,
y del país de Og, rey de Basán.
23 Y multiplicaste sus hijos
como estrellas del cielo,
los llevaste a la tierra de la que a sus
padres dijiste
que tendrían posesión.
24 Llegaron los hijos y tomaron el país,
y tú ante ellos aplastaste
a los habitantes del país, los
cananeos,
los pusiste en sus manos,
con sus reyes y las gentes del país,
para que los trataran a merced de su
capricho.
25 Ciudades fuertes conquistaron
y una tierra generosa;
y heredaron casas
de toda suerte de bienes rebosantes,
cisternas ya excavadas, viñas y
olivares,
árboles frutales sin medida:
comieron, se saciaron, engordaron,
se deleitaron en tus inmensos bienes.

26 Pero después, indóciles, se rebelaron
contra ti,
arrojaron tu Ley a sus espaldas,
mataron a los profetas que los
conjuraban
a convertirse a ti
y gran desprecio te hicieron.
27 Tú los entregaste en poder de sus
enemigos
que los oprimieron.
Oprimidos, clamaban a ti,
y tú los escuchabas desde el cielo;
y en tu inmensa ternura les mandabas
salvadores que los libraron de las
manos opresoras.
28 Pero, apenas en paz, volvían a hacer
el mal ante ti,
y tú los dejabas en mano de sus
enemigos, que los oprimían.
Ellos de nuevo gritaban hacia ti,
y tú escuchabas desde el cielo:
¡muchas veces, por ternura, los
salvaste!

29 Les conminaste para volverlos a tu
Ley,
pero ellos en su orgullo no
escucharon tus mandatos;
contra tus normas pecaron,
contra aquellas que, cumplidas, dan
la vida;
dieron la espalda,
endurecieron su cerviz y no
escucharon.
30 Tuviste paciencia con ellos
durante muchos años;
les advertiste por tu espíritu,
por boca de tus profetas;
pero ellos no escucharon.
Y los pusiste en manos de las gentes
de los países.

31 Mas en tu inmensa ternura no los
acabaste,
no los abandonaste,
porque eres tú Dios clemente
y lleno de ternura.
32 Ahora, pues, oh Dios nuestro,
tú, Dios grande, poderoso y temible,
que mantienes la alianza y el amor,
no menosprecies las penalidades
que han caído sobre nosotros,
sobre nuestros reyes y príncipes,
nuestros sacerdotes y profetas,
sobre nuestros padres
y sobre todo tu pueblo,
desde los tiempos de los reyes de
Asiria
hasta el día de hoy.

33 Has sido justo
en todo lo que nos ha sobrevenido,
pues tú fuiste fiel,
y nosotros malvados:
34 nuestros reyes y jefes, nuestros
sacerdotes y padres
no guardaron tu Ley,
no hicieron caso de los
mandamientos y dictámenes
que tú les diste.
35 Mientras vivían en su reino,
entre los grandes bienes que tú les
regalabas,
y en la espaciosa y generosa tierra
que tú les habías preparado,
no te sirvieron
ni se convirtieron de sus malas
acciones.

36 Mira que hoy somos esclavos,
en el país que habías dado a nuestros
padres
para gozar de sus frutos y bienes,
mira que aquí en servidumbre nos
sumimos.
37 Sus muchos frutos son para los reyes,
que por nuestros pecados tú nos
impusiste,
y que a capricho dominan nuestras
personas, cuerpos y ganados.
¡En gran angustia nos hallamos!

Actas del compromiso aceptado por la comunidad*.

10 1 ...De acuerdo con todo esto,
adquirimos un firme compromiso por escrito. En el documento
sellado figuran nuestros jefes, nuestros
levitas y nuestros sacerdotes...
2 En el documento sellado figuraban:
Nehemías, hijo de Jacalías, y Sedecías.
3 Serayas, Azarías, Jeremías, 4 Pasjur,
Amarías, Malquías, 5 Jatús, Sebanías,
Maluc, 6 Jarín, Meremot, Abdías, 7 Daniel, Guinetón, Baruc, 8 Mesulán, Abías,
Miyamín, 9 Maazías, Bilgá, Semaías:
éstos son los sacerdotes.
10 Luego los levitas: Josué, hijo de
Azanías, Binuy, de los hijos de Jenadad,
Cadmiel 11 y sus hermanos Secanías,
Hodavías, Quelitá, Pelayas, Janán, 12 Mi-
cá, Rejob, Jasabías, 13 Zacur, Serebías,
Sebanías, 14 Hodías, Baní, Que-naní.
15 Los jefes del pueblo: Parós, Pajat
Moab, Elam, Zatú, Baní, 16 Buní, Azgad,
Bebay, 17 Adonías, Bigvay, Adín, 18 Ater,
Ezequías, Azur, 19 Hodías, Jasún, Besay,
20 Jarif, Anatot, Nobay, 21 Magpiás, Me-
sulán, Jezir, 22 Mesezabel, Sadoc, Yadúa,

10 A continuación de la lectura de la Ley y de la ceremonia penitencial, **8-9**, el Cronista introduce un documento que ha tomado de los archivos del templo modificándolo; los vv. 31-39 guardan estrecha relación con **13** 10-31. La lista de los vv. 2-28 es un añadido posterior.

23 Pelatías, Janán, Anayas, 24 Oseas, Jananías, Jasub, 25 Halojés, Piljá, Sobec, 26 Rejún, Jasabná, Maasías, 27 Ajías, Janán, Anán, 28 Maluc, Jarín, Baaná.

29 ...y el resto del pueblo, los sacerdotes y los levitas, los porteros, los cantores, los donados y todos los separados de la gente del país para seguir la Ley de Dios, sus mujeres, sus hijos y sus hijas, cuantos tienen uso de razón, 30 se adhieren a sus hermanos y a los nobles y se comprometen por imprecación y juramento a caminar en la Ley de Dios, que fue dada por mano de Moisés, siervo de Dios, y a guardar y practicar todos los mandamientos de Yahvé nuestro Señor, sus normas y sus leyes.

31 A no dar nuestras hijas a las gentes del país ni tomar sus hijas para nuestros hijos.

32 Si la gente del país trae, en día de sábado, mercancías o cualquier otra clase de comestibles para vender, nada les compraremos en día de sábado ni en día sagrado.

En el año séptimo, renunciaremos a la cosecha de la tierra y a todas las deudas*.

33 Nos imponemos como obligación: Dar un tercio de siclo al año para el servicio del templo de nuestro Dios: 34 para el pan que se presenta, para la ofrenda perpetua y el holocausto perpetuo, para los sacrificios de los sábados, de los novilunios, de las solemnidades, para los alimentos sagrados, para los sacrificios por el pecado como expiación por Israel y para toda la obra del templo de nuestro Dios*; 36 y traer cada año al templo de Yahvé las primicias de nuestro suelo y las primicias de los frutos de todos los árboles, 37 y los primogénitos de nuestros hijos y de nuestro ganado, conforme a lo escrito en la Ley —los primeros nacidos de nuestro ganado mayor y menor, que se traen al templo de nuestro Dios son para los sacerdotes que ejercen el ministerio en la casa de nuestro Dios*—. 38 Lo mejor de nuestras moliendas, de los frutos de todo árbol, del vino y del aceite, se lo traeremos a los sacerdotes, a los almacenes del templo de nuestro Dios; y el diezmo de nuestro suelo a los levitas, que cobrarán el diezmo de la labranza de todas nuestras ciudades*; 39 un sacerdote, hijo de Aarón, irá con los levitas cuando éstos cobren el diezmo; los levitas subirán el diezmo del diezmo al templo de nuestro Dios, a los almacenes de la casa del tesoro, 40ab pues a estos almacenes traen los israelitas y los levitas la ofrenda reservada de trigo, vino y aceite. Allí se encuentran también los utensilios del santuario, de los sacerdotes que están de servicio y de los porteros y cantores.

35 Hemos echado a suertes —sacerdotes, levitas y pueblo— la ofrenda de la leña que ha de traer al templo de nuestro Dios cada familia en su turno, a sus tiempos, cada año, para quemarla sobre el altar de Yahvé, nuestro Dios, con arreglo a lo escrito en la Ley.

40c No abandonaremos más el templo de nuestro Dios.

Concentración urbana bajo Nehemías. Listas diversas*.

11 1 Los jefes del pueblo se establecieron en Jerusalén. El resto del pueblo echó a suertes para que de cada diez hombres habitara uno en Jerusalén, la Ciudad Santa, quedando los otros nueve en las ciudades. 2 Y el pueblo bendijo a todos los hombres que se ofrecieron voluntarios para habitar en Jerusalén.

3 Éstos son los jefes de la provincia que se establecieron en Jerusalén y en las ciudades de Judá. Cada cual vivía en

10 32 Ver Ex **23** 10; Lv **25** 1+.
10 34 El v. 35 se ha de leer después del v. 40ab.
10 37 Ver **13** 31; Gn **22** 1+; Dt **26** 1+; Ex **13** 1+.
10 38 Ver Dt **14** 22+; Nm **18** 21-24.
11 Repetición de **7** 4+. -*Ciudad Santa* es el nombre Jerusalén, según Is **48** 2; **52** 1; Dn **9** 24; ver Mt **4** 5; Ap **11** 2; etc. Pero la idea es más antigua, 2 S **5** 6+.

su propiedad en las ciudades de Israel:
sacerdotes, levitas, donados e hijos de
los siervos de Salomón.

La población judía en Jerusalén.
‖1 Cro **9** 4-17.

4 Habitaban en Jerusalén hijos de
Judá e hijos de Benjamín.
De los hijos de Judá: Atayas, hijo de
Uzías, hijo de Zacarías, hijo de Amarías,
hijo de Sefatías, hijo de Mahalalel, de
los hijos de Peres; 5 Maasías, hijo de
Baruc, hijo de Coljozé, hijo de Jazaías,
hijo de Adaías, hijo de Joarib, hijo de
Zacarías, el selanita. 6 El total de los hijos de Peres que habitaban en Jerusalén
era de 468, hombres vigorosos.
7 Los hijos de Benjamín eran: Salú,
hijo de Mesulán, hijo de Yoed, hijo de
Pedayas, hijo de Colayas, hijo de Maasías, hijo de Itiel, hijo de Isaías, 8 y sus
hermanos, hombres vigorosos: 928.
9 Joel, hijo de Zicrí, era su encargado
y Judá, hijo de Hasenuá, era el segundo
jefe de la ciudad.
10 De los sacerdotes: Yedaías, hijo de
Joaquín, hijo de 11 Serayas, hijo de Jilquías, hijo de Mesulán, hijo de Sadoc,
hijo de Merayot, hijo de Ajitub, príncipe
del templo de Dios, 12 y sus hermanos empleados en la obra del templo:
822; Adaías, hijo de Yeroján, hijo de
Pelalías, hijo de Amsí, hijo de Zacarías,
hijo de Pasjur, hijo de Malquías, 13 y sus
hermanos, cabezas de familia: 242; y
Amasay, hijo de Azarel, hijo de Ajzay,
hijo de Mesilemot, hijo de Imer, 14 y sus
hermanos, hombres vigorosos: 128.
Su encargado era Zabdiel, hijo de
Hagadol.
15 De los levitas: Semaías, hijo de Jasub, hijo de Azricán, hijo de Jasabías,
hijo de Buní; 16 Sabtay y Jozabad, que
entre los jefes de los levitas estaban al
frente de los servicios exteriores del templo de Dios; 17 Matanías, hijo de Micá,
hijo de Zabdí, hijo de Asaf, que dirigía
los himnos, entonaba la acción de gracias de la oración; Bacbuquías, el segundo entre sus hermanos; Abdá, hijo de
Samúa, hijo de Galal, hijo de Yedutún.
18 Total de los levitas en la Ciudad Santa: 284.
19 Los porteros: Acub, Talmón y sus
hermanos, que hacían la guardia de las
puertas: 172*.

Notas complementarias.

21 Los donados habitaban el Ofel;
Sijá y Guispá estaban al frente de los
donados. 22 Al frente de los levitas en
Jerusalén estaba Uzí, hijo de Baní, hijo
de Jasabías, hijo de Matanías, hijo de
Micá; era uno de los hijos de Asaf que
estaban encargados del canto según el
servicio del templo de Dios. 23 Acerca de
los cantores había, en efecto, un mandato del rey y un reglamento que fijaba
los actos de cada día. 24 Petajías, hijo de
Mesezabel, de los hijos de Zéraj, hijo de
Judá, estaba a las órdenes del rey para
todos los asuntos del pueblo.
20 El resto de los israelitas, de los sacerdotes y levitas, se estableció en todas
las ciudades de Judá, cada uno en su
heredad, 25 y en los poblados situados
en sus campos.

La población judía en la provincia.

Parte de los hijos de Judá habitaban
en Quiriat Arbá y sus aldeas anejas, en
Dibón y sus aldeas anejas, en Jecabsel
y sus poblados, 26 en Yesúa, en Moladá,
en Bet Pélet, 27 en Jasar Sual, en Berseba y sus aldeas anejas, 28 en Sicelag,
en Meconá y sus aldeas anejas, 29 en
Enrimón, en Soreá, en Yarmut, 30 en
Zanóaj, Adulán y sus caseríos; Laquis y
su comarca, Azecá y sus aldeas anejas:
se establecieron desde Berseba hasta el
valle de Hinón.
31 Algunos benjaminitas habitaban en
Gueba, Midmás, Ayá, Betel y sus aldeas
anejas, 32 Anatot, Nob, Ananías, 33 Jasor, Ramá, Guitáin, 34 Jadid, Seboín,
Nebalat, 35 Lod y Onó, y el valle de los
Artesanos.

11 19 Trasladamos el v. 20 después del v. 24.

36 Había grupos de levitas en Judá y
en Benjamín.

Sacerdotes y levitas que regresaron con Zorobabel y Josué*.

12 1 Éstos son los sacerdotes y los
levitas que subieron con Zorobabel, hijo de Sealtiel, y con Josué:
Serayas, Jeremías, Esdras, 2 Amarías, Maluc, Hatús, 3 Secanías, Rejún,
Meremot, 4 Idó, Guinetón, Abías,
5 Miyamín, Maadías, Bilgá, 6 Semaías;
además: Joarib, Yedaías, 7a Salú, Amoc,
Jilquías, Adaías.
8 Levitas: Josué, Binuy, Cadmiel,
Serebías, Judá, Matanías —que dirigía
con sus hermanos los himnos de acción
de gracias—, 9 y Bacbuquías, Uní y sus
hermanos les hacían coro en sus ministerios.
7b Éstos eran los jefes de los sacerdotes y de sus hermanos, en tiempo de
Josué.

Lista genealógica de los sumos sacerdotes.

10 Josué engendró a Joaquín; Joaquín
engendró a Eliasib; Eliasib engendró a
Joadá; 11 Joadá engendró a Juan, y Juan
engendró a Yadúa.

Sacerdotes y levitas en tiempo del sumo sacerdote Joaquín.

12 En los días de Joaquín, los sacerdotes cabezas de familia eran: de la familia de Serayas: Meraías; de la familia
de Jeremías: Jananías; 13 de la de Esdras: Mesulán; de la de Amarías: Juan;
14 de la de Maluc: Jonatán; de la de Secanías: José; 15 de la de Jarín: Azná; de
la de Meremot: Jelcay; 16 de la de Idó:
Zacarías; de la de Guinetón: Mesulán;
17 de la de Abías: Zicrí; de la de Miyamín: ...; de la de Maazías: Piltay; 18 de
la de Bilgá: Samúa; de la de Semaías:
Jonatán; 19 además: de la de Joarib:
Matenay; de la Yedaías: Uzí; 20 de la
de Salú: Calay; de la de Amoc: Héber;
21 de la de Jilquías: Jasabías; de la de
Yedaías: Natanael.
22 En tiempo de Eliasib, Joadá, Juan
y Yadúa, los cabezas de familias sacerdotales fueron registrados en el libro de
las Crónicas, hasta el reinado de Darío,
el persa.
23 Los hijos de Leví:
Los cabezas de familia fueron registrados en el libro de las Crónicas, hasta
el tiempo de Juan, nieto de Eliasib.
24 Los jefes de los levitas eran: Jasabías, Serebías, Josué, Binuy, Cadmiel;
y sus hermanos, frente por frente para
ejecutar los himnos de alabanza y de acción de gracias, conforme a las instrucciones de David, hombre de Dios, en
grupos alternos, 25 eran: Matanías, Bacbuquías y Abdías. Y Mesulán, Talmón y
Acub, porteros, montaban la guardia en
los almacenes junto a las puertas.
26 Éstos vivían en tiempo de Joaquín,
hijo de Josué, hijo de Josadac, y en
tiempo de Nehemías, el gobernador, y
de Esdras, el sacerdote-escriba.

Dedicación de la muralla de Jerusalén*.

27 Cuando la dedicación de la muralla
de Jerusalén, se buscó a los levitas por
todos los lugares para traerlos a Jerusalén, con el fin de celebrar la dedicación
con alegría, con cánticos de acción de
gracias y música de címbalos, salterios
y cítaras. 28 Los cantores, hijos de Leví,
se congregaron de la región circundante
de Jerusalén, de los poblados de los
netofatíes, 29 de Bet Haguilgal, de los
campos de Gueba y de Azmávet; porque
los cantores habían construido poblados

12 Estas listas, así presentadas, son un procedimiento jurídico para fijar los derechos, según la antigüedad.

12 27 La ceremonia continúa a Esd **6** 16; ver **6** 13-18. Dos *procesiones* parten en sentido inverso de la puerta del Valle, al oeste, **3** 13, recorren cada una la mitad de la muralla y se reúnen en el Templo, al este, para la clausura de la fiesta.

alrededor de Jerusalén. [30] Los sacerdotes y levitas se purificaron, y luego purificaron al pueblo, las puertas y la muralla.

[31] Mandé entonces a los jefes de Judá que subieran a la muralla y organicé dos grandes coros. El primero marchaba por encima de la muralla, hacia la derecha, hacia la Puerta del Muladar; [32] detrás de ellos iban Hosaías y la mitad de los jefes de Judá, [33] Azarías, Esdras, Mesulán, [34] Judá, Benjamín, Semaías y Jeremías, [35] elegidos entre los sacerdotes y provistos de trompetas; y Zacarías, hijo de Jonatán, hijo de Semaías, hijo de Matanías, hijo de Micá, hijo de Zacur, hijo de Asaf, [36] con sus hermanos, Semaías, Azarel, Milalay, Guilalay, Maay, Natanael, Judá, Jananí, con los instrumentos músicos de David, hombre de Dios. Y Esdras, el escriba, iba al frente de ellos. [37] A la altura de la Puerta de la Fuente, subieron de frente por la escalera de la Ciudad de David, por encima de la muralla, y por la subida de la Casa de David, hasta la Puerta del Agua, al Oriente.

[38] El segundo coro marchaba por la izquierda; yo iba detrás, con la mitad de los jefes del pueblo, por encima de la muralla, pasando por la Torre de los Hornos, hasta la muralla de la Plaza, [39] por encima de la Puerta de Efraín, la Puerta de los Peces, la Torre de Jananel, hasta la Puerta de las Ovejas; se hizo alto en la Puerta de la Prisión.

[40] Luego los dos coros se colocaron en el templo de Dios. —Tenía yo a mi lado a la mitad de los consejeros [41] y a los sacerdotes Eliaquín, Maasías, Miyamín, Micá, Eljoenay, Zacarías, Jananías, con trompetas, [42] y Maasías, Semaías, Eleazar, Uzí, Juan, Malquías, Elam y Ézer—. Los cantores entonaron su canto bajo la dirección de Yizrajías. [43] Se ofrecieron aquel día grandes sacrificios y la gente se entregó a la algazara, pues Dios les había concedido un gran gozo; también se regocijaron las mujeres y los niños. Y el alborozo de Jerusalén se oía desde lejos.

Una época ideal*.

[44] Aquel mismo día, se nombraron hombres encargados de los aposentos destinados a almacenar las ofrendas reservadas, las primicias y los diezmos. Debían recoger en ellos, según los campos de las ciudades, las porciones que la Ley otorga a los sacerdotes y a los levitas. Pues Judá se complacía en ver a los sacerdotes y levitas en sus funciones. [45] Ellos cumplían el ministerio de su Dios y el ministerio de las purificaciones, junto con los cantores y los porteros, conforme a lo mandado por David y su hijo Salomón. [46] Pues ya desde un principio, desde los días de David y de Asaf, había jefes de cantores y cánticos de alabanza y acción de gracias a Dios. [47] Y todo Israel, en tiempo de Zorobabel y en tiempo de Nehemías, daba a los cantores y a los porteros las raciones correspondientes a cada día. A los levitas se les entregaban las cosas sagradas, y los levitas entregaban su parte a los hijos de Aarón.

13 [1] En aquel tiempo se leyó a oídos del pueblo en el libro de Moisés, y se encontró escrito en él: «*El amonita y el moabita no entrarán jamás en la asamblea de* Dios, [2] *porque no recibieron* a los israelitas *con pan y agua. Tomaron a sueldo* contra ellos a *Balaán,* para maldecirlos, pero nuestro Dios *cambió la maldición en bendición*.*» [3] Así que, en oyendo la Ley, se excluyó de Israel a todo extranjero*.

Segunda misión de Nehemías.
Ver **10**.

[4] Antes de esto, el sacerdote Eliasib había sido encargado de los aposentos del templo de nuestro Dios. Como era

12 44 Pintura de la comunidad en tiempos de Zorobabel y Nehemías que resalta, como anormales, las debilidades enumeradas en el apéndice, **13** 4ss.

13 2 Cita de Dt **23** 4-6.
13 3 Rigorismo que sobrepasa la Ley, Dt **23** 7-9.

pariente de Tobías, 5 le había proporcionado un aposento espacioso, donde anteriormente se depositaban las
oblaciones, el incienso, los utensilios,
el diezmo del trigo, del vino y del aceite,
es decir, lo que está prescrito para los
levitas, los cantores y los porteros, y lo
reservado a los sacerdotes. 6 No estaba
yo en Jerusalén cuando sucedían estas
cosas, porque el año treinta y dos de
Artajerjes, rey de Babilonia, había ido
donde el rey; pero al cabo de algún
tiempo el rey me permitió volver. 7 A
mi regreso a Jerusalén, me enteré de
la mala acción que había hecho Eliasib
en favor de Tobías, preparándole un
aposento en el atrio del templo de Dios.
8 Esto me desagradó mucho; eché fuera
del aposento todos los muebles de la
casa de Tobías*, 9 y mandé purificar los
aposentos y volver a poner en ellos los
utensilios del templo de Dios, las oblaciones y el incienso.

10 Me enteré también de que ya no se
entregaban las raciones de los levitas,
por lo que ellos —los levitas y los cantores encargados del servicio— se habían marchado, cada uno a su campo.
11 Reprendí por ello a los consejeros, diciéndoles: «¿Por qué ha sido abandonado el templo de Dios?» Luego los reuní
de nuevo y los restablecí en sus puestos.
12 Y todo Judá trajo a los almacenes el
diezmo del trigo, del vino y del aceite.
13 Puse al frente de los almacenes al
sacerdote Selemías, al escriba Sadoc y
a Pedayas, uno de los levitas, y, como
ayudante, a Janán, hijo de Zacur, hijo
de Matanías, porque eran considerados
como personas fieles; les incumbía dis-
tribuir las porciones a sus hermanos.
14 ¡Acuérdate de mí por esto, Dios mío;
no borres las obras de piedad que yo
hice por el templo de mi Dios y por sus
servicios!

15 Por aquellos días, vi que había en
Judá quienes pisaban los lagares en día
de sábado; otros acarreaban los haces
de trigo y los cargaban sobre los burros,
y también vino, uva, higos y toda clase
de cargas, para traerlo a Jerusalén en
día de sábado: les advertí que no ven-
dieran sus mercancías. 16 En Jerusalén,
algunos tirios que habitan en ella traían
pescado y toda clase de mercancías para vendérselas a los judíos en día de sábado. 17 Reprendí a los notables de Judá
diciendo: «¡Qué mala acción cometen
ustedes profanando el día del sábado!
18 ¿No fue así como obraron sus padres
y por lo que nuestro Dios hizo caer toda
esta desgracia sobre nosotros y sobre
esta ciudad? ¡Y ustedes aumentan así la
Cólera contra Israel profanando el sábado!» 19 Así que ordené que cuando la
sombra cubriera las puertas de Jerusalén, la víspera del sábado se cerraran
las puertas, y que no se abrieran hasta
después del sábado. Y puse junto a las
puertas a algunos de mis hombres para
que no entrara carga alguna en día de
sábado. 20 Una o dos veces, algunos
mercaderes que vendían toda clase de
mercancías pasaron la noche fuera de
Jerusalén, 21 pero yo les avisé diciéndoles: «¿Por qué pasan la noche junto a la
muralla? ¡Si vuelven a hacerlo, les echaré mano!» Desde entonces no volvían
más en sábado. 22 También por esto,
ordené a los levitas purificarse y venir
a guardar las puertas, para santificar el
sábado. ¡También por esto acuérdate de
mí, Dios mío, y ten piedad de mí según
tu gran misericordia!

23 Vi también en aquellos días que
algunos judíos se habían casado con
mujeres asdodeas, amonitas o moabitas.
24 De sus hijos, la mitad hablaban asdo-
deo o la lengua de uno u otro pueblo,
pero no sabían ya hablar judío. 25 Yo los
reprendí y los maldije, hice azotar a algunos de ellos y arrancarles los cabellos,
y los conjuré en nombre de Dios: «¡No
deben dar sus hijas a los hijos de ellos ni
tomar ninguna de las hijas de ellos por
mujeres ni para sus hijos ni para ustedes

13 8 El aposento del Amonita Tobías, **2** 10, es suprimido. Ver Mt **21** 12-13p; Jn **2** 13-17.

mismos! 26 ¿No pecó en esto Salomón,
rey de Israel? Entre tantas naciones no
había un rey semejante a él; era amado
de su Dios; Dios lo había hecho rey de
todo Israel. Y también a él lo hicieron
pecar las mujeres extranjeras. 27 ¿Se
tendrá que oír de ustedes que cometen
el mismo gran crimen de rebelarse contra nuestro Dios casándose con mujeres
extranjeras?»

28 Uno de los hijos de Joadá, hijo del
sumo sacerdote Eliasib, era yerno de
Sambalat el joronita. Yo lo eché de mi
lado*. 29 ¡Acuérdate de estas gentes, Dios
mío, por haber mancillado el sacerdocio
y la alianza de los sacerdotes y levitas!

30 Los purifiqué, pues, de todo lo extranjero. Y establecí, para los sacerdotes
y levitas, reglamentos que determina-
ran la tarea de cada uno, 31 y lo mismo
para las ofrendas de leña a plazos fijos
y para las primicias.

¡Acuérdate de mí, Dios mío, para mi
bien!

13 28 Nótese esta severidad con la familia del sumo sacerdote.

LOS LIBROS DE TOBÍAS, JUDIT Y ESTER

Introducción

Los tres libros de Tobías, Judit *y* Ester *figuran en la Vulgata a continuación de los libros históricos. Algunos manuscritos importantes de la versión griega siguen este mismo orden, pero otros los colocan después de los Sapienciales. Los tres forman un pequeño grupo que se distingue por varias característicias: no tienen un texto del todo seguro; entraron tarde en el* canon *de las Escrituras; tienen un* determinado género literario *en el que la geografía y la historia son tratadas con mucha libertad y como soportes de la enseñanza religiosa pretendida.*

TOBÍAS

Las familias judías que viven en la «Dispersión», en medio de otras naciones no judías, pueden mantenerse fieles al yahvismo con la protección de Dios. La familia de Tobit es un ejemplo. El autor, para hacer más agradable su instrucción religiosa, escribe la historia de la familia de Tobit con los rasgos literarios de un drama para ser leído.

1.—Personajes del drama (**1** *1*-**5** *22)*

Los personajes encarnan las virtudes típicas del judaísmo: piedad, temor del Señor, obediencia, fe, hospitalidad.

— Tobit: *el padre, es un judío deportado que se mantiene fiel a la alianza en la ciudad de Nínive. En el cumplimiento de sus obras de justicia, ha quedado ciego. Pero es una prueba más en la vida de este desterrado, que purifica su fidelidad al Señor (***3** *2-4).*

— Sarra: *la hija de Ragüel, pariente de Tobit. Vive en Ecbátana, lejos de Nínive. Sarra es presentada en paralelo con Tobit: mujer piadosa, pero sometida a una prueba: ha perdido sucesivamente a siete (numerosos) maridos por obra del enemigo Asmodeo. Nótese el paralelismo en la presentación de estos personajes: los dos en oración (***3** *11 -15).*

— Tobías: *el hijo de Tobit. Personaje en quien el autor encarna las enseñanzas rectas del judío piadoso; por eso la presentación de Tobías no es más que una larga serie de instrucciones que da Tobit a su hijo. El lector las contempla hechas realidad en el joven Tobías.*

— Rafael: *el mensajero del Señor, es presentado como quien trae la protección de Yahvé para los judíos piadosos.*

— Asmodeo: *Lo ha presentado brevemente el autor con Sarra. Este personaje aparecerá más adelante en acción. Es el antagonista de Rafael.*

2.—Las escenas del drama (**6** *1*-**14** *1)*

La acción dramática tiene cuatro escenas:

— 1ª Escena: *Viaje a Mesopotamia (***6** *1-19).*

— 2ª Escena: *Boda de Tobías y Sarra (***7** *1*-**8** *21).*

— 3ª Escena: *Viaje de regreso a Nínive (***9** *1*-**10** *14).*

— 4ª Escena: *Desenlace (***11** *1*-**14** *1).*

Las escenas reflejan las peripecias del viaje. La tensión dramática aumenta hasta llegar al momento culminante en la escena de la boda. El autor marca el cañamazo religioso que sostiene toda la acción: el Señor es fiel, protege a los justos, protege los valores del judaísmo postexílico: amor familiar, hospedaje, matrimonio entre los de la misma raza, oración, etc.

El desenlace es rápido. Es el Señor quien interviene por medio de su enviado.

*La respuesta a la lectura del drama es la acción de gracias que no se limita a agradecer el beneficio recibido, sino que se remonta a exaltar a Dios y a Jerusalén, la ciudad santa, por la que suspiraban los desterrados (***13** *1-17).*

3.—Epílogo (**14** *2-25)*

*Han quedado sueltos unos cabos de la narración. Ahora se encajan. La historia de esta familia de deportados es signo de la protección del Señor que recae sobre todas las familias. Las promesas de liberación se cumplirán: «Todo cuanto los profetas de Israel, enviados por Dios, anunciaron sobre Asur y Nínive, todo vendrá y se realizará. Todo tendrá su cumplimiento» (***14** *4).*

JUDIT

La nación judía esta sometida a la política y cultura helenistas. La rebelión de los Macabeos ha despertado el fervor nacional y las ansias de liberación. Es el año 160, probablemente. Un escritor, para sostener la esperanza de los judíos opuestos al helenismo, escribe un poema épico. La historia que contempla el poema es artificial y se inserta en unas coordenadas de años anteriores. Los nombres y referencias geográficos o históricos son pura ficción. El autor quiere sólo cantar la victoria del pueblo judío protegido por Yahvé. Victoria que en este caso vendrá por medio de una mujer: Judit = «La judía». La narración está salpicada de referencias a los libros del AT y advertimos en ella influjos de la literatura apocalíptica, ya en boga en el siglo II a.C.

Toda esta narración épica se centra en tres personajes: Holofernes, Ajior y Judit.

1.—Holofernes (**1** *1-***3** *10)*

*Simboliza a los enemigos del pueblo judío. El poder que tienen Nabucodonosor y su general Holofernes es absoluto (***3** *2-8). ¿Qué puede hacer frente a ellos la comunidad judía de una pequeña ciudad?*

Notar que Nabucodonosor no fue rey de Asiria, sino de Babilonia; Nínive era una ciudad en ruinas; Betulia y Betomestain no han sido localizadas. Esto indica que estamos ante un relato de ficción.

2.—Ajior (**4** *1-***7** *32)*

Simboliza a los simpatizantes de los judíos.

*Las tropas de Holofernes avanzan, y Jerusalén peligra. En este momento el autor introduce a Ajior, jefe de los ammonitas en el ejército de Holofernes. No es judío, pero reconoce al Dios de Israel. Este personaje pagano expone una hermosa síntesis de la historia de Israel y descubre el secreto de la confianza de los judíos (***5** *20-21). Aquí tenemos las claves para entender el mensaje religioso del libro.*

*La comunidad judía interviene por dos veces para proclamar su religiosidad (***4** *9-12) y su confianza en Dios (***6** *19).*

3.—Judit = «la Judía» (**8** *1-***15** *7)*

Símbolo de la nación judía. Los rasgos con los que es presentada son los que deben caracterizar a la comunidad judía: piedad, fidelidad al Señor, hermosura, etc. Sus armas son la oración y el ayuno. Su preocupación, salvar la ciudad santa.

El diálogo entre Judit y Holofernes está salpicado de ironías y equívocos. Todo deja entrever que la comunidad judía confía en su Dios.

*En el desenlace de la acción de Judit interviene la comunidad para proclamar que el autor de la liberación es Dios (***13** *14) que se ha servido de una mujer (***15** *9-10).*

*La acción culmina, al estilo de una acción litúrgica, con un canto de acción de gracias (***16** *1-17), seguido de unos ritos cultuales (***16** *18-20).*

4.—Epílogo (**16** *21-25)*

La conclusión del libro completa los datos (ficticios) de la vida de Judit con una fórmula calcada en las conclusiones que leemos en el libro de los Jueces (comparar con Jc **3** *11).*

ESTER

Escrito poco antes del año 160 a.C. en hebreo, se tradujo al griego y se amplió notablemente. Esta edición griega existía ya el año 114 a.C., pues en tal año fue enviada a Egipto. (Las adiciones propias del texto griego figuran en nuestra edición en letra cursiva).

Los hechos narrados en Ester se sitúan artificialmente en los años 486-465 a.C. y en la corte de Persia: Asuero es la transcripción latina del nombre propio del rey persa cuyo nombre en griego es Jerjes.

El objetivo del libro es reavivar la confianza de los judíos que viven en la «Dispersión» sometidos a poderes no judíos y recordarles que Dios no abandona a su pueblo. La actuación de Dios a favor de su pueblo se transmite, como en el libro de Judit, por medio de una mujer.

Nos ayudará a descubrir el mensaje didáctico de Ester el leerlo como un drama en el que se enfrentan el judaísmo (Ester - Mardoqueo - comunidad judía) y el paganismo (Asuero - Amán - pueblo persa).

1.—Preliminares (**1** *1a-1g)*

*El sueño de Mardoqueo, que abre el drama, da la clave interpretativa: Dios dirige la historia de su pueblo, incluso de la parte del pueblo que está en la «Dispersión», y lo protege. El mensaje lo recibe Mardoqueo en el sueño; por eso se preocupa por «saber lo que Dios quería llevar a cabo» (***1** *1l).*

2.—La acción dramática
(**1** *1-***10** *3)*

Contiene seis escenas, dominada cada una por dos personajes:

— *1ª*: Asuero y Vastí (**1** *1-22). Representa la caída en desgracia de la reina Vastí. Así se prepara el acceso de Ester. Los elementos ambientales son los de una corte oriental de la época del autor.*

— *2ª*: Mardoqueo y Ester (**2** *1-23). Por caminos diversos los dos personajes entran en la corte de Asuero y se ganan su favor. Los nombres de Ester y Mardoqueo son de origen babilonio (Istar y Marduk). El nombre hebreo de la protagonista, Hadasá, significa «mirto».*

— *3ª*: Amán y Mardoqueo (**3** *1-***4** *17). Simbolizan las dos comunidades y sus enfrentamientos: Amán, el opresor de los judíos; Mardoqueo, el oprimido, pero de conducta leal incluso con el rey Asuero. Las oraciones puestas en boca de Ester y Mardoqueo destacan el origen de la fuerza de la comunidad judía, la confianza en Dios frente al régimen opresor de Amán, que goza de poder casi absoluto en la corte. El enfrentamiento entre las dos comunidades se decanta, en esta escena, contra los judíos.*

— *4ª*: Ester y Asuero (**5** *1-14). En este momento del drama entra en escena la judía Ester. La escena eleva el enfrentamiento a los dos personajes que rigen los hilos del drama. La actuación de Ester evoca la de Judit. La escena termina acentuando el aniquilamiento del símbolo de la comunidad judía: Mardoqueo.*

— *5ª*: Amán y Mardoqueo (**6** *1-***9** *19). Es el nudo del drama. Cuando todo está contra Mardoqueo, el autor introduce un elemento distorsionador de la secuencia: Mardoqueo es encumbrado por el rey. La mujer de Amán pronuncia la frase clave que cambia el* *sentido de la acción y preludia el desenlace: «Si Mardoqueo, ante el que has comenzado a declinar, pertenece al linaje de los judíos, no podrás vencerlo, sino que sin remedio caerás ante él» (**6** 13).*

Mardoqueo ocupa el centro de la escenografía: un decorado triunfal preparado para Amán; en cambio Amán ocupa el decorado preparado para Mardoqueo: la horca.

*El cambio escénico se prolonga a las comunidades simbolizadas por estos dos personajes (**8** 4-12; **9** 1-19). La venganza de la comunidad judía es cruel, inmisericorde. Pero no olvidemos que estamos ante un escrito de ficción y en parte cercano a la literatura apocalíptica judía.*

— 6ª: Celebración del triunfo (**9** 20-32). *Es el desenlace. El autor relaciona la fiesta de los «Purim» con la celebración del triunfo en una fiesta de acción de gracias.*

3.—Conclusión del libro (**10** *3a-l*)

*Retorna el tema del sueño de Mardoqueo. Todo lo representado en el drama es cumplimiento del plan de Dios anunciado mediante el sueño. En esta conclusión se advierte de nuevo la clave interpretativa religiosa de todo el relato: «De Dios ha venido todo esto» (**10** 3ª).*

TOBÍAS*

1 1 Historia de Tobit*, hijo de Tobiel, hijo de Ananiel, hijo de Aduel, hijo de Gabael, del linaje de Asiel, de la tribu de Neftalí, 2 que en tiempo de Salmanasar*, rey de Asiria, fue deportado de Tibé, que queda al sur de Cadés de Neftalí, en la Galilea superior, por encima de Jasor, detrás del camino del oeste y al norte de Sefat.

I. El deportado

3 Yo, Tobit, he andado por caminos de verdad y en justicia todos los días de mi vida*, y he repartido muchas limosnas entre mis hermanos y compatriotas, deportados conmigo a Nínive, al país de los asirios. 4 Siendo yo joven todavía y estando en mi país, en la tierra de Israel, toda la tribu de mi padre Neftalí se apartó de la casa de David y de Jerusalén, la ciudad elegida entre todas las tribus de Israel para ofrecer allí sacrificios, y en la que había sido edificado y consagrado, para todas las generaciones venideras, el Templo de la Morada del Altísimo. 5 Todos mis hermanos y la casa de mi padre Neftalí ofrecían sacrificios al becerro que Jeroboán, rey de Israel, había hecho en Dan, en los montes de Galilea.

6 Muchas veces era yo el único que iba a Jerusalén, con ocasión de las fiestas, tal como está prescrito para todo Israel por decreto perpetuo; en cobrando las primicias y las crías primeras y diezmos de mis bienes y el primer esquileo de mis ovejas, acudía presuroso a Jerusalén 7 y se lo entregaba a los sacerdotes, hijos de Aarón, para el altar. Daba a los levitas, que hacían el servicio en Jerusalén, el diezmo del vino, del grano, del olivo, de los granados, de los higos y demás frutales; tomaba en metálico el segundo diezmo, de los seis años, y lo gastaba en Jerusalén. 8 Entregaba el tercer diezmo a los huérfanos, a las viudas y a los prosélitos que vivían con los israelitas; se lo llevaba y entregaba cada tres años, celebrando una comida con ellos conforme a lo que se prescribe en la Ley de Moisés y conforme a los preceptos que me dio Débora, madre de nuestro padre Ananiel, pues mi padre había muerto dejándome huérfano. 9 Una vez llegado a la edad adulta, me casé con Ana, mujer de nuestra parentela; y ella dio a luz a Tobías.

10 Cuando la deportación de Asiria, yo también fui deportado y me trasladé a Nínive. Todos mis hermanos y los de mi linaje comían los manjares de los paganos*, 11 mas yo me guardé bien de comerlos. 12 Como me acordaba de Dios con toda mi alma, 13 me concedió el Altísimo gracia y favor ante Salmanasar, y llegué a ser procurador suyo. 14 Me trasladé a Media y administré allí sus negocios hasta su muerte; y deposité en Ragués de Media, en casa de Gabael, hermano de Gabrí, unos sacos de plata por valor de diez talentos.

1 La traducción está hecha sobre el texto griego. El texto latino de la Vulgata (Vulg.) es a menudo diferente. Hay que tener en cuenta las frecuentes discordancias en la numeración de los vv.

1 1 El nombre del padre es en griego *Tôbeiz* o *Tôbeit*; en castellano *Tobit*; el del hijo, *Tôbeías* o *Tôbías*; en castellano *Tobías*.

1 2 El marco histórico del libro tiene resúmenes convencionales, **1** 4.5.10.15; **14** 15.

1 3 A la meditación de la Ley, ver Sal **119**; etc. Tobit añade, como se verá, la práctica de sus buenas obras.

1 10 Los *manjares de los paganos*, preparados sin tener en cuenta las prohibiciones de la Ley, Lv **11**; Dt **14**.

15 Muerto Salmanasar, le sucedió en el trono su hijo Senaquerib; en su reinado, los caminos de Media se hicieron inseguros y no pude volver allí. 16 En los días de Salmanasar hice muchas limosnas a mis hermanos de raza; 17 di mi pan a los hambrientos y vestido a los desnudos; y si veía el cadáver de alguno de los de mi raza arrojado extramuros de Nínive, le daba sepultura. 18 Enterré igualmente a los que mató Senaquerib (cuando vino huyendo de Judea después del escarmiento que hizo contra él el Rey del Cielo, a causa de sus blasfemias. Senaquerib, en su cólera, mandó matar a muchos israelitas); y yo sustraje sus cuerpos y los enterré. Senaquerib los buscó sin encontrarlos. 19 Un ninivita fue a denunciarme al rey de que yo los había enterrado en secreto. Cuando supe que el rey tenía informes acerca de mí, y que me buscaba para matarme, tuve miedo y escapé. 20 Me fueron arrebatados todos mis bienes; nada quedó sin confiscar para el tesoro real, salvo mi mujer Ana y mi hijo Tobías.

21 Aún no habían transcurrido cuarenta días, cuando Senaquerib fue asesinado por sus dos hijos, que huyeron luego hacia los montes Ararat. Le sucedió su hijo Asaradón. Este rey puso a Ajicar*, hijo de mi hermano Anael, al frente de las finanzas de su reino, de modo que dirigía toda la administración. 22 Ajicar intercedió por mí y pude regresar a Nínive. Ajicar, de hecho, había sido copero mayor, custodio del sello, administrador y encargado de las finanzas bajo Senaquerib, rey de Asiria; y Asaradón lo confirmó en los cargos. Era sobrino mío y de mi propia parentela.

II. El ciego

2 1 En el reinado de Asaradón pude regresar a mi casa y me devolvieron a mi mujer Ana y a mi hijo Tobías. En nuestra solemnidad de Pentecostés*, que es la santa solemnidad de las Semanas, me habían preparado una excelente comida y me dispuse a comer. 2 Cuando me presentaron la mesa, con numerosos manjares, dije a mi hijo Tobías: «Hijo, ve a buscar entre nuestros hermanos deportados en Nínive a algún indigente que se acuerde del Señor y tráelo para que coma con nosotros. Te esperaré hasta que vuelvas, hijo mío.» 3 Se fue, pues, Tobías a buscar a alguno de nuestros hermanos pobres, y cuando regresó me dijo: «Padre.» Le respondí: «¿Qué hay, hijo?» Contestó: «Padre, han asesinado a uno de los nuestros; lo han estrangulado y lo han arrojado en la plaza del mercado y aún está allí.» 4 Me levanté al punto y, sin probar la comida, me llevé el cadáver de la plaza y lo dejé en una habitación, en espera de que se pusiera el sol, para enterrarlo. 5 Volví a entrar, me lavé y comí con aflicción, 6 acordándome de las palabras que el profeta Amós dijo contra Betel:

Convertiré su fiesta en lamento,
*y en elegía todas sus canciones**.

7 Y lloré. Cuando el sol se puso, cavé una fosa y sepulté el cadáver. 8 Mis vecinos se burlaban y decían: «Todavía no ha aprendido. (Pues, de hecho, ya habían querido matarme por un hecho semejante.) Apenas si pudo escapar y ya vuelve a sepultar a los muertos.» 9 Aquella misma noche, después de bañarme, salí al patio y me recosté contra la tapia, con el rostro cubierto a causa del calor. 10 Ignoraba yo que arriba,

1 21 Mencionado varias veces en el resto del libro, **1** 22; **2** 10; **11** 18; **14** 10; ver Jdt **5** 5+, *Ajicar* es el héroe del *Libro de Ajicar*, obra antigua conocida bajo diversas formas; es la historia de un sabio perseguido y luego premiado.

2 1 Ver Ex **23** 14+.

2 6 Cita de Am **8** 10.

en el muro, hubiera gorriones; me cayó
excremento caliente sobre los ojos y me
salieron manchas blancas. Fui a los médicos, para que me curaran; pero cuantos más remedios me aplicaban, menos
veía a causa de las manchas, hasta que
me quedé completamente ciego. Cuatro años estuve sin ver. Todos mis hermanos estaban afligidos; Ajicar, por su
parte, proveyó a mi sustento durante dos
años, hasta que se trasladó a Elimaida*.
11 En aquellas circunstancias, mi mujer Ana tuvo que trabajar a sueldo en
labores femeninas; hilaba lana y hacía
tejidos, 12 que entregaba a sus señores,
cobrando un sueldo; el siete del mes de
Distros acabó un tejido y se lo entregó a
los dueños, que le dieron todo su jornal
y le añadieron un cabrito para una comida. 13 Cuando entró ella en casa, el
cabrito empezó a balar. Yo, entonces,
llamé a mi mujer y le dije: «¿De dónde
ha salido ese cabrito? ¿Ha sido robado?
Devuélvelo a sus dueños, porque no podemos comer nada robado.» 14 Ella me
dijo: «Es un regalo que me han añadido
a mi sueldo.» Pero yo no la creí. Ordené
que lo devolviera a los dueños y me irrité
contra ella por este asunto. Entonces ella
me replicó: «¿Dónde están tus limosnas
y tus buenas obras? ¡Ahora se ve todo
bien claro!»

3 1 Anegada entonces mi alma de
tristeza, suspirando y llorando, comencé a orar con gemidos:

2 Tú eres justo, Señor,
y justas son todas tus obras.
Misericordia y verdad
son todos tus caminos.
Tú eres el Juez del Universo.

3 Y ahora, Señor,
acuérdate de mí y mírame.
No me condenes por mis pecados,
mis inadvertencias y las de mis padres.
Hemos pecado en tu presencia,
4 no hemos escuchado tus mandatos
y nos has entregado al saqueo,
a la burla, al comentario
y al oprobio de todas las gentes
entre las que nos has dispersado.

5 Pero cierto es, Señor,
que todas tus sentencias
a la verdad responden
cuando me tratas según mis pecados
y los de mis padres;
porque no hemos cumplido tus
mandatos,
y no hemos caminado en la verdad
delante de ti.

6 Haz conmigo ahora
según lo que te plazca
y ordena que reciban mi vida
para que yo me disuelva
sobre la faz de la tierra,
porque más me vale morir que vivir.
Tengo que aguantar injustos reproches
y me anega la tristeza.

Manda, Señor, que sea liberado
de esta aflicción
y déjame partir al lugar eterno,
y no apartes, Señor, tu rostro de mí,
pues prefiero morir
a pasar tanta aflicción durante la vida
y tener que seguir oyendo injurias.

III. Sarra

7 Sucedió que, aquel mismo día, también Sarra, hija de Ragüel, el de Ecbátana de Media, fue insultada por una de
las esclavas de su padre, 8 porque había
sido dada en matrimonio a siete hombres, pero el malvado demonio Asmodeo* los había matado antes de que se
unieran a ella como esposa. La esclava

2 10 Una adición de la Vulg. compara la paciencia de Tobit con la Job; ver Jb **1** 20-21; **2** 9-10.

3 8 *Asmodeo, el que hace perecer* (?). Demonio de la religión persa, aquí enemigo de la unión conyugal.

le decía: «¡Eres tú la que matas a tus maridos! Ya has tenido siete, pero ni de uno
siquiera has disfrutado. 9 ¿Nos castigas
porque se te mueren los maridos? ¡Vete
con ellos y que nunca veamos hijo ni hija
tuyos!» 10 Entonces Sarra, con el alma
llena de tristeza, se echó a llorar y subió
al aposento de su padre con intención de
ahorcarse. Pero, reflexionando, pensó:
«Acaso esto sirva para que injurien a mi
padre y le digan: 'Tenías una hija única,
amada y se ha ahorcado porque se sentía
desgraciada.' No puedo consentir que mi
padre, en su ancianidad, baje con tristeza
a la mansión de los muertos*. Es mejor
que, en vez de ahorcarme, suplique al
Señor que me envíe la muerte para no
tener que oír injurias durante mi vida.»
11 Y en aquel momento, extendiendo las
manos hacia la ventana, oró así:

Bendito seas tú, Dios de misericordias,
y bendito sea tu Nombre por los siglos,
y que todas tus obras
te bendigan por siempre.
12 Vuelvo ahora mi rostro
y alzo mis ojos hacia ti.
13 Manda que yo sea librada de la tierra,
para no escuchar ultrajes.
14 Tú sabes, Señor, que yo estoy pura
de todo contacto de varón;
15 que no he mancillado mi nombre
ni el nombre de mi padre
en la tierra de mi cautividad.
Soy la única hija de mi padre.
No tiene otros hijos que lo hereden,
no tiene junto a sí ningún hermano
ni pariente a quien me deba por mujer.

Ya perdí siete maridos:
¿para qué quiero la vida?
Si no te place, Señor, darme la muerte,
¡mírame con compasión!
y no tenga yo que escuchar injurias.

16 Fue oída en aquel instante, en la
Gloria de Dios, la plegaria de ambos, 17 y
fue enviado Rafael* a curar a los dos: a
Tobit, para que se le quitaran las manchas blancas de los ojos y pudiera con
sus mismos ojos ver la luz de Dios; y a
Sarra, la de Ragüel, para entregarla por
mujer a Tobías, hijo de Tobit, y librarla de
Asmodeo, el demonio malvado; porque
Tobías tenía más derechos sobre ella que
todos cuantos la pretendían. En aquel
mismo momento se volvía Tobit del patio
a la casa, y Sarra, la de Ragüel, descendía del aposento.

IV. *Tobías*

4 1 Aquel día, se acordó Tobit del dinero que había dejado en depósito
a Gabael, en Ragués de Media, 2 y se
dijo para sí: «Yo estoy deseando ya la
muerte. Así que voy a llamar a mi hijo
Tobías y le voy a hablar de este dinero
antes de morirme.» 3 Llamó, pues, Tobit
a su hijo, que se presentó ante él. Tobit
le dijo:

«Cuando yo muera, me darás una digna sepultura; honra a tu madre y no le
des un disgusto en todos los días de su
vida*; haz lo que le agrade y no le causes
tristeza por ningún motivo. 4 Acuérdate, hijo, de que ella pasó muchos trabajos por ti cuando te llevaba en su seno.
Y cuando ella muera, sepúltala junto a
mí, en el mismo sepulcro.

5 «Acuérdate, hijo, del Señor todos
los días y no quieras pecar ni transgredir
sus mandamientos; practica la justicia
todos los días de tu vida y no andes por
caminos de injusticia, 6 pues si te portas
según verdad, tendrás éxito en todas tus
cosas, 7 como todos los que practican la
justicia.

3 10 Estribillo que aparece ya en la historia de José, ver Gn **37** 35; **42** 38; **44** 29.31.
3 17 *Rafael* es el ángel protector, adversario de Asmodeo. Antes de su misión estaba
delante de Dios, **12** 12.15; ver 5 **4**+.
4 3 Ver Pr **23** 22; Si **7** 27+.

«Haz limosna con tus bienes; y al
hacerlo, que tu ojo no tenga rencilla. No
vuelvas la cara ante ningún pobre y Dios
no apartará de ti su cara*. 8 Regula tu
limosna según la abundancia de tus bienes. Si tienes poco, da conforme a ese
poco, pero nunca temas dar limosna,
9 porque así te atesoras una buena reserva para el día de la necesidad. 10 Porque
la limosna libra de la muerte e impide
caer en las tinieblas. 11 Don valioso es
la limosna para cuantos la practican en
presencia del Altísimo.

12 «Guárdate, hijo, de toda impureza
y, sobre todo, toma mujer del linaje de
tus padres*. No tomes mujer extraña
que no pertenezca a la tribu de tu padre,
porque somos descendientes de profetas. Recuerda, hijo, que desde siempre
nuestros padres Noé, Abrahán, Isaac
y Jacob tomaron mujeres de entre sus
hermanos y fueron bendecidos en sus
hijos, de modo que su estirpe poseerá
la tierra en herencia. 13 Así, pues, hijo,
ama a tus hermanos; no tengas con tus
hermanos, ni con los hijos y las hijas de
tu pueblo, corazón soberbio, en orden a
tomar para ti mujer de entre ellos; pues
la soberbia acarrea la ruina y prolija inquietud; y la ociosidad, bajeza y extrema
penuria; porque la ociosidad es madre
de la indigencia.

14 «No retengas el salario de los que
trabajan para ti; dáselo al momento. Si
sirves a Dios serás recompensado. Pon
cuidado, hijo, en todas tus acciones y
muéstrate educado en toda tu conducta.
15 No hagas a nadie lo que no quieras
que te hagan*. No bebas vino hasta
emborracharte y no hagas de la embriaguez tu compañera de camino.

16 «Da de tu pan al hambriento y de
tus vestidos al desnudo. Haz limosna
de todo cuanto te sobra; y no recuerdes las rencillas cuando hagas limosna*.
17 Esparce tu pan sobre la tumba de los
justos, pero no lo des a los pecadores.

18 «Busca el consejo de los prudentes
y no desprecies ningún aviso saludable. 19 Bendice al Señor Dios en toda
circunstancia, pídele que sean rectos
todos tus caminos y que lleguen a buen
fin todas tus sendas y proyectos. Pues
no todos los pueblos tienen consejo; es
el Señor quien da todos los bienes y,
cuando quiere, eleva o abate hasta lo
profundo del Abismo. Así, pues, hijo,
recuerda estos mandamientos y no permitas que se borren de tu corazón.

20 «También quiero decirte que dejé
en depósito a Gabael, hijo de Gabrí, en
Ragués de Media, diez talentos de plata.
21 No debes preocuparte, hijo, porque
seamos pobres. Muchos bienes posees
si temes a Dios, huyes de todo pecado
y haces lo que es bueno ante el Señor,
tu Dios.»

V. *El compañero*

5 1 Entonces Tobías respondió a su
padre Tobit: «Haré cuanto me has
mandado, padre. 2 Pero ¿cómo podré
recuperar el depósito? Ni él me conoce
a mí ni yo a él. ¿Qué señal debo darle
para que me reconozca, me crea y me
devuelva el dinero? Por otra parte, desconozco la ruta que conduce a Media.»
3 Tobit respondió a su hijo Tobías: «Él
me dio un recibo y yo a él otro; lo partí
en dos, tomé una parte y dejé la otra
con el dinero. ¡Ya va para veinte años
que deposité esta suma! Ahora, hijo,
busca un hombre de confianza que vaya
contigo, y lo tomaremos a sueldo hasta
tu vuelta, y vete a recuperar ese dinero.»

4 Salió Tobías a buscar un hombre que
conociera la ruta y fuera con él a Media.

4 7 Ver Pr **19** 17+; Si **4** 1-6; Dt **15** 7-8.11; etc.

4 12 Costumbre patriarcal del matrimonio, dentro del clan, **6** 12; Gn **24** 3-4; **28** 1-2; Nm **36**; Jc **14** 3; Esd **9** 1+.

4 15 Ver Mt **7** 12; Lc **6** 31.

4 16 Ver Is **58** 7; Mt **25** 35-36.

Al salir, encontró a Rafael, el ángel*, parado ante él; pero no sabía que era un ángel de Dios. 5 Le dijo, pues: «¿De dónde eres, joven?» Le respondió: «De los israelitas, tus hermanos, y ando en busca de trabajo.» Le dijo Tobías: «¿Conoces la ruta de Media?» 6 Respondió: «Sí; he estado allá muchas veces y conozco al detalle todos los caminos. He ido a Media con frecuencia y he sido huésped de Gabael, nuestro hermano, el que vive en Ragués de Media. Hay dos jornadas de camino entre Ecbátana y Ragués, pues Ragués está en la montaña y Ecbátana en el llano.» 7 Tobías le dijo: «Espérame, joven, que voy a decírselo a mi padre, porque necesito que vengas conmigo; y yo te pagaré tu sueldo.» 8 Él le dijo: «Te espero, pero no tardes.»

9 Fue Tobías a informar a su padre y le dijo: «Ya he encontrado un hombre que es israelita, hermano nuestro.» Tobit le contestó: «Llámalo, para que me entere de qué familia es y a qué tribu pertenece, y si es digno de confianza para que te acompañe, hijo.» Salió Tobías, lo llamó y le dijo: «Joven, mi padre te llama.»

10 Entró el ángel y Tobit se adelantó a saludarlo. El ángel contestó: «Que disfrutes de mucha alegría.» Replicó Tobit: «¿Qué alegría puedo disfrutar ya? Estoy ciego y no puedo ver la luz del cielo; yazgo en tinieblas como los muertos, que no contemplan la luz; vivo como un muerto; oigo la voz de los hombres, pero no los veo.» Le dijo el ángel: «Ten confianza, que Dios te curará dentro de poco. Ten confianza.» Tobit le dijo: «Mi hijo Tobías quiere ir a Media. ¿Puedes ir con él y servirle de guía? Yo te daría tu salario, hermano.» Él respondió: «Puedo ir con él, pues conozco al detalle todos los caminos y he viajado a Media con frecuencia; he recorrido todos sus llanos y sus montes y tengo conocimiento de todas sus rutas.» 11 Tobit le dijo: «¿Querrías decirme, hermano, a qué familia y tribu perteneces?» 12 Le respondió el ángel: «¿Qué puede importar mi tribu?» Tobit insistió: «Me gustaría, hermano, saber con seguridad tu tribu y nombre.» 13 Respondió el ángel: «Yo soy Azarías, hijo del gran Ananías, uno de tus hermanos.» 14 Le dijo Tobit: «Seas venido sano y salvo, hermano; y no lleves a mal, hermano, mi deseo de conocer con certeza tu nombre y familia. Resulta ahora que eres de mi parentela y que perteneces a un linaje bueno y honrado. He conocido a Ananías y a Natán, los dos hijos del gran Semeías; ellos iban conmigo a Jerusalén y conmigo adoraban allí, sin desviarse del buen camino. Tus hermanos son hombres de bien; de buen linaje procedes. ¡El gozo sea contigo!»

15 Y añadió: «Te daré como sueldo una dracma por día, y en lo demás tendrás el mismo trato que mi hijo. 16 Vete con mi hijo y después te añadiré una gratificación.» 17 Le dijo el ángel: «Partiré con él y no abrigues temor; sanos partimos y sanos regresaremos a ti, porque la ruta es segura.» Le respondió Tobit: «Bendito seas, hermano.» Y, llamando a su hijo, le anunció: «Hijo, prepara las cosas para el camino y emprende la marcha con tu hermano; que el Dios que está en los cielos los proteja allí y los devuelva a mí sanos; y su ángel los acompañe con su protección, hijo.»

Tobías se dispuso a emprender la marcha y besó a su padre y a su madre. Tobit le dijo: «¡Que tengan buen viaje!» 18 Pero su madre lloraba y dijo a Tobit: «¿Por qué has hecho que se vaya mi hijo? ¿No era él el bastón de nuestra mano, que siempre va y viene con nosotros? 19 ¡Que no sea el dinero lo primero de todo!

5 4 Con excepción del *Ángel de Yahvé* en los textos antiguos, Gn **16** 7, los ángeles son criaturas sometidas a Dios, miembros de su corte (*hijos de Dios, santos, ejército del cielo*); ver Jb **1** 6; **5** 1; 1 R **22** 19; Sal **103**, 21; etc. Son mensajeros de Dios, ya sea para castigar, Ex **12** 23+, ya sea para custodiar las naciones o las personas, Ex **23** 20; Jb **33** 23+; Sal **91** 12; Dn **10** 13+. La doctrina se desarrollará en el judaísmo y en el NT; ver Ef **6** 12+.

¡Que no se convierta en el precio de nuestro hijo! 20 ¡Con lo que el Señor nos daba para vivir teníamos bastante!» 21 Él le dijo: «No pienses tal cosa; sano ha partido nuestro hijo y sano volverá a nosotros; con tus propios ojos lo verás el día que regrese sano junto a ti. 22 No pienses tal cosa ni te atormentes por ellos, hermana; porque un ángel bueno lo acompañará, le dará un viaje fácil y lo devolverá sano.»

6 1 Y ella dejó de llorar.

VI. El pez

2 Partió el muchacho en compañía del ángel, y el perro los seguía. Yendo de camino, aconteció que, una noche, acamparon junto al río Tigris. 3 Bajó el muchacho al río a lavarse los pies, cuando saltó del agua un gran pez que quería devorar el pie del muchacho. Éste gritó, 4 pero el ángel le dijo: «¡Agarra el pez y tenlo bien sujeto!» El muchacho se apoderó del pez y lo arrastró a tierra. 5 El ángel añadió: «Abre el pez, sácale la hiel, el corazón y el hígado y guárdatelos, y tira los intestinos; porque su hiel, su corazón y su hígado son remedios útiles.» 6 El joven abrió el pez y tomó la hiel, el corazón y el hígado. Asó parte del pez y lo comió, salando el resto. Luego continuaron su camino, los dos juntos, hasta cerca de Media.

7 Preguntó entonces el muchacho al ángel: «Hermano Azarías, ¿qué remedios hay en el corazón, el hígado y la hiel del pez?» 8 Le respondió: «Si se quema el corazón o el hígado del pez ante un hombre o una mujer atormentados por un demonio o un espíritu malo, el humo ahuyenta todo mal y lo hace desaparecer para siempre. 9 En cuanto a la hiel, untando con ella los ojos de un hombre atacado por manchas blancas, y soplando sobre las manchas, queda curado.»

10 Cuando entraron en Media, y estando ya cerca de Ecbátana, 11 dijo Rafael al joven: «Hermano Tobías.» Le respondió: «¿Qué deseas?» Contestó él: «Pasaremos esta noche en casa de Ragüel; es pariente tuyo y tiene una hija que se llama Sarra; 12 aparte de ella no tiene más hijos ni hijas; tú eres el más cercano, tienes más derechos sobre ella que todos los demás* y es justo que heredes la hacienda de su padre; la muchacha es prudente, valerosa y muy bella, y su padre la ama.» 13 Y añadió: «Es justo que la tomes para ti. Escúchame, hermano. Yo hablaré esta noche al padre acerca de la muchacha para que te la conceda como prometida, y a nuestro regreso de Ragués celebraremos la boda. Estoy seguro de que Ragüel no puede negártela, ni dársela a otro, pues se haría reo de muerte, según la sentencia del libro de Moisés, pues él sabe que te asiste el derecho a tomar a su hija por mujer. Así, pues, óyeme bien, hermano; hablaremos esta noche sobre la muchacha y que la den como prometida; y, cuando volvamos de Ragués, la tomaremos y la llevaremos con nosotros a tu casa.»

14 Tobías respondió a Rafael: «Hermano Azarías, he oído decir que ya ha sido dada a siete maridos y que todos han muerto la noche de bodas; que cuando entraban donde ella, morían; también he oído decir que un demonio los mataba; 15 así que tengo miedo, pues a ella no le hace ningún daño, porque la ama; pero al que intenta acercarse a ella, lo mata; yo soy hijo único y, si muero, haré

6 12 Ver **4** 12+. Esta costumbre patriarcal de los matrimonios dentro del clan aseguraba la estabilidad de los lotes de la tierra que se hicieron en el reparto de Canaán, ver Nm **36**. En la Dispersión se mantenía la idea de ser fiel a esta costumbre ancestral de Israel.

bajar en tristeza al sepulcro, por mi
causa, la vida de mi padre y de mi
madre. Ellos no tienen otro hijo que
les dé sepultura.» 16 Respondió el ángel*:
«¿Has olvidado las recomendaciones de
tu padre, que te mandó tomar mujer de
la casa de tu padre? Escúchame bien,
hermano: no tengas miedo a ese demonio y tómala; sé bien que esta noche te
la darán por mujer. 17 Cuando entres en
la cámara nupcial, tomas el corazón del
pez y parte del hígado y lo pones sobre
las brasas de los perfumes. Se difundirá
el aroma y cuando el demonio lo huela,
huirá y nunca aparecerá ya a su lado.
18 Y cuando vayas a unirte a ella, levántense primero los dos y hagan oración
y supliquen al Señor del Cielo que se
apiade de ustedes y los salve. Y no tengas miedo, porque para ti está destinada
desde el principio; tú la salvarás; ella se
vendrá contigo y te aseguro que te dará
hijos que serán para ti como hermanos.
No te preocupes.» 19 Cuando Tobías oyó
las razones de Rafael y que era hermana
suya, del linaje de la casa de su padre, se
enamoró de tal modo que se le apegó el
corazón a ella.

VII. Ragüel

7 1 Cuando entraron en Ecbátana dijo
Tobías: «Hermano Azarías, guíame
en derechura a casa de Ragüel, nuestro
hermano.» Lo condujo, pues, a casa
de Ragüel y lo encontraron sentado a
la puerta del patio. Lo saludaron ellos
primero y él les contestó: «Mucha dicha
les deseo, hermanos, y en buena salud
vengan.» Los llevó a su casa 2 y dijo a su
mujer Edna: «¡Cómo se parece este muchacho a mi hermano Tobit!» 3 Edna les
preguntó: «¿De dónde son, hermanos?»
Respondieron: «Somos de los hijos de
Neftalí, de los deportados de Nínive.»
4 Les dijo: «¿Conocen a Tobit, nuestro
hermano?» Ellos contestaron: «Sí, lo
conocemos.» —«¿Está bien?» —5 «Vive y
está bien.» Y Tobías añadió: «Es mi padre.» 6 Ragüel se puso en pie de un salto,
lo besó entre sollozos y le dijo: «¡Bendito
seas, hijo! Tienes un padre honrado y
bueno. ¡Qué gran desgracia, haberse
quedado ciego un hombre tan justo y tan
limosnero!» Y echándose al cuello de su
hermano Tobías, rompió a llorar. 7 También lloró su mujer Edna y su hija Sarra.
8 Mató luego un carnero del rebaño y los
acogió con toda cordialidad.
9 Después de lavarse y bañarse, se
pusieron a comer. Tobías dijo entonces
a Rafael: «Hermano Azarías, di a Ragüel que me dé por mujer a mi hermana
Sarra.» 10 Al oír Ragüel estas palabras,
dijo al joven: «Come, bebe y disfruta
esta noche, porque ningún hombre hay,
fuera de ti, que tenga derecho a tomar a
mi hija Sarra, de modo que ni yo mismo
estoy facultado para darla a otro, si no
es a ti, que eres mi pariente más próximo. Pero voy a hablarte con franqueza,
muchacho. 11 Ya la he dado a siete
maridos, de nuestros hermanos, y todos
murieron la misma noche que entraron
donde ella. Así que, muchacho, ahora
come y bebe y el Señor les dará su gracia y su paz.» Pero Tobías replicó: «No
comeré ni beberé hasta que no hayas
tomado una decisión acerca de lo que te
he pedido.» Ragüel le dijo*: «¡Está bien!
A ti se te debe dar, según la sentencia
del libro de Moisés, y el Cielo decreta
que te sea dada. Recibe a tu hermana.
A partir de ahora, tú eres su hermano y
ella es tu hermana. Tuya es desde hoy
por siempre. Que el Señor del Cielo los
guíe a buen fin esta noche, hijo, y les dé

6 16 Según la Vulg., Tobías pasó tres noches en oración antes de unirse a Sarra.

7 11 La Vulgata atribuye a Ragüel otras palabras, entre ellas una bendición que ha recogido la liturgia romana para la bendición de los esposos: «El Dios de Abrahán, Dios de Isaac y Dios de Jacob, sea con ustedes. Que Él los una y los llene de bendición».

su gracia y su paz.» 12 Llamó Ragüel a
su hija Sarra, y cuando ella se presentó,
la tomó de la mano y se la entregó a
Tobías, diciendo: «Recíbela, pues se te
da por mujer, según la ley y la sentencia
escrita en el libro de Moisés. Tómala y
llévala con bien a la casa de tu padre. Y
que el Dios del Cielo los guíe en paz por
el buen camino.» 13 Llamó luego a la
madre, mandó traer una hoja de papiro
y redactó el contrato matrimonial, con
lo cual se la entregó por mujer, conforme a la sentencia de la ley de Moisés.
14 Y acabado esto, empezaron a comer y beber. 15 Ragüel llamó a su mujer
Edna y le dijo: «Hermana, prepara la otra
habitación y lleva allí a Sarra.» 16 Ella fue
y preparó un lecho en la habitación, tal
como se lo había ordenado, y llevó allí a
Sarra. Lloró ella y luego, secándose las
lágrimas, le dijo: «Ten confianza, hija;
que el Señor del Cielo te dé alegría en
vez de esta tristeza. Ten confianza, hija.»
Y salió.

VIII. La tumba

8 1 Cuando acabaron de comer y beber, decidieron acostarse y llevaron
al joven al aposento.
2 Recordó Tobías las palabras de Rafael
y, tomando el hígado y el corazón del
pez de la bolsa donde los tenía, los puso
sobre las brasas de los perfumes. 3 El olor
del pez expulsó al demonio, que escapó
por los aires hacia la región de Egipto.
Fue Rafael a su alcance, lo ató de pies
y manos y, en un instante, lo encadenó.
4 Los padres salieron y cerraron la
puerta de la habitación. Entonces Tobías se levantó del lecho y le dijo: «Levántate, hermana, y oremos, y pidamos
a nuestro Señor que se apiade de nosotros y nos salve.» 5 Ella se levantó y
empezaron a suplicar y a pedir el poder
quedar a salvo. Comenzó él diciendo:

¡Bendito seas, Dios de nuestros
padres,
y bendito sea tu Nombre
por todos los siglos de los siglos!
Que te bendigan los cielos
y tu creación entera,
por los siglos todos.

6 Tú creaste a Adán, y para él creaste
a Eva, su mujer, para sostén y ayuda,
y para que de ambos proviniera la raza
de los hombres.
Tú mismo dijiste:
No es bueno que el hombre se halle
solo;
hagámosle una ayuda semejante a
*él**.

7 Yo no tomo a esta mi hermana
con deseo impuro,
mas con recta intención.
Ten piedad de mí y de ella
y podamos llegar juntos
a nuestra ancianidad.

8 Y dijeron a coro*: «Amén, amén.» 9 Y
se acostaron para pasar la noche.
Se levantó Ragüel y, llamando a los
criados que tenía en casa, fueron a cavar una tumba, 10 porque se decía: «No
sea que haya muerto y nos sirva de burla
y escarnio.» 11 Cuando tuvieron cavada la
tumba, volvió Ragüel a casa, llamó a su
mujer 12 y le dijo: «Manda a una criada
que entre a ver si vive; y, si ha muerto, lo
enterraremos sin que nadie se entere.»
13 Mandaron a la criada, encendieron
la lámpara y abrieron la puerta. Entró
ella y vio que estaban acostados juntos
y dormidos. 14 Salió la criada y les anunció: «Vive, nada malo ha ocurrido.»
15 Ragüel bendijo al Dios del Cielo, diciendo:

8 6 Cita de Gn **2** 18.
8 8 La Vulgata presenta un texto algo diverso: Oración de Tobías (vv. 7-9), Sarra interviene para invocar la misericordia de Dios (v. 10).

¡Bendito seas, oh Dios,
con toda pura bendición,
y seas bendito
por los siglos todos!

16 Seas bendecido por haberme alegrado
y no haber ocurrido el mal que temía,
pues te has portado con nosotros
conforme a tu gran piedad.

17 Seas bendecido por tener compasión
de dos hijos únicos.
Ten, Señor, piedad de ellos
y dales tu salvación,
y haz que su vida transcurra
en alegría y piedad.

18 Después ordenó a sus criados que rellenasen la fosa antes que amaneciera.

19 Mandó a su mujer cocer una gran hornada; y él fue al establo, tomó dos bueyes y cuatro carneros y ordenó que los aderezaran. Y comenzaron los preparativos. 20 Hizo llamar a Tobías y le dijo: «Durante catorce días no te moverás de aquí; te quedarás conmigo comiendo y bebiendo y llenarás de gozo el corazón de mi hija por sus tristezas pasadas. 21 Luego, tomarás la mitad de todo cuanto aquí poseo y te volverás con felicidad a casa de tu padre*. Cuando mi mujer y yo hayamos muerto, también será para ustedes la otra mitad. Ten confianza, hijo; yo soy tu padre y Edna tu madre; junto a ti estaremos y junto a tu hermana desde ahora en adelante. Ten confianza, hijo.»

IX. La boda

9 1 Entonces Tobías llamó a Rafael y le dijo: 2 «Hermano Azarías, toma contigo cuatro criados y dos camellos y vete a Ragués. 3 Dirígete a Gabael, dale el recibo y hazte cargo del dinero; invítale también a que se venga contigo a la boda. 4 Tú sabes que mi padre lleva cuenta de los días y, si me demoro uno solo, le daré un gran disgusto; 5 ya ves que Ragüel me ha conjurado, y que no puedo desatender su deseo.» Rafael se puso en camino para Ragués de Media con los cuatro criados y los dos camellos y fueron a pernoctar en casa de Gabael. Le presentó el recibo y le dio la noticia de que Tobías, hijo de Tobit, se había casado y lo invitaba a la boda. Gabael se levantó, le entregó todos los sacos de dinero, con los sellos intactos, y los cargaron sobre los camellos. 6 Levantándose de madrugada, partieron juntos para la boda y, llegados a casa de Ragüel, encontraron a Tobías puesto a la mesa. Y como se levantara a toda prisa para saludarlo, Gabael rompió a llorar y lo bendijo diciendo: «¡Hombre bueno y honrado, hijo de un hombre honrado y bueno, justo y limosnero! Que el Señor te conceda las bendiciones del cielo a ti, a tu mujer, al padre y a la madre de tu mujer. ¡Bendito sea Dios, que me ha permitido ver un vivo retrato de mi primo Tobit!»

10 1 Tobit, mientras tanto*, llevaba cuenta, uno por uno, de los días de ida y vuelta. Cuando se cumplió el plazo sin que el hijo hubiera regresado, 2 pensó: «¿Habrá algo que lo retenga allí? ¡Es posible que haya muerto Gabael y que no haya nadie que le entregue el dinero!» 3 Y empezó a ponerse triste. 4 Ana, su mujer, decía: «Mi hijo ha muerto y ya no se cuenta entre los vivos.» Y rompió a llorar y a lamentarse por su hijo, diciendo: 5 «¡Ay de mí, hijo mío! ¡Que te dejé marchar a ti, luz de mis ojos!» 6 Tobit le dijo: «Calla, hermana, no pienses eso. Él está bien. Habrán tenido algún contratiempo allí, pero su

8 21 Este relato tiene muchos rasgos comunes con los relatos sobre Rebeca, Gn **24**; Raquel, Gn **29**; Dina, Gn **34**; la mujer de Sansón, Jc **14**; Mical, 1 S **18**.
10 1 Ver Gn **44** 18-34; Lc **15** 20.

compañero es hombre de fiar y uno de
los nuestros; no te inquietes por él, que
debe de estar cerca.» 7 Ella le replicó:
«Déjame, no intentes engañarme. Mi
hijo ha muerto.» Y todos los días se iba a
mirar el camino por donde su hijo había
marchado. No creía a nadie. Y cuando
se ponía el sol, entraba en casa y pasaba
las noches gimiendo y llorando, sin poder dormir.

8 Cuando pasaron los catorce días con
que Ragüel había determinado celebrar
la boda de su hija, se dirigió a él Tobías
y le dijo: «Déjame regresar, porque estoy seguro de que mi padre y mi madre
están pensando que ya no van a volver a
verme. Así que te ruego, padre, que me
permitas regresar al lado de mi padre.
Ya te dije en qué situación lo he dejado.»
9 Ragüel respondió a Tobías: «Quédate,
hijo; quédate conmigo y yo enviaré
mensajeros a tu padre Tobit para que le
den noticias tuyas.» Pero Tobías replicó:
«No. Te ruego que me permitas volver
al lado de mi padre.» 10 Entonces Ragüel se levantó y entregó a Tobías su
mujer Sarra y la mitad de todos sus bienes, criados, criadas, bueyes y carneros,
burros y camellos, vestidos, plata y utensilios, 11 y los dejó partir gozosos. Al
despedirse de Tobías le dijo: «¡Salud,
hijo, y buen viaje! El Señor del Cielo los
guíe a ustedes y a tu mujer Sarra por
buen camino, y que pueda ver yo a sus
hijos antes de morir.» 12 A su hija Sarra
le dijo: «Vas al lado de tu suegro, pues
desde ahora ellos son padres tuyos igual
que los que te han engendrado. Vete en
paz, hija. Que tenga buenas noticias de
ti, mientras yo viva.» Y saludándolos, se
despidió de ellos.

13 Edna dijo a Tobías: «Hijo y hermano queridísimo: Que el Señor te devuelva y que yo viva hasta ver a tus hijos y de
mi hija Sarra antes de morir. En presencia del Señor te entrego a mi hija en
custodia; no le causes tristeza en todos
los días de tu vida. Vete en paz, hijo. A
partir de ahora, yo soy tu madre y Sarra
es tu hermana. ¡Ojalá pudiéramos vivir
juntos todos los días de nuestra vida!» Y
besando a los dos, los dejó partir llenos
de gozo.

14 Tobías salió de casa de Ragüel contento y gozoso, y bendiciendo al Señor
del Cielo y de la tierra, rey de todas
las cosas, porque había llevado a buen
término su viaje. Bendijo a Ragüel y a
su mujer Edna y les dijo: «Que pueda
yo honrarlos todos los días de mi vida.»

X. *La curación*

11 1 Cuando llegaron cerca de Caserín, que está frente a Nínive,
2 dijo Rafael: «Tú sabes bien en qué
situación dejamos a tu padre; 3 vamos a
adelantarnos nosotros a tu mujer para
preparar la casa, mientras llegan los
demás.» 4 Prosiguieron, pues, los dos
juntos. El ángel le dijo: «Toma contigo
la hiel.» El perro seguía detrás de ellos.

5 Estaba Ana sentada, con la mirada
fija en el camino de su hijo. 6 Tuvo la corazonada de que él venía y dijo al padre:
«Mira, ya viene tu hijo y el hombre que
lo acompañaba.»
7 Rafael iba diciendo a Tobías, mientras se acercaban al padre: «Tengo por
seguro que se abrirán los ojos de tu
padre. 8 Úntale los ojos con la hiel del
pez, y el remedio hará que las manchas
blancas se contraigan y se le caerán como escamas de los ojos. Y así tu padre
podrá mirar y ver la luz.»

9 Corrió Ana y se echó al cuello de su
hijo, diciendo: «¡Ya te he visto, hijo! ¡Ya
puedo morir!» Y rompió a llorar*. 10 Tobit se levantó y salió a trompicones a la
puerta del patio. 11 Corrió hacia él Tobías, llevando en la mano la hiel del pez;

11 9 Ver Gn **33** 4; **45** 14; **46** 29; Lc **15** 20. En este versículo la Vulgata dice que *el perro, que les había acompañado, daba muestras de alegría moviendo la cola.*

le sopló en los ojos y abrazándolo estrechamente le dijo: «¡Ten confianza, padre!» Le aplicó el remedio y esperó; 12 y
luego le quitó con ambas manos las escamas de la comisura de los ojos. 13 Entonces él se arrojó a su cuello, lloró y le
dijo: «¡Ahora te veo, hijo, luz de mis ojos!»
14 Y añadió:

¡Bendito sea Dios!
¡Bendito su gran Nombre!
¡Benditos todos sus santos ángeles!
¡Bendito su gran Nombre
por todos los siglos!
15 Porque me había azotado,
pero se ha compadecido
y ahora veo a mi hijo Tobías.

Tobías entró en casa lleno de gozo y
bendiciendo a Dios con toda su voz; luego contó a su padre el éxito de su viaje,
cómo traía el dinero y cómo se había
casado con Sarra, la hija de Ragüel, que
venía con él y estaba ya a las puertas
de Nínive.

16 Tobit salió al encuentro de su nuera
hasta las puertas de Nínive, bendiciendo a Dios, lleno de gozo. Cuando los
de Nínive lo vieron caminar, avanzando
con su antigua firmeza, sin necesidad de
lazarillo, se maravillaron. Tobit proclamó delante de ellos que Dios se había
compadecido de él y le había abierto
los ojos. 17 Se acercó Tobit a Sarra, la
mujer de su hijo, y la bendijo diciendo:
«¡Bienvenida seas, hija! Y bendito sea
tu Dios, hija, que te ha traído hasta nosotros. Bendito sea tu padre, y bendito
Tobías, mi hijo, y bendita tú misma,
hija. Bienvenida seas, entra en tu casa
con gozo y bendición.» 18 Todos los
judíos de Nínive celebraron fiesta aquel
día. 19 También Ajicar y Nabad, primos
de Tobit, vinieron a darle la enhorabuena.

XI. Rafael

12 1 Acabados los días de la boda,
llamó Tobit a su hijo Tobías y le
dijo: «Hijo, ya es tiempo de pagar el salario al hombre que te acompañó. Y le
añadirás una gratificación.» 2 Respondió Tobías: «Padre, ¿qué salario puedo
darle? Aun entregándole la mitad de
la hacienda que traje contigo, no salgo
perdiendo. 3 Me ha guiado incólume,
ha cuidado de mi mujer, me ha traído el
dinero y te ha curado a ti. ¿Qué salario
voy a darle?» 4 Le dijo Tobit: «Hijo, bien
merece que tome la mitad de cuanto
trajo.» 5 Lo llamó, pues, Tobías y le dijo:
«Toma como salario la mitad de todo lo
que has traído y vete en paz.»

6 Entonces Rafael llevó aparte a
los dos y les dijo: «Bendigan a Dios y
proclamen ante todos los vivientes los
bienes que les ha concedido, para bendecir y cantar su Nombre. Manifiesten a
todos los hombres las acciones de Dios,
dignas de honra, y no sean remisos en
confesarlo. 7 Bueno es mantener oculto
el secreto del rey y también es bueno
proclamar y publicar las obras gloriosas
de Dios. Practiquen el bien y no tropezarán con el mal.

8 «Buena es la oración con ayuno; y
mejor es la limosna con justicia que la
riqueza con iniquidad. Mejor es hacer
limosna que atesorar oro. 9 La limosna
libra de la muerte y purifica de todo pecado. Los limosneros tendrán larga vida.
10 Los pecadores e inicuos son enemigos
de su propia vida.

11 «Les voy a decir toda la verdad, sin
ocultarles nada. Ya les he manifestado
que es bueno mantener oculto el secreto
del rey y que también es bueno publicar
las obras gloriosas de Dios. 12 Cuando
tú y Sarra hacían oración, era yo el
que presentaba y leía ante la Gloria del
Señor el memorial* de sus peticiones. Y

12 12 El ángel, ver **5** 4+, es aquí el intercesor que presenta a Dios el «memorial» de la oraciones y de las obras de Tobit. La palabra evoca o un resumen oficial, o el «memorial»

lo mismo hacía cuando enterrabas a los
muertos. [13] Cuando te levantabas de la
mesa sin tardanza, dejando la comida,
para esconder un cadáver, era yo enviado para someterte a prueba. [14] También ahora me ha enviado Dios para
curarte a ti y a tu nuera Sarra. [15] Yo soy
Rafael, uno de los siete* ángeles que están siempre presentes y tienen entrada
a la Gloria del Señor.»

[16] Se turbaron ambos y cayeron sobre
sus rostros, llenos de terror. [17] Él les dijo:
«No teman. La paz sea con ustedes. Bendigan a Dios por siempre. [18] Si he estado
con ustedes no ha sido por pura benevolencia mía hacia ustedes, sino por voluntad de Dios. A él deben bendecir por
todos los días, a él deben cantar. [19] Les
ha parecido que yo comía, pero sólo era
apariencia. [20] Y ahora bendigan al Señor
sobre la tierra y confiesen a Dios. Miren,
yo subo al que me ha enviado. Pongan
por escrito todo cuanto les ha sucedido.»
Y se elevó. [21] Ellos se levantaron pero
ya no lo vieron más. Alabaron a Dios y
entonaron himnos, dándole gracias por
aquella gran maravilla, pues se les había
aparecido un ángel de Dios.

XII. Sión

13 [1] Y dijo*:
¡Bendito sea Dios, que vive
eternamente,
y bendito sea su reinado!
[2] Porque él es quien castiga
y tiene compasión;
el que hace descender hasta el más
profundo Abismo de la tierra
y el que hace subir de la gran
Perdición,
sin que haya nada que escape de su
mano.
[3] Confiésenlo, hijos de Israel,
ante todas las naciones,
porque él los dispersó entre ellas
[4] y aquí les ha mostrado su grandeza.
Exáltenlo ante todos los vivientes,
porque él es nuestro Dios y Señor,
nuestro Padre por todos los siglos.

[5] Los ha castigado por sus injusticias,
mas tiene compasión de todos
ustedes
y los juntará de nuevo de entre todas
las naciones
por donde los ha dispersado.
[6] Si se vuelven a él
de todo corazón y con toda el alma,
para obrar en verdad en su presencia,
se volverá a ustedes sin esconder
su faz.
Miren lo que ha hecho con ustedes
y confiésenlo en alta voz.
Bendigan al Señor de justicia
y exalten al Rey de los siglos.
Yo lo confieso en el país del
destierro,
y publico su fuerza y su grandeza
a gente pecadora.
¡Vuelvan, pecadores!
Practiquen la justicia en su presencia.
¡Quién sabe si los amará
y les tendrá misericordia!
[7] Yo exalto a mi Dios
y mi alma se alegra
en el Rey del Cielo.
Su grandeza
[8] sea de todos celebrada
y confiésenlo todos en Jerusalén.

de los sacrificios, Lv **2** 2+. Ver Za **1** 12; Jb **33** 23-24+; Hch **10** 4; Ap **8** 3-4.

12 15 La Biblia no conoce más que el nombre de tres de estos *siete ángeles*: Rafael, **3** 17; Gabriel Dn **8** 16+; Lc **1** 19; Miguel, Dn **10** 13+; Judas 9. Los apócrifos completan la lista de los siete ángeles, llevados de su fantasía. Ver Ap **8** 2.

13 1 Cántico final, ver Ex **15**; Jdt **16**, que comprende un canto de acción de gracias inspirado en los salmos del reino, vv. 1-8, a continuación un saludo a Jerusalén de estilo profético, vv. 9-17, visión ideal de la Ciudad santa del futuro, ver Ne **11** 1+; Is **60**; Ap **21**; etc.

9 ¡Jerusalén, ciudad santa!
Dios te castigó por las obras de tus hijos,
mas tendrá otra vez piedad
de los hijos de los justos.
10 Confiesa al Señor cumplidamente
y alaba al Rey de los siglos
para que de nuevo levante
en ti, con regocijo, su Tienda,
y llene en ti de gozo a todos los cautivos
y muestre en ti su amor a todo miserable
por todos los siglos de los siglos.

11 Brillará luz de lámparas
por todos los confines de la tierra.
Vendrán a ti de lejos pueblos numerosos
y los habitantes del confín del mundo,
al Nombre del Señor, tu Dios,
llevando en sus manos los obsequios
para el Rey del Cielo.
Todas las generaciones
darán en ti señales de alegría,
y el Nombre del Elegido
durará por siempre.

12 ¡Malditos cuantos digan palabras crueles!
¡Malditos sean cuantos te destruyan!
¡Cuantos derriben tus muros,
echen tus torres por tierra
y pasen a fuego tus moradas!
¡Mas sean benditos por siempre
los que te construyan!
13 Entonces exultarás, te alegrarás
por los hijos de los justos,
pues serán reunidos todos
y bendecirán al Señor de los siglos.
14 ¡Dichosos los que te amen!
¡Dichosos los que se alegren en tu paz!
¡Dichosos cuantos hombres
tuvieron tristeza en todos tus castigos,
pues se alegrarán en ti
y verán por siempre toda tu alegría!
15 Bendice, alma mía, al Señor y gran Rey,
16 que Jerusalén va a ser reconstruida
y en la ciudad su Casa para siempre.
Seré feliz
si alguno quedare de mi raza
para ver tu Gloria
y confesar al Rey del Cielo.
Las puertas de Jerusalén serán rehechas
con zafiros y esmeraldas,
y de piedras preciosas sus murallas.
Las torres de Jerusalén serán alzadas
con oro, y con oro puro sus defensas.
17 Las plazas de Jerusalén serán pavimentadas
con rubí y piedra de Ofir;
las puertas de Jerusalén
entonarán cantos de alegría
y todas sus casas cantarán:
¡Aleluya! ¡Bendito sea
el Dios de Israel!
Y los benditos
bendecirán el Santo Nombre
por todos los siglos de los siglos.

14 1 Aquí acabaron las palabras de acción de gracias de Tobit.

XIII. Nínive

Tobit murió en paz a la edad de ciento doce años años y recibió honrosa sepultura en Nínive. 2 Tenía sesenta y dos
años cuando perdió la vista; y, después
de recuperarla, vivió feliz, practicando
la limosna, bendiciendo siempre a Dios
y proclamando sus grandezas. 3 Cercana ya su muerte, llamó a su hijo Tobías
y le recomendó: «Hijo mío, toma tus hijos 4 y vete a Media, porque yo creo en
la profecía que pronunció Dios por Nahúm sobre Nínive. Todo cuanto los profetas de Israel, enviados por Dios, anunciaron sobre Asur y Nínive, todo vendrá
y se realizará. Todo tendrá cumplimiento. No se rebajará ni una sola de sus pa-

labras. Todo llegará a su tiempo*. Habrá
más seguridad en Media que en Asiria y
Babilonia, porque sé y creo que cuanto
ha dicho Dios se cumplirá, sucederá y no
fallará ni una de sus palabras.

«Todos nuestros hermanos que habitan en la tierra de Israel serán numera-
dos y deportados de aquella tierra ven-
turosa. Todo el país de Israel quedará
desierto. Un desierto serán Jerusalén y
Samaría. La Casa de Dios quedará desolada y quemada durante algún tiempo.
5 Pero Dios tendrá una vez más compasión de ellos y los volverá a la tierra de
Israel; construirán de nuevo la Casa,
aunque no como la primera, hasta que
se cumplan los tiempos; entonces volverán todos del destierro, edificarán una
Jerusalén maravillosa y construirán en
ella la Casa de Dios, como lo anunciaron los profetas de Israel. 6 Todas las
naciones del universo se volverán a Dios
en verdad y lo temerán; abandonarán
los ídolos que los extraviaron en la
mentira de sus errores 7 y bendecirán al
Dios de los siglos en justicia. Todos los
israelitas salvados aquellos días se acordarán de Dios en verdad, se reunirán e
irán a Jerusalén y les será dada la tierra
de Abrahán, que ellos habitarán por
siempre y en seguridad. Y los que aman
a Dios en verdad se alegrarán. Pero los
que cometen pecados e injusticias desaparecerán de toda la tierra.

8 «Ahora, pues, hijos, yo les recomiendo que sirvan a Dios en verdad y hagan lo
que es agradable en su presencia. Manden a sus hijos que practiquen la justicia
y la limosna, que se acuerden de Dios y
bendigan su Nombre en todo tiempo, en
verdad y con todas sus fuerzas.

9 «Tú, hijo, sal de Nínive. No te quedes aquí. 10 El día que sepultes a tu madre junto a mí, ya ese mismo día, no
te quedes en este territorio, porque he
visto que se cometen aquí muchas injusticias y muchos engaños, sin rebozo. Mira,
hijo, lo que hizo Nadab con Ajicar, que
lo había criado. ¿No lo hizo bajar vivo a
la tierra? Pero Dios lo cubrió de infamia
ante su misma víctima. Sacó a Ajicar a
la luz y metió a Nadab en las tinieblas
eternas, por haber tramado la muerte de
Ajicar. Por haber practicado la limosna
se libró Ajicar de la trampa mortal que le
había tendido Nadab. Fue Nadab quien
cayó en la trampa de muerte para su
perdición. 11 Vean, pues, hijos, a dónde
lleva la limosna y a dónde la injusticia: a
la muerte. Pero me falta el aliento.»

Lo tendieron en el lecho y expiró, y
se le dio honrosa sepultura.

12 Cuando murió su madre, Tobías la
sepultó al lado de su padre, y se marchó, con su mujer y sus hijos, a Media,
en Ecbátana, junto a su suegro Ragüel.
13 Los rodeó de atenciones en su ancianidad y los sepultó en Ecbátana de Media, y heredó así la casa de Ragüel y la
de Tobit, su padre. 14 Murió, honrado, a
la edad de ciento diecisiete años. 15 Antes de morir presenció y oyó la ruina
de Nínive y vio cómo los ninivitas eran
llevados cautivos a Media, cuando la deportación de Ciaxares, rey de Media. Y
bendijo a Dios por todo cuanto había
hecho a los ninivitas y asirios. Antes de
morir pudo alegrarse por la suerte de
Nínive y bendijo al Señor Dios por los
siglos de los siglos. Amén.

14 4 Ver Na **1-3**. A Tobit se le ha presentado viviendo en tiempos de Salmanasar, rey de Asiria, **1** 2; así que puede anunciar la ruina de Nínive. Pero su pensamiento apunta hacia el porvenir mesiánico, vv. 5-7.

JUDIT

I. *La campaña de Holofernes*

Nabucodonosor y Arfaxad.

1 1 El año doce del reinado de Nabucodonosor*, que reinó sobre los asirios en la gran ciudad de Nínive, Arfaxad, que reinaba en aquel tiempo sobre los medos, en Ecbátana, 2 rodeó esta ciudad con un muro de piedras de sillería que tenían tres codos de anchura y seis codos de longitud, dando al muro una altura de setenta codos y una anchura de cincuenta. 3 Alzó torres de cien codos junto a las puertas; sus cimientos medían sesenta codos de anchura. 4 Las puertas se elevaban a setenta codos de altura, con una anchura de cuarenta codos, para permitir la salida de sus fuerzas y el desfile ordenado de la infantería.

5 Por aquellos días, el rey Nabucodonosor hizo la guerra contra el rey Arfaxad, en la gran llanura que está en el territorio de Ragau. 6 Se le unieron todos los habitantes de las montañas, todos los habitantes del Éufrates, del Tigris y del Hidaspes, y los de la llanura de Arioj, rey de Elam. Se congregaron, pues, numerosos pueblos para combatir a los hijos de Jeleúd.

7 Envió, además, Nabucodonosor, rey de Asiria, mensajeros a todos los habitantes de Persia y a todos los habitantes de Occidente: a los de Cilicia, Damasco, el Líbano y el Antilíbano, y a todos los que viven en el litoral, 8 a todos los pueblos del Carmelo y Galaad, de la Galilea superior y de la gran llanura de Esdrelón, 9 a todos los de Samaría y sus ciudades, y a los del otro lado del Jordán, hasta Jerusalén, Batanea, Jelús, Cadés, el río de Egipto, Tafnes, Remeses y toda la tierra de Gosen, 10 y hasta más arriba de Tanis y Menfis, a todos los habitantes de Egipto, hasta los confines de Etiopía. 11 Pero los moradores de toda aquella tierra despreciaron el mensaje de Nabucodonosor, rey de los asirios, y no quisieron ir con él a la guerra, pues no lo temían, sino que lo consideraban un hombre sin apoyo. Así que despidieron a los mensajeros de vacío y afrentados. 12 Nabucodonosor experimentó una gran cólera contra toda aquella tierra y juró por su trono y por su reino que tomaría venganza y pasaría a cuchillo todo el territorio de Cilicia, Damasco y Siria, y a todos los habitantes de Moab, a los amonitas, a toda Judea y a todos los de Egipto, hasta los confines de los dos mares.

Campaña contra Arfaxad.

13 El año diecisiete libró batalla con su ejército contra el rey Arfaxad; lo derrotó en el combate y puso en fuga a todas las fuerzas de Arfaxad, a su caballería y a todos sus carros; 14 se apoderó de sus ciudades, llegó hasta Ecbátana, ocupó sus torres, devastó sus calles y convirtió en afrenta su hermosura. 15 Alcanzó a Arfaxad en las montañas de Ragau, lo atravesó con sus lanzas y lo destruyó para siempre.

16 Luego regresó con sus soldados y con una inmensa multitud de gente armada que se les había agregado. Y se quedó allí con su ejército, viviendo en la molicie, durante ciento veinte días.

Campaña occidental.

2 1 El año dieciocho*, el día veintidós del primer mes, se celebró consejo en el palacio de Nabucodonosor, rey de Asiria, para concretar la venganza que

1 1 El autor toma con mucha libertad la historia y la geografía. Nabucodonosor es el tipo de soberano poderoso e impío, ver Dn **4**. Todo el cuadro inicial describe el mundo hostil que rodea a Israel.

2 1 El año dieciocho de su reinado, por lo tanto en el 587, fecha de la caída de Jerusalén, 2 R **25**. La victoria de Judit es una réplica a este triste recuerdo.

había de tomarse contra toda aquella tierra, tal como lo había anunciado. [2] Convocó a todos sus ministros y a todos sus magnates y expuso ante ellos su secreto designio, decidiendo personalmente la total desgracia de aquella tierra. [3] Y ellos sentenciaron que debía ser destruida toda persona que no hubiera secundado su invitación.

[4] Acabado el consejo, Nabucodonosor, rey de Asiria, llamó a Holofernes, jefe supremo del ejército y segundo suyo, y le dijo: [5] «Así dice el gran rey, señor de toda la tierra: En cuanto salgas de mi presencia, toma contigo hombres de valor probado, unos ciento veinte mil infantes y una gran cantidad de caballos, con doce mil jinetes, [6] y marcha contra toda la tierra de occidente, pues no secundaron mi invitación. [7] Ordénales que pongan a tu disposición tierra y agua, porque partiré airado contra ellos y cubriré toda la superficie de la tierra con los pies de mis soldados, a los que entregaré el país como botín. [8] Sus heridos llenarán sus barrancos; sus ríos y torrentes, repletos todos de cadáveres, se desbordarán; [9] y los deportaré hasta los confines de la tierra. [10] Parte, pues, y comienza por apoderarte de su territorio. Si se rinden a ti, resérvamelos para el día de su vergüenza. [11] Pero no perdones a los rebeldes. Entrégalos a la muerte y al saqueo en todo el país conquistado. [12] Juro por mi vida y por el poderío de mi reino que, tal como lo he dicho, lo cumpliré por mi propia mano. [13] Por tu parte, no omitas ni una sola de las órdenes de tu señor; las cumplirás estrictamente, sin tardanza, tal como te lo he mandado.»

[14] Holofernes, una vez que salió de la presencia de su señor, convocó a todos los príncipes, jefes y capitanes del ejército asirio, [15] y eligió a los hombres más selectos para la guerra, como lo había ordenado su señor: unos ciento veinte mil hombres, más doce mil arqueros a caballo, [16] y los puso en orden de combate, como se ordena una multitud para la batalla. [17] Tomó una gran cantidad de camellos, burros y mulas para el bagaje e incontable número de ovejas, bueyes y cabras para el avituallamiento; [18] provisiones abundantes para cada hombre y muchísimo oro y plata de la casa real.

[19] Holofernes se puso después en camino con todo su ejército, precediendo al rey Nabucodonosor, y cubrió todo el territorio de occidente con sus carros, sus caballos y sus mejores infantes. [20] Se les agregó una multitud tan numerosa como la langosta y como la arena de la tierra, que los seguía en tan gran número que no se podía calcular.

Etapas del ejército de Holofernes.

[21] Se alejaron de Nínive tres jornadas de camino hasta la llanura de Bectilez, y acamparon junto a Bectilez, cerca del monte que está a la izquierda de la Cilicia superior. [22] Junto con todo su ejército, infantes, jinetes y carros, partió de allí hacia la montaña. [23] Desbarató a Put y Lud, devastó a todos los hijos de Rasis y a los hijos de Ismael que habitan al borde del desierto, al sur de Jeleón, [24] atravesó el Éufrates, recorrió Mesopotamia, arrasó todas las ciudades altas que dominan el torrente Abroná y llegó hasta el mar. [25] Se apoderó del territorio de Cilicia y, derrotando a cuantos se le oponían, alcanzó la frontera de Jafet por el sur, frente a Arabia. [26] Cercó a todos los madianitas, incendió sus tiendas y saqueó sus aduares; [27] descendió hacia la llanura de Damasco, al tiempo de la siega del trigo, incendió todos sus cultivos, exterminó sus rebaños de ovejas y bueyes, saqueó sus ciudades, devastó sus campos y pasó a cuchillo a todos sus jóvenes. [28] Su presencia llenó de temor y espanto a todos los habitantes del litoral. Los de Sidón y Tiro, los habitantes de Sur y Oquina, los de Yamnia, Asdod y Ascalón temblaron ante él.

3 [1] Entonces le enviaron mensajeros para decirle en son de paz: [2] «Nosotros, siervos del gran rey Nabucodonosor, nos postramos ante ti. Trátanos

como mejor te parezca. 3 Nuestras granjas y todo nuestro territorio, nuestros
campos de trigo, los rebaños de ovejas
y bueyes, todas las majadas de nuestros
campamentos, están a tu disposición.
Haz con ellos lo que quieras. 4 También
nuestras ciudades y los que las habitan
son siervos tuyos. Ven, dirígete a ellas y
haz lo que te parezca bien.» 5 Los enviados se presentaron ante Holofernes y le
comunicaron estas palabras.

6 Entonces él bajó con todo su ejército al litoral, puso guarniciones en las
ciudades altas y les tomó los mejores
hombres en calidad de tropas auxiliares. 7 Los habitantes de las ciudades y
todos los de los contornos salieron a
recibirlo con coronas y danzando al son
de tambores. 8 Holofernes saqueó sus
santuarios y taló sus bosques sagrados,
pues había recibido la orden de destruir
todas las divinidades del país para que
todas las gentes adoraran únicamente
a Nabucodonosor, y todas las lenguas
y todas las tribus lo proclamaran dios.

9 Llegó después frente a Esdrelón,
junto a Dotán, que está ante la gran
sierra montañosa de Judea, 10 acampó
entre Gueba y Escitópolis y se detuvo
allí un mes, haciendo acopio de provisiones para su ejército.

Alerta en Judea.

4 1 Los israelitas que habitaban en
Judea oyeron todo cuanto Holofernes, jefe supremo del ejército de Nabucodonosor, rey de Asiria, había hecho
con todas las naciones: cómo había
saqueado sus templos y los había destruido, 2 y tuvieron gran miedo ante él, temblando por la suerte de Jerusalén y por
el templo del Señor, su Dios, 3 pues hacía
poco que habían vuelto del destierro y
apenas si acababa de reunirse el pueblo
de Judea y de ser consagrados el mobiliario, el altar y el templo profanados*.
4 Pusieron, pues, sobre aviso a toda la
región de Samaría, a Coná, Bet Jorón,
Belmáin, Jericó, y también Joba, Esorá y
el valle de Salén, 5 y ocuparon con tiempo todas las alturas de las montañas más
elevadas, fortificaron los poblados que
había en ellas e hicieron provisiones
con vistas a la guerra, pues acababan
de cosechar la mies de los campos.
6 El sumo sacerdote Joaquín, que estaba
entonces en Jerusalén, escribió a los
habitantes de Betulia y Betomestáin*,
que está frente a Esdrelón, a la entrada
de la llanura cercana a Dotán, 7 ordenándoles que tomaran posiciones en las
subidas de las montañas que dan acceso
a Judea, pues era fácil detener allí a los
atacantes por la angostura del paso,
que sólo permite avanzar dos hombres
de frente. 8 Los israelitas cumplieron la
orden del sumo sacerdote Joaquín y del
Consejo de Ancianos de todo el pueblo
de Israel que se encontraba en Jerusalén.

Las grandes rogativas.

9 Todos los hombres de Israel clamaron a Dios con gran fervor, y con gran
fervor se humillaron. 10 Se ciñeron de
saco junto con sus mujeres, sus hijos y
sus ganados, los forasteros residentes,
los jornaleros y los esclavos. 11 Todos
los hombres, mujeres y niños de Israel
que habitaban en Jerusalén se postraron
ante el templo, cubrieron de ceniza sus
cabezas y extendieron las manos ante
el Señor. 12 Cubrieron el altar de saco y
clamaron insistentemente, todos a una,
al Dios de Israel, para que no entregara
sus hijos al saqueo, sus mujeres al pillaje,
las ciudades de su herencia a la destrucción y las cosas santas a la profanación
y al ludibrio, para burla de los paganos.
13 El Señor oyó su voz y vio su angustia.
El pueblo ayunó largos días en toda
Judea y en Jerusalén, ante el santuario
del Señor Omnipotente. 14 El sumo sa-

4 3 El autor sitúa en tiempo de Nabucodonosor el retorno del Destierro y la purificación del templo. A menudo se referirá a Jerusalén y al culto del templo.

4 6 En ningún otro lugar se cita a estas dos ciudades. Betulia es considerada aquí como una posición clave que domina el paso hacia Judea, v. 7 y **8** 21.

cerdote Joaquín y todos los que estaban delante del Señor, sacerdotes y ministros del Señor, ceñidos de saco, ofrecían el holocausto perpetuo, las oraciones y las ofrendas voluntarias del pueblo, [15] y con la tiara cubierta de ceniza clamaban al Señor con todas sus fuerzas para que velara benignamente por toda la casa de Israel.

Consejo de guerra en el campamento de Holofernes.

5 [1] Se dio aviso a Holofernes, jefe supremo del ejército asirio, de que los israelitas se habían preparado para la guerra, que habían cerrado los pasos de las montañas, fortificado todas las alturas de los montes elevados y puesto trampas en las llanuras. [2] La noticia lo irritó sobremanera. Mandó llamar a todos los jefes de Moab, a los generales de Amón y a todos los sátrapas del litoral; [3] les dijo: «Cananeos, háganme saber quién es este pueblo instalado en la montaña, qué ciudades habita, cuál es la importancia de su ejército y en qué estriba su poder y su fuerza; qué rey está a su frente y manda a sus soldados; [4] y por qué, a diferencia de todos los demás pueblos de occidente, han desdeñado salir a recibirme.»

[5] Entonces Ajior*, general de todos los amonitas, le dijo: «Escuche mi señor las palabras de tu siervo y te diré la verdad sobre este pueblo que habita esta montaña junto a la que te encuentras. No saldrá mentira de la boca de tu siervo. [6] Este pueblo desciende de los caldeos. [7] Al principio se fueron a residir a Mesopotamia, porque no quisieron seguir a los dioses de sus padres, que vivían en Caldea. [8] Se apartaron del camino de sus padres y adoraron al Dios del Cielo*, al Dios que habían reconocido. Por eso los arrojaron de la presencia de sus dioses y ellos se refugiaron en Mesopotamia, donde residieron por mucho tiempo. [9] Su Dios les ordenó salir de su casa y marchar a la tierra de Canaán; se establecieron en ella y fueron colmados de oro, de plata y de gran cantidad de ganado. [10] Bajaron después a Egipto, porque el hambre se extendió sobre el territorio de Canaán, y permanecieron allí mientras tuvieron alimentos. Allí se multiplicaron de tal manera que no se podía contar a los de su raza. [11] Pero el rey de Egipto se alzó contra ellos y los engañó con el trabajo de los ladrillos, los humilló y los redujo a esclavitud. [12] Clamaron a su Dios, que castigó a la tierra de Egipto con plagas incurables. Los egipcios, entonces, los arrojaron lejos de sí. [13] Dios secó a su paso el mar Rojo [14] y los condujo por el camino del Sinaí y Cadés Barnea. Arrojaron a todos los moradores del desierto, [15] se establecieron en el país de los amorreos y aniquilaron por la fuerza a todos los jesbonitas. Pasaron el Jordán y se apoderaron de toda la montaña, [16] expulsaron ante ellos al cananeo, al perizita, al jebuseo, a los siquenitas y a todos los guirgasitas, y habitaron allí por mucho tiempo. [17] Mientras no pecaron contra su Dios vivieron en prosperidad, porque está con ellos un Dios que odia la injusticia. [18] Pero cuando se apartaron del camino que les había impuesto, fueron duramente aniquilados por múltiples guerras y deportados a tierra extraña. El templo de su Dios fue arrasado y sus ciudades cayeron en poder de sus adversarios. [19] Pero ahora, convertidos ya a su Dios, han vuelto de los diversos lugares en que habían sido dispersados, han tomado posesión de Jerusalén, donde se encuentra su santuario, y se han establecido en la montaña que había quedado desierta. [20] Así, pues, dueño y señor, si hay algún extravío en este pueblo, si han pecado

5 5 El personaje *Ajior* parece estar inspirado en Ajicar, Tb **1** 21+. Este pagano bueno recuerda la obra de Yahvé en su pueblo elegido, un poco al estilo de Balaán en Nm **22-24**. El tema es frecuente en el AT, Sal **78**; etc.; Ez **16**; **20**; Sb **10**ss; Hch **7**. El pensamiento de Ajior será reiterado por Judit, **11** 9-19.

5 8 El *Dios del Cielo,* expresión persa puesta con toda intención en la boca de un hombre no judío que habla de Yahvé; Esd **5** 11; Dn **2** 18; etc.

contra su Dios, y vemos que hay en
ellos alguna causa de ruina, subamos
y ataquémoslos. [21] Pero si no hay iniquidad en esa gente, que mi señor se
detenga, no sea que su Dios y Señor
los proteja con su escudo y nos convir-
tamos en la irrisión de toda la tierra.»
[22] Cuando acabó Ajior este discurso,
se alzó un murmullo entre toda la tropa
que estaba en torno de la tienda, y los
magnates de Holofernes y los habitantes de la costa y de Moab hablaron de
despedazarlo. [23] «¡No tememos a los israelitas! No son gente que tenga fuerza
ni vigor para un combate duro. [24] ¡Subamos y serán un bocado para todo tu
ejército, señor Holofernes!»

Ajior es entregado a los israelitas.

6 [1] Calmado el tumulto provocado por
los hombres que estaban en torno al
Consejo, Holofernes, jefe supremo del
ejército de Asiria, dijo a Ajior delante de
todos los pueblos extranjeros y de los
moabitas: [2] «¿Quién eres tú, Ajior, y quiénes los mercenarios de Amón, que te
permites hoy lanzar profecías entre nosotros y nos aconsejas que no luchemos
contra esta ralea de Israel, porque su
Dios los protegerá con su escudo? ¿Qué
otro dios hay fuera de Nabucodonosor?
Éste enviará su fuerza y los extirpará de
la superficie de la tierra, sin que su Dios
pueda librarlos. [3] Nosotros, sus siervos,
los batiremos como si fueran sólo un
hombre, [4] y no podrán resistir el empuje
de nuestros caballos. Los pasaremos a
fuego sin distinción. Sus montes se embriagarán de su sangre y sus llanuras se
colmarán con sus cadáveres. No podrán
mantenerse a pie firme ante nosotros y
serán totalmente destruidos, dice el rey
Nabucodonosor, señor de toda la tierra.
Porque lo ha dicho y no quedarán sin
cumplimiento sus palabras. [5] En cuanto
a ti, Ajior, mercenario amonita, que has
pronunciado este discurso el día de tu
perdición, a partir de ahora no verás ya
mi rostro hasta el día en que tome venganza de esa ralea venida de Egipto.
[6] Entonces, el hierro de mis soldados
y la lanza de mis servidores te atravesará los costados y caerás junto a sus
heridos, cuando yo me revuelva contra
ellos. [7] Mis servidores te van a llevar a
la montaña y te van a dejar en una de
las ciudades que están en las subidas.
[8] Morirás cuando seas aniquilado junto
con ellos. [9] Y no muestres un rostro tan
abatido, pues seguro que esperas en tu
corazón que no sean conquistados. Así
lo digo, y no dejará de cumplirse ni una
sola de mis palabras.»
[10] Holofernes ordenó a los servidores
que estaban al servicio de su tienda que
tomaran a Ajior, lo llevaran a Betulia y
lo entregaran en manos de los israelitas.
[11] Los servidores lo agarraron y lo condujeron fuera del campamento, a la llanura; y de la llanura abierta pasaron a la
región montañosa, alcanzando las fuentes que había al pie de Betulia. [12] Cuando
los hombres de la ciudad los divisaron
desde la cumbre del monte, corrieron a
las armas y salieron fuera de la ciudad, a
la cumbre del monte, mientras los honderos dominaban la subida y disparaban
sus piedras contra ellos. [13] Entonces los
asirios se deslizaron al pie del monte,
ataron a Ajior, lo dejaron tendido en la
falda y se volvieron donde su señor.
[14] Los israelitas bajaron de su ciudad,
se acercaron y, tras desatarlo, lo llevaron a Betulia y lo presentaron a los jefes de la ciudad, [15] que en aquel tiempo
eran Ozías, hijo de Miqueas, de la tribu
de Simeón*, Jabrís, hijo de Gotoniel, y
Jarmís, hijo de Melquiel. [16] Éstos mandaron convocar a todos los ancianos de
la ciudad. Se unieron también a la asamblea todos los jóvenes y las mujeres; pusieron a Ajior en medio de todo el pueblo y Ozías lo interrogó acerca de lo sucedido. [17] Ajior respondió narrándoles las
deliberaciones habidas en el Consejo de
Holofernes, todas las cosas que él mismo

6 15 El autor del libro de Judit parece especialmente interesado por resaltar la tribu de Simeón, que había quedado totalmente eclipsada en la historia de Israel. Ver también lo que dice de este patriarca en **9** 2+.

había dicho ante todos los jefes de los asirios y las bravatas que Holofernes había
proferido contra la casa de Israel. [18] Entonces el pueblo se postró, adoró a Dios
y clamó: [19] «Señor, Dios del cielo, mira
su soberbia, compadécete de la humillación de nuestra raza y mira con piedad el
rostro de los que te están consagrados.»
[20] Después dieron ánimos a Ajior y lo fe-
licitaron calurosamente, [21] y a la salida de
la asamblea, Ozías lo condujo a su propia casa y ofreció un banquete a los ancianos. Y estuvieron invocando la ayuda
del Dios de Israel durante toda la noche.

II. *El asedio de Betulia*

Campaña contra Israel.

7 [1] Al día siguiente ordenó Holofernes a todo su ejército y a todos los
pueblos que iban como tropas auxiliares
avanzar contra Betulia, ocupar los acce-
sos de la montaña y comenzar las hostilidades contra los israelitas. [2] El mismo
día levantaron el campamento todos los
hombres de su ejército; el número de
sus guerreros era de ciento veinte mil
infantes y doce mil jinetes, sin contar los
encargados del bagaje y la gran cantidad
de hombres que iban a pie con ellos.
[3] Acamparon en el valle que hay cerca de
Betulia, junto a la fuente, y se desplegaron a lo largo y a lo ancho: desde Dotán
hasta Belbáin, y desde Betulia hasta
Quiamón, que está frente a Esdrelón.
[4] Cuando los israelitas vieron tal muchedumbre, quedaron sobrecogidos y se
dijeron unos a otros: «Ahora arrasarán
éstos toda la tierra y ni los montes más altos ni los barrancos ni las colinas podrán
soportar su peso.» [5] Tomó cada cual su
equipo de guerra, encendieron hogueras
en las torres y permanecieron junto a las
armas toda aquella noche.

[6] Al segundo día, Holofernes hizo desfilar toda su caballería ante los israelitas
que había en Betulia. [7] Inspeccionó
todas las subidas de la ciudad, reconoció
las fuentes y las ocupó, dejando en ellas
guarniciones de soldados; y él se volvió
donde su ejército. [8] Se acercaron entonces a él los príncipes de los hijos de
Esaú, todos los jefes de los moabitas y
los generales del litoral, y le dijeron:
[9] «Que nuestro señor escuche una palabra y no habrá ni un solo herido en tu
ejército. [10] Este pueblo de los israelitas
no confía tanto en sus lanzas como en
las alturas de los montes en que habitan.
De hecho, no es fácil escalar la cumbre
de estos montes.

[11] «Por eso, señor, no pelees contra
ellos en el orden de batalla acostumbrado, para que no caiga ni un solo hombre
de los tuyos. [12] Quédate en el campamento y conserva todos los hombres de
tu ejército. Que tus siervos se apoderen
de la fuente que brota en la falda de la
montaña, [13] porque de ella se abastecen
todos los habitantes de Betulia. La sed
los destruirá y tendrán que entregarte
la ciudad. Nosotros y nuestro pueblo
ocuparemos las alturas de los montes
cercanos y acamparemos en ellas, vigilando para que no salga de la ciudad ni
un solo hombre. [14] Ellos, sus mujeres y
sus hijos, serán consumidos por el hambre y, aun antes de que la espada los
alcance, caerán tendidos por las plazas
de su ciudad. [15] Entonces les impondrás
un duro castigo por haberse rebelado y
no haber salido a tu encuentro en son
de paz.»

[16] Parecieron bien estos consejos a
Holofernes y a todos sus oficiales, y ordenó que se ejecutara lo que proponían.
[17] Se puso en marcha el ejército moabita,
reforzado por cinco mil asirios, acamparon en el valle y se apoderaron de los depósitos de agua y de las fuentes de los israelitas. [18] Los edomitas y amonitas, por
su parte, acamparon en el monte, frente
a Dotán, y enviaron destacamentos hacia
el sur y el este, frente a Egrebel, que está

al lado de Jus, sobre el torrente Mojmur.
El resto del ejército asirio quedó acampado en la llanura y cubría toda su superficie. Sus tiendas y bagajes formaban un
campamento inmenso, porque eran una
enorme muchedumbre.
19 Clamaron los israelitas al Señor su
Dios, pues su ánimo empezaba a fla-
quear, viendo que el enemigo los había
cercado y cortado toda retirada. 20 Treinta y cuatro días estuvieron cercados por
todo el ejército asirio, infantes, carros y
jinetes. A todos los habitantes de Betulia
se les acabaron las reservas de agua;
21 las cisternas se agotaron; ni un solo día
podían beber a satisfacción, porque se
les daba el agua racionada. 22 Los niños
aparecían abatidos, las mujeres y los
adolescentes desfallecían de sed y caían
en las plazas y a las salidas de las puertas
de la ciudad, faltos de fuerzas.
23 Todo el pueblo, los adolescentes, las
mujeres y los niños, se reunieron en torno a Ozías y a los jefes de la ciudad y clamaron a grandes voces, diciendo delante
de los ancianos: 24 «Juzgue Dios entre
nosotros y ustedes, pues han cometido
una gran injusticia contra nosotros, por
no haber hecho tentativas de paz con
los asirios. 25 Y ahora no hay nadie que
pueda valernos. Dios nos ha entregado
en sus manos, para sucumbir ante ellos
de sed y destrucción total. 26 Llámenlos
ahora mismo y entreguen toda la ciudad
al saqueo de la gente de Holofernes y de
todo su ejército. 27 Es mejor que nos con-
virtamos en botín suyo. Seremos sus
esclavos, pero salvaremos la vida y no
tendremos que ver cómo se mueren
nuestros niños y expiran nuestras mujeres y nuestros hijos en nuestra presencia.
28 Los conjuramos a ustedes por el cielo y
por la tierra, y por nuestro Dios, Señor
de nuestros padres, que nos ha castigado
por nuestros pecados, y por los pecados
de nuestros padres, para que cumplan
ahora mismo nuestros deseos.» 29 Y toda
la asamblea, a una, prorrumpió en gran
llanto y clamaron, a grandes voces, al
Señor Dios.
30 Ozías les dijo: «Tengan confianza,
hermanos; resistamos aún cinco días,
y en este tiempo el Señor nuestro Dios
se mostrará compasivo con nosotros,
porque no nos ha de abandonar por
siempre. 31 Pero si pasan estos días sin
recibir ayuda, cumpliré sus deseos.» 32 Y
despidió a la gente, que ocupó cada cual
su puesto. Los hombres fueron a las
murallas y torres de la ciudad, y a las
mujeres y a los niños los enviaron a casa.
Había en la ciudad un gran abatimiento.

III. Judit

Presentación de Judit.

8 1 Se enteró entonces de ello Judit*,
hija de Merarí, hijo de Ox, hijo de
José, hijo de Oziel, hijo de Elcías, hijo
de Ananías, hijo de Gedeón, hijo de Ra-
faín, hijo de Ajitob, hijo de Elías, hijo de
Jilquías, hijo de Eliab, hijo de Natanael,
hijo de Salamiel, hijo de Sarasaday, hijo
de Israel. 2 Su marido Manasés, de la misma tribu y familia que ella, había muerto durante la recolección de la cebada.
3 Mientras estaba en el campo vigilando
a los que ataban las gavillas, le dio una in-
solación a la cabeza, cayó en cama y vino
a morir en su ciudad de Betulia. Fue sepultado junto a sus padres, en el campo
que hay entre Dotán y Balamón. 4 Judit
llevaba ya tres años y cuatro meses viuda, recogida en su casa. 5 Se había hecho
construir un aposento sobre el terrado de
la casa, se había ceñido de saco y vestía
ropas de viuda; ayunaba 6 desde que había enviudado, a excepción de los sábados
y las vigilias de los sábados, los novilunios
y sus vigilias, las solemnidades y los

8 1 *Judit* significa la *Judía*. La genealogía de Judit hace de ella una auténtica hija de Israel, ver **13** 18-20; **15** 9-10; **16** 2-4; Est **10** 3.

días de regocijo de la casa de Israel.
7 Era muy bella y muy bien parecida. Su
marido Manasés le había dejado oro y
plata, siervos y siervas, ganados y campos, de los que ella era dueña, 8 y no
había nadie que pudiera decir de ella
una palabra maliciosa, porque era muy
temerosa de Dios.

Judit y los ancianos.

9 Oyó, pues, Judit las amargas palabras que el pueblo había dicho contra el
jefe de la ciudad, pues habían perdido
el ánimo ante la escasez de agua. Supo
también todo cuanto Ozías les había
respondido y cómo les había jurado que
entregaría la ciudad a los asirios al cabo
de cinco días. 10 Entonces, mandó llamar a Jabrís y Jarmís, ancianos de la
ciudad, por medio de la sierva que tenía
al frente de su hacienda. 11 Vinieron y
ella les dijo*:

«Escúchenme, jefes de los vecinos de
Betulia. No están bien las palabras que
han pronunciado hoy ante el pueblo,
cuando han interpuesto entre Dios y ustedes un juramento, asegurando que en-
tregarían la ciudad a nuestros enemigos
si en el plazo convenido no les enviaba
socorro el Señor. 12 ¿Quiénes son ustedes para permitirse hoy poner a Dios
a prueba y suplantar a Dios entre los
hombres? 13 ¡Así tientan al Señor Omnipotente, ustedes que nunca llegarán a
comprender nada! 14 Nunca llegarán a
sondear el fondo del corazón humano,
ni podrán apoderarse de los pensamientos de su inteligencia, pues ¿cómo van a
escrutar a Dios que hizo todas las cosas,
conocer su inteligencia y comprender
sus pensamientos? No, hermanos, no
provoquen la cólera del Señor, Dios
nuestro. 15 Si no quiere socorrernos en
el plazo de cinco días, tiene poder para
protegernos en cualquier otro momento, como lo tiene para aniquilarnos en
presencia de nuestros enemigos. 16 Pero
ustedes no exijan garantías a los designios del Señor nuestro Dios, porque
Dios no se somete a las amenazas, como un hombre, ni se le marca, como a
cualquier mortal, una línea de conducta.
17 Pidámosle más bien que nos socorra,
mientras esperamos confiadamente que
nos salve. Y él escuchará nuestra súplica, si le place hacerlo.

18 «Verdad es que no hay en nuestro
tiempo ni en nuestros días tribu, familia,
pueblo o ciudad de las nuestras que se
postre ante dioses hechos por mano de
hombre, como sucedió en otros tiempos,
19 en castigo de lo cual fueron nuestros
padres entregados a la espada y al saqueo, y sucumbieron desastradamente
ante sus enemigos. 20 Pero nosotros no
conocemos otro Dios que él, y en esto
estriba nuestra esperanza de que no nos
mirará con desdén ni a nosotros ni a
ninguno de nuestra raza.

21 «Porque si de hecho se apoderan
de nosotros, caerá toda Judea; nuestro
santuario será saqueado y nosotros tendremos que responder de esta profanación con nuestra propia sangre. 22 La
muerte de nuestros hermanos, la deportación de esta tierra y la devastación de
nuestra heredad caerá sobre nuestras
cabezas, en medio de las naciones en
que estemos como esclavos, y seremos
para nuestros amos escarnio y burla,
23 ya que nuestra esclavitud no conclui-
ría en benevolencia, sino que el Señor
nuestro Dios la convertiría en deshonra.
24 Ahora, pues, hermanos, mostremos
a nuestros hermanos que su vida depende de nosotros y que sobre nosotros se
apoyan las cosas sagradas, el templo y
el altar.

25 «Por todo esto, debemos dar gracias al Señor, nuestro Dios, que ha querido probarnos como a nuestros padres*.
26 Recuerden lo que hizo con Abrahán,
las pruebas por que hizo pasar a Isaac,

8 11 No escrutar y discutir los designios de Dios, sino contar con su socorro, vv. 11-17, puesto que solo él es adorado, vv. 18-20; **11** 10; y desde luego la desgracia es una prueba temporal, no un castigo, vv. 21-27.

8 25 Lección de la historia patriarcal: La desgracia del justo no es un castigo, sino una prueba.

lo que aconteció a Jacob en Mesopotamia de Siria, cuando pastoreaba los
rebaños de Labán, el hermano de su
madre. 27 Como los puso a ellos en el
crisol para sondear sus corazones, así
el Señor nos hiere a nosotros, los que
nos acercamos a él, no para castigarnos, sino para amonestarnos.»
28 Ozías respondió: «En todo cuanto
has dicho, has hablado con recto juicio
y nadie podrá oponerse a tus razones,
29 ya que no has empezado hoy a dar
muestras de tu sabiduría, sino que de
antiguo conoce todo el pueblo tu inteligencia y la bondad de los pensamientos
que brotan de tu mente. 30 Pero el pueblo padecía gran sed y nos obligaron a
pronunciar aquellas palabras, y a com-
prometernos con un juramento que no
podemos violar. 31 Ahora, pues, tú que
eres una mujer piadosa, pide por nosotros al Señor que envíe lluvia para llenar
nuestras cisternas, y así no nos veamos
acabados.»
32 Respondió Judit*: «Escúchenme.
Voy a hacer algo que se transmitirá de
generación en generación entre los hijos de nuestra raza. 33 Estén esta noche
a la puerta de la ciudad. Yo saldré con
mi sierva y antes del plazo que se han
fijado para entregar la ciudad a nuestros
enemigos, vendrá el Señor en defensa
de Israel a través de mi acción. 34 No
intenten averiguar lo que quiero hacer,
pues no lo diré hasta no haberlo cumplido.» 35 Ozías y los jefes le dijeron:
«Vete en paz y que el Señor Dios te pre-
ceda para tomar venganza de nuestros
enemigos.» 36 Y, dejando el aposento,
regresaron a sus puestos.

Oración de Judit.

9 1 Cayó Judit, rostro en tierra, echó
ceniza sobre su cabeza, dejó ver el
saco que tenía puesto y, a la misma
hora en que se ofrecía en Jerusalén, en
el templo de Dios, el incienso de aquella
tarde*, clamó al Señor en alta voz diciendo:

2 Señor, Dios de mi padre Simeón*,
a quien diste una espada
para vengarse de los extranjeros
que habían soltado el ceñidor
de una virgen para mancillarla,
que desnudaron sus caderas
para cubrirla de vergüenza
y profanaron su seno para deshonor.
Tú dijiste: «Eso no se hace»,
y ellos, sin embargo, lo hicieron.
3 Por eso entregaste sus jefes a la
muerte,
y su lecho, rojo de vergüenza por su
engaño,
lo dejaste con engaño ensangrentado.
Castigaste a los esclavos
junto con los príncipes,
a los príncipes con los siervos.
4 Entregaste al saqueo a sus mujeres,
sus hijas al destierro,
todos sus despojos en reparto
para tus hijos amados,
que se habían encendido de tu celo,
y tuvieron horror a la mancha
hecha a su sangre
y te llamaron en su ayuda.

¡Oh Dios, mi Dios,
escucha a esta viuda!
5 Tú que hiciste las cosas pasadas,
las de ahora y las venideras,
que has pensado el presente
y el futuro;
y sólo sucede lo que tú dispones,
6 y tus designios se presentan
y te dicen: «¡Aquí estamos!»
Pues todos tus caminos
están ya preparados
y tus juicios previstos de antemano.

7 Mira, pues, a los asirios
que concentran numerosas tropas,
orgullosos de sus caballos y jinetes,
engreídos por la fuerza de sus
infantes,
fiados en sus escudos y en sus lanzas,

8 32 El plan de Judit está pensado y Dios no le negará feliz resultado.
9 1 Ver Ex **30** 7-8; Sal **141** 2.
9 2 Judit rehabilita a su antepasado censurado por Gn **34** 30; **49** 5. Ver **6** 15+.

en sus arcos y en sus hondas,
y no han reconocido
que tú eres el Señor,
quebrantador de guerras*.
8 Tu Nombre es «¡Señor!»
¡Quebranta su poder con tu fuerza!
¡Abate su poderío con tu cólera!,
pues planean profanar tu santuario,
manchar la Tienda en que reposa
la Gloria de tu Nombre,
y derribar con hierro
el cuerno de tu altar.

9 Mira su altivez,
desata tu ira sobre sus cabezas;
da a mi mano de viuda
fuerza para lo que he proyectado.
10 Hiere al esclavo con el jefe,
y al jefe con su siervo,
por la astucia de mis labios.
Abate su soberbia
por mano de mujer.

11 No está en el número tu fuerza,
ni tu poder en los valientes,
sino que eres el Dios de los humildes,
el defensor de los pequeños,
apoyo de los débiles,
refugio de los desvalidos,
salvador de los desesperados*.
12 ¡Sí, sí! Dios de mi padre
y Dios de la herencia de Israel,
Señor de los cielos y la tierra,
Creador de las aguas,
Rey de toda tu creación,
¡escucha mi plegaria!
13 Dame una palabra seductora
para herir y matar
a los que traman duras decisiones
contra tu alianza,
contra tu santo templo
y contra el monte Sión
y la casa propiedad de tus hijos.
14 Haz reconocer a naciones y tribus
que tú eres Yahvé,
Dios de toda fuerza y poder,
y que no hay protector fuera de ti
para la estirpe de Israel.

IV. *Judit y Holofernes*

Judit se dirige al campamento de Holofernes.

10 1 Acabada su plegaria al Dios de
Israel, y dichas todas estas palabras, 2 se levantó Judit del suelo, llamó a
su sierva y, bajando a la casa donde pasaba los sábados y solemnidades, 3 se
quitó el saco que vestía, se despojó de sus
vestidos de viuda, se bañó toda, se ungió
con perfumes exquisitos, se peinó, se
puso una diadema en el cabello y se vistió
la ropa que llevaba cuando era feliz, en
vida de su marido Manasés. 4 Se calzó
las sandalias, se puso los collares, brazaletes y anillos, sus pendientes y todas
sus joyas, y realzó su hermosura cuanto
pudo, con ánimo de seducir a todos los
hombres que la vieran*. 5 Luego entregó
a su sierva un odre de vino y un cántaro
de aceite, llenó una alforja con harina de
cebada, tortas de higos y panes puros*,
empaquetó las provisiones y se lo entregó todo igualmente a su sierva. 6 A continuación, se dirigieron a la puerta de la
ciudad de Betulia, donde se encontraron
con Ozías y con Jabrís y Jarmís, ancianos de la ciudad. 7 Cuando vieron a Judit
con el rostro transformado y mudada de
vestidos, se quedaron maravillados de su
extremada hermosura y le dijeron:

8 «¡Que el Dios de nuestros padres
te haga alcanzar favor

9 7 La presunción de los paganos siempre ha sido un escándalo para Israel, que cuenta únicamente con Dios, Dt **20** 1; Is **30** 15; **31** 1-3; Ha **1** 12-17; Sal **33** 16-17; etc.
9 11 Es la religión de los *pobres,* característica de la piedad del AT; ver So **2** 3+.
10 4 El plan audaz de Judit, **8** 32-34; **9** 13; es relatado sin pestañear; pero la ayuda divina la conservará incólume, **13** 16.
10 5 Judit es muy cuidadosa de la pureza legal, más allá de lo exigido por la Ley. Ver **11** 13.17; **12** 6-9.

y dé cumplimiento a tus designios,
para gloria de los hijos de Israel
y exaltación de Jerusalén!»

9 Ella adoró a Dios y les dijo: «Manden
que me abran la puerta de la ciudad para
que vaya a poner por obra los deseos de
que me han hablado.» Ellos mandaron a
los jóvenes que le abrieran, tal como lo
pedía. 10 Así lo hicieron, y salió Judit con
su sierva. Los hombres de la ciudad la
siguieron con la mirada mientras descendía por la ladera, hasta que llegó al
valle; y allí la perdieron de vista.

11 Avanzaron ellas a través del valle,
hasta que les salió al encuentro una avanzada de los asirios, 12 que la detuvieron y
preguntaron: «¿Quién eres? ¿De dónde
vienes? ¿A dónde vas?» Ella respondió:
«Hija de hebreos soy y huyo de ellos, porque están a punto de ser devorados por
ustedes. 13 Vengo a presentarme ante
Holofernes, jefe de su ejército, para
hablarle con sinceridad* y mostrarle un
camino por el que pueda pasar para
adueñarse de toda la montaña, sin que
perezca ninguno de sus hombres y sin
que se pierda una sola vida.» 14 Oyéndola
hablar aquellos hombres, y viendo la
admirable hermosura de su rostro, le
dijeron: 15 «Has salvado tu vida con tu
decisión de bajar a presentarte ante
nuestro señor. Dirígete a su tienda, que
algunos de los nuestros te acompañarán
hasta ponerte en sus manos. 16 Cuando
estés en su presencia, no tengas miedo;
anúnciale tus propósitos y él se portará
bien contigo.» 17 Y eligieron entre ellos
cien hombres que le dieran escolta a ella
y a su sierva y las llevaran hasta la tienda
de Holofernes.

18 Habiéndose corrido por todas las
tiendas la noticia de su llegada, concurrió
la gente del campamento, que hicieron
corro en torno a ella, mientras esperaba,
fuera de la tienda, que la anunciaran a
Holofernes. 19 Se quedaban admirados
de su belleza y, por ella, admiraban a
los israelitas, diciéndose unos a otros:
«¿Quién puede menospreciar a un pueblo que tiene mujeres como ésta? ¡Sería
un error dejar con vida a uno solo de
ellos, porque los que quedaran, serían
capaces de engañar a todo el mundo!»

20 Salieron, pues, los de la escolta
personal de Holofernes y todos sus
servidores y la introdujeron en la tienda.
21 Estaba Holofernes descansando en su
lecho, bajo colgaduras de oro y púrpura
recamadas de esmeraldas y piedras preciosas. 22 Se la anunciaron y él salió hasta
la entrada de la tienda, precedido de
lámparas de plata. 23 Cuando Judit llegó
ante Holofernes y sus ministros, todos se
maravillaron de la hermosura de su rostro. Cayó ella rostro en tierra y se postró
ante él, pero los siervos la levantaron.

Primera entrevista de Judit y Holofernes.

11 1 Holofernes le dijo: «Ten confianza, mujer, no tengas miedo,
porque yo ningún mal hago a quien se
decide a servir a Nabucodonosor, rey
de toda la tierra. 2 Tampoco contra tu
pueblo de la montaña habría alzado
yo mi lanza, si ellos no me hubieran
despreciado; pero ellos mismos se lo
han buscado. 3 Dime ahora por qué
razón huyes de ellos y te pasas a nosotros. Desde luego, al venir aquí te
has salvado. Ten confianza; vivirás esta
noche y las restantes. 4 Nadie te hará
ningún mal; serás bien tratada, como se
hace con los siervos de mi señor, el rey
Nabucodonosor.»

5 Respondió Judit*: «Acoge las palabras de tu sierva, y que tu sierva pueda
hablar en tu presencia. Ninguna falsedad diré esta noche a mi señor. 6 Si te
dignas seguir los consejos de tu sierva,
Dios actuará contigo hasta el fin y mi señor no fracasará en sus proyectos. 7 ¡Vi-

10 13 Las protestas de veracidad, ver **11** 5.10, se han de entender en el contexto moral de la época patriarcal, Gn **12** 10+, o de las guerras de Yahvé, **13** 11; Jos **2** 1-7; Jc **4** 17-22.

11 5 El discurso de Judit está lleno de equívocos astutos, vv. 6.8.10.16.

va Nabucodonosor, rey de toda la tierra
y viva su poder, que te ha enviado para
poner en el recto camino a todo viviente! Porque gracias a ti no le sirven tan
sólo los hombres, sino que, por medio
de tu fuerza, hasta las fieras salvajes, los
ganados y las aves del cielo viven para
Nabucodonosor y para toda su casa.
8 «Hemos oído hablar de tu sabiduría
y de la prudencia de tu espíritu, y se dice
por toda la tierra que tú eres el mejor en
todo el reino, de profundos conocimientos y admirable como estratega. 9 Por lo
que se refiere al discurso que Ajior pronunció en tu Consejo, nosotros hemos
oído sus mismas palabras, pues los
hombres de Betulia lo han salvado y él
les refirió todo lo que te dijo. 10 Acerca
de esto, dueño y señor, no desestimes
sus palabras; tenlas bien presentes, porque responden a la verdad. Pues nuestra raza no recibe castigo ni la espada
tiene poder sobre ellos si no han pecado contra su Dios. 11 Pero precisamente
para que mi señor no se vea rechazado
y con las manos vacías, la muerte va a
descender sobre sus cabezas. Han caído
en un pecado con el que provocan la
cólera de su Dios cada vez que cometen
tal desorden. 12 En vista de que se les
acaban los víveres y escasea el agua,
han deliberado echar mano de sus ganados y están ya decididos a consumir
todo aquello que su Dios, por sus leyes,
les ha prohibido comer. 13 Han decidido,
igual-mente, consumir las primicias del
trigo y el diezmo del vino y del aceite
que habían reservado, porque están
consagrados a los sacerdotes responsables del servicio de nuestro Dios en
Jerusalén, y que ningún laico puede ni
tan siquiera tocar con la mano. 14 Han
enviado mensajeros a Jerusalén (cuyos
habitantes hacen estas mismas cosas)
para recabar del Consejo de Ancianos
los permisos. 15 Y en cuanto les sea
concedido y lo realicen, en ese mismo
momento te serán entregados para su
destrucción. 16 Cuando yo, tu esclava,
supe todo esto, huí de ellos. Mi Dios me
ha enviado para que yo haga contigo
cosas de las que se pasmará toda la tierra y todos cuantos las oigan. 17 Porque
tu esclava es piadosa y sirve noche y
día al Dios del Cielo. Ahora, mi señor,
quisiera quedarme a tu lado. Tu sierva
saldría por las noches hacia el barranco
para suplicar a mi Dios y él me dirá
cuándo han cometido su pecado. 18 Yo
vendré a comunicártelo y entonces tú
saldrás con todo tu ejército y ninguno de
ellos podrá resistirte. 19 Yo te guiaré por
medio de Judea hasta llegar a Jerusalén
y haré que te asientes en medio de
ella. Tú los saquearás como a rebaño
sin pastor, y ni un perro ladrará contra
ti. He tenido el presentimiento de todo
esto; me ha sido anunciado y he sido
enviada para comunicártelo.»
20 Agradaron estas palabras a Holofernes y a todos sus servidores, que estaban
admirados de su sabiduría, y dijeron:
21 «De un cabo al otro del mundo, no
hay mujer como ésta, de tanta hermosura en el rostro y tanta sensatez en las
palabras.» 22 Holofernes le dijo: «Bien ha
hecho Dios en enviarte por delante de tu
pueblo, para que esté en nuestras manos
el poder, y la ruina en manos de los que
han despreciado a mi señor. 23 Por lo
demás, eres tan bella de aspecto como
prudente en tus palabras. Si haces lo que
has prometido, tu Dios será mi Dios, vivirás en el palacio del rey Nabucodonosor
y serás famosa en toda la tierra.»

12 1 Mandó luego que la introdu-
jeran donde tenía su vajilla y
ordenó que le sirvieran de sus propios
manjares y le dieran a beber de su
propio vino. 2 Pero Judit dijo: «No debo
comer esto, para que no me sea ocasión
de falta. Que me den de las provisiones
que traje conmigo.» 3 Holofernes le dijo:
«Cuando se te acaben las cosas que tienes, ¿de dónde podremos traerte otras
iguales? Porque no hay nadie de los
tuyos con nosotros.» 4 Respondió Judit:
«Por tu vida, mi señor, que, antes que tu
sierva haya consumido lo que traje,
cumplirá el Señor, por mi mano, sus
designios.» 5 Los siervos de Holofernes
la condujeron a la tienda, y ella durmió

hasta media noche. Al acercarse la vigilia de la aurora, se levantó 6 y envió a
decir a Holofernes: «Ordene mi señor
que se dé a tu sierva permiso para salir a
orar.» 7 Holofernes ordenó a su escolta
que no se lo impidieran. Judit permaneció tres días en el campamento. Cada
noche se dirigía hacia el barranco de
Betulia y se lavaba en la fuente donde
estaba el puesto de guardia. 8 A su regreso, suplicaba al Señor, Dios de Israel,
que diera buen fin a sus proyectos para
exaltación de los hijos de su pueblo. 9 Y,
ya purificada, entraba en la tienda y
allí permanecía hasta que le traían su
comida de la tarde.

Judit en el banquete de Holofernes.

10 Al cuarto día, dio Holofernes un
banquete exclusivamente para sus oficiales; no invitó a ninguno de los encargados
de los servicios. 11 Dijo, pues, a Bagoas,
el eunuco que tenía al frente de sus negocios: «Trata de persuadir a esa mujer
hebrea que tienes contigo de que venga a
comer y beber con nosotros. 12 Sería una
vergüenza para nosotros que dejáramos
marchar a tal mujer sin habernos entretenido con ella. Si no somos capaces de
atraerla, luego hará burla de nosotros.»
13 Salió Bagoas de la presencia de Holofernes, entró en la tienda de Judit y dijo:
«Que esta bella esclava no se niegue a venir donde mi señor, para ser honrada en
su presencia, para beber vino alegremen-
te con nosotros y ser, en esta ocasión,
como una de las hijas de los asirios que
viven en el palacio de Nabucodonosor.»
14 Judit le respondió: «¿Quién soy yo para
oponerme a mi señor? Haré prontamen-
te todo cuanto le agrade y ello será para
mí motivo de gozo mientras viva.»
15 Después se levantó y se engalanó
con sus vestidos y todos sus ornatos
femeninos. Se adelantó su sierva para
extender en tierra, frente a Holofernes,
los tapices que había recibido de Bagoas
para el uso cotidiano, con el fin de que
pudiera tomar la comida reclinada sobre ellos. 16 Entrando luego Judit, se re-
clinó. El corazón de Holofernes quedó
arrebatado por ella, su alma quedó turbada y experimentó un violento deseo
de unirse a ella, pues, desde el día que la
vio, andaba buscando ocasión de seducirla. 17 Le dijo Holofernes: «¡Bebe, pues,
y comparte la alegría con nosotros!»
18 Judit respondió: «Beberé, señor, pues
nunca, desde el día en que nací, nunca
estimé en tanto mi vida como ahora.»
19 Y comió y bebió, frente a él, sirviéndose de las provisiones que su sierva
había preparado. 20 Holofernes, que se
hallaba bajo el influjo de su encanto, bebió vino tan copiosamente como jamás
lo había hecho en toda su vida.

13 1 Cuando se hizo tarde, sus oficiales se apresuraron a retirarse.
Bagoas cerró la tienda por el exterior,
después de haber apartado de la presencia de su señor a los que todavía
quedaban; y todos se fueron a dormir,
aturdidos por el exceso de bebida. 2 Sólo
quedaron en la tienda Judit y Holofernes, desplomado sobre su lecho y rezu-
mando vino. 3 Judit había mandado a su
sierva que se quedara fuera de su dormitorio y esperara a que saliera, como
los demás días. Porque, en efecto, ella
había dicho que saldría para hacer su
oración, y en este mismo sentido había
hablado a Bagoas.
4 Todos se habían retirado; nadie, ni
grande ni pequeño, quedó en la alcoba.
Judit, puesta de pie junto al lecho, dijo
para sus adentros:

«¡Oh Señor, Dios de toda fuerza!
Atiende, en esta hora,
a la empresa de mis manos
para exaltación de Jerusalén.
5 Ha llegado el momento
de esforzarse por tu heredad
y hacer que mis decisiones
sean la ruina de los enemigos
que se alzan contra nosotros*.»

13 5 La plegaria no deja lugar a la venganza, pero reúne las súplicas de los justos del AT contra los enemigos de Dios, ver Sal **74** 18-20; Dn **3** 34-36; Si **36** 1-19.

6 Avanzó, después, hasta la columna
del lecho que estaba junto a la cabeza
de Holofernes, tomó de allí su cimitarra,
7 se acercó al lecho, agarró la cabeza
de Holofernes por los cabellos y dijo:
«¡Dame fortaleza, Dios de Israel, en este
momento!» 8 Y, con todas sus fuerzas,
descargó dos golpes sobre el cuello y
le cortó la cabeza. 9 Después hizo rodar
el tronco fuera del lecho, arrancó las
colgaduras de las columnas y, saliendo,
entregó la cabeza de Holofernes a su
sierva, 10 que la metió en la alforja de
las provisiones. Luego salieron las dos
juntas a hacer la oración, como de ordinario, atravesaron el campamento, con-
tornearon el barranco, subieron por el
monte de Betulia y se presentaron ante
las puertas de la ciudad.

Judit lleva a Betulia la cabeza de Holofernes.

11 Judit gritó desde lejos a los centinelas de las puertas: «¡Abran, abran la
puerta! El Señor, nuestro Dios, está con
nosotros para hacer todavía hazañas en
Israel y mostrar su poder contra nuestros
enemigos, como lo ha hecho hoy mismo*.» 12 Al oír su voz, los hombres de la
ciudad bajaron rápidamente a la puerta
y llamaron a los ancianos. 13 Acudieron
todos corriendo, desde el más grande al
más chico, porque no tenían esperanza
de que ella volviera. Abrieron, pues, la
puerta, las recibieron y, encendiendo una
hoguera para que se pudiera ver, hicieron corro en torno a ellas. 14 Judit les dijo
a voz en grito: «¡Alaben a Dios, alábenle!
Alaben a Dios, que no ha apartado su misericordia de la casa de Israel, sino que
esta noche ha destrozado a nuestros enemigos por mi mano.» 15 Y sacando de la
alforja la cabeza, se la mostró, diciéndoles: «Miren la cabeza de Holofernes, jefe
supremo del ejército asirio, y miren las
colgaduras bajo las cuales se acostaba en
sus borracheras. ¡El Señor lo ha herido
por mano de mujer! 16 ¡Vive el Señor!,
que me ha guardado en el camino que
emprendí, que Holofernes fue seducido,
para perdición suya, por mi rostro, pero
no ha cometido conmigo ningún pecado
que me manche o me deshonre.»

17 Todo el pueblo quedó lleno de estupor y, postrándose, adoraron a Dios y
dijeron a una: «¡Bendito seas, Dios nuestro, que has aniquilado el día de hoy a
los enemigos de tu pueblo!» 18 Ozías dijo
a Judit:

«¡Bendita seas, hija del Dios Altísimo
más que todas las mujeres de la tierra!
Y bendito sea Dios, el Señor,
Creador del cielo y de la tierra,
que te ha guiado para cortar la cabeza
del jefe de nuestros enemigos*.
19 Jamás tu confianza
faltará en el corazón de los hombres,
que recordarán la fuerza
de Dios eternamente.
20 Que Dios te conceda,
para exaltación perpetua,
ser favorecida con todos los bienes,
porque no vacilaste en exponer tu vida
a causa de la humillación de nuestra raza.
Detuviste nuestra ruina
procediendo rectamente ante
nuestro Dios.»

Todo el pueblo respondió:
«¡Amén, amén!»

13 11 Israel siempre ha cantado las hazañas del Dios guerrero, Ex **15** 1-2; Sal **68**; **98**.

13 18 Ver Jc **5** 24; Lc **1** 28. 42.

V. *La victoria*

Los judíos asaltan el campamento asirio.

14 1 Judit les dijo: «Escúchenme, hermanos; tomen esta cabeza y cuélguenla en el saliente de nuestras murallas. 2 Y apenas despunte el alba y salga el sol sobre la tierra, empuñarán cada uno sus armas y saldrán fuera de la ciudad todos los hombres capaces. Que se ponga uno al frente, como si intentaran bajar a la llanura, contra la avanzada de los asirios. Pero no bajen. 3 Los asirios tomarán sus armas y marcharán a su campamento para despertar a los jefes del ejército de Asiria. Correrán a la tienda de Holofernes, pero al no dar con él, quedarán aterrorizados y huirán ante ustedes. 4 Entonces, ustedes y todos los habitantes del territorio de Israel saldrán en su persecución y los abatirán en la retirada.

5 «Pero antes, traigan aquí a Ajior el amonita, para que vea y reconozca al que despreciaba a la casa de Israel, al que lo envió a nosotros como destinado a la muerte.» 6 Hicieron, pues, venir a Ajior desde la casa de Ozías. Al llegar y ver que uno de los hombres de la asamblea del pueblo tenía en la mano la cabeza de Holofernes, cayó al suelo, desvanecido. 7 Cuando lo reanimaron, se echó a los pies de Judit, se postró ante ella y dijo:

«¡Bendita seas en las tiendas de Judá
y en todas las naciones,
que, cuando oigan tu nombre,
se sentirán turbadas!»

8 «Y ahora, cuéntame lo que has hecho durante este tiempo.» Judit le contó, en presencia del pueblo, todo cuanto había hecho, desde que salió hasta el momento en que les estaba hablando. 9 Cuando hubo acabado su relato, todo el pueblo lanzó grandes aclamaciones y en toda la ciudad resonaron los gritos de alegría. 10 Ajior, por su parte, viendo todo cuanto había hecho el Dios de Israel, creyó en él firmemente, se hizo circuncidar y quedó anexionado para siempre* a la casa de Israel.

11 Apenas despuntó el alba, colgaron de la muralla la cabeza de Holofernes, tomaron las armas todos los hombres de Israel y salieron, por grupos, hacia las subidas. 12 Al verlos los asirios, comunicaron la novedad a sus oficiales, que a su vez la fueron comunicando a sus estrategas, comandantes y a todos sus jefes, 13 hasta llegar a la tienda de Holofernes. Dijeron, pues, a su intendente general: «Despierta a nuestro señor, porque esos esclavos tienen la osadía de bajar a combatir contra nosotros, para hacerse exterminar completamente.» 14 Entró, pues, Bagoas y dio palmadas ante la cortina de la tienda, porque suponía que Holofernes estaría durmiendo con Judit. 15 Como nadie respondía, apartó la cortina, entró en el dormitorio y lo encontró tendido sobre el umbral, muerto y decapitado. 16 Dio entonces un gran grito, con gemidos, llanto y fuertes alaridos, al tiempo que rasgaba sus vestiduras. 17 Entró luego en la tienda en que se había aposentado Judit y, al no verla, se precipitó hacia la tropa gritando: 18 «¡Esas esclavas eran unas pérfidas! Una sola mujer hebrea ha llenado de vergüenza la casa del rey Nabucodonosor*. ¡Miren a Holofernes, derribado en tierra y decapitado!» 19 Cuando los jefes del ejército asirio oyeron estas palabras, su ánimo quedó turbado hasta el extremo, rasgaron sus túnicas y recorrieron el campamento lanzando gritos y voces.

15 1 Los del campamento, al oírlo, quedaron estupefactos; 2 fueron presa del terror y del pánico, y nadie ya fue capaz de mantenerse al lado de sus compañeros. Huyeron todos a la desbandada, por todos los caminos, por la llanura y la montaña. 3 También los que estaban acampados en la altura, sitiando a

14 10 La incorporación de Ajior al pueblo de Israel, **5** 5+, es una rehabilitación de los amonitas, ver Dt **23** 4-5.

14 18 Ver **13** 15; Jc **9** 54.

Betulia, se dieron a la fuga. Entonces,
todos los hombres de guerra de Israel
cayeron sobre ellos. [4] Ozías mandó aviso
a Betomestáin, a Bebé, Jobá y Colá, y
a los habitantes de la montaña de Israel,
dando noticia de cuanto había pasado,
para que todos se arrojaran sobre los
enemigos y los exterminaran. [5] Cuando
los israelitas lo supieron, todos, como un
solo hombre, se lanzaron sobre los asirios y los batieron hasta Jobá. También
acudieron los de Jerusalén y los de la
montaña, porque también a ellos se les
dio noticia de lo sucedido en el campo
enemigo; de igual modo, los de Galaad y
Galilea, atacándolos de flanco, les hicieron enorme estrago hasta que pudieron
refugiarse en Damasco y su región. [6] En
cuanto a los demás habitantes de Betulia,
cayeron sobre el campamento asirio, lo
saquearon y obtuvieron grandes riquezas.
[7] Los israelitas, de vuelta de la matanza,
se hicieron dueños del resto; también los
de las aldeas y granjas de la montaña y
del llano obtuvieron gran botín, porque
había una abundancia incalculable.

Acción de gracias.

[8] El sumo sacerdote Joaquín, con
el Consejo de Ancianos de Israel y los
habitantes de Jerusalén, vinieron a contemplar los beneficios que el Señor había
hecho a Israel, y a ver y saludar a Judit.
[9] Al llegar ante ella, todos a una la bendijeron diciendo:

«Tú eres la exaltación de Jerusalén,
tú el gran orgullo de Israel,
tú la suprema gloria de nuestra raza.

[10] Al hacer todo esto por tu mano
has procurado la dicha de Israel
y Dios se ha complacido
en todo lo que has hecho.
Bendita seas del Señor Omnipotente
por siglos infinitos.»

Y todo el pueblo respondió: «¡Amén!»

[11] Todo el pueblo estuvo recogiendo
botín del campamento durante treinta
días; dieron a Judit la tienda de Holofernes, con toda su vajilla de plata, sus
divanes, sus vasijas y todo su mobiliario.
Ella lo tomó y lo cargó sobre su mula,
preparó sus carros y lo amontonó todo
encima. [12] Todas las mujeres de Israel
acudieron para verla y la bendecían danzando en corro. Judit tomaba tirsos con
la mano y los distribuía entre las mujeres
que estaban a su lado*. [13] Ellas y sus
acompañantes se coronaron con ramas
de olivo; después, dirigiendo el corro
de las mujeres, se puso danzando a la
cabeza de todo el pueblo. La seguían los
hombres de Israel, armados con sus armas, llevando coronas y cantando himnos. [14] Judit entonó, en medio de todo
Israel, este himno de acción de gracias
y todo el pueblo repetía sus alabanzas*:

16 [1] ¡Alaben a mi Dios con tamboriles,
eleven cantos al Señor con címbalos,
entónenle un salmo de alabanza,
ensalcen e invoquen su Nombre!
[2] Porque el Señor es un Dios
exterminador de guerras,
porque en sus campos,
en medio de su pueblo,
me arrancó de la mano
de mis perseguidores.

[3] Los asirios de los montes del norte
vinieron con tropa innumerable;
su muchedumbre obstruía los
torrentes,
y sus caballos cubrían las colinas.
[4] Hablaban de incendiar mis tierras,
de pasar mis jóvenes a espada,
de estrellar contra el suelo a los
bebés,
de entregar como botín a mis niños
y de dar como presa a mis doncellas.

15 12 Estos cortejos son muy conocidos, pero los adornos de coronas de follaje, v. 13, eran más bien una costumbre griega. Tampoco encontramos en la Biblia, hasta 2 M **10** 7, los tirsos, ramos o bastones decorados de follaje. Pero sí existía la costumbre de agitar ramas para expresar la alegría, Lv **23** 40; ver Jn **12** 13; Ap **7** 9.

15 14 Este poema repite muchas expresiones de los Salmos, sobre todo en los vv. 13-16.

[5] El Señor Omnipotente
por mano de mujer los anuló.
[6] Que no fue derribado su caudillo
por jóvenes guerreros,
ni lo hirieron hijos de Titanes,
ni altivos gigantes lo vencieron;
lo subyugó Judit, hija de Merarí,
con sólo la hermosura de su rostro.
[7] Se despojó de sus vestidos de viuda,
para exaltar a los afligidos de Israel;
ungió su rostro de perfumes,
[8] prendió con una cinta sus cabellos,
ropa de lino vistió para seducirlo.
[9] La sandalia de ella le robó los ojos,
su belleza cautivóle el alma...
¡y la cimitarra atravesó su cuello!

[10] Se pasmaron los persas con su audacia,
se turbaron los medos por su temeridad.
[11] Entonces clamaron mis humildes,
y ellos temblaron de miedo;
clamaron mis débiles,
y ellos quedaron aterrados;
alzaron su voz éstos,
y ellos se dieron a la fuga.
[12] Hijos de jovenzuelas los asaetearon,
como a hijos de desertores los hirieron,
perdieron en la batalla contra mi Señor.

[13] Cantaré a mi Dios un cantar nuevo:

«¡Tú eres grande, Señor,
eres glorioso,
admirable en poder e insuperable!»
[14] Sírvante a ti las criaturas todas,
pues hablaste tú y fueron hechas,
enviaste tu espíritu y las hizo,
y nadie puede resistir tu voz.

[15] Pues los montes, desde sus cimientos,
serán sacudidos con las aguas;
las rocas en tu presencia
se fundirán como cera;
pero con aquellos que te temen,
te muestras tú siempre propicio.

[16] Porque es muy poca cosa
todo sacrificio de calmante aroma,
y apenas es nada la grasa
para serte ofrecida en holocausto.
Mas quien teme al Señor
será grande para siempre.

[17] ¡Ay de las naciones
que se alzan contra mi raza!
El Señor Omnipotente las castigará
en el día del juicio.
Entregará sus cuerpos
al fuego y a los gusanos,
y gemirán en dolor eternamente.

[18] Cuando llegaron a Jerusalén, adoraron
a Dios y, una vez purificado el pueblo,
ofrecieron sus holocaustos, sus ofrendas
voluntarias y sus dones. [19] Judit ofreció
todo el mobiliario de Holofernes, que
el pueblo le había concedido, y entregó
a Dios en anatema* las colgaduras que
ella misma había tomado del dormitorio
de Holofernes. [20] Durante tres meses
permaneció el pueblo en Jerusalén, celebrando festejos delante del santuario.
También Judit estaba presente.

Ancianidad y muerte de Judit.

[21] Pasados aquellos días, se volvió cada
uno a su heredad. Judit regresó a Betulia,
donde vivió disfrutando de su hacienda;
fue en su tiempo muy famosa en toda
aquella tierra. [22] Muchos la pretendieron,
pero ella no tuvo relaciones con ningún
hombre en toda su vida, desde que su
marido Manasés murió y fue a reunirse
con su pueblo. [23] Vivió hasta la avanzada
edad de ciento cinco años*, transcurriendo su ancianidad en casa de su marido.
A su sierva le concedió la libertad. Murió
en Betulia y fue sepultada en la cueva de
su marido Manasés. [24] La casa de Israel la
lloró durante siete días. Antes de morir,
distribuyó su hacienda entre los parientes
de su marido Manasés y entre sus propios parientes.

[25] Nadie ya atemorizó a los israelitas
mientras vivió Judit, ni en mucho tiempo después de su muerte.

16 19 Ver Lv **27** 28+.
16 23 Judit entra así en el rango de los héroes de la época patriarcal, ver Gn **23** 1; **35** 28; **50** 26.

ESTER*

Preliminares

Sueño de Mardoqueo.

1 [1a] *El año segundo del reinado del rey Asuero el Grande, el día uno del mes de Nisán, tuvo un sueño Mardoqueo*, hijo de Yaír, hijo de Semeí, hijo de Quis, de la tribu de Benjamín, [1b]judío, que habitaba en la ciudad de Susa, varón ilustre, adscrito al servicio del palacio real. [1c]Era uno de los deportados que Nabucodonosor, rey de Babilonia, había llevado cautivos de Jerusalén con Jeconías, rey de Judá*.*

[1d]El sueño fue así: Voces y estrépito, truenos y terremotos, perturbación en la tierra. [1e]Dos enormes dragones avanzaron, prestos ambos al combate; lanzaron un gran rugido, [1f]y a su voz todos los pueblos paganos se dispusieron a la guerra para luchar contra el pueblo de los justos. [1g]Día de tinieblas y oscuridad, tribulación y angustia, ruina y gran turbación sobre la tierra. [1h]Todo el pueblo de los justos, estremecido por el terror de sus desgracias, se disponía a perecer y clamaba a Dios. [1i]A su clamor, de una pequeña fuente nació un gran río de abundantes aguas. [1k]La luz y el sol surgieron y los humildes se alzaron y devoraron a los soberbios.

[1l]Despertado Mardoqueo, después de tener este sueño, puso gran empeño y se esforzó, hasta la noche, en alcanzar su sentido y saber lo que Dios quería llevar a cabo.

Conjura contra el rey.

[1m] Vivía Mardoqueo en el palacio con Bigtán y Teres, dos eunucos del rey, guardianes del palacio. [1n]Les oyó sus proyectos, descubrió sus intenciones y se enteró de que estaban dispuestos a poner sus manos en el rey Asuero. Entonces Mardoqueo los denunció al rey, [1o]que sometió a interrogatorio a los dos eunucos; y habiendo ellos confesado la verdad, fueron llevados al suplicio. [1p]El rey hizo escribir todo esto para memoria; también Mardoqueo, por su parte, escribió sobre estos sucesos. [1q]Por aquel servicio, el rey confió a Mardoqueo un puesto en palacio y le hizo regalos. [1r]Pero Amán, hijo de Hamdatá, del país de Agag, que gozaba del favor real, buscaba la ruina de Mardoqueo y de su pueblo, por el asunto de los dos eunucos del rey.

I. Asuero y Vastí

Banquete de Asuero.

1 [1] En tiempo del rey Asuero, el que reinó desde la India hasta Etiopía sobre ciento veintisiete provincias, [2] en aquellos días, estando el rey sentado en el trono real, en la ciudadela de Susa, [3] en el año tercero de su reinado, ofreció un banquete en su presencia a todos sus servidores: a jefes del ejército de los persas y los medos, a los nobles y a los gobernadores de las provincias. [4] Les

1 Los pasajes que damos en cursiva son los que el texto griego añade al hebreo y que San Jerónimo relegó al apéndice de su versión latina. La Iglesia reconoce como inspiradas estas adiciones.

1 1a *Asuero* es la transcripción latina y castellana del nombre de Jerjes, ver Esd **4** 6. -El sueño de Mardoqueo, ver Dn **2** 1+, presenta el tema del relato en forma enigmática. La clave se dará en **10** 3a.

1 1c Cronología muy libre, ver Jdt **1** 1.

hizo ver la riqueza y la gloria de su reino
y el magnífico esplendor de su grandeza
durante ciento ochenta días.
5 Cumplido aquel plazo, ofreció el
rey a todos los que se hallaban en la
ciudadela de Susa, desde el mayor al
más pequeño, un banquete de siete días
en el patio del jardín del palacio real.
6 Había colgaduras de lino fino, de lana y
de púrpura violeta, fijadas, por medio de
cordones de lino y púrpura, en anillas
de plata sujetas a columnas de mármol
blanco; lechos de oro y plata sobre un
pavimento de pórfido, mármol, nácar y
mosaicos. 7 Se bebía en copas de oro de
formas diversas y el vino ofrecido por
el rey corría con regia abundancia. 8 En
cuanto a la bebida, a nadie se le obligaba, pues así lo había mandado el rey a
los oficiales de su casa, para que cada
cual hiciera lo que quisiera.

El caso de Vastí.

9 También la reina Vastí* ofreció un
banquete a las mujeres en el palacio del
rey Asuero. 10 El día séptimo, alegre
por el vino el corazón del rey, mandó a
Mehumán, a Bizetá, a Jarboná, a Bigtá,
a Abagtá, a Zetar y a Carcás, los siete
eunucos que estaban al servicio del rey
Asuero, 11 que hicieran venir a la reina
Vastí a presencia del rey, tocada con
diadema real, para que vieran la gente
y los jefes su belleza, porque, en efecto,
era muy bella. 12 Pero la reina Vastí se
negó a cumplir la orden del rey transmitida por los eunucos. El rey se irritó
sobremanera, montó en cólera, 13 y
mandó llamar a los sabios expertos en
la ciencia de las leyes, pues los asuntos
reales se discuten en presencia de los
conocedores de la ley y el derecho.
14 Hizo, pues, venir a Carsená, Setar,
Admatá, Tarsis, Meres, Marsená y Memucán, los siete jefes de los persas y los
medos que eran admitidos a la presencia
del rey y ocupaban los primeros puestos del reino, 15 y les dijo: «¿Qué debe
hacerse, según la ley, a la reina Vastí,
por no haber obedecido la orden del rey
Asuero, transmitida por los eunucos?»
16 Respondió Memucán en presencia del
rey y de los jefes: «La reina Vastí no ha
ofendido solamente al rey, sino a todos
los jefes y a todos los pueblos de todas
las provincias del rey Asuero. 17 Porque
se correrá el caso de la reina entre todas
las mujeres y hará que pierdan estima a
sus maridos, pues dirán: 'El rey Asuero
mandó hacer venir a su presencia a la
reina Vastí, pero ella no fue.' 18 Y a partir de hoy, las princesas de los persas y
los medos que conozcan la conducta de
la reina hablarán de ello a los jefes del
rey y habrá menosprecio y altercados.
19 Si al rey le parece bien, publíquese,
de su parte, e inscríbase en las leyes de
los persas y los medos, para que no sea
conculcado*, este decreto: que no vuelva
Vastí a presencia del rey Asuero. Y dé
el rey el título de reina a otra mejor que
ella. 20 El acuerdo tomado por el rey
será conocido en todo el reino, a pesar
de ser tan grande, y todas las mujeres
honrarán a sus maridos, desde el mayor
al más pequeño.»
21 Pareció bueno el consejo al rey y a
los jefes, y el rey ordenó que se pusiera
en práctica la sugerencia de Memucán.
22 Envió el rey cartas a todas las provincias, a cada provincia según su escritura, y a cada pueblo según su lengua,
para que todo marido fuese señor de
su casa.

1 9 Vastí, como Ester, es desconocida fuera de la Biblia.

1 19 Que no sea conculcado o irrevocable, y sin embargo caduco, ver **3** 12; **8** 5.8; Dn **6** 8.10.13.16.

II. *Mardoqueo y Ester*

Ester, elegida reina.

2 1 Después de estos sucesos, se aplacó la cólera del rey Asuero y se acordó de Vastí, de cuanto había hecho, y de lo que acerca de ella se había decidido. 2 Dijeron los cortesanos que estaban al servicio del rey: «Que se busquen para el rey jóvenes vírgenes y bellas. 3 Nombre el rey inspectores en todas las provincias de su reino para que reúnan en la ciudadela de Susa, en el harén, a todas las jóvenes vírgenes y bellas, bajo la vigilancia de Hegué, eunuco del rey, encargado de las mujeres, y que él les proporcione cuanto necesiten para su adorno, 4 y la joven que agrade al rey reinará en lugar de Vastí.» Le pareció bien al rey y así se hizo.

5 Había en la ciudadela de Susa un judío llamado Mardoqueo, hijo de Yaír, hijo de Semeí, hijo de Quis, de la tribu de Benjamín. 6 Había sido deportado de Jerusalén con Jeconías, rey de Judá, en la deportación que hizo Nabucodonosor, rey de Babilonia. 7 Tenía en su casa a Hadasá, es decir, Ester*, hija de un tío suyo, pues era huérfana de padre y madre. La joven era hermosa y de buen parecer, y, al morir su padre y su madre, Mardoqueo la adoptó por hija.

8 Cuando se proclamó la orden y el edicto del rey, fueron reunidas muchísimas jóvenes en la ciudadela de Susa, bajo la vigilancia de Hegué. También Ester fue conducida al palacio real y puesta bajo la vigilancia de Hegué, encargado de las mujeres. 9 La joven le agradó y ganó su favor, por lo que se apresuró a proporcionarle cuanto necesitaba para su adorno y mantenimiento. Puso también a su disposición siete doncellas elegidas de la casa del rey y la instaló, con sus doncellas, en el mejor departamento del harén. 10 Ester no dio a conocer ni su pueblo ni su origen, pues así se lo había ordenado Mardoqueo. 11 Día tras día, se paseaba Mardoqueo delante del patio del harén para enterarse de la salud de Ester y de lo que le sucedía.

12 A cada joven le llegaba el turno de presentarse al rey Asuero al cabo de doce meses, según el estatuto de las mujeres. El tiempo de preparación incluía seis meses de tratamiento con óleo y mirra, y otros seis meses con los aromas y perfumes que usan las mujeres. 13 Cuando una joven se presentaba al rey, le daban cuanto pedía y lo llevaba consigo del harén al palacio real. 14 Se presentaba por la tarde y a la mañana siguiente volvía al otro harén, bajo la vigilancia de Saasgaz, el eunuco real encargado de las concubinas; no se presentaba más ante el rey, a no ser que éste quisiera verla y la llamara expresamente.

15 Cuando a Ester, hija de Abijail, tío de Mardoqueo, que la había adoptado por hija, le llegó el turno de presentarse al rey, sólo pidió lo que le indicó Hegué, el eunuco real encargado de las mujeres. Ester se ganaba el favor de cuantos la veían. 16 Ester fue presentada al rey Asuero, en el palacio real, el mes décimo, es decir, el mes de Tébet, en el año séptimo de su reinado. 17 Al rey le gustó Ester más que las otras mujeres; halló ella, ante el rey, más gracia y favor que ninguna otra doncella, y el rey colocó la diadema real sobre la cabeza de Ester y la declaró reina, en lugar de Vastí.

18 Ofreció el rey un gran banquete a todos sus jefes y servidores, el banquete en honor de Ester. Concedió, además, un día de descanso a todas las provincias y repartió regalos con real magnificencia.

Amán y Mardoqueo.

19 Cuando Ester pasó, como las otras jóvenes, al segundo harén, 20 no reveló ni su origen ni su pueblo, tal como se lo había ordenado Mardoqueo; pues Ester

2 7 El nombre de Ester es probablemente de origen babilonio (*Ištar*) como el de Mardoqueo (*Marduk*); pero podemos pensar en el persa *staré*, «estrella».

seguía cumpliendo las órdenes de Mardoqueo, como cuando vivía bajo su tutela. 21 Por aquellos mismos días, estaba adscrito Mardoqueo a la Puerta Real*; Bigtán y Teres, dos eunucos del rey, guardianes del umbral, estaban irritados y andaban buscando poner la mano sobre el rey Asuero. 22 Llegó el hecho a conocimiento de Mardoqueo, que se lo comunicó a la reina Ester, y ésta se lo dijo al rey, en nombre de Mardoqueo. 23 Investigado el caso, resultó ser verdadero, por lo que fueron colgados los dos del madero y se consignó por escrito, en los Anales, en presencia del rey.

3 1 Después de esto, el rey Asuero elevó al poder a Amán, hijo de Hamdatá, del país de Agag. Lo encumbró y lo situó por encima de todos los dignatarios que estaban con él; 2 todos los servidores del rey, adscritos a la Puerta Real, doblaban la rodilla y se postraban ante Amán, porque así lo había ordenado el rey; pero Mardoqueo ni doblaba la rodilla ni se postraba*. 3 Los servidores del rey, adscritos a la Puerta Real, dijeron a Mardoqueo: «¿Por qué incumples la orden del rey?» 4 Y como se lo repitieran día tras día y él no les hiciera caso, se lo comunicaron a Amán, para ver si Mardoqueo persistía en su palabra, pues les había manifestado que él era judío. 5 Vio Amán que Mardoqueo no doblaba la rodilla ni se postraba ente él, y montó en cólera. 6 Y cuando le notificaron a qué pueblo pertenecía Mardoqueo, no contentándose con poner la mano sobre él solo, intentó exterminar, junto con él, a todos los judíos de todo el reino de Asuero.

III. Los judíos amenazados

Decreto de exterminio de los judíos.

7 El año doce del rey Asuero, el mes primero, es decir, el mes de Nisán, se sacó el «Pur*» (es decir, las suertes) en presencia de Amán, por días y por meses. Salió el doce, que es el mes de Adar. 8 Amán dijo al rey Asuero: «Hay un pueblo disperso y diseminado entre los pueblos de todas las provincias de tu reino, con sus leyes, distintas de las de todas las naciones, y que no cumplen las leyes reales*. No conviene al rey dejarlos en paz. 9 Si el rey juzga conveniente publicar un decreto para exterminarlos, yo haré que se entreguen diez mil talentos de plata a los intendentes, para que los ingresen en la cámara del tesoro.»

10 El rey sacó el anillo de su dedo, se lo entregó a Amán, hijo de Hamdatá, de Agag, enemigo de los judíos, 11 y dijo el rey a Amán: «La plata, te la regalo; y pongo también ese pueblo en tus manos, para que hagas lo que te parezca.»

12 El día trece del primer mes fueron convocados los secretarios del rey para escribir, según lo ordenado por Amán, a los sátrapas del rey, a los inspectores de cada provincia y a los jefes de todos los pueblos, a cada provincia según su escritura, y a cada pueblo según su lengua. Se escribió en nombre del rey

2 21 La expresión designa el conjunto de servicios reales, o los edificios que los albergaban.

3 2 La negativa de este gesto de homenaje, 1 R **1** 23; 2 R **4** 37; etc., provenía más bien de un orgullo racial, pero se interpretará en un sentido religioso, **4** 17 d-e; ver Dn **1** 8; **3** 12; **6** 14.

3 7 *Pur* es un vocablo babilónico que dará su nombre a la fiesta de los *Purim*, **9** 20-26. Amán ha decidido la exterminación de los judíos y pide a la suerte que designe un día favorable.

3 8 Se encuentran las mismas quejas contra los judíos en otros libros bíblicos de la misma época, **3** 13d-e; Dn **1** 8; **3** 8-12; Jdt **12** 2; Esd **4** 12-14; Sb **2** 14-16.

Asuero, se selló con el anillo del rey, 13 y
se enviaron las cartas, por medio de los
correos, a todas las provincias del rey,
para exterminar, matar y aniquilar a todos los judíos, jóvenes y ancianos, niños
y mujeres, y para saquear sus bienes,
en el espacio de un solo día, el trece del
mes doce, que es el mes de Adar.

13a *He aquí el texto de la carta:*

*«El gran rey Asuero, a los jefes y
gobernadores, súbditos suyos, de las
ciento veintisiete provincias que van
desde la India hasta Etiopía, les escribe lo siguiente:*

13b *«Puesto al frente de muchos pueblos, y siendo señor de toda la tierra,
he procurado no dejarme arrastrar
por el orgullo del poder, sino gobernar
siempre del modo más conveniente y
benigno, manteniendo tranquilas en
toda ocasión las vidas de mis súbditos,
ofreciendo un reino culto y en seguridad hasta sus últimas fronteras y
haciendo florecer la paz, tan deseada
de todos los hombres.* 13c *Queriendo yo
saber, por medio de mis consejeros,
cómo podría llevar a buen término* mis
intenciones, uno de ellos, distinguido
entre todos por su prudencia y señalado
por su inquebrantable lealtad y su firme
fidelidad, segundo en el reino por su
dignidad, Amán, 13d *nos denunció que
se hallaba diseminado, entre todas las
tribus del universo, un pueblo hostil,
opuesto por sus leyes a todas las naciones, que rechaza constantemente las
órdenes reales, de modo que no hay
seguridad en el programa de gobierno
que nosotros, con indiscutible acierto,
venimos ejecutando.*

13e *«Considerando, pues, que este
pueblo se mantiene aislado y en total
oposición a todos los hombres, que
vive según leyes exóticas y es hostil a
nuestros intereses, llevando a cabo los
peores crímenes para que no se con-
siga la estabilidad del reino,* 13f *hemos
decidido que todos los que les han
sido señalados a ustedes en cartas de
Amán, encargado de nuestros negocios y nuestro segundo padre, sean
exterminados de raíz, con sus mujeres y sus niños, por la espada de sus
enemigos, sin ninguna compasión ni
miramiento, el día catorce del mes
doce de Adar del presente año,* 13g *de
modo que los malévolos de ayer y hoy
desciendan en un solo día al Abismo
por la violencia y nos permitan gozar,
en los días futuros, de perpetua paz y
seguridad.»*

14 El texto de este escrito debía ser
promulgado como ley en todas las provincias, y fue puesto en conocimiento
de todos los pueblos a fin de que estuvieran preparados para aquel día. 15 Por
orden del rey, partieron los correos
apresuradamente. El decreto fue publicado también en la ciudadela de Susa.

Mientras el rey y Amán banquetea-
ban, en Susa reinaba la consternación.

Mardoqueo y Ester intentan conjurar el peligro.

4 1 Cuando Mardoqueo supo lo que
pasaba, rasgó sus vestidos, se vistió
de saco y ceniza y salió por la ciudad
lanzando grandes gemidos, 2 hasta llegar ante la Puerta Real, pues nadie podía
pasar la Puerta cubierto de saco. 3 En
todas las provincias, dondequiera que se
publicaban la palabra y el edicto real, había entre los judíos gran duelo, ayunos y
lágrimas y lamentos, y a muchos el saco
y la ceniza les sirvió de lecho.

4 Las siervas y eunucos de Ester vinieron a comunicárselo. La reina se llenó
de angustia y ordenó que enviaran ropa
a Mardoqueo para que se vistiera y se
quitara el saco, pero él no quiso. 5 Llamó Ester a Hatac, uno de los eunucos
que el rey había puesto a su servicio,
y le envió a Mardoqueo para enterarse
de lo que pasaba y a qué obedecía todo
aquello.

6 Salió Hatac y fue donde Mardoqueo,
que estaba en la plaza de la ciudad que
hay frente a la Puerta Real. 7 Mardoqueo
lo informó de todo cuanto había pasado
y de la suma de dinero que Amán había

prometido entregar al tesoro real por el
exterminio de los judíos. 8 Le dio también una copia del texto del edicto de
exterminio publicado en Susa, para que
se lo enseñara a Ester y se informara. Y
ordenó a la reina que se presentara ante
el rey, se ganara su favor y suplicara por
su pueblo. 8a*«Acuérdate, le mandó a*
decir, de cuando eras pequeña y reci-
bías el alimento de mi mano. Porque
Amán, el segundo después del rey, ha
sentenciado nuestra muerte. Ora al
Señor, habla al rey en favor nuestro y
líbranos de la muerte.»

9 Regresó Hatac e informó a Ester
de las palabras de Mardoqueo. 10 Ester
mandó a Hatac que dijera a Mardoqueo: 11 «Todos los servidores del rey y
todos los habitantes de las provincias del
rey saben que todo hombre o mujer que
se presente al rey, en el patio interior,
sin haber sido llamado, es condenado a
muerte por el edicto, salvo aquél sobre
quien el rey extienda su cetro de oro; y
hace ya treinta días que yo no he sido
llamada a presencia del rey.»

12 Llevó la respuesta de Ester a Mardoqueo, 13 y éste le remitió esta contes-
tación: «No te imagines que, por estar
en la casa del rey, te vas a librar tú sola
entre todos los judíos, 14 porque, si te
empeñas en callar en esta ocasión, por
otra parte vendrá el socorro de la liberación de los judíos, mientras que tú y la
casa de tu padre pereceréan. ¡Quién sabe
si precisamente has llegado a ser reina
para una ocasión semejante!»

15 Ester mandó que respondieran a
Mardoqueo: 16 «Vete a reunir a todos los
judíos que hay en Susa y que ayunen
por mí. Que no coman ni beban durante
tres días y tres noches. También yo y
mis siervas ayunaremos. Y así, a pesar
de la ley, me presentaré ante el rey; y,
si tengo que morir, moriré.» 17 Se alejó
Mardoqueo y cumplió cuanto Ester le
había mandado.

Oración de Mardoqueo*.

17a *Mardoqueo oró al Señor, acordándose de todas sus maravillas, y exclamó:*

17b *«¡Señor, Señor, Rey Omnipotente!*
Todo está sometido a tu poder,
y no hay quien se resista a tu voluntad
si has decidido salvar a Israel.

17c *Tú hiciste el cielo y la tierra,*
cuantas maravillas existen bajo el cielo.
Eres Señor de todo,
y nadie se te puede oponer, Señor.
17d *Tú lo conoces todo,*
tú sabes, Señor,
que no por insolencia,
orgullo o pundonor,
me negué a inclinarme
ante el orgulloso Amán,
pues gustoso besaría
las plantas de sus pies
por la salvación de Israel.

17e *Pero yo lo hice*
por no rendir gloria a un hombre
por encima de la gloria de Dios;
no me postraré ante nadie,
sino ante ti solo, Señor;
y no dicta el orgullo mi conducta.

17f *Ahora, pues, Señor, Dios,*
Rey, Dios de Abrahán,
perdona a tu pueblo,
porque andan mirando
cómo destruirnos
y desean exterminar la heredad
que fue tuya desde siempre.
17g *No desprecies tu parte,*
la que rescataste para ti
del país de Egipto.
17h *Escucha mi oración,*
muéstrate propicio a tu heredad;
convierte nuestro duelo en alegría,
para que, viviendo,
cantemos himnos a tu Nombre,
Señor.

4 17 Las oraciones de Mardoqueo y Ester están henchidas de la piedad del AT, con muchas reminiscencias en las que se mezcla un análisis impulsado por los sentimientos del orante, preocupado por su propia justificación.

No tapes la boca de los que te
alaban.»

17i *Todo Israel clamaba con todas
sus fuerzas, pues tenían la muerte
ante los ojos.*

Oración de Ester.

17 *Por su parte, la reina Ester se
refugió en el Señor, presa de mortal
angustia. Despojándose de sus magníficos vestidos, se vistió de angustia
y duelo. En vez de exquisitos perfumes, echó sobre su cabeza ceniza y
suciedad, humilló su cuerpo hasta el
extremo, encubrió con sus desorde-
nados cabellos la gozosa belleza de
su cuerpo, y suplicó al Señor, Dios de
Israel, diciendo:*

17l *«Señor y Dios nuestro, tú eres único.
Ven en mi ayuda, que estoy sola
y no tengo socorro sino en ti,
y mi vida está en peligro.*

17m *Yo oí desde mi infancia,
en mi tribu paterna,
que tú, Señor,
elegiste a Israel
de entre todos los pueblos,
y a nuestros padres
de entre todos sus mayores,
para ser herencia tuya para siempre,
cumpliendo en su favor cuanto
dijiste.*

17n *Ahora hemos pecado en tu
presencia,
nos has entregado a nuestros
enemigos,
porque hemos honrado a sus dioses.
¡Justo eres, Señor!*

17o *Mas no se han contentado
con nuestra amarga esclavitud,
sino que han puesto sus manos
en las manos de sus ídolos
para borrar el decreto de tu boca
y destruir tu heredad;
para cerrar las bocas que te alaban
y apagar la gloria
de tu Casa y de tu altar;*

17p *para abrir las bocas de las gentes
en alabanza de sus dioses
y admirar eternamente
a un rey de carne.*

17q *No entregues, Señor,
tu cetro a los que nada son;
que no se regocijen por nuestra
caída;
vuelve en contra de ellos sus
deseos,
y el primero que se alzó contra
nosotros
haz que sirva de escarmiento.*

17r *Acuérdate, Señor, y date a conocer
en el día de nuestra aflicción;
y dame a mí valor, rey de los dioses
y señor de toda autoridad.*

17s *Pon en mis labios palabras
armoniosas
cuando esté en presencia del león;
vuelve el odio de su corazón
contra el que nos combate
para ruina suya y de los que
piensan como él.*

17t *Líbranos con tus manos
y acude en mi socorro, que estoy
sola,
y a nadie tengo, sino a ti, Señor.*

17u *Tú que conoces todas las cosas,
sabes que odio la gloria de los
malos,
que aborrezco el lecho incircunciso
y el de todo extranjero.*

17v *Tú sabes bien la necesidad en que
me hallo,
que me asquean los emblemas de
grandeza
que ciñen mi frente los días de gala,
como asquea el paño menstrual,
y que no me los pongo en días de
retiro.*

17x *Que tu sierva no ha comido a la
mesa de Amán,
que no he tenido a honra los regios
festines,
ni bebido el vino de las libaciones.*

17y *Que no tuvo tu sierva instante de
alegría,
desde su encumbramiento hasta el
día de hoy,
sino sólo en ti, Señor y Dios de
Abrahán.*

17z *Oh Dios, que dominas a todos,*
oye el clamor de los desesperados,
líbranos del poder de los malvados
y líbrame a mí de mi temor.

Ester se presenta en el palacio*.

5 1a Al tercer día, *y una vez acabada*
su oración, se despojó de sus ves-
tidos de orante y se vistió de reina. *Re-*
cobrada su espléndida belleza, invocó
a Dios, que vela sobre todos y los sal-
va, y tomando a dos siervas, se apoyó
suavemente en una de ellas, mientras
la otra la seguía alzando el ruedo del
vestido. 1b *Iba resplandeciente, en el*
apogeo de su belleza, con rostro alegre
como de enamorada, aunque su cora-
zón estaba oprimido por la angustia.
1c Franqueando todas las puertas, llegó
hasta la presencia del rey. Estaba el rey
sentado en su trono, *revestido de las*
vestiduras de las ceremonias públicas,
cubierto de oro y piedras preciosas y
con aspecto verdaderamente impre-
sionante. 1d Alzando su rostro, *resplan-*
deciente de gloria, lanzó una mirada
tan colmada de ira que la reina se
desvaneció; perdió el color y apoyó la
cabeza sobre la sierva que la precedía.
1e *Mudó entonces Dios el corazón del*
rey en dulzura, *angustiado se precipitó*
del trono y la tomó en sus brazos y,
en tanto ella se recobraba, le dirigía
dulces palabras, 1f *diciendo: «¿Qué ocu-*
rre, Ester? Yo soy tu hermano, ten
confianza. No morirás, pues mi man-
dato sólo alcanza a la gente común.
Acércate.» 2 Y tomando el rey el cetro
de oro, lo puso sobre el cuello de Ester,
y la besó, diciendo: «Háblame.» 2a *Ella*
respondió: «Te he visto, señor, como a
un ángel de Dios y mi corazón se tur-
bó ante el temor de tu gloria. Porque
eres admirable, señor, y tu rostro está
lleno de dignidad.» 2b *Y en diciendo*
esto, se desmayó de nuevo. El rey se
turbó, y todos sus cortesanos se esfor-
zaron por reanimarla. 3 El rey le preguntó: «¿Qué sucede, reina Ester? ¿Qué
deseas? Incluso la mitad del reino te
será dada.» 4 Respondió Ester: «Si al rey
le place, venga hoy el rey, con Amán,
al banquete que le tengo preparado.»
5 Respondió el rey: «Avisen inmediatamente a Amán para que se cumpla el
deseo de Ester.» El rey y Amán fueron
al banquete preparado por Ester 6 y,
durante el banquete, dijo el rey a Ester:
«¿Qué quieres pedir?, pues se te dará.
¿Qué deseas? Hasta la mitad del reino
te será concedida.» 7 Ester respondió:
«¿Mi petición y mi deseo? 8 Si cuento
con la benevolencia del rey, y si al rey
le place escuchar mi petición y cumplir
mi deseo, que vengan mañana el rey
y Amán al banquete que he preparado
para ellos. Y haré entonces lo que el rey
me pide.»
9 Salió aquel día Amán contento y
con alegre corazón; pero, al ver a Mardoqueo en la Puerta Real, que no se
levantaba, ni siquiera se movía ante él,
se llenó Amán de ira contra Mardoqueo,
10 pero se dominó y, yéndose a su casa,
mandó venir a sus amigos y a su mujer
Zeres 11 y les habló de su gloria y sus
riquezas, de sus muchos hijos y de cómo
el rey lo había encumbrado, elevándolo
por encima de los jefes y servidores del
rey. 12 Y añadió: «Más aún; la reina Ester
me ha invitado a mí solo, junto con el
rey, a un banquete que ha preparado;
también para mañana estoy invitado
por ella, junto con el rey. 13 Pero todo
esto nada significa para mí, mientras
vea que el judío Mardoqueo sigue sentado a la Puerta Real.» 14 Su mujer Zeres
y todos sus amigos le respondieron:
«Manda preparar una horca de cincuenta codos de altura y mañana por la mañana pides al rey que cuelguen de ella
a Mardoqueo; así podrás ir satisfecho al
banquete con el rey.» Agradó el consejo
a Amán y mandó preparar la horca.

5 El texto hebreo, en los vv. 1-2, es muy breve; corresponde, poco más o menos, a lo que no está en cursiva.

IV. Desquite de los judíos

Desgracia de Amán.

6 1 Aquella misma noche, no pudiendo el rey conciliar el sueño, mandó
que trajeran y leyeran en su presencia
el libro de las Memorias, o Crónica.
2 Estaba allí, consignada por escrito, la
denuncia que Mardoqueo había hecho
contra Bigtán y Teres, los dos eunucos
del rey, guardianes del umbral, que habían intentado poner las manos sobre el
rey Asuero. 3 Preguntó el rey: «¿Qué
honor o dignidad se concedió por esto
a Mardoqueo?» Los jóvenes del servicio
del rey dijeron: «No se hizo nada en su
favor.» 4 Continuó el rey: «¿Quién está
en el atrio?» —Justamente entonces
llegaba Amán al atrio exterior de la casa
del rey, para pedir al rey que colgaran
a Mardoqueo de la horca que él había
hecho levantar—. 5 Los jóvenes del servicio del rey le respondieron: «Es Amán
el que está en el atrio.» Dijo el rey: «Que
entre.» 6 Entró, pues, Amán, y el rey le
preguntó: «¿Qué debe hacerse al hombre a quien el rey quiere honrar?» Amán
pensó: «¿A quién ha de querer honrar
el rey, sino a mí?» 7 Respondió, pues,
Amán al rey: «Para el hombre a quien
el rey quiere honrar, 8 deben tomarse
regias vestiduras que el rey haya vestido,
y un caballo que el rey haya montado,
y en cuya cabeza se haya puesto una
diadema real. 9 Deben darse los vestidos
y el caballo a uno de los servidores más
principales del rey, para que vista al
hombre a quien el rey desea honrar; y
lo hará cabalgar sobre el caballo por la
plaza mayor de la ciudad gritando delante de él: «¡Así se trata al hombre a quien
el rey quiere honrar*!» 10 Dijo el rey a
Amán: «Toma al momento vestidos y
caballo, tal como lo has dicho, y hazlo
así con el judío Mardoqueo, que está en
la Puerta Real. No dejes de cumplir ni
un solo detalle.»
11 Tomó Amán los vestidos y el caballo, vistió a Mardoqueo y lo paseó a
caballo por la plaza mayor de la ciudad,
gritando delante de él: «¡Así se trata al
hombre a quien el rey quiere honrar!»
12 Después Mardoqueo se quedó en la
Puerta Real, mientras Amán regresaba
precipitadamente a su casa, entristecido
y con la cabeza tapada. 13 Contó Amán
a su mujer Zeres y a todos sus amigos
cuanto había pasado; sus consejeros y
su mujer Zeres le dijeron: «Si Mardoqueo, ante el que has comenzado a declinar, pertenece al linaje de los judíos,
no podrás vencerlo, sino que sin remedio caerás ante él.»

Amán en el banquete de Ester.

14 Todavía estaban hablando con él,
cuando llegaron los eunucos del rey y
llevaron a Amán rápidamente al banquete preparado por Ester.

7 1 El rey y Amán fueron al banquete de la reina Ester. 2 También el
segundo día dijo el rey a Ester, durante
el banquete: «¿Qué deseas pedir, reina
Ester?, pues te será concedido. ¿Cuál es
tu deseo? Aunque fuera la mitad del reino, se cumplirá.» 3 Respondió la reina
Ester: «Si cuento con tu benevolencia,
¡oh rey!, y si al rey le place, concédeme
la vida —éste es mi deseo— y la de mi
pueblo —ésta es mi petición—. 4 Pues
yo y mi pueblo hemos sido vendidos, para ser exterminados, muertos y aniquilados. Si hubiéramos sido vendidos para
esclavos y esclavas, aún hubiera callado;
mas ahora, el enemigo no podrá compensar al rey por tal pérdida.» 5 Preguntó
el rey Asuero a la reina Ester: «¿Quién
es, y dónde está el hombre que ha pensado en su corazón ejecutar semejante
cosa?» 6 Respondió Ester: «¡El perseguidor y enemigo es Amán, ese miserable!»
Amán quedó aterrado en presencia del
rey y de la reina. 7 El rey se levantó, lleno
de ira, del banquete y se fue al jardín del
palacio. Amán se quedó junto a la reina

6 9 Ver Gn **41** 42-43; 1 R **1** 33; Dn **5** 29.

Ester para suplicarle por su vida, porque
comprendía que, de parte del rey, se le
venía encima la perdición.
8 Cuando el rey volvió del jardín de
palacio a la sala del banquete, Amán se
había dejado caer sobre el lecho de Ester. El rey exclamó: «¿Es que incluso en
mi propio palacio quiere hacer violencia
a la reina?» Dio el rey una orden y cubrieron el rostro de Amán*. 9 Jarboná,
uno de los eunucos que estaban ante el
rey, sugirió: «Precisamente, la horca que
Amán había destinado para Mardoqueo,
aquel cuyo informe fue tan útil al rey,
está preparada en casa de Amán, y
tiene cincuenta codos de altura.» Dijo el
rey: «¡Cuélguenlo de ella!» 10 Colgaron a
Amán de la horca que había levantado
para Mardoqueo. Así se aplacó la ira del
rey*.

El favor real pasa a los judíos.

8 1 Aquel mismo día, el rey Asuero
entregó a la reina Ester la hacienda
de Amán, el enemigo de los judíos, y
Mardoqueo fue presentado al rey, pues
Ester le hizo saber lo que él había sido
para ella. 2 El rey se sacó el anillo que
había mandado quitar a Amán y se lo
entregó a Mardoqueo, a quien Ester encargó de la hacienda de Amán.
3 Ester volvió a suplicar al rey, cayendo a sus pies, llorando y ganando su
benevolencia, que anulara la maldad de
Amán, el de Agag, y los proyectos que
había concebido contra los judíos. 4 Extendió el rey el cetro de oro y tocó a Ester, que se puso en pie en presencia del
rey. 5 Dijo ella: «Si al rey le parece bien,
y si cuento con su benevolencia, si la petición le parece justa al rey y yo misma
soy grata a sus ojos, que se escriba para
revocar los decretos escritos por Amán,
hijo de Hamdatá, de Agag, y maquina-
dos para hacer perecer a los judíos de
todas las provincias del rey. 6 Porque
¿cómo podré yo ver la desgracia que
amenaza a mi pueblo y la ruina de mi
gente?»
7 El rey Asuero respondió a la reina
Ester y al judío Mardoqueo: «Ya he dado
a la reina Ester la hacienda de Amán, a
quien he mandado colgar de la horca por
haber alzado su mano contra los judíos.
8 Ustedes, por su parte, escriban acerca
de los judíos, en nombre del rey, lo que
les parezca oportuno, y séllenlo con el
anillo del rey. Pues todo lo que se escribe
en nombre del rey y se sella con su sello
es irrevocable.» 9 Fueron convocados al
momento los secretarios del rey, en el
mes tercero, que es el mes de Siván, el
día veintitrés, y escribieron, según las órdenes de Mardoqueo, a los judíos, a los
sátrapas, a los inspectores y a los jefes
de todas las provincias, desde la India
hasta Etiopía, a las ciento veintisiete provincias, a cada provincia según su escritura y a cada pueblo según su lengua, y
a los judíos según su lengua y escritura.
10 Escribieron en nombre del rey Asuero
y lo sellaron con el anillo del rey. Se
enviaron las cartas por medio de correos
montados en caballos de las caballerizas
reales. 11 En las cartas concedía el rey
que los judíos de todas las ciudades pudieran reunirse para defender sus vidas,
para exterminar, matar y aniquilar a las
gentes de todo pueblo o provincia que
los atacaran con las armas, junto con sus
hijos y sus mujeres, y para saquear sus
bienes, 12 y esto en un mismo día, en todas las provincias del rey Asuero, el trece
del mes doce, que es el mes de Adar.

Decreto de rehabilitación.

12a *He aquí el texto de la carta:*
12b *«El gran rey Asuero, a los sátra-*
pas de las ciento veintisiete provincias
comprendidas entre la India y Etio-
pía, y a todos nuestros fieles súbditos,
salud:

7 8 Este gesto equivale a una condena a muerte: se solía cubrir la cabeza de los que iban a ser colgados.
7 10 Este tema del cambio de fortuna, Pr **11** 8, diferente de 1 S **2** 7-8; etc., se repite a menudo en el AT, Gn **50** 20; Qo **10** 8; Sal **7** 16; etc. Ver Mt **7** 2; etc.

12c *Hay muchos que, cuanto más abun-*
dantes favores reciben de sus bienhe-
chores, tanto más se dejan arrastrar
por el orgullo. Y no contentos con tra-
mar la perdición de nuestros súbditos,
e incapaces ya de poner límites a su
insolencia, llegan a conspirar contra
sus propios bienhechores; 12d *y no sólo*
hacen desaparecer la gratitud de en-
tre los hombres, sino que, envaneci-
dos con la jactancia de los que obran
el mal, se imaginan que podrán esca-
par a la justicia de Dios, que odia to-
da maldad y a la que nada se oculta.
12e *Sucede con frecuencia, a muchos de*
los que detentan la autoridad, que,
por haberse dejado influenciar por sus
amigos y haber puesto en sus manos la
administración de los negocios, se han
hecho cómplices de sangre inocente y
se han visto arrastrados a desgracias
irremediables, 12f *pues con perversos ra-*
zonamientos, nacidos de su maldad,
consiguieron engañar la natural nobleza
de sentimientos de las autoridades. 12g *Y*
no es necesario, para comprobar to-
do esto, acudir a las antiguas historias
que acabamos de mencionar, sino que
basta con observar lo que en nuestra
misma presencia lleva a cabo la pes-
tilente ralea de los que indignamente
detentan el poder. 12h *En consecuencia,*
nos proponemos procurar, en lo suce-
sivo, paz y tranquilidad para todos los
hombres de nuestro reino, 12i *haciendo*
los cambios oportunos y juzgando las
cosas que se nos expongan con espíri-
tu abierto y benevolente.

12k *Porque, en efecto, Amán, hijo de*
Hamdatá, macedonio y, a la verdad,
extraño a la raza de los persas y muy
alejado de nuestra benevolencia, fue
recibido por nosotros como huésped
12l *y tratado con la humanidad que no-*
sotros solemos usar con todos los pue-
blos, a tal punto que era públicamente
llamado «nuestro padre» y había obte-
nido el segundo puesto en el reino, y
todos se postraban ante él. 12m *Pero, do-*
minado por su orgullo, intentó arreba-
tarnos el poder y la vida. 12n *Comenzó*
pidiéndonos, con toda suerte de fala-
ces argumentos, la muerte de Mardo-
queo, nuestro salvador y bienhechor
continuo, la de Ester, irreprochable
compañera de nuestro reino, y la de
todo su pueblo, 12o *para aislarnos por*
este medio y poder entregar a los ma-
cedonios el imperio de los persas.

12p *Pero nosotros hemos comprobado*
que los judíos, condenados al exter-
minio por aquel hombre tres veces
criminal, no son malhechores, sino que
se gobiernan por leyes enteramente
justas; 12q *y que son hijos del Altísimo,*
del gran Dios vivo, que, para bien nues-
tro y de nuestros padres, mantiene el
reino en el más floreciente estado.

12r *Ustedes, pues, harán bien no te-*
niendo en cuenta las cartas que les
ha enviado Amán, hijo de Hamdatá,
puesto que el autor de ellas ha sido
ahorcado, con toda su familia, a las
puertas de Susa: castigo merecido que,
sin tardar, le ha enviado Dios, Señor
universal. 12s *Pongan una copia de esta*
carta en todo lugar público y dejen
que los judíos se rijan libremente por
sus leyes; préstenles ayuda para que
puedan rechazar a cuantos los ataquen
el día designado para su destrucción,
es decir, el día trece del mes doce, el
mes de Adar, 12t *porque el Dios, Señor*
universal, ha mudado en gozo el día
destinado a la destrucción y al extermi-
nio de la raza elegida. 12u *Cuanto a uste-*
des, judíos, celebrarán con toda suerte
de regocijos este día insigne, como una
de sus solemnidades, para que ahora y
en el futuro sea salvación para ustedes
y para los persas de buena voluntad; y
a los que se conjuran contra ustedes les
sirva de recuerdo de su ruina.

12v *Cualquier ciudad, o, en general,*
cualquier provincia que no se confor-
mare a esto, será implacablemente ani-
quilada a lanza y fuego, y no sólo será
inhabitable para los hombres, sino
también odiosa por siempre para las
bestias y las aves.»

13 Una copia de este escrito debía ser
publicada como ley en todas las provin-

cias y promulgada en todos los pueblos; y los judíos debían estar preparados aquel día para vengarse de sus enemigos. [14] Los correos salieron con celeridad y a toda prisa, empleando los caballos de las caballerizas reales, según la orden del rey; la ley también fue promulgada en la ciudadela de Susa. [15] En cuanto a Mardoqueo, salió de la presencia del rey espléndidamente vestido de púrpura violeta y lino blanco, con una gran diadema de oro y manto de lino fino y púrpura; la ciudad de Susa se llenó de gozo y alegría. [16] Para los judíos todo fue esplendor, alegría, triunfo y gloria. [17] En todas las provincias y ciudades, en los lugares en que se publicaba la orden y edicto del rey, hubo entre los judíos alegría triunfal, banquetes y días de fiesta. Y muchos habitantes del país se hicieron judíos, pues el temor a los judíos se había apoderado de ellos.

El día triunfal de los Purim.

9 [1] Las órdenes del rey fueron ejecutadas en el mes doce, es decir, el mes de Adar, el día trece del mes, el mismo día en que los enemigos de los judíos esperaban aplastarlos; pero la situación cambió y fueron los judíos los que aplastaron a sus enemigos. [2] En todas las provincias del rey Asuero se reunieron los judíos en sus ciudades para poner la mano sobre cuantos habían intentado hacerles mal, sin que nadie les opusiera resistencia, porque el temor se había apoderado de todos los pueblos. [3] Todos los jefes de las provincias, los sátrapas, los inspectores y los funcionarios del rey apoyaron a los judíos, porque todos temían a Mardoqueo, [4] dada su influencia en el palacio real y dado que su fama se había extendido por todas las provincias. De hecho, su poder crecía de día en día.

[5] Los judíos pasaron a filo de espada a todos sus enemigos; fue un degüello, un exterminio: hicieron lo que quisieron con sus adversarios*. [6] En la ciudadela de Susa los judíos mataron y exterminaron a quinientos hombres, [7] y además a Parsandata, Dalfón, Aspata, [8] Porata, Adalías, Andata, [9] Parmasta, Arisay, Ariday y Yezata, [10] los diez hijos de Amán, hijo de Hamdatá, enemigo de los judíos. Los mataron, pero no saquearon sus bienes.

[11] Aquel mismo día llevaron al rey la cifra de los que habían sido muertos en las ciudadela de Susa. [12] Dijo el rey a la reina Ester: «En la ciudadela de Susa han matado y exterminado los judíos a quinientos hombres y a los diez hijos de Amán. ¿Qué habrán hecho en las restantes provincias del rey? ¿Qué deseas pedir ahora? Pues te será concedido. Se seguirá haciendo lo que tú desees.» [13] Respondió Ester: «Si al rey le parece bien, que se conceda a los judíos de Susa que puedan actuar mañana según el edicto de hoy; en cuanto a los diez hijos de Amán, que sean colgados de la horca.» [14] Ordenó el rey que se hiciera así; se promulgó la ley en Susa y los diez hijos de Amán fueron colgados. [15] Los judíos de Susa se reunieron también el día catorce del mes de Adar y mataron en Susa a trescientos hombres, pero no saquearon sus bienes.

[16] Los judíos de las restantes provincias del rey se reunieron para defender, contra sus enemigos, sus vidas y su seguridad; mataron de entre sus adversarios a setenta y cinco mil, pero no saquearon sus bienes. [17] Ocurrió esto el día trece del mes de Adar y el día catorce descansaron, convirtiéndolo en un día de alegres festines. [18] En cuanto a los judíos de Susa, que se habían reunido los días trece y catorce, descansaron el día quince, convirtiéndolo en un día de alegres festines*. [19] Por eso, los judíos

9 5 Esta descripción no intenta ni la exactitud histórica ni la exaltación de la venganza. La exageración de las situaciones y de las precisiones ilustra el tema bíblico del cambio de la suerte de los oprimidos, según la pena del talión, Ex **21** 25+. 10+.

9 18 Ha habido más de un banquete en Est **1** 3.5.9; etc. De aquí los *banquetes* de los Purim, vv. 20-32; ver **3** 7, fiesta más popular que religiosa. Ver Ne **8** 10-12.

diseminados en las ciudades no fortificadas celebran el día catorce del mes
de Adar con alegres festines, como día
de fiesta, y se intercambian regalos,
19a*mientras que los que habitan en
las ciudades celebran su día de gozo
y envían regalos a sus vecinos el día
quince del mes de Adar.*

V. La fiesta de los Purim

Institución oficial de la fiesta de los Purim.

20 Mardoqueo consignó por escrito todas estas cosas y envió cartas a los judíos
de todas las provincias del rey Asuero,
tanto lejanos como próximos, 21 ordenándoles que celebraran todos los años
el día catorce y el día quince del mes de
Adar, 22 porque en tales días obtuvieron
los judíos paz contra sus enemigos, y en
este mes la aflicción se trocó en alegría y
el llanto en festividad; que los convirtieran en días de alegres festines y mutuos
regalos, y de donaciones a los pobres.
23 Los judíos adoptaron esta costumbre, que ya habían comenzado a observar, y acerca de la cual les escribió
Mardoqueo: 24 «Amán, hijo de Hamdatá,
de Agag, enemigo de todos los judíos,
había proyectado exterminar a los judíos
y echó el 'Pur', es decir, la suerte, para
su ruina y exterminio. 25 Pero cuando
se presentó al rey, para hacer ahorcar a
Mardoqueo, su proyecto se volvió contra él, y los males que había meditado
contra los judíos cayeron sobre su cabeza, siendo ahorcados él y sus hijos.
26 Por esta razón, estos días son llamados
'Purim', de la palabra 'Pur'.» Asimismo,
por todo lo relatado en esta carta, por
lo que ellos mismos vieron y por lo que
se les contó, 27 hicieron los judíos de
estos días una institución irrevocable
para sí, para sus descendientes y para
todos los que se pasaron a ellos, conforme a este escrito y esta fecha, de año
en año. 28 Así, estos días de los Purim,
conmemorados y celebrados de generación en generación, en todas las familias,
en todas las provincias y en todas las
ciudades, no desaparecerán de entre los
judíos, ni su recuerdo se perderá entre
sus descendientes.
29 La reina Ester, hija de Abijail, y el
judío Mardoqueo escribieron, con toda
su autoridad, para dar fuerza de ley a
esta segunda carta de los Purim, 30 y se
enviaron cartas a todos los judíos de
las ciento veintisiete provincias del rey
Asuero, con palabras de paz y fidelidad,
31 para ratificar en su fecha estos días de
los Purim, tal como había sido ordenado
por el judío Mardoqueo y la reina Ester,
y tal como lo habían establecido para
sí mismos y para sus descendientes,
añadiendo lo tocante a los ayunos y lamentaciones. 32 La orden de Ester fijó
la institución de estos Purim; y quedó
consignado en el libro.

Elogio de Mardoqueo.

10 1 El rey Asuero impuso un tributo al país y a las islas del mar.
2 Todas las obras de su poder y su vigor
y el relato del encumbramiento de Mardoqueo, a quien el rey enalteció, ¿no
están escritos en las Crónicas de los
reyes de los medos y los persas?
3 Pues el judío Mardoqueo era el segundo después del rey, persona importante entre los judíos, amado por la
multitud de sus hermanos, preocupado
por el bien de su pueblo y procurador de
la paz de su raza*.

10 3 Este elogio hace de Mardoqueo el principal personaje del libro, **9** 3-4. Iluminado por Dios, lo ha dirigido todo. Al lado de *la Judía*, Jdt **8** 1; está *el Judío*. El día de la conmemoración de este desquite se llamará primeramente el *Día de Mardoqueo*, 2 M **15** 36.

3a *Mardoqueo dijo: «¡De Dios ha veni-*
do todo esto! 3b *Porque haciendo me-*
moria del sueño que tuve, ninguna de
aquellas cosas ha dejado de cumplirse:
3c *ni la pequeña fuente, convertida en*
río, ni la luz, ni el sol, ni el agua abun-
dante. El río es Ester, a quien el rey hi-
zo esposa y reina. 3d *Los dragones somos*
yo y Amán. 3e *Los pueblos son los que*
se reunieron para destruir el nombre
judío. 3f *Mi pueblo es Israel, que clamó*
a Dios y fue salvado. Salvó el Señor a
su pueblo, el Señor nos liberó de todos
estos males; obró Dios grandes señales
y prodigios como nunca los hubo en
los demás pueblos. 3g *Por eso, Dios ha*
marcado dos suertes: una para su pue-
blo y otra para los pueblos restantes;
3h *y estas dos suertes se han cumplido*
en la hora, ocasión y día determinados
en presencia de Dios y de todos los pue-
blos. 3i *Dios entonces se acordó de su*
pueblo y dictó sentencia a favor de su
heredad; 3k *para éstos, los días catorce y*
quince del mes de Adar serán días de
asamblea, de alegría y gozo delante de
Dios, por todas las generaciones para
siempre, en su pueblo Israel.»

Nota sobre la traducción griega del libro.

3l *En el año cuarto del reinado de*
Tolomeo y Cleopatra, Dositeo, que
decía ser sacerdote y levita, y su hijo
Tolomeo, trajeron la presente carta re-
lativa a los Purim. Aseguraron que era
auténtica y que había sido traducida
por Lisímaco, hijo de Tolomeo, de la
ciudad de Jerusalén.

LOS LIBROS DE LOS MACABEOS

Introducción

Los dos libros de los Macabeos no formaban parte del canon de la Escritura de los judíos, pero han sido reconocidos por la Iglesia cristiana como inspirados (libros deuterocanónicos). Se refieren a la historia de las luchas sostenidas contra los soberanos seléucidas para conseguir la libertad religiosa y política del pueblo judío. El título les viene del sobrenombre de Macabeo dado al héroe principal de esta historia (1 M **2** *4), y que también se aplicó a sus hermanos.*

LIBRO PRIMERO DE LOS MACABEOS

*Escrito en hebreo, sólo nos ha llegado la versión griega. Su autor es un judío de Palestina que escribió su obra después del 134, pero antes de la toma de Jerusalén por Pompeyo, el 63 a.C. Las últimas líneas del libro (***16** *23-24) indican que fue escrito hacia el final del reinado de Juan Hircano, probablemente hacia el año 100 a.C.*

1.—Introducción *(***1** *1-9)*

Situación en que ha quedado el judaísmo a la muerte de Alejandro Magno. Seléucidas y Lágidas se disputan el dominio de Palestina.

2.—La sublevación macabea *(***1** *10-***2** *70)*

El autor describe con rasgos vivos los protagonistas y las actuaciones principales de los dos bandos:

*Por una parte el bando de los enemigos del judaísmo y propulsores del helenismo: Antíoco Epífanes y sus generales, seguidos de israelitas «que sacrificaron a los ídolos y profanaron el sábado» (***1** *43).*

Por otra, el bando de los israelitas fieles a la Ley, encabezados por Matatías y su familia.

3.—Judas Macabeo *(***3** *1-***9** *22)*

Hijo de Matatías, encabeza, a la muerte de su padre, la rebelión antihelenista. Su táctica de lucha es la de guerrillas.

El autor considera las batallas como actos de culto; envuelve su descripción en referencias a ayunos, oración, sonar de trompetas, lectura de la Ley, arenga sagrada, etc. (ver **3** *44-59). Judas recuerda en sus arengas los episodios gloriosos de Israel (***4** *30). La motivación de los combates es la defensa del Templo y de la Ley.*

*Entre estos combates y motivaciones religiosas, que llenan la actividad de Judas, intercala el autor otras medidas de tipo político, como el tratado de amistad con los romanos (***8** *1-32). Este motivo aparecerá en las campañas de los otros hermanos de Judas (***12** *1-4;* **14** *24).*

4.—Jonatán *(***9** *23-***12** *53)*

*Hermano de Judas, «un hombre semejante a él» (***9** *29), se pone al frente de los defensores de la Ley y la religión israelita. Como Judas, consigue victorias sobre los enemigos (***9** *43-73) y pacta tratados de amistad con Alejandro Balas, con Roma y Esparta. Alejandro garantiza la libertad religiosa y nombra a Jonatán sumo sacerdote y posteriormente gobernador de Judea (***10** *1-66). Sólo la envidia y la traición de Trifón acaban con el héroe bíblico (***12** *39-53)*

5.—Simón *(***13** *1-***16** *24)*

Sustituye a su hermano Jonatán, prisionero de Trifón. Sigue la misma política de sus hermanos: alianzas con

M
SAL
CT

Roma y Esparta y con Antíoco VII. Al final de su vida entran en escena sus dos hijos: Juan y Judas. Es la tercera generación de los Macabeos.

Simón muere traicionado por su propio yerno, Tolomeo.

El libro deja el relato abierto. La dinastía asmonea, que, para el autor, es la que continúa la «casa» de David, sigue viva.

LIBRO SEGUNDO DE LOS MACABEOS

No es continuación del primero; es paralelo a una parte del mismo: desde el inicio de la rebelión (año 175) hasta la derrota de Nicanor, antes de la muerte de Judas (año 160), lo que corresponde a los caps. **1-7** *de 1 M.*

2 M es compilación de la extensa obra en cinco tomos de Jasón de Cirene, a la que el compilador ha añadido un prólogo y un epílogo. Este resumen data del 124. Su estilo es ampuloso, recargado. El autor pretende edificar y convencer a los judíos para que se mantengan fieles y confíen en el Señor, quien les ayudará en la lucha por su religión.

Escribe para los judíos de Alejandría y su intención es despertar el sentimiento de que formaban una comunidad con sus hermanos de Palestina. En especial, quiere interesarles por la suerte del Templo, centro de la vida religiosa según la Ley, blanco del odio de los gentiles.

1.—Cartas a los judíos de Alejandría (**1** *1*-**2** *18*)

La primera está escrita el año 123; la segunda se finge escrita 48 años antes. En las dos se invita a los judíos a celebrar la fiesta de la dedicación del Templo.

2.—Prólogo (**2** *19-32*)

Apunta los temas principales de la obra: el Templo, la personalidad de Judas, las apariciones. Mediante las metáforas del banquete y de la construcción de un edificio quiere exhortar a los judíos a ser fieles a la Ley y a sus costumbres.

3.—Resumen de la obra de Jasón (**3** *1*-**15** *36*)

Está organizado en tres apartados que nos pueden ayudar a nosotros en la lectura del libro: causas de la rebelión macabea; descripción de la misma; sus consecuencias.

a) Causas de la rebelión (**3** *1*-**7** *42*). *Apunta el autor las siguientes:*

— Profanación del Templo y sus instituciones.

— La indignidad de los sumos sacerdotes Jasón y Menelao, que, mediante intrigas y sobornos, suplantan al legítimo sumo sacerdote Onías.

*— Profanación del Templo por Antíoco Epífanes. La presencia de este rey seléucida en Jerusalén es el momento culminante de la profanación del lugar sagrado y de la ciudad santa. La causa religiosa de esta profanación es la helenización progresiva de los judíos y sobre todo de sus guías espirituales (***5** *1*-**6** *17).*

*— Celo de los judíos fervorosos, indignados ante tales profanaciones. Algunos de ellos entregan su vida como «mártires». Estos martirios tienen un valor expiatorio de los pecados del pueblo y despiertan el fervor de los demás judíos. La creencia en una vida futura después de la muerte sustenta las rebeliones (***7** *9.11.14).*

b) Rebelión de Judas (**8** *1*-**10** *8*)

*La familia de los macabeos, encabezada por Judas, se pone al frente de la rebelión y le da una organización adecuada. El Macabeo es invencible, con la ayuda del Señor (***8** *5). Los hechos confirman esta intervención divina y santifican la rebelión. Antíoco muere (***9** *5). Consecuencia: purificación y dedicación del templo. El objetivo de la rebelión se ha logrado (***10** *7).*

c) Consecuencias de la rebelión

(**10** *9*-**15** *16)*

*— Logro de la libertad política y religiosa que les llega a los judíos por la intervención del Señor en las diversas campañas bélicas de Judas (***10** *38;* **12** *8.9- 15.28) y manifestaciones prodigiosas de seres celestiales (***10** *29-30;* **11** *8-10).*

*— La guerra ha sido santa y legítima. Este tipo de guerra tiene sus leyes que deben observar los combatientes. Su transgresión es «pecado», que ha de ser purificado con oraciones y sacrificios (***12** *44-46).*

*— Las alianzas de los judíos con otros pueblos, que apoyan su rebelión, son actos religiosos, prolongaciones de la alianza del Señor con su pueblo (***11** *13). Por eso el quebranto de estas alianzas (por ejemplo la ruptura del pacto entre judíos y Nicanor por intrigas del sumo sacerdote Alcimo) merece el castigo del Señor (***15** *1-34).*

*— La victoria debe ser celebrada con una fiesta litúrgica (***15** *35-36).*

4.—Epílogo (15 *37-39)*

*El compilador sintetiza su narración y le pide al lector que compare el resultado del relato con el objetivo propuesto en el prólogo, es decir, si el relato de la guerra santa le ha resultado ameno y agradable, «sabroso como el vino bueno mezclado con agua» (***15** *39 comparado con* **2** *19-32).*

LIBRO PRIMERO DE LOS MACABEOS

I. *Preámbulo*

Alejandro y los Diadocos*.

1 1 Alejandro de Macedonia, hijo de
Filipo, partió del país de los Queteos, derrotó a Darío, rey de los persas
y los medos, y reinó en su lugar, empezando por la Hélada. 2 Suscitó muchas
guerras, se apoderó de plazas fuertes y
dio muerte a reyes de la tierra. 3 Avanzó
hasta los confines del mundo y se hizo
con el botín de multitud de pueblos. La
tierra enmudeció ante él y su corazón se
ensoberbeció y se llenó de orgullo. 4 Reunió un ejército potentísimo y ejerció el
mando sobre tierras, pueblos y príncipes, que le pagaban tributo. 5 Después
cayó enfermo y se dio cuenta de que
se moría. 6 Hizo llamar entonces a sus
servidores, a los nobles que con él se
habían criado desde su juventud y, antes
de morir, repartió entre ellos su reino.
7 Alejandro murió tras doce años de
reinado. 8 Sus generales entraron en posesión del poder, cada uno en su región.
9 A su muerte, todos ellos se ciñeron la
diadema, y sus hijos después de ellos
durante largos años; y multiplicaron los
males sobre la tierra.

Antíoco Epífanes y la penetración del helenismo en Israel.

2 M **4** 7.9-17.

10 De ellos surgió un renuevo pecador,
Antíoco Epífanes, hijo del rey Antíoco,
que había estado como rehén en Roma.
Subió al trono el año ciento treinta y
siete del imperio de los griegos. 11 En
aquellos días surgieron de Israel unos
hijos rebeldes que sedujeron a muchos
diciendo: «Vamos, concertemos alianza
con los pueblos que nos rodean, porque
desde que nos separamos de ellos, nos
han sobrevenido muchos males.» 12 Estas palabras les parecieron bien, 13 y
algunos del pueblo se apresuraron a
acudir donde el rey y obtuvieron de él
autorización para seguir las costumbres
de los paganos. 14 En consecuencia,
levantaron en Jerusalén un gimnasio al
uso de los paganos, 15 rehicieron sus
prepucios, renegaron de la alianza santa
para atarse al yugo de los paganos, y se
vendieron para obrar el mal*.

Primera campaña de Egipto y saqueo del templo.

16 Antíoco, una vez asentado en el
reino, concibió el proyecto de reinar sobre el país de Egipto para ser rey de ambos reinos. 17 Con un fuerte ejército,
con carros, elefantes, (jinetes) y numerosa flota, entró en Egipto 18 y trabó
batalla con el rey de Egipto, Tolomeo.
Éste evitó su presencia y huyó; muchos
cayeron heridos. 19 Ocuparon las ciudades fuertes de Egipto, y Antíoco se hizo
con los despojos del país.

‖2 M **5** 11-16.

20 El año ciento cuarenta y tres, después de vencer a Egipto, emprendió el
camino de regreso. Subió contra Israel y
llegó a Jerusalén con un fuerte ejército.
21 Entró con insolencia en el santuario* y se llevó el altar de oro, el candelabro de la luz con todos sus accesorios,
22 la mesa de la proposición, los vasos
de las libaciones, las copas, los incensarios de oro, la cortina, las coronas, y
arrancó todo el decorado de oro que re-

1 Rápida evocación de la epopeya de Alejandro, muerto el 323, y del reparto del imperio helenístico entre sus generales, ver Dn **8** 22. El tono es pesimista. Se llega en seguida, v.10, a Antíoco, en el 175 a.C.

1 15 En el mundo oriental unificado desde Alejandro, los *judíos* constituyen un grupo muy definido a causa de la Ley y sus prácticas religiosas. Todo el drama de 1-2 M es la resistencia a una *helenización* forzada, fatal para la fidelidad.

1 21 Sabemos por otras fuentes que Antíoco saqueó más de un templo.

cubría la fachada del templo. 23 Se apropió también de la plata, oro, objetos de
valor y de cuantos tesoros ocultos pudo encontrar. 24 Tomándolo todo, partió para su tierra después de derramar
mucha sangre y de hablar con gran insolencia.

25 En todo el país hubo gran duelo por
Israel.
26 Jefes y ancianos gimieron,
languidecieron doncellas y jóvenes,
la belleza de las mujeres se marchitó.
27 El recién casado entonó un canto de
dolor;
sentada en el lecho nupcial,
la esposa lloraba.
28 Se estremeció la tierra por sus
habitantes,
y toda la casa de Jacob se cubrió de
vergüenza*.

Intervención del Misarca. Construcción de la Ciudadela.

‖2 M **5** 24-26.

29 Dos años después, envió el rey a
las ciudades de Judá al Misarca*, que se
presentó en Jerusalén con un fuerte ejército. 30 Habló dolosamente palabras de
paz y, cuando se hubo ganado la confianza, cayó de repente sobre la ciudad
y le asestó un duro golpe matando a
muchos del pueblo de Israel. 31 Saqueó
la ciudad, la incendió y arrasó sus casas y
la muralla que la rodeaba. 32 Sus hombres
hicieron cautivos a mujeres y niños, y
se adueñaron del ganado. 33 Después
reconstruyeron la Ciudad de David con
una muralla grande y fuerte, con torres
poderosas, y la hicieron su Ciudadela*.
34 Establecieron allí una raza pecadora
de rebeldes, que en ella se hicieron fuertes. 35 La proveyeron de armas y vitua-
llas, y depositaron en ella el botín que
habían reunido del saqueo de Jerusalén.
Fue un peligroso lazo.

36 Se convirtió en asechanza contra el
santuario,
en adversario maléfico para Israel en
todo tiempo.
37 Derramaron sangre inocente en
torno al santuario y lo profanaron.
38 Por ellos los habitantes de Jerusalén
huyeron;
vino a ser ella habitación de extraños,
extraña para los que en ella nacieron,
pues sus hijos la abandonaron.
39 Quedó su santuario desolado como
un desierto,
sus fiestas convertidas en duelo,
sus sábados en irrisión,
su honor en desprecio.
40 A medida de su gloria creció su
deshonor,
su grandeza se volvió aflicción.

Establecimiento de cultos paganos.

‖2 M **6** 1-9.

41 El rey publicó un edicto en todo su
reino ordenando que todos formaran
un único pueblo 42 y abandonara cada
uno sus peculiares costumbres. Los paganos acataron todos el edicto real 43 y
muchos israelitas aceptaron su culto,
sacrificaron a los ídolos y profanaron el
sábado. 44 También a Jerusalén y a las
ciudades de Judá hizo el rey llegar, por
medio de mensajeros, el edicto* que
ordenaba seguir costumbres extrañas al
país. 45 Debían suprimir en el santuario
holocaustos, sacrificios y libaciones; profanar sábados y fiestas; 46 mancillar el
santuario y lo santo; 47 levantar altares,
recintos sagrados y templos idolátricos;
sacrificar cerdos y animales impuros;
48 dejar a sus hijos incircuncisos; volver-

1 28 El libro contiene diversas composiciones poéticas: vv. 38-42; **2** 8-13.49-64; **3** 3-9.45; **14** 4-14.

1 29 *Misarca*, título del jefe de los mercenarios de Misia. Ver **3** 10.

1 33 La *Ciudad de David*, 2 S **5** 6+, es ahora el nombre de la ciudad construida por los reyes sobre la colina del oeste. Este barrio, convertido en *Ciudadela (Akra,* en griego*)*, será una amenaza constante para el templo situado al este, más abajo sobre el *Monte Sión*, **4** 37.

1 44 Antíoco III había autorizado a los judíos, el año 198, para hacer de la Ley su estatuto legal; ver Esd **1** 1; **7** 11. Antíoco IV les impone prácticas paganas. Ver **6** 57-61.

se abominables con toda clase de impurezas y profanaciones, 49 de modo
que olvidaran la Ley y cambiaran todas
sus costumbres. 50 El que no obrara
conforme a la orden del rey, moriría.
51 En el mismo tono escribió a todo su
reino, nombró inspectores para todo el
pueblo y ordenó a las ciudades de Judá
que en cada una de ellas se ofrecieran
sacrificios. 52 Muchos del pueblo, todos
los que abandonaban la Ley, se unieron
a ellos. Causaron males al país 53 y obligaron a Israel a ocultarse en toda suerte
de refugios.

54 El día quince del mes de Quisleu
del año ciento cuarenta y cinco levantó
el rey sobre el altar de los holocaustos
la Abominación de la Desolación*. También construyeron altares en las ciudades
de alrededor de Judá. 55 A las puertas
de las casas y en las plazas quemaban
incienso. 56 Rompían y echaban al fuego los libros de la Ley que podían hallar.
57 Al que encontraban con un ejemplar
de la Alianza en su poder, o bien des-
cubrían que observaba los preceptos
de la Ley, lo condenaban a muerte por
decisión real. 58 Actuaban violentamente
contra los israelitas que sorprendían un
mes y otro en las ciudades; 59 el día
veinticinco de cada mes ofrecían sacrificios en el ara que se alzaba sobre el
altar de los holocaustos. 60 A las mujeres
que hacían circuncidar a sus hijos las llevaban a la muerte, conforme al edicto,
61 con sus criaturas colgadas al cuello.
La misma suerte corrían sus familiares y
los que habían efectuado la circuncisión.
62 Muchos en Israel se mantuvieron firmes y se resistieron a comer cosa impura. 63 Prefirieron morir antes que contaminarse con aquella comida y profanar
la alianza santa; y murieron. 64 Inmensa
fue la Cólera que descargó sobre Israel.

*II. Matatías desencadena la guerra santa**

Matatías y sus hijos.

2 1 Por aquel tiempo, Matatías, hijo
de Juan, hijo de Simeón, sacerdote del linaje de Joarib, dejó Jerusalén y
fue a establecerse en Modín. 2 Tenía
cinco hijos: Juan, por sobrenombre
Gadí; 3 Simón, llamado Tasí; 4 Judas,
llamado Macabeo; 5 Eleazar, llamado
Avarán; y Jonatán, llamado Afús. 6 Al
ver las impiedades que en Judá y en
Jerusalén se cometían, 7 exclamó: «¡Ay
de mí! ¿He nacido para ver la ruina de
mi pueblo y la ruina de la ciudad santa,
y para estarme allí cuando es entregada
en manos de enemigos y su santuario
en poder de extraños?

8 Ha quedado su templo como hombre
sin honor,
9 los objetos que eran su gloria,
llevados como botín,
muertos en las plazas sus niños,
y sus jóvenes por espada enemiga.
10 ¿Qué pueblo no ha venido a heredar
su reino
y a entrar en posesión de sus
despojos?
11 Todos sus adornos le han sido
arrancados
y de libre que era, ha pasado a ser
esclava.
12 Miren nuestro santuario,
nuestra hermosura y nuestra gloria,

1 54 La *Abominación de la desolación*; ver Dn **9** 27+; es el altar de Baal Samen o Zeus Olímpico, construido sobre el gran altar judío de los holocaustos.

2 La oposición al helenismo será violenta, vv. 15-28, o pasiva, 29-38. Con Matatías se convertirá en una guerra santa, vv. 39-48, y sobre todo con Judas Macabeo, **3-5**. Estando ligado el mantenimiento del judaísmo a la independencia nacional, la lucha continuará después de la paz religiosa, **6** 57-62. La puerta queda así abierta a toda clase de compromisos y luchas de partidos que terminarán por suplantar los motivos religiosos; ver **9** 31.

convertido en desierto;
mírenlo profanado de los paganos.
13 ¿Para qué vivir más?»

14 Matatías y sus hijos rasgaron sus
vestidos, se vistieron de saco y se entregaron a un profundo dolor.

La prueba del sacrificio en Modín.

15 Los enviados del rey, encargados de
imponer la apostasía, llegaron a la ciudad
de Modín para los sacrificios. 16 Muchos
israelitas acudieron donde ellos. También
Matatías y sus hijos fueron convocados.
17 Tomando entonces la palabra los enviados del rey, se dirigieron a Matatías y
le dijeron: «Tú eres jefe ilustre y poderoso
en esta ciudad y estás bien apoyado de
hijos y hermanos. 18 Acércate, pues, el
primero y cumple la orden del rey, como
la han cumplido todas las naciones, los
notables de Judá y los que han quedado
en Jerusalén. Entonces tú y tus hijos
serán contados entre los amigos del rey*,
y se verán honrados, tú y tus hijos, con
plata, oro y muchas dádivas.» 19 Matatías
contestó con fuerte voz: «Aunque todas
las naciones que forman el imperio del
rey lo obedezcan hasta abandonar cada
uno el culto de sus padres y acaten sus
órdenes, 20 yo, mis hijos y mis hermanos
nos mantendremos en la alianza de nuestros padres. 21 El Cielo nos guarde de
abandonar la Ley y los preceptos. 22 No
obedeceremos las órdenes del rey ni nos
desviaremos un ápice de nuestro culto.»
23 Apenas había concluido de pronunciar
estas palabras, cuando un judío se adelantó, a la vista de todos, para sacrificar
en el altar de Modín, conforme al decreto
real. 24 Al verlo Matatías, se inflamó en
celo y se estremecieron sus entrañas.
Encendido en justa cólera, corrió y lo
degolló sobre el altar. 25 Al punto mató
también al enviado del rey que obligaba
a sacrificar y destruyó el altar. 26 Emuló
en su celo por la Ley la gesta de Pinjás
contra Zimrí, el hijo de Salú*. 27 Luego,
con fuerte voz, gritó Matatías por la ciudad: «Todo aquel que sienta celo por la
Ley y mantenga la alianza, que me siga.»
28 Y dejando en la ciudad cuanto poseían,
huyeron él y sus hijos a las montañas.

La prueba del sábado en el desierto.

‖2 M **6** 11.

29 Por entonces muchos, preocupados
por la justicia y la equidad, bajaron al
desierto para establecerse allí 30 con sus
mujeres, sus hijos y sus ganados, porque
los males duramente los oprimían. 31 La
gente del rey y la tropa que estaba en
Jerusalén, en la Ciudad de David, recibieron la denuncia de que unos hombres
que habían rechazado el mandato del
rey habían bajado a los lugares ocultos
del desierto. 32 Muchos corrieron tras
ellos y los alcanzaron. Los cercaron y
se prepararon para atacarlos el día del
sábado. 33 Les dijeron: «Basta ya, salgan,
obedezcan la orden del rey y salvarán
sus vidas.» 34 Ellos les contestaron: «No
saldremos ni obedeceremos la orden
del rey de profanar el día de sábado.»
35 Asaltados al instante, 36 no replicaron
ni arrojando piedras ni atrincherando
sus cuevas. Dijeron: 37 «Muramos todos
en nuestra rectitud. El cielo y la tierra
son testigos de que ustedes nos matan
injustamente.» 38 Los atacaron, pues, en
sábado y murieron ellos, sus mujeres,
hijos y ganados: unas mil personas.

Actividades de Matatías y su partido.

39 Lo supieron Matatías y sus amigos
y sintieron por ellos gran pesar. 40 Pero
se dijeron: «Si todos nos comportamos
como nuestros hermanos y no pelea-
mos contra los paganos por nuestras vidas y nuestras costumbres, muy pronto
nos exterminarán de la tierra.» 41 Aquel
mismo día tomaron el siguiente acuerdo: «A todo aquel que venga a atacar-

2 18 Título de origen persa. Los *amigos del rey* formaban un cuerpo del Estado.

2 26 Ver Nm **25**+; el celo de Pinjás se recordaba como algo legendario.

nos en día de sábado, le haremos frente para no morir todos como murieron
nuestros hermanos en las cuevas.»
42 Se les unió por entonces el grupo de
los asideos*, israelitas valientes y entregados de corazón a la Ley. 43 Además,
todos aquellos que querían escapar de
los males, se les juntaron y les ofrecieron su apoyo. 44 Formaron así un ejército e hirieron en su ira a los pecadores,
y a los impíos en su furor. Los restantes
tuvieron que huir a tierra de paganos
buscando su salvación. 45 Matatías y sus
amigos hicieron correrías destruyendo
altares, 46 obligando a circuncidar cuantos niños incircuncisos hallaron en el
territorio de Israel 47 y persiguiendo a los
insolentes. La empresa prosperó en sus
manos: 48 arrancaron la Ley de mano de
paganos y reyes, y no consintieron que
el pecador se impusiera.

Testamento y muerte de Matatías.

49 Los días de Matatías se acercaban a
su fin. Dijo entonces a sus hijos:

«Ahora reina la insolencia y la reprobación,
es tiempo de ruina y de violenta Cólera.
50 Ahora, hijos, muestren su celo por la Ley;
den su vida por la alianza de nuestros padres.
51 Recuerden las gestas que en su tiempo realizaron nuestros padres;
alcanzarán inmensa gloria, inmortal nombre.
52 ¿No fue hallado Abrahán fiel en la prueba
y se le contó como justicia?
53 José, en el tiempo de su angustia, observó la Ley
y vino a ser señor de Egipto.
54 Pinjás, nuestro padre, por su ardiente celo,
alcanzó la alianza de un sacerdocio eterno.
55 Josué, por cumplir su mandato,
llegó a ser juez en Israel.
56 Caleb, por su testimonio en la asamblea,
obtuvo una herencia en esta tierra.
57 David, por su piedad,
heredó un trono real para siempre.
58 Elías, por su ardiente celo por la Ley,
fue arrebatado al cielo.
59 Ananías, Azarías, Misael, por haber tenido confianza,
se salvaron de las llamas.
60 Daniel, por su rectitud,
escapó de las fauces de los leones.
61 Adviertan, pues, que de generación en generación
todos los que esperan en Él jamás sucumben.
62 No teman amenazas de hombre pecador:
su gloria parará en estiércol y gusanos;
63 estará hoy encumbrado y mañana no se le encontrará:
habrá vuelto a su polvo
y sus maquinaciones se desvanecerán.
64 Hijos, sean fuertes y manténganse firmes en la Ley,
que en ella hallarán gloria.

65 Ahí tienen a Simeón, su hermano.
Sé que es hombre sensato; escúchenlo
siempre: él será su padre. 66 Tienen a
Judas Macabeo, valiente desde su mocedad: él será jefe de su ejército y dirigirá
la guerra contra los pueblos. 67 Ustedes,
atraigan a cuantos observan la Ley,
venguen a su pueblo, 68 devuelvan a los
paganos el mal que les han hecho y observen los preceptos de la Ley.» 69 A
continuación, los bendijo y fue a reunirse con sus antepasados. 70 Murió el año
ciento cuarenta y seis y fue sepultado
en Modín, en el sepulcro de sus padres.
Todo Israel hizo gran duelo por él.

2 42 *Asideos*, nombre en griego de los *Piadosos* (Jasîdîm), partido de los judíos fieles a la Ley. Ver **7** 13; 2 M **14** 6. De ellos saldrán los fariseos y los esenios.

III. Judas Macabeo, jefe de los judíos (166-160 a.C.)

Elogio de Judas Macabeo.

3 1 Ocupó su lugar su hijo Judas, llamado Macabeo. 2 Todos sus hermanos y los que habían seguido a su
padre le ofrecieron apoyo y sostuvie-
ron con entusiasmo la guerra de Israel.

3 Él dilató la gloria de su pueblo;
como gigante revistió la coraza
y se ciñó sus armas de guerra.
Se empeñó en batallas,
protegiendo al ejército con su espada,
4 semejante al león en sus hazañas,
como cachorro que ruge sobre su presa.
5 Persiguió a los impíos hasta sus rincones,
dio a las llamas a los perturbadores de su pueblo.
6 Por el miedo que les infundía,
se apocaron los impíos,
se sobresaltaron todos los que obraban la iniquidad;
la liberación en su mano alcanzó feliz éxito.
7 Amargó a muchos reyes,
regocijó a Jacob con sus hazañas;
su recuerdo será eternamente bendecido.
8 Recorrió las ciudades de Judá,
exterminó de ellas a los impíos
y apartó de Israel la Cólera.
9 Su nombre llegó a los confines de la tierra
y reunió a los que estaban perdidos.

Primeros éxitos de Judas.

||2 M **8** 1-7.

10 Apolonio reunió paganos y una numerosa fuerza de Samaría para llevar la
guerra a Israel. 11 Judas, al tener noticia
de ello, salió a su encuentro, lo venció y
lo mató. Muchos sucumbieron y los demás se dieron a la fuga. 12 Recogido el
botín, Judas tomó para sí la espada de
Apolonio y en adelante entró siempre
en combate con ella. 13 Serón, general
del ejército de Siria, al saber que Judas
había congregado en torno a sí una
multitud de fieles y gente de guerra, 14 se
dijo: «Conseguiré un nombre y alcanzaré
gloria en el reino atacando a Judas y a
los suyos, que desprecian las órdenes del
rey.» 15 Partió, pues, a su vez, y subió
con él una poderosa tropa de impíos
para ayudarlo a tomar venganza de los
hijos de Israel. 16 Cuando se aproximaba
a la subida de Bet Jorón, le salió al encuentro Judas con unos pocos hombres.
17 Al ver éstos el ejército que se les venía
encima, dijeron a Judas: «¿Cómo podremos combatir, siendo tan pocos, con una
multitud tan poderosa? Además estamos
extenuados por no haber comido hoy
en todo el día.» 18 Judas respondió: «Es
fácil que una multitud caiga en manos
de unos pocos. Al Cielo le da lo mismo
salvar con muchos que con pocos; 19 que
en la guerra no depende la victoria de
la muchedumbre del ejército, sino de la
fuerza que viene del Cielo. 20 Ellos vienen
contra nosotros rebosando insolencia e
impiedad con intención de destruirnos a
nosotros, a nuestras mujeres y a nuestros
hijos, y hacerse con nuestros despojos;
21 nosotros, en cambio, combatimos por
nuestras vidas y nuestras leyes*; 22 Él los
quebrantará ante nosotros; no los teman.» 23 Cuando acabó de hablar, se lanzó de improviso sobre ellos y Serón y su
ejército fueron derrotados por él. 24 Los
persiguieron por la pendiente de Bet
Jorón hasta la llanura. Unos ochocientos
sucumbieron y los restantes huyeron al
país de los filisteos. 25 Comenzó a cun-
dir el miedo a Judas y sus hermanos, y
el espanto se apoderó de los paganos
circunvecinos. 26 Su nombre llegó hasta
el rey y en todos los pueblos se comentaban las batallas de Judas.

3 21 Expresión perfecta del motivo de las primeras luchas macabeas; ver **13** 3; **14** 14.29; 2 M **6** 18+; **13** 10.14.

Preparativos de Antíoco contra Persia y Judea. Regencia de Lisias.

27 El rey Antíoco, al oír lo sucedido, se
encendió en violenta ira; mandó juntar
las fuerzas todas de su reino, un ejército
poderosísimo; 28 abrió su tesoro y dio a
las tropas la soldada de un año con la
orden de que estuvieran preparadas para
cualquier evento. 29 Entonces advirtió
que se le había acabado el dinero del tesoro y que los tributos de la región eran
escasos, debido a las revueltas y calamidades que él había provocado en el país
al suprimir las leyes en vigor desde los
primeros tiempos. 30 Temió no tener, como otras veces, para los gastos y para los
donativos que solía antes prodigar con
largueza, superando en ello a los reyes
que le precedieron. 31 Hallándose, pues,
en tan grave aprieto, resolvió ir a Persia
a recoger los tributos de aquellas provincias y reunir mucho dinero. 32 Dejó
a Lisias, personaje de la nobleza y de la
familia real, al frente de los negocios del
rey desde el río Éufrates hasta la frontera
de Egipto; 33 le confió la tutela de su hijo
Antíoco hasta su vuelta; 34 puso a su disposición la mitad de sus tropas y los elefantes, y le dio orden de ejecutar cuanto
había resuelto. En lo que tocaba a los
habitantes de Judea y Jerusalén, 35 debía
enviar contra ellos un ejército que que-
brantara y deshiciera las fuerzas de Israel
y lo que quedaba de Jerusalén hasta borrar su recuerdo del lugar. 36 Luego esta-
blecería extranjeros en todo su territorio
y repartiría entre ellos sus tierras*. 37 El
rey, tomando consigo la otra mitad del
ejército, partió de Antioquía, capital de
su reino, el año ciento cuarenta y siete.
Atravesó el río Éufrates y prosiguió su
marcha a través de la región alta.

Gorgias y Nicanor entran en Judea con el ejército sirio.

||2 M **8** 8-15.

38 Lisias eligió a Tolomeo, hijo de Dorimeno, a Nicanor y a Gorgias, hombres poderosos entre los amigos del rey,
39 y los envió con cuarenta mil soldados
de infantería y siete mil de caballería a
invadir el país de Judá y arrasarlo, como
lo había mandado el rey. 40 Partieron con
todo su ejército, llegaron y acamparon
cerca de Emaús, en la Tierra Baja. 41 Los
mercaderes de la región, que oyeron
hablar de ellos, tomaron grandes sumas
de plata y oro, además de grilletes, y se
fueron al campamento con intención
de adquirir como esclavos a los hijos de
Israel. Se les unió también una fuerza
de Idumea y del país de los filisteos.
42 Judas y sus hermanos comprendieron
que la situación era grave: el ejército estaba acampado dentro de su territorio y
conocían la consigna del rey de destruir
el pueblo y acabar con él. 43 Y se dijeron
unos a otros: «Levantemos a nuestro
pueblo de la ruina y luchemos por nuestro pueblo y por el Lugar Santo.» 44 Se
convocó la asamblea para prepararse a
la guerra, hacer oración y pedir piedad
y misericordia.

45 Pero Jerusalén estaba despoblada
como un desierto,
ninguno de sus hijos entraba ni salía;
conculcado el santuario,
hijos de extraños en la Ciudadela,
convertida en albergue de paganos.
Había desaparecido la alegría de
Jacob,
la flauta y la lira habían enmudecido.

Reunión de los judíos en Masfá.

||2 M **8** 16-23.

46 Por eso, una vez reunidos, se fueron a Masfá, frente a Jerusalén, porque
tiempos atrás había habido en Masfá un
lugar de oración para Israel. 47 Ayunaron aquel día, se vistieron de saco, esparcieron ceniza sobre la cabeza y rasgaron sus vestidos. 48 Desenrollaron el
libro de la Ley para buscar en él lo que
los paganos consultan a las imágenes de

3 36 Judea se convertía en «tierra real», arrendada a colonos por lotes, según la costumbre seléucida. Las rentas exigidas constituían un impuesto muy gravoso.

sus ídolos*. 49 Trajeron los ornamentos
sacerdotales, las primicias y los diezmos, e hicieron comparecer a los nazireos que habían cumplido el tiempo de
su voto. 50 Levantaron sus clamores al
Cielo diciendo: «¿Qué haremos con éstos? ¿Adónde los llevaremos*? 51 Tu Lugar Santo está conculcado y profanado,
tus sacerdotes en duelo y humillación,
52 y ahí están los paganos coaligados
contra nosotros para exterminarnos. Tú
conoces lo que traman contra nosotros.
53 ¿Cómo podremos resistir frente a ellos
si no acudes en nuestro auxilio?» 54 Hicieron sonar las trompetas y prorrumpieron
en grandes gritos.

55 A continuación, Judas nombró jefes del pueblo: jefes de mil hombres, de
cien, de cincuenta y de diez. 56 A los que
estaban construyendo casas, a los que
acababan de casarse o de plantar viñas
y a los cobardes, les mandó, conforme
a la Ley, que se volvieran a sus casas.
57 Luego, se puso en marcha el ejército
y acamparon al sur de Emaús. 58 Judas
les dijo: «Prepárense, revístanse de valor
y estén dispuestos mañana temprano
para entrar en batalla con estos paganos que se han coaligado contra nosotros para destruirnos y destruir nuestro
Lugar Santo. 59 Porque es mejor morir
combatiendo que quedarnos mirando
las desdichas de nuestra nación y del
Lugar Santo. 60 Lo que el Cielo tenga
dispuesto, lo cumplirá.»

La batalla de Emaús.
||2 M **8** 23-29.

4 1 Gorgias, tomando cinco mil hombres y mil jinetes escogidos, partió
con ellos de noche 2 para caer sobre el
campamento de los judíos y vencerlos
por sorpresa. La gente de la Ciudadela
los guiaba. 3 Pero lo supo Judas y salió él
a su vez con sus guerreros con intención
de batir al ejército real que quedaba en
Emaús 4 mientras estaban todavía dispersas las tropas fuera del campamento. 5 Gorgias llegó de noche al campamento de Judas y, al no encontrar
a nadie, los estuvo buscando por las
montañas, pues pensaba: «Éstos van
huyendo de nosotros.» 6 Al rayar el día,
apareció Judas en la llanura con tres
mil hombres. Sólo que no tenían las
armas defensivas y las espadas que hubieran querido, 7 mientras veían el campamento de los paganos fuerte, bien
atrincherado, rodeado de la caballería y
todos diestros en la guerra.

8 Judas entonces dijo a los que con él
iban: «No teman a esa muchedumbre ni
su pujanza los acobarde. 9 Recuerden
cómo se salvaron nuestros padres en el
mar Rojo, cuando el faraón los perseguía con su ejército. 10 Clamemos ahora
al Cielo, a ver si tiene piedad de nosotros, si recuerda la alianza de nuestros
padres y destruye hoy este ejército a
nuestro favor. 11 Entonces reconocerán
todas las naciones que hay quien rescata
y salva a Israel.»

12 Los extranjeros alzaron la vista y, al
ver a los judíos que venían contra ellos,
13 salieron del campamento a presentar
batalla. Los soldados de Judas hicieron
sonar la trompeta 14 y entraron en combate. Salieron derrotados los paganos y
huyeron hacia la llanura. 15 Los rezagados cayeron todos a filo de espada. Los
persiguieron hasta Gázara y hasta las
llanuras de Idumea, Asdod y Yamnia.
Cayeron de ellos unos tres mil hombres.

16 Judas, al volver con su ejército de
la persecución, 17 dijo a su gente: «Con-
tengan sus deseos de botín, que otra
batalla nos amenaza; 18 Gorgias y su
ejército se encuentran cerca de nosotros en la montaña. Hagan frente ahora a nuestros enemigos y combatan con
ellos; después podrán con tranquilidad
hacerse con el botín.» 19 Apenas había
acabado Judas de hablar, cuando se dejó

3 48 Como no hay profetas, se abre el libro de la Ley para encontrar en él la respuesta de Dios, 2 M **8** 23. Ver 1 S **2** 28+.

3 50 El templo profanado es inaccesible a los nazireos, Nm **6** 1+, para ofrecer su sacrificio final, Nm **6** 13; **4** 24. Ver 2 Cro **20** 21+.

ver un destacamento que asomaba por
la montaña. 20 Advirtieron éstos que los
suyos habían huido y que el campamento había sido incendiado, como se lo
daba a entender el humo que divisaban.
21 Viéndolo se llenaron de pavor y, al ver
por otro lado en la llanura el ejército de
Judas dispuesto para el combate, 22 huyeron todos al país de los filisteos. 23 Judas
se volvió entonces al campamento para
saquearlo. Recogieron mucho oro y plata, telas teñidas en púrpura marina y muchas otras riquezas. 24 De regreso cantaban y bendecían al Cielo: «Porque es
bueno, porque es eterna su misericordia.»
25 Hubo aquel día gran liberación en Israel.

26 Los extranjeros que habían podido
escapar se fueron donde Lisias y le
comunicaron todo lo que había pasado.
27 Al oírlos quedó consternado y abatido, porque a Israel no le había sucedido
lo que él quería ni las cosas habían
salido como el rey se lo tenía ordenado.

Primera campaña de Lisias.

||2 M **11** 1-12.

28 Al año siguiente, reunió Lisias sesenta mil hombres escogidos y cinco mil
jinetes para combatir contra ellos. 29 Llegaron a Idumea y acamparon en Bet
Sur. Judas fue a su encuentro con diez
mil hombres 30 y, cuando vio aquel poderoso ejército, oró diciendo: «Bendito
seas, Salvador de Israel, que quebraste
el ímpetu del poderoso guerrero por
mano de tu siervo David y entregaste
el ejército de los filisteos en manos de
Jonatán, hijo de Saúl, y de su escudero.
31 Pon de la misma manera este ejército
en manos de tu pueblo Israel, y sus fuerzas y su caballería queden defraudadas.
32 Infúndeles miedo, rompe la confianza
que ponen en su fuerza y queden abatidos con su derrota. 33 Hazlos sucumbir
bajo la espada de los que te aman, y entonen himnos en tu alabanza todos los
que conocen tu nombre.» 34 Vinieron a
las manos y cayeron en el combate unos
cinco mil hombres del ejército de Lisias.
35 Al ver Lisias la derrota sufrida por su
ejército y la intrepidez de los soldados
de Judas, y cómo estaban resueltos a
vivir o morir valerosamente, partió para
Antioquía, donde reclutó mercenarios
con ánimo de presentarse de nuevo en
Judea con fuerzas más numerosas.

Purificación y Dedicación del Templo*.

||2 M **10** 1-8.

36 Judas y sus hermanos dijeron: «Nuestros enemigos están vencidos; subamos,
pues, a purificar el Lugar Santo y a celebrar su dedicación.» 37 Se reunió todo
el ejército y subieron al monte Sión.
38 Cuando vieron el santuario desolado,
el altar profanado, las puertas quemadas, arbustos nacidos en los atrios como
en un bosque o en un monte cualquiera,
y las salas destruidas, 39 rasgaron sus
vestidos, dieron muestras de gran dolor
y echaron ceniza sobre sus cabezas.
40 Cayeron luego rostro en tierra y a
una señal dada por las trompetas, alzaron sus clamores al Cielo.

41 Judas dio orden a sus hombres de
combatir a los de la Ciudadela hasta terminar la purificación del Lugar Santo.
42 Luego eligió sacerdotes irreprochables, celosos de la Ley, 43 que purificaron el Lugar Santo y llevaron las piedras
de la contaminación a un lugar inmundo.
44 Deliberaron sobre lo que había de
hacerse con el altar de los holocaustos
que estaba profanado. 45 Con buen criterio, acordaron demolerlo para evitar-
se un oprobio, dado que los paganos lo
habían contaminado. Lo demolieron,
pues, 46 y depositaron sus piedras en el
monte del templo, en un lugar conveniente, hasta que surgiera un profeta que
diera respuesta sobre ellas. 47 Tomaron
luego piedras sin labrar, como prescribía

4 36 El *Templo* está en el centro de las preocupaciones de los amotinados, **2** 7; **3** 43; 2 M **13** 11. Saqueado y profanado por los gentiles, v. 37; ver Sal **74** 2-7, es purificado después de las primeras victorias.

la Ley, y construyeron un nuevo altar
como el anterior. 48 Repararon el Lugar
Santo y el interior del templo y santificaron los atrios. 49 Hicieron nuevos objetos
sagrados y colocaron dentro del templo
el candelabro, el altar del incienso y la
mesa. 50 Quemaron incienso sobre el
altar y encendieron las lámparas del
candelabro, que lucieron en el templo.
51 Pusieron panes sobre la mesa, colgaron las cortinas y dieron fin a la obra
que habían emprendido.

52 El día veinticinco del noveno mes,
llamado Quisleu, del año ciento cuarenta y ocho, se levantaron al romper el día
53 y ofrecieron sobre el nuevo altar de
los holocaustos que habían construido
un sacrificio conforme a la Ley. 54 Precisamente fue inaugurado el altar con
cánticos, cítaras, liras y címbalos, en el
mismo tiempo y el mismo día en que
los paganos lo habían profanado. 55 El
pueblo entero se postró rostro en tierra
y adoró y bendijo al Cielo que los había
conducido al triunfo. 56 Durante ocho
días celebraron la dedicación del altar
y ofrecieron con alegría holocaustos y
el sacrificio de comunión y acción de
gracias. 57 Adornaron la fachada del
templo con coronas de oro y pequeños
escudos, restauraron las entradas y las
salas y les pusieron puertas. 58 Hubo
grandísima alegría en el pueblo, y el
ultraje inferido por los paganos quedó
borrado. 59 Judas, de acuerdo con sus
hermanos y con toda la asamblea de
Israel, decidió que cada año, a su debido
tiempo y durante ocho días a contar
del veinticinco del mes de Quisleu, se
celebrara con alborozo y regocijo el
aniversario de la dedicación del altar*.

60 Por aquel tiempo, levantaron en
torno al monte Sión altas murallas y
fuertes torres, no fuera que otra vez se
presentaran como antes los paganos y
lo pisotearan. 61 Puso Judas allí una
guarnición que lo defendiera y, para que
el pueblo tuviera una fortaleza frente a
Idumea, fortificó Bet Sur.

Expedición contra los idumeos y amonitas.

5 1 Cuando los pueblos circunvecinos
supieron que había sido reconstruido el altar y restaurado como antes
el santuario, se irritaron sobremanera.
2 Decidieron acabar con los descendientes de Jacob que entre ellos vivían y
comenzaron a matar y exterminar gente
del pueblo.
||2 M **10** 15-23.

3 Judas movió la guerra a los hijos de
Esaú en Idumea, al país de Acrabatena,
porque tenían asediados a los israelitas.
Les infligió fuerte derrota, los rechazó
y se alzó con sus despojos. 4 Recordó
luego la maldad de los hijos de Baián,
que eran un lazo y una trampa para el
pueblo por las emboscadas que en los
caminos le tendían. 5 Los obligó a en-
cerrarse en sus torres, les puso cerco y
dándolos al anatema*, abrasó las torres
con todos los que estaban dentro. 6 Pasó
a continuación a los amonitas, donde
encontró una fuerte tropa y una población numerosa cuyo jefe era Timoteo.
7 Después de muchos combates, los
derrotó y deshizo. 8 Ocupó Yazer y sus
aldeas, y regresó a Judea.

Preliminares de las campañas de Galilea y Galaad.

9 Los paganos de Galaad se unieron
para exterminar a los israelitas que
vivían en su territorio, pero ellos se
refugiaron en la fortaleza de Datemá.
10 Enviaron cartas a Judas y sus hermanos diciéndoles: «Los paganos que nos
rodean se han unido para exterminarnos; 11 se preparan para venir a tomar
la fortaleza donde nos hemos refugiado,
y Timoteo está al frente de su ejército.
12 Ven, pues, ahora a librarnos de sus

4 59 En el calendario de Israel, Ex **23** 14+, la *fiesta de la Dedicación* (*Janukká*) es una de las más recientes. Se cantaba el *Hallel* (Sal **113-118**); se llevaban ramos (como en la fiesta de las Tiendas, 2 M **10** 6); se encendían lámparas, de donde tomó el nombre de *fiesta de las luminarias*. Ver Jn **10** 22.

5 5 Ver Jos **6** 17+.

manos, que muchos de entre nosotros han caído ya; 13 todos nuestros hermanos que vivían en el país de Tubías han sido muertos, llevados cautivos sus mujeres, hijos y bienes, y han perecido allí unos mil hombres.» 14 Estaban todavía leyendo las cartas, cuando otros mensajeros, con los vestidos rasgados, llegaron de Galilea con esta noticia: 15 «Se han unido los de Tolemaida, Tiro, Sidón y toda la Galilea de los paganos para acabar con nosotros.» 16 Cuando Judas y el pueblo oyeron tales noticias, reunieron una gran asamblea para deliberar sobre lo que habían de hacer para socorrer a sus hermanos puestos en angustia y combatidos de enemigos. 17 Judas dijo a su hermano Simón: «Toma gente contigo y parte a librar a tus hermanos de Galilea; mi hermano Jonatán y yo iremos a la región de Galaad.» 18 Dejó para defensa de Judea a José, hijo de Zacarías, y a Azarías, jefe del pueblo, con el resto del ejército, 19 dándoles esta orden: «Estén al frente del pueblo y no entren en batalla con los paganos hasta que nosotros regresemos.» 20 Se le dieron tres mil hombres a Simón para la campaña de Galilea y ocho mil a Judas para la de Galaad.

Expediciones a Galilea y a la región de Galaad.

21 Simón partió para Galilea y luego de empeñar muchos combates con los paganos, los derrotó 22 y los persiguió hasta la entrada de Tolemaida. Sucumbieron unos tres mil paganos y se llevó sus despojos. 23 Tomó luego consigo a los judíos de Galilea y Arbatá, con sus mujeres, hijos y cuanto poseían, y en medio de una gran alegría los llevó a Judea.

||2 M **12** 10-31.

24 Por su parte, Judas Macabeo y su hermano Jonatán atravesaron el Jordán y caminaron tres jornadas por el desierto. 25 Se encontraron con los nabateos, que los acogieron amistosamente y los pusieron al tanto de lo que les ocurría a sus hermanos de la región de Galaad: 26 que muchos de ellos se encontraban encerrados en Bosorá y Bosor, en Alemá, Casfó, Maqued y Carnáin, todas ellas ciudades fuertes y grandes; 27 que también los había encerrados en las demás ciudades de la región de Galaad, y que sus enemigos habían fijado el día siguiente para atacar las fortalezas, tomarlas y exterminarlos a todos en un solo día.

28 Inmediatamente Judas hizo que su ejército tomara el camino de Bosorá, a través del desierto; tomó la ciudad y después de pasar a filo de espada a todo varón y de saquearla por completo, la incendió. 29 Partió de allí por la noche y avanzó hasta las cercanías de la fortaleza. 30 Cuando, al llegar el día, alzaron la vista los judíos, vieron una muchedumbre innumerable que levantaba escalas e ingenios para tomar la plaza, y había comenzado ya el ataque. 31 Al ver que el ataque se había iniciado y que un inmenso griterío y sonido de trompetas se levantaba de la ciudad hasta el cielo, 32 Judas dijo a los hombres de su ejército: «Luchen hoy por sus hermanos.» 33 Y, ordenados en tres columnas, los hizo avanzar detrás del enemigo tocando las trompetas y gritando invocaciones. 34 El ejército de Timoteo, al reconocer que era Macabeo, huyeron ante él, sufrieron una fuerte derrota y dejaron tendidos unos ocho mil hombres aquel día. 35 Se volvió luego Judas contra Alemá. La atacó, la tomó y, después de matar a todos los varones y saquearla, la dio a las llamas. 36 Partiendo de allí, se apoderó de Casfó, Maqued, Bosor y de las restantes ciudades de la región de Galaad. 37 Después de estos acontecimientos, juntó Timoteo un nuevo ejército y acampó frente a Rafón, al otro lado del torrente. 38 Judas envió a reconocer el campamento y le trajeron el siguiente informe: «Todos los paganos de nuestro alrededor se le han unido y forman un ejército considerable. 39 Tienen además, como auxiliares, árabes tomados a sueldo. Acampan al otro lado del torrente y están preparados para venir a

atacarte.» Judas salió a su encuentro.
40 Cuando se aproximaba con su ejército al torrente de agua, dijo Timoteo a
los capitanes de sus tropas: «Si él lo pasa primero y viene sobre nosotros, no
podremos resistirle, porque nos vencerá
seguramente, 41 pero si muestra miedo
y acampa al otro lado del río, lo atrave-
saremos nosotros, iremos sobre él y lo
venceremos.»

42 Cuando Judas llegó al borde del
torrente de agua, situó a los escribas del
pueblo a la orilla y les dio esta orden:
«No dejen acampar a nadie; que todos
vayan al combate.» 43 Pasó él el primero contra el enemigo y toda su gente lo
siguió. Los paganos todos, derrotados
ante ellos, tiraron las armas y corrieron
a buscar refugio en el templo de Carnáin. 44 Pero los judíos tomaron la ciudad y quemaron el templo con todos los
que había dentro. Carnáin fue arrasada.
Y ya nadie pudo resistir a Judas.

45 Judas reunió a todos los israelitas
de la región de Galaad, pequeños y
grandes, a sus mujeres, hijos y bienes,
una inmensa muchedumbre, para llevarlos al país de Judá. 46 Llegaron a
Efrón, ciudad importante y muy fuerte,
situada en el camino. Necesariamente
tenían que pasar por ella, por no haber
posibilidad de desviarse ni a la derecha
ni a la izquierda. 47 Pero los habitantes
les negaron el paso y bloquearon las
entradas con piedras. 48 Judas les envió
un mensaje en son de paz diciéndoles*:
«Pasaremos por su país para llegar al
nuestro; nadie les hará mal alguno;
nos limitaremos a pasar a pie.» Pero
no quisieron abrirle. 49 Entonces Judas
hizo correr la voz por el ejército que
cada uno tomara posición donde se
encontrara. 50 La gente de guerra tomó
posición y Judas atacó la ciudad todo
aquel día y toda la noche, hasta que cayó en sus manos. 51 Hizo pasar a filo de
espada a todos los varones, la arrasó, la
saqueó y cruzó la ciudad por encima de
los cadáveres. 52 Pasaron el Jordán para
entrar en la Gran Llanura frente a Betsán. 53 Judas fue durante toda la marcha
recogiendo a los rezagados y animando
al pueblo hasta llegar a la tierra de Judá.
54 Subieron al monte Sión con alborozo
y alegría y ofrecieron holocaustos por
haber regresado felizmente sin haber
perdido a ninguno de los suyos.

Revés de Yamnia.

55 Cuando Judas y Jonatán estaban
en el país de Galaad, y su hermano Simón en Galilea, frente a Tolemaida,
56 José, hijo de Zacarías, y Azarías, jefes
del ejército, al oír las proezas y combates que aquéllos habían realizado, 57 se
dijeron: «Hagamos nosotros también
célebre nuestro nombre saliendo a combatir a los paganos de los alrededores.»
58 Y dieron orden a la tropa que estaba
bajo su mando de ir sobre Yamnia.
59 Gorgias salió de la ciudad con su
gente para irles al encuentro y entrar en
batalla. 60 Y José y Azarías fueron derrotados y perseguidos hasta la frontera
de Judea. Sucumbieron aquel día alrededor de dos mil hombres del pueblo de
Israel. 61 Sobrevino este grave revés al
pueblo por no haber obedecido a Judas
y sus hermanos, creyéndose capaces de
grandes hazañas. 62 Pero no eran ellos
de aquella casta de hombres a quienes
estaba confiada la salvación de Israel.

Éxitos en Idumea y Filistea.

63 El valiente Judas y sus hermanos
alcanzaron gran honor ante todo Israel
y todas las naciones adonde su nombre
llegaba. 64 Las muchedumbres se agol-
paban a su alrededor para aclamarlos.
65 Salió Judas con sus hermanos a campaña contra los hijos de Esaú, al país del
mediodía. Tomó Hebrón y sus aldeas,
arrasó sus murallas y prendió fuego a las
torres de su contorno. 66 Partió luego en
dirección al país de los filisteos y atravesó
Marisá. 67 Al querer señalarse tomando
parte imprudentemente en el combate,

5 48 Ver Nm **20** 14-21; **21** 21-23.

cayeron aquel día algunos sacerdotes.
68 Dobló luego Judas sobre Asdod, territorio de los filisteos, y destruyó sus altares, pegó fuego a las imágenes de sus
dioses y saqueó sus ciudades. Después,
regresó al país de Judá.

Fin de Antíoco Epífanes*.
‖2 M **9**; ver 2 M **1** 11-17.

6 1 El rey Antíoco, en su recorrido
por la región alta, tuvo noticia de
que había una ciudad en Persia, llamada
Elimaida, famosa por sus riquezas, su
plata y su oro. 2 Tenía un templo rico
en extremo, donde se guardaban armaduras de oro, corazas y armas dejadas
allí por Alejandro, hijo de Filipo, rey
de Macedonia, que fue el primer rey de
los griegos. 3 Allá se fue con intención
de tomar la ciudad y entrar a saco en
ella. Pero no lo consiguió, porque los
habitantes de la ciudad, al conocer
sus propósitos, 4 le ofrecieron resistencia armada, y tuvo que salir huyendo
y marcharse de allí con gran tristeza
para volverse a Babilonia. 5 Todavía
se hallaba en Persia, cuando llegó un
mensajero anunciándole la derrota de
las tropas enviadas a la tierra de Judá.
6 Lisias, en primer lugar, había ido al
frente de un poderoso ejército, pero
había tenido que huir ante los judíos.
Éstos se habían crecido con las tropas
y los muchos despojos tomados a los
ejércitos vencidos. 7 Habían destruido la
Abominación levantada por él sobre el
altar de Jerusalén. Habían rodeado de
altas murallas como antes el santuario,
así como a Bet Sur, ciudad del rey.
8 Ante tales noticias, quedó el rey consternado, presa de intensa agitación, y
cayó en cama enfermo de pesadumbre
por no haberle salido las cosas como él
quería. 9 Muchos días permaneció allí,
renovándose sin cesar su profunda
tristeza, hasta que sintió que se iba a
morir. 10 Hizo venir entonces a todos sus
amigos y les dijo: «Huye el sueño de mis
ojos y mi corazón desfallece de ansiedad. 11 Me decía a mí mismo: ¿Por qué
he llegado a este extremo de aflicción y
me encuentro en tan gran tribulación,
siendo así que he sido bueno y amado
en mi gobierno? 12 Pero ahora caigo
en cuenta de los males que hice en
Jerusalén, cuando me llevé los objetos
de plata y oro que en ella había y envié
gente para exterminar sin motivo a los
habitantes de Judá. 13 Reconozco que
por esta causa me han sobrevenido los
males presentes y muero de inmensa
pesadumbre en tierra extraña.»

Advenimiento de Antíoco V.

14 Llamó luego a Filipo, uno de sus
amigos, y lo puso al frente de todo su
reino. 15 Le dio su diadema, sus vestidos
y su anillo, encargándole que educara a
su hijo Antíoco y lo preparara para que
fuera rey. 16 Allí murió el rey Antíoco el
año ciento cuarenta y nueve. 17 Lisias,
al saber la muerte del rey, puso en el
trono a su hijo Antíoco, al que había
educado desde niño, y le dio el sobrenombre de Eupátor.

Judas Macabeo pone cerco a la Ciudadela de Jerusalén.

18 La guarnición de la Ciudadela tenía
sitiado a Israel en el recinto del Lugar
Santo; buscaba siempre ocasión de
causarle mal y de ofrecer apoyo a los
paganos. 19 Resuelto Judas a exterminarlos, convocó a todo el pueblo para
sitiarlos. 20 El año ciento cincuenta, una
vez reunidos, dieron comienzo al sitio
de la Ciudadela y construyeron plataformas de tiro e ingenios de guerra. 21 Pero
algunos de los sitiados lograron romper
el cerco y juntándoseles otros de entre
los impíos de Israel, 22 acudieron al rey
para decirle: «¿Hasta cuándo vas a estar
sin hacer justicia y sin vengar a nuestros
hermanos? 23 Nosotros aceptamos de
buen grado servir a tu padre, seguir sus
órdenes y obedecer sus edictos. 24 Ésta
es la causa por la que nuestros conciu-

6 Este relato es continuación de **4** 35. Ver 2 M **9**, más detallado.

dadanos se nos muestran hostiles. Han
matado a cuantos de nosotros han caído
en sus manos y nos han arrebatado
nuestras haciendas. 25 Pero no sólo han
alzado su mano sobre nosotros, sino
también sobre todos tus territorios. 26 He
aquí que hoy tienen puesto cerco a la
Ciudadela de Jerusalén con intención
de tomarla y han fortificado el santuario
y Bet Sur. 27 Si no te apresuras a ata-
jarlos, se atreverán a más, y ya te será
imposible contenerlos.»

Campaña de Antíoco V y de Lisias. Batalla de Bet Zacaría.

28 Al oírlo el rey, montó en cólera y
convocó a todos sus amigos, capitanes
del ejército y comandantes de la caballería. 29 Le llegaron tropas mercenarias
de otros reinos y de las islas del mar.
30 El número de sus fuerzas era de cien
mil infantes, veinte mil jinetes y treinta y
dos elefantes adiestrados para la guerra. 31 Viniendo por Idumea, pusieron
cerco a Bet Sur y la atacaron durante
mucho tiempo, valiéndose de ingenios
de guerra. Pero los sitiados, en salidas
que hacían, se los quemaban y peleaban
valerosamente.
32 Entonces Judas partió de la Ciudadela y acampó en Bet Zacaría, frente al
campamento real. 33 El rey se levantó
de madrugada y puso en marcha el ejército con todo su ímpetu por el camino
de Bet Zacaría. Los ejércitos se dispusieron para entrar en batalla y se tocaron las trompetas. 34 A los elefantes les
habían mostrado zumo de uvas y moras
para prepararlos al combate. 35 Las bestias estaban repartidas entre las falanges.
Mil hombres, con cota de malla y casco
de bronce en la cabeza, se alineaban al
lado de cada elefante. Además, con cada
bestia iban quinientos jinetes escogidos,
36 que estaban donde el animal estuviera
y lo acompañaban adonde fuera, sin
apartarse de él. 37 Cada elefante llevaba
sobre sí, sujeta con cinchas, una torre
fuerte de madera como defensa y tres
guerreros que combatían desde ella,
además del conductor. 38 Al resto de la
caballería el rey lo colocó a un lado y
otro, en los flancos del ejército, con la
misión de hostigar al enemigo y proteger las falanges.
39 Cuando el sol dio sobre los escudos
de oro y bronce, resplandecieron los
montes a su fulgor y brillaron como antorchas encendidas. 40 Una parte del ejército real se desplegó por las alturas de
los montes, mientras algunos lo hicieron
por el llano; y avanzaban con seguridad
y buen orden. 41 Se estremecían todos
los que oían el griterío de aquella muchedumbre y el estruendo que levantaba
al marchar y entrechocar las armas; era,
en efecto, un ejército numeroso y fuerte.
42 Judas y su ejército se adelantaron para
entrar en batalla, y sucumbieron seiscientos hombres del ejército real. 43 Eleazar,
llamado Avarán, viendo una de las bestias que iba protegida de una coraza real
y que aventajaba en corpulencia a todas
las demás, creyó que el rey iba en ella,
44 y se entregó* por salvar a su pueblo y
conseguir un nombre inmortal. 45 Corrió
audazmente hasta la bestia, metiéndose
entre la falange, matando a derecha e
izquierda y haciendo que los enemigos se
apartaran de él a un lado y a otro; 46 se
deslizó debajo del elefante e hiriéndolo
por debajo, lo mató. Cayó a tierra el animal sobre él y allí murió Eleazar. 47 Los
judíos, al fin, viendo la potencia del reino
y la impetuosidad de sus tropas, cedieron
ante ellas.

Los sirios toman Bet Sur y sitian el monte Sión.

48 El ejército real subió a Jerusalén, al
encuentro de los judíos, y el rey acampó
contra Judea y contra el monte Sión.
49 Hizo la paz con los de Bet Sur, que
salieron de la ciudad al no tener allí víveres para sostener el sitio por ser año
sabático para la tierra*. 50 El rey ocupó

6 44 *Se entregó (a sí mismo).* Ver Lc **22** 19; Ga **1** 4; 1 Tm **2** 6; Tt **2** 14; etc.

6 49 Ver Lv **25** 1+.

Bet Sur y dejó allí una guarnición para
su defensa. 51 Muchos días estuvo sitiando el santuario. Levantó allí plataformas
de tiro e ingenios de guerra, lanzalla-
mas, catapultas, escorpiones de lanzar
flechas y hondas. 52 Por su parte, los
sitiados construyeron ingenios contra
los ingenios de los otros y combatieron
durante muchos días. 53 Pero no había
víveres en los almacenes, porque aquel
era año séptimo, y además los israelitas liberados de los paganos y traídos
a Judea habían consumido las últimas
reservas. 54 Víctimas, pues, del hambre,
dejaron unos pocos hombres en el Lugar
Santo y los demás se dispersaron cada
uno a su casa.

El rey concede a los judíos la libertad religiosa.
||2 M **11** 13-33.

55 Lisias se enteró de que Filipo, aquel
a quien el rey Antíoco había confiado
antes de morir la educación de su hijo
Antíoco para el trono, 56 había vuelto
de Persia y Media y con él las tropas que
acompañaron al rey, y que trataba de
hacerse con la dirección del gobierno.
57 Entonces se apresuró a señalar la
conveniencia de volverse, diciendo al
rey, a los capitanes del ejército y a la tropa: «De día en día venimos a menos; las
provisiones faltan; la plaza que asedia-
mos está bien fortificada y los negocios
del reino nos urgen. 58 Demos, pues, la
mano a estos hombres, hagamos la paz
con ellos y con toda su nación 59 y per-
mitámosles vivir según sus costumbres
tradicionales, pues irritados por habér-
selas abolido nosotros, se han portado
de esta manera.» 60 El rey y los capitanes aprobaron la idea y el rey envió a
proponer la paz a los sitiados. Éstos la
aceptaron, 61 y el rey y los capitanes se
la juraron. Con esta garantía salieron de
la fortaleza 62 y el rey entró en el monte
Sión. Pero al ver la fortaleza de aquel
lugar, violó el juramento que había hecho y ordenó destruir la muralla que lo
rodeaba. 63 Luego, a toda prisa, partió
y volvió a Antioquía, donde encontró a
Filipo dueño de la ciudad. Lo atacó y se
apoderó de la ciudad por la fuerza.

Demetrio I, rey. Envía a Báquides y Alcimo a Judea.
||2 M **14** 1-10.

7 1 El año ciento cincuenta y uno,
Demetrio, hijo de Seleuco, salió de
Roma y, con unos pocos hombres, arribó
a una ciudad marítima donde se proclamó rey. 2 Cuando se disponía a entrar
en la residencia real de sus padres, el
ejército apresó a Antíoco y a Lisias para
llevarlos a su presencia. 3 Al saberlo, dijo:
«No quiero ver sus caras.» 4 El ejército los
mató y Demetrio se sentó en su trono
real. 5 Entonces todos los hombres sin
ley e impíos de Israel acudieron a él,
con Alcimo al frente, que pretendía el
sumo sacerdocio. 6 Ya en su presencia,
acusaron al pueblo diciendo: «Judas y
sus hermanos han hecho perecer a todos tus amigos y a nosotros nos han expulsado de nuestro país. 7 Envía, pues,
ahora una persona de tu confianza, que
vaya y vea los estragos que en nosotros
y en la provincia del rey han causado, y
los castigue a ellos y a todos los que los
apoyan.»
8 El rey eligió a Báquides, uno de los
amigos del rey, gobernador de Transeufratina, grande en el reino y fiel al rey.
9 Lo envió con el impío Alcimo, a quien
concedió el sacerdocio, a tomar venganza de los israelitas. 10 Partieron con
un ejército numeroso y, tras llegar a la
tierra de Judá, enviaron mensajeros a
Judas y sus hermanos con falsas pro-
posiciones de paz. 11 Pero éstos no hicieron caso de sus palabras, porque vieron que habían venido con un ejército
numeroso. 12 No obstante, un grupo de
escribas se reunió con Alcimo y Báquides, tratando de encontrar una solución
justa. 13 Los asideos* eran los primeros

7 13 *Asideos*, los «Piadosos»; ver **2** 42+; en un principio ligados estrechamente a Judas; ahora comienzan a distanciarse.

entre los israelitas en pedirles la paz,
[14] pues se decían: «Un sacerdote del linaje de Aarón ha venido con el ejército; no nos hará ningún mal.»
[15] Habló con ellos amistosamente y les aseguró bajo juramento: «No intentaremos hacerles mal ni a ustedes ni a sus amigos.»
[16] Le creyeron, pero él prendió a sesenta de ellos y los hizo morir en un mismo día, según la palabra que estaba escrita:
[17] *«Esparcieron la carne y la sangre de tus santos en torno a Jerusalén y no hubo quien les diera sepultura*.»*
[18] Con esto, el miedo hacia ellos y el espanto se apoderaron del pueblo, que decía: «No hay en ellos verdad ni justicia, pues han violado el pacto y el juramento que habían jurado.»

[19] Báquides partió de Jerusalén y acampó en Bet Zet. De allí mandó a prender a muchos que habían desertado donde él y a algunos del pueblo, los mató y los arrojó en el pozo grande.
[20] Luego puso la provincia en manos de Alcimo, dejó con él tropas que lo sostuvieran y se marchó adonde el rey.
[21] Alcimo luchó por el sumo sacerdocio.
[22] Se le unieron todos los perturbadores del pueblo, se hicieron dueños de la tierra de Judá y causaron graves males a Israel.
[23] Viendo Judas todo el daño que Alcimo y los suyos hacían a los hijos de Israel, mayor que el que habían causado los paganos,
[24] salió a recorrer todo el territorio de Judea para tomar venganza de los desertores y no dejarles andar por la región.

Nicanor en Judea.
Batalla de Cafarsalamá.
||2 M **14** 12-14.30.

[25] Al ver Alcimo que Judas y los suyos cobraban fuerza y que él no podía resistirles, se volvió donde el rey y los acusó de graves delitos.
[26] El rey envió a Nicanor, uno de sus generales más distinguidos y enemigo declarado de Israel, y le mandó exterminar al pueblo.
[27] Nicanor llegó a Jerusalén con un ejército numeroso y envió a Judas y sus hermanos un insidioso mensaje de paz diciéndoles:
[28] «No haya lucha entre ustedes y yo; iré a verlos amistosamente con una pequeña escolta.»
[29] Fue, pues, donde Judas y ambos se saludaron amistosamente, pero los enemigos estaban preparados para raptar a Judas.
[30] Al conocer que había venido a él con engaños, se atemorizó Judas y no quiso verlo más.
[31] Viendo descubiertos sus planes, Nicanor salió a enfrentarse con Judas cerca de Cafarsalamá.
[32] Cayeron unos quinientos hombres del ejército de Nicanor y los demás huyeron a la Ciudad de David.

Amenazas contra el templo.
||2 M **14** 31-36.

[33] Después de estos sucesos, subió Nicanor al monte Sión. Salieron del Lugar Santo sacerdotes y ancianos del pueblo para saludarlo amistosamente y mostrarle el holocausto que se ofrecía por el rey.
[34] Pero él se burló de ellos, los escarneció, los mancilló y habló insolentemente.
[35] Colérico, les dijo con juramento: «Si esta vez no se me entrega Judas y su ejército en mis manos, cuando vuelva, hecha la paz, prenderé fuego a este templo.» Y salió enfurecido.
[36] Entraron los sacerdotes y, de pie ante el altar y el santuario, exclamaron llorando:
[37] «Tú has elegido este templo para que en él fuera invocado tu nombre* y fuera casa de oración y súplica para tu pueblo;
[38] toma venganza de este hombre y de su ejército y caigan bajo la espada. Acuérdate de sus blasfemias y no les des tregua.»

El día de Nicanor en Adasá.
||2 M **15** 22-24.

[39] Nicanor partió de Jerusalén y acampó en Bet Jorón, donde se le unió un contingente de Siria.
[40] Judas acampó en Adasá con tres mil hombres y oró diciendo:
[41] «Cuando los enviados del rey* blas-

7 17 Cita de Sal **79** 2-3.
7 37 Ver Dn **9** 18; 1 R **8** 28.43; Sal **5** 6; etc.
7 41 El *rey* es Senaquerib, ver 2 R **18-19**; Is **36-37**.

femaron, salió tu ángel y mató a ciento
ochenta y cinco mil de ellos; 42 destruye
también hoy este ejército ante nosotros
y reconozcan los que queden que su jefe
profirió palabras impías contra tu Lugar
Santo; júzgalo según su maldad.»
‖2 M **15** 25-36.
43 El día trece del mes de Adar trabaron batalla los ejércitos y salió derrotado
el de Nicanor. Nicanor cayó el primero
en el combate, 44 y su ejército, al verlo
caído, arrojó las armas y se dio a la
fuga. 45 Los estuvieron persiguiendo un
día entero, desde Adasá hasta llegar a
Gázara, dando aviso tras ellos con el
sonido de las trompetas. 46 Salió gente
de todos los pueblos judíos del contorno y, envolviéndolos, los obligaron a
volverse los unos sobre los otros. Todos
cayeron a espada; no quedó ni uno de
ellos. 47 Tomaron los despojos y el botín;
cortaron la cabeza de Nicanor y su mano
derecha, aquella que había extendido insolentemente, y las llevaron para expo-
nerlas a la vista de Jerusalén. 48 El pueblo
se llenó de gran alegría; celebraron aquel
día como un gran día de regocijo 49 y
acordaron conmemorarlo cada año el
trece de Adar*. 50 El país de Judá gozó
de sosiego por algún tiempo.

Elogio de los romanos*.

8 1 La fama de los romanos llegó a
oídos de Judas. Decían que eran
poderosos, se mostraban benévolos con
todos los que se les unían, establecían
amistad con cuantos acudían a ellos 2 (y
eran poderosos). Le contaron sus guerras y las proezas que habían realizado
entre los galos, cómo los habían dominado y sometido a tributo; 3 todo cuanto
habían hecho en la región de España
para hacerse con las minas de plata y
oro de allí, 4 cómo se habían hecho dueños de todo el país gracias a su prudencia y perseverancia (a pesar de hallarse
aquel país a larga distancia del suyo); a
los reyes venidos contra ellos desde los
confines de la tierra, los habían derrotado e inferido fuerte descalabro, y los
demás les pagaban tributo cada año;
5 habían vencido en la guerra a Filipo, a
Perseo, rey de los Queteos, y a cuantos
se habían alzado contra ellos, y los habían sometido; 6 Antíoco el Grande, rey
de Asia, había ido a hacerles la guerra
con ciento veinte elefantes, caballería,
carros y tropas muy numerosas, y fue
derrotado, 7 lo apresaron vivo y le obligaron, a él y a sus sucesores en el trono,
a pagarles un fuerte tributo, a entregar
rehenes y a ceder 8 algunas de sus mejores provincias: la provincia índica, Media
y Lidia, que le quitaron para dárselas al
rey Eumeno; 9 los de Grecia habían concebido el proyecto de ir a exterminarlos,
10 y en sabiéndolo los romanos, enviaron contra ellos a un solo general, les
hicieron la guerra, mataron a muchos
de ellos, llevaron cautivos a sus mujeres
y niños, saquearon sus bienes, subyuga-
ron el país, arrasaron sus fortalezas y los
sometieron a servidumbre hasta el día
de hoy; 11 a los demás reinos y a las islas,
a cuantos en alguna ocasión les hicieron
frente, los destruyeron y redujeron a
servidumbre.
12 En cambio, a sus amigos y a los que
en ellos buscaron apoyo, les mantuvieron su amistad. Tienen bajo su dominio
a los reyes vecinos y a los lejanos, y todos cuantos oyen su nombre los temen.
13 Aquellos a quienes quieren ayudar a
conseguir el trono, reinan; y deponen
a los que ellos quieren. Han alcanzado
gran altura. 14 No obstante, ninguno de
ellos se ciñe la diadema ni se viste de púrpura para engreírse con ella. 15 Se han
creado un Consejo, donde cada día trescientos veinte consejeros deliberan constantemente en favor del pueblo para
mantenerlo en buen orden. 16 Confían
cada año a uno solo el mando sobre ellos

7 49 El *Día de Nicanor,* 2 M **15** 36, no fue fiesta mucho tiempo en el judaísmo.

8 Los judíos devotos esperaban que Roma humillara a los Seléucidas y favoreciera la independencia nacional. Esta fue la razón del tratado que hizo Judas con los romanos, vv. 17-32. De hecho la ocupación romana sucederá a la griega el año 63 a.C.

y el dominio de toda su tierra. Todos obedecen a este solo hombre sin que haya entre ellos envidias ni celos.

Alianza de los judíos con los romanos.

[17] Judas eligió a Eupólemo, hijo de Juan, hijo de Hacós, y a Jasón, hijo de Eleazar, y los envió a Roma a concertar amistad y alianza, [18] para sacudirse el yugo de encima, porque veían que el reino de los griegos tenía a Israel sometido a servidumbre. [19] Partieron, pues, para Roma y luego de un larguísimo viaje, entraron en el Consejo, donde tomando la palabra, dijeron: [20] «Judas, llamado Macabeo, sus hermanos y el pueblo judío nos han enviado donde ustedes para concertar con ustedes alianza y paz y para que nos inscriban en el número de sus aliados y amigos.» [21] La propuesta les pareció bien. [22] Ésta es la copia de la carta que enviaron a Jerusalén, grabada en planchas de bronce, para que fueran allí para ellos documento de paz y alianza:

[23] «Felicidad a los romanos y a la nación de los judíos por mar y tierra para siempre. Lejos de ellos la espada y el enemigo. [24] Pero, si le sobreviene una guerra primero a Roma o a cualquiera de sus aliados en cualquier parte de sus dominios, [25] la nación de los judíos luchará a su lado, según las circunstancias se lo dicten, de todo corazón. [26] No darán a los enemigos ni les suministrarán trigo, armas, dinero ni naves. Así lo ha decidido Roma. Guardarán sus compromisos sin recibir compensación alguna. [27] De la misma manera, si sobreviene una guerra primero a la nación de los judíos, los romanos lucharán a su lado, según las circunstancias se lo dicten, con toda el alma. [28] No darán a los combatientes trigo, armas, dinero ni naves. Así lo ha decidido Roma. Guardarán sus compromisos sin dolo. [29] En estos términos se han concertado los romanos con el pueblo de los judíos. [30] Si posteriormente unos y otros deciden añadir o quitar algo, lo podrán hacer a su agrado, y lo que añadan o quiten será valedero.

[31] «En cuanto a los males que el rey Demetrio les ha causado, le hemos escrito diciéndole: '¿Por qué has hecho sentir pesadamente tu yugo sobre nuestros amigos y aliados los judíos? [32] Si otra vez vuelven a quejarse de ti, nosotros les haremos justicia y te haremos la guerra por mar y tierra*.'»

Batalla de Beerzet y muerte de Judas Macabeo.

9 [1] Cuando supo Demetrio que Nicanor y su ejército habían caído en la guerra, envió a la tierra de Judá, en una nueva expedición, a Báquides y Alcimo con el ala derecha de su ejército. [2] Tomaron el camino de Galilea y pusieron cerco a Mesalot, en el territorio de Arbelas; se apoderaron de ella y mataron mucha gente. [3] El primer mes del año ciento cincuenta y dos acamparon frente a Jerusalén, [4] de donde partieron con veinte mil hombres y dos mil jinetes en dirección a Beerzet. [5] Judas tenía establecido su campamento en Eleasá, y estaban con él tres mil hombres escogidos. [6] Pero, al ver la gran muchedumbre de los enemigos, les entró pánico y muchos escaparon del campamento; no quedaron más que ochocientos hombres. [7] Judas vio que su ejército iba a la desbandada y que la batalla lo apremiaba, y se le quebrantó el corazón, pues no había tiempo de volverlos a juntar. [8] Aunque desfallecido, dijo a los que le habían quedado: «Levantémonos y subamos contra nuestros adversarios por si podemos hacerles frente.» [9] Trataban de disuadirlo diciéndole: «No podemos; salvemos nuestras vidas de momento y volvamos luego con nuestros hermanos para combatir contra ellos, que ahora estamos pocos.» [10] Judas replicó: «¡Eso nunca, obrar así y huir ante ellos! Si ha llegado nuestra hora, muramos con

8 32 En realidad este tratado no será nada beneficioso para los judíos.

valor por nuestros hermanos y no dejemos mancillada nuestra gloria.»
[11] Salió la tropa del campamento y se ordenó para irles al encuentro: la caballería dividida en dos escuadrones, arqueros y honderos en avanzadilla, y los más aguerridos en primera línea;
[12] Báquides ocupaba el ala derecha. La falange se acercó por los dos lados y tocaron las trompetas. Los que estaban con Judas tocaron también las suyas,
[13] y la tierra se estremeció con el estruendo de los ejércitos. Se trabó el combate y se mantuvo desde el amanecer hasta la caída de la tarde.
[14] Vio Judas que Báquides y sus mejores tropas se encontraban en la parte derecha; se unieron a él los más esforzados, [15] y derrotaron al ala derecha y la persiguieron hasta los montes de Azara.
[16] Pero el ala izquierda, al ver derrotada el ala derecha, se volvió sobre los pasos de Judas y los suyos, por detrás. [17] La lucha se encarnizó y cayeron muchos de uno y otro bando. [18] Judas cayó y los demás huyeron.

Funerales por Judas Macabeo.

[19] Jonatán y Simón tomaron a su hermano Judas y le dieron sepultura en el sepulcro de sus padres en Modín.
[20] Todo Israel lo lloró, hizo gran duelo por él y muchos días estuvieron repitiendo esta lamentación: [21] «¡Cómo ha caído el héroe que salvaba a Israel*!»
[22] Las demás empresas de Judas, sus guerras, proezas que realizó, ocasiones en que alcanzó gloria, fueron demasiado numerosas para ser escritas.

IV. Jonatán jefe de los judíos y sumo sacerdote (160-143 a. C.)

Triunfo del partido griego. Jonatán, jefe de la resistencia.

[23] Con la muerte de Judas asomaron los sin ley por todo el territorio de Israel y levantaron cabeza todos los que obraban la iniquidad. [24] Hubo entonces un hambre extrema y el país se pasó a ellos. [25] Báquides escogió hombres impíos y los puso al frente del país. [26] Se dieron éstos a buscar con toda suerte de pesquisas a los amigos de Judas y los llevaban a Báquides, que los castigaba y escarnecía. [27] Tribulación tan grande no sufrió Israel desde los tiempos en que dejaron de aparecer profetas.
[28] Entonces todos los amigos de Judas se reunieron y dijeron a Jonatán:
[29] «Desde la muerte de tu hermano Judas no tenemos un hombre semejante a él que salga y vaya contra los enemigos, contra Báquides y contra los que odian a nuestra nación. [30] Por eso, te elegimos hoy a ti para que, ocupando el lugar de tu hermano, seas nuestro jefe y guía en la lucha que sostenemos.» [31] En aquel momento Jonatán tomó el mando como sucesor de su hermano Judas*.

Jonatán en el desierto de Técoa. Episodios sangrientos en torno a Mádaba.

[32] Al enterarse Báquides, trataba de hacer morir a Jonatán. [33] Pero Jonatán lo supo, así como su hermano Simón y todos sus partidarios, y huyeron al desierto de Técoa, donde establecieron su campamento junto a las aguas de la cisterna de Asfar. [34] (Báquides se enteró un día de sábado y pasó con todas las tropas al otro lado del Jordán.)

9 21 Ver 2 S **1** 27; Judas es tenido en el rango de los héroes antiguos.
9 31 Jonatán es descendiente de Joarib, **2** 1; 1 Cro **24** 7. Inaugura una dinastía de príncipes-sacerdotes, **10** 20. Entre sus sucesores, los Asmoneos, predominarán las preocupaciones políticas, ver **14** 47.

35 Jonatán envió a su hermano, jefe de la tropa, a pedir a sus amigos los nabateos autorización para dejar con ellos su impedimenta, que era mucha. 36 Pero los hijos de Amrai, los de Mádaba, hicieron una salida, se apoderaron de Juan y de cuanto llevaba y se alejaron con su presa. 37 Después de esto, Jonatán y su hermano Simón recibieron la noticia de que los hijos de Amrai celebraban una espléndida boda y traían de Nabatá, en medio de gran pompa, a la novia, hija de uno de los principales de Canaán. 38 Recordaron entonces el sangriento fin de su hermano Juan y subieron a ocultarse al abrigo de la montaña. 39 Al alzar los ojos, vieron que avanzaba en medio de confusa algazara una numerosa caravana, y que a su encuentro venía el novio, acompañado de sus amigos y hermanos, con tambores, música y gran aparato. 40 Salieron entonces de su emboscada y cayeron sobre ellos para matarlos. Muchos cayeron muertos y los demás huyeron a la montaña. Se hicieron con todos sus despojos. 41 *La boda acabó en duelo y la música en lamentación*. 42 Una vez tomada venganza de la sangre de su hermano, se volvieron a las orillas pantanosas del Jordán.

El paso del Jordán.

43 Al enterarse Báquides, vino el día de sábado con numerosa tropa a las riberas del Jordán. 44 Jonatán dijo a su gente: «Levantémonos y luchemos por nuestras vidas, que hoy no es como ayer y anteayer. 45 Delante de nosotros y detrás, la guerra; por un lado y por otro, las aguas del Jordán, las marismas, las malezas: no hay lugar adonde retirarse. 46 Levanten, pues, ahora la voz al Cielo para salvarse de las manos de sus enemigos.» 47 Entablado el combate, Jonatán tendió su mano para herir a Báquides y éste lo esquivó echándose atrás, 48 con lo que Jonatán y los suyos pudieron lanzarse al Jordán y ganar a nado la orilla opuesta. Sus enemigos no atravesaron el río en su persecución. 49 Unos mil hombres del ejército de Báquides sucumbieron aquel día.

Fortificaciones de Báquides. Muerte de Alcimo.

50 Vuelto a Jerusalén, hizo Báquides levantar ciudades fortificadas en Judea: la fortaleza de Jericó, Emaús, Bet Jorón, Betel, Tamnatá, Faratón y Tefón, con altas murallas, puertas y cerrojos, 51 y puso en ellas guarniciones que hostilizaran a Israel. 52 Fortificó también la ciudad de Bet Sur, Gázara y la Ciudadela, y puso en ellas tropas y depósitos de víveres. 53 Tomó como rehenes a los hijos de los principales de la región y los dejó bajo guardia en la Ciudadela de Jerusalén.

54 El segundo mes del año ciento cincuenta y tres, ordenó Alcimo demoler el muro del atrio interior del Lugar Santo. Destruía con ello la obra de los profetas. Había comenzado la demolición, 55 cuando en aquel tiempo sufrió Alcimo un ataque y su obra quedó parada. Se le obstruyó la boca y se le quedó paralizada, de suerte que no le fue posible ya pronunciar palabra ni dar disposiciones en lo tocante a su casa. 56 Alcimo murió entonces en medio de grandes sufrimientos. 57 Cuando Báquides vio que había muerto Alcimo, se volvió adonde el rey y hubo tranquilidad en el país de Judá por espacio de dos años.

Sitio de Bet Basí.

58 Todos los sin ley se confabularon diciendo: «Jonatán y los suyos viven tranquilos y confiados. Hagamos, pues, venir ahora a Báquides, que los prenderá a todos ellos en una sola noche.» 59 Fueron a preparar el plan con él, 60 y Báquides se puso en marcha con un fuerte ejército. Envió cartas secretas a sus aliados de Judea ordenándoles prender a Jonatán y a los suyos. Pero no pudieron, porque fueron conocidas sus intenciones; 61 antes bien, ellos prendieron a unos cincuenta hombres de la región, cabecillas de esta maldad, y les dieron muerte.

62 A continuación, Jonatán, Simón y los suyos se retiraron a Bet Basí, en el desierto, repararon lo que en aquella plaza estaba derruido y la fortificaron.

63 En sabiéndolo Báquides, juntó a toda
su gente y convocó a sus partidarios de
Judea. 64 Llegó y puso cerco a Bet Basí,
la atacó durante muchos días y construyó ingenios de guerra. 65 Jonatán, dejando a su hermano Simón en la ciudad,
salió por la región y fue con una pequeña tropa, 66 con la que derrotó en su
campamento a Odomerá y a sus hermanos, así como a los hijos de Fasirón.
Éstos empezaron a herir y a subir con
las tropas. 67 Simón y sus hombres, por
su parte, salieron de la ciudad y prendieron fuego a los ingenios. 68 Trabaron
combate con Báquides, lo derrotaron y
lo dejaron sumido en profunda amargura, porque habían fracasado su plan y
su ataque. 69 Montó en cólera contra los
hombres sin ley que le habían aconsejado venir a la región, mató a muchos de
ellos y decidió volverse a su tierra. 70 Al
saberlo, le envió Jonatán legados para
concertar con él la paz y conseguir que
les devolviera los prisioneros. 71 Báquides aceptó y accedió a las peticiones
de Jonatán. Se comprometió con juramento a no hacerle mal en todos los días
de su vida, 72 y le devolvió los prisioneros
que anteriormente había capturado en el
país de Judá. Partió luego para su tierra
y no volvió más a territorio judío. 73 Así
descansó la espada en Israel. Jonatán se
estableció en Micmás, comenzó a juzgar
al pueblo e hizo desaparecer de Israel a
los impíos.

Rivalidad de Alejandro Balas. Nombra a Jonatán sumo Sacerdote.

10 1 El año ciento sesenta, Alejandro Epífanes, hijo de Antíoco,
vino por mar y ocupó Tolemaida, donde, siendo bien acogido, se proclamó
rey. 2 Al tener noticia de ello, el rey Demetrio juntó un ejército muy numeroso
y salió a su encuentro para combatir
con él. 3 Envió también Demetrio una
carta amistosa a Jonatán en que prometía engrandecerlo, 4 porque se decía:
«Adelantémonos a hacer la paz con ellos
antes que Jonatán la haga con Filipo
contra nosotros, 5 al recordar los males
que le causamos a él, a sus hermanos
y a su nación.» 6 Le concedía autorización para reclutar tropas, fabricar
armamento y contarse entre sus aliados.
Mandaba, además, que le fuesen entregados los rehenes que se encontraban
en la Ciudadela.

7 Jonatán fue a Jerusalén y leyó la
carta ante todo el pueblo y ante los que
ocupaban la Ciudadela. 8 Les entró mucho miedo cuando oyeron que el rey le
concedía autorización para reclutar tropas. 9 La gente de la Ciudadela entregó
los rehenes a Jonatán y él los devolvió a
sus padres. 10 Jonatán fijó su residencia
en Jerusalén y se entregó a la reconstrucción y restauración de la ciudad.
11 Ordenó a los encargados de las obras
levantar las murallas y rodear el monte
Sión con piedras de sillería para fortifi-
carlo, y así lo hicieron. 12 Los extranjeros
que ocupaban las fortalezas levantadas
por Báquides huyeron; 13 abandonando
sus puestos, partieron cada uno para su
país. 14 Sólo en Bet Sur quedaron algunos de los que habían abandonado la
Ley y los preceptos, porque esta plaza
era su refugio.

15 El rey Alejandro se enteró de los
ofrecimientos que Demetrio había hecho a Jonatán. Le contaron además las
guerras y proezas que él y sus hermanos
habían realizado y los trabajos que habían sufrido. 16 Y dijo: «¿Podremos hallar otro hombre como éste? Hagamos
de él un amigo y un aliado nuestro.»
17 Le escribió, pues, y le envió una carta
redactada en los siguientes términos:
18 «El rey Alejandro saluda a su hermano Jonatán. 19 Hemos oído que eres un
valiente guerrero y digno de ser amigo
nuestro. 20 Por eso te nombramos hoy
sumo sacerdote de tu nación* y te con-

10 20 Instalado en Jerusalén, v. 10, siendo a la vez sumo sacerdote y jefe civil y militar, v. 65, Jonatán podrá luchar *por la nación y el santuario,* **3** 43. Pero dependerá de los dueños del imperio.

cedemos el título de amigo del rey —le
enviaba al mismo tiempo una clámide
de púrpura y una corona de oro—. Por
tu parte, haz tuya nuestra causa y guár-
danos tu amistad.»

21 El séptimo mes del año ciento sesenta, con ocasión de la fiesta de las
Tiendas, vistió Jonatán los ornamentos
sagrados; reclutó tropas y fabricó gran
cantidad de armamento.

Carta de Demetrio I a Jonatán.

22 Demetrio, al saber lo sucedido, dijo
disgustado: 23 «¿Qué hemos hecho para
que Alejandro se nos haya adelantado
en ganar la amistad y el apoyo de los
judíos? 24 Les escribiré también yo con
ofrecimientos de dignidades y riquezas
para que sean auxiliares míos.» 25 Y les
escribió en estos términos:

26 «El rey Demetrio saluda a la nación
de los judíos. Nos hemos enterado con
satisfacción de que ustedes han guardado
los términos de nuestra alianza y per-
severado en nuestra amistad sin pasarse
al bando de nuestros enemigos. 27 Continúen, pues, guardándonos fidelidad y
los recompensaremos por todo lo que
por nosotros hagan. 28 Los descargare-
mos de muchas obligaciones y les con-
cederemos favores. 29 Y ya desde ahora
los libero y descargo a todos los judíos
de las contribuciones, del impuesto
de la sal y de las coronas. 30 Renuncio
también de hoy en adelante a percibir
el tercio de los granos y la mitad de los
frutos de los árboles que me correspondían, del país de Judá y también de los
tres distritos que le están anexionados
de Samaría-Galilea ...a partir de hoy
para siempre. 31 Jerusalén sea santa y
exenta, así como todo su territorio, sus
diezmos y tributos.

32 «Renuncio asimismo a mi soberanía
sobre la Ciudadela de Jerusalén y se
la cedo al sumo sacerdote, que podrá
poner en ella de guarnición a los hombres que él elija. 33 A todo judío llevado
cautivo de Judá a cualquier parte de mi
reino, le devuelvo la libertad sin rescate.
Todos queden libres de tributo, incluso
sobre sus ganados. 34 Todas las fiestas,
los sábados y los novilunios y, además
del día fijado, los tres días que las preceden y los tres que las siguen, sean todos
ellos días de inmunidad y franquicia*
para todos los judíos residentes en mi
reino: 35 nadie tendrá autorización para
demandar ni inquietar a ninguno de ellos
por ningún motivo. 36 En los ejércitos del
rey sean alistados hasta treinta mil judíos,
que percibirán la soldada asignada a las
demás tropas del rey. 37 De ellos, algunos
serán apostados en las fortalezas importantes del rey y otros ocuparán puestos
de confianza en el reino. Sus oficiales y
jefes salgan de entre ellos, y vivan conforme a sus leyes, como lo ha dispuesto
el rey para el país de Judá. 38 Los tres
distritos incorporados a Judea, de la
provincia de Samaría, queden anexionados a Judea y contados por suyos, de
modo que, sometidos a un mismo jefe,
no acaten otra autoridad que la del sumo
sacerdote. 39 Entrego Tolemaida y sus
dominios como obsequio al Lugar Santo
de Jerusalén para cubrir los gastos normales del Lugar Santo. 40 Por mi parte,
daré cada año quince mil siclos de plata,
que se tomarán de los ingresos reales en
las localidades convenientes. 41 Todo el
excedente que los funcionarios no hayan
entregado como en años anteriores, lo
darán desde ahora para las obras del
templo. 42 Además, los cinco mil siclos
de plata que se deducían de los ingresos
del Lugar Santo en la cuenta de cada
año, los cedo por ser emolumento de los
sacerdotes en servicio del culto. 43 Todo
aquel que por deudas con los impuestos
reales, o por cualquier otra deuda, se
refugie en el templo de Jerusalén o en
su recinto, quede inmune, él y cuantos
bienes posea en mi reino. 44 Los gastos
que se originen de las construcciones y
reparaciones en el Lugar Santo correrán

10 34 Las deudas y derechos de fielato quedaban suspendidos durante las fiestas de peregrinación.

a cuenta del rey. 45 Los gastos de la construcción de las murallas de Jerusalén y la fortificación de su recinto correrán asimismo a cuenta del rey, como también la reconstrucción de murallas en Judea.»

Jonatán rechaza las ofertas de Demetrio. Muerte del rey.

46 Cuando Jonatán y el pueblo oyeron tales ofrecimientos, no les dieron crédito ni los aceptaron, porque recordaban los graves males que Demetrio había causado a Israel y la opresión tan grande a que los había sometido. 47 Se decidieron, pues, por el partido de Alejandro, que, a su parecer, les ofrecía mayores ventajas, y fueron aliados suyos en todo tiempo. 48 El rey Alejandro juntó un gran ejército y acampó frente a Demetrio. 49 Los dos reyes trabaron combate y salió huyendo el ejército de Alejandro. Demetrio se lanzó en su persecución y prevaleció sobre ellos. 50 Mantuvo vigorosamente el combate hasta la puesta del sol. Pero en aquella jornada Demetrio sucumbió.

Boda de Alejandro y Cleopatra. Jonatán, estratega y gobernador.

51 Alejandro envió embajadores a Tolomeo, rey de Egipto, con el siguiente mensaje: 52 «Vuelto a mi reino, me he sentado en el trono de mis padres y ocupado el poder después de derrotar a Demetrio y hacerme dueño de nuestro país; 53 porque trabé combate con él y luego de derrotarlo a él y a su ejército, nos hemos sentado en su trono real. 54 Establezcamos, pues, vínculos de amistad entre nosotros y dame a tu hija por esposa; seré tu yerno y te haré, como a ella, presentes dignos de ti.»

55 El rey Tolomeo le contestó diciendo: «¡Dichoso el día en que, vuelto al país de tus padres, te sentaste en el trono de su reino! 56 Pues bien, haré por ti lo que has escrito. Pero ven a encontrarme en Tolemaida, donde nos veamos el uno al otro, y te tomaré por yerno como has dicho.»

57 Tolomeo partió de Egipto llevando consigo a su hija Cleopatra y llegó a Tolemaida. Era el año ciento sesenta y dos. 58 El rey Alejandro fue a su encuentro y Tolomeo le entregó a su hija Cleopatra, y celebró la boda en Tolemaida con la gran magnificencia que suelen hacerlo los reyes. 59 El rey Alejandro escribió a Jonatán que fuera a verlo. 60 Partió éste con gran pompa hacia Tolemaida, se entrevistó con los reyes, les dio a ellos y a sus amigos plata y oro, les hizo numerosos presentes y halló gracia a sus ojos. 61 Entonces se unieron contra él algunos rebeldes, peste de Israel, para querellarse con él, pero el rey no les hizo ningún caso; 62 antes bien, dio orden de que le quitaran a Jonatán sus vestidos y lo vistieran de púrpura. Cumplida la orden, 63 lo hizo el rey sentar a su lado y dijo a sus capitanes: «Salgan con él por medio de la ciudad y anuncien a voz de heraldo que nadie le levante acusación alguna ni lo molesten por ningún motivo.» 64 Sus acusadores, que vieron el honor que a voz de heraldo se le hacía y a él vestido de púrpura, huyeron todos. 65 El rey, queriendo honrarlo, lo inscribió entre sus primeros amigos y lo nombró estratega y meridarca*. 66 Jonatán regresó a Jerusalén con paz y alegría.

Demetrio II. Apolonio, gobernador de Celesiria, derrotado por Jonatán.

67 El año ciento sesenta y cinco, Demetrio, hijo de Demetrio, vino de Creta al país de sus padres. 68 Al enterarse el rey Alejandro, quedó muy disgustado y se volvió a Antioquía. 69 Demetrio confirmó a Apolonio como gobernador de Celesiria, el cual, juntando un numeroso ejército, acampó en Yamnia y envió a decir a Jonatán, sumo sacerdote:

10 65 *Meridarca*, gobernador de una «mérida» o «demarcación», ver Hch **16** 12; es un territorio mayor que una «estrategia». Aquí la «mérida» es Judea, con sus tres distritos, v. 30.

70 «Tú eres el único en levantarte contra nosotros, y por tu causa he venido
a ser yo objeto de irrisión y desprecio.
¿Por qué ejerces tu poder contra nosotros desde las montañas? 71 Si es que tienes confianza en tus fuerzas, baja ahora
a encontrarte con nosotros en la llanura
y allí nos mediremos, que conmigo está
la fuerza de las ciudades. 72 Pregunta y
sabrás quién soy yo y quiénes nuestros
auxiliares. Ellos dicen que ustedes no podrán mantenerse frente a nosotros, que
ya dos veces tus padres fueron derrotados en su país, 73 y que ahora no podrás
resistir a la caballería y a un ejército tan
grande en la llanura, donde no hay piedra, ni roca, ni lugar donde huir.»
74 Cuando Jonatán oyó las palabras
de Apolonio, se le sublevó el espíritu.
Escogió diez mil hombres y partió de Jerusalén. Su hermano Simón fue a su encuentro para ayudarlo. 75 Acampó frente
a Jope. Los de la ciudad le cerraron
las puertas, porque había en Jope una
guarnición de Apolonio. La atacaron
76 y la gente de la ciudad, atemorizada,
les abrió las puertas, y Jonatán se hizo
dueño de Jope. 77 Cuando Apolonio se
enteró, puso en pie de guerra tres mil
jinetes y un numeroso ejército y partió
en dirección a Asdod, como que quería
pasar por allí, pero al mismo tiempo
se iba adentrando en la llanura, porque
tenía mucha caballería y confiaba en
ella. 78 Jonatán fue tras él persiguiéndolo
hacia Asdod y ambos ejércitos trabaron
combate. 79 Había dejado Apolonio mil
jinetes ocultos a espaldas de ellos. 80 Se
dio cuenta Jonatán de que a sus espaldas había una emboscada. Éstos rodearon su ejército y dispararon tiros sobre
la tropa desde la mañana hasta el atardecer; 81 pero la tropa se mantuvo firme,
como lo había ordenado Jonatán, y los
caballos de los enemigos se cansaron.
82 Sacó entonces Simón su ejército y
atacó a la falange —pues ya la caballería
estaba agotada—, la derrotó y puso en
fuga, 83 mientras la caballería se desbandaba por la llanura. En su huida llegaron
a Asdod y entraron en Bet Dagón, el
templo de su ídolo, para salvarse. 84 Pero
Jonatán prendió fuego a Asdod y a las
ciudades que la rodeaban, se hizo con el
botín y abrasó el templo de Dagón y a
los que en él se habían refugiado. 85 Los
muertos por la espada y los abrasados
por el fuego fueron unos ocho mil hombres. 86 Partió de allí Jonatán y acampó
frente a Ascalón, donde los habitantes
salieron a recibirlo con grandes honores.
87 Luego Jonatán regresó a Jerusalén
con los suyos, cargados de rico botín.
88 Cuando el rey Alejandro se enteró de
estos acontecimientos, concedió nuevos
honores a Jonatán, 89 le envió una fíbula
de oro, como es costumbre conceder a
los parientes de los reyes*, y le dio en
propiedad Acarón y todo su territorio.

Tolomeo VI apoya a Demetrio II y muere a la vez que Alejandro Balas.

11 1 El rey de Egipto reunió fuerzas
numerosas como las arenas que
hay a orillas del mar y muchas naves.
Intentaba hacerse astutamente con el
reino de Alejandro y unirlo al suyo.
2 Salió, pues, para Siria en son de paz y
la gente de las ciudades le abría las puertas y salía a su encuentro, ya que tenían
orden del rey Alejandro de salir a recibirlo por ser suegro suyo. 3 Pero una vez
que entraba en las ciudades, Tolomeo
ponía tropas de guarnición en cada una
de ellas. 4 Cuando llegó cerca de Asdod
le mostraron el templo de Dagón incendiado, la ciudad y sus aldeas destruidas,
los cadáveres por el suelo y los restos
calcinados de los abrasados en la guerra,
pues habían hecho montones de ellos
por el recorrido del rey. 5 Le contaron
lo que Jonatán había hecho para que
el rey lo censurara, pero el rey guardó
silencio. 6 Jonatán fue al encuentro del

10 89 *Parientes de los reyes,* otra clase honorífica superior a la de los *amigos,* **2** 19. La insignia de estos «parientes» era una fíbula de oro que abrochaba el manto; ver **11** 58.

rey a Jope con gran fasto; se saludaron
y pasaron allí aquella noche. 7 Acompañó Jonatán al rey hasta el río llamado
Eléuteros y regresó a Jerusalén. 8 Por su
parte, el rey Tolomeo se hizo dueño de
las ciudades de la costa hasta Seleucia
Marítima y meditaba planes malvados
contra Alejandro. 9 Envió embajadores
al rey Demetrio diciéndole: «Ven y concertemos entre nosotros una alianza. Te
daré mi hija, la que tiene Alejandro, y
reinarás en el reino de tu padre. 10 Estoy
arrepentido de haberle dado mi hija,
pues ha intentado asesinarme.» 11 Le
hacía estos cargos porque codiciaba su
reino. 12 Quitándole, pues, su hija, se la
dio a Demetrio, rompió con Alejandro y
quedó manifiesta la enemistad entre
ambos. 13 Tolomeo entró en Antioquía
y se ciñó la diadema de Asia, con lo que
rodeó su frente de dos diademas, la de
Egipto y la de Asia. 14 En este tiempo
se encontraba el rey Alejandro en Cilicia
por haberse sublevado la gente de aquella región. 15 Al saber lo que ocurría, vino
a luchar contra él. Tolomeo salió con
fuerzas poderosas, fue a su encuentro y
lo derrotó. 16 Alejandro huyó a Arabia,
buscando un refugio allí, y el rey Tolomeo quedó triunfador. 17 El árabe Zabdiel cortó la cabeza a Alejandro y se
la envió a Tolomeo. 18 Pero tres días
después murió el rey Tolomeo y los que
estaban en sus plazas fuertes perecieron
a manos de los que las habitaban. 19 Demetrio comenzó a reinar el año ciento
sesenta y siete.

Primeros contactos entre Demetrio II y Jonatán.

20 Por aquellos días juntó Jonatán a
los de Judea para atacar la Ciudadela de
Jerusalén y levantó contra ella muchos
ingenios de guerra. 21 Entonces algunos
rebeldes que odiaban a su nación acudieron al rey a anunciarle que Jonatán
tenía puesto cerco a la Ciudadela. 22 La
noticia lo irritó y, nada más oírla, se
puso en marcha y vino a Tolemaida. Escribió a Jonatán que cesara en el cerco
y que viniera a verlo lo antes posible a
Tolemaida para entrevistarse con él.
23 Al enterarse, ordenó Jonatán que se
siguiera el cerco, eligió ancianos de Israel y sacerdotes y se expuso a sí mismo
al peligro. 24 Tomando plata, oro, vestidos y otros presentes en gran cantidad,
partió a verse con el rey en Tolemaida
y halló gracia ante él. 25 Algunos sin
ley de la nación lo acusaron, 26 pero el
rey lo trató como lo habían tratado sus
predecesores y lo honró en presencia
de todos sus amigos. 27 Lo confirmó
en el sumo sacerdocio y en todos los
honores que antes tenía, e hizo que se
le contara entre sus primeros amigos.
28 Jonatán pidió al rey que dejara libres
de impuesto a Judea y a los tres distritos
de Samaría, a cambio de trescientos
talentos que le prometía. 29 Accedió el
rey y escribió a Jonatán una carta sobre
todos estos puntos redactada de la forma siguiente:

Nuevo documento a favor de los judíos.

10 26-45.

30 «El rey Demetrio saluda a su hermano Jonatán y a la nación de los judíos.
31 Les escribimos también a ustedes una
copia de la carta que sobre ustedes hemos escrito a nuestro pariente Lástenes
para que la conozcan: 32 El rey Demetrio
saluda a su padre Lástenes. 33 Por sus
buenas disposiciones hacia nosotros hemos decidido conceder favores a la nación de los judíos, que son amigos nuestros y observan lo que es justo con nosotros. 34 Les confirmamos la posesión del
territorio de Judea y de los tres distritos
de Aferema, Lida y Ramatáin que han
sido desprendidos de Galilea y agregados
a Judea con todas sus dependencias en
favor de los que sacrifican en Jerusalén,
a cambio de los derechos reales que el
rey percibía de ellos antes cada año por
los productos de la tierra y el fruto de los
árboles. 35 En cuanto a los otros derechos
que tenemos sobre los diezmos y tributos nuestros, sobre las salinas y coronas
que se nos deben, les concedemos desde
ahora una exención total. 36 No será de-

rogada ni una de estas concesiones a partir de ahora en ningún tiempo. 37 Procuren hacer una copia de estas disposiciones que le sea entregada a Jonatán para
ponerla en el monte santo en lugar visible.»

Demetrio II socorrido por las tropas de Jonatán en Antioquía.

38 El rey Demetrio, viendo que el país
estaba en calma bajo su mando y que
nada le ofrecía resistencia, licenció todas sus tropas mandando a cada uno a
su lugar, excepto las tropas extranjeras
que había reclutado en las islas de las
naciones. Todas las tropas que había
recibido de sus padres se enemistaron
con él. 39 Entonces Trifón, antiguo partidario de Alejandro, al ver que todas las
tropas murmuraban contra Demetrio,
se fue donde el árabe Yamlicú, que criaba al niño Antíoco, hijo de Alejandro,
40 y le instaba a que se lo entregara para
ponerlo en el trono de su padre. Lo
puso al corriente de toda la actuación
de Demetrio y del odio que le tenían sus
tropas. Permaneció allí muchos días.
41 Entre tanto envió Jonatán a pedir
al rey Demetrio que retirara las guarniciones de la Ciudadela de Jerusalén
y de las plazas fuertes porque hostili-
zaban a Israel. 42 Demetrio envió a decir
a Jonatán: «No sólo haré esto por ti y
por tu nación, sino que los colmaré de
honores a ti y a tu nación cuando tenga
oportunidad. 43 Pero ahora harás bien en
enviarme hombres en mi auxilio, pues
todas mis tropas me han abandonado.»
44 Jonatán le envió a Antioquía tres mil
guerreros valientes, y cuando llegaron, el
rey experimentó gran satisfacción con su
venida. 45 Se amotinaron en el centro de
la ciudad los ciudadanos, al pie de ciento
veinte mil, y querían matar al rey. 46 Él se
refugió en el palacio, y los ciudadanos
ocuparon las calles de la ciudad y comenzaron el ataque. 47 El rey llamó entonces
en su auxilio a los judíos, que se juntaron
todos en torno a él y luego se disemina-
ron por la ciudad. Aquel día llegaron a
matar hasta cien mil. 48 Prendieron fuego
a la ciudad, se hicieron ese mismo día
con un botín considerable y salvaron al
rey. 49 Cuando los de la ciudad vieron
que los judíos dominaban la ciudad a
su talante, perdieron el ánimo y levantaron sus clamores al rey suplicándole:
50 «Danos la mano y cesen los judíos
en sus ataques contra nosotros y contra
la ciudad.» 51 Depusieron las armas e
hicieron la paz. Los judíos alcanzaron
gran gloria ante el rey y ante todos los
de su reino y se volvieron a Jerusalén
con un rico botín. 52 El rey Demetrio se
sentó en el trono de su reino y la tierra
quedó sosegada en su presencia. 53 Pero
faltó a todas sus promesas y se indispuso
con Jonatán. Lejos de corresponder a
los servicios que le había prestado, le
causaba graves molestias.

Jonatán contra Demetrio II. Simón recupera Bet Sur. Batalla de Asor.

54 Después de estos acontecimientos,
volvió Trifón y con él Antíoco, niño todavía, que se proclamó rey y se ciñó la
diadema. 55 Todas las tropas que Demetrio había licenciado se unieron a él
y salieron a luchar contra Demetrio, lo
derrotaron y lo pusieron en fuga. 56 Trifón tomó los elefantes y se apoderó de
Antioquía.
57 El joven Antíoco escribió a Jonatán
diciéndole: «Te confirmo en el sumo sacerdocio, te pongo al frente de los cuatro distritos y quiero que te cuentes entre
los amigos del rey.» 58 Le envió copas de
oro y un servicio de mesa, y le concedió
autorización de beber en copas de oro,
vestir púrpura y llevar fíbula de oro. 59 A
su hermano Simón lo nombró estratega
desde la Escalera de Tiro hasta la frontera de Egipto. 60 Jonatán salió a recorrer la Transeufratina y sus ciudades, y
todas las tropas de Siria se le unieron
como aliadas. Llegó a Ascalón y los habitantes de la ciudad le salieron a recibir con muchos honores. 61 De allí pasó
a Gaza, donde los habitantes le cerraron las puertas. Entonces la sitió y entregó sus arrabales a las llamas y al pi-

llaje. [62] Los de la ciudad vinieron a suplicarle y Jonatán les dio la mano, pero tomó como rehenes a los hijos de los jefes y los envió a Jerusalén. A continuación, siguió recorriendo la región hasta Damasco.

[63] Jonatán se enteró de que los generales de Demetrio se habían presentado en Quedés de Galilea con un ejército numeroso para apartarlo de su cargo. [64] Entonces dejó en el país a su hermano Simón y salió a su encuentro. [65] Simón acampó frente a Bet Sur, la atacó durante muchos días y la bloqueó. [66] Le pidieron que les diera la mano y él se la dio. Les hizo salir de allí, ocupó la ciudad y puso en ella una guarnición. [67] Por su parte, Jonatán y su ejército acamparon junto a las aguas de Genesar, y muy de madrugada partieron para la llanura de Asor, [68] donde el ejército extranjero les vino al encuentro en la llanura después de dejar hombres emboscados en los montes. Mientras este ejército se presentaba de frente, [69] surgieron de sus puestos los emboscados y entablaron combate. [70] Todos los hombres de Jonatán se dieron a la fuga, sin que quedara ni uno de ellos, a excepción de Matatías, hijo de Absalón, y de Judas, hijo de Calfi, capitanes del ejército. [71] Jonatán entonces rasgó sus vestidos, echó polvo sobre su cabeza y oró. [72] Vuelto al combate, derrotó al enemigo y lo puso en fuga. [73] Al verlo, sus hombres que huían volvieron a él y con él persiguieron al enemigo hasta su campamento en Quedés y acamparon allí. [74] Cayeron aquel día del ejército extranjero hasta tres mil hombres. Jonatán regresó a Jerusalén.

Relaciones de Jonatán con Roma y Esparta.

12 [1] Viendo Jonatán que las circunstancias le eran favorables, escogió hombres y los envió a Roma con el fin de confirmar y renovar la amistad con ellos*. [2] Con el mismo objeto envió cartas a los espartanos y a otros lugares. [3] Se fueron, pues, a Roma y entrando en el Senado dijeron: «Jonatán, sumo sacerdote, y la nación de los judíos nos han enviado para que se renueve con ellos la amistad y la alianza como antes.» [4] Les dieron los romanos cartas para la gente de cada lugar recomendando que se los condujera en paz hasta el país de Judá.

[5] Ésta es la copia de la carta que escribió Jonatán a los espartanos:

[6] «Jonatán, sumo sacerdote, el senado de la nación, los sacerdotes y el resto del pueblo judío saludan a sus hermanos los espartanos. [7] Ya en tiempos pasados, Areios, que reinaba entre ustedes, envió una carta al sumo sacerdote Onías en que le decía que ustedes eran hermanos nuestros, como lo atestigua la copia adjunta. [8] Onías recibió con honores al embajador y tomó la carta que hablaba claramente de alianza y amistad. [9] Nosotros, aunque no tenemos necesidad de esto por tener como consolación los libros santos* que están en nuestras manos, [10] hemos procurado enviarles embajadores para renovar la fraternidad y la amistad con ustedes y evitar que vengamos a serles extraños, pues ha pasado mucho tiempo ya desde que nos enviaron su embajada. [11] Por nuestra parte, en las fiestas y demás días señalados, los recordamos a ustedes sin cesar en toda ocasión en los sacrificios que ofrecemos y en nuestras oraciones, como es justo y conveniente acordarse de los hermanos. [12] Nos alegramos de su gloria. [13] A nosotros, en cambio, nos han rodeado muchas tribulaciones y guerras, pues nos hemos visto atacados por los reyes vecinos. [14] Pero en estas luchas no hemos querido molestarlos a ustedes ni a los demás aliados y amigos nuestros, [15] porque contamos con el auxilio del Cielo, que, vi-

12 1 Ver **8** 22-32; **14** 18.22. Esta embajada será tan inútil como la anterior, **8** 32.
12 9 Se trata de todos los libros considerados como sagrados: con la *Ley*, **3** 48; 2 M **8** 23; 2 Cro **23** 18+, los *Profetas* y *los demás libros,* ver prólogo de Si, y, para el NT, 2 P **3** 16+.

niendo en nuestra ayuda, nos ha librado de nuestros enemigos y a ellos los ha humillado. [16] Hemos, pues, elegido a Numenio, hijo de Antíoco, y a Antípatro, hijo de Jasón, y los hemos enviado a los romanos para renovar la amistad y la alianza que antes teníamos, [17] y les hemos dado orden de pasar también donde ustedes para saludarlos y entregarles nuestra carta sobre la renovación de nuestra fraternidad. [18] Y ahora harán bien en contestarnos a esto.»

[19] Ésta es la copia de la carta enviada a Onías:

[20] «Areios, rey de los espartanos, saluda a Onías, sumo sacerdote. [21] Se ha encontrado un documento relativo a espartanos y judíos de que son hermanos y que son de la raza de Abrahán. [22] Y ahora que estamos enterados de esto, harán bien escribiéndonos sobre su bienestar. [23] Nosotros por nuestra parte les escribimos: Su ganado y sus bienes son nuestros, y los nuestros son de ustedes. Damos orden de que se les envíe un mensaje en tal sentido.»

Jonatán en Celesiria, Simón en Filistea.

[24] Tuvo noticia Jonatán de que los generales de Demetrio habían vuelto con fuerzas mayores que antes con ánimo de atacarlo. [25] Partió, pues, de Jerusalén y fue a encontrarlos a la región de Jamat, sin darles tiempo a irrumpir en su país. [26] Envió exploradores al campamento enemigo y supo por ellos, a su vuelta, que los enemigos estaban dispuestos para caer sobre ellos a la noche. [27] Cuando se puso el sol, ordenó Jonatán a los suyos que se mantuvieran despiertos y sobre las armas toda la noche, preparados para entrar en combate, y dispuso avanzadillas alrededor del campamento. [28] Cuando supieron los enemigos que Jonatán y los suyos estaban preparados para el combate, sintieron miedo y, llenos de pánico, encendieron fogatas por su campamento y se retiraron. [29] Jonatán y los suyos, como veían brillar las fogatas, no se percataron de su partida hasta el amanecer. [30] Entonces se lanzó Jonatán en su persecución, pero no les pudo dar alcance porque habían atravesado ya el río Eléuteros. [31] Jonatán se volvió contra los árabes llamados zabadeos, los derrotó y se hizo con sus despojos. [32] Levantó luego el campamento, llegó a Damasco y recorrió toda la región. [33] Simón, por su parte, hizo una expedición hasta Ascalón y las plazas vecinas. Se volvió luego hacia Jope y la tomó, [34] pues había oído que sus habitantes querían entregar aquella plaza fuerte a los partidarios de Demetrio, y dejó en ella una guarnición para defenderla.

Trabajos en Jerusalén.

[35] Jonatán, de vuelta, reunió la asamblea de los ancianos del pueblo*, y decidió con ellos edificar fortalezas en Judea, [36] dar mayor altura a las murallas de Jerusalén y levantar un alto muro entre la Ciudadela y la ciudad para separarlas y para que quedara la Ciudadela aislada y no pudieran comprar ni vender. [37] Se reunieron, pues, para reconstruir la ciudad, pues había caído un trecho de la muralla que daba al torrente por la parte de levante; restauró también el barrio llamado Cafenatá. [38] Por su lado, Simón reconstruyó Jadidá en la Tierra Baja, la fortificó y la guarneció con puertas y cerrojos.

Jonatán cae en manos de sus enemigos.

[39] Trifón aspiraba a reinar en Asia, ceñirse la diadema y extender su mano contra el rey Antíoco. [40] Temiendo que Jonatán se lo estorbara y le hiciera la guerra, trataba de apoderarse de él y matarlo. Se puso, pues, en marcha y llegó a Betsán.

[41] Jonatán salió a su encuentro con cuarenta mil hombres escogidos para la

12 35 La asamblea de los ancianos es una parte de la asamblea del pueblo, **4** 59; etc.; y también imagen de la *Asamblea* del desierto, Nm **1** 18; Dt **4** 10; etc.

guerra y llegó a Betsán. [42] Vio Trifón
que había venido con un ejército numeroso y temió extender la mano contra él.
[43] Lo recibió con honores, lo presentó a
todos sus amigos, le hizo regalos y dio
orden a sus amigos y a sus tropas que
le obedecieran como a él mismo. [44] Y
dijo a Jonatán: «¿Por qué has fatigado a
toda esta gente no habiendo guerra entre
nosotros? [45] Envíalos a sus casas, elige
algunos hombres que te acompañen y
ven conmigo a Tolemaida. Te entregaré
la ciudad, las demás fortalezas, el resto
de las fuerzas y a todos los funcionarios,
y luego emprenderé el regreso, pues
para eso he venido.» [46] Le creyó Jonatán
y obró como le decía: despachó sus tropas, que partieron para el país de Judá,
[47] y conservó consigo tres mil hombres,
de los cuales dejó dos mil en Galilea y mil
le acompañaron. [48] Pero apenas entró
Jonatán en Tolemaida, los tolemaiditas
cerraron las puertas, lo apresaron y pasaron a filo de espada a cuantos con él
habían entrado. [49] Envió Trifón tropas y
caballería a Galilea y a la Gran Llanura
para acabar con todos los partidarios de
Jonatán, [50] pero éstos, enterados de que
él había sido apresado y muerto con los
que lo acompañaban, se animaron unos
a otros y avanzaron, cerradas las filas,
prontos para combatir. [51] Sus perseguidores, al ver que luchaban por su vida, se
volvieron. [52] Aquéllos llegaron todos en
paz al país de Judá, lloraron a Jonatán
y a sus compañeros y un gran temor
se apoderó de ellos. Todo Israel hizo un
gran duelo. [53] Todos los paganos circunvecinos trataban de aniquilarlos: «No tienen jefe —decían— ni quien los ayude.
Ésta es la ocasión de atacarlos y borrar
su recuerdo de entre los hombres.»

V. Simón sumo sacerdote y etnarca de los judíos (143-134 a.C.)

Simón toma el mando.

13 [1] Supo Simón que había reunido Trifón un ejército numeroso para ir a devastar el país de Judá.
[2] Viendo al pueblo espantado y medro-
so, subió a Jerusalén, reunió al pueblo
[3] y le exhortó diciendo: «Ustedes saben
todo lo que hemos hecho mis hermanos, la casa de mi padre y yo por la
Ley y el Lugar Santo, y las guerras y
tribulaciones que hemos sufrido. [4] Por
esta causa, por Israel, han muerto mis
hermanos todos y he quedado yo solo*.
[5] No busco yo ahora poner a salvo mi
vida cuando llega la angustia, pues no
soy yo mejor que mis hermanos; [6] lo que
quiero es vengar a mi nación, al Lugar
Santo y a las mujeres e hijos de ustedes,
puesto que, impulsados por el odio,
se han unido todos los paganos para
aniquilarnos.» [7] Al oír estas palabras, se
enardecieron los ánimos del pueblo [8] y
respondieron en voz alta diciendo: «Tú
eres nuestro guía en lugar de Judas y de
tu hermano Jonatán; [9] toma la dirección
de nuestra guerra y haremos cuanto nos
mandes». [10] Reunió entonces Simón a
todos los hombres aptos para la guerra
y se dio prisa en acabar las murallas de
Jerusalén hasta que la fortificó en todo
su contorno. [11] Envió a Jonatán, hijo de
Absalón, a Jope con un importante destacamento, el cual expulsó a los que estaban en la ciudad y se estableció en ella.

Simón rechaza de Judea a Trifón.

[12] Partió Trifón desde Tolemaida con
un ejército numeroso para entrar en el
país de Judá, llevando consigo prisionero a Jonatán. [13] Simón puso su campamento en Jadidá, frente a la llanura.
[14] Al enterarse Trifón de que Simón había sucedido en el mando a su hermano

13 4 Todo el mundo creía que Jonatán había muerto, pero estaba prisionero, vv. 12.16.

Jonatán y que estaba preparado para
entablar combate con él, le envió mensajeros diciéndole: 15 «Tenemos detenido
a tu hermano Jonatán por las deudas
contraídas con el tesoro real en el des-
empeño de su cargo. 16 Envíanos, pues,
cien talentos de plata y a dos de sus hijos
como rehenes, no sea que, una vez libre,
se rebele contra nosotros. Entonces lo
soltaremos.» 17 Simón, aunque se dio
cuenta de que le hablaban con falsedad,
envió a buscar el dinero y los niños para
no provocar contra sí una gran enemistad del pueblo, que diría: 18 «Porque no
envié yo el dinero y los niños, ha muerto
Jonatán.» 19 Envió, pues, los niños y
los cien talentos, pero Trifón faltó a su
palabra y no soltó a Jonatán. 20 Después
de esto, se puso Trifón en marcha para
invadir la región y devastarla. Dio un
rodeo por el camino de Adorá, al tiempo
que Simón y su ejército obstaculizaban su
marcha adondequiera que iba. 21 Los de
la Ciudadela enviaron a Trifón legados
dándole prisa a que viniera donde ellos a
través del desierto y les enviara víveres.
22 Preparó Trifón toda su caballería para
ir, pero aquella noche cayó tal cantidad
de nieve que le impidió acudir allá. Partió
de allí y se fue a la región de Galaad.
23 Cuando se encontraba cerca de Bas-
camá, hizo matar a Jonatán, que fue enterrado allí. 24 Luego dio Trifón la vuelta y
se marchó a su país.

Jonatán sepultado en el mausoleo de Modín construido por Simón.

25 Envió Simón a recoger los restos
de su hermano Jonatán y le dio sepultura en Modín, ciudad de sus padres.
26 Todo Israel hizo gran duelo por él y lo
lloró muchos días. 27 Simón construyó
sobre el sepulcro de su padre y sus hermanos un mausoleo alto, que pudiera
verse, de piedras pulidas por delante y
por detrás. 28 Levantó siete pirámides,
una frente a otra, dedicadas a su padre,
a su madre y a sus cuatro hermanos*.
29 Levantó alrededor de ellas grandes
columnas y sobre las columnas hizo panoplias para recuerdo eterno. Al lado
de las panoplias esculpió unas naves
que pudieran ser contempladas por
todos los que navegaran por el mar.
30 Tal fue el mausoleo que construyó en
Modín y que subsiste en nuestros días.

Favores de Demetrio II a Simón.

31 Trifón, procediendo insidiosamente
con el joven rey Antíoco, le dio muerte.
32 Ocupó el reino en su lugar, se ciñó la
diadema de Asia y causó grandes estragos en el país. 33 Simón, por su parte,
reconstruyó las fortalezas de Judea, las
rodeó de altas torres y grandes murallas
con puertas y cerrojos, y almacenó víveres en ellas. 34 Además escogió Simón
hombres que envió al rey Demetrio,
intentando conseguir una exención de
impuestos para la región, dado que
toda la actividad de Trifón había sido
un continuo robo. 35 El rey Demetrio
contestó a su petición y le escribió la
siguiente carta:

36 «El rey Demetrio saluda a Simón,
sumo sacerdote y amigo de reyes, a
los ancianos y a la nación de los judíos.
37 Hemos recibido la corona de oro y la
palma que nos han enviado y estamos
dispuestos a concertar con ustedes una
paz completa y a escribir a los funcionarios que les concedan la exención de
las deudas. 38 Cuanto hemos decidido
sobre ustedes, quede firme y posean las
fortalezas que han construido. 39 Les perdonamos los errores y delitos cometidos
hasta el día de hoy y la corona que nos
deben. Si algún otro tributo se percibía
en Jerusalén, ya no se exija. 40 Y si algunos de ustedes son aptos para alistarse
en nuestra guardia, alístense y haya paz
entre nosotros.» 41 El año ciento setenta
quedó Israel libre del yugo de los paganos 42 y el pueblo comenzó a escribir en
las actas y contratos: «En el año primero de

13 28 Los monumentos en forma de pirámide son característicos del arte funerario de la época.

Simón, gran sumo sacerdote, estratega y
hegumeno de los judíos*.»

Toma de Gázara por Simón.
||2 M **10** 32-38.

43 Por aquellos días puso cerco Simón
a Gázara y la rodeó con sus tropas.
Construyó una torre móvil que acercó a
la ciudad y, abriendo brecha en un baluarte, lo tomó. 44 Saltaron los de la torre
a la ciudad y se produjo en ella gran
agitación. 45 Los habitantes, rasgados
los vestidos, subieron a la muralla con
sus mujeres e hijos y pidieron a grandes
gritos a Simón que les diera la mano.
46 «No nos trates, le decían, según nuestras maldades, sino según tu misericordia.» 47 Simón se reconcilió con ellos y
no los atacó, pero los echó de la ciudad
y mandó purificar las casas en que había
ídolos. Entonces entró en ella con himnos y bendiciones. 48 Echó de ella toda
impureza, estableció en ella hombres
observantes de la Ley, la fortificó y se
construyó en ella para sí una residencia.

Conquista de la Ciudadela de Jerusalén por Simón.

49 Los de la Ciudadela de Jerusalén se
veían imposibilitados de entrar y salir
por la región, de comprar y de vender.
Sufrían grave escasez y bastantes de ellos
habían perecido de hambre. 50 Clamaron a Simón que hiciera con ellos la paz
y Simón se lo concedió. Los echó de allí
y purificó de inmundicias la Ciudadela.
51 Entraron en ella el día veintitrés del
segundo mes del año ciento setenta y
uno con aclamaciones y ramos de palma, con liras, címbalos y arpas, con
himnos y cantos, porque un gran enemigo había sido vencido y expulsado de
Israel. 52 Simón dispuso que este día se
celebrara con júbilo cada año. Fortificó
el monte del templo, que está al lado de
la Ciudadela, y habitó allí con los suyos.
53 Y viendo Simón que su hijo Juan era
todo un hombre, lo nombró jefe de todas
las fuerzas con residencia en Gázara.

Elogio de Simón.

14 1 El año ciento setenta y dos
reunió el rey Demetrio su ejército y partió hacia Media para procurarse ayuda con que combatir a Trifón.
2 Pero al enterarse Arsaces, rey de Persia
y Media, de que Demetrio había entrado
en su territorio, mandó a uno de sus generales para capturarlo vivo. 3 Partió éste
y derrotó al ejército de Demetrio, lo hizo
prisionero y lo llevó ante Arsaces, que lo
encerró en prisión.
4 El país de Judá gozó de paz durante
todos los días de Simón*.

Él procuró el bien a su nación,
les fue grato su gobierno
y su gloria en todo tiempo.
5 Además de toda su gloria,
tomó a Jope como puerto
y se abrió paso a las islas del mar.
6 Ensanchó las fronteras de su nación,
se hizo dueño del país
7 y repatrió numerosos cautivos.
Tomó Gázara, Bet Sur y la
Ciudadela,
la limpió de sus impurezas
y no hubo quien le resistiera.
8 Cultivaban en paz sus tierras;
la tierra daba sus cosechas
y los árboles del llano sus frutos.
9 Los ancianos se sentaban en las
plazas,
todos conversaban sobre el bienestar
y los jóvenes vestían galas y
armadura.
10 Procuró bastimentos a las ciudades,
las protegió con fortificaciones
hasta llegar la fama de su gloria
a los confines de la tierra.
11 Estableció la paz en el país
y gozó Israel de gran alegría.
12 Se sentaba cada cual bajo su parra y
su higuera
y no había nadie que los inquietara.

13 42 *Hegumeno*, «príncipe», o «jefe de la comunidad».

14 4 Este elogio rítmico de Simón, ver **1** 25-28+; etc., está lleno de reminiscencias bíblicas.

13 No quedó en el país quien los
combatiera
y fueron derrotados los reyes en
aquellos días.
14 Dio apoyo a los humildes de su
pueblo*
14c hizo desaparecer a todo impío y
malvado.
14b Observó fielmente la Ley,
15 dio gloria al Lugar Santo
y multiplicó su ajuar.

Renovación de la alianza con Esparta y Roma.

16 Cuando llegó a Roma y hasta Esparta la noticia de la muerte de Jonatán,
lo sintieron mucho; 17 pero, cuando supieron que su hermano Simón le había
sucedido en el sumo sacerdocio y había
tomado el mando del país y sus ciudades, 18 le escribieron en planchas de
bronce para renovar con él la amistad
y la alianza que habían establecido con
sus hermanos Judas y Jonatán. 19 Se leyeron en Jerusalén ante la asamblea.
20 Ésta es la copia de la carta enviada
por los espartanos:
«Los magistrados y la ciudad de los espartanos saludan al sumo sacerdote Simón, a los ancianos, a los sacerdotes y al resto del pueblo de los judíos,
nuestros hermanos. 21 Los embajadores
enviados a nuestro pueblo nos han informado de su gloria y honor y nos hemos alegrado con su venida. 22 Hemos
registrado sus declaraciones entre las decisiones del pueblo en estos términos: Numenio, hijo de Antíoco, y Antípatros, hijo de Jasón, embajadores de los judíos, se nos han presentado para renovar la amistad con nosotros. 23 Ha sido
del agrado del pueblo recibir con honor a estos personajes y depositar la copia de sus discursos en los archivos públicos para que el pueblo espartano conserve su recuerdo. Se ha sacado una copia de esto para el sumo sacerdote Simón.»

24 Después, envió Simón a Roma a
Numenio con un gran escudo de oro de mil minas de peso para confirmar la alianza con ellos.

Decreto honorífico en favor de Simón.

25 Cuando estos hechos llegaron a conocimiento del pueblo, dijeron: «¿Cómo
mostraremos nuestro reconocimiento a
Simón y a sus hijos? 26 Porque se ha
mostrado valiente, tanto él como sus hermanos y la casa de su padre; ha combatido y rechazado a los enemigos de Israel
y le ha conseguido su libertad.» Grabaron
una inscripción en planchas de bronce y
las fijaron en estelas en el monte Sión.
27 Ésta es la copia de la inscripción:
«El dieciocho de Elul del año ciento setenta y dos, año tercero del gran sumo
sacerdote Simón, en Asaramel, 28 en
la gran asamblea de los sacerdotes, del
pueblo, de los príncipes de la nación y de
los ancianos del país, se nos hizo saber
lo siguiente:
29 «En los muchos combates que se
dieron en nuestra región, Simón, hijo de Matatías, sacerdote descendiente de los hijos de Joarib, y sus hermanos se expusieron al peligro, hicieron frente a los enemigos de su nación para mantener en pie su Lugar Santo y la Ley y alcanzaron inmensa gloria para su
nación. 30 Jonatán realizó la unidad de la
nación y llegó a ser sumo sacerdote suyo
hasta que fue a reunirse con su pueblo.
31 Quisieron los enemigos de los judíos
invadir el país para devastarlo y llevar su
mano contra el Lugar Santo. 32 Pero entonces se levantó Simón para combatir
por su nación y gastó mucha hacienda
propia en armar las tropas de su nación
y pagarles la soldada. 33 Fortificó las ciu-
dades de Judea y Bet Sur, ciudad fronteriza de Judea, donde se encontraban antes las armas de los enemigos, y puso en ella una guarnición de guerreros ju-

14 14 Los *humildes* son los observantes de la Ley, **3** 21+. Este v., que tiene una resonancia casi mesiánica, ver Sal **18** 28; etc.; So **2** 3+; Lc **1** 52, está restablecido según el orden lógico, atestiguado por algunas versiones griegas y siriacas.

díos. 34 Fortificó Jope, situada junto al mar, y Gázara, en los límites de Asdod, donde habitaban anteriormente los enemigos, y estableció en ella una población judía a la que proveyó de todo lo necesario para su sustento. 35 Viendo el pueblo la fidelidad de Simón y la gloria que procuraba alcanzar para su nación, lo nombró su hegumeno y sumo sacerdote por todos los servicios que había prestado, por la justicia y fidelidad que había guardado a su nación y por sus esfuerzos de toda clase por exaltar a su pueblo. 36 En sus días se consiguió felizmente por su medio exterminar a los paganos de su país y a los que se encontraban en la Ciudad de David, en Jerusalén, donde se habían hecho una Ciudadela desde la que hacían salidas y mancillaban los alrededores del Lugar Santo causando graves ultrajes a su santidad. 37 Estableció en ella guerreros judíos, la fortificó para defensa de la región y de la ciudad y dio mayor altura a las murallas de Jerusalén.

38 En consecuencia, el rey Demetrio le concedió el sumo sacerdocio, 39 lo contó en el número de sus amigos y lo colmó de honores, 40 pues había sabido que los romanos llamaban a los judíos amigos, aliados y hermanos, que habían recibido con honor a los embajadores de Simón 41 y que a los judíos y a los sacerdotes les había parecido bien que fuera Simón su hegumeno y sumo sacerdote para siempre hasta que apareciera un profeta digno de fe, 42 y también que fuera su estratega, que estuviera a su cuidado designar los encargados de las obras del Lugar Santo, de la administración del país, de los armamentos y de las plazas fuertes 43 (que estuviera a su cuidado el Lugar Santo), que todos le obedecieran, que se redactaran en su nombre todos los documentos en el país, que vistiera de púrpura y llevara adornos de oro. 44 A nadie del pueblo ni de los sacerdotes le estará permitido rechazar ninguna de estas disposiciones, ni contradecir sus órdenes, ni convocar en el país asambleas sin contar con él, ni vestir de púrpura, ni llevar fíbula de oro. 45 Todo aquel que obre contrariamente a estas decisiones o anule alguna de ellas, será reo. 46 El pueblo entero estuvo de acuerdo en conceder a Simón el derecho de obrar conforme a estas disposiciones, 47 y Simón aceptó y le pareció bien ejercer el sumo sacerdocio, ser estratega y etnarca de los judíos y sacerdotes* y estar al frente de todos.»

48 Decretaron que este documento se grabara en planchas de bronce, que se fijaran éstas en el recinto del Lugar Santo, en lugar visible, 49 y que se archivaran copias en el Tesoro a disposición de Simón y de sus hijos.

Carta de Antíoco VII. Cerco de Dora.

15 1 Envió Antíoco, hijo del rey Demetrio, desde las islas del mar, una carta a Simón, sacerdote y etnarca de los judíos, y a toda la nación, 2 redactada en los siguientes términos:

«El rey Antíoco saluda a Simón, sumo sacerdote y etnarca, y a la nación de los judíos. 3 Puesto que una peste de hombres ha venido a apoderarse del reino de nuestros padres, y he resuelto reivindicar mis derechos sobre él y restablecerlo como anteriormente estaba, y he reclutado fuerzas considerables y equipado navíos de guerra, 4 y quiero desembarcar en el país para encontrarme con los que lo han arruinado y han devastado muchas ciudades de mi reino, 5 ratifico ahora en tu favor todas las exenciones que te concedieron los reyes anteriores a mí y cuantas dispensas de otras donaciones te otorgaron. 6 Te autorizo a acuñar moneda propia de curso legal en tu país. 7 Jerusalén y el Lugar Santo sean libres. Todas las armas que has fabricado y las fortalezas que has construido y ocupas, queden en

14 47 Este triple título de *sumo sacerdote*, *estratega* y *etnarca*, ver **13** 42, describe bien la compleja situación de Simón, ver **10** 20. El soplo religioso se extingue con él, **9** 31+.

tu poder. 8 Cuanto debes al tesoro real y
cuanto en el futuro dejes a deber, te sea
perdonado desde ahora para siempre.
9 Y cuando hayamos ocupado nuestro
reino, te honraremos a ti, a tu nación
y al santuario con tales honores que la
gloria de ustedes será conocida en toda
la tierra.»
10 El año ciento setenta y cuatro partió
Antíoco para el país de sus padres y todas
las tropas se pasaron a él de modo que
pocos quedaron con Trifón. 11 Antíoco se
lanzó en su persecución y Trifón se refugió en Dora a orillas del mar, 12 porque
veía que las desgracias se abatían sobre él
y se encontraba abandonado de sus tropas. 13 Antíoco puso cerco a Dora con los
ciento veinte mil combatientes y los ocho
mil jinetes que consigo tenía. 14 Bloqueó
la ciudad, y de la parte del mar se acercaron las naves, de modo que estrechó a la
ciudad por tierra y por mar sin dejar que
nadie entrara o saliera.

Retorno a Judea de la embajada a Roma y promulgación de la alianza con los romanos.

15 Entre tanto, regresaron de Roma
Numenio y sus acompañantes trayendo
cartas para los reyes y países, escritas
de este modo:
16 «Lucio, cónsul de los romanos, saluda al rey Tolomeo. 17 Han venido a
nosotros, en calidad de amigos y aliados
nuestros, los embajadores de los judíos
para renovar nuestra antigua amistad y
alianza, enviados por el sumo sacerdote
Simón y por el pueblo de los judíos, 18 y
nos han traído un escudo de oro de mil
minas. 19 Nos ha parecido bien, en consecuencia, escribir a los reyes y países
que no intenten causarles mal alguno,
ni los ataquen a ellos ni a sus ciudades
ni a su país, y que no presten su apoyo
a los que los ataquen. 20 Hemos decidido
aceptar de ellos el escudo. 21 En caso de
que individuos perniciosos huyan de su
país y se refugien en el de ustedes, en-
tréguenlos al sumo sacerdote Simón
para que los castigue según su ley.»
22 Cartas iguales fueron remitidas al
rey Demetrio, a Átalo, a Ariarates, a Arsaces 23 y a todos los países: a Sámpsa-
mo, a los espartanos, a Delos, a Mindos,
a Sición, a Caria, a Samos, a Panfilia, a
Licia, a Halicarnaso, a Rodas, a Fasélida,
a Cos, a Side, a Árados, a Gortina, a Cni-
do, a Chipre y a Cirene*. 24 Redactaron
además una copia de esta carta para el
sumo sacerdote Simón.

Antíoco VII, sitiando Dora, se vuelve hostil a Simón, y lo reprende.

25 El rey Antíoco, pues, tenía puesto
cerco a Dora en los arrabales, lanzaba
sin tregua sus tropas contra la ciudad y
construía ingenios de guerra. Tenía blo-
queado a Trifón y nadie podía entrar ni
salir. 26 Simón le envió dos mil hombres
escogidos para ayudarlo en la lucha,
además de plata, oro y abundante material. 27 Pero no quiso recibir el envío;
antes bien rescindió cuanto había convenido anteriormente con Simón y se
mostró hostil con él. 28 Envió a Atenobio, uno de sus amigos, a entrevistarse
con él y decirle: «Ustedes ocupan Jope,
Gázara y la Ciudadela de Jerusalén, ciudades de mi reino. 29 Han devastado sus
territorios, causado graves daños en el
país y se han adueñado de muchas localidades de mi reino. 30 Devuelvan, pues,
ahora las ciudades que han tomado y
los impuestos de las localidades de que
se han adueñado fuera de los límites de
Judea. 31 O bien, paguen en compensación quinientos talentos de plata y otros
quinientos talentos por los estragos que
han causado y por los impuestos de las
ciudades. De lo contrario, iremos y les
declararemos la guerra.» 32 Llegó, pues,

15 23 Esta lista refleja perfectamente el estado político del Próximo Oriente hacia mediados del siglo II a.C. Junto a grandes reinos, había multitud de ciudades, islas y territorios prácticamente independientes, donde existían algunas colonias judías, cuya localización no está precisada por el autor, vv. 19.23.

Atenobio, el amigo del rey, a Jerusalén
y, al ver la magnificencia de Simón, su
aparador con vajilla de oro y plata y
todo el esplendor que lo rodeaba, quedó
asombrado. Le comunicó el mensaje
del rey 33 y Simón le respondió con estas palabras: «Ni nos hemos apoderado
de tierras ajenas ni nos hemos apropiado bienes de otros, sino de la heredad
de nuestros padres. Por algún tiempo la
poseyeron injustamente nuestros enemigos, 34 y nosotros, aprovechando una
ocasión favorable, hemos recuperado la
heredad de nuestros padres. 35 En cuanto a Jope y Gázara que nos reclamas,
esas ciudades causaban graves daños
al pueblo y asolaban nuestro país. Por
ellas daremos cien talentos.» No respondió palabra Atenobio, 36 sino que se
volvió furioso adonde el rey y le refirió
la respuesta, la magnificencia de Simón
y todo lo que había visto. El rey montó
en violenta cólera.

El gobernador Cendebeo hostiga a Judea.

37 Trifón, embarcado en una nave,
huyó a Ortosia. 38 Entonces el rey nombró a Cendebeo jefe supremo de la
Zona Marítima y le entregó tropas de infantería y de caballería, 39 con la orden
de acampar frente a Judea, construir
Cedrón, fortificar sus puertas y combatir
contra el pueblo. El rey partió en seguimiento de Trifón. 40 Cendebeo llegó a
Yamnia y comenzó a hostigar al pueblo, efectuando incursiones por Judea,
capturando prisioneros y asesinando.
41 Reconstruyó Cedrón, donde alojó caballería y tropas para recorrer en salidas
los caminos de Judea, como se lo tenía
ordenado el rey.

Victoria de los hijos de Simón sobre Cendebeo.

16 1 Subió Juan desde Gázara y
comunicó a su padre Simón
las actividades de Cendebeo. 2 Simón
llamó entonces a sus dos hijos mayores,
Judas y Juan, y les dijo*: «Mis hermanos
y yo y la casa de mi padre hemos combatido a los enemigos de Israel desde
nuestra juventud hasta el día de hoy y
llevamos muchas veces a feliz término
la liberación de Israel; 3 pero ahora ya
estoy viejo, mientras que ustedes, por la
misericordia del Cielo, están en buena
edad. Ocupen, pues, mi puesto y el
de mi hermano, salgan a combatir por
nuestra nación y que el auxilio del Cielo
sea con ustedes.» 4 Escogió luego en el
país veinte mil combatientes y jinetes
que partieron contra Cendebeo y pasaron la noche en Modín. 5 Al levantarse
de mañana, avanzaron hacia la llanura y
vieron que un ejército numeroso, infantería y caballería, venía a su encuentro.
Un torrente se interponía entre ellos.
6 Juan tomó posiciones con sus tropas
frente al enemigo y, advirtiendo que sus
tropas tenían miedo de pasar el torrente, lo pasó él el primero, y sus hombres,
al verlo, pasaron detrás de él. 7 Dividió
su ejército (en dos cuerpos) y puso a los
jinetes en medio de los de a pie*, pues
la caballería de los contrarios era muy
numerosa. 8 Tocaron las trompetas y
Cendebeo y su ejército salieron derrotados. Muchos de ellos cayeron heridos de
muerte y los que quedaron huyeron en
dirección a la fortaleza. 9 Entonces cayó
herido Judas, el hermano de Juan. Pero
Juan los persiguió hasta que Cendebeo
entró en Cedrón, que él había reconstruido. 10 Fueron también a refugiarse
en las torres que hay por los campos de
Asdod, y Juan le prendió fuego. Unos
dos mil de ellos sucumbieron y Juan regresó en paz a Judea.

Muerte trágica de Simón en Doc. Le sucede su hijo Juan.

11 Tolomeo, hijo de Abubos, había sido nombrado estratega de la llanura de

16 2 Ver **2** 49-68; **12** 15; **13** 3; **14** 26.36.

16 7 Táctica conocida por los antiguos, que permitía resistir a una caballería superior en número.

Jericó y poseía mucha plata y oro,
12 pues era yerno del sumo sacerdote.
13 Su corazón se ensoberbeció tanto
que aspiró a apoderarse del país, para
lo cual tramaba quitar a traición la vida
a Simón y a sus hijos. 14 Yendo Simón
de inspección por las ciudades del país
preocupándose de su administración,
bajó con sus hijos, Matatías y Judas, a
Jericó. Era el año ciento setenta y siete
en el undécimo mes, que es el mes de
Sebat. 15 El hijo de Abubos los recibió
traidoramente en una pequeña fortaleza
llamada Doc, construida por él, les dio
un gran banquete y ocultó allí hombres.
16 Cuando Simón y sus hijos estuvieron
bebidos, se levantó Tolomeo con los
suyos, tomaron sus armas y lanzándose
sobre Simón en la sala del banquete, lo
mataron a él, a sus dos hijos* y a algunos
de sus servidores. 17 Cometió de esta
manera una gran alevosía y devolvió mal
por bien. 18 Luego escribió Tolomeo al
rey contándole lo ocurrido y pidiéndole
que le enviara tropas en su auxilio para
entregarle el país y sus ciudades. 19 Envió
otros a Gázara para quitar de en medio
a Juan. Escribió a los quiliarcos* invitándolos
a venir donde él para darles plata,
oro y otras dádivas. 20 Envió otros que
se apoderaran de Jerusalén y del monte
del santuario. 21 Pero, adelantándose
uno, anunció a Juan en Gázara que su
padre y sus hermanos habían perecido
y añadió: «Ha enviado gente a matarte
a ti también.» 22 Al oír estas noticias,
quedó profundamente afectado, prendió
a los hombres que venían a matarlo y les
dio muerte, pues sabía que pretendían
asesinarlo*.

23 Las restantes actividades de Juan,
sus guerras, las proezas que llevó a cabo,
las murallas que levantó y otras empresas
suyas, 24 están escritas en el libro de los
Anales de su pontificado a partir del día
en que fue nombrado sumo sacerdote
como sucesor de su padre*.

16 16 En realidad, los dos hijos de Simón fueron muertos más tarde. Tolomeo los guardaba como rehenes, así como a su madre.

16 19 *Quiliarcos*, «jefes de mil», ver **3** 55; Jdt **14** 12 .

16 22 La continuación de la historia de Juan Hircano I (134-104 a.C.) y de la dinastía asmonea que ha fundado no nos es conocida más que por documentos profanos. El autor de 1 M se limita a los hechos de Matatías y sus hijos.

16 24 Fórmula imitada de las de 1 y 2 Reyes.

LIBRO SEGUNDO DE LOS MACABEOS

*I. Cartas a los judíos de Egipto**

PRIMERA CARTA

1 1 A los hermanos judíos que viven
en Egipto los saludan sus hermanos
judíos que están en Jerusalén y en la
región de Judea, deseándoles una paz
dichosa. 2 Que Dios los llene de bienes y
recuerde su alianza con Abrahán, Isaac y
Jacob, sus fieles servidores. 3 Que a todos
les dé corazón para adorarlo y cumplir
su voluntad con corazón grande y ánimo
generoso. 4 Que les abra el corazón a
su Ley y a sus preceptos, y les otorgue
la paz. 5 Que escuche sus súplicas, se
reconcilie con ustedes y no los abandone
en tiempo de desgracia. 6 Esto es lo que
estamos ahora pidiendo por ustedes. 7 Ya
el año ciento sesenta y nueve, en el reinado de Demetrio, nosotros, los judíos,
les escribimos así: «En lo más grave de la
tribulación que ha caído sobre nosotros
en estos años, desde que Jasón y sus
partidarios traicionaron la tierra santa y el
reino, 8 incendiaron el portón (del templo)
y derramaron sangre inocente, suplicamos al Señor y hemos sido escuchados.
Hemos ofrecido un sacrificio con flor de
harina, hemos encendido las lámparas y
presentado los panes.» 9 También ahora
les escribimos para que celebren la fiesta
de las Tiendas en el mes de Quisleu. Es
el año ciento ochenta y ocho*.

SEGUNDA CARTA*

Saludo.

10 Los que están en Jerusalén y en
Judea, los ancianos y Judas saludan y
desean prosperidad a Aristóbulo, pre-
ceptor del rey Tolomeo, del linaje de los
sacerdotes ungidos, y a los judíos que
están en Egipto.

Acción de gracias por el castigo de Antíoco.

11 Salvados por Dios de grandes peligros, le damos rendidas gracias, como a
quien nos ha guiado en la batalla contra
el rey, 12 ya que Él ha arrojado fuera a
los que combatían contra la ciudad santa. 13 Pues, cuando llegó a Persia su jefe
acompañado de un ejército, al parecer
invencible, fueron desbaratados en el
templo de Nanea*, gracias al engaño
tramado por los sacerdotes de Nanea.
14 Antíoco, y con él sus amigos, llegaron
a aquel lugar como tratando de desposar-
se con la diosa, con objeto de apoderarse, a título de dote, de abundantes riquezas. 15 Una vez que los sacerdotes del
templo de Nanea las hubieron expuesto
y que él se hubiera presentado con unas
pocas personas en el recinto sagrado,
cerraron el templo en cuanto entró
Antíoco. 16 Abrieron la puerta secreta del
techo y a pedradas aplastaron al jefe; lo
descuartizaron y, cortándole la cabeza, la
arrojaron a los que estaban fuera. 17 En
todo sea bendito nuestro Dios, que ha
entregado los impíos (a la muerte).

1 Estas dos cartas a los judíos, fechadas el 124 y 164 a.C., invitan a las colonias judías de Egipto a celebrar la fiesta de la Dedicación, ver 1 M **4** 59+. La primera parte de 2 M hasta **10** 8, es una justificación histórica de esta fiesta.

1 9 La fiesta de las Tiendas, ver v. 18, es, pues, la Dedicación, **1** 1. Ver Ex **23** 14+; **34** 22.

1 10 La segunda carta se considera cuarenta años anterior a la primera. Relata los rumores sobre la muerte de Antíoco Epífanes y algunas tradiciones sobre Nehemías y Jeremías.

1 13 *Nanea*, diosa mesopotámica equiparada a Artemisa de Éfeso.

El fuego sagrado es conservado milagrosamente*.

18 A punto de celebrar en el veinticinco de Quisleu la purificación del templo,
nos ha parecido conveniente informar-
les, para que también ustedes la celebren
como la fiesta de las Tiendas y del fuego aparecido cuando ofreció sacrificios
Nehemías, el que construyó el Templo y
el altar. 19 Pues, cuando nuestros padres
fueron llevados a Persia, los sacerdotes
piadosos de entonces, habiendo tomado
fuego del altar, lo escondieron secretamente en una concavidad semejante a
un pozo seco, en el que tan a seguro lo
dejaron, que el lugar quedó ignorado de
todos. 20 Pasados muchos años, cuando
a Dios le plugo, Nehemías, enviado por
el rey de Persia, mandó que buscaran
el fuego los descendientes de los sacerdotes que lo habían escondido; 21 pero
como ellos informaron que en realidad
no habían encontrado fuego, sino un
líquido espeso, él les mandó que lo sacaran y trajeran. Cuando estuvo dispuesto
el sacrificio, Nehemías mandó a los sacerdotes que rociaran con aquel líquido
la leña y lo que había colocado sobre
ella. 22 Cumplida la orden, y pasado
algún tiempo, el sol que antes estaba nublado volvió a brillar, y se encendió una
llama tan grande que todos quedaron
maravillados. 23 Mientras se consumía
el sacrificio, los sacerdotes hacían oración: todos los sacerdotes con Jonatán
que comenzaba, y los demás, como
Nehemías, respondían. 24 La oración era
la siguiente: «Señor, Señor Dios, creador
de todo, temible y fuerte, justo y misericordioso, tú, rey único y bueno, 25 tú
solo generoso, solo justo, todopoderoso
y eterno, que salvas a Israel de todo mal,
que elegiste a nuestros padres y los santi-
ficaste, 26 acepta el sacrificio por todo tu
pueblo Israel, guarda tu heredad y santi-
fícala. 27 Reúne a los nuestros dispersos,
da libertad a los que están esclavizados
entre las naciones, vuelve tus ojos a los
despreciados y abominados, y conozcan
los paganos que tú eres nuestro Dios.
28 Aflige a los que tiranizan y ultrajan con
arrogancia. 29 Planta a tu pueblo en tu
lugar santo, como dijo Moisés*.»

30 Los sacerdotes salmodiaban los himnos. 31 Cuando fue consumido el sacrificio, Nehemías mandó derramar el líquido
sobrante sobre unas grandes piedras.
32 Hecho esto, se encendió una llamarada que quedó absorbida por el mayor resplandor que brillaba en el altar.
33 Cuando el hecho se divulgó y se refirió
al rey de los persas que en el lugar donde
los sacerdotes deportados habían escondido el fuego había aparecido aquel
líquido con el que habían santificado las
ofrendas del sacrificio Nehemías y sus
compañeros*, 34 el rey, después de verifi-
car tal hecho, mandó alzar una cerca haciendo sagrado el lugar. 35 El rey recogía
grandes sumas y las repartía a quienes
quería hacer favores. 36 Nehemías y sus
compañeros llamaron a ese líquido «ne-
ftar», que significa «purificación»; pero la
mayoría lo llama «nafta».

Jeremías esconde los utensilios del culto*.

2 1 Se encuentra en los documentos
que el profeta Jeremías mandó a los
deportados que tomaran fuego como
ya se ha indicado; 2 y cómo el profeta,
después de darles la Ley, ordenó a los
deportados que no se olvidaran de los
preceptos del Señor ni se desviaran en sus

1 18 La anécdota trata de demostrar que el santuario de Jerusalén no ha perdido ninguno de sus privilegios, ya que ha conservado hasta el mismo fuego sagrado de Lv **6** 5-6. Combina el recuerdo del culto del fuego entre los Persas, vv. 32-34, y lo que se sabía entonces de la nafta, petróleo nativo en bruto, que causaba la admiración de los antiguos.

1 29 Ver Ex **15** 17; etc.; y Dt **30** 3-5; Ne **1** 7-10.

1 33 Es la versión relatada al rey; que difiere de la precedente.

2 Este relato, sacado de un apócrifo perdido, afirma la continuidad del culto legítimo, ver **1** 18+, a pesar de la ausencia de la Tienda y del arca.

pensamientos al ver ídolos de oro y plata y las galas que los envolvían. [3] Entre otras cosas, los exhortaba a no apartar la Ley de sus corazones. [4] Se decía también en el escrito cómo el profeta, después de una revelación, mandó llevar consigo la Tienda y el arca; y cómo salió hacia el monte donde Moisés había subido para contemplar la heredad de Dios.
[5] Y cuando llegó Jeremías, encontró una estancia en forma de cueva; allí metió la Tienda, el arca y el altar del incienso, y tapó la entrada. [6] Volvieron algunos de sus acompañantes para marcar el camino, pero no pudieron encontrarlo.
[7] En cuanto Jeremías lo supo, los reprendió diciéndoles: «Este lugar quedará desconocido hasta que Dios vuelva a reunir a su pueblo y le sea propicio. [8] El Señor entonces mostrará todo esto; y aparecerá la gloria del Señor y la Nube, como se mostraba en tiempo de Moisés, y cuando Salomón rogó que el Lugar* fuera solemnemente consagrado.» [9] Se explicaba también cómo éste, dotado de sabiduría, ofreció el sacrificio de la dedicación y la terminación del templo.
[10] Como Moisés oró al Señor y bajó del cielo fuego, que devoró las ofrendas del sacrificio, así también oró Salomón y bajó fuego que consumió los holocaustos*. [11] Moisés había dicho: «La víctima por el pecado ha sido consumida por no haber sido comida.» [12] Salomón celebró igualmente los ocho días de fiesta.

La biblioteca de Nehemías.

[13] Lo mismo se narraba también en los archivos y en las Memorias del tiempo de Nehemías*; y cómo éste, para fundar una biblioteca, reunió los libros referentes a los reyes y a los profetas, los de David y las cartas de los reyes acerca de las ofrendas. [14] De igual modo Judas reunió todos los libros dispersos a causa de la guerra que sufrimos, los cuales están en nuestras manos. [15] Por tanto, si ustedes tienen necesidad de ellos, envíen a quienes se los lleven.

Invitación a la Dedicación.

[16] A punto ya de celebrar la purificación, les escribimos: También ustedes harán bien en celebrar estos días. [17] El Dios que salvó a todo su pueblo y que a todos otorgó la heredad, el reino, el sacerdocio y la santidad, [18] como había prometido por la Ley, el mismo Dios, como esperamos, se apiadará pronto de nosotros y nos reunirá de todas partes bajo el cielo en el Lugar Santo; pues nos ha sacado de grandes males y ha purificado el Lugar.

II. *Prefacio del autor*

[19] La historia de Judas Macabeo y de sus hermanos, la purificación del más grande templo, la dedicación del altar,
[20] las guerras contra Antíoco Epífanes y su hijo Eupátor, [21] y las manifestaciones celestiales en favor de los que combatieron viril y gloriosamente por el Judaísmo, de suerte que, aun siendo pocos, saquearon toda la región, ahuyentaron las hordas bárbaras, [22] recuperaron el templo famoso en todo el mundo, liberaron la ciudad y restablecieron las leyes que estaban a punto de ser abolidas, pues el Señor se mostró propicio hacia ellos con toda benignidad; [23] todo esto, expuesto en cinco libros por Jasón de Cirene, intentaremos nosotros compendiarlo en uno solo. [24] Porque al conside-

2 8 El *Lugar*, como a menudo se lee en 2 M, es el *lugar santo*. Ver Ex **24** 16; 1 R **8** 10-11.

2 10 Ver Lv **9** 24; 2 Cro **7** 1; como también en Lv **10** 16-17; 1 R **8** 65-66.

2 13 *Las Memorias de Nehemías*, obra desconocida, fuera de este pasaje. Esta *biblioteca* designa no los *Libros santos* de 1 M **12** 9+, sino los libros útiles para la vida de la comunidad.

rar la marea de números y la dificultad existente, por la amplitud de la materia, para los que quieren sumergirse en los relatos de la historia, 25 nos hemos preocupado por ofrecer algún atractivo a los que desean leer, facilidad a los que gustan retenerlo de memoria, y utilidad a cualquiera que lo lea. 26 Para nosotros, que nos hemos encargado de la fatigosa labor de este resumen, no es fácil la tarea, sino de sudores y desvelos, 27 como tampoco al que prepara un banquete y busca el provecho de los demás le resulta esto cómodo. Sin embargo, esperando la gratitud de muchos, soportamos con gusto esta fatiga, 28 dejando al historiador la tarea de precisar cada suceso y esforzándonos por seguir las normas de un resumen. 29 Pues, así como al arquitecto de una casa nueva corresponde la preocupación por la estructura entera, y, en cambio, al encargado de la encáustica y pinturas, el cuidado de lo necesario para la decoración, lo mismo me parece de nosotros: 30 profundizar, revolver las cuestiones y examinar punto por punto corresponde al que compone la historia; 31 pero buscar concisión al exponer y renunciar a tratar el asunto de forma exhaustiva debe concederse al divulgador.

32 Comencemos, por tanto, desde ahora la narración, después de haber abundado tanto en los preliminares; pues sería absurdo abundar en lo que antecede a la historia y ser breves en la historia misma.

*III. Historia de Heliodoro**

Llegada de Heliodoro a Jerusalén.

3 1 Mientras la ciudad santa era habitada en completa paz y las leyes guardadas a la perfección, gracias a la piedad y al aborrecimiento del mal del sumo sacerdote Onías, 2 sucedía que hasta los reyes veneraban el Lugar Santo y honraban el templo con magníficos presentes, 3 hasta el punto de que Seleuco, rey de Asia, proveía con sus propias rentas a todos los gastos necesarios para el servicio de los sacrificios. 4 Pero un tal Simón, de la tribu de Bilgá, constituido administrador del templo, tuvo diferencias con el sumo sacerdote sobre la reglamentación del mercado de la ciudad. 5 No pudiendo vencer a Onías, se fue donde Apolonio, hijo de Traseo, estratega por entonces de Celesiria y Fenicia, 6 y le comunicó que el tesoro de Jerusalén estaba repleto de riquezas incontables, hasta el punto de ser incalculable la cantidad de dinero, sin equivalencia con los gastos de los sacrificios, y que era posible que cayeran en poder del rey. 7 Apolonio, en conversación con el rey, le habló de las riquezas de que había tenido noticia, y entonces el rey designó a Heliodoro, el encargado de sus negocios, y lo envió con la orden de realizar la transferencia de las mencionadas riquezas. 8 Heliodoro emprendió en seguida el viaje con el pretexto de inspeccionar las ciudades de Celesiria y Fenicia, cuando en realidad iba a ejecutar el proyecto del rey. 9 Llegado a Jerusalén y amistosamente acogido por el sumo sacerdote y por la ciudad, expuso el hecho de la denuncia e hizo saber el motivo de su presencia; preguntó si las cosas eran realmente así. 10 Manifestó el sumo sacerdote que eran depósitos de viudas y huérfanos, 11 que una parte pertenecía a Hircano, hijo de Tobías, personaje de muy alta posición y que, contra lo que había calumniado el impío Simón, el total era de cuatrocientos talentos de plata y doscientos de oro; 12 que de ningún modo se podía perjudicar a los que tenían puesta su confianza en la santidad del Lugar y en la majestad inviolable

3 Este episodio ilustra la tesis expresada en el v. 39; ver **5** 17-18. El hecho se sitúa al final del reinado de Seleuco IV (187-175).

de aquel templo venerado en todo el
mundo.

Conmoción de la ciudad.

13 Pero Heliodoro, en virtud de las
órdenes del rey, mantenía de forma ter-
minante que los bienes debían pasar al
tesoro real. 14 En la fecha fijada hacía
su entrada para realizar el inventario de
los bienes. No era pequeña la angustia
en toda la ciudad: 15 los sacerdotes,
postrados ante el altar con sus vestiduras sacerdotales, suplicaban al Cielo, el
que había dado la ley sobre los bienes
en depósito, que los guardara intactos
para quienes los habían depositado. 16 El
ver la figura del sumo sacerdote llegaba
a partir el alma, pues su aspecto y su
color demudado manifestaban la angustia de su alma. 17 Aquel hombre estaba
embargado de miedo y temblor en su
cuerpo, con lo que mostraba a los que lo
contemplaban el dolor que había en su
corazón. 18 De las casas salía en tropel la
gente a una rogativa pública, pues el lugar estaba a punto de caer en el oprobio.
19 Las mujeres, ceñidas de saco bajo el
pecho, llenaban las calles; de las jóvenes,
que estaban recluidas, unas corrían a las
puertas, otras subían a los muros, otras
se asomaban por las ventanas. 20 Todas,
con las manos tendidas al cielo, tomaban
parte en la súplica. 21 Daba compasión
aquella multitud confusamente postrada
y el sumo sacerdote angustiado en honda
ansiedad. 22 Mientras ellos invocaban al
Señor Todopoderoso para que guardara
intactos, en completa seguridad, los bienes en depósito para quienes los habían
confiado, 23 Heliodoro llevaba a cabo lo
que tenía decidido.

Castigo de Heliodoro.

24 Estaba ya allí mismo con su guardia
junto al Tesoro, cuando el Soberano
de los Espíritus y de toda Potestad se
manifestó en su grandeza, de modo que
todos los que con él juntos se habían
atrevido a acercarse, pasmados ante el
poder de Dios, se volvieron débiles y cobardes. 25 Pues se les apareció un caballo
montado por un jinete terrible y guar-
necido con riquísimo arnés; lanzándose
con ímpetu levantó contra Heliodoro
sus patas delanteras. El que lo montaba
aparecía con una armadura de oro. 26 Se
le aparecieron además otros dos jóvenes
de notable vigor, espléndida belleza y
magníficos vestidos, que, colocándose a
ambos lados, lo azotaban sin cesar, mo-
liéndolo a golpes. 27 Al caer de pronto
a tierra, rodeado de densa oscuridad, lo
recogieron y lo pusieron en una litera;
28 al mismo que poco antes, con numeroso séquito y con toda su guardia, había
entrado en el mencionado Tesoro, lo
llevaban ahora incapaz de valerse por sí
mismo, reconociendo todos claramente
la soberanía de Dios.

29 Mientras él yacía mudo y privado
de toda esperanza de salvación, a causa
del poder divino, 30 otros bendecían al
Señor que había glorificado maravillosamente su propio Lugar; y el templo,
lleno poco antes de miedo y turbación,
rebosaba de gozo y alegría después de
la manifestación del Señor Todopoderoso. 31 Pronto algunos de los acompañantes de Heliodoro instaban a Onías a
que invocara al Altísimo para que diera
la gracia de vivir a aquel que yacía ya en
su último suspiro.

32 Temiendo el sumo sacerdote que
acaso el rey sospechara que los judíos
hubieran perpetrado alguna fechoría contra Heliodoro, ofreció un sacrificio por
la salud de aquel hombre. 33 Mientras
el sumo sacerdote ofrecía el sacrificio
de expiación, se aparecieron otra vez a
Heliodoro los mismos jóvenes, vestidos
con la misma indumentaria y en pie le
dijeron: «Da muchas gracias al sumo
sacerdote Onías, pues por él te concede
el Señor la gracia de vivir; 34 y tú, que
has sido azotado por el Cielo, haz saber
a todos la grandeza del poder de Dios.»
En diciendo esto, desaparecieron.

Conversión de Heliodoro.

35 Heliodoro, habiendo ofrecido al Señor un sacrificio y tras haber orado lar-

gamente al que le había concedido la vida, se despidió de Onías y volvió con sus
tropas adonde el rey. 36 Ante todos daba
testimonio de las obras del Dios grande
que él había contemplado con sus ojos*.
37 Al preguntar el rey a Heliodoro a quién
convendría enviar otra vez a Jerusalén,
él respondió: 38 «Si tienes algún enemigo
conspirador contra el Estado, mándalo
allá y te volverá molido a azotes, si es
que salva su vida, porque te aseguro que
rodea a aquel Lugar una fuerza divina.
39 Pues el mismo que tiene en los cielos
su morada, vela y protege aquel Lugar; y
a los que se acercan con malas intenciones los hiere de muerte.» 40 Así sucedieron las cosas relativas a Heliodoro y a la
preservación del Tesoro.

IV. Propaganda helenista y persecución bajo Antíoco Epífanes

Perversidad de Simón, el administrador.

4 1 El mencionado Simón, delator de
los tesoros y de la patria, calumnia-
ba a Onías como si éste hubiera maltratado a Heliodoro y fuera el causante de
sus desgracias; 2 y se atrevía a decir que
el bienhechor de la ciudad, el defensor
de sus compatriotas y celoso observante
de las leyes, era un conspirador contra
el Estado. 3 A tal punto llegó la hostilidad, que hasta se cometieron asesinatos
por parte de uno de los esbirros de Simón. 4 Considerando Onías que aquella
rivalidad era intolerable y que Apolonio,
hijo de Menesteo, estratega de Celesiria
y Fenicia, instigaba a Simón al mal,
5 se hizo llevar donde el rey, no porque
pretendiera acusar a sus conciudadanos,
sino que miraba por los intereses generales y particulares de toda su gente.
6 Pues bien veía que sin la intervención
real era ya imposible pacificar la situación
y detener a Simón en sus locuras.

El sumo sacerdote Jasón introduce el helenismo.

7 Cuando Seleuco dejó esta vida y Antíoco, por sobrenombre Epífanes, comenzó a reinar, Jasón, el hermano de
Onías, usurpó el sumo pontificado, 8 después de haber prometido al rey, en una
conversación, trescientos sesenta talentos de plata y ochenta talentos de otras
rentas. 9 Se comprometía además a firmar el pago de otros ciento cincuenta,
si se le concedía la facultad de instalar
por su propia cuenta un gimnasio y una
efebía, así como la de inscribir a los Antioquenos en Jerusalén*. 10 Con el consentimiento del rey y con los poderes en
su mano, pronto cambió las costumbres
de sus compatriotas conforme al estilo
griego. 11 Suprimiendo los privilegios
que los reyes habían concedido a los judíos por medio de Juan, padre de Eupólemo, el que fue enviado en embajada a
los romanos para un tratado de amistad
y alianza, y abrogando las instituciones
legales, introdujo costumbres nuevas,
contrarias a la Ley. 12 Así pues, fundó
a su gusto un gimnasio bajo la misma
acrópolis e indujo a lo mejor de la juventud a educarse bajo el petaso*. 13 Era tal
el auge del helenismo y el progreso de la
moda extranjera a causa de la extrema
perversidad de aquel Jasón, que tenía
más de impío que de sumo sacerdote,
14 que ya los sacerdotes no sentían celo

3 36 Ver 1 R **8** 41-43; Dn **6** 27.
4 9 *Efebía*, grupo de jóvenes de dieciocho a veinte años que aprendían el manejo de las armas y se dedicaban a los ejercicios corporales y a un cierto cultivo de la literatura.

4 12 Ver 1 M **1** 33+; Ne **7** 2. El gimnasio está por tanto contiguo al santuario. *Petaso*, sombrero de ala ancha; era parte del uniforme de los «efebos».

por el servicio del altar, sino que despreciaban el templo; descuidando los sacrificios, en cuanto se daba la señal con el
gong se apresuraban a tomar parte en
los ejercicios de la palestra contrarios a
la Ley; 15 sin apreciar en nada la honra
patria, tenían por mejores las glorias
helénicas. 16 Por esto mismo, una difícil
situación los puso en aprieto, y tuvieron
como enemigos y verdugos a los mismos cuya conducta emulaban y a quienes querían parecerse en todo. 17 Pues
no resulta fácil violar las leyes divinas;
así lo mostrará el tiempo venidero.

18 Cuando se celebraron en Tiro los
juegos cuadrienales, en presencia del rey,
19 el impuro Jasón envió embajadores,
como Antioquenos de Jerusalén, que
llevaban consigo trescientas dracmas de
plata para el sacrificio de Hércules. Pero
los portadores prefirieron, dado que no
convenía, no emplearlas en el sacrificio,
sino en otros gastos. 20 Y así, el dinero
que estaba destinado, por voluntad del
que lo enviaba, al sacrificio de Hércules,
se empleó por deseo de los portadores
en la construcción de las trirremes.

Antíoco Epífanes, aclamado en Jerusalén.

21 Apolonio, hijo de Menesteo, fue enviado a Egipto para la boda del rey Filométor. Cuando supo Antíoco que aquél
se había convertido en su adversario político, se preocupó de su propia seguridad;
por eso, pasando por Jope, se presentó
en Jerusalén. 22 Fue magníficamente recibido por Jasón y por la ciudad, e hizo su
entrada entre antorchas y aclamaciones.
Después de esto llevó sus tropas hasta
Fenicia.

Menelao es nombrado sumo sacerdote.

23 Tres años después, Jasón envió a
Menelao, hermano del ya mencionado
Simón, para llevar el dinero al rey y
gestionar la negociación de asuntos ur-
gentes. 24 Menelao se hizo presentar al
rey, a quien impresionó con su aire majestuoso, y logró ser investido del sumo
sacerdocio, ofreciendo trescientos talentos de plata más que Jasón. 25 Provisto
del mandato real, se volvió sin poseer
nada digno del sumo sacerdocio, sino
más bien el furor de un cruel tirano y la
furia de una bestia salvaje. 26 Jasón, por
su parte, suplantador de su propio hermano y él mismo suplantado por otro,
se vio forzado a huir al país de Amán.
27 Menelao detentaba ciertamente el
poder, pero nada pagaba del dinero
prometido al rey, 28 aunque Sóstrates, el
alcaide de la Acrópolis, se lo reclamaba,
pues a él correspondía la percepción de
los tributos. Por este motivo, ambos fueron convocados por el rey. 29 Menelao
dejó como sustituto del sumo sacerdocio
a su hermano Lisímaco; Sóstrates a Cra-
tes, jefe de los chipriotas.

Asesinato de Onías.

30 Mientras tanto, sucedió que los habitantes de Tarso y de Malos se subleva-
ron por haber sido cedidas sus ciudades
como regalo a Antioquida, la concubina
del rey. 31 Fue, pues, el rey a toda prisa,
para poner orden en la situación, dejando como sustituto a Andrónico, uno de
los dignatarios. 32 Menelao pensó apro-
vecharse de aquella buena oportunidad;
arrebató algunos objetos de oro del
templo y se los regaló a Andrónico;
también logró vender otros en Tiro y en
las ciudades de alrededor. 33 Cuando
Onías llegó a saberlo con certeza, se lo
reprochó, no sin haberse retirado antes
a un lugar de refugio, a Dafne, cerca de
Antioquía. 34 Por eso, Menelao, a solas
con Andrónico, lo incitaba a matar
a Onías. Andrónico se llegó adonde
Onías, y, confiando en la astucia, estre-
chándole la mano y dándole la diestra
con juramento, persuadió a Onías, aunque a éste no le faltaban sospechas, a
salir de su refugio, e inmediatamente
le dio muerte, sin respeto alguno a la
justicia. 35 Por este motivo, no sólo los
judíos, sino también muchos de las demás naciones, se indignaron y se irritaron por el injusto asesinato de aquel

hombre*. 36 Cuando el rey volvió de las
regiones de Cilicia, los judíos de la ciudad, junto con los griegos, que también
odiaban el mal, fueron a su encuentro
a quejarse de la injustificada muerte de
Onías. 37 Antíoco, hondamente entristecido y movido a compasión, lloró recordando la prudencia y la gran moderación del difunto. 38 Encendido en ira,
despojó inmediatamente a Andrónico
de la púrpura y desgarró sus vestidos.
Lo hizo conducir por toda la ciudad hasta el mismo lugar donde tan impíamente
había tratado a Onías; allí hizo desaparecer de este mundo al criminal, a quien
el Señor daba el merecido castigo.

Lisímaco perece en una revuelta.

39 Lisímaco había cometido muchos
robos sacrílegos en la ciudad con el
consentimiento de Menelao, y la noticia
se había divulgado fuera; por eso, la
multitud se amotinó contra Lisímaco.
Pero eran ya muchos los objetos de oro
que estaban dispersos. 40 Como las turbas estaban excitadas y en el colmo de
su cólera, Lisímaco armó a cerca de tres
mil hombres e inició una represión violenta, poniendo por jefe a un tal Aurano,
avanzado en edad y no menos en locura.
41 Cuando se dieron cuenta del ataque de
Lisímaco, unos se armaron de piedras,
otros de estacas y otros, tomando a pu-
ñadas ceniza que allí había, lo arrojaban
todo contra las tropas de Lisímaco. 42 De
este modo hirieron a muchos de ellos y
mataron a algunos; a todos los demás
los pusieron en fuga, y al mismo ladrón
sacrílego lo mataron junto al Tesoro.

Menelao absuelto por dinero.

43 Sobre todos estos hechos se instruyó proceso contra Menelao. 44 Cuando
el rey llegó a Tiro, tres hombres enviados por el Senado expusieron ante él el
alegato. 45 Menelao, perdido ya, prometió una importante suma a Tolomeo,
hijo de Dorimeno, para que persuadiera
al rey. 46 Entonces Tolomeo, llevando al
rey aparte a una galería como para tomar el aire, lo hizo cambiar de parecer,
47 de modo que absolvió de las acusaciones a Menelao, el causante de todos
los males, y, en cambio, condenó a
muerte a aquellos infelices, que hubieran sido absueltos aun cuando hubieran
declarado ante un tribunal de escitas.
48 Así que, sin dilación, sufrieron aquella
injusta pena los que habían defendido la
causa de la ciudad, del pueblo y de los
vasos sagrados. 49 Por este motivo, algunos tirios, indignados contra aquella iniquidad, prepararon con magnificencia
su sepultura. 50 Menelao, por su parte,
por la avaricia de aquellos gobernantes,
permaneció en el poder, creciendo en
maldad, constituido en el principal adversario de sus conciudadanos.

Segunda campaña de Egipto*.

5 1 Por esta época preparaba Antíoco la segunda expedición a Egipto.
2 Sucedió que durante cerca de cuarenta días aparecieron en toda la ciudad,
corriendo por los aires, jinetes vestidos
de oro, tropas armadas distribuidas en
cohortes, 3 escuadrones de caballería en
orden de batalla, ataques y cargas de una
y otra parte, movimiento de escudos,
espesura de lanzas, espadas desenvaina-
das, lanzamiento de dardos, resplandores
de armaduras de oro y corazas de toda
clase. 4 Ante ello todos rogaban que
aquella aparición presagiara algún bien*.

Ataque de Jasón y represión de Epífanes.

5 Al difundirse el falso rumor de que
Antíoco había dejado esta vida, Jasón,
con no menos de mil hombres, lanzó un

4 35 Onías es el *Príncipe Ungido* de Dn **9** 25-27; ver **11** 22. Su muerte abre la 70ª y última semana de años, cuyo centro está marcado por la *Abominación de la desolación*, 1 M **1** 54+.

5 Parece preferible el orden de los acontecimientos tal como vienen en 1 M **1**.

5 4 El autor se complace en contar apariciones: **2** 21; **3** 25; **10** 29-30; **11** 8.

ataque imprevisto contra la ciudad; al ser rechazados los que estaban en la muralla y capturada ya por fin la ciudad, Menelao se refugió en la Acrópolis. 6 Jasón hacía cruel matanza de sus propios ciudadanos sin caer en cuenta que un éxito sobre sus compatriotas era el peor de los desastres; se imaginaba ganar trofeos de enemigos y no de sus compatriotas. 7 Pero no logró el poder, sino que al fin, con la ignominia ganada por sus intrigas, se fue huyendo de nuevo al país de Amán. 8 Por último encontró un final desastroso: acusado ante Aretas, tirano de los árabes, obligado a huir de su ciudad, perseguido por todos, detestado como apóstata de las leyes, y abominado como verdugo de la patria y de los conciudadanos, fue arrojado a Egipto. 9 El que a muchos había desterrado de la patria, en el destierro murió, cuando se dirigía a Lacedemonia, con la esperanza de encontrar protección por razón de parentesco; 10 y el que a tantos había privado de sepultura, pasó sin ser llorado, sin recibir honras fúnebres ni tener un sitio en la sepultura de sus padres.

11 Cuando llegaron al rey noticias de lo sucedido, sacó la conclusión de que Judea se separaba; por eso regresó de Egipto, rabioso como una fiera, tomó la ciudad por las armas 12 y ordenó a los soldados que hirieran sin compasión a los que encontraran y que mataran a los que subieran a los terrados de las casas. 13 Perecieron jóvenes y ancianos; fueron asesinados muchachos, mujeres y niños, y degollaron a doncellas y niños de pecho. 14 En sólo tres días perecieron ochenta mil personas, cuarenta mil en la refriega y otros, en número no menor que el de las víctimas, fueron vendidos como esclavos.

Saqueo del templo.

||1 M **1** 20-24.

15 Antíoco, no contento con esto, se atrevió a penetrar en el templo más santo de toda la tierra, llevando como guía a Menelao, el traidor a las leyes y a la patria. 16 Con sus manos impuras tomó los vasos sagrados y arrebató con sus manos profanas las ofrendas presentadas por otros reyes para acrecentamiento de la gloria y honra del Lugar.

17 Antíoco estaba engreído en su pensamiento, sin considerar que el Soberano estaba irritado por poco tiempo a causa de los pecados de los habitantes de la ciudad y por eso desviaba su mirada del Lugar. 18 Pero de no haberse dejado arrastrar ellos por los muchos pecados, el mismo Antíoco, como Heliodoro, el enviado por el rey Seleuco para inspeccionar el Tesoro, al ser azotado nada más llegar, habría renunciado a su osadía. 19 Pero el Señor no ha elegido a la nación por el Lugar, sino el Lugar por la nación*. 20 Por esto, también el mismo Lugar, después de haber participado de las desgracias acaecidas a la nación, ha tenido luego parte en sus beneficios; y el que había sido abandonado en tiempo de la cólera del Todopoderoso, de nuevo en tiempo de la reconciliación del gran Soberano ha sido restaurado con toda su gloria.

21 Así pues, Antíoco, llevándose del Templo mil ochocientos talentos, se fue pronto a Antioquía, creyendo orgullosamente que haría la tierra navegable y el mar viable, por la arrogancia de su corazón. 22 Dejó también prefectos para hacer daño a la raza: en Jerusalén a Filipo, de raza frigia, que tenía costumbres más bárbaras que el que lo había nombrado; 23 en el monte Garizín, a Andrónico, y además de éstos, a Menelao, que superaba a los demás en maldad contra sus conciudadanos.

Intervención del Misarca Apolonio.

||1 M **1** 29-37.

El rey, que albergaba hacia los judíos sentimientos de odio, 24 envió al Misar-

5 19 La santidad del pueblo elegido tiene la primacía sobre las instituciones judaicas a las que Dios no está sometido, ver Jr **7** 14; Mc **2** 27p.

ca Apolonio con un ejército de veintidós
mil hombres, y la orden de degollar a
todos los que estaban en el vigor de la
edad, y de vender a las mujeres y a los
más jóvenes. [25] Llegado éste a Jerusalén y fingiendo venir en son de paz, esperó hasta el día santo del sábado. Aprovechando el descanso de los judíos,
mandó a sus tropas que se equiparan
con las armas, [26] y a todos los que salían
a ver aquel espectáculo, los hizo matar
e, invadiendo la ciudad con los soldados
armados, hizo caer una considerable
multitud.

[27] Pero Judas, llamado también Macabeo, formó un grupo de unos diez y
se retiró al desierto. Llevaba con sus
compañeros, en las montañas, vida de
fieras salvajes, sin comer más alimento
que hierbas, para no contaminarse de
impureza*.

Establecimiento de cultos paganos.

‖1 M **1** 45-51.

6 [1] Poco tiempo después, el rey envió
al ateniense Geronta para obligar a
los judíos a que desertaran de las leyes
de sus padres y a que dejaran de vivir
según las leyes de su Dios; [2] y además
para contaminar el templo de Jerusalén,
dedicándolo a Zeus Olímpico, y el de
Garizín, a Zeus Hospitalario, como lo
habían pedido los habitantes del lugar.
[3] Este recrudecimiento del mal era para
todos penoso e insoportable. [4] El templo
estaba lleno de desórdenes y orgías por
parte de los paganos, que holgaban con
meretrices y que en los atrios sagrados
andaban con mujeres*, y hasta introdu-
cían allí cosas prohibidas. [5] El altar estaba repleto de víctimas ilícitas, prohibidas
por las leyes. [6] No se podía ni celebrar
el sábado, ni guardar las fiestas patrias,
ni siquiera confesarse judío; [7] antes bien
eran obligados con amarga violencia a
la celebración mensual del nacimiento
del rey con un banquete sacrificial y,
cuando llegaba la fiesta de Dióniso, eran
forzados a formar parte de su cortejo,
coronados de hiedra. [8] Por instigación
de los habitantes de Tolemaida salió un
decreto para las vecinas ciudades griegas, obligándolas a que procedieran de
la misma forma contra los judíos y a que
los hicieran participar en los banquetes
sacrificiales, [9] con orden de degollar a
los que no adoptaran el cambio a las
costumbres griegas. Podíase ya entrever
la calamidad inminente.

‖1 M **1** 60-61; **2** 32-38.

[10] Dos mujeres fueron delatadas por
haber circuncidado a sus hijos; las hicieron recorrer públicamente la ciudad
con los niños colgados del pecho, y las
precipitaron desde la muralla. [11] Otros,
que se habían reunido en cuevas próximas para celebrar a escondidas el día
séptimo, fueron denunciados a Filipo
y quemados juntos, sin que quisieran
hacer nada en su defensa, por respeto
a la santidad del día.

Sentido providencial de la persecución*.

5 17-20; **7** 16-19.32-38.

[12] Ruego a los lectores de este libro
que no se desconcierten por estas desgracias; piensen antes bien que estos castigos buscan no la destrucción, sino la
educación de nuestra raza; [13] pues el no
tolerar por mucho tiempo a los impíos,
de modo que pronto caigan en castigos,
es señal de gran benevolencia. [14] Pues
con las demás naciones el Soberano,
para castigarlas, aguarda pacientemente
a que lleguen a colmar la medida de sus
pecados; pero con nosotros ha decidido
no proceder así, [15] para que no tenga
luego que castigarnos, al llegar nuestros
pecados a la medida colmada. [16] Por eso
mismo nunca retira de nosotros su mise-

5 27 *Impureza*, ver Lv **11** y Dn **1** 8-13; Tb **1** 11; Jdt **12** 2.

6 4 Los atrios de los templos grecorromanos contaban con salas para banquetes, y la prostitución sagrada se practicaba todavía en Siria; ver Dt **23** 19+.

6 12 Ver **5** 17-20; **7** 16-19.32-38; Sb **11** 10; **12** 20-22.

ricordia: cuando corrige con la desgracia, no está abandonando a su propio
pueblo. 17 Quede esto dicho a modo de
recuerdo. Después de estas pocas palabras, prosigamos la narración.

Martirio de Eleazar*.

18 A Eleazar, uno de los principales escribas, varón de ya avanzada edad y de
muy noble aspecto, lo forzaban a abrir la
boca y a comer carne de cerdo. 19 Pero
él, prefiriendo una muerte honrosa a
una vida infame, marchaba voluntariamente al suplicio del apaleamiento,
20 después de escupir todo, que es como
deben proceder los que tienen valentía
para rechazar los alimentos que no es
lícito probar ni por amor a la vida. 21 Los
que estaban encargados del banquete
sacrificial contrario a la Ley, tomándolo
aparte en razón del conocimiento que
de antiguo tenían con este hombre, lo
invitaban a traer carne preparada por
él mismo, y que le fuera lícita; a simular
como si comiera la mandada por el rey,
tomada del sacrificio, 22 para que, obrando así, se librara de la muerte, y por su
antigua amistad hacia ellos alcanzara
benevolencia. 23 Pero él, tomando una
noble resolución digna de su edad, de
la prestancia de su ancianidad, de sus
experimentadas y ejemplares canas, de
su inmejorable proceder desde niño y,
sobre todo, de la legislación santa dada
por Dios, se mostró consecuente consigo diciendo que se le mandara pronto al
Hades. 24 «Porque a nuestra edad no es
digno fingir, no sea que muchos jóvenes,
creyendo que Eleazar, a sus noventa
años, se ha pasado a las costumbres
paganas, 25 también ellos por mi simulación y por mi apego a este breve resto
de vida, se desvíen por mi culpa y yo
atraiga mancha y deshonra a mi vejez.
26 Pues aunque me libre al presente del
castigo de los hombres, sin embargo
ni vivo ni muerto podré escapar de las
manos del Todopoderoso. 27 Por eso, al
abandonar ahora valientemente la vida,
me mostraré digno de mi ancianidad,
28 dejando a los jóvenes un ejemplo noble al morir generosamente con ánimo
y nobleza por las leyes venerables y
santas.»

Habiendo dicho esto, se fue en seguida al suplicio del apaleamiento. 29 Los
que lo conducían cambiaron su suavidad
de poco antes en dureza, después de oír
las referidas palabras que ellos consideraban una locura; 30 él, por su parte, a
punto ya de morir por los golpes, dijo
entre suspiros: «El Señor, que posee la
ciencia santa, sabe bien que, pudiendo
librarme de la muerte, soporto flagelado
en mi cuerpo recios dolores, pero en
mi alma los sufro con gusto por temor
de él.»

31 De este modo llegó a su tránsito.
(No sólo a los jóvenes, sino también a la
gran mayoría de la nación, Eleazar dejó
su muerte como ejemplo de nobleza y
recuerdo de virtud.)

El martirio de los siete hermanos*.
Ver Hb **11** 35.

7 1 Sucedió también que siete hermanos apresados junto con su madre
eran forzados por el rey, flagelados con
azotes y nervios de buey, a probar carne
de cerdo (prohibida por la Ley). 2 Uno
de ellos, hablando en nombre de los demás, decía así: «¿Qué quieres preguntar
y saber de nosotros? Estamos dispuestos a morir antes que violar las leyes de
nuestros padres.» 3 El rey, fuera de sí,
ordenó poner al fuego sartenes y calde-
ras. 4 En cuanto estuvieron al rojo, mandó cortar la lengua al que había hablado
en nombre de los demás, arrancarle el
cuero cabelludo y cortarle las extremi-

6 18 Por su heroico rechazo de los alimentos impuros, ver 1 M **1** 62-63; Lv **11** 7-8, Eleazar da un elocuente testimonio de fidelidad a las leyes, v. 28; **8** 21; 1 M **3** 21+; etc.; es decir, a la Ley, **7** 30; etc., idéntica a la Alianza, 1 M **2** 20-21. Los Padres de la Iglesia se han complacido en celebrarlo como mártir anterior a Cristo.

7 Otro relato de la misma inspiración, y también muy extendido en la tradición cristiana.

dades de los miembros, en presencia de sus demás hermanos y de su madre. 5 Cuando quedó totalmente mutilado, pero respirando todavía, mandó que lo acercaran al fuego y lo tostaran en la sartén. Mientras el humo de la sartén se difundía lejos, los demás hermanos, junto con su madre, se animaban mutuamente a morir con generosidad, y decían: 6 «El Señor Dios vela y con toda seguridad se apiadará de nosotros, como declaró Moisés en el cántico que atestigua claramente: 'Se apiadará de sus siervos*'.»

7 Cuando el primero hizo así su tránsito, llevaron al segundo al suplicio y, después de arrancarle la piel de la cabeza con los cabellos, le preguntaban: «¿Vas a comer antes de que tu cuerpo sea torturado miembro a miembro?» 8 Él, respondiendo en su lenguaje patrio, dijo: «¡No!» Por ello, también éste sufrió a su vez la tortura, como el primero. 9 Al llegar a su último suspiro dijo: «Tú, criminal, nos privas de la vida presente, pero el Rey del mundo, a nosotros que morimos por sus leyes, nos resucitará a una vida eterna*.»

10 Después de éste, fue castigado el tercero; en cuanto se lo pidieron, presentó la lengua, tendió decidido las manos 11 (y dijo con valentía: «Por don del Cielo poseo estos miembros, por sus leyes los desdeño y de Él espero recibirlos de nuevo).» 12 Hasta el punto de que el rey y sus acompañantes estaban sorprendidos del ánimo de aquel muchacho, que en nada temía los dolores.

13 Llegado éste a su tránsito, maltrataron de igual modo con suplicios al cuarto. 14 Cerca ya del fin decía así: «Es preferible morir a manos de hombres con la esperanza que Dios otorga de ser resucitados de nuevo por él; para ti, en cambio, no habrá resurrección a la vida.»

15 En seguida llevaron al quinto y se pusieron a atormentarlo. 16 Él, mirando al rey, dijo: «Tú, porque tienes poder entre los hombres aunque eres mortal, haces lo que quieres. Pero no creas que Dios ha abandonado a nuestra raza. 17 Aguarda tú y contemplarás su magnífico poder, cómo te atormentará a ti y a tu linaje.»

18 Después de éste, trajeron al sexto, que, estando a punto de morir, decía: «No te hagas ilusiones, pues nosotros por nuestra propia culpa padecemos; por haber pecado contra nuestro Dios (nos suceden cosas sorprendentes). 19 Pero no pienses quedar impune tú que te has atrevido a luchar contra Dios.»

20 Admirable de todo punto y digna de glorioso recuerdo fue aquella madre que, al ver morir a sus siete hijos en el espacio de un solo día, sufría con valor porque tenía la esperanza puesta en el Señor. 21 Animaba a cada uno de ellos en su lenguaje patrio y, llena de generosos sentimientos y estimulando con ardor varonil sus reflexiones de mujer, les decía: 22 «Yo no sé cómo ustedes aparecieron en mis entrañas, ni fui yo quien les regaló el espíritu y la vida, ni tampoco organicé yo los elementos de cada uno. 23 Pues así el Creador del mundo, el que modeló al hombre en su nacimiento y proyectó el origen de todas las cosas, les devolverá el espíritu y la vida con misericordia, porque ahora no miran por ustedes mismos por amor a sus leyes.»

24 Antíoco creía que se le despreciaba a él y sospechaba que eran palabras injuriosas. Mientras el menor seguía con vida, no sólo trataba de ganarlo con palabras, sino hasta con juramentos le prometía hacerlo rico y muy feliz, con tal de que abandonara las tradiciones de sus padres; lo haría su amigo y le confiaría altos cargos. 25 Pero como el muchacho

7 6 Cita de Dt **32** 36.
7 9 La fe en la resurrección de los cuerpos no se deducía con certeza de Is **26** 19; Ez **37** 10; Jb **19** 25-27+. Queda claramente afirmada en muchos pasajes de este libro y en Dn **12** 2-3; ver también 2 M **12** 38-46+; **14** 46. Por el poder del Creador, v. 23, los mártires volverán a la vida. Esto es lo que recoge el pensamiento de Sb **3** 1-5; **5** 15-16; sobre la inmortalidad, véase Sb **3** 4+. Los pecadores están excluidos de esta esperanza, v. 14.

no le hacía ningún caso, el rey llamó a la madre y la invitó a que aconsejara al adolescente para salvar su vida. [26] Tras de instarla él varias veces, ella aceptó persuadir a su hijo. [27] Se inclinó sobre él y, burlándose del cruel tirano, le dijo en su lengua patria: «Hijo, ten compasión de mí que te llevé en el seno por nueve meses, te amamanté por tres años, te crié y te eduqué hasta la edad que tienes (y te alimenté). [28] Te ruego, hijo, que mires al cielo y a la tierra y, al ver todo lo que hay en ellos, sepas que a partir de la nada lo hizo Dios* y que también el género humano ha llegado así a la existencia. [29] No temas a este verdugo, antes bien, mostrándote digno de tus hermanos, acepta la muerte, para que vuelva yo a encontrarte con tus hermanos en la misericordia.»

[30] En cuanto ella terminó de hablar, el muchacho dijo: «¿Qué esperan? No obedezco el mandato del rey; obedezco el mandato de la Ley dada a nuestros padres por medio de Moisés. [31] Y tú, que eres el causante de todas las desgracias de los hebreos, no escaparás de las manos de Dios. [32] (Cierto que nosotros padecemos por nuestros pecados.) [33] Si es verdad que nuestro Señor, que vive, está momentáneamente irritado para castigarnos y corregirnos, también se reconciliará de nuevo con sus siervos. [34] Pero tú, ¡oh impío y el más criminal de todos los hombres!, no te engrías neciamente, entregándote a vanas esperanzas y alzando la mano contra sus siervos; [35] porque todavía no has escapado del juicio del Dios que todo lo puede y todo lo ve. [36] Pues ahora nuestros hermanos, después de haber soportado una corta pena por una vida perenne, cayeron por la alianza de Dios; tú, en cambio, por el justo juicio de Dios cargarás con la pena merecida por tu soberbia. [37] Yo, como mis hermanos, entrego mi cuerpo y mi vida por las leyes de mis padres, invocando a Dios para que pronto se muestre propicio con nuestra nación, y que tú con pruebas y azotes llegues a confesar que él es el único Dios. [38] Que en mí y en mis hermanos se detenga la cólera del Todopoderoso justamente descargada sobre toda nuestra raza.»

[39] El rey, fuera de sí, se ensañó con éste con mayor crueldad que con los demás, por resultarle amargo el sarcasmo. [40] También éste tuvo un limpio tránsito, con entera confianza en el Señor. [41] Por último, después de los hijos murió la madre.

[42] Sea esto bastante para tener noticia de los banquetes sacrificiales y de las crueldades sin medida.

V. Victoria del Judaísmo.
Muerte del perseguidor y purificación del templo

Las guerrillas de Judas Macabeo*.

8 [1] Judas, llamado también Macabeo, y sus compañeros entraban sigilosamente en los pueblos, llamaban a sus hermanos de raza y, acogiendo a los que permanecían fieles al Judaísmo, llegaron a reunir seis mil hombres. [2] Rogaban al Señor que mirara por aquel pueblo que todos pisoteaban; que tuviera piedad del santuario profanado por los hombres impíos; [3] que se compadeciera de la ciudad destruida y a punto de ser arrasada, y que escuchara las voces de la sangre que clamaba a él; [4] que se acordara de la inicua matanza de niños inocentes y de las blasfemias proferidas contra su nombre, y que mostrara su odio al mal.

7 28 *De la nada*, literalmente *no de cosas existentes*. Ver Gn **1** 1+; Is **44** 24; Jn **1** 3.

8 Continuación de **5** 27.

5 Macabeo, con su tropa organizada, fue ya invencible para los paganos, al haberse cambiado en misericordia la cólera del Señor. 6 Llegando de improviso, incendiaba ciudades y pueblos; después de ocupar las posiciones estratégicas, causaba al enemigo grandes pérdidas. 7 Prefería la noche como aliada para tales incursiones. La fama de su valor se extendía por todas partes.

Campaña de Nicanor y Gorgias.
‖1 M **3** 38-**4** 25.

8 Al ver Filipo que este hombre progresaba paulatinamente y que sus éxitos eran cada día más frecuentes, escribió a Tolomeo, estratega de Celesiria y Fenicia, para que viniera en ayuda de los intereses del rey. 9 Éste designó enseguida a Nicanor, hijo de Patroclo, uno de sus primeros amigos, y lo envió al frente de no menos de veinte mil hombres de todas las naciones para exterminar la raza entera de Judea. Puso a su lado a Gorgias, general con experiencia en lides guerreras. 10 Nicanor intentaba, por su parte, saldar con la venta de prisioneros judíos el tributo de dos mil talentos que el rey debía a los romanos. 11 Pronto envió a las ciudades marítimas una invitación para que vinieran a comprar esclavos judíos, prometiendo entregar noventa esclavos por un talento sin esperarse el castigo del Todopoderoso que estaba a punto de caer sobre él.

12 Llegó a Judas la noticia de la expedición de Nicanor. Cuando comunicó a los que lo acompañaban que el ejército se acercaba, 13 los cobardes y desconfiados de la justicia divina comenzaron a escaparse y alejarse del lugar; 14 los demás vendían todo lo que les quedaba y pedían al mismo tiempo al Señor que librara a los que el impío Nicanor tenía vendidos aun antes de haberse enfrentado. 15 Si no por ellos, sí por las alianzas con sus padres y porque invocaban en su favor el venerable y majestuoso Nombre.

16 Después de reunir a los suyos, en número de seis mil, el Macabeo los exhortaba a no dejarse amedrentar por los enemigos y a no temer a la muchedumbre de paganos que injustamente venían contra ellos, sino a combatir con valor, 17 teniendo a la vista el ultraje que inicuamente habían inferido al Lugar Santo, los suplicios infligidos a la ciudad y la abolición de las instituciones ancestrales. 18 «Ellos, les dijo, confían en sus armas y en su audacia; pero nosotros tenemos nuestra confianza puesta en Dios Todopoderoso, que puede abatir con un gesto a los que vienen contra nosotros y al mundo entero.» 19 Les enumeró los auxilios dispensados a sus antecesores, especialmente frente a Senaquerib, cuando perecieron ciento ochenta y cinco mil*; 20 y el recibido en Babilonia, en la batalla contra los gálatas, cuando entraron en acción todos los ocho mil judíos junto a los cuatro mil macedonios, y cuando los macedonios se hallaban en apuros, los ocho mil derrotaron a ciento veinte mil, gracias al auxilio que les llegó del cielo, y se hicieron con un gran botín.

21 Después de haberlos enardecido con estas palabras y de haberlos dispuesto a morir por las leyes y por la patria, dividió el ejército en cuatro cuerpos. 22 Puso a sus hermanos, Simón, José y Jonatán, al frente de cada cuerpo, dejando a las órdenes de cada uno mil quinientos hombres. 23 Además mandó a Esdrías que leyera el libro sagrado*; luego, dando como consigna «Auxilio de Dios», él mismo al frente del primer cuerpo trabó combate con Nicanor. 24 Al ponerse el Todopoderoso de su parte en la lucha, dieron muerte a más de nueve mil enemigos, hirieron y mutilaron a la mayor parte del ejército de Nicanor, y a todos los demás los pusieron en fuga. 25 Se apoderaron del dinero de los que habían venido a comprarlos. Después de haberlos perseguido bastante tiempo, se volvieron, obligados por la hora, 26 pues era víspera del sábado,

8 19 Ver 2 R **19** 35; Is **37** 36.

8 23 Ver 1 M **3** 48+.

y por esta causa no continuaron en su persecución. [27] Una vez que hubieron amontonado las armas y recogido los despojos de los enemigos, comenzaron la celebración del sábado, desbordándose en bendiciones y alabanzas al Señor, que en aquel día los había salvado, estableciendo el comienzo de su misericordia. [28] Al acabar el sábado, dieron una parte del botín a los que habían sufrido la persecución, así como a las viudas y huérfanos; ellos y sus hijos se repartieron el resto. [29] Hecho esto, en rogativa pública rogaron al Señor misericordioso que se reconciliara del todo con sus siervos.

Victoria sobre Timoteo y Báquides*.

[30] En su combate con las tropas de Timoteo y Báquides, mataron a éstos más de veinte mil hombres, se adueñaron por completo de altas fortalezas y dividieron el inmenso botín en partes iguales, una para ellos y otra para los que habían sufrido la persecución, los huérfanos y las viudas, así como para los ancianos. [31] Con todo cuidado reunieron las armas capturadas en lugares convenientes y llevaron a Jerusalén el resto de los despojos. [32] Mataron al jefe de la escolta de Timoteo, hombre muy impío que había causado mucho pesar a los judíos. [33] Mientras celebraban la victoria en su patria, quemaron a los que habían incendiado los portones sagrados, así como a Calístenes, que estaban refugiados en una misma casita, y que recibieron así la merecida paga de su impiedad.

Huida y confesión de Nicanor.

[34] Nicanor, tres veces criminal, que había traído a los mil comerciantes para la venta de los judíos, [35] con el auxilio del Señor, quedó humillado por los mismos que él despreciaba como los más viles; despojándose de sus galas, como un fugitivo a campo través, buscando la soledad, llegó hasta Antioquía con mucha suerte, después del desastre de su ejército. [36] El que había pretendido saldar el tributo debido a los romanos con la venta de los prisioneros de Jerusalén, proclamaba que los judíos tenían a Alguien que los defendía, y que los judíos eran invulnerables por el hecho de que seguían las leyes prescritas por Aquél.

Fin de Antíoco Epífanes*.

‖1 M **6** 1-16;
ver 2 M **1** 11-17.

9 [1] Por este tiempo, Antíoco hubo de retirarse desordenadamente de las regiones de Persia. [2] En efecto, habiendo entrado en la ciudad llamada Persépolis, pretendió saquear el santuario y oprimir la ciudad; ante ello, la muchedumbre, sublevándose, acudió a las armas y lo puso en fuga; y Antíoco, ahuyentado por los naturales del país, hubo de emprender una vergonzosa retirada. [3] Cuando estaba en Ecbátana, le llegó la noticia de lo ocurrido a Nicanor y a las tropas de Timoteo. [4] Arrebatado de furor, pensaba vengar en los judíos la afrenta de los que lo habían puesto en fuga, y por eso ordenó al conductor que hiciera avanzar el carro sin parar hasta el término del viaje. Pero ya el juicio del Cielo se cernía sobre él, pues había hablado así con orgullo: «En cuanto llegue a Jerusalén, haré de la ciudad una fosa común de judíos.» [5] Pero el Señor Dios de Israel, que todo lo ve, lo hirió con una llaga incurable e invisible: apenas pronunciada esta frase, se apoderó de sus entrañas un dolor irremediable, con agudos retortijones internos, [6] cosa totalmente justa para quien había hecho sufrir las entrañas de otros con numerosas y desconocidas torturas. [7] Pero él de ningún modo cesaba en su arrogancia; estaba lleno todavía de orgullo, res-

8 30 Este episodio interrumpe el relato, que se reanuda en el v. 34.

9 Después del triunfo de los judíos, la muerte de Antíoco demostrará el castigo de los perseguidores ya aquí abajo. Ver **1** 11-17; 1 M **6** 1-18.

piraba el fuego de su furor contra los judíos y mandaba acelerar la marcha. Pero vino a caer de su carro, que corría velozmente, y, con la violenta caída, todos los miembros de su cuerpo se le descoyuntaron. [8] El que poco antes pensaba dominar con su altivez de superhombre las olas del mar, y se imaginaba pesar en una balanza las cimas de las montañas, caído por tierra, era luego transportado en una litera, mostrando a todos de forma manifiesta el poder de Dios; [9] hasta el punto que de los ojos del impío pululaban gusanos, caían a pedazos sus carnes, aun estando con vida, entre dolores y sufrimientos*, y su infecto hedor apestaba todo el ejército. [10] Al que poco antes creía tocar los astros del cielo, nadie podía ahora llevarlo por la insoportable repugnancia del hedor.

[11] Así comenzó entonces, herido, a abatir su excesivo orgullo y a llegar al verdadero conocimiento bajo el azote divino, en tensión a cada instante por los dolores. [12] Como ni él mismo podía soportar su propio hedor, decía: «Justo es estar sumiso a Dios y que un mortal no pretenda igualarse a la divinidad.» [13] Pero aquel malvado rogaba al Soberano de quien ya no alcanzaría misericordia, prometiendo [14] que declararía libre la ciudad santa, a la que se había dirigido antes a toda prisa para arrasarla y transformarla en fosa común, [15] que equipararía con los atenienses a todos aquellos judíos que había considerado dignos, no de una sepultura, sino de ser arrojados con sus niños como pasto a las fieras; [16] que adornaría con los más bellos presentes el Templo Santo que antes había saqueado; que devolvería multiplicados todos los objetos sagrados; que suministraría a sus propias expensas los fondos que se gastaban en los sacrificios; [17] y, además, que se haría judío y recorrería todos los lugares habitados para proclamar el poder de Dios.

Carta de Antíoco a los judíos.

[18] Como sus dolores de ninguna forma se calmaban, pues había caído sobre él el justo juicio de Dios, desesperado de su estado, escribió a los judíos la carta copiada a continuación, en forma de súplica, con el siguiente contenido:

[19] «A los honrados ciudadanos judíos, con los mejores deseos de dicha, salud y prosperidad, saluda el rey y estratega Antíoco. [20] Si se encuentran bien ustedes, y sus hijos y sus asuntos van conforme a sus deseos, damos por ello rendidas gracias. [21] En cuanto a mí, me encuentro postrado sin fuerza en mi lecho, con un amistoso recuerdo de ustedes.

«A mi vuelta de las regiones de Persia, contraje una molesta enfermedad y he considerado necesario preocuparme de la seguridad común de ustedes. [22] No desespero de mi situación, antes bien tengo grandes esperanzas de salir de esta enfermedad; [23] pero, considerando que también mi padre, con ocasión de salir a campaña hacia las regiones altas, designó su futuro sucesor, [24] para que, si ocurría algo sorprendente o si llegaba alguna noticia desagradable, los habitantes de las provincias no se perturbaran, por saber ya a quién quedaba confiado el gobierno; [25] dándome cuenta además de que los soberanos de alrededor, vecinos al reino, acechan las oportunidades y aguardan lo que pueda suceder, he nombrado rey a mi hijo Antíoco, a quien muchas veces, al recorrer las satrapías altas, los he confiado y recomendado a gran parte de ustedes. A él le he escrito lo que sigue*. [26] Por tanto los exhorto y ruego que, acordándose ustedes de los beneficios recibidos en común y en particular, guarden cada uno también con mi hijo la benevolencia que tienen hacia mí. [27] Pues estoy seguro de que él, realizando con moderación y huma-

9 9 Descripción dependiente del género literario con que se narran las muertes de los tiranos, ver Jdt **16** 17; Is **14** 11; Hch **12** 23. Comparar con 1 M **6** 9.

9 25 El autor no ha reproducido esta segunda carta, a la que probablemente no tenía acceso.

nidad mis proyectos, se entenderá bien
con ustedes.»
28 Así pues, aquel asesino y blasfemo,
sufriendo los peores padecimientos, como los había hecho padecer a otros,
terminó la vida en tierra extranjera,
entre montañas, en el más lamentable
infortunio. 29 Filipo, su compañero, tras-
ladaba su cuerpo; mas, por temor al hijo
de Antíoco, se retiró a Egipto, junto a
Tolomeo Filométor.

Purificación del templo.

‖1 M **4** 36-61.

10 1 Macabeo y los suyos, guiados
por el Señor, recuperaron el
templo y la ciudad, 2 destruyeron los
altares levantados por los extranjeros en
la plaza pública, así como los recintos
sagrados. 3 Después de haber purificado
el templo, hicieron otro altar; tomando
fuego de pedernal del que habían sacado chispas, tras dos años de intervalo,
ofrecieron sacrificios, quemaron incienso, encendieron las lámparas y colocaron los panes de la Presencia. 4 Hecho
esto, rogaron al Señor, postrados sobre
el vientre, que no les permitiera volver
a caer en tales desgracias, sino que, si
alguna vez pecaban, los corrigiera con
benignidad y no los entregara a los paganos blasfemos y bárbaros. 5 El mismo
día en que el templo había sido profanado por los extranjeros, es decir, el
veinticinco del mismo mes que es Quisleu, tuvo lugar la purificación del Templo. 6 Lo celebraron con alegría durante
ocho días, como en la fiesta de las Tiendas, recordando cómo, poco tiempo antes, por la fiesta de las Tiendas, estaban
cobijados como fieras en montañas y cavernas. 7 Por ello, llevando tirsos, ramas
hermosas y palmas, entonaban himnos
hacia Aquél que había llevado a buen
término la purificación de su lugar. 8 Por
público decreto y voto prescribieron que
toda la nación de los judíos celebrara
anualmente aquellos mismos días*.

VI. Lucha de Judas contra los pueblos vecinos y contra Lisias, ministro de Eupátor

Comienzos del reinado de Antíoco Eupátor.

9 Tales fueron las circunstancias de la
muerte de Antíoco, apellidado Epífanes.
10 Vamos a exponer ahora lo referente
a Antíoco Eupátor, hijo de aquel impío,
resumiendo las desgracias debidas a las
guerras. 11 En efecto, una vez heredado
el reino, puso al frente de sus asuntos
a un tal Lisias, estratega supremo de
Celesiria y Fenicia. 12 Pues Tolomeo, el
llamado Macrón, el primero en observar
la justicia con los judíos, debido a la
injusticia con que se los había tratado,
procuraba resolver pacíficamente lo que
a ellos concernía; 13 acusado ante Eupátor a consecuencia de ello por los
amigos del rey, oía continuamente que
lo llamaban traidor, por haber abandonado Chipre, que Filométor le había
confiado, y por haberse pasado a Antíoco Epífanes. Al no poder honrar debi-
damente la dignidad de su cargo, dejó
esta vida envenenándose.

Gorgias y las fortalezas idumeas.

‖1 M **5** 1-8.

14 Gorgias, convertido en estratega
de la región, mantenía tropas mercenarias y aprovechaba cualquier ocasión
para hostigar a los judíos. 15 Al mismo
tiempo, los idumeos, dueños de fortalezas estratégicas, causaban molestias a
los judíos y, acogiendo a los fugitivos de
Jerusalén, procuraban fomentar la guerra. 16 Macabeo y sus compañeros, des-

10 8 Sobre esta fiesta, la *Janukká,* ver 1 M **4** 59+. La segunda parte del libro se acabará de la misma manera con una invitación a celebrar el día de Mardoqueo, **15** 36.

pués de haber celebrado una rogativa y
haber pedido a Dios que luchara junto
a ellos, se lanzaron contra las fortalezas
de los idumeos; 17 después de atacarlos
con ímpetu, se apoderaron de las posiciones e hicieron retroceder a todos los
que combatían sobre la muralla; daban
muerte a cuantos caían en sus manos.
Mataron por lo menos a veinte mil.
18 No menos de nueve mil hombres se
habían refugiado en dos torres muy bien
fortificadas y abastecidas de cuanto era
necesario para resistir un asedio. 19 Macabeo dejó entonces a Simón y José, y
además a Zaqueo y a los suyos, en número suficiente para asediarlos, y él mismo partió hacia otros lugares de mayor
urgencia. 20 Pero los hombres de Simón,
ávidos de dinero, se dejaron sobornar
por algunos de los que estaban en las
torres; por setenta mil dracmas dejaron
que algunos se escaparan. 21 Cuando se
dio a Macabeo la noticia de lo sucedido,
reunió a los jefes del pueblo y acusó a
aquellos hombres de haber vendido a
sus hermanos por dinero al soltar enemigos contra ellos. 22 Hizo, por tanto,
que los ejecutaran como traidores y
se apoderó inmediatamente de las dos
torres. 23 Con atinada dirección y con
las armas en las manos, mató en las dos
fortalezas a más de veinte mil hombres.

Judas vence a Timoteo y se apodera de Gázara.

24 Timoteo, que antes había sido vencido por los judíos, después de reclutar
numerosas fuerzas extranjeras y de reunir no pocos caballos traídos de Asia, se
presentó con la intención de conquistar
Judea por las armas. 25 Ante su avance,
los hombres de Macabeo, en rogativas
a Dios, cubrieron de polvo su cabeza y
ciñeron de saco la cintura; 26 y, postrándose delante del Altar, a su pie, pedían a
Dios que se mostrara propicio con ellos
y se hiciera enemigo de sus enemigos
y adversario de sus adversarios, como
declara la Ley*.
27 Al acabar la plegaria, tomaron las
armas y avanzaron un buen trecho fuera
de la ciudad; cuando estaban cerca de
sus enemigos, se detuvieron. 28 A poco
de difundirse la claridad del sol naciente,
ambos bandos se lanzaron al combate;
los unos tenían como garantía del éxito
y de la victoria, además de su valor, el recurso al Señor; los otros combatían con
la furia como guía de sus luchas. 29 En lo
recio de la batalla, aparecieron desde el
cielo ante los adversarios cinco hombres
majestuosos montados en caballos con
frenos de oro, que se pusieron al frente
de los judíos; 30 colocaron a Macabeo
en medio de ellos y, cubriéndolo con
sus armaduras, lo hacían invulnerable;
arrojaban sobre los adversarios saetas y
rayos, por lo que, heridos de ceguera,
se dispersaban en completo desorden.
31 Murieron veinte mil quinientos infantes y seiscientos jinetes. 32 El mismo
Timoteo se refugió en una fortaleza,
muy bien guardada, llamada Gázara, cuyo
estratega era Quereas.

||1 M **13** 43-48.

33 Las tropas de Macabeo, alborozadas,
asediaron la ciudadela durante cuatro días.
34 Los de dentro, confiados en lo seguro
de la posición, blasfemaban sin cesar y
proferían palabras impías. 35 Amanecido
el quinto día, veinte jóvenes de las tropas
de Macabeo, encendidos en furor a causa de las blasfemias, se lanzaron valientemente contra la muralla y, con fiera bravura, herían a cuantos se ponían delante.
36 Otros subieron igualmente por el lado
opuesto contra los de dentro, prendieron fuego a las torres y, encendiendo hogueras, quemaron vivos a los blasfemos.
Aquéllos, entretanto, rompían las puertas y, tras abrir paso al resto del ejército,
se apoderaron de la ciudad. 37 Mataron a
Timoteo, que estaba escondido en una
cisterna, así como a su hermano Quereas
y a Apolófanes. 38 Al término de estas
proezas, con himnos y alabanzas bendecían al Señor, que hacía grandes beneficios a Israel y a ellos les daba la victoria.

10 26 Ver Ex **23** 22.

Primera campaña de Lisias.

‖1 M **4** 26-35.

11 1 Muy poco tiempo después,
Lisias, tutor y pariente del rey,
que estaba al frente de los negocios,
muy contrariado por lo sucedido, 2 reunió unos ochenta mil hombres con toda
la caballería y se puso en marcha contra
los judíos, con la intención de hacer de
la ciudad una población de griegos,
3 convertir el templo en fuente de recursos, como los demás recintos sagrados
de los paganos, y poner cada año en
venta la dignidad del sumo sacerdocio.
4 No tenía en cuenta en absoluto el poder de Dios, engreído como estaba con
sus miríadas de infantes, sus millares de
jinetes y sus ochenta elefantes.
5 Entró en Judea, se acercó a Bet
Sur, plaza fuerte que dista de Jerusalén
unas cinco esjenas*, y le puso un estrecho cerco. 6 En cuanto los hombres de
Macabeo supieron que Lisias estaba sitiando las fortalezas, comenzaron a implorar al Señor con gemidos y lágrimas,
junto con la multitud, que enviara un ángel* bueno para salvar a Israel. 7 Macabeo en persona fue el primero en tomar
las armas y exhortó a los demás a que
juntamente con él afrontaran el peligro
y auxiliaran a sus hermanos. Ellos se lanzaron juntos con entusiasmo. 8 Cuando
estaban cerca de Jerusalén, apareció,
poniéndose al frente de ellos, un jinete
vestido de blanco, blandiendo armas de
oro. 9 Todos a una bendijeron entonces
a Dios misericordioso y sintieron que
sus ánimos se enardecían, dispuestos a
atravesar no sólo a hombres, sino aun
a las fieras más salvajes y murallas de
hierro. 10 Avanzaban equipados, con
el aliado enviado del Cielo, porque el
Señor se había compadecido de ellos.
11 Se lanzaron como leones sobre los
enemigos, abatieron once mil infantes
y mil seiscientos jinetes, y obligaron a
huir a todos los demás. 12 La mayoría
de éstos escaparon heridos y desarma-
dos; el mismo Lisias se salvó huyendo
vergonzosamente.

Paz con los judíos. Cuatro cartas relativas al tratado.

‖1 M **6** 57-61.

13 Pero Lisias no era hombre sin juicio.
Reflexionando sobre la derrota que acababa de sufrir, y comprendiendo que los
hebreos eran invencibles porque el Dios
poderoso luchaba con ellos, 14 les propuso por una embajada la reconciliación
bajo toda clase de condiciones justas; y
que además obligaría al rey a hacerse
amigo de ellos. 15 Macabeo asintió a todo
lo que Lisias proponía, preocupado por
el interés público; pues el rey concedió
cuanto Macabeo había pedido por escrito a Lisias acerca de los judíos.
16 La carta escrita por Lisias a los judíos decía lo siguiente: «Lisias saluda a la
población de los judíos. 17 Juan y Absalón, enviados de ustedes, al entregarme
el documento copiado a continuación,
me han rogado una respuesta sobre lo
que en el mismo se significaba. 18 He
dado cuenta al rey de todo lo que debía
exponérsele; lo que era de mi compe-
tencia lo he concedido. 19 Por consiguiente, si ustedes mantienen su buena
disposición hacia el Estado, también
yo procuraré en adelante colaborar en
favor de ustedes. 20 En cuanto a los detalles, tengo dada orden a sus enviados y
a los míos de que los discutan con ustedes. 21 Sigan bien. Año ciento cuarenta
y ocho, el veinticuatro de Dióscoro.»
22 La carta del rey decía lo siguiente:
«El rey Antíoco saluda a su hermano Lisias. 23 Habiendo pasado nuestro padre
donde los dioses*, deseamos que los
súbditos del reino vivan sin inquietudes
para entregarse a sus propias ocupaciones. 24 Teniendo oído que los judíos no
están de acuerdo en adoptar las costumbres griegas, como era voluntad de mi
padre, sino que prefieren seguir sus
propias costumbres, y ruegan que se les

11 5 *Cinco esjenas*, unos 25 kilómetros.
11 6 Ver Ex **23** 20.
11 23 La apoteosis del soberano estaba en uso entre los Seléucidas y los Lágidas.

permita acomodarse a sus leyes, [25] deseosos, por tanto, de que esta nación esté tranquila, decidimos que se les restituya el templo y que puedan vivir según las costumbres de sus antepasados.
[26] Bien harás, por tanto, en enviarles emisarios que les den la mano, para que al saber nuestra determinación, se sientan confiados y se dediquen con agrado a sus propias ocupaciones.»

[27] La carta del rey a la nación era como sigue: «El rey Antíoco saluda al Senado de los judíos y a los demás judíos.
[28] Sería nuestro deseo que se encuentren bien; también nosotros gozamos de salud.
[29] Menelao nos ha manifestado su deseo de volver a sus hogares. [30] A los que vuelvan antes del treinta del mes de Xántico se les ofrece la mano y libertad [31] para que los judíos se sirvan de sus propios alimentos y leyes como antes, y ninguno de ellos sea molestado en modo alguno a causa de faltas cometidas por ignorancia.
[32] He enviado a Menelao para que los anime. [33] Sigan bien. Año ciento cuarenta y ocho, día quince de Xántico.»

[34] También los romanos les enviaron una carta con el siguiente contenido: «Quinto Memio, Tito Manilio, Manio Sergio, legados de los romanos, saludan al pueblo de los judíos. [35] Nosotros damos nuestro consentimiento a lo que Lisias, pariente del rey, les ha concedido.
[36] Pero en relación con lo que él decidió presentar al rey, mándennos algún emisario en cuanto lo hayan examinado, para que lo expongamos en la forma que les conviene a ustedes, ya que nos dirigimos a Antioquía. [37] Dense prisa, por tanto; envíennos a algunos, para que también nosotros conozcamos cuál es su opinión. [38] Sigan en buena salud. Año ciento cuarenta y ocho, día quince de Dióscoro.»

Acontecimientos de Jope y Yamnia.

12 [1] Una vez terminados estos tratados, Lisias se volvió junto al rey, mientras los judíos se entregaban a las labores del campo. [2] Pero algunos de los estrategas en plaza, Timoteo y Apolonio, hijo de Geneo, y también Jerónimo y Demofón, además de Nicanor, el jefe de los chipriotas, no los dejaban vivir en paz ni disfrutar de sosiego.

[3] Los habitantes de Jope, por su parte, perpetraron la enorme impiedad que sigue: invitaron a los judíos que vivían con ellos a subir con mujeres y niños a las embarcaciones que habían preparado, como si no guardaran contra ellos ninguna enemistad. [4] Conforme a la común decisión de la ciudad, aceptaron los judíos, por mostrar sus deseos de vivir en paz y que no tenían el menor recelo; pero, cuando se hallaban en alta mar, los echaron al fondo, en número no inferior a doscientos.

[5] Cuando Judas se enteró de la crueldad cometida con sus compatriotas, se lo anunció a sus hombres; [6] y después de invocar a Dios, el justo juez, se puso en camino contra los asesinos de sus hermanos, incendió por la noche el puerto, quemó las embarcaciones y pasó a cuchillo a los que se habían refugiado allí.
[7] Al encontrar cerrada la plaza, se retiró con la intención de volver de nuevo y exterminar por completo a la población de Jope. [8] Enterado de que también los de Yamnia querían actuar de la misma forma con los judíos que allí habitaban,
[9] atacó también de noche a los yamnitas e incendió el puerto y la flota, de modo que el resplandor de las llamas se veía hasta en Jerusalén y eso que había doscientos cuarenta estadios de distancia*.

Expedición a la región de Galaad.
‖1 M **5** 24-54.

[10] Marchando contra Timoteo, se alejaron de allí nueve estadios, cuando lo atacaron no menos de cinco mil árabes y quinientos jinetes. [11] En la recia batalla trabada, las tropas de Judas lograron la victoria, gracias al auxilio recibido de

12 9 *Estadio*, medida de longitud equivalente a unos 200 metros.

Dios; los nómadas, vencidos, pidieron a Judas que les diera la mano, prometiendo entregarle ganado y serle útiles en adelante. 12 Judas, dándose cuenta de que verdaderamente en muchos casos podían ser de utilidad, consintió en hacer las paces con ellos; estrechada la mano, se retiraron a las tiendas.

13 Judas atacó también a cierta ciudad fortificada con terraplenes, rodeada de murallas, y habitada por una población mixta de varias naciones, por nombre Caspín. 14 Los sitiados, confiados en la solidez de las murallas y en la provisión de víveres, trataban groseramente con insultos a los hombres de Judas, profiriendo además blasfemias y palabras sacrílegas. 15 Los hombres de Judas, después de invocar al gran Señor del mundo, que sin arietes ni máquinas de guerra había derruido a Jericó en tiempo de Josué*, atacaron ferozmente la muralla. 16 Una vez dueños de la ciudad por la voluntad de Dios, hicieron una indescriptible carnicería, hasta el punto de que el lago vecino, con su anchura de dos estadios, parecía lleno con la sangre que le había llegado.

Batalla del Carnión.
‖1 M **5** 37-44.

17 Se alejaron de allí setecientos cincuenta estadios y llegaron a Járaca, donde los judíos llamados tubios. 18 Pero no encontraron en aquellos lugares a Timoteo, que al no lograr nada se había ido de allí, dejando con todo en determinado lugar una fortísima guarnición. 19 Dositeo y Sosípatro, capitanes de Macabeo, mataron en una incursión a los hombres que Timoteo había dejado en la fortaleza, más de diez mil. 20 Macabeo distribuyó su ejército en cohortes, puso a aquellos dos a su cabeza y se lanzó contra Timoteo, que tenía consigo veinte mil infantes y dos mil quinientos jinetes. 21 Al enterarse Timoteo de la llegada de Judas, mandó por delante a las mujeres, los niños y el resto de la impedimenta al sitio llamado Carnión, pues era un lugar inexpugnable y de acceso difícil, por la angostura de todos sus pasos. 22 En cuanto apareció la primera, la cohorte de Judas, se apoderó de los enemigos el miedo y el temor al manifestarse ante ellos Aquél que todo lo ve, y se dieron a la fuga cada cual por su lado, de modo que muchas veces eran heridos por sus propios compañeros y atravesados por las puntas de sus espadas. 23 Judas seguía tenazmente en su persecución, acuchillando a aquellos criminales; llegó a matar hasta treinta mil hombres. 24 El mismo Timoteo cayó en manos de los hombres de Dositeo y Sosípatro; les instaba con mucha palabrería que lo dejaran ir salvo, pues alegaba tener en su poder a parientes entre los cuales había hermanos de muchos de ellos, de cuya vida nadie se cuidaría. 25 Cuando él garantizó, después de muchas palabras, la determinación de restituirlos sanos y salvos, lo dejaron libre con ánimo de liberar a sus hermanos.

26 Habiéndose dirigido al Carnión y al Atargateion, Judas dio muerte a veinticinco mil hombres.

Vuelta por Efrón y Escitópolis.

27 Después de haber derrotado (y destruido) a estos enemigos, dirigió una expedición contra la ciudad fuerte de Efrón, donde habitaba Lisanias, con una multitud de toda estirpe. Jóvenes vigorosos, apostados ante las murallas, combatían con valor; en el interior había muchas reservas de máquinas de guerra y proyectiles. 28 Después de haber invocado al Señor que aplasta con energía las fuerzas de los enemigos, los judíos se apoderaron de la ciudad y abatieron por tierra a unos veinticinco mil de los que estaban dentro. 29 Partiendo de allí se lanzaron contra Escitópolis, ciudad que dista de Jerusalén seiscientos estadios. 30 Pero como los judíos allí establecidos atestiguaron que los habitantes de la ciudad habían sido benévolos con ellos y

12 15 Ver Jos **6**.

les habían dado buena acogida en los tiempos de desgracia, 31 Judas y los suyos se lo agradecieron y los exhortaron a que también en lo sucesivo se mostraran bien dispuestos con su raza.

Llegaron a Jerusalén en la proximidad de la fiesta de las Semanas.

Campaña contra Gorgias.

32 Después de la fiesta llamada de Pentecostés*, se lanzaron contra Gorgias, el estratega de Idumea. 33 Salió éste con tres mil infantes y cuatrocientos jinetes, 34 y sucedió que cayeron algunos de los judíos que les habían presentado batalla. 35 Un tal Dositeo, jinete valiente, del cuerpo de los tubios, se apoderó de Gorgias y, agarrándolo por la clámide, lo arrastraba por la fuerza con el deseo de capturar vivo a aquel maldito; pero un jinete tracio se echó sobre Dositeo, le cortó el hombro, y Gorgias huyó hacia Marisá. 36 Ante la fatiga de los hombres de Esdrías, que llevaban mucho tiempo luchando, Judas suplicó al Señor que se mostrara su aliado y su guía en el combate. 37 Entonó entonces en su lengua patria el grito de guerra y algunos himnos, irrumpió de improviso sobre las tropas de Gorgias y las derrotó.

El sacrificio por los muertos*.

38 Judas, después de reorganizar el ejército, se dirigió hacia la ciudad de Odolán. Al llegar el día séptimo, se purificaron según la costumbre y celebraron allí el sábado. 39 Al día siguiente, fueron en busca de Judas (cuando se hacía ya necesario) para recoger los cadáveres de los que habían caído y depositarlos con sus parientes en los sepulcros de sus padres. 40 Entonces encontraron bajo las túnicas de cada uno de los muertos objetos consagrados a los ídolos de Yamnia, que la Ley prohíbe a los judíos*. Fue entonces evidente para todos por qué motivo habían sucumbido aquellos hombres. 41 Bendijeron, pues, todos las obras del Señor, juez justo, que manifiesta las cosas ocultas, 42 y pasaron a la súplica, rogando que quedara completamente borrado el pecado cometido. El valeroso Judas recomendó a la multitud que se mantuvieran limpios de pecado, a la vista de lo sucedido por el pecado de los que habían sucumbido. 43 Después de haber reunido entre sus hombres cerca de dos mil dracmas, las mandó a Jerusalén para ofrecer un sacrificio por el pecado, obrando muy hermosa y noblemente, pensando en la resurrección. 44 Pues de no esperar que los soldados caídos resucitarían, habría sido superfluo y necio rogar por los muertos; 45 mas, si consideraba que una magnífica recompensa está reservada a los que duermen piadosamente, era un pensamiento santo y piadoso. 46 Por eso mandó hacer este sacrificio expiatorio en favor de los muertos, para que quedaran liberados del pecado.

Campaña de Antíoco V y Lisias. Suplicio de Menelao.

13 1 El año ciento cuarenta y nueve, los hombres de Judas se enteraron de que Antíoco Eupátor marchaba sobre Judea con numerosas tropas, 2 y que con él venía Lisias, su tutor y encargado de los negocios, cada uno con un ejército griego de ciento diez mil infantes, cinco mil trescientos jinetes, veintidós elefantes y trescientos carros armados de hoces.

3 También Menelao se unió a ellos e incitaba muy taimadamente a Antíoco, no por salvar a su patria, sino con la idea de establecerse en el poder. 4 Pero el Rey de reyes excitó la cólera de An-

12 32 La fiesta de las Semanas, llamada *Pentecostés*, Ex **23** 14+.

12 38 La resurrección de los soldados, ver **7** 9+, está, según Judas, subordinada a la expiación, en la otra vida, de los pecados cometidos. La súplica y el sacrificio expiatorio son eficaces para la remisión de los pecados de los difuntos. Es el primer testimonio de esta creencia. Ver **15** 14+.

12 40 Ver Dt **7** 25.

tíoco contra aquel malvado; Lisias demostró al rey que aquel hombre era el
causante de todos los males, y Antíoco
ordenó conducirlo a Berea y darle allí
muerte, según las costumbres del lugar.
5 Hay en aquel lugar una torre de cincuenta codos*, llena de ceniza, provista
de un dispositivo giratorio, en pendiente por todos los lados hacia la ceniza.
6 Al reo de robo sacrílego o al que ha
perpetrado algún otro crimen horrendo, lo suben allí y lo precipitan para su
perdición*. 7 Y con tal suplicio murió
aquel inicuo Menelao, que ni siquiera
tuvo la suerte de encontrar la tierra que
lo recibiera. 8 Y muy justamente fue así,
pues, después de haber cometido muchos pecados contra el altar, cuyo fuego
y ceniza eran sagrados, en la ceniza
encontró la muerte.

Plegarias y éxito de los judíos junto a Modín.

9 Marchaba, pues, el rey embargado
de bárbaros sentimientos, dispuesto a
mostrar a los judíos peores cosas que las
sucedidas en tiempo de su padre. 10 Judas, al saberlo, mandó a la tropa que
invocara al Señor día y noche, para que
también en esta ocasión, como en otras,
viniera en ayuda de los que estaban a
punto de ser privados de la Ley, de la patria y del templo santo, 11 y no permitiera
que aquel pueblo, que todavía hacía poco había recobrado el ánimo, cayera en
manos de paganos de mala fama. 12 Una
vez que todos juntos cumplieron la orden
y suplicaron al Señor misericordioso con
lamentaciones y ayunos y postraciones
durante tres días seguidos, Judas los animó y les mandó que estuvieran preparados. 13 Después de reunirse en privado
con los Ancianos, decidió que, antes que
el ejército del rey entrara en Judea y se
hiciera dueño de la ciudad, salieran los
suyos para resolver la situación con el
auxilio de Dios.

14 Judas, dejando la decisión al Creador del mundo, animó a sus hombres a
combatir heroicamente hasta la muerte
por la causa de las leyes, el templo,
la ciudad, la patria y las instituciones*;
y acampó en las cercanías de Modín.
15 Dio a los suyos como consigna «Victoria de Dios» y atacó de noche con lo más
escogido de los jóvenes la tienda del rey.
Mató en el campamento a unos dos mil
hombres y los suyos hirieron al mayor
de los elefantes junto con su conductor;
16 llenaron finalmente el campamento
de terror y confusión, y se retiraron victoriosos 17 cuando el día despuntaba.
Todo ello sucedió gracias a la protección
que el Señor había brindado a Judas.

Antíoco V pacta con los judíos.
‖1 M **6** 48-63.

18 El rey, que había probado ya la osadía de los judíos, intentó alcanzar las posiciones con estratagemas. 19 Se aproximó
a Bet Sur, plaza fuerte de los judíos; pero
fue rechazado, derrotado y vencido.
20 Judas hizo llegar a los de dentro lo
que necesitaban. 21 Pero Rodoco, uno
del ejército judío, revelaba los secretos
a los enemigos; fue buscado, capturado
y ejecutado. 22 El rey parlamentó por
segunda vez con los de Bet Sur, dio y
tomó la mano y luego se retiró. Atacó a
las tropas de Judas, y fue vencido. 23 Supo entonces que Filipo, a quien había dejado en Antioquía al frente de los negocios, se había sublevado. Consternado,
llamó a los judíos, se avino a sus deseos y
prestó juramento sobre todas las condiciones justas. Se reconcilió y ofreció un
sacrificio, honró al santuario y se mostró
generoso con el Lugar Santo.
24 Prestó buena acogida a Macabeo y
dejó a Hegemónides como estratega
desde Tolemaida hasta la región de los
guerraínos. 25 Salió hacia Tolemaida;
pero los habitantes de la ciudad estaban
muy disgustados por este tratado: esta-

13 5 *Codo*, medida de longitud de aproximadamente medio metro.

13 6 Suplicio comprobado entre los persas.

13 14 Ver **5** 15; **6** 18+; **8** 21. Las virtudes cívicas y los valores religiosos van estrechamente unidos.

ban en verdad indignados por los acuerdos, que ellos querían abolir. 26 Lisias
subió entonces a la tribuna e hizo la
mejor defensa que pudo; los convenció
y calmó, y los dispuso a la benevolencia.
Luego partió hacia Antioquía.

Así sucedió con la expedición y la
retirada del rey.

VII. Lucha contra Nicanor, general de Demetrio I. El día de Nicanor

Intervención del sumo sacerdote Alcimo.

‖1 M **7** 1-21.

14 1 Después de tres años de intervalo, los hombres de Judas
supieron que Demetrio, hijo de Seleuco, había atracado en el puerto de Trí-
poli con un fuerte ejército y una flota,
2 y que se había apoderado de la región,
después de haber dado muerte a Antíoco y a su tutor Lisias. 3 Un tal Alcimo,
que antes había sido sumo sacerdote,
pero que se había contaminado voluntariamente en tiempo de la rebelión,
pensando que de ninguna forma había
para él salvación ni acceso posible al altar sagrado, 4 fue al encuentro del rey
Demetrio, hacia el año ciento cincuenta
y uno, y le ofreció una corona de oro,
una palma, y además, los rituales ramos
de olivo del templo. Y por aquel día no
hizo más.

5 Pero encontró una ocasión propicia
para su demencia, al ser llamado por
Demetrio a consejo y al ser preguntado
sobre las disposiciones y designios de
los judíos. 6 Respondió: «Los judíos llamados asideos, encabezados por Judas
Macabeo, fomentan guerras y rebeliones, para no dejar que el reino viva en
paz. 7 Por eso, aunque despojado de mi
dignidad ancestral, me refiero al sumo
sacerdocio, he venido aquí 8 en primer
lugar con verdadera preocupación por
los intereses del rey, y en segundo lugar,
con la mirada puesta en mis propios
compatriotas, pues por la locura de
los hombres que he mencionado, toda
nuestra raza padece no pocos males.
9 Informado con detalle de todo esto,
¡oh rey!, mira por nuestro país y por
nuestra nación por todas partes ase-
diada, con esa accesible benevolencia
que tienes para todos; 10 pues mientras
Judas subsista, le es imposible al Estado
alcanzar la paz.»

‖1 M **7** 26.

11 En cuanto él dijo esto, los demás
amigos que sentían aversión hacia lo de
Judas, se apresuraron a encender más
el ánimo de Demetrio. 12 Designó inmediatamente a Nicanor, que había llegado
a ser jefe de los elefantes, lo nombró
estratega de Judea* y lo envió 13 con
órdenes de hacer morir a Judas, disper-
sar a todos sus hombres y restablecer a
Alcimo como sumo sacerdote del más
grande de los templos. 14 Los paganos
de Judea, fugitivos de Judas, se unieron
en masa a Nicanor, imaginándose que
las desgracias y reveses de los judíos
serían sus propios éxitos.

Nicanor entabla amistad con Judas.

‖1 M **7** 27-28.

15 Al tener noticia de la expedición
de Nicanor y del asalto de los paganos,
esparcieron sobre sí polvo e imploraron
a Aquél que por siempre había establecido a su pueblo y que siempre protegía
a su propia heredad con sus manifestaciones. 16 Por orden de su jefe, salieron
inmediatamente de allí y trabaron lucha
con ellos junto al pueblo de Desau. 17 Simón, hermano de Judas, había entabla-

14 12 *Estratega,* es decir, «gobernador». Esta promoción va encaminada a retirar al sumo sacerdote Alcimo todo poder político.

do combate con Nicanor, pero, a causa de la repentina llegada de los enemigos, sufrió un ligero revés. 18 Con todo, Nicanor, al tener noticia de la bravura de los hombres de Judas y del valor con que combatían por su patria, temía resolver la situación por la sangre. 19 Por este motivo, envió a Posidonio, Teodoto y Matatías para concertar la paz.

20 Después de maduro examen de las condiciones, el jefe se las comunicó a las tropas y, ante el parecer unánime, aceptaron el tratado. 21 Fijaron la fecha en que se reunirían los jefes en privado. Se adelantó un vehículo de cada lado y prepararon asientos. 22 Judas dispuso en lugares estratégicos hombres armados, preparados por si se producía alguna repentina traición por parte enemiga. Tuvieron la entrevista en buen acuerdo. 23 Nicanor pasó algún tiempo en Jerusalén sin hacer nada inoportuno y despidió a las turbas que se le habían reunido en masa. 24 Siempre tenía a Judas consigo; sentía una cordial inclinación hacia este hombre. 25 Le aconsejó que se casara y tuviera descendencia. Judas se casó, vivió con tranquilidad, y disfrutó de la vida.

Alcimo reanuda las hostilidades y Nicanor amenaza al templo.

26 Alcimo, al ver la recíproca comprensión, se hizo con una copia del acuerdo concluido y se fue donde Demetrio. Le decía que Nicanor tenía sentimientos contrarios a los intereses del Estado, pues había designado como sucesor suyo a Judas, el conspirador contra el reino. 27 Fuera de sí el rey, excitado por las calumnias de aquel maligno, escribió a Nicanor comunicándole que estaba disgustado con el acuerdo y ordenándole que inmediatamente mandara encadenado a Macabeo a Antioquía.

28 Cuando Nicanor recibió la comunicación, quedó consternado, pues le desagradaba mucho tener que anular lo convenido, sin que hubiera cometido aquel hombre injusticia alguna. 29 Pero, como no era posible oponerse al rey, aguardaba la oportunidad de ejecutar la orden con alguna estratagema.

‖1 M **7** 29-30.33-38.

30 Cuando Macabeo, por su parte, notó que Nicanor se portaba más secamente con él y que lo trataba con más frialdad en sus habituales relaciones, pensó que tal sequedad no procedía de las mejores disposiciones. Reunió a muchos de los suyos y procuró ocultarse de Nicanor. 31 Este otro, al darse cuenta de que aquel hombre lo había vencido con nobleza, se presentó en el más grande y santo templo en el momento en que los sacerdotes ofrecían los sacrificios rituales y les exigió que le entregaran a aquel hombre. 32 Aseguraron ellos con juramento que no sabían dónde estaba el hombre que buscaba. 33 Entonces él, extendiendo la diestra hacia el santuario, hizo este juramento: «Si no me entregan encadenado a Judas, arrasaré este recinto sagrado de Dios, destruiré el altar y levantaré aquí mismo un espléndido templo a Dióniso.» 34 Y, dicho esto, se fue. Los sacerdotes, con las manos tendidas al cielo, invocaban a Aquél que sin cesar había combatido en favor de nuestra nación, diciendo: 35 «Tú, Señor, que nada necesitas, te has complacido en que el santuario de tu morada se halle entre nosotros. 36 También ahora, Señor santo de toda santidad, preserva siempre limpia de profanación esta Casa recién purificada.»

Muerte de Razías.

37 Razías, uno de los ancianos de Jerusalén, fue denunciado a Nicanor. Era hombre amante de sus conciudadanos, muy bien considerado, llamado por su buen corazón «Padre de los judíos», 38 pues, en los tiempos que precedieron a la sublevación, había sido acusado de Judaísmo, y por el Judaísmo había expuesto cuerpo y vida con gran constancia. 39 Queriendo Nicanor hacer patente la hostilidad que lo embargaba hacia los judíos, envió más de quinientos soldados para arrestarlo, 40 pues le parecía que arrestándolo causaba un gran per-

juicio a los judíos. 41 Cuando las tropas
estaban a punto de apoderarse de la
torre, forzando la puerta del patio y con
orden de prender fuego e incendiar las
puertas, Razías, acosado por todas partes, se echó sobre la espada. 42 Prefirió
noblemente la muerte antes que caer en
manos criminales y soportar afrentas indignas de su nobleza. 43 Pero, como por
la precipitación del combate no había
acertado al herirse y las tropas irrumpían puertas adentro, subió valerosamente a lo alto del muro y se precipitó
con bravura sobre las tropas; 44 pero, al
retroceder éstas rápidamente, dejando
un hueco, vino él a caer en medio del
espacio libre. 45 Con aliento todavía y
enardecido su ánimo, se levantó derramando sangre a torrentes; a pesar de
las graves heridas, atravesó corriendo
por entre las tropas y se puso sobre una
roca escarpada. 46 Ya completamente
exangüe, se arrancó las entrañas y to-
mándolas con ambas manos, las arrojó
contra las tropas. Y, después de invocar
al Dueño de la vida y del espíritu que
otra vez se dignara devolvérselas, llegó
de este modo al tránsito*.

Blasfemias de Nicanor.

15 1 Supo Nicanor que los hombres de Judas se hallaban en la
región de Samaría y decidió atacarlos
sin riesgo en el día del descanso. 2 Los
judíos, que lo acompañaban a la fuerza,
le dijeron: «No mates así de modo tan
salvaje y bárbaro; respeta y honra más
bien el día que con preferencia ha sido
santificado por Aquél que todo lo ve.»
3 Aquel hombre tres veces malvado preguntó si en el cielo había un Soberano
que hubiera prescrito celebrar el día
del sábado. 4 Ellos le replicaron: «Es el
mismo Señor que vive como Soberano
en el cielo el que mandó observar el día
séptimo.» 5 Entonces el otro dijo: «También yo soy soberano en la tierra: el
que ordena tomar las armas y prestar
servicio al rey.» Sin embargo no pudo
realizar su malvado designio.

Exhortación y sueño de Judas.

6 Nicanor, jactándose con altivez, de-
liberaba erigir un trofeo común con
los despojos de los hombres de Judas.
7 Macabeo, por su parte, mantenía incesantemente su confianza, con la entera
esperanza de recibir ayuda de parte del
Señor, 8 y exhortaba a los que lo acompañaban a no temer el ataque de los paganos, teniendo presentes en la mente
los auxilios que antes les habían venido
del Cielo, y a esperar también entonces
la victoria que les habría de venir de
parte del Todopoderoso. 9 Los animaba citando la Ley y los Profetas*, y les
recordaba los combates que habían
llevado a cabo; así les infundía mayor
ardor. 10 Después de haber levantado sus
ánimos, les puso además de manifiesto
la perfidia de los paganos y la violación
de sus juramentos.
11 Armó a cada uno de ellos, no tanto
con la seguridad de los escudos y las
lanzas, como con la confianza de sus
buenas palabras. Les refirió además un
sueño digno de crédito, una especie de
visión, que alegró a todos. 12 Su visión
fue tal como sigue: Onías, que había sido
sumo sacerdote, hombre bueno y bondadoso, afable, de suaves maneras, distinguido en su conversación, preocupado
desde la niñez por la práctica de la virtud,
suplicaba con las manos tendidas por
toda la comunidad de los judíos*. 13 Luego se apareció también un hombre que
se distinguía por sus blancos cabellos y
su dignidad, rodeado de admirable y majestuosa soberanía. 14 Onías había dicho:
«Éste es el que ama a sus hermanos, el
que ora mucho por su pueblo y por la ciudad santa, Jeremías*, el profeta de Dios.»

14 46 Este suicidio militar, ver 2 S **17** 23, está ligado a la fe en la resurrección, **7** 9+.
15 9 Ver **2** 13; 1 M **12** 9+; Lc **24** 27.
15 12 Onías continúa después de la muerte su papel de intercesor, **3** 10.31-34; **4** 5; ver **3** 1; **4** 2.37; **15** 14+.
15 14 Jeremías ha sufrido lo indecible por su pueblo, Jr **11** 19-21; etc. Son dos testimonios

[15] Jeremías, tendiendo su diestra, había entregado a Judas una espada de oro y, al dársela, había pronunciado estas palabras: [16] «Recibe, como regalo de parte de Dios, esta espada sagrada, con la que destrozarás a los enemigos.»

Disposiciones de los combatientes.

[17] Animados por estas bellísimas palabras de Judas, capaces de estimular al valor y de robustecer las almas jóvenes, decidieron no resguardarse en la defensa, sino lanzarse valerosamente a la ofensiva y que, en un cuerpo a cuerpo, la fortuna decidiera, porque peligraban la ciudad, la religión y el templo. [18] En verdad que el cuidado por sus mujeres e hijos, por sus hermanos y parientes quedaba en segundo término; el primero y principal era por el templo consagrado. [19] Igualmente para los que habían quedado en la ciudad no era menor la ansiedad, preocupados como estaban por el ataque en campo raso. [20] Todos aguardaban la decisión inminente. Los enemigos se habían concentrado y el ejército se había alineado en orden de batalla. Los elefantes se habían situado en lugar apropiado y la caballería estaba dispuesta en las alas. [21] Entonces Macabeo, al observar la presencia de las tropas, la variedad de las armas preparadas y el fiero aspecto de los elefantes, extendió las manos al cielo e invocó al Señor que hace prodigios, pues bien sabía que, no por medio de las armas, sino según su decisión, concede él la victoria a los que la merecen.

||1 M **7** 40-42; ver 2 M **8** 19.

[22] Decía su invocación de la siguiente forma: «Tú, Soberano, enviaste tu ángel a Ezequías, rey de Judá, que dio muerte a cerca de ciento ochenta y cinco mil hombres del ejército de Senaquerib; [23] ahora también, Señor de los cielos, envía un ángel bueno delante de nosotros para infundir el temor y el espanto. [24] ¡Que el poder de tu brazo hiera a los que han venido blasfemando a atacar a tu pueblo santo!» Así terminó sus palabras.

Derrota y muerte de Nicanor.

||1 M **7** 43-50.

[25] Mientras la gente de Nicanor avanzaba al son de trompetas y cantos de guerra, [26] los hombres de Judas entablaron combate con el enemigo entre invocaciones y plegarias. [27] Luchando con las manos, pero orando a Dios en su corazón, abatieron a no menos de treinta y cinco mil hombres, regocijándose mucho por la manifestación de Dios. [28] Al volver de su empresa, en gozoso retorno, reconocieron a Nicanor caído, con su armadura.

[29] Entre clamores y tumulto, bendecían al Señor en su lengua patria. [30] Entonces, el que en primera fila se había entregado, en cuerpo y alma, al bien de sus conciudadanos, el que había guardado hacia sus compatriotas los buenos sentimientos de su juventud, mandó cortar la cabeza de Nicanor y su brazo, hasta el hombro, y llevarlos a Jerusalén. [31] Llegado allí, convocó a sus compatriotas, puso a los sacerdotes ante el altar y mandó buscar a los de la Ciudadela. [32] Les mostró la cabeza del abominable Nicanor y la mano que aquel infame había tendido insolentemente hacia la santa Casa del Todopoderoso; [33] y, después de haber cortado la lengua del impío Nicanor, ordenó que se diera en trozos a los pájaros y que se colgara frente al santuario la paga de su insensatez. [34] Todos entonces levantaron hacia el cielo sus bendiciones en honor del Señor que se les había manifestado, diciendo: «Bendito el que ha conservado puro su Lugar Santo.»

[35] La cabeza de Nicanor fue colgada de la Ciudadela*, como señal manifiesta y visible para todos del auxilio del Se-

de fe en la intervención de los justos después de la muerte; ver **6-7**; Sal **16** 10; **49** 16.

15 35 De hecho la Ciudadela no será reconquistada a los sirios hasta nueve años más tarde, 1 M **13** 51. El autor no se interesa más que por la ciudad religiosa, v. 37, el Monte Sión de 1 M **4** 37, y el santuario no se verá ya más amenazado.

ñor. 36 Decretaron todos por público
edicto no dejar pasar aquel día sin so-
lemnizarlo, y celebrarlo el día trece del
duodécimo mes, llamado Adar en arameo, la víspera del Día de Mardoqueo*.

Epílogo del autor del resumen.

37 Así pasaron los acontecimientos
relacionados con Nicanor. Como desde
aquella época la ciudad quedó en poder
de los hebreos, yo también terminaré
aquí mismo mi relato. 38 Si ha quedado
bello y logrado en su composición, eso es
lo que yo pretendía; si imperfecto y mediocre, he hecho cuanto me era posible.
39 Como el beber vino solo o sola agua es
dañoso, y en cambio, el vino mezclado
con agua es agradable y de un gusto delicioso, igualmente la disposición grata del
relato encanta los oídos de los que dan
en leer la obra. Y aquí pongamos fin.

15 36 Ver **10** 8+. Esta fiesta (el *día de Mardoqueo*) no parece aún identificada con el día de los Purim, Est **9** 20-32.

LÍRICA

Introducción

Israel cultivó desde sus orígenes la poesía lírica en todas sus formas. Algunos poemas que se hallan dentro de los libros históricos (Ex **15**; *Nm* **21** *17-18; etc.) pertenecían a antiguas colecciones que se han perdido (ver Nm* **21** *14; Jos* **10** *13; 2 S* **1** *18). La Biblia actual contiene tres libros de poseía lírica: los Salmos, el Cantar de los Cantares y las Lamentaciones.*

LOS SALMOS

Introducción

Es el gran tesoro de la lírica religiosa de Israel integrado por 150 poemas, de épocas distintas: unos se remontan al tiempo de la monarquía y se atribuyen a David; otros se compusieron durante el Destierro; otros son de la época postexílica.

*Las diversas colecciones parciales de Salmos, que coexistieron en un principio, se reunieron en un solo volumen que se dividió en cinco libros, a imitación del Pentateuco, separadas entre sí por breves doxologías (***41** *14;* **72** *18-20;* **89** *53;* **106** *48). El Sal* **150** *es una larga doxología que cierra el Salterio.*

La lectura de este libro hay que realizarla poema a poema. Y para su mejor comprensión debemos atender a su forma literaria. Tres son las grandes formas o géneros literarios en que se pueden agrupar los 150 poemas: himnos, súplicas y acciones de gracias, a los que podemos añadir un cuarto grupo compuesto por salmos heterogéneos o de género mixto.

1. Himnos

Compuestos para las conmemoraciones cultuales de algún acontecimiento de Israel. Tienen una estructura bastante uniforme: El comienzo es una invitación a la alabanza divina. El cuerpo del himno detalla los motivos: prodigios realizados por Dios en la naturaleza y en la historia, de modo especial en la liberación y salvación de Israel. La conclusión repite la fórmula de la introducción o se convierte en una oración.

Dentro de este grupo destacan los himnos a Dios Creador y Señor de la historia. Tienen también estructura de himnos los Salmos de realeza, que datan de la época de los Reyes y reflejan el ceremonial de la corte.

Himnos principales: **8, 19, 29, 33, 46-48, 76, 84, 87, 93, 96-100, 103-106, 113, 114, 117, 122, 135, 136, 145-150**.

Como Salmos de realeza se consideran: **2, 18, 20, 21, 28, 45, 61, 63, 72, 101, 110, 132, 144**. *Algunos de estos antiguos cantos de realeza siguieron utilizándose después de la caída de la monarquía y fueron incorporados al Salterio, posiblemente con retoques y adiciones, y alimentaron la esperanza de un Mesías individual, descendiente de David. Esta esperanza seguía viva entre los judíos en vísperas del comienzo de nuestra era y los cristianos vieron su realización en Cristo. El Sal* **110** *es el texto del Salterio que más a menudo cita el NT.*

En este grupo de himnos encajan también los Salmos procesionales o de las «subidas» al templo, que acompañaban a los peregrinos en sus visitas a Jerusalén y al templo (Salmos **120** *al* **134***)*

2. Súplicas individuales y colectivas

El fiel israelita acude al Señor para exponer su situación angustiosa y pedir ayuda. Estas situaciones son variadas, pero muy humanas: un desastre nacional, una necesidad del pueblo: **12, 44, 60, 74, 79, 80, 83, 85, 106, 123, 129, 137***; una enfermedad, peligros en los caminos, acusaciones falsas, etc.:* **3, 5-7, 13, 17, 22, 25, 26, 28, 31, 35, 38, 42-43, 51, 54-57, 59, 63, 64, 69-71, 77, 86, 102, 120, 130, 140-143**.

Estructura: La introducción es una invocación que apunta brevemente la situación colectiva o personal. En el cuerpo, el orante intenta conmover a Yahvé pintando la triste situación mediante metáforas que rara vez permi-

ten determinar las circunstancias históricas o concretas de la oración. La conclusión celebra la bondad del Señor y, a menudo, expone la certeza de que la oración es atendida; por eso muchos de estos salmos concluyen con una acción de gracias.

3. Acciones de gracias

Estos poemas no son muy numerosos. Por regla general son oraciones individuales, en las que el orante agradece al Señor la liberación de un peligro, la obtención de una buena cosecha o los beneficios concedidos al rey. A veces terminan exhortando a los fieles a alabar a Yahvé con el orante y la asamblea. Esta parte da pie al salmista para introducir algún tema didáctico o sapiencial.

La estructura de estos poemas es afín a la de los himnos. Se consideran acciones de gracias los salmos: **18, 21, 30, 33, 34, 40, 65-68, 92, 116, 118, 124, 129, 138, 144**.

Las composiciones didácticas de algunos de estos salmos desarrollan meditaciones sobre la sabiduría, sobre algún acontecimiento histórico de Israel, sobre las condiciones para acceder al templo y al culto. Se conocen estos fragmentos porque contienen fórmulas y comparaciones de tipo didáctico (ver un ejemplo en el Sal **1** *integrado por este tipo de fórmulas didácticas y que sirve de prólogo a todo el Salterio).*

4. Salmos heterogéneos

La distinción entre los diversos géneros literarios de los Salmos no siempre es clara. Encontramos, por ejemplo, lamentaciones que siguen a una oración confiada, Sal **27, 31**, *o que siguen a una acción de gracias, Sal* **28, 57**. *El Sal* **119** *es un himno a la Ley, pero es al mismo tiempo una lamentación individual y una exposición didáctica sobre la Sabiduría. Otros Salmos recogen oráculos proféticos, Sal* **2, 50, 75, 81, 82, 85, 95, 110**. *Estos últimos han sido interpretados recientemente como verdaderos oráculos emitidos por sacerdotes o profetas durante las ceremonias del Templo.*

Los Salmos, oraciones bíblicas

Los Salmos fueron y siguen siendo la oración de Israel. Jesús, su madre, los apóstoles y los contemporáneos de Jesús los recitaron. La Iglesia cristiana ha hecho de los Salmos su oración oficial. Estos poemas, aunque se compusieran en circunstancias concretas, tienen un eco universal, porque expresan actitudes de todo hombre ante Dios. En la Nueva Alianza, las viejas súplicas se hacen más ardientes una vez que la Cena, la Cruz y la Resurrección han enseñado al hombre el amor infinito de Dios. Las esperanzas cantadas por los salmistas se realizan: el Mesías ha venido y reina, y todas las naciones son llamadas para que le alaben.

LOS SALMOS

SALMO 1*

Los dos caminos.

1 Feliz quien no sigue consejos de malvados
ni anda mezclado con pecadores
ni en grupos de necios toma asiento,
2 sino que se recrea en la ley de Yahvé,
susurrando* su ley día y noche.
3 Será como árbol plantado entre acequias,
da su fruto en sazón, su fronda no se agosta.
Todo cuanto emprende prospera:

4 pero no será así con los malvados.
Serán como tamo impulsado por el viento.
5 No se sostendrán los malvados en el juicio,
ni los pecadores en la reunión de los justos.
6 Pues Yahvé conoce el camino de los justos,
pero el camino de los malvados se extravía.

SALMO 2

Ver Sal **110**.

El drama mesiánico*

1 ¿Por qué se amotinan las naciones
y los pueblos conspiran en vano?
2 Los reyes de la tierra se sublevan,
los príncipes a una se alían
en contra de Yahvé y su Ungido:
3 «Rompamos sus cadenas,
sacudámonos sus riendas».
4 El que habita en el cielo se ríe,
Yahvé se burla de ellos.
5 Después les habla irritado,
los espanta lleno de cólera:
6 «Yo mismo he consagrado a mi rey,
en Sión, mi monte santo*».
7 Haré público el decreto de Yahvé:
Él me ha dicho: «Tú eres mi hijo*,
hoy te he engendrado.

1 Los salmos **1** y **2** son como el prólogo moral y mesiánico del Salterio. -El Sal **1** opone los dos caminos que se abren al hombre; ver Dt **30** 15-20.
1 2 Esta recitación en voz baja es una *meditación* en la que el justo entra poco a poco en la intimidad de Dios; ver Jos **1** 8; Sal **63** 7; **77** 13; **143** 5; etc.
2 La tradición judeo-cristiana considera este Sal como mesiánico, así como el Sal **110**.
2 6 Después de la construcción del templo de Salomón sobre la colina de Sión, Jerusalén se convierte en la Ciudad Santa; ver 1 S **5** 6+; Dt **12** 1+; Ne **11** 1+; Ap **21** 2+.
2 7 El título de *hijo de Dios* dado al rey de Israel, ver 2 S **7** 14+; Sal **89**, recibirá en el NT un sentido más profundo, Hch **13** 33;

8 Si me lo pides, te daré en herencia las naciones,
en propiedad la inmensidad de la tierra;
9 los machacarás con cetro de hierro,
los pulverizarás como vasija de barro».
10 Por eso, reyes, piénsenlo bien,
aprendan la lección, gobernantes de la tierra.
11 Sirvan a Yahvé con temor,
12 temblando besen sus pies;
no sea que se irrite y se pierdan,
pues su cólera se inflama en un instante.
¡Dichoso quien se acoge a él!

SALMO 3

Clamor matinal del justo perseguido

1 *Salmo. De David. Cuando huía de su hijo Abasalón.*

2 Yahvé, ¡cuántos son mis adversarios,
cuántos los que se alzan contra mí!
3 ¡Cuántos los que dicen de mí:
«que no espere salvación en Dios»! *Pausa.*

4 Pero tú, Yahvé, mi escudo protector,
mi orgullo, el que levanta mi frente.
5 Invoco a gritos a Yahvé,
y me responde desde su monte santo. *Pausa.*

6 Me acuesto y me duermo,
me despierto: Yahvé me sostiene*.
7 No temo a esas gentes que a millares
se apostan en torno contra mí.

8 ¡Levántate, Yahvé! ¡Sálvame, Dios mío!
Tú golpeas el rostro de mi enemigo,
tú rompes los dientes de los malvados.
9 En Yahvé está la salvación,
baje sobre tu pueblo tu bendición. *Pausa.*

SALMO 4

Oración vespertina*

1 *Del maestro de coro. Para instrumentos de cuerda. Salmo. De David.*

2 Respóndeme cuando te llamo,
Dios testigo de mi inocencia;
tú, que en el apuro me abres salidas,
tenme piedad y escucha mi oración.

Hb **1** 5; **5** 5. El Sal es citado también en Hch **4** 25-26; Ap **2** 26-27.

3 6 Versículo aplicado por los Padres a Cristo muerto y resucitado.

4 Salmo de confianza y de agradecimiento; los vv. 5.9 hacen de él una oración vespertina.

3 ¿Hasta dónde, hombres, insultarán a mi gloria,
amarán la vanidad y andarán tras la mentira? *Pausa.*

4 Sepan que Yahvé me distingue con su amor,
Yahvé me escucha cuando lo llamo.

5 Tiemblen y no pequen,
reflexionen en el lecho y callen. *Pausa.*

6 Ofrezcan sacrificios justos y confíen en Yahvé.

7 Muchos dicen: «¿Quién nos hará ver la dicha?».
¡Haz brillar sobre nosotros la luz de tu rostro*!

Yahvé, 8 me has dado más alegría interior
que cuando ellos abundan en trigo y en mosto.

9 En paz me acuesto y en seguida me duermo,
pues tú solo, Yahvé, me haces vivir tranquilo.

SALMO 5

Oración de la mañana

1 *Del maestro de coro. Para flautas. Salmo. De David.*

2 Escucha mi palabra, Yahvé,
repara en mi plegaria,
3 atento a mis gritos de auxilio,
rey mío y Dios mío.

¡A ti te suplico, 4 Yahvé!
Por la mañana escuchas mi voz,
por la mañana me preparo para ti
y quedo a la espera.

5 No eres un Dios que ame el mal,
ni es tu huésped el malvado;
6 no resiste el arrogante tu presencia,
detestas a todos los malhechores,
7 acabas con los mentirosos;
al asesino y al hipócrita
los aborrece Yahvé.

8 Pero yo, por lo mucho que nos quieres,
me atrevo a entrar en tu Casa,
a postrarme ante tu santo Templo,
lleno de respeto hacia ti.

9 Guíame, Yahvé, con tu justicia,
responde así a mis adversarios,
allana tu camino a mi paso.

10 Que no hay firmeza en sus palabras,
por dentro están llenos de malicia;

4 7 Imagen bíblica de la benevolencia del rey o de Dios. Ver Sal **24** 6+; **31** 17; **67** 2; **119** 135; Nm **6** 25-26; Pr **16** 15; Dn **9** 17; etc.

sepulcro abierto es su garganta,
su lengua habla con halagos.

11 Trátalos, oh Dios, como culpables*,
haz que fracasen sus planes;
expúlsalos, que están llenos de crímenes,
que se han rebelado contra ti.

12 Se alegrarán los que se acogen a ti,
gritarán alborozados por siempre;
tú los protegerás, en ti disfrutarán
los que aman tu nombre.

13 Tú bendices al inocente, Yahvé,
lo rodea como escudo tu favor.

SALMO 6

Plegaria en la tribulación*

1 *Del maestro de coro. Para instrumentos de cuerda. En octava. Salmo. De David.*

2 Yahvé, no me corrijas con tu cólera,
no me castigues con tu furor.
3 Piedad, Yahvé, que estoy baldado,
cura, Yahvé, mis huesos sin fuerza.
4 Me encuentro del todo abatido.

Y tú, Yahvé, ¿hasta cuándo?
5 Vuélvete, Yahvé, restablece mi vida*,
ponme a salvo por tu misericordia.
6 Que después de morir nadie te recuerda,
y en el Seol ¿quién te alabará*?

7 Estoy extenuado de gemir,
baño mi lecho cada noche,
inundo de lágrimas mi cama;
8 mis ojos se consumen de rabia.
La insolencia define a mis opresores,
9 ¡apártense de mí, malhechores!

Que Yahvé ha escuchado mi llanto;

5 11 Estas llamadas a la venganza divina son frecuentes en los salmos, ver **10** 15; **31** 18; **54** 7; **79** 10-12; **109** 6-20; etc. En el contexto de retribución temporal, que domina la antigua Alianza, estas imprecaciones expresan una exigencia de justicia hacia los enemigos que Dios *odia*, v. 7. El Evangelio exigirá que sea superada por el amor, Mt **5** 38-48+. Sobre la venganza, ver Ex **21** 25+.

6 El primero de los siete «Salmos penitenciales» (**6**; **32**; **38**; **51**; **102**; **130**; **143**).

6 5 El término hebreo utilizado aquí (que algunos traducen por «alma») designa el soplo vital. Con frecuencia, esta palabra designa al hombre, o al animal, en cuanto individuo animado, vivo, Gn **12** 1; **14** 21; Ex **1** 5; **12** 4. Estos diversos sentidos del término hebreo (traducido al griego por *psyjê*) seguirán vivos en el NT, Mt **2** 20; **10** 28; **16** 25-26; 1 Co **15** 44+.

6 6 En el Seol, Nm **16** 33+, los muertos ya no tienen relaciones con Dios, Sal **30** 10; **88** 6.11-13; Is **38** 18.

[10] Yahvé ha escuchado mi súplica,
Yahvé acepta mi oración.
[11] ¡Queden corridos, confusos mis enemigos,
retrocedan de inmediato, cubiertos de vergüenza!

SALMO 7
Oración del justo perseguido*

[1] *Lamentación. De David. La que cantó a Yahvé a propósito del benjaminita Cus.*

[2] Yahvé, Dios mío, a ti me acojo,
sálvame de mis perseguidores, líbrame;
[3] que no me destrocen como un león
y me desgarren sin nadie que me libre.

[4] Yahvé, Dios mío, si algo de eso hice,
si hay en mis manos injusticia,
[5] si a mi bienhechor con mal he respondido,
si he perdonado al opresor injusto,
[6] ¡que el enemigo me persiga y me alcance,
que me estrelle vivo contra el suelo
y esparza mis entrañas por el polvo! *Pausa.*

*

[7] Levántate, Señor, lleno de cólera,
álzate contra la ira de mis opresores,
despierta ya, Dios mío,
tú que el juicio convocas.
[8] Que te rodee una asamblea de naciones,
y tú desde lo alto la presides.
[9] (Yahvé, juez de los pueblos).

Júzgame, Señor, según mi justicia,
conforme a mi integridad.
[10] Que cese la maldad de los malvados,
afianza al inocente,
tú que escrutas corazones y entrañas,
tú, Dios justo.
[11] Mi escudo está en Dios,
salvador de los que viven rectamente.
[12] Dios es juez justo, tardo a la cólera,
pero un Dios que castiga cada día.

*

[13] Si no se convierte el hombre,
afila su espada,
tensa y asesta su arco,

7 Dos protestas de inocencia están aquí fusionadas. Una, vv. 1-6.13b-17, exige la aplicación de la ley del talión, Ex **21** 25+; la otra, vv. 7-13a, inspirada en Jeremías, suplica al juez celeste que intervenga. Ver Sal **17** y **26**.

[14] le prepara armas letales,
tizones serán sus flechas.
[15] Véanlo en su preñez de iniquidad,
malicia concibió, fracaso pare.

[16] Cavó una fosa, cavó bien hondo,
mas cayó en el hoyo que él abrió;
[17] se vuelva contra él su maldad,
su violencia recaiga en su cabeza.

[18] Doy gracias a Yahvé por su justicia,
tañeré para el nombre del Altísimo*.

SALMO 8
Poder del nombre divino

[1] *Del maestro de coro. Según la... de Gat. Salmo. De David.*

[2] ¡Yahvé, Señor nuestro,
qué glorioso es tu nombre en toda la tierra!

Tú que asientas tu majestad sobre los cielos,
[3] por boca de chiquillos, de niños de pecho*,
cimentas un baluarte frente a tus adversarios,
para acabar con enemigos y rebeldes.

[4] Al ver tu cielo, hechura de tus dedos,
la luna y las estrellas que pusiste,
[5] ¿qué es el hombre para que te acuerdes de él,
el hijo de Adán para que de él te cuides?

[6] Apenas inferior a un dios lo hiciste,
coronándolo de gloria y esplendor;
[7] señor lo hiciste de las obras de tus manos,
todo lo pusiste bajo sus pies*:

[8] ovejas y bueyes, juntos,
y hasta las bestias del campo,
[9] las aves del cielo, los peces del mar
que circulan por las sendas de los mares.

[10] ¡Yahvé, Señor nuestro,
qué glorioso es tu nombre en toda la tierra!

SALMO 9-10
Dios humilla a los impíos y salva a los humildes*

[1] *Del maestro de coro. Para oboes y arpa. Salmo. De David.*

Álef. [2] Te doy gracias, Yahvé, de todo corazón,
voy a proclamar todas tus maravillas;

7 18 Este versículo es una conclusión litúrgica.
8 3 Jesús ha citado el comienzo de este v. a propósito de su triunfo de Ramos, Mt **21** 16.
8 7 Puesto del hombre en la creación, ver Gn **1** 26; Si **17** 1-4. Este pasaje ha sido aplicado por el NT a Cristo, soberano de la nueva creación, 1 Co **15** 27; Ef **1** 22; Hb **2** 6-8.
9 Estos dos salmos forman un solo poema alfabético (incompleto); ver Pr **31**

3 quiero alegrarme y gozar en ti,
tañer para tu nombre, Altísimo.

Bet. 4 Mis enemigos retroceden,
flaquean, se desvanecen ante ti,
5 pues defendiste mi causa y mi juicio,
sentado en tu sede como justo juez.

Guímel. 6 Expulsaste a los paganos, destruiste al malvado,
borraste su nombre para siempre jamás;
7 se acabó el enemigo, como ruina perpetua,
asolaste sus ciudades, se apagó su recuerdo.

He. Pero 8 Yahvé se sienta para siempre,
establece para el juicio su trono;
9 él juzga al orbe con justicia,
sentencia a los pueblos con rectitud.

Vau. 10 ¡Sea Yahvé baluarte del oprimido,
baluarte en tiempos de angustia!
11 Confíen en ti los que conocen tu nombre,
pues no abandonas a los que te buscan, Yahvé.

Zain. 12 Canten para Yahvé, que habita en Sión,
publiquen entre los pueblos sus hazañas;
13 pide cuentas del crimen, y se acuerda de ellos,
no desoye el grito angustiado de los desdichados.

Jet. 14 Piedad de mí, Yahvé, mira mi aflicción,
tú que me recobras de las puertas de la muerte,
15 para que proclame todas tus proezas
a las puertas de Sión, gozoso de tu triunfo.

Tet. 16 Se hundieron los paganos en la fosa que hicieron,
en la red que ocultaron quedó su pie prendido.
17 Yahvé se ha dado a conocer, ha hecho justicia,
ha enredado al malvado en las obras de sus manos. *Sordina.*
Pausa.

Yod. 18 ¡Vuelvan los malvados al Seol,
todos los paganos que de Dios se olvidan!

Kaf. 19 No quedará olvidado el pobre para siempre,
la esperanza de los desdichados nunca se frustrará.

20 ¡Levántate, Yahvé, no triunfe el hombre,
sean juzgados los paganos en tu presencia!
21 Llénalos, Yahvé, de terror,
sepan los paganos que sólo son hombres. *Pausa.*

10

Lámed 1 ¿Por qué, Yahvé, te quedas lejos,
te escondes en las horas de la angustia?
2 El orgullo del malvado acosa al desdichado,
queda preso en la trampa que le ha urdido.

10+, en el que el portavoz de los *pobres*, vv. 17-18; ver Lc **2** 3+, describe y luego implora el juicio divino sobre los impíos; ver **5**; **14**; **53**; **62** 13+; **92**; **94**.

(Mem). [3] Sí, de su ambición se jacta el malvado,
el codicioso que bendice desprecia a Yahvé;

(Nun). [4] el malvado dice altanero:
«¡No hay Dios!», es todo lo que piensa.

[5] En toda ocasión triunfan sus empresas,
tus decisiones le traen sin cuidado,
desprecia a todos sus rivales.

[6] Dice para sí: «Jamás vacilaré»;
como en desgracia no se ve, [7] maldice.

(Sámek).
(Pe). Su boca rebosa fraude y doblez,
oculta su lengua maldad y perfidia;
[8] se aposta al acecho entre las cañas,
y asesina al inocente a escondidas.

(Ain). Todo ojos, espía al desvalido,
[9] acecha escondido como león en su guarida,
acecha para atrapar al desdichado,
atrapa al desdichado atrayéndolo a su red.

(Sade). [10] Espía, se agazapa, se encoge,
el desvalido cae en su poder;
[11] dice para sí: «Dios se ha olvidado,
oculta su rostro, no ha de ver jamás».

Qof. [12] ¡Álzate, Yahvé, extiende tu mano!
¡Nunca te olvides de los desdichados!
[13] ¿Por qué desprecia el malvado a Dios,
diciendo para sí: «No vendrás a indagar»?

Reš. [14] Has visto la pena y la tristeza,
las miras y las tomas en tu mano:
el desvalido en ti se abandona,
tú eres el auxilio del huérfano.

Šin. [15] ¡Quiebra el brazo del malvado,
persigue su impiedad sin dejar rastro!
[16] ¡Yahvé es rey por siempre, por los siglos;
han sido barridos los paganos de su tierra!

Tau. [17] El deseo de los humildes tú escuchas, Yahvé,
confortas su corazón, les prestas atención,
[18] para hacer justicia al huérfano, al vejado.
¡Cese ya en su terror el hombre salido de la tierra!

SALMO 11 (10)

Confianza del justo

[1] *Del maestro de coro. De David.*

En Yahvé me cobijo; ¿cómo, pues, me dicen:
«Huye, pájaro, a tu monte,
[2] que los malvados tensan su arco,
ajustan a la cuerda su saeta,
para disparar en la sombra contra los honrados?

[3] Si están en ruinas los cimientos,
¿qué puede hacer el justo?».

[4] Yahvé en su santo Templo,
Yahvé en su trono celeste;
sus ojos ven el mundo,
sus pupilas examinan a los hombres.

[5] Yahvé examina al justo y al malvado,
odia al que ama la violencia.
[6] ¡Lluevan sobre el malvado brasas y azufre,
y un viento abrasador como porción de su copa*!

[7] Pues Yahvé es justo y ama la justicia,
los rectos contemplarán su rostro*.

SALMO 12 (11)

Contra el mundo mentiroso*

[1] *Del maestro de coro. En octava. Salmo. De David.*

[2] ¡Sálvanos, Yahvé, que escasean los fieles,
que desaparece la lealtad entre los hombres!
[3] Falsedades se dicen entre sí,
con labios melosos y doblez de corazón.

[4] Acabe Yahvé con los labios melosos,
con la lengua que profiere bravatas,
[5] los que dicen: «La lengua es nuestra fuerza,
nuestros labios nos defienden, ¿quién será nuestro amo?».

[6] Por la opresión del humilde, por el gemido del pobre,
me voy a levantar, dice Yahvé,
a poner a salvo a quien lo ansía.

[7] Las palabras de Yahvé son palabras limpias,
plata pura a ras de tierra, siete veces purgada.

[8] Tú, Yahvé, nos guardarás,
nos librarás de esa gente para siempre;
[9] los malvados que nos rodean se irán,
colmo de vileza entre los hombres.

SALMO 13 (12)

Clamor confiado

[1] *Del maestro de coro. Salmo. De David.*

[2] ¿Hasta cuándo, Yahvé? ¿Me olvidarás para siempre?
¿Hasta cuándo me ocultarás tu rostro?

11 6 La *copa* designa el destino, favorable o adverso, **16** 5; **23** 5; **75** 9; Mt **20** 22; etc. Sobre la *copa de la ira*, ver Is **51** 17+.
11 7 El hombre no puede ver a Dios. La expresión *contemplar el rostro* evoca al siervo ante un señor benévolo, **15** 1; **16** 11; **17** 15; etc. Ver **4** 7+.
12 Oración en estilo profético. La verdad de la palabra de Dios se opone a las mentiras de los hombres.

3 ¿Hasta cuándo andaré angustiado,
con el corazón en un puño día y noche?
¿Hasta cuándo me someterá el enemigo?

4 ¡Mira, respóndeme, Yahvé Dios mío!
Da luz a mis ojos*, no me duerma en la muerte,
5 no diga mi enemigo: «¡Lo he podido!»,
no se alegre mi adversario al verme vacilar.
6 Pues yo confío en tu amor,
en tu salvación goza mi corazón.

¡A Yahvé cantaré por el bien que me ha hecho,
tañeré en honor de Yahvé, el Altísimo!

SALMO 14 (13)

=Sal **53**.

El hombre sin Dios*

1 *Del maestro de coro. De David.*

Dice el necio en su interior:
«¡No existe Dios!»
Corrompidos están, da asco su conducta,
no hay quien haga el bien.

2 Se asoma Yahvé desde los cielos
hacia los hijos de Adán,
por ver si hay algún sensato,
alguien que busque a Dios.

3 Todos están descarriados,
todos a una pervertidos.
No hay quien haga el bien,
ni uno siquiera*.

4 ¿No aprenderán los malhechores
que devoran a mi pueblo como pan
y no invocan a Yahvé?

5 Allí se han puesto a temblar,
pues Dios está por el justo:
6 el designio del pobre a ustedes los confunde
porque Yahvé es su refugio.

7 ¡Ojalá venga de Sión la salvación de Israel!
Cuando cambie Yahvé la suerte de su pueblo,
Jacob exultará, Israel se alegrará*.

13 4 Los ojos son el reflejo de la vida, ver Dt **34** 7; 1 S **14** 27.29; Sal **6** 8; **31** 10; **38** 11; etc.

14 Es menos una negación que un grito de rebelión, **10** 4.11.13; **73** 11; Jr **5** 12; etc.

14 3 Algunos mss griegos y la Vulgata insertan aquí una cita heterogénea, recogida en Rm **3** 10-18.

14 7 Después del regreso del Destierro, **85** 2; **126** 1; Jr **29** 14, el sentido de la expresión es a menudo *restaurar, restablecer,* Os **6** 11; Am **9** 14; etc.

SALMO 15 (14)

El huésped de Yahvé*

1 *Salmo. De David.*

Yahvé, ¿quién vivirá en tu tienda?,
¿quién habitará en tu monte santo?

2 El de conducta íntegra
que actúa con rectitud,
que es sincero cuando piensa
3 y no calumnia con su lengua;

que no daña a conocidos
ni agravia a su vecino;
4 que mira con desprecio al réprobo
y honra a los que temen a Yahvé;

que jura en su perjuicio y no retracta;
5 que no presta a usura su dinero
ni acepta soborno contra el inocente.
Quien obra así jamás vacilará.

SALMO 16 (15)

Yahvé, la parte de mi herencia

1 *A media voz. De David.*

Guárdame, oh Dios, que en ti me refugio.

2 Digo a Yahvé: «Tú eres mi Señor,
mi bien, nada hay fuera de ti».
3 Pero ellos dicen a los santos de la tierra:
«¡Magníficos, todo mi gozo en ellos!».

4 Sus ídolos abundan, tras ellos van corriendo.
Pero no les haré libaciones de sangre,
ni mis labios pronunciarán sus nombres.

5 Yahvé es la parte de mi herencia y de mi copa,
tú aseguras mi suerte:
6 me ha tocado un lote precioso,
me encanta mi heredad*.

7 Bendigo a Yahvé, que me aconseja;
aun de noche me instruye la conciencia;
8 tengo siempre presente a Yahvé,
con él a mi derecha no vacilo.

15 Los que *temen a Dios*, v. 4; ver **25** 12-14; **66** 16; **103** 11-18; **111** 1.5; etc., que le son fieles y sumisos (ver el Decálogo, Ex **20** 1+) y son dignos de acercarse a él. Más tarde, la expresión designará a los simpatizantes del judaísmo, ver Hch **2** 11; **10** 2+.

16 6 La *parte* de los levitas es Yahvé, Nm **18** 20-24; Dt **10** 9; etc. La *copa*, ver Sal **11** 6+. Sobre la *cuerda* de apeo, que marca el «lote», ver Jos **17** 6; Mi **2** 4-5.

9 Por eso se me alegra el corazón,
sienten regocijo mis entrañas,
todo mi cuerpo descansa tranquilo;
10 pues no me abandonarás al Seol,
no dejarás a tu amigo ver la fosa.
11 Me enseñarás el camino de la vida,
me hartarás de gozo en tu presencia,
de dicha perpetua a tu derecha*.

SALMO 17 (16)
Clamor del inocente

1 *Oración. De David.*

Escucha, Yahvé, mi causa,
hazme caso cuando grito,
presta oído a mi plegaria,
que no hay doblez en mis labios.
2 De ti saldrá mi sentencia,
pues tus ojos ven lo recto.

3 Si sondeas mi corazón y de noche me examinas,
si me pruebas al crisol, no hallarás en mí malicia;
mi boca no claudica 4 al modo de los hombres.
Siguiendo tu palabra he respetado
las sendas trazadas, 5 ajustando mis pasos;
por tus veredas no vacilan mis pies.

6 Te invoco, oh Dios, pues tú me respondes,
inclina a mí tu oído, escucha mis palabras,
7 Haz gala de tu amor,
tú salvas de los prepotentes
al que se acoge a tu diestra.

8 Guárdame como a la niña de tus ojos,
protégeme a la sombra de tus alas
9 de esos malvados que me acosan,
enemigos que me cercan con saña.
10 Han cerrado sus entrañas,
hablan llenos de arrogancia,
11 avanzan contra mí, me cercan,
me miran fijo para derribarme.
12 Son como león ávido de presa,
como cachorro agazapado en su guarida.

13 ¡Álzate, Yahvé, enfréntate, derríbalo;
líbrame con tu espada del malvado,

16 11 El salmista ha escogido a Dios y desea escapar de la muerte que le separaría de él, **6** 6; **49** 16+. Esperanza imprecisa que prepara la fe en la resurrección, ver Dn **12** 2; 2 M **7** 9+. El versículo es citado en Hch **2** 25-28; **13** 35, a propósito de la resurrección de Jesús, prolongación de la aplicación mesiánica admitida por el judaísmo.

14 de los mortales, con tu mano, Yahvé,
de los mortales cuyo lote es este mundo!

¡Llénales el vientre de tus reservas,
que se sacien sus hijos
y dejen las sobras a sus pequeños!

15 Pero yo, rehabilitado, veré tu rostro,
al despertar te contemplaré hasta que quiera*.

SALMO 18 (17)

||2 S **22**.

Te Deum real*

1 *Del maestro de coro. Del siervo de Yahvé, David, que dirigió a Yahvé las palabras de este cántico el día en que Yahvé lo libró de todos sus enemigos y de las manos de Saúl.* 2 *Dijo:*

Te quiero, Yahvé, mi fortaleza
(mi salvador, que me salva de la violencia).
3 Yahvé, mi roca* y mi baluarte,
mi libertador y mi Dios;
la roca en que me amparo,
mi escudo y mi fuerza salvadora,
mi ciudadela y mi refugio.
4 Invoco a Yahvé, digno de alabanza,
y me veo libre de mis enemigos.

5 Las olas de la muerte me envolvían,
me espantaban los torrentes destructores,
6 los lazos del Seol me rodeaban,
me aguardaban los cepos de la muerte.

7 En mi angustia grité a Yahvé,
pedí socorro a mi Dios;
desde su templo escuchó mi voz,
resonó mi socorro en sus oídos.

8 La tierra* rugió, retembló,
temblaron las bases de los montes
(vacilaron bajo su furor).
9 De su nariz salía una humareda,
de su boca un fuego abrasador
(y lanzaba carbones encendidos).

10 Inclinó los cielos y bajó,
con espeso nublado a sus pies;

17 15 El *despertar matinal* es el momento de la oración, **5** 4, de la bondad de Dios, **7** 7; **30** 6; Is **8** 20; etc., como de su justicia, **101** 8. A esto se añade quizá aquí una alusión velada a la resurrección, ver **16** 11+.

18 Una oración de acción de gracias, vv. 5-28, seguida de un canto de victoria, vv. 32-51. Otra versión, 2 S **22**.

18 3 Imagen de firmeza y seguridad, vv. 33.47; **19** 15; etc.; Dt **32** 4; 2 S **22** 3; etc. Ver Mt **16** 18; 1 Co **10** 4. *-Mi fuerza*, lit.: «mi cuerno», ver Sal **75** 5+.

18 8 Descripción, vv. 8-18, de la venida victoriosa de Yahvé, ver Ex **13** 22; **19** 16+.

11 volaba a lomos de un querubín*,
sostenido por las alas del viento.

12 Se puso como tienda un cerco de tinieblas,
de aguas oscuras y espesos nubarrones;
13 el brillo de su presencia despedía
granizo y ascuas de fuego.

14 Tronó Yahvé en el cielo,
lanzó el Altísimo su voz;
15 disparó sus saetas y los dispersó,
la cantidad de rayos los desbarató.

16 El fondo del mar quedó a la vista,
los cimientos del orbe aparecieron,
a causa de tu bramido, Yahvé,
al resollar el aliento de tu nariz.

17 Lanzó su mano de lo alto y me agarró
para sacarme de las aguas caudalosas;
18 me libró de un enemigo poderoso,
de adversarios más fuertes que yo.

19 Me aguardaban el día de mi ruina,
mas Yahvé fue un apoyo para mí;
20 me sacó a campo abierto,
me quería y me salvó.

21 Mi rectitud recompensa Yahvé,
retribuye la pureza de mis manos,
22 pues guardé los caminos de Yahvé
y no me rebelé contra mi Dios.

23 Pues tengo presentes sus normas,
sus preceptos no aparto de mi lado;
24 he sido irreprochable con él,
y de incurrir en culpa me he guardado.

25 Yahvé retribuye mi rectitud,
la pureza de mis manos que él conoce.
26 Con el leal te muestras leal,
intachable con el hombre sin tacha;

27 con el puro eres puro,
y sagaz con el ladino;
28 tú que salvas a la gente humilde
y abates los ojos altaneros.

29 Tú, Yahvé, eres mi lámpara,
mi Dios que alumbra mis tinieblas;
30 con tu ayuda yo fuerzo el cerco,
con mi Dios asalto la muralla.

31 Dios es íntegro en su proceder,
la palabra de Yahvé acrisolada,
escudo de quienes se acogen a él.

18 11 Los querubines que están sobre el arca, Ex **25** 18+, son como la cabalgadura de Yahvé, ver Ez **1** 5+, o su trono, Sal **80** 2; **99** 1; 1 S **4** 4; etc.

32 Pues ¿quién es Dios fuera de Yahvé?
¿Quién Roca, sino sólo nuestro Dios?
33 El Dios que me ciñe de fuerza
y hace mi conducta irreprochable,

34 que hace mis pies como de cierva
y en las alturas me sostiene en pie,
35 que adiestra mis manos para la lucha
y mis brazos para tensar el arco.

36 Tú me das tu escudo victorioso,
(tu diestra me sostiene),
multiplicas tus cuidados conmigo,
37 al andar ensanchas mis pasos,
mis tobillos no se tuercen.

38 Persigo a mis enemigos, les doy caza,
no vuelvo hasta que acabo con ellos;
39 los machaco, no pueden levantarse,
sucumben debajo de mis pies.

40 Me ciñes de valor para el combate,
sometes bajo mi pie a mis agresores,
41 pones en fuga a mis enemigos,
exterminas a los que me odian.

42 Piden auxilio y nadie los salva,
a Yahvé, y no les responde.
43 Los reduzco como polvo al viento,
los piso como barro de las calles.

44 Me libras de los pleitos de mi pueblo,
me pones al frente de naciones;
pueblos desconocidos me sirven;

45 los extranjeros me adulan,
todo oídos, me obedecen,
46 los extranjeros se acobardan,
dejan temblando sus refugios.

47 ¡Viva Yahvé, bendita sea mi Roca,
sea ensalzado mi Dios salvador,
48 el Dios que me concede la venganza
y abate los pueblos a mis plantas!

49 Tú me libras de mis enemigos,
me exaltas sobre mis agresores,
me salvas del hombre violento.

50 Por eso te alabaré entre las naciones,
en tu honor, Yahvé, cantaré*.

51 Él ennoblece las victorias de su rey
y muestra su amor a su ungido,
a David y su linaje para siempre.

18 50 Rm **15** 9 ve aquí anunciada la conversión de los gentiles.

SALMO 19 (18)

Yahvé, sol de justicia*

1 *Del maestro de coro. Salmo. De David.*

2 Los cielos cuentan la gloria de Dios,
el firmamento anuncia la obra de sus manos;
3 el día al día comunica el mensaje,
la noche a la noche le pasa la noticia.

4 Sin hablar y sin palabras,
y sin voz que pueda oírse,
5 por toda la tierra resuena su proclama,
por los confines del orbe sus palabras*.

En lo alto, para el sol, plantó una tienda,
6 y él, como esposo que sale de su alcoba,
se recrea, como atleta, corriendo su carrera.

7 Tiene su salida en un extremo del cielo,
y su órbita alcanza al otro extremo,
sin que haya nada que escape a su ardor.

8 La ley de Yahvé es perfecta,
hace revivir;
el dictamen de Yahvé es veraz,
instruye al ingenuo.

9 Los preceptos de Yahvé son rectos,
alegría interior;
el mandato de Yahvé es límpido,
ilumina los ojos.

10 El temor de Yahvé es puro,
estable por siempre;
los juicios del Señor veraces,
justos todos ellos,

11 apetecibles más que el oro,
que el oro más fino;
más dulces que la miel,
más que el jugo de panales.

12 Por eso tu siervo se empapa en ellos,
guardarlos trae gran ganancia;
13 Pero ¿quién se da cuenta de sus yerros?
De las faltas ocultas límpiame.

14 Guarda a tu siervo también del orgullo,
no sea que me domine;
entonces seré irreprochable,
libre de delito grave.

19 La naturaleza, vv. 2-7, y la Ley, vv. 8-12, manifiestan las perfecciones de Yahvé. El sol era un símbolo de la justicia, Sb **5** 6; Ml **3** 20; ver Lc **1** 78.

19 5 Rm **10** 18 aplica este v. a la predicación de los apóstoles.

15 Acepta con agrado mis palabras,
el susurro de mi corazón,
sin tregua ante ti, Yahvé,
Roca mía, mi redentor*.

SALMO 20 (19)

Oración por el rey*

1 *Del maestro de coro. Salmo. De David.*

2 ¡Yahvé te responda el día de la angustia,
protéjate el nombre del Dios de Jacob!
3 Te envíe socorro desde su santuario,
sea tu apoyo desde Sión.
4 Tenga en cuenta todas tus ofrendas,
encuentre sabroso tu holocausto;
5 colme todos tus deseos,
cumpla todos tus proyectos.
6 ¡Nosotros aclamaremos tu victoria,
celebraremos alegres el nombre de nuestro Dios!

¡Yahvé responderá a todas tus súplicas!
7 Reconozco ahora que Yahvé
dará la salvación a su ungido*;
le responderá desde su santo cielo
con proezas victoriosas de su diestra.
8 Unos con los carros, otros con los caballos,
pero nosotros invocamos a Yahvé, nuestro Dios*;
9 ellos se doblegan y caen,
nosotros seguimos en pie.
10 ¡Oh Yahvé, salva al rey,
respóndenos cuando te llamemos!

SALMO 21 (20)

Liturgia de coronación*

1 *Del maestro de coro. Salmo. De David.*

2 Yahvé, el rey celebra tu fuerza,
lo colma de alegría tu victoria.

19 15 Dios es el *go'el* de Israel; él lo protege y lo salva, Nm **35** 19+.
20 Salmo de entronización o de salida a campaña.
20 7 El rey *ungido* en nombre de Yahvé, **2** 2; 1 S **9** 26+.
20 8 Tema frecuente: contar menos con los armamentos que con Dios. Ver **33** 16-17; **147** 10-11; Pr **21** 31; Is **30** 16; **31** 1; Os **1** 7; etc.
21 Salmo afín al **20** y a **61** 6-8. El acento mesiánico y escatológico han motivado su aplicación a Cristo rey y salvador.

[3] Le has concedido el deseo de su corazón,
no has rechazado el anhelo de sus labios.

[4] Te adelantaste con buenos augurios,
coronaste su cabeza de oro fino;
[5] vida pidió y se la otorgaste,
largo curso de días para siempre.

[6] Gran prestigio le da tu victoria,
lo rodeas de honor y majestad;
[7] lo conviertes en eterna bendición,
lo llenas de alegría en tu presencia.
[8] Porque el rey confía en Yahvé,
por gracia del Altísimo no vacilará.

[9] Que tu mano alcance a tus enemigos,
que tu diestra alcance a los que te odian.
[10] Conviértelos en horno encendido,
el día que aparezca tu rostro.
Yahvé los tragará en su cólera,
el fuego los devorará.
[11] Borrarás de la tierra su fruto,
su semilla de en medio de los hombres.

[12] Aunque intenten hacerte daño,
aunque tramen un plan, nada podrán.
[13] Que tú les harás retroceder,
asestando tu arco contra ellos.

[14] ¡Levántate, Yahvé, lleno de fuerza,
cantaremos, celebraremos tu poder!

SALMO 22 (21)

Sufrimiento y esperanza del justo*

[1] *Del maestro de coro. Sobre «la cierva de la aurora». Salmo. De David.*

[2] ¡Dios mío, Dios mío! ¿Por qué me has abandonado?
Estás lejos de mi queja, de mis gritos y gemidos.
[3] Clamo de día, Dios mío, y no respondes,
también de noche, sin ahorrar palabras.

[4] ¡Pero tú eres el Santo, entronizado
en medio de la alabanza de Israel!
[5] En ti confiaron nuestros padres,
confiaron y tú los liberaste;

22 El largo lamento doloroso y la oración de un inocente, ver **35**+, acaba, vv. 20-31, en acción de gracias por la liberación esperanzada. Este Salmo es bastante afín a Is **52** 13-**53** 12. Jesús pronunció en la cruz su comienzo, Mt **27** 46p. Los evangelistas han visto anunciados en él varios episodios de la Pasión, Mt **27** 35.39.43p; Jn **19** 24. Y Hb **2** 12 relaciona el v. 23 con la glorificación de Cristo. El Salmo es mesiánico al menos en sentido típico.

6 a ti clamaron y se vieron libres,
en ti confiaron sin tener que arrepentirse.

7 Yo en cambio soy gusano, no hombre,
soy afrenta del vulgo, asco del pueblo;
8 todos cuantos me ven de mí se mofan,
tuercen los labios y menean la cabeza:
9 «Se confió a Yahvé, ¡pues que lo libre,
que lo salve si tanto lo quiere!».

10 Fuiste tú quien del vientre me sacó,
a salvo me tuviste en los pechos de mi madre;
11 a ti me confiaron al salir del seno,
desde el vientre materno tú eres mi Dios.
12 ¡No te alejes de mí, que la angustia está cerca,
que no hay quien me socorra!

13 Novillos sin cuento me rodean,
me acosan los toros de Basán;
14 me amenazan abriendo sus fauces,
como león que desgarra y ruge.

15 Como agua me derramo,
mis huesos se dislocan,
mi corazón, como cera,
se funde en mis entrañas.
16 Mi paladar está seco como teja
y mi lengua pegada a mi garganta:
tú me sumes en el polvo de la muerte.

17 Perros sin cuento me rodean,
una banda de malvados me acorrala;
mis manos y mis pies vacilan,
18 puedo contar mis huesos.
Ellos me miran y remiran,
19 reparten entre sí mi ropa
y se echan a suertes mi túnica.

20 Pero tú, Yahvé, no te alejes,
corre en mi ayuda, fuerza mía,
21 libra mi vida de la espada,
mi persona de las garras de los perros;
22 sálvame de las fauces del león,
mi pobre ser de los cuernos del búfalo.

23 Contaré tu fama a mis hermanos,
reunido en asamblea te alabaré:
24 «Los que estén por Yahvé, alábenlo,
estirpe de Jacob, respétenlo,
témanlo, estirpe de Israel.

25 Que no desprecia ni le da asco
la desgracia del desgraciado;
no le oculta su rostro,
lo escucha cuando lo invoca».

26 Tú inspiras mi alabanza en plena asamblea,
cumpliré mis votos ante sus fieles.
27 Los pobres comerán, hartos quedarán,
los que buscan a Yahvé lo alabarán:
«¡Viva por siempre su corazón!».

28 Se acordarán, volverán a Yahvé
todos los confines de la tierra;
se postrarán en su presencia
todas las familias de los pueblos.
29 Porque de Yahvé es el reino,
es quien gobierna a los pueblos.
30 Ante él se postrarán los que duermen en la tierra,
ante él se humillarán los que bajan al polvo.

Y para aquel que ya no viva
31 su descendencia le servirá:
hablará del Señor a la edad 32 venidera,
contará su justicia al pueblo por nacer:
«Así actuó el Señor».

SALMO 23 (22)

El Buen Pastor*

1 *Salmo. De David.*

Yahvé es mi pastor, nada me falta.
2 En verdes pastos me hace reposar.

Me conduce a fuentes tranquilas,
3 allí reparo mis fuerzas.
Me guía por cañadas seguras
haciendo honor a su nombre.

4 Aunque fuera por valle tenebroso,
ningún mal temería,
pues tú vienes conmigo;
tu vara y tu cayado me sosiegan.

5 Preparas ante mí una mesa,
a la vista de mis enemigos;
perfumas mi cabeza,
mi copa rebosa.

6 Bondad y amor me acompañarán
todos los días de mi vida,
y habitaré en la casa de Yahvé
un sinfín de días.

23 La preocupación de Dios por los justos es la de un *pastor* y, luego, la del *huésped* que ofrece el festín mesiánico. El agua, el aceite y el vino han motivado el empleo de este Sal a propósito de los tres sacramentos de la iniciación cristiana.

SALMO 24 (23)

Liturgia de entrada en el santuario*

1 *Salmo. De David.*

De Yahvé es la tierra y cuanto la llena,
el orbe y cuantos lo habitan,
2 pues él lo fundó sobre los mares,
lo asentó sobre los ríos.

3 ¿Quién subirá al monte de Yahvé?,
¿quién podrá estar en su santo recinto?
4 El de manos limpias y puro corazón,
el que no suspira por los ídolos
ni jura con engaño.

5 Ése logrará la bendición de Yahvé,
el perdón de Dios, su Salvador.
6 Ésta es la generación que lo busca,
la que acude a tu presencia, Dios de Jacob*. *Pausa.*

7 ¡Puertas, alcen los dinteles,
levántense, antiguos portones,
y que entre el rey de la gloria!

8 ¿Quién es el rey de la gloria?
Yahvé, el fuerte, el valiente,
Yahvé, valiente en la lucha.

9 ¡Puertas, alcen los dinteles,
levántense, antiguos portones,
y que entre el rey de la gloria!

10 ¿Quién es el rey de la gloria?
Yahvé Sebaot,
él es el rey de la gloria. *Pausa.*

SALMO 25 (24)

Oración en el peligro*

1 *De David.*

Alef. A ti, Yahvé, dirijo mi anhelo.
2 A ti, Dios mío.
Bet. En ti confío, ¡no quede defraudado,
ni triunfen de mí mis enemigos!
Guímel. 3 El que espera en ti no queda defraudado,
queda defraudado el que traiciona sin motivo.

24 Los vv. 3-6 son afines al Sal **15**; los vv. 7-10 pueden referirse al traslado del arca, 2 S **6** 12-16.

24 6 Dios es invisible, Ex **33** 20+. *Buscar el rostro,* ver **4** 7+, es buscar su presencia, ya sea en el interior del corazón, ya sea en el culto del Templo, ver **22** 27; **27** 8-9; **105** 4; Am **5** 4+.

25 Salmo alfabético, oración de fe del pecador confiado.

Dálet. 4 Muéstrame tus caminos, Yahvé,
enséñame tus sendas.
He. 5 Guíame fielmente, enséñame,
pues tú eres el Dios que me salva.

(Vau.) En ti espero todo el día,
7c por tu bondad, Yahvé.
Zain. 6 Acuérdate, Yahvé, de tu ternura
y de tu amor, que son eternos.
Jet. 7 De mis faltas juveniles no te acuerdes,
acuérdate de mí según tu amor.

Tet. 8 Bueno y recto es Yahvé:
muestra a los pecadores el camino,

Yod. 9 conduce rectamente a los humildes
y a los pobres enseña su sendero.

Kaf. 10 Amor y verdad* son las sendas de Yahvé
para quien guarda su alianza y sus preceptos.
Lámed. 11 Haz gala de tu nombre, Yahvé,
y perdona mi culpa, que es grande.

Mem. 12 Cuando un hombre respeta a Yahvé,
él le indica el camino a seguir;
Nun. 13 vivirá colmado de dicha,
su estirpe poseerá la tierra.

Sámek. 14 Yahvé se confía a sus adeptos,
los va instruyendo con su alianza.

Ain. 15 Mis ojos están fijos en Yahvé,
que sacará mis pies de la trampa.
Pe. 16 Vuélvete a mí, tenme piedad,
me siento solo y desdichado.

Sade. 17 La angustia crece en mi corazón,
hazme salir de mis tormentos.
(Qof.) 18 Mira mi aflicción y mi penar,
perdona todos mis pecados.

Reš. 19 Mira cuántos son mis enemigos,
la violencia del odio que me tienen.
Šin. 20 Guarda mi vida, ponme a salvo,
no me avergüence por confiar en ti.
Tau. 21 Integridad y rectitud me ampararán,
porque espero en ti, Yahvé.

22 Redime, Dios, a Israel
de todas sus angustias.

25 10 *Amor y verdad* o *gracia y fidelidad*, pareja de palabras frecuente en el salterio y en la Biblia, Gn **24** 27+; Pr **3** 3; etc. Son las señales de la Alianza, v. 14, relación establecida por Dios entre él y los que le temen, vv. 12-14; ver **15+**.

SALMO 26 (25)

Plegaria del inocente*

1 *De David.*

Hazme justicia, Yahvé,
que llevo una vida íntegra.
Si me apoyo en Yahvé no vacilo.

2 Escrútame, Yahvé, ponme a prueba,
aquilata mi conciencia y mi corazón,
3 que tengo presente tu amor
y te soy fiel en la vida.

4 No ando mezclado con falsos,
ni me dejo acompañar de hipócritas;
5 odio las reuniones de malhechores,
no me mezclo con malvados.

6 Lavo y purifico mis manos,
doy vueltas a tu altar, Yahvé,
7 pronunciando la acción de gracias,
pregonando todas tus maravillas.
8 Amo, Yahvé, la belleza de tu Casa,
el lugar donde se asienta tu gloria.

9 No dejes que muera entre pecadores,
que acabe mi vida entre asesinos,
10 con sus manos llenas de infamia
y su diestra repleta de soborno.

11 Yo, en cambio, llevo una vida íntegra,
rescátame, ten piedad de mí;
12 mi pie sigue el camino recto,
en la asamblea te bendeciré, Yahvé.

SALMO 27 (26)

Junto a Dios no hay temor

1 *De David.*

Yahvé es mi luz y mi salvación,
¿a quién temeré?
Yahvé, el refugio de mi vida,
¿ante quién temblaré?

2 Cuando me asaltan los malhechores
ávidos de mi carne,
ellos, adversarios y enemigos,
tropiezan y sucumben.

26 El creyente, consciente de lo que ha recibido, ver **18** 21-28, etc., protesta de su inocencia, ver **7**; **17**; Jb **31** 1+.

3 Aunque acampe un ejército contra mí,
mi corazón no teme;
aunque estalle una guerra contra mí,
sigo confiando.

4 Una cosa pido a Yahvé,
es lo que ando buscando:
morar en la Casa de Yahvé
todos los días de mi vida,
admirar la belleza de Yahvé
contemplando su templo.

5 Me dará cobijo en su cabaña
el día de la desgracia;
me ocultará en lo oculto de su tienda,
me encumbrará en una roca.

6 Entonces levantará mi cabeza
ante el enemigo que me hostiga;
y yo ofreceré en su tienda
sacrificios de victoria.

Cantaré, tocaré para Yahvé.

7 Escucha, Yahvé, el clamor de mi voz,
¡ten piedad de mí, respóndeme!
8 Digo para mis adentros:
«Busca su rostro».
Sí, Yahvé, tu rostro busco:
9 no me ocultes tu rostro*.

No rechaces con ira a tu siervo,
que tú eres mi auxilio.
No me abandones, no me dejes,
Dios de mi salvación.
10 Si mi padre y mi madre me abandonan,
Yahvé me acogerá.

11 Señálame, Yahvé, tu camino,
guíame por senda llana,
pues tengo enemigos.
12 No me entregues al ardor de mis rivales,
pues se alzan contra mí testigos falsos,
testigos violentos además.

13 Creo que gozaré
de la bondad de Yahvé
en el país de la vida.
14 Espera en Yahvé, sé fuerte,
ten ánimo, espera en Yahvé.

27 9 Ver **4** 7+; **24** 6+.

SALMO 28 (27)

Súplica y acción de gracias

1 *De David.*

A ti alzo mi voz, Yahvé,
roca mía, no enmudezcas;
pues si te callas seré igual
que los que bajan a la fosa.

2 Oye la voz de mi súplica,
cuando te pido socorro,
cuando levanto mis manos,
hacia tu santo templo.

3 No me arrastres con los malvados,
tampoco con los malhechores,
que hablan de paz a su vecino
y el mal se oculta en su corazón.

4 Págales, Yahvé, según sus obras,
según la malicia de sus actos,
trátalos conforme a sus acciones,
págales con su misma moneda.

5 No entienden las obras de Yahvé,
lo que han hecho sus manos:
¡que los derribe y no los reconstruya!

6 ¡Bendito Yahvé, que ha escuchado
la voz de mi plegaria!

7 Yahvé es mi fuerza y mi escudo,
en él confía mi corazón:
su ayuda me llena de alegría,
le doy gracias con mi canto.

8 Yahvé es la fuerza de su pueblo,
un baluarte que salva a su ungido*.
9 Salva a tu pueblo, bendice a tu heredad,
pastoréalos y llévalos por siempre.

SALMO 29 (28)

Himno al Señor de la tormenta*

1 *Salmo. De David.*

¡Rindan a Yahvé, hijos de Dios,
rindan a Yahvé gloria y poder!

28 8 El *ungido* (ver **20** 7+) es aquí el pueblo de Dios, ver **34** 10; Ex **19** 6+; Is **61** 6; Ha **3** 13.
29 La *tormenta*, ver Ex **19** 16+, evoca el poder de Yahvé arrasando a los enemigos de su pueblo. -Los *hijos de Dios* son los ángeles, ver Jb **1** 6+.

2 Rindan a Yahvé la gloria de su nombre,
póstrense ante Yahvé en el atrio sagrado*.

3 La voz de Yahvé sobre las aguas,
el Dios de la gloria truena,
¡es Yahvé sobre las aguas caudalosas!
4 La voz de Yahvé con fuerza,
la voz de Yahvé con majestad.

5 La voz de Yahvé desgaja los cedros,
desgaja Yahvé los cedros del Líbano,
6 hace brincar como novillo al Líbano,
al Sarión como cría de búfalo.

7 La voz de Yahvé afila llamaradas.
8 La voz de Yahvé estremece la estepa,
estremece Yahvé el desierto de Cades.
9 La voz de Yahvé retuerce las encinas,
deja desnudas las selvas.
Todo en su Templo grita: ¡Gloria!

10 Yahvé se sentó sobre el diluvio*,
Yahvé se sienta como rey eterno.
11 Yahvé da poder a su pueblo,
Yahvé bendice a su pueblo con la paz.

SALMO 30 (29)

Acción de gracias después de un peligro de muerte

1 *Salmo. Cántico para la dedicación de la Casa. De David.*

2 Te ensalzo, Yahvé, porque me has levantado,
no has dejado que mis enemigos se rían de mí.
3 Yahvé, Dios mío, te pedí auxilio y me curaste.
4 Tú, Yahvé, sacaste mi vida del Seol,
me reanimaste cuando bajaba a la fosa.

5 Canten para Yahvé los que lo aman,
recuerden su santidad con alabanzas.
6 Un instante dura su ira,
su favor toda una vida;
por la tarde visita de lágrimas,
por la mañana gritos de júbilo.

7 Al sentirme seguro me decía:
«Jamás vacilaré».
8 Tu favor, Yahvé, me afianzaba
más firme que sólidas montañas;
pero luego escondías tu rostro
y quedaba todo conturbado.

29 2 Se trata del cielo, réplica invisible del Templo de Jerusalén, Sal **11** 4; **78** 69.

29 10 Entronizado sobre las aguas primordiales, símbolo del caos.

9 A ti alzo mi voz, Yahvé,
a mi Dios piedad imploro:
10 ¿Qué ganas con mi sangre*, con que baje a la fosa?
¿Puede el polvo alabarte, anunciar tu verdad?

11 ¡Escucha, Yahvé, ten piedad de mí!
¡Sé tú, Yahvé, mi auxilio!
12 Has cambiado en danza mi lamento:
me has quitado el sayal, me has vestido de fiesta.
13 Por eso mi corazón te cantará sin parar;
Yahvé, Dios mío, te alabaré por siempre.

SALMO 31 (30)
Oración en la prueba*

1 *Del maestro de coro. Salmo. De David.*

2 En ti, Yahvé, me cobijo,
¡nunca quede defraudado!
¡Líbrame conforme a tu justicia,
3 tiende a mí tu oído, date prisa!

Sé mi roca de refugio,
alcázar donde me salve;
4 pues tú eres mi peña y mi alcázar,
por tu nombre me guías y diriges.

5 Sácame de la red que me han tendido,
pues tú eres mi refugio;
6 en tus manos abandono mi vida*
y me libras, Yahvé, Dios fiel.

7 Detestas a los que veneran ídolos,
pero yo confío en Yahvé.
8 Me alegraré y celebraré tu amor,
pues te has fijado en mi aflicción,
conoces las angustias que me ahogan;
9 no me entregas en manos del enemigo,
has puesto mis pies en campo abierto.

10 Ten piedad de mí, Yahvé,
que estoy en apuros.
La pena debilita mis ojos,
mi garganta y mis entrañas;
11 mi vida se consume en aflicción,
y en suspiros mis años;
sucumbe mi vigor a la miseria,
mis huesos pierden fuerza.

30 10 *Con mi sangre*, es decir, con mi muerte, ver **6** 6+; Lv **1** 5+.
31 La súplica ardiente se cambia, vv. 20-25, en acción de gracias.
31 6 Versículo puesto en labios de Jesús, Lc **23** 46, y de Esteban, Hch **7** 59.

12 De todos mis opresores
me he convertido en la burla;
asco doy a mis vecinos,
espanto a mis familiares.

Los que me ven por la calle
se apartan lejos de mí;
13 me olvidan igual que a un muerto,
como objeto de desecho.

14 Escucho las calumnias de la turba,
terror alrededor,
a una conjuran contra mí,
tratando de quitarme la vida.

15 Pero yo en ti confío, Yahvé,
me digo: «Tú eres mi Dios».
16 Mi destino está en tus manos, líbrame
de las manos de enemigos que me acosan.
17 Que brille tu rostro sobre tu siervo,
¡sálvame por tu amor!

18 Yahvé, no quede yo defraudado
después de haberte invocado;
que queden defraudados los impíos,
que bajen en silencio al Seol.
19 Enmudezcan los labios mentirosos
que hablan insolentes contra el justo,
llenos de orgullo y desprecio.

20 ¡Qué grande es tu bondad, Yahvé!
La reservas para tus adeptos,
se la das a los que a ti se acogen
a la vista de todos los hombres.

21 Los ocultas donde tú solo los ves,
lejos de las intrigas de los hombres;
bajo techo los pones a cubierto
de las querellas de las lenguas.

22 ¡Bendito Yahvé que me ha brindado
maravillas de amor (en plaza fuerte)!
23 ¡Y yo que decía alarmado:
«Estoy dejado de tus ojos»!
Pero oías la voz de mi plegaria
cuando te gritaba auxilio.

24 Amen a Yahvé, todos sus amigos,
a los fieles protege Yahvé;
pero devuelve con creces
al que obra con orgullo.
25 ¡Tengan valor, y firme el corazón,
ustedes, los que esperan en Yahvé!

SALMO 32 (31)

El reconocimiento del pecado obtiene el perdón*

1 *De David. Poema.*

¡Dichoso al que perdonan su culpa
y queda cubierto su pecado!
2 Dichoso el hombre a quien Yahvé
no le imputa delito,
y no hay fraude en su interior.

3 Guardaba silencio y se consumía mi cuerpo,
cansado de gemir todo el día,
4 pues descargabas día y noche
tu mano sobre mí;
mi corazón cambiaba como un campo
que sufre los ardores del estío. *Pausa.*

5 Reconocí mi pecado
y no te oculté mi culpa;
me dije: «Confesaré
a Yahvé mis rebeldías».
Y tú absolviste mi culpa,
perdonaste mi pecado. *Pausa.*

6 Por eso, quien te ama te suplica
llegada la hora de la angustia.
Y aunque aguas caudalosas se desborden
jamás lo alcanzarán.
7 Tú eres mi cobijo,
me guardas de la angustia,
me rodeas para salvarme. *Pausa.*

8 «Voy a instruirte, a mostrarte el camino a seguir;
sin quitarte los ojos de encima, seré tu consejero».

9 No seas lo mismo que caballo o mulo sin sentido,
rienda y freno hacen falta para domar su brío.

10 Copiosas son las penas del malvado,
mas a quien confía en Yahvé lo protege su amor.
11 ¡Alégrense en Yahvé, justos, exulten,
griten de gozo los de recto corazón!

SALMO 33 (32)

Himno a la Providencia

1 ¡Aclamen con júbilo, justos, a Yahvé,
que la alabanza es propia de hombres rectos!

32 Salmo penitencial, **6** 1+; *queda cubierto su pecado*, expresión metafórica: Dios no lo tiene en cuenta y lo suprime. Ver **65** 4; **85** 3; Lv **16**+; Jb **31** 33; Pr **10** 12; Rm **4** 7-8.

2 ¡Den gracias a Yahvé con la cítara,
toquen con el arpa de diez cuerdas;
3 cántenle un cántico nuevo,
acompañen la música con aclamaciones*!

4 Pues recta es la palabra de Yahvé,
su obra toda fundada en la verdad;
5 él ama la justicia y el derecho,
del amor de Yahvé está llena la tierra.

6 Por la palabra de Yahvé fueron hechos los cielos,
por el aliento de su boca todos sus ejércitos.
7 Él recoge, como un dique, las aguas del mar,
mete en depósitos los océanos.

8 ¡Tema a Yahvé la tierra entera,
tiemblen ante él los habitantes del orbe!
9 Pues él habló y así fue,
él lo mandó y se hizo.

10 Yahvé frustra el plan de las naciones,
hace vanos los proyectos de los pueblos;
11 pero el plan de Yahvé subsiste para siempre,
sus decisiones de generación en generación.
12 ¡Feliz la nación cuyo Dios es Yahvé,
el pueblo que escogió para sí como heredad!

13 Yahvé observa de lo alto del cielo,
ve a todos los seres humanos;
14 desde el lugar de su trono mira
a todos los habitantes de la tierra;
15 él, que modela el corazón de cada uno,
y repara en todas sus acciones.

16 No se salva el rey por su gran ejército,
ni el guerrero escapa por su enorme fuerza.
17 Vana cosa el caballo para la victoria,
ni con todo su vigor puede salvar.

18 Los ojos de Yahvé sobre sus adeptos,
sobre los que esperan en su amor,
19 para librar su vida de la muerte
y mantenerlos en tiempo de penuria.

20 Esperamos anhelantes a Yahvé,
él es nuestra ayuda y nuestro escudo;
21 en él nos alegramos de corazón
y en su santo nombre confiamos.
22 Que tu amor, Yahvé, nos acompañe,
tal como lo esperamos de ti.

33 3 *Aclamaciones*, grito de guerra que precedía al asalto, Ex **32** 17; Jos **6** 5; Jc **7** 20-21. Después del destierro adquiere un sentido religioso, ritual, de aclamación a Yahvé, Sal **47** 2.6; etc. Se lanzaba en los días de fiesta, Esd **3** 11, en los sacrificios de acción de gracias, Sal **27** 6; etc., en las liturgias procesionales, Sal **95** 1.2; **100** 1s. Ver Nm **10** 5+; Lv **23** 24.

SALMO 34 (33)

Loa de la justicia divina*

1 *De David. Cuando, fingiéndose demente ante Abimélec, fue despachado por él y se marchó.*

Alef. 2 Bendeciré en todo tiempo a Yahvé,
sin cesar en mi boca su alabanza;
Bet. 3 en Yahvé se gloría mi ser,
¡que lo oigan los humildes y se alegren!

Guímel. 4 Ensalcen conmigo a Yahvé,
exaltemos juntos su nombre.
Dálet. 5 Consulté a Yahvé y me respondió:
me libró de todos mis temores.

He. 6 Los que lo miran quedarán radiantes,
no habrá sonrojo en sus semblantes.
Zain. 7 Si grita el pobre, Yahvé lo escucha,
y lo salva de todas sus angustias.

Jet. 8 El ángel de Yahvé pone su tienda
en torno a sus adeptos y los libra.
Tet. 9 Gusten y vean lo bueno que es Yahvé,
dichoso el hombre que se acoge a él.

Yod. 10 Respeten a Yahvé, santos* suyos,
que a quienes le temen nada les falta.
Kaf. 11 Los ricos empobrecen y pasan hambre,
los que buscan a Yahvé de ningún bien carecen.

Lámed. 12 Vengan, hijos, escúchenme,
les enseñaré el temor de Yahvé.
Mem. 13 ¿A qué hombre no le gusta la vida,
no anhela días para gozar de bienes?

Nun. 14 Guarda del mal tu lengua,
tus labios de la mentira;
Sámek. 15 huye del mal y obra el bien,
busca la paz y anda tras ella.

Ain. 16 Los ojos de Yahvé sobre los justos,
sus oídos escuchan sus gritos;
Pe. 17 el rostro de Yahvé hacia los bandidos,
para raer de la tierra su recuerdo.

Sade. 18 Cuando gritan, Yahvé los oye
y los libra de sus angustias;
Qof. 19 Yahvé está cerca de los desanimados,
él salva a los espíritus hundidos.

Reš. 20 Muchas son las desgracias del justo,
pero de todas lo libra Yahvé;

34 Salmo alfabético: acción de gracias, vv. 2-11, con instrucción al estilo de Proverbios, vv. 12-23.

34 10 Ver **15**+. Los *santos*, ver **28** 8+.

Šin. 21 cuida de todos sus huesos,
ni uno solo se romperá.

Tau. 22 Da muerte al malvado la maldad,
los que odian al justo lo pagarán.
23 Rescata Yahvé la vida de sus siervos,
nada habrán de pagar los que a él se acogen.

SALMO 35 (34)

Súplica de un justo perseguido*

1 *De David.*

Ataca, Yahvé, a los que me atacan,
combate a los que me combaten;
2 embraza el escudo y la adarga,
y disponte a socorrerme:
3 blande la lanza y la pica
contra mis perseguidores.
Dime: «Soy tu salvación».

4 Queden confundidos y avergonzados
todos los que atentan contra mi vida.
Retrocedan humillados
los que maquinan mi mal.
5 Sean como paja ante el viento,
acosados por el ángel de Yahvé;
6 su camino, tiniebla y resbaladero,
perseguidos por el ángel de Yahvé.

7 Me tendían redes sin motivo,
cavaban una fosa para mí.
8 ¡Que los sorprenda una ruina imprevista,
que se enreden en la red que tendieron
y se hundan en la fosa que excavaron!

9 Y yo me alegraré en Yahvé,
gozaré con su victoria.
10 Dirán todos mis huesos:
Yahvé, ¿quién como tú,
para librar al débil del fuerte,
al pobre de su expoliador?

11 Se levantaban testigos violentos,
me preguntaban cosas que ignoraba;
12 me devolvían mal por bien,
me dejaban desamparado.

13 Yo, en cambio, cuando estaban enfermos,
vestido de saco y afligido con ayunos,
repetía mi oración en mi interior.

35 Lamentación imprecatoria, ver **22**+; **55**; **59**; **69**; **70**; **109**.

14 Como por un amigo o un hermano,
de un lado a otro caminaba,
como de luto por una madre,
sombrío me encorvaba.

15 Mas cuando tropecé, allí estaban,
todos juntos contra mí;
extranjeros que no conozco
sin parar me desgarraban;
16 si caía me rodeaban
rechinando sus dientes contra mí.

17 ¿Hasta cuándo, Señor, estarás mirando?
Libra mi vida de sus garras,
mi existencia de esos leones.

18 Te daré gracias en la gran asamblea,
te alabaré ante un pueblo numeroso.

19 Que no celebren mi ruina
mis pérfidos enemigos,
ni anden guiñando los ojos
los que me odian sin motivo.

20 Pues no hablan en son de paz:
contra la gente pacífica
se inventan puras patrañas;
21 de mí se ríen a gusto,
diciendo: «Ja, ja,
lo han visto nuestros ojos».

22 Tú lo has visto, Yahvé, no te calles,
Señor, no estés lejos de mí;
23 despiértate, levántate en mi juicio,
en defensa de mi causa, mi Dios y Señor.
24 Júzgame con tu justicia, Yahvé,
¡Dios mío, no se rían de mí!

25 Que no digan en su interior:
«¡Ajá, lo que queríamos!».
Que no digan: «Lo hemos tragado».
26 ¡Vergüenza y confusión caigan a una
sobre los que se ríen de mi mal;
se cubran de vergüenza e ignominia
los que se envalentonan a mi costa!

27 Que se alegren y griten de júbilo
los que en mi victoria se complacen,
y digan siempre sin cesar:
«Yahvé sea ensalzado,
que en la paz de su siervo se complace».
28 Mi lengua musitará tu justicia,
todo el día tu alabanza.

SALMO 36 (35)

Maldad del pecador y bondad de Dios

1 *Del maestro de coro. Del siervo de Yahvé. De David.*

2 El pecado es un oráculo para el impío
que le habla en el fondo de su corazón*;
no tiene temor de Dios
ni aun estando en su presencia.
3 Se halaga tanto a sí mismo
que no descubre y detesta su culpa;
4 sólo dice maldades y engaños,
renunció a ser sensato, a hacer el bien.

5 Maquina maldades en su lecho,
se obstina en el camino equivocado,
incapaz de rechazar el mal.

6 Tu amor, Yahvé, llega al cielo,
tu fidelidad alcanza las nubes;
7 tu justicia, como las altas montañas,
tus sentencias, profundas como el océano.

Tú proteges a hombres y animales,
8 ¡qué admirable es tu amor, oh Dios!
Por eso los seres humanos
se cobijan a la sombra de tus alas;
9 se sacian con las provisiones de tu casa,
en el torrente de tus delicias los abrevas;
10 pues en ti está la fuente de la vida*,
y en tu luz vemos la luz.

11 No dejes de amar a los que te conocen,
de ser fiel con los hombres sinceros.
12 ¡Que el pie del orgulloso no me pise,
ni me avente la mano del impío!

13 Vean cómo caen los malhechores,
abatidos, no pueden levantarse.

SALMO 37 (36)

Destino del justo y del impío*

1 *De David.*

Alef. No te acalores por los malvados,
ni envidies a los que hacen el mal,

36 2 La voz del pecado sustituye a la palabra de Dios, ver Rm **3** 18.
36 10 Prosperidad, dicha y sabiduría, ver Pr **13** 14; **16** 22; etc.

37 Salmo alfabético, discusión sobre el aparente éxito del impío y la retribución de los justos, ver **62** 13+.

[2] pues pronto se secan como el heno,
como la hierba tierna se marchitan.

Bet.
[3] Confía en Yahvé y obra el bien,
vive en la tierra y cuida tu fidelidad,
[4] disfruta pensando en Yahvé
y te dará lo que pida tu corazón.

Guímel.
[5] Encomienda tu vida a Yahvé,
confía en él, que actuará;
[6] hará brillar como luz tu inocencia
y tu honradez igual que el mediodía.

Dálet.
[7] Descansa en Yahvé, espera en él,
no te acalores contra el que prospera,
contra el hombre que urde intrigas.

He.
[8] Desiste de la ira, abandona el enojo,
no te acalores, que será peor;
[9] pues los malvados serán extirpados,
mas los que esperan en Yahvé heredarán la tierra.

Vau.
[10] Un poco más, y no hay malvado,
buscas su lugar, y ya no está;
[11] mas los humildes poseerán la tierra
y gozarán de inmensa paz.

Zain.
[12] El malvado maquina contra el honrado,
rechina los dientes contra él;
[13] pero el Señor de él se ríe,
pues ve que llega su día.

Jet.
[14] Desenvainan la espada los malvados,
tensan su arco contra el mísero y el pobre,
para matar a los hombres honrados;
[15] su espada penetrará en su corazón
y sus arcos quedarán destrozados.

Tet.
[16] Más vale lo poco del honrado
que la enorme riqueza del malvado;
[17] se quebrarán los brazos del malvado,
pero Yahvé sostiene a los honrados.

Yod.
[18] Conoce Yahvé la vida de los íntegros
su heredad durará para siempre;
[19] en tiempo de escasez no se avergonzarán,
en días de penuria gozarán de hartura.

Kaf.
[20] Los malvados, en cambio, perecerán,
todos los enemigos de Yahvé;
se agostarán como el verdor de los prados,
como humo se desvanecerán.

Lámed.
[21] El malvado toma prestado y no devuelve,
pero el honrado se compadece y da;

[22] los que él bendice poseerán la tierra,
los que maldice serán exterminados.

Mem.
[23] Yahvé da firmeza a los pasos del hombre,
se complace en su camino;
[24] aunque caiga, no queda tirado,
pues Yahvé lo sostiene por la mano.

Nun.
[25] Fui joven, ya soy viejo,
nunca vi a un justo abandonado,
ni a sus hijos pidiendo pan.
[26] A diario es compasivo y presta,
a sus hijos les aguarda la bendición.

Sámek.
[27] Apártate del mal y obra el bien,
y siempre tendrás una morada;
[28] porque Yahvé ama la justicia
y no abandona a sus amigos.

Ain.
Los criminales son exterminados,
la descendencia del malvado cercenada;
[29] los honrados poseerán la tierra,
habitarán en ella para siempre.

Pe.
[30] La boca del honrado susurra sabiduría,
su lengua habla con rectitud;
[31] la ley de su Dios está en su corazón,
sus pasos nunca vacilan.

Sade.
[32] Espía el malvado al honrado,
tratando de acabar con él;
[33] mas Yahvé no lo entrega en su mano,
ni deja que en el juicio lo condenen.

Qof.
[34] Espera en Yahvé, sigue por su senda,
él te exaltará y heredarás la tierra,
contemplarás el exterminio del malvado.

Reš.
[35] He visto al malvado arrogante
empinarse como cedro del Líbano;
[36] pasé luego y ya no estaba,
lo busqué y no lo encontré.

Šin.
[37] Observa al íntegro, mira al honrado,
tendrá futuro el hombre de paz;
[38] mas el rebelde será aniquilado
y el futuro del malvado frustrado.

Tau.
[39] La salvación del honrado viene de Yahvé,
él es su refugio en tiempo de angustia;
[40] Yahvé lo ayuda y lo libera,
él lo libra del malvado,
lo salva porque se acoge a él.

SALMO 38 (37)

Súplica en la desgracia*

1 *Salmo. De David. En memoria.*

2 Yahvé, no me castigues enfadado,
no me corrijas enojado.
3 En mí llevo clavadas tus saetas,
tu mano has descargado sobre mí;
4 nada intacto hay en mi carne por tu enfado,
nada sano en mi cuerpo por mi pecado.

5 Mis culpas sobrepasan mi cabeza,
como peso harto grave para mí;
6 mis llagas son hedor y putridez,
todo por mi insensatez;
7 encorvado, totalmente abatido,
todo el día camino sombrío.

8 Tengo la espalda túmida de fiebre,
no hay nada sano en mi carne;
9 entumecido, totalmente molido,
me hace gemir la convulsión del corazón.

10 Señor, tú eres testigo de mis ansias,
no se te ocultan mis gemidos.
11 Mi corazón se agita, las fuerzas me flaquean,
y hasta me falta la luz de mis ojos.

12 Compañeros y amigos huyen de mi llaga,
mis allegados se quedan a distancia;
13 los que persiguen mi vida tienden lazos,
los que traman mi mal hablan de ruina,
urdiendo falsedades todo el día.

14 Pero yo me hago el sordo y nada oigo,
como un mudo que no abre la boca;
15 soy como un hombre que no oye,
ni tiene réplica en sus labios.

16 Que en ti, Yahvé, yo espero,
tú responderás, Señor, Dios mío.
17 Me dije: «No sea que se rían de mí,
que me dominen cuando mi pie resbale».

18 Y ahora estoy a punto de caer,
tengo siempre presente mi pena.
19 Sí, confieso mi culpa,
me apena mi pecado.

20 Aumentan mis enemigos sin razón,
muchos son los que me odian sin motivo,

38 Lamento de un enfermo y considerado por ello culpable, ver **41** 8+. Salmo penitencial, **6**+, que recuerda el canto del Siervo, Is **53**, y el libro de Job.

21 los que mal por bien me devuelven
y me acusan cuando busco el bien.

22 ¡No me abandones, Yahvé,
no te me alejes, Dios mío!
23 ¡Date prisa en socorrerme,
oh Señor, mi salvación!

SALMO 39 (38)

Pequeñez del hombre ante Dios*

1 *Del maestro de coro. De Yedutún. Salmo. De David.*

2 Me decía: «Cuidaré mi conducta,
sin faltar con mi lengua,
pondré un freno a mi boca,
mientras tenga al malvado ante mí».
3 Yo me callé, tranquilo y en silencio,
mas mi dolor aumentó al ver su dicha.

4 Mi mente se fue acalorando,
mis pensamientos ardían como fuego,
y por fin solté la lengua:
5 «Hazme saber, Yahvé, mi fin,
dónde llega la medida de mis días,
para que sepa lo frágil que soy.
6 De unos palmos hiciste mis días,
mi existencia nada es para ti,
sólo un soplo el hombre que se yergue,
7 mera sombra el humano que pasa,
sólo un soplo las riquezas que amontona,
sin saber quién las recogerá».

8 Ahora, Señor, ¿qué puedo aguardar?
Mi esperanza está puesta en ti.
9 De todas mis rebeldías líbrame,
no me hagas la irrisión del insensato.
10 Pero me callo, ya no abro la boca,
pues tú eres quien lo ha hecho.

11 Deja ya de darme golpes,
tu mano hostil me destroza.
12 Castigando los yerros corriges al hombre,
igual que polilla desgastas sus anhelos.
El ser humano no es más que un soplo. *Pausa.*

13 Escucha mi súplica, Yahvé,
presta atención a mis gritos,
no te hagas sordo a mi llanto.
Pues soy un forastero junto a ti,
un huésped como todos mis padres.

39 Meditación sobre la miseria del hombre, ver **88**; Jb; Qo.

14 ¡Retira tu mirada, dame respiro
antes de que me vaya y ya no exista!

SALMO 40 (39)

vv. 14-18= Sal **70**.

Acción de gracias. Petición de auxilio*

1 *Del maestro de coro. De David. Salmo.*

2 Yo esperaba impaciente a Yahvé:
hacia mí se inclinó
y escuchó mi clamor.

3 Me sacó de la fosa fatal,
del fango cenagoso;
asentó mis pies sobre roca,
afianzó mis pasos.

4 Puso en mi boca un cántico nuevo,
una alabanza a nuestro Dios;
muchos verán y temerán,
y en Yahvé pondrán su confianza.

5 Dichoso será el hombre
que pone en Yahvé su confianza,
y no se va con los rebeldes
que andan tras los ídolos.

6 ¡Cuántas maravillas has hecho,
Yahvé, Dios mío,
cuántos designios por nosotros;
nadie se te puede comparar!
Quisiera publicarlos, pregonarlos,
mas su número es incalculable.

7 No has querido sacrificio ni oblación,
pero me has abierto el oído;
no pedías holocaustos ni víctimas,
8 dije entonces: «Aquí he venido».

Está escrito en el rollo del libro
9 que debo hacer tu voluntad*.
Y eso deseo, Dios mío,
tengo tu ley en mi interior.

10 He proclamado tu justicia
ante la gran asamblea;
no he contenido mis labios,
tú lo sabes, Yahvé.

40 Himno de acción de gracias, vv. 2-12; luego grito de angustia en la presente miseria, vv. 14-18; ver **70**.

40 9 El mejor sacrificio es el del corazón, la obediencia vale más que los sacrificios, 1 S **15** 22+; Am **5** 21-25; ver Sal **50** 7-8; **51** 18-19; **141** 2+. Los vv. 7-9 son aplicados a Cristo por Hb **10** 5-10.

[11] No he callado tu justicia en mi pecho,
he proclamado tu lealtad, tu salvación;
no he ocultado tu amor y tu verdad
a la gran asamblea.

[12] Y tú, Yahvé, no retengas
tus ternuras hacia mí.
Que tu amor y lealtad
me guarden incesantes.

[13] Pues desdichas me envuelven
en número incontable.
Mis culpas me dan caza
y ya no puedo ver;
más numerosas que mis cabellos,
y me ha faltado coraje.

[14] ¡Dígnate, Yahvé, librarme;
Yahvé, corre en mi ayuda!
[15] ¡Queden confusos y humillados
los que intentan acabar conmigo!

¡Retrocedan confundidos
los que desean mi mal!
[16] Queden corridos de vergüenza
los que me insultan: «Ja, ja».

[17] ¡En ti gocen y se alegren
todos los que te buscan!
¡Digan sin cesar: «Grande es Yahvé»
los que ansían tu victoria!

[18] Aunque soy pobre y desdichado,
el Señor se ocupará de mí.
Tú eres mi auxilio y libertador,
¡no te retrases, Dios mío!

SALMO 41 (40)

Oración de un enfermo abandonado*

[1] *Del maestro de coro. Salmo. De David.*

[2] ¡Dichoso el que cuida del débil y el pobre!
El día de la desgracia Yahvé lo liberará.
[3] Yahvé lo guardará y conservará con vida,
le concederá felicidad en la tierra,
no lo abandonará a la saña de sus enemigos;
[4] Yahvé lo sostendrá en su lecho de dolor,
cambiará la postración en que está sumido.

[5] Yo dije: «Ten piedad de mí, Yahvé,
sáname, que he pecado contra ti».

41 Una lamentación, vv. 5-11, entre dos movimientos de confianza.

6 Mis enemigos hablan mal de mí:
«¿Cuándo morirá y se perderá su apellido?».
7 Viene alguien a verme y habla de cosas fútiles,
va urdiendo falsedades y sale afuera a comentarlas.

8 Los que me odian se juntan a difamarme,
me achacan la desgracia que me aqueja*:
9 «Un mal diabólico se abate sobre él,
ahora que se ha acostado, no se levantará».
10 Hasta mi amigo íntimo en quien yo confiaba,
mi compañero de mesa, me ha traicionado*.

11 Pero tú, Yahvé, ten piedad de mí,
ponme de pie y les daré su merecido;
12 en esto sabré que tú eres mi amigo:
si mi enemigo no canta victoria sobre mí.
13 En cuanto a mí, me mantendrás en mi inocencia,
me admitirás por siempre en tu presencia.

14 ¡Bendito sea Yahvé, Dios de Israel,
desde siempre y hasta siempre!
¡Amén! ¡Amén*!

SALMO 42-43 (41-42)

Lamento del levita desterrado*

1 *Del maestro de coro. Poema. De los hijos de Coré.*

2 Como anhela la cierva los arroyos,
así te anhela mi ser, Dios mío.

3 Mi ser tiene sed de Dios,
del Dios vivo;
¿cuándo podré ir a ver
el rostro de Dios*?

4 Son mis lágrimas mi pan
de día y de noche,
cuando me dicen todo el día:
«¿Dónde está tu Dios?».

5 El recuerdo me llena de nostalgia:
cuando entraba en la Tienda admirable
y llegaba hasta la Casa de Dios,
entre gritos de acción de gracias
y el júbilo de los grupos de romeros.

41 8 La enfermedad era considerada como castigo del pecado, ver **38** 4; **107** 17; Jn **9** 2.
41 10 Jesús aplicó este texto a Judas, Jn **13** 18.
41 14 Doxología que cierra el primer libro. Ver **72** 18-20; **89** 52; **106** 48; **150**.
42 El destierro es aquí el alejamiento del santuario donde Dios habita y del culto que allí realiza su pueblo. Ver **27** 8; Ex **23** 14-17; **33** 20+; 1 R **8** 16+; etc.
42 3 *Ver el rostro de Dios*, es aquí visitar el santuario, el Templo de Jerusalén, ver Dt **31** 11; Sal **27** 8.

6 ¿Por qué desfallezco ahora
y me siento tan azorado?
Espero en Dios, aún lo alabaré:
¡Salvación de mi rostro, 7 Dios mío!

Me siento desfallecer,
por eso te recuerdo,
desde el Jordán y el Hermón
a ti, montaña humilde.

8 Un abismo llama a otro abismo
en medio del fragor de tus cascadas,
todas tus olas y tus crestas
han pasado sobre mí.

9 De día enviará Yahvé su amor,
y el canto que me inspire por la noche
será oración al Dios de mi vida.

10 Diré a Dios: Roca mía,
¿por qué me olvidas?,
¿por qué he de andar sombrío
por la opresión del enemigo?

11 Me rompen todos los huesos
los insultos de mis adversarios,
todo el día repitiéndome:
¿Dónde está tu Dios?

12 ¿Por qué desfallezco ahora
y me siento tan azorado?
Espero en Dios, aún lo alabaré:
¡Salvación de mi rostro, Dios mío!

43

1 Hazme justicia, oh Dios,
defiende mi causa
contra gente sin amor;
del hombre traidor
y falso líbrame.

2 Tú eres el Dios a quien me acojo:
¿por qué me has rechazado?,
¿por qué he de andar sombrío
por la opresión del enemigo?

3 Envía tu luz y tu verdad,
ellas me escoltarán,
me llevarán a tu monte santo,
hasta entrar en tu Morada.

4 Y llegaré al altar de Dios,
al Dios de mi alegría.
Te alabaré gozoso con la cítara,
oh Dios, Dios mío.

5 ¿Por qué desfallezco ahora
y me siento tan azorado?

Espero en Dios, aún lo alabaré:
¡Salvación de mi rostro, Dios mío!

SALMO 44 (43)

Elegía nacional*

1 *Del maestro de coro. De los hijos de Coré. Poema.*

2 Oh Dios, nuestros oídos lo oyeron,
nos lo contaron nuestros padres,
la obra que hiciste en su tiempo,
antiguamente, 3 con tu propia mano.

Para plantarlos a ellos, desposeíste naciones,
para ensancharlos, maltrataste pueblos;
4 no conquistaron la tierra con su espada,
ni su brazo les dio la victoria;
fueron tu diestra y tu brazo,
y la luz de tu rostro, pues los amabas.

5 Tú solo, Rey mío, Dios mío,
decidías las victorias de Jacob;
6 por ti hundíamos a nuestros adversarios,
en tu nombre pisábamos a nuestros agresores.

7 No ponía mi confianza en mi arco,
ni mi espada me hizo vencedor;
8 tú nos salvabas de nuestros adversarios,
cubrías de vergüenza a nuestros enemigos;
9 en Dios nos gloriábamos a diario,
celebrando tu nombre sin cesar. *Pausa.*

10 Y con todo nos rechazas y avergüenzas,
no sales ya con nuestras tropas,
11 nos haces dar la espalda al adversario,
nuestros enemigos saquean a placer.

12 Nos entregas como ovejas de matadero,
nos desperdigas en medio de los pueblos;
13 vendes a tu pueblo sin provecho,
no sacas mucho de su venta.

14 Nos haces la irrisión de los vecinos,
burla y escarnio de los circundantes;
15 las naciones nos sacan motes,
los pueblos menean la cabeza*.

16 Tengo siempre delante mi ignominia,
la vergüenza cubre mi semblante,
17 al oír insultos y blasfemias,
al presenciar odios y venganzas.

44 Lamentación colectiva que compara la victoria de otros tiempos, vv. 2-9, con las humillaciones presentes. Ver **60**; **74**; **79**; **80**; Is **63** 7-**64** 11.

44 15 Gesto humillante de burla y desprecio.

[18] Todo esto nos vino sin haberte olvidado,
sin haber traicionado tu alianza.
[19] No se habían retractado nuestros corazones,
ni habían dejado nuestros pasos tu sendero,
[20] pero nos aplastaste en morada de chacales
nos cubriste con la sombra de la muerte.

[21] Si hubiéramos olvidado el nombre de nuestro Dios
o alzado nuestras manos a un dios extranjero,
[22] ¿no se habría dado cuenta Dios,
que conoce los secretos del corazón?
[23] Pero por ti nos matan cada día,
nos tratan como a ovejas de matadero.

[24] ¡Despierta ya! ¿Por qué duermes, Señor?
¡Levántate, no nos rechaces para siempre!
[25] ¿Por qué ocultas tu rostro
y olvidas nuestra miseria y opresión?

[26] Nuestro cuello está hundido en el polvo,
pegado a la tierra nuestro vientre.
[27] ¡Álzate, ven en nuestra ayuda,
rescátanos por tu amor!

SALMO 45 (44)

Epitalamio real*

[1] *Del maestro de coro. Según la melodía: «Lirios...». De los hijos de Coré. Poema. Canto de amor.*

[2] Un bello tema bulle en mi corazón;
voy a recitar mi poema para un rey:
mi lengua es pluma de ágil escriba.

[3] Eres la más hermosa de las personas,
la gracia se derrama por tus labios,
por eso Dios te bendice para siempre.

[4] Ciñe tu espada al costado, valiente,
es tu gloria y tu esplendor; [5] marcha, cabalga,
en pro de la verdad, la piedad y la justicia;
que tu diestra te enseñe a hacer proezas.
[6] Agudas son tus flechas, sometes a los pueblos,
pierden el coraje los enemigos del rey.

[7] Tu trono es eterno, como el de Dios;
un cetro de equidad es tu cetro real.
[8] Amas la justicia y odias la iniquidad,
por eso Dios, tu Dios, te ha ungido
con óleo de fiesta más que a tus compañeros.

[9] A mirra, áloe y acacia huelen tus vestidos,
desde salones de marfil arpas te recrean.

45 Salmo para las bodas de un rey, que la tradición judía y cristiana aplican al Rey Mesías o a la Iglesia. Ver Os **1** 2+; Is **54** 1+; **62** 4-5: Jn **3** 29+; etc.

[10] Entre tus predilectas hay hijas de reyes,
la reina a tu derecha, con oro de Ofir.

[11] Escucha, hija, mira, presta oído,
olvida tu pueblo y la casa paterna,
[12] que prendado está el rey de tu belleza.
Él es tu señor, ¡póstrate ante él!

[13] La ciudad de Tiro llega con presentes,
la gente más rica busca tu favor.

[14] Aparece, espléndida, la princesa,
con ropajes recamados en oro;
[15] vestida de brocados la llevan ante el rey.
La siguen las doncellas, sus amigas,
[16] que avanzan entre risas y alborozo
al entrar en el palacio real.

[17] En lugar de tus padres, tendrás hijos;
príncipes los harás sobre todo el país*.

[18] ¡Haré que tu nombre se recuerde por generaciones,
que los pueblos te alaben por los siglos de los siglos!

SALMO 46 (45)

Dios con nosotros*

[1] *Del maestro de coro. De los hijos de Coré. Para oboes. Cántico.*

[2] Dios es nuestro refugio y fortaleza,
socorro en la angustia, siempre a punto.
[3] Por eso no tememos si se altera la tierra,
si los montes vacilan en el fondo del mar,
[4] aunque sus aguas bramen y se agiten,
y su ímpetu sacuda las montañas.

(¡Con nosotros Yahvé Sebaot,
nuestro baluarte el Dios de Jacob!) *Pausa.*

[5] ¡Un río!
Sus brazos recrean la ciudad de Dios,
santifican la morada del Altísimo.
[6] Dios está en medio de ella, no vacila,
Dios la socorre al despuntar el alba.
[7] Braman las naciones, tiemblan los reinos,
lanza él su voz, la tierra se deshace.

[8] ¡Con nosotros Yahvé Sebaot,
nuestro baluarte el Dios de Jacob! *Pausa.*

45 17 Si rompe toda relación con el mundo pagano, v. 11, Israel verá venir a los pueblos a servir a Dios. Este homenaje universal será señal de los tiempos mesiánicos, vv. 10.13; **47** 8-10; **65**; **87**+; **117**; ver Is **60**; **61** 5.

46 Yahvé presente en el Templo protege a Sión, ver **2** 6+; aguas simbólicas la hacen pura y fecunda, como un nuevo Edén, ver **36** 9; Ez **47** 1+.

9 Vengan a ver los prodigios de Yahvé,
que llena la tierra de estupor.
10 Detiene las guerras por todo el orbe;
quiebra el arco, rompe la lanza,
prende fuego a los escudos.
11 «Basta ya, sepan que soy Dios,
excelso sobre los pueblos, sobre la tierra excelso».

12 ¡Con nosotros Yahvé Sebaot,
nuestro baluarte el Dios de Jacob! *Pausa.*

SALMO 47 (46)

Yahvé, rey de Israel y del mundo*

1 *Del maestro de coro. De los hijos de Coré. Salmo.*

2 ¡Pueblos todos, toquen palmas,
aclamen a Dios con gritos de alegría!
3 Porque Yahvé, el Altísimo, es terrible,
el Gran Rey de toda la tierra.
4 Somete pueblos a nuestro yugo,
naciones pone a nuestros pies;
5 él nos elige nuestra heredad,
orgullo de Jacob, su amado. *Pausa.*

6 Sube Dios entre aclamaciones,
Yahvé a toque de trompeta:
7 ¡toquen para nuestro Dios, toquen,
toquen para nuestro Rey, toquen!

8 Es rey de toda la tierra:
¡toquen para Dios con destreza!
9 Reina Dios sobre todas las naciones,
Dios, sentado en su trono sagrado.

10 Príncipes paganos se reúnen
con el pueblo del Dios de Abrahán.
De Dios son los gobernantes de la tierra,
de él, inmensamente excelso.

SALMO 48 (47)

Sión, monte de Dios*

1 *Cántico. Salmo. De los hijos de Coré.*

2 ¡Grande es Yahvé y muy digno de alabanza!
En la ciudad de nuestro Dios
está su monte santo,

47 El primero de los «Salmos del reino»; ver **93**; **95-100**; Is **52** 7+; Ab 21. *Yahvé es rey*, Ex **15** 18; etc.; y sube al Templo con un cortejo triunfal, **33** 3+; **45** 17+.

48 En *Sión*, **2** 6+, moran el rey de Israel y Dios que vela sobre su pueblo.

3 hermosa colina,
alegría de toda la tierra.
El monte Sión, confín del Norte,
la ciudad del Gran Rey:
4 Dios, desde sus palacios,
se revela como baluarte.

5 De pronto los reyes se alían,
irrumpen todos a una;
6 apenas lo ven, estupefactos,
aterrados, huyen en tropel.
7 Allí un temblor los invadió,
espasmos como de parturienta,
8 como el viento del este que destroza
los navíos de Tarsis.

9 Lo que habíamos oído lo hemos visto
en la ciudad de Yahvé Sebaot,
en la ciudad misma de nuestro Dios,
que Dios afirmó para siempre. *Pausa.*

10 Tu amor, oh Dios, evocamos
en medio de tu templo;
11 como tu fama, oh Dios, tu alabanza
alcanza los confines de la tierra.

Tu diestra rebosa justicia,
12 el monte Sión se regocija,
exultan las ciudades de Judá
a causa de tus juicios.

13 Den vueltas en torno a Sión,
cuenten sus torres;
14 presten atención a sus murallas,
visiten sus palacios;

para decir a la próxima generación:
15 Este es Dios,
nuestro Dios por los siglos,
nuestro guía para siempre.

SALMO 49 (48)
Vanidad de las riquezas*

1 *Del maestro de coro. De los hijos de Coré. Salmo.*

2 ¡Oigan esto, pueblos todos,
escuchen, habitantes del mundo,
3 lo mismo plebeyos que notables,
ricos y pobres a la vez!

49 Un refrán irónico, vv. 13.21; ver Qo **3** 18-21, sirve de estribillo a temas de sabiduría tradicional sobre la retribución y la felicidad aparente de los malvados, ver **37** y **73**.

4 Mi boca va a hablar sabiduría,
mi corazón meditará cordura;
5 prestaré oído al proverbio,
expondré mi enigma con la cítara.

6 ¿Por qué he de temer los malos tiempos,
cuando me cercan maliciosos los que me hostigan,
7 los que ponen su confianza en su fortuna
y se glorían de su enorme riqueza?

8 No puede un hombre redimirse
ni pagar a Dios por su rescate,
9 (es muy caro el precio de su vida,
y nunca tendrá suficiente)
10 para vivir eternamente
sin tener que ver la fosa.

11 Puede ver, sin duda, morir a los sabios,
lo mismo que perecen necios y estúpidos,
y acabar dejando a otros sus riquezas.

12 Sus tumbas son sus casas eternas,
sus moradas de edad en edad,
¡y habían dado su nombre a países!

13 El hombre opulento no entiende,
a las bestias mudas se parece.
14 Así andan ellos, seguros de sí mismos,
y llegan al final, contentos de su suerte. *Pausa.*

15 Como ovejas son llevados al Seol,
los pastorea la Muerte,
van derechos a la tumba.
Su imagen se desvanece,
el Seol es su mansión.
16 Pero Dios rescatará mi vida,
me cobrará de las garras del Seol*. *Pausa.*

17 No temas si alguien se enriquece,
cuando crece el lujo de su casa.
18 Que, al morir, nada ha de llevarse,
no bajará su lujo con él.

19 Aunque en vida se daba parabienes
(¡te alaban cuando todo te va bien!),
20 irá a unirse a sus antepasados,
que no volverán a ver la luz.

21 El hombre opulento no entiende,
a las bestias mudas se parece.

49 16 Dios *cobrará* al justo del Seol, **6** 6+; Nm **16** 33+; ver **18** 17; **73** 24. Esta fe implícita en un futuro favorable prepara revelaciones ulteriores, ver **16** 11+.

SALMO 50 (49)

El culto espiritual*

[1] *Salmo. De Asaf.*

Habla Yahvé, Dios de los dioses:
convoca a la tierra de oriente a occidente.
2 Desde Sión, la Hermosa sin par, Dios resplandece;
3 viene nuestro Dios y no callará.
Lo precede un fuego voraz,
lo rodea violenta tempestad;
4 convoca desde lo alto a los cielos,
y a la tierra para juzgar a su pueblo:

5 «Reúnan ante mí a mis adeptos,
que sellaron mi alianza con sacrificios».
6 (Los cielos proclaman su justicia,
pues Dios mismo viene como juez). *Pausa.*

7 «Escucha, pueblo mío, voy a hablar,
Israel, testifico contra ti,
yo, Dios, tu Dios.
8 No te acuso por tus sacrificios,
están siempre ante mí tus holocaustos!
9 No tomaré novillos de tu casa,
ni machos cabríos de tus apriscos,

10 pues son mías las fieras salvajes,
las bestias en los montes a millares;
11 conozco las aves de los cielos,
mías son las alimañas del campo.

12 Si hambre tuviera, no te lo diría,
porque mío es el orbe y cuanto encierra.
13 ¿Acaso como carne de toros
o bebo sangre de machos cabríos?

14 Sacrifica a Dios dándole gracias,
cumple todos tus votos al Altísimo:
15 invócame en el día de la angustia,
te libraré y tú me darás gloria».

16 Pero al malvado Dios le dice:
«¿A qué viene recitar mis preceptos
y ponerte a hablar de mi alianza,
17 tú que detestas la doctrina
y a tus espaldas echas mis palabras?

18 Si ves a un ladrón vas con él,
compartes tu suerte con adúlteros;
19 abres tu boca con malicia,
tu lengua trama engaños.

50 Declaraciones de Yahvé que viene a juzgar a Israel, vv. 1-7, que reprueba el formalismo del culto, vv. 8-15, y el desprecio de los mandamientos, vv. 16-23. Ver **40** 9+.

[20] Te sientas a hablar contra tu hermano,
deshonras al hijo de tu madre.
[21] Haces esto, ¿y he de callarme?
¿Piensas que soy como tú?
Yo te acuso y te lo echo en cara.

[22] Entiendan esto bien ustedes que olvidan a Dios,
no sea que los destroce y no haya quien los salve.
[23] Me honra quien sacrifica dándome gracias,
al que es recto le haré ver la salvación de Dios».

SALMO 51 (50)

Miserere*

[1] *Del maestro de coro. Salmo. De David.* [2] *Cuando el profeta Natán lo visitó después de haberse unido aquél a Betsabé.*

[3] Piedad de mí, oh Dios, por tu bondad,
por tu inmensa ternura borra mi delito,
[4] lávame a fondo de mi culpa,
purifícame de mi pecado.

[5] Pues yo reconozco mi delito,
mi pecado está siempre ante mí;
[6] contra ti, contra ti solo pequé,
lo malo a tus ojos cometí.

Por que seas justo cuando hablas
e irreprochable cuando juzgas.
[7] Mira que nací culpable,
pecador me concibió mi madre*.

[8] Y tú amas la verdad en lo íntimo del ser,
en mi interior me inculcas sabiduría*.
[9] Rocíame con hisopo hasta quedar limpio,
lávame hasta blanquear más que la nieve.

[10] Devuélveme el son del gozo y la alegría,
se alegren los huesos que tú machacaste.
[11] Aparta tu vista de mis yerros
y borra todas mis culpas.

[12] Crea* en mí, oh Dios, un corazón puro,
renueva en mi interior un espíritu firme;

51 Salmo de penitencia, ver **6**+, el *Miserere* está cerca de los grandes profetas, sobre todo de Isaías, Jeremías y Ezequiel. El pecador siente el peso de sus faltas y el poder del perdón que renueva el corazón.

51 7 La impureza del hombre, Gn **8** 21; Jb **14** 4+, es una circunstancia atenuante a los ojos de Dios, justo juez, ver Rm **3** 4. La doctrina del pecado original se hará más explícita en relación con la redención por Jesucristo, Rm **5** 12-21+.

51 8 Dios penetra hasta el fondo del hombre, ver **7** 10; **16** 7; etc., y puede transformarlo.

51 12 El verbo *crear* está reservado para Dios, Gn **1** 1+; la justificación del pecador es una obra divina de re-creación.

13 no me rechaces lejos de tu rostro,
no retires de mí tu santo espíritu*.

14 Devuélveme el gozo de tu salvación,
afiánzame con espíritu generoso;
15 enseñaré a los rebeldes tus caminos
y los pecadores volverán a ti.

16 Líbrame de la sangre, oh Dios,
Dios salvador mío,
y aclamará mi lengua tu justicia;
17 abre, Señor, mis labios,
y publicará mi boca tu alabanza.

18 Pues no te complaces en sacrificios,
si ofrezco un holocausto, no lo aceptas.
19 Dios quiere el sacrificio de un espíritu contrito,
un corazón contrito y humillado, oh Dios, no lo desprecias.

20 ¡Sé benévolo y favorece a Sión,
reconstruye los muros de Jerusalén!
21 Entonces te agradarán los sacrificios legítimos
—holocausto y oblación entera—
entonces se ofrecerán novillos en tu altar*.

SALMO 52 (51)

Juicio del pérfido*

1 *Del maestro de coro. Poema. De David.* 2 *Cuando el edomita Doeg vino a avisar a Saúl diciéndole: «David ha entrado en casa de Ajimélec».*

3 ¿Por qué te glorías del mal, valiente?
¡Dios es fiel todo el día!
4 Tu lengua, igual que navaja afilada,
urde crímenes, autor de fraudes.

5 El mal al bien prefieres,
la mentira a la justicia; *Pausa.*
6 te gusta destruir con la palabra,
lengua embustera.

7 Por eso Dios te aplastará,
te destruirá para siempre,
te arrancará de tu tienda,
te extirpará de la tierra de los vivos. *Pausa.*

8 Los justos lo verán y temerán,
se reirán de él así:

51 13 Dios da al hombre un principio interior de vida religiosa y moral, ver **143** 10; Is **63** 11; Ez **11** 19+; etc.
51 21 En la Jerusalén restaurada, Is **60-62**; Jr **30** 18; etc. los sacrificios, por proceder de la *justicia*, tendrán su pleno valor, vv. 12-13+; **40 9**; **141** 2+.
52 La suerte del rico impío es comparada con la del justo asiduo al Templo, ver **32**; **42**; etc. En el v. 3 el griego, en vez de «valiente», dice «héroe de infamia».

9 «Éste es el hombre que no hizo
de Dios su refugio;
confiaba en su inmensa riqueza,
se jactaba de su crimen».

10 Pero yo, como olivo frondoso
en la Casa de Dios,
en el amor de Dios confío
para siempre jamás.

11 Te alabaré eternamente
por todo lo que has hecho;
esperaré en ti, porque eres bueno
con todos los que te aman.

SALMO 53 (52)

=Sal **14**.

El hombre sin Dios

1 *Del maestro de coro. Para la enfermedad. Poema. De David.*

2 Dice el necio en su interior:
«No hay Dios».
Están corrompidos, pervertidos,
no hay quien haga el bien.

3 Se asoma Dios desde el cielo
y observa a los seres humanos,
por ver si hay uno sensato,
alguien que busque a Dios.

4 Todos están descarriados,
pervertidos en masa.
No hay quien haga el bien,
ni uno siquiera.

5 Nunca aprenderán los malhechores
que comen a mi pueblo como pan
y no invocan a Dios?

6 Allí se pusieron a temblar
sin razón para temblar.
Pues Dios dispersa los huesos del sitiador,
son ultrajados porque Dios los rechaza.

7 ¡Quién trajera de Sión la salvación a Israel!
¡Cuando cambie Dios la suerte de su pueblo,
exultará Jacob, se alegrará Israel!

SALMO 54 (53)

Clamor al Dios justiciero*

1 *Del maestro de coro. Para instrumentos de cuerda. Poema. De David.* 2 *Cuan-*
do los zifitas vinieron a decir a Saúl: «¿No está escondido David entre noso-
tros?».

3 ¡Sálvame, oh Dios, por tu nombre,
hazme justicia con tu poder;
4 escucha, oh Dios, mi oración,
atiende a las palabras de mi boca!

5 Contra mí han surgido arrogantes,
rabiosos buscan mi muerte,
sin tener presente a Dios. *Pausa.*

6 Pero Dios viene en mi auxilio,
el Señor defiende mi vida.
7 ¡Recaiga el mal sobre los que me acechan,
destrúyelos, Yahvé, por tu fidelidad!

8 Te ofreceré de corazón sacrificios,
te daré gracias por tu bondad,
9 porque de toda angustia me has librado
y mi vista se recreó en mis enemigos.

SALMO 55 (54)

Oración del calumniado*

1 *Del maestro de coro. Para instrumentos de cuerda. Poema. De David.*

2 Escucha, oh Dios, mi oración,
no te retraigas a mi súplica,
3 hazme caso, respóndeme,
me trastorna la ansiedad.

Gimo 4 ante la voz del enemigo,
bajo el abucheo del malvado;
vierten falsedades sobre mí,
me hostigan con saña.

5 Dentro se agita mi corazón,
me asaltan pavores de muerte;
6 miedo y temblor me invaden,
un escalofrío me atenaza.

7 Y digo: ¡Ojalá tuviera alas
como paloma para volar y reposar!
8 Huiría entonces lejos,
la estepa sería mi morada. *Pausa.*

54 Ver **5** 11+.
55 Lamentación individual, inspirada en Jr **4** 19; **5** 1; **9** 1.3.7; **18** 19; **23** 9; etc. El texto se halla en mal estado.

[9] Pronto encontraría refugio
contra el viento de la calumnia,
y el huracán [10] que devora, Señor,
y el flujo de sus lenguas.

Soy testigo de violencia
y altercado en la ciudad;
[11] rondan de día y de noche
en torno a sus murallas.

Falsedad y mentira hay dentro,
[12] insidias dentro de ella,
nunca se ausentan de sus calles
la tiranía y el engaño.

[13] Si fuera un enemigo el que me ultraja,
podría soportarlo;
si el que me odia se alzara contra mí,
de él me escondería.

[14] ¡Pero tú, un hombre de mi rango,
amigo y compañero,
[15] con quien me unía dulce intimidad
en la Casa de Dios!

¡Desaparezcan en tumulto,
[16] caiga sobre ellos la muerte*,
bajen vivos al Seol,
que entre ellos habita el mal!

[17] Pero yo invoco a Dios
y Yahvé me salva.
[18] A la tarde, a la mañana, al mediodía*
me quejo y gimo, y oye mi clamor.

[19] Intacta rescata mi vida
de la guerra que me han declarado,
del pleito que tienen conmigo. *Pausa.*

[20] Que Dios me escuche y los humille,
él, que reina desde siempre,
pues no tienen enmienda
ni temen a Dios.

[21] Levantan la mano contra su aliado,
violan su alianza;
[22] más blanda que manteca es su boca,
pero traman la guerra;
sus palabras, más suaves que el aceite,
son espadas desnudas.

[23] Confía a Yahvé tu peso,
él te sustentará;

55 16 La *muerte* repentina o prematura se considera como un castigo del impío, **73** 19; **102** 25; Is **38** 10; Jr **17** 11.

55 18 Son las horas de la oración; ver Dn **6** 11.

no dejará que para siempre
sucumba el justo.

24 Y tú, oh Dios, hundirás
en lo más profundo de la fosa
a esos sanguinarios y traidores
sin llegar a la mitad de su vida.

Mas yo confío en ti.

SALMO 56 (55)

El fiel no sucumbirá

1 *Del maestro de coro. Según: «La opresión de los príncipes lejanos». De David. A media voz. Cuando los filisteos se apoderaron de él en Gat.*

2 Misericordia, oh Dios, que me pisan,
me atacan y me oprimen todo el día.
3 Todo el día me pisan mis enemigos,
son muchos los que me atacan desde la altura.

4 El día en que temo, en ti confío.
5 En Dios, cuya palabra* alabo,
en Dios confío y ya no temo,
¿qué puede hacerme un mortal?

6 Todo el día retuercen mis palabras,
sólo planean daño contra mí;
7 se conjuran, se ocultan, siguen mis pasos,
tratando de acabar con mi vida.

8 ¿Escaparán después de tanta iniquidad?
¡Abate, oh Dios, a los pueblos con tu cólera!
9 Tú llevas la cuenta de mi vida errante,
¡recoge mis lágrimas en tu odre*!
10 Entonces retrocederán mis enemigos
el día en que te invoque.

Yo sé que Dios está por mí.
11 En Dios, cuya palabra alabo,
en Yahvé, cuya palabra alabo,
12 en Dios confío y ya no temo,
¿qué puede hacerme un mortal?

13 Cumpliré, oh Dios, los votos que te hice,
sacrificios te ofreceré de acción de gracias,
14 pues rescataste mi vida de la muerte,
para que marche en la presencia de Dios
iluminado por la luz de la vida.

56 5 Este estribillo, aquí y en el v.11, celebra la promesa de Dios que no engaña, **106** 12; **119** 42.65; etc.

56 9 Ver 2 R **20** 5; Is **25** 8.

SALMO 57 (56)

En medio de los «leones»*

1 *Del maestro de coro. «No destruyas». De David. A media voz. Cuando, huyendo de Saúl, se escondió en la cueva.*

2 Misericordia, oh Dios, misericordia,
que busco refugio en ti,
me cobijo a la sombra de tus alas
esperando que pase el infortunio.

3 Invoco al Dios Altísimo,
al Dios que tanto hace por mí.
4 Mande desde el cielo a salvarme,
confunda al que me acosa,
envíe Dios su amor y su verdad. *Pausa.*

5 Me encuentro tendido entre leones
que devoran seres humanos;
sus dientes son lanzas y saetas,
su lengua, espada acerada.

6 ¡Álzate, oh Dios, sobre el cielo,
sobre toda la tierra, tu gloria!

7 Tendieron una red a mis pasos,
mi cuello se doblegaba;
una fosa cavaron ante mí,
¡cayeron ellos dentro! *Pausa.*

8 A punto está mi corazón, oh Dios,
mi corazón está a punto;
voy a cantar, a tañer,
9 ¡gloria mía, despierta!,
¡despierten, arpa y cítara!,
¡a la aurora despertaré!

10 Te alabaré entre los pueblos, Señor,
te cantaré entre las naciones;
11 pues tu amor llega hasta el cielo,
tu fidelidad hasta las nubes.

12 ¡Álzate, oh Dios, sobre el cielo,
sobre toda la tierra, tu gloria!

SALMO 58 (57)

El juez de los jueces de la tierra*

1 *Del maestro de coro. «No destruyas». De David. A media voz.*

2 ¿De verdad, dioses*, pronuncian justicia,
juzgan a los hombres conforme a derecho?

57 El fiel desea la manifestación del reinado de Dios, que liberará a los oprimidos y desbaratará a los malvados.
58 El salmista apostrofa a los jueces venales al estilo de los antiguos profetas, apelando a la hora de la justicia divina.
58 2 *Dioses*, aquí los jueces y príncipes, ver **45** 7; **82** 1; Jb **1** 6+.

3 No; que ustedes cometen a conciencia injusticias,
sus manos sopesan violencia en la tierra.

4 Pervertidos están desde el seno los malvados,
extraviados desde el vientre los hipócritas;
5 tienen veneno como veneno de serpiente,
como el de un áspid sordo que se tapa el oído,
6 que no oye la voz del encantador,
del mago experto en encantamientos.

7 Rómpeles, oh Dios, los dientes en la boca,
quiébrales, Yahvé, las muelas a los leones.
8 ¡Que se evaporen como agua que pasa,
que se pudran como hierba que se pisa,
9 como limaco que se deshace al andar,
como aborto que no contempla el sol!

10 ¡Antes de que echen espinas, como la zarza,
verde o quemada, los arrebate el torbellino!
11 El honrado se alegrará viendo la venganza,
lavará sus pies en la sangre del malvado;
12 dirá la gente: «El honrado cosecha su fruto;
sí, hay un Dios que juzga en la tierra».

SALMO 59 (58)

Contra los impíos*

1 *Del maestro de coro. «No destruyas». De David. A media voz. Cuando Saúl mandó vigilar su casa con el fin de matarlo.*

2 ¡Líbrame de mis enemigos, Dios mío,
protégeme de mis agresores,
3 líbrame de los malhechores,
sálvame de los sanguinarios!

4 Mira que acechan mi vida,
poderosos se conjuran contra mí;
sin pecar ni rebelarme, Yahvé,
5 sin culpa en mí, corren y se aprestan.

Despiértate, ven a mi encuentro y mira,
6 tú, Yahvé, Dios Sebaot, Dios de Israel,
álzate a castigar a los paganos,
no te apiades de esos pérfidos traidores. *Pausa.*

7 Regresan a la tarde,
aúllan como perros,
rondan por la ciudad.

8 Míralos desbarrar a boca llena,
son sus labios como espadas:
«¿Hay alguien que nos oiga?»

59 Imprecaciones y alabanzas, cortadas por dos estribillos, vv. 7 y 15, y vv. 10 y 18.

9 Mas tú, Yahvé, te ríes de ellos,
tú te mofas de todos los paganos.
10 ¡Por ti velo, fuerza mía,
pues es Dios mi ciudadela!

11 Mi Dios fiel saldrá a mi encuentro,
me hará ver el fracaso de mis enemigos.
12 ¡No los mates, que mi pueblo no lo olvide,
dispérsalos y humíllalos con tu poder,
Señor, escudo nuestro!

13 Su boca y sus labios profieren engaño,
¡queden presos, pues, en su insolencia,
por la blasfemia, por la mentira que vocean!
14 ¡Suprímelos con tu furor,
suprímelos, que dejen de existir!
Y se sepa que Dios domina en Jacob,
hasta los confines de la tierra. *Pausa.*

15 Regresan a la tarde,
aúllan como perros,
rondan por la ciudad.

16 Ahí andan, buscando comida,
gruñendo hasta que no están hartos.

17 Yo, en cambio, cantaré tu fuerza,
aclamaré tu lealtad por la mañana;
pues has sido un baluarte para mí,
un refugio el día de la angustia.

18 Fuerza mía, para ti tañeré,
pues es Dios mi ciudadela,
mi Dios fiel.

SALMO 60 (59)

Súplica nacional después de la derrota*

1 *Del maestro de coro. Según «El lirio del testimonio». A media voz. De David.*
Para enseñar. 2 *Cuando luchó contra Aram de Naharáin y Aram de Sobá, y*
Joab, de vuelta, derrotó a Edom en el valle de la Sal: doce mil hombres.

3 Oh Dios, nos has rechazado y desbaratado,
estabas irritado, ¡vuélvete a nosotros!
4 Has sacudido la tierra, la has hendido;
repara sus grietas, pues se desmorona.

5 Sometiste a tu pueblo a duras pruebas,
nos diste a beber vino de vértigo.
6 A tus adeptos les diste una señal
para que pudieran escapar del arco. *Pausa.*

60 Se espera la restauración de un reino engrandecido y unificado, ver **44**; **80**.

7 Para que escapen libres tus favoritos,
¡con tu diestra salvadora respóndenos!

8 Dios ha hablado en su santuario:
«Repartiré victorioso Siquén,
parcelaré el valle de Sucot.

9 Míos son Galaad y Manasés,
Efraín, yelmo de mi cabeza,
Judá, mi bastón de mando,

10 Moab, la jofaina en que me lavo;
sobre Edom tiro mi sandalia*.
¡Celebra, Filistea, tu victoria sobre mí!»

11 ¿Quién me guiará a la plaza fuerte,
quién me conducirá hasta Edom?
12 ¿No eres tú, oh Dios, quien nos rechaza,
y no sales al frente de nuestras tropas?

13 Ofrécenos ayuda contra el adversario,
que es vano el socorro del hombre.
14 ¡Con Dios haremos proezas,
él machacará a nuestro adversario!

SALMO 61 (60)

Oración de un desterrado*

1 *Del maestro de coro. Para instrumentos de cuerda. De David.*

2 ¡Escucha, oh Dios, mi clamor,
atiende a mi plegaria!
3 Te grito desde el confín de la tierra,
con el corazón desmayado.

Condúceme a la roca inaccesible,
4 que tú eres mi refugio,
bastión frente al enemigo.

5 ¡Hospédame siempre en tu tienda,
acogido al amparo de tus alas!
6 Pues tú, oh Dios, escuchas mis votos:
me otorgas la heredad de tus adeptos.

7 Añade días a los días del rey,
que sus años se prolonguen por generaciones.
8 ¡Reine por siempre en presencia de Dios!
¡La lealtad y la fidelidad lo guarden!

9 Tañeré a tu nombre para siempre,
cumpliré mis votos día a día.

60 10 *Tirar su sandalia sobre*, gesto de toma de posesión, ver Rt **4** 7-8+.
61 Al lamento del levita alejado de Sión se junta, vv. 7-9, una oración por el rey. El reino ilimitado y los atributos personificados pueden entenderse del Rey-Mesías, ver **72**; **89**; 2 S **7**+.

SALMO 62 (61)

Dios, la única esperanza*

1 *Del maestro de coro... Yedutún. Salmo. De David.*

2 Sólo en Dios encuentro descanso,
de él viene mi salvación;
3 sólo él mi roca, mi salvación,
mi baluarte; no vacilaré.

4 ¿Hasta cuándo atacarán a un solo hombre,
lo abatirán, ustedes todos,
como a una muralla que cede,
como a una pared que se desploma?
5 Sólo proyectan doblez,
los seduce la mentira,
con la boca bendicen
y por dentro maldicen. *Pausa.*

6 Sólo en Dios descansaré,
de él viene mi esperanza,
7 sólo él mi roca, mi salvación,
mi baluarte; no vacilaré.
8 En Dios está mi salvación y mi honor,
Dios es mi roca firme y mi refugio.

9 Confíen siempre en él, pueblo suyo;
presenten ante él sus anhelos.
¡Dios es nuestro refugio! *Pausa.*

10 Un soplo son los plebeyos,
los notables, pura mentira;
puestos juntos en una balanza
pesarían menos que un soplo.

11 No confíen en la opresión,
no los atraiga la rapiña;
a las riquezas, si aumentan,
no apeguen el corazón.

12 Dios ha hablado una vez,
dos veces, lo he oído*:
que de Dios es el poder,
13 tuyo, Señor, el amor;
que tú pagas al hombre
conforme a sus obras*.

62 Salmo didáctico. El tema del estribillo, vv. 2-3.6-7, es el del salmo siguiente.
62 12 Procedimiento literario de los «proverbios numéricos», Pr **30** 15+.
62 13 *Pagar conforme a las obras*, es la fórmula de la retribución que se encuentra por todas partes en la Biblia, **28** 4; Jb **34** 11; Pr **24** 12; Si **11** 26; Jr **17** 10; **32** 19; **50** 29; Ez **14** 12+; Rm **2** 6+.

SALMO 63 (62)

Sed de Dios

1 *Salmo. De David. Cuando estaba en el desierto de Judá.*

2 Dios, tú mi Dios, yo te busco,
mi ser tiene sed de ti,
por ti languidece mi cuerpo,
como erial agotado, sin agua.

3 Así como te veía en el santuario,
contemplando tu fuerza y tu gloria,
4 –pues tu amor es mejor que la vida,
por eso mis labios te alaban–,

5 así quiero bendecirte en mi vida,
levantar mis manos en tu nombre;
6 me saciaré como de grasa y médula,
mis labios te alabarán jubilosos.

7 Si acostado me vienes a la mente,
quedo en vela meditando en ti,
8 porque tú me sirves de auxilio
y exulto a la sombra de tus alas;
9 mi ser se aprieta contra ti,
tu diestra me sostiene.

10 Mas los que tratan de acabar conmigo,
¡caigan en las honduras de la tierra!
11 ¡Sean pasados a filo de espada,
sirvan de presa a los chacales!

12 Pero el rey en Dios se alegrará,
el que jura por él se felicitará,
cuando cierren la boca a los mentirosos.

SALMO 64 (63)

Castigo de los calumniadores*

1 *Del maestro de coro. Salmo. De David.*

2 Escucha, oh Dios, la voz de mi gemido,
guarda mi vida del terror del enemigo;
3 ponme a salvo del plan de los malvados,
de los malhechores que se movilizan,

4 que afilan su lengua como espada,
asestan su flecha, palabra envenenada,
5 y disparan ocultos contra el íntegro,
disparan de improviso y nada temen.

64 *La flecha* de Dios, v. 8, responde a la *flecha* de la palabra perversa, v. 4; ver **5** 11+; **7**+. Sobre el talión, ver Ex **21** 25+.

[6] Se animan entre sí para el delito,
calculando cómo tender trampas,
se dicen: «¿Quién lo observará
[7] y escrutará nuestros secretos?».
Los escruta el mismo que escruta
al hombre por dentro, la mente oculta.

[8] Dios ha disparado una saeta,
repentinas han sido sus heridas;
[9] los abate por causa de su lengua,
quienes los ven menean la cabeza.

[10] Todos se llenan de temor,
anuncian la obra de Dios
y meditan sobre su acción.

[11] El honrado se alegrará por Yahvé
y en él buscará cobijo;
se felicitarán los hombres rectos.

SALMO 65 (64)

Himno de acción de gracias*

[1] *Del maestro de coro. Salmo. De David. Cántico.*

[2] Tú mereces la alabanza,
oh Dios, en Sión.
A ti el voto se te cumple,
[3] tú que escuchas la oración.

A ti acuden los mortales
[4] con sus malas acciones;
nos abruman nuestras culpas,
pero tú las perdonas*.

[5] Dichoso el que eliges e invitas
a habitar dentro de tus atrios.
¡Que nos hartemos de los bienes de tu Casa,
de las ofrendas santas de tu Templo!

[6] Nos respondes con prodigios favorables,
Dios Salvador nuestro,
esperanza de los confines de la tierra
y de las islas lejanas:

[7] Tú afirmas los montes con tu fuerza,
ceñido de potencia;
[8] tú acallas el estruendo de los mares,
el estruendo de sus olas
(y el tumulto de los pueblos).

65 El pueblo da gracias al Creador después de un año fértil. En la primera parte, el horizonte se extiende a todos los pueblos, ver **66**; **67**; Is **17** 12; **66** 19-23; etc. Luego se describe, vv. 10-14, la primavera en Judea.

65 4 *Perdonas*, lit.: «cubres la falta», **32**+.

9 Los que habitan los confines lejanos
se estremecen al ver tus signos;
a las puertas del alba y del ocaso*
las haces gritar de júbilo.
10 Te ocupas de la tierra y la riegas,
la colmas de riquezas.
El arroyo de Dios va lleno de agua,
tú preparas sus trigales.

Así la preparas:
11 riegas sus surcos, allanas sus glebas,
las mulles con lluvia, bendices sus brotes.
12 Coronas el año con tus bienes,
de tus rodadas* brota la abundancia;
13 destilan los pastos del páramo,
las colinas se adornan de alegría;
14 las praderas se visten de rebaños
y los valles se cubren de trigales
entre gritos de júbilo y canciones.

SALMO 66 (65)

Acción de gracias pública*

1 *Del maestro de coro. Cántico. Salmo.*

Aclama a Dios, tierra entera,
2 canten a su nombre glorioso,
denle honor con alabanzas,
3 digan a Dios: ¡Qué admirables tus obras!

Por tu inmenso poder te adulan tus enemigos;
4 la tierra entera se postra ante ti
y canta para ti, canta en tu honor. *Pausa.*

5 Vengan y vean las obras de Dios,
sus hazañas en favor del hombre:
6 convirtió el mar en tierra firme
y cruzaron el río a pie*.

¡Alegrémonos en él por aquello!
7 Con su poder domina por siempre,
sus ojos vigilan a las naciones,
para que no se amotinen los rebeldes. *Pausa.*
8 Bendigan, pueblos, a nuestro Dios,
hagan que se oiga su alabanza;

65 9 Las *puertas* son los países lejanos por los que se suponía que cada día el sol entraba y salía.

65 12 El carro divino, Sal **68** 5.18; Is **66** 15, recorre la tierra dándole fertilidad.

66 El estilo y el tono universalista de esta liturgia relacionan este Sal con Is **40-66**.

66 6 El paso del Mar de las Cañas, Ex **14-15,** se compara con el del Jordán, Jos **3**: dos intervenciones típicas de Dios por la salvación de su pueblo, ver **74** 15; **114**.

[9] él nos devuelve a la vida,
no deja que vacilen nuestros pies.

[10] Tú nos probaste, oh Dios,
nos purgaste igual que a la plata;
[11] tú nos condujiste a la trampa,
pusiste una correa a nuestros lomos,
[12] cabalgadura de hombres nos hiciste;
pasamos por el fuego y el agua,
pero luego nos sacaste a la abundancia.

[13] Entraré con víctimas en tu Casa,
cumpliré mis promesas,
[14] las que hicieron mis labios
y en la angustia pronunció mi boca.

[15] Te ofreceré pingües holocaustos,
junto con el sahumerio de carneros,
sacrificaré bueyes y cabritos. *Pausa.*

[16] Vengan, escuchen y les contaré
a ustedes, los que están por Dios,
todo lo que ha hecho por mí.

[17] Mi boca lo invocó,
mi lengua lo ensalzó.
[18] Si hubiera maquinado algo malo,
el Señor no me habría escuchado.
[19] Pero Dios me ha escuchado,
atento a la voz de mi oración.

[20] ¡Bendito sea Dios,
que no ha rechazado mi oración
ni me ha retirado su amor!

SALMO 67 (66)

Oración pública después de la recolección anual*

[1] *Del maestro de coro. Para instrumentos de cuerda. Salmo. Cántico.*

[2] ¡Que Dios tenga piedad y nos bendiga,
que nos muestre su rostro radiante! *Pausa.*
[3] Conozca así la tierra su proceder,
y todas las naciones su salvación.

[4] ¡Que los pueblos te den gracias, oh Dios,
que todos los pueblos te den gracias!

[5] Que se alegren y exulten las naciones,
pues juzgas al mundo con justicia,
con equidad juzgas a los pueblos,
gobiernas las naciones de la tierra. *Pausa.*

67 Oración recitada sin duda en la fiesta con que se finalizaban las cosechas, Ex **23** 14+. El estribillo, vv. 4.6, es universalista, ver **45** 17; **47** 10; **68** 32; etc.

6 ¡Que los pueblos te den gracias, oh Dios,
que todos los pueblos te den gracias!

7 La tierra ha dado su cosecha,
Dios, nuestro Dios, nos bendice.
8 ¡Dios nos bendiga y lo teman
todos los confines de la tierra!

SALMO 68 (67)

La gloriosa epopeya de Israel*

1 *Del maestro de coro. De David. Salmo. Cántico.*

2 Dios se levanta, se dispersan sus enemigos,
huyen de su presencia los que lo odian.
3 Como se disipa el humo, los disipas;
como se derrite la cera ante el fuego,
los malvados perecen ante Dios.

4 Pero los justos se alegran alborozados
ante Dios, y saltan de alegría.
5 Canten a Dios, tañan en su honor,
abran paso al que cabalga en las nubes,
su nombre es Yahvé, exulten ante él.

6 Padre de huérfanos, tutor de viudas
es Dios en su santa morada;
7 Dios da un hogar a los desvalidos,
abre a los cautivos la puerta de la dicha,
mas los rebeldes moran en suelo estéril.

8 Oh Dios, cuando salías al frente de tu pueblo,
cuando cruzabas el desierto, 9 la tierra retembló, *Pausa.*
y hasta los cielos se licuaron ante Dios,
ante el rostro de Dios, el Dios de Israel.

10 Derramaste, oh Dios, una lluvia generosa,
reanimaste a tu heredad extenuada;
11 tu rebaño encontró una morada,
que bondadoso, oh Dios, al mísero preparabas*.

12 El Señor ha dado una orden,
es su mensajero un ejército inmenso.
13 Reyes y ejércitos huyen a la desbandada,
y dentro de las casas se reparte el botín

14 (mientras ustedes descansan entre los apriscos):
alas de paloma bañadas en plata,
con plumas que destellan oro verde.

68 Himno que celebra las gloriosas etapas de la historia de Israel como una procesión triunfal de Yahvé. El v. 2 es una cita de Nm **10** 35. La oración final es universalista. Muchos pasajes son difíciles.

68 11 Evocación de los milagros del desierto (nube, maná, codornices) y de la entrada en la tierra prometida, ver **66** 6+.

[15] Cuando Shaddai dispersaba a los reyes,
caía nieve por el Monte Umbrío.

[16] ¡Monte divino, el monte de Basán!
¡Monte escarpado, el monte de Basán!
[17] ¿Por qué miran celosos, montes escarpados,
al monte que Dios escogió por mansión?
¡En él morará Yahvé para siempre!

[18] Los carros de Dios son miles de millares;
el Señor ha venido del Sinaí al santuario.
[19] Subiste a la altura* conduciendo cautivos,
recibiste tributo en hombres y en rebeldes,
para quedarte en tu mansión, Yahvé Dios.

[20] ¡Bendito sea el Señor, día tras día!
Él se encarga de nuestra salvación. *Pausa.*

[21] Nuestro Dios es un Dios salvador,
el Señor Yahvé libera de la muerte;
[22] pero Dios aplasta la cabeza de sus enemigos,
el cogote peludo de quien anda entre crímenes.

[23] Dijo el Señor: «De Basán los traeré,
los traeré de los abismos del mar,
[24] para que laves tus pies en su sangre,
y participe en el enemigo la lengua de tus perros».

[25] Ya aparece tu procesión, oh Dios,
la procesión de mi Dios y mi Rey al santuario:
[26] delante los cantores, los músicos detrás,
las doncellas en medio tocando el tamboril.

[27] Van bendiciendo a Dios en grupos:
¡Es Yahvé desde el origen de Israel!
[28] Abre la marcha Benjamín, el pequeño,
los príncipes de Judá con sus escuadras,
los príncipes de Zabulón, los príncipes de Neftalí.

[29] ¡Da órdenes, Dios, con tu poder,
el poder que por nosotros desplegaste
[30] desde tu templo en lo alto de Jerusalén,
donde los reyes vienen con presentes!

[31] Llama al orden a la bestia del cañaveral*,
a la manada de toros y novillos de los pueblos.
¡Que se sometan con lingotes de plata!
¡Dispersa a los pueblos belicosos!
[32] Acudan los magnates desde Egipto,
tienda hacia Dios sus manos Etiopía.

[33] ¡Canten a Dios, reinos de la tierra,
tañan todos para el Señor, *Pausa.*

68 19 San Pablo, Ef **4** 8-10, leerá en este versículo la ascensión de Cristo y la efusión de los dones del Espíritu.

68 31 Alusión injuriosa a Egipto, a sus jefes y a su pueblo.

34 que cabalga por los cielos, los cielos antiguos,
que atruena con su voz, su voz potente!

35 Reconozcan el poder de Dios.
Su majestad sobre Israel,
su poder en las nubes.
36 Dios sobrecoge desde su santuario.
Él, el Dios de Israel,
da fuerza y poder a su pueblo.

¡Bendito sea Dios!

SALMO 69 (68)
Lamentación*

1 *Del maestro de coro. Según la melodía: «Lirios...» De David.*

2 ¡Sálvame, oh Dios,
que estoy con el agua al cuello!

3 Me hundo en el cieno del abismo
y no puedo hacer pie;
me he metido en aguas profundas
y las olas me anegan.

4 Estoy exhausto de gritar, me arde la garganta,
mis ojos se consumen de esperar a mi Dios.

5 Son más que los pelos de mi cabeza
los que me odian sin motivo;
son poderosos los que me destruyen,
los que me hostigan sin razón.
(¿Tengo que devolver lo que no he robado?)

6 Tú conoces, oh Dios, mi torpeza,
no se te ocultan mis ofensas.
7 ¡Que por mí no queden defraudados
los que esperan en ti, Yahvé Sebaot!
¡Que por mí no queden confundidos
los que te buscan, Dios de Israel!

8 Pues por ti soporto el insulto,
la vergüenza cubre mi semblante;
9 a mis hermanos resulto un extraño,
un desconocido a los hijos de mi madre;
10 pues el celo por tu Casa me devora,
y si te insultan sufro el insulto.

11 Si me mortifico con ayunos,
lo aprovechan para insultarme;

69 Dos lamentaciones de ritmo diferente, vv. 2-7.14-16; y 8-13.17-30. El final, vv. 31-37, se desarrolla en una perspectiva nacional, ver **22** 28-30; **102** 14-28. El NT ha visto prefiguradas en este Sal varias escenas de la pasión de Jesús, Jn **2** 17; **15** 25; Mt **27** 34.48p; Rm **15** 3.

12 si me pongo un saco por vestido,
me convierto en objeto de burla:
13 los que están a la puerta murmuran,
los borrachos me sacan coplas.

14 Pero yo te dirijo mi oración, Yahvé,
en el tiempo propicio:
por tu inmenso amor respóndeme, oh Dios,
por la verdad de tu salvación.

15 ¡Sácame del cieno, no me hunda,
líbrame de los que me odian,
de las aguas profundas!
16 ¡Que no me anegue la corriente,
que no me trague el abismo,
ni se cierre el pozo sobre mí!

17 ¡Respóndeme, Yahvé, por tu amor y tu bondad,
por tu inmensa ternura vuelve a mí tus ojos;
18 no apartes tu rostro de tu siervo,
que estoy angustiado, respóndeme ya;
19 acércate a mí, rescátame,
líbrame de mis enemigos!

20 Tú sabes de mi oprobio,
de mi afrenta y mi vergüenza,
conoces a mis opresores.
21 El oprobio me rompe el corazón,
me siento desfallecer.
Espero en vano compasión,
consoladores y no encuentro.

22 Me han echado veneno en la comida,
han apagado mi sed con vinagre.
23 Que su mesa se convierta en un lazo,
que su abundancia sea una trampa;
24 que se nublen sus ojos y no vean,
que sus fuerzas flaqueen sin cesar*.

25 Derrama sobre ellos tu enojo,
los alcance el ardor de tu cólera;
26 que su morada se convierta en erial,
que nadie habite en sus tiendas.
27 Porque acosan al que tú has herido
y aumentan la herida de tu víctima.

28 Añade culpa a su culpa,
no tengan acceso a tu justicia;
29 sean borrados del libro de la vida,
no sean inscritos con los justos.

30 Pero a mí, desdichado y malherido,
tu salvación, oh Dios, me restablecerá.

69 24 San Pablo, Rm **11** 9-10, ve en los vv. 23-24 el castigo de los que han despreciado el sufrimiento del justo.

31 Celebraré con cantos el nombre de Dios,
lo ensalzaré dándole gracias;
32 le agradará a Yahvé más que un toro,
más que un novillo con cuernos y pezuñas*.

33 Lo han visto los humildes y se alegran;
anímense ustedes que buscan a Dios.
34 Porque Yahvé escucha a los pobres,
no desprecia a sus cautivos.
35 ¡Alábenlo los cielos y la tierra,
el mar y cuanto bulle en él!

36 Pues Dios salvará a Sión,
reconstruirá los poblados de Judá:
la habitarán y la poseerán;
37 la heredará la estirpe de sus siervos,
en ella vivirán los que aman su nombre.

SALMO 70 (69)

=**40** 14-18.

Súplica en la desgracia*

1 *Del maestro de coro. De David. En memoria.*

2 ¡Oh Dios, ven a librarme,
Yahvé, corre en mi ayuda!
3 ¡Queden confusos y humillados
los que intentan acabar conmigo!

¡Retrocedan confundidos
los que desean mi mal!
4 Retírense avergonzados
los que dicen: ¡Ja, ja!

5 ¡En ti gocen y se alegren
todos los que te buscan!
¡Digan sin cesar: «Grande es Dios»
los que ansían tu victoria!

6 Pero yo soy pobre y desgraciado,
¡oh Dios, ven rápido a mí!
Tú eres mi auxilio y libertador,
¡no te retrases, Yahvé!

SALMO 71 (70)

Súplica de un anciano*

1 A ti me acojo, Yahvé,
¡nunca quede confundido!

69 32 La oración vale más que el sacrificio material, **40** 9+.
70 Repetición de **40** 14-18.
71 Un anciano, probablemente levita o cantor, evoca su pasado y se vuelve a Dios.

2 ¡Por tu justicia sálvame, líbrame,
préstame atención y sálvame!

3 Sé mi roca de refugio,
alcázar donde me salve,
pues tú eres mi peña y mi alcázar.
4 ¡Líbrame, Dios mío, de la mano del impío,
de las garras del perverso y el violento!

5 Pues tú eres mi esperanza, Señor,
mi confianza desde joven, Yahvé.
6 En ti busco apoyo desde el vientre,
eres mi fuerza desde el seno materno.
¡A ti dirijo siempre mi alabanza!

7 Soy el asombro de muchos,
pero tú eres mi refugio seguro.
8 Mi boca rebosa de tu alabanza,
de tu elogio todo el día.

9 No me rechaces ahora que soy viejo,
no me abandones cuando decae mi vigor,
10 pues mis enemigos hablan mal de mí,
los que me espían se ponen de acuerdo:

11 «¡Dios lo ha desamparado, persíganlo,
aprésenlo, que no hay quien lo libre!».
12 ¡Oh Dios, no te quedes tan lejos,
Dios mío, ven pronto a socorrerme!

13 Queden confundidos y avergonzados
los que atentan contra mi vida;
acaben en la vergüenza y la ignominia
los que buscan mi mal.

14 Pero yo esperaré sin cesar,
reiteraré tus alabanzas;
15 mi boca publicará tu justicia,
todo el día tu salvación.

16 Publicaré las proezas de Yahvé,
recordaré tu justicia, tuya sólo.
17 ¡Oh Dios, me has instruido desde joven*,
y he anunciado hasta hoy tus maravillas!

18 Ahora, viejo y con canas,
¡no me abandones, Dios mío!,
hasta que pueda anunciar tu brazo
a las futuras generaciones,
tu poderío 19 y tu justicia,
oh Dios, hasta los cielos.

Tú que has hecho grandes cosas,
¡Oh Dios!, ¿quién como tú?

71 17 Los vv. siguientes podían aplicarse a Israel personificado; ver **129** 1-2; Os **2** 17; **7** 9; Is **46** 3-4; Jr **2** 1.

[20] Tú que me has hecho pasar
por tantos aprietos y desgracias,
me devolverás de nuevo la vida,
y de las simas de la tierra
me sacarás otra vez;
[21] sustentarás mi dignidad,
te volverás a consolarme.

[22] Y te daré gracias con el arpa,
Dios mío, por tu fidelidad;
tañeré para ti la cítara,
¡oh Santo de Israel!

[23] Te aclamarán mis labios,
mi vida que has rescatado;
y mi lengua todo el día
musitará tu justicia:
pues se avergüenzan afrentados
los que buscaban mi desgracia.

SALMO 72 (71)

El rey prometido*

[1] *De Salomón.*

Confía, oh Dios, tu juicio al rey,
al hijo de rey tu justicia:
[2] que gobierne rectamente a tu pueblo,
a tus humildes con equidad.

[3] Produzcan los montes abundancia,
justicia para el pueblo los collados.
[4] Defenderá a los humildes del pueblo,
salvará a la gente pobre
y aplastará al opresor.

[5] Durará tanto como el sol,
como la luna de edad en edad;
[6] caerá como lluvia en los retoños,
como rocío que humedece la tierra.

[7] Florecerá en sus días la justicia,
prosperidad hasta que no haya luna;
[8] dominará de mar a mar,
desde el Río al confín de la tierra.

[9] Ante él se doblará la Bestia*,
sus enemigos morderán el polvo;
[10] los reyes de Tarsis y las islas
traerán consigo tributo.

72 En el rey ideal, que presenta este Sal, la tradición judía y cristiana ha reconocido al rey mesiánico, ver Is **9** 5; **11** 3; **32** 7; Za **9** 9-10, que reinará hasta el final de los tiempos, v. 7, y sobre todas las naciones, vv. 8-11.

72 9 La *Bestia* evoca a los adversarios paganos y derrotados. Ver Is **27** 1; Dn **7** 3; Ap **13** 1.

Los reyes de Sabá y de Seba
todos pagarán impuestos;
11 ante él se postrarán los reyes,
le servirán todas las naciones.

12 Pues librará al pobre suplicante,
al desdichado y al que nadie ampara;
13 se apiadará del débil y del pobre,
salvará la vida de los pobres.

14 La rescatará de la opresión y la violencia,
considerará su sangre valiosa;
15 (que viva y le den el oro de Sabá).
Sin cesar rogarán por él,
todo el día lo bendecirán.

16 La tierra dará trigo abundante,
que ondeará en la cima de los montes;
sus frutos florecerán como el Líbano,
sus espigas como la hierba del campo.

17 ¡Que su fama sea perpetua,
que dure tanto como el sol!
¡Que sirva de bendición a las naciones,
y todas lo proclamen dichoso!

18 ¡Bendito Yahvé, Dios de Israel,
el único que hace maravillas!
19 ¡Bendito su nombre glorioso por siempre,
la tierra toda se llene de su gloria!
¡Amén! ¡Amén!

20 Fin de las oraciones de David, hijo de Jesé*.

SALMO 73 (72)

La justicia final*

1 *Salmo. De Asaf.*

¡Qué bueno es Dios para Israel,
el Señor para los limpios de corazón!

2 Por poco se extravían mis pies,
casi resbalan mis pasos,
3 celoso como estaba de los perversos,
al ver prosperar a los malvados.

4 No hay congojas para ellos,
sano y rollizo está su cuerpo;
5 no comparten las penas de los hombres,
no pasan tribulaciones como los otros.

72 20 Doxología, vv. 18-19, y conclusión del segundo libro. Ver **41** 14+.

73 Un sabio contrapone la felicidad efímera de los malvados a la paz de la amistad divina que jamás decepciona.

6 Por eso el orgullo es su collar,
la violencia el vestido que los cubre;
7 su gordura rebosa malicia,
de artimañas desborda su corazón.

8 Se sonríen, hablan con maldad,
hablan altivamente de opresión;
9 ponen en el cielo su boca,
y su lengua se pasea por la tierra.

10 Por eso mi pueblo va tras ellos:
sorben con ansia sus palabras.
11 Dicen: «¿Va a saberlo Dios?
¿Lo va a saber el Altísimo?».
12 ¡Así son, éstos son los malvados!,
tranquilos y acumulando riqueza.

13 ¿Así que en vano purifiqué mi corazón,
lavé mis manos en señal de inocencia*,
14 aguanté golpes todo el día
y correcciones cada mañana?

15 Si hubiera dicho: «Hablaré como ellos»,
habría traicionado a la raza de tus hijos.
16 Me di entonces a pensar para entenderlo,
pero me resultaba harto difícil.

17 Hasta que entré en el santuario de Dios
y acabé entendiendo su destino*:
18 los pones en el resbaladero,
los empujas a la ruina.
19 De pronto quedan hechos un horror,
desaparecen consumidos de espanto:
20 como un sueño al despertar, Señor,
al levantarte desprecias su imagen.

21 Cuando mi corazón se avinagraba,
cuando se torturaba mi conciencia,
22 estúpido de mí, no comprendía,
sólo era un animal ante ti.

23 Pero yo estoy siempre contigo,
me tomas de la mano derecha,
24 me guías según tus planes,
me conduces tras la gloria*.

25 ¿A quién tengo yo en el cielo?
Estando contigo no hallo gusto en la tierra.
26 Aunque se consuman mi cuerpo y mi mente,
tú eres mi roca, mi lote, Dios por siempre.

73 13 Ver **26** 6+.
73 17 En contacto con el misterio de Dios, presente en el Templo, el orante comprende el destino de los malvados.
73 24 La *gloria* parece ser aquí el atributo divino personificado. Las versiones han entendido que Dios glorifica al justo, pero esta unión definitiva con Dios no es más que el objeto de un deseo, ver **16** 10+.

27 Los que se alejan de ti se pierden,
aniquilas a los que te son adúlteros.
28 Pero mi bien es estar junto a Dios,
he puesto mi cobijo en el Señor
a fin de proclamar tus obras.

SALMO 74 (73)

Lamentación tras el saqueo del templo*

1 *Poema. De Asaf.*

¿Por qué nos rechazas, oh Dios, para siempre,
y humea tu cólera contra el rebaño que apacientas?
2 Piensa en la comunidad que antaño adquiriste,
la que tú rescataste, tribu de tu propiedad,
y del monte Sión, donde pusiste tu morada.

3 Guía tus pasos a estas ruinas perpetuas:
al santuario devastado por el enemigo.
4 Rugían tus adversarios en tu asamblea,
colocaban como señal sus enseñas;
5 destrozaban como quien va penetrando
con hachas en la espesura del bosque.
6 Cercenaron todas juntas sus jambas,
con hacha y martillo desgajaban.
7 Prendieron fuego a tu santuario,
profanaron por tierra tu gloriosa mansión.

8 Decían para sí: «Destruyamos a todos,
quememos las asambleas de Dios en el país».
9 No vemos nuestras enseñas,
ya no tenemos profetas,
nadie que sepa hasta cuándo*.

10 ¿Hasta cuándo, Dios, provocará el adversario,
ultrajará tu nombre por siempre el enemigo?
11 ¿Por qué retienes tu mano
y en tu seno escondes tu diestra?

12 Tú eres, oh Dios, mi rey desde el principio,
autor de hazañas en medio de la tierra.
13 Tú hendiste el Mar con tu poder,
quebraste las cabezas de monstruos marinos,

14 machacaste las cabezas de Leviatán
y las echaste como pasto a las fieras.
15 Tú abriste manantiales y torrentes,
secaste ríos inagotables*.

74 El saqueo del Templo, ya sea bajo Antíoco Epífanes, 1 M **1**; 2 M **6** 5, ya sea después de la invasión caldea, 2 R **25** 9; Is **64** 10. Desde esta época había callado la voz de los profetas, v. 9; ver **27** 9; **77** 9; Lm **2** 9; Ez **7** 26; 1 M **4** 46; etc.

74 9 Los *setenta años* anunciados por Jr **25** 11; **29** 10, simbolizaban una duración bastante larga.

74 15 Evocación de los prodigios del Éxodo, Ex **17** 1-7; Nm **20** 2-13, y del paso del Jordán, Jos **3**, que motiva la súplica final,

16 Tuyo es el día, tuya la noche,
tú la luna y el sol estableciste;
17 tú trazaste las fronteras de la tierra,
el verano y el invierno tú formaste.

18 Recuerda, Yahvé, que el enemigo te ultraja,
que un pueblo necio desprecia tu nombre.
19 No des al depredador la vida de tu tórtola,
la vida de tus pobres no olvides jamás.

20 Piensa en la alianza, que están repletos
los rincones del país de focos de violencia.
21 ¡Que no acabe defraudado el oprimido,
que pobre y humilde puedan alabarte!

22 ¡Levántate, oh Dios, a defender tu causa,
acuérdate del necio que te ultraja a diario!
23 ¡No olvides el griterío de tus adversarios,
el creciente clamor de tus agresores!

SALMO 75 (74)
Juicio total y universal

1 *Del maestro de coro. «No destruyas». Salmo. De Asaf. Cántico.*

2 Te damos gracias, oh Dios, te damos gracias,
invocando tu nombre, pregonando tus maravillas.

3 «En el momento en que decida,
yo mismo juzgaré con rectitud.
4 Aunque tiemblen la tierra y sus habitantes,
yo establecí firmemente sus columnas. *Pausa.*

5 Digo a los arrogantes: ¡Fuera arrogancias!,
y a los malvados: ¡No alcen la frente*,
6 no alcen tan alto su frente,
no hablen estirando insolentes el cuello!».

7 Pues ya no es por oriente ni occidente,
ya no es por el desierto de los montes,
8 por donde Dios, como juez,
a uno abate y a otro exalta;
9 pues Yahvé empuña una copa*,
un vaso con vino drogado:
lo escanciará, lo sorberán hasta las heces,
lo beberán los malvados de la tierra.

10 Y yo lo anunciaré por siempre,
cantaré para el Dios de Jacob:
11 quebrará la frente del malvado,
mas la frente del honrado se alzará.

vv. 18-23. Ver **66** 6; **68** 11.

75 5 La *frente*, lit.: el *cuerno*, símbolo de fuerza, de vigor, vv. 6.11; **18** 3; **89** 18; etc.

75 9 Ver **11** 6+.

SALMO 76 (75)

Oda al Dios temible*

1 *Del maestro de coro. Para instrumentos de cuerda. Salmo. De Asaf. Cántico.*

2 Dios es conocido en Judá,
grande es su fama en Israel;
3 su tienda está en Salem*,
su morada en Sión.
4 Allí quebró las ráfagas del arco,
el escudo, la espada y la guerra. *Pausa.*

5 Fulgurante eres tú, magnífico
en medio de montones de botín.
6 Los valientes han sido despojados,
durmiendo están su sueño;
les fallaron los brazos a los guerreros.
7 A tu amenaza, oh Dios de Jacob,
se pasmaron carro y caballo.

8 Tú eres terrible, ¿quién puede resistir
ante ti, bajo el golpe de tu ira?
9 Desde el cielo pronuncias la sentencia,
la tierra se amedrenta y enmudece
10 cuando Dios se levanta a juzgar,
a salvar a los humildes de la tierra. *Pausa.*
11 La cólera humana te reconocerá,
te rodearán los que escapen a la Cólera.

12 Hagan votos a Yahvé, su Dios, y cumplánlos,
los que lo rodean traigan presentes al Terrible:
13 el que corta el aliento a los príncipes,
a quien temen los reyes de la tierra.

SALMO 77 (76)

Meditación sobre el pasado de Israel*

1 *Del maestro de coro... Yedutún. De Asaf. Salmo.*

2 Mi voz clama a Dios,
mi voz al Dios que me escucha.

3 El día de la angustia busco al Señor,
tiendo por la noche mi mano sin descanso,
mi ser se resiste a dejarse consolar.
4 Me acuerdo de Dios entre gemidos,
medito, y mi espíritu desmaya. *Pausa.*

76 Himno escatológico. Ver **46**; **48**.
76 3 *Salem, paz*; nombre abreviado de Jerusalén, ver Gn **14** 18+; Ez **13** 16, evoca la protección divina concedida a la ciudad, 2 R **19** 35, símbolo de la salvación de los pobres.
77 En una época difícil, los beneficios del pasado se evocan como prenda de las intervenciones futuras.

5 Retienes los párpados de mis ojos,
turbado estoy, sin poder hablar.
6 Pienso en los días de antaño,
los años remotos 7 recuerdo;
por la noche musito en mi interior,
medito y se pregunta mi espíritu:

8 ¿Nos desechará para siempre el Señor,
dejará de sernos propicio?
9 ¿Se ha agotado para siempre su amor?
¿Se quedarán sin su Palabra en el futuro?
10 ¿Habrá olvidado Dios su clemencia,
o habrá sellado con ira sus entrañas? *Pausa.*

11 Y me respondo: «Ésta es mi pena,
ha cambiado la diestra del Altísimo».
12 Me acuerdo de las gestas de Yahvé,
sí, recuerdo tus antiguas hazañas,
13 medito en toda tu obra,
pienso en tus maravillas.

14 ¡Oh Dios, qué santo tu proceder!
¿Qué dios es tan grande como Dios?
15 Tú eres el Dios que obras maravillas,
que mostraste tu poder entre los pueblos;
16 rescataste con tu brazo a tu pueblo,
a los hijos de Jacob y de José. *Pausa.*

17 Te vieron, oh Dios, las aguas,
las aguas te vieron y temblaron,
también los abismos se agitaron.
18 Las nubes derramaban sus aguas,
descargaban su trueno los nublados,
tus rayos iban y venían.

19 Rodaba el estruendo de tu trueno,
tus relámpagos alumbraban el orbe,
se agitaba y temblaba la tierra.
20 Tu camino discurría por el mar,
por aguas caudalosas tu sendero,
y nadie descubría tus huellas.

21 Como un rebaño guiabas a tu pueblo
de mano de Moisés y de Aarón.

SALMO 78 (77)

Las lecciones de la historia de Israel*

1 *Poema. De Asaf.*

Escucha, pueblo mío, mi enseñanza,
presta oído a las palabras de mi boca;

78 Meditación didáctica sobre la historia de Israel, que se inspira en Dt y Jr. Insiste en las culpas de la nación y su castigo, ver **105**; **106**; etc.

[2] voy a abrir mi boca en parábolas,
a evocar los misterios del pasado.

[3] Lo que hemos oído y aprendido,
lo que nuestros padres nos contaron,
[4] no lo callaremos a sus hijos,
a la otra generación lo contaremos:

Las glorias de Yahvé y su poder,
todas las maravillas que realizó;
[5] el pacto que estableció en Jacob,
la ley que promulgó en Israel.

Había mandado a nuestros padres
que lo comunicaran a sus hijos,
[6] que la generación siguiente lo supiera,
los hijos que habían de nacer;
que a su vez lo contaran a sus hijos,

[7] para que pusieran en Dios su confianza,
no olvidaran las hazañas de Dios
y observaran sus mandamientos.

[8] Para que no fueran como sus padres,
generación rebelde y revoltosa,
generación de corazón voluble,
de espíritu desleal a Dios.

[9] Los diestros arqueros de Efraín
retrocedieron el día del combate*;
[10] no guardaron la alianza con Dios,
rehusaron caminar según su ley.

[11] Habían olvidado sus portentos,
las maravillas que les hizo ver:
[12] prodigios a la vista de sus padres,
en Egipto, en los campos de Tanis.

[13] Hendió el mar y los pasó por él,
contuvo las aguas como un dique;
[14] de día los guiaba con la nube,
cada noche al resplandor del fuego.

[15] Hendió rocas en el desierto,
los abrevó a raudales sin medida;
[16] hizo brotar arroyos de la peña
y descender las aguas como ríos.

[17] Pero pecaban y pecaban contra él,
se rebelaban contra el Altísimo en la estepa;
[18] tentaron voluntariamente a Dios,
reclamando comida para su apetito.

78 9 *Efraín*, antepasado de los samaritanos, es responsable de sus faltas en gran parte y será rechazado, v. 67; ver 2 R **17** 24+; Za **11** 14. Judá, Sión y David serán preferidos.

19 Hablaron contra Dios, dijeron:
«¿Podrá ponernos una mesa en el desierto?
20 Ya sabemos que hirió la roca,
y que el agua brotó en torrentes:
¿podrá igualmente darnos pan
y procurar carne a su pueblo?».

21 Pero Yahvé lo oyó y se enfureció,
un fuego se encendió contra Jacob,
y la Cólera estalló contra Israel,
22 por no haber tenido fe en Dios
ni haber confiado en su salvación.

23 Mandó desde lo alto las nubes,
abrió las compuertas del cielo;
24 les hizo llover maná para comer,
les hizo llegar un trigo celeste;
25 el hombre comió pan de los Fuertes,
les mandó provisión para hartarse.

26 Hizo que el solano soplara en el cielo,
con su fuerza atrajo el viento del sur,
27 hizo que les lloviera carne como polvo,
y aves como la arena de los mares;
28 las dejo caer en el campamento,
alrededor de sus moradas.

29 Comieron y quedaron hartos,
así satisfizo su avidez.
30 Con la avidez apenas colmada,
con la comida aún en la boca,
31 prendió en ellos la cólera de Dios,
acabó con los más robustos
y abatió a la flor de Israel.

32 Mas con todo siguieron pecando,
de sus prodigios no se fiaron,
33 y él redujo sus días a un soplo,
todos sus años a un suspiro.

34 Cuando los mataba, lo buscaban,
se convertían, se afanaban por él,
35 y recordaban que Dios era su Roca,
el Dios Altísimo su redentor.

36 Lo halagaban con su boca,
con su lengua le mentían;
37 su corazón no era fiel,
no tenían fe en su alianza.

38 Él, con todo, enternecido,
borraba su culpa, no los destruía;
bien de veces contuvo su cólera
y no despertó todo su furor:
39 se acordaba de que sólo eran carne,
un soplo que se va y no vuelve más.

[40] ¡Mil veces se rebelaron en el desierto,
lo irritaron en aquellas soledades!
[41] Otra vez a tentar a Dios volvían,
a exasperar al Santo de Israel,
[42] incapaces de acordarse de su mano,
del día que los salvó del adversario;

[43] de cuando hizo en Egipto sus señales*,
en los campos de Tanis sus prodigios.
[44] Convirtió en sangre sus ríos,
sus arroyos, para que no bebieran;

[45] tábanos les mandó que los picaran,
y ranas para que los infestaran;
[46] entregó a la langosta sus cosechas,
el fruto de su afán al saltamontes;

[47] asoló con granizo sus viñedos,
todos sus sicómoros con aguaceros;
[48] entregó sus ganados al pedrisco
y a los rayos sus rebaños.

[49] Les envió el fuego de su cólera,
indignación, enojo y destrucción,
tropel de mensajeros de desgracias,
[50] y dio curso libre a su ira.

No los preservó de la muerte,
a la peste sus vidas entregó;
[51] hirió en Egipto a todo primogénito,
las primicias varoniles en las tiendas de Cam.

[52] Sacó como un ganado a su pueblo,
como rebaño los guió por el desierto;
[53] los condujo en seguro, sin alarmas,
mientras el mar cubría a sus enemigos.

[54] Los metió en territorio sagrado,
en el monte que su diestra conquistó;
[55] arrojó a las naciones ante ellos;
a cordel les asignó una heredad,
instaló en sus tiendas a las tribus de Israel.

[56] Pero ellos tentaron a Dios,
se rebelaron contra el Altísimo,
no guardaron sus preceptos.
[57] Se extraviaron, infieles como sus padres,
se torcieron igual que un arco indócil:
[58] lo irritaron con sus lugares altos,
con sus ídolos excitaron sus celos.

[59] Dios lo oyó y se enfureció,
desechó del todo a Israel;
[60] abandonó la morada de Siló,
la tienda en que moraba entre los hombres.

78 43 Las *señales* designan las *plagas* de Egipto, Ex **7** 8+, resumidas en los vv. 43-51.

61 Mandó la flor y nata al cautiverio,
a manos del adversario su esplendor;
62 entregó su pueblo a la espada,
contra su heredad se enfureció.

63 El fuego devoró a sus jóvenes,
no hubo canto nupcial para las chicas;
64 sus sacerdotes cayeron a cuchillo,
sus viudas no entonaron endechas.

65 El Señor despertó como de un sueño,
como guerrero vencido por el vino;
66 hirió a sus adversarios en la espalda,
los dejó humillados para siempre.

67 Desechó la tienda de José,
no eligió a la tribu de Efraín;
68 pero eligió a la tribu de Judá,
y al monte Sión, al que amaba.
69 Se construyó un santuario como el cielo,
como la tierra que estableció para siempre.

70 Y eligió a David su siervo,
lo sacó de los apriscos del rebaño,
71 lo llevó de detrás de las ovejas
a pastorear a su pueblo Jacob,
a su heredad Israel.
72 Los pastoreaba con todo su corazón,
con mano diestra los guiaba.

SALMO 79 (78)

Elegía nacional*

1 *Salmo. De Asaf.*

Oh Dios, los gentiles han invadido tu heredad,
han profanado tu santo Templo,
han dejado en ruinas Jerusalén;
2 han dado los cadáveres de tus siervos
como pasto a los pájaros del cielo,
los cuerpos de tus amigos a las bestias de la tierra.

3 Han derramado su sangre como agua
en torno a Jerusalén, ¡y nadie sepultaba!
4 Hemos sido irrisión de los vecinos,
burla y escarnio de los de alrededor.

5 ¿Cuánto durará tu cólera, Yahvé?,
¿arderán siempre tus celos como fuego?
6 Derrama tu furor sobre los pueblos
que no te reconocen,

79 El Templo ha sido saqueado y destruido, ver 2 R **24** 2; **25** 9.

sobre los reinos
que no invocan tu nombre.
7 Porque han devorado a Jacob
y han devastado sus dominios.

8 No nos imputes las culpas de los antepasados,
que tu ternura llegue pronto a nosotros,
pues estamos del todo abatidos.
9 Ayúdanos, Dios salvador nuestro,
por amor de la gloria de tu nombre;
líbranos, borra nuestros pecados,
por respeto a tu nombre.

10 ¿Por qué han de decir los paganos:
«Dónde está su Dios»?
¡Que los paganos padezcan
(y nosotros lo veamos)
la venganza de la sangre
derramada* por tus siervos!
11 ¡Llegue a ti el suspiro del cautivo,
y en virtud de tu inmenso poder
salva a los condenados a muerte!

12 ¡Devuelve siete veces a nuestros vecinos
la afrenta con que te afrentaron, Señor!
13 Y nosotros, tu pueblo, ovejas de tu pasto,
te daremos eternamente gracias,
repitiendo tu alabanza de edad en edad.

SALMO 80 (79)

Súplica por la restauración de Israel*

1 *Del maestro de coro. Según la melodía: «Lirios es el dictamen». De Asaf. Salmo.*

2 Escucha, Pastor de Israel,
que guías a José como a un rebaño,
brilla, desde tu trono de querubes,
3 sobre Efraín, Benjamín y Manasés.
¡Despierta tu poder,
ven en nuestro auxilio!

4 ¡Oh Dios, haz que nos recuperemos,
ilumina tu rostro y nos salvaremos!

5 ¿Hasta cuándo, Yahvé, Dios Sebaot,
estarás airado mientras reza tu pueblo?
6 Les das a comer un pan de llanto,
les haces beber lágrimas a mares.

79 10 Ver **5** 11+. Dios es el *go'el* de Israel, v. 10; **19** 15; Nm **35** 19+; Ap **6** 10; **11** 18.

80 El salmista aspira a la restauración del reino unificado de Salomón, ver **60**; Is **49** 5; Ez **37** 16; etc.

7 Somos la hablilla de los convecinos,
nuestros enemigos se burlan de nosotros.

8 ¡Haz que nos recuperemos, Dios Sebaot,
ilumina tu rostro y nos salvaremos!

9 De Egipto arrancaste una viña*,
expulsaste pueblos para plantarla,
10 luego cuidaste el terreno,
echó raíces y llenó la tierra.
11 Su sombra cubría las montañas,
sus pámpanos, los enormes cedros;
12 extendía sus sarmientos hasta el mar,
hasta el Gran Río sus renuevos.

13 ¿Por qué has hecho brecha en sus tapias,
para que la vendimie cualquiera que pase,
14 la devasten los jabalíes del soto
y la tasquen las alimañas del campo?
15 ¡Oh Dios Sebaot, vuélvete,
desde los cielos mira y ve,
visita a esta viña, 16 cuídala,
la cepa que plantó tu diestra!
17 Como a basura le prendieron fuego:
perezcan amenazados por tu presencia.

18 Que tu mano defienda a tu elegido,
al hombre que para ti fortaleciste.
19 Ya no volveremos a apartarnos de ti,
nos darás vida e invocaremos tu nombre.

20 ¡Haz que nos recuperemos, Yahvé Sebaot,
ilumina tu rostro y nos salvaremos!

SALMO 81 (80)

Para la fiesta de las Tiendas*

1 *Del maestro de coro. Según la... de Gat. De Asaf.*

2 ¡Aclamen a Dios, nuestra fuerza,
vitoreen al Dios de Jacob!

3 ¡Tañan, toquen el tamboril,
la melodiosa cítara y el arpa;
4 toquen la trompeta por el nuevo mes,
por la luna llena, que es nuestra fiesta!

5 Porque es una ley para Israel,
una norma del Dios de Jacob;
6 un dictamen que impuso a José
al salir del país de Egipto.

80 9 La *viña*, alegoría familiar de los profetas, Is **5**+.
81 Liturgia profética, ver **95**. La fiesta de las Tiendas, Ex **23** 14+, en el plenilunio de septiembre, conmemoraba la estancia en el desierto y la Ley recibida en el Sinaí.

Se oye una lengua desconocida:
7 «Yo liberé sus hombros de la carga,
sus manos la espuerta abandonaron;
8 en la aflicción gritaste y te salvé.
Te respondí oculto en el trueno
te probé en las aguas de Meribá. *Pausa.*
9 Escucha, pueblo mío, te conjuro,
¡ojalá me escucharas, Israel!

10 No tendrás un dios extranjero,
no adorarás a un dios extraño.
11 Yo soy Yahvé, tu Dios,
que te saqué del país de Egipto;
abre tu boca y yo la llenaré.

12 Pero mi pueblo no me escuchó,
Israel no me obedeció;
13 los abandoné a su corazón obstinado,
para que caminaran según sus caprichos.

14 ¡Ojalá me escuchara mi pueblo
e Israel siguiera mis caminos,
15 abatiría al punto a sus enemigos,
contra sus adversarios volvería mi mano!

16 Los que odian a Yahvé lo adularían
y su suerte quedaría fijada;
17 lo sustentaría con flor de trigo,
lo saciaría con miel de la peña».

SALMO 82 (81)
Contra los príncipes paganos

1 *Salmo. De Asaf.*

Dios se alza en la asamblea divina,
para juzgar en medio de los dioses:
2 «¿Hasta cuándo juzgarán injustamente
y harán acepción de los malvados? *Pausa.*
3 Defiendan al débil y al huérfano,
hagan justicia al humilde y al pobre;
4 liberen al débil y al indigente,
arránquenle de la mano del malvado».

5 No saben ni entienden, caminan a oscuras,
vacilan los cimientos de la tierra.
6 Yo había dicho: «Ustedes son dioses,
todos ustedes, hijos del Altísimo*».
7 Pero ahora morirán como el hombre,
caerán como un príncipe cualquiera.

82 6 *Hijos del Altísimo*, son los príncipes y jueces, ver **58** 2+. Jesús aplica este v., en un contexto distinto, a los que son instruidos por la palabra de Dios, Jn **10** 34.

8 ¡Álzate, oh Dios, juzga a la tierra,
pues tú eres el señor de las naciones!

SALMO 83 (82)

Contra los enemigos de Israel*

1 *Cántico. Salmo. De Asaf.*

2 ¡Oh Dios, no estés en silencio,
no estés mudo e inmóvil, oh Dios!
3 Mira a tus enemigos alborotados,
los que te odian levantan la cabeza.

4 Urden intrigas contra tu pueblo,
conspiran contra tus protegidos;
5 dicen: «Vamos a borrarlos como nación,
que nunca se recuerde el nombre de Israel».

6 Así, de acuerdo en la conjura,
pactan una alianza contra ti:
7 tiendas de Edom e ismaelitas,
moabitas y agarenos,
8 Guebal, Amón y Amalec,
Filistea y la gente de Tiro;
9 hasta Asur se ha juntado con ellos,
dando apoyo a los hijos de Lot. *Pausa.*

10 Trátalos como a Madián, como a Sísara,
como a Yabín en el torrente Quisón,
11 que fueron exterminados en Endor,
quedando como estiércol de la tierra.
12 Trata a sus caudillos como a Oreb y Zeeb,
a sus príncipes como a Zébaj y Salmuná,
13 que habían dicho: «Conquistemos
estos dominios de Dios».

14 Conviértelos, Dios mío, en hojarasca,
en paja que arrebata el vendaval.
15 Como fuego que abrasa la maleza,
como llama que devora montañas,
16 persíguelos así con tu tormenta,
llénalos de terror con tu huracán.
17 Cubre sus rostros de ignominia
para que busquen tu nombre, Yahvé.

18 ¡Avergonzados y aterrados para siempre,
queden confundidos y perezcan,
19 para que sepan que tu nombre es Yahvé,
Altísimo sobre toda la tierra!

83 Enumeración de diez vecinos cuya hostilidad hacia Israel fue permanente (Egipto no figura en esta relación).

SALMO 84 (83)

Canto de peregrinación*

1 *Del maestro de coro. Según la... de Gat. De los hijos de Coré. Salmo.*

2 ¡Qué amables son tus moradas,
Yahvé Sebaot!
3 Mi ser languidece anhelando
los atrios de Yahvé;
mi mente y mi cuerpo se alegran
por el Dios vivo.

4 Hasta el gorrión ha encontrado una casa,
para sí la golondrina un nido
donde poner a sus crías:
¡Tus altares, Yahvé Sebaot,
rey mío y Dios mío!

5 Dichosos los que moran en tu casa
y pueden alabarte siempre; *Pausa.*
6 dichoso el que saca de ti fuerzas
cuando piensa en las subidas*.

7 Al pasar por el valle del Bálsamo*,
lo van transformando en hontanar
y las lluvias lo cubren de bendiciones.
8 Caminan de altura en altura,
y Dios se les muestra en Sión.

9 ¡Yahvé, Dios Sebaot, escucha mi plegaria,
hazme caso, oh Dios de Jacob! *Pausa.*
10 Oh Dios, nuestro escudo, mira,
fíjate en el rostro de tu ungido*.

11 Vale más un día en tus atrios
que mil en mis mansiones,
pisar el umbral de la Casa de mi Dios
que habitar en la tienda del malvado.

12 Porque Yahvé es almena y escudo,
él otorga gracia y gloria;
Yahvé no niega la felicidad
al que camina con rectitud.

13 ¡Oh Yahvé Sebaot,
dichoso quien confía en ti!

84 Canto de Sión: El Templo en que mora Yahvé es fuente de felicidad para sus peregrinos y sus familiares. Ver **42-43**; Jr **31**.
84 6 Los peregrinos cantaban durante la marcha los salmos llamados «graduales» o «de las subidas» (a Jerusalén), Sal **120**s.
84 7 El *valle del Bálsamo* o *valle del Loto*, ver 2 S **5** 23-25, al norte del valle Hinón, hacia la actual puerta de Jafa, era la última etapa de los peregrinos.
84 10 El *ungido* o *mesías* parece ser aquí el sumo sacerdote, jefe de la comunidad de Israel después del Destierro.

SALMO 85 (84)

Oración por la paz y la justicia*

1 *Del maestro de coro. De los hijos de Coré. Salmo.*

2 Propicio has sido, Yahvé, con tu tierra,
has cambiado la suerte de Jacob;
3 has quitado la culpa de tu pueblo,
has cubierto todos sus pecados, *Pausa.*
4 has reprimido todo tu furor,
has desistido del ardor de tu cólera.

5 ¡Restáuranos, Dios salvador nuestro,
cesa en tu irritación contra nosotros!
6 ¿Estarás siempre airado con nosotros?
¿Prolongarás tu cólera de edad en edad?

7 ¿No volverás a darnos vida
para que tu pueblo goce de ti?
8 ¡Muéstranos tu amor, Yahvé,
danos tu salvación!

9 Escucharé lo que habla Dios.
Sí, Yahvé habla de futuro
para su pueblo y sus amigos,
que no recaerán en la torpeza.
10 Su salvación se acerca a sus adeptos,
y la Gloria morará en nuestra tierra.

11 Amor y Verdad se han dado cita,
Justicia y Paz se besan*;
12 Verdad brota de la tierra,
Justicia se asoma desde el cielo.

13 Yahvé mismo dará prosperidad,
nuestra tierra dará su cosecha.
14 Justicia marchará ante él,
con sus pasos le abrirá camino.

SALMO 86 (85)

Oración en la contrariedad*

1 *Oración. De David.*

Presta oído, Yahvé, respóndeme,
que soy desventurado y pobre;
2 guarda mi vida, que yo te amo,
salva a tu siervo, confío en ti.

85 Los repatriados disfrutarán de la paz mesiánica, ver Is **45** 8; **51** 5; Za **8** 12; etc.
85 11 Los atributos divinos personificados, ver **73** 24+; **89** 15; etc., instaurarán el reino de Yahvé.
86 Composición tardía helenística, con plagios y reminiscencias bíblicas; refleja el estado del alma de los judíos devotos.

Tú eres mi Dios, [3] tenme piedad,
pues clamo a ti todo el día;
[4] anima la vida de tu siervo,
pues por ti suspiro, Señor.

[5] Tú, Señor, eres bueno e indulgente,
rico en amor con los que te invocan;
[6] Yahvé, presta oído a mi plegaria,
atiende a la voz de mi súplica.

[7] Te invoco el día de la angustia,
pues tú me sabes responder;
[8] Señor, ningún dios como tú,
no hay obras como las tuyas.

[9] Todas las naciones que has hecho
se postrarán ante ti, Señor;
[10] pues eres grande y haces maravillas,
tú solo eres Dios.

[11] Muéstrame, Yahvé, tu camino,
que recorreré con fidelidad,
concentra toda mi voluntad
en la adhesión a tu nombre.

[12] Gracias de corazón, Señor, Dios mío,
daré gloria a tu nombre por siempre,
[13] pues grande es tu amor conmigo,
me has librado de lo hondo del Seol.

[14] Oh Dios, los arrogantes me atacan,
una turba de violentos acecha mi vida,
y no te tienen presente.
[15] Pero tú, Señor, Dios clemente y compasivo,
tardo a la cólera, lleno de amor y fidelidad*,
[16] ¡vuélvete a mí, tenme compasión!

Da fuerza a tu siervo,
salva al hijo de tu sierva.
[17] Concédeme una señal propicia:
que mis adversarios vean, confundidos,
que tú, Yahvé, me ayudas y consuelas.

SALMO 87 (86)

Sión, madre de los pueblos*

[1] *De los hijos de Coré. Salmo. Cántico.*

¡Está enclavada entre santos montes!
[2] Prefiere Yahvé las puertas de Sión
a todas las moradas de Jacob.

86 15 Ver **78** 38; **103** 8; Ex **34** 6; Nm **14** 18; etc.
87 Jerusalén, ver 2 S **5** 6+, morada de Dios y ciudad santa, **2** 6+, será la verdadera patria de todos los pueblos llamados a conocer a Dios y a celebrar su culto, ver **45** 17+. Esta función maternal de *Sión*, Is **54** 1+; **60-62**, prefigura la de la Iglesia.

3 Maravillas se dicen de ti,
ciudad de Dios: *Pausa.*
4 «Yo cuento a Rahab y Babel
entre los que me conocen.
Filisteos, tirios y etíopes
han nacido allí».
5 Pero de Sión se ha de decir:
«Todos han nacido en ella»,
la ha fundado el propio Altísimo.
6 Yahvé escribirá en el registro de los pueblos:
«Fulano nació allí», *Pausa.*
7 y los príncipes, lo mismo que los hijos,
todos ponen su morada en ti.

SALMO 88 (87)

Lamento en la extrema aflicción*

1 *Cántico. Salmo. De los hijos de Coré. Del maestro de coro. Para la enfermedad. Para la aflicción. Poema. De Hemán el indígena.*

2 Yahvé, mi Dios salvador,
a ti clamo noche y día;
3 llegue mi súplica a ti,
presta oído a mi clamor.

4 Porque estoy harto de males,
con la vida al borde del Seol;
5 contado entre los que bajan a la fosa,
soy como un hombre acabado:

6 relegado entre los muertos,
como un cadáver en la tumba,
del que nadie se acuerda ya,
que está arrancado de tu mano.

7 Me has echado en la fosa profunda,
en medio de tinieblas abismales;
8 arrastro el peso de tu furor,
me hundes con todas tus olas. *Pausa.*

9 Has alejado de mí a mis conocidos,
me has hecho para ellos un horror,
cerrado estoy y sin salida,
10 mis ojos se consumen por la pena.
Todo el día te llamo, Yahvé,
tiendo mis manos hacia ti.

11 ¿Haces acaso maravillas por los muertos,
o se alzan las sombras para darte gracias? *Pausa.*

88 Compárese esta oración angustiosa con los gemidos de Job. Es el único salmo de angustia en que no se expresa ninguna esperanza.

12 ¿Se habla en la tumba de tu amor,
de tu lealtad en el lugar de perdición?
13 ¿Se conocen en las tinieblas tus maravillas,
o tu justicia en la tierra del olvido?

14 Pero yo, Yahvé, solicito tu socorro,
con el alba va a tu encuentro mi oración;
15 ¿por qué, Yahvé, me rechazas,
y ocultas tu rostro lejos de mí?

16 Desdichado y enfermo desde mi infancia,
he soportado tus terrores, no puedo más;
17 tu furor ha pasado sobre mí,
tus espantos me han aniquilado.

18 Me anegan como el agua todo el día,
se aprietan contra mí todos a una.
19 Has alejado a compañeros y amigos,
y son mi compañía las tinieblas.

SALMO 89 (88)

Himno y oración al Dios fiel*

1 *Poema. De Etán el indígena.*

2 Cantaré por siempre el amor de Yahvé,
anunciaré tu lealtad de edad en edad.
3 Dije: «Firme está por siempre el amor,
en ellos cimentada tu lealtad.

4 Una alianza pacté con mi elegido,
hice un juramento a mi siervo David:
5 He fundado tu estirpe para siempre,
he erigido tu trono de edad en edad». *Pausa.*

6 Los cielos celebran tus maravillas, Yahvé,
tu lealtad en la asamblea de los santos.
7 Pues, ¿quién en las nubes se compara a Yahvé,
quién se le iguala entre los hijos de los dioses?

8 Dios es temible en el consejo de los santos,
grande y terrible para toda su corte.
9 Yahvé, Dios Sebaot, ¿quién como tú?,
eres poderoso, tu lealtad te circunda.

10 Tú dominas el orgullo del mar,
reprimes sus olas encrespadas;
11 machacaste a Rahab* como a un cadáver,
dispersaste al enemigo con brazo potente.

89 Después de un preludio viene un himno al Creador, vv. 6-19; continúa con un oráculo mesiánico sobre la Alianza con David, vv. 20-38; ver **132**+; **144**+; 2 S **7**+; luego, una evocación de las desgracias nacionales, vv. 39-46, y un último llamamiento a la fidelidad de Dios, vv. 47-52 (*amor y lealtad* van siempre juntos en este Sal; ver **25** 10+).

89 11 *Rahab*, monstruo mitológico, personificación del Caos marino, ver Jb **7** 12+;

12 Tuyo es el cielo, tuya la tierra,
fundaste el orbe y cuanto contiene;
13 creaste el norte y el mediodía,
el Tabor y el Hermón te aclaman.

14 Actúas con brazo poderoso,
fuerte es tu mano, sublime tu derecha;
15 Justicia y Derecho, la base de tu trono,
Amor y Verdad marchan ante ti.

16 Dichoso el pueblo que sabe aclamarte,
que camina, Yahvé, a la luz de tu rostro,
17 que se alegra todo el día con tu nombre,
que vive entusiasmado con tu justicia.

18 Pues tú eres su esplendor y su fuerza,
con tu ayuda nos haces poderosos;
19 sí, de Yahvé es nuestro escudo,
del Santo de Israel nuestro rey.

20 Antaño hablaste en visión
a tus amigos diciendo:
«He prestado mi asistencia a un bravo,
he exaltado a un elegido de mi pueblo.

21 He encontrado en David un servidor,
con mi óleo santo lo he ungido;
22 mi mano le dará firmeza,
mi brazo lo hará fuerte.

23 No lo sorprenderá el enemigo,
los criminales no lo oprimirán;
24 yo aplastaré a sus adversarios,
heriré a los que lo odian.

25 Lo acompañarán mi lealtad y mi amor,
en mi nombre se hará poderoso:
26 pondré su mano sobre el Mar,
sobre Los Ríos su derecha.

27 Él me invocará: ¡Padre mío,
mi Dios, mi Roca salvadora!
28 Y yo lo nombraré mi primogénito*,
altísimo entre los reyes de la tierra.

29 Amor eterno le guardaré,
mi alianza con él será firme;
30 le daré una estirpe perpetua,
un trono duradero como el cielo.

31 Si sus hijos abandonan mi ley,
si no viven según mis normas,

a veces también designa a Egipto, Sal **87** 4; ver Is **30** 7+.

89 28 El título de primogénito será aplicado también a Cristo, Col **1** 15-18+; Ap **1** 5.

32 si profanan mis preceptos
y no observan mis mandatos,

33 castigaré su rebelión con vara,
sus culpas a latigazos,
34 pero no retiraré mi amor,
no fallaré en mi lealtad.

35 Mi alianza no violaré,
o me retractaré de lo dicho;
36 por mi santidad juré una vez
que no había de mentir a David.

37 Su estirpe durará siempre,
su trono como el sol ante mí,
38 se mantendrá siempre como la luna,
testigo fidedigno en el cielo». *Pausa.*

39 Pero lo has rechazado y despreciado,
te has enfurecido contra tu ungido*;
40 has desechado la alianza con tu siervo,
has profanado por tierra su diadema.

41 Has hecho brecha en todos sus vallados,
sus fortalezas en ruina has convertido;
42 le han saqueado los transeúntes,
convertido en baldón de sus vecinos.

43 Has exaltado la diestra del adversario
y llenado de gozo a todos sus enemigos;
44 has embotado el filo de su espada,
no lo has sostenido en el combate.

45 Le has quitado su espléndido cetro,
su trono por tierra has derribado;
46 has acortado su juventud,
lo has cubierto de ignominia. *Pausa.*

47 ¿Hasta cuándo te esconderás, Yahvé?
¿arderá siempre como fuego tu furor?
48 Recuerda, Señor, lo que dura la vida,
para qué poco creaste a los humanos.
49 ¿Podrá alguien vivir sin ver la muerte?
¿quién escapará a las garras del Seol? *Pausa.*

50 ¿Dónde están, Señor, tus primeros amores,
aquello que juraste con fidelidad a David?
51 Acuérdate, Señor, del ultraje de tus siervos:
cómo aguanta mi pecho la infamia de los pueblos;
52 así ultrajan tus enemigos, Yahvé,
así ultrajan las huellas de tu Ungido.

53 ¡Bendito sea por siempre Yahvé!
¡Amén! ¡Amén!*

89 39 El término *ungido* designa aquí toda la dinastía davídica, ver v. 52.

89 53 Doxología final del tercer libro; ver **41** 14+.

SALMO 90 (89)

Fragilidad del hombre*

1 *De Moisés, hombre de Dios.*

Señor, tú has sido para nosotros
un refugio de edad en edad.

2 Antes de ser engendrados los montes,
antes de que nacieran tierra y orbe,
desde siempre hasta siempre tú eres Dios.

3 Tú devuelves al polvo a los hombres,
diciendo: «Vuelvan, hijos de Adán».
4 Pues mil años a tus ojos
son un ayer que pasó,
una vigilia en la noche.

5 Tú los sumerges en un sueño,
a la mañana son hierba que brota:
6 brota y florece por la mañana,
por la tarde está mustia y seca.

7 Pues tu cólera nos ha consumido,
nos ha anonadado tu furor.
8 Has puesto nuestras culpas ante ti,
nuestros secretos a la luz de tu rostro.

9 Bajo tu cólera declinan nuestros días,
como un suspiro gastamos nuestros años.
10 Vivimos setenta años,
ochenta con buena salud,
mas son casi todos fatiga y vanidad,
pasan presto y nosotros volamos.
11 ¿Quién entiende el golpe de tu ira?,
¿quién percibe la fuerza de tu cólera?

12 ¡Enséñanos a contar nuestros días,
para que entre la sensatez en nuestra cabeza!
13 ¡Vuelve, Yahvé! ¿Hasta cuándo?
Ten compasión de tus siervos.

14 Sácianos de tu amor por la mañana,
y gozaremos y cantaremos de por vida.
15 Alégranos por los días que nos humillaste,
por los años en que conocimos la desdicha.

16 ¡Que tus siervos vean tu acción,
y tus hijos tu esplendor!
17 ¡La benevolencia del Señor sea con nosotros!
¡Consolida tú la acción de nuestras manos!

90 La vida humana es breve, el pecado la acorta. El sabio saca buen partido del tiempo; ver Ef **5** 16; Col **4** 5.

SALMO 91 (90)

Bajo las alas divinas*

1 El que habita al amparo de Elyón
y mora a la sombra de Shaddai,
2 diga a Yahvé: «Refugio, baluarte mío,
mi Dios, en quien confío».

3 Pues él te libra de la red del cazador,
de la peste funesta;
4 con sus plumas te protege,
bajo sus alas hallas refugio:
escudo y armadura es su fidelidad.

5 No temerás el terror de la noche,
ni la saeta que vuela de día,
6 ni la peste que avanza en tinieblas,
ni el azote que devasta a mediodía*.

7 Aunque caigan mil a tu lado
y diez mil a tu derecha,
a ti no te alcanzará.

8 Basta con que fijes tu mirada,
verás la paga de los malvados,
9 tú que dices: «Yahvé es mi refugio»,
y tomas a Elyón por defensa.

10 El mal no te alcanzará,
ni la plaga se acercará a tu tienda;
11 que él ordenará a sus ángeles
que te guarden en todos tus caminos.

12 Te llevarán ellos en sus manos,
para que en piedra no tropiece tu pie*;
13 pisarás sobre el león y la víbora,
hollarás al leoncillo y al dragón.

14 Puesto que me ama, lo salvaré,
lo protegeré, pues me reconoce.
15 Me llamará y le responderé,
estaré a su lado en la desgracia,
lo salvaré y lo honraré.
16 Lo saciaré de larga vida,
haré que vea mi salvación.

91 Salmo didáctico sobre la protección del justo contra todos los peligros.
91 6 Las versiones dicen aquí el *demonio del mediodía.*

91 12 Ver Jb **33** 23+. Los vv. 11-12 se citan en el relato de la tentación de Jesús, Mt **4** 6p.

SALMO 92 (91)

Cántico del justo*

[1] *Salmo. Cántico. Para el día de sábado.*

[2] Es bueno dar gracias a Yahvé,
cantar en tu honor, Altísimo,
[3] publicar tu amor por la mañana
y tu fidelidad por las noches,
[4] con el arpa de diez cuerdas y la lira,
acompañadas del rasgueo de la cítara.

[5] Pues con tus hechos, Yahvé, me alegras,
ante las obras de tus manos grito:
[6] «¡Qué grandes son tus obras, Yahvé,
y qué hondos tus pensamientos!»
[7] El hombre estúpido no entiende,
el insensato no lo comprende.

[8] Aunque broten como hierba los malvados
o florezcan todos los malhechores,
acabarán destruidos para siempre;
[9] ¡pero tú eres eternamente excelso!

[10] Mira cómo perecen tus enemigos,
se dispersan todos los malhechores.
[11] Pero me dotas de la fuerza del búfalo,
aceite nuevo derramas sobre mí;
[12] veré la derrota del que me acecha,
escucharé la caída de los malvados.

[13] El justo florece como la palma,
crece como un cedro del Líbano.
[14] Plantados en la Casa de Yahvé,
florecen en los atrios de nuestro Dios.

[15] Todavía en la vejez producen fruto,
siguen llenos de frescura y lozanía,
[16] para anunciar lo recto que es Yahvé:
«Roca mía, en quien no hay falsedad».

SALMO 93 (92)

El Dios de majestad*

[1] Reina Yahvé, vestido de majestad,
Yahvé, vestido y ceñido de poder,
y así el orbe está seguro, no vacila.
[2] Tu trono está firme desde antaño,
desde la eternidad existes tú.

92 Doctrina de los sabios sobre la ruina del impío y la exaltación del justo, ver **62** 13+.

93 Salmo del reino, ver **47**+. Dios reina sobre el universo y sobre los hombres. Con el espíritu del Ap **4** 11; **11** 15-17; **12** 10, la liturgia aplica este Sal a Cristo, Señor.

3 Levantan los ríos, Yahvé,
levantan los ríos su voz,
los ríos levantan su bramido;

4 más que el ruido de aguas caudalosas,
más imponente que las olas del mar,
es imponente Yahvé en las alturas.

5 Son firmes del todo tus dictámenes,
la santidad es el ornato de tu casa*,
oh Yahvé, por días sin término.

SALMO 94 (93)

El Dios de justicia*

1 ¡Dios de la venganza, Yahvé,
Dios de la venganza, aparece!
2 ¡Levántate, juez de la tierra,
da su merecido a los soberbios!

3 ¿Hasta cuándo los malvados, Yahvé,
hasta cuándo triunfarán los malvados?
4 Cacarean diciendo insolencias,
se pavonean todos los malhechores.

5 Aplastan a tu pueblo, Yahvé,
humillan a tu heredad.
6 Matan al forastero y a la viuda,
asesinan al huérfano.

7 Dicen: «Yahvé no lo ve,
no lo advierte el Dios de Jacob».
8 ¡Comprendan, estúpidos del pueblo!,
insensatos, ¿cuándo entenderán?

9 El que implantó la oreja, ¿no va a oír?
El que formó los ojos, ¿no ha de ver?
10 El que corrige a los pueblos, ¿no ha de castigar?
El que enseña a los hombres, ¿no conocerá?
11 Yahvé conoce los pensamientos del hombre,
sabe que sólo son un soplo.

12 Feliz el hombre a quien educas, Yahvé,
aquel a quien instruyes en tu ley*,
13 para aliviarlo tras los días amargos,
mientras se cava la fosa para el malvado.

14 Pues Yahvé no dejará a su pueblo,
no abandonará a su heredad;
15 al justo se le devolverá su derecho,
tendrán buen fin los rectos de corazón.

93 5 La Ley revelada y el Templo afirman el reinado de Yahvé y santifican a los hombres.
94 Doctrina tradicional de los sabios, ver **5**; **10**; **13**; etc., al estilo del libro de los Proverbios.
94 12 La *ley* en sentido amplio de revelación y de doctrina moral, ver **119**.

16 ¿Quién se alzará a mi favor contra el malvado?,
¿quién estará a mi favor contra el malhechor?
17 Si Yahvé no viniera en mi ayuda,
pronto habitaría en el silencio.

18 Cuando digo: «Vacila mi pie»,
tu amor, Yahvé, me sostiene;
19 en el colmo de mis cuitas interiores,
tus consuelos me confortan por dentro.

20 ¿Estás aliado a un tribunal de perdición,
que eleva la tiranía a rango de ley?
21 Atropellan la vida del justo,
condenan vidas inocentes.

22 Pero Yahvé es mi baluarte,
mi Dios, mi roca de refugio;
23 les pagará con su propia maldad,
los aniquilará por su malicia,
los aniquilará Yahvé, nuestro Dios.

SALMO 95 (94)

Invitatorio*

1 Vengan, cantemos gozosos a Yahvé,
aclamemos a la Roca que nos salva;
2 entremos en su presencia dándole gracias,
aclamándolo con salmos.

3 Porque un gran Dios es Yahvé,
Rey grande sobre todos los dioses;
4 él sostiene las honduras de la tierra,
suyas son las cumbres de los montes;
5 suyo el mar, que él mismo hizo,
la tierra firme que formaron sus manos.

6 Entren, rindamos homenaje inclinados,
¡arrodillados ante Yahvé que nos creó!
7 Porque él es nuestro Dios,
nosotros somos su pueblo,
el rebaño de sus pastos.

¡Ojalá escuchen hoy su voz!:
8 «No sean tercos como en Meribá,
como el día de Masá en el desierto,
9 allí sus padres me probaron,
me tentaron aunque vieron mis obras.

10 Cuarenta años me asqueó esa generación,
y dije: Son gente de mente desviada,
que no reconocen mis caminos.

95 Salmo del reino, como los siguientes, **95-100**; ver **47**+. Himno de alabanza, ver **24**; **68**; **81**; **132**, que termina con un llamamiento a la docilidad, ver Ex **17**; Nm **20**; Hb **3** 7-**4** 11.

11 Por eso juré en mi cólera:
¡No entrarán en mi reposo!»

SALMO 96 (95)

Yahvé, rey y juez*

1 ¡Canten a Yahvé un nuevo canto,
canta a Yahvé, tierra entera,
2 canten a Yahvé, bendigan su nombre!

Anuncien su salvación día a día,
3 cuenten su gloria a las naciones,
sus maravillas a todos los pueblos.

4 Pues grande es Yahvé y digno de alabanza,
más temible que todos los dioses.
5 Pues nada son los dioses paganos.

Pero Yahvé hizo los cielos;
6 gloria y majestad están ante él,
poder y esplendor en su santuario.

7 Tributen a Yahvé, familias de los pueblos,
tributen a Yahvé gloria y poder,
8 tributen a Yahvé la gloria de su nombre.

Traigan ofrendas, entren en sus atrios,
9 póstrense ante Yahvé en el atrio sagrado,
¡tiemble ante su rostro toda la tierra!

10 Digan a los gentiles: «¡Yahvé es rey*!»
El orbe está seguro, no vacila;
él gobierna a los pueblos rectamente.

11 ¡Alégrense los cielos, goce la tierra,
retumbe el mar y cuanto encierra;
12 exulte el campo y cuanto hay en él,
griten de gozo los árboles del bosque,

13 delante de Yahvé, que ya viene,
viene, sí, a juzgar la tierra!
Juzgará al mundo con justicia,
a los pueblos con su lealtad.

SALMO 97 (96)

Yahvé triunfante*

1 ¡Reina Yahvé! ¡Exulte la tierra,
se alegren las islas numerosas!

96 Reinado de Dios sobre Israel, sobre las naciones, sobre la naturaleza. El Sal se encuentra casi entero en 1 Cro **16** 23-33.
96 10 Varios manuscritos cristianos añaden aquí: *por el madero*, alusión a la cruz de Cristo.
97 Los tres Sal **97**, **98**, **99** son himnos escatológicos afines al **96**.

[2] Nubes y densa bruma lo rodean,
justicia y derecho afianzan su trono.

[3] Delante de él avanza fuego,
que abrasa en torno a sus adversarios;
[4] iluminan el orbe sus relámpagos,
lo ve la tierra y se estremece.

[5] Los montes se derriten como cera,
ante el Dueño de toda la tierra;
[6] los cielos proclaman su justicia,
los pueblos todos ven su gloria.

[7] ¡Se avergüenzan los que adoran ídolos,
los que se glorían en puras vanidades;
todos los dioses le rinden homenaje!
[8] Sión lo oye y se alboroza,
exultan las hijas de Judá
a causa de tus juicios, Yahvé.

[9] Porque tú eres Yahvé,
Altísimo sobre toda la tierra,
por encima de todos los dioses.

[10] Yahvé ama al que odia el mal,
preserva la vida de sus fieles,
los libra de la mano del malvado.
[11] La luz despunta para el justo,
el gozo para los rectos de corazón.
[12] Justos, alégrense en Yahvé,
celebren su memoria sagrada.

SALMO 98 (97)

El juez de la tierra

[1] *Salmo.*

Canten a Yahvé un nuevo canto,
porque ha obrado maravillas;
le sirvió de ayuda su diestra,
su santo brazo.

[2] Yahvé ha dado a conocer su salvación,
ha revelado su justicia a las naciones;
[3] se ha acordado de su amor y su lealtad
para con la casa de Israel.

Los confines de la tierra han visto
la salvación de nuestro Dios.
[4] ¡Aclama a Yahvé, tierra entera,
griten alegres, gozosos, canten!

[5] Tañan a Yahvé con la cítara,
con la cítara al son de instrumentos;
[6] al son de trompetas y del cuerno
aclamen ante el rey Yahvé.

7 Brame el mar y cuanto encierra,
el mundo y cuantos lo habitan,
8 aplaudan los ríos,
aclamen los montes,

9 ante Yahvé, que llega,
que llega a juzgar la tierra.
Juzgará el mundo con justicia,
a los pueblos con equidad.

SALMO 99 (98)

Dios, rey justo y santo

1 Reina Yahvé, tiemblan los pueblos;
entronizado sobre querubines, vacila la tierra.
2 Grande es Yahvé en Sión,
excelso sobre todos los pueblos.
3 Alaben tu nombre grande y terrible:
Él es santo.

4 Poderoso rey que ama la justicia,
tú has establecido la base del derecho,
juicio y justicia ejerces en Jacob.

5 Exalten a Yahvé, nuestro Dios,
póstrense ante el estrado de sus pies:
Él es santo.

6 Moisés y Aarón entre sus sacerdotes,
Samuel entre los que invocaban su nombre,
invocaban a Yahvé y él les respondía.

7 Les habló desde la columna de nube
y ellos guardaban sus dictámenes,
la ley que él les entregó.

8 Yahvé, Dios nuestro, tú les respondías,
eras para ellos un Dios de perdón,
aunque vengabas sus delitos.

9 Exalten a Yahvé, nuestro Dios,
póstrense en su monte santo:
santo es Yahvé, nuestro Dios.

SALMO 100 (99)

Exhortación a la alabanza*

1 *Salmo. Para la acción de gracias.*

¡Aclama a Yahvé, tierra entera,
2 sirvan a Yahvé con alegría,
lleguen ante él con júbilo!

100 Himno de alabanza que cierra los salmos del reino; ver **93**+.

3 Sepan que Yahvé es Dios,
él nos ha hecho y suyos somos,
su pueblo y el rebaño de sus pastos.

4 Entren por sus puertas dando gracias,
por sus atrios cantando alabanzas,
denle gracias, bendigan su nombre.

5 Pues bueno es Yahvé y eterno su amor*,
su lealtad perdura de edad en edad.

SALMO 101 (100)

Espejo de príncipes*

1 *De David. Salmo.*

Cantaré al amor y a la justicia,
para ti tañeré, Yahvé;
2 iré por el camino perfecto:
¿cuándo vendrás a mí*?

Procederé con corazón perfecto,
dentro de mi casa;
3 no pondré ante mis ojos
cosa villana.

Detesto la conducta criminal,
no se me pegará;
4 lejos de mí un corazón perverso,
no conozco la maldad.

5 Al que difama a su prójimo en secreto,
a ése lo aniquilaré;
ojo altanero y corazón hinchado
no los soportaré.

6 Me fijo en los fieles de la tierra
para que vivan conmigo;
quien va por el recto camino
será mi servidor.

7 No morará en mi casa
quien cometa engaños;
el mentiroso no persiste
delante de mis ojos.

8 Cada mañana voy a aniquilar
a todos los malvados del país,
a extirpar de la ciudad de Yahvé
a todos los malhechores.

100 5 Estribillo antiguo, **106**; **107**; **118**; **136**; Jr **33** 11+; Esd **3** 11; etc., con forma de antífona, ver 2 Cro **5** 13. -*Amor y lealtad*, ver **25** 10+.

101 Retrato del príncipe virtuoso que recuerda en particular el libro de Pr.

101 2 Quizás alusión al Mesías *que viene*.

SALMO 102 (101)

Oración en la desgracia*

1 *Oración del afligido que, en su angustia, derrama su llanto ante Yahvé.*

2 Escucha, Yahvé, mi oración,
llegue mi grito hasta ti;
3 no ocultes de mí tu rostro
el día de la angustia;
tiende hacia mí tu oído,
¡responde presto el día en que te invoco!

4 Pues mis días como humo se disipan,
mis huesos calientan como brasas;
5 mi corazón se seca como heno segado,
pues me olvido de comer mi pan;
6 agotado de tanto sollozar,
mis huesos se pegan a mi piel.

7 Me parezco al búho del páramo,
estoy como lechuza entre ruinas;
8 de continuo me desvelo y gimo
cual solitario pájaro en tejado;
9 todo el día me insultan mis enemigos,
los que me alaban maldicen por mi nombre.

10 Ceniza como en vez de pan,
mezclo mi bebida con lágrimas,
11 debido a tu cólera y tu enojo,
pues me alzaste y luego me tiraste.
12 Mis días declinan como sombra,
me voy secando como el heno.

13 Pero tú, Yahvé, reinas por siempre,
tu memoria alcanza de edad en edad.
14 Te alzarás, compadecido de Sión,
que es tiempo de apiadarte de ella
(porque se ha cumplido el plazo).
15 Tus siervos aman sus piedras,
sienten compasión de sus ruinas.

16 Temerán las naciones el nombre de Yahvé,
todos los reyes de la tierra tu gloria;
17 cuando Yahvé reconstruya Sión
y aparezca lleno de esplendor,
18 se volverá a la oración del despojado,
su oración no despreciará.

19 Quedará esto escrito para la edad futura,
y un pueblo renovado alabará a Yahvé:
20 se ha inclinado desde su santa altura,
desde el cielo ha mirado a la tierra,

102 Salmo penitencial, **6**+. Lamento personal, vv. 1-12.24-28; ver **69**, y oración por la restauración de Sión, vv. 13-23.29.

[21] para escuchar el suspiro del cautivo,
para librar a los que aguardan la muerte.
[22] Para proclamar en Sión el nombre de Yahvé,
y su alabanza en Jerusalén;
[23] cuando a una se congreguen los pueblos
y los reinos para servir a Yahvé.

[24] Él ha agotado mi fuerza por el camino,
ha reducido el número de mis días.
[25] Me dije: ¡Dios mío,
en la mitad de mis días no me lleves,
tú, que vives por generaciones!

[26] Desde antiguo fundaste la tierra,
los cielos son obra de tus manos;
[27] ellos pasan, mas tú permaneces,
todos como ropa se desgastan,
serán como vestido que se muda.
[28] Mas tú eres el mismo,
no tienen fin tus años*.

[29] Los hijos de tus siervos tendrán una morada,
su descendencia subsistirá en tu presencia.

SALMO 103 (102)

Dios es amor*

[1] *De David.*

Bendice, alma mía, a Yahvé,
el fondo de mi ser, a su santo nombre.
[2] Bendice, alma mía, a Yahvé,
nunca olvides sus beneficios.

[3] Él, que tus culpas perdona,
que cura todas tus dolencias,
[4] rescata tu vida de la fosa,
te corona de amor y ternura,
[5] satura de bienes tu existencia,
y tu juventud se renueva como la del águila.

[6] Yahvé realiza obras de justicia
y otorga el derecho al oprimido,
[7] manifestó a Moisés sus caminos,
a los hijos de Israel sus hazañas.

[8] Yahvé es clemente y compasivo,
lento a la cólera y lleno de amor;
[9] no se querella eternamente,
ni para siempre guarda rencor;
[10] no nos trata según nuestros yerros,
ni nos paga según nuestras culpas.

102 28 Los vv. 26-28 se aplican al Señorío de Cristo por Hb **1** 10-12; ver Hb **13** 8.

103 Bendición por los beneficios de Dios al hombre y en la creación.

[11] Como se alzan sobre la tierra los cielos,
igual de grande es su amor con sus adeptos;
[12] como dista el oriente del ocaso,
así aleja de nosotros nuestros crímenes.

[13] Como un padre se encariña con sus hijos,
así de tierno es Yahvé con sus adeptos;
[14] que él conoce de qué estamos hechos,
sabe bien que sólo somos polvo.

[15] ¡El hombre! Como la hierba es su vida,
como la flor del campo, así florece;
[16] lo azota el viento y ya no existe,
ni el lugar en que estuvo lo reconoce.

[17] Pero el amor de Yahvé es eterno
con todos que le son adeptos;
de hijos a hijos pasa su justicia,
[18] para quienes saben guardar su alianza,
y se acuerdan de cumplir sus mandatos.

[19] Yahvé asentó su trono en el cielo,
su soberanía gobierna todo el universo.
[20] Bendigan a Yahvé, ángeles suyos,
héroes potentes que cumplen sus órdenes
en cuanto oyen la voz de su palabra.

[21] Bendigan a Yahvé, todas sus huestes,
servidores suyos que hacen su voluntad.
[22] Bendigan a Yahvé, todas sus obras,
en todos los lugares de su imperio.

¡Bendice, alma mía, a Yahvé!

SALMO 104 (103)

Esplendores de la creación*

[1] ¡Bendice, alma mía, a Yahvé!
¡Yahvé, Dios mío, qué grande eres!
Vestido de esplendor y majestad,
[2] te arropa la luz como un manto,
como una tienda extiendes el cielo,

[3] levantas sobre las aguas tus moradas;
te sirven las nubes de carroza,
te deslizas sobre las alas del viento;
[4] tomas por mensajeros a los vientos,
al fuego llameante por ministro*.

[5] Sobre sus bases posaste la tierra,
inconmovible para siempre jamás.

104 Este salmo describe la acción del Creador en la naturaleza palestinense siguiendo el orden de Gn **1**. Tiene algunas semejanzas con un himno egipcio al sol.

104 4 Versículo citado por Hb **1** 7; los ángeles son inferiores a Cristo.

6 Como un ropaje la cubría el océano,
sobre los montes persistían las aguas;

7 a tu bramido emprendieron la huida,
se precipitaron al escuchar tu trueno,
8 subiendo a los montes, bajando a los valles,
hasta el lugar que tú les asignaste;
9 les pusiste un límite infranqueable,
por que no vuelvan a anegar la tierra.

10 A los valles envías manantiales,
que van discurriendo por vaguadas;
11 abrevan a las bestias del campo,
apagan la sed de los onagros*;
12 junto a ellos habitan las aves,
que entonan su canto entre la fronda.

13 Riegas los montes desde tu alta morada,
con la humedad de tus cámaras saturas la tierra;
14 haces brotar hierba para el ganado,
y las plantas para el uso del hombre,

a fin de que saque pan de la tierra,
15 y el vino que recrea el corazón del hombre,
para que lustre su rostro con aceite
y el pan conforte el corazón del hombre.

16 Los árboles de Yahvé se empapan a placer,
y los cedros del Líbano plantados por él;
17 allí ponen los pájaros su nido,
su casa en su copa la cigüeña.
18 Los riscos acogen a los rebecos,
las rocas cobijan a los damanes.

19 Creó la luna para marcar los tiempos,
y el sol, que conoce su ocaso;
20 mandas la tiniebla y cae la noche,
donde rondan las fieras del bosque;
21 los leoncillos rugen por la presa
y reclaman a Dios su alimento.

22 Cuando sale el sol, se recogen,
y van a echarse en sus guaridas;
23 el hombre sale a su trabajo,
para hacer su faena hasta la tarde.

24 ¡Cuán numerosas tus obras, Yahvé!
Todas las hiciste con sabiduría,
de tus criaturas se llena la tierra.

25 Está el mar: grande y dilatado,
con un incontable hervidero
de animales, grandes y pequeños;
26 lo surcan los navíos y Leviatán,
a quien creaste para jugar con él.

104 11 *Onagros*: burros salvajes.

[27] Todos ellos esperan de ti
que les des su comida a su tiempo;
[28] se la das y ellos la toman,
abres tu mano y se sacian de bienes.

[29] Si escondes tu rostro, desaparecen,
les retiras tu soplo y expiran,
y retornan al polvo que son.
[30] Si envías tu aliento, son creados*,
y renuevas la faz de la tierra.

[31] ¡Gloria a Yahvé por siempre,
en sus obras Yahvé se regocije!
[32] El que mira a la tierra y tiembla,
toca los montes y humean.

[33] Cantaré a Yahvé mientras viva,
tañeré para mi Dios mientras exista.
[34] ¡Que le sea agradable mi poema!
Yo tengo mi gozo en Yahvé.
[35] ¡Desaparezcan los pecadores de la tierra,
nunca más existan los malvados!

¡Bendice, alma mía, a Yahvé!

SALMO 105 (104)

La maravillosa historia de Israel*

¡Aleluya!

1 ¡Den gracias a Yahvé, invoquen su nombre,
divulguen entre los pueblos sus hazañas!
2 ¡Cántenle, tañan para él,
reciten todas sus maravillas;
3 gloríense en su santo nombre,
se alegren los que buscan a Yahvé!

4 ¡Busquen a Yahvé y su poder,
vayan tras su rostro sin tregua,
5 recuerden todas sus maravillas,
sus prodigios y los juicios de su boca!

6 Raza de Abrahán, su siervo,
hijos de Jacob, su elegido:
7 él, Yahvé, es nuestro Dios,
sus juicios afectan a toda la tierra.

8 Él se acuerda siempre de su alianza,
palabra que impuso a mil generaciones,
9 aquello que pactó con Abrahán,
el juramento que hizo a Isaac,

104 30 El espíritu de Dios está en el origen del ser y de la vida; Gn **1** 2; **2** 7; Qo **3** 20-21; **12** 7; Ez **37** 10.
105 Fidelidad de Yahvé a las promesas hechas a los patriarcas, hasta el ingreso en Canaán, ver **78**+. El relato va precedido de un invitatorio, vv. 1-6. Toda la primera parte, vv. 1-15, se encuentra en 1 Cro **16** 8-22.

10 que puso a Jacob como precepto,
a Israel como alianza eterna:
11 «Te daré la tierra de Canaán
como lote de herencia de ustedes».

12 Cuando eran poco numerosos,
gente de paso y forasteros,
13 vagando de nación en nación,
yendo de un reino a otro pueblo,

14 a nadie permitió oprimirlos,
por ellos castigó a los reyes:
15 «Guárdense de tocar a mis ungidos*,
no hagan daño a mis profetas».

16 Trajo el hambre a aquel país,
todo bastón de pan rompió;
17 a un hombre envió por delante,
José, vendido como esclavo.

18 Trabaron sus pies con grilletes,
por su cuello pasaron cadenas,
19 hasta que se cumplió su predicción
y la palabra de Yahvé lo acreditó.

20 El rey ordenó ponerlo en libertad,
el soberano de pueblos mandó soltarlo;
21 lo nombró administrador de su casa,
soberano de toda su hacienda,

22 para instruir a su gusto a sus magnates,
y hacer sabios a sus ancianos.
23 Entonces Israel entró en Egipto,
Jacob residió en el país de Cam.

24 Multiplicó sobremanera a su pueblo,
lo hizo más fuerte que sus opresores;
25 cambió su corazón para que odiaran a su pueblo
y usaran malas artes con sus siervos.

26 Envió a Moisés, su siervo,
y a Aarón, que había elegido,
27 que ejecutaron signos en Egipto,
prodigios en el país de Cam.

28 Mandó tinieblas, y hubo tinieblas,
pero ellos desafiaron sus palabras.
29 Trocó sus aguas en sangre,
haciendo que sus peces murieran.

30 Pululaban ranas en su país,
que entraban en las estancias reales;
31 lo mandó y vinieron mosquitos,
cínifes por toda su comarca.

105 15 Israel es un reino de sacerdotes, **28** 8+. Ver Ez **19** 6; Is **61** 6.

32 Les dio por lluvia granizo,
rayos por toda su tierra;
33 dañó viñedos e higueras,
quebró los árboles del país.

34 Ordenó que llegara la langosta
y el pulgón en número incontable;
35 devoraron la hierba del país,
devoraron el fruto del suelo.

36 Hirió a los primogénitos del país,
las primicias de su virilidad.
37 Los sacó cargados de oro y plata,
ni uno solo flaqueó de entre las tribus.

38 Egipto se alegró de su salida,
llenos como estaban de terror.
39 Desplegó una nube para cubrirlos,
un fuego que alumbrara en la noche.

40 Pidieron y mandó codornices,
de pan del cielo los hartó;
41 hendió la roca y brotaron las aguas,
como río corrieron por los sequedales.

42 Recordando su palabra sagrada,
dada a Abrahán, su servidor,
43 sacó a su pueblo con alborozo,
a sus elegidos en medio del júbilo.

44 Les dio las tierras de los paganos,
el sudor de las naciones heredaron,
45 para que así guarden sus preceptos
y observen todas sus leyes*.

SALMO 106 (105)
Confesión nacional*

1 ¡Aleluya!

¡Den gracias a Yahvé porque es bueno,
porque es eterna su misericordia!
2 ¿Quién contará las proezas de Yahvé
o proclamará toda su alabanza?

3 ¡Dichosos los que guardan el derecho,
los que practican siempre la justicia!
4 ¡Acuérdate de mí, Yahvé,
hazlo por amor a tu pueblo,
ven a ofrecerme tu ayuda.

105 45 La fidelidad de Israel debe responder a la fidelidad de Dios, ver Dt **4** 37-40; **6** 20-25; etc.

106 Otro Sal histórico, precedido de un invitatorio, vv. 1-5. Esta vez el tono es el de una confesión nacional, ver 1 R **8** 33-34; 2 Cro **29** 6-11+; Is **63** 7-**64** 11; Ne **9** 5-37. La misericordia de Dios no se ha cansado jamás.

5 Para que vea la dicha de tus elegidos,
me alegré con la alegría de tu pueblo
y me felicité con tu heredad!

6 Hemos fallado igual que nuestros padres,
hemos cometido injusticias e iniquidades;
7 nuestros padres, estando en Egipto,
no comprendieron tus prodigios.

No se acordaron de tu gran misericordia,
se rebelaron contra el Altísimo junto al mar de Suf.
8 Pero él los salvó por amor de su nombre,
para dar a conocer así su poderío.

9 Increpó al mar de Suf y se secó,
las olas eran un páramo a su paso;
10 los salvó de la mano del adversario,
de la mano del enemigo los libró.

11 El agua anegó a sus adversarios,
ni uno solo de entre ellos quedó.
12 Entonces creyeron en sus palabras
y entonaron todos su alabanza.

13 Mas pronto se olvidaron de sus obras,
no tuvieron en cuenta sus propósitos;
14 en el desierto ardían de avidez,
a Dios tentaban en la estepa.

15 Él les concedió lo que pedían,
y envió fiebre a sus gargantas.
16 En el campamento envidiaron a Moisés,
y a Aarón, el santo de Yahvé.

17 La tierra se abrió y tragó a Datán,
y cubrió a la cuadrilla de Abirón;
18 ardió fuego contra su cuadrilla,
una llama consumió a los malvados.

19 Se hicieron un becerro en Horeb,
ante una imagen fundida se postraron,
20 y fueron a cambiar su gloria
por la imagen de un buey que come hierba.

21 Olvidaron a Dios, su salvador,
al autor de hazañas en Egipto,
22 de prodigios en tierra de Cam,
de portentos en el mar de Suf.

23 Dispuesto estaba a exterminarlos,
si no es porque Moisés, su elegido,
se mantuvo en la brecha frente a él,
para apartar su furor destructor.

24 Desdeñaron una tierra deleitosa,
no tuvieron fe en su palabra;
25 murmuraron dentro de sus tiendas,
no escucharon la voz de Yahvé.

26 Y él, mano en alto, juró
hacerles caer en el desierto,
27 desperdigar su estirpe entre los pueblos,
dispersarlos por todas las naciones.

28 Se aparejaron con Baal Peor
y comieron sacrificios de muertos.
29 Así lo irritaron con sus obras,
y una plaga descargó sobre ellos.

30 Pero Pinjás intervino en un juicio
y así la plaga se detuvo;
31 esto se le contó como justicia
de edad en edad, para siempre.

32 Lo enojaron en las aguas de Meribá,
y mal le fue a Moisés por su culpa,
33 pues llegaron a amargarle el espíritu
y habló a la ligera con sus labios.

34 No exterminaron a los pueblos
que Yahvé les había indicado;
35 se mezclaron con los paganos
y aprendieron sus prácticas.

36 Adoraron a sus ídolos,
que les sirvieron de trampa;
37 sacrificaron a sus hijos
y a sus hijas a demonios.

38 Sangre inocente derramaban,
la sangre de sus hijos y sus hijas,
inmolados a los ídolos de Canaán,
y profanaron el país con crímenes.

39 Se mancillaron con sus obras,
se prostituyeron* con sus prácticas.
40 Entonces se inflamó la cólera de Yahvé
contra su pueblo y aborreció su heredad.

41 Los entregó en manos de los paganos,
fueron dominados por los adversarios;
42 sus enemigos los tiranizaron,
quedaron humillados bajo su mano.

43 Numerosas veces los libró,
pero ellos, rebeldes a sus planes,
seguían hundiéndose en la culpa;
44 pero él se fijó en su angustia,
dando oído a sus clamores.

45 Por ellos se acordó de su alianza,
se enterneció con su inmenso amor;
46 hizo que de ellos se apiadaran
aquellos que cautivos los tenían.

106 39 Imagen corriente de la idolatría, ver **73** 27; Ex **34** 15-16; Dt **31** 16; etc.

[47] ¡Sálvanos, Yahvé, Dios nuestro,
reúnenos de entre las naciones,
para dar gracias a tu santo nombre
y honrarnos cantando tu alabanza!

[48] ¡Bendito Yahvé, Dios de Israel,
desde siempre y para siempre!
Y todo el pueblo diga: ¡Amén*!

SALMO 107 (106)

Dios salva al hombre de todo peligro*

¡Aleluya!

[1] ¡Den gracias a Yahvé porque es bueno,
porque es eterna su misericordia!

[2] Que lo digan los rescatados por Yahvé,
los rescatados del poder del adversario,
[3] los que ha reunido de todos los países,
de oriente y poniente, del norte y mediodía.

[4] Por el desierto erraban, por la estepa,
no acertaban con lugares habitados;
[5] hambrientos y sedientos,
se sentían desfallecer.

[6] Pero clamaron a Yahvé en su apuro,
y él los libró de sus angustias,
[7] los condujo por el recto camino,
hasta alcanzar un lugar habitado.

[8] ¡Den gracias a Yahvé por su amor,
por sus prodigios en favor de los hombres!
[9] Pues calmó la garganta sedienta,
y a los hambrientos colmó de bienes.

[10] Habitaban la tiniebla y la sombra,
cautivos de hierros y miserias,
[11] por desafiar las órdenes de Dios,
por despreciar el proyecto del Altísimo.
[12] Doblegó su terquedad con fatigas,
sucumbían, privados de socorro.

[13] Pero clamaron a Yahvé en su apuro,
y él los libró de sus angustias.
[14] Los sacó de la tiniebla y la sombra,
rompió todas sus cadenas.

[15] ¡Den gracias a Yahvé por su amor,
por sus prodigios en favor de los hombres!

106 48 Doxología final del cuarto libro del Salterio. Ver **41** 14+.

107 Himno de acción de gracias, inspirado en Is **40-55**, por toda la ayuda de Dios en el desierto. Tiene un doble estribillo: vv. 6.13.19.28 y 8.15.21.31. El epílogo de estilo sapiencial, vv. 33-43, describe el cambio de condiciones.

[16] Pues las puertas de bronce rompió,
deshizo los barrotes de hierro.

[17] Embotados por todos sus yerros,
miserables a causa de sus culpas,
[18] les daban repugnancia los manjares,
ya estaban a las puertas de la muerte.

[19] Pero clamaron a Yahvé en su apuro,
y él los libró de sus angustias.
[20] Su palabra envió para sanarlos
y arrancar sus vidas de la fosa.

[21] ¡Den gracias a Yahvé por su amor,
por sus prodigios en favor de los hombres!
[22] Ofrezcan sacrificios de acción de gracias,
pregonen sus obras con gritos de alegría.

[23] Se hicieron a la mar con sus naves,
comerciando por todo el océano,
[24] y vieron las obras de Yahvé,
todas sus maravillas en el piélago.

[25] A su voz, un viento de borrasca
hizo encresparse a las olas;
[26] al cielo subían, bajaban al abismo,
su espíritu se hundía bajo el peso del mal;
[27] daban vuelcos, vacilaban como ebrios,
no les valía de nada su pericia.

[28] Pero clamaron a Yahvé en su apuro,
y él los libró de sus angustias.
[29] A silencio redujo la borrasca,
las olas callaron a una.
[30] Ellos se alegraron al verlas calmarse,
y él los llevó al puerto deseado.

[31] ¡Den gracias a Yahvé por su amor,
por sus prodigios en favor de los hombres!
[32] ¡Alábenlo en la asamblea del pueblo,
en el concejo de ancianos lo celebren!

[33] Él cambia los ríos en desierto,
en puro sequedal los manantiales,
[34] la tierra fértil en salinas,
cuando obran el mal sus habitantes.

[35] Pero cambia el desierto en estanque,
la árida tierra en manantial;
[36] asienta allí a los hambrientos,
para que funden ciudades habitadas.

[37] Siembran campos y plantan viñas,
producen frutos en tiempo de cosecha.
[38] Él los bendice y se multiplican,
no deja que mengüen sus ganados.

39 Menguados estaban y abatidos,
presa del mal y la aflicción.
40 El que vierte desprecio sobre príncipes,
los extraviaba por yermos sin camino.

41 Pero recobra al pobre de la miseria,
aumenta sus clanes como un rebaño;
42 los rectos lo ven y se alegran,
los malvados se tapan la boca.

43 ¿Quién es sabio? ¡Que guarde estas cosas,
y medite en el amor de Yahvé!

SALMO 108 (107)

=Sal **57** 8-12.

Himno matinal y súplica nacional

1 *Cántico. Salmo. De David.*

2 A punto está mi corazón, oh Dios
–voy a cantar y a tañer–.
¡Despierta, gloria mía!
3 ¡Despierten, cítara y arpa!
¡A la aurora voy a despertar!

4 Te alabaré entre los pueblos, Yahvé,
voy a cantarte entre las gentes,
5 porque tu amor es grande hasta los cielos,
llega hasta las nubes tu lealtad.

6 ¡Álzate, oh Dios, sobre los cielos,
y llene la tierra tu gloria!

=Sal **60** 7-14.

7 Para que escapen libres tus favoritos,
¡con tu diestra salvadora respóndenos!

8 Dios ha hablado en su santuario:
«Repartiré victorioso Siquén,
parcelaré el valle de Sucot.

9 Míos son Galaad y Manasés,
Efraín, yelmo de mi cabeza,
Judá, mi bastón de mando,

10 Moab, la jofaina en que me lavo;
sobre Edom tiro mi sandalia,
sobre Filistea cantaré victoria».

11 ¿Quién me guiará a la plaza fuerte,
quién me conducirá hasta Edom?
12 ¿No eres tú, oh Dios, quien nos rechaza,
y no sales al frente de nuestras tropas?
13 Ofrécenos ayuda contra el adversario,
que es vano el socorro del hombre.

14 ¡Con Dios haremos proezas,
él machacará a nuestros adversarios!

SALMO 109 (108)

Salmo imprecatorio*

1 *Del maestro de coro. De David. Salmo.*

¡Oh Dios de mi alabanza, no calles!
2 Bocas de impíos y traidores
están abiertas contra mí.
Me hablan con lengua mentirosa,
3 me envuelven con palabras odiosas,
me hacen la guerra sin razón.

4 En pago de mi amor me acusan,
mientras yo rezaba por ellos;
5 me devuelven mal por bien,
odio en cambio de amor:

6 «¡Suscita a un malvado contra él,
que un fiscal se ponga a su diestra;
7 que en el juicio resulte culpable,
su oración considerada pecado!

8 ¡Que sus días sean pocos,
que otro ocupe su cargo*;
9 queden huérfanos sus hijos,
quede viuda su mujer!

10 ¡Que sus hijos vaguen mendigando,
sean expulsados de sus ruinas;
11 que el acreedor se quede con sus bienes
y saqueen sus ganancias los extraños!

12 ¡Nunca nadie le muestre amor,
nadie se apiade de sus huérfanos,
13 sea exterminada su posteridad,
acabe su apellido en sus hijos!

14 ¡Sea recordada la culpa de sus padres,
nunca se borre el pecado de su madre;
15 estén constantemente ante Yahvé,
y él cercene de la tierra su memoria!».

16 Se olvidó de actuar con amor,
persiguió al pobre, al desdichado,
al de abatido corazón para matarlo;
17 amó la maldición, sobre él recaiga,
no quiso bendición: que de él se aleje.

109 La fidelidad calumniada apela a la venganza divina, ver **5** 11+. Las maldiciones, vv. 6-19, son hiperbólicas, al estilo oriental. Los vv. 6-15 pueden ser palabras del *acusador* (el *Satán*, v. 6; ver Jb **1** 6+).

109 8 Versículo citado en Hch **1** 20 a propósito de la sustitución de Judas por Matías.

18 Se vistió la maldición como un manto:
¡que penetre como agua en su seno,
que entre como aceite en sus huesos!
19 ¡Que sea el vestido que lo cubra,
el cinto que lo ciñe para siempre!

20 Ésta es la obra de los que me acusan,
de los que hablan maliciosos contra mí.
21 Pero tú, oh Yahvé, Señor mío,
actúa por tu nombre en mi favor,
¡líbrame por tu bondad y tu amor!

22 Que soy pobre y desdichado,
y tengo herido el corazón;
23 me desvanezco lo mismo que una sombra,
me sacuden igual que a la langosta.

24 Con tanto ayuno se doblan mis rodillas,
falta de grasa enflaquece mi carne;
25 me he convertido en burla de ellos,
cuando me ven, menean la cabeza.

26 ¡Ayúdame, Yahvé, Dios mío,
sálvame según tu bondad!
27 ¡Sepan que esto es cosa tuya,
que tú, Yahvé, lo has hecho!

28 ¡Maldigan ellos, pero tú bendice!
¡Se avergüencen mis rivales y tu siervo se alegre!
29 ¡Se vistan de ignominia los que me acusan,
envueltos en su vergüenza, como en un manto!
30 Mi boca se llenará de gracias a Yahvé,
en medio de la multitud lo alabaré:
31 porque se pone a la diestra del pobre
para arrancar su vida de los jueces.

SALMO 110 (109)

Ver Sal **2**

El sacerdocio del Mesías*

1 *De David. Salmo.*

Oráculo de Yahvé a mi Señor:
«Siéntate a mi diestra,
hasta que haga de tus enemigos
estrado de tus pies».

110 Salmo real y mesiánico. La realeza universal y el sacerdocio perpetuo del Mesías, 2 S **7**+; Za **6** 12-13; Sal **2**+, no dependen de ninguna investidura humana como tampoco los de Melquisedec, Gn **14** 18+. Jesucristo ha realizado las dos condiciones del oráculo, Mt **22** 44p; Hch **2** 34-35; Hb **1** 13. Cristo resucitado está *a la derecha* del Padre: Mt **26** 64p; Hch **2** 34-35; Rm **8** 34; Ef **1** 20; Hb **10** 12; 1 P **3** 22. Él será también vencedor de todos sus enemigos, 1 Co **15** 23-26.

2 El cetro de tu poder
extenderá Yahvé desde Sión:
¡domina entre tus enemigos!

3 Ya te pertenecía el principado
el día de tu nacimiento;
un esplendor sagrado
llevas desde el seno materno,
desde la aurora de tu juventud.

4 Lo ha jurado Yahvé
y no va a retractarse:
«Tú eres por siempre sacerdote,
según el orden de Melquisedec*».

5 El Señor está a tu derecha,
quebranta* a los reyes el día de su cólera;
6 sentencia a las naciones,
amontona cadáveres,
quebranta cabezas
a lo ancho de la tierra.
7 Junto al camino bebe del torrente,
por eso levanta la cabeza*.

SALMO 111 (110)

Elogio de las obras divinas*

1 ¡Aleluya!
Alef. Doy gracias a Yahvé de todo corazón,
Bet. en la reunión de los justos y en la comunidad.
Guímel. 2 Grandes son las obras de Yahvé,
Dálet. meditadas por todos que las aman.

He. 3 Actúa con esplendor y majestad,
Vau. su justicia permanece para siempre.
Zain. 4 De sus proezas dejó un memorial.
Jet. ¡Clemente y compasivo Yahvé!

Tet. 5 Dio de comer a quienes lo honran,
Yod. se acuerda por siempre de su alianza.
Kaf. 6 Reveló a su pueblo la fuerza de su acción,
Lámed. les dio como herencia las naciones.

Mem. 7 Su mano actúa con verdad y justicia,
Nun. son leales todos sus mandatos,
Sámek. 8 válidos para siempre jamás,
Ain. para cumplirlos con verdad y rectitud.

110 4 Hb **5-7** citará muchas veces este v., ver Gn **14** 18+, a favor de Jesús entronizado como sacerdote por Dios solo, así pues al margen del sacerdocio levítico y de una manera irrevocable.

110 5 Jesús reivindicará esta función del Mesías escatológico, Mt **24** 30p; **26** 64p; Jn **5** 22; Hch **7** 56; etc.; ver Dn **7** 13-14+.

110 7 Este v. ha recibido diversas interpretaciones.

111 Los Sal **111** y **112** son dos salmos alfabéticos sobre temas clásicos. Muchas expresiones se aplican sucesivamente a Dios y al justo.

Pe. 9 Envió la redención a su pueblo,
Sade. determinó para siempre su alianza;
Qof. santo y temible es su nombre.

Reš. 10 Principio del saber es temer al Señor;
Šin. son cuerdos los que lo practican.
Tau. Su alabanza permanece para siempre.

SALMO 112 (111)

Elogio del justo

1 ¡Aleluya!

Alef. ¡Dichoso el hombre que teme a Yahvé,
Bet. que encuentra placer en todos sus mandatos!
Guímel. 2 Su estirpe arraigará con fuerza en el país,
Dálet. la raza de los rectos será bendita.

He. 3 Su casa abundará en riqueza y bienestar,
Vau. se afianzará su justicia para siempre.
Zain. 4 En las tinieblas ilumina a los rectos,
Jet. tierno, clemente y justo.

Tet. 5 Feliz el hombre que se apiada y presta,
Yod. y arregla rectamente sus asuntos.
Kaf. 6 Nunca verá su existencia amenazada,
Lámed. el justo dejará un recuerdo estable.

Mem. 7 No habrá de temer las malas noticias,
Nun. con firme corazón confiará en Yahvé.
Sámek. 8 Seguro y animoso, nada temerá,
Ain. hasta ver humillado al adversario.

Pe. 9 Da con largueza a los pobres,
Sade. su justicia permanece para siempre,
Qof. alzará su frente con honor.

Reš. 10 Lo ve el malvado y se enfurece,
Šin. rechinando sus dientes, se consume.
Tau. Los afanes del malvado fracasan.

SALMO 113 (112)

Al Dios de gloria y de piedad*

1 ¡Aleluya!

¡Alaben, siervos de Yahvé,
alaben el nombre de Yahvé!
2 ¡Bendito el nombre de Yahvé,
desde ahora y por siempre!
3 ¡De la salida del sol hasta su ocaso,
sea alabado el nombre de Yahvé!

113 Aquí comienza el pequeño *Hallel* *(alabanza)*, **113-118**, que los judíos recitaban en las fiestas, especialmente en la cena pascual, Mt **26** 30p; ver **136**; **146**.

4 ¡Excelso sobre los pueblos Yahvé,
más alta que los cielos su gloria!
5 ¿Quién como Yahvé, nuestro Dios,
con su trono arriba, en las alturas,
6 que se baja para ver el cielo y la tierra?

7 Levanta del polvo al desvalido,
alza al pobre del estiércol,
8 para sentarlo en medio de los nobles,
en medio de los nobles de su pueblo.
9 Asienta a la estéril en su casa,
como madre feliz con hijos*.

SALMO 114 (113 A)

Himno Pascual*

¡Aleluya!

1 Al salir Israel de Egipto,
Jacob de un pueblo extranjero,
2 Judá fue su santuario,
Israel fue su dominio.

3 El mar lo vio y huyó,
el Jordán retrocedió,
4 los montes brincaron como carneros,
las colinas igual que corderos.

5 Mar, ¿qué te pasa que huyes,
y tú, Jordán, que retrocedes,
6 montes, que brincan como carneros,
colinas igual que corderos?

7 La tierra tiembla en presencia del Dueño,
en presencia del Dios de Jacob,
8 el que cambia la peña en estanque
y hace del pedernal una fuente.

SALMO 115 (113 B)

El único Dios verdadero*

1 ¡No a nosotros, Yahvé, no a nosotros,
sino a tu nombre da gloria,
por tu amor y tu lealtad!
2 Que no digan los paganos:
«¿Dónde está tu Dios»?

3 Nuestro Dios está en el cielo,
y hace todo cuanto quiere.

113 9 Como Sara, Gn **16** 1; **17** 15-21; **18** 9-15; **21** 1-7, y Ana, 1 S **1-2**.
114 Paralelo entre los dos pasos de las aguas, ver **66** 6+. En el momento del Éxodo, Dios ha salvado y consagrado a su pueblo, Ex **19** 6+.
115 Las versiones han unido este salmo al anterior sin ninguna razón. Es un canto litúrgico en el que se vislumbran rasgos de diálogo.

4 Plata y oro son sus ídolos,
obra de la mano del hombre.

5 Tienen boca y no hablan,
tienen ojos y no ven,
6 tienen orejas y no oyen,
tienen nariz y no huelen.

7 Tienen manos y no palpan,
tienen pies y no caminan,
tienen garganta sin voz.

8 ¡Sean como ellos los que los hacen,
los que en ellos ponen su confianza!

9 Casa de Israel, confía en Yahvé,
él es su auxilio y su escudo;
10 casa de Aarón, confía en Yahvé,
él es su auxilio y su escudo;
11 leales a Yahvé, confíen en Yahvé,
él es su auxilio y su escudo*.

12 Yahvé se acuerda y nos bendice:
Bendice a la casa de Israel,
bendice a la casa de Aarón,
13 bendice a los leales a Yahvé,
a todos, pequeños y grandes.

14 ¡Que Yahvé los multiplique,
a ustedes y a sus hijos!
15 ¡Benditos sean de Yahvé,
que hizo el cielo y la tierra!

16 El cielo es el cielo de Yahvé,
la tierra se la ha dado al hombre.

17 Los muertos no alaban a Yahvé,
ninguno de los que bajan al Silencio.
18 Nosotros, los vivos, bendecimos a Yahvé,
desde ahora y por siempre.

SALMO 116 (114-115)

Acción de gracias*

¡Aleluya!

1 Amo a Yahvé porque escucha
mi voz suplicante;
2 porque inclina su oído hacia mí
el día que lo llamo.

3 Me aferraban los lazos de la muerte,
me sorprendieron las redes del Seol;
me encontraba triste y angustiado,

115 11 Estas tres categorías de israelitas se encuentran también en Sal **118** 2-4. *Leales a Yahvé*, lit.: «los que teméis a Yahvé». Aquí se trata de los prosélitos, ver Sal **15**+.

116 Salmo desdoblado por las versiones (vv. 1-9 = **114**; vv. 10-19 = **115**).

4 e invoqué el nombre de Yahvé:
¡Socorro, Yahvé, sálvame!

5 Tierno y justo es Yahvé,
nuestro Dios es compasivo;
6 Yahvé guarda a los pequeños,
estaba yo postrado y me salvó.

7 ¡Vuelve a tu calma, alma mía,
que el Señor te ha favorecido!
8 Ha guardado mi vida de la muerte,
mis ojos de las lágrimas,
mis pies de la caída.
9 Caminaré en presencia de Yahvé
en el mundo de los vivos.

10 ¡Tengo fe, aún cuando digo:
«Mira que soy desdichado»!,
11 yo que dije consternado:
«los hombres son mentirosos».

12 ¿Cómo pagar a Yahvé
todo el bien que me ha hecho?
13 Alzaré la copa de salvación
e invocaré el nombre de Yahvé.

14 Cumpliré mis votos a Yahvé
en presencia de todo el pueblo.
15 Mucho le cuesta a Yahvé
la muerte de los que lo aman.

16 ¡Ah, Yahvé, yo soy tu siervo,
tu siervo, hijo de tu esclava,
tú has soltado mis cadenas!
17 Te ofreceré sacrificio de acción de gracias
e invocaré el nombre de Yahvé.
18 Cumpliré mis votos a Yahvé
en presencia de todo el pueblo,
19 en los atrios de la Casa de Yahvé,
en medio de ti, Jerusalén.

SALMO 117 (116)

Invitación a la alabanza*

¡Aleluya!

1 ¡Alaben a Yahvé, todas las naciones,
ensálcenlo, pueblos todos!
2 Pues sólido es su amor hacia nosotros,
la lealtad de Yahvé dura para siempre.

117 Algunos ven en este Salmo la introducción del siguiente. Su tono universalista, ver **45** 17+, ha hecho que lo citara San Pablo, Rm **15** 11. *-Amor y lealtad,* ver **25** 10+.

SALMO 118 (117)

En la fiesta de las Tiendas*

¡Aleluya!

1 ¡Den gracias a Yahvé, porque es bueno,
porque es eterno su amor!

2 ¡Diga la casa de Israel:
es eterno su amor!
3 ¡Diga la casa de Aarón:
es eterno su amor!
4 ¡Digan los que están por Yahvé:
es eterno su amor!

5 En mi angustia grité a Yahvé,
me respondió y me dio respiro;
6 Yahvé está por mí, no temo,
¿qué puede hacerme el hombre?
7 Yahvé está por mí y me ayuda,
y yo desafío a los que me odian.

8 Mejor refugiarse en Yahvé
que poner la confianza en el hombre;
9 mejor refugiarse en Yahvé
que poner la confianza en los nobles.

10 Me rodeaban todos los gentiles,
en el nombre de Yahvé los rechacé;
11 me rodeaban una y otra vez,
en el nombre de Yahvé los rechacé.
12 Me rodeaban lo mismo que avispas,
llameaban cual fuego de zarzas,
en el nombre de Yahvé los rechacé.

13 ¡Cómo me empujaban para tirarme!,
pero Yahvé vino en mi ayuda.
14 Mi fuerza y mi canto es Yahvé,
él fue mi salvación.
15 Clamor de júbilo y victoria
se oye en las tiendas de los justos:
«La diestra de Yahvé hace proezas,
16 magnífica es la diestra de Yahvé,
la diestra de Yahvé hace proezas».

17 No he de morir, viviré
y contaré las obras de Yahvé.
18 Me castigó, me castigó Yahvé,
mas a la muerte no me entregó.

118 Salmo final del *Hallel*, **113**+: invitatorio, vv. 1-4; ver **100** 5+; himno de acción de gracias de la comunidad personificada, vv. 5-18; responsorios de la entrada en el templo, vv. 19-final.

[19] ¡Ábranme las puertas de justicia,
y entraré dando gracias a Yahvé!
[20] Aquí está la puerta de Yahvé,
los justos entrarán por ella.
[21] Te doy gracias por escucharme,
por haber sido mi salvación.

[22] La piedra que desecharon los albañiles
se ha convertido en la piedra angular*;
[23] esto ha sido obra de Yahvé,
nos ha parecido un milagro.
[24] ¡Éste es el día que hizo Yahvé,
exultemos y gocémonos en él*!

[25] ¡Yahvé, danos la salvación*!
¡Danos el éxito, Yahvé!
[26] ¡Bendito el que entra en nombre de Yahvé!
Los bendecimos desde la Casa de Yahvé.
[27] Yahvé es Dios, él nos ilumina.

¡Cierren la procesión, ramos en mano,
hasta los ángulos del altar!

[28] Tú eres mi Dios, te doy gracias,
Dios mío, quiero ensalzarte.
[29] ¡Den gracias a Yahvé, porque es bueno,
porque es eterno su amor!

SALMO 119 (118)

Elogio de la ley divina*

Alef.
[1] Dichosos los que caminan rectamente,
los que proceden en la ley de Yahvé.
[2] Dichosos los que guardan sus preceptos,
los que lo buscan de todo corazón;
[3] los que, sin cometer iniquidad,
andan por sus caminos.
[4] Tú promulgaste tus ordenanzas,
para que sean guardadas cabalmente.
[5] ¡Ojalá mis caminos estén firmes
para poder guardar tus preceptos!

118 22 La piedra *angular* (o *clave de bóveda*) del Templo reconstruido es también piedra de escándalo. Este versículo ha sido asociado con Is **8** 14; **28** 16+; ver Za **3** 9; **4** 7, para formar un tema mesiánico complejo, extendido más tarde a Cristo rechazado, después exaltado, Mt **21** 42p; Hch **4** 11; Rm **9** 33; 1 P **2** 4-8.

118 24 Este día de la salvación de Dios ha llegado a ser, para los cristianos, la Pascua.

118 25 La palabra hebrea, en la forma de *hosanna*, ha pasado al NT, Mt **21** 9p (con el v. 26a), y de aquí a la liturgia cristiana.

119 Salmo alfabético en el que los ocho versos de cada una de las 22 estrofas comienzan con la misma letra. Cada v. (a excepción del 122) contiene un término que designa la *Ley*, entendida en sentido amplio de enseñanza revelada. Esta letanía de la fidelidad ardiente e incansable no es monótona; todos los movimientos del corazón quedan expresados en ella. Dios, que habla, que da su Ley *meditada, amada y guardada*, es la fuente de la *vida*, de la seguridad, de la dicha verdadera y total.

6 No me veré entonces defraudado
al mirar todos tus mandamientos.
7 Te daré gracias con toda sinceridad
cuando aprenda tus justas normas.
8 Quiero observar tus preceptos,
no me abandones del todo.

Bet.

9 ¿Cómo purificará el joven su conducta?
Observando tu palabra.
10 Te busco de todo corazón,
no me desvíes de tus mandatos.
11 En el corazón guardo tu promesa,
para no pecar contra ti.
12 ¡Bendito seas, Yahvé,
enséñame tus preceptos!
13 Con mis labios he contado
lo que dispone tu boca.
14 Me recreo cumpliendo tus dictámenes
más que en toda riqueza.
15 Tus ordenanzas quiero meditar
y fijarme en tu forma de actuar.
16 Me deleito en tus preceptos,
no olvido tu palabra.

Guímel.

17 Favorece a tu siervo y viviré,
y así guardaré tu palabra.
18 Abre mis ojos y contemplaré
las maravillas de tu ley.
19 Soy un forastero en la tierra,
no me ocultes tus mandamientos.
20 Me consumo todo deseando
tus normas en todo tiempo.
21 Tú has increpado a los soberbios,
¡malditos los que se apartan de tus mandatos!
22 Aleja de mí oprobio y menosprecio,
porque he guardado tus dictámenes.
23 Aunque los nobles deliberen contra mí,
tu siervo medita en tus preceptos.
24 Tus dictámenes hacen mis delicias,
tus preceptos son mis consejeros.

Dálet.

25 Estoy abatido en el polvo,
hazme vivir por tu palabra.
26 Te conté mi vida y me respondiste,
enséñame tus preceptos.
27 Indícame el camino hacia tus mandatos
y meditaré en todas tus maravillas.
28 Me deshago en lágrimas por la pena,
sosténme conforme a tu palabra.
29 Aléjame del camino de la mentira
y dame la gracia de tu ley.
30 He escogido el camino de la lealtad,
me conformo a tus disposiciones.

31 Me mantengo adherido a tus preceptos,
no me confundas, Yahvé.
32 Recorro el camino de tus mandatos,
pues tú dilatas mi corazón.

He. 33 Enséñame, Yahvé, el camino de tus preceptos,
lo quiero recorrer como recompensa.
34 Dame inteligencia para guardar tu ley
y observarla de todo corazón.
35 Llévame por la senda de tus mandatos,
que en ella me siento complacido.
36 Inclina mi corazón a tus dictámenes,
y no a ganancias injustas.
37 Aparta mis ojos de la vanidad,
hazme vivir por tu palabra.
38 Mantén a tu siervo tu promesa,
que conduce a tu temor.
39 Apártame el oprobio que me espanta,
pues son buenas tus decisiones.
40 Mira que anhelo tus ordenanzas,
hazme vivir por tu justicia.

Vau. 41 ¡Llegue a mí tu amor, Yahvé,
tu salvación, conforme a tu promesa!
42 Y daré respuesta al que me insulta,
porque confío en tu palabra.
43 No apartes de mi boca la palabra veraz,
pues tengo esperanza en tus mandamientos.
44 Observaré sin descanso tu ley,
para siempre jamás.
45 Y andaré por camino anchuroso,
pues voy buscando tus ordenanzas*.
46 De tus dictámenes hablaré ante los reyes,
y no tendré que avergonzarme.
47 Me deleitaré en tus mandatos,
que amo muchísimo.
48 Tiendo mis manos hacia ti,
medito en todos tus preceptos.

Zain. 49 Recuerda la palabra dada a tu siervo,
de la que has hecho mi esperanza.
50 Éste es mi consuelo en mi miseria:
que me da vida tu promesa.
51 Los soberbios me insultan hasta el colmo,
pero yo no me aparto de tu ley.
52 Me acuerdo de tus normas de antaño,
oh Yahvé, y me consuelo.
53 Me arrebata el furor por los malvados,
que abandonan tu ley.

119 45 El fiel quiere entender la Ley y hacer de ella una norma de vida. Este estudio está en la base de la literatura midrásica (término que procede del hebreo *daraš* = «*buscar*»).

54 Tus preceptos son cantares para mí
en mi mansión de forastero.
55 Por la noche me acuerdo de tu nombre,
Yahvé, quiero guardar tu ley.
56 Ésta es mi tarea:
guardar tus ordenanzas.

Jet.

57 Mi porción es Yahvé. He decidido
guardar tus palabras.
58 Busco con anhelo tu favor,
tenme piedad por tu promesa.
59 He examinado mis caminos
y vuelvo mis pasos a tus dictámenes.
60 Me doy prisa, sin tardar,
en observar tus mandamientos.
61 Me envuelven las redes de los malvados,
pero yo no olvido tu ley.
62 Me levanto a medianoche a darte gracias,
por la justicia de tus normas.
63 Amigo soy de los que te temen
y observan tus ordenanzas.
64 De tu amor, Yahvé, está llena la tierra,
enséñame tus preceptos.

Tet.

65 Has sido generoso con tu siervo,
oh Yahvé, conforme a tu palabra.
66 Enséñame cordura y sabiduría,
pues tengo fe en tus mandamientos.
67 Antes de humillarme, me descarriaba,
pero ahora cumplo tu palabra.
68 Tú, que eres bueno y bienhechor,
enséñame tus preceptos.
69 Los soberbios me enredan con mentiras,
pero guardo tus ordenanzas de corazón.
70 Como de grasa se embota su corazón,
pero yo me deleito en tu ley.
71 Considero un bien ser humillado,
para así aprender tus preceptos.
72 Considero un bien la ley de tu boca,
más que miles de monedas de oro y de plata.

Yod.

73 Tus manos me han hecho y me han formado,
instrúyeme para aprender tus mandamientos.
74 Los que te temen me miran alegres,
porque sé esperar en tu palabra.
75 Sé, Yahvé, que son justas tus decisiones,
que tú me humillas con lealtad.
76 Que tu amor sea mi consuelo,
según prometiste a tu siervo.
77 Que me alcance tu ternura y viviré,
porque tu ley es mi delicia.
78 Queden confundidos los soberbios que me calumnian,
pero yo medito en tus ordenanzas.

[79] Vuélvanse hacia mí los que te temen,
los que conocen tus dictámenes.
[80] Sea mi corazón firme en tus preceptos,
para que no quede avergonzado.

Kaf.

[81] Se consume mi ser en pos de tu salvación,
espero en tu palabra.
[82] Se consumen mis ojos en pos de tu promesa:
¿Cuándo me consolarás?
[83] Aunque quede como un odre ahumado,
no me olvido de tus preceptos.
[84] ¿Cuántos años vivirá aún tu siervo?
¿cuándo juzgarás a mis perseguidores?
[85] Los soberbios me han cavado fosas,
los que van en contra de tu ley.
[86] Todos tus mandatos son verdad,
me persiguen con mentira, ¡ayúdame!
[87] Poco falta porque me borren de la tierra,
pero yo tus ordenanzas no abandono.
[88] Hazme vivir en nombre de tu amor,
y guardaré el dictamen de tu boca.

Lámed.

[89] Tu palabra, Yahvé, para siempre,
firme está en los cielos.
[90] Tu verdad dura por todas las edades,
tú asentaste la tierra, que persiste.
[91] Tu disposición conserva todo hasta hoy,
pues todas las cosas están a tu servicio.
[92] De no haberme deleitado en tu ley,
ya habría perecido en mi aflicción.
[93] Jamás olvidaré tus ordenanzas,
con ellas me mantienes en vida.
[94] Tuyo soy, sálvame,
pues busco tus ordenanzas.
[95] Los malvados me acechan para perderme,
pero estoy atento a tus dictámenes.
[96] En todo lo perfecto he visto límites:
¡Pero qué inmenso tu mandamiento!

Mem.

[97] ¡Oh, cuánto amo tu ley!
Todo el día la medito.
[98] Tu mandato me hace más sabio que mis enemigos,
porque es mío para siempre.
[99] Gano en sagacidad a mis maestros,
porque medito tus dictámenes.
[100] Gano en cordura a los ancianos,
porque guardo tus ordenanzas.
[101] Aparto mis pasos del mal camino,
para guardar así tu palabra.
[102] Nunca me aparto de tus normas,
porque así me instruyes tú.
[103] ¡Qué dulce me sabe tu promesa,
más que la miel a mi boca!

104 Con tus ordenanzas cobro inteligencia,
por eso odio la senda del engaño.

Nun.

105 Tu palabra es antorcha para mis pasos,
luz para mi sendero.
106 Lo he jurado y he de cumplirlo:
guardar tus justas disposiciones.
107 Estoy sobremanera humillado, Yahvé,
dame la vida conforme a tu palabra.
108 Acepta, Yahvé, los votos de mi boca,
y hazme ver tu voluntad.
109 Mi vida está en mis manos sin cesar,
pero no olvido tu ley.
110 Me tienden lazos los malvados,
pero no me desvío de tus ordenanzas.
111 Tus dictámenes son mi herencia perpetua,
ellos son la alegría de mi corazón.
112 Inclino mi corazón a cumplir tus preceptos,
que son recompensa para siempre.

Sámek.

113 Aborrezco la doblez
y amo en cambio tu ley.
114 Tú eres mi escudo y mi refugio,
yo espero en tu palabra.
115 ¡Apártense de mí, malvados,
quiero guardar los mandamientos de mi Dios!
116 Sosténme con tu promesa y viviré,
no defraudes mi esperanza.
117 Sé tú mi apoyo y estaré a salvo,
y sin cesar me fijaré en tus preceptos.
118 Rechazas a los que se apartan de tu voluntad,
que utilizan la mentira en sus cálculos.
119 Consideras escoria a los malvados de la tierra,
por eso amo tus dictámenes.
120 Tu terror me hace temblar,
tengo miedo de tus juicios.

Ain.

121 Practico derecho y justicia,
no me entregues a mis opresores.
122 Sal fiador en favor de tu siervo,
que no me opriman los soberbios.
123 Mis ojos languidecen por tu salvación,
por tu promesa de justicia.
124 Trata a tu siervo según tu amor,
enséñame tus preceptos.
125 Soy tu siervo, hazme entender
y aprenderé tus dictámenes.
126 Ya es hora de actuar, Yahvé,
se ha violado tu ley.
127 También yo amo tus mandamientos,
más que el oro, que el oro fino.
128 También yo me guío por tus preceptos
y aborrezco el camino de la mentira.

Pe.

129 Tus dictámenes son maravillas,
por eso los guarda mi alma.
130 Al manifestarse, tus palabras iluminan,
dando inteligencia a los sencillos.
131 Abro bien mi boca y hondo aspiro,
que estoy ansioso de tus mandatos.
132 Vuélvete a mí y tenme piedad,
como es justo con los que aman tu nombre.
133 Afirma mis pasos en tu promesa,
que no me domine ningún mal.
134 Rescátame de la opresión humana,
y yo tus ordenanzas guardaré.
135 Haz brillar tu rostro sobre tu siervo,
y enséñame tus preceptos.
136 Ríos de lágrimas vierten mis ojos,
porque no se guarda tu ley.

Sade.

137 ¡Justo eres, Yahvé,
y rectos tus juicios!
138 Con justicia impones tus dictámenes,
con colmada fidelidad.
139 Mi celo me consume,
pues mis adversarios olvidan tus palabras.
140 Tu promesa es pura en extremo,
y tu siervo la ama.
141 Pequeño soy y despreciado,
mas no olvido tus ordenanzas.
142 Justicia eterna es tu justicia,
verdad es tu ley.
143 Aunque me alcancen angustia y opresión,
tus mandamientos hacen mis delicias.
144 Justicia eterna son tus dictámenes,
dame entendimiento y viviré.

Qof.

145 Invoco de corazón, respóndeme, Yahvé,
y guardaré tus preceptos.
146 Yo te invoco, sálvame,
y guardaré tus dictámenes.
147 Me adelanto a la aurora y pido auxilio,
espero en tu palabra.
148 Mis ojos se adelantan a las vigilias nocturnas,
a fin de meditar en tu promesa.
149 Por tu amor, Yahvé, escucha mi voz,
dame vida conforme a tus juicios.
150 Se acercan a la infamia mis perseguidores,
se alejan de tu ley.
151 Tú estás cerca, Yahvé,
tus mandamientos son verdad.
152 Hace tiempo que sé de tus dictámenes,
que tú estableciste para siempre.

Reš.

153 Mira mi aflicción y líbrame,
que yo no olvido tu ley.

154 Defiende mi causa, rescátame,
dame vida conforme a tu promesa.
155 Lejos de los malvados tu salvación,
pues no buscan tus preceptos.
156 Grande es tu ternura, Yahvé,
dame vida conforme a tus juicios.
157 Muchos son mis enemigos y adversarios,
pero yo no me aparto de tus dictámenes.
158 Veo a los traidores y me disgusta
que no guarden tu promesa.
159 Pero yo amo tus ordenanzas, Yahvé,
dame la vida por tu amor.
160 El conjunto de tu palabra es la verdad,
tus rectos juicios duran por siempre.

Šin. 161 Unos príncipes me persiguen sin razón,
mas mi corazón teme tus palabras.
162 Yo me regocijo en tu promesa
como quien halla un gran botín.
163 Abomino y detesto la mentira,
pero amo en cambio tu ley.
164 Siete veces al día te alabo,
por la rectitud de tus juicios.
165 Rebosan paz los que aman tu ley,
ningún contratiempo los hace tropezar.
166 Espero tu salvación, Yahvé,
y cumplo tus mandamientos.
167 Aspiro a guardar tus dictámenes,
los amo sobremanera.
168 Guardo tus ordenanzas y dictámenes,
tienes presente todos mis caminos.

Tau. 169 Llegue mi grito ante ti, Yahvé,
por tu palabra hazme comprender.
170 Llegue mi súplica a tu presencia,
líbrame por tu promesa.
171 Mis labios proclaman tu alabanza,
pues tú me enseñas tus preceptos.
172 Mi lengua proclama tu promesa,
pues justos son tus mandamientos.
173 Acuda tu mano en mi socorro,
pues he elegido tus ordenanzas.
174 Anhelo tu salvación, Yahvé,
tu ley hace mis delicias.
175 Que mi ser viva para alabarte,
que tus disposiciones me ayuden.
176 Me he descarriado como oveja,
ven en busca de tu siervo.

No, no olvido tus mandamientos.

SALMO 120 (119)

Los enemigos de la paz*

1 *Canción de las subidas*

A Yahvé, en mi angustia,
grité y me respondió.
2 ¡Líbrame, Yahvé, del labio mentiroso,
de la lengua tramposa!

3 ¿Qué te dará y te añadirá,
lengua tramposa?
4 ¡Flechas afiladas de guerrero
y ascuas de retama!

5 ¡Ay de mí, que vivo en Mésec,
que habito en la tiendas de Quedar!

6 Harto estoy de vivir
con los que odian la paz.
7 Si yo hablo de paz,
ellos prefieren guerra.

SALMO 121 (120)

El guardián de Israel*

1 *Canción para las subidas.*

Alzo mis ojos a los montes,
¿de dónde vendrá mi auxilio?
2 Mi auxilio viene de Yahvé,
que hizo el cielo y la tierra.

3 ¡No deja a tu pie resbalar!
¡No duerme tu guardián!
4 No duerme ni dormita
el guardián de Israel.

5 Es tu guardián Yahvé,
Yahvé tu sombra a tu diestra.
6 De día el sol no te herirá,
tampoco la luna de noche.

7 Yahvé te guarda del mal,
él guarda tu vida.
8 Yahvé guarda tus entradas y salidas,
desde ahora para siempre.

120 Las *canciones de las subidas*, **120-134**, eran sin duda cantadas por los peregrinos camino de Jerusalén, ver **84** 7. El primero de estos Sal expresa la nostalgia del que vive en un medio hostil.

121 Salmo propio de los peregrinos que subían a Jerusalén por caminos difíciles. Dios los protege de los peligros.

SALMO 122 (121)

Saludo a Jerusalén*

1 *Canción de las subidas. De David.*

¡Qué alegría cuando me dijeron:
Vamos a la Casa de Yahvé!
2 ¡Finalmente pisan nuestros pies
tus umbrales, Jerusalén!

3 Jerusalén, ciudad edificada
toda en perfecta armonía*,
4 adonde suben las tribus,
las tribus de Yahvé,
según costumbre en Israel,
a dar gracias al nombre de Yahvé.
5 Allí están los tronos para el juicio,
los tronos de la casa de David.

6 Invoquen la paz sobre Jerusalén,
vivan tranquilos los que te aman,
7 haya calma dentro de tus muros,
que tus palacios estén en paz.

8 Por amor de mis hermanos y amigos
quiero decir: ¡La paz contigo!
9 Por la Casa de Yahvé, nuestro Dios,
pediré todo bien para ti.

SALMO 123 (122)

Oración de los afligidos*

1 *Canción de las subidas.*

A ti levanto mis ojos,
tú que habitas en el cielo.
2 Lo mismo que los ojos de los siervos
miran a la mano de sus amos,
lo mismo que los ojos de la sierva
miran a la mano de su señora,
nuestros ojos miran a Yahvé, nuestro Dios,
esperando que se apiade de nosotros.

3 ¡Piedad, Yahvé, ten piedad,
que estamos hartos de desprecio!

122 Deteniéndose ante las puertas de la ciudad santa, los peregrinos le dirigen un saludo: «paz». La paz deseada formaba parte de las esperanzas mesiánicas, ver Is **11** 6+; Os **2** 20+.

122 3 Jerusalén restaurada es la imagen de la unidad del pueblo elegido, ver **87**+; Is **33** 20; etc., el signo visible de las promesas, v. 4.

123 La comunidad renaciente, a la vuelta del Destierro, está rodeada de hostilidad, ver Ne **2** 19-20; **3** 33-37.

4 Estamos por demás saturados
del sarcasmo de los satisfechos.
(¡Los soberbios merecen el desprecio!)

SALMO 124 (123)

El salvador de Israel*

1 *Canción de las subidas. De David.*

Si Yahvé no hubiera estado por nosotros,
—que lo diga Israel—
2 si Yahvé no hubiera estado por nosotros,
cuando unos hombres nos asaltaron,
3 vivos nos habrían tragado
en el ardor de su cólera.

4 Las aguas nos habrían arrollado,
un torrente nos habría anegado,
5 nos habría llegado al cuello
el agua en su vorágine.

6 ¡Bendito Yahvé, que no nos hizo
presa de sus dientes!
7 Nuestra vida escapó como un pájaro
del lazo del cazador.
El lazo se rompió,
nosotros escapamos.
8 Nuestra ayuda es el nombre de Yahvé,
que hizo el cielo y la tierra.

SALMO 125 (124)

Dios protege a los suyos*

1 *Canción de las subidas.*

Los que confían en Yahvé son como el monte Sión,
inconmovible, estable para siempre.
2 ¡Jerusalén, de montes rodeada!
Así rodea a su pueblo Yahvé
desde ahora y para siempre.

3 Nunca caerá el cetro impío
sobre la heredad de los justos,
para que los justos no alarguen
su mano a la maldad.

4 Favorece a los buenos, Yahvé,
a los rectos de corazón.

124 Acción de gracias por las pruebas superadas, descritas con imágenes tradicionales: fieras, inundaciones, trampas.
125 Súplica frente a una tiranía impía.

[5] ¡A los que se desvían por sendas tortuosas
los suprima Yahvé con los malhechores!

¡Paz a Israel!

SALMO 126 (125)

Canto del regreso*

[1] *Canción de las subidas.*

Cuando Yahvé repatrió a los cautivos de Sión,
nos parecía estar soñando;
[2] entonces se llenó de risas nuestra boca,
nuestros labios de gritos de alegría.

Los paganos decían: ¡Grandes cosas
ha hecho Yahvé en su favor!
[3] ¡Sí, grandes cosas ha hecho por nosotros
Yahvé, y estamos alegres!

[4] ¡Recoge, Yahvé, a nuestros cautivos,
sean como torrentes del Negueb!
[5] Los que van sembrando con lágrimas
cosechan entre gritos de júbilo.

[6] Al ir, van llorando,
llevando la semilla;
y vuelven cantando,
trayendo sus gavillas.

SALMO 127 (126)

Abandono en la Providencia*

[1] *Canción de las subidas. De Salomón.*

Si Yahvé no construye la casa,
en vano se afanan los albañiles;
si Yahvé no guarda la ciudad,
en vano vigila la guardia.

[2] En vano ustedes se levantan temprano
y después retrasan el descanso
los que comen pan con fatiga,
¡si se lo da a su amado mientras duerme!

[3] La herencia de Yahvé son los hijos,
su recompensa el fruto del vientre;
[4] como flechas en mano de un guerrero
son los hijos de la juventud.

126 El retorno del Destierro inaugura la era mesiánica.

127 El trabajo del hombre es infructuoso si Dios no lo fecunda.

5 Feliz el varón que llena
con ellas su aljaba;
no se avergonzará cuando litigue
con sus enemigos en la puerta.

SALMO 128 (127)

Bendición del justo*

1 *Canción de las subidas.*

¡Dichosos los que temen a Yahvé
y recorren todos sus caminos!

2 Del trabajo de tus manos comerás,
¡dichoso tú, que todo te irá bien!
3 Tu esposa, como parra fecunda,
dentro de tu casa;
tus hijos, como brotes de olivo,
en torno a tu mesa.

4 Con tales bienes será bendecido
el hombre que teme a Yahvé.
5 ¡Te bendiga Yahvé desde Sión,
que veas la prosperidad de Jerusalén
todos los días de tu vida,
6 y veas a los hijos de tus hijos!

¡Paz a Israel!

SALMO 129 (128)

Contra los enemigos de Sión*

1 *Canción de las subidas.*

Mucho me han atacado desde mi juventud,
–que lo diga Israel–,
2 mucho me han atacado desde mi juventud,
pero no han podido conmigo.

3 Mi espalda araron aradores,
y alargaron sus surcos.
4 Yahvé, que es justo, rompió
las coyundas de los malvados.

5 ¡Queden avergonzados, retrocedan
todos los que odian a Sión;
6 sean como hierba del tejado,
que se seca antes de arrancarla!

7 El segador no llena con ella su mano
ni su regazo el gavillador;

128 Dios colma al justo de bendiciones familiares.

129 Dios castigará a los que oprimen a su pueblo.

8 y no dicen tampoco los que pasan:
«Que Yahvé los colme de bendición».

Nosotros os bendecimos en el nombre de Yahvé.

SALMO 130 (129)

De profundis*

1 *Canción de las subidas.*

Desde lo hondo a ti grito, Yahvé:
2 ¡Señor, escucha mi clamor!
¡Estén atentos tus oídos
a la voz de mis súplicas!

3 Si retienes las culpas, Yahvé,
¿quién, Señor, resistirá?
4 Pero el perdón está contigo,
para ser así temido.

5 Aguardo anhelante a Yahvé,
espero en su palabra;
6 mi ser aguarda al Señor
más que el centinela a la aurora;
más que el centinela a la aurora,
7 aguarde Israel a Yahvé.

Yahvé está lleno de amor,
su redención es abundante;
8 él redimirá a Israel
de todas sus culpas.

SALMO 131 (130)

Con espíritu de infancia*

1 *Canción de las subidas. De David.*

Mi corazón, Yahvé, no es engreído,
ni son mis ojos altaneros.
No doy vía libre a la grandeza,
ni a prodigios que me superan.
2 No; me mantengo en paz y silencio,
como niño en el regazo materno.
¡Mi deseo no supera al de un niño!

3 ¡Espera, Israel, en Yahvé
desde ahora y por siempre!

130 Salmo penitencial, ver **6** 1, pero más aún de esperanza. La liturgia cristiana de difuntos lo emplea ampliamente, no como lamentación, sino como oración en que se expresa la confianza en el Dios redentor.

131 Ni ambición ni inquietud para los hijos de Dios.

SALMO 132 (131)

En el aniversario del traslado del arca*

1 *Canción de las subidas.*

Acuérdate, Yahvé, de David,
de todos sus desvelos,
2 del juramento que hizo a Yahvé,
de su voto al Fuerte de Jacob:

3 «No he de entrar en la tienda, mi casa,
no me meteré en la cama en que reposo,
4 no he de conceder sueño a mis ojos
ni quietud a mis párpados,
5 hasta encontrar un lugar para Yahvé,
una morada para el Fuerte de Jacob».

6 Sí, oímos de Ella que está en Efratá,
¡la hemos encontrado en los Campos del Bosque!
7 ¡Entremos en el lugar donde Él habita,
postrémonos ante el estrado de sus pies!

8 ¡Levántate, Yahvé, hacia tu reposo,
ven con el arca de tu poder!
9 Tus sacerdotes se vistan de fiesta,
griten de alegría tus amigos.
10 A causa de David, tu siervo,
no rechaces el rostro de tu ungido.

11 Yahvé ha jurado a David
verdad que no retractará:
«Un fruto de tu seno
sentaré en tu trono.

12 Si tus hijos guardan mi alianza,
el dictamen que yo les enseño,
también sus hijos para siempre
se sentarán en tu trono».

13 Pues Yahvé ha escogido a Sión,
la ha querido como sede para sí:
14 «Aquí está mi reposo para siempre,
en él me instalaré, que así lo quiero.

15 Bendeciré sin medida su alimento,
hartaré de pan a sus pobres,
16 de fiesta vestiré a sus sacerdotes,
sus amigos gritarán de júbilo.

17 Allí suscitaré un vástago* a David,
aprestaré una lámpara a mi ungido;

132 Este Sal recuerda las promesas hechas a David, 2 S **7**+; ver Sal **89**+; **110**+. Por esto es mesiánico, v. 17. Los vv. 6-10 evocan el traslado del arca, *Ella*, 1 S **6** 13-21; 2 S **6**. Ver 2 Cro **6** 41-42.

132 17 *Allí suscitaré... un vástago*, lit.: *haré germinar*, ver Jr **23** 5+, *un cuerno* (símbolo de fuerza, **75** 6+; ver Lc **1** 69). Para

[18] cubriré de ignominia a sus enemigos,
mas sobre él brillará su diadema».

SALMO 133 (132)

La unión fraterna*

1 *Canción de las subidas. De David.*

¡Mira que es bueno y da gusto
que los hermanos convivan juntos!

2 Como ungüento fino en la cabeza,
que va bajando por la barba,
que baja por la barba de Aarón,
hasta la orla de sus vestidos.

3 Como el rocío que baja del Hermón
sobre las cumbres de Sión;
allí dispensa Yahvé bendición,
la vida para siempre.

SALMO 134 (133)

Para la fiesta nocturna*

1 *Canción de las subidas.*

¡Vamos, bendigan a Yahvé
todos los siervos de Yahvé,
que sirven en la Casa de Yahvé,
en los atrios de la Casa de nuestro Dios!
¡Por las noches [2] alcen las manos al santuario,
y bendigan a Yahvé!

3 ¡Te bendiga desde Sión Yahvé,
que hizo el cielo y la tierra!

SALMO 135 (134)

Himno de laudes*

1 ¡Aleluya!

Alaben el nombre de Yahvé,
alaben, siervos de Yahvé,

la imagen de la *lámpara* (= posteridad), ver 1 R **11** 36; **15** 4; etc. El Mesías será luz de las naciones, Is **42** 6; **49** 6; Lc **2** 32.

133 Elogio de la unidad fraternal en torno a Jerusalén y al Templo.

134 Llamamiento a la oración y bendición, ver **118** 26; **128** 4-6; etc., quizá dialogadas en el curso de una asamblea. La bendición litúrgica final, v. 3; ver Nm **6** 23s, cierra la colección de las «Subidas», **120**+.

135 Este canto litúrgico está compuesto de préstamos o reminiscencias; ver sobre todo Sal **113**; **115**; **134**; **136**.

2 que sirven en la Casa de Yahvé,
en los atrios de la Casa de nuestro Dios.

3 Alaben a Yahvé, porque es bueno,
tañan para su nombre, que es amable.
4 Pues Yahvé se ha elegido a Jacob,
a Israel, para ser su propiedad.

5 Bien sé yo que es grande Yahvé,
nuestro Señor más que todos los dioses.
6 Todo lo que quiere Yahvé,
lo hace en el cielo y la tierra,
en el mar y en los abismos.

7 Levanta las nubes por el horizonte,
con los relámpagos hace llover,
saca de sus depósitos el viento.

8 Hirió a los primogénitos de Egipto,
desde personas hasta el ganado;
9 mandó señales y prodigios
en medio de ti, Egipto,
contra el faraón y sus siervos.

10 Hirió a incontables naciones,
dio muerte a reyes poderosos,
11 a Sijón, rey de los amorreos,
a Og, rey de Basán,
y a todos los reinos de Canaán;
12 y dio sus tierras en herencia,
en herencia a su pueblo Israel.

13 ¡Yahvé, tu fama es eterna,
Yahvé, tu recuerdo por generaciones!
14 Pues Yahvé hace justicia a su pueblo,
se compadece de todos sus siervos*.

15 Los ídolos paganos son plata y oro,
obra de la mano del hombre,
16 tienen boca y no hablan,
tienen ojos y no ven;
17 tienen orejas y no oyen,
tienen boca y no respiran.
18 ¡Sean como ellos los que los hacen,
los que en ellos ponen su confianza!

19 Casa de Israel, bendigan a Yahvé,
casa de Aarón, bendigan a Yahvé,
20 casa de Leví, bendigan a Yahvé,
los adeptos a Yahvé, bendigan a Yahvé.

21 ¡Bendito desde Sión Yahvé,
que habita en Jerusalén!

135 14 Verso tomado de Dt **32** 36. Ver Hb **10** 30.

SALMO 136 (135)

Letanía de acción de gracias*

¡Aleluya!

1 ¡Den gracias a Yahvé, porque es bueno,
porque es eterno su amor!
2 Den gracias al Dios de los dioses,
porque es eterno su amor;
3 den gracias al Señor de los señores,
porque es eterno su amor.

4 Al único que ha hecho maravillas,
porque es eterno su amor.
5 Al que hizo el cielo con sabiduría,
porque es eterno su amor.
6 Al que asentó la tierra sobre las aguas,
porque es eterno su amor.

7 Al que hizo las grandes lumbreras,
porque es eterno su amor;
8 el sol para regir el día,
porque es eterno su amor;
9 luna y estrellas, que rigen la noche,
porque es eterno su amor.

10 Al que hirió en sus primogénitos a Egipto,
porque es eterno su amor;
11 y sacó a Israel de entre ellos,
porque es eterno su amor;
12 con mano fuerte y tenso brazo,
porque es eterno su amor.

13 Al que partió en dos el mar de los Juncos,
porque es eterno su amor;
14 e hizo pasar por medio a Israel,
porque es eterno su amor;
15 y hundió en él al faraón con sus huestes,
porque es eterno su amor.

16 Al que guió a su pueblo en el desierto,
porque es eterno su amor.
17 Al que hirió a grandes reyes,
porque es eterno su amor;
18 y dio muerte a reyes poderosos,
porque es eterno su amor;
19 a Sijón, rey de los amorreos,
porque es eterno su amor;
20 y a Og, rey de Basán,
porque es eterno su amor.

136 Salmo llamado el gran *Hallel*, recitado por la Pascua después del *pequeño Hallel,* **113-118**. Es una letanía, ver Dn **5** 52-90, con el estribillo, ver **100** 5+.

21 Y dio sus tierras en herencia,
porque es eterno su amor;
22 en herencia a su siervo Israel,
porque es eterno su amor.

23 Al que se acordó de nosotros humillados,
porque es eterno su amor;
24 y nos libró de nuestros adversarios,
porque es eterno su amor.

25 Al que da pan a todo viviente,
porque es eterno su amor.
26 ¡Den gracias al Dios de los cielos,
porque es eterno su amor!

SALMO 137 (136)

Balada del desterrado*

1 A orillas de los ríos de Babilonia,
estábamos sentados llorando,
acordándonos de Sión.
2 En los álamos de la orilla
colgábamos nuestras cítaras.

3 Allí mismo nos pidieron
cánticos nuestros deportadores,
nuestros raptores alegría:
«¡Canten para nosotros
un canto de Sión!».

4 ¿Cómo podríamos cantar
un canto de Yahvé
en un país extranjero?
5 ¡Si me olvido de ti, Jerusalén,
que se me seque la diestra!

6 ¡Se pegue mi lengua al paladar
si no me acuerdo de ti,
si no exalto a Jerusalén
como colmo de mi gozo!

7 Acuérdate, Yahvé,
contra la gente de Edom,
del día de Jerusalén,
cuando decían: ¡Arrasen,
arrásenla hasta sus cimientos!

8 ¡Capital de Babel, devastadora,
feliz quien pueda devolverte
el mal que nos hiciste,

137 Los recuerdos de la deportación en Babilonia conducen a un llamamiento a la venganza divina contra los caldeos y sus aliados los edomitas, ver **5** 11+.

9 feliz quien agarre y estrelle
a tus pequeños contra la roca!

SALMO 138 (137)

Himno de acción de gracias

1 *De David.*

Te doy gracias, Yahvé, de todo corazón,
por haber escuchado las palabras de mi boca.
En presencia de los ángeles tañeré en tu honor,
2 me postraré en dirección a tu santo Templo.

Te doy gracias por tu amor y tu verdad,
pues tu promesa supera a tu renombre.
3 El día en que grité, me escuchaste,
aumentaste mi vigor interior.

4 Te dan gracias, Yahvé, los reyes de la tierra,
cuando escuchan las palabras de tu boca;
5 y celebran las acciones de Yahvé:
«¡Qué grande es la gloria de Yahvé!
6 ¡Excelso es Yahvé, y mira al humilde,
al soberbio lo conoce desde lejos!»

7 Si camino entre angustias, me das vida,
ante la cólera del enemigo, extiendes tu mano
y tu diestra me salva.
8 Yahvé lo hará todo por mí.
¡Tu amor es eterno, Yahvé,
no abandones la obra de tus manos!

SALMO 139 (138)

Homenaje a Aquel que lo sabe todo*

1 *Del maestro de coro. De David. Salmo.*

Tú me escrutas, Yahvé, y me conoces;
2 sabes cuándo me siento y me levanto,
mi pensamiento percibes desde lejos;
3 de camino o acostado, tú lo adviertes,
familiares te son todas mis sendas.

4 Aún no llega la palabra a mi lengua,
y tú, Yahvé, la conoces por entero;
5 me rodeas por detrás y por delante,
tienes puesta tu mano sobre mí.
6 Maravilla de ciencia que me supera,
tan alta que no puedo alcanzarla.

139 Meditación sobre la presencia y la omnisciencia de Dios evocando pasajes de la meditación de Job, **3** 9; **7** 17-20; **10** 9-10; etc.

7 ¿Adónde iré lejos de tu espíritu,
adónde podré huir de tu presencia?
8 Si subo hasta el cielo, allí estás tú,
si me acuesto en el Seol, allí estás*.

9 Si me remonto con las alas de la aurora,
si me instalo en los confines del mar,
10 también allí tu mano me conduce,
también allí me alcanza tu diestra.

11 Si digo: «Que me cubra la tiniebla,
que la noche me rodee como un ceñidor»,
12 no es tenebrosa la tiniebla para ti,
y la noche es luminosa como el día.

13 Porque tú has formado mis riñones,
me has tejido en el vientre de mi madre;
14 te doy gracias por tantas maravillas:
prodigio soy, prodigios tus obras.

Mi aliento conocías cabalmente,
15 mis huesos no se te ocultaban,
cuando era formado en lo secreto,
tejido en las honduras de la tierra.

16 Mi embrión veían tus ojos;
en tu libro están inscritos
los días que me has fijado,
sin que aún exista el primero.

17 ¡Qué arduos me resultan tus pensamientos,
oh Dios, qué incontable es su suma!
18 Si los cuento, son más que la arena;
al terminar, todavía estoy contigo.

19 ¡Oh Dios, si mataras al malvado,
si los sanguinarios se apartaran de mí!
20 Ellos que hablan de ti dolosamente,
tus adversarios que se alzan en vano.

21 ¿No odio, Yahvé, a los que te odian?
¿No me asquean los que se alzan contra ti?
22 Los odio en el colmo del odio,
los tengo por enemigos.

23 Sondéame, oh Dios, conoce mi corazón,
examíname, conoce mis desvelos.
24 Que mi camino no acabe mal,
guíame por el camino eterno*.

139 8 En ninguna parte el hombre se escapa a la mirada de Dios; ver Am **9** 2-3; Jr **23** 24; Jb **11** 8-9; **23** 8-9; Pr **15** 11; etc.

139 24 El *camino eterno* no es la *vida eterna*; es el camino de tiempos antiguos y de siempre, la *vía*, **119** 1; Dt **30** 15+, de la tradición religiosa y moral de Israel, ver Jr **6** 16.

SALMO 140 (139)

Contra los malvados*

1 *Del maestro de coro. Salmo. De David.*

2 Líbrame, Yahvé, del hombre malvado,
guárdame del hombre violento,
3 de los que traman maldades en su interior,
y a diario fomentan peleas,
4 aguzan su lengua igual que serpientes,
esconden en sus labios veneno de víboras. *Pausa.*

5 Presérvame, Yahvé, de las manos del malvado,
guárdame del hombre violento,
de los que proyectan trastornar mis pasos,
6b y tienden una red bajo mis pies,
6a de los insolentes que me ocultan lazos,
6c que me ponen trampas al borde del sendero. *Pausa.*

7 Yo digo a Yahvé: Tú eres mi Dios,
escucha, Yahvé, la voz de mi súplica.
8 Yahvé, Señor mío, mi fuerza salvadora,
tú proteges mi cabeza el día del combate.
9 No concedas, Yahvé, su deseo al malvado,
no dejes que su plan se realice.

Los que me asedian alzan [10] su cabeza: *Pausa.*
¡que los ahogue la malicia de sus labios,
11 que les lluevan carbones encendidos,
que, hundidos en el abismo, no se alcen;
12 que no arraigue en la tierra el deslenguado,
que la desgracia sorprenda al violento!

13 Sé que Yahvé defenderá al humilde,
que llevará la causa de los pobres.
14 Los justos darán gracias a su nombre,
los rectos morarán en tu presencia.

SALMO 141 (140)

Contra la seducción del mal

1 *Salmo. De David.*

Te invoco, Yahvé, ven presto,
escucha mi voz cuando te llamo.
2 Que mi oración sea como incienso para ti,
mis manos alzadas, como ofrenda de la tarde*.

140 Este Sal y los siguientes, **140-144**, son afines por el contenido y el estilo. Toman varios elementos de otros Salmos.
141 2 La oblación de la tarde, Ex **29** 39; Nm **28** 4; 1 R **18** 29, iba acompañada de incensación, Lv **2** 2; Ex **30** 8. La oración es equiparada al sacrificio, ver **40** 9+; **50** 8-15; **51** 18-21+; **69** 32.

3 Pon, Yahvé, en mi boca un centinela,
un vigía a la puerta de mis labios.
4 No inclines mi corazón a cosas malas,
a perpetrar acciones criminales
en compañía de hombres malhechores:
¡no dejes que comparta sus gustos!

5 Que el justo me hiera y el leal me corrija,
pero nunca el malvado perfume mi cabeza,
pues así seguiría implicado en sus maldades*.

6 Quedaron a merced de la Roca, su juez,
los que oyeron con regodeo mis palabras:
7 «Como piedra molar estrellada por tierra,
sus huesos se esparcen a la boca del Seol».

8 A ti, Señor Yahvé, se vuelven mis ojos,
¡en ti me cobijo, no me desampares!
9 Guárdame del lazo que me tienden,
de la trampa de los malhechores.
10 Caigan los malvados en sus redes,
al tiempo que yo escapo indemne.

SALMO 142 (141)

Oración de un perseguido*

1 *Poema. De David. Cuando estaba en la cueva. Oración.*

2 A gritos imploro a Yahvé,
a Yahvé suplico a gritos.
3 Derramo ante él mi lamento,
ante él expongo mi angustia,
4 cuando mi aliento se apaga;
mas tú conoces mi sendero.

En el camino por donde voy
me han escondido una trampa.
5 Mira a la derecha, y ve,
no hay nadie que me conozca.
No hay refugio para mí,
nadie que de mí se cuide.

6 Por eso, a tí clamo, Yahvé;
te digo: ¡Tú eres mi refugio,
mi porción en la tierra de los vivos!
7 Presta atención a mi clamor,
pues estoy del todo abatido.

¡Líbrame de mis perseguidores,
pues son más fuertes que yo!
8 ¡Saca mi vida de la cárcel
para dar gracias a tu nombre!

141 5 El final del versículo es difícil.
142 Este lamento, así como el siguiente, ha sido aplicado a la pasión de Cristo.

Y me harán corro los justos
por tus favores conmigo*.

SALMO 143 (142)

Súplica humilde*

1 *Salmo. De David.*

Escucha, Yahvé, mi oración,
y presta oído a mi súplica;
respóndeme leal, por tu justicia.
2 No entres en pleito con tu siervo,
pues no hay ser vivo justo ante ti*.

3 Me persigue a muerte el enemigo,
aplasta mi vida contra el suelo;
me obliga a vivir entre tinieblas,
como los que han muerto para siempre.
4 Ya se apaga el aliento en mí,
mi corazón por dentro enmudece.

5 Recuerdo los días de antaño,
medito todas tus acciones,
pondero las obras de tus manos;
6 hacia ti tiendo mis manos,
como tierra sedienta de ti. *Pausa.*

7 ¡Respóndeme pronto, Yahvé,
que ya me falta el aliento;
no escondas tu rostro lejos de mí,
pues sería como los que bajan a la fosa!

8 Hazme sentir tu amor por la mañana,
pues yo cuento contigo;
muéstrame el camino que he de seguir,
pues estoy pendiente de ti.

9 Líbrame de mis enemigos, Yahvé,
pues busco refugio en ti;
10 enséñame a cumplir tu voluntad,
tú, que eres mi Dios;
tu espíritu, que es bueno, me guíe
por una tierra llana.

11 Por tu nombre, Yahvé, dame la vida,
por tu justicia, líbrame de la angustia;
12 por tu amor, aniquila a mis enemigos.
Pierde a todos mis opresores,
porque yo soy tu servidor.

142 8 Los amigos de Dios son todos solidarios en la acción de gracias, ver **22** 24-26; **34** 3; **64** 11; **107** 42.
143 Último Salmo penitencial, **6**+.

143 2 Ver **51** 7+; **130** 3; Jb **14** 1-3; Qo **7** 20. Este versículo es utilizado libremente en Rm **3** 20 y Ga **2** 16.

SALMO 144 (143)

Himno para la guerra y la victoria*

1 *De David.*

Bendito Yahvé, mi Roca,
que adiestra mis manos para el combate,
mis dedos para la batalla.
2 Es mi aliado y mi baluarte,
mi alcázar y libertador,
el escudo que me cobija,
el que me somete pueblos.

3 ¿Qué es el hombre, Yahvé, para ocuparte,
el ser humano para que pienses en él?
4 El hombre es semejante a un soplo,
sus días, como sombra que pasa.

5 ¡Inclina, Yahvé, tus cielos y desciende,
toca las montañas y que echen humo;
6 fulmina el rayo y dispérsalos,
lanza tus flechas y trastórnalos!

7 Extiende tus manos desde lo alto,
líbrame de las aguas caudalosas,
sálvame de la mano de extranjeros,
8 cuya boca profiere falsedades
y su diestra es diestra de mentira.

9 Te cantaré, oh Dios, un cántico nuevo,
tañeré para ti el arpa de diez cuerdas,
10 tú que das a los reyes la victoria,
que salvas a David tu servidor*.

De la espada funesta 11 sálvame,
líbrame de la mano de extranjeros,
cuya boca profiere falsedades
y su diestra es diestra de mentira.

12 Sean nuestros hijos como plantas
pomposas desde la juventud;
nuestras hijas, columnas talladas,
esculpidas como para un palacio.

13 Estén nuestros graneros rebosantes,
repletos de frutos variados;
que nuestras ovejas, a millares,
se multipliquen en nuestros prados;
14 vuelvan cargadas nuestras bestias.

Que no haya brechas ni aberturas,
ni gritos en nuestras plazas.

144 Resumen de liturgia real, vv. 1-11; ver **18**; etc., después, vv. 12-15, evocación de la prosperidad de los tiempos mesiánicos, ver **72** 2-14; etc.

144 10 Título mesiánico, **78** 70; **89** 4.11; Jr **33** 21; Ez **34** 23-24; **37** 24.

15 ¡Feliz el pueblo a quien así sucede,
feliz el pueblo cuyo Dios es Yahvé!

SALMO 145 (144)

Alabanza al Rey Yahvé*

1 *Himno. De David.*

Álef. Te ensalzaré, Dios mío, mi Rey,
bendeciré tu nombre por siempre;
Bet. 2 todos los días te bendeciré,
alabaré tu nombre por siempre.
Guímel. 3 Grande es Yahvé, muy digno de alabanza,
su grandeza carece de límites.

Dálet. 4 Una edad a otra encomiará tus obras,
pregonará tus hechos portentosos.
He. 5 El esplendor, la gloria de tu majestad,
el relato de tus maravillas recitaré.

Vau. 6 Del poder de tus portentos se hablará,
y yo tus grandezas contaré;
Zain. 7 se recordará tu inmensa bondad,
se aclamará tu justicia.

Jet. 8 Es Yahvé clemente y compasivo,
tardo a la cólera y grande en amor;
Tet. 9 bueno es Yahvé para con todos,
tierno con todas sus creaturas.

Yod. 10 Que te alaben, Yahvé, tus creaturas,
que te bendigan tus fieles;
Kaf. 11 cuenten la gloria de tu reinado,
narren tus proezas,

Lámed. 12 explicando tus proezas a los hombres,
el esplendor y la gloria de tu reinado.
Mem. 13 Tu reinado es un reinado por los siglos,
tu gobierno, de edad en edad.

(Nun). Fiel es Yahvé en todo lo que dice,
amoroso en todo lo que hace.
Sámek. 14 Yahvé sostiene a los que caen,
endereza a todos los encorvados.

Ain. 15 Los ojos de todos te miran esperando;
tú les das a su tiempo el alimento.
Pe. 16 Tú abres la mano y sacias
de bienes a todo viviente.

Sade. 17 Yahvé es justo cuando actúa,
amoroso en todas sus obras.
Qof. 18 Cerca está Yahvé de los que lo invocan,
de todos los que lo invocan con sinceridad.

145 Salmo alfabético de alabanza, tomada de otros salmos.

Reš. 19 Cumple los deseos de sus leales,
escucha su clamor y los libera.
Šin. 20 Yahvé guarda a cuantos lo aman,
y extermina a todos los malvados.

Tau. 21 ¡Que mi boca alabe a Yahvé,
que bendigan los vivientes su nombre
sacrosanto para siempre jamás!

SALMO 146 (145)

Himno al Dios temible*

1 ¡Aleluya!

¡Alaba, alma mía, a Yahvé!
2 A Yahvé, mientras viva, alabaré,
mientras exista tañeré para mi Dios.

3 No pongan ustedes la confianza en los nobles,
en un ser humano, incapaz de salvar;
4 exhala su aliento, retorna a su barro,
ese mismo día se acaban sus planes.

5 Feliz quien se apoya en el Dios de Jacob,
quien tiene su esperanza en Yahvé, su Dios,
6 que hizo el cielo y la tierra,
el mar y cuanto hay en ellos;
que guarda por siempre su lealtad,
7 que hace justicia a los oprimidos,
que da pan a los hambrientos.
Yahvé libera a los condenados.

8 Yahvé abre los ojos a los ciegos,
Yahvé endereza a los encorvados,
9 Yahvé protege al forastero,
sostiene al huérfano y a la viuda.

8c Yahvé ama a los honrados,
9c y tuerce el camino del malvado.
10 Yahvé reina para siempre,
tu Dios, Sión, de edad en edad.

SALMO 147 (146-147)

Himno al Todopoderoso*

¡Aleluya!

1 Alaben a Yahvé, que es bueno cantar,
a nuestro Dios, que es dulce la alabanza.

146 Comienzo de una serie de salmos doxológicos con que termina el Salterio, **146-150**, y que constituyen un tercer *Hallel*, ver **113**+; **136**, que los judíos recitaban por la mañana.

147 Varias versiones, entre ellas la Vulgata, dividen este salmo en dos: vv. 1-11 y 12-20. Alabanza a Dios creador, protector de los *pobres* de Israel.

2 Yahvé reconstruye Jerusalén,
congrega a los deportados de Israel;
3 sana los corazones quebrantados,
venda sus heridas.

4 Cuenta el número de las estrellas,
llama a cada una por su nombre;
5 grande y poderoso es nuestro Señor,
su sabiduría no tiene medida.
6 Yahvé sostiene a los humildes,
abate por tierra a los impíos.

7 Canten a Yahvé dándole gracias,
toquen la cítara en honor de nuestro Dios:

8 El que cubre de nubes los cielos,
el que dispensa lluvia a la tierra,
y llena de hierba las montañas,
de plantas para el uso del hombre;
9 el que dispensa alimento al ganado,
a las crías de cuervo cuando graznan.

10 No se deleita en el brío del caballo,
ni se complace en los músculos del hombre.
11 Yahvé se complace en sus adeptos,
en los que esperan en su amor.

12 ¡Celebra a Yahvé, Jerusalén,
alaba a tu Dios, Sión*!,

13 que refuerza los cerrojos de tus puertas
y bendice en tu interior a tus hijos;
14 que concede prosperidad a tu territorio
y te sacia con flor de harina.

15 Que envía a la tierra su mensaje,
y su palabra corre a toda prisa*.
16 Que distribuye la nieve como lana
y esparce la escarcha cual ceniza.

17 Arroja su hielo como migajas,
ante su frío el agua se congela.
18 Envía su palabra y se derrite,
sopla el viento y fluye el agua.

19 Revela a Jacob sus palabras,
sus preceptos y normas a Israel:
20 no hizo tal con ninguna nación,
ni una sola sus normas conoció.

147 12 La invitación a cantar a Dios se concentra aquí en Jerusalén, **2** 6+; **87**+, en la que los Padres han visto la Ciudad Nueva, la Iglesia de la tierra y del cielo; ver Ap **21** 2+.

147 15 La palabra es un mensajero de Dios casi personificado, ver **107** 20; Is **55** 10-11; Jn **1** 14+; 2 Ts **3** 1.

SALMO 148

Alabanza de la creación*

1 ¡Aleluya!

¡Alaben a Yahvé desde el cielo,
alábenlo en las alturas,
2 alábenlo, todos sus ángeles,
todas sus huestes, alábenlo!

3 ¡Alábenlo, sol y luna,
alábenlo, estrellas lucientes,
4 alábenlo, cielos de los cielos,
aguas que están sobre los cielos!

5 Alaben ellos el nombre de Yahvé,
pues él lo ordenó y fueron creados;
6 el los fijó por siempre, por los siglos,
les dio una ley que nunca pasará.

7 ¡Alaben a Yahvé desde la tierra,
monstruos del mar y abismos todos,
8 fuego y granizo, nieve y bruma,
viento tempestuoso, que hace su voluntad,

9 montañas y todas las colinas,
árboles frutales y todos los cedros,
10 fieras y todos los ganados,
reptiles y pájaros que vuelan,

11 reyes de la tierra y pueblos todos,
dignatarios y jueces de la tierra,
12 jóvenes y doncellas también,
los viejos junto con los niños!

13 Alaben el nombre de Yahvé:
sólo su nombre es sublime,
su majestad sobre el cielo y la tierra.
14 Él realza el vigor de su pueblo,
orgullo de todos sus fieles,
de los hijos de Israel, pueblo de sus íntimos.

SALMO 149

Himno triunfal*

1 ¡Aleluya!

¡Canten a Yahvé un cántico nuevo:
su alabanza en la asamblea de sus fieles!

148 El cielo, vv. 1-6, y la tierra, vv. 7-12, cantan a Dios que ha levantado a Israel, ver v. 14; **142** 8+; Dt **4** 6-7; **7** 6; etc. Los judíos recitan este salmo todas las mañanas.

149 En el futuro escatológico, Israel estará asociado a Yahvé para castigar a sus enemigos, ver **79** 10; **137**+; Za **9** 13-16; etc.

2 ¡Regocíjese Israel en su Hacedor,
alégrense en su rey los de Sión:
3 alaben su nombre entre danzas,
haciendo sonar tambores y cítaras.

4 Porque Yahvé se complace en su pueblo,
adorna de salvación a los desvalidos.
5 Exulten los fieles ante su gloria,
desde su lugar griten de alegría,
6 con elogios a Dios en su garganta,
y en su mano espada de dos filos;

7 para tomar venganza de las naciones
e infligir el castigo a los pueblos,
8 para atar con cadenas a sus reyes,
con grillos de hierro a sus magnates,
9 para aplicarles la sentencia escrita:
¡será un honor para todos sus fieles!

SALMO 150

Doxología final*

1 ¡Aleluya!

Alaben a Dios en su santuario,
alábenlo en su poderoso firmamento,
2 alábenlo por sus grandes hazañas,
alábenlo por su inmensa grandeza.

3 Alábenlo con el toque de cuerno,
alábenlo con arpa y con cítara,
4 alábenlo con tambores y danzas,
alábenlo con cuerdas y flautas,
5 alábenlo con címbalos sonoros,
alábenlo con címbalos y aclamaciones.
6 ¡Todo cuanto respira alabe a Yahvé!

¡Aleluya!

150 Doxología final, **41** 14+. Ésta, más amplia que las demás, reúne en la alabanza de Yahvé, todos los instrumentos litúrgicos y a todos los seres vivientes. Ver Ap **1** 6+; **5** 13-14.

CANTAR DE LOS CANTARES

Introducción

Cantar de los Cantares o *«El Cantar por excelencia» es considerado por unos como una colección de poemas amorosos escritos probablemente para las bodas, o como un poema amoroso con unidad literaria y cierta estructura dramática. De hecho llama la atención la repetición de algunos estribillos y de algunas palabras claves en todo el conjunto.*

Dos personajes, el novio y la novia, cantan poéticamente su amor. Con ellos, a modo de coro, las muchachas de Jerusalén van subrayando las expresiones amorosas.

La fecha de su composición se sitúa en el siglo V o IV a. C., en Palestina.

Este libro ha recibido en la historia de la exégesis variadas interpretaciones. Hoy se prefiere la interpretación literal: es un poema o poemas de amor, y de modo específico del amor conyugal que en toda la tradición bíblica refleja el amor de Dios a toda la humanidad.

La división en cinco escenas o poemas sólo sugiere un agrupamiento posible, que puede facilitar la lectura.

1. Introducción (**1** *1-4*)

Enumeración de los temas de todo el conjunto de los poemas: enamoramiento, pasión, celos, deseo de los enamorados de estar juntos.

2. Escena campestre (**1** *5*-**2** *7*) *(Primer poema)*

La novia, pastora, «morena» por el sol, va en busca de su novio. Entre los dos se entabla un diálogo amoroso que culmina en el abrazo apasionado.

3. Escena en la ciudad (**2** *8*-**3** *5*) *(Segundo poema)*

El novio llega en busca de la novia. Las imágenes de la gacela y el cervatillo describen la búsqueda mutua. Con la llegada de la noche surgen sombras, dudas que se superan con una búsqueda más intensa. El encuentro termina también en el abrazo amoroso.

4. El cortejo nupcial (**3** *6*-**5** *1*) *(Tercer poema)*

La descripción y las metáforas evocan el cortejo de una princesa que viene al encuentro de su novio por el desierto. El encuentro provoca una exaltación amorosa del novio que, con metáforas propias de la región de Palestina, canta y describe a su novia como un jardín oriental.

5. Búsqueda del novio ausente (**5** *2*-**6** *3*) *(Cuarto poema)*

La novia sale en busca del novio que se ha ausentado. En esta búsqueda ansiosa la novia describe al novio exaltando, con lenguaje apasionado, su belleza corporal.

6. Posesión amorosa (**6** *4*-**8** *7*) *(Quinto poema)*

Novio y novia se funden en una expresión de su amor, llena de piropos. El amor entre los dos queda reafirmado, garantizado con el sello. El novio canta el momento de la posesión, y la novia, la fuerza y perennidad de su amor, más fuerte que la muerte.

7. Apéndices (**8** *8-14*)

Son fragmentos de otros cantos de amor.

CANTAR DE LOS CANTARES

Título y prólogo

1 [1] Cantar de los cantares, de Salomón*.

LA NOVIA.

[2] ¡Que me bese con besos de su boca*!
Mejores son que el vino tus amores,
[3] qué suave el olor de tus perfumes;
tu nombre es aroma penetrante,
por eso te aman las doncellas.

[4] Llévame en pos de ti: ¡Corramos!
Méteme, rey mío, en tu alcoba,
disfrutemos juntos y gocemos,
alabemos tus amores más que el vino.
¡Con razón eres amado!

*Primer poema**

LA NOVIA.

[5] Soy morena, pero hermosa,
muchachas de Jerusalén,
como las tiendas de Quedar,
como las lonas de Salmá.
[6] No miren que estoy morena:
es que me ha quemado el sol.
Mis hermanos se enfadaron conmigo,
me pusieron a guardar las viñas,
¡y mi viña no supe guardar!

[7] Indícame, amor de mi alma,
dónde apacientas el rebaño*,
dónde sestea a mediodía,

1 1 Algunos ven en Ct un poema alegórico que canta el amor de Dios y de Israel como un amor conyugal, ver Os **1** 2+. A veces encuentran estos autores, en el orden del poema, las sucesivas conversiones y esperanzas de Israel. Según otros, el poema hay que entenderlo en su sentido natural, como una colección de cantos que celebran el amor mutuo y fiel en el matrimonio. Habiendo Dios bendecido desde los orígenes la unión del hombre y de la mujer, Gn **1-2**, su honestidad tiene un profundo valor religioso. Así se explica la transferencia de la imagen conyugal a las relaciones de Dios con Israel, como lo hacen con frecuencia los profetas. Así se legitima igualmente el sentido que se puede descubrir más allá del sentido literal del Ct, cuando se lee en él el amor de Yahvé y de su pueblo y, entre los cristianos, las bodas de Cristo con la Iglesia o con el alma fiel, Ef **5** 23+. La expresión *Cantar de los cantares* es una forma de superlativo: el Canto por excelencia.

1 2 Los vv. 2-4 son como un prólogo, que da el tema general de los poemas que vienen detrás y que tiene ya el tono de ternura apasionada que dominará toda la colección.

1 5 Los poemas del Ct no ofrecen ninguna sucesión lógica, así como su atribución a tal o cual personaje no es siempre evidente. -*Soy morena:* la novia tiene la tez curtida por los trabajos del campo, v. 6. Las *muchachas de Jerusalén*, a manera del coro de la tragedia griega, dan ocasión a los personajes para expresar sus sentimientos.

1 7 Ver Gn **37** 16 y Ez **34** 1+. El tema de la separación y de la búsqueda, **3** 1-4; **4** 8; **5** 2-8; **6** 1, discurre cerca del de la presencia y de la posesión.

para que no ande así perdida
tras los rebaños de tus compañeros.

EL CORO.

8 Si tú no lo sabes,
¡hermosa entre las mujeres!,
sigue las huellas del rebaño,
lleva a pacer tus cabritas
junto al jacal de los pastores.

EL NOVIO.

9 Amor mío, te comparo a la yegua
que tira del carro del faraón.
10 ¡Qué hermosura tu cara entre zarcillos,
tu cuello entre collares!
11 Zarcillos te haremos de oro,
con engastes y cuentas de plata.

DÚO.

12 —Mientras el rey descansa en su diván,
mi nardo exhala su fragancia.
13 Bolsita de mirra es mi amado para mí,
que reposa entre mis senos.
14 Racimo de alheña es mi amado para mí,
en las viñas de Engadí.

15 —¡Qué bella eres, amor mío,
qué bella eres!
¡Palomas son tus ojos!

16 —¡Qué hermoso eres, amor mío,
eres pura delicia!
Nuestro lecho está hecho de fronda,
17 las vigas de nuestra casa, de cedro,
nuestros artesonados, de ciprés.

2

1 —Soy un narciso de Sarón,
una azucena de los valles.
2 —Como azucena entre cardos
es mi amada entre las mozas.

3 —Como manzano entre árboles silvestres
es mi amado entre los mozos.
Me apetece sentarme a su sombra,
su fruto me endulza la boca.
4 Me ha metido en la bodega,
despliega junto a mí su bandera de amor.
5 Repónganme con tortas de pasas,
denme vigor con manzanas,
que estoy enferma de amor.

6 Su izquierda está bajo mi cabeza,
me abraza con la derecha.

7 —Las conjuro, muchachas de Jerusalén,
por las gacelas y las ciervas del campo,
que no despierten ni desvelen,
a mi amor hasta que quiera*.

2 7 Es una especie de estribillo, **3** 5; **8** 4. Ver **5** 2-5; **8** 5.

*Segundo poema**

LA NOVIA.

8 ¡La voz de mi amado!
Mírenlo, aquí llega,
saltando por montes,
brincando por lomas.
9 Es mi amado una gacela,
parecido a un cervatillo.

Miren cómo se para
oculto tras la cerca,
mira por las ventanas,
atisba por las rejas.

10 Habla mi amado y me dice:
«Levántate, amor mío,
hermosa mía, y vente.
11 Mira, ha pasado el invierno,
las lluvias cesaron, se han ido.
12 La tierra se cubre de flores,
llega la estación de las canciones,
ya se oye el arrullo de la tórtola
por toda nuestra tierra.
13 Despuntan yemas en la higuera,
las viñas en cierne perfumean.
¡Anímate, amor mío,
hermosa mía, y ven!
14 Paloma mía, escondida
en las grietas de la roca,
en los huecos escarpados,
déjame ver tu figura,
deja que escuche tu voz;
porque es muy dulce tu voz
y atractiva tu figura».

15 Cácennos las raposas,
las pequeñas raposas
que devastan las viñas,
nuestras viñas en flor.

16 Mi amado es mío y yo de mi amado*,
que pasta entre azucenas.

17 Antes que sople la brisa,
antes de que huyan las sombras,
vuelve, amado mío,
imita a una gacela
o a un joven cervatillo
por los montes de Béter.

2 8 La novia está entre sus parientes, en la ciudad. El novio viene del campo y se presenta ante la ventana, invitando a su amada a reunirse con él, vv. 8-9, ver **5** 2s.

2 16 Esta confianza, **6** 3; **7** 11, aun en la ausencia del novio, va acompañada de un llamamiento o de una espera, v. 17; **6** 1; **7** 12. Una expresión parecida de mutua dependencia se encuentra a propósito de la Alianza, ver Jr **30** 22; **31** 31+.

3 [1] En mi lecho, por la noche,
busqué al amor de mi alma,
lo busqué y no lo encontré.
[2] Me levanté y recorrí
la ciudad, calles y plazas;
busqué al amor de mi alma,
lo busqué y no lo encontré*.

[3] Me encontraron los guardias
que hacen ronda en la ciudad:
«¿Han visto al amor de mi alma?»

[4] Apenas los había pasado,
cuando encontré al amor de mi alma.
Lo agarré y no lo soltaré
hasta meterlo en la casa de mi madre,
en la alcoba de la que me concibió.

EL NOVIO. [5] Las conjuro, muchachas de Jerusalén,
por las gacelas y las ciervas del campo,
que no despierten ni desvelen
a mi amor hasta que quiera.

*Tercer poema**

EL POETA. [6] ¿Qué es eso que sube del desierto,
parecido a columna de humo,
sahumado de mirra y de incienso,
de polvo de aromas exóticos?

[7] Es la litera de Salomón,
escoltada por sesenta valientes,
la flor de los valientes de Israel:
[8] todos son diestros con la espada,
todos adiestrados en la guerra.
Cada uno con su espada a la cintura,
por temor a las alarmas de la noche.

[9] El rey Salomón
se ha hecho un palanquín
con madera del Líbano:
[10] de plata sus columnas,
de oro su respaldo,
de púrpura su asiento;
su interior, tapizado con amor
por las hijas de Jerusalén.

[11] Salgan a contemplar,
muchachas de Sión,
al rey Salomón,

3 2 Ver **1** 7+.
3 6 Aquí el poeta describe un cortejo real, relacionado con las fiestas del matrimonio, v. 11; ver 1 M **9** 37-40.

con la diadema con que su madre lo coronó
el día de su boda, gozo de su corazón.

EL NOVIO.

4

1 ¡Qué bella eres, amor mío*,
qué bella eres!
Palomas son tus ojos
a través de tu velo,
tu melena, rebaño de cabras
que desciende del monte Galaad.
2 Tus dientes, rebaño esquilado
de ovejas que salen del baño:
todas con crías mellizas,
entre ellas no hay una estéril.
3 Tus labios, cinta escarlata,
y tu hablar todo un encanto.
Tus mejillas, dos cortes de granada,
se adivinan tras el velo.

4 Tu cuello, la torre de David,
muestrario de trofeos:
mil escudos penden de ella,
todos paveses de valientes.
5 Tus pechos son dos crías
mellizas de gacela,
paciendo entre azucenas.

6 Antes que sople la brisa,
antes de que huyan las sombras,
iré al monte de la mirra,
a la colina del incienso.

7 ¡Toda hermosa eres, amor mío,
no hay defecto en ti*!

8 Ven del Líbano, novia mía,
ven, llégate del Líbano.
Vuelve desde la cumbre del Amaná,
de las cumbres del Sanir y del Hermón,
desde las guaridas de leones,
desde los montes de leopardos.

9 Me has robado el corazón,
hermana y novia mía,
me has robado el corazón
con una sola mirada,
con una vuelta de tu collar.
10 ¡Qué hermosos son tus amores,
hermana y novia mía!
¡Qué sabrosos tus amores!

4 1 Este elogio de la novia, **4** 1-7, como los de **6** 5-7; **7** 2-10, y del novio, **5** 10-16, no «describen» nada; están formados por metáforas tomadas de la naturaleza y expresan, con impresiones sensoriales, los sentimientos de admiración, alegría y placer ante la presencia del amado.

4 7 Ver 2 S **14** 25. La liturgia aplica este v. a la Inmaculada Concepción de María.

¡Son mejores que el vino!
¡La fragancia de tus perfumes
supera a todos los aromas!
11 Tus labios destilan miel virgen, novia mía.
Debajo de tu lengua
escondes miel y leche;
la fragancia de tus vestidos
parece fragancia del Líbano.

12 Eres huerto cerrado*
hermana y novia mía,
huerto cerrado,
fuente sellada.
13 Tus brotes, paraíso de granados,
lleno de frutos exquisitos:
14 nardo y azafrán,
aromas de canela,
árboles de incienso,
mirra y áloe,
con los mejores bálsamos.
15 ¡Fuente de los jardines,
pozo de aguas vivas
que fluyen del Líbano!

LA NOVIA.
16 ¡Despierta, cierzo,
llégate, ábrego!
¡Soplen en mi jardín,
que exhale sus aromas!
¡Entre mi amado en su huerto
y coma sus frutos exquisitos!

EL NOVIO.
5
1 He entrado en mi huerto,
hermana y novia mía,
a cosechar mi mirra y mi bálsamo,
a comer de mi miel y mi panal,
a beber de mi vino y de mi leche.

EL POETA.
¡Coman, amigos, beban,
queridos, embriáguense!

*Cuarto poema**

LA NOVIA.
2 Yo dormía, velaba mi corazón.
¡La voz de mi amado que llama!:
«¡Ábreme, hermana, amiga mía,
paloma mía sin tacha!
Mi cabeza está cubierta de rocío,
mis bucles del relente de la noche.»

4 12 El huerto, lo mismo que el viñedo, **1** 6; **2** 15, es una imagen de los atractivos de la amada. La novia inaugurará, v. 16, los esponsales, **5** 1. Ver Pr **5** 15-20+.

5 2 De nuevo el tema de la búsqueda, ver **1** 7+. Escena con el mismo marco que **3** 1-4.

3 —«Me he quitado la túnica,
¿cómo ponérmela de nuevo?
Ya me he lavado los pies,
¿cómo volver a mancharlos?»

4 ¡Mi amado metió la mano
por el hueco de la cerradura;
mis entrañas se estremecieron.
5 Me levanté para abrir a mi amado,
mis manos destilaban mirra,
mirra goteaban mis dedos,
en el pestillo de la cerradura.

6 Abrí yo misma a mi amado,
pero mi amado se había marchado.
El alma se me fue con su huida.
Lo busqué y no lo hallé,
lo llamé y no respondió.
7 Me hallaron los centinelas,
los que rondan la ciudad.
Me golpearon, me hirieron,
me despojaron del chal
los guardias de las murallas.

8 Yo las conjuro,
muchachas de Jerusalén,
si encuentran a mi amado,
¿qué le han de decir?
Que estoy enferma de amor.

EL CORO.

9 ¿Qué distingue a tu amado de los otros,
tú, la más bella de las mujeres?
¿Qué distingue a tu amado de los otros,
para que así nos conjures?

LA NOVIA.

10 Mi amado es moreno claro*,
distinguido entre diez mil.
11 Su cabeza es oro, oro puro;
sus guedejas, racimos de palmera,
negras como el cuervo.
12 Sus ojos como palomas
a la vera del arroyo,
que se bañan en leche,
posadas junto al estanque.
13 Sus mejillas, eras de balsameras,
macizos de perfumes.
Sus labios son lirios
con mirra que fluye.
14 Sus manos, torneadas en oro,
engastadas de piedras de Tarsis.

5 10 La descripción, ver **4** 1, está cargada de hipérboles convencionales. Comparar con Si **50** 5-12.

Su vientre, pulido marfil,
todo cubierto de zafiros.
15 Sus piernas, columnas de alabastro,
asentadas en basas de oro.
Su porte es como el Líbano,
esbelto como sus cedros.
16 Su paladar, dulcísimo,
todo él un encanto.
Así es mi amado, mi amigo,
muchachas de Jerusalén.

EL CORO. **6** 1 ¿Adónde se fue tu amado,
tú, la más bella de las mujeres?
¿Adónde se volvió tu amado,
para que lo busquemos contigo?

LA NOVIA. 2 Mi amado bajó a su huerto,
a las eras de balsameras,
a apacentar en los huertos
y recoger azucenas.
3 Mi amado es mío y yo de mi amado*,
que pasta entre azucenas.

Quinto poema

EL NOVIO. 4 Eres bella, amiga mía, como Tirsá,
encantadora, como Jerusalén*,
imponente como ejército en formación.

5 Aparta de mí tus ojos,
que me subyugan.
Tu melena es rebaño de cabras
que desciende del monte Galaad.
6 Tus dientes, un rebaño esquilado
de ovejas que salen del baño:
todas con crías mellizas,
entre ellas no hay una estéril.
7 Tus mejillas, dos cortes de granada,
se adivinan tras el velo.

8 Sesenta son las reinas,
ochenta las concubinas
(innumerables las doncellas),
9 pero única es mi paloma,
toda ella sin defecto,
única para su madre,
predilecta de la que la engendró.

6 3 Ver **2** 16+.
6 4 Jerusalén es *la Hermosa, la alegría de toda la tierra,* Lm **2** 15. Tirsá, primera capital del reino del Norte, 1 R **14** 17, aparece aquí como paralelo porque su nombre significa *agradable, graciosa.*

Las doncellas la felicitan al verla,
reinas y concubinas la elogian:
10 «¿Quién es ésta que asoma como el alba,
hermosa como la luna,
refulgente como el sol,
imponente como ejército en formación?»

11 Había yo bajado al nogueral
a contemplar la floración del valle,
a ver si la vid estaba en cierne,
a ver si florecían los granados.
12 ¡Sin saberlo, mi deseo me puso
en los carros de Aminadib*!

EL CORO.

7

1 ¡Vuelve, vuelve, Sulamita*,
vuelve, vuelve, que te miremos!

¿Por qué miran a la Sulamita,
que danza en medio de dos coros?

EL NOVIO.

2 ¡Qué lindos se ven tus pies*
con sandalias, hija de príncipe!
Tus caderas torneadas son collares,
obra artesana de orfebre;
3 tu ombligo, una copa redonda,
que rebosa vino aromado;
tu vientre, montoncito de trigo,
adornado de azucenas;
4 tus pechos igual que dos crías
mellizas de gacela;
5 tu cuello, como torre de marfil
tus ojos, las piscinas de Jesbón,
junto a la puerta de Bat Rabín
tu nariz, como la torre del Líbano,
centinela que mira hacia Damasco;
6 tu cabeza destaca como el Carmelo,
con su melena, igual que la púrpura;
¡un rey en esas trenzas está preso!
7 ¡Qué bella eres, qué hermosura,
amor mío, qué delicias!
8 Tu talle es como palmera,
tus pechos son los racimos;
9 pienso subir a la palmera,
voy a cosechar sus dátiles;
serán tus pechos racimos de uvas,
tu aliento, aroma de manzanas,
10 tu paladar, vino generoso...

LA NOVIA.

...Que va derecho hacia mi amado,
y moja los labios de los que dormitan.

6 12 Este v. 12 es el más difícil del Cantar y desafía toda interpretación.
7 1 *Sulamita* queda sin explicación. Quizá sea una alusión a 1 R **1** 2-4 o a Salomón, ver **3** 7-11.
7 2 Ver **4** 1-5; **5** 10-16.

11 Yo soy para mi amado,
objeto de su deseo*.

12 ¡Oh, ven, amado mío,
salgamos al campo,
pasemos la noche en las aldeas!
13 De mañana iremos a las viñas,
a ver si la vid está en cierne,
si se abren las yemas,
si florecen los granados.
Allí te entregaré
el don de mis amores.
14 La mandrágora exhala su fragancia,
nuestras puertas rebosan de frutos:
todos, nuevos y añejos,
los guardo, amado, para ti*.

8 1 ¡Ah, si fueras mi hermano,
criado a los pechos de mi madre!
Podría besarte en plena calle,
sin miedo a los desprecios.
2 Te llevaría, te metería
en casa de mi madre
y tú me enseñarías.
Te daría vino aromado,
beberías el licor de mis granadas.

3 Su izquierda está bajo mi cabeza,
me abraza con la derecha.

EL NOVIO.
4 Las conjuro, muchachas de Jerusalén,
que no despierten ni desvelen,
a mi amor hasta que quiera.

Epílogo

5 ¿Quién es ésta que sube del desierto*,
apoyada en su amado?
Debajo del manzano te desperté,
allí donde tu madre te concibió,
donde concibió la que te dio a luz.

LA NOVIA.
6 Ponme como sello* en tu corazón,
como un sello en tu brazo.
Que es fuerte el amor como la Muerte,

7 11 En Gn **3** 16 la misma palabra rara designa el atractivo de la mujer hacia su marido.
7 14 Se atribuía a la mandrágora poder de excitar el amor y dar la fecundidad, ver Gn **30** 14-16; los frutos reservados al novio evocan el otoño, el tiempo del amor consumado.
8 5 Las dos pequeñas coplas del v. 5 no se relacionan con lo que sigue y son independientes entre sí.
8 6 La amada por fin define el amor, su poder, su valor, su duración. El *sello*, sustituto de la persona y signo de su autoridad, se llevaba colgado del cuello o puesto en un dedo. Ver Ag **2** 23.

implacable como el Seol la pasión.
Saetas de fuego, sus saetas,
una llamarada de Yahvé.
7 No pueden los torrentes apagar el amor,
ni los ríos anegarlo.
Si alguien ofreciera
su patrimonio a cambio de amor,
quedaría cubierto de baldón.

Apéndices

Dos epigramas*.

8 Tenemos una hermanita
sin pechos todavía.
¿Qué haremos con nuestra hermana
el día que se hable de ella?
9 —Si es una muralla,
la coronaremos de almenas de plata;
si es una puerta,
la reforzaremos con barras de cedro.

10 —Yo soy una muralla,
mis pechos, como torres.
Así seré para él
como quien ha hallado la paz.

11 Salomón tenía una viña
plantada en Baal Hamón.
Encomendó la viña a los guardas,
cada uno le traía por sus frutos
mil siclos de plata.

12 Mi viña, la mía, está aquí;
los mil siclos, Salomón, para ti;
y da doscientos a los guardas.

Últimas adiciones*.

13 ¡Oh tú, reina de los jardines,
mis compañeros escuchan tu voz!:
¡deja que también la oiga yo!

14 ¡Huye, amado mío,
imita a una gacela
o a un joven cervatillo,
por los montes perfumados!

8 8 Los vv. 8-10 han sido unidos al Ct a causa de la alusión a la boda; los vv. 11-12, en cambio, porque han sido entendidos como un canto de amor.

8 13 Al v. 13, que probablemente es el comienzo de un poema no conservado, se le ha unido el v. 14 inspirado en **2** 17.

LAMENTACIONES

Introducción

Son cinco poemas sobre la destrucción del templo, compuestos en Palestina entre el 587, año del Destierro, y antes del 538. Son obra de un mismo autor. La Biblia hebrea agrupa este conjunto con los «rollos» o «meguillot» que se leían en las fiestas más solemnes de Israel. La versión griega y la Vulgata los colocan a continuación del libro de Jeremías y los atribuyen a este profeta.

Lamentación primera

Jerusalén está abandonada, como una viuda vestida de luto a la que nadie consuela. Ella misma reconoce que tal situación la han provocado sus pecados y espera confiada que la salvación le venga de Yahvé.

Lamentación segunda

La ciudad es una inmensa llaga. El dolor se personaliza en la imagen de unas madres angustiadas. Los enemigos festejan la ruina de Jerusalén. Pero es Yahvé quien devolverá la vida a la ciudad.

Lamentación tercera

Todo el esplendor y prosperidad de la ciudad se han trocado en desgracia. El pueblo reconoce sus pecados y confía en que Yahvé le hará justicia.

Lamentación cuarta

Jerusalén es como una piedra preciosa, pero sin brillo. En ella anidan el hambre, la sed. Los causantes de tal situación han sido los reyes y los profetas. La desolación es total. Los enemigos de Jerusalén se alegran.

Lamentación quinta

Es una oración colectiva. La Vulgata la titula «Oración de Jeremías». Recopila los motivos de las Lamentaciones anteriores. El pueblo llora y reconoce sus pecados. Pero al mismo tiempo proclama que Yahvé permanece fiel a su pueblo y que les salvará.

LAMENTACIONES*

Primera lamentación

Álef. **1** [1] ¡Qué solitaria se encuentra
la otrora Ciudad populosa!
Como una viuda ha quedado
la grande entre las naciones.
La Princesa de las provincias
sometida está a tributo.

Bet. [2] Llora que llora de noche,
surca el llanto sus mejillas.
No hay nadie que la consuele
entre todos sus amantes*.
Todos sus amigos la han traicionado,
¡se le han convertido en enemigos!

Guímel. [3] Judá está desterrada y postrada,
sometida a extrema servidumbre.
Mezclada con las naciones,
en nada encuentra sosiego.
La alcanzaron sus perseguidores,
la pusieron en aprietos.

Dálet. [4] Las calzadas de Sión están de luto,
ya nadie viene a las solemnidades.
Todas sus puertas desoladas,
sus sacerdotes gimiendo,
afligidas sus doncellas,
¡y ella misma en amargura!

He. [5] La domina el enemigo,
feliz está el adversario,
porque Yahvé la ha afligido,
pues son muchos sus delitos.
Sus niños partieron al cautiverio
delante del enemigo.

Vau. [6] La hija de Sión ha quedado
privada de todo su esplendor*.
Sus príncipes son como ciervos
que ya no encuentran pasto,
caminando van sin fuerzas,
hostigados por la espalda.

Zain. [7] Jerusalén recuerda sus días
de miseria y vida errante,

El título de los LXX y la Vulg atribuye estos poemas a Jeremías. El arrepentimiento y la confianza que se expresan en estos cantos de duelo, compuestos en Palestina después de la ruina de Jerusalén (587), les dan un valor permanente y justifican su empleo litúrgico durante la Semana Santa.

1 2 Los antiguos aliados de Judá, ver Jr **4** 30; Ez **16** 37-40; etc.

1 6 Ver Ez **10** 18; **11** 22.

cuando su pueblo sucumbía ante el enemigo,
sin que nadie viniera en su ayuda.
Los enemigos la miraban,
burlándose de su ruina.

Jet. 8 Mucho ha pecado Jerusalén,
por eso ha quedado impura.
Todos los que la honraban la desprecian,
porque han visto su desnudez*;
y ella misma gime
vuelta de espaldas.

Tet. 9 Su inmundicia se pega a su ropa,
no pensó ella en este fin.
¡Su caída ha sorprendido,
no hay quien la consuele!
«¡Mira, Yahvé, mi miseria,
que el enemigo se crece!»

Yod. 10 Echó mano el enemigo
a todos sus tesoros;
ha visto ella a los paganos
penetrar en su santuario,
aquellos de quienes ordenaste:
«¡No entrarán en tu asamblea!»

Kaf. 11 Su pueblo entero gime
y anda en busca de pan;
cambian sus tesoros por comida,
por ver de recobrar la vida.
«Mira, Yahvé, y contempla
qué envilecida estoy.»

Lámed. 12 Ustedes que pasan por el camino,
miren, fíjense bien
si hay dolor parecido
al dolor que me atormenta,
con el que Yahvé me castigó
el día de su ardiente cólera.

Mem. 13 Desde lo alto ha lanzado un fuego
que se ha metido en mis huesos.
Ante mis pies ha tendido una red,
y me ha hecho retroceder;
me ha dejado desolada,
todo el día dolorida.

Nun. 14 Hizo un yugo con mis culpas,
por su mano entrelazadas.
Sobre mi cuello su yugo
doblega mi vigor.
El Señor me ha dejado a merced de ellos,
¡ya no me puedo tener!

1 8 Ver Ez **16** 37; Is **47** 3.

Sámek. 15 Ha desechado a mis valientes
de en medio de mí el Señor.
Ha convocado un concejo contra mí
para acabar con mis jóvenes.
El Señor ha pisado en el lagar
a la doncella, capital de Judá.

Ain. 16 Por eso estoy llorando;
mi ojo, mi ojo se va en agua,
pues no hay quien me consuele,
quien me devuelva el ánimo.
Mis hijos están desolados,
porque ha ganado el enemigo.

Pe. 17 Tiende Sión sus manos:
¡no hay quien la consuele!
Ha mandado Yahvé contra Jacob
sus adversarios por doquier;
se ha convertido Jerusalén
en algo impuro entre ellos.

Sade. 18 Justo, justo ha sido Yahvé,
pues he sido indócil a sus órdenes.
Escuchen, pueblos todos,
contemplen mi dolor.
Mis doncellas y mis jóvenes
han marchado al cautiverio.

Qof. 19 He llamado a mis amantes:
mas todos me han traicionado.
Mis sacerdotes y mis ancianos
han expirado en la ciudad,
mientras buscaban alimento
para recobrar las fuerzas.

Reš. 20 ¡Contempla, Yahvé, mi angustia!
¡Me hierven las entrañas,
mi corazón se revuelve en mi interior,
pues he sido muy rebelde!
Fuera la espada me priva de hijos,
en casa aguarda la muerte.

Šin. 21 ¡Escucha mis gemidos:
no hay quien me consuele!
Mis enemigos, enterados de mi mal,
se alegran de lo que me has hecho.
¡Haz que llegue el Día anunciado,
para que acaben como yo*!

Tau. 22 ¡Llegue ante ti su maldad,
y trátalos a ellos
como a mí me trataste
por todos mis delitos!

1 21 El *Día de Yahvé*, Am **5** 18+.

Que estoy harta de gemir
y languidece mi corazón.

Segunda lamentación

Álef. **2** 1 ¡Cómo ha nublado en su cólera,
el Señor a la capital, Sión!
¡Desde el cielo ha tirado por tierra
el esplendor de Israel,
sin acordarse del estrado de sus pies*,
el día de su cólera!

Bet. 2 El Señor ha destruido sin piedad
todas las moradas de Jacob;
ha derruido, en su furor,
las fortalezas de la capital de Judá;
por tierra ha echado, ha profanado
al reino y a todos sus príncipes.

Guímel. 3 Ardiendo en cólera ha quebrado
todo el poder de Israel*;
ha escondido su diestra en la espalda
cuando ha llegado el enemigo;
y han prendido las llamas en Jacob
devorando todo alrededor.

Dálet. 4 Como enemigo ha tensado su arco,
ha tomado con su diestra las flechas,
dando muerte como un adversario
a la flor y nata de la juventud;
en la tienda de la capital de Sión
ha vertido como fuego su furor.

He. 5 Se ha portado el Señor como enemigo:
ha acabado con Israel,
ha destruido sus palacios,
ha derribado sus fortalezas,
ha llenado la capital de Judá
de llantos y lamentos.

Vau. 6 Ha forzado, como a un huerto, su cerca,
ha derruido su lugar de reunión.
Ha borrado Yahvé en Sión
la memoria de fiestas y sábados;
ha desechado en el ardor de su cólera
a reyes y a sacerdotes.

Zain. 7 El Señor ha rechazado su altar,
su santuario ha desdeñado;
ha dejado a merced del enemigo
los muros de sus palacios;

2 1 El Templo, Ez 43 **7**. **2** 3 Ver Sal **75** 5+.

¡se oyeron gritos en el templo de Yahvé,
lo mismo que en día solemne*!

Jet. 8 Yahvé decidió destruir
la muralla de Sión, la capital.
Echó el cordel, no retiró
su mano para arrasar;
ha enlutado antemural y muro,
que juntos se desmoronan.

Tet. 9 Ha hundido en tierra sus puertas,
deshaciendo y rompiendo sus cerrojos;
su rey y sus príncipes están entre paganos;
¡ya no hay Ley!
Tampoco sus profetas reciben
visiones de Yahvé.

Yod. 10 En tierra se sientan, en silencio,
los ancianos de Sión, la capital;
se han echado polvo en la cabeza
y se han ceñido de saco.
Humillan su cabeza por tierra
las doncellas de Jerusalén.

Kaf. 11 El llanto consume mis ojos,
me hierven las entrañas,
mi hiel por tierra se derrama,
por la ruina de la capital de mi pueblo,
mientras niños y lactantes desfallecen
en las plazas de la ciudad.

Lámed. 12 Preguntan a sus madres:
«¿Dónde hay pan?»,
mientras caen desfallecidos, como heridos,
en las plazas de la ciudad,
mientras exhalan el espíritu
en el regazo de sus madres.

Mem. 13 ¿A quién te compararé y asemejaré,
ciudad de Jerusalén?
¿Quién te podrá salvar y consolar,
doncella, capital de Sión?
Grande como el mar es tu quebranto:
¿quién te podrá curar?

Nun. 14 Tus profetas te ofrecieron visiones
falsas, sin contenido.
No revelaron tu culpa,
porque cambiara tu suerte*.
Oráculos te ofrecieron
de falacia e ilusión.

2 7 El grito de guerra del enemigo ha reemplazado las aclamaciones litúrgicas.

2 14 *Cambiar la suerte*, frecuente en Jeremías, significa *hacer volver a los cautivos*.

Sámek. 15 Contra ti baten palmas
todos los viandantes;
silban y menean la cabeza
contra la capital, Jerusalén.
«¿Ésta es la ciudad que llamaban Hermosa,
la alegría de toda la tierra?»

Pe. 16 Abren su boca contra ti
todos tus enemigos;
silban y rechinan los dientes,
diciendo: «¡La hemos tragado!
¡Éste es el Día que esperábamos!
¡Con él hemos dado, ya lo vemos!»

Ain. 17 Yahvé ha realizado su designio,
ha cumplido su palabra,
que había empeñado desde antiguo;
ha destruido sin piedad,
te ha hecho irrisión del enemigo,
ha exaltado el poder de tu adversario.

Sade. 18 ¡Clama, pues, al Señor,
muralla de Sión capital;
que corran a torrentes tus lágrimas,
lo mismo de día que de noche;
no te concedas tregua,
no des reposo a tus ojos!

Qof. 19 ¡En pie, lanza un grito en la noche,
cuando comienza la ronda;
derrama como agua tu corazón
ante el rostro del Señor,
alza tus manos hacia él
por la vida de tus pequeños
(que de hambre desfallecen
por las esquinas de las calles)!

Reš. 20 Mira, Yahvé, y recapacita:
¿a quién has tratado de esta suerte?
¿Tenían las mujeres que comer a sus hijos,
a sus niños de pecho*?
¿Tenían que ser asesinados en el santuario del Señor
sacerdotes y profetas?

Šin. 21 Yacen por tierra en la calle
juntos niños y ancianos;
mis doncellas y mis jóvenes
cayeron a cuchillo;
¡has matado en el día de tu cólera,
has inmolado sin piedad!

Tau. 22 Como en día de fiesta congregaste
todo alrededor terrores*;

2 20 Ver **4** 10; Dt **28** 53; Jr **19** 9. **2** 22 Ver Jr **6** 25; **20** 3.10; etc.

en el día de la ira de Yahvé
no hubo fugitivos ni evadidos.
Los que yo había criado y mantenido
fueron exterminados por mi enemigo.

Tercera lamentación *

Álef. **3** 1 Soy el hombre que ha visto la aflicción
bajo el látigo de su furor.
2 Me ha llevado y me ha hecho caminar
en tinieblas y sin luz.
3 Contra mí vuelve y revuelve
su mano todo el día.

Bet. 4 Mi carne y mi piel ha consumido,
ha quebrado mis huesos.
5 Ha levantado contra mí en asedio*
tortura y amargura.
6 Me ha hecho morar en tinieblas,
como a los muertos de antaño.

Guímel. 7 Me ha tapiado, no puedo salir;
me ha echado pesadas cadenas.
8 Aunque grito y pido auxilio,
él sofoca mi plegaria.
9 Ha cercado mi camino con sillares,
ha torcido mis senderos.

Dálet. 10 Me ha acechado como un oso,
como un león escondido.
11 Ha intrincado mi camino para desgarrarme,
me ha dejado destrozado.
12 Ha tensado su arco y me ha hecho
blanco de sus flechas.

He. 13 Ha clavado en mis lomos
las flechas de su aljaba.
14 Soy la burla de todo mi pueblo*,
su copla todo el día.
15 Me ha colmado de amargura,
me ha abrevado con ajenjo.

Vau. 16 Ha quebrado mis dientes con guijarros,
me ha revolcado en la ceniza.
17 Me encuentro lejos de la paz,
he olvidado la dicha.
18 Me digo: ¡Ha fenecido mi vigor,
y la esperanza que me venía de Yahvé!

3 Como en más de un salmo, el lamento personal se amplía, vv. 40-47, convirtiéndose en lamentación colectiva.

3 5 Quizás sea la imagen de una ciudad sitiada.

3 14 Ver v. 63; Sal **69** 12; Jr **20** 7; Jb **30** 9.

Zain. 19 Recuerda mi miseria y vida errante:
¡todo es ajenjo y amargura!
20 Lo recuerda, lo recuerda, y se hunde
mi espíritu dentro de mí.
21 Pero algo traigo a la memoria,
algo que me hace esperar:

Jet. 22 Que el amor de Yahvé no ha acabado,
que no se ha agotado su ternura;
23 mañana a mañana se renuevan:
¡grande es tu fidelidad!
24 «¡Mi porción es Yahvé*, me digo,
por eso en él esperaré!»

Tet. 25 Bueno es Yahvé para quien lo espera,
para todo aquel que lo busca.
26 Bueno es esperar en silencio
la salvación de Yahvé.
27 Bueno es para el hombre soportar
el yugo desde su mocedad.

Yod. 28 Que se esté solo y silencioso,
cuando el Señor se lo impone;
29 que humille su boca en el polvo:
quizá así quede esperanza;
30 que ponga la mejilla a quien lo hiere*,
que se harte de oprobios.

Kaf. 31 Porque no desecha para siempre
a los humanos el Señor;
32 después de afligir se apiada
según su inmenso amor;
33 pues no se complace en humillar,
en afligir a los seres humanos.

Lámed. 34 Cuando se aplasta bajo el pie
a todos los cautivos de un país,
35 cuando se tuerce el derecho de un hombre
en presencia del Altísimo,
36 cuando se hace injusticia en su proceso,
¿no lo ve el Señor?

Mem. 37 ¿Quién dice algo y sucede?
¿No es el Señor el que decide?
38 ¿No salen de la boca del Altísimo
los males y los bienes?
39 ¿De qué, pues, se queja el hombre?
¡Que sea hombre contra sus pecados!

Nun. 40 Examinemos atentos nuestra conducta,
y convirtámonos a Yahvé.
41 Alcemos nuestro corazón y nuestras manos
al Dios que está en los cielos.

3 24 Ver Sal **16** 6+; **73** 26.

3 30 Ver Is **50** 6+; Mt **5** 39.

[42] Hemos sido rebeldes y traidores,
¡y Tú no has perdonado!

Sámek. [43] Envuelto en cólera, nos has perseguido,
nos has matado sin piedad;
[44] te has arropado en una nube
para que no pasara la oración;
[45] basura y abyección nos has hecho
en medio de los pueblos.

Pe. [46] Abren su boca contra nosotros
todos nuestros enemigos.
[47] Terror y espanto es nuestra suerte,
desolación y ruina.
[48] Arroyos de lágrimas derraman mis ojos
por la ruina de la capital de mi pueblo.

Ain. [49] Mis ojos fluyen sin cesar;
ya no habrá alivio
[50] hasta que mire y vea
Yahvé desde los cielos.
[51] Me duelen los ojos de llorar
por todas las jóvenes de mi ciudad.

Sade. [52] Me cazaron como a un pájaro
los que me odian sin motivo.
[53] Me arrojaron vivo en una fosa
y echaron piedras sobre mí.
[54] Sumergieron las aguas mi cabeza,
me dije: «¡Estoy perdido!»

Qof. [55] Invoqué tu Nombre, Yahvé,
desde lo hondo de la fosa.
[56] Tú oíste mi grito: «¡No cierres
tu oído a mi oración que pide ayuda!»
[57] Te acercaste el día que te llamé,
me dijiste: «¡Nada temas!»

Reš. [58] Defendiste, Señor, mi causa,
mi vida has rescatado*.
[59] Has visto el entuerto que me hacen:
¡hazte cargo de mi juicio!
[60] Has visto toda su venganza,
todos sus planes contra mí.

Šin. [61] Has oído sus insultos, Yahvé,
todos sus planes contra mí,
[62] lo que dicen de mí mis agresores,
lo que traman en mi contra todo el día.
[63] Mira, sentados o de pie,
soy el objeto de sus coplas.

Tau. [64] Págales a todos, Yahvé,
según la obra de sus manos.

3 58 Dios es el *go'el* de su pueblo, ver Rt **2** 20+; Is **41** 20.

65 Dales una mente obcecada,
¡caiga sobre ellos tu maldición!
66 ¡Persíguelos con saña, extírpalos
de debajo de tus cielos!

Cuarta lamentación

Álef. 4 1 ¡Qué deslucido quedó el oro,
qué pálido el oro más fino!
Las piedras sagradas están esparcidas
por las esquinas de todas las calles*.

Bet. 2 Los nobles hijos de Sión,
valiosos lo mismo que el oro,
¡cuentan como vasos de arcilla,
obra de manos de alfarero!

Guímel. 3 Hasta los chacales desnudan las ubres
para dar de mamar a sus cachorros;
mas la capital de mi pueblo se ha vuelto cruel
como las avestruces del desierto*.

Dálet. 4 La lengua del niño de pecho
se pega de sed al paladar;
los pequeñuelos piden pan:
no hay quien se lo reparta.

He. 5 Los que comían manjares deliciosos
desfallecen en medio de las calles;
los que se criaron entre púrpura
revuelven los estercoleros.

Vau. 6 La culpa de la capital supera
al pecado mismo de Sodoma,
que fue aniquilada en un instante
sin que mano humana interviniera*.

Zain. 7 Sus nazireos, limpios como la nieve,
eran más blancos que la leche;
su cuerpo más rojo que el coral,
era un zafiro su figura.

Jet. 8 Más negro es su semblante que el hollín,
nadie ya los reconoce por las calles;
su piel, pegada a sus huesos,
seca está como madera.

Tet. 9 Más dichosos son los muertos a espada
que los muertos por el hambre,
que extenuados sucumben,
por falta de alimento.

4 1 La población de Jerusalén, simbolizada por el oro y las piedras sagradas, ha sido maltratada y envilecida. Ver Jr **6** 27-30.

4 3 Ver Jb **39** 13-17.

4 6 Ver Gn **19**.

Yod. [10] Manos de tiernas mujeres
cocieron a sus hijos:
triste alimento para ellas
mientras sucumbe la capital.

Kaf. [11] Yahvé apuró su furor,
derramando el ardor de su cólera;
encendió un fuego en Sión
que ha devorado sus cimientos.

Lámed. [12] Nunca creyeron los reyes de la tierra
ni cuantos habitan en el mundo,
que el adversario y el enemigo entrarían
por las puertas de Jerusalén.

Mem. [13] ¡Fue por los pecados de sus profetas,
por las culpas de sus sacerdotes,
que en medio de ella derramaron
sangre de gente inocente!

Nun. [14] Vagaban por las calles como ciegos,
todos manchados de sangre,
sin que nadie pudiera
tocar sus vestidos.

Sámek. [15] «¡Apártense! ¡Impuro!», les gritaban,
«¡Apártense, apártense! ¡No tocar!»
Si erraban por naciones, se decía:
«¡No seguirán de huéspedes aquí!»

Pe. [16] El Rostro de Yahvé los dispersó,
para no volver a mirarlos.
Los sacerdotes no fueron respetados,
no hubo piedad para los ancianos.

Ain. [17] Nuestros ojos se iban consumiendo
esperando un socorro: ¡ilusión!
Oteábamos desde nuestros oteros
a un pueblo* incapaz de salvar.

Sade. [18] Nuestros pasos eran vigilados,
nos prohibían andar por las plazas.
Cerca estaba nuestro fin, cumplidos nuestros días,
sí, llegaba nuestro fin.

Qof. [19] Nos perseguían hombres veloces,
más que las águilas del cielo;
nos iban acosando por los montes,
en el desierto nos tendían celadas.

Reš. [20] Nuestro aliento, el ungido de Yahvé*,
ha quedado preso en sus trampas.
De él decíamos: «¡A su sombra
viviremos entre las naciones!»

4 17 Egipto, aliado engañoso en la última guerra, Ez **29** 6; Jr **37** 6.

4 20 El *ungido* es Sedecías, ver 2 R **25** 6.

Šin. 21 ¡Disfruta, exulta, capital de Edom,
que habitas en el país de Us*!
¡También a ti llegará la copa:
te embriagarás y te desnudarás!

Tau. 22 ¡Has expiado tu culpa, capital de Sión;
ya no volverá a desterrarte!
¡Pero castigará tu culpa, capital de Edom,
pondrá al desnudo tus pecados!

*Quinta lamentación**

5 1 ¡Recuerda, Yahvé, lo que hemos pasado,
mira y observa nuestro oprobio!

2 Nuestra heredad ha pasado a extranjeros,
nuestras casas a extraños.

3 Somos huérfanos, sin padre;
nuestras madres, como viudas.

4 A precio de plata bebemos nuestra agua,
adquirimos nuestra leña con dinero.

5 El yugo a nuestro cuello, andamos acosados;
estamos agotados, no nos dan respiro.

6 Hacia Egipto tendemos nuestra mano,
hacia Asiria para saciar el hambre*.

7 Nuestros padres pecaron: ya no existen;
y nosotros cargamos con sus culpas*.

8 Unos esclavos* nos dominan,
nadie nos libra de su mano.

9 A riesgo de la vida logramos nuestro pan,
afrontando la espada en descampado.

10 Nuestra piel abrasa como un horno,
a causa del ardor del hambre.

11 Han violado a las mujeres en Sión,
a las doncellas en las ciudades de Judá.

12 Han colgado a los nobles con sus manos;
los ancianos no han sido respetados.

13 Han arrastrado la muela los muchachos,
bajo la leña se han doblado los niños.

4 21 Ver Is **51** 17+. Los pueblos vecinos, y sobre todo Edom, oprimieron a Israel vencido; los profetas se lo echarán en cara a menudo, Is **34**; Ez **25**; Sal **137** 7.

5 La Vulgata la titula: *Oración de Jeremías.*

5 6 Israel depende, para subsistir, de sus enemigos de siempre.

5 7 Ver, por contraste, Ez **18** 2 y **14** 12+.

5 8 *Esclavos*, título de los funcionarios caldeos.

[14] Los ancianos ya no acuden a la puerta,
los muchachos han parado sus cantares.

[15] Ha cesado la alegría del corazón,
se ha trocado en duelo nuestra danza.

[16] Ha caído la corona de nuestra cabeza.
¡Ay de nosotros, que hemos pecado!

[17] Por eso se duele nuestro corazón,
por eso se nublan nuestros ojos:

[18] por el monte Sión, asolado;
¡las raposas transitan por él!

[19] Mas tú, Yahvé, reinas por siempre;
¡tu trono permanece de edad en edad*!

[20] ¿Por qué has de olvidarnos para siempre,
por qué toda la vida abandonarnos?

[21] Haznos volver a ti, Yahvé, y volveremos.
Renueva nuestros días como antaño,

[22] ¿o nos has desechado del todo,
irritado contra nosotros sin medida?

5 19 Yahvé está sentado en el trono, en el cielo, a pesar de la ruina del Templo terrestre. Ver Sal **9** 8; **102** 13; **145** 13; **146** 10.

LOS LIBROS SAPIENCIALES

Introducción

Reciben este nombre cinco libros del Antiguo Testamento: Job, Proverbios, Eclesiastés, Eclesiástico y Sabiduría.

La literatura sapiencial floreció en todo el Antiguo Oriente, de modo particular en Egipto y en Mesopotamia, de donde pasó a Canaán. Esta sabiduría es internacional. Manifiesta pocas preocupaciones religiosas y se desenvuelve en el orden profano. Ilustra el destino de los individuos, no por medio de una reflexión filosófica, sino recogiendo los frutos de la experiencia. Es un arte de bien vivir y una señal de buena educación. Enseña al hombre a acomodarse al orden del universo y debería darle los medios para ser feliz y prosperar.

Los israelitas conocieron esta sabiduría y sus primeras obras sapienciales se asemejan mucho a las de sus vecinos: son preceptos de sabiduría humana. Pero los sabios de Israel consideran esta sabiduría bajo el prisma de la religión yahvista, con lo que le dan un valor religioso que se acentúa a medida que progresa la revelación. El pensamiento de los sabios identificará a la verdadera sabiduría con el temor de Dios, que es la piedad.

La forma literaria más simple y más antigua de la literatura sapiencial es el mâšâl *(proverbio): es una fórmula que cautiva la atención, un dicho popular o una máxima. En las colecciones antiguas el proverbio es una sentencia breve; en las más modernas, se desarrolla, se hace parábola o alegoría, y a veces discurso o razonamiento.*

Pero el origen de la sabiduría hay que buscarlo en la naturaleza y en los hombres, en sus experiencias que se van plasmando en sentencias, en dichos, en breves apólogos con aplicación moral y que servían de reglas de conducta. La brevedad de las sentencias las hacía aptas para la enseñanza oral.

La sabiduría se fue convirtiendo en privilegio de la clase instruida: sabios y escribas aparecen juntos en Jr **8** *8-9. Si* **38** *24-***39** *11 ensalza el oficio de escriba, que le permite adquirir sabiduría, contraponiéndolo a los oficios manuales. El rey designaba a sus funcionarios de entre los escribas y en la corte se desarrollaron antes que en sitio alguno las doctrinas de sabiduría.*

Los sabios formaban, en la época de Jeremías (ver **18** *18) una clase social distinta de los sacerdotes y profetas. Pero después del Destierro estas tres clases confluyen: el libro de Proverbios se adentra en la predicación profética (***1** *8-***9** *18); el Eclesiástico (***44-49***) y la Sabiduría (***10-19***) reflexionan sobre la Historia Sagrada; el Eclesiástico venera el sacerdocio, se muestra fervoroso del culto y finalmente identifica la Sabiduría con la Ley (***24** *23-34). Es la alianza entre el escriba (o el sabio) y el doctor de la Ley que encontramos en los tiempos evangélicos.*

EL LIBRO DE JOB

Introducción

El libro de Job es la obra maestra de la literatura sapiencial de la Biblia. La leyenda acerca de este héroe mítico, de cuya inocencia y bondad no había ninguna duda, le sirve al autor para construir su poema y reflexionar acerca del tema del sufrimiento del justo. El libro de Job enfrenta la tesis tradicional: Dios premia al justo y castiga al impío, con la tesis nueva: los sufrimientos del justo tienen sentido en el conjunto del proyecto de Dios.

Escrito a finales del s. V o principios del IV a. C., el poema es sin duda una reflexión sobre el sentido de los sufrimientos del pueblo elegido (el «justo»). El libro transciende así el plano individual y se convierte en un poema nacional.

La estructura literaria de Job es la de un drama poético divido en dos actos, enmarcados con un prólogo, un epílogo y un entreacto.

1. Prólogo (**1** *1*-**2** *13)*

Escrito en prosa. Presenta el tema del drama y los personajes, que no son palestinenses, sino de Arabia o Edom, región célebre por sus sabios. El protagonista, Job, goza de una situación material próspera, como corresponde a un hombre justo. Pero se opera un cambio brusco en sus bienes y en su persona. Desde el prólogo el autor nos advierte que el cambio es una prueba de su fidelidad al Señor. El Satán (a quien no hay que relacionar con ningún poder diabólico) consigue que se cuestione y se ponga a prueba la religiosidad de este justo. Los amigos de Job encarnan la tesis tradicional: El cambio de su situación social y personal es señal de que Job no es justo.

Acto 1º: Job y sus tres amigos (**3** *1*-**31** *40)*

Se divide en una introducción y tres escenas:

— Introducción (**3** *1-26). El protagonista plantea el drama con toda su crudeza mediante imágenes ricas y desgarradoras.*

— Escena 1ª (**4** *1*-**14** *22). Intervienen los personajes con un orden fijado, y que se repetirá en las escenas siguientes: Elifaz / Job / Bildad / Job / Sofar / Job.*

*Los amigos, defensores de la tesis tradicional, quieren demostrar que la primera prosperidad de Job era consecuencia de sus buenas obras. El cambio de situación prueba que Job ya no es justo. La salida que ofrecen a Job es arrepentirse y volverse al Señor (***5** *8).*

*Job desbarata esta tesis; no le sirve para explicar su cambio de situación, o, en una perspectiva de poema nacional, no sirve para explicar los sufrimientos de Israel. Job tiene conciencia de ser justo; por eso, y puesto que está capacitado por su sabiduría, pide explicación a Dios, y quiere defenderse ante él (***13** *3).*

— Escena 2ª (**15** *1*-**21** *34). Los amigos insisten en la tesis tradicional y reprenden a Job por su obcecación: la prueba de que no es justo son los sufrimientos que le aquejan.*

*Job rechaza la argumentación y se reafirma en su actitud de pedir cuentas a Dios, que se está demostrando injusto, pues castiga al justo y no castiga a los malvados: «Si Dios es justo, ¿por qué prosperan los malvados» (***21** *7-34). En la soledad de su dolor, Job comprende que sólo le queda a Dios como su abogado, su «go'el»: el ver-*

dadero pariente que puede salir en su defensa.

— Escena 3ª (**22** *1*-**31** *40*). *Para mantener el ritmo de las intervenciones de los personajes, hay que alterar el orden del texto de los capítulos* **24-27**; *alteración apoyada en el mal estado de transmisión del texto de estos capítulos; alteración que refleja nuestra edición.*

Los amigos no aportan nuevos argumentos. Sólo insisten en que si Job quiere pleitear con Dios, que lo haga cuanto antes, aunque será inútil. La lista de pecados de Job, que ciertamente cometió aunque no tenga conciencia de ellos, es la prueba de su maldad (**22** *5-9*).

Job reconoce que tiene pocas esperanzas de ganar el pleito (**23** *8-17*); *pero al final apunta su esperanza basada en la amistad que antes ha tenido con Dios. Y termina retando dramáticamente a Dios con solemnes afirmaciones de su inocencia* (**31** *6-35*).

En esta escena se intercala una amplia reflexión sobre la sabiduría divina (**28**), *inaccesible al hombre y que insinúa ya la solución final del drama.*

Entreacto: Monólogo de Elihú (32 *1*-37 *24*)

Es una adición posterior al drama. Remacha la defensa de la tesis tradicional: Job no es un hombre justo.

Acto 2º: Dios y Job (38 *1*-42 *6*)

Yahvé Dios acepta el reto de Job y entra en escena, acompañado de la tormenta, como en todas las teofanías bíblicas. El parlamento de Yahvé es largo y prolijo; el de Job, corto y humilde.

— Escena 1ª (**38** *1*-**40** *5*). *La ley del gobierno de Yahvé supera toda inteligencia humana. Dios interviene con preguntas retóricas. Job reconoce su insensatez.*

— Escena 2ª (**40** *6*-**42** *6*). *Yahvé no es injusto. Job ha errado al lanzar contra Yahvé esta acusación. La intervención de Dios, también mediante preguntas retóricas, prueba que su gobierno es justo y que se extiende no sólo a los hombres, sino también a los animales que escapan al dominio de los hombres* (**40** *6*-**41** *26*).

Job reconoce de nuevo su insensatez. El proyecto de Dios es un misterio. La enseñanza tradicional sobre el designio de Dios, y más sobre el sufrimiento, no le sirve: «Sólo de oídas te conocía». Ahora aduce su popia experiencia: «Ahora te han visto mis ojos» (**42** *1-6*).

Epílogo (42 *7-17*)

Fragmento en prosa. Se cierra la leyenda que ha servido de parábola para plantear el drama del sufrimiento. El libro alaba la actitud de Job por querer aclarar el tema del sufrimiento del justo. Es un avance grande dentro de la teología del judaísmo: El designio de Yahvé no queda encasillado en doctrinas y tradiciones. El hombre lo descubre desde la propia experiencia, que a veces puede ser dolorosa.

JOB

I. Prólogo

Satán prueba a Job.

1 [1] Érase una vez un hombre llamado Job, que vivía en el país de Us. Era un hombre íntegro y recto, temeroso de Dios y apartado del mal. [2] Tenía siete hijos y tres hijas. [3] Poseía siete mil ovejas, tres mil camellos y quinientas yuntas de bueyes, quinientas burras y numerosos siervos. Era el más rico de toda la gente de Oriente. [4] Sus hijos tenían por costumbre juntarse para comer en casa de uno de ellos, por turnos; y mandaban llamar a las tres hermanas para que comieran con ellos. [5] Una vez acabados estos días de fiesta, Job los llamaba para purificarlos*; al día siguiente, de madrugada, ofrecía un holocausto por cada uno de ellos, pues pensaba que a lo mejor habían pecado maldiciendo a Dios en su interior. Siempre hacía lo mismo.

[6] Un día en que los hijos de Dios fueron a presentarse ante Yahvé, apareció también entre ellos el Satán*. [7] Dijo entonces Yahvé al Satán: «¿De dónde vienes?». El Satán respondió: «De dar vueltas por la tierra y pasearme por ella». [8] Yahvé replicó al Satán: «¿Te has fijado en mi siervo Job? No hay nadie como él en la tierra: es un hombre íntegro y recto, temeroso de Dios y apartado del mal». [9] Respondió el Satán a Yahvé: «¿Te crees que Job teme a Dios por nada? [10] ¿No ves que lo has rodeado de protección, a él, a su casa y a todas sus posesiones? Has bendecido sus actividades y sus rebaños se extienden por el país. [11] Pero trata de poner la mano en sus posesiones; te apuesto a que te maldice a la cara». [12] Contestó Yahvé al Satán: «De acuerdo. Métete con sus posesiones, pero no le pongas la mano encima». Y el Satán salió de la presencia de Yahvé.

[13] Un día en que sus hijos e hijas comían y bebían en casa de su hermano mayor, [14] llegó un mensajero donde Job diciendo: «Estaban los bueyes arando y las burras pastando al lado, [15] y de pronto han caído sobre ellos los sabeos y se los han llevado, después de haber matado a los siervos a filo de espada. Sólo yo he podido escapar para contártelo». [16] Todavía estaba éste hablando, cuando llegó otro con el siguiente mensaje: «Ha caído del cielo fuego de Dios y ha pegado fuego y consumido a las ovejas y a los pastores. Sólo yo he podido escapar para contártelo». [17] Todavía estaba éste hablando, cuando llegó otro con el siguiente mensaje: «Los caldeos, divididos en tres grupos, se han echado sobre los camellos y se los han llevado, después de haber matado a los siervos a filo de espada. Sólo yo he podido escapar para contártelo». [18] Todavía estaba éste hablando, cuando llegó otro con el siguiente mensaje: «Tus hijos e hijas estaban comiendo y bebiendo en casa del hermano mayor; [19] de repente, un viento huracanado del otro lado del desierto ha embestido contra los cuatro ángulos

1 El autor ha conservado en este relato en prosa, caps. **1-2**, su estilo de historia popular. Se sitúa *en el país de Us*, al sudeste del mar Muerto. Job no es un israelita, ver Ez **14** 14.20. El libro no habla ni del pueblo de Dios, ni de la Alianza, ni de Jerusalén.

1 5 *Purificarlos*, lit.: *santificarlos*, eliminando los defectos que inhabilitaban para el culto, ver Lv **11** 1+.

1 6 *Los hijos de Dios*, seres celestes que forman la corte de Yahvé, ver 1 R **22** 19-23, y que se identifica con los ángeles, ver **2** 1; **38** 7; Gn **6** 1-4; Sal **29** 1; **89** 7. *El Satán*, es decir el *Adversario*, el *Acusador*, 2 S **19** 23; 1 R **5** 18; Sal **109** 6; Za **3** 1-2; etc. El término se convierte en un nombre propio, 1 Cro **21** 1; el de un ser malévolo para el hombre y capaz de hacerle daño, con el cual se identificarán el Dragón, la Serpiente, el Diablo, ver **3** 8; Gn **3** 1+; Mt **4** 10; Lc **10** 18; 1 Ts **2** 18; 2 Ts **2** 9; Ap **12** 3; etc.

de la casa, que se ha derrumbado sobre
los jóvenes y han muerto. Sólo yo he
podido escapar para contártelo». 20 Se
levantó Job, rasgó su manto y se rapó
la cabeza*; después cayó en tierra en
actitud humillada 21 y dijo:

«Desnudo salí del seno materno
y desnudo volveré a él*.
Yahvé me lo ha dado y Yahvé me lo
ha quitado.
Bendito sea el nombre de Yahvé».

22 A pesar de todo, Job no pecó ni
imputó nada indigno a Dios.

2 1 Un día en que los hijos de Dios
fueron a presentarse ante Yahvé,
apareció también entre ellos el Satán.
2 Dijo Yahvé al Satán: «¿De dónde vienes?». Respondió: «De dar vueltas por
la tierra y pasearme por ella». 3 Yahvé
replicó al Satán: «¿Te has fijado en mi
siervo Job? No hay nadie como él en
la tierra: es un hombre íntegro y recto,
temeroso de Dios y apartado del mal.
A pesar de todo, persevera en su integridad; y eso que me has incitado para
que lo destruya sin motivo». 4 Contestó el
Satán a Yahvé: «Piel tras piel*. El hombre
da por su vida todo lo que tiene. 5 Pero
trata de ponerle la mano encima, dáñalo
en los huesos y en la carne; te apuesto
a que te maldice a la cara». 6 Respondió
Yahvé al Satán: «Lo dejo en tus manos,
pero respeta su vida». 7 El Satán salió de
la presencia de Yahvé.

E hirió a Job con úlceras malignas*,
desde la planta del pie hasta la coronilla.
8 Job se sentó en el polvo y cogió un cas-
cote para arrascarse con él. 9 Su mujer
le dijo entonces: «¿Aún persistes en tu
integridad? Maldice a Dios y muérete».
10 Job le respondió: «Hablas como una
necia. ¡Resulta que estamos dispuestos a
recibir de Dios lo bueno y no lo estamos
para recibir lo malo!». A pesar de todo,
Job no pecó con sus labios.

11 Tres amigos de Job se enteraron de
la desgracia que le había sobrevenido y
acudieron desde sus respectivos países.
Eran Elifaz de Temán, Bildad de Súaj y
Sofar de Naamat. Los tres se pusieron
de acuerdo para ir a compartir su pena
y consolarlo. 12 Al verlo de lejos no lo
reconocieron. Empezaron entonces a
llorar a gritos, rasgaron sus mantos y
echaron polvo sobre sus cabezas*. 13 Se
sentaron en el suelo a su lado durante
siete días y siete noches, sin decirle una
sola palabra, viendo su terrible dolor.

II. Diálogo

1. PRIMER CICLO DE DISCURSOS

Job maldice el día de su nacimiento.
Jr **20** 14-18.

3 1 Finalmente Job empezó a hablar y maldijo el día de su nacimiento 2 con estas
palabras:

1 20 *Rasgó su manto, se rapó la cabeza*: dos gestos de dolor o de duelo. Ver Gn **37** 34; Jr **7** 29; etc.
1 21 Ver Qo **5** 14; Si **40** 1; Gn **3** 19; Sal **139** 15; 1 Tm **6** 7. -Yahvé es el dueño soberano, ver **9** 12; Qo **5** 18; Si **11** 14.
2 4 Locución proverbial. El hombre consiente en dejarse despojar progresivamente de lo que tiene sobre él (vestidos de piel), o de lo que posee, para evitar que le toquen su propia piel.
2 7 La palabra designa una inflamación, aplicada también a la sexta plaga de Egipto, Ex **9** 9-11. Aquí se trata de un mal pernicioso generalizado en todo el cuerpo, lo mismo que en Dt **28** 35, pero difícil de identificar de manera precisa.
2 12 Demostración de penitencia y de duelo, ver Jos **7** 6; 2 S **13** 19; Ez **27** 30.

[3] Muera el día en que nací,
la noche que anunció: «¡Ha sido concebido un varón!*».
[4] Que ese día se vuelva tinieblas,
que Dios, desde lo alto, no lo eche en falta,
que la luz no brille sobre él.
[5] Que lo reclamen tinieblas y densas sombras,
que una nube se cierna sobre él,
que un eclipse lo aterrorice.
[6] Sí, que la oscuridad se apodere de él,
que no se sume a los días del año,
ni entre en el cómputo de los meses.
[7] Que esa noche sea estéril,
vacía de gritos de júbilo.
[8] Que la maldigan los que maldicen los días,
los expertos en despertar a Leviatán*.
[9] Que se ofusquen las estrellas de su aurora,
que espere en vano la luz
y no contemple el parpadeo del alba,
[10] por no haberme cerrado las puertas del vientre
y no haber evitado el sufrimiento a mis ojos.

[11] ¿Por qué no morí antes de nacer
o salí del vientre ya cadáver?
[12] ¿Por qué me recogieron dos rodillas,
dos pechos para amamantarme?
[13] Ahora reposaría en paz,
ahora dormiría tranquilo
[14] con los reyes y consejeros de la tierra
que se hacen construir mausoleos,
[15] o con los príncipes que abundan en oro,
que llenan de plata sus tumbas*.
[16] Como aborto ignorado, no existiría,
como niño que no llega a ver la luz.
[17] Allí acaba la agitación de los malvados,
allí reposa la gente ya sin fuerzas.
[18] Hasta los prisioneros descansan en paz,
sin oír los gritos del capataz.
[19] Allí van a parar pequeños y grandes,
allí el esclavo se libra de su dueño.
[20] ¿Por qué dio luz a un desdichado,
vida a los que viven amargados,
[21] que suspiran en vano por la muerte
y la buscan con más ansia que a un tesoro,
[22] que gozarían ante el túmulo funerario
y se alegrarían al encontrar la tumba,
[23] a los hombres carentes de futuro
porque Dios les ha cerrado el paso?

3 3 Ver **10** 18; Si **23** 14; Jr **20** 14-15; Mt **26** 24.
3 8 Los hechiceros que influyen sobre el curso de los astros y que despiertan a la *Serpiente Huidiza* del caos primitivo, **7** 12+; **40** 25; Sal **74** 14; **104** 26; Is **27** 1; Ap **12** 3.
3 15 Las tumbas de los príncipes estaban llenas de tesoros.

[24] En vez de pan, me encuentro con sollozos,
derramo suspiros como agua.
[25] Me sucede lo que más temía,
me encuentro con lo que más me aterraba.
[26] Carezco de paz y tranquilidad,
no descanso, todo es sobresalto.

Confianza en Dios*.

4 [1] Elifaz de Temán respondió así:

[2] ¿Aguantarás si alguien te dirige la palabra?
¡Pero es que no se puede guardar silencio!
[3] Tú que a tantos dabas lecciones,
que fortalecías las manos débiles;
[4] tus consejos animaban al vacilante,
robustecías las rodillas inseguras.
[5] ¿Y ahora que te toca no aguantas,
te llega el turno y te espantas?
[6] ¿No era tu piedad tu confianza,
no era tu integridad tu esperanza?
[7] Recuerda: ¿qué inocente ha perecido?
¿Dónde has visto al justo exterminado?
[8] Soy testigo: quienes cultivan maldad
y siembran desgracia, las cosechan.
[9] Ante el aliento de Dios perecen,
ante el soplo de su cólera fenecen.
[10] Ruge el león, gruñe la fiera,
pero a los cachorros les arrancan los dientes.
[11] Muere el león por falta de presa,
las crías de la leona se dispersan.

[12] He tenido una revelación furtiva*,
mis oídos han captado su susurro.
[13] Cuando las visiones nocturnas provocan ansiedad,
cuando los hombres se rinden al sopor,
[14] fui presa de terror y agitación,
que estremecieron todos mis huesos.
[15] Se deslizó por mi rostro un viento
que erizó el vello de mi cuerpo.
[16] ...Se alzó. No reconocí su rostro,
pero su imagen seguía ante mis ojos.
Silencio... Después oí una voz:
[17] «¿Puede un mortal ser justo ante Dios,
puro un hombre ante su Hacedor?
[18] Si ni siquiera confía en sus siervos
y hasta en sus ángeles percibe defectos,

4 El primer discurso de Elifaz expresa, pero con mayor rigidez, la doctrina, tradicional entre los sabios y en los salmistas (**37**; **73**; etc.), sobre la retribución de los justos ya desde esta vida terrena.

4 12 Se trata de una palabra celeste, comunicada por un personaje misterioso, ver v. 16, en medio de un sueño profundo.

[19] ¿qué decir de los que viven entre adobes,
en casas construidas sobre el polvo?
Se les aplasta lo mismo que a polilla,
[20] de la mañana a la noche se derrumban,
desaparecen y nadie lo advierte.
[21] Les arrancan las cuerdas de su tienda,
mueren desprovistos de sabiduría».

5 [1] Grita ahora, a ver si te responden,
¿a qué santo* vas a recurrir?
[2] Cierto que el despecho mata al insensato,
que la envidia acaba con el necio.
[3] He visto a un insensato echar raíces
y de pronto malograrse su morada,
[4] a sus hijos metidos en apuros,
acosados en la puerta sin defensor.
[5] Su cosecha la come el hambriento,
pues Dios se la quita de entre los dientes;
el sediento se bebe su patrimonio.
[6] No sale del polvo la miseria,
ni el sufrimiento brota del suelo.
[7] Es el hombre quien nace para sufrir,
como las chispas para alzar el vuelo.

[8] Yo que tú acudiría a Dios,
a Dios expondría mi causa*.
[9] Él hace prodigios insondables,
maravillas innumerables.
[10] Derrama la lluvia sobre la tierra,
envía el agua a los campos,
[11] pone a los humildes en la altura,
a los afligidos en lugar seguro.
[12] Arruina los planes de los astutos
para que no prosperen sus intrigas.
[13] Enreda en su astucia a los sabios,
los planes de los taimados fracasan*.
[14] En pleno día tropiezan con tinieblas,
van a tientas de día como de noche.
[15] Él arranca de su boca al hombre arruinado,
al pobre de la mano opresora.
[16] El débil renace a la esperanza
y la maldad cierra su boca.

[17] ¡Dichosa la persona a quien Dios corrige!
No desprecies la lección de Shaddai*,
[18] porque hiere y pone la venda,
golpea y él mismo sana,

5 1 Los *santos* son los ángeles, ver **15** 15; Za **14** 5; Dn **4** 10; etc., tenidos por intercesores, **33** 23-24; Za **1** 12: Tb **12** 12+.
5 8 Elifaz invita a Job a rectificar su actitud respecto de Dios, tan poderoso y tan bueno, vv. 9-16.
5 13 Texto citado en 1 Co **3** 19.
5 17 Este nombre divino de la época patriarcal, ver Gn **17**+, es empleado en Job como arcaísmo.

19 te libra seis veces de la angustia,
y una séptima te evita el dolor*.
20 En plena carestía te salvará de la muerte,
en plena batalla, de la espada.
21 Estarás al abrigo del látigo de la lengua,
no temerás la desgracia que amenaza.
22 De desgracia y carestía te reirás,
de las fieras salvajes nunca temerás.
23 Pactarás con los espíritus campestres*,
con las bestias salvajes vivirás en paz.
24 Gustarás de la paz de tu tienda,
visitarás tu propiedad y estará todo en orden.
25 Conocerás numerosos descendientes,
retoñarán como hierba del campo.
26 Bajarás a la tumba bien maduro,
como hacina de trigo en sazón.
27 Esto lo tenemos comprobado; así es la cosa.
Escúchalo y saca tu lección.

El hombre rendido sólo conoce su miseria.

6 1 Job respondió así:

2 ¡Si se pudiera pesar mi aflicción,
todos mis males en una balanza!
3 Pesarían más que la arena del mar,
por eso mis palabras desatinan.
4 Tengo clavadas las flechas de Shaddai,
mi vida se ahoga en su veneno,
me hacen frente los terrores de Dios.
5 ¿Rebuzna el onagro* ante la hierba?,
¿muge el buey ante el forraje?
6 ¿Come alguien lo soso sin sal?,
¿tiene sabor la clara del huevo?
7 Lo que me daba asco catar
es ahora mi comida de enfermo.

8 Ojalá se cumpla mi deseo
y Dios responda a mi esperanza,
9 que tenga a bien aplastarme,
dejarme de su mano y rematarme.
10 Tendría al menos un consuelo:
torturado sin piedad, exultaría,
pues nunca he rechazado los decretos del Santo*.
11 ¿Me quedan fuerzas para aguantar?,
¿tengo una meta a la que aspirar?

5 19 Expresión del estilo de los proverbios numéricos, Pr **30** 15+.

5 23 Según la creencia cananea, los «espíritus», o «demonios» eran responsables de las malas cosechas. Ver también Mt **12** 43.

6 5 *Onagro*: burro salvaje; ver Sal **104** 11+.

6 10 El *santo* es aquí Yahvé, Lv **17** 1+; Is **6** 3+; Ha **3** 3.

[12] ¿Es mi fuerza la de las rocas?,
¿es mi cuerpo de bronce?
[13] Ya no sé dónde apoyarme,
estoy aislado sin ayuda.
[14] Quien retira la compasión al prójimo
abandona el temor de Shaddai.

[15] Mis hermanos engañan lo mismo que un torrente,
como cursos de agua después de la crecida:
[16] bajan turbios a causa del deshielo,
cuando sobre ellos se funde la nieve,
[17] pero en tiempo de estiaje se secan,
con el calor se evaporan sus cauces.
[18] Desvían de su ruta a las caravanas,
se adentran en el desierto y desaparecen.
[19] Los otean las caravanas de Temá,
van en su busca los convoyes de Saba,
[20] mas su esperanza se ve defraudada,
llegan allí y quedan confundidos.

[21] Así son ahora ustedes para mí:
ven mi horror y lo temen.
[22] ¿He dicho acaso: «Denme algo,
pongan a mi servicio sus bienes;
[23] líbrenme de manos del opresor,
de manos del violento rescátenme?»
[24] Instrúyanme y guardaré silencio,
háganme ver dónde está mi error*.
[25] Las palabras razonables se escuchan a gusto,
pero, ¿qué critican sus críticas?
[26] ¿Intentan refutar mis palabras,
voces desesperadas que arrebata el viento?
[27] ¡Serían ustedes capaces de sortear un huérfano,
de especular con su propio amigo!
[28] Pero tengan a bien mirarme,
que no les mentiré a la cara.
[29] ¡Vuélvanse, juguemos limpio,
vuélvanse, que va en ello mi inocencia!
[30] ¿Encuentran falsedad en mis labios?,
¿no distingue mi boca el infortunio?

7 [1] El hombre en la tierra cumple un servicio*,
vida de mercenario es su vida;
[2] como esclavo, suspira por la sombra,
como jornalero, aguarda su soldada.
[3] También yo comparto meses baldíos,
noches de agobio me tocan en suerte.
[4] Al acostarme pienso: «¿Cuándo llegará el día?»,
y al levantarme: «¿Cuándo se hará de noche?

6 24 Por inadvertencia o ignorancia, ver Lv **4**; Nm **15** 22-29; Sal **19** 13.
7 1 Servicio duro, obligatorio y sin tregua, ver **14** 14, lucha y servidumbre de día y de noche.

Me harto de pesadillas hasta el alba.
5 Me cubren la carne gusanos y costras,
la piel se me agrieta y supura.
6 Mis días corren más que la lanzadera,
se consumen sin nada de esperanza.
7 Recuerda: mi vida es sólo un soplo,
mis ojos ya no verán la dicha.
8 Seré invisible a cualquier mirada,
te fijarás en mí, pero no estaré.
9 Como nube que se esfuma y pasa,
el que baja al Seol ya no sube*.
10 No vuelve ya a su casa,
ya no lo reconoce su morada.
11 Por eso no contendré mi lengua,
hablaré llevado por la angustia,
me quejaré repleto de amargura.

12 ¿Soy yo el Mar o el Dragón*
para que me pongas un guardián?
13 Si pienso: «Mi lecho me consolará,
compartirá mi cama mi llanto»,
14 me aterras entonces con sueños,
me espantas después con visiones.
15 Quisiera morir asfixiado*:
¡antes la muerte que mis dolores!
16 Me da igual, no he de vivir para siempre;
déjame en paz, mis días son un soplo.
17 ¿Qué es el hombre para darle importancia,
para que pongas en él tu interés*,
18 para que lo inspecciones cada mañana
y a cada instante lo pongas a prueba?
19 ¿Dejarás alguna vez de mirarme?,
¿me darás tiempo a tragar saliva?
20 Si he pecado, ¿en qué te afecta,
Centinela de los hombres?
¿Por qué convertirme en blanco?
¿Por qué te sirvo de carga?
21 ¿Por qué no olvidas mi ofensa,
pasas por alto mi culpa,
si pronto yaceré en tierra
y no estaré aunque me busques?

7 9 Del Seol, Nm **16** 33+, ya no se vuelve, según la opinión corriente, **10** 21; **14** 7-22; **16** 22; 2 S **12** 23; Sal **88** 11; etc.

7 12 En la mitología babilónica Tiamat, el *Mar*, personificaba el Caos primitivo vencido por el dios organizador del mundo. Aquí la imagen atribuye esta victoria a Yahvé que tiene sujetos al Mar y a los monstruos. Ver **3** 8+; **26** 12; Sal **74** 13-14; **89** 10-11; Is **27** 1; **51** 9; etc.

7 15 La muerte violenta más bien que el suicidio, ver 2 S **17** 23+.

7 17 Ver Sal **8** 5. Job se siente espiado por Dios, **10** 13, y pierde su confianza en él, v. 21.

La trayectoria necesaria de la justicia divina.

8 [1] Bildad de Súaj respondió así:

[2] ¿Hasta cuándo hablarás de ese modo,
con palabras como viento impetuoso?
[3] ¿Puede Dios torcer el derecho,
pervertir Shaddai la justicia?
[4] Si tus hijos pecaron contra él,
ya los puso en poder de su delito.
[5] Pero si buscas pronto a Dios
y diriges tu súplica a Shaddai,
[6] si eres intachable y recto,
de inmediato velará por ti,
te devolverá tus legítimos bienes.
[7] Tu pasado será una miseria
comparado a tu espléndido futuro.

[8] Pregunta, si no, a pasadas generaciones,
medita en la experiencia de sus mayores.
[9] De ayer somos nosotros, nada sabemos;
nuestra vida en la tierra pasa como sombra.
[10] Pero ellos te instruirán, te hablarán
con máximas sacadas de la reflexión*:
[11] «¿Brota el papiro fuera de la marisma?,
¿crece el junco fuera del agua?
[12] Todavía verde, sin ser cortado,
antes que cualquier hierba se agosta».
[13] Así es el fin de quien de Dios se olvida,
la esperanza del impío fracasa.
[14] Su confianza sólo es un hilo,
una telaraña su seguridad.
[15] Se apoya en ella y no aguanta,
se agarra a ella y no resiste.
[16] Lleno de savia, a pleno sol,
sus renuevos brotaban por su jardín;
[17] se enredaban sus raíces en la roca,
vivía agarrado al tapial.
[18] Pero lo arrancan de su sitio
y éste lo niega: «Jamás te he visto».
[19] Así acaba su alegre vida,
mientras otros de la tierra brotarán.
[20] Pero Dios no rechaza al honrado,
ni echa una mano al malvado.
[21] Aún puede llenar tu boca de risas,
tus labios de júbilo.
[22] Tus enemigos se cubrirán de vergüenza,
la tienda de los malvados desaparecerá.

8 10 Según la tradición de los antepasados, el castigo de los impíos es tan riguroso y verificable como una ley de la naturaleza, vv. 11-19.

La justicia divina está sobre el derecho.

9 [1] Job respondió así:

[2] Es verdad, las cosas son así:
¿cómo puede el hombre ser justo ante Dios*?
[3] Si quiere entablar pleito con él,
no le rebatirá ni una vez entre mil.
[4] ¿Quién, sabio y fuerte,
le hizo frente y salió indemne?
[5] Él desplaza los montes sin que lo adviertan,
cuando los vuelca con su cólera.
[6] Él sacude la tierra de su sitio
y hace vacilar sus columnas.
[7] Él lo ordena y el sol no resplandece,
y cierra con un sello las estrellas*.
[8] Él despliega los cielos* sin ayuda,
él aplasta la espalda del Mar.
[9] Él ha hecho la Osa y Orión,
las Pléyades y las Cámaras del Sur.
[10] Él ha hecho prodigios insondables,
maravillas innumerables.
[11] Si pasa junto a mí, no lo veo,
me roza y no me doy cuenta.
[12] Si sujeta una presa, ¿quién se la arrancará?
¿Quién puede decirle: «Qué haces?».
[13] Dios no renuncia a su cólera,
a sus pies se postran los aliados de Rahab*.

[14] ¡Cuánto menos podré yo defenderme,
rebuscar argumentos contra él*!
[15] Aun teniendo yo razón, no discutiría,
tendría que suplicar a mi acusador.
[16] Si se dignara responder a mi llamada,
no creo que escuchara mi voz.
[17] ¡Él, capaz de aplastarme por un pelo,
que multiplica sin motivo mis heridas,
[18] que no me deja ni tomar resuello,
que me tiene saciado de amargura!
[19] Si se trata de fuerza, gana en vigor,
si de justicia, ¿quién le emplazará?
[20] Aun teniendo yo razón, su boca me condenaría,
aun siendo inocente, me declararía culpable.
[21] ¿Soy inocente? Ni yo mismo lo sé.
¡Desprecio mi vida!

9 2 Ver **38-42**.
9 7 Estas imágenes de cataclismos son corrientes entre los profetas y en el género apocalíptico.
9 8 Por encima de la tierra sostenida por sus columnas, v. 6, se despliega la bóveda estrellada, ver Sal **104**; Is **40** 22; Am **4** 13.
9 13 *Rahab*, otro monstruo del Caos, **7** 12+; **26** 12; ver Is **30** 7+; Sal **87** 4.
9 14 Frente a Dios todopoderoso, juez y parte a la vez, Job desea recurrir a un procedimiento jurídico, vv. 19.32-34; **13** 13.17-19; **23** 1-7. No lo puede hacer, duda de su inocencia, vv. 20-21, aunque no se cree culpable, v. 35.

22 Pero es lo mismo, de verdad:
destruye igual al inocente y al culpable.
23 Si un azote mata de improviso,
se ríe de la angustia del inocente.
24 Deja la tierra en poder del malvado
y tapa los ojos de los magistrados;
¿quién sino él lo hace*?
25 Mis días son más raudos que un correo,
se me escapan sin que pueda ver la dicha;
26 se deslizan como lanchas de junco,
como águila que cae sobre la presa.
27 Si pretendo olvidar mi aflicción,
cambiar el semblante y poner buena cara,
28 me asalta el temor de mis males,
pues sé que no me absolverás.
29 Y si resulta que soy culpable,
¿a qué fatigarme en vano?
30 Aunque me lavara con agua de nieve
y limpiara con sosa mis manos,
31 me restregarías en el lodo
hasta que mi ropa me asqueara.
32 No es un hombre como yo para decirle:
«Comparezcamos juntos en un juicio».
33 No hay un árbitro entre nosotros
que ponga su mano entre los dos,
34 que aparte su látigo de mi vista
y no me espante su terror.
35 Entonces hablaría sin temerlo,
pues no soy culpable a mis ojos.

10 1 Siento asco de mi vida,
voy a dar curso libre a mis quejas,
voy a hablar henchido de amargura.
2 Diré a Dios: No me condenes,
explícame por qué me atacas.
3 ¿Te parece bien oprimirme,
despreciar la obra de tus manos,
y favorecer los planes del malvado?
4 ¿Tienes acaso ojos de carne
o ves las cosas como un mortal?
5 ¿Es tu existencia la de un mortal,
son tus años los de un hombre*,
6 para que hurgues en mi culpa
e investigues mi pecado,
7 aunque sabes que no soy culpable
y que nadie va a arrancarme de tus manos?
8 Tus manos me formaron y me hicieron,
¿y ahora, en arrebato, me destruyes?

9 24 Como cree en la Providencia, Job atribuye directamente a Dios la responsabilidad de estos hechos «escandalosos».
10 5 Dios conoce el fondo de los corazones y no tiene por qué convencer a Job de su falta, vv. 4.6-7; domina el tiempo y puede mostrarse tolerante, v. 5.

9 Recuerda que me has hecho de barro
y que al polvo me has de devolver.
10 ¿No me vertiste como leche
y me cuajaste como queso?
11 Me revestiste de carne y piel,
me tejiste de huesos y tendones.
12 Me concediste el don de la vida,
cuidaste solícito mi aliento*.
13 Pero algo ocultaba tu mente*,
seguro que estabas pendiente
14 de vigilar mis pecados,
de no disculpar mis faltas:
15 si era culpable, ¡ay de mí!,
si inocente, no levantaría cabeza,
harto de ignominia, borracho de aflicción.
16 Con la furia de un león me das caza,
repitiendo tus proezas a mi costa,
17 renuevas tus ataques contra mí,
contra mí redoblas tu furor,
tus tropas de refresco sobre mí.

18 ¿Por qué me sacaste del vientre?
Habría muerto sin que nadie lo advirtiera,
19 sería como si no hubiera existido,
conducido del vientre a la tumba.
20 ¡Qué breves los días de mi vida!
Aléjate de mí, déjame gozar un poco
21 antes de que marche, y ya no vuelva,
al país de tinieblas y de sombras,
22 al país oscuro y en desorden,
donde la claridad parece sombra*.

La sabiduría de Dios exige la confesión de Job.

11 1 Sofar de Naamat respondió así:

2 ¿Nadie va a responder al charlatán?,
¿va a tener razón por hablar sin control?
3 ¿Hará callar a los demás tu verborrea?,
¿te vas a burlar sin que nadie te confunda?
4 Has dicho: «Mi conducta es pura,
soy irreprochable a tus ojos».
5 ¡Pero ojalá Dios te hablara,
abriera sus labios y respondiera:
6 te enseñaría secretos de sabiduría,
que desconciertan toda sagacidad!
Bien sabrías entonces
que Dios te pide cuentas de tus faltas.
7 ¿Pretendes descubrir la hondura de Dios,
descubrir la perfección de Shaddai?

10 12 Ver Gn **2** 7; Sal **139** 13.15; Sb **7** 2.

10 13 La solicitud de Dios creador, ¿encubrirá temibles exigencias?

10 22 El *Seol*, Nm **16** 33+.

[8] Es más alta que el cielo, ¿qué harás?;
es más honda que el Seol, ¿qué sabrás?
[9] Su longitud supera a la tierra,
su anchura sobrepasa al mar*.
[10] Si comparece y encierra en prisión,
si cita a juicio, ¿quién lo impedirá?
[11] Pues bien conoce a la gente falsa,
cuando ve la maldad presta atención.
[12] Pero el necio aprenderá a razonar
cuando el burro salvaje nazca hombre.

[13] Si mantienes firme tu corazón
y extiendes tus manos hacia él*,
[14] si rechazas la maldad que hay en tus manos
sin dar cabida en tu tienda a la injusticia;
[15] entonces alzarás la frente limpia,
te podrán acosar, pero no temerás;
[16] llegarás a olvidar el infortunio,
como agua pasada lo recordarás;
[17] brillará tu vida más que el mediodía,
tu oscuridad será como la aurora;
[18] vivirás confiado en la esperanza,
aun confundido, dormirás tranquilo;
[19] te acostarás y nadie te asustará,
muchos buscarán tus favores.
[20] Pero los ojos del malvado se consumen,
están privados de refugio,
su esperanza es el último suspiro*.

La sabiduría de Dios se manifiesta sobre todo en los estragos de su poder.

12 [1] Job respondió así:

[2] Desde luego, ustedes son la voz del pueblo,
con ustedes morirá la sabiduría.
[3] Pero sé pensar como ustedes,
en nada me superan,
¿quién no sabe todo eso?
[4] Uno se convierte en burla del vecino
cuando clama a Dios en busca de respuestas.
Se ríen de quien es justo e íntegro.
[5] ¡Ante el infortunio, desprecio —dice el satisfecho—,
un golpe más al que se tambalea!
[6] Pero viven bien tranquilos en sus tiendas los bandidos,
del todo seguros los que provocan a Dios,
los que meten a Dios en su puño.
[7] Pero pregunta a las bestias, que te instruirán,
a las aves del cielo, que te lo dirán,

11 9 Las cuatro dimensiones de la inmensidad divina, ver Ef **3** 18.
11 13 Gesto de oración de súplica, ver Ex **9** 29.33; 1 R **8** 38; Is **1** 15.
11 20 Es la actitud de Job que no espera más que la muerte, **3** 21; **6** 9; **10** 21-22.

8 si no a los reptiles, que te informarán,
te lo contarán los peces del mar;
9 ¿quién no sabe entre todos ellos
que todo esto lo hizo la mano de Dios,
10 que su mano retiene el hálito de los vivientes,
el espíritu de todo ser humano?

11 ¿No distingue el oído las palabras,
el paladar el sabor de la comida?
12 ¿No es cosa de ancianos la sabiduría,
la perspicacia asunto de viejos?
13 Pero Él tiene sabiduría y poder,
prudencia y perspicacia son suyas*.
14 Si destruye, nadie reconstruye,
si acorrala, no hay quien escape.
15 Si retiene las aguas, todo se seca,
si las suelta, destruyen la tierra.
16 Dispone de fuerza y habilidad,
suyos son seducido y seductor.
17 Hace estúpidos a los consejeros del país,
a los jueces vuelve locos.
18 Desciñe la banda de los reyes
y les pasa una soga por los lomos.
19 Conduce descalzos a los sacerdotes,
acaba con los poderes establecidos.
20 Quita la palabra a los confidentes,
a los ancianos arrebata el juicio.
21 A los nobles llena de desprecio,
afloja el cinturón de los fuertes.
22 Desvela la hondura de la tiniebla,
saca a la luz las sombras.
23 Suscita naciones y acaba con ellas,
promueve pueblos y los suprime.
24 Deja sin talento a los jefes del país,
los guía por un desierto intransitado;
25 van a tientas, sin luz, entre tinieblas,
tambaleándose lo mismo que borrachos.

13 1 Todo esto lo han visto mis ojos,
mi oído lo oyó y lo entendió.
2 Lo que saben ustedes, lo sé yo también,
en nada me superan.
3 Pero yo quiero hablar con Shaddai,
deseo encararme a Dios*,
4 pues todo lo blanquean ustedes con mentiras,
sólo son médicos de apariencia.
5 ¡Ojalá enmudecieran del todo,
así demostrarían ser sabios!

12 13 Ver **32** 7-9. La sabiduría de los hombres de experiencia desaparece ante la de Dios, vv. 16-25, y las obras de su poder, vv. 14-15.

13 3 Job trata de interrogar a Dios mismo, descartando los testimonios parciales que le agobian.

6 Escuchen ahora mis descargos,
atiendan a la defensa de mis labios.
7 ¿Van a usar la mentira en defensa de Dios?,
¿usarán el fraude en su favor?
8 ¿Serán parciales con Dios?,
¿defenderán así su causa?
9 ¿No sería mejor que los sondeara?,
¿lo engañarían como a un hombre cualquiera?
10 ¡Qué duda cabe que los castigaría a ustedes
por su secreta parcialidad!
11 ¿No los asusta su majestad
ni los sobrecoge su terror?
12 Máximas de ceniza son sus denuncias,
réplicas de arcilla sus réplicas.
13 Guarden silencio, voy a hablar yo.
Me ocurra lo que me ocurra,
14 agarraré mi carne con los dientes,
pondré mi vida en mis manos*;
15 aunque quiera matarme, lo esperaré,
pues pienso defenderme a su cara;
16 con eso me daría por salvado,
pues el impío no comparece ante él.

17 Escuchen atentos mis palabras,
presten oído a mi declaración;
18 ya he dispuesto mi defensa,
yo sé que soy inocente.
19 ¿Quién quiere pleitear conmigo*?
Si ahora callo, moriré.
20 Hazme dos concesiones
y no abandonaré tu presencia:
21 que alejarás tu mano de mí
y tu terror no me alcanzará;
22 que pueda responderte si me acusas,
o mejor, yo hablaré y tú replicarás.
23 ¿Cuántos son mis errores y culpas?
Hazme ver mis delitos y errores.
24 ¿Por qué me ocultas tu rostro
y me tienes por enemigo?
25 ¿Por qué asustas a una hoja que vuela?,
¿por qué persigues la paja ya seca?
26 Anotas a mi cargo rebeldías,
me haces pagar faltas juveniles,
27 metes en cepos mis pies,
vigilas todos mis pasos,
rastreas todas mis huellas.
28 Se consume cual leño carcomido,
lo mismo que un vestido apolillado,

13 14 Expresión proverbial: se juega el todo por el todo, ver Jc **12** 3; 1 S **19** 5.

13 19 Job devuelve contra Dios el desafío de Is **1** 18; **50** 8; Os **2** 4; Mi **6** 1-2.

14

[1] el hombre nacido de mujer*,
corto de días y harto de pesares.
[2] Como flor, brota y se marchita,
se esfuma como sombra pasajera.
[3] ¿Y fijas en éste tus ojos,
lo citas a juicio ante ti?
[4] ¿Quién puede hacer puro lo impuro?
¡Nadie*!
[5] Si sus días están previstos,
contados por ti sus meses,
un límite que no franqueará,
[6] aparta tu vista y déjalo en paz,
que disfrute su jornada laboral.
[7] Un árbol tiene esperanza:
aun talado, vuelve a retoñar,
sus renuevos brotan sin parar;
[8] aunque viejas sus raíces enterradas,
con un tronco que agoniza en el polvo,
[9] al contacto con el agua reverdece
y echa ramas como una planta joven.
[10] Pero el hombre muere y queda inerte,
cuando expira el mortal, ¿dónde está?
[11] El agua del mar se evapora,
los ríos se secan y aridecen,
[12] y el hombre se acuesta y no se alza,
se gastarán los cielos y no despertará,
de su sueño no espabilará*.

[13] ¡Ojalá en el Seol me escondieras,
me ocultaras mientras pasa tu cólera*,
fijaras una fecha para acordarte de mí!
[14] ¿Pero puede el hombre muerto revivir?
Todo el tiempo de mi milicia esperaría
ansioso a que llegara mi relevo.
[15] Te llamaría y tú responderías
anhelando la obra de tus manos;
[16] no controlarías mis errores,
como ahora cuentas mis pasos;
[17] cerrarías en un saco mi delito,
blanquearías con cal mi pecado.

[18] Como monte que acaba derrumbándose,
como rocas desplazadas de su sitio,

14 1 Elegía sobre la miseria del hombre, ver Sb **2** 1; Si **40** 1-10; etc. Contra una criatura tan frágil e impura, ¿puede Dios emplear tanto rigor?
14 4 Ver **4** 17; **9** 30; **25** 4. *La impureza* física, y por tanto ritual, que el hombre contrae en su concepción, ver Lv **15** 19ss, en su nacimiento, ver Lv **12** 2-5; Sal **51** 7, lo inclina al pecado. Se ha invocado este versículo a propósito del pecado original, ver Rm **5** 12+.
14 12 Estas imágenes escatológicas, ver Is **19** 5; **51** 6; etc., alejan hasta el infinito toda posibilidad de despertar. A pesar del v. 15, la resurrección al fin de los tiempos está fuera de la perspectiva del autor, ver **19** 25+.
14 13 Si Job pudiera ocultarse en algún sitio durante el tiempo en que se descarga el furor divino, volvería a encontrar después el rostro de un Dios favorable, vv. 14-17.

[19] como agua que erosiona las piedras,
como aluvión que arrastra el barro,
así acabas tú con la esperanza del hombre.
[20] Lo aplastas para siempre y se va,
lo desfiguras y luego lo olvidas.
[21] Medran sus hijos y no se entera,
son despreciados y no lo advierte.
[22] Sólo siente el dolor de su carne,
tan sólo se lamenta por su vida.

2. SEGUNDO CICLO DE DISCURSOS

Job se condena por su lenguaje.

15 [1] Elifaz de Temán respondió así:

[2] ¿Responde un sabio con razones vanas
y llena su vientre de viento del este?
[3] ¿Argumenta sin ningún fundamento,
con palabras que no sirven de nada?
[4] Tú haces más: suprimes la piedad,
anulas los piadosos coloquios con Dios.
[5] Tu culpa dicta tus palabras,
prefieres la lengua de la astucia.
[6] Tu boca te condena, que no yo,
tus labios testifican contra ti*.

[7] ¿Eres el primogénito de los hombres,
engendrado antes que los collados?
[8] ¿Has asistido al consejo divino
y has asimilado la sabiduría?
[9] ¿Qué sabes tú que no sepamos?,
¿qué entiendes que no tengamos claro?
[10] Hay entre nosotros canosos y ancianos,
más repletos de días que tu padre.
[11] ¿Te parece poco el consuelo de Dios,
las suaves palabras que escuchas?
[12] ¡Cómo te domina la pasión
y miras con ojos desorbitados
[13] cuando arremetes airado contra Dios
soltando palabra tras palabra!
[14] ¿Qué es el hombre para creerse puro,
para creerse inocente el nacido de mujer?
[15] Si ni siquiera confía en sus Santos,
ni los cielos le parecen puros,
[16] ¡qué decir de lo asqueroso y corrompido:
del hombre que se ahoga en maldad!

[17] Voy a hablarte, escúchame,
te contaré lo que he visto,

15 6 Las protestas de inocencia por parte de Job harán creer que es realmente culpable.

[18] lo que cuentan los sabios sin tapujos,
la tradición recibida de sus padres
[19] —sólo a ellos les fue dado el país
y ningún extranjero se mezcló con ellos—:
[20] «La vida del malvado discurre entre tormentos,
son contados los años guardados al opresor;
[21] escuchan sus oídos voces de terror,
lo asaltan bandidos en plena prosperidad;
[22] que no confíe en volver de las tinieblas,
pues está destinado a la espada;
[23] asignado como pasto a los buitres,
él conoce su ruina inminente.
La hora de las tinieblas [24] lo espanta,
angustia y ansiedad lo invaden
como rey que se lanza al ataque.
[25] Por alzar su mano contra Dios,
y atreverse a retar a Shaddai,
[26] arremetiendo de frente contra él
tras la maciza panza de su escudo,
[27] con carrillos rebosantes de grasa
y sus lomos cubiertos de sebo,
[28] acabó viviendo en ciudades en ruinas,
en casas no habitadas a punto de caer.
[29] No se enriquecerá ni durará su fortuna,
ni se alargará por el país su sombra.
[30] No escapará a las tinieblas,
la llama agostará sus renuevos,
su flor será barrida por el viento.
[31] Que no se fíe de su buena talla,
pues acabará en vanidad.
[32] Su follaje se amustiará antes de tiempo,
sus ramas no reverdecerán.
[33] Será viña que pierde sus agraces,
olivo que deja caer su flor.
[34] Es estéril la ralea del impío,
devora el fuego la casa del interesado.
[35] Quien concibe maldad pare desgracia,
su vientre gesta la mentira*».

De la injusticia de los hombres a la justicia de Dios.

16 [1] Job respondió así:

[2] Muchas cosas como éstas he oído,
todos ustedes sólo son consoladores agobiantes.
[3] «¿Tendrá fin tanta palabrería?
¿Qué te impulsa a defenderte?».
[4] También yo hablaría como ustedes,
si es que estuvieran en mi lugar;

15 35 El mismo principio es formulado en Is **59** 4 y en Sal **7** 15; con una imagen diferente en **4** 8; **5** 6; Pr **22** 8. Ver también Ga **6** 8, que tiene ya una dimensión escatológica.

sin duda los agobiaría con discursos,
movería contra ustedes mi cabeza.
5 Con palabras los confortaría,
moviendo mis labios los calmaría.
6 Pero hablo y no se calma mi dolor,
me callo y no se aleja de mí,
7 y ahora me tiene extenuado.
Espantas a mis conocidos 8 y me acosas,
mi calumniador se ha hecho mi testigo,
se alza contra mí, me acusa a la cara.
9 La cólera de Dios me acosa y me desgarra,
enseña sus dientes rechinando contra mí,
mi adversario me mira con ojos aviesos.
10 Me amenazan abriendo la boca,
me afrentan con bofetadas,
todos se alían contra mí.
11 Dios me entrega a injustos,
me arroja en manos de malvados.

12 Vivía yo tranquilo y me zarandeó,
me agarró por la nuca y me despedazó,
en su blanco me convirtió.
13 Me cercaron sus arqueros,
traspasó mis entrañas sin piedad,
derramando por tierra mi hiel.
14 Rasgó mi cuerpo brecha tras brecha,
lanzándose cual guerrero contra mí.
15 He cosido un saco sobre mi piel,
en el polvo ha acabado mi vigor.
16 El llanto enrojece mi rostro,
una sombra mortal recubre mis ojos,
17 aunque en mis manos no había violencia
y era sincera mi oración.
18 ¡No cubras, tierra, mi sangre*!
¡Que nada pare mis gritos!
19 Pues tengo en el cielo mi testigo,
mi defensor habita en lo alto,
20 que interpreta ante Dios mis pensamientos,
ante quien vierto mis lágrimas.
21 Que él juzgue entre el hombre y Dios,
como suele ocurrir entre mortales,
22 pues me esperan años contados
y emprenderé un camino sin retorno.

17 1 Me falta el aliento,
mis días se extinguen,
me espera la tumba.
2 Es que vivo entre escarnios,
las penas desvelan mis ojos.

16 18 La *sangre* derramada clama venganza, Gn **4** 10; **37** 26; Is **26** 11; etc. Job, herido de muerte, quiere que su sangre quede como una llamada y una plegaria para vengar su causa. En **19** 25-26+ el defensor de Job será Dios mismo.

3 Erígete en garante a mi favor,
¿quién, si no, chocaría mi mano*?
4 Has cerrado su mente al buen juicio
y no se saldrán con la suya:
5 como el que invita generoso a sus amigos,
mientras los ojos de sus hijos se apagan.
6 Me ha convertido en refrán de la gente,
como cuando escupen a alguien en la cara.
7 La aflicción consume mis ojos,
mis miembros son como sombra.
8 Al verlo, los justos se quedan sin habla*,
el inocente se alza contra el impío;
9 se afianza el justo en su camino,
las manos limpias redoblan su energía.
10 Ea, pues; ustedes vuelvan a la carga,
que no encontraré entre ustedes un sabio.

11 Han pasado mis días con mis planes,
han fallado los afanes de mi corazón.
12 Quieren hacerme ver que la noche es día,
que está cerca la luz cuando sólo hay tinieblas.
13 Sólo espero habitar en el Seol,
hacerme la cama en las tinieblas;
14 llamo al sepulcro «padre mío»,
a los gusanos «madre y hermanos».
15 ¿Dónde está ahora mi esperanza?,
¿quién ha visto mi dicha?
16 Bajarán conmigo al Seol,
nos hundiremos juntos en el polvo.

Nada puede la ira contra el orden de la justicia.

18

1 Bildad de Súaj respondió así:

2 ¿Cuándo acabarán con tanta palabra?
Piensen bien las cosas y luego hablaremos.
3 ¿Por qué considerarnos animales
y gente de corto entendimiento?
4 Tú, que te destruyes con tu cólera,
¿quedará desierta la tierra por tu causa?,
¿se desplazarán las rocas de su sitio?
5 La luz del malvado se apaga,
el fuego en su hogar ya no brilla.
6 En su tienda se extingue la luz,
el candil que lo alumbra se apaga.
7 Su paso firme se acorta,
lo pierden sus propios proyectos.
8 Sus pies se meten en la red,
camina entre mallas.

17 3 *Chocar mi mano,* uso jurídico, ver Pr **6** 1; **17** 18; Si **29** 14-20. Job pide a Dios mismo que salga como fiador a favor suyo.

17 8 Ver Is **52** 14-15.

[9] Un lazo le apresa el talón,
el cepo se cierra sobre él.
[10] Oculto en la tierra hay un nudo,
la trampa lo espera en la senda.
[11] Espanto y terror lo cercan,
entorpecen su caminar.
[12] Desfallece en pleno vigor,
la desgracia se afianza a su lado.
[13] El mal devora su piel,
el Primogénito de la Muerte* roe sus miembros.
[14] Lo arrancan del amparo de su tienda,
lo arrastran ante el Rey de los terrores*.
[15] Ocupan su tienda desahuciada,
esparcen azufre en su morada.
[16] Por debajo se secan sus raíces,
por arriba se agosta su ramaje.
[17] Su recuerdo se borra en el país,
se queda sin nombre en la comarca.
[18] Lo empujan de la luz a las tinieblas,
se ve expulsado del mundo,
[19] sin familia ni prole entre su gente,
sin un superviviente en su terruño.
[20] Su destino espanta al occidente,
el oriente queda estremecido.
[21] Así acaba la morada del impío,
la casa del que a Dios desconoce.

El triunfo de la fe en el abandono de Dios y de los hombres.

19 [1] Job respondió así:

[2] ¿Hasta cuándo me van a atormentar,
aplastándome con tanta palabra?
[3] Ya me han insultado diez veces,
sin pudor me han ultrajado.
[4] Aun en caso de haber errado,
en mí queda mi yerro.
[5] Si creen triunfar sobre mí
echando en cara mi oprobio,
[6] sepan que Dios me ha hecho daño
copándome entre sus redes.
[7] Grito «Violencia» y nadie responde,
imploro «Auxilio» y no hay justicia.
[8] Ha puesto en mi ruta un muro infranqueable,
ha llenado mis sendas de densa oscuridad.
[9] Me ha despojado de mi honra,
ha dejado mi frente sin corona.

18 13 El *primogénito de la Muerte*, es el más grave de los castigos (¿la peste?).
18 14 El *rey de los terrores* es un personaje mitológico oriental, jefe de los espíritus infernales.

[10] Ha arrasado mi cerca y debo irme,
ha arrancado cual árbol mi esperanza.
[11] Su cólera ha atizado contra mí,
me ha considerado su enemigo.
[12] Llegan sus tropas en masa,
van haciendo camino en mi busca,
acampan en torno a mi tienda.

[13] Mis hermanos se alejan de mí,
mis amigos me tienen por extraño*.
[14] Me abandonan vecinos y parientes,
se olvidan de mí mis invitados.
[15] Mis siervas me tienen por intruso,
me he vuelto un extraño a sus ojos.
[16] Llamo a mi esclavo y no responde,
aunque yo en persona le suplique.
[17] Mi aliento repugna a mi esposa,
doy asco a mis propios hermanos*.
[18] También los críos me muestran desprecio,
apenas me levanto, se burlan de mí.
[19] Todos mis íntimos me aborrecen,
mis amigos se vuelven contra mí.
[20] Mis huesos se pegan a la carne y a la piel,
he escapado con la piel entre los dientes.
[21] ¡Piedad, piedad, amigos!,
que la mano de Dios me ha herido.
[22] ¿Por qué me persiguen ustedes como Dios
y no se hartan de mi carne?
[23] ¡Ojalá se escribieran mis palabras!
¡Ojalá se grabaran en bronce!,
[24] con cincel de hierro y plomo,
impresas para siempre en la roca.
[25] Yo sé que vive mi Defensor*,
que se alzará el último sobre el polvo,
[26] que después que me dejen sin piel,
ya sin carne, veré a Dios*.
[27] Sí, seré yo quien lo veré,
mis ojos lo verán, que no un extraño.

19 13 Ver Sal **38** 12; **69** 9; **88** 9.19.
19 17 *Mis propios hermanos,* lit.: «los hijos de mi vientre», fórmula insólita para designar a los hijos de un mismo padre, que son los hijos de una misma madre o quizás de un mismo padre. Ver **3** 10; Sal **69** 9.
19 25 Traducción de los vv. 25-26 según el hebreo; las versiones antiguas son diferentes. El *Defensor* de Job (*go'el*, *vengador de la sangre*, Nm **35** 19+) será el mismo Dios, ver **16** 18-21+, que contra toda esperanza, **14** 10-14, intervendrá para hacerle volver del Seol, **7** 9+; ver 1 S **2** 6; 1 R **17** 17-24; Ez **37**. La fe de Job, animada por una necesidad de justicia en unas condiciones desesperadas, adelanta la revelación explícita de 2 M **7** 9+. -*Se alzará*, a la manera de un testigo o de un juez, **31** 14; Dt **19** 16; Is **2** 19; Sal **12** 6; etc.
19 26 Versículo famoso en exégesis por sus dificultades de todo tipo. La traducción propuesta sigue al hebreo. La Vulgata ha influido durante siglos en la exégesis católica con una traducción que resulta improbable, dada la evolución de las ideas teológicas: *Porque sé que mi Redentor vive y que en el último día yo resucitaré de la tierra, que de nuevo me revestiré de mi piel y en mi carne veré a Dios.*

Se consume mi vigor en mi interior.
28 Cuando dicen ustedes: «¿Cómo acosarlo?
¿Qué pretexto encontrar contra él?».
29 Teman por ustedes a la espada,
la espada que castiga el delito,
y sabrán que existe un juez.

No hay excepción para el orden de la justicia.
Ver **27** 13-23.

20

1 Sofar de Naamat respondió así:

2 Mis pensamientos me obligan a responder,
debido a la impaciencia que me come.
3 He escuchado una lección bochornosa,
pero mi espíritu me inspira la respuesta.
4 ¿No sabes tú que desde siempre,
desde que el hombre está sobre la tierra,
5 el júbilo del malvado es breve,
momentáneo el gozo del impío?
6 Aunque su talla llegue al cielo
y su cabeza alcance las nubes,
7 desaparece para siempre, como estiércol,
sus conocidos dicen: «¿Dónde está?».
8 Como sueño invisible se esfuma,
como visión nocturna se disipa.
9 El ojo que lo veía ya no lo verá,
su morada no lo contemplará.
10 Indemnizarán sus hijos a los pobres,
sus manos restituirán su riqueza.
11 Sus huesos repletos de energía
yacerán con él en el polvo.
12 Le sabía dulce la maldad,
la ocultaba debajo de la lengua,
13 la guardaba con mimo, sin soltarla,
reteniéndola dentro de la boca;
14 pero ese manjar se corrompe en sus entrañas,
se transforma en su interior en veneno de víboras,
15 vomitará las riquezas devoradas,
pues Dios se las saca del vientre.
16 Chupaba veneno de víboras:
lo matará la lengua del áspid.
17 Ya no gozará de arroyos de aceite,
de ríos de miel y requesón.
18 Devolverá sus ganancias sin probarlas,
sin saborear el fruto de sus negocios.
19 Por destruir las chozas de los pobres,
robar casas en vez de construirlas;
20 por no saber calmar su apetito,
sus tesoros no lo salvarán;
21 como nadie escapaba a su voracidad,
su prosperidad no aguantará.

[22] Su propia abundancia lo acosará,
la mano de la miseria lo alcanzará.
[23] Dios le enviará el ardor de su cólera,
como lluvia de flechas* en su carne.
[24] Si se salva del arma de hierro,
lo atraviesan con arco de bronce;
[25] una flecha asoma por su espalda,
una punta bruñida por el hígado,
los terrores se abaten sobre él;
[26] le reservan tinieblas ocultas,
lo devora un fuego no atizado,
que consume los restos de su tienda.
[27] El cielo desvela su culpa,
la tierra se alza contra él.
[28] Un diluvio arruina su casa,
los torrentes del día de la ira.
[29] Ésta es la suerte que Dios depara al malvado,
ésta es la herencia que destina a su persona.

El mentís de los hechos.

21 [1] Job respondió así:

[2] Escuchen atentos mis palabras,
denme siquiera este consuelo.
[3] Tengan paciencia mientras hablo,
cuando termine podrán burlarse.
[4] ¿Acaso me quejo de un hombre?,
¿pierdo la paciencia sin razón?
[5] Si me escuchan, quedarán pasmados,
se llevarán la mano a la boca*.
[6] Sólo con pensarlo, me horrorizo,
me siento presa de escalofríos.

[7] ¿Por qué siguen vivos los malvados,
que envejecen y aumenta su poder*?
[8] Viven seguros con sus hijos,
ven cómo crecen sus retoños:
[9] un hogar en paz, sin miedo,
sin probar el castigo de Dios.
[10] Su toro fecunda sin fallar,
su vaca pare sin abortar.
[11] Dejan sueltos a sus críos como ovejas,
dejan brincar a sus hijos.
[12] Cantan con cítaras y panderos,
se divierten al son de la flauta.
[13] Pasan su vida dichosos,
bajan en paz al Seol.

20 23 Las mismas imágenes describen en otros lugares el castigo colectivo de un pueblo.
21 5 *Llevar la mano a la boca*, gesto expresivo de estupor, **29** 9; **40** 4; etc.
21 7 Ver **12** 6; Jr **12** 1-2; Sal **73** 3-12; Ml **3** 15.

14 Y pensar que decían a Dios: «Fuera de aquí,
no nos interesa conocer tus caminos*.
15 ¿Quién es Shaddai para servirlo?,
¿qué podemos ganar con invocarlo?».
16 ¿No depende de ellos su dicha,
aunque el plan del malvado esté lejos de Dios?

17 ¿Cuántas veces se apaga la lámpara del malvado?,
¿cuántas veces se abate sobre él la desgracia
o la cólera divina le reparte sufrimientos?
18 ¿Son como paja a merced del viento,
como tamo que arrastra el huracán?
19 ¿Se reservaría Dios el castigo de sus hijos*?
¡Que lo pague él y aprenda!
20 ¡Que sea testigo de su ruina,
que beba la cólera de Shaddai!
21 ¿Qué le importa su casa una vez muerto,
interrumpida ya la cuenta de sus meses?
22 ¿Quién puede aleccionar a Dios,
que juzga a los seres celestes?
23 Hay quien muere en pleno vigor,
colmado de dicha y de paz,
24 con los lomos forrados de grasa
y tierna la médula de sus huesos.
25 Y hay quien muere harto de amargura,
sin haber probado la dicha.
26 Pero juntos yacerán en el polvo
bajo una colcha de gusanos.

27 Conozco muy bien lo que piensan ustedes,
la violencia que traman contra mí.
28 Dicen: «¿Dónde está la casa del prepotente?,
¿dónde la tienda que habitaban los malvados?
29 ¿No han preguntado a los viajeros?,
¿no conocen sus testimonios?:
30 el día del desastre se libra el malvado,
a salvo se encuentra el día de la cólera;
31 ¿quién le echa en cara su conducta?,
¿quién le hace pagar lo que ha hecho?;
32 es conducido al cementerio,
velan junto a su mausoleo;
33 no le pesan los terrones del valle,
tras él desfila todo el mundo.
34 ¿Por qué me consuelan ustedes con tonterías,
con argumentos llenos de engaño?

21 14 Ver **22** 17; Is **30** 11; Jr **2** 31.
21 19 Opinión antigua, Ex **20** 5; **34** 7; Dt **5** 9, corregida más tarde, Dt **24** 16; Ez **14** 12+. Ver Jn **9** 1-3.

3. TERCER CICLO DE DISCURSOS

Dios sólo castiga en nombre de la justicia.

22 1 Elifaz de Temán respondió así:

2 ¿Acaso puede un hombre ser útil a Dios
si apenas el sensato lo es para sí?
3 ¿Le importa a Shaddai que tengas razón?,
¿en qué le aprovecha tu honrada conducta?
4 ¿Te castiga acaso por tu piedad
o te cita a juicio por ello?
5 ¿No será por tu inmensa maldad?,
¿no será por tus culpas sin límite?
6 Exigías sin razón prendas a tus hermanos,
despojabas de su ropa al desnudo;
7 no dabas de beber al sediento,
privabas de pan al hambriento;
8 como poderoso dueño de la tierra,
como privilegiado habitante de ella,
9 despedías a las viudas de vacío,
destrozabas los brazos de los huérfanos*.
10 Por eso te cercan redes,
te asalta de súbito el terror;
11 la luz se oscurece y no ves,
te engullen aguas caudalosas.

12 ¿No está Dios en lo alto del cielo?
¡Mira qué altas están las estrellas!
13 Y dices: «¿Qué sabe Dios?
¿Podrá ver tras nubarrones?
14 Las nubes lo tapan, no ve
cuando anda por la órbita del cielo*».
15 ¿Quieres seguir tú la antigua ruta
que pisaron hombres perversos,
16 aventados antes de tiempo,
cuando un río arrasó sus cimientos?
17 Decían a Dios: «Fuera de aquí,
¿qué puede hacernos Shaddai?».
18 Aunque colmaba sus casas de bienes,
lo excluían con sus planes perversos.
19 Los justos se alegran al verlo,
los íntegros se burlan de ellos:
20 Vean, nuestro adversario exterminado,
el fuego ha devorado su abundancia.

21 Reconcíliate con él y haz las paces,
y te será devuelta tu dicha.

22 9 La lista de las faltas reprochadas a Job, vv. 6-9; ver **29** 11-17; **31**, insiste en los deberes para con el prójimo, ver Ex **22** 25-26; Is **58** 7; Ez **18** 5-20.

22 14 Elifaz saca conclusión de las declaraciones hechas por Job, ver Sal **73** 11; **94** 7; Is **29** 15; Ez **9** 9.

[22] Acepta la enseñanza de su boca,
piensa siempre en sus palabras.
[23] Si vuelves a Shaddai con humildad,
se alejará de tu tienda la maldad;
[24] si arrojas al polvo el oro,
el Ofir a las piedras del arroyo,
[25] Shaddai será tu tesoro,
será tu plata a montones*.
[26] Será Shaddai tu delicia,
a Dios alzarás tu rostro;
[27] le rezarás, te escuchará,
podrás cumplir tus promesas;
[28] tendrás éxito en tu empresa,
brillará en tus sendas la luz.
[29] Él humilla la empresa arrogante,
pero salva al que baja los ojos.
[30] Pone a salvo al hombre inocente,
lo salva por la pureza de sus manos.

Dios está lejos y el mal triunfa.

23 [1] Job respondió así:

[2] Hoy también me quejo y me rebelo,
mi mano reprime mis gemidos.
[3] ¡Si supiera cómo encontrarlo,
cómo llegar a su morada!
[4] Expondría ante él mi causa,
llenaría mi boca de argumentos.
[5] Conocería por fin su respuesta,
sabría lo que me quiere decir.
[6] ¿Pleitearía conmigo con toda su fuerza?
No lo creo; tendría que escucharme.
[7] Vería en su adversario a un hombre recto,
y yo me libraría para siempre de mi juez.

[8] Mas voy a oriente y no está,
a occidente y no lo encuentro;
[9] lo busco al norte y no aparece,
en el sur se esconde y no lo veo.
[10] Pero él conoce mi conducta,
si me prueba saldré como el oro*.
[11] Mis pies se aferraban a sus huellas,
recorría su camino sin torcerme,
[12] sin apartarme del mandato de sus labios,
guardando en mi seno sus palabras.
[13] Si algo decide, ¿quién le hará cambiar?
Si algo se propone, lo lleva adelante.
[14] Seguro que ejecuta mi sentencia,
como hace con todos sus planes.

22 25 Superioridad incomparable de Dios por encima de todo valor material; ver Sal **4** 8; **16** 5-6; etc. Sb **7** 7-11; Mt **6** 19-21.

23 10 Ver Sal **139** 1-6; Pr **17** 3; Sb **1** 6; Jr **11** 20; Mt **6** 4; etc.

[15] Por eso me horroriza su presencia,
lo pienso y me causa espanto.
[16] Dios me descorazona,
Shaddai me aterra,
[17] pues no desaparecí entre tinieblas
y ha cubierto mi rostro de oscuridad.

24

[1] ¿Por qué Shaddai no reserva tiempos
y sus fieles no conocen sus días*?
[2] Los malvados desplazan linderos,
roban rebaños y pastores.
[3] Se llevan el burro del huérfano,
toman en prenda el buey de la viuda.
[4] Apartan del camino a los pobres,
los indigentes del país se esconden.
[5] Como onagros* de la estepa, salen a su faena,
buscan presas desde el alba,
por la tarde, pan para sus crías.
[6] Siegan en el campo del inicuo,
rebuscan en la viña del malvado.
[10] Andan desnudos, sin ropa,
hambrientos, cargan gavillas;
[11] exprimen aceite en la prensa,
sedientos, pisan en el lagar.
[7] Duermen desnudos, sin ropa,
sin cobertor, pasan frío.
[8] El chubasco del monte los empapa,
sin abrigo, se arriman a las rocas.
[9] Arrancan del pecho al huérfano,
toman en prenda la comida del pobre.
[12] Gimen los moribundos en la ciudad,
los heridos piden socorro,
pero Dios no escucha su oración.

[13] Los hay rebeldes a la luz*,
desconocen sus caminos,
no frecuentan sus senderos.
[14] Con el alba se alza el asesino,
mata pobres e indigentes.
De noche ronda el ladrón,
[16a] asalta casas a oscuras.
[15] El adúltero espera el crepúsculo,
pensando: «Nadie me ve»,
y después se cubre el rostro.
[16b] Durante el día se ocultan,
pues desconocen la luz.

24 1 *Tiempos y días*, en que intervendrá la justicia de Dios, ver Am **5** 18+. Mientras espera, la injusticia de los hombres no tiene freno. Ver Ex **2** 25-26; Dt **14** 12-17; Pr **28** 12.28; etc.

24 5 Ver **6** 5; Sal **104** 11+.

24 13 Los malhechores obran voluntariamente en la sombra, pero está latente el sentido moral. Ver Jn **3** 19-20; **8** 12+; Ef **5** 8-14+; 1 Ts **5** 4-8.

[17] Tienen a las sombras por mañana,
habituados al terror de la noche*.
[25] Si no es así, ¿quién me convencerá
reduciendo a nada mis palabras?

Himno al poder de Dios.

25 [1] Bildad de Súaj respondió así:

[2] Es Dios un temible soberano
que impone la paz en sus alturas.
[3] ¿Quién puede contar sus tropas?
¿Sobre quién no se alza su luz?
[4] ¿Cómo ser justo el hombre ante Dios?
¿Cómo ser puro el nacido de mujer*?
[5] Si ni siquiera la luna tiene brillo,
ni las estrellas son puras a sus ojos,
[6] ¡cuánto menos el hombre, esa carroña!
¡cuánto menos el gusano humano!

26 [5] Se estremecen las Sombras* bajo tierra,
tiemblan las aguas y sus moradores.
[6] El Seol está desnudo ante él,
la Perdición* se halla al descubierto.
[7] Él tendió el Septentrión sobre el vacío,
suspendió la tierra sobre la nada.
[8] Encierra las aguas en sus nubes,
sin que el nublado ceda por el peso.
[9] Cubre la cara de la luna llena,
desplegando sobre ella su nube.
[10] Trazó un cerco sobre la faz de las aguas,
en los confines de la luz y las tinieblas.
[11] Vacilan las columnas del cielo,
presas de terror cuando amenaza.
[12] Con su fuerza hendió el Mar,
con su astucia aplastó a Rahab*.
[13] Su soplo dejó limpios los cielos,
su mano traspasó a la Serpiente Huidiza*.
[14] Y esto es sólo una muestra de sus obras,
sólo un eco apagado que nos llega.
El estruendo de su poder, ¿quién lo captará?

Bildad habla en vano.

[1] Job respondió así:

[2] ¡Qué bien sabes sostener al débil!
¡Qué bien socorres al brazo impotente!

24 17 Transponemos los vv. 18-24 después de **27** 23.
25 4 Ver **4** 17; **14** 4+.
26 5 Trasladamos **26** 1-4 después de **26** 14.
26 6 La *Perdición* (en hebreo *Abaddón)*, ver Ap **9** 11, es sinónimo de Seol, Nm **16** 33+.
26 12 Ver **9** 13+.
26 13 Ver **3** 8+.

[3] ¡Qué buenos consejos das al ignorante!
¡Qué enorme talento has demostrado!
[4] ¿A quién diriges tus palabras?
¿Quién te inspira lo que dices?

Job, inocente, conoce el poder de Dios.

27 [1] Continuó Job con su discurso y dijo:

[2] ¡Lo juro por Dios, que niega mis derechos,
por Shaddai que me harta de amargura,
[3] que mientras siga respirando
y me anime el aliento de Dios,
[4] mis labios no dirán falsedad,
ni mi lengua proferirá mentiras!
[5] Pero no pienso darles la razón,
me mantendré cabal hasta la muerte.
[6] Me aferraré a mi justicia sin ceder,
no me reprocho ninguno de mis días.
[7] ¡Que mi enemigo acabe como el malvado,
mi adversario como el injusto!
[8] [Dicen:] «¿Qué puede esperar el impío
cuando Dios le retira la vida?
[9] ¿Escuchará Dios sus protestas
cuando se abata sobre él la angustia?
[10] ¿Hacía de Shaddai sus delicias
e invocaba a Dios en todo tiempo?».
[11] Los instruiré sobre el poder de Dios,
sin ocultarles lo que piensa Shaddai.
[12] Si todos ustedes lo han comprobado,
¿a qué sus vanos discursos?

Discurso de Sofar: el maldito*.

[13] Esta es la suerte que Dios da al malvado,
la herencia que recibe de Shaddai el violento.
[14] Si tiene muchos hijos, caerán bajo la espada,
nunca su prole se hartará de pan;
[15] la Peste enterrará a los supervivientes,
sus viudas no los llorarán.
[16] Si amontona plata como polvo,
si acumula ropa como barro,
[17] ¡que acumule!: el justo la vestirá,
el inocente heredará su plata.
[18] Se edificó una casa de araña,
se hizo una cabaña de guarda:
[19] se acuesta rico, mas por última vez,
al abrir sus ojos se encuentra sin nada.
[20] De día lo sorprenden terrores,
de noche se lo lleva el huracán.

27 13 Los vv. 13-23 parece que deben ser atribuidos a uno de los amigos de Job.

[21] Desaparece arrebatado por el viento del este,
la tormenta lo arranca de su sitio,
[22] lo zarandea después sin compasión,
aunque trata de evitar su ímpetu.
[23] La gente aplaude su ruina,
le silban por donde pasa*.

24 [18] No es más que paja en el agua,
maldicen su hacienda en el país,
nadie toma el sendero de su viña.
[19] El bochorno roba el agua a la nieve,
así el Seol a todo pecador;
[20] el seno que lo ha formado lo olvida,
su nombre no es recordado.
La injusticia es tronchada como un árbol.
[21] Maltrataba a la estéril sin hijos,
no quería ayudar a la viuda.
[22] Pero Dios controla con fuerza al tirano,
se alza y le quita su vida segura;
[23] le da confianza y tranquilidad,
pero sus ojos vigilan sus pasos.
[24] Se encumbra un instante y ya no existe,
se abate como armuelle arrancado,
como cabeza de espiga se amustia.

4. ELOGIO DE LA SABIDURÍA

La sabiduría inaccesible al hombre*.

28 [1] Existen minas de plata,
lugares donde el oro se refina,
[2] de la tierra se saca el hierro,
de la piedra fundida sale el bronce.
[3] Allí, en el límite de las tinieblas,
el hombre explora en lo más hondo,
entre rocas oscuras y lóbregas.
[4] Extranjeros abren galerías,
en lugares nunca hollados,
colgados lejos de los hombres.
[5] La tierra que produce alimentos
se trastorna por debajo con fuego;
[6] son sus rocas yacimiento de zafiro,
repletas de pepitas de oro.
[7] La rapaz no conoce la entrada,
el buitre no la divisa;
[8] no la pisan las fieras arrogantes,
el león jamás la atravesó.

27 23 La inserción de **24** 18-24 en este marco es conjetural. El texto está muy deteriorado y necesita numerosas correcciones.

28 Este poema ha podido existir independientemente de Jb, Pr **8** 22-31+. Prepara aquí los discursos de Yahvé, **38-41**.

9 El hombre manipula el pedernal,
revuelve el interior de las montañas;
10 abre canales en las rocas
y descubre objetos preciosos;
11 explora las fuentes de los ríos
y saca lo oculto a la luz.
12 Pero, ¿de dónde sale la Sabiduría?
¿dónde se encuentra la Inteligencia?
13 El ser humano desconoce el camino,
no se encuentra en la tierra de los vivos.
14 Dice el Abismo: «No está en mí»,
dice el Mar: «No está conmigo».
15 No se puede adquirir con oro puro,
no se paga a precio de plata;
16 vale más que el oro de Ofir,
que el ágata preciosa y el zafiro;
17 no la igualan el oro y el vidrio,
no se cambia por copas de oro fino;
18 no cuentan los corales y el cristal;
la Sabiduría es más cara que las perlas;
19 no la iguala el topacio de Cus,
vale más que el oro más puro.
20 ¿De dónde viene la Sabiduría?
¿Dónde se encuentra la Inteligencia?

21 Se hurta a los ojos de todo viviente,
se esconde a los pájaros del cielo.
22 La Perdición y la Muerte declaran:
«De oídas sabemos su fama».
23 Sólo Dios ha encontrado su camino,
sólo él conoce su morada.
24 (Su vista alcanza los confines de la tierra,
puede ver lo que hay bajo los cielos).
25 Cuando calculó el peso del viento
y señaló una medida a las aguas,
26 cuando impuso una norma a la lluvia,
un camino a las nubes tormentosas,
27 entonces la vio y la valoró,
la penetró y la escrutó.
28 Y dijo luego al hombre:
«El temor del Señor es sabiduría,
apartarse del mal, inteligencia*».

28 28 Ver **1** 1.8; **2** 3; Si **1** 8-9; Pr **1** 7; **8** 13; **9** 10.

5. CONCLUSIÓN DEL DIÁLOGO

Quejas y apología de Job:

A. Los días de antaño*.

29 [1] Continuó Job con su discurso y dijo:

[2] ¡Si pudiera recuperar el tiempo pasado,
los días en que Dios me protegía,
[3] cuando su lámpara brillaba sobre mi cabeza
y a su luz caminaba en tinieblas,
[4] tal como era en los días de mi otoño,
cuando Dios protegía mi tienda,
[5] cuando aún Shaddai me acompañaba
y todos mis hijos me rodeaban,
[6] cuando bañaba mis pies en leche
y la roca destilaba arroyos de aceite.

[7] Si salía a la puerta de la villa
o instalaba mi asiento en la plaza,
[8] los jóvenes al verme se apartaban,
los ancianos se ponían de pie.
[9] Los notables dejaban de hablar
y ponían la mano en su boca,
[10] cesaba la voz de los jefes,
se pegaba su lengua al paladar.
[21] Me escuchaban todos expectantes*,
en silencio para oír mi consejo.
[22] Me callaba y nadie replicaba,
gota a gota sorbían mis palabras;
[23] me esperaban como a lluvia temprana,
recibían la lluvia boquiabiertos.
[24] Si yo les sonreía, apenas lo creían,
de mi rostro no perdían un gesto de favor.
[25] Me ponía al frente marcando el camino,
como rey instalado entre sus tropas,
a mi gusto los guiaba por doquier.

[11] Quien me oía, me daba la enhorabuena,
quien me veía, se ponía de mi parte,
[12] pues yo libraba al pobre en apuros,
al huérfano privado de ayuda.
[13] El descarriado me bendecía,
a las viudas devolvía la alegría.
[14] La justicia era la ropa que vestía,
el derecho, mi manto y mi turbante.
[15] Yo era ojos para el ciego,
yo era pies para el cojo,

29 Cómo se representaba en otros tiempos la vida feliz, en la sabiduría y la justicia.
29 21 Transponemos los vv. 21-25 a continuación del v. 10. Debe tratarse de un desplazamiento accidental en la transmisión manuscrita.

[16] yo era padre de los pobres,
abogado del desconocido.
[17] Rompía los colmillos del inicuo,
le arrancaba la presa de los dientes.

[18] Me decía: «Cuando muera en mi nido,
alargaré mis días como el Fénix,
[19] con mis raíces a merced del agua,
con el rocío durmiendo en mis ramas.
[20] Recobrará vigor mi dignidad,
mi arco se afianzará en mi mano».

B. La angustia presente*.

30 [1] Ahora, en cambio, se ríen de mí
personas más jóvenes que yo,
a cuyos padres no habría dejado
al frente de los perros de mi rebaño.
[2] La fuerza de sus brazos no servía,
carentes como estaban de vigor,
[3] agotados del hambre y la penuria.
Andaban royendo por la estepa,
sombría y desolada soledad;
[4] buscaban armuelle en matorrales,
comiendo raíces de retama.
[5] Expulsados de en medio de los hombres,
ahuyentados lo mismo que ladrones,
[6] moraban en escarpas de barrancos,
en grutas y grietas de la roca,
[7] lanzando aullidos en la maleza,
buscando refugio en los espinos.
[8] ¡Gente villana y sin apellido,
gente expulsada del país!
[9] Ahora, en cambio, me hacen coplas
y hasta me sacan refranes.
[10] Se alejan de mí horrorizados,
escupen a mi paso sin reparo.
[11] Dios ha soltado mi rienda y me humilla,
y ellos se desenfrenan al verme;
[12] a mi diestra se alza una chusma
que hace vacilar mis pasos,
se encamina hacia mí para perderme:
[13] me cierran la salida,
trabajan en mi ruina,
nadie los detiene;
[14] como por brecha abierta penetran,
en remolino, como tormenta.
[15] Los terrores se vuelven contra mí,
mi dignidad es arrastrada como por el viento,
mi seguridad se disipa como nube.

30 La clase de los pobres, el desecho de la sociedad, ver **24** 4s. Job se encuentra ahora postrado por debajo de ellos.

[16] Y ahora mi vida se diluye,
me tocan días de aflicción.
[17] De noche el mal perfora mis huesos,
no descansan las llagas que me corroen.
[18] Me agarra con fuerza por la ropa,
me aprieta como el cuello de mi túnica;
[19] Me arroja en el barro,
parezco polvo y ceniza.

[20] Te pido auxilio y no respondes,
me presento y no haces caso.
[21] Te has vuelto cruel conmigo,
tu fuerte mano se ceba en mí.
[22] Me haces cabalgar sobre el viento,
sacudido a merced del huracán.
[23] Sé que me devuelves a la muerte,
al lugar donde se citan los vivientes.

[24] ¿No tendí acaso la mano al indigente
cuando angustiado pedía justicia?
[25] ¿No lloré con quien vive en apuros?
¿no he mostrado piedad por el pobre?
[26] Esperaba la dicha, me vino el fracaso,
aguardaba la luz, llegó la oscuridad.
[27] Me hierven las entrañas sin parar,
me esperan días de penar.
[28] Voy andando ensombrecido, sin sol,
de pie, en la asamblea, pido auxilio.
[29] Me he vuelto hermano de chacales,
vivo en compañía de avestruces.
[30] Tengo la piel ennegrecida,
los huesos consumidos por la fiebre.
[31] Mi arpa es instrumento para duelo,
mi flauta acompaña a plañideros.

Apología de Job*.

31 [1] Con mis ojos hice el pacto
de no fijarme en doncella.
[2] Mas, ¿qué suerte depara Dios desde arriba?
¿qué herencia reserva Shaddai desde lo alto?
[3] ¿No reserva desastre al injusto,
adversidad al hombre malhechor?
[4] ¿No vigila mis caminos
y cuenta todos mis pasos?
[5] ¿Me he hecho acompañar del embuste
o me he encaminado hacia el fraude?
[6] Que me pese en balanza sin trucar
y Dios conocerá mi integridad.

31 Esta protesta de inocencia es una de las cimas de la moral del AT: denuncia hasta las debilidades más secretas y recomienda guardarse de toda forma de injusticia; ver, por contraste, **22** 5+. Numerosas reminiscencias bíblicas. La forma, vv. 7-13, es la de un juramento imprecatorio, Nm **5** 19-22; Jc **17** 2; 1 R **8** 31-32.

[7] Si aparté mis pies del camino
dejándome llevar por mi capricho,
o algo ensució mis manos,
[8] ¡que otro coma mi siembra,
que me arranquen mis retoños!
[9] Si cedí a la atracción de otra mujer
y en la puerta de mi amigo aceché,
[10] ¡que muela para otro mi esposa,
que un extraño se acueste con ella!
[11] Habría cometido una infamia,
un crimen que pide justicia;
[12] sería fuego que devora hasta la Perdición,
que acabaría con toda mi hacienda.
[13] Si denegué el derecho a mi siervo
y a mi sierva en sus litigios conmigo,
[14] cuando Dios se levante, ¿qué haré?
cuando pase cuentas, ¿qué responderé?
[15] ¿No los creó en el vientre como a mí?,
¿no nos formó iguales en el seno*?
[38] Si mi tierra protesta contra mí
y sus surcos lloran juntos,
[39] si he comido sus productos sin pagar,
explotando a los aparceros,
[40a] ¡que en vez de espigas dé espinas,
en vez de cebada, ortigas!

[16] Si me cerré a la necesidad del débil
y dejé morir de llanto a la viuda,
[17] si comí solo mi ración
sin compartirla con el huérfano
[18] (desde niño lo cuidé como un padre,
lo guié desde el seno materno);
[19] si vi sin ropa a un transeúnte,
sin nada que ponerse a un indigente,
[20] si no me bendijeron sus cuerpos,
calientes con la lana de mis corderos;
[21] si alcé mi mano contra el huérfano
por contar con apoyo en el tribunal,
[22] ¡que se me salga de la espalda el hombro,
que mi brazo se rompa por el codo!
[23] Pues temo el castigo de Dios,
no resistiría su majestad.

[24] No puse mi confianza en el oro,
ni llamé «seguridad» al oro fino,
[25] no puse mi gozo en mi inmensa riqueza,
en bienes adquiridos por mis manos.
[26] Viendo lucir el sol,
el curso radiante de la luna,

31 15 Insertamos a continuación los vv. 38-40a, pues el lugar que ocupan al final de la apología es accidental.

27 no me dejé seducir secretamente
mandándoles un beso con la mano.
28 ¡También esto es crimen que pide justicia,
pues habría negado al Dios del cielo!
29 No me alegré del mal del enemigo
ni me regocijé con su desgracia*,
30 ni permití que mi boca pecara
deseándole la muerte con maldiciones.
31 Juro que cuando la gente de mi círculo
decía: «¡Quién pudiera saciarse de su carne!»,
32 nunca dormía en la calle el forastero,
pues abría mis puertas al viajero.
33 No oculté a los hombres mi delito
ni escondí en mi seno mi pecado,
34 por temor a los rumores de la gente,
por miedo al desprecio de los míos,
en silencio, sin salir a la calle*.

35 ¡Ojalá que alguien me escuchara!
¡He dicho mi última palabra!
A Shaddai le toca responder.
El libelo que haya escrito mi adversario
36 ¡juro que sobre el hombro lo llevaré,
ceñido como una diadema!
37 Le daría cuenta de mis pasos,
me acercaría a él como un príncipe.
40 [b]Fin de las palabras de Job.

*III. Discursos de Elihú**

Intervención de Elihú.

32 1 Aquellos tres hombres ya no
contestaron a Job, dado que estaba convencido de su inocencia. 2 Pero
Elihú, hijo de Baraquel el buzita, del clan
de Ram, descargó su cólera contra Job
porque pretendía tener razón frente a
Dios. 3 También se enfadó con sus tres
compañeros, por no haber encontrado
respuesta y haber dejado así culpable a
Dios. 4 Mientras hablaban con Job, Elihú había esperado, pues los otros eran
mayores que él. 5 Pero Elihú se molestó
al ver que los tres hombres no habían
sabido responder. 6 Entonces Elihú, hijo
de Baraquel el buzita, intervino diciendo:

Exordio.

Soy un hombre joven,
ustedes, ancianos;

31 29 Job se ha guardado no solamente de toda venganza, ver Ex **21** 25+, sino también del gozo que produce la desgracia de un enemigo; ver Pr **24** 17-18; Mt **5** 43-48p.

31 34 Job, inocente, jamás se ha escondido de los hombres; no teme comparecer delante de Dios, vv. 35-37.

32 Los discursos del joven Elihú, **32-37**, difieren del resto del libro por el lenguaje, el estilo, la manera de argumentar. Han podido ser insertados aquí por otro autor inspirado.

por eso evité, intimidado,
decirles todo lo que sé.
7 Pensaba: «Que hable la edad,
que enseñen sabiduría los ancianos».
8 Pero hay un espíritu en el hombre,
el soplo de Shaddai, que lo hace inteligente*.
9 Los años no dan sabiduría,
ni la edad capacidad de discernir*.
10 Por eso, les pido que escuchen,
también yo les diré lo que sé.

11 He esperado mientras hablaban,
oyendo sus argumentos,
cómo sopesaban ustedes las palabras.
12 Me iba fijando con atención,
pero ninguno de ustedes refutaba a Job
ni desmentía sus palabras.
13 No digan: «Hemos dado con la sabiduría:
sólo Dios puede vencerlo, no un hombre».
14 Como Job no ha hablado contra mí,
le rebatiré sin usar las palabras de ustedes.

15 Ahí están perplejos, sin respuesta,
los han abandonado las palabras.
16 ¿Me cruzaré de brazos porque no hablen,
por quedarse plantados, sin respuesta?
17 Voy a hacer también yo mi aportación,
hablaré también yo lo que sé,
18 pues me siento lleno de palabras,
preñado de un aliento incontenible;
19 mi seno encierra un vino sin salida,
es como un odre a punto de estallar.
20 Hablaré y me desahogaré,
abriré mi boca y responderé.
21 Con nadie seré parcial,
a nadie pienso adular;
22 no adularé porque no sé,
y además me destruiría mi Hacedor.

La presunción de Job.

33 1 Escucha, Job, mis palabras,
oye bien lo que te digo.
2 Voy a abrir ahora la boca,
a formar palabras con mi lengua.
3 Te hablo con toda sinceridad,
mis labios dirán la verdad.

32 8 A la sabiduría adquirida, Elihú contrapone otra sabiduría «carismática», recibida directamente del Espíritu. La sabiduría de Oriente, introducida en Israel, dejaba sitio para Dios, Pr **2** 6; **21** 30; Si **1** 1-10; etc. Se conocía también una sabiduría inspirada, Is **11** 2+; se afirma el encuentro de la Sabiduría y del Espíritu, Dn **5** 11-14; Sb **1** 5-7; **7** 22-23+, mientras llega el NT, 1 Co **1** 17+; **2** 6-16.

32 9 Semejante impertinencia para con los ancianos, vv. 6-15, es excepcional en la Biblia, ver **8** 8-10; **15** 10-18; Si **8** 9; etc.

5 Si puedes, respóndeme,
ante mí, con firmeza.
6 Para Dios, soy como tú,
formado también de arcilla,
4 pues me hizo el soplo de Dios
y Shaddai me alentó vida.
7 No pienso llenarte de terror,
tampoco te voy a agobiar.

8 Te lo he oído decir,
he escuchado tus palabras:
9 «Yo soy puro, sin delito,
inocente, sin pecado*;
10 mas busca excusas contra mí,
me tiene por enemigo.
11 Pone trampas a mis pies,
vigila todos mis pasos».
12 Pues te digo que no tienes razón,
porque Dios es más grande que el hombre.
13 ¿Por qué te peleas con él
si no responde a tus razones?
14 Dios habla de muchas formas*,
pero no nos damos cuenta.
15 En visiones nocturnas y sueños,
cuando cae el sopor sobre el hombre,
cuando el sueño lo invade en su lecho,
16 entonces le abre el oído,
lo asusta con advertencias;
17 lo aparta así de sus obras,
y lo salva del orgullo.
18 No lo deja caer en la fosa,
salva su vida de la muerte.
19 Lo prueba en el lecho del dolor,
con los huesos en continuo temblor;
20 acaba detestando el alimento,
aunque tiene deseos de comer;
21 su carne a ojos vistas desaparece,
sus huesos, antes ocultos, aparecen;
22 su ser se aproxima a la fosa,
su vida al lugar de los muertos.
23 Mas si tiene un Ángel de su parte,
un Mediador* entre mil,
que recuerde al hombre su deber,

33 9 Resumen de varias declaraciones de Job; ver **9** 20; **10** 7; **16** 17; **27** 5; y **13** 24; **19** 11; etc.

33 14 Por revelaciones durante el sueño, vv. 15-18; ver **4** 12, y por las pruebas, vv. 19ss; ver Dt **8** 5; Pr **3** 11-12; Sb **11** 9-10.

33 23 Un *Mediador*, lit.: un *intérprete*, que hace comprender al hombre el sentido de su mal e intercede por él cerca de Dios. El AT conoce por otra parte la intercesión de los justos, **42** 8+, la expiación por el prójimo, Is **53** 10-12, y las intervenciones de los ángeles para trasmitir revelaciones a los profetas (sobre todo Ez, Dn, Za) o para velar por el bien de los hombres y trasmitir sus plegarias, Sal **91** 11-13; Tb **5** 4+; **12** 12+; Mt **18** 10; Hch **12** 15; Ap **8** 3-4.

24 que se apiade de él diciendo:
«Líbralo de bajar a la fosa,
que he encontrado rescate por él»,
25 su carne se renovará de vigor juvenil,
volverá a los días de su mocedad.
26 Rogará a Dios, y le otorgará su favor,
contemplará con alegría el Rostro
del que devuelve al hombre su integridad.
27 Cantará ante los hombres así:
«He pecado y torcido el derecho,
pero no me ha pagado con la misma moneda;
28 me ha librado de pasar por la fosa,
ha llenado mi vida de luz».
29 Esto es lo que Dios suele hacer,
dos veces, tres veces al hombre,
30 para salvar su vida de la fosa
y alumbrarlo con la luz de los vivos.
31 Atiende, Job, escúchame,
calla, que yo hablaré.
32 Si tienes algo que decir, respóndeme;
habla, pues deseo darte la razón.
33 De lo contrario, escúchame,
calla y te enseñaré sabiduría.

El fracaso de los tres Sabios al querer disculpar a Dios.

34

1 Elihú retomó su discurso:

2 Escuchen, sabios, mis palabras,
préstenme atención los doctos,
3 que el oído distingue las palabras
lo mismo que la boca los sabores.
4 Distingamos, pues, lo que es justo,
sepamos entre todos lo que es bueno.
5 Job ha dicho: «Soy inocente,
pero Dios me niega el derecho;
6 me asiste el derecho y creen que miento,
me hieren de muerte sin haber pecado».
7 ¿Hay algún hombre como Job,
que bebe el sarcasmo como agua,
8 que se hace acompañar de malhechores
y anda con gente malvada?
9 ¿No dice: «Al hombre no aprovecha
estar a buenas con Dios»?

10 Escúchenme, pues, sensatos:
¡Lejos de Dios la maldad,
la injusticia de Shaddai!
11 Dios paga al hombre según sus obras,
trata a cada cual según su conducta*.

34 11 Expresión clásica en toda la Biblia, Sal **62** 13+.

12 Está claro que Dios no obra mal,
que Shaddai no tuerce el derecho.
13 ¿Quién le confió el cuidado de la tierra?,
¿quién le encargó de todo el universo*?
14 Si sólo prestara atención a sí mismo,
si centrara en sí su espíritu y su aliento,
15 toda carne a la vez moriría,
el hombre al polvo volvería.
16 Pero si sabes comprender, escucha,
presta oído a mi voz y a mis palabras:
17 ¿Podrá gobernar quien odia el derecho?
¿Vas a condenar al Justo supremo,
18 capaz de llamar al rey «canalla»,
de tratar a los nobles de bandidos?
19 No tiene preferencia por los príncipes,
ni favorece al grande contra el débil,
pues todos son obra de sus manos.
20 Mueren de repente, en plena noche,
la gente se agita y desaparece,
el tirano es depuesto sin esfuerzo.
21 Él vigila el camino del hombre,
se da cuenta de todos sus pasos;
22 no hay sombras ni espesa tiniebla
que puedan ocultar al malhechor.
23 Dios no asigna un plazo al hombre
para comparecer a juicio ante él.
24 Destruye al poderoso sin tener que indagar
y a otros establece en su lugar;
25 como conoce bien sus acciones,
de noche los trastorna y pulveriza;
26 los azota igual que a criminales,
en la plaza pública los encadena,
27 por no haber querido seguirlo,
por no entender sus designios,
28 provocando ante Dios el grito del débil,
haciéndole oír el grito del pobre.

29 Si se queda inmóvil, ¿quién condenará?;
si esconde su rostro, ¿quién lo verá?
Pero él vela sobre hombres y países,
30 para evitar que reine el impío*,
que el pueblo sea engañado.
31 Si alguien dice a Dios:
«Me arrepiento, ya no lo haré,
32 lo que no veo, házmelo ver,
si he obrado mal, no recaeré»,
33 ¿debería, según tú, castigar?
¡Pero tú rechazas su criterio!

34 13 Dios gobierna el mundo sin mandato de un superior; no viola el derecho que él mismo ha fundado. Ver Sb **11** 20-26; **12** 11-18.

34 30 Si algunos impíos son castigados, es porque Dios tiene misericordia de ellos. Ver Sb **11** 23; **12** 2.

Dado que tú decides, y no yo,
haznos partícipes de tu ciencia*.
34 Pero la gente sensata me dirá,
lo mismo que los sabios que me escuchen:
35 «No habla Job con sensatez,
no son juiciosas sus palabras.
36 Tenga a bien probarlo a fondo,
pues responde igual que un malvado.
37 A su pecado añade la rebeldía,
entre nosotros siembra la duda,
multiplica sus palabras contra Dios».

Dios no es indiferente a los asuntos humanos*.

35

1 Elihú retomó su discurso:

2 ¿Piensas que es justo decir:
«Soy inocente ante Dios?»,
3 o afirmar: «¿Qué más te da?,
¿qué gané con no pecar?».
4 Pues bien, te responderé,
y de paso a tus amigos.

5 Contempla los cielos, mira,
fíjate en las nubes y en su altura.
6 Si pecas, ¿en qué le afecta a Dios?,
¿qué le hacen tus muchos delitos?
7 Si eres justo, ¿qué le das?,
¿qué recibe de tu mano?
8 Tu maldad afecta a uno como tú,
tu justicia a los seres humanos.
9 Protestan bajo el peso de la opresión,
claman ante el abuso de los poderosos,
10 mas no dicen: «¿Dónde está mi Hacedor,
que llena la noche de cantos de júbilo,
11 que nos hace más listos que las bestias,
más sabios que las aves del cielo?».
12 Algunos gritan, pero no responde,
porque son malvados arrogantes;
13 Dios no escucha falsedades,
Shaddai no presta atención.
14 Mucho menos cuando dices: «No lo veo,
le he expuesto mi causa y lo espero».
15 Pero ahora que su ira no castiga
ni parece darse cuenta del delito*,
16 Job abre su boca y echa viento,
multiplica palabras a lo tonto.

34 33 Argumento *ad hominem*. Job tiene una concepción demasiado rígida de la justicia de Dios; no quiere humillarse y arrepentirse, v. 37.

35 Ver **3** 13-15; **7** 20; **9** 22.

35 15 Ver **21**.

El verdadero sentido de los sufrimientos de Job*.

36

1 Elihú retomó su discurso:

2 Ten un poco de paciencia y te instruiré,
todavía hay razones en favor de Dios.
3 Buscaré en el pasado mi saber,
para dar la razón a mi Hacedor;
4 mis palabras no son falsas, lo aseguro,
ante ti tienes ciencia consumada.
5 Dios es poderoso, mas no indiferente,
poderoso por sus firmes decisiones.
6 No permite que viva el malvado,
hace justicia a los pobres,
7 no aparta del justo sus ojos.
Los sienta en medio de reyes,
los entroniza y exalta para siempre.
8 En cambio, si los carga de cadenas,
si los ata con cuerdas de aflicción,
9 es por denunciarles sus acciones,
sus delitos nacidos del orgullo;
10 es para que atiendan la advertencia,
lo dice para que dejen la maldad.
11 Si escuchan y se muestran dóciles,
se consumarán sus días en la dicha,
vivirán sus años satisfechos.
12 Si no escuchan, pasarán el Canal,
morirán sin caer en la cuenta.
13 Los de mente perversa acumulan cólera,
no piden socorro cuando él los encadena;
14 acaba su existencia en plena juventud
y mueren a la edad de los hieródulos*.
15 Mas salva al pobre por su pobreza,
le instruye mediante la aflicción.
16 También a ti te sacará de la angustia,
a un lugar sin aprietos, espacioso,
te ofrecerá alimentos sustanciosos.
17 Mas si defiendes la causa del malvado,
justicia y derecho sucumbirán;
18 no te dejes seducir por la opulencia,
ni los ricos presentes te corrompan.
19 ¿Acaso te auxiliarán en el peligro
tus riquezas y todos tus esfuerzos?
20 No suspires por que llegue esa noche
en que la gente es echada de su sitio;
21 guárdate de volverte a la maldad,
que por eso probaste la aflicción.

36 Ya Elifaz había desarrollado este tema, **5** 17; **22** 23-30.

36 14 Ver Dt **23** 18-19+.

Himno a la Sabiduría todopoderosa*.
Si **42** 15-**43** 33.

22 ¡Qué sublime es Dios en poder!
¿Hay algún maestro como él?
23 ¿Quién puede vigilar su conducta?,
¿quién le puede acusar de obrar mal?
24 Recuerda ensalzar sus obras,
que todos los hombres cantaron;
25 todos los humanos las contemplan,
los hombres de lejos las perciben.
26 Dios es sublime, no lo conocemos,
es incalculable la suma de sus años.
27 Atrae hacia sí las gotas de agua,
las filtra de su fuente como lluvia,
28 la lluvia destilada por las nubes,
que cae copiosa sobre el hombre.
31 Con ella sustenta a los pueblos,
les da alimento en abundancia.
29 ¿Quién conoce la extensión de su nube,
el fragor amenazante de su tienda?
30 Se hace rodear de sus relámpagos,
mantiene ocultas las raíces del mar.
32 Oculta el relámpago en sus manos,
le ordena dar en el blanco.
33 Su trueno anuncia su presencia,
su ira se enciende contra la iniquidad.

37

1 Ante esto tiembla mi corazón,
y salta fuera de su sitio.
2 Escuchen atentos el trueno* de su voz,
el estruendo que sale de su boca;
3 lanza su rayo bajo el cielo
y alcanza los confines del orbe;
4 retruena tras él su voz,
retumba de forma soberbia;
y ya no retiene sus rayos
en tanto resuena su voz.
5 Atruena Dios con voz prodigiosa,
él hace maravillas que ignoramos:
6 cuando dice a la nieve: «Cae a tierra»,
y ordena al aguacero: «Llueve fuerte»,
7 interrumpe el trabajo de los hombres
para que todos conozcan sus obras;
8 los animales van a sus cubiles,
se ocultan en sus madrigueras.
9 Surge el huracán de la Cámara Austral,
traen el frío los vientos del norte*;

36 22 La sabiduría de Dios resplandece en el universo. Ver Si **42** 15-**43** 33; Rm **11** 33-36.
37 2 El trueno, v. 4; Sal **18** 14; **29**; a menudo asociado a la gloria de Dios, Ex **19** 16+; Sal **77** 18-19; Is **30** 30.
37 9 De la *Cámara Austral*, lit.: la *cámara*, del sur, donde están guardadas, ver **38** 22, vienen las tempestades.

[10] al soplo de Dios se forma el hielo,
las extensiones de agua se congelan.
[11] Carga las nubes de humedad,
los nubarrones reflejan su rayo,
[12] que alterna de uno a otro lado,
iluminando todo alrededor,
para ejecutar así sus órdenes
sobre la superficie del orbe.
[13] Como castigo de los pueblos de la tierra,
o bien como favor, lo envía.
[14] Escucha esto tranquilo, Job,
piensa en los prodigios de Dios.
[15] ¿Sabes cómo Dios se lo ordena
y su nube hace brillar el rayo?
[16] ¿Sabes cómo equilibra las nubes,
prodigio de una ciencia consumada?
[17] Tú, que aguantas el calor de la ropa
cuando el solano aletarga la tierra,
[18] ¿podrías tender con él el firmamento,
duro como espejo de metal fundido?
[19] Enséñanos qué hemos de decirle,
no discutiremos a oscuras.
[20] ¿Hay que informarle cuando hablo?,
¿hay que comunicarle lo que se dice?
[21] Por un tiempo la luz no se ve,
oculta como está entre nubes,
pero pasa el viento y las disipa.
[22] Del norte llegan resplandores,
envuelve a Dios terrible majestad;
[23] no podemos llegar hasta Shaddai,
sublime por su fuerza y equidad,
maestro de justicia que no oprime.
[24] Por eso, lo temen los hombres:
¡que lo veneren todos los sabios*!

IV. Los discursos de Yahvé

PRIMER DISCURSO

La Sabiduría del Creador confunde a Job.

38 [1] Yahvé se dirigió a Job desde la tormenta*:

[2] ¿Quién es éste que denigra mi designio
diciendo tales desatinos?

37 24 Desde **36** 22, Elihú no ha cesado de defender la justicia de Dios, poderosa, imparcial, mezclada con la bondad.

38 1 Al estilo de las antiguas teofanías, ver Ex **19** 16+.

[3] Si eres valiente, cíñete los lomos:
te voy a preguntar y tú me instruirás*.
[4] ¿Dónde estabas cuando cimenté la tierra?
Dilo, si tanto sabes y entiendes.
[5] ¿Sabes quién fijó sus medidas,
o quién la midió a cordel?
[6] ¿Dónde se asientan sus bases?
¿Quién puso su piedra angular
[7] entre el vocerío de los luceros del alba
y las aclamaciones de los Hijos de Dios*?
[8] ¿Quién cerró el mar con compuertas,
cuando escapaba impetuoso de su seno,
[9] cuando le ponía nubes por mantillas,
nubes tormentosas por pañales,
[10] cuando le marcaba las lindes
poniendo puertas y cerrojos?
[11] Le dije: «Hasta aquí llegarás, no pasarás,
aquí se estrellará* el orgullo de tus olas».

[12] ¿Alguna vez has mandado a la mañana
o asignado su puesto a la aurora,
[13] para que agarre a la tierra por los bordes
y sacuda de ella a los malvados,
[14] para que tome forma como arcilla de sello,
y quede coloreada como un vestido,
[15] para que niegue a los malvados su luz
y quede roto el brazo sublevado?
[16] ¿Has entrado hasta las fuentes del mar?,
¿has paseado por el fondo del Abismo?
[17] ¿Te han enseñado las puertas de la Muerte?,
¿has visto las puertas del país de las Sombras*?
[18] ¿Tienes idea de las dimensiones de la tierra?
Dilo, si todo lo sabes.
[19] ¿Por dónde habita la luz?,
¿dónde viven las tinieblas?
[20] ¿Podrías llevarlas a su tierra,
indicarles el camino de su casa?
[21] Lo sabrás, ¡pues ya habías nacido
y tienes tantísimos años!

[22] ¿Has llegado a los silos de la nieve?,
¿has visto los graneros del granizo,
[23] que administro para tiempos de angustia,
para días de guerra y combate?
[24] ¿Por dónde se reparte la luz
y se esparce por la tierra el solano?

38 3 Dios invierte los papeles. A la hora de atacar a Job, Jr **1** 17; Sal **45** 4, Yahvé va a enumerar sus obras más grandes y más maravillosas.
38 7 Ver **1** 6+; Ba **3** 34-35; Za **4** 7; Esd **3** 10-11.
38 11 Ver **7** 12+; Sal **104** 6-9; Pr **8** 29.
38 17 El *país de las sombras* es el Seol, **7** 9+; Nm **16** 33+. Las *puertas de la Muerte,* Sal **9** 14; **107** 18; Is **38** 10; Sb **16** 13.

[25] ¿Quién abre un canal al aguacero,
un camino a las nubes tormentosas,
[26] para que rieguen tierras despobladas,
zonas desérticas deshabitadas,
[27] para que sacien soledades desoladas
y brote verdor en el páramo?
[28] ¿Tiene padre la lluvia?,
¿quién engendra las gotas de rocío?
[29] ¿De qué vientre sale el hielo?,
¿quién pare la escarcha del cielo,
[30] cuando el agua se endurece como piedra
y aprisiona la faz del Abismo?

[31] ¿Puedes atar los lazos de las Pléyades
o desatar las cuerdas de Orión,
[32] hacer salir a su hora la Corona,
guiar a la Osa y a sus crías?
[33] ¿Conoces las leyes de los Cielos?,
¿aplicas su fuero en la tierra?
[34] ¿Levantas tu voz a las nubes
y la masa de aguas te obedece?
[35] ¿Tienes de mensajeros a los rayos?,
¿acuden y te dicen: «Aquí estamos»?
[36] ¿Quién puso en el ibis sabiduría?,
¿quién dio al gallo inteligencia*?
[37] ¿Quién cuenta las nubes con acierto?,
¿quién inclina los cántaros del cielo,
[38] cuando el polvo se funde en una masa
y las glebas se pegan entre sí?

[39] ¿Cazas tú la presa a la leona*
o sacias el hambre de sus crías,
[40] cuando se ocultan en sus guaridas
o acechan quietos en la maleza?
[41] ¿Quién prepara al cuervo su comida
cuando gritan a Dios sus crías
y vagan en busca de alimento?

39 [1] ¿Sabes tú cuándo paren las rebecas?,
¿has asistido al parto de las ciervas?
[2] ¿Has contado los meses de su gestación?,
¿sabes el tiempo en que paren?
[3] Se acurrucan y expulsan a sus crías,
se desembarazan de sus hijos;
[4] después sus cachorros crecen y medran,
salen al campo y ya no regresan.
[5] ¿Quién deja en libertad al onagro
y suelta el ramal del burro salvaje?

38 36 El *ibis* anunciaba la crecida del Nilo; el *gallo* anuncia la aurora.
38 39 El mundo de los animales sobrepasa los conocimientos del hombre y no sale más que de Dios, quien vela por su existencia.

[6] Yo le di la estepa por morada,
su territorio en tierra salada;
[7] se ríe del tráfago de la ciudad,
no escucha al arriero vociferar;
[8] busca en los montes su pasto,
rebusca cualquier hierba tierna.

[9] ¿Está el búfalo dispuesto a servirte,
a pasar la noche en tu establo?
[10] ¿Puedes atarlo con la soga al arado?,
¿rastrillará las navas tras de ti*?
[11] ¿Te fiarás de él porque es fuerte?,
¿le confiarás el peso de tu trabajo?
[12] ¿Piensas que lo harías volver
acarreando el grano a la era?

[13] El avestruz mueve alocado las alas,
como si fueran sus plumas de cigüeña o halcón;
[14] abandona en el suelo sus huevos,
los deja incubar en la tierra,
[15] sin pensar que un pie puede pisarlos
o una fiera salvaje aplastarlos.
[16] Cruel con sus pollos, como si fueran extraños,
no le inquieta fatigarse en vano.
[17] Es que Dios le negó sabiduría,
no le dotó de perspicacia.
[18] Pero cuando se yergue en pie
se ríe del caballo y su jinete.

[19] ¿Le das al caballo su bravura?,
¿revistes su cuello de crines?
[20] ¿Le haces saltar como langosta,
lanzando resoplidos que asustan?
[21] Piafa nervioso en el valle,
se lanza brioso al ataque;
[22] del miedo se ríe, no teme,
no retrocede ante el arma;
[23] en torno silban las flechas,
lanzas llameantes y venablos;
[24] inquieto y nervioso devora el espacio,
nadie lo sujeta al toque de trompeta;
[25] suena la trompeta y responde con relinchos,
lejos todavía barrunta la batalla,
la voz de los jefes y el grito de guerra.

[26] ¿Vuela el halcón porque tú le enseñas,
cuando despliega sus alas hacia el sur?
[27] ¿Se cierne a tus órdenes el águila
y hace su nido en la altura?
[28] Vive y pernocta entre rocas,
en picachos rocosos se esconde;

39 10 Ver Lm **4** 3.

[29] desde allí vigila a su presa,
de lejos la otean sus ojos;
[30] sus pollos se nutren de sangre,
donde hay muertos, allí está ella.

40

[1] Yahvé siguió diciendo a Job:

[2] ¿Tiene más que decir el censor de Shaddai*?
¡Que responda el acusador de Dios!

[3] Job respondió a Yahvé:

[4] Hablé a la ligera, ¿qué replicaré?
Mejor si me tapo la boca con la mano.
[5] Hablé una vez, no responderé;
dos veces y nada añadiré.

SEGUNDO DISCURSO

Señorío de Dios sobre las fuerzas del mal*.

[6] Yahvé respondió a Job desde la tormenta:

[7] Si eres valiente, cíñete los lomos:
te voy a preguntar y tú me instruirás.
[8] ¿Quieres acaso violar mi derecho,
condenarme para quedar absuelto?
[9] ¿Tienes un brazo como el de Dios,
una voz potente como la suya?
[10] Cíñete, pues, de grandeza y majestad,
vístete de gloria y esplendor;
[11] da rienda suelta a tu cólera,
hunde de una mirada al arrogante,
[12] humilla de una mirada al soberbio,
aplasta a los malvados donde estén,
[13] entiérralos juntos en el polvo,
enciérralos a una en el calabozo.
[14] Entonces cantaré tu alabanza:
«Tu diestra te ha dado la victoria».

Behemot.

[15] Ahí tienes a Behemot, a quien hice como a ti,
que se alimenta de hierba como las vacas.
[16] Mira la fuerza de sus lomos,
el vigor de los músculos del vientre;
[17] se empina su cola como un cedro,
los nervios de sus muslos se entrelazan.

40 2 Job ha sido cogido por la palabra, **9** 14+; **31** 35; **33** 13, pero no tiene nada que decir, **21** 5+.
40 6 *Behemot*, v. 15, la *Bestia* o el *Bruto*, es el hipopótamo. *Leviatán*, v. 25; ver **3** 8+; **7** 12, es el cocodrilo. Estos dos animales terroríficos representan las fuerzas hostiles que Dios domina.

18 Sus huesos son tubos de bronce,
su esqueleto, hierro forjado.
19 Es primicia de las obras de Dios.
Su Autor lo amenazó con la espada,
20 le vedó la región de las montañas
y las bestias que en ella retozan.
21 Se tumba debajo de los lotos,
oculto en los carrizos del pantano,
22 los lotos lo cubren con su sombra,
los sauces del río lo protegen.
23 En caso de crecida no se asusta,
aunque un Jordán le llegue hasta la boca.
24 ¿Quién lo agarrará por los ojos,
le taladrará el hocico con punzones?

Leviatán.

25 ¿Pescarás con anzuelo a Leviatán,
sujetarás su lengua con cordeles?
26 ¿Le pasarás un junco por la nariz,
traspasarás su mandíbula con ganchos?
27 ¿Te vendrá con largas súplicas
y te hablará con voz humilde?
28 ¿Hará contigo el trato
de ser tu siervo de por vida?
29 ¿Jugarás con él como con un pájaro,
lo atarás para diversión de tus hijas?
30 ¿Lo pondrán en venta los asociados,
se lo disputarán los mercaderes?
31 ¿Le acribillarás la piel con dardos,
su cabeza con artes de pesca?
32 Ponle la mano encima:
¡te acordarás de la lucha y no insistirás!

41

1 Tu esperanza sería ilusoria,
pues sólo su vista aterra.
2 No hay audaz capaz de provocarlo,
¿quién puede resistirle frente a frente?
3 ¿Quién le plantó cara y salió ileso?
¡Nadie bajo los cielos!

4 No pasaré por alto sus miembros,
hablaré de su fuerza incomparable.
5 ¿Quién le ha abierto el manto de su piel
y ha penetrado por su doble coraza?
6 ¿Quién ha abierto las puertas de sus fauces?
¡El terror reina en torno a sus dientes!
7 Su dorso son hileras de escudos,
que cierra un sello de piedra;
8 están entre sí tan trabados
que ni un soplo se filtra entre ellos;
9 se sueldan unos con otros,
forman un sólido bloque.

[10] Su estornudo proyecta destellos,
sus ojos parpadean como el alba.
[11] Antorchas brotan de sus fauces,
se escapan chispas de fuego;
[12] de sus narices sale una humareda,
como caldero que hierve atizado;
[13] su aliento enciende carbones,
expulsa llamas por su boca.
[14] En su cuello reside la fuerza,
ante él danza el espanto.
[17] Si se yergue se asustan las olas,
las ondas del mar se retiran.
[15] Las carnes de su cuerpo son compactas,
tan pegadas que quedan inmóviles;
[16] Su corazón es sólido como roca,
resistente como piedra molar.
[18] La espada lo golpea y no se clava,
ni dardo, jabalina o lanza.
[19] El hierro es para él como paja,
madera podrida el bronce.
[20] Disparos de flecha no lo hacen huir:
las piedras de la honda se vuelven tamo;
[21] tamo le parece el mazo,
se burla del venablo que vibra.
[22] Su vientre, de lastras afiladas,
pasa como un trillo por el lodo;
[23] calienta el fondo como un caldero,
convierte el mar en un pebetero.
[24] Deja detrás estela luminosa,
melena blanca diríase el abismo.
[25] Nada se le iguala en la tierra,
pues es creatura sin miedo.
[26] Mira a la cara a los más altivos,
es el rey de los hijos del orgullo*.

Última respuesta de Job.

42

[1] Job respondió a Yahvé:

[2] Me doy cuenta que todo lo puedes,
que eres capaz de cualquier proyecto*.
[3] [Dijiste:] «¿Quién es éste que vela mi designio*
con razones carentes de sentido?».
Sí, hablé sin pensar de maravillas
que me superan y que ignoro.
[4] (Escucha y déjame hablar,
te voy a preguntar y tú me instruirás*).

41 26 *Los hijos del orgullo* son las fieras, ver **28** 8, tipo de los poderosos de este mundo que están en la mano de Dios, **40** 7-14.
42 2 Job se inclina delante de aquel que es todopoderoso y no tiene que dar cuentas a nadie.
42 3 Ver **38** 2.
42 4 Ver **33** 31; **38** 3.

[5] Sólo de oídas te conocía,
pero ahora te han visto mis ojos*.
[6] Por eso me retracto y me arrepiento
echado en el polvo y la ceniza*.

V. *Epílogo*

Yahvé censura a los tres sabios*.

[7] Después de pronunciar estos discursos a Job, dijo Yahvé a Elifaz de Temán: «Estoy enfadado contigo y con tus dos amigos, pues ustedes no han hablado bien de mí, como mi siervo Job. [8] Tomen ahora siete terneras y siete carneros, acudan a mi siervo Job y ofrézcanlos por ustedes en holocausto. Mi siervo Job intercederá por ustedes. Sólo en consideración a él* no les infligiré castigo alguno por no haber hablado bien de mí, como ha hecho mi siervo Job». [9] Elifaz de Temán, Bildad de Súaj y Sofar de Naamat fueron a ejecutar la orden de Yahvé. Y Yahvé tuvo en consideración a Job.

Yahvé rehace la hacienda de Job*.

[10] Yahvé cambió la suerte de Job después de haber intercedido por sus amigos, y duplicó todas sus posesiones. [11] Fueron a verlo todos sus hermanos y hermanas, junto con sus conocidos, y comieron en su casa. Se lamentaron y lo consolaron por la desgracia que le había infligido Yahvé. Cada uno le regaló una moneda de plata y un anillo de oro. [12] Yahvé bendijo ahora a Job más que al principio, pues se hizo con catorce mil ovejas, seis mil camellos, mil yuntas de bueyes y mil burras. [13] Tuvo también siete hijos y tres hijas. [14] A la primera le puso el nombre de «Paloma», a la segunda «Acacia» y a la tercera «Frasco de perfumes». [15] No había en todo el país muchachas más hermosas que las hijas de Job. Su padre las hizo herederas junto con sus hermanos.

[16] Job vivió después ciento cuarenta años, y conoció a sus hijos, nietos y bisnietos. [17] Job murió anciano tras una larga vida.

42 5 No se trata de una visión propiamente dicha, ver Ex **33** 20+. Las ideas de los hombres sobre la retribución llevaban a Job a rebelarse contra Dios. Pero ha tenido una experiencia directa en la que Dios se ha dejado tocar por él y que le permite ver más allá de la sabiduría recibida.

42 6 Job no tiene propiamente por qué retractarse; ha tomado conciencia de su relación con Dios; acepta, a ciegas, la justicia que sólo Dios le da, ver Gn **15** 6+. *Polvo y ceniza* son símbolos de aflicción, **2** 8; etc.

42 7 Parte final que vuelve al estilo narrativo del prólogo: Yahvé alaba a *su siervo Job*, **1** 8; **2** 3; reprende a los que han hablado mal de él, vv. 7-9, y a Job le colma de bendiciones, vv. 10-17.

42 8 La intercesión eficaz de Job parece ligada a la prueba que él ha superado, de manera análoga al siervo doliente de Is **52** 13; **53** 12+. Otros intercesores: Abrahán, Gn **18** 22-32; **20** 7; Moisés, Ex **32** 11+; Samuel, 1 S **7** 5; **12** 19; Amós, Am **7** 2-6; Jeremías, Jr **11** 14; **37** 3; 2 M **15** 14; etc.

42 10 Se reúnen aquí las ideas comunes sobre la retribución, ver **4** 1; etc. Job recobra la riqueza, el buen nombre, la descendencia y de todo ello disfruta por largo tiempo, ver Gn **25** 8; **35** 29.

PROVERBIOS

Introducción

El libro de los Proverbios es una recopilación de sentencias, refranes e instrucciones agrupadas en torno a dos colecciones más uniformes: la de **10** *1-***12** *16, titulada «Proverbios de Salomón», y la de* **25-29** *que comienza: «También éstos son proverbios de Salomón, transcritos por los hombres de Ezequías». A estas dos colecciones se añadieron algunos apéndices. Este conjunto está precedido por una larga introducción,* **1-9***, en la que un padre transmite a su hijo recomendaciones de sabiduría y en la que la misma Sabiduría toma la palabra. El libro concluye con un poema alfabético, que ensalza a la mujer ideal,* **31** *10-31.*

*El libro, en su estado actual, que data del s. V a.C., refleja una evolución literaria de los temas sapienciales. Las partes centrales son las más primitivas y se sitúan en la época anterior al Destierro. La sección primera (***1-9***) es del s.V. Las otras hay que situarlas en épocas intermedias.*

Con el fin de descubrir la evolución del pensamiento sapiencial, de la que este libro es un ejemplo típico, proponemos leerlo por el orden siguiente:

1. Colecciones primitivas (**10** *1-***22** *16 y* **25** *1-***29** *27)*

Conjunto de instrucciones sobre comportamiento humano. Máximas de sabiduría práctica. que sólo esporádicamente se relacionan con el sentido religioso tradicional de Israel. La primera colección emplea formas literarias simples: cada refrán tiene sentido en sí mismo. La segunda emplea formas más evolucionadas literariamente.

*La fuente de esta «teología práctica» es la sabiduría, el temor de Yahvé (***15** *16.33;* **22** *4) y la confianza en él (***20** *22;* **29** *25). Incluso contiene principios extraños al pensamiento común del AT y relacionados más con el NT (***24** *17-22).*

2. Apéndices a las colecciones primitivas

*— A la primera se añadieron dos apéndices: uno de autor anónimo (***22** *17-***24** *22) y otro que se atribuye a «los sabios» (***24** *23-34). Son formas literarias más desarrolladas: estrofas de cuatro versos, agrupación por temas, en los que destacan los tradicionales de los sabios sobre el vino, la mujer prostituta, el amor al prójimo.*

*— A la segunda colección se le adjuntaron también dos apéndices. El primero es una colección de Agur (***30** *1-33), el segundo es de Lemuel (***31** *1-9), dos sabios árabes. Las formas literarias son pequeños poemas o adivinanzas y proverbios numéricos propios de las cortes orientales. Los temas coinciden con los de los apéndices anteriores; pero destaca la reflexión sobre el conocimiento de Yahvé a través de las obras de la creación (***30** *3-6).*

3. Colecciones posteriores

*— La primera (***1** *1-***9** *18) desarrolla el tema de la sabiduría mediante poemas temáticos. La sabiduría se presenta como una persona que ofrece toda su riqueza a los israelitas. El tema sobre la mujer sabia y la necia son herencia de la predicación profética sobre la fidelidad o infidelidad a Yahvé, simbolizadas en la mujer extraña, prostituta, y la mujer esposa fiel.*

El recopilador, en el s. V a.C., puso esta colección como pórtico a todas las colecciones de Proverbios.

*— La segunda (***31** *10-31) es un poema alfabético que exalta los valores de la mujer esposa ideal. Tiene relación con la colección anterior (***1-9***).*

Al situar este poema como epílogo del libro, el recopilador ha querido dar unidad temática a todo este conjunto variado de colecciones de proverbios.

PROVERBIOS

Título general y propósito.

1 [1] Proverbios de Salomón, hijo de David, rey de Israel:

[2] para aprender sabiduría e instrucción,
para comprender dichos profundos;
[3] para adquirir la instrucción adecuada,
—justicia, equidad y rectitud—;
[4] para enseñar astucia a los simples,
conocimiento y reflexión a los jóvenes,
[6] para descifrar proverbios y refranes,
los dichos y enigmas de los sabios.
[5] El sabio escucha y aumenta su saber
y el inteligente adquiere destreza.

[7] El temor de Yahvé es el principio del conocimiento*;
los necios desprecian la sabiduría y la instrucción.

I. Prólogo

RECOMENDACIONES DE LA SABIDURÍA

Las malas compañías.

[8] Escucha, hijo mío, la instrucción de tu padre,
no olvides la enseñanza de tu madre;
[9] pues serán hermosa corona en tu cabeza
y gargantilla en tu cuello.
[10] Hijo mío, si los pecadores intentan atraerte,
no aceptes.
[11] Si te dicen: «¡Vente con nosotros,
tendamos trampas mortales
y acechemos por capricho al inocente;
[12] los devoraremos vivos como el abismo,
enteros como a los que bajan a la tumba!;
[13] ¡hallaremos toda clase de riquezas,
llenaremos nuestras casas de botín;
[14] comparte tu suerte con nosotros
y haremos bolsa común!»;
[15] no sigas, hijo mío, su camino,
aleja tus pasos de su senda;
[16] *porque sus pies corren hacia el mal*
*y se apresuran a derramar sangre**;

1 7 El *temor* es a la vez principio, **9** 10; **15** 33; Sal **111** 10; Jb **28** 28; Si **1** 14, y coronamiento, Si **1** 18; **19** 20; etc. de una sabiduría en la que se desarrolla una relación personal con Dios y en la que el temor está unido con el amor, Sal **25** 12-14; etc.; Qo **12** 13; Si **1** 27-28; etc.

1 16 Glosa tomada de Is **59** 7.

17 pues es inútil tender redes
a la vista de los pájaros.
18 Se emboscan contra sí mismos
y atentan contra sus propias vidas.
19 Tal es el destino de la avaricia:
que quita la vida a su propio dueño.

Pregón de la sabiduría.

20 La sabiduría pregona por las calles*,
en las plazas alza su voz;
21 grita por encima del tumulto,
ante las puertas de la ciudad lanza sus pregones:
22 «¿Hasta cuándo, inexpertos, amarán la inexperiencia
y ustedes, arrogantes, disfrutarán con la arrogancia
y ustedes, necios, odiarán el saber?
23 Atiendan a mis advertencias:
derramaré mi espíritu para ustedes,
y les comunicaré mis palabras.
24 Los llamé y no hicieron caso,
les tendí mi mano y nadie atendió,
25 despreciaron mis consejos,
no aceptaron mis advertencias.
26 También yo me reiré de la desgracia de ustedes,
me burlaré cuando los invada el terror,
27 cuando les llegue, como huracán, el terror,
cuando les sobrevenga la desgracia como torbellino,
cuando les alcancen la angustia y la aflicción.
28 Entonces me llamarán y no responderé,
me buscarán y no me encontrarán*.
29 Porque despreciaron el saber
y no escogieron el temor de Yahvé,
30 no aceptaron mis consejos,
y despreciaron mis advertencias;
31 comerán el fruto de sus acciones
y se saciarán de sus planes.
32 Su propia rebeldía matará a los simples,
la despreocupación perderá a los insensatos.
33 Pero el que me escucha vivirá seguro,
tranquilo y sin miedo a la desgracia.»

Beneficios de la sabiduría.

2 1 Hijo mío, si aceptas mis palabras*,
y retienes mis mandatos,
2 prestando atención a la sabiduría
y abriendo tu mente a la prudencia;

1 20 La Sabiduría personificada, **8** 22+, convoca a los habitantes de la ciudad para que escuchen sus enseñanzas, **8** 1-3; **9** 3. Ver Am **6** 1; Jr **5** 1; **7** 2; Jn **7** 37-38+.

1 28 Advertencia profética, ver Is **6** 10+; Jr **11** 11; Os **5** 6.

2 1 Frecuentemente los escritos de sabiduría, lo mismo que los demás libros bíblicos, insisten en la *escucha* ávida y dócil de aquello que sólo da la sabiduría, v. 6; **3** 3; Dt **4** 1+.

[3] si invocas a la inteligencia
y llamas a la prudencia;
[4] si la buscas como al dinero
y la rastreas como a un tesoro,
[5] entonces comprenderás el temor de Yahvé
y encontrarás el conocimiento de Dios.
[6] Porque es Yahvé quien da la sabiduría
y de su boca brotan el saber y la prudencia.
[7] Él concede el éxito a los hombres rectos,
es escudo para quienes proceden sin tacha,
[8] vigila las sendas del derecho
y guarda el camino de sus fieles.
[9] Entonces comprenderás la justicia, el derecho y la rectitud,
y todos los caminos del bien.

[10] Pues la sabiduría penetrará en tu mente
y el saber se te hará atractivo;
[11] la reflexión cuidará de ti
y la prudencia te protegerá,
[12] para apartarte del mal camino,
del hombre que habla con engaños,
[13] de los que abandonan el sendero recto
para ir por caminos tortuosos,
[14] de los que disfrutan haciendo el mal
y gozan con la perversión,
[15] de los que van por senderos torcidos
y caminos extraviados.
[16] Te librará de la mujer ajena*,
de la extraña de lengua seductora,
[17] que abandonó al compañero de su juventud
y olvidó la alianza de su Dios;
[18] su casa se precipita hacia la muerte
y sus sendas hacia el reino de las sombras.
[19] Los que allí entran no regresan,
ni alcanzan las sendas de la vida.

[20] Por eso seguirás el camino de los buenos
y te mantendrás en la senda de los justos.
[21] Porque los rectos habitarán la tierra
y los íntegros permanecerán en ella;
[22] pero los malvados serán desgajados de la tierra
y los traidores serán arrancados de ella.

La adquisición de la sabiduría.

3 [1] Hijo mío, no olvides mi instrucción,
guarda en tu memoria mis mandatos,
[2] pues te proporcionarán muchos días
y años de vida, y bienestar.

2 16 La *mujer ajena*, es la mujer del prójimo. Estos caps. **1-9** de los Proverbios, los más recientes, previenen a menudo contra el adulterio, **2** 16-19; **5** 2-23; **6** 24-**7** 27, equiparado a una ruptura de la Alianza con Dios, v. 17; ver **5** 5+, y que lleva al Seol, v. 18; ver **23** 27+.

3 Que no te abandonen el amor y la lealtad;
átalos a tu cuello,
grábalas en la tablilla de tu corazón*;
4 así obtendrás estima y aceptación
ante Dios y ante los hombres.
5 Confía en Yahvé de todo corazón
y no te fíes de tu inteligencia;
6 reconócelo en todos tus caminos
y él enderezará tus sendas.
7 No presumas de sabio,
teme a Yahvé y evita el mal;
8 será salud para tu carne
y alivio para tus huesos.
9 Honra a Yahvé con tus riquezas,
con las primicias de todas tus ganancias*:
10 tus graneros se colmarán de grano
y tus lagares rebosarán de mosto.

11 No desprecies, hijo mío, la instrucción de Yahvé,
que no te enfade su reprensión,
12 porque Yahvé reprende a quien ama,
como un padre a su hijo amado*.

La felicidad del sabio.

13 Feliz el hombre que encuentra sabiduría,
el hombre que adquiere prudencia;
14 es mayor ganancia que la plata,
es más rentable que el oro.
15 Es más preciosa que las perlas,
ninguna joya se le puede comparar.
16 En su mano derecha hay larga vida,
en su izquierda, riqueza y gloria.
17 Sus caminos son una delicia,
todas sus sendas son pacíficas.
18 Es árbol de vida* para los que se aferran a ella,
felices son los que la retienen.

19 Yahvé fundó la tierra con sabiduría*,
estableció los cielos con inteligencia;
20 por su saber se dividen las aguas abismales
y las nubes destilan rocío.

21 Hijo mío, mantén el acierto y la reflexión
y no los pierdas de vista:
22 serán vida para tu alma
y adorno para tu cuello.
23 Así caminarás seguro
y tus pies no tropezarán.

3 3 La docilidad, **2** 1, consiste en guardar la sabiduría en el corazón, **4** 21; **7** 3; etc.
3 9 Ver Dt **26** 1+.
3 12 Ver Hb **12** 5-6.
3 18 Ver **11** 30; Gn **2** 9; **3** 22; Ap **2** 7.
3 19 Ver **8** 22-31.

[24] Al acostarte no tendrás miedo
y, acostado, tendrás dulces sueños.
[25] No temerás el terror imprevisto,
ni la desgracia que sobreviene a los malvados,
[26] porque Yahvé estará a tu lado
y librará tus pies de la trampa.

[27] No niegues un favor a quien lo necesita,
si en tu mano está el hacérselo.
[28] Si tienes algo, no digas a tu prójimo*:
«Vete y vuelve, mañana te daré».
[29] No trames males contra tu prójimo
mientras vive confiado junto a ti.
[30] No pleitees contra nadie sin motivo,
si no te ha hecho ningún daño.
[31] No envidies al hombre violento*,
ni trates de imitar su conducta;
[32] porque Yahvé aborrece a los perversos,
pero brinda su confianza a los rectos.
[33] Yahvé maldice la casa del malvado,
y bendice el hogar de los justos;
[34] aunque se burla de los arrogantes,
concede su favor a los humildes*.
[35] Los sabios heredarán la gloria,
mientras los necios cargan con la deshonra.

Elección de la Sabiduría.

4 [1] Escuchen, hijos, las enseñanzas paternas,
atiendan para adquirir inteligencia;
[2] ya que les enseño una buena doctrina,
no abandonen mis instrucciones.
[3] También yo fui hijo de mi padre,
amado con ternura por mi madre.
[4] Él me enseñaba diciéndome:
«Graba mis palabras en tu mente,
cumple mis órdenes y vivirás.
[5] Adquiere sabiduría, adquiere inteligencia,
no la olvides, ni descuides mis palabras.
[6] No la abandones y ella cuidará de ti,
ámala y ella te protegerá.
[7] El comienzo de la sabiduría está en adquirirla
y obtener inteligencia con toda tu fortuna.
[8] Hónrala y ella te engrandecerá;
si la abrazas, te dará prestigio;
[9] pondrá en tu cabeza una diadema preciosa,
te obsequiará con una corona espléndida.»

3 28 El precepto del amor fraterno, Lv **19** 11+, restringido en un principio a los de alrededor, se extiende aquí al *prójimo*, **6** 1.3.29; etc., en espera del precepto de amor a los enemigos, Mt **5** 43-48+.

3 31 Ver **24** 1.19; Sal **73**; Jr **12** 1; Jb **21** 7; etc.

3 34 Ver St **4** 6; 1 P **5** 5.

10 Escucha, hijo mío, acoge mis palabras
y se te alargarán los años de vida.
11 Te he indicado el camino de la sabiduría,
te he encaminado por sendas rectas.
12 Cuando camines, no vacilarán tus pasos,
y si corres, no tropezarás.
13 Aférrate a la instrucción, no la sueltes;
consérvala, porque te va la vida en ello.
14 No te adentres en la senda de los malvados,
ni pises el camino de los perversos.
15 Evítalo, pasa de largo,
apártate de él y sigue adelante.
16 Porque ésos no duermen si no hacen daño,
pierden el sueño si no hacen caer a alguien.
17 Pues comen el pan del delito
y beben el vino de la violencia.

18 La senda de los justos es como la luz del alba,
que se va esclareciendo hasta pleno día.
19 Pero el camino de los malos es tenebroso,
no saben dónde tropiezan*.

20 Hijo mío, atiende a mis palabras,
presta oído a mis razones.
21 No las pierdas de vista,
consérvalas en tu corazón.
22 Pues son vida para quienes las encuentran,
y salud para todo su cuerpo.
23 Por encima de todo, vigila tu corazón,
porque de él brota la vida.
24 Aparta de tu boca el engaño
y aleja la falsedad de tus labios.
25 Que tus ojos miren de frente,
y que tu mirada sea franca.
26 Allana el sendero de tus pies
y todos tus caminos serán firmes.
27 No te desvíes a derecha o a izquierda
y aleja tus pasos del mal.

La mujer extraña.

5 1 Hijo mío, atiende a mi sabiduría,
presta oído a mi prudencia,
2 para que mantengas la discreción
y tus labios guarden el saber.
3 Los labios de la extraña destilan miel
y su paladar es más suave que el aceite;
4 pero termina siendo amarga como el ajenjo,
cortante como arma de doble filo.
5 Sus pies se precipitan a la muerte,
sus pasos van derechos al abismo.

4 19 Ver Jn **8** 12+.

[6] Por no cuidar la senda de la vida,
sin saberlo extravía sus senderos.
[7] Por tanto, hijos, escúchenme
y sigan mis advertencias:
[8] aleja de ella tu camino
y no te acerques a la puerta de su casa;
[9] no vayas a entregar tu honor a otros
y tus años a alguien sin escrúpulos;
[10] no se aprovechen de tu esfuerzo los extraños,
ni acaben tus fatigas en casa ajena.
[11] A la postre lo lamentarás,
cuando tu cuerpo y tu carne se consuman.
[12] Entonces dirás: «¿Por qué rechacé la corrección,
y mi corazón despreció las advertencias?
[13] ¿Por qué no hice caso a mis maestros
ni presté oídos a mis educadores?
[14] Por poco llego a la ruina total
en medio de la asamblea reunida.»

La mujer propia.

[15] Bebe el agua de tu aljibe,
los raudales de tu pozo*.
[16] ¿Vas a derramar tus arroyos por las calles
y tus manantiales por las plazas?
[17] Que sean para ti solo,
no los compartas con extraños.
[18] Sea tu fuente bendita,
disfruta con la esposa de tu juventud,
[19] cierva querida, gacela encantadora;
que sus pechos te embriaguen siempre
y continuamente te apasiones con su amor.
[20] ¿Por qué apasionarte, hijo mío, de una extraña
y caer en brazos de una desconocida?
[21] Pues Yahvé observa los caminos del hombre
él vigila todos sus senderos.
[22] Sus propios delitos atrapan al malvado,
preso en las redes de su pecado.
[23] Morirá por falta de corrección,
por su gran insensatez se perderá.

La fianza imprudente*.

6 [1] Hijo mío, si has salido fiador de tu prójimo,
si has chocado tu mano con un extraño,

5 15 Imágenes de la *esposa* legítima. Su elogio, **18** 22; **19** 14; **31** 10-31, contrasta con la condenación del adulterio, **2** 16+, y con la sátira de la mujer necia o perversa, **11** 22; **19** 13; **21** 9.19. En último término, aquí y en cap. **31**, quizá haya que ver también en la esposa legítima una figura de la Sabiduría, con el sentido religioso que la fidelidad y el adulterio tienen frecuentemente entre los profetas, Os **1** 2+.

6 La vieja costumbre de la fianza ha sido valorada por los sabios en forma diversa; comparar Pr **11** 15; **17** 18; etc. y Si **29** 14-20.

2 si has dado tu palabra
y te has dejado atrapar por tu boca,
3 haz esto, hijo mío, para librarte,
pues has caído en manos de tu prójimo:
Ve, insiste y acosa a tu prójimo;
4 no te entregues al sueño
ni te des un momento de reposo;
5 escapa como gacela de la trampa,
como pájaro de la red del cazador.

El perezoso y la hormiga*.

6 Acércate a la hormiga, perezoso,
observa su conducta y aprende.
7 Aunque no tiene jefe,
ni capataz, ni dueño,
8 asegura su alimento en el verano
y recoge su comida en tiempo de siega.
9 ¿Hasta cuándo dormirás, perezoso?,
¿cuándo te levantarás de tu sueño?
10 Un rato de sueño, un rato de siesta,
un rato de descanso con los brazos cruzados
11 y te llega la pobreza del vagabundo
y la penuria del mendigo.

El insensato.

12 El malhechor y delincuente
anda con la boca torcida,
13 guiñando un ojo, arrastrando los pies,
señalando con los dedos,
14 urdiendo maldades en su mente retorcida
y provocando riñas continuamente.
15 Por eso llegará su ruina repentina,
se destruirá de improviso y sin remedio.

Lo que Yahvé detesta*.

16 Seis cosas detesta Yahvé
y siete aborrece con toda el alma:
17 ojos altaneros, lengua mentirosa,
manos manchadas de sangre inocente,
18 corazón que trama planes perversos,
pies ligeros para correr hacia el mal,
19 testigo falso que levanta calumnias,
y el que siembra discordias entre hermanos.

Advertencias sobre el adulterio.

20 Hijo mío, observa las órdenes de tu padre
y no desprecies las enseñanzas de tu madre.

6 6 Ver **22** 13-16; **24** 30-34; **30** 24-25. **6** 16 Proverbio «numérico», ver **30** 15+.

21 Llévalos siempre grabados en tu mente
y cuélgatelos al cuello.
22 Cuando camines, te guiarán;
cuando te acuestes, velarán junto a ti;
y cuando despiertes conversarán contigo.

23 Porque la orden es lámpara y la enseñanza luz,
y son camino de vida las reprimendas que corrigen.
24 Te protegerán de la mujer perversa,
de la lengua melosa de la extraña.
25 No te dejes seducir por su hermosura,
no te dejes cautivar por sus miradas.
26 Pues la prostituta se contenta con una hogaza de pan,
pero la casada va a la caza de una persona de valía.
27 ¿Puede alguien llevar fuego en su pecho
sin quemarse la ropa?
28 ¿Puede alguien caminar sobre ascuas
sin abrasarse los pies?
29 Igual le sucede al que se acerca a la mujer del prójimo:
nadie que la toque quedará impune.
30 No se desprecia al ladrón cuando roba,
estando hambriento, para llenar el estómago.
31 Si lo sorprenden, pagará siete veces más,
y tendrá que dar todos los bienes de su casa.
32 Pero el adúltero es un insensato;
quien así actúa arruina su vida;
33 tendrá que soportar palos e insultos
y no podrá enmendar su infamia.
34 Porque los celos enfurecerán al marido,
y será implacable a la hora de vengarse.
35 No admitirá ninguna indemnización,
ni la aceptará, aunque aumentes la oferta.

La seducción.

7 1 Hijo mío, conserva mis palabras
y guarda en tu interior mis mandatos.
2 Guarda mis mandatos y vivirás,
mi enseñanza como la niña de tus ojos.
3 Átatelos en los dedos,
grábatelos en el corazón.
4 Hermánate con la sabiduría
y emparenta con la inteligencia,
5 para que te proteja de la mujer ajena,
de la extraña de palabras zalameras.
6 Estaba yo en la ventana de mi casa
observando entre las rejas,
7 miré al grupo de los ingenuos
y distinguí entre los muchachos a un joven insensato:
8 pasaba por la calle, junto a su esquina,
y se dirigía a casa de ella.
9 Era al anochecer, al caer el día,
cuando llega la noche y oscurece.

10 Entonces le sale al paso una mujer,
con trazas y ademanes de prostituta.
11 Es bullanguera y descarada
y sus pies nunca paran en casa.
12 Ya sea en las calles o en las plazas,
en cualquier esquina se pone al acecho.
13 Ella lo agarra, lo besa
y descaradamente le dice:
14 «Tenía que ofrecer un sacrificio
y hoy he cumplido mi promesa;
15 por eso he salido en tu busca
ansiosa de verte, y te he encontrado.
16 He puesto colchas en mi cama
y sábanas de lino egipcio;
17 he perfumado mi lecho con mirra,
áloe y cinamomo.
18 Ven y saciémonos de caricias hasta la mañana,
embriaguémonos de amores;
19 pues mi marido no está en casa,
ha emprendido un largo viaje;
20 se llevó la bolsa del dinero
y no regresará hasta la luna llena.»
21 Con sus muchas artes lo conquista,
lo seduce con sus labios lisonjeros.
22 Y el ingenuo se va tras ella,
como buey llevado al matadero,
como ciervo atrapado en la red;
23 hasta que una flecha le atraviesa el hígado,
como pájaro que cae en la trampa,
sin saber que le va la vida en ello.
24 Ahora pues, hijo mío, escúchame,
presta atención a mis palabras:
25 no extravíes tu corazón tras sus caminos,
no te pierdas por sus sendas,
26 porque a muchos ha hecho caer malheridos
y sus víctimas son incontables.
27 Su casa es camino hacia el abismo
y baja a la morada de la muerte.

Discurso de la sabiduría*.
1 20-33.

8 1 La sabiduría está gritando,
la prudencia levanta su voz.
2 Sobre los promontorios junto al camino,
de pie en las encrucijadas;
3 junto a las puertas de la ciudad,
a la entrada de los patios está pregonando:
4 «A ustedes, hombres, los llamo,
dirijo mi voz a los humanos.

8 Los capítulos **8-9** son la cima de la doctrina de los Proverbios sobre la Sabiduría,

8 22+. Ver Si **1**; **24**; Sb **6-9**.

5 Inexpertos, adquieran prudencia,
y ustedes, necios, sean sensatos.
6 Escuchen, pues voy a decir cosas importantes,
voy a abrir mis labios con sinceridad.
7 Mi paladar saborea la verdad
y mis labios aborrecen el mal.
8 Todos mis discursos son ecuánimes,
ninguno es hipócrita ni retorcido;
9 todos son claros para el inteligente
y rectos para los que tienen conocimiento.
10 Acepten mi instrucción antes que plata,
y el conocimiento antes que oro puro;
11 pues la sabiduría vale más que las joyas
y nada valioso se le puede comparar.

La sabiduría se elogia a sí misma.
Si **24**.

12 «Yo, la sabiduría, habito con la prudencia,
y tengo el arte de la discreción.
13 (El temor de Yahvé odia el mal.)
Aborrezco soberbia y arrogancia,
mal camino y lengua falsa.
14 Dispongo de juicio y eficacia,
de inteligencia y valor.
15 Por mí los reyes reinan*
y los magistrados administran la justicia.
16 Por mí los gobernantes gobiernan
y los príncipes son todos jueces justos.
17 Yo amo a los que me aman*
y los que me buscan con afán me encuentran.
18 Poseo riqueza y gloria,
fortuna sólida y justicia.
19 Mi fruto es mejor que oro puro,
mi cosecha vale más que plata selecta.
20 Yo camino por sendas de justicia,
a través de senderos rectos,
21 para repartir riqueza a los que me aman
y completar sus tesoros.»

La Sabiduría creadora*.
Jn **1** 1-3+.

22 «Yahvé me creó, primicia de su actividad,
antes de sus obras antiguas.

8 15 Ver Is **11** 2-5; Jr **23** 5; 1 R **3** 4-15; Si **10** 4.
8 17 Ver Sb **6** 12; Mt **7** 7-11p.
8 22 La *Sabiduría*, descrita como un bien exterior a Dios y al hombre en Jb **28** (ver Si **1** 1-10) y Ba **3** 9-**4** 4, es presentada como una persona en Pr **1** 20-33; **3** 16-19; **8-9**. Aquí, ella misma revela su origen, vv. 22-26, la parte que tiene en la creación, vv. 27-30; el papel que desempeña cerca de los hombres, vv, 31.35-36. Esta doctrina está todavía más desarrollada en Si **4** 11-19; **24** 1-29;

23 Desde la eternidad fui formada,
desde el principio, antes del origen de la tierra.
24 Fui engendrada cuando no existían los océanos,
cuando no había manantiales cargados de agua;
25 antes que los montes fueran asentados,
antes que las colinas, fui engendrada.
26 No había hecho aún la tierra ni los campos,
ni el polvo primordial del orbe.
27 Cuando colocaba los cielos, allí estaba yo*;
cuando trazaba la bóveda sobre la superficie del océano;
28 cuando sujetaba las nubes en lo alto,
cuando afianzaba las fuentes del abismo,
29 cuando marcaba su límite al mar*
para que las aguas no desbordaran sus orillas;
cuando asentaba los cimientos de la tierra,
30 yo estaba junto a Él, como aprendiz,
yo era su alegría cotidiana,
jugando todo el tiempo en su presencia,
31 jugando con la esfera de la tierra;
y compartiendo mi alegría con los humanos.»

Invitación apremiante.

32 «Así, pues, hijos, escúchenme,
dichosos los que siguen mis caminos.
33 Escuchen la enseñanza y háganse sabios,
no la rechacen.
34 Dichoso el hombre que me escucha
velando a mis puertas día tras día,
guardando los dinteles de mi entrada.
35 Pues quien me encuentra, encuentra la vida,
y obtiene el favor de Yahvé.
36 Mas quien me ofende, se daña a sí mismo;
los que me odian, aman la muerte.»

Invitación de la sabiduría*.
Mt **22** 1-14p.

9 1 La Sabiduría ha edificado su casa,
ha tallado sus siete columnas,

Sb **7** 22-**8** 1; Ba **3** 9-**4** 4. Es a veces difícil valorar exactamente en esta personificación lo que pertenece al artificio poético (Pr **14** 1), a antiguas concepciones religiosas, o supone una intuición de revelaciones nuevas. Este pensamiento será aplicado por el NT a la persona de Jesucristo, sabiduría de Dios creadora y redentora, Mt **11** 19p; Lc **11** 49 (ver Mt **23** 34-36); 1 Co **1** 24-30; Col **1** 16-17; 1 Co **10** 4 (ver Sb **10** 17-21). La Palabra, en Jn, lleva los rasgos de la Sabiduría, **1** 1-4+; **6** 35+. La liturgia cristiana igualmente ha aplicado estos textos a la Virgen María, *Primicia de su actividad*, colaboradora del Redentor, como la sabiduría lo es del Creador; ver Col **1** 15; Ap **3** 14.

8 27 Ver Jb **28** 23s; Si **24** 5; Sb **9** 9.

8 29 Ver Jb **38** 8-11.

9 La oposición entre la Sabiduría, vv. 1-6, y la Necedad, vv. 13-18, indica los *dos caminos* que se ofrecen al hombre, **4** 18-19; Dt **30** 15-20+; Sal **1**; etc. El tema de la elección se encuentra bajo diversas formas en las tradiciones judía y cristiana, ver Mt **7** 13-14; 2 Co **6** 14-17; etc.

[2] ha hecho su matanza, ha mezclado su vino,
hasta ha preparado su mesa
[3] y ha mandado a sus criadas a proclamar
en los promontorios de la ciudad:
[4] «Quien sea inexperto, que venga aquí.»
Y a los insensatos les dice:
[5] «Vengan a compartir mi comida
y a beber el vino que he mezclado*.
[6] Déjense de simplezas y vivirán,
y sigan el camino de la inteligencia.»

Contra los cínicos*.

[7] Quien corrige al cínico recibe insultos,
quien reprende al malvado, desprecio.
[8] No reprendas al cínico, que te odiará;
reprende al sabio, y te amará.
[9] Dale al sabio, y se hará más sabio;
enseña al justo, y aumentará su saber.
[10] El comienzo de la sabiduría es el temor de Yahvé,
conocer al Santo es inteligencia.
[11] Por mí vivirás muchos días
y se te añadirán años de vida.
[12] Si eres sabio, lo serás para tu provecho,
si eres cínico, tú solo lo pagarás.

Invitación de la necedad.

[13] Doña Necedad es chismosa,
estúpida e ignorante.
[14] Se sienta a la puerta de su casa,
sobre un asiento que domina la ciudad,
[15] para llamar la atención de los transeúntes,
de los que van derechos por su camino:
[16] «Quien sea inexperto, que venga aquí.»
Y al insensato le dice:
[17] «El agua robada es dulce,
el pan a escondidas es sabroso.»
[18] Pero ignora que allí habitan los fantasmas
y que sus huéspedes están en el fondo del abismo.

*II. La gran colección salomónica**

10

[1] Proverbios de Salomón.

Hijo sabio, alegría del padre;
hijo necio, disgusto de su madre.

9 5 Ver Is **55** 1-3; Si **24** 19-21; Jn **6** 35+.

9 7 Breve serie de dichos, interpolados posteriormente, que interrumpe el pretendido contraste entre los banquetes de doña Sabiduría y doña Necedad.ç

10 Estos capítulos, **10-22**, son probablemente la colección más antigua del libro.

2 Riquezas injustas son inútiles,
pero la justicia libra de la muerte.

3 Yahvé no permite que el justo pase hambre,
pero rechaza la codicia del malvado.

4 Mano perezosa empobrece,
mano laboriosa enriquece.

5 Cosechar en verano es de prudentes,
dormirse en la cosecha es vergonzoso.

6 La cabeza del justo se llena de bendiciones,
la boca del malvado esconde violencia.

7 El recuerdo del justo es bendito;
el nombre del malvado se consume.

8 Hombre sensato acepta órdenes,
hombre charlatán corre a su ruina.

9 El hombre sincero camina seguro,
quien va con rodeos es descubierto.

10 Quien guiña los ojos causa disgustos,
quien reprende a la cara construye la paz.

11 Es fuente de vida la boca del justo;
la boca del malvado esconde violencia.

12 El odio provoca pendencias,
el amor disculpa toda ofensa*.

13 En labios juiciosos se encuentra sabiduría,
y una vara, en la espalda del necio.

14 Los sabios reservan su ciencia,
la boca del necio es ruina inminente.

15 La fortuna del rico es su defensa,
la ruina del pobre es su pobreza.

16 La ganancia del justo es la vida,
la renta del malvado es el delito.

17 Quien acepta la corrección va por sendas de vida;
quien desprecia la reprensión se extravía.

18 Los labios embusteros disimulan el odio;
quien difunde calumnias es un insensato.

19 El que mucho habla, mucho yerra;
quien modera sus labios es sabio*.

20 Es plata de ley la lengua del justo,
el corazón del malvado es ganga.

No hay que buscar aquí orden alguno, a no ser algunas afinidades superficiales, o apoyadas en determinadas palabras-gancho, con función mnemotécnica. Toda esta sabiduría atribuida a Salomón, ver **25** 1; 1 R **5** 9-12+, es un arte de vivir en el que se mezclan la experiencia y el respeto a Dios, la felicidad y la bendición.

10 12 Ver 1 Co **13** 7; St **5** 20; 1 P **4** 8.

10 19 Muchas sentencias ponen en guardia contra el abuso de la palabra, ver **12** 18; **13** 3; **17** 27; etc.

21 Los labios del justo sustentan a muchos,
los necios perecen por falta de seso.

22 La bendición de Yahvé enriquece,
y nada le añade la fatiga.

23 El necio se divierte con la intriga;
el hombre prudente, con la sabiduría.

24 Al malvado le sucede lo que teme,
al justo se le cumplen sus deseos.

25 Tras la tormenta, desaparece el malvado;
el justo se mantiene siempre.

26 Vinagre a los dientes y humo a los ojos
es el perezoso para quien lo envía.

27 El temor de Yahvé alarga la vida,
los años del malvado se acortan.

28 El porvenir de los justos es risueño,
la esperanza del malvado fracasa.

29 La senda de Yahvé es baluarte del íntegro
y ruina de los malhechores.

30 El justo jamás flaqueará,
los malvados no habitarán la tierra.

31 La boca del justo destila sabiduría,
la lengua embustera será arrancada.

32 Los labios del justo procuran deleite;
la boca del malvado, mentiras.

11

1 Yahvé detesta las balanzas trucadas
y aprueba el peso exacto*.

2 La arrogancia acarrea deshonra;
la sabiduría está con los humildes.

3 La integridad guía a los honrados;
la falsedad arruina a los desleales.

4 Nada sirven riquezas el día de la ira,
pero la justicia salva de la muerte.

5 La justicia allana el camino a los íntegros,
el malvado cae por su propia maldad.

6 La justicia salva a los honrados,
los desleales quedan presos de su ambición.

7 Cuando muere el malvado se acaba su esperanza,
y la confianza en las riquezas desaparece*.

8 El justo se libra del peligro
y el malvado ocupa su lugar.

11 1 Ver **20** 10.23; **16** 11; Dt **25** 13-16; Am **8** 5-6; Os **12** 8; Mi **6** 10-11.
11 7 El griego dice: *Cuando el justo muere, su esperanza no perece; pero el orgullo de los impíos es lo que perece.*

9 El impío arruina a su prójimo con la boca,
los justos se libran por su saber.

10 Con la felicidad de los justos se alegra la ciudad,
con la ruina de los malvados salta de alegría.

11 La bendición de los íntegros engrandece a la ciudad,
la boca de los malvados la arruina.

12 Quien desprecia a su prójimo es un insensato,
el hombre prudente guarda silencio.

13 Quien va chismorreando desvela secretos,
quien es de fiar se guarda las cosas.

14 Donde hay desgobierno, el pueblo se hunde,
abundancia de consejeros trae la salvación*.

15 Quien avala a un extraño se perjudica,
quien detesta hacer tratos vive tranquilo.

16 Mujer agraciada adquiere respeto
y los diligentes adquieren riqueza.

17 Quien es compasivo se hace bien a sí mismo,
el despiadado destruye su propia carne.

18 El malvado recibe una paga engañosa;
el que siembra justicia, recompensa segura.

19 Quien actúa con justicia vivirá,
quien persigue el mal morirá.

20 Yahvé detesta las mentes retorcidas
y da su favor a la conducta intachable.

21 Seguro que el malvado no quedará impune,
mas la estirpe de los justos se salvará.

22 Anillo de oro en hocico de cerdo,
la mujer hermosa pero indiscreta.

23 Los justos desean sólo el bien;
los malvados esperan la ira.

24 Hay derrochadores que se enriquecen
y ahorradores tacaños que se empobrecen.

25 El espíritu generoso prosperará,
el que da de beber, también será saciado.

26 La gente maldice al que acapara trigo
y cubre de bendiciones al que lo vende.

27 Quien procura el bien, alcanzará favor;
a quien busca el mal, le saldrá al encuentro.

28 Quien confía en su riqueza se hundirá,
los justos crecerán como vegetación.

29 Quien descuida su casa heredará viento,
el necio será esclavo del sabio.

11 14 Ver **12** 15; **13** 10; **15** 22; **20** 18; **24** 6; etc.; Sb **6** 24.

30 El fruto del justo es árbol de vida,
el sabio cautiva a la gente.

31 Si el justo recibe su recompensa en la tierra,
¡cuánto más el malvado y el pecador!

12

1 El que ama la educación ama el saber;
el que odia la educación es tonto.

2 Yahvé favorece al hombre bueno
y condena al intrigante.

3 Nadie está firme en la maldad,
la raíz de los justos no vacilará.

4 Mujer virtuosa, corona del marido;
mujer desvergonzada, caries en sus huesos.

5 Las intenciones de los justos son rectas,
las intrigas de los malvados son engañosas.

6 Las palabras de los malvados son trampas mortales,
la boca salva a los honrados.

7 Cuando el malvado se derrumba, desaparece;
la casa de los justos permanece.

8 El hombre es alabado según su prudencia,
el corazón retorcido será despreciado.

9 Mejor ser despreciado, pero servido,
que ser engreído y mal comido.

10 El justo conoce las necesidades de su ganado,
pero las entrañas del malvado son crueles.

11 Quien cultiva su tierra se hartará de pan,
quien persigue quimeras es un insensato.

12 Malos deseos, trampa de impíos;
la raíz de los justos permanece.

13 El malvado se enreda en sus labios mendaces,
pero el justo sale del apuro.

14 Cada uno se harta del fruto de su boca,
cada cual recoge el producto de sus manos.

15 El necio considera recto su camino,
el sabio escucha los consejos.

16 El necio descubre al instante su pena,
el prudente disimula la afrenta.

17 El testigo veraz proclama la justicia,
el testigo falso, la mentira.

18 Hay charlatanes que hieren como espadas,
la lengua de los sabios es medicina.

19 Los labios veraces permanecen por siempre,
sólo un instante, la lengua embustera.

20 Mentira en la mente que trama el mal,
alegría para los que aconsejan la paz.

21 Ninguna desgracia alcanza al justo,
los malvados están llenos de miserias.

22 Yahvé aborrece los labios mentirosos
y mira con agrado a los que actúan con verdad.

23 El hombre prudente disimula su saber,
la mente insensata pregona su necedad.

24 La mano laboriosa dominará,
la perezosa trabajará a la fuerza.

25 La angustia deprime al hombre,
una palabra amable lo pone alegre.

26 El justo sirve de guía a su prójimo,
al malvado lo extravía su camino.

27 El perezoso no pone a asar su caza,
la diligencia es la mejor riqueza del hombre.

28 En la senda de la justicia está la vida,
el camino de la impiedad lleva a la muerte.

13

1 El hijo sabio acepta la corrección paterna,
el arrogante no hace caso a reprimendas.

2 Cada uno bien se nutre del fruto de su boca,
los traidores se alimentan de violencia.

3 Quien controla su boca, protege su vida;
quien abre sus labios, se busca la ruina.

4 El perezoso apetece y su deseo no se cumple,
el deseo del diligente queda satisfecho.

5 El justo aborrece la palabra engañosa,
el malvado se enemista y deshonra.

6 La justicia protege al hombre íntegro,
la maldad arruina al pecador.

7 Hay quien presume de rico y no tiene nada;
hay quien pasa por pobre y tiene gran fortuna.

8 La riqueza resguarda la vida del hombre,
el pobre no hace caso a la amenaza.

9 La luz de los justos luce alegre,
la lámpara del malvado se apaga.

10 La insolencia sólo provoca peleas,
la sabiduría acompaña a los que aceptan consejo.

11 Riqueza apresurada disminuye,
quien reúne poco a poco, prospera.

12 Esperanza frustrada enferma el corazón,
el deseo cumplido es árbol de vida.

13 Quien desprecia la palabra se perderá;
quien respeta el mandato será recompensado.

14 La enseñanza del sabio es fuente de vida
para escapar de los lazos de la muerte.

15 El buen sentido obtiene aprecio,
el camino de los pérfidos es interminable.

16 El hombre prudente actúa con conocimiento,
el necio esparce necedad.

17 Mensajero inepto hunde en la desgracia,
enviado fiel da tranquilidad.

18 Miseria y deshonra a quien rechaza la instrucción,
el que acepta la corrección recibirá honor.

19 Deseo cumplido es deleite del alma,
los necios detestan apartarse del mal.

20 Anda con sabios y te harás sabio;
quien se junta con necios se perjudica.

21 La desgracia persigue a los pecadores,
el bien recompensa a los justos.

22 El hombre de bien deja herencia a sus nietos,
la fortuna del pecador se reserva al justo.

23 Las tierras del justo dan comida abundante,
pero se echan a perder por falta de justicia.

24 Quien no usa la vara no quiere a su hijo;
quien lo ama se apresura a corregirlo.

25 El justo come hasta quedar satisfecho,
el vientre de los malvados pasa necesidad.

14

1 La sabiduría de la mujer edifica su casa,
la necedad la destruye con sus manos.

2 Quien procede con rectitud respeta a Yahvé;
quien extravía su conducta lo desprecia.

3 De la boca del necio brota el orgullo,
a los sabios los protegen sus labios.

4 Donde no hay bueyes, falta el trigo,
con toros robustos hay cosecha abundante.

5 Testigo fiel no miente,
testigo falso propala mentiras*.

6 El arrogante busca sabiduría sin éxito,
para el inteligente el saber es fácil.

7 Aléjate del hombre necio,
no obtendrás saber de sus labios.

14 5 Sobre el falso testimonio, **6** 19; **12** 17; **14** 25; **19** 5.9; **21** 28; **24** 28; **25** 18; etc.; y quizá también **10** 11; **11** 9; **12** 6. Ver Ex **20** 16; **23** 1; Dt **19** 15-21.

8 Sabiduría del prudente es comprender su conducta,
la necedad de los tontos es un fraude.

9 Los necios se burlan de sus culpas,
el favor divino se encuentra entre los rectos.

10 El corazón conoce su propia amargura
y no comparte su alegría con extraños.

11 La casa del malvado se arruinará,
la tienda del honrado prosperará.

12 Hay caminos que parecen rectos,
y al final son caminos de muerte.

13 Aun entre risas duele el corazón*,
y al final la alegría acaba en llanto.

14 El extraviado se saciará de su conducta,
y el hombre de bien, de sus obras.

15 El simple se lo cree todo,
el prudente mira por dónde pisa.

16 El sabio teme el mal y de él se aparta,
el necio es arrogante y se confía.

17 El irascible comete locuras,
el reflexivo mantiene la calma.

18 Los simples heredan necedad,
los prudentes se rodean de saber.

19 Los malos se inclinan ante los buenos,
y los malvados, a la puerta de los justos.

20 Aun al compañero le es odioso el pobre,
el rico tiene muchos amigos*.

21 Quien desprecia a su prójimo peca,
dichoso el que se apiada de los pobres.

22 Los que traman el mal se extravían,
amor y lealtad a los que traman el bien.

23 Todo trabajo rinde beneficios,
la charlatanería sólo indigencia.

24 Corona de sabios es su riqueza,
diadema de necios, su insensatez.

25 El testigo veraz salva vidas,
quien propaga mentiras es un homicida.

26 El temor de Yahvé es firme confianza
que dará seguridad a los hijos.

27 El temor de Yahvé es fuente de vida
que libra de los lazos de la muerte.

14 13 Ver Qo **2** 1-2; **7** 2-6; Lc **6** 25. 8-12.
14 20 Ver **10** 15; **13** 8; **22** 7; etc.; Si **6**

28 Pueblo numeroso, gloria de reyes,
escasez de gente, ruina de príncipes.

29 El sosegado abunda en prudencia,
el impulsivo muestra gran necedad.

30 Corazón apacible es salud para el cuerpo,
la envidia corroe los huesos.

31 Quien oprime al pobre ultraja a su Creador;
quien se apiada del indigente le da gloria.

32 El malvado tropieza en su maldad,
el justo se refugia en su honradez.

33 La sabiduría habita en mentes sensatas,
entre los necios es desconocida.

34 La justicia engrandece a las naciones,
el pecado empobrece a los pueblos.

35 El rey favorece al siervo eficiente
y descarga su cólera sobre el inepto.

15 1 Respuesta amable aplaca la ira,
palabra hiriente enciende la cólera.

2 La lengua del sabio favorece el saber,
la boca del necio difunde necedad.

3 En todo lugar los ojos de Yahvé
observan a malos y buenos*.

4 Lengua sana es árbol de vida,
lengua perversa rompe el corazón.

5 El tonto desprecia la corrección paterna,
el sensato acepta las advertencias.

6 En la casa del justo abunda la riqueza,
las rentas del malvado son inestables.

7 Los labios del sabio aventan saber,
no es así el corazón de los necios.

8 Yahvé aborrece el sacrificio del malvado,
la oración del honrado alcanza su favor.

9 Yahvé aborrece la conducta del malvado
y ama a quien busca la justicia.

10 El que abandona su senda sufrirá escarmiento,
el que odia la corrección morirá.

11 Yahvé vigila Abismo y Perdición:
¡cuánto más el corazón humano*!

12 El insolente no ama a quien lo reprende,
ni se junta con los sabios.

15 3 Ver **5** 21; **15** 11; **16** 2; etc.; Sal **7** 10; Jr **16** 17; etc. **15** 11 Ver Jr **11** 20; Jn **2** 25.

13 Corazón contento mejora el semblante,
corazón triste deprime el ánimo.

14 La mente inteligente procura el saber,
la boca del necio alimenta necedades.

15 Para el desdichado todos los días son malos,
el corazón feliz siempre está de fiesta.

16 Más vale un poco con temor de Yahvé,
que un gran tesoro con sobresaltos.

17 Más vale ración de verduras con amor
que carne de vacuno con odio.

18 El hombre violento provoca peleas,
el hombre paciente aplaca contiendas.

19 El camino del perezoso está plagado de espinos,
la senda de los honrados está allanada.

20 El hijo sabio alegra al padre,
el hombre necio deshonra a su madre.

21 La necedad divierte al insensato,
el hombre prudente camina recto.

22 Los planes fracasan por falta de acuerdo,
cuando hay consejeros, se cumplen.

23 La respuesta apropiada alegra al hombre,
¡y qué buena es la palabra oportuna!

24 El sensato asciende por senderos de vida,
que lo libran de bajar al abismo.

25 Yahvé derriba la casa del soberbio
y reafirma los linderos de la viuda.

26 Yahvé aborrece los planes perversos
y le agradan las palabras sinceras.

27 Quien codicia en exceso arruina su casa;
quien rechaza el soborno vivirá.

28 El corazón del justo medita sus respuestas,
la boca del malvado esparce maldades.

29 Yahvé se aleja del malvado
y escucha la plegaria del justo.

30 Mirada radiante alegra el corazón,
buena noticia fortalece los huesos.

31 Oído que escucha la reprensión saludable
tendrá un lugar entre los sabios.

32 Quien rechaza la educación se desprecia a sí mismo;
quien escucha la reprensión adquiere cordura.

33 El temor de Yahvé es escuela de sabiduría,
la humildad precede a la fama.

16

[1] El hombre tiene proyectos,
Yahvé, la última palabra.

[2] El hombre piensa que su conducta es limpia,
pero Yahvé juzga las intenciones.

[3] Encomienda tus obras a Yahvé
y tus planes se realizarán.

[4] Yahvé ha creado todo con un propósito,
incluso al malvado para el día fatal.

[5] Yahvé aborrece a los orgullosos,
seguro que no quedarán impunes.

[6] Amor y lealtad compensan las faltas,
el temor de Yahvé aparta del mal.

[7] Cuando Yahvé aprueba la conducta de un hombre
hasta lo reconcilia con su enemigo.

[8] Más vale un poco con justicia
que muchas ganancias injustas.

[9] El hombre proyecta su camino,
pero Yahvé asegura sus pasos.

[10] Los labios del rey son como un oráculo*:
cuando juzga, su boca no yerra.

[11] Balanza y platillos justos son de Yahvé,
todas las pesas son obra suya.

[12] Los reyes detestan hacer el mal,
pues su trono se afianza en la justicia.

[13] El rey aprueba los labios sinceros
y ama al que habla rectamente.

[14] La cólera del rey es presagio de muerte,
pero el hombre sabio la apacigua.

[15] El rostro radiante del rey da la vida,
su favor es como nube de lluvia primaveral.

[16] Mejor es adquirir sabiduría que oro,
más vale inteligencia que plata.

[17] La senda de los honrados se aparta del mal,
el que cuida su camino guarda su vida.

[18] La soberbia precede a la ruina
y el orgullo a la caída.

[19] Mejor es ser humilde con los pobres
que compartir botín con los soberbios.

[20] Al que cuida cualquier cosa le irá bien,
dichoso el que confía en Yahvé.

16 10 El rey administra justicia en nombre de Dios, 2 S **14** 18-20; 1 R **3** 4-7. Los proverbios siguientes, a excepción del v. 11, hacen referencia al rey, ver **14** 28.35; **20** 8; Si **8** 2; etc.

[21] La mente sabia se llama inteligencia,
las palabras suaves añaden convicción.

[22] La sensatez es fuente de vida para el que la posee,
la necedad es el castigo del necio.

[23] Mente sabia perfecciona la boca
y añade convicción a sus palabras.

[24] Las palabras amables son un panal de miel:
endulzan el alma y tonifican el cuerpo.

[25] Hay caminos que parecen rectos
y al final son caminos de muerte.

[26] La necesidad del trabajador trabaja por él,
porque el hambre lo apremia.

[27] El desalmado trafica con el mal
y echa por sus labios fuego abrasador*.

[28] El hombre perverso provoca peleas,
el deslenguado divide a los amigos.

[29] El hombre violento seduce a su prójimo
y lo lleva por mal camino.

[30] Quien guiña los ojos medita engaños;
quien se muerde el labio ya ha hecho el mal.

[31] Las canas son corona de gloria
que se obtiene en el camino de la justicia.

[32] Más vale hombre paciente que valiente,
mejor dominarse que conquistar ciudades.

[33] Los dados se tiran sobre el tablero*,
pero su sentencia depende de Yahvé.

17

[1] Más vale mendrugo seco en paz
que casa llena de banquetes y peleas.

[2] El siervo eficiente desplazará al hijo indigno
y partirá la herencia con los hermanos.

[3] La plata en el crisol, el oro en el horno;
los corazones, los prueba Yahvé.

[4] El malhechor hace caso a labios difamadores,
el mentiroso da oídos a lenguas malignas.

[5] Quien se burla del pobre ultraja a su Creador;
quien se alegra de la desgracia no quedará impune.

[6] La corona de los ancianos son los nietos,
el honor de los hijos son sus padres.

[7] Ni al tonto le pega el lenguaje exquisito,
ni al noble el discurso engañoso.

16 27 Ver **26** 18-21; St **3** 6.
16 33 *Sobre el tablero,* lit.: «en el seno». Posible alusión al *efod,* colocado sobre el pecho del sumo sacerdote; Ex **28** 6+; equiparado aquí al *efod*-recipiente de las suertes sagradas, 1 S **2** 28+.

[8] El regalo le parece un talismán al que lo hace:
todo lo que emprenda tendrá éxito.

[9] El que busca amistades disimula la ofensa;
el que la divulga divide a los amigos.

[10] Más aprovecha un reproche al sensato
que cien palos al necio.

[11] El rebelde sólo busca pelea;
le enviarán un cruel mensajero.

[12] Antes topar con una osa privada de sus crías
que con un tonto de remate.

[13] A quien devuelve mal por bien
no se le apartará el mal de la casa.

[14] Comenzar una disputa es como abrir un dique:
antes de que la riña se endurezca, retírate.

[15] Absolver al malvado y condenar al justo
son dos cosas que detesta Yahvé*.

[16] ¿De qué sirve el dinero en manos del necio?
¿Para comprar sabiduría, sin tener seso?

[17] El amigo ama en toda ocasión,
pero el hermano nace para las adversidades.

[18] Es un insensato el que choca la mano
y sale fiador de su prójimo.

[19] El que ama las riñas, ama el delito,
el que agranda sus puertas, se busca la ruina.

[20] Mente retorcida no hallará la dicha,
el deslenguado caerá en la desgracia.

[21] El que engendra un necio carga con su pena,
el padre del tonto no se alegrará.

[22] Corazón contento mejora la salud,
espíritu abatido seca los huesos.

[23] El malvado acepta regalos en secreto,
para torcer las vías del derecho*.

[24] El inteligente se fija en la sabiduría,
el necio tiene la mirada perdida.

[25] Hijo necio, tristeza de su padre
y amargura de su madre.

[26] No está bien multar al inocente,
no es correcto azotar a los nobles.

[27] Quien controla sus palabras domina el saber;
quien mantiene la calma es inteligente.

17 15 Ver Ex **23** 7; Dt **16** 18s.
17 23 Se trata aquí de los regalos recibidos por el juez o los testigos, que se dejan corromper; ver **17** 8; **18** 16 y **21** 14, donde el sentido es más amplio.

28 Necio que calla es tenido por sabio,
el que cierra sus labios es inteligente.

18

1 El que vive apartado sigue su capricho
y se enfada por cualquier consejo.

2 Al necio no le gusta la prudencia,
sino manifestar su opinión.

3 Con la maldad viene la vergüenza,
y con el insulto, la deshonra.

4 Las palabras del hombre son aguas profundas,
torrente desbordado, fuente de sabiduría.

5 No está bien rehabilitar al malvado
y condenar al justo en el juicio.

6 Los labios del necio se meten en líos
y su boca llama a los golpes.

7 La boca del necio es su ruina,
los labios, una trampa para su vida.

8 Las palabras del deslenguado son golosinas,
que bajan hasta el fondo del vientre.

9 El perezoso en el trabajo
es hermano del que destruye.

10 El nombre de Yahvé es fortaleza
a la que acude el justo para salvarse*.

11 La fortuna del rico es su plaza fuerte
y la tiene por muralla inexpugnable.

12 El orgullo del hombre precede a la ruina,
y la humildad a la fama.

13 Responder antes de escuchar
es necedad y bochorno.

14 El ánimo del hombre soporta la enfermedad,
ánimo abatido, ¿quién lo levantará?

15 Mente experta adquiere saber,
oído sabio busca conocimiento.

16 El regalo abre paso al hombre
y lo lleva hasta la gente importante.

17 Parece justo el primero que declara,
hasta que llega su adversario y lo desmiente.

18 La suerte pone fin a los pleitos
y decide entre los poderosos.

19 Hermano ofendido es como plaza fuerte,
las disputas, como cerrojos de fortaleza*.

18 10 Ver Sal **61** 4; **71** 5; **124** 8.
18 19 Texto dudoso. El griego es muy diferente: *Un hermano ayudado por su hermano es una plaza fuerte y alta, es fuerte como un muro real.* Ver Qo **4** 9s; Si **6** 14; Pr **17** 17.

20 Con el fruto de la boca se harta el vientre,
se sacia del producto de los labios.

21 Muerte y vida dependen de la lengua:
el que la aprecia comerá su fruto.

22 Quien encuentre mujer encuentra la dicha
y alcanza el favor de Yahvé.

23 El pobre habla suplicando,
el rico responde con dureza.

24 Hay compañeros que se pelean,
y amigos más unidos que hermanos.

19

1 Más vale ser pobre y honrado
que necio de labios retorcidos.

2 Cuando falta el saber, no vale afán;
los pies precipitados tropiezan.

3 La necedad del hombre extravía su camino
y su corazón se irrita contra Yahvé.

4 La riqueza multiplica los amigos,
pero el pobre pierde sus amistades.

5 El testigo falso no quedará impune,
el que echa mentiras no escapará.

6 Muchos se procuran el favor del generoso,
todos son amigos del espléndido.

7 Si todos sus hermanos odian al pobre,
¡con más razón lo abandonarán sus amigos!
Persigue palabras, pero no hay*.

8 El que adquiere cordura se ama a sí mismo,
el que tiene prudencia encuentra la dicha.

9 El testigo falso no quedará impune,
el que echa mentiras perecerá.

10 No le pega al necio vivir entre lujos,
y menos al siervo gobernar a príncipes.

11 El hombre sensato domina su ira
y tiene a gala pasar por alto la ofensa.

12 La cólera del rey es rugido de león,
rocío sobre la hierba, su favor.

13 Hijo necio, desgracia del padre,
mujer pendenciera, gotera incesante.

14 Casa y fortuna se heredan de los padres,
mujer prudente es un don de Yahvé.

15 La pereza hunde en la modorra,
el holgazán pasará hambre.

19 7 Fragmento de un proverbio cuyo primer estico ha desaparecido.

16 Quien guarda el precepto cuida su vida,
quien deshonra su conducta morirá.

17 Quien se apiada del pobre presta a Yahvé
y recibirá su recompensa*.

18 Corrige a tu hijo mientras hay esperanza,
pero no te excedas hasta matarlo.

19 El iracundo pagará una multa,
pues si lo perdonas, lo empeorarás.

20 Escucha el consejo, acepta la corrección
y al final llegarás a sabio.

21 El hombre hace muchos proyectos,
pero sólo se cumple el plan de Yahvé.

22 La bondad es aspiración del hombre,
más vale pobre que mentiroso.

23 El temor de Yahvé conduce a la vida:
se duerme satisfecho y sin sobresaltos.

24 El perezoso mete su mano en el plato
y ni es capaz de llevarla a la boca.

25 Castiga al arrogante y el simple se volverá cauto,
reprende al inteligente y aumentará su saber.

26 Quien maltrata a un padre y expulsa a una madre,
es un hijo infame y sinvergüenza*.

27 Deja, hijo mío, de escuchar la enseñanza
y te alejarás de los sabios consejos.

28 El testigo desalmado se burla del derecho,
la boca del malvado se traga el delito.

29 Castigo para los arrogantes
y azotes para la espalda del necio.

20 1 El vino es arrogante y el licor, pendenciero;
quien se pierde en ellos no llegará a sabio.

2 La ira del rey es rugido de león:
quien la provoca se daña a sí mismo.

3 Es honra del hombre evitar discusiones,
pero todos los necios se enzarzan en ellas.

4 El perezoso no ara cuando llega el otoño,
y en la siega busca, pero no hay nada.

5 El consejo en la memoria es agua profunda:
el inteligente sabe sacarla.

6 Muchos se tienen por hombres de bien,
pero ¿quién hallará un hombre fiel?

7 El justo procede honradamente;
¡dichosos los hijos que le siguen!

19 17 Ver **14** 21.31; **28** 27; Mt **25** 40. **19** 26 Ver **20** 20; etc.; Ex **20** 12.

8 Rey sentado en el tribunal
con su mirada disipa todo mal.

9 ¿Quién puede decir: «Soy puro,
estoy limpio de pecado*»?

10 Pesos y medidas dobles
son dos cosas que aborrece Yahvé.

11 Ya con sus obras deja ver el muchacho
si su conducta será pura y recta.

12 Oído que escucha y ojo que ve:
ambas cosas las hizo Yahvé.

13 No te entregues al sueño, que te empobrecerás;
abre tus ojos y te hartarás de pan.

14 «¡Malo, malo!» dice el comprador,
y cuando se va, se felicita.

15 Abundan el oro y las piedras preciosas,
pero lo más valioso son los labios expertos.

16 Tómale el vestido, pues salió fiador de un extraño;
exígele prenda por los desconocidos.

17 Al hombre le gusta el pan robado,
pero luego la boca se llena de grava.

18 Afianza tus proyectos con consejos,
haz la guerra con estrategia.

19 El que anda murmurando divulga secretos,
no te juntes con gente chismosa.

20 A quien maldice a su padre y a su madre
se le apagará la lámpara en la oscuridad.

21 Fortuna adquirida con presteza
a la postre no será bendecida.

22 No digas: «Vengaré mi daño»;
confía en Yahvé y te salvará*.

23 Yahvé aborrece el doble peso,
no es justa la balanza trucada.

24 De Yahvé dependen los pasos del hombre:
¿cómo puede el hombre discernir su camino?

25 Es un riesgo para el hombre precipitarse en sus votos
y reconsiderar más tarde su promesa*.

26 El rey sabio avienta a los malos
y hace pasar la rueda sobre ellos*.

20 9 Ver Jb **4** 17; **15** 14-16; Sal **51** 17; **143** 2; 1 Jn **1** 8-10.

20 22 Ver **24** 29; **25** 22; Rm **12** 17; 1 Ts **5** 15.

20 25 Ver Dt **23** 22; Qo **5** 3s; Mt **15** 5p.

20 26 Alusión a la trilla, para la que se utilizaba una especie de trillo provisto a veces de ruedas, ver Is **28** 28.

[27] El aliento del hombre es lámpara de Yahvé
que sondea lo más profundo de su ser*.

[28] Bondad y lealtad custodian al rey,
su trono se afianza en la bondad.

[29] La fuerza es el adorno de los jóvenes,
las canas, el honor de los ancianos.

[30] Las cicatrices de la herida remedian el mal,
los golpes, las entrañas más profundas.

21

[1] El corazón del rey es un río en manos de Yahvé,
que él dirige a donde quiere.

[2] El hombre piensa que su conducta es recta,
pero el que sondea los corazones es Yahvé.

[3] Practicar la justicia y el derecho
Yahvé lo prefiere a los sacrificios*.

[4] Ojos altivos, corazón arrogante
y antorcha de malvados son pecado.

[5] Los proyectos del diligente traen ganancia,
los del alocado, sólo indigencia.

[6] Amasar fortuna con lengua engañosa
es ilusión fugaz de los que buscan la muerte.

[7] La violencia de los malvados los arrastra,
por negarse a practicar el derecho.

[8] El camino del canalla es sinuoso,
las acciones del honrado son netas.

[9] Mejor es vivir en rincón de azotea
que compartir mansión con mujer pendenciera.

[10] El malvado en su afán desea el mal,
sin tener compasión de su prójimo.

[11] Cuando se castiga al cínico, el simple se hace sabio;
cuando se instruye al sabio, adquiere saber.

[12] El justo instruye a la estirpe de los malvados,
precipitándolos en la desgracia.

[13] Quien cierra su oído a los gritos del pobre
no obtendrá respuesta cuando grite.

[14] Regalo a escondidas aplaca la cólera,
obsequio discreto, la ira violenta.

[15] El cumplimiento del derecho es alegría para el justo
y amenaza para los malhechores.

20 27 Ver Mt **6** 22; 1 Co **2** 11.
21 3 El AT insiste en la rectitud del corazón, condición de toda observancia ritual. Ver **15** 8; Am **5** 21+; Os **6** 6; Is **1** 11; Jr **7** 21-23.

16 El que se aparta del camino de la prudencia
descansará en la asamblea de los muertos.

17 El que ama el placer pasará necesidad,
el que ama vino y perfumes no se hará rico.

18 El malvado paga por el justo
y el traidor por el honrado.

19 Mejor es vivir en el desierto
que con mujer irritable y pendenciera.

20 Tesoro precioso y perfumes en la casa del sabio,
pero el necio los devora.

21 El que busca justicia y bondad
encontrará vida y gloria.

22 El sabio asaltará la ciudad de los fuertes
y derribará la fortaleza que la protegía.

23 El que cuida su boca y su lengua
evita el peligro.

24 Se llama arrogante, fanfarrón e insolente
al que actúa con excesiva arrogancia.

25 Los deseos matan al perezoso,
porque sus manos no quieren trabajar.

26 Todo el día está el malvado codiciando;
el justo da y no escatima.

27 El sacrificio de los malvados es abominable,
y más si se hace con mala intención.

28 El testigo falso perecerá;
el que escucha podrá hablar siempre.

29 El malvado aparenta seguridad,
el honrado afianza su camino.

30 No hay sabiduría, ni prudencia,
ni consejo frente a Yahvé.

31 El caballo está entrenado para la batalla,
pero Yahvé da la victoria.

22 1 Más vale fama que grandes riquezas,
más vale estima que plata y oro.

2 El rico y el pobre se encuentran:
a los dos los hizo Yahvé*.

3 El prudente ve el peligro y se esconde,
los simples siguen adelante y lo pagan.

4 Consecuencia de la humildad y del temor de Yahvé
son la riqueza, el honor y la vida.

5 Hay espinos y trampas en el camino del perverso,
el que cuida de su vida se aleja de ellos.

22 2 Ver **29** 13; Jb **31** 15; Sb **6** 7; Mt **5** 45.

6 Educa al muchacho al comienzo de su camino,
que luego, de viejo, no se apartará de él.

7 El rico domina a los pobres,
el deudor es esclavo de su acreedor.

8 Quien siembra maldad cosechará desgracias,
la vara de su furia será destruida.

9 El generoso será bendecido,
por compartir su pan con el pobre.

10 Despide al insolente y acabarán las riñas,
pleitos y ofensas cesarán.

11 Quien ama un corazón limpio*
y unos labios afables es amigo del rey.

12 La mirada de Yahvé custodia el saber
y confunde las palabras del traidor.

13 El perezoso dice: «Hay un león fuera
y en medio de la calle me matará.»

14 Fosa profunda es la boca de extraña:
el enemistado con Yahvé caerá en ella.

15 La necedad está atada al corazón del joven,
la vara de la corrección lo separará de ella.

16 El que oprime a un pobre para enriquecerse,
da a un rico para empobrecerse.

*III. Colección de los sabios**

17 Presta atención y escucha las palabras de los sabios,
dispón tu corazón a mi experiencia;
18 te gustará guardarlas en tus entrañas,
y ponerlas juntas en tus labios.
19 Para que pongas tu confianza en Yahvé
te voy a instruir hoy.

20 Te he escrito treinta sentencias
de consejos y experiencias,
21 para que conozcas con certeza la verdad,
y puedas responder con la verdad a quien te envíe.

22 No despojes al pobre, por ser pobre;
no atropelles al humilde en el tribunal*,
23 porque Yahvé defenderá su causa
y quitará la vida a sus opresores.

22 11 Ver Mt **5** 8.
22 17 La sección **22** 17-**24** 22 parece depender del libro egipcio de la *Instrucción de Amenemope* que habla de *treinta capítulos*, ver v. 20. A menudo la recomendación adopta una forma negativa, *no despojes..., no te juntes..., no seas...* Los proverbios están agrupados en unidades temáticas.
22 22 *En el tribunal,* lit.: «en la puerta»: la puerta de la ciudad, donde se administraba justicia y se trataban los asuntos públicos, ver **24** 7.

[24] No te juntes con el iracundo,
ni vayas con el violento;
[25] no sea que te acostumbres a sus sendas
y pongas tu propia trampa.

[26] No seas de los que chocan la mano
y salen fiadores de deudas;
[27] pues si no tienes con qué pagar,
te quitarán la cama acostado.

[28] No desplaces los antiguos linderos*
que fijaron tus antepasados.

[29] ¿Conoces a alguien diestro en su oficio?
Se pondrá al servicio de reyes
y no de gente insignificante.

23 [1] Si te sientas a comer con poderoso,
mira bien al que está frente a ti;
[2] refrena tu voracidad*,
si tienes mucha hambre;
[3] no seas ansioso de sus exquisiteces,
porque es comida engañosa.

[4] No te afanes por enriquecerte,
deja de preocuparte.
[5] Apartas tu mirada y no queda nada,
pues echa alas como águila y vuela hasta el cielo.

[6] No te sientes a comer con el tacaño,
ni codicies sus exquisiteces;
[7] porque son como un pelo en la garganta.
Te dice: «¡Come y bebe!», pero piensa otra cosa.
[8] Vomitarías lo que has comido
y malgastarías tus palabras amables.

[9] No hables a oídos del necio,
porque despreciará tus sensatas palabras.

[10] No desplaces los linderos antiguos,
ni invadas el campo del huérfano,
[11] porque su defensor es poderoso,
y defenderá su causa contra ti*.

[12] Aplica tu mente a la instrucción,
y tu oído a las palabras de la experiencia.

[13] No ahorres castigo al muchacho,
pues no morirá porque lo azotes con la vara.
[14] Si lo azotas con la vara,
salvarás su vida del abismo.

[15] Hijo mío, si tu corazón se hace sabio,
se alegrará también mi corazón,

22 28 = **23** 10. Ver **15** 25; Dt **19** 14.
23 2 *Refrena tu voracidad,* lit.: «pon un cuchillo en tu garganta».
23 11 El *defensor* (*go'el*), Nm **35** 19+, es aquí Yahvé, que vela sobre la viuda y el huérfano, Ex **22** 21-23. Ver **22** 23; Jr **50** 34+.

16 y disfrutarán mis entrañas
cuando tus labios hablen correctamente.

17 No tengas envidia de los pecadores*,
sino del temor de Yahvé en todo momento;
18 porque así tendrás futuro
y tu esperanza no será defraudada.

19 Escucha, hijo mío, hazte sabio
y sigue el camino recto.

20 No te juntes con los que beben vino,
ni con los que se atiborran de carne;
21 porque borrachos y glotones se arruinan
y la modorra se viste de harapos.

22 Escucha a tu padre, que él te engendró,
y no desprecies a tu madre por ser vieja.
23 Adquiere verdad y no la vendas;
también sabiduría, educación e inteligencia.
24 El padre del justo rebosa de gozo,
quien tiene un hijo sabio se alegra.
25 Que tu padre se alegre por ti
y rebose de gozo la que te ha engendrado.

26 Hijo mío, confía en mí
y mira con buenos ojos mi conducta.
27 Fosa profunda es la prostituta
y pozo estrecho la mujer extraña.
28 Como un ladrón se pone al acecho
y acrecienta la traición entre los hombres.

29 ¿De quién los ayes?, ¿de quién los gemidos?
¿de quién las riñas?, ¿de quién los lloros?
¿de quién los golpes gratuitos?, ¿de quién los ojos turbios?

30 De los que se pasan con el vino
y andan probando bebidas.
31 No mires el vino: ¡Qué rojo está!
¡cómo brilla en la copa! ¡qué suave entra!
32 Al final muerde como serpiente
y pica como víbora.

33 Tus ojos verán alucinaciones
y tu mente imaginará incoherencias.
34 Estarás como tumbado en alta mar
o recostado en la punta de un mástil.
35 «Me han pegado y no me duele;
me han golpeado y no lo siento.
Cuando me despierte seguiré pidiendo más.»

24

1 No envidies a los malvados,
ni desees estar con ellos,
2 pues su mente trama violencias
y sus labios hablan de desgracias.

23 17 Ver **24** 1.19; etc.; Sal **37** 1.7; **73** 2-12; Qo **8** 11; etc.

3 Con sabiduría se construye una casa,
y con inteligencia se consolida;
4 con conocimiento se llenan las estancias
de objetos valiosos y confortables.

5 Más vale sabio que fuerte
y hombre de ciencia que poderoso;
6 pues la guerra se gana con estrategia
y la victoria con muchos consejeros.

7 La sabiduría es inalcanzable para el necio,
incapaz de abrir su boca en público.

8 Al que trama maldades
lo llamarán intrigante.

9 La intención del necio es el pecado;
la gente detesta al insolente.

10 Si te rindes en los momentos difíciles,
escasa es tu fuerza.

11 Salva a los condenados a muerte,
libra a los conducidos al suplicio.
12 Pues, aunque digas que no lo sabías,
el que juzga los corazones lo comprende,
el que vigila tu alma lo sabe;
y Él paga a cada uno según sus obras.

13 Come miel, hijo mío, porque es buena;
el panal de miel es dulce al paladar.
14 Así será la sabiduría para tu alma;
si la encuentras, tendrás futuro
y tu esperanza no será defraudada.

15 Malvado, no aceches la casa del justo,
no destruyas su morada;
16 pues el justo cae siete veces y se levanta,
pero los malvados se hunden en la desgracia.
17 No te alegres de la caída de tu enemigo,
ni disfrutes con su tropiezo;
18 no sea que Yahvé lo vea y le desagrade,
y aparte de él su ira.

19 No te exasperes por los perversos,
ni tengas envidia de los malvados.
20 Porque no hay futuro para los perversos
y la lámpara de los malvados se apagará.

21 Teme, hijo mío, a Yahvé y al rey*,
no te extralimites con ninguno de los dos,
22 porque su castigo será fulminante,
y nadie conoce el furor de uno y otro.

24 21 Ver 1 P **2** 17.

IV. Otros proverbios de los sabios

[23] También esto pertenece a los sabios*:

No está bien ser parcial en el juicio.
[24] Al que declara inocente al culpable,
lo maldicen los pueblos y lo desprecian las naciones;
[25] pero quienes lo castigan son bien vistos
y reciben bendiciones.

[26] Una respuesta sincera
es como un beso en los labios.
[27] Ordena tus trabajos en la calle
y prepáralos en el campo;
y después construirás tu casa.

[28] No declares sin motivo contra tu prójimo,
ni engañes con tus labios.

[29] No digas: «Le haré lo mismo que él me ha hecho*,
me las tendrá que pagar.»

[30] Pasé junto al campo de un perezoso,
junto a la viña de un insensato:
[31] todo estaba lleno de espinos,
los cardos cubrían el suelo
y la cerca de piedras estaba derruida.
[32] Al verlo, lo grabé en mi mente;
al contemplarlo, aprendí la lección:
[33] «Un rato de sueño, un rato de siesta,
un rato de descanso con los brazos cruzados
[34] y te llega la pobreza del vagabundo,
la penuria del mendigo.»

V. Segunda colección salomónica

25 [1] Otros proverbios de Salomón*, recopilados por los hombres de Ezequías, rey de Judá.

[2] Es gloria de Dios ocultar una cosa,
es gloria de reyes investigarla.
[3] La altura de los cielos, la profundidad de la tierra
y el corazón de los reyes son indescifrables.

24 23 La frase introduce una breve colección que se extiende hasta **24** 34 y sugiere que se trata de un complemento a la anterior colección, **22** 17. Sobre la *parcialidad en el juicio*, ver **18** 15; **28** 21. La Ley manda al juez que no haga acepción de personas, Lv **19** 15; Dt **1** 17; **16** 19. Igualmente los profetas, Am **2** 6; **5** 7.10; Is **10** 2; etc. Esta justicia imparcial la administra el Mesías, Is **11** 3s; Jr **23** 5s; Sal **72** 4s, y Dios mismo, Ga **2** 6.

24 29 Ver Mt **6** 12.14-15.

25 1. El nuevo título introduce la quinta colección del libro y establece relación con el título, **1** 1, y con la primera colección salomónica, **10** 1-**22** 16. Son máximas reunidas hacia el 700 a.C., agrupadas por temas y en las que abundan comparaciones y metáforas.

[4] Aparta la escoria de la plata
y el platero sacará una copa;
[5] aparta al malvado del rey
y su trono se afianzará en la justicia.

[6] No presumas ante el rey,
ni te coloques entre los grandes;
[7] porque es mejor que te inviten a subir,
que ser humillado ante los nobles*.

Lo que veas con tus ojos
[8] no te apresures a llevarlo a juicio;
pues ¿qué harás al final
cuando tu prójimo te abochorne?

[9] Resuelve tu pleito con tu prójimo
y no reveles secretos de nadie,
[10] no sea que te avergüence el que los oiga
y tu desprestigio no tenga solución.

[11] Manzanas de oro con adornos de plata,
las palabras dichas a su tiempo.
[12] Anillo de oro y collar de oro puro,
la sabia reprensión en oído atento.

[13] Frescura de nieve en tiempo de siega,
el mensajero fiel para el que lo envía,
pues reanima a su señor.

[14] Nubes y viento que no dejan lluvia,
quien presume de hacer regalos falsos.

[15] La paciencia persuade al gobernante,
una lengua suave quebranta los huesos.

[16] Si encuentras miel, come lo necesario;
no sea que te empalagues y la vomites.

[17] No entres a menudo en casa del vecino,
no sea que se harte y te aborrezca.

[18] Maza, espada y flecha aguda,
quien declara en falso contra su prójimo.

[19] Diente picado y pie vacilante,
confiar en traidores en momentos de apuro.

[20] Vinagre en la herida y desnudez en día frío
es cantarle coplas a un corazón triste.
[21] Si tu enemigo tiene hambre, dale de comer;
si tiene sed, dale de beber;
[22] así lo pondrás colorado
y Yahvé te recompensará*.

[23] El viento del norte trae la lluvia;
lengua embustera, rostros airados.

25 7 Ver Si **7** 4; **13** 9-10; Lc **14** 7-11.
25 22 *Lo pondrás colorado,* lit.: «amontonarás ascuas sobre su cabeza». Ver **20** 22+; Ex **23** 4-5; Mt **5** 44-46; Rm **12** 20.

[24] Mejor es vivir en rincón de azotea
que compartir mansión con mujer pendenciera.

[25] Agua fresca en garganta sedienta
es la buena noticia de tierras lejanas.

[26] Fuente turbia y manantial revuelto,
el justo que flaquea ante el malvado.

[27] No es bueno comer mucha miel,
ni empacharse de gloria.

[28] Ciudad abierta y sin muralla,
el hombre que no sabe dominarse.

26 [1] Ni la nieve en verano, ni la lluvia en la siega,
ni la gloria al necio sientan bien.

[2] Como gorrión que revolotea y golondrina que vuela,
la maldición gratuita no alcanza su fin.

[3] Látigo para el caballo, freno para el burro
y vara para la espalda de los necios.

[4] No respondas al necio con su necedad,
no sea que te vuelvas como él.

[5] Responde al necio por su necedad,
no vaya a creerse sabio*.

[6] Se corta los pies y bebe violencia
quien envía mensajes por medio de un necio.

[7] Como las piernas renqueantes del cojo,
el proverbio en la boca del necio.

[8] Como atar la piedra a la honda
es conceder honores a un necio.

[9] Cardo en manos de borracho,
el proverbio en boca de necios.

[10] Como arquero que dispara a todo el mundo,
el que contrata a un necio y a un vagabundo.

[11] Como el perro que lame su vómito*,
el necio que repite sus sandeces.

[12] Más se puede esperar de un necio
que de alguien que presume de sabio.

[13] Dice el perezoso: «¡Hay un león en el camino!
¡Un león en medio de la calle!»

[14] La puerta gira en sus bisagras
y el perezoso en su cama.

[15] El perezoso mete la mano en el plato
y le cansa llevarla a la boca.

26 5 Contradicción aparente de dos sentencias complementarias.

26 11 Ver 2 P **2** 22.

[16] El perezoso se cree más sabio
que siete que responden con acierto.

[17] Agarra a un perro por las orejas
quien se mezcla en riña ajena.

[18] Como un loco que dispara
flechas y saetas mortales,

[19] así es el que engaña a su prójimo
y se lo toma a broma.

[20] Cuando falta la leña, se apaga el fuego;
donde no hay chismosos, se acaban las riñas.

[21] Carbón para las brasas y leña para el fuego
es el camorrista para atizar peleas.

[22] Las palabras del chismoso son golosinas
que bajan hasta el fondo de las entrañas.

[23] Baño de plata en vasija de barro,
los labios melosos con malas intenciones.

[24] El que odia habla con disimulo,
pero en su interior alberga falsedad;
[25] aunque ablande su voz, no te fíes,
porque esconde en su mente siete maldiciones;
[26] aunque oculte su odio con disimulo,
su maldad se descubrirá en la asamblea.

[27] El que cava una fosa caerá en ella,
al que rueda una piedra se le vendrá encima.

[28] La lengua mentirosa odia a sus víctimas,
la boca melosa provoca la ruina.

27

[1] No presumas del mañana,
pues no sabes lo que deparará el día*.

[2] Que otro te alabe y no tu propia boca,
que sea un extraño y no tus labios.

[3] Pesada es la piedra y pesada la arena;
es más pesada la rabia del necio.

[4] El furor es cruel, impetuosa la cólera,
pero la envidia es irresistible.

[5] Más vale reprensión manifiesta
que amistad encubierta.

[6] Más valen golpes leales de amigo,
que besos falaces de enemigo.

[7] Estómago harto desprecia la miel,
estómago hambriento vuelve lo amargo dulce.

[8] Como pájaro errante lejos de su nido
es el hombre errante lejos de su lugar.

27 1 Ver Lc **12** 19-20; St **4** 13-14.

[9] Perfume e incienso alegran el corazón,
la dulzura del amigo consuela el alma.

[10] No abandones a tu amigo ni al amigo de tu padre;
no vayas a la casa de tu hermano cuando estés en apuros.
Más vale vecino cerca que hermano lejos.

[11] Hazte sabio, hijo mío, y alegra mi corazón,
y podré responder a quien me ofende.

[12] El prudente ve el peligro y se esconde,
los simples siguen adelante y lo pagan.

[13] Tómale el vestido, pues salió fiador de un extraño,
exígele prenda por los desconocidos.

[14] Saludar al vecino a gritos de madrugada
es igual que maldecirlo.

[15] Gotera incesante en día de lluvia
y mujer pendenciera son iguales;
[16] contenerla es como retener el viento
y coger aceite con la mano.

[17] El hierro se aguza con hierro,
el hombre, en contacto con su prójimo.

[18] Quien cuida una higuera come de su fruto,
quien vela por su amo recibe honores.

[19] Como el agua es espejo del rostro,
el corazón es espejo del hombre.

[20] Abismo y perdición son insaciables,
como insaciables son los ojos del hombre*.

[21] La plata en el crisol, el oro en el horno
y el hombre en su reputación.

[22] Aunque machaques al necio en el mortero,
no le quitarás la necedad.
[23] Conoce bien el estado de tu ganado
y presta atención a tus rebaños;
[24] porque la riqueza no es eterna,
ni la fortuna dura siempre.
[25] El heno asoma, el pasto aparece
y se recoge la hierba de los montes;
[26] los corderos te darán vestido,
los cabritos dinero para un campo,
[27] y las cabras leche abundante para tu alimento,
para alimentar a tu familia y mantener a tus criadas.

28 [1] El malvado huye sin que lo persigan,
el justo vive confiado como un león.

[2] En país revuelto abundan sus jefes,
hombre inteligente y experto mantiene el orden.

27 20 Los ojos son la sede de la envidia, **30** 15-16; Qo **1** 8; **6** 7.

[3] Hombre empobrecido que oprime a los pobres
es lluvia devastadora que deja sin pan.

[4] Los que abandonan la ley felicitan al malvado,
los que observan la ley rompen con él.

[5] Los malvados no entienden el derecho,
los que buscan a Yahvé lo entienden todo.

[6] Más vale ser pobre y honrado
que rico y retorcido.

[7] El que guarda la ley es un hijo inteligente,
el que anda con juerguistas deshonra a su padre.

[8] El que aumenta sus riquezas con usuras e intereses,
acumula para el que se compadece de los pobres*.

[9] Si uno cierra su oído para no oír la ley,
también su oración será aborrecida.

[10] El que extravía a los rectos por el mal camino,
caerá en su propia fosa.

[11] El rico presume de sabio,
pero el pobre inteligente lo desenmascara.

[12] Cuando triunfan los justos, hay gran esplendor;
cuando se alzan los malvados, no se encuentra un alma.

[13] El que oculta sus delitos no prosperará,
el que los confiesa* y cambia, obtendrá compasión.

[14] Dichoso el hombre que teme siempre,
el que se obstina caerá en desgracia.

[15] León rugiente y oso hambriento,
el malvado que domina a un pueblo pobre.

[16] Príncipe insensato multiplica la opresión,
el que odia el lucro prolongará sus días.

[17] El hombre culpable de asesinato
huye hasta la tumba: ¡que no lo detengan!

[18] El que procede sin tacha se salvará,
el que se extravía entre dos caminos caerá en uno de ellos.

[19] Quien cultiva su tierra se hartará de pan;
quien persigue quimeras se hartará de miseria.

[20] El hombre sincero abundará en bendiciones;
quien se enriquece rápido no quedará impune.

[21] No es bueno discriminar a nadie,
por un trozo de pan se comete un delito.

[22] El ambicioso corre a enriquecerse,
sin saber que le llega la miseria.

28 8 Los bienes mal adquiridos volverán a los pobres, **13** 22; Ex **22** 24; Qo **2** 26.

28 13 *Confiesa*, lit.: «abandona». Sobre la *confesión* de los delitos, en privado o en público, ver Lv **5** 5; Nm **5** 7; Sal **32** 5; Os **14** 2s; Is **1** 16-18; Si **4** 26; Lc **18** 9-14; 1 Jn **1** 9.

23 El que reprende a alguien será más apreciado
que el de lengua aduladora.

24 El que roba a sus padres, diciendo: «No es pecado»
es cómplice de delincuentes.

25 El ambicioso provoca peleas,
el que confía en Yahvé prosperará.

26 El que se fía de sí mismo es un necio,
el que procede con sabiduría se salvará.

27 El que da al pobre no pasará necesidad,
el que lo ignora abundará en maldiciones.

28 Cuando se alzan los malos, la gente se esconde;
cuando desaparecen, aumentan los justos.

29

1 El hombre que se obstina ante la corrección,
será destruido pronto y sin remedio.

2 Cuando predominan los justos, el pueblo se alegra;
cuando dominan los malvados, el pueblo se lamenta.

3 El que ama la sabiduría alegra a su padre,
el que se junta con prostitutas disipa su fortuna.

4 Un rey justo levanta a un país,
el partidario de impuestos lo arruina.

5 El hombre que adula a su prójimo
tiende una trampa ante sus pies.

6 El pecado del malvado es su trampa,
el justo da gritos de alegría.

7 El justo reconoce los derechos del pobre,
el malvado es incapaz de conocerlos.

8 Los provocadores agitan la ciudad,
los sabios apaciguan los ánimos.

9 Cuando el sabio pleitea con el necio,
se enfada y se ríe sin descanso.

10 Los sanguinarios odian al intachable,
pero los honrados cuidan de su vida.

11 El necio da rienda suelta a sus pasiones,
el sabio acaba dominándolas.

12 Gobernante que hace caso de calumnias,
creerá malvados a todos sus servidores.

13 El pobre y el estafador coinciden:
Yahvé ilumina los ojos de ambos.

14 Rey que juzga con justicia a los débiles
afirma su trono para siempre.

15 Vara y corrección dan sabiduría,
muchacho consentido avergüenza a su madre.

[16] Cuando abundan los malvados, se multiplican los delitos,
pero los justos serán testigos de su caída.

[17] Corrige a tu hijo: te hará vivir tranquilo
y te dará satisfacciones.

[18] Cuando no hay profetas, el pueblo se relaja;
dichoso el que cumple la ley*.

[19] No se corrige a un siervo con palabras;
aunque entienda, no hace caso.

[20] Más se puede esperar de un necio
que del ligero al hablar.

[21] Esclavo consentido en la niñez
al final será un ingrato.

[22] Hombre furioso provoca peleas,
el iracundo multiplica delitos.

[23] El propio orgullo humilla al hombre,
el espíritu humilde obtiene honores*.

[24] El cómplice del ladrón se odia a sí mismo:
escucha la maldición*, pero no lo denuncia.

[25] El miedo tiende una trampa al hombre,
el que confía en Yahvé estará protegido.

[26] Muchos buscan el favor del gobernante,
pero sólo Yahvé hace justicia.

[27] Los justos detestan al criminal
y el malvado detesta al honrado.

VI. Palabras de Agur

30 [1] Palabras de Agur, hijo de Jaqué, de Masá*. Oráculo de este hombre
para Itiel, para Itiel y para Ucal.

[2] ¡Soy el más estúpido de los hombres!
No tengo inteligencia humana,

[3] no he aprendido la sabiduría,
ni conozco la ciencia santa.

[4] ¿Quién subió hasta el cielo y bajó luego?,
¿quién recogió el viento en un puñado?,
¿quién envolvió el agua en su vestido?,
¿quién puso los confines de la tierra?

29 18 *Profetas*, lit.: «visiones». Única alusión a los profetas a lo largo de los Pr. La *Ley* (instrucción) designa la Ley escrita, guardada en el corazón y en la vida, **2** 1; Sal **119**; *etc.* Puede designar también aquí la «enseñanza» de los profetas.

29 23 Ver Mt **23** 12p.

29 24 La maldición lanzada contra el criminal desconocido o contra los testigos que se callan, Lv **5** 1; Jc **17** 2.

30 1 *Masá*, tribu ismaelita de Arabia del Norte, Gn **25** 14. Los *hijos de Oriente* eran tenidos en gran reputación por su sabiduría, **31** 1; 1 R **5** 9-11+; **10** 4-8; Jr **49** 7; Jb **2** 11.

Dime cuál es su nombre
y el nombre de su hijo, si lo sabes*.

5 Toda palabra de Dios está garantizada;
él es un escudo para cuantos confían en él*.
6 No añadas nada a sus palabras,
no sea que te reprenda y quedes por mentiroso.

7 Dos cosas te he pedido,
no me las niegues antes de mi muerte:
8 Aleja de mí falsedad y mentira;
no me des pobreza ni riqueza,
asígname mi ración de pan;
9 pues, si estoy saciado, podría renegar de ti
y decir: «¿Quién es Yahvé?»,
y si estoy necesitado, podría robar
y ofender el nombre de mi Dios.

10 No calumnies a un criado delante de su amo,
pues te maldecirá y sufrirás las consecuencias.

11 Hay gente que maldice a su padre,
y no bendice a su madre;
12 hay gente que se cree pura
y no ha lavado sus manchas;
13 hay gente de ojos altivos
y párpados altaneros;
14 hay gente con dientes como espadas,
y mandíbulas como cuchillos,
para devorar a los humildes del país
y a los pobres de la tierra.

*VII. Proverbios numéricos**

15 La sanguijuela tiene dos hijas: «¡Dame, dame!»

Hay tres cosas insaciables
y cuatro que no dicen: «¡Basta!»
16 El abismo, el vientre estéril,
la tierra que no se harta de agua,
y el fuego que no dice: «¡Basta!»
17 Al que se ríe de su padre
y desprecia a su anciana madre,
los cuervos le sacarán los ojos,
y lo devorarán los aguiluchos.

18 Hay tres cosas que me desbordan
y cuatro que no comprendo:

30 4 Una especie de desafío de Dios al hombre, Jb **38-39**; Si **1** 2-3; Is **40** 12-14; Jn **3** 13; Rm **11** 34-36+.
30 5 Ver Sal **18** 31; 2 S **22** 31.

30 15 Esta especie de máximas enigmáticas excitan el interés, sugiriendo una observación o una comparación sin precisar sus límites.

[19] el camino del águila por el cielo,
el camino de la serpiente sobre la roca,
el camino del barco en alta mar
y el camino del hombre hacia la doncella.

[20] Así procede la mujer adúltera:
come, se limpia la boca y dice:
«¡No he hecho nada de malo!»

[21] Tres cosas hacen temblar la tierra
y cuatro no puede soportar:
[22] esclavo que llega a rey,
tonto harto de comer,
[23] mujer odiada que se casa
y esclava que hereda a su señora.

[24] Hay cuatro seres pequeños en la tierra,
que son más sabios que los sabios:
[25] las hormigas, pueblo débil
que en verano asegura su alimento;
[26] los damanes, pueblo sin fuerza
que hace madrigueras en la roca;
[27] las langostas, que no tienen rey
y todas marchan en formación;
[28] la lagartija, que se coge con la mano
y habita en palacios reales.

[29] Hay tres cosas de paso gallardo
y cuatro de elegante marcha:
[30] el león, el animal más fuerte
que ante nada retrocede,
[31] el gallo orgulloso, el macho cabrío
y el rey al frente de su ejército.

[32] Si hiciste el tonto presumiendo
y has reflexionado, cierra la boca;
[33] aprietas la leche y sale requesón,
aprietas la nariz y sale sangre,
aprietas la ira y sale discordia.

VIII. Palabras de Lemuel

31 [1] Palabras de Lemuel, rey de Masá, que le enseñó su madre:

[2] ¿Qué te diré, hijo mío, hijo de mis entrañas,
hijo de mis promesas?
[3] No pierdas tus energías con mujeres,
ni tus caminos en derrocar reyes*.

[4] No es propio de reyes, Lemuel,
no es propio de reyes beber vino*,
ni de los gobernantes beber licores;

31 3 Ver 1 R **11** 1-4; Si **9** 2.
31 4 Ver Qo **10** 16-17. La insistencia en los peligros del vino es uno de los rasgos de la moral del desierto (ver Jr **35**).

5 pues, si beben, se olvidan de la ley
y traicionan la causa de los desfavorecidos.

6 Den el licor al perdido
y el vino al amargado;
7 que beba y olvide su miseria,
y no vuelva a acordarse de sus penas.

8 Habla por el que no puede hablar
y defiende la causa de los desvalidos;
9 habla para juzgar con justicia
y defiende la causa del humilde y del pobre.

*IX. La mujer ideal**

Álef. 10 ¿Quién encontrará a una mujer ideal?
Vale mucho más que las piedras preciosas.
Bet. 11 Su marido confía plenamente en ella,
pues no carecerá de nada.
Guímel. 12 Le da beneficios sin pérdidas
todos los días de su vida.
Dálet. 13 Adquiere lana y lino
y los trabaja con finas manos.
He. 14 Es como un barco mercante
que trae de lejos sus provisiones.
Vau. 15 Se levanta cuando aún es de noche
para dar el sustento a su familia
y las órdenes a sus criadas.
Zain. 16 Examina y compra tierras,
y con sus propias ganancias planta viñas.
Jet. 17 Se arremanga con decisión
y trabaja con energía.
Tet. 18 Comprueba si sus asuntos van bien
y ni de noche apaga su lámpara.
Yod. 19 Echa mano a la rueca
y sus dedos manejan el huso.
Kaf. 20 Tiende sus manos al necesitado
y ofrece su ayuda al pobre.
Lámed. 21 Su casa no le teme a la nieve,
pues todos los suyos llevan vestidos forrados.
Mem. 22 Se confecciona sus mantas
y viste de lino y púrpura.

31 10 Poema «alfabético» en el que cada versículo comienza con una de las letras del alfabeto hebreo, por su orden, Sal **9-10**; **25**; **34**; **119**; etc. Lm **1-4**; Si **51** 13-30; etc. Este elogio de «la mujer ideal», **11** 16; **12** 4; **18** 22; **19** 14; Si **7** 19 describe a la administradora eficaz de una hacienda rural, que desarrolla funciones y competencias desempeñadas tradicionalmente por el marido en la sociedad israelita de la época. Puede entenderse alegóricamente como una descripción de la Sabiduría personificada, ver **8** 22+. Así sirve de conclusión a todo el libro. La liturgia romana lo aplica a las santas mujeres.

Nun. 23 Su marido es reconocido en la plaza,
cuando se sienta con los ancianos del lugar.
Sámek. 24 Teje y vende prendas de lino
y proporciona cinturones a los comerciantes.
Ain. 25 Se reviste de fuerza y dignidad
y no le preocupa el mañana.
Pe. 26 Abre su boca con sabiduría
y su lengua instruye con cariño.
Sade. 27 Vigila la marcha de su casa
y no come el pan de balde.
Qof. 28 Sus hijos se apresuran a felicitarla
y su marido hace su alabanza:
Reš. 29 «¡Hay muchas mujeres valiosas,
pero tú las superas a todas!»
Šin. 30 Engañosa es la gracia y fugaz la belleza;
sólo la mujer que respeta a Yahvé es digna de alabanza.
Tau. 31 Agradézcanle el fruto de su trabajo
y que sus obras la alaben en la plaza.

ECLESIASTÉS

Introducción

El título de este pequeño libro atribuye su autoría a Salomón. Pero en realidad su lenguaje y las ideas pertenecen al s. III a.C. Su autor se llama a sí mismo «Qohélet», nombre común traducido en las versiones griega y latina por «Eclesiastés» o «predicador en la asamblea».

Como otros libros sapienciales, éste tampoco tiene un plan temático claro. Son variaciones sobre unos determinados temas, principalmente sobre la vanidad de las cosas humanas. En sus reflexiones pesimistas va apuntando una actitud sabia, que es la de reconocer las cosas de la vida como un don de Dios, y que por tanto hay que disfrutarlas.

En orden a facilitar la lectura de estas reflexiones presentamos el siguiente esquema de lectura:

1ª Parte: Reflexiones sobre la vanidad de las cosas *(***1** *1-***6** *12)*

Prólogo *(***1** *1-11). Una afirmación categórica y comentada introduce el tema de la primera parte: Todo es vanidad. A continuación contempla diversos aspectos de la vida humana bajo este prisma de la vanidad:*

— La sabiduría *(***1** *12-***2** *26). La sabiduría no produce felicidad ni riqueza. Un ejemplo claro: la vida del «sabio» Salomón. Conclusión: disfrutar de todas las cosas de la vida, pues todas son un don de Dios: «No hay mayor felicidad para el hombre que comer y beber, y disfrutar en medio de sus fatigas. Yo veo que también esto es don de Dios» (***2** *24).*

— El tiempo *(***3** *1-22). Cada momento tiene su finalidad. Tarea del sabio es descubrirla. Pero es tarea difícil. En consecuencia: aprovechar todos los momentos de la existencia y gozarlos.*

— La vida social *(***4** *1-***5** *8). Está llena de injusticias, violencias y desórdenes: es también vanidad. Incluso la religión adolece de abusos y falsas esperanzas (***4** *17-***5** *1); hay que practicarla con moderación y sensatez (***5** *3-6). El único valor positivo que descubre el autor en la sociedad es la ayuda mutua (***4** *9-12).*

— El dinero *(***5** *9-***6** *12). También el dinero es vanidad. Su posesión hace al hombre insaciable. Además el dinero se acaba con la muerte. En conclusión: disfrutar de todo, pero como don de Dios: «Cuando Dios concede a un hombre riquezas y tesoros, le deja disfrutar de ellos, tomar su porción y holgarse en medio de sus fatigas, esto sí que es don de Dios» (***5** *18).*

2ª Parte: Reflexiones sobre la vida *(***7** *1-***12** *8)*

*Plantea el tema con un pequeño poema construido mediante contrastes (***7** *1-14). El sabio debe reflexionar y mantener una actitud serena en los siguientes aspectos de la vida:*

— Ante el destino *(***7** *15-29). El sabio ha de mantenerse sereno y ser sencillo al enjuiciar las diversas situaciones de las personas. El apunte misógino (***7** *26), frecuente en las reflexiones sapienciales, quedará devaluado en una reflexión posterior (***9** *9).*

— Ante los gobernantes *(***8** *1-17). Con relación a las instituciones, y particularmente ante el absolutismo de los reyes (***8** *4.9), el sabio debe mantener su equilibrio. Hay injusticias de los gobernantes que el sabio no puede comprender; lo mismo le ocurre ante algunas obras de Dios. No le deben afectar tales situaciones. En conclusión: no afanarse por comprender lo que le desborda (***8** *17).*

— Ante la muerte *(**9** 1-12). El sabio ha de reconocer que la vida está en manos de Dios. Por eso debe disfrutar de las cosas buenas, mientras está entre los vivos; pero teniendo presente que Dios rige su vida: «Come con alegría tu pan y bebe de buen grado tu vino, que Dios está ya contento con tus obras» (**9** 7).*

— Ante la misma sabiduría *(**9** 13-**11** 6). Las palabras y actitudes del sabio producen buenos frutos para la comunidad. No así las del necio ni las del holgazán. El trabajo del sabio brota de un ánimo sereno; así resulta un trabajo bien hecho y provechoso (**11** 1-6).*

— En todas las etapas de la vida *(**11** 7-**12** 8). El sabio encara con equilibrio tanto la juventud como la ancianidad. Un hermoso poema, lleno de metáforas coloristas, describe la ancianidad. La reflexión del sabio sobre estas etapas de la vida se apoya en el principio religioso varias veces repetido: «Acuérdate de tu Creador en tus días mozos, antes de que lleguen los días malos... antes de que se rompa la hebra de plata... y vuelva el polvo a la tierra y el espíritu vuelva a Dios, que lo dio» (**12** 6.7).*

*Un discípulo añadió un elogio póstumo del «predicador» (**12** 9-14) y cierra el libro reafirmando el principio religioso de todo sabio judío: «Teme a Dios y guarda sus mandamientos, que eso es ser hombre cabal» (**12** 13).*

ECLESIASTÉS

1 [1] Palabras de Cohélet*, hijo de David, rey de Jerusalén.

Primera parte

Prólogo.

[2] ¡Vanidad de vanidades*! —dice Cohélet—, ¡vanidad de vanidades, todo es
vanidad! [3] ¿Qué saca el hombre de toda
la fatiga* con que se afana bajo el sol?
[4] Una generación va, otra generación
viene; pero la tierra permanece donde
está. [5] Sale el sol, se pone el sol; corre
hacia su lugar y de allí vuelve a salir.
[6] Sopla hacia el sur el viento y gira al
norte; gira que te gira el viento, y vuelve el viento a girar. [7] Todos los ríos van
al mar y el mar nunca se llena; al lugar
donde los ríos van, allá vuelven a fluir.
[8] Todas las cosas cansan. Nadie puede
decir que no se cansa el ojo de ver ni el
oído de oír.

[9] Lo que fue, eso será;
lo que se hizo, eso se hará.
Nada nuevo hay bajo el sol.

[10] Si de algo se dice: «Mira, eso sí que
es nuevo», aun eso ya sucedía en los siglos que nos precedieron. [11] No hay recuerdo de los antiguos, como tampoco
de los venideros quedará memoria entre
los que después vendrán.

La vida de Salomón*.

[12]Yo, Cohélet, he sido rey de Israel en
Jerusalén. [13] Me he aplicado con interés
a investigar y explorar con sabiduría
cuanto acaece bajo el cielo. ¡Mal oficio*
éste que Dios encomendó a los humanos para que en él se ocuparan! [14] He
observado cuanto sucede bajo el sol y
he visto que todo es vanidad y atrapar
vientos*.

[15] Lo torcido no puede enderezarse,
lo que falta no se puede contar.

[16] Me dije para mis adentros: Tengo
una sabiduría grande y extensa, mayor
que la de todos mis predecesores en
Jerusalén; con mi reflexión he adquirido enorme sabiduría y ciencia. [17] He
reflexionado para conocer la sabiduría
y el saber, la locura y la necedad, y he
comprendido que aun esto mismo es
atrapar vientos, [18] pues:

Donde abunda sabiduría, abundan
penas,
quien acumula ciencia, acumula dolor.

2 [1] Me dije para mis adentros: ¡Voy
a probar con el placer y a disfrutar
del bienestar! Pero vi que también esto
es vanidad. [2] A la risa llamé locura*, y
del placer dije: ¿Para qué vale? [3] Traté
de regalar mi cuerpo con vino, mientras
guiaba mi reflexión con sabiduría, y de
entregarme a la necedad hasta ver en
qué consistía la felicidad de los humanos,

1 1 La palabra *Cohélet* o *Eclesiastés* significa el *hombre de la Asamblea* (en hebreo *qahal*); es decir, el Maestro o el Predicador, o por el contrario la asamblea misma, el Público personificado. Un artificio literario lo identifica con Salomón.

1 2 *Vanidad* (en hebreo: *habel*, que significa también *vaho, aliento*) evoca aquí lo ilusorio de las cosas y, en consecuencia, la decepción que éstas reservan al hombre; pero véase **12** 8.

1 3 Palabra frecuentemente empleada en Qo para evocar un trabajo penoso y toda pena o sufrimiento.

1 12 Salomón mismo, a pesar de su sabiduría, 1 R **5** 9-11, y de su vida fastuosa, 1 R **10** 4-10, no conoció la felicidad.

1 13 Esta palabra, propia de Qo, designa el trabajo que produce fatiga y trastorno.

1 14 Esfuerzo inútil y pérdida de tiempo.

2 2 Ver Pr **14** 13.

lo que hacen bajo el cielo durante los
contados días de su vida. 4 Emprendí mis
grandes obras; construí palacios, planté
viñas; 5 me hice huertos y jardines, y los
planté de toda clase de árboles frutales.
6 Me construí albercas para que el agua
regara la fértil fronda. 7 Tuve siervos y
esclavas: poseí servidumbre, así como
ganados, vacas y ovejas, en mayor cantidad que ninguno de mis predecesores
en Jerusalén. 8 Atesoré también plata y
oro, tributos de reyes y de provincias.
Me procuré cantores y cantoras, toda
clase de lujos humanos, coperos y re-
posteros*. 9 Me hice grande y superé a
todos mis predecesores en Jerusalén,
asistido por mi sabiduría. 10 Nada negué
a mis ojos de cuanto me pedían, ni re-
husé a mi corazón ninguna alegría, pues
me solazaba en medio de todas mis
fatigas, y esto me compensaba de todas
mis fatigas.

11 Consideré entonces todas las obras
de mis manos y lo mucho que me fatigué
haciéndolas, y vi que todo es vanidad y
atrapar vientos, y que ningún provecho
se saca bajo el sol. 12 Me puse a considerar la sabiduría, la locura y la necedad.
¿Qué hará el hombre que suceda al rey,
sino lo que ya otros hicieron? 13 Vi que
la sabiduría aventaja a la necedad, como
la luz a las tinieblas.

14 El sabio tiene sus ojos abiertos,
pero el necio camina en tinieblas.

Pero también sé que la misma suerte
alcanza a ambos.

15 Entonces me dije: Como la suerte
del necio será la mía, ¿para qué sirve mi
sabiduría? Y pensé que hasta eso mismo
es vanidad. 16 No hay recuerdo duradero
ni del sabio ni del necio; al correr de los
días, todos son olvidados. Pues el sabio
muere igual que el necio.

17 He detestado la vida, porque me
repugna cuanto se hace bajo el sol, pues
todo es vanidad y atrapar vientos.

18 Detesté todas mis fatigas y afanes
bajo el sol, pues todo he de dejar a mi
sucesor. 19 ¿Quién sabe si será sabio o
necio? Él se hará dueño de todo mi trabajo, lo que realicé con fatiga y sabiduría bajo el sol. También esto es vanidad.
20 Y he acabado desanimado con todas
mis fatigas y afanes bajo el sol, 21 pues
puede que un hombre se fatigue con
sabiduría, ciencia y destreza, y tenga
que dejar su paga a otro que en nada se
fatigó. También esto es vanidad y mal
grave.

22 Entonces, ¿qué le queda al hombre
de toda su fatiga y esfuerzo con que se
fatigó bajo el sol? 23 Pues todos sus días
son dolorosos y su oficio penoso; y ni
aun de noche descansa su mente. También esto es vanidad.

24 No hay mayor felicidad para el hombre que comer y beber, y disfrutar en medio de sus fatigas*. Yo veo que también
esto es don de Dios, 25 pues ¿quién come
y quién bebe, si él no lo permite? 26 Porque Él da sabiduría, ciencia y alegría a
quien le agrada; mas al pecador le da
como tarea amontonar y atesorar para
dejárselo a quien agrada a Dios*. También esto es vanidad y atrapar vientos.

La muerte*.

3 1 Todo tiene su momento, y cada
cosa su tiempo bajo el cielo:

2 Su tiempo el nacer,
y su tiempo el morir;
su tiempo el plantar,
y su tiempo el arrancar lo plantado.
3 Su tiempo el matar,
y su tiempo el sanar;
su tiempo el destruir,
y su tiempo el edificar.

2 8 Otros traducen el término por *princesas y concubinas* y piensan en el harén de Salomón, 1 R **11**.

2 24 Este estribillo de Qo **3** 12-13; **5** 17; **8** 15; **9** 7, no resume toda su concepción de la vda. Aquí mismo, vv. 24-25, refiere todo bien a Dios.

2 26 Era la doctrina tradicional, Pr **11** 8; **13** 22; Jb **27** 16. Cohélet la juzga insuficiente.

3 Las dos mitades de la existencia humana son vivir y morir, hacer y deshacer. Una serie de actos incoherentes, vv. 1-8, llevan a la muerte, vv. 9-13; la misma muerte no tiene sentido, vv. 14-22.

4 Su tiempo el llorar,
y su tiempo el reír;
su tiempo el lamentarse,
y su tiempo el danzar.
5 Su tiempo el lanzar piedras,
y su tiempo el recogerlas;
su tiempo el abrazarse,
y su tiempo el separarse.
6 Su tiempo el buscar,
y su tiempo el perder;
su tiempo el guardar,
y su tiempo el tirar.
7 Su tiempo el rasgar,
y su tiempo el coser;
su tiempo el callar,
y su tiempo el hablar.
8 Su tiempo el amar,
y su tiempo el odiar;
su tiempo la guerra,
y su tiempo la paz.
9 ¿Qué gana el que trabaja con fatiga?

10 He considerado la tarea que Dios ha
impuesto a los humanos para que en
ella se ocupen. 11 Él ha hecho todas las
cosas apropiadas a su tiempo; y también ha puesto el conjunto del tiempo
en sus corazones, pero el hombre no es
capaz de descubrir la obra que Dios ha
hecho de principio a fin.

12 Comprendo que no hay para el
hombre más felicidad que alegrarse y
buscar el bienestar en su vida. 13 Y que
todo hombre coma y beba y disfrute
bien en medio de sus fatigas, eso es don
de Dios.

14 Comprendo que cuanto Dios hace
es duradero.
Nada hay que añadir ni nada que
quitar.
Y así hace Dios que se le tema.
15 Lo que es, ya antes fue;
lo que será, ya es.
Y Dios restaura lo pasado.
16 Más cosas todavía he visto bajo el
sol:
en la sede del derecho, la iniquidad;
y en el sitial del justo, el impío.

17 Y dije para mí: Dios juzgará al justo
y al impío, pues hay un tiempo para
cada cosa y para cada acción aquí.

18 Sobre la conducta de los humanos
reflexioné así: Dios los prueba y les demuestra que son como bestias*. 19 Porque el hombre y la bestia tienen la misma suerte: muere el uno como la otra; y
ambos tienen el mismo aliento de vida.
En nada aventaja el hombre a la bestia,
pues todo es vanidad.

20 Todos caminan hacia una misma
meta;
todos han salido del polvo
y todos vuelven al polvo*.

21 ¿Quién sabe si el aliento de vida de
los humanos asciende hacia arriba y si
el aliento de vida de la bestia desciende
hacia abajo, a la tierra?

22 Veo que no hay nada mejor para el
hombre que gozar de sus obras, pues
ésa es su paga. Pero ¿quién lo guiará a
contemplar lo que ha de suceder después de él?

La vida social*.

4 1 Me puse a considerar todas las
violencias perpetradas bajo el sol:
vi llorar a los oprimidos, sin nadie que
los consolase;
la violencia de sus verdugos, sin nadie
que los vengase.

2 Felicité a los muertos que ya perecieron, más que a los vivos que aún viven.

3 Y más feliz que ambos el que aún no
ha existido, pues no ha visto las barbaridades que se cometen bajo el sol.

4 He visto que todo afán y todo éxito
en una obra excita la envidia de unos
hacia otros. También esto es vanidad y
atrapar vientos.

3 18 La comparación con las bestias no trata de sugerir la maldad, sino la imposibilidad de escapar a la muerte.
3 20 Ver Gn **2** 7; **3** 19; Pr **15** 24. La última palabra del libro será menos sombría, **12** 7.

4. Las miserias de la vida en sociedad: la opresión de la fuerza sobre el hombre aislado, **4** 1-12; la pasión política, **4** 13-16; la religión gregaria y el abuso de los votos, **4** 17-**5** 6; la tiranía del poder, **5** 7-8.

5 El necio se cruza de brazos,
y se consume a sí mismo*.
6 Pero más vale un puñado con
reposo
que dos puñados con fatiga
en atrapar vientos.

7 Observé otra vanidad bajo el sol:
8 hay quien vive solo, sin sucesor, sin
hijos ni hermano; su fatiga no tiene límites, y sus ojos no se hartan de riquezas:
«¿Para quién me fatigo entonces y me
privo de felicidad?»
También esto es vanidad y mal negocio.
9 Más valen dos que uno solo, pues
obtienen mayor ganancia de su esfuerzo*. 10 Si uno cae, lo levantará su compañero; pero ¡ay del solo que cae!, que
no tiene quien lo levante. 11 Si dos se
acuestan, se calientan entre sí; pero el
que está solo, ¿cómo se calentará?
12 Si atacan a uno, los dos harán frente. La cuerda de tres hilos no es fácil de
romper.

13 Más vale mozo pobre y sabio
que rey viejo y necio,
que ya no sabe aconsejarse.
14 Aunque haya salido de prisión para
reinar,
aunque pobre naciera en el reino,

15 veo a todos los vivientes que caminan bajo el sol ponerse junto al mozo, el
sucesor, el que ocupará su puesto; 16 e
iba a la cabeza de una multitud innumerable. Pero su posteridad no estará contenta con él. También esto es vanidad y
atrapar vientos.
17 Guarda tus pasos cuando vas a la
Casa de Dios. Acercarse obediente vale
más que el sacrificio de los necios, porque ellos no saben que hacen el mal.

5 1 Que no se precipiten tus labios ni
se apresure tu corazón al pronunciar una palabra ante Dios*. Dios está
en el cielo, pero tú en la tierra: sean por
tanto pocas tus palabras.

2 Las muchas preocupaciones
afloran en los sueños,
y en las muchas palabras
la voz del necio.

3 Si haces un voto a Dios, no tardes
en cumplirlo, pues no le agradan los necios. El voto que has hecho, cúmplelo*.
4 Es mejor no hacer votos que hacerlos
y no cumplirlos. 5 No permitas que tu boca haga de ti un pecador, y luego digas
ante el Mensajero que fue inadvertencia*.
¿Por qué dar a Dios la ocasión de irritar-
se contra ti y de arruinar lo que haces?

6 Cuantos más sueños,
más vanidades y palabrería.
Pero tú teme a Dios.

7 Si en la región ves al pobre oprimido y violados el derecho y la justicia, no
te asombres por eso. Se te dirá que una
dignidad vigila sobre otra dignidad, y
otras más dignas sobre ambas. 8 Se invocará el interés común y el servicio del
rey*.

El dinero*.

9 Quien ama el dinero, no se harta
de él;
para quien ama la abundancia, no
bastan ganancias.
También esto es vanidad.
10 A muchos bienes,
muchos que los devoren;
¿de qué otra cosa sirven a su dueño
más que de espectáculo para sus
ojos?

4 5 Ver Pr **6** 9-11.
4 9 Ver Pr **18** 9; Lc **10** 1.
5 1 Sobre los votos, ver Pr **20** 25+. Sobre la prudencia en el hablar, ver Si **7** 14; Mt **6** 7.
5 3 Ver Lv **27** 1+; Nm **30** 3; Dt **23** 22-24.
5 5 Ver Lv **4** 2; etc. El *Mensajero* es el sacerdote que espera el cumplimiento del voto, Ml **2** 7, o más bien el ángel, testigo de las obras del hombre, Tb **12** 12+; Hch **10** 4.
5 8 Traducción de un versículo muy oscuro y cuya interpretación sigue discutiéndose. Podemos ver en él una alusión a las injusticias cometidas so pretexto de obediencia a una autoridad superior.
5 9 No critica al rico malo como los profetas sino el dinero mismo, cualquiera que sea su origen y su empleo. Ver Mt **6** 19-21.24.25-34.

11 Dulce es el sueño del obrero, coma
poco o coma mucho; pero al rico la hartura no le deja dormir.
12 Hay un grave mal que yo he visto
bajo el sol: riqueza guardada para su dueño, que sólo sirve para su mal. 13 Pierde
las riquezas en un mal negocio, y el hijo
que engendra se queda con las manos
vacías. 14 Como salió del vientre de su
madre, desnudo volverá, como ha venido*; y nada podrá sacar de las fatigas de
sus manos. 15 También esto es grave mal:
que tal como vino, se vaya; y ¿de qué le
vale fatigarse para el viento? 16 Todos
los días pasa en oscuridad, pena, fastidio,
enfermedad y rabia.
17 Esto he experimentado: lo mejor
para el hombre es comer, beber y disfrutar en medio de sus fatigas y afanes bajo
el sol, en los contados días de la vida
que Dios le concede; porque ésta es su
paga.
18 Además, cuando Dios concede a
un hombre riquezas y tesoros, le deja
disfrutar de ellos, tomar su porción y
holgarse en medio de sus fatigas, esto sí
que es don de Dios. No recordará mucho los días de su vida, mientras Dios le
llena de alegría el corazón.

6 1 Hay otro mal que observo bajo el
sol, y que pesa sobre el hombre:
2 supongamos que Dios concede a un
hombre riquezas, tesoros y honores;
nada le falta de lo que desea, pero Dios
no le deja disfrutar de ello, porque un
extraño lo disfruta. Esto es vanidad
y gran desgracia. 3 Supongamos que
alguien tiene cien hijos y vive muchos
años, y aunque sus años son numerosos,
no puede saciarse de felicidad y ni siquiera halla sepultura; entonces yo digo: Más
feliz es un aborto*,

4 pues entre vanidades vino
y en la oscuridad se va;
mientras su nombre queda oculto en las
tinieblas.

5 No ha visto el sol,
no lo ha conocido,
y descansa mejor que el otro. 6 Y
aunque hubiera vivido por dos veces mil
años, pero sin saborear la felicidad, ¿no
caminan acaso todos al mismo lugar?

7 Todo el mundo se fatiga para
comer,
y a pesar de todo su apetito no
se sacia.

8 ¿En qué supera el sabio al necio? ¿En
qué, al pobre que sabe vivir su vida?
9 Mejor es lo que los ojos ven que lo
que el alma desea.
También esto es vanidad y atrapar
vientos.
10 De lo que existe, ya se anunció su
nombre, y se sabe lo que es un hombre:
no puede pleitear con quien es más
fuerte que él.
11 A más palabras, más vanidad.
¿Qué provecho saca el hombre?
12 Porque, ¿quién sabe lo que conviene al hombre en su vida, durante los
días contados de su vano vivir, que él los
vive como una sombra? Pues ¿quién
dirá al hombre lo que sucederá después
de él bajo el sol?

Segunda parte

Prólogo

7 1 Más vale buena fama que suaves
perfumes;
y el día de la muerte más que el día del
nacimiento.
2 Más vale ir a la casa en duelo
que a la casa en fiesta,
pues ése es el fin de todo hombre;
y así el que vive pensará en ello.

5 14 Ver Jb **1** 21.

6 3 Ver Jb **3** 11.

3 Más vale llorar que reír,
pues una cara triste puede ocultar
un corazón feliz.
4 El sabio piensa en la casa en duelo,
pero el necio piensa en la casa en
fiesta.
5 Más vale oír reproche de sabio
que oír alabanza de necios.
6 Porque como crepitar de zarzas
bajo la olla,
así es el reír del necio:
y también esto es vanidad.
7 El halago atonta al sabio,
y el soborno pervierte su corazón.

La sanción*.

8 Más vale el final de una cosa que su
comienzo,
y más vale paciente que arrogante.
9 No te dejes llevar del enojo, pues el
enojo anida en el pecho de los necios.
10 No digas: ¿Cómo es posible que el
pasado sea mejor que el presente? Pues
no es de sabios preguntar sobre ello.
11 Buena es la sabiduría con hacienda,
y aprovecha a los que ven el sol.
12 Al amparo de la sabiduría como al
amparo del dinero,
pero el saber le aventaja porque da
vida a su dueño.
13 Mira la obra de Dios:
¿quién podrá enderezar lo que él
torció?
14 Alégrate en el día feliz
y, en el día desgraciado, considera
que Dios ha hecho muy bien a uno
y otro
para que el hombre no descubra su
porvenir.
15 En mi vano vivir, de todo he visto:
honrados perecer en su honradez,
y malvados envejecer en su maldad.
16 No quieras ser honrado en demasía,
ni te vuelvas demasiado sabio.
¿A qué destruirte?
17 No quieras ser malvado en demasía,
ni te hagas el insensato.
¿A qué morir antes de tiempo?
18 Bueno es agarrar esto sin dejar
aquello de la mano,
porque el temeroso de Dios
de todo sale bien parado.
19 La sabiduría hace más fuerte al
sabio que diez poderosos que
haya en la ciudad.
20 No hay nadie tan honrado en la
tierra
que haga el bien sin nunca pecar*.
21 Tampoco hagas caso de todo lo que
se dice, para que no oigas que tu siervo
te maldice,
22 pues sabes muy bien cuántas veces
tú también has maldecido a otros.
23 Todo esto lo intenté recurriendo a
la sabiduría. Me dije: Seré sabio. ¡Pero
qué lejos estaba de mi alcance! 24 Lo
que existe está lejos y es muy profundo:
¿quién dará con ello?
25 Me he dedicado a explorar y a buscar sabiduría y buen tino, y a reconocer
que la maldad es necedad, y la necedad
locura.
26 Y he descubierto que la mujer es
más amarga que la muerte*, porque es
como una red,
su corazón como un lazo,
sus brazos como cadenas:
El que agrada a Dios se libra de ella,
pero el pecador cae en su trampa.
27 Mira, esto he descubierto —dice
Cohélet— tratando de razonar caso por
caso: 28 aunque he seguido buscando,
nada he encontrado.

Un hombre encontré entre mil,

7 8 La Ley había formulado el principio de una retribución temporal y colectiva, Dt **7** 12-13; etc. Los Sabios la habían aplicado al destino personal. Dios da a cada uno según sus obras, Pr **24** 12; Sal **62** 13+. Al mentís de la experiencia, se responde: la felicidad del malo y la desgracia del justo son temporales, como, por ejemplo, el Sal **37** y los amigos de Job. A esta tesis clásica, **7** 8, Cohélet opone el escepticismo, vv. 9-12. No hay explicación posible, y el ejercicio de la justicia de Dios escapa a las miradas del hombre, **7** 23-24.28.

7 20 Ver 1 Jn **1** 8-9.

7 26 Cohélet es medianamente misógino, ver Pr **5** 2-6; pero ver **9** 9.

pero entre todas ellas no encontré
una mujer.
29 Mira, sólo esto descubrí: Dios hizo
sencillo al hombre, pero él se complicó
con tantos razonamientos.

8 1 ¿Quién como el sabio?

¿Quién otro sabe explicar una cosa?
La sabiduría ilumina el rostro del
hombre,
y transfigura sus facciones severas.
2 Aténte al dictamen del rey,
a causa del juramento divino*;
3 no tengas prisa en evitar su presencia;
no te mezcles en conspiraciones,
pues puede hacer cuanto le place.
4 Pues la palabra regia es soberana,
y ¿quién va a decirle: Qué haces?
5 Quien se atiene a lo mandado, nada
sabe de conspiraciones.
Y la mente del sabio sabe el cuándo
y el cómo,
6 pues todo asunto tiene su cuándo y
su cómo.
Grande es el peligro que acecha al
hombre,
7 pues ignora lo que está por venir
y nadie le anuncia lo que está por
llegar.
8 No es el hombre señor del viento,
capaz de dominarlo;
ni es dueño del día de la muerte,
ni puede escapar a la guerra;
ni la maldad libra a sus autores.
9 Todo esto he descubierto aplicando
mi reflexión a cuanto pasa bajo el sol,
cuando un hombre domina a otro hombre para hacerle daño.
10 Por ejemplo, he visto a malvados
conducidos a la tumba; vuelve la gente del Lugar Sagrado, y se olvidan en
la ciudad del modo en que obraron*.
¡Otro absurdo!: 11 que no se ejecute en
seguida la sentencia de la conducta del
malvado, con lo que el corazón de los
humanos se llena de ganas de hacer el
mal; 12 que el pecador haga el mal cientos de veces, y se le den largas. Pues yo
tenía entendido que les va bien a los temerosos de Dios, porque lo temen, 13 y
que no le va bien al malvado, ni alargará
sus días como sombra el que no teme a
Dios.
14 Pues bien, un absurdo se da en la
tierra:
Hay honrados* tratados según la
conducta de los malvados,
y malvados tratados según la conducta de los honrados.
Digo que éste es otro absurdo.
15 Por eso alabaré la alegría, pues no
hay otra cosa buena para el hombre
bajo el sol sino comer, beber y divertirse; eso le acompañará en sus fatigas
los días de vida que Dios le conceda
bajo el sol.
16 Cuanto más apliqué mi corazón a
estudiar la sabiduría y a contemplar el
ajetreo que se da sobre la tierra —pues
ni de día ni de noche concilian los ojos
el sueño— 17 fui viendo que el ser humano no puede descubrir todas las obras
de Dios, las obras que se realizan bajo
el sol. Por más que se afane el hombre
en buscar, nada descubrirá, y el mismo
sabio, aunque diga saberlo, no es capaz
de descubrirlo.

La muerte.

9 1 Pues bien, a todo esto me he
aplicado con interés y todo lo he
explorado, y he visto que los justos y
los sabios, así como sus obras, están en
manos de Dios.
Y nada saben los hombres de amor
ni de odio*:
todo les resulta 2 absurdo.
Como el que haya un destino
común para todos,
para el justo y para el malvado,
el puro y el manchado,

8 2 El rey tenía el poder recibido de Dios, 2 S **21** 7; 1 R **2** 43; Rm **13** 1+.
8 10 El tema de la igualdad de todos, buenos y malvados, ante la muerte y el olvido pertenece ciertamente a la idea de Cohélet.
8 14 Ver Sal **73**; etc.
9 1 Dios guarda a los justos, ver Pr **16** 1; Dt **33** 3; Sb **7** 16. -Los sentimientos del hombre escapan a su razonamiento.

el que hace sacrificios
y el que no los hace,
lo mismo el bueno que el pecador,
el que jura como el que tiene
reparo en jurar.
3 Eso es lo peor de todo cuanto pasa
bajo el sol: que haya un destino común
para todos. Y así el corazón de los humanos está lleno de maldad y hay locura
en sus corazones mientras viven, y su
final ¡con los muertos!
4 Mientras uno sigue unido a todos
los vivientes hay algo seguro,
pues vale más perro vivo que león
muerto.
5 Los vivos saben que han de morir,
pero los muertos no saben nada, y no
hay ya paga para ellos, pues se perdió
su memoria. 6 Se acabaron hace tiempo
su amor, su odio y sus celos, y no tomarán parte nunca jamás en todo lo que
pasa bajo el sol.

7 Anda, come con alegría tu pan
y bebe de buen grado tu vino,
que Dios está ya contento con tus
obras.
8 Viste ropas blancas en toda sazón,
y no falte perfume en tu cabeza.
9 Vive la vida con la mujer que amas*,
todo el tiempo de tu vana existencia que se te ha dado bajo el sol,
ya que tal es tu parte en la vida
y en las fatigas con que te afanas
bajo el sol.
10 Cualquier cosa que esté a tu
alcance,
hazla según tus fuerzas,
pues no hay actividad ni planes,
ni ciencia ni sabiduría,
en el Seol adonde te encaminas.
11 He visto además* bajo el sol
que no siempre corren más los
ligeros
ni ganan la pelea los esforzados;
que también hay sabios sin pan,
discretos sin hacienda
y doctos que no gustan,
pues a todos les llega algún mal
momento.
12 Porque, además, el hombre ignora
su momento:
como peces apresados en la red,
como pájaros caídos en la trampa,
así son tratados los humanos por el
infortunio
cuando les cae encima de
improviso.

Sabiduría y necedad.

13 También he visto otro acierto bajo el sol, y grande a juicio mío: 14 Una
ciudad chiquita, con pocos habitantes.
Llega un gran rey y le pone cerco, levantando frente a ella potentes empalizadas.
15 Se encontraba en ella un hombre pobre y sabio, que pudo haber salvado a la
ciudad gracias a su sabiduría, ¡pero nadie
paró mientes en aquel pobre! 16 Y yo me
digo:
Más vale sabiduría que fuerza;
pero la sabiduría del pobre se desprecia y sus palabras no se escuchan.
17 Mejor se oyen las palabras sosega-
das de los sabios que los gritos del soberano de los necios.
18 Más vale sabiduría que armas de
combate,
pero un solo yerro echa a perder
mucho bueno.

10 1 Una mosca muerta pudre una
copa de ungüento de perfumista;
cuenta más un poco de necedad que
sabiduría y honor.

2 El sabio tiene el corazón a la
derecha,
el necio tiene el corazón a la
izquierda.
3 Además, en cualquier camino que
tome el necio, su entendimiento no le
da de sí y dice de todo el mundo: «Ése es
un necio.»
4 Si el enojo del que manda se abate
sobre ti, no abandones tu puesto, que la
flema libra de graves yerros.

9 9 Ver Pro **5** 15+, en contraste con **7** 26s.

9 11 Los versículos siguientes agrupan dichos sobre el azar.

5 Otra calamidad he visto bajo el sol,
un error que emana de la autoridad:
6 La necedad ocupando altas dignidades, mientras los ricos se sentaban abajo. 7 He visto siervos a caballo y príncipes que iban a pie, como los siervos.

8 El que cava una fosa cae en ella,
y al que rompe el muro lo muerde la culebra.
9 El que saca piedras se lastima con ellas,
el que raja maderos puede hacerse daño.

10 Si se embota el hacha y no se afilan
sus caras, hay que aumentar el esfuerzo:
también supone ventaja hacer uso de la
maña. 11 Si pica la culebra por falta de
encantamiento, nada gana el encantador.

12 Las palabras del sabio agradan,
los labios del necio lo arruinan.

13 Empieza diciendo necedades, para
acabar en funesta locura. 14 El necio habla y habla sin control, pero el hombre
no sabe lo que va venir, y el remate de
todo, ¿quién puede pronosticárselo?

15 La fatiga acaba con el necio,
pues ni siquiera sabe ir a la ciudad.

16 ¡Ay del país donde reina un chiquillo,
cuyos príncipes madrugan para sus banquetes! 17 ¡Dichoso el país donde reina
un hidalgo, cuyos príncipes comen a su
hora, por recobrar el vigor y no por ban-
quetear!

18 Por estar mano sobre mano se desploma el techo,
y por brazos caídos la casa se viene abajo.

19 Para holgar preparan su banquete, y
el vino alegra la vida, y el dinero todo lo
allana*.
20 Ni aun en tu interior faltes al rey,
ni en tu propia alcoba faltes al rico,
que un pajarito corre la voz,
y un ser alado cuenta la cosa.

11 1 Manda tu grano por el mar,
que al cabo de mucho tiempo lo encontrarás*.
2 Divídelo en siete partes, o incluso en ocho,
que no sabes qué mal puede venir sobre la tierra.
3 Si las nubes van llenas,
vierten lluvia sobre la tierra,
y caiga el árbol al sur o al norte,
donde cae el árbol allí se queda.
4 El que vigila el viento no siembra,
el que mira a las nubes no siega.

5 Si no sabes cómo entra el espíritu en los miembros en el vientre de la mujer encinta,
tampoco sabrás la obra de Dios que todo lo hace.
6 Siembra tu semilla de madrugada
y a la tarde no des descanso a tus manos,
pues no sabes si es mejor esto o lo otro,
o si ambas cosas son igual de buenas.

La edad*.

7 Dulce es la luz
y bueno para los ojos ver el sol.
8 Si uno vive muchos años,
que sepa disfrutarlos todos,
y tenga en cuenta que abundarán los días de oscuridad,
que es vanidad todo el porvenir.

9 Disfruta, muchacho, en tu juventud,
pásalo bien en tu mocedad.
Vete por donde te lleve el corazón
y a gusto de tus ojos;
pero a sabiendas de que por todo ello te juzgará Dios.
10 Aparta el mal humor de tu pecho
y aleja el sufrimiento de tu cuerpo,

10 19 Las vanas excusas de los príncipes, en respuesta a los vv. 16-17.

11 1 Ya sea el cebo del pescador que lo recupera en la captura, ya sea el negocio marítimo. Pesimismo no es desaliento: hay que arriesgarse.

11 7 La longevidad era tradicionalmente considerada como una recompensa, Dt **5** 16.33; etc. Para Cohélet, la vejez no es la felicidad, 2 S **19** 36; Sal **90** 10.

que juventud y mocedad son efímeras.

12 [1] Acuérdate de tu Creador en tus días mozos*,
antes de que lleguen los días malos
y se echen encima años en que
dirás: «No me agradan»;
[2] antes de que se nublen el sol y la luz,
la luna y las estrellas,
y retornen las nubes tras la lluvia.
[3] Cuando tiemblen los guardianes de
la casa y se encorven los robustos,
se paren las que muelen, por ser ya
pocas,
se queden a oscuras las que miran
por las ventanas,
[4] se cierren las puertas de la calle,
y se ahogue el son acompasado del
molino;
cuando se debilite el canto del pájaro
y enmudezcan todas las canciones;
[5] dará recelo la altura,
y habrá sustos en el camino.
Cuando florezca el almendro,
camine pesada la langosta,
y pierde su sabor la alcaparra;
y es que el hombre va a su eterna
morada,
y ya circulan por la calle los del
duelo*.
[6] Antes de que se rompa la hebra de
plata,
y se quiebre la copa de oro,
y se haga añicos el cántaro en la
fuente,
y se deslice la polea en el pozo,
[7] y vuelva el polvo a la tierra, a lo que
fue,
y el espíritu vuelva a Dios, que lo
dio*.
[8] ¡Vanidad de vanidades! —dice Cohélet—: ¡todo vanidad*!

Epílogo*.

[9] Cohélet, a más de ser un sabio,
enseñó doctrina al pueblo. Ponderó e
investigó, compuso muchos proverbios.
[10] Cohélet trabajó sin descanso inven-
tando frases felices, y escribiendo con
acierto sentencias verídicas.
[11] Las palabras de los sabios son como aguijadas, o como estacas hincadas,
puestas por un pastor para controlar el
rebaño.
[12] Para acabar, hijo mío, ten cuidado:
escribir muchos libros es cosa de nunca
acabar, y estudiar demasiado daña la salud.
[13] Basta de palabras. Todo está dicho.
Teme a Dios y guarda sus mandamientos, que eso es ser hombre cabal. [14] Porque toda obra será juzgada por Dios,
también todo lo oculto, a ver si es bueno
o malo.

12 1 Este bellísimo poema, lleno de emoción y nostalgia, evoca la vejez de una manera más o menos metafórica; pero a veces resulta difícil captar el alcance exacto de estas metáforas.

12 5 La vida va a abandonar al hombre en el momento mismo en que la naturaleza resucita.

12 7 Ver **3** 20-21. Lo que hay de tierra en el hombre a ella retorna. Pero como nada de lo de acá abajo puede satisfacerle completamente, no le viene todo de la tierra; lo que hay de Dios en el hombre a Dios vuelve.

12 8 No es una simple repetición de las primeras palabras, **1** 2. Cohélet ha hecho ver al hombre que el mundo no es digno de él. Le incita a una religión desinteresada, a una oración de adoración.

12 9 Elogio del Cohélet y reflexiones inspiradas en él. Este apéndice es obra de un discípulo del autor.

LIBRO DE LA SABIDURÍA

Introducción

El libro de la Sabiduría es el último, en el tiempo, del AT. Lo escribió probablemente un judío helenizado en la segunda mitad del s. I a.C., en la comunidad judía de Alejandría. La preocupación del autor es potenciar algunos valores del judío religioso: la fe y la esperanza en una retribución después de la muerte, y compaginarlos con la cultura griega.

El libro tiene tres bloques:

1. Reflexión sapiencial sobre la vida del hombre *(***1** *1-***5** *23)*

— Según los sabios *de Israel la Sabiduría, que ellos identifican con Yahvé, regula la vida del hombre, le hace «justo». Esta justicia se manifiesta en actitudes concretas: rectitud, sencillez, buena conciencia, dominio de la lengua, etc. Además el justo descubre por la Sabiduría que toda la creación está al servicio del hombre. El sabio disfruta de ella.*

— Según los impíos (= necios), *que son los judíos que han abandonado su religión, la vida es triste y corta, empieza por azar y termina con la muerte; el cuerpo se convierte en polvo, el espíritu se desvanece y todo cae en el olvido. Ante tal actitud, el impío se preocupa por disfrutar de todo lo placentero y por eliminar a cuantos le estorban en estos placeres: los justos, los pobres, las viudas y los ancianos. El autor emite su juicio sobre tal reflexión: es torcida y equivocada.*

— Estas dos categorías de personas tienen un destino diverso. Aquí plantea el autor el tema de la retribución, *ya considerado en Job y Eclesiástico. Para el autor la explicación del destino o sentido de la vida está en que el justo recibe premio y el impío castigo en el último enjuiciamiento de sus vidas.*

A continuación considera algunas situaciones de la vida que pueden contradecir el principio general de la retribución:

— La esterilidad: *no es un mal; es una situación de la vida que hay que afrontar con sabiduría. Los hijos no son los únicos frutos de la vida (***3** *13-***4** *6).*

— La muerte prematura *no es un castigo. La vida no se mide por los años. La muerte tiene algo positivo: libera de los padecimientos y es señal de haber llegado a la perfección (***4** *7-19).*

— El destino después de la muerte *pone las cosas en su sitio: los impíos reconocen su error, los justos reciben su recompensa, «viven para siempre» (***4** *20-***5** *23).*

2. Reflexión sapiencial sobre el gobierno de los pueblos *(***6** *1-***9** *18)*

En una introducción *expone que los gobernantes necesitan la «Sabiduría» que viene de Dios: Los gobernantes no son dueños absolutos de los pueblos; gobiernan en nombre del Señor (***6** *1-21). Para explicar cómo tiene que ser este gobierno, el autor describe con rasgos ideales el gobierno de Salomón. Interviene el mismo rey para dar más viveza a la reflexión.*

Las ideas que expone y que configuran el buen gobierno son:

*Salomón (como el gobernante ideal) no se consideraba un dios (***7** *1-6) sino un ser humano necesitado de Sabiduría; la pidió al Señor, quien se la concedió (***7** *7-21). La Sabiduría es como un atributo del Creador (***7** *25); tiene las cualidades en grado perfecto: 21 cualidades, resultado de multiplicar dos números perfectos: el 3 y el 7 (***7** *22-24); es como una mujer, una* *esposa, cuya hermosura cautivó a Salomón (**8** 2).*

*Una oración muy bien construida, puesta en boca de Salomón, cierra la reflexión sobre la necesidad de la Sabiduría en el buen gobierno de los pueblos (**9** 1-18).*

3. La Sabiduría y la historia (10 1-19 17)

Ante el atractivo que la cultura griega ejercía en las comunidades judías, el autor pone de relieve el valor de la historia de su pueblo como manifestación del Señor, sabio y justo. Yahvé ha regido sabiamente el gobierno de su pueblo. El libro selecciona unos momentos de la historia bíblica e intercala entre ellos un juicio duro contra la idolatría de la cultura griega.

Un prólogo *(**10** 1-14) describe la Sabiduría del Señor en los albores de su historia, desde Adán hasta José.*

La reflexión sobre la historia *se centra principalmente en el hecho primordial del nacimiento de Israel como pueblo de Dios. Emplea el artificio literario de las* antítesis. *En siete comparaciones antitéticas enfrenta la acción liberadora de Yahvé con su pueblo, con la actuación de castigo del pueblo de Egipto y otros pueblos que se oponían a esta liberación.*

*La primera antítesis (**11** 4-14) asienta el principio general: A Israel la Sabiduría le proporcionó beneficios y corrección saludable; a los egipcios y otros pueblos, castigos, aunque envueltos en la misericordia (**11** 15-**12** 27).*

*Las otras seis antítesis aplican este principio a unos episodios narrados en Éxodo y Números, sin guardar el orden bíblico de los mismos (**16** 1-**19** 17).*

*Entre la primera y la segunda antítesis intercala una crítica de la idolatría (**13** 1- **15** 19) reinante en el mundo ambiente. La idolatría, como lo opuesto a la Sabiduría, es llamada Necedad; necedad que reconoce como dioses a meras representaciones materiales de las fuerzas cósmicas, de animales o de seres humanos.*

4. *El libro concluye con un* **epílogo** *(**19** 18-22), que exalta la armonía de toda la creación gobernada por Dios. La comunidad judía debe reconocer este gobierno sabio, agradecerlo y confiar en él, aun en medio de las dificultades.*

LIBRO DE LA SABIDURÍA

I. La sabiduría y el destino del hombre

Buscar a Dios y huir del pecado.

1 [1] Amen la justicia, ustedes que gobiernan el mundo*,
tengan buenos sentimientos para con el Señor
y búsquenlo con corazón sincero,
[2] pues se deja encontrar por los que no le exigen pruebas
y se manifiesta a los que no desconfían de él.
[3] Los pensamientos retorcidos apartan de Dios,
y su poder, puesto a prueba, confunde a los insensatos.
[4] En efecto, la sabiduría no entra en alma artera,
ni habita en cuerpo esclavo del pecado*;
[5] pues el santo espíritu educador rehúye el engaño,
se aleja de los pensamientos vacíos
y se siente confundido ante el ataque de la injusticia.
[6] La sabiduría es un espíritu filántropo
que no deja impunes los labios blasfemos;
pues Dios es testigo de sus interioridades,
observador veraz de su corazón
y escucha cuanto dice su lengua.
[7] Porque el espíritu del Señor llena la tierra*,
lo contiene todo y conoce cada voz.
[8] Por eso, quien pregone calumnias no podrá esconderse,
ni evitar la acusación de la justicia.
[9] Los planes del impío serán investigados
y el rumor de sus palabras llegará hasta el Señor
como prueba de sus delitos.
[10] El oído atento lo escucha todo
y no se le escapa el rumor de murmuraciones.
[11] Guárdense, pues, de murmuraciones inútiles
y preserven su lengua de la calumnia;
porque no hay confidencia emitida en vano,
y la boca calumniadora da muerte al alma.
[12] No persigan la muerte con su vida perdida
ni se busquen la ruina con las obras de sus manos;
[13] porque Dios no hizo la muerte*
ni se alegra con la destrucción de los vivientes.
[14] Él lo creó todo para que subsistiera:
las criaturas del mundo son saludables,
no hay en ellas veneno de muerte
ni el abismo* reina sobre la tierra,
[15] porque la justicia es inmortal.

1 1 El autor se hace pasar como Salomón, **7** 7+; se dirige, más allá de sus compatriotas, a los judíos que viven entre los paganos.
1 4 El cuerpo no es malo de por sí, pero puede ser el instrumento del pecado, ver Jn **8** 34; Rm **7** 14+.
1 7 Dios creador, Gn **1** 1+; Is **42** 8+, asegura por su espíritu la vida y la cohesión del universo, Jb **34** 14-15; Sal **104** 30; ver el papel de Cristo en Col **1** 17-18+; Hb **1** 3+. La liturgia de Pentecostés cita este texto a propósito del don de lenguas, ver Hch **2** 2-4.
1 13 Se trata a la vez de la muerte física y de la muerte espiritual; el pecado es el causante de la muerte física y también de la muerte espiritual y eterna, v.16. Es el hombre el que ha introducido el desorden en el universo, Gn **2-3**, y las criaturas le ayudan para salvarse, v. 14. El destino del justo, unido a Dios *que ama la vida*, **11** 26, es la inmortalidad, **1** 15; **2** 23-24; **3** 4+; ver Ez **18** 32. Pablo hablará, Rm **5** 12-15+; ver 1 Co **15** 45+, del primer Adán pecador y del nuevo Adán salvador; ver Ap **20** 14-15; **21** 4.8.
1 14 *El abismo*, lit.: el *Hades*, equivalente griego del Seol, mansión de los muertos, Nm **16** 33+. Pero aquí se trata del poder de la Muerte personificada, ver Mt **16** 18; Ap **6** 8; **20** 14.

La vida según los impíos.

16 Pero los impíos invocan a la muerte con gestos y palabras;
haciéndola su amiga, se perdieron;
se aliaron con ella
y merecen ser sus secuaces.

2 1 Razonando erróneamente, se decían:
«Corta y triste es nuestra vida;
la muerte del hombre no tiene remedio
y de nadie consta que haya vuelto de la tumba.
2 Nacimos por azar
y pasaremos como si no hubiéramos existido.
El soplo de nuestro aliento es humo,
y el pensamiento, una chispa del latido de nuestro corazón.
3 Cuando ella se apague, el cuerpo se convertirá en ceniza
y el espíritu se desvanecerá como aire ligero.
4 Con el tiempo nuestro nombre caerá en el olvido
y nadie se acordará de nuestras obras;
nuestra vida pasará como rastro de nube,
se disipará como niebla
acosada por los rayos del sol
y agobiada por su calor.
5 Nuestro tiempo es una sombra fugaz
y nuestra muerte, irrevocable,
porque se ha puesto el sello y nadie regresa.

6 Vengan, pues, y disfrutemos de los bienes presentes,
gocemos de la realidad con impaciencia juvenil;
7 embriaguémonos de vinos exquisitos y perfumes,
que no se nos escape la flor primaveral;
8 coronémonos de rosas antes que se marchiten;
9 que ninguno de nosotros se pierda nuestra orgía,
dejemos por todas partes huellas de la alegría;
que ésta es nuestra suerte y nuestra herencia.
10 Oprimamos al pobre que es justo,
no tengamos compasión de la viuda
ni respetemos las canas llenas de años del anciano.
11 Que nuestra fuerza sea norma de la justicia,
porque la debilidad se demuestra inútil.
12 Pongamos trampas al justo*, que nos fastidia
y se opone a nuestras acciones;
nos echa en cara nuestros delitos
y reprende nuestros pecados de juventud.
13 Presume de conocer a Dios
y se presenta como hijo del Señor.
14 Es un reproche contra nuestras convicciones
y su sola aparición nos resulta insoportable,
15 pues lleva una vida distinta a los demás
y va por caminos diferentes*.
16 Nos considera moneda falsa
y nos evita como a apestados;
celebra el destino de los justos
y presume de que Dios es su padre.
17 Ya veremos si lleva razón,
comprobando cuál es su desenlace:
18 pues si el justo es hijo de Dios*, él lo rescatará
y lo librará del poder de sus adversarios.
19 Lo someteremos a humillaciones y torturas
para conocer su temple
y comprobar su entereza.

2 12 Ver Jr **11** 19; Jn **5** 16.18; Mt **26** 3-4.
2 15 Muy a menudo a los judíos se les ha achacado el estar separados del mundo por las creencias y por las prácticas.
2 18 *Hijo de Dios*, título del pueblo de Israel, **9** 7; **10** 15.17; etc.; Ex **4** 22-23; etc., está reservado aquí a los justos (como en Os **2** 1), que deben contar con Dios, ver Sal **22** 9; Mt **27** 43.

[20] Lo condenaremos a una muerte humillante,
pues, según dice, Dios lo protegerá*.»

Error de los impíos.

[21] Así piensan, pero se equivocan,
pues los ofusca su maldad.
[22] No conocen los secretos de Dios,
ni esperan recompensa para la virtud,
ni valoran el premio de una vida intachable.
[23] Porque Dios creó al hombre para la inmortalidad
y lo hizo a imagen de su mismo ser*;
[24] pero la muerte entró en el mundo por envidia del diablo*,
y la experimentan sus secuaces.

Comparación de la suerte de los justos y de los impíos.

3 [1] En cambio, la vida de los justos está en manos de Dios
y ningún tormento los afectará.
[2] Los insensatos pensaban que habían muerto;
su tránsito les parecía una desgracia
[3] y su partida de entre nosotros, un desastre;
pero ellos están en la paz.
[4] Aunque la gente pensaba que eran castigados,
ellos tenían total esperanza en la inmortalidad*.
[5] Tras pequeñas correcciones, recibirán grandes beneficios,
pues Dios los puso a prueba
y los halló dignos de sí;
[6] los probó como oro en crisol
y los aceptó como sacrificio de holocausto.
[7] En el día del juicio resplandecerán
y se propagarán como el fuego en un rastrojo.
[8] Gobernarán naciones, dominarán pueblos
y el Señor reinará eternamente sobre ellos.
[9] Los que confían en él comprenderán la verdad
y los fieles a su amor permanecerán a su lado*,
pues la gracia y la misericordia están destinadas a sus elegidos.
[10] Los impíos, en cambio, serán castigados por sus razonamientos,
por despreciar al justo y apartarse del Señor.
[11] Desdichado el que desprecia la sabiduría y la educación;
vana es su esperanza,
baldíos sus esfuerzos,
e inútiles sus obras.
[12] Sus mujeres son necias,
sus hijos perversos,
y su posteridad maldita.

Más vale la esterilidad que una posteridad impía.

[13] Dichosa la estéril intachable,
la que no conoce lecho nupcial de pecado;
pues obtendrá fruto en el juicio de los justos*.
[14] Y también el eunuco* que no actúa perversamente,

2 20 Este pasaje, que se dirige a los judíos fieles y perseguidos, ha sido aplicado a la pasión de Cristo, el Justo por excelencia, Hb **12** 3; ver Mt **27** 43.
2 23 Ver **1** 13+; **3** 4+; Gn **1** 26+; 2 P **1** 4+.
2 24 *Diablo*, en hebreo *Satán*, Jb **1** 6+, que ha provocado la muerte espiritual y por consiguiente la muerte física, ver **1** 13+.
3 4 Esta última palabra (*inmortalidad*) significa la vida dichosa con Dios, recompensa de la justicia. De este modo se precisa la esperanza del Salmista en una intimidad con Yahvé, Sal **16** 10-11+. Así se esclarece la inquietud despertada por la prosperidad de los impíos y las pruebas del justo, ver Jb; Sal **37**; **73**; etc. La resurrección de los cuerpos, ver Dn **12** 3; 2 M **7** 9+; 1 Co **15**+, queda fuera de la perspectiva de Sb.
3 9 Ver Jn **15** 9-10; **17** 3.26.
3 13 A la mujer estéril, pero fiel, se le atribuye una fecundidad espiritual, ver **4** 1; Is **54** 1; Hb **13** 4.
3 14 El eunuco era despreciado y excluido del culto, Dt **23** 2; recibe aquí las bendiciones de Dios, ver Is **56** 3-7.

ni alberga malos pensamientos contra el Señor;
por su fidelidad recibirá especial recompensa
y una herencia envidiable en el templo del Señor.
15 Pues el fruto del buen trabajo proporciona fama,
y la raíz de la sensatez es inquebrantable.
16 Los hijos de adúlteros, en cambio, no alcanzarán la madurez,
la descendencia de unión ilegítima desaparecerá.
17 Aunque vivan muchos años, no serán apreciados
y al final su vejez será deshonrosa.
18 Y si mueren prematuramente, no tendrán esperanza,
ni consuelo en el día del juicio,
19 pues es penoso el final de la gente perversa.

4 1 Más vale no tener hijos y tener virtud*,
pues su recuerdo es inmortal
y es reconocida por Dios y por los hombres:
2 presente, la imitan;
ausente, la añoran;
y en la eternidad desfila en triunfo coronada,
pues venció en la lucha de premios intachables.
3 En cambio, la familia numerosa de los impíos será inútil;
sus retoños bastardos no echarán raíces profundas
ni tendrá base sólida.
4 Aunque sus ramas verdeen temporalmente,
será sacudida por el viento a causa de su caducidad
y arrancada de raíz por el huracán enfurecido.
5 Sus ramas aún tiernas se troncharán,
su fruto será inútil, inmaduro para comerlo,
y nada se aprovechará.
6 Pues los hijos nacidos de uniones ilícitas
son testigos de la maldad de los padres a la hora de su examen.

La muerte prematura del justo.

7 El justo, aunque muera prematuramente, tendrá descanso,
8 pues la ancianidad venerable no consiste en larga vida
ni se mide por los años.
9 Que las canas del hombre son la prudencia
y la edad avanzada, una vida intachable.
10 Fue amado, porque agradaba a Dios;
fue trasladado, porque vivía entre pecadores.
11 Fue arrebatado* para que la maldad no pervirtiera su inteligencia
o el engaño sedujera su alma;
12 pues la fascinación del mal ensombrece el bien
y el frenesí del deseo pervierte al espíritu ingenuo.
13 Madurando en poco tiempo, completó una larga vida,
14 y como su alma era agradable al Señor,
se apresuró a escapar de la maldad.
La gente lo ve y no lo entiende;
no les cabe esto en la cabeza:
15 que la gracia y la misericordia están destinadas a sus elegidos,
y su salvación, a sus santos.
16 El justo que muere condena a los impíos que viven,
y la juventud prematuramente realizada, a la longevidad del malvado.
17 Ven la muerte del sabio,
pero no comprenden su propósito,
ni por qué el Señor lo ha puesto a salvo.
18 Lo ven y lo desprecian,
pero el Señor se reirá de ellos.
19 Más tarde serán cadáveres sin honra,

4 1 Aparentemente se trata más bien de la esterilidad virtuosa, **3** 13, que de la virginidad.

4 11 Ver Gn **5** 24+.

objeto de ultraje entre los muertos para siempre.
Pues los estrellará de cabeza y sin rechistar,
los removerá de sus cimientos;
quedarán totalmente asolados
y sumidos en el dolor;
y su recuerdo se perderá.

Los impíos en el Juicio*.

20 Acudirán asustados a dar cuenta de sus pecados
y sus propios delitos los acusarán a la cara.

5 1 Entonces el justo aguantará firme
y lleno de confianza
frente a los que lo oprimieron
y despreciaron sus sufrimientos.
2 Al verlo, quedarán sobrecogidos de espanto,
desconcertados por la increíble salvación.
3 Y, cambiando de opinión,
con el espíritu angustiado, se dirán:
4 «Éste es aquel de quien hace tiempo nos reíamos,
a quien convertimos, insensatos, en blanco de nuestros insultos.
Su vida nos parecía una locura,
y su muerte, una deshonra.
5 ¿Cómo es que ha sido incluido entre los hijos de Dios
y comparte su herencia con los santos*?
6 Ciertamente extraviamos el camino de la verdad,
no nos iluminó la luz de la justicia,
ni salió el sol para nosotros.
7 Nos cansamos de andar por sendas de maldad y perdición,
atravesamos desiertos intransitables,
pero no reconocimos el camino del Señor.
8 ¿De qué nos ha servido nuestro orgullo?
¿Qué nos han reportado las riquezas de que presumíamos?
9 Todo aquello pasó como una sombra,
como noticia que vuela;
10 como nave que surca las aguas agitadas
sin dejar ver el rastro de su travesía
ni la estela de su quilla sobre las olas;
11 o como pájaro que vuela por el aire
sin dejar ninguna huella de su vuelo:
con su aleteo bate el aire ligero,
lo corta con agudo chillido,
se abre camino agitando las alas
y después no descubre la señal de su paso;
12 o como flecha disparada al blanco;
el aire rasgado vuelve a soldarse al instante
sin dejar conocer su trayectoria.
13 Lo mismo nosotros: apenas nacidos, desaparecemos;
sin poder mostrar ningún signo de virtud,
nos consumimos en nuestra maldad.»
14 En efecto, la esperanza del impío es como brizna arrebatada por el viento,
como frágil escarcha arrastrada por el huracán;
se disipa como el humo con el viento;
pasa como el recuerdo del huésped de un solo día.

Fin dichoso de los justos y castigo de los impíos*.

15 Los justos, en cambio, viven para siempre;
encuentran su recompensa en el Señor
y el Altísimo cuida de ellos.
16 Por eso recibirán un reino distinguido
y una hermosa diadema de manos del Señor;
pues con su diestra los protegerá

4 20 Es el juicio de Dios, descrito bajo el aspecto de los remordimientos de los pecadores.
5 5 Los *hijos de Dios* y los *santos* son los elegidos en la felicidad de Dios, más bien que los ángeles, ver **2** 18; Sal **16** 3; Dn **7** 18.21; etc.
5 15 El castigo de los pecadores, en contraste con la *vida* de los justos, parece insertado en el cuadro de la lucha escatológica. Ver Ez **38-39**; Is **24-26**; Ap **20** 7-10.

y los escudará con su brazo.
[17] Tomará la armadura de su celo
y armará a la creación para vengarse de sus enemigos;
[18] vestirá la coraza de la justicia,
se pondrá por casco un juicio imparcial,
[19] empuñará como escudo su santidad invencible,
[20] afilará la espada de su cólera implacable,
y el universo luchará a su lado contra los insensatos.
[21] Partirán certeros los disparos de los rayos,
como de arco bien tendido, volarán de las nubes al blanco,
[22] una catapulta disparará furiosa granizada;
las aguas del mar se embravecerán contra ellos
y los ríos los anegarán sin piedad;
[23] un viento poderoso se levantará contra ellos
y los barrerá como un huracán.
Así la iniquidad asolará toda la tierra
y la maldad derrocará los tronos de los poderosos.

II. Salomón y la búsqueda de la sabiduría

Los reyes deben buscar la Sabiduría*.

6 [1] Escuchen, reyes, y entiendan.
Aprendan, gobernantes
de los confines de la tierra.
[2] Estén atentos ustedes que dominan multitudes
y presumen de tener muchos pueblos.
[3] Pues recibieron el poder del Señor
y la soberanía* del Altísimo;
él investigará sus acciones
y examinará sus proyectos.
[4] Porque, siendo ministros de su reino, ustedes no juzgaron rectamente,
ni guardaron la ley,
ni actuaron de acuerdo con la voluntad de Dios,
[5] terrible y repentino caerá sobre ustedes,
pues un juicio implacable aguarda a los grandes.
[6] Porque al más humilde se le perdona por piedad,
pero los poderosos serán poderosamente examinados.
[7] El Señor de todos no retrocede ante nadie,
ni la grandeza lo intimida;
que él mismo hizo a pequeños y grandes
y de todos cuida por igual;
[8] pero a los poderosos les aguarda una investigación rigurosa.
[9] A ustedes, pues, soberanos, se dirigen mis palabras
para que aprendan sabiduría y no pequen.
[10] Porque los que guarden santamente las cosas santas, serán santificados,
y los que las aprendan encontrarán defensa.
[11] Así, pues, ansíen mis palabras;
deséenlas y recibirán instrucción.

La sabiduría se deja hallar.

[12] La sabiduría es radiante e inmarcesible.
Se deja ver fácilmente por los que la aman
y encontrar por los que la buscan.
[13] Se adelanta a manifestarse a los que la desean.
[14] Quien madruga para buscarla, no se cansa,

6 Esta vez, a diferencia de **1** 1, la atención se fija en el poder y la responsabilidad de los soberanos.
6 3 El origen divino del poder era admitido por todos, Pr **8** 15-16; Dn **2** 37; **5** 18: Si **10** 4. Aquí se completa con una subordinación a Dios; ver Rm **13** 1+. Jamás Israel divinizó a sus reyes.

pues la encuentra sentada a su puerta.
[15] Meditar sobre ella es sensatez consumada,
quien se desvela por ella pronto se ve libre de preocupaciones.
[16] Pues ella misma va buscando a los que son dignos de ella,
se les muestra benévola por los caminos
y sale al encuentro de todos sus pensamientos.
[17] Su verdadero comienzo es el afán de instrucción,
el interés por la instrucción es amor,
[18] el amor es la observancia de sus leyes,
la atención a las leyes es garantía de inmortalidad
[19] y la inmortalidad acerca a Dios;
[20] por tanto, el afán de la sabiduría conduce al reino.
[21] Así que, si quieren tronos y cetros, soberanos de los pueblos,
aprecien la sabiduría y reinarán eternamente.

Salomón va a describir la Sabiduría.

[22] Les voy a explicar la esencia y el origen de la sabiduría;
no les ocultaré secretos,
sino que rastrearé sus huellas desde su origen
y pondré de manifiesto su conocimiento
sin eludir la verdad.
[23] No compartiré el camino con la envidia corrosiva,
pues nada tiene que ver con la Sabiduría.
[24] En la abundancia de sabios está la salvación del mundo
y en un rey sensato, el bienestar del pueblo.
[25] Así, pues, déjense instruir por mis palabras y sacarán provecho.

Salomón era sólo un hombre.

7 [1] También yo soy un hombre mortal como todos,
descendiente del primero formado de la tierra.
En el vientre materno se modeló mi carne;
[2] durante diez meses* fui cuajado en su sangre,
a partir de la simiente viril y del placer unido al sueño.
[3] Al nacer, también yo respiré el aire común,
caí en la tierra que a todos nos recibe
y mi primera voz, como la de todos, fue el llanto.
[4] Me crié entre pañales y cuidados.
[5] Pues ningún rey comenzó de otro modo su existencia;
[6] que son iguales para todos la entrada en la vida y la salida.

Aprecio de Salomón por la Sabiduría*.

[7] Por eso supliqué y se me concedió la prudencia;
invoqué y vino a mí el espíritu de sabiduría.
[8] La preferí a cetros y tronos
y en su comparación tuve en nada la riqueza.
[9] No la equiparé a la piedra más preciosa,
porque todo el oro a su lado es un puñado de arena
y ante ella la plata es como el barro.
[10] La quise más que a la salud y a la belleza
y preferí tenerla como luz,
porque su claridad no anochece.
[11] Con ella me vinieron a la vez todos los bienes
e incalculables riquezas en sus manos.
[12] Yo disfruté de todos, porque la Sabiduría los trae,

7 2 Diez meses lunares. Sobre el modo como se representaban la formación del embrión, ver Jb **10** 10.

7 7 El pasaje se inspira en 1 R **3** 6-9; **5** 9-14. Ver Sb **9**; Si **47** 12-22; Jb **28** 15-19; Pr **3** 13-18.

aunque ignoraba que ella fuera su origen.
13 Sin engaño la aprendí y sin envidia la comparto;
no escondo sus riquezas,
14 porque es un tesoro inagotable para los hombres,
y los que la adquieren se granjean la amistad de Dios,
recomendados por los dones que ofrece la instrucción.

Llamamiento a la inspiración divina.

15 Que Dios me conceda hablar con conocimiento
y tener pensamientos dignos de sus dones,
porque él es quien guía a la sabiduría y quien dirige a los sabios.
16 En sus manos estamos nosotros y nuestras palabras,
toda prudencia y toda habilidad práctica.
17 Él me concedió el verdadero conocimiento de los seres,
para conocer la estructura del mundo y la actividad de los elementos,
18 el principio, el fin y el medio de los tiempos,
la alternancia de los solsticios y la sucesión de las estaciones,
19 los ciclos anuales y la posición de las estrellas,
20 la naturaleza de los animales y los instintos de las fieras,
el poder de los espíritus y los pensamientos de los hombres,
las variedades de las plantas y las virtudes de las raíces.
21 Llegué a conocer cuanto está oculto y manifiesto,
porque la sabiduría, artífice de todo, me lo enseñó*.

Elogio de la Sabiduría*.

22 Pues hay en ella un espíritu inteligente, santo,
único, múltiple, sutil,
ágil, perspicaz, inmaculado,
claro, impasible, amante del bien, agudo,
23 libre, bienhechor, filántropo,
firme, seguro, sereno,
que todo lo puede, todo lo controla
y penetra en todos los espíritus,
los inteligentes, los puros, los más sutiles.
24 Pues la sabiduría es más móvil que cualquier movimiento
y, en virtud de su pureza, atraviesa y penetra todo.
25 Es un soplo del poder de Dios,
una emanación pura de la gloria del Omnipotente;
por eso, nada contaminado la afecta.
26 Es reflejo de la luz eterna*,
espejo inmaculado de la actividad de Dios
e imagen de su bondad.
27 Aun siendo una sola, todo lo puede;
sin cambiar en nada, renueva el universo;
y entrando en las almas santas en cada generación
hace amigos de Dios y profetas,
28 pues Dios sólo ama a quien convive con la sabiduría.
29 Ella es más bella que el sol
y supera a todas las constelaciones;
comparada con la luz, sale ganando,
30 porque la luz deja paso a la noche,
pero a la sabiduría no la domina el mal.

7 21 Ver **8** 4.6; **9** 9; **14** 2 y Pr **8** 22+.

7 22 El autor prolonga las personificaciones anteriores de la Sabiduría, Pr **8** 22+. Enumera sus cualidades, precisa su relación con Dios, vv. 25-26, con la ayuda de imágenes que indican a la vez la procedencia y participación íntima. La Sabiduría tiene una misión entre los hombres, vv. 23.27; tiene parte en el gobierno del mundo, **8** 1; así como en su creación, **7** 12.21; **8** 4.6. Muchos de los rasgos de esta descripción serán más tarde aplicados al Espíritu, **9** 17; Is **11** 2+, y al Verbo encarnado, ver Jn; Ef; Col; Hb.

7 26 La *luz* es una propiedad de Dios, Is **60** 1.19-20; Dn **2** 22+; Ha **3** 4; etc. Sobre Cristo, resplandor e imagen de Dios, ver Hb **1** 3; Jn **1** 9; Col **1** 15+.

8 [1] Se propaga decidida de uno al otro confín
y gobierna todo con acierto.

La Sabiduría, esposa ideal para Salomón.

[2] Yo la amé y la pretendí desde mi juventud;
me empeñé en hacerla mi esposa,
enamorado de su belleza.
[3] Su intimidad con Dios ennoblece su linaje,
pues el dueño de todo la ama.
[4] Está iniciada en el conocimiento de Dios
y es la que elige sus obras.
[5] Si la riqueza es un bien apetecible en la vida,
¿qué cosa es más rica que la sabiduría, que todo lo hace?
[6] Si la inteligencia trabaja,
¿quién sino la sabiduría es el artífice de cuanto existe?
[7] Si alguien ama la justicia,
las virtudes son su especialidad*,
pues ella enseña templanza y prudencia,
justicia y fortaleza;
para el ser humano no hay en la vida nada más provechoso.
[8] Si alguien anhela una gran experiencia,
ella conoce el pasado y adivina el futuro,
comprende dichos agudos y resuelve enigmas,
conoce de antemano signos y prodigios
y la oportunidad de momentos y tiempos.

La Sabiduría, indispensable a los soberanos.

[9] Así, pues, decidí tomarla por compañera,
consciente de que sería mi consejera en la dicha
y mi alivio en las preocupaciones y penas.
[10] Gracias a ella obtendré gloria entre la gente
y, aunque joven, el aprecio de los ancianos.
[11] Apareceré agudo en el juicio
y seré la admiración de los poderosos.
[12] Cuando calle, esperarán;
cuando hable, prestarán atención;
y si me alargo hablando, se llevarán la mano a la boca.
[13] Gracias a ella alcanzaré la inmortalidad
y legaré perpetuo recuerdo a la posteridad.
[14] Gobernaré a los pueblos y someteré naciones.
[15] Soberanos terribles se asustarán al oír hablar de mí.
Me mostraré generoso con las multitudes y valiente en la guerra.
[16] Al volver a casa, descansaré a su lado,
pues su compañía no produce amargura
ni su intimidad entristece,
sino que contenta y alegra.

Salomón va a pedir la Sabiduría.

[17] Reflexionando sobre estas cosas,
consideré en mi interior
que la inmortalidad reside en emparentar con la Sabiduría,
[18] que su amistad es un gran placer,
que hay riqueza inagotable en el trabajo de sus manos,
prudencia en su trato asiduo
y prestigio en la conversación con ella;
y me puse a dar vueltas, tratando de apropiármela.
[19] Yo era un muchacho de buen natural,
dotado de un alma buena,

8 7 *Especialidad*, lit.: «sus tareas». Aquí son nombradas, como frutos de la Sabiduría, cuatro virtudes alabadas por los griegos y que serán llamadas «cardinales» por la teología cristiana.

[20] o más bien, siendo bueno, vine a
un cuerpo sin tara*;
[21] pero, comprendiendo que no la con-
seguiría, si Dios no me la daba,
—y ya era un signo de sensatez saber
de quién procedía tal don—
acudí al Señor y le supliqué,
diciéndole de todo corazón:

Oración para alcanzar la Sabiduría*.

9 [1] «Dios de mis antepasados, Señor
de misericordia,
que hiciste todas las cosas con tu palabra,
[2] y con tu sabiduría formaste al hombre
para que dominara sobre tus criaturas,
[3] gobernara el mundo con santidad y
justicia
y juzgara con rectitud de espíritu;
[4] dame la Sabiduría entronizada junto
a ti,
y no me excluyas de entre tus hijos.
[5] Porque soy siervo tuyo, hijo de tu
esclava,
un hombre débil y de vida efímera,
incapaz de comprender el derecho y
las leyes.
[6] Pues, aunque uno sea perfecto entre los hombres,
si le falta la sabiduría que viene de ti,
será tenido en nada.
[7] Tú me elegiste como rey de tu pueblo
para gobernar a tus hijos y a tus hijas;
[8] tú me encargaste construir un templo en tu monte santo
y un altar en la ciudad donde habitas,
a imitación de la tienda santa que
preparaste desde el principio*.
[9] Contigo está la Sabiduría que conoce tus obras,
que estaba a tu lado cuando hacías el
mundo*,
que conoce lo que te agrada
y lo que es conforme a tus mandamientos.
[10] Envíala desde el santo cielo,
mándala desde tu trono glorioso,
para que me acompañe en mis tareas
y pueda yo conocer lo que te agrada.
[11] Ella, que todo lo sabe y comprende,
me guiará prudentemente en mis empresas
y me protegerá con su gloria.
[12] Así mis obras serán aceptadas,
juzgaré a tu pueblo con justicia
y seré digno del trono de mi padre.
[13] Pues, ¿qué hombre puede conocer
la voluntad de Dios?
¿Quién puede considerar lo que el
Señor quiere?
[14] Los pensamientos humanos son
mezquinos
y nuestros proyectos, caducos;
[15] pues el cuerpo mortal oprime el
alma
y la tienda terrenal abruma la mente
reflexiva*.
[16] Si a duras penas vislumbramos lo
que hay en la tierra
y con dificultad encontramos lo que
tenemos a mano,
¿quién puede rastrear lo que está en
los cielos?
[17] ¿Quién puede conocer tu voluntad,
si tú no le das la sabiduría
y le envías tu espíritu santo desde el
cielo?
[18] Así se enderezaron los caminos de
los habitantes de la tierra,
los hombres aprendieron lo que te
agrada
y se salvaron gracias a la sabiduría.»

8 20 Este texto subraya la preeminencia del alma sobre el cuerpo, no su preexistencia.
9 Desarrolla libremente la oración de Salomón para alcanzar la Sabiduría, 1 R **3** 6-9; ver **7** 7-14+.
9 8 Esta tienda puede ser el Cielo, templo de Dios, o un prototipo del templo de Jerusalén, o la tienda levantada en el desierto, Ex **25** 8-9+.40; **26** 30; Hch **7** 44; Hb **8** 5.
9 9 Ver **7** 21; Pr **8** 22+.
9 15 La tienda evoca aquí la precariedad de la condición humana, Jb **4** 21; etc. Contraste repetido en 2 Co **4** 7+; **5** 1-4; Rm **7** 14-15+; Ga **5** 17.

*III. La sabiduría en la historia**

Desde Adán hasta Moisés.

10 [1] Ella fue la que protegió al primer hombre, padre del mundo;
creado solo,
lo rescató de su caída
[2] y le dio poder para dominar todas las cosas.
[3] De ella se apartó el criminal iracundo
y pereció con su furor fratricida.
[4] Cuando la tierra fue inundada por su culpa, la sabiduría la salvó
conduciendo al justo* en una humilde tabla.
[5] En la perversión común de los pueblos confundidos,
ella conoció al justo*, lo conservó intachable ante Dios
y lo sostuvo firme a pesar del amor entrañable a su hijo.
[6] Durante el exterminio de los impíos, ella salvó al justo*
cuando huía del fuego que caía sobre la Pentápolis.
[7] De su maldad todavía quedan como testigos
una tierra desolada y humeante
y unas plantas con frutos malogrados;
y, como monumento al alma incrédula, se levanta una estatua de sal.
[8] Pues, al apartarse de la sabiduría,
no sólo sufrieron la desgracia de ignorar el bien,
sino que además legaron a la historia un recuerdo de su insensatez,
para que sus faltas no quedaran ocultas.
[9] La sabiduría, sin embargo, sacó de apuros a sus servidores.
[10] Al justo* que huía de la ira de su hermano
ella lo guió por caminos rectos,
le mostró el reino de Dios
y le dio a conocer las cosas santas;
le dio prosperidad en sus trabajos
y multiplicó el fruto de sus esfuerzos;
[11] lo asistió contra la avaricia de sus opresores
y lo enriqueció;
[12] lo defendió de sus enemigos,
lo protegió de los que le tendían trampas
y, tras duro combate, le dio la victoria,
para enseñarle que la piedad triunfa sobre todo*.
[13] Ella no abandonó al justo vendido*,
sino que lo libró del pecado;
[14] bajó con él a la cisterna
y no lo dejó solo en la prisión,
hasta entregarle el cetro real
y el poder sobre sus tiranos;
demostró la falsedad de sus ofensores
y le concedió gloria eterna.

El Éxodo.

[15] Ella libró de la nación opresora
a un pueblo santo y a un linaje intachable*.
[16] Entró en el alma del servidor* del Señor
y combatió a reyes temibles con prodigios y señales.
[17] Recompensó a los santos por sus fatigas

10 Los caps. **10-19** exponen la Sabiduría en acción en la historia del pueblo de Dios, ver Si **44-50**; Sal **78**; **105**; **106**; **135**; **136**, insistiendo casi exclusivamente en la liberación de Egipto, **10** 15-21. El autor esboza así una «filosofía religiosa» de la historia bajo la guía de Dios. Utiliza libremente los relatos de Gn y de Ex, que supone conocidos.
10 4 Noé, Gn **6** 9.
10 5 Abrahán, Gn **22**.
10 6 Lot, Gn **19**.
10 10 Jacob, Gn **27** 43; **28** 10-22.
10 12 La lucha con Dios, Gn **32** 25-31, está considerada aquí como una experiencia espiritual.
10 13 José, Gn **37-39**.
10 15 Como pueblo elegido, Ex **19** 6+, sin tener en cuenta las infidelidades de que hablan los profetas, Sal **106**; Hch **7** 2-53; etc.
10 16 Moisés, que fue el guía del pueblo en el desierto.

y los condujo por un camino maravilloso,
fue para ellos sombra durante el día
y resplandor de estrellas durante la noche*.
18 Les abrió paso a través del mar Rojo
y los condujo entre aguas caudalosas,
19 mientras sumergió a sus enemigos
y luego los sacó a flote desde el fondo del abismo.
20 De este modo los justos despojaron a los impíos,
cantaron himnos, Señor, a tu santo Nombre
y alabaron a coro tu mano vencedora,
21 porque la sabiduría abrió la boca de los mudos
y soltó las lenguas infantiles.

11 1 Ella llevó felizmente a término sus acciones por medio de un santo profeta*.
2 Atravesaron un desierto inhóspito
y acamparon en parajes intransitables.
3 Hicieron frente a sus enemigos y rechazaron a sus adversarios*.

El milagro del agua. Primera antítesis.

4 Tuvieron sed y te invocaron:
bebieron agua de una roca escarpada,
en la dura piedra remediaron su sed.
5 Pues lo que sirvió de castigo para sus enemigos,
se convirtió en auxilio de su propia necesidad.
6 En lugar de la fuente de un río perenne,
enturbiado con sangre sucia,
7 en castigo por un decreto infanticida,
les diste sin esperarlo agua abundante,
8 mostrándoles con la sed de entonces
cómo habías castigado a sus adversarios.
9 Pues cuando sufrían una prueba
—aunque corregidos con cariño—,
conocían cómo eran castigados los impíos, juzgados con cólera;
10 pues a ellos los probaste como padre que corrige,
pero a los otros los castigaste como rey justiciero que condena.
11 Los ausentes y los presentes se consumían por igual,
12 pues los embargaba una doble tristeza
y un lamento al recordar el pasado:
13 cuando se enteraban de que sus propios castigos
redundaban en beneficio de los otros,
reconocían al Señor.
14 Al que antes habían abandonado expósito y rechazado con burlas,
al final de los acontecimientos lo admiraron,
tras pasar una sed distinta de la de los justos.

Moderación divina hacia Egipto.

15 Por sus pensamientos insensatos y malvados,
que los desorientaron, haciéndoles adorar a reptiles irracionales y a viles animales,
tú les enviaste como castigo una multitud de animales irracionales*,
16 para que comprendieran que en el pecado va la penitencia.
17 Pues bien podía tu mano omnipotente
—que había creado el mundo de materia informe*—
enviar contra ellos manadas de osos o leones intrépidos,
18 o fieras enfurecidas, desconocidas y recién creadas,
que lanzaran resoplidos de fuego,
despidieran humaredas apestosas

10 17 Ver Ex **13** 21-22.
11 1 Moisés, ver Dt **18** 15-22+.
11 3 Los vv. 1-3 son una introducción al largo desarrollo de diversas antítesis (las siguientes se encuentran en **16-19**) entre los israelitas y los egipcios, ya sea en las disposiciones de Dios, ya sea en el comportamiento de unos y otros.
11 15 Ver Ex **8** 1-3.13-14.16-20; **10** 12-15.
11 17 La expresión, de origen filosófico, designa la materia indeferenciada, ver Gn **1** 2, pero sin eximirla de la creación.

o echaran chispas terribles por los
ojos;
19 capaces, no ya de aniquilarlos con
sus ataques,
sino de exterminarlos con su aspecto
terrorífico.
20 Y aun sin esto, podían haber sucumbido de un soplo,
perseguidos por la Justicia
o barridos por tu aliento poderoso.
Pero tú regulaste todo con medida,
número y peso.

Motivos de esta moderación.

21 Tú siempre puedes utilizar tu poder.
¿Quién va a resistir la fuerza de tu
brazo?
22 El mundo entero es ante ti como
un gramo en la balanza,
como gota de rocío matutino sobre la
tierra.
23 Pero te compadeces de todos porque todo lo puedes
y pasas por alto los pecados de los
hombres para que se arrepientan.
24 Amas a todos los seres
y no aborreces nada de lo que hiciste;
pues, si algo odiaras, no lo habrías
creado.
25 ¿Cómo subsistiría algo, si tú no lo
quisieras?
¿Cómo se conservaría, si no lo hubieras llamado?
26 Pero tú eres indulgente con todas
las cosas, porque son tuyas, Señor, amigo de la vida,

12 1 pues tu aliento incorruptible
está en todas ellas.
2 Por eso corriges poco a poco
a los que caen
y los reprendes recordándoles sus pecados,
para que se aparten del mal y crean
en ti, Señor.

Moderación de Dios hacia Canaán.

3 A los antiguos habitantes de tu tierra santa
4 los aborreciste por sus abominables
acciones,
prácticas mágicas y ritos sacrílegos.
5 A esos crueles asesinos de niños,
devoradores de entrañas en banquetes de carne y de sangre humanas*,
a estos iniciados en bacanales,
6 padres asesinos de seres indefen-
sos,
decidiste exterminarlos por medio de
nuestros antepasados,
7 para que la tierra que más aprecia-
bas
recibiera una digna colonia de hijos
de Dios.
8 Pero también de éstos, por ser hombres, tuviste compasión
y les enviaste avispas, como avanzadilla de tu ejército,
para exterminarlos poco a poco*.
9 Aunque podías haber sometido los
impíos a los justos en batalla campal
o haberlos aniquilado de una vez con
feroces fieras o con una orden fulminante,
10 castigándolos poco a poco les diste
ocasión de arrepentirse,
a sabiendas de que eran de mala ralea,
de malicia innata,
y de que su mentalidad no cambiaría
nunca,
11 pues era una raza maldita desde su
origen.

Motivos de esta moderación.

Tampoco por temor a nadie indulta-
bas sus pecados.
12 Pues ¿quién podría decirte: «¿Qué
has hecho?»
¿Quién se opondría a tu sentencia?
¿Quién te citaría a juicio por destruir
naciones creadas por ti?

12 5 Ver **14** 22-23; Lv **18** 21+.
12 8 El autor amplía explicaciones del episodio, Ex **23** 28-29; Dt **7** 20; Jc **2** 6+.

El cuidado de Dios por su pueblo es sustituido por su paciencia para con los cananeos pecadores.

¿Quién se enfrentaría a ti como defensor de hombres injustos?
[13] Pues fuera de ti no hay Dios que cuide de todo,
a quien tengas que dar cuenta de la justicia de tus juicios;
[14] ni rey ni soberano que pueda desafiarte defendiendo a los que has castigado.
[15] Puesto que eres justo, todo lo gobiernas con justicia
y consideras incompatible con tu poder
el condenar a quien no merece castigo.
[16] Tu poder es el principio de la justicia
y tu señorío sobre todo te hace ser compasivo con todos.
[17] Demuestras tu poder ante los que desconfían de la plenitud de tu fuerza
y confundes la osadía de los que la conocen.
[18] Dueño de tu poder, juzgas con moderación
y nos gobiernas con gran indulgencia,
porque haces valer tu poder cuando quieres.

Lecciones de Dios a Israel.

[19] Actuando así, enseñaste a tu pueblo
que el justo debe ser filántropo*
y diste a tus hijos esperanza plena,
pues tras el pecado das lugar al arrepentimiento.
[20] Pues si a los enemigos de tus hijos, reos de muerte,
los castigaste con tanto miramiento y clemencia,
dándoles tiempo y lugar para apartarse de su maldad,
[21] ¿con cuánta consideración no habrás juzgado a tus hijos,
con cuyos padres hiciste juramentos y alianzas de grandes promesas?
[22] Así, nos educas castigando a nuestros enemigos con moderación,
para que, al juzgar, recordemos tu bondad
y, al ser juzgados, esperemos misericordia.

Vuelta a los egipcios.
Su castigo progresivo.

[23] Por eso, a los que vivían de manera insensata e inicua
los atormentaste con sus propias abominaciones,
[24] pues se habían extraviado muy lejos por los caminos del error,
tomando por dioses a los animales más viles y despreciables,
dejándose engañar como niños inconscientes.
[25] Por eso, como a niños sin razón,
les enviaste un castigo de risa.
[26] Pero los que no escarmentaron con correcciones ridículas
iban a experimentar un castigo digno de Dios.
[27] Pues ellos mismos, atormentados e irritados por aquellos
que tenían por dioses y ahora eran su castigo,
abrieron los ojos y reconocieron como Dios verdadero
a aquel que antes se negaban a conocer.
Por eso, les sobrevino el peor de los castigos.

Crítica de la idolatría*.
Divinización de la naturaleza.

13 [1] Son necios por naturaleza todos los hombres que han desconocido a Dios
y no fueron capaces de conocer al que es a partir de los bienes visibles,

12 19 La *filantropía* de Dios, ver **1** 6; **7** 23, debe ser imitada por los hombres respecto de todos los demás. Ver Mt **5** 43-48.
13 Digresión sobre la idolatría en sus tres grandes formas: divinización de las fuerzas naturales y los astros, **13** 1-9; culto a los ídolos fabricados por el hombre, **13** 10-**15** 17; culto a los animales, **15** 18-19. Ver Dt **4** 19+; Is **40** 20+; Ba **6**. Siendo la criatura la *obra* de Dios, el hombre debe elevarse desde ella hasta su amor. Ver Si **17** 8; Hch **14** 17; **17** 22+; Rm **1** 19-20.

ni de reconocer al Artífice, atendiendo a sus obras;
2 sino que tuvieron por dioses, señores del mundo,
al fuego, al viento, al aire ligero,
a la bóveda estrellada, al agua impetuosa o a los astros del cielo.
3 Si, cautivados por su belleza, los tomaron por dioses,
sepan cuánto los aventaja su Señor,
pues los creó el autor de la belleza.
4 Y si admiraron su poder y energía,
deduzcan de ahí cuánto más poderoso es quien los hizo;
5 pues por la grandeza y hermosura de las criaturas
se descubre, por analogía, a su Creador.
6 Sin embargo, éstos merecen menor reproche,
pues tal vez andan extraviados
buscando a Dios y queriendo encontrarlo.
7 Dan vueltas a sus obras, las investigan
y se dejan seducir por su apariencia,
pues es hermoso lo que ven.
8 Pero, con todo, ni siquiera éstos son excusables;
9 porque, si fueron capaces de saber tanto,
que pudieron escudriñar el universo,
¿cómo no encontraron antes a su Señor?

El culto a los ídolos*.

10 Son, pues, unos desgraciados, con la esperanza puesta en cosas muertas,
quienes llamaron dioses a las obras de manos humanas:
oro y plata labrados con arte,
a copias de animales
o a una piedra inútil, esculpida por manos antiguas.
11 Un carpintero tala un árbol apropiado,
monda con destreza toda su corteza,
lo trabaja con finura
y fabrica un objeto útil para usos comunes.
12 Con los desechos de su obra
se prepara una comida con la que se sacia.
13 Y el desecho de todo, que no sirve para nada,
un palo torcido y lleno de nudos,
lo coge y lo talla en sus ratos de ocio,
lo modela con la destreza adquirida
y saca la imagen de una figura humana
14 o la copia de cualquier vil animal.
Lo embadurna de minio, pinta su cuerpo de rojo
y recubre todos sus defectos.
15 Luego le prepara un nicho digno
y lo coloca en la pared asegurándolo con hierros.
16 Para que no se le caiga, toma sus precauciones,
sabiendo que no puede valerse por sí mismo,
pues es una imagen y necesita ayuda.
17 Cuando le reza por la hacienda, las bodas y los hijos,
no se avergüenza de hablar con algo inanimado.
Y pide salud a un enfermo,
18 vida a un muerto,
ayuda al más inepto,
un viaje feliz al que no puede andar;
19 y para las ganancias, empresas y éxitos de sus tareas
pide vigor al más torpe de manos.

14 1 Otro, dispuesto a embarcar pa-ra cruzar el mar bravío,
invoca a un madero más frágil que la nave que lo lleva.
2 A ésta la inventó el afán de lucro
y la construyó la sabiduría como artífice;
3 pero es tu providencia*, Padre, quien la guía,
pues también en el mar abriste un camino

13 10 La polémica contra los ídolos fabricados se repite frecuentemente en el AT; ver sobre todo Is **40** 18+; Jr **10** 1-16; etc.

14 3 Aparición de la palabra *Providencia*, aunque la idea es bíblica. Ver Jb **10** 12; Sal **145** 8-9.15-16; **147** 9; etc.

y una senda segura entre las olas,
[4] demostrando así que puedes salvar de todo peligro
para que hasta el inexperto pueda embarcarse.
[5] No quieres que las obras de tu Sabiduría queden estériles;
por eso, los hombres confían sus vidas a un insignificante madero,
cruzan el oleaje en una balsa y arriban sanos y salvos.
[6] Ya en los comienzos, cuando los soberbios gigantes perecían,
la esperanza del mundo se refugió en una balsa
que, pilotada por tu mano, legó al mundo una semilla de vida.
[7] Bendito, pues, el madero con el que se hace justicia*:
[8] pero malditos el ídolo manufacturado y el que lo hizo;
el uno por hacerlo, y el otro porque, siendo corruptible, es considerado dios.
[9] Dios aborrece igualmente al impío y su impiedad,
[10] y la obra será castigada junto con su autor.
[11] Por eso los ídolos de las naciones también serán juzgados,
porque se convirtieron en abominación entre las criaturas de Dios,
ocasión de tropiezo para las almas de los hombres
y una trampa para los pies de los insensatos.

Origen del culto a los ídolos.

[12] La invención de los ídolos fue el comienzo de la infidelidad,
y su descubrimiento, la corrupción de la vida*.
[13] Pero no existían desde el principio, ni existirán para siempre.
[14] Entraron en el mundo por la vanidad de los hombres
y, por eso, su fin inmediato está decidido.
[15] Un padre, afligido por un luto prematuro,
hace una imagen del hijo malogrado,
y al que ayer era hombre muerto, hoy lo honra como un dios
y encarga a sus subordinados misterios y ritos.
[16] Luego la impía costumbre se consolida con el tiempo y se observa como ley.
[17] Las estatuas también recibían culto por decreto de los soberanos.
Y, como la gente que vivía lejos no los podía venerar en persona,
representaban su figura lejana
haciendo una imagen visible del rey venerado,
para adular con fervor al ausente como si estuviera presente.
[18] La ambición del artista contribuyó a extender este culto
incluso entre quienes no lo conocían;
[19] pues éste, queriendo complacer seguramente al soberano,
alteró con su arte el parecido para embellecerlo,
[20] y la multitud, seducida por el encanto de la obra,
tomó entonces por objeto de culto al que poco antes honraba como hombre.
[21] Y esto se convirtió en trampa para los vivientes,
pues los hombres, esclavos de la desgracia o de la tiranía,
dieron el nombre incomunicable a piedras y maderos.

Consecuencias del culto a los ídolos.

[22] Luego, no les bastó con errar en el conocimiento de Dios,
sino que, debatiéndose en duro conflicto por la ignorancia,
llamaron paz a tan graves males.
[23] Así, celebrando iniciaciones infanticidas, misterios secretos,
o delirantes orgías de ritos extravagantes,

14 7 Varios Padres han aplicado este texto al leño de la Cruz.
14 12 El error del espíritu ha provocado las costumbres licenciosas, ver Rm **1** 24-32; Ef **4** 17-19.

24 ya no mantienen puros ni vidas ni
matrimonios,
sino que se matan a traición unos a
otros o se humillan con adulterios.
25 Todo es un caos de sangre y muerte, robo y fraude,
corrupción, deslealtad, desorden, perjurio,
26 confusión de los buenos, olvido de
la gratitud,
contaminación de las almas, inversión
de sexos,
desorden matrimonial, adulterio y libertinaje.
27 Porque el culto a los ídolos sin nombre
es principio, causa y fin de todos los
males.
28 Pues o se divierten frenéticamente,
o profetizan mentiras,
o viven en la injusticia,
o perjuran con ligereza.
29 Como confían en ídolos sin vida,
no temen que el jurar en falso los pueda perjudicar.
30 Pero un doble castigo les aguarda:
por hacerse una idea falsa de Dios, al
entregarse a los ídolos,
y por jurar injustamente y con engaño, despreciando la santidad.
31 Porque no es el poder de aquellos
por los que juran,
sino el castigo de los que pecan
quien persigue siempre las transgresiones de los malvados.

Israel no es idólatra.

15 1 Pero tú, Dios nuestro, eres
bueno y fiel,
eres paciente y todo lo gobiernas
con misericordia.
2 Aunque pequemos, somos tuyos,
pues reconocemos tu poder*;
pero no pecaremos, porque sabemos
que te pertenecemos.
3 Conocerte a ti es justicia consumada
y reconocer tu poder es la raíz de la
inmortalidad.
4 No nos confundieron las malas artes
de invención humana,
ni el trabajo estéril de los pintores,
figuras plasmadas en colores variados,
5 cuya contemplación despierta la pasión de los insensatos,
que codician la figura inanimada de
una imagen muerta.
6 Son amigos del mal y dignos de tales esperanzas
quienes las crean, quienes las codician y quienes las adoran.

Locura de los fabricantes de ídolos.

7 Un alfarero* amasa laboriosamente
la tierra blanda
y modela diversos cacharros para
nuestro uso.
De la misma arcilla vuelve a modelar
indistintamente
vasijas destinadas a usos nobles e in-
nobles:
el alfarero es quien decide
la distinta utilidad de cada una.
8 Luego, malgastando energías, modela un dios falso de la misma arcilla
el que poco antes nació de la tierra
y habrá de volver pronto allí de donde
fue sacado,
cuando le reclamen la deuda de la
vida.
9 Pero no le preocupa que ha de morir,
ni que tiene una vida efímera;
sino que compite con orfebres y pla-
teros,
imita a los que forjan el bronce
y presume de modelar falsificaciones.
10 Su corazón es ceniza,
su esperanza, más vulgar que la tierra,
su vida, más despreciable que el barro,
11 porque desconoce al que lo modeló,

15 2 Aun las mismas faltas de Israel no logran cortar su *pertenencia a Dios*, que le invita a arrepentirse, **11** 23-**12** 2.

15 7 La imagen del *alfarero*, ver Gn **2** 7+, que hace lo que quiere con su arcilla, Is **29** 16+; Rm **9** 19-24, ilustra la libertad gratuita de la acción de Dios. Aquí es simétrica de la del leñador, **13** 11-19.

al que le infundió un alma activa
y le insufló un aliento vital.
12 Piensa que nuestra existencia es un juego,
y la vida, un mercado concurrido,
diciendo: «Hay que sacar partido de donde sea, incluso del mal.»
13 Pero éste más que nadie sabe que peca,
al fabricar con material terreno frágiles vasijas y estatuas de ídolos.

Locura de los egipcios: su idolatría universal.

14 Pero los más insensatos de todos y más ingenuos que el alma de un niño,
son los enemigos que oprimieron a tu pueblo;
15 pues tuvieron por dioses a todos los ídolos de los gentiles,
que no pueden valerse de los ojos para ver,
ni de la nariz para respirar,
ni de los oídos para oír,
ni de los dedos de sus manos para tocar,
ni de sus pies torpes para andar.
16 Porque los hizo un hombre,
los modeló quien tiene el espíritu prestado;
y ningún hombre puede modelar un dios semejante a él.
17 Siendo mortal, produce con sus manos impías un ser muerto,
pero él vale más que los objetos que adora,
ya que él tiene vida, pero éstos jamás.
18 Adoran además a los bichos más repugnantes,
que superan en estupidez a todos los demás
19 y ni siquiera poseen la belleza de los animales cuyo aspecto atrae,
pues quedaron excluidos de la aprobación y bendición de Dios*.

Segunda antítesis*: las ranas.

16 1 Por eso, fueron justamente castigados por semejantes seres
y atormentados por plagas de bichos.
2 En lugar de este castigo, favoreciste a tu pueblo
y, para calmar su hambre,
les preparaste como alimento
un manjar exquisito: codornices;
3 para que aquéllos, con ganas de comer,
perdieran el natural apetito,
asqueados de los bichos que les enviabas;
mientras éstos, tras una privación pasajera,
saboreaban un manjar exquisito.
4 Pues era preciso que aquéllos opresores sufrieran un hambre irremediable,
mientras a éstos bastaba con mostrarles cómo eran atormentados sus enemigos.

Tercera antítesis: langostas y serpiente de bronce.

5 Incluso cuando les sobrevino la furia terrible de las fieras
y perecían mordidos por serpientes sinuosas,
tu cólera no duró hasta el final.
6 Como escarmiento, se vieron molestados por poco tiempo,
pues tenían un signo de salvación para recordar los mandamientos de tu Ley;
7 y el que lo miraba se curaba, no por lo que contemplaba,
sino por ti, salvador de todos*.
8 Con esto convenciste a nuestros enemigos
de que tú eres quien libra de todo mal:
9 ellos morían por las picaduras de langostas y moscas,
sin encontrar remedio para su vida,
pues merecían ser castigados por tales bichos.

15 19 Conclusión, vv. 18-19, contra el culto de los animales.

16 Se vuelve a las antítesis iniciadas en **11** 1-3, con un recurso constante, pero bastante libre, a los relatos bíblicos, al estilo del midrás, **10** 1.

16 7 El autor interpreta Nm **21** 4-9 en el sentido de la misericordia. Ve también en la serpiente de bronce el recuerdo de la Ley y la señal de una salvación universal dada por Dios, ver Jn **3** 14-17.

10 Pero contra tus hijos nada pudieron
los dientes de serpientes venenosas,
pues tu misericordia acudió a sanarlos.
11 Las mordeduras, pronto curadas,
les recordaban tus palabras,
para que no cayeran en profundo olvido
y se vieran excluidos de tus beneficios.
12 No los curó hierba ni cataplasma,
sino tu palabra, Señor, que todo lo
sana.
13 Pues tú tienes poder sobre la vida y
la muerte,
haces bajar a las puertas del abismo y
haces subir.
14 El hombre, en cambio, puede matar con su maldad,
pero no puede devolver el espíritu
que se fue,
ni liberar al alma del abismo.

Cuarta antítesis: el granizo y el maná.

15 Es imposible escapar de tu mano.
16 Los impíos que no querían conocerte
fueron castigados con la fuerza de tu
brazo;
los persiguieron lluvias insólitas, gra-
nizadas y aguaceros implacables,
y el fuego los devoró.
17 Y lo más sorprendente era que el
fuego
ardía más en el agua, que todo lo apaga,
pues el cosmos es defensor de los justos.
18 Unas veces las llamas amainaban
para no abrasar a los animales enviados contra los impíos
y para que, al verlos, comprendieran
que los impulsaba el juicio de Dios.
19 Otras veces, aun en medio del
agua, ardían más intensamente que el
fuego
para destruir los frutos de una tierra
injusta.
20 A tu pueblo, por el contrario, lo ali-
mentaste con manjar de ángeles*
y les mandaste desde el cielo un pan
preparado sin fatiga,
que producía gran placer y satisfacía
todos los gustos.
21 Este sustento mostraba tu dulzura
para con tus hijos,
pues se adaptaba al gusto del que lo
tomaba
y se transformaba en lo que cada uno
quería.
22 Nieve y hielo resistían al fuego sin
fundirse,
para que supieran que el fuego destruía las cosechas de sus enemigos,
ardiendo entre el granizo y resplande-
ciendo entre la lluvia.
23 En cambio, se olvidaba de su propio poder,
para que los justos pudieran alimen-
tarse.
24 Porque la creación, sirviéndote a ti,
su Creador,
se endurece para castigar a los injustos
y se modera para favorecer a los que
confían en ti.
25 Por eso, también entonces, adop-
tando todas las formas,
servía a tu generosidad que a todos
sustenta,
conforme al deseo de los necesitados,
26 para que aprendieran tus hijos queridos, Señor,
que no es la variedad de frutos lo que
alimenta al hombre,
sino que es tu palabra la que mantiene a los que creen en ti.
27 Porque lo que el fuego no llegaba a
consumir
se derretía simplemente al calor de un
tenue rayo de sol,
28 para que supieran que hay que
adelantarse al sol para darte gracias
e ir a tu encuentro al rayar el alba,
29 pues la esperanza del ingrato se
derrite como escarcha invernal
y se escurre como agua inútil.

16 20 El *maná*, ver Ex **16**; Sal **78** 25; **105** 40. La liturgia cristiana ha utilizado este texto en alabanza de la Eucaristía.

Quinta antítesis: tinieblas y columna de fuego.

17 1 Grandes e inexplicables son
tus juicios;
por eso las almas ignorantes
se extraviaron.
2 Cuando los impíos creían que podían oprimir a la nación santa,
quedaron prisioneros de las tinieblas
y encerrados en una larga noche,
recluidos en sus casas, fugitivos de la
eterna providencia.
3 Cuando creían que permanecerían
ocultos con sus secretos pecados
bajo el oscuro velo del olvido,
se vieron dispersos, presa de terrible
espanto
y sobresaltados por apariciones*.
4 El rincón que los escondía no los
libraba del miedo,
pues también allí retumbaban ruidos
escalofriantes
y se aparecían sombríos fantasmas de
rostros lúgubres.
5 El fuego era incapaz de alumbrar
y el brillo resplandeciente de las estrellas
no alcanzaba a iluminar aquella horrible noche.
6 Sólo les lucía una llamarada aterra-
dora
que ardía por sí misma;
y, cuando desaparecía la visión, quedaban aterrados,
considerando aún más horrible lo que
habían visto.
7 Las artes mágicas resultaron ineficaces
y su pretendido saber quedó en ridículo,
8 pues los que prometían expulsar
miedos y sobresaltos del alma enferma,
enfermaban ellos mismos con temores absurdos.
9 Y aunque nada inquietante los ate-
morizara,
sobresaltados por el paso de los bichos y el silbido de los reptiles,
10 se morían de miedo
y se negaban a mirar hasta el aire inevitable.
11 Pues la maldad es cobarde y se
condena a sí misma:
acosada por la conciencia, imagina
siempre lo peor.
12 Y el miedo no es otra cosa
que el abandono de los recursos de la
razón:
13 cuanto menor es la propia confianza,
mayor parece la causa desconocida
del tormento.
14 Durante aquella noche verdaderamente imposible,
surgida de las profundidades del impotente abismo,
adormecidos en el mismo sueño,
15 o bien eran perseguidos por apariciones fantasmales
o desfallecían por el abandono del alma,
pues les sobrevino un miedo repentino e inesperado.
16 Así, cualquiera que caía en tal situación,
quedaba atrapado, encadenado en
aquella prisión sin hierros;
17 ya fuera labrador o pastor,
o un obrero que trabajara en solitario,
sufría sorprendido por la ineludible fa-
talidad,
18 pues todos estaban atados a una
misma cadena de tinieblas.
El silbido del viento,
el canto melodioso de las aves en las
frondosas ramas,
la cadencia del agua que corría impetuosa,
19 el estruendo de las rocas desprendi-
das,
la carrera invisible de animales que retozan,
el rugido de las fieras más salvajes,
el eco que retumba en las oquedades
de los montes
los dejaba paralizados de terror.
20 El mundo entero resplandecía con
luz radiante,

17 3 La siguiente descripción dramatiza sensiblemente el relato de Ex **10** 21-23.

entretenido sin trabas en sus quehaceres;
21 pero sólo sobre ellos se extendía una noche insoportable,
imagen de las tinieblas que les esperaban.
Aunque ellos eran para sí mismos más insoportables que las tinieblas.

18 1 Sin embargo, una magnífica luz brillaba para tus santos.
Los egipcios, que oían su voz sin distinguir su figura,
los felicitaban por no haber padecido como ellos;
2 les daban las gracias porque no se vengaban de los agravios recibidos
y les pedían perdón por su conducta hostil.
3 Tú, en cambio, preparaste una columna de fuego,
como guía para el viaje desconocido
y como sol inofensivo para la gloriosa travesía.
4 Bien merecían verse privados de luz y prisioneros de las tinieblas
quienes tuvieron encarcelados a tus hijos,
que habían de dar al mundo la luz incorruptible de la Ley.

Sexta antítesis: noche trágica y noche liberadora*.

5 A los que habían decretado matar a los niños de los santos,
salvándose uno solo, abandonado,
les arrebataste en castigo una multitud de hijos
y los hiciste perecer juntos en las aguas impetuosas.
6 Aquella noche fue previamente anunciada a nuestros padres,
para que se animaran, sabiendo bien en qué juramentos habían creído.
7 Tu pueblo esperaba la salvación de los justos
y la destrucción de los enemigos,
8 pues con lo que castigaste a los adversarios
nos glorificaste, llamándonos a ti.
9 Los santos hijos de los buenos ofrecían sacrificios en secreto
y establecían unánimes esta ley divina:
que los santos compartirían los mismos bienes y peligros,
cantando previamente las alabanzas de los antepasados.
10 Les respondía el grito disonante de los enemigos
y cundían los lamentos de los que lloraban a sus hijos.
11 El esclavo y el amo sufrían idéntico castigo,
y el plebeyo padecía la misma pena que el rey.
12 Todos por igual tenían cadáveres incontables
con un mismo tipo de muerte.
No había vivos suficientes para enterrarlos,
porque en un instante pereció lo mejor de su raza.
13 Los que no creían en nada a causa de las artes mágicas,
ante la muerte de los primogénitos acabaron por reconocer
que aquel pueblo era hijo de Dios.
14 Cuando un silencio apacible lo envolvía todo
y la noche llegaba a la mitad de su carrera,
15 tu palabra omnipotente se lanzó desde los cielos,
desde el trono real, cual guerrero implacable,
sobre la tierra condenada*,
empuñando la espada afilada de tu decreto irrevocable;
16 y cuando se detuvo, todo lo llenó de muerte;
tocaba el cielo mientras pisaba la tierra.

18 5 Amplificación de la última *plaga*, antes de la partida de los Hebreos, Ex **11-14**; Dt **7** 6+, que se relaciona con el decreto infanticida, Ex **4** 22-23. Ver Ex **11** 6-7.

18 15 La muerte de los primogénitos egipcios es obra de la Palabra ejecutora de los juicios de Dios. Ver Is **11** 4; **55** 11; Jr **23** 29; Os **6** 5: 1 Cro **21** 15-27; Ap **19** 11-21+.

[17] Entonces los sobresaltaron de repente sueños y visiones terribles,
les sobrevinieron terrores imprevis-
tos;
[18] tendidos por todas partes y medio
muertos,
daban a conocer la causa de su muerte,
[19] pues sus sueños perturbadores se
lo habían predicho,
para que no perecieran sin conocer la
razón de su desgracia.

Amenaza de exterminio en el desierto.

[20] También alcanzó a los justos la
prueba de la muerte
y una multitud pereció en el desierto,
pero no duró mucho la cólera;
[21] pues un hombre irreprochable* se
apresuró a salir en su defensa
con las armas de su ministerio:
la oración y el incienso expiatorio.
Se enfrentó a la ira y puso fin a la
desgracia,
demostrando que era tu servidor.
[22] Y venció la indignación no con su
fuerza corporal,
ni con el poder de las armas,
sino que sometió al ejecutor del castigo con la palabra,
recordando los juramentos y las alianzas hechos a los antepasados.
[23] Cuando los muertos yacían amontonados, unos sobre otros,
se puso en medio, detuvo a la cólera
y le cerró el paso hacia los que aún
vivían.
[24] Llevaba el mundo entero sobre su
vestido talar,
los nombres gloriosos de los padres
en cuatro hileras de piedras talladas
y tu majestad en la diadema de su
cabeza*.
[25] Ante esto, el exterminador retrocedió atemorizado,
pues era suficiente una sola prueba
de tu cólera.

Séptima antítesis: el mar Rojo.

19 [1] Pero sobre los impíos se abatió hasta el fin una ira despia-
dada,
pues Dios sabía de antemano lo que
les iba a suceder:
[2] que, tras dejarlos marchar y despedirlos con prisas,
cambiarían de parecer y saldrían a
perseguirlos.
[3] Cuando todavía estaban ocupados
en los funerales
y llorando sobre las tumbas de los
muertos,
concibieron otro proyecto insensato
y persiguieron como fugitivos a los
que habían despedido con súplicas.
[4] A tales extremos los empujaba su
merecido destino,
haciéndoles olvidar el pasado,
para que consumaran el castigo que
aún faltaba a sus tormentos
[5] y, mientras tu pueblo emprendía un
viaje maravilloso,
encontraran ellos una muerte insólita.
[6] Porque toda la creación, obediente
a tus órdenes*,
se transformó de nuevo en su misma
naturaleza
para resguardar sanos y salvos a tus
hijos.
[7] Vieron la nube que daba sombra al
campamento,
la tierra firme que emergía de lo que
antes era agua,
un camino abierto en el mar Rojo
y una llanura verde en las olas impetuosas,
[8] por donde tus protegidos pasaron
en masa,
contemplando prodigios admirables.
[9] Pastaban como caballos
y retozaban como corderos,
alabándote a ti, Señor, su libertador.
[10] Todavía recordaban lo sucedido en
su destierro:
cómo la tierra, en vez de la generación animal, produjo mosquitos

18 21 Aarón, ver Nm **17** 11-12.
18 24 Ver Ex **28** 17-21.29.36.

19 6 Texto oscuro. Parece que el autor remite a la creación inicial, Gn **1**.

y cómo el río, en vez de peces, vomitó una multitud de ranas.
11 Más tarde vieron también un modo nuevo de nacer las aves:
cuando, urgidos por el apetito, pidieron manjares delicados
12 y, para satisfacerlos, salieron codornices del mar.

Egipto más culpable que Sodoma.

13 Los castigos recayeron sobre los pecadores,
precedidos, como aviso, de la furia de los rayos,
pues padecían justamente por sus propias maldades
y por haber albergado el odio más feroz contra los extranjeros.
14 Hubo quienes* no recibieron a unos visitantes desconocidos,
pero éstos esclavizaron a extranjeros bienhechores.
15 Pero aún hay más, pues a aquellos se les pedirá cuentas
por haber recibido hostilmente a los extranjeros;
16 pero éstos, después de recibir con fiestas
a los que ya participaban de sus mismos derechos,
los maltrataron con terribles trabajos.
17 Y también fueron atacados por la ceguera*,
como aquéllos que, a las puertas del justo,
envueltos en profunda oscuridad,
buscaban el vano de sus puertas.

Una nueva armonía*.

18 Los elementos intercambiaban sus propiedades
como los sonidos del arpa cambian la cadencia del ritmo
manteniendo el mismo tono,
como puede deducirse claramente a la vista de lo sucedido;
19 pues los seres terrestres se tornaban acuáticos
y los que nadan se pasaban a la tierra.
20 El fuego aumentaba en el agua su propia virtud
y el agua olvidaba su poder extintor.
21 Las llamas, por el contrario, no consumían
las carnes de los débiles animales que se movían entre ellas,
ni derretían aquella especie de manjar divino,
parecido a la escarcha y fácil de derretir.

Conclusión.

22 En todo, Señor, engrandeciste y glorificaste a tu pueblo,
y no dejaste de asistirlo nunca y en ningún lugar.

19 14 Los habitantes de Sodoma, Gn **19**+, habitualmente considerados como los mayores criminales. El autor demuestra que los egipcios han sido peores que ellos.
19 17 Presentación oratoria de la plaga de las tinieblas. Ver Gn **19** 11.
19 18 La comparación musical ilustraba frecuentemente, entre los griegos, la ordenación del universo. Aquí ilustra la naturaleza modificada por los prodigios del Éxodo, al servicio del pueblo de Dios, ver v. 6.

ECLESIÁSTICO

Introducción

Este libro fue compuesto en hebreo; pero su texto íntegro se ha conservado sólo en la traducción que hizo el nieto del autor el año 132 a.C. Su título de Eclesiástico es una denominación reciente, que sin duda subraya el uso oficial que de él hacía la Iglesia, en contraposición con la Sinagoga. En griego se titulaba «Sabiduría de Jesús Ben Sirá». Los modernos le llaman Ben Sirá o Sirácida. El nieto del autor explica en el prólogo (vv. 1-34) que tradujo el libro cuando vino a residir a Egipto el año 38 del rey Evergetes, es decir el 132 a.C. Su abuelo, Ben Sirá, vivió, pues y escribió hacia el 190-180.

Ben Sirá pretendió contrarrestar el influjo que la cultura helénica ejercía en Palestina.

El libro aborda temas diversos sin orden y con reiteraciones; los trata en pequeños cuadros que, sin mucha trabazón, agrupan breves máximas. En orden a facilitar nuestra lectura, podemos dividirlo en tres partes, un prólogo y dos apéndices.

Prólogo del traductor

Redactado según el estilo de los historiadores griegos. Indica las fuentes y los motivos que movieron a su abuelo para escribir el libro. Invita a la lectura y añade unos datos de su propia biografía.

Primera parte: Talante del sabio ante la vida (**1** 1-**23** 27)

Instrucciones del sabio a su discípulo («hijo»). La idea clave que expone es que el verdadero sabio es aquel que tiene una actitud de respeto y obediencia ante el Señor.

*Después de un poema inicial (***1** *1-10), que proclama el origen divino de la Sabiduría, Ben Sirá comenta en variados cuadros las actitudes del sabio:*

— ante Dios *(***1** *11-21; etc.), el sabio debe mostrar una actitud religiosa;*

— ante sí mismo *(***1** *22-***2** *18; etc.), debe manifestar un talante equilibrado, sencillo, reflexivo y prudente;*

— en sus relaciones familiares *(***3** *1-16; etc.), se ha de caracterizar por el amor, el cariño, el respeto y el cultivo de la amistad;*

— en la sociedad *(***3** *30-***4** *10), ha de preocuparse por los más necesitados y, si tiene alguna función de gobierno, debe destacar por su nobleza y prudencia;*

— en toda ocasión *(***11** *10-28;* **20** *1-31; etc.) el sabio ha de mantener una religiosidad sincera que le llevará a descubrir el valor de las realidades humanas y a apartarse de la necedad.*

Segunda parte: La Sabiduría en la sociedad (**24** 1-**42** 14)

*Esta parte se inicia también con un poema que marca el tema (***24** *1-34): la Sabiduría es de origen divino; ha estado presente en la historia de la humanidad y en concreto ha dirigido la historia de Israel. El poema identifica la Sabiduría y la Ley.*

A lo largo de esta sección Ben Sirá desarrolla algunos aspectos del tema general:

*— La Sabiduría y la religiosidad o el «temor del Señor» lleva al cumplimiento de la Ley (***32** *14-***33** *6; etc.);*

*— la Sabiduría influye positivamente en la vida familiar (***33** *20-33; etc.);*

*— la Sabiduría regula el comportamiento social (***37** *7-15; etc.);*

*— la Sabiduría enseña a interpretar rectamente el destino del hombre (***38** *16-23; etc.);*

— *la sabiduría enseña a comportarse con elegancia en algunos momentos de la vida: en las comidas (***31** *12-***32** *13), en el disfrute de la salud y el dinero (***30** *14-***31** *11), en cualquier tipo de trabajo (***38** *1-34).*

Tercera parte:
La Sabiduría en la naturaleza y en la historia
*(***42** *15-***50** *29)*

Conjunto de himnos que componen una sinfonía a Dios Creador y rector de la historia de Israel.

*La Sabiduría está con el Creador en el surgir de la naturaleza y en su gobierno (***42** *15-25); por eso toda la creación es armoniosa y es un conjunto de maravillas (***43** *1-26) que suscitan cantos de alabanza (***43** *27-33).*

*La historia de Israel es una parte de la maravilla de la Creación: desde la prehistoria del pueblo de Israel (***44** *1-23), pasando por los momentos claves de la vida de este pueblo, Éxodo (***45** *1-26), conquista de Canaán (***46** *1-12), época de los reyes (***46** *13-***49** *16) y restauración después del Destierro (***50** *1-21).*

*Una exhortación final anima al lector a bendecir al Señor del universo y a poner en práctica las enseñanzas del libro de Ben Sirá (***50** *22-29).*

Apéndices

— Himno de acción de gracias *(***51** *1-12). Compuesto al estilo de los salmos de acción de gracias, enumera los peligros de que fue liberado el autor del himno, le siguen una invocación de la ayuda del Señor y el reconocimiento de la ayuda recibida; termina con la acción de gracias.*

— Datos autobiográficos de Ben Sirá *(***51** *13-30). Poema alfabético que sintetiza la vida del autor y sus preocupaciones por adquirir la sabiduría. Ben Sirá alaba al Señor e invita a todos a tener la misma preocupación por adquirir la Sabiduría.*

Ben Sirá es el último testigo canónico de la sabiduría judía en Palestina. Es el representante por excelencia de aquellos jasidim, *los «piadosos» del Judaísmo (ver* 1 M **2** *42) que pronto defenderán su fe contra la persecución de Antíoco Epífanes y que mantendrán en Israel islotes fieles en los que germinará la predicación de Cristo.*

ECLESIÁSTICO

*Prólogo del traductor**

1 La ley, los profetas y los escritos
que les siguieron 2 nos han transmitido
muchas e importantes lecciones, 3 que
hacen a Israel digno de elogio por su instrucción y sabiduría.

4 Ahora bien, no basta con que los
lectores se hagan sabios; 5 es necesario
también que, como expertos, puedan
ayudar a los de fuera, 6 tanto de palabra
como por escrito. 7 Por eso, mi abuelo Jesús, después de haberse dedicado
intensamente a la lectura 8 de la Ley,
9 los Profetas 10 y los otros escritos de los
antepasados, 11 y de haber adquirido un
gran dominio sobre ellos, 12 se propuso
escribir sobre cuestiones de instrucción y
sabiduría. 13 Su objetivo era que los deseosos de aprender aceptaran sus enseñanzas 14 y pudieran progresar, llevando
una vida más acorde con la Ley.

15 Quedan, pues, ustedes invitados
16 a leer este libro 17 con benevolencia y
atención, 18 así como a ser indulgentes
19 allí donde les parezca que, a pesar de
nuestros denodados esfuerzos de interpretación, 20 no hemos acertado en la
traducción de algunas expresiones. 21 Es
evidente que las cosas dichas en hebreo
no tienen la misma fuerza 22 que cuando
se traducen a otra lengua. 23 Esto no
sucede sólo en este libro, 24 sino que
también la misma Ley, los Profetas 25 y
los otros escritos 26 presentan notables
diferencias respecto a sus originales.

27 El año treinta y ocho del rey Evergetes 28 llegué a Egipto, donde fijé mi
residencia por un tiempo. 29 Durante mi
estancia allí encontré una obra de no
poca enseñanza, 30 y me sentí obligado
a emprender la traducción de este libro
con empeño y diligencia.

31 He dedicado muchas horas de vigilia y trabajo 32 durante este período,
33 hasta poder terminar y publicar el
libro, 34 para uso de aquellos que, viviendo en el extranjero, desean aprender y
reformar sus costumbres 35 para vivir
conforme a la Ley.

I. El camino hacia la sabiduría

Origen divino de la sabiduría.

1 1 Toda sabiduría viene del Señor*,
y está con él por siempre.
2 ¿Quién puede contar la arena de los mares,
las gotas de la lluvia y los días de la eternidad?
3 ¿Quién puede medir la altura de los cielos,
la anchura de la tierra y la profundidad del abismo?
4 Antes de todo fue creada la sabiduría,
la inteligencia prudente desde la eternidad.

Pról. La traducción sigue el texto griego recibido, sin tener en cuenta las variantes de los fragmentos descubiertos del texto hebreo, ni las adiciones recogidas únicamente en algunos manuscritos o traducciones. De ahí las interrupciones en la numeración de los versículos, que se hizo sobre un texto latino más largo. El nieto del autor, llamado Jesús hijo de Sirá, (o Ben Sirá, o el Sirácida, o Sirac), **50** 27; **51** 30, tradujo el libro en Egipto. Este prólogo del traductor no está considerado habitualmente como canónico.

1 1 El nombre de *Kyrios* traduce en los LXX el nombre de *Yahvé*. El traductor de Ben Sirá, lo emplea con gran frecuencia, incluso para traducir los otros nombres divinos.

6 ¿A quién fue revelada la raíz de la sabiduría?
¿Quién conoce sus recursos*?
8 Uno sólo es sabio, temible en extremo:
el que está sentado en su trono.
9 Es el Señor quien creó la sabiduría,
la vio, la midió
y la derramó sobre todas sus obras.
10 Se la concedió a todos los vivientes
y a los que lo aman se la regaló.

El temor de Dios y la sabiduría*.

11 El temor del Señor es gloria y honor,
alegría y corona de júbilo.
12 El temor del Señor deleita el corazón,
da alegría, gozo y larga vida.
13 El que teme al Señor, tendrá un buen final,
el día de su muerte será bendecido.
14 Principio de la sabiduría es temer al Señor,
ella está con los fieles desde el seno materno.
15 Entre los hombres asentó su cimiento eterno,
y con su descendencia se mantendrá fiel.
16 Plenitud de la sabiduría es temer al Señor,
ella embriaga a sus fieles de sus frutos.
17 Les llena la casa de tesoros,
y los graneros de sus productos.
18 Corona de la sabiduría es el temor del Señor,
ella hace florecer la paz y la buena salud.
19 Hace llover ciencia e inteligencia,
y exalta la gloria de los que la poseen.
20 Raíz de la sabiduría es temer al Señor,
sus ramas son larga vida.

Paciencia y dominio de sí.

22 La pasión del injusto no puede justificarse,
porque el ímpetu de su pasión le hará caer.
23 El hombre paciente aguanta hasta el momento oportuno,
y al final su paga es la alegría.
24 Hasta el momento oportuno retiene sus palabras,
por eso muchos alaban su prudencia.

Sabiduría y rectitud en el obrar.

25 Entre los tesoros de la sabiduría hay proverbios muy sabios,
pero adorar al Señor repugna al pecador.
26 Si deseas la sabiduría, guarda los mandamientos,
y el Señor te la concederá.
27 Porque el temor del Señor es sabiduría e instrucción,
le agradan la fidelidad y la mansedumbre.

1 6 Ver **24** 8.9; Pr **8** 22+; Ba **3** 20s; Jb **28** 12-13.

1 11 El terror ante un Dios temible ha cedido el lugar a un temor próximo al amor, y que equivale a nuestro concepto de religión o piedad, Pr **1** 7+.

28 No faltes al temor del Señor,
ni te acerques a él con doblez de corazón.
29 No seas hipócrita delante de los hombres,
y vigila siempre tus labios.
30 No te exalces a ti mismo, si no quieres caer
y cubrirte de vergüenza,
pues el Señor revelará tus secretos
y te humillará en medio de la asamblea,
porque no te has acercado al temor del Señor,
y tienes el corazón lleno de engaño.

El temor de Dios en la prueba.

2 1 Hijo, si te acercas a servir al Señor,
prepara tu alma para la prueba.
2 Endereza tu corazón, mantente firme,
y no te angusties en tiempo de adversidad.
3 Pégate a él y no te separes,
para que seas exaltado en tu final.
4 Todo lo que te sobrevenga, acéptalo,
y en las humillaciones, sé paciente.
5 Porque en el fuego se purifica el oro,
y los que agradan a Dios, en el horno de la humillación*.
6 Confía en él, y él te ayudará,
endereza tus caminos y espera en él.
7 Ustedes que temen al Señor, aguarden su misericordia,
y no se desvíen, no sea que caigan.
8 Ustedes que temen al Señor, confíen en él,
y no les faltará la recompensa.
9 Ustedes que temen al Señor, esperen bienes,
gozo eterno y misericordia.
10 Fíjense en las generaciones antiguas y vean:
¿Quién confió en el Señor y quedó defraudado?
¿Quién perseveró en su temor y fue abandonado?
¿Quién lo invocó y fue desatendido?
11 Porque el Señor es compasivo y misericordioso,
perdona los pecados y salva en tiempo de desgracia.
12 ¡Ay de los corazones cobardes y las manos inertes,
y del pecador que va por dos caminos!
13 ¡Ay del corazón decaído, que no tiene fe!,
porque no será protegido.
14 ¡Ay de ustedes, los que han perdido la esperanza!
¿Qué harán cuando el Señor venga a visitarlos?
15 Los que temen al Señor no desobedecen sus palabras,
los que lo aman guardan sus caminos.
16 Los que temen al Señor buscan su agrado,
los que lo aman cumplen su ley*.
17 Los que temen al Señor tienen el corazón dispuesto,
y se humillan delante de él.

2 5 Ver Rm **5** 3; St **1** 2-4.
2 16 Lejos de oponer la obediencia al amor, Ben Sirá los identifica. Ver Jn **15** 14-17.

18 Caigamos en manos del Señor y no en manos de los hombres,
pues como es su grandeza, así es su misericordia.

Deberes para con los padres.

3 1 Hijos míos, escuchen los consejos de su padre,
póngalos en práctica y se salvarán.
2 Porque el Señor honra más al padre que a los hijos,
y afirma el derecho de la madre sobre ellos.
3 Quien honra a su padre expía sus pecados,
4 quien respeta a su madre acumula tesoros.
5 Quien honra a su padre recibirá alegría de sus hijos,
y cuando rece, su oración será escuchada.
6 Quien respeta a su padre tendrá larga vida,
quien obedece al Señor conforta a su madre,
7b y sirve a sus padres como si fueran sus amos.
8 Honra a tu padre de palabra y obra,
para que su bendición llegue hasta ti.
9 Porque la bendición del padre asegura la casa de sus hijos,
y la maldición de la madre arranca los cimientos.
10 No te glories en la deshonra de tu padre,
porque su deshonra no es motivo de gloria.
11 La gloria de un hombre depende de la honra de su padre,
y una madre deshonrada es la vergüenza de los hijos.
12 Hijo, cuida de tu padre en su vejez,
y durante su vida no le causes tristeza.
13 Aunque haya perdido la cabeza, sé indulgente con él,
no lo desprecies, tú que estás en la plenitud de tus fuerzas.
14 La compasión hacia el padre no será olvidada,
te servirá para reparar tus pecados.
15 En la tribulación el Señor se acordará de ti,
y tus pecados se diluirán como el hielo ante el calor.
16 Quien abandona a su padre es un blasfemo,
maldito del Señor quien irrita a su madre.

La humildad y el orgullo.

17 Hijo, actúa con dulzura en todo lo que hagas,
y te querrán más que al hombre generoso.
18 Cuanto más grande seas, más debes humillarte,
y alcanzarás el favor del Señor*.
20 Porque grande es el poder del Señor,
pero son los humildes quienes lo glorifican.
21 No pretendas lo que te sobrepasa,
ni investigues lo que supera tus fuerzas.
22 Atiende a lo que se te encomienda,
que las cosas misteriosas no te hacen ninguna falta.
23 No te preocupes por lo que supera a tus obras,
porque ya te han enseñado más de lo que alcanza la inteligencia humana.

3 18 Ver Flp **2** 5-8; Mt **20** 26-27; St **4** 6-10.

24 Pues las especulaciones desviaron a muchos,
y las falsas ilusiones extraviaron sus pensamientos.
26 Corazón obstinado mal acaba,
y el que ama el peligro en él sucumbe.
27 Corazón obstinado se acarrea fatigas,
y el pecador acumula pecado tras pecado.
28 La desgracia del orgulloso no tiene remedio,
pues la planta del mal ha echado en él sus raíces.
29 El hombre prudente medita los proverbios,
un oído atento es el anhelo del sabio.

Caridad para con los pobres.

Dt **15** 7-11; Si **29** 8-13; **7** 32-36.

30 El agua apaga el fuego ardiente,
la limosna perdona los pecados*.
31 Quien responde con favores prepara el porvenir,
y cuando llegue la caída encontrará un apoyo.

4 1 Hijo, no prives al pobre del sustento,
ni des largas a los que te piden con ojos suplicantes.
2 No hagas sufrir al hambriento,
ni exasperes al que vive en la miseria.
3 No te ensañes con el corazón desesperado,
ni retrases la ayuda al mendigo.
4 No rechaces la súplica del atribulado,
ni vuelvas la espalda al pobre.
5 No apartes la mirada del necesitado,
ni le des ocasión de maldecirte.
6 Porque si te maldice lleno de amargura,
su Creador escuchará su imprecación.
7 Hazte amar por la asamblea,
y sé respetuoso con la autoridad.
8 Escucha al pobre con atención,
responde a su saludo amablemente.
9 Libra al oprimido del opresor,
y no tengas miedo de hacer justicia.
10 Sé como un padre para los huérfanos,
y como un marido para su madre.
Así serás como un hijo del Altísimo,
y él te amará más que tu madre.

La escuela de la sabiduría*.

11 La sabiduría educa a sus hijos,
y se cuida de los que la buscan.
12 El que la ama, ama la vida,
los que madrugan en su busca se llenarán de gozo.
13 El que la posee heredará la gloria,
dondequiera que vaya, el Señor lo bendecirá.

3 30 Ver Tb **12** 9; Pr **10** 12+.

4 11 La sabiduría está aquí personificada, ver Pr **1** 23-25; **8** 12-21; **9** 1+. Sus «hijos» son los que la estudian y practican, Lc **7** 35.

[14] Los que la sirven, rinden culto al Santo,
a los que la aman, los ama el Señor.
[15] El que la escucha, juzgará a las naciones,
el que a ella se dedica, plantará su tienda en firme.
[16] Si confía en ella, la recibirá en herencia,
y sus descendientes la tendrán en posesión.
[17] Al principio lo lleva por caminos tortuosos,
le infunde miedo y temblor,
lo atormenta con su disciplina,
hasta que pueda confiar en él
y lo pone a prueba con sus exigencias.
[18] Pero luego lo conducirá por el camino recto,
lo alegrará y le revelará sus secretos.
[19] En cambio, si él se desvía, lo abandonará,
y lo dejará a merced de su propia ruina.

La vergüenza*.

[20] Ten en cuenta la situación y guárdate del mal,
no te avergüences de ti mismo.
[21] Porque hay una vergüenza que conduce al pecado,
y otra vergüenza que es honor y gracia.
[22] No tengas miramientos en perjuicio propio,
y no te avergüences por tu caída.
[23] No dejes de hablar cuando sea provechoso,
y no escondas tu sabiduría,
[24] porque la sabiduría se revela en la palabra,
y la educación en la forma de hablar.
[25] No contradigas a la verdad,
avergüénzate de tu ignorancia.
[26] No te avergüences de confesar tus pecados,
no te opongas a la corriente del río.
[27] No te sometas ante el insensato,
ni tengas miramientos con el poderoso.
[28] Lucha por la verdad hasta la muerte,
y el Señor combatirá por ti.
[29] No seas atrevido con tu lengua,
ni perezoso y negligente en tus obras.
[30] No seas como león con tu familia,
miedoso y apocado con tus servidores.
[31] No tengas la mano abierta para recibir
y cerrada para dar.

Las falsas seguridades.

5 [1] No te apoyes en tus riquezas,
ni digas: «Ellas me bastan*»,
[2] No te dejes arrastrar por el impulso
que te lleva a seguir las pasiones de tu corazón.

4 20 Pasaje quizá referente a las tentaciones de los judíos que viven dentro del helenismo, ver 1 M **1** 12-15; 2 M **4** 11-16.
5 1 Ver **11** 24; Lc **12** 15-21.

3 No digas: «¿Quién puede dominarme?»,
porque el Señor ciertamente te castigará.
4 No digas: «He pecado, y ¿qué me ha pasado?»,
porque el Señor es paciente.
5 No te sientas tan seguro del perdón,
mientras acumulas pecado tras pecado.
6 No digas: «Es grande su compasión,
me perdonará mis muchos pecados»,
porque él tiene compasión y cólera,
y su ira recae sobre los malvados.
7 No tardes en convertirte al Señor,
no lo dejes de un día para otro,
porque la ira del Señor se enciende de repente
y el día del castigo perecerás.
8 No confíes en riquezas injustas,
de nada te servirán el día de la desgracia.

El dominio de la lengua.

9 No avientes el grano con cualquier viento,
ni camines por cualquier sendero,
así lo hace el pecador que habla con doblez.
10 Mantente firme en tus convicciones,
y sea una tu palabra.
11 Sé pronto para escuchar,
y tardo en responder.
12 Si sabes algo, responde a tu prójimo,
si no, mano a la boca.
13 Hablar puede traer gloria y deshonra,
porque la lengua es la ruina del hombre.
14 Que no te llamen murmurador,
no enredes a los demás con tu lengua,
porque sobre el ladrón cae la vergüenza,
y una severa condena sobre el que habla con doblez.
15 No faltes ni en lo grande ni en lo pequeño,
ni de amigo te vuelvas enemigo.

6 1 Porque la mala reputación trae vergüenza y desprecio,
así le sucede al pecador que habla con doblez.
2 No te dejes llevar por el impulso de tu pasión,
no sea que te desgarre como un toro,
3 devore tus hojas, destruya tus frutos,
y tú te quedes como un tronco seco.
4 Los malos deseos arruinan a quien los posee
y lo convierten en el hazmerreír del enemigo.

La amistad.

Ver **37** 1-6.

5 Las palabras amables multiplican los amigos,
la lengua afable multiplica los saludos.
6 Sean muchos los que te saluden,
pero confidente, sólo uno entre mil.

[7] Si te echas un amigo, hazlo con tiento
y no tengas prisa en confiarte a él.
[8] Porque hay amigos de ocasión,
que te abandonan el día de la desgracia.
[9] Hay amigos que se convierten en enemigos,
y te avergüenzan descubriendo tus riñas.
[10] Hay amigos que comparten tu mesa,
y te abandonan el día de la desgracia.
[11] Cuando las cosas van bien, son como otro tú,
e incluso son amables con tus servidores;
[12] pero si eres humillado, se ponen contra ti
y se esconden de tu presencia.
[13] Apártate de tus enemigos,
y no te fíes demasiado de tus amigos.
[14] El amigo fiel es un apoyo seguro,
quien lo encuentra, ha encontrado un tesoro.
[15] El amigo fiel no tiene precio,
su valor es incalculable.
[16] El amigo fiel es un elixir de vida,
los que temen al Señor lo encontrarán.
[17] El que teme al Señor orienta bien su amistad,
porque, según sea él, así será su amigo.

La búsqueda de la sabiduría.

[18] Hijo, desde la juventud acumula instrucción,
y hasta la vejez encontrarás sabiduría.
[19] Acércate a ella como quien ara y siembra,
y espera sus mejores frutos.
Cultivándola te fatigarás un poco,
pero bien pronto comerás de sus productos.
[20] Es muy dura para los ignorantes,
el necio no la soporta;
[21] como piedra de toque lo oprime,
y él no tarda en sacudírsela.
[22] Pues la sabiduría hace honor a su nombre,
no se manifiesta a muchos.
[23] Escucha, hijo, acepta mi opinión
y no rechaces mi consejo.
[24] Mete los pies en su cepo,
y el cuello en su coyunda.
[25] Doblega la espalda y carga con ella,
no te rebeles contra sus cadenas.
[26] Acércate a ella con toda tu alma,
y con toda tu fuerza guarda sus caminos.
[27] Síguela, búscala, y se te dará a conocer,
cuando la tengas, no la sueltes.
[28] Porque al final hallarás en ella descanso,
y ella se convertirá en tu alegría.
[29] Sus cadenas serán para ti un refugio seguro,
y sus argollas un traje de gloria.

30 Adorno de oro será su yugo,
y sus correas cintas de púrpura.
31 Como túnica de gloria te la vestirás,
te la ceñirás como corona de júbilo.
32 Si quieres, hijo, serás instruido,
si te aplicas bien, adquirirás destreza.
33 Si te gusta escuchar, aprenderás,
si inclinas tu oído, serás sabio.
34 Acude a la reunión de los ancianos,
y si encuentras a un sabio, júntate a él.
35 Escucha con interés toda palabra que venga de Dios,
que no se te escapen los proverbios agudos.
36 Si ves a un hombre prudente, madruga en su busca,
que tus pies desgasten el umbral de su puerta.
37 Medita los preceptos del Señor,
practica sin cesar sus mandamientos.
Él mismo fortalecerá tu corazón,
y te concederá la sabiduría que deseas.

Consejos diversos.

7 1 No hagas el mal, y el mal no te dominará,
2 sepárate del injusto, y él se alejará de ti.
3 No siembres, hijo, en surcos de injusticia,
no sea que coseches siete veces más.

4 No pidas al Señor el poder,
ni al rey un puesto de honor.
5 No te hagas el justo delante del Señor,
ni te las des de sabio ante el rey.

6 No te empeñes en llegar a ser juez,
no sea que no puedas erradicar la injusticia,
te acobardes ante el poderoso
y pongas en peligro tu rectitud.
7 No peques contra la asamblea de la ciudad,
ni te rebajes ante el pueblo.

8 No cometas dos veces el mismo pecado,
porque ni una sola quedarás impune.
9 No digas: «Dios tendrá en cuenta mis muchas ofrendas,
cuando se las presente al Dios Altísimo, él las aceptará.»

10 No seas pusilánime en tu oración,
ni te olvides de hacer limosnas.

11 No te burles del hombre afligido,
recuerda que hay quien humilla y exalta.

12 No trames engaños contra tu hermano,
ni hagas lo mismo con tu amigo.
13 Proponte no decir mentira alguna,
pues es un hábito que no conduce a nada bueno.

14 No hables demasiado en la asamblea de ancianos,
ni repitas las palabras en tu oración.
15 No rehúyas los trabajos duros,
ni la labor del campo que el Altísimo creó.
16 No te cuentes entre los pecadores,
recuerda que la ira no tardará.
17 Humíllate profundamente,
que el castigo del impío es fuego y gusanos*.
18 No cambies un amigo por dinero,
ni un hermano de veras por el oro de Ofir.
19 No faltes a una mujer sabia y buena,
pues su gracia vale más que el oro.
20 No maltrates al criado que cumple con su trabajo,
ni al jornalero que se entrega a su faena.
21 Ama al siervo inteligente como a ti mismo,
y no lo prives de la libertad.
22 ¿Tienes rebaños? Cuídalos;
y si te dan ganancias, consérvalos.
23 ¿Tienes hijos? Edúcalos,
acostúmbralos a obedecer desde pequeños.
24 ¿Tienes hijas? Vigila su cuerpo,
y no seas indulgente con ellas.
25 Casa a tu hija y habrás concluido una gran tarea,
pero dásela a un hombre prudente.
26 ¿Tienes una esposa que te gusta? No la despidas,
pero si no la amas, no confíes en ella.

Los sacerdotes.

27 Honra a tu padre con todo tu corazón,
y no olvides los dolores de tu madre*.
28 Recuerda que gracias a ellos has nacido,
¿cómo les pagarás lo que han hecho por ti?
29 Teme al Señor con toda tu alma,
y respeta a sus sacerdotes*.
30 Ama a tu Creador con todas tus fuerzas,
y no abandones a sus ministros.
31 Teme al Señor y honra al sacerdote,
dale su porción tal como te fue prescrito:
las primicias, los sacrificios de reparación,
la pierna de los animales sacrificados,
el sacrificio de santificación
y las primicias de las cosas santas.

Los pobres y afligidos.

3 30-**4** 10; **29** 8-13.

32 Tiende también tu mano al pobre,
para que tu bendición sea completa.

7 17 Ver Is **66** 24; Jdt **16** 17; Mc **9** 48.
7 27 Ver Ex **20** 12; Tb **4** 4.
7 29 El respeto del culto y de sus ministros, ver **50**, se pone en relación con la adoración de Dios.

[33] Sé generoso con todos los vivos,
y a los muertos no les niegues tu piedad*.
[34] No te retraigas ante los que lloran,
y aflígete con los afligidos.
[35] No tardes en visitar al enfermo,
que haciendo estas obras te harás querer.
[36] En todas tus acciones ten presente tu fin,
y así jamás cometerás pecado*.

Prudencia y reflexión.

8 [1] No pelees con el poderoso,
no sea que caigas en sus manos.
[2] No disputes con el rico,
no sea que te venza con su influencia,
porque el oro ha corrompido a muchos,
y hasta el corazón de reyes ha pervertido.
[3] No discutas con el charlatán,
no eches más leña a su fuego.
[4] No bromees con el insensato,
no sea que insulte a tus padres.

[5] No reproches al que se arrepiente del pecado,
recuerda que todos somos culpables*.
[6] No te burles del anciano,
pues nosotros también envejecemos.
[7] No te alegres de la muerte de nadie,
recuerda que todos moriremos.

La tradición.

[8] No desdeñes los discursos de los sabios,
ocúpate en meditar sus proverbios,
porque de ellos aprenderás la instrucción
y el arte de servir a los grandes*.
[9] No desprecies las historias de los ancianos,
que ellos también aprendieron de sus padres;
de ellos aprenderás a ser prudente
y a responder en el momento justo.

La prudencia.

[10] No inflames las brasas del pecador,
no sea que te quemes con sus llamas.

7 33 Sobre el deber de dar a los muertos una sepultura digna, ver 2 S **21** 10-14; Jr **22** 19; Is **34** 3; Tb **1** 17-18; **12** 12. Sobre la oración por los muertos, ver 2 M **12** 38-46. Pero diversas prácticas paganas del culto de los muertos parecen haber sido prohibidas por la Ley, Dt **26** 14; ver Ba **6** 26; Si **30** 18.
7 36 Aunque el mismo Ben Sirá no tiene todavía una idea clara y cierta de la retribución después de la muerte, subraya la importancia de la última hora, **11** 26-28.
8 5 Ver Mt **7** 1-5p; Rm **3** 9-20; 1 Jn **1** 8-10.
8 8 La sabiduría oriental era materia de tradición oral antes de ser puesta por escrito, como la mayor parte de los libros bíblicos, Dt **4** 9; **11** 19; etc.

11 No te encares con el insolente,
no sea que te haga caer en la trampa de tus propias palabras.

12 No prestes a uno más fuerte que tú,
y si le prestas, dalo por perdido.

13 No salgas fiador por encima de tus posibilidades,
y si lo haces, piensa en cómo pagarás.

14 No pongas pleito a un juez,
porque sentenciarán a su favor.

15 No vayas de viaje con un temerario,
no sea que te complique la vida,
porque él actuará según su capricho,
y a causa de su locura tú te perderás con él.

16 No entables pelea con un violento,
ni atravieses con él el desierto,
porque para él la vida no tiene valor,
y cuando estés indefenso, te matará.

17 No pidas consejo a un insensato,
porque es incapaz de guardar el secreto.
18 Delante de un extraño no hagas nada secreto,
porque no sabes lo que inventará después.
19 No abras tu corazón a cualquiera,
no sea que se aproveche.

El trato con las mujeres.

9 1 No tengas celos de la mujer que amas,
no sea que tú la enseñes a actuar contra ti.
2 No te entregues del todo a una mujer,
no sea que te llegue a dominar.
3 No te acerques a una prostituta,
no sea que caigas en sus redes*.
4 No tengas trato con una cantante,
no sea que te enredes en sus artimañas.
5 No te fijes demasiado en la doncella,
no sea que te castiguen por su causa.
6 No te entregues a prostitutas,
no sea que pierdas tu herencia.
7 No andes fisgoneando por las calles de la ciudad,
ni deambules por sus parajes solitarios.
8 Aparta los ojos de una mujer hermosa,
no te fijes en belleza ajena.
Muchos se perdieron por la belleza de la mujer,
a su lado el amor se inflama como el fuego.
9 Jamás te sientes junto a una mujer casada,
ni bebas vino con ella en la mesa,
no sea que tu corazón se enamore de ella,
y tu pasión te lleve a la ruina.

9 3 Ver Pr **7** 6-27; **23** 27; **29** 3.

Relaciones con los demás.

10 No abandones a un viejo amigo,
porque el nuevo nunca será igual.
Vino nuevo es el amigo nuevo,
cuando sea añejo, lo beberás con fruición.

11 No envidies el auge del pecador,
pues no sabes cuál será su desenlace.
12 No te dejes fascinar por el éxito de los impíos,
recuerda que no morirán impunes.

13 Mantente lejos del hombre que tiene poder para matar,
y no tendrás que temer a la muerte.
Si te acercas a él, no te descuides,
no sea que te quite la vida.
Date cuenta de que caminas entre trampas
y que paseas sobre la muralla de la ciudad.

14 Cuando puedas, asiste a tu prójimo,
y por los sabios déjate aconsejar.
15 Dialoga con los inteligentes,
y tus palabras se inspiren en la ley del Altísimo.
16 Gente honrada comparta tu mesa,
y sea tu orgullo el temor del Señor.

Los gobernantes.

17 Por sus obras se elogia la mano del artista,
la sabiduría del gobernante por sus discursos.
18 El charlatán es temido en su ciudad,
el deslenguado se hace odioso.

10

1 El gobernante sabio instruye a su pueblo,
la autoridad inteligente está bien consolidada.
2 Según el jefe de estado, así serán sus ministros,
según el gobernador de la ciudad, así serán todos sus habitantes.
3 Un rey sin instrucción arruina a su pueblo,
los gobernantes prudentes hacen prosperar la ciudad.
4 En manos del Señor está el gobierno de la tierra,
y a su debido tiempo suscitará a la persona conveniente.
5 En manos del Señor está el éxito del hombre,
él otorga su gloria al legislador.

La soberbia.

6 Sea cual sea su agravio, no guardes rencor al prójimo,
y no actúes guiado por un arrebato de violencia.

7 La soberbia es odiosa al Señor y a los hombres,
para ambos es un delito la injusticia.

8 La soberanía pasa de una nación a otra,
a causa de las injusticias, las violencias y el dinero.

9 ¿De qué se enorgullece el que es tierra y ceniza?,
¡si ya en vida su vientre es podredumbre!

10 La larga enfermedad desconcierta al médico,
y quien hoy es rey mañana morirá.
11 Y cuando un hombre muere,
recibe como herencia lombrices, bichos y gusanos.

12 Principio de la soberbia es alejarse del Señor,
apartar el corazón del Creador.
13 Porque principio de la soberbia es el pecado,
el que se aferra a ella difunde iniquidad.

Por eso el Señor les infligió asombrosos castigos,
y abatió a los soberbios hasta aniquilarlos.
14 El Señor derribó del trono a los poderosos,
y en su lugar hizo sentar a los sencillos.
15 El Señor arrancó la raíz de los soberbios,
y en su lugar plantó a los humildes.
16 El Señor arrasó los territorios de las naciones,
y los destruyó hasta los cimientos de la tierra.
17 A algunos los arrebató y destruyó,
y borró de la tierra su recuerdo.

18 No está hecha la soberbia para el hombre,
ni la violencia para el nacido de mujer.

Los dignos de honor.

19 ¿Qué raza es digna de honor? La del hombre.
¿Qué raza es digna de honor? Los que temen al Señor.
¿Qué raza es despreciable? La del hombre.
¿Qué raza es despreciable? Los que violan la ley.
20 Entre hermanos se honra al mayor,
pero el Señor honra a los que lo temen.
22 Ricos, distinguidos o pobres,
sea su orgullo el temor del Señor.
23 No es justo despreciar al pobre inteligente,
ni es conveniente honrar al pecador.
24 El noble, el juez y el poderoso reciben honores,
pero ninguno de ellos es mayor que quien teme al Señor.
25 El criado sabio tendrá hombres libres a su servicio,
y el hombre inteligente no lo criticará*.

Humildad y verdad.

26 No presumas de sabio cuando cumplas tus obligaciones,
ni te gloríes, cuando estés en aprieto.
27 Más vale el que trabaja y anda sobrado
que el que alardea y carece de pan.
28 Hijo, ten una moderada estima de ti mismo,
y valórate en la justa medida.
29 ¿Quién protegerá al que peca contra sí mismo?,
¿quién respetará al que se desprecia a sí mismo?
30 El pobre es honrado por su saber,
y el rico por su riqueza.

10 25 Comparar **33** 25+ y Flm 16+. Ver también Ga **3** 28; Col **3** 11.

31 Quien es apreciado en la pobreza, ¡cuánto más lo será en la riqueza!
quien es despreciado en la riqueza, ¡cuánto más lo será en la pobreza!

Las apariencias engañan.

11 1 Por su sabiduría el pobre llevará alta la cabeza,
y se sentará entre los grandes.
2 No alabes al hombre por su belleza,
ni desprecies a nadie por su aspecto.
3 Pequeña es la abeja entre los animales que vuelan,
pero su producto es el más dulce.
4 No presumas de los vestidos que llevas,
ni te engrías cuando te alaben;
pues admirables son las obras del Señor,
y, sin embargo, permanecen ocultas a los hombres.

5 Muchos tiranos acabaron por los suelos,
mientras un desconocido se ceñía la corona.
6 Muchos poderosos fueron humillados,
y hombres ilustres cayeron en otras manos.

Reflexión y prudencia.

7 Antes de recriminar, infórmate;
reflexiona primero y censura después.
8 Antes de responder, escucha,
y no interrumpas al que tiene la palabra.

9 No discutas por lo que no te incumbe,
ni interfieras en peleas de pecadores.

10 Hijo, no te ocupes en demasiados asuntos,
porque si así actúas, no saldrás bien parado;
por más que corras, no alcanzarás,
por más que quieras huir, no escaparás.
11 Hay quien trabaja, se fatiga y apresura,
y con todo llega tarde.

Confianza sólo en Dios.

12 Hay quien es débil y necesita ayuda,
carece de bienes y le sobra pobreza,
pero el Señor lo ama con benevolencia,
y lo libra de su humillación.
13 Le hace levantar la cabeza,
y muchos se quedan admirados.
14 Bien y mal, vida y muerte,
pobreza y riqueza vienen del Señor.
17 El don del Señor permanece con los piadosos,
y su benevolencia los guiará siempre por buen camino.
18 Hay quien se hace rico a fuerza de trabajar y ahorrar,
y ésta es la parte de su recompensa*:

11 18 Ver Jb **27** 16-23; Sal **49** 17-18; Qo **2** 21-23.

19 cuando dice: «Ahora ya puedo descansar,
y disfrutar de todos mis bienes»,
no sabe cuánto tiempo pasará,
hasta que muera y tenga que dejarlo todo a otros*.
20 Sigue con tu quehacer y dedícate a él,
y en tu tarea envejece.
21 No admires las obras del pecador,
confía en el Señor y sé constante en tu esfuerzo,
porque es cosa fácil para el Señor,
enriquecer al pobre en un instante.
22 La bendición del Señor es la recompensa del piadoso,
y en un momento hace florecer su bendición.
23 No digas: «¿Qué necesito?
o ¿qué bienes podría conseguir todavía?»
24 No digas: «Ya tengo bastante,
¿qué mal puede sucederme ahora?»
25 Día de bienes, olvido de males,
día de males, olvido de bienes.
26 Es fácil para el Señor, el día de la muerte,
pagar a cada uno según su conducta.
27 El mal de un momento hace olvidar el gozo,
pero cuando el hombre se acerca al fin se descubren sus obras.
28 Antes de la muerte no felicites a nadie,
porque sólo en su final se conoce al hombre*.

Desconfiar del desconocido.

29 No metas a cualquiera en tu casa,
que son muchas las mañas del astuto.
30 Como perdiz cautiva en su jaula, así es el corazón del orgulloso,
como un espía aguarda tu caída.
31 Él tiende su trampa cambiando el bien por mal,
y corrompiendo las cosas más dignas.
32 Una chispa enciende un brasero,
así el pecador acecha en busca de sangre.
33 Guárdate del malvado, porque maquina el mal,
y podría deshonrarte para siempre.
34 Mete en casa a un desconocido y te causará problemas,
te hará sentir extraño con tu propia familia.

Los favores.

Mt **5** 43-48; Lc **14** 12-14.

12 1 Si haces el bien, mira a quién,
y tus favores serán recompensados.
2 Haz bien al piadoso y obtendrás recompensa,
si no de él, al menos del Altísimo.
3 Ningún beneficio para el que persiste en el mal,
ni para quien se niega a hacer limosna.

11 19 ¿Se inspiró Jesús en este v. para la parábola de Lc **12** 16-21?

11 28 Ver **7** 36.

4 Da al hombre piadoso,
pero no ayudes al pecador.
5 Haz el bien al humilde,
pero no des nada al malvado;
niégale el pan, no se lo des,
porque podría utilizarlo para dominarte,
y tú recibirías el doble de mal
por el bien que le habrías hecho.
6 Que también el Altísimo odia a los pecadores,
y dará a los malvados el castigo que merecen.
7 Da al hombre bueno,
pero no ayudes al pecador.

Verdaderos y falsos amigos.

Ver **6** 5-17.

8 No se conoce al amigo en la prosperidad,
ni se oculta al enemigo en la adversidad.
9 Cuando uno prospera, sus enemigos se entristecen,
pero en la adversidad, hasta su amigo lo abandona.
10 No te fíes nunca de tu enemigo,
pues su maldad es como bronce que se oxida.
11 Aunque se haga el humilde y camine cabizbajo,
ten cuidado y desconfía de él.
Trátalo como quien pule un espejo,
y sabe que su herrumbre acabará desapareciendo.
12 No lo pongas junto a ti,
no sea que se vuelva contra ti y te quite el puesto.
No lo sientes a tu derecha,
no sea que pretenda ocupar tu asiento,
y al fin comprendas mis palabras
y te pese recordar mis consejos.
13 ¿Quién se compadece del encantador mordido por la serpiente
y de todos los que se acercan a las fieras?
14 Lo mismo le ocurre al que anda con el pecador
y se enreda con sus pecados.
15 Por un tiempo permanecerá contigo el pecador,
pero si te rebelas, no te aguantará.
16 El enemigo habla con labios melosos,
pero en su corazón trama cómo arrojarte a la fosa.
El enemigo derrama lágrimas de sus ojos,
pero llegada la ocasión, no se saciará de verter sangre.
17 Si te ocurre una desgracia, allí lo encontrarás,
y fingiendo ayudarte, te pondrá la zancadilla.
18 Meneará la cabeza, batirá palmas,
hablará entre dientes y cambiará de cara.

El trato con los ricos y nobles.

13 1 El que toca la pez, se queda pringado,
el que anda con un soberbio, acabará siendo como él.

2 No cargues un peso demasiado grande para ti,
no andes con gente más fuerte y más rica que tú.
¿Cómo se puede juntar el cántaro con la olla?
Chocará con ella y se romperá.
3 El rico ofende y encima se irrita,
el pobre es ofendido y encima se excusa.
4 Si le eres útil, te utilizará,
si eres torpe, te abandonará.
5 Si tienes bienes, se juntará contigo,
y te exprimirá sin mucho esfuerzo.
6 Si tiene necesidad de ti, tratará de engañarte,
te sonreirá y te dará esperanzas;
te dirá buenas palabras
y dirá: ¿Qué necesitas?
7 Te avergonzará en sus banquetes,
te arruinará dos, tres veces,
y acabará burlándose de ti.
Y después, si te ve, te dejará a un lado,
y meneará la cabeza, mofándose de ti.

8 Procura no dejarte embaucar,
que no te humillen por tu insensatez.
9 Si te invita un poderoso, mantente a distancia,
así te llamará con más insistencia.
10 No te acerques mucho, no sea que te rechace,
ni te quedes muy lejos, no sea que le pases inadvertido*.
11 No pretendas hablar con él de igual a igual,
ni te fíes de sus muchas palabras,
pues con su palabrería te pondrá a prueba,
y con una sonrisa, te examinará.

12 Es un despiadado que no guarda sus palabras,
no te ahorrará ni golpes ni cadenas.
13 Vigila y ponte en guardia,
porque caminas junto a tu propia ruina.

15 Todos los animales aman a los de su especie,
y todo hombre ama a su prójimo.
16 Todo los animales se unen con los de su especie,
y todo hombre se une a su semejante.
17 ¿Cómo puede convivir el lobo con el cordero?
Lo mismo ocurre con el pecador y el piadoso.
18 ¿Qué paz puede haber entre la hiena y el perro,
entre el rico y el pobre?
19 Los burros salvajes son presa de los leones en el desierto,
así los pobres son presa de los ricos.
20 El soberbio aborrece la humildad,
así el rico aborrece al pobre.

21 Cuando el rico se tambalea, sus amigos lo sostienen,
pero cuando el humilde cae, sus amigos lo rechazan.

13 10 El consejo de Lc **14** 8-10 no tiene ni el mismo contenido ni la misma motivación.

22 Cuando el rico resbala, muchos lo cogen en sus brazos,
y si dice estupideces, le dan la razón.
Cuando el pobre resbala, le hacen reproches,
y si habla con sensatez, no le hacen caso.
23 Habla el rico y todos callan,
y ponen sus palabras por las nubes.
Habla el pobre y dicen: ¿Quién es éste?
y si se equivoca, lo echan por tierra.

24 Buena es la riqueza adquirida sin pecado,
mala es la pobreza en boca del impío.

25 El corazón del hombre hace cambiar su rostro,
sea para el bien, sea para el mal.
26 Un rostro alegre revela un buen corazón,
inventar proverbios es un ejercicio difícil.

14 1 Dichoso el hombre que no resbala con su boca*,
ni sufre remordimientos por sus pecados.
2 Dichoso aquel cuya conciencia nada le reprocha,
ni ha perdido la esperanza.

El uso de las riquezas.
Qo **5** 9; **6** 2.

3 No es buena la riqueza para el tacaño,
y al envidioso, ¿de qué le sirve el dinero?
4 El que amontona a costa de sí mismo, para otros amontona,
de sus bienes otros disfrutarán.

5 El que es tacaño consigo mismo, ¿con quién es generoso?,
ni siquiera consigue disfrutar de sus propios bienes.
6 Nadie es peor del que se tortura a sí mismo,
ésa es la paga de su maldad.
7 Y si alguna vez hace el bien, lo hace por descuido,
y al final descubrirá su maldad.
8 El hombre envidioso es perverso,
desvía la mirada y desprecia a los demás.
9 El avaro nunca está satisfecho con su suerte,
pues la avaricia seca el alma.

10 El avaro hasta el pan escatima,
y en su propia mesa pasa hambre.

11 Hijo, en cuanto te sea posible, trátate bien,
y presenta dignamente tus ofrendas al Señor.
12 Recuerda que la muerte no puede tardar,
y que el pacto del abismo no te ha sido revelado.
13 Antes de morir, haz el bien a tu amigo,
según tus posibilidades, sé generoso con él.
14 No te prives de pasar un día feliz,
no dejes escapar un deseo legítimo.

14 1 El *corazón limpio*, Mt **5** 3-12, hace más felices a los hombres que los bienes de este mundo, ver Sal **1**; **32**; **41**; **119**.

15 ¿No dejarás a otros el fruto de tu trabajo
y de tus fatigas, para que se lo repartan a suertes?
16 Da y recibe, disfruta de ello,
porque en el abismo no hay que esperar satisfacciones.
17 Todo ser viviente envejece como un vestido,
porque la ley eterna es: hay que morir.
18 Como las hojas de un árbol frondoso,
que unas caen y otras brotan,
así las generaciones de carne y sangre:
unas mueren y otras nacen.
19 Toda obra corruptible desaparece,
y su autor se va con ella*.

Los beneficios de la sabiduría.

20 Dichoso el hombre que se dedica a la sabiduría,
y razona con su inteligencia.
21 Dichoso el hombre que medita sobre sus caminos,
y reflexiona sobre sus secretos*.
22 Como un cazador sale en su busca,
y se pone al acecho en sus caminos.
23 Se asoma a sus ventanas,
y a sus puertas escucha.
24 Acampa muy cerca de su casa,
y clava la estaca en sus muros*.
25 Monta su tienda junto a ella,
y se instala en su albergue apacible.
26 Pone sus hijos a su abrigo,
y bajo sus ramas se cobija.
27 A su sombra se protege del calor,
y habita al reparo de su gloria.

15 1 Así hace el que teme al Señor,
el que abraza la ley* alcanza la sabiduría.
2 Como una madre le sale al encuentro,
lo acoge como una joven esposa.
3 Lo alimenta con pan de inteligencia,
y agua de sabiduría le da a beber.
4 Si se apoya en ella, no vacilará,
si se aferra a ella, no quedará defraudado.
5 Ella lo ensalzará sobre sus compañeros,
y en medio de la asamblea le concederá la palabra.
6 En ella encontrará gozo y corona de gloria,
un nombre eterno recibirá en herencia.
7 Los insensatos jamás la alcanzarán,
los pecadores nunca la verán.

14 19 Ap **14** 13 traspone este pensamiento.

14 21 La meditación de la Ley da la felicidad, Sal **119**, sobre todo vv. 15.23.148.

14 24 Imágenes sobre la búsqueda de la Sabiduría: el cazador que la persigue, el espía que quiere sorprenderla, el nómada que acampa a su sombra.

15 1 El escriba o *doctor de la Ley*, el *legista* (lit.: *depositario de la ley*), de Jr **2** 8, va adquiriendo cada vez más importancia en el judaísmo, ver Esd **7** 6+.

[8] Está lejos de los orgullosos,
y los mentirosos no se acuerdan de ella.
[9] En la boca del pecador no cabe la alabanza,
porque el Señor no se la ha concedido.
[10] En la boca del sabio se proclama la alabanza,
porque es el Señor quien la inspira.

La libertad humana.

[11] No digas: «Me he desviado por culpa del Señor»,
porque él no hace lo que detesta*.
[12] No digas: «Él me ha extraviado»,
porque él no tiene necesidad del pecador.
[13] El Señor detesta toda maldad,
y los que lo temen también la aborrecen.
[14] Al principio el Señor creó al hombre,
y lo dejó a su propio albedrío*.
[15] Si quieres, guardarás los mandamientos,
y permanecerás fiel a su voluntad.
[16] Él te ha puesto delante fuego y agua,
extiende tu mano a lo que quieras.
[17] Ante los hombres está la vida y la muerte,
a cada uno se le dará lo que prefiera.
[18] Qué grande es la sabiduría del Señor,
fuerte es su poder y todo lo ve.
[19] Sus ojos miran a los que lo temen,
él conoce todas las obras del hombre.
[20] A nadie obligó a ser impío,
a nadie dio permiso para pecar.

El castigo de los impíos.

16 [1] No desees una multitud de hijos malvados,
no te goces de tener hijos impíos.
[2] Aunque sean muchos, no te alegres,
si no tienen temor del Señor.
[3] No confíes en que vivan muchos años,
ni te creas seguro porque son muchos;
que más vale uno que mil,
y morir sin hijos que tenerlos impíos.
[4] Un solo hombre inteligente poblará una ciudad,
pero la raza de los sin ley quedará desolada.
[5] Muchas cosas como éstas vieron mis ojos,
y cosas aún más graves oyeron mis oídos.
[6] En la reunión de los pecadores se encendió el fuego,
contra la nación rebelde se inflamó la ira.
[7] No perdonó a los antiguos gigantes,
que se rebelaron seguros de su fuerza*.

15 11 Ver St **1** 13-15.
15 14 Este versículo y el siguiente ponen en claro la libertad del hombre.
16 7 Ver Gn **6** 1-7.

8 No perdonó a los vecinos de Lot,
a los que aborrecía por su orgullo.
9 No se apiadó de la nación corrompida*,
de los que alardeaban de sus pecados.
10 El mismo trato recibieron los seiscientos mil de a pie
que se habían reunido con el corazón endurecido*.
11 Aunque sólo hubiera un rebelde,
sería asombroso que quedara impune;
pues el Señor sabe compadecerse y también castigar,
es poderoso cuando perdona y cuando se indigna.
12 Tan grande como su misericordia es su severidad,
y juzga al hombre según sus obras.
13 No dejará escapar al pecador con su rapiña,
ni que le falle la paciencia al piadoso.
14 Reservará un sitio para el que hace limosna,
cada uno recibirá según sus obras.

Retribución segura.

17 No digas: «Me esconderé del Señor,
¿quién se acordará de mí allá arriba?
Entre la gran muchedumbre pasaré desapercibido,
pues ¿quién soy yo en la inmensa creación*?»
18 Mira el cielo y más allá del cielo,
el abismo y la tierra se estremecen cuando él los visita.
19 Los montes y los cimientos de la tierra
tiemblan de espanto bajo su mirada.
20 Pero el hombre no piensa en estas cosas,
¿quién reflexiona sobre sus caminos?
21 Como la tempestad que el hombre no ve venir,
la mayoría de sus obras se hacen en secreto.
22 «¿Quién anuncia las obras de justicia?,
¿quién las espera? ¡La alianza está lejos!»
23 Así discurre el insensato;
el estúpido y el descarriado sólo piensan necedades.

El hombre en la creación.

24 Hijo, escúchame y aprende sabiduría,
aplica tu corazón a mis palabras*.
25 Te enseñaré la doctrina con mesura,
con precisión te transmitiré el saber.
26 Cuando al principio el Señor creó sus obras,
les asignó a cada una su puesto.
27 Las puso en orden para siempre,
desde sus orígenes y por todas las edades.
No sienten hambre ni cansancio,
y eso que nunca abandonan su tarea.

16 9 Los antiguos habitantes de Canaán.
16 10 Se tiene presente Ex **12** 37 o Nm **11** 21. Estos hombres murieron en el desierto y no entraron en Canaán, Nm **14** 20-33.
16 17 Ver Gn **3** 10; **4** 9; Sal **139** 7-12; Jr **23** 24; Am **9** 2-3.
16 24 Es el escriba, **15** 1, quien responde, no la Sabiduría.

28 Ninguna se topa con la otra,
jamás desobedecen su palabra.
29 Después el Señor miró a la tierra
y la colmó de sus bienes.
30 Cubrió su faz con toda clase de vivientes,
y todos, cuando mueren, vuelven a ella.

17 1 El Señor creó al hombre de la tierra*,
y a ella le hará volver de nuevo.
2 Asignó a los hombres días contados y un plazo fijo,
y les concedió también el dominio de la tierra.
3 Los revistió de una fuerza como la suya,
a su propia imagen los creó*.
4 Hizo que todo ser viviente lo temiera,
para que dominara sobre fieras y aves.
6 Les formó lengua, ojos y oídos,
y les dio un corazón para pensar.
7 Los llenó de saber e inteligencia,
les enseñó el bien y el mal.
8 Fijó su mirada en sus corazones,
para mostrarles la grandeza de sus obras*.
10 Por eso alabarán su santo nombre,
y proclamarán la grandeza de sus obras.
11 Les concedió además el conocimiento,
y una ley de vida les dejó en herencia.
12 Estableció con ellos una alianza eterna,
y les enseñó sus mandamientos*.
13 Vieron con sus ojos la grandeza de su gloria,
oyeron sus oídos su voz majestuosa.
14 Les dijo: «Guárdense de toda iniquidad»,
y a cada uno le dio preceptos acerca de su prójimo.

El juez divino.

15 La conducta de los hombres está siempre ante el Señor,
no puede ocultarse a sus ojos.
17 A cada nación asignó un jefe,
pero Israel es la porción del Señor*.
19 Todas sus obras son para el Señor como el sol,
sus ojos observan siempre su conducta.
20 No se le pueden ocultar sus maldades,
todos sus pecados están delante del Señor.
22 El Señor guarda la limosna del hombre como un sello,
y su generosidad como la niña de sus ojos.
23 Al final se levantará y les retribuirá,
dará a cada uno su recompensa.
24 Pero a los que se arrepienten les permite volver,
y consuela a los que perdieron la esperanza.

17 1 Ver Gn **2** 7+; Qo **3** 20; **12** 7.
17 3 Ver Gn **1** 27; Sb **9** 2-3.
17 8 Ver Sb **13** 1; Rm **1** 19-20.
17 12 Es la ley de Moisés; los vv. siguientes describen la revelación del Sinaí.
17 17 En la época de Ben Sirá ninguna dinastía reina sobre Israel.

Llamada a la conversión.

25 Conviértete al Señor y abandona tus pecados,
suplica ante su rostro y quita los obstáculos.
26 Vuélvete al Altísimo y apártate de la injusticia,
detesta de corazón la iniquidad.
27 ¿Quién alabará al Altísimo en el abismo,
si los vivientes no le dan gloria?
28 La alabanza no puede venir de un muerto que ya no existe,
sólo el que vive y goza de salud puede alabar al Señor.
29 ¡Qué grande es la misericordia del Señor,
y su perdón para los que se convierten a él!
30 El hombre no puede tenerlo todo,
porque los humanos no son inmortales.
31 ¿Qué hay más luminoso que el sol? Y, sin embargo, a veces se eclipsa;
pero la carne y la sangre sólo maquinan el mal.
32 Dios pasa revista al ejército celeste,
pero los hombres sólo son polvo y ceniza.

Grandeza de Dios y pequeñez del hombre.

18 1 El que vive eternamente todo lo creó por igual,
2 sólo el Señor puede ser proclamado justo.
4 A nadie concedió el poder de anunciar sus obras,
¿quién podrá descubrir sus maravillas?,
5 ¿quién podrá medir su inmensa grandeza?,
¿quién podrá narrar sus misericordias?
6 No hay nada que quitar, ni nada que añadir,
y no se pueden descubrir las maravillas del Señor.
7 Cuando el hombre termina, entonces empieza,
cuando se detiene, queda asombrado*.
8 ¿Qué es el hombre?, ¿para qué sirve?,
¿cuál es su bondad y cuál su maldad?
9 Los días del hombre están contados,
mucho será si llega a los cien años.
10 Como gota de agua en el mar, como grano de arena,
son sus pocos años frente a la eternidad.
11 Por eso el Señor es paciente con los hombres,
y derrama sobre ellos su misericordia.
12 Él ve y sabe que su fin es miserable,
por eso multiplica su perdón.
13 La misericordia del hombre sólo alcanza a su prójimo,
la misericordia del Señor se extiende a todo el mundo.
Él reprende, adoctrina y enseña,
y guía, como un pastor, a su rebaño*.
14 Se compadece de los que acogen su enseñanza,
y de los que se esfuerzan por cumplir sus preceptos.

18 7 Decepción y debilidad resaltan la grandeza de Dios.

18 13 Misericordia y pedagogía de Dios.

Dar con amor*.

15 Hijo, a tus favores no añadas reproches,
ni a tus dones palabras ofensivas.
16 ¿No mitiga el rocío el viento sofocante?
Así una buena palabra vale más que un regalo.
17 ¿No vale más la palabra que un buen regalo?
Pero el hombre caritativo sabe unir las dos cosas.
18 El necio reprocha sin caridad,
el don del envidioso hace llorar.

Reflexión y precaución.

19 Antes de hablar, infórmate;
antes de caer enfermo, cuídate.
20 Antes de juzgar, examínate a ti mismo,
y el día del juicio encontrarás perdón.
21 Antes de caer enfermo, humíllate,
y, si pecas, arrepiéntete.
22 Nada te impida cumplir un voto a su tiempo,
no esperes el día de la muerte para justificarte.
23 Antes de hacer un voto, prepárate;
no seas como el hombre que tienta al Señor.
24 Acuérdate de la ira de los últimos días,
y del momento del castigo, cuando Dios oculte su rostro.
25 En tiempo de abundancia recuerda la carestía,
y en tiempo de riqueza, piensa en la pobreza y la indigencia.
26 El tiempo corre de la mañana a la tarde,
y todo pasa veloz delante del Señor.
27 El sabio es precavido en todo,
y en la ocasión de pecado, se anda con cuidado*.
28 Todo hombre prudente conoce la sabiduría,
y rinde honor al que la encuentra.
29 Los que hablan con prudencia se hacen sabios,
y de su boca llueven proverbios acertados.

Dominio de sí mismo.

30 No te dejes arrastrar por tus pasiones,
refrena tus deseos.
31 Si quieres satisfacer todos tus caprichos,
serás el hazmerreír de tus enemigos.
32 No te aficiones a la buena vida,
ni te dejes atrapar en sus redes.
33 No te arruines festejando con dinero prestado,
cuando tienes la bolsa vacía.

19 1 Un obrero bebedor nunca se hará rico,
el que desprecia las cosas pequeñas, poco a poco se arruinará.

18 15 La exposición sobre la magnanimidad de Dios introduce una primera colección de máximas sobre el modo de hacer caridad.

18 27 Cuando el pecado lo arrastra con más fuerza.

2 Vino y mujeres pervierten a los inteligentes,
el que anda con prostitutas se vuelve temerario.
3 Larvas y gusanos serán su herencia,
el temerario perderá la vida.

Dominio de la lengua.

4 El que pronto se confía, no tiene juicio,
el que peca, a sí mismo se perjudica.
5 El que se complace en el mal será condenado,
6 el que detesta la palabrería evitará el mal.
7 No repitas nunca un chisme,
y no sufrirás ningún daño.
8 Ni a amigo ni a enemigo se lo cuentes,
a menos que sea pecado para ti, no lo descubras,
9 porque el que te escucha no se fiará más de ti,
y en la ocasión más propicia te despreciará.
10 ¿Has oído algo? ¡Sepúltalo dentro de ti!
¡Tranquilo, que no reventarás!
11 El necio oye una noticia y ya empieza a sufrir,
como la mujer que va a dar a luz un hijo.
12 Flecha clavada en el muslo
es una noticia en las entrañas del necio.
13 Pregunta a tu amigo: quizá no haya hecho nada,
y si acaso lo ha hecho, para que no reincida.
14 Pregunta a tu prójimo: quizá no haya dicho nada,
y si acaso lo ha dicho, para que no lo repita.
15 Pregunta a tu amigo: muchas veces son calumnias,
no creas todo lo que se dice.
16 A veces uno resbala sin querer,
y ¿quién no ha pecado nunca con la lengua?
17 Pregunta a tu prójimo, antes de censurarle,
y obedece a la ley del Altísimo.

Verdadera y falsa sabiduría.

20 Toda sabiduría consiste en temer al Señor,
y sólo hay sabiduría cuando se practica la ley*.
22 Conocer el mal no es sabiduría,
y seguir el consejo de los pecadores no es inteligencia.
23 Hay una habilidad que es detestable,
el que carece de sabiduría es un insensato.
24 Más vale ser corto de inteligencia y temer al Señor
que muy inteligente y transgredir la ley.
25 Hay un ingenio que sirve a la injusticia,
que para mantener su derecho utiliza trampas.
26 Hay quien hace el mal y anda encorvado por la pena,
pero su interior está lleno de engaño.
27 Se cubre la cara y se hace el sordo,
pero, cuando nadie lo vea, te tomará la delantera.

19 20 Sabiduría y temor, ver Pr **1** 7+.

28 Si no se atreve a pecar, es porque le faltan las fuerzas,
pero en cuanto encuentre la ocasión, hará el mal.
29 Al hombre se lo conoce por su mirada,
por su rostro se conoce al inteligente.
30 El modo de vestir, de reír
y de caminar revelan lo que el hombre es.

Silencio y palabras.

20 1 Hay reprensión inoportuna,
y hay quien calla por prudencia.
2 ¡Cuánto mejor reprender que estar airado!
3 El que confiesa su culpa, evita la pena.

4 Eunuco apasionado por desflorar a una doncella,
el que hace justicia con la fuerza.

5 Hay quien calla y pasa por sabio,
y quien se hace odioso por su verborrea.

6 Hay quien calla por no tener respuesta,
y quien calla porque conoce su hora.

7 El sabio guarda silencio hasta el momento oportuno,
pero el fanfarrón y el insensato siempre se adelantan.

8 El charlatán se hace insoportable,
y el que pretende imponerse se hace odioso.

Paradojas.

9 Hay quien saca provecho de la desgracia,
y hay ganancias que arruinan.

10 Hay regalos que no se aprovechan,
y regalos que rinden el doble.

11 Hay quien en la gloria recibe humillaciones,
y hay quien en la humillación levanta la cabeza.

12 Hay quien compra mucho con poco dinero,
pero luego lo paga siete veces más caro.

13 El sabio se hace querer por sus palabras,
mientras los favores del necio son inútiles.
14 El regalo del necio no te sirve de nada,
porque sus ojos desean recibir más de lo que han dado;
15 da poco y todo te lo echa en cara,
mientras abre la boca como un pregonero;
presta hoy y reclama mañana:
un hombre así es detestable.
16 Dice el necio: «No tengo ni un amigo,
nadie agradece mis favores;
17 los que comen mi pan son unos insolentes.»
¡Cuántos y cuántas veces se reirán de él!

El hablar inoportuno.

18 Mejor es resbalar en el suelo que con la lengua,
así la caída de los malos llegará de repente.

19 Hombre maleducado es como el chiste inoportuno,
que se repite en boca de imbéciles.

20 De la boca del necio no se aceptan proverbios,
pues jamás los dice en el momento adecuado.

21 Hay quien a causa de su pobreza no puede pecar,
y por eso puede descansar sin remordimientos.

22 Hay quien se pierde por vergüenza,
y quien se pierde por respetar a un necio.

23 Hay quien por vergüenza hace promesas al amigo,
y así, por nada, se gana un enemigo.

La mentira.

24 Grave defecto para un hombre la mentira,
anda siempre en boca de imbéciles.

25 Más vale un ladrón que un pecador obstinado,
aunque ambos heredarán la perdición.

26 El hábito de mentir es una deshonra,
la vergüenza lo acompaña siempre.

El sabio y la sabiduría.

27 El sabio se abre camino con sus palabras,
y el hombre sensato agrada a los poderosos.
28 El que cultiva la tierra recogerá una buena cosecha,
el que agrada a los poderosos expía la injusticia.

29 Presentes y regalos ciegan los ojos de los sabios,
como un bozal en boca ahogan los reproches.

30 Sabiduría escondida y tesoro oculto,
¿para qué sirven?
31 Más vale el que oculta su necedad
que el que oculta su sabiduría*.

Sobre el pecado.

21 1 Hijo, ¿has pecado? No vuelvas a hacerlo,
y pide perdón por tus faltas pasadas.
2 Huye del pecado como de la serpiente,
porque, si te acercas, te morderá.
Dientes de león son sus dientes,
que quitan la vida a los hombres.
3 Toda injusticia es como espada de dos filos,
no hay remedio para su herida.

20 31 La sabiduría sirve para iluminar a los hombres, ver Mt **5** 14-16; Ef **5** 14+.

4 Crueldad y arrogancia arrasan la riqueza,
así será arrasada la casa del orgulloso.
5 La oración del pobre llega a oídos de Dios,
y el juicio divino no se hace esperar.

6 El que odia la reprensión sigue las huellas del pecador,
el que teme al Señor se convierte en su corazón.

7 De lejos se conoce al charlatán,
y el sensato advierte sus deslices.

8 El que edifica su casa con dinero ajeno
es como el que amontona piedras para su tumba.

9 Un haz de estopa es la reunión de los pecadores,
acabará en una llamarada de fuego.
10 El camino de los pecadores está bien enlosado,
pero desemboca en lo hondo del abismo*.

El sabio y el necio.

11 El que guarda la Ley controla sus pensamientos,
el temor del Señor culmina en la sabiduría.

12 Quien no posee habilidad no aprende,
pero hay habilidades que llenan de amargura.

13 La ciencia del sabio crece como un torrente,
y su consejo es fuente de vida.
14 La mente del necio es como una vasija rota:
no retiene ningún conocimiento.
15 Si un hombre instruido oye una palabra sabia,
la elogia y añade otra.
Si la oye el imbécil, se burla de ella,
y se la echa a la espalda.

16 Las explicaciones del necio son como fardo en el camino,
pero los labios del inteligente saben cómo agradar.
17 La asamblea solicita la opinión del sensato,
sus palabras se meditan en el corazón.
18 Como casa en ruinas es la sabiduría del necio,
la ciencia del idiota, palabras incoherentes.
19 Cepo en los pies es la educación para el tonto,
esposas en su mano derecha.
20 El necio ríe estrepitosamente,
pero el hombre sensato apenas sonríe en silencio.

21 Joya de oro es la educación para el inteligente,
como brazalete en su brazo derecho.

22 El necio se precipita en casa ajena,
el hombre de experiencia se presenta con timidez.

21 10 Estos dos vv. hacen pensar en las penas del infierno, ver Is **50** 11; **56** 24.

23 El insensato fisgonea desde la puerta,
el hombre bien educado espera fuera.
24 Es falta de educación escuchar detrás de la puerta,
al sensato se le cae la cara de vergüenza.

25 Los charlatanes repiten lo que oyen,
los prudentes hablan con ponderación.

26 El necio habla sin pensar,
el sabio piensa lo que dice.

27 Cuando el impío maldice a Satanás,
a sí mismo se maldice.
28 El que murmura se perjudica a sí mismo,
y el vecindario lo detesta.

El perezoso.

22 1 El perezoso se parece a una piedra enfangada,
todos silban al ver su indignidad.
2 El perezoso se parece a una boñiga:
todo el que la toca se sacude la mano.

Los hijos maleducados.

3 ¡Qué vergüenza ser padre de un hijo maleducado,
pero qué ruina si es una hija!
4 La hija prudente es un tesoro para el marido,
la hija desvergonzada entristece a su padre.
5 La hija descarada avergüenza al padre y al marido,
y ambos la desprecian.
6 Música en duelo es una palabra inoportuna,
azotes y corrección siempre indican sabiduría*.

Sabiduría y necedad.

9 Enseñar al necio es como pegar los añicos de una vasija rota,
o como despertar a uno que duerme profundamente.
10 Conversar con el necio es conversar con un adormilado,
cuando termines de hablar, te dirá: «¿Qué has dicho?»

11 Llora por el difunto, porque le falta la luz,
llora también por el necio, porque le falta la inteligencia.
Llora tranquilamente por el difunto, porque ya descansa,
pues la vida del necio es peor que la muerte.
12 El duelo por un difunto dura siete días,
pero por un necio o impío, toda la vida.

13 No hables demasiado con el insensato,
ni andes en compañía del necio.
Guárdate de él, no sea que tengas un disgusto
y te contamine con su roce.

22 6 Los escribas son partidarios de los castigos corporales en la educación, Pr **13** 24; **19** 18; **22** 15; **23** 13-14; **29** 15.17.

Apártate de él y estarás tranquilo,
no te preocupes por sus arrebatos.

14 ¿Qué hay más pesado que el plomo?,
¿qué nombre se le puede dar sino «necio»?
15 Arena, sal, o barra de hierro
son más fáciles de llevar que el insensato.

16 Casa bien trabada con vigas de madera
no se desmorona ni con un terremoto;
así el corazón firme que reflexiona con prudencia,
llegado el momento no se acobarda.

17 Corazón apoyado en reflexión prudente
es como estuco de arena en pared bien lijada.

18 Empalizada en lo alto del muro
no resiste al viento;
así el corazón del necio, falto de reflexión,
no resiste ninguna amenaza.

La amistad.

19 Quien hiere el ojo, hace saltar lágrimas,
quien hiere el corazón, descubre sentimientos.
20 Quien tira una piedra a un pájaro, lo ahuyenta,
quien afrenta a un amigo, rompe la amistad.

21 Si has empuñado la espada contra tu amigo,
no desesperes, que aún puede volver a ti;
22 si has abierto la boca contra tu amigo,
no temas, que aún puedes reconciliarte,
a menos que haya ultraje, altanería, secreto revelado o golpe a traición,
porque en estos casos tu amigo se escapará.

23 Gánate la confianza del prójimo mientras es pobre,
para que, cuando sea rico, puedas disfrutar con él.
Permanece a su lado en tiempo de tribulación,
para que, cuando herede, puedas compartir la herencia con él.

24 Vapor y humo salen del horno antes del fuego,
así las injurias preceden a la sangre.

25 Nunca me avergonzaré de proteger a un amigo,
ni de su presencia me esconderé;
26 pero si por su culpa me ocurre algún mal,
todo el que se entere se guardará de él.

El dominio propio*.

27 ¿Quién pondrá guardián a mi boca,
y un sello de prudencia en mis labios,
para que no me hagan caer,
y mi lengua no me pierda?

22 27 Nótese la profundidad religiosa de estos vv.: los deseos terminan en una plegaria.

23 1 ¡Oh Señor, padre y dueño de mi vida,
no me abandones al capricho de mis labios,
no permitas que me hagan caer!
2 ¿Quién aplicará el látigo a mis pensamientos,
y a mi corazón la disciplina de la sabiduría,
para que no queden impunes mis faltas,
ni se pasen por alto mis pecados?
3 No sea que mis errores aumenten,
y abunden mis pecados;
no sea que yo caiga ante mis adversarios,
y el enemigo se burle de mí.
4 Señor, padre y Dios de mi vida,
no permitas que mis ojos sean altaneros,
5 y aparta de mí los malos deseos.
6 Que la sensualidad y la lujuria no se apoderen de mí,
no me dejes caer en pasiones vergonzosas.

Los juramentos.

7 Escuchen, hijos, mi enseñanza,
el que la guarda no caerá en la trampa.
8 El pecador se enreda en sus propios labios
el calumniador y el soberbio también tropiezan en ellos.
9 No acostumbres a jurar,
ni te habitúes a nombrar al Santo.
10 Porque, igual que un criado continuamente vigilado
no quedará libre de golpes,
así el que jura y nombra a Dios a todas horas
no se verá libre de pecado.
11 El hombre que mucho jura, se llena de maldad,
y no se apartará de su casa el látigo.
Si se descuida, su pecado le cae encima;
si jura a la ligera, peca dos veces;
si jura en falso, no será perdonado,
y su casa se llenará de desgracias.

Medir las palabras.

12 Hay palabras equiparables a la muerte,
¡que no se oigan nunca en la heredad de Jacob!
Pues los piadosos rechazan estas cosas,
y no se revuelcan en los pecados.
13 No acostumbres tu boca a groserías indecentes,
pues hay palabras que son pecado.
14 Acuérdate de tu padre y de tu madre,
cuando te sientes entre los poderosos,
no sea que te olvides en su presencia,
y, comportándote como un necio,
llegues a desear no haber nacido
y a maldecir el día de tu nacimiento.
15 El hombre habituado a insultar
no se corregirá en toda su vida.

La lujuria.

16 Dos clases de gente multiplican sus pecados*,
y una tercera provoca la ira divina:
17 El sensual que arde como el fuego:
no se apagará hasta consumirse;
el lujurioso con su propio cuerpo:
no cejará hasta que el fuego lo abrase;
para el lujurioso cualquier pan es dulce:
no descansará hasta que haya muerto.
18 El que es infiel a su esposa
y dice para sí: «¿Quién me ve?;
la oscuridad me envuelve, las paredes me encubren,
nadie me ve, ¿qué he de temer?
El Altísimo no se acordará de mis pecados».
19 Sólo teme los ojos de los hombres;
no sabe que los ojos del Señor
son diez mil veces más brillantes que el sol,
que observan todos los caminos de los hombres
y penetran los rincones más ocultos.
20 Antes de ser creadas, el Señor conocía todas las cosas*,
y, después de acabadas, todavía las conoce.
21 En las plazas de la ciudad ese hombre será castigado,
será detenido donde menos lo esperaba.

La adúltera.
Pr **2** 16; **5** 2-20; **6** 24-35; **7** 5.

22 Así también la mujer que ha sido infiel a su marido
y le ha dado como heredero el hijo de otro hombre.
23 Primero, ha desobedecido a la ley del Altísimo,
segundo, ha faltado a su marido,
tercero, se ha prostituido en adulterio
al tener hijos de otro hombre.
24 A ésta la llevarán ante la asamblea,
e investigarán sobre sus hijos.
25 Sus hijos no echarán raíces,
sus ramas no darán frutos.
26 Dejará un recuerdo maldito,
y su infamia no se borrará.
27 Los que vengan después de ella reconocerán
que nada es mejor que el temor del Señor,
nada más dulce que guardar sus mandamientos.

Elogio de la Sabiduría*.
Pr1 20-33; **8** 1-36; **9** 1-6; Jb **28**; Ba **3** 9-**4** 4.

24 1 La sabiduría hace su propio elogio,
se gloría en medio de su pueblo.

23 16 Proverbio «numérico», Pr **30** 15+.
23 20 Ver Pr **8** 22-36.
24 Este capítulo central de Ben Sirá presenta una doctrina de la Sabiduría inspirada en libros anteriores, ver Pr **8** 22+, y prepara el pensamiento cristiano acerca del Verbo y del Espíritu. La liturgia también lo ha aplicado a la Virgen María.

2 En la asamblea del Altísimo abre su boca,
se gloría delante de su poder:
3 «Yo salí de la boca del Altísimo,
y como niebla cubrí la tierra.
4 Yo puse mi tienda en las alturas,
y mi trono era una columna de nubes.
5 Yo sola recorrí la bóveda del cielo,
y me paseé por la profundidad del abismo.
6 Sobre las olas del mar, sobre toda la tierra,
sobre todos los pueblos y naciones se extendía mi dominio.
7 En todos ellos busqué donde descansar,
una heredad donde establecerme.
8 Entonces el creador del universo me dio una orden,
el que me había creado me hizo plantar la tienda,
y me dijo: «Pon tu tienda en Jacob,
sea Israel tu heredad.»
9 Desde el principio, antes de los siglos, me creó,
y por los siglos de los siglos existiré.
10 Oficié en la tienda santa delante de él*,
y así me establecí en Sión;
11 en la ciudad amada me hizo descansar,
y en Jerusalén está mi poder.
12 He arraigado en un pueblo glorioso,
en la porción del Señor, en su heredad.
13 He crecido como cedro del Líbano,
como ciprés de las montañas del Hermón.
14 He crecido como palmera de Engadí,
como plantel de rosas en Jericó,
como gallardo olivo en la llanura,
como plátano he crecido.
15 Como cinamomo y aspálato aromático he exhalado perfume,
como mirra exquisita he derramado aroma,
como gálbano y ónice y estacte*,
como nube de incienso en la Tienda.
16 Como terebinto he extendido mis ramas,
un ramaje hermoso y espléndido.
17 Como vid lozana he retoñado,
y mis flores son frutos hermosos y abundantes*.
19 Vengan a mí los que me desean,
y sáciense de mis frutos.
20 Que mi recuerdo es más dulce que la miel,
mi heredad más dulce que los panales.
21 Los que me comen aún tendrán más hambre,
los que me beben aún sentirán más sed*.
22 Quien me obedece, no pasará vergüenza,
los que cumplen mis obras, no llegarán a pecar.»

24 10 El culto del templo también es obra de la Sabiduría; se halla codificado en la Ley que, **24** 23-24, se confunde con la Sabiduría.
24 15 Plantas aromáticas, empleadas en el culto del templo.
24 17 Adición v. 18: *«Yo soy la madre del amor hermoso, del temor, del conocimiento y de la santa esperanza; yo me doy a todos mis hijos desde toda la eternidad, a los que por él han sido designados».*
24 21 Ver Jn **4** 13-14.

La Sabiduría y la Ley*.

23 Todo esto es el libro de la alianza del Dios Altísimo,
la Ley que nos prescribió Moisés
como herencia para las asambleas de Jacob;
25 ella rebosa sabiduría como el Pisón,
como el Tigris en la estación de los primeros frutos;
26 desborda inteligencia como el Éufrates,
como el Jordán en tiempo de cosecha;
27 derrama enseñanza como el Nilo,
como el Guijón durante la vendimia.
28 El primero no ha acabado aún de comprenderla,
y el último todavía no la ha descubierto.
29 Porque sus pensamientos son más grandes que el mar,
y sus consejos más profundos que el abismo.
30 Y yo, como canal que deriva de un río,
como acequia que atraviesa un jardín,
31 dije: «Regaré mi jardín,
y empaparé mis prados.»
Pero el canal se me convirtió en río,
y mi río se ha convertido en un mar.
32 Haré que mi enseñanza brille como la aurora,
y que resplandezca en la lejanía.
33 Derramaré mi enseñanza como profecía,
la transmitiré a las generaciones futuras.
34 Fíjense que no he trabajado sólo para mí,
sino para todos aquellos que buscan la sabiduría.

Proverbios.

25 1 Tres cosas desea mi alma
que agradan al Señor y a los hombres:
concordia entre hermanos, amistad entre vecinos,
y marido y mujer bien avenidos.

2 Tres tipos de personas detesta mi alma,
y su conducta me llena de indignación:
pobre orgulloso, rico embustero
y viejo verde e insensato.

Los ancianos.

3 Si en la juventud no has recogido nada,
¿cómo quieres encontrar algo en la vejez?
4 ¡Qué bien sienta a las canas el juicio,
y a los ancianos saber aconsejar!
5 ¡Qué bien sienta a los ancianos la sabiduría,
la reflexión y el consejo a los hombres ilustres!
6 La mucha experiencia es la corona de los ancianos,
y su orgullo es el temor del Señor.

24 23 El discurso de la Sabiduría ha terminado. Ahora el autor, ver v. 30, muestra que la Sabiduría y la Ley son idénticas.

Proverbio numérico.

7 Hay nueve situaciones que considero dichosas,
y una décima que la diré con palabras:
el hombre que encuentra la felicidad en sus hijos,
el que en vida puede ver la caída de sus enemigos.
8 Dichoso el hombre que vive con una mujer sensata,
el que no tiene que arar con buey y burro,
el que no resbala con su lengua,
el que no sirve a un amo indigno de él.
9 Dichoso el que ha encontrado la prudencia,
y el que la transmite a personas capaces de escuchar*.
10 ¡Qué grande es el que ha encontrado la sabiduría!
Pero nadie aventaja al que teme al Señor.
11 El temor del Señor está por encima de todo,
el que lo posee, ¿a quién se le puede comparar?

Las mujeres.

13 ¡Cualquier herida, menos la del corazón!
¡Cualquier maldad, menos la de mujer!
14 ¡Cualquier desgracia, menos la que proviene de los adversarios!
¡Cualquier venganza, menos la de los enemigos!
15 No hay veneno como el de la serpiente,
ni furia como la del enemigo.
16 Prefiero vivir con un león o dragón
que convivir con una mujer malvada.

17 La maldad de la mujer desfigura su semblante,
y oscurece su rostro como el de un oso.
18 Su marido se sienta entre los vecinos,
y sin poder contenerse suspira amargamente.

19 Toda malicia es poca junto a la de la mujer,
¡que la suerte del pecador caiga sobre ella!

20 Cuesta arenosa para pies de anciano,
así es la mujer charlatana para un marido pacífico.
21 No te dejes seducir por la belleza de una mujer,
no te apasiones por una mujer.

22 Motivo de indignación, deshonra y gran vergüenza
es la mujer que mantiene a su marido.
23 Corazón abatido, rostro sombrío,
herida del corazón, es la mujer malvada.
Manos caídas y rodillas vacilantes
es la mujer que no hace feliz a su marido.

24 Por la mujer empezó el pecado,
y por su culpa todos morimos.
25 No des salida al agua,
ni libertad de palabra a la mujer malvada.

25 9 Ver Pr **30** 15+.

26 Si no se comporta según tu voluntad,
apártala de tu lado*.

26

1 Dichoso el marido de una mujer buena,
el número de sus días se duplicará.
2 Mujer valerosa es la alegría de su marido,
él vivirá en paz todos los años de su vida.
3 Una mujer buena es una herencia valiosa
que toca en suerte a los que temen al Señor:
4 sean ricos o pobres, su corazón estará contento
y llevarán siempre la alegría en el rostro.

5 Tres cosas teme mi corazón,
y una cuarta me da miedo:
calumnia en la ciudad, motín popular
y falsa acusación: todo ello es peor que la muerte;
6 pero pena y dolor de corazón es una mujer celosa de otra,
el látigo de su lengua a todos instiga.

7 Yugo de bueyes mal ajustado es la mujer malvada;
querer dominarla es como agarrar un escorpión.
8 Gran motivo de indignación es la mujer borracha,
no podrá ocultar su vergüenza.

9 La mujer adúltera provoca con la mirada,
sus párpados la delatan.
10 Ante una joven atrevida, refuerza la guardia,
no sea que, al menor descuido, se aproveche de ti.
11 Guárdate de sus ojos descarados,
y no te extrañes si te conducen al mal.
12 Como caminante sediento abre la boca,
y bebe de cualquier agua que encuentra;
se sienta frente a cualquier tienda,
y abre su aljaba a cualquier flecha.

13 El encanto de la mujer complace a su marido,
y su ciencia lo reconforta.
14 La mujer silenciosa es un don del Señor,
la mujer bien educada no tiene precio.
15 La mujer honrada duplica su encanto,
es incalculable el valor de la que sabe controlarse.

16 Sol que sale por las alturas del Señor
es la belleza de la mujer buena en su casa bien ordenada.
17 Lámpara que brilla en el candelabro santo
es un rostro hermoso sobre una figura esbelta.
18 Columnas de oro sobre pedestales de plata,
son las piernas bonitas sobre talones firmes.

Cosas que entristecen.

28 Dos cosas entristecen mi corazón
y la tercera me produce indignación:

25 26 Ver Dt **24** 1-4; Mt **19** 3-9p.

el guerrero que desfallece en la miseria,
hombres inteligentes tratados con desprecio
y quien se pasa de la justicia al pecado:
a éste el Señor lo destina a la espada.

El negocio.

29 Difícilmente está libre de culpa el negociante,
el comerciante no se verá libre de pecado.

27 1 Por amor al dinero muchos han pecado,
el que pretende enriquecerse desvía la mirada.
2 Entre dos piedras unidas se clava la estaca,
así entre compra y venta se introduce el pecado.
3 Quien no se aferra enseguida al temor del Señor,
pronto verá su casa arruinada.

La palabra.

4 Cuando se agita la criba, quedan los desechos;
cuando el hombre habla, se descubren sus defectos.
5 El horno prueba las vasijas del alfarero,
el hombre es probado en su conversación.
6 El fruto demuestra el cultivo del árbol,
así la palabra del hombre revela su mentalidad.
7 No elogies a nadie, antes de oírle hablar,
porque ésa es la prueba del hombre.

La justicia.

8 Si buscas la justicia, la encontrarás,
y te la vestirás como túnica de gloria.
9 Los pájaros anidan con los de su especie,
así la verdad con los que la practican.
10 El león acecha a su presa,
así el pecado a los que cometen injusticias.

11 En la conversación del piadoso siempre hay sabiduría,
en cambio, el insensato cambia como la luna.
12 No pierdas el tiempo con los necios,
pero entre los sensatos demórate sin reparos.
13 La conversación de los necios es exasperante,
se ríen de los placeres del pecado.
14 El lenguaje del hombre que jura sin cesar eriza los cabellos,
y ante sus disputas hay que taparse los oídos.

15 Riña de orgullosos hace derramar sangre,
da pena escuchar sus insultos.

Los secretos.

16 El que revela secretos, se desacredita ante todos,
y nunca encontrará un amigo de verdad.
17 Ama a tu amigo y pon tu confianza en él,
pero si revelas sus secretos, no vayas tras él;

18 porque como el asesino elimina a su víctima,
así tú has destruido la amistad de tu prójimo.
19 Como pájaro que has dejado escapar de tu mano,
así has perdido a tu amigo y no lo recobrarás.
20 No vayas en su busca, porque se fue lejos,
huyó como gacela de la trampa.
21 Se puede vendar una herida,
se puede perdonar una ofensa,
pero no hay esperanza para el que ha revelado un secreto.

Hipocresía.

22 El que guiña el ojo, algo malo está tramando,
nadie podrá disuadirlo de ello.
23 En tu presencia habla con dulzura,
y muestra admiración por tus palabras;
pero luego cambia de lenguaje,
y usa tus palabras para dar escándalo.
24 Muchas cosas detesto, pero nada como a este hombre.
El Señor también lo detesta.

25 Quien tira una piedra al aire, sobre su cabeza la tira,
el golpe a traición hiere al que lo da.
26 Quien cava una fosa, caerá en ella,
quien tiende una trampa, en ella quedará atrapado.
27 Quien hace el mal, lo verá caer sobre sí,
aunque no sepa de dónde le viene.

28 Escarnios e insultos son propios del orgulloso,
pero la venganza lo acecha como un león.
29 Los que se alegran de la caída del piadoso
caerán en la trampa y el dolor los consumirá antes de morir.

El rencor.

30 Rencor e ira también son detestables,
ambas posee el pecador.

28 1 El vengativo sufrirá la venganza del Señor,
que llevará cuenta exacta de sus pecados.
2 Perdona la ofensa a tu prójimo,
y, cuando reces, tus pecados te serán perdonados*.
3 Si un hombre alimenta la ira contra otro,
¿cómo puede esperar la curación del Señor?
4 Si no se compadece de su semejante,
¿cómo pide perdón por sus propios pecados*?
5 Si a él, un simple mortal, guarda rencor,
¿quién perdonará sus pecados?
6 Piensa en tu final y deja ya de odiar,
Recuerda la corrupción y la muerte y sé fiel a los mandamientos.
7 Recuerda los mandamientos y no guardes rencor a tu prójimo,
recuerda la alianza del Altísimo y pasa por alto la ofensa.

28 2 Ver Mt **6** 12p; **5** 23-24; **6** 14-15. **28** 4 Ver Mt **18** 23-35.

Las riñas.

8 Apártate de disputas y evitarás el pecado,
porque el violento atiza las disputas.
9 El pecador enzarza a los amigos,
siembra discordia entre los que están en paz.
10 Según sea la leña, así arde el fuego,
según sea su violencia, se extiende la disputa;
según sea la fuerza del hombre, así es su furor,
según sea su riqueza, crece la ira.
11 Riña repentina enciende el fuego,
disputa precipitada hace verter sangre.
12 Si soplas sobre una chispa, prenderá,
si le escupes encima, se apagará,
y ambas cosas salen de tu boca.

Las malas lenguas.

13 Maldice al mentiroso que pasa el soplo,
que ha perdido a muchos que vivían en paz.
14 A muchos ha sacudido la lengua calumniadora*,
los ha dispersado de nación en nación;
ha arrasado ciudades fuertes
y ha arruinado familias de príncipes.
15 La lengua calumniadora ha repudiado a mujeres excelentes,
privándolas del fruto de sus trabajos.
16 El que le hace caso no encontrará descanso,
ni plantará su tienda en paz.
17 Un golpe del látigo produce moratones,
un golpe de lengua quebranta los huesos.
18 Muchos han caído a filo de espada,
pero no tantos como las víctimas de la lengua.
19 Dichoso el que de ella se protege,
el que no ha probado su furor,
el que no ha cargado su yugo,
ni ha sido atado con sus cadenas.
20 Porque su yugo es de hierro,
y sus cadenas de bronce.
21 Trágica es la muerte que ocasiona,
¡es mucho mejor el abismo!
22 Pero no tiene poder sobre los piadosos,
en sus llamas no se quemarán.
23 Los que abandonan al Señor caerán en ella,
en ellos prenderá y no se apagará.
Como un león se lanzará contra ellos,
como una pantera los desgarrará.
24 Mira, valla tu hacienda con espinos,
guarda bien tu oro y tu plata.

28 14 La *lengua calumniadora*, lit.: la «lengua triple», es la que se inmiscuye, como *tercera*, en las discusiones, o la que produce tres víctimas; el calumniador, el oyente, el calumniado. Ver **5** 16-**6** 1; St **3** 5-10.

25 Balanza y pesos para tus palabras,
puerta y cerrojo para tu boca.
26 Guárdate bien de resbalar con la lengua,
no sea que caigas ante el que te acecha.

El préstamo*.

29 1 El hombre misericordioso presta a su prójimo,
quien le brinda ayuda guarda los mandamientos.
2 Presta a tu prójimo cuando pase necesidad,
y por tu parte restituye lo prestado a su debido tiempo.
3 Mantén tu palabra y sé leal con él,
y en toda ocasión encontrarás lo que necesitas.
4 Muchos pretenden adueñarse de lo prestado,
y ponen en dificultad a quienes los ayudaron.
5 Antes de recibir el préstamo, besan las manos del prójimo,
y humillan la voz para conseguir su dinero;
pero, a la hora de restituir, dan largas,
responden con evasivas
y echan la culpa a las circunstancias.
6 Si consigue pagar, el otro recibirá apenas la mitad,
y aun lo considerará como una ganga.
En caso contrario, perderá su dinero,
y se habrá ganado sin necesidad un enemigo,
que le devolverá maldiciones e insultos,
y en lugar de honor le devolverá desprecio.
7 Así que muchos se niegan a prestar dinero, no por malicia,
sino por miedo a que los despojen sin razón.

La limosna.

3 30-**4** 10; **7** 32-36; Tb **12** 8-9; Mt **6** 19-21; **19** 21.

8 En cambio, sé generoso con el humilde,
y no le hagas esperar por tu limosna.
9 Si quieres cumplir el mandamiento, acoge al indigente,
y según su necesidad no lo despidas con las manos vacías.
10 Por el hermano y el amigo pierde tu dinero,
que no se te enroñe inútilmente bajo una piedra.
11 Utiliza tus bienes según los preceptos del Altísimo,
y te dará más provecho que el oro.
12 Guarda las limosnas en tus graneros,
y ellas te preservarán de todo mal.
13 Mejor que escudo recio o pesada lanza,
ellas combatirán por ti frente al enemigo.

Las fianzas.

8 13; Pr **6** 1+.

14 El hombre bueno sale fiador por su prójimo,
el que ha perdido la vergüenza, lo deja abandonado.

29 El préstamo (sin interés) estaba prescrito por la Ley con respecto a los israelitas, Ex **22** 24; Lv **25** 35-36; Dt **15** 7-11; **23** 20-21. Ver Mt **5** 42; Sal **37** 21.26.

15 No olvides los favores de tu fiador,
pues él se ha expuesto por ti.
16 El pecador dilapida los bienes de su fiador,
el ingrato no se acuerda de su liberador.
17 La fianza ha arruinado a mucha gente de bien,
los ha sacudido como ola del mar.
18 Ha desterrado a hombres poderosos,
que anduvieron errantes por naciones extranjeras.
19 El pecador que se presta a la fianza
con afán de especular, se enredará en pleitos.
20 Ayuda al prójimo según tus recursos,
pero ten cuidado de no arruinarte.

La hospitalidad.

21 Lo indispensable para vivir es agua, pan, vestido,
y una casa para cobijarse.
22 Más vale vida de pobre bajo techo de madera
que grandes banquetes en casa ajena.
23 En lo poco y en lo mucho pon buena cara,
y no escucharás reproches de tu huésped.
24 Triste vida andar de casa en casa:
allí donde te hospedes no podrás abrir la boca.
25 Recibirás humillado hospedaje y bebida,
y encima tendrás que oír palabras hirientes:
26 «Pasa, forastero, pon la mesa,
si tienes algo a mano, dame de comer.»
27 «Vete, forastero, cede tu puesto a otro más importante,
mi hermano viene a hospedarse y necesito la casa.»
28 Duro es esto para el hombre con sentimientos,
reproches del casero,
e insultos del prestamista.

La educación.

Pr **13** 24; **23** 13.14; **29** 15.

30

1 El que ama a su hijo, lo castiga sin cesar,
para poder alegrarse en el futuro.
2 El que educa a su hijo, tendrá muchas satisfacciones,
y entre sus conocidos se sentirá orgulloso de él.
3 El que instruye a su hijo, dará envidia a su enemigo,
y ante sus amigos se sentirá satisfecho.

4 Cuando el padre muere, es como si no muriera,
pues deja tras de sí un hijo semejante a él.
5 Durante su vida se alegra de verlo,
y a la hora de su muerte no siente tristeza.
6 Contra sus enemigos deja un vengador*,
y para sus amigos un benefactor.

7 El que mima a su hijo, vendará sus heridas,
a cada grito se le conmoverán sus entrañas.

30 6 El *go'el*, defensor de los oprimidos, ver Nm **35** 19+; Is **41** 14+.

8 Caballo no domado sale bravo,
hijo consentido sale arisco.
9 Mima a tu hijo y te dará sorpresas,
juega con él y te traerá disgustos.
10 No rías con él, si no quieres acabar llorando
y rechinando de dientes.
11 En su juventud no le des libertad,
y no pases por alto sus errores.
12 Doblega su cuello mientras es joven,
pégale en las costillas cuando es pequeño,
no sea que, volviéndose rebelde, te desobedezca,
y sufras por él una honda amargura.
13 Educa a tu hijo y trabájalo bien,
para que no tengas que soportar su insolencia.

La salud.

14 Vale más pobre sano y fuerte
que rico lleno de achaques.
15 Salud y vigor valen más que todo el oro,
un cuerpo robusto más que una inmensa fortuna.
16 No hay mejor riqueza que la salud del cuerpo,
ni mayor felicidad que la alegría del corazón.
17 Mejor es la muerte que una vida amargada,
el descanso eterno que una enfermedad incurable.
18 Manjares derramados sobre boca cerrada,
eso son las ofrendas depositadas sobre una tumba.
19 ¿De qué le sirve al ídolo una ofrenda?
¡No la puede comer ni beber!
Así sucede a quien persigue el Señor:
20 mira con sus ojos y suspira,
es como el eunuco que abraza a una joven doncella y suspira.

La alegría.

21 No te abandones a la tristeza,
ni te atormentes con tus pensamientos.
22 La alegría de corazón es vida para el hombre,
y la felicidad le alarga los días.
23 Distrae tu alma y consuela tu corazón,
aparta de ti la tristeza;
pues la tristeza ha perdido a muchos,
de ella no se saca ningún provecho.
24 Envidia y malhumor acortan los días,
las preocupaciones producen vejez prematura.
25 Un corazón radiante tiene buen apetito,
y le aprovecha todo lo que come.

Las riquezas.

31 1 El insomnio del rico acaba con su salud,
sus preocupaciones ahuyentan el sueño.

[2] Las preocupaciones le impiden dormir,
como una enfermedad grave le quita el sueño.
[3] El rico se afana para acumular riquezas,
y cuando descansa, se llena de placeres.
[4] El pobre se afana para encontrar sustento,
y cuando descansa, cae en la miseria.
[5] Quien ama el oro, no quedará exento de culpa,
quien anda tras el lucro, en él se extraviará.
[6] Muchos se arruinaron a causa del oro,
y se encontraron cara a cara con la ruina.
[7] Es una trampa para los que le ofrecen sacrificios,
todos los insensatos quedan atrapados en ella.
[8] Dichoso el rico de conducta intachable
que no corre tras el oro.
[9] ¿Quién es? Vamos a felicitarlo,
pues ha hecho maravillas en su pueblo.
[10] ¿Quién sufrió esta prueba y fue hallado perfecto?
Será para él motivo de gloria.
¿Quién pudo transgredir la ley y no la transgredió,
hacer mal y no lo hizo?
[11] Sus bienes se consolidarán,
y la asamblea proclamará su bondad.

Los banquetes.

Pr **23** 1-3.6-8.

[12] ¿Te has sentado en una mesa opulenta?
No abras la boca de par en par,
y digas: «¡Cuántas cosas hay aquí!»
[13] Recuerda que es mala cosa la avidez,
no hay nada peor que ella,
pues por cualquier cosa llora.
[14] No alargues la mano para coger lo que otro mira,
ni te lances sobre el mismo plato que él.
[15] Juzga al prójimo como a ti mismo,
y reflexiona siempre antes de actuar.
[16] Come con educación lo que te pongan delante,
no seas glotón y no quedarás mal.
[17] Termina el primero por educación,
no seas comilón y no te despreciarán.
[18] Si estás sentado entre muchos invitados,
no alargues tu mano antes que ellos.
[19] ¡Poca cosa le basta a un hombre bien educado!,
y así cuando está en la cama no resopla.
[20] A estómago moderado, sueño saludable,
se levanta temprano y tiene dominio de sí.
Insomnio, vómitos y cólicos
esperan al hombre insaciable.
[21] Si te viste obligado a comer demasiado,
levántate, ve a vomitar y quedarás tranquilo.
[22] Escúchame, hijo, y no me desprecies,
al final comprenderás mis palabras.

En todo lo que hagas sé moderado,
y no tendrás ninguna enfermedad.
23 Al que es espléndido en los banquetes, todos lo alaban,
y la fama de su generosidad es duradera.
24 Al que es tacaño en los banquetes, la ciudad lo critica,
y la fama de su tacañería es duradera.

El vino.

Pr **20** 1; **23** 20-21.29-35; **31** 4-7; Is **5** 22; **28** 1-4.

25 Con el vino no te hagas el valiente,
porque a muchos ha perdido el vino.
26 El horno prueba el temple del acero,
así el vino los corazones en una riña de orgullosos.
27 El vino es vida para el hombre,
siempre y cuando se beba con medida.
¿Qué es la vida para quien le falta el vino?
Fue creado para alegrar al hombre.
28 Alegría del corazón y regocijo del alma
es el vino bebido a tiempo y con medida.
29 Amargura del alma, el vino bebido con exceso
por incitación o desafío.
30 La embriaguez enfurece al insensato hasta hacerle caer,
debilita sus fuerzas y le ocasiona heridas.
31 En un banquete no reprendas a tu vecino,
no te burles de él, si se pone alegre.
No le digas nada que pueda ofenderlo,
ni lo molestes reclamándole dinero.

Los banquetes.

32 1 ¿Te hacen presidir la mesa? No te engrías,*
sé uno más entre todos;
atiéndelos primero y luego siéntate.
2 Cuando hayas cumplido tu deber, toma asiento,
para alegrarte con ellos
y recibir la corona de la cortesía.
3 Habla, anciano, que eso te corresponde,
pero hazlo con discreción y sin estorbar la música.
4 Durante la audición, no hables en exceso,
no te hagas el sabio a destiempo.
5 Sello de rubí en montura de oro,
es la música en un banquete.
6 Sello de esmeralda en montura de oro,
es la melodía con vino delicioso.
7 Habla, joven, si es necesario,
dos veces a lo sumo, si se te pregunta.
8 Resume tu discurso, di mucho en pocas palabras,
sé como quien sabe y al mismo tiempo calla.
9 Entre los grandes no pretendas igualarte a ellos,
si otro está hablando, no hables tú también.

32 1 Ver 2 M **2** 27; Jn **2** 8.

10 El relámpago precede al trueno,
así la gentileza al hombre modesto.
11 Llegada la hora levántate, no te entretengas,
ve corriendo a casa, no te hagas el remolón.
12 Allí, diviértete y haz lo que te guste,
pero no peques con palabras insolentes.
13 Y por todo esto bendice a tu Creador,
al que te colma de sus bienes.

El temor de Dios.

14 El que teme al Señor acepta la instrucción,
los que madrugan por él encuentran su favor.
15 El que busca la ley se llena de ella,
pero al hipócrita le sirve de tropiezo.
16 Los que temen al Señor son justificados,
sus buenas acciones brillan como la luz.
17 El pecador rechaza la corrección,
siempre encuentra excusas para hacer su voluntad.
18 El hombre sensato no olvida la reflexión,
el malvado y el orgulloso no tienen miedo a nada.

19 No hagas nada sin aconsejarte,
y no te arrepentirás de tus acciones.
20 No vayas por caminos escabrosos,
y no tropezarás con las piedras.
21 No te fíes de un camino inexplorado,
22 y de tus hijos guárdate.
23 En todos tus actos confía en ti,
que también esto es guardar los mandamientos.

24 El que confía en la ley observa los mandamientos,
y el que confía en el Señor no sufrirá ningún daño.

33 1 Al que teme al Señor no le sucede ningún mal,
e incluso en la prueba será liberado.
2 El hombre sabio no aborrece la ley,
pero el que finge observarla es como nave en la tempestad.
3 El hombre inteligente confía en la ley,
para él la ley es digna de fe como un oráculo.
4 Prepara tu discurso y así serás escuchado,
ordena tus ideas y luego responde.
5 Rueda de carro es el sentimiento del necio,
su razonamiento como eje que da vueltas.
6 El amigo burlón es como un caballo en celo,
relincha bajo cualquier jinete.

Contrastes en la creación.

7 ¿Por qué un día es más importante que otro*,
si todos los días del año reciben la misma luz del sol?
8 La mente del Señor los ha diferenciado,
estableciendo distintas estaciones y fiestas.

33 7 Se trata menos, vv. 8-9, de desigualdad en duración que en dignidad.

9 A unos los ensalzó y santificó,
a otros los hizo días ordinarios.
10 Así todos los hombres provienen del polvo,
de la tierra fue creado Adán.
11 El Señor los ha diferenciado con su gran sabiduría,
y ha diversificado sus caminos.
12 A unos los bendijo y ensalzó,
los santificó y los puso junto a sí;
a otros los maldijo y humilló
y los derribó de su puesto.
13 Como la arcilla en manos del alfarero*,
que la modela según su voluntad,
así los hombres en manos de su Hacedor,
que da a cada uno según su criterio.
14 Frente al mal está el bien,
frente a la muerte, la vida;
así frente al piadoso, el pecador.
15 Observa, pues, todas las obras del Altísimo,
de dos en dos, una frente a otra*.

Nota autobiográfica.

16 También yo, el último, he estado vigilando,
como quien racima tras los vendimiadores.
17 Gracias a la bendición del Señor me he adelantado,
y como vendimiador he llenado el lagar.
18 Miren que no he trabajado sólo para mí,
sino para todos los que buscan la instrucción.
19 Escúchenme, grandes del pueblo,
jefes de la asamblea, presten oído.

Testamentos e independencia.

20 A hijo y mujer, a hermano y amigo
no des poder sobre ti mientras vivas.
No des a otros tus riquezas,
no sea que, arrepentido, tengas que suplicar por ellas.
21 Mientras vivas y no te falte el aliento,
no te entregues en manos de otro.
22 Mejor es que tus hijos te pidan,
que no tener que depender de ellos.
23 En todas tus obras sé dueño de ti mismo,
no dejes que se manche tu reputación.
24 Cuando se acaben los días de tu vida,
a la hora de la muerte, reparte tu herencia.

Los esclavos*.

25 Al burro, forraje, palo y carga,
al criado, pan, disciplina y trabajo.

33 13 Ver Is **29** 16+.
33 15 Ver **42** 24-25; Qo **3** 1-8.

33 25 Sobre la dureza con los esclavos, ver Ex **21** 20-21; Mt **18** 34; Lc **12** 46. Los

26 Haz trabajar al siervo y encontrarás descanso,
deja libres sus manos y buscará la libertad.
27 Yugo y riendas doblegan el cuello,
al mal criado azotes y castigos.
28 Hazle trabajar para que no esté ocioso,
que la ociosidad enseña muchos vicios.
29 Oblígalo a trabajar como le corresponde,
y, si no obedece, pon cepos en sus pies.
30 Pero no te excedas con nadie,
ni hagas nada injustamente.

31 Si tienes un criado, trátalo como a ti mismo,
porque con sangre lo adquiriste.
32 Si tienes un criado, trátalo como a un hermano,
porque lo necesitas como a ti mismo.
33 Si lo maltratas, y levantándose, se escapa,
¿por qué camino irás a buscarlo?

Los sueños*.

34 1 Las esperanzas vanas y engañosas son propias del necio,
los sueños dan alas a los insensatos.
2 Atrapar sombras y perseguir viento
es fiarse de los sueños.
3 Espejo y sueño son cosas semejantes,
frente a un rostro, la imagen de un rostro.
4 De lo impuro, ¿puede salir algo puro?;
de la mentira, ¿puede salir algo verdadero?
5 Adivinaciones, augurios y sueños son vanas ilusiones,
como fantasías de una mujer en parto.
6 A menos que vengan de parte del Altísimo,
no abras tu corazón a estas cosas.
7 Porque muchos se extraviaron por los sueños,
y fracasaron por fiarse de ellos.
8 La ley se ha de cumplir sin engaño,
y la sabiduría en una boca sincera es perfección*.

Los viajes.

9 El que ha viajado mucho sabe muchas cosas,
el que tiene experiencia se expresa con inteligencia.
10 Quien no ha sido probado poco sabe,
quien ha viajado posee muchos recursos.

esclavos no estaban, pues, abandonados al arbitrio de los amos, ver **10** 25. Sus derechos estaban precisados por la Ley, Ex **21** 1-6.26-27; Lv **25** 46; Dt **15** 12-18; ver aquí, vv. 30.31-33. Comparar la actitud de San Pablo, Ga **3** 28; Ef **6** 9; Col **3** 11; **4** 1; Flm 1.6+.

34 En el AT Dios se sirve a veces de los *sueños* para instruir a los hombres: Gn **15** 12; **20** 3; **28** 10-17; **31** 10-13.24; **37** 5-11; **40** 5-8; **41** 1-36; etc. Ver Nm **12** 6; Dn **2** 1+. Véase también Mt **1** 20-23; **2** 13.22. Pero el recurso a los sueños como medio ordinario de adivinación es censurado por los profetas y los legisladores; Jr **29** 8; Qo **5** 6; Lv **19** 26; Dt **13** 2-6; **18** 9-14. Ben Sirá adopta esta última actitud aun reconociendo la posibilidad de sueños auténticamente divinos (v.6).

34 8 La Ley y la Sabiduría no decepcionan.

[11] Muchas cosas he visto en mis viajes,
mis conocimientos superan mis palabras.
[12] Varias veces he estado en peligro de muerte,
pero me salvé gracias a lo que sigue:
[13] Los que temen al Señor vivirán,
porque su esperanza está en aquel que los salva.
[14] Quien teme al Señor de nada tiene miedo,
de nada se acobarda, porque él es su esperanza.
[15] Dichoso el que teme al Señor:
¿en quién confía?, ¿quién es su apoyo?
[16] Los ojos del Señor están fijos en los que lo aman,
él es para ellos protección poderosa, apoyo firme,
refugio contra el viento abrasador y el calor del mediodía,
defensa para no tropezar, auxilio para no caer;
[17] él levanta el ánimo, ilumina los ojos,
da salud, vida y bendición.

Sacrificios.

[18] Sacrificar el fruto de la injusticia es una ofrenda impura,
los dones de los malvados no son aceptables.
[19] El Altísimo no acepta las ofrendas de los impíos,
ni perdona los pecados por la cantidad de sacrificios*.
[20] Como inmolar a un hijo en presencia de su padre,
es ofrecer sacrificios con los bienes de los pobres.
[21] El pan de la limosna es la vida de los pobres,
quien se lo quita es un criminal.
[22] Mata a su prójimo quien le roba el sustento,
quien no paga el sueldo al jornalero derrama sangre.
[23] Uno edifica y otro destruye,
¿qué ganan con ello sino fatiga?
[24] Uno bendice y otro maldice,
¿a quién de los dos escuchará el amo?
[25] Si uno se purifica del contacto de un cadáver y lo vuelve a tocar,
¿de qué le sirve su baño de purificación?
[26] Así el hombre que ayuna por sus pecados
y después los vuelve a cometer;
¿quién escuchará su oración?,
¿de qué le sirve haberse humillado?

Ley y sacrificios*.

35 [1] Observar la ley es hacer muchas ofrendas,
guardar los mandamientos es hacer sacrificios de comunión.
[2] Devolver un favor es hacer oblación de flor de harina,
hacer limosna es ofrecer sacrificios de alabanza.
[3] Apartarse del mal es complacer al Señor,
un sacrificio de expiación es apartarse de la injusticia.
[4] No te presentes ante el Señor con las manos vacías,
pues esto es lo que prescriben los mandamientos.

34 19 Ver Am **5** 21+.
35 Ritualista y moralista a la vez, Ben Sirá estima que el cumplimiento de la Ley ya por sí solo es un culto.

5 La ofrenda del justo honra el altar,
su perfume sube hasta el Altísimo.
6 El sacrificio del justo es aceptable,
su memorial no se olvidará.
7 Glorifica al Señor con generosidad,
y no escatimes las primicias de tus manos.
8 Cuando hagas tus ofrendas, pon cara alegre,
y paga los diezmos de buena gana.
9 Da al Altísimo como él te ha dado a ti,
con generosidad, según tus posibilidades.
10 Porque el Señor sabe recompensar,
y te devolverá siete veces más.

La justicia divina.

11 No trates de sobornar al Señor, porque no lo aceptará;
no te apoyes en sacrificio injusto.
12 Porque el Señor es juez,
y para él el prestigio de las personas no cuenta.
13 No hace acepción de personas en perjuicio del pobre,
y escucha la oración del oprimido.
14 No desdeña la súplica del huérfano,
ni el lamento de la viuda.
15 ¿No corren por su mejilla las lágrimas de la viuda
y su clamor contra el que las provocó?
16 Quien sirve de buena gana, es bien aceptado,
y su plegaria sube hasta las nubes.
17 La oración del humilde atraviesa las nubes,
hasta que no llega a su término, él no se consuela.
18 No desiste hasta que el Altísimo lo atiende,
juzga a los justos y les hace justicia.
19 El Señor no tardará,
ni tendrá paciencia con los impíos,
20 hasta quebrantar los lomos de los despiadados,
y tomar venganza de las naciones,
21 hasta exterminar a los soberbios,
y quebrar el cetro de los injustos,
22 hasta pagar a cada cual según sus acciones,
las obras de los hombres según sus intenciones,
23 hasta hacer justicia a su pueblo,
y alegrarles con su misericordia.
24 Buena es la misericordia en tiempo de desgracia,
como nubes de lluvia en tiempo de sequía.

Oración por Israel*.

36 1 Ten piedad de nosotros, Señor, Dios del universo, mira
y siembra tu temor sobre todas las naciones.
2 Alza tu mano contra las naciones extranjeras,
para que reconozcan tu señorío.

36 Esta oración expresa bien los sentimientos de los judíos piadosos hacia el 190 a.C., bajo la opresión que provocó la sublevación de los Macabeos, ver **51** 12+; Sal **79**.

3 Como ante ellas te has mostrado santo con nosotros,
así ante nosotros muéstrate grande con ellas.
4 Que te reconozcan, como nosotros hemos reconocido
que no hay Dios fuera de ti, Señor.
5 Renueva tus prodigios, repite tus maravillas,
glorifica tu mano y tu brazo derecho.
6 Despierta tu furor y derrama tu ira,
extermina al adversario y aniquila al enemigo.
7 Acelera la hora, recuerda el juramento,
y que se divulguen tus grandezas.
8 Que el fuego de tu ira devore a los supervivientes,
y perezcan los que hacen daño a tu pueblo.
9 Aplasta la cabeza de los jefes enemigos,
que dicen: «Fuera de nosotros no hay nadie.»
10 Reúne todas las tribus de Jacob,
dales su heredad como al principio*.
11 Ten piedad, Señor, del pueblo llamado con tu nombre,
de Israel, a quien trataste como a tu primogénito.
12 Ten compasión de tu ciudad santa,
de Jerusalén, lugar de tu descanso.
13 Llena a Sión de tu alabanza,
y el templo de tu gloria.
14 Da testimonio en favor de tus primeras criaturas,
cumple las profecías hechas en tu nombre.
15 Da su recompensa a los que esperan en ti,
y que tus profetas sean acreditados.
16 Escucha, Señor, la súplica de tus siervos,
según la bendición de Aarón sobre tu pueblo.
17 Y todos los habitantes de la tierra reconozcan
que tú eres el Señor, el Dios eterno.

El discernimiento.

18 El estómago consume todo tipo de alimentos,
pero unos son mejores que otros.
19 El paladar distingue la carne de caza,
y el corazón inteligente las palabras mentirosas.
20 El hombre perverso provoca desgracias,
pero el experimentado le da su merecido.

Elección de esposa.

21 La mujer acepta cualquier marido,
pero unas jóvenes son mejores que otras.
22 La belleza de la mujer recrea la mirada,
y el hombre la desea más que ninguna otra cosa.
23 Si en su lengua hay bondad y dulzura,
su marido ya no es como los demás hombres.
24 El que consigue una mujer, empieza a hacer fortuna,
una ayuda semejante a él y columna de apoyo.

36 10 La dispersión de las tribus durante el Destierro había despertado en los espíritus la esperanza de una última reagrupación con la venida del Mesías.

25 Donde no hay valla, la propiedad es saqueada,
donde no hay mujer, el hombre gime a la deriva.
26 ¿Quién se fiará del ladrón ágil,
que va saltando de ciudad en ciudad?
27 Lo mismo ocurre con el hombre sin hogar,
que se cobija donde la noche lo sorprende.

Falsos amigos.

Ver **6** 5-17.

37 1 Todo amigo dice: «También yo soy tu amigo»,
pero hay amigo que lo es sólo de nombre.
2 ¿No es un disgusto mortal
que un compañero o amigo se convierta en enemigo?
3 ¡Oh intención perversa! ¿De dónde saliste
para cubrir la tierra de engaño?
4 El compañero disfruta en la alegría del amigo,
pero en la desgracia se vuelve contra él.
5 El compañero compadece al amigo por interés,
y cuando llega el combate, toma el escudo sólo para defenderse.
6 No te olvides de tu amigo,
ni dejes de recordarlo cuando seas rico.

Los consejeros.

7 Todo consejero da consejos,
pero hay quien aconseja en su interés.
8 Ten cuidado con el consejero,
entérate primero de sus necesidades,
porque en su propio provecho te aconsejará;
no sea que eche sobre ti la suerte,
9 y te diga: «Vas por buen camino»,
y luego se quede esperando para ver qué te sucede.
10 No te aconsejes con uno que te mira con desprecio,
y esconde tus proyectos a los que te envidian.
11 No te aconsejes con una mujer sobre su rival,
con un cobarde sobre la guerra,
con un negociante sobre el comercio,
con un comprador sobre la venta,
con un envidioso sobre la gratitud,
con un despiadado sobre la generosidad,
con un perezoso sobre cualquier trabajo,
con un empleado eventual sobre el fin de una obra,
con un siervo holgazán sobre una gran tarea:
no cuentes con ninguno de ellos para un consejo.
12 Recurre siempre a un hombre piadoso,
de quien sabes seguro que guarda los mandamientos,
que comparte tus anhelos,
y que, si caes, sufrirá contigo.
13 Mantente firme en el consejo de tu corazón,
que nadie te será más fiel que él.

14 Pues el corazón del hombre puede a veces advertir
más que siete centinelas sentados en su torre de vigilancia.
15 Pero por encima de todo suplica al Altísimo,
para que dirija tus pasos en la verdad.

Verdadera y falsa sabiduría.

16 Principio de toda obra es la palabra,
y antes de toda acción está la reflexión.
17 Raíz de los pensamientos es el corazón,
de él salen cuatro ramas:
18 bien y mal, vida y muerte,
pero la que siempre las domina es la lengua.
19 Hay hombre hábil capaz de enseñar a muchos,
pero para sí mismo es un inútil.
20 Hay quien sabe hablar y es aborrecido,
y acabará sin tener nada qué comer,
21 porque no ha recibido el favor del Señor,
y carece de toda sabiduría.
22 Hay quien es sabio para sí mismo,
y los frutos de su inteligencia sólo le aprovechan a él.
23 El sabio enseña a su pueblo,
y los frutos de su inteligencia son dignos de fe.
24 El sabio es colmado de bendiciones,
y lo llaman dichoso todos los que lo ven.
25 La vida del hombre tiene los días contados,
pero los días de Israel son innumerables.
26 El sabio se gana la confianza en su pueblo,
y su nombre vivirá por siempre.

La templanza.

27 Hijo, a lo largo de tu vida ponte a prueba,
mira lo que te hace daño y no te lo permitas.
28 Pues no a todos les conviene todo,
y no a todo el mundo le gusta lo mismo.
29 No seas insaciable con los placeres,
ni te abalances sobre la comida,
30 porque el exceso de comida produce enfermedad,
y la glotonería acaba en cólicos.
31 Muchos han muerto por intemperancia,
pero el que se cuida prolonga su vida.

El médico y la enfermedad*.

38 1 Honra al médico por los servicios que presta,
que también a él lo creó el Señor.
2 Del Altísimo viene la curación,
del rey se reciben las dádivas.

38 El recurso al médico no es una falta de fe en Yahvé, ver 2 Cro **16** 12. Dios obra por medio del médico; y médico y enfermo deben orar juntos al Señor.

3 La ciencia del médico le hace caminar con la cabeza alta,
y es admirado por los poderosos.
4 El Señor ha creado medicinas en la tierra,
y el hombre prudente no las desprecia.
5 ¿Acaso no endulzó el agua con un leño,
para que se conociera su poder*?
6 Él es quien da a los hombres la ciencia,
para que lo glorifiquen por sus maravillas.
7 Con las medicinas el médico cura y elimina el sufrimiento,
con ellas el farmacéutico prepara sus mezclas.
8 Y así nunca se acaban sus obras,
y de él procede la paz sobre toda la tierra.

9 Hijo, en tu enfermedad, no te desanimes,
sino ruega al Señor, que él te curará.
10 Aparta tus faltas, corrige tus acciones,
y purifica tu corazón de todo pecado.
11 Ofrece incienso, un memorial de flor de harina
y ofrendas generosas según tus medios.
12 Luego recurre al médico, pues el Señor también lo ha creado;
que no se aparte de tu lado, pues lo necesitas,
13 hay momentos en que la solución está en sus manos.
14 También ellos rezan al Señor,
para que les conceda poder aliviar el dolor,
curar la enfermedad y salvar tu vida*.
15 El que peca contra su Hacedor
¡que caiga en manos del médico!

El duelo*.

16 Hijo, por un muerto derrama lágrimas,
y como quien sufre cruelmente, entona un lamento;
entierra su cadáver según el ritual,
y no seas descuidado con su sepultura.
17 Llora amargamente, date fuertes golpes de pecho,
hazle el duelo según su dignidad,
un día o dos, para evitar murmuraciones,
pero luego consuélate de tu tristeza.
18 Porque la tristeza lleva a la muerte,
y la pena del corazón consume las fuerzas.
19 En la adversidad se prolonga la tristeza,
una vida de miseria aflige el corazón.
20 No te abandones a la tristeza,
evítala, acordándote del final.
21 No olvides que no hay retorno,
al difunto no le aprovecha tu tristeza, y te harás daño a ti mismo.
22 «Recuerda mi sentencia, que será también la tuya:
a mí me tocó ayer, a ti te toca hoy.»

38 5 Del milagro de *Mará*, Ex **15** 23-25, Ben Sirá parece que da una explicación natural.
38 14 El consejo dado en St **5** 14-15 tiene un alcance distinto.
38 16 Las ceremonias fúnebres se hallaban sometidas a reglas precisas. Ver diversos rasgos en Jr **9** 17.18; Am **5** 16; Ez **24** 15-24; Mt **9** 23; Mc **5** 38.

23 Cuando un muerto descansa, deja que descanse su memoria,
consuélate de él, porque ha dejado de existir.

Oficios manuales*.

24 La sabiduría del escriba se adquiere en los ratos de ocio,
el que se libera de los negocios se hará sabio.
25 ¿Cómo podrá llegar a sabio el que empuña el arado,
y alardea de tener por lanza el aguijón,
el que conduce bueyes, los arrea mientras trabajan,
y no sabe hablar más que de novillos?
26 Se dedica con empeño a abrir surcos,
y se desvela cebando terneras.
27 De igual modo el obrero o artesano,
que trabaja noche y día;
los que graban las efigies de los sellos,
y se afanan por variar los detalles,
ponen todo su empeño en igualar el modelo,
y pasan las noches rematando la obra.
28 También el herrero sentado junto al yunque,
atento a los trabajos del hierro;
el vapor del fuego le requema la carne,
y en el calor de la fragua se fatiga,
el ruido del martillo lo ensordece,
y sus ojos están fijos en el modelo del objeto;
se esfuerza por concluir su obra,
y pasa sus noches puliendo todos los detalles.
29 Igualmente el alfarero sentado a su tarea,
haciendo girar el torno con sus pies,
continuamente preocupado por su trabajo,
y ocupado en producir un buen número de piezas;
30 con su brazo moldea la arcilla,
con sus pies ablanda su dureza;
se esfuerza por acabar el barnizado,
y pasa sus noches limpiando el horno.
31 Todos éstos confían en sus manos,
y cada uno es sabio en su oficio.
32 Sin ellos no se podría construir una ciudad,
ni se podría habitar ni circular por ella.
33 Pero no se los busca para el consejo del pueblo,
ni ocupan puestos de honor en la asamblea.
No se sientan en el sitial del juez,
ni comprenden las disposiciones del derecho.
34 No son capaces de enseñar ni de juzgar,
ni se cuentan entre los que dicen máximas.
Pero ellos aseguran la creación eterna,
y su oración tiene por objeto las tareas de su oficio.

38 24 La experiencia del escriba, descrito en **39**; ver **15** 1+, es comparada con la habilidad de diversos artesanos. Ver Ex **35** 30-**36** 1; 1 R **5** 20.

El escriba.

39 1 No así el que se aplica de lleno
a meditar la ley del Altísimo.
Indaga la sabiduría de todos los antiguos,
y dedica su ocio a estudiar las profecías,
2 conserva los relatos de los hombres célebres,
y penetra en las sutilezas de las parábolas*,
3 busca el sentido oculto de los proverbios,
y se interesa por los enigmas de las parábolas.
4 En medio de los poderosos presta su servicio,
se presenta ante los jefes;
viaja por tierras extranjeras,
experimenta lo bueno y lo malo de los hombres.
5 Por la mañana dirige su corazón
hacia el Señor, su Hacedor;
suplica ante el Altísimo,
abre su boca en oración,
y ruega por sus pecados.
6 Si el Señor, el Grande, lo quiere,
lo llenará de espíritu de inteligencia;
le hará derramar como lluvia las palabras de su sabiduría,
y en la oración dará gracias al Señor.
7 Enderezará su consejo y su ciencia,
y meditará los misterios ocultos.
8 Mostrará la instrucción recibida,
y se gloriará en la ley de la alianza del Señor.
9 Muchos elogiarán su inteligencia,
y jamás será olvidada.
No desaparecerá su recuerdo,
su nombre vivirá de generación en generación.
10 Las naciones hablarán de su sabiduría,
y la asamblea proclamará su alabanza.
11 Mientras viva, su nombre será famoso entre mil,
y cuando muera, esto le bastará.

Invitación a alabar a Dios.

12 Todavía voy a exponer mis reflexiones,
que estoy lleno como luna llena.
13 Escúchenme, hijos piadosos, y crezcan
como rosal plantado junto a corrientes de agua.
14 Como incienso derramen buen olor,
florezcan como el lirio,
exhalen perfume, entonen un cantar,
bendigan al Señor por todas sus obras.
15 Reconozcan la grandeza de su nombre,
denle gracias, proclamen su alabanza,
con sus cánticos y con las cítaras,
alábenlo con estas palabras:

39 2 El escriba conservador de las Escrituras debe también explicarlas al pueblo, Esd **7** 6+.

16 ¡Qué hermosas son todas las obras del Señor!,
todas sus órdenes se cumplen a su tiempo.
No hay por qué decir: ¿Qué es esto? Y esto ¿para qué sirve?
Todo se indagará a su tiempo*.
17 A su palabra el agua se detuvo como una masa,
a su voz se formaron los depósitos de las aguas.
18 A una orden suya se cumple todo cuanto desea,
y nadie puede impedir su salvación.
19 Todas las acciones de los hombres están ante él,
y nada puede ocultarse a sus ojos.
20 Su mirada abarca toda la eternidad,
y nada le causa admiración.
21 No hay por qué decir: ¿Qué es esto? Y esto ¿para qué sirve?,
pues todo ha sido creado con un fin.

22 Su bendición se ha desbordado como un río,
como un diluvio ha inundado la tierra;
23 pero las naciones heredarán su ira,
como cuando él convirtió las aguas en salinas*.
24 Para los fieles son llanos sus caminos,
para los malvados son piedras de tropiezo.
25 Desde el principio los bienes han sido creados para los buenos,
así como los males para los pecadores.
26 Esenciales para la vida del hombre
son: agua, fuego, hierro y sal,
flor de harina de trigo, leche y miel,
mosto, aceite y vestido.
27 Todas estas cosas son bienes para los piadosos,
pero para los pecadores se transforman en males.

28 Hay vientos creados para castigar,
y en su furia refuerzan los azotes;
en el momento final desencadenan su fuerza,
y desahogan la ira de su creador.
29 Fuego y granizo, hambre y muerte,
todos han sido creados para castigar.
30 Dientes de fieras, escorpiones, víboras
y espada vengadora para matar a los malvados.
31 Todos se alegran de recibir sus órdenes,
están preparados para intervenir en la tierra,
y llegada la ocasión no transgredirán su mandato.
32 Por eso desde el principio yo estaba convencido,
he reflexionado y lo he puesto por escrito:
33 «Las obras del Señor son todas buenas,
y él provee oportunamente a cualquier necesidad.
34 No hay por qué decir: Esto es peor que aquello,
porque todo será reconocido en su momento.

39 16 Estos dos esticos, que sólo se encuentran en la versión griega, son en parte duplicado del v. 21. Parece que significan que es inútil plantear problemas prematuros. Un día, por la recompensa o el castigo, Dios hará ver la utilidad verdadera de las cosas, vv. 21. 34.

39 23 Ver Gn **19** 24-26.

[35] Y ahora con todo el corazón y a plena voz canten himnos,
y bendigan el nombre del Señor.»

Miseria del hombre*.

40 [1] Penoso destino se ha asignado a todo hombre,
pesado yugo grava sobre los hijos de Adán,
desde el día en que salen del seno materno,
hasta el día de su regreso a la madre de todos.
[2] El objeto de sus reflexiones, la ansiedad de su corazón
es la espera angustiosa del día de la muerte.
[3] Desde el que está sentado en un trono glorioso
hasta el que yace humillado en la ceniza y el polvo;
[4] desde el que lleva púrpura y corona
hasta el que se cubre con harapos;
todos conocen la ira y la envidia, la turbación y la inquietud,
el miedo a la muerte, el resentimiento y la discordia.
[5] Y mientras descansa en el lecho,
los sueños nocturnos alteran sus pensamientos.
[6] Descansa un poco, apenas un instante,
y ya en sueños o en vigilia,
se ve turbado por sus propias visiones,
como si fuera un fugitivo que huye del combate,
[7] que al sentirse libre, se despierta,
sorprendido de su infundido temor.
[8] Éste es el destino de toda criatura, del hombre hasta la bestia,
pero para los pecadores es siete veces peor:
[9] muerte, sangre, discordia, espada,
adversidades, hambre, tribulación, azote.
[10] Todo esto fue creado para los malvados,
y por su culpa se produjo el diluvio.
[11] Todo cuanto viene de la tierra a la tierra vuelve,
todo cuanto viene del agua en el mar desemboca*.

El fin del malvado.

[12] Sobornos e injusticias desaparecerán,
pero la fidelidad subsistirá por siempre.
[13] Las riquezas de los injustos se secarán como un torrente,
son como un gran trueno que estalla en la tormenta.
[14] Cuando él abre las manos, se alegra,
así los transgresores desaparecerán por completo.
[15] La estirpe de los impíos tiene pocas ramas,
las raíces impuras sólo encuentran piedra áspera.
[16] Caña que crece en el agua o al borde del río
será arrancada antes que las otras hierbas.
[17] La caridad es como un paraíso de bendición,
y la limosna permanece para siempre.

40 Ver Jb **1** 21+; **14** 1-2. El contraste entre la miseria universal y la recompensa del justo, ver **39**, supone que la miseria es el efecto del pecado, v. 10.

40 11 Ver **41** 10; Qo **1** 7; Gn **3** 19; Sal **146** 4.

Lo bueno y lo mejor.

18 Dulce es la vida del que se basta a sí mismo y del trabajador,
pero todavía más la de quien encuentra un tesoro.
19 Tener hijos y fundar una ciudad perpetúan el nombre,
pero todavía más la mujer de conducta intachable.
20 El vino y la música alegran el corazón,
pero todavía más el amor a la sabiduría.
21 La flauta y la cítara hacen el canto suave,
pero todavía más la lengua dulce.
22 Gracia y belleza el ojo desea,
pero todavía más el verdor de los campos.
23 Amigo y compañero se encuentran a su hora,
pero todavía más la mujer y su marido.
24 Hermano y protector ayudan en la desgracia,
pero todavía más salva la limosna.
25 Oro y plata aseguran el paso,
pero todavía más se estima el consejo.
26 La riqueza y la fuerza dan confianza,
pero todavía más el temor del Señor.
Al que teme al Señor nada le falta,
no necesita buscar otra ayuda.
27 El temor del Señor es un paraíso de bendición,
protege más que cualquier otro escudo.

Mendicidad.

28 Hijo, no lleves vida de mendigo,
más vale morir que mendigar.
29 Hombre que suspira por mesa ajena
vive una vida que no es vida.
Deshonra su boca con comida ajena,
pero el instruido y educado se guarda de ello.
30 La mendicidad es dulce en la boca del descarado,
pero en sus entrañas es un fuego abrasador.

La muerte.

41 1 ¡Oh muerte, qué amargo es tu recuerdo
para el que vive tranquilo entre sus bienes,
para el varón despreocupado que prospera en todo,
y todavía es capaz de gozar de los placeres!

2 ¡Oh muerte, qué dulce es tu sentencia*
para el hombre necesitado y carente de fuerzas,
para el viejo acabado, preocupado por todo,
que se rebela y ha perdido la paciencia!

3 No temas la sentencia de la muerte,
recuerda tu origen y tu destino.

4 Ésta es la sentencia del Señor para todos,
¿por qué rechazar la voluntad del Altísimo?

41 2 Ver Jb **3** 20-23.

Aunque vivas diez, cien o mil años,
en el abismo nadie te lo discutirá*.

Destino de los impíos.

5 Detestables son los hijos de los pecadores,
los que frecuentan las casas de los impíos.
6 La herencia de los hijos de los pecadores es la ruina,
con su linaje se perpetúa la infamia.
7 Al padre impío lo maldicen sus hijos,
porque por culpa suya son deshonrados.
8 ¡Ay de ustedes, impíos,
que han abandonado la ley del Altísimo!
9 Si nacen, nacen para la maldición,
si mueren, heredan la maldición.
10 Todo cuanto viene de la tierra, a la tierra vuelve,
así los impíos pasan de la maldición a la ruina.
11 Los hombres hacen duelo por sus cadáveres,
pero el nombre infame de los pecadores será borrado.

12 Preocúpate por tu nombre, porque te sobrevivirá,
dura más que mil tesoros de oro.
13 La buena vida tiene los días contados,
pero el buen nombre permanece para siempre.

La vergüenza.

14 Hijos, conserven en paz la instrucción.

Sabiduría escondida y tesoro oculto,
¿para qué sirven?
15 Más vale hombre que oculta su necedad,
que el que oculta su sabiduría.

16 Así pues, les voy a decir de qué tienen que avergonzarse,
porque no está bien avergonzarse de cualquier cosa,
aunque no todos aprecian igualmente las mismas cosas.
17 Avergüénzate ante tus padres de una conducta inmoral;
ante el jefe y el poderoso de la mentira;
18 ante el juez y el magistrado, del delito;
ante la asamblea y el pueblo, de la iniquidad;
19 ante el compañero y el amigo, de la deslealtad;
ante los vecinos, del robo;
20 y ante la verdad de Dios y la alianza,
de poner los codos sobre los panes,
21 de despreciar lo que recibes y lo que das,
de no contestar a los que te saludan,
22 de mirar a una prostituta,
de dar la espalda a tu pariente,
23 de apropiarte de la parte de otro o de su regalo,
de poner los ojos en una mujer casada,

41 4 Ver Gn **3** 19; **6** 3.

24 de tener intimidades con la criada
—¡no te acerques a su cama!—,
25 de insultar a los amigos
—¡no les eches en cara lo que les has dado!—,
26 de repetir lo que oyes a los demás,
de revelar secretos.
27 Así demostrarás que eres un hombre respetable,
y serás apreciado por todos.

42 1 Pero de lo que sigue no has de avergonzarte*,
ni hagas acepción de personas que te induzca a pecar:
2 de la ley del Altísimo y de su alianza,
del juicio que justifica a los impíos,
3 de arreglar cuentas con el compañero de viaje,
de compartir tu herencia con otros,
4 de usar balanzas y pesas exactas,
de obtener grandes y pequeñas ganancias,
5 de sacar provecho del comercio y las ventas,
de corregir con vigor a los hijos,
de sacudir los lomos a un mal siervo.
6 Ante una mujer malvada es bueno usar la cerradura,
y, donde hay muchas manos, usa la llave.
7 Lo que dejes en depósito, cuéntalo y pésalo;
el haber y el debe, vaya todo por escrito.
8 No te avergüences de corregir al necio y al insensato,
ni al viejo decrépito que litiga como un joven.
Así demostrarás que eres un hombre educado
y serás apreciado por todos.

Preocupaciones de un padre con su hija.

9 Una hija es para su padre una secreta inquietud,
la preocupación por ella le quita el sueño.
Cuando es joven, por si se le pasa la edad de casarse;
si está casada, por si el marido la aborrece.
10 Mientras es virgen, por si se deja seducir
y queda embarazada en la casa paterna.
Si está casada, por si es infiel al marido;
en la relación conyugal, por si resulta estéril.
11 Si tienes una hija atrevida, refuerza la vigilancia,
no sea que te convierta en el hazmerreír de tus enemigos,
comidilla en la ciudad, corrillos en el pueblo,
y te avergüence ante la gente.

Las mujeres.

12 No te dejes fascinar por la belleza de nadie,
y no te sientes entre mujeres.
13 Porque de los vestidos sale la polilla,
y de la mujer la malicia femenina.

42 1 Ni los prejuicios ni las conveniencias hacen censurables los actos del hombre.

14 Vale más maldad de hombre que bondad de mujer,
la mujer acarrea vergüenza y deshonra*.

II. La sabiduría en la naturaleza y en la historia *

1. EN LA NATURALEZA

15 Voy a recordar las obras del Señor,
contaré todo lo que he visto.
Por la palabra del Señor fueron hechas sus obras,
y la creación está sometida a su voluntad.
16 El sol mira todas las cosas iluminándolas,
de la gloria del Señor está llena su obra.
17 Ni siquiera los santos del Señor son capaces
de contar todas sus maravillas,
que el Señor omnipotente ha establecido firmemente,
para que el universo subsista en su gloria.
18 Él sondea el abismo y el corazón del hombre,
y penetra todos sus secretos.
Pues el Altísimo conoce toda la ciencia
y escruta las señales de los tiempos.
19 Anuncia lo pasado y lo futuro,
y descubre las huellas de las cosas ocultas.
20 No se le escapa ningún pensamiento,
ni una palabra se le oculta.
21 Puso en orden las grandezas de su sabiduría,
porque él existe de siempre y por siempre;
nada se le puede añadir ni quitar,
y no necesita de ningún consejero.
22 ¡Qué admirables son todas sus obras!
Y lo que contemplamos es apenas un destello.
23 Todas viven y permanecen eternamente,
y todas le obedecen en cualquier circunstancia.
24 Todas las cosas de dos en dos, una frente a otra,
no ha creado nada imperfecto*.
25 Una cosa confirma la excelencia de otra,
¿quién puede cansarse de contemplar su gloria?

El sol*.

43 1 Orgullo de las alturas es el firmamento límpido,
espectáculo celeste en una visión espléndida.

42 14 Tener en cuenta la paradoja; pero hay que recordar que el judaísmo posterior guardará la misma tendencia a la severidad.
42 15 A diferencia de los grupos de sentencias que han precedido, los capítulos siguientes mantienen una composición clara y seguida. El autor celebra la gloria de Dios en la creación, **42** 15-**43** 33, después en los Padres que han ilustrado la historia de Israel, **44-50**. -Con la Sabiduría, Pr **8** 22+, también la *Palabra* de Dios es creadora, **43** 26; ver Gn **1** 3; etc.; Sal **33** 6; Sb **9** 1-2; Jn **1** 1+.
42 24 Ver **33** 14-15; Qo **3** 1-8.
43 Ver Dn **3** 52-90; Sal **19**; **136**; **145**; **148**.

[2] El sol cuando despunta proclama:
«¡Qué admirable es la obra del Altísimo!»
[3] Al mediodía reseca la tierra,
¿quién puede resistir ante su calor?
[4] Para los trabajos de forja se atiza el horno,
pero tres veces más el sol abrasa las montañas;
despide vapores ardientes,
ciega los ojos con el resplandor de sus rayos.
[5] Grande es el Señor que lo ha creado,
y cuya palabra dirige su rápida carrera.

La luna.

[6] También la luna: siempre puntual en sus fases,
para marcar los tiempos, señal eterna.
[7] La luna es quien señala las fiestas,
astro que mengua después del plenilunio*.
[8] De ella reciben los meses su nombre*;
ella crece maravillosamente cuando cambia,
como estandarte del ejército celeste
que brilla en el firmamento del cielo.

Las estrellas.

[9] Belleza del cielo es el resplandor de las estrellas,
radiante ornamento en las alturas del Señor.
[10] Se mantienen fijas según la palabra del Señor,
y no abandonan su puesto de guardia.

El arco iris.
Gn **9** 13; Ez 1 28; Si **50** 7.

[11] Mira el arco iris y bendice a su Hacedor,
¡qué esplendor tan bonito!
[12] Rodea el cielo con un arco de gloria,
lo han tendido las manos del Altísimo.

Maravillas de la naturaleza.
Sal **147** 16-18; Jb **38** 22s.

[13] Con una orden suya hace caer la nieve,
según su decreto fulmina los rayos.
[14] Por eso se abren sus depósitos,
y las nubes vuelan como pájaros.
[15] Con su grandeza condensa las nubes,
y se desmenuzan las piedras de granizo.
[17a] El estallido de su trueno estremece la tierra,
[16] a su vista se tambalean las montañas.
Cuando quiere, sopla el viento del sur,
[17b] el huracán del norte y los ciclones.

43 7 Las fiestas de la Pascua y de las Tiendas, Ex **23** 14+, comenzaban en el plenilunio.

43 8 De hecho, el calendario judío, meses y años, es un calendario lunar.

18 Como bandada de pájaros esparce la nieve,
que se posa en el suelo como plaga de langostas.
La belleza de su blancura deslumbra los ojos,
y al verla caer el corazón se extasía.
19 Como sal derrama la escarcha sobre la tierra,
y al helarse queda en forma de pinchos espinosos.
20 El viento frío sopla del norte,
y el agua se convierte en hielo;
se posa sobre todas las superficies acuosas,
y las reviste como de una coraza.
21 Devora los montes, quema el desierto,
y como el fuego consume todo lo que es verde.
22 Como remedio rápido para todo llega la niebla,
y después del calor el rocío trae de nuevo la alegría.

23 Con su designio ha dominado el océano*,
y ha plantado islas en él.
24 Los que surcan el mar hablan de sus peligros,
y nosotros nos maravillamos de lo que cuentan.
25 Allí hay criaturas raras y maravillosas,
toda clase de animales y monstruos marinos*.
26 Gracias a Dios su mensajero tiene éxito,
y gracias a su palabra todo está en su sitio.

27 Podríamos decir mucho más y nunca acabaríamos.
Mi conclusión es ésta: «Él lo es todo*.»
28 ¿Dónde hallar fuerza para glorificarlo?
¡Él es más grande que todas sus obras!
29 Temible es el Señor, inmensamente grande,
admirable en su poder.
30 Ensalcen al Señor con su alabanza,
todo cuanto puedan, que él siempre los superará;
y al ensalzarlo redoblen su fuerza,
no se cansen, que nunca acabarán.
31 ¿Quién lo ha visto para poder describirlo?,
¿quién puede glorificarlo como se merece?
32 Cosas más grandes que éstas aún permanecen ocultas,
pues nosotros hemos visto sólo una parte de sus obras.
33 Porque el Señor lo ha hecho todo,
y a los piadosos les ha dado la sabiduría.

2. EN LA HISTORIA

1 M **2** 51-64; Hb **11**.

Elogio de los padres*.

44 1 Hagamos el elogio de los hombres ilustres,
de nuestros padres según sus generaciones.

43 23 Ver Jb **7** 12+; Sal **104** 5-9.
43 25 Ver Sal **104** 25-26; **107** 23-30.
43 27 Nada de panteísmo. Todo pertenece a Dios y viene de Dios, v. 28.

44 Este elogio nos muestra cómo un judío piadoso del siglo II a.C. entendía la historia de Israel. Ver 1 M **2** 51-64; Sb **10-19**.

2 Grandes glorias ha creado el Señor*,
desde siempre ha mostrado su grandeza.
3 Hubo hombres que gobernaron en sus reinos,
y hombres famosos por su poder;
consejeros notables por su inteligencia,
y expertos en anunciar profecías.
4 Hubo otros que guiaron al pueblo con sus consejos,
con su dominio de la literatura popular,
y con las sabias palabras de su doctrina.
5 Hubo inventores de melodías musicales,
compositores de poesías,
6 hombres ricos, dotados de poder,
que vivían en paz en sus casas.
7 Todos ellos fueron honrados por sus contemporáneos,
motivo de orgullo fueron en su tiempo.
8 Algunos de ellos dejaron un nombre,
que aún se recuerda con elogio.
9 Otros no dejaron memoria,
desaparecieron como si no hubieran existido,
pasaron como si nunca hubieran sido,
igual que sus hijos después de ellos.
10 Pero hubo también hombres de bien,
cuyos méritos no han quedado en el olvido.
11 En sus descendientes se conserva
una rica herencia, su posteridad.
12 Sus descendientes han sido fieles a la alianza,
y gracias a ellos también sus hijos.
13 Su descendencia permanece para siempre,
y su gloria no se borrará.
14 Sus cuerpos fueron sepultados en paz,
y su nombre vive por generaciones.
15 Los pueblos hablarán de su sabiduría,
y la asamblea proclamará su alabanza.

Henoc.

Gn **5** 24; Hb **11** 5.

16 Henoc agradó al Señor y fue arrebatado,
ejemplo de conversión para todas las generaciones.

Noé.

17 Noé fue hallado íntegro y justo,
y en el tiempo de la ira hizo posible la reconciliación.
Gracias a él un resto* sobrevivió en la tierra,
cuando llegó el diluvio.
18 Con él se pactaron alianzas eternas*,
para que el diluvio no exterminara a todos los vivientes.

44 2 Nos preguntamos si los vv. 2-9 son un elogio general de los antepasados que a continuación van a ser objeto de alabanza, o si se trata de glorias de fuera de Israel.

44 17 Se aplica a Noé la idea profética del *Resto*, ver Is **4** 3+; 1 P **3** 20; 2 P **2** 5.

44 18 Ver Gn **8** 21-22; **9** 9+.

Abrahán.

19 Abrahán fue padre insigne de una multitud de naciones,
no se halló quien lo igualara en su gloria.
20 Él guardó la ley del Altísimo,
y con él estableció una alianza.
En su carne selló esta alianza,
y en la prueba fue hallado fiel*.
21 Por eso Dios le prometió con juramento
bendecir a las naciones por su descendencia,
multiplicarlo como el polvo de la tierra,
exaltar su estirpe como las estrellas,
y darle una herencia de mar a mar,
desde el Río hasta los confines de la tierra.

Isaac y Jacob.

Gn **17** 19; **26** 3-5.

22 A Isaac le aseguró lo mismo,
por amor de su padre Abrahán.
23 La bendición de todos los hombres y la alianza
las hizo reposar en la cabeza de Jacob.
Lo confirmó en sus bendiciones,
y le otorgó la tierra en herencia.
La dividió en varias partes,
y las repartió entre las doce tribus.

Moisés.

45 1 Hizo salir de él un hombre de bien,
que gozó del favor de todos*,
amado de Dios y de los hombres:
Moisés, de bendita memoria.
2 Le dio gloria como a los santos,
lo hizo poderoso para temor de sus enemigos.
3 Con su palabra puso fin a los prodigios,
y lo glorificó delante de los reyes*;
le dio mandamientos para su pueblo,
y le mostró algo de su gloria.
4 Por su fidelidad y humildad lo santificó,
lo eligió de entre todos los vivientes.
5 Le hizo oír su voz,
y lo introdujo en la negra nube;
cara a cara le dio los mandamientos,
la ley de vida y de conocimiento,
para enseñar su alianza a Jacob
y sus decretos a Israel.

44 20 La circuncisión, Gn **17** 1+. La fe de Abrahán, Gn **22** 1-19; 1 M **2** 52; Hb **11** 17; y más en general, Gn **12** 1+; **15** 6+; Rm **4** 1-25+; Ga **3** 6-14+.

45 1 Quizá este versículo se refiere a José, ver **49** 17.

45 3 Ver Ex **8** 8-11.26-28; **9** 33; **10** 18-20.

Aarón.

6 Exaltó a Aarón, un santo como él,
su hermano, de la tribu de Leví.
7 Estableció con él una alianza eterna,
y le concedió el sacerdocio del pueblo.
Lo honró con espléndidos ornamentos,
lo ciñó con una túnica de gloria*.
8 Lo revistió con perfecto esplendor,
y lo confirmó con las insignias de poder:
los calzones, la túnica y el efod.
9 Le colocó granadas en los bordes de sus vestidos
y muchas campanillas de oro todo alrededor,
para que tintinearan al caminar,
y resonaran por todo el templo,
como memorial para los hijos de su pueblo.
10 Le dio los ornamentos sagrados, de oro, jacinto
y púrpura, obra de bordador,
y el pectoral del juicio con el Urim y el Tumim*,
con cintas de escarlata, obra de artista;
11 con piedras preciosas, grabadas como sellos,
en engaste de oro, obra de joyero,
y con una inscripción grabada,
según el número de las tribus de Israel.
12 Encima del turbante le colocó corona de oro,
grabada con el sello de consagración,
insignia de honor, obra magnífica,
adorno que era un regalo para los ojos.
13 Antes de él nunca se vieron cosas semejantes,
y jamás un extraño se vistió de ese modo,
sino sólo sus hijos,
y sus descendientes para siempre.
14 Sus sacrificios se consumían totalmente,
dos veces al día sin interrupción.
15 Moisés lo consagró sacerdote*,
lo ungió con óleo santo.
Así se estableció una alianza eterna para él,
y para su descendencia mientras dure el cielo:
presidirá el culto, ejercerá el sacerdocio,
y bendecirá a su pueblo en nombre del Señor.
16 Lo eligió de entre todos los vivientes
para presentar la ofrenda al Señor,
el incienso y el aroma en memorial,
y para hacer expiación por el pueblo*.
17 Le confió sus mandamientos,
y potestad sobre las prescripciones legales,
para enseñar a Jacob sus dictámenes
e instruir a Israel en la ley.

45 7 Ver Ex **28**.
45 10 Ver Ex **28** 6+; 1 S **14** 21+.
45 15 Ver Lv **8** 1-13.
45 16 Ver Lv **16** 1+.

18 Unos extraños confabularon contra él,
y en el desierto le cogieron envidia,
los hombres de Datán y Abirón,
la banda enfurecida de Coré.
19 El Señor lo vio y se irritó,
y los destruyó con el ardor de su ira.
Hizo prodigios contra ellos,
y los consumió con su fuego ardiente*.
20 Aumentó la gloria de Aarón
y le concedió una heredad,
le otorgó las primicias de los frutos*
y sobre todo pan en abundancia.
21 Por eso se alimentan con los sacrificios del Señor,
que él le concedió a Aarón y a su linaje*.
22 En cambio, no tiene heredad en la tierra,
ni parte en el pueblo,
porque: «Yo soy tu parte y tu heredad».

Pinjás.

Nm **25** 7-13.

23 Pinjás, hijo de Eleazar, es el tercero en gloria,
porque se mostró fiel en el temor del Señor.
Cuando el pueblo se rebeló, él se mantuvo firme,
con espíritu noble y valiente,
y así obtuvo el perdón para Israel.
24 Por eso el Señor hizo con él una alianza de paz,
y lo designó jefe del santuario y de su pueblo.
De este modo él y su descendencia recibieron
la dignidad del sumo sacerdocio para siempre.
25 El Señor hizo también alianza con David,
hijo de Jesé, de la tribu de Judá.
Pero esta herencia real sólo pasa de hijo a hijo,
mientras que la herencia de Aarón pasa a todo su linaje.
26 Que Dios les conceda a ustedes la sabiduría del corazón,
para juzgar a su pueblo con justicia,
y para que no se desvirtúen los valores de los padres,
ni su gloria por todas las generaciones.

Josué.

46

1 Valiente guerrero fue Josué, hijo de Nun,
sucesor de Moisés en la dignidad de profeta.
De acuerdo con lo que su nombre indica*,
se mostró grande para salvar a los elegidos del Señor,
para tomar venganza de los enemigos sublevados,
e introducir a Israel en su heredad.
2 ¡Qué glorioso cuando alzaba la mano
y blandía la espada contra las ciudades!

45 19 Ver Nm **16** 1-**17** 15.
45 20 Ver Nm **18** 12-13.
45 21 Ver Ex **29** 28.31-35; Nm **18** 20; etc.
46 1 *Josué* significa *Yahvé salva.*

3 ¿Quién había sido tan valiente antes de él?
¡Las batallas del Señor él mismo las combatía!
4 ¿Acaso no se detuvo el sol ante su mano
y un día se convirtió en dos*?
5 Él invocó al Altísimo* soberano,
cuando los enemigos lo rodeaban por todas partes,
y el Señor, que es grande, le respondió,
enviando una terrible lluvia de granizo.
6 Cayó de golpe sobre la nación hostil,
y al bajar aniquiló a los adversarios,
para que las naciones conocieran la fuerza de sus armas,
y entendieran que luchaban contra el Señor.

Caleb.

7 Josué se mantuvo fiel al Todopoderoso,
e hizo el bien en tiempos de Moisés.
Él y también Caleb, hijo de Jefoné,
resistieron frente a la asamblea,
apartaron al pueblo del pecado,
y acallaron las murmuraciones malignas*.
8 Sólo ellos dos se salvaron
entre seiscientos mil hombres de a pie,
para ser introducidos en la heredad,
en la tierra que mana leche y miel.
9 El Señor dio a Caleb un gran vigor,
que le duró hasta su vejez,
para que subiera a las alturas del país,
que sus descendientes conservaron como heredad*,
10 para que todos los hijos de Israel supieran
que es bueno seguir los caminos del Señor.

Los jueces.

11 También los jueces, cada uno por su nombre;
su corazón no se prostituyó,
y del Señor no se apartaron:
¡Bendita sea su memoria!
12 ¡Que sus huesos revivan en sus tumbas,
y sus nombres se renueven
en los hijos de estos hombres ilustres*!

Samuel.
1 S **10** 1; **16** 13; **7** 9-13; **12**; **28** 6-25.

13 Samuel fue amado de su Señor,
como profeta del Señor estableció la monarquía,
y ungió a los príncipes de su pueblo.

46 4 Ver Jos **10** 13.
46 5 Es la traducción del hebreo *Elyôn* o *El Elyôn*, que aparece catorce veces en Si desde el cap. **41**.
46 7 Ver Nm **14** 6-10.
46 9 Ver Jos **14** 6-13.
46 12 Ben Sirá, que escribe poco antes de la rebelión macabea, expresa el deseo de que los antiguos Jueces de Israel encuentren dignos sucesores en estos momentos difíciles.

14 Juzgó a la asamblea según la ley del Señor,
y el Señor se fijó en Jacob.
15 Por su fidelidad demostró ser profeta,
por sus oráculos fue reconocido digno vidente.
16 Invocó al Señor Todopoderoso,
cuando los enemigos lo rodeaban por todas partes,
y le ofreció un cordero lechal.
17 El Señor tronó desde los cielos,
con gran ruido hizo resonar su voz;
18 aplastó a los jefes enemigos
y a todos los príncipes de los filisteos.
19 Antes de entrar en el reposo eterno,
dio testimonio ante el Señor y su ungido:
«De nadie he aceptado regalos,
ni siquiera unas sandalias»,
y nadie pudo reclamarle.
20 Y después de dormido para siempre todavía profetizó,
anunciando al rey su destino;
del seno de la tierra alzó su voz de profeta,
para borrar la iniquidad del pueblo.

Natán.

2 S **7**; **12**.

47

1 Después de él surgió Natán,
que profetizó en tiempos de David.

David.

2 Como grasa separada en el sacrificio de comunión,
así fue David entre los hijos de Israel.
3 Jugó con los leones como si fueran cabritos,
y con los osos como si fueran corderos.
4 ¿Acaso no mató de joven al gigante,
y quitó el oprobio del pueblo,
lanzando la piedra con la honda
y abatiendo la arrogancia de Goliat*?
5 Porque invocó al Señor Altísimo,
que dio vigor a su diestra,
para aniquilar a un potente guerrero,
y reafirmar el poder de su pueblo.
6 Por eso le atribuyeron la gloria de diez mil,
y lo alabaron con las bendiciones del Señor,
ofreciéndole la diadema de gloria*.
7 Pues él aplastó a los enemigos del contorno,
aniquiló a los filisteos, sus adversarios,
para siempre quebrantó su poder.
8 En todas sus acciones daba gracias
al Altísimo, el Santo, proclamando su gloria*.

47 4 Ver 1S **17**.
47 6 Ver 1 S **18** 7-8.
47 8 Los Salmos, ver 2 S **23** 1.

Con todo su corazón entonó himnos,
demostrando el amor por su Creador.
9 Organizó coros de salmistas ante el altar,
y con sus voces armonizó los cantos.
10 Dio esplendor a las fiestas,
embelleció las solemnidades a la perfección,
haciendo que alabaran el santo nombre del Señor,
y que el santuario resonara de cánticos desde la aurora*.
11 El Señor le perdonó sus pecados
y exaltó su poder para siempre:
le otorgó una alianza real*,
y un trono de gloria en Israel.

Salomón.

12 Después de él subió al trono un hijo sabio,
que gracias a él vivió en la prosperidad.
13 Salomón reinó en tiempo de paz,
Dios le concedió una tranquilidad total,
para que levantara un templo en su nombre,
y edificara un santuario eterno*.
14 ¡Qué sabio eras en tu juventud,
lleno de inteligencia como un río*!
15 Tu espíritu cubrió la tierra,
la llenaste con enigmáticos proverbios.
16 Tu nombre llegó hasta las islas lejanas,
y fuiste amado por la paz que infundías.
17 De tus cantos, tus sentencias, tus proverbios
y tus interpretaciones se admiraron las naciones*.
18 En nombre del Señor Dios,
que es llamado Dios de Israel,
amontonaste el oro como estaño,
como plomo multiplicaste la plata*.
19 Pero entregaste tu cuerpo a las mujeres,
y te dejaste dominar por ellas*.
20 Profanaste así tu gloria,
y deshonraste tu linaje,
acarreando la ira sobre tus hijos
y afligiéndolos con tu locura.
21 Por eso tu dinastía se dividió en dos,
y de Efraín surgió un reino rebelde*.
22 Pero el Señor no renuncia jamás a su misericordia,
no deja que sus palabras se pierdan,
ni que se borre la descendencia de su elegido,
ni que desaparezca el linaje de quien lo ha amado.
Por eso dio a Jacob un resto,
y a David un retoño nacido de él.

47 10 Ver 1 Cro **16** 4-6.
47 11 Ver 2 S **7** 1+.
47 13 Ver 1 R **6**.
47 14 Ver 1 R **3** 4-28; **5** 9-14.
47 17 Ver v. 14; 1 R **10** 1-10.
47 18 Ver 1 R **10** 11.27.
47 19 Ver 1 R **11** 1-13.
47 21 Ver 1 R **12**.

Roboán.

23 Descansó Salomón con sus padres,
y dejó en el trono a uno de su linaje,
lo más loco del pueblo, falto de inteligencia:
Roboán, que alienó al pueblo con sus decisiones*.

Jeroboán.

24 También Jeroboán, hijo de Nabat, hizo pecar a Israel,
e indicó a Efraín el camino del pecado*.
Desde entonces el pueblo cometió tantos pecados
que fueron expulsados de su tierra.
25 Hicieron toda clase de maldades,
hasta que el castigo cayó sobre ellos.

Elías.

1 R **17-19**.

48

1 Entonces surgió el profeta Elías como un fuego,
su palabra quemaba como antorcha.
2 Él hizo venir sobre ellos el hambre,
y con su celo los diezmó.
3 Por la palabra del Señor cerró los cielos,
e hizo también caer fuego tres veces.
4 ¡Qué glorioso fuiste, Elías, con tus portentos!,
¿quién puede gloriarse de ser como tú?
5 Tú que despertaste a un cadáver de la muerte
y del abismo, por la palabra del Altísimo;
6 que precipitaste reyes a la ruina,
y arrebataste del lecho a hombres insignes;
7 que escuchaste en el Sinaí la reprensión,
y en el Horeb las sentencias de castigo;
8 que ungiste reyes para tomar venganza,
y profetas para que te sucedieran;
9 que fuiste arrebatado en un torbellino de fuego,
en un carro de caballos de fuego*;
10 que fuiste designado para censurar los tiempos futuros,
para aplacar la ira antes de que estallara,
*para reconciliar a los padres con los hijos**,
y restablecer las tribus de Jacob.
11 Dichosos los que te vieron
y se durmieron en el amor,
porque también nosotros viviremos.

Eliseo.

2 R **2** 9-12; **13** 21.

12 Cuando Elías fue arrebatado en el torbellino,
Eliseo se llenó de su espíritu.

47 23 Ver 1 R **12**.
47 24 Ver 1 R **12-13**; 2 R **17** 21-23.
48 9 Ver 2 R **2** 11-12.
48 10 Cita de Ml **3** 24.

Durante su vida ningún príncipe lo hizo temblar,
nadie pudo dominarlo.
13 Nada era imposible para él,
hasta en el sueño de la muerte su cuerpo profetizó.
14 Durante su vida realizó prodigios,
y después de muerto fueron admirables sus obras.

Infidelidad y castigo del reino del Norte.

15 A pesar de todo esto, el pueblo no se arrepintió,
ni se apartaron de sus pecados,
hasta que fueron deportados lejos de su tierra
y dispersados por el mundo entero.
16 Sólo quedó un pueblo muy reducido,
con un príncipe de la casa de David.
Algunos de ellos hicieron lo que agrada a Dios,
pero otros multiplicaron sus pecados.

Ezequías.

17 Ezequías fortificó su ciudad
y llevó el agua dentro de ella;
con hierro horadó la roca
y construyó cisternas para el agua*.
18 En su tiempo Senaquerib hizo una expedición
y envió por delante a Rabsaqués; éste partió,
alzó la mano contra Sión
y se engrió con altanería.
19 Temblaron entonces corazones y manos,
y sufrieron dolores de mujeres en parto.
20 Invocaron al Señor misericordioso,
tendiendo sus manos hacia él.
Y el Santo, desde el cielo, los escuchó al instante,
y los liberó por medio de Isaías.
21 Hirió el campamento de los asirios,
y su Ángel los exterminó*.

Isaías.

22 Porque Ezequías hizo lo que agrada al Señor,
y se mantuvo firme en los caminos de David su padre,
como se lo ordenaba el profeta Isaías,
el grande y digno de fe en sus visiones.
23 En tiempo de Isaías el sol retrocedió,
y se prolongó la vida del rey*.
24 Con la fuerza del espíritu vio el fin de los tiempos,
y consoló a los afligidos de Sión.
25 Reveló el futuro hasta la eternidad
y las cosas ocultas antes que sucedieran.

48 17 Ver 2 R **20** 20+; 2 Cro **32** 5.30; Is **22** 11.

48 21 Ver 2 R **18** 17-**19** 37; Is **36-37**.

48 23 Ver 2 R **20** 5-11; Is **38** 4-8.

Josías.

2 R **22-23**.

49 [1] El recuerdo de Josías es una mezcla de incienso
preparada por el arte del perfumista.
Es dulce como miel en la boca,
como música en medio de un banquete.
[2] Trabajó por la reforma del pueblo
y extirpó la idolatría abominable.
[3] Enderezó su corazón hacia el Señor
y en una época impía fortaleció la piedad.

Últimos reyes y profetas.

[4] Fuera de David, Ezequías y Josías,
todos cometieron muchos pecados.
Y por abandonar la ley del Altísimo,
los reyes de Judá desaparecieron.
[5] Pues entregaron a otros su poder,
y su gloria a una nación extranjera.
[6] Incendiaron la ciudad elegida del santuario,
y dejaron desiertas sus calles,
[7] según la palabra de Jeremías, a quien maltrataron,
consagrado profeta desde el seno de su madre,
para arrancar, destruir *y derribar*,
y también *para construir y plantar**.
[8] Ezequiel tuvo la visión de la gloria
que Dios le reveló en el carro de querubines*,
[9] porque se acordó de sus enemigos en la tempestad,
y favoreció a los que seguían el camino recto.
[10] En cuanto a los doce profetas,
que sus huesos revivan en sus tumbas,
porque ellos consolaron a Jacob
y lo salvaron con esperanza confiada.

Zorobabel y Josué.

Za **3** 1; **4** 6-12.

[11] ¿Cómo elogiaremos a Zorobabel?
¡Es como un anillo en la mano derecha,
[12] y lo mismo Josué, hijo de Josedec!
En sus días construyeron el templo,
levantaron un santuario consagrado al Señor,
destinado a una gloria eterna.

Nehemías.

[13] También es grande la memoria de Nehemías,
él levantó nuestras murallas en ruinas,
puso puertas y cerrojos
y reconstruyó nuestras moradas.

49 7 Ver Lm **1** 4; **2** 3; Jr **1** 5.10+. **49** 8 Ver Ez **1-3**; **9-10**.

Recapitulación.

14 Nadie hubo en el mundo igual a Henoc*,
pues fue arrebatado de la tierra.
15 Ni nació nunca hombre alguno como José,
guía de sus hermanos, apoyo de su pueblo*;
cuyos huesos fueron venerados.
16 Sem y Set fueron famosos entre los hombres,
pero por encima de todos los vivientes sobresale Adán.

El sacerdote Simón.

50 1 Simón, el sumo sacerdote, hijo de Onías*,
en su vida reparó el templo,
y en sus días fortificó el santuario.
2 Puso los cimientos de doble altura,
un alto contrafuerte de la cerca del templo.
3 En sus días se excavó el depósito de agua,
un estanque tan ancho como el mar.
4 Él cuidó de su pueblo para evitar su ruina
y fortificó la ciudad contra un posible asedio.
5 ¡Qué glorioso era cuando, rodeado de su pueblo,
salía de la casa del velo*!
6 Como el lucero del alba en medio de las nubes,
como la luna en su plenilunio,
7 como el sol que brilla sobre el templo del Altísimo,
como el arco iris que ilumina las nubes de gloria,
8 como rosal florecido en primavera,
como lirio junto a un manantial,
como cedro del Líbano en verano,
9 como fuego e incienso en el incensario,
como vaso de oro macizo
adornado con toda clase de piedras preciosas,
10 como olivo cargado de frutos,
como ciprés que se eleva hasta las nubes.
11 Cuando se ponía la vestidura de gala
y se colocaba sus elegantes ornamentos;
cuando subía hacia el altar sagrado,
llenaba de gloria el recinto del santuario.
12 Cuando recibía las porciones de las víctimas de manos de los sacerdotes,
él mismo de pie junto al fuego del altar,
rodeado de una corona de hermanos,
como retoños de cedro en el Líbano;
como tallos de palmera engarzados.
13 Todos los hijos de Aarón en su esplendor,
con la ofrenda del Señor en sus manos,
estaban en presencia de toda la asamblea de Israel.
14 Mientras cumplía su servicio en el altar,
preparando la ofrenda del Altísimo todopoderoso,

49 14 Ver **44** 16; Gn **5** 24; Hb **11** 5.
49 15 Ver **45** 1; Gn **50** 25-26.
50 1 Simón II, hijo de Onías II, hacia 220-195.
50 5 Es el Debir o Santo de los Santos, Ex **36** 35-38; ver 1 R **6** 1+. El ritual descrito es el de la fiesta de la Expiación, Lv **16**.

15 tomaba en su mano la copa,
hacía la libación del vino,
y lo derramaba al pie del altar,
como aroma suave para el Altísimo, rey del universo*.
16 Entonces los hijos de Aarón prorrumpían en gritos,
tocaban las trompetas de metal batido,
hacían oír su sonido imponente,
como memorial delante del Altísimo.
17 Entonces, de repente, todo el pueblo en masa
caía rostro a tierra,
para adorar a su Señor,
el Todopoderoso, el Dios Altísimo.
18 Los salmistas también lo alababan con sus voces,
y su canto formaba una dulce melodía.
19 El pueblo suplicaba al Señor Altísimo,
permanecía en oración ante el Misericordioso,
hasta que terminaba la ceremonia del Señor
y concluía el servicio litúrgico.
20 Entonces él bajaba y elevaba las manos
sobre toda la asamblea de los hijos de Israel,
para pronunciar con sus labios la bendición del Señor
y tener el honor de invocar su nombre*.
21 Y por segunda vez todos se postraban,
para recibir la bendición del Altísimo.

Exhortación.

22 Y ahora bendigan al Dios del universo,
el que hace grandes cosas por doquier,
el que enaltece nuestra vida desde el seno materno,
y nos trata según su misericordia.
23 Que nos dé la alegría de corazón,
y que haya paz en nuestros días
en Israel por los siglos de los siglos.
24 Que su misericordia permanezca con nosotros
y en nuestros días nos libere.

Proverbio numérico.

25 Hay dos naciones que mi alma detesta,
y la tercera ni siquiera es nación:
26 los habitantes de la montaña de Seír, los filisteos
y el pueblo necio que mora en Siquén*.

Conclusión.

27 Doctrina de ciencia e inteligencia
ha condensado en este libro

50 15 Esta libación no figura en Lv **16**.
50 20 La fiesta de la Expiación era la única ocasión en que el nombre inefable se pronunciaba sobre el pueblo, a modo de bendición.
50 26 Los edomitas, los filisteos, los samaritanos.

Jesús, hijo de Sirá, Eleazar, de Jerusalén,
que de su corazón derramó sabiduría a raudales.
28 Dichoso el que repase estas enseñanzas a menudo;
el que las guarde en su corazón se hará sabio.
29 Y si las pone en práctica, en todo será fuerte,
porque la luz del Señor iluminará su camino.

Himno de acción de gracias.

51 1 Te doy gracias, Rey y Señor,
te alabo, oh Dios mi salvador,
a tu nombre doy gracias.
2 Porque fuiste mi protector y mi auxilio,
y libraste mi cuerpo de la perdición,
del lazo de una lengua traicionera,
de los labios que urden mentiras;
frente a mis adversarios
fuiste mi auxilio y me liberaste,
3 por tu inmensa misericordia y tu nombre glorioso,
de las dentelladas de los que iban a devorarme,
de la mano de los que buscaban mi vida,
de las muchas tribulaciones que he sufrido,
4 de las llamas sofocantes que me envolvían,
de un fuego que yo no había encendido,
5 de las entrañas del abismo,
de la lengua impura, de la palabra mentirosa,
—6 calumnia de una lengua injusta ante el rey—.
Yo estaba a punto de morir,
mi vida tocaba el abismo profundo.
7 Por todas partes me asediaban y nadie me auxiliaba,
buscaba a alguien que me ayudara y no había nadie.
8 Entonces me acordé, Señor, de tu misericordia,
y de tus obras que son desde siempre,
de que tú sostienes a los que esperan en ti,
y los salvas de la mano de enemigos.
9 Y desde la tierra elevé mi plegaria,
supliqué ser librado de la muerte.
10 Clamé al Señor, padre de mi Señor:
«No me abandones en en el día del peligro,
cuando mandan los orgullosos, y estoy indefenso.
Alabaré tu nombre sin cesar,
cantaré himnos de acción de gracias.»
11 Y mi oración fue escuchada,
pues tú me salvaste de la perdición,
y me libraste de aquel mal momento.
12 Por eso te daré gracias y te alabaré,
bendeciré el nombre del Señor*.

51 12 El texto hebreo inserta aquí un salmo de 14 vv. parecido al Sal **136**; Si **36** 1-17.

En busca de la sabiduría*.

13 Cuando aún era joven, antes de viajar por el mundo,
busqué sinceramente la sabiduría en la oración.
14 A la puerta del templo la pedí,
y la busqué hasta el último día.
15 Cuando floreció como racimo maduro,
mi corazón se alegró.
Entonces mi pie avanzó por el camino recto,
desde mi juventud seguí sus huellas.
16 Incliné un poco mi oído y la recibí,
y me encontré con una gran enseñanza.
17 Gracias a ella he progresado mucho,
daré gloria a quien me ha dado la sabiduría.
18 Pues he decidido ponerla en práctica,
me he dedicado al bien y no quedaré defraudado.
19 He luchado para obtenerla,
he observado la práctica de la ley,
he tendido mis manos hacia el cielo
y he lamentado haberla ignorado.
20 Hacia ella he orientado mi vida,
y en la pureza la he encontrado.
Desde el principio me dediqué a ella,
por eso no quedaré defraudado.
21 Mis entrañas se conmovieron al buscarla,
por eso he hecho una buena adquisición.
22 En recompensa el Señor me dio una lengua,
y con ella le alabaré.

23 Acérquense a mí, ustedes, los ignorantes,
e instálense en mi escuela de sabiduría.
24 ¿Por qué se tienen que privar por más tiempo,
si están tan sedientos de ella?
25 He abierto la boca para decir:
Adquiéranla sin dinero*;
26 sometan su cuello a su yugo
y reciban instrucción:
está ahí, al alcance de ustedes*.
27 Vean con sus ojos lo poco que he trabajado
y qué descanso tan grande he encontrado.
28 No escatimen dinero para recibir instrucción,
pues con ella adquirirán gran cantidad de oro.
29 Alégrense en la misericordia del Señor,
no se avergüencen de su alabanza.
30 Realicen ustedes sus obras antes del momento final
y él les dará a su tiempo su recompensa.

[*Firma:*] Sabiduría de Jesús, hijo de Sirá.

51 13 Poema alfabético, ver Pr **31** 10+. **51** 26 Ver Dt **30** 11-14.
51 25 Ver Is **55** 1; Pr **4** 5.7.

LOS PROFETAS BÍBLICOS

Introducción

El profetismo

Las grandes religiones de la antigüedad tuvieron hombres inspirados que afirmaban hablar en nombre de su dios. Prescindiendo de los testimonios extrabíblicos, la Biblia narra la actividad profética de Balaán, arameo (Nm **22-24***) y de los 450 de Baal (ver 1 R* **18** *19-40). Aparecen también grupos extáticos que pretenden hablar en nombre de Yahvé (ver 1 R* **22** *5-12). En torno a las grandes figuras de Samuel (1 S* **10** *5;* **19** *20), Elías (1 R* **18** *4) y Eliseo (2 R* **2** *3-18;* **4** *38s; etc.) aparecen hermandades de profetas, reconocidas dentro del yahvismo, y que actuaban en trance extático provocado por la música y la danza (ver 1 S* **10** *5).*

El profeta recibe el nombre de nabî': el llamado, o el que anuncia. El profeta es un mensajero y un intérprete de la palabra divina. Así lo expresan claramente los dos pasajes paralelos de Ex **4** *15-16 y* **7** *1; ver también Jr* **1** *9. Los profetas tienen conciencia del origen divino de su mensaje: lo presentan diciendo: «Así habla Yahvé», o «Palabra de Yahvé», o bien «Oráculo de Yahvé».*

Esta palabra que les llega es más fuerte que ellos y no la pueden acallar (Am **3** *8; Jr* **20** *7-9). El llamamiento de Dios es irresistible (Am* **7** *15; Is* **6***; Jr* **1** *4-10) y convierte toda o parte de la vida del profeta en profecía viva (Os* **1-3***; Is* **8** *18; Jr* **16***; Ez* **4** *3;* **12** *6. 11;* **24** *24).*

El mensaje divino llega al profeta de muchas maneras: en visión (Is **6***; Ez* **1***,* **2***,* **8***; Dn* **8-12***; Za* **1-6***), por audición o, la mayoría de las veces, por inspiración interior, ya de improviso, ya con ocasión de una circunstancia trivial (Jr* **1** *11;* **18** *1-4;* **24***). El profeta, a su vez, transmite el mensaje en formas igualmente variadas: en fragmentos líricos o relatos en prosa, en parábolas o en estilo oracular, etc.*

Esta variedad en la recepción y expresión del mensaje depende en gran parte del temperamento personal y de las dotes naturales de cada profeta, pero encubre una identidad fundamental: todo verdadero profeta tiene viva conciencia de no ser más que un instrumento, de que las palabras que profiere son y no son suyas a la vez. Tiene la convicción inquebrantable de que ha recibido una palabra de Dios y que debe comunicarla.

Fuera de algunos casos aislados, el mensaje profético se dirige no a un individuo, sino a todo el pueblo, al que es enviado (Am **7** *15; Is* **6** *9) o a todos los pueblos (Jr* **1** *10). Y atañe al presente y al futuro. El profeta es enviado a sus contemporáneos, les transmite los deseos divinos. Pero, en cuanto es intérprete de Dios, se halla por encima del tiempo, y sus «predicciones» vienen a confirmar y prolongar sus «predicaciones».*

El profeta está seguro de hablar en nombre de Dios. Pero ¿cómo reconocerán sus oyentes que es profeta auténtico? Hay dos criterios, según la Biblia: el cumplimiento de la profecía (Jr **28** *9; Dt* **18** *22), y la conformidad de la enseñanza con la doctrina yahvista (Jr* **23** *22; Dt* **13** *2-6).*

En resumen: El profeta es un hombre que tiene una experiencia inmediata de Dios, que ha recibido la revelación de su santidad y de sus deseos, que juzga el presente y ve el futuro a la luz de Dios y que es enviado por Dios para recordar a los hombres sus exigencias y llevarlos por la senda de la obediencia y de su amor.

ISAÍAS

La Biblia agrupa bajo el nombre del profeta Isaías tres colecciones de oráculos de autores diversos y épocas distintas. Las ediciones actuales de la Biblia distinguen estas colecciones como «Primer Isaías», «Segundo Isaías» (o «Deuteroisaías») y «Tercer Isaías».

1. Primer Isaías (**1** *1*-**39** *8*)

*Oráculos que se consideran pronunciados por el gran profeta Isaías, del siglo VIII a.C. Fue un hombre culto e influyente en la corte de los reyes de Judá. Nació en Jerusalén hacia el año 765 a.C. Su actividad profética coincide con los reyes Ozías, Jotán, Ajaz y Ezequías, de Judá (años 767-698). A la muerte de Ozías inicia su ministerio profético. Estuvo casado y tuvo dos hijos, con nombres simbólicos (**7** 3; **8** 3.18). Los cuarenta años de ministerio de Isaías estuvieron dominados por la amenaza del imperio asirio sobre Israel y Judá.*

Nos resultará más asequible la lectura de este «primer Isaías» si lo hacemos según la siguiente distribución:

— Vocación de Isaías (**6**);
— El libro del Emmanuel (**7-12**);
— Oráculos antes de la guerra siro-efrainita (**1-5**);
— Oráculos sobre Israel y Judá entre los años 705-701 (**28-32**);
— Oráculos sobre los pueblos extranjeros (**13-23**);
— Apocalipsis *o colección de oráculos de estilo escatológico posterior al profeta* (**24-27** *y* **33-39**).

El profeta ha quedado impactado por una fuerte experiencia de Yahvé, narrada como una «visión». Es la experiencia de su vocación. A Isaías le preocupa la corrupción moral que la prosperidad material ha traído a Judá. Proclama la purificación y la conversión.

La época de Isaías es turbulenta: el joven rey Ajaz está temeroso ante el proyecto que tienen contra él los reyes de Damasco e Israel, que lo quieren arrastrar a una coalición que se enfrente a las ambiciones de Teglatfalasar II, rey de Asiria. Ajaz busca apoyo en el rey asirio. El profeta aconseja no buscar ayudas en alianzas militares, sino en Yahvé. El rey de Judá debe confiar en la palabra del Señor, en la promesa de que la dinastía davídica se mantendrá y de ella surgirá un «ungido» («mesías») que implantará el derecho y la justicia, porque estará lleno del espíritu de Yahvé. Todas estas ideas se desarrollan en el libro del Emmanuel.

Evidentemente, el rey Ajaz no sigue el consejo del profeta y pide ayuda a Teglatfalasar. Judá queda bajo la tutoría de Asiria.

Años después, durante el reinado de Ezequías, resurgen las intrigas políticas y el rey de Judá busca ahora el apoyo de la otra gran potencia, Egipto. Isaías vuelve a proclamar su principio de neutralidad y de confianza total en Yahvé.

El 705 el rey Ezequías se dejó arrastrar a una rebelión contra Asiria. Senaquerib asoló Palestina, el 701. Pero el rey de Judá quiso defender Jerusalén. Isaías le apoyó en su resistencia y le prometió la ayuda de Yahvé. La ciudad fue salvada.

Después del año 700 no sabemos ya nada del profeta Isaías. Según una tradición judía fue martirizado bajo el reinado de Manasés.

2. Segundo Isaías (**40** *1*-**55** *13*)

*El autor (o autores) de estos oráculos es un profeta desconocido que vivió probablemente con los desterrados en Babilonia entre los años 550-538. A este conjunto de oráculos se le llama también «Libro de la Consolación», por las primeras palabras del comienzo (**40** 1). Una distribución orientativa para nuestra lectura de estos poemas podía ser la siguiente:*

— La introducción (**40** 1-11) expone el tema central de toda la colección: *La palabra de Yahvé es fiel y eficaz; por tanto cuanto ha anunciado se cumplirá. Y en concreto:*

— Los desterrados *serán liberados y regresarán a su patria* (**40** 12-**48** 22);

— Jerusalén *será restaurada* (**49** 1-**55** 5);

— Conclusión: *La palabra de Yahvé es eficaz* (**55** 6-13).

La liberación de los desterrados llegará por medio de Ciro, que es calificado como «ungido de Yahvé» (**45** 1). *El profeta describe este hecho de la liberación como un nuevo Éxodo o marcha a través del desierto, que se convierte en un jardín; y también como una nueva creación. Los desterrados deben prepararse para esta acción grandiosa de Yahvé mediante la fidelidad a la alianza y rompiendo toda relación con los dioses de Babilonia, cuyo culto fastuoso les atraía.*

Intercalado en esta colección del Segundo Isaías se encuentra el «Poema del Siervo de Yahvé». Es un texto que ofrece muchas dificultades de ajuste con el resto del libro y sobre todo de interpretación; y no es la menor el saber quién es este siervo (ver Hch **8** *34). Se ha interpretado como referido a un individuo: ¿Jeremías? ¿El profeta calificado como «segundo Isaías»? ¿Ciro? O como referido a una colectividad: ¿Todo el pueblo de Israel? ¿El grupo de desterrados en Babilonia?*

El poema se utilizó en Israel para profundizar en la reflexión religiosa sobre su historia, de modo especial acerca de los últimos acontecimientos, que, a primera vista, podían parecer desconcertantes: Un pueblo elegido por Yahvé, el Dios único y rector de todas las naciones, sufre opresión y destierro, es casi casi aniquilado; pero, a pesar de esto, es un pueblo que tiene una misión salvadora ante las demás naciones. Estas reflexiones entran a formar parte de la vivencia de su esperanza mesiánica.

El cristianismo primitivo empleó estos textos para descifrar otro acontecimiento mesiánico fundamental y desconcertante: la pasión, muerte y resurrección de Jesús de Nazaret, Mesías e Hijo de Dios.

El poema del Siervo de Yahvé está compuesto por cuatro cantos, cuya distribución más generalizada es la siguiente:

Canto 1°: *Vocación del Siervo* (**42** 1-4).

Canto 2°: *Misión del Siervo* (**49** 1-7).

Canto 3°: *Sufrimientos del Siervo en el cumplimiento de su misión* (**50** 4-9).

Canto 4°: *Pasión, muerte y triunfo final del Siervo* (**52** 13-**53** 12).

3. Tercer Isaías (**56** 1-**66** 24)

Colección heterogénea de oráculos, obra de un profeta desconocido, que vive en Judá después del Destierro, en los años de la restauración de la ciudad y del templo.

Los que han regresado de Babilonia intentan restaurar la ciudad y sus instituciones. Pero cunde pronto el desaliento. Estos oráculos apuntan las causas de tal desánimo para ponerles remedio. Son las siguientes: La total liberación anunciada por los profetas del Destierro no ha llegado, o al menos, no como ellos la esperaban; los ciudadanos están divididos y enfrentados; están cayendo en la idolatría; no aceptan a los extranjeros; y, finalmente, carecen de recursos económicos para organizar su vida en Judá y para llevar adelante las obras de restauración.

El profeta aclara: el retraso de la plena liberación es por los pecados de los ciudadanos: pecados sociales y rituales, particularmente pecados de idolatría, de divisiones internas y de no aceptar a los ciudadanos de otros pueblos con todos sus derechos. En su llamada a la conversión el profeta apunta algunos temas que más adelante adquirirán notable fuerza en la religiosidad del judaísmo: la importancia del templo y de su liturgia, de los ayunos, de la observancia del sábado, etc.

Todas estas ideas las encontramos agrupadas en cuatro series de oráculos:

*— La primera serie denuncia la pasividad de los israelitas ante la restauración (***56-59***).*

*— La segunda, describe la ciudad restaurada (***60-62***).*

*— La tercera intenta encajar la historia particular de Israel en la historia universal (***63-64***).*

*— La última presenta al pueblo restaurado como una nueva creación que es ofrecida desde Jerusalén a todos los pueblos (***65-66***).*

JEREMÍAS

*Hacia el 650 a.C. nace Jeremías de una familia sacerdotal residente en los alrededores de Jerusalén. Llamado por Dios muy joven, el 626, el año trece de Josías (***1*** 2) le tocó vivir el trágico período en que se preparó y consumó la ruina del reino de Judá. La reforma religiosa y la restauración nacional de Josías despertaron esperanzas que fueron destruidas por la muerte del rey en Meguidó, el 609, y por el cambio del mundo oriental, la caída de Nínive el 612 y la expansión del imperio caldeo. Desde el 605, Nabucodonosor impuso su dominio en Palestina, luego Judá se rebeló por instigación de Egipto que intrigaría hasta el fin, y el 597, Nabucodonosor conquistó Jerusalén y deportó una parte de sus habitantes. Una nueva rebelión hizo volver a los ejércitos caldeos, y el 587 fue tomada Jerusalén, incendiado el templo, y tuvo lugar la segunda deportación. Jeremías atravesó esta dramática historia predicando, amenazando en vano a los reyes incapaces que se sucedían en el trono de David, acusado de derrotismo por los militares, perseguido y encarcelado. Después de la toma de Jerusalén, y aun cuando veía en los desterrados la esperanza del porvenir, Jeremías eligió permanecer en Palestina junto a Godolías, el gobernador nombrado por los caldeos. Pero éste fue asesinado, y un grupo de judíos, temeroso de las represalias, huyó a Egipto llevándose a Jeremías. Probablemente el profeta murió allí.*

En orden a facilitar la lectura del conjunto de oráculos y otros escritos que componen el libro del profeta Jeremías, lo podemos dividir en cuatro secciones:

1. Oráculos sobre Judá y Jerusalén (1 *1*-25 *13*)

— Durante el reinado de Josías *(***1** *4-***6** *30). La colección se inicia con el relato de la vocación del profeta (***1** *4-19): experiencia de su responsabilidad y de sus limitaciones. Para comprender en toda su amplitud este relato es aconsejable leerlo acompañado de otros fragmentos que describen diversas crisis vocacionales del profeta:* **11** *18-***12** *6;* **15** *10-21;* **17** *14-18;* **18** *18-23;* **20** *7-18.*

*La infidelidad de Israel (***2** *1-***4** *4) se patentiza en la corrupción moral, en la idolatría y en un culto puramente exterior y formalista. Todo este grupo de oráculos exhorta a la conversión, pero de una forma práctica Jeremías quiere animar al pueblo y a Josías a iniciar la reforma religiosa que el mismo rey proyectaba. Ante el peligro de la invasión del enemigo del Norte, lo que importa para recibir la ayuda de Yahvé es la conversión sincera, no los ritos cultuales: «Ni los holocaustos de ustedes me agradan, ni sus sacrificios me complacen» (***6** *20).*

— Durante el reinado de Joaquín *(***7** *1-***20** *18). La reforma religiosa emprendida por Josías ha quedado paralizada con la muerte del rey en Meguidó.*

Ante la nueva situación Jeremías interviene de nuevo para urgir la fidelidad a la alianza y la conversión sincera. Este grupo de oráculos toca los diversos campos a los que ha de afectar la conversión:

*a) El culto. Ofrecen sacrificios; pero sigue siendo un culto vacío. No es eso lo que Yahvé quiere de su pueblo (***7** *1-***8** *3).*

*b) No hay voluntad de convertirse: «Nadie deplora su maldad diciendo: ¿qué hice?» (***8** *6).*

*c) Los pecados del pueblo se traducen en mentiras, calumnias, engaños, fraudes, trampas: pecados contra el prójimo (***9** *1-25 y* **17** *1-11).*

*d) Y el pecado principal: la idolatría, la adoración de imágenes que son obra de los hombres (***10** *1-16).*

*En el horizonte vislumbra el profeta la invasión y deportación (***16** *13). Jeremías urge la conversión, el arrepentimiento general. Y para acentuar su mensaje se sirve de unas acciones simbólicas: la faja en el río Éufrates (***13** *1-11), los cántaros estrellados (***13** *12-14), el anuncio de la gran sequía (***14** *1-***15** *4), el trabajo del alfarero (***18** *1-12), el jarro roto (***19** *1-15). Y sobre todo el profeta se presenta a sí mismo como «señal» de incentivo a la conversión. Su vida es mensaje de conversión y esperanza (***15** *10-***16** *21;* **17** *14-27;* **18** *18-23;* **20** *7-18).*

— Oráculos diversos a reyes y profetas *(***21** *1-***25** *13). Esta sección recoge oráculos contra los últimos reyes de Judá, infieles a la alianza tanto en el gobierno del pueblo como en su comportamiento personal. La invasión babilonia es inminente. Jeremías proclama que la única salida que tienen para conservar la vida es rendirse. El rey, Sedecías, no hace caso. Por eso el profeta anuncia una salvación futura de Judá, que se realizará por la venida de un descendiente de David que salvará al pueblo de Yahvé: «Miren que vienen días en que suscitaré a David un Germen...» (***23** *5). Y junto a los reyes, los profetas falsos han tenido también parte en la degradación religiosa del pueblo (***23** *9-40). La visión simbólica de los cestos de higos (***24***) anuncia que Yahvé se va a hacer un nuevo pueblo con algunos judíos que están sufriendo ya el destierro.*

2. Oráculos contra las naciones (25 *13-35 y* 46-51)

Estos oráculos se sitúan en el año cuarto del reinado de Joaquín, el 605, año de la consolidación del reino de Nabucodonosor.

*Una introducción a estos oráculos (***25** *13-35) expone la idea de que la aparición de este gran imperio, que constituía una amenaza para Judá, forma parte del proyecto de Yahvé. El poder de los grandes imperios es transitorio (***25** *31-32); y transitorios serán también los sufrimientos (invasión y destierro) de Judá.*

La colección continúa con los oráculos de los capítulos **46-51**. *La versión griega así lo entendió y los coloca a continuación del cap.* **25**. *El hebreo los ha relegado al final del libro de Jeremías.*

Los oráculos se dirigen contra Egipto, Filistea, Moab, Amón, Edom, Damasco, contra los árabes, contra Elam y contra Babilonia. En estas composiciones abundan las referencias históricas y geográficas. Entre las expresiones de condena de estas naciones se intercalan anuncios de liberación del pueblo judío. Por todos estos oráculos recorre la idea clave de la predicación profética de Jeremías: Yahvé es quien rige la historia de los pueblos, porque él es el Dios único. Los dioses de las naciones han sido derrotados por Yahvé.

3. Oráculos sobre la restauración del pueblo o profecías de felicidad (26 *1-35* *19*)

Esta colección va precedida de una introducción que se debe quizás a la *pluma de Baruc, colaborador del profeta (***26** *1-24).*

Los oráculos anuncian que a los habitantes de Jerusalén de nada les servirá ni el templo, ni el culto, si no guardan la alianza de Yahvé. Pero el ambiente de la ciudad no está para escuchar las palabras de Jeremías. Los falsos profetas y los sacerdotes quieren matar al profeta. El pueblo y los jefes lo defienden.

Ante la crítica situación política, Jeremías propone someterse a Nabucodonosor. Su propuesta es mal recibida. La razón que da Jeremías para este rendimiento es que Jerusalén debe ser purificada antes de que llegue la liberación de los cautivos.

*Ante tal rechazo, Jeremías se dirige a los desterrados (***29** *1-32) para animarles a que se organicen como una comunidad yahvista y esperen así confiados su liberación. Deben comprender que es Yahvé quien dirige también este episodio de su historia.*

*Estas ideas de una futura liberación están expresadas en tres poemas que anuncian poéticamente el regreso del destierro (***30** *1-24;* **31** *1-14;* **31** *15-27). Algunos fragmentos de estos poemas reflejan situaciones posteriores a Jeremías. Pero todo el conjunto de estos dos capítulos es un «libro de consolación», al que se incorporaron los oráculos de los caps.* **32-33**.

4. Pasión de Jeremías (36 *1*-45 *5)*

*Esta sección en prosa contiene datos biográficos interesantes sobre el profeta y las dificultades de su misión: El libro de Jeremías es leído ante el rey Joaquín quien ordena destruirlo (***36***). Prisión del profeta (***37-39***).*

*Jeremías vive la destrucción de la ciudad y el incendio del templo, el año 587. Él se queda con el pueblo y, tras el asesinato de Godolías, se marcha, obligado, con un grupo de judíos a Egipto. Aquí anuncia la invasión de Egipto por Nabucodonosor (***42** *1-***45** *5). Los 5 versículos que componen el cap.* **45** *son como la firma de Baruc, organizador literario de los oráculos de Jeremías.*

*Toda esta última sección recibe unidad religiosa de la constante de la predicación del profeta: Yahvé, Dios único, es quien rige la historia de todos los pueblos; por tanto también dirige la de Israel: «Esto dice Yahvé: Mira que lo que edifiqué, yo lo derribo, y aquello que planté, yo lo arranco, esto por toda la tierra» (***45** *4).*

BARUC

*Bajo el nombre del secretario de Jeremías se han agrupado unos escritos variados en su forma y contenido: una plegaria de confesión y de esperanza (***1** *15-***3** *8), un poema sapiencial (***3** *9-***4** *4) donde la sabiduría es identificada con la Ley; una pieza profética (***4** *5-***5** *9), donde Jerusalén personificada apostrofa a los desterrados y donde el profeta la anima con la evocación de las esperanzas mesiánicas.*

*La introducción (***1** *1-14) fue escrita directamente en griego; la oración y las otras dos piezas proceden de un original hebreo. La fecha de composición más probable es a mediados del siglo I a.C.*

Esta colección heterogénea es interesante porque nos introduce en las comunidades de la Dispersión y nos muestra cómo se conservaba en ellas la vida religiosa por medio de relaciones con Jerusalén, la oración, el culto de la Ley, el espíritu de desquite y los sueños mesiánicos.

*Por eso este libro puede ser leído también como una liturgia penitencial, con los cuatros momentos de la misma: Convocatoria de la asamblea (***1** *1-14); confesión de los pecados y petición de perdón (***1** *15-***3** *8); exhortación para conseguir la sabiduría (***3** *9-***5** *9) y exhortación final para esperar la restauración (***4** *4-***5** *9).*

CARTA DE JEREMÍAS

Escrito independiente del s. II, atribuido a Jeremías. La Vulgata lo colocó al final de libro de Baruc, como capítulo **6**. *Es un ataque burlesco al culto de los ídolos que tiene, como trasfondo, el culto a los dioses de Babilonia.*

EZEQUIEL

Según los datos que ofrece el libro en su estado actual, Ezequiel ejerce su ministerio con los desterrados en Babilonia, entre los años 593 y 571. Exhorta a sus compañeros de cautiverio a tener esperanza en una pronta liberación y restauración de la ciudad y del templo. Envía también mensajes a los que han quedado en Jerusalén; a éstos les exhorta a mantenerse fieles a Yahvé.

Ezequiel es sacerdote; sus centros de interés son el templo y el culto. Es también un profeta que plastifica su mensaje con acciones simbólicas; y es un visionario que pretende avivar la esperanza de los desterrados con grandes visiones fantásticas.

Esta mezcla de rasgos en la personalidad de Ezequiel da al estilo de este libro un carácter peculiar, que difiere del lenguaje directo de los otros grandes profetas bíblicos.

El libro, en su formato actual, es un conjunto ordenado. Lo componen una introducción y cuatro bloques de oráculos bien organizados.

1. Introducción *(***1** *1-***3** *27)*

*El profeta en su destierro de Babilonia (año 585) tiene dos visiones que simbolizan su vocación: La visión del carro de Yahvé (***1** *1-28) y la del libro (***2** *1-10). Las dos describen la experiencia que él tiene de Yahvé y de su Palabra, y culminan con la concreción de su misión entre los desterrados: ser el centinela de Israel (***3** *16-17).*

2. Mensajes a los ciudadanos de Jerusalén *(***4** *1-***24** *27)*

*Cuatro acciones simbólicas introducen la sección: el asedio de Jerusalén (***4** *1-3), la pesada carga del pecado (***4** *4-8), el alimento tasado (***4** *9-17) y la división de sus cabellos (***5** *1-4).*

*Los oráculos siguientes explican el contenido de estas acciones: condena de la idolatría y la autosuficiencia de los ciudadanos (***5** *5-***8** *18), y anuncio del castigo por estos pecados: Yahvé se retira de la ciudad; los ciudadanos serán deportados. El lenguaje de la visión plastifica el castigo (***9** *1-***11** *13). Y, al estilo de los grandes profetas, el castigo desemboca en una llamada a la esperanza de liberación y restauración (***11** *14-25).*

*El profeta, mediante otras dos acciones simbólicas, reprende de modo especial a los responsables del pueblo: reyes, profetas, profetisas y dirigentes del culto (***12** *1-***14** *11).*

*La sección termina con unas imágenes y alegorías que hacen más sensible su mensaje: la vid, el matrimonio entre Yahvé y Jerusalén, el águila y el cedro, la misma historia del pueblo, la espada, las dos hermanas, la olla y la muerte de la esposa del profeta (***15** *1-***24** *27).*

*A través de sus exhortaciones el profeta repite la idea clave de su mensaje: nadie puede esquivar la responsabilidad personal (***14** *12-23;* **18** *1-32).*

3. Mensajes a las naciones *(***25** *1-***32** *32)*

Como ocurre en otros libros proféticos, también en éste se agrupan en una sección los oráculos dirigidos a los pueblos relacionados con Israel y Judá: Amón, Moab, Edom, Filistea, Tiro, Sidón y Egipto. En los anuncios del castigo de estos pueblos, sobresale la idea de que Yahvé es el rector de la historia de todos los pueblos.

Entre estos oráculos destacan, por su amplitud, los dirigidos a Tiro, a su rey, y a Egipto y su faraón. En ellos el profeta alude a los mitos que enmarcaban la historia de estas naciones.

Un breve anuncio de la liberación de los desterrados, colocado antes del mensaje a Egipto, vuelve a remachar la idea de que Yahvé, Dios único, rige la historia de los pueblos.

4. Mensajes de liberación (**33** *1*-**39** *29*)

*Ezequiel es el centinela del pueblo. Y en función de esta misión interpreta el sentido religioso de la destrucción de Jerusalén y la deportación. Ambas realidades tienen por objeto lograr la conversión y el arrepentimiento (***33** *1*-**35** *15). El pueblo se ha descarriado porque ha sido mal gobernado por sus jefes.*

*La conversión hará que Israel y Judá sean un pueblo nuevo, que sus ciudadanos tengan un espíritu y un corazón nuevos (***36** *25-26). La visión de la resurrección de los huesos secos simboliza esta restauración de Israel (***37***).*

*La resurrección o renovación del pueblo de Yahvé se describe a continuación con un lenguaje apocalíptico (***38-39***). En este lenguaje de los «apocalipsis» hay que prescindir de los detalles pintorescos y descubrir el mensaje que el profeta expone con claridad al final de la sección: «Sabrán que yo soy Yahvé su Dios, cuando, después de haberlos llevado al cautiverio entre las naciones, los reúna en su suelo sin dejar allí a ninguno de ellos. No les ocultaré más mi rostro, porque derramaré mi espíritu sobre la casa de Israel» (***39** *28-29).*

5. El Israel ideal: su nuevo templo y su nueva tierra (**40** *1*-**48** *35*)

Esta sección se suele calificar como la «Torá» o Ley de Ezequiel. Mediante descripciones fantásticas, el profeta presenta su plan detallado sobre la reconstrucción religiosa y política de Israel. Abundan las leyes y disposiciones sobre las instituciones sacras. Las dimensiones del nuevo templo y la nueva ciudad son desorbitadas, como corresponde a lugares que han de contener la nueva presencia de Yahvé, que se hará sensible con su «gloria». Esta nueva ciudad tendrá un nombre nuevo, expresión de la presencia de Yahvé: «Yahvé está allí».

DANIEL

El libro de Daniel no pertenece a la corriente profética. Por sus características hay que situarlo en la literatura apocalíptica. Recibe el nombre de su personaje principal, Daniel; un personaje de historias piadosas ya citado por Ezequiel (Ez **14** *14.20;* **28** *3). El autor de este libro, que escribe en el s. II a.C., sitúa ficticiamente los hechos en la corte de Babilonia. Pero en realidad las circunstancias en que escribe son las de la persecución de Antíoco Epífanes. El escrito refleja, pues, la época de la sublevación de los Macabeos.*

El libro nos ha llegado con unas partes en hebreo, otras en arameo y algunas en griego. La Biblia hebrea lo admitió después de la fijación del canon de los profetas y lo colocó entre Ester y Esdras. Las Biblias griega y latina vuelven a colocarlo entre los profetas y le añaden algunas partes deuterocanónicas: **3** *24-90;* **13-14**.

Para facilitar su lectura podemos dividir este escrito en tres partes:

1. Daniel y sus compañeros (**1** *1*-**6** *29*)

Los relatos de esta primera parte pretenden exaltar a Daniel y a sus compañeros como unas personas que se mantienen fieles al yahvismo y sus exigencias rituales en las circunstancias difíciles provocadas por la invasión de la cultura helenística. Las cla-

ves para entender tanto los relatos como los sueños que componen esta sección, son:

a) Tensión creada entre judaísmo y helenismo.

b) La fidelidad a Yahvé se traduce en la observancia estricta de la Ley judía.

c) Yahvé protege a los judíos fieles y les otorga el triunfo.

d) Los judíos fieles alcanzan la verdadera sabiduría, que les hace capaces de descubrir la presencia de Yahvé en los acontecimientos de la historia.

*Los cánticos de Azarías (***3** *24-45) y de los tres compañeros de Daniel (***3** *46-90) son adiciones de la versión griega.*

2. Las visiones (**7** *1*-**12** *13)*

En esta segunda parte sólo queda en escena el protagonista Daniel. Ya no le acompañan los amigos, los judíos fieles, sino unos seres misteriosos. El escenario no tiene contornos definidos.

Los elementos de las visiones son simbólicos:

a) Las bestias son los grandes imperios: Babilonia, Media, Persia y Macedonia. Yahvé, Señor de la historia, los condena en el marco literario de un juicio.

b) El «hijo de hombre» simboliza a Israel. Es un ser humano renovado.

c) Las setenta semanas: es una acomodación del texto de Jr **25** *11-14 a la situación histórica del libro.*

d) El tiempo de la ira: es el marco histórico reflejado en los libros de los Macabeos.

En este libro, como en todo escrito apocalíptico, hay detalles, símbolos, alegorías y alusiones cuyas claves de interpretación conocían los primeros destinatarios; pero que a nosotros nos quedan ocultas.

Las notas sobre la actitud de Daniel, su oración, sus ayunos y penitencia, que salpican estos relatos visionarios, marcan la pauta religiosa de los judíos fieles: reconocimiento de sus faltas, arrepentimiento y súplica de perdón.

3. Relatos griegos (**13** *1*-**14** *42)*

*Son tres: Honestidad de Susana (***13** *1-64); Daniel y los sacerdotes de Bel (***14** *1-22); Daniel y el dragón (***14** *23-42). Son historias ejemplares, escritas para exaltar al judío fiel. Dios no abandona a los que permanecen fieles a su Ley. Los paganos reconocen el poder de Yahvé, lo alaban y, como consecuencia, respetan a los seguidores del judaísmo.*

LOS DOCE PROFETAS

El último libro del canon hebreo de los Profetas se denomina simplemente «los Doce». Agrupa, en efecto, doce opúsculos atribuidos a diferentes profetas. La traducción sigue la disposición tradicional de la Vulgata (y del hebreo), pero en estas orientaciones presentamos los libros según el orden histórico más probable, agrupándolos en tres series, para facilitar así su lectura.

1. AMÓS, OSEAS, MIQUEAS

Estos tres profetas ejercen su ministerio en el s. VIII a.C. Oseas y Amós profetizan en el Norte, durante el reinado de Jeroboán II (783-743); Miqueas, en Judá, durante los reinados de Ajaz y Ezequías (721-701). En los dos reinos se vive una época de gran prosperidad material que tiene su contrapartida en la corrupción, la injusticia y la opresión de los pobres. La política en el Norte está condicionada por los cambios violentos de dinastías (cuatro reyes asesinados en quince años) y la amenaza de la invasión asiria. El Sur, después del reinado tranquilo de Ezequías, es invadido por Senaquerib, quien impone condiciones tributarias.

AMÓS

1. Vocación y misión (1 *1-2;* 7 *10-17)*

Estos dos fragmentos (el segundo es una interpolación entre la sección de las «visiones») presentan a este profeta, pastor de Técoa en Judá, enviado por Yahvé al Norte para denunciar el lujo de los poderosos y la opresión de los pobres.

2. Oráculos (1 *3*-6 *14)*

*Una primera serie va dirigida a los pueblos colindantes con el reino del Norte: Damasco, Filistea, Tiro, Edom, Amón, Moab y Judá (***1** *3*-**2** *16). Una segunda serie contempla al reino del Norte, sobre todo a su capital Samaría (***3** *1*-**6** *14). El profeta revisa y denuncia, mediante expresiones uniformes, la corrupción de las clases sociales de todos los pueblos y proclama que la justicia de Yahvé se impondrá finalmente por encima de todos estos desórdenes.*

3. Visiones (7 *1*-9 *15)*

La «visión» es un recurso literario de la predicación profética. Estos artificios envuelven unas meditaciones sobre la vida social de Israel. El pequeño reino del Norte, corrompido, está amenazado por peligros del exterior (visión de la langosta), por la sequía y por desórdenes internos (visiones de la plomada, de los frutos maduros y la ruina del santuario de Betel, lugar de culto en el Norte).

*El libro concluye con una doxología litúrgica (***9** *5-6) y un resumen de la predicación de Amós (***9** *7-15), fragmentos de redacción posterior a la del libro.*

OSEAS

1. El profeta, signo vivo para Israel (1 *1*-3 *5)*

Oseas es contemporáneo de Amós. Su vida, con su fracaso matrimonial, es signo profético que simboliza las tensas relaciones entre Yahvé e Israel. Yahvé es el esposo fiel que sigue amando a su esposa (Israel) a pesar de las infidelidades de ésta. Los hijos del profeta, que simbolizan a los israelitas, son también signos del amor fiel de Yahvé. Este fragmento es un nuevo estilo de narrar la vocación y misión del profeta.

2. Oráculos (4 *1*-9 *9)*

*Los oráculos de Oseas van dirigidos contra el pueblo, los sacerdotes y los reyes. De modo especial denuncian la idolatría que, en consonancia con el signo básico de la vida del profeta, es calificada como «prostitución». La conversión de Israel debe ser una vuelta a la auténtica religión, es decir al amor de Yahvé, un Dios celoso que no quiere compartir con ningún otro dios el corazón de sus fieles: «Porque yo quiero amor, no sacrificio, conocimiento de Dios, más que holocaustos» (***6** *6).*

3. La historia de Israel es también signo del amor de Yahvé (9 *10*-14 *10)*

*El profeta hace un breve recorrido por algunos hechos de la historia de Israel, sin ningún orden preestablecido. En todos ellos se alterna la infidelidad de Israel y el amor fiel de Yahvé, constante que convierte a la historia de este pueblo en signo de unas relaciones «matrimoniales» entre Israel y su Dios: «Cuando Israel era niño, lo amé, y de Egipto llamé a mi hijo. Cuanto más los llamaba, más se alejaban de mí...» (***11** *1-2).*

MIQUEAS

Este profeta es originario de Judá. El libro agrupa los oráculos en cuatro apartados.

1. Mensaje contra Israel y Judá (**1** *1*-**3** *12)*

Tiene la forma de un proceso. El juez hace su entrada de manera solemne. Todos los pueblos están invitados a este proceso. Los acusados son los ciudadanos de Israel y Judá que oprimen a sus hermanos, y de modo especial son citados como acusados los profetas y los dirigentes del pueblo. La sentencia es condenatoria. La pena: la invasión de los territorios por Senaquerib.

2. Promesa de restauración de Sión *(***4** *1*-**5** *14)*

La pena impuesta en el proceso anterior tiene un período limitado. Sión (Jerusalén) y el pueblo serán restaurados, una vez cumplida la pena o el tiempo de purificación. De este pueblo restaurado resurgirá la dinastía de David en un nuevo rey, originario de Belén, que volverá a congregar al pueblo disperso, le dará cohesión, seguridad y dominio sobre las otras naciones.

3. Nuevo mensaje contra Israel *(***6** *1*-**7** *7)*

*Tiene también la forma de proceso o pleito contra Israel: Yahvé recuerda al pueblo sus beneficios. A una pregunta del fiel arrepentido sobre las reprensiones de Yahvé, el profeta da la respuesta adecuada: «Lo que Yahvé quiere de ti (es): tan sólo respetar el derecho, amar la lealtad y proceder humildemente con tu Dios» (***6** *8).*

4. Mensaje de esperanza *(***7** *8-20)*

*Escrito también con la forma de un proceso. Pero éste no termina con una condena, sino con una exhortación a la esperanza, pues el pueblo (Sión) proclama su arrepentimiento. Israel se vuelve a Yahvé, que es su luz y que perdona su pecado: «(Dios) volverá a compadecerse de nosotros, destruirá nuestras culpas y arrojará al fondo del mar todos nuestros pecados» (***7** *19).*

2. SOFONÍAS, NAHÚM, HABACUC

Profetas del s. VII a.C. Una parte del territorio de Judá está sometida a la dominación de Asiria. El yahvismo se ha contaminado con los cultos paganos durante el reinado de Manasés. Josías, el rey creyente en Yahvé, emprende una reforma religiosa que han preparado los profetas Sofonías y Nahúm. Los dos insisten, para iluminar los acontecimientos duros que están viviendo, en una idea clave: Yahvé es quien dirige la historia de los pueblos.

SOFONÍAS

*Su mensaje es una denuncia del culto idolátrico y de los pecados sociales: abusos de los ricos contra los pobres. El mensaje tiene la forma literaria de un juicio, llamado «Día de Yahvé». En este juicio los opresores serán condenados y exterminados, y los pobres, los humildes serán liberados. Con ellos Yahvé se formará un nuevo pueblo: «Dejaré en medio de ti un pueblo humilde y pobre, se cobijará al amparo de Yahvé el Resto de Israel» (***3** *12-13).*

NAHÚM

Denuncia la política que se sigue en Judá de connivencia con Asiria y pronostica la ruina de Nínive, la capital opresora de Israel y de todos los pueblos, símbolo de cuantos pueblos se oponen al proyecto de Yahvé. La idea central del mensaje de Nahúm es que quien dirige la historia de los pueblos no es la poderosa Nínive, sino Yahvé.

*El libro se inicia con un Salmo alfabético en el que se contraponen el castigo de Asiria y la salvación de Judá. La profecía es algo anterior a la caída de Nínive, el año 612. Se siente vibrar aquí toda la pasión de Israel contra el enemigo hereditario, el pueblo de Asiria; se oye cantar a las esperanzas que despierta su caída: «Tu herida (Asiria) no tiene remedio, tu llaga es incurable. Los que tienen noticias tuyas baten palmas contra ti...» (***3** *19).*

HABACUC

Las circunstancias de la actividad profética de Habacuc no son claras. Pueden ser las de los años anteriores a la caída de Nínive, el año 612, y reflejarían la decadencia del imperio asirio; o bien pueden ser las de los primeros años del imperio babilonio-caldeo, entre los años 605-597, fecha del primer asedio de Jerusalén.

*El mensaje de Habacuc es una meditación sobre Yahvé rector de la historia. La meditación procede mediante unas preguntas que el profeta dirige a su Dios: ¿Por qué Yahvé, que es santo y puro, escoge a los caldeos para castigar a Judá pecador? ¿Por qué castiga al malvado con otro peor que él? El profeta plantea el problema del Mal en un nivel universal y en unas relaciones internacionales. La solución a la que llega Habacuc en su meditación es que Yahvé, Dios omnipotente, prepara por caminos paradójicos la victoria final de los justos: «Sucumbirá quien no tiene el alma recta, mas el justo por su fidelidad vivirá» (***2** *4; ver también Rm* **1** *17; Ga* **3** *11; Hb* **10** *38).*

*La meditación se cierra con una oración (***3** *1-19), un Salmo que, en lenguaje poético, expresa la confianza total del profeta en la obra rectora de Yahvé: «Yahvé mi señor y mi fuerza, él me da pies como de cierva, y me hace caminar por las alturas» (***3** *19).*

3. AGEO, ZACARÍAS, MALAQUÍAS, ABDÍAS, JOEL

Son profetas del s. VI a.C., posteriores al Destierro. Son los años de la reconstrucción de la ciudad, del templo y del culto; es decir, son los años de la configuración del judaísmo. Las obras de reconstrucción, dirigidas por Zorobabel y Josué, se están demorando debido a la oposición de los colonos y a la desidia y egoísmo de los judíos, más preocupados por la reconstrucción de sus propias viviendas que por la de la ciudad y el templo.

En el ámbito internacional son los años de la decadencia del imperio persa, que es interpretada por este grupo de profetas como una intervención de Yahvé contra los opresores de Israel. Los últimos tiempos de este imperio vienen descritos con el lenguaje ya característico del «Día de Yahvé».

AGEO

*El libro de este profeta contiene cuatro breves exhortaciones fechadas con exactitud a finales de agosto o mediados de diciembre del 520. Los primeros judíos, que habían regresado de Babilonia para reconstruir el templo, se desanimaron enseguida. El profeta Ageo, juntamente con Zacarías, reavivó las energías e indujeron a Zorobabel y al sumo sacerdote Josué a proseguir los trabajos de reconstrucción, lo que se hizo en septiembre del 520 (***1** *15; ver Esd* **5** *1).*

*En las exhortaciones el profeta alude a la situación conflictiva del imperio persa. En estas circunstancias históricas ve Ageo el inicio del triunfo del pueblo judío que será regido por Zorobabel, elegido por Yahvé para restaurar la dinastía davídica (***3** *20-27).*

ZACARÍAS

El libro que figura bajo el nombre de este profeta tiene dos bloques literarios muy distintos.

1. Primer Zacarías (1-8)

El profeta autor de este conjunto de oráculos es contemporáneo de Ageo. Trata los temas de la reconstrucción y la presencia del «Día de Yahvé».

*Tras una breve introducción (**1** 1-6), fechada en octubre-noviembre del 520, el libro contiene ocho visiones (**1** 7-**6** 8), seguidas de la coronación simbólica de Zorobabel (**6** 9-14). El cap. **7** es una ojeada retrospectiva al pasado nacional, y el **8** abre perspectivas de salvación mesiánica, ambos a propósito de un problema sobre el ayuno, planteado en noviembre del 518.*

*Zacarías envuelve su mensaje en lenguaje apocalíptico. Mediante una serie de visiones anima al pueblo a la reconstrucción de la ciudad y del templo. Esta restauración abre una era mesiánica en que el sacerdocio representado por Josué será exaltado (**3** 1-7), pero en la que la realeza será ejercida por el «Germen» (**3** 8), término mesiánico que luego se aplica a Zorobabel (**6** 12). Los dos ungidos (**4** 14) gobernarán en perfecta armonía (**6** 13). Así Zacarías resucita la vieja idea del mesianismo real, pero la asocia a las preocupaciones sacerdotales de Ezequiel.*

2. Segundo Zacarías (9-14)

*Es una colección de composiciones heterogéneas, introducidas con un nuevo título (**9** 1). Las piezas no están fechadas, su estilo es diferente de las de la primera colección y en ellas el autor utiliza libros anteriores, sobre todo Jeremías y Ezequiel. Las circunstancias políticas no son las de la restauración, sino las del siglo IV, después de la conquista de Alejandro. Asiria y Egipto son ya nombres simbólicos de pueblos opresores de Israel.*

*Dentro de este bloque se distinguen dos secciones, introducidas cada una por un título (**9-11** y **12-14**). La primera está escrita en verso; la segunda, en prosa. La primera se vale al parecer de antiguos trozos poéticos preexílicos, y se refiere a sucesos de historia que es difícil precisar. La segunda describe, con terminología apocalíptica, las pruebas y las glorias de la Jerusalén de los últimos tiempos.*

*Esta colección de piezas recibe unidad literaria de la perspectiva mesiánica que expone: resurgimiento de la casa de David (**12**), espera de un Mesías humilde y manso (**9** 9-10), anuncio misterioso del «traspasado» (**12** 10), teocracia guerrera ((**10** 3-**11** 3), pero también cultual, al estilo de Ezequiel (**14**). Estos rasgos los actualizará la predicación cristiana primitiva en la persona de Cristo (ver Mt **21** 4-5; **27** 9; **26** 31 y los paralelos en Mc).*

MALAQUÍAS

*El libro lo componen seis fragmentos anónimos puestos bajo el nombre simbólico de «Malaquías» = «Mi mensajero», tomado de **3** 1. Todas las piezas tienen la misma estructura: Yahvé, o su profeta, emite una afirmación que es discutida por el pueblo o por los sacerdotes, y que es desarrollada en un discurso, en el que van a la par amenazas y promesas de salvación. Hay dos grandes temas: las faltas cultuales de los sacerdotes y de los fieles (**1** 6-**2** 9 y **3** 6-12) y el escándalo de los matrimonios mixtos y de los divorcios (**2** 10-16).*

*La época que reflejan estas composiciones es la de la reforma de Esdras y Nehemías (445-398). El templo ya ha sido reconstruido (515). Inspirándose en el Dt, y también en Ez, el profeta afirma que no es posible burlarse de Dios, que exige de su pueblo religión interior y pureza. Espera la venida del Ángel de la Alianza, preparada por un enviado misterioso (**3** 1) en el que Mt **11** 10 (ver Lc **7** 27 y Mc **1** 2) ha reconocido a Juan Bautista, el Precursor. Esta era mesiánica* *contemplará el restablecimiento del orden moral (**3** 5) y del orden cultual (**3** 4) que culminará en el sacrificio perfecto ofrecido a Dios por todas las naciones (**1** 11).*

ABDÍAS

*Es un escrito breve, pero con muchos problemas sobre su unidad, género literario y fecha de composición. La mitad de los versículos (2-9) se encuentran en Jr **49** 7-22, aunque en orden distinto.*

Es un grito apasionado de venganza, cuyo espíritu nacionalista contrasta con el universalismo de la segunda parte de Isaías, por ejemplo. Pero exalta también la justicia terrible y el poder de Yahvé, que obra como defensor del derecho, y no hay que aislarlo de todo el movimiento profético, del que no representa más que un momento pasajero.

JOEL

Escrito de la época postexílica, quizás en el año 400 a.C.

*La primera parte (**1-2**) tiene todos los rasgos de una liturgia penitencial preparatoria del «Día de Yahvé». La exhortación se basa en la interpretación de unas plagas naturales: las langostas (**1** 2-12)) y la invasión de un ejército (**2** 1-11).*

*La segunda parte (**3-4**) describe el «Día de Yahvé». Este «Día» es una efusión del espíritu profético sobre todos los integrantes de la comunidad judía, de cualquier edad, sexo y condición; es también un juicio de las naciones numerosas reunidas en un lugar imaginario llamado «Josafat», que significa «el Señor juzga»; y es finalmente la restauración de Judá y Jerusalén, que tiene su raíz en que «Yahvé morará en Sión» (**4** 21).*

4. JONÁS

Libro muy diferente de los proféticos. Es una narración con fines didácticos, casi una parábola.

*La historia que narra y que centra en un personaje del reinado de Jeroboán II (ver 2 R **14** 25), está llena de incongruencias y de intervenciones maravillosas que más parecen jugarretas que Dios le gasta a Jonás que signos de su omnipotencia.*

El escrito data del s. V a.C. y refleja la época de después del Destierro. En la restauración de las instituciones judías está surgiendo con fuerza la idea de que para participar del amor y de la misericordia de Dios hay que pertenecer al pueblo judío.

Jonás, representante del judío fiel y observante estricto de la Ley, se niega a aceptar que unos paganos, los ninivitas, puedan recibir el perdón y amor de Yahvé. Las intervenciones de Dios señalan con fuerza la tesis contraria: Dios espera una muestra de arrepentimiento de cualquier persona, sea o no judía, para concederle su perdón.

La enseñanza es clara: La comunidad judía debe superar el particularismo en el que se estaba encerrando y debe proclamar a todos los pueblos que Yahvé es un Dios universal, que perdona y ama a todos los hombres.

*El libro de Jonás apunta ya al mensaje del NT: Dios no es solamente el Dios de los judíos, sino también el de los no judíos; es el Dios de todos los hombres, porque no hay más que un sólo Dios, Rm **3** 29.*

ISAÍAS

I. *Primera parte del libro de Isaías*

1. ORÁCULOS ANTERIORES A LA GUERRA SIRO-EFRAINITA

Título.

1 [1] Visión que tuvo Isaías, hijo de
Amós, tocante a Judá y Jerusalén
en tiempo de Ozías, Jotán, Ajaz y Ezequías, reyes de Judá.

Contra el pueblo ingrato.

2 Oigan, cielos; escucha, tierra,
que habla Yahvé:
«Hijos crié y saqué adelante,
y ellos se rebelaron contra mí.
3 Conoce el buey a su dueño,
y el burro el pesebre de su amo.
Pero Israel no conoce,
mi pueblo no discierne.»

Castigo de Judá.

4 ¡Ay, gente pecadora,
pueblo tarado de culpa,
semilla de malvados, hijos de
perdición!
Han dejado a Yahvé,
han despreciado al Santo de Israel,
se han vuelto de espaldas.
5 ¿Dónde golpearlos ya,
si ustedes siguen contumaces?
La cabeza toda está enferma,
toda entraña doliente.
6 De la planta del pie a la cabeza
no hay en él cosa sana:
golpes, magulladuras, heridas
frescas,
ni cerradas, ni vendadas,
ni ablandadas con aceite.
7 Su tierra es desolación,
sus ciudades, hogueras de fuego;
su suelo delante de ustedes
extranjeros se lo comen,
y es una desolación como
devastación de extranjeros.
8 Ha quedado la hija de Sión*
como cobertizo en viña,
como albergue en pepinar,
como ciudad sitiada.
9 De no habernos dejado Yahvé
Sebaot un residuo minúsculo,
como Sodoma seríamos,
a Gomorra nos pareceríamos*.

Contra la hipocresía*.

10 Oigan una palabra de Yahvé,
regidores de Sodoma.
Escuchen una instrucción de nuestro
Dios,
pueblo de Gomorra.

11 «¿A mí qué, tanto sacrificio de ustedes?
—dice Yahvé—.
Harto estoy de holocaustos de
carneros,
de sebo de cebones;
y sangre de novillos y machos
cabríos no me agrada,
12 cuando vienen a presentarse ante mí.
¿Quién ha solicitado de ustedes
esa pateadura de mis atrios?
13 No sigan trayendo oblación vana:
el humo del incienso me resulta
detestable.
Novilunio, sábado, convocatoria:
no tolero falsedad y solemnidad.
14 Sus novilunios y solemnidades
aborrece mi alma:
me han resultado un gravamen
que me cuesta llevar.
15 Y al extender ustedes sus palmas,
me tapo los ojos por no verlos.
Aunque menudeen la plegaria,
yo no oigo.
Sus manos están de sangre llenas:

1 8 *Hija de Sión*: personificación de Jerusalén, **10** 32; **16** 1. Ver 2 S **5** 6+.

1 9 Texto citado en Rm **9** 29+. Sobre el *Resto*, ver **4** 3+.

1 10 Ver **29** 13-14; Am **5** 21+; Mt **15** 8-9.

16 lávense, límpiense,
quiten sus fechorías de delante de mi vista,
desistan de hacer el mal,
17 aprendan a hacer el bien,
busquen lo justo,
den sus derechos al oprimido,
hagan justicia al huérfano,
aboguen por la viuda.

18 Vengan, pues, y disputemos
—dice Yahvé—:
Así fueran sus pecados como la grana,
cual la nieve blanquearán.
Y así fueran rojos como el carmesí,
cual la lana quedarán.
19 Si ustedes aceptan obedecer,
lo bueno de la tierra comerán.
20 Pero si rehusando se oponen,
por la espada serán devorados,
que ha hablado la boca de Yahvé.

Lamentación por Jerusalén.

21 ¡Cómo se ha hecho adúltera
la villa leal!
Sión llena estaba de equidad,
justicia se albergaba en ella,
pero ahora, asesinos.
22 Tu plata se ha hecho escoria.
Tu bebida se ha aguado.
23 Tus jefes, revoltosos
y aliados con bandidos.
Cada cual ama el soborno
y va tras los regalos.
Al huérfano no hacen justicia,
y el pleito de la viuda no llega hasta ellos.

24 Por eso —oráculo del Señor Yahvé Sebaot,
el Fuerte de Israel—:
¡Ay! Voy a desquitarme de mis contrarios,
voy a vengarme de mis enemigos.
25 Voy a volver mi mano contra ti
y purificaré al crisol tu escoria,
hasta quitar toda tu ganga.
26 Voy a volver a tus jueces como eran al principio,
y a tus consejeros como antaño.
Tras de lo cual se te llamará
Ciudad de Justicia, Villa-leal*.
27 Sión por la equidad será rescatada,
y sus cautivos por la justicia.
28 Padecerán quebranto rebeldes y pecadores a una,
y los desertores de Yahvé se acabarán.

Contra los árboles sagrados.

29 Sí, ustedes se avergonzarán de las encinas que anhelaban,
y se afrentarán de los jardines
que preferían.
30 Porque serán como encina
que se le cae la hoja,
y como jardín
que a falta de agua está.
31 El hombre fuerte se volverá estopa,
y su trabajo, chispa:
arderán ambos a una,
y no habrá quien apague.

La paz perpetua*.

2 1 Lo que vio Isaías, hijo de Amós, tocante a Judá y Jerusalén.

||Mi **4** 1-3.

2 Sucederá en días futuros
que el monte de la Casa de Yahvé
será asentado en la cima de los montes
y se alzará por encima de las colinas.
Confluirán a él todas las naciones,

1 26 Yahvé hace participar a su pueblo de su propia justicia, que es un efecto de su santidad, e incluye en esta santidad la equidad y el derecho, ver **5** 16+. -*Ciudad de Justicia, Villa-leal*, nombres nuevos dados a la futura Jerusalén, ver **1** 21. El nombre propio de un ser expresa su esencia. Ver Gn **17** 5+; **21** 6; **32** 29; etc. Los profetas emplean gustosamente nombres simbólicos que señalan a una persona (o a una ciudad) su vocación; ver Os **1** 4.6.9; **2** 1-3.25; Is **7** 3 (ver **10** 21); **7** 14; **8** 1-4.18; **9** 5; **60** 14+; Ba **4** 33; Ez **48** 35.

2 El comienzo de este oráculo se encuentra en Mi **4** 1-3. Jerusalén, centro de la fe yahvista, ver 2 S **5** 6+, es aquí la metrópoli religiosa de todos los pueblos, ver **45** 14+; Ap **21** 2+.

3 y acudirán pueblos numerosos.
Dirán:

«Vengan, subamos al monte de Yahvé,
a la Casa del Dios de Jacob,
para que él nos enseñe sus caminos
y nosotros sigamos sus senderos.»
Pues de Sión saldrá la Ley,
y de Jerusalén la palabra de Yahvé.
4 Juzgará entre las gentes,
será árbitro de pueblos numerosos.
Forjarán de sus espadas azadones,
y de sus lanzas podaderas.
No levantará espada nación contra nación,
ni se ejercitarán más en la guerra.
5 Casa de Jacob, andando, y vayamos,
caminemos a la luz de Yahvé.

El esplendor de la majestad de Yahvé*.

6 Has desechado a tu pueblo,
la Casa de Jacob,
porque estaban llenos de adivinos
y evocadores, como los filisteos,
y con extraños chocan la mano;
7 se llenó su tierra de plata y oro,
y no tienen límite sus tesoros;
se llenó su tierra de caballos,
y no tienen límite sus carros;
8 se llenó su tierra de ídolos,
ante la obra de sus manos se inclinan,
ante lo que hicieron sus dedos.
9 Se humilla el hombre, y se abaja el varón:
pero no los perdones.
10 Entra en la peña,
húndete en el polvo,
lejos de la presencia pavorosa de Yahvé
y del esplendor de su majestad,
cuando él se alce
para hacer temblar la tierra*.
11 Los ojos altivos del hombre serán abajados,
se humillará la altanería humana,
y será exaltado Yahvé solo
en aquel día.
12 Pues será aquel día de Yahvé Sebaot
para toda depresión, que será enaltecida,
y para todo lo levantado, que será rebajado;
13 contra todos los cedros del Líbano
altos y elevados,
contra todas las encinas de Basán,
14 contra todos los montes altos,
contra todos los cerros elevados,
15 contra toda torre prominente,
contra todo muro inaccesible,
16 contra todas las naves de Tarsis,
contra todos los barcos cargados de tesoros.
17 Se humillará la altivez del hombre,
y se abajará la altanería humana;
será exaltado Yahvé solo, en aquel día,
18 y los ídolos completamente abatidos.

19 Entrarán en las grietas de las peñas
y en las hendiduras de la tierra,
lejos de la presencia pavorosa de Yahvé
y del esplendor de su majestad,
cuando él se alce
para hacer temblar la tierra.

20 Aquel día arrojará el hombre a los musgaños y a los topos los ídolos de plata y los ídolos de oro que él se hizo para postrarse ante ellos,
21 y se meterá en los agujeros de las peñas
y en las hendiduras de las piedras,
lejos de la presencia pavorosa de Yahvé
y del esplendor de su majestad,
cuando él se alce
para hacer temblar la tierra.
22 Desentiéndanse del hombre,
en cuya nariz sólo hay aliento,
porque ¿qué vale él?

2 6 Este poema anuncia una intervención de Yahvé. Nótese su unidad literaria marcada por la repetición de las mismas fórmulas: vv. 9.11.17 y vv. 10.19.21.

2 10 Descripción del *día de Yahvé*, ver Am **5** 18+.

La anarquía en Jerusalén.

3 [1] Pues he aquí que el Señor Yahvé
Sebaot está quitando de Jerusalén
y de Judá
todo sustento y apoyo:
(todo sustento de pan y todo
sustento de agua);
2 el valiente y el guerrero, el juez y el
profeta,
el augur y el anciano,
3 el jefe de escuadra y el favorito,
el consejero, el sabio hechicero y el
hábil encantador.
4 Les daré mozos por jefes,
y mozalbetes los dominarán.
5 Querrá mandar la gente, cada cual
en cada cual, los unos a los otros,
y cada cual en su compañero.
Se revolverá el mozo contra el
anciano,
y el vil contra el hombre de peso.
6 Pues agarrará uno a su hermano,
al de su mismo apellido, diciéndole:
«Túnica gastas: príncipe nuestro seas,
toma a tu cargo esta ruina.»
7 Pero el otro exclamará aquel día:
«No seré su médico;
en mi casa no hay pan ni túnica,
no me pongan por príncipe del
pueblo.»
8 Así que tropezó Jerusalén,
y Judá ha caído;
pues sus lenguas y sus fechorías a
Yahvé han llegado,
irritando los ojos de su majestad.
9 La expresión de su rostro los
denuncia,
y sus pecados como Sodoma
manifiestan,
no se ocultan.
¡Ay de ellos,
porque han merecido su propio mal!
10 Digan al justo que bien,
que el fruto de sus acciones comerá.
11 ¡Ay del malvado! que le irá mal,
que el mérito de sus manos se le dará.

12 A mi pueblo lo oprime un mozalbete,
y mujeres lo dominan.
Pueblo mío, tus regidores vacilan
y tus derroteros confunden.

13 Se levanta a pleitear Yahvé
y está en pie para juzgar a los
pueblos.
14 Yahvé demanda en juicio
a los ancianos de su pueblo y a sus
jefes:
«Ustedes han incendiado la viña,
el despojo del mísero tienen en sus
casas.
15 Pero ¿qué les importa? Machacan a
mi pueblo
y muelen el rostro de los pobres»
—oráculo del Señor Yahvé
Sebaot—.

Las mujeres de Jerusalén.

16 Dice Yahvé:
«Por cuanto son altivas
las hijas de Sión,
y andan con el cuello estirado
y guiñando los ojos,
y andan a pasitos menudos,
y hacen tintinear las pulseras de sus
pies,
17 rapará el Señor el cráneo de las hijas
de Sión,
y Yahvé destapará su desnudez.»

18 Aquel día quitará el Señor el adorno de las pulseras de los pies, los soleci-
llos y las lunetas; 19 los aljófares, las len-
tejuelas y los cascabeles; 20 los peinados,
las cadenillas de los pies, los ceñidores,
los pomos de olor y los amuletos, 21 los
anillos y aretes de nariz; 22 los vestidos
preciosos, los mantos, los chales, los
bolsos, 23 los espejos, las ropas finas, los
turbantes y las mantillas.
24 Por debajo del bálsamo habrá hedor,
por debajo de la faja, soga,
por debajo de la peluca, rapadura,
y por debajo del traje, refajo de
arpillera,
y por debajo de la hermosura,
vergüenza.

La miseria en Jerusalén.

25 Tus gentes a espada caerán,
y tus campeones en guerra.

26 Y darán ayes y se dolerán a las
puertas,
y tú, asolada, te sentarás por tierra.

4 1 Asirán siete mujeres
a un hombre en aquel día diciendo:
«Nuestro pan comeremos,
y con nuestras túnicas nos
vestiremos.
Tan sólo déjanos llevar tu nombre;
quita nuestro oprobio*.»

El germen de Yahvé*.

2 Aquel día el germen de Yahvé
será magnífico y glorioso,
y el fruto de la tierra
será la prez y ornato
de los bien librados de Israel.
3 A los restantes de Sión
y a los que quedaren de Jerusalén,
se les llamará santos;
serán todos los apuntados
como vivos en Jerusalén*.

4 Cuando haya lavado el Señor
la inmundicia de las hijas de Sión,
y las manchas de sangre de
Jerusalén haya limpiado,
del interior de ella con viento
justiciero y viento abrasador,
5 creará Yahvé
sobre todo lugar del monte de Sión
y sobre toda su reunión,
nube y humo de día,
y resplandor de fuego llameante de
noche.
Y por encima la gloria de Yahvé
será toldo 6 y tienda
para sombra contra el calor diurno,
y para abrigo y reparo contra el
aguacero y la lluvia.

Canción de la viña*.

Os **10** 1; Jr **2** 21; **5** 10; **6** 9; **12** 10;
Ez **15** 1-8; **17** 3-10; **19** 10-14;
Sal **80** 9-19; Is **27** 2-5;
↗ Mt **21** 33-44+; ↗ Mt **21** 18-19+;
Jn **15** 1-2+.

5 1 Voy a cantar a mi amigo
la canción de su amor por su viña.
Una viña tenía mi amigo
en un fértil otero.
2 La cavó y despedregó,
y la plantó de cepa exquisita.
Edificó una torre en medio de ella,
y además excavó en ella un lagar.
Y esperó que diera uvas,
pero dio agraces.

3 Ahora, pues, habitantes de Jerusalén
y hombres de Judá,
vengan a juzgar entre mi viña y yo:
4 ¿Qué más se puede hacer ya a mi
viña,
que no se lo haya hecho yo?
Yo esperaba que diera uvas.
¿Por qué ha dado agraces?

5 Ahora, pues, les hago saber
lo que pienso hacer con mi viña:
quitar su seto, y será quemada;
desportillar su cerca, y será
pisoteada.

4 1 Las mujeres, después del desastre, quieren unirse a los pocos hombres supervivientes para evitar la vergüenza del celibato o de la esterilidad.

4 2 El *germen*, **6** 13; **11** 1; **45** 8, y el *fruto* designan al Mesías, Jr **23** 5-6; **33** 15; Za **3** 8; **6** 12, o al *Resto* comparado a un árbol que retoña.

4 3 Porque Dios ama a su pueblo, un *Resto* sobrevivirá al castigo; ver ya Am **3** 12; **5** 15; **9** 8-10; Is **6** 13; **7** 3; **10** 19-21; **28** 5-6; **37** 31-32; Mi **4** 7; **5** 2; So **2** 7.9; **3** 12; Jr **3** 14; **5** 18; Ez **5** 3.9. Purificado por la prueba y ya en adelante fiel, este Resto llegará a ser una nación poderosa. Después de la caída de Jerusalén en 587, aparece una nueva idea: el Resto se encontrará entre los deportados, Ez **6** 8-10; **12** 16; ver Dt **30** 1-2, y Dios lo congregará en el Destierro para la restauración mesiánica, Jr **23** 3; **31** 7; **50** 20; Is **11** 11.16. Después del retorno, el Resto, nuevamente infiel aún, será diezmado y purificado, Za **1** 3; **8** 11; Ag **1** 12; Ab 17 = Jl **3** 5; Za **13** 8s; **14** 2. De hecho, Cristo será el verdadero *Germen* del nuevo Israel, Is **11** 1.10; ver **4** 2; Jr **23** 3-6; Rm **9-11**+.

5 El tema de la *viña* Israel, escogida y rechazada, Os **10** 1; Is **27** 2-5, reaparecerá en Jr **2** 21; **5** 10; Ez **15** 1-8; etc. Jesús empleará esta comparación en la parábola de los viñadores homicidas, en sentido inverso, Mt **21** 33-44. Ver Mt **21** 18-19; Jn **15**+.

6 Haré de ella un erial que ni se pode
ni se escarde,
crecerá la zarza y el espino,
y a las nubes prohibiré
llover sobre ella.
7 Pues bien, viña de Yahvé Sebaot
es la Casa de Israel,
y los hombres de Judá
son su plantío exquisito.
Esperaba de ellos justicia, y hay
iniquidad;
honradez, y hay alaridos.

Las maldiciones*.
Am **6** 1-7; Mi **2** 1-5; Jr **22** 13-19;
Ez **7** 5-26; Ha **2** 6-20; Lc **6** 24-26;
Mt **23**.

8 ¡Ay de ustedes, que juntan casa con
casa,
y campo a campo anexionan,
hasta ocupar todo el sitio
y quedarse solos en medio del país!
9 Así ha jurado a mis oídos Yahvé
Sebaot:
«¡Han de quedar desiertas muchas
casas;
grandes y hermosas,
pero sin moradores!
10 Porque diez yugadas de viña darán
sólo una medida,
y una carga de simiente producirá
una medida.»
11 ¡Ay de aquellos que despertando por
la mañana
andan tras el licor;
los que trasnochan,
encandilados por el vino!
12 Sólo hay arpas y cítaras,
pandero y flauta en sus libaciones,
y no contemplan la obra de Yahvé,
no ven la acción de sus manos.
13 Por eso fue deportado mi pueblo
sin sentirlo,
sus notables estaban muertos de
hambre,
y su plebe se resecaba de sed.
14 Por eso ensanchó el Seol su seno,
dilató su boca sin medida,
y a él baja su nobleza y su plebe
y su turba gozosa.
15 Se humilla el hombre, se abaja el
varón,
los ojos de los altivos son abajados;
16 es ensalzado Yahvé Sebaot en jucio,
el Dios Santo muestra su santidad
por su justicia*.
17 Pacerán los corderos como en su
pastizal,
y entre las ruinas gordos cabritos
ramonearán.
18 ¡Ay de aquellos que arrastran la culpa
con coyundas de engaños,
y el pecado
como con bridas de novilla!
19 Los que dicen: «¡Listo, apresure su
acción,
de modo que la veamos.
Acérquese y venga el plan
del Santo de Israel,
y que lo sepamos!»
20 ¡Ay de aquellos que llaman al mal
bien,
y al bien mal;
que dan oscuridad por luz,
y luz por oscuridad;
que dan amargo por dulce,
y dulce por amargo!
21 ¡Ay de los sabios a sus propios ojos,
y para sí mismos discretos!
22 ¡Ay de los campeones en beber vino,
los valientes para escanciar licor,
23 los que absuelven al malo por
soborno
y quitan al justo su derecho!
24 Tal devora las espigas una lengua de
fuego
y el heno en llamas se derrumba:
la raíz de ellos será como podre,
y su flor subirá como tamo.

5 8 La *maldición* es uno de los géneros literarios de la predicación profética.
5 16 La *santidad de Dios,* **6** 3+, le *separa*, de la criatura. Pero externamente se expresa por medio de la *justicia*, la cual se ejercita tanto en el *juicio* como en el cumplimiento de las promesas misericordiosas, Gn **15** 6+. Es también la *justicia*, **1** 26; **4** 3, la que, en la era mesiánica, hará a los hombres partícipes de la santidad de Dios.

Pues recusaron la enseñanza de Yahvé Sebaot
y despreciaron el dicho del Santo de Israel.

La ira de Yahvé.

25 Por eso se ha encendido la ira de Yahvé contra su pueblo,
extendió su mano sobre él y lo golpeó.
Y mató a los príncipes: sus cadáveres yacían
como basura en medio de las calles.
Con todo eso, no se ha calmado su ira,
y aún sigue extendida su mano.

Llamada a los invasores.

26 Iza bandera a un pueblo desde lejos
y le silba desde los confines de la tierra:
véanlo aquí, rápido, viene ligero.
27 No hay en él quien se canse y tropiece,
quien se duerma y se amodorre;
nadie se suelta el cinturón de los lomos,
ni se rompe la correa de su calzado.
28 Sus saetas son agudas
y todos sus arcos están tensos.
Los cascos de sus caballos semejan pedernal,
y sus ruedas, torbellino.
29 Tiene un rugido como de leona,
ruge como los cachorros,
brama y agarra la presa,
la arrebata, y no hay quien la libre.
30 Bramará contra él aquel día
como el bramido del mar,
y oteará la tierra, y habrá densa oscuridad,
pues la luz se habrá oscurecido en la espesa tiniebla.

2. LIBRO DEL EMMANUEL

Vocación de Isaías.

6 1 El año de la muerte del rey Ozías
vi al Señor sentado en un trono excelso y elevado, y sus haldas llenaban el
templo. 2 Unos serafines* se mantenían
erguidos por encima de él; cada uno
tenía seis alas: con un par se cubrían el
rostro, con otro par se cubrían los pies,
y con el otro par aleteaban.
3 Y se gritaban el uno al otro:
«Santo, santo, santo*, Yahvé Sebaot:
llena está toda la tierra de su gloria.»
4 Se conmovieron los postes de piedra de la entrada a la voz de los que clamaban, y el templo se llenó de humo.
5 Y dije:
«¡Ay de mí, que estoy perdido,
pues soy un hombre de labios impuros,
y entre un pueblo de labios impuros habito:
que al rey Yahvé Sebaot han visto mis ojos!»
6 Entonces voló hacia mí uno de los
serafines con una brasa en la mano, que
con las tenazas había tomado de sobre
el altar, 7 y tocó mi boca y dijo:
«He aquí que esto ha tocado tus labios:
se ha retirado tu culpa,
tu pecado está expiado.»
8 Y percibí la voz del Señor que decía:

6 2 Los serafines son seres celestiales cuyo nombre significa los *ardientes*. No hay que identificarlos con las serpientes abrasadoras de Nm **21** 6; Dt **8** 15, ni con los dragones voladores de Is **14** 29; **30** 6. Se *cubren la cara* por temor de ver a Yahvé, ver **6** 5; Ex **3** 6; **33** 20+.

6 3 La *santidad* de Dios es un tema central en Isaías. Yahvé es el *Santo de Israel*, **1** 4; **5** 19-24; etc. Su santidad exige que el hombre sea santificado, separado de lo profano, Lv **17**+, purificado del pecado, **6** 5-7, y participante de la *justicia* de Dios, **1** 26+; **5** 16. Esta triple aclamación de Dios vuelve a aparecer en Ap **4** 8, y ha pasado a la liturgia cristiana.

«¿A quién enviaré?, ¿y quién irá de
parte nuestra?»

Dije: «Heme aquí: envíame*.» 9 Dijo:
«Ve y di a ese pueblo:
'Escuchen bien ustedes, pero no
entiendan,
vean ustedes bien, pero no
comprendan.'
10 Engorda el corazón de ese pueblo,
hazle duro de oídos,
y pégale los ojos,
no sea que vea con sus ojos,
y oiga con sus oídos,
y entienda con su corazón,
y se convierta y se le cure*.»

11 Yo pregunté: «¿Hasta dónde,
Señor?» Dijo:
«Hasta que se vacíen las ciudades y
queden sin habitantes,
las casas sin hombres,
la campiña desolada,
12 y haya alejado Yahvé a las gentes,
y sea grande el abandono dentro del
país.
13 Aun el décimo que quede en él
volverá a ser devastado como la
encina o el roble,
en cuya tala queda un tocón:
semilla santa será su tocón.»

Primera intervención de Isaías.

7 1 En tiempo de Ajaz, hijo de Jotán,
hijo de Ozías, rey de Judá, subió
Rasón, rey de Aram, con Pécaj, hijo de
Romelías, rey de Israel, a Jerusalén para
atacarla, mas no pudieron hacerlo*.
2 La casa de David había recibido este
aviso: «Aram se ha unido con Efraín», y
se estremeció el corazón del rey y el corazón de su pueblo, como se estremecen los árboles del bosque por el viento.
3 Entonces Yahvé dijo a Isaías: «Ea, sal
con tu hijo Sear Yasub* al final del caño
de la alberca superior, por la calzada del
campo del Batanero, al encuentro de
Ajaz, 4 y dile:
«¡Alerta, pero ten calma! No temas,
ni desmaye tu corazón
por ese par de cabos de tizones
humeantes,
5 ya que Aram, Efraín y el hijo de
Romelías
han maquinado tu ruina diciendo:
6 'Subamos contra Judá y
desmembrémoslo,
abramos brecha en él
y pongamos allí por rey
al hijo de Tabel.'
7 Así ha dicho el Señor Yahvé:
No se mantendrá, ni será así;
8 porque la capital de Aram es
Damasco,
y el cabeza de Damasco, Rasón;
pues bien: dentro de sesenta y cinco
años,
Efraín dejará de ser pueblo.
9 La capital de Efraín es Samaría,
y el cabeza de Samaría, el hijo de
Romelías.
Si ustedes no se afirman en mí
no serán firmes*.»

Segundo aviso a Ajaz. La señal del Emmanuel.

10 Volvió Yahvé a hablar a Ajaz
diciendo:
11 «Pide para ti una señal de Yahvé tu
Dios,
en lo profundo del Seol o en lo más
alto.»
12 Dijo Ajaz: «No la pediré, no tentaré a
Yahvé.»

6 8 Comparar la prontitud de Isaías con la fe de Abrahán, Gn **12** 1-4+, en contraste con los temores de Moisés, Ex **4** 10-12, los de Jeremías, Jr **1** 6.

6 10 El giro de la frase hebrea es abrupto y es preciso entenderlo bien. El endurecimiento no es querido directamente por Dios, pero está previsto por él y entra en sus designios, de suerte que el profeta no debe desanimarse por eso. Esta expresión semítica reaparece en el NT, Mt **13** 14-15p.

7 1 Ver 2 R **16** 5-9.

7 3 *Sear Yasub* es un nombre simbólico, **1** 26+, que significa *Un resto volverá* (es decir: se convertirá), ver **4** 3+.

7 9 La fe exigida por Isaías, **28** 16; **30** 15, implica una absoluta confianza en Dios, quien ha escogido a Israel y él sólo puede salvarlo, con la exclusión de los falsos dioses y aun de los hombres, Jr **17** 15; Sal **52** 9.

13 Dijo Isaías:
«Oigan, pues, ustedes, casa de David:
¿Les parece poco cansar a los hombres,
que cansan también a mi Dios?
14 Pues bien, el Señor mismo
va a darles una señal*:
He aquí que una doncella está encinta
y va a dar a luz un hijo,
y le pondrá por nombre Emmanuel.
15 Cuajada y miel comerá
hasta que sepa rehusar lo malo
y elegir lo bueno.
16 Porque antes que sepa el niño rehusar lo malo
y elegir lo bueno,
será abandonado el territorio
cuyos dos reyes te dan miedo.
17 Yahvé atraerá sobre ti y sobre tu pueblo
y sobre la casa de tu padre,
días cuales no los hubo
desde aquel en que se apartó Efraín de Judá (el rey de Asiria).

Anuncio de una invasión.

18 Aquel día silbará Yahvé al enjambre
que hay en los confines de los ríos de Egipto,
y a las abejas que hay en tierra de Asiria;
19 vendrán y se posarán todas ellas
en las quebradas, en los resquicios de las peñas,
en todas las corrientes y en todos los arroyos.
20 Aquel día rapará el Señor
con navaja alquilada allende el Río,
con el rey de Asiria,
la cabeza y el vello de las piernas
y también la barba afeitará.
21 Aquel día* criará cada uno
una novilla y un par de ovejas.
22 Y así de tanto dar leche,
comerá cuajada,
porque «cuajada y miel comerá
todo el que quedare dentro del país».
23 Aquel día, cualquier lugar donde
antes hubo mil cepas
por valor de mil piezas de plata,
será de la zarza y el abrojo.
24 Con flechas y arco se entrará allí,
pues zarza y abrojo será toda la tierra,
25 y en ninguno de los montes que se desbrozan con la azada
se podrá entrar
por temor de las zarzas y abrojos;
será dehesa de bueyes y pastizal de ovejas.

Nacimiento de un hijo de Isaías.

8 1 Yahvé me dijo: «Toma una placa
grande, escribe en ella con buril: de
Maher Salal Jas Baz*, 2 y toma por fieles testigos míos al sacerdote Urías y a
Zacarías, hijo de Baraquías.»

3 Me acerqué a la profetisa, que concibió y dio a luz un hijo. Yahvé me dijo:
«Llámale Maher Salal Jas Baz, 4 pues
antes que sepa el niño decir 'papá' y
'mamá', la riqueza de Damasco y el botín
de Samaría serán llevados ante el rey
de Asiria.»

7 14 Yahvé concede a Ajaz la *señal* que éste había rehusado pedirle, v. 10. Es el nacimiento de un hijo, Ezequías, que asegurará la permanencia de la línea mesiánica de David, 2 S **7**+. Pero la solemnidad del oráculo y el nombre simbólico dado al niño (*Emmanuel: Dios con nosotros)*, **8** 8.10; Ex **25** 8+; Sal **46** 8-12, dejan entrever en este nacimiento, más allá de la continuidad dinástica, una intervención de Dios en orden al reino mesiánico definitivo, ver **9** 1-6; **11** 1-9. En el NT Mt **1** 23; **4** 15-16, y después en toda la tradición cristiana, se ha reconocido aquí el anuncio del nacimiento de Cristo. La *doncella*: la traducción griega dice la virgen, precisando así la palabra hebrea *`almah, muchacha* o joven recién casada. El texto de los LXX es un testimonio de la interpretación judía antigua, consagrada por Mt **1** 23, que reconoce aquí el anuncio de la concepción virginal de Jesús.

7 21 La devastación del país obligará a los que salgan indemnes a volver a una vida pastoril elemental.

8 1 *Maher Salal Jas Baz* significa *pronto saqueo, rápido botín*. Este nombre profético **1** 26+, se le dará al segundo hijo de Isaías, v. 3.

Siloé y el Éufrates.

5 Volvió Yahvé a hablarme de nuevo:
6 «Porque ha rehusado ese pueblo las
aguas de Siloé
que fluyen mansamente
y se ha desmoralizado ante Rasón y
el hijo de Romelías*,
7 por lo mismo, he aquí que el Señor
hace subir contra ellos
las aguas del Río embravecidas y
copiosas.
Desbordará por todos sus cauces,
(el rey de Asiria y todo su esplendor)
invadirá todas sus riberas.
8 Seguirá por Judá anegando a su
paso,
hasta llegar al cuello.
Y la envergadura de sus alas
abarcará la anchura de tu tierra,
Emmanuel.
9 Hagan leva, pueblos: serán
derrotados.
Escuchen, confines todos de la
tierra:
«¡Alarma!»: serán destrozados;
«¡alarma!»: serán derrotados.
10 Tracen un plan: fracasará.
Digan una palabra: no se cumplirá.
Porque con nosotros está Dios.

La misión de Isaías.

11 Pues así me ha dicho Yahvé
cuando me tomó de la mano
y me apartó de seguir por el camino
de ese pueblo:
12 No llamen ustedes conspiración
a lo que ese pueblo llama
conspiración,
ni teman ni tiemblen
por lo que él teme.
13 A Yahvé Sebaot,
a ése tengan por santo,
sea él su temor
y él su temblor.
14 Será un santuario
y piedra de tropiezo
y peña de escándalo
para entrambas Casas de Israel;
lazo y trampa
para los moradores de Jerusalén.
15 Allí tropezarán muchos,
caerán, se estrellarán
y serán atrapados y presos.
16 Envuelve el testimonio,
sella la enseñanza
entre mis discípulos.

17 Aguardaré a Yahvé,
el que oculta su rostro a la casa de
Jacob,
y esperaré por él.
18 [a] Aquí estamos yo y los hijos que me
ha dado Yahvé,
por señales y pruebas en Israel*,
20 [a] en pro de la enseñanza y el
testimonio,
18 [b] de parte de Yahvé Sebaot,
el que reside en el monte Sión.
19 Y cuando les digan a ustedes:
«Consulten a los nigromantes
y a los adivinos que bisbisean y
murmujean;
¿es que no consulta un pueblo a sus
dioses,
por los vivos a los muertos?»
20 [b] ¡Vaya si dirán cosa tal!
Lo que no tiene provecho.

La marcha en la noche*.

21 Pasará por allí
lacerado y hambriento,
y así que le dé el hambre, se enojará
y faltará a su rey y a su Dios.
Volverá el rostro a lo alto,
22 la tierra oteará,
y sólo habrá cerrazón y negrura,
lobreguez prieta y tiniebla espesa.
23 Pues, ¿no hay lobreguez para quien
tiene apretura?

La liberación.

Como el tiempo primero ultrajó a la tierra de Zabulón y a la tierra de Neftalí,

8 6 La única fuente de Jerusalén simboliza la protección divina que debe ser preferida a la ayuda de Asiria.

8 18 Ver **7** 3; **8** 3-4; **1** 26+.

8 21 Miseria del hombre que anda errante en un país devastado.

así el postrero honró el camino del mar,
allende el Jordán, el distrito de los Gentiles*.

9 1 El pueblo que andaba a oscuras
2 vio una luz grande.
Los que vivían en tierra de sombras,
una luz brilló sobre ellos.
Acrecentaste el regocijo,
hiciste grande la alegría.
Alegría por tu presencia,
cual la alegría en la siega,
como se regocijan
repartiendo botín.

3 Porque el yugo que les pesaba
y la pinga de su hombro
—la vara de su tirano—
has roto, como el día de Madián*.
4 Porque toda bota que taconea con ruido,
y el manto rebozado en sangre
serán para la quema,
pasto del fuego.

7 14+; Gn **3** 15; **49** 10;
Nm **24** 17; Mi **5** 1-3; Za **9** 9;
2 S **7** 12-16.

5 Porque una criatura nos ha nacido,
un hijo se nos ha dado.
Estará el señorío sobre su hombro,
y se llamará su nombre
«Maravilla de Consejero*»,
«Dios Fuerte»,
«Siempre Padre»,
«Príncipe de Paz».
6 Grande es su señorío, y la paz no tendrá fin
sobre el trono de David y sobre su reino,
para restaurarlo y consolidarlo
por la equidad y la justicia.
Desde ahora y hasta siempre,
el celo de Yahvé Sebaot hará eso.

Las pruebas del reino del Norte*.

7 Una palabra ha proferido el Señor en Jacob,
y ha caído en Israel.
8 Sépanlo ustedes, pueblo todo,
Efraín y habitantes de Samaría,
los que con arrogancia y valentía dicen:
9 «Los ladrillos han caído,
pero de sillar edificaremos;
los sicómoros fueron talados,
pero por cedros los cambiaremos.»
10 Pues bien, Yahvé ha dado ventaja
a su adversario, Rasón,
y azuzó a sus enemigos:
11 Aram por delante
y los filisteos por detrás,
devoraron a Israel a boca llena.
Con todo eso no se ha calmado su ira,
y aún sigue su mano extendida.
12 Pero el pueblo no se volvió hacia el que lo castigaba,
no buscaron a Yahvé Sebaot.
13 Por eso ha cercenado Yahvé a Israel
cabeza y cola,
palmera y junco, en un mismo día.
14 El anciano y honorable es la cabeza,
y el profeta impostor es la cola.
15 Los directores de este pueblo han resultado desviadores,
y sus dirigidos, extraviados.
16 Por eso, de sus jóvenes no se apiadará el Señor,
con sus huérfanos y viudas no tendrá misericordia,
pues todos son impíos y malvados,
y toda boca profiere majadería.
Con todo eso no se ha calmado su ira,
y aún sigue su mano extendida.
17 Porque ha ardido como fuego la maldad,

8 23 Esta expresión introduce al oráculo que le sigue. Isaías anuncia un «día de Yahvé» que liberará a los deportados (sin duda, los galileos deportados por Teglatfalasar, 2 R **15** 29), y el reinado pacífico de un niño de regia condición, el Emmanuel de **7** 14. La venida de Jesús a Galilea dará a esta profecía su plena realización, Mt **4** 13-16p.

9 3 Ver Jc **7** 15-25.

9 5 Estos títulos, **1** 26+, son análogos a los que se otorgaban a los soberanos orientales. La tradición cristiana los aplica a Cristo, el verdadero Emmanuel.

9 7 Este poema va dirigido contra Samaría y el reino del Norte.

zarza y espino devora,
y va a prender en las espesuras del bosque:
ya se estiran en columna de humo.
18 Por el arrebato de Yahvé la tierra ha sido quemada,
y es el pueblo como pasto de fuego;
nadie tiene piedad de su hermano,
19 corta a diestra y queda con hambre,
come a siniestra y no se sacia;
cada uno se come la carne de su brazo.
20 Manasés devora a Efraín,
Efraín a Manasés,
y ambos a una van contra Judá.
Con todo eso no se ha calmado su ira,
y aún sigue su mano extendida.

10 1 ¡Ay! los que decretan decretos inicuos, y los escribientes que escriben vejaciones,
2 excluyendo del juicio a los débiles,
atropellando el derecho de los míseros de mi pueblo,
haciendo de las viudas su botín,
y despojando a los huérfanos.
3 Pues ¿qué harán ustedes para el día de la cuenta
y la devastación que de lontananza viene?,
¿a quién acudirán para pedir socorro?,
¿dónde dejarán su gravedad?
4 Con tal de no arrodillarse entre los prisioneros,
entre los muertos caerían.
Con todo eso no se ha calmado su ira,
y aún sigue su mano extendida.

Contra un rey de Asiria*.

5 ¡Ay, Asiria,
bastón de mi ira,
vara que mi furor maneja!
6 Contra gente impía voy a guiarlo,
contra el pueblo de mi cólera voy a mandarlo,
a saquear saqueo y pillar pillaje,
y hacer que lo pateen como el lodo de las calles.
7 Pero él no se lo figura así,
ni su corazón así lo estima,
sino que su intención es arrasar
y exterminar gentes no pocas.
8 Pues dice:
«¿No son mis jefes todos ellos reyes?
9 ¿No es Calnó como Carquemis?
¿No es Jamat como Arpad?
¿No es Samaría como Damasco*?
10 Como alcanzó mi mano
a los reinos de los ídolos
—cuyas estatuas eran más que las de Jerusalén y Samaría—,
11 como hice con Samaría y sus ídolos,
¿no haré asimismo con Jerusalén y sus simulacros?»

12 Pues bien, cuando haya dado remate el Señor a todas sus empresas en
el monte Sión y en Jerusalén, pasará
revista al fruto del engreimiento del rey
de Asiria y al orgullo altivo de sus ojos.
13 Porque dijo:

«Con el poder de mi mano lo hice,
y con mi sabiduría, porque soy inteligente,
he borrado las fronteras de los pueblos,
sus almacenes he saqueado,
y he abatido como un fuerte a sus habitantes.
14 Como un nido ha alcanzado mi mano
la riqueza de los pueblos,
y como se recogen huevos abandonados,
he recogido yo toda la tierra,
y no hubo quien aleteara
ni abriera el pico ni piara.»
15 ¿Acaso se jacta el hacha
frente al que corta con ella?,
¿o se tiene por más grande
la sierra que el que la blande?;
¡como si la vara moviera al que la levanta!,

10 5 Probablemente se trata de Senaquerib y de la invasión del año 701.

10 9 Estas ciudades poderosas han sido saqueadas por los asirios en anteriores campañas.

¡como si a quien no es madera el
bastón alzara!
16 Por eso enviará Yahvé Sebaot,
entre sus bien comidos,
enflaquecimiento,
y, debajo de su opulencia,
encenderá un incendio
como de fuego.
17 La luz de Israel vendrá a ser fuego,
y su Santo, llama;
arderá y devorará su espino
y su zarza en un solo día,
18 y el esplendor de su bosque y de su
vergel
en alma y en cuerpo será consumido:
será como el languidecer de un
enfermo.
19 Lo que quede de los árboles de su
bosque será tan poco,
que un niño los podrá contar.

El pequeño resto.

20 Aquel día
no volverán ya el resto de Israel
y los bien librados de la casa de
Jacob
a apoyarse en el que los hiere,
sino que se apoyarán con firmeza en
Yahvé.
21 Un resto volverá, el resto de Jacob,
al Dios poderoso.
22 Que aunque sea tu pueblo, Israel,
como la arena del mar,
sólo un resto de él volverá*.
Exterminio decidido, rebosante de
justicia.
23 Porque es un exterminio decidido
lo que Yahvé Sebaot realizará en
medio de toda la tierra.

Confianza en Dios.
14 24-27; **30** 27-33; **31** 4-9;
37 22-29.

24 Por tanto, así dice el Señor Yahvé
Sebaot:
«No temas, pueblo mío que moras
en Sión,
a Asiria que con la vara te golpea
y su bastón levanta contra ti (en el
camino de Egipto).
25 Porque un poquito más y se habrá
consumado el furor,
y mi ira los consumirá.»
26 Despertará contra él Yahvé Sebaot
un azote,
como cuando la derrota de Madián
en la Peña de Oreb,
o cuando levantó su bastón contra el
mar
en el camino de Egipto.
27 Aquel día
te quitará su carga de encima del
hombro
y su yugo de sobre tu cerviz será
arrancado.
Y el yugo será destruido* (...)

El invasor*.

28 Vino sobre Ayat,
pasó por Migrón,
en Micmás pasó revista.
29 Han pasado el Vado:
«Haremos noche en Gueba.»
Temblaba Ramá,
Guibeá de Saúl huía.
30 ¡Da gritos de júbilo, Bat Galín,
escucha Lais!
¡Respóndele, Anatot!
31 Se desbandó Madmená.
Los habitantes de Guebín se han
puesto a salvo.
32 Hoy mismo en Nob haciendo alto
menea su mano contra el Monte de
la hija de Sión,
la colina de Jerusalén.
33 He aquí que el Señor Yahvé Sebaot
sacude el ramaje con estrépito;
las guías más altas están partidas
y las elevadas van a caer.
34 Golpeará las espesuras del bosque
con el hierro,

10 22 Ver **7** 3+. Este v. es citado en Rm **9** 27.

10 27 Las últimas palabras del v. son ininteligibles.

10 28 Descripción ideal de una invasión. El invasor viene del norte y se dirige hacia Jerusalén.

y el Líbano caerá por los golpes de
un Poderoso.

El descendiente de David*.

42 1-12; Sal **72**.

11 1 Saldrá un vástago del tronco de
Jesé, y un retoño de sus raíces
brotará.
2 Reposará sobre él el espíritu de
Yahvé*:
espíritu de sabiduría e inteligencia,
espíritu de consejo y fortaleza,
espíritu de ciencia y temor de Yahvé.
3 Y se inspirará en el temor de Yahvé.
No juzgará por las apariencias,
ni sentenciará de oídas.
4 Juzgará con justicia a los débiles
y sentenciará con rectitud a los
pobres de la tierra.
Herirá al hombre cruel con la vara
de su boca,
con el soplo de sus labios matará al
malvado.
5 Justicia será el ceñidor de su cintura,
verdad el cinturón de sus flancos.
6 Serán vecinos el lobo y el cordero*,
y el leopardo se echará con el
cabrito,
el novillo y el cachorro pacerán
juntos,
y un niño pequeño los conducirá.
7 La vaca y la osa pacerán,
juntas acostarán sus crías,
el león, como los bueyes, comerá
paja.
8 Hurgará el niño de pecho en el
agujero del áspid,
y en la hura de la víbora
el recién destetado meterá la mano.
9 Nadie hará daño, nadie hará mal
en todo mi santo Monte,
porque la tierra estará llena de
conocimiento de Yahvé,
como cubren las aguas el mar*.

La vuelta de los desterrados.

10 Aquel día la raíz de Jesé,
que estará enhiesta para estandarte
de pueblos,
las gentes la buscarán,
y su morada será gloriosa.
11 Aquel día volverá el Señor a mostrar
su mano
para recobrar el resto de su pueblo
que haya quedado de Asiria y de
Egipto,
de Patrós, de Cus, de Elam,
de Senaar, de Jamat y de las islas del
mar.
12 Izará bandera a los gentiles,

11 Según este poema mesiánico, el Mesías será de la raza de David, hijo de Jesé (v.1) y estará lleno del espíritu profético: hará reinar la justicia entre los hombres, **1** 26+; **5** 16, y la paz del Paraíso terrestre, fruto del conocimiento de Yahvé, Os **2** 22+. Sobre el Mesías, salido *del tronco de Jesé*, ver 1 S **16** 1.8-12; Jr **23** 5+; Mt **1** 6-16; Rm **15** 12; Ap **22** 16.

11 2 El *espíritu* o *soplo* de Yahvé actúa desde la creación, Gn **1** 2; da la vida a todos los seres, Sal **104** 29-30+; **33** 6; Gn **2** 7. Ver Ez **37** 5-6.9-10. En la historia de Israel él es quien suscita a los Jueces, Jc **3** 10, y a Saúl, 1 S **11** 6. Asiste a los artesanos, Ex **31** 3; **35** 31, a los jueces, Nm **11** 17, a los sabios, Gn **41** 38, ver Jb **32** 8+. Finalmente, y sobre todo, inspira a los profetas, Nm **11** 17.25-29; **24** 2; 1 S **10** 6.10; **19** 20; 2 S **23** 2; 2 R **2** 9; Mi **3** 8; Is **48** 16; **61** 1; Za **7** 12; 2 Cro **15** 1; **20** 14; **24** 20, mientras que los falsos profetas siguen su propio espíritu, Ez **13** 3. Ver también Dn **4** 5.15; **5** 11-12.14. Se enseña aquí que este espíritu de los profetas será comunicado al Mesías, ver Mt **3** 16+. Joel **3** 1-2 anunciará para los tiempos mesiánicos su efusión universal, ver Hch **2** 16-21+; Ez **36** 27+. Como la doctrina de la Sabiduría, Pr **8** 22+, la doctrina del Espíritu encontrará su expresión definitiva en el NT, Lc **4** 1; Jn **1** 33+; **14** 16; Hch **1** 8+; Rm **5** 5+. -La lista de los «siete dones del Espíritu Santo» procede de este v. según los LXX, y la Vulgata (que añaden la *piedad*).

11 6 La rebelión del hombre contra Dios, Gn **3**, había roto la armonía entre el hombre y la naturaleza, Gn **3** 17-19, entre el hombre y el hombre, Gn **4**. Al revés, la era mesiánica, al traer el perdón de los pecados y la justicia, restablecerá la paz paradisíaca, Am **9** 13-14; Os **2** 20-24; Is **2** 4; **9** 4.6.; **32** 17; **60** 17-18; Mi **4** 3-4; **5** 9-10; So **3** 13; Za **3** 10; **9** 10; Jl **4** 17. La nueva Alianza es una alianza de paz, Ez **34** 25; **37** 26. Ver Za **9** 8-10; Sal **72** 3.7.

11 9 Ver Ha **2** 14; Jr **31** 33-34; Is **40** 5.

reunirá a los dispersos de Israel,
y a los desperdigados de Judá
agrupará
de los cuatro puntos cardinales.
13 Cesará la envidia de Efraín,
y los opresores de Judá serán
exterminados.
Efraín no envidiará a Judá
y Judá no oprimirá a Efraín.
14 Ellos se lanzarán sobre la espalda de
Filistea Marítima,
a una saquearán a los hijos de
Oriente.
Edom y Moab bajo el dominio de su
mano,
y los amonitas bajo su obediencia.
15 Secará Yahvé el golfo del mar de
Egipto
y agitará su mano contra el Río.
Con la violencia de su soplo
lo partirá en siete arroyos,
y hará posible pasarlo en sandalias;
16 habrá un camino real para el resto
de su pueblo
que haya sobrevivido de Asiria,
como lo hubo para Israel,
cuando subió del país de Egipto.

Salmo.

12 1 Y dirás aquel día:
«Yo te alabo, Yahvé,
pues aunque te airaste contra mí,
se ha calmado tu ira
y me has compadecido.
2 He aquí a Dios mi Salvador:
estoy seguro y sin miedo,
pues Yahvé es mi fuerza y mi
canción,
él es mi salvación.»
3 Ustedes sacarán agua con gozo
de los hontanares de salvación,
4 y dirán aquel día:
«Den gracias a Yahvé,
aclamen su nombre,
divulguen entre los pueblos sus
hazañas,
pregonen que es sublime su nombre.
5 Canten a Yahvé, porque ha hecho
algo sublime,
que es digno de saberse en toda la
tierra.
6 Den gritos de gozo y de júbilo,
moradores de Sión,
que grande es en medio de ti el
Santo de Israel.»

3. ORÁCULOS SOBRE LOS PUEBLOS EXTRANJEROS

Contra Babilonia.
21 1-10; **47** 1-15; Jr **50-51**;
Ap **17-18**.

13 1 Oráculo contra Babilonia, que
contempló Isaías, hijo de Amós.
2 Sobre el monte pelado icen la
bandera,
levanten la voz a ellos,
agiten la mano y que entren
por las puertas de los nobles.
3 Yo he mandado a mis consagrados
y también he llamado a mis valientes,
a mis gallardos
para ejecutar mi ira
4 ¡Ruido estruendoso en los montes,
como de mucha gente!
¡Ruido estrepitoso de reinos,
naciones reunidas!
Yahvé Sebaot pasa revista
a su tropa de combate.
5 Vienen de tierra lejana,
del cabo de los cielos,
Yahvé y los instrumentos de su
enojo
para arrasar toda la tierra.
6 Aúllen, que está cerca el Día de
Yahvé*,
viene como la destrucción de Sadday.
7 Por eso todos los brazos decaen
y todo corazón humano se derrite.
8 Se empavorecen,
angustias y apuros los sobrecogen,
se duelen igual que parturienta.

13 6 Ver Am **5** 18+; Jl **1** 15.

Cada cual se asusta de su prójimo,
son los suyos rostros llameantes.
9 Ya llega implacable el Día de Yahvé,
el arrebato, el ardor de su ira,
para convertir la tierra en yermo
y exterminar de ella a los pecadores.
10 Cuando las estrellas del cielo y la constelación de Orión
no alumbren ya,
esté oscurecido el sol en su salida
y no brille la luz de la luna,
11 pasaré revista al orbe por su malicia
y a los malvados por su culpa.
Haré cesar la arrogancia de los insolentes,
humillaré la soberbia de los desmandados.
12 Haré que el hombre escasee más que el oro fino,
y la humanidad más que metal de Ofir.
13 Por eso haré temblar los cielos,
y se removerá la tierra de su sitio,
en el arrebato de Yahvé Sebaot,
en el día de su ira hirviente.
14 Será como gacela acosada,
como ovejas cuando no hay quien las guíe:
cada uno enfilará hacia su pueblo,
cada uno huirá hacia su tierra.
15 Todo el que sea descubierto será traspasado,
y todo el que sea apresado caerá por la espada.
16 Sus párvulos serán estrellados ante sus ojos,
serán saqueadas sus casas,
y sus mujeres violadas.
17 Voy a despertar contra ellos a los medos,
que no estiman la plata,
ni desean el oro.
18 Machacarán a todos sus muchachos,
estrellarán a todas sus muchachas,
del fruto del vientre no se apiadarán
ni de las criaturas tendrán lástima sus ojos.
19 Babilonia, la flor de los reinos,
prez y orgullo de Caldea,
será semejante a Sodoma y Gomorra,
destruidas por Dios.
20 No será habitada jamás ni poblada
en generaciones y generaciones,
ni pondrá tienda allí el árabe,
ni pastores apacentarán allí.
21 Allí tendrán aprisco bestias del desierto
y se llenarán sus casas de mochuelos.
Allí morarán las avestruces
y los sátiros brincarán allí.
22 Se responderán las hienas en sus alcázares
y los chacales en sus palacios de recreo.
Su hora está para llegar
y sus días no tendrán prórroga.

La vuelta del Destierro*.

14 1 Cuando se apiade Yahvé de
Jacob y prefiera todavía a Israel, y los haya afincado en el solar de
ellos, se les juntarán forasteros, que serán agregados a la casa de Jacob. 2 Tomarán a otros pueblos y, llevándolos
a su lugar, se los apropiará la casa de
Israel en el solar de Yahvé como siervos
y esclavas. Harán cautivos a sus opresores y domeñarán a sus tiranos.

Sátira sobre la muerte de un tirano*.

3 Entonces, cuando te haya calmado
Yahvé de tu disgusto y tu desazón y de
la dura servidumbre a que fuiste sometido, 4 lanzarás esta sátira contra el rey
de Babilonia. Dirás:

¡Cómo cesó el tirano,
cómo cesó el sobresalto!
5 Quebró Yahvé la vara de los malhechores,
el bastón de los déspotas,

14 Este poema, como el siguiente, está quizá en relación con **40-55**, a no ser que sea más antiguo y haya sido retocado durante el Destierro.
14 3 Esta composición satírica se dirige contra un rey de Babilonia, o quizás de Asiria. En algunos pasajes del poema los Padres han visto prefigurada la caída del príncipe de los demonios (el *hijo del Lucero matutino,* v. 12; Vulg.: *Lucifer*).

6 que golpeaba a los pueblos con
saña, golpes sin parar,
que dominaba con ira a los paganos,
acosándolos sin tregua.
7 Está tranquila y quieta la tierra toda,
prorrumpe en aclamaciones.
8 Hasta los cipreses se alegran por ti,
los cedros del Líbano:
«Desde que tú has caído en paz,
no sube el talador a nosotros*.»
9 El Seol, allá abajo, se alborotó por ti,
saliéndote al encuentro.
Por ti despierta a los manes,
a todos los caudillos de la tierra
los levanta de sus tronos
(a todos los reyes de los paganos).
10 Todos ellos responden
y te dicen:
«¡También tú te has vuelto débil como
nosotros,
y a nosotros eres semejante!
11 Ha sido precipitada al Seol tu
arrogancia
al son de tus cítaras.
Tienes bajo ti una cama de gusanos,
tus mantas son gusanera.
12 ¡Cómo has caído de los cielos,
Lucero, hijo de la Aurora!
¡Has sido abatido a tierra,
dominador de naciones!
13 Tú que habías dicho en tu corazón:
Al cielo voy a subir,
por encima de las estrellas de Dios
alzaré mi trono,
y me sentaré en el Monte de la
Reunión,
en el extremo norte.
14 Subiré a las alturas del nublado,
me asemejaré al Altísimo.
15 ¡Ya!: al Seol has sido precipitado,
a lo más hondo del pozo.»

16 Los que te ven, en ti se fijan;
te miran con atención:
«¿Es ése aquél
que hacía estremecer la tierra,
que hacía temblar los reinos;
17 que hizo del orbe un desierto
y asoló sus ciudades;
que a sus presos
no devolvía a casa?»
18 Todos los reyes de las naciones,
todos ellos yacen con honor,
cada uno en su morada.
19 Pero tú has sido arrojado fuera de tu
sepulcro,
como un brote abominable,
recubierto de muertos acuchillados,
arrojados sobre las piedras de la fosa,
como cadáver pisoteado*.
20 No tendrás con ellos sepultura,
porque tu tierra has destruido,
a tu pueblo has asesinado.
No se nombrará jamás
la descendencia de los malhechores.
21 Preparen a sus hijos degollina
por la culpa de sus padres:
no sea que se levanten y se
apoderen de la tierra,
y llenen de ciudades la faz del orbe.

22 Yo me alzaré contra ellos —oráculo
de Yahvé Sebaot— y suprimiré en Babilonia el nombre y resto, hijos y nietos
—oráculo de Yahvé—. 23 La convertiré
en patrimonio de erizos y tierra panta-
nosa, la barreré con escoba exterminadora —oráculo de Yahvé Sebaot—.

Asiria será destruida.

24 Ha jurado Yahvé Sebaot diciendo:
«Tal como lo había ideado, así fue.
Y como lo planeé, así se cumplirá:
25 Quebrantaré a Asiria en mi tierra,
sobre mis montes la pisotearé.
Se apartará su yugo de sobre ellos,
su fardo de sobre sus hombros se
apartará.»
26 Éste es el plan
tocante a toda la tierra,
y ésta la mano extendida
sobre las naciones.
27 Si Yahvé Sebaot toma una decisión,
¿quién la frustrará?
Si él extiende su mano,
¿quién se la hará retirar?

14 8 Los reyes de Asiria y Babilonia explotaban los bosques del Líbano para sus construcciones.

14 19 Ver 1 R **13** 21-22; Jr **22** 19.

Advertencia a los filisteos.

28 El año en que murió el rey Ajaz hubo
este oráculo:
29 No te alegres, Filistea toda,
porque se haya quebrado la vara del que te hería;
pues de raíz de culebra saldrá víbora,
y su fruto será dragón volador.
30 Los débiles pacerán en mis pastos
y los pobres en seguro se acostarán,
mientras que haré morir de hambre tu posteridad,
y mataré lo que de ti reste.
31 ¡Aúlla, puerta! ¡grita, ciudad!
¡derrítete, Filistea toda,
que del norte una humareda viene,
y nadie deserta en sus columnas!
32 ¿Y qué se responderá
a los mensajeros de esa gente?:
«Que Yahvé fundó a Sión,
y en ella se refugiarán los pobres de su pueblo.»

Lamentación por Moab.
||Jr **48**; ver Ez **25** 8-11; Am **2** 1-3.

15 1 Oráculo sobre Moab.
Porque de noche ha sido saqueada,
Ar Moab ha perecido.
Porque de noche ha sido saqueada,
Quir Moab ha perecido.
2 Subía la hija de Dibón
a los oteros llorando:
sobre el Nebo y sobre Mádaba
Moab aúlla.

En todas sus cabezas, calvicie;
toda barba, raída.
3 En sus calles se ciñeron saco,
en sus plazas y azoteas todos aúllan,
deshechos en llanto.
4 Gritaban Jesbón y Elalé,
hasta Yahas se oía su voz.
También los valientes de Moab clamaban
con el alma estremecida.
5 Su corazón por Moab grita,
sus fugitivos no paran hasta Soar
(Eglat Selisiyá).

¡La cuesta de Lujit
la suben llorando,
y por el camino de Joronáin
dan gritos desgarrados!
6 ¡Las aguas de Nimrín
son un sequedal,
y se ha secado la hierba, se agostó el césped,
no hay verdor!
7 Por eso hicieron ahorros,
y sus reservas
allende el arroyo de los Sauces
se las llevan.

8 Los gritos han rodeado
las fronteras de Moab;
hasta Egláin llega su alarido,
en Beer Elín su alarido.
9 ¡Las aguas de Dimón están
ensangrentadas!
Pero más añadiré contra Dimón:
¡Para los escapados de Moab un león,
y para los que queden en su suelo!

La súplica de los moabitas.

16 1 Envíen corderos
al señor del país,
desde la Roca del Desierto
al monte de la hija de Sión*.
2 Como aves espantadas,
nidada dispersa,
serán las hijas de Moab
cabe los vados del Arnón.

3 Presenta algún plan,
toma una decisión.
Haz tu sombra como la noche
en pleno mediodía;
esconde a los acosados,
al fugitivo no delates.
4 Acójanse en ti
los acosados de Moab;

16 1 Los moabitas tratan de ponerse bajo la protección del rey de Judá (*Sela, la Roca* puede designar a Petra). San Jerónimo traduce: *Envía, Señor, al cordero soberano de la tierra,* lo que da al texto un alcance mesiánico.

sé para ellos cobijo
ante el devastador.

Cuando no queden tiranos,
acabe la devastación,
y desaparezcan del país los opresores,
5 será establecido sobre la piedad el trono,
y se sentará en él con lealtad
—en la tienda de David—
un juez que busque el derecho,
y sea presto a la justicia.
6 Hemos oído la arrogancia de Moab:
¡una gran arrogancia!
Su altanería, su arrogancia y su furor
y sus bravatas sin fuerza.

Lamentación por Moab.
||Jr **48** 29-33.

7 Por eso, que aúlle Moab por Moab;
aúlle todo él.
Por los panes de uvas de Quir Jaréset
gimen: «¡Ay, abatidos!»
8 Pues la campiña de Jesbón se ha marchitado,
el viñedo de Sibmá,
cuyas cepas majaron los señores de las gentes.
Hasta Yazer alcanzaban,
se perdían por el desierto,
sus frondas se extendían, pasaban la mar.
9 Por eso voy a llorar como llora Yazer,
viña de Sibmá.

Te regaré con mis lágrimas,
Jesbón y Elalé,
porque sobre tu cosecha y sobre tu segada
se ha extinguido el clamor,
10 y se retira del vergel
alegría y alborozo,
y en las viñas no se lanzan cantos de júbilo,
ni gritos.
Vino en los lagares no pisa el pisador:
el clamor ha cesado.

11 Por eso mis entrañas por Moab
como el arpa resuenan,
y mi interior por Quir Jeres.
12 Luego, cuando vea Moab
que se cansa sobre el alto,
entrará a su santuario a orar,
pero nada podrá.

13 Ésta es la palabra que en un tiempo
pronunció Yahvé acerca de Moab. 14 Y
ahora ha hablado Yahvé diciendo: «Dentro de tres años, como años de jornalero,
será despreciada la gloria de Moab con
toda su numerosa muchedumbre, y el
resto será pequeñísimo, insignificante.»

Contra Damasco e Israel.

17 1 Oráculo contra Damasco.
He aquí que Damasco deja de ser ciudad,
y va a ser montón de derribo.
2 Abandonadas sus ciudades para siempre,
serán para los ganados;
se acostarán allí
y no habrá quien los espante.
3 Dejará de existir el baluarte de Efraín
y el reinado de Damasco,
y el resto de Aram vendrá a ser
como la gloria de los israelitas
—oráculo de Yahvé Sebaot—.

4 Aquel día será debilitada la gloria de Jacob,
y su gordura enflaquecerá.
5 Será como cuando apuña un segador la mies,
y su brazo las espigas siega;
será como espigador en el Valle de Refaín
6 —que quedan en él rebuscos—;
como en el vareo del olivo:
dos, tres bayas en la punta de la guía;
cuatro, cinco en sus ramas fructíferas
—oráculo de Yahvé, el Dios de Israel—.

7 Aquel día se dirigirá el hombre a su
Hacedor, y sus ojos hacia el Santo de
Israel mirarán. 8 No se fijará en los altares,
obras de sus manos, ni lo que hicieron sus

dedos mirará: los troncos sagrados y las estelas solares.

9 Aquel día estarán tus ciudades
abandonadas,
como cuando el abandono de los
bosques y matorrales,
ante los hijos de Israel:
habrá desolación.
10 Porque olvidaste a tu Dios salvador,
y de tu Roca defensiva no te
acordaste;
por eso plantabas plantíos
deleitosos,
y de mugrón extranjero los
sembraste.
11 Hoy tu plantío veías crecer,
y a la mañana tu sembrado florecer.
Pero, ¡adiós cosecha en un mal día,
pérdida irreparable!

12 ¡Qué bramar de gentío!,
como el bramido del mar braman*.
¡Qué retumbar de masas!,
como retumbo de riada retumban.
13 (Masas que retumban,
como retumbo de crecida retumban).

Pero él las increpa,
y de lejos huyen,
y son perseguidas como el tamo de
los montes por el viento,
y como torbellino por el huracán.

14 A la hora del atardecer se presenta el
miedo,
antes de la mañana ya no existen.
Ésa sea la parte de nuestros
despojadores,
la suerte de nuestros saqueadores.

Oráculo contra Cus*.

18 1 ¡Ay, tierra de susurro de alas,
la de allende los ríos de Cus,
2 la que envía por mar embajadores,
y en barcos de juncos sobre la
superficie de las aguas!

Vayan, mensajeros ligeros,
a la nación esbelta y de brillante piel,
al pueblo temible desde siempre,
nación vigorosa y dominadora,
cuya tierra surcan ríos.
3 Todos ustedes, moradores del orbe
y habitantes de la tierra,
al izarse pendón en los montes,
miren,
al tañerse el cuerno, escuchen;

4 que así me ha dicho Yahvé:
Estaré quedo y observaré desde mi
puesto,
como calor ardiente al brillar la luz,
como nube de rocío en el calor de la
siega.
5 Pues antes de la siega, al acabar la
floración,
cuando su fruto en cierne comience
a madurar,
cortará los sarmientos con la
podadera
y los pámpanos viciosos arrancará y
podará.
6 Serán dejados juntamente
a merced de las aves rapaces de los
montes
y de las bestias de la tierra;
pasarán allí el verano las rapaces
y toda bestia terrestre allí invernará.

7 En aquel tiempo se presentará un
obsequio a Yahvé Sebaot, al lugar del
nombre de Yahvé Sebaot, el monte
Sión, de parte de un pueblo esbelto y
de brillante piel, y de parte de un pueblo
temible desde siempre, nación vigorosa
y dominadora, cuya tierra surcan ríos.

Contra Egipto.
Jr **46**; Ez **29-32**.

19 1 Oráculo contra Egipto.
Allá va Yahvé cabalgando
sobre nube ligera
y entra en Egipto;
se tambalean los ídolos de Egipto
ante él,
y el corazón de Egipto se derrite en
su interior.

17 12 La invasión hace pensar en el caos de las aguas primordiales, ver Jb **7** 12+.
18 *Cus* es el antiguo nombre de Etiopía, país del Alto Nilo, que aquí puede designar a Egipto *por entonces* bajo la dominación etíope.

2 Revolveré a egipcios contra egipcios,
peleará cada cual con su hermano,
y cada uno con su compañero,
ciudad contra ciudad,
reino contra reino.
3 Se trastornará el espíritu de Egipto
en su interior,
y sus planes anularé.
Consultarán a los ídolos, a los brujos,
a los nigromantes y los adivinos.
4 Entregaré a Egipto
en manos de un señor duro,
y un rey cruel los dominará
—oráculo del Señor Yahvé
Sebaot—.
5 Se desecarán las aguas del mar,
y el Río se secará y quedará seco;
hederán los ríos,
6 menguarán y se secarán
los canales de Egipto.
La caña y el junco se marchitarán.
7 Los prados junto al canal,
junto al borde del canal,
y todo sembrado del canal
se secarán,
serán aventados y desaparecerán.
8 Gemirán los pescadores, y se
lamentarán
todos los que echan en el canal
anzuelo;
y los que extienden red
sobre las aguas, languidecerán.
9 Estarán confusos los que trabajan el
lino,
cardadoras y tejedores palidecerán.
10 Estarán sus tejedores abatidos,
todos los jornaleros desanimados.
11 En verdad, están locos los príncipes
de Soán,
los sabios consejeros del faraón
forman un estúpido consejo.
¿Cómo dicen ustedes al faraón:
«Hijo de sabios soy,
hijo de reyes antiguos»?
12 Pues entonces, ¿dónde están tus
sabios?
Que te manifiesten, pues, y te hagan
conocer
lo que ha planeado Yahvé Sebaot
tocante a Egipto.
13 Han enloquecido los príncipes de
Soán,
han sido engañados los príncipes de
Nof;
los jefes de sus tribus
extravían a Egipto.
14 Yahvé ha infundido en ellos
espíritu de vértigo,
que hace dar tumbos a Egipto en
todas sus empresas,
como se tambalea el ebrio en su
vomitona.
15 Y no le sale bien a Egipto
empresa alguna que haga
la cabeza o la cola, la palmera o el
junco.

Conversión de Egipto*.

16 Aquel día será Egipto como las
mujeres. Temblará y se espantará cada
vez que Yahvé Sebaot menee su mano
contra él. 17 El territorio de Judá será la
afrenta de Egipto: cada vez que se lo
mienten, se espantará ante los planes
que Yahvé Sebaot está trazando contra
él. 18 Aquel día habrá cinco ciudades en
tierra de Egipto que hablarán la lengua
de Canaán y que jurarán por Yahvé Sebaot: Ir Haheres se llamará una de ellas.
19 Aquel día habrá un altar de Yahvé en
medio del país de Egipto y una estela de
Yahvé junto a su frontera. 20 Estará como señal y testimonio de Yahvé Sebaot
en el país de Egipto. Cuando clamen
a Yahvé a causa de los opresores, les
enviará un libertador que los defenderá y
librará. 21 Será conocido Yahvé de Egipto,
y conocerá Egipto a Yahvé aquel día, lo
servirán con sacrificio y ofrenda, harán
votos a Yahvé y los cumplirán. 22 Yahvé
herirá a Egipto, pero al punto lo curará.
Se convertirán a Yahvé, y él será propicio y los curará. 23 Aquel día habrá una
calzada desde Egipto a Asiria. Vendrá

19 16 Este pasaje, de fecha más tardía que el anterior, expresa un universalismo similar al de **40-55**. Yahvé llama a Egipto *mi pueblo* (v. 25); en el día de Yahvé (*aquel día*), ver Am **5** 18+, se reconciliarán Asiria, Egipto e Israel.

Asiria a Egipto y Egipto a Asiria, y Egipto servirá a Asiria.
24 Aquel día será Israel tercero con Egipto y Asiria, objeto de bendición en medio de la tierra,
25 pues lo bendecirá Yahvé Sebaot diciendo: «Bendito sea mi pueblo Egipto, la obra de mis manos Asiria, y mi heredad Israel.»

Anuncio de la conquista de Asdod*.

20 1 El año en que vino el copero mayor a Asdod —cuando lo envió Sargón, rey de Asiria, y atacó a Asdod y la tomó—,
2 en aquella sazón habló Yahvé por medio de Isaías, hijo de Amós, en estos términos: «Ve y desata el saco de tu cintura, y quítate las sandalias de los pies.» Él lo hizo así, y anduvo desnudo y descalzo*.
3 Dijo Yahvé: «Así como ha andado mi siervo desnudo y descalzo tres años como señal y presagio respecto a Egipto y Cus,
4 así conducirá el rey de Asiria a los cautivos de Egipto y a los deportados de Cus, mozos y viejos, desnudos, descalzos y nalgas al aire —desnudez de Egipto—.
5 Se quedarán asustados y confusos por Cus, su esperanza, y por Egipto, su prez.
6 Y dirán los habitantes de esta costa aquel día: 'Ahí tienen en qué ha parado la esperanza nuestra, adonde acudíamos en busca de auxilio para librarnos del rey de Asiria. Pues ¿cómo nos escaparemos nosotros?'»

Caída de Babilonia.
13-14; **47** 1-15; Jr **50-51**; Ap **17-18**.

21 1 Oráculo sobre el Desierto Marítimo.
Como torbellinos
pasando por el Negueb,
vienen del desierto,
del país temible.
2 Una visión dura me ha sido mostrada:
El saqueador saquea
y el devastador devasta.
Sube, Elam;
asedia, Media.
He hecho cesar
todo suspiro.
3 Por eso mis riñones
se han llenado de espanto.
En mí hacen presa dolores,
como dolores de parturienta.
Estoy pasmado sin poder oír,
me estremezco sin ver.
4 He perdido el sentido,
escalofríos me sobrecogen.
El crepúsculo de mis anhelos
se me convierte en sobresalto.
5 Se prepara la mesa,
se despliega el mantel,
se come y se bebe.
—¡Levántense, jefes,
engrasen el escudo!
6 Pues así me ha dicho el Señor:
«Anda, pon un vigía
que vea y avise.
7 Cuando vea carros,
troncos de caballos,
jinetes en burro,
jinetes en camello,
preste atención,
mucha atención.»
8 Y exclamó el vigía:
«Sobre la atalaya, mi señor,
estoy firme a lo largo del día,
y en mi puesto de guardia
estoy firme noches enteras.
9 Pues bien: por ahí vienen jinetes,
troncos de caballos.»
Replicó y dijo:
«¡Cayó, cayó Babilonia,
y todas las estatuas de sus dioses
se han estrellado contra el suelo*!»

20 *Asdod*, ciudad filistea tomada por Sargón II el año 711.
20 2 Es la única profecía en acción que conocemos de Isaías. Jeremías y Ezequiel la utilizaron con frecuencia; ver Jr **18**+.
21 9 Este grito de triunfo se repetirá en Ap **14** 8; **18** 2.

10 Trilla mía
y parva de mi era:
lo que he oído
de parte de Yahvé Sebaot,
Dios de Israel,
se lo he anunciado.

Sobre Edom*.

11 Oráculo sobre Dumá.

Alguien me grita desde Seír:
«Centinela, ¿qué hay de la noche?;
centinela, ¿qué hay de la noche?»
12 Dice el centinela:
«Se hizo de mañana y también de
noche.
Si ustedes quieren preguntar,
vuélvanse, vengan.»

Contra los árabes.

13 Oráculo en la estepa.

En el bosque, en la estepa, hagan
noche,
caravanas de dedanitas.
14 Al encuentro del sediento
lleven agua,
habitantes del país de Temá;
salgan con pan
al encuentro del fugitivo.
15 Pues de las espadas huyen,
de la espada desnuda,
del arco tendido,
de la pesadumbre de la guerra.

16 Pues así me ha dicho el Señor: «Al
cabo de un año como año de jornalero
se habrá consumido toda la gloria de
Quedar. 17 Del resto de los arqueros, de
los paladines, de los bravos de los hijos
de Quedar, quedarán pocos, porque
Yahvé, Dios de Israel, lo ha dicho.»

Contra el entusiasmo de Jerusalén*.

22 1 Oráculo contra el valle de la
Visión.

¿Qué tienes ahora, que has subido
en pleno a las azoteas,
2 de rumores henchida,
ciudad alborotada, villa bullanguera?
Tus caídos no son caídos a espada
ni muertos en guerra.
3 Todos tus jefes huyeron a una:
del arco escapaban.
Todos tus valientes fueron apresados
a una:
lejos huían.
4 Por eso he dicho: «¡Apártense de mí!
Voy a llorar amargamente.
No se empeñen en consolarme
por la devastación de la hija de mi
pueblo.»

5 Porque es día de perturbación, de
extravío y de aplastamiento
para el Señor Yahvé Sebaot.
En el valle de la Visión se zapa un
muro
y el grito de socorro llega a la
montaña.
6 Elam lleva el carcaj,
Aram monta a caballo,
Quir desnuda el escudo.
7 Tus mejores valles se vieron llenos
de carros,
y los de a caballo formaron frente a
la puerta.
8 Entonces cayó la defensa de Judá.

Ustedes contemplaron aquel día
el arsenal de la Casa del Bosque.
9 Y las brechas de la ciudad de David
vieron que eran muchas,
y reunieron
las aguas de la alberca inferior.
10 Las casas de Jerusalén contaron,
y demolieron casas
para fortificar la muralla.
11 Un estanque hicieron entre ambos
muros
para las aguas de la alberca vieja;
pero no se fijaron en su Hacedor,
al que desde antiguo lo ideó de lejos
no lo vieron.

21 11 A los edomitas sometidos a los asirios se los presenta preguntando al profeta cuánto tiempo habrá de durar su sujeción.

22 Después de haber descartado un primer peligro, antes de la invasión decisiva, Isaías anuncia la próxima catástrofe.

12 Llamaba el Señor Yahvé Sebaot
aquel día
a lloro y a lamento
y a raparse y ceñirse de saco,
13 mas lo que hubo fue jolgorio y alegría,
matanza de bueyes y degüello de ovejas,
comer carne y beber vino:
«¡Comamos y bebamos,
que mañana moriremos*!»
14 Entonces me reveló al oído
Yahvé Sebaot:
«No será expiada esa culpa
hasta que ustedes mueran»
—ha dicho el Señor Yahvé Sebaot—.

Contra Sebná*.

15 Así dice el Señor Yahvé Sebaot:
Preséntate al mayordomo,
a Sebná, encargado del palacio,
16 el que labra en alto su tumba,
el que se talla en la peña una morada:
«¿Qué es tuyo aquí y a quién tienes aquí,
que te has labrado aquí una tumba?»
17 He aquí que Yahvé te hace rebotar, hombre,
y te vuelve a agarrar.
18 Te enrolla en ovillo,
como una pelota en tierra de amplios espacios.
Allí morirás,
y allí irán tus carrozas gloriosas,
vergüenza del palacio de tu señor.

19 Te empujaré de tu puesto
y de tu pedestal te depondré.
20 Aquel día llamaré a mi siervo Eliaquín,
hijo de Jilquías.
21 Lo revestiré de tu túnica,
con tu fajín lo sujetaré,
tu autoridad pondré en su mano,
y será él un padre
para los habitantes de Jerusalén
y para la casa de Judá.
22 Pondré la llave de la casa de David
sobre su hombro;
abrirá, y nadie cerrará,
cerrará, y nadie abrirá*.
23 Lo hincaré como clavija
en lugar seguro,
y será trono de gloria
para la casa de su padre.

24 Colgarán allí todo lo de valor de la
casa de su padre —sus descendientes y
su posteridad—, todo el ajuar menudo,
todas las tazas y cántaros. 25 Aquel día
—oráculo de Yahvé Sebaot— se removerá la clavija hincada en sitio seguro,
cederá y caerá, y se hará añicos el peso
que sostenía, porque Yahvé ha hablado.

Contra Tiro.
Ez **26-28**; Am **1** 9-10; Za **9** 2-4.

23 1 Oráculo sobre Tiro.
Aúllen, naves de Tarsis,
porque ha sido destruida su fortaleza.
De vuelta del país de Quitín
les ha sido descubierto.
2 Quédense mudos, habitantes de la costa,
mercaderes de Sidón,
cuyos viajantes atravesaban el mar
3 por las aguas inmensas.
La siembra del canal, la siega del Nilo,
era su riqueza,
y ella era el mercado de las naciones.
4 Avergüénzate, Sidón,
porque ha dicho la mar:
«No tuve dolores ni di a luz,
ni crié mancebos,
ni eduqué doncellas.»

22 13 Fórmula repetida por 1 Co **15** 32. Ver Sb **2** 7-9; Is **5** 11; etc.

22 15 Único oráculo de Isaías referente a una persona particular. Sebná era un advenedizo, quizá un extranjero que había llegado al puesto más elevado, el de encargado del palacio de Ezequías. Ver 2 R **18** 26.37 y comparar con Is **36** 3.11.22; **37** 2.

22 22 Las llaves de la casa del rey estaban al arbitrio del mayordomo, ver Mt **16** 19. El texto lo citará Ap **3** 7, y los Padres y la liturgia verán en *Eliaquín* una figura del Mesías.

5 En cuanto se oiga la nueva en Egipto,
se dolerán de las nuevas de Tiro.
6 Pasen a Tarsis, aúllen,
habitantes de la costa:
7 ¿Es ése su emporio arrogante,
de remota antigüedad,
cuyos pies lo llevaron lejos
en sus andanzas?

8 ¿Quién ha planeado esto
contra Tiro, la coronada,
cuyos comerciantes eran príncipes,
cuyos traficantes eran nobles de la tierra?
9 Es Yahvé Sebaot quien ha planeado
profanar el orgullo de toda su magnificencia
y envilecer a todos los nobles de la tierra.
10 Cultiva tu tierra, hija de Tarsis:
no hay puerto ya.
11 Su mano extendió él sobre la mar,
hizo estremecer los reinos.
Yahvé mandó respecto a Canaán,
demoler sus castillos,
12 y dijo: No vuelvas más a rebullir,
doncella oprimida,
hija de Sidón.
Levántate y vete a Quitín,
que tampoco allí tendrás reposo.

13 Ahí tienes la tierra de los caldeos; no eran un pueblo;
Asiria la fundó para las bestias del desierto.
Levantaron torres de asalto,
demolieron sus alcázares,
la convirtieron en ruinas.
14 Aúllen, naves de Tarsis,
porque ha sido destruida su fortaleza.

15 Aquel día quedará en olvido Tiro durante setenta años. En los días de otro
rey, al cabo de setenta años, le sucederá
a Tiro como en la canción de la prostituta:

16 «Toma el arpa, rodea la ciudad,
prostituta olvidada;
tócala bien, canta a más y mejor,
para que seas recordada.»

17 Bien, al cabo de los setenta años
visitará Yahvé a Tiro, y ella volverá a
su ganancia y se prostituirá a todos los
reinos de la tierra sobre la superficie
de la tierra. 18 Será su mercadería y su
ganancia consagrada a Yahvé. No será
atesorada ni almacenada, sino que para
los que moren delante de Yahvé será
su mercadería, para comer a saciedad y
para cubrirse espléndidamente.

4. APOCALIPSIS*

El juicio de Yahvé.

24 1 He aquí que Yahvé estraga la tierra,
la despuebla, trastorna su superficie
y dispersa a los habitantes de ella:
2 al pueblo como al sacerdote; al siervo como al señor;
a la criada como a su señora; al que compra como al que vende;
al que presta como al prestatario; al acreedor como a su deudor.
3 Devastada será la tierra
y del todo saqueada,
porque así ha hablado Yahvé.
4 En duelo se marchitó la tierra,
se amustia, se marchita el orbe,
el cielo con la tierra se marchita.
5 La tierra ha sido profanada
bajo sus habitantes,
pues traspasaron las leyes, violaron el precepto,
rompieron la alianza eterna.
6 Por eso una maldición ha devorado

24 Los capítulos **24-27** son sin duda los más tardíos del libro de Isaías. Por encima de los acontecimientos próximos apuntan a un juicio final del que ofrecen una descripción poética entreverada de salmos. Son similares a otros «apocalipsis» bíblicos (Ez **38** 1+; Dn **7-12**; Za **9-14**) o apócrifos.

la tierra,
y tienen la culpa los que habitan en ella.
Por eso han sido consumidos los habitantes de la tierra,
y quedan pocos del linaje humano.

La ciudad destruida.

7 El mosto estaba triste, la viña mustia:
se trocaron en suspiros todas las alegrías del corazón.
8 Cesó el alborozo de los tímpanos,
suspendióse el estrépito de los alegres,
cesó el alborozo del arpa.
9 No beben vino cantando:
amarga el licor a sus bebedores.
10 Ha quedado la villa vacía,
ha sido cerrada toda casa,
y no se puede entrar.
11 Se lamentan en las calles por el vino.
Desapareció toda alegría,
emigró el alborozo de la tierra.
12 Ha quedado en la ciudad soledad,
y de desolación está herida la puerta.
13 Porque en medio de la tierra,
en mitad de los pueblos,
pasa como en el vareo del olivo,
como en los rebuscos
cuando acaba la vendimia.
14 Ellos levantan su voz y lanzan hurras;
la majestad de Yahvé aclaman desde el mar.
15 Por eso, en Oriente glorifiquen a Yahvé,
en las islas del mar el nombre de Yahvé, Dios de Israel.
16 Desde el confín de la tierra
cánticos hemos oído:
«¡Gloria al justo!»

Los últimos combates.

Y digo: «¡Menguado de mí,
menguado de mí! ¡Ay de mí,
y de estos malvados que hacen maldad,
los malvados que han consumado la maldad!»
17 ¡Pánico, hoya y trampa contra ti,
morador de la tierra!
18 Sucederá que el que escape del pánico,
caerá en la hoya,
y el que suba de la hoya,
será preso en la trampa*.
Porque las esclusas de lo alto han sido abiertas,
y se estremecen los cimientos de la tierra.
19 Estalla, estalla la tierra,
se hace pedazos la tierra,
sacudida se bambolea la tierra,
20 vacila, vacila la tierra como un beodo,
se balancea como una cabaña;
pesa sobre ella su rebeldía,
cae, y no volverá a levantarse.

21 Aquel día castigará Yahvé
al ejército de lo alto en lo alto
y a los reyes de la tierra en la tierra;
22 serán amontonados en montón
los prisioneros en el pozo,
serán encerrados en la cárcel
y al cabo de muchos días serán visitados.
23 Se afrentará la luna llena, se
avergonzará el pleno sol,
cuando reine Yahvé Sebaot
en el monte Sión y en Jerusalén,
y esté la Gloria en presencia de sus ancianos.

Oración de acción de gracias.

25 1 Yahvé, tú eres mi Dios,
yo te ensalzo, alabo tu nombre,
porque has hecho maravillas
y planes muy de antemano,
que no fallan.
2 Porque has puesto la ciudad como un majano,
y la villa fortificada, hecha como una ruina;
el alcázar de orgullosos no es ya ciudad,
y nunca será reedificado.
3 Por eso te glorificará un pueblo poderoso,

24 18 vv. 17-18 = Jr **48** 43-44.

villa de gentes despóticas te temerá.
4 Porque fuiste fortaleza para el débil,
fortaleza para el pobre en su aprieto,
parapeto contra el temporal,
sombra contra el calor.
Porque el aliento de los déspotas
es como lluvia de invierno.
5 Como calor en sequedal,
humillarás el estrépito de los
poderosos;
como el calor a la sombra de una
nube,
el himno de los déspotas se
debilitará.

El festín divino*.

6 Hará Yahvé Sebaot
a todos los pueblos en este monte
un convite de manjares frescos,
convite de buenos vinos:
manjares de tuétanos, vinos
depurados;
7 consumirá en este monte
el velo que cubre a todos los pueblos
y la cobertura que cubre a todas las
gentes;
8 consumirá a la Muerte
definitivamente.
Enjugará el Señor Yahvé
las lágrimas de todos los rostros*,
y quitará el oprobio de su pueblo
de sobre toda la tierra,
porque Yahvé ha hablado.

9 Se dirá aquel día: «Ahí está nuestro
Dios:
esperamos que nos salve;
éste es Yahvé en quien esperábamos;
nos regocijamos y nos alegramos
por su victoria.»
10 Porque la mano de Yahvé
reposará en este monte,
Moab será aplastado en su sitio
como se aplasta la paja en el
muladar.
11 Extenderá en medio de él sus manos
como las extiende el nadador al
nadar,
pero Yahvé abajará su altivez
y el esfuerzo de sus manos.
12 La fortificación inaccesible de tus
murallas
derrocará, abajará,
la hará tocar la tierra, hasta el polvo.

Canto de victoria.

26 1 Aquel día se cantará este cantar en tierra de Judá:
«Ciudad fuerte tenemos;
para protección se le han puesto
murallas y antemuro.
2 Abran las puertas, y entrará una
gente justa
que guarda fidelidad;
3 de ánimo firme y que conserva la paz,
porque en ti confió.
4 Confíen en Yahvé por siempre
jamás,
porque en Yahvé tienen una Roca
eterna.
5 Porque él derroca a los habitantes de
los altos,
a la villa inaccesible;
la hace caer, la abaja hasta la tierra,
la hace tocar el polvo;
6 la pisan pies, pies de pobres,
pisadas de débiles.»

Salmo.

7 La senda del justo es recta;
tú allanas la senda recta del justo.
8 Pues bien, en la senda de tus juicios
te esperamos, Yahvé;
tu nombre y tu recuerdo son el
anhelo del alma.
9 Con toda mi alma te anhelo en la
noche,
y con todo mi espíritu por la mañana
te busco.
Porque cuando tú juzgas a la tierra,
aprenden justicia los habitantes del
orbe.
10 Aunque se haga gracia al malvado,
no aprende justicia;

25 6 Aquí aparece el juicio bajo su aspecto favorable. La parábola del festín, corriente luego en el judaísmo, es el preludio de Mt **22** 2-10p; ver Mt **8** 11. La *montaña*, vv. 6-7, designa a Sión-Jerusalén.

25 8 Ver Ap **7** 17; **21** 4; 1 Co **15** 26.

en tierra recta se tuerce,
y no teme la majestad de Yahvé.
11 Yahvé, alzada está tu mano,
pero no la ven;
verán tu celo por el pueblo y se avergonzarán,
tu ira ardiente devorará a tus adversarios.

12 Yahvé, tú nos pondrás a salvo,
que también llevas a cabo todas nuestras obras.
13 Yahvé, Dios nuestro,
nos han dominado otros señores fuera de ti,
pero no recordaremos otro Nombre sino el tuyo.
14 Los muertos no vivirán,
las sombras no se levantarán,
pues los has castigado, los has exterminado
y has borrado todo recuerdo de ellos.
15 Has aumentado la nación, Yahvé,
has aumentado la nación
y te has glorificado,
has ampliado todos los límites del país.
16 Yahvé, en el aprieto de tu castigo te buscamos;
la angustia de la opresión era tu castigo para nosotros.
17 Como cuando la mujer embarazada
está próxima al parto sufre*,
y se queja en su trance,
así éramos nosotros delante de ti, Yahvé.
18 Hemos concebido, tenemos dolores
como si diésemos a luz viento;
pero no hemos traído a la tierra salvación,
y no le nacerán habitantes al orbe.

19 Revivirán tus muertos,
tus cadáveres resurgirán,
despertarán y darán gritos de júbilo
los moradores del polvo;
porque rocío luminoso es tu rocío,
y la tierra echará de su seno las sombras.

El paso del Señor*.

20 Vete, pueblo mío, entra en tus cámaras
y cierra tu puerta tras de ti,
escóndete un instante
hasta que pase la ira.
21 Porque he ahí a Yahvé que sale de su lugar
a castigar la culpa de todos los habitantes de la tierra contra él;
descubre la tierra sus manchas de sangre
y no tapa ya a sus asesinados.

27 1 Aquel día castigará Yahvé con su espada dura, grande, fuerte,
a Leviatán, serpiente huidiza,
a Leviatán, serpiente tortuosa,
y matará al dragón que hay en el mar.

La viña de Yahvé*.

2 Aquel día se dirá:
Viña deliciosa, cantadla.
3 Yo, Yahvé, soy su guardián.
A su tiempo la regaré.
Para que no se la castigue,
de noche y de día la guardaré.

4 —Ya no tengo muralla.
¿Quién me ha convertido
en espinos y abrojos?

—Yo les haré guerra y los pisotearé,
los quemaré todos a una,
5 o que se acojan a mi amparo,
que hagan la paz conmigo,
que conmigo hagan la paz.

Perdón para Jacob y castigo para el opresor.

6 En los días que vienen arraigará Jacob,
echará Israel flores y frutos,
y se llenará la superficie de la tierra de sus productos.
7 ¿Acaso lo ha herido como hirió a quien lo hería?,

26 17 Los dolores de parto son figura de las tribulaciones que rodean la venida del Mesías, **13** 8; Os **13** 13+.

26 20 Durante el castigo de los perversos, el pueblo se pone a cubierto.
27 2 La viña es Israel, como en **5** 1-7.

¿ha sido muerto él como fueron
muertos sus matadores?
8 Te querellaste con ella y la echaste,
la despediste;
la echó con su aliento áspero como
viento de Oriente.
9 En verdad, con esto sería expiada la
culpa de Jacob,
y éste sería todo el fruto capaz de
apartar su pecado;
dejar todas las piedras que le sirven
de ara de altar
como piedras de cal desmenuzadas.
Troncos sagrados y estelas del sol no
se erigirán,
10 pues la ciudad fortificada ha quedado
solitaria,
mansión dejada y abandonada
como un desierto
donde el novillo pace,
se tumba y ramonea.
11 Cuando se seca su ramaje es
quebrado en astillas,
vienen mujeres y le prenden fuego.
Por no ser éste un pueblo inteligente,
por eso no le tiene piedad su
Hacedor,
su Plasmador no le otorga gracia.

Retorno de los israelitas.

12 Aquel día vareará Yahvé
desde la corriente del Río hasta el
torrente de Egipto,
y ustedes serán reunidos de uno en
uno,
hijos de Israel.
13 Aquel día se tocará un cuerno*
grande,
y vendrán los perdidos por tierra de
Asiria
y los dispersos por tierra de Egipto,
y adorarán a Yahvé
en el monte santo de Jerusalén.

5. POEMAS SOBRE ISRAEL Y JUDÁ

Contra Samaría*.

28 1 ¡Ay, corona de arrogancia
—borrachos de Efraín—
y capullo marchito —gala de su
adorno—
que está en el cabezo del valle fértil,
aficionados al vino!
2 He aquí que uno, fuerte y robusto,
enviado por el Señor,
como una granizada, como huracán
devastador,
como aguacero torrencial de
desbordadas aguas,
los echará a tierra con la mano.
3 Con los pies será hollada
la corona de arrogancia, los
borrachos de Efraín,
4 y el capullo marchito, gala de su
adorno,
que está en el cabezo del valle fértil;
y serán como la breva que precede al
verano,
que, en cuanto la ve uno,
la toma con la mano y se la come.
5 Aquel día será Yahvé Sebaot
corona de gala, diadema de adorno
para el resto de su pueblo,
6 espíritu de juicio
para el que se siente en el tribunal,
y energía
para los que rechazan hacia la puerta
a los atacantes.

Contra los falsos profetas.

7 También ésos por el vino desatinan
y por el licor divagan;
sacerdotes y profetas
desatinan por el licor,
se ahogan en vino,
divagan por causa del licor,

27 13 El *cuerno o trompeta* de las asambleas de Israel. Ver Nm **10** 2-10; Jl **2** 1+.15; Mt **24** 31; etc.

28 Samaría, edificada sobre una colina, es comparada con una corona de flores con que se adornaban la cabeza los invitados en los banquetes antiguos.

desatinan en sus visiones,
titubean en sus decisiones.
8 Porque todas las mesas están
cubiertas de vómito asqueroso,
sin respetar sitio.

9 «¿A quién se instruirá en el
conocimiento?,
¿a quién se le hará entender lo que
oye?
A los recién destetados,
a los retirados de los pechos.
10 Porque dice:
Sau la sau, sau la sau,
cau la cau, cau la cau,
*zeer šam, zeer šam**.»
11 Sí, con palabras extrañas
y con lengua extranjera
hablará a este pueblo
12 él, que les había dicho: «¡Ahora,
descanso!
Dejen reposar al fatigado.
¡Ahora, calma!»
Pero ellos no han querido escuchar.
13 Ahora Yahvé les dice:
«Sau la sau, sau la sau,
cau la cau, cau la cau,
zeer šam, zeer šam»,
de suerte que vayan y caigan hacia
atrás y se fracturen,
caigan en la trampa y sean presos.

Contra los malos consejeros.

14 Por tanto oigan la palabra de Yahvé,
hombres burlones,
señores de este pueblo
de Jerusalén.
15 Porque ustedes han dicho: «Hemos
celebrado alianza con la muerte,
y con el Seol hemos hecho pacto,
cuando pase el azote desbordado,
no nos alcanzará,
porque hemos puesto la mentira por
refugio nuestro
y en el engaño nos hemos
escondido.»
16 Por eso, así dice el Señor Yahvé*:
«He aquí que yo pongo por
fundamento en Sión
una piedra elegida,
angular, preciosa y fundamental:
quien tenga fe en ella no vacilará.
17 Pondré la equidad como medida
y la justicia como nivel.»

Barrerá el granizo el refugio de
mentira,
y las aguas inundarán el escondite.
18 Será rota su alianza con la muerte
y su pacto con el Seol no se
mantendrá.
Cuando pase el azote desbordado,
a ustedes los aplastará.
19 Siempre que pase, los alcanzará.
Porque mañana tras mañana pasará,
de día y de noche,
y habrá estremecimiento
sólo con oírlo.
20 La cama será corta para poder
estirarse,
y el cobertor será estrecho para
poder taparse.

21 Porque como en el monte Perasín
surgirá Yahvé,
como en el valle de Gabaón se
enfurecerá,
para hacer su acción, su extraña
acción,
y para trabajar su trabajo, su exótico
trabajo.
22 Ahora no se burlen,
no sea que se aprieten sus ligaduras.
Porque cosa concluida y decidida he
oído
de parte de Yahvé Sebaot,
tocante a toda la tierra.

28 10 Las palabras onomatopéyicas *sau la sau, cau la cau, zeer 'šam (lit.:* «orden sobre orden, regla sobre regla, ora por aquí ora por allá») hacen pensar en el balbuceo de un niño. Los convidados parodian las palabras del profeta, que ellos no comprenden. No comprenderán tampoco el lenguaje extranjero de los asirios vencedores.

28 16 La *piedra fundamental* de la nueva Jerusalén recibe un nombre simbólico, ver Is **1** 26+; Sal **118** 22-23+. Esta imagen mesiánica será aplicada a Cristo, Mt **21** 42p; Ef **2** 20+; 1 P **2** 4-8; y a Pedro, Mt **16** 18+.

El ejemplo de la labranza*.

23 Escuchen y oigan mi voz,
atiendan y oigan mi dictado:
24 ¿Es que día a día labra el labriego?
Sólo para sembrar abre y rompe el suelo.
25 Una vez que iguala su superficie,
¿no esparce la neguilla, y el comino a voleo,
y pone el trigo, la cebada y la espelta,
cada cosa en su terreno?
26 Quien lo dirige al acierto,
quien lo amaestra es su Dios.

27 Como tampoco con trillo se trabaja la neguilla,
ni se hace rodar carreta sobre el comino,
pues con mayal se varea la neguilla,
y el comino se vapulea.
28 Tríllase el cereal,
pero no hasta triturarlo:
rodando la carreta,
se monda sin triturarlo.
29 También esto de Yahvé Sebaot procede:
plan admirable que lleva al acierto.

Sobre Jerusalén*.

29 1 ¡Ay, Ariel, Ariel,
villa donde acampó David!
Añadan año sobre año,
las fiestas completen su ciclo,
2 y pondré en angustias a Ariel,
y habrá llanto y gemido.
Ella será para mí un Ariel;
3 acamparé en círculo contra ti,
estrecharé contra ti la estacada,
y levantaré contra ti trinchera;
4 serás abatida, desde la tierra hablarás,
por el polvo será ahogada tu palabra,
tu voz será como un espectro de la tierra,
y desde el polvo tu palabra será como un susurro.
5 Y será como polvareda fina la turba de tus soberbios,
y como tamo que pasa la turba de tus potentados.

Sucederá que, de un momento a otro,
6 de parte de Yahvé Sebaot serás visitada
con trueno, estrépito y estruendo,
turbión, ventolera y llama de fuego devoradora.
7 Será como un sueño,
visión nocturna,
la turba de todas las gentes que guerrean contra Ariel,
todas sus milicias y las máquinas de guerra
que la oprimen.
8 Será como cuando el hambriento
sueña que está comiendo,
pero despierta y tiene el estómago vacío;
como cuando el sediento sueña que está bebiendo,
pero se despierta cansado y sediento.
Así será la turba de todas las gentes,
que guerrean contra el monte Sión.

9 Idiotícense y queden idiotas,
cíeguense y queden ciegos;
emborráchense, pero no de vino,
tambaléense, y no por el licor.
10 Porque ha vertido sobre ustedes Yahvé
espíritu de sopor,
ha pegado sus ojos (profetas)
y ha cubierto sus cabezas (videntes).
11 Y será para ustedes toda revelación
como palabras de un libro sellado,
que se lo dan a uno que sabe de letras
diciéndole: «Ea, lee eso»;
y dice el otro: «No puedo, está sellado».
12 Luego se pasa el libro a un analfabeto

28 23 La sabiduría campesina procede de la sabiduría de Dios, que cuida de su pueblo.
29 El nombre simbólico de *Ariel*, **1** 26+, dado a Jerusalén, recibe diversas interpretaciones: León *de Dios*, **33** 7, o también la parte superior del altar donde se quemaban las víctimas (el *har'el* o *'ari'el*, de Ez **43** 15.16).

diciéndole: «Por favor, léelo»;
y éste dice: «¡Si no sé leer!»

Oráculo*.
1 10-20+.

13 Dice el Señor:
Por cuanto ese pueblo se me ha allegado con su boca,
y me ha honrado con sus labios,
mientras que su corazón está lejos de mí,
y el temor que me tiene
son preceptos enseñados por hombres,
14 por eso he aquí que yo sigo
haciendo maravillas con ese pueblo,
haciendo portentosas maravillas;
perderé la sabiduría de sus sabios,
y eclipsaré el entendimiento de sus entendidos*.

El triunfo de la justicia.

15 ¡Ay de los que se esconden de Yahvé
para ocultar sus planes,
y ejecutan sus obras en las tinieblas,
y dicen: «¿Quién nos ve, quién nos conoce?»!
16 ¡Qué error el de ustedes!
¿Es el alfarero como la arcilla,
para que diga la obra a su hacedor:
«No me ha hecho»,
y la vasija diga de su alfarero:
«No entiende el oficio*?»
17 ¿Acaso no falta sólo un poco
para que el Líbano se convierta en vergel,
y el vergel se considere una selva?
18 Oirán aquel día los sordos
palabras de un libro,
y desde la tiniebla y desde la oscuridad
los ojos de los ciegos las verán,
19 los pobres volverán a alegrarse en Yahvé,
y los hombres más pobres en el
Santo de Israel se regocijarán.
20 Porque se habrán terminado los tiranos,
se habrá acabado el hombre burlador,
y serán exterminados todos los que desean el mal;
21 los que declaran culpable a otro con su palabra
y tienden lazos al que juzga en la puerta,
y desatienden al justo por una nonada.

22 Por tanto, así dice Yahvé,
Dios de la casa de Jacob,
el que rescató a Abrahán:
«No se avergonzará en adelante Jacob,
ni en adelante su rostro palidecerá;
23 porque en viendo a sus hijos, las obras de mis manos,
en medio de él,
santificarán mi Nombre.»
Santificarán al Santo de Jacob,
y al Dios de Israel tendrán miedo.
24 Los descarriados alcanzarán inteligencia,
y los murmuradores aprenderán doctrina.

Contra la embajada a Egipto.

30 1 ¡Ay de los hijos rebeldes
—oráculo de Yahvé—
para ejecutar planes, que no son míos,
y para hacer libaciones de alianza,
mas no a mi aire,
amontonando pecado sobre pecado!
2 Los que bajan a Egipto
sin consultar a mi boca,
para buscar apoyo en la fuerza del faraón
y ampararse a la sombra de Egipto.
3 La fuerza del faraón se les convertirá
a ustedes en vergüenza,
y el amparo de la sombra de Egipto,
en confusión.

29 13 Ver **1** 10-20; Am **5** 21+. Texto citado en Mt **15** 8-9.
29 14 Citado en 1 Co **1** 19.
29 16 En Gn **2** 7 Dios *forma* al hombre con el barro. La imagen será repetida a menudo, **45** 9; **64** 7; Jr **18** 1-6; **19** 1-13; Si **33** 13; Sb **12** 12; **15** 7; Rm **9** 20-21.

4 Cuando estuvieron en Soán sus jefes,
y cuando sus emisarios llegaron a Janés,
5 todos llevaron presentes
a un pueblo que les será inútil,
a un pueblo que no sirve de ayuda
—ni de utilidad—,
sino de vergüenza y de oprobio.

Otro oráculo contra una embajada.

6 Oráculo sobre los animales del Negueb.

Por tierra de angustia y aridez,
de leona y de león rugiente,
de áspid y dragón volador,
llevan a lomos de burros su riqueza,
y sobre giba de camellos sus tesoros
hacia un pueblo que no les será útil,
7 a Egipto, cuyo apoyo es huero y vano.
Por eso he llamado a ese pueblo
«Ráhab la cesante*.»

Testamento.

8 Ahora ven, escríbelo en una tablilla,
grábalo en un libro,
y que dure hasta el último día,
para testimonio hasta siempre:
9 Que es un pueblo terco,
criaturas hipócritas,
hijos que no aceptan escuchar
la instrucción de Yahvé;
10 que han dicho a los videntes:
«No vean»;
y a los visionarios:
«No vean para nosotros visiones verdaderas;
háblennos cosas halagüeñas,
contemplen ilusiones.
11 Apártense del camino, desvíense de la ruta,
déjennos en paz del Santo de Israel.»

12 Por tanto, así dice el Santo de Israel:
Por cuanto han rechazado ustedes esta palabra,
y por cuanto han confiado en lo torcido y perverso,
y se han apoyado en ello,
13 por eso será para ustedes
esta culpa como brecha ruinosa
en una alta muralla,
cuya quiebra sobrevendrá de un momento a otro,
14 y va a ser su quiebra
como la de una vasija de alfarero,
rota sin compasión,
en la que al romperse no se
encuentra una sola tejoleta bastante
grande para tomar fuego del hogar o
para extraer agua del aljibe.
15 Porque así dice el Señor Yahvé, el Santo de Israel:
«Por la conversión y calma serán ustedes liberados,
en el sosiego y seguridad estará su fuerza.»
Pero ustedes no aceptaron*,
16 sino que dijeron:
«No, huiremos a caballo.»
¡Pues bien, huyan!
Y «sobre rápidos carros montaremos.»
¡Pues bien, rápidamente serán perseguidos!
17 Mil temblarán ante la amenaza de uno solo;
ante la amenaza de cinco ustedes huirán,
hasta que sean dejados
como mástil en la cúspide del monte
y como gallardete sobre una colina.

Dios perdonará.

18 Sin embargo aguardará Yahvé para hacerles gracia,
y así se levantará para compadecerlos,
porque Dios de equidad es Yahvé:

30 7 *Ráhab* es el nombre de un monstruo mitológico, **51** 9; Jb **2** 6; etc., que designa irónicamente a Egipto, ver Sal **87** 4, vencido e inofensivo.

30 15 Lo que Dios exigía, como ya en tiempos de la guerra siro-efrainita, ver **7** 9, era la confianza en él, en vez de la búsqueda de una alianza extranjera, aquí la de Egipto.

¡dichosos todos los que en él
esperan!
19 Sí, pueblo de Sión que habitas en
Jerusalén,
no llorarás ya más;
de cierto tendrá piedad de ti,
cuando oiga tu clamor;
en cuanto lo oiga, te responderá.
20 Les dará el Señor pan de asedio y
agua racionada,
y después ya no se ocultará el que te
enseña;
con tus ojos verás al que te enseña,
21 y con tus oídos oirás detrás de ti estas
palabras:
«Ése es el camino, vayan por él,
ya sea a la derecha, ya a la izquierda.»
22 Declararás impuro el revestimiento de
tus ídolos de plata
y el ornato de tus imágenes fundidas
en oro.
Los rechazarás como paño inmundo:
«¡Fuera de aquí!», les dirás.
23 Él dará lluvia a tu sementera con que
hayas sembrado el suelo,
y la tierra te producirá pan que será
pingüe y sustancioso.
Pacerán tus ganados aquel día en
pastizal dilatado;
24 los bueyes y burros que trabajan el
suelo
comerán forraje salado,
cribado con bieldo y con criba.
25 Habrá sobre todo monte alto y sobre
todo cerro elevado
manantiales que den aguas perennes, el día de la gran matanza,
cuando caigan las fortalezas.
26 Será la luz de la luna como la luz del
sol meridiano,
y la luz del sol meridiano será siete
veces mayor
—con luz de siete días—,
el día que vende Yahvé la herida de
su pueblo
y cure la contusión de su golpe.

Contra Asiria.

27 He aquí que el nombre de Yahvé
viene de lejos,
ardiente su ira y pesada su opresión.
Sus labios llenos están de furor,
su lengua es como fuego que devora,
28 y su aliento como torrente
desbordado,
que cubre hasta el cuello.
Cribará a las naciones con criba
nefasta,
pondrá el bocado de sus bridas en la
mandíbula de sus pueblos.
29 Ustedes cantarán
como en la noche de santificar fiesta;
se les alegrará el corazón
como el de quien va al son de flauta
a entrar en el monte de Yahvé,
a la Peña de Israel.
30 Hará oír Yahvé la majestad de su
voz,
y mostrará la descarga de su brazo
con ira inflamada y llama de fuego
devoradora,
turbión, aguacero y granizo.

31 Pues por la voz de Yahvé será hecha
añicos Asiria:
con un bastón la golpeará.
32 A cada pasada de la vara de castigo
que Yahvé descargue sobre ella,
con panderos y con arpas,
y con guerras de sacudir las manos
guerreará contra ella.
33 Porque de antemano está preparado
un Tófet*
—también para el rey—
un foso profundo y ancho;
hay paja y madera en abundancia.
El aliento de Yahvé,
cual torrente de azufre, lo enciende.

Contra la alianza egipcia.

31 1 ¡Ay, los que bajan a Egipto
por ayuda!
En la caballería se apoyan,
y fían en los carros porque abundan
y en los jinetes porque son muchos;

30 33 *Tófet*, es el lugar del valle de Ben Hinón en que se sacrificaba a los niños por el fuego a «Mólec», ver Lv **18** 21+.

mas no han puesto su mirada en el
Santo de Israel,
ni a Yahvé han buscado.
2 Pero también él es sabio,
hará venir el mal,
y no retirará sus palabras;
se levantará contra la casa de los
malhechores
y contra la ayuda de los que obran la
iniquidad.
3 En cuanto a Egipto, es humano, no
divino,
y sus caballos, carne, y no espíritu;
Yahvé extenderá su mano,
tropezará el ayudador
y caerá el ayudado,
y todos a una perecerán.

Contra Asiria.

4 Porque así me ha dicho Yahvé:
Como ruge el león y el cachorro
sobre su presa,
y cuando se convoca contra él
a todos los pastores,
de sus voces no se intimida,
ni de su tumulto se apoca;
tal será el descenso de Yahvé Sebaot
para guerrear
sobre el monte Sión y sobre su
colina.
5 Como pájaros que vuelan,
así protegerá Yahvé Sebaot a
Jerusalén,
protegerá y librará,
perdonará y salvará.
6 Vuélvanse a aquel de quien
profundamente se apartaron,
hijos de Israel.
7 Porque aquel día repudiará cada uno
las divinidades de plata y las
divinidades de oro que hicieron sus
manos pecadoras.
8 Caerá Asiria por espada no de
hombres,
y por espada no humana serán
devorados;
se dará a la fuga ante la espada,
y sus mejores guerreros serán
destinados a trabajos.
9 Aterrada, abandonará su tropa,
y sus jefes espantados abandonarán
su estandarte.
Oráculo de Yahvé, que tiene fuego
en Sión,
y horno en Jerusalén.

La justicia del rey futuro*.

32 1 He aquí que para hacer justicia
reinará un rey,
y los jefes juzgarán según derecho.
2 Será cada uno como un sitio
abrigado contra el viento
y a cubierto del temporal;
como fluir de aguas en sequedal,
como sombra de peñón en tierra
agostada.
3 No se cerrarán los ojos de los
videntes,
y los oídos de los que escuchan
percibirán;
4 el corazón de los alocados se
esforzará en aprender,
y la lengua de los tartamudos hablará
claro y ligero.
5 No se llamará ya noble al necio,
ni al desaprensivo se le llamará
magnífico.

El necio y el noble.

6 Porque el necio dice necedades
y su corazón medita el mal,
haciendo impiedad
y profiriendo contra Yahvé
desatinos,
dejando vacío el estómago
hambriento
y privando de bebida al sediento.
7 Cuanto al desaprensivo, sus tramas
son malas,
se dedica a inventar maquinaciones
para sorprender a los pobres con
palabras engañosas,
cuando el pobre expone su causa.
8 Mientras que el noble medita nobles
cosas,
y en las cosas nobles está firme.

32 Descripción del gobierno ideal, expresada en términos mesiánicos, ver **29** 18; **35** 5.

Contra las mujeres de Jerusalén.

9 Mujeres indolentes, ¡arriba!,
oigan mi voz;
hijas confiadas,
escuchen mi palabra.
10 Dentro de un año y algunos días
temblarán ustedes, las que confían,
pues se habrá acabado la vendimia
para no volver más.

11 Espántense, indolentes,
tiemblen, confiadas,
desvístanse, desnúdense,
ciñan su cintura,
12 golpéense el pecho,
por los campos atrayentes,
por las viñas fructíferas.
13 Sobre el solar de mi pueblo
zarza y espino crecerá,
y también sobre todas las casas de placer
de la villa alegre,
14 porque el alcázar habrá sido abandonado,
el genio de la ciudad habrá desaparecido;
Ofel y el Torreón* quedarán en adelante
vacíos por siempre,
para delicia de burros
y pastizal de rebaños.

La efusión del Espíritu*.

15 Al fin será derramado desde arriba
sobre nosotros espíritu.
Se hará la estepa un vergel,
y el vergel será considerado como selva.
16 Reposará en la estepa la equidad,
y la justicia morará en el vergel;
17 el producto de la justicia será la paz,
el fruto de la equidad, una seguridad perpetua.
18 Y habitará mi pueblo en albergue de paz,
en moradas seguras
y en posadas tranquilas.
19 —La selva será abatida y la ciudad hundida.
20 Dichosos ustedes, que sembrarán
cabe todas las corrientes,
y dejarán sueltos el buey y el burro.

La salvación esperada.

33 1 ¡Ay, tú que saqueas, y no has sido saqueado,
que despojas, y no has sido despojado!
En terminando tú de saquear, serás saqueado;
así que acabes de despojar, serás despojado.
2 Yahvé, ten piedad de nosotros,
en ti esperamos.
Sé nuestro brazo por las mañanas
y nuestra salvación en tiempo de apretura.
3 Al fragor del estrépito se dispersan los pueblos,
al alzarte tú se desperdigan las gentes,
4 se amontona el botín como quien amontona saltamontes,
se abalanzan sobre él, como se abalanzan las langostas.

5 Exaltado sea Yahvé, pues reposa en lo alto;
llene a Sión de equidad y de justicia.
6 Sean tus días estables;
la riqueza que salva son la sabiduría y la ciencia,
el temor de Yahvé sea tu tesoro.

7 ¡Miren! Ariel se lamenta* por las calles,
los embajadores de paz
amargamente lloran.
8 Han quedado desiertas las calzadas,
ya no hay transeúntes por los caminos.
Han violado la alianza, han recusado los testimonios,
no se tiene en cuenta a nadie.
9 La tierra está en duelo, languidece;
el Líbano está ajado y mustio.

32 14 El Ofel es el emplazamiento de la Jerusalén antigua, al sur del Templo.
32 15 Este poema postexílico añade a las amenazas que le preceden la promesa del Espíritu, **11** 2; Jl **3** 1-2; etc.
33 7 Ver **29** 1.

Ha quedado el Sarón como la estepa,
se van pelando el Basán y el Carmelo.
10 Ahora me levanto —dice Yahvé—
ahora me exalto, ahora me elevo.
11 Ustedes concebirán forraje, parirán
paja,
y mi soplo como fuego los devorará;
12 los pueblos serán calcinados,
espinos cercenados que en fuego arderán.
13 Oigan, los alejados, lo que he hecho;
entérense, los cercanos, de mi fuerza.
14 Se espantaron en Sión los pecadores,
sobrecogió el temblor a los impíos:
¿Quién de nosotros podrá habitar
con el fuego consumidor?,
¿quién de nosotros podrá habitar con
las llamas eternas?
15 El que anda en justicia
y habla con rectitud;
el que rehúsa ganancias fraudulentas,
el que se sacude la palma de la mano
para no aceptar soborno,
el que se tapa las orejas para no oír
hablar de sangre,
y cierra sus ojos para no ver el mal.
16 Ése morará en las alturas,
subirá a refugiarse en la fortaleza de
las peñas,
se le dará su pan y tendrá el agua segura.

El retorno a Jerusalén.

17 Tus ojos contemplarán un rey en su
belleza,
verán una tierra dilatada.
18 Tu corazón musitará con sobresalto:
«¿Dónde está el que contaba,
dónde el que pesaba,
dónde el que contaba torres?»
19 Ya no verás al pueblo audaz,
pueblo de lenguaje oscuro, incomprensible,
al bárbaro cuya lengua no se entiende.
20 Contempla a Sión, villa de nuestras
solemnidades:
tus ojos verán a Jerusalén,
albergue fijo,
tienda sin trashumancia,
cuyas clavijas no serán
removidas nunca
y cuyas cuerdas no serán rotas.
21 Sino que allí Yahvé será magnífico
para con nosotros;
como un lugar de ríos y amplios canales,
por donde no ande ninguna embar-
cación de remos,
ni navío de alto bordo lo atraviese.
22 (Porque Yahvé es nuestro juez, Yahvé nuestro legislador,
Yahvé nuestro rey: él nos salvará.)
23 Se han distendido las cuerdas,
no sujetan derecho el mástil,
no despliegan estandarte.
Entonces será repartido un botín numeroso:
hasta los cojos tendrán botín,
24 y no dirá ningún habitante: «Estoy
enfermo»;
al pueblo que allí mora le será perdonada su culpa.

El juicio contra Edom*.

34 1 Acérquense, naciones, a oír,
atiendan, pueblos;
oiga la tierra y cuanto hay en ella,
el orbe y cuanto en él brota,
2 que ira tiene Yahvé contra todas las
naciones,
y cólera contra todo su ejército.
Las ha anatematizado,
las ha entregado a la matanza.
3 Sus heridos yacen tirados,
de sus cadáveres sube el hedor,
y sus montes chorrean sangre;
4 se esfuma todo el ejército de los
cielos.
Se enrollan como un libro los cielos,
y todo su ejército palidece
como palidece el sarmiento de la
cepa,
como una hoja mustia de higuera.

34 Los capítulos **34-35** reciben a veces el nombre de «Pequeño Apocalipsis». Ver **24-27**.

[5] Porque se ha emborrachado en los
cielos mi espada;
ya desciende sobre Edom
y sobre el pueblo de mi anatema
para hacer justicia.
[6] La espada de Yahvé está llena de
sangre,
engrasada de sebo,
de sangre de carneros y machos
cabríos,
de sebo de riñones de carneros,
porque tiene Yahvé un sacrificio en
Bosrá,
y gran matanza en Edom.
[7] En vez de búfalos caerán pueblos,
y en vez de toros un pueblo de
valientes.
Se emborrachará su tierra con
sangre,
y su polvo será engrasado de sebo.
[8] Porque es día de venganza para
Yahvé,
año de desquite del defensor de Sión.

[9] Se convertirán sus torrentes en pez,
su polvo en azufre,
y se hará su tierra pez ardiente.
[10] Ni de noche ni de día se apagará,
por siempre subirá el humo de ella.
De generación en generación
quedará arruinada,
y nunca jamás habrá quien pase por
ella.
[11] La heredarán el pelícano y el erizo,
el ibis y el cuervo residirán en ella.
Tenderá Yahvé sobre ella la
plomada del caos
y el nivel del vacío.

[12] Los sátiros habitarán en ella,
ya no habrá en ella nobles
que proclamen la realeza,
y todos sus príncipes serán
aniquilados.
[13] En sus alcázares crecerán espinos,
ortigas y cardos en sus fortalezas;
será morada de chacales
y dominio de avestruces.
[14] Los gatos salvajes se juntarán con
hienas
y un sátiro llamará al otro;
también allí reposará Lilit*
y en él encontrará descanso.
[15] Allí anidará la víbora, pondrá,
incubará y hará salir del huevo.
También allí se juntarán los buitres.

[16] Busquen el libro de Yahvé y lean;
no faltará ninguno de ellos,
ninguno de ellos echará en falta a
otro.
Pues su misma boca lo ha ordenado
y su mismo espíritu los junta.
[17] Es él mismo el que los echa a
suertes,
con su mano les reparte el país a
cordel;
lo poseerán por siempre
y morarán en él de generación en
generación.

El triunfo de Jerusalén.

35 [1] Que el desierto y el sequedal
se alegren,
regocíjese la estepa y florezca como
flor;
[2] estalle en flor y se regocije
hasta lanzar gritos de júbilo.
La gloria del Líbano le ha sido dada,
el esplendor del Carmelo y del
Sarón.
Se verá la gloria de Yahvé,
el esplendor de nuestro Dios.

[3] Fortalezcan las manos débiles,
afiancen las rodillas vacilantes.
[4] Digan a los de corazón intranquilo:
¡Ánimo, no teman!
Miren que su Dios
viene vengador;
es la recompensa de Dios,
él vendrá y los salvará a ustedes.

[5] Entonces se despegarán los ojos de
los ciegos,
y las orejas de los sordos se abrirán.
[6] Entonces saltará el cojo como
ciervo,
y la lengua del mudo lanzará gritos
de júbilo.

34 14 *Lilit* es un demonio hembra que anda entre las ruinas.

Pues serán alumbradas en el desierto
aguas,
y torrentes en la estepa,
7 se trocará la tierra abrasada en
estanque,
y el país árido en manantial de aguas.
En la guarida donde moran los
chacales
verdeará la caña y el papiro.
8 Habrá allí una senda y un camino,
vía sacra se la llamará;
no pasará el impuro por ella,
ni los necios por ella vagarán.
9 No habrá león en ella,
ni por ella subirá bestia salvaje,
no se encontrará en ella;
los rescatados la recorrerán.
10 Los redimidos de Yahvé volverán,
entrarán en Sión entre aclamaciones,
y habrá alegría eterna sobre sus
cabezas.
¡Regocijo y alegría los acompañarán!
¡Adiós, penar y suspiros!

APÉNDICE*

Invasión de Senaquerib.

||2 R **18** 13-37; ||Is **37** 10s.

36 1 En el año catorce del rey Ezequías subió Senaquerib, rey de
Asiria, contra todas las ciudades fortificadas de Judá y se apoderó de ellas. 2 El
rey de Asiria envió desde Laquis a Jerusalén, donde el rey Ezequías, al copero
mayor con un fuerte destacamento. Se
colocó éste en el canal de la alberca
superior, que está junto al camino del
campo del Batanero. 3 El mayordomo
de palacio, Eliaquín, hijo de Jilquías, el
secretario Sebná y el heraldo Joaj, hijo
de Asaf, salieron donde él. 4 El copero
mayor les dijo: «Digan a Ezequías: Así
habla el gran rey, el rey de Asiria: ¿Qué
confianza es ésa en la que fías? 5 Te
has pensado que meras palabras de los
labios son consejo y bravura para la guerra. Pero ahora, ¿en quién confías, que
te has rebelado contra mí? 6 Mira: te has
confiado al apoyo de esa caña rota, de
Egipto, que penetra y traspasa la mano
del que se apoya sobre ella. Pues así es
el faraón, rey de Egipto, para todos los
que confían en él. 7 Pero ustedes van a
decirme: 'Nosotros confiamos en Yahvé
nuestro Dios.' ¿No ha sido él, Ezequías,
quien ha suprimido los altos y los altares y ha dicho a Judá y a Jerusalén:
'Ustedes se postrarán delante de este altar?' 8 Pues apuesta ahora con mi señor,
el rey de Asiria: te daré dos mil caballos
si eres capaz de encontrarte jinetes para
ellos. 9 ¿Cómo harías retroceder a uno
solo de los más pequeños servidores de
mi señor? ¡Te fías de Egipto para tener
carros y gentes de carro! 10 Y ahora,
¿acaso he subido yo contra esta tierra para destruirla, sin contar con Yahvé? Yahvé
me ha dicho: 'Sube contra esta tierra y
destrúyela.'»

11 Dijeron Eliaquín, Sebná y Joaj al
copero mayor: «Por favor, háblanos a
nosotros tus siervos en arameo, que lo
entendemos; no nos hables en lengua
de Judá a oídos del pueblo que está sobre la muralla.» 12 El copero mayor dijo:
«¿Acaso mi señor me ha enviado a decir
estas cosas a tu señor, o a ti, y no a los
hombres que se encuentran sobre la
muralla, que tienen que comer sus excrementos y beber sus orinas con ustedes?»

13 Se puso en pie el copero mayor
y gritó con gran voz en lengua judía,
diciendo: «Escuchen las palabras del
gran rey, el rey de Asiria. 14 Así dice el
rey: No los engañe Ezequías, porque
no podrá librarlos. 15 Que Ezequías no
los haga confiar en Yahvé diciendo: 'De
cierto nos librará Yahvé, y esta ciudad
no será entregada en manos del rey de

36-39 Excepto **38** 9-20, los capítulos **36-39** están tomados de 2 R **18** 13-**20** 19; véanse las notas en 2 R.

Asiria.' 16 No escuchen a Ezequías, porque así dice el rey de Asiria: Hagan paces conmigo, ríndanse a mí, y comerá cada uno de su viña y de su higuera, y beberá cada uno de su cisterna, 17 hasta que yo llegue y los lleve a una tierra como la tierra de ustedes, tierra de trigo y de mosto, tierra de pan y de viñas. 18 Que no os engañe Ezequías, diciendo: 'Yahvé nos librará.' ¿Acaso los dioses de las naciones han librado cada uno a su tierra de la mano del rey de Asiria? 19 ¿Dónde están los dioses de Jamat y de Arpad, dónde los dioses de Sefarváin, dónde están los dioses de Samaría? ¿Acaso han librado a Samaría de mi mano? 20 ¿Quiénes, de entre todos los dioses de los países, los han librado de mi poder, para que libre Yahvé a Jerusalén de mi mano?»

21 Calló el pueblo y no le respondió una palabra, porque el rey había dado esta orden diciendo: «No le respondan.» 22 Eliaquín, hijo de Jilquías, mayordomo de palacio, el secretario Sebná y el heraldo Joaj, hijo de Asaf, fueron donde Ezequías, desgarrados los vestidos, y le relataron las palabras del copero mayor.

Recurso al profeta Isaías.
||2 R **19** 1-7.

37 1 Cuando lo oyó el rey Ezequías, desgarró sus vestidos, se cubrió de saco y se fue al templo de Yahvé. 2 Envió a Eliaquín, mayordomo, a Sebná, secretario, y a los sacerdotes ancianos cubiertos de saco donde el profeta Isaías, hijo de Amós. 3 Ellos le dijeron: «Así habla Ezequías: Este día es día de angustia, de castigo y de vergüenza. Los hijos están para salir del seno, pero no hay fuerza para dar a luz. 4 ¿No habrá oído Yahvé tu Dios las palabras del copero mayor al que ha enviado el rey de Asiria, su señor, para insultar al Dios vivo? ¿No castigará Yahvé tu Dios las palabras que ha oído? ¡Dirige una plegaria en favor del Resto que aún queda!»

5 Cuando los siervos del rey Ezequías llegaron donde Isaías, 6 éste les dijo: «Así dirán a su señor: Esto dice Yahvé: No tengas miedo por las palabras que has oído, con las que me insultaron los criados del rey de Asiria. 7 Voy a poner en él un espíritu, oirá una noticia y se volverá a su tierra, y en su tierra yo lo haré caer a espada.»

Partida del copero mayor.
||2 R **19** 8-9.

8 El copero mayor se volvió y encontró al rey de Asiria atacando a Libná, pues había oído que había partido de Laquis, 9 porque había recibido esta noticia acerca de Tirhacá, rey de Cus: «Ha salido a guerrear contra ti.»

Segundo relato de la intervención de Senaquerib.
||2 R **19** 9-19.

Senaquerib volvió a enviar mensajeros para decir a Ezequías: 10 «Así hablarán a Ezequías, rey de Judá: No te engañe tu Dios en el que confías pensando: 'No será entregada Jerusalén en manos del rey de Asiria'. 11 Bien has oído lo que los reyes de Asiria han hecho a todos los países, entregándolos al anatema, ¡y tú te vas a librar! 12 ¿Acaso los dioses de las naciones salvaron a aquellos que mis padres aniquilaron, a Gozán, a Jarán, a Résef, a los edenitas que estaban en Tel Basar? 13 ¿Dónde está el rey de Jamat, el rey de Arpad, el rey de Laír, de Sefarváin, de Hená y de Avá?»

14 Ezequías tomó la carta de manos de los mensajeros y la leyó. Luego subió al templo de Yahvé y Ezequías la desenrolló ante Yahvé. 15 Hizo Ezequías esta plegaria ante Yahvé: 16 «Yahvé Sebaot, Dios de Israel, que estás sobre los Querubines, tú sólo eres Dios en todos los reinos de la tierra, tú el que has hecho los cielos y la tierra.

17 «Tiende, Yahvé, tu oído y escucha;
abre, Yahvé, tus ojos y mira.
Oye las palabras con que Senaquerib
ha enviado a insultar al Dios vivo.

18 «Es verdad, Yahvé, que los reyes de Asiria han exterminado a todas las na-

ciones y su territorio, [19] y han entregado
sus dioses al fuego, porque ellos no
son dioses, sino hechuras de mano de
hombre, de madera y de piedra, y por
eso han sido aniquilados. [20] Ahora, pues,
Yahvé, Dios nuestro, sálvanos de su mano, y sabrán todos los reinos de la tierra
que sólo tú eres Dios, Yahvé.»

Intervención de Isaías.
||2 R **19** 20-28.

[21] Isaías, hijo de Amós, envió a decir
a Ezequías: «Así dice Yahvé, Dios de
Israel, a quien has suplicado acerca de
Senaquerib, rey de Asiria. [22] Ésta es la
palabra que Yahvé pronuncia contra él:

Ella te desprecia, ella te hace burla,
la virgen hija de Sión.
Mueve la cabeza a tus espaldas
la hija de Jerusalén.
[23] ¿A quién has insultado y blasfemado?
¿Contra quién has alzado tu voz
y levantas tus ojos altaneros?
¡Contra el Santo de Israel!
[24] Por tus siervos insultas a Adonay
y dices: 'Con mis muchos carros
subo a las cumbres de los montes,
a las laderas del Líbano,
derribo la altura de sus cedros,
la flor de sus cipreses,
alcanzo el postrer de sus refugios, su
jardín del bosque.
[25] Yo he cavado y bebido
en extranjeras aguas.
Secaré bajo la planta de mis pies
todos los Nilos del Egipto.'
[26] ¿Lo oyes bien? Desde antiguo
lo tengo preparado;
desde viejos días lo había planeado,
ahora lo ejecuto.
Tú has convertido en cúmulos de
ruinas
las fuertes ciudades.
[27] Sus habitantes, de débiles manos,
confusos y aterrados, son planta del
campo,
verdor de hierba,
hierba de tejados, pasto quemado
por el viento de Oriente.
[28] Si te alzas o te sientas,
si sales o entras,
yo lo sé;
(y que te alzas airado contra mí).
[29] Pues que te alzas airado contra mí
y tu arrogancia ha subido a mis
oídos,
voy a poner mi anillo en tus narices,
mi brida en tu boca,
y voy a devolverte por la ruta
por la que has venido.

La señal para Ezequías.
||2 R **19** 29-31.

[30] «La señal será ésta:
Este año se comerá lo que rebrote,
lo que nazca de sí al año siguiente.
Al año tercero siembren y sieguen,
planten las viñas y coman su fruto.
[31] El resto que se salve de la casa de
Judá
echará raíces por debajo
y fruto en lo alto.
[32] Pues saldrá un Resto de Jerusalén,
y supervivientes del monte Sión;
el celo de Yahvé Sebaot lo hará.

Oráculo sobre Asiria.
||2 R **19** 32-34.

[33] «Por eso, así dice Yahvé del rey de
Asiria:
No entrará en esta ciudad,
no lanzará flechas en ella,
no le opondrá escudo,
ni alzará en contra de ella
empalizada.
[34] Volverá por la ruta que ha traído.
No entrará en esta ciudad,
oráculo de Yahvé.
[35] Yo protegeré a esta ciudad para
salvarla,
por quien soy y por mi siervo David.»

Castigo de Senaquerib.
||2 R **19** 35-37.

[36] Aquella misma noche salió el Ángel de Yahvé e hirió en el campamento
asirio a ciento ochenta y cinco mil hombres; a la hora de despertarse, por la
mañana, no había más que cadáveres.

[37] Senaquerib, rey de Asiria, partió y,
volviéndose, se quedó en Nínive. [38] Y
sucedió que estando él postrado en el
templo de su dios Nisroc, sus hijos Adramélec y Saréser lo mataron a espada y
se pusieron a salvo en el país de Ararat.
Su hijo Asaradón reinó en su lugar.

Enfermedad y curación de Ezequías.
||2 R **20** 1-11.

38 [1] En aquellos días Ezequías cayó
enfermo de muerte. El profeta
Isaías, hijo de Amós, vino a decirle: «Así
habla Yahvé: Haz testamento, porque
muerto eres y no vivirás.» [2] Ezequías volvió su rostro a la pared y oró a Yahvé.
[3] Dijo: «¡Ah, Yahvé! Dígnate recordar
que yo he andado en tu presencia con
fidelidad y corazón perfecto haciendo lo
recto a tus ojos.» Y Ezequías lloró con
abundantes lágrimas.
[4] Entonces le fue dirigida a Isaías la
palabra de Yahvé, diciendo: [5] «Vete y di
a Ezequías: Así habla Yahvé, Dios de tu
padre David: He oído tu plegaria, he visto tus lágrimas y voy a curarte. Dentro
de tres días subirás al templo de Yahvé.
Añadiré quince años a tus días. [6] Te libraré a ti y a esta ciudad de la mano del
rey de Asiria, y ampararé a esta ciudad.»
[21] *Isaías dijo: «Traigan una masa de
higos, aplíquenla sobre la úlcera y sana-
rá.» [22] Ezequías dijo: «¿Cuál será la señal
de que subiré al templo de Yahvé?»
[7] Isaías respondió: «Ésta será para ti, de
parte de Yahvé, la señal de que Yahvé
hará lo que ha dicho. [8] Mira, voy a hacer
retroceder la sombra diez gradas de las
que ha descendido el sol por las gradas
de Ajaz.» Y desanduvo el sol diez gradas
por las que había descendido.

Cántico de Ezequías.
Sal **116**.

[9] Cántico de Ezequías, rey de Judá,
cuando estuvo enfermo y sanó de su mal:

[10] Yo dije: A la mitad de mis días
me voy;
en las puertas del Seol se me asigna
un lugar
para el resto de mis años.
[11] Dije: No veré a Yahvé
en la tierra de los vivos;
no veré ya a ningún hombre
de los que habitan el mundo.
[12] Mi morada es arrancada, se me
arrebata
como tienda de pastor.
Enrollo como tejedor mi vida,
del hilo del tejido me cortaste.
De la noche a la mañana acabas
conmigo;
[13] grité hasta la madrugada;
como león tritura todos mis huesos.
De la noche a la mañana acabas
conmigo.
[14] Como grulla, como golondrina
chirrío,
zureo como paloma.
Se consumen mis ojos de mirar
hacia arriba.
Yahvé, estoy oprimido, sal por mí.
[15] ¿Qué diré? ¿De qué le hablaré,
cuando él mismo lo ha hecho?
Caminaré todos mis años
en la amargura de mi alma.
[16] El Señor está con ellos, viven,
y todo lo que hay en ellos es vida de
su espíritu.
Tú me curarás, me darás la vida.
[17] Entonces mi amargura se trocará en
bienestar,
pues tú preservaste mi alma
de la fosa de la nada,
porque te echaste a la espalda
todos mis pecados.
[18] Que el Seol no te alaba
ni la Muerte te glorifica,
ni los que bajan al pozo esperan
en tu fidelidad.
[19] El que vive, el que vive, ése te alaba,
como yo ahora.
El padre enseña a los hijos
tu fidelidad.

38 21 Los vv. 21-22 fueron desplazados cuando se incluyó el cántico de Ezequías. El paralelo de los Reyes da un relato más completo.

20 Yahvé, sálvame,
y mis canciones cantaremos
todos los días de nuestra vida
junto a la Casa de Yahvé.

Embajada babilónica.
‖2 R **20** 12-19.

39 [1] En aquel tiempo, Merodac Baladán, hijo de Baladán, rey de
Babilonia, envió cartas y un presente a
Ezequías porque había oído que había
estado enfermo y se había curado. [2] Se
alegró Ezequías por ello y enseñó a los
enviados su cámara del tesoro, la plata, el
oro, los aromas, el aceite precioso, su arsenal y todo cuanto había en los tesoros;
no hubo nada que Ezequías no les mostrara en su casa y en todo su dominio.
[3] Entonces el profeta fue donde el rey
Ezequías y le dijo: «¿Qué han dicho esos
hombres y de dónde han venido a ti?»
Respondió Ezequías: «Han venido de un
país lejano, de Babilonia.» [4] Dijo: «¿Qué
han visto en tu casa?» Respondió Ezequías: «Han visto cuanto hay en mi casa;
nada hay en los tesoros que no les haya
enseñado.»
[5] Dijo a Ezequías: «Escucha la palabra
de Yahvé Sebaot: [6] Vendrán días en que
todo cuanto hay en tu casa y cuanto
reunieron tus padres hasta el día de hoy,
será llevado a Babilonia; nada quedará,
dice Yahvé. [7] Y se tomará de entre tus
hijos, los que han salido de ti, los que has
engendrado, para que sean eunucos en
el palacio del rey de Babilonia.» [8] Respondió Ezequías a Isaías: «Es buena la
palabra de Yahvé que me dices.» Pues
pensaba: «¡Con tal que haya paz y seguridad en mis días!»

*II. Libro de la consolación de Israel**

Anuncio de la liberación.

40 [1] Consuelen, consuelen a mi pueblo
—dice su Dios—.
[2] Hablen al corazón de Jerusalén
y díganle bien alto
que ya ha cumplido su milicia,
ya ha satisfecho por su culpa,
pues ha recibido de mano de Yahvé
castigo doble por todos sus pecados.
[3] Una voz* clama: «En el desierto
abran camino a Yahvé,
tracen en la estepa una calzada recta
a nuestro Dios.
[4] Que todo valle sea elevado,
y todo monte y cerro rebajado;
vuélvase lo escabroso llano,
y las breñas planicie.
[5] Se revelará la gloria de Yahvé,
y toda criatura a una la verá.
Pues la boca de Yahvé ha hablado.»
[6] Una voz dice: «¡Grita!»
Y digo: «¿Qué he de gritar?»
—«Toda carne es hierba
y todo su esplendor como flor del campo.
[7] La flor se marchita, se seca la hierba,
en cuanto le dé el viento de Yahvé
(pues, cierto, hierba es el pueblo).

40 Los capítulos **40-55**, según **40** 1, reciben el nombre de *El libro de la consolación de Israel*. Suponen la caída de Jerusalén y la cautividad de Babilonia. Abren a los deportados las perspectivas gozosas del Regreso. Yahvé ha suscitado a Ciro para esta liberación. -El poema inicial (vv. 1-11) reemplaza aquí el relato de la vocación (ver la *voz* de los vv. 3.6) que se encuentra al comienzo de otras colecciones proféticas.

40 3 Esta *voz* cumple la orden dada en el v. 2. Los LXX traducen: *Voz que clama en el desierto*, texto que Mt **3** 3p (ver Lc **1** 76) y Jn **1** 23 aplicarán a Juan Bautista, precursor del Mesías. -Yahvé, a la cabeza de su pueblo, lo devuelve a su Tierra, como en un nuevo Éxodo, ver Jr **16** 14-15; **31** 2; Is **46** 3; **63** 9 (que repiten Ex **19** 4). El primer Éxodo, con sus prodigios, Mi **7** 14-15, el paso del mar Rojo, Is **11** 15-16; **43** 16-21; **51** 10; **63** 11-13, el agua milagrosa, **48** 21, la nube, **52** 12; ver **4** 5-6, la marcha por el desierto, aquí, vv. 3s; ver Ba **5** 7-9, son el tipo y la prenda del nuevo Éxodo, de Babilonia a Jerusalén.

8 La hierba se seca, la flor se marchita,
mas la palabra de nuestro Dios
permanece por siempre*.»
9 Súbete a un alto monte,
alegre mensajero para Sión;
clama con voz poderosa,
alegre mensajero para Jerusalén,
clama sin miedo.
Di a las ciudades de Judá:
«Ahí está su Dios.»
10 Ahí viene el Señor Yahvé con poder,
y su brazo lo sojuzga todo.
Vean que su salario le acompaña,
y su paga lo precede.
11 Como pastor pastorea su rebaño:
recoge en brazos los corderitos,
en el seno los lleva,
y trata con cuidado a las paridas.

La grandeza divina.

12 ¿Quién midió los mares con el
cuenco de la mano,
y abarcó con su palmo la dimensión
de los cielos,
metió en un tercio de medida el
polvo de la tierra,
pesó con la romana los montes,
y los cerros con la balanza?
13 ¿Quién abarcó el espíritu de Yahvé,
y como consejero suyo le enseñó*?
14 ¿Con quién se aconsejó,
quién le explicó y le enseñó la senda
de la justicia,
y le enseñó la ciencia,
y el camino de la inteligencia le
mostró?
15 Las naciones son como gota de un
cazo,
como escrúpulo de balanza son
estimadas.
Las islas* como una chinita pesan.
16 El Líbano no basta para la quema,
ni sus animales para holocausto.
17 Todas las naciones son como nada
ante él,
como nada y vacío son estimadas
por él.
18 Pues ¿con quién asemejarán ustedes
a Dios,
qué semejanza le aplicarán*?
19 El fundidor funde la estatua,
el orfebre con oro la recubre
y funde cadenas de plata.
20 El que presenta una ofrenda de
pobre
escoge madera incorruptible,
se busca un hábil artista
para erigir una estatua que no vacile.
21 ¿No lo sabían? ¿No lo habían oído?
¿No se lo mostraron desde antiguo?
¿No se les dio a entender desde
fundada la tierra?
22 Él está sentado sobre el orbe terrestre,
cuyos habitantes son como
saltamontes;
él expande los cielos como un tul,
y los ha desplegado como una tienda
que se habita.
23 Él aniquila a los tiranos,
y a los árbitros de la tierra los reduce
a la nada.
24 Apenas han sido plantados, apenas
sembrados,
apenas arraiga en tierra su esqueje,
cuando sopla sobre ellos y se secan,
y una ráfaga como tamo se los lleva.
25 ¿Con quién me asemejarán ustedes
y seré igualado?, dice el Santo.
26 Alcen a lo alto los ojos y vean:
¿quién ha hecho esto?
El que hace salir por orden al ejército
celeste,
y a cada estrella por su nombre llama.
Gracias a su esfuerzo y al vigor de su
energía,
no falta ni una.

40 8 Los vv. 7-8 están citados en St **1** 10-11; 1 P **1** 24-25.
40 13 Citado en Rm **11** 34; 1 Co **2** 16.
40 15 Aquí, y más adelante, se trata de las *islas* del Mediterráneo, y también de sus costas lejanas y mal conocidas.
40 18 El verdadero Dios es incomparable, ver **25** 1; en esto se funda, a partir del Decálogo, la prohibición de las imágenes. La polémica contra los dioses paganos e ídolos fabricados por la mano del hombre se repetirá en **42** 8+.17; **45** 16.20; **46** 5-7. Ver Jr **10** 1-16; **51** 15-19; Sal **115** 3-8; Ba **6**; Sb **13** 11-19, y por otra parte en **41** 21+.

27 ¿Por qué dices, Jacob,
y hablas, Israel:
«Oculto está mi camino para Yahvé,
y a Dios se le pasa mi derecho»?
28 ¿Es que no lo sabías?
¿O es que no lo has oído?
Dios eterno, Yahvé,
creador de la tierra hasta sus bordes,
no se cansa ni se fatiga;
imposible escrutar su inteligencia.
29 Que al cansado da vigor,
y al que no tiene fuerzas la energía le acrecienta.
30 Los jóvenes se cansan, se fatigan,
los valientes tropiezan y vacilan,
31 mientras que a los que esperan en Yahvé
él les renovará el vigor,
subirán con alas como de águilas,
correrán sin fatigarse
y andarán sin cansarse.

Ciro, instrumento de Yahvé*.
45 1-8.

41 1 Guarden silencio ante mí,
islas,
y renueven su fuerza las naciones.
Acérquense y entonces hablarán,
reunámonos todos a juicio.

2 ¿Quién ha suscitado de Oriente
a aquel a quien la justicia sale al paso*?
¿Quién le entrega las naciones,
y a los reyes abaja?
Conviértelos en polvo su espada,
en paja dispersa su arco;
3 los persigue, pasa incólume,
el sendero con sus pies no toca.
4 ¿Quién lo realizó y lo hizo?
El que llama a las generaciones
desde el principio:
yo, Yahvé, el primero,
y con los últimos yo mismo*.
5 Vean, islas, y teman;
confines de la tierra, y tiemblen.
Acérquense y vengan.
6 El uno ayuda al otro
y dice a su colega: «¡Ánimo!»
7 Anima el fundidor al orfebre,
el que pule a martillo al que bate en el yunque,
diciendo de la soldadura: «Está bien.»
Y fija el ídolo con clavos
para que no se mueva*.

Dios está con Israel.
43 1-7.

8 Y tú, Israel, siervo mío*,
Jacob, a quien elegí,
linaje de Abrahán mi amigo;
9 que te tomé desde los cabos de la tierra,
y desde lo más remoto te llamé
y te dije: «Siervo mío eres tú,
te elegí y no te rechacé.»
10 No temas, que contigo estoy yo;
no receles, que yo soy tu Dios.
Yo te he robustecido y te he ayudado,
y te sostengo con mi diestra justiciera.
11 ¡Oh! Se avergonzarán y confundirán
todos los abrasados en ira contra ti.
Serán como nada y perecerán
los que buscan querella.
12 Los buscarás y no los hallarás
a los que disputaban contigo.
Serán como nada y nulidad
los que te hacen la guerra.
13 Porque yo, Yahvé tu Dios,
te tomo por la diestra.
Soy yo quien te digo: «No temas,
yo te ayudo.»
14 No temas, gusano de Jacob,
gente de Israel:

41 *Ciro*, que liberará a los judíos exiliados, es *ungido* de Yahvé, **45** 1, y figura del Mesías.
41 2 En las versiones se lee: *Que ha suscitado del Oriente* (Vulg.: al *Justo*) y *lo ha llamado*...
41 4 Ver **44** 6+.
41 7 Los vv. 6-7 son un paréntesis, ver **40** 18+.
41 8 El *siervo* elegido (ver Dt **7** 6+) y separado, *testigo* de Yahvé ante las naciones, **43** 10, es Israel. Aunque infiel, **42** 19, será perdonado y salvado, **44** 1-2; **45** 8; **48** 20. En los «cantos del siervo», este término tiene otro alcance, ver **42**+.

yo te ayudo —oráculo de Yahvé—,
y tu redentor* es el Santo de Israel.
15 He aquí que te he convertido en trillo nuevo,
de dientes dobles.
Triturarás los montes y los desmenuzarás,
y los cerros convertirás en paja.
16 Los echarás al viento, y el viento se los llevará,
y una ráfaga los dispersará.
Y tú te regocijarás en Yahvé,
en el Santo de Israel te gloriarás.
17 Los humildes y los pobres buscan agua,
pero no hay nada.
La lengua se les secó de sed.
Yo, Yahvé, les responderé.
Yo, Dios de Israel, no los desampararé.

18 Abriré sobre los calveros arroyos
y en medio de las barrancas manantiales.
Convertiré el desierto en lagunas
y la tierra árida en hontanar de aguas.
19 Pondré en el desierto cedros,
acacias, arrayanes y olivares.
Pondré en la estepa el enebro,
el olmo y el ciprés a una,
20 de modo que todos vean y sepan,
adviertan y consideren
que la mano de Yahvé ha hecho eso,
el Santo de Israel lo ha creado.

Sólo Yahvé es Dios*.

21 «Aduzcan su defensa —dice Yahvé—,
presenten sus pruebas —dice el rey de Jacob—.
22 Preséntense e indíquennos
lo que va a suceder.
Indíquennos cómo fue lo pasado,
y reflexionaremos;
o bien hágannos oír lo venidero
para que lo conozcamos.
23 Indíquennos las señales del porvenir,
y sabremos que ustedes son dioses.
En suma, hagan algún bien o algún mal,
para que nos pongamos en guardia y los temamos.
24 Miren, ustedes son nada,
y su obra, nulidad;
basura, lo selecto de ustedes.»
25 Lo he suscitado del norte, y viene,
del sol naciente lo he llamado por su nombre.
Ha hollado a los sátrapas como lodo,
como el alfarero patea el barro.
26 ¿Quién lo indicó desde el principio,
para que se supiera,
o desde antiguo, para que se dijera:
«Es justo»?
Ni hubo quien lo indicara,
ni hubo quien lo hiciera oír,
ni hubo quien oyera sus palabras.
27 Primicias de Sión: «¡Aquí están, aquí están!»,
envío a Jerusalén la buena nueva.
28 Miré, y no había nadie;
entre éstos no había consejeros
a quienes yo preguntara y ellos respondieran.
29 ¡Oh! Todos ellos son nada;
nulidad sus obras,
viento y vacío sus estatuas.

Canto primero del Siervo de Yahvé*.

↗ Mt **12** 18-21.

42 1 He aquí mi siervo a quien yo sostengo,

41 14 El *redentor*, en hebreo *go'el*, es desde luego el vengador de sangre, Nm **35** 19+, y también el que rescata al que está prisionero por deudas, el pariente próximo encargado de defender a la viuda, Rt **2** 20+. Los Salmos (ver **19** 15; etc.) e Is **40-55** designan frecuentemente con este nombre a Dios, vengador del oprimido o libertador de su pueblo. El NT y el pensamiento cristiano tomarán la palabra y la idea a propósito de Jesús Redentor, Rm **3** 24+.

41 21 La fe monoteísta de los Patriarcas y de los antiguos profetas, Ex **3** 15+; Dt **6** 4+, se expresa a partir del Destierro con explícitas afirmaciones de la inexistencia de los dioses falsos. Aquí por su incapacidad para predecir el porvenir y para actuar en el mundo, **43** 8-13; **44** 6-8; **45** 21; **48** 5. Ver también **40** 18+.

42 Los cuatro «cantos del Siervo», **42** 1-9; **49** 1-6; **50** 4-11; **52** 13-**53** 12, presen-

mi elegido en quien se complace mi
alma.
He puesto mi espíritu sobre él:
dictará ley a las naciones.
2 No vociferará ni alzará el tono,
y no hará oír en la calle su voz.
3 Caña quebrada no partirá,
y mecha mortecina no apagará.
Lealmente hará justicia;
4 no desmayará ni se quebrará
hasta implantar en la tierra el
derecho,
y su instrucción atenderán las islas.
5 Así dice el Dios Yahvé,
el que crea los cielos y los extiende,
el que hace firme la tierra y lo que en
ella brota,
el que da aliento al pueblo que hay
en ella,
y espíritu a los que por ella andan.
6 Yo, Yahvé, te he llamado en justicia,
te tomé de la mano, te formé,
y te he destinado a ser alianza del
pueblo y luz de las gentes,
7 para abrir los ojos ciegos,
para sacar del calabozo al preso,
de la cárcel a los que viven en
tinieblas.
8 Yo, Yahvé*, ése es mi nombre,
mi gloria a otro no cedo,
ni mi prez a los ídolos.
9 Las cosas de antes he aquí que
vinieron.
Otras nuevas yo anuncio;
antes de que broten se las hago oír a
ustedes.

Himno de victoria.

10 Canten a Yahvé un cántico nuevo,
su loor desde los confines de la tierra.
Que le cante el mar y cuanto
contiene,
las islas y sus habitantes.
11 Alcen la voz el desierto y sus
ciudades,
las explanadas en que habita Quedar.
Aclamen los habitantes de Petra,
desde la cima de los montes
vociferen.
12 Den gloria a Yahvé,
su loor en las islas publiquen.
13 Yahvé como un bravo sale,
su furor despierta como el de un
guerrero;
grita y vocifera,
contra sus enemigos se muestra
valeroso:
14 «Estaba mudo desde hace mucho,
había ensordecido, me había
reprimido.
Como parturienta grito,
resoplo y jadeo entrecortadamente.
15 Derribaré montes y cedros,
y todo su césped secaré;
convertiré los ríos en tierra firme
y las lagunas secaré.
16 Haré andar a los ciegos por un
camino que no conocían,
por senderos que no conocían los
encaminaré.
Trocaré delante de ellos la tiniebla en
luz,
y lo tortuoso en llano.

tan en escena un *Siervo* misterioso, que en unos rasgos se parece a Israel siervo, **41** 8+; y en otros es distinto de Israel. Es presentado como una persona. Llamado por Dios desde el seno de su madre, *formado* por él, lleno de su espíritu, el Siervo es un *discípulo* a quien Yahvé ha *abierto el oído* para que él a su vez instruya a los hombres. Expuesto al desprecio, no desfallece porque Yahvé lo sostiene. El cuarto canto en particular contempla el sufrimiento del Siervo, inocente, aunque tratado como un malhechor, golpeado por Dios y destinado a una muerte ignominiosa. En realidad, él se ha entregado a sí mismo por los pecadores cuyas faltas llevaba, y Yahvé ha hecho de este sufrimiento la salvación de todos. Por esto mismo *él verá descendencia*; no solamente volverá a unir a Israel, sino que será luz de las naciones. Jesucristo se aplicó esta profecía, Mc **10** 45; Lc **22** 19-20. El NT, Mt **3** 17+; Lc **4** 17-21; Hch **3** 13; **8** 23-33, ha reconocido en «el Siervo» al Rey-Mesías hijo de David, 2 S **7** 1+; Is **7** 14+, y al Siervo doliente. Sobre el *espíritu de Yahvé*, ver **11** 2+.

42 8 *Yahvé* es el nombre revelado a Moisés, Ex **3** 14+, el del único Existente. Creador de todas las cosas, único y eterno, *Él no cede su gloria a otro*, **48** 11. Este monoteísmo triunfante, **40** 18+, explicita y desarrolla el tema antiguo de los *celos* de Dios, Dt **4** 24+; ver Ex **20** 3.

Estas cosas haré,
y no las omitiré.»
17 Háganse atrás, confusos de vergüenza,
los que confían en ídolos,
los que dicen a la estatua fundida:
«Ustedes son nuestros dioses.»

La ceguera de Israel*.

18 ¡Sordos, oigan!
¡Ciegos, miren y vean!
19 ¿Quién está ciego, sino mi siervo?,
¿y quién tan sordo como el mensajero a quien envío?
(¿Quién es tan ciego como el enviado
y tan sordo como el siervo de Yahvé?)
20 Por más que has visto, no has hecho caso;
mucho abrir las orejas, pero no has oído.
21 Yahvé se interesa, por causa de su justicia,
en engrandecer y dar lustre a la Ley.
22 Pero es un pueblo saqueado y despojado,
han sido atrapados en agujeros todos ellos,
y en cárceles han sido encerrados.
Se los despojaba y no había quien salvara;
se los depredaba y nadie decía:
«¡Devuelve!»
23 ¿Quién de ustedes escuchará esto,
atenderá y hará caso para el futuro?
24 ¿Quién entregó al pillaje a Jacob,
y a Israel a los saqueadores?
¿No ha sido Yahvé, contra quien pecamos,
rehusamos andar por sus caminos,
y no escuchamos sus instrucciones?
25 Vertió sobre él el ardor de su ira,
y la violencia de la guerra lo abrasó,
por todos lados sin que comprendiera,
lo consumió,
sin que él reflexionara.

Liberación de Israel.

43 1 Ahora, así dice Yahvé
tu creador, Jacob,
tu plasmador, Israel.
«No temas, que yo te he rescatado,
te he llamado por tu nombre. Tú eres mío.
2 Si pasas por las aguas, yo estoy contigo,
si por los ríos, no te anegarán.
Si andas por el fuego, no te quemarás,
ni la llama prenderá en ti.
3 Porque yo soy Yahvé tu Dios,
el Santo de Israel, tu salvador.
He puesto por expiación tuya a Egipto,
a Cus y Sebá en tu lugar,
4 dado que eres precioso a mis ojos,
eres estimado, y yo te amo.
Pondré la humanidad en tu lugar,
y los pueblos en pago de tu vida.
5 No temas, que yo estoy contigo;
desde Oriente haré volver tu raza,
y desde Poniente te reuniré.
6 Diré al Norte: 'Dámelos';
y al Sur: 'No los retengas'.
Traeré a mis hijos de lejos,
y a mis hijas de los confines de la tierra;
7 a todos los que se llamen por mi nombre,
a los que para mi gloria creé,
plasmé e hice.»

Sólo Yahvé es Dios.

8 Hagan salir al pueblo ciego, aunque tiene ojos,
y sordo, aunque tiene orejas.
9 Congréguense todas las gentes
y reúnanse los pueblos.
¿Quién de entre ellos anuncia eso,
y desde antiguo nos lo hace oír?
Aduzcan sus testigos, y que se justifiquen;
que se oiga para que se pueda decir:
«Es verdad.»

42 18 Contrapartida de **6** 9-10+; ver **48** 4; Israel sordo y ciego, no comprende lo que le sucede ni por qué le sucede. Comparar con **6** 10+.

[10] Ustedes son mis testigos —oráculo
de Yahvé—
y mi siervo a quien elegí,
para que me conozcan y me crean a
mí mismo,
y entiendan que yo soy:
Antes de mí no fue formado otro
dios,
ni después de mí lo habrá.
[11] Yo, yo soy Yahvé,
y fuera de mí no hay salvador.
[12] Yo lo anuncié y los he salvado;
lo avisé yo, no un extraño entre
ustedes.
Ustedes son testigos, oráculo de
Yahvé
(como soy Dios); [13] yo lo soy desde
siempre,
y no hay quien libre de mi mano.
Yo lo tracé, y ¿quién lo revocará?

Babilonia será destruida.

[14] Así dice Yahvé
que los ha rescatado, el Santo de
Israel.
Por causa de ustedes he enviado
a hacer caer todos los cerrojos de las
prisiones de Babilonia,
y se volverán en ayes los hurras de
los caldeos.
[15] Yo, Yahvé su Santo,
el creador de Israel, su Rey.

Prodigios del nuevo Éxodo.

[16] Así dice Yahvé,
que trazó camino en el mar,
y vereda en aguas impetuosas.
[17] El que hizo salir carros y caballos a
una
con poderoso ejército;
a una se echaron para no levantarse,
se apagaron, como mecha se
extinguieron.
[18] ¿No se acuerdan de lo pasado,
ni caen en la cuenta de lo antiguo?
[19] Pues bien, he aquí que yo lo
renuevo:
ya está en marcha, ¿no lo
reconocen?
Sí, pongo en el desierto un camino,
ríos en el páramo.
[20] Me honrará el animal campestre,
los chacales y las hembras de
avestruz;
pues daré agua en el desierto,
ríos en el yermo,
para abrevar a mi pueblo elegido.
[21] Ese pueblo que yo me he formado
contará mis alabanzas.

La ingratitud de Israel.

[22] Pero tú no me llamaste, Jacob,
¡conque te aburriste de mí, Israel!
[23] No me trajiste oveja de tu holocausto
ni me honraste con tus sacrificios.
No te esclavicé con oblación
ni te cansé por el incienso.
[24] No me adquiriste caña con dinero,
ni de grasa de tus víctimas me
hartaste.
Tú sí que me esclavizaste con tus
pecados,
y me aburriste con tus yerros.
[25] ¡Yo, yo mismo limpiaba tus delitos
por mi respeto,
y de tus pecados no me acordaba!
[26] Recuérdamelos y vamos a juicio
juntos;
lleva tú la cuenta para que lo ganes.
[27] Tu padre primero pecó*,
y tus abogados me ofendieron.
[28] Pues bien, execré a los príncipes,
y entregué a Jacob al anatema,
y a Israel a los ultrajes.

Bendición de Israel.

44 [1] Ahora, pues, escucha, Jacob,
siervo mío,
Israel, a quien yo elegí.
[2] Así dice Yahvé que te creó,
te plasmó ya en el seno y te da
ayuda:
«No temas, siervo mío, Jacob,
Yesurún* a quien yo elegí.

43 27 *Tu padre primero*, es Jacob, según Os **12** 3-4, mejor que según Gn. *Tus abogados*, son los falsos profetas acogidos y escuchados.

44 2 *Yesurún*, nombre poético de Israel, Dt **32** 15; **35** 5.26.

3 Derramaré agua sobre el sediento
suelo,
raudales sobre la tierra seca.
Derramaré mi espíritu sobre tu
linaje,
mi bendición sobre cuanto de ti
nazca.
4 Crecerán como en medio de hierbas,
como álamos junto a corrientes de
aguas.
5 El uno dirá: 'Yo soy de Yahvé',
el otro llevará el nombre de Jacob.
Un tercero escribirá en su mano: 'De
Yahvé'
y se le llamará Israel.»

No hay más que un Dios.
42 8+.

6 Así dice Yahvé el rey de Israel,
y su redentor, Yahvé Sebaot:
«Yo soy el primero y el último*,
fuera de mí, no hay ningún dios.
7 ¿Quién como yo? Que se levante y
hable.
Que lo anuncie y argumente contra
mí;
desde que fundé un pueblo eterno,
cuanto sucede, que lo diga,
y las cosas del futuro, que las revele.
8 No tiemblen ni teman;
¿no lo he dicho y anunciado desde
hace tiempo?
Ustedes son testigos; ¿hay otro dios
fuera de mí?
¡No hay otra Roca, yo no la conozco!»

Sátira contra la idolatría.
Jr **10** 1-16; **2** 26-28.

9 ¡Escultores de ídolos! Todos ellos son
vacuidad; de nada sirven sus obras más
estimadas; sus testigos nada ven y nada
saben, y por eso quedarán abochornados. 10 ¿Quién modela un dios o funde
un ídolo, sin esperar una ganancia?
11 Mas he aquí que todos sus devotos
quedarán abochornados, y sus artífices,
que no son más que hombres; se reunirán todos y comparecerán; y todos temblarán avergonzados.
12 El forjador trabaja en las brasas,
configura a golpe de martillo, ejecuta su
obra a fuerza de brazo; pasa hambre y se
extenúa; no bebe agua y queda agotado.
13 El escultor tallista toma la medida,
hace un diseño con el lápiz, trabaja con
la gubia, diseña a compás de puntos y
le da figura varonil y belleza humana,
para que habite en un templo. 14 Taló un
cedro para sí, o tomó un roble, o una
encina y los dejó hacerse grandes entre
los árboles del bosque; o plantó un cedro
que la lluvia hizo crecer. 15 Sirven ellos
para que la gente haga fuego. Echan mano de ellos para calentarse. O encienden
lumbre para cocer pan. O hacen un dios,
al que se adora, un ídolo para inclinarse
ante él. 16 Quema uno la mitad y sobre
las brasas asa carne y come el asado hasta hartarse. También se calienta y dice:
«¡Ah! ¡me caliento mientras contemplo
el resplandor!» 17 Y con el resto hace un
dios, su ídolo, ante el que se inclina, lo
adora y le suplica, diciendo: «¡Sálvame,
pues tú eres mi dios!»
18 No saben ni entienden, sus ojos
están pegados y no ven; su corazón no
comprende. 19 No reflexionan, no tienen
ciencia ni entendimiento para decirse:
«He quemado una mitad, he cocido pan
sobre las brasas; he asado carne y la he
comido; y ¡voy a hacer con lo restante
algo abominable!, ¡voy a inclinarme ante
un trozo de madera!
20 A quien se apega a la ceniza, su corazón engañado lo extravía. No salvará
su vida. Nunca dirá: «¿Acaso lo que tengo en la mano es engañoso?»

Fidelidad a Yahvé.

21 Recuerda esto, Jacob,
y tú, Israel, que eres mi siervo.
¡Yo te he formado, tú eres mi siervo,
Israel, yo no te olvido!
22 He disipado como una nube tus
rebeldías,

44 6 *El primero y el último*, expresión de la eternidad de Dios, **41** 4; **48** 12, en la que se inspirará Ap **1** 8.17; **21** 6; **22** 13.

como un nublado tus pecados.
¡Vuélvete a mí, pues te he rescatado!
23 ¡Griten, cielos, de júbilo, porque
Yahvé lo ha hecho!
¡Clamen, profundidades de la tierra!
¡Lancen gritos de júbilo, montañas,
y bosque con todo su arbolado,
pues Yahvé ha rescatado a Jacob
y manifiesta su gloria en Israel!

Dios creador del mundo y dueño de la historia.

24 Así dice Yahvé, tu redentor,
el que te formó desde el seno.
Yo, Yahvé, lo he hecho todo,
yo, solo, extendí los cielos,
yo asenté la tierra, sin ayuda alguna.
25 Yo hago que fallen las señales de los magos
y que deliren los adivinos;
hago retroceder a los sabios
y convierto su ciencia en necedad.
26 Yo confirmo la palabra de mi siervo
y hago que triunfe el proyecto de mis mensajeros.
Yo digo a Jerusalén: «Serás habitada»,
y a las ciudades de Judá: «Serán reconstruidas.»
¡Yo levantaré sus ruinas!
27 Yo digo al abismo: «¡Sécate!
Yo desecaré tus ríos.»
28 Yo soy el que dice a Ciro: «Tú eres mi pastor
y darás cumplimiento a todos mis deseos,
cuando digas de Jerusalén: 'Que sea reconstruida'
y del santuario: '¡Echa los cimientos!'»

Ciro, instrumento de Dios.
41 1-5.

45 1 Así dice Yahvé a su Ungido Ciro,
a quien he tomado de la diestra
para someter ante él a las naciones
y desceñir las cinturas de los reyes,
para abrir ante él los batientes
de modo que no queden cerradas las puertas.
2 Yo marcharé delante de ti
y allanaré las pendientes.
Quebraré los batientes de bronce
y romperé los cerrojos de hierro.
3 Te daré los tesoros ocultos
y las riquezas escondidas,
para que sepas que yo soy Yahvé,
el Dios de Israel, que te llamo por tu nombre.
4 A causa de mi siervo Jacob
y de Israel, mi elegido,
te he llamado por tu nombre
y te he ennoblecido, sin que tú me conozcas.
5 Yo soy Yahvé, no hay ningún otro;
fuera de mí ningún dios existe.
Yo te he ceñido, sin que tú me conozcas,
6 para que se sepa desde el sol levante
hasta el poniente,
que todo es nada fuera de mí.
Yo soy Yahvé, no ningún otro;
7 yo modelo la luz y creo la tiniebla,
yo hago la dicha y creo la desgracia,
yo soy Yahvé, el que hago todo esto.

Plegaria.
Sal **85** 11-12.

8 Destilen, cielos, como rocío de lo alto,
derramen, nubes, la victoria.
Ábrase la tierra
y produzca salvación,
y germine juntamente la justicia*.
Yo, Yahvé, lo he creado.

Poder soberano de Yahvé.

9 ¡Ay de quien litiga con el que la ha modelado,
la vasija entre las vasijas de barro!
¿Dice la arcilla al que la modela:
«¿Qué haces tú?», y «¿Tu obra no está hecha con destreza?»

45 8 San Jerónimo traduce: *al Justo, al Salvador*. Esta traducción acentúa el alcance mesiánico del versículo. *Germen* también llegará a ser un nombre mesiánico, **4** 2+.

10 ¡Ay del que dice a su padre!: «¿Qué
has engendrado?»,
y a su madre: «¿Qué has dado a luz?»
11 Así dice Yahvé, el Santo de Israel y
su modelador:
«¿Van a pedirme ustedes señales
acerca de mis hijos
y a darme órdenes acerca de la obra
de mis manos?
12 Yo hice la tierra
y creé al hombre en ella.
Yo extendí los cielos con mis manos
y doy órdenes a todo su ejército.
13 Yo lo he suscitado para la victoria
y he allanado todos sus caminos.
Él reconstruirá mi ciudad
y enviará a mis deportados
sin rescate y sin recompensa»,
dice Yahvé Sebaot.

Conversión de las naciones paganas*.

14 Así dice Yahvé:
Los productos de Egipto, el
comercio de Cus
y los sebaítas, de elevada estatura,
vendrán a ti y tuyos serán.
Irán detrás de ti, encadenados,
ante ti se postrarán,
y te suplicarán:
«Sólo en ti hay Dios, no hay ningún
otro,
no hay más dioses.»
15 De cierto que tú eres un dios oculto,
el Dios de Israel, salvador.
16 Quedarán abochornados,
afrentados,
marcharán con ignominia los
fabricadores de ídolos.
17 Israel será salvado por Yahvé,
con salvación perpetua.
No quedarán ustedes abochornados
ni afrentados
nunca jamás.
18 Pues así dice Yahvé,
creador de los cielos,
él, que es Dios,
plasmador de la tierra y su hacedor,
él, que la ha fundamentado,
y no la creó caótica,
sino que para ser habitada la plasmó:
«Yo soy Yahvé, no existe ningún
otro.
19 No he hablado en oculto
ni en lugar tenebroso.
No he dicho al linaje de Jacob:
Búsquenme en el caos.
Yo soy Yahvé, que digo lo que es
justo
y anuncio lo que es recto.»

Yahvé es el Dios universal.

20 Apíñense y vengan, acérquense
juntos,
escapados de las naciones.
Necios los que pasean la madera de
sus ídolos,
y suplican a un dios que no salva.
21 Expongan, aduzcan sus pruebas,
deliberen todos juntos:
«¿Quién hizo oír esto desde antiguo
y lo anunció hace tiempo?
¿No he sido yo, Yahvé?
No hay otro dios, fuera de mí.
Dios justo y salvador,
no hay otro fuera de mí.
22 Vuélvanse a mí y serán salvados,
confines todos de la tierra,
porque yo soy Dios, no existe
ningún otro.
23 Yo juro por mi nombre;
de mi boca sale palabra verdadera
y no será vana:
Que ante mí se doblará toda rodilla
y toda lengua jurará
24 diciendo: ¡Sólo en Yahvé
hay victoria y fuerza!
A él se volverán abochornados
todos los que se inflamaban contra él.

45 14 Este universalismo que ve en el porvenir a todas las naciones reuniéndose alrededor de Jerusalén, para servir al Dios de Israel, aparecía ya en Is **2** 2-4 (=Mi **4** 1-3); Jr **12** 15-16; **16** 19-21; So **3** 9-10. Es uno de los grandes temas del «Libro de la consolación», Is **42** 1-6; **45** 14-16.20-25; **49** 6; **55** 3-5; ver **60**. Se expresará también después del Destierro, ver Za **2** 15; **8** 20-23; **14** 9.16. Véase también Sal **87**+ y el libro de Jonás.

25 Por Yahvé triunfará y será gloriosa
toda la raza de Israel.

Caída de Babilonia.

46 1 Bel se desploma, Nebo se derrumba*,
sus ídolos van sobre animales y
bestias de carga;
llevados como fardos sobre un
animal desfallecido.
2 Se derrumbaron, se desplomaron
todos,
no pudieron salvar la carga;
ellos mismos van cautivos.
3 Escúchenme, casa de Jacob,
y todos los supervivientes de la casa
de Israel,
los que han sido transportados desde
el seno,
llevados desde el vientre materno.
4 Hasta su vejez, yo seré el mismo,
hasta que se les vuelva el pelo
blanco, yo los llevaré.
Ya lo tengo hecho, yo me
encargaré,
yo me encargo de ello, yo los
salvaré.
5 ¿A quién me podrán asemejar o
comparar?
¿A quién me asemejarán para que
seamos parecidos?
6 Sacan el oro de sus bolsas,
pesan la plata en la balanza,
y pagan a un orfebre para que les
haga un dios,
al que adoran y ante el cual se
postran.
7 Se lo cargan al hombro y lo
transportan,
lo colocan en su sitio y allí se queda.
No se mueve de su lugar.
Hasta llegan a invocarlo, mas no
responde,
no salva de la angustia.
8 Recuerden esto y sean hombres,
tengan seso, rebeldes,
9 recuerden lo pasado desde antiguo,
pues yo soy Dios y no hay ningún
otro,
yo soy Dios, no hay otro como yo.
10 Yo anuncio desde el principio lo que
viene después,
y desde el comienzo lo que aún no
ha sucedido.
Yo digo: Mis planes se realizarán
y todos mis deseos llevaré a cabo.
11 Yo llamo del Oriente un ave rapaz,
de un país lejano al hombre en quien
pensé.
Tal como lo he dicho, así se
cumplirá;
como lo he planeado, así lo haré.
12 Escúchenme ustedes, los que han
perdido el corazón,
los que están alejados de lo justo.
13 Yo hago acercarse mi victoria, no
está lejos,
mi salvación no tardará.
Pondré salvación en Sión,
mi prez será para Israel.

Lamentación sobre Babilonia.
Ver **13+.**

47 1 ¡Baja, siéntate en el polvo,
virgen, hija de Babel*!
¡Siéntate en tierra, destronada,
hija de los caldeos!
Ya no se te volverá a llamar
la dulce, la exquisita.
2 Toma el molino y muele la harina.
Despójate de tu velo,
descubre la cola de tu vestido,
desnuda tus piernas
y vadea los ríos.
3 Descubre tu desnudez y se vean tus
vergüenzas.
Voy a vengarme y nadie intervendrá.
4 Nuestro redentor, cuyo nombre es
Yahvé Sebaot,
el Santo de Israel, dice:
5 Siéntate en silencio y entra en la
tiniebla,
hija de los caldeos,

46 1 *Bel*, dios del cielo, y *Nebo*, dios de la sabiduría, en Asirio-Babilonia.

47 1 *Virgen, hija de Babel*, lit.: «virgen de la hija de Babilonia», expresión frecuente para designar a una ciudad o un país personificados, ver **37** 22; 2 R **19** 21; etc.

que ya no se te volverá a llamar
señora de reinos.
6 Irritado estaba yo contra mi pueblo,
había profanado mi heredad
y en tus manos los había entregado;
pero tú no tuviste piedad de ellos;
hiciste caer pesadamente
tu yugo sobre el anciano.
7 Tú decías:
«Seré por siempre la señora eterna.»
No has meditado esto en tu corazón,
no te has acordado de su fin.
8 Pero ahora, voluptuosa, escucha
esto,
tú que te sientas en seguro
y te dices en tu corazón:
«¡Yo, y nadie más*!
No seré viuda,
ni sabré lo que es carecer de hijos.»
9 Estas dos desgracias vendrán sobre ti
en un instante, en el mismo día.
Carencia de hijos y viudez
caerán súbitamente sobre ti,
a pesar de tus numerosas hechicerías
y del poder de tus muchos
sortilegios.

10 Te sentías segura en tu maldad,
te decías: «Nadie me ve.»
Tu sabiduría y tu misma ciencia
te han desviado.
Dijiste en tu corazón:
«¡Yo, y nadie más!»
11 Vendrá sobre ti una desgracia
que no sabrás conjurar;
caerá sobre ti un desastre
que no podrás evitar.
Vendrá sobre ti súbitamente
una devastación que no sospechas.
12 ¡Quédate, pues, con tus sortilegios
y tus muchas hechicerías
con que te fatigas desde tu juventud!
¿Te podrán servir de algo?
¿Acaso harás temblar?
13 Te agotaste de tanto cavilar.
¡Que se pongan en pie y te salven! Sí:
Los astrólogos y observadores de
estrellas,
los que te pronostican cada luna
lo que te va a sobrevenir.

14 Mira, ellos serán como paja
que el fuego quemará.
No librarán sus vidas
del poder de las llamas.
No serán brasas para el pan
ni llama ante la cual sentarse.
15 Eso serán para ti tus hechiceros,
por los que te has fatigado desde tu
juventud.
Cada uno errará por su camino,
y no habrá quien te salve.

Yahvé lo había predicho todo.

48 1 Escuchen esto, casa de
Jacob,
ustedes que llevan el nombre de
Israel,
ustedes que han salido de las aguas
de Judá*.
Ustedes que juran por el nombre de
Yahvé,
ustedes que invocan al Dios de Israel,
mas no según verdad y justicia.
2 Porque llevan el nombre de la ciudad
santa
y se apoyan en el Dios de Israel,
cuyo nombre es Yahvé Sebaot.

3 Yo anuncié desde hace tiempo las
cosas pasadas,
salieron de mi boca y las di a
conocer;
de pronto, las hice y se cumplieron.
4 Porque sabía lo terco que eres:
un barrote de hierro tienes por
cerviz,
y tu cara es de bronce*.
5 Por eso te anuncié las cosas hace
tiempo,
y antes que ocurrieran te las di a
conocer,
no sea que dijeras: «Las hizo mi
ídolo,

47 8 Ver So **2** 15; Babilonia parece igualarse a Dios, **42** 8; etc. Ap **18** 7-8.
48 1 Ver Am **5** 21+.
48 4 Israel ha *endurecido su cerviz,* Ex **32** 9; Dt **9** 13; etc., se ha vuelto ciego y sordo, Is **6** 9-10+; **42** 19-20; **43** 8. Pero Yahvé no lo ha rechazado, vv. 9-11.

mi estatua, mi imagen fundida lo ordenó.»
6 Has oído toda esta visión:
¿no te das por enterado?

Pues ahora mismo te cuento novedades,
secretos que no conocías;
7 cosas creadas ahora, no antes,
cosas al día, que no las oíste,
porque no digas: «Ya las sabía.»
8 Ni las oíste ni las hiciste,
ni de antemano te fue abierto el oído,
pues sé muy bien que tú eres pérfido
y se te llama rebelde desde el seno materno.
9 Por amor de mi nombre retardé mi cólera,
a causa de mi alabanza me contuve
para no arrancarte.
10 Mira que te purifiqué como la plata,
te afiné en el crisol de la aflicción.
11 Por mí, por mí, lo hago,
pues ¿cómo mi nombre sería profanado?
No cederé a otro mi gloria.

Ciro es el amado de Yahvé.

12 Escúchame, Jacob,
Israel, a quien llamé:
Yo soy, yo soy el primero
y también soy el último.
13 Sí, es mi mano la que fundamentó la tierra
y mi diestra la que extendió los cielos.
Yo los llamo y todos se presentan.
14 Reúnanse todos y escuchen:
¿Quién de entre ellos anunció estas cosas?
«Mi amigo cumplirá mi deseo
contra Babilonia y la raza de los caldeos.»
15 Yo mismo le he hablado, lo he llamado,
le he hecho que venga y triunfe en sus empresas.

El destino de Israel.

16 Acérquense a mí y escuchen esto:
Desde el principio no he hablado en oculto,
desde que sucedió estoy yo allí.
Y ahora el Señor Yahvé me envía
con su espíritu.
17 Así dice Yahvé, tu redentor,
el Santo de Israel.
Yo, Yahvé, tu Dios,
te instruyo en lo que es provechoso
y te marco el camino por donde debes ir.
18 ¡Si hubieras atendido a mis mandatos,
tu dicha habría sido como un río
y tu victoria como las olas del mar!
19 ¡Tu raza sería como la arena,
los salidos de ti como sus granos!
¡Nunca habría sido arrancado ni borrado
de mi presencia su nombre!

El fin del Destierro.

20 Salgan de Babel, huyan de Caldea,
con voz jubilosa publíquenlo;
proclamen hasta el cabo de la tierra,
digan: «¡Rescató Yahvé a su siervo Jacob!»
21 No padecieron sed en los sequedales
a donde los llevó;
hizo brotar para ellos
agua de la roca.
Rompió la roca y corrieron las aguas.
22 No hay paz para los malvados, dice Yahvé.

Segundo canto del Siervo*.
42 1+.

49 1 ¡Óiganme, islas,
atiendan, pueblos lejanos!
Yahvé desde el seno materno me llamó;
desde las entrañas de mi madre
recordó mi nombre.

49 No todos los autores están de acuerdo sobre la extensión de este canto, que algunos cortan en el v. 6, mientras que otros también incluyen en él los vv. 7-9. Ver **42**+.

2 Hizo mi boca como espada afilada,
en la sombra de su mano me escondió;
me hizo como saeta aguda,
en su aljaba me guardó.
3 Me dijo: «Tú eres mi siervo (Israel),
en quien me gloriaré.»
4 Pues yo decía: «Por poco me he fatigado,
en vano e inútilmente mi vigor he gastado.
¿De veras que Yahvé se ocupa de mi causa,
y mi Dios de mi trabajo?»
5 Ahora, pues, dice Yahvé,
el que me plasmó desde el seno materno para siervo suyo,
para hacer que Jacob vuelva a él,
y que Israel se le una.
Mas yo era glorificado a los ojos de Yahvé,
mi Dios era mi fuerza.
6 «Poco es que seas mi siervo,
en orden a levantar las tribus de Jacob,
y de hacer volver los preservados de Israel.
Te voy a poner por luz de las gentes,
para que mi salvación alcance hasta los confines de la tierra*.»
7 Así dice Yahvé,
el que rescata a Israel, el Santo suyo,
a aquel cuya vida es despreciada, y es abominado de las gentes,
al esclavo de los dominadores:
Reyes lo verán y se pondrán en pie,
príncipes y se postrarán
por respeto a Yahvé, que es leal,
al Santo de Israel, que te ha elegido.

La alegría del retorno.

8 Así dice Yahvé:
En tiempo favorable te escucharé,
y en día nefasto te asistiré*.
Yo te formé y te he destinado
a ser alianza del pueblo,
para levantar la tierra,
para repartir las heredades desoladas,
9 para decir a los presos: «Salgan»,
y a los que están en tinieblas: «Muéstrense».
Por los caminos pacerán
y en todos los calveros tendrán pasto.
10 No tendrán hambre ni sed,
ni les dará el bochorno ni el sol,
pues el que tiene piedad de ellos los conducirá,
y a manantiales de agua los guiará.
11 Convertiré todos mis montes en caminos,
y mis calzadas serán levantadas.
12 Mira: Éstos vienen de lejos,
esos otros del norte y del oeste,
y aquéllos de la tierra de Sinín.

13 ¡Aclamen, cielos, y exulta, tierra!
Prorrumpan los montes en gritos de alegría,
pues Yahvé ha consolado a su pueblo,
y de sus pobres se ha compadecido.
14 Pero dice Sión: «Yahvé me ha abandonado,
el Señor me ha olvidado*.»
15 —¿Acaso olvida una mujer a su niño de pecho,
sin compadecerse del hijo de sus entrañas?
Pues aunque ésas llegaran a olvidar,
yo no te olvido.
16 Míralo, en las palmas de mis manos te tengo tatuada,
tus muros están ante mí perpetuamente.
17 Apresúrense los que te reedifican,
y salgan de ti los que te arruinaron y demolieron.

18 Alza en torno los ojos y mira:
todos ellos se han reunido y han venido a ti.
¡Por mi vida! —oráculo de Yahvé—
que con todos ellos como con velo nupcial te vestirás,

49 6 Ver Hch **13** 47; Lc **2** 32.
49 8 Citado en 2 Co **6** 2.
49 14 Ver **40** 27; **54** 8; Os **11** 8-9.

y te ceñirás con ellos como una
novia.
19 Porque tus ruinas y desolaciones
y tu tierra arrasada
van a ser ahora demasiado estrechas
para tanto morador,
y se habrán alejado tus devoradores.
20 Todavía te dirán al oído
los hijos de que fuiste privada:
«El lugar es estrecho para mí.
Cédeme sitio para alojarme.»
21 Y dirás para ti misma:
«¿Quién me ha dado a luz a éstos?
Pues yo había quedado sin hijos y
estéril,
desterrada y aparte;
y a éstos ¿quién los crió?
He aquí que yo había quedado sola;
pues éstos ¿dónde estaban?»
22 Así dice el Señor Yahvé:
He aquí que yo voy a alzar hacia las
gentes mi mano,
y hacia los pueblos voy a levantar mi
bandera;
traerán a tus hijos en brazos,
y tus hijas serán llevadas a hombros.
23 Reyes serán tus tutores,
y sus princesas, nodrizas tuyas.
Rostro en tierra se postrarán ante ti,
y el polvo de tus pies lamerán.
Y sabrás que yo soy Yahvé;
no se avergonzarán los que en mí
esperan.
24 ¿Se arrebata al valiente la presa,
o se escapa el prisionero del
guerrero?
25 Pues así dice Yahvé:
Sí, al valiente se le quitará el
prisionero,
y la presa del guerrero se le
escapará;
con tus litigantes yo litigaré,
y a tus hijos yo salvaré.
26 Haré comer a tus opresores su
propia carne,
como con vino nuevo, con su sangre
se embriagarán.
Y sabrá todo el mundo
que yo, Yahvé, soy el que te salva,
y el que te rescata, el Fuerte de
Jacob.

El castigo de Israel.

50 1 Así dice Yahvé:
¿Dónde está esa carta de
divorcio de su madre,
a quien repudié?*,
o ¿a cuál de mis acreedores los vendí
a ustedes?
Miren que por sus culpas fueron
vendidos,
y por las rebeldías de ustedes fue
repudiada su madre.
2 ¿Por qué cuando he venido no había
nadie,
cuando he llamado no hubo quien
respondiera?
¿Acaso se ha vuelto mi mano
demasiado corta para rescatar,
o quizá no habrá en mí vigor para
salvar?
He aquí que con un gesto seco el
mar,
convierto los ríos en desierto;
quedan en seco sus peces por falta
de agua
y mueren de sed.
3 Yo visto los cielos de crespón
y los cubro de saco.

Tercer canto del Siervo*.
42 1+.

4 El Señor Yahvé me ha dado lengua
dócil,
que sabe decir al cansado palabras
de aliento.
Temprano, temprano despierta mi
oído
para escuchar, igual que los
discípulos.
5 El Señor Yahvé me ha abierto el
oído.
Y yo no me resistí,
ni me hice atrás.

50 1 Israel, esposa infiel, ver Os **1** 2+, no ha sido sin embargo repudiada, ver Dt **24** 1-4, y Yahvé sigue unido a ella.

50 4 Ver **42**+. Hasta el v. 9, es el Siervo el que habla.

6 Ofrecí mis espaldas a los que me golpeaban,
mis mejillas a los que mesaban mi barba.
Mi rostro no hurté
a los insultos y salivazos*.

7 Pues que Yahvé habría de ayudarme
para que no fuera insultado,
por eso puse mi cara como el pedernal,
a sabiendas de que no quedaría avergonzado.
8 Cerca está el que me justifica:
¿quién disputará conmigo?
Presentémonos juntos:
¿quién es mi demandante?,
¡que se llegue a mí!

9 He aquí que el Señor Yahvé me ayuda:
¿quién me condenará?
Pues todos ellos como un vestido se gastarán,
la polilla se los comerá.
10 El que de entre ustedes tema a Yahvé
oiga la voz de su Siervo.
El que anda a oscuras
y carece de claridad
confíe en el nombre de Yahvé
y apóyese en su Dios.
11 ¡Oh ustedes, todos los que encienden fuego,
los que soplan las brasas!
Vayan a la lumbre de su propio fuego
y a las brasas que han encendido.
Esto les vendrá a ustedes de mi mano:
en tormento yacerán.

Elección y bendición de Israel.

51 1 Préstenme oído, seguidores de lo justo,
ustedes que buscan a Yahvé.
Reparen en la peña de donde fueron tallados,
y en la cavidad de pozo de donde fueron excavados.

2 Reparen en Abrahán su padre,
y en Sara, que los dio a luz;
pues uno solo era cuando lo llamé,
pero lo bendije y lo multipliqué.
3 Cuando haya consolado Yahvé a Sión,
haya consolado todas sus ruinas
y haya trocado el desierto en Edén
y la estepa en Paraíso de Yahvé,
regocijo y alegría se encontrarán en ella,
alabanza y son de canciones.

El reino de la justicia de Dios.

4 Préstame atención, pueblo mío,
mi nación, escúchame;
que una instrucción saldrá de mí,
y juicio mío para luz de las naciones.
Inminente, 5 cercana está mi justicia,
saldrá mi liberación,
y mis brazos juzgarán a los pueblos.
Las islas esperan en mí
y cuentan con mi brazo.
6 Alcen al cielo sus ojos
y oteen la tierra por abajo:
¡Cómo el cielo cual humo se disipa,
y la tierra cual ropa se desgasta;
sus moradores como mosquitos mueren!
Pero mi salvación para siempre será,
mi obra de justicia no se frustrará.
7 Óiganme, sabedores de lo justo,
pueblo consciente de mi ley:
No teman afrenta humana,
ni de sus ultrajes se acobarden.
8 Pues como un vestido se los comerá la polilla,
y como lana los comerá la tiña.
Pero mi justicia por siempre será,
y mi salvación por generaciones de generaciones.

El despertar de Yahvé.

9 ¡Despierta, despierta, revístete de poderío,
oh brazo de Yahvé!
¡Despierta como en los días de antaño,

50 6 Ver **53** 7; Mt **5** 39; **26** 67; **27** 30p.

en las generaciones pasadas!
¿No eres tú el que partió a Ráhab,
el que atravesó al Dragón?
10 ¿No eres tú el que secó la Mar,
las aguas del gran Océano,
el que trocó las honduras del mar en camino
para que pasaran los rescatados*?
11 Los redimidos de Yahvé volverán,
entrarán en Sión entre aclamaciones,
y habrá alegría eterna sobre sus cabezas.
¡Regocijo y alegría los acompañarán!
¡Adiós, el penar y los suspiros!

Yahvé, consolador.

12 Yo, yo soy tu consolador.
¿Quién eres tú, que tienes miedo del mortal
y del hijo del hombre,
al heno equiparado?
13 Olvidas a Yahvé, tu hacedor,
el que extendió los cielos
y cimentó la tierra;
y te sientes despavorido
todo a lo largo del día
ante la furia del opresor,
en cuanto se aplica a destruir.
Pues ¿dónde está esa furia del opresor?
14 Pronto saldrá libre el que está en la cárcel,
no morirá en la hoya,
no le faltará el pan.
15 Yo soy Yahvé tu Dios, que agito el mar y hago bramar sus olas;
Yahvé Sebaot es mi nombre.
16 Yo he puesto mis palabras en tu boca
y te he escondido a la sombra de mi mano,
cuando extendía los cielos y cimentaba la tierra,
diciendo a Sión: «Mi pueblo eres tú.»

El despertar de Jerusalén*.

17 ¡Despierta, despierta!
¡Levántate, Jerusalén!
Tú, que has bebido de mano de Yahvé
la copa de su ira.
El cáliz del vértigo
has bebido hasta vaciarlo.
18 No hay quien la guíe
de entre todos los hijos que ha dado a luz,
no hay quien la tome de la mano
de entre todos los hijos que ha criado.
19 Estas dos cosas te han acaecido
—¿quién te conduele?—:
saqueo y quebranto, hambre y espada
—¿quién te consuela?—
20 Tus hijos desfallecen, yacen
en la esquina de todas las calles
como antílope en la red,
llenos de la ira de Yahvé,
de la amenaza de tu Dios.
21 Por eso, escucha esto, pobrecilla,
ebria, pero no de vino.
22 Así dice tu Señor Yahvé,
tu Dios, defensor de tu pueblo.
Mira que yo te quito de la mano
la copa del vértigo,
el cáliz de mi ira;
ya no tendrás que seguir bebiéndolo.
23 Yo lo pondré en la mano de los que te afligían,
de los que a ti misma te decían:
«Póstrate para que pasemos»,
y tú hiciste de tu espalda camino
y calle de los que pasaban.

Liberación de Jerusalén.

52 1 ¡Despierta, despierta!
¡Revístete de tu fortaleza, Sión!
¡Vístete tus ropas de gala,
Jerusalén, Ciudad Santa!

51 10 Ver Ex **14** 5-31; Is **63** 13; *Ráhab*, v. 9, es Egipto, ver **30** 7+. Dios renueva su victoria sobre todo poder creado. Estos nombres mitológicos son evocaciones poéticas.
51 17 Continuación de **51** 9-11. La imagen de la *copa* de vino que entontece es tradicional entre los profetas: Jr **13** 13; **25** 15-17; **48** 26; **49** 12; **51** 7; Ez **23** 32-34; Ha **2** 15-16; Ab 16; Za **12** 2; ver Sal **11** 6+; **75** 9; Lm **4** 21. Ver Ap **14** 10; **16** 19; **19** 15.

Porque no volverán a entrar en ti
incircuncisos ni impuros.
2 Sacúdete el polvo, levántate,
cautiva Jerusalén.
Líbrate de las ligaduras de tu cerviz,
cautiva hija de Sión.
3 Porque así dice Yahvé:
De balde fueron ustedes vendidos,
y sin plata serán rescatados.
4 Sí, así dice el Señor Yahvé:
A Egipto bajó mi pueblo en un
principio, a ser forastero allí,
y luego Asiria lo oprimió sin motivo.
5 Y ahora, ¿qué voy a hacer aquí
—oráculo de Yahvé—,
pues mi pueblo ha sido arrebatado
sin motivo?
Sus dominadores profieren gritos
—oráculo de Yahvé—,
y todo a lo largo del día mi nombre
es blasfemado.
6 Por eso mi pueblo conocerá mi
nombre
en aquel día, y comprenderá
que yo soy el que decía: «Aquí estoy.»

Anuncio de salvación*.

7 ¡Qué hermosos son sobre los
montes
los pies del mensajero
que anuncia la paz,
que trae buenas nuevas,
que anuncia salvación,
que dice a Sión:
«Ya reina tu Dios»!
8 ¡Una voz! Tus vigías alzan la voz,
a una dan gritos de júbilo,
porque con sus propios ojos ven
el retorno de Yahvé a Sión.
9 Prorrumpan a una en gritos de
júbilo,
soledades de Jerusalén,
porque ha consolado Yahvé a su
pueblo,
ha rescatado a Jerusalén.
10 Ha desnudado Yahvé
su santo brazo
a los ojos de todas las naciones,
y han visto todos los cabos de la
tierra
la salvación de nuestro Dios.
11 ¡Apártense, apártense,
salgan de allí!
¡Cosa impura no toquen!
¡Salgan de en medio de ella,
manténganse limpios,
portadores del ajuar de Yahvé!
12 Pues sin prisa habrán de salir,
no irán a la desbandada,
que va al frente de ustedes Yahvé,
y les cierra la retaguardia el Dios
de Israel.

Cuarto canto del Siervo*.
42 1+; Sal **22**; Sb **2** 12-24.

13 He aquí que prosperará mi Siervo,
será enaltecido, levantado y
ensalzado sobremanera.
14 Así como se asombraron de él
muchos
—pues tan desfigurado tenía el
aspecto que no parecía hombre*,
ni su apariencia era humana—,
15 otro tanto se admirarán* muchas
naciones;
ante él cerrarán los reyes la boca,
pues lo que nunca se les contó verán,
y lo que nunca oyeron reconocerán.

52 7 Como en **40** 9, el anuncio de Yahvé es una *buena nueva* confiada a unos mensajeros; ver Na **2** 1; Rm **10** 15; Mc **16** 15-16. «El Libro de la consolación» es un *evangelio,* Mt **4** 23+. -El *reino de Yahvé* reemplazará al de los soberanos terrestres, tanto en Sión como en toda la tierra. Ver Mi **2** 13; **4** 7; So **3** 15; Jr **3** 17; **8** 19; Ez **20** 33; Is 24 23; **43** 15; Ab 21; Za **14** 9; los «salmos del reino», Sal **47**+; **93**; **96-99**; en fin, Mt **3** 17+; Ap **19** 16.
52 13 Ver **42**+. Este canto, que vuelve a tomar el tema del sufrimiento, **50** 6; ver Sal **22**+, parece dialogado: Yahvé habla el primero, vv. 13-15; después, los reyes o los pueblos, **53** 1-10, y de nuevo Yahvé, **53** 11-12. Ha sido ampliamente meditado y citado en el judaísmo, después en la Iglesia cristiana, que lo ha entendido referido a Jesús. Sobre la *exaltación* del Siervo, ver Flp **2** 9; Ef **1** 20-21; Jn **12** 32.
52 14 Ver Mt **27** 29-31; Jn **19** 5.
52 15 Ver Rm **15** 21.

53 [1] ¿Quién dio crédito a nuestra noticia?
Y el brazo de Yahvé ¿a quién se le reveló*?
2 Creció como un retoño delante de él,
como raíz de tierra árida.
No tenía apariencia ni presencia;
(lo vimos) y no tenía aspecto que pudiéramos estimar.
3 Despreciado, marginado*,
hombre doliente y enfermizo,
como de taparse el rostro por no verlo.
Despreciable, un Don Nadie.
4 ¡Y con todo eran nuestras dolencias las que él llevaba
y nuestros dolores los que soportaba*!
Nosotros lo tuvimos por azotado,
herido de Dios y humillado.
5 Él ha sido herido por nuestras rebeldías,
molido por nuestras culpas.
Él soportó el castigo que nos trae la paz,
y con sus cardenales hemos sido curados*.
6 Todos nosotros como ovejas erramos,
cada uno marchó por su camino*,
y Yahvé descargó sobre él
la culpa de todos nosotros.
7 Fue oprimido, y él se humilló
y no abrió la boca.
Como un cordero al degüello era llevado*,
y como oveja que ante los que la trasquilan
está muda, tampoco él abrió la boca.
8 Tras arresto y juicio fue arrebatado,
y de sus contemporáneos, ¿quién se preocupa?
Fue arrancado de la tierra de los vivos;
por las rebeldías de su pueblo ha sido herido;
9 y se puso su sepultura entre los malvados
y con los ricos su tumba*,
por más que no hizo atropello
ni hubo engaño en su boca.
10 Mas plugo a Yahvé
quebrantarlo con dolencias.
Si se da a sí mismo en expiación,
verá descendencia, alargará sus días,
y lo que plazca a Yahvé se cumplirá por su mano.
11 Por las fatigas de su alma,
verá luz, se saciará.
Por su conocimiento justificará mi Siervo a muchos,
y las culpas de ellos él soportará.
12 Por eso le daré su parte entre los grandes
y con poderosos repartirá despojos,
ya que indefenso se entregó a la muerte
y con los rebeldes fue contado,
cuando él llevó el pecado de muchos,
e intercedió por los rebeldes*.

La revancha de Jerusalén*.

54 [1] Grita de júbilo, estéril que no das a luz,
rompe en gritos de júbilo y alegría, la que no ha tenido los dolores;
que más son los hijos de la abandonada
que los hijos de la casada, dice Yahvé.
2 Ensancha el espacio de tu tienda,
las cortinas extiende, no te detengas;
alarga tus sogas, tus clavijas asegura;

53 1 Ver Jn **12** 38; Rm **10** 16.
53 3 Ver Sal **22** 7-8.
53 4 Ver Mt **8** 17.
53 5 Ver 2 Co **5** 21; Ga **3** 13+; Rm **4** 25+; 1 P **2** 24.
53 6 Ver Ez **34**; 1 P **2** 25.
53 7 Ver Mt **26** 63; Hch **8** 32-33; Jn **1** 29+.
53 9 Ver Mt **27** 38p.60. Ver también 1 P **2** 22.
53 12 Ver Mc **15** 28; Lc **22** 37; 1 P **2** 24; Jn **1** 29+.
54 El profeta recurre a las imágenes de la *esposa* estéril que llega a ser fecunda, ver 1 S **2** 5; Sal **113** 9, y de la esposa rechazada y luego reconciliada, ver Os **1** 16-17; pero insiste en el retorno a la gracia. Ga **4** 27 aplica el v. 1 a la Iglesia.

3 porque a derecha e izquierda te
expandirás,
tu prole heredará naciones
y ciudades desoladas poblará.
4 No temas, que no te avergonzarás,
ni te sonrojes, que no quedarás
confundida,
pues la vergüenza de tu mocedad
olvidarás,
y la afrenta de tu viudez no
recordarás jamás.
5 Porque tu esposo es tu Hacedor,
Yahvé Sebaot es su nombre;
y el que te rescata, el Santo de Israel,
Dios de toda la tierra se llama.
6 Porque como a mujer abandonada
y de contristado espíritu, te llamó
Yahvé;
y la mujer de la juventud ¿es
repudiada?
—dice tu Dios—.
7 Por un breve instante te abandoné,
pero con gran compasión te
recogeré.
8 En un arranque de furor te oculté
mi rostro por un instante,
pero con amor eterno te he
compadecido*
—dice Yahvé tu Redentor—.
9 Será para mí como en tiempos de
Noé:
como juré que no pasarían
las aguas de Noé más sobre la
tierra*,
así he jurado que no me irritaré más
contra ti,
ni te amenazaré.
10 Porque los montes se correrán
y las colinas se moverán,
mas mi amor de tu lado no se
apartará
y mi alianza de paz no se moverá
—dice Yahvé, que tiene compasión
de ti—.

La nueva Jerusalén.

11 Pobrecilla, azotada por los vientos, no
consolada,
mira que yo asiento en carbunclos
tus piedras
y voy a cimentarte con zafiros.
12 Haré de rubí tus baluartes,
tus puertas de piedras de cuarzo
y todo tu término de piedras
preciosas.
13 Todos tus hijos serán discípulos de
Yahvé*,
y será grande la dicha de tus hijos.
14 En justicia serás consolidada.
Mantente lejos de la opresión, pues
ya no temerás,
y del terror, pues no se acercará a ti.
15 Si alguien te ataca, no será de parte
mía;
quienquiera que te ataque, contra ti
se estrellará.
16 He aquí que yo he creado al herrero,
que sopla en el fuego las brasas
y saca los instrumentos para su
trabajo.
17 Yo he creado al destructor para
aniquilar.
Ningún arma forjada contra ti tendrá
éxito,
e impugnarás a toda lengua
que se levante a juicio contigo.
Tal será la heredad de los siervos de
Yahvé
y las victorias que alcanzarán por mí
—oráculo de Yahvé—.

Invitación final*.

55 1 ¡Oh, todos los sedientos, vengan por agua,
y los que no tienen plata, vengan,
compren y coman, sin plata,
y sin pagar, vino y leche!
2 ¿Por qué gastar plata en lo que no es
pan,
y su jornal en lo que no sacia?
Háganme caso y coman cosa buena,
y disfrutarán con algo sustancioso.
3 Apliquen el oído y acudan a mí,
oigan y vivirá su alma.
Pues voy a firmar con ustedes una
alianza eterna:

54 8 Ver **41** 14+.
54 9 Ver Gn **9** 11.
54 13 Ver Jr **31** 31-34; Jn **6** 45; 1 Ts **4** 9.
55 Ver Jn **4** 7+.

las amorosas y fieles promesas
hechas a David*.
4 Mira que por testigo de las naciones
lo he puesto,
caudillo y legislador de las naciones.
5 Mira que a un pueblo que no
conocías has de convocar,
y un pueblo que no te conocía, a ti
correrá
por amor de Yahvé tu Dios
y por el Santo de Israel, porque te ha
honrado.

6 Busquen a Yahvé* mientras se deja
encontrar,
llámenlo mientras está cercano.
7 Deje el malo su camino,
el hombre inicuo sus pensamientos,
y vuélvase a Yahvé, que tendrá
compasión de él,
a nuestro Dios, que será grande en
perdonar.
8 Porque no son mis pensamientos sus
pensamientos,
ni los caminos de ustedes son mis
caminos —oráculo de Yahvé—.
9 Porque cuanto aventajan los cielos a
la tierra,
así aventajan mis caminos a los suyos
y mis pensamientos a los de ustedes.
10 Como descienden la lluvia y la nieve
de los cielos
y no vuelven allá, sino que empapan
la tierra,
la fecundan y la hacen germinar,
para que dé simiente al sembrador y
pan para comer,
11 así será mi palabra, la que salga de
mi boca,
que no tornará a mí de vacío,
sin que haya realizado lo que me
plugo
y haya cumplido aquello a que la
envié*.

Conclusión del libro*.

12 Sí, ustedes con alegría saldrán,
y en paz serán traídos.
Los montes y las colinas
romperán ante ustedes en gritos de
júbilo,
y todos los árboles del campo batirán
palmas.
13 En lugar del espino crecerá el ciprés,
en lugar de la ortiga crecerá el mirto.
Será para renombre de Yahvé,
para señal eterna que no será
borrada.

*III. Tercera parte del libro de Isaías**

Promesa a los extranjeros.

56 1 Así dice Yahvé: Velen por la
equidad y practiquen la justicia,
que mi salvación está para llegar y mi
justicia para manifestarse.
2 Dichoso el mortal que tal haga, el
hombre que persevere en ello, guardán-
dose de profanar el sábado, guardando
su mano de hacer nada malo.
3 Que el extranjero que se adhiera a
Yahvé, no diga: «¡De cierto que Yahvé
me separará de su pueblo!» No diga el
eunuco: «Soy un árbol seco.»
4 Pues así dice Yahvé: Respecto a los
eunucos que guardan mis sábados y eli-

55 3 Ver **59** 21; **61** 8, y sobre todo Jr **31** 31+.
55 6 Ver Am **5** 4+.
55 11 La Palabra está aquí personificada en un mensajero que vuelve después de haber cumplido su misión. Ver la Sabiduría, Pr **8** 22+; Sb **7** 22, y el Espíritu, Sb **1** 5-7.
55 12 Conclusión de todo «El Libro de la consolación». Es la repetición del tema del nuevo Éxodo: alegría de la vuelta y transformación del desierto en tierra fértil, **40** 3+; ver **43** 19; **44** 3-4; etc.
56 Los capítulos **56-66** parecen ser oráculos de distintos orígenes. -**56** 1-8; es un oráculo universalista, **45** 14+, que anuncia la admisión de prosélitos extranjeros en la comunidad de la alianza y en su culto.

gen aquello que me agrada y mantienen
mi alianza, [5] yo he de darles en mi templo
y en mis muros monumento y nombre
mejor que hijos e hijas; nombre eterno
les daré que no será borrado.

[6] En cuanto a los extranjeros adheridos a Yahvé para su ministerio, para amar el nombre de Yahvé, y para ser sus siervos, a todo aquel que guarda el sábado sin profanarlo y a los que se
mantienen firmes en mi alianza, [7] yo los
traeré a mi monte santo y los alegraré en mi Casa de oración. Sus holocaustos y sacrificios serán gratos sobre mi altar. Porque mi Casa será llamada Casa de oración para todos los pueblos*.

[8] Oráculo del Señor Yahvé, que reúne a los dispersos de Israel. A los ya reunidos todavía añadiré otros.

[9] Bestias todas del campo,
vengan a comer,
bestias todas del bosque.

Indignidad de los jefes*.

[10] Sus vigías están ciegos, ninguno se entera;
todos ellos perros mudos, no pueden ladrar.
Los videntes se acuestan (porque) quieren dormir.
[11] Esos perros fieros no saben de hartura,
¡y ellos, irracionales, son los pastores!
Cada uno tiró por su lado,
cada cual a su medro por su esquina.
[12] «Vengan, que saco vino,
emborrachémonos de licor,
y que sea como hoy el mañana,
o muchísimo mejor.»

57 [1] Un justo perece,
pero eso a nadie le importa.
Hombres de bien desaparecen,
sin que nadie comprenda
que por obra del malvado
desaparece el justo.
[2] «¡Váyase en paz!
¡Que descanse en su tumba!
¡Siga su camino!»

Elegía profética contra la idolatría.

[3] ¡Ustedes! Vengan acá, hijos de bruja,
semilla de prostituta, fornicarios.
[4] ¿De quién se burlan? ¿Por quién abren la boca
y sacan la lengua?
¿No son ustedes hijos de pecado,
raza de bastardos,
[5] los que entran en celo en el encinar,
bajo todo árbol lozano,
los que degüellan niños en las torrenteras,
bajo las hendiduras de las peñas?
[6] ¡En los cantos de la torrentera tengas tu parte!
¡Ellos, ellos te toquen en suerte!
También sobre ellos vertiste libación
al presentar ofrenda.
¿Acaso con eso me voy a aplacar?
[7] Sobre monte elevado y excelso
pusiste tu lecho.
También allá subiste a inmolar sacrificio.
[8] A la puerta, en la entrada,
pusiste tu anuncio.
Sin mí te desnudaste, y abierto el lecho, subiste;
tuviste trato con quienes te gustó acostarte,
previo examen de la mano*.
[9] Te has acercado con aceite para Mélec,
multiplicaste tus aromas.
Enviaste a tus emisarios muy lejos,
y los hiciste bajar hasta el Seol.
[10] De tanto caminar te cansaste,
pero sin decir: «Me rindo.»
Hallaste el vigor de tu mano,
y así no quedaste debilitada.

56 7 Ver Mt **21** 13p.
56 10 Este oráculo, como el siguiente, es quizá anterior al Destierro. Ciertos detalles de culto idolátrico quedan oscuros.
57 8 Desde unos vv. atrás el interlocutor del profeta es una prostituta, que simboliza la idolatría. Este v. describe con realismo las acciones de la prostituta. *Examinar la mano,* es un eufemismo, por el pene.

11 Pues bien, ¿de quién te asustaste y
tuviste miedo,
que fuiste embustera,
y de mí no te acordaste,
no hiciste caso de ello?
¿No es que porque me callé desde
siempre,
a mí no me temiste?
12 Yo voy a denunciar tu virtud y tus
hechos,
y no te aprovecharán.
13 Cuando grites, que te salven los
reunidos en torno a ti,
que a todos ellos los llevará el viento,
los arrebatará el aire.
Pero aquel que se ampare en mí
poseerá la tierra
y heredará mi monte santo.

La salvación para los débiles*.

14 Entonces se dirá:
Reparen, reparen, abran camino,
quiten los obstáculos del camino de
mi pueblo.
15 Que así dice el Excelso y Sublime,
el que mora por siempre
y cuyo nombre es Santo.

«En lo excelso y sagrado yo moro,
y estoy también con el humillado y
abatido de espíritu,
para avivar el espíritu de los abatidos,
para avivar el ánimo de los
humillados.
16 Pues no disputaré por siempre
ni estaré eternamente enojado,
pues entonces el espíritu ante mí
desmayaría
y las almas que yo he creado.
17 Por culpa de su codicia me enojé
y lo herí, ocultándome en mi enojo.
Pero el rebelde seguía su capricho.
18 Sus caminos vi.
Yo lo curaré y lo guiaré,
y le daré ánimos
a él y a los que con él lloraban,
19 poniendo alabanza en los labios:
¡Paz, paz al de lejos y al de cerca*!
—dice Yahvé—. Yo lo curaré.»
20 Los malos son como mar agitada
cuando no puede calmarse,
cuyas aguas lanzan cieno y lodo.
21 «No hay paz para los malvados»
—dice mi Dios—.

El ayuno agradable a Dios*.

58 1 Clama a voz en grito, no te
moderes;
levanta tu voz como cuerno
y denuncia a mi pueblo su rebeldía,
y a la casa de Jacob sus pecados.
2 A mí me buscan día a día
y les agrada conocer mis caminos,
como si fueran gente que la virtud
practica
y el rito de su Dios no hubieran
abandonado.
Me preguntan por las leyes justas,
la vecindad de su Dios les agrada.

3 —¿Para qué ayunamos, si no lo
ves?
¿Para qué nos afligimos, si no te
enteras?
—Miren, cuando ustedes ayunaban
lo hacían por interés,
y a todos sus obreros explotaban.
4 Es que ustedes ayunan para litigio y
pleito
y para dar de puñetazos a malvados.
No ayunen como hoy,
para hacer oír en las alturas su voz.
5 ¿Así ha de ser el ayuno que yo elija?
Día de humillarse el hombre, sí,
¿pero agachando como un junco la
cabeza?
Y el saco; y esparcir la ceniza.
¿A eso llamas ayuno y día grato a
Yahvé?

6 ¿No será éste el ayuno que yo elija?:
deshacer los nudos de la maldad,
soltar las coyundas del yugo,

57 14 Poema posterior al Destierro, relacionado con la espiritualidad de los *pobres*, Sal **22** 27; **34** 3-4; etc.; So **2** 3+.
57 19 Ver Ef **2** 17.

58 Defensa de una religión interior, Am **5** 21+. La Iglesia repite esta enseñanza al principio de la Cuaresma.

dejar libres a los maltratados,
y arrancar todo yugo.
7 ¿No será partir al hambriento tu pan,
y a los pobres sin hogar recibir en casa?
¿Que cuando veas a un desnudo lo cubras,
y de tu semejante no te apartes?

8 Entonces brotará tu luz como la aurora,
y tu herida se curará rápidamente.
Te precederá tu justicia,
la gloria de Yahvé te seguirá.
9 Entonces clamarás, y Yahvé te responderá,
pedirás socorro, y dirá: «Aquí estoy.»
Si apartas de ti todo yugo,
no apuntas con el dedo y no hablas maldad,
10 repartes al hambriento tu pan,
y al alma afligida dejas saciada,
resplandecerá en las tinieblas tu luz,
y lo oscuro de ti será como mediodía.
11 Te guiará Yahvé de continuo,
hartará en los sequedales tu alma,
dará vigor a tus huesos,
y serás como huerto regado,
o como manantial
cuyas aguas nunca faltan.
12 Reedificarán, de ti, tus ruinas antiguas,
levantarás los cimientos de pasadas generaciones,
se te llamará Reparador de brechas,
y Restaurador de senderos frecuentados.

Sobre el sábado*.

13 Si apartas del sábado tu pie,
de hacer tu negocio en el día santo,
y llamas al sábado «Delicia»,
al día santo de Yahvé «Honorable»,
y lo honras evitando tus viajes,
no buscando tu interés ni tratando asuntos,
14 entonces te deleitarás en Yahvé,
y yo te haré cabalgar sobre los altozanos de la tierra.
Te alimentaré con la heredad de Jacob tu padre;
porque la boca de Yahvé ha hablado.

Salmo de penitencia*.

59 1 Miren, no es demasiado corta la mano de Yahvé para salvar,
ni es duro su oído para oír,
2 sino que las faltas de ustedes los separaron a ustedes de su Dios,
y sus pecados le hicieron esconder su rostro de ustedes,
para no oír.
3 Porque las manos de ustedes están manchadas de sangre
y sus dedos de culpa,
sus labios hablan falsedad
y su lengua habla perfidia.
4 No hay quien clame con justicia
ni quien juzgue con lealtad.
Se confían en la nada y hablan falsedad,
conciben malicia y dan a luz iniquidad.
5 Hacen que rompan su cascarón las víboras
y tejen telas de araña;
el que come de sus huevos muere,
y si son aplastados sale una víbora.
6 Sus hilos no sirven para vestido
ni con sus tejidos se pueden cubrir.
Sus obras son obras inicuas
y acciones violentas hay en sus manos.
7 Sus pies corren al mal
y se apresuran a verter sangre inocente.
Sus proyectos son proyectos inicuos,
destrucción y quebranto en sus caminos.
8 Camino de paz no conocen,
y derecho no hay en sus pasos.

58 13 La institución muy antigua del *sábado*, Gn **2** 2-3+; Ex **20** 8+; etc., cobra cada vez más importancia en el judaísmo.
59 En el marco literario de una liturgia penitencial, el profeta pronuncia una acusación, vv. 3-8, seguida de la confesión de la comunidad, vv. 9-15a; después llega Yahvé, juez y redentor, vv. 15b-20.

Tuercen sus caminos para provecho propio,
ninguno de los que por ellos pasan conoce la paz.
9 Por eso se alejó de nosotros el derecho
y no nos alcanzó la justicia.
Esperábamos la luz, y hubo tinieblas,
la claridad, y anduvimos en oscuridad.
10 Palpamos la pared como los ciegos
y como los que no tienen ojos vacilamos.
Tropezamos al mediodía como si fuera al anochecer,
y habitamos entre los sanos como los muertos.
11 Todos nosotros gruñimos como osos
y zureamos sin cesar como palomas.
Esperamos el derecho y no hubo,
la salvación, y se alejó de nosotros.
12 Porque fueron muchas nuestras rebeldías delante de ti,
y nuestros pecados testifican contra nosotros,
pues nuestras rebeldías nos acompañan
y conocemos nuestras culpas:
13 rebelarse y renegar de Yahvé,
apartarse de seguir a nuestro Dios,
hablar de opresión y revueltas,
concebir y musitar en el corazón
palabras engañosas.
14 Porque ha sido rechazado el juicio
y la justicia queda lejos.
Porque la verdad en la plaza ha tropezado
y la rectitud no puede entrar.
15 La verdad se echa en falta
y el que se aparta del mal es despojado.
Lo vio Yahvé y pareció mal a sus ojos
que no hubiera derecho.
16 Vio que no había nadie
y se maravilló de que no hubiera intercesor.
Entonces lo salvó su brazo
y su justicia lo sostuvo.
17 Se puso la justicia como coraza
y el casco de salvación en su cabeza*.
Se puso como túnica vestidos de venganza
y se vistió el celo como un manto.
18 Según los merecimientos así pagará:
ira para sus opresores y represalia para sus enemigos.
Dará a las islas su merecido.
19 Temerán desde Occidente el nombre de Yahvé,
y desde el Oriente verán su gloria,
pues vendrá como un torrente encajonado
contra el que irrumpe con fuerza el soplo de Yahvé.
20 Vendrá a Sión para rescatar
a aquellos de Jacob que se conviertan
de su rebeldía.
—Oráculo de Yahvé—.

Oráculo*.

21 Cuanto a mí, esta es la alianza con ellos, dice Yahvé. Mi espíritu que ha venido sobre ti y mis palabras que he puesto en tus labios no caerán de tu boca ni de la boca de tu descendencia ni de la boca de la descendencia de tu descendencia, dice Yahvé, desde ahora y para siempre.

Esplendor de Jerusalén*.
Is **45** 14+; Ap **21** 9-27.

60 1 ¡Arriba, resplandece, que ha llegado tu luz,
y la gloria de Yahvé sobre ti ha amanecido!
2 Pues mira cómo la oscuridad cubre la tierra,
y espesa nube a los pueblos,

59 17 Imágenes que reaparecen en Ef **6** 14-17; 1 Ts **5** 8.

59 21 Este v. es una adición al oráculo precedente, para anunciar la perennidad del don de la Alianza, ver **40** 7-8; **51** 16: **61** 1.

60 Los poemas de los caps. **60-62** forman una unidad con un estilo e ideas que en conjunto los hacen afines a **40-55**. Ap **21** 9-27 utiliza muchos pasajes de este texto.

mas sobre ti amanece Yahvé
y su gloria sobre ti aparece.
3 Caminarán las naciones a tu luz,
y los reyes al resplandor de tu alborada.
4 Alza los ojos en torno y mira:
todos se reúnen y vienen a ti.
Tus hijos vienen de lejos,
y tus hijas son llevadas en brazos.
5 Tú entonces al verlo te pondrás radiante,
se estremecerá y se ensanchará tu corazón,
porque vendrán a ti los tesoros del mar,
las riquezas de las naciones vendrán a ti.
6 Un sin fin de camellos te cubrirá,
jóvenes dromedarios de Madián y Efá.
Todos ellos de Sabá vienen
llevando oro e incienso
y pregonando alabanzas a Yahvé*.
7 Todas las ovejas de Quedar se apiñarán junto a ti,
los machos cabríos de Nebayot estarán a tu servicio.
Subirán en holocausto agradable a mi altar,
y mi hermosa Casa hermosearé aún más.

8 ¿Quiénes son éstos que como nube vuelan,
como palomas a sus palomares?
9 Los barcos se juntan para mí,
los navíos de Tarsis en cabeza,
para traer a tus hijos de lejos,
junto con su plata y su oro,
por el nombre de Yahvé tu Dios
y por el Santo de Israel, que te hermosea.
10 Hijos de extranjeros construirán tus muros,
y sus reyes se pondrán a tu servicio,
porque en mi cólera te herí,
pero en mi benevolencia he tenido compasión de ti.
11 Abiertas estarán tus puertas de continuo;
ni de día ni de noche se cerrarán,
para dejar entrar a ti las riquezas de las naciones,
traídas por sus reyes.

12 Pues la nación y el reino que no se sometan a ti perecerán,
esas naciones serán arruinadas por completo.

13 La gloria del Líbano vendrá a ti,
el ciprés, el olmo y el boj a una,
a embellecer mi Lugar Santo
y honrar el lugar donde mis pies reposan.

14 Acudirán a ti encorvados los hijos de los que te humillaban,
se postrarán a tus pies todos los que te menospreciaban,
y te llamarán la Ciudad de Yahvé,
la Sión del Santo de Israel*.

15 En vez de estar tú abandonada,
aborrecida y sin viandantes,
yo te convertiré en lozanía eterna,
gozo de siglos y siglos.

16 Te nutrirás con la leche de las naciones,
con las riquezas de los reyes serás amamantada,
y sabrás que yo soy Yahvé tu Salvador,
y el que rescata, el Fuerte de Jacob.

17 En vez de bronce traeré oro,
en vez de hierro traeré plata,
en vez de madera, bronce,
y en vez de piedras, hierro.
Te pondré como gobernantes la Paz,
y por gobierno la Justicia.

18 No se oirá más hablar de violencia en tu tierra,
ni de despojo o quebranto en tus fronteras,
antes llamarás a tus murallas

60 6 Del mar, al oeste, y del desierto, al este y al sur, afluyen toda suerte de tesoros. En la misma perspectiva universalista la liturgia ha aplicado este texto al homenaje rendido a Cristo por los magos, Mt **2** 1-12.

60 14 *Sión del Santo de Israel*, nuevo nombre simbólico, **1** 26+; **60** 18 (Ap **21** 12.14+); **62** 4.12.

«Salvación»
y a tus puertas «Alabanza».
19 No será para ti ya nunca más el sol luz del día,
ni el resplandor de la luna te alumbrará de noche,
sino que tendrás a Yahvé por luz eterna,
y a tu Dios por tu hermosura*.
20 No se pondrá jamás tu sol,
ni tu luna menguará,
pues Yahvé será para ti luz eterna,
y se habrán acabado los días de tu luto.
21 Todos los de tu pueblo serán justos,
para siempre heredarán la tierra;
retoño serán de mis plantaciones,
obra de mis manos para manifestar mi gloria.
22 El más pequeño vendrá a ser un millar,
el más chiquito, una nación poderosa.
Yo, Yahvé,
a su tiempo me apresuraré a cumplirlo.

Misión del profeta*.

61 1 El espíritu del Señor Yahvé está sobre mí,
por cuanto que me ha ungido Yahvé.
A anunciar la buena nueva a los pobres me ha enviado,
a vendar los corazones rotos;
a pregonar a los cautivos la liberación,
y a los reclusos la libertad;
2 a pregonar año de gracia de Yahvé,
día de venganza de nuestro Dios;
para consolar a todos los que lloran,
3 para darles diadema en vez de ceniza,
aceite de gozo en vez de vestido de luto,
alabanza en vez de espíritu abatido.
Se los llamará robles de justicia,
plantación de Yahvé para manifestar su gloria.
4 Edificarán las ruinas seculares,
los lugares de antiguo desolados levantarán,
y restaurarán las ciudades en ruinas,
los lugares por siempre desolados.
5 Vendrán extranjeros y apacentarán los rebaños de ustedes,
e hijos de extraños serán sus labradores y viñadores.
6 Y ustedes serán llamados «sacerdotes de Yahvé*»,
«ministros de nuestro Dios» se los llamará.
La riqueza de las naciones comerán
y en su gloria los sucederán.
7 Por cuanto su vergüenza había sido doble,
y en lugar de afrenta, gritos de regocijo fueron su herencia,
por eso en su propia tierra heredarán el doble,
y tendrán ellos alegría eterna.
8 Pues yo, Yahvé, amo el derecho
y aborrezco la rapiña y el crimen.
Les daré el salario de su trabajo lealmente,
y alianza eterna pactaré con ellos.
9 Será conocida en las naciones su raza
y sus vástagos entre los pueblos;
todos los que los vean reconocerán
que son raza bendita de Yahvé.

Acción de gracias.

10 «Con gozo me gozaré en Yahvé,
exulta mi alma en mi Dios,
porque me ha revestido de ropas de salvación,
en manto de justicia me ha envuelto,
como el esposo se pone una diadema,
como la novia se adorna con aderezos.
11 Porque, como una tierra hace germinar plantas

60 19 Ver Ap **21** 23; **22** 5.
61 Un profeta relata su vocación. Jesús de Nazaret, según Lc **4** 18-19, parte de los vv. 1-2 para explicar su misión.
61 6 Ver Ex **19** 6+; Ap **1** 6+.

y como un huerto produce su simiente,
así el Señor Yahvé hace germinar la justicia
y la alabanza en presencia de todas las naciones.»

Segundo poema sobre la maravillosa resurrección de Jerusalén*.

62 1 Por amor de Sión no he de callar,
por amor de Jerusalén no he de estar quedo,
hasta que salga como resplandor su justicia,
y su salvación brille como antorcha.
2 Verán las naciones tu justicia,
todos los reyes tu gloria,
y te llamarán con un nombre nuevo
que la boca de Yahvé declarará.
3 Serás corona de adorno en la mano de Yahvé,
y tiara real en la palma de tu Dios.
4 No se dirá de ti jamás «Abandonada»,
ni de tu tierra se dirá jamás «Desolada»,
sino que a ti se te llamará «Mi Complacencia»,
y a tu tierra, «Desposada*».
Porque Yahvé se complacerá en ti,
y tu tierra será desposada.
5 Porque como se casa joven con doncella,
se casará contigo tu edificador,
y con gozo de esposo por su novia
se gozará por ti tu Dios.

6 Sobre los muros de Jerusalén
he apostado guardianes;
ni en todo el día ni en toda la noche
estarán callados.
Ustedes que hacen que Yahvé recuerde,
no guarden silencio.
7 No lo dejen descansar,
hasta que restablezca,
hasta que trueque a Jerusalén
en alabanza en la tierra.
8 Ha jurado Yahvé por su diestra
y por su fuerte brazo:
«No daré tu grano jamás
por manjar a tus enemigos.
No beberán hijos de extraños tu mosto
por el que te fatigaste,
9 sino que los que lo cosechen lo comerán
y alabarán a Yahvé,
y los que lo recolecten lo beberán
en mis atrios sagrados.»

Conclusión.

10 ¡Pasen, pasen por las puertas!
¡Abran camino al pueblo!
¡Reparen, reparen el camino,
y límpienlo de piedras!
¡Icen pendón hacia los pueblos!
11 Miren que Yahvé hace oír
hasta los confines de la tierra:
«Digan a la hija de Sión:
Mira que viene tu salvación;
mira, su salario lo acompaña,
y su paga lo precede.
12 Se los llamará 'Pueblo Santo',
'Rescatados de Yahvé';
y a ti se te llamará 'Buscada',
'Ciudad no Abandonada'.»

El juicio de los pueblos*.

63 1 —¿Quién es ése que viene de Edom,
de Bosrá, con ropaje teñido de rojo?
¿Ése del vestido esplendoroso,
y de andar tan esforzado?
—Soy yo que hablo con justicia,
un gran libertador.
2 —Y ¿por qué está de rojo tu vestido,
y tu ropaje como el del que pisa en el lagar?

62 El tema de los desposorios adquiere gran relieve en este poema: el triunfo de Jerusalén y del país que la rodea consiste en convertirse en esposa de Yahvé. Ver **50** 1; **54** 6-7.
62 4 Ver **1** 26+; **60** 14+; Os **2** 25.

63 Diálogo entre Yahvé y el profeta. Yahvé aparece como un vendimiador con los vestidos manchados de rojo; pero lo que él ha pisado son los pueblos enemigos, de los que Edom es como el tipo. Ver Ap **14** 20; **19** 13.15.

3 —El lagar he pisado yo solo;
de mi pueblo no hubo nadie conmigo.
Los pisé con ira,
los pateé con furia,
y salpicó su sangre mis vestidos,
y toda mi vestimenta he manchado.
4 ¡Era el día de la venganza que tenía pensada,
el año de mi desquite era llegado!
5 Miré bien y no había auxiliador;
me asombré de que no hubiera quien apoyara.
Así que me salvó mi propio brazo,
y fue mi furia la que me sostuvo.
6 Pisoteé a pueblos en mi ira,
los pisé con furia
e hice correr por tierra su sangre.

Meditaciones sobre la historia de Israel*.

7 Las misericordias de Yahvé quiero recordar,
las alabanzas de Yahvé,
por todo lo que nos ha premiado Yahvé,
por la gran bondad para la casa de Israel,
que tuvo con nosotros en su misericordia,
y por la abundancia de sus bondades.
8 Dijo él: «De cierto que ellos son mi pueblo,
hijos que no engañarán.»
Y fue él su Salvador
9 en todas sus angustias.
No fue un mensajero ni un ángel:
él mismo en persona los liberó.
Por su amor y su compasión
él los rescató:
los levantó y los llevó
todos los días desde siempre.
10 Mas ellos se rebelaron y contristaron
a su espíritu santo,
y él se convirtió en su enemigo,
guerreó contra ellos.
11 Entonces se acordó de los días antiguos,
de Moisés su siervo.
¿Dónde está el que los sacó de la mar,
el pastor de su rebaño?
¿Dónde el que puso en él
su espíritu santo,
12 el que hizo que su brazo fuerte
marchara al lado de Moisés,
el que hendió las aguas ante ellos
para hacerse un nombre eterno,
13 el que los hizo andar por los abismos
como un caballo por el desierto,
sin que tropezaran,
14 cual ganado que desciende al valle?
El espíritu de Yahvé los llevó a descansar.
Así guiaste a tu pueblo,
para hacerte un nombre glorioso.

15 Observa desde los cielos y ve
desde tu aposento santo y glorioso.
¿Dónde está tu celo y tu fuerza,
la conmoción de tus entrañas?
¿Es que tus entrañas se han cerrado para mí?
16 Porque tú eres nuestro Padre,
que Abrahán no nos conoce,
ni Israel nos recuerda.
Tú, Yahvé, eres nuestro Padre,
tu nombre es «El que nos rescata»
desde siempre.
17 ¿Por qué nos dejaste errar, Yahvé,
fuera de tus caminos,
endurecerse nuestros corazones lejos de tu temor?
Vuélvete, por amor de tus siervos,
por las tribus de tu heredad.
18 ¿Por qué el enemigo ha invadido tu santuario,
tu santuario han pisoteado nuestros opresores?
19 Somos desde antiguo gente a la que no gobiernas,
no se nos llama por tu nombre.

¡Ah! si rompieras los cielos y descendieras
—ante tu rostro los montes se derretirían,

63 7 El largo poema **63** 7-**64** 11 es una súplica colectiva, como el Sal **44**+: Dios castiga a su pueblo rebelde; después los salva. Ver también Sal **89** y Lamentaciones.

64 [1] como prende el fuego en la hojarasca,
como el fuego hace hervir al agua—
para dar a conocer tu nombre a tus adversarios,
y hacer temblar a las naciones ante ti,

2 haciendo tú cosas terribles, inesperadas.
(Tú descendiste: ante tu rostro, los montes se derritieron.)

3 Nunca se oyó.
No se oyó decir, ni se escuchó, ni ojo vio*
a un Dios, sino a ti, que tal hiciera
para el que espera en él.
4 Te haces encontradizo de quienes se alegran y practican justicia
y recuerdan tus caminos.
He aquí que estuviste enojado,
pero es que fuimos pecadores;
estamos para siempre en tu camino
y nos salvaremos.
5 Somos como impuros todos nosotros,
como paño inmundo todas nuestras obras justas.
Caímos como la hoja todos nosotros,
y nuestras culpas como el viento nos llevaron.
6 No hay quien invoque tu nombre,
quien se despierte para asirse a ti.
Pues encubriste tu rostro de nosotros,
y nos dejaste a merced de nuestras culpas.
7 Pues bien, Yahvé, tú eres nuestro Padre.
Nosotros la arcilla, y tú nuestro alfarero,
la hechura de tus manos todos nosotros.
8 No te irrites, Yahvé, demasiado,
ni para siempre recuerdes la culpa.
Ea, mira, todos nosotros somos tu pueblo.
9 Tus ciudades santas han quedado desiertas,
Sión desierta ha quedado, Jerusalén desolada.
10 Nuestro templo santo y glorioso,
en donde te alabaron nuestros padres,
ha parado en hoguera de fuego,
y todas nuestras cosas más queridas
han parado en ruinas.
11 ¿Es que ante esto te endurecerás, Yahvé,
callarás y nos humillarás sin medida?

El juicio futuro*.

65 [1] Me he hecho encontradizo de
quienes no preguntaban por mí;
me he dejado hallar de quienes no me
buscaban. Dije: «Aquí estoy, aquí estoy»
a gente que no invocaba mi nombre.
2 Alargué mis manos todo el día hacia
un pueblo rebelde que sigue un camino equivocado tras sus pensamientos;
3 pueblo que me irrita en mi propia cara
de continuo, que sacrifican en los jardines y queman incienso sobre ladrillos;
4 que habitan en tumbas y en antros pasan la noche; que comen carne de cerdo
y bazofia descompuesta en sus cacharros; 5 los que dicen: «Quédate ahí, no
te llegues a mí, que te santificaría.» Estos
son humo en mi nariz, fuego que abrasa
siempre. 6 Miren que está escrito delante
de mí: no callaré hasta no haber puesto
su paga en su seno, 7 la de las culpas de
ustedes y las de sus padres juntamente
—dice Yahvé—, que quemaron incienso
en los montes y en las colinas me afrentaron; pero yo voy a medirles la paga de
su obra y se la pondré en su seno.
8 Así dice Yahvé: Como cuando se
encuentra mosto en el racimo y se dice:
«No lo eches a perder, porque es una
bendición», así haré yo por amor de mis
siervos, evitando destruirlos a todos.
9 Sacaré de Jacob simiente y de Judá
heredero de mis montes; los heredarán
mis elegidos y mis siervos morarán allí.
10 Sarón será majada de ovejas y el valle
de Acor corral de vacas para mi pueblo,
los que me buscaron.

64 3 Ver 1 Co **2** 9.
65 Los caps. **65-66** forman, según parece, un conjunto escatológico. El texto de **65** 1-2 es citado en Rm **10** 20-21.

11 Mas ustedes, los que abandonan a
Yahvé,
los que olvidan mi monte santo,
los que ponen una mesa a Gad
y llenan una copa a Mení,
12 yo los destino a la espada
y todos ustedes caerán degollados,
porque los llamé y no respondieron,
hablé y no oyeron,
sino que hicieron lo que me
desagrada,
y lo que no me gusta eligieron.
13 Por tanto, así dice el Señor Yahvé:
Miren que mis siervos comerán,
mas ustedes tendrán hambre;
miren que mis siervos beberán,
mas ustedes tendrán sed;
miren que mis siervos se alegrarán,
mas ustedes padecerán vergüenza;
14 miren que mis siervos cantarán con
corazón dichoso,
mas ustedes gritarán con corazón
triste,
y con espíritu quebrantado gemirán.
15 Dejarán su nombre a mis elegidos
para que sirva de imprecación: «¡Así te
haga morir el Señor Yahvé...!», pero a
sus siervos les dará un nombre nuevo
16 tal que, quien desee ser bendecido
en la tierra, deseará serlo en el Dios del
Amén, y quien jurare en la tierra, jurará
en el Dios del Amén; cuando se hayan
olvidado las angustias primeras, y cuando estén ocultas a mis ojos. 17 Pues he
aquí que yo creo cielos nuevos y tierra
nueva*, y no serán mentados los primeros ni vendrán a la memoria; 18 antes
habrá gozo y regocijo por siempre jamás
por lo que voy a crear. Pues he aquí que
yo voy a crear a Jerusalén «Regocijo», y a
su pueblo «Alegría»; 19 me regocijaré por
Jerusalén y me alegraré por mi pueblo,
sin que se oiga allí jamás lloro ni queji-
do*. 20 No habrá allí jamás niño que viva
pocos días, o viejo que no llene sus días,
pues morir joven será morir a los cien
años, y el que no alcance los cien años
será porque está maldito. 21 Edificarán
casas y las habitarán, plantarán viñas y
comerán su fruto. 22 No edificarán para
que otro habite, no plantarán para que
otro coma, pues cuanto vive un árbol
vivirá mi pueblo, y mis elegidos disfrutarán del trabajo de sus manos. 23 No
se fatigarán en vano ni tendrán hijos
para sobresalto, pues serán raza bendita
de Yahvé ellos y sus retoños con ellos.
24 Antes que me llamen, yo responderé;
aún estarán hablando, y yo los escucharé. 25 Lobo y cordero pacerán a una,
el león comerá paja como el buey, y
la serpiente se alimentará de polvo, *no
harán más daño ni perjuicio en todo
mi santo monte* —dice Yahvé*—.

Oráculo sobre el Templo*.

66 1 Así dice Yahvé:
Los cielos son mi trono
y la tierra la alfombra de mis pies.
Pues ¿qué casa me van a edificar
ustedes,
o qué lugar de reposo,
2 si el universo lo hizo mi mano
y todo vino al ser?
—Oráculo de Yahvé—.
Pues en esto he de fijarme:
en el mísero, pobre de espíritu,
y en el que tiembla a mi palabra.
3 ¿Se inmola un toro?: como quien
abate un hombre.
¿Se degüella una oveja?: como quien
desnuca un perro.
¿Se ofrece un sacrificio?: sangre de
puerco.
¿Memorial de incienso?: como no
bendecir nada.
¿Que ellos se eligieron sus caminos
y en sus inmundicias se recrearon?

65 17 El retorno a la paz del Paraíso, **11** 1-9+, cede el sitio en los apocalipsis, **24**+, a una renovación total. Ver Ap **21**+.
65 19 Ver Ap **21** 4.
65 25 Cita de Isaías **11** 7.9.
66 Este oráculo no está relacionado con el contexto. Establece un paralelo (v. 3) entre cuatro acciones de culto legítimo y cuatro acciones de cultos paganos: sacrificios humanos, matar al perro, comer cerdo y saludar a los ídolos. Se trata, pues, de una condenación del sincretismo religioso, que algunos grupos practican, **65** 3-5 y **66** 17.

4 Pues yo también elegiré sus cuitas,
y lo que más temen traeré sobre ellos.
Porque llamé y nadie respondía,
hablé, pero no oían;
sino que hicieron lo que miro mal,
y lo que no me gusta eligieron.

Juicio sobre Jerusalén.

5 Escuchen la palabra de Yahvé,
ustedes que tiemblan a su palabra.
Dijeron sus hermanos, que los aborrecen,
que los rechazan por causa de mi Nombre:
«Que Yahvé muestre su gloria
y veamos la alegría de ustedes.»
Pero quedaron corridos.
6 ¡Voz estruendosa de la ciudad!
¡Voz del Templo!: la voz de Yahvé,
que paga a sus enemigos lo que merecen.
7 «Antes de tener dolores dio a luz,
antes de llegarle el parto dio a luz varón*:
8 ¿Quién oyó tal?
¿Quién vio cosa semejante?
¿Es dado a luz un país en sólo un día?
¿O nace un pueblo todo de una vez?
Pues bien, tuvo dolores y parió
Sión a sus hijos.
9 ¿Abriré yo la matriz sin hacer parir
—dice Yahvé—
o la cerraré, yo que hago dar a luz?
—Dice tu Dios—.

10 Congratúlense con Jerusalén,
regocíjense por ella
todos sus amigos, llénense de alegría por ella
todos los que por ella hacían duelo;
11 de modo que mamen y se sacien
de su pecho consolador,
de modo que chupen y se deleiten
de su ubre cargada.

12 Porque así dice Yahvé:
Vean cómo alargo hacia ella,
como río el bienestar,
como caudal desbordante
lo bueno de las naciones;
y ustedes serán alimentados, en brazos serán llevados,
sobre las rodillas serán acariciados.
13 Como aquel a quien su madre consuela,
así yo los consolaré a ustedes
(y por Jerusalén serán consolados).
14 Al verlo ustedes se les alegrará el corazón,
sus huesos como césped florecerán,
la mano de Yahvé se dará a conocer
a sus siervos,
y su enojo a sus enemigos.

15 Pues miren que Yahvé en fuego viene,
y como torbellino sus carros,
para desfogar su cólera con ira
y su amenaza con llamas de fuego.
16 Pues con fuego Yahvé va a juzgar,
con su espada a toda carne,
y serán muchas las víctimas de Yahvé.
17 Los que se santifican y purifican en los huertos,
tras uno que está en medio,
que comen carne de cerdo,
de inmundicia y de rata,
a una serán acabados
junto con sus acciones y pensamientos
—oráculo de Yahvé—.

Discurso escatológico*.

18 Yo vengo a reunir a todas las naciones y lenguas; vendrán y verán mi
gloria. 19 Pondré en ellos señal y enviaré
de ellos algunos escapados* a las naciones: a Tarsis, Put y Lud, Mésec, Ros,
Túbal, Yaván; a las islas remotas que
no oyeron mi fama ni vieron mi gloria.

66 7 La imagen, que aparece ya en **26** 17+, indica aquí el advenimiento súbito y prodigioso del mundo nuevo. Ver Ap **12** 5+.
66 18 Los vv. 18-24 son una conclusión en la que se yuxtaponen el particularismo de Israel y el universalismo.

66 19 Los *escapados* de las naciones, ver **45** 20-25, son los convertidos; éstos son enviados a predicar la fe hasta los confines del mundo. Es digno de notarse que estos «misioneros», los primeros de que se habla, sean paganos convertidos.

Ellos anunciarán mi gloria a las naciones. 20 Y traerán a todos los hermanos
de ustedes de todas las naciones como
oblación a Yahvé —en caballos, carros,
literas, mulos y dromedarios— a mi
monte santo de Jerusalén —dice Yahvé—, como traen los hijos de Israel la
oblación en recipiente limpio al templo
de Yahvé. 21 Y también de entre ellos
tomaré para sacerdotes y levitas —dice
Yahvé—.

22 Porque así como los cielos nuevos
y la tierra nueva que yo hago
permanecen en mi presencia
—oráculo de Yahvé—,
así permanecerá la raza y el nombre de ustedes.
23 Así pues, de luna en luna nueva
y de sábado en sábado,
vendrá todo el mundo a prosternarse
ante mí —dice Yahvé—.
24 Y en saliendo, verán
los cadáveres de aquellos
que se rebelaron contra mí;
su gusano no morirá,
su fuego no se apagará,
y serán el asco de todo el mundo.

JEREMÍAS

Título.

1 [1] Palabras de Jeremías, hijo de Jilquías, de los sacerdotes de Anatot,
en la tierra de Benjamín, [2] a quien fue
dirigida la palabra de Yahvé en tiempo
de Josías, hijo de Amón, rey de Judá, el
año trece de su reinado; [3] y también en
tiempo de Joaquín, hijo de Josías, rey
de Judá, hasta cumplirse el año undécimo de Sedecías, hijo de Josías, rey de
Judá, hasta el destierro de Jerusalén, en
el mes quinto.

I. Oráculos sobre Judá y Jerusalén

1. EN TIEMPO DE JOSÍAS

Vocación del profeta.

[4] Entonces me dirigió Yahvé la palabra en estos términos:

[5] Antes de haberte formado yo en el vientre, te conocía*,
y antes que nacieras, te tenía consagrado:
yo profeta de las naciones te constituí.

[6] Yo dije: «¡Ah, Señor Yahvé! Mira
que no sé expresarme, que soy un muchacho*.»

[7] Y me dijo Yahvé:

No digas: «Soy un muchacho»,
pues adondequiera que yo te envíe irás,
y todo lo que te mande dirás.
[8] No les tengas miedo,
que contigo estoy para salvarte
—oráculo de Yahvé—.

[9] Entonces alargó Yahvé su mano y
tocó mi boca*. Y me dijo Yahvé:

Mira que he puesto mis palabras en tu boca.
[10] Desde hoy mismo te doy autoridad
sobre las gentes y sobre los reinos
para extirpar y destruir,
para perder y derrocar,
para reconstruir y plantar*.

[11] Entonces me dirigió Yahvé la palabra en estos términos: «¿Qué estás
viendo, Jeremías?» Respondí: «Veo una
rama de almendro.» [12] Y me dijo Yahvé:
«Bien has visto. Pues así soy yo, velador
de mi palabra para cumplirla*.»
[13] Nuevamente me dirigió Yahvé la
palabra en estos términos: «¿Qué estás
viendo?» Respondí: «Veo un puchero
hirviendo que se vuelca de norte a sur*.»
[14] Y me dijo Yahvé:
«Es que desde el norte se iniciará el desastre
sobre todos los moradores de esta tierra.
[15] Porque en seguida voy a llamar
a todas las familias de los reinos del norte
—oráculo de Yahvé—,
y vendrán a instalarse
a las puertas mismas de Jerusalén,
y frente a todas sus murallas en torno,
y contra todas las ciudades de Judá,

1 5 Ver Is **49** 1.5; Lc **1** 15; Ga **1** 15; Rm **8** 29.
1 6 Ver Ex **4** 10 y, por contraste, Is **6** 8.
1 9 El profeta es el portavoz de Dios, **15** 19. Ver Ex **3** 7-13; Nm **12** 6-8+; Dt **18** 18; Is **6** 7; **59** 21; etc.
1 10 Ver **18** 7; **24** 6; **31** 28; **45** 4; Os **6** 5; Si **49** 7+.
1 12 *Velador*, o *vigilante* es, en hebreo, el nombre del almendro (el primer árbol frutal que florece en la primavera).
1 13 Ver **4** 6; **6** 1.22. Quizá designe de momento la amenaza de los escitas y asirios; más tarde, será la de los caldeos.

16 a las que yo sentenciaré
por toda su malicia:
por haberme dejado a mí
para ofrecer incienso a otros dioses
y adorar la obra de sus propias manos.

17 Por tu parte, te apretarás el cinto,
te pondrás firme y les dirás cuanto yo te mande.
No desmayes ante ellos,
que yo no te haré desmayar;
18 pues, por mi parte, mira que hoy te convierto
en plaza fuerte, en pilar de hierro,
en muralla de bronce frente a toda esta tierra,
así se trate de los reyes de Judá como de sus jefes,
de sus sacerdotes o del pueblo de la tierra*.
19 Te harán la guerra,
mas no podrán contigo,
pues contigo estoy yo —oráculo de Yahvé— para salvarte.»

Primeros sermones. Infidelidad de Israel*.

2 1 Entonces me dirigió Yahvé la palabra en estos términos: 2 Ve y grita
a los oídos de Jerusalén:
Así dice Yahvé:
De ti recuerdo tu cariño* juvenil,
el amor de tu noviazgo;
aquel seguirme tú por el desierto,
por la tierra no sembrada.
3 Consagrado a Yahvé estaba Israel,
primicias de su cosecha.
«Quienquiera que lo coma, será reo;
mal le sucederá»
—oráculo de Yahvé—.

4 Oigan la palabra de Yahvé, casa de Jacob,
y todas las familias de la casa de Israel.
5 Así dice Yahvé:
¿Qué encontraban sus padres en mí de torcido,
que se alejaron de mi vera,
y yendo detrás de la Vanidad*
se hicieron vanos?
6 En cambio no dijeron: «¿Dónde está Yahvé,
que nos subió desde Egipto,
nos llevó por el desierto,
la estepa y la paramera,
por tierra seca y sombría,
una tierra intransitada
en donde nadie se asienta?»
7 Luego los traje a ustedes a la tierra del vergel,
para comer sus deliciosos frutos.
Llegaron y ensuciaron mi tierra,
y pusieron mi heredad asquerosa.
8 Los sacerdotes no se decían:
«¿Dónde está Yahvé?»;
ni los peritos de la Ley me conocían;
y los pastores se rebelaron contra mí,
y los profetas profetizaban por Baal,
y detrás de los Inútiles andaban*.
9 Por eso sigo litigando con ustedes
—oráculo de Yahvé—
y hasta con los hijos de sus hijos litigaré.
10 Porque, en efecto, pasen a las islas
de los Queteos y vean,
envíen a Quedar quien investigue a fondo,
piénsenlo bien y vean
si aconteció cosa tal:
11 si las gentes cambiaron de dioses
—¡aunque aquéllos no son dioses!—.

1 18 *Pueblo de la tierra*, aquí es la aristocracia rural: ciudadanos con plenos derechos, defensores de la dinastía davídica y de las tradiciones yahvistas.

2 Salvo raras excepciones, los capítulos **2-6** datan de los comienzos de Jeremías, antes de la reforma de Josías (621), 2 R **22-23**. Estas profecías volvieron a ser actuales bajo el reinado de Joaquín, con la recaída en la idolatría y la amenaza de Nabucodonosor.

2 2 La palabra *jésed*, Os **2** 21+, hace referencia a la lealtad de las relaciones en la alianza entre los esposos. Ver **11** 15; Os **2** 16+.

2 5 La *Vanidad* designa aquí a los falsos dioses, **10** 15; **16** 19; etc.

2 8 Los ídolos seguidos por los responsables de la nación, incluidos los «pastores»: guías políticos y religiosos, Ez **34**+.

Pues mi pueblo ha trocado su Gloria*
por el Inútil.
12 Pásmense, cielos, de ello,
horrorícense y cobren gran espanto
—oráculo de Yahvé—.
13 Doble mal ha hecho mi pueblo:
a mí me dejaron,
manantial de aguas vivas,
para hacerse cisternas,
cisternas agrietadas,
que el agua no retienen.

14 ¿Es un esclavo Israel,
o nació siervo?
Pues ¿cómo es que ha servido de
botín?
15 Contra él rugieron leoncillos,
dieron voces
y dejaron su país hecho una
desolación,
sus ciudades incendiadas, sin
habitantes.
16 Hasta los hijos de Menfis y de Tafnis
te han rapado el cráneo.
17 ¿No te ha sucedido esto
por haber dejado a Yahvé tu Dios
cuando te guiaba en tu camino?
18 Y entonces, ¿qué cuenta te tiene
encaminarte a Egipto
para beber las aguas del Nilo?,
o ¿qué cuenta te tiene encaminarte a
Asiria
para beber las aguas del Río*?
19 Que te enseñe tu propio daño,
que tus apostasías te escarmienten;
reconoce y ve
lo malo y amargo que te resulta
el dejar a Yahvé tu Dios
y no temblar ante mí
—oráculo del Señor Yahvé
Sebaot—.

20 Oh tú, que rompiste desde siempre
el yugo
y, sacudiendo las coyundas,
decías: «¡No serviré!»,
tú, que sobre todo otero prominente
y bajo todo árbol frondoso
estabas yaciendo, prostituta*.
21 Yo te había plantado de cepa
selecta,
toda entera de simiente legítima.
Pues ¿cómo te has mudado en
sarmiento
de vid bastarda*?
22 Porque, así te blanquees con salitre
y te des bien de lejía,
se te nota la culpa en mi presencia
—oráculo del Señor Yahvé—.
23 ¿Cómo dices: «No estoy manchada;
detrás de los Baales no anduve?»
¡Mira tu rastro en el Valle!
Reconoce lo que has hecho,
camellita liviana que trenza sus
derroteros,
24 irrumpe en el desierto
y en puro celo se bebe los vientos:
su pasión, ¿quién la calmará?
Cualquiera que la busca la topa,
¡bien acompañada la encuentra!
25 Guarda tu pie de la descalcez
y tu garganta de la sed.
Pero tú dices: «No hay remedio:
a mí me gustan los extranjeros,
y tras ellos he de ir.»
26 Como se azora el ladrón
sorprendido en flagrante,
así se ha azorado la casa de Israel:
ellos, sus reyes, sus jefes,
sus sacerdotes y sus profetas,
27 los que dicen al leño: «Tú, padre mío»;
y a la piedra: «Tú me pariste.»
Tras volverme la espalda, que no la
cara,
cuando vienen mal dadas dice:
«¡Levántate y sálvanos!»
28 Pues ¿dónde están tus dioses, los
que tú mismo te hiciste?
¡Que se levanten ellos, a ver si te
salvan en la hora aciaga!
Pues cuantas son tus ciudades,

2 11 El *Inútil*, son los falsos dioses, **2** 8; Is **41** 21+, en contraste con la gloria de Yahvé, Ex **24** 16+; Rm **1** 23.

2 18 El *Río* es el Éufrates. Los profetas se opondrán siempre a recurrir a las dos grandes potencias vecinas.

2 20 Los altos lugares paganos, Dt **12** 2+. La *prostitución* es idolatría, Os **1** 2+; Ez **16** 6, acompañada aquí de la prostitución sagrada, ver Dt **23** 19+.

2 21 Ver Is **5**+.

otros tantos son tus dioses, Judá;
(y cuantas calles cuenta Jerusalén,
otros tantos altares hay de Baal).
29 ¿Por qué pleitean conmigo,
si todos ustedes me han traicionado?
—oráculo de Yahvé—.
30 En vano azoté a sus hijos:
no aprendieron.
Ha devorado su espada a sus profetas,
como el león cuando devora.

31 Ustedes, ¡valiente ralea!; atiendan a la palabra de Yahvé:
¿Fui yo un desierto para Israel
o una tierra malhadada?
¿Por qué, entonces, dice mi pueblo:
«¡Nos vamos!
No vendremos más a ti»?
32 ¿Se olvida una chica de su aderezo,
o una novia de su cinta?
Pues mi pueblo sí que me ha olvidado
días sin cuento.

33 ¡Qué hermoso ves tu camino
en busca del amor!
Y eso que hasta con maldades
aprendiste tus caminos.
34 En tus mismas faldas se notaban
manchas de sangre
de pobres inocentes muertos,
a los que no sorprendiste robando.
Y con todo eso,
35 dices: «Soy inocente;
basta ya de ira contra mí.»
Pues bien, aquí me tienes para discutir contigo
eso que has dicho: «No he pecado.»

36 ¡Cuánta ligereza la tuya
para cambiar de dirección!
También de Egipto te avergonzarás
como te avergonzaste de Asiria.
37 También de ésta saldrás
con las manos en la cabeza.
Porque Yahvé ha rechazado
aquello en que confías,
y no saldrás bien de ello.

La conversión*.

3 1 «Supongamos que despide
un marido a su mujer;
ella se va de su lado
y es de otro hombre:
¿podrá volver a él?;
¿no sería como una tierra manchada?»
Pues bien, tú has fornicado
con muchos compañeros,
¡y vas a volver a mí! —oráculo de Yahvé—.
2 Alza los ojos a los calveros y mira:
¿en dónde no fuiste gozada?
A la vera de los caminos
te sentabas para ellos,
como el árabe en el desierto,
y manchaste la tierra
con tus fornicaciones y malicia.
3 No hubo lloviznas de otoño
y faltó lluvia tardía.

¿Y qué? Tu rostro era el de una descarada,
no quisiste avergonzarte.
4 Y aun entonces, ¿no me llamabas:
«Padre mío,
tú, el amigo de mi juventud?;
5 ¿tendrá rencor para siempre?,
¿lo guardará hasta el fin?»
Ahí tienes cómo has hablado;
las maldades que hiciste las has colmado.

Israel del Norte, invitado a convertirse*. Parábola de las dos hermanas.

6 Yahvé me dijo en tiempos del rey
Josías: ¿Has visto lo que hizo Israel, la
apóstata? Andaba ella sobre cualquier
monte elevado y bajo cualquier árbol
frondoso, fornicando allí. 7 En vista de

3 Este poema, interrumpido por los dos fragmentos **3** 6-13 y **3** 14-18, continúa en **32** 19-**4** 4. -Sobre este nuevo matrimonio después del divorcio, ver Dt **24** 1-4. Para que Israel, esposa infiel de Yahvé, retorne a él y sea aceptada, hace falta un milagro de gracia, vv. 19ss; **31** 23; Os **1-3**.

3 6 Jeremías conservó siempre una esperanza respecto de Israel del Norte. Este fragmento parece haber inspirado a Ez **23**.

lo que había hecho, dije: «No vuelvas a mí.» Y no volvió. Vio esto su hermana Judá, la pérfida; [8] vio que a causa de todas las fornicaciones de Israel, la apóstata, yo la había despedido dándole su carta de divorcio; pero no hizo caso su hermana Judá, la pérfida, sino que fue y fornicó también ella, [9] tanto que por su liviandad en fornicar manchó la tierra, y fornicó con la piedra y con el leño.
[10] A pesar de todo, su hermana Judá, la pérfida, no se volvió a mí de todo corazón, sino engañosamente —oráculo de Yahvé—.

[11] Y me dijo Yahvé: Más justa se ha manifestado Israel, la apóstata, que Judá, la pérfida. [12] Anda y pregona estas palabras al Norte y di:

Vuelve, Israel apóstata, —oráculo de Yahvé—;
no estará airado mi semblante contra ustedes,
porque piadoso soy —oráculo de Yahvé—;
no guardo rencor para siempre.
[13] Tan sólo reconoce tu culpa,
pues contra Yahvé tu Dios te rebelaste,
frecuentaste a extranjeros
bajo todo árbol frondoso,
y mi voz no oyeron ustedes
—oráculo de Yahvé—.

Digresión: El pueblo mesiánico en Sión*.

[14] Vuelvan, hijos apóstatas —oráculo de Yahvé— porque yo soy su Señor. Los iré recogiendo uno a uno de cada ciudad, y por parejas de cada familia, y los traeré a Sión. [15] Les pondré pastores según mi corazón, que les den pasto de conocimiento y prudencia. [16] Y luego, cuando sean muchos y fructifiquen en la tierra, en aquellos días —oráculo de Yahvé— no se hablará más del arca de la alianza de Yahvé, no vendrá en mientes, no se acordarán ni se ocuparán de ella, ni será reconstruida jamás.
[17] En aquel tiempo llamarán a Jerusalén «Trono de Yahvé» y se incorporarán a ella todas las naciones en el nombre de Yahvé, en Jerusalén, sin seguir más la dureza de sus perversos corazones.

[18] En aquellos días, andará la casa de Judá al par de Israel, y vendrán juntos desde tierras del norte a la tierra que di en herencia a los padres de ustedes.

Prosigue el poema de la conversión.

[19] Yo había dicho: «Sí,
te adoptaré por hijo
y te daré una tierra espléndida,
flor de las heredades de las naciones.»
Y añadí: «Padre me llamarán ustedes
y de mi seguimiento no se volverán.»
[20] Pues bien, como engaña una mujer
a su compañero,
así me ha engañado la casa de Israel
—oráculo de Yahvé—.

[21] Voces sobre los calveros se oían:
rogativas llorosas de los hijos de Israel,
porque torcieron su camino,
olvidaron a su Dios Yahvé.
[22] —Vuelvan, hijos apóstatas;
yo remediaré sus apostasías.

—Aquí nos tienes de vuelta a ti,
porque tú, Yahvé, eres nuestro Dios.
[23] ¡Luego eran mentira los altos,
la barahúnda de los montes!
¡Luego por Yahvé, nuestro Dios,
se salva Israel!
[24] La Vergüenza se comió el trabajo de nuestros padres
desde nuestra mocedad:
sus ovejas y vacas, sus hijos e hijas.
[25] Echémonos en nuestra vergüenza,
y que nuestra confusión nos cubra,
ya que contra Yahvé nuestro Dios

3 14 Anuncio del Regreso, posterior a la caída de Jerusalén en 587. Sobre el universalismo del v. 17, véase Is **45** 14+. La reunificación de Israel y de Judá, v. 18, es anunciada por los profetas con la restauración mesiánica, Jr **23** 5-6; **31** 1; Is **11** 13-14; Ez **37** 15-27; Os **2** 2; Mt **2** 12; Za **9** 10.

hemos pecado,
nosotros como nuestros padres,
desde nuestra mocedad hasta hoy,
y no escuchamos la voz de Yahvé
nuestro Dios.

4 [1] —¡Si volvieras, Israel!, oráculo de
Yahvé,
¡si a mí volvieras!,
¡si quitaras tus Monstruos
abominables,
y de mí no huyeras!
[2] Si juras por vida de Yahvé
con verdad, derecho y justicia,
en él serán benditas las naciones,
en él se glorificarán.

[3] Porque así dice Yahvé
a la gente de Judá y a Jerusalén:
—Cultiven el barbecho
y no siembren sobre cardos.
[4] Circuncídense para Yahvé*,
extirpen los prepucios de sus
corazones,
hombres de Judá y habitantes de
Jerusalén;
no sea que brote como fuego mi
saña,
y arda, y no haya quien la apague
en vista de sus obras perversas.

La invasión nórdica.
1 13-15.

[5] Avisen en Judá
y que se oiga en Jerusalén.
Hagan sonar el cuerno por el país,
pregonen a voz en grito:
¡Júntense,
vamos a las plazas fuertes!
[6] Icen bandera: ¡A Sión!
¡A escape, no se detengan!
Porque traigo calamidad del norte,
y derrota grande.
[7] Se ha levantado el león de su cubil,
y el devorador de naciones
se ha puesto en marcha:
salió de su lugar
para dejar la tierra desolada.
Tus ciudades quedarán arrasadas,
sin habitantes.
[8] Por tanto, cíñanse de sacos,
laméntense y lloren:
—«¡No; no se va de nosotros
la ardiente ira de Yahvé!»
[9] Aquel día —oráculo de Yahvé—
se desanimará el rey y la aristocracia,
se pasmarán los sacerdotes,
y los profetas se espantarán.
[10] Y yo digo: «¡Ay, Señor Yahvé!
¡Cómo embaucaste a este pueblo y a
Jerusalén
diciendo*: 'Paz tendrán ustedes',
y ha penetrado la espada
hasta el alma!»
[11] En aquella sazón se dirá a este pueblo
y a Jerusalén:
Un viento ardiente
viene por el desierto,
camino de la hija de mi pueblo,
no para beldar, ni para limpiar.
[12] Viento preñado de amenaza
viene de mi parte:
ahora es mi turno de réplica.
[13] Vean cómo se levanta cual las nubes,
como un huracán sus carros,
y ligeros más que águilas sus
corceles.
¡Ay de nosotros, estamos perdidos!
[14] Limpia de malicia tu corazón,
Jerusalén,
para que seas salva.
¿Hasta cuándo durarán en ti
tus pensamientos torcidos?
[15] Una voz avisa desde Dan
y da la mala nueva desde la sierra de
Efraín.
[16] Pregonen: «¡Los gentiles! ¡Ya están
aquí!»;
háganlo oír en Jerusalén.
Los enemigos vienen de tierra
lejana,

4 4 La circuncisión, Gn **17**+, señal de la alianza, no significa nada para Jeremías si no va acompañada de la fidelidad interior, la *circuncisión del corazón,* Dt **10** 16; **30** 6; Lv **26** 41; Jr **9** 24-25. Ver también Jr **6** 10; Ez **44** 7. El NT empleará también esta imagen, Hch **7** 51; Rm **2** 25-29; 1 Co **7** 19; Ga **5** 6; **6** 15: Flp **3** 3; Col **2** 11; **3** 11.

4 10 Alusión a las promesas de los falsos profetas, **14** 13; **23** 17; ver **28** 8-9.

dando voces contra las ciudades de
Judá.
17 Como guardas de campo la tienen
rodeada,
porque contra mí se rebelaron
—oráculo de Yahvé—.
18 Tu proceder y fechorías
te acarrearon esto;
esta tu desgracia te ha llegado al
corazón,
porque te rebelaste contra mí.

19 ¡Mis entrañas, mis entrañas!,
¡me duelen las paredes del corazón*,
se me salta el corazón del pecho!
No callaré,
porque escucho sones de cuerno,
el clamoreo del combate.
20 Se anuncia quebranto sobre
quebranto,
porque es saqueada toda la tierra.
En un punto son saqueadas mis
tiendas,
y en un cerrar de ojos mis toldos.
21 ¿Hasta cuándo veré enseñas
y oiré sones de cuerno?

22 —Es porque mi pueblo es necio:
A mí no me reconocen.
Criaturas necias son,
faltas están de talento.
Sabios son para lo malo,
y tontos para lo bueno.
23 Miré a la tierra, y era un caos;
a los cielos, y faltaba su luz.
24 Miré a los montes, y estaban
temblando,
y todos los cerros trepidaban.
25 Miré, y no había un alma,
todas las aves del cielo habían volado.
26 Miré, y el vergel era yermo,
todas las ciudades estaban arrasadas
delante de Yahvé
y del ardor de su ira.
27 Porque así dice Yahvé:
Desolación se volverá toda la tierra,
aunque no acabaré con ella.

28 Por eso ha de enlutarse la tierra,
y se oscurecerán los cielos arriba;
pues tengo resuelta mi decisión
y no me pesará ni me volveré atrás
de ella.
29 Al ruido de jinetes y flecheros
huía toda la ciudad.
Se metían por los bosques
y trepaban por las peñas.
Toda ciudad fue abandonada,
sin quedar en ellas habitantes.
30 Y tú, asolada, ¿qué vas a hacer?
Aunque te vistas de grana,
aunque te enjoyes con joyel de oro,
aunque te pintes con polvos los ojos,
en vano te hermoseas:
te han rechazado tus amantes,
¡tu muerte es lo que buscan*!
31 Y entonces oí una voz como de
parturienta,
gritos como de primeriza:
era la voz de la hija de Sión,
que gimiendo extendía sus palmas:
«¡Ay, pobre de mí, desfallezco
a manos de asesinos!»

Motivos de la invasión.

5 1 Recorran las calles de Jerusalén,
miren bien y entérense;
busquen por sus plazas,
a ver si encuentran alguno
que practique la justicia,
que busque la verdad,
y yo la perdonaría*.
2 Pues, si bien dicen: «¡Por vida de
Yahvé!»,
también juran en falso.
3 ¡Oh Yahvé! tus ojos, ¿no son para la
verdad?
Los heriste, mas no acusaron el
golpe;
acabaste con ellos, pero no
escarmentaron.
Endurecieron sus caras más que
peñascos,
rehusaron convertirse.
4 Yo decía: «Naturalmente, el vulgo es
necio,
pues ignora el camino de Yahvé,
el derecho de su Dios.

4 19 Lamentos de Jeremías que se identifica con su país.

4 30 Ver Ez **16** 37-40; **23** 22-29.
5 1 Ver Gn **18** 16-33; Ez **14** 12+.

5 Voy a acudir a los grandes
y a hablar con ellos,
porque ésos conocen el camino de Yahvé,
el derecho de su Dios.»
Pues bien, todos a una habían quebrado el yugo
y arrancado las coyundas.
6 Por eso los herirá el león de la selva,
el lobo de los desiertos los destrozará,
el leopardo acechará sus ciudades:
todo el que salga de ellas será despedazado.
Porque son muchas sus rebeldías,
y sus apostasías son grandes.
7 ¿Cómo te voy a perdonar por ello?
Tus hijos me dejaron
y juraron por el no-dios.
Yo los harté, y ellos se hicieron adúlteros,
y el lupanar frecuentaron.
8 Son caballos lustrosos y vagabundos:
cada cual relincha por la mujer de su prójimo.
9 ¿Y de esto no pediré cuentas?
—oráculo de Yahvé—,
¿de una nación así
no me voy a vengar?
10 Escalen sus murallas, destruyan,
mas no acaben con ella.
Poden sus sarmientos,
porque no son de Yahvé.
11 Porque bien me engañaron,
la casa de Judá y la casa de Israel
—oráculo de Yahvé—.
12 Renegaron de Yahvé
diciendo: «¡Él no cuenta!,
¡no nos sobrevendrá daño alguno,
ni espada ni hambre veremos!
13a Cuanto a los profetas,
el viento se los lleve,
pues carecen de Palabra.»
14a Por tanto, así dice Yahvé,
el Dios Sebaot:
13b —Así les será hecho.
14b Por haber hablado ellos tal palabra,
voy ahora a poner las mías
en tu boca como fuego,
y a este pueblo como leños,
y los consumirá.
15 Voy a traer contra ustedes
una nación de muy lejos,
¡oh casa de Israel! —oráculo de Yahvé—;
una nación que no mengua,
nación antiquísima aquélla,
nación cuya lengua ignoras
y no entiendes lo que habla;
16 cuya aljaba es como tumba abierta:
todos son valientes.
17 Comerá tu mies y tu pan,
comerá a tus hijos e hijas,
comerá tus ovejas y vacas,
comerá tus viñas e higueras;
con la espada destruirá
tus plazas fuertes en que confías.

La pedagogía del castigo.

18 Por lo demás, en los días aquellos
—oráculo de Yahvé— todavía no acabaré con ustedes.
19 Y cuando dijeren: «¿Por qué nos
hace Yahvé nuestro Dios todo esto?»,
les dirás: «Lo mismo que ustedes me dejaron a mí y sirvieron a dioses extraños
en su tierra, así servirán a extraños en
una tierra que no es la de ustedes.»

Con ocasión de una hambre(?). 8 18-23; 14.

20 Anuncien esto a la casa de Jacob
y háganlo oír en Judá:
21 —Ea, oigan esto,
pueblo necio y sin seso
—tienen ojos y no ven,
orejas y no oyen—:
22 ¿A mí no me temerán? —oráculo de Yahvé—,
¿delante de mí no temblarán,
que puse la playa por término al mar,
frontera que jamás traspasará?
Se agitará, mas no lo logrará;
mugirán sus olas, pero no pasarán.
23 Pero este pueblo tiene
un corazón traidor y rebelde:
traicionaron llegando hasta el fin.
24 Y no se les ocurrió decir:
«Ea, temamos a Yahvé nuestro Dios,
que da la lluvia temprana

y la tardía a su tiempo;
el que nos asegura las semanas
que gobiernan la mies.»
25 Todo esto lo trastornaron sus culpas
y sus pecados los privaron a ustedes
del bien.

Se reanuda el tema.

26 Porque hay en mi pueblo
malhechores:
preparan la red,
como cazadores de pájaros montan
celada:
¿y qué atrapan? ¡hombres!
27 Como jaula llena de aves,
así están sus casas llenas de fraudes.
Así se engrandecieron y
enriquecieron,
28 engordaron, se han puesto lustrosos,
a favor de delinquir.
La causa del huérfano no juzgaban
y el derecho de los pobres no
sentenciaban.
29 ¿Y de esto no pediré cuentas?
—oráculo de Yahvé—,
¿de una nación así
no voy a vengarme?
30 Algo pasmoso y horrendo
se ha dado en la tierra:
31 los profetas profetizando infundios,
mientras los sacerdotes aplaudían.
Pero mi pueblo lo prefiere así.
¿A dónde van ustedes a parar?

Más sobre la invasión.

6 1 Escapen, hijos de Benjamín,
de dentro de Jerusalén,
en Técoa toquen el cuerno,
y sobre Bet Queren icen bandera,
porque una desgracia amenaza del
norte
y un quebranto grande.
2 ¿Qué tal, si a delicioso prado
te comparas, hija de Sión?
3 Allá vienen pastores
con sus rebaños,
han montado las tiendas,
junto a ella en derredor,
y apacienta cada cual su manada.
4 «¡Declárenle la guerra santa!
¡En pie y subamos contra ella a
mediodía!
¡Ay de nosotros, que el día va
cayendo,
y se alargan las sombras de la tarde!
5 ¡Pues arriba y subamos de noche
y destruiremos sus alcázares!»
6 Porque así dice Yahvé Sebaot:
«Corten sus árboles
y alcen contra Jerusalén un
terraplén.»
Es la ciudad de visita.
Todo el mundo se atropella en su
interior.
7 Como mana el agua de un pozo,
así mana de ella su malicia.
«¡Atropello!», «¡que me roban!»
—es lo que se oye allí—;
ante mí de continuo heridas y golpes.
8 Aprende, Jerusalén,
no sea que se despegue mi alma de ti,
no sea que te convierta en
desolación,
en tierra despoblada.

9 Así dice Yahvé Sebaot:
Busca, rebusca* como en una cepa
en el resto de Israel;
vuelve a pasar tu mano
como el vendimiador por los
pámpanos.
10 ¿A quiénes que me oigan voy a hablar
y avisar*?
Vean: su oído es incircunciso
y no pueden entender.
Vean: la palabra de Yahvé se les ha
vuelto oprobio:
no les agrada.
11 También yo estoy lleno de la saña de
Yahvé
y cansado de retenerla.
La verteré sobre el niño de la calle
y sobre el grupo de mancebos juntos.
También hombre y mujer adultos
serán alcanzados,
el viejo con la anciana.

6 9 *Busca, rebusca*, para recoger los restos. Jeremías se lamenta de no encontrar oyentes dóciles, vv. 10-11.

6 10 Ver **4** 4+.

12 Sus casas pasarán a otros,
campos y mujeres a una,
cuando extienda yo mi mano
sobre los habitantes de esta tierra
—oráculo de Yahvé—.
13 Porque desde el más chiquito de
ellos hasta el más grande,
todos andan buscando su provecho,
y desde el profeta hasta el sacerdote,
todos practican el fraude.
14 Han curado el quebranto de mi
pueblo
a la ligera, diciendo: «¡Paz, paz!»,
cuando no había paz*.
15 ¿Se avergonzaron de las
abominaciones que hicieron?
Avergonzarse, no se avergonzaron;
sonrojarse, tampoco supieron;
por tanto caerán con los que
cayeren;
tropezarán cuando yo los visite
—dice Yahvé—.
16 Así dice Yahvé:
Párense en los caminos y miren,
pregunten por los senderos antiguos,
cuál es el buen camino, y caminen
por él,
y encontrarán sosiego para sus
almas.
Pero dijeron: «No vamos.»
17 Entonces les puse centinelas:
«¡Atención al toque de cuerno!»
Pero dijeron: «No atendemos.»
18 Por tanto, oigan, naciones,
y conoce, asamblea,
lo que vendrá sobre ellos;
19 oye, tierra:
Voy a traer la desgracia a este
pueblo,
como fruto de sus pensamientos,
porque a mis razones no atendieron,
y por lo que respecta a mi Ley, la
desecharon.
20 ¿A qué traerme incienso de Seba
y canela fina de país remoto?
Ni los holocaustos de ustedes me
agradan,
ni sus sacrificios me complacen.
21 Por tanto, así dice Yahvé:
Voy a poner a este pueblo tropiezos
y tropezarán en ellos
padres e hijos a una,
el vecino y su prójimo perecerán.

22 Así dice Yahvé:
Un pueblo viene de tierras del norte
y una gran nación se despierta
de los confines de la tierra.
23 Arco y lanza blanden,
crueles son y sin entrañas.
Su voz como la mar muge,
y a caballo van montados,
ordenados como un solo hombre
para la guerra
contra ti, hija de Sión.
24 Oímos su fama,
flaquean nuestras manos,
angustia nos asalta,
dolor como de parturienta.
25 No salgan al campo,
no anden por el camino,
que el enemigo lleva espada:
terror por doquier.
26 Hija de mi pueblo, cíñete de saco
y revuélcate en ceniza,
haz por ti misma un duelo de hijo
único,
una lamentación amarguísima,
porque en seguida viene
el saqueador contra nosotros.

27 Te puse en mi pueblo por inquisidor
sagaz,
para que examinaras y probaras su
conducta.
28 Todos ellos son rebeldes que andan
difamando
(bronce y hierro);
todos son degenerados.
29 Jadeó el fuelle,
el plomo se consumió por el fuego.
En vano refinó el fundidor,
porque la ganga no se desprendió.
30 Serán llamados «plata de desecho»,
porque Yahvé los desechó.

6 14 Las promesas de los falsos profetas, **4** 10+, que anuncian la *paz*. Esta palabra expresa no solamente la ausencia de peligro exterior, sino todo un ideal de felicidad, ideal que realizará la paz mesiánica, Is **11** 6+.

2. ORÁCULOS PERTENECIENTES EN GENERAL A LA ÉPOCA DE JOAQUÍN

El culto auténtico.

a) Invectiva contra el Templo*. 26 1-19+.

7 [1] Palabra que llegó de parte de Yahvé a Jeremías: [2] Ponte en la puerta del templo de Yahvé y predica allí esta razón. Dirás: Oigan la palabra de Yahvé, todo Judá, los que entran por estas puertas a postrarse ante Yahvé. [3] Así dice Yahvé Sebaot, el Dios de Israel: Mejoren de conducta y de obras, y yo haré que se queden en este lugar. [4] No confíen en palabras engañosas diciendo: «¡Templo de Yahvé, Templo de Yahvé, Templo de Yahvé es éste!» [5] Porque si mejoran realmente su conducta y obras, si realmente hacen justicia mutua [6] y no oprimen al forastero, al huérfano y a la viuda (y no vierten sangre inocente en este lugar), ni andan detrás de otros dioses para su daño, [7] entonces yo me quedaré con ustedes en este lugar, en la tierra que di a sus padres desde siempre hasta siempre. [8] Pero resulta que ustedes confían en palabras engañosas que de nada sirven, [9] para robar, matar, adulterar, jurar en falso, incensar a Baal y seguir a otros dioses que no conocían. [10] Luego vienen y se paran ante mí en este templo donde se invoca mi Nombre y dicen: «¡Estamos seguros!», para seguir haciendo todas esas abominaciones. [11] ¿Una cueva de bandidos se les antoja que lleva mi Nombre*? ¡Para mí está claro! —oráculo de Yahvé—.

[12] Pues vayan ahora a mi lugar de Siló*, donde aposenté mi Nombre antiguamente, y vean lo que hice con él por la maldad de mi pueblo Israel. [13] Y ahora, por haber hecho ustedes todo esto —oráculo de Yahvé— por más que les hablé asiduamente, aunque no me oyeron, y los llamé, mas no respondieron, [14] yo haré con el templo que lleva mi Nombre, en el que confían, y con el lugar que les di a ustedes y a sus padres, lo mismo que hice con Siló, [15] y los echaré de mi presencia como eché a todos sus hermanos, a toda la descendencia de Efraín.

b) Dioses extraños.

[16] En cuanto a ti, no pidas por este pueblo ni eleves por ellos plegaria ni oración, ni me insistas, porque no te oiré. [17] ¿Es que no ves lo que ellos hacen en las ciudades de Judá y por las calles de Jerusalén? [18] Los hijos recogen leña, los padres prenden fuego, las mujeres amasan para hacer tortas a la Reina de los Cielos, y se liba en honor de otros dioses para exasperarme. [19] ¿A mí me exasperan ésos? —oráculo de Yahvé—, ¿no es a sí mismos, para su sonrojo? [20] Por tanto, así dice el Señor Yahvé: Mi ira y mi saña se van a volcar sobre este lugar, sobre hombres y bestias, sobre los árboles del campo y el fruto del suelo; arderá y no se apagará.

c) Culto formalista. 11 1-14.

[21] Así dice Yahvé Sebaot, el Dios de Israel. Añadan ustedes sus holocaustos a sus sacrificios y cómanse la carne. [22] Que cuando yo saqué a sus padres de Egipto, nada les dije ni mandé sobre holocausto y sacrificio*. [23] Lo que les

7 El templo, morada de Yahvé, Dt **4** 7+; 1 R **8** 10-13, era considerado como inviolable. El fracaso de Senaquerib contra la ciudad santa, 2 R **19** 32-34; Is **37** 33-35, había inspirado una confianza presuntuosa en la protección de Yahvé. Jeremías va a escandalizar a su pueblo, Jr **26**, al afirmar (ver Mi **3** 12), que esta confianza es ilusoria: Dios puede abandonar su templo. Ver Ez **11** 23; Mt **23** 38p.

7 11 Ver Mt **21** 13p.

7 12 Este santuario, residencia del arca, había sido destruido por los filisteos. Ver 1 S **1-3**; **4** 12-22; Sal **78** 59-69.

7 22 Ver **6** 20; Os **6** 6; Am **5** 21+.

mandé fue esto otro: «Escuchen mi voz,
y yo seré su Dios y ustedes serán mi
pueblo, e irán por donde yo los mande,
para que les vaya bien.» 24 Mas ellos no
escucharon ni aplicaron oído, sino que
se guiaron por la pertinacia de su mal
corazón, volviéndose de espaldas, que
no de cara. 25 Desde la fecha en que
salieron sus padres del país de Egipto
hasta el día de hoy, les envié a todos
mis siervos, los profetas, cada día puntualmente. 26 Pero no me escucharon
ni aplicaron el oído, sino que atiesando
la cerviz hicieron peor que sus padres.
27 Les dirás, pues, todas estas palabras,
mas no te escucharán. Los llamarás y
no te responderán. 28 Entonces les dirás:
Ésta es la nación que no ha escuchado
la voz de Yahvé su Dios, ni ha querido
aprender. Ha perecido la lealtad, ha desaparecido de su boca.

d) Fragmento de una elegía. **19** 1-13.

29 Córtate tu cabellera y tírala,
y entona por los calveros una elegía;
que Yahvé ha desechado y repudiado
a la generación objeto de su cólera.

e) Prosigue el discurso.

30 Los hijos de Judá han hecho lo que
me parece mal —oráculo de Yahvé—:
han puesto sus monstruos abominables
en el templo que lleva mi Nombre profanándolo, 31 y han construido los altos
de Tófet —que está en el valle de Ben
Hinón— para quemar a sus hijos e hijas
en el fuego, cosa que no les mandé ni se
me ocurrió jamás*. 32 Por tanto, he aquí
que vienen días —oráculo de Yahvé—
en que no se hablará más de Tófet, ni
del valle de Ben Hinón, sino del 'valle de
la Matanza'. Se harán fosas comunes en
Tófet, por falta de espacio, 33 y los cadáveres de este pueblo servirán de comida
a las aves del cielo y a las bestias de la
tierra, sin que haya quien las espante.
34 Suspenderé en las ciudades de Judá
y en las calles de Jerusalén toda voz de
gozo y alegría, la voz del novio y la voz
de la novia; porque toda la tierra quedará desolada.

8 1 En aquel tiempo —oráculo de Yahvé— sacarán de sus tumbas los huesos de los reyes de Judá, los huesos de
sus príncipes, los huesos de los sacerdotes, los huesos de los profetas y los huesos de los moradores de Jerusalén, 2 y
los dispersarán ante el sol, la luna y todo el ejército celeste a quienes amaron
y sirvieron, a quienes siguieron, consultaron y adoraron, para no ser recogidos
ni sepultados más; se volverán estiércol
sobre la superficie de la tierra. 3 Y será
preferible la muerte a la vida para todo
el resto que subsistiere de este linaje
malo adondequiera que yo los relegue
—oráculo de Yahvé Sebaot—.

Amenazas, lamentaciones, avisos. Extravío de Israel.

4 Les dirás: Así dice Yahvé:
Los que caen ¿no se levantan?;
y si uno se extravía ¿no sabe
volver?
5 Pues ¿por qué este pueblo sigue
apostatando,
Jerusalén con apostasía perpetua?
Se aferran a la mentira,
rehúsan convertirse.
6 He escuchado atentamente:
no hablan a derechas.
Nadie deplora su maldad diciendo:
«¿Qué hice?»
Todos se extravían, cada cual en su
carrera,
como caballo desbocado en la
batalla.
7 Hasta la cigüeña en el cielo conoce
su estación,
y la tórtola, la golondrina o la grulla
guardan el tiempo de sus
migraciones.
Pero mi pueblo ignora el derecho de
Yahvé.

7 31 Ver Lv **18** 21+; Is **30** 33.

La Ley en manos de los sacerdotes.

8 ¿Cómo dicen ustedes: «Somos sabios,
y poseemos la Ley de Yahvé?»,
cuando es más cierto que la falsea
el cálamo mendaz de los escribas*.
9 Los sabios pasarán vergüenza,
serán abatidos y presos.
Han desechado la palabra de Yahvé,
y su sabiduría ¿de qué les sirve?

Repetición de un fragmento conminatorio.
=**6** 12-15.

10 Así que yo daré sus mujeres a otros,
sus campos a nuevos amos,
porque del más chico al más grande
todos van a su provecho,
y desde el profeta hasta el sacerdote,
todos practican el fraude.
11 Han curado el quebranto de la hija de mi pueblo
a la ligera, diciendo: «¡Paz, paz!»,
cuando no había paz.
12 ¿Se avergonzaron de las abominaciones que hicieron?
¡Avergonzarse, no se avergonzaron;
sonrojarse, tampoco supieron!
¡Así caigan con los que caigan!
Tropezarán cuando yo los visite
—dice Yahvé—.

Conminación a Judá, la Viña de Yahvé.

13 Quisiera recoger de ellos algo*
—oráculo de Yahvé—,
pero no quedan uvas en la vid
ni higos en la higuera,
y están mustias sus hojas.
Es que yo les he dado
quien los despoje.
14 —«¿Por qué nos quedamos tranquilos?
¡Júntense,
vamos a las plazas fuertes
para enmudecer allí,
pues Yahvé nuestro Dios nos hace morir
y nos propina agua envenenada,
porque hemos pecado contra Yahvé!
15 Esperábamos paz, y no hubo bien;
tiempo de curación, y hubo cuidado.
16 Desde Dan se deja oír
el resuello de sus caballos.
Al relincho sonoro de sus corceles
tembló la tierra toda.
Vendrán y comerán el país y sus bienes,
la ciudad y sus habitantes.»
17 —Sí, voy a enviar contra ustedes
serpientes venenosas,
contra las que no existe encantamiento,
y los morderán —oráculo de Yahvé—.

Lamentación del profeta con motivo de una carestía.
5 20-25; **14**.

18 Sin remedio el dolor me acomete,
el corazón me falla;
19 se oye el grito lastimero de la hija de mi pueblo
desde todos los rincones del país:
«¿No está Yahvé en Sión?,
¿su Rey no mora ya en ella?
(¿Por qué me han irritado con sus ídolos,
con esas Vanidades traídas del extranjero?)
20 La siega pasó, el verano acabó,
mas nosotros no estamos a salvo.»
21 Me duele el quebranto de la capital de mi pueblo;
estoy abrumado, el pánico se apodera de mí.
22 ¿No hay bálsamo en Galaad?,
¿no quedan médicos allí?
Pues ¿por qué no llega el remedio
para la capital de mi pueblo?
23 ¡Quién convirtiera mi cabeza en llanto,
mis ojos en manantial de lágrimas
para llorar día y noche

8 8 Ver Mt **23**+.

8 13 Ver Is **5**+; Lc **13** 6-9; Mt **21** 18-22.

a los muertos de la capital de mi
pueblo!

Corrupción moral de Judá.

9 [1] ¡Quién me diera en el desierto
una posada de caminantes,
para poder dejar a mi pueblo
y alejarme de su compañía!
Porque todos ellos son adúlteros,
un hatajo de traidores
[2] que tensan su lengua como un arco.
Es la mentira, que no la verdad,
lo que prevalece en esta tierra.
Van de mal en peor,
y a Yahvé desconocen.
[3] ¡Que cada cual se guarde de su
prójimo!,
¡desconfíen de cualquier hermano!,
porque todo hermano pone la
zancadilla*,
y todo prójimo propala la calumnia.
[4] Se engañan unos a otros,
no dicen la verdad;
han avezado sus lenguas a mentir,
se han pervertido, (incapaces [5] de
convertirse).
Fraude por fraude, engaño por
engaño,
se niegan a reconocer a Yahvé.
[6] Por eso, así dice Yahvé Sebaot:
He decidido afinarlos y probarlos;
mas ¿cómo tratar a la capital de mi
pueblo?
[7] Su lengua es saeta mortífera,
las palabras de su boca, embusteras.
Se saluda al prójimo,
pero por dentro se le pone trampa.
[8] Y por estas acciones, ¿no los he de
castigar?
—oráculo de Yahvé—;
de una nación así,
¿no voy a vengarme?

Lamentación por Sión.

[9] Entono sobre los montes endechas y
lamentos,
una elegía por las dehesas del
desierto,
porque han sido incendiadas;
nadie pasa por allí,
no se oye mugir al ganado.
Desde las aves del cielo hasta las
bestias,
todas huyeron, se han ido.
[10] Voy a hacer de Jerusalén montón de
piedras,
guarida de chacales,
convertiré en desolación a las
ciudades de Judá,
las dejaré sin habitantes.

[11] ¿Quién es el sabio?, pues que
entienda esto;
¿a quién ha hablado la boca de
Yahvé?, pues que lo diga;
¿por qué el país se ha perdido,
incendiado como el desierto donde
no pasa nadie?

[12] Yahvé lo ha dicho: Es que han
abandonado mi Ley que yo les propuse,
y no han escuchado mi voz ni la han seguido; [13] sino que han ido tras la inclinación de sus corazones tercos, siguiendo
a los Baales que sus padres les enseñaron. [14] Por eso, así dice Yahvé Sebaot,
Dios de Israel: He decidido dar de comer
a este pueblo ajenjo y hacerles beber
agua emponzoñada. [15] Los voy a dis-
persar entre las naciones desconocidas
de ellos y de sus padres, y enviaré detrás
de ellos la espada hasta exterminarlos.

[16] Así habla Yahvé Sebaot:
¡Atiendan! Llamen a las plañideras,
que vengan:
manden por las más hábiles, que
vengan.
[17] ¡Pronto!, que entonen por nosotros
una lamentación.
Dejen caer lágrimas nuestros ojos,
y nuestros párpados den curso al
llanto.

[18] Sí, una lamentación se deja oír desde
Sión:
«¡Ay, que somos saqueados!,
¡qué vergüenza tan grande,
que se nos hace dejar nuestra tierra,
han derruido nuestros hogares!»

9 3 Es el sentido del nombre de *Jacob*, Gn **25** 26+; Os **12** 4; Is **43** 27.

19 Oigan, pues, mujeres, la palabra de Yahvé;
reciba su oído la palabra de su boca:
Enseñen a sus hijas esta lamentación,
y las unas a las otras esta elegía:
20 «La muerte ha trepado por nuestras ventanas,
ha entrado en nuestros palacios,
barriendo de la calle al chiquillo,
a los mozos de las plazas.
21 ¡Habla! Tal es el oráculo de Yahvé:
Los cadáveres humanos yacen
como boñigas por el campo,
como gavillas detrás del segador,
y no hay quien los reúna.»

La verdadera sabiduría.

22 Así dice Yahvé:
No se alabe el sabio por su sabiduría,
ni se alabe el valiente por su valentía,
ni se alabe el rico por su riqueza;
23 mas en esto se alabe quien se alabare:
en tener seso y conocerme*,
porque yo soy Yahvé, que hago merced,
derecho y justicia sobre la tierra,
porque en eso me complazco
—oráculo de Yahvé—.

La circuncisión, falsa garantía.

24 Miren que vienen días —oráculo de
Yahvé— en que he de visitar a todo circuncidado que sólo lo sea en su carne:
25 a Egipto, Judá, Edom y a los hijos de
Amón, a Moab, y a todos los de sien
rapada, los que moran en el desierto.
Porque todas estas gentes lo son. Pero
también los de la casa de Israel son incircuncisos de corazón.

Los ídolos y el Dios verdadero.
Is **40** 18+; Sal **115** 4-8.

10 1 Oigan la palabra que les dedica Yahvé a ustedes, oh casa de
Israel. 2 Así dice Yahvé:

Al proceder de los gentiles no se acostumbren,
ni de los signos celestes se espanten.
¡Que se espanten de ellos los gentiles!
3 Porque las costumbres de los gentiles son vanidad:
un madero del bosque,
obra de manos del maestro
que con el hacha lo cortó,
4 con plata y oro lo embellece,
con clavos y a martillazos lo sujeta
para que no se menee.
5 Son como espantajos de pepinar,
que ni hablan.
Tienen que ser transportados,
porque no andan.
No les tengan miedo, que no hacen
ni bien ni mal.

6 No hay como tú, Yahvé;
grande eres tú,
y grande tu Nombre en poderío.
7 ¿Quién no te temerá, Rey de las naciones?
Porque a ti se te debe eso.
Porque entre todos los sabios de las naciones
y entre todos sus reinos
no hay nadie como tú.

8 Todos a la par son estúpidos y necios:
lección de madera la que dan los ídolos.
9 Plata laminada, de Tarsis importada,
y oro de Ofir;
hechura de maestro
y de manos de platero
(de púrpura violeta y escarlata es su vestido):
todos son obra de artistas.
10 Pero Yahvé es el Dios verdadero;
es el Dios vivo y el Rey eterno.
Cuando se irrita, tiembla la tierra,
y no aguantan las naciones su indignación.
11 (Así les dirán ustedes: «Los dioses
que no hicieron el cielo ni la tierra
serán exterminados de la tierra y de
debajo del cielo.»)

9 23 Jeremías vuelve una y otra vez, **2** 8; **22** 15-16; **24** 7+; **31** 34, sobre el *conocimiento* de Yahvé, en el cual se resume la religión verdadera, ver Os **2** 22+.

12 Él es quien hizo la tierra con su
poder,
el que fundó el orbe con su saber,
y con su inteligencia expandió los
cielos.
13 Cuando da voces,
hay estruendo de aguas en los cielos,
y hace subir las nubes desde el
extremo de la tierra.
Él hace los relámpagos para la lluvia
y saca el viento de sus depósitos.
14 Todo hombre es torpe para
comprender,
se avergüenza del ídolo todo platero,
porque sus estatuas son una mentira
y no hay espíritu en ellas.
15 Vanidad son, cosa ridícula;
al tiempo de su visita perecerán.
16 No es así la «Parte de Jacob»,
pues él es el plasmador del universo,
y aquel cuyo heredero es Israel;
Yahvé Sebaot es su nombre.

Pánico en el país.

17 Recoge del suelo tu mercancía,
oh tú, que estás sitiada*,
18 porque así dice Yahvé:
He decidido lanzar con honda
a los moradores del país
—¡esta vez va de veras!—
y hundirlos en la angustia,
de modo que den conmigo.
19 —«¡Ay de mí, qué quebranto!,
¡cómo me duele la herida!
Y yo que decía:
'Sólo es un sufrimiento,
y me lo aguantaré'.
20 Mi tienda ha sido saqueada,
y todos mis tensores arrancados.
Mis hijos me han dejado,
ya no queda ninguno.
No hay quien despliegue ya mi tienda
ni quien ice mis toldos.»
21 —Es que han sido torpes los
pastores
y no han buscado a Yahvé;
así no obraron cuerdamente,
y toda su grey fue dispersada.
22 ¡Se oye un rumor!, ¡ya llega!:
un gran estrépito del país del norte,
para trocar las ciudades de Judá
en desolación, guarida de chacales.

23 Yo sé, Yahvé,
que no depende del hombre su
camino,
que el que anda no decide
la rectitud de sus pasos.
24 Corrígeme, Yahvé, pero con tino,
no con tu ira, no sea que me quede
en poco.
25 Vierte tu cólera sobre las naciones
que te desconocen,
y sobre los linajes
que no invocan tu Nombre.
Porque han devorado a Jacob hasta
consumirlo,
lo han devorado y su mansión han
desolado.

Jeremías y las cláusulas de la Alianza*.
7 21-28.

11 1 Palabra que llegó de parte de
Yahvé a Jeremías: 2 Oigan ustedes los términos de esta alianza y
hablen a los hombres de Judá y a los
habitantes de Jerusalén, 3 y diles: Así
dice Yahvé, el Dios de Israel: Maldito el
varón que no escuche los términos de
esta alianza 4 que mandé a los padres de
ustedes el día que los saqué de Egipto,
del crisol de hierro, diciéndoles: «Oigan
mi voz y obren conforme a lo que les
he mandado; y así serán mi pueblo, y
yo seré su Dios, 5 en orden a cumplir
el juramento que hice a sus padres, de
darles una tierra que mana leche y miel
—como se cumple hoy—.» Respondí y
dije: ¡Amén, Yahvé! 6 Y me dijo Yahvé:
Pregona todas estas palabras por las
ciudades de Judá y por las calles de Jerusalén: «Oigan los términos de esta alianza
y cúmplanlos: 7 que bien advertí a sus

10 17 Amenaza de destierro a Judá personificada.

11 Este pasaje contiene numerosas expresiones propias del Dt y testimonia la parte que tuvo Jeremías en la reforma de Josías, 2 R **22 3-23** 27.

padres el día que los hice subir de Egipto, y hasta la fecha he insistido en adver-
tírselo: ¡Oigan mi voz! 8 Mas no oyeron
ni aplicaron el oído, sino que cada cual
procedió según la terquedad de su corazón malo. Y así he aplicado contra ellos
todos los términos de dicha alianza que
les mandé cumplir y no lo hicieron.»

9 Y me dijo Yahvé: Se ha descubierto
una conjura entre los hombres de Judá y
entre los habitantes de Jerusalén. 10 Han
reincidido en las culpas de sus mayores,
que rehusaron escuchar mis palabras:
se han ido tras otros dioses para servirles; han violado la casa de Israel y la casa de Judá mi alianza, que pacté con sus
padres. 11 Por eso, así dice Yahvé: Voy
a traerles una desgracia a la que no podrán hurtarse; y aunque se me quejen,
no los oiré. 12 ¡Que vayan las ciudades
de Judá y los moradores de Jerusalén,
y que se quejen a los dioses a quienes
inciensan!, que lo que es salvarlos, no
los salvarán al tiempo de su desgracia.

13 Pues cuantas son tus ciudades,
otros tantos son tus dioses, Judá;
y cuantas calles cuenta Jerusalén,
otros tantos altares a la Vergüenza,
otros tantos altares hay de Baal.

14 En cuanto a ti, no pidas por este
pueblo, ni eleves por ellos plegaria ni
oración, porque no he de oír cuando clamen a mí por su desgracia.

Reproche a los hipócritas frecuentadores del templo.

7 1-15.21-28.

15 ¿Qué hace mi amada en mi templo?;
su obrar, ¿no es pura doblez?
¿Es que los votos y la carne
consagrada
harán pasar de ti tu desgracia?
Entonces sí que te regocijarías.
16 «Olivo frondoso, lozano, de fruto
hermoso»
te había puesto Yahvé por nombre.
Pero con gran estrépito
le ha prendido fuego,
y se han quemado sus guías.

17 Yahvé Sebaot, que te plantó, te ha
sentenciado, dada la maldad que ha cometido la casa de Israel y la casa de Judá,
exasperándome por incensar a Baal.

Jeremías perseguido en Anatot*.

15 10+.

18 Yahvé me lo hizo saber, y así lo supe. Entonces me descubriste, Yahvé, sus
intrigas. 19 ¡Y yo que estaba como cordero manso llevado al matadero, sin saber
que intrigaban contra mí!: «Destruyamos
el árbol en su vigor*; borrémoslo de la
tierra de los vivos, y su nombre no vuelva
a mentarse.»

20 ¡Oh Yahvé Sebaot, juez de lo justo,
que escrutas los riñones y el
corazón*!,
vea yo tu venganza contra ellos,
porque a ti he manifestado mi causa.

21 Y en efecto, así dice Yahvé tocante
a los de Anatot, que buscan mi muerte
diciendo: «No profetices en nombre de
Yahvé, y no morirás a nuestras manos».
22 Por eso así dice Yahvé Sebaot: He
decidido tomarles cuentas. Sus mancebos morirán por la espada, sus hijos e
hijas morirán de hambre, 23 y no quedará de ellos ni reliquia cuando yo traiga
la desgracia a los de Anatot, el año en
que venga a castigarlos.

El problema de la dicha de los malos.

Jb **21**; Sal **49; 73**.

12 1 Tú llevas la razón, Yahvé,
cuando discuto contigo,
no obstante, voy a tratar contigo
un punto de justicia.
¿Por qué tienen suerte los malos
y son felices todos los traidores?
2 Los plantas, y enseguida arraigan,

11 18 Primera «confesión» de Jeremías, **15** 10+.

11 19 Ver Is **53** 7.

11 20 Ver **20** 12. Ver también **17** 10; 1 R **8** 39; etc.

van a más y dan fruto.
Cerca estás tú de sus labios,
pero lejos de su corazón.
3 En cambio a mí ya me conoces,
Yahvé; me has visto
y has comprobado que mi corazón
está contigo.
Llévatelos como ovejas al matadero,
conságralos para el día de la matanza*.

4 (¿Hasta cuándo estará de luto la tierra y la hierba de todo el campo estará
seca? Por la maldad de los que moran
en ella han desaparecido bestias y aves.)

Porque han dicho:
«No ve Dios nuestros senderos.»
5 —Si con los de a pie corriste y te
cansaron,
¿cómo competirás con los de a
caballo?
Y si en tierra abierta te sientes seguro,
¿qué harás entre el boscaje del
Jordán?
6 Porque incluso tus hermanos y la
casa de tu padre, ésos también te traicionarán y a tus espaldas gritarán. No te
fíes de ellos cuando te digan hermosas
palabras.

Yahvé lamenta la invasión de su heredad.

7 Dejé mi casa,
abandoné mi heredad,
entregué el cariño de mi alma
en manos de sus enemigos.
8 Se ha portado conmigo mi heredad
como un león en la selva:
me acosaba con sus voces;
por eso la aborrecí.
9 Mi heredad es un pájaro pinto,
las rapaces se ciernen sobre ella.
¡Ea, júntense, fieras todas del campo:
acérquense al festín!
10 Entre muchos pastores destruyeron
mi viña,
hollaron mi heredad,
trocaron mi mejor campo
en un yermo desolado.
11 La convirtieron en desolación
lamentable,
me la dejaron yerma.
Totalmente desolado está el país,
porque no hay allí nadie que lo
sienta.
12 Sobre todos los montículos del
desierto
han venido saqueadores
(pues Yahvé tiene una espada que
devora),
de un cabo al otro de la tierra,
no hubo cuartel para alma viviente.
13 Sembraron trigo y espinos segaron,
se afanaron sin provecho.
Vergüenza les dan sus cosechas,
por causa de la ira ardiente de Yahvé.

Juicio y salvación de los pueblos vecinos.

14 Así dice Yahvé: En cuanto a todos
los malos vecinos que han tocado la
heredad que di en precio a mi pueblo
Israel, he decidido arrancarlos de su solar. (Y a la casa de Judá voy a arrancarla
de en medio de ellos.) 15 Pero luego de
haberlos arrancado, me volveré y les
tendré lástima, y los haré retornar, cada
cual a su heredad y a su tierra. 16 Y entonces, si de veras aprendieron el camino de mi pueblo jurando en mi Nombre:
«¡Por vida de Yahvé!» —lo mismo que
ellos enseñaron a mi pueblo a jurar por
Baal—, serán restablecidos a la par de mi
pueblo*. 17 Mas si no obedecen, arrancaré a aquella gente y arrancada quedará y
la haré perecer —oráculo de Yahvé—.

La faja en el río Éufrates*.

13 1 Yahvé me dijo así: «Anda y
cómprate una faja de lino y te

12 3 Sobre estas llamadas a la venganza divina, véase Sal **5** 11+. De hecho, v. 5, Dios anuncia más persecuciones y deja en el misterio la retribución. Ver Jb **40** 1-5; **42** 1-6; Jr **15** 19.
12 16 Ver Is **45** 14+.

13 Acción simbólica, ver **18**+. Israel, al que Yahvé se había puesto como una *faja* en los lomos, Sal **76** 11, se ha desprendido de él y ha ido a pudrirse en el contacto de la idolatría babilónica.

la pones a la cintura, pero no la metas
en agua.» 2 Compré la faja, según la orden de Yahvé, y me la puse a la cintura.
3 Entonces me dirigió Yahvé la palabra
por segunda vez: 4 «Toma la faja que has
comprado y que llevas a la cintura, levántate y vete al Éufrates y la escondes
allí en un resquicio de la peña.» 5 Yo fui y
la escondí en el Éufrates como me había
mandado Yahvé. 6 Al cabo de mucho
tiempo me dijo Yahvé: «Levántate, vete
al Éufrates y recoges de allí la faja que
te mandé que escondieras allí.» 7 Yo fui
al Éufrates, cavé, recogí la faja del sitio
donde la había escondido y resulta que
se había echado a perder la faja: no valía
para nada. 8 Entonces me dirigió Yahvé
la palabra en estos términos: 9 «Así
dice Yahvé: Del mismo modo echaré a
perder la mucha soberbia de Judá y de
Jerusalén. 10 Ese pueblo malo que rehúsa
oír mis palabras, que caminan según la
terquedad de sus corazones y han ido
tras otros dioses a servirlos y adorarlos,
serán como esta faja que no vale para
nada. 11 Porque así como se pega la faja
a la cintura de uno, de igual modo hice
apegarse a mí a toda la casa de Israel y
a toda la casa de Judá —oráculo de Yahvé— con idea de que fueran mi pueblo,
mi honra, mi alabanza y mi honor, pero
ellos no me oyeron.

Los cántaros estrellados.

12 Diles este refrán: Así dice Yahvé, el
Dios de Israel: «Todo cántaro se puede
llenar de vino.» Ellos te dirán: «¿No
sabemos de sobra que todo cántaro se
puede llenar de vino?» 13 Entonces les
dices: «Pues así dice Yahvé: He decidido
emborrachar completamente* a todos
los habitantes de esta tierra, a los reyes
sucesores de David en el trono, a los
sacerdotes y profetas y a todos los habitantes de Jerusalén, 14 y los estrellaré, a
cada cual contra su hermano, padres e
hijos a una —oráculo de Yahvé— sin que
piedad, compasión y lástima me quiten
de destruirlos.»

Perspectivas de destierro.

15 Oigan y escuchen, no sean
altaneros,
porque habla Yahvé.
16 Den gloria a su Dios Yahvé
antes que haga oscurecer,
y antes que se les vayan los pies
sobre la sierra oscura,
y esperen la luz,
y él la haya convertido en negrura,
la haya trocado en tiniebla densa.
17 Pero si ustedes no lo oyen, en
silencio
llorará mi alma por ese orgullo,
y dejarán caer mis ojos lágrimas,
y verterán copiosas lágrimas,
porque va cautiva la grey de Yahvé.

Conminación al rey Jeconías.

18 Di al rey y a la Gran Dama:
Humíllense, siéntense,
porque ha caído de sus cabezas
su diadema preciosa.
19 Las ciudades del Negueb están
cercadas,
y no hay quien abra.
Todo Judá es deportado,
deportado en masa.

Aviso a Jerusalén impenitente.

20 Alza tus ojos, Jerusalén,
mira a los que vienen del norte.
¿Dónde está la grey que se te dio,
tus preciosas ovejas?
21 ¿Qué dirás cuando vengan
a castigar a tus cabecillas,
a los que habías preparado
para que fueran tus jefes?
¿No te acometerán dolores
como de parturienta?
22 Pero acaso digas en tus adentros:
«¿Por qué me ocurren estas cosas?»
Por tu gran culpa han sido alzadas
tus faldas
y han sido forzados tus calcañales.
23 ¿Muda el cusita su piel,
o el leopardo sus pintas?

13 13 Ver Is **51** 17+.

¿Podrán entonces hacer el bien
ustedes, los acostumbrados al mal?
24 Por eso los esparcí como tamo
al viento de la estepa.
25 Ésa es tu suerte, el lote
que te toca de mi parte —oráculo de Yahvé—:
por cuanto que me olvidaste
y te fiaste de la Mentira.
26 Pues también yo te he levantado
las faldas sobre tu rostro,
y se ha visto tu indecencia.
27 ¡Ah, tus adulterios y relinchos,
la bajeza de tu prostitución!
Sobre los altos, por la campiña
he visto tus Monstruos abominables.
¡Ay de ti, Jerusalén, que no estás pura!
¿Hasta cuándo todavía...?

La gran sequía*.
5 20-25; **8** 18-23.

14 1 Palabra de Yahvé a Jeremías, a propósito de la sequía.

2 Judá está de luto,
sus ciudades desfallecen
sombrías y abatidas,
y sube el alarido de Jerusalén.
3 Sus nobles mandaban a los pequeños por agua:
llegaban a los aljibes
y no la encontraban;
volvían con sus cántaros vacíos.
Quedaban confundidos y avergonzados
y se cubrían la cabeza.
4 El suelo está consternado
por no haber lluvia en la tierra.
Confusos andan los labriegos,
se han cubierto la cabeza.
5 Hasta la cierva en el campo
parió y abandonó a su cría,
porque no había césped.
6 Los burros salvajes se paraban sobre los calveros,
aspiraban el aire como chacales,
tenían los ojos consumidos
por falta de hierba.
7 Aunque nuestras culpas hablen contra nosotros,
Yahvé, obra por amor de tu Nombre.
Cierto, son muchas nuestras apostasías,
contra ti hemos pecado.
8 ¡Oh esperanza de Israel, Yahvé,
Salvador suyo en tiempo de angustia!
¿Por qué has de ser cual forastero en la tierra,
o cual viajero que se tumba para pasar la noche?
9 ¿Por qué has de ser como un pasmado,
como un valiente incapaz de ayudar?
Pues tú estás entre nosotros, Yahvé,
y por tu Nombre se nos llama,
¡no te deshagas de nosotros!

10 Así dice Yahvé de este pueblo: ¡Cómo les gusta vagabundear!, no contienen
sus pies. Pero Yahvé no se complace en
ellos: ahora se va a acordar de su culpa y
a castigar su pecado.
11 Y me dijo Yahvé: «No intercedas en
favor de este pueblo. 12 Así ayunen, no
escucharé su clamoreo; y así levanten
holocausto y ofrenda, no me compla-
cerán; sino que con espada, con hambre y con peste voy a acabarlos.»
13 Dije yo: «¡Ah, Señor Yahvé! Resulta
que los profetas están diciéndoles: Ustedes no verán espada, ni tendrán hambre,
sino que voy a darles paz segura en este
lugar.»
14 Y me dijo Yahvé: «Mentira profetizan esos profetas en mi nombre. Yo no
los he enviado ni dado instrucciones, ni
les he hablado. Visión mentirosa, augurio fútil y delirio de sus corazones les dan
a ustedes por profecía. 15 Por tanto, así
dice Yahvé: Tocante a los profetas que
profetizan en mi nombre sin haberlos
enviado yo, y que dicen: 'No habrá
espada ni hambre en este país', con espada y con hambre serán rematados los
tales profetas, 16 y el pueblo al que pro-

14 Diálogo del pueblo y del profeta con Dios, vv. 7s, imitando una liturgia de lamentación, Jl **1-2**; Sal **74**; **79**. Esta *sequía* se sitúa, probablemente, en el reinado de Joaquín.

fetizan yacerá derribado por las calles de Jerusalén, por causa del hambre y de la espada, y no habrá sepulturero para ellos ni para sus mujeres, sus hijos y sus hijas; pues volcaré sobre ellos mismos su maldad.»

17 Les dirás esta palabra:
Dejen caer mis ojos lágrimas
de noche y de día sin parar,
porque de quebranto grande es
quebrantada la doncella,
la capital de mi pueblo,
de golpe gravísimo.
18 Si salgo al campo,
encuentro heridos de espada,
y si entro en la ciudad,
encuentro muertos de hambre.
Hasta el profeta, hasta el sacerdote
vagan por el país desorientados.

19 —¿Es que has desechado a Judá?,
¿o acaso te has hastiado de Sión?
¿Por qué nos has herido, sin
esperanza de cura?
Esperábamos paz, y no hubo bien
alguno;
el tiempo de la cura, y se presenta el
miedo.
20 Reconocemos, Yahvé, nuestras
maldades,
la culpa de nuestros padres;
que hemos pecado contra ti.
21 No desprecies, por amor de tu
Nombre,
no deshonres la sede de tu Gloria.
Recuerda, no anules tu alianza con
nosotros.
22 ¿Hay entre las Vanidades de los
paganos quienes hagan llover?,
¿o acaso los cielos dan de suyo la
llovizna?
¿No eres tú mismo, oh Yahvé?
¡Dios nuestro, esperamos en ti,
porque tú hiciste todas estas cosas!

15 1 Y me dijo Yahvé: Aunque se
me pongan Moisés y Samuel*
por delante, no estará mi corazón por
este pueblo. Échalos de mi presencia y
que salgan. 2 Y como te digan: «¿A dónde salimos?», les dices: Así dice Yahvé:

Quien sea para la muerte, a la muerte;
quien para la espada, a la espada;
quien para el hambre, al hambre,
y quien para el cautiverio, al cautiverio.

3 Haré que se encarguen de ellos cuatro géneros (de males) —oráculo de Yahvé—: la espada para degollar, los perros
para despedazar, las aves del cielo y las
bestias terrestres para devorar y estragar.
4 Los convertiré en espantajo para todos
los reinos de la tierra, por culpa de Manasés, hijo de Ezequías, rey de Judá, por
lo que hizo en Jerusalén.

Desastres de la guerra.

5 ¿Quién, pues, te tendrá lástima,
Jerusalén?,
¿quién meneará la cabeza por ti?,
¿quién se alargará a saludarte?
6 Tú me has abandonado —oráculo
de Yahvé—
de espaldas te has ido.
Pues yo extiendo mi mano sobre ti y
te destruyo.
Estoy cansado de apiadarme,
7 y voy a beldarlos con el bieldo
en las puertas del país.
He dejado sin hijos, he aniquilado a
mi pueblo,
porque de sus caminos no se
convertían.
8 Yo les he hecho más viudas
que la arena de los mares.
He traído sobre las madres de los
jóvenes guerreros
al saqueador en pleno mediodía.
He hecho caer sobre ellos de pronto
sobresalto y alarma.
9 Mal lo pasó la madre de siete hijos:
exhalaba el alma,
se puso su sol siendo aún de día,
se avergonzó y se abochornó.
Y lo que queda de ellos, a la espada
voy a entregarlo

15 1 *Moisés y Samuel*, los grandes intercesores, ver Ex **32** 11+; Sal **99** 6. La tradición posterior incluirá también al mismo Jeremías, 2 M **15** 14+.

delante de sus enemigos —oráculo
de Yahvé—.

La vocación del profeta renovada*.
1 4-10.17-19.

10 ¡Ay de mí, madre mía,
que me diste a luz para ser
varón discutido y debatido por todo
el país!
Ni les debo, ni me deben,
¡pero todos me maldicen!
11 Di, Yahvé, si no te he servido bien:
intercedí ante ti por mis enemigos
en el tiempo de su mal y de su apuro.
12 ¿Se mella el hierro,
el hierro del norte, y el bronce?
13 Tu haber y tus tesoros al pillaje voy a
dar gratis,
por todos tus pecados en todas tus
fronteras,
14 y te haré esclavo de tus enemigos
en un país que no conoces,
pues ha estallado el fuego de mi ira,
que sobre ustedes estará encendido.

15 Tú lo sabes, Yahvé:
acuérdate de mí, visítame
y véngame de mis perseguidores.
No por alargar tu ira sea yo
arrebatado.
Sábelo: por ti he soportado el
oprobio.
16 Se presentaban tus palabras, y yo las
devoraba;
era tu palabra para mí un gozo
y alegría de corazón,
porque se me llamaba por tu Nombre
Yahvé, Dios Sebaot.
17 No me senté en peña de gente
alegre y me holgué:
por obra tuya, solitario me senté,
porque de rabia me llenaste.
18 ¿Por qué ha resultado mi penar
perpetuo,
y mi herida irremediable, rebelde a la
medicina?
¡Ay! ¿serás tú para mí como un
espejismo,
aguas no verdaderas?

19 Entonces Yahvé dijo así:
Si te vuelves porque yo te haga
volver,
estarás en mi presencia;
y si sacas lo precioso de lo vil,
serás como mi boca.
Que ellos se vuelvan a ti,
y no tú a ellos.

20 Yo te haré para este pueblo
muralla de bronce inexpugnable.
Y pelearán contigo,
pero no te podrán,
pues contigo estoy yo
para librarte y salvarte
—oráculo de Yahvé—.
21 Te salvaré de mano de los malvados
y te rescataré del puño de esos
rabiosos.

Simbolismo de la vida del profeta*.

16 1 Me dirigió Yahvé la palabra
en estos términos: 2 No tomes
mujer ni tengas hijos ni hijas en este
lugar. 3 Que así dice Yahvé de los hijos
e hijas nacidos en este lugar, de sus madres que los dieron a luz y de sus padres
que los engendraron en esta tierra: 4 De
muertes miserables morirán, sin que
sean llorados ni sepultados. Se volverán
estiércol sobre la superficie del suelo.
Con espada y hambre serán acabados,
y serán sus cadáveres pasto para las
aves del cielo y las bestias de la tierra.
5 Sí, así dice Yahvé: No entres en casa
de duelo, ni vayas a llorar, ni los con-
sueles; pues he retirado mi paz de este

15 10 Nuevo diálogo con Dios, ver **11** 18-**12** 5, que atestigua una crisis interior de Jeremías. Yahvé le exige una nueva «conversión», renovando de manera casi idéntica los términos de la primera vocación, vv. 19-20; ver **1** 9.17-19. Este pasaje forma, con **11** 18-**12** 5; **15** 10-21; **17** 14-18; **18** 18-23; **20** 7-18, lo que se ha dado en llamar las «confesiones de Jeremías».

16 Más allá de las acciones simbólicas, **18**+, la vida misma de los profetas llega a veces a ser símbolo y signo. Ver Os **1-3**; Is **8** 18; Ez **24** 15-24.

pueblo —oráculo de Yahvé—, la merced
y la compasión. 6 Morirán grandes y chicos en esta tierra. No se los sepultará,
ni nadie los llorará, ni se arañarán ni se
raparán por ellos, 7 ni se partirá el pan
al que está de luto para consolarlo por el
muerto, ni le darán a beber la taza con-
solatoria por su padre o por su madre.

8 Y en casa de convite tampoco entres
a sentarte con ellos a comer y beber.
9 Que así dice Yahvé Sebaot, el Dios de
Israel: He decidido hacer desaparecer
de este lugar, ante sus propios ojos y en
sus días, toda voz de gozo y alegría, la
voz del novio y la voz de la novia.

10 Luego, cuando hayas comunicado
a este pueblo todas estas palabras, y te
digan: «¿Por qué ha pronunciado Yahvé
contra nosotros toda esta gran desgracia?, ¿cuál es nuestra culpa y cuál nuestro pecado que hemos cometido contra
Yahvé nuestro Dios?», 11 tú les dirás: «Es
porque me dejaron sus padres —oráculo
de Yahvé— y se fueron tras otros dioses
y los sirvieron y adoraron, y a mí me
dejaron, y mi Ley no guardaron. 12 Y
ustedes mismos han hecho peor que sus
padres, pues he aquí que va cada uno
tras la dureza de su mal corazón, sin
escucharme. 13 Pero yo los echaré lejos
de esta tierra, a otra que no han conocido ustedes ni sus padres, y servirán allí
a otros dioses día y noche, pues no les
otorgaré perdón.»

Retorno de los desterrados.

=**23** 7-8.

14 En efecto, miren que vienen días
—oráculo de Yahvé— en que no se dirá
más: «¡Por vida de Yahvé, que subió a
los israelitas de Egipto!», 15 sino: «¡Por
vida de Yahvé, que subió a los hijos de
Israel del país del norte, y de todos los
países a donde los arrojara!» Pues yo los
devolveré a su solar, que di a sus padres.

Anuncio de invasión.

16 Voy a enviar a muchos pescadores
—oráculo de Yahvé—, que los pesca-
rán. Y luego de esto enviaré a muchos
cazadores, y los cazarán de encima de
cada monte y de cada cerro y de los resquicios de las peñas. 17 Porque mis ojos
están puestos en todos sus caminos: no
se me ocultan, ni se zafa su culpa de
delante de mis ojos. 18 Pagaré doblado
por su culpa y su pecado, porque ellos
profanaron mi tierra con la carroña de
sus Monstruos abominables, y de sus
Abominaciones llenaron mi heredad.

Conversión de los gentiles.

19 ¡Oh Yahvé, mi fuerza y mi refuerzo,
mi refugio en día de apuro!
A ti las gentes vendrán
de los confines de la tierra y dirán:
¡Luego Mentira recibieron de
herencia nuestros padres,
Vanidad y cosas sin provecho!
20 ¿Es que va a hacerse el hombre
dioses para sí?,
¡aunque aquellos no son dioses!
21 Por tanto, voy a darles a conocer
—esta vez sí—
mi mano y mi poderío,
y sabrán que mi nombre es Yahvé.

Faltas cultuales de Judá.

17 1 El pecado de Judá está escrito
con buril de hierro;
con punta de diamante está grabado
sobre la tabla de su corazón
y en los cuernos de sus aras,
2 así, recordarán sus hijos
sus aras y sus troncos sagrados
bajo los árboles frondosos,
sobre los oteros altos,
3 mi monte, en la campiña.
Tu haber y todos tus tesoros
al pillaje voy a dar,
en pago por todos tus pecados de
los altos,
en todas tus fronteras.
4 Tendrás que deshacerte
de la heredad que te di,
y te haré esclavo de tus enemigos
en un país que no conoces,
pues ha estallado el fuego de mi ira,
que para siempre estará encendido.

Máximas de sabiduría.

5 Así dice Yahvé:
Maldito quien se fía del hombre,
y hace de la carne su apoyo,
y de Yahvé se aparta en su corazón.
6 Es como el tamarisco en la Arabá,
y no verá el bien cuando venga.
Vive en los sequedales del desierto,
en saladar inhabitable.

7 Bendito quien se fía de Yahvé,
pues no defraudará Yahvé su confianza.
8 Es como árbol plantado a la vera del agua,
que junto a la corriente echa sus raíces.
No temerá cuando viene el calor,
y estará su follaje frondoso;
en año de sequía no se inquieta
ni se retrae de dar fruto.

9 El corazón es lo más retorcido;
no tiene arreglo: ¿quién lo conoce?
10 Yo, Yahvé, exploro el corazón,
pruebo los riñones,
para dar a cada cual según su camino,
según el fruto de sus obras.

11 La perdiz incuba lo que no ha puesto;
así es el que hace dinero, mas no con justicia:
en mitad de sus días lo ha de dejar
y a la postre resultará un necio.

Confianza en el Templo y confianza en Yahvé.

12 Solio de Gloria, excelso desde el principio,
es el lugar de nuestro santuario.
13 Esperanza de Israel, Yahvé:
todos los que te abandonan serán avergonzados,
y los que se apartan de ti, en la tierra serán escritos,
por haber abandonado el manantial
de aguas vivas, Yahvé.

Oración para pedir venganza.
15 10+.

14 Cúrame, Yahvé, y sea yo curado;
sálvame, y sea yo salvo,
pues tú eres mi alabanza.
15 Mira que ellos me dicen:
«¿Dónde está la palabra de Yahvé?
¡vamos, que venga!»
16 Yo nunca te apremié a hacer daño;
el día de aflicción no he deseado;
tú lo sabes: lo salido de mis labios
te lo he dicho a la cara.
17 No seas para mí espanto,
¡oh tú, mi amparo en el día aciago!
18 Avergüéncense mis perseguidores, y no me avergüence yo;
espántense ellos, y no me espante yo.
Trae sobre ellos el día aciago,
y con doble quebrantamiento
quebrántalos.

Observancia del sábado*.
Ex **20** 8+.

19 Yahvé me dijo así: Ve y te paras
a la puerta de los Hijos del pueblo,
por la que entran los reyes de Judá y
por la que salen, y asimismo en todas
las puertas de Jerusalén, 20 y les dices:
Oigan la palabra de Yahvé, reyes de
Judá, y todo Judá y los habitantes de
Jerusalén que entran por estas puertas.
21 Así dice Yahvé: «Guárdense, por vida
suya, de llevar carga en día de sábado
y meterla por las puertas de Jerusalén.
22 No saquen tampoco carga de sus casas en sábado, ni hagan trabajo alguno,
antes bien santifiquen el sábado como
mandé a sus padres.» 23 Mas no oyeron
ni aplicaron el oído, sino que atiesaron
su cerviz sin oír ni aprender. 24 Que si
ustedes me hacen caso —oráculo de
Yahvé— no metiendo carga por las
puertas de esta ciudad en sábado y san-
tificando el día de sábado sin realizar en
él trabajo alguno, 25 entonces entrarán
por las puertas de esta ciudad reyes
que se sienten sobre el trono de David,

17 19 Los vv. 19-27 podrían no ser de Jeremías.

montados en carros y caballos, ellos y
sus oficiales, la gente de Judá y los habitantes de Jerusalén. Y durará esta
ciudad para siempre. [26] Y vendrán de
las ciudades de Judá, de los aledaños de
Jerusalén, del país de Benjamín, de la
Tierra Baja, de la Sierra y del Negueb a
traer holocaustos, sacrificios, oblaciones
e incienso y a traer ofrendas de acción
de gracias al templo de Yahvé. [27] Pero
si ustedes no me oyen en cuanto a santificar el sábado y no llevar carga ni
meterla por las puertas de Jerusalén en
sábado, entonces prenderé fuego a sus
puertas, que consumirá los palacios de
Jerusalén, y no se apagará.

Jeremías en casa del alfarero*.

18 [1] Palabra que Yahvé dirigió a
Jeremías: [2] Levántate y baja a la
alfarería, que allí mismo te haré oír mis
palabras. [3] Bajé a la alfarería, y resulta
que el alfarero estaba haciendo un trabajo al torno. [4] El cacharro que estaba
haciendo se estropeó como barro en
manos del alfarero, y éste volvió a empezar, trasformándolo en otro cacharro
diferente, como mejor le pareció al
alfarero. [5] Entonces me dirigió Yahvé la
palabra en estos términos: [6] ¿No puedo
hacer yo con ustedes, casa de Israel, lo
mismo que este alfarero*? —oráculo de
Yahvé—. Lo mismo que el barro en la
mano del alfarero, así son ustedes en mi
mano, casa de Israel. [7] De pronto hablo
contra una nación o reino, de arrancar,
derrocar y perder; [8] pero se vuelve atrás
de su mal aquella gente contra la que
hablé, y yo también desisto del mal que
pensaba hacerle. [9] Y de pronto hablo,
tocante a una nación o un reino, de
edificar y plantar; [10] pero hace lo que
parece malo desoyendo mi voz, y entonces yo también desisto del bien que
había decidido hacerle. [11] Ahora, pues,
di a la gente de Judá y a los habitantes
de Jerusalén: Así dice Yahvé: «Miren
que estoy ideando contra ustedes cosa
mala y pensando algo contra ustedes.
Ea, pues; vuélvanse cada cual de su mal
camino y mejoren su conducta y acciones.» [12] Pero van a decir: «Es inútil; porque seguiremos nuestros pensamientos
y cada uno de nosotros hará conforme
a la terquedad de su mal corazón.»

Israel olvida a Yahvé.

[13] Por tanto, así dice Yahvé:
Vamos, pregunten entre las
naciones:
¿Quién oyó tal?
¡Bien fea cosa ha hecho
la virgen de Israel!
[14] ¿Faltará acaso de la peña excelsa
la nieve del Líbano?,
¿o se agotarán las aguas crecidas,
frescas, corrientes?
[15] Pues bien, mi pueblo me ha
olvidado.
A la Nada inciensan.
Han tropezado en sus caminos,
aquellos senderos de siempre,
para irse por trochas,
por camino no trillado.
[16] Es para trocar su tierra en
desolación,
en eterna rechifla:
todo el que pase se asombrará de
ella
y meneará la cabeza.

18 Ya los antiguos profetas, 1 S **15** 27-28; 1 R **11** 30+ (ver 1 R **22** 11-12) se valían de gestos simbólicos: la palabra profética establece un lazo entre el gesto significativo y la realidad de la que es signo, de suerte que la realidad anunciada es ya tan irrevocable como el gesto ejecutado. Los grandes profetas han repetido este procedimiento: Oseas con su vida misma, Os **1-3**; Isaías a veces, Is **20** 2 (ver los nombres simbólicos, Is **1** 26); sobre todo Jeremías, **1** 11-14; **13** 1-11; **18** 1-12; **19**; **24**; **27-28**; **32**, y Ezequiel, Ez **4** 1-3.9-17; **12** 1-20; **24** 3-14; **37** 15-28; sus mismos sufrimientos son también signos, **4** 4-8; **24** 15-24.27; **33** 22. Puede añadirse que la «pasión» de Jeremías (que lo asemeja al *Siervo* doliente, ver Is **42**+) es un signo, aunque el mismo no lo subraye. Acciones simbólicas se encuentran también en el NT, Mt **21** 18-19p; Hch **21** 10-14.

18 6 Ver Is **29** 16+.

17 Como el viento solano los esparciré
delante del enemigo.
La espalda, que no la cara, les mostraré
el día de su infortunio.

Con ocasión de un atentado contra Jeremías.

15 10+.

18 Entonces dijeron: «Vengan y trame-
mos algo contra Jeremías, porque no va
a faltarle la ley al sacerdote, el consejo al
sabio, ni al profeta la palabra*. Vengan
e hirámosle por su propia lengua: no
estemos atentos a todas sus palabras.»

19 Estate atento a mí, Yahvé,
y oye lo que dicen mis contrincantes.
20 ¿Es que se paga mal por bien?
(Porque han cavado una hoya para mi persona.)
Recuerda cuando yo me ponía en tu presencia
para hablar en bien de ellos,
para apartar tu cólera de ellos.
21 Por tanto, entrega a sus hijos al hambre
y desángralos a filo de espada;
queden sus mujeres sin hijos y viudas,
sean sus varones asesinados,
sus mancebos acuchillados en la guerra.
22 Que se oiga griterío en sus casas,
cuando traigas sobre ellos pillaje repentino.
Porque han cavado una hoya para prenderme,
y trampas han escondido para mis pies.
23 Pero tú, Yahvé, conoces
todo su plan de muerte contra mí.
¡No disimules su culpa,
no borres de tu presencia su pecado!
¡Que caigan ante ti,
al tiempo de tu ira, descarga en ellos!

El jarro roto. Altercado con Pasjur.

19 1 Entonces Yahvé dijo a Jeremías:
Ve y compras un jarro de cerámi-
ca; tomas contigo a algunos ancianos del
pueblo y algunos sacerdotes, 2 sales al
valle de Ben Hinón, a la entrada de la
puerta de las Tejoletas, y pregonas allí
las palabras que voy a decirte. 3 Dirás:
Oigan la palabra de Yahvé, reyes de
Judá y habitantes de Jerusalén. Así dice
Yahvé Sebaot, el Dios de Israel: «Pienso
traer sobre este lugar una desgracia,
que a todo el que la oiga le zumbarán
los oídos. 4 Porque me han dejado, han
hecho extraño este lugar y han incen-
sado en él a otros dioses que ni ellos ni
sus padres conocían. Los reyes de Judá
han llenado este lugar de sangre de
inocentes, 5 y han construido los altos
de Baal para quemar a sus hijos en el
fuego*, en holocausto a Baal, —lo que
no les mandé ni les dije ni me pasó por
las mientes—. 6 Por tanto, van a venir
días —oráculo de Yahvé— en que no
se hablará más de Tófet ni del valle de
Ben Hinón, sino del 'Valle de la Matanza'. 7 Vaciaré la prudencia de Judá y
Jerusalén a causa de este lugar: los haré
caer a espada ante sus enemigos por
mano de los que busquen su muerte;
daré sus cadáveres por comida a las
aves del cielo y a las bestias de la tierra,
8 y convertiré esta ciudad en desolación
y rechifla: todo el que pase a su lado se
quedará atónito y silbará a la vista de sus
heridas. 9 Les haré comer la carne de sus
hijos y la carne de sus hijas, y comerán
cada uno la carne de su prójimo, en el
aprieto y la estrechez con que los estre-
charán sus enemigos y los que busquen
su muerte.»

10 Luego rompes el jarro a la vista de
los hombres que vayan contigo 11 y les
dices: Así dice Yahvé Sebaot: «Asimismo
quebrantaré yo a este pueblo y a esta
ciudad, como quien rompe un cacharro
de alfarería, que ya no tiene arreglo.

«Y se harán enterramientos en Tófet,
hasta que falte sitio para enterrar. 12 Así
haré con este lugar —oráculo de Yahvé— y con sus habitantes, hasta dejar a
esta ciudad lo mismo que Tófet, 13 y que

18 18 Ver Mt **22** 15p.

19 5 Ver **7** 31-33; Lv **18** 21+.

sean las casas de Jerusalén y las de los reyes de Judá como el lugar de Tófet: una inmundicia; todas las casas en cuyas azoteas incensaron a toda la tropa celeste y libaron libación a otros dioses.»
14 Partió Jeremías de Tófet, a donde lo había enviado Yahvé a profetizar y, parándose en el atrio del templo de
Yahvé, dijo a todo el pueblo: 15 «Así dice
Yahvé Sebaot, el Dios de Israel: Pienso traer a esta ciudad y a todos sus aledaños toda la calamidad que he pronunciado contra ella, porque ha atiesado su cerviz, desoyendo mis palabras.»

20 1 El sacerdote Pasjur, hijo de Imer, que era inspector jefe de la Casa de Yahvé, oyó a Jeremías profetizar dichas palabras. 2 Pasjur hizo dar
una paliza al profeta Jeremías y lo hizo meter en el calabozo de la Puerta Alta de Benjamín —la que está en el templo de
Yahvé—. 3 Al día siguiente sacó Pasjur a
Jeremías del calabozo. Le dijo Jeremías: No es Pasjur el nombre que te ha puesto
Yahvé, sino «Terror en torno». 4 Porque
así dice Yahvé: «Voy a convertirte en terror para ti mismo y para todos tus allegados, los cuales caerán por la espada de sus enemigos, y tus ojos lo estarán viendo. Y asimismo a todo Judá entregaré en manos del rey de Babilonia, que los deportará a Babilonia y los acuchillará. 5 Y entregaré todas las reservas de
esta ciudad y todo lo atesorado, todas sus preciosidades y todos los tesoros de los reyes de Judá, en manos de sus enemigos, que los pillarán, los tomarán y se los llevarán a Babilonia. 6 En cuanto
a ti, Pasjur, y todos los moradores de tu casa, irán al cautiverio. En Babilonia entrarás, allí morirás y allí mismo serás sepultado tú y todos tus allegados a quienes has profetizado en falso.»

Extractos de las «Confesiones».
15 10+.

7 Me has seducido, Yahvé, y me dejé seducir;
me has agarrado y me has podido*.
He sido la irrisión cotidiana:
todos me remedaban.
8 Cada vez que abro la boca
es para clamar «¡Atropello!»,
y para gritar: «¡Me roban!»
La palabra de Yahvé ha sido para mí
oprobio y befa cotidiana.
9 Yo decía: «No volveré a recordarlo,
ni hablaré más en su Nombre.»
Pero había en mi corazón algo así
como fuego ardiente,
prendido en mis huesos,
y aunque yo trabajaba por ahogarlo,
no podía.

10 Escuchaba las calumnias de la turba:
«¡Terror por doquier*!,
¡denúncienlo!, ¡denunciémoslo!»
Todos aquellos con quienes me saludaba
estaban acechando un traspiés mío:
«¡A ver si se distrae, y le podremos,
y tomaremos venganza de él!»
11 Pero Yahvé está conmigo, cual campeón poderoso.
Y así mis perseguidores tropezarán impotentes;
se avergonzarán mucho de su imprudencia:
confusión eterna, inolvidable.
12 ¡Oh Yahvé Sebaot, juez de lo justo*,
que escrutas las entrañas y el corazón!,
vea yo tu venganza contra ellos,
porque a ti he encomendado mi causa.
13 Canten a Yahvé, alaben a Yahvé,
porque ha salvado la vida de un pobrecillo*
de manos de malhechores.

20 7 Estas imágenes de seducción y de lucha señalan la influencia de Yahvé en el profeta, que conserva la esperanza en el corazón mismo de su angustia, vv. 11-13.

20 10 *Terror por doquier*, expresión predilecta de Jeremías, **6** 25; **20** 3; **46** 5; **49** 29, que sus adversarios habían parodiado.

20 12 = **11** 20.

20 13 Los *pobres* de Yahvé, So **2** 3+, serán la posteridad espiritual de Jeremías.

14 ¡Maldito el día en que nací*!,
¡el día que me dio a luz mi madre no sea bendito!
15 ¡Maldito aquel que felicitó a mi padre diciendo:
«Te ha nacido un hijo varón»,
y lo llenó de alegría!
16 Sea el hombre aquel semejante a las ciudades
que destruyó Yahvé sin que le pesara,
y escuche alaridos de mañana
y gritos de ataque al mediodía.
17 ¡Oh, que no me haya hecho morir desde el vientre,
y hubiera sido mi madre mi sepultura,
con seno preñado eternamente!
18 ¿Para qué haber salido del seno,
a ver pena y aflicción,
y a consumirse en la vergüenza mis días?

3. ORÁCULOS PRONUNCIADOS PRINCIPALMENTE DESPUÉS DE JOAQUÍN

Respuesta a los enviados de Sedecías.

21 1 Palabra dirigida a Jeremías de
parte de Yahvé, cuando el rey
Sedecías mandó donde él a Pasjur, hijo
de Malquías, y al sacerdote Sofonías,
hijo de Maasías, a decirle: 2 «Ea, consulta de nuestra parte a Yahvé, porque el
rey de Babilonia, Nabucodonosor, nos
ataca. A ver si nos hace Yahvé un milagro de los suyos, y aquél se retira de encima de nosotros.» 3 Les dijo Jeremías:
«Así dirán a Sedecías: 4 Esto dice Yahvé, el Dios de Israel: Voy a hacer que
reboten las armas que tienen ustedes
en las manos y con las que se baten
contra el rey de Babilonia y contra los
caldeos que los cercan extramuros, y las
amontonaré en medio de esta ciudad.
5 Yo voy a batirme contra ustedes con
mano fuerte y tenso brazo, con ira, con
cólera y con encono grande. 6 Heriré a
los habitantes de esta ciudad, hombres
y bestias, con una gran peste; ¡morirán!
7 Y tras de esto —oráculo de Yahvé—
entregaré al rey de Judá, Sedecías, a sus
siervos y al pueblo que en esta ciudad
quedare de la peste, de la espada y del
hambre, en manos de Nabucodonosor,
rey de Babilonia, y en manos de sus
enemigos y de los que buscan su muerte. Él los herirá a filo de espada. No les
dará cuartel, ni les tendrá clemencia ni
lástima.»
8 Y a ese pueblo le dirás: «Así dice
Yahvé: Miren que yo les propongo a ustedes el camino de la vida y el camino de
la muerte. 9 Quien se quede en esta ciudad, morirá de espada, de hambre y de
peste. El que salga y caiga en manos de
los caldeos que los cercan, vivirá, y eso
saldrá ganando. 10 Porque me he fijado
en esta ciudad para su daño, no para su
bien —oráculo de Yahvé—: será puesta
en manos del rey de Babilonia, que la
incendiará.»

Mensaje a la casa real.

11 A la casa real de Judá*. ¡Oigan la
palabra de Yahvé, 12 casa de David! Así
dice Yahvé:

Hagan justicia cada mañana,
y salven al oprimido de mano del opresor,
so pena de que brote como fuego mi cólera,
y arda y no haya quien la apague,
a causa de las malas acciones de ustedes.
13 Mira que por ti va, población del valle,

20 14 Jeremías, llamado desde el seno materno, **1** 5, maldice el día de su nacimiento, Jb **3**, en el extremo límite de su angustia interior.

21 11 Este título abarca la sección **21** 11-**23** 8, que pudo existir separadamente.

la Roca del Llano
—oráculo de Yahvé—:
ustedes, los que dicen: «¿Quién se
nos echará encima?,
¿quién entrará en nuestras guaridas?»
14 (Yo los visitaré según el fruto de sus
acciones —oráculo de Yahvé—.)
Encenderé fuego en su bosque,
y devorará todos sus contornos.

22 1 Yahvé dijo así: Baja a la casa
real de Judá y pronuncias allí
estas palabras. 2 Dirás: Oye la palabra
de Yahvé, tú, rey de Judá, que ocupas el
trono de David, y tus servidores y pueblo —los que entran por estas puertas—.
3 Así dice Yahvé: Practiquen el derecho
y la justicia, libren al oprimido de manos
del opresor, y al forastero, al huérfano y
a la viuda no atropellen; no hagan violencia ni derramen sangre inocente en
este lugar. 4 Porque si ponen en práctica
esta palabra, entonces seguirán entrando por las puertas de esta casa reyes
sucesores de David en el trono, montados en carros y caballos, junto con sus
servidores y su pueblo. 5 Mas si ustedes
no oyen estas palabras, por mí mismo les
juro —oráculo de Yahvé— que en ruinas
parará esta casa.

6 Pues así dice Yahvé respecto a la
casa real de Judá:
Galaad eras tú para mí,
cumbre del Líbano:
pero ¡vaya si te trocaré en desierto,
en ciudades deshabitadas!
7 Voy a consagrar contra ti a quienes
te destruyan:
¡cada uno a sus hachas!
Talarán lo selecto de tus cedros,
y lo arrojarán al fuego.

8 Muchas gentes pasarán a la vera
de esta ciudad y dirán cada cual a su
prójimo: «¿Por qué ha hecho Yahvé semejante cosa a esta gran ciudad?» 9 Y les
dirán: «Es porque dejaron la alianza de su
Dios Yahvé, y adoraron a otros dioses y
los sirvieron.»

Oráculos contra varios reyes: Contra Joacaz.

10 No lloren al muerto ni se lamenten
por él:
lloren, lloren por el que se va,
porque jamás volverá
ni verá su patria*.

11 Pues así dice Yahvé respecto a Salún, hijo de Josías, rey de Judá y sucesor
de su padre Josías en el reino, el cual
salió de este lugar: «No volverá más aquí,
12 sino que en el lugar a donde lo deportaron, allí mismo morirá, y no verá jamás
este país.»

Contra Joaquín.

13 ¡Ay del que edifica su casa sin justicia
y sus pisos sin derecho!
De su prójimo se sirve de balde
y su trabajo no le paga.
14 El que dice: «Voy a edificarme una
casa espaciosa
y pisos ventilados»,
y le abre sus correspondientes
ventanas;
pone paneles de cedro y los pinta de
rojo.
15 ¿Serás acaso rey
porque seas un apasionado del
cedro?
Tu padre, ¿no comía y bebía?
¡Pero practicaba justicia y equidad!
Por eso todo le iba bien.
16 Juzgaba la causa del cuitado y del
pobre.
Por eso todo iba bien.
¿No es esto conocerme? —oráculo
de Yahvé—.
17 Pero tus ojos y tu corazón
sólo buscan tu propio interés:
derramar sangre inocente,
cometer atropello y violencia.
18 Por tanto, así dice Yahvé respecto a
Joaquín, hijo de Josías, rey de Judá:
No se lamentarán por él:
«¡Ay hermano mío!, ¡ay hermana
mía!»;

22 10 *Al muerto*: Josías, muerto el 609, ver 2 R **23** 29; *El que se va*: Joacaz (llamado también Salún, v. 11), deportado a Egipto el mismo año, ver 2 R **24** 33-34.

no se lamentarán por él:
«¡Ay Señor!, ¡ay su Majestad!»
19 El entierro de un borrico será el suyo:
arrastrarlo y tirarlo
fuera de las puertas de Jerusalén.

Contra Jeconías.

20 Sube al Líbano y clama,
por Basán da voces
y clama desde Abarín,
porque han sido quebrantados todos tus amantes*.
21 Te había hablado en tu prosperidad.
Dijiste: «No oigo.»
Tal ha sido tu costumbre desde tu mocedad,
nunca oíste mi voz.
22 A todos tus pastores los pastoreará el viento,
y tus amantes cautivos irán.
Entonces sí que estarás avergonzada
y confusa
de toda tu malicia.
23 Tú, que te asentabas en el Líbano,
que anidabas en los cedros,
¡cómo suspirarás, cuando te vengan los dolores,
el trance como de parturienta!

24 Por mi vida —oráculo de Yahvé—,
aunque fuera Jeconías*, el hijo de Joaquín, rey de Judá, un sello en mi mano
diestra, de allí lo arrancaría. 25 Yo te
pondré en manos de los que buscan tu
muerte, y en manos de los que te atemo-
rizan: en manos de Nabucodonosor, rey
de Babilonia, y en manos de los caldeos;
26 y te arrojaré a ti y a la madre que te engendró a otra tierra donde ustedes no han
nacido, y allí morirán. 27 Pero a la tierra a
donde anhelan volver, no volverán.

28 ¿Es algún trasto despreciable, roto,
este individuo, Jeconías?;
¿quizá un objeto sin interés?
Pues entonces, ¿por qué han sido
arrojados él y su prole,
y echados a una tierra,
que no conocían?
29 ¡Tierra, tierra, tierra!,
oye la palabra de Yahvé.
30 Así dice Yahvé:
Inscriban a este hombre: «Un sin hijos,
un fracasado en la vida»;
porque ninguno de su descendencia
tendrá la suerte
de sentarse en el trono de David*
y de ser jamás señor en Judá.

Oráculos mesiánicos.
El rey futuro.
Ez **34** 1+.

23 1 ¡Ay de los pastores que dejan
perderse y desparramarse las
ovejas de mis pastos! —oráculo de Yahvé—. 2 Pues así dice Yahvé, el Dios de
Israel, tocante a los pastores que apacientan a mi pueblo: Ustedes han dispersado las ovejas mías, las empujaron
y no las atendieron. Pues voy a pasarles
revista por sus malas obras —oráculo de
Yahvé—. 3 Yo recogeré el Resto de mis
ovejas de todas las tierras a donde las
empujé, las haré tornar a sus pastos,
criarán y se multiplicarán. 4 Y pondré al
frente de ellas pastores que las apacienten, y nunca más estarán medrosas ni
asustadas, ni faltará ninguna —oráculo
de Yahvé—.

5 Miren que vienen días —oráculo de Yahvé—
en que suscitaré a David un Germen justo*:
reinará un rey prudente,
practicará el derecho y la justicia en la tierra.
6 En sus días estará a salvo Judá,
e Israel vivirá en seguro.
Y éste es el nombre con que te

22 20 Apóstrofe dirigida a Jerusalén, vv. 20-23. Los *amantes* son los reyes y los jefes de Judá, v. 22.
22 24 *Jeconías*, otro nombre de Joaquín.
22 30 Zorobabel, nieto de Jeconías, sólo fue gobernador de Judá al regreso del Destierro.
23 5 = **33** 15-16. Ver Is **4** 2+. *Germen* va a convertirse en una designación del Mesías, Za **3** 8; **6** 12.

llamarán:
«Yahvé, justicia nuestra*.»

7 Por tanto, miren que vienen días
—oráculo de Yahvé— en que no se dirá
más: «¡Por vida de Yahvé, que subió a
los israelitas de Egipto!», 8 sino: «¡Por vida
de Yahvé, que subió y trajo la simiente de
la casa de Israel de tierras del norte y de
todas las tierras a donde los arrojara*!», y
habitarán en su propio suelo.

Contra los falsos profetas.
14 13-16; Dt **13** 2-6.

9 A los profetas.

Se me partió el corazón por dentro,
estremeciéronse todos mis huesos,
me quedé como un borracho,
como aquél a quien lo domina el vino,
por causa de Yahvé,
por causa de sus santas palabras.

10 «El país está lleno de adúlteros.
(A causa de una maldición se ha enlutado la tierra, se han secado los pastos de la estepa.)
Los hombres corren al mal,
su poder es la injusticia.
11 Tanto el profeta como el sacerdote
se han vuelto impíos;
en mi mismo templo topé con su maldad —oráculo de Yahvé—.
12 Por eso su camino vendrá a ser
su despeñadero:
a la sima serán empujados
y caerán en ella.
Porque voy a traer sobre ellos una calamidad,
cuando les llegue el castigo»
—oráculo de Yahvé—.
13 En los profetas de Samaría
he observado una locura:
profetizaban por Baal
y hacían errar a mi pueblo Israel.
14 Mas en los profetas de Jerusalén
he observado una monstruosidad:
fornicar y proceder con falsía,
dándose la mano con los malhechores,
sin volverse cada cual de su malicia.
Se me han vuelto todos ellos cual Sodoma,
y los habitantes de la ciudad, cual Gomorra.
15 Por tanto, así dice Yahvé Sebaot
tocante a los profetas:
Voy a darles de comer ajenjo,
y de beber, agua emponzoñada.
Porque a partir de los profetas de Jerusalén
se ha propagado la impiedad por toda la tierra.

16 Así dice Yahvé Sebaot:
No escuchen las palabras de los profetas que profetizan para ustedes.
Los están embaucando.
Les cuentan sus propias fantasías,
no cosa de boca de Yahvé.
17 Dicen a los que me desprecian:
«Yahvé dice: ¡Paz tendrán!»
y a todo el que camina en terquedad de corazón:
«No les sucederá nada malo.»
18 (Porque ¿quién asistió al consejo de Yahvé y vio y oyó su palabra?,
¿quién escuchó su palabra y la ha oído?)
19 Miren que una tormenta de Yahvé,
su ira, ha estallado,
un torbellino remolinea,
sobre la cabeza de los malos descarga.
20 No ha de apaciguarse la ira de Yahvé
hasta que la ejecute, y realice
los designios de su corazón.
En días futuros se percatarán de ello.
21 Yo no envié a esos profetas,
y ellos corrieron.
No les hablé,
y ellos profetizaron.
22 Pues si asistieron a mi consejo,
hagan oír mi palabra a mi pueblo,

23 6 *Yahvé, justicia nuestra*; este nombre simbólico, ver Is **1** 26+, dado al Mesías contrasta con el de Sedecías (= *Yahvé es mi justicia)*.

23 8 = **16** 14-15.

y háganle tornar de su mal camino
y de sus acciones malas.
23 ¿Soy yo un Dios sólo de cerca
—oráculo de Yahvé—
y no soy Dios de lejos?
24 ¿O se esconderá alguno en escondite
donde yo no lo vea? —oráculo de
Yahvé—.
¿Los cielos y la tierra
no los lleno yo? —oráculo de
Yahvé—.

25 Ya he oído lo que dicen esos profetas que profetizan falsamente en mi
nombre diciendo: «¡He tenido un sueño,
he tenido un sueño!» 26 ¿Hasta cuándo
va a durar esto en el corazón de los profetas que profetizan en falso y son profetas de la impostura de su corazón?,
27 ¿los que piensan hacer olvidarse a mi
pueblo de mi Nombre por los sueños
que se cuentan cada cual a su vecino,
como olvidaron sus padres mi Nombre
por Baal? 28 Profeta que tenga un sueño,
cuente un sueño, y el que tenga consigo
mi palabra, que hable mi palabra fielmente.

¿Qué tiene que ver la paja con el grano? —oráculo de Yahvé—.
29 ¿No es mi palabra como el fuego,
como martillo que golpea la peña?

30 Pues bien, aquí estoy yo contra los
profetas —oráculo de Yahvé— que se
roban mis palabras el uno al otro. 31 Aquí
estoy yo contra los profetas —oráculo
de Yahvé— que usan de su lengua y
emiten oráculo. 32 Aquí estoy yo contra los profetas que profetizan falsos
sueños —oráculo de Yahvé— y los
cuentan, y hacen errar a mi pueblo con
sus falsedades y su presunción, cuando
yo ni los he enviado ni dado órdenes, y
ellos de ningún provecho han sido para
este pueblo —oráculo de Yahvé—.
33 Y cuando te pregunte este pueblo
—o un profeta o un sacerdote—: «¿Cuál
es la carga de Yahvé?», les dirás: «Ustedes son la carga, y voy a dejarlos en el
suelo —oráculo de Yahvé*—.»
34 Y el profeta, el sacerdote o cualquiera que diga: «Una carga de Yahvé», yo
me las entenderé con él y con su casa.
35 Así dirán ustedes cada uno a su prójimo, y cada uno a su hermano: «¿Qué
ha respondido Yahvé?, ¿qué ha dicho
Yahvé?» 36 Pero de eso de la «carga de
Yahvé» no se acordarán más, porque tal
carga sería para cada uno su propia palabra. Porque trastornan las palabras del
Dios vivo, Yahvé Sebaot nuestro Dios.
37 Así dirán al profeta: «¿Qué te ha respondido Yahvé?, ¿qué ha dicho Yahvé?»
38 Pero como ustedes hablen de «carga
de Yahvé», entonces así dice Yahvé: «Por
haber dicho eso de carga de Yahvé por
más que les avisé que no dijeran carga
de Yahvé, 39 por lo mismo, he aquí que
yo los levanto en alto y los dejo caer a
ustedes y a la ciudad que les di a ustedes
y a sus padres. 40 Y les pondré encima
oprobio eterno y baldón eterno que no
será olvidado.»

Los dos cestos de higos*.
20 1-20; Mt **12** 18-19p.

24 1 Yahvé me hizo ver un par
de cestos de higos presentados
delante del templo de Yahvé —esto era
después que Nabucodonosor, rey de Babilonia, hubiera deportado de Jerusalén
al rey de Judá, Jeconías, hijo de Joaquín, a los principales de Judá y a los
herreros y cerrajeros de Jerusalén, y los
llevó a Babilonia—. 2 Un cesto era de
higos muy buenos, como los primeri-
zos, y el otro de higos malos, tan malos
que no se podían comer. 3 Y me dijo
Yahvé: «¿Qué estás viendo Jeremías?»
Dije: «Higos. Los higos buenos son muy
buenos; y los higos malos, muy malos,
que no se dejan comer de puro malos.»
4 Entonces me dirigió Yahvé la palabra
en estos términos: 5 Así habla Yahvé,

23 33 Jeremías rechaza el término corriente *maśśa', carga, peso*, que también significa *oráculo* (que pesa sobre alguien); así en Is **13** 1; **14** 28; **19** 1; Za **9** 1; **12** 1; Ml **1** 1.
24 Ver Ez **11** 14-21. La visión, **18**+, recuerda a Am **8** 1-2.

Dios de Israel: Como por estos higos
buenos, así me interesaré en favor de
los desterrados de Judá que yo eché de
este lugar al país de los caldeos. 6 Pondré la vista en ellos para su bien, los
devolveré a este país, los reconstruiré
para no derrocarlos y los plantaré para
no arrancarlos. 7 Les daré corazón para
conocerme, pues yo soy Yahvé, y ellos
serán mi pueblo y yo seré su Dios, pues
volverán a mí con todo su corazón*.
8 Pero igual que a los higos malos, que
no se pueden comer de malos —sí, así
dice Yahvé—, así haré al rey Sedecías,
a sus principales y al resto de Jerusalén:
a los que queden en este país y a los
que están en el país de Egipto. 9 Haré
de ellos el espantajo, una calamidad, de
todos los reinos de la tierra; el oprobio
y el ejemplo, la burla y la maldición por
dondequiera que los empuje, 10 daré suelta entre ellos a la espada, al hambre y a
la peste, hasta que sean acabados de sobre el solar que di a ellos y a sus padres.

4. BABILONIA, AZOTE DE YAHVÉ*

25 1 Palabra dirigida a Jeremías tocante a todo el pueblo de Judá
el año cuarto de Joaquín, hijo de Josías,
rey de Judá, —o sea el año primero de
Nabucodonosor, rey de Babilonia—, 2 la
cual pronunció el profeta Jeremías a
todo el pueblo de Judá y a toda la población de Jerusalén, en estos términos:
3 Desde el año trece de Josías, hijo
de Amón, rey de Judá, hasta este día,
veintitrés años hace que me es dirigida
la palabra de Yahvé, y se la he comunicado a ustedes puntualmente (pero ustedes no han oído. 4 También les envió
Yahvé puntualmente a todos sus siervos
los profetas, y ustedes tampoco oyeron
ni aplicaron el oído), 5 diciendo: Ea,
vuélvanse cada cual de su mal camino
y de sus malas acciones, y volverán al
solar que les dio Yahvé a ustedes y a
sus padres, desde siempre hasta siempre. 6 (No vayan tras otros dioses para
servirlos y adorarlos, no me provoquen
con las hechuras de sus manos, y no
les haré mal.) 7 Pero ustedes no me han
oído (—oráculo de Yahvé— de suerte
que con las hechuras de sus manos me
provocaron, para su mal).
8 Por eso, así dice Yahvé Sebaot: Puesto que ustedes no han oído mis palabras,
9 he decidido mandar a buscar a todos los
linajes del norte (—oráculo de Yahvé— y
a mi siervo Nabucodonosor, rey de Babilonia), y los traeré contra esta tierra
y contra sus moradores (y contra todas
estas gentes de alrededor); los anatema-
tizaré y los convertiré en pasmo, rechifla
y ruinas eternos, 10 y haré desaparecer
de ellos voz de gozo y voz de alegría,
la voz del novio y la voz de la novia, el
ruido de la muela y la luz de la candela.
11 Será reducida toda esta tierra a pura
desolación, y servirán estas gentes al rey
de Babilonia setenta años*. 12 (Luego, en
cumpliéndose los setenta años, pediré
cuentas al rey de Babilonia y a dicha gente por su delito —oráculo de Yahvé— y
a la tierra de los caldeos, trocándola en
ruinas eternas). 13 Y atraeré sobre aquella
tierra todas las palabras que he hablado
respecto a ella, todo lo que está escrito
en este libro.

24 7 Ver **4** 4+; **31** 31+.33-34; **32** 39; 1 Jn **5** 20.

25 Este pasaje es como el resumen que recapitula, v. 13, el rollo dictado a Baruc por Jeremías en el año 605, **36** 2, luego escrito por segunda vez y completado, ver **36** 22.

25 11 Cifra redonda de la duración del Destierro, repetida en **29** 10; ver **27** 7. El tema reaparece en 2 Cro **36** 21-22, y es el fundamento de Dn **9**.

II. Introducción a los oráculos contra las naciones

Visión de la copa de vino*.

Lo que profetizó Jeremías tocante a la generalidad de las naciones.

14 (Pues también a ellos los reducirán a servidumbre muchas naciones y reyes grandes, y les pagaré según sus obras y según la hechura de sus manos.)

15 Así me ha dicho Yahvé Dios de Israel: Toma esta copa de vino de furia, y hazla beber a todas las naciones a las que yo te envíe; 16 beberán y trompicarán, y se enloquecerán ante la espada que voy a soltar entre ellas. 17 Tomé la copa de mano de Yahvé, e hice beber a todas las naciones a las que me había enviado Yahvé*: 18 (a Jerusalén y a las ciudades de Judá, a sus reyes y a sus principales, para trocarlo todo en desolación, pasmo, rechifla y maldición, como hoy está sucediendo); 19 al faraón, rey de Egipto, a sus siervos, a sus principales y a todo su pueblo, 20 a todos los mestizos (a todos los reyes de Us); a todos los reyes de Filistea: a Ascalón, Gaza, Ecrón y al residuo de Asdod; 21 a Edom, Moab y los amonitas, 22 a (todos) los reyes de Tiro, a (todos) los reyes de Sidón y a los reyes de las islas de allende el mar; 23 a Dedán, Temá, Buz; a todos los que se afeitan las sienes, 24 a todos los reyes de Arabia y a todos los reyes de los mestizos habitantes del desierto; 25 (a todos los reyes de Zimrí) a todos los reyes de Elam y a todos los reyes de Media, 26 a todos los reyes del norte, los próximos y los remotos, cada uno con su hermano, y a todos los reinos que hay sobre la superficie de la tierra. (Y el rey de Sesac beberá después de ellos.)

27 Y les dirás: Así dice Yahvé Sebaot, el Dios de Israel: Beban, emborráchense, vomiten, caigan y no se levanten delante de la espada que yo voy a soltar entre ustedes. 28 Y si rehúsan tomar la copa de tu mano para beber, les dices: Así dice Yahvé Sebaot: Ustedes tienen que beber sin falta, 29 porque precisamente por la ciudad que lleva mi Nombre empiezo a castigar; ¿y ustedes, quedarán impunes?: ¡no, no quedarán!, porque a la espada llamo yo contra todos los habitantes de la tierra —oráculo de Yahvé Sebaot—.

30 Tú, pues, les profetizas todas estas palabras y les dices:

Yahvé desde lo alto ruge,
y desde su santa Morada alza su voz.
Ruge contra su aprisco:
grita como los lagareros.
A todos los habitantes de la tierra
31 llega el eco, hasta el fin de la tierra.
Porque pleitea Yahvé con las naciones
y vence en juicio a toda criatura.
A los malos los entrega a la espada
—oráculo de Yahvé—.
32 Así dice Yahvé Sebaot:
Miren que una desgracia se propaga
de nación a nación,
y una gran tormenta surge
del confín del mundo.

33 Habrá víctimas de Yahvé en aquel día de cabo a cabo de la tierra; no serán llorados ni recogidos ni sepultados más: se volverán estiércol sobre la superficie de la tierra.

34 Aúllen, pastores, y clamen;
revuélquense, mayorales,
porque se han cumplido sus días para la matanza,
y caeréis como objetos escogidos.
35 No habrá evasión para los pastores
ni escapatoria para los mayorales.
36 Se oye el grito de los pastores,
el alarido de los mayorales,
porque devasta Yahvé su pastizal,

25 13 Especie de prólogo a los oráculos contras las naciones, **46-51**, que actualmente se encuentran separados en el texto hebreo (no en el griego).

25 17 Los pueblos amenazados van a ser nombrados en cuatro grupos, según el orden en que aparecen en **46-51**.

37 y son aniquiladas las dehesas más
seguras
por la ardiente cólera de Yahvé.
38 Ha dejado el león su cubil,
y se ha convertido su tierra en
desolación
ante la cólera irresistible,
ante la ardiente cólera.

III. Profecías de felicidad

1. INTRODUCCIÓN: JEREMÍAS, PROFETA AUTÉNTICO

Arresto y juicio de Jeremías a raíz de su sermón contra el Templo*.

26 1 Al principio del reinado de Joaquín, hijo de Josías, rey de Judá,
recibió Jeremías esta palabra de Yahvé:
2 Así dice Yahvé: Párate en el patio del
templo de Yahvé y habla a todas las ciudades de Judá, que vienen a adorar en el
templo de Yahvé, todas las palabras que
yo te he mandado hablarles, sin omitir
ninguna. 3 Puede que oigan y se torne
cada cual de su mal camino, y yo me
arrepentiría del mal que estoy pensando
hacerles por la maldad de sus obras.
4 Les dirás, pues: «Así dice Yahvé: Si ustedes no me oyen para andar según mi
Ley que les propuse, 5 oyendo las palabras de mis siervos los profetas que yo les
envío asiduamente (pero no han hecho
caso), 6 entonces haré con este templo
como con Siló, y esta ciudad entregaré
a la maldición de todas las gentes de la
tierra.»

7 Oyeron los sacerdotes y profetas y
todo el pueblo a Jeremías decir estas palabras en el templo de Yahvé, 8 y luego
que hubo acabado Jeremías de hablar
todo lo que le había ordenado Yahvé
que hablara a todo el pueblo, lo prendieron los sacerdotes, los profetas y todo el
pueblo diciendo: «¡Vas a morir! 9 ¿Por
qué has profetizado en nombre de Yahvé, diciendo: 'Como Siló quedará este
templo, y esta ciudad será arrasada, sin
quedar habitante'?» Y se juntó todo el
pueblo en torno a Jeremías en el templo
de Yahvé. 10 Oyeron esto los jefes de
Judá y subieron del palacio real al templo
de Yahvé, y se sentaron a la entrada de
la Puerta Nueva del templo de Yahvé.
11 Y los sacerdotes y profetas, dirigiéndose a los jefes y a todo el pueblo,
dijeron: «¡Sentencia de muerte para este
hombre, por haber profetizado contra
esta ciudad, como ustedes han oído con
sus propios oídos!» 12 Dijo Jeremías a
todos los jefes y al pueblo todo: «Yahvé
me ha enviado a profetizar sobre este
templo y esta ciudad todo lo que han
oído. 13 Ahora bien, mejoren sus caminos y sus obras y oigan la voz de Yahvé
su Dios, y se arrepentirá Yahvé del mal
que ha pronunciado contra ustedes. 14 En
cuanto a mí, aquí me tienen en sus manos: hagan conmigo como mejor y más
acertado les parezca. 15 Empero, sepan
de fijo que si me matan ustedes a mí,
sangre inocente cargarán sobre ustedes
y sobre esta ciudad y sus moradores,
porque en verdad Yahvé me ha enviado
a ustedes para pronunciar en sus oídos
todas estas palabras.»
16 Dijeron los jefes y todo el pueblo a
los sacerdotes y profetas: «No merece
este hombre sentencia de muerte, porque en nombre de Yahvé nuestro Dios
nos ha hablado.» 17 Y se levantaron algunos de los más viejos del país y dijeron
a toda la asamblea del pueblo: 18 «Miqueas de Móreset profetizaba en tiempos

26 Baruc, a quien podemos atribuir estos pasajes biográficos, ha resumido aquí el discurso contra el templo, **7** 1-15, y cuyas consecuencias nos refiere. Ver Mt **24**; **26** 59-66; Lc **19** 41-44.

de Ezequías, rey de Judá, y dijo a todo el
pueblo de Judá: Así dice Yahvé Sebaot:

Sión será un campo que se ara,
Jerusalén se hará un montón de ruinas,
*y el monte de la casa un otero salvaje**.

19 ¿Por ventura lo mataron Ezequías,
rey de Judá, y todo Judá?, ¿no temió a
Yahvé y suplicó a la faz de Yahvé, y se
arrepintió Yahvé del daño con que les
había amenazado? Mientras que nosotros estamos haciéndonos mucho daño
a nosotros mismos.»
20 Pero también hubo otro que decía
profetizar en nombre de Yahvé —Urías
hijo de Semaías de Quiriat Yearín—, el
cual profetizó contra esta ciudad y contra esta tierra enteramente lo mismo
que Jeremías, 21 y oyó el rey Joaquín
y todos sus grandes señores y jefes sus
palabras, y el rey buscaba matarlo. Se
enteró Urías, tuvo miedo, huyó y entró
en Egipto. 22 Pero envió el rey Joaquín a
Elnatán, hijo de Acbor, y otros con él a
Egipto, 23 y sacaron a Urías de Egipto y
lo trajeron al rey Joaquín, quien lo acu-
chilló y echó su cadáver a la fosa común.
24 Gracias a que Ajicán, hijo de Safán,
defendió a Jeremías, impidiendo entregarlo en manos del pueblo para matarlo.

2. A LOS DESTERRADOS

Acción simbólica del yugo y mensaje a los reyes de occidente. **18** 1+.

27 1 (Al principio del reinado de
Sedecías, hijo de Josías, rey de
Judá, recibió Jeremías esta palabra de
parte de Yahvé:) 2 Así me ha dicho Yahvé: Hazte unas coyundas y un yugo, pón-
telo sobre el cuello, 3 y envíalos al rey de
Edom, al rey de Moab y al rey de los
amonitas, al rey de Tiro y al rey de Sidón
por medio de los embajadores que vienen a Jerusalén a ver a Sedecías, rey de
Judá*, 4 y dales estas instrucciones para
sus señores: «Así dice Yahvé Sebaot, el
Dios de Israel: Así dirán a sus señores:
5 Yo hice la tierra, el hombre y las bestias
que hay sobre la faz de la tierra, con mi
gran poder y mi tenso brazo, y lo di a
quien me plugo. 6 Ahora yo he puesto
todos estos países en manos de mi siervo Nabucodonosor, rey de Babilonia, y
también los animales del campo le he
dado para servirle 7 (y todas las naciones
lo servirán a él, a su hijo y al hijo de su
hijo, hasta que llegue también el turno a
su propio país —y lo reducirán a servidumbre muchas naciones y reyes grandes—). 8 Así que las naciones y reinos
que no sirvan a Nabucodonosor, rey de
Babilonia, y que no sometan su cuello al
yugo del rey de Babilonia, con la espada,
con el hambre y con la peste los visitaré
—oráculo de Yahvé— hasta acabar con
ellos por medio de él. 9 Ustedes, pues, no
oigan a sus profetas, adivinos, soñadores,
augures ni hechiceros que les hablan diciendo: 'No servirán al rey de Babilonia',
10 porque cosa falsa les profetizan para
alejarlos de sobre su suelo, de suerte que
yo los arroje y perezcan. 11 Pero la nación
que someta su cuello al yugo de Babilonia
y le sirva, yo la dejaré tranquila en su
suelo —oráculo de Yahvé— y lo labrará y
morará en él.»
12 A Sedecías, rey de Judá, le hablé
en estos mismos términos, diciendo: «Sometan sus cuellos al yugo del rey de Babilonia, sírvanle a él y a su pueblo, y quedarán con vida. 13 (¿A qué morir tú y tu
pueblo por la espada, el hambre y la peste, como ha amenazado Yahvé a aquella
nación que no sirva al rey de Babilonia?)
14 ¡No oigan, pues, las palabras de los
profetas que les dicen: 'No servirán al

26 18 Cita de Miqueas **3** 12.
27 3 Estos Estados se coligaron contra Babilonia (593-592) y Judá se unió a ellos.

rey de Babilonia', porque cosa falsa les
profetizan, 15 pues yo no los he enviado
—oráculo de Yahvé— y ellos andan profetizando en mi Nombre falsamente; no
sea que yo los arroje, y perezcan ustedes
y los profetas que les profetizan.»
16 Y a los sacerdotes y a todo este pueblo les hablé diciendo: «Así dice Yahvé:
No oigan las palabras de sus profetas
que les profetizan diciendo: 'He aquí que
el ajuar del templo de Yahvé va a ser devuelto de Babilonia en seguida', porque
cosa falsa les profetizan. 17 (No les hagan
caso. Sirvan al rey de Babilonia y quedarán con vida. ¿Para qué ha de quedar
esta ciudad arrasada?) 18 Y si ellos son
profetas y la palabra de Yahvé los acompaña, que conjuren, ea, a Yahvé Sebaot
para que los objetos que quedaron en el
templo de Yahvé, en la casa del rey de
Judá y en Jerusalén no vayan a Babilonia. 19 Porque así dice Yahvé Sebaot de
las columnas, del Mar, de las basas y de
los demás objetos que quedaron en esta
ciudad, 20 de los cuales no se apoderó
Nabucodonosor, rey de Babilonia, al
deportar a Jeconías, hijo de Joaquín,
rey de Judá, de Jerusalén a Babilonia
(así como a todos los nobles de Judá y
Jerusalén). 21 Sí, porque así dice Yahvé
Sebaot, el Dios de Israel, respecto a los
objetos que quedaron en el templo de
Yahvé, en la casa del rey de Judá y en
Jerusalén: 22 A Babilonia serán llevados
(y allí estarán hasta el día que yo los visite) —oráculo de Yahvé— (y entonces los
subiré y devolveré a este lugar).»

Disputa con el profeta Jananías*.
14 13-16; **23** 9-40.

28 1 Aquel mismo año —al principio del reinado de Sedecías,
rey de Judá, en el año cuarto, en el mes
quinto— se dirigió a mí el profeta Jananías, hijo de Azur, que era de Gabaón,
en el templo de Yahvé, a vista de los
sacerdotes y de todo el pueblo diciendo:
2 «Así dice Yahvé Sebaot, el Dios de Israel: He quebrado el yugo del rey de Babilonia. 3 Dentro de dos años completos
yo hago devolver a este lugar todos los
objetos del templo de Yahvé que el rey
de Babilonia, Nabucodonosor, tomó de
este lugar y llevó a Babilonia; 4 y a Jeconías, hijo de Joaquín, rey de Judá, y a
todos los deportados de Judá que han
ido a Babilonia, yo los hago volver a este
lugar —oráculo de Yahvé— en cuanto
rompa el yugo del rey de Babilonia.»
5 Dijo el profeta Jeremías al profeta
Jananías, a vista de los sacerdotes y de
todo el pueblo, que estaban parados en
el templo de Yahvé; 6 dijo, pues, el profeta Jeremías: «¡Amén! Así haga Yahvé.
Confirme Yahvé las palabras que has
profetizado, devolviendo de Babilonia a
este lugar los objetos del templo de Yahvé, y a todos los deportados. 7 Pero, oye
ahora esta palabra que pronuncio a oídos
tuyos y de todo el pueblo: 8 Profetas hubo
antes de mí y de ti desde siempre, que
profetizaron a muchos países y a grandes
reinos la guerra, el mal y la peste. 9 Si un
profeta profetiza la paz, cuando se cumpla la palabra del profeta, se reconocerá
que lo había enviado Yahvé de verdad*.»
10 Entonces tomó el profeta Jananías
el yugo de sobre el cuello del profeta Jeremías y lo rompió; 11 y habló Jananías
delante de todo el pueblo: «Así dice Yahvé: Así romperé el yugo de Nabucodonosor, rey de Babilonia, dentro de dos
años completos, de sobre el cuello de
todas las naciones.»
Y se fue el profeta Jeremías por su
camino.
12 Entonces dirigió Yahvé la palabra a
Jeremías en estos términos, después que
el profeta Jananías hubo roto el yugo
de sobre el cuello del profeta Jeremías:

28 Nuevo capítulo autobiográfico.

28 9 Que el verdadero profeta anuncie la desgracia, supone el pecado que es causa de tal desgracia y que los profetas siempre denunciaron. Otros criterios del verdadero profetismo: el cumplimiento de la profecía, **28** 9; Dt **18** 22; etc.; (especialmente de una profecía a corto plazo cuya realización autentificará toda la misión del profeta, Dt **18** 22+; 1 S **10** 1s; Is **7** 14; Jr **28** 17; **44** 29-30; etc.), y sobre todo la conformidad de la enseñanza con la doctrina yahvista, Jr **23** 22; Dt **13** 1-6.

13 «Ve y dices a Jananías: Así dice Yahvé: Yugo de palo has roto, pero tú lo reemplazarás por yugo de hierro. 14 Porque así dice Yahvé Sebaot, el Dios de Israel: Yugo de hierro he puesto sobre el cuello de todas estas naciones, para que sirvan a Nabucodonosor, rey de Babilonia, y lo servirán (y también los animales del campo le he dado...).»

15 Dijo también el profeta Jeremías al profeta Jananías: «Oye, Jananías: No te envió Yahvé, y tú has hecho confiar a este pueblo en cosa falsa. 16 Por eso, así dice Yahvé: He decidido arrojarte de sobre la superficie del suelo. Este año morirás (porque rebelión has predicado contra Yahvé).»

17 Y murió el profeta Jananías aquel mismo año, en el mes séptimo.

Carta a los deportados.

29 1 Éste es el tenor de la carta que envió el profeta Jeremías desde Jerusalén al resto de los ancianos de la deportación, a los sacerdotes, profetas y pueblo en general, que había deportado Nabucodonosor* desde Jerusalén a Babilonia 2 —después de salir de Jerusalén el rey Jeconías y la Gran Dama, los eunucos, los jefes de Judá y Jerusalén, los herreros y cerrajeros—, 3 por mediación de Elasá, hijo de Safán, y de Guemarías, hijo de Jilquías, a quienes Sedecías, rey de Judá, envió a Babilonia, donde Nabucodonosor, rey de Babilonia:

4 «Así dice Yahvé Sebaot, el Dios de Israel, a todos los deportados de Jerusalén a Babilonia: 5 Edifiquen casas y habítenlas; planten huertos y coman su fruto; 6 tomen mujeres y engendren hijos e hijas; casen a sus hijos y den sus hijas a maridos para que den a luz hijos e hijas, y se multipliquen allí y no disminuyan; 7 procuren el bien de la ciudad a donde los he deportado y oren por ella a Yahvé, porque su bien será el de ustedes. 8 Así dice Yahvé Sebaot, el Dios de Israel: No los embauquen los profetas que hay entre ustedes ni sus adivinos, y no hagan caso de sus soñadores que sueñan por cuenta propia, 9 porque falsamente les profetizan en mi Nombre. Yo no los he enviado —oráculo de Yahvé—. 10 Pues así dice Yahvé: Al filo de cumplírsele a Babilonia setenta años, yo los visitaré y confirmaré sobre ustedes mi favorable promesa de volverlos a este lugar; 11 que bien me sé los pensamientos que pienso sobre ustedes —oráculo de Yahvé—, pensamientos de paz, y no de desgracia, de darles un porvenir de esperanza. 12 Me invocarán y vendrán a rogarme, y yo los escucharé. 13 Me buscarán y me encontrarán cuando me soliciten de todo corazón; 14 me dejaré encontrar de ustedes (—oráculo de Yahvé—; devolveré sus cautivos, los recogeré a ustedes de todas las naciones y lugares a donde los arrojé —oráculo de Yahvé— y los haré tornar al sitio de donde los hice ir desterrados).

15 «En cuanto a eso que dicen ustedes: 'Nos ha suscitado Yahvé profetas en Babilonia', 16 así dice Yahvé del rey que se sienta sobre el solio de David y de todo el pueblo que se asienta en esta ciudad, sus hermanos que no salieron con ustedes al destierro; 17 así dice Yahvé Sebaot: Voy a soltar contra ellos la espada, el hambre y la peste, y los pondré como aquellos higos reventados, tan malos que no se podían comer. 18 Los perseguiré con la espada, el hambre y la peste, y los convertiré en espantajo para todos los reinos de la tierra: maldición, pasmo, rechifla y oprobio entre todas las naciones a donde los arroje, 19 por cuanto que no oyeron las palabras —oráculo de Yahvé— que les envié por mis siervos los profetas asiduamente; pero ustedes no oyeron —oráculo de Yahvé—. 20 Ustedes, pues, oigan la palabra de Yahvé, todos los deportados que envié de Jerusalén a Babilonia.

21 «Así dice Yahvé Sebaot, el Dios de Israel, sobre Ajab, hijo de Colayas, y sobre Sedecías, hijo de Maasías, que les

29 1 Ver 2 R **24** 12-16.

profetizan falsamente en mi Nombre:
Voy a entregarlos en manos de Nabucodonosor, rey de Babilonia; él los
herirá ante los ojos de ustedes, 22 y de
ellos tomarán esta maldición todos los
deportados de Judá que se encuentran
en Babilonia: 'Vuélvate Yahvé como a
Sedecías y como a Ajab, a quienes asó
al fuego el rey de Babilonia', 23 porque
obraron con fatuidad en Jerusalén, cometieron adulterio con las mujeres de
sus prójimos y fingieron pronunciar en
mi Nombre palabras que yo no les mandé. Yo soy sabedor y testigo —oráculo
de Yahvé—.»

Profecía contra Semaías.

24-25 Semaías el najlamita despachó
en su propio nombre cartas (a todo el
pueblo que hay en Jerusalén) a Sofonías, hijo del sacerdote Maasías (y a todos los sacerdotes), diciendo: 26 «Yahvé
te ha puesto por sacerdote en vez del
sacerdote Joadá como inspector en el
templo de Yahvé de todos los locos y
seudoprofetas: tú debes meterlos en los
cepos y en el calabozo. 27 Pues entonces,
¿por qué no has sancionado a Jeremías
de Anatot que se hace pasar por profeta
ante ustedes? 28 Porque, en efecto, nos
ha enviado a Babilonia un mensaje diciendo: 'Es para largo. Edifiquen casas
y habítenlas; planten huertos y coman
su fruto'.»

29 El sacerdote Sofonías leyó esta
carta a oídos del profeta Jeremías. 30 Entonces dirigió Yahvé la palabra a Jeremías en estos términos: 31 «Envía este
mensaje a todos los deportados: Así dice
Yahvé respecto a Semaías el najlamita,
por haberles profetizado sin haberlo yo
enviado, inspirándoles una falsa seguridad. 32 Sí, por cierto, así dice Yahvé: He
decidido castigar a Semaías el najlamita
y a su descendencia. No habrá en ella
ninguno que se siente en medio de este
pueblo ni que vea el bien que yo haga a
mi pueblo —oráculo de Yahvé—, porque predicó la desobediencia a Yahvé.»

3. LIBRO DE LA CONSOLACIÓN

Promesa de restauración a Israel del Norte*.

30 1 Palabra que recibió Jeremías
de parte de Yahvé: 2 Así dice
Yahvé el Dios de Israel: Escríbete en un
libro todas las palabras que te he dirigido.
3 Pues vienen días —oráculo de Yahvé—
en que haré tornar a los cautivos de mi
pueblo Israel (y de Judá) —dice Yahvé—
y los haré volver a la tierra que di a sus
padres en posesión.

4 Éstas son las palabras que dirigió
Yahvé a Israel (y a Judá).

5 Así dice Yahvé:
Voces estremecedoras oímos:
¡Pánico, y no paz!
6 Vayan a preguntar, y vean
si pare el macho.
Entonces ¿por qué he visto a todo
varón
con las manos en las caderas,
como la que da a luz,

30 La reforma de Josías, 2 R **22** 3-**23** 24, había levantado la esperanza nacional (en 609). Este poema expresa la esperanza de un regreso de los desterrados del reino del norte y de su reunión con Judá. Yahvé ama todavía a Israel, **31** 3.15-20; ver Os **11** 8-9; devolverá a los desterrados a sus tierras, **30** 3; **31** 2-14, en la unidad religiosa recuperada en torno a Sión, **31** 6; ver Is **11** 10-16. Este anuncio del retorno en seguida fue extendido, por posteriores oráculos y glosas, a Judá cuando a su vez fue conquistada y deportada. Así el «Libro de la consolación de Jeremías» adquiere todo su alcance definitivo y mesiánico: Israel y Judá reunidos, ver **3** 18, servirían en su tierra a *Yahvé su Dios y a David su rey*, **30** 9. Esta reunión del Israel disperso será uno de los temas de los profetas del Destierro, Is **43** 5-6; **49** 5-6; etc.; Ez **11** 17; **20** 34; **28** 25; **34** 12-13; etc., y después del Destierro, Za **10** 6-12. Ver también Jn **11** 52.

y todas las caras se han vuelto
amarillas?
7 ¡Ay! porque grande es aquel día,
ninguno se le parece;
será tiempo de angustia para Jacob,
pero saldrá ileso de ella.

8 (Acontecerá aquel día —oráculo de
Yahvé Sebaot— que romperé el yugo
de sobre tu cuello y tus coyundas arrancaré, y no te servirán más los extranjeros, 9 sino que Israel y Judá servirán a
Yahvé su Dios y a David su rey, que yo
les suscitaré.)

10 Pero tú no temas*, siervo mío Jacob
—oráculo de Yahvé—,
ni desmayes, Israel,
pues mira que acudo a salvarte desde
lejos,
y a tu linaje del país de su cautiverio;
volverá Jacob,
se sosegará y estará tranquilo,
y no habrá quien le inquiete,
11 pues contigo estoy yo —oráculo de
Yahvé— para salvarte:
acabaré con todas las naciones
entre las cuales te dispersé;
pero contigo no acabaré;
aunque sí te corregiré como
conviene,
ya que impune no te dejaré.
12 Porque así dice Yahvé:
Irremediable es tu quebranto,
incurable tu herida.
13 Estás desahuciado;
para una herida hay cura,
para ti no hay remedio.
14 Todos tus amantes te olvidaron,
por tu salud no preguntaron.
Porque con herida de enemigo te
herí,
castigo de hombre cruel,
(por tu gran culpa, porque son
enormes tus pecados).
15 ¿Por qué te quejas de tu quebranto?
Irremediable es tu sufrimiento;
por tu gran culpa, por ser enormes
tus pecados
te he hecho esto.
16 No obstante todos los que te
devoran serán devorados,
y todos tus opresores, todos ellos,
irán al cautiverio;
serán tus despojadores despojados,
y a todos tus saqueadores los
entregaré al saqueo.
17 Sí; haré que tengas alivio,
de tus llagas te curaré —oráculo de
Yahvé—.
Porque «La Repudiada» te llamaron,
«Sión de la que nadie se preocupa».
18 Así dice Yahvé:
Voy a hacer volver a los cautivos de
las tiendas de Jacob,
y de sus mansiones me apiadaré;
será reedificada la ciudad sobre su
montículo de ruinas
y el alcázar tal como era será
restablecido.
19 Y saldrá de entre ellos alabanza
y voz de gente alegre;
los multiplicaré y no disminuirán,
los honraré y no serán pocos,
20 sino que serán sus hijos como antes,
su comunidad ante mí estará en pie,
y yo castigaré a todos sus opresores.
21 Será su soberano uno de ellos,
su jefe de entre ellos saldrá,
y le haré acercarse y él llegará hasta
mí,
porque ¿quién es el que se jugaría la
vida
por llegarse hasta mí? —oráculo de
Yahvé—.
22 Y ustedes serán mi pueblo,
y yo seré su Dios*.
23 Miren que una tormenta de Yahvé
ha estallado,
un torbellino remolinea:
sobre la cabeza de los malos
descarga.
24 No ha de apaciguarse el ardor de la
ira de Yahvé
hasta que la ejecute, y realice
los designios de su corazón.
En días futuros ustedes se percatarán
de ello.

30 10 = **46** 27-28. Ver Is **41** 8+.
30 22 Fórmula clásica de la Alianza, Lv **26** 12; Dt **26** 17-18; etc., preferida por Jeremías, **31** 31+.

31 [1] En aquel tiempo —oráculo de
Yahvé— seré el Dios de todas
las familias de Israel, y ellos serán mi
pueblo.

[2] Así dice Yahvé:
Halló gracia en el desierto*
el pueblo que se libró de la espada:
va a su descanso Israel.
[3] De lejos Yahvé se me apareció.
Con amor eterno te he amado*:
por eso he reservado gracia para ti.
[4] Volveré a edificarte y serás
reedificada,
virgen de Israel;
aún volverás a tener el adorno de tus
panderetas,
y saldrás a bailar entre gentes
festivas.
[5] Aún volverás a plantar viñas
en los montes de Samaría:
(plantarán los plantadores, y
disfrutarán).
[6] Pues habrá un día en que griten los
centinelas
en la montaña de Efraín:
«¡Levántense y subamos a Sión,
adonde Yahvé, el Dios nuestro!»

[7] Pues así dice Yahvé:
Den vivas por Jacob con alegría,
y gritos por la capital de las
naciones;
háganlo oír, alaben y digan:
«¡Ha salvado Yahvé a su pueblo,
al Resto de Israel!»
[8] Miren que yo los traigo
del país del norte,
los recojo de los confines de la tierra.
Entre ellos, el ciego y el cojo,
la preñada y la parida a una.
Gran asamblea vuelve acá.
[9] Con lloro vienen
y con súplicas los devuelvo*,
los llevo a arroyos de agua
por camino llano, en que no
tropiecen.
Porque yo soy para Israel un padre,
y Efraín es mi primogénito.

[10] Oigan la palabra de Yahvé, naciones,
y anuncien por las islas a lo lejos,
y digan:
«El que dispersó a Israel lo reunirá
y lo guardará cual un pastor su hato.»
[11] Porque ha rescatado Yahvé a Jacob,
y lo ha redimido de la mano de otro
más fuerte.
[12] Vendrán y darán vivas en la cima de
Sión,
y acudirán al regalo de Yahvé:
al grano, al mosto, y al aceite virgen,
a las crías de ovejas y de vacas,
y serán como huerto empapado,
no volverán a estar ya macilentos.
[13] Entonces se alegrará la doncella en
el baile,
los mozos y los viejos juntos,
y cambiaré su duelo en regocijo,
los consolaré y aliviaré su tristeza;
[14] saciaré de enjundia a los sacerdotes,
mi pueblo se hartará de mis bienes
—oráculo de Yahvé—.

[15] Así dice Yahvé:
En Ramá se escuchan ayes,
lloro amarguísimo.
Raquel que llora por sus hijos,
que rehúsa consolarse —por sus
hijos—
porque no existen*.
[16] Así dice Yahvé:
Reprime tu voz del lloro
y tus ojos del llanto,
pues tus penas tendrán recompensa
—oráculo de Yahvé—:
volverán de tierra hostil,
[17] y hay esperanza para tu futuro
—oráculo de Yahvé—:
volverán los hijos a su territorio.
[18] Bien he oído a Efraín lamentarse:
«Me corregiste y corregido fui,
cual novillo no domado.
Hazme volver y volveré,
pues tú, Yahvé, eres mi Dios.

31 2 Sobre la conversión en el desierto, ver Os **2** 16+. El tema del nuevo Éxodo, que traerá a Israel del Destierro, esbozado aquí y vv. 8-9.21, será reanudado y desarrollado en la segunda parte de Isaías, ver Is **40** 3+.
31 3 Ver Os **11** 1-9; Is **54** 8+.
31 9 Ver Sal **126** 5-6; Is **40** 3+.
31 15 Ver 1 S **10** 2 y Mt **2** 18.

19 Porque luego de desviarme, me
arrepiento,
y luego de darme cuenta, me golpeo
el pecho,
me avergüenzo y me confundo luego,
porque aguanto el oprobio de mi
mocedad.»
20 ¿Es un hijo tan caro para mí Efraín,
o niño tan mimado,
que tras haberme dado tanto que
hablar,
tenga que recordarlo todavía?
Pues, en efecto, se han conmovido
mis entrañas por él;
ternura hacia él no ha de faltarme
—oráculo de Yahvé—.

21 Plántate mojones,
ponte jalones de ruta,
presta atención a la calzada,
al camino que anduviste.
Vuelve, virgen de Israel,
vuelve a estas ciudades.
22 ¿Hasta cuándo darás rodeos,
oh díscola muchacha?
Pues ha creado Yahvé una novedad
en la tierra:
la Mujer ronda al Varón*.

Se promete a Judá la restauración.

23 Así dice Yahvé Sebaot, el Dios de
Israel: Todavía dirán este refrán en tierra de Judá y en sus ciudades, cuando
yo haga volver a sus cautivos:
«¡Bendígate Yahvé,
oh estancia justa,
oh monte santo!»
24 Y morarán allí Judá y todas sus ciudades juntamente, los labradores y los
que trashuman con el rebaño, 25 porque
yo refrescaré la garganta reseca y saciaré todo cuerpo macilento.

26 En esto, me desperté y vi
que mi sueño era sabroso para mí.

Israel y Judá.

27 Van a llegar días —oráculo de Yahvé— en que sembraré la casa de Israel y
la casa de Judá de simiente de hombres
y ganados. 28 Entonces, del mismo modo
que anduve presto contra ellos para extirpar, destruir, arruinar, perder y dañar, así
andaré respecto a ellos para reconstruir
y replantar —oráculo de Yahvé—.

Retribución personal*.

||Ez **18** 2.

29 En aquellos días no dirán más:
«Los padres comieron el agraz,
y los dientes de los hijos sufren de
dentera»;
30 sino que cada uno por su culpa
morirá: quienquiera que coma el agraz
tendrá la dentera.

La Nueva Alianza*.

31 Van a llegar días —oráculo de Yahvé— en que yo pactaré con la casa de

31 22 Reanudación de las relaciones amorosas entre Israel infiel y su Esposo, ver Os **1** 2+; Is **54** 5-8; Ez **16** 59-63. La Vulg. traduce: *La mujer rodeará al varón*, lo que acentúa el sentido mesiánico evocando la concepción virginal de Cristo.
31 29 El refrán del v. 29 es citado también por Ez **18** 2. A una responsabilidad y retribución colectivas, Jeremías (ver Dt **24** 16), luego Ezequiel, **14** 12+, oponen el castigo personal del pecador.
31 31 Cima espiritual del libro de Jeremías. Tras el fracaso de la antigua alianza, v. 32; Ez **16** 59; ver Ex **19**+, y la tentativa de Josías para restaurarla, Dios va a instaurar, para el *Resto* salvado, ver Is **4** 3+, una alianza nueva y eterna. Como la antigua alianza, implicará la fidelidad de los hombres a la Ley y la presencia de Dios que les dará la paz, según la fórmula: *Yo seré vuestro Dios y vosotros seréis mi pueblo*, v. 33; **7** 23; **11** 4; **24** 7; **30** 22; **32** 38; Ez **11** 20; **36** 28; **37** 27; Za **8** 8; ver Dt **7** 6+; **26** 17-18; etc. Pero tendrá nuevas características: la iniciativa divina del perdón de los pecados, v. 34; Ez **36** 25.29; Sal **51** 3-4.9; la responsabilidad personal, v. 29; ver Ez **14** 12+; la religión interior del *corazón*, v. 33; **24** 7; **32** 39, bajo la influencia del Espíritu que dará al hombre un corazón nuevo, Ez **36** 26-27; Sal **51** 12; ver Jr **4** 4+, capaz de *conocer* a Dios. Esta alianza nueva, proclamada de nuevo en Ez **36** 25-28; Is **55** 3; **59** 21; **61** 8; ver Ba **2** 35, vivida en el Sal **51**, será inaugurada por el sacrificio de Cris-

Israel (y con la casa de Judá) una nueva
alianza; 32 no como la alianza que pacté
con sus padres, cuando los tomé de la
mano para sacarlos de Egipto; que ellos
rompieron mi alianza, y yo hice estrago
en ellos —oráculo de Yahvé—. 33 Sino
que ésta será la alianza que yo pacte con
la casa de Israel, después de aquellos
días —oráculo de Yahvé—: pondré mi
Ley en su interior y sobre sus corazones
la escribiré*, y yo seré su Dios y ellos
serán mi pueblo. 34 Ya no tendrán que
adoctrinar más el uno a su prójimo y el
otro a su hermano, diciendo: «Conozcan a Yahvé», pues todos ellos me conocerán, del más chico al más grande
—oráculo de Yahvé—, cuando perdone
su culpa y de su pecado no vuelva a
acordarme.

Permanencia de Israel.

35 Así dice Yahvé, el que da el sol para
alumbrar el día,
y gobierna la luna y las estrellas para alumbrar la noche,
el que agita el mar y hace bramar sus
olas,
cuyo nombre es Yahvé Sebaot.
36 Si fallaran estas normas
en mi presencia —oráculo de
Yahvé—,
también la prole de Israel dejaría
de ser una nación en mi presencia a
perpetuidad.
37 Así dice Yahvé:
Si fueran medidos los cielos por
arriba,
y sondeadas las bases de la tierra por
abajo,
entonces también yo renegaría de
todo el linaje de Israel
por todo cuanto hicieron —oráculo
de Yahvé—.

Reconstrucción y esplendor de Jerusalén.

38 Van a llegar días —oráculo de Yahvé— en que será reconstruida la ciudad
de Yahvé desde la torre de Jananel hasta
la Puerta del Ángulo; 39 y volverá a salir
la cuerda de medir toda derecha hasta la
cuesta de Gareb, y torcerá hasta Goá,
40 y toda la hondonada de los Cuerpos
Muertos y de la Ceniza, y todos los campos que llegan hasta el torrente* Cedrón, hasta la esquina de la Puerta de
los Caballos hacia oriente será sagrado
de Yahvé: no volverá a ser destruido ni
dado al anatema nunca jamás.

4. AÑADIDURAS AL LIBRO DE LA CONSOLACIÓN

La compra de un campo, prenda de porvenir venturoso.
18+.

32 1 Palabra que recibió Jeremías
de parte de Yahvé el año diez
de Sedecías, rey de Judá, o sea, el año
dieciocho de Nabucodonosor:
2 A la sazón las fuerzas del rey de Babilonia sitiaban a Jerusalén, mientras el
profeta Jeremías estaba detenido en el
patio de la guardia de la casa del rey de
Judá, 3 donde lo tenía detenido Sedecías,
rey de Judá, bajo esta acusación: «Tú has
profetizado: Así dice Yahvé: Voy a entregar esta ciudad en manos del rey de Babilonia, que la tomará, 4 y el rey de Judá,
Sedecías, no escapará de manos de los
caldeos, sino que será entregado sin remisión en manos del rey de Babilonia,
con quien hablará boca a boca, y sus
ojos se encontrarán con sus ojos, 5 y a
Babilonia llevará a Sedecías, y allí estará
(hasta que yo me ocupe de él —oráculo
de Yahvé—. ¡Aunque ustedes luchen con
los caldeos, no triunfarán!)»
6 Dijo Jeremías: He recibido una palabra de Yahvé que dice así:

to, Mt **26** 28p; ver 2 Co **3** 6+; Rm **11** 27; Hb **8** 6-13; **9** 15-20+; 1 Jn **5** 20+.

31 33 Ver Hb **10** 16; 2 Co **3** 3.
31 40 Ver Jos **6** 17+; Za **14** 11; Ap **22** 3.

7 «He aquí que Janamel, hijo de tu tío Salún, va a dirigirse a ti diciendo: 'Ea, cómprame el campo de Anatot, porque a ti te toca el derecho de rescate* para comprarlo.'»

8 Vino, pues, a mí Janamel, hijo de mi tío, conforme al dicho de Yahvé, al patio de la guardia, y me dijo: «Ea, cómprame el campo de Anatot —que cae en territorio de Benjamín—, porque tuyo es el derecho de adquisición y a ti te toca el rescate. Cómpratelo.» Yo reconocí en aquello la palabra de Yahvé, 9 y compré a Janamel, hijo de mi tío, el campo que está en Anatot. Le pesé la plata: diecisiete siclos de plata. 10 Lo apunté en mi escritura, sellé, aduje testigos y pesé la plata en la balanza. 11 Luego tomé la escritura de la compra, el documento sellado según ley y la copia abierta, 12 y pasé la escritura de la compra a Baruc, hijo de Nerías, hijo de Majsías, a vista de mi primo Janamel y de los testigos firmantes en la escritura de la compra, y a vista de todos los judíos presentes en el patio de la guardia, 13 y a vista de todos ellos di a Baruc este encargo: 14 Así dice Yahvé Sebaot el Dios de Israel: Toma estas escrituras: la escritura de compra, el documento sellado y la copia abierta, y las pones en un cántaro de arcilla para que duren mucho tiempo. 15 Porque así dice Yahvé Sebaot el Dios de Israel: «Todavía se comprarán casas y campos y viñas en esta tierra.»

16 Después de haber entregado la escritura de propiedad a Baruc, hijo de Nerías, oré a Yahvé diciendo: 17 «¡Ay, Señor Yahvé! Tú eres quien hiciste los cielos y la tierra con tu gran poder y tenso brazo: nada es extraordinario para ti, 18 el que hace merced a millares, que se cobra la culpa de los padres a costa de los hijos que les suceden, el Dios grande, el Fuerte, cuyo nombre es Yahvé Sebaot, 19 grande en designios y rico en recursos, que tiene los ojos fijos en la conducta de los humanos, para dar a cada uno según su conducta y el fruto de sus obras; 20 tú que has obrado señales y portentos en Egipto, hasta hoy, y en Israel y en la humanidad entera, y te has hecho un nombre, como hoy se ve; 21 y sacaste a tu pueblo Israel de Egipto con señales y prodigios y con mano fuerte y tenso brazo y con gran aparato, 22 y les diste esta tierra que habías jurado darla a sus padres: tierra que mana leche y miel. 23 Entraron en ella y la poseyeron, pero no hicieron caso de tu voz, ni conforme a tus leyes anduvieron: nada de lo que les mandaste hacer hicieron, y les conminaste con esta calamidad. 24 He aquí que los terraplenes llegan a la ciudad para tomarla y la ciudad está ya a merced de los caldeos que la atacan, por causa de la espada y del hambre y de la peste; lo que habías dicho, ha sido, y tú mismo lo estás viendo. 25 ¡Precisamente tú me has dicho, oh Señor Yahvé: 'Cómprate el campo y aduce testigos' cuando la ciudad está entregada a manos de los caldeos!»

26 Entonces me dirigió Yahvé la palabra en estos términos: 27 Mira que yo soy Yahvé, el Dios de toda carne. ¿Habrá cosa extraordinaria para mí?

28 Pues así dice Yahvé: Voy a entregar esta ciudad en manos de los caldeos y en manos de Nabucodonosor, rey de Babilonia, que la tomará, 29 y entrarán los caldeos que atacan a esta ciudad y la prenderán fuego incendiándola junto con las casas en cuyos terrados se incensaba a Baal y se libaban libaciones a otros dioses para provocarme. 30 Porque los hijos de Israel y los hijos de Judá no han hecho otra cosa desde sus mocedades sino lo que me disgusta (porque los hijos de Israel no han hecho más que provocarme con las obras de sus manos —oráculo de Yahvé—). 31 Porque motivo de mi furor y de mi ira ha sido para mí esta ciudad, desde el día en que la edificaron hasta hoy, que es como para quitármela de delante, 32 por toda la maldad de los hijos de Israel y de los

32 7 Se trata de un derecho de opción, Rt **4**.

hijos de Judá, que, para provocarme, obraron ellos, sus reyes, sus jefes, sus sacerdotes y profetas, el hombre de Judá y el habitante de Jerusalén, 33 y me volvieron la espalda, que no la cara. Yo los adoctriné asiduamente, mas ellos no quisieron aprender la lección, 34 sino que pusieron sus Monstruos abominables en el templo donde invocan mi Nombre, profanándolo, 35 y fraguaron los altos del Baal que hay en el Valle de Ben Hinón para hacer pasar por el fuego a sus hijos e hijas en honor de Mólec —lo que no les mandé ni me pasó por la mente—, obrando semejante abominación con el fin de hacer pecar a Judá.

36 Ahora, pues, en verdad así dice Yahvé, el Dios de Israel, acerca de esta ciudad que —al decir de ustedes— está ya a merced del rey de Babilonia por la espada, por el hambre y por la peste. 37 Voy a reunirlos de todos los países a donde los empujé en mi ira y mi furor y enojo grande, y los haré volver a este lugar, y los haré vivir en seguridad, 38 serán mi pueblo, y yo seré su Dios; 39 y les daré un solo corazón y una conducta cabal, de suerte que me teman todos los días para bien de ellos y de sus hijos después de ellos. 40 Pactaré con ellos una alianza eterna —que no revocaré después de ellos—: les haré el bien y pondré mi temor en sus corazones, de modo que no se aparten de junto a mí; 41 me dedicaré a hacerles bien, y los plantaré en esta tierra firmemente, con todo mi corazón y con toda mi alma*. 42 Porque así dice Yahvé: Como he traído sobre este pueblo todo este gran perjuicio, así yo mismo voy a traer sobre ellos todo el beneficio que pronuncio sobre ellos, 43 y se comprarán campos en esta tierra de la que dicen ustedes que es una desolación, sin personas ni ganados, y que está a merced de los caldeos; 44 se comprarán campos con dinero, anotándose en escritura, sellándose y llamando testigos, en la tierra de Benjamín y en los contornos de Jerusalén, en las ciudades de Judá, en las de la Montaña, en las de la Tierra Baja y en las del Negueb, pues haré tornar a sus cautivos —oráculo de Yahvé—.

Nuevas promesas de restauración para Jerusalén y Judá.

33 1 De nuevo dirigió Yahvé la palabra a Jeremías, que estaba aún detenido en el patio de la guardia, en estos términos:

2 Así dice Yahvé, hacedor de la tierra, que la formó para hacerla subsistir, Yahvé es su nombre: 3 Llámame y te responderé y mostraré cosas grandes, inaccesibles, que desconocías.

4 Porque así dice Yahvé, el Dios de Israel, tocante a las casas de esta ciudad y a las de los reyes de Judá que han sido derruidas. Junto a los terraplenes y a la espada, 5 se traba combate con los caldeos para llenar la ciudad de cadáveres humanos, a los que herí en mi ira y mi furor, y por cuya malicia oculté mi rostro de esta ciudad. 6 He aquí que yo les aporto su alivio y su medicina. Los curaré y les descubriré una corona de paz y seguridad. 7 Haré tornar a los cautivos de Judá y a los cautivos de Israel y los reedificaré como en el pasado, 8 y los purificaré de toda culpa que cometieron contra mí, y perdonaré todas las culpas que cometieron contra mí, y con que me fueron rebeldes. 9 Jerusalén será para mí un nombre evocador de alegría, será prez y ornato para todas las naciones de la tierra que oigan todo el bien que voy a hacerle, y se asustarán y estremecerán de tanta bondad y de tanta paz como voy a concederle.

10 Así dice Yahvé: Aún se oirá en este lugar, del que ustedes dicen que está abandonado, sin personas ni ganados, en todas las ciudades de Judá y en las calles de Jerusalén desoladas, sin personas ni habitantes ni ganados, 11 voz de gozo y de alegría, la voz del novio y la voz de la novia, la voz de cuantos traigan sacrificios de alabanza al templo de Yahvé diciendo: «Alaben a Yahvé Se-

32 41 Es el mismo lenguaje de Dios al hombre que en **24** 7+; **31** 33; Dt **4** 29+; **6** 4; etc.

baot, porque es bueno Yahvé, porque
es eterna su misericordia*», pues haré
tornar a los cautivos del país, y volverán
a ser como antes —dice Yahvé—.
[12] Así dice Yahvé Sebaot: Aún habrá
en este lugar abandonado de hombres y
ganados y en todas sus ciudades, dehesas de pastores que hagan reposar a las
ovejas: [13] en las ciudades de la Montaña, y en las de la Tierra Baja, en las del
Negueb y en la tierra de Benjamín y en
los contornos de Jerusalén y en las ciudades de Judá, volverán a pasar ovejas
ante la mano del que las cuente —dice
Yahvé—.

Instituciones del futuro*.

[14] Miren que vienen días —oráculo
de Yahvé— en que confirmaré la buena
palabra que dije a la casa de Israel y a
la casa de Judá.

[15] En aquellos días y en aquella sazón
haré brotar para David un Germen
justo,
que practicará el derecho y la justicia
en la tierra.
[16] En aquellos días estará a salvo Judá,
y Jerusalén vivirá en seguro.
Y así se la llamará:
«Yahvé, justicia nuestra.»

[17] Pues así dice Yahvé: No le faltará a
David quien se siente en el trono de la casa de Israel; [18] y a los sacerdotes levíticos
no les faltará quien en presencia mía
ofrezca holocaustos y queme incienso
de oblación y haga sacrificio cada día.
[19] Dirigió Yahvé la palabra a Jeremías
en estos términos: [20] Así dice Yahvé: Si
ustedes llegaran a romper mi alianza
con el día y con la noche, de suerte que
no sea de día o de noche a su debido
tiempo, [21] entonces romperían también
mi alianza con mi siervo David, de suerte que le falte un hijo que reine sobre su
trono, y con los levitas sacerdotes, mis
servidores. [22] Así como es incontable el
ejército de los cielos, e incalculable la
arena de la mar, así multiplicaré el linaje
de mi siervo David y de los levitas que
me sirven.
[23] Dirigió Yahvé la palabra a Jeremías en estos términos: [24] ¿No has visto
qué ha dicho este pueblo?: «Los dos
linajes que había elegido Yahvé, los ha
rechazado»; y así menosprecian a mi
pueblo, pues ni siquiera lo tienen por
nación. [25] Pues bien, dice Yahvé: Si no
he creado el día y la noche, ni las leyes
de los cielos y la tierra he puesto, [26] en
ese caso también rechazaré el linaje de
Jacob y de mi siervo David, para no escoger más de su linaje a quienes gobiernen la descendencia de Abrahán, Isaac
y Jacob, cuando yo haga tornar a sus
cautivos y les tenga misericordia.

5. MISCELÁNEA

Destino de Sedecías.
21 1-7; **32** 1-5.

34 [1] Palabra dirigida a Jeremías de
parte de Yahvé, mientras Nabucodonosor, rey de Babilonia, y todas
sus fuerzas y todos los reinos de la tierra
sometidos a su poder y todos los pueblos
atacaban a Jerusalén y a todas sus ciudades:
[2] Así dice Yahvé el Dios de Israel: Ve
y dices a Sedecías, rey de Judá; le dices:
Así dice Yahvé: «Voy a entregar esta
ciudad en manos del rey de Babilonia,
que la incendiará. [3] En cuanto a ti, no
te escaparás de su mano, sino que sin
falta serás capturado. Te pondré en sus
manos y tus ojos verán los ojos del rey de
Babilonia, y su boca hablará a tu boca,
y a Babilonia irás. [4] Empero, oye una

33 11 Ver Sal **106** 1; 1 Cro **16** 34; etc.
33 14 Pasaje mesiánico, ver Za **4** 1-14; **6** 13. Los vv. 15-16 son continuación de Jr **23** 4-6; pero el final se aplica aquí a Jerusalén. Los poderes sacerdotales y reales coincidirán en los tiempos mesiánicos.

palabra de Yahvé, oh Sedecías, rey de Judá: Así dice Yahvé respecto a ti: No morirás por la espada. 5 En paz morirás. Y como se quemaron perfumes por tus padres, los reyes antepasados que te precedieron, así los quemarán por ti, y con el «¡ay, señor!» te plañirán, porque lo digo yo —oráculo de Yahvé—.

6 Y habló el profeta Jeremías a Sedecías, rey de Judá, todas estas palabras en Jerusalén, 7 mientras las fuerzas del rey de Babilonia atacaban a Jerusalén y a todas las ciudades de Judá que quedaban: a Laquis y Azecá, pues estas dos plazas fuertes habían quedado de todas las ciudades de Judá.

Liberación de los esclavos.

8 Palabra dirigida a Jeremías de parte de Yahvé, después de llegar el rey Sedecías a un acuerdo con todo el pueblo de Jerusalén, proclamándoles una liberación, 9 en orden a dejar cada uno a su siervo o esclava hebreos libres dándoles la libertad, de suerte que ningún judío fuera siervo de su hermano.

10 Todos los jefes y todo el pueblo que entraba en el acuerdo obedecieron, dejando libres quién a su siervo, quién a su esclava, dándoles la libertad, de modo que no hubiera entre ellos más esclavos: obedecieron y los dejaron libres. 11 Pero luego volvieron a apoderarse de los siervos y esclavas que habían liberado y los redujeron a servidumbre y esclavitud.

12 Entonces dirigió Yahvé la palabra a Jeremías en estos términos: 13 Así dice Yahvé, el Dios de Israel: yo hice alianza con sus padres el día que los saqué de Egipto, de la casa de servidumbre, diciendo: 14 «Al cabo de siete años cada uno de ustedes dejará libre al hermano hebreo que se le hubiera vendido. Te servirá por seis años y después lo dejarás libre*.» Pero no me hicieron caso sus padres ni aplicaron el oído. 15 Ustedes se han convertido hoy y han hecho lo que es recto a mis ojos proclamando liberación general, y llegando a un acuerdo en mi presencia, en el templo donde se invoca mi Nombre; 16 pero se han echado atrás y profanado mi Nombre, se han apoderado de sus respectivos siervos y esclavas a quienes habían liberado, reduciéndolos de nuevo a esclavitud.

17 Por tanto, así dice Yahvé: Ustedes no me han hecho caso al proclamar liberación general. Pues yo voy a proclamar contra ustedes libertad para la espada, para la peste y para el hambre —oráculo de Yahvé—, y los voy a convertir en espantajo de todos los reinos de la tierra. 18 Y a los individuos que traspasaron mi acuerdo, aquellos que no han hecho válidos los términos del acuerdo que firmaron en mi presencia, haré que acaben como el novillo que cortaron en dos y por entre cuyos pedazos pasaron: 19 a los jefes de Judá, los jefes de Jerusalén, los eunucos, los sacerdotes y todo el pueblo de la tierra que han pasado por entre los pedazos del novillo, 20 los entregaré en manos de sus enemigos y de quienes buscan su muerte, y sus cadáveres serán pasto de las aves del cielo y de las bestias de la tierra. 21 Y a Sedecías, rey de Judá, y a sus jefes los entregaré en manos de sus enemigos y de quienes buscan su muerte y del ejército del rey de Babilonia que se ha retirado de ustedes. 22 Pues voy a dar la orden —oráculo de Yahvé— de hacerlos volver contra esta ciudad. La atacarán, la tomarán y le prenderán fuego; y dejaré desoladas y sin habitantes a las ciudades de Judá.

Ejemplo de los recabitas*.

35 1 Palabra dirigida a Jeremías de parte de Yahvé, en tiempo de Joaquín, hijo de Josías, rey de Judá.

2 «Ve a la casa de los recabitas y les hablas. Los llevas al templo de Yahvé,

34 14 Ver Dt **15** 12-13.

35 El episodio se sitúa justamente antes del primer sitio de Jerusalén en 598. El grupo de los recabitas, 2 R **10** 15+, en reacción contra la civilización, era un llamamiento a la antigua religión del desierto, Os **2** 16+.

a una de las cámaras, y les escancias
vino.» 3 Tomé, pues, a Jazanías, hijo de
Jeremías, hijo de Jabasinías, y a sus hermanos, a todos sus hijos y a toda la casa
de los recabitas, 4 y los llevé al templo
de Yahvé, a la cámara de Ben Yojanán,
hijo de Yigdalías, hombre de Dios, la
cual cámara está al lado de la de los
jefes, y encima de la de Maasías, hijo de
Salún, guarda del umbral, 5 y presentando a los hijos de la casa de los recabitas
unos jarros llenos de vino y tazas, les
dije: «¡Beban vino!» 6 Dijeron ellos: «No
bebemos vino, porque nuestro padre
Jonadab, hijo de Recab, nos dio este
mandato: 'No beberán vino ni ustedes
ni sus hijos nunca jamás, 7 ni edificarán
casa, ni sembrarán semilla, ni plantarán
viñedo, ni poseerán nada, sino que en
tiendas pasarán toda su existencia, para
que vivan muchos días sobre la superficie
del suelo, donde son forasteros.' 8 Nosotros hemos obedecido a la voz de nuestro
padre Jonadab, hijo de Recab, en todo
cuanto nos mandó, absteniéndonos de
beber vino de por vida, nosotros, nuestras mujeres, nuestros hijos y nuestras hijas, 9 y no edificando casas donde vivir, ni
poseyendo viña ni campo de sementera,
10 sino que hemos vivido en tiendas, obedeciendo y obrando en todo conforme a
lo que nos mandó nuestro padre Jonadab. 11 Pero al subir Nabucodonosor, rey
de Babilonia, contra el país, dijimos:
'Vengan y entremos en Jerusalén, para
huir de las fuerzas caldeas y de las de
Arán', y nos instalamos en Jerusalén.»
12 Entonces dirigió Yahvé la palabra a
Jeremías en estos términos: 13 Así dice
Yahvé Sebaot, el Dios de Israel: Ve y
dices a los hombres de Judá y a los
habitantes de Jerusalén: ¿No aprenderán ustedes la lección que les invita a
escuchar mis palabras? —oráculo de
Yahvé—. 14 Se ha cumplido la palabra
de Jonadab, hijo de Recab, que prohibió
a sus hijos beber vino, y no han bebido
hasta la fecha, porque obedecieron la
orden de su padre. Yo me afané en hablarles a ustedes y no me oyeron. 15 Me
afané en enviarles a todos mis siervos
los profetas a decirles: Ea, tornen cada
uno de su mal camino, mejoren sus acciones y no anden detrás de otros dioses
para servirlos, y se quedarán en la tierra
que les di a ustedes y a sus padres; mas
no aplicaron el oído ni me hicieron caso. 16 Así, los hijos de Jonadab, hijo de
Recab, han cumplido el precepto que
su padre les impuso, mientras que este
pueblo no me ha hecho caso.

17 Por tanto, así ha dicho Yahvé, el
Dios Sebaot, el Dios de Israel: Voy a
traer contra Judá y contra los habitantes
de Jerusalén todo el mal que pronuncié
respecto a ellos, por cuanto les hablé y
no me oyeron, los llamé y no me respondieron.

18 A la casa de los recabitas dijo Jeremías: «Así dice Yahvé Sebaot, el Dios
de Israel: Por cuanto que ustedes han
hecho caso del precepto de su padre
Jonadab y han guardado todos esos preceptos y obrado conforme a cuanto les
mandó, 19 por lo mismo, así dice Yahvé
Sebaot, el Dios de Israel: No faltará a
Jonadab, hijo de Recab, quien esté en
mi presencia todos los días.»

IV. Pasión de Jeremías

El rollo de 605-604.

36 1 El año cuarto de Joaquín, hijo
de Josías, rey de Judá, dirigió
Yahvé esta palabra a Jeremías:
2 Tómate un rollo de escribir y apunta
en él todas las palabras que te he hablado tocante a Israel, a Judá y a todas
las naciones, desde la fecha en que te
vengo hablando —desde los tiempos
de Josías hasta hoy—. 3 A ver si la casa
de Judá se entera de todo el mal que
he pensado hacerle, de modo que se
convierta cada uno de su mal camino,

y entonces yo perdonaría su culpa y su
pecado.
[4] Llamó, pues, Jeremías a Baruc, hijo
de Nerías, y apuntó Baruc al dictado de
Jeremías todas las palabras que Yahvé
le había hablado, en un rollo de escribir.
[5] Dio Jeremías a Baruc estas instrucciones: «Yo estoy detenido; no puedo ir
al templo de Yahvé. [6] Así que vete tú,
y lees en voz alta el rollo en que has
apuntado al dictado mío las palabras de
Yahvé, a oídos del público del templo de
Yahvé, aprovechando un día de ayuno, y
las lees también a oídos de todos los de
Judá que vienen de sus ciudades; [7] a ver
si presentan sus súplicas a Yahvé, y se
convierte cada uno de su mal camino;
porque grande es la ira y el furor que ha
expresado Yahvé contra este pueblo.»
[8] Hizo Baruc, hijo de Nerías, conforme a todo cuanto le había mandado el
profeta Jeremías, y leyó en el libro las palabras de Yahvé en el templo de Yahvé.
[9] Precisamente en el año quinto de
Joaquín, hijo de Josías, rey de Judá,
el mes noveno, se proclamaba ayuno
general delante de Yahvé, tanto para el
pueblo de Jerusalén como para toda la
gente venida de las ciudades de Judá a
Jerusalén. [10] Baruc, pues, leyó en el libro
las palabras de Jeremías en el templo
de Yahvé, en la cámara de Guemarías,
hijo de Safán el escriba, en el patio
alto, a la entrada de la Puerta Nueva
del templo de Yahvé, a oídos de todo el
pueblo.
[11] Oye Miqueas, hijo de Guemarías,
hijo de Safán, todas las palabras de Yahvé según el libro, [12] baja a la casa del
rey, al cuarto del escriba, y se encuentra con que allí estaban todos los jefes
sentados: el escribano Elisamá, Delaías,
hijo de Semaías, Elnatán, hijo de Acbor,
Guemarías, hijo de Safán, Sedecías, hijo
de Jananías, y todos los demás jefes.
[13] Y Miqueas declaró todas las palabras
que había oído leer a Baruc en el libro a
oídos del pueblo.
[14] Entonces todos los jefes enviaron a
Yehudí, hijo de Natanías, hijo de Selemías, hijo de Cusí a decir a Baruc: «Toma en tus propias manos el rollo en el
que has leído en voz alta al pueblo y vente.» Baruc, hijo de Nerías, tomó el rollo
en sus manos y se dirigió adonde ellos.
[15] Le dijeron: «Ven, siéntate y ten a bien
leérnoslo a nosotros.» Y Baruc se lo leyó.
[16] En cuanto oyeron todas aquellas palabras, se asustaron y se dijeron unos a
otros: «Anunciemos sin falta al rey todas
estas palabras.» [17] Y a Baruc le pidieron:
«Explícanos cómo has escrito todas estas
palabras.» [18] Les dijo Baruc: «Al dictado.
Él me recitaba todas estas palabras y yo
las iba escribiendo en el libro con tinta.»
[19] Dicen los jefes a Baruc: «Vete, escón-
danse tú y Jeremías, y que nadie sepa
dónde están.» [20] Y entraron adonde el
rey, a la corte (el rollo lo consignaron
en la cámara de Elisamá el escriba) y
transmitieron personalmente al rey todas aquellas palabras.
[21] Entonces envió el rey a Yehudí a
apoderarse del rollo, y éste lo tomó del
cuarto de Elisamá el escriba. Y Yehudí lo
leyó en voz alta al rey y a todos los jefes
que estaban en pie en torno al rey. [22] El
rey estaba instalado en la casa de invierno, —era en el mes noveno—, con un
brasero delante encendido. [23] Y así que
había leído Yehudí tres hojas o cuatro, él
las rasgaba con el cortaplumas del escriba
y las echaba al fuego del brasero, hasta
terminar con todo el rollo en el fuego del
brasero. [24] Ni se asustaron ni se rasgaron
los vestidos el rey ni ninguno de sus siervos que oían todas estas cosas, [25] y por
más que Elnatán, Delaías y Guemarías
suplicaron al rey que no quemara el rollo,
no les hizo caso. [26] Luego el rey ordenó
a Yerajmeel, hijo del rey*, a Serayas, hijo
de Azriel, y a Selemías, hijo de Abdel,
apoderarse del escriba Baruc y del profeta
Jeremías. Pero Yahvé los había ocultado.
[27] Entonces dirigió Yahvé la palabra a
Jeremías —tras haber quemado el rey el

36 26 El título de *hijo del rey*, ver **38** 6; 1 R **22** 26-27, denota una función en la corte, quizá, según el contexto, el de oficial de policía.

rollo y las cosas que había escrito Baruc
al dictado de Jeremías— en estos términos: 28 «Vuelve a tomar otro rollo y
escribe en él todas las cosas que antes
había en el primer rollo que quemó Joaquín, rey de Judá. 29 Y a Joaquín, rey de
Judá, le dices: Así dice Yahvé: Tú has
quemado aquel rollo, diciendo: '¿Por
qué has escrito en él: Vendrá sin falta el
rey de Babilonia y destruirá esta tierra y
se llevará cautivos de ella a hombres y
bestias?' 30 Por tanto, así dice Yahvé a
propósito de Joaquín, rey de Judá: No
tendrá quien le suceda en el trono de
David, y su propio cadáver yacerá tirado,
expuesto al calor del día y al frío de la
noche. 31 Yo castigaré sus culpas y las de
su linaje y sus siervos, y traeré sobre ellos
y sobre todos los habitantes de Jerusalén
y los hombres de Judá todo el mal que
les dije, sin que hicieran caso.»

32 Entonces Jeremías tomó otro rollo,
que dio al escriba Baruc, hijo de Nerías,
y éste escribió al dictado de Jeremías
todas las palabras del libro que había
quemado Joaquín, rey de Judá, e incluso
se añadió a aquéllas otras muchas por el
estilo.

Juicio global sobre Sedecías.

37 1 Sedecías, hijo de Josías, sucedió en el trono a Jeconías,
hijo de Joaquín. Nabucodonosor, rey de
Babilonia, lo había nombrado rey de Judá. 2 Pero tampoco él ni sus siervos, ni
el pueblo de la tierra, hicieron caso de
las palabras que Yahvé había hablado
por medio del profeta Jeremías.

Sedecías consulta a Jeremías durante la interrupción del asedio del 588.

3 El rey Sedecías envió a Yucal, hijo
de Selemías, y al sacerdote Sofonías,
hijo de Maasías, a decir al profeta Jeremías: «¡Ea! Ruega por nosotros a nuestro Dios Yahvé.» 4 Y Jeremías iba y venía en público, pues no lo habían encarcelado. 5 Las fuerzas del faraón salieron
de Egipto, y al oír hablar de ellos los caldeos que sitiaban Jerusalén, levantaron
el sitio de Jerusalén. 6 Entonces dirigió
Yahvé la palabra al profeta Jeremías:
7 Así dice Yahvé, el Dios de Israel: Así dirán ustedes al rey de Judá que los envía a
mí, a consultarme: He aquí que las fuerzas del faraón que salían en su socorro se
han vuelto a su tierra de Egipto, 8 y volverán los caldeos que atacan a esta ciudad, la tomarán y la incendiarán. 9 Así
dice Yahvé: Ustedes no cobren ánimos
diciendo: «Seguro que los caldeos terminarán por dejarnos y marcharse»; porque
no se marcharán, 10 pues aunque hubieran derrotado a todas las fuerzas de los
caldeos que los atacan y les quedaran
sólo hombres acribillados, se levantarían
cada cual en su tienda e incendiarían esta
ciudad.

Arresto de Jeremías. El rey mejora su situación.

11 Cuando las tropas caldeas estaban
levantando el sitio de Jerusalén, reple-
gándose ante las tropas del faraón, aconteció que 12 Jeremías salía de Jerusalén
para ir a tierra de Benjamín a asistir a un
reparto en el pueblo. 13 Y encontrándose
él en la puerta de Benjamín, donde había
un vigilante llamado Yirías, hijo de Selemías, hijo de Jananías, éste prendió al
profeta Jeremías diciendo: «¡Tú te pasas
a los caldeos!» 14 Dice Jeremías: «¡Falso!
Yo no me paso a los caldeos.» Pero Yirías no le hizo caso; detuvo a Jeremías y
lo llevó a los jefes, 15 los cuales se irritaron
contra Jeremías, le dieron de golpes y lo
encarcelaron en casa del escriba Jonatán, convertida en prisión. 16 Así que Jeremías ingresó en el calabozo del sótano
y permaneció allí mucho tiempo.

17 El rey Sedecías mandó traerlo, y lo
interrogó en su casa, en secreto: «¿Hay
algo de parte de Yahvé?» Dijo Jeremías:
«Lo hay.» Y añadió: «En mano del rey de
Babilonia serás entregado.» 18 Y dijo Jeremías al rey Sedecías: «¿En qué te he
faltado a ti, a tus siervos y a este pueblo,
para que me hayan puesto en prisión?
19 ¿Pues dónde están sus profetas que
les profetizaban: 'No vendrá el rey de

Babilonia contra ustedes ni contra esta tierra'? 20 Ahora, pues, oiga el rey mi señor, caiga bien en tu presencia mi petición de gracia y no me vuelvas a casa del escriba Jonatán, no muera yo allí.»

21 Entonces el rey Sedecías mandó que custodiaran a Jeremías en el patio de la guardia y se le diera un rosco de pan por día de la calle de los panaderos, hasta que se acabara todo el pan de la ciudad.

Y Jeremías permaneció en el patio de la guardia.

Jeremías en la cisterna. Intervención de Ebedmélec.

38 1 Oyeron Sefatías, hijo de Matán, Godolías, hijo de Pasjur, hijo de Malquías, las palabras que Jeremías hablaba a todo el pueblo: 2 «Así dice Yahvé: Quien se quede en esta ciudad, morirá de espada, de hambre y de peste, mas el que se entregue a los caldeos vivirá, y eso saldrá ganando. 3 Así dice Yahvé: Sin remisión será entregada esta ciudad en mano de las tropas del rey de Babilonia, que la tomará.» 4 Y dijeron aquellos jefes al rey: «Hay que condenar a muerte a ese hombre, porque con eso desmoraliza a los guerreros que quedan en esta ciudad y a toda la plebe, diciéndoles tales cosas. Porque este hombre no procura en absoluto el bien del pueblo, sino su daño.» 5 Dijo el rey Sedecías: «Ahí lo tienen en sus manos, pues nada podría el rey contra ustedes.» 6 Ellos se apoderaron de Jeremías y lo echaron a la cisterna de Malquías, hijo del rey, que había en el patio de la guardia, descolgando a Jeremías con sogas. En el pozo no había agua, sino fango, y Jeremías se hundió en el fango.

7 Pero Ebedmélec el cusita —un eunuco de la casa del rey— oyó que habían metido a Jeremías en la cisterna. El rey estaba sentado en la puerta de Benjamín. 8 Salió Ebedmélec de la casa del rey y habló al rey en estos términos: 9 «Oh mi señor el rey, está mal hecho todo cuanto esos hombres han hecho con el profeta Jeremías, arrojándolo a la cisterna. Total lo mismo se iba a morir de hambre, pues no quedan ya víveres en la ciudad.»

10 Entonces ordenó el rey a Ebedmélec el cusita: «Toma tú mismo de aquí treinta hombres, y subes al profeta Jeremías del pozo antes de que muera.»

11 Ebedmélec tomó consigo a los hombres y, entrando en la casa del rey, al vestuario del tesoro, tomó allí deshechos de paños y telas, y con sogas los descolgó por la cisterna hasta Jeremías. 12 Dijo Ebedmélec el cusita a Jeremías: «Hala, ponte los deshechos de paños y telas entre los sobacos y las sogas.» Así lo hizo Jeremías, 13 y halando a Jeremías con las sogas lo subieron de la cisterna.

Y Jeremías se quedó en el patio de la guardia.

Última entrevista de Jeremías con Sedecías.

14 Entonces el rey Sedecías mandó traer al profeta Jeremías a la entrada tercera que había en el templo de Yahvé, y dijo el rey a Jeremías: «Te voy a preguntar una cosa: no me ocultes nada.» 15 Dijo Jeremías a Sedecías: «Si te soy sincero, seguro que me matarás; y aunque te aconseje, no me escucharás.» 16 El rey Sedecías juró a Jeremías en secreto: «Por vida de Yahvé, y por la vida que nos ha dado, que no te haré morir ni te entregaré en manos de estos hombres que andan buscando tu muerte.» 17 Dijo Jeremías a Sedecías: «Así dice Yahvé, el Dios Sebaot, el Dios de Israel: Si sales a entregarte a los jefes del rey de Babilonia, vivirás tú mismo y esta ciudad no será incendiada: tanto tú como los tuyos vivirán. 18 Pero si no te entregas a los jefes del rey de Babilonia, esta ciudad será puesta en manos de los caldeos e incendiada, y tú no escaparás de sus manos.»

19 Dijo el rey Sedecías a Jeremías: «Me preocupan los judíos que se han pasado a los caldeos, no vaya a ser que me entreguen en sus manos, y éstos hagan mofa de mí.»

20 Pero replicó Jeremías: «No te entregarán. ¡Ea!, oye la voz de Yahvé en
esto que te digo, que te resultará bien y
quedarás con vida. 21 Mas si rehúsas salir,
esto es lo que me ha mostrado Yahvé.
22 Mira que todas las mujeres que han
permanecido en la casa del rey de Judá
serán sacadas adonde los jefes del rey
de Babilonia, e irán diciendo:

Te empujaron y pudieron contigo
aquellos con quienes te saludabas.
Se hundieron en el lodo tus pies,
hiciéronse atrás.

23 Serán entregados a los caldeos tus
mujeres y tus hijos, y tú no escaparás de
ellos, sino que serás puesto en manos
del rey de Babilonia, y esta ciudad será
incendiada.»
24 Entonces dijo Sedecías a Jeremías:
«Que nadie sepa nada de esto, y no
morirás. 25 Aunque se enteren los jefes
de que he estado hablando contigo, y viniendo a ti te digan: 'Decláranos qué has
dicho al rey, sin ocultárnoslo, y así no te
mataremos, y también lo que el rey te ha
hablado', 26 tú les dirás: 'He pedido al rey
la gracia de que no se me devuelva a casa
de Jonatán a morirme allí.'»
27 En efecto, vinieron todos los jefes
a Jeremías, lo interrogaron, y él les respondió conforme a lo que queda dicho
que le había mandado el rey: y ellos quedaron satisfechos, porque nada se sabía
de lo hablado.
28 Así quedó Jeremías en el patio de
la guardia, hasta el día en que fue tomada Jerusalén.
Ahora bien, cuando fue tomada Jerusalén...

Caída de Jerusalén y suerte de Jeremías*.

‖2 R **25** 1-21.

39 1 En el año nueve de Sedecías,
rey de Judá, el décimo mes,
vino Nabucodonosor, rey de Babilonia,
con todo su ejército contra Jerusalén, y
la sitiaron.
2 En el año once de Sedecías, el cuarto
mes, el nueve del mes, se abrió una brecha en la ciudad, 3 y entraron todos los
jefes del rey de Babilonia y se instalaron
en la Puerta Central: Nergal Sareser,
Sangar Nebo, Sar Sequín, jefe superior,
Nergal Sareser, alto funcionario y todos
los demás jefes del rey de Babilonia.
4 Al verlos Sedecías, rey de Judá, y todos los guerreros, huyeron de la ciudad.
Salieron de noche camino del parque
del rey por la puerta que está entre los
dos muros, y se fueron por el camino
de la Arabá.
5 Las tropas caldeas los persiguieron y
dieron alcance a Sedecías en los llanos
de Jericó; lo prendieron y lo subieron a
Riblá, en tierra de Jamat, adonde Nabucodonosor, rey de Babilonia, que lo
sometió a juicio. 6 Y el rey de Babilonia
degolló a los hijos de Sedecías en Riblá
a la vista de éste; luego el rey de Babilonia degolló a toda la aristocracia de
Judá, 7 y habiendo cegado los ojos a
Sedecías lo ató con doble cadena de
bronce para llevárselo a Babilonia. 8 Los
caldeos incendiaron el palacio real y
las casas del pueblo y demolieron los
muros de Jerusalén; 9 en cuanto al resto
del pueblo que quedaba en la ciudad,
a los desertores que se habían pasado
a él y a los artesanos restantes los deportó Nabuzardán, jefe de la guardia, a
Babilonia. 10 En cuanto a la plebe baja,
los que no tenían nada, los hizo quedar
Nabuzardán, jefe de la guardia, en tierra
de Judá, y en aquella ocasión les dio
viñas y parcelas.
11 Nabucodonosor, rey de Babilonia,
había dado instrucciones a Nabuzardán,
jefe de la guardia, respecto a Jeremías
en este sentido: 12 «Préndelo y tenlo a la
vista; y no le hagas daño alguno, antes
harás con él lo que él mismo te diga.»
13 Entonces (Nabuzardán, jefe de la
guardia) Nabusazbán, jefe superior, Nergal Sareser, oficial superior, y todos los
grandes del rey de Babilonia 14 enviaron
en busca de Jeremías, y lo confiaron a

39 El cap. **39** consta de elementos heterogéneos mal ensamblados entre sí.

Godolías, hijo de Ajicán, hijo de Safán,
para que lo hiciera salir a casa, y permaneció entre la gente.

Oráculo favorable a Ebedmélec*.

15 Estando Jeremías detenido en el
patio de la guardia, le había sido dirigida
la palabra de Yahvé en estos términos:
16 Vete y dices a Ebedmélec el cusita:
Así dice Yahvé Sebaot, el Dios de Israel:
Mira que yo hago llegar mis palabras a
esta ciudad para su daño, que no para
su bien, y tú serás testigo en aquel día,
17 pero yo te salvaré a ti aquel día —oráculo de Yahvé— y no serás entregado
en manos de aquellos cuya presencia
evitas temeroso, 18 antes bien te libraré,
y no caerás a espada. Saldrás ganando
la propia vida, porque confiaste en mí
—oráculo de Yahvé—.

Más sobre la suerte de Jeremías.

40 1 Palabra dirigida a Jeremías de
parte de Yahvé, luego que Nabuzardán, jefe de la guardia, lo dejó libre
en Ramá, cuando lo tomó aparte, estando él esposado con todos los deportados
de Jerusalén y Judá que iban camino de
Babilonia.
2 En efecto, el jefe de la guardia tomó
aparte a Jeremías y le dijo: «Tu Dios
Yahvé había predicho esta desgracia a
este lugar, 3 y lo ha cumplido. Yahvé ha
hecho conforme había predicho. Y esto
les ha sucedido a ustedes porque pecaron contra Yahvé y no oyeron su voz.
4 Ahora bien, desde hoy te suelto las esposas de tus muñecas. Si te parece bien
venirte conmigo a Babilonia, vente, y yo
miraré por ti. Pero si te parece mal venirte conmigo a Babilonia, déjalo. Mira,
tienes toda la tierra por delante; adonde
mejor y más cómodo te parezca ir, vete.» 5 Aún no había dado media vuelta
cuando le dijo: «Vuelve adonde Godolías,
hijo de Ajicán, hijo de Safán, a quien el
rey de Babilonia ha encargado de las
ciudades de Judá, y quédate a vivir con él
entre esta gente. En suma, vete adonde
mejor te acomode.» Luego el jefe de la
guardia le proporcionó algunos víveres y
ayuda de costa y lo despidió. 6 Jeremías,
por su parte, vino al lado de Godolías,
hijo de Ajicán, a Mispá, y se quedó a
vivir con él entre la población que había
quedado en el país.

Godolías gobernador. Su asesinato.

||2 R **25** 22-26.

7 Todos los jefes de guerrilleros, así
como sus hombres, oyeron cómo el rey
de Babilonia había encargado del país a
Godolías, hijo de Ajicán, y cómo le había encargado de los hombres, mujeres,
niños y de aquella gente baja de la tierra,
que no habían sido deportados a Babilonia, 8 y fueron donde Godolías, a Mispá, Ismael, hijo de Natanías, Juan y Jonatán, hijo de Caréaj, Serayas, hijo de
Tanjumet, los hijos de Efay el netofita y
Jazanías de Maacá en compañía de sus
hombres. 9 Godolías, hijo de Ajicán, hijo
de Safán, les hizo un juramento a ellos y
a sus hombres: «No teman ser siervos de
los caldeos. Quédense en el país y sirvan
al rey de Babilonia, y les irá bien. 10 Por
mi parte, aquí me tienen establecido en
Mispá, para responder a los caldeos que
vengan a nosotros; y ustedes cosechen
vino, mieses y aceite, métanlo en sus vasijas, y vivan en las ciudades que hayan
recuperado.»
11 También todos los judíos que había
en Moab, entre los amonitas, y en Edom,
y los que había en todos los demás países
oyeron que había dejado el rey de Babilonia un resto a Judá y que había encargado de él a Godolías, hijo de Ajicán, hijo
de Safán. 12 Todos estos judíos regresaron
de los distintos lugares donde se habían
refugiado y, venidos al país de Judá, junto
a Godolías, a Mispá, cosecharon vino y
mieses en gran abundancia.
13 Entonces Juan, hijo de Caréaj, y
todos sus jefes de guerilleros vinieron
adonde Godolías a Mispá 14 y le dijeron:

39 15 Ver **38** 7-13.

«¿Sabes que Baalís, rey de los amonitas,
ha enviado a Ismael, hijo de Natanías,
para asesinarte?» Godolías, hijo de Ajicán, no les dio crédito. 15 Entonces Juan,
hijo de Caréaj, dijo a Godolías secretamente en Mispá: «Ea, iré yo y asestaré el
golpe a Ismael, hijo de Natanías, sin que
nadie lo sepa. ¿Por qué tiene que asesinarte él a ti, lo que supondría la desbandada de todo Judá, apiñado en torno
tuyo, y la pérdida del resto de Judá?»
16 Godolías, hijo de Ajicán, replicó a
Juan, hijo de Caréaj: «No hagas eso,
porque es falso lo que dices de Ismael.»

41 1 Pues bien, el mes séptimo, Ismael, hijo de Natanías, hijo de
Elisamá, de linaje real, se dirigió en
compañía de algunos grandes del rey y
diez hombres a Godolías, hijo de Ajicán,
a Mispá, y allí en Mispá comieron juntos. 2 Se levantó Ismael, hijo de Natanías, y los diez que estaban con él, y
acuchillaron a Godolías, hijo de Ajicán,
hijo de Safán, y dieron muerte a aquel
a quien el rey de Babilonia había encargado del país. 3 También mató Ismael a
todos los judíos que estaban con él, con
Godolías, en Mispá, y a los guerreros
caldeos que se hallaban allí.

4 Al día siguiente del asesinato de Godolías, cuando nadie se había enterado
todavía, 5 llegaron unos hombres de
Siquén, de Siló y de Samaría, ochenta
entre todos, la barba raída, harapientos
y arañados, portadores de oblaciones e
incienso que traían al templo de Yahvé.
6 Salió Ismael, hijo de Natanías, a su encuentro desde Mispá. Iba llorando mientras caminaba, y llegando junto a ellos,
les dijo: «Vengan adonde Godolías, hijo
de Ajicán.» 7 Y así que hubieron entrado
en la ciudad, Ismael, hijo de Natanías,
los degolló con la ayuda de sus hombres
y los echó dentro de una cisterna.

8 Entre aquellos hombres hubo diez
que dijeron a Ismael: «No nos mates,
que en el campo tenemos escondites de
trigo, cebada, aceite y miel.» Y no los
mató como a sus hermanos.

9 La cisterna adonde echó Ismael todos los cadáveres de los hombres que
mató, era la cisterna grande. Es la que
hizo el rey Asá para prevenirse contra
Basá, rey de Israel; Ismael, hijo de Natanías, la llenó de asesinados.

10 Luego Ismael hizo prisioneros a
todo el resto del pueblo que quedaba en
Mispá, a las hijas del rey y a todo el pueblo que quedaba en Mispá, que Nabuzardán, jefe de la guardia, había encomendado a Godolías, hijo de Ajicán;
y de madrugada se fue Ismael, hijo de
Natanías, a pasarse a los amonitas.

11 Oyó Juan, hijo de Caréaj, y todos
los jefes de las fuerzas que le acompañaban, todos los crímenes que había hecho Ismael, hijo de Natanías. 12 Tomando a todos sus hombres fueron a luchar
con Ismael, hijo de Natanías, al que
encontraron junto a la gran alberca que
está en Gabaón.

13 Apenas toda la gente que estaba
con Ismael vio a Juan, hijo de Caréaj,
y a todos los jefes de las fuerzas que lo
acompañaban, se llenaron de gozo, 14 y
dando media vuelta toda aquella gente
que Ismael llevaba prisionera de Mispá,
regresaron al lado de Juan, hijo de Caréaj, 15 en tanto que Ismael, hijo de Natanías, se escapaba de Juan con ocho
hombres, rumbo a los amonitas. 16 Juan,
hijo de Caréaj, y todos los jefes de las
fuerzas que lo acompañaban recogieron
de Mispá a todo el resto de la gente que
Ismael, hijo de Natanías, había hecho
prisionera después que hubo matado
a Godolías, hijo de Ajicán —hombres,
gente de guerra, mujeres, niños y eunucos—, a los cuales hizo volver de
Gabaón. 17 Ellos se fueron y se instalaron
en el Refugio de Quinhán, que está al
lado de Belén, para seguir luego hasta
Egipto 18 huyendo de los caldeos, pues
los temían por haber matado Ismael, hijo
de Natanías, a Godolías, hijo de Ajicán,
a quien el rey de Babilonia había encargado del país.

Huida a Egipto.

42 1 Entonces se llegaron todos los
jefes de las fuerzas, así como
Juan, hijo de Caréaj, Azarías, hijo de Ho-

saías y el pueblo en masa, del chico al grande, 2 y dijeron al profeta Jeremías: «Caiga bien nuestra demanda de favor ante ti, y ruega a tu Dios Yahvé por nosotros, por todo este resto, pues hemos quedado pocos de muchos que éramos, como tus ojos están viendo, 3 y que nos indique tu Dios Yahvé el camino por donde hemos de ir y lo que hemos de hacer.»

4 Les dijo el profeta Jeremías: «De acuerdo: ahora mismo me pongo a rogar a su Dios Yahvé como dicen, y sea cual fuere la respuesta de Yahvé para ustedes, yo se la declararé sin ocultarles palabra.»

5 Y ellos dijeron a Jeremías: «Que Yahvé sea testigo veraz y leal contra nosotros si no obramos conforme a cualquier mensaje que tu Dios Yahvé te envía para nosotros. 6 Sea grata o sea ingrata, nosotros oiremos la voz de nuestro Dios Yahvé a quien te enviamos, por cuanto que bien nos va cuando oímos la voz de nuestro Dios Yahvé.»

7 Pues bien, al cabo de diez días dirigió Yahvé la palabra a Jeremías. 8 Éste llamó a Juan, hijo de Caréaj, a todos los jefes de las fuerzas que había con él y al pueblo todo, del chico al grande, 9 y les dijo: «Así dice Yahvé, el Dios de Israel, a quien ustedes me han enviado en demanda de su favor: 10 Si se quedan a vivir en esta tierra, yo los edificaré y no los destruiré, los plantaré y no los arrancaré, porque me pesa del mal que les he hecho. 11 No teman al rey de Babilonia, que tanto los asusta: no teman nada de él —oráculo de Yahvé— que con ustedes estoy yo para salvarlos y librarlos de su mano. 12 Haré que se les tenga compasión y él se la tendrá y los devolverá a su suelo. 13 Pero si dicen ustedes: 'No nos quedamos en este país', desoyendo así la voz de su Dios Yahvé, 14 diciendo: 'No, sino que al país de Egipto iremos, donde no veamos guerra, ni oigamos toque de cuerno, ni tengamos hambre de pan, y allí nos quedaremos'; 15 ¡pues bien! en ese caso, oigan la palabra de Yahvé, oh resto de Judá. Así dice Yahvé Sebaot, el Dios de Israel: Si ustedes enderezan rumbo a Egipto y entran como refugiados allí, 16 entonces la espada que temen los alcanzará allí en Egipto, y el hambre que recelan, allá les irá pisando los talones; y allí, en Egipto mismo, morirán. 17 Así sucederá que todos los que enderecen rumbo a Egipto como refugiados morirán por la espada, por el hambre y por la peste, y no les quedará superviviente ni evadido del daño que yo traiga sobre ellos. 18 Porque así dice Yahvé Sebaot, el Dios de Israel: Como se vertió mi ira y mi cólera sobre los habitantes de Jerusalén, así se verterá mi cólera contra ustedes como entren en Egipto, y serán tema de imprecación y asombro, de maldición y oprobio, y no verán más este lugar. 19 Ha dicho Yahvé respecto a ustedes, resto de Judá: 'No entren en Egipto.' Pueden estar seguros que se lo he avisado hoy, 20 que se están engañando a ustedes mismos, pues que ustedes me han enviado a su Dios Yahvé diciendo: 'Ruega por nosotros a nuestro Dios Yahvé, y cuanto diga nuestro Dios Yahvé nos lo declaras, que lo haremos.' 21 Yo se lo he declarado hoy a ustedes, pero no hacen caso de su Dios Yahvé en nada de cuanto me ha enviado a decirles. 22 Ahora, pues, pueden estar seguros de que por la espada, el hambre y la peste morirán en aquel lugar adonde desean refugiarse.»

43 1 Ahora bien, así que hubo acabado Jeremías de transmitir a todo el pueblo el recado de Yahvé su Dios, que Yahvé le había dado para ellos, 2 Azarías, hijo de Hosaías, y también Juan, hijo de Caréaj, y todos los hombres insolentes se pusieron a decir a Jeremías: «Estás mintiendo. No te ha encargado nuestro Dios Yahvé decir: 'No vayan a Egipto como refugiados allí'». 3 Sino que Baruc, hijo de Nerías, te azuza contra nosotros con objeto de ponernos en manos de los caldeos para que nos hagan morir y nos deporten a Babilonia.»

4 Además, ni Juan, hijo de Caréaj, ni ninguno de los jefes de las tropas, ni na-

die del pueblo escuchó la voz de Yahvé que mandaba quedarse en tierra de Judá; 5 antes bien, Juan, hijo de Caréaj, y todos los jefes de las tropas tomaron consigo a todo el resto de Judá, los que habían regresado, para habitar en tierra de Judá, de todas las naciones adonde habían sido rechazados: 6 a hombres, mujeres, niños, a las hijas del rey y a toda persona que Nabuzardán, jefe de la guardia, había dejado en paz con Godolías, hijo de Ajicán, hijo de Safán, y también al profeta Jeremías y a Baruc, hijo de Nerías, 7 y entrando en la tierra de Egipto, —pues desoyeron la voz de Yahvé—, se adentraron hasta Tafnis.

Jeremías vaticina la invasión de Egipto por Nabucodonosor.

8 Entonces dirigió Yahvé la palabra a Jeremías en Tafnis en estos términos*: 9 «Toma en tus manos piedras grandes, y las hundes en el cemento de la terraza que hay a la entrada del palacio del faraón en Tafnis, a vista de los judíos, 10 y les dices: Así dice Yahvé Sebaot, el Dios de Israel: He aquí que yo mando en busca de mi siervo Nabucodonosor, rey de Babilonia, y pondrá su sede por encima de estas piedras que he enterrado, y desplegaré su pabellón sobre ellas. 11 Vendrá y herirá a Egipto,

quien sea para la muerte, a la muerte;
quien para el cautiverio, al cautiverio;
quien para la espada, a la espada;

12 y prenderá fuego* a los templos de los dioses de Egipto, los incendiará, y a los dioses los hará cautivos. Despiojará a Egipto como despioja un pastor su zalea, y saldrá de allí victorioso. 13 Romperá los troncos sagrados de Bet Semes que hay en Egipto, y los templos de los dioses egipcios abrasará.»

Último ministerio de Jeremías. Los judíos y la Reina de los Cielos.

44 1 Palabra dirigida a Jeremías con destino a todos los judíos establecidos en territorio egipcio en Migdol, Tafnis, Menfis, y en territorio de Patrós*. 2 Así dice Yahvé Sebaot, el Dios de Israel: Ustedes han visto la calamidad que he acarreado a Jerusalén y a todas las ciudades de Judá, y ahí las tienen arruinadas hoy en día, sin que haya en ellas habitante, 3 en vista de la maldad que hicieron para irritarme, yendo a incensar y servir a otros dioses desconocidos de ellos, de ustedes y de sus padres.

4 Yo me afané por enviarles a todos mis siervos, los profetas, a decirles: «Ea, no hagan esta abominación que detesto.» 5 Mas no oyeron ni aplicaron el oído para convertirse de su malicia y dejar de incensar a otros dioses. 6 Se derramó mi cólera y mi ira y ardió en las ciudades de Judá y en las calles de Jerusalén, que fueron reducidas a ruinas desoladas, como lo están hoy día.

7 Ahora, pues, así dice Yahvé, el Dios Sebaot, el Dios de Israel: ¿Por qué se hacen tanto daño a ustedes mismos, hasta borrar entre ustedes a hombre y mujer, niño y lactante de en medio de Judá sin que les quede resto, 8 irritándome con las hechuras de sus manos, quemando incienso a otros dioses en Egipto, adonde han venido como refugiados, como queriendo acabar de borrarse a ustedes mismos y acabar en tema de maldición y oprobio en todas las naciones de la tierra? 9 ¿Si será que han olvidado ustedes las maldades de sus padres y las de los reyes de Judá y de sus caudillos, y las propias de ustedes y las de sus mujeres; maldades que hacían en tierra de Judá y en las calles de Jerusalén? 10 No se han compungido hasta la fecha, ni han temido ni andado en la

43 8 Tafnis está al este del Delta, **2** 16. Jeremías va a poner simbólicamente, **18**+, los fundamentos del trono de Nabucodonosor.

43 12 Esta incursión victoriosa tuvo lugar en 568-567, bajo el faraón Amasis.

44 1 Los israelitas son arrojados del Delta al Alto Egipto.

Ley y los preceptos que les propuse a ustedes y a sus padres. 11 Por tanto, así dice Yahvé Sebaot, el Dios de Israel: Miren que yo me fijo en ustedes para mal, para raer a todo Judá. 12 Echaré mano al resto de Judá —los que enderezaron rumbo a Egipto, para entrar allí como refugiados— y se consumirán todos ellos en Egipto, y caerán por la espada, por el hambre acabarán consumidos. Del chico al grande por la espada y por el hambre morirán, y serán tema de imprecación y asombro, de maldición y oprobio. 13 Visitaré a los que viven en Egipto, lo mismo que visité a Jerusalén: con la espada, el hambre y la peste, 14 y del resto de Judá, que, como refugiados vinieron acá a Egipto, no quedará evadido ni superviviente para volver a tierra de Judá, adonde se prometen volver para quedarse allí, porque ya no volverán más que algunos huidos.

15 Respondieron a Jeremías todos los hombres que sabían que sus mujeres quemaban incienso a otros dioses, y todas las mujeres presentes —una gran concurrencia— y todo el pueblo establecido en territorio egipcio, en Patrós: 16 «En eso que nos has dicho en nombre de Yahvé, no te hacemos caso, 17 sino que cumpliremos precisamente cuanto tenemos prometido, que es quemar incienso a la Reina de los Cielos y hacerle libaciones, como venimos haciendo nosotros y nuestros padres, nuestros reyes y nuestros jefes en las ciudades de Judá y en las calles de Jerusalén, que nos hartábamos de pan, éramos felices y ningún mal nos sucedía. 18 En cambio, desde que dejamos de quemar incienso a la Reina de los Cielos y de hacerle libaciones, carecemos de todo, y por la espada y el hambre somos acabados.» 19 «Pues y cuando nosotras quemábamos incienso a la Reina de los Cielos y nos dedicábamos a hacerle libaciones, ¿acaso sin contar con nuestros maridos le hacíamos pasteles con su efigie derramando libaciones?»

20 Jeremías dijo a todo el pueblo, a hombres, a mujeres y a todos sus interlocutores: 21 «¿No es aquel incienso que ofrecían en las ciudades de Judá y en las calles de Jerusalén ustedes y sus padres, sus reyes y jefes y el pueblo de la tierra lo que ha recordado Yahvé y le ha venido a la memoria? 22 ¿Y no pudiendo Yahvé aguantar más el espectáculo de las malas acciones de ustedes, de las abominaciones que habían hecho, ha venido a ser su tierra una ruina, tema de pasmo y maldición y sin habitantes —como lo es hoy día—; 23 y porque ofrecieron incienso y pecaron contra Yahvé y desoyeron la voz de Yahvé, y no se condujeron según su Ley, sus preceptos y sus estatutos, pronunció contra ustedes esta calamidad, como sucede hoy día?»

24 Y dijo Jeremías a todo el pueblo y a todas las mujeres: «Oigan la palabra de Yahvé —todo Judá, los que viven en Egipto—. 25 Así dice Yahvé Sebaot, el Dios de Israel: Ustedes y sus mujeres hablaron con sus bocas, y con sus manos cumplieron lo dicho: 'Sin falta realizaremos los votos que hicimos de quemar incienso a la Reina de los Cielos y de hacerle libaciones.' Mantengan, pues, ustedes sus votos y realicen sus votos sin falta. 26 Empero, oigan la palabra de Yahvé, todo Judá, los que viven en Egipto. Miren que yo he jurado por mi gran Nombre —dice Yahvé— que no será más mi Nombre pronunciado por boca de ninguno de Judá que diga: '¡Por vida del Señor Yahvé!' en toda la tierra de Egipto. 27 Miren que yo estoy alerta sobre ellos para mal, no para bien, y serán consumidos todos los de Judá que están en Egipto, por la espada y el hambre hasta su acabamiento; 28 sólo unos pocos, escapados de la espada, volverán de Egipto a Judá y sabrá todo el resto de Judá, los que han venido a Egipto como refugiados aquí, qué palabra se mantendrá: si la mía o la suya.

29 «Y esto será para ustedes señal —oráculo de Yahvé— de que yo los castigaré en este lugar, de suerte que sepan que han de mantenerse sin falta mis palabras para desgracia de ustedes.

30 Así dice Yahvé: Miren que yo entrego al faraón Jofrá*, rey de Egipto, en manos de sus enemigos y de los que buscan su muerte, como entregué a Sedecías, rey de Judá, en manos de Nabucodonosor, rey de Babilonia, su enemigo, que buscaba su muerte.»

Palabra de consuelo para Baruc.
39 15-18.

45 1 Palabra que dijo el profeta Jeremías a Baruc, hijo de Nerías, cuando éste copiaba estas palabras en un libro al dictado de Jeremías, en el año cuarto de Joaquín, hijo de Josías, rey de Judá.
2 Así dice Yahvé, el Dios de Israel, respecto a ti, oh Baruc:
3 Tú dijiste: «¡Ay de mí, que añade Yahvé congoja a mi sufrimiento! Me he agotado en mi jadeo, pero sosiego no hallé.»
4 Así le dirás: Esto dice Yahvé: Mira que lo que edifiqué, yo lo derribo, y aquello que planté, yo lo arranco, esto por toda la tierra.
5 ¡Y tú andas buscándote grandezas! No las busques, porque voy a traer desgracia sobre toda carne —oráculo de Yahvé—, pero a ti te daré la vida salva por botín a donde quiera que vayas.

46 1 Lo que fue dicho por Yahvé al profeta Jeremías sobre las naciones.

V. *Oráculos contra las naciones**

Contra Egipto.
Derrota de Carquemis.
Is **19**.

2 Para Egipto.
Sobre el ejército del faraón Necó, rey de Egipto, que estuvo junto al río Éufrates, en Carquemis, al cual batió Nabucodonosor, rey de Babilonia, el año cuarto de Joaquín, hijo de Josías, rey de Judá.

3 Ordenen escudo y coraza,
y avancen a la batalla.
4 Aparejen los caballos
y monten, caballeros.
Pónganse firmes con los cascos,
pulan las lanzas,
vístanse las cotas.
5 ¡Pero qué veo!
Ellos se desmoralizan,
retroceden,
y sus valientes son batidos
y huyen a la desbandada
sin dar la cara.
Terror por doquier
—oráculo de Yahvé—.
6 No huirá el ligero,
ni escapará el valiente:
al norte, a la orilla del Éufrates,
tropezaron y cayeron.

7 ¿Quién es ése que como el Nilo sube,
y como los ríos de entrechocantes aguas?
8 Egipto como el Nilo sube,
y como ríos de entrechocantes aguas.
Y dice: «Voy a subir, voy a cubrir la tierra.
Haré perecer a la ciudad y a los que viven en ella.
9 Suban, caballos,
y embistan, carros,
y salgan los valientes de Cus y de Put
que manejan escudo,
y los lidios que asestan el arco.»

10 Aquel día será para el Señor Yahvé,
día de venganza para vengarse de sus adversarios.

44 30 El faraón *Jofrá* (en griego: *Apries*, 589-569) fue destronado y muerto por Amasis. Este homicidio, inminente, es dado por Jeremías como señal, ver **28** 9+, para confirmar el anuncio de la invasión ulterior de Nabucodonosor, el 568-567, ver **43** 12.

46 2 Los oráculos contra las naciones, **46-51**, en el texto hebreo, están agrupados al final del libro; pero en la versión griega han guardado su lugar primitivo, después de su introducción, **25**.

Devorará la espada y se hartará
y se abrevará de su sangre;
pues será la matanza de Yahvé Sebaot
en la tierra del norte, a orillas del río Éufrates.
11 Sube a Galaad y recoge bálsamo,
virgen, hija de Egipto;
en vano menudeas las curas:
alivio no hay para ti.
12 Han oído las naciones tu deshonra,
y tu alarido llenó la tierra,
porque valiente contra valiente tropezaron,
a una cayeron entrambos.

La invasión de Egipto.
42 15-22; **43** 8-13.

13 La palabra que habló Yahvé al profeta Jeremías acerca de la venida de
Nabucodonosor, rey de Babilonia, para
atacar a Egipto.

14 Anuncien en Egipto y háganlo oír en Migdol,
y háganlo en Menfis y en Tafnis.
Digan: Mantente tieso y erguido,
que ha devorado la espada tus contornos.
15 ¡Cómo es que ha huido Apis
y tu forzudo no se ha sostenido!
Es que Yahvé lo empujó.
16 Hizo menudear los tropezones,
hasta hacer caer al uno sobre el otro;
y decía: «Arriba, y volvamos a nuestro pueblo
y a nuestra patria,
ante la espada irresistible.»
17 Llamen al faraón, rey de Egipto:
«Ruido. —Dejó pasar la ocasión.»
18 ¡Por vida mía! —oráculo del Rey
cuyo nombre es Yahvé Sebaot—
que cual el Tabor entre los montes,
y como el Carmelo sobre el mar ha de venir.

19 Avíos de destierro haz para ti,
población, hija de Egipto,
porque Menfis parará en desolación,
y quedará arrasada sin habitantes.
20 Novilla hermosísima era Egipto:
un tábano del norte vino sobre ella.
21 Asimismo sus mercenarios que había en ella
eran como novillos de engorde.
Pues también ellos volvieron la cara,
huyeron a una, sin pararse,
cuando el día de su infortunio les sobrevino,
el tiempo de su castigo.

22 Una voz emite como de serpiente que silba,
mientras en torno suyo andan
y con hachas la acometen,
como leñadores.
23 Talaron su selva —oráculo de Yahvé—
porque era impenetrable,
pues eran más numerosos que la langosta,
y no se los podía contar.
24 Han puesto en vergüenza a la hija de Egipto:
ha sido entregada al pueblo del norte.

25 Dice Yahvé Sebaot, el Dios de Israel: Voy a pedir cuentas a Amón de
No, al faraón y a Egipto y a sus dioses
y reyes, al faraón y a los que confían en
él, 26 y los pondré en manos de los que
buscan su muerte, en manos de Nabucodonosor, rey de Babilonia, y en manos de sus siervos; tras de lo cual será
repoblado como antaño —oráculo de
Yahvé—.

=**30** 10-11.

27 Pero tú no temas, siervo mío Jacob,
ni desmayes, Israel,
pues mira que yo acudo a salvarte desde lejos
y a tu linaje del país de su cautiverio;
volverá Jacob,
se sosegará y estará tranquilo,
y no habrá quien lo inquiete.
28 Tú no temas, siervo mío Jacob,
—oráculo de Yahvé— que contigo estoy yo,
pues acabaré con todas las naciones adonde te empujé,
pero contigo no acabaré;
aunque sí te corregiré como conviene,
ya que impune no te dejaré.

Oráculo contra los filisteos.
Jos **13** 2+; Am **1** 6-8; So **2** 4-7;
Ez **25** 15-17.

47 [1] Lo que fue dicho por Yahvé al profeta Jeremías sobre los filisteos, en vísperas de batir el faraón a Gaza. [2] Así dice Yahvé:

Mira las aguas que suben del norte
y se hacen torrente inundante,
y van a inundar la tierra y lo que la llena,
la ciudad y los que moran en ella;
y clamará la gente, y aullará
todo morador de la tierra
3 al son del galopar de los caballos de sus adalides,
al ruido de sus carros y al estrépito de sus ruedas.
No se volverán padres a hijos,
por el cansancio de sus brazos,
4 hasta que llegue el día de asolar
a toda Filistea,
y de raer a Tiro y a Sidón,
hasta sus últimos aliados,
porque va a asolar Yahvé
a Filistea,
residuo de la isla de Creta.
5 Llegó la rapadura a Gaza,
muda ha quedado Ascalón;
tú, el resto de su valle,
¿hasta cuándo te harás incisiones?
6 ¡Ay, espada de Yahvé!
¿Cómo va a estarse quieta?
Recógete a tu vaina,
date reposo y calla.
7 ¿Cómo va a estarse quieta,
si Yahvé la mandó?
En Ascalón y el litoral marítimo,
allá la citó.

Oráculos contra Moab.
Is **15-16**; Am **2** 1-3; Ez **25** 8-11.

48 [1] Sobre Moab.
Así dice Yahvé Sebaot, el Dios de Israel:

¡Ay de Nebo, que ha sido saqueada!
Está confusa, ha sido tomada
Quiriatáin.
Está confusa la acrópolis
y anonadada.
2 Ya no existe la prez de Moab.
En Jesbón han planeado su ruina:
«Vamos y borrémosla de entre las naciones.»
También a ti, Madmén, se te hará callar.
La espada te va a la zaga.

3 Gritos desde Joronáin,
devastación y quebranto grande.
4 Quebrantada fue Moab.
Se hacen oír los gritos de sus pequeños.
5 La cuesta de Lujit,
llorando se la suben,
y a la bajada de Joronáin
gritos desgarrados se oyen.
6 «Huyan, pónganse a salvo,
hagan como el onagro en el desierto.»
7 En réplica a tu confianza en tus obras y tus tesoros,
también tú eres tomada,
y sale Camós desterrado,
sus sacerdotes y jefes a una.
8 Viene el devastador a todas las ciudades,
y ni una ciudad se salva.
Y se pierde el valle, y es asolada la meseta:
tal ha dicho Yahvé.
9 Den alas a Moab,
porque ha de salir volando,
y sus ciudades se volverán desolación
sin nadie que las habite.
10 (Maldito quien haga el trabajo de Yahvé con dejadez, y maldito el que prive a su espada de sangre).

11 Tranquilo estaba Moab desde su mocedad,
y quieto se estaba en sus atalayas.
Nunca fue trasegado,
ni al destierro marchó.
Por eso le duraba su gusto,
y su sabor no se picó.

12 Empero, he aquí que vienen días
—oráculo de Yahvé— en que yo le he
de enviar decantadores que lo decan-
ten. Sus vasijas vaciarán, y sus odres
reventarán. 13 Se avergonzará Moab de

Camós, como se avergonzó la casa de Israel de Betel, en el que confiaba.

14 ¿Cómo dicen ustedes: «Valientes somos,
y hombres fuertes para la guerra»?
15 Moab está devastado; han escalado sus ciudades,
y la flor de sus mancebos bajaron a la matanza
—oráculo del Rey cuyo nombre es Yahvé Sebaot—.
16 El infortunio de Moab es inminente,
y su calamidad se precipita.
17 Llórenle, todos ustedes, sus vecinos,
y todos los que conocen su nombradía.
Digan: «¿Cómo ha sido quebrantada la vara poderosa,
el báculo precioso?»
18 Desciende del honor y siéntate en la tierra seca,
población hija de Dibón,
porque el devastador de Moab ha subido contra ti,
ha destruido tus fortalezas.
19 En el camino párate y otea,
población de Aroer;
pregunta al fugitivo y al escapado;
di: «¿Qué ha sucedido?»
20 Confuso está Moab porque fue destruido.
Giman y griten.
Anuncien en el Arnón
que ha sido saqueada Moab.

21 Y la sentencia ha llegado a la meseta, a Jolón, a Yahas y a Mefaat, 22 a
Dibón, a Nebo y a Bet Diblatáin, 23 a
Quiriatáin, a Bet Gamul y a Bet Meón,
24 a Queriyot, a Bosrá y a todas las ciudades de la tierra de Moab, las lejanas y
las cercanas.

25 «Se partió el cuerno de Moab
y su brazo se rompió»
—oráculo de Yahvé—.

26 Emborráchenlo*, porque contra Yahvé se engrandeció. Moab se revolcará
en su vómito, y quedará en ridículo ella
también. 27 Pues qué, ¿no te pareció a ti
ridículo Israel?, ¿o quizá entre ladrones
fue sorprendido, que siempre que hablas de él meneas la cabeza?

28 «Dejen las ciudades y acomódense en la peña,
habitantes de Moab,
sean como la paloma cuando anida
en las paredes de las simas.»

29 Hemos oído la arrogancia de Moab:
¡es muy arrogante!,
su orgullo, su arrogancia, su altanería
y la soberbia de su corazón.
30 Conozco —oráculo de Yahvé— su presunción,
sé que sus bravatas no son como sus hechos.
31 Así que me lamentaré por Moab
y por Moab entera gritaré;
por los hombres de Quir Jeres suspiraré:
32 Más que se lloró a Yazer
lloraré por ti,
¡oh viña de Sibmá!
Tus sarmientos pasaban la mar,
hasta Yazer alcanzaban.
Sobre tu cosecha y sobre tu vendimia
el saqueador se abatió;
33 desaparecieron alegría y alborozo
de los vergeles del país de Moab,
y el vino a los trujales he quitado,
no se oye el grito alegre del pisador,
ya no se oyen gritos.

34 De tanto gritar en Jesbón, hasta Elalé, hasta Yahas llegaron las voces desde
Soar hasta Joronáin, —Eglat Selisiyá—,
porque también las aguas de Nimrín se
han trocado en aridez. 35 Quitaré a Moab
—oráculo de Yahvé— de subirse al alto
e incensar a sus dioses. 36 Por eso mi corazón gime con voz de flauta por Moab,
porque cuanto habían guardado se perdió, 37 pues toda cabeza ha sido rapada
y toda barba raída: en todas las manos
arañazos y en todos los lomos saco, 38 en
todos los terrados de Moab y por sus calles todo el mundo se lamentaba, porque

48 26 Ver Is **51** 17+.

he quebrantado a Moab como vaso de
desecho —oráculo de Yahvé—. 39 ¡Cómo
has sido destruida!, giman. ¡Cómo ha
vuelto la espalda Moab con vergüenza, y
ha venido a ser Moab la burla y el espanto de todos sus vecinos!

40 Porque así ha dicho Yahvé:
(Véanlo remontarse como un águila
y extender sus alas sobre Moab.)
41 Tomadas fueron las plazas,
y las fortalezas ocupadas.
(Vendrá a ser el corazón de los valientes de Moab en aquel día como corazón de mujer en parto.)
42 Devastada está Moab, que ya no es pueblo,
porque contra Yahvé se engrandeció.
43 Pánico, hoya y trampa
contra ti, morador de Moab
—oráculo de Yahvé—.
44 El que huya del pánico,
caerá en la hoya
y el que suba de la hoya
será preso en la trampa,
porque voy a hacer que llegue a ella*,
a Moab, el año de su castigo
—oráculo de Yahvé—.
45 A la sombra de Jesbón se pararon
sin fuerza los fugitivos,
cuando fuego salió de Jesbón
y llama de la casa de Sijón,
y devoró las sienes de Moab
y el cogote de la gente de Saón.
46 ¡Ay de ti Moab!
Pereció el pueblo de Camós,
pues han sido tomados sus hijos en cautiverio
y sus hijas en cautividad.
47 Pero yo haré volverse
a los cautivos de Moab
en días futuros
—oráculo de Yahvé—.

Hasta aquí la sentencia de Moab.

Oráculo contra Amón.
Am **1** 13-15; Ez **25** 1-7; So **2** 8-11.

49 1 A los amonitas.

Así dice Yahvé:
¿Hijos no tiene Israel?,
¿o heredero no tiene?
Entonces ¿por qué ha heredado
Milcón a Gad,
y su pueblo en las ciudades de éste habita?
2 Por eso, he aquí que vienen días
—oráculo de Yahvé—
en que haré oír en Rabá de los amonitas
el clamoreo del combate,
y se convertirá en montículo de ruinas;
y sus hijas serán abrasadas
y heredará Israel a los que la heredaron
—oráculo de Yahvé—.
3 Gime, Jesbón, porque Ar ha sido devastada.
Griten, hijas de Rabá,
cíñanse de sacos, laméntense
y discurran por las cercas.
Porque Milcón al destierro va,
sus sacerdotes y sus jefes a una.
4 ¿Por qué te jactas de tu Valle,
criatura independiente,
confiada en sus tesoros?:
«¿Quién llegará hasta mí?»
5 Mira que yo traigo sobre ti espanto
—oráculo del Señor Yahvé Sebaot—
por todos tus alrededores,
y ustedes serán ahuyentados cada uno por su lado
y no habrá quien reúna a los errantes.

6 (Tras de lo cual haré volverse a los cautivos
de los amonitas —oráculo de Yahvé—.)

Oráculo contra Edom.
Sal **137** 7; Am **1** 11-12;
Ez **25** 12-14; ||Ab 1-9.

7 A Edom.

Así dice Yahvé Sebaot:
¿No queda ya sabiduría en Temán?
¿Pereció la prudencia de los entendidos,
se evaporó su sabiduría?

48 44 = Is **24** 17-18.

8 Huyan, den media vuelta,
busquen profunda morada,
moradores de Dedán,
porque el infortunio de Esaú he traído sobre él,
la hora de rendir cuentas.
9 Si vinieran a ti vendimiadores,
¿no dejarían rebuscos?
Si ladrones por la noche,
dañarían hasta donde les bastara.

10 Pues bien, yo he desnudado a Esaú,
he descubierto sus secretos,
estar oculto no puede.
Ha sido aniquilado su linaje,
sus hermanos y vecinos,
y él mismo no aparece.
11 Deja a tus huérfanos, yo haré que vivan,
y tus viudas en mí confiarán.

12 Pues así dice Yahvé: Conque los
que no tienen por qué beber la copa la
beben, ¿y tú precisamente vas a quedar
impune? No quedarás impune, antes sin
falta la beberás. 13 Porque por mí lo
he jurado —oráculo de Yahvé— que en
desolación se convertirá Bosrá, y todas
sus ciudades se convertirán en ruinas
eternas.
14 Una nueva he oído de parte de Yahvé,
un mensajero entre las naciones enviado:
«Júntense y vengan contra él
y pónganse en pie de guerra.»
15 Porque es cierto que pequeño te hice yo entre las naciones,
despreciable entre los hombres.
16 El espanto que infundías te engañó,
la soberbia de tu corazón,
tú, el que habitas en las hendiduras de la roca,
que ocupas lo alto de la cuesta.
Aunque pongas en alto, como el águila, tu nido,
de allí te haré bajar —oráculo de Yahvé—.

17 Edom parará en desolación: todo
el que pase a su lado se asombrará y
silbará al ver todas sus heridas. 18 Será
como la catástrofe de Sodoma y Gomorra y sus habitantes —dice Yahvé—,
donde no vive nadie, ni reside en ellas
ser humano.
19 Véanlo como león que sube del boscaje del Jordán
hacia el pastizal perenne,
cuando en un instante le haré salir huyendo de allí,
para colocar allí a quien me plazca.
Porque ¿quién como yo, y quién me emplazará,
y quién es el pastor
que aguante en mi presencia?
20 Así pues, oigan la decisión
que Yahvé ha tomado sobre Edom
y sus planes sobre los moradores de Temán.
Juro que les han de llevar a rastras
las crías de los rebaños,
que asolarán sobre ellos sus pastizales.
21 Al son de su caída retumbó la tierra
y el griterío hasta el mar de las Cañas se dejó oír.
22 Vean cómo sube igual que un águila,
se remonta y extiende sus alas sobre Bosrá;
y vendrá a ser el corazón de los valientes de Edom aquel día
como corazón de mujer en parto.

Oráculo contra las ciudades sirias.
Is **17** 1-3; Am **1** 3-5.

23 A Damasco.

Avergonzadas están Jamat y Arpad.
Porque una noticia mala oyeron,
su corazón tembló de espanto;
como el mar que no se puede calmar.
24 Flaqueó Damasco, dio vuelta para huir
y escalofríos la sobrecogieron:
apuro y dolores la acometieron
como a parturienta.
25 ¡Cómo! ¿No fue abandonada la ciudad celebrada,
la villa de mi contento?
26 En verdad, caerán sus jóvenes escogidos en sus plazas,
y todos los guerreros perecerán aquel día
—oráculo de Yahvé Sebaot—.

27 Prenderé fuego a la muralla de
Damasco,
y consumirá los alcázares de Ben
Hadad.

Oráculo contra las ciudades árabes.
Ver **25** 23-24; Is **21** 13-17.

28 A Quedar y a los reinos de Jasor,
que batió Nabucodonosor, rey de Babilonia. Así dice Yahvé:

Álcense, suban a Quedar
y saqueen a los hijos de oriente.
29 Sus tiendas y rebaños serán tomados;
sus toldos y todo su ajuar
y sus camellos les serán arrebatados,
y a ellos se les llamará «Terror por
doquier».
30 Huyan, emigren muy lejos, busquen
profunda morada,
moradores de Jasor —oráculo de
Yahvé—,
porque ha tomado contra ustedes
Nabucodonosor,
rey de Babilonia, una decisión,
y ha trazado un plan contra ustedes.
31 Álcense, suban contra la nación
pacífica que vive confiada
—oráculo de Yahvé—.
Ni puertas ni cerrojos tiene.
En aislamiento viven.
32 Y serán sus camellos objeto del pillaje
y el tropel de sus ganados para botín,
y esparciré a todo viento a los que se
afeitan las sienes,
y de todos sus aledaños traeré su
infortunio —oráculo de Yahvé—.
33 Y vendrá a ser Jasor guarida de
chacales,
desolación sempiterna,
donde no se asienta nadie
y en la que no reside ser humano.

Oráculo contra Elam.

34 Lo que fue dicho por Yahvé al profeta
Jeremías tocante a Elam en el principio
del reinado de Sedecías, rey de Judá.
35 Así dice Yahvé Sebaot:

He decidido romper el arco de Elam,
primicia de su fuerza,
36 y voy a traer sobre Elam los cuatro
vientos
desde los cuatro cabos de los cielos,
y a ellos los esparciré a todos estos
vientos,
y no habrá nación a donde no lleguen
los arrojados de Elam.
37 Haré desmayar a Elam ante sus
enemigos
y ante los que buscan su muerte,
y traeré sobre ellos cosa mala,
el ardor de mi ira —oráculo de
Yahvé—,
y soltaré tras ellos la espada
hasta acabarlos.
38 Pondré mi trono en Elam
y haré desaparecer de allí a rey y jefes
—oráculo de Yahvé—.
39 Luego, en días futuros, haré volver a
los cautivos de Elam
—oráculo de Yahvé—.

Oráculo contra Babilonia*.
Is **13**; **14**; **47**; ↗ Ap **18**.

50 1 La palabra que habló Yahvé
contra Babilonia, contra el país
de los caldeos, por medio del profeta
Jeremías.

Caída de Babilonia, liberación de Israel.

2 Anúncienlo y háganlo oír entre las
gentes;
levanten bandera;
háganlo oír;
no lo callen; digan:
Ha sido tomada Babilonia,
está confuso Bel,
desmayó Marduc,
están confusos sus ídolos
(desmayaron sus inmundicias).

50 En los oráculos siguientes reaparecen dos temas: la caída de Babilonia y el regreso del Destierro, ver **27** 7; **29** 10.28. La perspectiva parece próxima, como en la segunda parte de Isaías.

3 Porque subió contra ella una gente del norte,
que va a convertir su territorio en desolación,
y no habrá en él habitante.
Tanto personas como bestias
emigraron, se fueron.

4 En aquellos días y en aquella sazón
—oráculo de Yahvé—
vendrán los hijos de Israel
(y los hijos de Judá junto con ellos),
andando y llorando,
en busca de Yahvé su Dios.
5 De Sión preguntaron por el camino,
allá se dirigen:
«Vengan y aliémonos a Yahvé
con pacto eterno, inolvidable.»

6 Ovejas perdidas era mi pueblo*.
Sus pastores las descarriaron,
extraviándolas por los montes.
De monte en collado andaban,
olvidaron su aprisco.
7 Cualquiera que los encontraba los devoraba,
y sus contrarios decían: «No
cometemos ningún delito,
puesto que ellos pecaron contra Yahvé,
¡el pastizal de justicia y la esperanza
de sus padres —Yahvé!»

8 Emigren de Babilonia,
y del país de los caldeos salgan.
Sean como los machos cabríos
al frente del rebaño.
9 Porque miren que yo hago que
despierte y suba contra Babilonia
una confederación de grandes
naciones del norte,
que se organizarán contra ella.
Y por allí será tomada.
Sus saetas, cual de valiente experto,
no volverán de vacío.
10 Entonces será entregada Caldea al saqueo:
todos los que la saqueen se hartarán
—oráculo de Yahvé—.

11 Porque ustedes se alegraron, porque gozaron,
depredadores de mi heredad,
porque daban brincos como novilla
en dehesa,
y relinchos como corceles.
12 Avergonzada está su madre
sobremanera,
abochornada la que los dio a luz.
Es ahora la última de las naciones:
desierto, sequedad y paramera.
13 Por la cólera de Yahvé no será
poblada,
pues quedará desolada toda ella.
Todo el que pase cerca de Babilonia
quedará atónito,
y silbará al ver todas sus heridas.

14 Ordénense contra Babilonia en
derredor,
todos los que tensan arco;
tiren contra ella, no escatimen las
flechas,
pues ha pecado contra Yahvé.
15 Den gritos contra ella en derredor.
Ella tiende su mano. Fallaron sus
cimientos,
se derrumbaron sus muros.
Era la venganza de Yahvé.
Tomen venganza de ella:
tal cual hizo, hagan con ella.
16 Supriman de Babilonia al sembrador
y al que maneja la hoz al tiempo de
la siega.
Ante la espada irresistible,
cada uno enfilará hacia su pueblo,
cada uno huirá a su tierra.

17 Rebaño disperso es Israel:
leones lo ahuyentaron.

El rey de Asiria lo devoró el primero,
y Nabucodonosor, rey de Babilonia, lo
quebrantó después. 18 Por tanto, así dice
Yahvé Sebaot, el Dios de Israel: Voy a
pedir cuentas al rey de Babilonia y a su
territorio, lo mismo que pedí cuentas al
rey de Asiria.

19 Y devolveré a Israel a su pastizal,
y pacerá en el Carmelo y en Basán,
y en la montaña de Efraín y Galaad
se saciará.

50 6 Ver Mt **9** 36; Ez **34**+.

[20] En aquellos días y en aquella sazón
—oráculo de Yahvé—,
se buscará la culpa de Israel y no la habrá,
y el pecado de Judá y no se hallará,
porque seré piadoso con el resto que yo deje.

Caída de Babilonia anunciada en Jerusalén.

[21] «Sube a la tierra de Meratáin,
sube contra ella;
y a los habitantes de Pecod
pásalos a espada
y extermina hasta el último
—oráculo de Yahvé—:
haz en todo según te lo he mandado.»
[22] Ruido de guerra en el país
y quebranto grande.

[23] ¡Cómo se partió y fue quebrado
el martillo de toda la tierra!
¡Cómo vino a ser pasmo
Babilonia entre las naciones!
[24] Te puse lazo y quedaste atrapada,
Babilonia, sin darte cuenta;
se dio contigo y fuiste capturada,
porque contra Yahvé te sublevaste.
[25] Abrió Yahvé su arsenal
y sacó las armas de su ira.
Era la tarea del Señor Yahvé Sebaot
en tierra de caldeos.
[26] «Vengan a ella desde el confín,
abran sus almacenes.
Hagan con ellos montones y destrúyanlos:
no quede de ella reliquia.

[27] Acuchillen todos sus bueyes,
bajen a la degollina.
¡Ay de ellos, que llegó su día,
la hora de su castigo!»
[28] ¡Voces de huidos y escapados
del país de Babilonia
anunciando en Sión
la venganza de Yahvé nuestro Dios,
la venganza de su santuario!

El pecado de insolencia.

[29] Hagan leva de flecheros contra Babilonia,
todos ustedes, que asestan arco,
acampen en torno suyo.
Que no se escape nadie.
Páguenle lo que vale su trabajo.
Tal cual hizo, hagan con ella,
porque contra Yahvé se insolentó,
contra el Santo de Israel.
[30] En verdad, caerán sus mancebos
escogidos en sus plazas, y todos sus
guerreros perecerán aquel día —oráculo de Yahvé—.

[31] Heme aquí contra ti, «Insolencia»,
—oráculo del Señor Yahvé Sebaot—
que ha llegado tu día,
la hora en que yo te castigue.
[32] Tropezará «Insolencia» y caerá,
sin tener quien la levante.
Prenderé fuego a sus ciudades
y devorará todos sus contornos.

Yahvé, Redentor de Israel.

[33] Así dice Yahvé Sebaot:

Oprimidos estaban los hijos de Israel
y los hijos de Judá a una.
Todos sus cautivadores los retenían,
se negaban a soltarlos.
[34] Su Redentor* esforzado,
Yahvé Sebaot se llama.
Él tomará la defensa de su causa
hasta hacer temblar la tierra
y estremecerse a los habitantes de Babilonia.

[35] ¡Espada a los caldeos —oráculo de Yahvé—
y a los habitantes de Babilonia,
a sus jefes y a sus sabios!
[36] Espada a sus adivinos, que quedarán por necios.
Espada a sus valientes, que desmayarán.
[37] Espada a sus caballos y a sus carros,
a toda la mezcolanza de gentes que hay dentro de ella,
que serán como mujeres.

50 34 Ver Is **41** 14+.

Espada a sus tesoros y serán
saqueados.
38 ¡Sequía a sus aguas y se secarán;
porque tierra de ídolos es aquélla,
y por sus Espantos pierden la
cabeza!

39 Por eso vivirán las hienas con los
chacales
y vivirán en ella los avestruces,
y no será habitada nunca jamás
ni será poblada por siglos y siglos.
40 Como en la catástrofe causada por
Dios a Sodoma,
Gomorra y sus vecinas
—oráculo de Yahvé—,
donde no vive nadie,
ni reside en ellas ser humano.

El pueblo del norte y el león del Jordán*.

41 Miren que un pueblo viene del norte,
una gran nación,
y muchos reyes se despiertan
de los confines de la tierra.
42 Arco y lanza blanden,
crueles son y sin entrañas.
Su voz como la mar muge,
y a caballo van montados,
ordenados como un solo hombre
para la guerra
contra ti, hija de Babel.
43 Oyó el rey de Babilonia nuevas de
ellos
y flaquean sus manos.
Angustia le asaltó,
dolor como de parturienta.

44 Véanlo como león que sube del
boscaje del Jordán
hacia el pastizal perenne,
cuando en un instante lo haré salir
huyendo de allí,
para colocar allí a quien me plazca.
Porque ¿quién como yo, y quién me
emplazará,
y quién es el pastor
que aguante en mi presencia?

45 Así pues, oigan la decisión
que Yahvé ha tomado sobre
Babilonia
y sus planes sobre el país de los
caldeos.
Juro que les han de llevar a rastras
las crías de los rebaños,
que asolarán sobre ellos sus
pastizales.
46 Al son de la conquista de Babilonia
retumbó la tierra,
y el griterío de las naciones se dejó oír.

Yahvé contra Babilonia.

51 1 Así dice Yahvé:
Miren que yo despierto contra
Babilonia y los habitantes de Leb Camay* un viento destructor.
2 Enviaré a Babilonia beldadores que
la bielden y dejen vacío su territorio,
porque se la acosará por todas partes
el día aciago.
3 El arquero que no aseste su arco,
ni se jacte de su cota.
No tengan piedad para sus jóvenes
escogidos:
den al anatema todo su ejército.
4 Caerán heridos en tierra de Caldea,
y traspasados en sus calles.
5 Pero no ha enviudado Israel ni Judá
de su Dios, de Yahvé Sebaot,
aunque sus tierras estaban llenas de
delitos
contra el Santo de Israel.

6 Huyan del interior de Babilonia,
(y salve cada cual su vida),
no perezcan por su culpa,
pues es hora de venganza para
Yahvé:
le está pagando su merecido.
7 Copa de oro era Babilonia en la
mano de Yahvé,
que embriagaba toda la tierra.
De su vino bebieron las naciones,
lo que las hizo enloquecer*.
8 De pronto cayó Babilonia y se
rompió.

50 41 Este oráculo repite, esta vez contra Babilonia, la amenaza de un enemigo del norte, **6** 22-24, y el oráculo contra Edom, **49** 19-21.

51 1 *Leb Camay*, anagrama criptográfico de *Kaśdîm* (caldeos).

51 7 Ver Is **51** 17+; Ap **18** 3.

Giman por ella,
tomen bálsamo para su sufrimiento,
a ver si sana.
9 Hemos curado a Babilonia,
pero no ha sanado,
déjenla y vayamos, cada cual a su tierra,
porque ha llegado a los cielos el juicio contra ella,
se ha elevado hasta las nubes.

10 Yahvé hizo patente nuestra justicia;
vengan y cantemos en Sión
las obras de Yahvé nuestro Dios.

11 Afilen las saetas,
llenen las aljabas.
Ha despertado Yahvé el espíritu de
los reyes de Media, porque sobre Babilonia está su designio de destruirla, porque ésta será la venganza de Yahvé, la
venganza de su santuario.
12 Sobre las murallas de Babilonia
levanten bandera,
refuercen la guardia,
coloquen centinelas,
preparen celadas;
que también Yahvé ha tomado un acuerdo,
también él va a cumplir lo que dijo
sobre los habitantes de Babilonia.
13 Tú, la que estás instalada sobre ingentes aguas,
la de ingentes tesoros,
llegó tu fin, el término de tus ganancias.
14 Lo ha jurado Yahvé Sebaot
por sí mismo: Yo he de colmarte de
hombres como de langostas,
y lanzarán sobre ti gritos de triunfo.

15 Él es quien hizo la tierra con su poder,
el que fundó el orbe con su saber,
y con su inteligencia expandió los cielos.
16 Cuando da voces,
hay estruendo de aguas en los cielos,
y hace subir las nubes desde el extremo de la tierra.
Él hace los relámpagos para la lluvia
y saca el viento de sus depósitos.
17 Todo hombre es torpe para comprender,
se avergüenza del ídolo todo platero,
porque sus estatuas son una mentira
y no hay espíritu en ellas.
18 Vanidad son, cosa ridícula;
al tiempo de su castigo perecerán.
19 No es así la «Parte de Jacob»,
pues él es el plasmador del universo,
y aquel cuyo heredero es Israel;
Yahvé Sebaot es su nombre.

El martillo de Yahvé y el monte colosal.

20 Un martillo eras tú para mí,
un arma de guerra:
contigo machaqué naciones,
contigo destruí reinos,
21 contigo machaqué caballo y caballero,
contigo machaqué el carro y a quien lo monta,
22 contigo machaqué a hombre y mujer,
contigo machaqué al viejo y al muchacho,
contigo machaqué al joven y a la doncella,
23 contigo machaqué al pastor y su rebaño,
contigo machaqué al labrador y su yunta,
contigo machaqué a gobernadores y magistrados.
24 Y haré que Babilonia y todos los
habitantes de Caldea paguen por todo
el daño que hicieron en Sión, delante
de los ojos de ustedes —oráculo de Yahvé—.
25 Heme aquí en contra tuya,
montaña destructora
—oráculo de Yahvé—,
destructora de toda la tierra.
Voy a echarte mano
y a hacerte rodar desde las peñas,
y a convertirte en montaña quemada.
26 No tomarán de ti piedra angular
ni piedra de cimientos,
porque desolación por siempre serás
—oráculo de Yahvé—.

Hacia el fin.

27 Alcen bandera en la tierra,
toquen cuerno en las naciones.
Hagan leva santa contra ella en las naciones,
citen contra ella a los reinos
de Ararat, Miní y Asquenaz,
establezcan contra ella reclutador,
hagan que ataque la caballería cual langosta.

28 Hagan leva santa contra ella en las
naciones, los reyes de Media, sus gobernadores y todos sus magistrados y todo
el país de su dominio.

29 Y retiembla la tierra, y da vueltas,
por haberse cumplido contra
Babilonia los planes de Yahvé,
de convertir la tierra de Babel
en desolación sin habitantes.

30 Cesaron de guerrear los valientes de Babilonia,
se han quedado en las fortalezas.
Se agotó su bravura,
se volvieron mujeres;
quemaron sus aposentos,
se rompieron sus barras.
31 Correo al alcance de correo corre,
e informador al alcance de informador,
para informar al rey de Babilonia
que ha sido tomada su ciudad de cabo a cabo,
32 y sus vados fueron ocupados
y los cañaverales incendiados,
y los guerreros se atemorizaron.
33 Porque así dice Yahvé Sebaot, el Dios de Israel:
La hija de Babel es como era
al tiempo de apisonarla;
un poco más,
y le habrá llegado el tiempo de la siega.

La venganza de Yahvé.

34 Me comió, me arrebañó el rey de Babilonia,
me dejó como cacharro vacío,
me tragó como un dragón,
llenó su vientre con mis buenos trozos, me expulsó.
35 «Mi atropello y mis sufrimientos
sobre Babilonia»,
dirá la población de Sión;
y «mi sangre sobre los habitantes de Caldea»,
dirá Jerusalén.

36 Por tanto, así dice Yahvé:
Heme aquí, que defiendo tu causa
y vengo tu venganza,
y deseco el mar de ella
y dejo enjuto su hontanar,
37 y vendrá a ser Babilonia montón de piedras,
guarida de chacales,
tema de pasmo y rechifla,
sin ningún habitante.
38 A una cual leones rugen,
gruñen como cachorros de leonas.
39 En teniendo ellos calor les serviré su bebida
y los embriagaré de modo que se alegren,
y dormirán un sueño eterno
y no se despertarán
—oráculo de Yahvé—.
40 Los haré bajar como corderos al matadero,
como carneros y machos cabríos.

Elegía sobre Babilonia.

41 ¡Cómo fue tomada Sesac,
y ocupada la prez de toda la tierra!
¡Cómo vino a ser pasmo
Babilonia entre las naciones!
42 Subió contra Babilonia el mar,
por el tropel de sus olas quedó cubierta.
43 Vinieron a quedar sus ciudades devastadas,
tierra reseca y yerma,
no vive en ellas nadie,
ni discurre por ellas ser humano.

La visita de Yahvé a los ídolos.

44 Visitaré a Bel en Babilonia,
y le sacaré su bocado de la boca,
y no afluirán a él ya más las naciones.

Hasta la muralla de Babilonia ha
caído.
45 Salgan de en medio de ella, pueblo
mío,
que cada cual salve su vida
del ardor de la ira de Yahvé.
46 Y que no se marchite su corazón ni
tengan miedo por el rumor que se oirá
en la tierra. Cierto correrá un año tal
rumor, y luego al año siguiente, otro distinto: violencia en la tierra, y domeñador
sobre domeñador.

47 Pues bien, miren que vienen días
en que castigaré a los ídolos de
Babilonia,
y todo su territorio se abochornará,
y todos sus heridos caerán en medio
de ella.
48 Y harán coro contra Babilonia
cielos y tierra y todo cuanto hay en
ellos,
cuando del norte lleguen los
devastadores
—oráculo de Yahvé—.

49 También Babilonia caerá,
oh heridos de Israel.
También por Babilonia cayeron
los heridos de toda la tierra.
50 Ustedes, escapados de la espada,
anden, no se paren,
recuerden desde lejos a Yahvé,
y que Jerusalén les venga a la mente.
51 —«Quedamos abochornados al oír
tal afrenta;
cubrió la vergüenza nuestros rostros.
¡Habían penetrado extranjeros
hasta los santuarios del templo de
Yahvé!»
52 —Pues bien, miren que vienen días
—oráculo de Yahvé—
en que castigaré a sus ídolos,
y en todo su territorio se quejarán los
heridos.
53 Aunque suba Babilonia a los cielos
y encastille en lo alto su poder,
de mi parte llegarán saqueadores
hasta ella
—oráculo de Yahvé—.

54 Suenan gritos de socorro desde
Babilonia,
y un fragor desde Caldea.
55 Es que devasta Yahvé a Babilonia,
apaga de ella el gran ruido,
y mugen sus olas como las de alta
mar,
cuyo son es estruendoso.
56 Es que viene sobre ella,
sobre Babilonia, el devastador,
van a ser apresados sus valientes, se
han aflojado sus arcos.
Porque Dios retribuidor es Yahvé:
cierto pagará.
57 Yo embriagaré a sus jefes y a sus
sabios,
a sus gobernadores y a sus
magistrados y a sus valientes,
y dormirán un sueño eterno
y no se despertarán
—oráculo del Rey
cuyo nombre es Yahvé Sebaot—.

Babilonia arrasada.

58 Así dice Yahvé Sebaot:
Aquella ancha muralla de Babilonia
ha de ser socavada,
y aquellas sus altas puertas
con fuego han de ser quemadas,
y se habrán fatigado pueblos para
nada,
y naciones para el fuego se habrán
afanado.

El oráculo arrojado en el Éufrates*.

59 Orden que dio el profeta Jeremías
a Serayas, hijo de Nerías, hijo de Majsías, al partir éste de junto a Sedecías,
rey de Judá, para Babilonia el año cuarto de su reinado, siendo Serayas gran
chambelán. 60 Escribió, pues, Jeremías
todo el mal que había de sobrevenir a
Babilonia en un libro —todas estas palabras arriba escritas acerca de Babilonia— 61 y dijo Jeremías a Serayas: «En
llegando tú a Babilonia, mira de leer en
voz alta todas estas palabras, 62 y dirás:
'Yahvé, tú has hablado respecto a este

51 59 Acción simbólica, **18**+, que comprueba que la palabra de Dios es irrevocable.

lugar, de destruirlo sin que haya en él habitante, ya sea persona o animal, sino que soledad por siempre será.' 63 Luego, en acabando tú de leer en voz alta ese libro, atas a él una piedra y lo arrojas al Éufrates, 64 y dices: 'Así se hundirá Babilonia y no se recobrará del mal que yo mismo voy a traer sobre ella.'»

Hasta aquí las palabras de Jeremías.

*VI. Apéndice**

La catástrofe de Jerusalén y la gracia concedida a Joaquín.

‖2 R **24** 18-**25** 30; =Jr **39** 1-10.

52 1 Veintiún años tenía Sedecías cuando comenzó a reinar, y reinó once años en Jerusalén; el nombre de su madre era Jamital, hija de Jeremías, de Libná. 2 Hizo el mal a los ojos de Yahvé, enteramente como había hecho Joaquín. 3 Esto sucedió a causa de la cólera de Yahvé contra Jerusalén y Judá, hasta que los arrojó de su presencia.

Sedecías se rebeló contra el rey de Babilonia. 4 En el año noveno de su reinado, en el mes décimo, el diez del mes, vino Nabucodonosor, rey de Babilonia, con todo su ejército, contra Jerusalén, acampó contra ella, y la cercaron con una empalizada. 5 La ciudad estuvo sitiada hasta el año once del rey Sedecías. 6 El mes cuarto, el nueve del mes, cuando arreció el hambre en la ciudad y no había pan para la gente del pueblo, 7 se abrió una brecha en la ciudad y al verlo el rey y todos los guerreros, huyeron de la ciudad saliendo de noche, por el camino de la puerta que está entre los dos muros que dan al jardín del rey, mientras los caldeos estaban alrededor de la ciudad, y se fueron por el camino de la Arabá. 8 Las tropas caldeas persiguieron al rey Sedecías y le dieron alcance en los llanos de Jericó; entonces todo el ejército se dispersó de su lado. 9 Capturaron al rey y lo subieron a Riblá, en la tierra de Jamat, donde el rey de Babilonia, que lo sometió a juicio. 10 Los hijos de Sedecías fueron degollados a su vista, y lo mismo a todos los jefes de Judá degolló en Riblá. 11 A Sedecías le sacó los ojos, lo encadenó con cadenas de bronce, y el rey de Babilonia lo llevó a Babilonia, donde lo tuvo en prisión hasta el día de su muerte.

12 En el mes quinto, el diez del mes, en el año diecinueve de Nabucodonosor, rey de Babilonia, Nabuzardán, jefe de la guardia, uno de los que servían ante el rey de Babilonia, vino a Jerusalén. 13 Incendió el templo de Yahvé y el palacio del rey y todas las casas de Jerusalén. 14 Todas las tropas caldeas que había con el jefe de la guardia demolieron las murallas que rodeaban a Jerusalén.

15 Cuanto (a una parte de los pobres del país) al resto del pueblo que quedaba en la ciudad, los desertores que se habían pasado al rey de Babilonia y el resto de los artesanos, Nabuzardán, jefe de la guardia, los deportó. 16 Nabuzardán, el jefe de la guardia, dejó algunos de entre la gente pobre como viñadores y labradores.

17 Los caldeos rompieron las columnas de bronce que había en el templo de Yahvé, las basas, el Mar de bronce del templo de Yahvé, y se llevaron todo el bronce a Babilonia. 18 Tomaron también los ceniceros, las paletas, los cuchillos, los acetres, las cucharas y todos los utensilios de bronce de que se servían. 19 El jefe de la guardia tomó las vasijas, los incensarios y los aspersorios, los ceniceros, los candeleros, las cucharas y las tazas, cuanto había de oro y plata. 20 Cuanto a las dos columnas, el Mar, los doce bueyes de bronce que estaban

52 Reanudación, con algunos complementos, de **39** 1-10 y 2 R **24** 18-**25** 30.

Las amenazas acaban en una perspectiva de esperanza.

bajo el Mar y las basas que Salomón había hecho para el templo de Yahvé, no se pudo calcular el peso de bronce de todos aquellos objetos. [21] La altura de una columna era de dieciocho codos, un hilo de doce codos medía su perímetro; su grosor era de cuatro dedos y era hueca por dentro, [22] y encima tenía un capitel de bronce; la altura del capitel era de cinco codos; había un trenzado y granadas en torno al capitel, todo de bronce. Lo mismo para la segunda columna. [23] Había noventa y seis granadas que pendían a los lados. En total había cien granadas rodeando el trenzado.

[24] El jefe de la guardia tomó preso a Serayas, primer sacerdote, y a Sefanías, segundo sacerdote, y a los tres encargados del umbral. [25] Tomó a un eunuco de la ciudad, que era inspector de los hombres de guerra, siete hombres de los cortesanos del rey, que se encontraban en la ciudad, al secretario del jefe del ejército, encargado del alistamiento del pueblo de la tierra y sesenta hombres de la tierra que se hallaban en la ciudad. [26] Nabuzardán, jefe de la guardia, los tomó y los llevó a Riblá, donde el rey de Babilonia, [27] y el rey de Babilonia los hirió haciéndoles morir en Riblá, en el país de Jamat.

Así fue deportado Judá, lejos de su tierra. [28] Éste es el número de los deportados por Nabucodonosor. El año séptimo: 3.023 de Judá; [29] el año dieciocho de Nabucodonosor fueron llevadas de Jerusalén 832 personas; [30] el año veintitrés de Nabucodonosor, Nabuzardán, jefe de la guardia, deportó a 745 de Judá. En total: 4.600 personas.

[31] En el año treinta y seis de la deportación de Jeconías, rey de Judá, en el mes doce, el veinticinco del mes, Evil Merodac, rey de Babilonia, hizo gracia en el año en que comenzó a reinar, a Joaquín, rey de Judá, y lo sacó de la cárcel. [32] Le habló con benevolencia y le dio un asiento superior al asiento de los reyes que estaban con él en Babilonia. [33] Jeconías se quitó sus vestidos de prisión y comió siempre en la mesa del rey, todos los días de su vida. [34] Le fue dado constantemente su sustento de parte del rey de Babilonia, día tras día, hasta el día de su muerte, todos los días de su vida*.

52 34 Así acaba el libro de Jeremías, como el de los Reyes, con la gracia concedida a Jeconías, símbolo del fin de la cautividad, aurora de salvación.

BARUC*

Introducción

Baruc y la asamblea de los judíos en Babilonia.

1 1 Éste es el texto del libro que Baruc, hijo de Nerías, hijo de Maasías, hijo de Sedecías, hijo de Asadías, hijo de Jelcías, escribió en Babilonia, 2 el año quinto, el día siete del mes en que los caldeos conquistaron e incendiaron Jerusalén*.

3 Baruc leyó el texto de este libro ante Jeconías*, hijo de Joaquín, rey de Judá, y ante todo el pueblo congregado para escuchar el libro; 4 ante los dignatarios y los hijos del rey, ante los ancianos y ante todo el pueblo, desde el menor al mayor, todos los que vivían en Babilonia, a orillas del río Sud. 5 Todos lloraron, ayunaron y suplicaron al Señor. 6 Luego hicieron una colecta, según las posibilidades de cada uno, 7 y la enviaron a Jerusalén, al sacerdote Joaquín, hijo de Jelcías, hijo de Salún, a los demás sacerdotes y a toda la gente que vivía con él en Jerusalén. 8 Ya Baruc, el día diez del mes de Siván, había recuperado los utensilios robados del templo del Señor, con el fin de restituirlos a Judá. Se trataba de los objetos de plata que había mandado hacer Sedecías, hijo de Josías, rey de Judá, 9 después que Nabucodonosor, rey de Babilonia, deportara de Jerusalén a Babilonia a Jeconías, a los gobernantes, a los cerrajeros, a los dignatarios y a la gente del pueblo.

10 Se les decía: Ahí les enviamos dinero; compren con él holocaustos, víctimas expiatorias e incienso y hagan ofrendas y sacrificios sobre el altar del Señor, nuestro Dios. 11 Recen por la vida de Nabucodonosor, rey de Babilonia, y por la de su hijo Baltasar, para que duren tanto como el cielo sobre la tierra*. 12 El Señor nos dé fuerzas y nos ilumine para que vivamos protegidos por Nabucodonosor, rey de Babilonia, y por su hijo Baltasar; para que los sirvamos por mucho tiempo y gocemos de su favor. 13 Y recen también por nosotros al Señor, nuestro Dios, porque hemos pecado contra Él, y todavía hoy no se han apartado de nosotros el furor y la cólera del Señor. 14 Lean este libro que les enviamos para su proclamación en el templo del Señor, en el día de la fiesta* y en los días oportunos. 15 Dirán:

I. Oración de los desterrados

Confesión de los pecados.

El Señor, nuestro Dios, es justo; nosotros, en cambio, nos sentimos hoy abochornados, igual que los habitantes de Judá y de Jerusalén 16 y nuestros reyes, príncipes, sacerdotes, profetas y antepasados. 17 Porque hemos pecado contra el Señor, 18 le hemos desobedecido, no hemos escuchado la voz del Señor, nuestro Dios, ni hemos cumplido los mandamientos que el Señor nos había dado. 19 Desde el día en que el Señor sacó a nuestros padres de Egipto hasta hoy hemos sido rebeldes al Señor, nuestro Dios, y ligeros para no escuchar su voz. 20 Por esto se nos acumulan ahora las desgracias y maldiciones que el Señor anunció a

1 Este libro reúne piezas de origen diverso, que reflejan el espíritu de las comunidades judías de la Dispersión: una introducción, **1** 1-14; una plegaria, **1** 15-**3** 8; un poema sapiencial, **3** 9-**4** 4; una pieza profética, **4** 5-**5** 9; la *carta de Jeremías* contra el culto de los ídolos, **6**.

1 2 Escrito en 582, para el aniversario de la caída de Jerusalén, ver Za **7** 3.

1 3 *Jeconías* o Joaquín. Ver 2 R **24** 8-17; Jr **22** 24-30.

1 11 Ver Esd **6** 10+; 1 Tm **2** 1-2.

1 14 La fiesta de las *Tiendas*, Ex **23** 14+, con sus dos asambleas, Lv **23** 35-36.

su siervo Moisés cuando sacó a nuestros
padres de Egipto para darnos una tierra
que mana leche y miel. 21 Nosotros no
hemos escuchado la voz del Señor, nuestro Dios, que nos habló por medio de
sus enviados, los profetas. 22 Cada uno
de nosotros ha seguido los planes de su
corazón obstinado, sirviendo a dioses
ajenos y haciendo el mal ante el Señor,
nuestro Dios.

2 1 Por eso el Señor, nuestro Dios,
cumplió las amenazas que había pronunciado contra nosotros, contra nuestros jueces que gobernaron a Israel, contra nuestros reyes y gobernantes y contra
los habitantes de Israel y de Judá. 2 Jamás sucedió bajo el cielo nada semejante
a lo que él hizo en Jerusalén, como está
escrito en la Ley de Moisés: 3 que llega-
ríamos a comernos cada uno la carne
de sus propios hijos e hijas*. 4 El Señor
los sometió a todos los reinos de nuestro
alrededor, haciéndolos motivo de burla y
deshonra entre todos los pueblos circundantes donde el Señor los dispersó. 5 Y
pasaron de dominadores a dominados,
por haber pecado contra el Señor, nuestro Dios, desoyendo su voz.

6 El Señor, nuestro Dios, es justo; en
cambio, nosotros y nuestros padres nos
sentimos hoy abochornados. 7 Nos han
sobrevenido todas las desgracias con las
que el Señor nos había amenazado. 8 Sin
embargo, nosotros no hemos pedido al
Señor que nos cambiara los perversos
planes de nuestra mente. 9 Por eso
el Señor ha estado pendiente de esas
desgracias y nos las ha enviado. Porque
el Señor tenía razón en todo lo que nos
ordenó; 10 pero nosotros no hemos escuchado su voz ni hemos cumplido los
mandamientos que nos dio.

Súplica.

11 Y ahora, Señor, Dios de Israel, que
sacaste a tu pueblo de Egipto con mano
fuerte, entre signos y prodigios, con gran
poder y brazo alzado, ganándote una
fama que dura hasta hoy, 12 nosotros
hemos pecado y hemos cometido crímenes e injusticias, Señor Dios nuestro, contra todos tus mandamientos.
13 Aparta de nosotros tu cólera, porque
hemos quedado muy pocos en las
naciones a donde tú nos dispersaste.
14 Escucha, Señor, nuestra oración y
nuestra súplica; líbranos por tu honor y
haz que ganemos el favor de los que nos
deportaron, 15 para que conozca todo
el mundo que tú eres el Señor, nuestro
Dios, y que has dado tu nombre a Israel y
a su descendencia. 16 Mira, Señor, desde
tu santa morada y atiéndenos; inclina,
Señor, tu oído y escucha; 17 abre, Señor,
tus ojos y mira que no son los muertos
en la tumba, cuyos cuerpos quedaron sin
vida, los que dan gloria y hacen justicia
al Señor, 18 sino los de ánimo colmado
de aflicción, los que caminan encorvados
y extenuados, los de ojos apagados y los
de estómago hambriento*, ésos son los
que te dan gloria y hacen justicia, Señor.
19 No nos apoyamos en los méritos de
nuestros antepasados y de nuestros reyes
para presentarte nuestra súplica, Señor
Dios nuestro. 20 Porque has descargado
tu furor y tu cólera sobre nosotros, como
habías anunciado por medio de tus siervos, los profetas, diciendo: 21 «Así dice
el Señor: *Dobléguense y sirvan al rey
de Babilonia**, para seguir habitando la
tierra que di a sus antepasados. 22 Pero
si ustedes no escuchan la invitación del
Señor a servir al rey de Babilonia, 23 *yo
haré callar en las ciudades de Judá y
en Jerusalén las canciones alegres* y
bulliciosas, las canciones de novios y de
novias, y todo el país quedará convertido
en un desierto deshabitado*.» 24 Pero
nosotros no escuchamos tu invitación
de servir al rey de Babilonia, y por eso
has cumplido tus amenazas anunciadas
por medio de tus siervos, los profetas:
que los huesos de nuestros reyes y los
huesos de nuestros antepasados serían

2 3 Ver Dt **28** 53-57; Jr **19** 9; Lm **2** 20; **4** 10.
2 18 Este pasaje es una muestra de la religión de los *pobres*, So **2** 3+.
2 21 Cita de Jr **27** 12.
2 23 Cita de Jr **7** 34.

sacados de sus sepulcros. 25 Y, en efecto,
ahí están *expuestos al calor del día y al*
*frío de la noche**, pues murieron entre
espantosos sufrimientos por hambre,
espada y epidemia. 26 Y el templo consagrado a tu nombre ha quedado reducido
al estado en que hoy se encuentra, por
culpa de la maldad de Israel y de Judá.

27 Sin embargo tú, Señor Dios nuestro, nos has tratado con toda tu equidad
y misericordia, 28 tal como dijiste por
medio de tu siervo Moisés, cuando le ordenaste escribir tu Ley en presencia de
los israelitas, diciendo: 29 «Si ustedes no
escuchan mi voz, esta inmensa multitud
quedará reducida al mínimo en medio
de las naciones a donde yo los dispersaré. 30 Sé que no me escucharán, porque
son un pueblo testarudo; pero en su
destierro se convertirán de corazón 31 y
reconocerán que yo soy el Señor, su
Dios. Entonces yo les daré un corazón y
unos oídos atentos, 32 y ellos me alabarán en su destierro, invocarán mi nombre y 33 abandonarán su testarudez y su
conducta perversa, recordando lo que
les sucedió a sus padres cuando pecaron contra el Señor. 34 Los haré volver a
la tierra que juré dar a sus antepasados,
a Abrahán, Isaac y Jacob, y tomarán
posesión de ella. Los multiplicaré y ya
no menguarán. 35 Y sellaré con ellos una
alianza eterna*: yo seré su Dios y ellos serán mi pueblo. Y no volveré a expulsar
a mi pueblo Israel de la tierra que le di.»

3 1 Señor todopoderoso, Dios de Israel,
un alma angustiada y un espíritu abatido claman a ti. 2 Escucha, Señor, y ten
piedad, porque hemos pecado contra ti.
3 Pues tú reinas eternamente, mas nosotros perecemos para siempre. 4 Señor
todopoderoso, Dios de Israel, escucha la
oración de los muertos de Israel* y de los
hijos de aquellos que pecaron contra ti.
Ellos desobedecieron al Señor, su Dios,
y por eso se nos acumulan las desgracias. 5 No te acuerdes de los delitos de
nuestros antepasados; acuérdate hoy de
tu poder y de tu fama. 6 Puesto que eres
el Señor, nuestro Dios, nosotros te ala-
baremos, Señor. 7 Tú nos infundiste tu
temor para que invocáramos tu nombre.
Queremos alabarte en nuestro destierro,
porque hemos apartado de nuestro corazón toda la maldad con que nuestros
antepasados pecaron contra ti. 8 Y aquí
estamos hoy en nuestro destierro, donde
tú nos dispersaste, convirtiéndonos en
objeto de burla, maldición y condenación por todos los delitos de nuestros antepasados, que se apartaron del Señor,
nuestro Dios .

*II. La sabiduría, privilegio de Israel**

9 Escucha, Israel, los mandamientos
de vida,
presta atención para aprender
sensatez.
10 ¿Por qué, Israel, vives en país
enemigo,
has envejecido en país extraño,
11 te has contaminado con los muertos
y te cuentan entre los habitantes del
abismo?
12 ¡Porque abandonaste la fuente de la
sabiduría!
13 Si hubieras seguido por el camino de
Dios,
vivirías en paz para siempre.
14 Aprende dónde está la sensatez,
dónde la fuerza,
dónde la inteligencia para aprender
aún más,
dónde la larga vida,

2 25 Cita de Jr **36** 30. Is **59** 10; Lm **3** 6.
2 35 Ver Jr **31** 31+.
3 4 Los israelitas, próximos a morir, ver
3 9 La Sabiduría es aquí identificada con la Ley. Ver Pr **8** 22+.

dónde la luz de los ojos y la paz.
15 ¿Quién ha encontrado su lugar,
quién ha tenido acceso a sus tesoros*?
16 ¿Dónde están los jefes de las naciones,
y los que dominan sobre las bestias de la tierra,
17 los que juegan con las aves del cielo,
los que atesoran la plata y el oro
en que confían los hombres
que acumulan fortunas sin cesar;
18 los que labran la plata con esmero
y no dejan rastro de sus obras?
19 Desaparecieron, bajaron al abismo
y otros los sustituyeron.
20 Otros más jóvenes vieron la luz
y vivieron en la tierra;
pero no conocieron el camino del conocimiento,
21 ni descubrieron sus senderos,
ni lo alcanzaron;
y sus hijos extraviaron su camino.
22 No se la oyó en Canaán,
ni se la vio en Temán.
23 Los hijos de Agar, que buscan el saber en la tierra,
los mercaderes de Madián y de Temán,
los narradores de historias y los buscadores del saber,
no conocieron el camino de la sabiduría
ni recordaron sus senderos.

24 ¡Oh Israel, qué grande es la morada de Dios,
qué vastos sus dominios!
25 Es grande e ilimitada,
es sublime e inmensa.
26 Allí nacieron los famosos gigantes de antaño,
de gran estatura y diestros en la guerra.
27 Pero no los eligió Dios
ni les enseñó el camino de la ciencia;
28 y perecieron por no tener prudencia,
por su locura perecieron.
29 ¿Quién subió al cielo para cogerla
y hacerla bajar desde las nubes?
30 ¿Quién atravesó el mar para encontrarla
y comprarla a precio de oro puro?
31 Nadie conoce su camino,
ni puede rastrear su sendero.
32 El que todo lo sabe la conoce
y la descubre con su inteligencia,
el que fundó la tierra para siempre
y la pobló de animales cuadrúpedos,
33 el que envía la luz y va,
la llama y temblorosa le obedece.
34 Los astros brillan encantados en sus puestos de guardia,
35 él los llama y le responden: ¡Aquí estamos*!,
y brillan alegres para su creador.
36 Éste es nuestro Dios
y ningún otro es comparable a él.
37 Él descubrió el camino del conocimiento
y se lo enseñó a su siervo Jacob
y a su amado Israel.
38 Después apareció en la tierra
y convivió entre los hombres*.

4 1 Ella es el libro de los mandatos de Dios,
la Ley que perdura por los siglos:
todos los que la guarden vivirán,
pero los que la abandonen morirán.
2 Vuélvete, Jacob, y tómala,
camina al esplendor de su luz.
3 No entregues tu gloria a otro,
ni tus privilegios a pueblo extranjero.
4 Felices nosotros, Israel,
pues se nos ha revelado lo que agrada al Señor.

3 15 A la respuesta negativa, ver Jb **28** 12-28, sigue, **3** 24-**4** 4, una alabanza a Dios que comunica su Sabiduría a Israel.

3 35 Ver Is **40** 26; Jb **38** 35; Sal **147** 4.

3 38 Como se trata de la Ley judía, el pensamiento no es universalista. Pero los Padres se complacen en leer este texto dentro de la perspectiva de la Encarnación, ver Jn **1** 14+.

III. Quejas y esperanzas de Jerusalén *

5 ¡Ánimo, pueblo mío,
memoria de Israel!
6 Han sido vendidos a las naciones,
mas no para la destrucción.
Por haber desatado la cólera de Dios,
han sido entregados a los enemigos.
7 Pues han irritado a su Creador,
ofreciendo sacrificios a los demonios
y no a Dios.
8 Olvidaron al Dios eterno que los
alimentó
y afligieron a Jerusalén que los crió.
9 Cuando ella vio caer sobre ustedes
el castigo de Dios, dijo:

Escuchen, vecinas de Sión,
Dios me ha enviado una gran pena.
10 He visto el destierro que el Eterno
atrajo
sobre mis hijos y mis hijas.
11 Yo los había criado con gozo
y los he despedido con lágrimas de
duelo.
12 Que nadie se regodee conmigo,
una viuda abandonada de tantos.
He quedado desierta por los pecados
de mis hijos,
porque se apartaron de la Ley de
Dios,
13 desconocieron sus decretos,
no siguieron el camino de sus
mandamientos,
ni tomaron la senda de su enseñanza
recta.
14 ¡Que vengan las vecinas de Sión!
Acuérdense del destierro que el
Eterno atrajo
sobre mis hijos y mis hijas.
15 Él hizo venir sobre ellos a un pueblo
remoto,
un pueblo despiadado y de lengua
extraña,
que no respetaba a los ancianos,
ni se apiadaba de los niños,
16 que arrebató a la viuda sus hijos
queridos
y la dejó sola y privada de sus hijas.
17 Y yo ¿cómo podría ayudarlos?
18 El que atrajo sobre ustedes las
desgracias
los librará del poder de sus
enemigos.
19 Marchen, hijos, marchen,
que a mí me han dejado sola.
20 Me he quitado el vestido de paz,
y me he puesto el saco de plañidera
para gritar al Eterno mientras viva.
21 Ánimo, hijos, clamen a Dios,
que él los librará de la tiranía y del
poder de sus enemigos.
22 Yo esperé del Eterno su salvación
y el Santo me ha llenado la alegría,
pues muy pronto el Eterno, su
Salvador,
tendrá misericordia de ustedes.
23 Los despedí con lágrimas de duelo,
pero Dios los devolverá a mí para
siempre
con felicidad y alegría.
24 Como las vecinas de Sión han
contemplado hasta hoy el destierro
de ustedes,
así contemplarán muy pronto la
salvación
que Dios les concederá con gran
gloria y el esplendor del Eterno.
25 Hijos, soporten con paciencia
el castigo que Dios les ha enviado.
Tu enemigo te ha perseguido,
pero pronto verás su ruina
y podrás poner el pie sobre su
cuello.
26 Mis hijos tiernos han recorrido duros
caminos,
arrebatados como rebaño robado por
el enemigo.
27 ¡Ánimo, hijos, clamen a Dios!,
pues el que les mandó esto se
acordará de ustedes.
28 Ya que entonces decidieron alejarse
de Dios,
conviértanse y búsquenlo con mucho
mayor empeño.

4 5 Jerusalén personificada se va a dirigir a las ciudades vecinas, luego a sus hijos dispersos. El poeta responderá, **4** 30-**5** 9, anunciando la restauración mesiánica.

[29] Pues el que les envió estas desgracias
les enviará la alegría eterna de su
salvación.
[30] ¡Ánimo, Jerusalén!
Aquel que te dio nombre* te
consolará.
[31] ¡Malditos los que te hicieron daño
y se alegraron de tu caída!
[32] ¡Malditas las ciudades que
esclavizaron a tus hijos!
¡Maldita la ciudad que los recibió!
[33] Pues como se alegró de tu caída
y se regodeó en tu ruina,
así lamentará su propia destrucción.
[34] Yo le arrancaré el júbilo de su
población numerosa
y su arrogancia se cambiará en duelo.
[35] El Eterno le enviará un incendio
inextinguible
y quedará habitada por demonios
durante mucho tiempo.
[36] Mira hacia oriente, Jerusalén,
y contempla la alegría que te envía
Dios.
[37] Mira, ya llegan tus hijos, a los que
despediste:
vuelven convocados desde oriente a
occidente por la palabra del Santo
y disfrutando de la gloria de Dios.

5 [1] Jerusalén, quítate el vestido de luto
y aflicción
y vístete ya siempre con las galas de
la gloria de Dios.
[2] Envuélvete en el manto de la justicia
divina
y adorna tu cabeza con la gloria del
Eterno.
[3] Porque Dios mostrará tu esplendor a
toda la tierra
[4] y te dará para siempre este nombre:
«Paz en la justicia y gloria en la
piedad*».
[5] Levántate, Jerusalén, súbete en alto,
mira hacia oriente
y contempla a tus hijos convocados
desde oriente a occidente
por la palabra del Santo y
disfrutando del recuerdo de Dios.
[6] Se te marcharon a pie,
conducidos por el enemigo,
pero Dios te los devuelve
encumbrados en gloria y en litera
real.
[7] Porque Dios ha ordenado rebajarse
a todo monte elevado y a las dunas
permanentes,
y rellenarse a los barrancos, hasta
nivelar la tierra,
para que Israel camine seguro bajo la
gloria de Dios.
[8] Y hasta los bosques y los árboles
aromáticos
darán sombra a Israel por orden de
Dios.
[9] Porque Dios conducirá a Israel con
alegría a la luz de su gloria,
con su misericordia y su justicia.

IV. Carta de Jeremías

Copia de la carta que envió Jeremías a los prisioneros que iban a ser deportados a Babilonia por el rey de los babilonios, para comunicarles lo que Dios le había encargado.

6 [1] Por los pecados que ustedes han
cometido contra Dios van a ser deportados a Babilonia por su rey, Nabucodonosor. [2] Llegados a Babilonia, permanecerán allí muchos años, un largo
periodo de siete generaciones; pero después yo los sacaré de allí en paz. [3] En ese
tiempo verán en Babilonia dioses de plata, oro y madera, que son transportados
a hombros y que infunden temor a los
paganos. [4] Tengan cuidado*, no vayan a
imitar también ustedes a esos extranjeros
y los domine el temor hacia ellos. [5] Cuando vean a la multitud delante y detrás de

4 30 Para hacer de ella su propia ciudad, Sal **46** 5; Is **60** 14.
5 4 Nombre mesiánico, Is **1** 26+.
6 4 Ver Is **40** 20; Jr **10** 1-16.

ellos adorándolos, digan entonces en su interior: «A ti solo hay que adorar, Señor,» 6 pues mi ángel los acompaña y protege sus vidas.

7 La lengua de esos dioses ha sido modelada por un artesano y, aunque están recubiertos de oro y plata, son falsos y no pueden hablar. 8 Como se hace con una joven presumida, ellos toman oro y tejen coronas para las cabezas de sus dioses. 9 A veces los sacerdotes roban a sus dioses oro y plata y lo gastan en su propio beneficio e incluso se lo dan a las prostitutas sagradas. 10 A esos dioses de plata, oro y madera también los adornan con vestidos, como si fueran hombres; pero no se libran ni de la roña ni de la polilla. 11 Y aunque los visten con mantos de púrpura, tienen que limpiarles la cara del polvo de los templos que se les acumula encima. 12 Algunos empuñan cetros como jueces de distrito, pero no pueden castigar a quien los ofende. 13 Otros llevan en sus manos espadas y hachas, pero no pueden defenderse de la guerra ni de los ladrones. 14 Con ello se demuestra que no son dioses. Por tanto, no los teman.

15 Como cacharros domésticos que, cuando se rompen, ya no sirven, así son los dioses que entronizan en sus templos. 16 Tienen los ojos llenos del polvo que levantan los pies de los que entran. 17 Igual que se encierra a cal y canto a los condenados a muerte por delitos contra el rey, los sacerdotes refuerzan sus templos con portones, cerrojos y barrotes, para que no sean saqueados por los ladrones. 18 Les encienden más luces que las que ellos mismos usan, aunque los dioses no pueden ver ni una sola. 19 Son como las vigas de las casas cuyo interior, según se dice, está carcomido. Tampoco se dan cuenta de los bichos de la tierra que los devoran a ellos y a sus vestidos. 20 Tienen la cara ennegrecida por los humos del templo. 21 Sobre su cuerpo y sus cabezas revolotean murciélagos, golondrinas y otros pájaros, igual que los gatos. 22 De donde se deduce que no son dioses. Por tanto, no los teman.

23 El oro que los recubre y adorna no podría brillar si no le limpiaran el óxido; y ni siquiera sentían cuando eran fundidos. 24 Fueron comprados a precios carísimos, aunque no tienen vida. 25 Como no tienen pies, son llevados a hombros, mostrando a los hombres su propia deshonra. También quedan abochornados sus servidores, porque si se caen al suelo, hay que levantarlos; 26 si los ponen de pie, no pueden moverse por sí mismos; si los reclinan, no pueden enderezarse; y cuando les hacen ofrendas son como muertos. 27 Los sacerdotes venden sus víctimas para provecho propio; lo mismo que sus mujeres las ponen en conserva, sin repartir nada a pobres y enfermos. Incluso tocan sus víctimas las que están con la regla y las recién paridas. 28 Deduciendo de todo esto que no son dioses, no los teman.

29 ¿Cómo se los puede llamar dioses, cuando son las mujeres las que presentan ofrendas* ante estos dioses de plata, oro y madera? 30 En sus templos los sacerdotes los transportan con las túnicas rotas, con el pelo y la barba rapados y con la cabeza descubierta. 31 Y gritan chillando ante sus dioses, como se hace en los banquetes fúnebres. 32 Los sacerdotes los despojan de sus vestidos para vestir a sus mujeres y a sus hijos. 33 Si alguien les hace mal o bien, no pueden devolverle su merecido. Ni pueden poner ni quitar rey, 34 como tampoco dar riquezas ni dinero. Y si alguien les hace un voto y no lo cumple, no le piden cuentas. 35 Jamás libran a nadie de la muerte, ni arrancan al débil de las manos del poderoso. 36 No pueden devolver la vista al ciego, ni librar a nadie de su apuro. 37 No se compadecen de la viuda ni favorecen al huérfano. 38 Estos objetos de madera recubiertos de oro y plata se parecen a las piedras del monte, y sus servidores quedarán abochornados. 39 ¿Cómo, pues, se puede creer o decir que son dioses?

6 29 Lo que no les permitía la Ley judía.

40 Más aún, los mismos caldeos los deshonran cuando, al ver a un mudo que no puede hablar, lo presentan a Bel, pidiéndole que le conceda el habla, como si él pudiera enterarse. 41 Y ni siquiera ellos, que lo saben, son capaces de abandonar a sus dioses que no pueden sentir. 42 Las mujeres, ceñidas con cuerdas, se sientan junto a los caminos quemando salvado como incienso 43 y cuando alguna de ellas, solicitada por algún transeúnte, se acuesta con él, se burla de la vecina que no ha sido escogida como ella, porque no han roto su cuerda. 44 Todo lo que hacen es mentira. ¿Cómo, pues, se puede creer o decir que son dioses?

45 Han sido fabricados por artesanos y orfebres y sólo son lo que quieren sus creadores. 46 Sus mismos fabricantes no viven mucho tiempo. ¿Cómo van a ser dioses los objetos que han fabricado? 47 Sólo han legado a la posteridad mentira y deshonra. 48 Cuando sobreviene alguna guerra o catástrofe, los sacerdotes deliberan entre sí dónde esconderse con ellos. 49 ¿Cómo no darse cuenta de que no son dioses los que no pueden salvarse a sí mismos de guerras y catástrofes? 50 Si sólo son objetos de madera recubiertos de oro y plata, habrá que reconocer que no son más que fraude. A todos los pueblos y reyes quedará patente que no son dioses, sino manufactura humana, incapaces de realizar acción divina alguna. 51 ¿A quién, pues, no resulta evidente que no son dioses?

52 No pueden poner reyes en los países, ni enviar la lluvia a los hombres; 53 no pueden emitir sentencias, ni discernir, ni defender al agraviado, porque son impotentes. Son como grajos entre el cielo y la tierra. 54 Si se declara un incendio en el templo de estos dioses de madera recubiertos de oro y plata, sus sacerdotes huirán para ponerse a salvo, pero ellos se abrasarán como las vigas maestras. 55 No pueden hacer frente a rey ni a enemigos. 56 ¿Cómo, pues, admitir o creer que son dioses?

57 Estos dioses de madera recubiertos de oro y plata no se libran de ladrones y bandidos. Como son más fuertes que ellos, les quitan el oro, la plata y los vestidos que los cubren, y desaparecen con el botín, sin que los dioses puedan socorrerse a sí mismos. 58 De modo que vale más un rey que demuestra su propio valor, o un cacharro útil en casa, que sirve a su dueño, que estos dioses falsos. Vale más una puerta que protege cuanto hay en una casa, que estos dioses falsos. Vale más una columna de madera en un palacio, que estos dioses falsos. 59 Porque el sol, la luna y las estrellas brillan y cumplen la tarea encomendada. 60 Igualmente, cuando el relámpago aparece, es bien visible. Asimismo el viento sopla en todos sitios. 61 Cuando las nubes reciben de Dios la orden de recorrer toda la tierra, cumplen lo ordenado; y el fuego, enviado desde arriba a consumir montes y bosques, hace lo que se le manda. 62 Pero esos dioses no son comparables a estas cosas ni en apariencia ni en poder. 63 Por tanto, no se puede creer ni afirmar que sean dioses, puesto que son incapaces de hacer justicia y de favorecer a los hombres. 64 Sabiendo, pues, que no son dioses, no los teman.

65 No pueden maldecir ni bendecir a los reyes. 66 No pueden mostrar a las naciones señales celestes, ni brillar como el sol, ni alumbrar como la luna. 67 Las bestias valen más que ellos, porque pueden protegerse a sí mismas, poniéndose a cubierto. 68 De ningún modo se nos demuestra que sean dioses; así que no los teman.

69 Como espantajo en melonar, que no guarda nada, así son sus dioses de madera recubiertos de oro y plata. 70 Estos dioses se parecen al espino de un huerto, en el que se posa cualquier pájaro, o a un cadáver tirado en la oscuridad. 71 Por la púrpura y el lino que se les pudre encima, deducirán que no son dioses. Ellos mismos terminarán carcomidos y serán la deshonra del país. 72 En conclusión, vale más un hombre justo, que no tiene ídolos; pues nunca sufrirá tal deshonra.

EZEQUIEL

Introducción

1 1 El año treinta, el día cinco del cuarto mes, encontrándome yo entre los
deportados, a orillas del río Quebar, se
abrió el cielo y contemplé visiones divinas. 2 El día cinco del mes —era el año
quinto de la deportación del rey Jeconías—, 3 la palabra de Yahvé se dirigió
al sacerdote Ezequiel, hijo de Buzí, en el
país de los caldeos, a orillas del río Quebar, y allí vino sobre él la mano de Yahvé.

Visión del «Carro de Yahvé*».
10; Ap **4**.

4 Yo miré: un viento huracanado venía
del norte, una gran nube y fuego fulgurante con resplandores a su alrededor,
y en su interior como el destello de un
relámpago en medio del fuego. 5 Había
en el centro la figura de cuatro seres cuyo aspecto era el siguiente: tenían figura
humana. 6 Tenían cada uno cuatro caras
y cuatro alas cada uno. 7 Sus piernas
eran rectas y la planta de sus pies era
como la pezuña del buey, y relucían como el fulgor del bronce bruñido. 8 Bajo
sus alas había unas manos humanas por
los cuatro costados; los cuatro tenían
sus caras y sus alas. 9 Sus alas se tocaban unas a otras; al andar no se volvían;
cada uno marchaba de frente. 10 La forma de sus caras era un rostro humano,
y los cuatro tenían cara de león a la derecha, los cuatro tenían cara de toro a la
izquierda, y los cuatro tenían cara de
águila*. 11 Sus alas estaban desplegadas
hacia lo alto; cada dos alas se tocaban
entre sí y otras dos les cubrían el cuerpo;
12 y cada uno marchaba de frente; donde el espíritu les hacía ir, allí iban, y no
se volvían en su marcha.
13 Entre los seres había como brasas
incandescentes, con aspecto de antorchas, que se movía entre los seres; el fuego despedía un resplandor, y del fuego
salían rayos. 14 Y los seres iban y venían
como el aspecto del rayo.
15 Miré entonces a los seres: había
una rueda en el suelo al lado de los seres
por los cuatro costados. 16 El aspecto de
las ruedas y su estructura era como el
destello del crisólito. Tenían las cuatro
la misma forma y parecían dispuestas
como si una rueda estuviese dentro de
la otra. 17 En su marcha avanzaban en
las cuatro direcciones; no se volvían en
su marcha. 18 Su circunferencia era enorme, imponente, y la circunferencia de
las cuatro estaba llena de destellos* todo
alrededor. 19 Cuando los seres avanzaban, avanzaban las ruedas junto a ellos,
y cuando los seres se elevaban del suelo,
se elevaban las ruedas. 20 Donde el espíritu los hacía ir, allí iban, y las ruedas se
elevaban juntamente con ellos, porque
el espíritu del ser estaba en las ruedas.
21 Cuando avanzaban ellos, avanzaban
ellas, cuando ellos se paraban, se paraban ellas, y cuando ellos se elevaban del
suelo, las ruedas se elevaban juntamente con ellos, porque el espíritu del ser
estaba en las ruedas. 22 Sobre las cabezas
del ser había una forma de bóveda como de cristal resplandeciente, extendida
por encima de sus cabezas*, 23 y bajo
la bóveda sus alas estaban emparejadas

1 4 Algunos detalles de la visión son oscuros, pero el sentido general es claro; es la «movilidad» espiritual de Yahvé, que no está vinculado al templo de Jerusalén, sino que puede seguir a sus fieles hasta en su Destierro. El Apocalipsis volverá a utilizar muchos de estos rasgos, Ap **4**.

1 10 Estos animales recuerdan a los «Kâribu» asirios (ver los *Querubines* del arca, Ex **25** 18+), cuyas estatuas guardaban los palacios de Babilonia. Pero estos siervos de los dioses paganos son aquí enganchados al carro de Yahvé. Ver los *cuatro vivientes* del Apocalipsis, Ap **4** 7-8.

1 18 Los *destellos*, lit.: «ojos»: son reflejos, resplandores, o también un símbolo de la omnisciencia divina; ver Za **4** 10; Ap **4** 8.

1 22 Comparar con el arca, Ex **25** 10+, donde Yahvé *se sienta sobre los querubines*, 1 S **4** 4+; etc.

una con otra; cada uno tenía dos que le cubrían el cuerpo.

[24] Y oí el ruido de sus alas, como el de muchas aguas, como la voz de Sadday*; cuando marchaban había un ruido atronador, como el estruendo de una batalla; cuando se paraban, replegaban sus alas. [25] Y se produjo un ruido.

[26] Por encima de la bóveda que estaba sobre sus cabezas, había como una piedra de zafiro en forma de trono, y sobre esta forma de trono, por encima, en lo más alto, una figura de apariencia humana.

[27] Vi luego como el destello de un relámpago, como un fuego que la envolvía alrededor, desde lo que parecía ser sus caderas para arriba; y desde lo que parecía ser sus caderas para abajo, vi como un fuego resplandeciente alrededor. [28] Era como el arco iris que aparece en las nubes los días de lluvia: tal era el aspecto de este resplandor a su alrededor. Parecía la gloria de Yahvé*. A su vista caí rostro en tierra y oí una voz que hablaba.

Visión del libro.

2 [1] Me dijo: «Hijo de hombre*, ponte en pie, que voy a hablarte.» [2] Me invadió el espíritu mientras me hablaba y me puso en pie; y oí al que me hablaba. [3] Me dijo: «Hijo de hombre, yo te envío a los israelitas, nación rebelde, que se han rebelado contra mí. Ellos y sus padres se rebelaron contra mí hasta el día de hoy. [4] Los hijos son de dura cerviz y corazón obstinado; a ellos te envío para decirles: Así dice el señor Yahvé. [5] Y ellos, escuchen o no escuchen, ya que son casa rebelde, sabrán que había un profeta en medio de ellos. [6] Y tú, hijo de hombre, no les tengas miedo ni a ellos ni a lo que digan, no temas aunque te rodeen amenazantes y te veas sentado sobre escorpiones. No tengas miedo de lo que digan, ni te asustes de ellos, porque son una casa rebelde. [7] Les comunicarás mis palabras, escuchen o no escuchen, porque son una casa rebelde.

[8] «Y tú, hijo de hombre, escucha lo que voy a decirte, no seas rebelde como esa casa rebelde. Abre la boca y come lo que te voy a dar.» [9] Yo miré: vi una mano tendida hacia mí, que sostenía un libro enrollado*. [10] Lo desenrolló ante mí: estaba escrito por el anverso y por el reverso; había escrito: «Lamentaciones, gemidos y ayes.»

3 [1] Y me dijo: «Hijo de hombre, come lo que se te ofrece, come este rollo y ve luego a hablar a la casa de Israel.» [2] Yo abrí mi boca y él me hizo comer el rollo, [3] y me dijo: «Hijo de hombre, aliméntate y sáciate de este rollo que yo te doy.» Lo comí y fue en mi boca dulce como la miel*.

[4] Entonces me dijo: «Hijo de hombre, ve a la casa de Israel y háblales con mis palabras. [5] Pues no eres enviado a un pueblo de habla oscura y de lengua difícil, sino a la casa de Israel; [6] no a pueblos numerosos, de habla oscura y lengua difícil, cuyas palabras no entenderías. Por cierto, si te enviara a ellos, te escucharían. [7] Pero la casa de Israel no querrá escucharte a ti, porque no está dispuesta a escucharme a mí, ya que toda la casa de Israel es de dura cerviz y corazón obstinado. [8] Mira, yo endurezco tu rostro como el de ellos, y tu frente tan dura como la suya; [9] yo he hecho tu frente como el diamante, que es más duro que la roca. No los temas, no tengas miedo de ellos, porque son una casa rebelde.»

[10] Luego me dijo: «Hijo de hombre, todas las palabras que yo te dirija, guárdalas en tu corazón y escúchalas atentamente;

1 24 Ver Gn **17**+.
1 28 Ver Ex **24** 16+; **33** 18.22; etc.
2 1 La visión del carro, interrumpida, se reanuda en **3** 12. -La expresión *hijo de hombre*, dirigida al profeta, es peculiar de Ezequiel, salvo Dn **8** 17, y subraya la distancia entre Dios y el hombre. Más tarde llegará a ser un título mesiánico, Dn **7** 13+; Mt **8** 20+.
2 9 Ver Ap **5** 1; **10** 2.
3 3 La palabra del profeta se identifica con el mensaje que le ha sido confiado y que él ha «asimilado»; ver Is **6** 5-7; Jr **1** 9; Ap **10** 8-11.

11 anda, ve donde los deportados, a los hijos de tu pueblo; les hablarás y les dirás: 'Así dice el Señor Yahvé', escuchen o no escuchen.»

12 Entonces, el espíritu me levantó y oí a mis espaldas el estruendo de un gran terremoto: «Bendita sea la gloria de Yahvé, en su lugar», 13 (el ruido que hacían las alas de los seres al batir una contra otra, y el ruido de las ruedas junto a ellos, estruendo de un gran terremoto). 14 Entonces el espíritu me levantó y me arrebató; yo iba amargado, con el ánimo enardecido, mientras la mano de Yahvé pesaba fuertemente sobre mí. 15 Llegué donde los deportados de Tel Abib que residían junto al río Quebar —aquí residían ellos—, y permanecí allí siete días, aturdido, en medio de ellos.

El profeta como centinela*.
33 1-9; ver **14** 12+.

16 Al cabo de los siete días, la palabra de Yahvé se dirigió a mí en estos términos: 17 «Hijo de hombre, te he constituido centinela de la casa de Israel. Cuando oigas una palabra de mi boca, les darás la alarma de mi parte. 18 Cuando yo diga al malvado: 'Vas a morir', si tú no le das la alarma, si no le hablas para advertir al malvado que abandone su mala conducta y viva, él, el malvado, morirá por su culpa, pero de su sangre te pediré cuentas a ti. 19 Pero si tú adviertes al malvado y él no se aparta de su maldad y de su mala conducta, él morirá por su culpa, pero tú habrás salvado tu vida.

20 Y si el justo se aparta de su justicia y comete injusticia, yo pondré un obstáculo ante él y morirá; por no haberle advertido tú, morirá por su pecado y no se recordará la justicia que había practicado, pero de su sangre te pediré cuentas a ti. 21 Pero si tú adviertes al justo que no peque, y él no peca, ciertamente vivirá él por haber sido advertido, y tú habrás salvado tu vida.»

I. Antes del asedio de Jerusalén

Ezequiel privado de la palabra.

22 Allí vino sobre mí la mano de Yahvé; me dijo: «Levántate, sal a la vega, y allí te hablaré.» 23 Me levanté y salí a la vega, y allí estaba parada la gloria de Yahvé, semejante a la gloria que yo había visto junto al río Quebar, y caí rostro en tierra. 24 Entonces, me invadió el espíritu y me puso en pie, y me habló. Me dijo: «Ve a encerrarte en tu casa. 25 Hijo de hombre, he aquí que te van a echar cuerdas y te atarán con ellas*, de modo que no puedas salir en medio de ellos. 26 Voy a pegar tu lengua al paladar, te quedarás mudo* y dejarás de ser su acusador, porque son una casa rebelde. 27 Pero cuando vuelva a hablarte, abriré tu boca y les dirás: 'Así dice el Señor Yahvé'; el que quiera que escuche y el que no, que lo deje; porque son una casa rebelde.

Anuncio del asedio de Jerusalén*.

4 1 «Tú, hijo de hombre, toma un ladrillo y ponlo delante de ti; graba en él una ciudad (Jerusalén), 2 y diseña contra ella un asedio: construye contra ella torres de asalto, levántale terraplenes, emplázale campamentos, instálale arietes contra ella a su alrededor. 3 To-

3 16 Tema que se repite en **33** 1-9; Os **9** 8; Is **21** 8.11; Ha **2** 1. La misión profética está en función de la responsabilidad personal de los oyentes, ver **14** 12+.
3 25 Es quizá una especie de parálisis, ver **4** 4. En todo caso estas trabas tienen un sentido simbólico, ver Jr **18**+.
3 26 Ver **24** 27; **33** 22.
4 La mímica expresiva del profeta, ver Jr **18**+, anuncia el próximo asedio de Jerusalén; después, **5** 1-4, las matanzas al final del asedio.

ma luego una sartén de hierro y colócala
como un muro de hierro entre ti y la ciudad. Fija tu rostro contra ella; quedará
en estado de sitio: tú la sitiarás. Es una
señal para la casa de Israel.
4 «Y tú acuéstate del lado izquierdo y
pon en él la culpa de la casa de Israel.
Los días que estés acostado sobre él,
cargarás con su culpa. 5 Yo te impongo
en días los años de su culpa, trescientos
noventa días; cargarás con la culpa de la
casa de Israel. 6 Cuando los concluyas,
te acostarás otra vez del lado derecho, y
cargarás con la culpa de la casa de Judá
durante cuarenta días. Yo te impongo
un día por año. 7 Después fijarás tu rostro y tu brazo desnudo sobre el asedio
de Jerusalén, y profetizarás contra ella.
8 He aquí que yo te he atado con cuerdas, y no te darás vuelta de un lado a
otro hasta que no hayas cumplido los
días de tu reclusión.
9 «Y tú, toma trigo, cebada, habas, lentejas, mijo y espelta: ponlo en una misma
vasija y haz con ello tu pan. Durante
todo el tiempo que estés acostado de un
lado —trescientos noventa días— comerás de ello. 10 El alimento que comas
estará tasado: veinte siclos por día, que
comerás a hora fija. 11 También tendrás
racionada el agua: beberás la sexta parte
de un sextario a hora fija. 12 Comerás
una galleta de cebada que cocerás delante de ellos sobre excrementos humanos.» 13 Y dijo Yahvé: «Así comerán los
israelitas su alimento impuro en medio
de las naciones donde yo los arrojaré.»
14 Yo dije entonces: «¡Ah, Señor Yahvé!, mi alma no está impura. Desde mi
infancia hasta el presente jamás he comido bestia muerta o despedazada, ni
entró en mi boca carne contaminada*.»
15 Él me dijo: «Bien, en lugar de excrementos humanos te permito usar boñigas de buey para que hagas sobre
ellas tu pan.» 16 Luego me dijo: «Hijo de
hombre, he aquí que yo voy a destruir la
provisión de pan en Jerusalén: comerán el pan tasado y con angustia, y el
agua la beberán racionada y con ansiedad, 17 para que al faltar pan y agua
desfallezcan unos y otros y se consuman
por sus culpas.

5 1 «Tú, hijo de hombre, toma una espada afilada, tómala como navaja
de barbero y pásatela por tu cabeza y tu
barba. Toma luego una balanza y divide
en partes lo que hayas cortado. 2 A un
tercio préndele fuego en medio de la
ciudad, al cumplirse los días del asedio.
El otro tercio tómalo y córtalo con la
espada alrededor de la ciudad. El último
tercio espárcelo al viento; yo voy a desenvainar la espada contra ellos. 3 Pero
toma de ahí una pequeña cantidad y
recógelo en el vuelo de tu manto, 4 y de
éstos vuelve a tomar un poco y échalo
en medio del fuego y quémalo. De él
saldrá fuego a toda la casa de Israel.
5 «Así dice el Señor Yahvé: Ésta es Jerusalén; yo la había colocado en medio
de las naciones, y rodeado de países.
6 Pero ella se ha rebelado contra mis normas con más perversidad que las naciones, y contra mis decretos más que los
países de su alrededor. Sí, han rechazado
mis normas y no se han conducido según
mis decretos.
7 «Por eso, así dice el Señor Yahvé:
Porque el tumulto de ustedes es mayor
que el de las naciones que los rodean,
porque no se han conducido según mis
decretos, ni han observado mis normas,
y ni siquiera se han ajustado a las normas
de las naciones que los rodean, 8 por
eso, así dice el Señor Yahvé: También
yo me declaro contra ti, ejecutaré mi
sentencia en medio de ti a la vista de
las naciones, 9 y haré contigo a causa
de tus abominaciones lo que nunca he
hecho ni volveré a hacer jamás. 10 Por
eso, los padres devorarán a sus hijos en
medio de ti y los hijos devorarán a sus
padres. Ejecutaré mi sentencia contra
ti y esparciré a todos los vientos lo que
quede de ti. 11 Por eso, juro por mi vida,
oráculo del Señor Yahvé, que así como
tú has contaminado mi santuario con

4 14 Ver Ex **22** 30; Lv **17** 15; Dt **14** 3-21.

todos tus horrores y todas tus abominaciones, yo también te rechazaré, no me apiadaré, ni perdonaré. 12 Un tercio de los tuyos morirá de peste o perecerá de hambre en medio de ti, otro tercio caerá a espada a tu alrededor, y al otro tercio lo esparciré yo a todos los vientos; yo voy a desenvainar la espada contra ellos. 13 Voy a desahogar mi cólera y saciar en ellos mi furor; me vengaré y sabrán entonces que yo, Yahvé, he hablado en mi celo, cuando desahogue mi furor en ellos. 14 Y haré de ti una ruina, oprobio y burla entre las naciones que te rodean, a los ojos de todos los transeúntes. 15 Serás oprobio y blanco de insultos, ejemplo y asombro para las naciones que te rodean, cuando en ti ejecute mis juicios con cólera y furor, con furiosos castigos. Yo, Yahvé, he hablado. 16 Lanzaré contra ellos las terribles flechas exterminadoras del hambre, que yo enviaré para exterminarlos; acrecentaré entre ustedes el hambre y destruiré sus provisiones de pan. 17 Enviaré contra ustedes hambre y bestias feroces, que te dejarán sin hijos; la peste y la sangre pasarán por ti, y haré venir contra ti la espada. Yo, Yahvé, he hablado.»

Contra los montes de Israel.

6 1 La palabra de Yahvé se dirigió a mí en estos términos: 2 «Hijo de hombre, vuelve tu rostro hacia los montes de Israel y profetiza contra ellos. 3 Dirás: Montes de Israel, escuchen la palabra del Señor Yahvé. Así dice el Señor Yahvé a los montes, a las colinas, a los barrancos y a los valles: He aquí que yo voy a hacer venir contra ustedes la espada y destruiré sus altozanos. 4 Sus altares serán devastados, rotas sus estelas; arrojaré sus caídos ante sus basuras, 5 pondré los cadáveres de los israelitas delante de sus basuras, y esparciré sus huesos en torno a sus altares. 6 En todas sus comarcas, las ciudades serán destruidas y los altozanos devastados, de forma que sus altares queden en ruinas y paguen la culpa, sus basuras sean destrozadas y aventadas, sus estelas hechas pedazos y aniquiladas sus obras. 7 Habrá caídos en medio de ustedes, y sabrán que yo soy Yahvé*.

8 «Pero les dejaré entre las naciones algunos supervivientes* de la espada, cuando sean dispersados por los países. 9 Y sus supervivientes se acordarán de mí en las naciones en las que estén deportados, aquellos a quienes yo haya quebrantado el corazón adúltero que se apartó de mí y los ojos que se prostituyeron tras sus basuras. Se horrorizarán de sí mismos por las maldades que cometieron, por todas sus abominaciones. 10 Y sabrán que yo, Yahvé, no les había amenazado en vano con todos estos males.

Los pecados de Israel.

11 «Así dice el Señor Yahvé. Bate las manos, patalea y di: «¡Ay!», por todas las execrables abominaciones de la casa de Israel, que va a caer por la espada, el hambre y la peste. 12 El que esté lejos morirá de peste, el que esté cerca caerá a espada, el que quede y el sitiado morirá de hambre, porque voy a desahogar mi furor en ellos. 13 Y sabrán ustedes que yo soy Yahvé, cuando sus caídos queden allí ante sus basuras alrededor de sus altares, en toda colina elevada, en la cima de todos los montes, bajo cualquier árbol verde o encina frondosa, dondequiera que ofrecen aroma suave a todas sus basuras. 14 Extenderé mi mano contra ellos y asolaré esta tierra desolada, desde el desierto hasta Riblá, en todas sus comarcas; y sabrán que yo soy Yahvé.»

El fin cercano.

Am **5** 18+.

7 1 La palabra de Yahvé se dirigió a mí en estos términos: 2 «Hijo de hombre,

6 7 *Sabrán que yo soy Yahvé*, expresión frecuente en Ezequiel: las obras de Dios obligan a los hombres a reconocer su poder y su transcendencia, ver Is **42** 8+.

6 8 Es la idea del *Resto*, Is **4** 3+.

di: Así dice el Señor Yahvé a la tierra
de Israel: ¡El fin! Llega el fin sobre los
cuatro extremos de esta tierra. [3] Ahora
es el fin para ti; voy a desencadenar
mi cólera contra ti; te juzgaré según tu
conducta y te pediré cuentas de todas tus
abominaciones. [4] No me apiadaré de ti,
ni te perdonaré, sino que te daré según
tu conducta; aparecerán tus abominaciones en medio de ti, y sabrán que yo
soy Yahvé.

[5] «Así dice el Señor Yahvé: ¡Desgracia única! ¡Ya viene la desgracia! [6] Se
acerca el fin, el fin se acerca sobre ti, es
ya inminente. [7] Te llega el turno, habitante del país. Llega el tiempo, está cercano el día*; consternación y no saltos
de alegría en los montes. [8] Ahora voy a
derramar sin tregua mi furor sobre ti y a
desahogar mi cólera en ti; voy a juzgarte
según tu conducta y a pedirte cuentas
de todas tus abominaciones. [9] No me
apiadaré de ti, ni perdonaré; te daré
según tu conducta; tus abominaciones
aparecerán en medio de ti, y sabrán que
yo soy Yahvé, el que hiere.

[10] «¡Está llegando el día! Te toca el
turno, florece la injusticia, despunta la
arrogancia. [11] Se alza la violencia para
hacerse vara de maldad... [12] Llega el
tiempo, se acerca el día. No se alegre el
comprador, ni se entristezca el vendedor, porque la ira es contra toda su multitud. [13] El vendedor no recobrará lo vendido, eso si se encuentra entre los vivos,
pues la ira contra toda su multitud no
será revocada; y nadie tendrá segura la
vida a causa de su iniquidad. [14] Toquen
la trompeta, tengan todo dispuesto, pero que nadie entre en combate, porque
mi ira es contra toda su multitud.

Los pecados de Israel.

[15] «Fuera está la espada, en casa la peste
y el hambre. El que se encuentre en el
campo morirá a espada, y al que esté
en la ciudad lo devorarán el hambre y la
peste. [16] Escaparán sus supervivientes y
andarán por los montes como las palomas de los valles, todos ellos gimiendo
cada uno por sus culpas. [17] Todas las
manos desfallecerán, las rodillas se irán
en agua; [18] se ceñirán de sacos, un escalofrío los invadirá; todos los rostros sonrojados, las cabezas rapadas. [19] Arrojarán su plata por las calles y su oro se
convertirá en inmundicia; ni su plata, ni
su oro podrán salvarlos el día de la ira
de Yahvé; no se saciarán, ni llenarán su
vientre, porque ello constituía la ocasión
de su pecado. [20] De la hermosura de sus
joyas hicieron el objeto de su orgullo:
con ellas fabricaron las imágenes de sus
ídolos abominables; por eso yo se lo
convertiré en basura. [21] Lo entregaré como botín a los extranjeros, como presa
a los malvados de la tierra, para que lo
profanen. [22] Apartaré de ellos mi vista y
mi tesoro será profanado: los invasores
penetrarán en él y lo profanarán.

[23] «Haz unas cadenas, porque el país
está lleno de sangre, la ciudad repleta de
violencia. [24] Yo haré venir las maldades
de los pueblos, que se apoderarán de
sus casas. Pondré fin al orgullo de los
poderosos, y sus santuarios serán profanados. [25] Llega el terror; ellos buscarán la paz, pero no la habrá. [26] Vendrá
un desastre tras otro, una mala noticia
tras otra: pedirán una visión al profeta,
al sacerdote le faltará la ley, el consejo a
los ancianos. [27] El rey estará en duelo, el
príncipe hundido en la desolación, al
pueblo de la tierra le temblarán las manos. Yo los trataré según su conducta,
los juzgaré según sus juicios, y sabrán
que yo soy Yahvé.»

Visión de los pecados de Jerusalén.

8 [1] El año sexto, el día cinco del sexto
mes, estaba yo sentado en mi casa
y los ancianos de Judá conmigo, cuando
se posó allí sobre mí la mano del Señor
Yahvé.

[2] Miré: había allí una figura con aspecto de hombre*. Desde lo que pare-

7 7 El *Día de Yahvé*, Am **5** 18+.

8 2 Ver **1** 26-28.

cían ser sus caderas para abajo era de
fuego, y desde sus caderas para arriba
era resplandeciente, semejante al destello del relámpago. 3 Alargó una especie
de mano y me agarró por los cabellos;
el espíritu me elevó entre el cielo y la
tierra y me llevó a Jerusalén, en visiones
divinas, a la puerta septentrional del atrio
interior, allí donde se alza el ídolo de
los celos, que provoca los celos. 4 Y allí
estaba la gloria del Dios de Israel; con el
mismo aspecto que yo la había visto en
la vega. 5 Él me dijo: «Hijo de hombre,
mira hacia el norte.» Miré hacia el norte
y vi que al norte del pórtico del altar estaba este ídolo de los celos, a la entrada.
6 Me dijo: «Hijo de hombre, ¿ves lo que
hacen éstos? La casa de Israel comete
aquí grandes abominaciones para alejarme de mi santuario. Pues todavía has de
ver mayores abominaciones.»

7 Me llevó a la entrada del atrio. Miré
y había un agujero en la pared. 8 Y me
dijo: «Hijo de hombre, perfora la pared.»
Perforé la pared y se hizo una abertura.
9 Y me dijo: «Entra y contempla las execrables abominaciones que éstos cometen ahí.» 10 Entré y observé: toda clase de
representaciones de reptiles y animales
repugnantes, y todas las basuras de la
casa de Israel estaban grabadas en la
pared, todo alrededor. 11 Y setenta de
los ancianos de la casa de Israel —uno
de ellos era Jazanías, hijo de Safán—,
estaban de pie delante de ellas cada
uno con su incensario en la mano. Y el
perfume de la nube de incienso subía.
12 Me dijo entonces: «¿Has visto, hijo de
hombre, lo que hacen en la oscuridad
los ancianos de la casa de Israel, cada
uno en su estancia adornada de pinturas? Están diciendo: 'Yahvé no nos ve,
Yahvé ha abandonado el país.'» 13 Y me
dijo: «Todavía les verás cometer mayores
abominaciones.»

14 Me llevó a la puerta septentrional
del templo de Yahvé; allí estaban sentadas las mujeres, plañiendo a Tamuz. 15 Me
dijo: «¿Has visto, hijo de hombre? Todavía
verás mayores abominaciones que éstas.»

16 Me condujo luego al atrio interior
del templo de Yahvé; a la entrada del
santuario de Yahvé, entre el vestíbulo y
el altar, había unos veinticinco hombres
de espaldas al santuario de Yahvé y de
cara a oriente; se postraban en dirección a oriente hacia el sol. 17 Y me dijo:
«¿Has visto, hijo de hombre? ¿No le
basta a la casa de Judá con cometer las
abominaciones que cometen aquí, para
que llenen también el país de violencia,
irritándome cada vez más? Mira cómo
se llevan el ramo a la nariz. 18 Pues yo
también voy a actuar con furor; no me
apiadaré, ni perdonaré. Me gritarán con
fuerza, pero yo no los escucharé.»

El castigo.

9 1 Entonces gritó a mis oídos con
voz fuerte: «¡Que se acerquen los
que van a castigar a la ciudad con su
instrumento de castigo en la mano!»
2 Y en esto, por el camino de la puerta
superior que mira al norte, vinieron seis
hombres con su instrumento de castigo
en la mano. Entre ellos había un hombre vestido de lino con una cartera de
escribano a la cintura. Entraron y se
detuvieron ante al altar de bronce. 3 La
gloria del Dios de Israel fue levantada de
los querubines sobre los que descansaba
y llevada hacia el umbral del templo. Le
llamó entonces al hombre vestido de
lino que tenía la cartera de escribano a
la cintura, 4 y Yahvé le dijo: «Recorre la
ciudad, Jerusalén, y marca una cruz* en
la frente de los hombres que gimen y lloran por todas las abominaciones que se
cometen en ella.» 5 Y a los otros oí que
les dijo: «Recorran la ciudad detrás de él
y hieran. No tengan piedad, ni perdonen; 6 maten a viejos, jóvenes, doncellas,
niños y mujeres hasta que no quede uno.
Pero no toquen a quien lleve la cruz en
la frente. Empiecen por mi santuario.»

9 4 La letra *tau* tenía en el alfabeto antiguo la forma de una cruz, ver Ap **7** 2-3; **9** 4.
El castigo no afectará a los inocentes, **14** 12+.

Empezaron, pues, por los ancianos que estaban delante del templo. 7 Luego les dijo: «Profanen el templo, llenen de víctimas los atrios; en marcha.» Salieron a herir por la ciudad.

8 Mientras ellos herían, yo quedé solo allí, caí rostro a tierra y grité*: «¡Ah, Señor Yahvé!, ¿vas a exterminar a todo el resto de Israel, derramando tu furor contra Jerusalén?» 9 Me dijo: «La culpa de la casa de Israel y de Judá es muy grande, mucho; la tierra está llena de sangre, la ciudad llena de perversidad. Pues dicen: 'Yahvé ha abandonado el país, Yahvé no ve nada.' 10 Pues bien, tampoco yo me apiadaré, ni perdonaré. Haré caer su conducta sobre su cabeza.» 11 En aquel momento el hombre vestido de lino que llevaba la cartera a la cintura, vino a hacer su relación: «He ejecutado lo que me ordenaste.»

1 4-28.

10 1 Miré y vi sobre el firmamento que estaba por encima de los querubines una especie de piedra de zafiro, semejante a un trono, por encima de ellos. 2 Y dijo al hombre vestido de lino: «Métete bajo la carroza, debajo de los querubines, y llena tus manos con brasas ardientes de entre los querubines y espárcelas por la ciudad.» Y él entró, estando yo allí.

3 Los querubines estaban parados a la derecha del templo cuando entró el hombre, y la nube llenaba el atrio interior. 4 La gloria de Yahvé se elevó de encima de los querubines hacia el umbral del templo, que se llenó de la nube, mientras el atrio estaba lleno del resplandor de la gloria de Yahvé. 5 Y el ruido de las alas de los querubines se oía hasta en el atrio exterior, semejante a la voz del Dios Sadday cuando habla.

6 Cuando ordenó al hombre vestido de lino: «Toma fuego de la carroza en medio de los querubines», éste fue y se detuvo junto a la rueda; 7 el querubín alargó su mano de entre los querubines hacia el fuego que había en medio de los querubines, lo tomó y lo puso en las manos del hombre vestido de lino. Éste lo tomó y salió. 8 Entonces apareció en los querubines una especie de mano humana debajo de sus alas. 9 Miré: había cuatro ruedas al lado de los querubines, una rueda junto a cada querubín, y el aspecto de las ruedas era como el destello del crisólito. 10 Las cuatro tenían la misma forma, como si una rueda estuviese dentro de la otra. 11 Cuando se movían, avanzaban en las cuatro direcciones; no se desviaban mientras andaban; seguían, en efecto, la dirección a la que estaban orientadas, y no se desviaban mientras andaban. 12 Y todo su cuerpo, su espalda, sus manos y sus alas, así como las ruedas, estaban llenos de destellos todo alrededor, por los cuatro costados. 13 Oí que a las ruedas se les daba el nombre de «galgal*». 14 Y cada uno tenía cuatro caras: la primera era la cara del querubín, la segunda una cara de hombre, la tercera una cara de león y la cuarta una cara de águila. 15 Los querubines se levantaron: era el ser que yo había visto junto al río Quebar. 16 Al avanzar los querubines, avanzaban las ruedas a su lado; cuando los querubines desplegaban sus alas para elevarse del suelo, tampoco las ruedas se desviaban de su lado. 17 Cuando ellos se paraban, se paraban ellas, y cuando ellos se elevaban, se elevaban con ellos las ruedas, porque el espíritu del ser estaba en ellas.

La gloria de Yahvé abandona el templo.

18 La gloria de Yahvé traspasó el umbral del templo y se posó sobre los querubines. 19 Los querubines desplegaron sus alas y se elevaron del suelo en mi presencia; cuando salían los querubines, las ruedas iban con ellos. Y se detuvieron junto a la puerta oriental del templo de Yahvé; la gloria del Dios de Israel es-

9 8 Ver **11** 13; Am **7** 2.5; Is **4** 3+; **6** 11.
10 13 Sentido dudoso; probablemente «carroza», que es como traduciremos a lo largo del libro.

taba encima de ellos. [20] Era el ser que yo había visto debajo del Dios de Israel en el río Quebar; y supe que eran querubines. [21] Cada uno tenía cuatro caras y cuatro alas, y como manos humanas bajo sus alas. [22] En cuanto a sus rostros, tenían la apariencia de los que yo había visto junto al río Quebar. Cada uno marchaba de frente*.

Continuación de los pecados de Jerusalén*.

11 [1] El espíritu me elevó y me condujo al pórtico oriental del templo de Yahvé, el que mira a oriente. Y he aquí que a la entrada del pórtico había veinticinco hombres, entre los cuales vi a Jazanías, hijo de Azur, y a Pelatías, hijo de Benaías, jefes del pueblo. [2] Él me dijo: «Hijo de hombre, éstos son los hombres que maquinan el mal, que dan malos consejos en esta ciudad. [3] Dicen: '¡No es para pronto el construir casas! Ella es la olla y nosotros somos la carne*.' [4] Por eso, profetiza contra ellos, profetiza, hijo de hombre.» [5] El espíritu de Yahvé irrumpió en mí y me dijo: «Di: Así dice Yahvé: Eso es lo que han dicho, casa de Israel, conozco bien su insolencia. [6] Han multiplicado sus víctimas en esta ciudad; han llenado de víctimas sus calles. [7] Por eso, así dice el Señor Yahvé: Las víctimas que han tirado en medio de ella son la carne, y ella es la olla; pero yo los haré salir de ella. [8] Ustedes temen la espada, pues yo traeré espada contra ustedes, oráculo del Señor Yahvé. [9] Los sacaré de la ciudad, los entregaré en mano de extranjeros, y haré justicia de ustedes. [10] A espada caerán; en el término de Israel los juzgaré yo, y sabrán que yo soy Yahvé. [11] Esta ciudad no será olla para ustedes, ni ustedes serán carne en medio de ella; dentro del término de Israel los juzgaré yo. [12] Y sabrán que yo soy Yahvé, cuyos preceptos no han seguido y cuyas normas no han guardado —por el contrario han obrado según las normas de las naciones que los circundan—.»

[13] En esto, mientras yo estaba profetizando, Pelatías, hijo de Benaías, murió. Yo caí rostro en tierra y grité con voz fuerte: «¡Ah, Señor Yahvé!, ¿vas a aniquilar al resto de Israel?»

La nueva alianza prometida a los desterrados*.

Jr **24**.

[14] Entonces se dirigió a mí la palabra de Yahvé en estos términos: [15] «Hijo de hombre; de cada uno de tus hermanos, de tus parientes y de toda la casa de Israel, dicen los habitantes de Jerusalén: Sigan lejos de Yahvé; a nosotros se nos ha dado esta tierra en posesión. [16] Por eso, di: Así dice el Señor Yahvé: Sí, yo los he alejado entre las naciones, y los he dispersado por los países, pero yo he sido un santuario para ellos, por poco tiempo, en los países adonde han ido. [17] Por eso, di: Así dice el Señor Yahvé: Yo los recogeré a ustedes de en medio de los pueblos, los congregaré de los países en los que han sido dispersados, y les daré la tierra de Israel. [18] Vendrán y quitarán de ella todos sus ídolos y abominaciones; [19] yo les daré un solo corazón y pondré en ellos* un espíritu nuevo: quitaré de su carne el corazón de piedra y les daré un corazón de carne, [20] para que caminen según mis preceptos, observen mis normas y las pongan en práctica, y así sean mi pueblo y yo sea su Dios*. [21] En cuanto a aquellos cuyo corazón va detrás de sus ídolos y abominaciones, yo haré recaer su conducta sobre su cabeza, oráculo del Señor Yahvé.»

10 22 El relato continúa en **11** 22.

11 Los vv. 1-21 son continuación de **8** 18.

11 3 Proverbio enigmático. La carne en la olla se puede sentir protegida contra el fuego; pero Ezequiel responde, v. 7, que Yahvé retirará la carne de la olla, es decir, que los culpables serán castigados con el Destierro. Ver **24** 1-14.

11 14 Poseer el templo no es esencial. Dios mismo será para los desterrados un santuario, v. 16. Ver **1** 3; Jr **24**; Am **5** 21+.

11 19 Ver Jr **4** 4+; Dt **30** 6-8; Sal **51** 12-14+; Ez **44** 7.

11 20 Ver Jr **30** 22; **31** 31+.

La gloria de Yahvé abandona Jerusalén.

22 Los querubines desplegaron sus alas
y las ruedas los siguieron, mientras la
gloria del Dios de Israel estaba encima de
ellos. 23 La gloria de Yahvé se elevó de
en medio de la ciudad y se detuvo sobre
el monte que está al oriente de la ciudad.
24 El espíritu me elevó y me llevó a
Caldea, donde los desterrados, en visión, en el espíritu de Dios; y la visión
que había contemplado se retiró de mí.
25 Yo conté a los desterrados todo lo
que Yahvé me había dado a ver.

El gesto del deportado*.

12 1 La palabra de Yahvé se dirigió
a mí en estos términos: 2 «Hijo
de hombre, tú vives en medio de la casa
rebelde: tienen ojos para ver y no ven,
oídos para oír y no oyen, porque son
una casa rebelde. 3 Ahora, pues, hijo de
hombre, prepárate un equipo de deportado y sal deportado en pleno día, a sus
propios ojos. Saldrás del lugar en que te
encuentras hacia otro lugar, ante sus
ojos. Acaso vean que son una casa rebelde. 4 Arreglarás tu equipo como un
equipo de deportado, de día, ante sus
ojos. Y saldrás por la tarde, ante sus
ojos, como salen los deportados. 5 Haz
a vista de ellos un agujero en la pared,
por donde saldrás. 6 A sus ojos, cargarás
con tu equipaje a la espalda y saldrás en
la oscuridad; te cubrirás el rostro para
no ver la tierra, porque yo he hecho de
ti un símbolo para la casa de Israel.»
7 Yo hice como se me había ordenado; preparé de día mi equipo, como un
equipo de deportado, y por la tarde hice
un agujero en la pared con la mano. Y
salí en la oscuridad, cargando con el
equipaje a mis espaldas, ante sus ojos.
8 Por la mañana la palabra de Yahvé
se dirigió a mí en estos términos: 9 «Hijo
de hombre, ¿no te ha preguntado la casa
de Israel, esta casa rebelde: 'Qué es lo
que haces'? 10 Diles: Así dice el Señor
Yahvé. Este oráculo se refiere a Jerusalén y a toda la casa de Israel que está en
medio de ella. 11 Di: Yo soy un símbolo
para ustedes; como he hecho yo, así se
hará con ellos; serán deportados, irán
al destierro. 12 El príncipe que está en
medio de ellos cargará con su equipo
a la espalda, en la oscuridad, y saldrá;
horadarán la muralla para hacerle salir
por ella; y se tapará la cara para no ver
la tierra con sus propios ojos. 13 Mas yo
tenderé mi lazo sobre él y quedará preso
en mi red; lo conduciré a Babilonia, al
país de los caldeos; pero no lo verá, y
morirá allí. 14 Y a todo su séquito, su
guardia y todas sus tropas, yo los esparciré a todos los vientos y desenvainaré la
espada detrás de ellos. 15 Y sabrán que
yo soy Yahvé cuando los disperse entre
las naciones y los esparza por los países.
16 Sin embargo, dejaré que un pequeño
número de ellos escapen a la espada, al
hambre y a la peste, para que cuenten todas sus abominaciones entre las naciones
adonde vayan, a fin de que sepan que yo
soy Yahvé.»
17 La palabra de Yahvé se dirigió a mí
en estos términos: 18 «Hijo de hombre,
comerás tu pan con temblor y beberás tu
agua con inquietud y angustia; 19 y dirás
al pueblo de la tierra: Así dice el Señor
Yahvé a los habitantes de Jerusalén que
andan por el suelo de Israel: comerán su
pan con angustia, beberán su agua con
estremecimiento, para que esta tierra y
los que en ella se encuentran queden
libres de la violencia de todos sus habitantes. 20 Las ciudades populosas serán
destruidas y esta tierra se convertirá en
desolación; y sabrán que yo soy Yahvé.»

Proverbios populares.

21 La palabra de Yahvé se dirigió a mí
en estos términos: 22 «Hijo de hombre,
¿qué quieren decir ustedes con ese proverbio que circula acerca del suelo de
Israel:

12 Anuncio simbólico y silencioso de la deportación.

Los días se prolongan y toda visión se
desvanece*?
23 «Pues bien diles: Así dice el Señor
Yahvé: Yo haré que calle ese proverbio;
no se volverá a repetir en Israel. Diles en
cambio:
«Llegan los días en que toda visión se
cumplirá, 24 pues ya no habrá ni visión
vana ni presagio mentiroso en medio de
la casa de Israel. 25 Yo, Yahvé, hablaré,
y lo que yo hablo es una palabra que se
cumple sin dilación. Sí, en los días de ustedes, casa rebelde, yo pronunciaré una
palabra y la ejecutaré, oráculo del Señor
Yahvé.»
26 La palabra de Yahvé se dirigió a mí
en estos términos: 27 «Hijo de hombre,
mira, la casa de Israel está diciendo: 'La
visión que éste contempla es para días
lejanos, éste profetiza para una época
remota.' 28 Pues bien, diles: Así dice el
Señor Yahvé: Ya no habrá más dilación
para ninguna de mis palabras. Lo que
yo hablo es una palabra que se cumple,
oráculo del Señor Yahvé.»

Contra los falsos profetas.

Jr **14** 13-16; **23** 9-40; **27** 9-10.16-18; **28**.

13 1 La palabra de Yahvé se dirigió
a mí en estos términos: 2 «Hijo
de hombre, profetiza contra los profetas
de Israel; profetiza y di a los que profetizan por su propia cuenta: Escuchen la
palabra de Yahvé. 3 Así dice el Señor
Yahvé: ¡Ay de los profetas insensatos
que siguen su propia inspiración, sin haber visto nada! 4 Como chacales entre las
ruinas, tales han sido tus profetas, Israel.
5 «Ustedes no han escalado las brechas, no han construido una muralla en
torno a la casa de Israel, para que pueda
resistir en el combate, en el día de Yahvé. 6 Ellos tienen visiones vanas, presagio mentiroso los que dicen: 'Oráculo de
Yahvé', sin que Yahvé los haya enviado;
¡y esperan que se confirme su palabra!
7 ¿No es cierto que ustedes no tienen
más que visiones vanas, y no anuncian
más que presagios mentirosos, cuando
dicen: 'Oráculo de Yahvé', siendo así
que yo no he hablado?
8 «Pues bien, así dice el Señor Yahvé:
Por causa de sus palabras vanas y sus
visiones mentirosas, sí, aquí estoy contra
ustedes, oráculo del Señor Yahvé. 9 Extenderé mi mano contra los profetas de
visiones vanas y presagios mentirosos;
no serán admitidos en la asamblea de
mi pueblo, no serán inscritos en el libro
de la casa de Israel, no entrarán en el
suelo de Israel, y sabrán ustedes que
yo soy el Señor Yahvé. 10 Porque, en
efecto, extravían a mi pueblo diciendo:
«¡Paz!», cuando no hay paz. Y mientras
él construye un muro, ellos lo recubren
de argamasa*. 11 Di a los que lo recubren de argamasa: ¡Que haya una lluvia
torrencial, que caiga granizo y un viento
de tormenta se desencadene, 12 y vean
ahí el muro derrumbado! ¿No se les dirá
entonces: 'Dónde está la argamasa con
que lo recubrieron'? 13 Pues bien, así
dice el Señor Yahvé: Voy a desencadenar en mi furor un viento de tormenta,
una lluvia torrencial habrá en mi cólera,
granizos caerán en mi furia destructora.
14 Derribaré el muro que han recubierto
de argamasa, lo echaré por tierra, y sus
cimientos quedarán al desnudo. Caerá y
ustedes perecerán debajo de él, y sabrán
que yo soy Yahvé.
15 «Cuando haya desahogado mi furor contra el muro y contra los que lo
recubren de argamasa, les diré a ustedes: Ya no existe el muro ni los que lo
revocaban, 16 los profetas de Israel que
profetizaban sobre Jerusalén y veían para ella visiones de paz, cuando no había
paz, oráculo del Señor Yahvé.

Las falsas profetisas.

17 «Y tú, hijo de hombre, vuélvete hacia las hijas de tu pueblo que profetizan

12 22 Ver 2 P **3** 3-4. El proverbio se vuelve contra los escépticos: el castigo es inminente.
13 10 Ver **22** 28; Jr **6** 14+. Ezequiel reprocha a los falsos profetas su optimismo falaz: más vale rehacer los muros que *cubrirlos de argamasa*.

por su propia cuenta, y profetiza contra ellas. 18 Dirás: Así dice el Señor Yahvé: ¡Ay de aquellas que cosen bandas para todos los puños, que hacen velos para cabezas de todas las tallas, con ánimo de atrapar a las almas! Ustedes atrapan a las almas de mi pueblo, ¿y van a asegurar la vida de sus propias almas? 19 Me deshonran delante de mi pueblo por unos puñados de cebada y unos pedazos de pan, haciendo morir a las almas que no deben morir y dejando vivir a las almas que no deben vivir, diciendo mentiras al pueblo que escucha la mentira.

20 «Pues bien, así dice el Señor Yahvé: Heme aquí contra sus bandas con las cuales atrapan a las almas como pájaros. Yo las desgarraré en sus brazos, y soltaré libres las almas que ustedes atrapan como pájaros. 21 Rasgaré sus velos y libraré a mi pueblo de las manos de ustedes; ya no serán más presa de sus manos, y sabrán que yo soy Yahvé.

22 «Porque ustedes afligen el corazón del justo con mentiras, cuando yo no lo aflijo, y aseguran las manos del malvado para que no se convierta de su mala conducta a fin de salvar su vida; 23 por eso, no verán más visiones vanas ni pronunciarán más presagios. Yo libraré a mi pueblo de sus manos, y sabrán que yo soy Yahvé.»

Contra la idolatría.

20 1-4.

14 1 Algunos ancianos de Israel vinieron a mi casa y se sentaron ante mí. 2 Entonces la palabra de Yahvé se dirigió a mí en estos términos: 3 «Hijo de hombre, estos hombres han erigido sus basuras en su corazón, han puesto delante de su rostro la ocasión de sus culpas, ¿y voy a dejarme consultar por ellos? 4 Habla, pues, y diles: Así dice el Señor Yahvé: A todo aquél de la casa de Israel que erija sus basuras en su corazón o que ponga delante de su rostro la ocasión de sus culpas, y luego se presente al profeta, yo mismo, Yahvé, le responderé, a causa de la multitud de sus basuras, 5 a fin de prender a la casa de Israel en su corazón, a aquellos que se han alejado de mí a causa de todas sus basuras.

6 «Por eso, di a la casa de Israel: Así dice el Señor Yahvé: Conviértanse, apártense de sus basuras, de todas sus abominaciones aparten su rostro, 7 porque a todo hombre de la casa de Israel, o de los forasteros residentes en Israel, que se aleje de mí para erigir sus basuras en su corazón, que ponga delante de su rostro la ocasión de sus culpas, y se presente al profeta para consultarme, yo mismo*, Yahvé, le responderé. 8 Volveré mi rostro contra ese hombre, haré de él ejemplo y proverbio, lo extirparé de en medio de mi pueblo, y sabrán ustedes que yo soy Yahvé. 9 Y si el profeta se deja seducir y pronuncia una palabra, es que yo, Yahvé, he seducido a ese profeta; extenderé mi mano contra él y lo exterminaré de en medio de mi pueblo Israel. 10 Cargarán con el peso de sus culpas ambos: la culpa del profeta será como la del que lo consulte. 11 Así, la casa de Israel no se desviará más lejos de mí ni seguirá manchándose con todas sus culpas. Ellos serán mi pueblo y yo seré su Dios, oráculo del Señor Yahvé.»

Responsabilidad personal*.

18; **33** 10-20.

12 La palabra de Yahvé se dirigió a mí en estos términos: 13 «Hijo de hombre,

14 7 Ver **47** 22; Ex **12** 48. A los incrédulos que rechazan a su profeta, Yahvé *mismo* les responderá castigándolos.

14 12 En los antiguos textos, el individuo aparece como solidario de un grupo, familia, tribu, nación, lo mismo en la responsabilidad que en la retribución. Abrahán intercede en favor de Sodoma, Gn **18** 22-23, no para que los justos sean separados y perdonados, sino para que, actuando la solidaridad en sentido contrario, los justos eviten el castigo incluso de los malos. Idéntica solidaridad entre las generaciones, Ex **20** 5; Dt **5** 9; ver Jr **5** 1; Os **4** 5; etc. Pero la predicación de los profetas, poniendo el acento en lo individual, debía corregir los antiguos principios, ver Jr **31** 29 = Ez **18**

si un país peca contra mí cometiendo
infidelidad, y yo extiendo mi mano contra él, destruyo su provisión de pan y
envío contra él el hambre para extirpar
de allí hombres y bestias, 14 y en ese país
se hallan estos tres hombres, Noé, Danel
y Job*, ellos salvarán su vida por su justicia, oráculo del Señor Yahvé.

15 «Si yo suelto las bestias feroces contra ese país para privarlo de sus hijos y
convertirlo en una desolación por donde nadie pase a causa de las bestias, 16 y
en ese país se hallan esos tres hombres:
por mi vida, oráculo del Señor Yahvé,
que ni hijos ni hijas podrán salvar; sólo
se salvarán a sí mismos, pero el país
quedará convertido en desolación. 17 O
bien, si yo hago venir contra ese país la
espada, si digo: 'Pase la espada por este
país', y extirpo de él hombres y bestias,
18 y esos tres hombres se hallan en ese
país: por mi vida, oráculo del Señor
Yahvé, que no podrán salvar ni hijos ni
hijas; ellos solos se salvarán. 19 O si envío la peste sobre ese país y derramo en
sangre mi furor contra ellos, extirpando
de él hombres y bestias, 20 y en ese país
se hallan Noé, Danel y Job: por mi vida,
oráculo del Señor Yahvé, que ni hijos ni
hijas podrán salvar; sólo se salvarán a sí
mismos por su justicia.

21 «Pues así dice el Señor Yahvé: Aun
cuando yo mande contra Jerusalén mis
cuatro terribles azotes: espada, hambre,
bestias feroces y peste, para extirpar de
ella hombres y bestias, 22 si quedan en
ella algunos supervivientes que han podido salir, hijos e hijas; y si salen hacia
ustedes, para que vean su conducta y
sus obras, se consolarán ustedes de la
desgracia que yo he acarreado sobre
Jerusalén, de todo lo que he acarreado
sobre ella. 23 Ellos los consolarán cuando
ustedes vean su conducta y sus obras, y
sabrán que no sin motivo hice yo todo
lo que hice en ella, oráculo del Señor
Yahvé.»

Parábola de la vid.
Is **5** 1+.

15 1 La palabra de Yahvé se dirigió
a mí en estos términos:

2 «Hijo de hombre,
¿en qué vale más el leño de la vid
que el leño de cualquier rama
que haya entre los árboles del bosque?
3 ¿Se toma de él madera
para hacer alguna cosa?
¿Se hace con él un gancho
para colgar algún objeto?
4 No, se tira al fuego para que lo devore:
el fuego devora los dos cabos;
el centro está quemado,
¿sirve aún para hacer algo?
5 Si ya, cuando estaba intacto,
no se podía hacer nada con él,
¡cuánto menos, cuando lo ha
devorado el fuego y lo ha quemado,
se podrá hacer con él alguna cosa!
6 Por eso, así dice el Señor Yahvé:
Lo mismo que el leño de la vid,
entre los árboles del bosque,
al cual he arrojado al fuego
para que lo devore,
así he entregado
a los habitantes de Jerusalén.
7 He vuelto mi rostro contra ellos.
Han escapado al fuego,
pero el fuego los devorará.

2; Dt **24** 16+. Ezequiel se erige como en campeón y teorizante de la responsabilidad personal: ni los padres ni los allegados, ni siquiera el propio pasado de un hombre, sino sólo las disposiciones actuales de su corazón, cuentan ante Yahvé, y de ellas depende la salvación o el castigo. Estas afirmaciones individualistas serán a su vez corregidas por el principio de solidaridad que expresa Is **52** 13-**53** 12; ver Is **42**+. Por otra parte, estas afirmaciones contradecidas por la experiencia cotidiana (ver Jb **21** 19+), estaban pidiendo un progreso nuevo mediante la revelación de una retribución de ultratumba; véanse los libros sapienciales. En fin, el NT (en especial San Pablo), fundando la esperanza del cristiano en la solidaridad por la fe con Cristo resucitado, reconciliará la reivindicación individualista de Ezequiel con la ley de la solidaridad, en el pecado y en la redención, de la humanidad creada y salvada por Dios; ver Rm **5** 12-19; etc.

14 14 A Noé y Job se añade *Danel*, ver **28** 3, un sabio venerado en la tradición oriental.

Y sabrán ustedes que yo soy Yahvé,
cuando vuelva mi rostro contra ellos.
8 Convertiré esta tierra en desolación,
porque han cometido infidelidad,
oráculo del Señor Yahvé.»

Historia simbólica de Jerusalén*.
23; Os **1** 3; Is **1** 21; Jr **2** 2; **3** 6s;
Mt **22** 2-14; **25** 1-13; Jn **3** 29;
Ef **5** 25-33; Ap **17**.

16 1 La palabra de Yahvé se dirigió
a mí en estos términos: 2 «Hijo
de hombre, haz saber a Jerusalén sus
abominaciones. 3 Dirás: Así dice el Señor Yahvé a Jerusalén: Por tu origen y
tu nacimiento eres del país de Canaán.
Tu padre era amorreo y tu madre hitita.
4 Cuando naciste, el día en que viniste al
mundo, no se te cortó el cordón, no se
te lavó con agua para limpiarte, no se
te frotó con sal, ni se te envolvió en pañales. 5 Ningún ojo se apiadó de ti para
brindarte alguno de estos menesteres,
por compasión a ti. Quedaste expuesta
en pleno campo, porque dabas repugnancia, el día en que viniste al mundo.
6 «Yo pasé junto a ti y te vi agitándote
en tu sangre. Y te dije, cuando estabas
en tu sangre: 'Vive', 7 y te hice crecer
como la hierba de los campos. Tú cre-
ciste, te desarrollaste, y llegaste a la edad
núbil. Se formaron tus senos, tu cabellera creció; pero estabas completamente
desnuda. 8 Entonces pasé yo junto a ti
y te vi. Era tu tiempo, el tiempo de los
amores. Extendí sobre ti el borde de mi
manto y cubrí tu desnudez; me compro-
metí con juramento, hice alianza contigo
—oráculo del señor Yahvé— y tú fuiste
mía. 9 Te bañé con agua, lavé la sangre
que te cubría, te ungí con óleo. 10 Te puse vestidos recamados, zapatos de cuero
fino, una banda de lino fino y un manto
de seda. 11 Te adorné con joyas, puse
brazaletes en tus muñecas y un collar a
tu cuello. 12 Puse un anillo en tu nariz,
pendientes en tus orejas, y una espléndida diadema en tu cabeza. 13 Brillabas así
de oro y plata, vestida de lino fino, de
seda y recamados. Flor de harina, miel
y aceite era tu alimento. Te hiciste cada
día más hermosa, y llegaste al esplendor
de una reina. 14 Tu nombre se difundió
entre las naciones, debido a tu belleza,
que era perfecta, gracias al esplendor de
que yo te había revestido —oráculo del
Señor Yahvé.
15 «Pero tú te pagaste tu belleza, te
aprovechaste de tu fama para prostituirte, prodigaste tu lascivia a todo transeúnte entregándote a él. 16 Tomaste tus vestidos para hacerte altos de ricos colores
y te prostituiste en ellos. 17 Tomaste tus
joyas de oro y plata que yo te había
dado y te hiciste imágenes de hombres
para prostituirte ante ellas. 18 Tomaste
tus vestidos recamados y las recubriste
con ellos; y pusiste ante ellas mi aceite
y mi incienso. 19 El pan que yo te había
dado, la flor de harina, el aceite y la miel
con que yo te alimentaba, lo presentaste
ante ellas como calmante aroma.
«Y sucedió incluso —oráculo del Señor Yahvé— 20 que tomaste a tus hijos y
a tus hijas que me habías dado a luz y se
los sacrificaste como alimento. ¿Acaso
no era suficiente tu prostitución, 21 que
inmolaste también a mis hijos y los entregaste haciéndolos pasar por el fuego
en su honor*? 22 Y en medio de todas
tus abominaciones y tus prostituciones
no te acordaste de los días de tu juventud, cuando estabas completamente desnuda, agitándote en tu sangre.
23 «Y para colmo de maldad —¡ay, ay
de ti!, oráculo del Señor Yahvé— 24 te
construiste un prostíbulo, te hiciste una
altura en todas las plazas. 25 En la cabecera de todo camino te construiste tu
altura y allí contaminaste tu hermosura,
entregaste tu cuerpo a todo transeúnte
y multiplicaste tus prostituciones. 26 Te
prostituiste a los egipcios, tus vecinos,
de enormes miembros, y multiplicaste
tus prostituciones para irritarme. 27 En-

16 Israel, esposa de Yahvé, prostituida a los dioses extranjeros, es perdonada y tomada de nuevo por su esposo para una nueva alianza; ver **20**; **22-23**; Os **1** 2+.
16 21 Ver Lv **18** 21+.

tonces yo levanté mi mano contra ti.
Disminuí tu ración y te entregué a la
animosidad de tus enemigas, las hijas de
los filisteos, que se avergonzaban de la
infamia de tu conducta. 28 Y no harta todavía, te prostituiste a los asirios; te prostituiste sin hartarte tampoco. 29 Luego,
multiplicaste tus prostituciones en el país
de los mercaderes, en Caldea, y tampoco
esta vez quedaste harta.

30 «¡Oh, qué débil era tu corazón —oráculo del Señor Yahvé— para cometer
todas estas acciones, dignas de una prostituta descarada! 31 Cuando te construías
un prostíbulo a la cabecera de todo
camino, cuando te hacías una altura en
todas las plazas, despreciando el salario,
no eras como la prostituta. 32 La mujer
adúltera, en lugar de su marido, toma
ajenos. 33 A toda prostituta se le da un
regalo. Tú, en cambio, dabas regalos
a todos tus amantes, y los atraías con
mercedes para que vinieran a ti de los
alrededores y se prestasen a tus prostituciones. 34 Contigo ha pasado en tus
prostituciones al revés que con las otras
mujeres; nadie andaba solicitando detrás de ti; eras tú la que pagabas, y no se
te pagaba: ¡ha sido al revés!

35 «Pues bien, prostituta, escucha la
palabra de Yahvé. 36 Así dice el Señor
Yahvé: Por haber prodigado tu bronce
y descubierto tu desnudez en tus prostituciones con tus amantes y con todas
tus abominables basuras, por la sangre
de tus hijos que les has dado, 37 por esto
he aquí que yo voy a reunir a todos los
amantes a quienes complaciste, a todos
los que amaste y también a los que aborreciste; los voy a congregar de todas
partes contra ti, y descubriré tu desnudez
delante de ellos, para que vean toda tu
desnudez. 38 Voy a aplicarte el castigo de
las mujeres adúlteras y de las que derraman sangre: te entregaré al furor y a los
celos, 39 te entregaré en sus manos, ellos
arrasarán tu prostíbulo y demolerán tus
alturas, te despojarán de tus vestidos, te
arrancarán tus joyas y te dejarán completamente desnuda. 40 Luego, incitarán
a la multitud contra ti, te lapidarán, te
acribillarán con sus espadas, 41 prenderán fuego a tus casas y harán justicia de
ti, a la vista de una multitud de mujeres;
yo pondré fin a tus prostituciones, y
no volverás a dar salario de prostituta.
42 Desahogaré mi furor en ti; luego mis
celos se retirarán de ti, me apaciguaré y
no me airaré más. 43 Porque no te has
acordado de los días de tu juventud, y
con todas estas cosas me has provocado, he aquí que también yo por mi
parte haré recaer tu conducta sobre tu
cabeza, oráculo del Señor Yahvé. Pues
¿no has cometido infamia con todas tus
abominaciones?

44 «Mira, todos los autores de proverbios harán uno a propósito de ti, diciendo: «Cual la madre, tal la hija.» 45 Hija
eres, sí, de tu madre, que dejó de amar a
sus maridos y a sus hijos, y hermana de
tus hermanas, que dejaron de amar a sus
maridos y a sus hijos. Su madre de ustedes era una hitita y su padre un amorreo.
46 «Tu hermana mayor es Samaría,
que habita a tu izquierda con sus hijas.
Tu hermana menor es Sodoma, que habita a tu derecha con sus hijas. 47 No has
sido parca en imitar su conducta y en
cometer sus abominaciones; te has mostrado más corrompida que ellas en toda
tu conducta. 48 Por mi vida, oráculo del
Señor Yahvé, que tu hermana Sodoma
y sus hijas no obraron como han obrado ustedes, tú y tus hijas. 49 Éste fue el
crimen de tu hermana Sodoma: orgullo,
voracidad, indolencia de la dulce vida
tuvieron ella y sus hijas; no socorrieron
al pobre y al indigente, 50 se enorgullecieron y cometieron abominaciones ante
mí: por eso las hice desaparecer, como
tú has visto. 51 En cuanto a Samaría, ni la
mitad de tus pecados ha cometido.

«Tú has cometido muchas más abominaciones que ellas y, al cometer tantas
abominaciones, has hecho parecer justas a tus hermanas. 52 Así, pues, carga
con tu ignominia por haber decidido el
fallo en favor de tus hermanas: a causa
de los pecados que has cometido, mucho
más abominables que los suyos, ellas
resultan ser más justas que tú. Avergüén-

zate, pues, y carga con tu ignominia por
hacer parecer justas a tus hermanas.
53 «Yo las restableceré. Restableceré
a Sodoma y a sus hijas, restableceré a
Samaría y a sus hijas, y después te restableceré a ti en medio de ellas, 54 a fin
de que soportes tu ignominia y te avergüences de todo lo que has hecho, para
consuelo de ellas. 55 Tu hermana Sodoma y sus hijas serán restablecidas en su
antiguo estado. Samaría y sus hijas serán
restablecidas en su antiguo estado. Tú y
tus hijas serán restablecidas también en
su antiguo estado. 56 ¿No hiciste burla
de tu hermana Sodoma, el día de tu
orgullo, 57 antes que fuera puesta al descubierto tu desnudez? Como ella, eres tú
ahora el blanco de las burlas de las hijas
de Edom y de todas las de los alrededores, de las hijas de los filisteos, que por
todas partes te agobian a desprecios.
58 Tú misma soportas las consecuencias
de tu infamia y tus abominaciones, oráculo de Yahvé.
59 «Pues así dice el Señor Yahvé: Yo
haré contigo como has hecho tú, que
menospreciaste el juramento, rompiendo
la alianza. 60 Pero yo me acordaré de mi
alianza contigo en los días de tu juventud,
y estableceré en tu favor una alianza eterna*. 61 Y tú te acordarás de tu conducta
y te avergonzarás de ella, cuando acojas
a tus hermanas, las mayores y las menores, y yo te las dé como hijas, si bien
no en virtud de tu alianza. 62 Yo mismo
restableceré mi alianza contigo, y sabrás
que yo soy Yahvé, 63 para que te acuerdes y te avergüences, y no te atrevas más
abrir la boca de vergüenza, cuando yo te
haya perdonado todo lo que has hecho,
oráculo del Señor Yahvé.»

Alegoría del águila.

17 1 La palabra de Yahvé se dirigió
a mí en estos términos: 2 «Hijo
de hombre, propón un enigma, presenta una parábola a la casa de Israel. 3 Dirás: Así dice el Señor Yahvé:

El águila* grande, de grandes alas,
de enorme envergadura,
de espeso plumaje abigarrado,
vino al Líbano
y cortó la cima del cedro;
4 arrancó la punta más alta de sus
ramas,
la llevó a un país de mercaderes
y la colocó
en una ciudad de comerciantes.
5 Luego, tomó de la semilla de la tierra
y la puso en un campo de siembra;
junto a una corriente
de agua abundante
la colocó como un sauce.
6 Y brotó y se hizo una vid desbordante,
de pequeña talla,
que volvió sus ramas hacia el águila,
mientras sus raíces estaban bajo ella.
Se hizo una vid,
echó cepas y alargó sarmientos.
7 Había otra águila grande*,
de grandes alas, de abundante
plumaje,
y he aquí que esta vid tendió sus
raíces hacia ella,
hacia ella alargó sus ramas,
para que la regara
desde el terreno donde estaba
plantada.
8 En el campo fértil, junto a una
corriente de agua abundante,
estaba plantada,
para echar ramaje y dar fruto,
para hacerse una vid magnífica.
9 Di: Así dice el Señor Yahvé:
¿Prosperará?
¿No arrancará sus raíces el águila,
no cortará sus frutos,
de suerte que se sequen
todos los brotes tiernos que eche,
sin que sea menester

16 60 Ver Jr **31** 31+. La insistencia de Ezequiel en la gratuidad absoluta del perdón prepara el NT, por ejemplo Rm **3** 24-26+; 1 Jn **4** 10.14.
17 3 Nabucodonosor, después de haber deportado a Jeconías, vv. 12-18, puso en el trono de Jerusalén a Sedecías, año 597.
17 7 Egipto, en el que Sedecías intentó apoyarse, v. 15.

brazo grande ni pueblo numeroso
para arrancarla de raíz?
10 Véanla ahí plantada,
¿prosperará tal vez?
Al soplar el viento del este,
¿no se secará totalmente?
En el terreno en que brotó,
se secará.»

11 La palabra de Yahvé se dirigió a mí
en estos términos:
12 «Di a esa casa rebelde: ¿No saben
lo que significa esto? Di: Miren, el rey
de Babilonia vino a Jerusalén; tomó al
rey y a los príncipes y los llevó con él
a Babilonia. 13 Escogió luego a uno de
estirpe real, concluyó un pacto con él
y le hizo prestar juramento, después de
haberse llevado a los grandes del país,
14 a fin de que el reino quedara modesto
y sin ambición, para guardar su alianza
y mantenerla. 15 Pero este príncipe se ha
rebelado contra él enviando mensajeros
a Egipto en busca de caballos y tropas
en gran número. ¿Prosperará? ¿Se salvará el que ha hecho esto? Ha roto el
pacto ¡y va a salvarse! 16 Por mi vida,
oráculo del Señor Yahvé, que en el lugar
del rey que lo puso en el trono, cuyo juramento despreció y cuyo pacto rompió,
allí en medio de Babilonia morirá. 17 Ni
con su gran ejército y sus numerosas
tropas lo salvará el faraón en la guerra,
cuando se levanten terraplenes y se hagan trincheras para exterminar muchas
vidas humanas. 18 Ha despreciado el juramento, rompiendo el pacto; aun después
de haber dado su mano, ha hecho todo
esto: ¡no tendrá remedio!
19 «Por eso, así dice el Señor Yahvé:
Por mi vida que el juramento mío que
ha despreciado, mi alianza que ha roto,
lo haré recaer sobre su cabeza. 20 Extenderé mi lazo sobre él y quedará preso
en mi red; lo llevaré a Babilonia y allí le
pediré cuentas de la infidelidad que ha
cometido contra mí. 21 Lo más selecto,
entre todas sus tropas, caerá a espada,
y los que queden serán dispersados a
todos los vientos. Y sabrán ustedes que
yo, Yahvé, he hablado.
22 «Así dice el Señor Yahvé:

También yo tomaré
de la copa del alto cedro,
de la punta de sus ramas
escogeré un ramo
y lo plantaré yo mismo
en una montaña elevada y excelsa:
23 en la alta montaña de Israel lo
plantaré.
Echará ramaje y producirá fruto,
y se hará un cedro magnífico.
Debajo de él habitarán
toda clase de pájaros,
toda clase de aves
morarán a la sombra de sus ramas.
24 Y todos los árboles del campo
sabrán que yo, Yahvé,
humillo al árbol elevado
y elevo al árbol humilde,
hago secarse al árbol verde
y reverdecer al árbol seco.
Yo, Yahvé, he hablado y lo haré.»

La responsabilidad personal*.
14 12+; **33** 10-20.

18 1 La palabra de Yahvé se dirigió
a mí en estos términos: 2 «¿Por
qué andan ustedes repitiendo este proverbio en la tierra de Israel:

Los padres comieron el agraz,
y los dientes de los hijos
sufren la dentera?»

3 «Por mi vida, oráculo del Señor Yahvé, que no repetirán más este proverbio
en Israel. 4 Miren: todas las vidas son
mías, la vida del padre lo mismo que la
del hijo, mías son. El que peque es quien
morirá.
5 «El que es justo y practica el derecho
y la justicia, 6 no come en los montes* ni
alza sus ojos a las basuras de la casa de
Israel, no contamina a la mujer de su
prójimo, ni se acerca a una mujer durante su impureza, 7 no oprime a nadie,

18 Repetición del tema de **14** 12+. El refrán del v. 2 ha sido ya citado por Jr **31** 29.

18 6 Tener la comida sagrada en un lugar elevado era una idolatría.

devuelve la prenda de una deuda, no comete rapiñas, da su pan al hambriento y viste al desnudo, 8 no presta con usura ni cobra intereses, aparta su mano de la injusticia, dicta un juicio honrado entre hombre y hombre, 9 se conduce según mis preceptos y observa mis normas, obrando conforme a la verdad, un hombre así es justo: vivirá sin duda, oráculo del Señor Yahvé.

10 «Si éste engendra un hijo violento y sanguinario, que hace alguna de estas cosas 11 que él mismo no había hecho, un hijo que come en los montes, contamina a la mujer de su prójimo, 12 oprime al pobre y al indigente, comete rapiñas, no devuelve la prenda, alza sus ojos a las basuras, comete abominación, 13 presta con usura y cobra intereses, éste no vivirá en modo alguno después de haber cometido todas estas abominaciones; morirá sin remedio, y su sangre recaerá sobre él.

14 «Y si éste, a su vez, engendra un hijo que ve todos los pecados que ha cometido su padre, que los ve sin imitarlos, 15 que no come en los montes ni alza sus ojos a las basuras de la casa de Israel, no contamina a la mujer de su prójimo, 16 no oprime a nadie, no guarda la prenda, no comete rapiñas, da su pan al hambriento, viste al desnudo, 17 aparta su mano de la injusticia, no presta con usura, ni cobra intereses, practica mis normas y se conduce según mis preceptos, éste no morirá por la culpa de su padre, vivirá sin duda. 18 Su padre, porque fue violento, cometió rapiñas y no obró bien en medio de su pueblo, por eso morirá a causa de su culpa. 19 Y ustedes dicen: '¿Por qué no carga el hijo con la culpa de su padre?' Pero el hijo ha practicado el derecho y la justicia, ha observado todos mis preceptos y los ha puesto en práctica: vivirá sin duda. 20 El que peque es quien morirá; el hijo no cargará con la culpa de su padre, ni el padre con la culpa de su hijo: al justo se le tendrá en cuenta su justicia y al malvado su maldad.

21 «En cuanto al malvado, si se aparta de todos los pecados que ha cometido, observa todos mis preceptos y practica el derecho y la justicia, vivirá sin duda, no morirá. 22 Ninguno de los crímenes que cometió se le recordará más; vivirá a causa de la justicia que ha practicado*. 23 ¿Acaso me complazco yo en la muerte del malvado —oráculo del Señor Yahvé— y no más bien en que se convierta de su conducta y viva*?

24 «Pero si el justo se aparta de su justicia y comete el mal, imitando todas las abominaciones que comete el malvado, ¿vivirá acaso? No, no quedará ya memoria de ninguna de las obras justas que había practicado, sino que, a causa de la infidelidad en que ha incurrido y del pecado que ha cometido, morirá. 25 Y ustedes dicen: 'No es justo el proceder del Señor.' Escuchen, casa de Israel: ¿Que no es justo mi proceder? ¿No es más bien el proceder de ustedes el que no es justo? 26 Si el justo se aparta de su justicia, comete el mal y muere, a causa del mal que ha cometido muere. 27 Y si el malvado se aparta del mal que ha cometido para practicar el derecho y la justicia, conservará su vida. 28 Ha abierto los ojos y se ha apartado de todos los crímenes que había cometido; vivirá sin duda, no morirá. 29 Y sin embargo la casa de Israel dice: 'No es justo el proceder del Señor.' ¿Que mi proceder no es justo, casa de Israel? ¿No es más bien el proceder de ustedes el que no es justo? 30 Yo los juzgaré, pues, a cada uno de ustedes según su proceder, casa de Israel, oráculo del Señor Yahvé. Conviértanse y apártense de todos sus crímenes; no haya para ustedes más ocasión de culpa. 31 Descárguense de todos los crímenes que han cometido contra mí, y háganse un corazón nuevo y un espíritu nuevo. ¿Por qué han de morir, casa de Israel? 32 Yo no me complazco en la muerte

18 22 El hombre no queda abrumado ni por las faltas de sus antepasados ni por sus propias faltas pasadas, con tal que *se convierta*, **14** 12+; ver Mt **3** 2+.

18 23 Ver **33** 11; Sb **1** 13+; **11** 26; Lc **15** 7.10.32; Jn **8** 11; Rm **11** 32; 2 P **3** 9.

de nadie, sea quien fuere, oráculo del Señor Yahvé. Conviértanse y vivan.

Elegía sobre los príncipes de Israel*.

19 1 «Y tú entona una elegía sobre los príncipes de Israel. 2 Dirás:
¿Qué era tu madre?
Una leona entre leones.
Echada entre los leoncillos,
criaba a sus cachorros*.
3 Exaltó a uno de sus cachorros*,
que se hizo un león joven;
y aprendió a desgarrar su presa,
devoró hombres.
4 Oyeron hablar de él las naciones,
en su fosa quedó preso;
con garfios lo llevaron
al país de Egipto.
5 Vio ella que su espera era fallida,
fallida su esperanza;
y tomó otro de sus cachorros*,
lo hizo un león joven.
6 Andaba éste entre los leones,
se hizo un león joven,
aprendió a desgarrar su presa,
devoró hombres;
7 derribó sus palacios,
devastó sus ciudades;
la tierra y sus habitantes
estaban aterrados
por la voz de su rugido.
8 Se alzaron contra él las naciones,
las provincias circundantes;
tendieron sobre él su red
y en su fosa quedó preso.
9 Con garfios lo cerraron en jaula,
lo llevaron al rey de Babilonia,
en calabozos lo metieron,
para que no se oyera más su voz
por los montes de Israel.
10 Tu madre se parecía a una vid*
plantada a orillas de las aguas.
Era fecunda, exuberante,
por la abundancia de agua.
11 Tenía ramas fuertes
para ser cetros reales;
su talla se elevó
hasta dentro de las nubes.
Era imponente por su altura,
por su abundancia de ramaje.
12 Pero ha sido arrancada con furor,
tirada por tierra;
el viento del este ha agostado su fruto;
ha sido rota,
su rama fuerte se ha secado,
la ha devorado el fuego.
13 Y ahora está plantada en el desierto,
en tierra de sequía y de sed.
14 Ha salido fuego de su rama,
ha devorado sus sarmientos y su fruto.
No volverá a tener su rama fuerte,
su cetro real.»

Esto es una elegía; y de elegía sirvió.

Historia de las infidelidades de Israel*.

20 1 El año séptimo, el día diez del
quinto mes, algunos de los ancianos de Israel vinieron a consultar a
Yahvé y se sentaron ante mí. 2 Entonces se dirigió a mí la palabra de Yahvé
en estos términos: 3 «Hijo de hombre,
habla a los ancianos de Israel. Les dirás:
Así dice el Señor Yahvé: ¿A consultarme vienen? Por mi vida, que no me
dejaré consultar por ustedes, oráculo del
Señor Yahvé. 4 ¿Vas a juzgarlos? ¿Vas a
juzgar, hijo de hombre? Hazles saber las
abominaciones de sus padres. 5 Les dirás: Así dice el Señor Yahvé: El día que
yo elegí a Israel, alcé mi mano hacia la
raza de la casa de Jacob, me manifesté
a ellos en el país de Egipto, y levanté mi
mano hacia ellos diciendo: Yo soy Yahvé, su Dios. 6 Aquel día alcé mi mano
hacia ellos jurando sacarlos del país de

19 Este poema es una *qînah*, es decir, una lamentación, de ritmo característico, compuesto cada verso de dos partes desiguales. Ver **26** 17-18; **27** 3-9.25-36.
19 2 La nación israelita y sus reyes.
19 3 Joacaz, ver 2 R **23** 33s.
19 5 Probablemente Jeconías, deportado a Babilonia (en 597), 2 R **24** 8-17; **25** 27-30.
19 10 Ver Is **5**+. La viña, floreciente un momento, quedará destruida.
20 Este capítulo repite en sentido propio lo dicho en forma alegórica en el cap. **16**.

Egipto hacia una tierra que había explorado para ellos, que mana leche y miel, la más hermosa de todas las tierras. 7 Y les dije: Arrojen cada uno los ídolos que seducen sus ojos, no se contaminen con las basuras de Egipto; yo soy Yahvé, su Dios. 8 Pero ellos se rebelaron contra mí y no quisieron escucharme. Ninguno arrojó los ídolos que seducían sus ojos; ninguno abandonó las basuras de Egipto. Pensé entonces derramar mi furor sobre ellos y desahogar en ellos mi cólera, en medio del país de Egipto. 9 Pero tuve consideración a mi nombre y procedí de modo que no fuera yo profanado a los ojos de las naciones entre las que ellos se encontraban, y a la vista de las cuales me había manifestado a ellos, sacándolos del país de Egipto. 10 Por eso, los saqué del país de Egipto y los conduje al desierto. 11 Les di mis preceptos y les di a conocer mis normas, por las que el hombre vive, si las pone en práctica. 12 Y les di además mis sábados como señal entre ellos y yo, para que supieran que yo soy Yahvé, que los santifico. 13 Pero la casa de Israel se rebeló contra mí en el desierto; no se condujeron según mis preceptos, rechazaron mis normas por las que vive el hombre, si las pone en práctica, y no hicieron más que profanar mis sábados. Entonces pensé en derramar mi furor sobre ellos en el desierto, para exterminarlos. 14 Pero tuve consideración a mi nombre, y procedí de modo que no fuera profanado a los ojos de las naciones, a la vista de las cuales los había sacado. 15 Y, una vez más alcé mi mano hacia ellos en el desierto, jurando que no los dejaría entrar en la tierra que les había dado, que mana leche y miel, la más hermosa de todas las tierras. 16 Pues habían despreciado mis normas, no se habían conducido según mis preceptos y habían profanado mis sábados; porque su corazón se iba tras sus basuras. 17 Pero tuve una mirada de piedad para no exterminarlos, y no acabé con ellos en el desierto.

18 «Y dije a sus hijos en el desierto: No sigan las reglas de sus padres, no imiten sus normas, no se contaminen con sus basuras. 19 Yo soy Yahvé, su Dios. Sigan mis preceptos, guarden mis normas y pónganlas en práctica. 20 Santifiquen mis sábados; que sean una señal entre mí y ustedes, para que se sepa que yo soy Yahvé, su Dios. 21 Pero los hijos se rebelaron contra mí, no se condujeron según mis preceptos, no guardaron ni pusieron en práctica mis normas, aquéllas por las que vive el hombre, si las pone en práctica, y profanaron mis sábados. Entonces pensé en derramar mi furor sobre ellos y desahogar en ellos mi cólera, en el desierto. 22 Pero retiré mi mano y tuve consideración a mi nombre, procediendo de modo que no fuera yo profanado a los ojos de las naciones, a la vista de las cuales los había sacado. 23 Pero, una vez más, alcé mi mano hacia ellos, en el desierto, jurando dispersarlos entre las naciones y esparcirlos por los países. 24 Porque no habían puesto en práctica mis normas, habían despreciado mis preceptos y profanado mis sábados, y sus ojos se habían ido tras las basuras de sus padres. 25 E incluso llegué a darles preceptos que no eran buenos y normas con las que no podrían vivir*, 26 y los contaminé con sus propias ofrendas, haciendo que pasaran por el fuego a todo primogénito, a fin de infundirles horror, para que supieran que yo soy Yahvé.

27 «Por eso, hijo de hombre, habla a la casa de Israel. Les dirás: Así dice el Señor Yahvé: En esto todavía me ultrajaron sus padres siéndome infieles. 28 Yo los conduje a la tierra que, mano en alto, había jurado darles. Allí vieron toda clase de colinas elevadas, toda suerte de árboles frondosos, y en ellos

20 25 El pensamiento espontáneo de los antiguos atribuía directamente a Dios las acciones e instituciones, aun las defectuosas, de los hombres, que son los responsables; por ejemplo, Ex **4** 21+. Ezequiel se refiere aquí probablemente al mandamiento de ofrecer los primogénitos, **22** 28-29; ver Lv **18** 21+.

ofrecieron sus sacrificios y presentaron
sus ofrendas provocadoras; allí depositaron el calmante aroma y derramaron sus
libaciones. [29] Y yo les dije: ¿Qué es el altozano adonde ustedes van?; y se le puso el nombre de *Bamá*, hasta el día de
hoy. [30] Pues bien, di a la casa de Israel:
Así dice el Señor Yahvé: Conque ustedes
se contaminan conduciéndose como sus
padres, prostituyéndose detrás de sus
ídolos, [31] presentando sus ofrendas, haciendo pasar a sus hijos por el fuego;
se contaminan con todas sus basuras,
hasta el día de hoy, ¿y yo voy a dejarme
consultar por ustedes, casa de Israel?
Por mi vida, oráculo del Señor Yahvé,
que no me dejaré consultar por ustedes.
[32] Y no se realizará jamás lo que se les
pasa por la imaginación, cuando dicen:
'Seremos como las naciones, como las
tribus de los otros países, adoradores
del leño y de la piedra.' [33] Por mi vida,
oráculo del Señor Yahvé, que yo reinaré
sobre ustedes, con mano fuerte y tenso
brazo, con furor derramado. [34] Los haré
salir de entre los pueblos y los reuniré
de los países donde fueron dispersados,
con mano fuerte y tenso brazo, con
furor derramado; [35] los conduciré al desierto de los pueblos y allí los juzgaré
cara a cara. [36] Como juzgué a sus padres
en el desierto de Egipto, así los juzgaré a
ustedes, oráculo del Señor Yahvé. [37] Los
haré pasar bajo el cayado y los haré entrar por el aro de la alianza; [38] separaré
de ustedes a los rebeldes, a los que se
han rebelado contra mí: los haré salir del
país en que residen, pero no entrarán en
la tierra de Israel, y sabrán que yo soy
Yahvé. [39] En cuanto a ustedes, casa de
Israel, así dice el Señor Yahvé: Que vaya
cada uno a servir a sus basuras; después,
yo juro que me escucharán y no profanarán más mi santo nombre con sus
ofrendas y sus basuras. [40] Porque será en
mi santa montaña, en la alta montaña
de Israel —oráculo del Señor Yahvé—,
donde me servirá toda la casa de Israel,
toda ella en esta tierra. Allí los acogeré
amorosamente y allí solicitaré sus ofrendas y las primicias de sus dones, con
todas sus cosas santas. [41] Como calmante
aroma yo los acogeré amorosamente,
cuando los haya hecho salir de entre los
pueblos, y los reúna de en medio de los
países en los que han sido dispersados; y
por ustedes me mostraré santo a los ojos
de las naciones. [42] Sabrán que yo soy
Yahvé, cuando los conduzca al suelo de
Israel, a la tierra que, mano en alto, juré
dar a sus padres. [43] Allí se acordarán de
su conducta y de todas las acciones con
las que se han contaminado, y cobrarán
asco de ustedes mismos por todas las
maldades que han cometido. [44] Sabrán
que yo soy Yahvé, cuando actúe con ustedes por consideración a mi nombre, y
no con arreglo a su mala conducta y a
sus corrompidas acciones, casa de Israel,
oráculo del Señor Yahvé.»

La espada de Yahvé.

21 [1] La palabra de Yahvé se dirigió
a mí en estos términos: [2] «Hijo
de hombre, vuelve tu rostro hacia el mediodía, destila tus palabras hacia el sur,
profetiza contra el bosque de la región
del Negueb. [3] Dirás al bosque del Negueb: Escucha la palabra de Yahvé.
Así dice el Señor Yahvé: He aquí que
yo te prendo fuego, que devorará todo
árbol verde y todo árbol seco; será una
llama que no se apagará, y arderá todo,
desde el Negueb hasta el Norte. [4] Todo
el mundo verá que yo, Yahvé, lo he encendido; y no se apagará.» [5] —Yo dije:
«¡Ah, Señor Yahvé!, ésos andan diciendo de mí: ¿No es éste un charlatán de
parábolas?»— [6] Entonces, la palabra de
Yahvé se dirigió a mí en estos términos:
[7] «Hijo de hombre, vuelve tu rostro hacia
Jerusalén, destila tus palabras hacia su
santuario y profetiza contra la tierra de
Israel. [8] Dirás a la tierra de Israel: Así
dice el Señor Yahvé: Aquí estoy contra
ti; voy a sacar mi espada de la vaina y
extirparé de ti al justo y al malvado*.
[9] Para extirpar de ti al justo y al malvado

21 8 Fórmula de la culpabilidad colectiva, que Ezequiel combate, **14** 12+.

va a salir mi espada de la vaina, contra
toda carne, desde el Negueb hasta el
Norte. 10 Y todo el mundo sabrá que yo,
Yahvé, he sacado mi espada de la vaina;
no será envainada.

11 «Y tú, hijo de hombre, lanza gemidos, con corazón quebrantado. Lleno
de amargura, lanzarás gemidos ante sus
ojos. 12 Y si acaso te dicen: '¿Por qué
esos gemidos?', dirás: 'Por causa de una
noticia a cuya llegada todos los corazones desfallecerán, desmayarán todos los
brazos, todos los espíritus se amilanarán,
y todas las rodillas se irán en agua'. Vean
que ya llega; es cosa hecha, oráculo del
Señor Yahvé.»

13 La palabra de Yahvé se dirigió a mí
en estos términos: 14 «Hijo de hombre,
profetiza.

Dirás: Así dice el Señor. Di:

¡Espada, espada*!
Afilada está, bruñida.
15 Para la matanza está afilada,
para centellear está bruñida...
16 Se la ha hecho bruñir para
empuñarla;
ha sido afilada la espada,
ha sido bruñida
para ponerla en mano de matador.
17 Grita, da alaridos, hijo de hombre,
porque está destinada a mi pueblo,
a todos los príncipes de Israel
destinados a la espada con mi pueblo.
Por eso golpéate el pecho,
18 pues la prueba está hecha...,
oráculo del Señor Yahvé.
19 Y tú, hijo de hombre,
profetiza y bate palmas.
¡Golpee la espada dos, tres veces,
la espada de las víctimas,
la espada de la gran víctima,
que los amenaza en torno!
20 A fin de que desmaye el corazón
y abunden las ocasiones de caída,
en todas las puertas he puesto yo
matanza por la espada,
hecha para centellear,
bruñida para la matanza.
21 ¡Gírate: a la derecha,
vuélvete a la izquierda,
donde tus filos sean requeridos!
22 Yo también batiré palmas,
saciaré mi furor.
Yo, Yahvé, he hablado.»

El rey de Babilonia en el cruce de los caminos.

23 La palabra de Yahvé se dirigió a mí
en estos términos: 24 «Y tú, hijo de hombre, marca dos caminos por donde venga la espada del rey de Babilonia, que
salgan los dos del mismo país, y marca
una señalización, márcala en la cabecera del camino de la ciudad; 25 trazarás el
camino para que venga la espada hacia
Rabá de los amonitas y hacia Judá, a la
fortaleza de Jerusalén. 26 Porque el rey
de Babilonia se ha detenido en el cruce,
en la cabecera de los dos caminos, para
consultar a la suerte. Ha sacudido las
flechas, ha interrogado a los ídolos, ha
observado el hígado. 27 En su mano derecha está la suerte de Jerusalén: para
situar arietes, dar la orden de matanza,
lanzar el grito de guerra, situar arietes
contra las puertas, levantar un terraplén, hacer trincheras. 28 Para ellos y
a sus ojos, no es más que un vano presagio: se les había dado un juramento.
Pero él recuerda las culpas por las que
caerán presos. 29 Por eso, así dice el
Señor Yahvé: Por haber hecho ustedes
recordar sus culpas, descubriendo sus
crímenes, haciendo aparecer sus pecados en todas sus acciones, y porque así
se les ha recordado a ustedes, caerán
presos en su mano. 30 En cuanto a ti, vil
criminal, príncipe de Israel, cuya hora
ha llegado con la última culpa, 31 así dice
el Señor Yahvé: La tiara se quitará, se
depondrá la corona, todo será transformado; lo humilde será elevado, lo
elevado será humillado. 32 Ruina, ruina,
ruina, eso es lo que haré con él, como
jamás la hubo, hasta que llegue aquél a
quien corresponde el juicio y a quien yo
se lo entregaré.

21 14 La *espada* de Yahvé, puesta en manos del «matador» babilonio.

Castigo de Amón.

33 «Y tú, hijo de hombre, profetiza y
di: Así dice el Señor Yahvé a los amonitas y sus burlas. Dirás: ¡La espada,
la espada está desenvainada para la
matanza, bruñida para devorar, para
centellear 34 —mientras se tienen para
ti visiones vanas, y para ti se presagia
la mentira—, para degollar a los viles
criminales cuya hora ha llegado con la
última culpa! 35 Vuélvela a la vaina. En
el lugar donde fuiste creada, en tu tierra
de origen, te juzgaré yo; 36 derramaré
sobre ti mi ira, soplaré contra ti el fuego
de mi furia, y te entregaré en manos de
hombres bárbaros, agentes de destrucción. 37 Serás pasto del fuego, tu sangre
correrá en medio del país, no quedará
de ti recuerdo alguno, porque yo, Yahvé, he hablado.»

Los crímenes de Jerusalén*.
16; **20**; **23**.

22 1 La palabra de Yahvé se dirigió
a mí en estos términos: 2 «Y tú,
hijo de hombre, ¿no vas a juzgar? ¿No
vas a juzgar a la ciudad sanguinaria?
Hazle saber todas sus abominaciones.
3 Dirás: Así dice el Señor Yahvé: Ciudad que derramas sangre en medio de
ti para que llegue tu hora, que haces
basuras en tu suelo para contaminarte,
4 por la sangre que derramaste te has
hecho culpable, con las basuras que hiciste te has contaminado; has adelantado tu hora, ha llegado el término de tus
años. Por eso, yo he hecho de ti la burla
de las naciones y la irrisión de todos los
países. 5 Próximos y lejanos se reirán de
ti, ciudad de nombre impuro, llena de
desórdenes. 6 Ahí están dentro de ti los
príncipes de Israel, cada uno según su
poder, sólo ocupados en derramar sangre. 7 En ti se desprecia al padre y a la
madre, en ti se maltrata al forastero residente, en ti se oprime al huérfano y a
la viuda. 8 No tienes respeto a mis cosas
sagradas, profanas mis sábados. 9 Hay
en ti gente que calumnia para verter
sangre. En ti se come en los montes, y
se comete infamia. 10 En ti se descubre
la desnudez del propio padre, en ti se
hace violencia a la mujer en estado de
impureza. 11 Uno comete abominación
con la mujer de su prójimo, el otro se
contamina de manera infame con su
nuera, otro hace violencia a su hermana, la hija de su propio padre; 12 en ti se
acepta soborno para derramar sangre;
tomas a usura e interés, explotas a tu
prójimo con violencia, y te has olvidado
de mí, oráculo del Señor Yahvé.

13 «Mira, yo voy a batir palmas a causa
de los actos de pillaje que has cometido
y de la sangre que corre en medio de ti.
14 ¿Podrá tu corazón resistir y tus manos
seguir firmes el día en que yo actúe
contra ti? Yo, Yahvé, he hablado y lo
haré. 15 Te dispersaré entre las naciones,
te esparciré por los países, borraré la
impureza que hay en medio de ti, 16 por
ti misma te verás profanada a los ojos
de las naciones, y sabrás que yo soy
Yahvé.»

17 La palabra de Yahvé se dirigió a mí
en estos términos: 18 «Hijo de hombre,
la casa de Israel se me ha convertido en
escoria; todos son cobre, estaño, hierro,
plomo, en medio de un horno; ¡escoria
son*! 19 Por eso, así dice el Señor Yahvé:
Por haberse convertido todos ustedes
en escoria, por eso voy a juntarlos en
medio de Jerusalén. 20 Como se ponen
juntos plata, cobre, hierro, plomo y estaño en el horno, y se atiza el fuego por
debajo para fundirlo todo, así los juntaré
yo en mi cólera y mi furor; los pondré y
los fundiré. 21 Los reuniré, atizaré contra
ustedes el fuego de mi furia, y los fundiré
en medio de la ciudad. 22 Como se funde
la plata en medio del horno, así serán
fundidos ustedes en medio de ella, y
sabrán que yo, Yahvé, he derramado mi
furor sobre ustedes.»

22 Repite nuevamente, con claridad, los caps. **16**, **20** y **23**.
22 18 Esta imagen, ya utilizada por Isaías **1** 21.25, y por Jeremías **6** 28s, representa la invasión y el asedio de Jerusalén.

23 La palabra de Yahvé se dirigió a mí
en estos términos: 24 «Hijo de hombre,
dile: Eres una tierra que no ha tenido
lluvia ni inundación en el día de la Ira;
25 los príncipes que en ella residen son
como un león rugiente que desgarra su
presa. Han devorado a la gente, se han
apoderado de haciendas y joyas, han
multiplicado las viudas en medio de ella.
26 Sus sacerdotes han violado mi ley y
profanado mis cosas sagradas; no han
hecho diferencia entre lo sagrado y lo
profano, ni han enseñado a distinguir
entre lo puro y lo impuro; se han tapado
los ojos para no ver mis sábados, y yo
he sido deshonrado en medio de ellos.
27 Sus jefes, en medio de ella, son como
lobos que desgarran su presa, que derraman sangre, matando a las personas
para robar sus bienes. 28 Sus profetas
los han recubierto de argamasa con sus
vanas visiones y sus presagios mentirosos, diciendo: 'Así dice el Señor Yahvé',
cuando Yahvé no había hablado. 29 El
pueblo de la tierra ha hecho violencia y
cometido pillaje, ha oprimido al pobre y
al indigente, ha maltratado al forastero
sin ningún derecho. 30 He buscado entre
ellos alguno que construyera un muro y
se mantuviera de pie en la brecha ante
mí, para proteger la tierra e impedir que
yo la destruyera, y no he encontrado a
nadie. 31 Entonces he derramado mi ira
sobre ellos; en el fuego de mi furia los
he exterminado: he hecho caer su conducta sobre su cabeza, oráculo del Señor
Yahvé.»

Historia simbólica de Jerusalén y Samaría*.

16; Jr **3** 6-13.

23 1 La palabra de Yahvé se dirigió
a mí en estos términos: 2 «Hijo
de hombre: Había dos mujeres, hijas de
la misma madre. 3 Se prostituyeron en
Egipto; se prostituyeron en su juventud.
Allí fueron palpados sus pechos y acariciado su seno virginal. 4 Éstos eran sus
nombres: Oholá, la mayor, y Oholibá,
su hermana*. Fueron mías y dieron a
luz hijos e hijas. Sus nombres: Oholá es
Samaría; Oholibá, Jerusalén. 5 Oholá se
prostituyó cuando me pertenecía a mí; se
enamoró perdidamente de sus amantes,
los asirios sus vecinos, 6 vestidos de púrpura, gobernadores y prefectos, todos
ellos jóvenes apuestos y hábiles caballeros. 7 Les otorgó sus favores —eran todos
ellos la flor de los asirios— y, con todos
aquellos de los que se había enamorado,
se contaminó al contacto de todas sus
basuras. 8 No cejó en sus prostituciones
comenzadas en Egipto, donde se habían
acostado con ella en su juventud, acari-
ciando su seno virginal, y desahogando
con ella su lascivia. 9 Por eso yo la entregué en manos de sus amantes, en manos
de los asirios de los que se había enamorado. 10 Éstos descubrieron su desnudez,
se llevaron a sus hijos y sus hijas, y a ella
misma la mataron a espada. Vino así a
ser ejemplo para las mujeres, porque se
había hecho justicia de ella.

11 «Su hermana Oholibá vio esto, pero
su pasión y sus prostituciones fueron
todavía más escandalosas que las de su
hermana. 12 Se enamoró de los asirios,
gobernadores y prefectos, vecinos suyos, magníficamente vestidos, hábiles
caballeros, y todos ellos jóvenes apuestos. 13 Yo vi que estaba impura; la conducta era la misma para las dos, 14 pero
ésta superó sus prostituciones: vio hombres pintados en la pared, figuras de
caldeos pintadas con bermellón, 15 con
cinto en las caderas y amplios turbantes
en sus cabezas, con aspecto de escuderos todos ellos, que representaban a los
babilonios, caldeos de origen, 16 y en
cuanto los vio se enamoró de ellos y les
envió mensajeros a Caldea. 17 Los babilonios vinieron donde ella, a compartir
el lecho de los amores y a contaminarla
con su lascivia; y cuando se contaminó
con ellos, su deseo se apartó de ellos.

23 Continúa con el mismo tema, ver **16**+, extendido a Samaría.

23 4 *Oholá*: *«su tienda (de ella)»* y *Oholibá*: *«mi tienda (está) en ella»*: dos nombres simbólicos, Is **1** 26+, que pueden encerrar alusiones que se nos escapan.

18 Dejó así al descubierto sus prostituciones y su desnudez; y yo me aparté
de ella como me había apartado de su
hermana. 19 Pero ésta multiplicó sus
prostituciones, acordándose de los días
de su juventud, cuando se prostituía en
el país de Egipto, 20 y se enamoraba de
aquellos disolutos de sexo de burros y
esperma de caballos.
21 «Has renovado así la inmoralidad
de tu juventud, cuando en Egipto aca-
riciaban tu busto palpando tus pechos
juveniles. 22 Pues bien, Oholibá, así dice
el Señor Yahvé: Voy a suscitar contra
ti a todos tus amantes, de los que te
has apartado; los voy a traer contra ti
de todas partes, 23 a los babilonios y
a todos los caldeos, los de Pecod, de
Soa y de Coa, y con ellos a todos los
asirios, jóvenes apuestos, gobernadores
y prefectos, todos ellos escuderos de
título y hábiles caballeros; 24 y vendrán contra ti desde el norte carros y
carretas, con una asamblea de pueblos.
Por todas partes dispondrán contra ti la
coraza, el escudo y el yelmo. Yo les daré
el encargo de juzgarte y te juzgarán conforme a su derecho. 25 Desencadenaré
mis celos contra ti, y te tratarán con
furor, te arrancarán la nariz y las orejas,
y lo que quede de los tuyos caerá a
espada; se llevarán a tus hijos y a tus
hijas, y lo que quede de los tuyos será
devorado por el fuego. 26 Te despojarán
de tus vestidos y se apoderarán de tus
joyas. 27 Yo pondré fin a tu inmoralidad
y a tus prostituciones comenzadas en
Egipto; no levantarás más tus ojos hacia
ellos, ni volverás a acordarte de Egipto.
28 Porque así dice el Señor Yahvé:
Voy a entregarte en manos de los que
detestas, en manos de aquellos de los
que te has apartado. 29 Ellos te tratarán
con odio, se apoderarán de todo el fruto
de tu trabajo y te dejarán completamente desnuda. Así quedará al descubierto
la vergüenza de tus prostituciones. Tu
inmoralidad y tus prostituciones 30 te
han acarreado todo esto, por haberte
prostituido a las naciones, por haberte
contaminado con sus basuras. 31 Has
imitado la conducta de tu hermana, y
yo pondré su cáliz en tu mano. 32 Así
dice el Señor Yahvé:

Beberás el cáliz de tu hermana*,
cáliz ancho y profundo,
que servirá de burla e irrisión,
tan grande es su cabida.
33 Te empaparás de embriaguez
y de aflicción.
Cáliz de desolación y de angustia,
el cáliz de tu hermana Samaría.
34 Lo beberás, lo apurarás;
roerás hasta los cascotes,
y te desgarrarás el seno.

Porque he hablado yo, oráculo del Señor Yahvé.

35 «Por eso, así dice el Señor Yahvé:
Puesto que me has olvidado y me has
arrojado a tus espaldas, carga tú también con tu inmoralidad y tus prostituciones.» 36 Después, Yahvé me dijo: «Hijo
de hombre, ¿vas a juzgar a Oholá y
Oholibá? Repróchales sus abominaciones. 37 Han cometido adulterio, están
ensangrentadas sus manos, han cometido adulterio con sus basuras, y hasta
a sus hijos, que me habían dado a luz,
los han hecho pasar por el fuego como
alimento para ellas*. 38 Han llegado a
hacerme hasta esto: han contaminado
mi santuario en este día y han profanado mis sábados; 39 después de haber
inmolado sus hijos a sus basuras, el
mismo día, han entrado en mi santuario para profanarlo. Esto es lo que han
hecho en mi propia casa.
40 «Más aún, mandaron en busca de
hombres que vinieran de lejos, envián-
doles un mensajero, y cuando vinieron
te bañaste, te pintaste los ojos y te pusiste las joyas; 41 luego te reclinaste en un espléndido diván, ante el cual estaba ade-
rezada una mesa en la que habías puesto

23 32 Este pequeño poema es quizá de origen popular. Ver Is **51** 17+.

23 37 Sobre estos sacrificios de niños, ver ya **20** 25-26; Jr **7** 31; **19** 5; **32** 35. Ver también Lv **18** 21+.

mi incienso y mi aceite. 42 Se oía allí el
ruido de una turba indolente, por la multitud de hombres, de bebedores traídos
del desierto; ponían ellos brazaletes en
las manos de ellas y una corona preciosa
en su cabeza. 43 Y yo decía de aquella que
estaba gastada de adulterios: Todavía sigue entregándose a sus prostituciones,
44 y vienen donde ella, como se viene
donde una prostituta. Así han venido
donde Oholá y Oholibá, estas mujeres
depravadas. 45 Pero hay hombres justos
que les aplicarán el juicio reservado a las
adúlteras y a las que derraman sangre,
porque ellas son adúlteras y hay sangre
en sus manos.

46 «Porque así dice el Señor Yahvé:
Que se convoque contra ellas una asamblea para entregarlas al terror y al
pillaje, 47 y la asamblea las matará a
pedradas y las acribillará a golpes de espada; matarán a sus hijos y a sus hijas, y
prenderán fuego a sus casas. 48 Yo pondré fin a la inmoralidad en esta tierra;
todas las mujeres quedarán así avisadas
y no imitarán su inmoralidad. 49 Se hará
recaer sobre ustedes su inmoralidad,
cargarán con los pecados cometidos
con sus basuras, y sabrán que yo soy el
Señor Yahvé.»

Anuncio del asedio de Jerusalén.

24 1 El año noveno, el día diez del
décimo mes, la palabra de Yah-
vé se dirigió a mí en estos términos:
2 «Hijo de hombre, escribe la fecha de
hoy, de este mismo día, porque el rey de
Babilonia se ha lanzado sobre Jerusalén
precisamente en este día*. 3 Compón
una parábola sobre esta casa rebelde.
Les dirás: Así dice el Señor Yahvé:

Arrima la olla al fuego, arrímala,
y echa agua en ella*.
4 Amontona dentro trozos de carne,
todos los trozos buenos,
pierna y espalda.
Llénala de los huesos mejores.
5 Toma lo mejor del ganado menor.
Apila en torno la leña debajo,
hazla hervir a borbotones,
de modo que hasta los huesos se
cuezan.
6 Porque así dice el Señor Yahvé:
¡Ay de la ciudad sanguinaria,
olla toda roñosa,
cuya herrumbre no se le va!
¡Vacíala trozo a trozo,
sin echar suertes sobre ella!
7 Porque su sangre está en medio de
ella,
la ha esparcido sobre la roca desnuda,
no la ha derramado en la tierra
recubriéndola de polvo.
8 Para que el furor desborde,
para tomar venganza,
he puesto yo su sangre
sobre roca desnuda,
para que no fuera recubierta.
9 Pues bien, así dice el Señor Yahvé:
¡Ay de la ciudad sanguinaria!
También yo voy a hacer
un gran montón de leña.
10 Apila bien la leña, enciende el fuego,
cuece la carne a punto,
prepara las especias,
que los huesos se abrasen.
11 Y mantén la olla vacía sobre las brasas,
para que se caliente,
se ponga al rojo el bronce,
se funda dentro de ella su suciedad,
y su herrumbre se consuma.

12 «Pero ni por el fuego se va la herrumbre de la que está roñosa. 13 De la
impureza de tu inmoralidad he querido
purificarte, pero tú no te has dejado purificar de tu impureza. No serás, pues,
purificada hasta que yo no desahogue
mi furor en ti. 14 Yo, Yahvé, he hablado, y cumplo la palabra: no me retraeré,
no tendré piedad ni me compadeceré.
Según tu conducta y según tus obras te
juzgarán, oráculo del Señor Yahvé.»

24 2 Es el comienzo del asedio de Jerusalén, 2 R **25** 1; Jr **52** 4.
24 3 Acción simbólica, Jr **18**+. El profeta lleva a efecto irónicamente el refrán que proclamaba la seguridad de Jerusalén, **11** 3.

Sufrimientos del profeta.

15 La palabra de Yahvé se dirigió a mí
en estos términos: 16 «Hijo de hombre,
mira, voy a quitarte de golpe el encanto
de tus ojos*. Pero tú no te lamentarás,
no llorarás, no te saldrá una lágrima.
17 Suspira en silencio, no hagas duelo de
muertos; ciñe el turbante a tu cabeza,
ponte tus sandalias en los pies, no te cubras la barba, no comas pan ordinario.»
18 Yo hablé al pueblo por la mañana,
y por la tarde murió mi mujer; y al día
siguiente por la mañana hice como se
me había ordenado. 19 El pueblo me dijo:
«¿No nos explicarás qué significado tiene
para nosotros lo que estás haciendo?»
20 Yo les dije: «La palabra de Yahvé me
ha sido dirigida en estos términos: 21 Di a
la casa de Israel: Así dice el Señor Yahvé:
He decidido profanar mi santuario, orgullo de la fuerza de ustedes, encanto de
sus ojos, pasión de sus almas. Sus hijos
y sus hijas que han abandonado, caerán
a espada. 22 Y ustedes harán como yo
he hecho*: no se cubrirán la barba, no
comerán pan ordinario, 23 seguirán llevando sus adornos en la cabeza y sus
sandalias en los pies, no se lamentarán
ni llorarán. Se consumirán a causa de
sus culpas y gemirán los unos con los
otros. 24 Ezequiel será para ustedes un
símbolo; harán todo lo que él ha hecho.
Y cuando esto suceda, sabrán que yo
soy el Señor Yahvé.

25 «Y tú, hijo de hombre, el día en que
yo les quite su apoyo, su alegre ornato,
el encanto de sus ojos, el anhelo de su
alma, sus hijos y sus hijas, 26 ese día
llegará donde ti el fugitivo que traerá la
noticia. 27 Aquel día se abrirá tu boca
para hablar al fugitivo; hablarás y ya no
seguirás mudo; serás un símbolo para
ellos, y sabrán que yo soy Yahvé.»

*II. Oráculos contra las naciones**

Contra los amonitas.
Ez **21** 33-37; Am **1** 13-15;
Jr **49** 1-6.

25 1 La palabra de Yahvé se dirigió
a mí en estos términos: 2 «Hijo
de hombre, vuelve tu rostro hacia los
amonitas y profetiza contra ellos. 3 Dirás
a los amonitas: Escuchen la palabra del
Señor Yahvé. Así dice el Señor Yahvé:

Por haber dicho: '¡Ja, ja!' sobre mi
santuario cuando era profanado, sobre
la tierra de Israel cuando era devastada y
sobre la casa de Judá cuando marchaba
al destierro, 4 por eso, voy a entregarte
en posesión a los hijos de Oriente*;
emplazarán en ti sus campamentos, y
pondrán en ti sus tiendas; ellos comerán
tus frutos y ellos beberán tu leche. 5 Yo
haré de Rabá un establo de camellos, y
de las ciudades de Amón un redil de
ovejas. Y sabrán que yo soy Yahvé.»

6 Así dice el Señor Yahvé:

«Por haber batido palmas y haber pa-
taleado, por haberte alegrado, con todo
tu desprecio y animosidad, a costa de la
tierra de Israel, 7 por eso, voy a extender mi mano contra ti y te entregaré al
saqueo de las naciones, te extirparé de
entre los pueblos y te exterminaré de
entre los países. Te destruiré, y sabrás
que yo soy Yahvé.»

Contra Moab.
Am **2** 1-3; Jr **48**; So **2** 8-11.

8 Así dice el Señor Yahvé:

«Porque Moab y Seír han dicho: 'Miren, la casa de Judá es igual que todas
las naciones', 9 por eso, voy a abrir las

24 16 *El encanto de tus ojos*, es una expresión de ternura que designa a la mujer del profeta, v. 18.

24 22 El golpe será tan repentino que los habitantes de Jerusalén no dispondrán de tiempo para lamentarse ni llorar su falta.

25 Como en Am **1-2**; Is **13-23**; Jr **47-51**, los oráculos de Ezequiel contra las naciones están agrupados en los caps. **25-32**.

25 4 Los árabes nómadas, Is **11** 14; etc.

espaldas de Moab y a destruir de un extremo al otro sus ciudades, las joyas de
ese país, Bet Yesimot, Baal Meón, Quiriatáin. 10 A los hijos de Oriente, además
de los amonitas, la entrego en posesión,
para que no se recuerde más entre las
naciones. 11 Haré justicia de Moab, y se
sabrá que yo soy Yahvé.»

Contra Edom.
Ez **35**; Am **1** 11-12; Jr **49** 7-22;
Is **34**; Sal **137** 7.

12 Así dice el Señor Yahvé:
«Porque Edom ha ejecutado su venganza sobre la casa de Judá y se ha hecho gravemente culpable al vengarse de
ella, 13 por eso, así dice el Señor Yahvé:
Yo extenderé mi mano contra Edom y
extirparé de ella hombres y bestias. La
convertiré en desierto; desde Temán a
Dedán caerán a espada. 14 Pondré mi
venganza contra Edom en manos de mi
pueblo Israel, que tratará a Edom según
mi cólera y mi furor, y se sabrá lo que es
mi venganza, oráculo del Señor Yahvé.»

Contra los filisteos.
Jos **13** 1+; So **2** 4-7.

15 Así dice el Señor Yahvé:
«Porque los filisteos han actuado ven-
gativamente y han ejecutado su venganza con desprecio y animosidad, tratando
de destruir a impulsos de un odio eterno, 16 por eso, así dice el Señor Yahvé:
Voy a extender mi mano contra los
filisteos; extirparé a los quereteos y destruiré lo que queda en el litoral del mar.
17 Ejecutaré contra ellos terribles venganzas, furiosos escarmientos, y sabrán
que yo soy Yahvé, cuando les aplique mi
venganza.»

Contra Tiro.
Is **23**.

26 1 El año undécimo, el día primero del mes, la palabra de
Yahvé se dirigió a mí en estos términos:
2 «Hijo de hombre,
porque Tiro ha dicho contra
Jerusalén:
'¡Ja, ja! ahí está rota,
la puerta de los pueblos;
se vuelve hacia mí,
su riqueza está en ruinas',
3 por eso, así dice el Señor Yahvé:
Aquí estoy contra ti, Tiro.
Voy a hacer subir contra ti
a naciones numerosas,
como el mar hace subir sus olas.
4 Derruirán las murallas de Tiro
y abatirán sus torres.
Yo barreré de ella hasta el polvo
y la dejaré como roca pelada.

5 Quedará, en medio del mar,
como un secadero de redes.
Porque he hablado yo,
oráculo del Señor Yahvé.
Tiro será presa propicia
para las naciones.
6 Y sus hijas que están tierra adentro
serán muertas a espada.
Y se sabrá que yo soy Yahvé.
7 Pues así dice el Señor Yahvé:
He aquí que yo traigo contra Tiro,
por el norte,
a Nabucodonosor, rey de Babilonia,
rey de reyes,
con caballos, carros y jinetes
y gran número de tropas.
8 A tus hijas que están tierra adentro
las matará a espada.
Hará contra ti trincheras,
levantará contra ti un terraplén,
alzará contra ti un testudo,
9 lanzará los golpes de su ariete
contra tus murallas,
demolerá tus torres con sus máquinas.
10 Sus caballos son tan numerosos
que su polvo te cubrirá.
Al estrépito de su caballería,
de sus carros y carretas,
trepidarán tus murallas
cuando entre él por tus puertas,
como se entra en una ciudad,
brecha abierta.
11 Con los cascos de sus caballos
hollará todas tus calles,
a tu pueblo pasará a cuchillo,
y tus grandiosas estelas
se desplomarán en tierra.

[12] Se llevarán como botín tus riquezas,
saquearán tus mercancías,
destruirán tus murallas,
demolerán tus casas suntuosas.
Tus piedras, tus vigas y tus escombros
los echarán al fondo de las aguas.
[13] Yo haré cesar
la armonía de tus canciones,
y no se volverá a oír el son de tus
cítaras.
[14] Te convertiré en roca pelada,
quedarás como secadero de redes;
no volverás a ser reconstruida,
porque yo, Yahvé, he hablado,
oráculo del Señor Yahvé.»

Lamentación por Tiro.

[15] Así dice el Señor Yahvé a Tiro: «Al
estruendo de tu caída, cuando giman las
víctimas, cuando hierva la carnicería en
medio de ti, ¿no temblarán las islas? [16] Bajarán de sus tronos todos los príncipes
del mar, se quitarán sus mantos, dejarán
sus vestidos recamados. Se vestirán de
pavores, se sentarán en tierra, sin tregua
temblarán y quedarán pasmados por ti.
[17] «Entonarán por ti una elegía y te
dirán:

¡Ah! ahí estás destruida,
desaparecida de los mares,
la ciudad famosa,
que fue poderosa en el mar,
con tus habitantes,
los que infundían el terror
en todo el continente.
[18] Ahora tiemblan las islas
en el día de tu caída,
las islas del mar están aterradas de tu
fin.

[19] «Porque así dice el Señor Yahvé:
Cuando yo te convierta en una ciudad en ruinas como las ciudades despobladas, cuando yo empuje sobre ti el
océano, y te cubran las muchas aguas,
[20] entonces te precipitaré con los que
bajan a la fosa, con el pueblo de antaño;
te haré habitar en los infiernos, como
las ruinas de antaño, con los que bajan a
la fosa, para que no vuelvas a ser restablecida en la tierra de los vivos. [21] Haré
de ti un objeto de espanto, y no existirás
más. Se te buscará y no se te encontrará
jamás, oráculo del Señor Yahvé.»

Segunda lamentación por la caída de Tiro*.

27 [1] La palabra de Yahvé se dirigió
a mí en estos términos: [2] «Y tú,
hijo de hombre, entona una elegía sobre
Tiro. [3] Dirás a Tiro, la ciudad sentada a la
entrada del mar, centro del tráfico de los
pueblos hacia islas sin cuento: Así dice el
Señor Yahvé:

Tiro, tú decías: Yo soy un navío
de perfecta hermosura.
[4] En el corazón de los mares
estaban tus fronteras.
Tus fundadores hicieron
perfecta tu hermosura.
[5] Con cipreses de Senir te
construyeron
todas tus planchas.
Del Líbano tomaron un cedro
para erigirte un mástil.
[6] De las encinas de Basán
hicieron tus remos.
El puente te lo hicieron
de marfil incrustado en cedro
de las islas de Quitín.
[7] De lino recamado de Egipto era tu
vela
que te servía de enseña.
Púrpura y escarlata de las islas de
Elisá
formaban tu toldo.
[8] Los habitantes de Sidón y de Arvad
eran tus remeros.
Y tus sabios, Tiro, iban a bordo
como timoneles.
[9] En ti estaban los ancianos de Guebal
y sus artesanos
para reparar tus averías.

Todas las naves del mar y sus marineros estaban contigo para asegurar tu
comercio. [10] Los de Persia, de Lud y de
Put servían en tu ejército como hombres

27 Descripción simbólica de un naufragio.

de guerra; suspendían en ti el escudo y
el yelmo, te daban esplendor. 11 Los hijos de Arvad, con tu ejército, guarnecían
por todas partes tus murallas, y los ga-
madeos tus torres. Suspendían sus escudos en tus murallas, todo alrededor, y
hacían perfecta tu hermosura. 12 Tarsis
era cliente tuya, por la abundancia de
toda riqueza: plata, hierro, estaño y plomo daba por tus mercancías. 13 Yaván,
Túbal y Mésec traficaban contigo: te daban a cambio hombres y utensilios de
bronce. 14 Los de Bet Togarmá daban
por tus mercancías caballos de tiro y de
silla, y mulos. 15 Los hijos de Rodán traficaban contigo; numerosas islas eran
clientes tuyas; te pagaban con colmillos
de marfil y madera de ébano. 16 Edom
era cliente tuyo por la abundancia de
tus productos: daba por tus mercancías
malaquita, púrpura, recamados, batista,
coral y rubíes. 17 Judá y la tierra de Israel
traficaban también contigo: te daban a
cambio trigo de Minit, pannag*, miel,
aceite y resina. 18 Damasco era cliente
tuya por la abundancia de tus productos;
gracias a la abundancia de toda riqueza,
te proveía de vino de Jelbón y lana de
Sajar. 19 Dan y Yaván, desde Uzal, daban por tus mercancías hierro forjado,
canela y caña. 20 Dedán traficaba contigo en sillas de montar. 21 Arabia y todos
los príncipes de Quedar eran también
tus clientes: pagaban con corderos,
carneros y machos cabríos. 22 Los mercaderes de Sabá y de Ramá traficaban
contigo: aromas de primera calidad y
toda clase de piedras preciosas y oro
daban por tus mercancías. 23 Jarán,
Ca-né y Edén, los mercaderes de Sabá,
de Asiria y de Quilmad traficaban contigo. 24 Traían a tu mercado vestidos
de lujo, mantos de púrpura y brocado,
tapices multicolores y maromas trenzadas. 25 Las naves de Tarsis formaban tu
flota comercial.

Estabas repleta y pesada
en el corazón de los mares.
26 A alta mar te condujeron
los que a remo te llevaban.
El viento de oriente te ha quebrado
en el corazón de los mares.
27 Tus riquezas, tus mercancías y tus
fletes,
tus marineros y tus timoneles,
tus calafates, tus agentes comerciales,
todos los guerreros que llevas,
toda la tripulación que transportas,
se hundirán en el corazón de los mares
el día de tu naufragio.
28 Al oír los gritos de tus marinos,
se asustarán las costas.
29 Entonces desembarcarán de sus naves
todos los remeros.
Los marineros,
todos los hombres de mar,
se quedarán en tierra.
30 Lanzarán su clamor por ti,
gritarán amargamente.
Se echarán polvo en la cabeza,
se revolcarán en la ceniza;
31 se raparán el pelo por tu causa,
se ceñirán de saco.
Llorarán por ti,
en la amargura de su alma,
con amargo lamento.
32 Entonarán por ti,
en su duelo, una elegía,
harán por ti esta lamentación:
«¿Quién era semejante a Tiro
en medio del mar?
33 Cuando tus mercancías
se desembarcaban,
saciabas a muchos pueblos;
con la abundancia
de tus riquezas y productos
enriquecías a los reyes de la tierra.
34 Mas ahora estás ahí
quebrada por los mares,
en las honduras de las aguas.
Tu carga y toda tu tripulación
se han hundido contigo.
35 Todos los habitantes de las islas
están pasmados por tu causa.
Sus reyes están estremecidos de
terror,
descompuesto su rostro.

27 17 *Pannag*: palabra desconocida, tal vez una especie de galleta.

36 Los mercaderes de los pueblos
silban sobre ti,
porque te has convertido
en objeto de espanto,
y has desaparecido para siempre.»

Contra el rey de Tiro.

28 1 La palabra de Yahvé se dirigió
a mí en estos términos: 2 «Hijo
de hombre, di al príncipe de Tiro:
Así dice el Señor Yahvé:

¡Oh!, tu corazón se ha engreído
y has dicho: 'Soy un dios*,
estoy sentado en un trono divino,
en el corazón de los mares.'
Tú que eres un hombre y no un dios,
equiparas tu corazón al corazón de
Dios.
3 ¡Oh sí, eres más sabio que Danel!
Ningún sabio es semejante a ti.
4 Con tu sabiduría y tu inteligencia
te has hecho una fortuna,
has amontonado oro y plata
en tus tesoros.
5 Por tu gran sabiduría y tu comercio
has multiplicado tu fortuna,
y por tu fortuna
se ha engreído tu corazón.
6 Por eso, así dice el Señor Yahvé:
Porque has equiparado
tu corazón al corazón de Dios,
7 por eso, he aquí que yo traigo
contra ti extranjeros,
los más bárbaros entre las naciones.
Desenvainarán la espada
contra tu linda sabiduría,
y profanarán tu esplendor;
8 te precipitarán en la fosa,
y morirás de muerte violenta
en el corazón de los mares.
9 ¿Podrás decir aún: 'Soy un dios',
ante tus verdugos?
Pero serás un hombre, que no un dios,
entre las manos de los que te
traspasen.
10 Tendrás la muerte de los incircuncisos,
a manos de extranjeros.
Porque he hablado yo, oráculo del
Señor Yahvé.»

La caída del rey de Tiro*.

11 La palabra de Yahvé se dirigió a mí
en estos términos: 12 «Hijo de hombre,
entona una elegía sobre el rey de Tiro.
Le dirás: Así dice el Señor Yahvé:

Eras el sello de una obra maestra,
lleno de sabiduría,
acabado en belleza.
13 En Edén estabas, en el jardín de Dios.
Toda suerte de piedras preciosas
formaban tu manto:
rubí, topacio, diamante,
crisólito, piedra de ónice, jaspe,
zafiro, malaquita, esmeralda;
en oro estaban labrados los aretes
y pinjantes que llevabas,
aderezados desde el día de tu creación.
14 Querubín protector de alas
desplegadas te había hecho yo,
estabas en el monte santo de Dios,
caminabas entre piedras de fuego*.

15 Fuiste perfecto en tu conducta
desde el día de tu creación,
hasta el día en que se halló
en ti iniquidad.
16 Por la amplitud de tu comercio
se ha llenado tu interior de violencia,
y has pecado.
Y yo te he degradado del monte de
Dios,
y te he eliminado, querubín protector,
de en medio de las piedras de fuego.
17 Tu corazón se ha pagado de tu belleza,
has corrompido tu sabiduría
por causa de tu esplendor.
Yo te he precipitado en tierra,
te he expuesto
como espectáculo a los reyes.
18 Por la multitud de tus culpas
por la inmoralidad de tu comercio,

28 2 Ver Gn **3** 5.
28 11 Este rey de Tiro es menos Itobaal II que una personificación de la ciudad. La tradición cristiana ha visto aquí la caída de Lucifer, ver **28** 2.
28 14 En esta descripción a veces oscura se mezclan recuerdos del paraíso terrenal, Gn **3** 24, y rasgos mitológicos orientales.

has profanado tus santuarios.
Y yo he sacado de ti mismo
el fuego que te ha devorado;
te he reducido a ceniza sobre la tierra,
a los ojos de todos los que te miraban.
19 Todos los pueblos que te conocían
están pasmados por ti.
Eres un objeto de espanto,
y has desaparecido para siempre.»

Contra Sidón.

20 La palabra de Yahvé se dirigió a mí
en estos términos: 21 «Hijo de hombre,
vuelve tu rostro hacia Sidón y profetiza
contra ella. 22 Dirás: Así dice el Señor
Yahvé:

Aquí estoy contra ti, Sidón;
en medio de ti seré glorificado.
Se sabrá que yo soy Yahvé,
cuando yo haga justicia de ella
y manifieste en ella mi santidad.
23 Mandaré contra ella la peste,
habrá sangre en sus calles;
las víctimas caerán en medio de ella,
bajo la espada que la cercará por
todas partes,
y se sabrá que yo soy Yahvé.

Israel, librada de las naciones.

24 «No habrá más, para la casa de
Israel,
espina que punce ni zarza que
lacere,
entre todos sus vecinos que la
desprecian,
y se sabrá que yo soy el Señor
Yahvé.

25 «Así dice el Señor Yahvé: Cuando
yo reúna a la casa de Israel de en medio
de los pueblos donde está dispersa, manifestaré en ellos mi santidad a los ojos
de las naciones. Habitarán en la tierra
que yo di a mi siervo Jacob; 26 habitarán
allí con seguridad, construirán casas y
plantarán viñas; vivirán seguros. Cuando yo haga justicia de todos sus vecinos
que los desprecian, se sabrá que yo soy
Yahvé su Dios.»

Contra Egipto.
Is **19**; Jr **46**.

29 1 El año décimo, el día doce del
décimo mes, la palabra de Yah-
vé se dirigió a mí en estos términos:
2 «Hijo de hombre, vuelve tu rostro hacia
el faraón, rey de Egipto, y profetiza contra él y contra todo Egipto. 3 Habla y di:
Así dice el Señor Yahvé:

Aquí estoy contra ti, faraón,
rey de Egipto,
gran cocodrilo, recostado
en medio de sus Nilos,
tú que has dicho: 'Mi Nilo es mío,
yo mismo lo he hecho.'
4 Voy a ponerte garfios en las
quijadas,
pegaré a tus escamas
los peces de tus Nilos,
te sacaré fuera de tus Nilos,
con todos los peces de tus Nilos,
pegados a tus escamas.
5 Te arrojaré al desierto,
a ti y a todos los peces de tus Nilos.
En la superficie del campo caerás,
no serás recogido ni enterrado.
A las bestias de la tierra
y a las aves del cielo
te entregaré como pasto,
6 y sabrán todos los habitantes de
Egipto que yo soy Yahvé.
Porque has sido un apoyo de caña
para la casa de Israel;
7 cuando ellos te agarraban,
te rompías en sus manos
y desgarrabas toda su palma;
cuando se apoyaban en ti,
te hacías pedazos
y hacías vacilar todos los riñones.

8 «Por eso, así dice el Señor Yahvé: He
aquí que yo traigo contra ti la espada,
para extirpar de ti hombres y bestias. 9 El
país de Egipto se convertirá en desolación y ruina, y se sabrá que yo soy Yahvé.
Por haber dicho: 'El Nilo es mío, yo mismo lo he hecho', 10 por eso, aquí estoy
yo contra ti y contra tus Nilos. Convertiré
el país de Egipto en ruinas, devastación y
desolación, desde Migdol hasta Sevené y

hasta la frontera de Etiopía. 11 No pasará por él pie de hombre, pie de animal
no pasará por él. Quedará deshabitado
durante cuarenta años. 12 Yo haré del
país de Egipto una desolación en medio
de países desolados; sus ciudades serán
una desolación entre ciudades en ruinas,
durante cuarenta años. Dispersaré a los
egipcios entre las naciones y los esparciré por los países. 13 Porque así dice el
Señor Yahvé: Al cabo de cuarenta años,
reuniré a los habitantes de Egipto de
entre los pueblos en los que habían sido
dispersados. 14 Recogeré a los cautivos
egipcios y los haré volver al país de
Patrós, su país de origen. Allí formarán
un reino modesto. 15 Egipto será el más
modesto de los reinos y no se alzará
más sobre las naciones; lo haré pequeño para que no vuelva a imponerse a las
naciones. 16 No volverá a ser para la casa de Israel apoyo de su confianza, que
provoque el delito de irse en pos de él.
Y se sabrá que yo soy el Señor Yahvé.»

17 El año veintisiete, el día uno del primer mes, la palabra de Yahvé se dirigió
a mí en estos términos:

18 «Hijo de hombre, Nabucodonosor,
rey de Babilonia, ha emprendido con
su ejército grandes movimientos contra
Tiro. Todas las cabezas han quedado
peladas y todas las espaldas llagadas,
pero no ha obtenido de Tiro, ni para sí
ni para su ejército, ningún provecho de
la empresa acometida contra ella. 19 Por
eso, así dice el Señor Yahvé: He decidido entregar a Nabucodonosor, rey de
Babilonia, el país de Egipto. Él saqueará
sus riquezas, se apoderará de sus despojos y se llevará su botín, que será la paga
de su ejército. 20 En compensación de
su esfuerzo contra Tiro, yo le entrego
el país de Egipto, porque han trabajado
para mí, oráculo del Señor Yahvé.

21 «Aquel día yo haré brotar un cuerno
a la casa de Israel, y a ti te permitiré
abrir la boca en medio de ellos. Y sabrán que yo soy Yahvé.»

El día de Yahvé contra Egipto.

30 1 La palabra de Yahvé se dirigió
a mí en estos términos: 2 «Hijo
de hombre, profetiza y di: Así dice el
Señor Yahvé:

Giman: «¡Ah, el día aquel!»
3 Porque está cercano el día,
está cercano el día de Yahvé*,
día cargado de nubarrones,
la hora de las naciones será.
4 Vendrá la espada sobre Egipto,
cundirá el pánico en Cus,
cuando las víctimas caigan en Egipto,
cuando sean saqueadas sus riquezas
y sus cimientos derruidos.
5 Cus, Put y Lud, toda Arabia y Cub,
y los hijos del país de la alianza,
caerán con ellos a espada.
6 Así dice Yahvé:
Caerán los apoyos de Egipto,
se desplomará el orgullo de su fuerza;
desde Migdol a Sevené,
caerán todos a espada,
oráculo del Señor Yahvé.
7 Quedarán desolados
entre los países desolados,
y sus ciudades estarán
entre las ciudades en ruinas.
8 Sabrán que yo soy Yahvé,
cuando prenda fuego a Egipto,
y se rompan
todos sus apoyos.

9 «Aquel día saldrán de mi presencia
mensajeros en navíos a sembrar el terror en Cus que se cree segura. Cundirá
el pánico entre sus habitantes, en el día
de Egipto; véanlo, que aquí llega.

10 Así dice el Señor Yahvé:
Yo pondré fin a la multitud de Egipto,
por mano de Nabucodonosor,
rey de Babilonia.
11 Él, y su pueblo con él,
la más bárbara de las naciones,
serán enviados a asolar el país.
Desenvainarán la espada contra
Egipto,
y llenarán el país de víctimas.

30 3 El *Día de Yahvé*, Am **5** 18+.

12 Yo dejaré secos los Nilos,
y venderé el país
en manos de malvados.
Devastaré el país y todo lo que
encierra,
por mano de extranjeros.
Yo, Yahvé, he hablado.
13 Así dice el Señor Yahvé:
Haré desaparecer las basuras,
y pondré fin a los falsos dioses de Nof.
No habrá más príncipes en Egipto,
y yo sembraré el terror
en el país de Egipto.
14 Devastaré Patrós,
prenderé fuego a Soán,
haré justicia de No.
15 Derramaré mi furor en Sin,
la fortaleza de Egipto,
exterminaré la multitud de No.

16 «Prenderé fuego a Egipto. Sin se
retorcerá de dolor, en No se abrirá brecha y cundirán las aguas. 17 Los jóvenes
de On y de Pi Béset caerán a espada, y
las ciudades mismas partirán al cautiverio. 18 En Tafnis el día se convertirá en
tinieblas cuando yo quiebre allí el yugo
de Egipto y se acabe el orgullo de su
fuerza. A ella la cubrirá un nubarrón, y
sus hijas partirán al cautiverio. 19 Así
haré justicia de Egipto, y se sabrá que yo
soy Yahvé.»

20 El año undécimo, el día siete del
primer mes, la palabra de Yahvé se dirigió a mí en estos términos: 21 «Hijo de
hombre, yo he roto el brazo del faraón,
rey de Egipto, y he aquí que nadie ha
curado su herida aplicándole medica-
mentos y vendas para curarlo, de modo
que recobre el vigor para empuñar la espada. 22 Por eso, así dice el Señor Yahvé: Aquí estoy yo contra el faraón, rey
de Egipto; quebraré sus brazos, el que
está sano y el que está roto, y haré que
la espada caiga de su mano. 23 Dispersaré a Egipto entre las naciones, lo esparciré por los países. 24 Robusteceré
los brazos del rey de Babilonia, pondré
mi espada en su mano y romperé los
brazos del faraón, que lanzará ante él
gemidos de víctima. 25 Robusteceré los
brazos del rey de Babilonia, y los brazos
del faraón desmayarán. Y se sabrá que
yo soy Yahvé, cuando ponga mi espada
en la mano del rey de Babilonia y él la
esgrima contra el país de Egipto. 26 Dispersaré a Egipto entre las naciones, lo
esparciré por los países; y se sabrá que
yo soy Yahvé.»

El cedro.

31 1 El año undécimo, el día uno
del tercer mes, la palabra de
Yahvé se dirigió a mí en estos términos:
2 «Hijo de hombre, di al faraón, rey de
Egipto, y a la multitud de sus súbditos*:

¿A quién compararte en tu grandeza?
3 Mira: a un cedro del Líbano
de espléndido ramaje,
de fronda de amplia sombra
y de elevada talla.
Entre las nubes despuntaba su copa.
4 Las aguas lo hicieron crecer,
el abismo lo hizo subir,
derramando sus aguas
en torno a su plantación,
enviando sus acequias
a todos los árboles del campo.
5 Por eso su tronco superaba en altura
a todos los árboles del campo,
sus ramas se multiplicaban,
se alargaba su ramaje,
por la abundancia de agua
que le hacía crecer.
6 En sus ramas anidaban
todos los pájaros del cielo,
bajo su fronda parían
todas las bestias del campo,
a su sombra se sentaban
naciones numerosas.
7 Era hermoso en su grandeza,
en su despliegue de ramaje,
porque sus raíces se alargaban
hacia aguas abundantes.
8 No lo igualaban los demás cedros
en el jardín de Dios,
los cipreses no podían competir
con su ramaje,

31 2 Ver **17**; pero aquí el esplendor de Egipto será súbitamente destruido.

los plátanos no tenían
ramas como las suyas.
Ningún árbol, en el jardín de Dios,
lo igualaba en belleza.
9 Yo lo había embellecido
con follaje abundante,
y lo envidiaban
todos los árboles de Edén,
los del jardín de Dios.

10 «Pues bien, así dice el Señor Yahvé:
Por haber exagerado su talla, levantando
su copa por entre las nubes, y haberse
engreído su corazón de su altura, 11 yo
lo he entregado en manos del conductor
de las naciones, para que lo trate conforme a su maldad; ¡lo he desechado!
12 Extranjeros, los más bárbaros entre las
naciones, lo han talado y lo han abandonado. En los montes y por todos los
valles yace su ramaje; sus ramas están
destrozadas por todos los barrancos del
país; toda la población del país se ha
retirado de su sombra y lo ha abandonado.

13 Sobre sus despojos se han posado
todos los pájaros del cielo,
a sus ramas han venido
todas las bestias del campo.

14 «Ha sido para que ningún árbol
plantado junto a las aguas se engría de
su talla, ni levante su copa por entre las
nubes, y para que ningún árbol bien regado se estire hacia ellas con su altura.

¡Porque todos ellos
están destinados a la muerte,
a los infiernos,
como el común de los hombres,
como los que bajan a la fosa!

15 «Así dice el Señor Yahvé: El día que
bajó al Seol*, en señal de duelo yo cerré
sobre él el abismo, detuve sus ríos, y las
aguas abundantes cesaron; por causa de
él llené de sombra el Líbano, y todos los
árboles del campo se amustiaron por él.
16 Hice temblar a las naciones por el estrépito de su caída, cuando lo precipité
en el Seol, con los que bajan a la fosa. En
los infiernos se consolaron todos los árboles de Edén, lo más selecto y más bello
del Líbano, regados todos por las aguas.
17 Y al mismo tiempo que él, bajaron al
Seol, donde las víctimas de la espada,
los que eran su brazo y moraban a su
sombra en medio de las naciones.

18 «¿A quién eras comparable en gloria y en grandeza, entre los árboles de
Edén? Sin embargo has sido precipitado, con los árboles de Edén, en los infiernos; en medio de incircuncisos yaces,
con las víctimas de la espada: ése es el
faraón y toda su multitud, oráculo del
Señor Yahvé.»

El cocodrilo.

32 1 El año duodécimo, el día uno
del duodécimo mes, la palabra
de Yahvé se dirigió a mí en estos términos: 2 «Hijo de hombre, entona una elegía
sobre el faraón, rey de Egipto. Le dirás:

29 3-5; ver Jb **40** 25-**41** 26.
Leoncillo de las naciones, estás
perdido.
Eras como un cocodrilo en los mares,
chapoteabas en tus ríos,
enturbiabas el agua con tus patas,
agitabas su corriente.

3 Así dice el Señor Yahvé:
Yo echaré sobre ti mi red
entre una asamblea
de pueblos numerosos,
en mi red te sacarán.
4 Te dejaré abandonado por tierra,
te tiraré sobre la superficie del campo,
haré que se posen sobre ti
todos los pájaros del cielo,
hartaré de ti
a todas las bestias de la tierra.
5 Echaré tu carne por los montes,
de tu carroña llenaré los valles.
6 Regaré el país con tus despojos,
con tu sangre, sobre los montes,
y los barrancos se llenarán de ti.
7 Cuando te extingas, velaré los cielos
y oscureceré las estrellas.

31 15 Ver Nm **16** 33+.

Cubriré el sol de nubes
y la luna no dará más su claridad.
[8] Oscureceré por tu causa
todos los astros que brillan en el cielo,
y traeré tinieblas sobre tu país,
oráculo del Señor Yahvé.

[9] «Entristeceré el corazón de muchos
pueblos cuando haga llegar la noticia de
tu ruina entre las naciones, hasta países
que no conoces. [10] Dejaré pasmados
por ti a muchos pueblos, y sus reyes se
estremecerán de horror por tu causa,
cuando yo blanda mi espada ante ellos.
Temblarán sin tregua, cada uno por su
vida, el día de tu caída.

[11] Porque así dice el Señor Yahvé:
La espada del rey de Babilonia
caerá sobre ti.
[12] Abatiré la multitud de tus súbditos,
por la espada de guerreros,
todos ellos los más bárbaros
de las naciones;
arrasarán el orgullo de Egipto
y toda su multitud será exterminada.
[13] Y haré perecer a todo tu ganado,
junto a las aguas abundantes.
No las enturbiará más pie de hombre,
no volverá a enturbiarlas
pezuña de animal.
[14] Entonces yo amansaré sus aguas,
haré correr sus ríos como aceite,
oráculo del Señor Yahvé.
[15] Cuando yo convierta
a Egipto en desolación,
y el país sea despojado
de cuanto contiene,
cuando hiera a todos los que lo
habitan,
sabrán que yo soy Yahvé.»

[16] Una elegía es ésta, que cantarán
las hijas de las naciones. La cantarán
sobre Egipto y sobre toda su multitud.
Cantarán esta elegía, oráculo del Señor
Yahvé.

Bajada del faraón al Seol.
31 16-18; Is **14** 9-11.15.

[17] El año duodécimo, el quince del
primer mes, la palabra de Yahvé se dirigió a mí en estos términos: [18] «Hijo de
hombre, haz una lamentación sobre la
multitud de Egipto, hazle bajar, a él y a
las hijas de las naciones, majestuosas, a
los infiernos, con los que bajan a la fosa.

[19] «¿A quién superas en belleza? Baja,
acuéstate con los incircuncisos. [20] En medio de las víctimas de la espada caen (la
espada ha sido entregada, la han sacado)
él y todas sus multitudes. [21] Le hablan de
en medio del Seol los más esclarecidos
héroes, con sus auxiliares: 'Han bajado,
yacen ya los incircuncisos, víctimas de
la espada'.

[22] «Allí está Asiria y toda su asamblea
con sus sepulcros en torno a él, todos
caídos, víctimas de la espada; [23] sus sepulcros han sido puestos en las profundidades de la fosa, y su asamblea está en
torno a su sepulcro, todos caídos víctimas de la espada, los que sembraban el
pánico en la tierra de los vivos.

[24] «Allí está Elam con toda su multitud en torno a su sepulcro; todos caídos víctimas de la espada, han bajado,
incircuncisos, a los infiernos, ellos que
sembraban el pánico en la tierra de los
vivos. Soportan su ignominia con los
que bajan a la fosa. [25] En medio de estas
víctimas se le ha preparado un lecho,
entre toda su multitud con sus sepulcros
en torno a él; todos ellos incircuncisos,
víctimas de la espada, por haber sembrado el pánico en la tierra de los vivos;
soportan su ignominia con los que bajan
a la fosa. Se los ha puesto en medio de
estas víctimas.

[26] «Allí están Mésec, Túbal y toda su
multitud con sus sepulcros en torno a él,
todos incircuncisos, atravesados por la
espada, por haber sembrado el pánico
en la tierra de los vivos. [27] No yacen con
los héroes caídos de antaño, aquellos
que bajaron al Seol con sus armas de
guerra, a los que se les ha puesto la
espada bajo su cabeza y los escudos sobre sus huesos, porque el pánico de los
héroes cundía en la tierra de los vivos.
[28] Pero tú serás quebrantado en medio
de incircuncisos y yacerás con las víctimas de la espada.

29 «Allí está Edom, sus reyes y todos
sus príncipes, que fueron puestos, a pesar de su prepotencia, entre las víctimas
de la espada. Yacen entre incircuncisos,
con los que bajan a la fosa.

30 «Allí están todos los príncipes del
norte, todos los sidonios, que bajaron
con las víctimas, a pesar del pánico que
sembraba su prepotencia. Confundidos
yacen, incircuncisos, entre las víctimas
de la espada, y soportan su ignominia
con los que bajan a la fosa.

31 «El faraón los verá y se consolará a
la vista de toda esa multitud, víctima de
la espada, el faraón y todo su ejército,
oráculo del Señor Yahvé. 32 Porque
había sembrado el pánico en la tierra
de los vivos, será tendido en medio
de incircuncisos, con las víctimas de la
espada, el faraón y toda su multitud,
oráculo del Señor Yahvé.»

*III. Durante y después del asedio de Jerusalén**

El profeta como centinela. **3** 17-21.

33 1 La palabra de Yahvé se dirigió
a mí en estos términos*: 2 «Hijo
de hombre, habla a los hijos de tu pueblo. Les dirás: Si yo hago venir la espada sobre un país, y la gente de ese país
escoge a uno de los suyos y lo ponen
como centinela; 3 y éste, al ver venir la
espada sobre el país, toca el cuerno
para advertir al pueblo: 4 si resulta que
alguien oye bien el sonido del cuerno,
pero no hace caso, de suerte que la
espada sobreviene y lo mata, la sangre
de este hombre recaerá sobre su propia
cabeza. 5 Ha oído el sonido del cuerno
y no ha hecho caso: su sangre recaerá
sobre él. En cambio, el que haya hecho
caso, salvará su vida.

6 «Si, por el contrario, el centinela ve
venir la espada y no toca el cuerno, de
suerte que el pueblo no es advertido, y
la espada sobreviene y mata a alguno de
ellos, perecerá éste por su culpa, pero de
su sangre yo pediré cuentas al centinela.

7 «A ti, también, hijo de hombre, te
he hecho yo centinela de la casa de Israel. Cuando oigas una palabra de mi
boca, les advertirás de mi parte. 8 Si yo
digo al malvado: 'Malvado, vas a morir
sin remedio', y tú no le hablas para advertir al malvado que deje su conducta,
él, el malvado, morirá por su culpa, pero de su sangre yo te pediré cuentas a ti.
9 Si por el contrario adviertes al malvado
que se convierta de su conducta, y él
no se convierte, morirá él debido a su
culpa, mientras que tú habrás salvado tu
vida.

Conversión y perversión. **14** 12-20+; **18** 21-30+.

10 «Y tú, hijo de hombre, di a la casa
de Israel: Ustedes andan diciendo: 'Nuestros crímenes y nuestros pecados pesan
sobre nosotros y por causa de ellos nos
consumimos. ¿Cómo podremos vivir?'
11 Diles: 'Por mi vida, oráculo del Señor
Yahvé, que yo no me complazco en la
muerte del malvado, sino en que el malvado se convierta de su conducta y viva.
Conviértanse, conviértanse de su mala
conducta. ¿Por qué han de morir, casa
de Israel?'

12 «Y tú, hijo de hombre, di a los hijos
de tu pueblo: La justicia del justo no le
salvará el día de su perversión, ni la maldad del malvado le hará sucumbir el día
en que se aparte de su maldad. Pero
tampoco el justo vivirá en virtud de su
justicia el día en que peque. 13 Si yo digo
al justo: 'Vivirás', pero él, fiándose de su
justicia, comete la injusticia, no quedará
memoria de toda su justicia, sino que

33 La tercera parte del libro contiene los oráculos pronunciados después de la invasión de Palestina por Nabucodonosor, con excepción de los poemas contra las naciones, reunidos en la segunda parte.

33 1 Reanudación del tema de **3** 17-21.

morirá por la injusticia que cometió. [14] Y si digo al malvado: 'Vas a morir', y él se aparta de su pecado y practica el derecho y la justicia, [15] si devuelve la prenda, restituye lo que robó, observa los preceptos que dan la vida y deja de cometer injusticia, vivirá ciertamente, no morirá. [16] Ninguno de los pecados que cometió se le recordará más: ha observado el derecho y la justicia; ciertamente vivirá.

[17] «Y los hijos de tu pueblo dicen: 'No es justo el proceder del Señor.' El proceder de ellos es el que no es justo. [18] Cuando el justo se aparta de su justicia para cometer injusticia, muere por ello. [19] Y cuando el malvado se aparta de su maldad y observa el derecho y la justicia, vive por ello. [20] Y ustedes dicen: 'No es justo el proceder del Señor.' Yo juzgaré a cada uno de ustedes según su conducta, casa de Israel.»

La toma de la ciudad.

[21] El año duodécimo, el día cinco del décimo mes de nuestra cautividad, llegó donde mí el fugitivo de Jerusalén y me anunció: «La ciudad ha sido tomada.» [22] La mano de Yahvé había venido sobre mí, la tarde antes de llegar el fugitivo, y me había abierto la boca para cuando éste llegó donde mí por la mañana; mi boca se abrió y no estuve más mudo*.

La devastación del país.

[23] Entonces, la palabra de Yahvé se dirigió a mí en estos términos: [24] «Hijo de hombre, los que habitan esas ruinas, en el suelo de Israel, dicen: 'Uno solo era Abrahán y obtuvo en posesión esta tierra. Nosotros somos muchos; a nosotros se nos ha dado esta tierra en posesión.'

[25] «Pues bien, diles: Así dice el Señor Yahvé: Ustedes comen con sangre*, alzan los ojos hacia sus basuras, derraman sangre, ¡y van a poseer esta tierra! [26] Confían en sus espadas, cometen abominación, cada cual contamina a la mujer de su prójimo, ¡y van a poseer esta tierra! [27] Les dirás: Así dice el Señor Yahvé: Por mi vida, que los que están entre las ruinas caerán a espada, a los que andan por el campo los entregaré a las bestias como pasto, y los que están en las escarpaduras y en las cuevas morirán de peste. [28] Convertiré esta tierra en soledad desolada, y se acabará el orgullo de su fuerza. Los montes de Israel serán devastados y nadie pasará más por ellos. [29] Y se sabrá que yo soy Yahvé, cuando convierta esta tierra en soledad desolada, por todas las abominaciones que han cometido.

Resultados de la predicación.

[30] «En cuanto a ti, hijo de hombre, los hijos de tu pueblo hablan de ti a la vera de los muros y a las puertas de las casas. Se dicen unos a otros: 'Vamos a escuchar qué palabra viene de parte de Yahvé.' [31] Y vienen a ti en masa, y mi pueblo se sienta delante de ti; escuchan tus palabras, pero no las ponen en práctica. Porque hacen amores con su boca, pero su corazón sólo anda buscando su interés. [32] Tú eres para ellos como una canción de amor, graciosamente cantada, con acompañamiento de buena música. Escuchan tus palabras, pero no hay quien las cumpla. [33] Mas cuando todo esto llegue —y he aquí que ya llega—, sabrán que había un profeta en medio de ellos.»

Los pastores de Israel*.

Jr **23** 1-6; **31** 10; Za **11** 4-17; ↗ Mt **18** 12-14; ↗ Lc **15** 4-7; ↗ Jn **10** 1-18+.

34 [1] La palabra de Yahvé se dirigió a mí en estos términos: [2] «Hijo

33 22 Ezequiel, pues, había sido privado del uso de la palabra por la *mano de Yahvé*, ver **3** 24-27; **24** 27.

33 25 Ver Lv **1** 5+.

34 Tema de Jr **23** 1-6; ver Jr **2** 8; **3** 15; **10** 21. A los malos pastores, los reyes y jefes del pueblo, les quitará Yahvé el rebaño que ellos maltratan, vv. 1-10, y él mismo se hará cargo de su pueblo; ver Gn **48** 15; **49** 24; Is **40** 11; Sal **23**; **80** 2; **95** 7. Es el anuncio

de hombre, profetiza contra los pastores de Israel, profetiza. Dirás a los pastores: Así dice el Señor Yahvé: ¡Ay de los pastores de Israel que se apacientan a sí mismos! ¿No deben los pastores apacentar el rebaño? 3 Ustedes se han tomado la leche, se han vestido con la lana, han sacrificado las ovejas más pingües; no han apacentado el rebaño. 4 No han fortalecido a las ovejas débiles, no han cuidado a la enferma ni curado a la que estaba herida, no han tornado a la descarriada ni buscado a la perdida; sino que las han dominado con violencia y dureza. 5 Y ellas se han dispersado, por falta de pastor, y se han convertido en presa de todas las fieras del campo; andan dispersas. 6 Mi rebaño anda errante por todos los montes y altos collados; mi rebaño anda disperso por toda la superficie de la tierra, sin que nadie se ocupe de él ni salga en su busca.

7 «Por eso, pastores, escuchen la palabra de Yahvé: 8 Por mi vida, oráculo del Señor Yahvé, lo juro: Porque mi rebaño ha sido expuesto al pillaje y se ha hecho pasto de todas las fieras del campo por falta de pastor, porque mis pastores no se ocupan de mi rebaño, porque ellos, los pastores, se apacientan a sí mismos y no apacientan mi rebaño; 9 por eso, pastores, escuchen la palabra de Yahvé. 10 Así dice el Señor Yahvé: Aquí estoy yo contra los pastores: reclamaré mi rebaño de sus manos y les quitaré de apacentar mi rebaño. Así los pastores no volverán a apacentarse a sí mismos. Yo arrancaré mis ovejas de su boca, y no serán más su presa.

11 «Porque así dice el Señor Yahvé: Aquí estoy yo; yo mismo cuidaré de mi rebaño y velaré por él. 12 Como un pastor vela por su rebaño cuando se encuentra en medio de sus ovejas dispersas, así velaré yo por mis ovejas. Las recobraré de todos los lugares donde se habían dispersado en día de nubes y brumas. 13 Las sacaré de en medio de los pueblos, las reuniré de los países, y las llevaré de nuevo a su suelo. Las pastorearé por los montes de Israel, por los barrancos y por todos los poblados de esta tierra. 14 Las apacentaré en buenos pastos, y su majada estará en los montes de la excelsa Israel. Allí reposarán en buena majada; y pacerán pingües pastos por los montes de Israel. 15 Yo mismo apacentaré mis ovejas y yo las llevaré a reposar, oráculo del Señor Yahvé. 16 Buscaré la oveja perdida, tornaré a la descarriada, curaré a la herida, confortaré a la enferma; pero a la que está gorda y robusta la exterminaré; las pastorearé con justicia.

17 «En cuanto a ustedes, ovejas mías, así dice el Señor Yahvé: He aquí que yo voy a juzgar entre oveja y oveja, entre carnero y macho cabrío. 18 ¿Les parece poco pacer en buenos pastos, para que pisoteen con los pies el resto de sus pastos? ¿Les parece poco beber en agua limpia, para que enturbien el resto con los pies? 19 ¡Mis ovejas tienen que pastar lo que sus pies han pisoteado y beber lo que sus pies han enturbiado! 20 Por eso, así les dice el Señor Yahvé: Yo mismo voy a juzgar entre la oveja gorda y la flaca. 21 Puesto que ustedes han empujado con el flanco y con el lomo y han topado con los cuernos a todas las ovejas más débiles hasta dispersarlas fuera, 22 yo vendré a salvar a mis ovejas para que no estén más expuestas al pillaje; voy a juzgar entre oveja y oveja.

23 «Yo suscitaré para ponérselo al frente un solo pastor que las apacentará, mi siervo David: él las apacentará y será su pastor. 24 Yo, Yahvé, seré su Dios, y mi siervo David será príncipe en medio de ellos. Yo, Yahvé, he hablado. 25 Concluiré con ellos una alianza de paz, haré desaparecer de esta tierra las bestias feroces. Habitarán en seguridad en el desierto y dormirán en los bosques.

de una teocracia, vv. 11-16: la realeza no se restablecerá al regreso del Destierro. Más tarde, Yahvé dará a su pueblo un *pastor*, vv. 23-24, un *príncipe*, ver **45** 7-8; **46** 8-10, nuevo David que hará reinar la paz mesiánica. Encontramos aquí el esbozo de la parábola de la oveja perdida, Mt **18** 12-14; Lc **15** 4-7, y de la alegoría del Buen Pastor, Jn **10** 1-18+.

26 Yo los asentaré en los alrededores de
mi colina, y mandaré a su tiempo la
lluvia, que será una lluvia de bendición.
27 El árbol del campo dará su fruto, la
tierra dará sus productos, y ellos vivirán
en seguridad en su suelo. Y sabrán que
yo soy Yahvé, cuando despedace las barras de su yugo y los libre de la mano de
los que los tienen esclavizados. 28 No
volverán a ser presa de las naciones, las
bestias salvajes no volverán a devorar-
los. Habitarán en seguridad y no se les
turbará más. 29 Haré brotar para ellos
un plantío famoso; no habrá más víctimas del hambre en el país, ni sufrirán
más el ultraje de las naciones. 30 Y
sabrán que yo, Yahvé su Dios, estoy con
ellos, y que ellos, la casa de Israel, son
mi pueblo, oráculo del Señor Yahvé.
31 Ustedes, ovejas mías, son el rebaño
humano que yo apaciento, y yo soy su
Dios, oráculo del Señor Yahvé.»

Contra los montes de Edom.
25 12-14.

35 1 La palabra de Yahvé se dirigió
a mí en estos términos: 2 «Hijo
de hombre, vuelve tu rostro hacia la
montaña de Seír, y profetiza contra ella.
3 Le dirás: Así dice el Señor Yahvé:
Aquí estoy contra ti, montaña de Seír.
Voy a extender mi mano contra ti: te
convertiré en soledad desolada, 4 y dejaré en ruinas tus ciudades; serás una
desolación, y sabrás que yo soy Yahvé.
5 Por haber alimentado un odio eterno y
haber entregado a la espada a los hijos
de Israel el día de su desastre, el día de
su última culpa, 6 por eso, por mi vida,
oráculo del Señor Yahvé, que yo te dejaré en sangre y la sangre te perseguirá.
Sí, eres rea de sangre, ¡y la sangre te
perseguirá! 7 Haré de la montaña de
Seír una soledad desolada, y extirparé
de allí al que va y al que viene. 8 Llenaré
de víctimas sus montes; en tus colinas,
en tus valles y en todos tus barrancos,
caerán las víctimas de la espada. 9 Te
convertiré en soledades eternas, tus ciudades no volverán a ser habitadas, y sabrán ustedes que yo soy Yahvé.
10 «Por haber dicho tú: 'Las dos naciones, los dos países son míos, vamos
a tomarlos en posesión', siendo así que
Yahvé estaba allí, 11 por eso, por mi vida,
oráculo del Señor Yahvé, que procederé
con la misma cólera y los mismos celos
con que tú has procedido en tu odio
contra ellos, y me daré a conocer, por
ellos, cuando te castigue. 12 Sabrás que
yo, Yahvé, he oído todos los insultos que
lanzabas contra los montes de Israel diciendo: 'Están devastados, nos han sido
entregados como pasto.' 13 Ustedes me
han desafiado con su boca, han multiplicado contra mí sus palabras, lo he oído
todo. 14 Así dice el Señor Yahvé: Para
alegría de toda esta tierra yo haré de ti
una desolación. 15 Como tú te alegraste
cuando la heredad de la casa de Israel
era una desolación, yo te trataré a ti de
la misma manera. Serás una desolación,
montaña de Seír, así como Edom entero, y se sabrá que yo soy Yahvé.»

Oráculo sobre los montes de Israel*.

36 1 «Y tú, hijo de hombre, profetiza sobre los montes de Israel.
Dirás: Montes de Israel, escuchen la palabra de Yahvé. 2 Así dice el Señor Yahvé: Porque el enemigo ha dicho contra
ustedes: '¡Ja, ja, estas alturas eternas han
pasado a ser posesión nuestra!', 3 por
eso, profetiza. Dirás: Así dice el Señor
Yahvé: Porque ustedes han sido asolados y se los ha codiciado por todas partes hasta pasar a ser posesión de las otras
naciones, porque han sido el blanco de
la habladuría y de la difamación de la
gente, 4 por eso escuchen, montes de
Israel, la palabra del Señor Yahvé. Así
dice el Señor Yahvé a los montes, a las
colinas, a los barrancos y a los valles, a
las ruinas desoladas y a las ciudades

36 Desquite de las montañas de Israel contra las de Seir-Edom, cap. **35**. Este capítulo y el siguiente están entre los más grandiosos del libro.

abandonadas que han sido entregadas al pillaje y a la irrisión del resto de las naciones circunvecinas. 5 Por eso, así dice el Señor Yahvé: Sí, en el ardor de mis celos voy a hablar contra las otras naciones y contra Edom entero, que, con alegría en el corazón y desprecio en el alma, se han atribuido mi tierra en posesión para entregar su pasto al pillaje.

6 «Por ello, profetiza sobre la tierra de Israel. Dirás a los montes y a las colinas, a los barrancos y a los valles: Así dice el Señor Yahvé: Vean que hablo en mis celos y mi furor: Porque han sufrido el ultraje de las naciones, 7 por eso, así dice el Señor Yahvé: Juro mano en alto que las naciones que los rodean cargarán con sus propios ultrajes.

8 «Y ustedes, montes de Israel, van a echar sus ramas y a producir sus frutos para mi pueblo Israel, porque está a punto de volver. 9 Sí, heme aquí por ustedes, a ustedes me vuelvo, van a ser cultivados y sembrados. 10 Yo multiplicaré sobre ustedes los hombres, la casa de Israel entera. Las ciudades serán habitadas y las ruinas reconstruidas. 11 Multiplicaré en ustedes hombres y bestias, y serán numerosos y fecundos. Los repoblaré como antaño, mejoraré su condición precedente, y sabrán que yo soy Yahvé. 12 Haré que circulen por ustedes los hombres, mi pueblo Israel. Tomarán posesión de ti, y tú serás su heredad, y no volverás a privarlos de sus hijos.

13 «Así dice el Señor Yahvé: Porque se ha dicho de ti que devoras a los hombres y que has privado a tu nación de hijos, 14 por eso, ya no devorarás más hombres, ni volverás a privar de hijos a tu nación, oráculo del Señor Yahvé. 15 No consentiré que vuelvas a oír el ultraje de las naciones, no sufrirás más los insultos de los pueblos, y no volverás a privar de hijos a tu nación, oráculo del Señor Yahvé.»

16 La palabra de Yahvé se dirigió a mí en estos términos: 17 «Hijo de hombre, los de la casa de Israel que habitaban en su tierra, la contaminaron con su conducta y sus obras; como la impureza de una menstruante era su conducta ante mí. 18 Entonces yo derramé mi furor sobre ellos, por la sangre que habían vertido en su tierra y por las basuras con las que la habían contaminado. 19 Los dispersé entre las naciones y fueron esparcidos por los países. Los juzgué según su conducta y sus obras. 20 Y en las naciones donde llegaron, profanaron mi santo nombre, haciendo que se dijera a propósito de ellos: 'Son el pueblo de Yahvé, y han tenido que salir de su tierra.' 21 Pero yo he tenido consideración a mi santo nombre que la casa de Israel profanó entre las naciones adonde había ido. 22 Por eso, di a la casa de Israel: Así dice el Señor Yahvé: No hago esto por consideración a ustedes, casa de Israel, sino por mi santo nombre, que ustedes han profanado entre las naciones adonde fueron. 23 Yo santificaré mi gran nombre profanado entre las naciones, profanado allí por ustedes. Y las naciones sabrán que yo soy Yahvé —oráculo del Señor Yahvé— cuando yo, por medio de ustedes, manifieste mi santidad a la vista de ellos. 24 Los tomaré de entre las naciones, los recogeré de todos los países y los llevaré a su suelo. 25 Los rociaré con agua pura y quedarán purificados; de todas sus impurezas y de todas sus basuras los purificaré. 26 Y les daré un corazón nuevo, infundiré en ustedes un espíritu nuevo, quitaré de su carne el corazón de piedra y les daré un corazón de carne. 27 Infundiré mi espíritu en ustedes y haré que se conduzcan según mis preceptos y observen y practiquen mis normas*. 28 Habitarán la tierra que yo di a sus padres. Ustedes serán mi pueblo y yo seré su Dios. 29 Los salvaré

36 27 Ver Jr **31** 31+; 1 Jn **3** 23-24; Ga **5** 22-25. El espíritu que inspiraba a los profetas será difundido, en los tiempos mesiánicos, entre todos los hombres, Za **4** 6; **6** 8; Nm **11** 29; Jl **3** 1-2; Hch **2** 16-21. Será el principio de una renovación interior, Ez **37** 14; **11** 19; Is **32** 15-19; Za **12** 10, y así de la nueva Alianza, Jr **31** 31+. Ver Hch **1** 8+; Rm **5** 5+; 2 Co **3** 6+.

de todas sus impurezas, llamaré al trigo y lo multiplicaré y no los someteré más al hambre. 30 Multiplicaré los frutos de los árboles y los productos de los campos, para que no sufran más el oprobio del hambre entre las naciones. 31 Entonces se acordarán de su mala conducta y de sus acciones que no eran buenas, y sentirán asco de ustedes mismos por sus culpas y sus abominaciones. 32 No hago esto por ustedes —oráculo del Señor Yahvé—, sépanlo bien. Avergüéncense y confúndanse de su conducta, casa de Israel.

33 «Así dice el Señor Yahvé: El día que yo los purifique de todas sus culpas, repoblaré las ciudades y las ruinas serán reconstruidas; 34 la tierra devastada será cultivada, después de haber sido una desolación a los ojos de todos los transeúntes. 35 Y se dirá: 'Esta tierra, hasta ahora devastada, se ha hecho como jardín de Edén, y las ciudades en ruinas, devastadas y demolidas, están de nuevo fortificadas y habitadas.' 36 Y las naciones que quedan alrededor de ustedes sabrán que yo, Yahvé, he reconstruido lo que estaba demolido y he replantado lo que estaba devastado. Yo, Yahvé, lo digo y lo hago.

37 «Así dice el Señor Yahvé: Me dejaré todavía buscar por la casa de Israel, para hacer por ellos esto: multiplicarlos como un rebaño humano, 38 como un rebaño de reses consagradas, como el rebaño reunido en Jerusalén, en las fiestas solemnes. Así se llenarán de un rebaño humano sus ciudades en ruinas, y se sabrá que yo soy Yahvé.»

Los huesos secos.

37 1 La mano de Yahvé fue sobre mí y, por su espíritu, Yahvé me sacó y me puso en medio de la vega, que estaba llena de huesos. 2 Me hizo pasar por entre ellos en todas las direcciones. Los huesos eran muy numerosos por el suelo de la vega, y estaban completamente secos. 3 Me dijo: «Hijo de hombre, ¿podrán vivir estos huesos?» Yo dije: «Señor Yahvé, tú lo sabes.» 4 Entonces me dijo: «Profetiza sobre estos huesos. Les dirás: Huesos secos, escuchen la palabra de Yahvé. 5 Así dice el Señor Yahvé a estos huesos: He aquí que yo voy a hacer entrar el espíritu en ustedes, y vivirán. 6 Los cubriré de nervios, haré crecer sobre ustedes la carne, los cubriré de piel, les infundiré espíritu y vivirán; y sabrán que yo soy Yahvé.» 7 Yo profeticé como se me había ordenado, y mientras yo profetizaba se produjo un ruido. Hubo un estremecimiento, y los huesos se juntaron unos con otros. 8 Miré y vi que estaban recubiertos de nervios, la carne salía y la piel se extendía por encima, pero no había espíritu en ellos. 9 Él me dijo: «Profetiza al espíritu, profetiza, hijo de hombre. Dirás al espíritu: Así dice el Señor Yahvé: Ven, espíritu, de los cuatro vientos, y sopla sobre estos muertos para que vivan.» 10 Yo profeticé como se me había ordenado, y el espíritu entró en ellos; revivieron y se incorporaron sobre sus pies: era un enorme, inmenso ejército*.

11 Entonces me dijo: «Hijo de hombre, estos huesos son toda la casa de Israel. Ellos andan diciendo: Se han secado nuestros huesos, se ha desvanecido nuestra esperanza, todo ha acabado para nosotros. 12 Por eso, profetiza. Les dirás: Así dice el Señor Yahvé: Voy a abrir las tumbas de ustedes; los haré salir de sus tumbas, pueblo mío, y los llevaré de nuevo al suelo de Israel. 13 Sabrán que yo soy Yahvé cuando abra sus tumbas y los haga salir de sus tumbas, pueblo mío. 14 Infundiré mi espíritu en ustedes y vivirán; los estableceré en su suelo, y sabrán que yo, Yahvé, lo digo y lo hago, oráculo de Yahvé.»

37 10 Ver Gn **2** 7; Sal **104** 30+; Rm **8** 11+; Ap **11** 11. Como en Os **6** 2; **13** 14; Is **26** 19, Dios anuncia aquí, vv. 11-14, la restauración mesiánica de Israel, ver Ap **20** 4. Pero los símbolos utilizados orientan ya el espíritu hacia la idea de la resurrección de la carne, entrevista en Jb **19** 25, explícitamente afirmada en Dn **12** 2; 2 M **7** 9+. Ver 1 Co **15**.

Judá e Israel en un solo reino.

15 La palabra de Yahvé se dirigió a mí en estos términos: 16 «Y tú, hijo de hombre, toma un leño y escribe en él: 'Judá y los israelitas que están con él.' Toma luego otro leño y escribe en él: 'José, leño de Efraín, y toda la casa de Israel que está con él.' 17 Júntalos el uno con el otro de suerte que formen un solo leño, que sean una sola cosa en tu mano. 18 Y cuando los hijos de tu pueblo te digan: '¿No nos explicarás qué es eso que tienes ahí?', 19 les dirás: Así dice el Señor Yahvé: He aquí que voy a tomar el leño de José (que está en la mano de Efraín) y las tribus de Israel que están con él, los pondré junto al leño de Judá, haré de todo un solo leño, y serán una sola cosa en mi mano*.

20 «Los leños en los cuales hayas escrito tenlos en tu mano, ante sus ojos, 21 y diles: Así dice el Señor Yahvé: Voy a recoger a los hijos de Israel de entre las naciones a las que marcharon. Los congregaré de todas partes para conducirlos a su suelo. 22 Haré de ellos una sola nación en esta tierra, en los montes de Israel, y un solo rey será el rey de todos ellos; no volverán a formar dos naciones, ni volverán a estar divididos en dos reinos*. 23 No se contaminarán más con sus basuras, con sus ídolos y con todos sus crímenes. Los salvaré de las infidelidades por las que pecaron, los purificaré, y serán mi pueblo y yo seré su Dios. 24 Mi siervo David reinará sobre ellos, y será para todos ellos el único pastor; obedecerán mis normas, observarán mis preceptos y los pondrán en práctica. 25 Habitarán en la tierra que yo di a mi siervo Jacob, donde habitaron sus padres. Allí habitarán ellos, sus hijos y los hijos de sus hijos, para siempre, y mi siervo David será su príncipe eternamente. 26 Concluiré con ellos una alianza de paz, que será para ellos una alianza eterna. Los estableceré, los multiplicaré y pondré mi santuario en medio de ellos para siempre*. 27 Mi morada estará junto a ellos, seré su Dios y ellos serán mi pueblo. 28 Y sabrán las naciones que yo soy Yahvé, que santifico a Israel, cuando mi santuario esté en medio de ellos para siempre.»

Contra Gog, rey de Magog*.

↗ Ap **20** 7-10.

38 1 La palabra de Yahvé se dirigió a mí en estos términos: 2 «Hijo de hombre, vuelve tu rostro hacia Gog, en el país de Magog, príncipe supremo de Mésec y Túbal*, y profetiza contra él. 3 Dirás: Así dice el Señor Yahvé: Aquí estoy contra ti, Gog, príncipe supremo de Mésec y Túbal. 4 Yo te haré dar media vuelta, te pondré garfios en las quijadas, y te haré salir con todo tu ejército, caballos y caballeros, todos bien equipados, inmensa asamblea, todos con escudos y corazas, y diestros en el manejo de la espada. 5 Persia, Cus y Put están con ellos, todos con escudo y yelmo. 6 Gómer, con todas sus huestes, Bet Togarmá, en el extremo norte, con todas sus huestes, pueblos numerosos, están contigo. 7 Disponte y prepárate, tú y toda tu asamblea concentrada en torno a ti, y ponte a mi servicio.

8 «Al cabo de muchos días, recibirás órdenes. Después de muchos años, vendrás hacia la tierra cuyos habitantes escaparon a la espada y fueron congregados de entre una multitud de pueblos en los montes de Israel, que habían

37 19 Ver Za **11** 7.14.
37 22 Ver Jr **3** 14+.
37 26 Ver Jr **31** 31+.
38 Este poema presenta rasgos *apocalípticos,* ver Is **24**+; Dn **7-12**; Za **9-14**. Las profecías antiguas entreveían a veces un porvenir mejor; en el *apocalipsis* (la palabra griega significa *revelación*), el profeta expone su visión de un porvenir escatológico en el que se descubren los misterios del más allá. Ver Ap **1** 1+.
38 2 *Mésec* y *Túbal* son países de Asia Menor, ver **27** 13. *Magog (país de Gog)* es desconocido, y *Gog* mismo es un personaje ficticio, prototipo del bárbaro conquistador que, un día, infligirá a Israel las últimas pruebas. Sin saberlo, v. 10, será instrumento de Yahvé; luego será arrasado, v.18.

sido un desierto permanente. Desde que fueron separados de los otros pueblos, habitan todos en seguridad. 9 Tú subirás, avanzarás como un huracán, como un nubarrón que cubrirá la tierra, tú y todas tus huestes, y los numerosos pueblos que están contigo.

10 «Así dice el Señor Yahvé: Aquel día te vendrán al corazón proyectos y concebirás perversos planes. 11 Dirás: 'Voy a subir contra una tierra abierta, marcharé contra gente tranquila que habita en seguridad. Habitan todos en ciudades sin murallas, sin cerrojos ni puertas.' 12 Irás a saquear, a hacer botín, a poner tu mano sobre ruinas repobladas, en un pueblo congregado de entre las naciones, entregado a reponer el ganado y la hacienda, que habita en el centro de la tierra*. 13 Sabá, Dedán, los mercaderes de Tarsis y todos sus leoncillos te dirán: '¿A saquear has venido? ¿Para hacer botín has concentrado tu asamblea? ¿Para llevarte el oro y la plata, para apoderarte de ganados y haciendas, para hacer un gran botín?'

14 «Por eso, profetiza, hijo de hombre. Dirás a Gog: Así dice el Señor Yahvé: ¿No es verdad que aquel día, cuando mi pueblo Israel viva en seguridad, te pondrás en movimiento? 15 Vendrás de tu lugar, del extremo norte, tú y pueblos numerosos contigo, todos montados a caballo, enorme asamblea, ejército innumerable. 16 Subirás contra mi pueblo Israel como un nublado que recubre la tierra. Será al fin de los días; yo te haré venir entonces contra mi tierra para que las naciones me conozcan, cuando yo manifieste mi santidad a sus ojos, a costa tuya, Gog.

17 «Así dice el Señor Yahvé: Tú eres aquél de quien yo hablé antaño, por medio de mis siervos los profetas de Israel, que profetizaron en aquel tiempo, durante años, que yo te haría venir contra ellos. 18 Aquel día, cuando Gog avance contra el suelo de Israel —oráculo del Señor Yahvé— estallará mi furor. En mi cólera, 19 en mis celos, en el ardor de mi furia lo digo: Sí, aquel día habrá un gran terremoto en el suelo de Israel. 20 Temblarán entonces ante mí los peces del mar y los pájaros del cielo, las bestias del campo y todos los reptiles que serpean por el suelo, y todos los hombres de sobre la superficie de la tierra. Se desplomarán los montes, caerán las rocas, todas las murallas caerán por tierra*. 21 Convocaré contra él toda clase de terrores, oráculo del Señor Yahvé. Volverán la espada unos contra otros. 22 Lo castigaré con la peste y la sangre, haré caer una lluvia torrencial, granizos, fuego y azufre, sobre él, sobre sus huestes y sobre los numerosos pueblos que van con él. 23 Manifestaré mi grandeza y mi santidad, me daré a conocer a los ojos de numerosas naciones y sabrán que yo soy Yahvé.

39 1 «Y tú, hijo de hombre, profetiza contra Gog*. Dirás: Así dice el Señor Yahvé: Aquí estoy contra ti, Gog, príncipe supremo de Mésec y Túbal. 2 Yo te haré dar media vuelta, te conduciré, te haré subir desde el extremo norte y te guiaré a los montes de Israel. 3 Romperé tu arco en tu mano izquierda y haré caer tus flechas de tu mano derecha. 4 En los montes de Israel caerás tú, tus huestes y los pueblos que van contigo. Te he entregado como pasto a toda clase de aves de rapiña y a las fieras del campo. 5 En la superficie del campo caerás, porque he hablado yo, oráculo del Señor Yahvé. 6 Mandaré fuego sobre Magog y sobre los que viven seguros en las islas, y sabrán que yo soy Yahvé. 7 Manifestaré mi santo nombre en medio de mi pueblo Israel, no dejaré que vuelva a ser profanado mi santo nombre, y las naciones sabrán que yo soy Yahvé, santo en Israel.

38 12 El *centro*, lit.: *ombligo de la tierra*, es Jerusalén, centro del mundo.

38 20 Ver Am **8** 9+.

39 1 El cap. **39** desarrolla el final del cap. **38**.

8 «He aquí que todo esto llega y se va a realizar —oráculo del Señor Yahvé—: éste es el día que yo he anunciado.

9 «Entonces los habitantes de las ciudades de Israel saldrán a quemar y a entregar a las llamas las armas, corazas y escudos, arcos y flechas, mazas y lanzas. Harán fuego con ello durante siete años. 10 No irán ya a buscar leña en el campo, ni la recogerán en el bosque, porque harán el fuego con las armas. Saquearán a sus saqueadores y harán botín de sus depredadores, oráculo del Señor Yahvé.

11 «Aquel día, yo daré a Gog como sepulcro en Israel un lugar famoso, el valle de los Oberín, al este del mar, el que corta el paso a los viajeros: allí será enterrado Gog con toda su multitud, y se le llamará valle de Hamón Gog. 12 La casa de Israel los enterrará para purificar la tierra, durante siete meses. 13 Todo el pueblo de la tierra será movilizado para enterrarlos, y ello les dará renombre el día que yo manifieste mi gloria, oráculo del Señor Yahvé. 14 Luego se escogerán hombres que recorran constantemente el país y entierren a los que hayan quedado por el suelo, para purificarlo. Al cabo de siete meses empezarán su búsqueda. 15 Cuando, al recorrer el país, alguno de ellos vea huesos humanos, pondrá al lado una señal hasta que los sepultureros los entierren en el valle de Hamón Gog, 16 (Hamoná es también el nombre de una ciudad) y purifiquen así la tierra.

17 «En cuanto a ti, hijo de hombre, así dice el Señor Yahvé: Di a los pájaros de todas clases y a todas las fieras del campo: Congréguense, vengan, reúnanse de todas partes para el sacrificio que yo les ofrezco, un gran sacrificio sobre los montes de Israel; comerán carne y beberán sangre. 18 Carne de héroes comerán, sangre de príncipes de la tierra beberán. Todos son carneros, corderos, machos cabríos, pingües toros de Basán. 19 Comerán grasa hasta la saciedad y beberán sangre hasta la embriaguez, en este sacrificio que yo les brindo. 20 Se hartarán a mi mesa de caballos y caballeros, de héroes y de toda clase de guerreros, oráculo del Señor Yahvé.

Conclusión*.

21 «Así manifestaré yo mi gloria entre las naciones, y todas las naciones verán el juicio que voy a ejecutar y la mano que pondré sobre ellos. 22 Y la casa de Israel sabrá desde ese día en adelante que yo soy Yahvé su Dios. 23 Y sabrán las naciones que la casa de Israel fue deportada por sus culpas, que, por haberme sido infieles, yo les oculté mi rostro y los entregué en manos de sus enemigos, y cayeron todos a espada. 24 Los traté como lo merecían sus impurezas y sus crímenes, y les oculté mi rostro.

25 «Por eso, así dice el Señor Yahvé: Ahora voy a hacer volver a los cautivos de Jacob, me compadeceré de toda la casa de Israel, y me mostraré celoso de mi santo nombre. 26 Ellos olvidarán su ignominia y todas las infidelidades que cometieron contra mí, cuando vivan seguros en su país, sin que nadie los inquiete. 27 Cuando yo los haga volver de entre los pueblos y los recoja de los países de sus enemigos, manifestaré en ellos mi santidad a los ojos de numerosas naciones, 28 y sabrán que yo soy Yahvé su Dios, cuando, después de haberlos llevado al cautiverio entre las naciones, los reúna en su suelo sin dejar allí a ninguno de ellos. 29 No les ocultaré más mi rostro, porque derramaré mi espíritu sobre la casa de Israel, oráculo del Señor Yahvé.»

39 21 Los versículos 21-29 resumen la enseñanza de Ezequiel; ver **5** 8-10; etc.

IV. *La «torá» de Ezequiel**

El Templo futuro.

40 1 El año veinticinco de nuestra cautividad, al comienzo del año, el día diez del mes, catorce años después de la caída de la ciudad, el mismo día, la mano de Yahvé fue sobre mí, y me llevó allá. 2 En visiones divinas, me llevó a la tierra de Israel, y me posó sobre un monte muy alto, en cuya cima parecía que estaba edificada una ciudad*, al mediodía. 3 Me llevó allá, y he aquí que había allí un hombre* de aspecto semejante al del bronce. Tenía en la mano una cuerda de lino y una vara de medir, y estaba de pie en el pórtico. 4 El hombre me dijo: «Hijo de hombre, mira bien, escucha atentamente y presta atención a todo lo que te voy a mostrar, porque has sido traído aquí para que yo te lo muestre. Comunica a la casa de Israel todo lo que vas a ver.»

El muro exterior.

5 Y he aquí que por el exterior del templo había un muro, todo alrededor. La vara de medir que el hombre tenía en la mano era de seis codos de codo y palmo*. Midió el espesor de la construcción: una vara, y su altura: una vara.

El pórtico oriental.

6 Vino luego al pórtico que miraba a oriente, subió sus gradas y midió el umbral del pórtico: una vara de profundidad. 7 La lonja: una vara de largo por una vara de ancho; la pilastra entre las lonjas: cinco codos; el umbral del pórtico por el lado del vestíbulo del pórtico, hacia el interior: una vara. 8 Midió el vestíbulo del pórtico: ocho codos; 9 su pilastra: dos codos; el vestíbulo del pórtico estaba situado hacia el interior. 10 Las lonjas del pórtico oriental eran tres por cada lado, todas ellas de la misma dimensión; las pilastras tenían también las mismas dimensiones por cada lado. 11 Midió la anchura del vano del pórtico: diez codos, y la longitud del pórtico: trece codos. 12 Había un parapeto delante de las lonjas; cada parapeto tenía un codo por ambos lados. Y la lonja tenía seis codos por cada lado. 13 Midió el pórtico desde el fondo de una lonja hasta el fondo de la otra; anchura: veinticinco codos de una entrada a la otra. 14 Midió el vestíbulo: veinte codos; el atrio giraba todo alrededor del pórtico. 15 Desde la fachada del pórtico donde estaba la entrada, hasta el fondo del vestíbulo interior del pórtico, había cincuenta codos. 16 Había ventanas enrejadas sobre las lonjas y sobre sus pilastras, hacia el interior del pórtico, todo alrededor, e igualmente el vestíbulo tenía, por el interior, ventanas todo alrededor; y sobre las pilastras había palmeras*.

El atrio exterior.

17 Me llevó al atrio exterior, y he aquí que allí había salas y un enlosado tirado alrededor del atrio: treinta salas daban a este enlosado. 18 El enlosado que flanqueaba los pórticos correspondía a la profundidad de los mismos: esto es el enlosado inferior. 19 Midió la anchura del atrio, desde la fachada del pórtico inferior hasta la fachada del atrio inte-

40 Los capítulos **40-48** presentan un proyecto de restauración religiosa y política de Israel, carta fundamental del judaísmo, que servirá de base a los esfuerzos y a las esperanzas futuras, desde Esdras hasta la Jerusalén celestial del Apocalipsis. Su ideal de santidad, **44** 23; **43** 7, y de presencia de Dios, **48** 35, se realizará en la Iglesia.

40 2 Jerusalén, engrandecida e idealizada. El nuevo templo ocupará su punto central.

40 3 El *hombre* es aquí un ángel que explica al profeta su visión. Sobre esta función de intérpretes atribuida a los ángeles, ver Dn **8** 16; **9** 21s; **10** 5s; Za **1** 8s; **2** 2; Ap **1** 1; **10** 1-11; etc.

40 5 El codo mayor antiguo de 7 palmos, y no el ordinario de 6 palmos.

40 16 Las aberturas son complicadas y están muy vigiladas, para que el templo quede al abrigo de los extranjeros y de los impíos.

rior, por fuera: cien codos (a oriente y al norte).

El pórtico septentrional.

20 Midió después la longitud y la anchura del pórtico que daba al norte del atrio exterior. 21 Sus lonjas eran tres por cada lado; sus pilastras y vestíbulos tenían las mismas dimensiones que los del primer pórtico: cincuenta codos de largo y veinticinco de ancho. 22 Sus ventanas, su vestíbulo y sus palmeras tenían las mismas dimensiones que las del pórtico que daba a oriente. Se subía a él por siete gradas, y su vestíbulo estaba situado hacia el interior. 23 Había un pórtico en el atrio interior, frente al pórtico septentrional, lo mismo que en el pórtico oriental. Midió la distancia de un pórtico a otro: cien codos.

El pórtico meridional.

24 Me condujo luego hacia el lado del mediodía: había allí un pórtico en dirección del mediodía; midió sus lonjas, sus pilastras y su vestíbulo: tenían las mismas dimensiones. 25 Tenía, lo mismo que su vestíbulo, ventanas todo alrededor, iguales que las otras ventanas; dimensiones: cincuenta codos de largo y veinticinco de ancho; 26 su escalera tenía siete gradas; su vestíbulo estaba situado hacia el interior, y tenía palmeras, una a cada lado, sobre sus pilastras. 27 El atrio interior tenía también un pórtico hacia el mediodía; midió la distancia de un pórtico a otro, en dirección del mediodía: cien codos.

El atrio interior.
Pórtico meridional.

28 Luego me llevó al atrio, por el pórtico meridional; midió el pórtico meridional: tenía las mismas dimensiones. 29 Sus lonjas, pilastras y vestíbulo tenían estas mismas dimensiones. Lo mismo que su vestíbulo, tenía ventanas todo alrededor; dimensiones: cincuenta codos de largo y veinticinco de ancho. 30 Y el perímetro del vestíbulo: veinticinco codos de largo y cinco de ancho. 31 Su vestíbulo daba al atrio exterior. Había palmeras sobre sus pilastras y su escalera tenía ocho gradas.

El pórtico oriental.

32 Me llevó al pórtico interior, hacia oriente, y midió el pórtico: 33 tenía las mismas dimensiones. Sus lonjas, pilastras y vestíbulo tenían estas mismas dimensiones. Tenía, así como su vestíbulo, ventanas alrededor. Dimensiones: cincuenta codos de largo y veinticinco de ancho. 34 Su vestíbulo daba al atrio exterior. Había palmeras sobre sus pilastras, a cada lado, y su escalera tenía ocho gradas.

El pórtico septentrional.

35 Me llevó luego al pórtico septentrional y lo midió: tenía las mismas dimensiones: 36 tenía alrededor sus lonjas, sus pilastras, su vestíbulo y sus ventanas. Dimensiones: cincuenta codos de largo y veinticinco de ancho. 37 Su vestíbulo daba al atrio exterior. Había palmeras sobre sus pilastras, a cada lado, y su escalera tenía ocho gradas.

Anejos de los pórticos.

38 Había una sala cuya entrada estaba en el vestíbulo del pórtico. Allí se lavaba el holocausto. 39 Y en el vestíbulo del pórtico había, a cada lado, dos mesas para inmolar sobre ellas el holocausto, el sacrificio por el pecado y el sacrificio de expiación. 40 Por el lado exterior de quien sube hacia la entrada del pórtico, al norte, había dos mesas, y al otro lado, hacia el vestíbulo del pórtico, dos mesas. 41 Cuatro mesas a un lado y cuatro mesas al otro lado del pórtico, o sea ocho mesas sobre las que se hacía la inmolación. 42 Además cuatro mesas para el holocausto, de piedra de sillería, de codo y medio de largo, codo y medio de ancho y un codo de alto, sobre las cuales se colocaban los instrumentos con los que se inmolaba el holocausto y el sacrificio. 43 Las ranuras, de un palmo de anchura, estaban dispuestas en el in-

terior, todo en torno. Sobre estas mesas
se ponía la carne de las ofrendas.
44 Me llevó al atrio interior; había allí,
en el atrio interior, dos salas, una al lado
del pórtico septentrional, con su fachada
al mediodía, y la otra al lado del pórtico
meridional, con su fachada al norte.
45 Me dijo: «Esta sala que mira al mediodía está destinada a los sacerdotes que
cumplen el ministerio del templo. 46 Y la
sala que mira al norte está destinada a
los sacerdotes que cumplen el ministerio
del altar. Son los hijos de Sadoc, los
que, entre los hijos de Leví, se acercan a
Yahvé para servirlo.»

El atrio interior.

47 Midió el atrio. Tenía cien codos de
largo y cien codos de ancho, o sea un
cuadrado, y el altar estaba delante del
templo.

El templo*. El Ulam o Vestíbulo.

48 Me llevó al vestíbulo del templo y
midió las pilastras del vestíbulo: cinco
codos por cada lado; luego la anchura
del pórtico: catorce codos; y las paredes
laterales del pórtico: tres codos por cada
lado. 49 La longitud del vestíbulo era de
veinte codos y su anchura de doce codos. Se subía a él por diez gradas, y tenía
columnas junto a las pilastras, una a cada
lado.

El Hekal o Santo.

41 1 Me llevó dentro del Santo y
midió sus pilastras: seis codos de
ancho por un lado y seis codos de ancho
por el otro. 2 Anchura de la entrada: diez
codos. Las paredes laterales de la entrada: cinco codos de ancho por un lado y
cinco por el otro. Midió su longitud: cuarenta codos; y su anchura: veinte codos.

El Debir o Santo de los Santos.

3 Penetró en el interior y midió la pilastra de la entrada: dos codos; después
la entrada: seis codos; y las paredes laterales de la entrada: siete codos. 4 Midió
su longitud: veinte codos; y su anchura:
veinte codos delante del Santo; y me
dijo: «Esto es el Santo de los Santos.»

Las celdas laterales*.

5 Midió el muro del templo: seis codos; y la anchura de la parte lateral: cuatro codos, todo alrededor del templo.
6 Las celdas laterales estaban superpues-
tas en tres pisos de treinta celdas cada
uno. Se habían dispuesto en el muro
del templo salientes para estribar las
celdas por todo el ámbito: así las celdas
no estribaban en el muro del templo.
7 La anchura de las celdas aumentaba
a medida que se subía, ensanchamiento
que se lograba, a costa del muro, según
se subía, y todo alrededor del templo;
por eso el interior se ensanchaba por
arriba. Del piso inferior se subía al del
medio, y de éste al superior. 8 Y vi que
el templo tenía un talud todo alrededor.
Era la base de las celdas laterales, de
una vara entera de seis codos. 9 El espesor del muro de las celdas laterales, por
el exterior, era de cinco codos; quedaba
un pasadizo entre las celdas laterales
del templo. 10 Entre las salas había una
anchura de veinte codos, por todo el
ámbito del templo. 11 Y las celdas laterales tenían dos entradas sobre el pasadizo, una hacia el norte y otra hacia el
mediodía. La anchura del pasadizo era
de cinco codos todo alrededor.

El edificio occidental.

12 El edificio que bordeaba el patio por
el lado occidental tenía setenta codos
de anchura; y la pared de este edificio

40 48 Este templo, con sus tres partes, el *Ulam* o Vestíbulo, el *Hekal* o Sala (el *Santo*), el *Debir* o Santuario (el *Santo de los Santos*), responde exactamente al templo de Salomón, 1 R **6**+. Está, pues, descrito con menos detalles que las otras partes completamente reformadas.

41 5 Estas celdas existían también en el templo de Salomón, 1 R **6** 5-6.

tenía un espesor de cinco codos, todo
alrededor, con una longitud de noventa
codos. 13 Midió el templo: su longitud era
de cien codos. El patio más el edificio y
sus muros tenían una longitud de cien codos. 14 Anchura de la fachada del templo
más el patio hasta oriente: cien codos.
15 Midió la longitud del edificio a lo largo
del patio que tenía detrás, y sus galerías
a cada lado: cien codos.

Ornamentación interior.

El interior del Santo y los vestíbulos
del atrio, 16 los umbrales, las ventanas
enrejadas, las galerías de los tres lados,
alrededor, frente al umbral, estaban recubiertos de madera por todo el ámbito,
desde el suelo hasta las ventanas, y las
ventanas estaban guarnecidas de un
enrejado. 17 Desde la entrada hasta el interior del templo, y por fuera, así como
en todo el ámbito del muro, por fuera
y por dentro, 18 había representados
querubines y palmeras, una palmera entre querubín y querubín; cada querubín
tenía dos caras: 19 una cara de hombre
vuelta hacia la palmera de un lado y
una cara de león hacia la palmera del
otro lado; así por todo el ámbito del
templo. 20 Desde el suelo hasta encima
de la entrada estaban representados los
querubines y las palmeras en el muro.
21 El jambaje del Santo era cuadrado.

El altar de madera.

Delante del Santuario se veía algo como 22 un altar de madera de tres codos
de alto, dos codos de largo y dos de ancho. Sus ángulos, su base y sus lados eran
de madera. El hombre me dijo: «Ésta es
la mesa que está delante de Yahvé.»

Las puertas.

23 El Santo tenía una puerta doble, y
el Santuario una puerta doble. 24 Eran
puertas de dos hojas movibles, dos hojas en una puerta y dos en la otra. 25 Y
por encima (sobre las puertas del Santo), había representados querubines y
palmeras como los representados en los
muros. Sobre la fachada del vestíbulo,
por el exterior, había un arquitrabe de
madera. 26 Ventanas enrejadas y palmeras había a ambos lados, en las paredes laterales del vestíbulo, las celdas
laterales del templo y los arquitrabes.

Dependencias del templo.

42 1 Luego me hizo salir al atrio
exterior, hacia el norte, y me
llevó a las salas situadas cara al patio, es
decir, frente al edificio, al norte. 2 La
longitud era de cien codos, hacia el norte, y la anchura de cincuenta codos.
3 Frente a los pórticos del atrio interior,
y frente al enlosado del atrio exterior,
había una galería a lo largo de la galería
triple, 4 y, por delante de las salas, un
corredor de diez codos de ancho hacia
el interior, y cien codos de largo; sus
puertas daban al norte. 5 Las salas
superiores eran estrechas, porque las
galerías les comían parte de su espacio,
más estrechas que las de abajo y las
del medio del edificio, 6 porque estaban
divididas en tres pisos y no tenían columnas como el atrio. Por eso, se iban
estrechando con relación a las de abajo
y las del medio (a partir del suelo). 7 Y
el muro exterior, paralelo a las salas, en
dirección al atrio exterior, frente a las
salas, tenía cincuenta codos de longitud.
8 Pues la longitud de las salas que daban
al atrio exterior era de cincuenta codos,
mientras que las que miraban al Santo
tenían cien codos. 9 Por debajo de las
salas había una entrada del lado de
oriente, que daba acceso desde el atrio
exterior.

10 A todo lo largo del muro del atrio,
en dirección del mediodía, cara al patio
y al edificio, había salas. 11 Un corredor
pasaba por delante de ellas, como en las
salas situadas en dirección norte; tenían
igual longitud e igual anchura; iguales salidas, igual disposición y entradas iguales.
12 Por debajo de las salas orientadas al
mediodía había una entrada al comienzo
de cada corredor, frente al muro situado

hacia oriente, según se entra. 13 Él me
dijo: «Las salas del norte y las salas del
mediodía que miran al patio son las salas
del Santuario, donde los sacerdotes que
se acercan a Yahvé comerán las cosas
sacratísimas. Allí depositarán las cosas
sacratísimas, la oblación, el sacrificio por
el pecado y el sacrificio de expiación,
porque es un lugar santo. 14 Y cuando los
sacerdotes entren allí, no saldrán del santuario al atrio exterior sin haber dejado
allí sus vestiduras litúrgicas, porque estas
vestiduras son santas; para acercarse a
los lugares destinados al pueblo se pondrán otras ropas.»

Dimensiones del atrio.

15 Cuando acabó de medir el interior
del templo, me hizo salir en dirección al
pórtico que mira a oriente y midió todo
el ámbito. 16 Midió el lado oriental con
su vara de medir: quinientos codos de
perímetro, con la vara de medir. 17 Luego midió el lado norte con la vara de
medir: quinientos codos de perímetro.
18 Después midió el lado sur con la vara
de medir: quinientos codos 19 de perímetro. Por el lado occidental midió con
la vara de medir: quinientos codos. 20 Midió por fin por los cuatro lados el muro
que lo cercaba, todo alrededor: longitud,
quinientos; anchura, quinientos; para separar lo sagrado de lo profano.

Retorno de Yahvé*.

43 1 Me condujo luego hacia el
pórtico, el pórtico que miraba a
oriente, 2 y entonces la gloria del Dios
de Israel llegaba de la parte de oriente,
con un ruido como el ruido de muchas
aguas, y la tierra resplandecía de su
gloria. 3 Esta visión era como la que yo
había visto cuando vine para la destrucción de la ciudad, y también como lo que
había visto junto al río Quebar. Entonces
caí rostro en tierra.
4 La gloria de Yahvé entró en el templo por el pórtico que mira a oriente.
5 El espíritu me levantó y me introdujo
en el atrio interior, y he aquí que la gloria
de Yahvé llenaba el templo. 6 Y oí que
alguien me hablaba desde el templo,
mientras el hombre permanecía en pie
junto a mí. 7 Me dijo: «Hijo de hombre,
éste es el lugar de mi trono, el lugar
donde se posa la planta de mis pies.
Aquí habitaré en medio de los hijos de
Israel para siempre; y la casa de Israel,
así como sus reyes, no contaminarán
más mi santo nombre con sus prostituciones y con los cadáveres de sus reyes,
8 poniendo su umbral junto a mi umbral
y sus jambas junto a mis jambas, con un
muro común entre ellos y yo. Ellos contaminaron mi santo nombre con las abominaciones que cometieron; por eso los
he devorado en mi cólera*. 9 De ahora
en adelante alejarán de mí sus prostituciones y los cadáveres de sus reyes, y yo
habitaré en medio de ellos para siempre.
10 «Y tú, hijo de hombre, describe
este templo a la casa de Israel, para que
queden avergonzados de sus culpas y
tomen nota de su plano. 11 Si se avergüenzan de toda su conducta, enséñales
la forma del templo y su plano, sus
salidas y entradas, su forma y todas sus
disposiciones, toda su forma y todas sus
leyes. Pon todo esto por escrito ante sus
ojos, para que guarden con exactitud todas sus leyes y disposiciones, y las pongan en práctica. 12 Éste es el fuero del
templo: En la cumbre del monte, todo el
territorio en su ámbito es santísimo. (Tal
es el fuero del templo.)»

El altar.

13 Y estas son las dimensiones del
altar en codos de codo y palmo: su cavidad, un codo por un codo de ancha.
El reborde junto a la ranura, todo alrededor, un palmo. Y ésta la altura del altar:

43 Yahvé vuelve a habitar en el nuevo templo así reformado, lo que se corresponde con su partida, **10** 18-19; **11** 22-23.

43 8 El palacio real no estará ya junto al templo como lo estaba antiguamente, 1 R **7** 8.

14 desde la cavidad del suelo hasta el zócalo inferior, dos codos por un codo de ancho; desde el zócalo pequeño hasta el grande, cuatro codos por un codo de ancho. 15 El fóculo tenía cuatro codos, y por encima del fóculo había cuatro cuernos. 16 El fóculo medía doce codos de largo por doce codos de ancho: era cuadrado por sus cuatro lados. 17 Y el zócalo: catorce codos de largo por catorce de ancho: un cuadrado. El reborde todo alrededor: medio codo; y la cavidad, todo alrededor: un codo. Las gradas estaban vueltas hacia oriente.

Consagración del altar.

18 Y me dijo: «Hijo de hombre, así dice el Señor Yahvé: Estas son las disposiciones del altar el día en que sea erigido para ofrecer en él el holocausto y derramar la sangre. 19 A los sacerdotes levitas —los de la descendencia de Sadoc que se acercan a mí para servirme, oráculo del Señor Yahvé— les darás un novillo en sacrificio por el pecado. 20 Tomarás su sangre y rociarás los cuatro cuernos, los cuatro ángulos del zócalo y el reborde todo alrededor. Así quitarás el pecado y harás expiación por él. 21 Luego tomarás el novillo del sacrificio por el pecado: se lo quemará en una dependencia del templo, fuera del santuario. 22 El segundo día, ofrecerás un macho cabrío sin defecto en sacrificio por el pecado y se quitará el pecado del altar como se hizo con el novillo. 23 Cuando hayas acabado de quitar el pecado, ofrecerás un novillo sin defecto y un carnero del rebaño sin defecto. 24 Los ofrecerás delante de Yahvé, y los sacerdotes les echarán sal y los ofrecerán en holocausto a Yahvé. 25 Durante siete días ofrecerás el macho cabrío del sacrificio por el pecado, cada día; se hará también el sacrificio del novillo y del carnero sin defecto tomado del rebaño. 26 Así, durante siete días se hará la expiación del altar, se lo purificará y se lo consagrará. 27 Pasados estos días, desde el octavo en adelante, los sacerdotes ofrecerán sobre el altar los holocaustos y los sacrificios de comunión de ustedes. Y yo les seré propicio, oráculo del Señor Yahvé.»

Servicio del pórtico oriental.

44 1 Me volvió después hacia el pórtico exterior del santuario, que miraba a oriente. Estaba cerrado. 2 Y Yahvé me dijo: Este pórtico permanecerá cerrado. No se lo abrirá, y nadie pasará por él, porque por él ha pasado Yahvé, el Dios de Israel. Quedará, pues, cerrado. 3 Pero el príncipe sí podrá sentarse en él para tomar su comida en presencia de Yahvé. Entrará por el vestíbulo del pórtico y por el mismo saldrá.

Reglas de admisión en el templo.

4 Luego me llevó por el pórtico septentrional hacia la fachada del templo; miré, y he aquí que la gloria de Yahvé llenaba el templo de Yahvé, y caí rostro en tierra. 5 Yahvé me dijo: «Hijo de hombre, presta atención, mira bien y escucha con cuidado lo que te voy a decir acerca de todas las disposiciones del templo de Yahvé y de todas sus leyes. Te fijarás bien en lo que respecta a la admisión en el templo y a la exclusión del santuario. 6 Y dirás a esta casa de* rebeldía, la casa de Israel: Así dice el Señor Yahvé: Ya pasan de la raya todas sus abominaciones, casa de Israel, 7 que han cometido introduciendo extranjeros incircuncisos de corazón y de cuerpo para que estuvieran en mi santuario y profanaran mi templo, cuando me ofrecían mi alimento, grasa y sangre; así han roto mi alianza con todas sus abominaciones. 8 En lugar de atender ustedes al ministerio de mis cosas santas, han encargado a otros el ejercicio de mi ministerio en mi santuario, en lugar de ustedes. 9 Así dice el Señor Yahvé: Nin-

44 6 Los vv. 6-31 confirman la distinción entre el clero de la ciudad, descendiente de Sadoc, 1 R **2** 35, y los levitas venidos de la provincia que son de rango inferior.

gún extranjero, incircunciso de corazón y de cuerpo, entrará en mi santuario, ninguno de los extranjeros que viven en medio de los israelitas.

Los levitas.

10 «En cuanto a los levitas, que me abandonaron cuando Israel se descarriaba lejos de mí para ir detrás de sus basuras, soportarán el peso de sus culpas. 11 Serán en mi santuario los encargados de la guardia de las puertas del templo y ministros del servicio del templo. Ellos inmolarán el holocausto y el sacrificio por el pueblo, y estarán a su disposición para servirlo. 12 Por haberse puesto a su servicio delante de sus basuras y haber sido para la casa de Israel ocasión de culpa, por eso, yo levanto la mano contra ellos —oráculo del Señor Yahvé— y soportarán el peso de su culpa. 13 No se acercarán más a mí para ejercer ante mí el sacerdocio ni para tocar mis cosas santas y las cosas sacratísimas: soportarán el peso de su ignominia y de las abominaciones que cometieron. 14 Les encargaré de ejercer el ministerio en el templo, en lo que atañe a su servicio y a todo lo que allí se hace.

Los sacerdotes.

15 «Pero los sacerdotes levitas, hijos de Sadoc, que cumplieron mi ministerio en el santuario cuando los israelitas se descarriaban lejos de mí, ellos sí se acercarán a mí para servirme, y estarán en mi presencia para ofrecerme la grasa y la sangre, oráculo del Señor Yahvé. 16 Ellos entrarán en mi santuario y se acercarán a mi mesa para servirme; ellos cumplirán mi ministerio. 17 Cuando entren por los pórticos del atrio interior, llevarán hábitos de lino; no irán vestidos de lana cuando oficien en los pórticos del atrio interior, y en el templo. 18 Llevarán en la cabeza turbantes de lino, y fajas de lino a los riñones; no se ceñirán nada que transpire el sudor. 19 Cuando salgan al atrio exterior, donde el pueblo, se quitarán las vestiduras con que hayan oficiado, las dejarán en las salas del Santo, y se pondrán otras ropas, con el fin de no santificar al pueblo con sus vestiduras. 20 No se raparán la cabeza, ni dejarán crecer libremente su cabellera, sino que se cortarán cuidadosamente el pelo. 21 Ningún sacerdote beberá vino el día que tenga que entrar en el atrio interior. 22 No tomarán por esposa ni una viuda ni una mujer repudiada, sino una virgen de la raza de Israel; una viuda sólo en el caso de que sea viuda de un sacerdote. 23 Enseñarán a mi pueblo a distinguir lo sagrado de lo profano y le harán saber la diferencia entre lo puro y lo impuro. 24 En los pleitos serán ellos los jueces; juzgarán conforme a mi derecho; observarán en todas mis fiestas mis leyes y preceptos, y santificarán mis sábados. 25 No se acercarán a un muerto, para no contaminarse, pero por un padre, una madre, un hijo, una hija, un hermano, o una hermana no casada podrán contaminarse. 26 Después de haberse purificado, se contará una semana, 27 y luego, el día en que entre en el Santo, en el atrio interior para oficiar en el Santo, ofrecerá su sacrificio por el pecado, oráculo del Señor Yahvé. 28 No tendrán heredad alguna: yo seré su heredad. Ustedes no les darán propiedad en Israel: yo seré su propiedad particular. 29 Ellos comerán la oblación, el sacrificio por el pecado y el sacrificio de expiación. Todo lo que sea consagrado al anatema en Israel será para ellos. 30 Lo mejor de todas las primicias de ustedes y de toda clase de ofrendas reservadas que ofrezcan, será para los sacerdotes; y lo mejor de sus moliendas, se lo darán a los sacerdotes, para que la bendición repose sobre la casa de ustedes. 31 Los sacerdotes no comerán carne de ningún ave ni bestia muerta o desgarrada.

Partición de la tierra*.
Parte de Yahvé.

45 1 «Cuando se repartan por sorteo esta tierra en heredad, reservarán como ofrenda para Yahvé un
recinto sagrado de la tierra, de una longitud de veinticinco mil codos por una
anchura de veinte mil. Será sagrado en
toda su extensión. 2 De aquí se tomará
para el santuario un cuadrado de quinientos codos por quinientos, alrededor
del cual habrá un margen de cincuenta
codos. 3 También de su área medirás una
longitud de veinticinco mil codos por
una anchura de diez mil: aquí estará el
santuario, el Santo de los Santos. 4 Será
el recinto sagrado de la tierra, destinado
a los sacerdotes, que ejercen el ministerio del santuario y que se acercan a
Yahvé para servirle. Para ellos será este
lugar, para que construyan sus casas y
como lugar sagrado para el santuario.
5 Un terreno de veinticinco mil codos de
largo por diez mil de ancho será reservado a los levitas, servidores del templo,
en propiedad, con ciudades para vivir.
6 Y como propiedad de la ciudad fijarán
un terreno de cinco mil codos de ancho
por veinticinco mil de largo, junto a la
parte reservada del santuario: esto será
para toda la casa de Israel.

Parte del príncipe.

7 «Al príncipe le tocará, a ambos lados
del recinto de la parte reservada para el
santuario y de la propiedad de la ciudad,
a lo largo de la parte reservada para el
santuario y de la propiedad de la ciudad,
por el lado occidental hacia occidente,
y por el oriental hacia oriente, una
longitud igual a cada una de las partes,
desde la frontera occidental hasta la
frontera oriental 8 de la tierra. Esto será
su propiedad en Israel. Así mis príncipes
no oprimirán más a mi pueblo: dejarán
la tierra a la casa de Israel, a sus tribus.
9 «Así dice el Señor Yahvé: Ya es demasiado, príncipes de Israel. Desistan de
la opresión y de la violencia, practiquen
el derecho y la justicia, liberen a mi pueblo de sus impuestos, oráculo del Señor
Yahvé. 10 Usen balanzas justas, una arroba justa, una cántara justa. 11 La arroba
y la cántara sean iguales, de suerte que
la cántara contenga un décimo de carga
y la arroba un décimo de carga. A partir
de la carga serán fijadas las cántaras.
12 El siclo será de veinte óbolos. Veinte
siclos, veinticinco siclos y quince siclos
harán una mina.

Ofrendas para el culto.

13 «Ésta es la ofrenda que reservarán:
un sexto de arroba por cada carga de
trigo y un sexto de arroba por cada
carga de cebada. 14 Regla para el aceite,
para la cántara de aceite: una cántara de
aceite por cada diez cántaras, es decir,
por un tonel de diez cántaras, o de una
carga, pues diez cántaras hacen una carga. 15 Se reservará una oveja por cada
rebaño de doscientas de las praderas de
Israel, para la oblación, el holocausto y
el sacrificio de comunión, como expiación por ellos, oráculo del Señor Yahvé.
16 Todo el pueblo de la tierra contribuirá
a esta ofrenda reservada para el príncipe
de Israel. 17 El príncipe se encargará de
los holocaustos, de la oblación y de la
libación en las fiestas, novilunios y sábados, en todas las solemnidades de la
casa de Israel. Él proveerá lo necesario
para el sacrificio por el pecado, para la
oblación, el holocausto y los sacrificios
de comunión, para la expiación de la
casa de Israel.

Fiesta de la Pascua.
Ex **12**+.

18 «Así dice el Señor Yahvé: El primer
mes, el día uno del mes, tomarás un
novillo sin defecto, para quitar el pecado
del santuario. 19 El sacerdote tomará la

45 Ezequiel divide el país en franjas paralelas y regulares, que van desde el Jordán al Mediterráneo y que asigna a cada tribu, **48**. En el centro, el patrimonio de los sacerdotes, de los levitas y del príncipe, con el territorio del templo.

sangre de la víctima por el pecado y la pondrá en las jambas del pórtico del templo, en los cuatro ángulos del zócalo del altar, y en las jambas de los pórticos del atrio interior. 20 Lo mismo harás el día siete del mes, en favor de todo aquel que haya pecado por inadvertencia o irreflexión. Así harán la expiación del templo. 21 El día catorce del primer mes será para ustedes la fiesta de la Pascua. Durante siete días se comerá el pan sin levadura. 22 Aquel día, el príncipe ofrecerá por sí mismo y por todo el pueblo de la tierra un novillo en sacrificio por el pecado. 23 Durante los siete días de la fiesta, ofrecerá en holocausto a Yahvé siete novillos y siete carneros sin defecto, cada uno de los siete días, y en sacrificio por el pecado, un macho cabrío cada día. 24 Como oblación, ofrecerá una medida por novillo y una medida por carnero, y de aceite un sextario por medida.

Fiesta de las Tiendas.
Ex **23** 14+.

25 «El día quince del séptimo mes, en la fiesta, hará lo mismo durante siete días, ofreciendo el sacrificio por el pecado, el holocausto, la oblación y el aceite.

Disposiciones varias.

46 1 «Así dice el Señor Yahvé: El pórtico del atrio interior que mira a oriente estará cerrado los seis días laborables. El sábado se lo abrirá, así como el día del novilunio; 2 y el príncipe entrará desde el exterior por el vestíbulo del pórtico y se quedará de pie junto a las jambas del pórtico. Entonces los sacerdotes ofrecerán su holocausto y su sacrificio de comunión. Él se postrará en el umbral del pórtico, luego saldrá, y no se cerrará el pórtico hasta la tarde. 3 El pueblo de la tierra se postrará ante Yahvé a la entrada de este pórtico, los sábados y los días de novilunio. 4 El holocausto que el príncipe ofrecerá a Yahvé el sábado, será de seis corderos sin defecto y de un carnero sin defecto; 5 y como oblación una medida por carnero; por los corderos, una oblación que queda a discreción, y de aceite un sextario por medida. 6 En el día del novilunio: un novillo sin defecto, seis corderos y un carnero sin defecto. 7 Y hará oblación de una medida por novillo y de una medida por carnero; por los corderos, lo que pueda, y de aceite, un sextario por medida.

8 «Cuando el príncipe entre, entrará por el vestíbulo del pórtico y por el mismo saldrá. 9 Y cuando el pueblo de la tierra venga ante Yahvé en las solemnidades, los que entren por el pórtico septentrional para postrarse, saldrán por el pórtico meridional, y los que entren por el pórtico meridional saldrán por el pórtico septentrional. Nadie volverá a salir por el pórtico por donde entró, sino que saldrá por el de enfrente. 10 Y el príncipe irá en medio de ellos; entrará como ellos y saldrá como ellos.

11 «En las fiestas y solemnidades, la oblación será de una cántara por novillo, de una cántara por carnero, por los corderos a discreción, y de aceite, un sextario por cántara. 12 Cuando el príncipe ofrezca un holocausto voluntario o un sacrificio de comunión voluntario a Yahvé, se le abrirá el pórtico que mira a oriente, ofrecerá su holocausto y su sacrificio de comunión, de la misma manera que el día de sábado, saldrá luego, y el pórtico se cerrará en cuanto haya salido.

13 «Ofrecerás cada día en holocausto a Yahvé un cordero de un año sin defecto: lo ofrecerás cada mañana. 14 Ofrecerás además cada mañana, como oblación, un sexto de cántara, y de aceite, un tercio de sextario, para amasar la flor de harina. Esta es la oblación a Yahvé, decreto eterno, fijo para siempre. 15 Se ofrecerá el cordero, la oblación y el aceite, cada mañana, como holocausto perpetuo*.

46 15 De hecho, el sacrificio cotidiano fue tenido en gran aprecio hasta la ruina del templo, el año 70 después de Cristo.

16 «Así dice el Señor Yahvé: Si el príncipe hace un regalo a alguno de sus hijos, tomándolo de su heredad, el regalo
pertenecerá a sus hijos, será su propiedad por derecho de herencia. 17 Pero si
hace de su heredad un regalo a uno de
sus siervos, pertenecerá a éste sólo hasta
el año de la liberación, luego retornará
al príncipe. Solamente a sus hijos podrá pasar su heredad. 18 El príncipe no
tomará nada de la heredad del pueblo
despojándolo de su propiedad; sólo de
su propiedad particular legará partes a
sus hijos, para que nadie de mi pueblo
sea privado de su propiedad.»

19 Luego me llevó, por la entrada que
estaba al lado del pórtico, a las salas del
Santo reservadas a los sacerdotes, las
que miraban al norte. Allí, en la extremidad occidental, había un espacio. 20 Me
dijo: «Éste es el lugar donde los sacerdotes cocerán las víctimas de los sacrificios
de expiación y de los sacrificios por el
pecado, y donde cocerán la oblación,
a fin de que no se saque nada al atrio
exterior y se santifique así al pueblo.»
21 Me sacó luego al atrio exterior y me
hizo pasar junto a los cuatro ángulos del
atrio; en cada uno de los ángulos del atrio
había un patio: 22 esto es, en los cuatro
ángulos del atrio, cuatro pequeños patios
de cuarenta codos de longitud y treinta de
anchura, los cuatro de las mismas dimensiones. 23 Una tapia cercaba los cuatro, y
en la parte baja de la tapia había levantados unos fogones, todo alrededor. 24 Y
me dijo: «Éstos son los fogones donde los
servidores del templo cocerán los sacrificios del pueblo.»

La fuente del templo*.

47 1 Me llevó a la entrada del templo, y he aquí que debajo del umbral del templo salía agua, en dirección
a oriente, porque la fachada del templo
miraba hacia oriente. El agua bajaba de
debajo del lado derecho del templo, al
sur del altar. 2 Luego me hizo salir por el
pórtico septentrional y dar la vuelta por
el exterior, hasta el pórtico exterior que
miraba hacia oriente, y he aquí que el
agua fluía del lado derecho. 3 El hombre
salió hacia oriente con la cuerda que tenía en la mano, midió mil codos y me hizo atravesar el agua: me llegaba hasta los
tobillos. 4 Midió otros mil codos y me hizo
atravesar el agua: me llegaba hasta las
rodillas. Midió mil más y me hizo atravesar el agua: me llegaba hasta la cintura.
5 Midió otros mil: era ya un torrente que
no pude atravesar, porque el agua había
crecido hasta hacerse un agua de pasar
a nado, un torrente que no se podía atravesar. 6 Entonces me dijo: «¿Has visto, hijo de hombre?» Me condujo, y luego me
hizo volver a la orilla del torrente. 7 Y al
volver vi que a la orilla del torrente había
gran cantidad de árboles, a ambos lados.
8 Me dijo: «Esta agua sale hacia la región
oriental, baja a la Arabá, desemboca en
el mar, en el agua hedionda*, y el agua
queda saneada. 9 Por dondequiera que
pase el torrente, todo ser viviente que
en él se mueva vivirá. Los peces serán
muy abundantes, porque allí donde penetra esta agua lo sanea todo, y la vida
prospera en todas partes adonde llega
el torrente. 10 A sus orillas vendrán los
pescadores; desde Engadí hasta Engláin
se tenderán redes. Los peces serán de
la misma especie que los peces del mar
Grande*, y muy numerosos. 11 Pero sus
marismas y sus lagunas no serán sanea-
das, serán abandonadas a la sal. 12 A
orillas del torrente, a una y otra margen,
crecerán toda clase de árboles frutales,
cuyo follaje no se marchitará y cuyos frutos no se agotarán: producirán todos los
meses frutos nuevos, porque esta agua
viene del santuario. Sus frutos servirán
de alimento, y sus hojas de medicina.»

47 Ver **43** 1-12; Za **13** 1. La imagen del río vivificante, v. 9; ver Jn **4** 7+, reaparecerá en Ap **22** 1-2.

47 8 El mar Muerto.

47 10 El Mediterráneo.

Límites de la tierra*.

13 «Así dice el Señor Yahvé: Ésta es
la frontera de la tierra que se repartirán
entre las doce tribus de Israel, dando a
José dos partes. 14 Recibirán cada uno
por igual su parte, porque yo juré, mano
en alto, dársela a sus padres, y esta tierra
les pertenecerá en heredad. 15 Ésta es la
frontera de la tierra: lado septentrional: desde el mar Grande, el camino de
Jetlón hasta la Entrada de Jamat, Sedad, 16 Berotay, Sibráin, que está entre
el territorio de Damasco y el de Jamar,
Jaser Hatticón hacia el territorio del
Jaurán; 17 la frontera correrá desde el
mar hasta Jasar Enán, quedando al norte el territorio de Damasco, así como el
territorio de Jamat. Éste, el lado septentrional. 18 Lado oriental: entre el Jaurán
y Damasco, entre Galaad y la tierra de
Israel, el Jordán servirá de frontera hacia
el mar oriental, hasta Tamar: Éste, el
lado oriental. 19 Lado meridional, al sur:
desde Tamar hasta las aguas de Meribá
de Cades, hacia el torrente, hasta el mar
Grande. Éste, el lado meridional, al sur.
20 Lado occidental: el mar Grande será
la frontera hasta enfrente de la Entrada
de Jamat. Éste, el lado occidental. 21 Se
repartirán esta tierra, según las tribus de
Israel. 22 Se la repartirán como heredad
para ustedes y para los forasteros que
residan con ustedes y que hayan engendrado hijos entre ustedes, porque los
considerarán como al israelita nativo.
Con ustedes participarán en la suerte
de la heredad, en medio de las tribus de
Israel. 23 En la tribu donde resida el forastero, allí le darán su heredad, oráculo del
Señor Yahvé.

Partición de la tierra*.

48 1 «Y éstos son los nombres de las
tribus. Desde el extremo norte,
a lo largo del camino de Jetlón, hacia la
Entrada de Jamat, Jasar Enán, quedando al norte el territorio de Damasco, a lo
largo de Jamat: será para él desde el lado oriental hasta el lado occidental: Dan,
una parte. 2 Limitando con Dan, desde
el lado oriental hasta el lado occidental:
Aser, una parte. 3 Limitando con Aser,
desde el lado oriental hasta el lado occidental: Neftalí, una parte. 4 Limitando
con Neftalí, desde el lado oriental hasta
el lado occidental: Manasés, una parte.
5 Limitando con Manasés, desde el lado
oriental hasta el lado occidental: Efraín,
una parte. 6 Limitando con Efraín, desde
el lado oriental hasta el lado occidental: Rubén, una parte. 7 Limitando con
Rubén, desde el lado oriental hasta el
lado occidental: Judá, una parte. 8 Limitando con Judá, desde el lado oriental
hasta el lado occidental, estará la ofrenda sagrada que reservarán, de veinticinco mil codos de ancha, y de larga como
cada una de las otras partes desde el lado
oriental hasta el lado occidental. Y en
medio estará el santuario.

9 «La ofrenda sagrada que reservarán
para Yahvé tendrá veinticinco mil codos
de longitud y diez mil de anchura. 10 A
ellos, a los sacerdotes, pertenecerá la
ofrenda santa reservada: veinticinco mil
codos al norte, diez mil codos de anchura al oeste, diez mil codos de anchura al
este, y veinticinco mil codos de longitud
al sur; y el santuario de Yahvé estará en
el medio; 11 a los sacerdotes consagrados, aquellos de entre los hijos de Sadoc
que cumplieron mi ministerio, y que no
se descarriaron al descarriarse los israelitas, como se descarriaron los levitas,
12 a ellos les corresponderá una parte de
la tierra reservada como ofrenda sacratísima, junto al territorio de los levitas.
13 Los levitas, a semejanza del territorio
de los sacerdotes, tendrán un territorio
de veinticinco mil codos de largo y diez

47 13 El país ideal vislumbrado por Ezequiel, limitado al este por el Jordán, excede con mucho, por el norte y por el sur, los límites históricos de Israel desde David. Ver Nm **34** 1-12; Jos **13** 1-8; Jc **20** 1+.

48 Aquí el proyecto de Ezequiel prescinde totalmente de la geografía y la demografía; reparte el país trazando zonas paralelas de santidad decreciente.

mil de ancho —longitud total, veinticinco mil, y anchura, diez mil—. 14 No podrán vender ni cambiar ni ceder nada de esta parte de la tierra, porque está consagrada a Yahvé. 15 Los cinco mil codos de anchura que quedan a lo largo de los veinticinco mil, serán un terreno profano para la ciudad, para viviendas y pastizales. La ciudad quedará en medio. 16 Y éstas serán sus dimensiones: por el lado norte, cuatro mil quinientos codos; por el lado sur, cuatro mil quinientos codos; por el lado este, cuatro mil quinientos codos; por el lado oeste, cuatro mil quinientos codos. 17 Y los pastizales de la ciudad se extenderán hacia el norte doscientos cincuenta codos, hacia el sur doscientos cincuenta, hacia el este doscientos cincuenta y hacia el oeste doscientos cincuenta. 18 Quedará una extensión, a lo largo de la ofrenda santa reservada, de diez mil codos hacia oriente y diez mil hacia occidente, a lo largo de la ofrenda santa reservada: sus productos servirán para la alimentación de los trabajadores de la ciudad. 19 Los trabajadores que trabajen en la ciudad serán tomados de todas las tribus de Israel. 20 El total de la ofrenda reservada será de veinticinco mil codos por veinticinco mil. Reservarán un cuarto de la ofrenda santa reservada para la propiedad de la ciudad. 21 Lo que quede será para el príncipe, a uno y otro lado de la ofrenda santa reservada y de la propiedad de la ciudad, a lo largo de los veinticinco mil codos al este, hasta la frontera oriental, y al oeste a lo largo de los veinticinco mil codos hasta la frontera occidental, para el príncipe, en correspondencia a las demás partes; y en el medio estará la ofrenda santa reservada y el santuario del templo. 22 Así, desde la propiedad de los levitas y la propiedad de la ciudad que están en medio de la parte del príncipe, entre la frontera de Judá y la de Benjamín, pertenecerá al príncipe.

23 «Y las demás tribus: desde el lado oriental hasta el lado occidental: Benjamín, una parte. 24 Limitando con Benjamín, desde el lado oriental hasta el lado occidental: Simeón, una parte. 25 Limitando con Simeón, desde el lado oriental hasta el lado occidental: Isacar, una parte. 26 Limitando con Isacar, desde el lado oriental hasta el lado occidental: Zabulón, una parte. 27 Limitando con Zabulón, desde el lado oriental hasta el lado occidental: Gad, una parte. 28 Y limitando con Gad, por el lado meridional, al sur, la frontera correrá desde Tamar hacia las aguas de Meribá de Cades, el torrente, hasta el mar Grande. 29 Tal es la tierra que repartirán en heredad entre las tribus de Israel y tales serán sus partes, oráculo del Señor Yahvé.

Las puertas de Jerusalén.

30 «Y éstas son las salidas de la ciudad: por el lado norte, se medirán cuatro mil quinientos codos. 31 Las puertas de la ciudad llevarán los nombres de las tribus de Israel*. Al norte tres puertas: la puerta de Rubén, la puerta de Judá y la puerta de Leví. 32 Por el lado oriental, cuatro mil quinientos codos y tres puertas: la puerta de José, la puerta de Benjamín y la puerta de Dan. 33 Por el lado meridional, cuatro mil quinientos codos y tres puertas: la puerta de Simeón, la puerta de Isacar y la puerta de Zabulón. 34 Por el lado occidental, cuatro mil quinientos codos y tres puertas: la puerta de Gad, la puerta de Aser y la puerta de Neftalí. 35 El perímetro total será de dieciocho mil codos.

«Y en adelante el nombre de la ciudad será: 'Yahvé está allí*'.»

48 31 Ver Ap **21** 12-13.

48 35 Este nombre simbólico —*Yahvé está allí*— condensa todo el mensaje religioso y cultual de Ezequiel sobre la presencia viviente de Yahvé en medio de su pueblo.

DANIEL

Los jóvenes hebreos en la corte de Nabucodonosor

1 [1] El año tercero del reinado de Joaquín, rey de Judá, llegó a Jerusalén
Nabucodonosor, rey de Babilonia*, y la
sitió. [2] El Señor entregó en su poder a
Joaquín, rey de Judá, y parte de los objetos del templo de Dios. Se los llevó al
país de Senaar y depositó los objetos en
el tesoro del templo de sus dioses.
[3] El rey ordenó a Aspenaz, jefe de sus
eunucos, escoger entre los israelitas de
estirpe real o de la nobleza [4] algunos jóvenes sin defecto físico, bien parecidos,
expertos en sabiduría, cultos e inteligentes, aptos para servir en la corte del rey,
con el fin de enseñarles la lengua y
la literatura de los caldeos. [5] El rey les
asignó una ración diaria de la comida del
rey y del vino de su mesa. Deberían ser
educados durante tres años, al cabo de los
cuales entrarían al servicio del rey. [6] Entre
ellos se encontraban los judíos Daniel,
Ananías, Misael y Azarías. [7] El jefe de
los eunucos les puso nombres nuevos,
llamando a Daniel Baltasar, a Ananías
Sidrac, a Misael Misac y Azarías Abdénago. [8] Daniel decidió no contaminarse con
la comida del rey y el vino de su mesa y
pidió al jefe de los eunucos autorización
para no contaminarse*. [9] Dios concedió
a Daniel el favor y la compasión del jefe
de los eunucos. [10] Y éste dijo a Daniel:
«Temo al rey, mi señor, quien les ha asignado a ustedes su comida y su bebida, y
si encuentra sus semblantes más desme-
jorados que los de sus compañeros, expondrán mi cabeza ante él.» [11] Entonces
Daniel dijo al guardián que el jefe de los
eunucos había asignado a Daniel, Ananías, Misael y Azarías: [12] «Por favor, pon
a prueba a tus siervos durante diez días:
que nos den legumbres para comer y
agua para beber; [13] luego compara nuestro aspecto con el de los jóvenes que comen los alimentos del rey y actúa con nosotros según los resultados.» [14] Él aceptó
la propuesta y los puso a prueba durante
diez días. [15] Al cabo de los diez días tenían
mejor aspecto y estaban más fuertes que
todos los jóvenes que comían los alimentos del rey. [16] Desde entonces el guardián
retiró sus raciones de comida y de vino
y les dio legumbres. [17] Dios concedió a
estos cuatro jóvenes un conocimiento
profundo en toda clase de literatura y sabiduría. Daniel además sabía interpretar
visiones y sueños. [18] Al cabo del tiempo
fijado por el rey para su presentación, el
jefe de los eunucos los llevó ante Nabucodonosor. [19] El rey conversó con ellos, y
entre todos no encontró ninguno como
Daniel, Ananías, Misael y Azarías, por
lo que pasaron al servicio del rey. [20] Y
en todas las cuestiones de sabiduría e
inteligencia que les consultaba el rey, los
encontró diez veces más competentes que
todos los magos y adivinos de todo su
reino. [21] Daniel permaneció allí hasta el
año primero del rey Ciro.

1 1 Los relatos de los caps. **1-6** se sitúan en la época caldea, aunque sin una cronología rigurosa. Daniel y sus compañeros salen triunfantes de una dura prueba, y los mismos paganos dan gloria a Dios.

1 8 En la época de la helenización forzosa, bajo Antíoco Epífanes, la ruptura de las prohibiciones de la ley relativas a los alimentos equivalía a la apostasía, ver 2 M **6** 18-7 42.

El sueño de Nabucodonosor: Visión de la estatua

El rey interroga a sus adivinos.

Dn 7**7**.

2 1 El año segundo de su reinado, Nabucodonosor tuvo unos sueños*, que lo sobresaltaron y no le dejaron dormir. 2 El rey mandó llamar a los magos, adivinos, hechiceros y astrólogos* para que le interpretaran sus sueños. Cuando llegaron a su presencia, 3 el rey les dijo: «He tenido un sueño que me ha sobresaltado al tratar de comprenderlo.» 4 Los astrólogos respondieron al rey en arameo:

«¡Viva el rey eternamente*! Cuéntanos el sueño y nosotros descifraremos su interpretación.» 5 El rey les respondió: «Tengan bien presente mi decisión: si no me dan a conocer el sueño y su interpretación, los cortarán en pedazos y sus casas serán demolidas. 6 Pero si me dan a conocer el sueño y su interpretación, los colmaré de regalos, obsequios y honores. Por tanto, denme a conocer el sueño y su interpretación.» 7 Ellos respondieron por segunda vez: «Que el rey nos cuente su sueño y nosotros descifraremos su interpretación.» 8 Pero el rey replicó: «Ya veo que lo que ustedes quieren es ganar tiempo, sabiendo que mi decisión está tomada. 9 Si no me dan a conocer el sueño, una misma será su sentencia. Se han puesto de acuerdo en decirme mentiras y patrañas, mientras cambia la situación. Por tanto, cuéntenme el sueño y me convenceré de que pueden darme también su interpretación.» 10 Los astrólogos contestaron al rey: «No hay nadie en el mundo capaz de descifrar lo que el rey pide. Ningún rey, por grande y poderoso que fuera, ha preguntado jamás cosa semejante a ningún mago, adivino o astrólogo. 11 Lo que el rey pide es difícil, y nadie se lo puede descifrar, excepto los dioses, que no habitan entre los mortales.» 12 Entonces el rey se enfureció terriblemente y mandó exterminar a todos los sabios de Babilonia. 13 Una vez promulgado el decreto de exterminar a los sabios, buscaron también a Daniel y a sus compañeros para matarlos.

Intervención de Daniel.

14 Pero Daniel se dirigió de manera prudente y sensata a Arioc, jefe de la guardia real, que se disponía a ejecutar a los sabios de Babilonia. 15 Tomando la palabra, preguntó a Arioc, oficial del rey: «¿Por qué ha promulgado el rey un decreto tan severo?» Arioc le explicó el asunto 16 y Daniel se fue a pedir al rey que le concediera un plazo para descifrarle la interpretación. 17 Daniel regresó a su casa e informó del caso a sus compañeros Ananías, Misael y Azarías, 18 invitándolos a implorar la misericordia del Dios del Cielo sobre aquel misterio, para que no perecieran Daniel y sus compañeros con el resto de los sabios de Babilonia. 19 El misterio le fue revelado a Daniel en una visión nocturna y él bendijo al Dios del Cielo, 20 diciendo:

«Bendito sea el Nombre de Dios
por los siglos de los siglos,
pues suyos son la sabiduría y el poder.
21 Él hace alternar años y estaciones,
destrona y entroniza a los reyes,
da sabiduría a los sabios
y ciencia a los expertos.
22 Él revela honduras y secretos,
conoce lo que ocultan las tinieblas,
y la luz lo acompaña*.

2 1 Dios se sirve a veces de los sueños para comunicarse con los hombres, ver Gn **15** 12+; 1 S **3** 3-10; 1 R **3** 5; Si **34** 1+; Dn **4** 7.
2 2 El término *astrólogo* designa aquí a todo adivino que practica el arte que se creía originario de Caldea. Los diversos términos empleados en las enumeraciones de Dn **1** 20; **2** 2.10.27; **4** 4; **5** 7.11.15, no tienen sentido técnico preciso.
2 4 La sección **2** 4b-**7** 28 está en arameo.
2 22 Dios, rodeado de luz, Ex **24** 17; Ez **1** 27, es él mismo luz, Sb **7** 26+. Véase también 1 Jn **1** 5-7; 1Tm **6** 16; Jc **1** 17; ver Jn **8** 12+.

23 Te doy gracias y te alabo,
Dios de mis antepasados,
porque me has dado sabiduría y poder
has revelado lo que te habíamos
pedido
y nos has dado a conocer el asunto
del rey.»

24 Luego Daniel acudió a Arioc, a
quien el rey había encomendado la ejecución de los sabios de Babilonia, y le
dijo: «No mates a los sabios de Babilonia. Llévame ante el rey y yo le daré
la interpretación.» 25 Arioc se apresuró
a llevar a Daniel ante el rey y le dijo:
«He encontrado a un hombre entre los
deportados de Judá que puede revelar
al rey la interpretación.» 26 El rey dijo a
Daniel, apodado Baltasar: «¿Eres capaz
de contarme el sueño que he tenido y
su interpretación?» 27 Daniel le respondió así: «No hay sabios, adivinos, magos
o astrólogos capaces de descifrar el
misterio que el rey quiere saber; 28 pero
hay un Dios en el cielo, que revela los
misterios y que ha dado a conocer al rey
Nabucodonosor lo que sucederá al fin
de los tiempos. Éstos eran el sueño y las
visiones que tuviste mientras dormías*:

29 «Tú, oh rey, reflexionabas en tu lecho sobre lo que ocurrirá en el futuro, y
el que revela los misterios te ha dado a
conocer lo que sucederá. 30 A mí se me
ha revelado este misterio, no porque yo
sea más sabio que el resto de los vivientes, sino para descifrar al rey su interpretación y para que tú comprendas las
preocupaciones de tu mente.

31 «Tú, oh rey, tuviste esta visión: una
estatua, una enorme estatua de extraordinario brillo y aspecto terrible se levantaba ante ti. 32 La estatua tenía la cabeza
de oro puro, el pecho y los brazos de
plata, el vientre y los lomos de bronce,
33 las piernas de hierro, y los pies mitad
de hierro y mitad de barro. 34 Mientras
estabas mirando, una piedra se desprendió sin intervención de mano alguna,
golpeó los pies de hierro y barro de la
estatua y los hizo pedazos. 35 Entonces
todo a la vez se hizo polvo: el hierro y el
barro, el bronce, la plata y el oro; quedaron como la paja de la era en verano,
que el viento se lleva sin dejar rastro.
Pero la piedra que había golpeado la estatua se convirtió en una gran montaña
que llenó toda la tierra. 36 Éste era el
sueño; y ahora expondremos al rey su
interpretación. 37 Tú, majestad, rey de
reyes, a quien el Dios del cielo ha dado
soberanía, fuerza, poder y gloria, 38 te
ha sometido los hijos de los hombres,
las bestias del campo y las aves del cielo,
dondequiera que habiten, y te ha hecho
soberano de ellos, tú eres la cabeza de
oro. 39 Después de ti surgirá otro reino,
inferior a ti, y luego un tercer reino de
bronce que dominará toda la tierra.
40 Luego vendrá un cuarto reino, duro
como el hierro, como el hierro que todo
lo tritura y machaca; como el hierro que
aplasta, así él triturará y aplastará a todos los demás. 41 Y los pies y los dedos
que viste, mitad de barro de alfarero y
mitad de hierro, corresponden a un reino que estará dividido; tendrá la solidez
del hierro, pues viste el hierro mezclado
con el barro. 42 Los dedos de los pies,
mitad de hierro y mitad de barro, significan que el reino será a la vez fuerte y
frágil. 43 Y como viste el hierro mezclado
con el barro, así se mezclarán los linajes
entre sí; pero no se fundirán uno con
otro, como el hierro no se funde con el
barro. 44 En tiempo de estos reyes, el
Dios del cielo hará surgir un reino que jamás será destruido, ni cederá su soberanía a otro pueblo. Pulverizará y aniquilará
a todos estos reinos, y él subsistirá por
siempre; 45 tal como viste desprenderse
del monte, sin intervención de mano alguna, la piedra que redujo a polvo el hie-

2 28 Varias alegorías describen la sucesión de los grandes imperios (neobabilonios, medos y persas, griegos) que finalmente cederán su puesto al Reino de los Cielos, ver Mt **4** 17+. Jesús se aplica, ver Mt **21** 42-44; Lc **20** 17-18, la imagen de la piedra angular, Sal **118** 22, de la piedra fundamental, Is **28** 16; y hace alusión a la piedra desgajada de la roca y que aplasta a aquél sobre quien cae, vv. 34-45.

rro, el bronce, el barro, la plata y el oro.
El gran Dios ha revelado al rey lo que
sucederá en el futuro. El sueño es verídico
y su interpretación, fiel.»

Profesión de fe del rey.

46 Entonces el rey Nabucodonosor
cayó rostro en tierra, se postró ante Daniel, y ordenó ofrecerle oblaciones y
perfumes. 47 Luego el rey dijo a Daniel:
«Verdaderamente el Dios de ustedes es
el Dios de los dioses, el señor de los
reyes y el revelador de los misterios, ya
que tú has logrado revelar este misterio.»
48 Y el rey ascendió a Daniel y le hizo
muchos y valiosos regalos. Lo nombró
gobernador de toda la provincia de Babilonia y jefe supremo de todos los sabios
de Babilonia. 49 A petición de Daniel, el
rey encomendó la administración de la
provincia de Babilonia a Sidrac, Misac
y Abdénago; y Daniel se quedó en la
corte.

La adoración de la estatua de oro

Nabucodonosor erige una estatua de oro.

3 1 El rey Nabucodonosor hizo una
estatua de oro, de treinta metros de
alta por tres de ancha, y la colocó en la
llanura de Dura, en la provincia de Babilonia. 2 El rey Nabucodonosor mandó
convocar a los sátrapas, prefectos, gobernadores, consejeros, tesoreros, abogados y jueces y a todas las autoridades
provinciales, para que asistieran a la
inauguración de la estatua que había
erigido. 3 Se reunieron, pues, los sátrapas, prefectos, gobernadores, consejeros, tesoreros, abogados y jueces y
todas las autoridades provinciales para
la inauguración de la estatua erigida por
el rey Nabucodonosor; y todos estaban
en pie ante la estatua erigida por el rey
Nabucodonosor. 4 El heraldo pregonó
con voz potente: «A todos los pueblos,
naciones y lenguas se les hace saber:
5 En el momento en que oigan el sonido
del cuerno, la flauta, la cítara, el arpa,
el salterio, la zampoña y los demás instrumentos musicales*, se postrarán para
adorar la estatua de oro que ha erigido el
rey Nabucodonosor. 6 Y aquél que no se
postre y no la adore será inmediatamente arrojado a un horno de fuego abrasador.» 7 Y efectivamente, en cuanto se
escuchó el sonido del cuerno, la flauta,
la cítara, el arpa, el salterio, la zampoña
y los demás instrumentos musicales, todos los pueblos, naciones y lenguas se
postraron a adorar la estatua de oro que
había erigido el rey Nabucodonosor.

Denuncia y condena de los judíos.

8 Sin embargo, algunos caldeos se
presentaron a denunciar a los judíos.
9 Tomaron la palabra y dijeron al rey
Nabucodonosor: «¡Viva el rey eternamente! 10 Tú, majestad, has ordenado
que todo hombre, al oír el sonido del
cuerno, la flauta, la cítara, el arpa, el
salterio, la zampoña y los demás instrumentos musicales, se postre y adore la
estatua de oro, 11 y que aquél que no se
postre para adorarla sea arrojado a un
horno de fuego abrasador. 12 Pues bien,
hay unos judíos, Sidrac, Misac y Abdénago, a quienes has encomendado la
administración de la provincia de Babilonia, que no te hacen caso, majestad;
no sirven a tu dios ni adoran la estatua
de oro que has erigido.» 13 Totalmente
enfurecido, Nabucodonosor mandó llamar a Sidrac, Misac y Abdénago, y
cuando fueron introducidos ante el rey,

3 5 Es difícil distinguir con precisión las características de esta lista de instrumentos musicales. La *cítara* era probablemente un triángulo con cuatro cuerdas; el *salterio*, una especie de guitarra; la *zampoña*, un instrumento rústico de viento.

[14] Nabucodonosor les dijo: «¿Es cierto,
Sidrac, Misac y Abdénago, que ustedes
no sirven a mis dioses ni adoran la estatua de oro que yo he erigido? [15] ¿Están
dispuestos ahora, cuando oigan el sonido del cuerno, la flauta, la cítara, el
arpa, el salterio, la zampoña y los demás
instrumentos musicales, a postrarse para adorar la estatua que yo he hecho?
Porque si no la adoran, serán inmediatamente arrojados a un horno de fuego
abrasador; y entonces ¿cuál será el dios
que los libre de mis manos?» [16] Sidrac,
Misac y Abdénago contestaron al rey
Nabucodonosor: «No tenemos que responder sobre este asunto. [17] Si el Dios
a quien servimos puede librarnos del
horno de fuego abrasador y de tu poder,
majestad, nos librará. [18] Pero, si no lo hace, has de saber, majestad, que nosotros
no serviremos a tus dioses ni adorare-
mos la estatua de oro que has erigido.»
[19] Entonces Nabucodonosor, lleno de
cólera y con el semblante alterado a causa de Sidrac, Misac y Abdénago, mandó
encender el horno siete veces más fuerte
que de costumbre, [20] y ordenó que algunos de los hombres más fornidos de
su ejército ataran a Sidrac, Misac y Abdénago y los arrojaran al horno de fuego
abrasador. [21] Al instante estos hombres
fueron atados con sus calzones, túnicas,
gorros y mantos, y fueron arrojados al
horno de fuego abrasador. [22] Como la
orden real era apremiante y el horno estaba al rojo vivo, las llamaradas mataron
a los hombres que habían llevado a Sidrac, Misac y Abdénago, [23] mientras los
tres hombres, Sidrac, Misac y Abdénago, caían atados dentro del horno de
fuego abrasador.

Cántico de Azarías en el horno*.

9 3-19; Esd **9** 6-15.

[24] *Caminaban entre las llamas alabando a Dios y bendiciendo al Señor.*
[25] *Entonces Azarías, de pie en medio
del fuego, se puso a orar así:*

[26] *«Bendito seas, Señor, Dios de*
nuestros padres, digno de
alabanza;
que tu nombre sea glorificado por
los siglos.
[27] *Porque nos has tratado con justicia,*
todas tus acciones son veraces,
rectos todos tus caminos,
todas tus sentencias justas.
[28] *Has aplicado condenas justas*
en todo cuanto has ejecutado
contra nosotros,
y contra Jerusalén, la ciudad santa
de nuestros padres.
Todo lo has ejecutado verdadera y
justamente,
a causa de nuestros pecados.
[29] *Porque hemos pecado, hemos*
obrado mal, alejándonos de ti,
hemos fallado en todo y no hemos
escuchado tus mandamientos,
[30] *ni hemos obedecido,*
ni hemos cumplido lo que se nos
mandaba
para nuestro bien.
[31] *Y en todo cuanto nos has enviado,*
en todo cuanto nos has hecho,
has actuado con justicia fiel.
[32] *Nos entregaste en poder de*
enemigos
sin ley, malvados y apóstatas,
y en poder de un rey injusto, el
más perverso de toda la tierra.
[33] *Y ahora no podemos ni abrir la boca,*
la vergüenza y la deshonra
abruman a tus siervos y a tus fieles.
[34] *¡No nos abandones para siempre,*
por el honor de tu nombre,
no rompas tu alianza,
[35] *no nos niegues tu misericordia,*
por Abrahán tu amigo,
por Isaac tu siervo,
por Israel tu consagrado,
[36] *a quienes tú prometiste*
multiplicar su descendencia como
las estrellas del cielo,
como la arena de la orilla del mar!
[37] *Señor, somos el más insignificante*
de todos los pueblos

3 24 Los siguientes vv. 24-90 (en cursiva), no son conocidos más que en la versión griega. El v. 24 del texto arameo coincide con el v. 91 del texto griego.

y hoy nos sentimos humillados en
toda la tierra,
a causa de nuestros pecados.
38 *En este momento no tenemos*
príncipes, ni profetas, ni jefes;
ni holocaustos, ni sacrificios, ni
ofrendas, ni incienso,
ni un lugar donde ofrecerte las
primicias y alcanzar tu
misericordia.
39 *Pero acepta nuestra alma*
arrepentida y nuestro espíritu
humillado,
como un holocausto de carneros y
toros,
y millares de corderos cebados.
40 *Que éste sea hoy nuestro sacrificio*
ante ti
y volvamos a serte fieles,
porque los que en ti confían no
quedarán avergonzados.
41 *Ahora que te seguimos de todo*
corazón, que te respetamos y
buscamos tu rostro,
no nos avergüences.
42 *Trátanos conforme a tu bondad*
y a tu gran misericordia.
43 *Sálvanos como en tus maravillosas*
gestas
y engrandece tu fama, Señor.
44 *Que sean humillados todos los que*
maltratan a tus siervos,
que se vean confundidos, privados
de toda su fuerza y su dominio,
y que sea destruido su poder.
45 *Y que sepan que tú eres el Señor y*
el Dios único,
glorioso en toda la tierra.»

46 *Los siervos del rey que los habían*
arrojado al horno no cesaban de ati-
zar el fuego con nafta, pez, estopa y
sarmientos. 47 *Las llamas se elevaban*
cuarenta y nueve codos por encima del
horno 48 *y, al extenderse, abrasaron a*
los caldeos que se encontraban junto
al horno. 49 *Pero el ángel del Señor*
bajó al horno junto a Azarías y sus
compañeros, expulsó las llamas de
fuego fuera del horno 50 *e hizo que una*
brisa refrescante recorriera el interior
del horno, de manera que el fuego no
los tocó lo más mínimo, ni les causó
ningún daño o molestia.

Cántico de los tres jóvenes.

51 *Entonces los tres se pusieron a*
cantar a coro, glorificando y bendicien-
do a Dios dentro del horno de esta ma-
nera:
52 *«Bendito seas, Señor, Dios de*
nuestros padres,
alabado y ensalzado por los siglos.
Bendito sea tu nombre, santo y
famoso,
aclamado y ensalzado por los siglos.
53 *Bendito seas en el templo de tu*
santa gloria,
aclamado y glorioso por los siglos.
54 *Bendito seas en tu trono real,*
aclamado y ensalzado por los siglos.
55 *Bendito tú, que sondeas los abismos*
sentado sobre querubines,
alabado y ensalzado por los siglos.
56 *Bendito seas en el firmamento*
celeste,
alabado y glorificado por los siglos.
57 *Todas las obras del Señor, bendigan*
al Señor,
alábenlo y ensálcenlo por los siglos.
58 *Ángeles del Señor, bendigan al*
Señor,
alábenlo y ensálcenlo por los siglos.
59 *Cielos, bendigan al Señor,*
alábenlo y ensálcenlo por los siglos.
60 *Todas las aguas celestes, bendigan*
al Señor,
alábenlo y ensálcenlo por los siglos.
61 *Todas los ejércitos del Señor,*
bendigan al Señor,
alábenlo y ensálcenlo por los siglos.
62 *Sol y luna, bendigan al Señor,*
alábenlo y ensálcenlo por los siglos.
63 *Estrellas celestes, bendigan al*
Señor,
alábenlo y ensálcenlo por los siglos.
64 *Lluvia y rocío, bendigan al Señor,*
alábenlo y ensálcenlo por los siglos.
65 *Todos los vientos, bendigan al*
Señor,
alábenlo y ensálcenlo por los siglos.

66 *Fuego y calor, bendigan al Señor,*
alábenlo y ensálcenlo por los siglos.
67 *Frío y bochorno, bendigan al*
Señor,
alábenlo y ensálcenlo por los siglos.
68 *Rocíos y nevadas, bendigan al*
Señor,
alábenlo y ensálcenlo por los siglos.
69 *Hielo y frío, bendigan al Señor,*
alábenlo y ensálcenlo por los siglos.
70 *Escarchas y nieves, bendigan al*
Señor,
alábenlo y ensálcenlo por los siglos.
71 *Noches y días, bendigan al Señor,*
alábenlo y ensálcenlo por los siglos.
72 *Luz y oscuridad, bendigan al*
Señor,
alábenlo y ensálcenlo por los siglos.
73 *Relámpagos y nubes, bendigan al*
Señor,
alábenlo y ensálcenlo por los siglos.
74 *Bendiga la tierra al Señor,*
que lo alabe y lo ensalce por los
siglos.
75 *Montes y colinas, bendigan al*
Señor,
alábenlo y ensálcenlo por los siglos.
76 *Plantas de la tierra, bendigan al*
Señor,
alábenlo y ensálcenlo por los siglos.
77 *Manantiales, bendigan al Señor,*
alábenlo y ensálcenlo por los siglos.
78 *Mares y ríos, bendigan al Señor,*
alábenlo y ensálcenlo por los siglos.
79 *Cetáceos y seres acuáticos,*
bendigan al Señor,
alábenlo y ensálcenlo por los siglos.
80 *Todas las aves del cielo, bendigan*
al Señor,
alábenlo y ensálcenlo por los siglos.
81 *Todas las bestias y ganados,*
bendigan al Señor,
alábenlo y ensálcenlo por los siglos.
82 *Seres humanos, bendigan al*
Señor,
alábenlo y ensálcenlo por los siglos.
83 *Israelitas, bendigan al Señor,*
alábenlo y ensálcenlo por los siglos.
84 *Sacerdotes del Señor, bendigan al*
Señor,
alábenlo y ensálcenlo por los siglos.
85 *Siervos del Señor, bendigan al*
Señor,
alábenlo y ensálcenlo por los siglos.
86 *Espíritus y almas de los justos,*
bendigan al Señor,
alábenlo y ensálcenlo por los siglos.
87 *Santos y humildes de corazón,*
bendigan al Señor,
alábenlo y ensálcenlo por los siglos.
88 *Ananías, Azarías y Misael,*
bendigan al Señor,
alábenlo y ensálcenlo por los siglos.
Porque él nos ha rescatado del
abismo,
nos ha salvado del poder de la
muerte,
nos ha sacado del horno de llama
ardiente,
nos ha sacado de en medio del
fuego.
89 *Den gracias al Señor, porque es*
bueno,
porque su misericordia perdura
por los siglos.
90 *Todos los que adoran al Señor,*
bendigan al Dios de los dioses,
alábenlo y denle gracias,
porque su misericordia perdura
por los siglos.»

Reconocimiento del milagro*.

24 El rey Nabucodonosor se quedó
atónito, se levantó rápidamente y preguntó a sus consejeros: «¿No hemos
arrojado al fuego a tres hombres atados?» Ellos le respondieron: «Así es, majestad.» 25 El rey repuso: «Pues yo estoy
viendo cuatro hombres desatados que
caminan entre el fuego sin sufrir daño, y
el cuarto parece un ser divino.» 26 Entonces Nabucodonosor se acercó a la
boca del horno de fuego abrasador y
dijo: «Sidrac, Misac y Abdénago, servidores del Dios Altísimo, salgan y ven-

3 24 Aquí se reanuda el texto arameo. La numeración, en el griego, de los versículos de este pasaje (24-33) va del 91 al 100.

gan aquí.» Y Sidrac, Misac y Abdénago
salieron de entre el fuego. 27 Los sátrapas, prefectos, gobernadores y consejeros del rey se apiñaron para examinar a
estos hombres: el fuego no había afectado a sus cuerpos, sus cabellos no estaban chamuscados, sus calzones estaban intactos y ni siquiera despedían olor
a quemado. 28 Nabucodonosor exclamó: «Bendito sea el Dios de Sidrac, Misac y Abdénago, que ha enviado a su
ángel para salvar a sus siervos. Pues
ellos, confiando en él, desobedecieron
la orden del rey y han arriesgado sus
vidas antes que servir y adorar a otro
dios que no fuera el suyo. 29 Por ello, yo
ordeno que todo hombre de cualquier
pueblo, nación o lengua que hable mal
del Dios de Sidrac, Misac y Abdénago
sea cortado en pedazos y su casa derri-
bada, porque no hay otro dios que pueda salvar como éste.» 30 Y el rey hizo
prosperar a Sidrac, Misac y Abdénago
en la provincia de Babilonia.

El sueño y la locura de Nabucodonosor

31 El rey Nabucodonosor a todos los
pueblos, naciones y lenguas que habitan
en toda la tierra: ¡Que su paz se acreciente! 32 Me complace darles a conocer los signos y prodigios que el Dios
Altísimo ha hecho conmigo.

33 ¡Qué grandes son sus signos,
qué poderosos sus prodigios!
¡Su reino es un reino eterno,
su poder dura por siempre!

Nabucodonosor cuenta su sueño.

4 1 Yo, Nabucodonosor, estaba tranquilo y satisfecho en mi palacio,
2 cuando tuve un sueño que me asustó.
Las pesadillas que tuve en mi lecho y
las fantasías de mi mente me aterraron.
3 Entonces ordené que se presentaran
ante mí todos los sabios de Babilonia,
para que me dieran a conocer la interpretación del sueño. 4 Vinieron los magos, adivinos, astrólogos y hechiceros y
yo les conté el sueño, pero no supieron
darme su interpretación. 5 Por último se
presentó ante mí Daniel, apodado Baltasar en honor de mi dios, que era hombre dotado de inspiración divina, y le
conté el sueño:
6 «Baltasar, jefe de los magos, como
sé que estás dotado de inspiración divina y que ningún misterio se te resiste,
escucha el sueño que he tenido y dame
su interpretación.
7 «Mientras estaba acostado, asaltaron
mi mente estas visiones:

«Había un árbol* de gran altura
en el centro de la tierra.
8 El árbol creció y se hizo corpulento,
su altura llegaba al cielo
y era visible desde los confines de la tierra.
9 Su ramaje era hermoso, y su fruto, abundante
y tenía comida para todos;
a su sombra se cobijaban las bestias del campo,
en sus ramas anidaban las aves del cielo
y alimentaba a todos los vivientes.
10 Mientras contemplaba en el lecho las visiones de mi cabeza,
un vigilante santo bajó del cielo
11 y gritó con voz potente:
'Abatid el árbol, cortad sus ramas,
arrancad sus hojas, tirad sus frutos;
que huyan las bestias de su sombra,
y los pájaros de sus ramas.
12 Dejad solo en tierra el tocón con sus raíces,
con cadenas de hierro y bronce
entre los matojos del campo.
Que lo empape el rocío del cielo
y comparta con las bestias la hierba de la tierra.

4 7 Ver Ez **17** 1-10; **31** 3-14; Is **10** 33-**11** 1.

13 Que se le quite su alma humana
y se le dé un alma animal y viva así
siete años.
14 Ésta es la sentencia dictada por los
Vigilantes,
la orden decretada por los Santos,
para que reconozcan todos los
vivientes
que el Altísimo es el dueño de los
reinos humanos:
se los da a quien quiere
y entroniza al más humilde de los
hombres.'

15 «Éste es el sueño que yo, el rey Nabucodonosor, he tenido. Tú, Baltasar,
aclárame su interpretación, pues ninguno de los sabios de mi reino ha podido
darme a conocer su interpretación; tú
puedes hacerlo, ya que estás dotado de
inspiración divina.»

Daniel interpreta el sueño.

16 Entonces Daniel, apodado Baltasar, quedó un instante perplejo y aturdido por sus pensamientos. El rey le
dijo: «Baltasar, no te asuste el sueño ni
su interpretación.» Respondió Baltasar:
«¡Señor, que este sueño se refiera a tus
enemigos y su interpretación a tus adversarios! 17 Ese árbol que viste crecer y
hacerse corpulento, cuya altura llegaba
al cielo y que era visible desde toda la
tierra, 18 que tenía hermoso ramaje y
fruto abundante, que tenía comida para
todos, bajo cuya sombra se cobijaban
las bestias del campo y en cuyas ramas
anidaban las aves del cielo, 19 eres tú,
oh rey, que te has hecho grande y poderoso, tu grandeza ha aumentado y ha
llegado hasta el cielo, y tu soberanía se
extiende hasta los confines de la tierra.
20 «En cuanto al vigilante santo que el
rey vio bajar del cielo y decir: 'Derriben
el árbol, destrúyanlo, pero dejen en tierra
el tocón con sus raíces, con cadenas de
hierro y bronce, entre los matojos del
campo; que lo empape el rocío del cielo
y comparta la suerte con las bestias del
campo y que viva así siete años', 21 ésta
es su interpretación, majestad, y la decisión que el Altísimo ha tomado respecto
a mi señor, el rey:

22 «Serás apartado de los hombres
y vivirás con las bestias del campo;
te darán de comer hierba,
como a los toros,
y quedarás empapado por el rocío
del cielo;
así vivirás durante siete años,
hasta que reconozcas
que el Altísimo es el dueño de los
reinos humanos
y que se los da a quien quiere.

23 «La orden de conservar el tocón y
las raíces del árbol significa que tu reino
se te devolverá cuando hayas reconocido que todo poder viene de Dios. 24 Por
tanto, majestad, acepta mi consejo: expía tus pecados con obras de justicia y
tus delitos socorriendo a los pobres, para
que tu felicidad sea duradera.»

Cumplimiento del sueño.

25 Todo esto le sucedió al rey Nabucodonosor. 26 Al cabo de doce meses,
estaba el rey paseándose por la terraza
del palacio real de Babilonia, 27 e iba diciendo: «Ésta es la gran Babilonia* que
yo he convertido en residencia real con
la fuerza de mi poder y en honor de mi
majestad» 28 Aún estaba hablando el rey,
cuando una voz bajó del cielo:

«¡Contigo hablo, rey Nabucodonosor!
Se te ha quitado el reino.
29 Serás apartado de los hombres,
vivirás con las bestias del campo;
te darán de comer hierba,
como a los toros,
y así vivirás durante siete años,
hasta que reconozcas
que el Altísimo es el dueño de los
reinos humanos,
y que se los da a quien quiere.»

4 27 El nombre de *Babilonia* se convertirá en el símbolo de las grandezas humanas y
del orgullo, antítesis de la Jerusalén celestial,
ciudad de Dios. Ver **14** 8; **16** 19; **17** 5; **18**
2; etc., que recoge el tema de los profetas, Is
21 9; etc.

30 Inmediatamente estas palabras se
cumplieron en Nabucodonosor: fue apartado de los hombres, se alimentó de
hierba como los toros, su cuerpo quedó
empapado por el rocío del cielo y le salieron pelos como plumas de águila y uñas
como las de las aves.
31 «Al cabo del tiempo fijado, yo, Nabucodonosor, levanté mis ojos al cielo
y recobré la razón; entonces bendije al
Altísimo,

alabé y glorifiqué al que vive por
siempre,
su poder es eterno,
y su reino perdura de edad en edad.
32 Nada cuentan ante él todos los
habitantes de la tierra
y hace lo que quiere con el ejército
del cielo
y con los habitantes de la tierra.
No hay nadie que resista a su poder
o le pida cuentas de lo que hace.

33 «En aquel momento recobré la razón y recuperé también majestad y esplendor, para gloria de mi reino; mis consejeros y mis magnates me reclamaron,
se me restableció en el trono y se me dio
un mayor poder. 34 Y ahora yo, Nabucodonosor,

alabo, ensalzo y glorifico al Rey del
cielo,
porque todas sus obras son verdad,
todos sus caminos, justos,
y puede humillar a los que actúan con
soberbia.»

El festín de Baltasar

5 1 El rey Baltasar ofreció un gran banquete a mil de sus dignatarios y en
presencia de ellos se puso a beber vino.
2 Bajo los efectos del vino, Baltasar mandó traer los vasos de oro y plata que su
padre Nabucodonosor se había llevado
del Templo de Jerusalén, para que bebieran en ellos el rey, sus dignatarios, sus
mujeres y sus concubinas. 3 Trajeron,
pues, los vasos de oro y plata tomados
del templo, de la Casa de Dios, en Jerusalén y bebieron en ellos el rey, sus dignatarios, sus mujeres y sus concubinas.
4 Y mientras bebían vino, alababan a sus
dioses de oro y plata, de bronce y hierro,
de madera y piedra. 5 De repente aparecieron unos dedos de mano humana que
se pusieron a escribir frente al candelabro, en la cal del muro del palacio real, y
el rey vio el trozo de mano que escribía.
6 Entonces el rey palideció, se le turbó la
mente, se le aflojaron las articulaciones
de las caderas y le entrechocaron las rodillas. 7 El rey a gritos mandó a buscar a
los adivinos, magos y astrólogos, y dijo a
los sabios de Babilonia: «El que lea y me
interprete este escrito, será vestido de
púrpura, llevará un collar de oro al cuello
y ocupará el tercer lugar del reino.»
8 Acudieron todos los sabios del rey, pero fueron incapaces de leer e interpretar
al rey el escrito. 9 Entonces el rey Baltasar se turbó mucho y cambió de color, y
sus dignatarios quedaron desconcertados.
10 La reina, al oír las palabras del rey y de
sus dignatarios, entró en la sala del banquete y dijo: «¡Viva el rey por siempre!
Que no se turbe tu mente ni palidezca tu
semblante. 11 En tu reino hay un hombre
dotado de inspiración divina que ya en el
reinado de tu padre demostró luz, inteligencia y sabiduría semejante a la de los
dioses. Tu padre, el rey Nabucodonosor,
lo nombró jefe de los magos, adivinos,
hechiceros y astrólogos, 12 ya que este
Daniel, a quien el rey puso el nombre de
Baltasar, tenía un don extraordinario, un
saber y una inteligencia capaces de interpretar sueños, de descifrar enigmas y de
resolver problemas. Así pues, que llamen
a Daniel y él dará la interpretación.»
13 Inmediatamente Daniel fue introducido ante el rey, y éste le preguntó:
«¿Eres tú Daniel, uno de los judíos deportados que mi padre el rey trajo de
Judá? 14 He oído decir que estás dotado

de inspiración divina y que posees luz,
inteligencia y una sabiduría extraordinaria. 15 Han traído a mi presencia a los
sabios y adivinos para que leyeran y me
interpretaran este escrito, pero han sido
incapaces de descubrir su sentido. 16 He
oído decir que tú puedes dar interpretaciones y resolver problemas. Pues bien,
si logras leer e interpretarme este escrito, serás vestido de púrpura, llevarás un
collar de oro al cuello y ocuparás el tercer
lugar del reino.»

17 Daniel tomó la palabra y respondió
al rey: «Quédate con tus regalos y da
tus obsequios a otro, pues yo de igual
manera leeré e interpretaré al rey este
escrito. 18 Majestad, el Dios Altísimo dio
a tu padre Nabucodonosor soberanía,
poder, fama y honor. 19 Y en virtud de
este poder, todos los pueblos, naciones
y lenguas lo temían y temblaban ante él.
Mataba o dejaba vivir a voluntad, ensal-
zaba y humillaba a su antojo. 20 Pero,
como se volvió soberbio y arrogante,
fue destronado y despojado de su gloria.
21 Fue apartado de los hombres y adquirió naturaleza animal; convivió con los
burros salvajes y comió hierba como los
toros, con el cuerpo empapado por el
rocío del cielo, hasta que reconoció que
el Dios Altísimo es el dueño de los reinos
humanos y entroniza a quien quiere*.
22 Pero tú, Baltasar, su hijo, aun sabiendo todo esto, no te has humillado, 23 sino que te has rebelado contra el Señor
del Cielo y has mandado traer aquí los
vasos de su templo, para beber en ellos
junto con tus dignatarios, tus mujeres y
tus concubinas. Han alabado ustedes a
dioses de plata y oro, de bronce y hierro,
de madera y piedra, que ni ven ni oyen
ni entienden*, pero no has honrado al
Dios que tiene en sus manos tu vida y
todos tus caminos. 24 Por eso Dios ha
enviado esa mano que trazó este escrito.
25 Lo que está escrito es: *Mené, Téquel*
*y Perés**. 26 Y ésta es su interpretación:
Mené: Dios ha *contado* los días de tu
reinado y les ha puesto fin; 27 *Téquel:* has
sido *pesado* en la balanza y te falta peso;
28 *Perés:* tu reino se ha *dividido* y ha sido
entregado a medos y persas.»

29 Entonces Baltasar mandó vestir de
púrpura a Daniel, ponerle un collar de
oro al cuello y proclamarlo como tercer
mandatario del reino.

30 Aquella misma noche fue asesinado
Baltasar, el rey de los caldeos.

6 1 Y Darío el Medo, que tenía sesenta
y dos años, se apoderó del reino.

Daniel en el foso de los leones

Envidia de los sátrapas.

2 Darío decidió nombrar en su reino
ciento veinte sátrapas para que goberna-
ran el reino, 3 bajo el mando de tres ministros —entre los que estaba Daniel—, a
quienes los sátrapas debían rendir cuentas, con el fin de impedir el menoscabo
de los intereses del rey. 4 Daniel sobre-
salía entre los ministros y los sátrapas
por sus extraordinarias dotes, por lo que
el rey proyectaba ponerlo al frente de
todo el reino. 5 Entonces los ministros y
los sátrapas se pusieron a buscar algún
motivo de acusación contra Daniel en lo
referente a la administración del reino;
pero no pudieron encontrar ningún indicio de acusación o falta, pues era leal y

5 21 Daniel ha resumido, vv. 19-21, el episodio narrado en el cap. **4**.

5 23 Ver Is **40** 20.

5 25 Bajo estos términos están los nombres de tres pesos o monedas orientales: mina, séquel y media mina, Los vv. 26-28 juegan con estas palabras: *mené* sugiere el verbo *maná* (medir), *téquel*, el verbo *šaqal* (pesar), y *perés*, a la vez el verbo *parás* (dividir) y el nombre de los persas. Alusión al poder decreciente de los tres imperios, ver **2** 28, o de los tres reyes, o bien es un adagio oscuro para nosotros.

no se le podían reprochar negligencias o irregularidades. 6 Y aquellos hombres se dijeron: «No encontraremos ningún motivo de acusación contra este Daniel si no es en materia de observancia religiosa.» 7 Los ministros y sátrapas se presentaron, pues, inmediatamente ante el rey y le dijeron: «¡Viva el rey Darío por siempre! 8 Todos los ministros del reino, prefectos, sátrapas, consejeros y gobernadores aconsejan unánimemente que se promulgue un edicto real con esta prohibición: Todo aquel que en el plazo de treinta días dirija una oración a cualquier dios u hombre, fuera de ti, majestad, será arrojado al foso de los leones. 9 Así pues, majestad, sanciona esta prohibición y firma el edicto, para que no se modifique, conforme a la ley irrevocable de los medos y persas.» 10 Ante esto, el rey Darío firmó el edicto con la prohibición.

Oración de Daniel.

11 Cuando Daniel se enteró de que había sido firmado el edicto, entró en su casa. Su habitación superior tenía las ventanas orientadas hacia Jerusalén* y tres veces al día se arrodillaba, para orar y dar gracias a su Dios, como había hecho siempre. 12 Entonces aquellos hombres llegaron de repente y sorprendieron a Daniel orando y suplicando a su Dios. 13 Inmediatamente acudieron al rey y le recordaron la prohibición real: «¿No has firmado tú una prohibición según la cual todo aquel que en el plazo de treinta días dirigiera una oración a cualquier dios u hombre, fuera de ti, majestad, sería arrojado al foso de los leones?» El rey respondió: «Así está establecido, según la ley irrevocable de los medos y los persas.» 14 Y ellos replicaron: «Pues Daniel, el deportado judío, no te obedece a ti, majestad, ni la prohibición que tú has firmado, y reza sus oraciones tres veces al día.» 15 Al oír esto, el rey se disgustó mucho y se propuso salvar a Daniel; hasta la puesta del sol estuvo intentando librarlo. 16 Pero aquellos hombres volvieron en tropel ante el rey y le dijeron: «Recuerda, majestad, que según la ley de los medos y los persas toda prohibición o edicto real es irrevocable.»

Daniel en el foso de los leones.

17 Entonces el rey dio orden de traer a Daniel y de arrojarlo al foso de los leones. El rey dijo a Daniel: «Tu Dios, a quien sirves tan fielmente, te librará.» 18 Trajeron una piedra para colocarla en la boca y el rey la selló con su anillo y con el de sus dignatarios, para que no se modificara la sentencia contra Daniel. 19 Luego el rey regresó a su palacio y pasó la noche en ayunas, sin recibir concubinas y sin poder dormir. 20 Al amanecer, el rey se levantó al rayar el alba y fue corriendo al foso de los leones. 21 Conforme se acercaba, gritó a Daniel con voz angustiada: «Daniel, siervo del Dios vivo, ¿ha podido tu Dios, a quien sirves tan fielmente, librarte de los leones?» 22 Y Daniel le respondió: «¡Viva el rey por siempre! 23 Mi Dios ha enviado a su ángel, que ha cerrado la boca de los leones y no me han hecho daño, porque soy inocente ante él, como tampoco he hecho nada contra ti.» 24 Entonces el rey se alegró mucho y mandó sacar a Daniel del foso. Cuando lo sacaron del foso, no le encontraron ni un rasguño, porque había confiado en su Dios. 25 Y el rey mandó traer a aquellos hombres que habían acusado a Daniel y echarlos al foso de los leones junto con sus mujeres y sus hijos. Y aún no habían llegado al fondo del foso, cuando ya los leones se habían lanzado sobre ellos y los habían devorado.

Profesión de fe del rey.

26 Entonces, el rey Darío escribió a todos los pueblos, naciones y lenguas de toda la tierra: «¡Que la paz de ustedes se acreciente! 27 Ordeno que en todos los dominios de mi reino sea respetado y temido el Dios de Daniel, porque él es el Dios vivo, que subsiste por siempre;

6 11 Desde el Destierro, era costumbre dirigirse hacia Jerusalén para orar.

su reino no será destruido
y su imperio durará hasta el fin.
28 Él salva y libera, hace signos y
prodigios
en el cielo y en la tierra
y ha salvado a Daniel de las garras
de los leones.»

29 Y el tal Daniel prosperó durante los reinados de Darío y de Ciro el Persa.

Sueño de Daniel: las cuatro bestias

Visión de las bestias*.
2; ↗ Ap **13**.

7 [1] El año primero de Baltasar, rey de Babilonia, Daniel tuvo un sueño y unas visiones mientras dormía. Inmediatamente puso el sueño por escrito.
2 En mi visión nocturna vi cómo los cuatro vientos del cielo agitaban el océano,
3 y cómo cuatro bestias gigantescas, todas diferentes entre sí*, salían del mar.
4 La primera parecía un león con alas de águila. Mientras yo la miraba, le arrancaron las alas, la levantaron del suelo, se incorporó sobre sus patas como un hombre y le dieron una mente humana.
5 A continuación apareció una segunda bestia, semejante a un oso, erguida sobre un costado, con tres costillas en las fauces, entre los dientes. Y le decían: «Levántate y devora carne en abundancia.»
6 Luego, mientras seguía mirando, vi otra bestia parecida a un leopardo con cuatro alas de ave en su dorso y cuatro cabezas, a la que dieron el poder.
7 Después, en mis visiones nocturnas vi una cuarta bestia, terrible, espantosa y muy fuerte. Tenía enormes dientes de hierro; comía, trituraba, y pisoteaba las sobras con sus patas. Era diferente de las bestias anteriores y tenía diez cuernos.
8 Estaba yo observando los cuernos, cuando entre ellos despuntó otro cuerno pequeño* y tuvieron que arrancarle tres de los cuernos anteriores para hacerle sitio. Este cuerno tenía ojos humanos y una boca que decía barbaridades.

Visión del anciano y del ser humano.

9 Mientras yo seguía mirando,
prepararon unos tronos
y un anciano se sentó.
Sus vestidos eran blancos como la nieve;
sus cabellos, como lana pura;
su trono, llamas de fuego;
las ruedas, fuego ardiente.
10 Fluía un río de fuego
que manaba delante de él.
Miles y miles le servían,
millones lo acompañaban.
El tribunal se sentó,
y se abrieron los libros*.

11 Seguía mirando, fascinado por las barbaridades que decía aquel cuerno, y vi que mataron a la bestia, destrozaron su cuerpo y lo arrojaron al fuego abrasador.
12 A las otras bestias les quitaron el poder, pero las dejaron vivas hasta un momento determinado.
13 Yo seguía mirando, y en la visión nocturna
vi venir sobre las nubes del cielo
alguien parecido a un ser humano*,

7 Visión paralela al sueño de Nabucodonosor, **2**. Ver Ez **38**+.
7 3 Los imperios de Babilonia, el de los medos, el de los persas, el de Alejandro y sus sucesores. Los 10 cuernos, Sal **75** 5+, son reyes seléucidas.
7 8 Antíoco IV Epífanes (175-163).
7 10 El libro en que se registran las acciones de los hombres, ver Jr **17** 1; Ml **3** 16; Sal **56** 9; Lc **10** 20; 1 Co **6** 3; Ap **20** 12. Sobre el libro de la vida, ver **12** 1+.
7 13 La expresión *un ser humano* (en arameo *bar naša'* = lit.: «hijo de hombre») designa ante todo un hombre, ver Ez **2** 1+. Pero aquí cobra un valor eminente y designa un hombre que supera misteriosamente la condición humana. Jesús hará suyo este título con la expresión *Hijo del hombre*, ver Mt **8** 20+, y citará

que se dirigió hacia el anciano
y fue presentado ante él.
14 Le dieron poder,
honor y reino
y todos los pueblos, naciones y lenguas le servían.
Su poder es eterno
y nunca pasará,
y su reino no será destruido.

Interpretación de la visión.

15 Yo, Daniel, quedé profundamente preocupado por estas cosas y desconcertado por las visiones de mi fantasía.
16 Me acerqué a uno de los presentes y le pedí que me explicara el sentido de todo aquello. Él me respondió, explicándome la interpretación de las visiones:
17 «Las cuatro bestias gigantescas corresponden a cuatro reyes que aparecerán en el mundo.
18 Pero los santos* del Altísimo recibirán el reino y lo poseerán por los siglos de los siglos.»
19 Después quise saber el sentido de la cuarta bestia, diferente de las otras, extraordinariamente terrible, con dientes de hierro y uñas de bronce, que comía, trituraba, y pisoteaba las sobras con sus patas;
20 y el sentido de los diez cuernos de su cabeza, y del otro cuerno que despuntó eliminando otros tres, y que tenía ojos y una boca que decía grandes barbaridades, y que parecía más grande que los otros.
21 Yo veía cómo este cuerno declaraba la guerra a los santos y los vencía,
22 hasta que vino el anciano para hacer justicia a los santos del Altísimo y llegó el momento en el que los santos recibieron el reino.
23 Entonces me dijo:

«La cuarta bestia
corresponde a un cuarto reino
que aparecerá en la tierra,
diferente de todos los otros.
Devorará toda la tierra,
la pisoteará y la pulverizará.
24 Los diez cuernos corresponden
a diez reyes que surgirán en ese reino.
Después de ellos vendrá otro,
distinto de los precedentes,
que derrocará a tres reyes,
25 blasfemará contra el Altísimo
y perseguirá a los santos del Altísimo.
Tratará de cambiar las fiestas y la ley*
y los santos le quedarán sometidos
durante tres años y medio.
26 Pero cuando el tribunal haga justicia,
le quitarán el poder
y será destruido y aniquilado totalmente.
27 Y la soberanía, el poder
y la grandeza de todos los reinos del mundo
serán entregados al pueblo de los santos del Altísimo.
Su reino es un reino eterno
y todos los poderes le servirán y obedecerán.»

28 Y aquí concluye el relato.
Yo, Daniel, quedé muy preocupado, se me cambió el semblante y guardé todo en mi interior.

el v. 13 para anunciar su venida gloriosa, Mt **24** 30; **26** 64p; ver Ap **1** 7; **14** 14. Aquí la expresión comprende también a *los santos del Altísimo*, ver vv. 18 y 22; pero este sentido colectivo (igualmente mesiánico) no hace más que prolongar el sentido personal: el Hijo de hombre es a la vez el jefe, el representante y el modelo del pueblo de los santos que le está unido.

7 18 Ver Hch **9** 13+.

7 25 Alude a la política de helenización forzosa, ver **1** 8: 1 M **1** 11-15.41-42. El *tiempo* equivale a un año, **4** 13. Esta duración de la persecución de Antíoco IV Epífanes, ver **9** 27, se convertirá en la duración tipo de las calamidades permitidas por Dios, ver Ap **11** 2-3; **12** 14; **13** 5.

Visión de Daniel: el carnero y el macho cabrío

La visión.

8 1 El año tercero del reinado del rey
Baltasar, yo, Daniel, tuve otra visión
después de la anterior*. 2 Contemplaba en la visión que me encontraba en
Susa, plaza fuerte de la provincia de
Elam, en la orilla del río Ulay*. 3 Levanté la vista y vi un carnero que estaba en
pie junto al río. Tenía dos cuernos; los
dos cuernos eran altos, pero uno más
que otro y el más alto había despuntado
el último*. 4 Vi que el carnero embestía
contra el oeste, el norte y el sur. Ninguna bestia podía hacerle frente, nadie escapaba a su poder. Hacía lo que quería
y dominaba.

5 Estaba todavía reflexionando, cuando vi un macho cabrío* que venía de
occidente, recorriendo toda la tierra sin
tocar el suelo; el macho cabrío tenía un
cuerno magnífico entre los ojos. 6 Llegó
hasta el carnero de dos cuernos que yo
había visto en pie junto al río y se lanzó
contra él con todo el ímpetu de su fuerza. 7 Vi cómo se acercaba al carnero y lo
embestía, enfurecido contra él, rompién-
dole los dos cuernos, sin que el carnero
tuviera fuerzas para hacerle frente; lo
derribó en tierra y lo pisoteó, sin que
nadie librara al carnero de su poder.
8 El macho cabrío se hizo muy grande y
cuando era más fuerte, el cuerno grande
se rompió y en su lugar despuntaron
otros cuatro orientados a los cuatro puntos cardinales*.

9 De uno de ellos salió otro cuerno
pequeño, que creció mucho hacia el sur,
hacia el este y hacia la Tierra del Esplendor*. 10 Creció hasta alcanzar el ejército
del cielo, derribó por tierra una parte del
ejército y pisoteó sus estrellas. 11 Llegó
incluso hasta el Jefe* del ejército, suprimió el sacrificio perpetuo y socavó los
cimientos de su santuario. 12 Le entregaron el ejército, en lugar del sacrificio
instauró la iniquidad y tiró por tierra la
verdad; y en todo cuanto emprendió tuvo
éxito.

13 Oí entonces a un santo que hablaba, y a otro santo que le preguntaba:
«¿Cuánto tiempo durará la visión: el sacrificio perpetuo, la iniquidad desoladora, el santuario y el ejército pisoteados?»
14 El otro respondió: «Dos mil trescientas
tardes y mañanas; después el santuario
será rehabilitado*.»

El ángel Gabriel explica la visión.

15 Mientras yo, Daniel, contemplaba
la visión e intentaba comprenderla, vi
de pronto delante de mí a alguien con
aspecto humano, 16 y oí una voz humana junto al río Ulay, que gritaba*: «Gabriel, explícale a éste la visión.» 17 Él
se acercó a donde yo estaba y, cuando
llegó, caí de bruces asustado. Me dijo:
«Hombre, debes comprender que la visión se refiere al tiempo final.» 18 Mientras me hablaba, yo estaba aletargado,
rostro en tierra. Él me tocó y me hizo in-
corporarme. 19 Después me dijo: «Mira,
voy a manifestarte lo que ocurrirá al final de la cólera, porque el fin está fijado.
20 El carnero con dos cuernos que has
visto representa a los reyes de Media y
Persia. 21 El macho cabrío representa al
rey de Grecia, y el cuerno grande entre
sus ojos es el primer rey. 22 Los cuatro
cuernos que despuntaron en lugar del
que se rompió representan a cuatro reinos salidos de su nación, aunque menos
poderosos.

8 1 Es la visión del cap. **7**, reanudada aquí en forma más explícita.
8 2 El Ulay es el arroyo que atraviesa la ciudad de Susa.
8 3 Los persas, suplantados por los medos.
8 5 Alejandro, ver v. 21; **2** 40; **7** 7; **11** 3.
8 8 Partición del imperio de Alejandro después de su muerte.
8 9 Antíoco Epífanes, conquistador de Palestina, ver **11** 16.41; Ez **20** 6.15.
8 11 El *jefe* es Dios mismo.
8 14 Reintegrado en su derecho.
8 16 Ver **9** 21; Lc **1** 19.26; Tb **12** 15+.

23 «Y al final de sus reinados repletos de crímenes,
surgirá un rey insolente y
embaucador.
24 Aumentará su poder,
será un destructor portentoso
y triunfará en sus empresas;
destruirá a poderosos
y al pueblo de los santos.
25 Con su astucia
hará triunfar la traición en sus obras,
se envalentonará
y con frialdad aniquilará a multitudes.
Se sublevará contra el Príncipe de
los príncipes,
pero será destrozado sin
intervención humana*.
26 La visión referida de las tardes y
mañanas es verídica;
mantenla en secreto, porque va para
largo*.»

27 Yo, Daniel, desfallecí y estuve enfermo por unos días. Luego me levanté para ocuparme de los asuntos del rey. Pero seguía desconcertado con la visión, sin poder comprenderla.

La profecía de las setenta semanas

Oración de Daniel.
3 25-45; Ba **1-2**; Ne **1** 5-11; **9**.

9 1 El año primero de Darío, hijo de
Asuero, de estirpe meda y rey del
imperio de los caldeos, 2 el año primero
de su reinado, yo, Daniel, me puse a investigar en las Escrituras sobre los setenta años que, según la palabra de Yahvé
dirigida al profeta Jeremías, debía durar
la ruina de Jerusalén*. 3 Me dirigí hacia
el Señor Dios, implorándole con oraciones y súplicas, con ayuno, saco y ceniza. 4 Supliqué a Yahvé mi Dios y le hice
esta confesión*:
«¡Señor, Dios grande y terrible, que
mantienes la alianza y la fidelidad con
los que te aman y cumplen tus mandamientos. 5 Hemos pecado, hemos cometido iniquidades y delitos y nos hemos
rebelado, apartándonos de tus mandamientos y preceptos. 6 No hemos escuchado a tus siervos los profetas que
hablaban en tu nombre a nuestros reyes,
a nuestros príncipes, a nuestros antepasados y a toda la gente del país. 7 Tú,
Señor, eres justo; a nosotros hoy nos
humilla la vergüenza, igual que a los
hombres de Judá, a los habitantes de Jerusalén y a todos los israelitas, próximos
y lejanos, en todos los países donde tú
los dispersaste a causa de las infidelidades
que cometieron contra ti. 8 Yahvé, a nosotros nos humilla la vergüenza, como a
nuestros reyes y antepasados, porque hemos pecado contra ti. 9 El Señor nuestro
Dios es compasivo y clemente, aunque
nos hayamos rebelado contra él 10 y no
hayamos escuchado la voz de Yahvé
nuestro Dios ni seguido las leyes que nos
dio por medio de sus siervos los profetas.
11 Todo Israel ha transgredido tu ley y ha
desobedecido tu palabra. Por eso han
caído sobre nosotros las maldiciones y
amenazas escritas en la ley de Moisés,
siervo de Dios, porque hemos pecado
contra él. 12 Él ha cumplido las palabras
que había pronunciado contra nosotros
y contra nuestros gobernantes, enviando
sobre nosotros y sobre Jerusalén una
desgracia tan grande como nunca había
caído bajo el cielo. 13 Como está escrito
en la ley de Moisés, nos ha alcanzado
toda esta desgracia, pero no hemos
aplacado a Yahvé nuestro Dios, convirtiéndonos de nuestras iniquidades y reconociendo tu verdad. 14 Yahvé, consciente
de esta desgracia, la ha descargado sobre
nosotros, pues Yahvé nuestro Dios siempre actúa justamente, pero nosotros no

8 25 Por el solo poder de Dios, ver **2** 34.
8 26 Futuro indeterminado, **12** 4.9-12; Ap **10** 4.
9 2 Ver Jr **25** 11.
9 4 Plegaria llena de reminiscencias bíblicas, ver **3** 25-45; Ba **1-2**.

hemos escuchado su voz. [15] Ahora, Señor Dios nuestro, que sacaste a tu pueblo
de Egipto con gran poder, conquistando
una fama que dura hasta hoy, nosotros
hemos pecado y actuado injustamente.
[16] Señor, por tu infinita justicia, retira tu
cólera enfurecida de Jerusalén, tu ciudad
y monte santo; pues por nuestros pecados y por los crímenes de nuestros
antepasados, Jerusalén y tu pueblo son la
burla de cuantos nos rodean. [17] Y ahora,
Dios nuestro, escucha la oración y las
súplicas de tu siervo y mira con buenos
ojos tu santuario arruinado, ¡por tu honor, Señor! [18] Inclina, Dios mío, tu oído
y escucha; abre tus ojos y mira nuestra
desolación y la ciudad en la que se invoca
tu nombre, pues nuestras súplicas no se
fundan en nuestra justicia, sino en tu gran
misericordia. [19] ¡Señor, escucha! ¡Señor,
perdona! ¡Señor, atiende y actúa sin
tardanza! ¡Por tu honor, Dios mío, pues
tu nombre se invoca en tu ciudad y en tu
pueblo!»

El ángel Gabriel explica la profecía.

[20] Aún estaba yo hablando, rezando
y confesando mis pecados y los de mi
pueblo Israel, y presentando mi súplica
a Yahvé mi Dios por su monte santo;
[21] aún estaba rezando mi oración, cuando Gabriel, el personaje que yo había
visto antes en la visión, se me acercó
volando a la hora de la ofrenda de la
tarde. [22] Y al llegar, me dijo: «Daniel, he
venido ahora para infundirte comprensión. [23] Desde el comienzo de tu oración
se ha pronunciado una palabra y yo he
venido a comunicártela, porque eres un
hombre apreciado. Entiende la palabra y
comprende la visión*:

[24] «Setenta semanas han sido fijadas*
a tu pueblo y a tu ciudad santa
para poner fin al delito,
sellar los pecados
y expiar la culpa;
para establecer la justicia eterna,
sellar visión y profecía
y consagrar el santo de los santos.

[25] Entérate y comprende:
Desde que se dio la orden
de reconstruir Jerusalén,
hasta la llegada de un príncipe
ungido*,
pasarán siete semanas
y sesenta y dos semanas;
y serán reconstruidos calles y fosos,
aunque en tiempos difíciles.
[26] Pasadas las sesenta y dos semanas
matarán al ungido* sin culpa
y un príncipe que vendrá con su
ejército
destruirá la ciudad y el santuario.
Su fin será un cataclismo
y hasta el final de la guerra durarán
los desastres anunciados.
[27] Sellará una firme alianza con muchos
durante una semana;
y en media semana
suprimirá el sacrificio y la ofrenda
y pondrá sobre el ala del templo el
ídolo abominable*,
hasta que la ruina decretada recaiga
sobre el destructor.»

9 23 La profecía que sigue se refiere a los acontecimientos de la persecución de Antíoco. Tendrá su plena realización en tiempos de Cristo y de la Iglesia.

9 24 Este número perfecto de semanas, ver Lv **25** 8, va desde la revelación hecha a Jeremías, v. 25, hasta la restauración de Jerusalén y la vuelta de los cautivos (el 538, ver 2 Cro **36** 22-23 = Esd **1** 1-2).

9 25 La identidad de este *príncipe mesías* (*ungido*, Ex **30** 22+; 1 S **9** 26+) queda oscura.

9 26 Acaso sea el sumo sacerdote Onías III, ver 2 M **4** 30-38. La expresión original, traducida siguiendo a Teodoción «sin culpa», es oscura. Ha debido caer una palabra del texto.

9 27 El *ídolo abominable*, lit.: «la abominación horrible» o «desoladora». Se ha traducido también por «abominación de la desolación». La expresión evoca a la vez *los antiguos Baales y el Zeus Olímpico*, al que fue consagrado el templo de Jerusalén, ver 2 M **6** 2. La expresión reaparece en 1 M **1** 54; Mt **24** 15p.

La gran visión

EL TIEMPO DE LA IRA*

Visión del hombre vestido de lino.

10 1 El año tercero de Ciro, rey de
Persia, Daniel, llamado Baltasar,
tuvo una revelación, un mensaje veraz sobre la gran guerra. Él entendió el
mensaje y su comprensión le fue dada a
través de una visión.
2 En aquellos días yo, Daniel, estaba
haciendo una penitencia de tres semanas: 3 no comía alimentos sabrosos, no
probaba carne ni vino, ni me ungía con
perfumes hasta que pasaron las tres
semanas. 4 El día veinticuatro del primer
mes, estando yo a orillas del gran río Tigris, 5 levanté la mirada y vi a un hombre
vestido de lino con un cinturón de oro
puro; 6 su cuerpo parecía de topacio; su
rostro brillaba como un relámpago; sus
ojos eran antorchas de fuego; sus brazos
y piernas, bronce bruñido; y el sonido
de su voz, como clamor de multitud*.
7 Sólo yo, Daniel, contemplé la visión;
mis acompañantes no la veían, pero
sintieron pánico y corrieron a esconderse. 8 Quedé yo solo contemplando esta
gran visión, me sentí desfallecer, se me
cambió y desfiguró el semblante y me
fallaron las fuerzas.

Aparición del ángel.

9 Oí el sonido de su voz y, al oírlo, caí
de bruces al suelo sin sentido. 10 Pero
una mano me tocó y me levantó tembloroso sobre mis rodillas y las palmas de
mis manos. 11 Luego me dijo: «Daniel,
hombre apreciado, presta atención a las
palabras que voy a decirte e incorpó-
rate, porque ahora me han enviado a
ti.» Cuando dijo estas palabras me incor-
poré temblando. 12 Y él añadió: «No temas, Daniel, porque desde el primer día
en que te esforzaste por comprender y
te humillaste ante tu Dios, tus palabras
fueron escuchadas y precisamente por
ellas he venido yo. 13 El príncipe del reino de Persia me ha opuesto resistencia
durante veintiún días, pero Miguel*, uno
de los Primeros Príncipes, ha venido en
mi ayuda. Me he quedado allí junto a los
reyes de Persia 14 Pero ahora vengo para
darte a conocer lo que le sucederá a tu
pueblo en los últimos días, pues todavía
queda una visión para esos días.»
15 Cuando dijo estas palabras, caí de
bruces al suelo y enmudecí. 16 Pero alguien de aspecto humano me tocó los
labios; yo abrí la boca y hablé al que
estaba delante de mí: «Señor mío, con
esta visión me ha invadido la angustia
y me han fallado las fuerzas. 17 ¿Cómo
podrá tu servidor hablar con mi señor,
si ahora mismo me fallan las fuerzas y
me falta el aliento?» 18 El que tenía aspecto humano me tocó de nuevo y me
fortaleció. 19 Luego me dijo: «No temas,
hombre apreciado; la paz contigo; sé
fuerte y ten ánimo.» Y, mientras me hablaba, recobré las fuerzas y dije: «Puedes
hablarme, Señor, pues me has devuelto
las fuerzas.»

El Anuncio profético.

20 Entonces me dijo: «¿Sabes por qué
he venido a ti? Ahora he de volver a
luchar con el príncipe de Persia; cuando

10 Los caps. **10** y **12** son como la introducción y la conclusión de la visión del cap. **11**. Todo ello descrito en términos muy precisos, aunque velados, relata las luchas de los Seléucidas (Siria, *norte*) y los Lágidas (Egipto, *sur*).
10 6 Ver Ap **1** 13-15.
10 13 *Miguel* es el ángel que se opone a *Satán*, Za **3** 1-2; Judas 9; Ap **12** 7, y protege al pueblo de Dios, v. 21; **12** 1; ver Ex **23** 20. El *príncipe de Persia* es uno de los ángeles protectores de las naciones enemigas. Este conflicto entre los ángeles sometidos a Dios subraya que el destino de las naciones es un secreto, que depende, aun para los mismos ángeles, de una revelación de Dios. Ver Tb **12** 15+.

termine, vendrá el príncipe de Grecia*. 21 Pero te revelaré lo que está escrito en el Libro de la Verdad. Nadie me presta ayuda para esto, excepto el príncipe de ustedes, Miguel.

11 1 «En cuanto a mí, en el año primero de Darío el medo estuve a su lado para sostenerlo y ayudarlo. 2 Y ahora voy a revelarte la verdad.

Primeras guerras entre Seléucidas y Lágidas.

«Mira, en Persia habrá todavía tres reyes; el cuarto será mucho más rico que todos ellos, y cuando aumente su poder gracias a sus riquezas, incitará a todos contra los reinos de Grecia. 3 Entonces surgirá un rey belicoso que extenderá sus dominios y actuará a su antojo. 4 Pero apenas consolidado, su reino será dividido y repartido entre los cuatros puntos cardinales; aunque no entre sus descendientes*, ni con el poderío que él había ejercido, pues su reino se desmoronará y pasará a manos ajenas.

5 «El rey del sur se hará fuerte; pero uno de sus generales lo derrotará y ensanchará sus dominios. 6 Al cabo de unos años concertarán una alianza, y la hija del rey del sur acudirá al rey del norte para hacer las paces. Pero no conservará su poder, ni subsistirá su dinastía, pues ella será entregada junto con su cortejo, su hijo y su protector. 7 Entonces se alzará en su lugar un retoño de sus raíces, que atacará al ejército y entrará en la fortaleza del rey del norte, comportándose como vencedor. 8 Y se llevará como botín a Egipto incluso sus dioses, sus estatuas y sus vasos preciosos de plata y oro; y durante algunos años dejará en paz al rey del norte. 9 Éste invadirá el reino del rey del sur, pero regresará a su territorio. 10 Sus hijos romperán las hostilidades y reunirán ejércitos numerosos; y uno de ellos vendrá y pasará como una inundación, luego regresará y reanudará los combates hasta la fortaleza. 11 Entonces el rey del sur, enfurecido, saldrá a combatir contra el rey del norte, que movilizará un gran ejército; pero éste caerá en sus manos. 12 Tras la derrota del ejército se llenará de soberbia y aniquilará a miles de hombres, pero no llegará a imponerse. 13 El rey del norte volverá a movilizar una multitud mayor que la primera y, al cabo de unos años, atacará con un ejército numeroso y bien pertrechado. 14 Entonces muchos se levantarán contra el rey del sur y los hombres violentos de tu pueblo se rebelarán para que se cumpla la visión, pero fracasarán. 15 Después vendrá el rey del norte, levantará un terraplén y tomará una ciudad fortificada. Las tropas del rey del sur no podrán resistir; ni siquiera lo mejor del pueblo tendrá fuerzas para resistir. 16 El invasor lo tratará a su antojo, sin que nadie pueda resistirle; se establecerá en la Tierra del Esplendor, sembrando a su paso la destrucción. 17 Proyectará someter todo su reino; luego hará las paces con él y le dará una de sus hijas como esposa para perderlo, pero fracasará y no resultará. 18 Luego se dirigirá hacia las islas y conquistará muchas; pero un general pondrá fin a su afrenta, sin que él pueda devolverla.

19 «Entonces regresará hacia las fortalezas de su país, pero tropezará y caerá sin dejar rastro. 20 En su lugar surgirá otro rey, que enviará un emisario a por el tesoro del reino, pero en poco tiempo perecerá sin arrebatos ni luchas.

Antíoco Epífanes.

21 «Le sucederá un miserable, sin prerrogativas reales: llegará por sorpresa y se apoderará del reino a base de intrigas. 22 Los ejércitos invasores se desmoronarán ante él y serán aniquilados, así como el príncipe de la alianza. 23 Actuará a traición por medio de sus cómplices y

10 20 *Grecia*, lit.: «Yaván» (*Jonia*).
11 4 Después de la muerte del conquistador Alejandro, v. 3, su imperio fue repartido entre sus generales, que no tardaron en luchar unos contra otros.

acrecentará su poder con pocos efecti-
vos. 24 Invadirá a placer los territorios
fértiles de la provincia y hará lo que
no habían hecho ni sus padres ni sus
abuelos: distribuirá entre ellos el botín,
los despojos y las riquezas, y hará proyectos contra las fortalezas, aunque por
poco tiempo.

25 «Concentrará todas sus energías en
atacar al rey del sur con un gran ejército.
El rey del sur saldrá a la guerra con un
ejército muy grande y poderoso, pero
no podrá resistir, pues sufrirá conspiraciones: 26 sus mismos comensales lo
arruinarán; su ejército se verá desbordado y sufrirá numerosas bajas.

27 «Ambos reyes, ocultando sus malas
intenciones, se sentarán a la misma mesa
para decirse mentiras; pero no tendrán
éxito, porque todavía no será el momento. 28 El rey del norte regresará a su país
con muchas riquezas y urdiendo planes
contra la alianza santa, que llevará a
cabo al volver a su país. 29 Llegado el
momento, volverá a invadir el sur, pero
esta vez no será como la anterior. 30 Lo
atacarán las naves de los queteos y se retirará acobardado, descargando su rabia
contra la alianza santa, aunque volverá
a tener consideración con los desertores
de la alianza.

31 «Enviará fuerzas que profanarán el
santuario y la ciudadela, suprimirán el sacrificio permanente e instalarán el ídolo
maldito. 32 Corromperá con halagos a
los renegados de la alianza, pero la gente del pueblo que reconoce a su Dios se
mantendrá firme y pasará a la acción.
33 Los maestros del pueblo instruirán a
muchos; pero durante un tiempo habrán
de sufrir asesinatos, torturas, prisiones y
saqueos. 34 Mientras van cayendo, recibirán poca ayuda; y muchos se les unirán
con alevosía. 35 Algunos de los maestros
sucumbirán, pero servirán para probar,
purificar y lavar a otros hasta el momento
del fin, que aún estará por llegar.

36 «El rey actuará a su antojo; se envalentonará elevándose sobre todos los
dioses y dirá cosas increíbles contra el
Dios de los dioses. Cosechará éxitos hasta
que se haya colmado la cólera, —porque
lo que está decidido se cumplirá. 37 No
tendrá en cuenta a los dioses de sus
padres, ni al favorito de las mujeres, ni a
ningún otro dios, pues se creerá superior
a todos. 38 En su lugar glorificará al dios de
las fortalezas; con oro, plata, piedras preciosas y joyas glorificará a un dios a quien
sus padres no conocieron. 39 Actuará contra las ciudadelas fortificadas con la ayuda
de un dios extranjero y colmará de honores a quienes lo reconozcan, otorgándoles
poder sobre multitudes y repartiéndoles
tierras en recompensa.

EL TIEMPO DEL FIN

Fin del perseguidor.

40 «En el momento final lo atacará el
rey del sur. El rey del norte se lanzará
contra él con carros, jinetes y numerosas naves; invadirá sus tierras y pasará
como una inundación. 41 Después vendrá
a la Tierra del Esplendor, donde perecerán muchos, pero de su poder se
librarán Edom, Moab y la mayor parte de
los amonitas.

42 «Extenderá su poder sobre otros
países y ni siquiera Egipto podrá librarse. 43 Se apoderará de los tesoros de oro
y plata y de todos los objetos preciosos de
Egipto, y libios y nubios seguirán sus pasos. 44 Pero del este y del norte le llegarán
noticias alarmantes y partirá enfurecido,
con ánimo de destruir y exterminar
multitudes. 45 Levantará el campamento
real entre el mar y el santo monte del
Esplendor. Pero entonces le sobrevendrá
el fin* y nadie lo ayudará.

12 1 «En aquel tiempo surgirá Miguel, el gran Príncipe que se

11 45 Muerte del perseguidor Antíoco Epífanes, ver **8** 25.

ocupa de tu pueblo. Serán tiempos difíciles como no los habrá habido desde que existen las naciones hasta ese momento. Entonces se salvará tu pueblo, todos los inscritos en el libro*.

La Resurrección y la Retribución.

[2] «Muchos de los que descansan en el polvo de la tierra se despertarán, unos para la vida eterna, otros para vergüenza y horror eternos*. [3] Los maestros brillarán como el resplandor del firmamento y los que enseñaron a muchos a ser justos, como las estrellas para siempre.

[4] «Y tú, Daniel, guarda estas palabras y sella el libro hasta el momento final. Muchos lo consultarán y aumentarán su saber.»

La profecía sellada.

[5] Yo, Daniel, miré y vi a otros dos hombres que estaban de pie, uno a cada orilla del río. [6] Y pregunté al hombre vestido de lino que estaba sobre las aguas del río: «¿Para cuándo está fijado el fin de estos prodigios?» [7] Y oí al hombre vestido de lino que estaba sobre las aguas del río jurar, levantando sus dos manos al cielo, por el que vive eternamente: «Al cabo de tres años y medio, cuando se consuma la derrota del pueblo santo, se cumplirán todas estas cosas.» [8] Yo oí sin comprender y pregunté: «Señor mío, ¿cuál será el desenlace de todo esto?» [9] Él me respondió: «Vete, Daniel, porque estas palabras están guardadas y selladas hasta el momento final. [10] Muchos serán purificados, lavados y acrisolados; los malvados seguirán haciendo el mal, sin que ninguno comprenda; pero los sabios comprenderán. [11] Desde el momento en que se suprima el sacrificio permanente y se instale el ídolo maldito pasarán mil doscientos noventa días. [12] Dichoso el que sepa esperar y alcance los mil trescientos treinta y cinco días. [13] Tú, vete a descansar; te levantarás para recibir tu suerte al final de los días.»

*Susana y el juicio de Daniel**

13 [1] Vivía en Babilonia un hombre llamado Joaquín. [2] Se había casado con una mujer llamada Susana, hija de Jelcías, que era muy bella y fiel a Dios. [3] Sus padres eran justos y habían educado a su hija según la ley de Moisés. [4] Joaquín era muy rico y tenía un jardín contiguo a su casa; como era el más ilustre de los judíos, todos solían reunirse allí. [5] Aquel año habían sido designados jueces dos ancianos del pueblo, de esos de quienes dice el Señor: «Los ancianos y jueces que presumen de guías del pueblo han traído la injusticia de Babilonia.» [6] Ellos frecuentaban la casa de Joaquín y todos los que tenían algún pleito pendiente acudían a ellos. [7] A mediodía, cuando la gente se marchaba, Susana entraba a pasear en el jardín de su marido. [8] Los dos ancianos la veían a diario cuando entraba a pasear y llegaron a desearla apasionadamente. [9] Perdieron la cabeza y desviaron su atención, olvidándose de Dios y de sus sentencias justas. [10] Los dos estaban locos de pasión por ella, pero no se atrevían a confesarse mutuamente su tormento, [11] pues les daba vergüenza reconocer el deseo de tener relaciones con ella, [12] y todos los días acechaban afanosamente para verla. [13] Un día se dijeron el uno al otro: «Vámonos a casa,

12 1 El libro de los Predestinados o Libro de la Vida, Ex **32** 32-33; Sal **69** 29; **139** 16; Is **4** 3; Lc **10** 20; Ap **20** 12. Véase Dn **7** 10+. El libro está sellado, vv. 4.9; ver Ap **10** 4.

12 2 Es éste uno de los grandes textos del AT sobre la resurrección de la carne, ver 2 M **7** 9+.

13 Sólo la versión griega trae los caps. **13** y **14**.

que es la hora de comer». Al salir, se separaron, 14 pero dieron la vuelta y regresaron al mismo sitio. Tras preguntarse mutuamente el motivo, terminaron reconociendo su pasión y acordaron aprovechar la ocasión en que pudieran sorprenderla sola.

15 Un día, mientras acechaban el momento apropiado, entró Susana como en días anteriores acompañada solamente por dos criadas y, como hacía calor, quiso bañarse en el jardín. 16 No había nadie allí, excepto los dos ancianos que escondidos la espiaban. 17 Susana dijo a las criadas: «Tráiganme aceite y perfumes, y cierren las puertas del jardín para que pueda bañarme.» 18 Ellas obedecieron, cerraron las puertas del jardín y salieron por la puerta lateral para traer lo que Susana había pedido, sin ver a los ancianos que estaban escondidos.

19 En cuanto salieron las criadas, los dos ancianos se levantaron, se acercaron corriendo a ella 20 y le dijeron: «Las puertas del jardín están cerradas y nadie nos ve. Nosotros te deseamos; así que déjanos acostarnos contigo. 21 Si te niegas, te acusaremos diciendo que estabas con un joven y que por eso habías despedido a tus criadas.» 22 Susana empezó a gemir y dijo: «¡No tengo escapatoria! Si consiento, me espera la muerte*; pero si me niego, no me libraré de ustedes. 23 Prefiero caer en sus manos por no consentir a pecar contra el Señor.» 24 Y Susana se puso a gritar a grandes voces. Pero los dos ancianos también gritaron contra ella, 25 y uno de ellos corrió a abrir las puertas del jardín. 26 Al oír el griterío en el jardín, los de la casa se precipitaron por la puerta lateral para ver qué ocurría, 27 y cuando los ancianos contaron su historia, los criados quedaron abochornados, porque jamás se había dicho de Susana nada parecido.

28 A la mañana siguiente, cuando la gente se reunió en casa de Joaquín, su marido, llegaron también los dos ancianos con la perversa intención de condenar a muerte a Susana. 29 Y en presencia del pueblo dijeron: «Vayan a buscar a Susana, la hija de Jelcías y mujer de Joaquín.» Fueron a buscarla 30 y ella compareció acompañada de sus padres, sus hijos y todos sus parientes. 31 Susana era sumamente delicada y muy hermosa. 32 Aquellos canallas le ordenaron que se quitara el velo con el que estaba cubierta, para poder regodearse en su belleza. 33 Sus familiares y todos los que la veían rompieron a llorar. 34 Entonces los dos ancianos se levantaron en medio de la asamblea y pusieron sus manos sobre la cabeza de Susana. 35 Ella, llorando, levantó la mirada al cielo, pues su corazón confiaba plenamente en el Señor. 36 Los ancianos dijeron: «Mientras paseábamos nosotros solos por el jardín, entró ésta con dos criadas, cerró las puertas y despidió a las doncellas. 37 Entonces se le acercó un joven que estaba escondido y se acostó con ella. 38 Nosotros estábamos en un rincón del jardín y, al ver la infamia, corrimos hacia ellos 39 y los sorprendimos abrazados, pero a él no pudimos atraparlo porque era más fuerte que nosotros, y abriendo la puerta se escapó. 40 A ésta, en cambio, la agarramos y le preguntamos quién era aquel joven, 41 pero no quiso decírnoslo. De todo esto nosotros somos testigos.»

La asamblea los creyó como ancianos y jueces del pueblo que eran, y condenaron a muerte a Susana. 42 Entonces Susana se puso a gritar a grandes voces: «Dios eterno, que ves lo escondido y conoces todo antes de que suceda, 43 tú sabes que éstos han dado falso testimonio contra mí. Y ahora tengo que morir, sin haber hecho nada de lo que éstos han tramado injustamente contra mí.»

44 El Señor la escuchó 45 y, cuando era conducida a la muerte, despertó el santo espíritu de un muchacho llamado Daniel, 46 que se puso a gritar: «¡Yo soy inocente de la sangre de esta mujer!» 47 Toda la gente se volvió hacia él y le preguntaron:

13 22 Ver Lv **20** 10; Dt **22** 22; Jn **8** 4-5.

«¿Qué significa eso que acabas de decir?» 48 Él, de pie en medio de ellos, respondió: «¿Tan necios son, israelitas, como para condenar a una hija de Israel sin hacer interrogatorios y sin investigar la verdad? 49 ¡Vuelvan al tribunal, porque éstos han dado falso testimonio contra ella!»

50 La gente volvió rápidamente y los ancianos dijeron a Daniel: «Siéntate aquí en medio de nosotros e infórmanos, ya que Dios te ha concedido tal privilegio.» 51 Daniel les dijo: «Sepárenlos lejos el uno del otro, que voy a interrogarlos.» 52 Una vez separados, Daniel llamó a uno de ellos y le dijo: «Envejecido en la maldad, ahora reaparecen tus delitos del pasado, 53 cuando dictabas sentencias injustas, condenando a los inocentes y absolviendo a los culpables, aunque el Señor ordenaba: «No condenarás a muerte al inocente ni al justo.» 54 Si realmente la viste, dinos bajo qué árbol los viste abrazados.» Él respondió: «Bajo una acacia*.» 55 Y Daniel replicó: «Tu mentira se vuelve contra ti, pues un ángel de Dios ya ha recibido la sentencia divina y te partirá por medio.» 56 Una vez retirado éste, mandó traer al otro y le dijo: «¡Raza de Canaán, que no de Judá; la belleza te ha seducido y la pasión ha pervertido tu corazón! 57 Así trataban a las mujeres israelitas, y ellas por miedo se acostaban con ustedes. Pero una mujer judía no se ha sometido a la maldad de ustedes. 58 Ahora dime: ¿Bajo qué árbol los sorprendiste abrazados?» Él respondió: «Bajo una encina.» 59 Y Daniel replicó: «También tu mentira se vuelve contra ti, porque el ángel del Señor ya está esperando con la espada, para dividirte por medio. Y así acabará con ustedes.»

60 Entonces toda la asamblea se puso a gritar a grandes voces, bendiciendo a Dios que salva a los que esperan en él. 61 Luego se levantaron contra los dos ancianos, a quienes Daniel había declarado convictos por propia confesión de falso testimonio 62 y les aplicaron el mismo castigo que ellos habían tramado contra su prójimo: de acuerdo con la ley de Moisés, fueron ejecutados. Y aquel día se salvó una vida inocente. 63 Jelcías y su mujer dieron gracias a Dios por su hija Susana, lo mismo que su marido Joaquín y todos sus parientes, porque no había hecho nada vergonzoso.

64 Y a partir de aquel día, Daniel gozó de gran estima entre el pueblo.

*Bel y el dragón**

Daniel y los sacerdotes de Bel.

14 1 El rey Astiages fue a reunirse con sus padres y le sucedió en el trono Ciro el Persa. 2 Daniel era comensal del rey y el más apreciado entre todos sus amigos. 3 Los babilonios tenían un ídolo llamado Bel, al que ofrecían diariamente doce fanegas de flor de harina, cuarenta ovejas y seis toneles de vino. 4 También el rey lo veneraba y todos los días iba a adorarlo. Daniel, en cambio, adoraba a su Dios. 5 El rey le preguntó: «¿Por qué no adoras a Bel?» Él respondió: «Porque yo no venero a ídolos de fabricación humana, sino al Dios vivo, creador de cielo y tierra y señor de todos los vivientes.» 6 El rey replicó: «¿Piensas entonces que Bel no es un dios vivo? ¿Es que no ves todo lo que come y bebe a diario?» 7 Daniel se echó a reír y dijo: «No te engañes, majestad; eso es de barro por dentro y de bronce por fuera, y jamás ha comido ni bebido nada.» 8 Enfurecido el rey mandó llamar a sus sacerdotes y les dijo: «Si no me

13 54 El texto griego, aquí y en el v. 58, juega con las palabras que designan los árboles y los castigos: *sjinos* (=acacia) y *sjidsô* (=dividir, partir); *prinos* (=encina) y *katapriô* (=aserrar, cortar).

14 Tres apólogos dirigidos contra el culto de los ídolos, en la línea de Sb **13-15**.

dicen quién es el que se come este de-
rroche, morirán; pero si demuestran que
se lo come Bel, morirá Daniel por haber
blasfemado contra Bel.» 9 Daniel dijo al
rey: «¡Que se haga como dices!» Los sacerdotes de Bel eran setenta, sin contar
las mujeres y los hijos. 10 El rey se dirigió con Daniel al templo de Bel. 11 Los
sacerdotes de Bel le dijeron: «Mira,
nosotros vamos a salir fuera. Tú, majestad, manda poner la comida y el vino
mezclado; luego cierra la puerta y séllala
con tu anillo; si mañana por la mañana,
cuando vuelvas, compruebas que Bel no
se ha comido todo, moriremos nosotros;
en caso contrario, morirá Daniel por
habernos calumniado.» 12 Ellos estaban
confiados, porque habían hecho debajo de la mesa un pasadizo secreto por
donde entraban siempre a consumir las
ofrendas. 13 Cuando salieron ellos, el rey
hizo poner la comida ante Bel. 14 Daniel
mandó a sus criados que trajeran ceniza
y la esparcieran por todo el templo, sin
más testigos que el rey. Luego salieron,
cerraron la puerta, la sellaron con el
anillo real y se marcharon. 15 Los sacerdotes llegaron por la noche, como de
costumbre, con sus mujeres y sus hijos,
y se lo comieron y bebieron todo. 16 El
rey salió muy temprano con Daniel. 17 El
rey le preguntó: «Daniel, ¿están intactos
los sellos?» Él respondió: «Sí, majestad.»
18 Nada más abrir la puerta, el rey miró a
la mesa y exclamó a voz en grito: «¡Qué
grande eres, Bel. No hay en ti ningún
engaño!» 19 Daniel se echó a reír, detuvo
al rey para que no entrara dentro y le dijo: «Mira al suelo y comprueba de quién
son esas huellas.» 20 El rey contestó:
«Veo huellas de hombres, de mujeres y
de niños.» 21 Enfurecido el rey hizo arres-
tar a los sacerdotes con sus mujeres y
sus hijos, y ellos le mostraron las puertas
secretas por donde entraban a comer lo
que había sobre la mesa. 22 El rey mandó
matarlos y entregó a Bel en poder de
Daniel, el cual lo destruyó junto con su
templo.

Daniel mata al dragón.

23 Había también un gran dragón al
que los babilonios veneraban. 24 El rey
dijo a Daniel: «No dirás que éste es también de bronce. Mira, está vivo, come y
bebe. No puedes negar que es un dios
vivo; así que adóralo.» 25 Daniel respondió: «Yo adoro al Señor mi Dios, que es
el Dios vivo. Y si tú me das permiso,
majestad, yo mataré a ese dragón sin
espada ni palo.» 26 Y el rey le contestó:
«Te lo doy.» 27 Entonces Daniel tomó
pez, grasa y pelos; lo coció todo junto,
hizo unas bolas y las echó en las fauces
del dragón, que al comerlas reventó.
Y Daniel dijo: «¡Miren lo que ustedes
adoran!» 28 Cuando los babilonios se
enteraron, se enfurecieron mucho y se
amotinaron contra el rey, diciendo: «El
rey se ha hecho judío: ha destruido a
Bel, ha matado al dragón y ha degollado
a los sacerdotes.» 29 Fueron, pues, a decir al rey: «Entréganos a Daniel; si no, te
mataremos a ti y tu familia.» 30 Ante tan
grandes amenazas, el rey se vio obligado
a entregarles a Daniel.

Daniel en el foso de los leones*.

31 Ellos lo arrojaron al foso de los leones, donde permaneció seis días. 32 Había en el foso siete leones a los que se les
daba diariamente dos cadáveres y dos
carneros. Pero en esta ocasión no se les
dio nada, para que devoraran a Daniel.
33 Estaba entonces en Judea el profeta Habacuc. Había preparado un guiso
y desmigado panes en un plato, y se dirigía al campo a llevárselo a los segadores. 34 El ángel del Señor dijo a Habacuc:
«Lleva esa comida que tienes a Babilonia
para Daniel, que está en el foso de los
leones.» 35 Habacuc respondió: «Señor,
no he visto jamás Babilonia ni conozco
ese foso.» 36 Entonces el ángel del Señor
lo agarró por la cabeza y, llevándolo
por los cabellos, lo dejó en Babilonia,
encima del foso, con la rapidez de su
soplo. 37 Habacuc gritó: «Daniel, Daniel,

14 31 Duplicado del cap. **6**. Sobre Habacuc llevado por los cabellos, ver Ez **8** 3.

toma la comida que el Señor te envía.»
38 Y Daniel exclamó: «Dios mío, te has
acordado de mí y no has abandonado a
los que te aman.» 39 Daniel se levantó y
se puso a comer, mientras el ángel de
Dios en un suspiro volvía a depositar a
Habacuc en su lugar.
40 Al día séptimo el rey vino a llorar a
Daniel; se acercó al foso, miró y encontró a Daniel sentado. 41 Entonces exclamó a voz en grito: «¡Qué grande eres,
Señor, Dios de Daniel. No hay más dios
que tú.» 42 Luego mandó sacar a Daniel
del foso e hizo arrojar en él a los que habían buscado su perdición, y al instante
fueron devorados en su presencia.

OSEAS

Título.

1 1 Palabra de Yahvé que fue dirigida
a Oseas, hijo de Beerí, en tiempo de
Ozías, Jotán, Ajaz y Ezequías, reyes de
Judá, y en tiempo de Jeroboán, hijo de
Joás, rey de Israel*.

*I. Matrimonio de Oseas y su valor simbólico**

Matrimonio e hijos de Oseas.

2 Comienzo de lo que habla Yahvé por
medio de Oseas.
Dijo Yahvé a Oseas: «Ve, tómate una
mujer dada a la prostitución e hijos de
prostitución, porque el país se está pros-
tituyendo completamente, apartándose
de Yahvé.»
3 Fue él y tomó a Gómer, hija de Di-
bláin, que concibió y le dio a luz un hijo.
4 Yahvé le dijo: «Ponle el nombre de Yizreel, porque dentro de poco voy a visitar
a la casa de Jehú por la sangre derramada en Yizreel, y pondré fin al reinado de
la casa de Israel. 5 Aquel día romperé el
arco de Israel en el valle de Yizreel.»
6 Concibió ella de nuevo y dio a luz
una hija. Y Yahvé dijo a Oseas: «Ponle
el nombre de 'No-compadecida', porque
yo no me compadeceré más de la casa
de Israel, soportándolos todavía. (7 Pero
me compadeceré de la casa de Judá y
los salvaré por Yahvé su Dios. No los
salvaré con arco ni espada ni guerra, ni
con caballos ni jinetes.)»
8 Después de destetar a «No-compadecida», concibió y dio a luz un hijo. 9 Y
dijo Yahvé: «Ponle el nombre de 'No-
mi-pueblo', porque ustedes no son mi
pueblo ni yo soy para ustedes El-Que-
Soy.»

Perspectivas del futuro.

2 1 El número de los hijos de Israel
será como la arena del mar,
que ni se mide ni se cuenta.
Y en el lugar mismo donde se les
decía «No-mi-pueblo»,
se les dirá: «Hijos-de-Dios-vivo.»
2 Se juntarán los hijos de Judá y los
hijos de Israel en uno,
se nombrarán un solo jefe
y desbordarán de la tierra,
porque será grande el día de Yizreel.
3 Digan ustedes a sus hermanos: «Mi-
pueblo»,
y a sus hermanas: «Compadecida*».

Yahvé y su esposa infiel*.

4 ¡Pleiteen con su madre, pleiteen,
porque ella ya no es mi mujer,
y yo no soy su marido!
¡Que quite de su rostro sus

1 1 Desde el reinado de Jeroboán II en Israel hasta la caída de Samaría, en 722.

1 2 En el estilo de las acciones simbólicas, Jr **18**+, la vida conyugal de Oseas cobra un valor profético, **1-3**. Oseas ha amado, ama todavía a una mujer que lo ha traicionado; así Yahvé ama siempre a Israel infiel, *prostituido* a los dioses falsos y, después de haberlo probado, le devolverá las alegrías del primer amor. Esta imagen de la unión conyugal, aplicada a las relaciones de Yahvé con su pueblo, reaparecerá frecuentemente en la tradición profética, **4** 11+; Is **1** 21; Jr **2** 2; **3** 1.6-12; Ez **16**; **23**; Is **50** 1; **54** 6-7; **62** 4-5. Ver también Sal **45**+; Ct ; y en el NT Mt **22** 1-14; **25** 1-13; Ef **5** 25-33+; 1 Co **6** 15-17; 2 Co **11** 2. -Estos *hijos de prostitución* no nacerán del adulterio, pero su madre les transmitirá su naturaleza, Ez **16** 44; Si **41** 5. Recibirán nombres proféticos (Is **1** 26+): *Yizreel (Dios siembra,* ver **2** 24-26) evoca las matanzas ordenadas por Jehú, 2 R **9** 1-10; **10** 1-17; **17** 2-6. *Lo'-Rujamah* significa *No amada*, *Lo'-ʿAmmí* significa *No mi pueblo.*

2 3 Nuevos nombres simbólicos, opuestos a los primeros, **1** 2+.

2 4 Aquí es Yahvé quien habla.

prostituciones
y de entre sus pechos sus adulterios,
5 no sea que yo la desnude toda
entera*
y la deje como el día en que nació,
la convierta en desierto,
la reduzca a tierra árida
y la haga morir de sed!
6 No me compadeceré de sus hijos,
porque son hijos de prostitución.
7 Pues su madre se ha prostituido,
se ha deshonrado la que los
concibió,
cuando decía: «Me iré detrás de mis
amantes,
los que me dan mi pan y mi agua,
mi lana y mi lino, mi aceite y mis
bebidas.»
8 Por eso, yo cerraré su camino con
espinos,
la cercaré con seto y no encontrará
más sus senderos;
9 perseguirá a sus amantes y no los
alcanzará,
los buscará y no los hallará.
Para que diga: «Voy a volver a mi
primer marido*,
que entonces me iba mejor que
ahora.»
10 No sabía ella que era yo
quien le daba el trigo, el mosto y el
aceite virgen,
¡yo le multiplicaba la plata,
y el oro lo empleaban en Baal!
11 Por eso volveré a tomar mi trigo a su
tiempo
y mi mosto en su estación,
retiraré mi lana y mi lino
con que cubría su desnudez.
12 Y ahora descubriré su vergüenza
a los ojos de sus amantes,
y nadie la librará de mi mano.
13 Acallaré todo su alborozo,
sus fiestas, sus novilunios, sus
sábados,
y todas sus solemnidades.
14 Arrasaré su viñedo y su higuera,
de los que decía:
«Ellos son mi salario,
lo que me han dado mis amantes»;
los convertiré en matorral,
y los devorará la bestia del campo.
15 La visitaré por los días de los Baales,
cuando les quemaba incienso,
cuando se adornaba con su anillo y
su collar
y se iba detrás de sus amantes,
olvidándose de mí,
—oráculo de Yahvé—.
16 Por eso voy a seducirla;
voy a llevarla al desierto*
y le hablaré al corazón.
17 Allí le daré sus viñas,
convertiré el valle de Acor en puerta
de esperanza;
y ella responderá allí como en los
días de su juventud,
como el día en que subía del país de
Egipto.
18 Y sucederá aquel día —oráculo de
Yahvé—
que ella me llamará: «Marido mío»,
y no me llamará más: «Baal mío*.»
19 Retiraré de su boca los nombres de
los Baales,
y nunca más serán invocados por su
nombre.
20 Sellaré un pacto en su favor aquel
día
con la bestia del campo, con el ave
del cielo, con el reptil del suelo;
arco, espada y guerra los quebraré
lejos de esta tierra,
y los haré reposar en seguro*.

2 5 Trato infamante aplicado a las mujeres indignas, Is **47** 2-3.8-9; Jr **13** 22; Ez **16** 37-39; **23** 25-29; Na **3** 5; Ap **17** 16.

2 9 Ver **3** 5; **6** 1-3; etc.; Jr **3** 22; Lc **15** 17-18.

2 16 La vida *en el desierto* durante el Éxodo aparecerá como un ideal perdido, **12** 10; ver Am **5** 25. Israel ignoraba los ídolos, seguía a Yahvé presente en la nube, Jr **2** 2. El retorno del Destierro será un nuevo Éxodo, Is **40** 3+.

2 18 *Baal (dueño)* era el nombre que se daba al marido; se aplicó también a los dioses cananeos, ver Jc **2** 13. Este nombre es aquí reprobado como idolátrico, v. 19.

2 20 La restauración mesiánica en la justicia y en la santidad que trae de nuevo la *paz*, Is **11** 6+.

21 Yo te desposaré conmigo para
siempre;
te desposaré conmigo en justicia y
en derecho,
en amor* y en compasión,
22 te desposaré conmigo en fidelidad,
y tú conocerás a Yahvé*.

23 Y sucederá aquel día que yo
responderé
—oráculo de Yahvé—,
responderé a los cielos,
y ellos responderán a la tierra;
24 la tierra responderá al trigo, al mosto
y al aceite virgen,
y ellos responderán* a Yizreel.
25 Me la sembraré en la tierra,
me compadeceré de «No-
compadecida»,
y diré a «No-mi-pueblo»: Tú eres «Mi
pueblo»,
y él dirá: «¡Dios mío*!»

Oseas vuelve a tomar a la esposa infiel y la pone a prueba. Explicación del símbolo.

3 1 Yahvé me dijo: «Ve otra vez, ama
a una mujer que ama a otro y comete adulterio, como ama Yahvé a los
hijos de Israel*, mientras ellos se vuelven
a otros dioses y gustan de las tortas de
uva.» 2 Yo me la compré por quince siclos de plata y carga y media de cebada.
3 Y le dije: «Durante muchos días vivirás
conmigo* sin prostituirte ni ser de ningún hombre, y yo tampoco iré a ti.»
4 Porque durante muchos días se quedarán los hijos de Israel sin rey ni príncipe, sin sacrificios ni estela, sin efod ni
ídolos. 5 Después volverán los hijos de
Israel; buscarán a Yahvé su Dios y a
David, su rey, y acudirán con temor a
Yahvé y a sus bienes en los días venideros.

II. *Crímenes y castigo de Israel*

Corrupción general.

4 1 Escuchen la palabra de Yahvé,
hijos de Israel,
que Yahvé pone pleito a los
habitantes de esta tierra,
pues no hay fidelidad ni amor,
ni conocimiento de Dios en esta
tierra;
2 sino perjurio y mentira, asesinato y
robo,
adulterio y violencia, sangre y más
sangre.
3 Por eso, la tierra está en duelo,
y se marchita cuanto en ella habita:
las bestias del campo y las aves del
cielo;
y hasta los peces del mar
desaparecen.

2 21 La palabra *jésed* designa en primer lugar la estabilidad en un vínculo social, la solidaridad y la fidelidad, dentro de un pacto, **4** 1-2; **6** 4.6; **10** 12; **12** 7, y subraya el amor de Dios para su pueblo, Sal **136**; Jr **31** 3; etc., y los beneficios que de él se desprenden; y en retorno, el amor confiado, la *piedad* del hombre para con Dios, que se traduce en la sumisión a su voluntad y en la caridad para con su prójimo. Este será también el ideal de los *Jasidim* o *Asideos*, 1 M **2** 4+.

2 22 Este conocimiento reside en el *corazón*, v. 6; implica la fidelidad a la alianza, el reconocimiento de los beneficios de Dios, el amor. Ver **4** 1.6; **6** 6; **11** 3; Dt **11** 2; **29** 3; Jb **21** 14; Pr **2** 5; Is **11** 2; **58** 2; Jr **9** 23+; Jn **10** 14-15; Rm **1** 21; Ga **4** 9; Ef **4** 24+; Flp **1** 9; **3** 8; 1 Jn **2** 3+.

2 24 El nombre de Yizreel, ver **1** 2+, toma esta vez un sentido favorable.

2 25 Estos nombres se contraponen a los nombres de desventura, **1** 2+; **2** 3+, repitiendo la fórmula clásica de la alianza, ver Jr **31** 31+.

3 1 La magnanimidad de Oseas hacia Gómer, **1** 3, simboliza el amor perseverante de Yahvé a su pueblo.

3 3 Oseas rescata a Gómer de su *dueño* actual, **2** 18, del santuario del que se ha hecho hieródula, pero le impone un tiempo de prueba.

Contra los sacerdotes.

4 ¡Que nadie pleitee, nadie reprenda;
sacerdote, sólo contigo va mi pleito!
5 En pleno día tropezarás tú,
también el profeta tropezará contigo en la noche,
y haré perecer a tu madre.
6 Perece mi pueblo por falta de conocimiento.
Porque has rechazado el conocimiento,
yo te rechazaré de mi sacerdocio;
porque has olvidado la Ley de tu Dios,
también yo me olvidaré de tus hijos.
7 Cuantos más son, más pecan contra mí,
han cambiado su Gloria por la Ignominia.
8 Se alimentan del pecado de mi pueblo
y ansían su culpa.
9 Pero al pueblo le sucederá como al sacerdote:
le tomaré cuenta de sus andanzas
y le pagaré por sus acciones.
10 Comerán, pero no se saciarán,
se prostituirán, pero no proliferarán,
porque han abandonado a Yahvé
para dedicarse 11 a la prostitución*.

El culto de Israel no es más que idolatría y desenfreno.

El vino y el mosto hacen perder el sentido.
12 Mi pueblo consulta a su madero,
y su palo le instruye*,
porque un espíritu de prostitución le extravía,
y se prostituyen sacudiéndose de su Dios.
13 Sacrifican en las cimas de los montes,
queman incienso en las colinas,
bajo la encina, el chopo o el terebinto,
¡porque es buena su sombra!
Por eso, si se prostituyen las hijas de ustedes
y sus nueras cometen adulterio,
14 no castigaré yo a sus hijas porque se prostituyen
ni a sus nueras porque cometen adulterio,
porque ellos se van con esas prostitutas
y sacrifican con las consagradas a la prostitución;
¡y el pueblo, ignorante, se pierde!

Advertencia a Judá y a Israel.

15 Si tú, Israel, te prostituyes,
que no sea culpable Judá.
¡No vayan ustedes a Guilgal,
no suban a Bet Avén*,
no juren «por vida de Yahvé»!
16 Si Israel se ha embravecido
como una vaca brava,
¿los va a apacentar ahora Yahvé
como a un cordero en el prado?
17 Efraín se ha unido a sus ídolos,
¡déjalo!
18 Se retira a sus borracheras,
se prostituyen más y más,
prefieren la Ignominia a su Prez.
19 El viento los cerrará entre sus alas,
y se avergonzarán de sus sacrificios.

Sacerdotes, grandes y rey conducen al pueblo a la ruina.

5 1 Escuchen esto, sacerdotes,
estén atentos, casa de Israel,
casa real, presten oído,
ya que contra ustedes va el juicio;
porque han sido un lazo en Mispá
y una red tendida en el Tabor;
2 han ahondado la fosa de Sitín;
pero yo seré escarmiento de todos ellos.
3 Yo conozco a Efraín,
e Israel no se me oculta.

4 11 La *prostitución* designa la infidelidad a Yahvé, ver **1** 2+; **4** 18; **9** 1.
4 12 Prácticas adivinatorias vinculadas a objetos sagrados de madera.
4 15 *Bet Avén*, *casa del pecado*, mote despectivo de Betel (=*Bet 'El, casa de Dios*), ver 1 R **12** 32; Am **4** 4.

Sí, tú te has prostituido, Efraín,
te has contaminado, Israel.
4 Sus obras no les permiten volver a su Dios,
pues están imbuidos de un espíritu de prostitución,
y no conocen a Yahvé.
5 El orgullo de Israel testifica contra él;
Israel y Efraín tropiezan por sus culpas,
y con ellos tropieza Judá.
6 Con sus ovejas y vacunos irán en busca de Yahvé,
pero no lo encontrarán:
¡se ha retirado de ellos!
7 Han sido infieles a Yahvé,
han engendrado hijos bastardos;
pues ahora el novilunio
les va a devorar sus campos.

La guerra fratricida*.

8 Toquen el cuerno en Guibeá,
la trompeta en Ramá,
den la alarma en Bet Avén,
¡detrás de ti, Benjamín!
9 Efraín será una desolación el día del castigo;
en las tribus de Israel anuncio una cosa cierta.
10 Los príncipes de Judá son como los que corren los linderos*,
sobre ellos voy a derramar como agua mi furor.
11 Está oprimido Efraín, quebrantado el derecho,
porque se complace en ir tras la Vanidad.
12 Pues voy a ser como polilla para Efraín,
como carcoma para la casa de Judá.

Inutilidad de las alianzas con extranjeros.

13 Efraín ha visto su dolencia
y Judá su llaga.
Efraín entonces ha ido a Asiria,
y Judá ha mandado mensajeros al gran rey*;
pero éste no podrá sanarlos
ni curar la llaga de ustedes.
14 Porque yo soy como un león para Efraín,
como un leoncillo para la casa de Judá.
Yo mismo desgarraré y me iré,
haré presa y no habrá quien salve.
15 Voy a volverme a mi refugio,
hasta que expíen su falta y me busquen.
En su angustia me buscarán.

Vuelta superficial a Yahvé*.

6 1 «Vengan, volvamos a Yahvé,
pues él ha desgarrado, pero nos curará,
él ha herido, pero nos vendará.
2 Dentro de dos días nos dará la vida,
al tercer día* nos hará resurgir
y viviremos en su presencia.
3 Conozcamos, corramos tras el conocimiento de Yahvé:
su salida es cierta como la aurora;
vendrá a nosotros como la lluvia temprana,
como la lluvia tardía que riega la tierra.»
4 ¿Qué voy a hacer contigo, Efraín?
¿Qué voy a hacer contigo, Judá?
¡Su amor es como nube mañanera,
como rocío matinal, que pasa!
5 Por eso los he hecho trizas por medio de los profetas,

5 8 Este fragmento parece referirse a la guerra siro-efrainita, 2 R **16** 5ss.
5 10 El Código deuteronómico, Dt **19** 14, ver **27** 17, condena a los que desplazan los mojones «puestos por los antepasados».
5 13 Alusión al tributo pagado por Menajén a Teglatfalasar III el 738, ver 2 R **15** 19, y al llamamiento hecho por Ajaz al mismo Teglatfalasar el 735, ver 2 R **16** 7-9.
6 La liturgia de penitencia, evocada en vv. 1-3, no es nada sin la conversión interior, vv. 4-6.
6 2 Este texto no ha sido citado nunca en el NT, pero es posible que la mención del tercer día *según las Escrituras*, (1 Co **15** 4; ver Lc **24** 46, y los símbolos de la fe) se apoye en una interpretación de este versículo.

los he castigado con las palabras de
mi boca,
y mi juicio surgirá como la luz.
6 Porque yo quiero amor, no sacrificio,
conocimiento de Dios, más que
holocaustos*.

Los crímenes pasados y presentes de Israel.

7 Pero ellos en Adam han violado la
alianza,
allí me han sido infieles.
8 Galaad es ciudad de malhechores,
llena de huellas de sangre.
9 Como bandidos emboscados
son la pandilla de sacerdotes:
asesinan por el camino de Siquén,
y cometen infamia.
10 Algo horrible he visto en Betel:
allí se prostituye Efraín,
se contamina Israel.
11 También para ti, Judá, hay
preparada una cosecha,
cuando yo cambie la suerte de mi
pueblo.

7 1 Cuando pretendo sanar a Israel,
se descubre la culpa de Efraín
y las maldades de Samaría;
porque practican la mentira;
mientras el ladrón entra dentro,
se despliega la pandilla afuera.
2 Y no reflexionan
que yo recuerdo toda su maldad.
Ahora los envuelven sus acciones,
están siempre ante mí.
3 Con su maldad recrean al rey,
con sus mentiras a los príncipes*.
4 Todos ellos, adúlteros,
son como un horno ardiente,
que el panadero deja de atizar
desde que amasa la pasta hasta que
fermenta.
5 En el día de nuestro rey
los príncipes enferman por el vapor
del vino,
¡y aquél tiende la mano a agitadores!
6 Cuando acechan, en sus intrigas su
corazón es como un horno:
toda la noche duerme su cólera,
por la mañana arde con fuego
llameante.
7 Todos abrasan como un horno,
y devoran a sus propios jueces.
Han caído todos sus reyes,
pero ninguno de ellos me invoca.

Ruina de Israel por acudir a los extranjeros.

8 Efraín se mezcla con los pueblos,
Efraín es una torta a la que no se ha
dado vuelta.
9 Extranjeros devoran su fuerza,
¡y él ni se entera!
Ya las canas blanquean en él,
¡y él ni se entera!
10 El orgullo de Israel testifica contra él,
pero no se vuelven a Yahvé su Dios,
ni aun así lo buscan.
11 Efraín es como una paloma ingenua,
sin cordura;
llaman a Egipto, acuden a Asiria.
12 Dondequiera que vayan, yo echaré
mi red sobre ellos,
como ave del cielo los haré caer
y los castigaré por su maldad.

Ingratitud y castigo de Israel.

13 ¡Ay de ellos, que se han alejado de mí!
¡Que sean desgraciados por haberse
rebelado contra mí!
Yo los rescataría,
pero ellos mienten sobre mí.
14 Y no claman a mí de corazón
cuando gimen en sus lechos;
por el trigo y el mosto se hacen
incisiones
y se rebelan contra mí.
15 Yo robustecí su brazo,
¡pero ellos maquinaron contra mí!
16 Apuntan al vacío,
son como un arco destensado.
Sus príncipes caerán a espada,
por la virulencia de su lengua:
¡serán motivo de burla en el país de
Egipto!

6 6 Versículo inspirado en 1 S **15** 22, citado en Mt **9** 13; **12** 7. Ver Am **5** 21+.

7 3 Asesinato del rey después de una noche de orgía, ver 1 R **16** 9-10.

Alarma.

8 1 ¡Emboca la trompeta!
Soy como un águila contra la casa de Yahvé;
porque han quebrantado mi alianza
y han sido rebeldes a mi Ley*.
2 Ellos me gritan: «¡Dios mío, los de Israel te reconocemos!»
3 Pero Israel ha rechazado el bien:
¡el enemigo lo perseguirá!

Anarquía política e idolátrica.

4 Han entronizado reyes sin contar conmigo,
han nombrado príncipes sin mi conocimiento.
Con su plata y su oro se han fabricado ídolos,
para su perdición.
5 ¡Tu becerro repele, Samaría!
Mi cólera se ha inflamado contra ellos:
¿hasta cuándo no podrán purificarse?
6 Porque procede de Israel,
un artesano lo ha fabricado,
y eso no es Dios.
Quedará hecho trizas el becerro de Samaría.
7 Si siembran viento, cosecharán tempestad:
tallo que no tenga brote,
no dará harina;
y si la da, extranjeros la devorarán.

Ruina de Israel por acudir a los extranjeros.

8 ¡Israel ha sido devorado!
Está ahora entre las naciones
como objeto indeseado.
9 Porque ha subido a Asiria,
Efraín, ese onagro solitario,
a comprarse amores;
10 aunque los compre entre las naciones,
yo los voy a reunir ahora
y pronto sufrirán bajo la carga del rey de príncipes.

Contra el culto meramente exterior.

11 Efraín ha multiplicado los altares para pecar,
sólo para pecar le han servido los altares.
12 Aunque le deje escritas las excelencias de mi ley,
las considera algo extraño.
13 ¡Ya pueden ofrecer sacrificios en mi honor,
y comerse la carne!
Yahvé no los acepta;
recordará sus culpas
y castigará sus pecados:
ellos volverán a Egipto.

Contra el lujo de las construcciones.

14 Olvida Israel a su Hacedor,
y edifica templos;
Judá multiplica ciudades fortificadas.
Pero yo prenderé fuego a sus ciudades,
que devorará sus palacios.

Triste destierro.

9 1 No te regocijes, Israel,
no te alegres como los pueblos,
pues te has prostituido, lejos de tu Dios,
y amas ese salario
más que las eras de trigo.
2 Ni la era ni el lagar los alimentarán,
y el mosto los dejará corridos.
3 Ya no habitarán en la tierra de Yahvé:
Efraín volverá a Egipto,
y en Asiria comerán alimentos impuros*.
4 No harán a Yahvé libaciones de vino,
ni sus sacrificios le agradarán:
serán para ellos como pan de duelo,
que deja impuro a cuantos lo comen;
porque su pan es sólo para ellos,
no entrará en el templo de Yahvé.

8 1 Paralelismo sinonímico entre Ley y alianza, ver Ex **24** 8; Dt **4** 13; Lv **26** 15.
9 3 Los bienes de la tierra son un *salario*, v. 1, impuro si se los considera como fruto del culto de los baales con sus prácticas o festejos inmorales.

5 ¿Qué ofrecerán ustedes el día de
solemnidad,
el día de la fiesta de Yahvé?
6 Véanlos, han huido de la
devastación:
Egipto los reunirá, Menfis los
sepultará;
sus tesoros de plata los heredarán
las ortigas,
zarzas invadirán sus tiendas.

El profeta perseguido por anunciar el castigo.

7 Han llegado los días del castigo,
han llegado los días de la retribución.
¡Que lo sepa Israel!
—«¡El profeta es un necio,
un loco el hombre del espíritu!»

—Por la magnitud de tu culpa,
por tu enorme hostilidad.
8 El vigía de Efraín es un profeta junto
a mi Dios:
una trampa de cazador en todos sus
caminos,
hostilidad en la Casa de su Dios.
9 Han llegado al fondo de la corrupción,
como en los días de Guibeá;
él recordará sus culpas
y visitará sus pecados.

Castigo del crimen de Baal Peor.

10 Como uvas en el desierto encontré a
Israel,
como breva que despunta en la
higuera, vi a sus padres.
Pero al llegar a Baal Peor*
se consagraron a la Infamia,
y se hicieron tan abominables
como el objeto de su amor.
11 Efraín es como un pájaro, se le vuela
su gloria
desde el nacimiento, desde el seno,
desde la concepción.
12 Y aunque críen a sus hijos,
yo los privaré de ellos antes que se
hagan hombres:
y ¡ay de ellos cuando yo los
abandone!
13 Efraín, cuando veo a Tiro,
estaba plantada en la pradera,
pero Efraín tendrá que sacar sus
hijos al verdugo.
14 Dales, Yahvé..., ¿qué les darás?
¡Dales un seno que aborte y pechos
resecos!

Castigo del crimen de Guilgal.

15 Toda su maldad apareció en
Guilgal*,
sí, allí comencé a odiarlos.
Por la maldad de sus acciones,
los expulsaré de mi Casa;
ya no volveré a amarlos:
todos sus príncipes son rebeldes.
16 Efraín está herido,
su raíz seca,
ya no darán más fruto.
Aunque den a luz,
haré morir el tesoro de su seno.
17 Mi Dios los rechazará porque no le
han escuchado,
y andarán errantes entre las naciones.

Destrucción de los emblemas idolátricos de Israel.

10 1 Israel era Vid frondosa,
acumulaba frutos*:
cuanto más fruto producía,
más multiplicaba los altares;
cuanto mejor era su tierra,
mejores estelas construía.
2 Su corazón está dividido,
pero ahora lo van a pagar;
él romperá sus altares,
demolerá sus estelas.
3 Entonces dirán: «No tenemos rey,
porque no hemos temido a Yahvé,
y el rey, ¿qué nos podría hacer?»
4 Pronuncian palabras, juramentos
falsos, pactan alianzas,

9 10 Israel era fiel en el desierto, **2** 16+; pero su infidelidad ha comenzado a partir de la entrada en la Tierra prometida, Nm **25** 1-5+; Jos **2** 1.

9 15 *Guilgal*, cuna de la realeza, 1 S **11** 14, donde fue maldecida más tarde la realeza de Saúl, 1 S **13** 7-14; **15** 12-33.
10 1 Ver Is **5**+.

y el juicio florece como hierba
venenosa
en los surcos del campo.
5 Tiemblan por el becerro de Bet
Avén
los habitantes de Samaría;
sí, su pueblo hace duelo por él,
sus sacerdotes se agitan por él,
¡por su gloria,
ya que ha sido deportado!
6 Él también será llevado a Asiria,
como ofrenda para el gran rey.
Efraín soportará el sonrojo
e Israel se avergonzará de su plan.
7 ¡Se acabó Samaría!
Su rey es como espuma flotando
sobre el agua.
8 Serán destruidos los altozanos de
Avén,
el pecado de Israel.
Espinas y zarzas treparán por sus
altares.
Entonces dirán a los montes:
«¡Cúbrannos!»
y a las colinas: «¡Caigan sobre
nosotros*!»
9 Desde los días de Guibeá has
pecado, Israel,
¡allí siguen!
No les bastó la batalla de Guibeá
contra los hijos de la injusticia.
10 Voy a castigarlos,
y se aliarán pueblos contra ellos,
para castigarlos por su doble culpa.

Israel ha defraudado la esperanza de Yahvé.

11 Efraín era una novilla domesticada,
le gustaba la trilla;
yo uncí su hermoso cuello;
montaré a Efraín,
Judá abrirá surco,
Jacob destripará terrones.
12 Siembren justicia,
cosechen amor,
cultiven lo que es barbecho;
ya es tiempo de buscar a Yahvé,
hasta que venga a enseñarles justicia.
13 Ustedes cultivaron maldad,
cosecharon iniquidad,
comen fruto de mentira.
Por haber confiado en tus carros,
en la multitud de tus soldados,
14 se alzará un tumulto de guerra contra
tu pueblo,
y todas tus fortalezas serán
devastadas,
como Salmán devastó Bet Arbel
el día de la batalla,
cuando la madre era estrellada
contra sus hijos.
15 Eso les ha conseguido Betel
por su redoblada maldad.
¡A la aurora desaparecerá el rey de
Israel!

Yahvé va a vengar su amor despreciado*.

11 1 Cuando Israel era niño, lo
amé,
y de Egipto llamé a mi hijo.
2 Cuanto más los llamaba, más se
alejaban de mí:
ofrecían sacrificios a los Baales,
e incienso a los ídolos.
3 Yo enseñé a caminar a Efraín,
tomándolo por los brazos,
pero ellos no sabían que yo los
cuidaba.
4 Con cuerdas humanas los atraía,
con lazos de amor;
yo era para ellos como los que alzan
a un niño contra su mejilla,
me inclinaba hacia él y le daba de
comer.
5 Pues volverá al país de Egipto,
y Asur será su rey,
porque se han negado a convertirse.
6 La espada hará estragos en sus
ciudades,
aniquilará sus cerrojos
y devorará por sus maquinaciones.

10 8 Ver Is **2** 10; Lc **23** 30; Ap **6** 16.
11 Capítulo paralelo a **1-3**, sobre todo **2** 4-25. A la analogía del amor conyugal ridiculizado sucede la del amor paternal desconocido. Ver Jr **3** 19-20. -El amor de Dios es causa de la elección de Israel, ver **2** 16+; Dt **4** 37; **7** 6+; etc. Mt **2** 15 aplica el texto a Jesús.

Pero el amor triunfará.

7 Mi pueblo está acostumbrado a
apostatar de mí;
cuando invocan a lo alto,
nadie los levanta.
8 ¿Cómo voy a entregarte, Efraín,
cómo voy a soltarte, Israel?
¿Voy a entregarte como a Admá,
y tratarte como a Seboín*?
Mi corazón se convulsiona dentro de
mí,
y al mismo tiempo se estremecen
mis entrañas.
9 No daré curso al furor de mi cólera,
no volveré a destruir a Efraín,
porque soy Dios, no hombre;
el Santo* en medio de ti,
y no vendré con ira.

Vuelta del destierro.

10 Marcharán tras Yahvé,
él rugirá como león;
y cuando ruja,
los hijos vendrán temblando de
occidente,
11 temblarán como un pajarillo al venir
de Egipto,
como una paloma desde el país de
Asiria;
y yo los haré habitar en sus casas
—oráculo de Yahvé—.

Perversión religiosa y política de Israel.

12 1 Efraín me ha rodeado de
mentira,
la casa de Israel de engaño.
(Pero Judá todavía anda con Dios,
y sigue fiel al Santo.)
2 Efraín se apacienta de viento,
va en busca del Levante todo el día;
multiplica mentira y pillaje;
sellan alianza con Asiria
y llevan aceite a Egipto.

Contra Jacob y Efraín.

3 Yahvé pone pleito a Judá,
va a visitar a Jacob por su conducta,
le pagará según sus obras.
4 En el seno materno suplantó a su
hermano,
y de mayor luchó con Dios*.
5 Luchó con el ángel y le pudo,
lloró y le suplicó.
En Betel lo encontró
y allí habló con él.
6 Sí, Yahvé Dios Sebaot, Yahvé es su
título.
7 Y tú conviértete a tu Dios:
observa el amor y el derecho,
y confía siempre en tu Dios.
8 Canaán tiene en su mano una
balanza trucada,
le gusta defraudar.
9 Y Efraín dice: «Sí, me he
enriquecido,
he amasado una fortuna.»
¡Ninguna de sus ganancias se
encontrará,
por la injusticia con la que se ha
hecho culpable!

Perspectivas de reconciliación.

10 Yo soy Yahvé, tu Dios, desde el país
de Egipto:
aún te haré morar en tiendas
como en los días del Encuentro*;
11 hablaré a los profetas,
yo mismo multiplicaré las visiones,
y hablaré en parábolas por medio de
los profetas.

Nuevas amenazas.

12 Si Galaad es iniquidad,
ellos no son más que mentira.
En Guilgal sacrificaron toros;
por eso sus altares serán como
escombros
sobre los surcos de los campos.

11 8 *Admá y Seboín*, dos de las cinco ciudades de la Pentápolis, Gn **10** 19; **14** 2.8; Dt **29** 22.
11 9 Ver Ez **18** 23.32; Sb **1** 13+.
12 4 Los episodios de la vida de Jacob, Gn **25** 26; **28** 10-22; **32** 24-28, son evocados en sentido peyorativo.
12 10 En el Sinaí, Yahvé se había reunido con su pueblo, ver **2** 16+.

Contra Jacob y Efraín.

[13] Huyó Jacob a la campiña de Aram,
sirvió Israel por una mujer,
por una mujer guardó rebaños.
[14] También por un profeta subió Yahvé
a Israel de Egipto,
y por un profeta fue guardado.
[15] Efraín lo ha irritado amargamente:
sobre él hará recaer su sangre,
su Señor le pagará su agravio.

Castigo de la idolatría.

13 [1] Cuando hablaba Efraín, cundía el terror,
se había impuesto en Israel,
pero se hizo culpable con Baal y murió.
[2] Y todavía continúan pecando:
se han hecho imágenes fundidas
con su plata, ídolos de su invención:
¡todo obra de artesanos!
¡Los llaman dioses, sacrifican hombres,
besan becerros!
[3] Por eso serán como nube mañanera,
como rocío matinal que pasa,
como paja aventada de la era,
como humo por la ventana.

Castigo de la ingratitud.

[4] Pero yo soy Yahvé, tu Dios, desde el país de Egipto*.
No conoces otro Dios fuera de mí,
ni hay más salvador que yo.
[5] Yo te conocí en el desierto,
en la tierra ardiente.
[6] Cuando estaban en su pasto se saciaron,
se saciaron y se engrió su corazón,
por eso se olvidaron de mí.
[7] Pues yo seré para ellos como león,
acecharé en el camino como leopardo.
[8] Caeré sobre ellos como osa privada
de sus crías,
desgarraré las entretelas de su corazón,
los devoraré allí mismo como leona,
la bestia del campo los despedazará.

Fin de la dinastía real.

[9] En tu destrucción, Israel,
¿quién te ayudará?
[10] ¿Dónde está tu rey para que te salve
en todas tus ciudades,
y tus jueces, de quienes decías:
«Dame rey y príncipes»?
[11] Rey te doy en mi cólera,
y te lo quito en mi furor.

La ruina inevitable.

[12] Amarrada está la culpa de Efraín,
bien guardado su pecado.
[13] Le sobrevienen dolores de parturienta,
pero él es un hijo necio
que no se presenta a tiempo por
donde rompen los hijos*.
[14] ¿Voy a librarlos de la garra del Seol,
voy a rescatarlos de la muerte?
¿Dónde están, muerte, tus pestes,
dónde tu contagio, Seol*?
La compasión se esconde a mis ojos.
[15] Aunque Efraín dé fruto entre sus hermanos,
soplará el Levante,
del desierto se levantará el viento de Yahvé,
que secará su manantial,
y agotará su fuente;
él arrebatará el tesoro,
todos los objetos preciosos.

14 [1] Samaría es culpable,
porque se rebeló contra su Dios.
Caerán a espada, sus niños serán estrellados,
y sus embarazadas abiertas en canal.

13 4 Ver Is **43** 11+.
13 13 La primera vez que se emplea la imagen del parto para describir una calamidad que amenaza al pueblo, ver Is **13** 8; **26** 17; Jr **6** 24; etc.; Mt **24** 8p; Jn **16** 21; etc.
13 14 Oseas invita a la *muerte* y al *Seol* a castigar al pueblo. 1 Co **15** 55 verá en este texto la victoria de Cristo sobre la muerte.

III. *Conversión de Israel y vuelta a la gracia*

Vuelta sincera de Israel a Yahvé*.

2 Vuelve, Israel, a Yahvé tu Dios,
pues tus culpas te han hecho caer.
3 Prepárense unas palabras,
y vuelvan a Yahvé.
Díganle: «Quita toda culpa;
acepta lo bueno;
y en vez de novillos ofrecemos
nuestros labios.
4 Asiria no nos salvará,
no montaremos a caballo,
y no diremos más 'Dios nuestro' a la
obra de nuestras manos,
oh tú, en quien halla compasión el
huérfano.»
5 —Yo sanaré su infidelidad,
los amaré graciosamente;
pues mi cólera se ha apartado de él,
6 seré como rocío para Israel:
florecerá como el lirio,
y hundirá sus raíces como el Líbano.
7 Sus ramas se desplegarán,
su esplendor será como el del olivo,
y su fragancia como la del Líbano.
8 Volverán los que habitaban a su
sombra;
harán crecer el trigo,
florecerán como la vid,
su fama será como la del vino del
Líbano.
9 Efraín... ¿qué tengo yo que ver con
los ídolos?
Yo respondo y lo protejo.
Yo soy como un ciprés siempre
verde,
y de mí procede tu fruto.

Amonestación final.

10 ¿Quién es sabio para entender estas
cosas,
inteligente para conocerlas?:
porque rectos son los caminos de
Yahvé,
por ellos caminan los justos,
mas los rebeldes en ellos tropiezan.

14 2 Esta vez la liturgia de verdadera penitencia, ver **6** 1-6, anuncia la salvación definitiva.

JOEL

1 [1] Palabra de Yahvé que fue dirigida a Joel, hijo de Petuel.

*I. La plaga de langosta**

1. LITURGIA DE DUELO Y DE SÚPLICA

Lamentación por la ruina del país.

2 ¡Escuchen esto, ancianos,
presten oído, todos los habitantes del país!
¿Sucedió algo semejante en sus días,
o en los días de sus antepasados?
3 Cuéntenselo a sus hijos,
sus hijos a sus hijos,
y sus hijos a la siguiente generación.

4 Lo que dejó la oruga
lo devoró la langosta,
lo que dejó la langosta
lo devoró el pulgón,
lo que dejó el pulgón
lo devoró el saltamontes*.

5 ¡Despierten, borrachos, y lloren,
giman todos los bebedores de vino
por el mosto que les quitan de la boca!
6 Porque un pueblo invade mi tierra,
poderoso e incalculable:
sus dientes son dientes de león,
y tiene mandíbulas de leona.
7 Va dejando mi viña desolada
y mi higuera destrozada:
la ha pelado del todo, la ha arrancado
y sus ramas quedan desnudas.

8 ¡Suspira tú, como doncella vestida de luto
por el esposo de su juventud!
9 Ofrenda y libación han cesado
en el templo de Yahvé.
Están de duelo los sacerdotes,
los ministros de Yahvé.
10 El campo está arrasado,
la tierra está de luto,
porque se ha perdido el grano,
se ha secado el mosto,
y se ha agotado el aceite.
11 ¡Constérnense, labradores,
laméntense, viñadores,
por el trigo y la cebada;
porque se ha perdido
la cosecha del campo!
12 la viña está seca,
la higuera marchita,
y granado, palmera y manzano:
todos los árboles del campo están secos.
¡Se ha secado la alegría entre los hombres!

Invitación a la penitencia y a la oración.

13 ¡Vístanse de luto, sacerdotes,
laméntense, ministros del altar;
vengan, pasen la noche en duelo,
ministros de mi Dios,
porque al templo de su Dios
se le han negado
ofrenda y libación!
14 Promulguen* un ayuno,
convoquen la asamblea,
reúnanse, ancianos
y todos los habitantes del país,
en el templo de Yahvé, su Dios,
y clamen a Yahvé:
15 «¡Ay, el Día,
que está cerca el Día de Yahvé,
ya llega como devastación del
Todopoderoso!»

1 1 La plaga de las *langostas* es el preludio del *Día* que será descrito en **3-4**. Varios de estos rasgos serán repetidos por Ap **9** 7-11.

1 4 Especies diferentes, o las fases del crecimiento de las langostas.

1 14 *Promulguen*, lit.: «santifiquen». Ver **2** 12-17; ver Jon **3** 5-9.

[16] ¿No han sido arrancados ante
nuestros ojos
la comida, la alegría y el júbilo
del templo de nuestro Dios?
[17] Se han secado las semillas
bajo los terrones;
los graneros han sido devastados
y los silos arruinados,
porque falta el grano.
[18] ¡Cómo muge el ganado,
cómo vagan sin rumbo las vacadas,
porque no tienen pastos!
¡Hasta los rebaños de ovejas lo pagan!

[19] A ti clamo, Yahvé,
porque el fuego ha devorado
los pastos de la estepa,
las llamas han abrasado
todos los árboles del campo.
[20] Hasta las bestias del campo
jadean tras de ti,
porque están secos las cauces de
agua,
y el fuego ha devorado
los pastos de la estepa.

Alarma en el Día de Yahvé*.

2 [1] ¡Toquen la trompeta en Sión,
clamen en mi monte santo!
¡Tiemblen todos los habitantes del
país,
porque llega el Día de Yahvé,
porque está cerca!

[2] ¡Día de tinieblas y de oscuridad*,
día de nubarrones y densa niebla!
Como la aurora sobre los montes,
se despliega un pueblo
innumerable y poderoso,
como jamás hubo otro,
ni lo habrá después de él
en muchas generaciones.

La invasión de langosta.

[3] Delante de él devora el fuego,
detrás de él abrasa la llama.
Ante él la tierra es un paraíso,
tras él, un desierto desolado.
¡No deja escapatoria!

[4] Su aspecto es de corceles,
de jinetes que galopan.
[5] Su estrépito es de carros
que saltan por las cimas de los montes,
como el crepitar de la llama de fuego
que consume la hojarasca,
¡como un ejército poderoso
en orden de batalla!
[6] A su vista tiemblan los pueblos,
todos los rostros mudan de color.
[7] Corren como valientes,
como guerreros escalan las murallas;
cada uno avanza en su puesto
sin descomponer las filas.
[8] Nadie tropieza con su vecino,
cada cual sigue su ruta;
entre las saetas arremeten
sin romper la formación.
[9] Asaltan la ciudad,
escalan la muralla,
suben hasta las casas,
a través de las ventanas
entran como ladrones.

Visión del Día de Yahvé.

[10] ¡Ante ellos tiembla la tierra,
se estremecen los cielos,
el sol y la luna se oscurecen
y las estrellas pierden su brillo!
[11] Yahvé alza la voz al frente de su
ejército,
porque son innumerables sus
batallones,
porque es poderoso el ejecutor de
sus órdenes,
porque es grande el Día de Yahvé
y muy terrible: ¿quién podrá
soportarlo?

Invitación a la penitencia.

[12] «Mas ahora —oráculo de Yahvé—
vuelvan a mí de todo corazón,
con ayuno, con llantos y con duelo.»

2 Descripción, vv. 1-11, del *Día* anunciado en **1** 15. Ver Am **5** 18+. La *trompeta* o el *cuerno* señalaba la inminencia del peligro o del castigo, Os **5** 8; Is **18** 3; Ap **8** 6; etc., o convocaba la asamblea religiosa, **2** 15; ver Nm **10** 2ss; Is **27** 13+; 1 Ts **4** 16-17; etc.
2 2 = So **1** 15.

13 Desgarren su corazón
y no sus vestidos*,
vuelvan a Yahvé, su Dios,
porque él es clemente y compasivo,
lento a la cólera,
rico en amor,
y se retracta de las amenazas.
14 ¡Quién sabe si volverá y se
compadecerá,
y dejará a su paso bendición,
ofrenda y libación
para Yahvé, su Dios!
15 ¡Toquen la trompeta en Sión,
promulguen un ayuno,
convoquen la asamblea,
16 congreguen al pueblo,
purifiquen la comunidad,
reúnan a los ancianos,
congreguen a los pequeños
y a los niños de pecho!
Que salga el esposo de su alcoba
y la esposa de su lecho.
17 Entre el atrio y el altar*
lloren los sacerdotes, ministros de
Yahvé,
y digan: «¡Perdona, Yahvé, a tu
pueblo,
y no entregues tu heredad a la
deshonra
y a la burla de las naciones!
Que no se diga entre los pueblos:
¿Dónde está su Dios?»

2. RESPUESTA DE YAHVÉ

Fin del azote y liberación.

18 Yahvé sintió añoranza de su tierra
y se compadeció de su pueblo.
19 Respondió Yahvé y dijo a su pueblo:
«Yo les voy a enviar a ustedes
el trigo, el mosto y el aceite
hasta saciarlos,
y no los entregaré más
a la deshonra de las naciones.
20 Alejaré de ustedes al que viene del
norte,
lo arrojaré hacia una tierra desolada
y desértica:
su vanguardia hacia el mar oriental,
hacia el mar occidental su
retaguardia.
Y subirá su mal olor,
se extenderá su fetidez.»
(¡Porque él hace proezas!)

Anuncio de prosperidad.

21 No temas, suelo,
regocíjate y salta de júbilo,
porque Yahvé hace proezas.
22 No teman, bestias del campo,
porque los pastos de la estepa
reverdecen,
los árboles producen su fruto,
la higuera y la vid dan su riqueza.
23 ¡Habitantes de Sión, regocíjense,
alégrense en Yahvé, su Dios!
Porque él les envía
la lluvia de otoño en su medida*,
y hace caer para ustedes los
aguaceros
de otoño y primavera, como antaño.
24 Las eras se llenarán de trigo,
los lagares rebosarán de mosto y
aceite.
25 «Yo los compensaré de los años
en que los devoraron la langosta y el
pulgón,
el saltamontes y la oruga,
el gran ejército,
que envié contra ustedes.
26 Comerán en abundancia hasta
hartarse,
y alabarán el nombre de Yahvé su
Dios,
que hizo maravillas con ustedes.

2 13 Ver Am **5** 21+; Is **58** 5-7. Yahvé *rico en amor,* ver Ex **34** 6-7.
2 17 En el atrio, al este del santuario, ver 1 R **6** 3. *¿Dónde está su Dios?,* ver Sal **42** 4.11; **79** 10; Mi **7** 10.
2 23 Verso dudoso. La Vulgata ha dado a este texto sentido mesiánico traduciendo: *el maestro de Justicia*, el doctor que enseña la justicia.

(¡Mi pueblo no volverá a ser
avergonzado!)
27 Y sabrán ustedes que yo estoy en
medio de Israel;
¡que yo soy Yahvé, su Dios, y no hay
otro!
¡Y mi pueblo no volverá a ser
avergonzado!»

II. La nueva era y el día de Yahvé

1. LA EFUSIÓN DEL ESPÍRITU*

3 1 «Después de esto
yo derramaré mi espíritu sobre
todo mortal
y profetizarán sus hijos y sus hijas,
sus ancianos tendrán sueños,
sus jóvenes verán visiones.
2 Y hasta sobre siervos y siervas
derramaré mi espíritu en aquellos
días.
3 Y realizaré prodigios
en el cielo y en la tierra,
sangre, fuego y columnas de humo.»
4 El sol se convertirá en tinieblas
y la luna en sangre,
ante la llegada del Día de Yahvé,
grande y terrible.
5 Y todos los que invoquen
el nombre de Yahvé se salvarán,
porque *en el monte Sión* y en
Jerusalén
*habrá una escapatoria**,
como ha dicho Yahvé,
y entre los supervivientes
estarán los que llame Yahvé.

2. JUICIO DE LOS PUEBLOS*

Temas generales.

4 1 «Pues miren: en esos días, en
aquel tiempo,
cuando cambie la suerte de Judá y
Jerusalén,
2 reuniré a todos los pueblos
los haré bajar al Valle de Josafat*
y allí los juzgaré
porque dispersaron entre las
naciones
a Israel, mi pueblo y mi heredad,
y se repartieron mi tierra.
3 Sortearon a mi pueblo,
cambiaron al niño por una
prostituta,
y vendieron a la niña por un trago de
vino.»

Contra los fenicios y los filisteos.
Am **1** 6-10; Ez **27** 13.

4 «Y ustedes, Tiro y Sidón y provincias
filisteas,
¿qué quieren de mí?
¿Me exigen una recompensa?
Pues si quieren cobrarme,
¡muy pronto les pagaré su merecido!
5 Ustedes robaron mi plata y mi oro,
se llevaron mis mejores tesoros a sus
templos,
6 y a los hijos de Judá y Jerusalén
los vendieron a los griegos,
para alejarlos de su territorio.
7 Pues yo los reincorporaré
del lugar donde ustedes los vendieron,
y les pagaré a ustedes su merecido:

3 Los vv. 1-3 se cumplirán en el *Día de Yahvé*, vv. 4-5, que verá la efusión universal del Espíritu, ver Nm **11** 29; Ez **36** 27+. Después de Pentecostés, el apóstol Pedro citará este pasaje, Hch **2** 16-21+.
3 5 Cita de Ab 17.
4 En el Día de Yahvé serán también castigados los enemigos de Israel.
4 2 *Josafat (Yahvé juzga)*, ver vv. 2.12, es el nombre simbólico del lugar en que Yahvé juzgará a las naciones, ver Jr **25** 31; Is **66** 16, y que es llamado, en el v. 14, *Valle de la Decisión*.

[8] venderé los hijos y las hijas de ustedes
en manos de los habitantes de Judá,
y ellos los venderán a los sabeos,
a un pueblo lejano,
¡lo ha dicho Yahvé!»

Convocatoria de los pueblos*.
Za **14** 2; Ez **38-39**.

[9] Pregónenlo entre las naciones:
¡Declaren la guerra santa,
movilicen a los valientes!
¡Que avancen y suban
todos los guerreros!
[10] Forjen espadas de sus azadones
y lanzas de sus podaderas*,
y diga el cobarde: «¡Soy un valiente!»
[11] ¡Dense prisa, vengan,
todos los pueblos vecinos,
y congréguense allí!
(¡Yahvé, haz bajar a tus valientes!)

[12] «¡Que se movilicen y suban las naciones
al Valle de Josafat!
Pues allí me sentaré yo para juzgar
a todos los pueblos vecinos.
[13] Metan la hoz,
porque la mies está madura;
vengan a pisar,
que el lagar está lleno
y las tinajas rebosan:
tantos son sus delitos.»
[14] ¡Multitudes y multitudes
en el Valle de la Decisión!
Porque está cerca el Día de Yahvé
en el Valle de la Decisión.

El Día de Yahvé.

[15] El sol y la luna se oscurecen
y las estrellas pierden su brillo.
[16] Yahvé ruge desde Sión,
desde Jerusalén alza su voz*:
¡el cielo y la tierra se estremecen!

Pero Yahvé será un refugio para su pueblo,
una fortaleza para los hijos de Israel.

[17] «Sabrán entonces
que yo soy Yahvé su Dios,
que habito en Sión, mi monte santo.
Jerusalén será lugar santo*
y los extranjeros no volverán a pasar por ella.»

3. ERA PARADISÍACA DE LA RESTAURACIÓN DE ISRAEL

[18] Aquel día
los montes destilarán vino
y las colinas manarán leche,
por todas las torrenteras de Judá
correrán las aguas
y brotará una fuente del Templo de Yahvé
que regará el valle de las Acacias*.
[19] Egipto quedará hecho una desolación
y Edom, un desierto desolado,
por su violencia contra los habitantes de Judá,
cuya sangre inocente derramaron en su tierra.
[20] Pero Judá estará habitada siempre
y Jerusalén, de edad en edad.
[21] «Yo vengaré su sangre, no la dejaré impune»,
y Yahvé morará en Sión.

4 9 Si los pueblos van contra Sión, también sufrirán el juicio final.
4 10 Aquí se invierten las perspectivas paradisíacas, Is **2** 4; **11** 6+, que reaparecerán después del juicio, vv. 18.21.
4 16 Ver Am **1** 2; Jr **25** 30.
4 17 Inviolable, ver Is **52** 1; Jr **31** 40; etc.
4 18 Ver Ez **47**+.

AMÓS

Título.

1 [1] Palabras de Amós, uno de los pastores de Técoa. Visiones que tuvo acerca de Israel, en tiempo de Ozías, rey de Judá, y en tiempo de Jeroboán, hijo de Joás, rey de Israel, dos años antes del terremoto*.

Exordio.

2 Dijo:
Ruge Yahvé desde Sión*,
desde Jerusalén alza su voz;
los pastizales de los pastores están desolados,
y la cumbre del Carmelo se seca.

I. Juicio de las naciones limítrofes de Israel y del mismo Israel*

Damasco.

Is **17** 1-3; Jr **49** 23-27.

3 Así dice Yahvé:
¡Por tres crímenes de Damasco y por cuatro,
seré inflexible!
Por haber triturado con trillos de hierro a Galaad,
4 enviaré fuego a la casa de Jazael,
que devorará los palacios de Ben Hadad;
5 romperé el cerrojo de Damasco,
extirparé al habitante de Bicat Aven
y al que empuña el cetro en Bet Eden;
el pueblo de Aram irá cautivo a Quir,
dice Yahvé.

Gaza y Filistea.

Jos **13**+; Jr **47**; So **2** 4-7.

6 Así dice Yahvé:
¡Por tres crímenes de Gaza y por cuatro,
seré inflexible!
Por haber deportado poblaciones enteras,
para entregarlas a Edom,
7 enviaré fuego a la muralla de Gaza,
que devorará sus palacios;
8 extirparé al habitante de Asdod
y al que empuña el cetro en Ascalón;
volveré mi mano contra Ecrón,
y perecerá lo que queda* de los filisteos,
dice el Señor Yahvé.

Tiro y Fenicia.

Is **23**; Ez **26-28**.

9 Así dice Yahvé:
¡Por tres crímenes de Tiro y por cuatro,
seré inflexible!
Por haber entregado poblaciones enteras de cautivos a Edom,
sin acordarse de la alianza entre hermanos,
10 enviaré fuego a la muralla de Tiro,
que devorará sus palacios.

Edom.

Is **34**; Jr **49** 7-22; Ez **25** 12-14; **35**.

11 Así dice Yahvé:
¡Por tres crímenes de Edom y por

1 1 *Técoa*, una aldea al sudeste de Belén. -*Jeroboán II*, rey de Israel del 785 al 743.
1 2 Yahvé reside en Jerusalén, centro de todo el pueblo de Dios. Ver Jr **25** 30; Jl **4** 16.
1 3 Seis sentencias de la misma contextura contra las naciones vecinas, una contra Judá, y la última, más amplia, contra Israel que será castigado como los demás pueblos. -Dos cifras consecutivas indican una cantidad indeterminada; ver **4** 8; Is 17 6; Jr **36** 23, y los proverbios «numéricos», Pr **30** 15+.
1 8 La palabra *resto* no tiene todavía su sentido teológico fuerte, **5** 15; Is **4** 3+.

cuatro,
seré inflexible!
Por haber perseguido con espada a
su hermano,
ahogando toda piedad,
por mantener para siempre su cólera,
y guardar incesante su rencor,
12 enviaré fuego a Temán,
que devorará los palacios de Bosrá.

Amón.
Jr **49** 1-6; Ez **25** 1-7; So **2** 8-11.

13 Así dice Yahvé:
¡Por tres crímenes de los hijos de
Amón y por cuatro,
seré inflexible!
Por haber reventado a las
embarazadas de Galaad,
para ensanchar su territorio,
14 prenderé fuego a la muralla de Rabá,
que devorará sus palacios,
con el tumulto de un día de combate,
con el fragor de un día de huracán;
15 y su rey irá al cautiverio,
juntamente con sus príncipes,
dice Yahvé.

Moab.
Is **15-16**; Jr **48**; Ez **25** 8-11;
So **2** 8-11.

2 1 Así dice Yahvé:
¡Por tres crímenes de Moab y por
cuatro,
seré inflexible!
Por haber quemado hasta calcinar
los huesos del rey de Edom,
2 enviaré fuego a Moab
que devorará los palacios de
Queriyot,
perecerá con estruendo Moab,
con tumulto, al son del cuerno;
3 extirparé de ella al juez,
y con él mataré a todos sus
príncipes,
dice Yahvé.

Judá*.

4 Así dice Yahvé:
¡Por tres crímenes de Judá y por
cuatro,
seré inflexible!
Por haber despreciado la Ley de
Yahvé,
y no haber observado sus preceptos,
porque los han extraviado sus
Mentiras,
tras las que habían caminado sus
padres,
5 enviaré fuego a Judá
que devorará los palacios de
Jerusalén.

Israel.

6 Así dice Yahvé:
¡Por tres crímenes de Israel y por
cuatro,
seré inflexible!
Porque venden al justo por dinero
y al pobre por un par de sandalias;
7 pisan contra el polvo de la tierra la
cabeza de los débiles,
y desvían el camino de los humildes;
hijo y padre acuden a la misma
doncella,
profanando mi santo Nombre;
8 se acuestan sobre ropas empeñadas
junto a cualquier altar,
y beben el vino de los multados
en la casa de su dios...*
9 Yo destruí ante ellos al amorreo,
alto como los cedros
y fuerte como las encinas;
destruí su fruto por arriba
y sus raíces por abajo.
10 Yo los hice subir a ustedes del país
de Egipto
y los conduje por el desierto
cuarenta años,
para heredar la tierra del amorreo.
11 Suscité profetas entre los hijos de
ustedes,
y nazireos entre sus jóvenes.

2 4 Los vv. 4-5 son quizá una adición posterior.
2 8 El profeta reprende a los que celebran banquetes sagrados y «honran a su dios» (Yahvé), banqueteando con los bienes confiscados a los deudores, ver Si **34** 20.

¿No es así, hijos de Israel?,
oráculo de Yahvé.
12 Pero ustedes hicieron beber vino a
los nazireos,
y conminaron a los profetas,
diciendo: «¡No profeticen*!»
13 ¡Pues bien, yo los aplastaré debajo,
como aplasta el carro que está lleno
de haces!

14 Entonces le fallará la huida al ágil,
el fuerte no podrá desplegar su vigor,
ni el soldado salvará su vida.
15 El arquero no resistirá,
ni se salvará el de pies ágiles,
el jinete no salvará su vida,
16 y el más valiente de los soldados
huirá desnudo aquel día*,
oráculo de Yahvé.

II. *Amonestaciones y amenazas a Israel*

Elección y castigo.

3 1 Escuchen esta palabra que pronuncia Yahvé contra ustedes, hijos
de Israel, contra la entera familia que
hice subir del país de Egipto:
2 Solamente a ustedes conocí
entre todas las familias de la tierra;
por eso, los visitaré*
por todas sus culpas.

La vocación profética es irresistible*.

3 ¿Caminan acaso dos juntos,
sin haberse encontrado?
4 ¿Ruge el león en la selva
sin que tenga presa?
¿Alza su voz el leoncillo desde su cubil,
si no ha cazado algo?
5 ¿Cae un pájaro a tierra en el lazo,
sin que haya una trampa?
¿Salta del suelo el lazo
sin haber hecho presa?
6 ¿Suena el cuerno en una ciudad
sin que el pueblo se estremezca?
¿Sobreviene una desgracia a una
ciudad
sin que la haya provocado Yahvé?
7 No, nada hace el Señor Yahvé
sin revelar su secreto
a sus siervos los profetas.
8 Ruge el león,
¿quién no temerá?
Habla el Señor Yahvé,
¿quién no profetizará?

Samaría, corrompida, sucumbirá.

9 Pregonen en los palacios de Asur,
y en los palacios del país de Egipto;
digan: ¡Congréguense contra los
montes de Samaría,
y vean cuántos desórdenes en ella,
cuánta violencia en su seno!
10 No saben obrar con rectitud
—oráculo de Yahvé—
los que amontonan violencia y
rapiña en sus palacios.
11 Por eso, así dice el Señor Yahvé:
El adversario invadirá la tierra,
abatirá tu fortaleza
y serán saqueados tus palacios.

12 Así dice Yahvé:
Como salva el pastor de la boca del
león
dos patas o la punta de una oreja,
así se salvarán los hijos de Israel,
los que se sientan en Samaría,
en el borde de un lecho y en un
diván de Damasco.

2 12 Ver **7** 12-13; Is **30** 10; Jr **11** 21; 1 R **22** 8.27.
2 16 Aparición de la fórmula *en aquel día*, que vendrá a ser corriente en los profetas y en el NT, Mt **7** 22; etc.
3 2 La *visita* de Dios es su intervención entre los hombres para bendecir o para castigar.
3 3 Dios sabe lo que hace, y la acción del profeta obedece a algún motivo. Dios habla, y el profeta profetiza, ver **7** 14-15; Jr **20** 7; etc. Las comparaciones elegidas por Amós presagian un mensaje de dolor.

Contra Betel y las casas lujosas.

13 Oigan y atestigüen contra la casa de Jacob
—oráculo del Señor Yahvé, Dios Sebaot—
14 que el día que yo visite a Israel por sus rebeldías,
visitaré los altares de Betel;
serán derribados los cuernos del altar
y caerán por tierra.
15 Sacudiré la casa de invierno
con la casa de verano,
se acabarán las casas de marfil,
y muchas casas desaparecerán,
oráculo de Yahvé.

Contra las mujeres de Samaría.
Is **3** 16-24; **32** 9-14.

4 1 Escuchen esta palabra, vacas de Basán,
que moran en la montaña de Samaría,
las que oprimen a los débiles,
las que maltratan a los pobres,
las que dicen a sus maridos: «¡Trae de beber!»
2 El Señor Yahvé ha jurado por su santidad:
He aquí que vienen días sobre ustedes
en que se las izará con ganchos,
y, hasta las últimas, con anzuelos de pescar.
3 Por brechas saldrán cada una adelante,
y serán arrojadas al Hermón,
oráculo de Yahvé.

Ilusiones, impenitencia, castigo de Israel.

4 ¡Vayan a Betel a rebelarse,
multipliquen en Guilgal sus rebeldías*,
lleven de mañana sus sacrificios,
cada tres días sus diezmos;
5 quemen levadura en acción de gracias,
y pregonen las ofrendas voluntarias, vocéenlas,
ya que eso les gusta a ustedes, hijos de Israel!,
oráculo del Señor Yahvé.
6 Yo incluso les he dado dientes limpios*
en todas sus ciudades,
y falta de pan en todos sus lugares;
¡y ustedes no han vuelto a mí!,
oráculo de Yahvé.

7 Yo incluso les hice cesar la lluvia, a tres meses todavía de la siega;
he hecho llover sobre una ciudad,
y sobre otra ciudad no he hecho llover;
una parcela recibía lluvia,
y otra parcela, falta de lluvia, se secaba;
8 dos, tres ciudades acudían
a otra ciudad a beber agua,
pero no se saciaban;
¡y ustedes no han vuelto a mí!,
oráculo de Yahvé.

9 Los he herido con tizón y añublo,
he secado sus huertas y viñedos;
sus higueras y olivares
los ha devorado la langosta;
¡y ustedes no han vuelto a mí!,
oráculo de Yahvé.

10 He enviado contra ustedes peste,
como la peste de Egipto,
he matado a espada a sus jóvenes,
mientras sus caballos eran capturados;
he hecho subir a sus narices el hedor
de sus campamentos;
¡y ustedes no han vuelto a mí!,
oráculo de Yahvé.

11 Los he destruido
como la destrucción divina de
Sodoma y Gomorra*,
han quedado como un tizón sacado

4 4 El pecado es el juntar el celo por el esplendor del culto y el rechazo de la obediencia a la voluntad de Dios, ver **5** 21+.

4 6 *Yo les he dado dientes limpios*, por el hambre.

4 11 Ver Gn **19**; Dt **29** 22. Alusión probable a un terremoto, ver **1** 1.

de un incendio;
¡y ustedes no han vuelto a mí!,
oráculo de Yahvé.

12 Por eso, esto voy a hacer contigo,
Israel,
y porque esto voy a hacerte,
prepárate, Israel, a afrontar a tu
Dios*.

Doxología*.

13 Porque él es quien forma los montes
y crea el viento,
quien descubre al hombre cuál es su
pensamiento,
quien hace aurora las tinieblas
y avanza por las alturas de la tierra:
su nombre es Yahvé, Dios Sebaot.

Elegía por Israel.

5 1 Escuchen esta palabra,
que yo entono contra ustedes
una elegía, casa de Israel:
2 ¡Ha caído, no volverá a levantarse,
la virgen de Israel*;
postrada está en su suelo,
no hay quien la levante!
3 Porque así dice el Señor Yahvé
a la casa de Israel:
La ciudad que sacaba mil a campaña
quedará sólo con cien,
y la que sacaba cien
quedará sólo con diez.

Sin convertirse no hay salvación.

4 Porque así dice Yahvé
a la casa de Israel:
¡Búsquenme a mí y vivirán*!
5 Pero no busquen a Betel,
no vayan a Guilgal
ni crucen a Berseba,
porque Guilgal será deportada sin
remedio,
y Betel reducida a la nada.
6 ¡Busquen a Yahvé y vivirán,
no sea que caiga él como fuego
sobre la casa de José
y devore inextinguible a Betel*!

Doxología.

8 Él forma las Pléyades y Orión,
convierte en aurora las tinieblas,
y oscurece el día en noche.
El que reúne las aguas del mar
y las derrama sobre la superficie de
la tierra,
Yahvé es su nombre;
9 el que desencadena ruina sobre la
fortaleza
y acarrea la destrucción sobre la
ciudadela.

Amenazas.

7 ¡Ay de los que convierten en ajenjo
el derecho
y tiran por tierra la justicia,
10 detestan al censor en la Puerta
y aborrecen al que habla con
sinceridad!
11 Pues bien, ya que ustedes pisotean al
débil
y le cobran tributo de grano,
han construido casas de sillares,
pero no las habitarán;

4 12 Anuncio misterioso del castigo definitivo.
4 13 Esta doxología, ver **5** 8-9; **9** 5-6, refuerza la amenaza. La *marcha* o *avance* de Yahvé es una alusión a la tempestad, Sal **18** 8-16; o, mejor, una expresión simbólica de la omnipotencia de Yahvé, Mi **1** 3-6; Sal **18** 34; Dt **32** 13; Jb **9** 8; Is **58** 14. -*Su nombre es Yahvé*, ver **5** 8.27; **9** 6; Os **12** 6; Jr **32** 18.
5 2 *Virgen de Israel*, primera personificación del pueblo elegido bajo esta forma, Os **1** 2+.
5 4 Ver Os **10** 12; Sal **55** 6. *Buscar a Yahvé*, es frecuentar su santuario, v. 5; 2 Cro **1** 5; Dt **12** 5; pero también interrogarle, por medio de un hombre de Dios, Gn **25** 22; Ex **18** 15; 1 S **9** 9; 1 R **22** 8; *buscar la palabra*, 1 R **22** 5; ver **14** 5, ya sea en un libro, Is **34** 16, ya sea por medio de un profeta, 1 R **22** 7. Otra expresión indica que se *busca el rostro*, es decir la presencia de Yahvé, Os **5** 15; 2 S **21** 1; Sal **24** 6+; **27** 8; **105** 4, pero siempre para conocer su voluntad y conformarse a ella, **5** 14. En el NT el equivalente es *buscar el Reino*, Mt **6** 33; ver 1 Tm **6** 4+.
5 6 Trasladamos el v. 7 después del 9; los vv. 7 y 10 primitivamente iban juntos.

han plantado viñas selectas,
pero no catarán su vino.
12 ¡Pues conozco sus muchas rebeldías
y sus graves pecados,
opresores del justo, que aceptan soborno
y atropellan a los pobres en la Puerta!
13 Por eso el hombre sensato calla en esta hora,
que es hora de infortunio.

Exhortaciones.

14 Busquen el bien, no el mal,
para que vivan,
y que esté así con ustedes Yahvé Sebaot,
tal como dicen.
15 Aborrezcan el mal, amen el bien,
implanten el derecho en la Puerta;
quizá Yahvé Sebaot tenga piedad
del Resto de José*.

Castigo inminente.

16 Por eso, así dice Yahvé,
el Dios Sebaot, el Señor:
En todas las plazas habrá lamentación
y en todas las calles se dirá: «¡Ay, ay!»
Convocarán a duelo al labrador,
y a lamentación a los que saben plañir;
17 en todas las viñas habrá lamentación,
porque voy a pasar yo por medio de ti,
dice Yahvé.

El Día de Yahvé*.

18 ¡Ay de los que ansían el Día de Yahvé!
¿Qué creen ustedes que es el Día de Yahvé?
¡Es tinieblas, que no luz!
19 Como cuando uno huye del león y se topa con un oso,
o, al entrar en casa, apoya una mano en la pared
y le muerde una culebra...
20 ¿No es tinieblas el Día de Yahvé, y no luz,
lóbrego y sin claridad?

Contra el culto exterior*.

21 Yo detesto, aborrezco sus fiestas,
no me aplacan sus solemnidades.
22 Si me ofrecen holocaustos...
no me complazco en sus oblaciones,
ni miro sus sacrificios de comunión
de novillos cebados.
23 ¡Aparta de mí el ronroneo de tus canciones,
no quiero oír la salmodia de tus arpas!

5 15 Aparición de la doctrina profética del *resto* salvado, Is **4** 3+.

5 18 Israel cuenta con el aplastamiento de sus enemigos; pero Amós anuncia el *Día de Yahvé*, día de cólera, So **1** 15; Ez **22** 24; Lm **2** 22, contra Israel endurecido en su pecado: tinieblas, llantos, matanzas, espanto, Am **2** 16; **8** 9-13; Is **2** 6-21; Jr **30** 5-7; So **1** 14-18; ver Jl **1** 15-20; **2** 1-11. Todos estos textos anteriores al Destierro hacen ver la amenaza de una invasión devastadora (asirios, caldeos). Durante el Destierro, el Día de Yahvé llega a ser objeto de esperanza; la cólera de Dios se vuelve contra los opresores de Israel (ver los «oráculos contra las naciones»); este día señala, pues, la restauración de Israel, ya Am **9** 11; igualmente Is **11** 11; **12** 1; **30** 26; ver Jl **3** 4; **4** 1. Después del Destierro, el *Día de Yahvé* aparece como un juicio que asegura el triunfo de los justos y la ruina de los pecadores, Ml **3** 19-23: Jb **21** 30; Pr **11** 4, en una perspectiva universalista; ver Is **26** 20ss; **33** 10-16. Sobre los signos cósmicos que acompañan el *Día de Yahvé*, Am **8** 9+. Véase por fin Mt **24**+; 1 Co **1** 8+.

5 21 Frecuentemente, los profetas han denunciado un culto exterior formalista, ver Lv **11**+, en que el cumplimiento de los ritos hace descuidar la justicia y el amor del prójimo, 1 S **15** 22; Is **1** 10-16; **29** 13-14; **58** 1-8; Os **6** 6; Mi **6** 5-8; Jr **6** 20; Jl **2** 13; Za **7** 4-6. Los salmistas pondrán el acento en los sentimientos interiores que deben animar el sacrificio, Sal **40** 7-9; **50** 14.19; **51** 18-19, y el Cronista insistirá en el canto litúrgico, expresión de las disposiciones del alma. El NT dará las fórmulas definitivas, Mt **7** 21; **9** 13+; Lc **11** 39-42p; Jn **4** 21-24+; Hb **10** 1-10+; Ap **21** 21+.

24 ¡Que fluya, sí, el derecho como agua
y la justicia como arroyo perenne!
25 ¿Acaso ustedes me presentaron
sacrificios y oblaciones en el
desierto*,
durante cuarenta años, casa de
Israel?
26 Tendrán que cargar con Sicut, su
rey,
y Queván, imágenes suyas de astros
divinizados,
que se han fabricado;
27 cuando los deporte a ustedes más
allá de Damasco,
dice Yahvé, cuyo nombre es Dios
Sebaot.

Contra la falsa seguridad de los sibaritas.

6 1 ¡Ay de los que se sienten seguros
en Sión
y de los que confían en la montaña
de Samaría,
los notables de la capital de las
naciones,
a quienes acude la casa de Israel!
2 Pasen ustedes a Calnó y miren,
pasen de allí a Jamat la grande,
bajen luego a Gat de los filisteos.
¿Son acaso mejores que estos
reinos?
¿Es su territorio más extenso que el
de ustedes?
3 ¡(Ustedes son) los que tratan de alejar
el día funesto
y acercan un estado de violencia!,
4 los que se acuestan en camas de
marfil,
arrellanados en sus lechos,
los que comen corderos del rebaño
y terneros del establo,
5 los que canturrean al son del arpa
y se inventan, como David,
instrumentos de música,
6 los que beben vino en anchas copas
y se ungen con los mejores aceites,
pero no se afligen por el desastre de
José*.
7 Por eso, ahora irán al destierro a la
cabeza de los cautivos
y cesará la orgía de los sibaritas.

El castigo será terrible.

8 El Señor Yahvé ha jurado por sí
mismo,
oráculo de Yahvé Dios Sebaot:
Yo aborrezco la soberbia de Jacob,
detesto sus palacios,
y voy a entregar la ciudad con
cuanto contiene.
9 Y sucederá que, si quedan diez
hombres en una misma casa,
morirán.
10 Sólo quedarán unos pocos evadidos
para sacar de la casa los huesos;
y si se dice al que está en el fondo de
la casa:
«¿Hay todavía alguien contigo?»,
dirá: «Ninguno»,
y añadirá: «¡Silencio!, que no hay
que mentar
el nombre de Yahvé*».
11 Pues he aquí que Yahvé da la orden
y reduce la casa grande a escombros,
la casa pequeña a ruinas.

12 ¿Corren los caballos por la roca?,
¿se ara con bueyes el mar?,
¡pues ustedes convierten en veneno
el derecho
y en ajenjo el fruto de la justicia!
13 ¡(Ustedes son) los que se alegran por
Lo-Debar,
los que dicen: «¿No tomamos
Carnáin con nuestra propia fuerza?»
14 ¡Pues voy a suscitar contra ustedes,
casa de Israel,
—oráculo del Señor Yahvé, Dios
Sebaot—
una nación que los oprimirá
desde la Entrada de Jamat
hasta el torrente de la Arabá!

5 25 Ver Os **2** 16+.
6 6 La pérdida inminente del reino de Israel.
6 10 Por respeto religioso o temor ante la intervención divina. Ver So **1** 7; Ha **2** 20.

III. *Las visiones*

Primera visión: las langostas.

7 [1] Esto me hizo ver el Señor Yahvé:
He aquí que él formaba langostas,
cuando empieza a crecer el forraje,
el forraje que sale después de la siega
del rey.
[2] Y cuando acababan de devorar la
hierba de la tierra,
dije: «¡Perdona, por favor*, Señor
Yahvé!,
¿cómo va a resistir Jacob, que es tan
pequeño?»
[3] Se arrepintió Yahvé de ello:
«No sucederá», dijo Yahvé.

Segunda visión: la sequía.

[4] Esto me hizo ver el Señor Yahvé:
He aquí que el Señor Yahvé
convocaba al juicio por el fuego:
éste devoró el gran abismo,
y devoró la campiña.
[5] Y dije: «¡Señor Yahvé, cesa, por favor!,
¿cómo va a resistir Jacob, que es tan
pequeño?»
[6] Se arrepintió Yahvé de ello:
«Tampoco esto sucederá», dijo el
Señor Yahvé.

Tercera visión: la plomada.

[7] Esto me hizo ver el Señor Yahvé:
Estaba aplicando a una pared
una plomada que tenía en la mano.
[8] Y me dijo Yahvé:
«¿Qué ves, Amós?»
Yo respondí: «Una plomada.»
El Señor dijo:
«¡He aquí que yo voy a aplicar
plomada
en medio de mi pueblo Israel,
ni una más le volveré a pasar!
[9] Serán devastados los altos de Isaac,
asolados los santuarios de Israel,
y me alzaré con espada contra la
casa de Jeroboán.»

Conflicto con Amasías. Amós expulsado de Betel*.

[10] El sacerdote de Betel, Amasías, mandó a decir a Jeroboán, rey de Israel:
«Amós conspira contra ti en medio de la
casa de Israel; el país no puede soportar
todas sus palabras. [11] Porque Amós anda
diciendo: 'A espada morirá Jeroboán,
e Israel será deportado de su tierra.'»
[12] Amasías dijo a Amós: «Vete, vidente;
huye al país de Judá; come allí tu pan y
profetiza allí. [13] Pero en Betel no sigas
profetizando, porque es el santuario real
y la Casa del reino.»
[14] Respondió Amós y dijo a Amasías:
«Yo no soy profeta, ni soy hijo de
profeta*,
yo soy vaquero y picador de
sicómoros.
[15] Pero Yahvé me tomó de detrás del
rebaño,
y Yahvé me dijo:
'Ve y profetiza a mi pueblo Israel.'
[16] Y ahora escucha la palabra de Yahvé.
Tú dices:
'No profetices contra Israel,
no vaticines contra la casa de Isaac.'
[17] Por eso, así dice Yahvé:
'Tu mujer se prostituirá en la ciudad,
tus hijos y tus hijas caerán a espada,
tu tierra será repartida a cordel,
tú mismo morirás en tierra impura*,
e Israel será deportado de su tierra'.»

Cuarta visión: la canasta de fruta madura.

8 [1] Esto me hizo ver el Señor Yahvé:
una canasta de fruta madura.

7 2 La intercesión es una de las funciones propias del ministerio profético, Gn **20** 7; ver también 2 M **15** 14; Jr **15** 1.11; **18** 20; Ez **9** 8; Dn **9** 15-19.

7 10 Este relato de las reacciones provocadas por el anuncio de **8** 9 es probablemente una inserción posterior.

7 14 *Hijo de profeta*, 2 R **2** 3+, perteneciente a un grupo y viviendo de esta profesión, 1 S **9** 7.

7 17 La tierra extranjera, manchada por la presencia de los ídolos. Ver Os **9** 3-4.

2 Y me dijo: «¿Qué ves, Amós?»
Yo respondí: «Una canasta de fruta madura.»
Y Yahvé me dijo: «¡Ha llegado la madurez para mi pueblo Israel,
ni una más le volveré a pasar!
3 Los cantos de palacio serán lamentos aquel día
—oráculo del Señor Yahvé—,
muchos serán los cadáveres,
se arrojarán por todas partes,
¡silencio!

Contra los defraudadores y explotadores.
2 6-8; **4** 1.

4 Escuchen esto los que pisotean al pobre
y quieren suprimir a los humildes de la tierra,
5 diciendo: «¿Cuándo pasará el novilunio
para poder vender el grano,
y el sábado para dar salida al trigo,
para achicar la medida y aumentar el peso,
falsificando balanzas de fraude,
6 para comprar por dinero a los débiles
y al pobre por un par de sandalias,
para vender hasta el salvado del grano?»
7 Ha jurado Yahvé por el orgullo de Jacob:
¡Jamás he de olvidar todas sus obras!
8 ¿No se estremecerá por ello la tierra,
y hará duelo todo el que en ella habita,
subirá toda entera como el Nilo,
se encrespará y bajará como el Nilo de Egipto?

Anuncio del castigo: oscuridad y duelo.

9 Sucederá aquel día
—oráculo del Señor Yahvé—
que yo haré ponerse el sol a mediodía,
y en plena luz del día cubriré la tierra de tinieblas*.
10 Convertiré la fiesta de ustedes en lamento,
y en elegía todas sus canciones;
pondré en todos los lomos saco
y tonsura en todas las cabezas;
la transformaré en lamento por el hijo único
y su final como día de amargura.

Hambre y sed de la Palabra de Dios.

11 He aquí que vienen días
—oráculo del Señor Yahvé—
en que yo mandaré hambre a la tierra,
no hambre de pan, ni sed de agua,
sino de oír la palabra* de Yahvé.
12 Entonces vagarán de mar a mar,
andarán errantes de norte a levante
en busca de la Palabra de Yahvé,
pero no la encontrarán.

Nuevo anuncio de castigo.

13 Aquel día desfallecerán de sed
las muchachas hermosas y los jóvenes.
14 Los que juran por el pecado de Samaría,
los que dicen: «¡Vive tu Dios, Dan!»
y «¡Viva el camino de Berseba!»,
ésos caerán para no alzarse más.

Quinta visión: caída del santuario.

9 1 Vi al Señor en pie junto al altar
y dijo: ¡Sacude el capitel
y que se desplomen los umbrales!
¡Hazlos trizas en la cabeza de todos ellos,
y mataré a espada a los que queden:
no huirá de entre ellos un solo fugitivo

8 9 El *Día de Yahvé*, **5** 18+, viene acompañado de señales cósmicas, **8** 8; Is **2** 10; Jr **4** 23. Los profetas posteriores lo amplifican sirviéndose de imágenes estereotipadas que no es necesario tomar al pie de la letra, So **1** 15; Is **13** 10.13; **34** 4; Ez **32** 7-8; Ha **3** 6; Jl **2** 10-11; **3** 3-4; **4** 15-16. Ver Mt **24** 29; Ap **6** 12-14 y Mt **24**+.

8 11 Terrible castigo, sin conversión. Dios, cansado de no ser escuchado, no hablará más.

ni un evadido escapará!
2 Si fuerzan la entrada del Seol,
de allí los agarrará mi mano;
si suben hasta el cielo,
de allí los haré bajar;
3 si se esconden en la cumbre del Carmelo,
allí los buscaré y los agarraré;
si se ocultan a mis ojos
en el fondo del mar,
allí mismo ordenaré a la Serpiente
que los muerda;
4 si van al cautiverio delante de sus enemigos,
allí ordenaré a la espada que los mate;
pondré en ellos mis ojos
para mal y no para bien.

Doxología.
3 13; **5** 8.

5 ¡El Señor Yahvé Sebaot...!,
el que toca la tierra y ella se derrite,
y hacen duelo todos sus habitantes;
se eleva toda entera como el Nilo,
y baja como el Nilo de Egipto.
6 El que edifica en los cielos sus altas moradas
y asienta su bóveda en la tierra;
el que reúne a las aguas de la mar
y las derrama sobre la superficie de la tierra.
¡Yahvé es su nombre!

Todos los pecadores perecerán.

7 ¿No son ustedes para mí como hijos de cusitas*,
oh hijos de Israel?
—oráculo de Yahvé—
¿No hice subir a Israel del país de Egipto,
como a los filisteos de Caftor y a los arameos de Quir?
8 He aquí que los ojos del Señor Yahvé
están sobre el reino pecador;
voy a exterminarlo de la superficie de la tierra,
aunque no exterminaré del todo
a la casa de Jacob —oráculo de Yahvé—.
9 Pues he aquí que yo doy orden
de zarandear a la casa de Israel
entre todas las naciones,
como se zarandea con la criba
sin que ni un grano caiga en tierra.
10 A espada morirán todos los pecadores de mi pueblo,
ésos que dicen:
«¡No se acercará, no nos alcanzará la desgracia!»

IV. *Perspectivas de restauración y de fecundidad paradisíaca**

11 Aquel día levantaré la cabaña ruinosa de David,
repararé sus brechas y restauraré sus ruinas;
la reconstruiré como en los días de antaño,
12 para que posean lo que queda de Edom
y todas las naciones sobre las que se ha invocado mi nombre*,
oráculo de Yahvé, el que hace esto.
13 He aquí que vienen días —oráculo de Yahvé—
en que el arador empalmará con el segador

9 7 Israel no tiene más derecho que este pueblo lejano, los *cusitas* (en el actual Sudán), sobre su elección, que la debe exclusivamente al favor gratuito de Dios, dueño de los pueblos, Dt **2** 9.18-19; **7** 6+; Jc **11** 24; Rm **9** 15-16+; 1 Co **4** 7.

9 11 Promesas de restauración del reino davídico, vv. 11-12; de prosperidad, vv. 13-14; de ocupación perpetua de la patria recobrada, v. 15. Ver Os **2** 20+.

9 12 Este pasaje, vv. 11-12, al que la versión de los LXX le dan una perspectiva universalista, será citado en Hch **15** 16-17.

y el que pisa la uva con el sembrador;
destilarán vino los montes
y todas las colinas se derretirán.
14 Entonces haré volver a los
deportados de mi pueblo Israel;
reconstruirán las ciudades devastadas
y habitarán en ellas,
plantarán viñas y beberán su vino,
cultivarán huertas y comerán sus
frutos.
15 Yo los plantaré en su tierra
y no serán arrancados nunca más
de la tierra que les di,
dice Yahvé, tu Dios.

ABDÍAS

Título y prólogo.

1 Visión de Abdías*.

Esto dice el Señor Yahvé a Edom:
Hemos oído un mensaje de parte de Yahvé,
un embajador ha sido enviado a las naciones:
«¡Arriba, desencadenemos la guerra contra él!»

Sentencia contra Edom.
||Jr **49** 7-22.

2 Mira, te he hecho el más insignificante de los pueblos,
el más despreciable.

3 La soberbia de tu corazón te ha engañado,
a ti que habitas en las grietas de la roca*,
que pones tu morada en las alturas,
y dices para ti:
«¿Quién me hará caer por tierra?»

4 Aunque te remontes como el águila,
y anides entre las estrellas,
de allí te abatiré yo —oráculo de Yahvé—.

La ruina de Edom.

5 Si llegaran a tu casa salteadores o ladrones nocturnos,
¿no te robarían con mesura?

Si vinieran a ti vendimiadores,
¿no te dejarían la rebusca*?

¡Cómo has sido arrasado!

6 ¡Cómo ha sido registrado Esaú,
y saqueados sus tesoros!

7 Te han reducido a tus confines
todos tus aliados*,
te han traicionado tus amigos.
Los que compartían tu pan te han tendido una trampa:
«¡Ha perdido el juicio!»

8 Pero aquel día —oráculo de Yahvé—
exterminaré los sabios de Edom*,
y la sensatez de la montaña de Esaú.

9 Y se acobardarán tus guerreros, Temán,
y no quedará un solo hombre
en la montaña de Esaú.

Las culpas de Edom.

Por la violencia 10 criminal
contra tu hermano Jacob*,
te cubrirá la vergüenza,
y serás aniquilado para siempre.

11 El día en que le diste de lado,
cuando los extranjeros apresaban su ejército,
cuando los extraños allanaban sus puertas,
y se repartían a suertes Jerusalén,
también tú eras uno de ellos.

12 ¡No te recrees en el día de tu hermano,
en el día de su debacle;
no te alegres por los hijos de Judá
en el día de su ruina;
no te burles de él
en el día del aprieto!

– Esta profecía se asemeja a las maldiciones contra Edom, Sal **137** 7; etc. Los edomitas, ver Gn **25** 23+, se habían aprovechado de la ruina de Jerusalén en el 587 para invadir el sur de Judea.

1 Los vv. 1-9 son paralelos a Jr **49** 7-22.

3 La *roca* (*sela'*) era sin duda la capital, 2 R **14** 7, que lleva aún su nombre griego, *Petra*.

5 Los *vendimiadores* han arrasado la ciudad, no dejando nada detrás de ellos, vv. 6-7.

7 Reflexión irónica de los falsos amigos de Edom.

8 Edom gozaba de reputación por su sabiduría, ver Jb **1** 1; **2** 11.

10 Sobre las relaciones entre Edom (Esaú) e Israel (Jacob), ver Gn **25** 22-28; **27** 27-29; **32** 4-**33** 16; etc.

13 ¡No entres por la puerta de mi pueblo
en el día de su desastre,
no te recrees también tú en su desgracia
en el día de su desastre,
no saquees sus riquezas
en el día de su desastre!
14 ¡No te apostes en las encrucijadas
para exterminar a sus fugitivos,
no entregues a los supervivientes
en el día del aprieto!
15 Porque se acerca el Día de Yahvé
para todas las naciones.
Lo mismo que tú has hecho, se te hará:
sobre ti recaerá tu merecido.

El Día de Yahvé*.

16 ¡Sí, como bebieron ustedes sobre mi santo monte,
beberán sin cesar todas las naciones,
beberán relamiéndose
y desaparecerán sin dejar huella.
17 Pero en el monte Sión sobrevivirá un resto*
que será santo
y la casa de Jacob recobrará sus posesiones.
18 La casa de Jacob será el fuego,
la casa de José la llama,
y la casa de Esaú la estopa:
lo abrasarán hasta consumirlo,
y no le quedará un superviviente a la casa de Esaú.
¡Lo ha dicho Yahvé!

El nuevo Israel.

19 Ocuparán el Negueb, la montaña de Esaú,
y la llanura de los filisteos,
la campiña de Efraín
y la campiña de Samaría,
Benjamín y Galaad.
20 La multitud de los deportados de Israel
ocupará Canaán hasta Sarepta,
y los deportados de Jerusalén que están en Sefarad
ocuparán las ciudades del Negueb.
21 Subirán victoriosos al monte Sión
para juzgar a la montaña de Esaú.
¡Y Yahvé reinará*!

16 El profeta se dirige a los israelitas. En el *Día de Yahvé*, Am **5** 18+, serán juzgadas todas las naciones y el poder le será entregado a Sión. Ver Is **51** 17+.

17 Texto citado como palabra de Dios en Jl **3** 5. Ver Is **4** 3+.

21 El reino de Israel será el reino de Yahvé, consumación de la historia, Sal **22** 29; **103** 19; **145** 11-13; ver Sal **10** 16; **47**+; **93** 1; **97** 1; **99** 1.

JONÁS*

Jonás, rebelde a su misión.

1 1 Yahvé habló a Jonás, hijo de Amitay, diciéndole: 2 «Prepárate y vete a
Nínive, la metrópoli, para anunciarle que
su maldad ha llegado hasta mí.» 3 Jonás
se preparó para huir a Tarsis*, lejos de
Yahvé. Bajó a Jope, donde encontró un
barco que zarpaba para Tarsis; pagó su
pasaje y se embarcó para ir con ellos a
Tarsis, lejos de Yahvé. 4 Pero Yahvé desencadenó un viento tempestuoso sobre
el mar, y se desencadenó una borrasca
tan violenta que el barco amenazaba
naufragar. 5 Los marineros se asustaron
y cada cual pedía auxilio a su dios; luego
arrojaron por la borda la carga del barco
para aligerarlo. En cambio, Jonás había
bajado a la bodega del barco y dormía
profundamente. 6 El capitán se acercó a
él y le dijo: «¿Qué haces aquí durmiendo? ¡Levántate e invoca a tu Dios! A ver
si tu Dios se apiada de nosotros y no
perecemos.» 7 Luego propusieron entre
todos: «Vamos a echar suertes para saber quién de nosotros es el culpable de
este castigo.» Echaron suertes y le tocó
a Jonás.

8 Entonces le preguntaron: «Dinos por
qué nos sucede esto, cuál es tu oficio, de
dónde vienes, cuál es tu país y de qué
pueblo eres.» 9 Jonás respondió: «Soy
hebreo y creo en Yahvé, Dios del cielo,
que hizo el mar y la tierra.» 10 Aquellos
hombres se asustaron mucho y le dijeron: «¿Por qué has hecho esto?» Pues,
por lo que les había contado, dedujeron
que huía de Yahvé. 11 Y le preguntaron:
«¿Qué podemos hacer contigo para que
el mar se nos calme?» Pues el mar seguía
enfureciéndose. 12 Jonás les respondió:
«Arrójenme al mar, y el mar se les calmará. Reconozco que soy el culpable de
esta gran borrasca que los amenaza.»

13 Los hombres remaban para llegar
a tierra firme, pero no podían, porque
el mar seguía enfureciéndose en torno
a ellos. 14 Entonces gritaron a Yahvé,
diciendo: «¡Ay, Yahvé, que no perezcamos por culpa de este hombre. No nos
manches con sangre inocente, pues tú,
Yahvé, has actuado según tu voluntad!»
15 Luego cogieron a Jonás, lo arrojaron
al mar y el mar calmó su furia. 16 Y
aquellos hombres creyeron firmemente
en Yahvé; le ofrecieron sacrificios y le
hicieron promesas*.

Jonás salvado.

2 1 Yahvé hizo que un gran pez se
tragara a Jonás*, y Jonás estuvo en
el vientre del pez tres días y tres noches.
2 Jonás oró a Yahvé su Dios desde el
vientre del pez, 3 diciendo*:

En mi angustia clamé a Yahvé
y él me respondió;
desde el seno del abismo grité
y tú me escuchaste.
4 Me habías arrojado a lo más hondo
en el corazón del mar;

1 Este libro difiere de los otros escritos proféticos. Es un relato didáctico que pone en escena al profeta Jonás (nombrado en 2 R **14** 25, bajo Jeroboán II). El pensamiento y la expresión se valen de Jeremías y Ezequiel. La enseñanza está a dos pasos del NT. Las amenazas expresan la misericordia de Dios, que no espera más que el arrepentimiento. En contraste con el particularismo de Israel después del Destierro, la salvación no conoce aquí límite alguno, ver Hch **13** 5+; Rm **3** 9.29; etc.

1 3 *Tarsis*, Sal **48** 8; etc., representaba para los hebreos el confín del mundo. Jonás fue lo más lejos posible para sustraerse a su misión.

1 16 Rectitud de los marinos paganos.

2 1 Este enorme pez y los demás prodigios del relato reflejan un estilo parabólico muy diferente del de la historia. Jesús verá en la aventura de Jonás la *señal* de su estancia en el *corazón de la tierra*, Mt **12** 40p. La analogía figurará también en la tipología del bautismo.

2 3 Este cántico es un mosaico de citas de salmos, que sugieren el paso de la angustia a la liberación, de la muerte a la vida.

la corriente me arrastraba:
todo tu oleaje me arrollaba.
5 Yo me dije: ¡Me has arrojado
de tu presencia!
¿Cuándo volveré a contemplar
tu santo templo?
6 Las aguas me asfixiaban el aliento,
el abismo me envolvía,
las algas enredaban mi cabeza.
7 Bajé hasta los cimientos de los montes,
la tierra se cerró para siempre sobre mí.
Pero tú sacaste mi vida de la tumba,
Yahvé, Dios mío.
8 Cuando mi aliento desfallecía
me acordé de Yahvé
y mi oración llegó hasta ti,
hasta tu santo templo.
9 Los que adoran falsos ídolos
traicionan su lealtad.
10 Yo, en cambio, en tono de acción de gracias
te ofreceré sacrificios
y cumpliré los votos que te hice.
¡La salvación viene de Yahvé!

11 Entonces Yahvé ordenó al pez que
vomitara a Jonás en tierra firme.

Conversión de Nínive y perdón divino.

3 1 Por segunda vez Yahvé habló a Jonás, diciéndole: 2 «Prepárate y vete a
Nínive, la metrópoli, para anunciarle el
mensaje que yo te comunique.» 3 Jonás
se preparó y marchó a Nínive, de acuerdo con la orden de Yahvé. Nínive era
una gran metrópoli, con un recorrido de
tres días. 4 Jonás comenzó a atravesar la
ciudad y caminó un día entero proclamando: «En el plazo de cuarenta días
Nínive será destruida.»
5 Los ninivitas creyeron en Dios*, or-
ganizaron un ayuno y grandes y pequeños se vistieron de saco. 6 El anuncio
llegó hasta el rey de Nínive, que se bajó
del trono, se quitó su manto, se cubrió
de saco y se sentó en la ceniza*. 7 Luego
mandó proclamar en Nínive este decreto del rey y sus ministros: «Que hombres
y bestias, ganado mayor y menor, no
prueben bocado, ni pasten, ni beban
agua. 8 Que hombres y animales se vistan con sacos e invoquen a Dios con
insistencia; y que cada uno se convierta
de su mala conducta y de sus acciones
violentas. 9 A ver si Dios se arrepiente y
se compadece, se aplaca el ardor de su
ira y no perecemos.» 10 Cuando Dios vio
lo que hacían y cómo se convertían de
su mala conducta, se arrepintió del castigo que había anunciado contra ellos, y
no lo ejecutó.

Despecho del profeta y respuesta divina.

4 1 Jonás sintió un gran disgusto, se
enfureció 2 y oró así a Yahvé*: «¡Ay,
Yahvé! Ya lo decía yo cuando estaba todavía en mi tierra y por eso me apresuré
a huir a Tarsis: pues sabía que tú eres un
Dios clemente, compasivo, paciente y
generoso, que se arrepiente del castigo.
3 Así que, Yahvé, quítame la vida, pues
prefiero morirme a estar vivo.» 4 Pero
Yahvé le dijo: «¿Te parece bien enfurecerte así?»
5 Jonás salió de la ciudad y se instaló
al oriente; allí se hizo una choza y se
sentó a su sombra, para ver qué sucedía
en la ciudad. 6 Entonces Yahvé hizo crecer una planta de ricino por encima de
la cabeza de Jonás para darle sombra
y librarlo así de su malestar. Jonás se
puso muy contento con aquel ricino.
7 Pero al día siguiente, al rayar el alba,
Yahvé envió un gusano, que dañó al
ricino y éste se secó. 8 Al salir el sol,
Dios mandó un sofocante viento solano.
El sol atacó a la cabeza de Jonás, que
empezó a desfallecer y se deseó la muerte, diciendo: «¡Prefiero morirme a estar
vivo!» 9 Entonces Dios dijo a Jonás: «¿Te
parece bien enfurecerte por el ricino?»

3 5 La conversión de los ninivitas subraya por contraste la incredulidad de los judíos. Lo mismo en Lc **11** 32p.

3 6 Escena de penitencia y de conversión, antítesis de Jr **36**.

4 2 Ver Ex **34** 6-7; etc.

Respondió: «¡Sí, me parece bien enfu-
recerme hasta la muerte!» 10 Y Yahvé
replicó: «Tu te compadeces de un ricino
que no te ha costado hacer crecer, que al
cabo de una noche apareció y al cabo de
otra pereció. 11 ¿Y no voy yo a compa-
decerme de Nínive, la metrópoli, donde
viven más de ciento veinte mil personas
que no distinguen el bien del mal, y una
gran cantidad de animales*?»

4 11 Universal misericordia de Dios con los hombres, los niños y hasta con los mismos animales.

MIQUEAS

1 1 Palabra de Yahvé que recibió Miqueas de Moréset, en tiempos de Jotán, Ajaz y Ezequías, reyes de Judá, y visiones sobre Samaría y Jerusalén.

I. El proceso de Israel

AMENAZAS Y CONDENAS

Juicio de Samaría*.

2 ¡Escuchen, pueblos todos;
atiende, tierra y cuanto la llena!
¡Sea testigo Yahvé contra ustedes,
el Señor desde su santo Templo!
3 Miren que Yahvé sale de su morada,
baja y camina sobre las alturas de la tierra.
4 Los montes se derriten debajo de él
y los valles se agrietan,
como la cera junto al fuego,
como aguas que se precipitan por la pendiente.

5 Todo esto por el delito de Jacob,
por los pecados de la casa de Israel.
¿Cuál es el delito de Jacob?
¿No es Samaría?
¿Cuál es el pecado de la casa de Judá?
¿No es Jerusalén?
6 «Voy a convertir a Samaría en un campo de ruinas,
en un plantío de viñas.
Haré rodar sus piedras por el valle,
dejaré desnudos sus cimientos.
7 Todos sus ídolos serán machacados,
todas sus ganancias* quemadas en el fuego,
aniquilaré todas sus imágenes,
porque con ganancias de prostitución las reunió
y a ganancias de prostitución tornarán.»

Lamentación sobre las ciudades de la Tierra Baja*.

8 Por eso lloraré y me lamentaré,
andaré descalzo y desnudo,
lanzaré aullidos como los chacales,
y lamentos como las avestruces;
9 porque su herida es incurable,
se ha extendido hasta Judá
y ha tocado la puerta de mi pueblo,
hasta Jerusalén.

10 *¡No lo cuenten en Gat*,*
en Cabón no lloren!
¡En Bet Leafrá
revuélquense en el polvo!
11 ¡Los habitantes de Safir
van desnudos al destierro!
¡De su ciudad no salen
los habitantes de Saanán!
¡Hay duelo en Bet Haesel
y no les podrá dar su ayuda!
12 Está enferma de verdad
la población de Marot,
porque Yahvé ha hecho caer la desgracia
hasta las puertas de Jerusalén.
13 ¡Enganchen los caballos al carro,
habitantes de Laquis!
Allí comenzó el pecado de la hija de Sión,
en ti aparecieron los delitos de Israel.
14 Por eso darás el acta de divorcio
a Moreset Gat.
Bet Aczib será una trampa

1 2 Este oráculo es aplicado luego a Jerusalén, v. 5.
1 7 Se trata de salarios de las prostitutas vinculadas al culto de Samaría, Am **2** 7-8; Os **4** 14; ver Dt **23** 19+; etc. Pero Samaría entera es una *prostituta*, como Israel lo era para Oseas, Jeremías, Ezequiel; ver Os **1** 2+.
1 8 Anuncio de desventura para doce ciudades, de las que siete son conocidas, al sudoeste de Judá. Es una advertencia para Jerusalén.
1 10 Ver 2 S **1** 20. Juegos de palabras con los nombres de las ciudades.

para los reyes de Israel.
15 ¡Aún te enviaré un conquistador,
habitante de Maresá!
Hasta Adulán marchará
la gloria de Israel!

16 ¡Córtate el pelo y aféitate
por tus hijos queridos;
ensancha tu calva como la del buitre,
porque se van desterrados lejos de ti!

Contra los acaparadores.

2 1 ¡Ay de aquellos que planean
injusticias,
que traman maldades en sus lechos
y al despuntar el día las ejecutan,
porque acaparan el poder!
2 Codician campos y los roban,
casas, y las usurpan;
atropellan al hombre y a su casa,
al individuo y a su heredad.
3 Por eso, así dice Yahvé:
Miren que yo planeo
contra esa gente una desgracia
de la que ustedes no podrán apartar
su cuello.
¡No caminarán con arrogancia,
porque serán tiempos funestos!
4 Aquel día les dedicarán a ustedes una
copla,
y entonarán una elegía, diciendo:
«¡Estamos completamente arruinados;
han vendido la herencia de mi pueblo,
y no me la devuelven;
los invasores se rifan nuestros
campos!»

5 Pues bien: no tendrán a nadie
que reparta suertes
en la asamblea de Yahvé.

El profeta de desgracias.

6 «¡No farfullen —farfullan ellos—
que no farfullen de esa manera*!
¡No nos afectará la deshonra!
7 ¿Acaso está maldita la casa de Jacob?
¿Ha perdido Yahvé la paciencia?
¿Es ése su proceder?
¿No son propicias sus palabras
para quien actúa correctamente?»
8 Son ustedes los que se levantan
como enemigos contra mi pueblo.
Además de la túnica le arrancan
el manto
a los que desfilan confiados al
regreso de la guerra.
9 Expulsan de sus hogares confortables
a las mujeres de mi pueblo
y arrancan a sus niños
para siempre mi honor.
10 «¡Levántense y marchen,
que éste no es lugar de reposo!»
Por la impureza pagarán hipoteca,
una hipoteca agobiante.
11 Si llegara un profeta
urdiendo mentiras:
«Farfullaré para ti por vino y licor»,
ése sería un charlatán digno de este
pueblo.

Promesa de restauración*.

12 Voy a reunir a todo Jacob,
voy a congregar al resto de Israel;
los agruparé como ovejas en el redil,
como rebaño entre sus pastos,
alborotarán lejos de los hombres.
13 El que abre camino subirá delante
de ellos;
abrirán camino, pasarán la puerta,
y por ella saldrán;
su rey pasará delante de ellos,
y Yahvé a la cabeza.

Contra los jefes que oprimen al pueblo.

3 1 Pero yo digo:
Escuchen, jefes de Jacob,
y dirigentes de la casa de Israel:
¿No les corresponde conocer el
derecho?

2 6 Los oyentes protestan, en nombre de la Alianza, contra las amenazas del profeta, vv. 6-7. Éste responde, vv. 8-11, que la Alianza ya se ha roto por la injusticia y la falsa confianza. *Farfullar*, designa peyorativamente aquí y en el v. 11 a los falsos profetas que «farfullan» palabras como borrachos charlatanes.

2 12 Quizá sea una inserción que data del Destierro.

2 Pero ustedes odian el bien
y aman el mal,
arrancan la piel de encima,
y la carne de los huesos.
3 Los que han comido
la carne de mi pueblo,
han arrancado su piel,
han roto sus huesos
y lo han despedazado
como carne en el caldero,
como tajadas en la olla,
4 clamarán a Yahvé,
pero él no les responderá:
entonces les esconderá su rostro
por los crímenes que cometieron.

Contra los profetas corruptos.

5 Esto dice Yahvé contra los profetas
que extravían a mi pueblo,
los que, mientras mastican con sus dientes,
gritan: «¡Paz!»,
pero a quien no pone nada en su boca
le declaran la guerra santa.
6 Por eso ustedes tendrán noche sin
visiones y oscuridad sin presagios;
¡se pondrá el sol para los profetas,
el día se oscurecerá sobre ellos!
7 Los videntes se verán abochornados,
los adivinos quedarán en ridículo;
y todos se taparán la barba,
porque Dios no responde.
8 Yo, en cambio, estoy lleno de fuerza,
de espíritu de Yahvé,
de justicia y de valor
para denunciar a Jacob su delito
y a Israel su pecado.

A los dirigentes: anuncio de la ruina de Sión.

9 Escuchen esto,
jefes de la casa de Jacob
y dirigentes de la casa de Israel,
que aborrecen la justicia
y tuercen todo el derecho,
10 que edifican a Sión con sangre
y a Jerusalén con crímenes.
11 Sus jefes juzgan con soborno,
sus sacerdotes enseñan a sueldo,
sus profetas vaticinan por dinero,
y se apoyan en Yahvé diciendo:
«¿No está Yahvé en medio de nosotros?
¡No nos alcanzará ningún mal!»
12 Por eso, por culpa de ustedes,
Sión será un campo arado,
Jerusalén, un montón de ruinas
y el monte del templo,
un cerro agreste*.

II. Promesas a Sión

El reino futuro de Yahvé en Sión*.
||Is **2** 2-4.

4 1 Al final de los tiempos, el monte
del templo de Yahvé
se asentará en la cima de los montes
y se alzará por encima de las colinas.
Acudirán a él los pueblos,
2 llegarán naciones numerosas,
que dirán:
«Vengan, subamos al monte de Yahvé,
al Templo del Dios de Jacob;
él nos enseñará sus caminos
y nosotros seguiremos sus senderos.»
Pues de Sión saldrá la Ley
y de Jerusalén la palabra de Yahvé.
3 Él juzgará entre pueblos numerosos,
y arbitrará entre naciones poderosas;
convertirán sus espadas en azadas,
y sus lanzas en podaderas.
No levantará la espada
nación contra nación,
ni se adiestrarán más para la guerra.

3 12 Texto repetido por Jr **26** 18.
4 Oráculo de origen desconocido, ver Is **2** 2-4. Como Is **60** describe la llegada a Sión de los paganos convertidos, ver Is **45** 14+.

[4] Se sentará cada cual bajo su parra
y su higuera, sin que nadie le inquiete,
¡Yahvé Sebaot ha hablado!

[5] Pues todos los pueblos caminan
cada uno en el nombre de sus dioses,
pero nosotros caminamos
en el nombre de Yahvé, nuestro Dios,
para siempre jamás.

Reunión en Sión del rebaño disperso*.

[6] Aquel día —oráculo de Yahvé—
yo recogeré a la (oveja) coja,
reuniré a la descarriada
y a la que yo he maltratado.
[7] Con las cojas formaré un resto,
con las alejadas una nación fuerte.
Entonces reinará Yahvé sobre ellos
en el monte Sión,
desde ahora y para siempre.

[8] Y tú, torre del rebaño,
colina de la hija de Sión*,
recobrarás la soberanía de antaño,
la realeza volverá
a la hija de Jerusalén.

Asedio, destierro y liberación de Sión.

[9] Y ahora, ¿por qué gritas tanto?
¿Es que no tienes rey,
o ha perecido tu consejero,
que tienes convulsiones como
parturienta?
[10] ¡Retuércete y grita,
hija de Sión, como parturienta,
porque ahora vas a salir de la ciudad,
y habitarás en el campo!
Irás a Babilonia y allí serás liberada,
allí te rescatará Yahvé
de la mano de tus enemigos.

Las naciones trilladas en la era*.

[11] Ahora se reúnen contra ti
numerosas naciones,
diciendo: «¡Que sea profanada
y que nuestros ojos se recreen
en Sión!»
[12] Pero ellos no conocen
los planes de Yahvé
ni comprenden su designio:
que los ha reunido
como gavillas en la era.
[13] ¡Levántate y trilla, hija de Sión!
Que yo te daré cuernos de hierro,
y pezuñas de bronce:
triturarás a pueblos numerosos,
consagrarás a Yahvé su botín,
y su riqueza al Señor de toda la tierra.

Decadencia y gloria de la dinastía de David*.

[14] ¡Y ahora se reúnen en cuadrillas,
nos estrechan el cerco,
con vara golpean la mejilla
del juez de Israel!

5 [1] En cuanto a ti, Belén Efratá,
la menor entre los clanes de Judá,
de ti sacaré al que ha de ser
el gobernador de Israel;
sus orígenes son antiguos,
desde tiempos remotos*.

4 6 Bajo la imagen del buen Pastor, ver Ez **34**+, se anuncia la promesa de restauración de Israel en Sión, por encima del castigo.
4 8 *Torre del rebaño*, antiguo nombre de lugar, ver Gn **35** 21, que designa aquí a Jerusalén tomada como un aprisco. La *colina* es el barrio de la residencia real, Is **32** 14; 2 Cro **27** 3.
4 11 Se trata aquí probablemente, como en Is **10** 24-27; **29** 1-8; **30** 27-33; **31** 4-9, de la invasión fracasada de Senaquerib el 701. Más adelante el ataque a Jerusalén por las naciones y el fracaso de éstas, llegará a ser un tema escatológico, ver Ez **38-39**; Jl **4**; Za **14**.
4 14 Contraste entre el rey actualmente humillado (por Senaquerib, 2 R **18** 13-16) y el rey mesiánico cuyo nacimiento inaugura la nueva era de gloria y de paz, **5** 4; Is **9** 5. Miqueas se representa a este mesías, a la manera tradicional, como un rey triunfante en Sión, así Gn **49** 10-12; Nm **24** 15-19; Sal **110**; Is **9** 1-6; **11** 1-9; **32** 1.
5 1 *Efratá («fecunda»)*, designó primeramente un clan instalado en la región de Belén, 1 Cro **2** 19.24.50; 1 S **17** 12; Rt **1** 2; el nombre ha pasado después a la ciudad, Gn **35** 19; **48** 7; Jos **15** 59; Rt **4** 11. Miqueas piensa en los *antiguos orígenes* de la dinastía de David, 1 S **17** 12; Rt **4** 11.17-22. Los evangelistas, Mt **2** 6; Jn **7** 42, reconocerán en *Belén de Efratá* el lugar del nacimiento del Mesías.

[2] Por eso él los abandonará hasta el momento
en que la parturienta* dé a luz
y el resto de sus hermanos vuelva
con los hijos de Israel.
[3] Pastoreará firme
con la fuerza de Yahvé,
con la majestad del nombre de Yahvé su Dios.
Vivirán bien,
porque entonces él crecerá
hasta los confines de la tierra.

El vencedor futuro de Asiria.

[4] Él será la paz*.
Cuando Asiria invada nuestra tierra,
y pise nuestro suelo,
le opondremos siete pastores
y ocho capitanes.
[5] Ellos pastorearán
a Asiria con la espada,
y al país de Nemrod con el acero.
Él nos librará de Asiria,
cuando invada nuestra tierra,
y pise nuestro territorio.

Papel futuro del Resto entre las naciones*.

[6] El resto de Jacob será
en medio de pueblos numerosos
como rocío que viene de Yahvé,
como lluvia sobre la hierba,
que no espera al hombre
ni depende de los humanos.
[7] El resto de Jacob será entre las naciones,
en medio de pueblos numerosos,
como león entre los animales de la selva,
como leoncillo en un rebaño de ovejas,
que si pasa, pisotea
y desgarra, y no hay quien defienda.

Yahvé suprimirá todos los peligros.

[8] ¡Levanta tu mano contra tus adversarios
y que todos tus enemigos sean eliminados!
[9] Aquel día —oráculo de Yahvé*—
yo eliminaré tus caballos,
y destruiré tus carros;
[10] yo eliminaré las ciudades de tu tierra,
y demoleré todas tus fortalezas;
[11] yo eliminaré de tu mano
las hechicerías,
y no te quedarán más adivinos;
[12] yo eliminaré en medio de ti
tus estatuas y tus estelas,
y no volverás a postrarte
ante la obra de tus manos;
[13] yo derribaré en medio de ti
tus postes sagrados
y destruiré tus ídolos.
[14] ¡Con cólera y furor me vengaré
de las naciones que no escucharon!

III. Nuevo proceso de Israel

REPROCHES Y AMENAZAS

Yahvé pleitea con su pueblo*.

6 [1] Escuchen lo que dice Yahvé:
«¡Levántate,
llama a juicio a los montes
y que las colinas escuchen tu voz!»
[2] Escuchen, montes, el juicio de Yahvé,

5 2 *La parturienta*, es la madre del Mesías. Miqueas piensa quizá en el oráculo de Is **7** 14+, pronunciado unos 30 años antes.
5 4 Ver Is **9** 5.
5 6 El *Resto*, ver Is **4** 3+, representará su papel en la salvación de las naciones, v. 6, y en su castigo, v. 7.
5 9 El pueblo de Yahvé quedará privado de todo apoyo humano. Los vv. 8-14 extienden la promesa a las naciones enemigas.
6 Requisitoria de Yahvé, vv. 3-5. Respuesta del fiel, vv. 6-7, y del profeta, v. 8.

presten oído, cimientos de la tierra,
pues Yahvé entabla juicio
con su pueblo,
se querella contra Israel:
3 «Pueblo mío, ¿qué te he hecho?
¿En qué te he molestado?
Respóndeme*.
4 Pues yo te saqué del país de Egipto,
te rescaté de la esclavitud
y mandé delante de ti a Moisés,
Aarón y María*.
5 Pueblo mío,
recuerda lo que maquinaba
Balac, rey de Moab,
y lo que le contestó Balaán,
hijo de Beor,
...desde Sitín hasta Guilgal,
para que comprendas la justicia de
Yahvé*.»
6 —«¿Con qué me presentaré ante
Yahvé
y me inclinaré ante el Dios de lo
alto?
¿Me presentaré con holocaustos,
con terneros añojos?
7 ¿Aceptará Yahvé miles de carneros,
miríadas de ríos de aceite?
¿Ofreceré mi primogénito por mi
delito,
el fruto de mis entrañas por mi
propio pecado*?»
8 —«Se te ha hecho saber,
hombre, lo que es bueno,
lo que Yahvé quiere de ti:
tan sólo respetar el derecho,
amar la lealtad
y proceder humildemente
con tu Dios.»

Contra los defraudadores en la ciudad.

9 La voz de Yahvé grita a la ciudad:
¡Escuchen,
tribu y consejo de la ciudad!
10 ¿Tengo que soportar
la casa del malvado
con riquezas injustas
y una medida escasa e indignante?
11 ¿Daré por justa la balanza tramposa
y la bolsa de pesas fraudulentas?
12 ¡Sus ricos están llenos de violencia,
sus habitantes dicen falsedades
y tienen lenguas mentirosas!
13 Pues ahora yo comienzo a herirte,
a devastarte por tus pecados.
14 Comerás, pero no te saciarás,
el hambre devorará tus entrañas.
Guardarás, pero no salvarás,
y lo que salves lo entregaré a la
espada.
15 Sembrarás, pero no segarás;
pisarás la aceituna,
pero no te ungirás con aceite;
harás mosto, pero no beberás vino.

El ejemplo de Samaría.

16 Tú observas los decretos de Omrí,
todas las acciones de la casa de Ajab
y te conduces según sus consejos,
para que yo te convierta en ruina
y a tus habitantes en rechifla,
y tengan ustedes que soportar
la humillación de mi pueblo.

La injusticia generalizada.

7 1 ¡Ay de mí, que me parezco
a las recolecciones
de verano,
a las rebuscas de la vendimia!
¡Ni un racimo que comer,
ni una breva de las que me gustan!
2 ¡Los fieles han desaparecido del país,
no queda un justo entre los
hombres*!

6 3 Este apóstrofe se halla recogido en la liturgia de la Pasión.
6 4 Ver 1 S **12** 6.
6 5 Sobre *Balaán*, ver Nm **22-24**. Después de *Beor*, el texto hebreo presenta una laguna. Se trata del paso del Jordán. La *justicia*, lit.: las «justicias», de Yahvé, son sus beneficios en el marco de la Alianza.
6 7 Nótese el acento personal de esta respuesta. El fiel propone sacrificios, legítimos o no (ver Lv **18** 21+). El profeta los va a rehusar, v. 8, para sustituirlos por una religión espiritual, marcada por las exigencias que ya se *le ha declarado* al hombre, v. 8: la justicia (Amós), el amor (Oseas), la humildad ante Dios (Isaías); ver Am **5** 21+.
7 2 Ver Sal **14** 1-3; Jr **5** 1.

Todos planean asesinatos,
cada cual tiende trampas a su hermano.
3 Adiestran sus manos para el mal:
el príncipe impone exigencias,
el juez actúa por soborno,
el poderoso declara su propia codicia
y él y ellos lo traman.
4 Su bondad es como un cardo,
su rectitud como un espino.

¡El día del juicio
y de su inspección ha llegado!
¡Ahora vendrá su desgracia!
5 ¡No se fíen del compañero,
no confíen en el amigo;
guarda las puertas de tu boca
de la que duerme en tus brazos!
6 Porque el hijo deshonra al padre,
la hija se alza contra su madre,
la nuera contra su suegra,
y los enemigos de cada cual
son los de su casa*.

7 Pero yo aguardo a Yahvé,
espero en el Dios de mi salvación:
mi Dios me escuchará.

IV. *Esperanzas*

Sión bajo los insultos de su enemiga*.

8 No te alegres por mí, enemiga mía,
pues aunque caí, me levantaré,
y aunque estoy postrada en tinieblas,
Yahvé es mi luz.
9 Soportaré la cólera de Yahvé,
pues he pecado contra él,
hasta que juzgue mi causa
y me haga justicia.
Él me sacará a la luz,
y yo contemplaré su salvación.
10 Lo verá mi enemiga
y se cubrirá de vergüenza,
ella que me decía:
«¿Dónde está Yahvé tu Dios?»
¡Mis ojos se regodearán en ella
cuando sea pisoteada
como el fango de las calles!

Oráculo de restauración*.

11 ¡Llega el día de reedificar tus muros!
¡El día de ensanchar tus fronteras,
12 el día en que vendrán hasta ti
desde Asiria hasta Egipto,
desde Egipto hasta el Río,
de mar a mar, de monte a monte!
13 Y el país quedará desolado
por culpa de sus habitantes,
en pago por su conducta.

Oración contra las naciones.

14 Apacienta a tu pueblo con tu cayado,
el rebaño de tu heredad*,
que vive solitario en el bosque,
en medio del Carmelo.
Que pasten en Basán y en Galaad
como en los tiempos antiguos.
15 Como cuando saliste del país de Egipto,
haz que veamos prodigios.
16 Lo verán las naciones
y se avergonzarán
de toda su prepotencia;
pondrán la mano en la boca
y sus oídos quedarán sordos.
17 Lamerán el polvo como la serpiente,
como los reptiles de la tierra.
¡Se estremecerán desde sus guaridas,
vendrán temblando hacia Yahvé
nuestro Dios,
y tendrán miedo de ti!

7 6 Jesús describe así, Mt **10** 35-36p, la contradicción que provoca el Evangelio.
7 8 Esta *enemiga* es probablemente Edom.
7 11 Este oráculo, más tardío, anuncia la restauración de una Jerusalén dispuesta a acoger a una multitud: a los israelitas dispersos, o a las naciones convertidas.
7 14 Ver Ez **34**+.

Llamada al perdón de Dios*.

18 ¿Qué Dios hay como tú,
que perdone el pecado
y absuelva al resto de su heredad?
No mantendrá para siempre su cólera
pues ama la misericordia;
19 volverá a compadecerse de nosotros,
destruirá nuestras culpas
y arrojará al fondo del mar
todos nuestros pecados!
20 Y mantendrás tu fidelidad a Jacob
y tu amor a Abrahán,
como juraste a nuestros antepasados,
desde los días de antaño*.

7 18 Salmo heterogéneo, análogo a Is **12**; **25** 1-5; etc.
7 20 Ver Gn **22** 16-18; **28** 13-15; Lc **1** 73. La salvación de Israel es el cumplimiento de la Promesa, Gn **12**+, fundamento de la esperanza, objeto primero de la fe del Pueblo de Dios.

NAHÚM

1 [1] Oráculo sobre Nínive. Libro de la visión de Nahúm de Elcós.

Preludio

Salmo. La ira de Yahvé*.

[2] ¡Dios celoso y vengador Yahvé,
vengador Yahvé y rico en ira!
Se venga Yahvé de sus adversarios,
guarda rencor a sus enemigos.
[3] Yahvé tardo a la cólera, pero grande
en poder,
y a nadie deja impune Yahvé.
Camina en la tempestad y el huracán,
las nubes son el polvo de sus pies.
[4] Increpa al mar y lo seca,
todos los ríos agota.
...languidecen Basán y el Carmelo,
la flor del Líbano se amustia.
[5] Los montes tiemblan ante él,
se estremecen las colinas;
en su presencia se levanta la tierra,
el orbe y los que lo habitan.
[6] Ante su enojo ¿quién aguantará?
¿Quién resistirá el ardor de su cólera?
Su furor se derrama como fuego,
las rocas se quiebran ante él.
[7] Bueno es Yahvé para quien lo
espera,
un refugio el día de la angustia;
conoce a los que a él se acogen,
[8] cuando pasa la inundación.
Extermina a los que se alzan contra él,
a sus enemigos empuja a las
tinieblas*.

Sentencias proféticas a Judá y Nínive.

(a Judá)
[9] ¿Qué meditan contra Yahvé?
Él es quien ejecuta el exterminio,
no se alzará dos veces la opresión;
[10] porque ellos, maraña de espinos,
ahítos del alcohol de sus festines,
como paja seca serán consumidos.

(a Asur)
[11] ¡De ti ha salido el que tramaba
el mal contra Yahvé,
el consejero de Belial*!

(a Judá)
[12] Así dice Yahvé:
Aunque estén sanos,
por muchos que sean,
serán talados y desaparecerán.
Si te he humillado,
no volveré a humillarte,
[13] pues ahora quebraré tu yugo,
romperé tus cadenas.

(al rey de Nínive)
[14] Esto te depara Yahvé:
tu apellido no tendrá descendencia;
extirparé del templo de tus dioses
imágenes fundidas y esculpidas,
prepararé tu tumba, porque eres
despreciable.

(a Judá)

2 [1] ¡Miren por los montes
los pies del mensajero*
que anuncia la paz!
Celebra tus fiestas, Judá,
cumple tus votos,
que ya no volverá
a pasar por ti Belial:
ha sido extirpado del todo.
[3] Yahvé repara la viña de Jacob,
como la viña de Israel*.
Devastadores la habían devastado,
habían destruido sus sarmientos.

1 2 Salmo alfabético, ver Pr **31** 10+, aunque incompleto, evoca la ira de Yahvé y sirve de introducción al oráculo contra Nínive (poco antes de la caída de la ciudad, el 612).
1 8 La ira de Dios no es ciega, sino que discierne entre los creyentes y los impíos.
1 11 El *consejero de Belial* es quizá Senaquerib, 2 R **18-19**.
2 1 Ver Is **40** 9; **52** 7+.
2 3 Ver Is **5**+.

Ruina de Nínive

El asalto.

2 ¡Sube un destructor contra ti!
¡Monta guardia en el baluarte,
vigila el camino,
cíñete los lomos,
redobla tu fuerza!
4 El escudo de sus bravos es rojo,
valientes vestidos de escarlata;
brillan como fuego sus carros
cuando están en formación;
se impacientan los jinetes.
5 Furiosos los carros por las calles,
se precipitan en medio de las plazas,
su aspecto es de antorchas,
se lanzan como el relámpago.
6 Se da la voz a los bravos;
en su marcha se entrechocan;
se apresuran hacia la muralla,
se asegura el parapeto.
7 Las puertas que dan al Río se abren
y en el palacio cunde el pánico.
8 La Belleza es deportada, arrancada*,
gimen sus esclavas
con gemido de palomas,
y se golpean el pecho.
9 Nínive es una alberca
cuyas aguas se escapan.
«¡Deténganse, deténganse!»
Pero nadie se vuelve.
10 «Saqueen la plata, saqueen el oro.»
¡Es un tesoro inagotable,
repleto de toda clase
de objetos preciosos!
11 ¡Destrozo, saqueo, devastación!
¡Ánimos que decaen,
rodillas que vacilan,
espaldas que flaquean,
rostros mudados de color!

Amenazas al león de Asur*.

12 ¿Dónde está el cubil de los leones,
dónde la cueva de los cachorros,
adonde iba el león a llevar
su cría sin que nadie lo inquietara?
13 El león desgarraba para sus crías,
despedazaba para sus leonas,
llenaba de presas su escondrijo,
de rapiñas sus cubiles.
14 Aquí estoy contra ti
—oráculo de Yahvé Sebaot—:
arderán humeantes tus carros,
la espada devorará a tus cachorros;
suprimiré de la tierra tu presa,
no volverá a resonar
la voz de tus mensajeros.

Amenazas a Nínive por sus crímenes*.

3 1 ¡Ay de la ciudad sanguinaria,
toda ella mentira,
repleta de rapiña,
de incesante pillaje!
2 ¡Chasquido de látigos,
estrépito de ruedas!
¡Caballos que galopan,
carros que saltan,
3 caballería que avanza,
llamear de espadas,
centellear de lanzas...
multitud de heridos,
montones de muertos,
cadáveres sin fin,
se tropieza en cadáveres!
4 Por todas las prostituciones de la prostituta,
llena de gracia y hechicera,
que vendía a las naciones con sus prostituciones
y a los pueblos con sus hechicerías.
5 Aquí estoy contra ti
—oráculo de Yahvé Sebaot—:
levantaré tus faldas hasta tu cara,
mostraré a las naciones tu desnudez,
a los reinos tu vergüenza.
6 Arrojaré inmundicia sobre ti,
te deshonraré convertida en espectáculo*.

2 8 La *Belleza* es probablemente la estatua de *Ištar*, servida por las prostitutas sagradas.
2 12 El rey de Nínive comparado a un león.

3 Juicio y ruina de Nínive idólatra y que avasalla los pueblos, ver el libro de Jonás.
3 6 Castigo de las mujeres adúlteras, Os 2 5+.

7 Y así, todo el que te vea
huirá de tu presencia diciendo:
«¡asolada ha quedado Nínive!
¿Quién se apiadará de ella?
¿Dónde buscará quien la consuele?»

El ejemplo de Tebas.

8 ¿Eres mejor que No Amón,
la asentada entre los Nilos,
(rodeada por las aguas),
cuya barrera era el mar,
cuya muralla las aguas?
9 Etiopía y Egipto eran su fuerza,
que no tenía límite;
Put y los libios venían en su ayuda.
10 También ella fue al destierro,
al cautiverio partió,
también sus niños fueron estrellados
en los cruces de todas las calles;
se echaron suertes sobre sus
notables,
todos sus grandes fueron
encadenados.
11 También tú te emborracharás
y andarás escondida;
también tú buscarás
refugio contra el enemigo.

Inutilidad de los preparativos de Nínive.

12 Tus fortalezas son higueras
cargadas de brevas:
si se las sacude, caen
en la boca que las come.
13 Tus soldados se han vuelto mujeres
entre las tropas enemigas;
abiertas de par en par
las puertas de tu país,
el fuego ha devorado tus cerrojos.
14 Haz abasto de agua para el asedio,
consolida tus defensas,
pisa la arcilla, aplasta el mortero,
mételo en el molde de ladrillos.
15 Allí el fuego te consumirá,
la espada te exterminará
(te devorará como el pulgón.)

El vuelo de las langostas*.

Multiplícate como el pulgón,
multiplícate como la langosta;
16a multiplica tus mercaderes
más que las estrellas del cielo,
17a tus guardias como langostas,
y tus escribas como enjambres de
insectos,
que se posan en las tapias
al abrigo del frío;
sale el sol y se van,
16b se despliegan los pulgones y vuelan,
17b sin que nadie sepa adónde.

Lamentación fúnebre.

¡Ay, cómo 18 duermen tus pastores,
rey de Asiria!
Dormitan tus capitanes,
tu tropa anda dispersa por los
montes,
y no hay quien la reúna.
19 ¡Tu herida no tiene remedio,
tu llaga es incurable!
Los que tienen noticias tuyas
baten palmas contra ti;
pues ¿sobre quién no cayó
sin tregua tu maldad?

3 15 La imagen de una nube de langostas sirve para evocar la invasión de los asirios, Jl **1** 1+, y su desaparición súbita.

HABACUC

Título.

1 [1] Oráculo que tuvo en visión el profeta Habacuc.

I. Diálogo entre el profeta y su Dios

Primera queja del profeta: la bancarrota de la justicia*.

2 ¿Hasta cuándo, Yahvé, pediré auxilio,
sin que tú escuches,
clamaré a ti: «¡Violencia!»
sin que tú salves?

3 ¿Por qué me haces ver la iniquidad,
mientras tú miras la opresión?
¡Ante mí hay rapiña y violencia,
se suscitan querellas y discordias!

4 Pues la ley se desvirtúa,
no se hace justicia.
¡El impío asedia al justo,
por eso se pervierte la justicia!

Primer oráculo. Los caldeos, azote de Dios*.

5 Miren a las naciones, contemplen,
quédense estupefactos, atónitos:
voy a hacer una obra en sus días
que no creerían si se la contaran.

6 Pienso movilizar a los caldeos,
un pueblo cruel y fogoso,
que recorre las anchuras de la tierra,
para adueñarse de países ajenos.

7 Es terrible y espantoso,
impone su ley y su poder;

8 son más raudos que panteras sus caballos,
más ágiles que lobos esteparios.
Sus jinetes galopan,
vienen de lejos sus jinetes,
vuelan como águila que se lanza a devorar.

9 Llegan todos para hacer violencia,
son sus rostros ardientes, como un viento del este,
amontonan cautivos como arena.

10 Se burla de los reyes,
los soberanos le sirven de irrisión;
se ríe de toda fortaleza,
levanta un terraplén y la toma.

11 Después cambia el viento y desaparece,
culpable por hacer de su fuerza su dios.

Segunda queja del profeta: Las vejaciones del opresor.

12 ¿No eres tú desde antiguo*, Yahvé,
mi Dios, mi santo? ¡Tú no mueres!
¡Para juzgar lo pusiste, Yahvé,
oh Roca, fiscal lo nombraste!

13 Tus ojos puros no pueden ver el mal,
eres incapaz de contemplar la opresión.
¿Por qué ves a los traidores
y callas cuando traga el impío
al que es más justo que él?

14 Tratas a los hombres como a peces del mar,
como a reptiles que no tienen amo.

15 A todos los pesca* con anzuelo,
los apresa en su red,

1 2 Habacuc insiste en las inquietudes del justo que es aprobado. Este primer lamento cercano a los del Salterio y de Jr, se refiere a la opresión caldea. ¿Cómo Yahvé puede tolerar el triunfo del impío, cuando Judá, aunque sea pecador, sigue siendo un *justo* que conoce a Dios?

1 5 El azote caldeo, suscitado por Dios, es por algún tiempo el instrumento de su justicia.

1 12 Alusión al Éxodo, ver cap. **3**, que es el motivo de la esperanza.

1 15 El sujeto es el invasor caldeo.

los recoge en su copo.

Por eso se alegra y regocija,
16 por eso sacrifica a su red
y ofrece incienso a su copo,
pues por ellos abunda su presa,
su comida es suculenta.
17 Por eso vacía su red sin cesar,
matando naciones sin piedad.

Segundo oráculo.
El justo vivirá por su fidelidad.

2 1 Mi puesto de guardia ocuparé,
arriba en la muralla me pondré,
estaré alerta para ver lo que me dice,
lo que responde a mi querella*.
2 Yahvé me respondió de este modo:
«Escribe la visión,
ponla clara en tablillas
para que pueda leerse de corrido.
3 Porque tiene su fecha* la visión,
aspira a la meta y no defrauda;
si se atrasa, espérala,
pues vendrá ciertamente, sin retraso.
4 Sucumbirá quien no tiene el alma recta,
mas el justo por su fidelidad vivirá*.»

II. Maldiciones contra el opresor

Preludio.

5 ¡Ciertamente es traidora la riqueza!
¡Es hombre fatuo y nada conseguirá
el que abre sus fauces como el Seol;
como la muerte, él nunca se sacia,
reúne para sí a las naciones,
acapara para sí los pueblos todos!
6 ¿No pronunciarán todos éstos contra él
sátiras, adivinanzas y enigmas?
Dirán:

Las cinco imprecaciones.

I

¡Ay del que se enriquece con lo ajeno
(¿hasta cuándo?)
y se carga de prendas empeñadas!
7 Vendrán de repente tus acreedores,
se despertarán tus vejadores,
te convertirás en su presa.
8 Por haber saqueado a naciones numerosas,
serás saqueado por el resto de los pueblos,
por tus crímenes, por la violencia al país,
a la ciudad y a todos los que la habitan.

II

9 ¡Ay de quien saca ganancia
inmoral para su casa,
para poner su nido en lo alto
y escapar a la garra del mal!
10 ¡Planeaste la deshonra de tu casa:
al derribar a tantas naciones,
tú mismo te malogras!
11 Porque la piedra grita desde el muro,
y la viga de madera le responde.

III

12 ¡Ay de quien construye con sangre
una ciudad,
y funda un pueblo en la injusticia!
13 ¿No decide Yahvé Sebaot

2 1 Ez **3** 16+.
2 3 El profeta debe, pues, escribir, ver Dn **8** 19.26; etc., a fin de comprometer por algún tiempo la palabra de Yahvé, 2 P **3** 2, cuya veracidad demostrará más tarde, ver Is **30** 8. -*Vendrá ciertamente*, ver Nm **23** 19; 2 P **3** 4-10.
2 4 La fidelidad, Os **2** 22+, a la palabra y a la voluntad de Dios caracteriza al *justo* y le garantiza seguridad y vida. Judá vivirá, el opresor caldeo perecerá. El texto griego habla de *fe* y San Pablo leerá aquí la justificación del cristiano por la fe, Rm **1** 17+; Ga **3** 11; ver Hb **10** 37-38.

HA SO AG ZA ML

que los pueblos se fatiguen para el fuego
y las gentes se agoten para nada?

14 *¡Pues la tierra acabará llenándose*
del conocimiento de la gloria de Yahvé,
como las aguas llenan el mar!*

IV

15 ¡Ay del que emborracha a sus vecinos,
y les añade su droga hasta embriagarlos,
para mirar después su desnudez*!
16 ¡Te has saciado de ignominia, no de gloria!

¡Bebe también y enseña tu prepucio!
¡Te pasa la copa la diestra de Yahvé*,
y la ignominia superará a tu gloria!

17 Pues la violencia hecha al Líbano te cubrirá
y la matanza de animales te aterrará,
(por tus crímenes, por la violencia al país,
a la ciudad y a todos los que la habitan).

V

19 ¡Ay de quien dice al madero: «Despierta»,
«Levántate», a la piedra que no habla!
¿Podrán transmitir un oráculo?

¡Aunque están cubiertos de oro y plata,
no hay un soplo de vida en su interior*!

18 ¿De qué sirve un ídolo, obra de escultor,
si es imagen fundida, oráculo engañoso?
¿Puede en él confiar su creador,
artífice de ídolos mudos?

20 Mas Yahvé está en su santo Templo*:
¡silencio ante él, tierra entera!

III. Llamada a la intervención de Yahvé

3 1 Oración* del profeta Habacuc, en el tono de las lamentaciones.

Preludio. Súplica.

2 ¡Yahvé, he oído tu fama,
he visto tu obra, Yahvé!
¡En medio de los años hazla revivir
en medio de los años dala a conocer,
aun en la ira acuérdate de la compasión!

Teofanía. La llegada de Yahvé.

3 Viene Dios* de Temán,
el Santo, del monte Parán. *Pausa.*
Su majestad cubre los cielos,
de su gloria está llena la tierra.

4 Su fulgor es como la luz,
rayos tiene que saltan de su mano,
allí se oculta su poder.

5 Ante él marcha la Peste,
la Fiebre va tras sus pasos.

2 14 Cita de Is **11** 9; ver Jr **51** 58.
2 15 Ver Gn **9** 20-25.
2 16 Ver Is **51** 17+.
2 19 Ver Is **40** 20+.
2 20 El templo de Jerusalén y el palacio celestial. -Este silencio prepara la teofanía de **3** 3-15. Ver Is **41** 1; Sal **76** 9-10; Am **6** 10; **8** 3; So **1** 7; Za **2** 17; Ap **8** 1.
3 1 Como muchos salmos, esta plegaria asocia la súplica con la alabanza. La teofanía, Ex **19** 16+, de los vv. 3-15 evoca la marcha de Yahvé a la cabeza de su pueblo. El Éxodo es el tiempo de liberación futura, Is **40** 3+.
3 3 *Dios*, lit.: «Eloah», nombre divino arcaico. Aquí comienza la teofanía, ver Ez **19** 16, que comprende la llegada, vv. 3-7, y el combate, vv. 8-15, de Yahvé. La llegada se describe bajo el aspecto de una nube tormentosa, ver Sal **18** 8s; **29**. Las expresiones designan ora la nube, ora a Yahvé que en ella se manifiesta.

6 Se planta y tiembla la tierra,
mira y estremece a las naciones;
se desmoronan los montes eternos,
se hunden los collados antiguos,
¡sus senderos de siempre!

El combate de Yahvé.

7 En apuros veo las tiendas de Cusán,
tiemblan los pabellones de Madián.
8 ¿Arde tu cólera, Yahvé, contra los ríos,
contra el mar tu furor*,
cuando montas tus caballos,
tus carros victoriosos?

9 Desnudas y aprestas tu arco,
llenas su cuerda de saetas. *Pausa.*

Hiendes con ríos la tierra;
10 te ven y se espantan los montes,
pasa un diluvio de agua,
el abismo alza su voz,
levanta en alto sus manos.

11 Sol y luna se paran donde están,
a la luz de tus raudas saetas,
al fulgor deslumbrante de tu lanza.

12 Con furia atraviesas la tierra,
con cólera aplastas naciones.

13 Sales a salvar a tu pueblo,
a salvar a tu ungido.
Derrumbas la casa del impío,
desnudas sus cimientos hasta el fondo. *Pausa.*
14 Traspasas con tus dardos la cabeza de sus nobles
lanzados para dispersarnos con su estrépito,
cuando iban a devorar al pobre en su escondrijo.

15 Surcas el mar con tus caballos,
entre el estrépito de aguas caudalosas.

Conclusión: Temor humano y fe en Dios.

16 ¡Lo he oído y se estremecen* mis entrañas,

lo he escuchado y titubean mis labios,
un temblor penetra en mis huesos,
al andar tiemblan mis pasos!

Espero tranquilo el día de la angustia,
que caerá sobre el pueblo que nos asalta.

17 (Pues la higuera no retoñará,
ni habrá en las viñas recolección.
Fallará la cosecha del olivo,
los campos no darán sus frutos,
faltarán las ovejas en el aprisco,
no habrá ya vacas en los establos.)

18 ¡Pero yo me alegraré en Yahvé,
gozaré del Dios de mi salvación!

19 Yahvé mi señor es mi fuerza,
él me da pies como de cierva,
y me hace caminar por las alturas.

Del maestro de coro. Para instrumentos de cuerda*.

3 8 Tormenta, vv. 3-6, y sacudidas cósmicas. Quizá sean vestigios de tradiciones orientales en las que la creación era concebida como una victoria de Dios sobre los elementos rebeldes, ver Jb **7** 12.

3 16 Ver v. 2; Is **21** 3-4; etc. Terror y angustia, vv. 16-17, a los que sigue la seguridad gozosa, vv. 18-19.

3 19 Indicaciones que de ordinario figuran al comienzo de los Salmos, ver **3** 1+.

SOFONÍAS

1 [1] Palabra de Yahvé dirigida a Sofonías, hijo de Cusí, hijo de Godolías, hijo de Amarías, hijo de Ezequías, en tiempo de Josías, hijo de Amón, rey de Judá*.

I. El día de Yahvé en Judá

Preludio cósmico.

[2] ¡Voy a aventarlo todo
sobre la superficie de la tierra!
—oráculo de Yahvé—.
[3] Aventaré hombres y bestias,
aventaré aves del cielo y peces del mar,
haré tropezar a los impíos;
extirparé a los hombres de la superficie de la tierra
—oráculo de Yahvé—.

Contra el culto de los dioses extranjeros.

[4] Extenderé mi mano contra Judá,
contra todos los habitantes de Jerusalén,
y extirparé de este lugar
lo que queda de Baal,
el nombre de ministros y sacerdotes,
[5] los que se postran en los terrados
ante el ejército del cielo,
los que se postran ante Yahvé
y juran por Milcón,
[6] los que no siguen a Yahvé,
los que no buscan a Yahvé
ni lo consultan.
[7] ¡Silencio ante el Señor Yahvé,
que está cerca el Día de Yahvé!
Yahvé ha preparado un sacrificio,
ha consagrado a sus invitados*.

Contra los altos dignatarios de la corte*.

[8] El día del sacrificio de Yahvé
yo visitaré a los príncipes,
a los hijos del rey,
y a todos los que visten
ropas extranjeras.
[9] Aquel día visitaré
a todos los que escalan el umbral,
los que llenan la Casa de su Señor
de violencia y de fraude.

Contra los comerciantes de Jerusalén.

[10] Aquel día habrá —oráculo de Yahvé—
gritos de auxilio en la Puerta del Pescado,
gemidos en el Barrio Nuevo,
desastre sonado en las colinas.
[11] ¡Giman, habitantes del Mortero,
que han sido aniquilados los mercaderes,
exterminados los que pesan la plata!

Contra los incrédulos.

[12] Sucederá en el tiempo aquel
que escrutaré a Jerusalén con lámparas,
pediré cuentas a los hombres
que se apelmazan en sus heces,
los que dicen en su interior:
«¡Ni bien ni mal hace Yahvé!»
[13] Será dada al saqueo su riqueza,
sus casas a la devastación;
casas construyeron, mas no las habitarán,
viñas plantaron, mas no beberán su vino.

1 1 Probablemente antes de la reforma de Josías y el primer ministerio de Jeremías.

1 7 Ver Ha **2** 20+. El *Día de Yahvé* es presentado como un sacrificio, Is **34** 6; etc. Los judíos *invitados* son *consagrados* para la inmolación, ver Jr **12** 3.

1 8 Estos cortesanos, sometidos a Asiria, ejercen la regencia durante la minoría de Josías.

El Día de Yahvé*.

14 ¡Se acerca el gran Día de Yahvé,
se acerca, viene a toda prisa!
¡Amargo el vocerío del día de Yahvé,
entonces gritará hasta el soldado!
15 Aquel día será día de ira,
día de angustia y aprieto,
día de devastación y desolación,
día de tinieblas y oscuridad,
día de nubes y densa niebla,
16 día de trompeta y griterío,
contra las ciudades fortificadas,
contra los altos baluartes.
17 Pondré a los hombres en aprieto,
y ellos andarán como ciegos,
(porque pecaron contra Yahvé);
su sangre se derramará como polvo,
su carne como excrementos.
18 Ni su plata ni su oro
podrán salvarlos
el Día de la ira de Yahvé,
cuando el fuego de su celo
devore la tierra entera;
pues acabará de forma terrorífica
con todos los habitantes de la tierra.

Conclusión. Exhortación a la conversión.

2 1 Reúnanse, congréguense,
gente sin vergüenza,
2 antes que sean aventados
como el tamo que en un día pasa,
antes que caiga sobre ustedes
el ardor de la ira de Yahvé,
(antes que caiga sobre ustedes
el Día de la ira de Yahvé).
3 Busquen a Yahvé,
ustedes, humildes de la tierra*,
que cumplen sus mandatos;
busquen la justicia,
busquen la humildad;
quizá encuentren cobijo
el Día de la ira de Yahvé.

II. Contra las naciones

El enemigo por occidente: los filisteos.

Jos **13** 2+; Am **1** 6-8; Is **14** 28-32; Jr **47**; Ez **25** 15-17.

4 Gaza quedará desamparada,
Ascalón desolada,
Asdod, expulsada al mediodía,
Ecrón, arrancada de raíz.
5 ¡Ay de los habitantes de la costa,
nación de los quereteos!
Palabra de Yahvé contra ustedes:
«Canaán, tierra de filisteos,
te destruiré, te dejaré sin habitantes;
6 la costa quedará convertida en
pastizales,
en pradera de pastores,
en apriscos de ovejas.»
7 Y será la franja costera
para el Resto de la casa de Judá:
allí pacerán y a la tarde
reposarán en las casas de Ascalón,
cuando los visite Yahvé su Dios,
y los traiga de su cautiverio.

Enemigos por oriente: Moab y Amón.

Am **1** 13-**2** 3; Is **15-16**; Jr **48** 1-**49** 6; Ez **25** 1-11.

8 He oído los insultos de Moab,
los denuestos lanzados por Amón,

1 14 Como en Am **5** 18+; Is **2** 6-22, el *Día* es una manifestación de Dios con su poder, armado contra su pueblo pecador. En este poema se ha inspirado Jl **2** 1-11 y el autor medieval del *Dies irae*.

2 3 Los *humildes* o *pobres* tienen una gran importancia en la Biblia. Los profetas exigen justicia para ellos. Con Sofonías estos *pobres* llegan a ser una categoría moral y escatológica, **3** 11-13; ver Is **49** 13; **66** 2; Sal **22** 27; **34** 3-4; **37** 11-12; **69** 34; **74** 19; **149** 4, y véanse Mt **5** 3+; Lc **1** 52; **6** 20; **7** 22. A estos verdaderos israelitas, sometidos a la voluntad divina, será enviado el Mesías, Is **61** 1; ver Lc **4** 18, que es también humilde y dulce, Za **9** 9 (citado en Mt **21** 5; ver Mt **11** 25.29) y oprimido, Is **53** 4; Sal **22** 25.

cuando insultaron a mi pueblo,
y prosperaron a costa de su tierra.
9 Por eso, ¡por mi vida
—oráculo de Yahvé Sebaot,
Dios de Israel—
que Moab quedará como Sodoma,
los habitantes de Amón como Gomorra:
tierra de cardos y mina de sal,
desolación para siempre!
El Resto de mi pueblo los saqueará,
los que queden de mi nación los heredarán.
10 Éste será el precio de su orgullo,
por insultar, por prosperar
a costa del pueblo de Yahvé Sebaot.
11 Yahvé se les mostrará terrible,
cuando deje sin fuerzas
a todos los dioses de la tierra,
y se postren ante él,
cada una en su lugar,
todas las islas de los paganos*.

El enemigo por el sur: Etiopía.
Is **18-20**; Jr **46**; Ez **29-32**.

12 También ustedes, etíopes:
«Serán víctimas de mi espada».

El enemigo por el norte: Asiria.

13 Extenderá su mano contra el norte,
destruirá a Asiria,
dejará a Nínive desolada,
árida como el desierto.
14 Se tumbarán en medio de ella
rebaños y toda suerte de animales:
hasta la lechuza y el erizo
pasarán la noche entre sus capiteles.
El búho ululará en la ventana,
graznará el cuervo en el umbral,
porque el cedro fue arrancado.
15 Así quedará la ciudad bulliciosa,
la que tranquila reposaba,
la que decía en su interior:
«¡Yo, y nadie más*!»
¡Qué desolada ha quedado,
convertida en guarida de animales!
Todo el que pasa a su lado
silba y agita su mano.

III. Contra Jerusalén

Contra los dirigentes de la nación.

3 1 ¡Ay de la rebelde, la impura,
la ciudad opresora!
2 No ha escuchado la voz,
no ha aceptado la corrección;
en Yahvé no ha confiado,
no se ha acercado a su Dios.
3 Los príncipes que habitan en ella
son leones rugientes,
sus jueces, como lobos esteparios,
no dejan un hueso para la mañana.
4 Sus profetas, fanfarrones,
hombres traicioneros;
sus sacerdotes profanan lo santo
y violan la Ley.
5 Vive en ella Yahvé el justo,
que no comete injusticia;
cada mañana dicta sentencia,
no falla al amanecer
(pero el inicuo no conoce la vergüenza).

La lección de las naciones.

6 He exterminado a las naciones,
sus almenas han sido derruidas,
he dejado desiertas sus calles,
sin nadie que transite;
han sido arrasadas sus ciudades,
no quedan hombres ni habitantes.
7 Pensé: «Ella al menos me temerá,
sabrá aceptar la corrección;
no podrá apartar de sus ojos
todo lo que la he castigado.»
Pero al punto han corrompido
todas sus acciones.

2 11 Ver Is **41** 1.5; **42** 4.10.12; **49** 1; **51** 5.

2 15 Ver Is **47** 8+.

[8] Por eso, esperen ustedes —oráculo de
Yahvé—
el día en que me levante para acusar,
porque voy a reunir a las naciones,
voy a congregar a los reinos,
para derramar sobre ustedes mi
furor,
todo el ardor de mi cólera.
(Porque el fuego de mi celo
devorará la tierra entera).

IV. *Promesas*

Conversión de los pueblos.

[9] Entonces purificaré el labio de los
pueblos,
para que invoquen todos el nombre
de Yahvé,
y le sirvan bajo un mismo yugo.
[10] Desde allende los ríos de Etiopía,
mis suplicantes, mi Dispersión,
vendrán a mí con ofrendas.

El humilde Resto de Israel*.

[11] Aquel día no tendrás que
avergonzarte
de los delitos cometidos contra mí;
entonces arrancaré de tu seno
a tus alegres fanfarrones,
y no volverás a engreírte
en mi santo monte.
[12] Dejaré en medio de ti
un pueblo humilde y pobre,
se cobijará al amparo de Yahvé
[13] el Resto de Israel.
Ya no cometerán injusticias
ni dirán mentiras,
ya no ocultará su boca
una lengua embustera.
Se apacentarán y reposarán,
sin que nadie los turbe.

Salmos de júbilo a Sión*.

[14] ¡Grita alborozada, Sión,
lanza clamores, Israel,
celébralo alegre de todo corazón,
ciudad de Jerusalén!
[15] Que Yahvé ha anulado tu sentencia,
ha alejado a tu enemigo.
¡Yahvé, Rey de Israel, está en medio
de ti,
ya no temerás mal alguno!
[16] Aquel día se dirá a Jerusalén:
¡No tengas miedo, Sión,
no desfallezcan tus manos!
[17] Yahvé tu Dios está en medio de ti,
¡un poderoso salvador!
Exulta de gozo por ti,
te renueva con su amor;
danza por ti con gritos de júbilo,
[18] como en los días de fiesta.

Vuelta de los dispersos*.

Apartaré de tu lado la desgracia,
el oprobio que pesa sobre ti.
[19] Voy a condenar al exterminio
a todos tus opresores;
salvaré a la coja,
reuniré a la descarriada,
les daré fama y renombre
en la tierra donde fueron
humilladas.
[20] En aquel tiempo los traeré a ustedes,
en aquel tiempo los congregaré.
Entonces les daré renombre y fama
entre todos los pueblos de la tierra,
cuando cambie su suerte
ante los propios ojos de ustedes,
dice Yahvé.

3 11 Realización mesiánica, ver Is **4** 3+, del ideal propuesto en **2** 3: una de las más perfectas descripciones del *espíritu de pobreza* en el AT.

3 14 Ver Is **12** 6; **54** 1; Za **2** 14.

3 18 Los últimos vv. datan probablemente del Destierro.

AGEO

La reconstrucción del Templo*.

1 1 El año segundo del rey Darío, el día
primero del sexto mes, fue dirigida la
palabra de Yahvé, por medio del profeta Ageo, a Zorobabel, hijo de Sealtiel,
gobernador de Judá, y a Josué, hijo
de Josadac*, sumo sacerdote, en estos
términos: 2 Así dice Yahvé Sebaot: Este
pueblo dice: «¡Todavía no ha llegado el
momento de reedificar el Templo de
Yahvé!» 3 (Dirigió entonces Yavé la palabra, por medio del profeta Ageo, en estos términos:) 4 ¿Les ha llegado acaso a
ustedes el momento de habitar en casas
artesonadas, mientras esta Casa está en
ruinas? 5 Pues ahora, así dice Yahvé Sebaot: Presten atención a la situación en
que se hallan. 6 Ustedes han sembrado
mucho y cosechado poco; han comido,
pero sin quitar el hambre; han bebido,
pero sin apagar la sed; se han vestido,
mas sin calentarse; y el jornalero ha
metido su jornal en saco roto. 7 Así dice
Yahvé Sebaot: Presten atención a la situación en que se hallan. 8 Suban a la
montaña, traigan madera y reedifiquen
el Templo; yo la aceptaré gustoso y me
sentiré honrado, dice Yahvé. 9 Ustedes
esperaban mucho, y bien poco es lo
que hay. Y lo que metieron en casa
yo lo aventé. ¿Por qué? —oráculo de
Yahvé Sebaot— Porque mi Casa está en
ruinas, mientras ustedes se cobijan cada
uno en su casa. 10 Por eso, por culpa
suya, los cielos han negado la lluvia y la
tierra ha negado su producto. 11 Yo he
convocado a la sequía sobre la tierra y
sobre los montes, sobre el trigo, el mosto y el aceite, sobre todo lo que produce
el suelo, sobre los hombres y el ganado,
y sobre todos sus trabajos.
12 Zorobabel, hijo de Sealtiel, Josué,
hijo de Josadac, sumo sacerdote, y el
Resto del pueblo* escucharon la voz de
Yahvé, su Dios, y las palabras del profeta Ageo, según la misión que Yahvé
su Dios le había encomendado, y el
pueblo tuvo miedo de Yahvé. 13 Entonces Ageo, el mensajero de Yahvé, habló
así al pueblo, en virtud del mensaje de
Yahvé: «Yo estoy con ustedes, oráculo
de Yahvé.» 14 Y Yahvé movió el espíritu
de Zorobabel, hijo de Sealtiel, gobernador de Judá, el espíritu de Josué, hijo de
Josadac, sumo sacerdote, y el espíritu
de todo el Resto del pueblo. Y vinieron
y emprendieron las obras del Templo
de Yahvé Sebaot, su Dios. 15 Era el día
veinticuatro del sexto mes.

La gloria del Templo.

2 El año segundo del rey Darío, 1 el
día veintiuno del séptimo mes, dirigió Yahvé la palabra, por medio del
profeta Ageo, en estos términos: 2 Habla ahora a Zorobabel, hijo de Sealtiel,
gobernador de Judá, a Josué, hijo de
Josadac, sumo sacerdote, y al Resto del
pueblo, y diles: 3 ¿Quién queda entre
ustedes que haya visto este Templo en
su primer esplendor? Y ¿qué es lo que
ven ahora? ¿Verdad que les parece que
no existe? 4 ¡Pero ahora ten ánimo,
Zorobabel, oráculo de Yahvé; ánimo,
Josué, hijo de Josadac, sumo sacerdote,
ánimo, pueblo todo de la tierra!, oráculo
de Yahvé. ¡A la obra, que estoy con
ustedes —oráculo de Yahvé Sebaot—
5 según el pacto que hice con ustedes
cuando salieron de Egipto; y mi espíritu
sigue en medio de ustedes: no teman!
6 Pues así dice Yahvé Sebaot: Dentro de
muy poco tiempo sacudiré los cielos y la

1 Al regreso del Destierro, la reconstrucción del templo contará con el favor de Yahvé. La esperanza mesiánica se renueva en torno al santuario y al descendiente de David.

1 1 *Zorobabel*, ver Za **4** 6-10. *Josué*, ver Za **3** 1-9.

1 12 Es el pueblo fiel, reagrupado en Jerusalén, ver Is **4** 3+.

2 6 Dios conduce la historia. El mundo está en paz, pero la catástrofe está cerca.

tierra, el mar y el suelo firme*, [7] sacudiré
todas las naciones; llegarán entonces los
tesoros de todas las naciones*, y yo llenaré de gloria este Templo, dice Yahvé
Sebaot. [8] ¡Mía es la plata y mío el oro!,
oráculo de Yahvé Sebaot. [9] Grande será
la gloria de este Templo, la del segundo mayor que la del primero, dice Yahvé Sebaot, y proporcionaré paz a este lugar, oráculo de Yahvé Sebaot.

Consulta a los sacerdotes.

[10] El día veinticuatro del noveno mes, el año segundo de Darío, dirigió Yahvé la palabra al profeta Ageo en estos
términos: [11] Así dice Yahvé Sebaot: Pregunta a los sacerdotes sobre la
Ley. Diles: [12] «Si lleva alguien carne sagrada en el halda de su vestido, y toca con su halda pan, guiso, vino, aceite o cualquier otra comida, ¿quedará ésta santificada?» Respondieron los
sacerdotes: «No.» [13] Continuó Ageo: «Si alguien, que se ha hecho impuro con el contacto de un cadáver, toca alguna de esas cosas, ¿quedará impura?» Respondieron los sacerdotes: «Sí.»
[14] Entonces Ageo siguió diciendo: «Así es este pueblo, así esta nación por lo que a mí respecta, oráculo de Yahvé; todas sus tareas y lo que ofrecen aquí no es más que impureza*»

Promesa de prosperidad agrícola.

[15] Y ahora presten ustedes atención a partir de este día. Antes de empezar a construir el Templo de Yahvé, [16] ¿qué
les pasaba? Que iban a un montón de grano en busca de veinte fanegas, y no había más que diez; que entraban en el lagar a sacar cincuenta cántaros, y
no había más que veinte. [17] Yo castigué
sus labores con tizón, añublo y granizo, pero ninguno de ustedes se volvió a
mí, oráculo de Yahvé. [18] Presten, pues,
atención a partir de este día (desde el día veinticuatro del noveno mes, día en que se echaron los cimientos del Templo de Yahvé, presten atención):
[19] ¿hay grano ahora en el granero? Pues si ni la vid ni la higuera ni el granado ni el olivo producían fruto, desde este día yo los bendeciré.

Promesa a Zorobabel.

[20] Yahvé dirigió la palabra por segunda vez a Ageo, el día veinticuatro del
mes, en estos términos: [21] Habla a Zorobabel, gobernador de Judá y dile: Voy
a sacudir los cielos y la tierra. [22] Volcaré
los tronos de los reyes y destruiré el poder de los reinos paganos, volcaré los carros de guerra con sus aurigas, y serán abatidos caballos y caballeros, cada uno por la espada de su camarada. [23] Aquel día —oráculo de Yahvé Sebaot— te tomaré a ti*, Zorobabel, hijo de Sealtiel, siervo mío —oráculo de Yahvé— y te haré mi anillo de sello, pues tú eres mi elegido, oráculo de Yahvé Sebaot.

Texto citado en Hb **12** 26.

2 7 En este templo, restaurado por Herodes, aparecerá Jesús el Mesías, el *deseado de todas las naciones*, según la traducción de la Vulgata. De ahí el uso litúrgico de este texto en Adviento.

2 14 De la lección dada en el v. 13, Ageo saca la conclusión de que el pueblo es impuro. Quizá se refiere a los samaritanos, ver Esd **4** 1-5.

2 23 El verbo *tomar* comprende una misión importante en la historia de la salvación. Zorobabel, sucesor de David, reanuda los lazos con el antiguo mesianismo real, ver 2 S **7**+; Is **7** 14+; Za **1** 1; **6** 12; Si **49** 11-12. *El anillo de sello*, que servía para sellar cartas y documentos, era guardado cuidadosamente. Ver Gn **38** 18; Ct **8** 6.

ZACARÍAS

*Primera parte**

Exhortación a la conversión.

1 1 El octavo mes del año segundo de
Darío dirigió Yahvé la palabra al
profeta Zacarías (hijo de Berequías*),
hijo de Idó, en estos términos: 2 «Yahvé
se irritó mucho con los antepasados de
ustedes» 3 Les dirás: «Así dice Yahvé Sebaot: Vuélvanse a mí —oráculo de Yahvé Sebaot— y yo me volveré a ustedes,
dice Yahvé Sebaot.
4 «No sean como sus antepasados, a
quienes los antiguos profetas predica-
ban así: '¡Conviértanse de su mala conducta y de sus malas obras!' Pero ellos
no escucharon ni me hicieron caso
—oráculo de Yahvé—. 5 ¿Dónde están
ahora sus antepasados? ¿Vivirán siempre sus profetas? 6 Sin embargo, mis
palabras y preceptos encomendados a
mis siervos los profetas ¿no alcanzaron
a sus padres? Por eso se convirtieron
diciendo: 'Yahvé Sebaot nos ha tratado
como había decidido, según nuestra
conducta y nuestras obras'.»

Primera visión: los jinetes.

6 1-7; Ap **6** 1-9.

7 El día veinticuatro del undécimo mes
(el mes de Sebat), el año segundo de Darío, Yahvé dirigió la palabra al profeta Zacarías (hijo de Berequías), hijo de Idó, en
estos términos: 8 He tenido una visión
esta noche. Un hombre, a lomos de un
caballo alazán, estaba parado entre los
mirtos de la hondonada; detrás de él había caballos rojos, alazanes y blancos*.
9 Yo pregunté: «¿Quiénes son éstos, señor?» El ángel que hablaba conmigo me
contestó: «Yo te enseñaré quiénes son.»
10 Y el hombre que estaba entre los mirtos intervino diciendo: «Éstos son los que
ha enviado Yahvé a recorrer la tierra.»
11 Entonces ellos se dirigieron al ángel de
Yahvé que estaba entre los mirtos y dijeron: «Hemos recorrido la tierra y hemos
visto que toda la tierra vive en paz*.»
12 Tomó la palabra el ángel de Yahvé y
dijo: «Oh Yahvé Sebaot, ¿hasta cuándo
seguirás sin apiadarte de Jerusalén y de
las ciudades de Judá, contra las que estás irritado desde hace setenta años?»
13 Yahvé respondió al ángel que hablaba conmigo palabras buenas, palabras
de consuelo. 14 Y el ángel que hablaba
conmigo me dijo: «Proclama lo siguiente:
Así dice Yahvé Sebaot: Siento celos de
Jerusalén y de Sión, unos celos terribles,
15 y estoy sobremanera encolerizado contra las naciones que se sienten seguras y
que, cuando me vieron poco encolerizado, contribuyeron al mal. 16 Por eso, así
dice Yahvé: Me vuelvo con piedad hacia
Jerusalén: en ella será reedificado mi
templo —oráculo de Yahvé Sebaot— y el
cordel de medir será aplicado a Jerusalén. 17 Clama también y di: Así dice Yahvé
Sebaot: Aún han de rebosar mis ciudades
de bienes; aún consolará Yahvé a Sión y
aún elegirá a Jerusalén.»

Segunda visión: cuernos y herreros.

2 1 Alcé luego la vista y tuve una visión: Eran cuatro cuernos*. 2 Y dije

1 Como su contemporáneo Ageo, Zacarías se preocupa de la restauración del templo y de la nación. El sacerdocio (el sumo sacerdote Josué, **3** 1-7) y la realeza (ejercida por el *Germen*, **3** 8, término mesiánico que en **6** 12 aplica a Zorobabel) gobernarán en perfecta armonía, **4** 14; **6** 14. Zacarías asocia así al mesianismo real, ver 2 S **7** 1+; Is **7** 14+, las preocupaciones de Ezequiel.

1 1 *Hijo de Berequías*, glosa según Is **8** 2, de donde el error de Mt **23** 35. Zacarías es hijo de Idó.

1 8 El *hombre* es el ángel de Yahvé, v. 11. Los *caballos* designan simbólicamente a los ángeles inspectores del mundo, ver Ap **6** 1-8.

1 11 Ver Ag **2** 6+.

2 1 Las naciones enemigas de Judá, ver Dn **7** 8. El número «cuatro» significa la universalidad.

al ángel que hablaba conmigo: «¿Qué significan?» Me dijo: «Son los cuernos que
dispersaron a Judá (a Israel) y a Jerusalén.» 3 Yahvé me mostró después cuatro
herreros*. 4 Yo pregunté: «¿Qué vienen a
hacer éstos?» Y él me contestó: «(Aquellos son los cuernos que dispersaron a
Judá, hasta que nadie osó levantar cabeza.) Y éstos han venido a espantarlos
(a abatir los cuernos de las naciones que
embistieron con sus cuernos a la tierra de
Judá para dispersarla).»

Tercera visión: el medidor.

5 Alcé la vista y tuve una visión: Era
un hombre con un cordel de medir en
la mano. 6 Le pregunté: «¿Adónde vas?»
Me contestó: «A medir a Jerusalén, a
ver cuánta es su anchura y cuánta su
longitud*.» 7 En esto, salió el ángel que
hablaba conmigo, y otro ángel salió a su
encuentro 8 y le dijo: «Corre, habla con
ese joven y dile: Jerusalén será habitada
como ciudad abierta, debido a la multitud
de hombres y ganados que albergará en
su interior. 9 Y seré para ella —oráculo
de Yahvé— muralla de fuego en torno y
gloria* dentro de ella.»

Dos llamadas a los desterrados.

10 ¡Hala, venga, huyan del país del
Norte
—oráculo de Yahvé—,
ya que a los cuatro vientos del cielo
yo los esparcí! —oráculo de Yahvé—
11 ¡Hala, sálvate, Sión,
tú que moras en Babilonia!
12 Pues así dice Yahvé Sebaot
que tras la gloria me ha enviado
a las naciones que los despojaron:
«El que los toca a ustedes
toca a la niña de mis ojos.»
13 Voy a alzar mi mano contra ellas,
y serán despojo de sus propios
vasallos.
Sabrán así que Yahvé Sebaot me ha
enviado.
14 Grita de gozo y alborozo, Sión
capital,
pues vengo a morar dentro de ti,
oráculo de Yahvé.
15 Aquel día se unirán a Yahvé
numerosas naciones:
serán un pueblo para mí,
y yo moraré en medio de ti*.
Sabrás así que Yahvé Sebaot me ha
enviado a ti.
16 Poseerá Yahvé a Judá
como su lote en la Tierra Santa,
y elegirá de nuevo a Jerusalén.
17 ¡Silencio, todo el mundo, ante
Yahvé*,
pues se despierta en su santa Morada!

Cuarta visión: las vestiduras de Josué.

3 1 Después me mostró al sumo sacerdote Josué, que estaba ante el
ángel de Yahvé; a su derecha estaba
el Satán para acusarlo*. 2 Dijo el ángel
de Yahvé al Satán: «¡Yahvé te repri-
ma*, Satán, reprímate Yahvé, el que
ha elegido a Jerusalén! ¿No es éste un
tizón sacado del fuego?» 3 Estaba Josué
vestido con ropas sucias*, de pie ante el
ángel. 4a Tomó éste la palabra y habló
así a los que estaban ante él: «¡Quítenle
esas ropas sucias y 4c pónganle un traje
de fiesta; 5 coloquen en su cabeza una
diadema limpia!» Le vistieron un traje
de fiesta y le colocaron en la cabeza la
diadema limpia. El ángel de Yahvé, que
seguía en pie, 4b le dijo: «Mira, he pasado
por alto tu culpa.» 6 Luego el ángel de
Yahvé advirtió a Josué: 7 «Así dice Yahvé

2 3 Los *herreros*, símbolo de potencias angélicas.
2 6 La medición se hace pensando en una restauración, ver Ez **41** 13. El *joven* del v. 8 es el ángel que maneja el cordel.
2 9 Yahvé, que habita en Jerusalén, Ez **43**+; ver Ap **21** 3; **22** 3, es quien garantiza su defensa, ver Ez **38** 11.
2 15 La alianza se extiende a todos los pueblos, convirtiéndose Jerusalén en la metrópoli religiosa de los mismos, Is **45** 14+; Ap **21** 2+.
2 17 Ver Ha **2** 20+.
3 1 Ver Jb **1** 6+.
3 2 Ver Judas 9.
3 3 Estos vestidos de duelo van a cambiarse en trajes de fiesta, ver Is **61** 10; etc.

Sebaot: Si actúas según mis normas y guardas mis mandamientos, estarás al frente de mi templo, y tú mismo guardarás mis atrios: yo dejaré que te acerques con estos que están aquí*.»

La venida del «Germen».

[8] Escucha, pues, Josué, sumo sacerdote, tú y tus compañeros que están junto a ti —pues son hombres de presagio—: He decidido traer a mi siervo «Germen*.»
[9] Y ésta es la piedra que pongo delante de Josué; en esta única piedra hay siete ojos; yo mismo grabaré su inscripción —oráculo de Yahvé Sebaot— y quitaré la culpa de esta tierra en un solo día.
[10] Aquel día —oráculo de Yahvé Sebaot— se invitarán unos a otros bajo la parra y bajo la higuera.

Quinta visión: el candelabro y los olivos.

4 [1] Volvió el ángel que hablaba conmigo y me despertó como a quien se despierta del sueño. [2] Me preguntó: «¿Qué ves?» Respondí: «Veo un candelabro de oro macizo, con una cazoleta en su vértice: tiene siete lámparas y siete boquillas para las siete lámparas que lleva encima. [3] Hay también dos olivos junto a él, uno a su derecha y otro a su izquierda*.» [4] Proseguí y dije al ángel que hablaba conmigo: «¿Qué significa esto, señor?» [5] Me respondió el ángel que hablaba conmigo: «¿No sabes qué significa esto?» Dije: «No, señor.» [6a] Prosiguió de este modo*: [10b]«Esas siete cosas son los ojos de Yahvé, que recorren toda la tierra.»[11] Entonces tomé la palabra y le dije: «¿Qué significan esos dos olivos a derecha e izquierda del candelabro?» [12] (Le pregunté también: «¿Qué significan las dos ramas de olivo que vierten aceite dorado por los dos tubos de oro?») [13] Me dijo: «¿No sabes qué significa esto?» Respondí: «No, señor.» [14] Y me dijo: «Son los dos Ungidos que están al servicio del Señor de toda la tierra.»

Tres palabras sobre Zorobabel.

[6b] Ésta es la palabra dirigida por Yahvé a Zorobabel: No cuentan el valor ni la fuerza, sino sólo mi Espíritu —dice Yahvé Sebaot—. [7] ¿Quién eres tú, altiva montaña? Ante Zorobabel serás una explanada, y él extraerá la piedra de remate, a los gritos de «¡Bravo, bravo por ella!»
[8] Yahvé me dirigió la palabra en estos términos: [9] Las manos de Zorobabel echaron los cimientos de este Templo y sus manos lo acabarán; (sabrán así que Yahvé Sebaot me ha enviado a ustedes).
[10 a] ¿Quién menospreció los modestos comienzos*? ¡Se alegrará al ver la plomada en la mano de Zorobabel!

Sexta visión: el libro que vuela.

5 [1] Alcé de nuevo la vista y tuve una visión: Era un rollo volando. [2] El ángel me dijo: «¿Qué ves?» Respondí: «Veo un rollo volando, de veinte codos de largo y veinte de ancho*.» [3] Y añadió: «Eso es la Maldición que sale sobre la superficie de toda esta tierra. Pues, según ella, todo ladrón será expulsado de aquí, y todo el que jura será, según ella, expulsado de aquí. [4] La he dejado en libertad —oráculo de Yahvé Sebaot— para que entre en casa del ladrón y en casa del que jura por mi nombre en falso, para que se aloje en su casa y la consuma, con su maderamen y sus piedras.»

3 7 Josué ya no representa aquí al pueblo judío. El ángel se dirige a Josué mismo, así como al sacerdocio futuro anunciado por él; ver **3** 8.

3 8 *Germen*, nombre mesiánico, Jr **23** 5+.

4 3 Los *dos olivos*, los *dos Ungidos*, del v. 14, son Josué, que representa el poder espiritual, y Zorobabel, el poder temporal. Así se cumplirá Jr **33** 14-18: los dos poderes van asociados en el tiempo de la salvación, **6** 13. La imagen se repetirá en Ap **11** 4+.

4 6 Transponemos los vv. 6b-10a después del v. 14.

4 10a La fundación del templo por Zorobabel, Ag **2** 3, quien lo acabará poniendo la piedra de remate, v. 7.

5 2 El rollo con las dimensiones del pórtico del templo de Salomón, 1 R **6** 3.

Séptima visión: la mujer dentro de la medida.

5 Salió el ángel que hablaba conmigo
y me dijo: «Alza ahora la vista y mira eso
que sale.» 6 Le pregunté: «¿Qué es eso?»
Respondió: «Es la medida que sale.» Y
añadió: «Ésta es la culpa de ellos en todo
el país.» 7 En esto, se levantó la tapa de
plomo y había una mujer sentada en
medio de la medida. 8 Dijo él: «Ésta es
la Maldad.» La echó dentro de la medida
y volvió a poner la tapa de plomo en
su boca. 9 Alcé luego la vista y tuve una
visión: Aparecieron dos mujeres con las
alas desplegadas al viento, pues tenían
alas como de cigüeña. Y transportaron
la medida entre la tierra y el cielo. 10 Pregunté entonces al ángel que hablaba
conmigo: «¿Adónde llevan ésas la medida?» 11 Me respondió: «Van a edificarle
una casa en el país de Senaar, y cuando
esté a punto será colocada allí sobre su
base*.»

Octava visión: los carros.

6 1 Alcé de nuevo la vista y tuve una
visión: Eran cuatro carros que salían
de entre dos montes; y los montes eran
montes de bronce. 2 El primer carro iba
tirado por caballos alazanes, el segundo
por caballos negros, 3 el tercero por caballos blancos, y el cuarto por caballos
tordos. 4 Tomé la palabra y dije al ángel
que hablaba conmigo: «¿Qué significan,
señor?» 5 El ángel me respondió: «Son
los cuatro vientos del cielo que salen
después de presentarse ante el Señor
de toda la tierra. 6 Los caballos negros
salen hacia el norte; los blancos parten
tras de ellos y los tordos salen hacia el
sur.» 7 Partían briosos, impacientes por
recorrer la tierra. Y les dijo: «Vayan, recorran la tierra.» Y recorrieron la tierra.
8 Y a mí me gritó en estos términos:
«Mira, los que salen hacia el norte van a
aplacar mi espíritu en el norte*.»

La corona exvoto.

9 Yahvé me dirigió la palabra en estos
términos: 10 «Haz una colecta entre los
deportados: Jelday, Tobías y Yedaías;
vienes aquel día y entras en casa de
Josías, hijo de Sofonías, adonde han
llegado de Babilonia, 11 tomas la plata y
el oro, haces una corona, la pones en la
cabeza del sumo sacerdote Josué, hijo
de Josadac*, 12 y le hablas de esta manera: Así dice Yahvé Sebaot: Éste es el
hombre llamado Germen*: debajo de él
habrá germinación (y edificará el templo de Yahvé). 13 Él edificará el templo
de Yahvé; llevará las insignias reales, se
sentará dominador en su trono; habrá
un sacerdote a su derecha, y un consejo
de paz entre ambos. 14 Será la corona
para Jelday, Tobías y Yedaías, y para
el hijo de Sofonías, un memorial de
gracia en el templo de Yahvé. 15 Y los
que están lejos vendrán y reedificarán el
templo de Yahvé. Sabrán entonces que
Yahvé Sebaot me ha enviado a ustedes.
Así será si de verdad escuchan la voz de
Yahvé su Dios.»

Cuestión sobre el ayuno.

7 1 El año cuarto del rey Darío, Yahvé
dirigió la palabra a Zacarías, el
día cuatro del noveno mes, el mes de
Quisleu. 2 Betel-Saréser había enviado a
Réguem-Mélec con sus oficiales a aplacar el rostro de Yahvé, 3 y a decir a los
sacerdotes del templo de Yahvé Sebaot
y a los profetas: «¿Tendré que observar
un día de duelo y abstinencia el quinto
mes como lo he hecho durante tantos
años*?»

5 11 La Tierra Santa se verá desembarazada de la Maldad (el desprecio de Dios, la iniquidad), v. 8, a la que se le levantará un templo en Senaar (Babilonia).

6 8 Los desterrados en Babilonia volverán a reedificar el templo, v. 15.

6 11 El nombre de Josué, sin duda, ha reemplazado aquí al de Zorobabel a lo largo de un periodo de poder sacerdotal.

6 12 Ver **3** 8; Jr **23** 5+.

7 3 ¿Es preciso observar aún este ayuno en el mes de julio, que conmemoraba la ruina del 587? La respuesta no parece darse hasta **8** 18-19.

Recuerdo del pasado nacional.

4 Yahvé me dirigió la palabra en estos
términos: 5 Habla a todo el pueblo de la
tierra* y a los sacerdotes y diles: «Cuando ustedes han ayunado y llorado los
meses quinto y séptimo de estos setenta
años, ¿han ayunado de verdad por mí?
6 Y cuando comen y beben, ¿no comen
y beben en provecho propio? 7 ¿No conocen las palabras que Yahvé proclamó
por medio de los antiguos profetas, cuando Jerusalén y las ciudades que la rodeaban vivían en paz, y estaban habitados
el Negueb y la Tierra Baja? 8 (Yahvé
dirigió la palabra a Zacarías en estos
términos: 9 Así dice* Yahvé Sebaot):
Celebren juicios justos, practiquen entre
ustedes el amor y la compasión. 10 No
opriman a la viuda, al huérfano, al forastero, o al pobre; no maquinen malas
acciones entre ustedes. 11 Pero ellos no
quisieron hacer caso; no se dejaron someter y se hicieron los sordos para no
escuchar; 12 endurecieron su corazón
como el diamante para no oír la Ley y
las palabras que Yahvé Sebaot había
dirigido por su espíritu, por medio de
los antiguos profetas. Entonces montó
en cólera Yahvé Sebaot y dijo: 13 Como
no han escuchado cuando les he hablado, tampoco los escucharé cuando me
llamen. 14 Así que los dispersé por todas
las naciones que no conocían, y la tierra
quedó devastada tras de ellos: ya nadie
iba ni venía. Y así convirtieron una tierra
deliciosa en pura desolación.»

Perspectivas de salvación mesiánica*.

8 1 Yahvé dirigió la palabra en estos
términos:

2 Así dice Yahvé Sebaot:
Siento celos de Sión,
unos celos terribles;
siento por ella pasión,
una pasión enorme.

3 Así dice Yahvé:
Volveré a Sión,
habitaré en medio de Jerusalén.
Jerusalén se llamará Ciudad-de-
Fidelidad,
y el monte de Yahvé Sebaot,
Monte-de-Santidad*.

4 Así dice Yahvé Sebaot:
Aún se sentarán viejos y viejas
en las plazas de Jerusalén,
cada cual con su bastón en la mano,
de tan viejos que se harán;
5 las plazas de la ciudad se llenarán
de muchachos y muchachas,
que jugarán en sus plazas.

6 Así dice Yahvé Sebaot:
Y si en aquellos días
esto parece imposible
al Resto de este pueblo,
¿también yo he de juzgarlo
imposible?
—oráculo de Yahvé Sebaot—.

7 Así dice Yahvé Sebaot:
Voy a salvar a mi pueblo,
a traerlo de oriente,
del país donde se pone el sol;
8 voy a traerlos
para que moren en medio de
Jerusalén.
Ellos serán mi pueblo
y yo seré su Dios
con fidelidad y con justicia*.

9 Así dice Yahvé Sebaot: Recobren el
ánimo, ustedes que oyeron esos días las
palabras pronunciadas por los profetas,
desde el día en que se echaron los cimientos del templo de Yahvé Sebaot para reconstruirlo. 10 Porque hasta esos días
no había paga ni para los hombres ni

7 5 *Pueblo de la tierra*, es la aristocracia rural, defensora tradicional del yahvismo y de la dinastía davídica.

7 9 Es el estilo de los antiguos profetas, ver Am **5** 14-15; Is **58**+; etc.

8 Los pequeños oráculos del cap. **8**, a excepción de los vv. 16-17, describen el bienestar mesiánico de la Ciudad restaurada.

8 3 Ver Is **1** 26+.

8 8 Ver Jr **30** 22+; **31** 31+.

para el ganado; no había paz para hacer
una vida normal, a causa del enemigo,
y yo había dado rienda suelta a los enfrentamientos entre los hombres. [11] Pero ahora ya no seré para el Resto de este
pueblo como en días pasados, oráculo
de Yahvé Sebaot. [12] Porque hay simiente
de paz: la vid dará su fruto, la tierra dará
sus productos y los cielos darán su rocío;
y yo daré en posesión al Resto de este
pueblo todas estas cosas. [13] Y del mismo
modo que ustedes fueron malditos entre
las naciones, casa de Judá y casa de
Israel, así los salvaré yo, y serán benditos;
¡no tengan miedo, recobren el ánimo!

[14] Así dice Yahvé Sebaot: Aunque decidí hacerles mal cuando me irritaron sus
padres —dice Yahvé Sebaot— y no me
arrepentí de ello, [15] en estos días he decidido favorecer a Jerusalén y a la casa
de Judá: ¡no teman!

[16] Esto es lo que deben hacer: Decirse
la verdad unos a otros; juzgar con equidad
en sus tribunales; [17] no maquinar el mal
entre ustedes, y no aficionarse a jurar
en falso, porque odio todas estas cosas,
oráculo de Yahvé.

Respuesta a la cuestión del ayuno.

[18] Yahvé me dirigió la palabra en estos
términos: [19] «Así dice Yahvé Sebaot: El
ayuno de los meses cuarto, quinto, séptimo y décimo será para la casa de Judá
ocasión de regocijo, alegría y faustas
solemnidades. Amen, pues, la verdad y
la paz.»

Perspectivas de salvación mesiánica*.

[20] Así dice Yahvé Sebaot: Todavía vendrán pueblos y habitantes de grandes ciudades. [21] Y los habitantes de una ciudad
irán a la otra diciendo: «Vamos a aplacar
a Yahvé y a visitar a Yahvé Sebaot: ¡yo
también voy!» [22] Y vendrán pueblos numerosos y naciones poderosas a visitar a
Yahvé Sebaot en Jerusalén, y a aplacar
a Yahvé.

[23] Así dice Yahvé Sebaot: Aquellos
días, diez hombres de todas las lenguas
de las naciones asirán por la orla del
manto a un judío diciendo: «Queremos
ir con ustedes, porque hemos oído decir
que Dios está con ustedes.»

*Segunda parte**

9 [1] Oráculo.

La nueva tierra.

La palabra de Yahvé
llega al país de Jadrac
y a Damasco, su lugar de reposo,
pues de Yahvé son las ciudades de Aram,
lo mismo que las tribus de Israel;
2 y también la fronteriza Jamat,
(Tiro) y Sidón, con fama de sabia.
3 Tiro se ha construido un baluarte,
ha amontonado plata como polvo
y oro como barro de las calles.
4 Pero el Señor la desposeerá:
hundirá en el mar su prosperidad,
y ella misma será pasto del fuego.
5 Ascalón lo verá aterrada,
Gaza se retorcerá de dolor,
y Ecrón, pues su esperanza ha fracasado;
desaparecerá de Gaza el rey,
Ascalón no será ya habitada,
6 y un bastardo habitará en Asdod.
Truncaré el orgullo de los filisteos;
7 quitaré la sangre de su boca,
y sus abominaciones de sus dientes.

8 20 El universalismo de los vv. 20-23 responde al del **2** 15+. Ver Is **45** 14+.

9 Los caps. **9-14** son más recientes, muy diferentes de **1-8**, sobre todo por un mesianismo más amplio y menos concreto. Citan libros anteriores, sobre todo Jr y Ez. El oráculo alude a una conquista (¿la de Alejandro?), interpretada como una acción de Yahvé, que preludia la era mesiánica.

También de él quedará
un resto para nuestro Dios,
será como una tribu de Judá,
y Ecrón será como el jebuseo.
8 Acamparé junto a mi Casa como guardia
contra quien pasa o quien viene;
no pasará junto a ellos el opresor,
porque ahora vigilo con mis ojos.

El Mesías.

9 ¡Exulta sin freno, Sión*,
grita de alegría, Jerusalén!
Que viene a ti tu rey:
justo y victorioso,
humilde y montado en un burro,
en una cría de burra.
10 Suprimirá los carros de Efraín
y los caballos de Jerusalén;
será suprimido el arco de guerra,
y él proclamará la paz a las naciones*.
Su dominio alcanzará de mar a mar,
desde el Río al confín de la tierra.

La restauración de Israel.

11 Por la sangre de tu alianza,
libraré a tus cautivos de la fosa vacía, sin agua.
12 Vuelvan a la fortaleza,
cautivos de la esperanza;
hoy mismo, se lo anuncio,
el doble te he de devolver.
13 He tensado como un arco a Judá,
lo he cargado con las flechas de Efraín.
Voy a incitar a tus hijos, Sión,
contra tus hijos, Yaván,
te transformaré en espada de guerrero.
14 Yahvé aparecerá junto a ellos,
saldrán como relámpagos sus flechas;
(el Señor) Yahvé tocará el cuerno
y avanzará en los torbellinos del sur.
15 Yahvé Sebaot los escudará,
devorarán como carne a los honderos,
beberán la sangre como vino,
rebosarán como copa de aspersiones,
como los salientes de un altar.
16 Aquel día los salvará Yahvé su Dios,
los pastoreará como a un rebaño*,
serán como piedras de diadema
refulgentes en su tierra.
17 ¡Qué prosperidad y hermosura!
El trigo hará crecer a los jóvenes
y el mosto a las doncellas.

Fidelidad a Yahvé.

10 1 Pidan a Yahvé la lluvia
en tiempo de primavera.
Yahvé, que crea los temporales,
lluvia copiosa les dará,
hierba en su campo a cada uno.
2 Pues los ídolos predicen falsedad
y los adivinos ven mentira,
predicen sueños ilusorios,
con vanidades quieren consolar;
por eso emigran como ovejas,
abatidos por falta de pastor*.

Liberación y vuelta de Israel.

3 Contra los pastores arde mi cólera,
a los machos cabríos visitaré*.
Cuando Yahvé Sebaot visite
a su rebaño, la Casa de Judá,
hará de ellos su caballo
victorioso en el combate.
4 De ellos saldrá la piedra angular,
de ellos clavijas para la tienda,
de ellos los arcos para el combate,
de ellos todos los caudillos*.
Juntos 5 serán como soldados
que pisan el barro de las calles;

9 9 Ver Is **1** 8+. El *humilde*, So **2** 3+, rey mesiánico, tendrá la montura de los antiguos reyes, Gn **49** 11; Jc **5** 10; **10** 4; **12** 14; ver 1 R **1** 5.38. Jesús cumplió esta profecía, Mt **21** 5; Jn **12** 15; ver Mt **11** 29.
9 10 Ver Os **2** 20+; Is **11** 6+.
9 16 Ver Ez **34+.**
10 2 Ver Nm **27** 17+; Za **13** 7; Ez **34** 5; Mt **9** 36.
10 3 *Pastores y machos cabríos* son los dominadores extranjeros.
10 4 Todos los jefes que van a salir del pueblo.

combatirán, porque Yahvé está con
ellos,
y los jinetes quedarán confundidos.
6 Yo haré fuerte a la casa de Judá,
victoriosa a la casa de José;
los repatriaré, me dan pena,
serán como si no los hubiera
desechado,
pues soy Yahvé su Dios, y les
respondo.
7 Como soldados serán los de Efraín,
su corazón se alegrará como con
vino;
sus hijos lo verán, se alegrarán,
todo su ser gozará con Yahvé.
8 Les silbaré para reunirlos,
pues los he rescatado,
y serán tan numerosos como eran.
9 Los dispersé entre los pueblos,
en tierras lejanas me recordarán,
criarán sus hijos y volverán.
10 Los haré volver de Egipto,
de Asiria los recogeré,
los conduciré a Galaad y al Líbano,
donde no habrá bastante para ellos.
11 Atravesarán el mar de la angustia,
(él golpeará al mar borrascoso),
quedará seco el cauce del Nilo.
Será abatido el orgullo de Asiria,
y el poder de Egipto llegará a su fin.
12 Los haré fuertes en Yahvé,
y en su Nombre marcharán
—oráculo de Yahvé—.

11 1 Abre tus puertas, Líbano,
que el fuego devore tus cedros.
2 Gime, ciprés, que el cedro ha caído,
que los majestuosos han sido
arrasados.
Giman, encinas de Basán,
que ha sido abatida la selva
impenetrable.
3 Se oyen gemidos de pastores,
porque ha sido arrasado su
esplendor,
se oyen rugidos de leones,
porque ha sido arrasada la flora del
Jordán.

Los dos pastores*.

4 Así dice Yahvé mi Dios: Apacienta
las ovejas destinadas al matadero; 5 ésas
que sus compradores matan impune-
mente, mientras sus vendedores dicen:
«¡Bendito sea Yahvé; ya soy rico!», y a
las que no perdonan los pastores. 6 Pues
yo no perdonaré más a los habitantes de
esta tierra, oráculo de Yahvé; entregaré
a cada uno en manos de su vecino y
en manos de su rey; cuando aplasten
el país, yo no los libraré de sus manos.
7 Apacenté, pues, las ovejas de matanza
destinadas a los tratantes de ovejas, y
me procuré dos cayados: a uno lo llamé
«Gracia» y al otro «Vínculo». Me puse a
apacentar las ovejas, 8 y me deshice de
los tres pastores en un mes*. Pero me
impacienté con ellos y ellos se hartaron
de mí. 9 Entonces dije: «¡No volveré a
apacentarlos a ustedes; la que tenga que
morir, que muera; la que tenga que desaparecer, que desaparezca; y las que
queden, que se coman unas a otras!»
10 Tomé luego mi cayado «Gracia» y lo
partí, para romper así la alianza que
Yahvé había concluido con todos los
pueblos. 11 Quedó rota aquel día, y los
tratantes de ovejas que me observaban
supieron que era una palabra de Yahvé.
12 Yo les dije: «Si les parece bien a ustedes, denme mi jornal; si no, déjenlo.»
Ellos pesaron mi jornal: treinta siclos
de plata*. 13 Yahvé me dijo: «¡Echa al
tesoro ese valioso precio en que me han
tasado!» Tomé, pues, los treinta siclos de
plata y los eché en el tesoro del templo
de Yahvé. 14 Después partí mi segundo

11 4 Esta alegoría del pastor bueno y malo, Ez **34**+, acabará, Za **13** 7-9, en profecía mesiánica. Los vv. 4-12 describen en los acontecimientos recientes la acción de la Providencia. El profeta desempeña el papel de Yahvé-Pastor. No habiendo seguido Israel a su Dios, Yahvé va a suscitar un pastor malo, vv. 15-17, figura del retorno a los antiguos procedimientos.

11 8 Alusión a una serie de sumos sacerdotes destituidos.

11 12 Retribución irrisoria, el precio de un esclavo, Ex **21** 32. En una palabra, se mofan de Yahvé. -Mt **27** 3-10 ha aplicado los vv. 12-13 a Cristo, de quien el profeta, que representa a Yahvé despreciado, aparece como tipo.

cayado «Vínculo», para romper así la
fraternidad entre Judá e Israel*.
15 Yahvé me dijo también: «Toma el hato de un pastor necio. 16 Pues he pensado
suscitar en esta tierra un pastor que no
hará caso de la oveja perdida, ni buscará
a la extraviada, ni curará a la herida, ni
se ocupará de la sana, sino que comerá
la carne de las ovejas cebadas, y hasta las
uñas les arrancará.

17 ¡Ay del pastor inútil
que abandona a las ovejas!
¡Espada contra su brazo,
contra su ojo derecho;
que su brazo se seque del todo,
que del todo se ciegue su ojo!»

Liberación y renovación de Jerusalén.

12 1 Oráculo. Palabra de Yahvé sobre
Israel (2b y también sobre Judá).
Oráculo de Yahvé, que despliega los cielos, pone los cimientos de la tierra y forma el espíritu del hombre en su interior.
2a Voy a convertir a Jerusalén en una
copa de vértigo para todos los pueblos
del contorno* (durante el asedio contra
Jerusalén).
3 Aquel día haré de Jerusalén una piedra de levantamiento para todos los pueblos: todos los que la levanten se des-
garrarán completamente. Y contra ella
se congregarán todas las naciones de la
tierra. 4 Aquel día —oráculo de Yahvé—
haré que se espanten los caballos y enlo-
quezcan sus jinetes. A todos los pueblos
heriré de ceguera. (Pero pondré mis ojos
en la casa de Judá.) 5 Entonces dirán para sí los clanes de Judá: «La fuerza de los
habitantes de Jerusalén está en Yahvé
Sebaot su Dios.» 6 Aquel día convertiré a
los clanes de Judá en un incendio en el
bosque, en una antorcha entre gavillas; y
devorarán a derecha e izquierda a todos
los pueblos del contorno, mientras Jerusalén será de nuevo habitada en su lugar.
7 Salvará Yahvé en primer lugar a las
tiendas de Judá, para que el prestigio de
la dinastía de David y el prestigio de los
habitantes de Jerusalén no crezca a costa
de Judá. 8 Aquel día protegerá Yahvé a
los habitantes de Jerusalén: el más flaco
entre ellos será aquel día como David, y
la dinastía de David será como Dios, como un ángel de Yahvé, al frente de ellos.
9 Aquel día me dispondré a destruir a
todas las naciones que ataquen a Jerusalén; 10 derramaré sobre la dinastía de
David y sobre los habitantes de Jerusalén un espíritu de gracia y de oración; y
mirarán hacia mí. En cuanto a aquél a
quien traspasaron*, harán duelo por él
como se llora a un hijo único, y le llorarán amargamente como se llora a un
primogénito. 11 Aquel día será grande el
duelo en Jerusalén, como el duelo de
Hadad Rimón en la llanura de Meguidó.
12 Y se lamentará el país, cada familia
aparte:
la familia de David aparte
y sus mujeres aparte;
la familia de Natán aparte
y sus mujeres aparte;
13 la familia de Leví aparte
y sus mujeres aparte;
la familia de Semeí aparte
y sus mujeres aparte;
14 el resto de las familias aparte
y sus mujeres aparte.

13 1 Aquel día habrá una fuente* a
disposición de la casa de David
y de los habitantes de Jerusalén, para
lavar el pecado y la impureza.
2 Aquel día —oráculo de Yahvé Sebaot— extirparé de esta tierra los nombres de los ídolos y no se volverá a men-

11 14 La opresión extranjera, v. 10, y el cisma samaritano.
12 2 Ver Is **51** 17+.
12 10 La muerte del enviado de Dios *traspasado* se sitúa en un contexto escatológico, ver Ap **1** 7: fin del asedio de la ciudad, vv. 10-14, y apertura de una fuente saludable,
13 1+. Esta muerte misteriosa es análoga a la del Siervo, Is **52** 13-**53** 12; ver Sal **69** 27; Ez **37**. En Jn **19** 37, el texto es citado a propósito de Cristo en la Cruz.
13 1 Ver Ez **47**+; **36** 25; Jn **7** 38-39; **19** 34.

tarlos; igualmente haré que desaparezcan
de esta tierra los profetas* y el espíritu de
impureza.
3 Y, si alguien sigue todavía profetizando, le dirán su padre y su madre que
lo engendraron: «¡No puedes vivir, pues
dices mentiras en nombre de Yahvé!» Y
su padre y su madre que lo engendraron
lo traspasarán mientras esté profetizando. 4 Aquel día, cuando profeticen, se
avergonzarán los profetas de sus visiones, y no se vestirán el manto de pelo
para mentir, 5 sino que dirá cada uno:
«¡No soy profeta; soy un campesino,
pues la tierra es mi ocupación desde
mi juventud!» 6 Y si alguien le dice: «¿Y
esas heridas que hay entre tus manos?»,
responderá: «Las he recibido en casa de
mis amigos*.»

Invocación a la espada: el nuevo pueblo*.

7 ¡Despierta, espada,
contra mi pastor,
contra mi ayudante!
—oráculo de Yahvé Sebaot—.
¡Hiere al pastor, que se dispersen las ovejas,
yo volveré mi mano contra los corderos!
8 En toda esta tierra
—oráculo de Yahvé—
dos tercios serán exterminados (perecerán)
y el otro tercio quedará en ella.
9 Meteré en el fuego este tercio:
lo purgaré como se purga la plata
lo refinaré como se refina el oro.
Él invocará mi nombre
y yo le responderé;
diré: «¡Éste es mi pueblo!»
y él dirá: «¡Yahvé es mi Dios!»

El combate escatológico: esplendor de Jerusalén*.

14 1 Ya llega el Día de Yahvé en
que serán repartidos tus despojos en medio de ti. 2 Yo reuniré a todas las naciones para que ataquen Jerusalén. La ciudad será tomada, las casas
saqueadas y las mujeres violadas. La
mitad de la ciudad partirá al cautiverio,
pero el Resto del pueblo no será extirpado de la ciudad. 3 Saldrá entonces
Yahvé y combatirá contra esas naciones como el día en que él combate, el
día de la batalla. 4 Aquel día se asenta-
rán sus pies en el monte de los Olivos
que está frente a Jerusalén, al oriente, y
el monte de los Olivos se hendirá por el
medio de oriente a occidente haciéndose
un enorme valle: la mitad del monte se
retirará al norte y la otra mitad al sur. 5 Y
huirán ustedes al valle de mis montes,
porque el valle de los montes llegará
hasta Yasol; huirán como cuando el
terremoto en tiempos de Ozías, rey de
Judá. Y vendrá Yahvé mi Dios y todos
los consagrados con él.
6 Aquel día no habrá frío ni hielo.
7 Será un día único —conocido sólo de
Yahvé—: no sucederá la noche al día,
pues al atardecer seguirá habiendo luz.
8 Aquel día manarán de Jerusalén aguas
vivas, mitad hacia el mar oriental, mitad
hacia el mar occidental: manarán tanto
en verano como en invierno*. 9 Y Yahvé
reinará en toda la tierra: ¡aquel día será
único Yahvé y único su nombre*! 10 Toda
esta tierra se transformará en llanura,
desde Gueba hasta Rimón, al sur de Jerusalén. Jerusalén seguirá encumbrada
y habitada, desde la Puerta de Benjamín
hasta el emplazamiento de la antigua
Puerta, es decir, hasta la Puerta de los

13 2 Desaparición de la institución profética, condenada por los abusos de los falsos profetas, ver Jr **23** 9-12; Ez **13**.

13 6 El que se cree que es profeta atribuye sus cicatrices a una riña entre compañeros y no a una manera de actuar de los antiguos profetas, 1 R **18** 28.

13 7 La espada va a herir al pastor y entregará a todo el pueblo a la prueba final, que ha de preceder al tiempo de la nueva alianza. Ver Ez **34**+; Is **4** 3+; ver también Ez **5** 1-4; Jr **6** 29-30; **31** 31+. Texto citado en Mt **26** 31p.

14 La última lucha y todos sus efectos cósmicos. Sobre el *Día*, ver Am **5** 18+.

14 8 Ver **13** 1; Ez **47**+; Jn **4** 7+.

14 9 Repetición solemne que subraya la extensión del monoteísmo a toda la tierra, ver Ml **1** 11.

Ángulos, y desde la torre de Jananel
hasta los Lagares del rey. 11 Será habitada y no habrá más anatemas: ¡Jerusalén será habitada sin sobresaltos!
12 Y ésta será la plaga con que castigará Yahvé a todos los pueblos que hayan luchado contra Jerusalén: pudrirá
su carne aun estando en pie, sus ojos se
pudrirán en sus cuencas, y su lengua se
pudrirá en su boca. 15 Semejante será la
plaga de los caballos, mulos, camellos y
burros, y de todo el ganado que haya
entonces en los campamentos: ¡una
plaga terrible! 13 Aquel día cundirá entre
ellos un pánico sobrecogedor enviado
por Yahvé: si uno agarra la mano de su
prójimo, éste levantará la mano contra
él. 14 También Judá combatirá en Jerusalén. Y serán reunidas las riquezas de
todas las naciones de alrededor: oro,
plata y vestidos en gran cantidad.
16 Los supervivientes de todas las naciones que atacaron Jerusalén subirán
de año en año a postrarse ante el Rey
Yahvé Sebaot y a celebrar la fiesta de las
Tiendas. 17 Y la familia del país que no
suba a Jerusalén a postrarse ante el Rey
Yahvé Sebaot no recibirá lluvia en sus
tierras. 18 Si la familia de Egipto no sube
ni viene, caerá sobre ella la plaga con
que Yahvé herirá a las naciones que no
suban a celebrar la fiesta de las Tiendas*.
19 Tal será el castigo de Egipto y el castigo de todas las naciones que no suban a
celebrar la fiesta de las Tiendas.
20 Aquel día estará escrito en los cascabeles de los caballos: «Consagrado a
Yahvé», y las ollas del templo de Yahvé
serán como los aspersorios que hay
ante el altar. 21 Y las ollas de Jerusalén y
de Judá estarán consagradas a Yahvé
Sebaot; todos los que quieran sacrificar
vendrán a hacer uso de ellas, y en ellas
cocerán; y aquel día no habrá más comerciantes en el templo de Yahvé Sebaot*.

14 18 Ver Ex **23** 14+; Lv **23** 34-36. Se celebraba en ella la realeza de Yahvé.

14 21 Como en Ez **40-48**, todo será consagrado a Dios en el nuevo Israel.

MALAQUÍAS

1 [1] Oráculo. Palabra de Yahvé dirigida a Israel por medio de Malaquías*.

El amor de Yahvé a Israel.

[2] Los he amado*, dice Yahvé. —Pero ustedes dicen: ¿En qué se nota que nos has amado? —¿No era Esaú hermano de Jacob?, oráculo de Yahvé. Y sin embargo amé a Jacob [3] y odié a Esaú*. Entregué sus montes a la desolación y su heredad a los chacales del desierto. [4] Si dice Edom: «Hemos sido aplastados, pero reedificaremos nuestras ruinas», así dice Yahvé Sebaot: Ellos edificarán, pero yo demoleré, y los llamarán: «Territorio de impiedad», y «Pueblo contra el que Yahvé está irritado para siempre». [5] Sus ojos lo verán y ustedes dirán: «¡Grande es Yahvé más allá del término de Israel!»

Contra los sacerdotes.

[6] El hijo honra a su padre, el siervo a su señor. Pues si yo soy padre, ¿dónde está mi honra? Y si señor, ¿dónde mi temor?, les dice Yahvé Sebaot a ustedes, sacerdotes que menosprecian mi Nombre. —Dicen: ¿En qué hemos menospreciado tu Nombre? —[7] Presentando en mi altar pan impuro. —Y encima preguntan: ¿En qué te hemos manchado? —Pensando que la mesa de Yahvé es despreciable. [8] Y cuando presentan para el sacrificio una res ciega, ¿no está mal*? Y cuando presentan una coja o enferma, ¿no está mal? Anda, ofrécesela a tu gobernador: ¿se te pondrá contento o te acogerá con agrado?, dice Yahvé Sebaot. [9] Ahora, pues, aplaquen ustedes a Dios para que tenga compasión de nosotros. Vienen con eso en sus manos, ¿acaso los acogerá agradecido?, dice Yahvé Sebaot. [10] ¡Ojalá alguien de ustedes cerrara las puertas para que no enciendan mi altar en vano! Ustedes no me gustan nada, dice Yahvé Sebaot, ni me agrada la oblación que traen. [11] Desde levante hasta poniente grande es mi Nombre entre las naciones, y en todo lugar ofrecen a mi Nombre sacrificios de incienso y oblaciones puras*, pues grande es mi Nombre entre las naciones, dice Yahvé Sebaot. [12] Pero ustedes lo profanan, cuando dicen: ¡La mesa del Señor está manchada, son repugnantes sus alimentos!, [13] y me desprecian añadiendo: ¡Qué lata!, dice Yahvé Sebaot. Cuando ustedes traen una res robada, o coja, o enferma, cuando traen una oblación así, ¿piensan que la voy a aceptar de sus manos?, dice Yahvé Sebaot. [14] ¡Maldito el tramposo que promete un macho de su rebaño y sacrifica al Señor una bestia castrada! ¡Que yo soy un gran Rey, dice Yahvé Sebaot, y mi Nombre admirado entre las naciones!

2 [1] Reciban ahora esta advertencia, sacerdotes: [2] Si no hacen caso ni toman a pecho dar gloria a mi Nombre, dice Yahvé Sebaot, lanzaré contra ustedes la maldición y maldeciré su bendición; la maldeciré porque ninguno de ustedes toma nada a pecho. [3] Voy a dejarlos sin brazo, les echaré estiércol a la cara, el estiércol de sus fiestas, y serán aventados con él. [4] Sabrán así que yo les dirigí esta advertencia para que se mantuviera mi alianza con Leví, dice Yahvé Sebaot. [5] Mi alianza con él era de vida y paz, y se las concedí; era de respeto, y me respetaba reverenciando mi Nombre. [6] Su boca transmitía la Ley de verdad, no había en sus labios maldad; en paz y en rectitud caminaba conmigo, y a muchos recobró de la culpa.

1 1 El nombre de *Malaquías* significa *mi mensajero*, ver **3** 1. La comunidad restaurada se relaja y el profeta le recuerda las exigencias de Dios.
1 2 Ver Dt **7** 6+; Os **11**+; Is **54** 8.
1 3 Citado en Rm **9** 13. Ver Gn **25** 23.
1 8 Ver Lv **22** 18-25.
1 11 Crítica clásica del culto formalista, Am **5** 21+. Pero además el profeta piensa en el sacrificio perfecto de la era mesiánica. Los Padres han visto aquí frecuentemente la Eucaristía.

7 Los labios del sacerdote guardarán el saber, y la Ley se busca en su boca, pues es el mensajero de Yahvé Sebaot*. 8 Pero ustedes se han extraviado del camino, han hecho tropezar a muchos en la Ley, han corrompido la alianza de Leví, dice Yahvé Sebaot. 9 Por eso también yo los he hecho despreciables y los he envilecido ante todo el pueblo, de la misma manera que ustedes no guardan mis caminos y hacen acepción de personas en la Ley.

Matrimonios mixtos y divorcios.

10 ¿No tenemos todos un mismo Padre? ¿No nos ha creado el mismo Dios? ¿Por qué entonces nos traicionamos unos a otros, profanando la alianza de nuestros padres? 11 Judá es culpable de traición; en Israel y en Jerusalén se cometen abominaciones. Porque Judá ha profanado el santuario querido de Yahvé al casarse con la hija de un dios extranjero*. 12 ¡Que extirpe Yahvé al hombre que hace tal, incluidos testigo y defensor, de las tiendas de Jacob y de entre los que presentan la oblación a Yahvé Sebaot! 13 Y ustedes hacen otra cosa más: cubren de lágrimas el altar de Yahvé, de llantos y suspiros, porque él ya no acepta su oblación, ni la recibe gustoso de sus manos. 14 Y encima dicen: ¿Por qué? —Porque Yahvé es testigo entre tú y la esposa de tu juventud, a la que tú traicionaste, siendo así que era tu compañera, la mujer con la que te habías comprometido. 15 ¿No los ha hecho un solo ser, dotado de carne y espíritu? Y este uno ¿qué busca? ¡Una posteridad dada por Dios! Guarden, pues, su espíritu; no traiciones a la esposa de tu juventud*. 16 Pues yo odio el repudio, dice Yahvé Dios de Israel, y al que encubre con su vestido la violencia, dice Yahvé Sebaot. Guarden, pues, su espíritu y no cometan tal traición.

El Día de Yahvé.

17 Ustedes cansan a Yahvé con sus palabras. —Dicen: ¿En qué le cansamos? —Cuando afirman: Yahvé aprueba al que hace el mal, lo acepta complacido; o también: ¿Dónde está el Dios justo*?

3 1 Voy a enviar a mi mensajero a allanar el camino delante de mí*, y en seguida vendrá a su templo el Señor a quien ustedes buscan; y el Ángel de la alianza que tanto desean, ya llega, dice Yahvé Sebaot. 2 ¿Quién podrá soportar el Día de su venida? ¿Quién se tendrá en pie cuando aparezca? Porque será como fuego de fundidor y lejía de lavandero. 3 Se sentará para fundir y purgar. Purificará a los hijos de Leví y los acrisolará como el oro y la plata; y serán quienes presenten a Yahvé oblaciones legítimas. 4 Entonces se complacerá Yahvé en la oblación de Judá y de Jerusalén, como en los días de antaño, como en los años remotos. 5 Me haré presente a ustedes para juzgarlos, y seré un testigo expeditivo contra los hechiceros y los adúlteros, contra los que juran en falso, contra los que oprimen al jornalero, a la viuda y al huérfano, contra los que hacen agravio al forastero sin ningún temor de mí, dice Yahvé Sebaot.

Los diezmos del Templo.

6 Yo, Yahvé, no cambio, pero ustedes, hijos de Jacob, no terminan nunca.

2 7 Notar la función de enseñar, vv. 6-7, devuelta al sacerdote.

2 11 Matrimonios de israelitas con mujeres extranjeras, ver Esd **9-10**; Ne **13** 23-27.

2 15 Ver Gn **2** 24; Mt **5** 31-32p; Ef **5** 25-32.

2 17 Escándalo que producía la prosperidad de los malvados. Ver Jb **21** 7-8; Sal **37**; **73**; Ha **1** 2.

3 1 El mensajero, **1** 1, precursor de Yahvé, ver Is **40** 3, será identificado con Elías, **3** 23. En Mc **1** 2, el texto se aplica a Juan Bautista, nuevo Elías, ver Mt **11** 14; Lc **1** 17.76. -El *Ángel de la alianza* es el mismo Yahvé, más bien que su precursor, ver Gn **16** 7+. Mt **11** 10 invita a interpretarlo de Cristo.

7 Desde los tiempos de sus antepasados vienen apartándose de mis preceptos y no los observan. Vuélvanse a mí y yo me volveré a ustedes, dice Yahvé Sebaot. —Dicen: ¿En qué hemos de volver? —8 ¿Puede un hombre defraudar a Dios? ¡Pues ustedes me defraudan! —Y encima dicen: ¿En qué te hemos defraudado? —En el diezmo y en la ofrenda reservada*. 9 Están repletos de maldición, pues me defrauda la nación entera. 10 Lleven el diezmo íntegro a la casa del tesoro, para que haya alimento en mi templo; pónganme así a prueba, dice Yahvé Sebaot, y verán cómo les abro las esclusas del cielo y derramo sobre ustedes la benéfica lluvia hasta que se agote. 11 Les ahuyentaré la voraz langosta para que no acabe con el fruto del suelo y no queden estériles las viñas campestres, dice Yahvé Sebaot. 12 Todas las naciones los felicitarán entonces, porque serán una tierra deliciosa, dice Yahvé Sebaot.

Triunfo de los justos el Día de Yahvé.

13 Duras me resultan las palabras de ustedes, dice Yahvé. —Y todavía dicen: ¿Qué hemos dicho contra ti? —14 Ustedes han dicho: Es inútil servir a Dios; ¿qué ganamos con guardar sus mandamientos o con hacer duelo ante Yahvé Sebaot? 15 Más bien hemos de felicitar a los arrogantes, que aun haciendo el mal prosperan, y aun tentando a Dios escapan impunes.

16 Entonces los devotos de Yahvé hablaron entre sí. Yahvé escuchó con atención; y se escribió en su presencia un libro* en memoria de los devotos de Yahvé que honran su Nombre. 17 Ese día que estoy preparando se convertirán en mi propiedad personal, dice Yahvé Sebaot; y seré indulgente con ellos como es indulgente un padre con el hijo que lo sirve. 18 Entonces ustedes volverán a distinguir entre el justo y el malvado, entre quien sirve a Dios y quien no lo sirve.

19 Está para llegar el Día*, abrasador como un horno; todos los arrogantes y los malvados serán como paja; y los consumirá el Día que viene, dice Yahvé Sebaot, hasta no dejarles raíz ni rama. 20 Pero para ustedes, los adeptos a mi Nombre, los alumbrará el sol de justicia* con la salud en sus rayos, y saldrán brincando como terneros bien cebados fuera del establo. 21 Y pisotearán a los malvados, que serán como ceniza bajo la planta de sus pies, el día que estoy preparando, dice Yahvé Sebaot.

Apéndices.

22 Acuérdense de la Ley de Moisés, mi siervo, a quien yo prescribí en el Horeb preceptos y normas para todo Israel. 23 Voy a enviarles al profeta Elías antes de que llegue el Día de Yahvé, grande y terrible. 24 Él reconciliará a los padres con los hijos y a los hijos con los padres, y así no vendré a castigar la tierra con el anatema*.

3 8 Sobre el diezmo, véase Dt **14** 22+. Ver también Ne **10** 36; **12** 44.
3 16 Ver Dn **7** 10+.
3 19 Ver Am **5** 18+.
3 20 *Sol de justicia*, título, Is **41** 2, que será aplicado a Cristo, ver Lc **1** 78 y la liturgia de Navidad y de Epifanía.

3 24 Citado en Si **48** 10 y Lc **1** 17. -*Elías* arrebatado al cielo, 2 R **2** 11-13, volverá. Este *retorno,* anunciado aquí, será un rasgo importante de la escatología judía. Jesús explica que Elías ya ha venido en la persona de Juan Bautista, Mt **11** 7-14; **17** 10-13; Mc **9** 2-13.

NUEVO TESTAMENTO

EVANGELIOS SINÓPTICOS

Introducción

De los cuatro libros canónicos que narran la «Buena Nueva», los tres primeros presentan entre sí tales semejanzas que pueden ponerse en columnas paralelas y abarcarse «con una sola mirada»; de ahí su nombre de «Sinópticos».

La Tradición eclesiástica, atestiguada desde el siglo II, los atribuye respectivamente a San Mateo, San Marcos y San Lucas.

El comienzo de los evangelios fue la predicación oral de los apóstoles, centrada en torno al «kerygma» que anunciaba la muerte redentora y la resurrección del Señor. A esta predicación acompañaban normalmente relatos más detallados, como el de la Pasión, anécdotas tomadas de la vida del Maestro que daban luz sobre su persona, su misión, su poder, su enseñanza, con algún episodio o palabra memorable, milagro, sentencia, parábola, etc. Además se tuvo cuidado de poner esta tradición por escrito. Los episodios, referidos al principio de una manera aislada e independiente, tendieron luego a agruparse, ya en orden cronológico (ver Mc **1** *16-39), ya en orden lógico (ver Mc* **2** *1-***3** *6), primero en pequeñas secciones, luego en conjuntos más vastos.*

En una segunda etapa se combinan estos conjuntos de formas diversas. Es una etapa intermedia entre las colecciones y los evangelios escritos, en la que las primeras se van ampliando, completando, influenciando mutuamente. Los autores especializados en la llamada «cuestión sinóptica» explican diversamente esta etapa.

En una tercera etapa final se redacta cada uno de los sinópticos de manera definitiva.

Esta génesis literaria respeta y utiliza, precisándolos, los datos de la Tradición. No permite, sin embargo, asignar a cada uno de los tres sinópticos una fecha precisa, como por lo demás tampoco la Tradición ofrece datos seguros sobre este punto.

De todos modos el origen apostólico, directo o indirecto, y la génesis literaria de los tres sinópticos justifican su valor histórico, permitiéndonos además apreciar cómo debemos entenderlos. Derivados de una predicación oral que se remonta a los orígenes de una comunidad primitiva, tienen en su base la garantía de testigos oculares. Indudablemente, ni los apóstoles ni los demás predicadores y narradores evangélicos trataron de hacer «historia» en el sentido técnico de esta palabra; su propósito era menos profano y más teológico; hablaron para convertir y edificar, para inculcar e ilustrar la fe, para defenderla contra los adversarios. Pero lo hicieron apoyándose en testimonios verídicos y controlables, exigidos tanto por la probidad de su conciencia como por el afán de no dar pie a refutaciones hostiles. Los redactores evangélicos, que luego consiguieron y recogieron sus testimonios, lo hicieron con el mismo afán de honrada objetividad que respeta las fuentes, como bien lo demuestran la sencillez y el arcaísmo de sus composiciones, en las que tan poco lugar se concede a elaboraciones teológicas o a creaciones legendarias. Y si los tres sinópticos no son «libros de historia», no es menos cierto que no tratan de ofrecer nada que no sea histórico.

Esto no quiere decir, sin embargo, que cada uno de los hechos o de los dichos que refieren pueda tomarse como reproducción rigurosamente exacta de lo que sucedió en realidad. Las leyes inevitables de todo testimonio humano y de su transmisión no nos permiten esperar tal exactitud material; cosa que corroboran los mismos hechos, pues vemos que el mismo relato o la misma palabra es transmitida de modo diferente por los diversos evangelios. Y lo que se dice del contenido de los diversos episodios vale aún con más razón para el orden en que éstos se hallan dispuestos entre sí. Es preciso reconocer que muchos hechos o palabras evangélicas han perdido su relación primitiva con el tiempo o el lugar, y sería a menudo equivocado tomar en sentido riguroso conexiones de redacción como «entonces», «luego», «aquel día», «en aquel tiempo», etc.

Pero tales comprobaciones no prejuzgan en modo alguno la fe de los cristianos en la autoridad de estos libros. Si el Espíritu Santo no concedió a sus intérpretes una perfecta uniformidad en los detalles, es que no daba a la precisión material importancia para la fe. Más aún, es que intentaba esta diversidad en el testimonio.

No cabe duda que en muchos casos los redactores evangélicos pretenden adrede presentar las cosas de forma diferente; y antes que ellos, la tradición oral, de la que son herederos, tampoco transmitió los recuerdos evangélicos sin interpretarlos y adaptarlos de diversas maneras a las necesidades de la fe viva de que eran portadores. Pero esta intervención de la comunidad en la formación de la tradición se realizó bajo la dirección de sus responsables; y, lejos de inquietarnos, debe aprovecharnos, porque esa comunidad era la Iglesia cuyo primer magisterio representaban aquellos responsables. El Espíritu Santo, que debía inspirar a los autores evangélicos, presidía ya todo este trabajo de elaboración previa y lo conducía hacia la consumación de la fe, garantizando sus resultados con esa verdadera inerrancia que, más que en la materialidad de los hechos, recae en el mensaje espiritual que en sí llevan.

EVANGELIO SEGÚN SAN MATEO

El Evangelio de Mt distribuye de forma armónica y ordenada gran parte del material catequético que se usaba en las comunidades del entorno de Antioquía de Siria para afianzar la fe de los cristianos. Las enseñanzas las dispone Mt en cinco discursos a los que acompañan unos hechos de Jesús que las actualizan. Este material va precedido de un prólogo que presenta las credenciales de Jesús como anunciador y realizador del Reinado de Dios.

1. Prólogo: Las credenciales de Jesús (1 *1*-4 *22*)

a) Es hijo de David *(***1** *1-25). A través de la rama de José, su padre legal, Jesús entronca con el linaje davídico. Su nacimiento es en la ciudad de David, Belén.*

b) Es el rey-Mesías *(***2** *1-12). Los sabios de Oriente vienen en busca del «rey de los judíos». A contraluz Mt pinta al falso «rey» de Israel, Herodes.*

c) Es el nuevo jefe del pueblo de Israel *(***2** *13-23;* **4** *1-11). En los hechos de la niñez de Jesús se actualizan episodios claves de la formación de Israel: refugio en Egipto, éxodo de Egipto, superación de las pruebas del desierto.*

d) Es hijo de Dios *(***3** *1-17). El gran profeta de los tiempos modernos de Israel, Juan Bautista, lo afirma ante la gente. Dios mismo lo proclama también: «Este es mi hijo amado...»*

e) Su misión es anunciar la buena noticia *(***4** *12-22). Anuncia la salvación: amor de Dios, o luz, para todos los pueblos. Y para continuar su misión anunciadora elige unos colaboradores.*

2. Proclamación del programa del Reino (4 *23*-9 *35*)

a) Enseñanza. *Una vez descrito, a modo de introducción, el escenario (***4** *23-***5** *2), Mt pone en boca de Jesús lo que es la quintaesencia del Reino: Las Bienaventuranzas (***5** *3-12). Sus discí-*

*pulos son los continuadores de esta proclamación (***5** *13-16). Revisa luego Jesús las leyes fundamentales del Reino de Dios recorriendo los preceptos más importantes de la Ley mosaica. Apunta lo que ésta tiene de válido para la nueva realidad (***5** *17-48) y subraya las notas de la nueva relación del hombre con Dios, que es ante todo «Padre», y que es quien «ve» la actitud de los hombres. Propone las líneas de la nueva religiosidad (***6** *1-18) y la exigencia del compromiso por el Reino (***6** *19-***7** *12). Cuatro comparaciones sintetizan y aclaran toda la enseñanza de Jesús: los dos tipos de camino, de profetas, de discípulos y de construcción de la casa.*

b) Hechos. *Tres grupos de tres relatos cada uno, que llevan intercaladas unas anotaciones sobre el seguimiento de Jesús: 1. Curaciones de un leproso, del criado del centurión y de la suegra de Pedro (***8** *1-15). Anotación (***8** *16-22). 2. Dominio sobre la naturaleza, los demonios y las enfermedades (curación del paralítico) (***8** *22 -* **9** *8). Anotación (***9** *9-17). 3. Poder para reconstruir la naturaleza degradada, en una niña muerta, en una mujer enferma, en dos ciegos (***9** *18-31). Estos hechos muestran en acción las coordenadas de la nueva humanidad, o nuevo orden de cosas, proclamada en el discurso.*

3. Proclamación del Reino por los discípulos (9 *35*-12 *50*)

a) Enseñanza. *Jesús da unas instrucciones para la proclamación del Reino. Unas van dirigidas a sus discípulos, que son copia de su estilo misionero (***9** *36-***10** *42): proclamación libre de intereses temporales y desinteresada, que encontrará sus contratiempos. Otras instrucciones van dirigidas a las comunidades de Mt, y reflejan las situaciones que éstas atravesaban en su acción evangelizadora. El ideal de esta tarea evangelizadora lo marca la frase de* **10** *25: «Le basta al discípulo ser como su maestro».*

b) Hechos. *Reacciones de los oyentes ante la proclamación del Reino. Una pregunta de los discípulos de Juan le sirve a Mt para abrir la sección. Los grupos de oyentes, con sus diversas actitudes están bien marcados:*

— *La gente sencilla y humilde, en la que se engloba también la familia de Jesús, tiene una actitud positiva (***11** *7-9. 25-30;* **12** *46-50).*

— *Las ciudades, que creían tener ciertos derechos adquiridos en el Reino de Dios, mantienen una actitud negativa (***11** *20-24).*

— *Los jefes del pueblo tienen también una actitud negativa y a veces beligerante frente a la enseñanza de Jesús (***12** *1-45).*

4. ¿Qué es el Reino de los cielos? (13 *1*-17 *27*)

a) Enseñanza. *El soporte de la instrucción para desentrañar la naturaleza del Reino es un conjunto de parábolas o comparaciones sencillas tomadas de la realidad. El evangelista proporciona unas ayudas para descubrir el mensaje de las parábolas. Estas ayudas las encontramos en la introducción (***13** *1-9) y en las instrucciones que intercala en los dos grupos de tres parábolas. Nótese la artificialidad en la distribución del material catequético: primer grupo de tres parábolas: cizaña, mostaza, levadura (***13** *24-33); instrucción (***13** *34-43); segundo grupo de tres parábolas: tesoro, perla, red (***13** *44-50); instrucción (***13** *51-52). La parábola del sembrador (***13** *3-23) expone, en este lenguaje, la metodología catequética que se practicaba en las comunidades de Mt, a ejemplo de la metodología de Jesús.*

b) Hechos. *Diversas actitudes ante la enseñanza sobre la naturaleza del Reino: Rechazo abierto por parte de los conciudadanos (***13** *53-***14** *12) y de los jefes religiosos (***15** *1-20;* **16** *1-4). Admiración de los oyentes, tanto judíos como no judíos (***15** *21-31). Acep-*

*tación por parte de los discípulos, y en especial de Pedro (***14** *22-34;* **16** *5-20). Compromiso con el Reino o participación en las señales con las que Jesús confirma la enseñanza: panes, curaciones, transfiguración (***14** *13-21.35-36;* **15** *29-39;* **17** *1-13).*

5. La comunidad cristiana (=Iglesia) es el Reino de los Cielos *(***18** *1-***22** *45)*

Mt ve en la comunidad cristiana el inicio de la implantación del Reinado de Dios.

a) Enseñanza. *La organización de la vida de los creyentes se basa en la comunión de todos y en un nuevo estilo de vida. De él Mt destaca tres rasgos básicos: Atención preferente a pequeños y débiles en la fe, o extraviados: todos son importantes, como personas, ante Dios (***18** *1-14); la corrección fraterna, que es un modo de reforzar la comunión de vida (***18** *15-20); y sobre todo el perdón incondicional entre todos los de la comunidad, que es reflejo del de Dios (***18** *21-35).*

b) Hechos. *La comunidad cristiana es el nuevo pueblo de Dios. La pertenencia al mismo es libre. Por eso hay quienes no quieren entrar: los judíos, que en el encuentro con Jesús provocan fuertes tensiones hasta preparar su muerte (***19** *1-12;* **20** *1-16;* **21** *18-***22** *14;* **22** *41-45); los ricos, que tienen como valor supremo de su vida —su propio «dios»— el dinero (***19** *16-30). En cambio entran en esta comunidad los pequeños, los pobres (***19** *13-15), los que aceptan a Jesús como enviado de Dios y como valor básico de sus vidas (***20** *17-***21** *17). Este nuevo pueblo tiene una única ley: el amor a Dios y al prójimo (***22** *34-40).*

6. Implantación del Reinado de Dios en la historia *(***23** *1-***28** *2)*

¿Cuándo se hará realidad este nuevo estilo de vida y cómo encajará en la historia?

a) Enseñanza. *Un primer hecho histórico de esta implantación del Reino es la ruptura con el judaísmo oficial (cap.* **23***). El desarrollo del Reino en la historia se describe con frases de color apocalíptico y textos del AT que lo anunciaban como la venida del hombre —Mesías— Hijo de Dios (***24** *1-35). La actitud de los creyentes es no tanto descifrar los signos o expresiones oscuras de estos anuncios, cuanto la de vivir vigilantes, atentos a su programa de vida, cumpliendo cada uno con las responsabilidades que tiene dentro de la comunidad (***24** *36-***25** *46).*

b) Hechos. *Pasión, Muerte y Resurrección de Jesús. Al inicio del relato de estos hechos, Mt anota que Jesús ya terminó toda su enseñanza, todas sus palabras (***26** *1-16). El relato de la despedida, proceso y muerte subraya la entrega, la total obediencia de Jesús al proyecto del Padre, hasta dar su vida por él; este proyecto tiene un valor supremo (***26** *17-***27** *56). Tal valor queda reconocido por Dios Padre al «resucitar» a Jesús, al darle la transcendencia eterna (***28** *1-15) ante los testigos, primeros constituyentes de la comunidad. Estos testigos deben llevar el mensaje de Jesús, empezando, como él, desde Galilea (***4** *12). El objetivo es toda la humanidad. En esta tarea el resucitado los acompaña (***28** *16-20).*

EVANGELIO SEGÚN SAN MARCOS

El evangelio de Mc agrupa ordenadamente unas catequesis sobre la persona de Jesús: ¿Quién es Jesús de Nazaret? Las circunstancias que viven las comunidades cristianas en Roma y en su entorno en los años 60-70 requerían una clarificación de la persona en la que fundamentaban su fe. Los componentes de estas comunidades eran en su mayoría no judíos que vivían su fe entre dificultades, dudas y persecuciones. Estos cristianos se preguntaban: ¿Cómo es posible que el Mesías e Hijo de Dios fuera juzgado como blasfemo por las autoridades religiosas de su nación, (consideradas como las intérpretes auténticas de la voluntad de Dios) y condenado a muerte? Y si era Hijo de Dios, ¿por qué Dios, su Padre, no intervino para librarlo de la muerte?

Pedro y Marcos, su intérprete (según lo llama Papías), aclaran estas preguntas básicas en sus catequesis comunitarias. Fruto de estas enseñanzas es el evangelio, que pudo ser más breve que el actual y estar escrito en arameo. El Mc en su forma actual agrupa las enseñanzas catequéticas en dos grandes secciones que pretenden responder a las dos preguntas básicas. Las dos secciones están precedidas de un prólogo en el que, como en una confesión pública de la fe, se da testimonio de la mesianidad y la filiación divina de Jesús de Nazaret.

1. Prólogo *(***1** *1-13)*

*El título (***1** *1) es el enunciado del tema catequético: La Buena noticia es que Jesús de Nazaret es el Mesías y el Hijo de Dios.*

*Los dos aspectos de la personalidad de Jesús están testificados de manera solemne: Por el testimonio del Bautista que proclama el mesianismo de Jesús: «bautizará en Espíritu Santo» (***1** *2-8); por el testimonio de Dios Padre, que lo proclama «Hijo suyo» (***1** *9-11); y por el testimonio de la vida de Jesús que supera las pruebas del «desierto» (***1** *12-13).*

2. Jesús se autopresenta como Mesías e Hijo de Dios en su tierra, Galilea *(***1** *14-***8** *30)*

Mc sitúa la presentación de Jesús en Galilea ante tres grupos de oyentes distintos, síntesis de la sociedad que escucha el mensaje de Jesús: los escribas y fariseos; la gente; los discípulos.

a) Los escribas y fariseos *(***1** *14-***3** *6). En el marco de la región de Galilea y de un breve resumen de la actividad misionera de Jesús, que incluye la invitación a unas personas a seguirle (***1** *14-20), Mc subraya los lugares concretos de la presentación de Jesús ante los escribas y fariseos: las sinagogas, las ciudades, la casa, el lago, los descampados; es decir, cualquier lugar real y físico. Esta presentación va acompañada de señales: expulsión de los demonios, curación de enfermos, perdón de pecados y convivencia con pecadores o excluidos de la moral oficial del judaísmo. Las señales van acompañadas de una enseñanza con autoridad sobre la Ley, que es otra prueba de que Jesús es el Mesías.*

*La reacción de este grupo es el rechazo de la persona de Jesús y el deseo de eliminarlo (***3** *6). Apunta ya una respuesta a la primera pregunta de los fieles.*

b) La gente *(***3** *7-***6** *6). El marco de esta nueva presentación es también un breve resumen de su actividad misionera (***3** *7-12), que incluye el llamamiento o elección de los Doce (***3** *13-18). Los lugares de la presentación son aquí más concretos, están más relacionados con la vida del «ciudadano» Jesús: la sinagoga de Nazaret (***6** *2), su casa (***3** *20), su pueblo (***6** *1), el monte (***3** *13), el lago (***3** *7; etc.). Las señales que acompañan la presentación de Jesús Mesías e Hijo de Dios muestran el dominio que tiene sobre Satanás, enemigo del Mesías (***3** *11. 22-30;* **5** *1-20), sobre las enfermedades (***3** *10;* **5** *24-34); sobre la naturaleza (***4** *35-41) y sobre la vida y la muerte (***5** *21-23.35-42). La enseñanza que acompaña explica el mensaje mesiánico, expuesto en un lenguaje asequible a la gente sencilla: en parábolas (***4** *1-33); acerca de su persona (***6** *2-5) y los componentes de su auténtica familia (***3** *31-35). Mc incluye dentro de la enseñanza de Jesús unas anotaciones sobre la disponibilidad para comprender el mensaje, disponibilidad que tiene dos vertientes: la aceptación y la admiración (***4** *34;* **6** *2-3).*

*La reacción de este grupo heterogéneo al que Jesús se presenta es variado: los más cercanos a él, familiares y conciudadanos, no lo comprenden, no creen en él (***6** *6); los discípulos se interrogan (***4** *41); los que han tenido un contacto más directo con él, como los enfermos curados, creen que él es el Mesías (***5** *20. 34.42), e incluso el Hijo de Dios (***3** *11). Para aceptar a Jesús como Mesías e Hijo de Dios hay que creer en él desde la sencillez y la admiración.*

c) Los discípulos *(***6** *14-***8** *30). El marco de este nuevo cuadro es también un breve resumen de la actividad de Jesús (***6** *6b), que se completa con la incorporación de los Doce a su misión (***6** *7-13). Los lugares son más genéricos: ciudades y pueblos de la comarca de Genesaret (***6** *55-56), de la región de Tiro y Sidón y Decápolis (***7** *24.31); el monte, un lugar solitario, un despoblado (***6** *45-46;* **8** *4). Pero también se especifican algunos (***7** *17;* **8** *10.22.27). Algunos lugares están fuera de la región de Palestina. La autopresentación de Jesús tiene un marco no nacional. Las señales son las mismas de los cuadros anteriores: dominio sobre los demonios (***7** *24-30), sobre la naturaleza (***6** *34-44.48-52;* **8** *1-9), sobre las enfermedades (***6** *55-56; etc.). La señal de la multiplicación de los panes está narrada dos veces: una en el ámbito nacional de Galilea (***6** *30-44), otra en un marco geográfico fuera de Palestina (***8** *1-10). En la realización de estas señales Mc destaca los gestos de Jesús: tocar y dejarse tocar. La enseñanza está dirigida principalmente a los discípulos: la predicación del mensaje (***6** *8-11.30-31), el valor de la Ley (***7** *1-23), su persona (***8** *11-21).*

*La reacción de los discípulos es a veces de incomprensión (***7** *18;* **8** *21). Y frente al escepticismo de Herodes (***6** *14-16), Mc destaca, como conclusión de toda esta gran sección la confesión de Jesús como Mesías, puesta en boca de Pedro, el catequista (***8** *27-30). En esta sección se intercala la noticia de la muerte de Juan Bautista (***6** *14-19). La aceptación de la persona de Jesús no siempre fue clara y entusiasta ni siquiera por los primeros discípulos. Las dudas y dificultades se superan con una clara confesión: «Tú eres el Cristo».*

3. El mesianismo y la filiación divina de Jesús (8 *31*-16 *8*)

La segunda parte de Mc pretende desvelar los rasgos característicos del mesianismo de Jesús y de su filiación divina. Así se da respuesta también a las preguntas de los cristianos. Su mesianismo y su filiación divina no son un camino triunfal. Aparentemente son un fracaso y una derrota, ya que le llevan a la pasión y muerte. Pero, como ocurre con el Siervo del Deuteroisaísas, culminarán con la resurrección.

Toda esta segunda parte se divide en tres secciones. La primera adquiere unidad literaria con los tres anuncios de Jesús de su pasión y muerte, camino de Jerusalén; la segunda desvela los rasgos mesiánicos a través de acciones simbólicas, controversias y anuncios proféticos en la ciudad santa; la tercera relata la gran manifestación de Jesús Mesías e Hijo de Dios en su pasión, muerte y resurrección.

a) Camino de Jerusalén *(***8** *31-***10** *52). Los tres anuncios de la pasión marcan tres escenas o cuadros. En ellos Mc ha recogido diverso material catequético organizado en un esquema propio de una catequesis: anuncio de Jesús, incomprensión de los discípulos y enseñanza amplia de Jesús sobre su seguimiento acompañada de señales mesiánicas.*

*En la primera el anuncio de su pasión y muerte y la incomprensión de Pedro son claros (***8** *31-33); la enseñanza es una invitación a todos a seguirle en el camino (***8** *34-***9** *1). Las señales mesiánicas son su transfiguración y la curación de un enfermo (***9** *2-29).*

*El anuncio en la segunda escena va seguido también de la incomprensión de los discípulos (***9** *30-32). La enseñanza versa sobre el desprendimiento de las riquezas, el servicio, la acogida a los más débiles, el buen ejemplo, etc. (***9** *33-50;* **10** *1-31).*

*En la tercera, ante el nuevo anuncio de Jesús sobre su pasión, los discípulos tienen miedo (***10** *32-34). La señal mesiánica es la curación del ciego (***10** *46-52), cuya fe contrasta con las dudas de los discípulos. La enseñanza recae de nuevo sobre la actitud de servicio que han de tener sus seguidores (***10** *42-45).*

b) En Jerusalén *(***11** *1-***13** *37). También esta manifestación de Jesús como Mesías e Hijo de Dios en la ciudad santa la ha dividido Mc en tres cuadros.*

*En el primero, que lo distribuye en tres días, Jesús se manifiesta el primer día como rey pacífico, aclamado por el pueblo; manifestación mesiánica que no es aceptada por las autoridades religiosas de Israel (***11** *1-11). El segundo día esta oposición de Israel a aceptar a Jesús Mesías está simbolizada en la higuera estéril (***11** *12-14), que señala la raíz de tal oposición: la religiosidad vacía del judaísmo (***11** *15-19). El día tercero, nuevo simbolismo de esta oposición o rechazo de Israel: éste es una higuera seca (***11** *20-25).*

*El segundo cuadro pinta los enfrentamientos de Jesús y los jefes religiosos de su pueblo; por eso todo sucede en el ámbito del templo y ante los responsables religiosos de la nación. Los enfrentamientos se centran en el núcleo de la catequesis: el mesianismo de Jesús, y la autenticidad de la religión verdadera y el valor de algunas instituciones religiosas del judaísmo (***11** *27-***12** *27). Terminados los enfrentamientos, Jesús toma la iniciativa: la verdadera religión se basa en el amor a Dios y al prójimo (***12** *28-34) y en aceptarlo a él como Mesías e Hijo de Dios (***12** *35-37). Tal actitud solamente la tienen los sencillos y humildes, que son los que tienen la religión auténtica (***12** *38-44).*

El tercer cuadro presenta el inicio de una nueva era, de una nueva religiosidad, que implica la destrucción de los símbolos de la antigua religiosidad: templo y ciudad. Con un lenguaje propio de los escritos apocalípticos, Mc describe el nacimiento de esta nueva época, que acompaña con exhortaciones a la vigilancia y a mantenerse fieles, en medio de las dificultades y persecuciones que están experimentando.

c) La pasión, muerte y resurrección ponen de manifiesto que es el Mesías e Hijo de Dios *(***14** *1-***16** *8). En esta sección ya no hay enseñanzas ni controversias. Mc se limita a narrar los hechos de la pasión, muerte y resurrección, que tienen fuerza suficiente para poner de manifiesto que Jesús de Nazaret es el Mesías e Hijo de Dios. Todo sucede según el proyecto de Dios. Por eso Mc presenta a Jesús llevando la iniciativa, aun cuando aparentemente sean los jefes religiosos, con la colaboración de uno de sus discípulos y la de las autoridades romanas. Jesús entrega voluntariamente su vida al proyecto del Padre (***14** *12-31). En todo este proceso Jesús, llevando la iniciativa, afirma claramente que es el Mesías y el Hijo de Dios. La negación de Pedro es un contraluz que ilustra la enseñanza del mismo Pedro en la comunidad: dificultades para admitir esta realidad sublime. La narración de la crucifixión y muerte es concisa. Mc no describe la crucifixión, sino que se sirve de unos textos del AT para descubrir que en estos momentos se da cumplimiento al proyecto de Dios. Un pagano, un romano, reconoce la filiación divina del crucificado. Aquí los fieles de Roma encuentran por fin la respuesta a sus interrogantes y dudas.*

Después de estos hechos, Jesús Mesías e Hijo de Dios muere. Puede parecer que todo ha terminado. Sólo unas mujeres mantienen la esperanza. Ellas son las que descubren a Jesús resucita-

do. Esta fuerte experiencia la transmiten a los seguidores de Jesús; pero éstos también tienen, al principio, sus dudas, sus dificultades.

Nota: *El Evangelio de Mc queda abierto. El final primitivo se perdió. Las comunidades cristianas lo cerraron con variados relatos de apariciones. Una de ellas, aceptada por las iglesias, es la que tradicionalmente se viene incluyendo al final de este evangelio. Es un texto reconocido como inspirado y canónico.*

EVANGELIO SEGÚN SAN LUCAS

*El autor, Lucas, dice en el prólogo (***1** *4) que dirige su escrito a creyentes ya informados de cuanto ha sucedido entre ellos (sobre la persona de Jesús), para que conozcan la solidez de la enseñanza recibida. Estos creyentes son, probablemente, los de las comunidades de Asia Menor, Macedonia y Grecia; comunidades de origen paulino, integradas en su mayor parte por griegos y en menor número por algunos judíos.*

*Lucas ordena toda la enseñanza de una manera original. En una primera parte (***4** *14-***9** *50) recoge las enseñanzas de otros escritos, sobre todo de Mc. En la segunda parte (***9** *51-***18** *14) recopila un material en gran parte nuevo, que podía pertenecer a una colección de dichos del Señor, que combina con informaciones personales y que organiza literariamente en una subida a Jerusalén. Estas dos secciones están precedidas de un prólogo literario y otro «teológico» o presentación de la persona de Jesús.*

1. Prólogo literario *(***1** *1-4)*

Al estilo de los historiadores antiguos, Lc explica la metodología seguida para escribir su obra y el objetivo de la misma.

2. Prólogo teológico: Presentación de Jesús *(***1** *5-***4** *13)*

El método seguido por Lc para esta presentación de Jesús es ponerlo en parangón con otra persona extraordinaria, contemporánea y aceptada por todos como un gran profeta: Juan Bautista. El paralelismo lo establece entre las infancias y las primeras actuaciones públicas de estas dos personas. El lector deduce en este parangón, que a veces es un «contraluz», la superioridad de Jesús sobre el Bautista.

a) Las infancias del Bautista y de Jesús *(***1** *5-***2** *52). Se ponen en paralelismo las anunciaciones y los nacimientos de los dos niños. El autor depende de fuentes antiguas; entre ellas destaca los «recuerdos» de la madre de Jesús, que los ha conservado y meditado, es decir que los ha desentrañado descubriendo su sentido más profundo, que supera toda anécdota. Lc da así a las comunidades cristianas una pista para profundizar en las enseñanzas recibidas: en la persona de Jesús se da la transición del AT al NT y se alcanza la plenitud del proyecto de Dios: Jesús es el Mesías, Salvador; es luz para todos los hombres, alegría para Israel, liberación de los pobres. Jesús fue una persona entregada totalmente al plan de «su Padre».*

b) Las primeras actuaciones en público *(***3** *1-***4** *13). Predicación del Bautista, bautismo de Jesús, comienzo de la misión de Jesús. En la presentación de estas actuaciones, vuelven los mismos temas de las infancias: Juan es el último profeta del AT, Jesús es la realidad de las promesas, pues es el Mesías, Hijo de Dios, poseedor de la fuerza, del Espíritu de Dios y vencedor de todo poder que se opone al proyecto de Dios. Lc tiene interés en destacar la realidad humana de Jesús. Ciertamente Jesús es el Mesías e Hijo de Dios, pero es también un individuo de la raza humana. Esta línea de profundización se adecuaba muy bien al modo de «meditar» de los creyentes griegos y judíos.*

3. Mensaje de Jesús en Galilea *(**4** 14-**9** 50)*

*En esta sección Lc recopila en gran parte todo el material que recogió ya la catequesis de Marcos sobre la autopresentación de Jesús en Galilea. En una lectura atenta de estos capítulos apreciamos que Lc mantiene los mismos ámbitos de la presentación de Jesús: su actividad misionera, la convocatoria de los primeros discípulos, los lugares (sinagogas de Cafarnaún, Nazaret, regiones de Galilea), las señales (**4** 31-44; **5** 12-26), su enseñanza, con la metodología propia y el empleo de las parábolas (**8** 1-18), las reacciones de los diversos grupos sociales: los discípulos (**5** 1-17.27-29), la gente (**5** 15.26.31-32), sus conciudadanos (**4** 22-30), los jefes religiosos de su pueblo (**5** 33-**6** 11). En Lc las señales de Jesús ponen de manifiesto que el proyecto de Dios, su Reino, está ya presente en las actuaciones del mismo Jesús: cura enfermos, devuelve la vida, domina la naturaleza, expulsa a los enemigos del proyecto de Dios, otorga el perdón o el amor de Dios (**7** 1-50; **8** 22-56).*

*Como en Mc, Jesús se presenta también a sus discípulos, particularmente a los Doce, a quienes hace partícipes de su mensaje, a través de los cuales les ha llegado el mensaje a las comunidades cristianas. Jesús también va transfiriendo a los Doce su talante de estilo de vida en el Reino de Dios: actúa como profeta (**9** 7-9), Hijo de Dios (**9** 18.28-36); se entrega al proyecto de Dios, su Padre, que culminará con su pasión y muerte (**9** 22.43-45): es el Reino en acción. De este modo Lc insinúa el estilo de vida en el que han de profundizar las comunidades cristianas.*

4. El mensaje de Jesús es el «camino del Señor» *(**9** 51-**19** 28)*

Es la reflexión catequética más original de Lc. El contenido de esta gran sección lo componen casi enteramente enseñanzas de Jesús, variadas y dispuestas sin un orden lógico. Sólo las engarza la idea del «camino» del Señor hacia Jerusalén. Repetidas veces va recordando Lc que Jesús camina hacia la ciudad santa y que allí consumará su misión. En este marco literario tienen un eco especial las invitaciones de Jesús a seguirle, a ir con él, y las instrucciones o condiciones sobre su seguimiento. Nosotros, siguiendo las anotaciones de Lc, podemos descubrir tres etapas en este camino, precedidas de una introducción.

a) Introducción al camino *(**9** 51-56). Presentación de la marcha, a través de Samaría. Desde el principio Lc subraya una nota que tiene este «camino del Señor»: se rechaza su persona por motivos religiosos: los samaritanos no lo reciben «porque tenía intención de ir a Jerusalén».*

b) Primera etapa *(**9** 57-**13** 21). Recoge las condiciones generales para seguir a Jesús (**9** 57-62), que los discípulos ponen en práctica (**10** 1-24): decisión firme, desprendimiento que lleva a la libertad de todo impedimento, misericordia, oración, confianza en el Padre, no en los bienes, que se ilustra con unas parábolas (**10** 29-37); y tener ideas claras sobre el Reino de Dios, que también se ilustra con parábolas (**12** 49-**13** 21). En este camino no falta la oposición al mensaje. La raíz de tal oposición es la incomprensión de la persona de Jesús y el querer afincarse en la falsa religiosidad (**11** 14-54). Como contraste, trae Lc la aclamación entusiasta de una mujer a favor de Jesús (**11** 27-28).*

c) Segunda etapa *(**13** 22-**17** 10). Nuevas instrucciones que animan al seguidor del camino a superar las dificultades, las estrecheces del mismo (**13** 22-30). Uno de los impedimentos más serios es aferrarse a tradiciones y leyes que no ven en el hombre un ser amado de Dios (**13** 10-17). El estilo de vida que Lc propone para superar estas dificultades es, de nuevo, el desprendimiento de los bienes que* *lleva a compartirlos con los necesitados (***14** *25-32;* **16** *1-31), la humildad (***14** *7-24) y el saber perdonar, sin límites. Unas parábolas desarrollan con amplitud este tema del perdón (***15** *1-32), que es perdón sin condiciones, porque el que otorga la comunidad es el mismo perdón de Dios, que a todos llena de alegría. Unas enseñanzas diversas, agrupadas aquí por Lc, sintetizan las anteriores y describen cómo tiene que ser la vida de los creyentes de las comunidades (***17** *1-10).*

d) Tercera etapa *(***17** *11-***19** *28). El camino llega a su término (***17** *11). Repite las enseñanzas de las etapas anteriores: oración, humildad, compartir los bienes, el perdón, etc. Pero hay una novedad en esta etapa: el camino es también acción de gracias (***17** *11-19) y es actitud vigilante. La insistencia en la vigilancia (***19** *11-28) se une con la inminencia de la llegada a Jerusalén. Es la actitud que Lc quiere inculcar a los componentes de la comunidad: vigilancia ante la venida del Hijo del hombre o inicio de la nueva etapa. Y Lc añade que Jesús es compañero del camino como luz, significada en la curación del ciego de Jericó (***18** *35-43).*

5. Final del camino del Señor: la Resurrección *(***19** *29-***24** *49)*

Jesús es rechazado por los jefes religiosos de Israel, es sentenciado a muerte y ajusticiado. Pero esto no es el final del camino del Mesías e Hijo de Dios. Resucita. De esta forma el camino del Señor llega a su final definitivo. Lc distribuye todo este material en cuatro cuadros.

a) Cuadro primero: últimas señales y enseñanzas *(***19** *29-***21** *38). Jesús realiza en Jerusalén sus últimas acciones mesiánicas: entrada triunfal en la ciudad y en el templo. Como Mesías toma posesión de los lugares sagrados y se deja aclamar. Estas acciones las completa Jesús con sus últimas instrucciones distribuidas en varios bloques. En un primer bloque tiene como oyentes a los jefes del pueblo; en otro, se dirige a los discípulos para mostrarles el camino de la verdadera religiosidad, de la que es ejemplo la viuda sencilla. Al mismo tiempo los instruye sobre el final de los centros religiosos del judaísmo y los orienta sobre la actitud del seguidor de su camino: vigilancia y confianza en cuanto les ha enseñado. Empiezan unos nuevos tiempos (un nuevo mundo) que, para el autor de Lc-Hch, son los tiempos de los cristianos, de la Iglesia; tiempos de liberación.*

b) Cuadro segundo: La nueva Pascua *(***22** *1-38). Jesús celebra la fiesta de Pascua como una nueva señal de los nuevos tiempos, por eso transciende la ceremonia de la Pascua judía con la institución de la Eucaristía: señal de su presencia definitiva en la comunidad y por la que podrán reconocerle como presente entre ellos como resucitado. La señal va acompañada de unas enseñanzas que instruyen al grupo de seguidores sobre el estilo de su nueva vida: servicio mutuo, conciencia de ser herederos de la misión de Jesús, perseverancia y conciencia de la propia fragilidad en medio de las pruebas y dificultades, a cuya superación los ayudará la presencia de Jesús.*

c) Cuadro tercero: Relato de la pasión y muerte de Jesús *(***22** *39-***24** *56). No es un relato detallado, sino «parenético». Lc narra estos acontecimientos para presentar a Jesús poniendo en acción cuanto ha enseñado durante su vida; destaca de modo especial su entrega total al proyecto del Padre. En la introducción (***22** *42) lo dice claramente. Y las últimas palabras de Jesús en la cruz ratifican esta entrega total al Padre (***23** *46). En el proceso de su pasión queda también patente que Jesús se manifiesta como Mesías ante las autoridades religiosas y políticas. Las alusiones a algunos Salmos, que salpican el relato, muestran que esta catequesis desentrañaba la pasión y muerte co-*

mo el cumplimiento de las Escrituras, por tanto de la voluntad del Padre. La vida de Jesús, y más en concreto este episodio difícil de entender para unos cristianos procedentes del mundo griego, forma parte de la historia de salvación. Otros detalles muestran en acción la enseñanza de Jesús sobre el perdón a los enemigos y su amor a todos, incluso a los no judíos, uno de los cuales pronuncia una confesión de fe en Jesús, el justo.

d) Cuadro cuarto: La Resurrección *(**24** 1-49). Los hechos centrales ocurren el primer día de la semana, día en que la comunidad cristiana se reúne para expresar su fe y evocar la presencia del Señor. Este título de Señor evoca la resurrección, por eso Lc lo aplica a Jesús en la narración del sepulcro vacío (**24** 3). La selección del material de esta sección indica que a Lc le interesa principalmente hacernos partícipes de unas experiencias que algunos seguidores de Jesús tienen de su nueva presencia: los once y los dos de Emaús. Por eso los narra como encuentros personales. En estas experiencias se fundamentará la actividad misionera y la conciencia que los fundadores de las comunidades les han transmitido: que con ellos se inaugura una nueva sociedad, la de Jesús, o la del Reino de Dios.*

6. Epílogo *(**24** 50-53)*

Esta primera parte de la obra de Lc se cierra con la misión universal. Culmina así la etapa de formación del grupo de discípulos y de las acciones de Jesús en su vida terrestre. Anuncia, de alguna manera, la segunda parte (Hechos de los Apóstoles), en las que Lc narra la realización histórica del mensaje de Jesús por medio de este grupo de seguidores. Los herederos de estos seguidores, y por tanto los que implantan en la historia el mensaje de Jesús, son los oyentes y lectores de Lc: las comunidades cristianas, o la Iglesia.

EVANGELIO SEGÚN SAN MATEO

I. Nacimiento e infancia de Jesucristo

Genealogía de Jesús*.

||Lc **3** 23-28.

1 [1] Libro del origen de Jesucristo,
hijo de David, hijo de Abrahán:

2 Abrahán engendró a Isaac,
Isaac engendró a Jacob,
Jacob engendró a Judá y a sus hermanos,
3 Judá engendró, de Tamar, a Fares y a Zara,
Fares engendró a Esrón,
Esrón engendró a Arán,
4 Arán engendró a Aminadab,
Aminadab engendró a Naasón,
Naasón engendró a Salmón,
5 Salmón engendró, de Rajab, a Booz,
Booz engendró, de Rut, a Obed,
Obed engendró a Jesé,
6 Jesé engendró al rey David.

David engendró, de la mujer de Urías, a Salomón,
7 Salomón engendró a Roboán,
Roboán engendró a Abiá,
Abiá engendró a Asaf,
8 Asaf engendró a Josafat,
Josafat engendró a Jorán,
Jorán engendró a Ozías,
9 Ozías engendró a Joatán,
Joatán engendró a Acaz,
Acaz engendró a Ezequías,
10 Ezequías engendró a Manasés,
Manasés engendró a Amón,
Amón engendró a Josías,
11 Josías engendró a Jeconías y a sus hermanos,
cuando la deportación a Babilonia.

12 Después de la deportación a Babilonia,
Jeconías engendró a Salatiel,
Salatiel engendró a Zorobabel,
13 Zorobabel engendró a Abiud,
Abiud engendró a Eliaquín,
Eliaquín engendró a Azor,
14 Azor engendró a Sadoc,
Sadoc engendró a Ajín,
Ajín engendró a Eliud,
15 Eliud engendró a Eleazar,
Eleazar engendró a Matán,
Matán engendró a Jacob,
16 y Jacob engendró a José, el esposo de María,
de la que nació Jesús, llamado Cristo*.

17 Así que el total de las generaciones son: desde Abrahán hasta David, catorce generaciones; desde David hasta la deportación a Babilonia, catorce generaciones; desde la deportación a Babilonia hasta Cristo, catorce generaciones.

José asume la paternidad legal de Jesús.

18 El origen de Jesucristo fue de esta manera: Su madre, María, estaba desposada con José* y, antes de vivir ellos juntos, se encontró que estaba embarazada por obra del Espíritu Santo. 19 Su marido

1 La genealogía de Mt detalla la ascendencia israelita de Cristo para vincularlo a los principales depositarios de las promesas mesiánicas (ver 2 S **7** 1+; Is **7** 14+). Distribuye de forma sistemática a los antepasados de Cristo en tres series de dos veces siete nombres (ver **6** 9+). La genealogía de Lc **3** 23-28 tiene otra estructura: da la ascendencia natural de Jesús, por eso se remonta hasta Adán. Mt, en cambio, destaca la ascendencia dinástica o bien la equivalencia entre la descendencia legal (ley del levirato, Dt **25** 5+) y la natural. Las dos listas terminan con José, cuya paternidad legal sobre Jesús bastaba para conferir a Jesús los derechos hereditarios, aquí los del linaje davídico. Los evangelistas no dicen que María perteneciera al linaje de David.

1 16 *Cristo*, nombre griego que corresponde al hebreo «Mesías», Ex **30** 22+; Jn **1** 41.

1 18 Al prometido se le llamaba ya *esposo* y sólo podía quedar libre por el repudio, v. 19; ver Lc **1** 26-27; **2** 5.

José, que era justo, pero no quería difa-
marla, resolvió repudiarla en privado*.
20 Así lo tenía planeado, cuando el ángel
del Señor se le apareció en sueños* y le
dijo: «José, hijo de David, no temas tomar contigo a María tu mujer porque lo
engendrado en ella es del Espíritu Santo.
21 Dará a luz un hijo, y le pondrás por
nombre Jesús, porque él salvará* a su
pueblo de sus pecados.» 22 Todo esto sucedió para que se cumpliese lo dicho por
el Señor por medio del profeta*:

23 *Ved que la virgen concebirá y dará*
a luz un hijo,
y le pondrán por nombre
*Emmanuel**,

que traducido significa: «Dios con nosotros». 24 Despertándose José del sueño,
hizo como el ángel del Señor le había
mandado, y tomó consigo a su mujer.
25 Y sin haber mantenido relaciones dio
a luz un hijo*, y le puso por nombre
Jesús.

Adoración de los Magos*.

2 1 Nacido Jesús en Belén de Judea, en
tiempo del rey Herodes, unos magos
que venían del Oriente se presentaron
en Jerusalén, 2 diciendo: «¿Dónde está
el rey de los judíos que ha nacido? Pues
vimos su estrella en el Oriente y hemos venido a adorarlo.» 3 Al oírlo el rey
Herodes se asustó y con él toda Jerusalén. 4 Convocando a todos los sumos
sacerdotes y escribas del pueblo*, les preguntaba dónde había de nacer el Cristo.
5 Ellos le dijeron: «En Belén de Judea,
porque así está escrito por el profeta:

6 *Y tú, Belén, tierra de Judá,*
no eres, no, la menor entre los
principales clanes de Judá;
porque de ti saldrá un jefe
*que apacentará a mi pueblo Israel**.»

7 Entonces Herodes llamó aparte a los
magos y por sus datos precisó el tiempo
de la aparición de la estrella. 8 Después
los envió a Belén y les dijo: «Vayan y
averigüen con cuidado sobre ese niño; y
cuando lo encuentren me lo comunican,
para ir también yo a adorarlo.» 9 Ellos,
después de oír al rey, se pusieron en camino, y he aquí que la estrella que habían
visto en el Oriente iba delante de ellos,
hasta que llegó y se detuvo encima del
lugar donde estaba el niño. 10 Al ver la
estrella se llenaron de inmensa alegría.
11 Entraron en la casa; vieron al niño
con María su madre y, postrándose, lo
adoraron; abrieron luego sus cofres y le
ofrecieron dones: oro, incienso y mirra*.
12 Y, avisados en sueños que no volvieran a donde Herodes, se retiraron a su
tierra por otro camino.

1 19 José, como hombre *justo,* quiere cumplir la ley y piensa en separarse de María pero, en vez del divorcio público, decide abandonarla privadamente, lo que constituía el procedimiento normal.

1 20 Dios comunica a José sus designios mediante su ángel o mensajero y en *sueños*. Es un lenguaje común en las comunicaciones divinas en el AT y que aparece en los evangelios de la Infancia (ver Mt **1** 20.24; **2** 13.19; Lc **1** 11; etc.) Sobre los *sueños* ver Si **34**+; Dn **2** 1+.

1 21 *Jesús*, en hebreo *Yehosu'a*, significa *Yahvé salva*.

1 22 Mt cita numerosos textos del AT para demostrar que las Escrituras se *cumplen* (alcanzan su plenitud) en Jesús, ver **5** 17+. Jesús mismo lo afirma, Mt **11** 4-6. El cumplimiento de las Escrituras en Jesús o en la vida de la Iglesia es la garantía de que así se realiza el plan de Dios, ver Hch **2** 23: **3** 24, etc.

1 23 Cita de Is **7** **14**+ (LXX).

1 25 El resto del Evangelio supone —y la antigua tradición afirma— que María permaneció después virgen; ver **12** 46+.

2 Estos relatos *haggádicos* exponen la misión salvadora ofrecida en la persona de Jesús a todos, israelitas o no. Lc **2** 30-34 expuso esta idea en las palabras de Simeón. *Herodes* reinó del 37 al 4 a.C. en Judea, Idumea, Samaría, Galilea, Perea y otras regiones limítrofes.

2 4 Los *escribas* o «doctores de la Ley» interpretaban la Ley mosaica (ver Esd **7** 6). La mayoría pertenecía al grupo de los fariseos; formaban parte del Sanedrin.

2 6 Cita de Mi **5** 1+.

2 11 Riquezas y perfumes de Arabia. El Mesías recibe el *homenaje* de todas las naciones al Dios de Israel, ver Nm **24** 17; Is **49** 23; **60** 6; Sal **72** 10.15.

Huida a Egipto y muerte de los inocentes.

13 Cuando ellos se retiraron, el ángel del Señor se apareció en sueños a José y le dijo: «Levántate, toma contigo al niño y a su madre y huye a Egipto; y quédate allí hasta que yo te diga. Porque Herodes va a buscar al niño para matarlo.» 14 Él se levantó, tomó de noche al niño y a su madre, y se retiró a Egipto; 15 y se quedó allí hasta la muerte de Herodes; para que se cumpliera lo dicho por el Señor por medio del profeta:

De Egipto llamé a mi hijo.*

16 Entonces Herodes, al verse burlado por los magos*, se enfureció terriblemente y envió a matar a todos los niños de Belén y de toda su comarca, de dos años para abajo, según el tiempo que había precisado por los magos. 17 Entonces se cumplió lo dicho por el profeta Jeremías:

18 *Un clamor se ha oído en Ramá,*
mucho llanto y lamento:
es Raquel que llora a sus hijos,
y no quiere consolarse,
porque ya no existen.*

Vuelta de Egipto y residencia en Nazaret.

19 Muerto Herodes, el ángel del Señor se apareció en sueños a José en Egipto y le dijo: 20 «Levántate, toma contigo al niño y a su madre, y vete a la tierra de Israel, pues ya han muerto los que buscaban la vida del niño.» 21 Él se levantó, tomó consigo al niño y a su madre, y entró en tierra de Israel. 22 Pero al enterarse de que Arquelao reinaba en Judea en lugar de su padre Herodes, tuvo miedo de ir allá; y, avisado en sueños, se retiró a la región de Galilea, 23 y fue a vivir en una ciudad llamada Nazaret; para que se cumpliese lo dicho por los profetas:

Será llamado Nazoreo.*

II. Promulgación del Reino de los Cielos

1. SECCIÓN NARRATIVA

Predicación de Juan el Bautista.

||Mc **1** 1-8; ||Lc **3** 1-18.

3 1 Por aquellos días se presenta Juan el Bautista, proclamando en el desierto de Judea: 2 «Conviértanse porque ha llegado el Reino de los Cielos*.» 3 Este es de quien habló el profeta Isaías cuando dice:

Voz del que clama en el desierto:
Preparen el camino del Señor,
enderecen sus sendas.*

4 Tenía Juan su vestido hecho de pelos de camello, con un cinturón de cuero a su cintura, y su comida eran langostas y miel silvestre. 5 Acudía entonces a él Jerusalén, toda Judea y toda la región del Jordán, 6 y eran bautizados por él en

2 15 Cita de Os **11** 1+. Este *hijo* (=Israel) es figura del Mesías.
2 16 Relato calcado en el de la infancia de Moisés, según las tradiciones rabínicas, ver Ex **1** 22; **2** 1-10.
2 18 Cita de Jr **31** 15.
2 23 *Nazoreo*, forma adoptada por Mt =«nazareno». Este apelativo designó entre los hebreos a los discípulos de Jesús. La cita de Mt no se encuentra en la Biblia; pero ver Is **42** 6; **49** 8 (el «resto» *nasûr*), o Is **11** 1 («vástago»: *neser*).
3 2 La palabra griega *metanoein*, empleada aquí, expresa un cambio del espíritu (*arrepentirse*) mientras que el término *epistréfein*, empleado en Mt **13** 15, manifiesta un cambio de dirección (*conversión a Dios*); ver el empleo conjunto de estas dos palabras en Hch **26** 20. La expresión «*Reino de los Cielos*» es propia de Mt, siguiendo la costumbre judía de evitar el nombre de Dios. Ver **4** 17+.
3 3 Cita de Is **40** 3+.

el río Jordán, confesando sus pecados*.
7 Pero viendo venir muchos fariseos y saduceos* para que los bautizara, les dijo:
«Raza de víboras, ¿quién les ha enseñado
a huir de la ira inminente? 8 Den, pues,
fruto digno de conversión, 9 y no crean
que basta con decir en su interior: 'Tenemos por padre a Abrahán'; porque
les digo que puede Dios de estas piedras
suscitar hijos a Abrahán. 10 Ya está el
hacha puesta en la raíz de los árboles;
y todo árbol que no dé buen fruto será
cortado y arrojado al fuego. 11 Yo los
bautizo con agua para que se conviertan;
pero aquel que viene detrás de mí es más
fuerte que yo, y no soy digno de llevarle
las sandalias. Él los bautizará con Espíritu
Santo y fuego*. 12 En su mano tiene el
rastrillo y va a limpiar su cosecha: recogerá su trigo en el granero, pero la paja
la quemará con fuego que no se apaga*.»

Bautismo de Jesús.

||Mc **1** 9-11; ||Lc **3** 21-22; 2 R **5** 1-14.

13 Entonces se presenta Jesús, que viene de Galilea al Jordán, a donde Juan,
para ser bautizado por él. 14 Pero Juan
trataba de impedírselo diciendo: «Soy yo
el que necesita ser bautizado por ti, ¿y tú
vienes a mí?» 15 Jesús le respondió: «Deja
así, pues conviene que de este modo
cumplamos toda justicia*.» Entonces lo
dejó.
16 Una vez bautizado Jesús, salió luego
del agua; y en esto se abrieron los cielos
y vio al Espíritu de Dios que bajaba como
una paloma y venía sobre él. 17 Y una
voz que salía de los cielos decía: «Este
es mi Hijo amado, en quien me complazco*.»

Tentaciones en el desierto*.

||Mc **1** 12-13; ||Lc **4** 1-13.

4 1 Entonces Jesús fue llevado por
el Espíritu al desierto para ser tentado por el diablo*. 2 Y después de hacer
un ayuno de cuarenta días y cuarenta
noches, al fin sintió hambre. 3 Y acercándose el tentador, le dijo: «Si eres Hijo de
Dios*, di que estas piedras se conviertan
en panes.» 4 Mas él respondió: «Está
escrito:

3 6 El *bautismo* de Juan, rito de inmersión, está relacionado con muchos ritos judíos; no es sólo una purificación ritual, sino también moral; no se repite; su eficacia depende del juicio de Dios confiado al Mesías, quien bautizará «en el Espíritu Santo», v. 11; **3** 7.10-12; Jn **1** 33+; **3** 5; Hch **1** 5+; Rm **6** 4+; ver también Mt **28** 19.

3 7 *Fariseos:* grupo religioso de judíos apegados a la tradición oral de sus doctores. La polémica con la comunidad cristiana después del año 70 ha influido negativamente en la opinión que se tiene de ellos y que refleja Mt **23** 1-31. Pero ver Lc **7** 36+; Jn **3** 1; Hch **23** 6-10; etc. *Saduceos:* grupo religioso que rechazaba toda tradición que no figurara en la Ley escrita. Su objetivo era más político que religioso. Pertenecían los saduceos a las grandes familias sacerdotales. Sobre la *ira inminente* del día de Yahvé ver Am **5** 18+; 1Ts **1** 10+.

3 11 El *fuego* simboliza ya en el AT la intervención de Dios, que purifica las conciencias, Is **1** 25; Za **13** 9; etc.

3 12 Es el fuego de la *gehenna*, valle de Jerusalén, que simboliza el lugar donde se quemaba todo cuanto no era puro ni apto para el culto. Ver **18** 9+; Is **66** 24.

3 15 Jesús es justo, no tiene pecado; pero así se identifica con los pecadores, 2 Co **5** 21, y prepara el bautismo cristiano, **28** 19, poniéndose como modelo. Nótese el plural «nosotros».

3 17 Estas palabras designan a Jesús como el Siervo anunciado por Isaías, Is **52** 7+; Dn **2** 28, y subrayan el carácter mesiánico y filial de su relación con el Padre. El Espíritu, preludio de la nueva creación, ver Gn **1** 2, guía y dirige la misión salvadora de Jesús, **4** 1; **12** 18.28; Hch **10** 38.

4 Jesús es tentado en el desierto cuarenta días, como lo había sido Israel durante cuarenta años, Dt **8** 2-4. Las tentaciones hay que entenderlas, de acuerdo con las citas bíblicas del Dt **6-8**, como tentaciones contra el amor de Dios, valor supremo del pueblo de Dios, frente a la riqueza, a la gloria y al poder humanos. Jesús es presentado como uno que ama a Dios perfectamente; con todo el corazón, con toda el alma, con todas sus fuerzas, ver **16** 23; **26** 39.42; Hb **5** 7-9; **12** 2.

4 1 El nombre *diablo* significa acusador, calumniador; encarna todo lo que obstaculiza la obra de Dios y Cristo, **13** 39; Jn **8** 44; etc.

4 3 Este título bíblico de *Hijo de Dios* puede expresar simplemente una filiación

No sólo de pan vive el hombre,
sino de toda palabra que sale de la
boca de Dios.»

5 Entonces el diablo lo lleva consigo a
la Ciudad Santa, lo pone sobre el alero
del Templo, 6 y le dice: «Si eres Hijo de
Dios, tírate abajo, porque está escrito:

A sus ángeles te encomendará,
y en sus manos te llevarán,
para que no tropiece tu pie en
piedra alguna.»

7 Jesús le dijo: «También está escrito:
No tentarás al Señor tu Dios.»

8 De nuevo lo lleva consigo el diablo
a un monte muy alto, le muestra todos
los reinos del mundo y su gloria, 9 y le
dice: «Todo esto te daré si postrándote
me adoras.» 10 Le dice entonces Jesús:
«Apártate, Satanás, porque está escrito:
Al Señor tu Dios adorarás,
y sólo a él darás culto.»

11 Entonces el diablo lo deja. Y he aquí
que se acercaron unos ángeles y le servían.

Vuelta a Galilea.

||Mc **1** 14-15; ||Lc **4** 14.

12 Cuando oyó que Juan había sido
entregado, se retiró a Galilea. 13 Y dejando Nazaret*, vino a residir en Cafarnaún
junto al mar, en el territorio de Zabulón y
Neftalí; 14 para que se cumpliera lo dicho
por el profeta Isaías:

15 *¡Tierra de Zabulón y tierra*
de Neftalí,
camino del mar, al otro lado del
Jordán,
Galilea de los gentiles!

16 *El pueblo que habitaba en tinieblas*
ha visto una gran luz;
a los que habitaban en paraje de
sombras de muerte
una luz les ha amanecido.*

17 Desde entonces comenzó Jesús a
predicar y decir: «Conviértanse, porque
el Reino de los Cielos* ha llegado.»

Llamamiento de los cuatro primeros discípulos.

||Mc **1** 16-20; ||Lc **5** 1-11.

18 Caminando por la ribera del mar
de Galilea vio a dos hermanos, Simón,
llamado Pedro, y su hermano Andrés,
echando la red en el mar, pues eran pescadores, 19 y les dice: «Vengan conmigo,
y los haré pescadores de hombres.» 20 Y
ellos al instante, dejando las redes, lo
siguieron.

21 Caminando adelante, vio a otros dos
hermanos, Santiago el de Zebedeo y su
hermano Juan, que estaban en la barca
con su padre Zebedeo arreglando sus redes; y los llamó. 22 Y ellos al instante, dejando la barca y a su padre, lo siguieron.

adoptiva, como resultado de una elección, Ex **4** 22; Dt **1** 31; **14** 1; Os **2** 1; Sal **82** 6. Muchos textos, en los que ha sido aplicado al Mesías, no van más lejos, 2 S **7** 14; Sal **2** 7+; etc.; Mt **4** 3.6; etc. Pero Jesús ha sugerido una filiación propiamente divina, **7** 21; **11** 27+; **21** 37; **24** 36; Jn **5** 17-18; **20** 17. La expresión adquirirá, pues, un sentido divino, Hch **9** 3+; Rm **9** 5+ cuando después de Pascua los discípulos comprendan las palabras de Jesús.

4 13 Algunos de los manuscritos más antiguos escriben *Nazará*, ver Lc **4** 16+.

4 16 Cita el pasaje de Is **8** 23-**9** 1.

4 17 *La Realeza de Dios* sobre el pueblo elegido, y a través de él sobre el mundo, es el tema central de la predicación de Jesús. Esta Realeza, comprometida por la rebelión del pecado, debe ser establecida por una intervención soberana de Dios y de su Mesías, Dn **2** 28+; **7** 13-14. Antes de su realización escatológica definitiva, el Reino aparece con comienzos humildes, **13** 31-33, misteriosos, **13** 11, impugnados, **13** 24-30, como una realidad ya comenzada, **12** 28; Lc **17** 20-21, en relación con la Iglesia, Mt **16** 18+. Entretanto se presenta como una gran gracia, **20** 1-16; **22** 9-10; Lc **12** 32, aceptada por los humildes, Mt **5** 3; **18** 3-4; **19** 14.23-24, y los abnegados, **13** 44-46; **19** 12; Mc **9** 47; Lc **21** 31-32.43; **22** 11-13. Sólo se entra en él con la vestidura nupcial, **22** 11-13, de la vida nueva, Jn **3** 3.5; hay excluidos, Mt **8** 12; 1 Co **6** 9-10; Ga **5** 21.

Jesús enseña y sana.
||Mc **1** 39; **3** 7-8; ||Lc **4** 14-15.44;
6 17-18; =Mt **9** 35.

23 Recorría Jesús toda Galilea, enseñando en sus sinagogas, proclamando
la Buena Nueva del Reino* y curando
toda enfermedad y toda dolencia en el
pueblo. 24 Su fama llegó a toda Siria; y
le trajeron todos los que se encontraban
mal con enfermedades y sufrimientos diversos, endemoniados, lunáticos y paralíticos, y los curó. 25 Y le siguió una gran
muchedumbre de Galilea, Decápolis, Jerusalén y Judea, y del otro lado del
Jordán.

2. DISCURSO EVANGÉLICO

Las bienaventuranzas*.
||Lc **6** 20-23.

5 1 Viendo la muchedumbre, subió al
monte, se sentó, y sus discípulos se le
acercaron. 2 Y, tomando la palabra, les
enseñaba diciendo*:
3 «Bienaventurados los pobres de
espíritu*,
porque de ellos es el Reino de los
Cielos.
4 Bienaventurados *los mansos*,
porque *ellos poseerán en herencia
la tierra**.
5 Bienaventurados los que lloran,
porque ellos serán consolados.
6 Bienaventurados los que tienen
hambre y sed de la justicia,
porque ellos serán saciados.
7 Bienaventurados los misericordiosos,
porque ellos alcanzarán misericordia.
8 Bienaventurados los limpios de
corazón,
porque ellos verán a Dios.
9 Bienaventurados los que trabajan
por la paz,
porque ellos serán llamados hijos de
Dios.
10 Bienaventurados los perseguidos por
causa de la justicia,
porque de ellos es el Reino de los
Cielos.

11 Bienaventurados serán cuando los
injurien y los persigan y digan con mentira toda clase de mal contra ustedes
por mi causa. 12 Alégrense y regocíjense, porque su recompensa será grande
en los cielos; pues de la misma manera
persiguieron a los profetas anteriores a
ustedes.

Sal de la tierra y luz del mundo.
||Mc **9** 50; ||Lc **14** 34-35.

13 «Ustedes son la sal de la tierra. Mas
si la sal pierde su sabor, ¿con qué se la
salará? Ya no sirve para nada más que

4 23 *Buena nueva* es el primer sentido de la palabra griega *evangelio*, Mc **1** 1+; Rm **1** 16; Ga **1** 6; Flp **1** 5; 1 Ts **1** 5; ver Is **52** 7+. No es desde luego un escrito ni siquiera una predicación sino el hecho de la salvación traída por Jesucristo y cuyo centro es él mismo. Esta salvación ha sido anunciada; el anuncio ha sido escrito poco a poco y ha quedado plasmado en nuestros cuatro evangelios.

5 Sobre una de las colinas próximas a Cafarnaún, Jesús expone el nuevo espíritu del Reino de Dios, **4** 17+. Es una invitación a un nuevo modo de vivir. Mt ha completado el discurso inaugural del ministerio de Jesús (ver Lc **6** 20-49) con palabras pronunciadas por Jesús en otros momentos. Esquema del discurso: Introducción (**5** 1-16); reinterpretación del Decálogo (**5** 17-**7** 12); conclusión (**7** 13-19).

5 2 La primera parte del poema, **5** 3-5, proclama que los socialmente considerados desgraciados, forman el Reino de Dios (= comunidad cristiana). La segunda parte, **5** 6-10, describe los rasgos esenciales de estos nuevos «ciudadanos». Ver Lc **6** 20+.

5 3 Los *pobres* o *humildes* están disponibles para el Reino, **4** 17+; So **2** 3+; Sal **22** 27; St **2** 5; 1 Co **1** 26s, así como los pequeños, **11** 25; **18** 2-4; **19** 13 o los «últimos», **19** 30; Mc **9** 35. Aunque Mt subraya la pobreza de espíritu, ver Lc **6** 20, Cristo ha recomendado muchas veces una pobreza efectiva, **6** 19s; **10** 9-10; **19** 21-24; Hch **4** 32, y la ha practicado él mismo, **8** 20; 2 Co **8** 9.

5 4 Ver Sal **37** 11; Gn **13** 15.

para ser tirada fuera y pisoteada por los
hombres.

||Mc **4** 21; ||Lc **8** 16; **11** 33.

14 «Ustedes son la luz del mundo. No
puede ocultarse una ciudad situada en
la cima de un monte. 15 tampoco se enciende una lámpara y la ponen debajo
del celemín*, sino sobre el candelero,
para que alumbre a todos los que están
en la casa. 16 Brille así su luz delante de
los hombres, para que vean sus buenas
obras y glorifiquen a su Padre que está
en los cielos.

Cumplimiento de la Ley.

17 «No piensen que he venido a abolir
la Ley y los Profetas. No he venido a
abolir, sino a dar cumplimiento*. 18 Les
aseguro: mientras duren el cielo y la tierra, no dejará de estar vigente ni una
letra, ni una coma de la ley sin que todo
se cumpla. 19 Por tanto, el que traspase
uno de estos mandamientos más pequeños y así lo enseñe a los hombres,
será el más pequeño en el Reino de los
Cielos; en cambio, el que los observe y
los enseñe, ése será grande en el Reino
de los Cielos.

La justicia nueva, superior a la antigua.

20 «Porque les digo que, si su justicia
no es mayor que la de los escribas y
fariseos, no entrarán en el Reino de los
Cielos*.

21 «Han oído que se dijo a los antepasados: *No matarás*;* y aquel que mate
será reo ante el tribunal. 22 Pues yo les
digo: Todo aquel que se encolerice contra su hermano, será reo ante el tribunal;
pero el que llame a su hermano 'imbécil', será reo ante el Sanedrín; y el que le
llame 'renegado', será reo de la gehenna
de fuego. 23 Si, pues, cuando presentes
tu ofrenda en el altar te acuerdas entonces de que tu hermano tiene algo contra
ti, 24 deja tu ofrenda allá, delante del
altar, y vete primero a reconciliarte con
tu hermano; luego vuelve y presenta tu
ofrenda.

||Lc **12** 58-59.

25 «Llega enseguida a un arreglo con
tu adversario mientras vas con él por
el camino; no sea que tu adversario te
entregue al juez y el juez al guardia, y te
metan en la cárcel. 26 Yo te aseguro: no
saldrás de allí hasta que no hayas pagado
el último centavo.

27 «Han oído que se dijo: *No cometerás adulterio*.* 28 Pues yo les digo: Todo
el que mira a una mujer deseándola, ya
cometió adulterio con ella en su corazón.
29 Si, pues, tu ojo derecho te es ocasión
de pecado, sácatelo y arrójalo de ti; más
te conviene que se pierda uno de tus
miembros, que no que todo tu cuerpo sea
arrojado a la gehenna. 30 Y si tu mano derecha te es ocasión de pecado, córtatela
y arrójala de ti; más te conviene que se
pierda uno de tus miembros, que no que
todo tu cuerpo vaya a la gehenna.

=**19** 9+; ||Mc **10** 11-12; ||Lc **16** 18; Ver 1 Co **7** 10-11.

31 «También se dijo: *El que repudie a
su mujer, que le dé acta de divorcio*.*
32 Pues yo les digo: Todo el que repudia
a su mujer, excepto en caso de fornicación, la hace ser adúltera; y el que se case con una repudiada, comete adulterio*.

5 15 *Celemín*: pequeño mueble de tres o cuatro patas. Se trata de esconder la lámpara bajo este mueble, no de apagarla. Ver Mc **4** 21.

5 17 Jesús no destruye la Ley ni la consagra como intangible, sino que le da una forma nueva y desentraña lo que tiene de perenne, llevándola así a su plena realización o «cumplimiento», **9** 17; ver **1** 22; **13** 52. Ningún detalle de la Ley escapa a esta «perfección». El amor, resumen de la Ley, **7** 12; **22** 34.40, es la meta o cumplimiento de la Ley; ver Rm **13** 8-10.

5 20 Jesús va a enseñar con seis puntos cómo su *justicia*, Gn **15** 6+, debe ir más lejos que la letra de la antigua Ley, porque ella reside en el *corazón*, ver **15** 1-20.

5 21 Cita de Ex **20** 13; Dt **5** 17.

5 27 Cita de Ex **20** 14; Dt **5** 18

5 31 Cita de Dt **24** 1.

5 32 Véase **19** 9+.

33 «Han oído también que se dijo a los
antepasados: *No perjurarás, sino que
cumplirás al Señor tus juramentos**.
34 Pues yo les digo que no juren en
modo alguno: ni por el *Cielo*, porque
es *el trono de Dios,* 35 ni por *la Tierra,*
porque es *el estrado de sus pies;* ni por
Jerusalén, porque es *la ciudad del gran
rey**. 36 Ni tampoco jures por tu cabeza,
porque ni a uno solo de tus cabellos puedes hacerlo blanco o negro. 37 Sea su
lenguaje: 'Sí, sí' 'no, no'*; que lo que pasa
de aquí viene del Maligno.

||Lc **6** 29.

38 «Han oído que se dijo: *Ojo por ojo
y diente por diente**. 39 Pues yo les digo:
no resistan al mal*; antes bien, al que te
abofetee en la mejilla derecha ofrécele
también la otra; 40 al que quiera pleitear
contigo para quitarte la túnica déjale
también el manto; 41 y al que te obligue
a andar una milla vete con él dos. 42 A
quien te pida da, y al que desee que le
prestes algo no le vuelvas la espalda.
43 «Han oído que se dijo: *Amarás a tu
prójimo* y odiarás a tu enemigo*. 44 Pues
yo les digo: Amen a sus enemigos y rueguen por los que los persiguen, 45 para
que sean hijos de su Padre celestial, que
hace salir su sol sobre malos y buenos, y
llover sobre justos e injustos. 46 Porque si
aman a los que los aman, ¿qué recompensa van a tener? ¿No hacen eso mismo también los publicanos*? 47 Y si no
saludan más que a sus hermanos, ¿qué
hacen de particular? ¿No hacen eso
mismo también los gentiles? 48 Ustedes,
pues, sean perfectos como es perfecto
su Padre celestial*.

La limosna en secreto.

6 1 «Cuídense de no practicar su justicia* delante de los hombres para
ser vistos por ellos; de lo contrario no
tendrán recompensa de su Padre que
está en los cielos. 2 Por tanto, cuando
des limosna, no lo vayas trompeteando
por delante como hacen los hipócritas
en las sinagogas y por las calles, con el
fin de ser honrados por los hombres; en
verdad les digo que ya reciben su paga.
3 Tú, en cambio, cuando des limosna, que
no sepa tu mano izquierda lo que hace
tu derecha; 4 así tu limosna quedará en
secreto; y tu Padre, que ve en lo secreto,
te recompensará.

La oración en secreto*.

5 «Y cuando oren, no sean como los
hipócritas, que gustan de orar en las sinagogas y en las esquinas de las plazas
bien plantados para ser vistos de los
hombres; en verdad les digo que ya
reciben su paga. 6 Tú, en cambio, cuando vayas a orar, *entra en tu cuarto y,
después de cerrar la puerta, ora* a tu
Padre, que está allá, en lo secreto; y tu
Padre, que ve en lo secreto, te recompensará.

5 33 Ver Ex **20** 7; Nm **30** 3; Dt **23** 22.
5 35 Ver Is **66** 1; Sal **48** 3; Hch **7** 49.
5 37 Ver 2 Co **1** 17; St **5** 12. La fórmula puede referirse a la veracidad, a la sinceridad o a la solemnidad (por su repetición) de las respuestas del cristiano.
5 38 Cita de Ex **21** 24.
5 39 Es la «ley del talión» del AT, Ex **21** 25+, que limitaba así la venganza al daño producido, ver Gn **4** 23-24. Jesús abre un camino nuevo en el comportamiento ante daños personales, vv. 39-40. No prohíbe oponerse a los ataques injustos, Jn **18** 22-23. Ver Mt **12** 19-21; **18** 22.
5 43 Las últimas palabras no se hallan en Lv **19** 18. Hay que entender esta hipérbole semítica: *No tienes por qué amar a tu enemigo* (comparar **10** 37 con Lc **14** 26).
5 46 *Publicanos*: recaudadores de impuestos al servicio de Roma, **9** 10.
5 48 Ver Lv **11** 44-45; **19** 2; 1 Co **2** 6+.
6 1 Las obras de *justicia,* ver **5** 20+, eran para los judíos la limosna, vv. 2-4, la oración vv 5-6, y el ayuno, vv. 16-18. Deben cumplirse en secreto, Is **26** 20, en presencia de Dios solo.
6 5 Con su ejemplo, **14** 23, y con su doctrina Jesús enseña cómo debe ser la oración: humilde, sin pretensiones, **6** 5-6, confiada, **6** 8; **7** 7-11, insistente, Lc **11** 5-8, surgida del corazón más que de los labios, **6** 7, y debe tener como objetivo principal la venida del Reino de Dios, **24** 20; **26** 41; Lc **21** 36.

La verdadera oración. El Padre nuestro*.

7 «Y, al orar, no hablen mucho, como
los gentiles, que se figuran que por su
palabrería van a ser escuchados. 8 No
sean como ellos, porque su Padre sabe
lo que necesitan antes de pedírselo.

||Lc **11** 2-4.

9 «Ustedes, pues, oren así:

Padre nuestro que estás en los cielos,
santificado sea tu Nombre;
10 venga tu Reino;
hágase tu Voluntad
así en la tierra como en el cielo.
11 Danos hoy nuestro pan cotidiano*;
12 y perdónanos nuestras deudas,
así como nosotros hemos
perdonado a nuestros deudores;
13 y no nos dejes caer en tentación,
mas líbranos del mal.

14 «Que si ustedes perdonan a los hombres sus ofensas, les perdonará también
a ustedes su Padre celestial; 15 pero si no
perdonan a los hombres, tampoco su
Padre perdonará sus ofensas.

El ayuno en secreto.

16 «Cuando ayunen, no pongan cara
triste, como los hipócritas, que desfigu-
ran su rostro para que los hombres vean
que ayunan; en verdad les digo que ya
reciben su paga. 17 Tú, en cambio, cuando ayunes, perfuma tu cabeza y lava tu
rostro, 18 para que tu ayuno sea visto, no
por los hombres, sino por tu Padre que
está allá, en lo secreto; y tu Padre, que
ve en lo secreto, te recompensará.

El verdadero tesoro.

||Lc **12** 33-34.

19 «No amontonen tesoros en la tierra,
donde hay polilla y herrumbre que corroen, y ladrones que perforan y roban.
20 Amontonen más bien tesoros en el
cielo, donde no hay polilla ni herrumbre
que corroan, ni ladrones que perforen y
roben. 21 Porque donde esté tu tesoro,
allí estará también tu corazón.

El ojo, lámpara del cuerpo.

||Lc **11** 34-35.

22 «La lámpara del cuerpo es el ojo. Si
tu ojo está sano, todo tu cuerpo estará
luminoso; 23 pero si tu ojo está malo, todo tu cuerpo estará a oscuras. Y, si la luz
que hay en ti es oscuridad, ¡qué oscuridad
habrá*!

Dios y el dinero.

||Lc **16** 13.

24 «Nadie puede servir a dos señores;
porque aborrecerá a uno y amará al
otro; o bien se entregará a uno y despreciará al otro. No pueden servir a Dios y
al Dinero.

Abandono en la Providencia.

||Lc **12** 22-31.

25 «Por eso les digo: No anden preocupados por su propia vida, qué comerán,
ni por su propio cuerpo, con qué se
vestirán. ¿No vale más la vida que el alimento, y el cuerpo más que el vestido?
26 Miren las aves del cielo: no siembran,
ni cosechan, ni recogen en graneros; y
su Padre celestial las alimenta. ¿No valen

6 7 La oración, enseñada por Jesús es parecida a las oraciones judías de la época, pero su estructura la hace muy original: Las tres primeras peticiones se dirigen al Padre pidiéndole la realización de su proyecto salvador: presencia de su persona, de su reino, de su voluntad; las otras piden el afianzamiento de las líneas básicas de la comunidad cristiana: comunión de bienes, comunión de vida, perdón y firmeza en las pruebas para no caer en la apostasía, **26** 41; Hch **4** 24-35.

6 11 *de cada día*, o: *necesario para la subsistencia*, o: *del mañana.* Hay que pedir lo necesario día a día y nada más. Ver Hch **2** 45-46; **4** 34-35.

6 23 *ojo bueno/ojo malo:* generoso/tacaño, ver Dt **15** 9; Pr **22** 9; Mt **20** 15; etc. La persona generosa es luminosa; la tacaña está en tinieblas. Así los vv 22-23 guardan estrecha relación con los vv. precedentes (19-21) que hablan del tesoro, y con el siguiente (v. 24), que habla del dinero.

ustedes más que ellas? 27 Por lo demás, ¿quién de ustedes puede, por más que se preocupe, añadir una sola hora a la medida de su vida? 28 Y del vestido, ¿por qué se preocupan? Observen los lirios del campo, cómo crecen; no se fatigan, ni hilan. 29 Pero yo les digo que ni Salomón, en toda su gloria, se vistió como uno de ellos. 30 Pues si a la hierba del campo, que hoy es y mañana se echa al horno, Dios así la viste, ¿no lo hará mucho más con ustedes, hombres de poca fe? 31 No anden, pues, preocupados diciendo: ¿Qué vamos a comer?, ¿qué vamos a beber?, ¿con qué vamos a vestirnos? 32 Que por todas esas cosas se afanan los gentiles; pues ya sabe su Padre celestial que tienen necesidad de todo eso. 33 Busquen primero el Reino de Dios y su justicia, y todas esas cosas se les darán por añadidura. 34 Así que no se preocupen del mañana: el mañana se preocupará de sí mismo. Cada día tiene bastante con su propia preocupación.

No juzgar.

||Lc **6** 37-42; ver Rm **2** 1-2;
1 Co **4** 5; ||Mc **4** 24.

7 1 «No juzguen, para que no sean juzgados*. 2 Porque con el juicio con que juzguen serán juzgados, y con la medida con que midan se les medirá. 3 ¿Cómo es que miras la astilla que hay en el ojo de tu hermano, y no reparas en la viga que hay en tu ojo? 4 ¿O cómo vas a decir a tu hermano: 'Deja que te saque la astilla del ojo', teniendo la viga en el tuyo? 5 Hipócrita, saca primero la viga de tu ojo, y entonces podrás ver para sacar la astilla del ojo de tu hermano.

No profanar las cosas santas.

6 «No den a los perros lo que es santo*, ni echen sus perlas delante de los cerdos, no sea que las pisoteen con sus patas, y después, volviéndose, los despedacen.

Eficacia de la oración.

||Lc **11** 9-13.

7 «Pidan y se les dará; busquen y hallarán; llamen y se les abrirá. 8 Porque todo el que pide recibe; el que busca, halla; y al que llama, se le abrirá. 9 ¿O hay acaso alguno entre ustedes que al hijo que le pide pan le dé una piedra; 10 o si le pide un pescado, le dé una culebra? 11 Si, pues, ustedes, siendo malos, saben dar cosas buenas a sus hijos, ¡cuánto más su Padre que está en los cielos dará cosas buenas a los que se las pidan!

La Regla de oro*.

||Lc **6** 31.

12 «Por tanto, todo cuanto quieran que les hagan los hombres, háganlo también ustedes a ellos; porque ésta es la Ley y los Profetas.

Los dos caminos*.

||Lc **13** 24;
ver Dt **30** 15+;
Sal **1**+.

13 «Entren por la entrada estrecha; porque ancha es la entrada y espacioso el camino que lleva a la perdición, y son muchos los que entran por ella; 14 mas ¡qué estrecha la entrada y qué angosto el camino que lleva a la Vida!; y pocos son los que lo encuentran.

7 1 No juzguen a los demás, para no ser juzgados por Dios, Rm **2** 1-2.19; 1 Co **4** 5; St **4** 12; ver Dt **32** 35; etc.

7 6 *Lo que es santo* designa los manjares ofrecidos en el Templo, Ex **22** 30; Lv **22** 14. Así tampoco hay que proponer una doctrina santa a gente incapaz de recibirla.

7 12 Máxima de conducta conocida en el judaísmo, pero en forma negativa, ver Tb **4** 15. Jesús le da un giro positivo, que es bastante más exigente.

7 13 La entrada en el Reino exige una opción categórica y eficaz, vv. 13-27; ver **8** 18-22; **10** 37-39; **13** 44; **16** 24-28; Lc **9** 57-62. Sobre el tema de los *dos caminos*, extendido en el judaísmo, ver Dt **30** 15-20+; Sal **1** 1; Jr **21** 8; etc.

Los falsos profetas.
Ver Ap **13** 11; **19** 20; 2 P **2** 1-3;
||Lc **6** 43-44.

15 «Guárdense de los falsos profetas*,
que vienen a ustedes con disfraces de
ovejas, pero por dentro son lobos rapaces. 16 Por sus frutos los conocerán.
¿Acaso se recogen uvas de los espinos
o higos de las zarzas? 17 Así, todo árbol
bueno da frutos buenos, pero el árbol
malo da frutos malos. 18 Un árbol bueno
no puede producir frutos malos, ni un árbol malo producir frutos buenos. 19 Todo
árbol que no da buen fruto, es cortado
y arrojado al fuego. 20 Así que por sus
frutos los reconocerán.

Los verdaderos discípulos.
||Lc **6** 46; **13** 26-27;
ver Mt **25** 11-12.

21 «No todo el que me diga: 'Señor,
Señor', entrará en el Reino de los Cielos,
sino el que haga la voluntad de mi Padre
que está en los cielos. 22 Muchos me
dirán aquel Día: 'Señor, Señor, ¿no pro-
fetizamos en tu nombre, y en tu nombre
expulsamos demonios, y en tu nombre
hicimos muchos milagros?' 23 Y entonces
les declararé: '¡Jamás los conocí; *apártense de mí, malhechores*!'*
||Lc **6** 47-49.

24 «Así pues, todo el que oiga estas palabras mías y las ponga en práctica, será
como el hombre prudente que edificó su
casa sobre roca: 25 cayó la lluvia, vinieron
los torrentes, soplaron los vientos y embistieron contra aquella casa; pero ella
no cayó, porque estaba cimentada sobre
roca. 26 Y todo el que oiga estas palabras
mías y no las ponga en práctica, será
como el hombre insensato que edificó su
casa sobre arena: 27 cayó la lluvia, vinieron los torrentes, soplaron los vientos,
irrumpieron contra aquella casa y cayó,
y fue grande su ruina.»

Admiración de la gente.
||Lc **4** 32; **7** 1; ||Mc **1** 22.

28 Y sucedió que cuando acabó Jesús
estos discursos, la gente se asombraba
de su doctrina; 29 porque les enseñaba
como quien tiene autoridad, y no como
sus escribas*.

III. Predicación del Reino de los Cielos

1. SECCIÓN NARRATIVA: DIEZ MILAGROS*

Curación de un leproso.
||Mc **1** 40-45; ||Lc **5** 12-16.

8 1 Cuando bajó del monte, fue siguiéndole una gran muchedumbre.
2 En esto, un leproso se acercó y se postró ante él, diciendo: «Señor, si quieres
puedes limpiarme.» 3 Él extendió la mano, le tocó y dijo: «Quiero, queda limpio.»
Y al instante quedó limpio de su lepra.
4 Y Jesús le dice: «Mira, no se lo digas a
nadie, sino vete, muéstrate al sacerdote y

7 15 Los *falsos profestas* son aquellos que seducen al pueblo con falsas apariencias, encubriendo miras interesadas, **24** 4-5.11.24; 2 P **2** 1-3. Ver también Ez **22** 28; Jr **23** 1.14.
7 23 Cita del Sal **6** 9.
7 29 Jesús tiene su *autoridad* de Dios y no tiene por qué ampararse tras la *tradición* de los antiguos, ver **15** 2.
8 Los *milagros* de Jesús manifiestan su poder sobre la naturaleza y en particular sobre las enfermedades, la muerte, los demonios, **8** 29+. Tienen siempre una significación espiritual al anunciar los dones y castigos de la era mesiánica, **11** 5+; **16** 3; etc.; Jn **2** 1-12, etc. Aunque realizados por misericordia, **20** 34, son unos *signos* destinados a confirmar la fe, **8** 10+; **12** 38+; Jn **2** 11+; Hch **10** 38, como más tarde lo serán los realizados por los apóstoles, **10** 1.8; Mc **16** 17-18; Hch **2** 22. Los milagros aquí descritos, **8-9**, preparan las consignas de la misión, **10**.

presenta la ofrenda que prescribió Moisés, para que les sirva de testimonio.»

Curación del criado de un centurión.

‖Lc **7** 1-10; ‖Jn **4** 46-53.

5 Al entrar en Cafarnaún, se le acercó
un centurión y le rogó 6 diciendo: «Señor,
mi criado está echado en casa paralítico
con terribles sufrimientos.» 7 Le dice
Jesús: «Yo iré a curarlo.» 8 Replicó el
centurión: «Señor, no soy digno de que
entres bajo mi techo; basta que lo digas
de palabra y mi criado quedará sano.
9 Porque también yo, que soy un subalterno, tengo soldados a mis órdenes, y
digo a éste: 'Vete', y va; y a otro: 'Ven',
y viene; y a mi siervo: 'Haz esto', y lo hace.» 10 Al oír esto Jesús quedó admirado
y dijo a los que le seguían: «Les aseguro
que en Israel no he encontrado en nadie
una fe* tan grande.

‖Lc **13** 28-29.

11 Y les digo que vendrán muchos de
oriente y occidente y se sentarán a la mesa con Abrahán, Isaac y Jacob en el reino de los Cielos, 12 mientras que los hijos
del Reino serán echados a las tinieblas
de fuera; allí será el llanto y el rechinar
de dientes.» 13 Y dijo Jesús al centurión:
«Anda; que te suceda como has creído.»
Y en aquella hora sanó el criado.

Curación de la suegra de Pedro.

‖Mc **1** 29-31; ‖Lc **4** 38-39.

14 Al llegar Jesús a casa de Pedro, vio
a la suegra de éste en cama, con fiebre.
15 Le tocó la mano y la fiebre la dejó; y
se levantó y se puso a servirle.

Numerosas curaciones.

‖Mc **1** 32-34; | | Lc **4** 40-41.

16 Al atardecer, le trajeron muchos
endemoniados; él expulsó a los espíritus
con una palabra, y curó a todos los enfermos, 17 para que se cumpliera lo dicho
por el profeta Isaías:
*Él tomó nuestras debilidades y cargó con nuestras dolencias**.

Exigencias de la vocación apostólica.

‖Lc **9** 57-60.

18 Viéndose Jesús rodeado de la muchedumbre, mandó pasar a la otra orilla. 19 Y un escriba se acercó y le dijo:
«Maestro, te seguiré adondequiera que
vayas.» 20 Le dice Jesús: «Las zorras tienen guaridas, y las aves del cielo nidos;
pero el Hijo del hombre* no tiene donde
reclinar la cabeza.»
21 Otro de los discípulos le dijo:
«Señor, déjame ir primero a enterrar a
mi padre.» 22 Le dice Jesús: «Sígueme,
y deja que los muertos entierren a sus
muertos.»

La tempestad calmada.

‖Mc **4** 35-41; ‖Lc **8** 22-25.

23 Subió a la barca y sus discípulos le
siguieron. 24 De pronto se levantó en el
mar una tempestad tan grande que la
barca quedaba tapada por las olas; pero

8 10 Por esta *fe*, el hombre renuncia a apoyarse en sí mismo para abandonarse a la palabra y poder de aquel en quien cree, **21** 25.32. Jesús la exige siempre, **9** 2.22; **15** 28; etc.; Mc **1** 15; etc. Ella es la que descubre el sentido de los milagros, **8**+. Muchos la rechazan, **8** 10; Lc **18** 8, y los discípulos son tardos en creer, **8** 26; **17** 20; **28** 17; Mc **16** 11-14; Lc **24** 11. Pero es la primera condición indispensable de la salvación, **9** 2; Mc **16** 16; Lc **8** 12; Hch **3** 16; etc. Ver Jn **3** 12+; Rm **1** 16+.

8 17 Jesús, el «Siervo», Is **53** 4, *tomando* sobre sí la expiación de los pecados ha podido aliviar al hombre de los males corporales que son su consecuencia y pena.

8 20 *Hijo del hombre*, semitismo en dos sentidos: a) circunlocución por «hombre», «ser humano», Ez **2** 1; aquí; b) título de un ser celeste, trascendente, al que se le entrega el Reino de Dios, Dn **7** 13+, y que en los apócrifos de *Henoc* y *Esdras* se identifica con el Mesías. En el NT se subraya la humildad del Mesías en su vida terrestre, aquí, **11** 19; **17** 22, y más en concreto su pasión, muerte y resurrección, Mc **8** 31; **9** 31; **10** 33-34; o se refiere a la venida del Mesías, Hijo del hombre, en su futuro glorioso, Mc **8** 38; **12** 36; **14** 62. Ver Mt **25** 31; **26** 64+, Jn **1** 51+; Ap **1** 13; etc.

él estaba dormido. 25 Acercándose ellos le despertaron diciendo: «¡Señor, sálvanos, que perecemos!» 26 Les dice: «¿Por qué tienen miedo, hombres de poca fe?» Entonces se levantó, increpó a los vientos y al mar, y sobrevino una gran calma. 27 Y aquellos hombres, maravillados, decían: «¿Quién es éste, que hasta los vientos y el mar le obedecen?»

Los endemoniados gadarenos.
||Mc **5** 1-20; ||Lc **8** 26-39.

28 Al llegar a la otra orilla, a la región de los gadarenos, vinieron a su encuentro dos endemoniados que salían de los sepulcros, y tan furiosos que nadie era capaz de pasar por aquel camino. 29 Y se pusieron a gritar: «¿Qué tenemos nosotros contigo, Hijo de Dios? ¿Has venido aquí para atormentarnos antes de tiempo*?» 30 Había allí a cierta distancia un gran rebaño de cerdos comiendo. 31 Y le suplicaban los demonios: «Si nos echas, mándanos al rebaño de cerdos.» 32 Él les dijo: «Vayan.» Saliendo ellos, se fueron a los cerdos, y de pronto todo el rebaño se arrojó al mar precipicio abajo, y perecieron en las aguas. 33 Los que cuidaban los cerdos huyeron, y al llegar a la ciudad lo contaron todo y también lo de los endemoniados. 34 Y he aquí que toda la ciudad salió al encuentro de Jesús y, al verlo, le rogaron que se retirara de su territorio.

Curación de un paralítico.
||Mc **2** 1-12; ||Lc **5** 17-26.

9 1 Subiendo a la barca, pasó a la otra orilla y vino a su ciudad. 2 En esto le trajeron un paralítico postrado en una camilla. Viendo Jesús la fe de ellos, dijo al paralítico: «¡Ánimo!, hijo, tus pecados te son perdonados.» 3 Pero he aquí que algunos escribas dijeron para sí: «Éste está blasfemando.» 4 Jesús, conociendo sus pensamientos, dijo: «¿Por qué están pensando mal en sus corazones? ¿Qué es más fácil, decir: 'Tus pecados te son perdonados', o decir: 5 'Levántate y anda'? 6 Pues para que sepan que el Hijo del hombre tiene en la tierra poder de perdonar pecados —dice entonces al paralítico—: 'Levántate, toma tu camilla y vete a tu casa'*.» 7 Él se levantó y se fue a su casa. 8 Y al ver esto, la gente temió y glorificó a Dios, que había dado tal poder a los hombres.

Vocación de Mateo.
||Mc **2** 13-14; ||Lc **5** 27-28.

9 Cuando se iba de allá, al pasar vio Jesús a un hombre llamado Mateo, sentado en el despacho de impuestos, y le dice: «Sígueme.» Él se levantó y le siguió.

Comida con pecadores.
||Mc **2** 15-17; ||Lc **5** 29-32.

10 Y sucedió que estando él a la mesa en la casa, vinieron muchos publicanos y pecadores*, y estaban a la mesa con Jesús y sus discípulos. 11 Al verlo los fariseos decían a los discípulos: «¿Por qué come su maestro con los publicanos y pecadores?» 12 Mas él, al oírlo, dijo: «No necesitan médico los que están fuertes sino los que están mal. 13 Vayan, pues, a aprender qué significa *Misericordia quie-*

8 29 Hasta el último juicio, los demonios gozan de una cierta libertad, ver **12** 43-45; Ap **13** 6-7, que ejercen, según las ideas del judaísmo, con la posesión de los hombres acompañada de enfermedades, Lc **13** 16. Jesús tiene poder sobre los demonios, **8**+, destruye su imperio, **8** 16; **12** 28; Mc **1** 27; Jn **12** 31; Col **1** 12-13, y lo demuestra expulsando a los demonios y librando a los hombres de enfermedades, **9** 32-36. De este modo inaugura la nueva sociedad del reino mesiánico, que se caracteriza por estar bajo el poder del Espíritu, Is **11** 2+; Hch **1** 5+. Jesús comunica a su apóstoles el poder de exorcizar y de curar las enfermedades, **10** 1.8; etc.

9 6 Jesús no realiza la *curación* del cuerpo, sino la de todo el hombre, ya que en la creencia del judaísmo las enfermedades se consideraban como la consecuencia de un pecado, ver **8** 29+; Jn **5** 14; **9** 2.

9 10 Personas a quienes sus costumbres o su profesión de mala nota, ver **5** 46, hacían «impuras» y con las que no se debía tratar. Ver Mc **7** 3-4.14-23p; Hch **10** 15+; etc.

*ro, que no sacrificio**. Porque no he venido a llamar a justos, sino a pecadores.»

Discusión sobre el ayuno.
‖Mc **2** 18-22; ‖Lc **5** 33-39.

14 Entonces se le acercan los discípulos de Juan y le dicen: «¿Por qué nosotros y los fariseos ayunamos, y tus discípulos no ayunan?» 15 Jesús les dijo: «¿Pueden acaso los invitados a la boda ponerse tristes mientras el novio está con ellos? Días vendrán en que les será arrebatado el novio*; entonces ayunarán. 16 Nadie echa un remiendo de paño nuevo en un vestido viejo, porque lo añadido tira del vestido, y se produce un desgarrón peor. 17 Ni tampoco se echa vino nuevo en vasijas viejas; pues de otro modo, las vasijas revientan, el vino se derrama, y las vasijas se echan a perder; sino que el vino nuevo se echa en vasijas nuevas, y así ambos se conservan*.»

Curación de una hemorroísa y resurrección de la hija de un jefe.
‖Mc **5** 21-43; ‖Lc **8** 40-56.

18 Así les estaba hablando, cuando se acercó un magistrado y se postraba ante él diciendo: «Mi hija acaba de morir, pero ven, impón tu mano sobre ella y vivirá.» 19 Jesús se levantó y le siguió junto con sus discípulos.

20 En esto, una mujer que padecía flujo de sangre desde hacía doce años se acercó por detrás y tocó el borde de su manto. 21 Pues se decía para sí: «Con sólo tocar su manto, me salvaré.» 22 Jesús se volvió, y al verla le dijo: «¡Ánimo!, hija, tu fe te ha salvado.» Y quedó sanada la mujer desde aquel momento.

23 Al llegar Jesús a casa del magistrado y ver a los flautistas y la gente alborotando, 24 decía: «¡Retírense! La muchacha no ha muerto; está dormida.» Y se burlaban de él. 25 Mas, echada fuera la gente, entró él, la tomó de la mano, y la muchacha se levantó. 26 Y esta noticia se divulgó por toda aquella región.

Jesús cura a dos ciegos.
20 29-34.

27 Cuando Jesús se iba de allá, le siguieron dos ciegos gritando: «¡Ten piedad de nosotros, Hijo de David*!» 28 Y al llegar a casa, se le acercaron los ciegos, y Jesús les dice: «¿Creen que puedo hacer eso?» Le dicen: «Sí, Señor.» 29 Entonces les tocó los ojos diciendo: «Que se haga en ustedes según su fe.» 30 Y se abrieron sus ojos. Jesús les ordenó severamente: «¡Miren que nadie lo sepa!» 31 Pero ellos, en cuanto salieron, divulgaron su fama por toda aquella región.

Curación de un endemoniado mudo.
=**12** 22-24; ‖Lc **11** 14-15.

32 Salían ellos todavía, cuando le presentaron un mudo endemoniado. 33 Y expulsado el demonio, rompió a hablar el mudo. Y la gente, admirada, decía: «Jamás se vio cosa igual en Israel.» 34 Pero los fariseos decían: «Por el Príncipe de los demonios expulsa a los demonios.»

Compasión hacia la muchedumbre.
=**4** 23.

35 Jesús recorría todas las ciudades y aldeas, enseñando en sus sinagogas,

---

9 13 Cita de Os **6** 6. Ver Mt **12** 7. La práctica exterior de la Ley tiene menos valor que el culto interior y la compasión. Tema muy familiar a los profetas, Am **5** 21+.

9 15 El *novio* es Jesús; sus compañeros, o «pajes de honor», no pueden ayunar porque los tiempos mesiánicos (simbolizados en el banquete de bodas) han comenzado.

9 17 Mt subraya la continuidad entre la *vieja* economía de la salvación y la *nueva*. Ésta no encaja con los elementos caducos de la vieja. Jesús establece algo totalmente nuevo, **5** 17+.

9 27 Jesús no acepta sino con reservas el título de *Hijo de David*, título mesiánico corriente, 2 S **7** 12-16; Lc **1** 32; Hch **2** 30; Mt **1** 1; 12 23; etc., que implicaba una concepción demasiado humana del Mesías.

proclamando la Buena Nueva del Reino y sanando toda enfermedad y toda dolencia.

36 Y al ver a la muchedumbre, sintió compasión de ella, porque estaban cansados y abatidos como ovejas que no tienen pastor*. 37 Entonces dice a sus discípulos: «La mies es mucha y los obreros pocos. 38 Rueguen, pues, al Dueño de la mies que envíe obreros a su mies.»

2. DISCURSO APOSTÓLICO

Misión de los Doce.
||Mc **3** 14-15; **6** 7;
||Lc **9** 1; Mt **8** 29+.

10 1 Y llamando a sus doce discípulos, les dio poder sobre los espíritus inmundos para expulsarlos, y para curar toda enfermedad y toda dolencia.
||Mc **3** 16-19;
||Lc **6** 13-16; Hch **1** 13.

2 Los nombres de los doce Apóstoles* son éstos: primero Simón, llamado Pedro, y su hermano Andrés; Santiago el de Zebedeo y su hermano Juan; 3 Felipe y Bartolomé; Tomás y Mateo el publicano; Santiago el de Alfeo y Tadeo; 4 Simón el Cananeo y Judas el Iscariote, el que le entregó. 5 A estos doce envió Jesús, después de darles estas instrucciones:

«No tomen camino de gentiles ni entren en ciudad de samaritanos; 6 diríjanse más bien a las ovejas perdidas de la casa de Israel*. 7 Al ir proclamen que el Reino de los Cielos está cerca. 8 Curen enfermos, resuciten muertos, purifiquen leprosos, expulsen demonios. Gratis lo recibieron; denlo gratis. 9 No se procuren ustedes oro, ni plata, ni cobre en sus bolsillos; 10 ni alforja para el camino, ni dos túnicas, ni sandalias, ni bastón; porque el obrero merece su sustento.
||Mc **6** 10-11; ||Lc **9** 4-5; **10** 5-12.

11 «En la ciudad o pueblo en que entren, infórmense de quién hay en él digno, y quédense allí hasta que salgan. 12 Al entrar en la casa, salúdenla. 13 Si la casa es digna, llegue a ella su paz; mas si no es digna, su paz se vuelva a ustedes. 14 Y si no se les recibe ni se escuchan sus palabras, al salir de la casa o de la ciudad aquella sacúdanse el polvo de sus pies. 15 Yo les aseguro: el día del Juicio habrá menos rigor para la tierra de Sodoma y Gomorra que para aquella ciudad.

Predicción de persecuciones*.
||Lc **10** 3; ||Mc **13** 9-13;
||Lc **21** 12-19.

16 «Miren que yo los envío como ovejas en medio de lobos. Sean, pues, prudentes como las serpientes, y sencillos como las palomas. 17 Cuídense de los hombres, porque los entregarán a los tribunales y los azotarán en sus sinagogas; 18 y por mi causa serán llevados ante gobernadores y reyes, para que den testimonio ante ellos y ante los gentiles. 19 Mas cuando los entreguen, no se preocupen de cómo o qué van a hablar. Lo que tengan que hablar se les comunicará en aquel momento. 20 Porque no serán ustedes los que hablen, sino el Espíritu de su Padre el que hablará en ustedes.

21 «Entregará a la muerte hermano a hermano y padre a hijo; se levantarán hijos contra padres y los matarán. 22 Y serán odiados de todos por causa de mi

9 36 Imagen bíblica; Nm **27** 17+.
10 2 *Apóstol* significa *enviado*, v.5. Mt da por conocida la elección de los Doce, que Mc y Lc mencionan y distinguen de la misión, ver Mc **3** 13s; Lc **6** 13s.
10 6 Los judíos herederos de la elección y de las promesas, Gn **15**+, deben ser los primeros en recibir el anuncio y el ofrecimiento de la salvación mesiánica; pero ver Hch **8** 5+; **13** 5+.
10 16 Las enseñanzas agrupadas en los vv. 16-39 desbordan esta primera misión y se refieren a las exigencias absolutas del apostolado.

nombre; pero el que persevere hasta el
fin, ése se salvará.
23 «Cuando los persigan en una ciudad
huyan a otra, y si también en ésta los
persiguen, márchense a otra. Yo les aseguro: no acabarán de recorrer las ciudades de Israel antes que venga el Hijo del
hombre*.

||Lc **6** 40; ||Jn **13** 16; **15** 20.

24 «No está el discípulo por encima del
maestro, ni el siervo por encima de su
amo. 25 Ya le basta al discípulo ser como
su maestro, y al siervo como su amo.
Si al dueño de la casa le han llamado
Beelzebul, ¡cuánto más a sus empleados!

Hablar francamente y sin temor.

||Lc **12** 2-7; ||Mc **4** 22; Lc **8** 17.

26 «No les tengan miedo. Pues no hay
nada encubierto que no haya de ser descubierto, ni oculto que no haya de saberse. 27 Lo que yo les digo en la oscuridad,
díganlo ustedes a la luz; y lo que oyen
al oído, proclámenlo desde las azoteas*.
28 «Y no teman a los que matan el
cuerpo, pero no pueden matar el alma;
teman más bien al que puede llevar a la
perdición alma y cuerpo en la gehenna.
29 ¿No se venden dos pajarillos por un
as*? Pues bien, ni uno de ellos caerá en
tierra sin el consentimiento del Padre.
30 En cuanto a ustedes, hasta los cabellos
de su cabeza están todos contados. 31 No
teman, pues; ustedes valen más que muchos pajarillos.

||Lc **12** 8-9; ||Mc **8** 38; ||Lc **9** 26.

32 «Por todo aquel que se declare en
favor mío ante los hombres, yo también
me declararé en su favor ante mi Padre
que está en los cielos; 33 pero a quien
me niegue ante los hombres, le negaré
yo también ante mi Padre que está en
los cielos.

Jesús, señal de contradicción.

||Lc **12** 51-53.

34 «No piensen que he venido a traer
paz a la tierra. No he venido a traer paz,
sino espada. 35 Sí, he venido a enfrentar
al hombre *con su padre, a la hija con
su madre, a la nuera con su suegra;*
36 *y enemigos de cada cual son los de
su casa**.

Renunciarse para seguir a Jesús.

||Lc **14** 26-27; =Mt **16** 24-25;
||Mc **8** 34-35; ||Lc **9** 23-24;
||Lc **17** 33; ||Jn **12** 25.

37 «El que ama a su padre o a su madre
más que a mí, no es digno de mí; el que
ama a su hijo o a su hija más que a mí,
no es digno de mí. 38 El que no toma
su cruz y me sigue detrás no es digno
de mí. 39 El que encuentre su vida, la
perderá; y el que pierda su vida por mí,
la encontrará.

Conclusión del discurso apostólico*.

=**18** 5; ||Mc **9** 37; ||Lc **9** 48;
||Lc **10** 16; ||Jn **12** 44-45; **13** 20.

40 «Quien a ustedes recibe, a mí me
recibe, y quien me recibe a mí, recibe a
Aquel que me ha enviado.
41 «Quien reciba a un profeta por ser
profeta, recompensa de profeta recibirá,
y quien reciba a un justo por ser justo,
recompensa de justo recibirá.

10 23 Se refiere a la ruina de Jerusalén, acontecimiento interpretado como una *visita* de Dios a su pueblo infiel, ver **16** 28; **24**+.

10 27 Después de la resurrección los apóstoles proclamarán, sin restricción alguna, lo que Jesús anuncia en forma velada durante su vida, ver Lc **12** 2-3; Mc **1** 34+.

10 29 *As* es una moneda romana de poco valor.

10 36 Cita de Mi **7** 6. Jesús es «signo de contradicción», Lc **2** 34, por las exigencias que impone su elección.

10 40 Los vv. 40-42 describen la estructura de la Iglesia en Mt: a) los apóstoles, cuyo poder se relaciona con Dios, v.40; b) los que enseñan, v. 41); c) los testigos que se han mantenido fieles en las persecuciones, v. 46; d) los pequeños, v. 42. Ver **13** 17.52; **18** 10.14; **23** 29.34.

42 «Y todo aquel que dé de beber tan
sólo un vaso de agua fresca a uno de estos pequeños, por ser discípulo, les aseguro que no perderá su recompensa.»

IV. El misterio del Reino de los Cielos

1. SECCIÓN NARRATIVA

11 1 Y sucedió que, cuando acabó Jesús de dar instrucciones
a sus doce discípulos, partió de allí para
enseñar y predicar en sus ciudades.

Pregunta del Bautista y testimonio de Jesús.

||Lc **7** 18-28.

2 Juan, que en la cárcel había oído
hablar de las obras de Cristo, envió a sus
discípulos a decirle: 3 «¿Eres tú el que ha
de venir, o debemos esperar a otro*?»
4 Jesús les respondió: «Vayan y cuenten
a Juan lo que oyen y ven: 5 los ciegos
ven y los cojos andan, los leprosos quedan limpios y los sordos oyen, los muertos resucitan y se anuncia a los pobres la
Buena Nueva*; 6 ¡y dichoso aquel que no
se escandalice de mí!»
7 Cuando éstos se marchaban, se puso
Jesús a hablar de Juan a la gente: «¿Qué
salieron a ver en el desierto? ¿Una caña
agitada por el viento? 8 ¿Qué salieron a
ver, si no? ¿Un hombre elegantemente
vestido? Miren, los que visten con elegancia están en los palacios de los reyes.
9 Entonces ¿a qué salieron? ¿A ver un
profeta? Sí, les digo, y más que un profeta. 10 Este es de quien está escrito:

He aquí que yo envío mi mensajero
delante de ti,
que preparará tu camino por delan-
te de ti.*

11 «En verdad les digo que no ha surgido entre los nacidos de mujer uno mayor
que Juan el Bautista; sin embargo, el
más pequeño en el Reino de los Cielos
es mayor que él*. 12 Desde los días de
Juan el Bautista hasta ahora, el Reino de
los Cielos sufre violencia, y los violentos
lo arrebatan*. 13 Pues todos los profetas,
lo mismo que la Ley, hasta Juan profetizaron. 14 Y, si quieren admitirlo, él es
Elías, el que iba a venir. 15 El que tenga
oídos, que oiga.

Jesús juzga a su generación.

||Lc **7** 31-35.

16 «¿Pero, con quién compararé a esta
generación? Se parece a los chiquillos
que, sentados en las plazas, se gritan unos
a otros diciendo:

17 'Les hemos tocado la flauta,
y no han bailado,
Les hemos entonado canciones
tristes,
y no se han lamentado.'

18 «Porque vino Juan, que ni comía ni
bebía, y dicen: 'Demonio tiene.' 19 Vino
el Hijo del hombre, que come y bebe, y
dicen: 'Ahí tenéis un glotón y un borra-

11 3 Juan Baustista está desconcertado por un Mesías tan diferente de aquel que esperaba, **3** 10-12.

11 5 Reminiscencias de Is **26** 19; **29** 18; **35** 5-6; **61** 1. El Reino se inaugura no por el estallido del poder, sino por los beneficios de la salvación, ver **8** 1; Lc **4** 17-21.

11 10 Cita de Ml **3** 1.

11 11 No se enjuicia la grandeza personal del Precursor, que queda fuera del Reino, sino que se comparan dos estadios de la revelación de Dios a los hombres; ver Ml **3** 1.23; Mt **17** 10-13.

11 12 Expresión diversamente interpretada: 1. El reino se gana al precio de duras renuncias; 2. El Reino hay que establecerlo, equivocadamente, por la violencia (los Celotas); 3. Los poderes terrenos quieren mantener el dominio temporal y se oponen violentamente, incluso con persecuciones, al nuevo orden de valores del Reino.

cho, amigo de publicanos y pecadores.' Y la Sabiduría se ha acreditado por sus obras*.»

¡Ay de las ciudades impenitentes!

‖Lc **10** 13-15.

[20] Entonces se puso a reprender a las ciudades en las que se habían realizado la mayoría de sus milagros, porque no se habían convertido:

[21] «¡Ay de ti, Corazín! ¡Ay de ti, Betsaida! Porque si en Tiro y en Sidón se hubieran hecho los milagros que se han hecho en ustedes, tiempo ha que con vestido de penitencia y ceniza se habrían convertido. [22] Por eso les digo que el día del Juicio habrá menos rigor para Tiro y Sidón que para ustedes. [23] Y tú, Cafarnaún, ¿hasta el cielo te vas a encumbrar? *¡Hasta el Abismo te hundirás*!* Porque si en Sodoma se hubieran hecho los milagros que se han hecho en ti, aún subsistiría el día de hoy. [24] Por eso les digo que el día del Juicio habrá menos rigor para la tierra de Sodoma que para ti.»

El Evangelio revelado a los sencillos. El Padre y el Hijo.

‖Lc **10** 21-22.

[25] En aquel tiempo, tomando Jesús la palabra, dijo: «Yo te bendigo, Padre, Señor del cielo y de la tierra, porque has ocultado estas cosas* a sabios e inteligentes, y se las has revelado a pequeños. [26] Sí, Padre, pues tal ha sido tu voluntad. [27] Todo me ha sido entregado por mi Padre, y nadie conoce al Hijo sino el Padre, ni al Padre le conoce nadie sino el Hijo, y aquel a quien el Hijo se lo quiera revelar*.

Jesús, maestro bondadoso.

[28] «Vengan a mí todos los que están fatigados y sobrecargados*, y yo les daré descanso. [29] Tomen sobre ustedes mi yugo, y aprendan de mí, que soy manso y humilde de corazón; *y hallarán descanso para sus almas**. [30] Porque mi yugo es suave y mi carga ligera*.»

Las espigas arrancadas en sábado.

‖Mc **2** 23-28; ‖Lc **6** 1-5.

12 [1] En aquel tiempo cruzaba Jesús un sábado por los sembrados. Y sus discípulos sintieron hambre y se pusieron a arrancar espigas y a comerlas. [2] Al verlo los fariseos, le dijeron: «Mira, tus discípulos hacen lo que no es lícito hacer en sábado*.» [3] Pero él les dijo: «¿No han leído lo que hizo David cuando sintió hambre él y los que le acompañaban*, [4] cómo entró en la Casa de Dios y comieron los panes de la Presencia, que no le era lícito comer a él, ni a sus compañeros, sino sólo a los sacerdotes? [5] ¿Tampoco han leído en la Ley que en día de sábado los sacerdotes, en el Templo, quebrantan el sábado sin incurrir en culpa? [6] Pues yo les digo que hay aquí algo mayor que el Templo. [7] Si hubieran comprendido lo que significa

11 19 Los judíos, como unos niños caprichosos, rechazan todas las insinuaciones de Dios; pero Dios realiza su designio y se justifica a sí mismo por las obras del Bautista y sobre todo de Jesús, sus milagros, ver v. 6 y vv. 20-24.
11 23 Ver Is **14** 13.15.
11 25 *estas cosas* son los «misterios del Reino», **13** 11, revelados a los «pequeños», los discípulos, **10** 42; comparar con Lc **10** 21-22.
11 27 Este pasaje, de tono propio de Jn, Jn **1** 18; **3** 11.35; **6** 46; **10** 15; etc., expresa en la tradición sinóptica primitiva la conciencia clara que Jesús tenía de su filiación divina, ver **21** 37; **24** 36, y de la relación que, como Hijo, tiene con los «hijos», Rm **8** 14-17.29; Ga **4** 5-7; Hb **2** 9-14. Sobre la estructura del párrafo, ver Si **51** y Ex **33** 12-23.
11 28 La *carga* de la Ley y las observancias que la recargan todavía más.
11 29 Ver Jr **6** 16.
11 30 El *yugo* de la Ley y la sobrecarga de las observancias son aligeradas para los pequeños, **5** 3-5; Si **6** 23-31; **51** 26-27; Ver también Jr **6** 16; **31** 25.
12 2 La recolección de espigas era, según los intérpretes de la Ley, un trabajo prohibido por Ex **34** 21.
12 3 Ver 1 S **21** 2-7; Lv **24** 5-9.

*Misericordia quiero, que no sacrificio**,
no condenarían a los que no tienen culpa. 8 Porque el Hijo del hombre es señor
del sábado*.»

Curación del hombre de la mano paralizada.

||Mc **3** 1-6;
||Lc **6** 6-11.

9 Se fue de allí y entró en su sinagoga.
10 Había allí un hombre que tenía una
mano seca. Y le preguntaron si era lícito
curar en sábado, para poder acusarlo.
11 Él les dijo: «¿Quién de ustedes que
tenga una sola oveja, si ésta cae en un
hoyo en sábado, no la agarra y la saca?
12 Pues, ¡cuánto más vale un hombre que
una oveja! Por tanto, es lícito hacer bien
en sábado.» 13 Entonces dice al hombre:
«Extiende tu mano.» Él la extendió, y
quedó restablecida, sana como la otra.
14 Pero los fariseos, en cuanto salieron,
se confabularon contra él para eliminarlo.

Jesús es el «Siervo de Yahvé».

Mc **3** 7.12.

15 Jesús, al saberlo, se retiró de allí. Le
siguieron muchos y los curó a todos.
16 Y les mandó enérgicamente que no le
descubrieran; 17 para que se cumpliera lo
dicho por el profeta Isaías*:

18 *He aquí mi Siervo, a quien elegí,*
mi Amado, en quien mi alma se
complace.
Pondré mi Espíritu sobre él,
y anunciará el juicio a las naciones.
19 *No disputará ni gritará,*
ni oirá nadie en las plazas su voz.
20 *La caña cascada no la quebrará,*
ni apagará la mecha humeante,
hasta que lleve a la victoria el juicio:
21 *en su nombre pondrán las*
naciones su esperanza.

Jesús y Beelzebul.

||Lc **11** 14-15; =Mt **9** 32-34;

22 Entonces le fue presentado un endemoniado ciego y mudo. Y lo curó, de
suerte que el mudo hablaba y veía. 23 Y
toda la gente asombrada decía: «¿No
será éste el Hijo de David?» 24 Mas los
fariseos, al oírlo, dijeron: «Éste no expulsa los demonios más que por Beelzebul*,
Príncipe de los demonios.»

||Mc **3** 23-30; ||Lc **11** 17-23.

25 Él, conociendo sus pensamientos, les
dijo: «Todo reino dividido contra sí mismo
queda destruido, y toda ciudad o casa dividida contra sí misma no podrá subsistir.
26 Si Satanás expulsa a Satanás, contra sí
mismo está dividido: ¿cómo, pues, va a
subsistir su reino? 27 Y si yo expulso los
demonios por Beelzebul, ¿por quién los
expulsan sus hijos? Por eso, ellos serán
sus jueces. 28 Pero si por el Espíritu de
Dios expulso yo los demonios, es que ha
llegado a ustedes el Reino de Dios.
29 «O, ¿cómo puede uno entrar en la
casa del fuerte y saquear sus pertenencias, si no ata primero al fuerte? Entonces podrá saquear su casa.
30 «El que no está conmigo, está contra
mí, y el que no recoge conmigo, desparrama.

||Lc **12** 10.

31 «Por eso les digo: Todo pecado y
blasfemia se perdonará a los hombres,
pero la blasfemia contra el Espíritu no
será perdonada. 32 Y al que diga una
palabra contra el Hijo del hombre, se le
perdonará; pero al que la diga contra el
Espíritu Santo, no se le perdonará ni en
este mundo ni en el otro*.

12 7 Cita de Os **6** 6; ver Mt **9** 13.

12 8 Jesús afirma que las leyes, aun las consideradas de institución divina, como la del sábado, deben subordinarse a la necesidad o a la caridad; afirma también que tiene poder para interpretar con autoridad, en cuanto «Hijo», la Ley mosaica, **5** 17+; **15** 1-7; **19** 1-9.

12 17 La cita de Is **42** 1-4 describe el estilo de la misión del Siervo, aplicado a Jesús, que proclama a todos los pueblos el «juicio» o derecho que regula las relaciones de Dios con los hombres.

12 24 *Beelzebul*, divinidad cananea: *Baal el príncipe,* 1 R **1** 2, tenido por el príncipe de los demonios.

12 32 El hombre que se niega a reconocer

Las palabras descubren el corazón*.

=**7** 16-20; ||Lc **6** 43-45.

33 «Supongan un árbol bueno, y su fruto será bueno; supongan un árbol malo, y
su fruto será malo; porque por el fruto se
conoce el árbol. 34 Raza de víboras, ¿cómo pueden ustedes hablar cosas buenas
siendo malos? Porque de lo que rebosa
el corazón habla la boca. 35 El hombre
bueno, del buen tesoro saca cosas buenas
y el hombre malo, del tesoro malo saca
cosas malas. 36 Les digo que de toda palabra ociosa que hablen los hombres darán
cuenta en el día del Juicio. 37 Porque por
tus palabras serás declarado justo y por
tus palabras serás condenado.»

El signo de Jonás.

||Lc **11** 29-32; ||Mc **8** 11-12; =Mt **16** 14.

38 Entonces le interpelaron algunos
escribas y fariseos: «Maestro, queremos
ver un signo hecho por ti*.» 39 Mas él les
respondió: «¡Generación malvada y adúltera! Un signo pide, y no se le dará otro
signo que el signo del profeta Jonás.
40 Porque de la misma manera que Jonás
*estuvo en el vientre del cetáceo tres
días y tres noches,* así también el Hijo
del hombre estará en el seno de la tierra
tres días y tres noches*. 41 Los ninivitas
se levantarán en el Juicio con esta generación y la condenarán; porque ellos se
convirtieron por la predicación de Jonás,
y aquí hay algo más que Jonás. 42 La reina del Sur se levantará en el Juicio con
esta generación y la condenará; porque
ella vino de los confines de la tierra a oír
la sabiduría de Salomón, y aquí hay algo
más que Salomón*.

Estrategia de Satanás.

||Lc **11** 24-26.

43 «Cuando el espíritu inmundo sale
del hombre, anda vagando por lugares
áridos en busca de reposo, pero no lo
encuentra. 44 Entonces dice: 'Me volveré
a mi casa, de donde salí.' Y al llegar la encuentra desocupada, barrida y en orden.
45 Entonces va y toma consigo otros siete
espíritus peores que él; entran y se instalan allí, y el final de aquel hombre viene a
ser peor que el principio. Así le sucederá
también a esta generación malvada.»

El verdadero parentesco de Jesús.

||Mc **3** 31-35; ||Lc **8** 19-21.

46 Todavía estaba hablando a la muchedumbre, cuando su madre y sus hermanos* se presentaron afuera y trataban
de hablar con él. 47 Alguien le dijo: «¡Oye!
ahí afuera están tu madre y tus hermanos que desean hablarte.» 48 Pero él
respondió al que se lo decía: «¿Quién es
mi madre y quiénes son mis hermanos?»
49 Y, extendiendo su mano hacia sus discípulos, dijo: «Estos son mi madre y mis
hermanos. 50 Pues todo el que cumpla la
voluntad de mi Padre de los cielos, ése es
mi hermano, mi hermana y mi madre*.»

las obras del Espíritu, se excluye a sí mismo del perdón ofrecido por Dios; ver Jn **8** 21; Hb **6** 4-6; **10** 26-31; l Jn **5** 16.

12 33 Del *corazón*, o vida interior, provienen también las palabras, lo mismo que las acciones, **15** 18; Si **27** 6; St **3** 12. De un corazón que rechaza a Jesús nada bueno puede salir.

12 38 A los que piden un *signo*, ver **8+**; Jn **2** 11+; 1 Co **1** 22, en términos velados, Jesús anuncia su resurrección.

12 40 Cita literal de Jon **2** 1 que sólo de manera aproximada se aplica al intervalo entre la muerte y resurrección de Cristo. Ver Mt **16** 4.

12 42 Ver 1 R **10+**.

12 46 Repetidas veces el NT menciona los «hermanos» de Jesús, **13** 55; Jn **7** 3; Hch **1** 14; 1 Co **9** 5; Ga **1** 19. La palabra griega corresponde a otra semita que designa a los parientes próximos, Gn **13** 8; **29** 15; Lv **10** 4, y de modo especial a los primos-hermanos, 1 Cro **23** 22. El v. 47 falta en muchos manuscritos.

12 50 En adelante, el parentesco espiritual supera a los lazos familiares, 7 21; **8** 21-22; **10** 37; **19** 29; Lc **11** 27-28.

2. DISCURSO PARABÓLICO

Introducción.

||Mc **4** 1-2; ||Lc **8** 4.

13 1 Aquel día, salió Jesús de casa
y se sentó a orillas del mar. 2 Y
se reunió tanta gente junto a él, que tuvo
que subir a sentarse en una barca, y toda
la gente quedaba en la orilla. 3 Y les habló muchas cosas en parábolas*.

Parábola del sembrador.

||Mc **4** 3-9; ||Lc **8** 5-8.

Decía: «Salió un sembrador a sembrar.
4 Y al sembrar, unas semillas cayeron a
lo largo del camino; vinieron las aves y
se las comieron. 5 Otras cayeron en pedregal, donde no tenían mucha tierra, y
brotaron enseguida por no tener profundidad la tierra; 6 pero en cuanto salió el
sol se marchitaron y, por no tener raíz, se
secaron. 7 Otras cayeron entre espinos;
crecieron los espinos y las ahogaron.
8 Otras cayeron en tierra buena y dieron
fruto, una ciento, otra sesenta, otra treinta. 9 El que tenga oídos, que oiga.»

Por qué habla Jesús en parábolas.

||Mc **4** 10-12.25; ||Lc **8** 9-10.18.

10 Y acercándose los discípulos le dijeron: «¿Por qué les hablas en parábolas?»
11 Él les respondió: «Es que a ustedes se
les ha dado conocer los misterios del
Reino de los Cielos, pero a ellos no.
12 Porque a quien tiene se le dará y le sobrará; pero a quien no tiene, aun lo que
tiene se le quitará*. 13 Por eso les hablo
en parábolas, porque viendo no ven,
y oyendo no oyen ni entienden*. 14 En
ellos se cumple la profecía de Isaías:

Oír, oirán, pero no entenderán,
mirar, mirarán, pero no verán.
15 *Porque se ha embotado el corazón*
de este pueblo,
han hecho duros sus oídos,
y sus ojos han cerrado;
no sea que vean con sus ojos,
con sus oídos oigan,
con su corazón entiendan y se
conviertan,
y yo los sane.

||Lc **10** 23-24.

16 «¡Pero dichosos sus ojos, porque
ven, y sus oídos, porque oyen! 17 Pues
les aseguro que muchos profetas y justos
desearon ver lo que ustedes ven, pero no
lo vieron, y oír lo que ustedes oyen, pero
no lo oyeron.

Explicación de la parábola del sembrador.

||Mc **4** 13-20; ||Lc **8** 11-15.

18 «Ustedes, pues, escuchen la parábola del sembrador. 19 Sucede a todo el que
oye la palabra del Reino y no la comprende, que viene el Maligno y arrebata
lo sembrado en su corazón: éste es el
que fue sembrado* a lo largo del camino. 20 El que fue sembrado en pedregal,
es el que oye la palabra, y al punto la
recibe con alegría; 21 pero no tiene raíz
en sí mismo, sino que es inconstante y,
cuando se presenta una tribulación o
persecución por causa de la palabra, sucumbe enseguida. 22 El que fue sembrado
entre los espinos, es el que oye la palabra, pero las preocupaciones del mundo
y la seducción de las riquezas ahogan

13 3 Mt ha reunido aquí siete parábolas sobre el Reino de los Cielos, **4** 17+. Las dos primeras, la del sembrador y la de la cizaña, van acompañadas de una explicación. Al mismo tiempo que iluminan los *misterios* del Reino, v. 11, sacan las enseñanzas del ministerio de Jesús en Galilea.

13 12 Según las disposiciones de cada uno, la nueva Alianza *cumplirá* la antigua, **5** 17+, o bien la Ley judía se abandonará a sí misma y perderá todo su valor. Ver v. 52; **25** 29.

13 13 Los relatos precedentes, **11-12**, han mostrado un *endurecimiento* culpable, ver Is **6** 9-10+, citado en los vv. 14-15; Jn **12** 40; Hch **28** 26-27. Jesús proyecta una luz, atenuada por los símbolos, que invita a seguir buscando y recibiendo.

13 19 La interpretación de la parábola identifica a los hombres unas veces con los terrenos y otras con la semilla, de mejor o peor calidad.

la palabra, y queda sin fruto. 23 Pero el que fue sembrado en tierra buena, es el que oye la palabra y la entiende: éste sí que da fruto y produce, uno ciento, otro sesenta, otro treinta.»

Parábola de la cizaña.

24 Otra parábola les propuso, diciendo: «El Reino de los Cielos es semejante a un hombre que sembró buena semilla en su campo. 25 Pero, mientras su gente dormía, vino su enemigo, sembró encima cizaña entre el trigo, y se fue. 26 Cuando brotó la hierba y produjo fruto, apareció entonces también la cizaña. 27 Los siervos del amo se acercaron a decirle: 'Señor, ¿no sembraste semilla buena en tu campo? ¿Cómo es que tiene cizaña?' 28 Él les contestó: 'Algún enemigo ha hecho esto.' Le dicen los siervos: '¿Quieres, pues, que vayamos a recogerla?' 29 Les dice: 'No, no sea que, al recoger la cizaña, arranquen a la vez el trigo. 30 Dejad que ambos crezcan juntos hasta la siega. Y al tiempo de la siega, diré a los segadores: Recojan primero la cizaña y atenla en gavillas para quemarla, y el trigo recójanlo en mi granero.'»

Parábola del grano de mostaza*.

||Mc **4** 30-32; ||Lc **13** 18-19.

31 Otra parábola les propuso: «El Reino de los Cielos es semejante a un grano de mostaza que tomó un hombre y lo sembró en su campo. 32 Es ciertamente más pequeña que cualquier semilla, pero cuando crece es mayor que las hortalizas, y se hace árbol, hasta el punto de que las aves del cielo vienen y anidan en sus ramas.»

Parábola de la levadura.

||Lc **13** 20-21.

33 Les dijo otra parábola: «El Reino de los Cielos es semejante a la levadura que tomó una mujer y la metió en tres medidas de harina, hasta que fermentó todo.»

Sólo en parábolas habla a la gente.

||Mc **4** 33-34.

34 Todo esto dijo Jesús en parábolas a la gente, y nada les hablaba sin parábolas, 35 para que se cumpliese lo dicho por el profeta:

Abriré con parábolas mi boca,
publicaré lo que estaba oculto
desde la creación del mundo.*

Interpretación de la parábola de la cizaña.

36 Entonces despidió a la multitud y se fue a casa. Y se le acercaron sus discípulos diciendo: «Explícanos la parábola de la cizaña del campo.» 37 Él respondió: «El que siembra la buena semilla es el Hijo del hombre; 38 el campo es el mundo; la buena semilla son los hijos del Reino; la cizaña son los hijos del Maligno; 39 el enemigo que la sembró es el diablo; la siega es el fin del mundo, y los segadores son los ángeles. 40 De la misma manera, pues, que se recoge la cizaña y se la quema en el fuego, así será al fin del mundo. 41 El Hijo del hombre enviará a sus ángeles, que recogerán de su Reino todos los escándalos y a los malhechores, 42 y los arrojarán en el horno de fuego; allí será el llanto y el rechinar de dientes. 43 Entonces los justos brillarán como el sol en el Reino de su Padre. El que tenga oídos, que oiga.

Parábolas del tesoro y de la perla*.

44 «El Reino de los Cielos es semejante a un tesoro escondido en un campo que, al encontrarlo un hombre, vuelve a esconderlo y, por la alegría que le da, va, vende todo lo que tiene y compra el campo aquel.

13 31 Dos imágenes, el *grano de mostaza* y la *levadura*, presentan el contraste entre un comienzo insignificante y la grandeza de su desarrollo.

13 35 Cita del Sal **78** 2.

13 44 Dos imágenes del valor absoluto del Reino, ver **7** 13; **19** 21; Lc **9** 57-62.

45 «También es semejante el Reino de los Cielos a un mercader que anda buscando perlas finas, 46 y que, al encontrar una perla de gran valor, va, vende todo lo que tiene y la compra.

Parábola de la red*.

47 «También es semejante el Reino de los Cielos a una red que se echa en el mar y recoge peces de todas clases; 48 y cuando está llena, la sacan a la orilla, se sientan, y recogen en canastos los buenos y tiran los malos. 49 Así sucederá al fin del mundo: saldrán los ángeles, separarán a los malos de entre los justos 50 y los echarán en el horno de fuego; allí será el llanto y el rechinar de dientes.

Conclusión.

51 «¿Han entendido todo esto?» Le dicen: «Sí.» 52 Y él les dijo: «Así, todo escriba que se ha hecho discípulo del Reino de los Cielos es semejante al dueño de una casa que saca de su tesoro cosas nuevas y cosas viejas*.»

V. La Iglesia, primicias del Reino de los Cielos

1. SECCIÓN NARRATIVA

Visita a Nazaret.

||Mc **6** 1-6; ||Lc **4** 16-24.

53 Y sucedió que, cuando acabó Jesús estas parábolas, partió de allí. 54 Viniendo a su patria, les enseñaba en su sinagoga, de tal manera que decían maravillados: «¿De dónde le viene a éste esa sabiduría y esos milagros? 55 ¿No es éste el hijo del carpintero? ¿No se llama su madre María, y sus hermanos Santiago, José, Simón y Judas? 56 Y sus hermanas, ¿no están todas entre nosotros? Entonces, ¿de dónde le viene todo esto?» 57 Y se escandalizaban a causa de él. Mas Jesús les dijo: «Un profeta sólo en su patria y en su casa carece de prestigio.» 58 Y no hizo allí muchos milagros, a causa de su falta de fe.

Herodes y Jesús.

||Mc **6** 14-16; ||Lc **9** 7-9.

14 1 En aquel tiempo se enteró el tetrarca Herodes* de la fama de Jesús, 2 y dijo a sus criados: «Ese es Juan el Bautista; él ha resucitado de entre los muertos, y por eso actúan en él fuerzas milagrosas.»

Muerte del Bautista.

||Mc **6** 17-29; ver Lc **3** 19-20.

3 Es que Herodes había detenido a Juan, le había encadenado y puesto en la cárcel, por causa de Herodías, la mujer de su hermano Filipo. 4 Porque Juan le decía: «No te es lícito tenerla.» 5 Y aunque quería matarlo, temió a la gente, porque le tenían por profeta. 6 Mas, llegado el cumpleaños de Herodes, la hija de Herodías danzó en medio de todos gustando tanto a Herodes, 7 que éste le prometió bajo juramento darle lo que pidiera. 8 Ella, impulsada por su madre, «dame aquí, dijo, en una bandeja, la cabeza de Juan el Bautista.» 9 Se entristeció el rey, pero, a causa del juramento y de los comensales, ordenó que se la dieran, 10 y envió a decapitar a Juan en la cárcel. 11 Su cabeza fue traída en una bandeja y entregada a la muchacha, la cual se la llevó a su madre. 12 Llegando después sus discípulos, recogieron el ca-

13 47 Tema afín al de la cizaña; la separación se retrasa, pero será definitiva.

13 52 El *escriba* cristiano posee y administra la antigua alianza, perfeccionada con la nueva, **5** 17+. Estos rasgos se aplican al evangelista Mateo. El v. es también una invitación a los discípulos para que creen nuevas parábolas.

14 1 *Herodes* Antipas, hijo de Herodes el Grande, **2** 1, tetrarca de Galilea y de Perea, Lc **3** 1. Ver Lc **23** 7-12.

dáver y lo sepultaron; y fueron a informar a Jesús.

Primera multiplicación de los panes*.

||Mc **6** 31-44; ||Lc **9** 10-17;
||Jn **6** 1-13.

13 Al oírlo Jesús, se retiró de allí en
una barca, aparte, a un lugar solitario.
En cuanto lo supieron las gentes, le siguieron a pie de las ciudades. 14 Al desembarcar, vio mucha gente, sintió compasión de ellos y curó a sus enfermos.

15 Al atardecer se le acercaron los discípulos diciendo: «El lugar está deshabitado, y la hora es ya avanzada. Despide,
pues, a la gente, para que vayan a los
pueblos y se compren comida.» 16 Mas
Jesús les dijo: «No tienen por qué marcharse; denles ustedes de comer.» 17 Le
dicen ellos: «No tenemos aquí más que
cinco panes y dos peces.» 18 Él dijo:
«Tráiganmelos acá.» 19 Y ordenó a la
gente reclinarse sobre la hierba; tomó
luego los cinco panes y los dos peces, y
levantando los ojos al cielo, pronunció la
bendición y, partiéndolos, dio los panes
a los discípulos y los discípulos a la gente. 20 Comieron todos y se saciaron, y
recogieron de los trozos sobrantes doce
canastos llenos. 21 Y los que habían comido eran unos cinco mil hombres, sin
contar mujeres y niños.

Jesús camina sobre las aguas y Pedro con él*.

||Mc **6** 45-52; ||Jn **6** 16-21.

22 Inmediatamente obligó a los discípulos a subir a la barca y a ir por delante
de él a la otra orilla, mientras él despedía
a la gente. 23 Después de despedir a la
gente, subió al monte a solas para orar*;
al atardecer estaba solo allí. 24 La barca
se hallaba ya lejos de la tierra a mucha
distancia, sacudida por las olas, pues el
viento era contrario. 25 Y de madrugada
vino él hacia ellos, caminando sobre el
mar. 26 Los discípulos, viéndole caminar
sobre el mar, se turbaron y decían: «Es
un fantasma», y de miedo se pusieron a
gritar. 27 Pero al instante les habló Jesús
diciendo: «¡Ánimo!, soy yo; no teman.»
28 Pedro* le respondió: «Señor, si eres
tú, mándame ir hacia ti sobre las aguas.»
29 «¡Ven!», le dijo. Bajó Pedro de la barca
y se puso a caminar sobre las aguas,
dirigiéndose hacia Jesús. 30 Pero, viendo
la violencia del viento, le entró miedo
y, como comenzara a hundirse, gritó:
«¡Señor, sálvame!» 31 Al punto Jesús,
tendiendo la mano, le agarró y le dice:
«Hombre de poca fe, ¿por qué dudas-
te?» 32 Subieron a la barca y se calmó el
viento. 33 Y los que estaban en la barca
se postraron ante él diciendo: «Verdaderamente eres Hijo de Dios.»

Curaciones en el país de Genesaret.

||Mc **6** 53-56.

34 Terminada la travesía, llegaron
a tierra en Genesaret. 35 Los hombres
de aquel lugar, apenas le reconocieron,
pregonaron la noticia por toda aquella
región y le presentaron todos los enfermos. 36 Le pedían que tocaran siquiera el
borde de su manto; y cuantos lo tocaron
quedaron salvados.

14 13 Mt (**14** 13-21; **15** 32-39) como Mc (**6** 30-44; **8** 1-10) recogen dos tradiciones muy antiguas del mismo suceso. Las dos se apoyan en relatos del AT (2 R **4** 1-7.42-44; Ex **16**; Nm **11**). El gesto de Jesús se entendió desde muy pronto como preparación de la Eucaristía; comparar Mt **14** 19; **15** 36 y **26** 26 con Jn **6**.

14 22 Mt presenta a Jesús dominando las aguas del mar, símbolo de las potencias del mal, de las que salva a los discípulos.

14 23 Los evangelistas presentan frecuentemente a Jesús en oración en los momentos importantes de su ministerio, en el silencio y en la soledad de la noche. La oración de Jesús es una manifestación de su comunión con el Padre, Mt **11** 25-27; Jn **11** 22.42; etc. Jesús, con su ejemplo, señala la necesidad y el modo de orar, **6** 5+.

14 28 Este episodio y los de **16** 16-20 y **17** 24-27 intercalados en esta sección sobre la Iglesia, ponen de relieve la figura de *Pedro* en la configuración del nuevo pueblo de Dios.

Discusión sobre las tradiciones farisaicas.

||Mc **7** 1-13.

15 1 Entonces se acercan a Jesús algunos fariseos y escribas venidos de Jerusalén, y le dicen: 2 «¿Por qué tus discípulos incumplen la tradición de los antepasados*? Pues no se lavan las manos a la hora de comer.» 3 Él les respondió: «Y ustedes, ¿por qué incumplen el mandamiento de Dios por su tradición? 4 Porque Dios dijo: *Honra a tu padre y a tu madre,* y: *El que maldiga a su padre o a su madre, sea castigado con la muerte**. 5 Pero ustedes dicen: El que diga a su padre o a su madre: 'Lo que de mí podrías recibir como ayuda es ofrenda', 6 ése no tendrá que honrar a su padre y a su madre*. Así han anulado la palabra de Dios por su tradición. 7 Hipócritas, bien profetizó de ustedes Isaías cuando dijo:

8 *Este pueblo me honra con los labios,*
pero su corazón está lejos de mí.
9 *En vano me rinden culto,*
ya que enseñan doctrinas que son
*preceptos humanos**.»

Doctrina sobre lo puro y lo impuro*.

||Mc **7** 14-23.

10 Luego llamó a la gente y les dijo: «Escuchen y entiendan. 11 No es lo que entra en la boca lo que contamina al hombre; sino lo que sale de la boca, eso es lo que contamina al hombre.»

12 Entonces se acercan los discípulos y le dicen: «¿Sabes que los fariseos se han escandalizado al oír tu palabra?» 13 Él les respondió: «Toda planta que no haya plantado mi Padre celestial será arrancada de raíz. 14 Déjenlos: son ciegos y guías de ciegos. Y si un ciego guía a otro ciego, los dos caerán en el hoyo.»

15 Tomando Pedro la palabra, le dijo: «Explícanos la parábola.» 16 Él dijo: «¿También ustedes están confundidos? 17 ¿No comprenden que todo lo que entra en la boca pasa al vientre y luego se echa al excusado? 18 En cambio lo que sale de la boca viene de dentro del corazón, y eso es lo que contamina al hombre. 19 Porque del corazón salen las intenciones malas, asesinatos, adulterios, fornicaciones, robos, falsos testimonios, injurias. 20 Eso es lo que contamina al hombre; que el comer sin lavarse las manos no contamina al hombre.»

Curación de la hija de una cananea.

||Mc **7** 24-30.

21 Saliendo de allí Jesús se retiró hacia la región de Tiro y de Sidón*. 22 En esto, una mujer cananea, que había salido de aquel territorio, gritaba diciendo: «¡Ten piedad de mí, Señor, hijo de David! Mi hija está malamente endemoniada.» 23 Pero él no le respondió palabra. Sus discípulos, acercándose, le rogaban: «Despídela, que viene gritando detrás de nosotros.» 24 Respondió él: «No he sido enviado más que a las ovejas perdidas de la casa de Israel.» 25 Ella, no obstante, vino a postrarse ante él y le dijo: «¡Señor, socórreme!» 26 Él respondió: «No está bien tomar el pan de los hijos y echárselo a los perritos*.» 27 «Sí, Señor —repuso

15 2 Los fariseos atribuyen una gran importancia a las *tradiciones* rabínicas.
15 4 Cita de Ex **20** 12; Dt **5** 16; después, Ex **21** 17; Lv **20** 9.
15 6 Este voto, aunque ficticio, bastaba para librar de todo deber para con los padres.
15 9 Cita de Is **29** 13.
15 10 Jesús transciende el caso particular del v. 2 y asienta un principio más universal: la impureza legal, Lv **11-16**, tiene poco valor en comparación con la moral, que es la que importa, ver **5** 20; Hch **10** 9-16.28; etc.
15 21 Ver **11** 21. La mención de estas ciudades fenicias presenta el ministerio de Jesús superando en ocasiones los límites del pueblo de Israel, v. 24.
15 26 Jesús entiende que tiene que ocuparse de los judíos antes que de los gentiles, a los que el lenguaje usual llamaba *perros*. La forma diminutiva empleada atenúa lo que el calificativo podía tener de despectivo.

ella—, pero también los perritos comen de las migajas que caen de la mesa de sus amos.» 28 Entonces Jesús le respondió: «Mujer, grande es tu fe; que te suceda como deseas.» Y desde aquel momento quedó curada su hija.

Numerosas curaciones junto al lago.

29 Pasando de allí Jesús vino junto al mar de Galilea; subió al monte y se sentó allí. 30 Y se le acercó mucha gente trayendo consigo cojos, lisiados, ciegos, mudos y otros muchos; los pusieron a sus pies, y él los curó. 31 De suerte que la gente quedó maravillada al ver que los mudos hablaban, los lisiados quedaban curados, los cojos caminaban y los ciegos veían; y glorificaron al Dios de Israel.

Segunda multiplicación de los panes.

||Mc **8** 1-10;
ver Mt **14** 13-21p.

32 Jesús llamó a sus discípulos y les dijo: «Siento compasión de la gente, porque hace ya tres días que permanecen conmigo y no tienen qué comer. Y no quiero despedirlos en ayunas, no sea que se desmayen en el camino.» 33 Le dicen los discípulos: «¿Cómo conseguiremos en un desierto pan suficiente para saciar a una multitud tan grande?» 34 Les dice Jesús: «¿Cuántos panes tienen?» Ellos dijeron: «Siete, y unos pocos pececillos.» 35 Él mandó a la gente acomodarse en el suelo. 36 Tomó luego los siete panes y los peces y, dando gracias, los partió e iba dándolos a los discípulos, y los discípulos a la gente. 37 Comieron todos y se saciaron, y de los trozos sobrantes recogieron siete canastas llenas. 38 Y los que habían comido eran cuatro mil hombres, sin contar mujeres y niños. 39 Despidiendo luego a la muchedumbre, subió a la barca, y se fue al territorio de Magadán.

Los fariseos y saduceos piden un signo del cielo.

||Mc **8** 11-13; ||Lc **11** 16.29;
=Mt **12** 38-39; ||Lc **12** 54-56.

16 1 Se acercaron los fariseos y saduceos y, para ponerlo a prueba, le pidieron que les mostrara un signo del cielo. 2 Mas él les respondió: «Al atardecer dicen: 'Va a hacer buen tiempo, porque el cielo tiene un rojo de fuego', 3 y a la mañana: 'Hoy habrá tormenta, porque el cielo tiene un rojo sombrío.' ¡Conque saben discernir el aspecto del cielo y no pueden discernir los signos de los tiempos*! 4 ¡Generación malvada y adúltera! Un signo pide y no se le dará otro signo que el signo de Jonás.» Y dejándolos, se fue.

La levadura de los fariseos y saduceos.

||Mc **8** 14-21; ||Lc **12** 1.

5 Los discípulos, al pasar a la otra orilla, se habían olvidado de tomar panes. 6 Jesús les dijo: «Abran los ojos y guárdense de la levadura de los fariseos y saduceos.» 7 Ellos hablaban entre sí diciendo: «Es que no hemos traído panes.» 8 Mas Jesús, dándose cuenta, dijo: «Hombres de poca fe, ¿por qué están hablando entre ustedes de que no tienen panes? 9 ¿Aún no comprenden, ni se acuerdan de los cinco panes de los cinco mil hombres, y cuántos canastos recogieron? 10 ¿Ni de los siete panes de los cuatro mil, y cuántas canastas recogieron? 11 ¿Cómo no comprenden que no me refería a los panes? Guárdense, sí, de la levadura de los fariseos y saduceos.» 12 Entonces entendieron que no había querido decir que se guardaran de la levadura de los panes, sino de la doctrina de los fariseos y saduceos.

Profesión de fe y primado de Pedro.

||Mc **8** 27-30; ||Lc **9** 18-21.

13 Llegado Jesús a la región de Cesarea de Filipo, hizo esta pregunta a sus

16 3 Los *signos* de la venida del Mesías son los milagros de Jesús, **8**+, o Jesús en persona.

discípulos: «¿Quién dicen los hombres
que es el Hijo del hombre?» [14] Ellos dijeron: «Unos, que Juan el Bautista; otros,
que Elías; otros, que Jeremías o uno de
los profetas*.» [15] Les dice él: «Y ustedes
¿quién dicen que soy yo?» [16] Simón Pedro contestó: «Tú eres el Cristo, el Hijo
de Dios vivo*.» [17] Replicando Jesús le
dijo: «Bienaventurado eres Simón, hijo
de Jonás, porque no te ha revelado esto
la carne ni la sangre*, sino mi Padre que
está en los cielos. [18] Y yo a mi vez te digo
que tú eres Pedro, y sobre esta piedra
edificaré mi Iglesia, y las puertas del abismo no podrán vencerla*. [19] A ti te daré
las llaves del Reino de los Cielos; y lo
que ates en la tierra quedará atado en los
cielos, y lo que desates en la tierra quedará desatado en los cielos*.» [20] Entonces
mandó a sus discípulos que no dijeran a
nadie que él era el Cristo.

Primer anuncio de la Pasión*.

||Mc **8** 31-33; ||Lc **9** 22.

[21] Desde entonces comenzó Jesús a
manifestar a sus discípulos que él debía
ir a Jerusalén y sufrir mucho de parte
de los ancianos, los sumos sacerdotes y
los escribas, y ser matado y resucitar al
tercer día. [22] Tomándole aparte Pedro, se
puso a reprenderle diciendo: «¡Lejos de
ti, Señor! ¡De ningún modo te sucederá
eso!» [23] Pero él, volviéndose, dijo a Pedro:
«¡Quítate de mi vista, Satanás! ¡Escándalo
eres para mí, porque tus pensamientos no
son los de Dios, sino los de los hombres!

Condiciones para seguir a Jesús.

||Mc **8** 34 - **9** 1; ||Lc **9** 23-27.

[24] Entonces dijo Jesús a sus discípulos:
«Si alguno quiere venir detrás de mí, niéguese a sí mismo, tome su cruz y sígame.
=**10** 38-39; ||Lc **14** 27; **17** 33;
||Jn **12** 25-26.
[25] «Porque quien quiera salvar su vida,
la perderá, pero quien pierda su vida por
mí, la encontrará. [26] Pues ¿de qué le servirá al hombre ganar el mundo entero,
si arruina su vida? O ¿qué puede dar el
hombre a cambio de su vida?
[27] «Porque el Hijo del hombre ha de
venir en la gloria de su Padre, con sus
ángeles, y entonces pagará a cada uno
según su conducta*. [28] Yo les aseguro:
entre los aquí presentes hay algunos que

16 14 a gente ha dado a menudo a Jesús el título de *profeta*, **21** 11; Lc **7** 16.39; **24** 19; Jn **4** 19; **9** 17. El espíritu de profecía estaba prometido al nuevo pueblo, Jl **3**; Hch **2** 11+.33+. Después de Juan Bautista, Mt **11** 9; Lc **1** 76, la fe cristiana ha reconocido en Jesús al profeta anunciado, Dt **18** 15+; ver Hch **3** 22s; Jn **6** 1; pero este título cayó en desuso ante otros más específicos.

16 16 Confesión de la *mesianidad* de Jesús, Mc **8** 29; Lc **9** 20, y también de su *filiación divina*, **14** 33; ver **4** 3+.

16 17 *La carne y la sangre*, es el hombre entero con la debilidad de su naturaleza, Si **14** 18; Rm **7** 5+; Ga **1** 16; etc.

16 18 La palabra *Iglesia* significa *asamblea*. A veces, en el AT, designa la asamblea del pueblo santo, Dt **9** 10+; ver Hch **5** 11+. Jesús da este nombre a la comunidad con la que sella la nueva Alianza, **26** 28+ y de la que *Pedro*, Jn **1** 42, será la primera piedra. Como el Reino, v. 19; **4** 17+, la Iglesia comenzará en la tierra por una sociedad organizada cuyo jefe él instituye. *Abismo* (en griego *Hades*) corresponde al *Seol* y designa la región de los muertos, Nm **16** 33+. Las *Puertas* personificadas representan las potencias del pecado y de la muerte, de cuyo imperio la Iglesia, después de Jesús, arranca a los elegidos, ver Hch **2** 27; 1 P **3** 19+.

16 19 *Atar y desatar*, en el lenguaje de los rabinos, es condenar y absolver, prohibir y permitir. Pedro, mayordomo de la Casa de Dios, tiene el poder disciplinar de abrir o cerrar el acceso al Reino, **18** 18, y de administrar la comunidad con decisiones, que serán ratificadas por Dios. Dos textos, Lc **22** 31-32 y Jn **21** 15-17, subrayan que este poder lo debe ejercer Pedro en el orden de la fe y que es así como es jefe de los demás apóstoles y de la Iglesia futura.

16 21 A los discípulos, que han manifestado su fe en él, Jesús les anunciará en tres ocasiones su pasión y resurrección. Prevé la crisis de su fe ante el Hijo del hombre doliente y les prepara para ello, ver **17** 22-23; **20** 18-19.

16 27 Fórmula tradicional de la retribución, Sal **62** 13+; Rm **2** 6+.

no gustarán la muerte hasta que vean al
Hijo del hombre venir en su Reino*.»

La Transfiguración*.

||Mc **9** 2-8; ||Lc **9** 28-36;
ver 2 P **1** 16-18.

17 1 Seis días después, toma Jesús
consigo a Pedro, a Santiago y a
su hermano Juan, y los lleva aparte, a un
monte alto. 2 Y se transfiguró delante de
ellos: su rostro se puso brillante como el
sol y sus vestidos se volvieron blancos
como la luz. 3 En esto, se les aparecieron Moisés y Elías que conversaban con
él. 4 Tomando Pedro la palabra, dijo a
Jesús: «Señor, bueno es estarnos aquí. Si
quieres, haré aquí tres tiendas, una para
ti, otra para Moisés y otra para Elías.»
5 Todavía estaba hablando, cuando una
nube luminosa los cubrió con su sombra
y de la nube salió una voz que decía:
«Este es mi Hijo amado, en quien me
complazco; escúchenlo.» 6 Al oír esto los
discípulos cayeron rostro en tierra llenos
de miedo. 7 Mas Jesús, acercándose a
ellos, los tocó y dijo: «Levántense, no
tengan miedo.» 8 Ellos alzaron sus ojos y
no vieron a nadie más que a Jesús solo.

La venida de Elías.

||Mc **9** 9-13.

9 Y cuando bajaban del monte, Jesús
les ordenó: «No cuenten a nadie la visión hasta que el Hijo del hombre haya
resucitado de entre los muertos.» 10 Sus
discípulos le preguntaron: «¿Por qué,
pues, dicen los escribas que Elías debe
venir primero*?» 11 Respondió él: «Ciertamente, Elías ha de venir a restaurarlo
todo. 12 Les digo, sin embargo: Elías vino
ya, pero no le reconocieron sino que
hicieron con él cuanto quisieron. Así
también el Hijo del hombre tendrá que
padecer de parte de ellos.» 13 Entonces
los discípulos entendieron que se refería
a Juan el Bautista.

El endemoniado epiléptico.

||Mc **9** 14-29; ||Lc **9** 37-42.

14 Cuando llegaron adonde la gente,
se acercó a él un hombre que, arrodillándose ante él, 15 le dijo: «Señor, ten
piedad de mi hijo, porque es lunático y
sufre mucho; pues muchas veces cae en
el fuego y muchas en el agua. 16 Se lo he
presentado a tus discípulos, pero ellos
no han podido curarlo.» 17 Jesús respondió: «¡Oh generación incrédula y perversa! ¿Hasta cuándo estaré con ustedes?
¿Hasta cuándo tendré que soportarlos?
¡Tráiganmelo acá!» 18 Jesús le increpó y
el demonio salió de él; y quedó sano el
niño desde aquel momento.
19 Entonces los discípulos se acercaron
a Jesús, en privado, y le dijeron: «¿Por
qué nosotros no pudimos expulsarlo?»
20 Les dijo: «Por su poca fe. Porque yo les
aseguro: si tienen fe como un grano de
mostaza, dirán a este monte: 'Desplázate
de aquí allá', y se desplazará, y nada les
será imposible*.» **[21]**

Segundo anuncio de la Pasión.

||Mc **9** 30-32;
||Lc **9** 44-45.

22 Yendo un día juntos por Galilea, les
dijo Jesús: «El Hijo del hombre va a ser
entregado en manos de los hombres;
23 le matarán, y al tercer día resucitará.»
Y se entristecieron mucho.

16 28 Alusión a la destrucción de Jerusalén, ver **10** 23+; **24+.**

17 Mt presenta a Jesús transfigurado como el nuevo Moisés, ver **4** 1+: se encuentra con Dios en el nuevo Sinaí, v. 5; Ex **24** 15-18, el rostro luminoso, v. 2; Ex **34** 29-35; 2 Co **3** 7 - **4** 6, asistido por Moisés y Elías, v. 32, que vieron a Dios, Ex **19**; **33-34;** 1 R **19** 9-13, que personifican la Ley y los Profetas, a los que Jesús da cumplimiento, **5** 17+. Jesús es el nuevo Moisés, Dt **18** 15; ver Hch **3** 20-26, el único al que hay que escuchar, v. 5.

17 10 El precursor anunciado por Ml **3** 23-24 no ha sido Elías, sino Juan Bautista, **11** 14; Lc **1** 17.

17 20 El v. 21: *A esta clase (de demonios) sólo se la expulsa con la oración y el ayuno*, procede indudablemente de Mc **9** 29.

El tributo del Templo pagado por Jesús y Pedro.

24 Cuando entraron en Cafarnaún, se
acercaron a Pedro los que cobraban las
didracmas* y le dijeron: «¿No paga su
Maestro las didracmas?» 25 Dice él: «Sí.»
Y cuando llegó a casa, se anticipó Jesús
a decirle: «¿Qué te parece, Simón?; los
reyes de la tierra, ¿de quién cobran tasas
o tributo, de sus hijos o de los extraños?»
26 Al contestar él: «De los extraños», Jesús
le dijo: «Por tanto, libres están los hijos.
27 Sin embargo, para que no les sirvamos
de escándalo, vete al mar, echa el anzuelo,
y el primer pez que salga, agárralo,
ábrele la boca y encontrarás un estáter*.
Tómalo y dáselo por mí y por ti.»

2. DISCURSO ECLESIÁSTICO

¿Quién es el mayor?

||Mc **9** 33-36; ||Lc **9** 46-47.

18 1 En aquel momento se acercaron a Jesús los discípulos y le
dijeron: «¿Quién es, pues, el mayor en
el Reino de los Cielos?» 2 Él llamó a un
niño, le puso en medio de ellos 3 y dijo:
«Yo les aseguro: si no cambian y se hacen como los niños, no entrarán en el
Reino de los Cielos. 4 Así pues, quien se
humille como este niño, ése es el mayor
en el Reino de los Cielos.

El escándalo.

||Mc **9** 37; ||Lc **9** 48; =Mt **10** 40;
||Mc **9** 42; ||Lc **17** 1-2.

5 «Y el que reciba a un niño como
éste* en mi nombre, a mí me recibe.
6 Pero al que escandalice a uno de estos
pequeños que creen en mí, más le vale
que le cuelguen al cuello una de esas piedras de molino que mueven los asnos, y
le hundan en lo profundo del mar. 7 ¡Ay
del mundo por los escándalos! Es forzoso, ciertamente, que vengan escándalos,
pero ¡ay de aquel hombre por quien el
escándalo viene!

||Mc **9** 43-47; =Mt **5** 29-30.

8 «Si, pues, tu mano o tu pie te es ocasión de pecado*, córtatelo y arrójalo de
ti; más te vale entrar en la Vida manco
o cojo que, con las dos manos o los dos
pies, ser arrojado en el fuego eterno. 9 Y
si tu ojo te es ocasión de pecado, sácatelo
y arrójalo de ti; más te vale entrar en la
Vida con un solo ojo que, con los dos
ojos, ser arrojado a la gehenna del fuego*.
10 «Guárdense de menospreciar a uno
de estos pequeños; porque yo les digo
que sus ángeles, en los cielos, ven continuamente el rostro de mi Padre que está
en los cielos*. [11]

La oveja perdida.

||Lc **15** 3-7.

12 «¿Qué les parece? Si un hombre
tiene cien ovejas y se le descarría una
de ellas, ¿no dejará en los montes las
noventa y nueve, para ir en busca de la
descarriada? 13 Y si llega a encontrarla,
les digo de verdad que tiene más alegría
por ella que por las noventa y nueve no
descarriadas. 14 De la misma manera, no
es voluntad de su Padre celestial que se
pierda uno solo de estos pequeños.

Corrección fraterna.

||Lc **17** 3.

15 «Si tu hermano llega a pecar, vete
y repréndelo, a solas tú con él. Si te
escucha, habrás ganado a tu hermano.
16 Si no te escucha, toma todavía contigo

17 24 *Didracma,* tributo anual y personal para las necesidades del Templo.
17 27 El *estáter* (cuatro dracmas) era el impuesto de dos personas.
18 5 Un hombre hecho niño por la sencillez; ver v. 5; **19** 14.
18 8 *Pecado,* lit.: escándalo, ocasión de caída, que no evoca el término español.
18 9 La *gehenna,* un valle de Jerusalén en el que en otros tiempos se sacrificaban los niños, Lv **18** 21+; designó más tarde el lugar del castigo, ver **5** 29-30.
18 10 El v. 11 es una añadidura que procede de Lc **19** 10.

uno o dos, para que *todo asunto quede
zanjado por la palabra de dos o tres
testigos**. 17 Si les desoye a ellos, díselo a
la comunidad*. Y si hasta a la comunidad
desoye, sea para ti como el gentil y el
publicano.
18 «Yo les aseguro: todo lo que aten
en la tierra quedará atado en el cielo, y
todo lo que desaten en la tierra quedará
desatado en el cielo.

Oración en común.

19 «Les aseguro también que si dos de
ustedes se ponen de acuerdo en la tierra
para pedir algo, sea lo que fuere, lo
conseguirán de mi Padre que está en los
cielos. 20 Porque donde están dos o tres
reunidos en mi nombre, allí estoy yo en
medio de ellos*.»

Perdón de las ofensas.

||Lc **17** 4.

21 Pedro se acercó entonces y le dijo:
«Señor, ¿cuántas veces tengo que perdonar las ofensas que me haga mi hermano? ¿Hasta siete veces?» 22 Le dice Jesús:
«No te digo hasta siete veces, sino hasta
setenta veces siete*.»

Parábola del siervo sin entrañas.

23 «Por eso el Reino de los Cielos es
semejante a un rey que quiso ajustar
cuentas con sus siervos. 24 Al empezar
a ajustarlas, le fue presentado uno que
le debía diez mil talentos*. 25 Como no
tenía con qué pagar, ordenó el señor que
fuese vendido él, su mujer y sus hijos y
todo cuanto tenía, y que se le pagase.
26 Entonces el siervo se echó a sus pies,
y postrado le decía: 'Ten paciencia conmigo, que todo te lo pagaré.' 27 Movido
a compasión el señor de aquel siervo, le
dejó ir y le perdonó la deuda. 28 Al salir
de allí aquel siervo se encontró con uno
de sus compañeros, que le debía cien denarios; le agarró y, ahogándolo, le decía:
'Paga lo que debes.' 29 Su compañero,
cayendo a sus pies, le suplicaba: 'Ten
paciencia conmigo, que ya te pagaré.'
30 Pero él no quiso, sino que fue y le echó
en la cárcel, hasta que pagase lo que
debía. 31 Al ver sus compañeros lo ocurrido, se entristecieron mucho, y fueron a
contar a su señor todo lo sucedido. 32 Su
señor entonces le mandó llamar y le dijo:
'Siervo malvado, yo te perdoné a ti toda
aquella deuda porque me lo suplicaste.
33 ¿No debías tú también compadecerte
de tu compañero, del mismo modo que
yo me compadecí de ti?' 34 Y encolerizado su señor, le entregó a los verdugos
hasta que pagase todo lo que le debía.
35 Esto mismo hará con ustedes mi Padre
celestial, si no perdonan de corazón cada
uno a su hermano.»

18 16 Cita de Dt **19** 15.

18 17 La *comunidad* es la Iglesia, **16** 18+, la asamblea de los hermanos, de la que el delincuente puede ser *separado.* La comunidad recibe aquí, como en el v. siguiente, el poder confiado a Pedro en **16** 19+. Ver 1 Co **5** 5+.

18 20 Los vv. 19-20 serán a menudo invocados en la vida fraterna y litúrgica de las comunidades cristianas.

18 22 El *perdón,* ya prescrito entre los israelitas, Ex **21** 25+, debe reinar entre los cristianos, **5** 39; **6** 12; Ef **4** 32; etc., y extenderse a todos los hombres, **5** 44-45; Rm **12** 17-21; 1 Ts **5** 15; etc.

18 24 *Diez mil talentos*: unos cincuenta millones; *cien denarios*: unos setenta dólares.

VI. Próxima venida del Reino de los Cielos

1. SECCIÓN NARRATIVA

Pregunta sobre el divorcio.
||Mc **10** 1-12.

19 1 Y sucedió que, cuando acabó Jesús estos discursos, partió de Galilea y fue a la región de Judea, al otro lado del Jordán. 2 Le siguió mucha gente, y los curó allí. 3 Y se le acercaron unos fariseos que, para ponerlo a prueba, le dijeron: «¿Puede uno repudiar a su mujer por un motivo cualquiera?» 4 Él respondió: «¿No han leído que el Creador, desde el comienzo, *los hizo varón y hembra,* 5 y que dijo: *Por eso dejará el hombre a su padre y a su madre y se unirá a su mujer, y los dos se harán una sola carne?* 6 De manera que ya no son dos, sino una sola carne. Pues bien, lo que Dios unió no lo separe el hombre.» 7 Le dicen: «Pues ¿por qué Moisés prescribió dar acta de divorcio y repudiarla?» 8 Él les dice: «Moisés, teniendo en cuenta la dureza de su corazón, les permitió repudiar a sus mujeres; pero al principio no fue así. 9 Ahora bien, les digo que quien repudie a su mujer —no por fornicación*— y se case con otra, comete adulterio.»

La continencia voluntaria.

10 Le dicen sus discípulos: «Si tal es la condición del hombre respecto de su mujer, no conviene casarse.» 11 Pero él les dijo: «No todos entienden este lenguaje, sino aquellos a quienes se les ha concedido. 12 Porque hay eunucos que nacieron así del seno materno, y hay eunucos que fueron hechos tales por los hombres, y hay eunucos que se hicieron tales a sí mismos por el Reino de los Cielos. Quien pueda entender, que entienda*.»

Jesús y los niños.
||Mc **10** 13-16;
||Lc **18** 15-17.

13 Entonces le fueron presentados unos niños para que les impusiera las manos y orara; pero los discípulos les reprendían. 14 Mas Jesús les dijo: «Dejen que los niños vengan a mí, y no se lo impidan porque de los que son como éstos es el Reino de los Cielos.» 15 Y, después de imponerles las manos, se fue de allí.

El joven rico.
||Mc **10** 17-22;
||Lc **18** 18-23.

16 En esto se le acercó uno y le dijo: «Maestro, ¿qué he de hacer de bueno para conseguir vida eterna?» 17 Él le dijo: «¿Por qué me preguntas acerca de lo bueno? Uno solo es el Bueno. Mas si quieres entrar en la vida, guarda los mandamientos.» 18 «¿Cuáles?» —le dice él. Y Jesús dijo: *«No matarás, no cometerás adulterio, no robarás, no levantarás falso testimonio,* 19 *honra a tu padre y a tu madre, y amarás a tu prójimo como a ti mismo.»* 20 Le dice el joven: «Todo eso lo he guardado; ¿qué más me falta?» 21 Jesús le dijo: «Si quieres ser perfecto, anda, vende lo que tienes y dáselo a los pobres, y tendrás un tesoro en los

19 9 El texto de Mt, y los paralelos de Mc **10** 11s; Lc **16** 18; 1 Co **7** 10s, afirman la indisolubilidad del vínculo conyugal, v. 6; ver Gn **1** 27; **2** 24. La excepción introducida por Mt puede entenderse como solución de un problema concreto que tenían las comunidades, integradas en gran parte por judeo-cristianos, planteado ya por los rabinos sobre los motivos que ligitimaban el divorcio. Pero también la palabra «fornicación» puede referirse a las uniones ilegítimas contempladas en Lv **18,** o a una situación nueva nacida en la primitiva comunidad: se trataría no del divorcio, sino de una *separación* como la que contempla 1 Co **7** 11.

19 12 Otra situación nueva: Jesús invita a abstenerse del matrimonio a los que se consagran exclusivamente al Reino. Ver 1 Co **7** 1.32-34.

cielos; luego sígueme*.» [22] Al oír estas palabras, el joven se marchó entristecido,
porque tenía muchos bienes.

Peligro de las riquezas.

||Mc **10** 23-27;
||Lc **18** 24-27.

[23] Entonces Jesús dijo a sus discípulos:
«Yo les aseguro que un rico difícilmente
entrará en el Reino de los Cielos. [24] Les
repito, es más fácil que un camello entre
por el ojo de una aguja, que el que un rico entre en el Reino de los Cielos.» [25] Al
oír esto, los discípulos, llenos de asombro, decían: «Entonces, ¿quién se podrá
salvar?» [26] Jesús, mirándolos fijamente,
dijo: «Para los hombres eso es imposible,
mas para Dios todo es posible.»

Recompensa prometida al desprendimiento.

||Mc **10** 28-31;
||Lc **18** 28-30.

[27] Entonces Pedro, tomando la palabra, le dijo: «Ya lo ves, nosotros lo
hemos dejado todo y te hemos seguido;
¿qué recibiremos, pues?» [28] Jesús les dijo:
«Yo les aseguro que ustedes, que me han
seguido, en la regeneración*, cuando el
Hijo del hombre se siente en su trono de
gloria, se sentarán también ustedes en
doce tronos, para juzgar a las doce tribus
de Israel. [29] Y todo aquel que haya dejado casas, hermanos, hermanas, padre,
madre, hijos o campos por mi nombre,
recibirá el ciento por uno y heredará vida
eterna.

||Lc **13** 30.

[30] «Pero muchos primeros serán últimos y muchos últimos, primeros.»

Parábola de los obreros de la viña*.

20 [1] «En efecto, el Reino de los
Cielos es semejante a un propietario que salió a primera hora de la mañana a contratar obreros para su viña.
[2] Habiéndose ajustado con los obreros
en un denario al día, los envió a su viña.
[3] Salió luego hacia media mañana y al
ver a otros que estaban en la plaza parados, [4] les dijo: 'Vayan también ustedes a
mi viña, y les daré lo que sea justo.' [5] Y
ellos fueron. Volvió a salir al mediodía y
a media tarde e hizo lo mismo. [6] Todavía
salió a eso del atardecer y, al encontrar
a otros que estaban allí, les dice: '¿Por
qué están aquí todo el día parados?' [7] Le
dicen: 'Es que nadie nos ha contratado.'
Les dice: 'Vayan también ustedes a la
viña.' [8] Al atardecer, dice el dueño de
la viña a su administrador: 'Llama a los
obreros y págales el jornal, empezando
por los últimos hasta los primeros.' [9] Vinieron, pues, los del atardecer y cobraron
un denario cada uno. [10] Al venir los primeros pensaron que cobrarían más, pero
ellos también cobraron un denario cada
uno. [11] Y al cobrarlo, murmuraban contra
el propietario, [12] diciendo: 'Estos últimos
no han trabajado más que una hora, y
les pagas como a nosotros, que hemos
aguantado el peso del día y el calor.'
[13] Pero él contestó a uno de ellos: 'Amigo, no te hago ninguna injusticia. ¿No te
ajustaste conmigo en un denario? [14] Pues
toma lo tuyo y vete. Por mi parte, quiero
dar a este último lo mismo que a ti. [15] ¿Es
que no puedo hacer con lo mío lo que
quiero? ¿O va a ser tu ojo malo porque
yo soy bueno*?'. [16] Así, los últimos serán
primeros y los primeros, últimos.»

19 21 La perfección es la de la nueva economía, **5** 17+, que perfecciona los mandamientos de Ex **20** 12-16; Dt **5** 16-20. Todos los seguidores de Jesús forman esta categoría de perfectos, ver **5** 48+. Pero Jesús pide, para su obra, una disponibilidad especial: la pobreza voluntaria, **5** 3+.

19 28 La *regeneración* designa la era mesiánica ya inaugurada en la Iglesia por la resurrección de Jesucristo, ver Hch **3** 21+; Ap **21**+. El pueblo santo se realiza en la Iglesia, Ap **21** 13+.

20 Con la gratitud del llamamiento y con la libertad en la remuneración, el dueño de la viña manifiesta una bondad que sobrepasa la justicia. Los judíos, los primeros llamados, no tienen por qué molestarse por el llamamiento dirigido a los pecadores y a los paganos, ver Rm **9** 14.

20 15 Ver Mt **6** 23+.

Tercer anuncio de la Pasión.

||Mc **10** 32-34; ||Lc **18** 31-33;
ver Mt **16** 21; **17** 12.22-23.

17 Cuando iba subiendo Jesús a Jerusalén, tomó aparte a los Doce, y les dijo
por el camino: 18 «Miren que subimos
a Jerusalén, y el Hijo del hombre será
entregado a los sumos sacerdotes y escribas; le condenarán a muerte 19 y le
entregarán a los gentiles, para burlarse
de él, azotarlo y crucificarlo, y al tercer
día resucitará.»

Petición de la madre de los hijos de Zebedeo.

||Mc **10** 35-40.

20 Entonces se le acercó la madre de
los hijos de Zebedeo con sus hijos, y se
arrodilló como para pedirle algo. 21 Él le
dijo: «¿Qué quieres?» Le dice ella: «Manda
que estos dos hijos míos se sienten, uno
a tu derecha y otro a tu izquierda, en tu
Reino.» 22 Replicó Jesús: «No saben lo que
piden. ¿Pueden beber la copa* que yo voy
a beber?» Le dicen: «Sí, podemos.» 23 Les
dice: «Mi copa, sí la beberán; pero sentarse a mi derecha o mi izquierda no es
cosa mía el concederlo, sino que es para
quienes está preparado por mi Padre*.»

Los jefes deben servir.

||Mc **10** 41-45; ||Lc **22** 24-27.

24 Al oír esto los otros diez, se indignaron contra los dos hermanos. 25 Mas
Jesús los llamó y dijo: «Saben que los
jefes de las naciones las dominan como
señores absolutos, y los grandes las
oprimen con su poder. 26 No ha de ser
así entre ustedes, sino que el que quiera
llegar a ser grande entre ustedes, será su
servidor, 27 y el que quiera ser el primero
entre ustedes, será su esclavo; 28 de la
misma manera que el Hijo del hombre
no ha venido a ser servido, sino a servir y
a dar su vida como rescate por muchos*.»

Los dos ciegos de Jericó.

||Mc **10** 46-52;
||Lc **18** 35-43.

29 Cuando salían de Jericó, le siguió
una gran muchedumbre. 30 En esto, dos
ciegos que estaban sentados junto al camino, al enterarse que Jesús pasaba, se
pusieron a gritar: «¡Señor, ten compasión de nosotros, Hijo de David!» 31 La
gente les increpó para que se callaran,
pero ellos gritaron más fuerte: «¡Señor,
ten compasión de nosotros, Hijo de
David!» 32 Entonces Jesús se detuvo, los
llamó y dijo: «¿Qué quieren que les haga?» 33 Le dicen: «¡Señor, que se abran
nuestros ojos!» 34 Movido a compasión
Jesús tocó sus ojos, y al instante recobraron la vista; y le siguieron.

Entrada mesiánica en Jerusalén.

||Mc **11** 1-11; ||Lc **19** 28-38;
||Jn **12** 12-16.

21 1 Cuando se aproximaron a Jerusalén y llegaron a Betfagé, en
el monte de los Olivos, entonces envió
Jesús a dos discípulos, 2 diciéndoles: «Vayan al pueblo que está enfrente de ustedes, y enseguida encontrarán una burra
atada y un burrito con ella; desátenlos y
tráiganmelos. 3 Y si alguien les dice algo,
dirán: El Señor los necesita, pero enseguida los devolverá.» 4 Esto sucedió para
que se cumpliese lo dicho por el profeta:

5 *Digan a la hija de Sión:*
He aquí que tu Rey viene a ti,
manso y montado en una burra

20 22 Metáfora bíblica, ver Is **51** 17 que designa la pasión.
20 23 En lugar de una promoción gloriosa, los dos hermanos serán asociados en los sufrimientos, ver **26** 39; Mc **10** 38, de un Maestro que no tiene por qué recompensarles en la tierra; ver Hch **12** 2.
20 28 Jesús libra a los hombres del pecado y de la muerte, Mc **10** 45; 1 Co **15** 56-57; 2 Co **5** 21; Gn **3** 13; **4** 5, pagando el rescate y saldando la deuda, que exigía la Ley, con su sangre, Rm **3** 25+; 1 Co **6** 20, muriendo en lugar de los culpables, ver Is **53**. El término *muchos,* ver Is **53** 11-12, contrapone el único redentor al gran número de los redimidos, ver **26** 28+.

y un burrito, hijo de animal de
yugo.*

6 Fueron, pues, los discípulos e hicieron como Jesús les había encargado:
7 trajeron la burra y el burrito. Luego
pusieron sobre ellos sus mantos, y él se
sentó encima. 8 La gente, muy numerosa, extendió sus mantos por el camino;
otros cortaban ramas de los árboles y las
tendían por el camino. 9 Y la gente que
iba delante y detrás de él gritaba:

*«¡Hosanna** al Hijo de David!
¡Bendito el que viene en nombre
del Señor!
¡Hosanna en las alturas!»

10 Y al entrar él en Jerusalén, toda la
ciudad se conmovió. «¿Quién es éste?»,
decían. 11 Y la gente decía: «Este es el
profeta Jesús, de Nazaret de Galilea.»

Expulsión de los vendedores del Templo.

||Mc **11** 11.15-17;
||Lc **19** 45-46;
||Jn **2** 14-16.

12 Entró Jesús en el Templo y echó
fuera a todos los que vendían y compraban en el Templo; volcó las mesas de
los cambistas y los puestos de los vendedores de palomas. 13 Y les dijo: «Está
escrito: *Mi Casa será llamada Casa de*
oración. ¡Pero ustedes están haciendo de ella una *cueva de bandidos*!*»
14 También en el Templo se acercaron
a él algunos ciegos y cojos, y los curó.
15 Mas los sumos sacerdotes y los escribas, al ver los milagros que había hecho
y a los niños que gritaban en el Templo:
«¡Hosanna al Hijo de David!», se indignaron 16 y le dijeron: «¿Oyes lo que dicen
éstos?» «Sí —les dice Jesús—. ¿No han
leído nunca que

De la boca de los niños y de los
que aún maman
te preparaste alabanza?»*

17 Y dejándolos, salió fuera de la ciudad, a Betania, donde pasó la noche.

La higuera estéril y seca. Fe y oración.

||Mc **11** 12-14.20-24.

18 Al amanecer, cuando volvía a la ciudad, sintió hambre; 19 y viendo una higuera
junto al camino, se acercó a ella, pero no
encontró en ella más que hojas. Entonces
le dice: «¡Que nunca jamás brote fruto de
ti!» Y al momento se secó la higuera*.
20 Al verlo los discípulos se maravillaron y
decían: «¿Cómo al momento quedó seca
la higuera?» 21 Jesús les respondió: «Yo les
aseguro: si tienen fe y no vacilan, no sólo
harán lo de la higuera, sino que si aun
dicen a este monte: 'Quítate y arrójate al
mar', así lo hará. 22 Y todo cuanto pidan
con fe en la oración, lo recibirán.»

Controversia sobre la autoridad de Jesús.

||Mc **11** 27-33; ||Lc **20** 1-8.

23 Llegado al Templo, mientras enseñaba se le acercaron los sumos sacerdotes y los ancianos del pueblo diciendo:
«¿Con qué autoridad haces esto? ¿Y
quién te ha dado tal autoridad?» 24 Jesús
les respondió: «También yo les voy a
preguntar una cosa; si me contestan
a ella, yo les diré a mi vez con qué
autoridad hago esto. 25 El bautismo de
Juan, ¿de dónde era?, ¿del cielo o de los
hombres?» Ellos discurrían entre sí: «Si
decimos: 'Del cielo', nos dirá: 'Entonces
¿por qué no le creyeron?' 26 Y si decimos: 'De los hombres', tenemos miedo
a la gente, pues todos tienen a Juan por

21 5 Jesús se aplica las profecías de Is **62** 11 y Za **9** 9+; este último insiste en la humildad pacífica del rey mesiánico.

21 9 *Hosanna, da la salvación*, exclamación hebrea, Sal **118** 25-26.

21 13 Protesta, Is **56** 7; Jr **7** 11, contra los abusos que producía una práctica en sí legítima, que proporcionaba a los peregrinos las monedas y víctimas para las ofrendas.

21 16 Cita de Sal **8** 3.

21 19 La amenaza y su realización se dirigen a Israel castigado por su esterilidad. Ver Lc **13** 6-8. -Sobre el gesto simbólico de Jesús, ver Jr **18**+.

profeta.» 27 Respondieron, pues, a Jesús: «No sabemos.» Y él les replicó asimismo: «Tampoco yo les digo con qué autoridad hago esto.»

Parábola de los dos hijos*.

28 «Pero ¿qué les parece? Un hombre tenía dos hijos. Acercándose al primero, le dijo: 'Hijo, vete hoy a trabajar en la viña.' 29 Y él respondió: 'No quiero', pero después se arrepintió y fue. 30 Acercándose al segundo, le dijo lo mismo. Y él respondió: 'Voy, Señor', y no fue. 31 ¿Cuál de los dos hizo la voluntad del padre?» —«El primero»— le dicen. Les dice Jesús: «En verdad les digo que los publicanos y las prostitutas llegan antes que ustedes al Reino de Dios. 32 Porque vino Juan a ustedes por camino de justicia, y no creyeron en él, mientras que los publicanos y las prostitutas creyeron en él. Y ustedes, ni viéndolo, se arrepintieron después, para creer en él.

Parábola de los viñadores homicidas*.

||Mc **12** 1-12; ||Lc **20** 9-19.

33 «Escuchen otra parábola. Era un propietario que plantó una viña, la rodeó de una cerca, cavó en ella un lagar y edificó una torre; la arrendó a unos labradores y se ausentó. 34 Cuando llegó el tiempo de los frutos, envió sus siervos a los labradores para recibir sus frutos. 35 Pero los labradores agarraron a los siervos, y a uno le golpearon, a otro le mataron, a otro le apedrearon. 36 De nuevo envió otros siervos en mayor número que los primeros; pero los trataron de la misma manera. 37 Finalmente les envió a su hijo, diciendo: 'A mi hijo lo respetarán.' 38 Pero los labradores, al ver al hijo, se dijeron entre sí: 'Éste es el heredero. Vamos, matémoslo y quedémonos con su herencia.' 39 Y, agarrándolo, lo echaron fuera de la viña y lo mataron. 40 Cuando venga, pues, el dueño de la viña, ¿qué hará con aquellos labradores?» 41 Le dicen: «A esos miserables les dará una muerte miserable y arrendará la viña a otros labradores, que le paguen los frutos a su tiempo.» 42 Y Jesús les dice: «¿No han leído nunca en las Escrituras:

La piedra que los constructores
desecharon,
en piedra angular se ha convertido;
fue el Señor quien hizo esto
y es maravilloso a nuestros ojos?*

43 Por eso les digo: Se les quitará el Reino de Dios para dárselo a un pueblo que rinda sus frutos. 44 Y el que caiga sobre esta piedra se destrozará, y a aquel sobre quien caiga, le aplastará*.»

45 Los sumos sacerdotes y los fariseos, al oír sus parábolas, comprendieron que estaba refiriéndose a ellos. 46 Y trataban de detenerlo, pero tuvieron miedo a la gente porque le tenían por profeta.

Parábola del banquete nupcial*.

||Lc **14** 16-24.

22 1 Tomando Jesús de nuevo la palabra les habló en parábolas, diciendo: 2 «El Reino de los Cielos es semejante a un rey que celebró el banquete de bodas de su hijo. 3 Envió sus siervos

21 28 Esta parábola, con la lección derivada de ella, aclaran la situación de Israel, contemporánea de la redacción de Mt, que ha rechazado a los enviados de Dios y a su hijo Jesús.
21 33 Mejor, *alegoría:* el propietario es Dios; la viña, Israel, ver Is **5**+; los siervos, los profetas; el hijo, Jesús; los viñadores, los judíos infieles; el otro pueblo, los gentiles. Refleja, como la parábola precedente, la situación de Israel en la época de la redacción de los evangelios. —*Lagar*, sitio o recipiente donde se pisa la uva, para preparar el vino.
21 42 Cita de Sal **118** 22-23; ver Hch **4** 11; 1 P **2** 7.
21 44 Este v. falta a los mss. occidentales, ver Lc **20** 18. Alude a Dn **2** 34-35.44-45.
22 Parábola con rasgos alegóricos, como la anterior. Parece que Mt ha combinado dos parábolas, una análoga a la de Lc **14** 16-24, la otra aquélla cuya conclusión se encuentra en vv. 11s: el hombre que responde a la invitación ha de llevar el vestido de bodas; las obras de justicia deben acompañar a la fe, ver **3** 8; **5** 20; **7** 21s; **13** 47s; **21** 28s.

a llamar a los invitados a la boda, pero
no quisieron venir. 4 Envió todavía otros
siervos, con este encargo: Digan a los
invitados: 'Miren, mi banquete está preparado, se han matado ya mis novillos y
animales cebados, y todo está a punto;
vengan a la boda.' 5 Pero ellos, sin hacer
caso, se fueron el uno a su campo, el
otro a su negocio; 6 y los demás agarraron a los siervos, los insultaron y los mataron. 7 Se enojó el rey y, enviando sus
tropas, dio muerte a aquellos homicidas
y prendió fuego a su ciudad. 8 Entonces
dice a sus siervos: 'La boda está preparada, pero los invitados no eran dignos.
9 Vayan, pues, a los cruces de los caminos y, a cuantos encuentren, invítenlos
a la boda.' 10 Los siervos salieron a los
caminos, reunieron a todos los que encontraron, malos y buenos, y la sala de
bodas se llenó de comensales.

11 «Cuando entró el rey a ver a los comensales vio allí uno que no tenía traje
de boda; 12 le dice: 'Amigo, ¿cómo has
entrado aquí sin traje de boda?' Él se
quedó callado. 13 Entonces el rey dijo a
los sirvientes: 'Átenlo de pies y manos, y
échenlo a las tinieblas de fuera; allí será
el llanto y el rechinar de dientes.' 14 Porque muchos son llamados, mas pocos
escogidos*.»

El tributo debido al César.

||Mc **12** 13-17;
||Lc **20** 20-26.

15 Entonces los fariseos se fueron y
celebraron consejo sobre la forma de
sorprenderlo en alguna palabra. 16 Y le
envían sus discípulos, junto con los herodianos*, a decirle: «Maestro, sabemos que
eres veraz y que enseñas el camino de
Dios con franqueza y que no te importa
por nadie, porque no miras la condición
de las personas. 17 Dinos, pues, qué te
parece, ¿es lícito pagar tributo al César o
no?» 18 Mas Jesús, conociendo su malicia,
dijo: «Hipócritas, ¿por qué me tientan?
19 Muéstrenme la moneda del tributo.»
Ellos le presentaron un denario. 20 Y
les dice: «¿De quién es esta imagen y la
inscripción?» 21 Le dicen: «Del César.» Entonces les dice: «Pues lo del César devuél-
vanselo al César, y lo de Dios a Dios*.»
22 Al oír esto, quedaron maravillados, y
dejándolo, se fueron.

La resurrección de los muertos.

||Mc **12** 18-27;
||Lc **20** 27-40.

23 Aquel día se le acercaron unos saduceos, esos que niegan que haya resurrección*, y le preguntaron: 24 «Maestro,
Moisés dijo: Si alguien muere sin tener
hijos, su hermano se casará con la mujer
de aquél para dar descendencia a su hermano. 25 Ahora bien, había entre nosotros
siete hermanos. El primero se casó y murió; y, no teniendo descendencia, dejó su
mujer a su hermano. 26 Sucedió lo mismo
con el segundo, y con el tercero, hasta los
siete. 27 Después de todos murió la mujer.
28 En la resurrección, pues, ¿de cuál de los
siete será mujer? Porque todos la tuvieron.» 29 Jesús les respondió: «Están en un
error, por no entender las Escrituras ni el
poder de Dios. 30 Pues en la resurrección,
ni ellos tomarán mujer ni ellas marido,
sino que serán como ángeles en el cielo.
31 Y en cuanto a la resurrección de los
muertos, ¿no han leído lo dicho por Dios:
32 *Yo soy el Dios de Abrahán, el Dios de
Isaac y el Dios de Jacob?* No es un Dios
de muertos, sino de vivos*.» 33 Al oír esto,
la gente se maravillaba de su doctrina.

22 14 Se refiere a los pueblos; *muchos* —todo Israel— han sido invitados; pero unos *pocos* de ellos han respondido, ver **24**+.
22 16 Los *herodianos,* partidarios de la dinastía reinante de la autoridad romana, Mc **3** 6.
22 21 La obediencia y el tributo romano, ver Rm **13**+, no restan nada a la autoridad superior de Dios. Ver Mt **6** 24.
22 23 Los saduceos, **3** 7+, no encontraban nada en la Ley escrita sobre la *resurrección* de la carne, 2 M **7** 9+. Los fariseos se les oponían en este punto, Hch **4** 1+; **23** 8+.
22 32 Cita de Ex **3** 6. El razonamiento sobre Dios de los vivos induce a pensar que los patriarcas son considerados como personas que viven. Ver Dn **12** 2+; 2 M **7** 9+.

El mandamiento principal*.

||Mc **12** 28-31;
||Lc **10** 25-28;
ver Jn **13** 34-35+.

34 Mas los fariseos, al enterarse de que
había tapado la boca a los saduceos, se
reunieron en grupo, 35 y uno de ellos le
preguntó con ánimo de tentarle: 36 «Maestro, ¿cuál es el mandamiento mayor de
la Ley?» 37 Él le dijo: *«Amarás al Señor,*
tu Dios, con todo tu corazón, con toda
tu alma y con toda tu mente. 38 Este es
el mayor y el primer mandamiento. 39 El
segundo es semejante a éste: *Amarás a*
tu prójimo como a ti mismo. 40 De estos
dos mandamientos cuelgan toda la Ley
y los Profetas.»

Cristo, hijo y Señor de David.

||Mc **12** 35-37;
||Lc **20** 41-44.

41 Estando reunidos los fariseos, les
propuso Jesús esta cuestión: 42 «¿Qué
piensan acerca del Cristo? ¿De quién
es hijo?» Le dicen: «De David.» 43 Les
dice: «Pues ¿cómo David, movido por el
Espíritu, le llama Señor, cuando dice:

44 *Dijo el Señor a mi Señor:*
Siéntate a mi diestra
hasta que ponga a tus enemigos
debajo de tus pies?

45 Si, pues, David le llama Señor, ¿cómo puede ser hijo suyo*?» 46 Nadie era
capaz de contestarle nada; y desde ese
día ninguno se atrevió ya a hacerle más
preguntas.

Hipocresía y vacuidad de los escribas y fariseos.

23 1 Entonces Jesús se dirigió a la
gente y a sus discípulos 2 y les
dijo: «En la cátedra de Moisés se han sentado los escribas y los fariseos. 3 Hagan,
pues, y observen todo lo que les digan*;
pero no imiten su conducta, porque dicen y no hacen. 4 Atan cargas pesadas
y las echan a las espaldas de la gente,
pero ellos ni con el dedo quieren mover-
las. 5 Todas sus obras las hacen para ser
vistos por los hombres; ensanchan las
filacterias y alargan las orlas del manto*;
6 quieren el primer puesto en los banquetes y los primeros asientos en las sinagogas, 7 que se les salude en las plazas y que
la gente les llame 'Rabbí*'.

8 «Ustedes, en cambio, no se dejen llamar 'Rabbí', porque uno solo es su Maestro; y ustedes son todos hermanos. 9 Ni
llamen a nadie 'Padre*' suyo en la tierra,
porque uno solo es su Padre: el del cielo.
10 Ni tampoco se dejen llamar 'Instruc-
tores', porque uno solo es su Instructor:
el Cristo. 11 El mayor entre ustedes será
su servidor.

||Lc **14** 11; **18** 14.

12 «Pues el que se ensalce, será humillado; y el que se humille, será ensalzado.

Siete maldiciones contra los escribas y fariseos.

||Lc **11** 39-48.52

13 «¡Ay de ustedes, escribas y fariseos
hipócritas, que cierran a los hombres el
Reino de los Cielos! Ustedes ciertamente

22 34 En realidad, Jesús menciona dos *mandamientos,* no como idénticos, sino como equivalentes, Dt **6** 5; Lv **19** 18. Ver Mt **5** 43; **19** 18-19; Rm **13** 9+; Ga **5** 14; 1 Jn **5** 2+.

22 45 El Mesías descendía de David, **1** 1; **9** 27; etc.; ver 2 S **7**+, y su carácter *divino,* que David había profetizado, Sal **110**+, le colocaba por encima de este último.

23 3 La doctrina recibida de Moisés, que ellos trasmiten correctamente, pero no sus opiniones personales, **15** 1-20; **19** 1-12; etc.

23 5 La *filacteria* es un pequeño estuche que contiene textos de la Ley, prendido en el antebrazo o en la frente; ver Ex **13** 9; Dt **6** 8. Las *orlas* adornaban los extremos bajos del manto, Nm **15** 37+; ver Mt **9** 20.

23 7 *Rabbí,* término hebreo que significa «mi grande»; después del año 70 fue el título habitual de los doctores judíos, equivalente a «maestro mío». Sobre su uso antiguo, ver Mc **9** 5.

23 9 *Padre,* en arameo *Abbá.* Dos títulos (Abbá y Rabbí) dados a los doctores judíos. Jesús prohíbe apropiarse la autoridad de Dios.

no entran; y a los que están entrando no los dejan entrar*. [14]

15 «¡Ay de ustedes, escribas y fariseos hipócritas, que recorren mar y tierra para hacer un prosélito, y, cuando llega a serlo, lo hacen hijo de condenación el doble que ustedes!

16 «¡Ay de ustedes, guías ciegos, que dicen: 'Si uno jura por el Santuario, eso no es nada; mas si jura por el oro del Santuario, queda obligado!' 17 ¡Insensatos y ciegos! ¿Qué es más importante, el oro, o el Santuario que hace sagrado el oro? 18 Y también: 'Si uno jura por el altar, eso no es nada; mas si jura por la ofrenda que está sobre él, queda obligado.' 19 ¡Ciegos! ¿Qué es más importante, la ofrenda, o el altar que hace sagrada la ofrenda? 20 Quien jura, pues, por el altar, jura por él y por todo lo que está sobre él. 21 Quien jura por el Santuario, jura por él y por Aquel que lo habita. 22 Y quien jura por el cielo, jura por el trono de Dios y por Aquel que está sentado en él.

23 «¡Ay de ustedes, escribas y fariseos hipócritas, que pagan el diezmo de la menta, del aneto y del comino, y descuidan lo más importante de la Ley: la justicia, la misericordia y la fe! Esto es lo que había que practicar, aunque sin descuidar aquello. 24 ¡Guías ciegos, que cuelan el mosquito y se tragan el camello!

25 «¡Ay de ustedes, escribas y fariseos hipócritas, que purifican por fuera la copa y el plato, mientras por dentro están llenos de rapiña y desenfreno! 26 ¡Fariseo ciego, purifica primero por dentro la copa, para que también por fuera quede pura!

27 «¡Ay de ustedes, escribas y fariseos hipócritas, pues son semejantes a sepulcros blanqueados, que por fuera parecen hermosos, pero por dentro están llenos de huesos de muertos y de toda inmundicia! 28 Así también ustedes, por fuera aparecen justos ante los hombres, pero por dentro están llenos de hipocresía y de iniquidad.

29 «¡Ay de ustedes, escribas y fariseos hipócritas, porque edifican los sepulcros de los profetas y adornan los monumentos de los justos, 30 y dicen: 'Si nosotros hubiéramos vivido en el tiempo de nuestros padres, no habríamos tenido parte con ellos en la sangre de los profetas!' 31 Con lo cual atestiguan contra ustedes mismos que son hijos de los que mataron a los profetas. 32 ¡Colmen también ustedes la medida de sus padres!

Crímenes y castigos próximos.

||Lc **11** 49-51.

33 «¡Serpientes, raza de víboras! ¿Cómo van a escapar de la condenación del fuego? 34 Por eso, he aquí que yo envío a ustedes profetas, sabios y escribas*: a unos los matarán y los crucificarán, a otros los azotarán en sus sinagogas y los perseguirán de ciudad en ciudad, 35 para que caiga sobre ustedes toda la sangre inocente derramada sobre la tierra, desde la sangre del inocente Abel hasta la sangre de Zacarías, hijo de Baraquías, a quien mataron entre el Santuario y el altar. 36 Yo les aseguro: todo esto recaerá sobre esta generación.

Apóstrofe a Jerusalén.

||Lc **13** 34-35.

37 «¡Jerusalén, Jerusalén, la que mata a los profetas y apedrea a los que le son enviados! ¡Cuántas veces he querido reunir a tus hijos, como una gallina reúne a sus pollos bajo las alas, y no han querido! 38 Pues bien, se les va a dejar desierta su casa*. 39 Porque les digo que ya no me volverán a ver hasta que digan:

¡Bendito el que viene en nombre
del Señor!*»

23 13 El v. 14, introducido aquí por algunos manuscritos, es afín a Mc **12** 40; Lc **20** 47.
23 34 *Profetas, sabios, escribas* designan aquí a los misioneros cristianos, ver **5** 12; **10** 40+; **13** 52+; 1 Ts **2** 15-16.
23 38 El texto alude a la destrucción del Templo, el año 70.
23 39 Cita del Sal **118** 26.

2. DISCURSO ESCATOLÓGICO*

||Mc **13**; ||Lc **21** 5-33.

Introducción.

||Mc **13** 1-4; ||Lc **21** 5-7.

24 [1] Cuando salió Jesús del Templo, caminaba y se le acercaron
sus discípulos para mostrarle las construcciones del Templo. [2] Pero él les respondió: «¿Ven todo esto? Yo les aseguro: no quedará aquí piedra sobre piedra
que no sea derruida.» [3] Estando luego
sentado en el monte de los Olivos, se
acercaron a él en privado sus discípulos,
y le dijeron: «Dinos cuándo sucederá eso,
y cuál será la señal de tu venida y del fin
del mundo*.»

El comienzo de los dolores.

||Mc **13** 5-13; ||Lc **21** 8-19.

[4] Jesús les respondió: «Miren que no
les engañe nadie. [5] Porque vendrán muchos usurpando mi nombre diciendo:
'Yo soy el Cristo', y engañarán a muchos. [6] Oirán también hablar de guerras
y rumores de guerras. ¡Cuidado, no se
alarmen! Porque eso es necesario que
suceda, pero no es todavía el fin. [7] Pues
se levantará nación contra nación y reino
contra reino, y habrá en diversos lugares
hambre y terremotos. [8] Todo esto será el
comienzo de los dolores de parto*.

[9] «Entonces les entregarán a la tortura
y les matarán, y serán odiados de todas
las naciones por causa de mi nombre.
[10] Muchos se escandalizarán entonces y
se traicionarán y odiarán mutuamente.
[11] Surgirán muchos falsos profetas, que
engañarán a muchos. [12] Y al crecer cada
vez más la iniquidad, la caridad de muchos se enfriará. [13] Pero el que persevere
hasta el fin, ése se salvará*.

[14] «Se proclamará esta Buena Nueva
del Reino en el mundo entero*, para dar
testimonio a todas las naciones. Y entonces vendrá el fin.

La gran tribulación de Jerusalén.

||Mc **13** 14-23; ||Lc **21** 20-24.

[15] «Cuando vean, pues, *la abominación de la desolación,* anunciada por el
profeta Daniel, erigida en el Lugar Santo* (el que lea, que comprenda), [16] entonces, los que estén en Judea, huyan a los

24 Es posible que Jesús haya distinguido en su predicación la caída de Jerusalén, en el año 70, **10** 23+, y el final de la era presente. El texto de Mt mezcla los dos temas. El advenimiento del reino mesiánico, al traer la ruina de la ciudad santa, señala el fin de la antigua Alianza; anuncia de este modo el final de la era presente, que no será, en la gloriosa venida del Mesías, más que la consecuencia amplificada y definitiva de este primer drama. A estos dos momentos se aplican aquí los rasgos descriptivos de las teofanías y de los apocalipsis judíos sobre el *Día* del Señor; ver Lc **17** 22+; 1 Co **1** 8+.

24 3 La palabra griega *parusía (venida, presencia),* la adoptaron los cristianos para designar la intervención del Señor Jesús al fin de los tiempos, **24** 27; etc. 1 Co **15** 23+; 1 Ts **2** 19; etc. Ver el Día, 1 Co **1** 8+. *del fin del mundo*: lit.: «del fin de la edad». La Apocalíptica judía dividía la historia de la salvación en una serie de «edades» no fijadas con rigor. La catequesis cristiana consideró dos venidas del Mesías, que marcan dos edades: una, su presencia humana que inauguró la «edad» de la Iglesia; otra, la futura venida gloriosa de Cristo. Esta segunda «edad» está presente en Jn **14** 3, aunque la expresión «segunda venida» no aparece en los escritos del NT.

24 8 *Dolores de parto,* imagen profética de las angustias que preceden al advenimiento mesiánico, Os **13** 13+; etc.; 1 Ts **5** 3.

24 13 Los vv. 9-13 reflejan el clima de persecución de los cristianos en Roma, bajo Nerón, después del incendio del 64, y de las defecciones, apostasías y odios mutuos entre los cristianos perseguidos. Ver Tácito, *Annales XV, 44*.

24 14 *El mundo habitado (oikouménê),* ver Hch **1** 8; Rm **10** 18. De hecho, antes del año 70, el Evangelio llegó a todas las partes vitales del Imperio, ver **1** 5.8; etc.

24 15 Ya Dn **9** 27+ hablaba de un ídolo puesto en el templo por Antíoco Epífanes, el año 168 a.C., ver 1 M **1** 54. Esta aplicación evangélica alude a la profanación de la Ciudad y del Templo por los Romanos, Mc **13** 14; Lc **21** 20.

montes; [17] el que esté en la azotea, no baje a recoger las cosas de su casa; [18] y el que esté en el campo, no regrese en busca de su manto. [19] ¡Ay de las que estén embarazadas o criando en aquellos días! [20] Oren para que su huida no suceda en invierno ni en día de sábado. [21] Porque habrá entonces una gran *tribulación, cual no la hubo* desde el principio del mundo *hasta el presente* ni volverá a haberla*. [22] Y si aquellos días no se abreviaran, no se salvaría nadie; pero en atención a los elegidos* se abreviarán aquellos días.

[23] «Entonces, si alguno les dice: 'Miren, el Cristo está aquí o allí', no lo crean. [24] Porque surgirán falsos cristos y falsos profetas, que harán grandes señales y prodigios, capaces de engañar, si fuera posible, a los mismos elegidos. [25] ¡Miren que se lo he predicho!

La venida del Hijo del hombre será manifiesta.

||Lc **17** 23-24.

[26] «Así que si les dicen: 'Está en el desierto', no salgan; 'Está en los aposentos', no lo crean. [27] Porque como el relámpago sale por oriente y brilla hasta occidente, así será la venida del Hijo del hombre. [28] Donde esté el cadáver, allí se juntarán los buitres.

Resonancia cósmica de la venida.

||Mc **13** 24-27; ||Lc **21** 25-27.

[29] «Inmediatamente después de la tribulación de aquellos días, el sol se oscurecerá, la luna no dará su resplandor, las estrellas caerán del cielo, y las fuerzas de los cielos serán sacudidas*. [30] Entonces aparecerá en el cielo la señal del Hijo del hombre; y entonces se golpearán el pecho todas las razas de la tierra y verán al Hijo del hombre venir sobre las nubes del cielo con gran poder y gloria. [31] Él enviará a sus ángeles con sonora trompeta, y reunirán de los cuatro vientos a sus elegidos, desde un extremo de los cielos hasta el otro.

Parábola de la higuera.

||Mc **13** 28-32; ||Lc **21** 29-33.

[32] «De la higuera aprendan esta parábola: cuando ya sus ramas están tiernas y brotan las hojas, saben que el verano está cerca. [33] Así también ustedes, cuando vean todo esto, sepan que Él está cerca, a las puertas. [34] Yo les aseguro que no pasará esta generación hasta que todo esto suceda*. [35] El cielo y la tierra pasarán, pero mis palabras no pasarán.

Estar alerta para no ser sorprendidos.

||Lc **17** 26-27.34-35.

[36] «Mas de aquel día y hora, nadie sabe nada, ni los ángeles de los cielos, ni el Hijo*, sino sólo el Padre.

[37] «Como en los días de Noé, así será la venida del Hijo del hombre. [38] Porque como en los días que precedieron al diluvio, comían, bebían, tomaban mujer o marido, hasta el día en que entró Noé en el arca, [39] y no se dieron cuenta hasta que vino el diluvio y los arrastró a todos, así será también la venida del Hijo del hombre. [40] Entonces, estarán dos en el campo: uno es tomado, el otro dejado; [41] dos mujeres moliendo en el molino: una es tomada, la otra dejada.

Lc **12** 39-40.

[42] «Velen, pues, porque no saben qué día vendrá su Señor. [43] Entiéndanlo bien:

24 21 Ver Dn **12** 1; Ap **7** 14; **16** 18.
24 22 Los *elegidos* designan aquí el *Resto,* los judíos llamados al Reino, vv. 24.31; Is **4** 3+; Rm **11** 5s.
24 29 La descripción que sigue toma muchas imágenes del AT. Ver sobre todo Is **13** 9-10; **34** 4. Las *fuerzas de los cielos* son los astros.
24 34 Se refiere a la ruina de Jerusalén y al fin de la era presente.
24 36 El Hijo, **11** 27+, en cuanto hombre ha recibido del Padre, **4** 3+, el conocimiento de todo lo que interesaba a su misión; pero, según este versículo, ha podido ignorar ciertos puntos. Ver Mt **13** 32 (Lc omite este versículo).

si el dueño de casa supiera a qué hora de la noche iba a venir el ladrón, estaría en vela y no permitiría que le perforaran su casa. 44 Por eso, también ustedes estén preparados, porque en el momento que no piensen, vendrá el Hijo del hombre.

Parábola del mayordomo*.
||Lc **12** 42-46.

45 «¿Quién es, pues, el siervo fiel y prudente, a quien el señor puso al frente de su servidumbre para darles la comida a su tiempo? 46 Dichoso aquel siervo a quien su señor, al llegar, encuentre haciéndolo así. 47 Yo les aseguro que le pondrá al frente de todos sus bienes. 48 Pero si el mal siervo aquel se dice en su corazón: 'Mi señor tarda', 49 y se pone a golpear a sus compañeros y come y bebe con los borrachos, 50 vendrá el señor de aquel siervo el día que no espera y en el momento que no sabe, 51 le separará y le señalará su suerte entre los hipócritas; allí será el llanto y el rechinar de dientes.

Parábola de las diez vírgenes*.
Ver Lc **12** 35-38.

25 1 «Entonces el Reino de los Cielos será semejante a diez vírgenes, que, con su lámpara en la mano, salieron al encuentro del novio. 2 Cinco de ellas eran necias, y cinco prudentes. 3 Las necias, en efecto, al tomar sus lámparas, no se proveyeron de aceite; 4 las prudentes, en cambio, junto con sus lámparas tomaron aceite en las aceiteras. 5 Como el novio tardara, se adormilaron todas y se durmieron. 6 Mas a media noche se oyó un grito: '¡Ya está aquí el novio! ¡Salgan a su encuentro!' 7 Entonces todas aquellas vírgenes se levantaron y arreglaron sus lámparas. 8 Y las necias dijeron a las prudentes: 'Dennos de su aceite, que nuestras lámparas se apagan.' 9 Pero las prudentes replicaron: 'No, no sea que no alcance para nosotras y para ustedes; es mejor que vayan donde los vendedores y lo compren.' 10 Mientras iban a comprarlo, llegó el novio, y las que estaban preparadas entraron con él al banquete de boda, y se cerró la puerta. 11 Más tarde llegaron las otras vírgenes diciendo: '¡Señor, señor, ábrenos!' 12 Pero él respondió: 'En verdad les digo que no las conozco.' 13 Velen, pues, porque no saben ni el día ni la hora.

Parábola de los talentos*.
Ver Lc **19** 12-27.

14 «Es también como un hombre que, al ausentarse, llamó a sus siervos y les encomendó su hacienda: 15 a uno dio cinco talentos*, a otro dos y a otro uno, a cada cual según su capacidad; y se ausentó. 16 Enseguida, el que había recibido cinco talentos se puso a negociar con ellos y ganó otros cinco. 17 Igualmente el que había recibido dos ganó otros dos. 18 En cambio el que había recibido uno se fue, cavó un hoyo en tierra y escondió el dinero de su señor. 19 Al cabo de mucho tiempo, vuelve el señor de aquellos siervos y les pide cuentas. 20 Acercándose el que había recibido cinco talentos, presentó otros cinco, diciendo: 'Señor, cinco talentos me entregaste; aquí tienes otros cinco que he ganado.' 21 Su señor le dijo: '¡Bien, siervo bueno y fiel!; en lo poco has sido fiel, al frente de lo mucho te pondré; entra en el gozo de tu señor.' 22 Acercándose también el de los dos talentos dijo: 'Señor, dos talentos me entregaste; aquí tienes otros dos que he ganado.' 23 Su señor le dijo: '¡Bien, siervo

24 45 Las tres parábolas siguientes se refieren a las responsabilidades de los diversos grupos componentes de la comunidad cristiana. La primera afecta a los cristianos encargados de alguna función en la Iglesia, como los apóstoles, y que serán juzgados sobre el cumplimiento de su misión.
25 Esta parábola contempla a los cristianos que esperan a Cristo y deben estar siempre preparados; ver Lc **12** 35-36; **13** 25.
25 14 Los siervos de la parábola son los cristianos que deben hacer fructificar los dones recibidos para el desarrollo del Reino. Ver Lc **19** 12-13.
25 15 *Talento*, moneda de gran valor.

bueno y fiel!; en lo poco has sido fiel, al frente de lo mucho te pondré; entra en el gozo de tu señor.' 24 Acercándose también el que había recibido un talento dijo: 'Señor, sé que eres un hombre duro, que cosechas donde no sembraste y recoges donde no esparciste. 25 Por eso me dio miedo, y fui y escondí en tierra tu talento. Mira, aquí tienes lo que es tuyo.' 26 Mas su señor le respondió: 'Siervo malo y perezoso, sabías que yo cosecho donde no sembré y recojo donde no esparcí; 27 debías, pues, haber entregado mi dinero a los banqueros, y así, al volver yo, habría cobrado lo mío con los intereses. 28 Quítenle, por tanto, el talento y dénselo al que tiene los diez talentos. 29 Porque a todo el que tiene, se le dará y le sobrará; pero al que no tiene, aun lo que tiene se le quitará. 30 Y al siervo inútil, échenlo a las tinieblas de afuera. Allí será el llanto y el rechinar de dientes.'

El Juicio final*.

31 «Cuando el Hijo del hombre venga en su gloria acompañado de todos sus ángeles, entonces se sentará en su trono de gloria. 32 Serán congregadas delante de él todas las naciones, y él separará a los unos de los otros, como el pastor separa las ovejas de los cabritos. 33 Pondrá las ovejas a su derecha, y los cabritos a su izquierda. 34 Entonces dirá el Rey a los de su derecha: 'Vengan, benditos de mi Padre, reciban la herencia del Reino preparado para ustedes desde la creación del mundo. 35 Porque tuve hambre, y me dieron de comer; tuve sed, y me dieron de beber; era forastero, y me acogieron; 36 estaba desnudo, y me vistieron; enfermo, y me visitaron; en la cárcel, y acudieron a mí.' 37 Entonces los justos le responderán: 'Señor, ¿cuándo te vimos hambriento, y te dimos de comer; o sediento, y te dimos de beber? 38 ¿Cuándo te vimos forastero, y te acogimos; o desnudo, y te vestimos? 39 ¿Cuándo te vimos enfermo o en la cárcel, y acudimos a ti?' 40 Y el Rey les dirá: 'En verdad les digo que cuanto hicieron a uno de estos hermanos míos* más pequeños, a mí me lo hicieron.' 41 Entonces dirá también a los de su izquierda: 'Apártense de mí, malditos, al fuego eterno preparado para el diablo y sus ángeles. 42 Porque tuve hambre, y no me dieron de comer; tuve sed, y no me dieron de beber; 43 era forastero, y no me acogieron; estaba desnudo, y no me vistieron; enfermo y en la cárcel, y no me visitaron.' 44 Entonces dirán también éstos: 'Señor, ¿cuándo te vimos hambriento o sediento o forastero o desnudo o enfermo o en la cárcel, y no te asistimos?' 45 Y él entonces les responderá: 'En verdad les digo que cuanto dejaron de hacer con uno de estos más pequeños, también conmigo dejaron de hacerlo.' 46 E irán éstos a un castigo eterno, y los justos a una vida eterna.»

VII. Pasión y resurrección

Conspiración contra Jesús.

||Mc **14** 1-2; ||Lc **22** 1-2.

26 1 Y sucedió que, cuando acabó Jesús todos estos discursos, dijo a sus discípulos: 2 «Sepan que dentro de dos días es la Pascua; y el Hijo del hombre va a ser entregado para ser crucificado.»

25 31 Esta vigorosa escena no es una parábola, pero incluye elementos parabólicos (pastor, ovejas, cabritos). Cristo, en su venida gloriosa, **16** 27; **24** 3+, juzgará a todos los hombres de todos los tiempos después de la resurrección, **12** 41; etc., no según sus acciones excepcionales, **7** 22-23, sino según sus obras de misericordia, ver Is **58** 7s; Jb **22** 6s, que hayan hecho con él en la persona de los suyos, **10** 40; Hch **9** 5+, con la esperanza de su vuelta, Jn **13** 34+. También reconocerá a los que hayan confesado su fe en él, Mt **10** 32-33. El valor supremo que destaca la escena es el amor al prójimo (vv. 32.34-40).

25 40 Los *hermanos míos* son todos los que padecen necesidad.

3 Entonces los sumos sacerdotes y los ancianos del pueblo se reunieron en el palacio del Sumo Sacerdote, llamado Caifás; 4 y se pusieron de acuerdo para prender a Jesús con engaño y darle muerte. 5 Decían sin embargo: «Durante la fiesta no, para que no haya alboroto en el pueblo.»

Unción en Betania.
||Mc **14** 3-9; ||Jn **12** 1-8.

6 Hallándose Jesús en Betania, en casa de Simón el leproso, 7 se acercó a él una mujer* que traía un frasco de alabastro, con perfume muy caro, y lo derramó sobre su cabeza mientras estaba a la mesa. 8 Al ver esto los discípulos se indignaron y dijeron: «¿Para qué este despilfarro? 9 Se podía haber vendido a buen precio y habérselo dado a los pobres.» 10 Mas Jesús, dándose cuenta, les dijo: «¿Por qué molestan a esta mujer? Pues una 'obra buena' ha hecho conmigo. 11 Porque pobres tendrán siempre con ustedes, pero a mí no me tendrán siempre. 12 Y al derramar ella este ungüento sobre mi cuerpo, en vista de mi sepultura lo ha hecho. 13 Yo les aseguro: dondequiera que se proclame esta Buena Nueva, en el mundo entero, se hablará también de lo que ésta ha hecho para memoria suya.»

Traición de Judas.
||Mc **14** 10-11;
||Lc **22** 3-6.

14 Entonces uno de los Doce, llamado Judas Iscariote, fue a ver a los sumos sacerdotes, 15 y les dijo: «¿Qué quieren darme, y yo se lo entregaré?» Ellos le asignaron treinta monedas de plata. 16 Y desde ese momento andaba buscando una oportunidad para entregarlo.

Preparativos para la cena pascual.
||Mc **14** 12-16; Lc **22** 7-13.

17 El primer día de los Ázimos*, los discípulos se acercaron a Jesús y le dijeron: «¿Dónde quieres que te hagamos los preparativos para comer la Pascua?» 18 Él les dijo: «Vayan a la ciudad, a un tal, y díganle: 'El Maestro dice: Mi tiempo está cerca; en tu casa voy a celebrar la Pascua con mis discípulos.'» 19 Los discípulos hicieron lo que Jesús les había mandado, y prepararon la Pascua.

Anuncio de la traición de Judas.
||Mc **14** 17-21; ||Lc **22** 14.21-23;
||Jn **13** 21-30.

20 Al atardecer, se puso a la mesa con los Doce. 21 Y mientras comían, dijo: «Yo les aseguro que uno de ustedes me entregará.» 22 Muy entristecidos, se pusieron a decirle uno por uno: «¿Acaso soy yo, Señor?» 23 Él respondió: «El que ha metido conmigo la mano en el plato, ése me entregará. 24 El Hijo del hombre se va, como está escrito de él, pero ¡ay de aquel por quien el Hijo del hombre es entregado! ¡Más le valdría a ese hombre no haber nacido!» 25 Entonces preguntó Judas, el que iba a entregarle: «¿Soy yo acaso, Rabbí?» Le dice: «Tú lo has dicho.»

Institución de la Eucaristía.
||Mc **14** 22-25; ||Lc **22** 19-20;
||1 Co **11** 23-25.

26 Mientras estaban comiendo*, tomó Jesús pan y lo bendijo, lo partió y, dándoselo a sus discípulos, dijo: «Tomen, coman, éste es mi cuerpo.» 27 Tomó luego una copa y, dadas las gracias, se la dio diciendo: «Beban de ella todos, 28 porque ésta es mi sangre de la Alianza, que es derramada por muchos para perdón de

26 7 Juan la identifica: es María, hermana de Lázaro, Jn **12** 3. La *unción* anticipa la de la sepultura, una obra buena superior a la limosna. Jesús la agradece.
26 17 El día anterior a la comida pascual, 14 de Nisán, y no al día siguiente como Ex **12**+. Jesús pudo adelantar su fiesta, **27** 62; Jn **19** 14, etc., pero la cena tuvo los rasgos de la Pascua antigua, que ha conservado la Cena cristiana, ver **1** Co **5** 7-8+.
26 26 Se ha llegado al centro de la cena pascual. Entre ritos precisos y solemnes del ritual judío injerta Jesús el rito del nuevo culto instaurado por él.

los pecados*. 29 Y les digo que desde ahora no beberé de este producto de la vid hasta el día aquel en que lo beba con ustedes, nuevo, en el Reino de mi Padre*.»

Predicción de las negaciones de Pedro.
||Mc **14** 26-31; ||Lc **22** 39.31-34; ||Jn **13** 36-38; **16** 32.

30 Y cantados los himnos, salieron hacia el monte de los Olivos. 31 Entonces les dice Jesús: «Todos ustedes van a escandalizarse de mí esta noche, porque está escrito: *Heriré al pastor y se dispersarán las ovejas del rebaño**. 32 Mas después de mi resurrección, iré delante de ustedes a Galilea.» 33 Pedro intervino y le dijo: «Aunque todos se escandalicen de ti, yo nunca me escandalizaré.» 34 Jesús le dijo: «Yo te aseguro: esta misma noche, antes que el gallo cante, me habrás negado tres veces.» 35 Le contesta Pedro: «Aunque tenga que morir contigo, yo no te negaré.» Y lo mismo dijeron también todos los discípulos.

Agonía de Jesús.
||Mc **14** 32-42; ||Lc **22** 40-46; ||Jn **18** 1.

36 Entonces va Jesús con ellos a una propiedad llamada Getsemaní, y dice a los discípulos: «Siéntense aquí, mientras voy allá a orar.» 37 Y tomando consigo a Pedro y a los dos hijos de Zebedeo, comenzó a sentir tristeza y angustia. 38 Entonces les dice: «Mi alma está triste hasta el punto de morir; quédense aquí y velen conmigo.» 39 Y adelantándose un poco, cayó rostro en tierra, y suplicaba así: «Padre mío, si es posible, que pase de mí esta copa, pero no sea como yo quiero, sino como quieres tú*.» 40 Viene entonces a los discípulos y los encuentra dormidos; y dice a Pedro: «¿Conque no han podido velar una hora conmigo? 41 Velen y oren, para que no caigan en tentación; que el espíritu está pronto, pero la carne es débil.» 42 Y alejándose de nuevo, por segunda vez oró así: «Padre mío, si esta copa no puede pasar sin que yo la beba, hágase tu voluntad.» 43 Volvió otra vez y los encontró dormidos, pues sus ojos estaban cargados. 44 Los dejó y se fue a orar por tercera vez, repitiendo las mismas palabras. 45 Viene entonces a los discípulos y les dice: «Ahora ya pueden dormir y descansar. Miren, ha llegado la hora en que el Hijo del hombre va a ser entregado en manos de pecadores. 46 ¡Levántense!, ¡vámonos! Miren que el que me va a entregar está cerca.»

Prendimiento de Jesús.
||Mc **14** 43-52; ||Lc **22** 47-53; ||Jn **18** 2-11.

47 Todavía estaba hablando, cuando llegó Judas, uno de los Doce, acompañado de un grupo numeroso con espadas y palos, de parte de los sumos sacerdotes y los ancianos del pueblo. 48 El que le iba a entregar les había dado esta señal: «Aquel a quien yo dé un beso, ése es; préndanlo.» 49 Y al instante se acercó a Jesús y le dijo: «¡Salve, Rabbí!», y le dio un beso. 50 Jesús le dijo: «Amigo, ¡a lo que has venido!» Entonces aquéllos se acercaron, echaron mano a Jesús y le prendieron. 51 En esto, uno de los que estaban con Jesús echó mano a su espada, la sacó e, hiriendo al siervo del Sumo Sacerdote, le llevó la oreja. 52 Le dice entonces Jesús: «Vuelve tu espada a

26 28 La sangre de la víctimas selló la alianza de Yahvé con su pueblo, Ex **24** 4-8+; ahora la sangre de la víctima perfecta, Jesús, sella la «nueva» alianza entre Dios y los hombres, Lc **22** 20, anunciada por los profetas, Jr **31** 31+. Jesús se atribuye la misión de redención universal asignada por Isaías al «Siervo», Is **53** 12+. Ver Mt **20** 28+; Hb **9** 11+; **12** 24.
26 29 Alusión al banquete escatológico, **8** 11, etc.; ver 1 Co **11** 26.
26 31 Cita de Za **13** 7. Los discípulos contaban con el próximo triunfo del Mesías, y su fracaso va a descorazonarlos y dispersarlos, v. 56; Jn **16** 1; etc.
26 39 Jesús experimenta el deseo natural al hombre de escapar de la muerte, ver Jn **12** 27; pero se somete a la voluntad del Padre, **6** 10; Jn **4** 34; **6** 38; Rm **5** 19; Flp **2** 8; Hch **5** 7-8.

su sitio, porque todos los que empuñen espada, a espada morirán. 53 ¿O piensas que no puedo yo rogar a mi Padre, que pondría al punto a mi disposición más de doce legiones de ángeles? 54 Mas, ¿cómo se cumplirían las Escrituras de que así debe suceder?» 55 En aquel momento dijo Jesús a la gente: «¿Como contra un salteador han salido a prenderme con espadas y palos? Todos los días me sentaba en el Templo para enseñar, y no me detuvieron. 56 Pero todo esto ha sucedido para que se cumplan las Escrituras de los profetas.» Entonces todos los discípulos lo abandonaron y huyeron.

Jesús ante el Sanedrín.
||Mc **14** 53-65; ||Lc **22** 54-55.66-71; ||Jn **18** 15-16.18.24.

57 Los que prendieron a Jesús le llevaron ante el Sumo Sacerdote Caifás, donde se habían reunido los escribas y los ancianos. 58 Pedro le iba siguiendo de lejos hasta el palacio del Sumo Sacerdote; y, entrando dentro, se sentó con los criados para ver el final.

59 Los sumos sacerdotes y el Sanedrín entero andaban buscando un falso testimonio contra Jesús con ánimo de darle muerte, 60 y no lo encontraron, a pesar de que se presentaron muchos falsos testigos. Al fin se presentaron dos, 61 que dijeron: «Éste dijo: Yo puedo destruir el Santuario de Dios, y en tres días edificarlo.» 62 Entonces, se levantó el Sumo Sacerdote y le dijo: «¿No respondes nada? ¿Qué es lo que éstos atestiguan contra ti?» 63 Pero Jesús callaba. El Sumo Sacerdote le dijo: «Te conjuro por Dios vivo que nos digas si tú eres el Cristo, el Hijo de Dios.» 64 Jesús le contesta: «Tú lo has dicho. Pero les digo que a partir de ahora verán *al hijo del hombre sentado a la diestra del Poder y viniendo sobre las nubes del cielo**.» 65 Entonces el Sumo Sacerdote rasgó sus vestidos y dijo: «¡Ha blasfemado! ¿Qué necesidad tenemos ya de testigos? Acaban de oír la blasfemia. 66 ¿Qué les parece?» Respondieron ellos diciendo: «Es reo de muerte.»
||Lc **22** 63-65.

67 Entonces se pusieron a escupirle en la cara y a abofetearle; y otros a golpearle, 68 diciendo: «Adivínanos, Cristo. ¿Quién es el que te ha pegado?»

Negaciones de Pedro.
||Mc **14** 66-72; ||Lc **22** 55-62; ||Jn **18** 17.25-27.

69 Pedro, entretanto, estaba sentado fuera en el patio; y una criada se acercó a él y le dijo: «También tú estabas con Jesús el Galileo.» 70 Pero él lo negó delante de todos: «No sé qué dices.» 71 Cuando salía al portal, le vio otra criada y dijo a los que estaban allí: «Éste estaba con Jesús el Nazareno.» 72 Y de nuevo lo negó con juramento: «¡Yo no conozco a ese hombre!» 73 Poco después se acercaron los que estaban allí y dijeron a Pedro: «¡Ciertamente, tú también eres de ellos, pues además tu misma habla te descubre!» 74 Entonces él se puso a echar imprecaciones y a jurar: «¡Yo no conozco a ese hombre!» Inmediatamente cantó un gallo. 75 Y Pedro se acordó de aquello que le había dicho Jesús: «Antes que el gallo cante, me habrás negado tres veces.» Y, saliendo fuera, lloró amargamente.

Jesús llevado ante Pilato.
||Mc **15** 1; ||Lc **22** 66; **23** 1.

27 1 Llegada la mañana, todos los sumos sacerdotes y los ancianos del pueblo celebraron consejo contra Jesús para darle muerte. 2 Y después de atarle, le llevaron y le entregaron al procurador Pilato*.

---

26 64 En este instante supremo Jesús reconoce abiertamente, Mc **1** 34, que él es el Mesías, **16** 16, y también el *Señor* del Sal **110,** ver **22** 41-45, y el *Hijo del hombre* de Dn **7** 13; ver **8** 20+. Esta apropiación de un rango divino es la *blasfemia* decisiva, Jn **19** 7.

27 2 Roma se había reservado el derecho a la pena capital; por eso era necesario recurrir al gobernador.

Muerte de Judas.

Ver Hch **1** 18-19.

3 Entonces Judas, el que le entregó,
viendo que había sido condenado, fue
acosado por el remordimiento, y devolvió las treinta monedas de plata a
los sumos sacerdotes y a los ancianos,
4 diciendo: «Pequé entregando sangre
inocente.» Ellos dijeron: «A nosotros,
¿qué? Tú verás.» 5 Él tiró las monedas en
el Santuario; después se retiró y fue y se
ahorcó. 6 Los sumos sacerdotes recogieron las monedas y dijeron: «No es lícito
echarlas en el tesoro de las ofrendas,
porque son precio de sangre.» 7 Y después de deliberar, compraron con ellas
el Campo del Alfarero como lugar de
sepultura para los forasteros. 8 Por esta
razón ese campo se llamó «Campo de
Sangre», hasta hoy. 9 Entonces se cumplió lo dicho por el profeta Jeremías: *Y
tomaron las treinta monedas de plata,
cantidad en que fue apreciado aquel
a quien pusieron precio algunos hijos
de Israel,* 10 *y las dieron por el Campo
del Alfarero, según lo que me ordenó
el Señor**.

Jesús ante Pilato.

||Mc **15** 2-15; ||Lc **23** 2-5.13-25. ||Jn **18** 28; **19** 1.4-16.

11 Jesús compareció ante el procurador, y el procurador le preguntó: «¿Eres
tú el rey de los judíos?» Respondió Jesús:
«Tú lo dices.» 12 Y, mientras los sumos
sacerdotes y los ancianos le acusaban,
no respondió nada. 13 Entonces le dice
Pilato: «¿No oyes de cuántas cosas te
acusan?» 14 Pero él a nada respondió,
de suerte que el procurador estaba muy
sorprendido.

15 Cada Fiesta, el procurador solía
conceder al pueblo la libertad de un preso, el que quisieran. 16 Tenían entonces
un preso famoso, llamado Barrabás. 17 Y
cuando ellos estaban reunidos, les dijo
Pilato: «¿A quién quieren que les suelte, a
Barrabás o a Jesús, el llamado Cristo?»,
18 pues sabía que le habían entregado
por envidia.

19 Mientras él estaba sentado en el
tribunal, le mandó a decir su mujer: «No
te metas con ese justo, porque hoy he
sufrido mucho en sueños por su causa.»

20 Pero los sumos sacerdotes y los ancianos persuadieron a la gente para que
pidiese la libertad de Barrabás y la muerte
de Jesús. 21 Y cuando el procurador les
dijo: «¿A cuál de los dos quieren que
les suelte?», respondieron: «¡A Barrabás!»
22 Les dice Pilato: «Y ¿qué voy a hacer con
Jesús, el llamado Cristo?» Dicen todos:
«¡Sea crucificado!» —23 «Pero ¿qué mal
ha hecho?», preguntó Pilato. Mas ellos
seguían gritando con más fuerza: «¡Sea
crucificado!» 24 Entonces Pilato, viendo
que nada adelantaba, sino que más bien
se promovía tumulto, tomó agua y se lavó
las manos* delante de la gente diciendo:
«Inocente soy de la sangre de este justo.
Ustedes verán.» 25 Y todo el pueblo respondió: «¡Su sangre sobre nosotros y sobre nuestros hijos*!» 26 Entonces les soltó a
Barrabás; y a Jesús, después de azotarlo,
se lo entregó para que fuera crucificado.

Coronación de espinas.

||Mc **15** 16-20; ||Jn **19** 2-3.

27 Entonces los soldados del procurador llevaron consigo a Jesús al pretorio*
y reunieron alrededor de él a toda la tropa. 28 Lo desnudaron y le echaron enci-

27 10 Cita libre de Za **11** 12-13, con influencia de Jr **32** 6-15, que habla de la compra de un campo, y de Jr **18** 2-3 y **19** 1-2, que habla de los alfareros de la región del «campo de sangre», que una tradición muy antigua sitúa en Hinnón.

27 24 Gesto expresivo con el que Pilato carga sobre los judíos su plena responsabilidad, ver Dt **21** 6; Sal **26** 6; **73** 13.

27 25 En respuesta a Pilato, el pueblo acepta, con esta expresión bíblica, la responsabilidad de la ejecución que reclama, ver 2 S **1** 16; **3** 29; Jr **26** 15; **51** 35; Hch **5** 28; **18** 6.

27 27 *Pretorio,* o residencia del pretor. Es, probablemente, el antiguo palacio de Herodes el Grande, donde se instalaba el procurador romano cuando subía de Cesarea, mejor que la fortaleza Antonia, al norte del Templo.

ma un manto de púrpura; [29] y, trenzando una corona de espinas, se la pusieron sobre su cabeza, y en su mano derecha una caña; y doblando la rodilla delante de él, le hacían burla diciendo: «¡Salve, Rey de los judíos!»; [30] y después de escupirle, cogieron la caña y le golpeaban en la cabeza. [31] Cuando se hubieron burlado de él, le quitaron el manto, le pusieron sus ropas y lo llevaron a crucificarlo.

La Crucifixión.
||Mc **15** 21-27; ||Lc **23** 26-34.38; ||Jn **19** 17-24.

[32] Al salir, encontraron a un hombre de Cirene llamado Simón, y le obligaron a llevar su cruz. [33] Llegados a un lugar llamado Gólgota, esto es, «Calvario», [34] le dieron a beber vino mezclado con hiel*; pero él, después de probarlo, no quiso beberlo. [35] Una vez que le crucificaron, se repartieron sus vestidos, echando a suertes. [36] Y se quedaron sentados allí para custodiarle.

[37] Sobre su cabeza pusieron, por escrito, la causa de su condena: «Este es Jesús, el rey de los judíos.» [38] Y al mismo tiempo que a él crucifican a dos salteadores, uno a la derecha y otro a la izquierda.

Jesús en cruz ultrajado.
||Mc **15** 29-32; ||Lc **23** 35-37.

[39] Los que pasaban por allí le insultaban, moviendo la cabeza y diciendo: [40] «Tú que destruyes el Santuario y en tres días lo levantas, ¡sálvate a ti mismo, si eres hijo de Dios, y baja de la cruz!» [41] Igualmente los sumos sacerdotes junto con los escribas y los ancianos se burlaban de él diciendo: [42] «A otros salvó y a sí mismo no puede salvarse. Rey de Israel es: que baje ahora de la cruz, y creeremos en él. [43] Ha puesto su confianza en Dios; que le salve ahora, si es que de verdad le quiere; ya que dijo: 'Soy hijo de Dios.'» [44] De la misma manera le injuriaban también los salteadores crucificados con él.

Muerte de Jesús.
||Mc **15** 33-41; ||Lc **23** 44-49.

[45] Desde el mediodía hubo oscuridad sobre toda la tierra hasta media tarde*. [46] Y alrededor de media tarde clamó Jesús con fuerte voz: *«¡Elí, Elí! ¿lemá sabactaní?»*, esto es: *«¡Dios mío, Dios mío! ¿por qué me has abandonado*?»* [47] Al oírlo algunos de los que estaban allí decían: «A Elías llama éste.»
||Lc **23** 36; ||Jn **19** 29.

[48] Y enseguida uno de ellos fue corriendo a tomar una esponja, la empapó en vinagre* y, sujetándola a una caña, le ofrecía de beber. [49] Pero los otros dijeron: «Deja, vamos a ver si viene Elías a salvarlo.» [50] Pero Jesús, dando de nuevo un fuerte grito, exhaló el espíritu.

[51] En esto, el velo del Santuario* se rasgó en dos, de arriba abajo; tembló la tierra y las rocas se partieron. [52] Se abrieron los sepulcros, y muchos cuerpos de santos difuntos resucitaron. [53] Y, saliendo de los sepulcros después de la resurrección de él, entraron en la Ciudad Santa y se aparecieron a muchos*. [54] Por su parte, el centurión y los que con él estaban

27 34 Con *hiel,* ver Sal **69** 22, o más bien con mirra, Mc **15** 23. Mujeres compasivas judías, Lc **23** 27, ofrecían a los ajusticiados este estupefaciente; Jesús lo rechaza.
27 45 *Mediodía,* lit.: la hora sexta; media tarde, lit.: la hora nona, hacia las tres de la tarde; ver Mc **15** 25.
27 46 Este grito de angustia, no de desesperación, es el comienzo del Sal **22,** citado muchas veces a propósito de la Pasión y que acaba en acción de gracias. Con la cita del inicio del salmo, Mt indica que todos los sentimientos expresados en el salmo describen la actitud religiosa del crucificado. Ver Sal **22**+.
27 48 *Vinagre,* bebida ácida usada por los romanos. Los Sinópticos describen este gesto como un ultraje más, evocando el Sal **69** 22. Pero ver Jn **19** 28-29.
27 51 Sobre el *velo* del Templo *desgarrado,* ver Hch **9** 12; **10** 20. Las tinieblas y los demás prodigios eran señales del Día de Yahvé, Is **26** 19; Dn **12** 2; Am **8** 9+.
27 53 La resurrección de los justos del AT es en los profetas un signo de la restauración

custodiando a Jesús, al ver el terremoto y lo que pasaba, se llenaron de miedo y dijeron: «Verdaderamente éste era hijo de Dios.»

[55] Había allí muchas mujeres mirando desde lejos, aquellas que habían seguido a Jesús desde Galilea para servirle. [56] Entre ellas estaban María Magdalena, María la madre de Santiago y de José, y la madre de los hijos de Zebedeo.

Sepultura de Jesús.

||Mc **15** 42-47; ||Lc **23** 50-55; ||Jn **19** 38-42.

[57] Al atardecer, vino un hombre rico de Arimatea, llamado José, que se había hecho también discípulo de Jesús. [58] Se presentó a Pilato y pidió el cuerpo de Jesús. Entonces Pilato dio orden de que se le entregase. [59] José tomó el cuerpo, lo envolvió en una sábana limpia [60] y lo puso en su sepulcro nuevo que había hecho excavar en la roca; luego, hizo rodar una gran piedra hasta la entrada del sepulcro y se fue. [61] Estaban allí María Magdalena y la otra María, sentadas frente al sepulcro.

Custodia del sepulcro.

[62] Al otro día, el siguiente a la Preparación*, los sumos sacerdotes y los fariseos se reunieron ante Pilato [63] y le dijeron: «Señor, recordamos que ese impostor dijo cuando aún vivía: 'A los tres días resucitaré.' [64] Manda, pues, que quede asegurado el sepulcro hasta el tercer día, no sea que vengan sus discípulos, lo roben y digan luego al pueblo: 'Resucitó de entre los muertos', y la última impostura sea peor que la primera.» [65] Pilato les dijo: «Tenéis una guardia. Vayan, asegúrenlo como saben.» [66] Ellos fueron y aseguraron el sepulcro, sellando la piedra y poniendo la guardia.

El sepulcro vacío. Mensaje del ángel.

||Mc **16** 1-8; ||Lc **24** 1-10.

28 [1] Pasado el sábado, al alborear el primer día de la semana*, María Magdalena y la otra María fueron a ver el sepulcro. [2] De pronto se produjo un gran terremoto, pues un ángel del Señor bajó del cielo y, acercándose, hizo rodar la piedra y se sentó encima de ella. [3] Su aspecto era como el relámpago y su vestido blanco como la nieve. [4] Los guardias, atemorizados ante él, se pusieron a temblar y se quedaron como muertos. [5] El ángel se dirigió a las mujeres y les dijo: «Ustedes no teman, pues sé que buscan a Jesús, el Crucificado; [6] no está aquí, ha resucitado, como lo había dicho. Vengan, vean el lugar donde estaba. [7] Y ahora vayan enseguida a decir a sus discípulos: 'Ha resucitado de entre los muertos e irá delante de ustedes a Galilea; allí le verán.' Ya lo he dicho.» [8] Ellas partieron a toda prisa del sepulcro, con miedo y gran gozo, y corrieron a dar la noticia a sus discípulos.

Aparición a las santas mujeres.

[9] En esto, Jesús les salió al encuentro y les dijo: «¡Salve!» Y ellas, acercándose, se agarraron de sus pies y le adoraron. [10] Entonces les dice Jesús: «No teman. Vayan, avisen a mis hermanos que vayan a Galilea; allí me verán*.»

mesiánica de Israel, Is **26** 19; Ez **37;** Dn **12** 2. Estos justos esperan la resurrección del Mesías Salvador y ser liberados del Hades y entrar con él en la nueva Jerusalén, Ap **21** 2+. Ver 1 P **3** 19+.

27 62 La *Preparación* designa el viernes, día en que se hacían los preparativos para el sábado, ver Mc **15** 42; Lc **23** 54; Jn **19** 14+.31.

28 1 *El primer día de la semana* corresponde a nuestro domingo, *día del Señor*, Ap **1** 10, así llamado en memoria de la resurrección, ver Hch **20** 7+; 1 Co **16** 2.

28 10 Los cuatro evangelios refieren la aparición inicial del ángel (o de los ángeles) a las mujeres. Prescindiendo de la conclusión de Mc **16** 8+, distinguen las apariciones privadas y una aparición colectiva con misión apostólica. Las apariciones están localizadas en Galilea por Mt y Mc, en Judea por Lc y

Soborno de los soldados.

[11] Mientras ellas iban, algunos de la guardia fueron a la ciudad a contar a los sumos sacerdotes todo lo que había pasado. [12] Éstos, reunidos con los ancianos, celebraron consejo y dieron una buena suma de dinero a los soldados, [13] advirtiéndoles: «Digan: 'Sus discípulos vinieron de noche y lo robaron mientras nosotros dormíamos.' [14] Y si la cosa llega a oídos del procurador, nosotros le convenceremos y les evitaremos complicaciones.» [15] Ellos tomaron el dinero y procedieron según las instrucciones recibidas. Y se corrió esa versión entre los judíos, hasta el día de hoy.

Aparición en Galilea y misión universal.

[16] Por su parte, los once discípulos marcharon a Galilea, al monte que Jesús les había indicado. [17] Y al verlo le adoraron; algunos sin embargo dudaron. [18] Jesús se acercó a ellos y les habló así: «Me ha sido dado todo poder en el cielo y en la tierra. [19] Vayan, pues, y hagan discípulos a todas las gentes bautizándolas en el nombre del Padre y del Hijo y del Espíritu Santo*, [20] y enseñándoles a guardar todo lo que yo les he mandado. Y he aquí que yo estoy con ustedes todos los días hasta el fin del mundo*.»

Jn (salvo el apéndice de Jn **21**). El *Kerygma* redactado en 1 Co **15** 1-11, como una tradición procedente del Señor, induce a pensar que ni los evangelistas ni Pablo tratan de contar todas las manifestaciones de Cristo resucitado; ver Mc **16** 8+.

28 19 El libro de los Hechos habla de bautizar «en el nombre de Jesús», ver Hch **1** 5+; **2** 38+. Más tarde se hizo explícita la vinculación del bautizado con las tres personas de la Trinidad, en el contexto litúrgico bautismal de la comunidad primitiva.

28 20 Habiendo recibido de Dios un poder ilimitado, **11** 27; ver Dn **7** 13-14+; Jn **3** 35+; Rm **1** 4+; Ef **1** 20-23, Cristo envía a sus apóstoles a todas las naciones, ver Hch **1** 5-8; **13** 5+; y permanece con los suyos en el mundo entero y a través de los siglos, **18** 20; Mc **16** 20; Jn **14** 18-21. En estas instrucciones de Jesús se condensa la misión de la Iglesia apostólica.

EVANGELIO SEGÚN SAN MARCOS*

I. Preparación del ministerio de Jesús

Predicación de Juan el Bautista*.
||Mt **3** 1-12; ||Lc **3** 3-18.

1 [1] Comienzo del Evangelio de Jesús, el Cristo, Hijo de Dios. [2] Conforme está escrito en Isaías el profeta:

Mira, envío mi mensajero delante de ti,
el que ha de preparar tu camino.
[3] *Voz del que clama en el desierto:*
Preparen el camino del Señor,
*enderecen sus sendas**,

[4] apareció Juan bautizando en el desierto, proclamando un bautismo de conversión para perdón de los pecados. [5] Acudía a él gente de toda la región de Judea y todos los de Jerusalén, y eran bautizados por él en el río Jordán, confesando sus pecados.

[6] Juan llevaba un vestido de piel de camello; y se alimentaba de langostas y miel silvestre. [7] Y proclamaba: «Detrás de mí viene el que es más fuerte que yo; y no soy digno de desatarle, inclinándome, la correa de sus sandalias. [8] Yo les he bautizado con agua, pero él les bautizará con Espíritu Santo.»

Bautismo de Jesús*.
||Mt **3** 13-17; ||Lc **3** 21-22.

[9] Y sucedió que por aquellos días vino Jesús desde Nazaret de Galilea, y fue bautizado por Juan en el Jordán. [10] En cuanto salió del agua vio que los cielos se rasgaban y que el Espíritu, en forma de paloma, bajaba a él. [11] Y se oyó una voz que venía de los cielos: «Tú eres mi Hijo amado, en ti me complazco.»

Tentaciones en el desierto.
||Mt **4** 1-11; ||Lc **4** 1-13.

[12] A continuación, el Espíritu le empuja al desierto, [13] y permaneció en el desierto cuarenta días, siendo tentado por Satanás. Estaba entre los animales del campo y los ángeles le servían*.

II. Ministerio de Jesús en Galilea

Jesús inicia su predicación.
||Mt **4** 12-17; ||Lc **4** 14-15.

[14] Después que Juan fue entregado, marchó Jesús a Galilea; y proclamaba la Buena Nueva de Dios: [15] «El tiempo se ha cumplido y el Reino de Dios está cerca; conviértanse y crean en la Buena Nueva.»

Vocación de los cuatro primeros discípulos.
||Mc **4** 18-22; ||Lc **5** 1-11.

[16] Bordeando el mar de Galilea, vio a Simón y Andrés, el hermano de Simón, largando las redes en el mar, pues eran pescadores. [17] Jesús les dijo: «Vengan conmigo*, y les haré llegar a ser pesca-

* El lector puede acudir, sin dificultad, a las notas que acompañan los textos paralelos, cuyas referencias figuran en el texto bajo los epígrafes.

1 1 La predicación de Juan Bautista cumple las promesas de Dios, vv. 2-3, y señala el comienzo de la salvación, Mt **4** 23+. *Cristo*, transcripción de una palabra griega que significa «ungido»; equivale al hebreo «Mesías», ver **1** 9+; Jn **1** 41. Sobre *Hijo de Dios*, ver Mt **4** 3+.

1 3 Citas de Ml **3** 1, e Is **40** 3.

1 9 Jesús es «ungido» por el Espíritu, **1** 1+, como rey del pueblo de Dios, 1 S **16** 13; Sal **2** 7 Jesús es también el «Siervo» del Señor. Mc se inspira en Is **42** 1 y **63** 11.19.

1 13 Evocación del ideal mesiánico y de la paz del Paraíso, ver Is **11** 6-9+.

1 17 Lit.: «vengan detrás de mí». Todo este relato está inspirado literariamente en la vocación de Eliseo, 1 R **19** 19-21. Jesús es presentado como un nuevo Elías; ver Lc **7** 15+.

dores de hombres.» 18 Al instante, dejando las redes, lo siguieron.

19 Caminando un poco más adelante, vio a Santiago, el de Zebedeo, y a su hermano Juan; estaban también en la barca arreglando las redes; 20 y al instante los llamó. Y ellos, dejando a su padre Zebedeo en la barca con los jornaleros, se fueron tras él.

Jesús enseña en Cafarnaún y cura a un endemoniado.

||Lc **4** 31-37.

21 Llegan a Cafarnaún. Al llegar el sábado entró en la sinagoga y se puso a enseñar. 22 Y quedaban asombrados de su doctrina, porque les enseñaba como quien tiene autoridad, y no como los escribas.

23 Había precisamente en su sinagoga un hombre poseído por un espíritu inmundo*, que se puso a gritar: 24 «¿Qué tenemos nosotros contigo, Jesús de Nazaret? ¿Has venido a destruirnos? Sé quién eres tú: el Santo de Dios*.» 25 Jesús, entonces, le ordenó diciendo: «Cállate y sal de él.» 26 Y agitándole violentamente el espíritu inmundo, dio un fuerte grito y salió de él. 27 Todos quedaron asombrados de tal manera que se preguntaban unos a otros: «¿Qué es esto? ¡Una doctrina nueva, expuesta con autoridad! Manda hasta a los espíritus inmundos y le obedecen*.» 28 Bien pronto su fama se extendió por todas partes, en toda la región de Galilea.

Curación de la suegra de Simón.

||Mt **8** 14-15; ||Lc **4** 38-39.

29 Al salir de la sinagoga se fue con Santiago y Juan a casa de Simón y Andrés. 30 La suegra de Simón estaba en cama con fiebre; y le hablan de ella. 31 Se acercó y, tomándola de la mano, la levantó. La fiebre la dejó y ella se puso a servirles.

Numerosas curaciones.

||Mt **8** 16; ||Lc **4** 40-41.

32 Al atardecer, a la puesta del sol, le trajeron todos los enfermos y endemoniados; 33 la ciudad entera estaba agolpada a la puerta. 34 Jesús curó a muchos que se encontraban mal de diversas enfermedades y expulsó muchos demonios. Y no dejaba hablar a los demonios, pues lo conocían*.

Jesús sale ocultamente de Cafarnaún y recorre Galilea.

||Lc **4** 42-44.

35 De madrugada, cuando todavía estaba muy oscuro, se levantó, salió y fue a un lugar solitario y allí se puso a hacer oración. 36 Simón y sus compañeros fueron en su busca; 37 al encontrarlo, le dicen: «Todos te buscan.» 38 Él les dice: «Vayamos a otra parte, a los pueblos vecinos, para que también allí predique; pues para eso he salido.» 39 Y recorrió toda Galilea, predicando en sus sinagogas y expulsando los demonios.

Curación de un leproso.

||Mt **8** 2-4; ||Lc **5** 12-16.

40 Se le acerca un leproso suplicándole y, puesto de rodillas, le dice: «Si quieres, puedes limpiarme.» 41 Encolerizado, extendió su mano, lo tocó y le dijo: «Quiero; queda limpio.» 42 Y al instante, le desapareció la lepra y quedó limpio.

1 23 *Inmundo*, es decir opuesto a la pureza legal y moral que exige el servicio de Dios. Ver **3** 11.30; Mt 10 1; **12** 43; Lc **4** 33.36; etc.

1 24 Nueva comparación de Jesús con Elías, ver 1 R **17** 18. *Santo*, Lv **17+**, porque Jesús pertenece a Dios por su filiación divina y por su elección mesiánica, **1** 10-11; Lc **1** 35; Jn **6** 69; Hch **2** 27; **3** 14; **4** 27-30; Ap **3** 7.

1 27 La pregunta sobre la persona de Jesús recorre la primera parte de Mc, **1** 34; **2** 12; **3** 12; etc. La respuesta se pone en boca de Pedro en **8** 29: Jesús es el Cristo.

1 34 Mc insiste más a menudo que los otros evangelistas en el *secreto mesiánico*, ver Mt **10** 27; Jesús quiere evitar los errores sobre su misión por parte del pueblo, que esperaba un Mesías bélico y triunfador.

43 Lo despidió al instante prohibiéndole severamente: 44 «Mira, no digas nada a nadie, sino vete, muéstrate al sacerdote y haz por tu purificación la ofrenda que prescribió Moisés para que les sirva de testimonio.» 45 Pero él, así que se fue, se puso a pregonar con entusiasmo y a divulgar la noticia, de modo que ya no podía Jesús presentarse en público en ninguna ciudad, sino que se quedaba a las afueras, en lugares solitarios. Y acudían a él de todas partes.

Curación de un paralítico.

||Mt **9** 1-8; ||Lc **5** 17-26.

2 1 Entró de nuevo en Cafarnaún; al poco tiempo había corrido la voz de que estaba en casa. 2 Se agolparon tantos que ni siquiera ante la puerta había ya sitio, y él les anunciaba la palabra. 3 Y le vienen a traer a un paralítico llevado entre cuatro. 4 Al no poder presentárselo a causa de la multitud, abrieron el techo encima de donde él estaba y, a través de la abertura que hicieron, descolgaron la camilla donde yacía el paralítico. 5 Viendo Jesús la fe de ellos, dice al paralítico: «Hijo, tus pecados te son perdonados*.» 6 Estaban allí sentados algunos escribas que pensaban en sus corazones: 7 «¿Por qué éste habla así? Está blasfemando. ¿Quién puede perdonar pecados, sino Dios sólo?» 8 Pero, al instante, conociendo Jesús en su espíritu lo que ellos pensaban en su interior, les dice: «¿Por qué están pensando así en sus corazones? 9 ¿Qué es más fácil, decir al paralítico: 'Tus pecados te son perdonados', o decir: 'Levántate, toma tu camilla y anda?' 10 Pues para que sepan que el Hijo del hombre tiene en la tierra poder de perdonar pecados —dice al paralítico—: 11 'A ti te digo, levántate, toma tu camilla y vete a tu casa.'» 12 Se levantó y, al instante, tomando la camilla, salió a la vista de todos, de modo que quedaban todos asombrados y glorificaban a Dios, diciendo: «Jamás vimos cosa parecida.»

Vocación de Leví.

||Mt **9** 9; ||Lc **5** 27-28.

13 Salió de nuevo por la orilla del mar*, toda la gente acudía a él, y él les enseñaba. 14 Al pasar, vio a Leví, el de Alfeo, sentado en el despacho de impuestos, y le dice: «Sígueme.» Él se levantó y le siguió.

Comida con pecadores.

||Mt **9** 10-13; ||Lc **5** 29-32.

15 Y sucedió que estando él a la mesa en casa de Leví, muchos publicanos y pecadores estaban a la mesa con Jesús y sus discípulos, pues eran muchos los que le seguían. 16 Al ver los escribas de los fariseos que comía con los pecadores y publicanos, decían a los discípulos: «¿Qué? ¿Es que come con los publicanos y pecadores?» 17 Al oír esto Jesús, les dice: «No necesitan médico los que están fuertes, sino los que están mal; no he venido a llamar a justos, sino a pecadores.»

Discusión sobre el ayuno.

||Mt **9** 14-17; ||Lc **5** 33-39.

18 Como los discípulos de Juan y los fariseos estaban ayunando, vienen y le dicen: «¿Por qué mientras los discípulos de Juan y los discípulos de los fariseos ayunan, tus discípulos no ayunan?» 19 Jesús les dijo: «¿Pueden acaso ayunar los invitados a la boda mientras el novio está con ellos? Mientras tengan consigo al novio no pueden ayunar. 20 Días vendrán en que les será arrebatado el novio; entonces ayunarán, en aquel día. 21 Nadie cose un remiendo de paño nuevo en un vestido viejo, pues de otro modo, lo añadido tira de él, el paño nuevo del viejo, y se produce un desgarrón peor. 22 Na-

2 5 La forma pasiva: *tus pecados te son perdonados*, indica que Jesús no hace sino declarar el perdón que ya Dios ha otorgado al paralítico. Los judíos se equivocan al reprocharle que pretende igualarse con Dios. Ver Mt **9** 8; **16** 19; **18** 18; Jn **10** 31-36; **20** 23.

2 13 El *mar* designa el mar de Galilea o lago de Tiberíades.

die echa tampoco vino nuevo en vasijas viejas; de otro modo, el vino reventaría las vasijas y se echarían a perder tanto el vino como las vasijas: sino que el vino nuevo, en vasijas nuevas.»

Las espigas arrancadas en sábado.

||Mt **12** 1-8;
||Lc **6** 1-5.

[23] Y sucedió que un sábado cruzaba Jesús por los sembrados, y sus discípulos empezaron a abrir camino arrancando espigas. [24] Le decían los fariseos: «Mira, ¿por qué hacen en sábado lo que no es lícito?» [25] Él les dice: «¿Nunca han leído lo que hizo David cuando tuvo necesidad, y él y los que le acompañaban sintieron hambre, [26] cómo entró en la Casa de Dios, en tiempos del sumo sacerdote Abiatar, y comió los panes de la presencia, que sólo a los sacerdotes es lícito comer, y dio también a los que estaban con él?» [27] Y les dijo: «El sábado ha sido instituido para el hombre y no el hombre para el sábado. [28] De suerte que el Hijo del hombre también es señor del sábado*.»

Curación del hombre de la mano paralizada.

||Mt **12** 9-14;
||Lc **6** 6-11.

3 [1] Entró de nuevo en la sinagoga, y había allí un hombre que tenía la mano paralizada. [2] Estaban al acecho a ver si le curaba en sábado para poder acusarle. [3] Dice al hombre que tenía la mano seca: «Levántate ahí en medio.» [4] Y les dice: «¿Es lícito en sábado hacer el bien en vez del mal, salvar una vida en vez de destruirla?» Pero ellos callaban. [5] Entonces, mirándolos con ira, apenado por la dureza de su corazón, dice al hombre: «Extiende la mano.» Él la extendió y quedó restablecida su mano. [6] En cuanto salieron los fariseos, se confabularon con los herodianos contra él para ver cómo eliminarlo.

La muchedumbre sigue a Jesús.

||Mt **12** 15-16; ||Lc **6** 17-19.

[7] Jesús se retiró con sus discípulos hacia el mar, y le siguió una gran muchedumbre de Galilea. También de Judea, [8] de Jerusalén, de Idumea, del otro lado del Jordán, de los alrededores de Tiro y Sidón, una gran muchedumbre, al oír lo que hacía, acudió a él. [9] Entonces, a causa de la multitud, dijo a sus discípulos que le prepararan una pequeña barca, para que no le aplastaran. [10] Pues curó a muchos, de suerte que cuantos padecían dolencias se le echaban encima para tocarlo. [11] Y los espíritus inmundos, al verle, se arrojaban a sus pies y gritaban: «Tú eres el Hijo de Dios.» [12] Pero él les mandaba enérgicamente que no le descubrieran.

Institución de los Doce.

||Mt **10** 1-4; ||Lc **6** 12-16.

[13] Subió al monte y llamó a los que él quiso; y vinieron junto a él. [14] Instituyó Doce, para que estuvieran con él, y para enviarlos a predicar [15] con poder de expulsar los demonios. [16] Instituyó a los Doce y puso a Simón el nombre de Pedro; [17] a Santiago el de Zebedeo y a Juan, el hermano de Santiago, a quienes puso por nombre Boanerges, es decir, hijos del trueno; [18] a Andrés, Felipe, Bartolomé, Mateo, Tomás, Santiago el de Alfeo, Tadeo, Simón el Cananeo [19] y Judas Iscariote, el mismo que le entregó.

Sus parientes le buscan.

[20] Vuelve a casa. Se aglomera otra vez la muchedumbre de modo que no podían comer. [21] Se enteraron sus parientes y fueron a hacerse cargo de él, pues decían: «Está fuera de sí.»

Calumnias de los escribas.

||Mt **12** 24-32; ||Lc **11** 15-23; **12** 10.

[22] Los escribas que habían bajado de Jerusalén decían: «Está poseído por Beel-

2 28 Declaración que se acerca a **2** 10. Sobre el *Hijo del hombre*, véase Mt **8** 20+.

zebul» y «por el príncipe de los demonios
expulsa los demonios.» 23 Él, llamándolos
junto a sí, les decía en parábolas: «¿Cómo
puede Satanás expulsar a Satanás? 24 Si
un reino está dividido contra sí mismo,
ese reino no puede subsistir. 25 Si una
casa está dividida contra sí misma, esa
casa no podrá subsistir. 26 Y si Satanás se
ha alzado contra sí mismo y está dividido,
no puede subsistir, pues ha llegado su
fin. 27 Pero nadie puede entrar en la casa
del fuerte y saquear sus pertenencias,
si no ata primero al fuerte; entonces
podrá saquear su casa. 28 Yo les aseguro
que se perdonará todo a los hijos de los
hombres, los pecados y las blasfemias,
por muchas que éstas sean. 29 Pero el
que blasfeme contra el Espíritu Santo,
no tendrá perdón nunca, antes bien, será
reo de pecado eterno.» 30 Es que decían:
«Está poseído por un espíritu inmundo.»

El verdadero parentesco de Jesús.

||Mt **12** 46-50; ||Lc **8** 19-21.

31 Llegan su madre y sus hermanos
y, quedándose fuera, le envían a llamar.
32 Estaba mucha gente sentada a su alrededor. Le dicen: «¡Oye!, tu madre, tus
hermanos y tus hermanas están afuera y
te buscan.» 33 Él les responde: «¿Quién es
mi madre y mis hermanos?» 34 Y mirando en torno a los que estaban sentados
en corro, a su alrededor, dice: «Estos
son mi madre y mis hermanos. 35 Quien
cumpla la voluntad de Dios, ése es mi
hermano, mi hermana y mi madre.»

Parábola del sembrador.

||Mt **13** 1-9; ||Lc **8** 4-8.

4 1 Y otra vez se puso a enseñar a orillas del mar. Y se reunió tanta gente
junto a él que hubo de subir a una barca
y, ya en el mar, se sentó; toda la gente
estaba en tierra a la orilla del mar. 2 Les
enseñaba muchas cosas por medio de
parábolas. Les decía en su instrucción:
3 «Escuchen. Una vez salió un sembrador a sembrar. 4 Y sucedió que, al sembrar, una parte cayó a lo largo del camino; vinieron las aves y se la comieron.
5 Otra parte cayó en terreno pedregoso,
donde no tenía mucha tierra, y brotó en
seguida por no tener hondura de tierra;
6 pero cuando salió el sol se agostó y,
por no tener raíz, se secó. 7 Otra parte
cayó entre espinos; crecieron los espinos
y la ahogaron, y no dio fruto. 8 Otras
partes cayeron en tierra buena y, creciendo y desarrollándose, dieron fruto;
unas produjeron treinta, otras sesenta,
otras ciento.» 9 Y decía: «Quien tenga
oídos para oír, que oiga.»

Por qué habla Jesús en parábolas.

||Mt **13** 10-15; ||Lc **8** 9-10.

10 Cuando quedó a solas, los que le seguían a una con los Doce le preguntaban
sobre las parábolas. 11 Él les dijo: «A ustedes se les ha dado el misterio del Reino
de Dios, pero a los que están fuera todo
se les presenta en parábolas, 12 para que*
*por mucho que miren no vean, por
mucho que oigan no entiendan, no sea
que se conviertan y se les perdone.»*

Explicación de la parábola del sembrador.

||Mt **13** 18-23; ||Lc **8** 11-15.

13 Y les dice: «¿No entienden esta parábola? ¿Cómo, entonces, comprenderán todas las parábolas*? 14 El sembrador
siembra la palabra. 15 Los que están a
lo largo del camino donde se siembra la
palabra son aquellos que, en cuanto la
oyen, viene Satanás y se lleva la palabra
sembrada en ellos. 16 De igual modo, los
sembrados en terreno pedregoso son los
que, al oír la palabra, al punto la reciben
con alegría, 17 pero no tienen raíz en sí
mismos, sino que son inconstantes; y
en cuanto se presenta una tribulación o
persecución por causa de la palabra, su-

4 12 *para que*, esta conjunción hay que entenderla a la luz de Mt **13** 14; *para que se cumpliera la Escritura que dice...* Cita de Is **6** 9-10.

4 13 Mc volverá a insistir a menudo en la incomprensión de los discípulos, **6** 30; etc.

cumben en seguida. 18 Y otros son los sembrados entre los abrojos; son los que han oído la palabra, 19 pero las preocupaciones del mundo, la seducción de las riquezas y las demás concupiscencias les invaden y ahogan la palabra, y queda sin fruto. 20 Y los sembrados en tierra buena son aquellos que oyen la palabra, la acogen y dan fruto, unos treinta, otros sesenta, otros ciento.»

Cómo recibir y transmitir la enseñanza de Jesús.

||Lc **8** 16-18; ||Mt **5** 15; **10** 26.

21 Les decía también: «¿Acaso se trae la lámpara para ponerla debajo del celemín* o debajo del lecho? ¿No es para ponerla sobre el candelero? 22 Pues nada hay oculto si no es para que sea manifestado; nada ha sucedido en secreto, sino para que venga a ser descubierto. 23 Quien tenga oídos para oír, que oiga.»

24 Les decía también: «Atiendan a lo que escuchen. Con la medida con que midan, se les medirá y aun con creces. 25 Porque al que tiene se le dará, y al que no tiene, aun lo que tiene se le quitará.»

Parábola de la semilla que crece por sí sola*.

26 También decía: «El Reino de Dios es como un hombre que echa el grano en la tierra; 27 duerma o se levante, de noche o de día, el grano brota y crece, sin que él sepa cómo. 28 La tierra da el fruto por sí misma; primero hierba, luego espiga, después trigo abundante en la espiga. 29 Y cuando el fruto lo admite, en seguida se le mete la hoz, porque ha llegado la siega.»

Parábola del grano de mostaza.

||Mt **13** 31-32; ||Lc **13** 18-19.

30 Decía también: «¿Con qué compararemos el Reino de Dios o con qué parábola lo expondremos? 31 Es como un grano de mostaza que, cuando se siembra en la tierra, es más pequeña que cualquier semilla que se siembra en la tierra; 32 pero una vez sembrada, crece y se hace mayor que todas las hortalizas y echa ramas tan grandes que las aves del cielo anidan a su sombra.»

Conclusión de las parábolas.

||Mt **13** 34-35.

33 Y les anunciaba la palabra con muchas parábolas como éstas, según podían entenderle; 34 no les hablaba sin parábolas; pero a sus propios discípulos se lo explicaba todo en privado.

La tempestad calmada.

||Mt **8** 18.23-27;
||Lc **8** 22-25.

35 Este día, al atardecer, les dice: «Pasemos a la otra orilla.» 36 Despiden a la gente y le llevan en la barca, como estaba; e iban otras barcas con él. 37 En esto, se levantó una fuerte borrasca y las olas irrumpían en la barca, de suerte que ya se anegaba la barca. 38 Él estaba en popa, durmiendo sobre un cabezal. Le despiertan y le dicen: «Maestro, ¿no te importa que perezcamos?» 39 Él, habiéndose despertado, increpó al viento y dijo al mar: «¡Calla, enmudece!» El viento se calmó y sobrevino una gran calma. 40 Y les dijo: «¿Por qué están con tanto miedo? ¿Cómo no tienen fe?» 41 Ellos se llenaron de gran temor y se decían unos a otros: «Pues ¿quién es éste que hasta el viento y el mar le obedecen?»

El endemoniado de Gerasa.

||Mt **8** 28-34;
||Lc **8** 26-39.

5 1 Y llegaron al otro lado del mar, a la región de los gerasenos. 2 Apenas saltó de la barca, vino a su encuentro, de entre los sepulcros, un hombre con

4 21 *Celemín*, ver Mt **5** 15+.
4 26 Parábola propia de Mc. El Reino lleva dentro de sí el principio de su crecimiento hasta llegar al término previsto por Dios.

espíritu inmundo 3 que moraba en los sepulcros y a quien nadie podía ya tenerlo atado ni siquiera con cadenas, 4 pues muchas veces lo habían atado con grillos y cadenas, pero él había roto las cadenas y destrozado los grillos, y nadie podía dominarlo. 5 Y siempre, noche y día, andaba entre los sepulcros y por los montes, dando gritos e hiriéndose con piedras. 6 Al ver de lejos a Jesús, corrió y se postró ante él 7 y gritó con fuerte voz: «¿Qué tengo yo contigo, Jesús, Hijo de Dios Altísimo? Te conjuro por Dios que no me atormentes.» 8 Es que él le había dicho: «Espíritu inmundo, sal de este hombre.» 9 Y le preguntó: «¿Cuál es tu nombre?» Le contesta: «Mi nombre es Legión*, porque somos muchos.» 10 Y le suplicaba con insistencia que no los echara fuera de la región. 11 Había allí un gran rebaño de cerdos comiendo al pie del monte; 12 y le suplicaron: «Envíanos a los cerdos para que entremos en ellos.» 13 Y se lo permitió. Entonces los espíritus inmundos salieron y entraron en los cerdos, y los cerdos —unos dos mil— se arrojaron al mar de lo alto del precipicio y se fueron ahogando en el mar. 14 Los que cuidaban los cerdos huyeron y lo contaron por la ciudad y por las aldeas; y salió la gente a ver qué era lo que había ocurrido. 15 Llegan junto a Jesús y ven al endemoniado, al que había tenido la Legión, sentado, vestido y en su sano juicio, y se llenaron de temor. 16 Los que lo habían visto les contaron lo ocurrido al endemoniado y lo de los cerdos. 17 Entonces comenzaron a rogarle que se alejara de su territorio. 18 Y al subir a la barca, el que había estado endemoniado le pedía estar con él. 19 Pero no se lo concedió, sino que le dijo: «Vete a tu casa, con los tuyos, y cuéntales lo que el Señor ha hecho contigo y que ha tenido compasión de ti.» 20 Él se fue y empezó a proclamar por la Decápolis todo lo que Jesús había hecho con él, y todos quedaban maravillados.

Curación de una hemorroísa y resurrección de la hija de Jairo.

||Mt **9** 18-26; ||Lc **8** 40-56.

21 Jesús pasó de nuevo en la barca a la otra orilla y se aglomeró junto a él mucha gente; él estaba a la orilla del mar. 22 Llega uno de los jefes de la sinagoga, llamado Jairo, y al verle, cae a sus pies, 23 y le suplica con insistencia diciendo: «Mi hija está a punto de morir; ven, pon tus manos sobre ella, para que se salve y viva.» 24 Y se fue con él. Le seguía un gran gentío que le oprimía.

25 Entonces, una mujer que padecía flujo de sangre desde hacía doce años, 26 y que había sufrido mucho con muchos médicos y había gastado todos sus bienes sin provecho alguno, antes bien, había empeorado, 27 habiendo oído lo que se decía de Jesús, se acercó por detrás entre la gente y tocó su manto. 28 Pues decía: «Si logro tocar aunque sólo sea sus vestidos, me salvaré.» 29 Inmediatamente se le secó la fuente de sangre y sintió en su cuerpo que quedaba sana del mal. 30 Al instante Jesús, dándose cuenta de la fuerza que había salido de él, se volvió entre la gente y decía: «¿Quién me ha tocado los vestidos*?» 31 Sus discípulos le contestaron: «Estás viendo que la gente te oprime y preguntas: '¿Quién me ha tocado?'» 32 Pero él miraba a su alrededor para descubrir a la que lo había hecho. 33 Entonces, la mujer, viendo lo que le había sucedido, se acercó atemorizada y temblorosa*, se postró ante él y le contó toda la verdad. 34 Él le dijo: «Hija, tu fe te ha salvado; vete en paz y queda curada de tu enfermedad.»

35 Mientras estaba hablando llegan de la casa del jefe de la sinagoga unos diciendo: «Tu hija ha muerto; ¿a qué molestar ya al Maestro?» 36 Jesús, que oyó lo que habían dicho, dice al jefe de la sinagoga: «No temas; solamente ten fe.» 37 Y no permitió que nadie le acompañara, a no ser Pedro,

5 9 *Legión*, alusión a las tropas romanas, sugiere la gravedad de la posesión diabólica.
5 30 Esta *fuerza* obra curaciones, Lc **6** 19, por un contacto físico, **1** 41; **3** 10; etc.
5 33 Esta enfermedad ponía a la mujer en estado de impureza legal, Lv **15** 25.

Santiago y Juan, el hermano de Santiago.
38 Llegan a la casa del jefe de la sinagoga
y observa el alboroto, unos que lloraban y
otros que daban grandes alaridos. 39 Entra
y les dice: «¿Por qué alborotan y lloran?
La niña no ha muerto; está dormida.»
40 Y se burlaban de él. Pero él, después de
echar fuera a todos, toma consigo al padre de la niña, a la madre y a los suyos, y
entra donde estaba la niña. 41 Y tomando
la mano de la niña, le dice: «*Talitá kum**»,
que quiere decir: «Muchacha, a ti te digo,
levántate.» 42 La muchacha se levantó al
instante y se puso a andar, pues tenía
doce años. Quedaron fuera de sí, llenos
de estupor. 43 Y les insistió mucho en que
nadie lo supiera; y les dijo que le dieran a
ella de comer.

Visita a Nazaret*.

||Mt **13** 53-58; ||Lc **4** 16-30.

6 1 Salió de allí y vino a su patria, y
sus discípulos le siguen. 2 Cuando
llegó el sábado se puso a enseñar en la
sinagoga. La multitud, al oírle, quedaba
maravillada, y decía: «¿De dónde le viene
esto? y ¿qué sabiduría es esta que le ha
sido dada? ¿Y esos milagros hechos por
sus manos? 3 ¿No es éste el carpintero,
el hijo de María y hermano de Santiago,
Joset, Judas y Simón? ¿Y no están sus
hermanas aquí entre nosotros?» Y se
escandalizaban a causa de él. 4 Jesús les
dijo: «Un profeta sólo en su patria, entre
sus parientes y en su casa carece de
prestigio.» 5 Y no podía hacer allí ningún
milagro, a excepción de unos pocos enfermos a quienes curó imponiéndoles las
manos. 6 Y se maravilló de su falta de fe.

Misión de los Doce.

||Mt **10** 1.9-14; ||Lc **9** 1-6.

Y recorría los pueblos del contorno
enseñando. 7 Y llama a los Doce y comenzó a enviarlos de dos en dos, dándoles poder sobre los espíritus inmundos.
8 Les ordenó que nada tomaran para el
camino, fuera de un bastón*: ni pan, ni
alforja, ni dinero en la faja; 9 sino: «Calzados con sandalias y no vistan dos túnicas.» 10 Y les dijo: «Cuando entren en una
casa, quédense en ella hasta marchar de
allí. 11 Si algún lugar no les recibe y no les
escuchan, márchense de allí sacudiendo el
polvo de la planta de sus pies, en testimonio contra ellos.»
12 Y, yéndose de allí, predicaron que
se convirtieran; 13 expulsaban a muchos
demonios, y ungían con aceite a muchos
enfermos y los curaban.

Herodes y Jesús.

||Mt **14** 1-2;
||Lc **9** 7-9.

14 Se enteró el rey Herodes, pues su
nombre se había hecho célebre. Algunos
decían: «Juan el Bautista ha resucitado
de entre los muertos y por eso actúan en
él fuerzas milagrosas.» 15 Otros decían:
«Es Elías»; otros: «Es un profeta como los
demás profetas.» 16 Al enterarse Herodes,
dijo: «Aquel Juan, a quien yo decapité,
ése ha resucitado.»

Muerte del Bautista.

||Mt **14** 3-12;
Ver Lc **3** 19-20.

17 Es que Herodes era el que había enviado a prender a Juan y le había encadenado en la cárcel por causa de Herodías,
la mujer de su hermano Filipo, con quien
Herodes se había casado. 18 Porque Juan
decía a Herodes: «No te está permitido tener la mujer de tu hermano.» 19 Herodías
le aborrecía y quería matarle, pero no
podía, 20 pues Herodes temía a Juan, sabiendo que era hombre justo y santo, y le
protegía; y al oírle, quedaba muy perplejo, pero le escuchaba con gusto.

5 41 *Talitá kum,* palabras arameas traducidas inmediatamente (lit.: *¡Hijita, de pie!*)
6 Como en Lc **4** 16-30+, los oyentes, en un primer momento favorables a Jesús, se vuelven hostiles.
6 8 El *bastón* y las *sandalias* evocan la disposición de marcha, ver Ex **12** 11.

21 Y llegó el día oportuno, cuando
Herodes, en su cumpleaños, dio un banquete a sus magnates, a los oficiales y a
los principales de Galilea. 22 Entró la hija
de la misma Herodías, danzó, y gustó
mucho a Herodes y a los comensales. El
rey, entonces, dijo a la muchacha: «Pídeme lo que quieras y te lo daré.» 23 Y le
juró: «Te daré lo que me pidas, hasta la
mitad de mi reino.» 24 Salió la muchacha
y preguntó a su madre: «¿Qué voy a pedir?» Y ella le dijo: «La cabeza de Juan el
Bautista.» 25 Entrando al punto apresuradamente adonde estaba el rey, le pidió:
«Quiero que ahora mismo me des, en
una bandeja, la cabeza de Juan el Bautista.» 26 El rey se llenó de tristeza, pero no
quiso desairarla a causa del juramento y
de los comensales. 27 Y al instante mandó el rey a uno de su guardia, con orden
de traerle la cabeza de Juan. Se fue y le
decapitó en la cárcel 28 y trajo su cabeza
en una bandeja, y se la dio a la muchacha, y la muchacha se la dio a su madre.
29 Al enterarse sus discípulos, vinieron a
recoger el cadáver y le dieron sepultura.

Primera multiplicación de los panes.

||Mt **14** 13-21; ||Lc **9** 10-27; ||Jn **6** 1-13.

30 Los apóstoles se reunieron con
Jesús y le contaron todo lo que habían
hecho y lo que habían enseñado*. 31 Él,
entonces, les dice: «Vengan también
ustedes aparte, a un lugar solitario, para
descansar un poco.» Pues los que iban y
venían eran muchos, y no les quedaba
tiempo ni para comer. 32 Y se fueron
en la barca, aparte, a un lugar solitario.
33 Pero les vieron marcharse y muchos
cayeron en cuenta; y fueron allá corriendo, a pie, de todas las ciudades y llegaron
antes que ellos. 34 Y al desembarcar, vio
mucha gente, sintió compasión de ellos,
pues estaban como ovejas que no tienen
pastor, y se puso a enseñarles muchas
cosas. 35 Era ya una hora muy avanzada
cuando se le acercaron sus discípulos y
le dijeron: «El lugar está deshabitado y ya
es hora avanzada. 36 Despídelos para que
vayan a las aldeas y pueblos del contorno
a comprarse de comer.» 37 Él les contestó: «Denles ustedes de comer.» Ellos
le dicen: «¿Vamos nosotros a comprar
doscientos denarios de pan para darles
de comer?» 38 Él les dice: «¿Cuántos
panes tienen? Vayan a ver.» Después de
haberse cerciorado, le dicen: «Cinco, y
dos peces.» 39 Entonces les mandó que
se acomodaran todos por grupos sobre
la verde hierba. 40 Y se acomodaron por
grupos de cien y de cincuenta. 41 Y tomando los cinco panes y los dos peces,
y levantando los ojos al cielo, pronunció
la bendición, partió los panes y los iba
dando a los discípulos para que se los
fueran sirviendo. También repartió entre
todos los dos peces. 42 Comieron todos
y se saciaron. 43 Y recogieron las sobras,
doce canastos llenos y también lo de los
peces. 44 Los que comieron los panes fueron cinco mil hombres.

Jesús camina sobre las aguas.

||Mt **14** 22-31; ||Jn **6** 16-21.

45 Inmediatamente obligó a sus discípulos a subir a la barca y a ir por delante
hacia Betsaida, mientras él despedía a la
gente. 46 Después de despedirse de ellos,
se fue al monte a orar.
47 Al atardecer, estaba la barca en medio del mar y él, solo, en tierra. 48 Viendo
que ellos se fatigaban remando, pues el
viento les era contrario, hacia la madrugada viene hacia ellos caminando sobre
el mar y quería pasarles de largo. 49 Pero
ellos, viéndole caminar sobre el mar, creyeron que era un fantasma y se pusieron
a gritar, 50 pues todos le habían visto y
estaban turbados. Pero él, al instante, les
habló, diciéndoles: «¡Ánimo!, que soy yo,

6 30 Al regreso de su misión, vv. 7-13, los apóstoles cuentan sus impresiones a Jesús. Varios episodios subrayarán que ellos comprenden mal las palabras del Maestro, ver **4** 13; **6** 52; **8** 27.

no teman.» 51 Subió entonces junto a
ellos a la barca, y se calmó el viento, y
quedaron en su interior completamente
estupefactos, 52 pues no habían entendido lo de los panes, sino que su mente
estaba embotada.

Curaciones en el país de Genesaret.

||Mt **14** 34-36.

53 Terminada la travesía, llegaron a tierra en Genesaret y atracaron. 54 Apenas
desembarcaron, le reconocieron en seguida, 55 recorrieron toda aquella región
y comenzaron a traer a los enfermos en
camillas adonde oían que él estaba. 56 Y
dondequiera que entraba, en pueblos,
ciudades o aldeas, colocaban a los enfermos en las plazas y le pedían que
tocaran siquiera la orla de su manto; y
cuantos la tocaron quedaban salvados.

Discusión sobre las tradiciones farisaicas*.

||Mt **15** 1-9.

7 1 Se reúnen junto a él los fariseos,
así como algunos escribas venidos
de Jerusalén. 2 Y al ver que algunos de
sus discípulos comían con manos impuras, es decir no lavadas, 3 —es que los
fariseos y todos los judíos no comen sin
haberse lavado las manos hasta el codo,
aferrados a la tradición de los antiguos,
4 y al volver de la plaza, si no se bañan,
no comen; y hay otras muchas cosas
que observan por tradición, como la purificación de copas, jarros y bandejas—.
5 Por ello, los fariseos y los escribas le
preguntan: «¿Por qué tus discípulos no
viven conforme a la tradición de los antepasados, sino que comen con manos
impuras?» 6 Él les dijo: «Bien profetizó
Isaías de ustedes, hipócritas, según está
escrito:

Este pueblo me honra con los labios,
pero su corazón está lejos de mí.
7 *En vano me rinden culto,*
ya que enseñan doctrinas que son
preceptos humanos.*

8 «Dejando el precepto de Dios, se
aferran a la tradición de los hombres.»
9 Les decía también: «¡Qué bien violan el
mandamiento de Dios, para conservar su
tradición! 10 Porque Moisés dijo: *Honra a*
tu padre y a tu madre y: *el que maldiga*
a su padre o a su madre, sea castigado
*con la muerte**. 11 Pero ustedes dicen:
Si uno dice a su padre o a su madre: 'Lo
que de mí podrías recibir como ayuda lo
declaro Korbán* —es decir: ofrenda—',
12 ya no le dejan hacer nada por su padre y por su madre, 13 anulando así la
palabra de Dios por su tradición que se
han transmitido; y hacen muchas cosas
semejantes a éstas.»

Doctrina sobre lo puro y lo impuro.

||Mt **15** 10-20.

14 Llamó otra vez a la gente y les dijo:
«Escúchenme todos y entiendan. 15 Nada hay fuera del hombre que, entrando
en él, pueda contaminarlo; sino lo que
sale del hombre, eso es lo que contamina
al hombre. 16 Quien tenga oídos para oír,
que oiga.»
17 Y cuando, apartándose de la gente,
entró en casa, sus discípulos le preguntaban sobre la parábola. 18 Él les dijo:
«¿Conque también ustedes están confundidos? ¿No comprenden que todo lo que
de fuera entra en el hombre no puede
contaminarlo, 19 pues no entra en su corazón, sino en el vientre y va a parar al
excusado?» —así declaraba puros todos
los alimentos—. 20 Y decía: «Lo que sale
del hombre, eso es lo que contamina al
hombre. 21 Porque de dentro, del corazón de los hombres, salen las intenciones

7 La sección **7** 1 - **8** 10 contempla el ingreso de los no judíos en el Reino de Dios.
7 7 Cita de Is **29** 13.
7 10 Citas de Ex **20** 12; **21** 17; Dt **5** 16; Lv **20** 9.
7 11 *Korbán,* palabra aramea que significa ofrenda, en especial ofrenda sagrada, ver Mt **15** 5-6.

malas: fornicaciones, robos, asesinatos,
[22] adulterios, avaricias, maldades, fraude,
libertinaje, envidia, injuria, insolencia, insensatez. [23] Todas estas perversidades
salen de dentro y contaminan al hombre.»

III. Viajes de Jesús fuera de Galilea

Curación de la hija de una sirofenicia*.

||Mt **15** 21-28.

[24] Y partiendo de allí, se fue a la región
de Tiro, y entrando en una casa quería
que nadie lo supiera, pero no logró pasar inadvertido, [25] sino que, en seguida,
habiendo oído hablar de él una mujer,
cuya hija estaba poseída de un espíritu
inmundo, vino y se postró a sus pies.
[26] Esta mujer era griega, sirofenicia de
nacimiento, y le rogaba que expulsara de
su hija al demonio. [27] Él le decía: «Espera
que primero se sacien los hijos, pues
no está bien tomar el pan de los hijos y
echárselo a los perritos.» [28] Mas ella le
respondió: «Sí, Señor; pero también los
perritos comen bajo la mesa migajas de
los niños.» [29] Él, entonces, le dijo: «Por lo
que has dicho, vete; el demonio ha salido
de tu hija.» [30] Volvió a su casa y encontró
que la niña estaba echada en la cama y
que el demonio se había ido.

Curación de un tartamudo sordo.

[31] Se marchó de la región de Tiro y
vino de nuevo, por Sidón, al mar de
Galilea, atravesando la Decápolis. [32] Le
presentan un sordo que, además, hablaba con dificultad, y le ruegan imponga la
mano sobre él. [33] Él, apartándolo de la
gente, a solas, le metió sus dedos en los
oídos y con su saliva le tocó la lengua.
[34] Y, levantando los ojos al cielo, dio un
gemido, y le dijo: «*Effatá**», que quiere
decir: «¡Ábrete!» [35] Se abrieron sus oídos
y, al instante, se soltó la atadura de su
lengua y hablaba correctamente. [36] Jesús
les mandó que a nadie se lo contaran.
Pero cuanto más se lo prohibía, tanto
más ellos lo publicaban. [37] Y se maravillaban sobremanera y decían: «Todo lo
ha hecho bien; hace oír a los sordos y
hablar a los mudos.»

Segunda multiplicación de los panes*.

||Mt **15** 32-39.

8 [1] Por aquellos días, habiendo de nuevo mucha gente y no teniendo qué
comer, llama Jesús a sus discípulos y les
dice: [2] «Siento compasión de esta gente,
porque hace ya tres días que permanecen conmigo y no tienen qué comer. [3] Si
los despido en ayunas a sus casas, desfallecerán en el camino, y algunos de ellos
han venido de lejos.» [4] Sus discípulos le
respondieron: «¿Cómo podrá alguien saciar de pan a éstos aquí en el desierto?»
[5] Él les preguntaba: «¿Cuántos panes tienen?» Ellos le respondieron: «Siete.» [6] Entonces él mandó a la gente acomodarse
sobre la tierra y, tomando los siete panes
y dando gracias, los partió e iba dándolos
a sus discípulos para que los sirvieran,
y ellos los sirvieron a la gente. [7] Tenían
también unos pocos pececillos. Y, pronunciando la bendición sobre ellos, mandó que también los sirvieran. [8] Comieron

7 24 Episodio paralelo al de la curación del hijo del centurión, Mt **8** 5ss y Lc **7** 1ss: Jesús cura a una persona no judía mediante su palabra y sin contacto físico. La Ley no permitía a un judío entrar en casa de un gentil.

7 34 *Effatá* es una palabra que ha pasado a la liturgia del Bautismo.

8 Esta segunda multiplicación de los panes se realiza a favor de los no judíos, en la Decápolis, fuera de Palestina, **7** 31: «han venido de lejos», ver Hch **2** 39; **22** 21; Ef **2** 13.17; ya no comerán las migajas, **7** 27-28, sino que se sentarán a la mesa de los hijos del Reino.

y se saciaron, y recogieron de los trozos
sobrantes siete canastas. 9 Fueron unos
cuatro mil; y Jesús los despidió. 10 Subió a
continuación a la barca con sus discípulos
y se fue a la región de Dalmanutá.

Los fariseos piden un signo del cielo.
||Mt **16** 1-4.

11 Y salieron los fariseos y comenzaron
a discutir con él, pidiéndole un signo del
cielo, con el fin de ponerlo a prueba.
12 Dando un profundo gemido desde lo
íntimo de su ser, dice: «¿Por qué esta
generación pide un signo? Yo les aseguro: no se dará a esta generación ningún
signo.» 13 Y, dejándolos, se embarcó de
nuevo, y se fue a la orilla opuesta.

La levadura de los fariseos y de Herodes.
||Mt **16** 5-12.

14 Se habían olvidado de tomar panes,
y no llevaban consigo en la barca más
que un pan. 15 Él les hacía esta advertencia: «Abran los ojos y guárdense de la levadura de los fariseos y de la levadura de
Herodes.» 16 Ellos hablaban entre sí que
no tenían panes. 17 Dándose cuenta, les
dice: «¿Por qué están hablando de que
no tienen panes? ¿Aún no comprenden
ni entienden? ¿Es que tienen la mente
embotada? 18 *¿Teniendo ojos no ven y
teniendo oídos no oyen?* ¿No se acuerdan de 19 cuando partí los cinco panes
para los cinco mil? ¿Cuántos canastos
llenos de trozos recogieron?» «Doce», le
dicen. 20 «Y cuando partí los siete entre
los cuatro mil, ¿cuántas canastas llenas
de trozos recogieron?» Le dicen: «Siete.»
21 Y continuó: «¿Aún no entienden*?»

Curación del ciego de Betsaida*.

22 Llegan a Betsaida. Le presentan un
ciego y le suplican que le toque. 23 Tomando al ciego de la mano, le sacó fuera
del pueblo, y habiéndole puesto saliva
en los ojos, le impuso las manos y le
preguntaba: «¿Ves algo?» 24 Él, alzando
la vista, dijo: «Veo a los hombres, pues
los veo como árboles, pero que andan.»
25 Después, le volvió a poner las manos
en los ojos y comenzó a ver perfectamente y quedó curado, de suerte que
veía de lejos claramente todas las cosas.
26 Y le envió a su casa, diciéndole: «Ni siquiera entres en el pueblo.»

Profesión de fe de Pedro*.
||Mt **16** 13-20; ||Lc **9** 18-21.

27 Salió Jesús con sus discípulos hacia los pueblos de Cesarea de Filipo, y
por el camino hizo esta pregunta a sus
discípulos: «¿Quién dicen los hombres
que soy yo?» 28 Ellos le dijeron: «Unos,
que Juan el Bautista; otros, que Elías;
otros, que uno de los profetas.» 29 Y él
les preguntaba: «Y ustedes, ¿quién dicen
que soy yo?» Pedro le contesta: «Tú eres
el Cristo.» 30 Y les mandó enérgicamente
que a nadie hablaran acerca de él.

Primer anuncio de la Pasión*.
||Mt **16** 21-23; ||Lc **9** 22.

31 Y comenzó a enseñarles que el Hijo
del hombre debía sufrir mucho y ser
reprobado por los ancianos, los sumos
sacerdotes y los escribas, ser matado y
resucitar a los tres días. 32 Hablaba de
esto abiertamente. Tomándole aparte,
Pedro se puso a reprenderle. 33 Pero él,
volviéndose y mirando a sus discípulos,
reprendió a Pedro, diciéndole: «¡Quítate
de mi vista, Satanás! porque tus pensa-

8 21 Ver **4** 13. Los milagros invitan a reflexionar sobre la misión de Jesús, Mt **8**+.

8 22 La curación lenta y progresiva muestra la dificultad que tiene la gente para «ver» quién es Jesús de Nazaret. Así prepara el episodio siguiente.

8 27 La primera parte de este evangelio ha venido planteando el tema de la persona de Jesús de Nazaret, **1** 27+. Pedro da aquí la verdadera respuesta, v. 29: «Tú eres el Cristo», el Rey mesiánico.

8 31 Aquí comienza —para terminar en **10** 45— una serie de relatos en los que Jesús se dirige a sus discípulos para introducirlos más profundamente en su misterio.

mientos no son los de Dios, sino los de
los hombres*.»

Condiciones para seguir a Jesús.

||Mt **16** 24-28; ||Lc **9** 23-27.

34 Llamando a la gente a la vez que a
sus discípulos, les dijo: «Si alguno quiere
venir detrás de mí, niéguese a sí mismo,
tome su cruz y sígame. 35 Porque quien
quiera salvar su vida, la perderá; pero
quien pierda su vida por mí y por el Evangelio, la salvará. 36 Pues ¿de qué le sirve al
hombre ganar el mundo entero si arruina
su vida? 37 Pues ¿qué puede dar el hombre a cambio de su vida? 38 Porque quien
se avergüence de mí y de mis palabras
en esta generación adúltera y pecadora,
también el Hijo del hombre se avergonzará de él cuando venga en la gloria de su
Padre con los santos ángeles.»

9 1 Les decía también: «Yo les asegu ro
que entre los aquí presentes hay algunos que no gustarán la muerte hasta
que vean venir con poder el Reino de
Dios.»

La Transfiguración*.

||Mt **17** 1-8; ||Lc **9** 28-36.

2 Seis días después, toma Jesús consigo a Pedro, Santiago y Juan, y los lleva,
a ellos solos, aparte, a un monte alto.
Y se transfiguró delante de ellos, 3 y sus
vestidos se volvieron resplandecientes,
muy blancos, tanto que ningún batanero
en la tierra sería capaz de blanquearlos
de ese modo. 4 Se les aparecieron Elías
y Moisés, y conversaban con Jesús.
5 Toma la palabra Pedro y dice a Jesús:
«Rabbí, bueno es estarnos aquí. Vamos a
hacer tres tiendas, una para ti, otra para
Moisés y otra para Elías»; 6 —pues no
sabía qué responder ya que estaban atemorizados—. 7 Entonces se formó una
nube que los cubrió con su sombra, y
vino una voz desde la nube: «Este es mi
Hijo amado, escúchenlo.» 8 Y de pronto,
mirando en derredor, ya no vieron a nadie más que a Jesús solo con ellos.

La venida de Elías.

||Mt **17** 9-13.

9 Y cuando bajaban del monte les ordenó que a nadie contaran lo que habían
visto hasta que el Hijo del hombre resuci-
tara de entre los muertos. 10 Ellos obser-
varon esta recomendación, discutiendo
entre sí qué era eso de «resucitar de entre
los muertos.» 11 Y le preguntaban: «¿Por
qué dicen los escribas que Elías debe
venir primero?» 12 Él les contestó: «Elías
vendrá primero y restablecerá todo; mas,
¿cómo está escrito del Hijo del hombre
que sufrirá mucho y que será despreciado? 13 Pues bien, yo les digo: Elías ha
venido ya y han hecho con él cuanto han
querido, según estaba escrito de él.»

El endemoniado epiléptico.

||Mt **17** 14-21; ||Lc **9** 37-42.

14 Al llegar junto a los discípulos, vio a
mucha gente que los rodeaba y a unos
escribas que discutían con ellos. 15 Toda
la gente, al verle, quedó sorprendida y
corrieron a saludarle. 16 Él les preguntó:
«¿De qué discutís con ellos?» 17 Uno de
entre la gente le respondió: «Maestro, te
he traído a mi hijo que tiene un espíritu
mudo 18 y, dondequiera que se apodera
de él, le derriba, le hace echar espumarajos, rechinar de dientes y le deja rígido.
He dicho a tus discípulos que lo expulsaran, pero no han podido.» 19 Él les res-

8 33 Los discípulos no comprenden el misterio de la muerte de Jesús. Les escandaliza la idea de que un Cristo-Rey mesiánico tenga que morir; ignoran lo que es la resurrección, **9** 10.32.

9 2 Este episodio cierra la primera parte del evangelio que se inició con el relato del bautismo de Jesús, **1** 9+. En los dos relatos Jesús es presentado como nuevo Moisés. En éste se evocan algunos rasgos de la teofanía del Sinaí, ver Ex **34** 29-30; **40** 38. En adelante Jesús se dedica más a la formación de sus discípulos, **9** 30-31; **9** 35-**10** 45.

ponde: «¡Oh generación incrédula! ¿Hasta cuándo estaré con ustedes? ¿Hasta cuándo tendré que soportarlos? ¡Tráiganmelo!» 20 Y se lo trajeron. Apenas el espíritu vio a Jesús, agitó violentamente al muchacho y, cayendo en tierra, se revolcaba echando espumarajos. 21 Entonces él preguntó a su padre: «¿Cuánto tiempo hace que le viene sucediendo esto?» Le dijo: «Desde niño. 22 Y muchas veces le ha arrojado al fuego y al agua para acabar con él; pero, si algo puedes, ayúdanos, compadécete de nosotros.» 23 Jesús le dijo: «¡Qué es eso de si puedes! ¡Todo es posible para quien cree!» 24 Al instante gritó el padre del muchacho: «¡Creo, ayuda a mi poca fe!» 25 Viendo Jesús que se agolpaba la gente, increpó al espíritu inmundo, diciéndole: «Espíritu sordo y mudo, yo te lo mando: sal de él y no entres más en él.» 26 Y el espíritu salió dando gritos y agitándolo con violencia. El muchacho quedó como muerto, hasta el punto de que muchos decían que había muerto. 27 Pero Jesús, tomándolo de la mano, lo levantó y él se puso en pie. 28 Cuando Jesús entró en casa, le preguntaban en privado sus discípulos: «¿Por qué nosotros no pudimos expulsarlo?» 29 Les dijo: «Esta clase con nada puede ser arrojada sino con la oración.»

Segundo anuncio de la Pasión.

||Mt **17** 22-23; ||Lc **9** 43-45.

30 Y saliendo de allí, iban caminando por Galilea; él no quería que se supiera, 31 porque iba enseñando a sus discípulos. Les decía: «El Hijo del hombre será entregado en manos de los hombres; le matarán y a los tres días de haber muerto resucitará.» 32 Pero ellos no entendían lo que les decía y temían preguntarle.

¿Quién es el mayor?

||Mt **18** 1-5; ||Lc **9** 46-48.

33 Llegaron a Cafarnaún y, una vez en casa, les preguntaba: «¿De qué discutían por el camino?» 34 Ellos callaron, pues por el camino habían discutido entre sí quién era el mayor. 35 Entonces se sentó, llamó a los Doce, y les dijo: «Si uno quiere ser el primero, sea el último de todos y el servidor de todos.» 36 Y tomando un niño, le puso en medio de ellos, le estrechó entre sus brazos y les dijo: 37 «El que reciba a un niño como éste en mi nombre, a mí me recibe; y el que me reciba a mí, no me recibe a mí sino a Aquel que me ha enviado.»

Empleo del nombre de Jesús.

||Lc **9** 49-50.

38 Juan le dijo: «Maestro, hemos visto a uno que expulsaba demonios en tu nombre y no viene con nosotros y tratamos de impedírselo porque no venía con nosotros.» 39 Pero Jesús dijo: «No se lo impidan, pues no hay nadie que obre un milagro invocando mi nombre y que luego sea capaz de hablar mal de mí. 40 Pues el que no está contra nosotros, está por nosotros.

Caridad con los discípulos.

||Mt **10** 42.

41 «Todo aquel que les dé de beber un vaso de agua por el hecho de que son de Cristo, les aseguro que no perderá su recompensa.

El escándalo.

||Mt **18** 6-9; ||Lc **17** 1-2.

42 «Y al que escandalice a uno de estos pequeños que creen, mejor le es que le pongan al cuello una de esas piedras de molino que mueven los asnos y que le echen al mar. 43 Y si tu mano te es ocasión de pecado, córtatela. Más vale que entres manco en la Vida que, con las dos manos, ir a la gehenna, al fuego que no se apaga*[44]. 45 Y si tu pie te es ocasión de pecado, córtatelo. Más vale que entres cojo en la Vida que, con los dos pies, ser arrojado a la gehenna[46]. 47 Y si tu ojo te es ocasión de pecado, sácatelo. Más vale

9 43 Los vv. 44 y 46 de la Vulgata, omitidos por varios manuscritos, son repeticiones del v. 48.

que entres con un solo ojo en el Reino de Dios que, con los dos ojos, ser arrojado a la gehenna, [48] donde *su gusano no muere y el fuego no se apaga**; [49] pues todos han de ser salados con fuego*.

||Mt **5** 13; ||Lc **14** 34.

[50] «Buena es la sal; mas si la sal se vuelve insípida, ¿con qué la sazonarán? Tengan sal en ustedes y tengan paz unos con otros.»

Pregunta sobre el divorcio.

||Mt **19** 1-9.

10 [1] Y levantándose de allí va a la región de Judea, y al otro lado del Jordán, y de nuevo vino la gente hacia él y, como acostumbraba, les enseñaba. [2] Se acercaron unos fariseos que, para ponerle a prueba, preguntaban: «¿Puede el marido repudiar a la mujer?» [3] Él les respondió: «¿Qué les prescribió Moisés?» [4] Ellos le dijeron: «Moisés permitió escribir el acta de divorcio y repudiarla.» [5] Jesús les dijo: «Teniendo en cuenta la dureza de su corazón escribió para ustedes este precepto. [6] Pero desde el comienzo de la creación, *Él los hizo varón y hembra.* [7] *Por eso dejará el hombre a su padre y a su madre,* [8] *y los dos se harán una sola carne**. De manera que ya no son dos, sino una sola carne. [9] Pues bien, lo que Dios unió, no lo separe el hombre.» [10] Y ya en casa, los discípulos le volvían a preguntar sobre esto. [11] Él les dijo: «Quien repudie a su mujer y se case con otra, comete adulterio contra aquélla; [12] y si ella repudia a su marido y se casa con otro, comete adulterio.»

Jesús y los niños.

||Mt **19** 13-15; ||Lc **18** 15-17.

[13] Le presentaban unos niños para que los tocara; pero los discípulos les reprendían. [14] Mas Jesús, al ver esto, se enfadó y les dijo: «Dejen que los niños vengan a mí, no se lo impidan, porque de los que son como éstos es el Reino de Dios. [15] Yo les aseguro: el que no reciba el Reino de Dios como niño, no entrará en él.» [16] Y abrazaba a los niños, y los bendecía poniendo las manos sobre ellos.

El hombre rico.

||Mt **19** 16-22; ||Lc **18** 18-23.

[17] Se ponía ya en camino cuando uno corrió a su encuentro y, arrodillándose ante él, le preguntó: «Maestro bueno, ¿qué he de hacer para tener en herencia vida eterna?» [18] Jesús le dijo: «¿Por qué me llamas bueno? Nadie es bueno sino sólo Dios. [19] Ya sabes los mandamientos: *No mates, no cometas adulterio, no robes, no levantes falso testimonio,* no seas injusto, *honra a tu padre y a tu madre*.*» [20] Él, entonces, le dijo: «Maestro, todo eso lo he guardado desde mi juventud.» [21] Jesús, fijando en él su mirada, le amó y le dijo: «Una cosa te falta: anda, cuanto tienes véndelo y dáselo a los pobres y tendrás un tesoro en el cielo; luego, ven y sígueme.» [22] Pero él, abatido por estas palabras, se marchó entristecido, porque tenía muchos bienes.

Peligro de las riquezas.

||Mt **19** 23-26; ||Lc **18** 24-27.

[23] Jesús, mirando a su alrededor, dice a sus discípulos: «¡Qué difícil es que los que tienen riquezas entren en el Reino de Dios!» [24] Los discípulos quedaron sorprendidos al oírle estas palabras. Mas Jesús, tomando de nuevo la palabra, les dijo: «¡Hijos, qué difícil es entrar en el Reino de Dios! [25] Es más fácil que un camello pase por el ojo de la aguja, que el que un rico entre en el Reino de Dios.»

9 48 Ver Is **66** 24.
9 49 El *fuego que sala* hay que interpretarlo probablemente de una purificación enérgica (prueba, juicio) que hace de los discípulos víctimas agradables a Dios; ver Lv **2** 13.

10 8 Citas de Gn **1** 27; **2** 24. El divorcio permitido por Moisés, v. 4; ver Dt **24** 1, no suprime la regla del vínculo indisoluble, ver Mt **19** 9+.
10 19 Ver Ex **20** 12-16; Dt **5** 16-20; **24** 14.

26 Pero ellos se asombraban aún más y se
decían unos a otros: «Y ¿quién se podrá
salvar?» 27 Jesús, mirándolos fijamente,
dice: «Para los hombres, imposible; pero
no para Dios, porque todo es posible
para Dios.»

Recompensa prometida al desprendimiento.
||Mt **19** 27-30; ||Lc **18** 28-30.

28 Pedro se puso a decirle: «Ya lo
ves, nosotros lo hemos dejado todo y
te hemos seguido.» 29 Jesús dijo: «Yo les
aseguro: nadie que haya dejado casa,
hermanos, hermanas, madre, padre, hijos o hacienda por mí y por el Evangelio,
30 quedará sin recibir el ciento por uno:
ahora, al presente, casas, hermanos,
hermanas, madres, hijos y hacienda, con
persecuciones; y en el mundo venidero,
vida eterna. 31 Pero muchos primeros
serán últimos y los últimos, primeros.»

Tercer anuncio de la Pasión.
||Mt **20** 17-19; ||Lc **18** 31-33.

32 Iban de camino subiendo a Jerusalén, y Jesús marchaba delante de ellos;
ellos estaban sorprendidos y los que le
seguían tenían miedo. Tomó otra vez
a los Doce y comenzó a decirles lo que
le iba a suceder: 33 «Miren que subimos
a Jerusalén, y el Hijo del hombre será
entregado a los sumos sacerdotes y a los
escribas; le condenarán a muerte y le entregarán a los gentiles, 34 y se burlarán de
él, le escupirán, le azotarán y le matarán,
y a los tres días resucitará.»

La petición de los hijos de Zebedeo.
||Mt **20** 20-23.

35 Se acercan a él Santiago y Juan, los
hijos de Zebedeo, y le dicen: «Maestro,
queremos nos concedas lo que te pidamos.» 36 Él les dijo: «¿Qué quieren que les
conceda?» 37 Ellos le respondieron: «Con-
cédenos que nos sentemos en tu gloria,
uno a tu derecha y otro a tu izquierda.»
38 Jesús les dijo: «No saben lo que piden.
¿Pueden beber la copa que yo voy a
beber, o ser bautizados con el bautismo
con que yo voy a ser bautizado*?» 39 Ellos
le dijeron: «Sí, podemos.» Jesús les dijo:
«La copa que yo voy a beber, sí la beberán y también serán bautizados con el
bautismo con que yo voy a ser bautizado;
40 pero, sentarse a mi derecha o a mi izquierda no es cosa mía el concederlo, sino que es para quienes está preparado.»

Los jefes deben servir.
||Mt **20** 24-28; ||Lc **22** 24-27.

41 Al oír esto los otros diez, empezaron
a indignarse contra Santiago y Juan.
42 Jesús, llamándoles, les dice: «Saben
que los que son tenidos como jefes de
las naciones, las dominan como señores
absolutos y sus grandes las oprimen con
su poder. 43 Pero no ha de ser así entre
ustedes, sino que el que quiera llegar a
ser grande entre ustedes, será su servidor, 44 y el que quiera ser el primero entre ustedes, será esclavo de todos, 45 que
tampoco el Hijo del hombre ha venido a
ser servido, sino a servir y a dar su vida
como rescate por muchos.»

El ciego de Jericó.
||Mt **20** 29-34; ||Lc **18** 35-43.

46 Llegan a Jericó. Y cuando salía de
Jericó, acompañado de sus discípulos y
de una gran muchedumbre, el hijo de
Timeo (Bartimeo), un mendigo ciego,
estaba sentado junto al camino. 47 Al enterarse de que era Jesús de Nazaret, se
puso a gritar: «¡Hijo de David, Jesús, ten
compasión de mí!» 48 Muchos le increpaban para que se callara. Pero él gritaba
mucho más: «¡Hijo de David, ten compasión de mí!» 49 Jesús se detuvo y dijo:
«Llámenlo.» Llaman al ciego, diciéndole:
«¡Ánimo, levántate! Te llama.» 50 Y él,
arrojando su manto, dio un brinco y vino

10 38 Como la copa para beber, **14** 36; Mt **20** 22-23; ver Sal **11** 6+, este *bautismo* evoca la próxima Pasión en la que Jesús será *sumergido* en el sufrimiento.

ante Jesús. 51 Jesús, dirigiéndose a él, le dijo: «¿Qué quieres que te haga?» El ciego le dijo: «Rabbuní, ¡que vea!» 52 Jesús le dijo: «Vete, tu fe te ha salvado.» Y al instante recobró la vista y le seguía por el camino.

IV. Ministerio de Jesús en Jerusalén

Entrada mesiánica en Jerusalén.

||Mt **21** 1-11; ||Lc **19** 28-38; ||Jn **12** 12-16.

11 1 Cuando se aproximaban a Jerusalén, cerca ya de Betfagé y Betania, al pie del monte de los Olivos, envía a dos de sus discípulos, 2 diciéndoles: «Vayan al pueblo que está enfrente de ustedes, y no bien entren en él, encontrarán un burrito atado, sobre el que no ha montado todavía ningún hombre. Desátenlo y tráiganlo. 3 Y si alguien les dice: '¿Por qué hacen eso?', digan: 'El Señor lo necesita, y que lo devolverá en seguida'.» 4 Fueron y encontraron el burrito atado junto a una puerta, afuera, en la calle, y lo desataron. 5 de los que estaban allí les dijeron: «¿Qué hacen desatando el burrito?» 6 Ellos les contestaron según les había dicho Jesús, y les dejaron. 7 Traen el burrito ante Jesús, echaron encima sus mantos y se sentó sobre él. 8 Muchos extendieron sus mantos por el camino; otros, follaje cortado de los campos. 9 Los que iban delante y los que le seguían, gritaban: «*¡Hosanna! ¡Bendito el que viene en nombre del Señor**! 10 ¡Bendito el reino que viene, de nuestro padre David! *¡Hosanna* en las alturas!» 11 Y entró en Jerusalén, en el Templo, y después de observar todo a su alrededor, siendo ya tarde, salió con los Doce para Betania.

La higuera estéril.

||Mt **21** 18-19.

12 Al día siguiente, saliendo ellos de Betania, sintió hambre. 13 Y viendo de lejos una higuera con hojas, fue a ver si encontraba algo en ella; acercándose a ella, no encontró más que hojas; es que no era tiempo de higos. 14 Entonces le dijo: «¡Que nunca jamás coma nadie fruto de ti!» Y sus discípulos oían esto.

Expulsión de los vendedores del Templo.

||Mt **21** 12-13.17; ||Lc **19** 45-48; ||Jn **2** 14-16.

15 Llegan a Jerusalén; y entrando en el Templo, comenzó a echar fuera a los que vendían y a los que compraban en el Templo; volcó las mesas de los cambistas y los puestos de los vendedores de palomas 16 y no permitía que nadie transportara cosas por el Templo. 17 Y les enseñaba, diciéndoles: «¿No está escrito: *Mi casa será llamada casa de oración para todas las gentes**? ¡Pero ustedes la tienen hecha una *cueva de bandidos!*» 18 Se enteraron de esto los sumos sacerdotes y los escribas y buscaban cómo podrían matarle; porque le tenían miedo, pues toda la gente estaba asombrada de su doctrina. 19 Y al atardecer, salía fuera de la ciudad.

La higuera seca. Fe y oración.

||Mt **21** 20-22.

20 Al pasar muy de mañana, vieron la higuera, que estaba seca hasta la raíz. 21 Pedro, recordándolo, le dice: «¡Rabbí, mira!, la higuera que maldijiste está seca.» 22 Jesús les respondió: «Tengan fe en Dios. 23 Yo les aseguro que quien diga a este monte: 'Quítate y arrójate al mar' y no vacile en su corazón sino que crea

11 9 Ver Sal **118** 25-26.

11 17 Sólo Mc cita las últimas palabras «*para todas las gentes*» del texto de Is **56** 7; anuncia así la universalidad del culto mesiánico.

que va a suceder lo que dice, lo obtendrá.
24 Por eso les digo: todo cuanto pidan en
la oración, crean que ya lo han recibido
y lo obtendrán. 25 Y cuando se pongan
de pie para orar, perdonen, si tienen
algo contra alguno, para que también su
Padre, que está en los cielos, les perdone
sus ofensas* [26].»

Controversia sobre la autoridad de Jesús.

||Mt **21** 23-27; Lc **20** 1-8.

27 Vuelven a Jerusalén y, mientras paseaba por el Templo, se le acercan los
sumos sacerdotes, los escribas y los ancianos, 28 y le decían: «¿Con qué autoridad haces esto?, o ¿quién te ha dado tal
autoridad para hacerlo?» 29 Jesús les dijo:
«Les voy a preguntar una cosa. Respóndanme y les diré con qué autoridad hago
esto. 30 El bautismo de Juan, ¿era del
cielo o de los hombres? Respóndanme.»
31 Ellos discurrían entre sí: «Si decimos:
'Del cielo', dirá: 'Entonces, ¿por qué no
le creyeron?' 32 Pero ¿vamos a decir:
'De los hombres?'» Tenían miedo a la
gente; pues todos tenían a Juan por un
verdadero profeta. 33 Responden, pues,
a Jesús: «No sabemos.» Jesús entonces
les dice: «Tampoco yo les digo con qué
autoridad hago esto.»

Parábola de los viñadores homicidas.

||Mt **21** 33-46; ||Lc **20** 9-19.

12 1 Y se puso a hablarles en parábolas: «Un hombre plantó una
viña, la rodeó de una cerca, cavó un
lagar* y edificó una torre; la arrendó a
unos labradores, y se ausentó. 2 Envió
un siervo a los labradores a su debido
tiempo para recibir de ellos una parte de
los frutos de la viña. 3 Ellos le agarraron,
le golpearon y le despacharon con las
manos vacías. 4 De nuevo les envió a
otro siervo; también a éste le descalabra-
ron y le insultaron. 5 Y envió a otro y a
éste le mataron; y también a otros muchos, hiriendo a unos, matando a otros.
6 Todavía le quedaba un hijo querido; les
envió a éste, el último, diciendo: 'A mi
hijo lo respetarán'. 7 Pero aquellos labradores dijeron entre sí: 'Éste es el heredero. Vamos, matémoslo, y será nuestra la
herencia.' 8 Le agarraron, le mataron y
le echaron fuera de la viña. 9 ¿Qué hará
el dueño de la viña? Vendrá y dará muerte a los labradores y entregará la viña a
otros. 10 ¿No han leído esta Escritura:

La piedra que los constructores
desecharon,
en piedra angular se ha convertido;
11 *fue el Señor quien hizo esto*
*y es maravilloso a nuestros ojos**?»

12 Trataban de detenerlo —pero tuvieron miedo a la gente— porque habían
comprendido que la parábola la había
dicho por ellos. Y dejándolo, se fueron.

El tributo debido al César.

||Mt **22** 15-22; ||Lc **20** 20-26.

13 Y envían hacia él algunos fariseos
y herodianos, para cazarlo en alguna
palabra. 14 Vienen y le dicen: «Maestro,
sabemos que eres veraz y que no te
importa de nadie, porque no miras la
condición de las personas, sino que enseñas con franqueza el camino de Dios:
¿Es lícito pagar tributo al César o no?
¿Pagamos o dejamos de pagar?» 15 Mas
él, dándose cuenta de su hipocresía, les
dijo: «¿Por qué me tientan? Tráiganme
un denario, que lo vea.» 16 Se lo trajeron
y les dice: «¿De quién es esta imagen y la
inscripción?» Ellos le dijeron: «Del César.»
17 Jesús les dijo: «Lo del César, devuél-
vanselo al César, y lo de Dios, a Dios.» Y
se maravillaban de él.

La resurrección de los muertos.

||Mt **22** 23-33; ||Lc **20** 27-40.

18 Se le acercan unos saduceos, esos
que niegan que haya resurrección, y le

11 25 El v. 26, ver Mt **6** 15, falta en varios manuscritos.

12 1 *Lagar*, ver nota en Mt **21** 33.

12 11 Cita de Sal **118** 22-23.

preguntaban: 19 «Maestro, Moisés nos dejó escrito que si muere el hermano de alguno y deja mujer y no deja hijos, que su hermano tome a la mujer para dar descendencia a su hermano. 20 Eran siete hermanos: el primero tomó mujer, pero murió sin dejar descendencia; 21 también el segundo la tomó y murió sin dejar descendencia; y el tercero lo mismo. 22 Ninguno de los siete dejó descendencia. Después de todos, murió también la mujer. 23 En la resurrección, cuando resuciten, ¿de cuál de ellos será mujer? Porque los siete la tuvieron por mujer.»

24 Jesús les contestó: «¿No están en un error precisamente por esto, por no entender las Escrituras ni el poder de Dios? 25 Pues cuando resuciten de entre los muertos, ni ellos tomarán mujer ni ellas marido, sino que serán como ángeles en los cielos. 26 Y acerca de que los muertos resucitan, ¿no han leído en el libro de Moisés, en lo de la zarza*, cómo Dios le dijo: *Yo soy el Dios de Abrahán, el Dios de Isaac y el Dios de Jacob?* 27 No es un Dios de muertos, sino de vivos. Están en un gran error.»

El mandamiento principal.

||Mt **22** 34-40;
||Lc **10** 25-28.

28 Se acercó uno de los escribas que les había oído y, viendo que les había respondido muy bien, le preguntó: «¿Cuál es el primero de todos los mandamientos?» 29 Jesús le contestó: «El primero es: *Escucha, Israel: El Señor, nuestro Dios, es el único Señor,* 30 *y amarás al Señor, tu Dios, con todo tu corazón, con toda tu alma,* con toda tu mente *y con todas tus fuerzas.* 31 El segundo es: *Amarás a tu prójimo como a ti mismo**. No existe otro mandamiento mayor que éstos.» 32 Le dijo el escriba: «Muy bien, Maestro; tienes razón al decir que *Él es único y que no hay otro fuera de Él,* 33 *y amarle con todo el corazón, con toda la inteligencia y con todas las fuerzas, y amar al prójimo como a sí mismo* vale más que todos los holocaustos y sacrificios.» 34 Y Jesús, viendo que le había contestado con sensatez, le dijo: «No estás lejos del Reino de Dios.» Y nadie más se atrevía ya a hacerle preguntas.

Cristo, hijo y Señor de David.

||Mt **22** 41-46; ||Lc **20** 41-44.

35 Jesús, tomando la palabra, decía mientras enseñaba en el Templo: «¿Cómo dicen los escribas que el Cristo es hijo de David? 36 David mismo dijo, movido por el Espíritu Santo:

Dijo el Señor a mi Señor:
Siéntate a mi diestra
hasta que ponga a tus enemigos
*debajo de tus pies**.

37 El mismo David le llama Señor; ¿cómo entonces puede ser hijo suyo?» La muchedumbre le oía con agrado.

Los escribas juzgados por Jesús.

||Mt **23** 6-7;
||Lc **20** 45-47; **11** 43.

38 Decía también en su instrucción: «Guárdense de los escribas, que gustan pasear con amplio ropaje, ser saludados en las plazas, 39 ocupar los primeros asientos en las sinagogas y los primeros puestos en los banquetes; 40 y que devoran la hacienda de las viudas con el pretexto de largas oraciones. Ésos tendrán una sentencia más rigurosa.»

El óbolo de la viuda.

||Lc **21** 1-4.

41 Jesús se sentó frente al arca del Tesoro y miraba cómo echaba la gente monedas en el arca del Tesoro*: muchos

12 26 Referencia al relato de Ex **3** 1-16.
12 31 Mc es el único que cita el principio de Dt **6** 4-5+, antes de Lv **19** 18, acentuando el monoteísmo que aquí profesa Jesús.
12 36 Cita de Sal **110** 1.
12 41 *Arca del Tesoro*: cepillo exterior de la sala del Tesoro, en el Templo, para recibir las ofrendas.

ricos echaban mucho. 42 Llegó también una viuda pobre y echó dos moneditas, o sea, una cuarta parte del as*. 43 Entonces, llamando a sus discípulos, les dijo: «Les digo de verdad que esta viuda pobre ha echado más que todos los que echan en el arca del Tesoro. 44 Pues todos han echado de lo que les sobraba, ésta, en cambio, ha echado de lo que necesitaba todo cuanto poseía, todo lo que tenía para vivir.»

Discurso escatológico*. Introducción.

||Mt **24** 1-3; ||Lc **21** 5-7.

13 1 Al salir del Templo, le dice uno de sus discípulos: «Maestro, mira qué piedras y qué construcciones.» 2 Jesús le dijo: «¿Ves estas grandiosas construcciones? No quedará piedra sobre piedra que no sea derruida.»

3 Estando luego sentado en el monte de los Olivos, frente al Templo, le preguntaron en privado Pedro, Santiago, Juan y Andrés: 4 «Dinos cuándo sucederá eso, y cuál será la señal de que todas estas cosas están para cumplirse.»

El comienzo de los dolores.

||Mt **24** 4-14; ||Lc **21** 8-19.

5 Jesús empezó a decirles: «Miren que no les engañe nadie. 6 Vendrán muchos usurpando mi nombre y diciendo: 'Yo soy', y engañarán a muchos. 7 Cuando oigan hablar de guerras y de rumores de guerras, no se alarmen; porque eso es necesario que suceda, pero no es todavía el fin. 8 Pues se levantará nación contra nación y reino contra reino. Habrá terremotos en diversos lugares, habrá hambre: esto será el comienzo de los dolores de parto.

||Mt **10** 17-22.

9 «Pero ustedes miren por ustedes mismos; los entregarán a los tribunales, serán azotados en las sinagogas y comparecerán ante gobernadores y reyes por mi causa, para que den testimonio ante ellos. 10 Y es preciso que antes sea proclamada la Buena Nueva a todas las naciones.

11 «Y cuando les lleven para entregarles, no se preocupen de qué van a hablar; sino hablen lo que se les comunique en aquel momento. Porque no serán ustedes los que hablen, sino el Espíritu Santo. 12 Y entregará a la muerte hermano a hermano y padre a hijo; se levantarán hijos contra padres y los matarán. 13 Y serán odiados de todos por causa de mi nombre; pero el que persevere hasta el fin, ése se salvará.

La gran tribulación de Jerusalén.

||Mt **24** 15-25;
||Lc **21** 20-24.

14 «Pero cuando vean *la abominación de la desolación** erigida donde no debe (el que lea, que entienda), entonces, los que estén en Judea, huyan a los montes; 15 el que esté en la azotea, no baje ni entre a recoger algo de su casa, 16 y el que esté por el campo, no regrese en busca de su manto. 17 ¡Ay de las que estén embarazadas o criando en aquellos días! 18 Oren para que no suceda en invierno. 19 Porque aquellos días habrá *una tribulación cual no la hubo* desde el principio de la creación, que hizo Dios, *hasta el presente**, ni la volverá a haber. 20 Y si el Señor no abreviara aquellos días, no se salvaría nadie, pero en atención a los elegidos que él escogió, ha abreviado los días. 21 Entonces, si alguno les dice: 'Miren, el Cristo aquí', 'Mírenlo allí', no lo crean. 22 Pues surgirán falsos cristos y falsos profetas y realizarán señales y prodigios con el propósito de engañar, si fuera posible, a los elegidos. 23 Ustedes, pues, estén sobre aviso; lo he predicho todo.

12 42 *As*, moneda romana de poco valor.
13 Sobre la doble perspectiva de este discurso, ver Mt **24+.** Mc sólo contempla la ruina de Jerusalén que, con la resurrección de Cristo y su venida en la Iglesia, realizará la liberación del pueblo elegido.
13 14 Ver Dn **9** 27; **11** 31; **12** 11; 1 M **1** 54.
13 19 Ver Dn **12** 1.

La manifestación gloriosa del Hijo del hombre*.

||Mt **24** 29-31; ||Lc **21** 25-27.

24 «Mas por esos días, después de
aquella tribulación, el sol se oscurecerá,
la luna no dará su resplandor, 25 las estrellas irán cayendo del cielo, y las fuerzas
que están en los cielos serán sacudidas.
26 Y entonces verán al Hijo del hombre
que viene entre nubes con gran poder y
gloria; 27 entonces enviará a los ángeles
y reunirá de los cuatro vientos a sus elegidos, desde el extremo de la tierra hasta
el extremo del cielo.

Parábola de la higuera.

||Mt **24** 32-36; ||Lc **21** 29-33.

28 «De la higuera aprendan esta parábola: cuando ya sus ramas están tiernas y
brotan las hojas, saben que el verano está cerca. 29 Así también ustedes, cuando
vean que sucede esto, sepan que Él está
cerca, a las puertas. 30 Yo les aseguro
que no pasará esta generación hasta que
todo esto suceda. 31 El cielo y la tierra
pasarán, pero mis palabras no pasarán.
32 Mas de aquel día y hora, nadie sabe
nada, ni los ángeles en el cielo, ni el
Hijo, sino sólo el Padre*.

Estar alerta para no ser sorprendidos.

||Mt **24** 42; **25** 13-15;
||Lc **19** 12-13; **12** 38. 40.

33 «Estén atentos y vigilen, porque
ignoran cuándo será el momento. 34 Al
igual que un hombre que se ausenta: deja
su casa, da atribuciones a sus siervos, a
cada uno su trabajo, y ordena al portero
que vele; 35 velen, por tanto, ya que no
saben cuándo viene el dueño de la casa,
si al atardecer, o a media noche, o al
cantar del gallo, o de madrugada*. 36 No
sea que llegue de improviso y les encuentre dormidos. 37 Lo que a ustedes digo, a
todos lo digo: ¡Velen!»

V. La Pasión y la Resurrección de Jesús

Conspiración contra Jesús.

||Mt **26** 2-5; ||Lc **22** 1-2.

14 1 Faltaban dos días para la Pascua y los Ázimos. Los sumos
sacerdotes y los escribas buscaban cómo
prenderle con engaño y matarle. 2 Pues
decían: «Durante la fiesta no, no sea que
haya alboroto del pueblo.»

Unción en Betania.

||Mt **26** 6-13; ||Jn **12** 1-8.

3 Estando él en Betania, en casa de
Simón el leproso, recostado a la mesa,
vino una mujer que traía un frasco de
alabastro con perfume puro de nardo*,
de mucho precio; quebró el frasco y lo
derramó sobre su cabeza. 4 Había algunos que se decían entre sí indignados:
«¿Para qué este despilfarro de perfume?
5 Se podía haber vendido este perfume
por más de trescientos denarios y habérselo dado a los pobres.» Y refunfuñaban
contra ella. 6 Mas Jesús dijo: «Déjenla.
¿Por qué la molestan? Ha hecho una
obra buena en mí. 7 Porque pobres tendrán siempre con ustedes y podrán hacerles bien cuando quieran; pero a mí no
me tendrán siempre. 8 Ha hecho lo que
ha podido. Se ha anticipado a embalsa-
mar mi cuerpo para la sepultura. 9 Yo les
aseguro: dondequiera que se proclame

13 24 Los prodigios cósmicos describen la intervención de Dios en la historia; aquí en concreto, se refieren a la crisis mesiánica, no al final del mundo. Pero comparar con Mt **24**+.

13 32 Mt **24** 36+.

13 35 Las cuatro divisiones de la noche, cada una de tres horas.

14 3 *Perfume de nardo*: extracto de una planta aromática de la India.

la Buena Nueva, en el mundo entero, se hablará también de lo que ésta ha hecho para memoria suya.»

Traición de Judas.
||Mt **26** 14-16; ||Lc **22** 3-6.

[10] Entonces, Judas Iscariote, uno de
los Doce, se fue a ver a los sumos sacerdotes para entregárselo. [11] Al oírlo ellos,
se alegraron y prometieron darle dinero.
Y él andaba buscando cómo entregarlo
en momento oportuno.

Preparativos para la cena pascual*.
||Mt **26** 17-19; ||Lc **22** 7-13.

[12] El primer día de los Ázimos, cuando
se sacrificaba el cordero de Pascua, le dicen sus discípulos: «¿Dónde quieres que
vayamos a hacer los preparativos para
que comas el cordero de Pascua?» [13] Entonces, envía a dos de sus discípulos y
les dice: «Vayan a la ciudad; les saldrá al
encuentro un hombre llevando un cántaro de agua; síganlo [14] y allí donde entre,
digan al dueño de la casa: 'El Maestro
dice: ¿Dónde está mi sala, donde pueda
comer la Pascua con mis discípulos?'
[15] Él les enseñará en el piso superior una
sala grande, ya dispuesta y preparada;
hagan allí los preparativos para nosotros.» [16] Los discípulos salieron, llegaron
a la ciudad, lo encontraron tal como les
había dicho, y prepararon la Pascua.

Anuncio de la traición de Judas.
||Mt **26** 20-25; ||Lc **22** 14. 21-23.
||Jn **13** 21-30.

[17] Y al atardecer, llega él con los Doce.
[18] Y mientras comían recostados, Jesús
dijo: «Yo les aseguro que uno de ustedes
me entregará, el que come conmigo.»
[19] Ellos empezaron a entristecerse y a
decirle uno tras otro: «¿Acaso soy yo?»
[20] Él les dijo: «Uno de los Doce que moja
conmigo en el mismo plato. [21] Porque el
Hijo del hombre se va, como está escrito
de él, pero ¡ay de aquel por quien el Hijo del hombre es entregado! ¡Más le valdría a ese hombre no haber nacido!»

Institución de la Eucaristía.
||Mt **26** 26-29; ||Lc **22** 15-20;
||1 Co **11** 23-25.

[22] Y mientras estaban comiendo, tomó
pan, lo bendijo, lo partió y se lo dio y dijo: «Tomen, éste es mi cuerpo.» [23] Tomó
luego una copa y, dadas las gracias, se
la dio, y bebieron todos de ella. [24] Y les
dijo: «Ésta es mi sangre de la alianza, que
es derramada por muchos. [25] Yo les aseguro que ya no beberé del producto de
la vid hasta el día en que lo beba nuevo
en el Reino de Dios.»

Predicción de las negaciones de Pedro.
||Mt **26** 30-35; ||Lc **22** 31-34. 39.
||Jn **13** 36-38.

[26] Y cantados los himnos, salieron hacia
el monte de los Olivos. [27] Jesús les dice:
«Todos van a escandalizarse, ya que está
escrito: *Heriré al pastor y se dispersarán
las ovejas.* [28] Pero después de mi resurrección, iré delante de ustedes a Galilea.»
[29] Pedro le dijo: «Aunque todos se escandalicen, yo no.» [30] Jesús le dice: «Yo te
aseguro: hoy, esta misma noche, antes
que el gallo cante dos veces, tú me habrás
negado tres.» [31] Pero él insistía: «Aunque
tenga que morir contigo, yo no te negaré.» Lo mismo decían también todos.

Agonía de Jesús.
||Mt **26** 36-46; ||Lc **22** 40-46.

[32] Van a una propiedad, cuyo nombre
es Getsemaní, y dice a sus discípulos:
«Siéntense aquí, mientras yo hago oración.» [33] Toma consigo a Pedro, Santiago y Juan, y comenzó a sentir pavor y
angustia. [34] Y les dice: «Mi alma está triste
hasta el punto de morir; quédense aquí y
velen.» [35] Y adelantándose un poco, caía

14 12 Presentación literaria, al estilo de 1 S **10** 2-5. Comparar la estructura de este relato con Mc **11** 1-6.

en tierra y suplicaba que a ser posible
pasara de él aquella hora. 36 Y decía:
«¡Abbá*, Padre!; todo es posible para ti;
aparta de mí esta copa; pero no sea lo
que yo quiero, sino lo que quieres tú.»
37 Viene entonces y los encuentra dormidos; y dice a Pedro: «Simón, ¿duermes?,
¿ni una hora has podido velar? 38 Velen
y oren, para que no caigan en tentación;
que el espíritu está pronto, pero la carne
es débil.» 39 Y alejándose de nuevo, oró
diciendo las mismas palabras. 40 Volvió
otra vez y los encontró dormidos, pues
sus ojos estaban cargados; ellos no sabían qué contestarle. 41 Viene por tercera
vez y les dice: «Ahora ya pueden dormir
y descansar. Basta ya. Llegó la hora.
Miren que el Hijo del hombre va a ser
entregado en manos de los pecadores.
42 ¡Levántense! ¡vámonos! Miren, el que
me va a entregar está cerca.»

Prendimiento de Jesús.

||Mt **26** 47-56;
||Lc **22** 47-53;
||Jn **18** 2-11.

43 Todavía estaba hablando, cuando
de pronto se presenta Judas, uno de los
Doce, acompañado de un grupo con
espadas y palos, de parte de los sumos
sacerdotes, de los escribas y de los ancianos. 44 El que le iba a entregar les había
dado esta contraseña: «Aquel a quien yo
dé un beso, ése es, préndanlo y llévenlo con cautela.» 45 Nada más llegar, se
acerca a él y le dice: «Rabbí», y le dio un
beso. 46 Ellos le echaron mano y le prendieron. 47 Uno de los presentes, sacando
la espada, hirió al siervo del Sumo Sacerdote, y le llevó la oreja. 48 Y tomando
la palabra Jesús, les dijo: «¿Como contra
un salteador han salido a prenderme con
espadas y palos? 49 Todos los días estaba
junto a ustedes enseñando en el Templo,
y no me detuvieron. Pero es para que se
cumplan las Escrituras.» 50 Y abandonán-
dole huyeron todos. 51 Un joven le seguía
cubierto sólo de un lienzo; y le detienen.
52 Pero él, dejando el lienzo, se escapó
desnudo*.

Jesús ante el Sanedrín.

||Mt **26** 57-68;
||Lc **22** 54. 63-71;
||Jn **18** 15-16. 18.

53 Llevaron a Jesús ante el Sumo Sacerdote, y se reúnen todos los sumos
sacerdotes, los ancianos y los escribas.
54 También Pedro le siguió de lejos, hasta
dentro del palacio del Sumo Sacerdote, y
estaba sentado con los criados, calentándose al fuego. 55 Los sumos sacerdotes
y el Sanedrín entero andaban buscando
contra Jesús un testimonio para darle
muerte; pero no lo encontraban. 56 Pues
muchos daban falso testimonio contra él,
pero los testimonios no coincidían. 57 Algunos, levantándose, dieron contra él este falso testimonio: 58 «Nosotros le oímos
decir: Yo destruiré este Santuario hecho
por hombres y en tres días edificaré otro
no hecho por hombres.» 59 Y tampoco
en este caso coincidía su testimonio.
60 Entonces, se levantó el Sumo Sacerdote y poniéndose en medio, preguntó
a Jesús: «¿No respondes nada? ¿Qué es
lo que éstos atestiguan contra ti?» 61 Pero
él seguía callado y no respondía nada. El
Sumo Sacerdote le preguntó de nuevo:
«¿Eres tú el Cristo, el Hijo del Bendito?»
62 Jesús contesta: «Sí, yo soy, y verán *al
Hijo del hombre sentado a la diestra
del Poder y venir entre las nubes del
cielo**.» 63 El Sumo Sacerdote se rasga
las túnicas y dice: «¿Qué necesidad tenemos ya de testigos? 64 Han oído la blasfemia. ¿Qué les parece?» Todos juzgaron
que era reo de muerte.

65 Algunos se pusieron a escupirle,
le cubrían la cara y le daban bofetadas,

14 36 La palabra aramea, *Abbá, Padre*, expresa la familiaridad de Jesús con el Padre, Mt **11** 25-26+, y San Pablo lo pone en la boca de los cristianos, Rm **8** 15; Ga **4** 6.

14 52 Este breve relato propio de Marcos presenta probablemente al mismo evangelista.

14 62 Ver Sal **110** 1 y Dn **7** 13.

mientras le decían: «Adivina*», y los criados le recibieron a golpes.

Negaciones de Pedro.

||Mt **26** 69-75; ||Lc **22** 55-62;
||Jn **18** 15-18. 25-27.

[66] Estando Pedro abajo en el patio,
llega una de las criadas del Sumo Sacerdote [67] y, al ver a Pedro calentándose, le
mira atentamente y le dice: «También tú
estabas con Jesús de Nazaret.» [68] Pero él
lo negó: «Ni sé ni entiendo qué dices», y
salió afuera, al portal, y cantó un gallo.
[69] Le vio la criada y otra vez se puso a
decir a los que estaban allí: «Este es uno
de ellos.» [70] Pero él lo negaba de nuevo. Poco después, los que estaban allí
volvieron a decir a Pedro: «Ciertamente
eres de ellos pues además eres galileo.»
[71] Pero él se puso a echar imprecaciones
y a jurar: «¡Yo no conozco a ese hombre de quien hablan!» [72] Inmediatamente
cantó un gallo por segunda vez. Y Pedro
recordó lo que le había dicho Jesús:
«Antes que el gallo cante dos veces, me
habrás negado tres.» Y rompió a llorar.

Jesús ante Pilato.

||Mt **27** 1-2.11-26; ||Lc **22** 66; **23**
1-5.13-25; ||Jn **18** 28-**19** 1; **19**
4-16.

15 [1] Pronto, al amanecer, prepararon una reunión los sumos sacerdotes con los ancianos, los escribas
y todo el Sanedrín y, después de haber
atado a Jesús, le llevaron y le entregaron
a Pilato. [2] Pilato le preguntaba: «¿Eres tú
el rey de los judíos?» Él le respondió: «Sí,
tú lo dices.» [3] Los sumos sacerdotes le
acusaban de muchas cosas. [4] Pilato volvió a preguntarle: «¿No contestas nada?
Mira de cuántas cosas te acusan.» [5] Pero
Jesús no respondió ya nada, de suerte
que Pilato estaba sorprendido.

[6] Cada Fiesta les concedía la libertad
de un preso, el que pidieran. [7] Había
uno, llamado Barrabás, que estaba encarcelado con aquellos sediciosos que en
el motín habían cometido un asesinato.
[8] Subió la gente y se puso a pedir lo que
les solía conceder. [9] Pilato les contestó:
«¿Quieren que les suelte al rey de los judíos*?» [10] Pues se daba cuenta de que los
sumos sacerdotes le habían entregado
por envidia. [11] Pero los sumos sacerdotes
incitaron a la gente a que dijeran que les
soltara más bien a Barrabás. [12] Pero Pilato les decía otra vez: «Y ¿qué voy a hacer
con el que llaman el rey de los judíos?»
[13] La gente volvió a gritar: «¡Crucifícale!»
[14] Pilato les decía: «Pero ¿qué mal ha
hecho?» Pero ellos gritaron con más
fuerza: «¡Crucifícale!» [15] Pilato, entonces,
queriendo complacer a la gente, les soltó
a Barrabás y entregó a Jesús, después de
azotarle, para que fuera crucificado.

Coronación de espinas.

||Mt **27** 27-31;
||Jn **19** 1-3.

[16] Los soldados le llevaron dentro del
palacio, es decir, al pretorio y llaman a
toda la tropa. [17] Le visten de púrpura y,
trenzando una corona de espinas, se la
ciñen. [18] Y se pusieron a saludarle: «¡Salve, rey de los judíos!» [19] Y le golpeaban
en la cabeza con una caña, le escupían y,
doblando las rodillas, se postraban ante
él. [20] Cuando se hubieron burlado de él,
le quitaron la púrpura, le pusieron sus
ropas y lo sacan fuera para crucificarlo.

El camino de la cruz.

||Mt **27** 32-33; ||Lc **23** 26;
||Jn **19** 17.

[21] Y obligaron a uno que pasaba, a
Simón de Cirene, que volvía del campo,
el padre de Alejandro y de Rufo*, a que

14 65 La escena en este evangelio aplica a Jesús los ultrajes anunciados por el profeta, Is **50** 6.

15 9 En Mc la gente pide el indulto de un preso, sin pensar en el caso de Jesús. Es Pilato quien aprovecha la ocasión para liberarse del proceso embarazoso de Jesús. Comparar con Mt **27** 17.

15 21 Ver Rm **16** 13.

llevara su cruz. 22 Le conducen al lugar
del Gólgota, que quiere decir: Calvario.

La Crucifixión.
‖Mt **27** 34-38; ‖Lc **23** 33-34;
‖Jn **19** 18-24.

23 Le daban vino con mirra, pero él no
lo tomó. 24 Le crucifican y se reparten
sus vestidos, echando a suertes a ver qué
se llevaba cada uno. 25 Era media mañana* cuando le crucificaron. 26 Y estaba
puesta la inscripción de la causa de su
condena: «El rey de los judíos.» 27 Con él
crucificaron a dos salteadores, uno a su
derecha y otro a su izquierda* [28].

Jesús en cruz ultrajado.
‖Mt **27** 39-44; ‖Lc **23** 35-37.

29 Y los que pasaban por allí le insultaban, moviendo la cabeza y diciendo:
«¡Eh, tú!, que destruyes el Santuario y lo
levantas en tres días, 30 ¡sálvate a ti mismo bajando de la cruz!» 31 Igualmente los
sumos sacerdotes se burlaban entre ellos
junto con los escribas diciendo: «A otros
salvó y a sí mismo no puede salvarse.
32 ¡El Cristo, el rey de Israel!, que baje
ahora de la cruz, para que lo veamos y
creamos.» También le injuriaban los que
con él estaban crucificados.

Muerte de Jesús.
‖Mt **27** 45-54; ‖Lc **23** 44-47;
‖Jn **19** 28-30.

33 Llegado el mediodía, hubo oscuridad
sobre toda la tierra hasta media tarde*.
34 A media tarde gritó Jesús con fuerte
voz: *«Eloí, Eloí*, ¿lemá sabactaní?»*,
—que quiere decir: *«¡Dios mío, Dios
mío! ¿por qué me has abandonado?»*
35 Al oír esto algunos de los presentes
decían: «Mira, llama a Elías.» 36 Entonces
uno fue corriendo a empapar una esponja en vinagre y, sujetándola a una caña,
le ofrecía de beber, diciendo: «Déjenlo,
vamos a ver si viene Elías a descolgarle.»
37 Pero Jesús lanzando un fuerte grito,
expiró. 38 Y el velo del Santuario se rasgó
en dos, de arriba abajo. 39 Al ver el centurión, que estaba frente a él, que había
expirado de esa manera, dijo: «Verdaderamente este hombre era hijo de Dios*.»

Las santas mujeres en el Calvario.
‖Mt **27** 55-56; ‖Lc **23** 49;
‖Jn **19** 25.

40 Había también unas mujeres mirando desde lejos, entre ellas, María Magdalena, María la madre de Santiago el
menor y de Joset, y Salomé, 41 que le
seguían y le servían cuando estaba en
Galilea, y otras muchas que habían subido con él a Jerusalén.

Sepultura de Jesús.
‖Mt **27** 57-61; ‖Lc **23** 50-55;
‖Jn **19** 38-42.

42 Y ya al atardecer, como era la Preparación*, es decir, la víspera del sábado, 43 vino José de Arimatea, miembro
respetable del Consejo, que esperaba
también el Reino de Dios, y tuvo la valentía de entrar donde Pilato y pedirle el
cuerpo de Jesús. 44 Se extrañó Pilato de
que ya estuviera muerto y, llamando al
centurión, le preguntó si había muerto
hacía tiempo. 45 Informado por el centurión, concedió el cuerpo a José, 46 quien,
comprando una sábana, lo descolgó de
la cruz, lo envolvió en la sábana y lo puso en un sepulcro que estaba excavado
en roca; luego, hizo rodar una piedra
sobre la entrada del sepulcro. 47 María
Magdalena y María la de Joset se fijaban
dónde era puesto.

15 25 Lit.: *la hora tercia*: entre las nueve y las doce de la mañana, ver Mt **27** 45.

15 27 La adición del v. 28, ver Is **53** 12, proviene sin duda de Lc **22** 37.

15 33 Ver Mt **27** 45+.

15 34 Comienzo del Sal **22;** ver Mt **27** 46+.

15 39 La profesión de fe del centurión evoca la proclamación de la voz en el bautismo, **1** 11 (ver **1** 3+). Es un anuncio velado de la resurección. Ver Mt **4** 3+.

15 42 Ver Mt **27** 62+.

El sepulcro vacío.
Mensaje del ángel.

||Mt **28** 1-8; ||Lc **24** 1-10;
||Jn **20** 1-10.

16 1 Pasado el sábado, María Magdalena, María la de Santiago
y Salomé compraron aromas para ir a
embalsamarle. 2 Y muy de madrugada, el
primer día de la semana, a la salida del
sol, van al sepulcro. 3 Se decían unas a
otras: «¿Quién nos retirará la piedra de la
puerta del sepulcro?» 4 Y levantando los
ojos ven que la piedra estaba ya retirada;
y eso que era muy grande. 5 Y entrando
en el sepulcro vieron a un joven sentado
en el lado derecho, vestido con una túnica blanca, y se asustaron. 6 Pero él les
dice: «No se asusten. Buscan a Jesús de
Nazaret, el Crucificado; ha resucitado*,
no está aquí. Vean el lugar donde le pusieron. 7 Pero vayan a decir a sus discípulos y a Pedro que irá delante de ustedes
a Galilea; allí le verán, como les dijo.»
8 Ellas salieron huyendo del sepulcro,
pues un gran temblor y espanto se había
apoderado de ellas, y no dijeron nada a
nadie porque tenían miedo...*

Apariciones de Jesús resucitado*.

Ver Mt **28** 10+;
||Jn **20** 11-18.

9 Jesús resucitó en la madrugada, el
primer día de la semana, y se apareció
primero a María Magdalena, de la que
había echado siete demonios. 10 Ella fue
a comunicar la noticia a los que habían
vivido con él, que estaban tristes y lloro-
sos. 11 Ellos, al oír que vivía y que había
sido visto por ella, no creyeron.

||Lc **24** 13-35.

12 Después de esto, se apareció, bajo
otra figura, a dos de ellos cuando iban de
camino a una aldea. 13 Ellos volvieron a
comunicárselo a los demás; pero tampoco creyeron a éstos.

||Lc **24** 36-49; ||Jn **20** 19-23.

14 Por último, estando a la mesa los
once discípulos, se les apareció y les
echó en cara su incredulidad y su dureza
de corazón, por no haber creído a quienes le habían visto resucitado.

||Mt **28** 18-20.

15 Y les dijo: «Vayan por todo el mundo
y proclamen la Buena Nueva a toda la
creación. 16 El que crea y sea bautizado,
se salvará; el que no crea, se condenará.
17 Estas son las señales que acompañarán
a los que crean: en mi nombre expulsarán demonios, hablarán en lenguas
nuevas, 18 tomarán serpientes en sus
manos y aunque beban veneno no les
hará daño; impondrán las manos sobre
los enfermos y se pondrán bien.»

||Lc **24** 50-53; ||Hch **1** 3-14.

19 Con esto, el Señor Jesús, después
de hablarles, fue elevado al cielo y se
sentó a la diestra de Dios.
20 Ellos salieron a predicar por todas
partes, colaborando el Señor con ellos y
confirmando la Palabra con las señales
que la acompañaban*.

16 6 La fórmula recuerda las de la predicación primitiva, Hch **2** 23-24; **3** 15; etc.

16 8 Según Mt **28** 8; Lc **24** 10.22s; Jn **20** 18, las mujeres, sin embargo, han hablado. Mc no narra las apariciones que parece anunciar en el v. 7, a no ser que las contara en un final perdido (ver nota siguiente). El que la tumba haya sido encontrada vacía es un primer indicio, no una prueba, de que el Señor Jesús no pertenece a nuestro mundo.

16 9 Este final, vv. 9-20, es inspirado y canónico. No se puede probar su pertenencia a la redacción de Marcos. Lo omiten manuscritos muy importantes, como el Vaticano y el Sinaítico. El final actual, que es un resumen de las apariciones del resucitado, redactado en un estilo muy diverso al de Mc, llenó el vacío del final primitivo perdido y suavizó la interrupción del v. 8.

16 20 La exaltación de Jesús, **14** 62, y la misión de los apóstoles están relacionados con la resurrección, ver Lc **24** 50-51; Hch **1** 9-10.

EVANGELIO SEGÚN SAN LUCAS*

Prólogo*.

1 1 Puesto que muchos han intentado
narrar ordenadamente las cosas que
se han verificado entre nosotros, 2 tal como nos las han transmitido los que desde
el principio fueron testigos oculares y
servidores de la Palabra, 3 he decidido yo
también, después de haber investigado
diligentemente todo desde los orígenes,
escribírtelo por su orden, ilustre Teófilo,
4 para que conozcas la solidez de las enseñanzas que has recibido.

*I. Nacimiento y vida oculta de Juan el Bautista y de Jesús**

Anuncio del nacimiento de Juan el Bautista.

5 Hubo en los días de Herodes, rey de
Judea, un sacerdote, llamado Zacarías,
del grupo de Abías, casado con una mujer
descendiente de Aarón, que se llamaba
Isabel; 6 los dos eran justos ante Dios,
y caminaban sin falta en todos los mandamientos y preceptos del Señor. 7 No
tenían hijos, porque Isabel era estéril, y
los dos de avanzada edad.
8 Sucedió que, mientras oficiaba delante de Dios, en el grupo de su turno, 9 le
tocó en suerte, según el uso del servicio
sacerdotal, entrar en el Santuario del
Señor para quemar el incienso. 10 Toda
la multitud del pueblo estaba fuera en
oración, a la hora del incienso.
11 Se le apareció el ángel del Señor, de
pie, a la derecha del altar del incienso.
12 Al verlo Zacarías, se sobresaltó, y el temor se apoderó de él. 13 El ángel le dijo:
«No temas, Zacarías, porque tu petición
ha sido escuchada; Isabel, tu mujer, te dará un hijo, a quien pondrás por nombre
Juan*; 14 será para ti gozo y alegría y muchos se gozarán en su nacimiento, 15 porque será grande ante el Señor; no beberá
vino ni licor; estará lleno de Espíritu
Santo ya desde el seno de su madre, 16 y
convertirá al Señor su Dios a muchos de
los hijos de Israel 17 e irá delante de él con
el espíritu y el poder de Elías*, *para hacer
volver los corazones de los padres a los
hijos* y a los rebeldes a la prudencia de los
justos, para preparar al Señor un pueblo
bien dispuesto.» 18 Zacarías dijo al ángel:
«*¿En qué lo conoceré*?* Porque yo soy
viejo y mi mujer de avanzada edad.» 19 El
ángel le respondió: «Yo soy Gabriel, el
que está delante de Dios, y he sido enviado para hablarte y anunciarte esta buena
noticia. 20 Mira, por no haber creído mis
palabras, que se cumplirán a su tiempo,
vas a quedar mudo y no podrás hablar
hasta el día en que sucedan estas cosas.»
21 El pueblo estaba esperando a Zacarías
y se extrañaban de que tardara tanto en
el Santuario. 22 Cuando salió no podía
hablarles, y comprendieron que había

* Procúrese acudir a las notas que acompañan los textos paralelos, cuyas referencias figuran en la traducción debajo de los subtítulos.

1 Este prólogo, ver Hch **1** 1, explica con qué cuidado Lc ha compuesto su evangelio teniendo muy en cuenta la tradición, como fuente de información.

1 5 Lc dispone los relatos en forma de díptico: narra alternativamente el nacimiento e infancia de Juan y de Jesús, y los narra desde el punto de vista de María, mientras que Mt los ha narrado desde el punto de vista de José. En estos dos capítulos abundan los temas y citas del AT.

1 13 *Juan* significa *Yahvé es favorable*.

1 17 Según Ml **3** 23, *Elías* volverá para preparar la era mesiánica; Mt **17** 10+.

1 18 Ver Gn **15** 8. Zacarías pide un «signo», pero sigue escéptico.

tenido una visión en el Santuario; les
hablaba por señas y permaneció mudo.
23 Una vez cumplidos los días de su
servicio se fue a su casa. 24 Días después,
concibió su mujer Isabel y estuvo durante
cinco meses encerrada 25 diciendo: «Esto
es lo que ha hecho por mí el Señor en
los días en que se dignó quitar mi oprobio entre la gente.»

La Anunciación*.

26 Al sexto mes envió Dios el ángel
Gabriel a una ciudad de Galilea, llamada
Nazaret, 27 a una virgen desposada con
un hombre llamado José, de la casa de
David; el nombre de la virgen era María.
28 Y, entrando, le dijo: «Alégrate*, llena de
gracia, el Señor está contigo.» 29 Ella se
turbó por estas palabras y se preguntaba
qué significaría aquel saludo. 30 El ángel
le dijo: «No temas, María, porque has
hallado gracia delante de Dios; 31 vas a
concebir en el seno y vas a dar a luz un
hijo a quien pondrás por nombre Jesús.
32 Él será grande, se le llamará Hijo del
Altísimo y el Señor Dios le dará el trono
de David, su padre; 33 reinará sobre la
casa de Jacob por los siglos y su reino no
tendrá fin.» 34 María respondió al ángel:
«¿Cómo será esto, puesto que no conozco varón*?» 35 El ángel le respondió: «El
Espíritu Santo vendrá sobre ti y el poder
del Altísimo te cubrirá con su sombra*;
por eso el que ha de nacer será santo
y se le llamará Hijo de Dios. 36 Mira,
también Isabel, tu pariente, ha concebido
un hijo en su vejez y este es ya el sexto
mes de la que se decía que era estéril,
37 *porque no hay nada imposible para
Dios**.» 38 Dijo María: «He aquí la esclava
del Señor; hágase en mí según tu palabra.» Y el ángel, dejándola, se fue.

La Visitación.

39 En aquellos días, se puso en camino
María y se fue con prontitud a la región montañosa, a una ciudad de Judá;
40 entró en casa de Zacarías y saludó a
Isabel. 41 En cuanto oyó Isabel el saludo
de María, saltó de gozo el niño en su seno, Isabel quedó llena de Espíritu Santo
42 y exclamó a gritos: «Bendita tú entre
las mujeres y bendito el fruto de tu seno;
43 y ¿de dónde a mí que venga a verme
la madre de mi Señor? 44 Porque apenas
llegó a mis oídos la voz de tu saludo, saltó de gozo el niño en mi seno. 45 ¡Feliz la
que ha creído que se cumplirían las cosas
que le fueron dichas de parte del Señor!»

Cántico de María*.

Ver 1 S **2** 1-10.

46 Y dijo María:

«Alaba mi alma la grandeza del Señor
47 y mi espíritu *se alegra en Dios mi salvador*
48 porque *ha puesto los ojos en la pequeñez de su esclava*,
por eso desde ahora todas las generaciones me llamarán bienaventurada,
49 porque ha hecho en mi favor cosas grandes el Poderoso, *Santo es su nombre*

1 26 El relato se inspira en varios pasajes del AT: ver Jc **6** 11-24; **13** 2-7; 2 S **7**.

1 28 *légrate* mejor que *¡salve!* Llamamiento al gozo mesiánico, inspirado en Is **12** 6; So **3** 14; Za **2** 14; **9** 9; etc. *-Llena de gracia*, lit.: *tú que has estado y sigues estando llena de gracia* (del favor divino). Las palabras del ángel evocan textos mesiánicos tales como 2 S **7**+; Is **9** 6; Dn **7** 14; ver Mt **9** 27+.

1 34 María sólo está «desposada» (v. 27) con José. Este hecho, que parece contradecir el anuncio de los vv. 31-33, tiene su explicación en el v. 35. Ver Mt **1** 18-20+.

1 35 Ver Ex **13** 22; **19** 16+; **24** 16+. Comparar con Lc **9** 34-35+p.

1 37 Ver Gn **18** 14.

1 46 El cántico de María recuerda el de Ana, 1 S **2** 1-10+, el de otros muchos pasajes del AT sobre los pobres socorridos por Dios y sobre el favor otorgado a Israel: Sal **98** 3; **103** 17; **89** 11; **107** 9; Is **41** 8-9; etc.

50 *y su misericordia alcanza de generación en generación a los que le temen.*
51 Desplegó la fuerza de su brazo,
dispersó a los de corazón altanero.
52 *Derribó a los potentados* de sus tronos *y exaltó a los humildes.*
53 *A los hambrientos colmó de bienes*
y despidió a los ricos con las manos vacías.
54 *Acogió a Israel, su siervo,*
acordándose de la misericordia
55 —como había anunciado a nuestros padres— en favor de Abrahán y de su linaje por los siglos.»

56 María se quedó con ella unos tres
meses, y luego se volvió a su casa.

Nacimiento de Juan el Bautista.

57 Se le cumplió a Isabel el tiempo de
dar a luz y tuvo un hijo. 58 Oyeron sus
vecinos y parientes que el Señor le había hecho gran misericordia, y se congratulaban con ella.

Circuncisión de Juan el Bautista.

59 Al octavo día fueron a circuncidar
al niño y querían ponerle el nombre de
su padre, Zacarías, 60 pero su madre,
tomando la palabra, dijo: «No; se ha
de llamar Juan.» 61 Le decían: «No hay
nadie en tu parentela que tenga ese
nombre.» 62 Y preguntaban por señas a
su padre cómo quería que se le llamara.
63 Él pidió una tablilla y escribió: «Juan
es su nombre.» Y todos quedaron admirados. 64 Y al punto se abrió su boca y su
lengua, y hablaba bendiciendo a Dios.
65 Invadió el temor a todos sus vecinos,
y en toda la montaña de Judea se comentaban todas estas cosas; 66 todos los
que las oían las grababan en su corazón, diciéndose: «Pues ¿qué será este niño?» Porque, en efecto, la mano del Señor estaba con él.

Cántico de Zacarías*.

67 Zacarías, su padre, quedó lleno de Espíritu Santo y profetizó diciendo:
68 «*Bendito el Señor Dios de Israel*
porque ha visitado y *redimido a su pueblo,*
69 y nos ha suscitado una fuerza salvadora
en la casa de David, su siervo,
70 como había prometido desde antiguo,
por boca de sus santos profetas,
71 que nos salvaría de nuestros *enemigos*
y de la mano de todos *los que nos odian*
72 teniendo *misericordia* con *nuestros padres*
y *recordando su* santa *alianza*
73 el juramento que juró
a Abrahán nuestro padre,
de concedernos 74 que, libres de manos enemigas,
podamos servirle sin temor
75 en santidad y justicia
en su presencia todos nuestros días.
76 Y tú, niño, serás llamado profeta del Altísimo,
pues irás delante *del Señor*
para *preparar sus caminos*
77 y dar a su pueblo el conocimiento de la salvación
mediante el perdón de sus pecados,
78 por las entrañas de misericordia de nuestro Dios,
que harán que nos visite una Luz de lo alto,
79 a fin de iluminar *a los que habitan en tinieblas y sombras de muerte*
y guiar nuestros pasos por el *camino de la paz.*»

Vida oculta de Juan el Bautista.

80 El niño crecía y su espíritu se fortalecía y vivió en lugares desiertos hasta el día de su manifestación a Israel.

1 67 Este cántico es un salmo de acción de gracias, vv. 68-75, que Lc pone en boca de Zacarías, adaptándolo a la nueva etapa de la Alianza, vv. 76-79, en una visión de futuro. Ver Sal **108** 8-9; **111** 9; Lv **26** 42; Is **9** 1; **42** 7; etc.

Nacimiento de Jesús y visita de los pastores.

2 1 Por aquellos días salió un edicto de César Augusto ordenando que se hiciera un censo de todo el mundo. 2 Este primer censo tuvo lugar siendo gobernador de Siria Cirino. 3 Iban todos a registrarse, cada uno a su ciudad. 4 Subió también José desde Galilea, de la ciudad de Nazaret, a Judea, a la ciudad de David, que se llama Belén, por ser él de la casa y familia de David, 5 para registrarse con María, su esposa, que estaba embarazada. 6 Mientras estaban allí, se le cumplieron los días del parto 7 y dio a luz a su hijo primogénito*, le envolvió en pañales y le acostó en un pesebre, porque no tenían sitio en el albergue.

8 Había en la misma comarca unos pastores, que dormían al aire libre y vigilaban por turno durante la noche su rebaño. 9 Se les presentó el ángel del Señor, la gloria del Señor los envolvió en su luz y se llenaron de temor. 10 El ángel les dijo: «No teman, pues les anuncio una gran alegría, que lo será para todo el pueblo: 11 les ha nacido hoy, en la ciudad de David, un salvador, que es el Cristo Señor*; 12 y esto les servirá de señal: encontrarán un niño envuelto en pañales y acostado en un pesebre.» 13 Y de pronto se juntó con el ángel una multitud del ejército celestial que alababa a Dios diciendo:

14 «Gloria a Dios en las alturas y en la tierra paz a los hombres en quienes él se complace.»

15 Cuando los ángeles, dejándoles, se fueron al cielo, los pastores se decían unos a otros: «Vamos a Belén a ver lo que ha sucedido y el Señor nos ha manifestado.» 16 Fueron a toda prisa y encontraron a María y a José, y al niño acostado en el pesebre. 17 Al verlo, contaron lo que les habían dicho acerca de aquel niño; 18 y todos los que lo oyeron se maravillaban de lo que los pastores les decían. 19 María, por su parte, guardaba todas estas cosas y las meditaba en su corazón. 20 Los pastores se volvieron glorificando y alabando a Dios por todo lo que habían oído y visto, tal como se les había dicho.

Circuncisión de Jesús.

21 Cuando se cumplieron los ocho días para circuncidarle, se le puso el nombre de Jesús, el que le dio el ángel antes de ser concebido en el seno.

Presentación de Jesús en el Templo*.

22 Cuando se cumplieron los días en que debían purificarse, según la Ley de Moisés, llevaron a Jesús a Jerusalén para presentarle al Señor, 23 como está escrito en la Ley del Señor: *Todo varón primogénito será consagrado al Señor* 24 y para ofrecer en sacrificio *un par de tórtolas o dos pichones*, conforme a lo que se dice en la Ley del Señor.

25 Vivía entonces en Jerusalén un hombre llamado Simeón. Era un hombre justo y piadoso, y esperaba el consuelo de Israel; y estaba en él el Espíritu Santo. 26 El Espíritu Santo le había revelado que no vería la muerte antes de haber visto al Cristo del Señor. 27 Movido por el Espíritu, vino al Templo; y cuando los padres introdujeron al niño Jesús, para cumplir lo que la Ley prescribía sobre él, 28 le tomó en brazos y bendijo a Dios diciendo:

2 7 La palabra *primogénito* subraya la dignidad y los derechos del niño, sin suponer necesariamente hermanos menores. *albergue*; la palabra griega designa una sala, ver 1S **9** 22; Lc **22** 11 en la que se alojaba la familia de José.

2 11 El *Cristo*, Mt **1** 16, *Ungido* (*Mesías*) de Dios, Ex **30** 22+; 1 S **24** 7; ver Lc **2** 26; Hch **2** 36, consagrado para una misión de elección, Is **45** 1, recibe asimismo el título divino de Señor.

2 22 Los padres de Jesús cumplen cuidadosamente las prescripciones de la Ley, Lv **12** 1-8+; Ex **13** 1-2+. Su ofrenda es la de los pobres, Lv **12** 8.

Cántico de Simeón.

29 «Ahora, Señor, puedes, según tu
palabra,
dejar que tu siervo se vaya en paz;
30 porque han visto mis ojos tu
salvación,
31 la que has preparado a la vista de
todos los pueblos,
32 luz para iluminar a las naciones
y gloria de tu pueblo Israel*.»

Profecía de Simeón.

33 Su padre y su madre estaban admirados de lo que se decía de él. 34 Simeón
los bendijo y dijo a María, su madre:
«Éste está puesto para caída y elevación
de muchos en Israel, y como signo de
contradicción —35 ¡y a ti misma una espada te atravesará el alma!— a fin de que
queden al descubierto las intenciones de
muchos corazones*.»

Profecía de Ana.

36 Había también una profetisa, Ana,
hija de Fanuel, de la tribu de Aser, de
edad avanzada. Casada en su juventud,
había vivido siete años con su marido,
37 y luego quedó viuda hasta los ochenta
y cuatro años; no se apartaba del Templo, sirviendo a Dios noche y día en
ayunos y oraciones. 38 Presentándose en
aquella misma hora, alababa a Dios y hablaba del niño a todos los que esperaban
la redención de Jerusalén.

Vida oculta de Jesús en Nazaret.

39 Así que cumplieron todas las cosas
según la Ley del Señor, volvieron a Galilea, a su ciudad de Nazaret. 40 El niño
crecía y se fortalecía, llenándose de sabiduría; y la gracia de Dios estaba sobre él.

Jesús entre los doctores.

41 Sus padres iban todos los años a Jerusalén a la fiesta de la Pascua. 42 Cuando
cumplió los doce años, subieron como
de costumbre a la fiesta. 43 Al volverse
ellos pasados los días, el niño Jesús
se quedó en Jerusalén, sin saberlo sus
padres. 44 Creyendo que estaría en la
caravana, hicieron un día de camino, y le
buscaban entre los parientes y conocidos;
45 pero, al no encontrarlo, se volvieron a
Jerusalén en su busca.

46 Al cabo de tres días, le encontraron
en el Templo sentado en medio de los
maestros, escuchándoles y haciéndoles
preguntas; 47 todos los que le oían, estaban desconcertados por su inteligencia
y sus respuestas. 48 Cuando le vieron
quedaron sorprendidos y su madre le
dijo: «Hijo, ¿por qué nos has hecho esto? Mira, tu padre y yo, angustiados, te
andábamos buscando.» 49 Él les dijo: «Y
¿por qué me buscaban? ¿No sabían que
yo debía estar en la casa de mi Padre*?»
50 Pero ellos no comprendieron la respuesta que les dio.

Más sobre la vida oculta en Nazaret.

51 Bajó con ellos, vino a Nazaret y vivía sujeto a ellos. Su madre conservaba
cuidadosamente todas las cosas en su
corazón. 52 Jesús crecía en sabiduría, en
estatura y en gracia ante Dios y ante los
hombres.

2 32 El final se inspira en Is **42** 6; **49** 6; etc. ver Hch **13** 47+.

2 35 María, Hija de Sión, llevará en su propia vida el destino doloroso de su pueblo. El símbolo de la espada se inspira en Ez **14** 17 o en Za **12** 10.

2 49 Jesús, consciente de su relación única con su Padre, se debe a él más que a *su padre y a su madre*, v. 48; ver **10** 22; Mt **4** 3+; etc.

II. Preparación del ministerio de Jesús

Predicación de Juan el Bautista*.

||Mt **3** 1-12;
||Mc **1** 1-8.

3 1 En el año quince del imperio de
Tiberio César, siendo Poncio Pilato
procurador de Judea; Herodes tetrarca
de Galilea; Filipo, su hermano, tetrarca
de Iturea y de Traconítida, y Lisanias
tetrarca de Abilene; 2 en el pontificado
de Anás y Caifás, fue dirigida la palabra
de Dios a Juan, hijo de Zacarías, en el
desierto. 3 Y se fue por toda la región
del Jordán proclamando un bautismo de
conversión para perdón de los pecados,
4 como está escrito en el libro de los
oráculos del profeta Isaías:

Voz del que clama en el desierto:
Preparen el camino del Señor,
enderecen sus sendas;
5 *todo barranco será rellenado,*
todo monte y colina será rebajado,
lo tortuoso se hará recto
y las asperezas serán caminos llanos.
6 *Y todos verán la salvación de Dios.*

7 Decía, pues, a la gente que acudía
para que los bautizara: «Raza de víboras,
¿quién les ha enseñado a huir de la ira
inminente? 8 Den, pues, frutos dignos de
conversión y no anden diciendo en su interior: 'Tenemos por padre a Abrahán';
porque les digo que puede Dios de estas
piedras dar hijos a Abrahán. 9 Ya está
el hacha puesta a la raíz de los árboles;
y todo árbol que no dé buen fruto será
cortado y arrojado al fuego.»
10 La gente le preguntaba: «Pues ¿qué
debemos hacer?» 11 Y él les respondía:
«El que tenga dos túnicas, que las reparta
con el que no tiene; el que tenga para
comer, que haga lo mismo.» 12 Vinieron
también publicanos a bautizarse, que le
dijeron: «Maestro, ¿qué debemos hacer?»
13 Él les dijo: «No exijan más de lo que les
está fijado.» 14 Le preguntaron también
unos soldados: «Y nosotros ¿qué debemos hacer?» Él les dijo: «No hagan extor-
sión a nadie, no hagan denuncias falsas y
conténtense con su salario.»
15 Como el pueblo estaba expectante
y andaban todos pensando en sus corazones acerca de Juan, si no sería él
el Cristo, 16 declaró Juan a todos: «Yo
los bautizo con agua; pero está a punto
de llegar el que es más fuerte que yo, a
quien ni siquiera soy digno de desatarle
la correa de sus sandalias. Él los bautizará
en Espíritu Santo y fuego. 17 En su mano
tiene el rastrillo para limpiar su cosecha:
recogerá el trigo en su granero, pero quemará la paja con fuego que no se apaga.»
18 Y, con otras muchas exhortaciones,
anunciaba al pueblo la Buena Nueva.

Prisión de Juan el Bautista.

Mt **14** 3-12;
Mc **6** 17-29.

19 Pero Herodes, el tetrarca, reprendido por él por el asunto de Herodías, la
mujer de su hermano, y por todas las
malas acciones que había hecho, 20 añadió a todas ellas la de encerrar a Juan
en la cárcel.

Bautismo de Jesús.

||Mt **3** 13-17;
||Mc **1** 9-11.

21 Todo el pueblo se estaba bautizando. Jesús, ya bautizado, se hallaba en
oración, se abrió el cielo, 22 bajó sobre
él el Espíritu Santo en forma corporal,
como una paloma; y vino una voz del
cielo: *«Tú eres mi hijo; yo hoy te he
engendrado.»*

3 Nuevo sincronismo, más solemne que **1** 5; **2** 1-3, entre la historia de la salvación y la historia del mundo pagano. El v. 2 recuerda a los profetas, Os **1** 1; Jr **1** 2; etc. En los versículos 5-6, la perspectiva es universal, se extiende a todos los pueblos; la cita de Is **40** 3-5+ es en Lc más larga que en Mt y Mc.

Genealogía de Jesús*.

‖Mt **1** 1-17.

23 Tenía Jesús, al comenzar, unos
treinta años. Se creía que era hijo de
José, hijo de Helí, 24 hijo de Matat, hijo
de Leví, hijo de Melkí, hijo de Janái,
hijo de José, 25 hijo de Matatías, hijo
de Amós, hijo de Naúm, hijo de Eslí,
hijo de Nangái, 26 hijo de Maaz, hijo de
Matatías, hijo de Semeín, hijo de Josec,
hijo de Yodá, 27 hijo de Joanán, hijo de
Resá, hijo de Zorobabel, hijo de Salatiel,
hijo de Nerí, 28 hijo de Melkí, hijo de
Addí, hijo de Cosán, hijo de Elmadán,
hijo de Er, 29 hijo de Jesús, hijo de Eliezer, hijo de Jorín, hijo de Matat, hijo de
Leví, 30 hijo de Simeón, hijo de Judá,
hijo de José, hijo de Jonán, hijo de Elia-
kín, 31 hijo de Meleá, hijo de Menná, hijo
de Matatá, hijo de Natán, hijo de David,
32 hijo de Jesé, hijo de Obed, hijo de
Booz, hijo de Salá, hijo de Naasón, 33 hijo de Aminadab, hijo de Admín, hijo de
Arní, hijo de Esrón, hijo de Fares, hijo
de Judá, 34 hijo de Jacob, hijo de Isaac,
hijo de Abrahán, hijo de Tara, hijo de
Najor, 35 hijo de Serug, hijo de Ragáu,
hijo de Fálec, hijo de Eber, hijo de Salá,
36 hijo de Cainán, hijo de Arfaxad, hijo
de Sem, hijo de Noé, hijo de Lámec,
37 hijo de Matusalén, hijo de Henoc,
hijo de Járet, hijo de Maleleel, hijo de
Cainán, 38 hijo de Enós, hijo de Set, hijo
de Adán, hijo de Dios.

Tentaciones en el desierto*.

‖Mt **4** 1-11; ‖Mc **1** 12-13.

4 1 Jesús, lleno de Espíritu Santo, se
volvió del Jordán y era conducido
por el Espíritu en el desierto, 2 durante
cuarenta días, tentado por el diablo. No
comió nada en aquellos días y, al cabo
de ellos, sintió hambre. 3 Entonces el
diablo le dijo: «Si eres Hijo de Dios, di
a esta piedra que se convierta en pan.»
4 Jesús le respondió: «Está escrito: *No
sólo de pan vive el hombre.*»
5 Llevándole luego a una altura le mostró en un instante todos los reinos de la
tierra 6 y le dijo el diablo: «Te daré todo el
poder y la gloria de estos reinos, porque
me la han entregado a mí y yo se la doy
a quien quiero. 7 Si, pues, me adoras,
toda será tuya.» 8 Jesús le respondió:
«Está escrito: *Adorarás al Señor tu Dios
y sólo a él darás culto.*»
9 Lo llevó después a Jerusalén, lo puso
sobre el alero del Templo y le dijo: «Si
eres Hijo de Dios, tírate de aquí abajo;
10 porque está escrito:

A sus ángeles te encomendará
para que te guarden.

11 Y:

En sus manos te llevarán
para que no tropiece tu pie en pie-
dra alguna.»

12 Jesús le respondió: «Está dicho:
No tentarás al Señor tu Dios.»
13 Acabada toda tentación, el diablo
se alejó de él hasta el tiempo oportuno*.

3 23 La genealogía de Lc, más universalista que la de Mateo **1** 1-17, se remonta, más allá de Abrahán, hasta Adán, cabeza de la humanidad. El inciso *según se creía* pretende salvaguardar la concepción virginal de Jesús, Mt **1** 18+. La indicación de la edad de Jesús es aproximada: *unos treinta años;* Lc quiere indicar que Jesús tenía la edad requerida para ejercer una misión pública.

4 Los datos de Mc (40 días de tentación) están asociados a los de Mt (las tentaciones después de un ayuno de 40 días). Citas de Dt **8** 3: **6** 13; Sal **91** 11-12; Dt **6** 16. -Sobre las tentaciones, ver Mt **4**+.

4 13 Ver **22** 3.53; Jr **13** 2.27.

III. Ministerio de Jesús en Galilea

Comienzo de la predicación.
||Mt **4** 12-17.23; ||Mc **1** 14-15.39;
=Lc **4** 44.

14 Jesús volvió a Galilea por la fuerza
del Espíritu y su fama se extendió por
toda la región. 15 Iba enseñando en sus
sinagogas, alabado por todos.

Jesús en Nazaret*.
||Mt **13** 53-58; ||Mc **6** 1-6.

16 Vino a Nazaret, donde se había
criado, entró, según su costumbre, en la
sinagoga el día de sábado, y se levantó
para hacer la lectura. 17 Le entregaron
el volumen del profeta Isaías, desenrolló
el volumen y encontró el pasaje donde
estaba escrito:

18 *El Espíritu del Señor sobre mí,*
porque me ha ungido
para anunciar a los pobres la
Buena Nueva,
me ha enviado a proclamar la
liberación a los cautivos
y la vista a los ciegos,
para dar la libertad a los oprimidos
19 *y proclamar un año de gracia del*
Señor.

20 Enrolló el volumen, lo devolvió al
ministro y se sentó. En la sinagoga todos
los ojos estaban fijos en él. 21 Comenzó,
pues, a decirles: «Esta Escritura que acaban de oír se ha cumplido hoy.» 22 Y
todos daban testimonio de él y estaban
admirados de las palabras llenas de gracia que salían de su boca.
Y decían: «¿Acaso no es éste el hijo
de José?» 23 Él les dijo: «Seguramente me
van a decir el refrán: Médico, cúrate a ti
mismo. Todo lo que hemos oído que ha
sucedido en Cafarnaún, hazlo también
aquí en tu patria.» 24 Y añadió: «En verdad les digo que ningún profeta es bien
recibido en su patria.»
25 «Les digo de verdad: Muchas viudas
había en Israel en los días de Elías, cuando se cerró el cielo por tres años y seis
meses y hubo gran hambre en todo el
país; 26 y a ninguna de ellas fue enviado
Elías, sino a *una mujer viuda de Sarep-*
ta de Sidón. 27 Y muchos leprosos había
en Israel en tiempos del profeta Eliseo,
y ninguno de ellos fue purificado sino
Naamán, el sirio.»
28 Al oír estas cosas, todos los de la
sinagoga se llenaron de ira 29 y, levantándose, lo arrojaron fuera de la ciudad y lo
llevaron a una altura escarpada del monte sobre el cual estaba edificada su ciudad
para despeñarle. 30 Pero él, pasando por
medio de ellos, se marchó.

Jesús enseña en Cafarnaún
y cura a un endemoniado.
||Mc **1** 21-28; ||Mt **7** 28-29.

31 Bajó a Cafarnaún, ciudad de Galilea,
y los sábados les enseñaba. 32 Quedaban
asombrados de su doctrina, porque hablaba con autoridad.
33 Había en la sinagoga un hombre
que tenía el espíritu de un demonio inmundo y se puso a gritar a grandes voces:
34 «¡Ah! ¿Qué tenemos nosotros contigo,
Jesús de Nazaret? ¿Has venido a destruirnos? Sé quién eres tú: el Santo de Dios.»
35 Jesús entonces le ordenó diciendo:
«Cállate y sal de él.» Y el demonio, arro-
jándole en medio, salió de él sin hacerle
ningún daño. 36 Quedaron todos asombrados y se decían unos a otros: «¡Qué
palabra ésta! Manda con autoridad y
poder a los espíritus inmundos y salen.»
37 Y su fama se extendió por todos los
lugares de la región.

4 16 Escena en la que probablemente se combinan una primera visita a la sinagoga, relacionada con Mt **4** 13, con cita de Is **61** 1-2; **58** 6; una segunda, ver Mt **13** 53-57; Mc **6** 1-6; y una tercera en que Jesús es amenazado. Es todo un resumen de la misión de Jesús y la negativa de su pueblo. Los mejores manuscritos de Lc escriben *Nazará* en vez de *Nazaret*, ver Mt **4** 13+.

Curación de la suegra de Simón.
||Mt **8** 14-15;
||Mc **1** 29-31.

38 Al salir de la sinagoga, entró en la casa de Simón. La suegra de Simón estaba con mucha fiebre y le rogaron por ella. 39 Inclinándose sobre ella, ordenó a la fiebre; y la fiebre la dejó; ella, levantándose al punto, se puso a servirles.

Numerosas curaciones.
||Mt **8** 16-17;
||Mc **1** 32-34.

40 A la puesta del sol, todos cuantos tenían enfermos de diversas dolencias se los llevaban; y él, poniendo las manos sobre cada uno de ellos, los curaba. 41 Salían también demonios de muchos, gritando y diciendo: «Tú eres el Hijo de Dios.» Pero él les ordenaba y no les permitía hablar, porque sabían que él era el Cristo*.

Jesús sale ocultamente de Cafarnaún y recorre Judea.
||Mc **1** 35-39.

42 Al hacerse de día salió y se fue a un lugar solitario. La gente le andaba buscando y, llegando hasta él, trataban de retenerle para que no les dejara. 43 Pero él les dijo: «También a otras ciudades tengo que anunciar la Buena Nueva del Reino de Dios, porque a esto he sido enviado.» 44 E iba predicando por las sinagogas de Judea.

Vocación de los cuatro primeros discípulos.
||Mt **4** 18-22;
||Mc **1** 16-20.

5 1 Estaba él a la orilla del lago Genesaret y la gente se agolpaba a su alrededor para oír la palabra de Dios, 2 cuando vio dos barcas que estaban a la orilla del lago. Los pescadores habían bajado de ellas y estaban lavando las redes. 3 Subiendo a una de las barcas, que era de Simón, le rogó que se alejara un poco de tierra; y, sentándose, enseñaba desde la barca a la muchedumbre.

4 Cuando acabó de hablar, dijo a Simón: «Rema mar adentro, y echen sus redes para pescar.» 5 Simón le respondió: «Maestro, hemos estado bregando toda la noche y no hemos pescado nada; pero, por tu palabra, echaré las redes.» 6 Y, haciéndolo así, pescaron gran cantidad de peces, de modo que las redes amenazaban romperse. 7 Hicieron señas a los compañeros de la otra barca para que vinieran en su ayuda. Vinieron, pues, y llenaron tanto las dos barcas que casi se hundían.

8 Al verlo, Simón Pedro cayó a las rodillas de Jesús, diciendo: «Aléjate de mí, Señor, que soy un hombre pecador.» 9 Pues el asombro se había apoderado de él y de cuantos con él estaban, a causa de los peces que habían pescado. 10 Y lo mismo de Santiago y Juan, hijos de Zebedeo, que eran compañeros de Simón. Jesús dijo a Simón: «No temas. Desde ahora serás pescador de hombres.» 11 Llevaron a tierra las barcas y, dejándolo todo, le siguieron.

Curación de un leproso.
||Mt **8** 1-4;
||Mc **1** 40-45.

12 Estando en una ciudad, se presentó un hombre cubierto de lepra que, al ver a Jesús, se echó rostro en tierra y le rogó diciendo: «Señor, si quieres, puedes limpiarme.» 13 Él extendió la mano, le tocó y dijo: «Quiero, queda limpio.» Y al instante le desapareció la lepra. 14 Le ordenó que no se lo dijera a nadie. Y añadió: «Vete, preséntate al sacerdote y haz la ofrenda por tu purificación como prescribió Moisés, para que les sirva de testimonio.»

15 Su fama se extendía cada vez más y una numerosa multitud afluía para oírle y ser curados de sus enfermedades. 16 Pero él se retiraba a los lugares solitarios, donde oraba.

4 41 Ver Mc **1** 34+; **3** 11-12.

Curación de un paralítico.

||Mt **9** 1-8;
||Mc **2** 1-12.

17 Un día que estaba enseñando, había sentados algunos fariseos y doctores de la ley que habían venido de todos los pueblos de Galilea y Judea, y de Jerusalén. El poder del Señor le hacía obrar curaciones. 18 En esto, unos hombres trajeron en una camilla a un paralítico y trataban de introducirle, para ponerle delante de él. 19 Pero no encontrando por dónde meterle, a causa de la multitud, subieron a la azotea, le bajaron con la camilla a través de las tejas y le pusieron en medio, delante de Jesús. 20 Viendo Jesús la fe que tenían, dijo: «Hombre, tus pecados te quedan perdonados.»

21 Los escribas y fariseos empezaron a pensar: «¿Quién es éste, que dice blasfemias? ¿Quién puede perdonar pecados sino sólo Dios?» 22 Conociendo Jesús sus pensamientos, les dijo: «¿Qué están pensando en sus corazones? 23 ¿Qué es más fácil, decir: 'Tus pecados te quedan perdonados', o decir: 'Levántate y anda'? 24 Pues para que sepan que el Hijo del hombre tiene en la tierra poder de perdonar pecados —dijo al paralítico—: 'A ti te digo, levántate, toma tu camilla y vete a tu casa'.» 25 Y al instante, levantándose delante de ellos, tomó la camilla en que estaba acostado y se fue a su casa, glorificando a Dios.

26 El asombro se apoderó de todos y glorificaban a Dios. Y llenos de temor, decían: «Hoy hemos visto cosas increíbles.»

Vocación de Leví.

||Mt **9** 9;
||Mc **2** 13-14.

27 Después de esto, salió y vio a un publicano llamado Leví, sentado en el despacho de impuestos, y le dijo: «Sígueme.» 28 Él, dejándolo todo, se levantó y le siguió.

Comida con los pecadores en casa de Leví.

||Mt **9** 10-12; ||Mc **2** 15-17.

29 Leví le ofreció en su casa un gran banquete. Había un gran número de publicanos y de otros que estaban a la mesa con ellos. 30 Los fariseos y sus escribas murmuraban diciendo a los discípulos: «¿Cómo es que comen y beben con los publicanos y pecadores?» 31 Les respondió Jesús: «No necesitan médico los que están sanos, sino los que están mal. 32 No he venido a llamar a conversión a justos, sino a pecadores.»

Discusión sobre el ayuno.

||Mt **9** 14-17; ||Mc **2** 18-22.

33 Ellos le dijeron: «Los discípulos de Juan ayunan frecuentemente y recitan oraciones, igual que los de los fariseos, pero los tuyos no se privan de comer y beber.» 34 Jesús les dijo: «¿Pueden acaso hacer ayunar a los invitados a la boda mientras el novio está con ellos? 35 Días vendrán en que les será arrebatado el novio; entonces, en aquellos días, ayunarán.»

36 Les dijo también una parábola: «Nadie rompe un vestido nuevo para echar un remiendo a uno viejo, porque, si lo hace, desgarrará el nuevo, y el viejo no combinará con el remiendo del nuevo.

37 «Nadie echa tampoco vino nuevo en vasijas viejas; porque, si lo hace, el vino nuevo reventará las vasijas, el vino se derramará, y las vasijas se echarán a perder; 38 sino que el vino nuevo debe echarse en vasijas nuevas. 39 Nadie, después de beber el vino añejo, quiere del nuevo porque dice: El añejo es el bueno*.»

Las espigas arrancadas en sábado.

||Mt **12** 1-8; ||Mc **2** 23-28.

6 1 Sucedió que, cruzando un sábado por unos sembrados, sus discípulos

5 39 v. propio de Lc: Jesús observa que no todos sus oyentes judíos aprecian su espíritu nuevo. Ver Hch **13** 5+.

arrancaban espigas, las desgranaban con las manos y se las comían. 2 Algunos de los fariseos dijeron: «¿Por qué hacen lo que no es lícito en sábado?» 3 Y Jesús les respondió: «¿Ni siquiera han leído lo que hizo David, cuando sintió hambre él y los que le acompañaban, 4 cómo entró en la Casa de Dios y tomando los panes de la presencia, que no es lícito comer sino sólo a los sacerdotes, comió él y dio a los que le acompañaban?» 5 Y les dijo: «El Hijo del hombre es señor del sábado.»

Curación del hombre de la mano seca.

||Mt **12** 9-14; ||Mc **3** 1-6.

6 Otro sábado entró Jesús en la sinagoga y se puso a enseñar. Había allí un hombre que tenía la mano derecha seca. 7 Estaban al acecho los escribas y fariseos por si curaba en sábado, para encontrar de qué acusarle. 8 Pero él, conociendo sus pensamientos, dijo al hombre que tenía la mano seca: «Levántate y ponte ahí en medio.» Él se levantó y se puso allí. 9 Entonces Jesús les dijo: «Yo les pregunto si en sábado es lícito hacer el bien en vez de hacer el mal, salvar una vida en vez de destruirla.» 10 Y, mirando a todos ellos, le dijo: «Extiende tu mano.» Él lo hizo, y quedó restablecida su mano. 11 Ellos se ofuscaron y deliberaban entre sí qué harían a Jesús.

Elección de los Doce.

||Mt **10** 1-4; ||Mc **3** 13-19.

12 Por aquellos días, se fue él al monte a orar y se pasó la noche en la oración de Dios. 13 Cuando se hizo de día, llamó a sus discípulos y eligió doce de entre ellos, a los que llamó también apóstoles*: 14 A Simón, a quien puso el nombre de Pedro, y a su hermano Andrés; a Santiago y Juan, a Felipe y Bartolomé, 15 a Mateo y Tomás, a Santiago de Alfeo y Simón, llamado Zelota; 16 a Judas de Santiago y a Judas Iscariote, que fue el traidor.

La muchedumbre sigue a Jesús.

||Mt **4** 24-25; ||Mc **3** 7-12.

17 Bajó con ellos y se detuvo en un paraje llano; había un gran número de discípulos suyos y gran muchedumbre del pueblo, de toda Judea, de Jerusalén y de la región costera de Tiro y Sidón, 18 que habían venido para oírlo y ser curados de sus enfermedades. Y los que eran molestados por espíritus inmundos quedaban curados. 19 Toda la gente procuraba tocarlo, porque salía de él una fuerza que sanaba a todos.

Discurso inaugural. Las Bienaventuranzas*.

||Mt **5** 1.3.6.5.11-12.

20 Y él, alzando los ojos hacia sus discípulos, decía:

«Bienaventurados los pobres, porque suyo es el Reino de Dios.

21 Bienaventurados los que tienen hambre ahora, porque serán saciados.

Bienaventurados los que lloran ahora, porque reirán.

22 Bienaventurados serán cuando los hombres los odien, cuando los expulsen, los injurien y proscriban su nombre como malo por causa del Hijo del hombre. 23 Alégrense ese día y salten de gozo, que su recompensa será grande en el cielo. Pues de ese modo trataban sus padres a los profetas.

6 13 *Apóstol* = enviado. En el NT reciben este nombre los «enviados» como testigos de la vida, muerte y resurrección de Cristo, Hch **22** 21+: los Doce, en primer lugar, Mc **3** 14; pero también otros discípulos, Rm **1** 1+; 1 Co **12** 28; Ef **4** 11.

6 20 Los vv. 20-49 corresponden a Mt **5-7**. Lc no ha insertado adiciones, ver **5**+; y ha suprimido lo que estimaba tener menos interés para los lectores no judíos. -Aquí, vv. 20-26, Jesús se dirige directamente a sus oyentes. En forma antitética examina situaciones concretas que comprometen las disposiciones interiores y que contraponen el espíritu de este mundo con el de Cristo. Ver 1 S **2** 8; Is **5** 8-25; Am **5** 11; etc.

Las maldiciones.

24 «Pero ¡ay de ustedes, los ricos!, porque han recibido su consuelo.
25 ¡Ay de ustedes, los que ahora están
llenos!, porque tendrán hambre.
¡Ay de los que ríen ahora!, porque
tendrán tristeza y llanto.
26 ¡Ay cuando todos los hombres hablen bien de ustedes!, pues de ese modo
trataban sus padres a los falsos profetas.

Amor a los enemigos.

||Mt **5** 44.39-40.42; **7** 12; **5** 46.45.

27 «Pero a ustedes, los que me escuchan, yo les digo: Amen a sus enemigos,
hagan bien a los que los odien, 28 bendigan a los que los maldigan, rueguen por
los que los difamen. 29 Al que te hiera en
una mejilla, preséntale también la otra; y
al que te quite el manto, no le niegues la
túnica. 30 A todo el que te pida, dale, y al
que tome lo tuyo, no se lo reclames. 31 Y
traten a los hombres como quieran que
ellos los traten. 32 Si aman a los que los
aman, ¿qué mérito tienen? Pues también
los pecadores aman a los que les aman.
33 Si hacen bien a los que les hacen el
bien, ¿qué mérito tienen? ¡También los
pecadores hacen otro tanto! 34 Si prestan
a aquellos de quienes esperan recibir,
¿qué mérito tienen? También los pecadores prestan a los pecadores para recibir lo correspondiente. 35 Más bien, amen
a sus enemigos; hagan el bien y presten
sin esperar nada a cambio; entonces su
recompensa será grande y serán hijos
del Altísimo, porque él es bueno con los
desagradecidos y los perversos.

Misericordia y beneficencia.

||Mt **7** 1-2; ||Mc **4** 24.

36 «Sean compasivos como su Padre
es compasivo*. 37 No juzguen y no serán
juzgados, no condenen y no serán condenados; perdonen y serán perdonados.
38 Den y se les dará; una medida buena,
apretada, sacudida, rebosante pondrán
en el pliegue de sus vestidos. Porque con
la medida con que midan se les medirá.»

Celo bien ordenado.

||Mt **15** 14; **10** 24-25;
||Jn **13** 16; **15** 20.

39 Les añadió una parábola: «¿Podrá
un ciego guiar a otro ciego? ¿No caerán
los dos en el hoyo*? 40 No está el discípulo por encima del maestro. Será como
el maestro cuando esté perfectamente
instruido. 41 ¿Cómo es que miras la astilla
que hay en el ojo de tu hermano y no
reparas en la viga que hay en tu propio
ojo? 42 ¿Cómo puedes decir a tu hermano: 'Hermano, deja que saque la astilla
que hay en tu ojo', si no ves la viga que
hay en el tuyo? Hipócrita, saca primero
la viga de tu ojo y entonces podrás ver
para sacar la astilla que hay en el ojo de
tu hermano.

||Mt **12** 33-35; **7** 16-18.

43 «Porque no hay árbol bueno que dé
fruto malo y, a la inversa, no hay árbol
malo que dé fruto bueno. 44 Cada árbol se
conoce por su fruto. No se recogen higos
de los espinos, ni de la zarza se cosechan
uvas. 45 El hombre bueno, del buen tesoro del corazón saca lo bueno, y el malo,
del malo saca lo malo. Porque de lo que
rebosa el corazón habla su boca.

Necesidad de las obras.

||Mt **7** 21.24-27.

46 «¿Por qué me llaman: 'Señor, Señor'
y no hacen lo que digo?
47 «Todo el que venga a mí y oiga mis
palabras y las ponga en práctica, les voy
a mostrar a quién es semejante: 48 Es
semejante a un hombre que, al edificar
una casa, cavó profundamente y puso
los cimientos sobre roca. Al sobrevenir
una inundación, rompió el torrente contra aquella casa, pero no pudo destruirla

6 36 Mt **5** 48 dice *perfecto*. Ver Ex **34** 6-7; Dt **4** 31; etc.

6 39 Este versículo y los vv. 44-45 aplican a los discípulos lo que se ha dicho de los fariseos, Mt **15** 14; **7** 16s.

por estar bien edificada. 49 Pero el que haya oído y no haya puesto en práctica es semejante a un hombre que edificó una casa sobre tierra, sin cimientos, contra la que rompió el torrente y al instante se desplomó y fue grande la ruina de aquella casa.»

Curación del siervo de un centurión.

||Mt **8** 5-10.13; ||Jn **4** 46-54?

7 1 Una vez concluidas todas estas palabras al pueblo, entró en Cafarnaún. 2 Se encontraba enfermo y a punto de morir un siervo de un centurión, muy querido de éste. 3 Habiendo oído hablar de Jesús, le envió unos ancianos de los judíos para rogarle que viniera y salvara a su siervo.

4 Éstos, llegando ante Jesús, le suplicaban insistentemente, diciendo: «Merece que se lo concedas, 5 porque ama a nuestro pueblo y él mismo nos ha edificado la sinagoga.» 6 Iba Jesús con ellos y, estando ya no lejos de la casa, envió el centurión a unos amigos a decirle: «Señor, no te molestes, porque no soy digno de que entres bajo mi techo, 7 por eso ni siquiera me consideré digno de salir a tu encuentro. Mándalo de palabra y quede sano mi criado. 8 Porque también yo, que soy un subalterno, tengo soldados a mis órdenes, y digo a éste: 'Vete', y va; y a otro: 'Ven', y viene; y a mi siervo: 'Haz esto', y lo hace.» 9 Al oír esto, Jesús quedó admirado de él, y volviéndose dijo a la muchedumbre que le seguía: «Les digo que ni en Israel he encontrado una fe tan grande.» 10 Cuando los enviados volvieron a la casa hallaron al siervo sano.

Resurrección del hijo de la viuda de Naín*.

11 A continuación se fue a una ciudad llamada Naín. Iban con él sus discípulos y una gran muchedumbre. 12 Cuando se acercaba a la puerta de la ciudad sacaban a enterrar a un muerto, hijo único de su madre, que era viuda; la acompañaba mucha gente de la ciudad. 13 Al verla, el Señor* tuvo compasión de ella y le dijo: «No llores.» 14 Y, acercándose, tocó el féretro. Los que lo llevaban se pararon, y él dijo: «Joven, a ti te digo: Levántate.» 15 El muerto se incorporó y se puso a hablar, y él *se lo dio a su madre**. 16 El temor se apoderó de todos y glorificaban a Dios, diciendo: «Un gran profeta ha surgido entre nosotros», y «Dios ha visitado a su pueblo». 17 Y lo que se decía de él se propagó por toda Judea y por toda la región circunvecina.

Pregunta del Bautista y testimonio de Jesús.

18 Los discípulos de Juan le llevaron todas estas noticias. Entonces él, llamando a dos de ellos, 19 los envió a decir al Señor: «¿Eres tú el que ha de venir, o debemos esperar a otro?» 20 Aquellos hombres se acercaron a él y le dijeron: «Juan el Bautista nos ha enviado a decirte: ¿Eres tú el que ha de venir o debemos esperar a otro?» 21 En aquel momento curó a muchos de sus enfermedades y dolencias y de malos espíritus, y dio vista a muchos ciegos. 22 Y les respondió: «Vayan y cuenten a Juan lo que han visto y oído: Los ciegos ven, los cojos andan, los leprosos quedan limpios, los sordos oyen, los muertos resucitan, se anuncia a los pobres la Buena Nueva; 23 ¡y dichoso aquel que no se escandalice de mí!»

24 Cuando los mensajeros de Juan se alejaron se puso a hablar de Juan a la gente: «¿Qué salieron a ver en el desierto? ¿Una caña agitada por el viento? 25 ¿Qué salieron a ver, si no? ¿Un hombre elegantemente vestido? ¡No! Los que visten magníficamente y con lujo están en los palacios. 26 Entonces, ¿qué salieron

7 11 Este relato propio de Lc, prepara la palabra de Jesús, v. 22.

7 13 En el relato de Lc aparece el título divino de *Señor* aplicado a Jesús, ver **2** 11. Lc lo empleará a menudo; y llegará a convertirse en un nombre propio.

7 15 Ver **9** 42; 1 R **17** 23.

a ver? ¿Un profeta? Sí, les digo, y más
que un profeta. 27 De éste es de quien
está escrito:

He aquí que envío mi mensajero
delante de ti,
que preparará por delante tu
camino.*

28 «Les digo: No hay, entre los nacidos
de mujer, ninguno mayor que Juan; sin
embargo el más pequeño en el Reino de
Dios es mayor que él.» 29 Todo el pueblo
que le escuchó, incluso los publicanos,
reconocieron la justicia de Dios, y se hicieron bautizar con el bautismo de Juan.
30 Pero los fariseos y los juristas, al no
aceptar su bautismo, frustraron el plan
de Dios sobre ellos.

Jesús juzga a su generación.

31 «¿Con quién, compararé, pues, a los
hombres de esta generación? Y ¿a quién
se parecen? 32 Se parecen a los chiquillos
que están sentados en la plaza y se gritan
unos a otros diciendo:

'Les hemos tocado la flauta,
y no han bailado,
les hemos entonado canciones tristes,
y no han llorado.'

33 «Porque ha venido Juan el Bautista,
que no comía pan ni bebía vino, y dicen:
'Demonio tiene.' 34 Ha venido el Hijo
del hombre, que come y bebe, y dicen:
'Ahí tienen un glotón y un borracho,
amigo de publicanos y pecadores.' 35 Y
la Sabiduría se ha acreditado por todos
sus hijos*.»

La pecadora perdonada*.

36 Un fariseo le rogó que comiera con
él, y, entrando en la casa del fariseo, se
puso a la mesa. 37 Había en la ciudad una
mujer pecadora pública. Al enterarse de
que estaba comiendo en casa del fariseo,
llevó un frasco de alabastro de perfume
38 y, poniéndose detrás, a los pies de él,
comenzó a llorar, y con sus lágrimas le
mojaba los pies y con los cabellos de su
cabeza se los secaba; besaba sus pies y
los ungía con el perfume.

39 Al verlo el fariseo que le había invitado, se decía para sí: «Si éste fuera profeta, sabría quién y qué clase de mujer
es la que le está tocando, pues es una
pecadora.» 40 Jesús le respondió: «Simón,
tengo algo que decirte.» Él dijo: «Di, maestro.» 41 «Un acreedor tenía dos deudores:
uno debía quinientos denarios y el otro
cincuenta. 42 Como no tenían para pa-
garle, perdonó a los dos. ¿Quién de ellos
le amará más?» 43 Respondió Simón: «Su-
pongo que aquel a quien perdonó más.»
Él le dijo: «Has juzgado bien.» 44 Y,
volviéndose hacia la mujer, dijo a Simón:
«¿Ves a esta mujer? Entré en tu casa y no
me diste agua para los pies. Ella, en cambio, ha mojado mis pies con lágrimas
y los ha secado con sus cabellos. 45 No
me diste el beso. Ella, desde que entró,
no ha dejado de besarme los pies. 46 No
ungiste mi cabeza con aceite. Ella ha ungido mis pies con perfume. 47 Por eso te
digo que quedan perdonados sus muchos
pecados, porque ha mostrado mucho
amor. A quien poco se le perdona, poco
amor muestra*.» 48 Y le dijo a ella: «Tus
pecados quedan perdonados.» 49 Los comensales empezaron a decirse para sí:
«¿Quién es éste, que hasta perdona los
pecados?» 50 Pero él dijo a la mujer: «Tu
fe te ha salvado. Vete en paz.»

Mujeres que acompañaban a Jesús.
||Mt **4** 23; **9** 35; ||Mc **1** 39;
ver Lc **4** 43-44.

8 1 Recorrió a continuación ciudades y
pueblos, proclamando y anunciando

7 27 Cita de Ml **3** 1.
7 35 Los hijos de Dios, que es la *Sabiduría*, reconocen la justicia de Dios en sus *obras*, Mt **11** 19.
7 36 Episodio propio de Lc, con la parábola de los vv. 40-43. La unción no es la de Betania, Mt **26** 6-13; Mc **14** 3-9; Jn **12** 1-11. La mujer no es ni María de Magdala, **8** 2, ni la hermana de Marta, **10** 39; Jn **11-12**.
7 47 La pecadora muestra amor porque sus pecados han sido perdonados, y no a la inversa.

la Buena Nueva del Reino de Dios; le
acompañaban los Doce, [2] y algunas mujeres que habían sido curadas de espíritus
malignos y enfermedades: María, llamada
Magdalena, de la que habían salido siete
demonios, [3] Juana, mujer de Cusa, un administrador de Herodes, Susana y otras
muchas que les servían con sus bienes.

Parábola del sembrador.

||Mt **13** 1-9; ||Mc **4** 1-9.

[4] Se iba reuniendo mucha gente, a la
que se añadía la que procedía de las ciudades. Les dijo entonces en parábola:

[5] «Salió un sembrador a sembrar su
simiente y, al sembrar, una parte cayó a
lo largo del camino, fue pisada y las aves
del cielo se la comieron; [6] otra cayó sobre piedra y, después de brotar, se secó,
por no tener humedad; [7] otra cayó en
medio de espinos y, creciendo los espinos con ella, la ahogaron. [8] Y otra cayó
en tierra buena y, creciendo, dio fruto
centuplicado.» Dicho esto, exclamó: «El
que tenga oídos para oír, que oiga.»

Por qué habla Jesús en parábolas.

||Mt **13** 10-11.13; ||Mc **4** 10-12.

[9] Le preguntaban sus discípulos qué
significaba esta parábola, [10] y él dijo: «A
ustedes se les ha dado el conocer los
misterios del Reino de Dios; a los demás
sólo en parábolas, para que

viendo, no vean
*y, oyendo, no entiendan**.

Explicación de la parábola del sembrador.

||Mt **13** 18-23; ||Mc **4** 14-20.

[11] «La parábola quiere decir esto: La
simiente es la palabra de Dios. [12] Los de
a lo largo del camino son los que han
oído; después viene el diablo y se lleva
de su corazón la palabra, no sea que
crean y se salven. [13] Los de sobre piedra
son los que, al oír la palabra, la reciben
con alegría; pero no tienen raíz; creen
por algún tiempo, pero a la hora de la
prueba abandonan. [14] Lo que cayó entre
los espinos son los que han oído, pero
las preocupaciones, las riquezas y los placeres de la vida les van sofocando y no
llegan a madurez. [15] Lo que en buena tierra son los que, después de haber oído,
conservan la palabra con corazón bueno
y recto, y dan fruto con perseverancia.

Cómo recibir y transmitir la enseñanza de Jesús.

||Mc **4** 21-22; ||Mt **5** 15; **10** 26;
=Lc **11** 33; **12** 2.

[16] «Nadie enciende una lámpara y la
tapa con una vasija, o la pone debajo
de un lecho, sino que la pone sobre un
candelero, para que los que entren vean
la luz. [17] Pues nada hay oculto que no
quede manifiesto, y nada secreto que no
venga a ser conocido y descubierto.

=Mt **13** 12; **25** 29; =Mc **4** 24-25;
=Lc **19** 26.

[18] «Miren, pues, cómo oyen; porque al
que tenga, se le dará; y al que no tenga,
aun lo que crea tener se le quitará.»

El verdadero parentesco de Jesús*.

||Mt **12** 46-50; ||Mc **3** 31-35.

[19] Se le presentaron su madre y sus
hermanos, pero no podían llegar hasta él
a causa de la gente. [20] Le avisaron: «Tu
madre y tus hermanos están ahí afuera y
quieren verte.» [21] Pero él les respondió:
«Mi madre y mis hermanos son aquellos
que oyen la palabra de Dios y la cumplen.»

La tempestad calmada.

||Mt **8** 18.23-27; ||Mc **4** 35-41.

[22] Cierto día subió a una barca con sus
discípulos y les dijo: «Pasemos a la otra

8 10 Cita de Is **6** 9.
8 19 Este relato en Lc (comparar con Mt **3** 31-35) cierra la pequeña colección sobre la enseñanza en parábolas y su aceptación. Comparar los vv. 15 y 21.

orilla del lago.» Y se hicieron a la mar.
23 Mientras ellos navegaban, se quedó
dormido. Se abatió sobre el lago una borrasca; la barca se anegaba y estaban en
peligro. 24 Entonces, acercándose, le despertaron, diciendo: «¡Maestro, Maestro,
que perecemos!» Él, habiéndose despertado, increpó al viento y al oleaje, que se
apaciguaron y sobrevino la calma. 25 Entonces les dijo: «¿Dónde está su fe?» Ellos,
llenos de temor, se decían entre sí maravillados: «Pues ¿quién es éste, que ordena
a los vientos y al agua, y le obedecen?»

El endemoniado de Gerasa.

‖Mt **8** 28-34; ‖Mc **5** 1-20.

26 Arribaron a la región de los gerasenos, que está frente a Galilea. 27 Al saltar
a tierra, vino de la ciudad a su encuentro
un hombre, poseído por los demonios, y
que hacía mucho tiempo que no llevaba
vestido, ni moraba en una casa, sino en
los sepulcros.

28 Al ver a Jesús se echó a sus pies,
gritando con gran voz: «¿Qué tengo yo
contigo, Jesús, hijo de Dios Altísimo?
Te suplico que no me atormentes.» 29 Es
que él había mandado al espíritu inmundo que saliera de aquel hombre; pues
en muchas ocasiones se apoderaba de
él; y, aunque le sujetaban con cadenas
y grillos para custodiarle, rompía las ligaduras y el demonio le empujaba al desierto. 30 Jesús le preguntó: «¿Cuál es tu
nombre?» Él contestó: «Legión»; porque
habían entrado en él muchos demonios.
31 Y le suplicaban que no les mandara
irse al abismo.

32 Había allí un gran rebaño de cerdos
comiendo en el monte; le suplicaron que
les permitiera entrar en ellos y él se lo
permitió. 33 Los demonios salieron de
aquel hombre y entraron en los cerdos; y
los cerdos se arrojaron al lago de lo alto
del precipicio y se ahogaron.

34 Viendo los que cuidaban los cerdos lo que había pasado, huyeron y lo
contaron por la ciudad y por las aldeas.
35 Salieron, pues, a ver lo que había ocurrido y, llegando junto a Jesús, encontraron al hombre del que habían salido los
demonios, sentado, vestido y en su sano
juicio, a los pies de Jesús; y se llenaron
de temor. 36 Los que lo habían visto, les
contaron cómo había sido salvado el endemoniado. 37 Entonces toda la gente del
país de los gerasenos le rogaron que se
alejara de ellos, porque estaban poseídos
de gran temor. Él, subiendo a la barca,
regresó.

38 El hombre de quien habían salido los
demonios le pedía estar con él; pero lo
despidió, diciendo: 39 «Vuelve a tu casa y
cuenta todo lo que Dios ha hecho contigo.» Y fue por toda la ciudad proclamando todo lo que Jesús había hecho con él.

Curación de una hemorroísa y resurrección de la hija de Jairo.

‖Mt **9** 18-26; ‖Mc **5** 21-43.

40 Cuando regresó Jesús, la muchedumbre le recibió con agrado, pues todos
le estaban esperando. 41 Llegó entonces
un hombre, llamado Jairo, que era jefe
de la sinagoga, y, cayendo a los pies de
Jesús, le suplicaba entrara en su casa,
42 porque su hija única, de unos doce
años, se estaba muriendo. Mientras iba,
la gente le oprimía.

43 Entonces, una mujer que padecía
flujo de sangre desde hacía doce años, y
que no había podido ser curada por nadie, 44 se acercó por detrás y tocó el borde de su manto; y, al punto, se le paró el
flujo de sangre. 45 Jesús dijo: «¿Quién me
ha tocado?» Como todos lo negaban, dijo
Pedro: «Maestro, las gentes te aprietan y
te oprimen.» 46 Pero Jesús dijo: «Alguien
me ha tocado, porque he sentido que
una fuerza ha salido de mí.» 47 Viéndose
descubierta, la mujer se acercó temblorosa y, postrándose ante él, contó delante
de todo el pueblo por qué razón le había
tocado, y cómo al punto había sido curada. 48 Él le dijo: «Hija, tu fe te ha salvado;
vete en paz.»

49 Estaba todavía hablando, cuando
uno de casa del jefe de la sinagoga llega
diciendo: «Tu hija está muerta. No molestes ya al Maestro.» 50 Jesús, que lo oyó,

le dijo: «No temas; solamente ten fe y se
salvará.» 51 Al llegar a la casa no permitió
entrar con él más que a Pedro, Juan y
Santiago, y al padre y a la madre de la niña. 52 Todos la lloraban y se lamentaban,
pero él dijo: «No lloren, no ha muerto;
está dormida.» 53 Y se burlaban de él,
pues sabían que estaba muerta. 54 Él,
tomándola de la mano, dijo en voz alta:
«Niña, levántate.» 55 Retornó el espíritu a
ella y, al punto, se levantó, y él mandó
que le dieran de comer. 56 Sus padres
quedaron estupefactos, y él les ordenó
que a nadie dijeran lo que había pasado.

Misión de los Doce.
||Mt **10** 1.5.8.9-14;
||Mc **6** 7-13.

9 1 Convocando a los Doce, les dio
au toridad y poder sobre todos los
demonios, y para curar enfermedades;
2 y los envió a proclamar el Reino de
Dios y a curar. 3 Y les dijo: «No tomen
nada para el camino, ni bastón, ni alforja, ni pan, ni plata; ni tengan dos túnicas
cada uno. 4 Cuando entren en una casa,
quédense en ella hasta que se marchen
de allí. 5 Y si algunos no los reciben,
salgan de aquella ciudad y sacudan el
polvo de sus pies en testimonio contra
ellos.» 6 Partieron, pues, y recorrieron los
pueblos, anunciando la Buena Nueva y
curando por todas partes.

Herodes y Jesús.
||Mt **14** 1-2;
||Mc **6** 14-16.

7 Se enteró el tetrarca Herodes de todo
lo que pasaba y estaba perplejo, porque
unos decían que Juan había resucitado
de entre los muertos; 8 otros, que Elías
se había aparecido, y otros, que uno de
los antiguos profetas había resucitado.
9 Herodes dijo: «A Juan, le decapité yo.
¿Quién es, pues, éste de quien oigo tales
cosas?» Y buscaba verlo*.

Vuelta de los apóstoles y multiplicación de los panes.
||Mt **14** 13-21; ||Mc **6** 30-44;
||Jn **6** 1-13.

10 Cuando los apóstoles regresaron le
contaron cuanto habían hecho. Y él, tomándolos consigo, se retiró aparte, hacia
una ciudad llamada Betsaida. 11 Pero la
gente lo supo y le siguieron. Él los acogía,
les hablaba del Reino de Dios y curaba a
los que tenían necesidad de ser curados.
12 Pero el día había comenzado a declinar y, acercándose los Doce, le dijeron: «Despide a la gente para que vayan
a los pueblos y aldeas del contorno y
busquen alojamiento y comida, porque
aquí estamos en un lugar deshabitado.»
13 Él les dijo: «Denles ustedes de comer.»
Pero ellos respondieron: «No tenemos
más que cinco panes y dos peces; a no
ser que vayamos nosotros a comprar alimentos para toda esta gente.» 14 Pues había como cinco mil hombres. Él dijo a sus
discípulos: «Hagan que se acomoden por
grupos de unos cincuenta.» 15 Lo hicieron así y acomodaron a todos. 16 Tomó
entonces los cinco panes y los dos peces
y, levantando los ojos al cielo, pronunció
sobre ellos la bendición, los partió y los
iba dando a los discípulos para que los
fueran sirviendo a la gente. 17 Comieron
todos hasta saciarse. Se recogieron los
trozos que les habían sobrado: doce canastos.

Profesión de fe de Pedro.
||Mt **16** 13-20; ||Mc **8** 27-30.

18 Estando una vez orando a solas, en
compañía de los discípulos, les preguntó: «¿Quién dice la gente que soy yo?»
19 Ellos respondieron: «Unos, que Juan el
Bautista; otros, que Elías; otros, que un
profeta de los antiguos ha resucitado.»
20 Les dijo: «Y ustedes, ¿quién dicen que
soy yo?» Pedro le contestó: «El Cristo de
Dios*.» 21 Pero les mandó enérgicamente
que no dijeran esto a nadie.

9 9 Este versículo prepara el encuentro de **23** 8-12.

9 20 Ver **2** 11+.26; **23** 35.

Primer anuncio de la Pasión.

||Mt **16** 21; ||Mc **8** 31.

22 Dijo: «El Hijo del hombre debe sufrir mucho y ser reprobado por los ancianos, los sumos sacerdotes y los escribas, ser matado y resucitar al tercer día.»

Condiciones para seguir a Jesús.

||Mt **10** 38; **16** 24-27; ||Mc **8** 34-38; =Lc **14** 27; ver Jn **12** 26.

23 Decía a todos: «Si alguno quiere venir detrás de mí, niéguese a sí mismo, tome su cruz cada día, y sígame.

||Mt **10** 39; =Lc **17** 33; ||Jn **12** 25.

24 «Porque quien quiera salvar su vida, la perderá; pero quien pierda su vida por mí, ése la salvará. 25 Pues, ¿de qué le sirve al hombre haber ganado el mundo entero, si él mismo se pierde o se arruina?

||Mt **10** 33; =Lc **12** 9.

26 «Porque quien se avergüence de mí y de mis palabras, de ése se avergonzará el Hijo del hombre cuando venga en su gloria, en la de su Padre y en la de los santos ángeles.

Próxima venida del Reino.

||Mt **16** 28; ||Mc **9** 1.

27 «Pues de verdad les digo que hay algunos, entre los aquí presentes, que no gustarán la muerte hasta que vean el Reino de Dios.»

La Transfiguración.

||Mt **17** 1-9; ||Mc **9** 2-10.

28 Unos ocho días después de estas palabras, tomó consigo a Pedro, Juan y Santiago, y subió al monte a orar. 29 Y mientras oraba, el aspecto de su rostro se cambió y sus vestidos eran de una blancura fulgurante. 30 Y he aquí que conversaban con él dos hombres, que eran Moisés y Elías; 31 los cuales aparecían en gloria, y hablaban de su partida, que iba a cumplir en Jerusalén. 32 Pedro y sus compañeros estaban cargados de sueño, pero permanecían despiertos, y vieron su gloria y a los dos hombres que estaban con él. 33 Cuando ellos se separaron de él, dijo Pedro a Jesús: «Maestro, bueno es estarnos aquí. Podríamos hacer tres tiendas, una para ti, otra para Moisés y otra para Elías», sin saber lo que decía. 34 Estaba diciendo estas cosas cuando se formó una nube y los cubrió con su sombra; y, al entrar en la nube, se llenaron de temor. 35 Y vino una voz desde la nube, que decía: «Este es mi Hijo, mi Elegido*; escúchenlo.» 36 Cuando cesó la voz, se encontró Jesús solo. Ellos callaron y, por aquellos días, no dijeron a nadie nada de lo que habían visto.

El endemoniado epiléptico.

||Mt **17** 14-18; ||Mc **9** 14-27.

37 Al día siguiente, cuando bajaron del monte, le salió al encuentro mucha gente. 38 En esto, un hombre de entre la gente empezó a gritar: «Maestro, te suplico que mires a mi hijo, porque es el único que tengo. 39 Mira, un espíritu se apodera de él y de pronto empieza a dar gritos, le hace retorcerse echando espuma, y difícilmente se aparta de él y le deja molido. 40 He pedido a tus discípulos que lo expulsaran, pero no han podido.» 41 Respondió Jesús: «¡Oh generación incrédula y perversa! ¿Hasta cuándo estaré con ustedes y habré de soportarlos? ¡Trae acá a tu hijo!» 42 Cuando se acercaba, el demonio le arrojó por tierra y le agitó violentamente; pero Jesús increpó al espíritu inmundo, curó al niño y lo devolvió a su padre; 43 y todos quedaron atónitos ante la grandeza de Dios.

Segundo anuncio de la Pasión.

||Mt **17** 22; ||Mc **9** 30-32.

Estando todos maravillados por todas las cosas que hacía, dijo a sus discípulos: 44 «Pongan en sus oídos estas palabras: el Hijo del hombre va a ser entregado en manos de los hombres.» 45 Pero ellos no entendían lo que les decía; les estaba

9 35 El *Elegido* es un título mesiánico, ver **23** 35: Jn **1** 34: Is **42** 1; **49** 7.

velado su sentido de modo que no lo
comprendían* y temían preguntarle acerca de este asunto.

¿Quién es el mayor?

||Mt **18** 1-5; ||Mc **9** 33-37;
=Lc **22 24**

46 Se suscitó una discusión entre ellos
sobre quién de ellos sería el mayor.
47 Conociendo Jesús lo que pensaban en
su corazón, tomó a un niño, le puso a su
lado, 48 y les dijo:

||Mt **10** 40; =Lc **10** 16; ||Jn **13** 20.

«El que reciba a este niño en mi
nombre, a mí me recibe; y el que me
reciba a mí, recibe a Aquel que me
ha enviado; pues el más pequeño de
entre ustedes, ése es mayor.»

Empleo del nombre de Jesús.

||Mc **9** 38-40.

49 Tomando Juan la palabra, dijo:
«Maestro, hemos visto a uno que expulsaba demonios en tu nombre y tratamos
de impedírselo, porque no viene con
nosotros.» 50 Pero Jesús le dijo: «No se
lo impidan, pues el que no está contra
ustedes está por ustedes.»

*IV. La subida a Jerusalén**

Mala acogida en un pueblo samaritano.

51 Sucedió que como se iban cumpliendo los días de su asunción, él se afirmó
en su voluntad de ir a Jerusalén. 52 Envió,
pues, mensajeros delante de sí, que fueron y entraron en un pueblo de samaritanos para prepararle posada; 53 pero no
le recibieron porque tenía intención de
ir a Jerusalén*. 54 Al verlo sus discípulos
Santiago y Juan, dijeron: «Señor, ¿quieres que digamos que baje fuego del cielo
y los consuma?» 55 Pero, volviéndose, les
reprendió; 56 y se fueron a otro pueblo.

Exigencias de la vocación apostólica.

||Mt **8** 18-22.

57 Mientras iban caminando, uno le dijo: «Te seguiré adondequiera que vayas.»
58 Jesús le dijo: «Las zorras tienen guaridas, y las aves del cielo nidos; pero el
Hijo del hombre no tiene donde reclinar
la cabeza.»
59 A otro dijo: «Sígueme.» Él respondió: «Déjame ir primero a enterrar a mi
padre.» 60 Le respondió: «Deja que los
muertos entierren a sus muertos*; tú vete
a anunciar el Reino de Dios.»
61 También otro le dijo: «Te seguiré,
Señor; pero déjame antes despedirme de
los de mi casa.» 62 Le dijo Jesús: «Nadie
que pone la mano en el arado y mira hacia atrás es apto para el Reino de Dios*.»

Misión de los setenta y dos discípulos*.

10 1 Después de esto, designó el Señor a otros setenta y dos y los
envió por delante, de dos en dos, a todas

9 45 Jesús les explicará esta palabra después de su resurrección, **24** 25-27.44-46.

9 51 Desde **9** 51 a **18** 14, donde se aparta de Mc y de Mt, Lc muestra a Jesús caminando hacia Jerusalén, **2** 38; **19** 29.41-45; ver Mt **19** 1; **20** 18. La *asunción* (o *ser arrebatado*, ver 2 R **9** 9-11; Mc **16** 19; Hch **1** 2) de Jesús comprende, con su pasión y su muerte, su resurrección y su ascensión. Jn hablará de *elevación*, **12** 32+, y de *glorificación*, **7** 39.

9 53 De ordinario se evitaba el país de los samaritanos, Mt **10** 5, pero Jesús lo atraviesa, **17** 11; Jn **4** 3-42; ver Hch **8** 5-25.

9 60 La *muerte* es a la vez física y espiritual.

9 62 La tercera anécdota es propia de Lc y se encadena con la misión de los discípulos; ver Mt **13** 44+.

10 Lc es el único de los evangelistas que narra esta misión, distinta de la misión de los Doce, **9** 1-5. Mt refunde en un solo discurso las dos instrucciones de misión, Mt **10** 7-16.

las ciudades y sitios adonde él había de
ir. [2] Y les dijo:

||Mt **9** 37-38; **10** 16.7-15;
||Mc **6** 8-11; =Lc **9** 3-5.

«La mies es mucha y los obreros pocos. Rueguen, pues, al Dueño de la mies
que envíe obreros a su mies. [3] Vayan;
miren que les envío como corderos en
medio de lobos. [4] No lleven bolsa, ni
alforja, ni sandalias. Y no saluden a nadie
en el camino. [5] En la casa en que entren,
digan primero: 'Paz a esta casa.' [6] Y si
hubiere allí un hijo de paz*, la paz de ustedes reposará sobre él; si no, se volverá
a ustedes. [7] Permanezcan en la misma casa, coman y beban lo que tengan, porque
el obrero merece su salario. No vayan de
casa en casa. [8] En la ciudad en que entren
y los reciban, coman lo que les pongan;
[9] curen los enfermos que haya en ella, y
díganles: 'El Reino de Dios está cerca de
ustedes.' [10] En la ciudad en que entren y
no los reciban, salgan a sus plazas y digan: [11] 'Sacudimos sobre ustedes hasta el
polvo de su ciudad que se nos ha pegado
a los pies. Sepan, de todas formas, que
el Reino de Dios está cerca.' [12] Les digo
que en aquel Día habrá menos rigor para
Sodoma que para aquella ciudad.

||Mt **11** 21-24.

[13] «¡Ay de ti, Corazín! ¡Ay de ti, Betsaida! Porque si en Tiro y en Sidón se
hubieran hecho los milagros que se han
hecho en ustedes, tiempo ha que, sentados con vestido de penitencia y ceniza,
se habrían convertido. [14] Por eso, en el
Juicio habrá menos rigor para Tiro y
Sidón que para ustedes. [15] Y tú, Cafarnaún, *¿hasta el cielo te vas a encumbrar? ¡Hasta el abismo te hundirás*!*

||Mt **10** 40; ||Mc **9** 37;
=Lc **9** 48; ||Jn **13** 20.

[16] «Quien a ustedes los escucha, a mí
me escucha; y quien a ustedes los rechaza, a mí me rechaza; y quien me rechaza
a mí, rechaza al que me ha enviado.»

De qué deben alegrarse los apóstoles.

[17] Regresaron los setenta y dos, y dijeron alegres: «Señor, hasta los demonios
se nos someten en tu nombre.» [18] Él les
dijo: «Yo veía a Satanás caer del cielo
como un rayo. [19] Miren, les he dado el
poder de pisar sobre serpientes y escorpiones y sobre todo poder del enemigo, y
nada les podrá hacer daño; [20] pero no se
alegren de que los espíritus se les sometan; alégrense de que sus nombres estén
escritos en los cielos.»

El Evangelio revelado a los sencillos. El Padre y el Hijo.

||Mt **11** 25-27.

[21] En aquel momento, se llenó de gozo
Jesús en el Espíritu Santo y dijo: «Yo te
bendigo, Padre, Señor del cielo y de la
tierra, porque has ocultado estas cosas a
sabios e inteligentes y se las has revelado
a pequeños. Sí, Padre, pues tal ha sido
tu voluntad. [22] Mi Padre me lo ha entregado todo, y nadie conoce quién es el
Hijo sino el Padre; y quién es el Padre
sino el Hijo y aquel a quien el Hijo se lo
quiera revelar.»

Privilegio de los discípulos*.

||Mt **13** 16-17.

[23] Volviéndose a los discípulos, les dijo
aparte: «¡Dichosos los ojos que ven lo
que ven! [24] Porque les digo que muchos
profetas y reyes quisieron ver lo que ustedes ven, pero no lo vieron, y oír lo que
ustedes oyen, pero no lo oyeron*.»

El gran mandamiento.

||Mt **22** 34-40;
||Mc **12** 28-31.

[25] Se levantó un jurista y dijo, para tentarle: «Maestro, ¿qué he de hacer para
tener en herencia vida eterna?» [26] Él le dijo: «¿Qué está escrito en la Ley? ¿Cómo

10 6 *Hijo de paz*, hebraísmo que designa un hombre digno de la paz y que la acoge. Ver Is **11** 6+; Jr **6** 12-14; Jn **14** 27.

10 15 Ver Is **14** 13.15.

10 23 Se trata de los creyentes, no de los discípulos solos, como en Mt **13** 16.

10 24 El *misterio* ha sido rodeado de largos silencios, Rm **16** 25+. Ver 1 P **1** 11-12.

lees?» 27 Respondió: «*Amarás al Señor*
tu Dios con todo tu corazón, con toda
tu alma, con todas tus fuerzas y con
toda tu mente; *y a tu prójimo como a ti*
*mismo**.» 28 Le dijo entonces: «Bien has
respondido. Haz eso y vivirás.»

Parábola del buen samaritano*.

29 Pero él, queriendo justificarse, dijo a Jesús: «Y ¿quién es mi prójimo?»
30 Jesús respondió: «Bajaba un hombre
de Jerusalén a Jericó y cayó en manos
de ladrones que, después de despojarle
y darle una paliza, se fueron, dejándole
medio muerto. 31 Casualmente, bajaba
por aquel camino un sacerdote y, al verle, dio un rodeo. 32 De igual modo, un
levita que pasaba por aquel sitio le vio y
dio un rodeo. 33 Pero un samaritano que
iba de camino llegó junto a él, y al verle
tuvo compasión. 34 Acercándose, vendó
sus heridas, echando en ellas aceite y
vino; y le montó luego sobre su propia
cabalgadura, le llevó a una posada y
cuidó de él. 35 Al día siguiente, sacó dos
denarios y se los dio al posadero, diciendo: 'Cuida de él y, si gastas algo más, te
lo pagaré cuando vuelva.' 36 ¿Quién de
estos tres te parece que fue prójimo del
que cayó en manos de los ladrones?»
37 Él dijo: «El que practicó la misericordia
con él.» Le dijo Jesús: «Vete y haz tú lo
mismo.»

Marta y María*.

38 Yendo ellos de camino, entró en
un pueblo; y una mujer, llamada Marta,
le recibió en su casa. 39 Tenía ella una
hermana llamada María, que, sentada a
los pies del Señor, escuchaba su palabra,
40 mientras Marta estaba atareada en muchos quehaceres. Al fin, se paró y dijo:
«Señor, ¿no te importa que mi hermana
me deje sola en el trabajo? Dile, pues,
que me ayude.» 41 Le respondió el Señor:
«Marta, Marta, te preocupas y te agitas
por muchas cosas; 42 y hay necesidad de
pocas, o mejor, de una sola. María ha
elegido la mejor parte, que no le será
quitada.»

El Padre Nuestro.

11 1 Estaba él orando en cierto lugar y cuando terminó, le dijo
uno de sus discípulos: «Señor, enséñanos
a orar, como enseñó Juan a sus discípulos.» 2 Él les dijo: «Cuando oren, digan*:

||Mt **6** 9-13.

«Padre, santificado sea tu Nombre,
venga tu Reino,
3 danos cada día nuestro pan cotidiano,
4 y perdónanos nuestros pecados,
porque también nosotros perdonamos
a todo el que nos debe,
y no nos dejes caer en tentación*.»

El amigo inoportuno.

Ver **18** 1-8.

5 Les dijo también: «Si uno de ustedes
tiene un amigo y, acudiendo a él a medianoche, le dice: 'Amigo, préstame tres
panes, 6 porque ha llegado de viaje a
mi casa un amigo mío y no tengo qué
ofrecerle', 7 y aquél, desde dentro, le
responde: 'No me molestes; la puerta ya
está cerrada, y mis hijos y yo estamos
acostados; no puedo levantarme a dár-
telos', 8 les aseguro que si no se levanta
a dárselos por ser su amigo, se levantará

10 27 Cita de Dt **6** 5 y Lv **19** 18.

10 29 La respuesta de Jesús al doctor, vv. 25-28, va seguida en Lc de una parábola que le es propia. Al comparar a los judíos obligados a la misericordia con un samaritano, **9** 53+, Jesús muestra que es al discípulo de Cristo a quien toca hacerse *prójimo* de todos los demás, Mt **5** 43+.

10 38 Volvemos a encontrar a las dos hermanas en Jn **11** 1-**12** 3, con los mismos rasgos de carácter. Jesús censura a Marta por inquietarse, no por prestar un servicio, y alaba a María por escuchar su palabra, la única cosa necesaria, ver **8** 21; **11** 27-28.

11 2 Ver Mt **6** 7+ El *Padre nuestro* es aquí más breve, con cinco peticiones.

11 4 Sobre *tentación*, ver Mt **6** 13+.

para que deje de molestarle y le dará cuanto necesite.

Eficacia de la oración.
||Mt **7** 7-11;
ver Jn **14** 13-14+.

9 «Yo les digo: Pidan y se les dará; busquen y hallarán; llamen y se les abrirá. 10 Porque todo el que pide, recibe; el que busca, halla; y al que llama, le abrirán. 11 ¿Qué padre hay entre ustedes que, si su hijo le pide un pescado, en lugar de un pescado le da una culebra; 12 o, si pide un huevo, le da un escorpión? 13 Si, pues, ustedes, aun siendo malos, saben dar cosas buenas a sus hijos, ¡cuánto más el Padre del cielo dará el Espíritu Santo a los que se lo pidan!»

Jesús y Beelzebul.
||Mt **12** 22-29; **16** 1;
||Mc **3** 22-27;
8 11; =Lc **11** 29.

14 Estaba expulsando un demonio que era mudo. Apenas salió el demonio, habló el mudo y la gente se admiró. 15 Pero algunos de ellos dijeron: «Por Beelzebul, príncipe de los demonios, expulsa los demonios.» 16 Otros, para tentarle, le pedían un signo del cielo. 17 Pero él, conociendo sus intenciones, les dijo: «Todo reino dividido contra sí mismo queda destruido y una casa se desploma sobre la otra. 18 Si, pues, también Satanás está dividido contra sí mismo, ¿cómo va a subsistir su reino?... porque dicen que yo expulso los demonios por Beelzebul. 19 Si yo expulso los demonios por Beelzebul, ¿por quién los expulsan sus hijos? Por eso, ellos serán sus jueces. 20 Pero si por el dedo de Dios* expulso yo los demonios, es que ha llegado a ustedes el Reino de Dios. 21 Cuando uno fuerte y bien armado custodia su palacio, sus bienes están seguros; 22 pero si llega uno más fuerte que él y le vence, le quita las armas en las que estaba confiado y reparte sus despojos.

Intransigencia de Jesús.
||Mt **12** 30.

23 «El que no está conmigo, está contra mí; y el que no recoge conmigo, desparrama.

Estrategia de Satanás.
||Mt **12** 43-45.

24 «Cuando el espíritu inmundo sale del hombre, anda vagando por lugares áridos, en busca de reposo; y, al no encontrarlo, dice: 'Me volveré a mi casa, de donde salí.' 25 Y, al llegar, la encuentra barrida y en orden. 26 Entonces va y toma otros siete espíritus peores que él; entran y se instalan allí, y el final de aquel hombre viene a ser peor que el principio.»

La verdadera dicha.
Ver **8** 21.

27 Estaba él diciendo estas cosas cuando alzó la voz una mujer de entre la gente y dijo: «¡Dichoso el seno que te llevó y los pechos que te criaron!» 28 Pero él dijo: «Dichosos más bien los que oyen la palabra de Dios y la guardan*.»

El signo de Jonás.
||Mt **12** 38-42.

29 Habiéndose reunido la gente, comenzó a decir: «Esta generación es una generación malvada; pide un signo, pero no se le dará otro signo que el signo de Jonás. 30 Porque así como Jonás fue signo para los ninivitas, así lo será el Hijo del hombre para esta generación*. 31 La reina del Sur se levantará en el Juicio con los hombres de esta generación y

11 20 *Dedo de Dios*, expresión inspirada en Ex **8** 15; Sal **8** **4**; designa al Espíritu Santo Mt **12** 38.

11 28 Los vv. 27 y 28 son propios de Lc. La respuesta, ver **10** 38+ honra a María, lejos de excluirla, **1** 38.45; **2** 48-51.

11 30 Jonás y Jesús enseñan el camino de la salvación. Otra interpretación del signo *de Jonás* en Mt **12** 38s.

los condenará; porque ella vino de los confines de la tierra a oír la sabiduría de Salomón, y aquí hay algo más que Salomón. 32 Los ninivitas se levantarán en el Juicio con esta generación y la condenarán; porque ellos se convirtieron por la predicación de Jonás, y aquí hay algo más que Jonás.

Dos «logia» sobre la lámpara.

||Mt **5** 15; **6** 22-23; ||Mc **4** 21;
=Lc **8** 16.

33 «Nadie enciende una lámpara y la pone en sitio oculto, ni bajo el celemín*, sino sobre el candelero, para que los que entren vean el resplandor. 34 Tu ojo es la lámpara de tu cuerpo. Cuando tu ojo está sano, todo tu cuerpo está iluminado; pero cuando está malo, también tu cuerpo está a oscuras. 35 Mira, pues, que la luz que hay en ti no sea oscuridad. 36 Si, pues, tu cuerpo está enteramente iluminado, sin parte alguna oscura, estará tan enteramente luminoso, como cuando la lámpara te ilumina con su fulgor*.»

Contra los fariseos y juristas.

37 Cuando terminó de hablar, un fariseo le rogó que fuera a comer con él; entró, pues, y se puso a la mesa. 38 El fariseo se quedó admirado viendo que había omitido las abluciones antes de comer.

||Mt **23** 25-26.

39 Pero el Señor le dijo: «¡Bien! Ustedes, los fariseos, purifican por fuera la copa y el plato, mientras por dentro están llenos de rapiña y maldad. 40 ¡Insensatos! El que hizo el exterior, ¿no hizo también el interior? 41 Den más bien en limosna lo que tengan y entonces todo será puro para ustedes.

||Mt **23** 23.

42 «Pero, ¡ay de ustedes, los fariseos, que pagan el diezmo de la menta, de la ruda y de toda hortaliza, y dejan a un lado la justicia y el amor a Dios! Esto es lo que había que practicar, aunque sin omitir aquello.

||Mt **23** 6-7.27; ||Mc **12** 38-39;
=Lc **20** 46.

43 «¡Ay de ustedes, los fariseos, que aman el primer asiento en las sinagogas y que se les salude en las plazas! 44 ¡Ay de ustedes, pues son como los sepulcros que no se ven, sobre los que andan los hombres sin saberlo!»

||Mt **23** 4.

45 Uno de los juristas le respondió: «¡Maestro, diciendo estas cosas también nos injurias a nosotros!» 46 Pero él dijo: «¡Ay también de ustedes, los juristas, que imponen a los hombres cargas intolerables, y ustedes no las tocan ni con uno de sus dedos!

||Mt **23** 29-31.

47 «¡Ay de ustedes, porque edifican los sepulcros de los profetas que sus padres mataron! 48 Por tanto, son testigos y están de acuerdo con las obras de sus padres; porque ellos los mataron y ustedes erigen monumentos.

||Mt **23** 34-36.

49 «Por eso dijo la Sabiduría de Dios: Les enviaré profetas y apóstoles; a algunos los matarán y perseguirán, 50 para que se pidan a esta generación cuentas de la sangre de todos los profetas derramada desde la creación del mundo, 51 desde la sangre de Abel hasta la sangre de Zacarías, el que pereció entre el altar y el Santuario. Sí, les aseguro que se pedirán cuentas a esta generación.

||Mt **23** 13.

52 «¡Ay de ustedes, los juristas, que se han llevado la llave de la ciencia! No entraron ustedes, y a los que están entrando se lo han impedido.»

53 Y cuando salió de allí, comenzaron los escribas y fariseos a acosarle implacablemente y hacerle hablar de muchas cosas, 54 buscando, con insidias, cazar alguna palabra de su boca.

11 33 *Celemín*, ver Mt **5** 15+.
11 36 El mensaje de Jesús, dirigido a todos, puede ser comprendido por todos los que son de corazón recto. Ver Mt **6** 22-23; Jn **3** 19-21.

Hablar francamente y sin temor.

12 1 En esto, habiéndose reunido miles y miles de personas, hasta pisarse unos a otros, se puso a decir primeramente a sus discípulos:

||Mt **10** 26-27; **16** 6.12; ||Mc **4** 22; **8** 15; =Lc **8** 17.

«Guárdense de la levadura de los fariseos, que es la hipocresía. 2 Nada hay encubierto que no haya de ser descubierto ni oculto que no haya de saberse. 3 Porque cuanto dijeron en la oscuridad será oído a la luz, y lo que hablaron al oído en las habitaciones privadas será proclamado desde las azoteas.

||Mt **10** 28-31.

4 «Les digo a ustedes, amigos míos: No teman a los que matan el cuerpo, y después de esto no pueden hacer más. 5 Les mostraré a quién deben temer: teman a Aquel que, después de matar, tiene poder para arrojar a la gehenna; sí, les repito: teman a ése.

6 «¿No se venden cinco pajarillos por dos ases*? Pues bien, ni uno de ellos está olvidado ante Dios. 7 Hasta los cabellos de su cabeza están todos contados. No teman; valen más que muchos pajarillos.

||Mt **10** 32-33; ||Mc **8** 38; =Lc **9** 26.

8 «Yo les digo: Por todo el que se declare en favor mío ante los hombres, también el Hijo del hombre se declarará en su favor ante los ángeles de Dios. 9 Pero el que me niegue delante de los hombres, será negado delante de los ángeles de Dios.

||Mt **12** 32; ||Mc **3** 29.

10 «A todo el que diga una palabra contra el Hijo del hombre se le perdonará; pero al que blasfeme contra el Espíritu Santo no se le perdonará.

||Mt **10** 17-20; ||Mc **13** 11; =Lc **21** 12-15.

11 «Cuando los lleven a las sinagogas, ante los magistrados y las autoridades, no se preocupen de cómo o con qué se defenderán, o qué dirán, 12 porque el Espíritu Santo les enseñará en aquel mismo momento lo que conviene decir.»

No acumular riquezas.

13 Uno de la gente le dijo: «Maestro, dile a mi hermano que reparta la herencia conmigo.» 14 Él le respondió: «¡Hombre! ¿Quién me ha constituido juez o repartidor entre ustedes?» 15 Y les dijo: «Miren y guárdense de toda codicia, porque, aunque alguien posea abundantes riquezas, éstas no le garantizan la vida.»

16 Les dijo una parábola: «Los campos de cierto hombre rico dieron mucho fruto; 17 y pensaba entre sí, diciendo: '¿Qué haré, pues no tengo dónde almacenar mi cosecha?' 18 Y dijo: 'Voy a hacer esto: Voy a demoler mis graneros, edificaré otros más grandes, reuniré allí todo mi trigo y mis bienes 19 y diré a mi alma: Alma, tienes muchos bienes en reserva para muchos años. Descansa, come, bebe, banquetea.' 20 Pero Dios le dijo: '¡Necio! Esta misma noche te reclamarán el alma; las cosas que preparaste, ¿para quién serán?' 21 Así es el que atesora riquezas para sí y no se enriquece en orden a Dios.»

Abandono en la Providencia*.

||Mt **6** 25-34.

22 Dijo a sus discípulos: «Por eso les digo: No anden preocupados por la vida, qué comerán, ni por el cuerpo, con qué se vestirán: 23 porque la vida vale más que el alimento y el cuerpo más que el vestido; 24 fíjense en los cuervos: ni siembran, ni cosechan; no tienen bodega ni granero, pero Dios los alimenta. ¡Cuánto más valen ustedes que las aves! 25 Por lo demás, ¿quién de ustedes puede, por más que se preocupe, añadir una hora a la medida de su vida? 26 Si, pues, no son capaces ni de lo más pequeño, ¿por qué se preocupan de lo demás? 27 Fíjense en los lirios, cómo ni hilan ni tejen. Pero yo

12 6 *As*, moneda romana de poco valor.

12 22 Estas instrucciones, como las de Mt **6** 25-33, se dirigen a los discípulos que se han puesto al servicio de Cristo.

les digo que ni Salomón en toda su gloria se vistió como uno de ellos. 28 Pues
si a la hierba que hoy está en el campo
y mañana se echa al horno, Dios así la
viste ¡cuánto más a ustedes, hombres de
poca fe! 29 Así, pues, ustedes no anden
buscando qué comer ni qué beber, y no
estén inquietos. 30 Que por todas esas
cosas se afanan los gentiles del mundo; y
ya sabe su Padre que tienen la necesidad
de eso. 31 Busquen más bien su Reino y
esas cosas se les darán por añadidura.

32 «No temas, pequeño rebaño, porque a su Padre le ha parecido bien darles
a ustedes el Reino.

Vender los bienes y hacer limosnas*.

||Mt **6** 20-21.

33 «Vendan sus bienes y den limosna.
Hagan bolsas que no se deterioran, un
tesoro inagotable en los cielos, donde no
llega el ladrón, ni la polilla corroe; 34 porque donde esté su tesoro, allí estará también su corazón.

Estar preparados para cuando vuelva el Señor.

||Mc **13** 35;
||Mt **24** 43-44.

35 «Tengan ceñida la cintura y las lámparas encendidas, 36 y sean como hombres que esperan a que su señor vuelva
de la boda, para que, en cuanto llegue y
llame, al instante le abran. 37 Dichosos
los siervos a quienes el señor, al venir,
encuentre despiertos: yo les aseguro que
se ceñirá, los hará ponerse a la mesa y,
yendo de uno a otro, les servirá. 38 Que
venga a medianoche o de madrugada,
si los encuentra así, ¡dichosos ellos!
39 Entiéndanlo bien: si el dueño de casa
supiera a qué hora iba a venir el ladrón,
no dejaría que le agujerearan su casa.
40 Estén también ustedes preparados,
porque cuando menos lo piensen, vendrá el Hijo del hombre.»

||Mt **24** 45-51.

41 Dijo Pedro: «Señor, ¿dices esta parábola para nosotros o para todos?»
42 Respondió el Señor: «¿Quién es, pues,
el administrador fiel y prudente a quien
el señor pondrá al frente de su servidumbre para darles a su tiempo su ración
conveniente? 43 Dichoso aquel siervo
a quien su señor, al llegar, encuentre
haciéndolo así. 44 De verdad les digo que
le pondrá al frente de todos sus bienes.
45 Pero si aquel siervo se dice en su corazón: 'Mi señor tarda en venir', y se pone
a golpear a los criados y a las criadas,
a comer y a beber y a emborracharse,
46 vendrá el señor de aquel siervo el día
que no espera y en el momento que no
sabe, le castigará severamente y le señalará su suerte entre los infieles.

47 «Aquel siervo que, conociendo la
voluntad de su señor, no ha preparado
nada ni ha obrado conforme a su voluntad, recibirá muchos azotes; 48 el que
no la conoce y hace cosas que merecen
azotes, recibirá pocos; a quien se le dio
mucho, se le reclamará mucho; y a quien
se confió mucho, se le pedirá más.

Jesús ante su Pasión.

49 «He venido a arrojar un fuego sobre
la tierra y ¡cuánto desearía que ya hubiera prendido! 50 Con un bautismo tengo
que ser bautizado y ¡qué angustiado estoy hasta que se cumpla!

Jesús causa de disensión.

||Mt **10** 34-36.

51 «¿Creen que estoy aquí para poner
paz en la tierra? No, se lo aseguro, sino
división. 52 Porque desde ahora habrá
cinco en una casa y estarán divididos;
tres contra dos, y dos contra tres; 53 estarán divididos el padre contra el hijo y
el hijo contra el padre; la madre contra
la hija y la hija contra la madre; la suegra contra la nuera y la nuera contra la
suegra.»

12 33 Lc se complace en insistir en la renuncia y en la limosna, **3** 11; **5** 11.28; **11** 41; **14** 33; etc. Ver Mt **5** 3+; **6** 19-21; Hch **4** 34-35; **9** 36; **10** 2.4.31.

Las señales de los tiempos.

||Mt **16** 2-3.

54 Decía también a la gente: «Cuando
ven que una nube se levanta por occidente, al momento dicen: 'Va a llover', y
así sucede. 55 Y cuando sopla el sur, dicen: 'Hará calor', y así sucede. 56 ¡Hipócritas! Saben interpretar el aspecto de la
tierra y del cielo, ¿cómo no interpretan,
pues, este tiempo?

||Mt **5** 25-26.

57 «¿Por qué no juzgan por ustedes mismos lo que es justo? 58 Cuando vayas con
tu adversario al magistrado, procura en el
camino arreglarte con él, no sea que te
arrastre ante el juez, el juez te entregue al
carcelero y el carcelero te meta en la cárcel. 59 Te digo que no saldrás de allí hasta
que no hayas pagado el último centavo.»

Invitación a la penitencia*.

13 1 En aquel mismo momento
lle garon algunos que le contaron lo de los galileos, cuya sangre había
mezclado Pilato con la de sus sacrificios.
2 Les respondió Jesús: «¿Piensan que
esos galileos eran más pecadores que
todos los demás galileos, porque han padecido estas cosas? 3 No, se lo aseguro;
y si no se convierten, todos perecerán
del mismo modo. 4 O aquellos dieciocho
sobre los que se desplomó la torre de
Siloé y los mató, ¿piensan que eran más
culpables que los demás hombres que habitaban en Jerusalén? 5 No, se lo aseguro; y si no se convierten, todos perecerán
del mismo modo.»

Parábola de la higuera estéril*.

6 Les dijo esta parábola: «Un hombre
tenía plantada una higuera en su viña, fue
a buscar fruto en ella y no lo encontró.
7 Dijo entonces al viñador: 'Ya hace tres
años que vengo a buscar fruto en esta
higuera y no lo encuentro. Córtala; ¿Para
qué ha de ocupar el terreno estérilmente?'
8 Pero él le respondió: 'Señor, déjala por
este año todavía y mientras tanto cavaré
a su alrededor y echaré abono, 9 por si da
fruto en adelante; y si no da, la cortas.'»

Curación en sábado de la mujer encorvada.

Ver **6** 6-11; **14** 1-6.

10 Estaba un sábado enseñando en una
sinagoga. 11 Había allí una mujer a la que
un espíritu tenía enferma hacía dieciocho años; estaba encorvada y no podía
en modo alguno enderezarse. 12 Al verla,
Jesús la llamó y le dijo: «Mujer, quedas
libre de tu enfermedad.» 13 Y le impuso
las manos. Y al instante se enderezó y
glorificaba a Dios.
14 Pero el jefe de la sinagoga, indignado
de que Jesús hubiera hecho una curación
en sábado, decía a la gente: «Hay seis
días en que se puede trabajar; vengan,
pues, esos días a curarse, y no en día de
sábado.»

Ver Mt **12** 11; Lc **14** 5.

15 Le replicó el Señor: «¡Hipócritas!
¿No desatan del pesebre todos ustedes
en sábado a su buey o su burro para llevarlos a abrevar? 16 Y a ésta, que es hija
de Abrahán, a la que ató Satanás hace
ya dieciocho años, ¿no estaba bien desa-
tarla de esta ligadura en día de sábado?»
17 Y cuando decía estas cosas, sus adversarios quedaban confundidos, mientras
que toda la gente se alegraba con las
maravillas que hacía.

Parábola del grano de mostaza.

||Mt **13** 31-32; ||Mc **4** 30-32.

18 Decía, pues: «¿A qué es semejante
el Reino de Dios? ¿A qué lo compararé?
19 Es semejante a un grano de mostaza,
que tomó un hombre y lo puso en su
huerto; creció hasta hacerse árbol y las
aves del cielo anidaron en sus ramas.»

13 Desconocemos estos dos acontecimientos. La desgracia invita a la penitencia; pero no guarda relación directa con la falta, ver Jn **9** 3; Mt **5** 45.

13 6 El acto de severidad de Mt **21** 18-22; Mc **11** 12-14.20-21, adquiere aquí la forma de una parábola sobre la paciencia.

Parábola de la levadura.
||Mt **13** 33.

[20] Dijo también: «¿A qué compararé el Reino de Dios? [21] Es semejante a la levadura que tomó una mujer y la metió en tres medidas de harina hasta que todo fermentó.»

La puerta estrecha. Reprobación de los judíos infieles y vocación de los gentiles.
||Mt **7** 13-14.

[22] Atravesaba ciudades y pueblos enseñando, mientras caminaba hacia Jerusalén. [23] Uno le dijo: «Señor, ¿son pocos los que se salvan?» Él les dijo: [24] «Luchen por entrar por la puerta estrecha, porque, les digo, muchos pretenderán entrar y no podrán.
||Mt **25** 10-12; **7** 22-23.
[25] «Cuando el dueño de la casa se levante y cierre la puerta, se pondrán los que están afuera a llamar a la puerta, diciendo: '¡Señor, ábrenos!' Y les responderá: 'No sé de dónde son.' [26] Entonces empezarán a decir: 'Hemos comido y bebido contigo y has enseñado en nuestras plazas'. [27] Pero les volverá a decir: 'No sé de dónde son. *¡Retírense de mí, todos los malhechores*!*'
||Mt **8** 11-12.
[28] «Allí será el llanto y el rechinar de dientes, cuando vean a Abrahán, Isaac y Jacob y a todos los profetas en el Reino de Dios, mientras a ustedes les echan fuera. [29] Y vendrán de oriente y occidente, del norte y del sur, y se pondrán a la mesa en el Reino de Dios.
||Mt **19** 30; **20** 16; ||Mc **10** 31.
[30] «Pues hay últimos que serán primeros y hay primeros que serán últimos.»

Herodes el astuto.

[31] En aquel mismo momento se acercaron algunos fariseos y le dijeron: «Sal y vete de aquí, porque Herodes quiere matarte.» [32] Él les contestó: «Vayan a decir a ese zorro: Yo expulso demonios y llevo a cabo curaciones hoy y mañana, y al tercer día soy consumado*. [33] Pero conviene que hoy y mañana y pasado siga adelante, porque no cabe que un profeta perezca fuera de Jerusalén*.

Apóstrofe a Jerusalén.
||Mt **23** 37-39.

[34] «¡Jerusalén, Jerusalén!, la que mata a los profetas y apedrea a los que le son enviados. ¡Cuántas veces he querido reunir a tus hijos, como una gallina sus polluelos bajo las alas, y no han querido! [35] Pues bien, se les va a dejar desierta su casa. Les digo que no me volverán a ver hasta que llegue el día en que digan:

¡Bendito el que viene en nombre del Señor!*»

Curación de un hidrópico en sábado.

14 [1] Sucedió que un sábado fue a comer a casa de uno de los jefes de los fariseos. Ellos le estaban observando. [2] Había allí, delante de él, un hombre hidrópico. [3] Entonces preguntó Jesús a los juristas y a los fariseos: «¿Es lícito curar en sábado, o no?» [4] Pero ellos se callaron. Entonces le tomó, le curó y le despidió.
||Mt **12** 11; ver Lc **13** 15.
[5] Y a ellos les dijo: «¿A quién de ustedes se le cae un hijo o un buey a un pozo en día de sábado y no lo saca al momento?» [6] Y no pudieron replicar a esto.

Elección de asientos.

[7] Notando cómo los invitados elegían los primeros puestos, les dijo una parábola: [8] «Cuando alguien te invite a una boda, no te pongas en el primer puesto, no sea que haya invitado a otro más distinguido

13 27 Cita de Sal **6** 9.
13 32 Jesús pondrá remate a su vida y a su misión con el sufrimiento, ver **22** 53; Jn **7** 30; **8** 20: **19** 30+: Hb **2** 10+.
13 33 Jesús prosigue su misión, el camino hacia la Ciudad donde debe morir, **6** 23; **9** 51+.
13 35 Cita de Sal **118** 26.

que tú 9 y, viniendo el que los invitó a ti y a él, te diga: 'Deja el sitio a éste', y tengas que ir, avergonzado, a sentarte en el último puesto. 10 Al contrario, cuando te inviten, vete a sentarte en el último puesto, de manera que, cuando venga el que te invitó, te diga: 'Amigo, sube más arriba.' Y esto será un honor para ti delante de todos los que estén contigo a la mesa.

||Mt **23** 12; =Lc **18** 14.

11 «Porque todo el que se ensalza, será humillado; y el que se humilla, será ensalzado.»

Elección de invitados.

12 Dijo también al que le había invitado: «Cuando des una comida o una cena, no llames a tus amigos, ni a tus hermanos, ni a tus parientes, ni a tus vecinos ricos; no sea que ellos te inviten a su vez y tengas ya tu recompensa. 13 Cuando des un banquete, llama a los pobres, a los lisiados, a los cojos, a los ciegos; 14 y serás dichoso, porque no te pueden corresponder, pues se te recompensará en la resurrección de los justos.»

Los invitados que se excusan.

||Mt **22** 2-10.

15 Al oír esto, uno de los comensales le dijo: «¡Dichoso el que pueda comer en el Reino de Dios!» 16 Él le respondió: «Un hombre dio una gran cena y convidó a muchos; 17 a la hora de la cena envió a su siervo a decir a los invitados: 'Vengan, que ya está todo preparado.' 18 Pero todos a una empezaron a excusarse. El primero le dijo: 'He comprado un campo y tengo que ir a verlo; te ruego me dispenses.' 19 Y otro dijo: 'He comprado cinco yuntas de bueyes y voy a probarlas; te ruego me dispenses.' 20 Otro dijo: 'Me acabo de casar, y por eso no puedo ir.'

21 «Regresó el siervo y se lo contó a su señor. Entonces, el dueño de la casa, airado, dijo a su siervo: 'Sal en seguida a las plazas y calles de la ciudad, y haz entrar aquí a los pobres y lisiados, a ciegos y cojos.' 22 Dijo el siervo: 'Señor, se ha hecho lo que mandaste, y todavía hay sitio.' 23 Dijo el señor al siervo: 'Sal a los caminos y cercas, y obliga a entrar hasta que se llene mi casa.' 24 Porque os digo que ninguno de aquellos invitados probará mi cena.»

Renuncia a todo lo que se ama.

25 Caminaba con él mucha gente y, volviéndose, les dijo:

||Mt **10** 38; **16** 24; ||Mc **8** 34; =Lc **9** 23.

26 «Si alguno viene junto a mí y no odia* a su padre, a su madre, a su mujer, a sus hijos, a sus hermanos, a sus hermanas y hasta su propia vida, no puede ser discípulo mío. 27 El que no lleve su cruz y venga detrás de mí, no puede ser discípulo mío.

Renuncia a los bienes*.

28 «Porque ¿quién de ustedes, que quiere edificar una torre, no se sienta primero a calcular los gastos y ver si tiene para acabarla? 29 No sea que, habiendo puesto los cimientos y no pudiendo terminar, todos los que lo vean se pongan a burlarse de él, diciendo: 30 'Éste comenzó a edificar y no pudo terminar.' 31 O ¿qué rey, antes de salir contra otro rey, no se sienta a deliberar si con diez mil puede salir al paso del que viene contra él con veinte mil? 32 Y si no, cuando el otro está todavía lejos, envía una embajada para pedir condiciones de paz. 33 Pues, de igual manera, cualquiera de ustedes que no renuncie a todos sus bienes no puede ser discípulo mío.

No perder la eficacia.

||Mt **5** 13; ||Mc **9** 50.

34 «Buena es la sal; mas si también la sal pierde su sabor, ¿con qué se la sazo-

14 26 *Odiar:* hebraísmo; hay que preferir a Cristo sobre todas las cosas, ver **9** 57-62; **18** 29.

14 28 Antes de comprometerse es preciso pensarlo bien; y lo mismo antes de seguir a Cristo, sin volverse atrás, v. 33.

nará? 35 No es útil ni para la tierra ni para
la basura; la tiran fuera. El que tenga
oídos para oír, que oiga.»

Las tres parábolas de la misericordia*.

15 1 Todos los publicanos y los pecadores se acercaban a él para
oírle. 2 Los fariseos y los escribas murmuraban, diciendo: «Éste acoge a los
pecadores y come con ellos.» 3 Entonces
les dijo esta parábola:

La oveja perdida.

||Mt **18** 12-14.

4 «¿Quién de ustedes que tiene cien
ovejas, si pierde una de ellas, no deja
las noventa y nueve en el desierto y va
a buscar la que se perdió, hasta que la
encuentra? 5 Cuando la encuentra, se
la pone muy contento sobre los hombros 6 y, llegando a casa, convoca a los
amigos y vecinos y les dice: 'Alégrense
conmigo, porque he hallado la oveja que
se me había perdido.' 7 Les digo que, de
igual modo, habrá más alegría en el cielo
por un solo pecador que se convierta
que por noventa y nueve justos que no
tengan necesidad de conversión.

La dracma perdida*.

8 «O, ¿qué mujer que tiene diez dracmas,
si pierde una, no enciende una lámpara
y barre la casa y busca cuidadosamente
hasta que la encuentra? 9 Y cuando la
encuentra, convoca a las amigas y vecinas
y les dice: 'Alégrense conmigo, porque
he hallado la dracma que había perdido.'
10 Pues les digo que, del mismo modo, hay
alegría entre los ángeles de Dios por un
solo pecador que se convierta.»

El hijo perdido y el hijo fiel: «El hijo pródigo*.»

11 Dijo: «Un hombre tenía dos hijos.
12 El menor de ellos dijo al padre: 'Padre,
dame la parte de los bienes que me corresponde.' Y él les repartió la hacienda.
13 Pocos días después, el hijo menor lo
reunió todo y se marchó a un país lejano, donde malgastó sus bienes viviendo
como un libertino.

14 «Cuando se lo había gastado todo,
sobrevino un hambre extrema en aquel
país y comenzó a pasar necesidad. 15 Entonces fue y se arrimó a uno de los ciudadanos de aquel país, que le envió a sus
campos a cuidar cerdos. 16 Y deseaba
llenar su vientre con las algarrobas que
comían los cerdos, pues nadie le daba
nada. 17 Y entrando en sí mismo, dijo:
'¡Cuántos jornaleros de mi padre tienen
pan en abundancia, mientras que yo aquí
me muero de hambre! 18 Me levantaré,
iré a mi padre y le diré: Padre, pequé
contra el cielo y ante ti. 19 Ya no merezco
ser llamado hijo tuyo, trátame como a
uno de tus jornaleros.' 20 Y, levantándose, partió hacia su padre.

«Estando él todavía lejos, le vio su padre y, conmovido, corrió, se echó a su
cuello y le besó efusivamente. 21 El hijo
le dijo: 'Padre, pequé contra el cielo y
ante ti; ya no merezco ser llamado hijo
tuyo.' 22 Pero el padre dijo a sus siervos:
'Dense prisa; traigan el mejor vestido y
vístanlo, pónganle un anillo en la mano
y unas sandalias en los pies. 23 Traigan el
novillo cebado, mátenlo, y comamos y
celebremos una fiesta, 24 porque este hijo
mío había muerto y ha vuelto a la vida;
se había perdido y ha sido hallado.' Y
comenzaron la fiesta.

15 Lc tiene varias parábolas propias. La enseñanza de todas ellas atañe más a las personas y a su moral que al tema del reino (como las de Mc) o del juicio final y relaciones entre los componentes de la comunidad (como las propias de Mt). En las tres parábolas agrupadas aquí se recalca por tres veces el gozo de Dios por encontrar *lo que estaba perdido,* **19** 10, frente al desprecio que muestran los fariseos por los pecadores, **5** 30-32.

15 8 *Dracma*, moneda griega de poco valor, equivalente al *denario* romano.

15 11 Parábola propia de Lucas. Frente a la actitud de escribas y fariseos, que se jactaban de cumplir todos los preceptos de la Ley, v. 29, Lc subraya la actitud misericordiosa del Padre, protagonista principal.

25 «Su hijo mayor estaba en el campo y, al volver, cuando se acercó a la casa, oyó la música y las danzas; 26 y, llamando a uno de los criados, le preguntó qué era aquello. 27 Él le dijo: 'Ha vuelto tu hermano y tu padre ha matado el novillo cebado, porque le ha recobrado sano.' 28 Él se irritó y no quería entrar. Salió su padre y le rogaba. 29 Pero él replicó a su padre: 'Hace tantos años que te sirvo, y jamás dejé de cumplir una orden tuya, pero nunca me has dado un cabrito para tener una fiesta con mis amigos; 30 y ¡ahora que ha venido ese hijo tuyo, que ha devorado tu hacienda con prostitutas, has matado para él el novillo cebado!'

31 «Pero él le dijo: 'Hijo, tú siempre estás conmigo, y todo lo mío es tuyo; 32 pero convenía celebrar una fiesta y alegrarse, porque este hermano tuyo había muerto y ha vuelto a la vida, se había perdido y ha sido hallado.'»

El administrador infiel*.

16 1 Decía también a sus discípulos: «Había un hombre rico que tenía un administrador a quien acusaron ante él de malbaratar sus bienes. 2 Lo llamó y le dijo: '¿Qué oigo decir de ti? Dame cuenta de tu administración, porque ya no seguirás en el cargo.' 3 Se dijo entre sí el administrador: '¿Qué haré ahora que mi señor me quita la administración? Cavar, no puedo; mendigar, me da vergüenza. 4 Ya sé lo que voy a hacer, para que cuando sea destituido del cargo me reciban en sus casas.'

5 «Y llamando uno por uno a los deudores de su señor, dijo al primero: '¿Cuánto debes a mi señor?' 6 Respondió: 'Cien medidas de aceite.' Él le dijo: 'Toma tu recibo, siéntate en seguida y escribe cincuenta.' 7 Después dijo a otro: 'Tú, ¿cuánto debes?' Contestó: 'Cien cargas de trigo.' Le dice: 'Toma tu recibo y escribe ochenta.'

8 «El señor alabó al administrador injusto porque había obrado con sagacidad, pues los hijos de este mundo son más sagaces con los de su clase que los hijos de la luz*.

Buen uso de las riquezas.

||Mt **25** 21; =Lc **19** 17.

9 «Yo les digo: Háganse amigos con el dinero injusto*, para que, cuando llegue a faltar, los reciban en las eternas moradas. 10 El que es fiel en lo insignificante, lo es también en lo importante; y el que es injusto en lo insignificante, también lo es en lo importante. 11 Si, pues, no fueron fieles en el dinero injusto, ¿quién les confiará lo verdadero? 12 Y si no fueron fieles con lo ajeno, ¿quién les dará lo que es de ustedes?

||Mt **6** 24.

13 «Ningún criado puede servir a dos señores, porque aborrecerá a uno y amará al otro; o bien se dedicará a uno y desdeñará al otro. No pueden servir a Dios y al dinero.»

Contra los fariseos, amigos de las riquezas.

14 Estaban oyendo todas estas cosas los fariseos, que son amigos del dinero, y se burlaban de él. 15 Y les dijo: «Ustedes son los que se las dan de justos delante de los hombres, pero Dios conoce sus corazones; porque lo que es estimable para los hombres, es abominable ante Dios.

Al asalto del Reino.

||Mt **11** 12-13.

16 «La Ley y los profetas llegan hasta Juan; a partir de ahí comienza a anun-

16 Excepto los vv. 16-17, todo el capítulo **16** habla del uso de las riquezas.

16 8 El administrador no es alabado por su estafa, sino por su habilidad en salir del paso. Según costumbre admitida, el administrador podía incrementar los préstamos de su dueño en una parte que, en el reembolso, le correspondía como sueldo por su trabajo. En la parábola el administrador es alabado por su habilidad al renunciar a su ganancia material para granjearse amigos en la nueva situación.

16 9 El dinero, casi siempre manchado con alguna culpa, esclaviza al hombre hasta el punto de separarlo de Dios.

ciarse la Buena Nueva del Reino de Dios,
y todos emplean la violencia frente a él.

Perennidad de la Ley.
||Mt **5** 18.

17 «Más fácil es que el cielo y la tierra
pasen que no que caiga una coma de
la Ley.

Indisolubilidad del matrimonio.
||Mt **5** 32; **19** 9.

18 «Todo el que repudia a su mujer y se
casa con otra comete adulterio; y el que
se casa con una repudiada por su marido
comete adulterio.

El rico malo y Lázaro el pobre*.

19 «Había un hombre rico que vestía
de púrpura y lino, y celebraba todos los
días espléndidas fiestas. 20 Y uno pobre,
llamado Lázaro, que, echado junto a su
portal, cubierto de llagas, 21 deseaba lle-
narse de lo que caía de la mesa del rico...
pero hasta los perros venían y le lamían
las llagas. 22 Sucedió, pues, que murió el
pobre y los ángeles le llevaron al seno
de Abrahán*. Murió también el rico y fue
sepultado.
23 «Estando en el Abismo entre tormentos, levantó los ojos y vio a lo lejos
a Abrahán, y a Lázaro en su seno. 24 Y,
gritando, dijo: 'Padre Abrahán, ten compasión de mí y envía a Lázaro a que moje
en agua la punta de su dedo y refresque
mi lengua, porque estoy atormentado
en esta llama.' 25 Pero Abrahán le dijo:
'Hijo, recuerda que recibiste tus bienes
durante tu vida y Lázaro, al contrario,
sus males; ahora, pues, él es aquí consolado y tú atormentado. 26 Y además,
entre nosotros y ustedes se interpone un
gran abismo, de modo que los que quieran pasar de aquí a ustedes, no puedan
hacerlo; ni de ahí puedan pasar hacia
nosotros.'
27 «Replicó: 'Pues entonces, te ruego,
padre, que lo envíes a la casa de mi
padre, 28 porque tengo cinco hermanos, para que les advierta y no vengan
también ellos a este lugar de tormento.'
29 Abrahán le dijo: 'Tienen a Moisés y
a los profetas; que los oigan.' 30 Él dijo:
'No, padre Abrahán, que si alguno de
entre los muertos va a ellos, se convertirán.' 31 Le contestó: 'Si no oyen a Moisés
y a los profetas, tampoco se convence-
rán aunque un muerto resucite.'»

El escándalo.
||Mt **18** 6-7; ||Mc **9** 42.

17 1 Dijo a sus discípulos: «Es imposible que no haya escándalos;
pero, ¡ay de aquel por quien vienen!
2 Más le vale que le pongan al cuello una
piedra de molino y le arrojen al mar, que
escandalizar a uno de estos pequeños.
3 Anden, pues, con cuidado.

Corrección fraterna.
||Mt **18** 15.21-22.

«Si tu hermano peca, repréndelo; y
si se arrepiente, perdónalo. 4 Y si peca
contra ti siete veces al día, y siete veces
se vuelve a ti, diciendo: 'Me arrepiento',
lo perdonarás.»

Poder de la fe.
||Mt **17** 20; **21** 21;
||Mc **11** 23.

5 Dijeron los apóstoles al Señor: «Au-
méntanos la fe.» 6 El Señor dijo: «Si tuvieran una fe como un grano de mostaza,
habrían dicho a esta morera: 'Arráncate
y plántate en el mar', y les habría obedecido*.»

16 19 A pesar del nombre de Lázaro, el relato, propio de Lc, es una parábola, sin relación alguna con la historia. Es un llamamiento urgente a la conversión.

16 22 Expresión bíblica para describir la intimidad con una persona; aquí participación –con Abrahán– en el banquete mesiánico; ver Jn **1** 18; **13** 23; Mt **8** 11.

17 6 Lc se refiere a la fe que realmente tienen los apóstoles, no a la fe ideal a la que se refieren los paralelos de Mt y Mc.

Servir con humildad.

7 «¿Quién de ustedes que tiene un siervo arando o pastoreando y, cuando regresa del campo, le dice: 'Pasa al momento y ponte a la mesa?' 8 ¿No le dirá más bien: 'Prepárame algo para cenar, y cíñete para servirme y luego que yo haya comido y bebido comerás y beberás tú?' 9 ¿Acaso tiene que dar las gracias al siervo porque hizo lo que le mandaron? 10 De igual modo ustedes, cuando hayan hecho todo lo que les mandaron, digan: No somos más que unos pobres siervos*; sólo hemos hecho lo que teníamos que hacer.»

Los diez leprosos.

11 De camino a Jerusalén, pasó por los confines entre Samaría y Galilea. 12 Al entrar en un pueblo, salieron a su encuentro diez hombres leprosos, que se pararon a distancia 13 y, levantando la voz, dijeron: «¡Jesús, Maestro, ten compasión de nosotros!» 14 Al verlos, les dijo: «Vayan y preséntense a los sacerdotes.» Y sucedió que, mientras iban, quedaron limpios. 15 Uno de ellos, viéndose curado, se volvió glorificando a Dios en alta voz, 16 y, postrándose rostro en tierra a los pies de Jesús, le daba gracias; y éste era un samaritano. 17 Tomó la palabra Jesús y dijo: «¿No quedaron limpios los diez? Los otros nueve, ¿dónde están? 18 ¿No ha habido quien volviera a dar gloria a Dios sino este extranjero?» 19 Y le dijo: «Levántate y vete; tu fe te ha salvado.»

La venida del Reino de Dios.

20 Habiéndole preguntado los fariseos cuándo llegaría el Reino de Dios, les respondió: «La venida del Reino de Dios no se producirá aparatosamente, 21 ni se dirá: 'Véanlo aquí o allá', porque, miren, el Reino de Dios ya está entre ustedes*.»

El Día del Hijo del hombre*.

‖Mt **24** 23.26-27; ‖Mc **13** 21.

22 Dijo a sus discípulos: «Días vendrán en que desearán ver uno solo de los días del Hijo del hombre, y no lo verán. 23 Y les dirán: 'Véanlo aquí, véanlo allá.' No vayan, ni corran detrás. 24 Porque, como relámpago fulgurante que brilla de un extremo a otro del cielo, así será el Hijo del hombre en su Día. 25 Pero antes tendrá que padecer mucho y ser reprobado por esta generación.

‖Mt **24** 37-39.

26 «Como sucedió en los días de Noé, así será también en los días del Hijo del hombre. 27 Comían, bebían, tomaban mujer o marido, hasta el día en que entró Noé en el arca; vino el diluvio y los hizo perecer a todos. 28 Lo mismo sucedió en los días de Lot: comían, bebían, compraban, vendían, plantaban, construían; 29 pero el día que salió Lot de Sodoma, llovió fuego y azufre del cielo que los hizo perecer a todos. 30 Así sucederá el Día en que el Hijo del hombre se manifieste.

‖Mt **24** 17-18; ‖Mc **13** 15-16.

31 «Aquel Día, el que esté en la azotea y tenga sus enseres en casa, no baje a recogerlos; y, de igual modo, el que esté en el campo, no se vuelva atrás. 32 Acuérdense de la mujer de Lot.

‖Mt **10** 39; ‖Jn **12** 25.

33 «Quien intente guardar su vida, la perderá; y quien la pierda, la conservará.

‖Mt **24** 40-41.

34 «Yo les digo: aquella noche estarán dos en un mismo lecho: al uno tomarán y al otro le dejarán; 35 habrá dos mujeres moliendo juntas: a una la tomarán y a la otra la dejarán.» [36] 37 Y le dijeron: «¿Dónde, Señor?» Él les respondió:

17 10 *Pobres siervos,* mejor que *siervos inútiles.* El adjetivo *pobres* califica la situación de los siervos, no sus disposiciones morales. Ver 2 S **6** 22.

17 21 El Reino no se nota, pero es accesible a todos y ya actúa. Ver Mt **4** 17+.

17 22 Lc ha distinguido lo que se refiere a la venida de Jesús al fin de los tiempos, vv. 22-37, y la ruina de Jerusalén, **21** 6-24; ver Mt **24**+. -*Día* es una palabra más bíblica, Am **5** 18+; 1 Co **1** 8+, que *Parusía = venida*, Mt **24** 3, tomada del vocabulario helenístico. *Uno solo de los días,* que seguirán al Día.

||Mt **24** 28.

«Donde esté el cuerpo, allí también se
reunirán los buitres.»

El juez inicuo y la viuda importuna*.

18 1 Les propuso una parábola para inculcarles que era preciso orar
siempre sin desfallecer: 2 «Había en una
ciudad un juez que ni temía a Dios ni respetaba a los hombres. 3 Había en aquella
misma ciudad una viuda que, acudiendo
a él, le dijo: '¡Hazme justicia contra mi
adversario!' 4 Durante mucho tiempo no
quiso, pero después se dijo a sí mismo:
'Aunque no temo a Dios ni respeto a los
hombres, 5 como esta viuda me causa
molestias, le voy a hacer justicia para que
deje de una vez de importunarme.'»
6 Dijo, pues, el Señor: «Oigan lo que
dice el juez injusto; 7 pues, ¿no hará Dios
justicia a sus elegidos, que están clamando a él día y noche? ¿Les hará esperar?
8 Les digo que les hará justicia pronto.
Pero, cuando el Hijo del hombre venga,
¿encontrará la fe sobre la tierra?»

El fariseo y el publicano.

9 A algunos que se tenían por justos
y despreciaban a los demás les dijo esta
parábola: 10 «Dos hombres subieron al
templo a orar; uno fariseo, otro publicano. 11 El fariseo, de pie, oraba en su interior de esta manera: '¡Oh Dios! Te doy
gracias porque no soy como los demás
hombres, rapaces, injustos, adúlteros, ni
tampoco como este publicano. 12 Ayuno
dos veces por semana, doy el diezmo
de todas mis ganancias.' 13 En cambio el
publicano, manteniéndose a distancia,
no se atrevía ni a alzar los ojos al cielo,
sino que se golpeaba el pecho, diciendo:
'¡Oh Dios! ¡Ten compasión de mí, que
soy pecador!' 14 Les digo que éste bajó a
su casa justificado y aquél no.

||Mt **23** 12; =Lc **14** 11.

«Porque todo el que se ensalza será
humillado; y el que se humilla será ensalzado.»

Jesús y los niños*.

||Mt **19** 13-15; ||Mc **10** 13-16;
ver Lc **9** 47.

15 Le presentaban también los niños
pequeños para que los tocara y, al verlo,
los discípulos, les reprendían. 16 Mas
Jesús llamó a los niños, diciendo: «Dejen
que los niños vengan a mí y no se lo impidan; porque de los que son como éstos
es el Reino de Dios. 17 Yo les aseguro:
el que no reciba el Reino de Dios como
niño, no entrará en él.»

El hombre rico.

||Mt **19** 16-22; ||Mc **10** 17-22.

18 Uno de los principales le preguntó:
«Maestro bueno, ¿qué he de hacer para
tener en herencia vida eterna?» 19 Le dijo
Jesús: «¿Por qué me llamas bueno? Nadie es bueno, sino sólo Dios. 20 Ya sabes
los mandamientos: *No cometas adulterio, no mates, no robes, no levantes
falso testimonio, honra a tu padre y a
tu madre**.» 21 Él dijo: «Todo eso lo he
guardado desde mi juventud.» 22 Al oírlo,
Jesús le dijo: «Aún te falta una cosa:
vende todo cuanto tienes y repártelo
entre los pobres, y tendrás un tesoro en
los cielos; luego, ven y sígueme.» 23 Al
oír esto, se puso muy triste, porque era
muy rico.

Peligro de las riquezas.

||Mt **19** 23-26; ||Mc **10** 23-27.

24 Al verlo, Jesús dijo: «¡Qué difícil es
que los que tienen riquezas entren en el
Reino de Dios! 25 Es más fácil que un camello entre por el ojo de una aguja que
el que un rico entre en el Reino de Dios.»
26 Los que lo oyeron, dijeron: «¿Y quién

18 Dos parábolas sobre la oración. Las cualidades de la misma, insistencia y humildad, recuerdan el vocabulario de Pablo, ver Rm **1** 10; **12** 12; 1 Ts **5** 17.

18 15 Lc se une aquí al relato de Mc **10** 13s, que ha abandonado en **9** 50. Ver **9** 51+.

18 20 Ver Ex **20** 12-16; Dt **5** 16-20.

se podrá salvar?» 27 Respondió: «Lo que
es imposible para los hombres es posible
para Dios.»

Recompensa prometida al desprendimiento.

||Mt **19** 27-29; ||Mc **10** 28-30.

28 Dijo entonces Pedro: «Ya lo ves,
nosotros hemos dejado nuestras cosas y
te hemos seguido.» 29 Él les dijo: «Yo les
aseguro que nadie que haya dejado casa,
mujer, hermanos, padres o hijos por el
Reino de Dios, 30 quedará sin recibir mucho más al presente y vida eterna en el
mundo venidero.»

Tercer anuncio de la Pasión*.

||Mt **20** 17-19; ||Mc **10** 32-34.

31 Tomando consigo a los Doce, les
dijo: «Miren que subimos a Jerusalén, y
se cumplirá todo lo que los profetas escribieron sobre el Hijo del hombre: 32 le
entregarán a los gentiles y será objeto de
burlas, insultado y escupido; 33 y después
de azotarle le matarán; pero al tercer día
resucitará.» 34 Ellos no comprendieron nada de esto; no captaban el sentido de estas palabras y no entendían lo que decía.

El ciego de Jericó.

||Mt **20** 29-34; ||Mc **10** 46-52.

35 Cuando se acercaba a Jericó, estaba
un ciego sentado junto al camino pidiendo limosna; 36 al oír que pasaba gente,
preguntó qué era aquello. 37 Le informaron que pasaba Jesús el Nazareno 38 y
empezó a gritar, diciendo: «¡Jesús, Hijo
de David, ten compasión de mí!» 39 Los
que iban delante le increpaban para que
se callara, pero él gritaba mucho más:
«¡Hijo de David, ten compasión de mí!»
40 Jesús se detuvo, y mandó que se lo
trajeran. Cuando se acercó, le preguntó:
41 «¿Qué quieres que te haga?» Él dijo:
«¡Señor, que vea!» 42 Jesús le dijo: «Recobra la vista. Tu fe te ha salvado.» 43 Y
al instante recobró la vista y le seguía
glorificando a Dios. Y todo el pueblo, al
verlo, alabó a Dios.

Zaqueo.

19 1 Entró en Jericó y cruzaba la
ciudad. 2 Había un hombre llamado Zaqueo, que era jefe de publicanos, y rico. 3 Trataba de ver quién era
Jesús, pero no podía a causa de la
gente, porque era de pequeña estatura.
4 Se adelantó corriendo y se subió a un
sicómoro para verle, pues iba a pasar
por allí. 5 Y cuando Jesús llegó a aquel
sitio, alzando la vista, le dijo: «Zaqueo,
baja pronto; porque conviene que hoy
me quede yo en tu casa.» 6 Se apresuró a bajar y le recibió con alegría. 7 Al
verlo, todos murmuraban diciendo: «Ha
ido a hospedarse a casa de un hombre
pecador.» 8 Zaqueo, puesto en pie, dijo
al Señor: «Daré, Señor, la mitad de mis
bienes a los pobres; y si en algo defrau-
dé a alguien, le devolveré cuatro veces
más.» 9 Jesús le dijo: «Hoy ha llegado la
salvación a esta casa, porque también
éste es hijo de Abrahán*, 10 pues el Hijo
del hombre ha venido a buscar y salvar
lo que estaba perdido.»

Parábola de las minas*.

||Mt **25** 14-30.

11 Mientras la gente escuchaba estas
cosas, añadió una parábola, porque estaba él cerca de Jerusalén y creían ellos

18 31 El anuncio de la Pasión, ver **9** 22.44. 51+, esta vez es atribuido a los Profetas, ver **24** 25.27.44; Hch **2** 23; etc.

19 9 La cualidad de *hijo de Abrahán* era el fundamento de todos los privilegios de los judíos, **3** 8; ver Ga **3** 7.29; pero no hay estado de vida que sea incompatible con ella, ver **3** 12-14; **18** 9-14, y la fe generosa de Zaqueo muestra que él ha recibido la salvación.

19 11 La parábola de las *minas* es semejante a la de los *talentos,* Mt **25** 14-30; pero toma ciertos elementos de otra parábola sobre un pretendiente al trono real. Termina con el rigor último del Juez con los que le hayan rechazado. La *mina* era una moneda de bastante valor; una *mina* equivalía a unas cien dracmas; ver **15** 8+.

que el Reino de Dios aparecería de un
momento a otro. 12 Dijo, pues: «Un
hombre noble marchó a un país lejano,
para recibir la autoridad real y volverse*.
13 Llamó a diez siervos suyos, les dio
diez minas y les dijo: 'Negocien hasta
que vuelva.' 14 Pero sus ciudadanos le
odiaban y enviaron detrás de él una embajada que dijera: 'No queremos que ése
reine sobre nosotros.'

15 «Cuando regresó, después de recibir
la autoridad real, mandó llamar a aquellos siervos suyos a los que había dado el
dinero, para saber lo que había ganado
cada uno. 16 Se presentó el primero y
dijo: 'Señor, tu mina ha producido diez
minas.' 17 Le respondió: '¡Muy bien,
siervo bueno!; ya que has sido fiel en lo
insignificante, toma el gobierno de diez
ciudades.' 18 Vino el segundo y dijo: 'Tu
mina, Señor, ha producido cinco minas.'
19 Dijo a éste: 'Ponte tú también al mando de cinco ciudades.'

20 «Vino el otro y dijo: 'Señor, aquí
tienes tu mina, que he tenido guardada
en un lienzo; 21 pues tenía miedo de ti,
que eres un hombre severo; que tomas
lo que no pusiste y cosechas lo que no
sembraste.' 22 Le dice: 'Por tu propia
boca te juzgo, siervo malo; sabías que yo
soy un hombre severo, que tomo lo que
no puse y cosecho lo que no sembré;
23 pues, ¿por qué no colocaste mi dinero
en el banco? Y así, al volver yo, lo habría
cobrado con los intereses.' 24 Y dijo a los
presentes: 'Quítenle la mina y dénsela al
que tiene las diez minas.' 25 Le dijeron:
'Señor, tiene ya diez minas.' 26 —'Les
digo que a todo el que tiene, se le dará;
pero al que no tiene, aun lo que tiene se
le quitará.'

27 «'Y a esos enemigos míos, que no
querían que yo reinara sobre ellos, trái-
ganlos aquí y mátenlos delante de mí.'»

V. Ministerio de Jesús en Jerusalén

Entrada mesiánica en Jerusalén.
||Mt **21** 1-11; ||Mc **11** 1-11;
||Jn **12** 12-16.

28 Y dicho esto, marchaba por delante,
subiendo a Jerusalén. 29 Al aproximarse
a Betfagé y Betania, al pie del monte llamado de los Olivos, envió a dos de sus
discípulos, 30 diciendo: «Vayan al pueblo
que está enfrente; al entrar, encontrarán
un burrito atado, sobre el que no ha
montado todavía ningún hombre; desátenlo y tráiganlo. 31 Y si alguien les pregunta: '¿Por qué lo desatan?', dirán esto:
'Porque el Señor lo necesita.'» 32 Fueron,
pues, los enviados y lo encontraron como les había dicho. 33 Cuando desataban
el burrito, les dijeron los dueños: «¿Por
qué desatan el burrito?» 34 Ellos les contestaron: «Porque el Señor lo necesita.»
35 Y lo trajeron a Jesús; y, echando sus
mantos sobre el burrito, hicieron montar
a Jesús. 36 Mientras él avanzaba, extendían sus mantos por el camino. 37 Cerca
ya de la bajada del monte de los Olivos,
toda la multitud de los discípulos, llenos
de alegría, se pusieron a alabar a Dios a
grandes voces por todos los milagros que
habían visto.

38 Decían:

«*¡Bendito* el rey *que viene*
en nombre del Señor!
Paz en el cielo
y gloria en las alturas*.»

Jesús aprueba las aclamaciones de sus discípulos.

39 Algunos de los fariseos que estaban
entre la gente, le dijeron: «Maestro, re-

19 12 Probable alusión al viaje de Arquelao a Roma, el 4 a.C., para lograr la confirmación en su favor del testamento de Herodes el Grande.

19 38 Ver Sal **118** 26; luego como un eco del canto de los ángeles en **2** 14; ver v. 42.

prende a tus discípulos.» 40 Respondió:
«Les digo que si éstos se callan gritarán
las piedras.»

Lamentación sobre Jerusalén*.

41 Al acercarse y ver la ciudad, lloró
por ella, 42 diciendo: «¡Si también tú conocieras en este día el mensaje de paz!
Pero ahora ha quedado oculto a tus ojos.
43 Porque vendrán días sobre ti en que
tus enemigos te rodearán de trincheras,
te cercarán y te apretarán por todas
partes, 44 te estrellarán contra el suelo a
ti y a tus hijos que estén dentro de ti y no
dejarán en ti piedra sobre piedra, porque
no has conocido el tiempo de tu visita.»

Expulsión de los vendedores del Templo.

||Mt **21** 12-13; ||Mc **11** 15-17;
||Jn **2** 14-16.

45 Entró en el Templo y comenzó a
echar fuera a los que vendían, 46 diciéndoles: «Está escrito: *Mi Casa será Casa
de oración.* ¡Pero ustedes la han hecho
una cueva de bandidos!*»

Jesús enseña en el Templo.

||Mc **11** 18.

47 Enseñaba todos los días en el Templo. Por su parte, los sumos sacerdotes,
los escribas y también los notables del
pueblo buscaban matarle, 48 pero no encontraban modo de hacerlo, porque todo
el pueblo le oía pendiente de sus labios.

Controversia sobre la autoridad de Jesús.

||Mt **21** 23-27; ||Mc **11** 27-33.

20 1 Uno de aquellos días, mientras
enseñaba al pueblo en el Templo
y anunciaba la Buena Nueva, se acercaron los sumos sacerdotes y los escribas,
junto con los ancianos, 2 y le preguntaron: «Dinos: ¿Con qué autoridad haces
esto, o quién es el que te ha dado tal autoridad?» 3 Él les respondió: «También yo
les voy a preguntar una cosa. Díganme:
4 El bautismo de Juan, ¿era del cielo o de
los hombres?» 5 Ellos discurrían entre sí:
«Si decimos: 'Del cielo', dirá: '¿Por qué
no le creyeron?' 6 Pero si decimos: 'De
los hombres', todo el pueblo nos apedreará, pues están convencidos de que
Juan era un profeta.» 7 Respondieron,
pues, que no sabían de dónde era. 8 Jesús
entonces les dijo: «Tampoco yo les digo
con qué autoridad hago esto.»

Parábola de los viñadores homicidas.

||Mt **21** 33-46; ||Mc **12** 1-12.

9 Se puso a decir al pueblo esta parábola: «Un hombre plantó una viña, la
arrendó a unos labradores y se ausentó
por mucho tiempo.
10 «A su debido tiempo, envió un siervo a los labradores para que le dieran
una parte del fruto de la viña. Pero los labradores lo apalearon y lo despacharon
con las manos vacías. 11 Volvió a enviar
otro siervo, pero también a él lo apalearon, lo insultaron y lo despacharon con
las manos vacías. 12 Tornó a enviar un
tercero, pero también a éste lo malhirie-
ron y lo echaron. 13 Dijo, pues, el dueño
de la viña: '¿Qué haré? Voy a enviar a mi
hijo querido; tal vez lo respeten.' 14 Pero
los labradores, al verlo, se dijeron entre
sí: 'Este es el heredero; matémoslo, para
que la herencia sea nuestra.' 15 Lo echaron fuera de la viña y lo mataron.
«¿Qué hará ahora con ellos el dueño
de la viña? 16 Vendrá, dará muerte a
estos labradores y entregará la viña a
otros.» Al oír esto, dijeron: «¡Dios no lo
quiera!» 17 Pero él, clavando en ellos la
mirada, dijo: «Pues, ¿qué es lo que está
escrito:

19 41 Este oráculo propio de Lc está tejido de reminiscencias bíblicas relativas a la destrucción de la Ciudad en el año 587 a.C.; ver **17** 22+; **21** 5+.

19 46 Ver Is **56** 7 y Jr **7** 11. Con la entrada en el Templo culmina Jesús su larga *subida* a la Ciudad Santa, **9** 51+.

La piedra que los constructores
desecharon
en piedra angular se ha convertido?*

[18] Todo el que caiga sobre esta piedra
se destrozará, y aquel sobre quien ella
caiga quedará aplastado.»
[19] Los escribas y los sumos sacerdotes comprendieron que aquella parábola
había sido dicha para ellos y trataron de
echarle mano en aquel mismo momento, pero tuvieron miedo del pueblo.

El tributo debido al César.
||Mt **22** 15-22; ||Mc **12** 13-17.

[20] Quedándose ellos al acecho, le enviaron unos espías, que fingieran ser justos, para sorprenderle en alguna palabra
y poderle entregar al poder y autoridad
del procurador. [21] Y le preguntaron:
«Maestro, sabemos que hablas y enseñas
con rectitud y que no tienes en cuenta la
condición de las personas, sino que enseñas con franqueza el camino de Dios:
[22] ¿Nos es lícito pagar tributo al César
o no?» [23] Pero él, habiendo conocido
su astucia, les dijo: [24] «Muéstrenme un
denario. ¿De quién lleva la imagen y la
inscripción?» Ellos dijeron: «Del César.»
[25] Él les dijo: «Pues bien, lo del César de-
vuélvanselo al César, y lo de Dios a Dios.»
[26] No pudieron sorprenderle en ninguna palabra ante el pueblo y, maravillados
por su respuesta, se callaron.

La resurrección de los muertos.
||Mt **22** 23-33; ||Mc **12** 18-27.

[27] Se acercaron algunos de los saduceos, los que sostienen que no hay resurrección, y le preguntaron: [28] «Maestro,
Moisés nos dejó escrito que si a uno se
le muere un hermano casado y sin hijos,
debe tomar a la mujer para dar descendencia a su hermano. [29] Pues bien, eran
siete hermanos. El primero tomó mujer
y murió sin hijos; [30] la tomó el segundo,
[31] luego el tercero; y murieron los siete,
sin dejar hijos. [32] Finalmente, también
murió la mujer. [33] Ésta, pues, ¿de cuál
de ellos será mujer en la resurrección?
Porque fue mujer de los siete.»
[34] Jesús les dijo: «Los hijos de este
mundo toman mujer o marido; [35] pero
los que alcancen a ser dignos de tener
parte en aquel mundo y en la resurrección de entre los muertos, ni ellos
tomarán mujer ni ellas marido, [36] ni
pueden ya morir, porque son como ángeles, y son hijos de Dios por ser hijos
de la resurrección. [37] Y que los muertos
resucitan lo ha indicado también Moisés
en lo de la zarza, cuando llama al Señor
el Dios de Abrahán, el Dios de Isaac y
*el Dios de Jacob**. [38] No es un Dios de
muertos, sino de vivos, porque para él
todos viven.»
[39] Algunos de los escribas* le dijeron:
«Maestro, has hablado bien.» [40] Pues ya
no se atrevían a preguntarle nada.

Cristo, hijo y Señor de David.
||Mt **22** 41-45; ||Mc **12** 35-37.

[41] Les preguntó: «¿Cómo dicen que el
Cristo es hijo de David? [42] Porque David
mismo dice en el libro de los Salmos:

Dijo el Señor a mi Señor:
Siéntate a mi diestra
[43] *hasta que ponga a tus enemigos*
por estrado de tus pies.*

[44] Si, pues, David le llama Señor; ¿cómo entonces puede ser hijo suyo?»

Los escribas juzgados por Jesús.
||Mt **23** 6-7; ||Mc **12** 38-40;
=Lc **11** 43.

[45] Dijo luego a sus discípulos, de modo
que lo oyó todo el pueblo: [46] «Guárdense
de los escribas, que gustan pasear con
amplio ropaje y quieren ser saludados en
las plazas, ocupar los primeros asientos

20 17 Cita de Sal **118** 22.
20 37 Cita de Ex **3** 6.
20 39 Los escribas, fariseos en su mayor parte y que creían en la resurrección de los muertos, felicitan a Jesús por haber refutado con acierto a los saduceos, ver Mt **22** 23+.
20 43 Cita de Sal **110** 1.

en las sinagogas y los primeros puestos
en los banquetes; [47] y devoran los bienes
de las viudas con el pretexto de largas
oraciones. Ésos tendrán una sentencia
más rigurosa.»

El óbolo de la viuda.
||Mc **12** 41-44.

21 [1] Alzando la mirada, vio a unos
ricos que echaban sus donativos
en el arca del Tesoro; [2] vio también a
una viuda pobre, que echaba allí dos
moneditas, [3] y dijo: «Les digo de verdad
que esta viuda pobre ha echado más que
nadie. [4] Porque todos éstos han echado
como donativo de lo que les sobra, ésta
en cambio ha echado de lo que necesita,
todo lo que tenía para vivir.»

Discurso sobre la ruina de Jerusalén*. Introducción.
||Mt **24** 1-3; ||Mc **13** 1-4.

[5] Como algunos hablaban del Templo, de cómo estaba adornado de bellas
piedras y ofrendas votivas, él dijo: [6] «De
esto que ven, llegarán días en que no
quedará piedra sobre piedra que no sea
derruida.» [7] Le preguntaron: «Maestro,
¿cuándo sucederá eso? Y ¿cuál será la
señal de que todas estas cosas están para ocurrir?»

Señales precursoras.
||Mt **24** 4-14; ||Mc **13** 5-13.

[8] Él dijo: «Miren, no se dejen engañar.
Porque vendrán muchos usurpando mi
nombre y diciendo: 'Yo soy' y 'el tiempo
está cerca'. No les sigan. [9] Cuando oigan
hablar de guerras y revoluciones, no se
aterren; porque es necesario que sucedan
primero estas cosas, pero el fin no es
inmediato.» [10] Entonces les dijo: «Se levantará nación contra nación y reino contra
reino. [11] Habrá grandes terremotos, peste
y hambre en diversos lugares, habrá cosas
espantosas y grandes señales del cielo.
||Mt **10** 17-22.
[12] «Pero, antes de todo esto, les echarán mano y les perseguirán, les entregarán a las sinagogas y cárceles y les
llevarán ante reyes y gobernadores por
mi nombre; [13] esto les sucederá para
que den testimonio. [14] Propongan, pues,
en su corazón no preparar la defensa,
[15] porque yo* les daré una elocuencia y
una sabiduría a la que no podrán resistir
ni contradecir todos sus adversarios.
[16] Serán entregados por padres, hermanos, parientes y amigos, y matarán a
algunos de ustedes. [17] Todos los odiarán
por causa de mi nombre. [18] Pero no perecerá ni un cabello de su cabeza. [19] Con
su perseverancia salvarán sus almas.

Asedio de Jerusalén.
||Mt **24** 15-20; ||Mc **13** 14-18.

[20] «Cuando vean a Jerusalén cercada
por ejércitos, sepan entonces que se
acerca su desolación. [21] Entonces, los
que estén en Judea que huyan a los
montes; los que estén en medio de la ciudad que se alejen; y los que estén en los
campos que no entren en ella; [22] porque
éstos son días de venganza en los que se
cumplirá todo cuanto está escrito. [23] ¡Ay
de las que estén embarazadas o criando
en aquellos días!

La catástrofe y el tiempo de los gentiles.
||Mt **24** 21; ||Mc **13** 19.

«Habrá, en efecto, una gran calamidad
sobre la tierra y cólera contra este pueblo. [24] Caerán a filo de espada, y serán
llevados cautivos a todas las naciones y
Jerusalén será *pisoteada por los genti-*

21 5 Habiendo tratado, **17** 22s+, de la venida gloriosa de Jesús, Lc esta vez no la mencionará hasta el final, vv. 25s. Ver Mt **24**+. Jesús se dirige a todos en el Templo, no a los discípulos solos. El asedio y las ruinas de la Ciudad santa, vv. 20.24; ver **19** 43-44, preludian el Juicio final.

21 15 Este don, que aquí Lc atribuye a Jesús, en otros pasajes se reserva al Espíritu, Mt **10** 20; Mc **13** 11; Lc **12** 12. Ver **6** 10; Jn **16** 13-15.

les, hasta que el tiempo de las naciones
llegue a su cumplimiento*.

Catástrofes cósmicas y manifestación gloriosa del Hijo del hombre.

||Mt **24** 29-30; ||Mc **13** 24-26.

25 «Habrá señales en el sol, en la luna
y en las estrellas; y en la tierra, angustia
de la gente, trastornada por el estruendo
del mar y de las olas. 26 Los hombres se
quedarán sin aliento por el terror y la
ansiedad ante las cosas que se abatirán
sobre el mundo, porque las fuerzas de
los cielos serán sacudidas. 27 Y entonces
verán venir al Hijo del hombre en una
nube con gran poder y gloria. 28 Cuando
empiecen a suceder estas cosas, cobren
ánimo y levanten la cabeza, porque se
acerca su liberación.»

Parábola de la higuera.

||Mt **24** 32-35; ||Mc **13** 28-31.

29 Les añadió una parábola: «Miren
la higuera y todos los demás árboles.
30 Cuando ven que echan brotes, saben
que el verano está ya cerca. 31 Así también ustedes, cuando vean que suceden
estas cosas, sepan que el Reino de Dios
está cerca. 32 Yo les aseguro que no pasará esta generación hasta que todo esto
suceda. 33 El cielo y la tierra pasarán, pero
mis palabras no pasarán.

Estar alerta para no ser sorprendidos.

34 «Cuiden que no se emboten sus corazones por el libertinaje, por la embriaguez y por las preocupaciones de la vida
y venga aquel Día de improviso sobre
ustedes, 35 como un lazo; porque vendrá
sobre todos los que habitan toda la faz de
la tierra. 36 Estén en vela, pues, orando
en todo tiempo para que tengan fuerza,
logren escapar y puedan mantenerse en
pie delante del Hijo del hombre.»

Los últimos días de Jesús.

37 Durante el día enseñaba en el Templo y salía a pasar la noche en el monte
llamado de los Olivos. 38 Y todo el pueblo
madrugaba para ir hacia él y escucharle
en el Templo.

VI. La Pasión

Conspiración contra Jesús y traición de Judas.

||Mt **26** 2-5; ||Mc **14** 1-2;
||Jn **11** 47-53.

22 1 Se acercaba la fiesta de los Ázimos, llamada Pascua. 2 Los su-
mos sacerdotes y los escribas buscaban
cómo hacerle desaparecer, pues temían
al pueblo.

||Mt **26** 14-16; ||Mc **14** 10-11.

3 Entonces Satanás entró en Judas,
llamado Iscariote, que era del número de
los Doce. 4 Éste se fue a concertar con
los sumos sacerdotes y los jefes de la
guardia el modo de entregárselo. 5 Ellos
se alegraron y quedaron con él en darle
dinero. 6 Él aceptó y andaba buscando
una oportunidad para entregarlo sin que
la gente lo advirtiera.

Preparativos para la cena pascual.

||Mt **26** 17-19; ||Mc **14** 12-16.

7 Llegó el día de los Ázimos, en el
que se había de sacrificar el cordero de
Pascua; 8 y envió a Pedro y a Juan, diciendo: «Vayan y prepárennos la Pascua
para que la comamos.» 9 Ellos le dijeron:
«¿Dónde quieres que la preparemos?»

21 24 La expresión *el tiempo de las naciones* designa un plazo indeterminado en el que los paganos suplantarán al pueblo infiel de Israel hasta su retorno en masa, Rm **11** 11-32; ver Lc **13** 35.

10 Les dijo: «Cuando entren en la ciudad,
les saldrá al paso un hombre que lleva un
cántaro de agua; síganlo hasta la casa en
que entre 11 y dirán al dueño de la casa:
'El Maestro te dice: ¿Dónde está la sala
donde pueda comer la Pascua con mis
discípulos?' 12 Él les enseñará en el piso
superior una sala grande, ya dispuesta;
hagan allí los preparativos.» 13 Fueron y
lo encontraron tal como les había dicho
y prepararon la Pascua.

La cena pascual.

14 Cuando llegó la hora, se puso a la
mesa con los apóstoles 15 y les dijo*: «Con
ansia he deseado comer esta Pascua con
ustedes antes de padecer; 16 porque les
digo que ya no la comeré más hasta que
halle su cumplimiento* en el Reino de
Dios.»
17 Tomó luego una copa*, dio gracias
y dijo: «Tomen esto y repártanlo entre
ustedes; 18 porque les digo que, a partir
de este momento, no beberé del producto de la vid hasta que llegue el Reino de
Dios.»

Institución de la Eucaristía*.
||Mt **26** 26-28;
||Mc **14** 22-24;
||1 Co **11** 23-25.

19 Tomó luego pan, dio gracias, lo partió y se lo dio diciendo: «Éste es mi cuerpo que se entrega por ustedes; hagan
esto en recuerdo mío.» 20 De igual modo,
después de cenar, tomó la copa, diciendo: «Esta copa es la nueva Alianza en mi
sangre, que se derrama por ustedes.

Anuncio de la traición de Judas.
||Mt **26** 20-25;
||Mc **14** 17-21;
||Jn **13** 21-30.

21 «Miren, la mano del que me entrega está aquí conmigo sobre la mesa.
22 Porque el Hijo del hombre se marcha
según está determinado. Pero, ¡ay de
aquel por quien es entregado!» 23 Entonces se pusieron a discutir entre sí quién
de ellos sería el que iba a hacer aquello.

¿Quién es el mayor*?
=**9** 46; ||Mt **20** 25-27;
||Mc **10** 42-44.

24 Entre ellos hubo también un altercado sobre quién de ellos parecía ser
el mayor. 25 Él les dijo: «Los reyes de
las naciones las dominan como señores
absolutos y los que ejercen el poder sobre ellas se hacen llamar bienhechores;
26 pero no así ustedes, sino que el mayor
entre ustedes sea como el más joven y el
que gobierna como el que sirve. 27 Porque, ¿quién es mayor, el que está a la
mesa o el que sirve? ¿No es el que está
a la mesa? Pues yo estoy en medio de ustedes como el que sirve.

Recompensa prometida a los apóstoles.
||Mt **19** 28.

28 «Ustedes son los que han perseve-
rado conmigo en mis pruebas; 29 yo, por
mi parte, dispongo un Reino para ustedes, como mi Padre lo dispuso para mí,
30 para que coman y beban a mi mesa en
mi Reino y se sienten sobre tronos para
juzgar a las doce tribus de Israel.

22 15 Lc adopta la práctica helenista de un banquete de despedida del Maestro con sus discípulos. Las palabras de Jesús en Lc reflejan quizás las celebraciones eucarísticas primitivas.
22 16 La Pascua *se cumplirá* con la institución de la Eucaristía, luego en plenitud y sin velos al fin de los tiempos.
22 17 Lc distingue la cena pascual y la copa de este rito, vv. 15-18, del pan y la copa de la nueva alianza, vv. 19-20, para marcar la diferencia entre el rito de la Pascua judía y el de la Eucaristía cristiana.
22 19 El texto es afín al de 1 Co **11** 23-25.
22 24 Los vv. 24 y 38 relacionan con la Cena diversas palabras de Jesús. Algunas son propias de Lc; otras las sitúan Mt y Mc en contexto diferente; ver Mt **20** 25-28; Mc **10** 42-45. En el nuevo contexto de Lc las palabras de Jesús aclaran cuestiones de precedencia y servicio en las asambleas litúrgicas primitivas, ver Hch **6** 1; 1 Co **11** 17-19; St **2** 2-4.

Anuncio de la negación y del arrepentimiento de Pedro.

||Mt **26** 31-35; ||Mc **14** 27-31; ||Jn **13** 36-38.

31 «¡Simón, Simón! Mira que Satanás ha solicitado el poder sacudirlos como trigo; 32 pero yo he rogado por ti, para que tu fe no desfallezca. Y tú, cuando hayas vuelto, confirma a tus hermanos*.» 33 Él dijo: «Señor, estoy dispuesto a ir contigo hasta la cárcel y la muerte.» 34 Pero él contestó: «Te digo, Pedro, que antes de que hoy cante el gallo habrás negado tres veces que me conoces.»

La hora del combate decisivo.

35 Y les dijo: «Cuando los envié sin bolsa, sin alforja y sin sandalias, ¿les faltó algo?» Ellos dijeron: «Nada.» 36 Les dijo: «Pues ahora, el que tenga bolsa que la tome, y lo mismo alforja, y el que no tenga, que venda su manto y se compre una espada*. 37 Porque les digo que es necesario que se cumpla en mí esto que está escrito: *Ha sido contado entre los malhechores*. Porque lo que se refiere a mí toca a su fin.» 38 Ellos dijeron: «Señor, aquí hay dos espadas.» Él les dijo: «Basta.»

En el monte de los Olivos.

||Mt **26** 30.36-46; ||Mc **14** 26.32-42.

39 Salió y, como de costumbre, fue al monte de los Olivos; los discípulos le siguieron. 40 Llegado al lugar les dijo: «Pidan que no caigan en tentación.»

41 Se apartó de ellos como un tiro de piedra, y puesto de rodillas suplicaba 42 diciendo: «Padre, si quieres, aparta de mí esta copa; pero no se haga mi voluntad, sino la tuya.» 43 Entonces se le apareció un ángel venido del cielo que le confortaba. 44 Y sumido en agonía, insistía más en su oración. Su sudor se hizo como gotas espesas de sangre que caían en tierra.

45 Levantándose de la oración, vino donde los discípulos y los encontró dormidos por la tristeza; 46 y les dijo: «¿Cómo es que están dormidos? Levántense y oren para que no caigan en tentación.»

Prendimiento de Jesús.

||Mt **26** 47-56; ||Mc **14** 43-52; ||Jn **18** 3-11.

47 Estaba todavía hablando cuando se presentó un grupo; el llamado Judas, uno de los Doce, iba el primero, y se acercó a Jesús para darle un beso. 48 Jesús le dijo: «¡Judas, con un beso entregas al Hijo del hombre!» 49 Viendo los que estaban con él lo que iba a suceder, dijeron: «Señor, ¿herimos a espada?» 50 Y uno de ellos hirió al siervo del Sumo Sacerdote y le llevó la oreja derecha. 51 Pero Jesús dijo: «¡Dejen! ¡Basta ya!» Y tocando la oreja le curó.

52 Dijo Jesús a los sumos sacerdotes, a los jefes de la guardia del Templo y a los ancianos que habían venido contra él: «¿Como contra un salteador han salido con espadas y palos? 53 Estaba yo todos los días en el Templo con ustedes y no me pusieron las manos encima; pero esta es su hora y el poder de las tinieblas.»

Negaciones de Pedro.

||Mt **26** 69-75; ||Mc **14** 66-72; ||Jn **18** 15-18.25-27.

54 Entonces le prendieron, se lo llevaron y le hicieron entrar en la casa del Sumo Sacerdote; Pedro le iba siguiendo de lejos. 55 Habían encendido una hoguera en medio del patio y estaban sentados alrededor; Pedro se sentó entre ellos. 56 Una criada, al verle sentado junto a la lumbre, se le quedó mirando y dijo: «Éste también estaba con él.» 57 Pero él lo negó:

22 32 La negación de Pedro, v. 34, no será definitiva. Su fe, recuperada, hará firme la de los otros hermanos, ver Mt **16** 17-19; Jn **21** 15-17.

22 36 En adelante los discípulos no siempre tendrán una acogida amistosa, **10** 4-5; ellos deberán adquirir su propio sustento (*bolsa, alforja*); y su actividad se desarrollará en un mundo hostil del que tendrán que protegerse (*espada*), ver **12** 51; Mt **10** 34.

«¡Mujer, no lo conozco!» 58 Poco después
le vio otro y dijo: «Tú también eres uno
de ellos.» Pedro dijo: «¡Hombre, no lo
soy!» 59 Pasada como una hora, otro aseguraba: «Cierto que éste también estaba
con él, pues además es galileo.» 60 Le dijo
Pedro: «¡Hombre, no sé de qué hablas!»
Y en aquel mismo momento, cuando aún
estaba hablando, cantó un gallo. 61 El Señor se volvió y miró a Pedro. Recordó
Pedro las palabras que le había dicho el
Señor: «Antes que cante hoy el gallo, me
habrás negado tres veces» 62 y, saliendo
fuera, rompió a llorar amargamente.

Primeros ultrajes.
||Mt **26** 67-68; ||Mc **14** 65.

63 Los hombres que le tenían preso
se burlaban de él y le golpeaban. 64 Y,
cubriéndole con un velo, le preguntaban:
«¡Adivina! ¿Quién es el que te ha pegado?» 65 Y le insultaban diciéndole otras
muchas cosas.

Jesús ante el Sanedrín.
||Mt **26** 57-66; **27** 2;
||Mc **14** 53-64; **15** 1.

66 En cuanto se hizo de día, se reunió
el Consejo de Ancianos del pueblo, sumos sacerdotes y escribas, le hicieron
venir a su Sanedrín 67 y le dijeron: «Si
tú eres el Cristo, dínoslo.» Él respondió:
«Si se lo digo, no me creerán. 68 Si les
pregunto, no me responderán. 69 De
ahora en adelante, el Hijo del hombre
estará sentado a la diestra del poder
*de Dios**.» 70 Dijeron todos: «Entonces,
¿tú eres el Hijo de Dios?» Él les dijo: «Ustedes lo dicen: Yo soy.» 71 Dijeron ellos:
«¿Qué necesidad tenemos ya de testigos,
pues nosotros mismos lo hemos oído de
su propia boca?»

23 1 Se levantaron todos ellos y le
llevaron ante Pilato.

Jesús ante Pilato.
||Mt **27** 11-14; ||Mc **15** 2-5;
||Jn **18** 29-38a.

2 Comenzaron a acusarle diciendo:
«Hemos encontrado a éste alborotando
a nuestro pueblo, prohibiendo pagar
tributos al César y diciendo que él es
Cristo rey.» 3 Pilato le preguntó: «¿Eres
tú el rey de los judíos?» Él le respondió:
«Sí, tú lo dices.» 4 Pilato dijo a los sumos
sacerdotes y a la gente: «Ningún delito
encuentro en este hombre.» 5 Pero ellos
insistían diciendo: «Solivianta al pueblo
con sus enseñanzas por toda Judea, desde Galilea, donde comenzó, hasta aquí.»
6 Al oír esto, Pilato preguntó si aquel
hombre era galileo. 7 Y, al saber que era
de la jurisdicción de Herodes, le remitió
a Herodes, que por aquellos días estaba
también en Jerusalén.

Jesús ante Herodes*.

8 Cuando Herodes vio a Jesús se alegró mucho, pues hacía largo tiempo que
deseaba verle, por las cosas que oía de
él, y esperaba que hiciera algún signo
en su presencia. 9 Le hizo numerosas
preguntas, pero él no respondió nada.
10 Estaban allí los sumos sacerdotes y
los escribas acusándole con insistencia.
11 Pero Herodes, con su guardia, después de despreciarle y burlarse de él, le
puso un espléndido vestido y le remitió
a Pilato. 12 Aquel día Herodes y Pilato
se hicieron amigos, pues antes estaban
enemistados.

De nuevo Jesús ante Pilato.
||Mt **27** 15-26; ||Mc **15** 6-15;
||Jn **18** 38b - **19** 16.

13 Pilato convocó a los sumos sacerdotes, a los magistrados y al pueblo 14 y les
dijo: «Me han traído a este hombre como
alborotador del pueblo, pero yo lo he in-

22 69 La alusión al Sal **110** 1 manifiesta que los títulos de *Mesías*, v. 67, y de *Hijo de Dios*, v. 70, no son equivalentes, ver **1** 32.35; **2** 11+.

23 8 Herodes Antipas, tetrarca de Galilea, **3** 1. Este episodio es propio de Lc. Ver Hch **4** 27; Mt **2** 7; **14** 1+; Lc **13** 31-33.

terrogado delante de ustedes y no he hallado en él ninguno de los delitos de que
le acusan. 15 Ni tampoco Herodes, porque
nos lo ha remitido. Nada ha hecho, pues,
que merezca la muerte. 16 Así que le daré
un escarmiento y lo soltaré*.» [17] 18 Toda
la muchedumbre se puso a gritar a una:
«¡Fuera ése, suéltanos a Barrabás!» 19 Éste
había sido encarcelado por un motín que
hubo en la ciudad y por asesinato.
20 Pilato les habló de nuevo, con la
intención de librar a Jesús, 21 pero ellos
seguían gritando: «¡Crucifícale, crucifícale!» 22 Por tercera vez les dijo: «Pero ¿qué
mal ha hecho éste? No encuentro en él
ningún delito que merezca la muerte; así
que le daré un escarmiento y le soltaré.»
23 Pero ellos insistían pidiendo a grandes
voces que fuera crucificado y arreciaban
en sus gritos.
24 Pilato sentenció que se cumpliera su
demanda. 25 Soltó, pues, al que habían
pedido, al que estaba en la cárcel por
motín y asesinato, y a Jesús se lo entregó a su deseo.

Camino del Calvario.

||Mt **27** 31b-32; ||Mc **15** 20b-22;
||Jn **19** 17.

26 Cuando le llevaban, echaron mano
de un cierto Simón de Cirene, que venía
del campo, y le cargaron la cruz para que
la llevara detrás de Jesús. 27 Le seguía
una gran multitud del pueblo y mujeres*
que se dolían y se lamentaban por él.
28 Jesús se volvió a ellas y les dijo: «Hijas
de Jerusalén, no lloren por mí; lloren
más bien por ustedes y por sus hijos.
29 Porque llegarán días en que se dirá:
¡Dichosas las estériles, las entrañas que
no engendraron y los pechos que no criaron! 30 Entonces se pondrán a *decir a los
montes: ¡Caigan sobre nosotros! Y a las
colinas: ¡Sepúltennos*!* 31 Porque si en
el leño verde hacen esto, en el seco ¿qué
se hará*?» 32 Llevaban además a otros dos
malhechores para ejecutarlos con él.

La Crucifixión*.

||Mt **27** 35-38; ||Mc **15** 24-28;
||Jn **19** 17-24.

33 Llegados al lugar llamado Calvario,
le crucificaron allí a él y a los malhechores, uno a la derecha y otro a la izquierda. 34 Jesús decía: «Padre, perdónales,
porque no saben lo que hacen*.» Se repartieron sus vestidos, echando suertes.

Jesús en la cruz ultrajado.

||Mt **27** 39-43;
||Mc **15** 29-32a.

35 Estaba el pueblo mirando; los magistrados hacían muecas diciendo: «A otros
salvó; que se salve a sí mismo si él es el
Cristo de Dios, el Elegido*.» 36 También
los soldados se burlaban de él y, acercándose, le ofrecían vinagre 37 y le decían:
«Si tú eres el rey de los judíos, ¡sálvate!»
38 Había encima de él una inscripción:
«Este es el rey de los judíos.»

El «buen ladrón».

39 Uno de los malhechores colgados
le insultaba: «¿No eres tú el Cristo? Pues
¡sálvate a ti y a nosotros!» 40 Pero el otro le
increpó: «¿Es que no temes a Dios, tú que
sufres la misma condena? 41 Y nosotros
con razón, porque nos lo hemos merecido con nuestros hechos; en cambio éste
nada malo ha hecho.» 42 Y decía: «Jesús,
acuérdate de mí cuando vengas con tu

23 16 Se omite el v. 17. Ver Mt **26** 15.

23 27 El Talmud habla de *mujeres* que llevaban a los condenados bebidas calmantes, Mt **27** 34+.

23 30 Ver Os **10** 8.

23 31 El *leño* seco, estéril, será quemado; Jerusalén culpable será castigada, ver **19** 41-44+.

23 33 En el relato de Lc, la muchedumbre es más curiosa que hostil y finalmente se arrepiente, v. 48; Jesús pronuncia palabras de perdón y no de angustia.

23 34 Ver Is **53** 12. La misma apreciación de causas de muerte en Hch **3** 17; **13** 27; 1 Co **2** 8. Ver también Hch **7** 60.

23 35 *Cristo, Elegido,* dos títulos mesiánicos, **2** 11+; **9** 35+.

Reino.» 43 Jesús le dijo: «Te aseguro que hoy estarás conmigo en el Paraíso*.»

Muerte de Jesús.

||Mt **27** 45-50; ||Mc **15** 33-37;
||Jn **19** 25-30.

44 Era ya cerca del mediodía cuando se oscureció el sol y toda la tierra quedó en tinieblas hasta media tarde*. 45 El velo del Santuario se rasgó por medio 46 y Jesús, dando un fuerte grito, dijo: «Padre, *en tus manos pongo mi espíritu**.» Y, dicho esto, expiró.

Después de la muerte de Jesús.

||Mt **27** 51-56; ||Mc **15** 38-41;
||Jn **19** 31-37.

47 Al ver el centurión lo sucedido, glorificaba a Dios diciendo: «Ciertamente este hombre era justo.» 48 Y toda la muchedumbre que había acudido a aquel espectáculo, al ver lo que pasaba, se volvió dándose golpes de pecho.

49 Todos sus conocidos y las mujeres que le habían seguido desde Galilea se mantenían a distancia, viendo estas cosas.

Sepultura de Jesús.

||Mt **27** 57-61; ||Mc **15** 42-47;
||Jn **19** 38-42.

50 Había un hombre llamado José, miembro del Consejo, hombre bueno y justo, 51 que no había asentido al consejo y proceder de los demás. Era de Arimatea, ciudad de Judea, y esperaba el Reino de Dios. 52 Se presentó a Pilato, le pidió el cuerpo de Jesús 53 y, después de descolgarle, le envolvió en una sábana y le puso en un sepulcro excavado en la roca en el que nadie había sido puesto todavía. 54 Era el día de la Preparación y apuntaba el sábado.

55 Las mujeres que habían venido con él desde Galilea fueron detrás y vieron el sepulcro y cómo era colocado su cuerpo. 56 Luego regresaron y prepararon aromas y mirra. Y el sábado descansaron según el precepto.

VII. Después de la Resurrección

El sepulcro vacío.
Mensaje de los ángeles.

||Mt **28** 1-8; ||Mc **16** 1-8; ||Jn **20** 1-2.

24 1 El primer día de la semana, muy de mañana, fueron al sepulcro llevando los aromas que habían preparado. 2 Pero encontraron que la piedra había sido retirada del sepulcro. 3 Entraron, pero no hallaron el cuerpo del Señor Jesús. 4 No sabían qué pensar de esto, cuando se presentaron ante ellas dos hombres con vestidos resplandecientes. 5 Asustadas, inclinaron el rostro a tierra, pero les dijeron: «¿Por qué buscan entre los muertos al que está vivo? 6 No está aquí, ha resucitado. Recuerden cómo les habló cuando estaba todavía en Galilea, diciendo: 7 Es necesario que el Hijo del hombre sea entregado en manos de los pecadores y sea crucificado, pero al tercer día resucitará*.» 8 Y ellas recordaron sus palabras.

Los apóstoles no creen a las mujeres.

||Mt **28** 10.17; ||Mc **16** 10-11.14;
||Jn **20** 18.25.29.

9 Regresaron, pues, del sepulcro y anunciaron todas estas cosas a los Once y a todos los demás. 10 Las que referían estas cosas a los apóstoles eran María Magdalena, Juana y María la de Santia-

23 43 El *paraíso*, imagen de un jardín de delicias, ver Gn **2** 8; etc. El condenado estará allí el mismo día con Jesús Rey, ver Flp **1** 23: 1 Ts **4** 17; Rm **6** 5-8; etc.

23 44 Ver Mt **27** 45+.
23 46 Cita del Sal **31** 6; ver Hch **7** 59.
24 7 Ver **9** 22.44; **18** 31-33+; **24** 46-47.

go y las demás que estaban con ellas.
11 Pero a ellos todas aquellas palabras les
parecían desatinos y no les creían*.

Pedro en el sepulcro.
||Jn **20** 3-10.

12 Con todo, Pedro se levantó y corrió
al sepulcro. Se inclinó, pero sólo vio los
lienzos y se volvió a su casa, asombrado
por lo sucedido.

Los discípulos de Emaús*.
||Mc **16** 12-13.

13 Aquel mismo día iban dos de ellos
a un pueblo llamado Emaús, que dista sesenta estadios de Jerusalén, 14 y
conversaban entre sí sobre todo lo que
había pasado. 15 Mientras conversaban
y discutían, el mismo Jesús se acercó a
ellos y caminó a su lado; 16 pero sus ojos
estaban como incapacitados para reconocerle*. 17 Él les dijo: «¿De qué discuten
por el camino?» Ellos se pararon con aire
entristecido.
18 Uno de ellos, llamado Cleofás, le
respondió: «¿Eres tú el único residente
en Jerusalén que no sabe las cosas que
han pasado allí estos días?» 19 Él les dijo:
«¿Qué cosas?» Ellos le dijeron: «Lo de
Jesús el Nazareno, que fue un profeta
poderoso en obras y palabras delante de
Dios y de todo el pueblo; 20 cómo nuestros sumos sacerdotes y magistrados le
condenaron a muerte y le crucificaron.
21 Nosotros esperábamos que sería él el
que iba a librar a Israel; pero, con todas
estas cosas, llevamos ya tres días desde
que esto pasó. 22 El caso es que algunas
mujeres de las nuestras nos han sobresaltado, porque fueron de madrugada al
sepulcro 23 y, al no hallar su cuerpo, vinieron diciendo que incluso habían visto
una aparición de ángeles que decían que
él vivía. 24 Fueron también algunos de
los nuestros al sepulcro y lo hallaron tal
como las mujeres habían dicho, pero a
él no le vieron.»
25 Él les dijo: «¡Oh insensatos y tardos
de corazón para creer todo lo que dijeron los profetas! 26 ¿No era necesario
que el Cristo padeciera eso para entrar
así en su gloria?» 27 Y, empezando por
Moisés y continuando por todos los profetas, les explicó lo que había sobre él en
todas las Escrituras*.
28 Al acercarse al pueblo a donde iban,
él hizo ademán de seguir adelante. 29 Pero
ellos le rogaron insistentemente: «Quédate
con nosotros, porque atardece y el día ya
ha declinado.» Entró, pues, y se quedó
con ellos. 30 Sentado a la mesa con ellos,
tomó el pan, pronunció la bendición, lo
partió y se lo iba dando. 31 Entonces se les
abrieron los ojos y le reconocieron, pero
él desapareció de su vista. 32 Se dijeron
uno a otro: «¿No estaba ardiendo nuestro
corazón dentro de nosotros cuando nos
hablaba en el camino y nos explicaba las
Escrituras?»
33 Y, levantándose al momento, se volvieron a Jerusalén y encontraron reunidos
a los Once y a los que estaban con ellos,
34 que decían: «¡Es verdad! ¡El Señor ha
resucitado y se ha aparecido a Simón!»
35 Ellos, por su parte, contaron lo que
había pasado en el camino y cómo le
habían conocido al partir el pan*.

Aparición a los apóstoles.
Ver Jn **20** 19-23.

36 Estaban hablando de estas cosas,
cuando él se presentó en medio de ellos

24 11 Ver Mt **28** 1-7; Mc **16** 11-14.

24 13 Comparar con Hch **8** 26-40: las dudas e indecisiones iniciales quedan resueltas por la instrucción. Los dos relatos concluyen con una acción sacramental. —*sesenta estadios* = poco más de once kilómetros. El *estadio* equivale a 185 m.

24 16 Aun conservando su identidad, vv. 39-40, el cuerpo de Jesús resucitado se encuentra en un estado nuevo, Jn **20** 19; 1 Co **15** 44. En Lc y Jn los discípulos únicamente le reconocen por una palabra o por una *señal*.

24 27 Se trata de la Biblia entera, ver vv. 44-45.

24 35 La expresión *fracción del pan*, v. 30; **22** 19, que Lc emplea también en Hch **2** 42; **4** 6; **20** 7; **27** 35, se refiere, sin duda, a la Eucaristía.

y les dijo: «La paz con ustedes.» [37] Sobresaltados y asustados, creían ver un
espíritu. [38] Pero él les dijo: «¿Por qué se
turban? ¿Por qué se suscitan dudas en su
corazón? [39] Miren mis manos y mis pies;
soy yo mismo. Pálpenme y vean, porque
un espíritu no tiene carne y huesos como
ven que yo tengo.» [40] Y, diciendo esto,
les mostró las manos y los pies. [41] Como
no acababan de creerlo a causa de la
alegría y estaban asombrados, les dijo:
«¿Tienen aquí algo de comer?» [42] Ellos
le ofrecieron un trozo de pescado. [43] Lo
tomó y comió delante de ellos.

Últimas instrucciones a los apóstoles.

[44] Después les dijo: «Éstas son aquellas
palabras mías que les dije cuando todavía
estaba con ustedes: Es necesario que se
cumpla todo lo que está escrito en la Ley
de Moisés, en los Profetas y en los Salmos acerca de mí.» [45] Y, entonces, abrió
sus inteligencias para que comprendieran las Escrituras [46] y les dijo*: «Así está
escrito: que el Cristo debía padecer y
resucitar de entre los muertos al tercer
día [47] y que se predicaría en su nombre
la conversión para perdón de los pecados
a todas las naciones, empezando desde
Jerusalén*. [48] Ustedes son testigos de estas cosas.

||Hch **1** 4-8.

[49] «Miren, yo voy a enviar sobre ustedes la Promesa de mi Padre*. Ustedes
permanezcan en la ciudad hasta que sean
revestidos de poder desde lo alto.»

La Ascensión.

||Mc **16** 19; ||Hch **1** 9.12.

[50] Los sacó hasta cerca de Betania
y, alzando sus manos, los bendijo. [51] Y,
mientras los bendecía, se separó de ellos
y fue llevado al cielo*. [52] Ellos, después
de postrarse ante él, se volvieron a Jerusalén con gran gozo. [53] Y estaban siempre en el Templo bendiciendo a Dios.

24 46 Los vv. 46-48 contienen los temas esenciales de la predicación de los Apóstoles en los Hechos.

24 47 Desde *Jerusalén,* ver **2** 38; **9** 51+, el Espíritu va a difundirse en el mundo. Lucas anuncia así Hch **1** 4.8, y toda su segunda obra, ver Hch **1** 1.

24 49 *La Promesa de mi Padre*, es el Espíritu Santo, Hch **1** 4-5.8; **2** 33; Jn **1** 33+; **14** 16.26; **15** 26; **20** 22.

24 51 Sobre la ascensión de Jesús: Hch **1** 2.9s; Jn **20** 17+.

EVANGELIO SEGÚN SAN JUAN

Introducción

El evangelio de Juan presenta la persona y el mensaje de Jesús de un modo bastante diferente al de los Sinópticos, tanto en su contenido como en su lenguaje. Por ejemplo, de las 29 señales o acciones milagrosas de Jesús recogidas en los otros evangelios, éste solamente toma dos. En cuanto a la forma literaria y al lenguaje, basta leerlo para descubrir notables diferencias con los Sinópticos.

Redactado en su forma actual probablemente a finales del s. I en Éfeso o Antioquía, pudo tener una primera redacción parcial alrededor del año 50.

Son numerosas y muy variadas las hipótesis propuestas para explicar tanto la estructura como el contenido del IV Evangelio. Las encontramos en las introducciones amplias de las Biblias o en comentarios específicos de este evangelio. A nosotros nos interesa descifrar, en lo posible, el contenido de este evangelio en la forma que nos ha llegado desde finales del siglo I. Por eso, para acceder a él en una lectura cómoda, proponemos tener en cuenta su estructura, compuesta por dos secciones centrales, un prólogo y un epílogo o apéndice.

1. Prólogo *(**1** 1-51)*

Tiene dos partes claramente diferenciadas: la primera presenta a Jesús en un plano teológico, desde Dios; la segunda lo presenta en su realidad histórica.

a) Presentación teológica de Jesús *(**1** 1-18). El autor se sirve de un himno con el que la comunidad cristiana expresaba su fe en Jesús Mesías, que era la Palabra de Dios hecha hombre en un momento determinado de la historia. Introdujo algunas modificaciones en el himno para subrayar algunos puntos, como la preexistencia de la Palabra y sobre todo la relación existente entre el Bautista-precursor y Jesús-Palabra.*

b) Presentación histórica de Jesús *(**1** 19-51). Ésta consiste en la narración de unas experiencias que el Bautista y los primeros discípulos tienen del encuentro con Jesús de Nazaret. Bautista y discípulos descubren en Jesús al Mesías (**1** 33. 41), al Siervo (**1** 29. 36), al Hijo de Dios (**1** 49), y al Hijo del hombre (**1** 51). Esta última expresión la pone Jn en boca de Jesús, como si quisiera completar la de Natanael, «Hijo de Dios» y subrayar la encarnación de la Palabra, la presencia humana del Hijo de Dios. Jesús queda, pues, presentado como la «Palabra» con la que el Padre habla a los hombres.*

Evidentemente la teología contenida en estas dos presentaciones de Jesús refleja una catequesis bastante desarrollada, propia de las comunidades cristianas de finales del siglo I.

2. El libro de las «señales» *(**2** 1-**12** 50)*

Las acciones de Jesús son calificadas por este evangelio como «señales». En esta primera parte recoge el autor siete. Son señales de fuerte contenido teológico que Jesús desentraña mediante unos discursos o enseñanzas. Aceptando este esquema, señal/discurso, podemos dividir esta sección central en siete cuadros.

a) Jesús es la Palabra de una nueva religiosidad *(**2** 1-**4** 42). Las señales son dos: transformación del agua en vino en una boda en Caná y la purificación del templo (**2** 1-25). Por las insinuaciones del evangelista descubrimos que la transformación del agua, destinada a las purificaciones legales del judaísmo, simboliza el AT y sus leyes. El vino nuevo evidentemente simboliza el NT. Estos simbolismos aparecen en* *otros lugares de la catequesis evangélica, indicando incluso que el vino nuevo necesita nuevos recipientes (ver Mt* **9** *17). La señal de la purificación del templo tiene el mismo simbolismo: sustitución del lugar sagrado del culto del AT por uno nuevo, que es la presencia del resucitado.*

*La enseñanza que dimana de estas señales está contenida en la entrevista con Nicodemo (***3** *1-21), el último testimonio del Bautista (***3** *22-36) y el encuentro con la samaritana (***4** *1-42). Con la presencia de Jesús se ha iniciado una nueva época; es como un nuevo nacimiento que se realiza por el agua y el Espíritu; es un manantial perenne de vida; es, en definitiva, una nueva religiosidad no ligada a ningún lugar físico, sino «en espíritu y en verdad». La presencia de Jesús ofrece a todas las personas, pero especialmente a las de las comunidades cristianas, una novedad total en las relaciones con Dios Padre.*

b) Jesús es la Palabra que ofrece una vida nueva *(***4** *46-***5** *57). Las señales son: curación del hijo de un funcionario real (***4** *46-54) y curación de un enfermo en la piscina de Betesda (***5** *1-18). Las dos señales tienen un mismo objetivo: presentar a Jesús como comunicador de salud, de una existencia nueva por medio de su Palabra. En un caso, a distancia; en el otro, mediante un contacto directo.*

*La enseñanza: La Palabra de Jesús supera en todo el poder de las demás palabras, particularmente de las de la Ley judía. Este poder vivificador lo tiene porque es la Palabra del Hijo de Dios, por eso la vida que comunica es la misma del Padre (***5** *24-29). La nueva realidad que ofrece Jesús está atestiguada por el Padre, por el Bautista, por el mismo Moisés y por las señales de Jesús. Estos testimonios vienen a cuento porque las autoridades religiosas, consideradas intérpretes de la voluntad de Dios, que el evangelista califica como «los judíos», ponen en duda el poder vivificante de Jesús (***5** *30-47). El ambiente de controversia entre Jesús y los judíos refleja la situación que vivían las comunidades cristianas al final del siglo I.*

c) Jesús es la Palabra que se transforma en alimento de vida nueva *(***6** *1-71). Señales: multiplicación de los panes (***6** *1-15) y dominio sobre el mar (***6** *16-21). Simbolismo: Jesús se transforma en alimento vivificante, en fuerza y apoyo en las situaciones difíciles. El modo de comunicar la vida nueva es mediante la cercanía de Jesús, su aproximación a la vida de los hombres, a sus necesidades.*

*La enseñanza se recoge en el discurso de Jesús en la sinagoga de Cafarnaún. La Palabra de Jesús es un alimento más consistente y seguro que el maná. El maná fue un alimento que no proporcionó la vida verdadera a los israelitas (***6** *31-32.49). El alimento que da Jesús no es humano, sino que ha bajado del cielo. Y para que no queden dudas, Jesús aclara qué tipo de pan es éste: su carne y su sangre, expresión que significa toda la persona humana de Jesús, ofrecida a los hombres como nuevo alimento. Hay en todo este discurso una referencia clara a la Eucaristía, que en los Sinópticos se relaciona con la celebración de la Pascua judía. La actitud que se exige para participar de este nuevo alimento ya no es la observancia de la Ley, sino la aceptación de la persona de Jesús y sus enseñanzas (***6** *60-71).*

d) Jesús es la Palabra que da la verdadera libertad *(***7** *1-59). Esta sección no tiene el esquema de las anteriores, señal/enseñanza, a no ser que se interprete como «señal» la celebración de la fiesta judía de las tiendas (***7** *10-19). Jn recoge aquí una serie de actitudes de incredulidad de algunos de sus familiares y de los jefes de la nación que no aceptan a Jesús como Mesías, ni como Hijo de Dios, ni como quien puede dar la verdadera liberación. Esto provoca controversias que se van acentuando* *progresivamente y ponen a Jesús en constante peligro de muerte, pues los judíos quieren acabar con él (***7** *1.13. 19.25.30.32.44;* **8** *37.40.59).*

*El relato de la mujer adúltera (***7** *53-***8** *11) se considera fuera de contexto en este evangelio, pues rompe el ritmo de la sección, se aparta del lenguaje del IV Evangelio y falta en muchos manuscritos antiguos. Sin embargo pudo ser añadido en esta sección para poner de relieve el poder liberador de la Palabra de Jesús, en cuanto perdona y libera de las ataduras del pecado.*

e) Jesús es la Palabra que ilumina al mundo (**9** *1-***10** *42). La señal es la curación de un ciego de nacimiento (***9** *1-12). La enseñanza se inicia en un primer momento en el proceso que los fariseos instruyen al ciego. Centrar la religiosidad en el cumplimiento literal de la Ley, aunque sea la observancia del sábado, impide llegar a la luz que ofrece Jesús. Sólo el creer en la persona de Jesús lleva a la verdadera iluminación, como le ha ocurrido al que era ciego (***9** *13-39).*

*En un segundo momento prosigue la enseñanza para poner de manifiesto dónde está la verdadera ceguera, que es la que tienen los jefes de la nación, los «pastores» ciegos que se han despreocupado de los valores de las personas y los han extraviado. Frente a estos falsos pastores, Jesús se proclama como el Pastor auténtico (***10** *1-42).*

f) Jesús es la Palabra de resurrección (**11** *1-57). La señal es la resurrección de Lázaro. La enseñanza va entreverada con la narración de la señal en un conjunto muy bien construido literariamente. La enseñanza no es, en este relato, una simple exposición doctrinal, sino que está acompañada de unos matices didácticos sugerentes: las emociones de Jesús, sus lágrimas por el amigo muerto, sus frases de cariño, de consuelo y de esperanza con las hermanas de Lázaro. Este conjunto de palabras y emociones de Jesús ayudan a comprender la profundidad de la enseñanza clave: «Yo soy la resurrección» (***11** *25).*

*Unas últimas anotaciones de Jn nos llevan a comprender que esta señal de resurrección se hará patente cuando Jesús pase también por la realidad de su muerte, a la que deciden llevarle las autoridades religiosas de Israel (***11** *45-54).*

g) Jesús es la Palabra que lleva a la vida superando la muerte (**12** *1-50). Tenemos aquí dos señales: la unción en Betania (***12** *1-10) y la entrada mesiánica en Jerusalén (***12** *11-19). En estas dos acciones presenta Jn a Jesús tomando posesión de la ciudad santa como su nuevo rey que ha sido previamente ungido. Es un rey que tiene que pasar antes por la experiencia de la muerte; es lo que quiere insinuar la explicación del gesto de María (***12** *7).*

*La enseñanza está expuesta en el encuentro con los griegos y en la última reflexión con la que el evangelista cierra esta primera gran sección. Jesús en la conversación con los griegos desentraña el sentido de su muerte próxima: es un paso previo para la fructificación. Vive con fuerza la experiencia de su muerte próxima. Jn no narra la agonía de Getsemaní, pero los vv. 27-32 son un paralelo perfecto del relato de los Sinópticos. Jesús acepta con decisión el proyecto del Padre. En la reflexión final de esta sección el evangelista quiere responder a una pregunta de las comunidades cristianas: ¿Por qué los conciudadanos de Jesús no lo aceptaron, a pesar de estas señales mesiánicas? La respuesta es que ya la Escritura lo anunció. Sin embargo Jn introduce una matización: muchos judíos sí que creyeron en él, incluso entre las autoridades (***12** *42), aunque también matiza el miedo que a estos creyentes les imponían los fariseos, responsables de las comunidades judías en los años de redacción del IV Evangelio. Una breve síntesis de la presentación de Jesús como Palabra del Padre cierra el libro de las señales.*

3. El libro de la «Hora» de Jesús (**13** *1*-**20** *31*)

*Repetidas veces ha dicho Jn en la primera parte que «todavía no había llegado su hora» (**2** 4; **7** 6. 30; etc.). En este momento ya ha llegado (**13** 1). En esta segunda gran sección Jn antepone la enseñanza a la gran señal: pasión, muerte y resurrección de Jesús.*

a) Jesús es el Cordero (Siervo) de Dios en la nueva Pascua *(***13** *1*-**17** *26). El gesto de Jesús de lavar los pies a los discípulos y el anuncio de la traición de Judas (***13** *1-30) sirven de introducción y dan la clave para interpretar esta parte: Jesús, Mesías e Hijo de Dios, muere en la cruz. Pero esto, que puede resultar incomprensible y escandaloso para unos cristianos de mentalidad griega, en su mayoría, forma parte del proyecto de Dios y marca el talante de la comunidad cristiana: Entrega total al proyecto del Padre para el servicio y salvación de todos los hombres. La presencia en este libro de la Hora del discípulo «a quien Jesús quería» aporta también, además de un testimonio directo de los hechos, la idea de que todo cuanto va a suceder hay que interpretarlo en clave del amor de Jesús a sus seguidores.*

La enseñanza está divida en tres discursos, llamados de «despedida», y en los que Jn da el testamento de Jesús.

*Primer discurso (***13** *31*-**14** *31): La pasión, muerte y resurrección son la gran señal de la manifestación del amor del Padre a Jesús y marcan el camino de la nueva relación del hombre con Dios. El camino es Jesús donde el hombre se encuentra y ve al Padre. En este camino la comunidad cuenta con la ayuda y la fuerza de Dios y de Jesús: el Espíritu, que es «Paráclito», abogado, asistente, animador, maestro. La ausencia de Jesús por su muerte es temporal. Todo esto debe ser motivo de alegría para los creyentes.*

*Segundo discurso (***15** *1*-**16** *33): Talante de la nueva comunidad, de los discípulos. La comparación de la vid verdadera (***15** *1-17) aclara este talante: debe ser una comunidad unida vitalmente a Jesús, a su Palabra; debe haber una compenetración personal de los discípulos y el maestro. Tal es el nuevo modo de la vivencia del amor del Padre, eje de la comunidad. Contrapunto de este amor de la comunidad es el odio que los discípulos experimentarán de parte de los no creyentes. La comunidad de Jn está atravesando esta experiencia de odio, sobre todo por parte de las comunidades judías. Vuelve sobre la ayuda del «Paráclito», como fuerza que los mantiene firmes en medio de las persecuciones y odios. Tal situación no debe llenarlos de tristeza. Deben vivir alegres, porque Jesús ha completado el proyecto del Padre. Esta es la firme garantía de su fe.*

*Tercer discurso, en estilo de oración (***17** *1-26): Reflexión de Jesús sobre su persona. Él es quien da unidad a todos los que le siguen; la base de esta unidad es la participación de la vida del Padre. La comunión de vida entre el Padre y el Hijo es lo que quiere Jesús para sus seguidores actuales y futuros.*

b) La gran señal: Pasión, Muerte y Resurrección de Jesús *(***18** *1*-**20** *31). El relato del IV Evangelio tiene algunas diferencias con el de los Sinópticos: a Jesús lo prenden los soldados romanos (***18** *3); el proceso ante las autoridades religiosas de Jerusalén es muy breve (***18** *19-27), ya que todo el evangelio ha sido en realidad un largo proceso de los jefes judíos contra Jesús; en cambio el proceso ante el gobernador de Roma es más amplio (***18** *28*-**19** *11), que termina con la sentencia de muerte consentida por el gobernador (***19** *12-16). Camino del Calvario, Jesús no es ayudado por nadie. El motivo de la condena a muerte es redactado por el gobernador y tiene su importancia que Jn destaca mediante la discusión entre Pilato y los sumos sacerdotes (***19** *19-22). La presencia de la madre* *de Jesús en este momento de la crucifixión juntamente con la del discípulo «a quien amaba», son datos propios de Jn y repiten la clave interpretativa de la «señal»: Todo es amor. La muerte de Jesús coincide con el inicio de la Pascua judía (***19** *14).*

*Unos discípulos, que lo eran «en secreto por miedo a los judíos» (***19** *38) dan sepultura al cuerpo de Jesús. El discípulo a quien Jesús quería, seguido de Pedro, son los primeros en atestiguar el sepulcro vacío. Pero es María Magdalena la primera que tiene el encuentro con el resucitado y la que se convierte en la primera anunciadora de la resurrección de Jesús. Los otros discípulos tienen miedo. Probablemente este miedo evoca, una vez más, el que tenían las comunidades de Juan.*

*Todas estas peculiaridades del relato de Jn orientan hacia una interpretación correcta de este acontecimiento, humanamente difícil de comprender, pero sobre el que Jn quiere configurar la comunidad de creyentes. Por eso concluye la sección con el episodio de la incredulidad y posterior fe de Tomás. Los fieles de las comunidades deben creer en Jesús no por haberlo visto, sino por haber aceptado el testimonio de los que convivieron con Jesús y reciben las enseñanzas que les desentrañan el significado de todas las señales realizadas por Jesús: el Evangelio (***20** *30-31).*

4. Apéndice (**21** *1-25*)

*Este capítulo se considera una añadidura de las comunidades del «discípulo a quien Jesús amaba» (***21** *7). Tiene todo el aspecto de ser una recopilación de varias tradiciones de estas comunidades sobre su función evangelizadora y sobre la importancia del discípulo amado y de Pedro. Las tradiciones garantizan el mensaje que se ha ido transmitiendo en estas comunidades y que tienen el mismo valor que las conservadas por otros testigos en las diversas catequesis de otras comunidades.*

EVANGELIO SEGÚN SAN JUAN

Prólogo

1 [1] En el principio* existía la Palabra
y la Palabra estaba junto a Dios,
y la Palabra era Dios.
2 Ella estaba en el principio junto a
Dios.
3 Todo se hizo por ella
y sin ella no se hizo nada.
Lo que se hizo 4 en ella era la vida
y la vida era la luz de los hombres*,
5 y la luz brilla en las tinieblas,
y las tinieblas no la vencieron*.
6 Hubo un hombre, enviado por Dios:
se llamaba Juan*.
7 Éste vino para un testimonio,
para dar testimonio de la luz,
para que todos creyeran por él.
8 No era él la luz,
sino quien debía dar testimonio de la
luz.
9 La Palabra era la luz verdadera
que ilumina a todo hombre,
viniendo* a este mundo.
10 En el mundo estaba,
y el mundo fue hecho por ella,
y el mundo no la conoció*.
11 Vino a los suyos,
y los suyos no la recibieron.
12 Pero a todos los que la recibieron
les dio poder de hacerse hijos de Dios,
a los que creen en su nombre*;
13 los cuales no nacieron de sangre,
ni de deseo de carne,
ni de deseo de hombre,
sino que nacieron de Dios*.
14 Y la Palabra se hizo carne*,
y puso su Morada entre nosotros,
y hemos contemplado su gloria,

1 1 Jn recoge en **1** 1-5 un himno antiguo que sigue el esquema de Gn **1** 1-31 para proclamar que Dios ha creado el mundo por su Palabra, Sal **33** 6-9; etc. En el AT la palabra y la Sabiduría existían en Dios y participaban en la creación y gobierno del mundo, Gn **1** 1-5; Pr **8** 22+; Sb 7 22+. Ahora es el Verbo, Palabra de Dios, que preexistía en Dios, **8** 24+; **10** 34, quien fue enviado al mundo por el Padre, **3** 17+; después, acabada su misión, volvió al Padre, **7** 33; **13** 3; **17** 13; **20** 17. En el NT es Juan quien despeja plenamente, gracias al hecho de la *Encarnación,* v. 14+, la naturaleza personal de esta Palabra subsistente.

1 4 Si el Verbo, Hijo de Dios vivo, **6** 57, es para el mundo fuente de *vida* eterna, **3** 15+; **17** 2, es porque tiene la vida en sí mismo, **5** 26, porque él mismo es la vida, **11** 25; **14** 6; ver 1 Jn **1** 1+. Como la *luz* en el AT, Pr **4** 18-19; Is **9** 1; **45** 7; ver Mt **4** 16; Lc **1** 79, el Verbo conduce a los hombres hacia Dios y les da la felicidad, la vida, la salvación mesiánica, **3** 19; **9**; **12** 35s.46; ver Hch **5** 20+. Esta luz vencerá a las tinieblas, **8** 12+; **12** 46.

1 5 Otros traducen: *no la comprendieron,* o: *no la recibieron.*

1 6 Paréntesis, vv. 6-8, sobre la misión de Juan Bautista; ver **1** 15.19-40; **3** 22s; Lc **1** 5s. 57s; Mt **3** 1s. Estos vv. debieron preceder a los vv. 19ss.

1 9 Otros traducen: ... *todo hombre que viene a este mundo.*

1 10 El *mundo* designa unas veces el universo creado, **17** 5.24; otras, el género humano; otras, en fin, los hombres que rechazan a Dios y la obra de Cristo: 7 7; **8** 23; **15** 18-20; **16** 33; **17** 9.14; 1 Jn **2** 16; **5** 19. En otros textos el mundo es objeto del amor de Dios y de la vivificación traída por el Hijo, **3** 16-17; **6** 33.51; **12** 47, que lo ha liberado del pecado, **1** 29, y lo ha salvado, **4** 42.

1 12 La Palabra es una semilla divina, 1 Jn **3** 9; Lc **8** 11. Los que la reciben llegan a ser *hijos de Dios,* 1 Jn **3** 1. Ver también St **1** 18; 1 P **1** 23; Jn **3** 5-6; Rm **8** 14; Ga **3** 26-27+; **4** 5+.

1 13 La lectura en plural *los cuales no nacieron*... es la corriente, pues es la más atestiguada por los mss griegos. La variante en singular: *él, que no nació*... aludiría a la generación eterna de la Palabra o a que Jesús fue concebido por la acción de Dios; ver Lc **1** 34-35.

1 14 La palabra *carne,* ver **6** 51+; Rm **7** 5+, acentúa el realismo de la presencia de la Palabra, que se ha revestido de nuestra humanidad asumiendo todas sus debilidades, incluso la muerte, Rm **6** 10+; Flp **2** 6-8; ver 1 Jn **4** 2; 2 Jn 7. Más tarde se hablará de *Encarnación.* Así Dios inaugura una presencia personal y sensible entre los hombres; su *gloria* en otro tiempo invisible, Ex **33** 20+,

gloria que recibe del Padre como
Unigénito,
lleno de gracia y de verdad.
15 Juan da testimonio de él y clama:
«Este era del que yo dije:
El que viene detrás de mí
se ha puesto delante de mí,
porque existía antes que yo.»
16 Pues de su plenitud hemos recibido
todos, y gracia por gracia.
17 Porque la Ley fue dada por medio
de Moisés;
la gracia y la verdad nos han llegado
por Jesucristo.
18 A Dios nadie le ha visto jamás:
el Hijo Unigénito*,
que está en el seno del Padre,
él lo ha contado.

El ministerio de Jesús

1. EL ANUNCIO DE LA NUEVA ECONOMÍA

A. LA SEMANA INAUGURAL

El testimonio de Juan.

19 Y este fue el testimonio de Juan,
cuando los judíos* enviaron desde Jerusalén sacerdotes y levitas a preguntarle:
«¿Quién eres tú?» 20 Él confesó, y no negó; confesó: «Yo no soy el Cristo.» 21 Y
le preguntaron*: «¿Qué pues?; ¿Eres tú
Elías?» Él dijo: «No lo soy».» — «¿Eres tú
el profeta?» Respondió: «No.» 22 Entonces
le dijeron: «¿Quién eres, pues, para que
demos respuesta a los que nos han enviado? ¿Qué dices de ti mismo?» 23 Dijo
él: «Yo soy

la voz del que clama en el desierto:
*Rectifiquen el camino del Señor**,

como dijo el profeta Isaías». 24 Habían
sido enviados por los fariseos. 25 Y le preguntaron: «¿Por qué, pues, bautizas, si
no eres tú el Cristo, ni Elías, ni el profeta?» 26 Juan les respondió: «Yo bautizo
con agua, pero en medio de ustedes está
uno a quien no conocen, 27 que viene
detrás de mí, a quien yo no soy digno de
desatarle la correa de su sandalia.» 28 Esto ocurrió en Bethabara*, al otro lado del
Jordán, donde estaba Juan bautizando.
29 Al día siguiente ve a Jesús venir hacia él y dice: «He ahí el cordero de Dios,
que quita el pecado del mundo*. 30 Este
es por quien yo dije:

Detrás de mí viene un hombre,
que se ha puesto delante de mí,
porque existía antes que yo.

31 «Yo no lo conocía, pero he venido
a bautizar en agua para que él sea mani-

se deja ver a través de la humanidad del Hijo, **2** 11; **3** 12+, que revela la misericordia y la fidelidad del Padre, Ex **34** 6.

1 18 *Unigénito,* expresión adoptada por Jn **1** 14.18; **3** 16.18; 1 Jn **4** 9, que afirma claramente la filiación divina de Jesús. Lo que es *Dios* en sí mismo, es inaccesible al hombre, Ex **33** 20+; 1 Tm **6** 16; 1 Jn **4** 12; pero el Unigénito nos lo ha revelado, **3** 11+; **6** 46; **7** 16; **14** 6-11; Mt **11** 27+.

1 19 *Judíos,* en Jn designa a veces a los adeptos al Judaísmo, **2** 6.13; **4** 9; etc.; con más frecuencia a las autoridades religiosas hostiles a Jesús, **2** 18; **5** 10; etc. Otras veces designa a los fariseos, contemporáneos de la redacción del evangelio, representantes del Judaísmo oficial a partir del año 70. Comparar **9** 22 con **12** 42.

1 21 Para entender estas preguntas, ver las notas a Mt **16** 14+; **17** 3+.10+.

1 23 Cita de Is **40** 3.

1 28 *Bethabara = lugar de paso* a la Tierra Prometida; ver Jos **3**+.

1 29 Jesús es el *Cordero* pascual, Ex **12**+; **18** 28; **19** 36; Ap **5** 6-13, que por su muerte recibe el dominio sobre los hombres y por tanto quita el pecado del mundo. Algunos piensan que el término *cordero* es una mala traducción de una palabra hebrea que significa *siervo.* Jn aludiría al Siervo de Dios de Is **42** 1-4+; ver Is **52** 13+, al que alude Jn **1** 34+, que quita el pecado gracias a la enseñanza que nos da.

festado a Israel.» 32 Y Juan dio testimonio diciendo: «He visto al Espíritu que bajaba como una paloma del cielo y se quedaba sobre él. 33 Y yo no lo conocía pero el que me envió a bautizar con agua, me dijo:

'Aquel sobre quien veas que baja el Espíritu y se queda sobre él, ése es el que bautiza con Espíritu Santo'*. 34 Y yo lo he visto y doy testimonio de que ése es el Elegido de Dios*.»

Los primeros discípulos.

35 Al día siguiente, Juan se encontraba de nuevo allí con dos de sus discípulos. 36 Fijándose en Jesús que pasaba, dice: «He ahí el Cordero de Dios». 37 Los dos discípulos lo oyeron hablar así y siguieron a Jesús. 38 Jesús se volvió y, al ver que lo seguían, les dice: «¿Qué buscan?» Ellos le respondieron: «Rabbí —que quiere decir, 'Maestro'— ¿dónde vives?» 39 Les respondió: «Vengan y lo verán.» Fueron, pues, vieron dónde vivía y se quedaron con él aquel día. Eran más o menos las cuatro de la tarde.

40 Andrés, el hermano de Simón Pedro, era uno de los dos que habían oído a Juan y habían seguido a Jesús. 41 Éste encuentra primeramente a su propio hermano, Simón, y le dice: «Hemos encontrado al Mesías» — que quiere decir, Cristo*. 42 Y lo llevó a Jesús. Fijando Jesús su mirada en él, le dijo:«Tú eres Simón, el hijo de Juan; tú te llamarás Cefas» — que quiere decir, 'Piedra'».

43 Al día siguiente, Jesús quiso partir para Galilea y encuentra a Felipe. Y Jesús le dice: «Sígueme.» 44 Felipe era de Betsaida, de la ciudad de Andrés y Pedro.

45 Felipe encuentra a Natanael y le dice: «Aquel de quien escribió Moisés en la Ley, y también los profetas, lo hemos encontrado: Jesús, el hijo de José, el de Nazaret.» 46 Le respondió Natanael: «¿De Nazaret puede haber cosa buena?» Le dice Felipe: «Ven y lo verás.» 47 Vio Jesús que se acercaba Natanael y dijo de él: «Ahí tienen a un israelita de verdad, en quien no hay engaño.» 48 Le dice Natanael: «¿De qué me conoces?» Le respondió Jesús: «Antes de que Felipe te llamara, cuando estabas debajo de la higuera, te vi*.» 49 Le respondió Natanael: «Rabbí, tú eres el Hijo de Dios, tú eres el rey de Israel*.» 50 Jesús le contestó: «¿Por haberte dicho que te vi debajo de la higuera, crees? Has de ver cosas mayores.» 51 Y le añadió: «En verdad, en verdad les digo: verán el cielo abierto y a los ángeles de Dios subir y bajar sobre el Hijo del hombre*.»

La boda en Caná.

2 1 Tres días después se celebraba una boda en Caná de Galilea y estaba allí la madre de Jesús. 2 Fue invitado también a la boda Jesús con sus discípulos. 3 Y no tenían vino, porque se había acabado el vino de la boda. Le dice a Jesús su madre: «No tienen vino.» 4 Jesús le responde: «¿Qué tengo yo contigo, mujer*? Todavía no ha llegado mi hora.»

1 33 El Mesías conferirá el *Espíritu* después de su resurrección, **3** 5; **7** 37-39+; **14** 16s; **16** 7-8; **19** 30; **20** 22; Mt **3** 6+; Hch **1** 5+; **2** 38+. El Espíritu es un don mesiánico, Jl **3**+; Ez **36** 27+.

1 34 *Elegido de Dios*, título mesiánico, Is **42** 1; ver Lc **9** 35+. En Jn es el Bautista, y no Jesús, quien ve el Espíritu bajar y quien da testimonio de Cristo. Comparar con Mc **1** 9-11.

1 41 Ver Ex **30** 22+; Mt **1** 16; etc.

1 48 Natanael reconoce que Jesús es el profeta-rey del que ha hablado Felipe, **1** 45; ver **6** 14-15; Dt **18** 18.

1 49 *Hijo de Dios y rey de Israel*, dos títulos mesiánicos, Mt **4** 3+.

1 51 El *Hijo del hombre*, **3** 13; etc., Mt **8** 20+, será glorificado, **13** 31, y abrirá a los hombres el acceso al cielo, ver Gn **28** 12-18; Is **63** 19; Dn **7** 9-10; Mc **1** 10p.

2 4 *¿Qué tengo yo contigo?*, lit.: *¿Qué a ti y a mí?*, Jc **11** 12; Mt **8** 29; etc.; semitismo que descarta una intervención. Al llamarla *mujer,* ver **19** 26; Ap **12** 1, parece dirigirse a la nueva Eva, *madre de los vivientes*, Gn **3** 15.20. La *hora* de Jesús es la hora fijada por el Padre para la glorificación y cuya proximidad Jn subraya en numerosas ocasiones **7** 30; **8** 20; **12** 23.27; **13** 1; **17** 1.

5 Dice su madre a los sirvientes: *«Hagan
lo que él les diga*.»*
6 Había allí seis tinajas de piedra, puestas para las purificaciones de los judíos,
de dos o tres medidas cada una. 7 Les
dice Jesús: «Llenen las tinajas de agua.»
Y las llenaron hasta arriba. 8 «Sáquenlo
ahora, les dice, y llévenlo al mayordomo.» Ellos lo llevaron. 9 Cuando el mayordomo probó el agua convertida en
vino, como ignoraba de dónde era (los
sirvientes, los que habían sacado el agua,
sí que lo sabían), llama el mayordomo al
novio 10 y le dice: «Todos sirven primero
el vino bueno y cuando ya están bebidos,
el inferior. Pero tú has guardado el vino
bueno hasta ahora.» 11 Tal comienzo de
los signos* hizo Jesús, en Caná de Galilea, y manifestó su gloria, y creyeron en
él sus discípulos. 12 Después bajó a Cafarnaún con su madre y sus hermanos y
sus discípulos, pero no se quedaron allí
muchos días.

B. LA PRIMERA PASCUA

La purificación del Templo.

||Mt **21** 12-13; ||Mc **11** 11.15-17;
||Lc **19** 45-46.

13 Se acercaba la Pascua de los judíos y
Jesús subió a Jerusalén. 14 Y encontró en
el Templo a los vendedores de bueyes,
ovejas y palomas, y a los cambistas en
sus puestos. 15 Haciendo un látigo con
cuerdas, echó a todos fuera del Templo,
con las ovejas y los bueyes; desparramó
el dinero de los cambistas y les volcó las
mesas; 16 y dijo a los que vendían palomas: «Quiten esto de aquí. No hagan de
la casa de mi Padre una casa de mercado.» 17 Sus discípulos se acordaron de
que estaba escrito:

El celo por tu casa me devorará.*

18 Los judíos entonces replicaron diciéndole: «Qué signo nos muestras para
obrar así?» 19 Jesús les respondió: «Destruyan este santuario y en tres días lo
levantaré.» 20 Los judíos le contestaron:
«Cuarenta y seis años se ha tardado en
construir este santuario, ¿y tú lo vas a
levantar en tres días?» 21 Pero él hablaba
del santuario de su cuerpo. 22 Cuando fue
levantado, pues, de entre los muertos, se
acordaron sus discípulos de que había dicho eso, y creyeron en la Escritura y en
las palabras que había dicho Jesús.

Estancia en Jerusalén.

23 Mientras estuvo en Jerusalén, por la
fiesta de la Pascua, muchos creyeron en
su nombre al ver los signos que realizaba. 24 Pero Jesús no les tenía confianza
porque los conocía a todos 25 y no tenía
necesidad de que se le diera testimonio
acerca de los hombres, pues él conocía
lo que hay en el hombre.

Entrevista con Nicodemo.

3 1 Había entre los fariseos un hombre llamado Nicodemo, magistrado
judío. 2 Fue éste a Jesús de noche y le
dijo: «Rabbí, sabemos que has venido de
Dios como maestro, porque nadie puede
realizar los signos que tú realizas si Dios
no está con él.» 3 Jesús le respondió:

«En verdad, en verdad te digo:
el que no nazca de nuevo
no puede ver el Reino de Dios*.»

2 5 Ver Gn **41** 55.
2 11 Como Moisés, Ex **4** 1-9.27-31, Jesús prueba con sus *signos* que ha sido enviado por Dios y así inducir a los hombres a creer en su misión, **2** 23; **3** 12+; **4** 54; **11** 42; etc. Jn recoge seis *signos* realizados por Jesús durante su vida terrestre; **2** 1.11; **4** 46.54; **5** 2ss; **6** 5.14; **9** 1.16; **11** 1ss; el último, resurrección de Lázaro, prefigura su propia resurrección, el *signo* por excelencia, **2** 18-19. A pesar de estos signos, muchos no creen en él, **10** 25; **12** 37; etc. Ver Mt **8**+.
2 17 Cita de Sal **69** 10.
3 3 En lugar de la expresión *Reino de Dios*, Mt **4** 17+, Jn normalmente emplea la de *vida*, **1** 4, o *vida eterna*, **3** 15+.

4 Le dice Nicodemo: «¿Cómo puede
uno nacer siendo ya viejo? ¿Puede acaso
entrar otra vez en el seno de su madre y
nacer?» 5 Respondió Jesús:

«En verdad, en verdad te digo:
el que no nazca de agua y de Espíritu*
no puede entrar en el Reino de Dios.
6 Lo nacido de la carne, es carne;
lo nacido del Espíritu, es espíritu.
7 No te asombres de que te haya dicho:
Tienen que nacer de nuevo.
8 El viento* sopla donde quiere,
y oyes su voz,
pero no sabes de dónde viene ni a
dónde va.
Así es todo el que nace del Espíritu.»

9 Respondió Nicodemo: «¿Cómo puede ser eso?» 10 Jesús le respondió: «Tú
eres maestro en Israel y ¿no sabes estas
cosas?
11 «En verdad, en verdad te digo:
nosotros hablamos de lo que
sabemos
y damos testimonio de lo que hemos
visto,
pero ustedes no aceptan nuestro
testimonio*.
12 Si al decirles cosas de la tierra,
no creen,
¿cómo van a creer*
si les digo cosas del cielo?
13 Nadie ha subido al cielo*
sino el que bajó del cielo,
el Hijo del hombre.
14 Y como Moisés elevó la serpiente en
el desierto,
así tiene que ser elevado el Hijo del
hombre*,
15 para que todo el que crea
tenga en él la vida eterna*.
16 Porque tanto amó Dios al mundo*
que dio a su Hijo unigénito,
para que todo el que crea en él no
perezca,
sino que tenga vida eterna.
17 Porque Dios no ha enviado* a su
Hijo al mundo

3 5 En los vv. 5-7 el acento recae no sobre el agua, sino sobre el Espíritu. El agua es símbolo frecuente del Espíritu, Is **44** 3; Ez **36** 25-27+; Za **12** 10; **13** 1; **14** 8.

3 8 La misma palabra designa el *viento* y al *Espíritu,* **1** 33+.

3 11 Jesús da testimonio ante los hombres en favor del Padre, vv. 31-33; **5** 31; **10** 25+; **18** 37, ver **8** 13-18+. No hace más que trasmitir la palabra del Padre, **1** 1.18+; **3** 34; **8** 28; etc. Él es la Palabra encarnada, **1** 14.18. Pero los hombres se dividen en presencia de esta palabra misteriosa, **7** 43; **10** 19; etc.; ver **8** 12+.

3 12 La *fe,* ver Mt **8** 10+; Rm **1** 16+, consiste para Jn en reconocer a Jesús como enviado del Padre y como Hijo, **3** 16-18+; **14** 1.10; **17** 21-25; **20** 31; etc., en ir a él y en *verle*, **6** 35-37+, en *conocerle* a él y con él al Padre, **10** 38; **11** 40; **14** 7.20. La fe da la vida eterna, **3** 15; **20** 31; 1 Jn **2** 3-5. Se ejercita guardando por amor la palabra y los mandamientos, **8** 51; **14** 21.23; **17** 6-8; 1 Jn **2** 3-5. Provocada por los signos, **2** 11+, apoyada en un testimonio divino, **10** 25, la fe es un don y una atracción del Padre, **6** 37.44.65. Por esta actitud fundamental respecto a Jesús los hombres son ya desde ahora juzgados, **3** 17-18.36; **5** 19+; **8** 12+; **9** 39; **10** 35; **12** 48.

3 13 Cristo, venido del cielo, puede darnos a conocer la voluntad divina, Pr **30** 4; Sb **9** 16-17; ver Rm **10** 6.

3 14 Ver Nm **21** 4-9. El Hijo del hombre debe ser *elevado* en la cruz, **4** 34; **8** 28; **12** 32+, y así volver junto al Padre y entrar en la gloria que tenía antes de la creación del mundo, **17** 5. En esta línea de pensamiento se puede entender la alusión a Nm **21** 4-9; creer en el Hijo «elevado», unigénito de Dios, **3** 18, es creer en el amor del Padre que ha sacrificado a su propio Hijo para que nosotros nos salvemos, **3** 16; ver 1 Jn **4** 9-10; Rm **8** 32.

3 15 El creyente, **3** 12+, entra en una *vida* nueva, **4** 14; **6** 27; **17** 3; 1 Jn **5** 11.13.20, don mesiánico, comunicación de la vida de Dios, que triunfa de la muerte y de todo límite; **1** 4+; **6** 40.57; **17** 3; Rm **6** 4+; 1 Jn **5** 12.

3 16 La sección **3** 16-21 tiene su paralelo en **12** 46-50. Ambas desarrollan el mismo tema con dos perspectivas diferentes: Cristo es el salvador en cuanto «elevado» en la cruz y como un nuevo Moisés.

3 17. El Padre es *aquel que envía* al Hijo, **4** 34; **5** 30; **7** 28; **8** 42; **17** 3; etc., lo consagra, **10** 36; **17** 19, lo da al mundo para salvarlo, **3** 16.35, y darle la vida, **5** 24-27; **6** 39; etc. Esta misión del Hijo, Ga **4** 4, en la que se cumple la *obra* del Padre, **4** 34; **5** 36; **6** 29, introduce a los hombres en la comunión perfecta que une al Padre y al Hijo, **3** 34-36; **6** 57; **17** 8.21-26+. Esta misión será

para juzgar al mundo,
sino para que el mundo se salve por él.
18 El que cree en él, no es juzgado;
pero el que no cree, ya está juzgado,
porque no ha creído
en el nombre del Hijo unigénito de Dios.
19 Y el juicio está
en que la luz vino al mundo,
y los hombres amaron más las tinieblas que la luz,
porque sus obras eran malas.
20 Pues todo el que obra el mal
aborrece la luz y no va a la luz,
para que no sean censuradas sus obras.
21 Pero el que obra la verdad,
va a la luz,
para que quede de manifiesto
que sus obras están hechas según Dios.»

Ministerio de Jesús en Judea. Último testimonio de Juan.

22 Después de esto, se fue Jesús con
sus discípulos al país de Judea; y allí se
estaba con ellos y bautizaba. 23 Juan también estaba bautizando en Ainón, cerca
de Salín, porque había allí mucha agua,
y la gente acudía y se bautizaba. 24 Pues
todavía Juan no había sido metido en la
cárcel.
25 Se suscitó una discusión entre los
discípulos de Juan y un judío acerca de la
purificación. 26 Fueron, pues, a Juan y le
dijeron: «Rabbí, el que estaba contigo al
otro lado del Jordán, aquel de quien diste
testimonio, mira, está bautizando y todos
se van a él.» 27 Juan respondió:

«Nadie puede recibir nada
si no se le ha dado del cielo.
28 «Ustedes mismos me son testigos de que dije: 'Yo no soy el Cristo, sino que
he sido enviado delante de él.'
29 El que tiene a la novia es el novio*;
pero el amigo del novio,
el que asiste y le oye,
se alegra mucho con la voz del novio.
Esta es, pues, mi alegría, que ha alcanzado su plenitud.
30 Es preciso que él crezca
y que yo disminuya.
31 El que viene de arriba
está por encima de todos:
el que es de la tierra,
es de la tierra y habla de la tierra.
El que viene del cielo,
32 da testimonio de lo que ha visto y oído,
y su testimonio nadie lo acepta.
33 El que acepta su testimonio
certifica que Dios es veraz.
34 Porque aquel a quien Dios ha enviado
habla las palabras de Dios,
porque no da el Espíritu con medida.
35 El Padre ama al Hijo
y ha puesto todo en su mano.
36 El que cree en el Hijo tiene vida eterna;
el que resiste al Hijo, no verá la vida,
sino que la ira de Dios permanece sobre él.»

Jesús entre los samaritanos*.

4 1 Cuando Jesús se enteró de que había llegado a oídos de los fariseos
que él hacía más discípulos y bautizaba
más que Juan —2 aunque no era Jesús
mismo el que bautizaba, sino sus discípulos—, 3 abandonó Judea y volvió a
Galilea. 4 Tenía que pasar por Samaría.
5 Llega, pues, a una ciudad de Samaría
llamada Sicar, cerca de la heredad que
Jacob dio a su hijo José. 6 Allí estaba
el pozo de Jacob. Jesús, como se había
fatigado del camino, estaba sentado junto
al pozo. Era alrededor del mediodía. 7 Llega una mujer de Samaría a sacar agua.

prolongada por la misión de los apóstoles, **4** 38+.

3 29 Jesús se apropia, Mt **9** 15s, la imagen del *esposo* que describía las relaciones de Dios y de Israel, Os **1** 2+; ver 2 Co **11** 2+; Ap **19** 7; **21** 2.

4 Este relato parece inspirarse literariamente en Gn **24** 13ss. Ver en especial **24** 34 y **24** 28-32. El encuentro junto a un pozo es un recurso literario en el AT, ver Gn **29** 1ss; Ex **2** 15ss.

Jesús le dice: «Dame de beber*.» 8 Pues
sus discípulos se habían ido a la ciudad a
comprar comida. Le dice la mujer samaritana: 9 «¿Cómo tú, siendo judío, me pides
de beber a mí, que soy una mujer samaritana?» (Porque los judíos no se tratan con
los samaritanos.) 10 Jesús le respondió:

«Si conocieras el don de Dios,
y quién es el que te dice:
Dame de beber,
tú le habrías pedido a él,
y él te habría dado agua viva.»

11 Le dice la mujer: «Señor, no tienes
con qué sacarla, y el pozo es hondo;
¿de dónde, pues, tienes esa agua viva?
12 ¿Acaso eres tú más que nuestro padre
Jacob, que nos dio el pozo, y de él bebieron él y sus hijos y sus ganados?» 13 Jesús
le respondió:

«Todo el que beba de esta agua,
volverá a tener sed*;
14 pero el que beba del agua que yo le dé,
no tendrá sed jamás,
sino que el agua que yo le dé
se convertirá en él en fuente de agua
que brota para vida eterna*.»

15 Le dice la mujer: «Señor, dame de
esa agua, para que no tenga más sed y
no tenga que venir aquí a sacarla.» 16 Él
le dice: «Vete, llama a tu marido y vuelve
acá.» 17 Respondió la mujer: «No tengo
marido.» Jesús le dice: «Bien has dicho
que no tienes marido, 18 porque has tenido cinco maridos y el que ahora tienes
no es marido tuyo; en eso has dicho la
verdad.» 19 Le dice la mujer: «Señor, veo
que eres un profeta. 20 Nuestros padres
adoraron en este monte y ustedes dicen
que en Jerusalén es el lugar donde se
debe adorar.» 21 Jesús le dice:

«Créeme, mujer, que llega la hora
en que, ni en este monte,
ni en Jerusalén adorarán al Padre.
22 Ustedes adoran lo que no conocen;
nosotros adoramos lo que
conocemos,
porque la salvación viene de los judíos.
23 Pero llega la hora (ya estamos en ella)
en que los adoradores verdaderos
adorarán al Padre en espíritu y en
verdad*,
porque así quiere el Padre que sean
los que le adoren.
24 Dios es espíritu,
y los que adoran,
deben adorar en espíritu y verdad.»

25 Le dice la mujer: «Sé que va a venir
el Mesías, el llamado Cristo. Cuando
venga, nos lo desvelará todo.» 26 Jesús le
dice: «Yo soy, el que está hablando contigo.»

27 En esto llegaron sus discípulos y se
sorprendían de que hablara con una mujer. Pero nadie le dijo: «¿Qué quieres?» o
«¿Qué hablas con ella?» 28 La mujer, dejando su cántaro, corrió a la ciudad y dijo
a la gente: 29 «Vengan a ver a un hombre
que me ha dicho todo lo que he hecho.
¿No será el Cristo?» 30 Salieron de la ciudad e iban hacia él.

31 Entretanto, los discípulos le insistían
diciendo: «Rabbí, come.» 32 Pero él les
dijo: «Yo tengo para comer un alimento
que ustedes no saben.» 33 Los discípulos
se decían unos a otros: «¿Le habrá traído
alguien de comer?» 34 Les dice Jesús:

«Mi alimento es hacer la voluntad
del que me ha enviado*
y llevar a cabo su obra.

4 7 El *agua* de manantial, muy apreciada en Oriente, simbolizaba la vida dada por Dios, Is **12** 3; Jr **2** 13; Sal **36** 9-10; Si **24** 23s; etc.
4 13 Ver Si **24** 21.
4 14 Ver Pr **18** 4; Is **58** 11. El agua que da Cristo es su palabra, ver Is **55** 1-3. Quien la guarda no verá la muerte jamás, **8** 51; **12** 50. En **7** 37-39 el agua es símbolo del Espíritu; ver también **1** 33+; **3** 5.
4 23 El Espíritu es el principio del nuevo nacimiento, **3** 5, y del culto nuevo, *verdadero,* porque responde a la realidad de la revelación nueva, **2** 21+; ver Am **5** 21+; Si **35** 1-6; Hch **7** 47-48; Rm **12** 1.
4 34 Jesús ha sido *enviado* por Dios, como Moisés, **12** 49, Jeremías, **10** 36; ha dedicado su vida a cumplir la voluntad del que

35 ¿No dicen ustedes:
Cuatro meses más y llega la siega?
Pues bien, yo les digo:
Alcen sus ojos y vean los campos,
que blanquean ya para la siega.
Ya 36 el segador recibe el salario,
y recoge fruto para vida eterna,
de modo que el sembrador se alegra
igual que el segador.
37 Porque en esto resulta verdadero el
refrán
de que uno es el sembrador y otro el
segador:
38 yo les he enviado a segar
donde ustedes no se han fatigado.
Otros se fatigaron
y ustedes se aprovechan de su fatiga*.»

39 Muchos samaritanos de aquella ciudad creyeron en él por las palabras de
la mujer que atestiguaba: «Me ha dicho
todo lo que he hecho.» 40 Cuando llegaron a él los samaritanos, le rogaron que
se quedara con ellos. Y se quedó allí dos
días. 41 Y fueron muchos más los que
creyeron por sus palabras, 42 y decían a
la mujer: «Ya no creemos por tus palabras; que nosotros mismos hemos oído y
sabemos que éste es verdaderamente el
Salvador del mundo.»

Jesús en Galilea.

43 Pasados los dos días, partió de allí
para Galilea. 44 Pues Jesús mismo había
afirmado que un profeta no goza de estima en su patria. 45 Cuando llegó, pues,
a Galilea, los galileos le hicieron un buen
recibimiento, porque habían visto todo lo
que había hecho en Jerusalén durante la
fiesta, pues también ellos habían ido a la
fiesta.

Segundo signo en Caná: Curación del hijo de un funcionario real.

||Mt **8** 5-13; ||Lc **7** 1-10.

46 Volvió, pues, a Caná de Galilea,
donde había convertido el agua en vino.
Había un funcionario real, cuyo hijo estaba enfermo en Cafarnaún. 47 Cuando
se enteró de que Jesús había venido de
Judea a Galilea, fue a él y le rogaba que
bajara a curar a su hijo, porque estaba
a punto de morir. 48 Entonces Jesús le
dijo: «Si no ven signos y prodigios, no
creen*.» 49 Le dice el funcionario: «Señor,
baja antes que se muera mi hijo.» 50 Jesús
le dice: «Vete, que tu hijo vive.» Creyó el
hombre en la palabra que Jesús le había
dicho y se puso en camino. 51 Cuando
bajaba, le salieron al encuentro sus siervos, y le dijeron que su hijo vivía. 52 Él les
preguntó entonces la hora en que se había sentido mejor. Ellos le dijeron: «Ayer
a la una de la tarde le dejó la fiebre.» 53 El
padre comprobó que era la misma hora
en que le había dicho Jesús: «Tu hijo
vive», y creyó él y toda su familia. 54 Tal
fue, de nuevo, el segundo signo que hizo
Jesús cuando volvió de Judea a Galilea.

le ha enviado, **5** 30; **6** 38-40, salvar a la humanidad, **17** 4. En la cruz Jesús proclamará que «todo está cumplido», **19** 28-30+.

4 38 La misión de Jesús, **3** 17+, se realizará de hecho por la de los apóstoles, que la extenderán desde Israel, **4** 22, al mundo entero, **6** 70; **13** 16-20; **15** 16s; **17** 18.20+; **20** 21; 1 Jn **1** 3+; ver Mt **10** 2p; **28** 20+; Lc **10** 16; Hch **1** 8+; Rm **1** 1+.

4 48 El reproche no se dirige al padre del niño, cuya fe ha quedado patente (v. 47), sino más bien a los contemporáneos del evangelista. Ver vv. 41-42.

2. SEGUNDA FIESTA EN JERUSALÉN
(PRIMERA OPOSICIÓN A LA REVELACIÓN)

Curación de un enfermo en la piscina de Betesda.

5 1 Después de esto, hubo una fiesta
de los judíos, y Jesús subió a Jerusalén. 2 Hay en Jerusalén una piscina
Probática que se llama en hebreo Betza-
tá, que tiene cinco pórticos*. 3 En ellos
yacía una multitud de enfermos, ciegos,
cojos, paralíticos, esperando la agitación
del agua. 4 Porque el ángel del Señor se
lavaba de tiempo en tiempo en la piscina
y agitaba el agua; y el primero que se
metía después de la agitación del agua,
recobraba la salud de cualquier mal que
tuviera. 5 Había allí un hombre que llevaba treinta y ocho años enfermo. 6 Jesús,
viéndole tendido y sabiendo que llevaba
ya mucho tiempo, le dice: «¿Quieres
recobrar la salud?» 7 Le respondió el enfermo: «Señor, no tengo a nadie que me
meta en la piscina cuando se agita el
agua; y mientras yo voy, otro baja antes
que yo.» 8 Jesús le dice: «Levántate, toma
tu camilla y anda.» 9 Y al instante el hombre recobró la salud, tomó su camilla y se
puso a andar.

Pero era sábado aquel día. 10 Por eso
los judíos decían al que había sido curado: «Es sábado y no te está permitido
llevar la camilla.» 11 Él les respondió: «El
que me ha devuelto la salud me ha dicho: Toma tu camilla y anda.» 12 Ellos le
preguntaron: «¿Quién es el hombre que
te ha dicho: Tómala y anda?» 13 Pero el
curado no sabía quién era, pues Jesús
había desaparecido porque había mucha
gente en aquel lugar. 14 Más tarde Jesús
lo encuentra en el Templo y le dice:
«Mira, has recobrado la salud; no peques
más, para que no te suceda algo peor.»
15 El hombre se fue a decir a los judíos
que era Jesús el que le había devuelto
la salud. 16 Por eso los judíos perseguían
a Jesús, porque hacía estas cosas en
sábado*. 17 Pero Jesús les replicó: «Mi
Padre trabaja hasta ahora, y yo también
trabajo*.» 18 Por eso los judíos trataban
con mayor empeño de matarle, porque
no sólo quebrantaba el sábado, sino que
llamaba a Dios su propio Padre, haciéndose a sí mismo igual a Dios.

Discurso sobre la obra del Hijo.

19 Jesús, pues, tomando la palabra,
les decía*:

«En verdad, en verdad les digo:
el Hijo no puede hacer nada por su cuenta,
sino lo que ve hacer al Padre:
lo que hace él, eso también lo hace
igualmente el Hijo.
20 Porque el Padre quiere al Hijo
y le muestra todo lo que él hace.
Y le mostrará obras aún mayores que éstas,
para que se asombren.
21 Porque, como el Padre resucita a los muertos
y les da la vida,
así también el Hijo da la vida a los que quiere.
22 Porque el Padre no juzga a nadie;
sino que todo juicio lo ha entregado al Hijo,
23 para que todos honren al Hijo
como honran al Padre.

5 2 Cerca de las ruinas de esta *piscina* se han encontrado vestigios de un santuario pagano de curación.

5 16 La conclusión de este episodio se encuentra actualmente en **7** 19-23. La de **5** 17-18 es de redacción posterior.

5 17 Dios descansó el séptimo día, Gn **2** 2-3; pero no ha cesado de obrar en la creación. Así Jesús identifica su *obra,* **3** 17+, con la de Dios, vv. 19-30.

5 19 Jesús, igual al Padre, se coloca por encima del sábado, Mt **12** 8p, porque el Padre le ha comunicado su poder absoluto de dar la vida, **3** 35, y, por tanto, el de juzgar a aquellos que la reciban o la rechacen, vv. 19-30; ver **3** 12+; **8** 12+.

El que no honra al Hijo
no honra al Padre que lo ha enviado.
24 En verdad, en verdad les digo:
el que escucha mi palabra
y cree en el que me ha enviado,
tiene vida eterna
y no incurre en juicio,
sino que ha pasado de la muerte a la vida.
25 En verdad, en verdad les digo:
llega la hora (ya estamos en ella),
en que los muertos oirán la voz del Hijo de Dios,
y los que la oigan vivirán.
26 Porque, como el Padre tiene vida en sí mismo,
así también le ha dado al Hijo tener vida en sí mismo,
27 y le ha dado poder para juzgar,
porque es Hijo del hombre.
28 No se extrañen de esto:
llega la hora en que todos los que
estén en los sepulcros
oirán su voz
29 y saldrán los que hayan hecho el bien
para una resurrección de vida,
y los que hayan hecho el mal,
para una resurrección de juicio.
30 Yo no puedo hacer nada por mi cuenta:
juzgo según lo que oigo;
y mi juicio es justo,
porque no busco mi voluntad,
sino la voluntad del que me ha enviado.
31 Si yo diera testimonio de mí mismo,
mi testimonio no sería válido*.
32 Otro es el que da testimonio de mí,
y yo sé que es válido
el testimonio que da de mí.
33 Ustedes mandaron enviados a Juan,
y él dio testimonio de la verdad.
34 En cuanto a mí, no es de un hombre
del que recibo testimonio;
pero digo esto para que ustedes sean salvos.
35 Él era la lámpara que arde y alumbra
y ustedes quisieron recrearse una hora con su luz.
36 Pero yo tengo un testimonio mayor que el de Juan;
porque las obras que el Padre me ha encomendado llevar a cabo,
las mismas obras que realizo*,
dan testimonio de mí, de que el Padre me ha enviado.
37 Y el Padre, que me ha enviado,
es el que ha dado testimonio de mí.
Ustedes no han oído nunca su voz,
ni han visto nunca su rostro,
38 ni habita su palabra en ustedes,
porque no creen al que él ha enviado.
39 Ustedes investigan las Escrituras,
ya que creen tener en ellas vida eterna;
ellas son las que dan testimonio de mí*;
40 y ustedes no quieren venir a mí
para tener vida.
41 La gloria no la recibo de los hombres.
42 Pero yo los conozco:
no tienen en ustedes el amor de Dios.
43 Yo he venido en nombre de mi Padre,
y no me reciben;
si otro viene en su propio nombre,
a ése lo recibirán.
44 ¿Cómo pueden creer ustedes,
que aceptan gloria unos de otros,
y no buscan la gloria que viene del único Dios?

5 31 Todo profeta debía justificar la autenticidad de su misión, Ex **4** 1-9; ver Jn **6** 30. Jesús aporta los *testimonios* en su favor: el del Bautista, vv. 33-35, el de las obras realizadas, v. 36, el del Padre, vv. 37-38, y el de las Escrituras y Moisés, vv. 39-47. Después de la resurrección, el *testimonio* lo dará el Espíritu, **15** 26, al que se unirá el de los discípulos, **15** 27; **21** 24; Hch **5** 32. Ver **3** 11+; **10** 25+.

5 36 Jesús, cuando se refiere a sus milagros, no los llama «signos» sino *obras.* Al realizarlas, imita al Padre, **5** 19. Estas *obras* atestiguan que es Dios quien actúa en Jesús y por Jesús, **10** 25.37-38; ver **9** 3-4.

5 39 Las *Escrituras,* fuente de vida, ver Dt **4** 1; **8** 1; etc.; Sal **119**; etc., tienen por centro y fin a Jesucristo, **1** 45; **2** 22; etc.; **20** 9; ver Mt **1** 22; Lc **24** 27; 1 P **1** 10-12.

45 No piensen que les voy a acusar yo
delante del Padre.
Su acusador es Moisés,
en quien han puesto su esperanza.
46 Porque, si creyeran a Moisés,
me creerían a mí,
porque él escribió de mí.
47 Pero si no creen en sus escritos,
¿cómo van a creer en mis
palabras*?»

3. LA PASCUA DEL PAN DE VIDA (NUEVA OPOSICIÓN A LA REVELACIÓN)

La multiplicación de los panes*.

||Mt **14** 13-21;
||Mc **6** 32-44;
||Lc **9** 10-17.

6 1 Después de esto, se fue Jesús a
la otra ribera del mar de Galilea, el
de Tiberíades, 2 y mucha gente le seguía
porque veían los signos que realizaba en
los enfermos. 3 Subió Jesús al monte y se
sentó allí en compañía de sus discípulos.
4 Estaba próxima la Pascua, la fiesta de
los judíos.
5 Al levantar Jesús los ojos y ver que
venía hacia él mucha gente, dice a Felipe: «¿Dónde nos procuraremos panes
para que coman éstos?» 6 Se lo decía
para probarle, porque él sabía lo que iba
a hacer. 7 Felipe le contestó: «Doscientos
denarios de pan no bastan para que cada
uno tome un poco.» 8 Le dice uno de sus
discípulos, Andrés, el hermano de Simón
Pedro: 9 «Aquí hay un muchacho que
tiene cinco panes de cebada y dos peces;
pero ¿qué es eso para tantos?» 10 Dijo
Jesús: «Hagan que se recueste la gente.»
Había en el lugar mucha hierba. Se recos-
taron, pues, los hombres en número de
unos cinco mil. 11 Tomó entonces Jesús
los panes y, después de dar gracias, los
repartió entre los que estaban recostados,
y lo mismo los peces. Comieron todo lo
que quisieron. 12 Cuando se saciaron, dice
a sus discípulos: «Recojan los trozos sobrantes para que nada se pierda.» 13 Los
recogieron, pues, y llenaron doce canastos con los trozos de los cinco panes de
cebada que sobraron a los que habían comido. 14 Al ver la gente el signo que había
realizado, decía: «Este es verdaderamente
el profeta que iba a venir al mundo.»
15 Sabiendo Jesús que intentaban venir a
tomarle por la fuerza para hacerle rey,
huyó de nuevo al monte él solo.

Jesús se reúne con sus discípulos caminando sobre el mar.

||Mt **14** 22-23;
||Mc **6** 45-52.

16 Al atardecer, bajaron sus discípulos
a la orilla del mar, 17 y subiendo a una
barca, se dirigían al otro lado del mar, a
Cafarnaún. Había ya oscurecido, y Jesús
todavía no había venido a ellos; 18 soplaba un fuerte viento y el mar comenzó a
encresparse. 19 Cuando habían remado
unos veinticinco o treinta estadios*, ven
a Jesús que caminaba sobre el mar y se
acercaba a la barca, y tuvieron miedo.
20 Pero él les dijo: «Soy yo*. No teman.»
21 Quisieron recogerlo en la barca, pero
en seguida la barca tocó tierra en el lugar
a donde se dirigían.

5 47 *Moisés* anunciaba a Jesucristo, **1** 17; **6** 32; **9** 28-29. Su testimonio recaerá sobre aquellos que no acogen a Jesús.

6 En el relato de los Sinópticos, Jn introduce algunos detalles que evocan Nm **11** 4-22 (comparar **6** 5 con Nm **11** 13 y **6** 7 con Nm **11** 22). Jesús, al actuar como un nuevo Moisés, es aclamado como el verdadero profeta, **6** 14; ver **2** 11+. El pan que da Jesús simboliza la Sabiduría-Palabra, **6** 28-51a , y su Cuerpo, **6** 26-27.51b-59.

6 19 *Estadio*, medida de longitud de 185 m.

6 20 La expresión *soy yo* (lit.: *Yo soy*) evoca el Nombre divino, Ex **3** 14+; ver Jn **8** 24+. Por este Nombre Jesús vence a las potencias del mal, **18** 5+, simbolizadas por el mar, Mt **14** 22.

Discurso en la sinagoga de Cafarnaún*.

22 Al día siguiente, la gente que se había quedado al otro lado del mar vio que
allí no había más que una barca y que
Jesús no había montado en la barca con
sus discípulos, sino que los discípulos se
habían marchado solos. 23 Pero llegaron
barcas de Tiberíades cerca del lugar donde
habían comido pan. 24 Cuando la gente
vio que Jesús no estaba allí, ni tampoco
sus discípulos, subieron a las barcas y
fueron a Cafarnaún, en busca de Jesús.
25 Al encontrarle a la orilla del mar, le dijeron: «Rabbí, ¿cuándo has llegado aquí?»
26 Jesús les respondió:

«En verdad, en verdad les digo:
ustedes me buscan,
no porque han visto signos,
sino porque han comido de los
panes y se han saciado.
27 Obren, no por el alimento
perecedero,
sino por el alimento que permanece
para vida eterna,
el que les dará el Hijo del hombre,
porque a éste es a quien el Padre,
Dios,
ha marcado con su sello.»

28 Ellos le dijeron: «¿Qué hemos de hacer para obrar las obras de Dios?» 29 Jesús
les respondió: «La obra de Dios es que
crean en quien él ha enviado.» 30 Ellos entonces le dijeron: «¿Qué signo haces para
que viéndolo creamos en ti? ¿Qué obra
realizas? 31 Nuestros padres comieron el
maná en el desierto, según está escrito:
Pan del cielo les dio a comer.»

32 Jesús les respondió:
«En verdad, en verdad les digo:
No fue Moisés quien les dio el pan
del cielo;
es mi Padre el que les da el
verdadero pan del cielo;
33 porque el pan de Dios
es el que baja del cielo
y da la vida al mundo.»

34 Entonces le dijeron: «Señor, danos
siempre de ese pan.»
35 Les dijo Jesús:

«Yo soy* el pan de vida.
El que venga a mí, no tendrá
hambre,
y el que crea en mí, no tendrá nunca
sed.
36 Pero ya se lo he dicho:
Me han visto y no creen.
37 Todo lo que me dé el Padre vendrá a
mí,
y al que venga a mí
no lo echaré fuera;
38 porque he bajado del cielo,
no para hacer mi voluntad,
sino la voluntad del que me ha
enviado.
39 Y esta es la voluntad del que me ha
enviado:
que no pierda nada
de lo que él me ha dado,
sino que lo resucite el último día.
40 Porque esta es la voluntad de mi
Padre:
que todo el que vea al Hijo y crea en
él,
tenga vida eterna
y que yo le resucite el último día.»

41 Los judíos murmuraban de él, porque
había dicho: «Yo soy el pan que ha bajado
del cielo.» 42 Y decían: «¿No es éste Jesús,
hijo de José, cuyo padre y madre cono-

6 22 El *signo* v. 2; **2** 11+ ha dejado maravillados a los asistentes, **6** 14; Jesús rectifica y eleva el sentido que le han atribuido, vv. 26-27.30. Las intervenciones despectivas del auditorio proporcionan a Jesús ocasión para insistir. Él es el *verdadero pan* asimilable por la fe, vv. 32-50; él es el *verdadero alimento* por su carne y su sangre, vv. 51-58.
6 35 Aquí, y en otros seis pasajes, la expresión *Yo soy* va acompañada de una palabra o un gesto con los que Jesús se define a sí mismo: Él es el verdadero pan, **6** 35.48.51, la verdadera luz, **8** 12, la puerta, **10** 7.9, el buen pastor, **10** 11.14, la resurrección, **11** 25, el camino, **14** 6, la verdadera vid, **15** 1.5. Aquí el pan verdadero está figurado por el maná, Ex **16**+: Nm **11**, alimento del pueblo mesiánico, Sal **78** 24; etc.

cemos? ¿Cómo puede decir ahora: He
bajado del cielo?» 43 Jesús les respondió:

«No murmuren entre ustedes.
44 Nadie puede venir a mí,
si el Padre que me ha enviado no lo atrae;
y yo le resucitaré el último día.
45 Está escrito en los profetas:
Serán todos enseñados por Dios.
Todo el que escucha al Padre
y aprende,
viene a mí.
46 No es que alguien haya visto al Padre;
sino aquel que ha venido de Dios,
ése ha visto al Padre.
47 En verdad, en verdad les digo:
el que cree, tiene vida eterna.
48 Yo soy el pan de vida.
49 Sus padres comieron el maná en el desierto
y murieron;
50 este es el pan que baja del cielo,
para que quien lo coma no muera.
51 Yo soy el pan vivo, bajado del cielo.
Si uno come de este pan, vivirá para siempre*;
y el pan que yo le voy a dar,
es mi carne por la vida del mundo.»

52 Discutían entre sí los judíos y decían:
«¿Cómo puede éste darnos a comer su
carne?» 53 Jesús les dijo:

«En verdad, en verdad les digo:
si no comen la carne del Hijo del hombre,
y no beben su sangre,
no tienen vida en ustedes.
54 El que come mi carne y bebe mi sangre,
tiene vida eterna,
y yo le resucitaré el último día.
55 Porque mi carne es verdadera comida
y mi sangre verdadera bebida.
56 El que come mi carne y bebe mi sangre,
permanece en mí,
y yo en él.
57 Lo mismo que el Padre, que vive, me ha enviado
y yo vivo por el Padre,
también el que me coma
vivirá por mí*.
58 Este es el pan bajado del cielo;
no como el que comieron sus padres,
y murieron;
el que coma este pan vivirá para siempre.»

59 Esto lo dijo enseñando en la sinagoga, en Cafarnaún.

60 Muchos de sus discípulos, al oírle*,
dijeron: «Es duro este lenguaje. ¿Quién
puede escucharlo?» 61 Pero sabiendo Jesús
en su interior que sus discípulos murmuraban por esto, les dijo: «¿Esto los escandaliza? 62 ¿Y cuando vean al Hijo del
hombre subir adonde estaba antes?...

63 «El espíritu es el que da vida;
la carne no sirve para nada.
Las palabras que les he dicho son espíritu
y son vida.

64 «Pero hay entre ustedes algunos que
no creen.» Porque Jesús sabía desde el
principio quiénes eran los que no creían
y quién era el que lo iba a entregar. 65 Y
decía: «Por esto les he dicho que nadie
puede venir a mí si no se lo concede el
Padre.» 66 Desde entonces muchos de
sus discípulos se volvieron atrás y ya no
andaban con él.

6 51 *Vivirá para siempre*, alusión a Gn **3** 22. Cristo nos da acceso de nuevo al árbol de la vida del Paraíso, del que no será arrojado el hombre, **6** 37.- *Carne*, se sobreentiende «dada» y recuerda a 1 Co **11** 24. La palabra *carne*, en vez de «cuerpo» de 1 Co, designa al hombre en su condición de debilidad y mortalidad, **1** 14+. El hombre se alimenta de la Palabra hecha carne.

6 57 La Eucaristía comunica a los fieles la vida que el Hijo recibe del Padre.

6 60 El escándalo de los discípulos es porque Jesús ha afirmado haber bajado del cielo, **6** 51a; ver **6** 41; Jesús responde anunciando su ascensión, prueba de su verdadero origen, v. 62.

La confesión de Pedro.

||Mt **16** 16p.

[67] Jesús dijo entonces a los Doce: «¿También ustedes quieren marcharse?» [68] Le respondió Simón Pedro: «Señor, ¿a quién vamos a ir? Tú tienes palabras de vida eterna, [69] y nosotros creemos y sabemos que tú eres el Santo de Dios*.» [70] Jesús les respondió: «¿No les he elegido yo a ustedes, los Doce? Y uno de ustedes es un diablo.» [71] Hablaba de Judas, hijo de Simón Iscariote, porque éste lo iba a entregar, uno de los Doce.

4. LA FIESTA DE LAS TIENDAS

(LA GRAN REVELACIÓN MESIÁNICA. LA GRAN REPULSA)

Jesús sube a Jerusalén para la fiesta y enseña.

7 [1] Después de esto, Jesús andaba por
Galilea, y no podía andar por Judea,
porque los judíos buscaban matarlo.
[2] Pero se acercaba la fiesta judía de las
Tiendas. [3] Y le dijeron sus hermanos*:
«Sal de aquí y vete a Judea, para que
también tus discípulos vean las obras
que haces, [4] pues nadie actúa en secreto
cuando quiere ser conocido. Si haces estas cosas, muéstrate al mundo.» [5] Es que
ni siquiera sus hermanos creían en él.
[6] Entonces les dice Jesús: «Todavía no ha
llegado mi tiempo, en cambio su tiempo
siempre está a mano. [7] El mundo no
puede odiarlos; a mí sí me aborrece, porque doy testimonio de que sus obras son
perversas. [8] Suban ustedes a la fiesta; yo
no subo a esta fiesta porque aún no se
ha cumplido mi tiempo.» [9] Dicho esto,
se quedó en Galilea. [10] Pero después
que sus hermanos subieron a la fiesta,
entonces él también subió no manifiesta-
mente, sino de incógnito. [11] Los judíos,
durante la fiesta, andaban buscándolo y
decían: «¿Dónde está ése?» [12] Entre la
gente había muchos comentarios acerca
de él. Unos decían: «Es bueno.» Otros
decían: «No, sino que engaña al pueblo.»
[13] Pero nadie hablaba de él abiertamente
por miedo a los judíos.

[14] Mediada ya la fiesta, subió Jesús
al Templo y se puso a enseñar. [15] Los
judíos, asombrados, decían: «¿Cómo entiende de letras sin haber estudiado?»
[16] Jesús les respondió*:

«Mi doctrina no es mía,
sino del que me ha enviado.
[17] Si alguno quiere cumplir su voluntad,
verá si mi doctrina es de Dios
o hablo yo por mi cuenta.
[18] El que habla por su cuenta,
busca su propia gloria;
pero el que busca la gloria del que le ha enviado,
ese es veraz;
y no hay impostura en él.
[19] ¿No es Moisés el que les dio la Ley*?
Y ninguno de ustedes cumple la Ley.
¿Por qué quieren matarme?»

[20] Respondió la gente: «Tienes un demonio. ¿Quién quiere matarte?» [21] Jesús
les respondió: «Una sola obra he hecho
y todos se maravillan. [22] Moisés les dio la
circuncisión (no que provenga de Moisés,
sino de los patriarcas) y ustedes circuncidan a uno en sábado. [23] Si se circuncida a un hombre en sábado, para no
quebrantar la Ley de Moisés, ¿se irritan
contra mí porque he devuelto la salud
plena a un hombre en sábado? [24] No juzguen según la apariencia. Juzguen con
juicio justo.»

6 69 *Santo de Dios* es un título mesiánico, Mc **1** 24+.

7 3 *Sus hermanos*, es decir, parientes, ver Mt **12** 46+.

7 16 Hay un doble equívoco sobre el origen de Jesús. Primera dificultad: Su origen divino, vv. 16-18, y su misión de Mesías, vv. 25-30; ver **3** 17+.

7 19 Los vv. 19-24 están fuera de contexto; son la conclusión de **5** 1-16; ver **5** 42+; **8** 37-38.

Discusiones del pueblo sobre el origen de Cristo.

25 Decían algunos de los de Jerusalén:
«¿No es a ése a quien quieren matar?
26 Miren cómo habla con toda libertad y
no le dicen nada. ¿Habrán reconocido de
veras las autoridades que éste es el Cristo?
27 Pero éste sabemos de dónde es, mientras que, cuando venga el Cristo, nadie
sabrá de dónde es.» 28 Gritó, pues, Jesús,
enseñando en el Templo y diciendo:

«Me conocen a mí
y saben de dónde soy.
Pero yo no he venido por mi cuenta;
sino que es veraz el que me ha
enviado;
pero ustedes no le conocen.
29 Yo le conozco,
porque vengo de él
y él es el que me ha enviado.»

30 Querían, pues, detenerlo, pero nadie le echó mano, porque todavía no
había llegado su hora.

Jesús anuncia su próxima partida.

31 Y muchos entre la gente creyeron
en él y decían: «Cuando venga el Cristo,
¿hará más signos que los que ha hecho
éste?» 32 Se enteraron los fariseos que la
gente hacía estos comentarios acerca de
él y enviaron guardias para detenerlo.
33 Entonces él dijo:

«Todavía un poco de tiempo estaré
con ustedes,
y me voy al que me ha enviado.
34 Me buscarán y no me encontrarán;
y adonde yo esté,
ustedes no pueden venir*.»

35 Se decían entre sí los judíos: «¿A
dónde se irá éste que nosotros no le podamos encontrar? ¿Se irá a los que viven
dispersos entre los griegos para enseñar a
los griegos? 36 ¿Qué es eso que ha dicho:
'Me buscarán y no me encontrarán',
y 'adonde yo esté,
ustedes no pueden venir'?»

La promesa del agua viva.

37 El último día de la fiesta, el más solemne, Jesús puesto en pie, gritó:

«Si alguno tiene sed,
que venga a mí, y beberá
38 el que cree en mí,
como dice la Escritura:
De su seno correrán ríos de agua
viva*.»

39 Esto lo decía refiriéndose al Espíritu
que iban a recibir los que creyeran en
él. Porque aún no había Espíritu, pues
todavía Jesús no había sido glorificado.

Nuevas discusiones sobre el origen de Cristo*.

40 Muchos entre la gente, que le habían oído estas palabras, decían: «Éste
es verdaderamente el profeta.» 41 Otros
decían: «Éste es el Cristo.» Pero otros
replicaban: «¿Acaso va a venir de Galilea
el Cristo? 42 ¿No dice la Escritura que
el Cristo vendrá de la descendencia de
David y de Belén, el pueblo de donde era
David?» 43 Se originó, pues, una disensión
entre la gente por causa de él. 44 Algunos
de ellos querían detenerlo, pero nadie le
echó mano.

45 Los guardias volvieron a los sumos
sacerdotes y los fariseos. Éstos les dijeron:
«¿Por qué no lo han traído?» 46 Respon-

7 34 Ver **8** 21; Dt **4** 29; Is **55** 6; Am **5** 4+. Los fariseos incrédulos son los tipos del «antidiscípulo», **1** 39. Las autoridades judías han dejado pasar el tiempo favorable; ahora serán los griegos (=gentiles) los que recibirán la salvación, ver v. 35; **12** 20-21.35-36.40+; Hch **13** 5+; **28** 25+.

7 38 La cita no es literal. El cuadro literario (discusiones, caps. **7-8**) y litúrgico (proclamación de la fiesta) invita a interpretar que se trata del seno de Jesús, Is **55** 1; ver Ap **22** 17. Del seno de Jesús brotará agua viva, ver Ex **17** 1-6; Is **58** 11; Za **14** 8; 1 Co **10** 4, que representa al Espíritu vivificante, **1** 33+; **4** 7+; Hch **1** 4-5+; Ap **21** 6+.

7 40 Segunda dificultad, ver **7** 16: Si Jesús es de Nazaret, no puede ser el Mesías, ver **1** 46.

dieron los guardias: «Jamás un hombre
ha hablado como habla ese hombre.»
47 Los fariseos les respondieron: «¿Ustedes también se han dejado embaucar?
48 ¿Acaso ha creído en él algún magistrado o algún fariseo? 49 Pero esa gente que
no conoce la Ley son unos malditos.»
50 Les dice Nicodemo, que era uno de
ellos, el que había ido anteriormente a
Jesús: 51 «¿Acaso nuestra Ley juzga a
un hombre sin haberlo antes oído y sin
saber lo que hace?» 52 Ellos le respondieron: «¿También tú eres de Galilea? Indaga y verás que de Galilea no sale ningún
profeta.»

La mujer adúltera*.

53 Y se volvieron cada uno a su casa.

8 1 Mas Jesús se fue al monte de los
Olivos.
2 Pero de madrugada se presentó
otra vez en el Templo, y todo el pueblo
acudía a él. Entonces se sentó y se puso
a enseñarles. 3 Los escribas y fariseos le
llevan una mujer sorprendida en adulterio, la ponen en medio 4 y le dicen:
«Maestro, esta mujer ha sido sorprendida
en flagrante adulterio. 5 Moisés nos mandó en la Ley apedrear a estas mujeres.
¿Tú qué dices?» 6 Esto lo decían para tentarle, para tener de qué acusarle. Pero
Jesús, inclinándose, se puso a escribir
con el dedo en la tierra. 7 Pero, como
ellos insistían en preguntarle, se incorporó y les dijo: «Aquel de ustedes que esté
sin pecado, que le arroje la primera piedra.» 8 E inclinándose de nuevo, escribía
en la tierra. 9 Ellos, al oír estas palabras,
se iban retirando uno tras otro, comenzando por los más viejos; y se quedó solo
Jesús con la mujer, que seguía en medio.
10 Incorporándose Jesús le dijo: «Mujer,
¿dónde están? ¿Nadie te ha condenado?»
11 Ella respondió: «Nadie, Señor.» Jesús
le dijo: «Tampoco yo te condeno. Vete,
y en adelante no peques más.»

Jesús, luz del mundo*.

12 Jesús les habló otra vez diciendo:

«Yo soy la luz del mundo;
el que me siga no caminará en la oscuridad,
sino que tendrá la luz de la vida.»

Discusión del testimonio de Jesús sobre sí mismo*.

13 Los fariseos le dijeron: «Tú das testimonio de ti mismo: tu testimonio no
vale.» 14 Jesús les respondió:

«Aunque yo dé testimonio de mí
mismo,
mi testimonio vale,
porque sé de dónde he venido y a
dónde voy;
pero ustedes no saben
de dónde vengo ni a dónde voy.
15 Ustedes juzgan según la carne*,
yo no juzgo a nadie;
16 y si juzgo, mi juicio es verdadero,
porque no estoy yo solo,
sino yo y el que me ha enviado.
17 Y en su Ley está escrito
que el testimonio de dos personas es
válido.

7 53 Esta perícopa de la *mujer adúltera* **7** 53 - **8** 11, omitida por los testigos más antiguos (mss, versiones, Padres), y desplazada por otros, no puede ser del mismo S. Juan. Por su estilo podría atribuirse a S. Lucas, y encajaría bien en Lc **21** 38. Su canonicidad, carácter inspirado y valor histórico están fuera de discusión.

8 12 Jesús es, **6** 35+, la *luz* que conduce a la vida, **1** 4-5.9; mientras que las tinieblas representan las fuerzas del mal, **11** 9-10; **12** 35-36; ver 2 Co **6** 14-15; Rm **13** 11+; 1 P **2** 9. Cristo con su venida opera la separación *(juicio)* entre la luz y las tinieblas, **3** 11-12+; **9** 35. Las tinieblas dejarán un día paso a la luz, **1** 5; 1 Jn **2** 8; ver Dn **2** 22+.

8 13 Únicamente el Hijo puede dar *testimonio* del misterio de su ser, que sólo él conoce con el Padre, **5** 31; **10** 15; ver **3** 11+; **10** 25+; Mt **11** 27, mientras que los judíos juzgan según la apariencia humana, **7** 24.

8 15 La continuación del discurso de Jesús la encontramos en el v. 18. Los vv. 15b-17 introducen un tema diferente en el que el verbo «juzgar» tiene un sentido jurídico, que no lo tiene en el v. 15a.

18 Yo soy el que doy testimonio de mí
mismo
y también el que me ha enviado, el
Padre,
da testimonio de mí.»

19 Entonces le decían: «¿Dónde está tu
Padre?» Respondió Jesús:

«No me conocen ni a mí ni a mi
Padre;
si me conocieran a mí,
conocerían también a mi Padre.»

20 Estas palabras las pronunció en el
Tesoro, mientras enseñaba en el Templo. Y nadie le prendió, porque aún no
había llegado su hora.
21 Jesús les dijo otra vez:

«Yo me voy y ustedes me buscarán,
y morirán en su pecado.
Adonde yo voy,
ustedes no pueden ir.»

22 Los judíos se decían: «¿Es que se va a
suicidar, pues dice: 'Adonde yo voy,
ustedes no pueden ir'? 23 Él les decía:

«Ustedes son de abajo,
yo soy de arriba.
Ustedes son de este mundo,
yo no soy de este mundo.
24 Ya les he dicho que morirán en sus
pecados,
porque si no creen que Yo Soy*,
morirán en sus pecados.»

25 Entonces le decían: «¿Quién eres
tú?» Jesús les respondió:

«Desde el principio, lo que les estoy
diciendo*.
26 Mucho podría hablar de ustedes y
juzgar,
pero el que me ha enviado es veraz,
y lo que le he oído a él
es lo que hablo al mundo.»

27 No comprendieron que les hablaba
del Padre. 28 Les dijo, pues, Jesús:

«Cuando hayan levantado al Hijo del
hombre,
entonces sabrán que Yo Soy,
y que no hago nada por mi propia
cuenta;
sino que, lo que el Padre me ha
enseñado,
eso es lo que hablo.
29 Y el que me ha enviado está
conmigo:
no me ha dejado solo,
porque yo hago siempre lo que le
agrada a él.»

30 Al hablar así, muchos creyeron en
él.

Jesús y Abrahán.

31 Decía, pues, Jesús a los judíos que
habían creído en él:

«Si se mantienen en mi palabra,
serán verdaderamente mis discípulos,
32 y conocerán la verdad*
y la verdad les hará libres.»

33 Ellos le respondieron: «Nosotros somos descendencia de Abrahán y nunca
hemos sido esclavos de nadie. ¿Cómo
dices tú: Se harán libres?» 34 Jesús les respondió:

«En verdad, en verdad les digo:
todo el que comete pecado es un
esclavo.
35 Y el esclavo no se queda en casa para
siempre;
mientras el hijo se queda para
siempre*.
36 Si, pues, el Hijo les da la libertad,
serán realmente libres.

8 24 *Yo soy*, fórmula que se repite en el v. 28 y en **13** 19, ver **6** 35+; se inspira en Is **43** 10s; ver Is **45** 18; Dt **32** 39, texto que alude al Nombre divino revelado a Moisés, Ex **3** 13+.

8 25 Texto muy difícil, diversamente traducido.

8 32 La *verdad,* ver **1** 14+; **14** 6+, es la realidad total del don de Dios en el Hijo, y los judíos que la rechazan no son ni los verdaderos descendientes de Abrahán, ver Ga **3** 7-9; **4** 21+, ni los hijos de Dios, **1** 12; 1 Jn **5** 1; ver Ga **3** 26.

8 35 Alusión a Gn **21** 10. Hasta los hijos de Abrahán pueden ser esclavos y verse privados de la herencia prometida por Dios, ver Ga **4** 30-31; Mt **3** 9.

37 Ya sé* que ustedes son descendencia
de Abrahán;
pero tratan de matarme,
porque mi palabra no prende en
ustedes.
38 Yo hablo
lo que he visto junto a mi Padre;
y ustedes hacen
lo que han oído a su padre.»

39 Ellos le respondieron: «Nuestro padre es Abrahán.» Jesús les dice:

«Si son hijos de Abrahán,
hagan las obras de Abrahán.
40 Pero tratan de matarme,
a mí que les he dicho la verdad
que oí de Dios.
Eso no lo hizo Abrahán.
41 Ustedes hacen las obras de su
padre.»

Ellos le dijeron: «Nosotros no hemos
nacido de la prostitución; no tenemos
más padre que a Dios.» 42 Jesús les respondió:

«Si Dios fuera su Padre, me amarían
a mí,
porque yo he salido y vengo de Dios;
no he venido por mi cuenta,
sino que él me ha enviado.
43 ¿Por qué no reconocen mi lenguaje?
Porque no pueden escuchar mi
palabra.
44 Ustedes son de su padre el diablo
y quieren cumplir los deseos de su
padre.
Éste era homicida desde el principio,
y no se mantuvo en la verdad,
porque no hay verdad en él;
cuando dice la mentira,
dice lo que le sale de dentro,
porque es mentiroso y padre de la
mentira.
45 Pero a mí, como les digo la verdad,
no me creen.
46 ¿Quién de ustedes puede probar que
soy pecador?
Si digo la verdad,
¿por qué no me creen?
47 El que es de Dios,
escucha las palabras de Dios;
ustedes no las escuchan,
porque no son de Dios.»

48 Los judíos le respondieron: «¿No decimos, con razón, que eres samaritano y que
tienes un demonio?» 49 Respondió Jesús:

«Yo no tengo un demonio;
sino que honro a mi Padre,
y ustedes me deshonran a mí.
50 Pero yo no busco mi gloria;
ya hay quien la busca y juzga.
51 En verdad, en verdad les digo:
si alguno guarda mi palabra,
no verá la muerte jamás.»

52 Le dijeron los judíos: «Ahora estamos seguros de que tienes un demonio.
Abrahán murió, y también los profetas;
y tú dices:
'Si alguno guarda mi palabra,
no probará la muerte jamás.'
53 ¿Eres tú acaso más grande que nuestro padre Abrahán, que murió? También
los profetas murieron. ¿Por quién te
tienes a ti mismo?» 54 Jesús respondió:

«Si yo me glorificara a mí mismo,
mi gloria no valdría nada;
es mi Padre quien me glorifica,
de quien ustedes dicen: 'Él es
nuestro Dios',
55 y sin embargo no le conocen,
yo sí que le conozco,
y si dijera que no le conozco,
sería un mentiroso como ustedes.
Pero yo le conozco, y guardo su
palabra.
56 Su padre Abrahán se regocijó
pensando en ver mi Día;*
lo vio y se alegró.»

57 Entonces los judíos le dijeron: «¿Aún
no tienes cincuenta años y has visto a
Abrahán?» 58 Jesús les respondió:

8 37 La violenta requisitoria que sigue se dirige a las autoridades judías, hostiles a Jesús, y no «a los judíos que habían creído» en Jesús, **8** 31; ver **1** 19+.

8 56 El *Día* es la venida escatológica, Lc **17** 22+; 1 Co **1** 8. Jesús era el objeto de la promesa hecha en otro tiempo a Abrahán, Gn **12** 1-3+; Ga **3** 16.

«En verdad, en verdad les digo:
antes de que Abrahán existiera,
Yo Soy*.»

59 Entonces tomaron piedras para ti-
rárselas; pero Jesús se ocultó y salió del
Templo.

**Curación de un ciego
de nacimiento.**

9 1 Vio, al pasar, a un hombre ciego
de nacimiento. 2 Y le preguntaron
sus discípulos: «Rabbí, ¿quién pecó, él o
sus padres, para que haya nacido ciego?»
3 Respondió Jesús: «Ni él pecó ni sus
padres; es para que se manifiesten en él
las obras de Dios.

4 «Tenemos que trabajar en las obras del
que me ha enviado
mientras es de día;
llega la noche, cuando nadie puede
trabajar.
5 Mientras estoy en el mundo,
soy luz del mundo.»

6 Dicho esto, escupió en tierra, hizo
barro con la saliva, y untó con el barro
los ojos del ciego 7 y le dijo: «Vete, lávate
en la piscina de Siloé» (que quiere decir
Enviado*). Él fue, se lavó y volvió ya
viendo.
8 Los vecinos y los que solían verle
antes, pues era mendigo, decían: «¿No es
éste el que se sentaba para mendigar?»
9 Unos decían: «Es él». «No, decían otros,
sino que es uno que se le parece.» Pero
él decía: «Soy yo.» 10 Le dijeron entonces:
«¿Cómo, pues, se te han abierto los ojos?»
11 Él respondió: «Ese hombre que se llama
Jesús, hizo barro, me untó los ojos y me
dijo: 'Vete a Siloé y lávate.' Yo fui, me
lavé y vi.» 12 Ellos le dijeron: «¿Dónde está
ése?» Él respondió: «No lo sé.»
13 Lo llevan a los fariseos al que antes
era ciego. 14 Era sábado el día en que
Jesús hizo barro y le abrió los ojos. 15 Los
fariseos a su vez le preguntaron cómo
había recobrado la vista. Él les dijo: «Me
puso barro sobre los ojos, me lavé y
veo.» 16 Algunos fariseos decían: «Este
hombre no viene de Dios, porque no
guarda el sábado.» Otros decían: «Pero,
¿cómo puede un pecador realizar semejantes signos?» Y había disensión entre
ellos. 17 Entonces le dicen otra vez al
ciego: «¿Y tú qué dices de él, ya que te
ha abierto los ojos?» Él respondió: «Que
es un profeta.»
18 No creyeron los judíos que aquel
hombre hubiera sido ciego, hasta que
llamaron a los padres del que había recobrado la vista 19 y les preguntaron:
«¿Es éste su hijo, el que dicen que nació
ciego? ¿Cómo, pues, ve ahora?» 20 Sus
padres respondieron: «Nosotros sabemos
que éste es nuestro hijo y que nació ciego. 21 Pero, cómo ve ahora, no lo sabemos; ni quién le ha abierto los ojos, eso
nosotros no lo sabemos. Pregúntenle;
edad tiene; puede hablar de sí mismo.»
22 Sus padres decían esto por miedo a los
judíos, pues los judíos se habían puesto
ya de acuerdo en que, si alguno le reco-
nocía como Cristo, quedara excluido de
la sinagoga. 23 Por eso dijeron sus padres:
«Edad tiene; pregúntenselo a él.»
24 Llamaron por segunda vez al hombre que había sido ciego y le dijeron:
«Da gloria a Dios*. Nosotros sabemos
que ese hombre es un pecador.» 25 Les
respondió: «Si es un pecador, no lo sé.
Sólo sé una cosa: que era ciego y ahora
veo.» 26 Le dijeron entonces: «¿Qué hizo
contigo? ¿Cómo te abrió los ojos?» 27 Él
replicó: «Se lo he dicho ya, y no me han
escuchado. ¿Por qué quieren oírlo otra
vez? ¿Es qué quieren también ustedes
hacerse discípulos suyos?» 28 Ellos le llenaron de injurias y le dijeron: «Tú eres
discípulo de ese hombre; nosotros somos
discípulos de Moisés. 29 Nosotros sabemos que a Moisés le habló Dios; pero ése
no sabemos de dónde es.» 30 El hombre
les respondió: «Eso es lo extraño: que us-

8 58 Ver **8** 24+; **1** 1-3.
9 7 Alusión a la misión de Jesús, **3** 17+.
9 24 *Da gloria a Dios*, fórmula bíblica para conjurar a alguien a que diga la verdad, ver Jos **7** 19; 1 S **6** 5.

tedes no sepan de dónde es y que me haya abierto a mí los ojos. [31] Sabemos que
Dios no escucha a los pecadores; mas, si
uno es religioso y cumple su voluntad, a
ése le escucha. [32] Jamás se ha oído decir
que alguien haya abierto los ojos de un
ciego de nacimiento. [33] Si éste no viniera
de Dios, no podría hacer nada.» [34] Ellos
le respondieron: «Has nacido todo entero
en pecado ¿y nos das lecciones a nosotros?» Y le echaron fuera.

[35] Jesús se enteró de que le habían
echado fuera y, encontrándose con él, le
dijo: «¿Tú crees en el Hijo del hombre?»
[36] Él respondió: «¿Y quién es, Señor,
para que crea en él?» [37] Jesús le dijo: «Lo
has visto; el que está hablando contigo,
ése es». [38] Él entonces dijo: «Creo, Señor.»
Y se postró ante él.

[39] Y dijo Jesús:

«Para un juicio he venido a este mundo:
para que los que no ven, vean;
y los que ven, se vuelvan ciegos*.»

[40] Algunos fariseos que estaban con él
oyeron esto y le dijeron: «¿Es que también nosotros somos ciegos?» [41] Jesús les
respondió:

«Si fueran ciegos,
no tendrían pecado;
pero, como dicen: 'Vemos',
su pecado permanece.»

El buen Pastor.
Ez **34** 1-31;
Jr **23** 1-3.

10 [1] «En verdad, en verdad les digo:
el que no entra por la puerta en
el redil de las ovejas, sino que escala por
otro lado, ése es un ladrón y un salteador;
[2] pero el que entra por la puerta es pastor
de las ovejas. [3] A éste le abre el portero, y
las ovejas escuchan su voz; y a sus ovejas
las llama una por una y las saca fuera.
[4] Cuando ha sacado todas las suyas, va
delante de ellas, y las ovejas le siguen, porque conocen su voz. [5] Pero no seguirán
a un extraño, sino que huirán de él, porque no conocen la voz de los extraños.»
[6] Jesús les dijo esta parábola, pero ellos no
comprendieron lo que les hablaba.

[7] Entonces Jesús les dijo de nuevo:
«En verdad, en verdad les digo:
yo soy la puerta de las ovejas.
[8] Todos los que han venido delante de mí
son ladrones y salteadores;
pero las ovejas no los escucharon.
[9] Yo soy la puerta;
si uno entra por mí, estará a salvo;
entrará y saldrá
y encontrará pasto.
[10] El ladrón no viene
más que a robar, matar y destruir.
Yo he venido
para que tengan vida
y la tengan en abundancia.
[11] Yo soy el buen pastor*.
El buen pastor da su vida por las ovejas.
[12] Pero el asalariado, que no es pastor,
a quien no pertenecen las ovejas,
ve venir al lobo,
abandona las ovejas y huye,
y el lobo hace presa en ellas y las dispersa,
[13] porque es asalariado
y no le importan nada las ovejas.
[14] Yo soy el buen pastor;
y conozco mis ovejas
y las mías me conocen a mí,
[15] como me conoce el Padre
y yo conozco a mi Padre
y doy mi vida por las ovejas.
[16] También tengo otras ovejas,
que no son de este redil;
también a ésas las tengo que conducir
y escucharán mi voz;

9 39 La venida de la luz, **8** 12+, opera una separación entre los presuntuosos, que se fían de sus propias luces, vv. 24.29.34; ver **3** 17-21; Mt **3** 13+, y los humildes que aceptan la luz y cuyo tipo es el ciego.

10 11 Dios, pastor de su pueblo, debía darle en los tiempos mesiánicos un pastor elegido por él, ver Ez **34**+. Jesús, al declararse el buen pastor, plantea una reivindicación mesiánica.

y habrá un solo rebaño,
un solo pastor*.
17 Por eso me ama el Padre,
porque doy mi vida,
para recobrarla de nuevo.
18 Nadie me la quita;
yo la doy voluntariamente*.
Tengo poder para darla
y poder para recobrarla de nuevo;
ésa es la orden que he recibido de mi
Padre.»

19 Se produjo otra vez una disensión
entre los judíos por estas palabras. 20 Muchos de ellos decían: «Tiene un demonio
y está loco. ¿Por qué lo escuchan?» 21 Pero otros decían: «Esas palabras no son
de un endemoniado. ¿Puede acaso un
demonio abrir los ojos de los ciegos?»

5. LA FIESTA DE LA DEDICACIÓN

(LA DECISIÓN DE MATAR A JESÚS)

La verdadera identidad de Jesús*.

22 Se celebró por entonces en Jerusalén la fiesta de la Dedicación. Era invierno. 23 Jesús se paseaba por el Templo,
en el pórtico de Salomón. 24 Le rodearon
los judíos, y le decían: «¿Hasta cuándo
vas a tenernos en suspenso? Si tú eres
el Cristo, dínoslo abiertamente.» 25 Jesús
les respondió:
«Ya se lo he dicho, pero no me creen.
Las obras que hago en nombre de
mi Padre
son las que dan testimonio de mí*;
26 pero ustedes no creen
porque no son de mis ovejas.
27 Mis ovejas escuchan mi voz;
yo las conozco y ellas me siguen.
28 Yo les doy vida eterna
y no perecerán jamás,
y nadie las arrebatará de mi mano.
29 El Padre, que me las ha dado, es más
grande que todos,
y nadie puede arrebatar nada de la
mano del Padre.
30 Yo y el Padre somos uno.»

31 Los judíos trajeron otra vez piedras
para apedrearlo. 32 Jesús les dijo: «Muchas obras buenas de parte del Padre
les he mostrado. ¿Por cuál de esas obras
quieren apedrearme?» 33 Le respondieron los judíos: «No queremos apedrearte
por ninguna obra buena, sino por una
blasfemia y porque tú, siendo hombre, te
haces a ti mismo Dios.» 34 Jesús les respondió:
«¿No está escrito en su Ley:
*Yo he dicho: dioses son**?
35 Si llama dioses a aquellos
a quienes se dirigió la palabra de Dios
—y no puede fallar la Escritura—

10 16 En la Iglesia de Jesucristo los paganos se unirán a los judíos convertidos; ver **11** 52; **17** 20; Jr **23** 3; Mi **2** 12; Ga **3** 28; Ef **2** 14-15.

10 18 Cristo tiene en sí mismo la vida que recibe del Padre, **1** 4; **3** 35, y según el designio del Padre dispone de ella libremente por amor, **12** 27; **13** 1-3; **18** 4+.

10 22 Para Jn no hubo proceso de Jesús ante el Sanedrín, antes de ser entregado a Pilato, ver **18** 31. Aquí los datos están traspuestos; comparar **10** 24b-25a y Lc **22** 67; **10** 36 y Lc **22** 70; **10** 33 y Mc **14** 64. En este evangelio el Sanedrín se reúne y decide la muerte de Jesús, pero mucho antes de su arresto y en ausencia del reo, **11** 47-53.

10 25 A la pregunta mesiánica directa, v. 24; ver **2** 18; etc.; Mt **26** 63, Jesús contesta recordando su manifestación, **2** 19; **5** 17s; etcétera, y afirma su unidad con el Padre así como con los suyos, sus ovejas, **10** 14, a quienes da la vida divina. El ministerio de Jesús se presenta como un proceso en el que *los testigos* declaran en favor de la misión divina del Hijo **3** 17+; en primer lugar, Juan el Bautista **1** 7-8. 19, y luego, las Escrituras, **5** 39; el Espíritu Santo, **15** 26; ver **14** 16+; 1 Jn **5** 6-8, y el mismo Padre, **3** 11; **5** 31-32+; **8** 13-14+.18.

10 34 Si los príncipes y los jueces son llamados *dioses,* Sal **82** 6, Jesús no blasfema porque se haya llamado Hijo de Dios, **5** 25; **11** 4.27, lo que implica unidad, **10** 30, y presencia mutua, **10** 38; **14** 11; **17** 21.

36 a aquel a quien el Padre ha
santificado y enviado al mundo,
¿cómo le dicen que blasfema por
haber dicho:
'Yo soy Hijo de Dios'?
37 Si no hago las obras de mi Padre,
no me crean;
38 pero si las hago,
aunque a mí no me crean,
crean por las obras,
y así sabrán y conocerán
que el Padre está en mí y yo en el
Padre.»

39 Querían de nuevo prenderlo, pero
se les escapó de las manos.

Jesús se retira al otro lado del Jordán.

40 Se marchó de nuevo al otro lado
del Jordán, al lugar donde Juan había
estado antes bautizando, y se quedó allí.
41 Muchos fueron a él y decían: «Juan no
realizó ningún signo, pero todo lo que dijo Juan de éste, era verdad.» 42 Y muchos
allí creyeron en él.

Resurrección de Lázaro.

11 1 Había un enfermo, Lázaro, de
Betania, pueblo de María y de
su hermana Marta*. 2 María era la que
ungió al Señor con perfumes y le secó
los pies con sus cabellos*; su hermano
Lázaro era el enfermo. 3 Las hermanas
enviaron a decir a Jesús: «Señor, aquel
a quien tú quieres, está enfermo.» 4 Al
oírlo Jesús, dijo: «Esta enfermedad no
es de muerte, es para la gloria de Dios,
para que el Hijo de Dios sea glorificado
por ella*.»
5 Jesús amaba a Marta, a su hermana
y a Lázaro.
6 Cuando se enteró de que estaba enfermo, permaneció dos días más en el lugar
donde se encontraba. 7 Al cabo de ellos,
dice a sus discípulos: «Volvamos de nuevo
a Judea.» 8 Le dicen los discípulos: «Rabbí,
hace poco los judíos querían apedrearte,
¿y vuelves allí?» 9 Jesús respondió:

«¿No son doce las horas del día?
Si uno anda de día, no tropieza,
porque ve la luz de este mundo;
10 pero si uno anda de noche, tropieza,
porque no está la luz en él.»

11 Dijo esto y añadió: «Nuestro amigo
Lázaro duerme; pero voy a despertarlo.»
12 Le dijeron sus discípulos: «Señor, si
duerme, se curará.» 13 Jesús lo había
dicho de su muerte, pero ellos creyeron
que hablaba del descanso del sueño.
14 Entonces Jesús les dijo abiertamente:
«Lázaro ha muerto, 15 y me alegro por
ustedes de no haber estado allí, para que
crean. Pero vayamos allá.»
16 Entonces Tomás, llamado el Mellizo,
dijo a los otros discípulos*: «Vayamos también nosotros a morir con él.» 17 Cuando
llegó Jesús, se encontró con que Lázaro
llevaba ya cuatro días en el sepulcro.
18 Betania estaba cerca de Jerusalén como a unos quince estadios*, 19 y muchos
judíos habían venido a casa de Marta y
María para consolarlas por su hermano.
20 Cuando Marta supo que había venido
Jesús, le salió al encuentro, mientras María permanecía en casa. 21 Dijo Marta a
Jesús: «Señor, si hubieras estado aquí, no
habría muerto mi hermano. 22 Pero aun
ahora yo sé que cuanto pidas a Dios, Dios
te lo concederá.» 23 Le dice Jesús: «Tu hermano resucitará.» 24 Le respondió Marta:
«Ya sé que resucitará en la resurrección, el
último día.» 25 Jesús le respondió:

11 1 Las dos hermanas vuelven a aparecer en un banquete dado a Jesús, **12** 1ss. Probablemente son las mismas de que habla Lc **10** 38-42.

11 2 No se trata de la pecadora de Lc **7** 37. La *unción* de María está relatada en **12** 1-3; ver Mt **26** 6-13p.

11 4 Jesús será *glorificado* por el mismo signo que va a realizar, ver **1** 14+; pero este signo le traerá su propia muerte, **11** 46-54, que será también su glorificación, **12** 32+. Ver **3** 14-15.

11 16 Lit.: «condiscípulos». Es el único caso en que se usa esta palabra en la Biblia.

11 18 Unos 2,5 kilómetros. Ver **6** 19.

«Yo soy la resurrección*.
El que cree en mí, aunque muera,
vivirá;
26 y todo el que vive y cree en mí,
no morirá jamás*.
¿Crees esto?»

27 Le dice ella: «Sí, Señor, yo creo que
tú eres el Cristo, el Hijo de Dios, el que
iba a venir al mundo.»
28 Dicho esto, fue a llamar a su hermana María y le dijo al oído: «El Maestro
está ahí y te llama.» 29 Ella, en cuanto lo
oyó, se levantó rápidamente, y se fue
hacia él. 30 Jesús todavía no había llegado al pueblo; sino que seguía en el lugar
donde Marta lo había encontrado. 31 Los
judíos, que estaban con María en casa
consolándola, al ver que se levantaba rápidamente y salía, la siguieron pensando
que iba al sepulcro para llorar allí.
32 Cuando María llegó donde estaba
Jesús, al verle, cayó a sus pies y le dijo:
«Señor, si hubieras estado aquí, mi hermano no habría muerto.» 33 Viéndola
llorar Jesús y que también lloraban los
judíos que la acompañaban, se conmovió interiormente, se turbó 34 y dijo:
«¿Dónde lo han puesto?» Le responden:
«Señor, ven y lo verás.» 35 Jesús derramó
lágrimas. 36 Los judíos entonces decían:
«Miren cómo le quería.» 37 Pero algunos
de ellos dijeron: «Éste, que abrió los
ojos del ciego, ¿no podía haber hecho
que éste no muriera?» 38 Entonces Jesús
se conmovió de nuevo en su interior y
fue al sepulcro. Era una cueva, y tenía
puesta encima una piedra. 39 Dice Jesús:
«Quiten la piedra.» Le responde Marta, la
hermana del muerto: «Señor, ya huele;
es el cuarto día*.» 40 Le dice Jesús: «¿No
te he dicho que, si crees, verás la gloria
de Dios?» 41 Quitaron, pues, la piedra.
Entonces Jesús levantó los ojos a lo alto
y dijo:

«Padre, te doy gracias por haberme
escuchado.
42 Ya sabía yo que tú siempre me
escuchas;
pero lo he dicho por estos que me
rodean,
para que crean que tú me has
enviado.»

43 Dicho esto, gritó con fuerte voz:
«¡Lázaro, sal afuera!» 44 Y salió el muerto,
atado de pies y manos con vendas y envuelto el rostro en un sudario. Jesús les
dice: «Desátenlo y déjenlo andar.»

Las autoridades judías deciden la muerte de Jesús.

45 Muchos de los judíos que habían
venido a casa de María, viendo lo que
había hecho, creyeron en él. 46 Pero algunos de ellos fueron a los fariseos y
les contaron lo que había hecho Jesús*.
47 Entonces los sumos sacerdotes y los
fariseos convocaron consejo y decían:
«¿Qué hacemos? Porque este hombre
realiza muchos signos. 48 Si le dejamos
que siga así, todos creerán en él y vendrán los romanos y destruirán nuestro
Lugar Santo y nuestra nación.» 49 Pero
uno de ellos, Caifás, que era el sumo sacerdote de aquel año, les dijo: «Ustedes
no saben nada, 50 ni caen en la cuenta
de que les conviene que muera uno
solo por el pueblo y no perezca toda la
nación.» 51 Esto no lo dijo por su propia
cuenta, sino que, como era sumo sacerdote aquel año, profetizó que Jesús iba
a morir por la nación 52 — y no sólo

11 25 Marta entiende el verbo «resucitar» (v. 23) según la escatología judía: resucitará en el último día. Jesús rectifica esta idea en el sentido de una escatología ya realizada: Él es la resurrección, v 25. El que cree en él no morirá jamás, v. 26; ver **8** 15, ha pasado de la muerte a la vida, **5** 24; 1 Jn **3** 14, ha resucitado ya en Cristo, Rm **6** 1-11; Col **2** 12-13; **3** 1.

11 26 La resurrección de Lázaro es la señal de la victoria de Jesús sobre la muerte, de la vida concedida al creyente, **1** 4+; **3** 35; 1 Jn **3** 14; Mt **22** 23+. Ver **6** 35+.

11 39 Este detalle se da para probar la realidad de la muerte, y por tanto la de la resurrección, ver **19** 35.

11 46 Los *signos* de Jesús, v. 47; **2** 11+, suscitan reacciones opuestas, ver **9** 16; **10** 19. Ésta (la resurrección de Lázaro) lleva hasta el paroxismo la resistencia a la luz, **8** 12+; **9** 39+; **12** 10-11.

por la nación, sino también para reunir en uno a los hijos de Dios que estaban dispersos*. 53 Desde este día, decidieron darle muerte. 54 Por eso Jesús no andaba ya en público entre los judíos, sino que se retiró de allí a la región cercana al desierto, a una ciudad llamada Efraín, y allí residía con sus discípulos.

6. FIN DEL MINISTERIO PÚBLICO Y PRELIMINARES DE LA ÚLTIMA PASCUA

La proximidad de la Pascua.

55 Estaba cerca la Pascua de los judíos, y muchos del país habían subido a Jerusalén, antes de la Pascua para purificarse. 56 Buscaban a Jesús y se decían unos a otros estando en el Templo: «¿Qué les parece? ¿Que no vendrá a la fiesta?» 57 Los sumos sacerdotes y los fariseos habían dado órdenes de que, si alguno sabía dónde estaba, lo notificara para detenerlo.

La unción en Betania.

||Mt **26** 6-13; ||Mc **14** 3-9.

12 1 Seis días antes de la Pascua, Jesús se fue a Betania, donde estaba Lázaro, a quien Jesús había resucitado de entre los muertos. 2 Le dieron allí una cena. Marta servía y Lázaro era uno de los que estaban con él a la mesa. 3 Entonces María, tomando una libra de perfume de nardo puro, muy caro, ungió los pies de Jesús y los secó con sus cabellos. Y la casa se llenó del olor del perfume. 4 Dice Judas Iscariote, uno de los discípulos, el que lo había de entregar: 5 «¿Por qué no se ha vendido este perfume por trescientos denarios y se ha dado a los pobres?» 6 Pero no decía esto porque le preocuparan los pobres, sino porque era ladrón, y como tenía la bolsa, se llevaba lo que echaban en ella. 7 Jesús dijo: «Déjala, que lo guarde para el día de mi sepultura. 8 Porque pobres siempre tendrán con ustedes; pero a mí no siempre me tendrán.»

9 Gran número de judíos supieron que Jesús estaba allí y fueron, no sólo por Jesús, sino también por ver a Lázaro, a quien había resucitado de entre los muertos. 10 Los sumos sacerdotes decidieron dar muerte también a Lázaro, 11 porque a causa de él muchos judíos se les iban y creían en Jesús.

Entrada mesiánica de Jesús en Jerusalén.

||Mt **21** 1-9; ||Mc **11** 1-10; ||Lc **19** 28-38.

12 Al día siguiente, al enterarse la numerosa muchedumbre que había llegado para la fiesta, de que Jesús se dirigía a Jerusalén, 13 tomaron ramas de palmera y salieron a su encuentro gritando:

«*¡Hosanna!*
*¡Bendito el que viene en nombre del Señor**,
y el rey de Israel!»

14 Jesús, habiendo encontrado un borriquillo, se montó en él, según está escrito:

15 *No temas, hija de Sión;*
mira que viene tu rey
*montado en un burrito**.

16 Esto no lo comprendieron sus discípulos de momento; pero cuando Jesús fue glorificado, cayeron en la cuenta de que esto estaba escrito sobre él, y que era lo que le habían hecho. 17 La gente que estaba con él cuando llamó a Lázaro de la tumba y le resucitó de entre los muertos, daba testimonio. 18 Por eso también salió

11 52 Caifás cree preservar a la nación judía de una agitación política; pero la muerte de Jesús realizará, de hecho, la salvación del pueblo santo y de todos los hombres, **1** 29; **10** 16+; **19** 37+; 1 Jn **2** 2; Hch **9** 15+; **13** 5+.

12 13 Ver Sal **118** 25-26; Mt **21** 9p.

12 15 Cita de Za **9** 9+.

la gente a su encuentro, porque habían
oído que él había realizado aquel signo.
[19] Entonces los fariseos se dijeron entre
sí: «¿Ven cómo ustedes no adelantan
nada?; todo el mundo se ha ido tras él.»

Jesús anuncia su glorificación por la muerte.

[20] Había algunos griegos de los que
subían a adorar en la fiesta*. [21] Éstos se
dirigieron a Felipe, el de Betsaida de Galilea, y le rogaron: «Señor, queremos ver a
Jesús.» [22] Felipe fue a decírselo a Andrés;
Andrés y Felipe fueron a decírselo a
Jesús. [23] Jesús les respondió*:

«Ha llegado la hora
de que sea glorificado el Hijo de
hombre.
[24] En verdad, en verdad les digo:
si el grano de trigo no cae en tierra y
muere,
queda él solo;
pero si muere,
da mucho fruto.
[25] El que ama su vida, la pierde;
y el que odia su vida en este mundo,
la guardará para una vida eterna.
[26] Si alguno me sirve, que me siga,
y donde yo esté, allí estará también
mi servidor.
Si alguno me sirve, el Padre le
honrará.
[27] Ahora mi alma está turbada.
Y ¿qué voy a decir?
¡Padre, líbrame de esta hora!
Pero ¡si he llegado a esta hora para
esto*!
[28] Padre, glorifica tu Nombre».

Vino entonces una voz del cielo:
«Lo he glorificado y de nuevo lo glori-
ficaré».
[29] La gente que estaba allí y lo oyó
decía que había sido un trueno. Otros
decían: «Le ha hablado un ángel.»
[30] Jesús respondió: «No ha venido esta
voz por mí, sino por ustedes.
[31] Ahora es el juicio de este mundo;
ahora el Príncipe de este mundo será derribado*.
[32] Y yo cuando sea elevado de la tierra, atraeré a todos* hacia mí.»

[33] Decía esto para significar de qué
muerte iba a morir. [34] La gente le respondió: «Nosotros sabemos por la Ley
que el Cristo permanece para siempre.
¿Cómo dices tú que es preciso que el
Hijo del hombre sea elevado? ¿Quién es
ese Hijo del hombre?» [35] Jesús les dijo:

«Todavía, por un poco de tiempo,
está la luz entre ustedes.
Caminen mientras tienen la luz,
para que no los sorprendan las
tinieblas;
el que camina en tinieblas,
no sabe a dónde va.
[36] Mientras tienen la luz,
crean en la luz,
para que sean hijos de luz.»

Dicho esto, se marchó Jesús y se ocultó de ellos.

Conclusión: la incredulidad de los judíos.

[37] Aunque había realizado tan grandes
signos delante de ellos, no creían en él;

12 20 Estos *griegos* son unos paganos *temerosos de Dios*, ver Hch **10** 2+.
12 23 Al aproximarse la *hora,* **2** 4+; **13** 1, Jesús expone la verdadera naturaleza de su glorificación, **3** 14; **11** 4; **13** 19+.
12 27 Esta escena evoca la agonía de Getsemaní. Jesús se angustia por la proximidad de su pasión redentora; pero está totalmente sometido al Padre que le ha enviado, **11** 31-32; **17** 1-5; ver Mt **26** 39p. Ver algunos detalles diversos en los Sinópticos: Mt **26** 36-42; Mc **14** 32-42; Lc **22** 40-46.
12 31 Ver Lc **10** 18; Ap **12** 9. El reinado de Satán sobre el mundo es suplantado por el reinado de Cristo; ver **14** 30; **16** 11; 1 Jn **5** 19; Ap **12** 9-10. Estos «reinados» hay que entenderlos desde una perspectiva ética: el de Satán está dominado por la mentira, por el mal, por la muerte, **8** 44; Ef **2** 1-3; etc.; el de Cristo, por el amor y comunicación de vida, **5** 24; **8** 51; **12** 49-50; 1 Jn **3** 14-15.
12 32 *Elevado* **3** 14+; **8** 28, en la cruz, v. 33; ver **18** 32, después al cielo, v. 28; ver Lc **9** 51+. Cristo aparecerá como Salvador del mundo, ver **6** 44; **14** 3; **17** 24, y enviará al Espíritu, **1** 33+. Ver Ef **1** 20-21; Flp **2** 9-10.

38 para que se cumpliera el oráculo pronunciado por el profeta Isaías:

Señor, ¿quién dio crédito a nuestras palabras?
Y el brazo del Señor, ¿a quién se le reveló?*

39 No podían creer, porque también
había dicho Isaías:

40 *Ha cegado sus ojos,*
ha endurecido su corazón;
para que no vean con los ojos,
ni comprendan con su corazón,
ni se conviertan,
ni yo los sane.*

41 Isaías dijo esto porque vio su gloria
y habló de él.
42 Sin embargo, aun entre los magistrados, muchos creyeron en él; pero, por
los fariseos, no lo confesaban, para no
ser excluidos de la sinagoga, 43 porque
prefirieron la gloria de los hombres a la
gloria de Dios.
44 Jesús gritó y dijo*:
«El que cree en mí,
no cree en mí,
sino en aquel que me ha enviado;
45 y el que me ve a mí,
ve a aquel que me ha enviado.
46 Yo, la luz, he venido al mundo
para que todo el que crea en mí
no siga en las tinieblas.
47 Si alguno oye mis palabras y no las guarda,
yo no le juzgo,
porque no he venido para juzgar al mundo,
sino para salvar al mundo.
48 El que me rechaza y no recibe mis palabras,
ya tiene quien le juzgue:
la palabra que yo he hablado,
ésa le juzgará el último día;
49 porque yo no he hablado por mi cuenta,
sino que el Padre que me ha enviado
me ha mandado
lo que tengo que decir y hablar,
50 y yo sé que su mandato es vida eterna.
Por eso, lo que yo hablo,
lo hablo como el Padre me lo ha dicho a mí.»

La Hora de Jesús

La Pascua del Cordero de Dios

1. LA ÚLTIMA CENA DE JESÚS CON SUS DISCÍPULOS

El lavatorio de los pies*.

13 1 Antes de la fiesta de la Pascua,
sabiendo Jesús que había llega-
do su hora de pasar de este mundo al
Padre, habiendo amado a los suyos que
estaban en el mundo, los amó hasta el
extremo.
2 Durante la cena, cuando ya el diablo había puesto en el corazón a Judas
Iscariote, hijo de Simón, el propósito de
entregarlo, 3 sabiendo que el Padre le

12 38 Cita de Is **53** 1.
12 40 La cita de Is **6** 9-10; ver Mt **13** 13+, muestra que la incredulidad de los judíos entra a su modo en el plan de Dios, ver **1** 9-11; **3** 19-21; **9** 39+; Rm **9-11;** 1 P **2** 8.
12 44 Los vv. 44-50 condensan la enseñanza de Jesús, como conclusión de toda la primera parte de Jn. Ver **3** 16-19.
13 Este preámbulo solemne da el tono a todo lo que sigue, caps. **13-20**. Jesús sabe que esta Pascua, Ex **12**+; Mt **26** 17+, señala su *hora,* **2** 4+; **12** 27+, en la que dará cumplimiento a su *amor,* **13** 34+; **15** 9; **17** 23. El relato une el ejemplo de «servicio» al prójimo dado por Cristo, vv. 4-5 y 12-15, con una perspectiva sacramental (el bautismo, probablemente) de purificación, vv. 6-10, por participar en el sacrificio de Cristo, v. 8.

había puesto todo en sus manos y que
había salido de Dios y a Dios volvía, 4 se
levanta de la mesa, se quita sus vestidos
y, tomando una toalla, se la ciñó. 5 Luego
echa agua en un platón y se puso a lavar
los pies de los discípulos y a secárselos
con la toalla con que estaba ceñido*.

6 Llega a Simón Pedro; éste le dice:
«Señor, ¿tú lavarme a mí los pies?»
7 Jesús le respondió: «Lo que yo hago, tú
no lo entiendes ahora: lo comprenderás
más tarde.» 8 Le dice Pedro: «No me lavarás los pies jamás.» Jesús le respondió:
«Si no te lavo, no tienes parte conmigo.»
9 Le dice Simón Pedro: «Señor, no sólo
los pies, sino hasta las manos y la cabeza.» 10 Jesús le dice: «El que se ha baña-
do, no necesita lavarse; está del todo limpio. Y ustedes están limpios*, aunque no
todos.» 11 Sabía quién le iba a entregar,
y por eso dijo: «No están limpios todos.»

12 Después que les lavó los pies, tomó
sus vestidos, volvió a la mesa, y les dijo:
«¿Comprenden lo que he hecho con ustedes? 13 Ustedes me llaman 'el Maestro'
y 'el Señor', y dicen bien, porque lo
soy. 14 Pues si yo, el Señor y el Maestro,
les he lavado los pies, ustedes también
deben lavarse los pies unos a otros.
15 Porque les he dado ejemplo, para que
también ustedes hagan como yo he hecho con ustedes.

16 «En verdad, en verdad les digo:
no es más el siervo que su amo,
ni el enviado más que el que lo envía.

17 «Sabiendo esto, dichosos serán si lo
cumplen. 18 No me refiero a todos ustedes; yo conozco a los que he elegido;
pero tiene que cumplirse la Escritura:

El que come mi pan
*ha alzado contra mí su talón**.

19 «Se lo digo desde ahora,
antes de que suceda,
para que, cuando suceda,
crean que Yo Soy*.
20 En verdad, en verdad les digo:
quien acoja al que yo envíe, me
acoge a mí,
y quien me acoja a mí, acoge a aquel
que me ha enviado.»

Anuncio de la traición de Judas.

||Mt **26** 21-25;
||Mc **14** 18-21;
||Lc **22** 21-23.

21 Cuando dijo estas palabras, Jesús se
turbó en su interior y declaró:

«En verdad, en verdad les digo
que uno de ustedes me entregará.»

22 Los discípulos se miraban unos a
otros, sin saber de quién hablaba. 23 Uno
de sus discípulos, el que Jesús amaba, estaba a la mesa al lado de Jesús*. 24 Simón
Pedro le hace una seña y le dice: «Pregúntale de quién está hablando.» 25 Él,
recostándose sobre el pecho de Jesús, le
dice: «Señor, ¿quién es?» 26 Le responde
Jesús: «Es aquel a quien dé el bocado que
voy a mojar.» Y, mojando el bocado, lo
toma y se lo da a Judas, hijo de Simón
Iscariote. 27 Y entonces, tras el bocado,
entró en él Satanás*. Jesús le dice: «Lo
que vas a hacer, hazlo pronto.» 28 Pero
ninguno de los comensales entendió por
qué se lo decía. 29 Como Judas tenía la
bolsa, algunos pensaban que Jesús quería decirle: «Compra lo que nos hace falta
para la fiesta», o que diera algo a los pobres. 30 En cuanto tomó Judas el bocado,
salió. Era de noche.

13 5 Este gesto de humilde servicio (*el lavatorio de los pies*) expresa el sentido profundo de la obra de Jesús e invita a sus discípulos a imitar a su Maestro, vv. 13-14.
13 10 *Ustedes están limpios*, desde ahora por el sacrificio de Jesús, **15** 2-3; 1 Jn **1** 7.
13 18 Cita de Sal **41** 10.
13 19 Ver **8** 24+.
13 23 *Al lado de Jesús*, lit.: «en el seno de Jesús». El discípulo «a quien Jesús amaba» aparece aquí por primera vez bajo esta designación enigmática. Ver **19** 26; **20** 2; **21** 7.20.24.
13 27 *Satanás,* es el príncipe de este mundo, el que combate contra Cristo, **13** 2; Lc **4** 13, por persona interpuesta.

La despedida*.

[31] Cuando salió, dice Jesús:

«Ahora ha sido glorificado el Hijo del hombre
y Dios ha sido glorificado en él.
32 Si Dios ha sido glorificado en él,
Dios también le glorificará en sí mismo
y le glorificará pronto.

33 «Hijos míos,
ya poco tiempo voy a estar con ustedes.
Ustedes me buscarán,
y, lo mismo que les dije a los judíos,
que adonde yo voy,
ustedes no pueden venir,
es digo también ahora a ustedes.
34 Les doy un mandamiento nuevo*:
que se amen los unos a los otros.
Que, como yo los he amado,
así se amen también ustedes los unos a los otros.
35 En esto conocerán todos que son
discípulos míos: si se tienen amor los unos a los otros.»

[36] Simón Pedro le dice: «Señor, ¿a dónde vas?» Jesús le respondió: «Adonde yo
voy no puedes seguirme ahora; me seguirás más tarde.» [37] Pedro le dice: «¿Por
qué no puedo seguirte ahora? Yo daré mi
vida por ti.» [38] Le responde Jesús: «¿Que
darás tu vida por mí? En verdad, en verdad te digo: no cantará el gallo antes que
tú me hayas negado tres veces.»

14 [1] «No se turbe su corazón*.
Creen en Dios: crean también en mí.
[2] En la casa de mi Padre hay muchas mansiones;
si no, se lo habría dicho;
porque voy a prepararles un lugar.
3 Y cuando haya ido y les haya preparado un lugar,
volveré* y los tomaré conmigo,
para que donde esté yo
estén también ustedes.
4 Y adonde yo voy saben el camino.»

[5] Le dice Tomás: «Señor, no sabemos
a dónde vas, ¿cómo podemos saber el
camino?» [6] Le dice Jesús:
«Yo soy el Camino, la Verdad y la Vida*.
Nadie va al Padre sino por mí.
7 Si me conocen a mí, conocerán también a mi Padre;
desde ahora lo conocen y lo han visto.»

[8] Le dice Felipe: «Señor, muéstranos al
Padre y nos basta.»
9 Le dice Jesús: «¿Tanto tiempo hace que estoy con ustedes y no me conoces, Felipe?
El que me ha visto a mí, ha visto al Padre.
¿Cómo dices tú: «Muéstranos al Padre»?
10 ¿No crees que yo estoy en el Padre y el Padre está en mí?
Las palabras que les digo, no las digo por mi cuenta;
el Padre que permanece en mí es el que realiza las obras.
11 Créanme:
yo estoy en el Padre y el Padre está en mí.

13 31 Las largas pláticas de los caps. **13-17** pueden, al menos en parte, reagrupar enseñanzas dadas en otras ocasiones. Antes de abandonar a sus discípulos, Jesús les explica lo que será la vida de su Iglesia después de la Pasión y Pascua.
13 34 Precepto de la Ley, Lv **19** 11+; Mt **22** 34+; Rm **13** 9-10+, que Jesús transforma en su propio *amor,* **13** 1; 1 Jn **3** 11s; **4** 10-12, y que será la Ley suprema de los tiempos nuevos tras la partida de Jesús, v. 33; Mt **25** 31+. Ver 1 Co **13** 1+.
14 1 Todas las palabras del cap. **14** tienden a afianzar la fe de los discípulos.
14 3 Los discípulos se unirán, pues, a Jesús glorificado junto al Padre, ver **12** 26; **17** 24. Es la gran esperanza de la Iglesia; **21** 22+; Mt **25** 34; 1 Ts **4** 16-17; Flp **4** 5+.
14 6 *Camino, Verdad, Vida,* tres títulos de Cristo que sintetizan los bienes que reciben de él los cristianos. Jesús lleva al Padre, revelándole, **1** 18+; **3** 11+; **10** 9; ver Hch **9** 2+; enseña y encarna la realidad del Padre, **1** 14+; **4** 23+; **8** 31+; **18** 37; comunica la vida del Padre, **1** 4+; **5** 19+; **17** 3+.

Al menos, créanlo por las obras.
12 En verdad, en verdad les digo:
el que crea en mí,
hará él también las obras que yo hago,
y hará mayores aún,
porque yo voy al Padre*.
13 Y todo lo que pidan en mi nombre,
yo lo haré,
para que el Padre sea glorificado en el Hijo.
14 Si me piden algo en mi nombre,
yo lo haré.
15 Si me aman, guardarán mis mandamientos;
16 y yo pediré al Padre
y les dará otro Paráclito*,
para que esté con ustedes para siempre,
17 el Espíritu de la verdad,
a quien el mundo no puede recibir,
porque no le ve ni le conoce.
Pero ustedes le conocen,
porque mora con ustedes
y estará en ustedes.
18 No los dejaré huérfanos:
volveré a ustedes.
19 Dentro de poco el mundo ya no me verá,
pero ustedes sí me verán,
porque yo vivo y también ustedes vivirán.
20 Aquel día comprenderán que yo estoy en mi Padre
y ustedes en mí y yo en ustedes*.
21 El que tiene mis mandamientos y los guarda,
ése es el que me ama;
y el que me ame, será amado de mi Padre;
y yo le amaré y me manifestaré a él.»

22 Le dice Judas —no el Iscariote—:
«Señor, ¿qué pasa para que te vayas a
manifestar a nosotros y no al mundo?»
23 Jesús le respondió:

«Si alguno me ama,
guardará mi palabra,
y mi Padre le amará,
y vendremos a él,
y haremos morada en él.
24 El que no me ama no guarda mis palabras.
Y la palabra no es mía,
sino del Padre que me ha enviado.
25 Les he dicho estas cosas
estando entre ustedes.
26 Pero el Paráclito, el Espíritu Santo,
que el Padre enviará en mi nombre,
se lo enseñará todo
y les recordará todo lo que yo les he dicho.
27 Les dejo la paz,
mi paz les doy;
no se la doy como la da el mundo.
No se turbe su corazón ni se acobarde.
28 Han oído que les he dicho:
Me voy y volveré a ustedes.
Si me amaran, se alegrarían de que me vaya al Padre,
porque el Padre es más grande que yo*.
29 Y se lo digo ahora, antes de que suceda,
para que cuando suceda crean.
30 Ya no hablaré muchas cosas con ustedes,
porque llega el Príncipe de este mundo.
En mí no tiene ningún poder;
31 pero ha de saber el mundo que amo al Padre

14 12 Una vez haya partido Jesús y enviado el Espíritu, **1** 33, la obra de la salvación se extenderá y se profundizará en la Iglesia, ver **10** 16; **11** 52; **17** 20-26.

14 16 *Paráclito,* es decir, abogado, asistente y consejero. El paralelo entre la acción de Cristo y la del Espíritu señala bien la personalidad de éste; 1 Jn **2** 1 y Jn **14** 26. Conduce a la verdad completa, v. 26; **16** 13-15; da testimonio de Cristo; **15** 26-27; **16** 7-11; ver **1** 33+; **10** 25+.

14 20 Las relaciones de los cristianos con el Hijo son análogas a las del Hijo con el Padre, **6** 57; **10** 14-15; **15** 9-10; **17** 17-19.21-22; **20** 21.

14 28 Porque Cristo hace siempre la voluntad del Padre que le ha enviado, **14** 31, y guarda sus mandamientos, **10** 18; **12** 49-50; **15** 10.

y que obro según el Padre me ha
ordenado.
Levántense. Vámonos de aquí.

La vid verdadera*.

15 1 «Yo soy la vid verdadera,
y mi Padre es el viñador.
2 Todo sarmiento que en mí no da
fruto,
lo corta,
y todo el que da fruto,
lo limpia,
para que dé más fruto.
3 Ustedes están ya limpios
gracias a la palabra que les he dicho.
4 Permanezcan en mí, como yo en
ustedes.
Lo mismo que el sarmiento no
puede dar fruto por sí mismo,
si no permanece en la vid;
así tampoco ustedes si no
permanecen en mí.
5 Yo soy la vid;
ustedes los sarmientos.
El que permanece en mí y yo en él,
ése da mucho fruto;
porque separados de mí no pueden
hacer nada.
6 Si alguno no permanece en mí,
es arrojado fuera, como el
sarmiento,
y se seca;
luego los recogen, los echan al fuego
y arden.
7 Si permanecen en mí,
y mis palabras permanecen en
ustedes,
pidan lo que quieran
y lo conseguirán.
8 La gloria de mi Padre está
en que den mucho fruto,
y sean mis discípulos.
9 Como el Padre me amó,
yo también los he amado a ustedes;
permanezcan en mi amor.
10 Si guardan mis mandamientos,
permanecerán en mi amor,
como yo he guardado los mandamientos de mi Padre,
y permanezco en su amor.
11 Les he dicho esto,
para que mi gozo esté en ustedes,
y su gozo sea colmado.
12 Este es el mandamiento mío:
que se amen los unos a los otros
como yo los he amado.
13 Nadie tiene mayor amor
que el que da su vida por sus amigos.
14 Ustedes son mis amigos,
si hacen lo que yo les mando.
15 No los llamo ya siervos,
porque el siervo no sabe lo que hace
su amo;
a ustedes los he llamado amigos,
porque todo lo que he oído a mi Padre
se lo he dado a conocer.
16 No me han elegido ustedes a mí,
sino que yo los he elegido a ustedes,
y los he destinado
para que vayan y den fruto,
y que su fruto permanezca;
de modo que todo lo que pidan al
Padre en mi nombre
se lo conceda.
17 Lo que les mando es
que se amen los unos a los otros.

Los discípulos y el mundo*.

18 «Si el mundo los odia,
sepan que a mí me ha odiado antes
que a ustedes.
19 Si fueran del mundo,
el mundo amaría lo suyo;
pero, como no son del mundo,
porque yo al elegirlos los he sacado
del mundo,
por eso los odia el mundo.
20 Acuérdense de la palabra que les he
dicho:

15 Jesús vuelve a emplear, ver **6** 35+, la imagen bíblica de la *viña* plantada por Dios, Is **5**+; Mt **20** 1-16; **21** 33-41p; etc. El fruto de la vid verdadera, ver **6** 35+, no será decepcionante: es la vida de fe y de amor de los que *permanecen* en Jesús.

15 18 El odio del mundo, ver **1** 9+, ofrece un gran contraste con el amor. Los discípulos serán perseguidos como el Maestro, **16** 33; **17** 14-16; Mt **5** 10-12; **10** 17-18; 1 Ts **2** 14-16+; **3** 3; 1 Jn **3** 13.

El siervo no es más que su señor.
Si a mí me han perseguido,
también los perseguirán a ustedes;
si han guardado mi palabra,
también guardarán la de ustedes.
21 Pero todo esto se lo harán por causa de mi nombre,
porque no conocen al que me ha enviado.
22 Si yo no hubiera venido
y no les hubiera hablado,
no tendrían pecado;
pero ahora no tienen excusa de su pecado.
23 El que me odia, odia también a mi Padre.
24 Si no hubiera hecho entre ellos obras
que no ha hecho ningún otro,
no tendrían pecado;
pero ahora las han visto,
y nos odian a mí y a mi Padre.
25 Pero es para que se cumpla lo que está escrito en su Ley:
*Me han odiado sin motivo**.
26 Cuando venga el Paráclito,
que yo les enviaré de junto al Padre,
el Espíritu de la verdad, que procede del Padre,
él dará testimonio de mí.
27 Pero también ustedes darán testimonio,
porque están conmigo desde el principio.

16 1 Les he dicho esto
para que no se escandalicen.
2 Los expulsarán de las sinagogas.
E incluso llegará la hora
en que todo el que los mate piense
que da culto a Dios.
3 Y esto lo harán
porque no han conocido ni al Padre
ni a mí.
4 Les he dicho esto
para que, cuando llegue la hora,
se acuerden de que ya se lo había dicho.

La venida del Paráclito*.

«No les dije esto desde el principio
porque estaba yo con ustedes.
5 Pero ahora me voy a aquel que me ha enviado,
y ninguno de ustedes me pregunta:
'¿Dónde vas?'
6 Sino que por haberles dicho esto,
sus corazones se han llenado de tristeza.
7 Pero yo les digo la verdad:
Les conviene que yo me vaya;
porque si no me voy,
no vendrá a ustedes el Paráclito;
pero si me voy,
se lo enviaré;
8 y cuando él venga,
convencerá al mundo
en lo referente al pecado,
en lo referente a la justicia
y en lo referente al juicio*;
9 en lo referente al pecado:
porque no creen en mí;
10 en lo referente a la justicia
porque me voy al Padre,
y ya no me verán;
11 en lo referente al juicio,
porque el Príncipe de este mundo
está juzgado.
12 Mucho tengo todavía que decirles,
pero ahora no pueden con ello.
13 Cuando venga él,
el Espíritu de la verdad,
los guiará hasta la verdad completa;
pues no hablará por su cuenta,
sino que hablará lo que oiga,
y les explicará lo que ha de venir*.

15 25 Cita de Sal **35** 19; **69** 5.
16 4 Después de su partida, Jesús enviará su Espíritu, **1** 33+; **14** 12-17+. Este envío del Paráclito sustituye a la vuelta escatológica de Cristo, que ya no se espera para un futuro inminente.
16 8 El Paráclito, actuando como abogado, ver **10** 25+; **14** 16, ante los creyentes, les convencerá de la incredulidad del mundo, de la cualidad del Hijo, probada por su *paso* al Padre, de la derrota de Satanás, **12** 31.
16 13 El Paráclito *revelará* lo que él tiene del Hijo y, por éste, del Padre, **14** 26; **15** 26. Juan atribuye al Espíritu lo que Lucas dice de Cristo resucitado, Lc **24** 25-27.

14 Él me dará gloria,
porque recibirá de lo mío
y se lo explicará a ustedes.
15 Todo lo que tiene el Padre es mío.
Por eso he dicho:
Recibirá de lo mío
y se lo explicará a ustedes.

Anuncio de un pronto retorno.

16 «Dentro de poco ya no me verán,
y dentro de otro poco me volverán a
ver*.»

17 Entonces algunos de sus discípulos
comentaron entre sí: «¿Qué es eso que
nos dice: 'Dentro de poco ya no me verán y dentro de otro poco me volverán
a ver' y 'Me voy al Padre'?» 18 Y decían:
«¿Qué es ese 'poco'? No sabemos lo
que quiere decir.» 19 Se dio cuenta Jesús
de que querían preguntarle y les dijo:
«¿Andan preguntándose acerca de lo que
he dicho:

'Dentro de poco no me verán
y dentro de otro poco me volverán a
ver?'
20 En verdad, en verdad les digo
que llorarán y se lamentarán,
y el mundo se alegrará.
Estarán tristes,
pero su tristeza se convertirá en gozo.
21 La mujer, cuando va a dar a luz, está
triste,
porque le ha llegado su hora;
pero cuando ha dado a luz al niño,
ya no se acuerda del aprieto
por el gozo de que ha nacido un
hombre en el mundo.
22 También ustedes están tristes ahora,
pero volveré a verlos y se alegrará su
corazón
y su alegría nadie se la podrá quitar.
23 Aquel día
no me preguntarán nada.
En verdad, en verdad les digo:
lo que pidan al Padre se lo dará en
mi nombre*.
24 Hasta ahora nada le han pedido en
mi nombre.
Pidan y recibirán,
para que su gozo sea colmado.
25 Les he dicho todo esto en parábolas.
Se acerca la hora en que ya no les
hablaré en parábolas,
sino que con toda claridad les
hablaré acerca del Padre.
26 Aquel día pedirán en mi nombre
y no les digo que yo rogaré al Padre
por ustedes,
27 pues el Padre mismo los quiere,
porque me quieren a mí
y creen que salí de Dios.
28 Salí del Padre y he venido al mundo.
Ahora dejo otra vez el mundo y voy
al Padre.»

29 Le dicen sus discípulos: «Ahora sí
que hablas claro, y no dices ninguna parábola. 30 Sabemos ahora que lo sabes
todo y no necesitas que nadie te pregunte. Por esto creemos que has salido de
Dios.» 31 Jesús les respondió:

«¿Ahora creen?
32 Miren que llega la hora
(y ha llegado ya)
en que se dispersarán cada uno por
su lado
y me dejarán solo.
Pero no estoy solo,
porque el Padre está conmigo.
33 Les he dicho estas cosas
para que tengan paz en mí.
En el mundo tendrán tribulación.
Pero ¡ánimo!:
yo he vencido al mundo*.»

16 16 El segundo *ver,* diferente en griego del primero, *verán,* alude a las apariciones de Cristo resucitado, **20** 18. Después de su muerte y su desaparición, los discípulos volverán a encontrar a Jesús dotado de una vida nueva, ver **14** 19; Hch **1** 3.

16 23 Los discípulos serán *escuchados,* **14** 13; **15** 16, cuando rueguen, en virtud de la mediación plenaria de Cristo glorificado, **10** 9; **14** 6.13-14; **15** 5; ver **1** Tm **2** 4-5+.
16 33 Ver **12** 31; **14** 30; 1 Co **15** 57; 1 Jn **2** 13-14; **4** 4; **5** 4-5; Ap **2** 7; etc.

La oración de Jesús*.

17 1 Así habló Jesús, y alzando
los ojos al cielo, dijo:
«Padre, ha llegado la hora;
glorifica a tu Hijo,
para que tu Hijo te glorifique a ti.
2 Y que según el poder que le has
dado sobre toda carne,
dé también vida eterna
a todos los que tú le has dado.
3 Esta es la vida eterna:
que te conozcan a ti
el único Dios verdadero,
y al que tú has enviado, Jesucristo*.
4 Yo te he glorificado en la tierra,
llevando a cabo la obra que me
encomendaste realizar.
5 Ahora, Padre, glorifícame tú,
junto a ti,
con la gloria que tenía a tu lado
antes que el mundo fuese.
6 He manifestado tu Nombre a los
hombres*
que tú me has dado tomándolos de
l mundo.
Tuyos eran y tú me los has dado;
y han guardado tu palabra.
7 Ahora ya saben
que todo lo que me has dado viene
de ti;
8 porque las palabras que tú me diste
se las he dado a ellos,
y ellos las han aceptado
y han reconocido verdaderamente
que vengo de ti,
y han creído que tú me has enviado.
9 Por ellos ruego*;
no ruego por el mundo,
sino por los que tú me has dado,
porque son tuyos;
10 y todo lo mío es tuyo y todo lo tuyo
es mío;
y yo he sido glorificado en ellos.
11 Yo ya no estoy en el mundo,
pero ellos sí están en el mundo*,
y yo voy a ti.
Padre santo,
cuida en tu nombre a los que me has
dado,
para que sean uno como nosotros.
12 Cuando estaba yo con ellos,
yo cuidaba en tu nombre a los que
me habías dado.
He velado por ellos y ninguno se ha
perdido,
salvo el hijo de perdición,
para que se cumpliera la Escritura.
13 Pero ahora voy a ti,
y digo estas cosas en el mundo
para que tengan en sí mismos mi
alegría colmada.
14 Yo les he dado tu palabra,
y el mundo los ha odiado,
porque no son del mundo,
como yo no soy del mundo.
15 No te pido que los retires del mundo,
sino que los guardes del Maligno.
16 Ellos no son del mundo,
como yo no soy del mundo.
17 Santifícalos* en la verdad:
tu palabra es verdad.
18 Como tú me has enviado al mundo,
yo también los he enviado al mundo.
19 Y por ellos me santifico a mí
mismo,
para que ellos también sean
santificados en la verdad.

17 Oración frecuentemente llamada *sacerdotal,* en la que Jesús expresa las disposiciones de su corazón en la hora, v. 1; **2** 4+, en que va a cumplir su sacrificio. Primeramente evoca, vv. 1-8, la obra realizada. La *gloria* que Jesús espera es una misma cosa con la del Padre, vv. 1-5; ver **1** 14+; **2** 11; **12** 23+; **13** 31.

17 3 El *conocimiento,* ver Os **2** 22+, del Padre y de su enviado, **3** 12+.17+; **14** 7-9; 1 Jn **5** 20, introduce en la vida eterna, **1** 4+; **3** 15+; **6** 40; etc. y en la gloria, vv. 10.22-24.

17 6 Como Moisés, Ex **3** 14-15, Jesús nos ha revelado el Nombre de Dios que es el de «Padre», **17** 1.

17 9 Jesús *ora* en estos momentos por la comunidad de sus discípulos, vv. 9-19.

17 11 La palabra de Jesús, v. 14; ver **1** 1+; **8** 26; **12** 44-50, los ha puesto aparte del mundo, vv. 15-16; **1** 9+; **15** 18+, donde sin embargo tienen que continuar la presencia viviente de Cristo.

17 17 Serán separados y enviados, **10** 36, al servicio de la misión del Hijo, **4** 38+, y del culto verdadero instaurado por su sacrificio, **2** 21+; **4** 23+; ver **15** 13; 1 Co **1** 30; Hb **2** 11.

20 No ruego sólo por éstos,
sino también por aquellos
que, por medio de su palabra,
creerán en mí*,
21 para que todos sean uno.
Como tú, Padre, en mí y yo en ti,
que ellos también sean uno en
nosotros,
para que el mundo crea que tú me
has enviado.
22 Yo les he dado la gloria que tú me
diste,
para que sean uno como nosotros
somos uno:
23 yo en ellos y tú en mí,
para que sean perfectamente uno,
y el mundo conozca que tú me has
enviado
y que los has amado a ellos como
me has amado a mí.
24 Padre,
los que tú me has dado,
quiero que donde yo esté,
estén también conmigo,
para que contemplen mi gloria,
la que me has dado,
porque me has amado
antes de la creación del mundo*.
25 Padre justo,
el mundo no te ha conocido,
pero yo te he conocido
y éstos han conocido
que tú me has enviado.
26 Yo les he dado a conocer tu nombre
y se lo seguiré dando a conocer,
para que el amor con que tú me has
amado esté en ellos
y yo en ellos.»

2. LA PASIÓN

Prendimiento de Jesús.
||Mt **26** 30.36; ||Mc **14** 26.32;
||Lc **22** 39.

18 1 Dicho esto, pasó Jesús con sus
discípulos al otro lado del torrente Cedrón, donde había un huerto,
en el que entraron él y sus discípulos.
2 Pero también Judas, el que le entregaba, conocía el sitio, porque Jesús se
había reunido allí muchas veces con sus
discípulos.
||Mt **26** 47-56;
||Mc **14** 43-52;
||Lc **22** 47-53.
3 Judas, pues, llega allí con la patrulla
de soldados y los guardias enviados por
los sumos sacerdotes y fariseos, con lin-
ternas, antorchas y armas. 4 Jesús, que
sabía todo lo que le iba a suceder*, se
adelanta y les pregunta: «¿A quién buscan?» 5 Le contestaron: «A Jesús el Nazareno.» Les dice: «Yo soy*.» Judas, el que
le entregaba, estaba también con ellos.
6 Cuando les dijo: «Yo soy», retrocedieron
y cayeron en tierra. 7 Les preguntó de
nuevo: «¿A quién buscan?» Le contestaron: «A Jesús el Nazareno». 8 Respondió
Jesús: «Ya les he dicho que yo soy; así
que si me buscaban a mí, dejen marchar
a éstos.» 9 Así se cumpliría lo que había
dicho:

«De los que me has dado, no he perdido a ninguno*.»

10 Entonces Simón Pedro, que llevaba
una espada, la sacó e hirió al siervo del
sumo sacerdote, y le cortó la oreja derecha. El siervo se llamaba Malco. 11 Jesús
dijo a Pedro: «Vuelve la espada a la vaina. La copa que me ha dado el Padre,
¿no la voy a beber?»

17 20 Jesús ruega finalmente por todos los creyentes que recibirán la predicación apostólica, vv. 20-26. Su unidad de amor, **13** 34+, participación de la del Padre y del Hijo, **14** 20+, suscitará la fe en el Enviado del Padre, vv. 6-8; **3** 17+; 1 Jn **1** 1-3; ver **1** Ts **2** 13+.

17 24 La gloria final corresponde al principio de todas las cosas, ver v. 5; Ef **1** 3-14.

18 4 La perfecta *libertad* de Jesús es uno de los rasgos del relato joánico de la Pasión, **10** 18+; **13** 1; **19** 11.28; ver v. 27; **14** 30.

18 5 Ver **8** 24+.

18 9 Ver **6** 39; **10** 28; **17** 12.

Jesús ante Anás y Caifás. Negaciones de Pedro.

12 Entonces la patrulla, el tribuno y los
guardias de los judíos prendieron a Jesús, lo ataron 13 y lo llevaron primero a
casa de Anás, pues era suegro de Caifás,
el sumo sacerdote de aquel año. 14 Caifás
era el que aconsejó a los judíos que convenía que muriera un solo hombre por
el pueblo.

||Mt **26** 58.69-75;
||Mc **14** 54.66-72;
||Lc **22** 54-62.

15 Seguían a Jesús Simón Pedro y otro
discípulo. Este discípulo era conocido
del sumo sacerdote y entró con Jesús
en el atrio del sumo sacerdote, 16 mientras Pedro se quedaba fuera, junto a la
puerta. Entonces salió el otro discípulo,
el conocido del sumo sacerdote, habló
a la portera e hizo pasar a Pedro. 17 La
criada portera dice a Pedro: «¿No eres
tú también de los discípulos de ese hombre?» Dice él: «No lo soy.» 18 Los siervos
y los guardias tenían unas brasas encendidas porque hacía frío, y se calentaban.
También Pedro estaba con ellos calentándose.

19 El sumo sacerdote interrogó a Jesús
sobre sus discípulos y su doctrina. 20 Jesús
le respondió: «He hablado abiertamente ante todo el mundo; he enseñado
siempre en la sinagoga y en el Templo, donde se reúnen todos los judíos,
y no he hablado nada a ocultas. 21 ¿Por
qué me preguntas? Pregunta a los que
me han oído lo que les he hablado; ellos
saben lo que he dicho.» 22 Apenas dijo
esto, uno de los guardias, que allí estaba,
dio una bofetada a Jesús, diciendo: «¿Así
contestas al sumo sacerdote?» 23 Jesús le
respondió: «Si he hablado mal, declara lo que está
mal; pero si he hablado bien, ¿por qué
me pegas?»
24 Anás entonces lo envió atado al sumo sacerdote Caifás*.

25 Estaba allí Simón Pedro calentándose y le dijeron: «¿No eres tú también de
sus discípulos?» Él lo negó diciendo: «No
lo soy.» 26 Uno de los siervos del sumo
sacerdote, pariente de aquel a quien Pedro había cortado la oreja, le dice: «¿No
te vi yo en el huerto con él?» 27 Pedro volvió a negar, y al instante cantó un gallo.

Jesús ante Pilato.

||Mt **27** 2.11-26;
||Mc **15** 1-15;
||Lc **23** 1-7.13-25.

28 De la casa de Caifás llevan a Jesús
al pretorio. Era de madrugada. Ellos no
entraron en el pretorio para no contaminarse* y poder así comer la Pascua.
29 Salió entonces Pilato fuera hacia ellos
y dijo: «¿Qué acusación traen contra
este hombre?» 30 Ellos le respondieron:
«Si éste no fuera un malhechor, no
te lo habríamos entregado.» 31 Pilato
replicó: «Tómenlo ustedes y júzguenlo
según su Ley.» Los judíos replicaron:
«Nosotros no podemos dar muerte a
nadie.» 32 Así se cumpliría lo que había dicho Jesús cuando indicó de qué
muerte iba a morir*.

33 Entonces Pilato entró de nuevo al
pretorio y llamó a Jesús y le dijo: «¿Eres
tú el rey de los judíos?» 34 Respondió
Jesús: «¿Dices eso por tu cuenta, o es
que otros te lo han dicho de mí?» 35 Pilato
respondió: «¿Es que yo soy judío? Tu
pueblo y los sumos sacerdotes te han entregado a mí. ¿Qué has hecho?» 36 Respondió Jesús:

18 24 Se omite el proceso de Jesús; pero es que en realidad ha ocupado de alguna manera todo el evangelio de Jn, **1** 19; **5** 31+; **10** 25+; **11** 49-53; **12** 31; **16** 8+.
18 28 Entrar en casa de un gentil constituía una impureza legal, ver Hch **11** 2s. Según Juan, a Jesús se le dará muerte en el momento en que se inmolaban los corderos en el Templo, la víspera de la Pascua, **19** 14; ver **19** 31.42: él es el verdadero Cordero pascual, **19** 36+; 1 Co **5** 7. Los Sinópticos suponen una cronología diferente.
18 32 Ver **3** 14+; **12** 32-33; Mt **20** 18-19p.

«Mi Reino no es de este mundo.
Si mi Reino fuese de este mundo,
mi gente habría combatido
para que no fuese entregado a los
judíos;
pero mi Reino no es de aquí*.»
37 Entonces Pilato le dijo: «¿Luego tú
eres rey?» Respondió Jesús:
«Sí, como dices, soy rey.
Yo para esto he nacido
y para esto he venido al mundo:
para dar testimonio de la verdad.
Todo el que es de la verdad, escucha
mi voz*.»
38 Le dice Pilato: «¿Qué es la verdad?»
Y, dicho esto, volvió a salir hacia los judíos y les dijo: «Yo no encuentro ningún
delito en él. 39 Pero es costumbre entre
ustedes que les ponga en libertad a uno
por la Pascua. ¿Quieren, pues, que les
ponga en libertad al rey de los judíos?»
40 Ellos volvieron a gritar diciendo: «¡A
ése, no; a Barrabás!» Barrabás era un
salteador.

||Mt **27** 26-31; ||Mc **15** 15-20.

19 1 Pilato entonces tomó a Jesús
y mandó azotarle. 2 Los soldados trenzaron una corona de espinas, se
la pusieron en la cabeza y le vistieron un
manto de púrpura; 3 y, acercándose a él,
le decían: «Salve, rey de los judíos.» Y le
daban bofetadas.
4 Volvió a salir Pilato y les dijo: «Miren,
se lo traigo fuera para que sepan que no
encuentro ningún delito en él.» 5 Salió
entonces Jesús fuera llevando la corona
de espinas y el manto de púrpura. Les
dice Pilato: «Aquí tienen al hombre.»
6 Cuando lo vieron los sumos sacerdotes
y los guardias, gritaron: «¡Crucifícalo,
crucifícalo!» Les dice Pilato: «Tómenlo
ustedes y crucifíquenlo, porque yo no encuentro en él ningún delito.» 7 Los judíos
le replicaron: «Nosotros tenemos una
Ley y según esa Ley debe morir, porque
se tiene por Hijo de Dios.»
8 Cuando oyó Pilato estas palabras,
se atemorizó aún más. 9 Volvió a entrar
en el pretorio y dijo a Jesús: «¿De dónde
eres tú?» Pero Jesús no le dio respuesta.
10 Le dice Pilato: «¿A mí no me hablas?
¿No sabes que tengo poder para soltarte
y poder para crucificarte?» 11 Respondió
Jesús: «No tendrías contra mí ningún
poder, si no se te hubiera dado de arriba; por eso, el que me ha entregado a ti
tiene mayor pecado.»

Condena a muerte.

12 Desde entonces Pilato trataba de
librarle. Pero los judíos gritaron: «Si suel-
tas a ése, no eres amigo del César; todo
el que se hace rey se enfrenta al César.»
13 Al oír Pilato estas palabras, hizo salir a
Jesús y se sentó en el tribunal, en el lugar
llamado Enlosado, en hebreo Gabbatá.
14 Era el día de la Preparación de la Pascua*, hacia el mediodía. Dice Pilato a
los judíos: «Aquí tienen a su rey.» 15 Ellos
gritaron: «¡Fuera, fuera! ¡Crucifícale!» Les
dice Pilato: «¿A su rey voy a crucificar?»
Replicaron los sumos sacerdotes: «No tenemos más rey que el César.»

||Mt **27** 26; ||Mc **15** 15;
||Lc **23** 24-25.

16 Entonces se lo entregó para que fuera crucificado.

La crucifixión.

||Mt **27** 31.33.37-38;
||Mc **15** 20.22.25-27;
||Lc **23** 33.38.

Tomaron, pues, a Jesús, 17 y él cargando con su cruz, salió hacia el lugar
llamado Calvario, que en hebreo se llama Gólgota, 18 y allí lo crucificaron y con
él a otros dos, uno a cada lado, y Jesús
en medio. 19 Pilato redactó también una

18 36 La *realeza* reivindicada por Jesús, ver **3** 3.5; **1** 49; **6** 15, no tiene miras políticas y no emplea la fuerza.

18 37 Esta *realeza* se ejerce en medio del mundo, **1** 9+; **8** 23, en relación con una misión de verdad, **3** 11+; **8** 45-46; **14** 6+; ver **1** Tm **6** 13+.

19 14 Jn subraya el carácter *pascual* de la Pasión, **13** 1+; ver Mt **26** 17+.

inscripción y la puso sobre la cruz. Lo escrito era: «Jesús el Nazareno, el rey de los judíos*.» [20] Esta inscripción la leyeron muchos judíos, porque el lugar donde había sido crucificado Jesús estaba cerca de la ciudad; y estaba escrita en hebreo, latín y griego. [21] Los sumos sacerdotes de los judíos dijeron a Pilato: «No escribas: 'El rey de los judíos', sino: 'Éste ha dicho: Yo soy rey de los judíos'.» [22] Pilato respondió: «Lo que he escrito, lo he escrito.»

Reparto de los vestidos.

||Mt **27** 35; ||Mc **15** 24;
||Lc **23** 34.

[23] Los soldados, después que crucificaron a Jesús, tomaron sus vestidos, con los que hicieron cuatro lotes, un lote para cada soldado, y la túnica. La túnica era sin costura, tejida de una pieza de arriba abajo. [24] Por eso se dijeron: «No la rompamos; sino echemos a suertes a ver a quién le toca.» Para que se cumpliera la Escritura:

Se han repartido mis vestidos,
*han echado a suertes mi túnica**.

Y esto es lo que hicieron los soldados.

Jesús y su madre*.

||Mt **27** 55-56; ||Mc **15** 40-41;
||Lc **23** 49.

[25] Junto a la cruz de Jesús estaban su madre y la hermana de su madre, María, mujer de Clopás, y María Magdalena. [26] Jesús, viendo a su madre y junto a ella al discípulo a quien amaba, dice a su madre: «Mujer, ahí tienes a tu hijo.» [27] Luego dice al discípulo: «Ahí tienes a tu madre.» Y desde aquella hora el discípulo la acogió en su casa.

Muerte de Jesús.

||Mt **27** 48-50; ||Mc **15** 36-37;
||Lc **23** 46.

[28] Después de esto, sabiendo Jesús que ya todo estaba cumplido, para que se cumpliera la Escritura, dice:

«Tengo sed.»*

[29] Había allí una vasija llena de vinagre. Sujetaron a una rama de hisopo una esponja empapada en vinagre y se la acercaron a la boca. [30] Cuando tomó Jesús el vinagre, dijo: «Todo está cumplido.» E inclinando la cabeza entregó el espíritu*.

La lanzada.

[31] Los judíos, como era el día de la Preparación, para que no quedasen los cuerpos en la cruz el sábado —porque aquel sábado era muy solemne— rogaron a Pilato que les quebraran las piernas y los retiraran. [32] Fueron, pues, los soldados y quebraron las piernas del primero y del otro crucificado con él. [33] Pero al llegar a Jesús, como lo vieron ya muerto, no le quebraron las piernas, [34] sino que uno de los soldados le atravesó el costado con una lanza y al instante salió sangre y agua*. [35] El que lo vio lo atestigua y su testimonio es válido, y él sabe que dice la verdad, para que también ustedes crean. [36] Y todo esto sucedió para que se cumpliera la Escritura:

19 19 La pregunta de Pilato, **18** 33, las respuestas de Jesús, las exclamaciones de la muchedumbre reciben aquí una respuesta irónica y profética, ver v. 21; **1** 46; **7** 27.41; **11** 50-52; Mt **2** 23; **27** 37.

19 24 Jn relaciona la escena narrada en Mt **27** 35s con el Sal **22** 19.

19 25 Episodio propio de Jn, que parece ver en él el papel excepcional de María, nueva Eva, **2** 4, en relación con la Iglesia y los cristianos representados por el apóstol. Ver **2** 4+.

19 28 Ver Sal **69** 22; **22** 16.

19 30 Jesús es consciente de haber *cumplido su misión*, **3** 17+, según el plan de Dios, **4** 34; **17** 4; **18** 4+; ver Mt **20** 22p; Lc **12** 50, anunciada por la Escritura, **5** 39+; **20** 9. Desde ahora Jesús está en la gloria, **12** 23+; etc. El último suspiro de Jesús, Lc **23** 46, preludia la efusión del Espíritu, **1** 33+; **4** 23+; **7** 39; **20** 23.

19 34 La *sangre,* ver Gn **4** 10+, atestigua la realidad del sacrificio del cordero pascual, **1** 29+; **6** 51+, y el *agua,* su fecundidad según el Espíritu, **4** 7+.23+; ver 1 Jn **5** 8.

No se le quebrará hueso alguno.*

[37] Y también otra Escritura dice:

Mirarán al que traspasaron.*

La sepultura.
||Mt **27** 57-60; ||Mc **15** 42-46;
||Lc **23** 50-54.

[38] Después de esto, José de Arimatea, que era discípulo de Jesús, aunque en secreto por miedo a los judíos, pidió a Pilato autorización para retirar el cuerpo de Jesús. Pilato se lo concedió. Fueron, pues, y retiraron su cuerpo. [39] Fue también Nicodemo —aquel que anteriormente había ido a verle de noche— con una mezcla de mirra y áloe de unas cien libras. [40] Tomaron el cuerpo de Jesús y lo envolvieron en lienzos con los aromas, conforme a la costumbre judía de sepultar. [41] En el lugar donde había sido crucificado había un huerto, y en el huerto un sepulcro nuevo, en el que nadie todavía había sido depositado. [42] Allí, pues, porque era el día de la Preparación de los judíos y el sepulcro estaba cerca, pusieron a Jesús.

3. EL DÍA DE LA RESURRECCIÓN

El sepulcro vacío.
||Mt **28** 1-8; ||Mc **16** 1-8;
||Lc **24** 1-11.

20 [1] El primer día de la semana va María Magdalena de madrugada al sepulcro cuando todavía estaba oscuro, y ve la piedra quitada del sepulcro. [2] Echa a correr y llega a Simón Pedro y al otro discípulo a quien Jesús quería y les dice: «Se han llevado del sepulcro al Señor, y no sabemos dónde le han puesto.»

[3] Salieron Pedro y el otro discípulo, y se encaminaron al sepulcro. [4] Corrían los dos juntos, pero el otro discípulo corrió por delante más rápido que Pedro, y llegó primero al sepulcro. [5] Se inclinó y vio los lienzos en el suelo; pero no entró. [6] Llega también Simón Pedro siguiéndole, entra en el sepulcro y ve los lienzos en el suelo, [7] y el sudario que cubrió su cabeza, no junto a los lienzos, sino plegado en un lugar aparte. [8] Entonces entró también el otro discípulo, el que había llegado el primero al sepulcro; vio y creyó, [9] pues hasta entonces no habían comprendido que según la Escritura* Jesús debía resucitar de entre los muertos. [10] Los discípulos, entonces, volvieron a casa.

Aparición a María de Magdala.
||Mt **28** 9-10; ||Mc **16** 9-11.

[11] Estaba María junto al sepulcro fuera llorando. Y mientras lloraba se inclinó hacia el sepulcro, [12] y ve dos ángeles de blanco, sentados donde había estado el cuerpo de Jesús, uno a la cabecera y otro a los pies. [13] Le dicen ellos: «Mujer, ¿por qué lloras?» Ella les respondió: «Porque se han llevado a mi Señor, y no sé dónde le han puesto.» [14] Dicho esto, se volvió y vio a Jesús, de pie, pero no sabía que era Jesús. [15] Le dice Jesús: «Mujer, ¿por qué lloras? ¿A quién buscas?» Ella, pensando que era el encargado del huerto, le dice: «Señor, si tú lo has llevado, dime dónde lo has puesto, y yo me lo llevaré.» [16] Jesús le dice: «María.» Ella se vuelve y le dice en hebreo: «Rabbuní* —que quiere decir: «Maestro»—.

19 36 Ver Ex **12** 46; Sal **34** 21.
19 37 Ver Za **12** 10. Mirar, es *ver,* **3** 14+. Así es anunciada la llegada de los gentiles a la fe, ver **7** 35; **11** 52+; **12** 20s.32. Ver también Mt **27** 54p; Ap **1** 7.
20 9 El hecho de la resurrección ilumina de repente las profecías: Sal **16** 8s, citado en Hch **2** 27; Sal **2** 7, citado en Hch **13** 33; ver **19** 30; **5** 39; Mt **1** 22; **5** 17+; Lc **24** 45; 1 Co **15** 4.
20 16 *Rabbuní,* forma más solemne del arameo *rabbí, maestro.*

17 Le dice Jesús: «Deja de tocarme,
que todavía no he subido al Padre. Pero
vete a mis hermanos y diles: Subo a
mi Padre y vuestro Padre, a mi Dios y
vuestro Dios*.» 18 Fue María Magdalena y
dijo a los discípulos: «He visto al Señor*»
y que había dicho estas palabras.

Apariciones a los discípulos.
||Mc **16** 14-18; ||Lc **24** 36-49.

19 Al atardecer de aquel día, el primero de la semana, estando cerradas, por
miedo a los judíos, las puertas del lugar
donde se encontraban los discípulos, se
presentó Jesús en medio de ellos y les
dijo: «La paz con ustedes.» 20 Dicho esto,
les mostró las manos y el costado. Los
discípulos se alegraron de ver al Señor.
21 Jesús les dijo otra vez: «La paz con
ustedes.

Como el Padre me envió,
también yo los envío*.»

22 Dicho esto, sopló y les dijo:

«Reciban el Espíritu Santo*.

23 A quienes perdonen los pecados,
les quedan perdonados;
a quienes se los retengan,
les quedan retenidos.»

24 Tomás, uno de los Doce, llamado el
Mellizo, no estaba con ellos cuando vino
Jesús. Los otros discípulos le decían:
«Hemos visto al Señor.» 25 Pero él les
contestó: «Si no veo en sus manos la señal de los clavos y no meto mi dedo en el
agujero de los clavos y no meto mi mano
en su costado, no creeré.» 26 Ocho días
después, estaban otra vez sus discípulos
dentro y Tomás con ellos. Se presentó
Jesús en medio estando las puertas
cerradas, y dijo: «La paz con ustedes.»
27 Luego dice a Tomás: «Acerca aquí tu
dedo y mira mis manos; trae tu mano y
métela en mi costado, y no seas incrédulo sino creyente.» 28 Tomás le contestó:
«Señor mío y Dios mío.» 29 Le dice Jesús:
«Porque me has visto has creído.
Dichosos los que no han visto y han
creído*.»

4. PRIMERA CONCLUSIÓN

30 Jesús realizó en presencia de los discípulos otros muchos signos que no están
escritos en este libro. 31 Éstos han sido
escritos para que crean que Jesús es el
Cristo, el Hijo de Dios, y para que creyendo tengan vida en su nombre*.

20 17 La subida corporal de Cristo a la gloria del Padre, **12** 32; **13** 33; **14** 2-3; etc., se ha realizado ya en la resurrección. La escena de la Ascensión, cuarenta días más tarde, Hch **1** 3s, concluirá el período de los coloquios familiares con Cristo glorioso, **21** 22; 1 Co **15** 23+. Mantenemos aquí «vuestro Padre... vuestro Dios» para evitar la dureza de la expresión «Padre de ustedes... Dios de ustedes», o la confusa interpretación que podría deducirse al traducir «su Padre... su Dios».

20 18 Este verbo *ver* se usa regularmente para hablar de las apariciones de Cristo resucitado, **20** 18.25.29; Lc **24** 34; Hch **9** 17; **13** 31; 1 Co **15** 5-8. Es el verbo empleado en las apariciones de Dios, Gn **12** 7; **17** 1; Hch **7** 2; etc. Cristo resucitado pertenece al mundo celeste, **17** 5.

20 21 Ver **3** 17+; **17** 18; Mt **28** 19-20+.

20 22 La misión de los apóstoles, **4** 38+; recibirá la asistencia del *Espíritu* de Jesús, **1** 33+; Hch **2** 1-4.

20 29 Ellos *creerán* únicamente por el testimonio de los apóstoles, **17** 20+; Hch **1** 8+; 1 P **1** 8.

20 31 De esta forma se expresa la intención del evangelio de Jn; **1** 12-18; **2** 11; **11** 42; **17** 20-21.

Epílogo

Aparición a orillas del lago de Tiberíades*.

21 1 Después de esto, se manifestó
Jesús otra vez a los discípulos a
orillas del mar de Tiberíades. Se manifestó de esta manera. 2 Estaban juntos
Simón Pedro, Tomás, llamado el Mellizo,
Natanael, el de Caná de Galilea, los de
Zebedeo y otros dos de sus discípulos.
3 Simón Pedro les dice: «Voy a pescar.»
Le contestan ellos: «También nosotros vamos contigo.» Fueron y subieron a la barca, pero aquella noche no pescaron nada.
4 Cuando ya amaneció, estaba Jesús
en la orilla; pero los discípulos no sabían
que era Jesús. 5 Les dice Jesús: «Muchachos, ¿no tienen nada que comer?» Le
contestaron: «No.» 6 Él les dijo: «Echen la
red a la derecha de la barca y encontrarán.» La echaron, pues, y ya no podían
arrastrarla por la abundancia de peces.
7 El discípulo a quien Jesús amaba dice
entonces a Pedro: «Es el Señor». Cuando
Simón Pedro oyó «es el Señor», se puso
el vestido —pues estaba desnudo— y
se lanzó al mar. 8 Los demás discípulos
vinieron en la barca, arrastrando la red
con los peces; pues no distaban mucho
de tierra, sino unos doscientos codos.
9 Nada más saltar a tierra, ven preparadas unas brasas y un pez sobre ellas y
pan. 10 Les dice Jesús: «Traigan algunos
de los peces que acaban de pescar.»
11 Subió Simón Pedro y sacó la red a
tierra, llena de peces grandes: ciento cincuenta y tres. Y, aun siendo tantos, no
se rompió la red*. 12 Jesús les dice: «Vengan y coman.» Ninguno de los discípulos
se atrevía a preguntarle: «¿Quién eres
tú?», sabiendo que era el Señor. 13 Viene
entonces Jesús, toma el pan y se lo da;
y de igual modo el pez. 14 Esta fue ya la
tercera vez que Jesús se manifestó a los
discípulos después de resucitar de entre
los muertos.

15 Después de haber comido, dice
Jesús a Simón Pedro*: «Simón de Juan,
¿me amas más que éstos?» Le dice él:
«Sí, Señor, tú sabes que te quiero.» Le
dice Jesús: «Apacienta mis corderos.»
16 Vuelve a decirle por segunda vez: «Simón de Juan, ¿me amas?» Le dice él: «Sí,
Señor, tú sabes que te quiero.» Le dice
Jesús: «Apacienta mis ovejas.» 17 Le dice
por tercera vez: «Simón de Juan, ¿me
quieres?» Se entristeció Pedro de que le
preguntase por tercera vez: «¿Me quieres?» y le dijo: «Señor, tú lo sabes todo;
tú sabes que te quiero.» Le dice Jesús:
«Apacienta mis ovejas.

18 «En verdad, en verdad te digo:
cuando eras joven,
tú mismo te ceñías,
e ibas adonde querías;
pero cuando llegues a viejo,
extenderás tus manos
y otro te ceñirá
y te llevará adonde tú no quieras.»

19 Con esto indicaba la clase de muerte
con que iba a glorificar a Dios. Dicho
esto, añadió: «Sígueme*.»

20 Pedro se vuelve y ve, siguiéndoles
detrás, al discípulo a quien Jesús amaba,

21 Este capítulo parece ser un apéndice debido al Evangelista o a alguno de sus discípulos. Funde dos episodios primitivamente distintos: una pesca milagrosa, ver Lc **5** 4-10, y una comida pos-pascual, ver Lc **24** 41-43, que el v. 10 trata de enlazar.

21 11 Como Lc **5** 10, Jn da un valor simbólico al relato. Los peces representan a los futuros discípulos de Jesús. La red simboliza a la Iglesia, cuyo pastor será Pedro, vv. 15-17.

21 15 Jesús induce a Pedro, ver **1** 40-42, a volver sobre sus protestas de fidelidad, **13** 37; Mt **26** 30-35p. y sus negaciones, **13** 38; **18** 17-27; Mt **26** 69-75p. Entonces le confía el cuidado pastoral de su rebaño, **10** 1-16; 1 P **5** 1-4. Ver Mt **16** 17-19+; Lc **22** 31-32.

21 19 *Sígueme,* fórmula que utiliza Jesús para invitar a alguien a ser su discípulo, **1** 43; Mt **8** 22; **9** 9; **19** 21. Como en Lc **5** 10-11, el relato de la pesca milagrosa concluye con una llamada a seguir a Jesús. Pedro es invitado aquí a seguirle hasta la muerte, v. 18; ver **3** 36.

que además durante la cena se había recostado en su pecho y le había dicho:
«Señor, ¿quién es el que te va a entregar?» 21 Viéndolo Pedro, dice a Jesús:
«Señor, y éste, ¿qué?» 22 Jesús le respondió: «Si quiero que se quede hasta que yo
venga*, ¿qué te importa? Tú, sígueme.»
23 Corrió, pues, entre los hermanos la
voz de que este discípulo no moriría.
Pero Jesús no había dicho a Pedro: «No
morirá», sino: «Si quiero que se quede
hasta que yo venga.»

Conclusión.

24 Este es el discípulo que da testimonio de estas cosas y que las ha escrito, y
nosotros sabemos que su testimonio es
verdadero.
25 Hay además otras muchas cosas que
hizo Jesús. Si se escribieran una por una,
pienso que ni todo el mundo bastaría para contener los libros que se escribieran.

21 22 *Hasta que yo venga*, es decir, hasta la Parusía; ver 1 Co **11** 26; Flp **4** 5+; Ap **22** 7; etc. Pero la respuesta a Juan es ambigua.

HECHOS DE LOS APÓSTOLES

Introducción

El tercer evangelio y el libro de los Hechos de los Apóstoles eran primitivamente las dos partes de una obra única, que nosotros titularíamos hoy «Historia de los orígenes del Cristianismo». Se separaron cuando los cristianos desearon disponer de los cuatro evangelios en un mismo códice. Y esto debió ocurrir muy pronto.

La tradición de la Iglesia es unánime en reconocer que el autor de esta obra es San Lucas. Nunca, ni en la antigüedad ni en nuestros días, se ha propuesto seriamente otro nombre. Así lo admitía ya el conjunto de las iglesias hacia el 175. El autor, a juzgar por sus escritos, parece ser un cristiano de la generación apostólica, judío muy helenizado o, mejor, griego de amplia instrucción y versado a fondo así en las cosas judías como en la Biblia griega. Ahora bien, lo que sabemos de Lucas por las epístolas de Pablo cuadra a la perfección con estos datos. El Apóstol lo presenta como un compañero muy querido que está a su lado durante su cautiverio, Col **4** *14; Flm 24. Según Col* **4** *10-14, Lucas es de origen pagano (de Antioquía de Siria, según una vieja tradición) y médico, lo que comportaría una cierta cultura, aun cuando esté lejos de ser cierto que Lucas emplee en sus escritos un vocabulario específicamente médico.*

Nada seguro hallamos en la tradición antigua para fijar la fecha *y* el lu*gar en que escribía; por eso nos hemos de guiar por el contenido del libro. Ahora bien, el libro de los Hechos concluye con la prisión de Pablo en Roma, en los años 61-63, y en todo caso su composición debe ser posterior a la del tercer evangelio. ¿Escribió Lucas su obra antes del 70? ¿hacia el 80? Nada impone una fecha posterior al año 70.* Como lugar de composición se han *propuesto Antioquía y Roma.*

El libro de los Hechos participa del mismo objetivo del Evangelio: «conocimiento de las enseñanzas recibidas». Por eso, con el fin de acercarnos al conocimiento del Mensaje proponemos leer el libro siguiendo un esquema, que se apoya en la estructura del texto actual.

1. Introducción *(**1** 1-26)*

*Con un doble nexo, literario (**1** 1-2) y teológico (**1** 3-26), relaciona el autor esta segunda parte de su obra con la primera. El nexo teológico completa las noticias sobre las últimas instrucciones de Jesús a los discípulos y la última presencia física entre ellos que culmina con su Ascensión. En la última instrucción Jesús señala las fronteras de la misión para proclamar su mensaje: Jerusalén, Samaría y los confines de la tierra. En realidad el autor marca aquí, más que los límites, las etapas de la evangelización y que configuran el plan literario de su segundo libro. Lc es consciente de que narra el inicio de una realidad nueva, empalmada con la presencia de Jesús resucitado: los tiempos de la Iglesia. Por eso antes de iniciar la misión evangelizadora la comunidad de Jesús tiene que recomponer el número de los integrantes del grupo. Y esto es lo que realizan los apóstoles al elegir a Matías (**1** 15-26).*

2. La Iglesia de Jerusalén *(**2** 1-**12** 25)*

*La primera parte de Hch tiene como centro de la actividad misionera la comunidad de Jerusalén: «ustedes serán mis testigos en Jerusalén, en toda Judea y Samaría» (**1** 8).*

a) Testigos en Jerusalén *(**2** 1-**8** 3). Lo son ya el día de Pentecostés narrando la experiencia que han tenido de la fuerza de lo alto. Esta experiencia* *la cuentan mediante imágenes relacionadas con la misión de «anunciar»: viento impetuoso y «algo como lenguas de fuego».*

*El discurso de Pedro (**2** 14-36) explica el sentido de la experiencia que él y sus compañeros han tenido: Es un refrendo del valor de la persona de Jesús, a quien Dios ha constituido Mesías y Señor. Pedro comunica su experiencia a los oyentes y les pide la conversión, la vuelta hacia esta persona que en un principio no aceptaron.*

*Notar cómo desde el principio de la misión es la comunidad la verdadera responsable de la transmisión del mensaje: Pedro aparece con los once (**2** 14); es ella a la que se incorporan las nuevas personas que acogen el mensaje (**2** 41) y es la que pone en práctica el nuevo estilo de vida (**2** 42-47).*

*El testimonio de la comunidad (**3** 1-**5** 42) se comunica a través de unas acciones y señales de algunos de sus representantes, Pedro y Juan (**3** 1-10), se explicita en las declaraciones firmes y solemnes de estos dos apóstoles ante los ciudadanos y las autoridades religiosas de Jerusalén (**3** 11-**4** 31) y sobre todo se patentiza en el nuevo estilo de vida (**4** 32-**5** 16).*

*Dentro de la comunidad de Jerusalén hay un grupo de origen judío que han venido de fuera de Palestina y que han sido educados en la cultura griega. Son los «helenistas». Éstos dan también testimonio de Jesús y, por su preparación cultural y conocimiento de las Escrituras en la versión griega, discuten y ponen en apuros a los judíos que se oponen a aceptar la persona de Jesús como Mesías. Un ejemplo de estas controversias entre helenistas y palestinenses lo tenemos en el discurso de Esteban (**7** 1-53): toda la historia de Israel está orientada hacia la presencia del Mesías, que es Jesús de Nazaret. El verdadero obstáculo para aceptar la realidad mesiánica de Jesús es el apego a sus leyes y costumbres, y no guardar lo que es la verdadera Ley (**7** 53).*

b) Testigos en toda Judea y Samaría *(**8** 4-**12** 25). Tres lugares geográficos centran la narración de Hch de esta primera expansión de la comunidad cristiana: Samaría, Cesarea y Antioquía.*

*En Samaría es Felipe (**8** 4-40) quien anuncia el mensaje a un grupo considerado herético por los judíos. Y es Felipe quien, en Samaría, abre las puertas de la comunidad a un extranjero, simpatizante del judaísmo. Se inicia aquí el desarrollo de una línea de apertura del grupo de Jesús a personas que no son de origen judío. Dentro de esta línea literaria Lc encaja la narración de la vocación de Saulo (**9** 1-30).*

*La comunidad de Jerusalén sigue con atención esta apertura. Pedro visita a los «santos» (**9** 32), confirma los nuevos grupos de cristianos y los integra con la comunión de la fe. En este mismo ambiente geográfico e ideológico, Pedro incorpora a la comunidad cristiana a un pagano, un romano, con toda su familia. Lucas insiste en la presencia del Espíritu en esta decisión de Pedro, que marcará la nueva línea de evangelización: No hay para Dios nadie que sea impuro o que no merezca recibir el mensaje de Jesús por motivo de su origen, raza o religión; todos tienen los mismos derechos ante el Evangelio. La decisión de Pedro es ratificada por la comunidad (**11** 18).*

*Esta directriz evangelizadora culmina con la fundación de la iglesia de Antioquía (**11** 19-30). Jerusalén envía a Bernabé a la nueva comunidad. Bernabé confirma la comunión en la fe de los cristianos antioquenos, incorpora a Pablo a las actividades de esta comunidad y para significar más claramente la comunión entre Antioquía y Jerusalén, lleva unas ayudas materiales a la comunidad madre. Antioquía adquiere en Hch desde este momento un protagonismo evangelizador que oscurece el de Jerusalén. Incluso, como nota que subraya esta pérdida del protagonismo de Jerusalén, Hch narra la marcha de*

*Pedro «a otro lugar» (***12** *17), una vez liberado de la prisión (***12** *1-19).*

3. La Iglesia de Antioquía, centro de las misiones evangelizadoras (13 *1*-28 *31*)

La segunda parte de Hch narra el cumplimiento de la segunda parte de la misión de Jesús: «seréis mis testigos... hasta los confines de la tierra».

a) Misión de Bernabé y Pablo *(***13** *1-***15** *35). La comunidad de Antioquía envía en su nombre y en el del Espíritu a dos de sus miembros para llevar el mensaje a otras ciudades. Esto indica la madurez que había adquirido la comunidad antioquena. Los enviados son Bernabé y Pablo. Al frente de la misión va Bernabé. Y la táctica que siguen los misioneros es dirigirse a ciudades importantes: las de la isla de Chipre, Antioquía de Pisidia, Iconio, Listra y Derbe. Táctica heredada de los primeros evangelizadores es anunciar primero el mensaje a los de origen judío, en sus sinagogas. Pero la experiencia les irá demostrando que no son los judíos los mejor dispuestos para aceptar su mensaje, sino los gentiles.*

*Esta realidad suscita un problema teológico: Los gentiles que quieran ingresar en la comunidad de Jesús, ¿deben antes aceptar las leyes y costumbres judías? El problema se plantea también en Jerusalén, comunidad integrada en su mayoría por judíos observantes de la Ley. La solución la buscan en una asamblea de representantes de las comunidades que tienen planteado el problema. Es ejemplar el desarrollo de la asamblea, tal como lo narra Lucas (***15** *1-29), y la redacción de la solución final: «Hemos decidido el Espíritu Santo y nosotros...» Las serias dificultades que este relato presenta, según muchos comentaristas, en su redacción actual para compaginarlo con los datos que de este mismo suceso ofrece Pablo (Ga* **2** *11-14) y los indicios de que Lucas ha agrupado aquí dos controversias distintas con diversas soluciones, nos llevan a pensar que el autor ha desfigurado en algunos detalles la realidad de los hechos para destacar la fuerza del problema y apuntar los caminos de solución de cualquier conflicto eclesial, cosa que es legítimo deducir de la redacción actual.*

b) Misiones de Pablo *(***15** *36-***20** *38). Dos son las misiones evangelizadoras presididas por Pablo y sus nuevos compañeros por las regiones de Macedonia y Grecia. Evidentemente son una síntesis de la actividad misionera de Pablo. La primera tiene como base de operaciones la ciudad de Corinto; la segunda, la de Éfeso. Como introducción (***15** *36-***16** *10) Hch da dos apuntes interesantes: la formación del nuevo equipo misionero (***15** *36-***16** *5) y la intervención del Espíritu, que es quien dirige de verdad la misión (***16** *6-10). La actividad misionera se sigue centrando en las grandes ciudades: Filipos, Tesalónica, Berea, Atenas y Corinto. Hch resalta los datos significativos de la misión: en Filipos, el ingreso en el grupo de creyentes de una mujer simpatizante del judaísmo, Lidia (***16** *13-15) y un pagano, el carcelero (***16** *29-34). Con el grupo de creyentes de Filipos Pablo mantendrá unas relaciones personales que recordará en una de sus cartas (ver Flp* **4** *15-18). En Tesalónica y Berea destaca la oposición que encuentra Pablo de parte de los judíos, que le fuerzan a marchar a Atenas (***17** *1-15). En Atenas tenemos un ejemplo de la predicación del mensaje a los paganos. Pablo argumenta no desde las Escrituras, sino desde las obras de la Creación. Pero fracasa en su intento de llevar a los atenienses a descubrir la personalidad salvadora y divina de Jesús de Nazaret (***17** *16-34).*

En Corinto Pablo es mejor aceptado, principalmente por la gente sencilla y trabajadora (ver Hch **18** *9-11). El Apóstol se queda largo tiempo en esta ciudad; forma una comunidad con la que mantendrá relaciones personales* *estrechas, reflejadas en las dos cartas que dirige posteriormente a estos cristianos.*

*La segunda misión tiene como base de operaciones Éfeso. Desde esta ciudad Pablo va evangelizando otras ciudades de la comarca. Aquí los rasgos destacados por Hch de la actividad misionera de Pablo son la afianciación de la fe inmadura de los cristianos, la distribución de funciones mediante la imposición de manos y la comunicación del Espíritu. El autor deja bien claro que Pablo, con este modo de actuar, demuestra tener la misma categoría de Apóstol que los Doce. Estos rasgos indican que las comunidades paulinas se caracterizan por la manifestación pública de los carismas (***19** *6).*

*Como cierre de la sección de las misiones, Hch introduce un discurso con el que Pablo se despide de la comunidad de Éfeso (***20** *17-38) Es un discurso dirigido principalmente a las personas que él ha dejado como responsables de las comunidades y continuadores de la evangelización. Tenemos aquí un dato interesante: el paso a la llamada segunda generación cristiana de la Iglesia.*

c) Misión de Pablo prisionero, en viaje de Jerusalén a Roma *(***21** *1-***28** *28). Una introducción (***21** *1-14) recoge los datos que preparan los acontecimientos siguientes: prisión en Jerusalén y sufrimientos que le aguardan. La ida a Roma no está descrita como un viaje misionero, sino como un proceso contra Pablo, que evoca algunos rasgos del proceso de Jesús. En este marco Pablo da testimonio del Señor Jesús ante el tribunal judío, ante gobernadores (Félix y Festo) y ante el rey Agripa (***22** *1-***26** *32). El proceso en Cesarea termina con la declaración de inocencia de Pablo y en cierta medida con el reconocimiento del cristianismo como religión que debe juzgarse dentro del imperio romano, como heredera legítima de la religión judía, por tanto como religión lícita, como lo era el judaísmo. Esta es la línea argumental de Pablo en sus defensas ante el gobernador Félix y ante el rey Agripa. Pero Pablo deja en claro que la gran diferencia entre el judaísmo oficial y el cristianismo está en la aceptación o no aceptación de Jesús como Mesías y Salvador (***24** *14-16;* **26** *19-23).*

*La etapa del viaje a Roma es un diario del mismo autor de Hch o de alguno de los compañeros de Pablo, que el autor ha tenido presente aquí y en algunos otros pasajes del libro. Pablo llega a Roma, en medio de dificultades propias de un viaje por mar de la época. La llegada del Apóstol a Roma es para Hch el cumplimiento de la segunda parte de la misión encomendada por Jesús a sus discípulos: llevar el Evangelio hasta los confines de la tierra y para todos los hombres (***28** *28).*

4. Epílogo *(***28** *30-31)*

*El libro de los Hechos termina dejando constancia del cumplimiento de la misión de Jesús. Pablo la continúa en Roma «con toda valentía y sin estorbo alguno» (***28** *31). Nada dice del resto de la vida de Pablo, ni de la Pedro ni de los otros Apóstoles y evangelizadores. A este narrador y catequista, que la tradición ha identificado con Lucas, compañero de Pablo, le interesa destacar la obra del Espíritu en la puesta en marcha de la Iglesia. Los misioneros han sido los instrumentos del Espíritu.*

HECHOS DE LOS APÓSTOLES

Prólogo.

1 1 El primer libro* lo dediqué, Teófilo,
a todo lo que Jesús hizo y enseñó
desde el principio 2 hasta el día en que,
después de haber dado instrucciones por
medio del Espíritu Santo a los apóstoles
que había elegido, fue levantado a lo
alto. 3 A estos mismos, después de su
pasión, se les presentó dándoles pruebas de que vivía, dejándose ver de ellos
durante cuarenta días y hablándoles
del Reino de Dios*. 4 Mientras estaba
comiendo con ellos, les ordenó: «No se
vayan de Jerusalén, sino aguarden la
Promesa del Padre, que oyeron de mí:
5 Porque Juan bautizó con agua, pero
ustedes serán bautizados con Espíritu
Santo* dentro de pocos días.»

La Ascensión.
||Lc **24** 47-51.

6 Ellos, en cambio, habiéndose reunido, le preguntaron: «Señor, ¿es en este
momento cuando le vas a restablecer el
Reino a Israel?» 7 Él les contestó: «No es
cosa suya conocer el tiempo y el momento* que el Padre ha fijado con su
propia autoridad; 8 al contrario, ustedes
recibirán una fuerza, cuando el Espíritu
Santo venga sobre ustedes, y de este
modo serán mis testigos en Jerusalén,
en toda Judea y Samaría, y hasta los
confines de la tierra*».

9 Y dicho esto, fue levantado en presencia de ellos, y una nube* lo ocultó a
sus ojos. 10 Como ellos estuvieran mirando fijamente al cielo mientras él se
iba, se les presentaron de pronto dos
hombres vestidos de blanco 11 que les
dijeron: «Galileos, ¿por qué permanecen
mirando al cielo? Este Jesús, que de
entre ustedes ha sido llevado al cielo,
volverá así tal como lo han visto marchar
al cielo».

1 1 El evangelio de Lucas.

1 3 El reino de Dios, Mt **4** 17+, es el gran tema de la predicación de los apóstoles, ver **8** 12; **19** 8; **20** 25; **28** 23.31, incluida la de Pablo, 1 Ts **2** 12; Col **4** 11, como lo había sido de la predicación de Jesús, ver Mt **3** 2+.

1 5 El bautismo en el Espíritu, anunciado ya por Juan el Bautista, Mt **3** 11p, y prometido aquí por Jesús, se inaugurará con la efusión de Pentecostés, **2** 1-4. Los apóstoles, conforme a la orden de Cristo, Mt **28** 19, seguirán administrando el bautismo de agua, Hch **2** 38.41; **8** 12.38; **10** 48; **16** 15.33; **18** 8; **19** 5, pero lo conferirán «en el nombre de Jesús», Hch **2** 38+ , y por la fe en la obra realizada por Cristo, Rm **6** 4+, dispondrá en lo sucesivo del poder eficaz de dar el Espíritu Santo.

1 7 Insertando su plan de salvación en la historia humana, Dios ha dispuesto desde toda la eternidad, Rm **16** 25, las etapas de la salvación: la de la preparación y de la paciencia, Rm **3** 26; Hch **17** 30; la de la venida de Cristo, que inaugura la era de la salvación, Rm **3** 26; la que transcurre hasta la Parusía, 2 Co **6** 2+; finalmente la del «Día» escatológico, 1 Co **1** 8+; y el Juicio final, Rm **2** 6+.

1 8 El Espíritu aparece ante todo como un Poder, Lc **1** 35; **24** 49; Jn **14** 16+; Hch **1** 8; **10** 38; etc. Enviado de junto a Dios por Cristo, **2** 33, para la difusión de la Buena Nueva: otorga los carismas, 1 Co **12** 4s, que garantizan la predicación, comunica fuerza para anunciar a Jesucristo, a pesar de las persecuciones, **4** 8.31; **5** 32; etc. y dar testimonio de él, Mt **10** 19.44-47; **11** 12-16; **15** 28; etc. La misión esencial de los apóstoles es dar *testimonio* de la resurrección de Jesús, **2** 32; Lc **24** 48; etc. *Las etapas* aquí señaladas dibujan, a grandes rasgos, el esquema geográfico de los Hechos: Jerusalén, que era el punto de llegada del Evangelio, es ahora el punto de partida; ver Lc **2** 38; **24** 47+.

1 9 La *nube* forma parte del marco de las teofanías del AT, Ex **13** 22, y del NT, Lc **9** 34-35p.

I. La Iglesia de Jerusalén

El grupo de los apóstoles.

[12] Entonces se volvieron a Jerusalén desde el monte llamado de los Olivos, que está próximo a Jerusalén, la distancia de un camino sabático. [13] Y cuando llegaron, subieron al piso superior, donde vivían, Pedro y Juan; Santiago y Andrés; Felipe y Tomás; Bartolomé y Mateo; Santiago el de Alfeo, Simón el Zelota y Judas de Santiago*. [14] Todos ellos perseveraban en la oración, con un mismo espíritu, en compañía de algunas mujeres, y de María la madre de Jesús, y de sus hermanos*.

Sustitución de Judas.

[15] Uno de aquellos días Pedro, puesto en pie ante los hermanos* —ya que el número de personas congregadas con el mismo propósito era de unas ciento veinte— les dijo: [16] «Hermanos, era preciso que se cumpliera la Escritura en la que el Espíritu Santo, por boca de David, había anunciado ya acerca de Judas, que fue guía de los que prendieron a Jesús. [17] Porque era uno de los nuestros y obtuvo un puesto en este ministerio. [18] Éste, pues, con la paga de su crimen compró un campo y cayendo de cabeza, reventó por medio y todas sus entrañas se esparcieron. [19] Y todos los habitantes de Jerusalén lo conocieron, hasta el punto que llamaron aquel terreno, en su lengua, Haqueldamá, es decir: 'Campo de sangre'. [20] Pues está escrito en el libro de los Salmos:

Quede su morada desierta
y no haya quien habite en ella.

Y también:
*Que otro ocupe su cargo**.

[21] «Por tanto, es preciso que uno de los hombres que anduvieron con nosotros todo el tiempo que el Señor Jesús convivió con nosotros, [22] a partir del bautismo de Juan hasta el día en que fue llevado de entre nosotros al cielo, uno de ellos tiene que ser con nosotros testigo de su resurrección.»

[23] Presentaron a dos: a José, llamado Barsabás, por sobrenombre Justo, y a Matías. [24] Entonces oraron así: «Tú, Señor, que conoces el corazón de todos, muéstranos a cuál de estos dos has elegido, [25] para ocupar en el ministerio del apostolado el puesto del que Judas desertó para irse a su propio puesto.» [26] Les repartieron las suertes y la suerte cayó sobre Matías, que fue agregado al número de los doce apóstoles.

Pentecostés.

2 [1] Al llegar el día de Pentecostés*, estaban todos reunidos con un mismo objetivo. [2] De repente vino del cielo un ruido como una impetuosa ráfaga de viento, que llenó toda la casa en la que

1 13 Comparar las listas de los *Doce*, Mt **10** 2-4p.

1 14 Los Hechos contienen abundantes ejemplos de la oración asidua recomendada, Mt **6** 7+, y practicada, Mt **14** 23, por Jesús. Oración colectiva presidida por los apóstoles, **4** 24-30; **6** 4, y centrada en la fracción del pan, **2** 42.46; **20** 7-11, en los momentos importantes, **1** 24; **4** 24-31; etc. También vemos orar a los individuos: Esteban, **7** 59-60, Pablo, **9** 11, Pedro, **10** 9; **11** 5. Oración de petición, **8** 22-24, de alabanza, **16** 25, y de acción de gracias, **28** 15, y en fin, testimonio de fe: «invocar el nombre de Jesucristo» es la características del cristiano, **2** 21.38; **9** 14.21; **22** 16. -Sobre los *hermanos,* ver Mt **12** 46+.

1 15 Además del sentido estricto, la palabra *hermano* designa en el NT, muy a menudo, a los cristianos, discípulos de Cristo, **6** 3; **9** 30; **11** 1;**12** 17; Mt **28** 10; Jn **20** 17; Rm **1** 13, etc.

1 20 Citas de Sal **69** 26 y Sal **109** 8. Ver Mt **27** 3-10.

2 1 Es decir, concluido ya el período de cincuenta días entre la Pascua y el Pentecostés. *Pentecostés,* que primeramente fue fiesta de la siega, Ex **23** 14+, se había convertido también en la fiesta de la renovación de la Alianza, ver 2 Cro **15** 10-13. *Todos reunidos:* El grupo apostólico presentado en **1** 13-14.

se encontraban. 3 Se les aparecieron
unas lenguas como de fuego que se repartieron y se posaron sobre cada uno
de ellos; 4 se llenaron todos de Espíritu
Santo y se pusieron a hablar en diversas
lenguas, según el Espíritu les concedía
expresarse*.

5 Residían en Jerusalén hombres piadosos, venidos de todas las naciones que
hay bajo el cielo. 6 Al producirse aquel
ruido la gente se congregó y se llenó de
estupor, porque cada uno les oía hablar
en su propia lengua*. 7 Estupefactos y
admirados decían: «¿Es que no son galileos todos estos que están hablando?
8 Pues ¿cómo cada uno de nosotros los
oímos en nuestra propia lengua nativa:
9 Partos, medos y elamitas; los que habitamos en Mesopotamia, Judea, Capadocia, el Ponto, Asia, 10 Frigia, Panfilia,
Egipto, la parte de Libia fronteriza con
Cirene; los romanos residentes aquí,
11 tanto judíos como prosélitos, cretenses y árabes*, los oímos proclamar en
nuestras lenguas las maravillas de Dios?
12 Todos estaban estupefactos y perplejos
y se decían unos a otros: «¿Qué significa
esto?» 13 Otros, en cambio, decían rién-
dose: «¡Están llenos de vino!»

Discurso de Pedro a la gente.

14 Entonces Pedro, presentándose con
los Once, levantó la voz y les dijo: «Judíos y todos los que viven en Jerusalén:
Que les quede esto bien claro y presten
atención a mis palabras: 15 Éstos no están borrachos, como ustedes suponen,
pues son las nueve de la mañana, 16 sino
que es lo que dijo el profeta*:

17 *Sucederá* en los últimos días, dice
Dios:
*Derramaré mi Espíritu sobre todo
mortal
y profetizarán sus hijos y sus hijas;
sus jóvenes verán visiones
y sus ancianos soñarán sueños.*
18 *Y también sobre mis siervos y
sobre mis siervas
derramaré mi Espíritu.*
19 *Haré prodigios* arriba *en el cielo*
y signos abajo *en la tierra.*
20 *El sol se convertirá en tinieblas,
y la luna en sangre,
antes de que llegue el Día grande
del Señor.*
21 *Y todo el que invoque el nombre
del Señor se salvará**.

22 «Israelitas, escuchen estas palabras*:
A Jesús, el Nazareno*, hombre acreditado por Dios ante ustedes con milagros,
prodigios y signos que Dios realizó por
su medio entre ustedes, como ustedes
mismos saben, 23 a éste, que fue entregado según el determinado designio y
previo conocimiento de Dios, ustedes lo
mataron clavándolo en la cruz por mano

2 4 Según uno de sus aspectos, vv. 4.11.13, el milagro de Pentecostés es afín al carisma de la glosolalia o don de lenguas, frecuente en los comienzos de la Iglesia, **10** 46; **11** 15; **19** 6; 1 Co **12-14**; etc.

2 6 Lucas ve en este hablar en todas las lenguas del mundo la restauración de la unidad perdida en Babel, ver Gn **11** 1-9, anticipación maravillosa de la misión universal.

2 11 La enumeración de estos pueblos, vv. 9-11, es una descripción cómoda del mundo entonces conocido, **1** 8+. Los *prosélitos* son los que, sin ser judíos de origen, han abrazado la religión judía y aceptado la circuncisión. *Judíos y prosélitos* no son, pues, nuevas denominaciones de pueblos: son palabras que califican a los que se acaba de enumerar.

2 16 Cita de Jl **3** 1-5+.

2 21 Los cristianos se designan a sí mismos como «los que invocan el nombre del Señor», **9** 14.21; **22** 16; 1 Co **1** 2; 2 Tm **2** 22; el nombre del Señor se aplica a Jesús, ver **3** 16+; Flp **2** 11+.

2 22 (a) El contenido de la predicación apostólica primitiva (*kerygma*), de la que tenemos aquí una primera exposición, se nos ha transmitido esquemáticamente en cinco discursos de Pedro, **2** 14-39; **3** 12-26; **4** 9-12; **5** 29-32; **10** 34 43, y uno de Pablo, **13** 16-41. El núcleo central es un testimonio sobre la vida, muerte y resurrección de Cristo, con referencias a las profecías del AT, **2** 25, y contemplando el advenimiento de los tiempos mesiánicos y llamamiento a judíos y gentiles a la conversión, 2 38+. Los evangelios, que son un desarrollo de la predicación primitiva, siguen este esquema.

2 22 (b) Lit.: *Nazoreo*. Lo mismo en **4** 6; **6** 14; **22** 8; **24** 5; **26** 9.

de unos impíos; [24] a éste Dios le resucitó
librándolo de los lazos del Abismo, pues
no era posible que lo retuviera bajo su
dominio; [25] porque David dice refiriéndose a él:

Veía constantemente al Señor
delante de mí,
puesto que está a mi derecha para
que no vacile.
26 *Por eso se ha alegrado mi corazón*
y alborozado mi lengua,
y hasta mi carne reposará, en la
esperanza
27 *de que no abandonarás mi alma en*
el Abismo
ni permitirás que tu santo
experimente la corrupción.*
28 *Me has hecho conocer caminos de*
vida,
me llenarás de gozo con tu
presencia.

[29] «Hermanos, permítanme que les diga con toda franqueza que el patriarca
David murió y fue sepultado y su tumba
permanece entre nosotros hasta el presente. [30] Pero como él era profeta y
sabía que Dios *le había asegurado* con
juramento *que se sentaría en su trono*
uno de su linaje, [31] vio el futuro y habló
de la resurrección de Cristo, que *ni fue*
abandonado en el Abismo ni su carne
experimentó la corrupción. [32] A este
Jesús Dios le resucitó; de lo cual todos
nosotros somos testigos. [33] Así pues,
exaltado por la diestra de Dios, ha recibido del Padre el Espíritu Santo prometido*
y lo ha derramado; esto es lo que ustedes
ven y oyen. [34] Pues David no subió a los
cielos y sin embargo dice:

Dijo el Señor a mi Señor:
Siéntate a mi diestra
35 *hasta que ponga a tus enemigos*
por escabel de tus pies.*

[36] «Sepa, pues, con certeza todo Israel
que Dios ha constituido Señor y Cristo* a
ese Jesús a quien ustedes han crucificado.»

Primeras conversiones.

[37] Al oír esto, dijeron con el corazón
compungido a Pedro y a los demás
apóstoles: «¿Qué hemos de hacer, hermanos?» [38] Pedro les contestó: «Conviértanse y que cada uno de ustedes se haga
bautizar en el nombre de Jesucristo*,
para perdón de sus pecados; y recibirán
el don del Espíritu Santo; [39] pues la Promesa es para ustedes y para sus hijos,
y *para* todos *los que están lejos*, para
cuantos *llame* el Señor* Dios nuestro».
[40] Con otras muchas palabras les conju-
raba y les exhortaba: «Pónganse a salvo
de esta generación perversa». [41] Así pues,
los que acogieron su palabra fueron bautizados. Y aquel día se les unieron unas
tres mil personas.

La primera comunidad cristiana*. 4 32-35; 5 12-16.

[42] Se mantenían constantes en la enseñanza de los apóstoles, en la comu-

2 27 Cita de Sal **16** 8-11. El argumento se apoya en la versión griega, que introduce una idea distinta, traduciendo *fosa* (=tumba) por corrupción. Ver **13** 35-37; Jn **20** 9+.

2 33 Los profetas habían anunciado el don del Espíritu para los tiempos mesiánicos, Ez **36** 27+. Y por este Espíritu, «derramado» por Cristo resucitado, explica Pedro el milagro de que son testigos sus oyentes. Ver Rm **5** 5+; Ef **4** 8+.

2 35 Cita del Sal **110**+.

2 36 Conclusión del argumento escriturístico: por su resurrección ha sido Jesús constituido en el *Señor*, de que habla el Sal **110,** y en el *Mesías* (Cristo), al que se refiere el Sal **16**. Análoga argumentación en **13** 33; Hb **1** 5; **5** 5; Rm **1** 4+. Ver también Hch **5** 31; **10** 42+; Rm **14** 9; Flp **2** 9-11.

2 38 El bautismo se da «en el nombre de Jesucristo», ver **1** 5+; se le recibe «invocando el nombre del Señor Jesús», **2** 21+; **3** 16+; implica el don del Espíritu, v. 33+; **8** 17+.

2 39 Ver Is **57** 19 y Jl **3** 5.

2 42 Comparar con **4** 32-35 y **5** 12-16. Estos tres «resúmenes» describen con rasgos análogos la vida de la primera comunidad cristiana: *Enseñanza*, instrucciones a los nuevos convertidos, ver **15** 35; *comunión,* entrega de los bienes a la comunidad, que supone previamente la unión de corazones; *fracción del pan,* en lenguaje cristiano se refiere al rito eucarístico, ver 1 Co **10** 16;

nión, en la fracción del pan y en las oraciones.

[43] Pero el temor se apoderaba de todos, pues los apóstoles realizaban muchos prodigios y signos.

[44] Todos los creyentes estaban de acuerdo y tenían todo en común; [45] vendían sus posesiones y sus bienes y lo repartían entre todos, según la necesidad de cada uno.

[46] Acudían diariamente al Templo con perseverancia y con un mismo espíritu, partían el pan en las casas y tomaban el alimento con alegría y sencillez de corazón, [47] alabando a Dios y gozando de la simpatía de todo el pueblo. Por lo demás, el Señor agregaba al grupo a los que cada día se iban salvando.

Curación de un tullido.

14 8-10.

3 [1] Pedro y Juan subían al Templo para la oración de las tres de la tarde. [2] Estaba allí un hombre tullido desde su nacimiento, al que llevaban y ponían todos los días junto a la puerta del Templo llamada Hermosa para que pidiera limosna a los que entraban en el Templo. [3] Éste, al ver a Pedro y a Juan que iban a entrar en el Templo, les pidió una limosna. [4] Pedro, fijando en él la mirada juntamente con Juan, le dijo: «Míranos». [5] Él les miraba con fijeza esperando recibir algo de ellos. [6] Pedro le dijo: «No tengo plata ni oro; pero lo que tengo, te lo doy: En nombre de Jesucristo, el Nazareno, echa a andar.» [7] Y tomándole de la mano derecha le levantó. Al instante sus pies y tobillos cobraron fuerza [8] y de un salto se puso en pie y andaba. Entró con ellos en el Templo andando, saltando y alabando a Dios. [9] Todo el pueblo le vio cómo andaba y alababa a Dios; [10] al reconocer que era el mismo que pedía limosna sentado junto a la puerta Hermosa del Templo, se quedaron llenos de estupor y asombro por lo que le había sucedido.

Discurso de Pedro al pueblo.

[11] Como él no soltaba a Pedro y a Juan, todo el pueblo, presa de estupor, corrió hacia ellos al pórtico llamado de Salomón. [12] Pedro, al ver esto, se dirigió al pueblo: «Israelitas, ¿por qué se admiran de esto, o por qué nos miran fijamente, como si por nuestro poder o piedad hubiéramos hecho andar a éste? [13] *El Dios de Abrahán, de Isaac y de Jacob, el Dios de nuestros padres ha glorificado a su siervo** Jesús, a quien ustedes entregaron y de quien renegaron ante Pilato, cuando éste había decidido ponerle en libertad. [14] Ustedes renegaron del Santo y del Justo, y pidieron que les dejaran en libertad a un asesino; [15] mataron al jefe que lleva a la vida*. Pero Dios le resucitó de entre los muertos; nosotros somos testigos de ello. [16] Y por la fe en su nombre, este mismo nombre ha restablecido a éste que ustedes ven y conocen; es, pues, la fe, dada por su medio, la que le ha restablecido totalmente ante todos ustedes*.

[17] «Ahora bien, ya sé, hermanos, que obraron por ignorancia, lo mismo que sus jefes. [18] Pero de este modo Dios cumplió lo que había anunciado por boca de todos los profetas: que su Cristo había de padecer. [19] Arrepiéntanse, pues, y conviértanse* para que sus pecados sean borrados, [20] a fin de que del Señor venga el tiempo de la consolación y envíe al Cristo que les estaba predestinado, a Jesús, [21] a quien debe retener el cielo hasta el tiempo de la restauración universal*, de

11 24; Lc **22** 19; etc.

3 13 Ver Ex **2** 24+; **3** 6.15+; Is **52** 13. Los cristianos reconocen en Jesús al misterioso *Siervo de Yahvé,* Is **42**+.

3 15 El jefe que lleva a los suyos a la *vida* que le pertenece. Ver **5** 20+.31+; Hb **2** 10.

3 16 En la concepción de los antiguos, el nombre es inseparable de la persona y participa de sus prerrogativas. Así la invocación del nombre de Jesús evoca el poder de Jesús en beneficio de los que lo invocan con fe, **2** 16+; **10** 43; **19** 13; Jn **16** 23-26+; **20** 31.

3 19 Por la *conversión* el hombre «se vuelve, se da media vuelta» espiritualmente, ver Mt **3** 2+.

que Dios habló por boca de sus santos profetas. [22] Moisés efectivamente dijo: *El Señor Dios les suscitará un profeta como yo de entre sus hermanos; escúchenlo todo cuanto les diga.* [23] *Todo el que no escuche a ese profeta, será excluido del pueblo**. [24] Y todos los profetas desde Samuel en adelante, todos cuantos han hablado, anunciaron también estos días.

[25] «Ustedes son los herederos de los profetas y de la alianza que Dios estableció con sus padres, al decir a Abrahán: *En tu descendencia serán bendecidas todas las familias de la tierra**. [26] Para ustedes en primer lugar ha resucitado Dios a su siervo y le ha enviado para bendecirlos, apartándolos a cada uno de sus iniquidades.»

Pedro y Juan ante el Sanedrín.

4 [1] Estaban hablando al pueblo, cuando se les presentaron los sacerdotes, el jefe de la guardia del Templo y los saduceos*, [2] indignados porque enseñaban al pueblo y anunciaban en la persona de Jesús la resurrección de los muertos. [3] Les echaron mano y les pusieron bajo custodia hasta el día siguiente, pues caía ya la tarde. [4] Sin embargo, muchos de los que habían oído el discurso creyeron; y el número, contando sólo los hombres, llegó a unos cinco mil.

[5] Al día siguiente se reunieron en Jerusalén sus jefes, los ancianos y los escribas, [6] el sumo sacerdote Anás, Caifás, Jonatán, Alejandro y cuantos eran de la familia de sumos sacerdotes. [7] Y colocándolos en medio les preguntaban: «¿Con qué poder o en nombre de quién han hecho eso ustedes?» [8] Entonces Pedro, lleno del Espíritu Santo, les dijo: «Jefes del pueblo y ancianos, [9] puesto que con motivo de una obra buena realizada en un enfermo se nos interroga hoy por quién ha sido éste curado, [10] sepan todos ustedes y todo el pueblo de Israel que ha sido por el nombre de Jesucristo, el Nazareno, a quien ustedes crucificaron y a quien Dios resucitó de entre los muertos; por su nombre y no por ningún otro se presenta éste aquí sano delante de ustedes. [11] Él es *la piedra que* ustedes, *los constructores*, han *despreciado y que se ha convertido en piedra angular**. [12] Porque no hay bajo el cielo otro nombre dado a los hombres por el que nosotros debamos salvarnos.»

[13] Viendo la valentía de Pedro y Juan, y sabiendo que eran hombres sin instrucción ni cultura, estaban maravillados. Reconocían, por una parte, que habían estado con Jesús; [14] y al mismo tiempo veían de pie, junto a ellos, al hombre que había sido curado; de modo que no podían replicar. [15] Les mandaron salir fuera del Sanedrín y deliberaban entre ellos. [16] Decían: «¿Qué haremos con estos hombres? Es evidente para todos los habitantes de Jerusalén que ellos han realizado un signo manifiesto y no podemos negarlo. [17] Pero a fin de que esto no se divulgue más entre el pueblo, amenacémoslos para que no hablen ya más a nadie en este nombre.»

[18] Les llamaron y les mandaron que de ninguna manera hablaran o enseñaran en el nombre de Jesús. [19] Mas Pedro y Juan les respondieron: «Juzguen si es justo delante de Dios obedecerles a ustedes más que a Dios. [20] No podemos nosotros dejar de hablar de lo que hemos visto y oído.» [21] Ellos, después de haberles amenazado de nuevo, los soltaron, no hallando manera de castigarles, a causa del pueblo, porque todos glorificaban a Dios por lo que había ocurrido, [22] pues el hombre en quien se había rea-

3 21 Jesús, constituido rey mesiánico desde su resurrección, **2** 36+, inaugura su reino definitivo y la renovación toda la creación, ver Rm **8** 18+; 1 Co **15** 24-25.
3 23 Citas de Dt **18** 15-19+; Lv **23** 29.
3 25 Citas de Gn **12** 3+; **22** 18.
4 1 *Saduceos*, partido de la aristocracia sacerdotal, opuesto al de los fariseos, ver Mt **3** 7+. A los saduceos se les presenta como contrarios a la doctrina de la resurrección, **23** 6-8; Mt **22** 23+; Lc **20** 27-38p.
4 11 El Sal **118** 22 es aducido también en Mt **21** 42p+; Rm **9** 33+;1 P **2** 4.6-8.

lizado este signo de curación tenía más
de cuarenta años.

Oración de los apóstoles en la persecución.

23 Una vez libres, vinieron a los suyos
y les contaron todo lo que les habían
dicho los sumos sacerdotes y ancianos.
24 Al oírlo, todos a una elevaron su voz a
Dios y dijeron: «Señor, tú hiciste el cielo
y la tierra, el mar y todo lo que hay en
ellos, 25 tú dijiste por el Espíritu Santo,
por boca de nuestro padre David, tu
siervo*:

¿Por qué se agitan las naciones,
y los pueblos planean vanos
proyectos?
26 *Se han congregado los reyes de la*
tierra
y los jefes se han aliado
contra el Señor y contra su Ungido.

27 «Porque verdaderamente en esta
ciudad *se han aliado* Herodes y Poncio
Pilato con las naciones y los pueblos
de Israel contra tu santo siervo Jesús, a
quien has *ungido*, 28 para realizar lo que
tu poder y tu voluntad habían predeter-
minado que sucediera. 29 Y ahora, Señor,
ten en cuenta sus amenazas y concede a
tus siervos proclamar tu palabra con toda
valentía; 30 extiende tu mano para realizar curaciones, signos y prodigios por el
nombre de tu santo siervo Jesús.» 31 Acabada su oración, retembló el lugar donde
estaban reunidos, y todos quedaron llenos del Espíritu Santo y proclamaban la
palabra de Dios con valentía.

La primera comunidad cristiana*.

2 42-47; **5** 12-16.

32 La multitud de los creyentes tenía un
solo corazón y una sola alma. Nadie consideraba sus bienes como propios, sino
que todo lo tenían ellos en común.
33 Los apóstoles daban testimonio de
la resurrección del Señor Jesús con gran
poder. Y gozaban todos de gran simpatía.
34 No había entre ellos ningún necesitado, porque todos los que poseían campos o casas los vendían, traían el importe
de las ventas, 35 y lo ponían a los pies de
los apóstoles, y se repartía a cada uno
según su necesidad.

Generosidad de Bernabé.

36 José, llamado por los apóstoles Bernabé (que significa: «hijo de la exhortación»), levita y originario de Chipre, 37 tenía un campo; lo vendió, trajo el importe
y lo puso a los pies de los apóstoles.

Fraude de Ananías y Safira*.

5 1 Un hombre llamado Ananías, de
acuerdo con su mujer Safira, vendió
una propiedad, 2 y se quedó con una
parte del precio, sabiéndolo también su
mujer; la otra parte la trajo y la puso
a los pies de los apóstoles. 3 Pedro le
dijo: «Ananías, ¿cómo es que Satanás
se adueñó de tu corazón para mentir al
Espíritu Santo y quedarte con parte del
precio del campo? 4 ¿Es que no era tuyo
mientras lo tenías, y, una vez vendido,
no podías disponer del precio? ¿Por qué
determinaste en tu corazón hacer esto?
No has mentido a los hombres, sino a
Dios.» 5 Al oír Ananías estas palabras,
cayó y expiró. Y un gran temor se apoderó de todos cuantos lo oyeron. 6 Se
levantaron los jóvenes, le amortajaron y
le llevaron a enterrar. 7 Unas tres horas
más tarde entró su mujer que ignoraba
lo ocurrido. 8 Pedro le preguntó: «Dime,
¿han vendido el campo en tanto?» Ella
respondió: «Sí, en eso.» 9 Y Pedro le

4 25 Ejemplo de plegaria cristiana, ver **1** 24-25: en la oración se relacionan los recuerdos bíblicos con la situación que atraviesa la comunidad.
4 26 Cita del Sal **2** 1-2.
4 32 Resumen análogo al de **2** 42-47. Aquí el tema es el de la comunidad de bienes.
5 Este episodio contrasta con el ejemplo de **4** 36-37. La comunidad de bienes no estaba impuesta a todos.

replicó: «¿Cómo se han puesto de acuerdo para poner a prueba al Espíritu del Señor? Mira, aquí a la puerta están los pies de los que han enterrado a tu marido; ellos te llevarán también a ti.»
[10] Al instante ella cayó a sus pies y expiró. Cuando entraron los jóvenes, la hallaron muerta, y la llevaron a enterrar junto a su marido*.
[11] Un gran temor se apoderó de toda la Iglesia* y de todos cuantos oyeron esto.

Perspectiva general*.

2 42-47; **4** 32-35.

[12] Por mano de los apóstoles se realizaban mucho signos y prodigios en el pueblo...

Todos se reunían con un mismo espíritu en el pórtico de Salomón;
[13] pero ninguno de los otros se atrevía a juntárseles, aunque el pueblo hablaba de ellos con elogio.
[14] Los creyentes cada vez en mayor número se adherían al Señor, una multitud de hombres y mujeres.

[15] ... hasta el punto de sacar los enfermos a las plazas y colocarlos en lechos y camillas, para que, al pasar Pedro, siquiera su sombra cubriese a alguno de ellos.
[16] También acudía la multitud de las ciudades vecinas a Jerusalén trayendo enfermos y atormentados por espíritus inmundos; y todos se curaban.

Prendimiento y milagrosa liberación de los apóstoles.

[17] Entonces intervino el sumo sacerdote y todos los suyos, los de la secta de los saduceos; y llenos de envidia,
[18] echaron mano a los apóstoles y los metieron en prisión públicamente.
[19] Pero el ángel del Señor, por la noche, abrió las puertas de la cárcel, los sacó y les dijo:
[20] «Vayan, preséntense en el Templo y comuniquen al pueblo todo lo referente a esta Vida*.»
[21] Obedecieron, y al amanecer entraron en el Templo y se pusieron a enseñar.

Comparecen ante el Sanedrín.

Llegó el sumo sacerdote con los suyos, convocaron el Sanedrín, es decir, todo el Senado de los hijos de Israel, y enviaron a buscarlos a la prisión.
[22] Cuando llegaron los carceleros, no los encontraron en la cárcel; volvieron a darles cuenta
[23] y les dijeron: «Hemos hallado la prisión cerrada con todo cuidado y a los guardias firmes ante las puertas; pero, cuando abrimos, no encontramos a nadie dentro.»
[24] Cuando oyeron esto, tanto el jefe de la guardia del Templo como los sumos sacerdotes se preguntaban perplejos qué podía significar aquello.
[25] Se presentó entonces uno que les dijo: «Miren, los hombres que pusieron en la cárcel están presentes en el Templo y siguen enseñando al pueblo.»
[26] Entonces el jefe de la guardia marchó con los carceleros y los trajo, pero sin violencia, porque tenían miedo de que el pueblo los apedrease.

[27] Los trajeron, pues, y los presentaron en el Sanedrín. El sumo sacerdote les interrogó
[28] y les dijo: «Les prohibimos severamente enseñar en ese nombre; y sin embargo ustedes han llenado Jerusalén con su enseñanza y pretenden hacer recaer sobre nosotros la sangre de ese hombre.»
[29] Pedro y los apóstoles respondieron: «Hay que obedecer a Dios antes que a los hombres.
[30] El Dios de nuestros padres resucitó a Jesús, a quien ustedes mataron colgándole de un madero.
[31] A éste le ha exaltado Dios con su diestra

5 10 La falta consiste en haber *querido engañar* a los apóstoles por amor al dinero, y por medio de ellos al Espíritu Santo.

5 11 La palabra *Iglesia*, tomada del AT, ver Dt **9** 10+; Hch **7** 38, para designar la comunidad mesiánica, Mt **16** 18+, ha adquirido con el desarrollo cristiano un significado cada vez más amplio: primero, la Iglesia madre de Jerusalén, luego las Iglesias particulares de Judea, sus «asambleas» y sus locales; finalmente la Iglesia en su unidad teológica, **20** 28+; 1 Co **10** 32; Col **1** 18+; Ef **1** 23+.

5 12 Este tercer «resumen» desarrolla el tema del poder milagroso de los apóstoles, ver **2** 43; **4** 33.

5 20 La predicación cristiana tiene por objeto la *vida*, **3** 15; **11** 18; ver Jn **1** 4+, y la *salvación*, **4** 12; **13** 26; etc.

como Jefe y Salvador*, para conceder a Israel la conversión y el perdón de los pecados. 32 Y nosotros somos testigos de estos hechos, y también el Espíritu Santo que ha dado a los que le obedecen.» 33 Ellos, al oír esto, se consumían de rabia y trataban de matarlos.

Intervención de Gamaliel.

34 Entonces se levantó en el Sanedrín un fariseo llamado Gamaliel, doctor de la ley, con prestigio ante todo el pueblo*. Mandó que hicieran salir un momento a aquellos hombres, 35 y les dijo: «Israelitas, miren bien lo que van a hacer con estos hombres. 36 Porque hace algún tiempo se presentó Teudas, que pretendía ser alguien y al que siguieron unos cuatrocientos hombres; fue muerto y todos los que le seguían se disgregaron y quedaron en nada. 37 Después de éste, en los días del empadronamiento, se presentó Judas el galileo, que arrastró al pueblo en pos de sí; también éste pereció y todos los que le habían seguido se dispersaron. 38 Ahora, pues, les digo: Desentiéndanse de estos hombres y déjenlos. Porque si este plan o esta obra es de los hombres, fracasará; 39 pero si es de Dios, no conseguirán destruirlos. No sea que se encuentren luchando contra Dios.» Y aceptaron su parecer.

40 Entonces llamaron a los apóstoles; y, después de haberlos azotado, les ordenaron que no hablaran en nombre de Jesús. Y los dejaron libres. 41 Ellos marcharon de la presencia del Sanedrín contentos por haber sido considerados dignos de sufrir ultrajes por el Nombre*. 42 Y además ni un solo día cesaban de enseñar en el Templo y por las casas y de anunciar la Buena Nueva de que Jesús es el Cristo.

II. Primeras misiones

La institución de los Siete.

6 1 Por aquellos días, al multiplicarse los discípulos, hubo quejas de los helenistas contra los hebreos*, porque sus viudas eran desatendidas en la asistencia diaria. 2 Los Doce convocaron la asamblea de los discípulos y dijeron: «No está bien que nosotros abandonemos la palabra de Dios por servir a las mesas. 3 Por tanto, hermanos, busquen de entre ustedes a siete hombres, de buena fama, llenos de Espíritu y de saber, y los pondremos al frente de esa tarea; 4 mientras que nosotros nos dedicaremos a la oración y al ministerio de la palabra.» 5 La propuesta le pareció bien a toda la asamblea y eligieron a Esteban, hombre lleno de fe y de Espíritu Santo, a Felipe, a Prócoro, a Nicanor, a Timón, a Pármenas y a Nicolás, prosélito antioqueno*; 6 los presentaron a los apóstoles y,

5 31 La expresión corresponde a «Jefe que lleva a la vida», **3** 15+; igualmente corresponde a «Jefe y Redentor» aplicado a Moisés como figura de Cristo, **7** 35. Hay un paralelismo latente entre Jesús y Moisés.
5 34 *Gamaliel I,* el maestro de San Pablo, **22** 3, era el representante más importante de la tendencia liberal y más humana en la interpretación de la Ley. Su intervención corresponde a la actitud general del partido fariseo, ver **4** 1+.
5 41 Este Nombre, por el que sufren los apóstoles, es siempre el nombre de Jesús, inseparable de su persona, **2** 21+; **3** 16+.
6 1 Esta distinción era más cultural que étnica. Los *hebreos* eran los judíos que vivían en Palestina, ver 2 Co **11** 22; Flp **3** 5. Los *helenistas* habían vivido en el extranjero y leían la Biblia en griego; aquí reciben una organización propia y más tarde tomarán la iniciativa de las misiones, **8** 1-5; **11** 19-20.
6 5 Lucas no da el nombre de «diáconos» a los siete elegidos, aunque se repite la palabra «servicio» (*diakonía*), ver Flp **1** 1+; Tt **1** 5+. Su función se precisará en 1 Tm **3** 8+.

habiendo hecho oración, les impusieron
las manos*.
7 La palabra de Dios iba creciendo; el
número de los discípulos se multiplicaba
considerablemente en Jerusalén; también una gran multitud de sacerdotes iba
aceptando la fe.

Prisión de Esteban.

8 Esteban, lleno de gracia y de poder,
realizaba grandes prodigios y signos entre el pueblo. 9 Se presentaron algunos
de la sinagoga llamada de los Libertos,
cirenenses y alejandrinos, y otros de
Cilicia y Asia, y se pusieron a discutir
con Esteban; 10 pero no eran capaces
de enfrentarse a la sabiduría y al Espíritu
con que hablaba. 11 Entonces sobornaron a unos hombres para que dijeran:
«Hemos oído a éste pronunciar palabras
blasfemas contra Moisés y contra Dios.»
12 De esta forma amotinaron al pueblo,
a los ancianos y a los escribas; vinieron
de improviso, lo agarraron y lo condujeron al Sanedrín. 13 Presentaron entonces testigos falsos que declararon: «Este
hombre no para de hablar en contra del
Lugar santo y de la Ley; 14 pues lo hemos oído decir que Jesús, ese Nazareno,
destruiría este Lugar y cambiaría las
costumbres que Moisés nos transmitió.»
15 Fijando en él la mirada todos los que
estaban sentados en el Sanedrín, vieron
su rostro como el rostro de un ángel*.

Discurso de Esteban.

7 1 El sumo sacerdote preguntó: «¿Es
así?» 2 Él respondió*:
«Hermanos y padres, escuchen. El
Dios de la gloria se apareció a nuestro
padre Abrahán cuando estaba en Mesopotamia, antes de que se estableciese en
Jarán 3 *y le dijo: Sal de tu tierra y de
tu parentela y vete a la tierra que yo
te muestre.* 4 Entonces salió de la tierra
de los caldeos y se estableció en Jarán.
Y después de morir su padre, Dios le
hizo emigrar de allí a esta tierra que
ustedes habitan ahora. 5 Y no le dio en
ella como herencia ni la huella de un pie;
sino que prometió *dársela en posesión
a él y a su descendencia después de
él*, aunque no tenía *ningún hijo.* 6 Dios
habló así: *Tus descendientes residirán
como forasteros en tierra extraña y les
esclavizarán y les maltratarán durante
cuatrocientos años.* 7 *Pero yo juzgaré*
—dijo Dios— *a la nación a la que sirvan como esclavos, y después saldrán
y me darán culto en este mismo* lugar.
8 Le dio, además, *la alianza de la circuncisión;* y así, habiendo engendrado a
Isaac, *Abrahán le circuncidó el octavo
día,* y lo mismo Isaac a Jacob, y Jacob a
los doce patriarcas*.
9 «Los patriarcas, *por envidia, vendieron a José con destino a Egipto*. Pero
Dios estaba con él 10 y le libró de todas
sus tribulaciones *y le dio gracia y* sabiduría ante Faraón, rey de Egipto, *quien
lo nombró gobernador de Egipto y de
toda su casa.* 11 *Sobrevino entonces en
todo Egipto y Canaán hambre y* gran
tribulación; nuestros padres no encontraban víveres. 12 *Pero al oír Jacob que
había trigo en Egipto*, envió a nuestros
padres un primer viaje; 13 en el segundo

6 6 La comunidad, ver **13** 1-3, o mejor (v. 3) los apóstoles. La *imposición de manos* es un gesto de comunión, unido frecuentemente a la transmisión de una función eclesial, ver **13** 3; 1 Tm **4** 14+; **5** 22; 2 Tm **1** 6-7.

6 15 La vista de un ángel provoca un terror sagrado, ver Jc **13** 6. Los sanedritas asisten a una transfiguración de Esteban, que ve la gloria de Dios, 7 55-56. Sobre las teofanías, ver Ex **13** 22; **19** 16; **33** 20; Mt **17** 1; **24** 26-31.

7 2 El discurso no es una defensa personal, sino una visión de la historia de Israel, en la que se percibe el espíritu del judaísmo de la Dispersión: de Abrahán a José, vv. 2-16, Moisés, vv. 17-43; Josué, David y Salomón, vv. 44-50. Critica el apego a las instituciones religiosas de Israel, incluso el templo, vv. 49-50. La conclusión apasionada, vv. 51-53, recoge un tema de la predicación primitiva, ver **2** 22+.

7 8 Las citas de los vv. 3-8, son de Gn **12** 1.7; **15** 2.13-14; Ex **3** 12; Gn **17** 10; **21** 4, todas según la Biblia griega.

viaje *José se dio a conocer a sus hermanos.* Faraón conoció el linaje de José. 14 José envió a buscar a su padre Jacob y a toda su parentela: *setenta y cinco personas.* 15 Jacob bajó a Egipto donde murió él y también nuestros padres; 16 y fueron trasladados a Siquén y depositados en el sepulcro que había comprado Abrahán a precio de plata a los hijos de Jamor, padre de Siquén*.

17 «Conforme se iba acercando el tiempo de la promesa que Dios había hecho a Abrahán, el pueblo *creció y se multiplicó** en Egipto, 18 hasta que *se alzó un nuevo rey en Egipto que no* había conocido *a José.* 19 *Obrando astutamente* contra nuestro linaje, este rey *maltrató* a nuestros padres hasta obligarles a exponer los recién nacidos, *para que no vivieran.* 20 En esta coyuntura nació Moisés, *que era hermoso* a los ojos de Dios, que durante *tres meses* fue criado en la casa de su padre; 21 después fue expuesto y *le adoptó la hija de Faraón,* quien le crió *como hijo suyo.* 22 Moisés fue educado en toda la sabiduría de los egipcios y era poderoso en sus palabras y en sus obras.

23 «Cuando cumplió la edad de cuarenta años, se le ocurrió la idea de visitar *a sus hermanos, los hijos de Israel.* 24 Y al ver que uno de ellos era maltratado, tomó su defensa y vengó al oprimido *matando al egipcio.* 25 Pensaba que sus hermanos comprenderían que Dios les daría la salvación por su mano; pero ellos no lo comprendieron. 26 Al día siguiente se les presentó mientras estaban peleándose y trataba de ponerles en paz diciendo: 'Amigos, que son hermanos, ¿por qué se maltratan uno a otro?' 27 Pero *el que maltrataba a su compañero* le rechazó diciendo: '*¿Quién te ha nombrado jefe y juez sobre nosotros?* 28 *¿Es que quieres tú matarme a mí como mataste ayer al egipcio?*' 29 Al oír esto Moisés huyó y *vivió como forastero en la tierra de Madián,* donde tuvo dos hijos.

30 «Al cabo de cuarenta años *se le apareció un ángel en el desierto del monte* Sinaí, *sobre la llama de una zarza* ardiendo. 31 Moisés se maravilló al ver la visión, *y al acercarse a mirarla, se dejó oír la voz del Señor:* 32 *'Yo soy el Dios de tus padres, el Dios de Abrahán, de Isaac y de Jacob.'* Moisés temblaba y *no se atrevía a mirar.* 33 El Señor le dijo: *'Quítate las sandalias de los pies, pues el lugar donde estás es tierra santa.* 34 *Bien vista tengo la opresión de mi pueblo que está en Egipto y he oído su gemido y he bajado a librarles. Y ahora ven, que te enviaré a Egipto.'*

35 «A este Moisés, de quien renegaron diciéndole: *¿quién te ha nombrado jefe y juez?,* a éste envió Dios como jefe y redentor por mano del ángel que se le apareció en la zarza. 36 Éste los sacó, realizando *prodigios y signos en la tierra de Egipto,* en el mar Rojo y *en el desierto durante cuarenta años.* 37 Éste es el Moisés que dijo a los israelitas: *Dios les suscitará un profeta como yo de entre sus hermanos.* 38 Éste es el que, en *la asamblea* del desierto, estuvo con el ángel que le hablaba en el monte Sinaí, y con nuestros padres*; el que recibió palabras de vida para comunicárnoslas. 39 Pero nuestros padres no quisieron obedecerle, sino que lo rechazaron y en su corazón *se volvieron hacia Egipto**, 40 *y dijeron a Aarón: 'Haznos dioses que vayan delante de nosotros; porque ese Moisés que nos sacó de la tierra de Egipto no sabemos qué ha sido de él.'* 41 *E hicieron* aquellos días *un becerro y ofrecieron un sacrificio* al ídolo e hicieron una fiesta a la obra de sus manos.

7 16 Las citas de los vv. 9-16 son de Gn **37** 11.28; **39** 2-3.21-23; **41** 40-42.54-55; **42** 1-5; **46** 27; **49** 33; **50** 13; Jos **24** 32.

7 17 Para este resumen de la historia de Moisés, vv. 17-43, ver Ex **1** 7-8.10-11.22; **2** 2-11.15; **3** 1-10; **7** 3; Nm **14** 33; Dt **18** 15.

7 38 Moisés desempeñaba el oficio de mediador entre el «ángel» y el pueblo. En los textos antiguos, «el ángel de Yahvé» es el mismo Yahvé que se manifiesta, Gn **16** 7+; ver Mt **1** 20+.

7 39 El *rechazo* del mediador condujo al pueblo a la idolatría. Ver Nm **14** 3; Ex **16** 3; **32** 1.4-6.23; Am **5** 25-27.

42 Entonces Dios se apartó de ellos y los
entregó al culto del ejército del cielo, como está escrito en el libro de los Profetas:

¿Es que me ofrecieron víctimas y sacrificios
durante cuarenta años en el desierto, casa de Israel?
43 *Se llevaron la tienda de Moloc*
y la estrella del dios Refán,
las imágenes que hicieron para adorarlas;
pues yo los trasladaré más allá
de Babilonia.

44 «Nuestros padres tenían en el desierto la Tienda del Testimonio*, como el que
hablaba con Moisés le mandó *hacerla se-*
gún el modelo que había visto. 45 Nuestros padres que les sucedieron la recibieron en herencia y la introdujeron bajo
el mando de Josué en el país ocupado
por los gentiles, a los que Dios expulsó
delante de nuestros padres, hasta los días
de David, 46 que halló gracia ante Dios y
pidió *disponer de una morada para* la
casa *de Jacob*. 47 Pero fue *Salomón* el
que *le edificó casa*, 48 aunque el Altísimo
no habita en casas fabricadas por manos
humanas como dice el profeta:

49 *El cielo es mi trono*
y la tierra el estrado de mis pies.
Dice el Señor: ¿Qué casa me van a construir?
O ¿cuál será el lugar de mi descanso?
50 *¿Es que no ha hecho mi mano todas estas cosas?*

51 «¡Duros de cerviz, incircuncisos de
corazón y de oídos! ¡Ustedes siempre
ofrecen resistencia al Espíritu Santo!
¡Como sus padres, así ustedes! 52 ¿A qué
profeta no persiguieron sus padres? Ellos
mataron a los que habían anunciado de
antemano la venida del Justo, de aquel
a quien ustedes ahora han traicionado
y asesinado; 53 ustedes que recibieron la
Ley por mediación de ángeles y no la
han guardado.»

54 Mientras oían estas cosas, sus corazones se consumían de rabia y rechina-
ban sus dientes contra él.

Lapidación de Esteban.
Saulo perseguidor*.

55 Pero él, lleno del Espíritu Santo, miró fijamente al cielo, vio la gloria de Dios
y a Jesús de pie a la diestra de Dios; 56 y
dijo: «Estoy viendo los cielos abiertos y
al Hijo del hombre de pie a la diestra
de Dios.» 57 Entonces, gritando fuertemente, se taparon sus oídos y todos a
una se abalanzaron sobre él; 58 le arrastraron fuera de la ciudad y empezaron
a apedrearle. Los testigos depusieron
sus mantos a los pies de un joven llamado Saulo*. 59 Mientras lo apedreaban,
Esteban hacía esta invocación: «Señor
Jesús, recibe mi espíritu.» 60 Después
dobló las rodillas y dijo con fuerte voz:
«Señor, no les tengas en cuenta este pecado.» Y diciendo esto, se durmió.

8 1 * Saulo aprobaba su muerte.
Aquel día se desató una gran persecución contra la Iglesia de Jerusalén.
Todos se dispersaron por las regiones
de Judea y Samaría, a excepción de los
apóstoles.

2 Unos hombres piadosos sepultaron
a Esteban e hicieron gran duelo por él.

3 Entretanto Saulo hacía estragos en la
Iglesia; entraba por las casas, se llevaba
por la fuerza hombres y mujeres, y los
metía en la cárcel.

7 44 De la *Tienda del Testimonio* Ex **25** 9.40, Esteban pasa al *Templo* de Salomón, *hecho por mano de hombre,* **17** 24; ver Lv **26** 1; 1 R **8** 27, e inútil, puesto que Dios no puede ser contenido allí. Ver Sal **132** 5; 1 R **6** 2; Is **66** 1-2. Así encausa el culto del verdadero Dios comparándolo con la idolatría.

7 55 A Esteban, **6** 11-14, se le hacen los mismos reproches que a Jesús. Su muerte como primer *mártir*, **22** 20, se asemejará también a la de Jesús, Lc **23** 46, 34.

7 58 *Saulo*, el futuro apóstol **8** 1.3; **9** 1; **22** 20; **26** 10, que más tarde cambiará su nombre hebreo por el romano Pablo, **13** 9+.

8 1 En los vv. 1-4 están esbozados los diversos temas desarrollados hasta el cap. **12**.

Felipe en Samaría.

[4] Los que se habían dispersado fueron por todas partes anunciando la Buena Nueva de la palabra. [5] Felipe bajó a una ciudad de Samaría* y les predicaba a Cristo. [6] La gente escuchaba con atención y con un mismo espíritu lo que decía Felipe, porque ellos oían y veían los signos que realizaba; [7] pues de muchos posesos salían los espíritus inmundos dando grandes voces, y muchos paralíticos y cojos quedaron curados. [8] Hubo una gran alegría en aquella ciudad.

Simón el mago.

[9] Sin embargo, ya de tiempo atrás había en la ciudad un hombre llamado Simón que practicaba la magia y tenía atónito al pueblo de Samaría y decía que él era alguien importante. [10] Y todos, desde el menor hasta el mayor, le prestaban atención y decían: «Éste es la Potencia de Dios llamada la Grande.» [11] Le prestaban atención porque les había tenido atónitos por mucho tiempo con sus artes de magia. [12] Pero cuando creyeron a Felipe que anunciaba la Buena Nueva del Reino de Dios y el nombre de Jesucristo, empezaron a bautizarse hombres y mujeres. [13] Hasta el mismo Simón creyó y, una vez bautizado, no se apartaba de Felipe; y estaba atónito al ver los signos y grandes milagros que se realizaban.

[14] Al enterarse los apóstoles que estaban en Jerusalén de que Samaría había aceptado la palabra de Dios, les enviaron a Pedro y a Juan. [15] Éstos bajaron y oraron por ellos para que recibieran el Espíritu Santo; [16] pues todavía no había descendido sobre ninguno de ellos; únicamente habían sido bautizados en el nombre del Señor Jesús. [17] Entonces les imponían las manos y recibían el Espíritu Santo*.

[18] Al ver Simón que mediante la imposición de las manos de los apóstoles se daba el Espíritu, les ofreció dinero diciendo: [19] «Denme a mí también ese poder: que reciba el Espíritu Santo aquel a quien yo imponga las manos.» [20] Pedro le contestó: «Que tu dinero sea para ti tu perdición; pues has pensado que el don de Dios se compra con dinero. [21] En este asunto no tienes tú parte ni herencia, pues tu corazón no es recto delante de Dios. [22] Arrepiéntete, pues, de esa tu maldad y ruega al Señor, a ver si se te perdona ese pensamiento de tu corazón; [23] porque veo que tú estás con la amargura de la hiel y encadenado por la maldad*.» [24] Simón respondió: «Rueguen ustedes al Señor por mí, para que no venga sobre mí ninguna de esas cosas que han dicho.»

[25] Ellos, después de haber dado testimonio y haber predicado la palabra del Señor, se volvieron a Jerusalén evangelizando muchos pueblos samaritanos.

Felipe bautiza a un eunuco*.

[26] Un ángel del Señor habló así a Felipe: «Levántate y marcha hacia el sur por el camino que baja de Jerusalén a Gaza. Es desierto.» [27] Se levantó y partió. Y he aquí que un etíope eunuco, alto funcionario de Candace, reina de los etíopes, que estaba a cargo de todos sus tesoros, y había venido a adorar en Jerusalén, [28] regresaba sentado en su carro, leyendo al profeta Isaías. [29] El Espíritu dijo a Felipe: «Acércate y ponte junto a ese carro.» [30] Felipe corrió hasta él y le oyó leer al profeta Isaías; y le preguntó: «¿Entiendes lo que vas leyendo?» [31] Él respondió: «¿Cómo lo puedo entender si nadie me

8 5 Los *samaritanos* eran hermanos de raza y religión, pero separados de la comunidad de Israel, ver 2 R **17** 24+; Lc **9** 52; Jn **4** 9.

8 17 Ligado con el bautismo, **1** 5+; **2** 38+, aparece aquí otro rito que comunica el Espíritu por *imposición de las manos*, **9** 17-18; **19** 5-6, y que está en el origen del sacramento de la Confirmación. Ver 1 Tm **4** 14+.

8 23 De esta anécdota procede el término «simonía» para designar el comercio con las cosas santas.

8 26 El anuncio de Cristo alcanza esta vez a un gentil, procedente del lejano reino de Kus, la actual Nubia.

hace de guía?» Y rogó a Felipe que subie-
se y se sentase con él. 32 El pasaje de la
Escritura que iba leyendo era éste*:

«Fue llevado como una oveja al
matadero;
y como cordero, mudo delante del
que lo trasquila,
así él no abre la boca.
33 *En su humillación le fue negada la*
justicia;
¿quién podrá contar su
descendencia?
Porque su vida fue arrancada de la
tierra.»

34 El eunuco preguntó a Felipe: «Te
ruego me digas de quién dice esto el profeta: ¿de sí mismo o de otro?» 35 Felipe
entonces tomó la palabra y, partiendo
de este texto de la Escritura, se puso a
anunciarle la Buena Nueva de Jesús.

36 Siguiendo el camino llegaron a un
sitio donde había agua. El eunuco dijo:
«Aquí hay agua; ¿qué impide que yo sea
bautizado*?»[37] 38 Y mandó detener el
carro. Bajaron ambos al agua, Felipe y
el eunuco; y lo bautizó; 39 y al subir del
agua, el Espíritu del Señor arrebató a
Felipe y ya no le vio más el eunuco, que
siguió gozoso su camino. 40 Felipe se encontró en Azoto y recorría evangelizando
todas las ciudades hasta llegar a Cesarea.

Vocación de Saulo*.

=**22** 5-16; =**26** 9-18;
ver Ga **1** 12-17.

9 1 Entretanto Saulo, respirando todavía amenazas y muertes contra
los discípulos del Señor, se presentó al
sumo sacerdote, 2 y le pidió cartas para
las sinagogas de Damasco, para que, si
encontraba algunos seguidores del Camino*, hombres o mujeres, los pudiera
llevar presos a Jerusalén.

3 Sucedió que, yendo de camino, cuando estaba cerca de Damasco, de repente
le envolvió una luz venida del cielo, 4 cayó en tierra y oyó una voz que le decía:
«Saúl, Saúl, ¿por qué me persigues?»
5 Él preguntó: «¿Quién eres, Señor?» Y
él: «Yo soy Jesús, a quien tú persigues*.
6 Pero levántate, entra en la ciudad y te
dirán lo que debes hacer.» 7 Los hombres
que iban con él se habían detenido mudos de espanto, pues oían la voz, pero
no veían a nadie. 8 Saulo se levantó del
suelo, y, aunque tenía sus ojos bien abiertos, no veía nada. Le llevaron de la mano
y le introdujeron en Damasco. 9 Pasó tres
días sin ver, y sin comer ni beber.

10 Había en Damasco un discípulo llamado Ananías. El Señor le dijo en una
visión: «Ananías.» Él respondió: «Aquí
estoy, Señor.» 11 Y el Señor: «Levántate
y vete a la calle Recta y pregunta en casa
de Judas por uno de Tarso llamado Saulo;
mira, está en oración 12 y ha visto que
un hombre llamado Ananías entraba y le
imponía las manos para recobrar la vista.»
13 Respondió Ananías: «Señor, he oído a
muchos hablar de ese hombre y de los
muchos males que ha causado a tus santos* en Jerusalén 14 y que aquí tiene poderes de los sumos sacerdotes para apresar
a todos los que invocan tu nombre.» 15 El
Señor le respondió: «Vete, pues éste me
es un instrumento elegido para llevar mi

8 32 Cita de Is **53** 7-8, conforme a los LXX. Sobre el empleo de Is **53** en la predicación cristiana primitiva, ver **3** 13+ y Lc **4** 17-21p.

8 36 El v. 37 es una glosa muy antigua conservada en el texto occidental y que se inspira en la liturgia bautismal: «Dijo Felipe: si crees de todo corazón, es posible. Respondió él: creo que Jesucristo es el Hijo de Dios».

9 De este acontecimiento Hch da tres referencias, cuyas divergencias de detalles se explican por la diferencia de géneros literarios; las otras dos forman parte de los discursos de Pablo, **22** 5-16; **26** 9-18; ver Ga **1** 12-17; 1 Co **15** 8-10; etc.

9 2 El *camino* designa en Hch el estilo de vida de la comunidad cristiana, **18** 25-26; **19** 9.23; etc. Ver también Mt **7** 13-14+; Jn **14** 6.

9 5 Todo lo que se hace a los discípulos por el Nombre de Jesús, se hace al mismo Jesús, Mt **10** 40+; 1 Co **12** 12+.

9 13 Son *santos* los que están consagrados al servicio del Santo, Lv **17**+. Este título del pueblo de Israel, Ex **19** 6+; Dn **7** 18, pasa a los cristianos, 1 P **2** 5.9; etc., y llega

nombre ante los gentiles, los reyes y los
hijos de Israel*. [16] Yo le mostraré cuánto
tendrá que padecer por mi nombre.»
[17] Fue Ananías, entró en la casa, le impuso las manos y le dijo: «Saúl, hermano, me
ha enviado a ti el Señor Jesús, el que se te
apareció en el camino por donde venías,
para que recobres la vista y te llenes del
Espíritu Santo.» [18] Al instante cayeron de
sus ojos unas como escamas, y recobró la
vista; se levantó y fue bautizado. [19] Tomó
alimento y recobró las fuerzas.

Predicación de Saulo en Damasco.

Ga **1** 16-17.

Estuvo algunos días con los discípulos
de Damasco, [20] y en seguida se puso a
predicar a Jesús en las sinagogas: Éste es
el Hijo de Dios*. [21] Todos los que le oían
quedaban asombrados y decían: «¿No es
éste el que en Jerusalén perseguía encarnizadamente a los que invocan ese
nombre, y ha venido aquí con el objeto
de llevárselos encadenados a los sumos
sacerdotes?» [22] Pero Saulo se fortalecía
y confundía a los judíos que vivían en
Damasco demostrándoles que éste es el
Cristo.
[23] Al cabo de bastante tiempo los judíos tomaron la decisión de matarle.
[24] Pero Saulo tuvo conocimiento de su
conjura. Hasta las puertas estaban vigiladas día y noche para poderle matar.
[25] Pero los discípulos le tomaron durante
la noche y le descolgaron por la muralla
dentro de una canasta.

Saulo en Jerusalén.

Ga **1** 18-19.

[26] Llegó a Jerusalén e intentaba juntarse con los discípulos; pero todos le tenían
miedo, no creyendo que fuese discípulo.
[27] Entonces Bernabé lo tomó y lo presentó a los apóstoles y les contó cómo había
visto al Señor en el camino y que le había
hablado y cómo había predicado con
valentía en Damasco en el nombre de
Jesús. [28] Andaba con ellos por Jerusalén,
predicando con valentía en el nombre
del Señor. [29] Hablaba también y discutía
con los helenistas; pero éstos intentaban
matarlo. [30] Los hermanos, al saberlo, le
llevaron a Cesarea y le enviaron a Tarso.

Período de tranquilidad*.

[31] Las Iglesias por entonces gozaban
de paz en toda Judea, Galilea y Samaría;
pues se edificaban y progresaban en el
temor del Señor y estaban llenas de la
consolación del Espíritu Santo.

Pedro cura en Lida a un paralítico.

[32] Pedro, que andaba recorriendo todos
los lugares, bajó también a visitar a los
santos que habitaban en Lida. [33] Encontró
allí a un hombre llamado Eneas, tendido
en una camilla desde hacía ocho años,
pues estaba paralítico. [34] Pedro le dijo:
«Eneas, Jesucristo te cura; levántate y
arregla tu lecho.» Y al instante se levantó.
[35] Todos los habitantes de Lida y Sarón le
vieron, y se convirtieron al Señor.

Pedro resucita en Jope a una mujer.

[36] Había en Jope una discípula llamada
Tabitá, que quiere decir Dorkás*. Era
rica en buenas obras y en limosnas que
hacía. [37] Por aquellos días enfermó y murió. La lavaron y la pusieron en el piso
superior. [38] Lida está cerca de Jope, y los
discípulos, al enterarse que Pedro estaba

a ser una de sus denominaciones ordinarias en el NT, Hch **9** 32.41; Rm **1** 7; 1 Co **1** 2; **16** 1+; etc.

9 15 Ver Jr **1** 10. La misión de Pablo concierne a «todos los hombres», **13** 5+; **22** 15; **26** 17; Rm **1** 1+.5; **16** 25+; Ga **1** 16+; 1Tm **2** 7; etc. ver Jn **11** 52+.

9 20 El título *Hijo de* Dios corresponde a «Cristo» del v. 22. Ver **13** 33; Mt **4** 3+. Caracteriza a la cristología paulina, Ga **1** 16; **2** 20; **4** 4.6; Rm **1** 3-4.9; 1 Ts **1** 10; ver Rm **9** 5+.

9 31 Resumen literario, ver **2** 42+, que introduce una sección en la que el protagonista es Pedro.

9 36 El nombre significa «gacela».

allí, enviaron dos hombres con este ruego: «No tardes en venir a nosotros.»
39 Pedro partió inmediatamente con
ellos. Así que llegó le hicieron subir al piso superior y se le presentaron todas las
viudas llorando y mostrando las túnicas
y los mantos que Dorkás hacía mientras
estuvo con ellas. 40 Pedro hizo salir a
todos, se puso de rodillas y oró; después
se volvió al cadáver y dijo: «Tabitá, levántate.» Ella abrió sus ojos y al ver a Pedro
se incorporó. 41 Pedro le dio la mano
y la levantó. Llamó a los santos y a las
viudas y se la presentó viva. 42 Esto se
supo por todo Jope y muchos creyeron
en el Señor.
43 Pedro permaneció en Jope bastante tiempo en casa de un tal Simón,
curtidor.

Pedro va a casa de un centurión romano*.

10 1 Había en Cesarea un hombre,
llamado Cornelio, centurión de
la compañía llamada Itálica, 2 piadoso y
temeroso de Dios*, como toda su familia, daba muchas limosnas al pueblo y
continuamente oraba a Dios.
3 Vio claramente en visión, hacia las
tres de la tarde, que el ángel de Dios
entraba en su casa y le decía: «Cornelio.»
4 Él le miró fijamente y lleno de espanto
dijo: «¿Qué pasa, señor?» Le respondió:
«Tus oraciones y tus limosnas han subido como memorial ante la presencia de
Dios. 5 Ahora envía hombres a Jope y
haz venir a un tal Simón, a quien llaman
Pedro. 6 Éste se hospeda en casa de un
tal Simón, curtidor, que tiene la casa junto al mar.» 7 Apenas se fue el ángel que
le hablaba, llamó a dos criados y a un
soldado piadoso, de entre sus asistentes,
8 les contó todo y los envió a Jope.
9 Al día siguiente, mientras ellos iban
de camino y se acercaban a la ciudad, subió Pedro a la terraza, sobre el mediodía,
para hacer oración. 10 Sintió hambre y
quiso comer. Mientras se lo preparaban
le sobrevino un éxtasis, 11 y vio el cielo
abierto y que bajaba hacia la tierra una
cosa así como un gran lienzo, atado por
las cuatro puntas. 12 Dentro de él había
toda suerte de cuadrúpedos, reptiles de
la tierra y aves del cielo. 13 Y una voz le
dijo: «Levántate, Pedro, sacrifica y come.» 14 Pedro replicó: «De ninguna manera, Señor; porque jamás he comido
nada profano e impuro.» 15 La voz le dijo
por segunda vez: «Lo que Dios ha purificado no lo llames tú profano*.» 16 Esto
se repitió tres veces, e inmediatamente
la cosa aquella fue elevada hacia el cielo.
17 Mientras estaba Pedro perplejo pensando qué podría significar la visión que
había visto, de pronto los hombres enviados por Cornelio, después de preguntar por la casa de Simón, se presentaron
en la puerta; 18 llamaron y preguntaron si
se hospedaba allí Simón, llamado Pedro.
19 Estando Pedro pensando en la visión,
le dijo el Espíritu: «Ahí tienes unos hombres que te buscan. 20 Baja, pues, al momento y vete con ellos sin vacilar, pues
yo los he enviado.» 21 Pedro bajó hacia
ellos y les dijo: «Yo soy el que buscan;
¿por qué motivo han venido?» 22 Ellos
respondieron: «El centurión Cornelio,
hombre justo y temeroso de Dios, reconocido como tal por el testimonio de
toda la nación judía, ha recibido de un
ángel santo el aviso de hacerte venir a
su casa y de escuchar lo que tú digas.»
23 Entonces les invitó a entrar y les dio
hospedaje.
Al día siguiente se levantó y se fue con
ellos; le acompañaron algunos hermanos

10 La conversación de *Cornelio* es de un gran alcance: prepara la asamblea de Jerusalén, **15** 7-29. Este primer bautismo de paganos manifiesta el designio de Dios: los cristianos venidos del paganismo no deben someterse ni a la Ley ni a las prescripciones rituales. Ver Ga **2** 2-10.11-21.

10 2 Las expresiones *temeroso de Dios*, **10** 2.22.35; **13** 16.26, y *adorador de Dios*, **13** 43.50; **17** 4.17; **18** 7, que equivalen a «piadoso» o «religioso», se aplican a los gentiles simpatizantes del Judaísmo.

10 15 Se invita a Pedro a liberarse de sus escrúpulos respecto a la pureza legal, **11** 9. Ver Mt **15** 1-20p; Rm **14** 14.17. La aplicación se hace en los vv. 34-35 y en **15** 9.

de Jope. 24 Al siguiente día entró en Cesarea. Cornelio los estaba esperando. Había reunido a sus parientes y a los amigos
íntimos. 25 Cuando Pedro entraba, salió
Cornelio a su encuentro y cayó postrado
a sus pies. 26 Pedro le levantó diciendo:
«Levántate, que también yo soy un hombre.» 27 Y conversando con él entró y
encontró a muchos reunidos. 28 Y les dijo:
«Ustedes saben que le está prohibido a un
judío juntarse con un extranjero o entrar
en su casa; pero a mí me ha mostrado
Dios que no hay que llamar profano o
impuro a ningún hombre. 29 Por eso al
ser llamado he venido sin protestar. Les
pregunto, pues, por qué motivo me han
enviado a llamar.» 30 Cornelio respondió:
«Hace cuatro días, a esta misma hora,
estaba yo haciendo la oración de la tarde en mi casa, y de pronto se presentó
delante de mí un varón con vestido resplandeciente, 31 y me dijo: 'Cornelio, tu
oración ha sido oída y se han recordado
tus limosnas ante Dios; 32 envía, pues,
alguien a Jope y haz venir a Simón,
llamado Pedro, que se hospeda en casa
de Simón el curtidor, junto al mar.' 33 Al
instante mandé algunos a tu casa, y tú
has hecho bien en venir. Ahora, pues,
todos nosotros, en la presencia de Dios,
estamos dispuestos para escuchar todo lo
que te ha sido ordenado por el Señor.»

Discurso de Pedro en casa de Cornelio.

34 Entonces Pedro tomó la palabra y
dijo: «Verdaderamente comprendo que
Dios no hace acepción de personas,
35 sino que en cualquier nación el que le
teme y practica la justicia le es grato*.
36 «Él ha enviado su palabra a los hijos de Israel, *anunciándoles la Buena
Nueva de la paz** por medio de Jesucristo que es el Señor de todos. 37 Ustedes
saben lo que sucedió en toda Judea*,
comenzando por Galilea, después que
Juan predicó el bautismo; 38 *cómo Dios*
a Jesús de Nazaret *le ungió con el Espíritu Santo** y con poder, y cómo él pasó
haciendo el bien y curando a todos los
oprimidos por el diablo, porque Dios estaba con él; 39 y nosotros somos testigos
de todo lo que hizo en la región de los
judíos y en Jerusalén; a quien llegaron
a matar colgándole de un madero; 40 a
éste, Dios le resucitó al tercer día y le
concedió la gracia de manifestarse, 41 no
a todo el pueblo, sino a los testigos que
Dios había escogido de antemano, a
nosotros que comimos y bebimos con él
después que resucitó de entre los muertos. 42 Y nos mandó que predicáramos
al Pueblo, y que diéramos testimonio
de que él está constituido por Dios juez
de vivos y muertos. 43 De esto todos los
profetas dan testimonio: que todo el que
cree en él alcanza, por su nombre, el
perdón de los pecados.»

Bautismo de los primeros gentiles*.

44 Estaba Pedro diciendo estas cosas
cuando el Espíritu Santo cayó sobre todos
los que escuchaban la palabra. 45 Y los
fieles circuncisos que habían venido con
Pedro quedaron asombrados al ver que el
don del Espíritu Santo había sido derramado también sobre los gentiles, 46 pues
les oían hablar en lenguas y glorificar a
Dios. Entonces Pedro dijo: 47 «¿Acaso
puede alguno negar el agua del bautismo
a éstos que han recibido el Espíritu Santo
como nosotros?» 48 Y mandó que fueran
bautizados en el nombre de Jesucristo.
Entonces le pidieron que se quedara algunos días.

10 35 Terminología cultual (ver v. 4). Es grato a Dios el sacrificio irreprochable o el que lo ofrece, Dt **10** 17; Lv **1** 3; etc. Ver Rm **2** 11; Ga **2** 6; 1 P **1** 17; Mt **22** 16p.
10 36 Ver Is **52** 7; Na **2** 1; Rm **10** 12.15.
10 37 Los vv. 37-42 forman un resumen de la historia evangélica, ver **1** 21-22; **2** 22+, que subraya los puntos que Lucas pone de relieve en su evangelio.
10 38 Ver Is **61** 1; Mt **3** 16p.
10 44 Es el «Pentecostés de los gentiles», análogo al primer Pentecostés, v. 47; **11** 15; **15** 8. Ver **1** 5+; **2** 1-6.38+.

Pedro justifica su conducta en Jerusalén.

11 1 Los apóstoles y los hermanos residentes en Judea oyeron que también los gentiles habían aceptado la palabra de Dios. 2 Cuando Pedro subió a Jerusalén, los de la circuncisión se lo reprochaban, 3 diciéndole: «Has entrado en casa de incircuncisos y has comido con ellos.» 4 Pedro entonces se puso a explicarles punto por punto diciendo: 5 «Estaba yo en oración en la ciudad de Jope y en éxtasis vi una visión: un objeto como un lienzo grande, atado por las cuatro puntas, que bajaba del cielo y llegó hasta mí. 6 Lo miré atentamente y vi en él los cuadrúpedos de la tierra, las bestias, los reptiles, y las aves del cielo. 7 Oí también una voz que me decía: 'Pedro, levántate, sacrifica y come.' 8 Y respondí: 'De ninguna manera, Señor; pues jamás entró en mi boca nada profano ni impuro.' 9 Me dijo por segunda vez la voz venida del cielo: 'Lo que Dios ha purificado no lo llames tú profano.' 10 Esto se repitió hasta tres veces; y al fin fue retirado todo de nuevo al cielo.

11 «En aquel mismo momento se presentaron tres hombres en la casa donde estábamos, enviados a mí desde Cesarea. 12 El Espíritu me dijo que fuera con ellos sin plantearme dudas. Vinieron también conmigo estos seis hermanos, y entramos en la casa de aquel hombre. 13 Él nos contó cómo había visto al ángel que se presentó en su casa y le dijo: 'Manda a buscar en Jope a Simón, llamado Pedro, 14 quien te dirá palabras que traerán la salvación para ti y para toda tu casa.'

15 «Había empezado yo a hablar cuando cayó sobre ellos el Espíritu Santo, como sucedió al principio sobre nosotros. 16 Me acordé entonces de aquellas palabras que dijo el Señor: *Juan bautizó con agua, pero ustedes serán bautizados con el Espíritu Santo**. 17 Por tanto, si Dios les ha concedido el mismo don que a nosotros, por haber creído en el Señor Jesucristo, ¿quién era yo para poner obstáculos a Dios*?» 18 Al oír esto se tranquilizaron y glorificaron a Dios diciendo: «Así pues, también a los gentiles les ha dado Dios la conversión que lleva a la vida.»

Fundación de la Iglesia de Antioquía*.

19 Así pues, los que se habían dispersado por la persecución originada a la muerte de Esteban, llegaron en su recorrido hasta Fenicia, Chipre y Antioquía, sin predicar la palabra a nadie más que a los judíos. 20 Pero había entre ellos algunos chipriotas y cirenenses que, al llegar a Antioquía, hablaban también a los griegos y les anunciaban la Buena Nueva del Señor Jesús*. 21 La mano del Señor estaba con ellos, y un crecido número recibió la fe y se convirtió al Señor.

22 La noticia de esto llegó a oídos de la Iglesia de Jerusalén* y enviaron a Bernabé a Antioquía. 23 Cuando llegó y vio el don de Dios se alegró y exhortaba a todos a permanecer unidos al Señor, con firme propósito, 24 porque era un hombre bueno, lleno de Espíritu Santo y de fe. Y una considerable multitud se agregó al Señor.

25 Partió para Tarso en busca de Saulo, 26 y en cuanto lo encontró lo llevó a

11 16 Ver **1** 5+; Lc **3** 16.

11 17 Según Hch, el primero que ha incorporado gentiles a la Iglesia es Pedro. La Asamblea de Jerusalén, **15** 5-29, aparece como la continuación o la reanudación de las deliberaciones de **11** 1-18.

11 19 El relato es continuación de **8** 1-4, pero supone la conversión de Pablo que después de aquel momento, se mantuvo aparte durante largo tiempo, Ga **1** 18; **2** 1. La fundación de una Iglesia en Antioquía señala un momento de capital importancia, **1** 8+.

11 20 En la predicación a los gentiles se da a Jesús el título de «Señor», ver **25** 26+, con preferencia al título de «Cristo», que respondía a la espera particular de los judíos.

11 22 Esta Iglesia ejerce en estos primeros tiempos un derecho de supervisión sobre las demás Iglesias, ver **8** 14; **11** 1; Ga **2** 2. Bernabé presentó a Saulo a los apóstoles, **9** 26-30, y lo asoció a su misión. Antioquía será el punto de partida de las misiones de Pablo.

Antioquía. Estuvieron juntos durante un año entero en aquella Iglesia e instruyeron a una gran muchedumbre. En Antioquía fue donde, por primera vez, los discípulos recibieron el nombre de «cristianos*».

Bernabé y Saulo, delegados para ir a Jerusalén.

27 Por estos mismos días bajaron unos profetas* de Jerusalén a Antioquía. 28 Uno de ellos, llamado Ágabo, movido por el Espíritu, se levantó y profetizó que vendría una gran hambre sobre toda la tierra; es la que hubo en tiempo de Claudio. 29 Los discípulos determinaron enviar algunos recursos, según las posibilidades de cada uno, para los hermanos que vivían en Judea. 30 Así lo hicieron y se los enviaron a los presbíteros* por medio de Bernabé y de Saulo.

Prisión de Pedro y su milagrosa liberación.

12 1 Por aquel tiempo el rey Herodes echó mano a algunos de la Iglesia para maltratarlos. 2 Hizo morir por la espada a Santiago, el hermano de Juan. 3 Al ver que esto les gustaba a los judíos, se atrevió a encerrar también a Pedro. Eran los días de los Ázimos. 4 Le apresó, pues, le metió en la cárcel y le confió a cuatro escuadras de cuatro soldados para que lo custodiaran, con la intención de presentarle ante el pueblo después de la Pascua. 5 Así pues, Pedro estaba custodiado en la cárcel, mientras la Iglesia oraba insistentemente por él a Dios.

6 Cuando ya Herodes le iba a presentar, aquella misma noche estaba Pedro durmiendo entre dos soldados, atado con dos cadenas; también unos centinelas ante la puerta custodiaban la cárcel. 7 De pronto se presentó el ángel del Señor y la celda se llenó de luz. El ángel golpeó a Pedro en el costado, le despertó y le dijo: «Levántate aprisa.» Y cayeron las cadenas de sus manos. 8 Le dijo el ángel: «Cíñete y cálzate las sandalias.» Así lo hizo. Añadió: «Ponte el manto y sígueme.» 9 Salió y se disponía a seguirle. No acababa de darse cuenta de que era real cuanto hacía el ángel, sino que se figuraba ver una visión. 10 Habiendo atravesado la primera y la segunda guardia, llegaron a la puerta de hierro que daba a la ciudad. Ésta se les abrió por sí misma. Salieron y recorrieron una calle. Y de pronto el ángel se apartó de él. 11 Pedro volvió en sí y dijo: «Ahora me doy cuenta realmente de que el Señor ha enviado su ángel y me ha librado de las manos de Herodes y de todo lo que esperaba el pueblo de los judíos.»

12 Consciente de su situación, marchó a la casa de María, la madre de Juan, por sobrenombre Marcos*, donde se hallaban muchos reunidos y en oración. 13 Llamó él a la puerta de la entrada y salió a abrirle una sirvienta llamada Rosa; 14 quien, al reconocer la voz de Pedro, de pura alegría no abrió la puerta, sino que entró corriendo a anunciar que Pedro estaba a la puerta. 15 Ellos le dijeron: «Estás loca.» Pero ella continuaba afirmando que era verdad. Entonces ellos dijeron: «Será su ángel.» 16 Pedro entretanto seguía llamando. Al abrirle, lo vieron, y quedaron asombrados. 17 Él les hizo se-

11 26 *Cristianos,* partidarios o seguidores de *Cristus* (o *Crestus*). Al inventar este apodo, los gentiles de Antioquía tomaron el título de «Cristo» (*ungido*) como un nombre propio.
11 27 La misión de los *profetas* era exhortar y animar, **15** 32; **21** 10; 1 Co **14**, a veces leer en los corazones y anunciar el porvenir, 1 Co **14** 24-25; Hch **11** 28; en fin y sobre todo, descubrir los misterios de la Escritura, 1 Co **13** 2; Ef **3** 5; Rm **16** 25+; 1 P **1** 10-12; Ap **1** 3; etc.
11 30 Mencionados aquí por primera vez; ver **15** 4; **21** 18. Los *presbíteros* o *ancianos* participaban en el gobierno de la comunidad, **14** 23+; **20** 17; ver Tt **1** 5+, como los *ancianos* de la comunidad judía, **4** 5.23; **6** 12; Mt **16** 21; etc.
12 12 *Marcos,* primo de Bernabé, Col **4** 10, compañero de Pablo, **12** 25; **13** 13; Flm 24; 2 Tm **4** 11, y de Pedro, 1 P **5** 13, en la evangelización. Ver **15** 37-39. La tradición lo reconoce como autor del segundo evangelio.

ñas con la mano para que callaran y les contó cómo el Señor le había sacado de la cárcel. Y añadió: «Comuniquen esto a Santiago* y a los hermanos.» Salió y marchó a otro lugar.

[18] Cuando vino el día hubo un alboroto no pequeño entre los soldados, sobre qué habría sido de Pedro. [19] Herodes lo hizo buscar y, al no encontrarlo, procesó a los guardias y mandó ejecutarlos. Después bajó de Judea a Cesarea y se quedó allí.

Muerte de Herodes.

[20] Estaba Herodes fuertemente irritado con los de Tiro y Sidón. Éstos, de común acuerdo, se le presentaron y habiéndose ganado a Blasto, camarero del rey, solicitaban hacer las paces, pues su país se abastecía del territorio del rey. [21] El día señalado, Herodes, vestido con el manto real y sentado en la tribuna, les arengaba. [22] Entonces el pueblo se puso a aclamarle: «¡Es un dios el que habla, no un hombre!» [23] Pero inmediatamente le hirió el ángel del Señor porque no había dado la gloria a Dios; y, convertido en pasto de gusanos, expiró.

Bernabé y Saulo vuelven a Antioquía.

[24] Entretanto la palabra de Dios crecía y se propagaba.

[25] Bernabé y Saulo volvieron, una vez cumplido su ministerio en Jerusalén, trayéndose consigo a Juan, por sobrenombre Marcos.

III. Misión de Bernabé y Pablo.

Asamblea de Jerusalén

La misión.

13 [1] Había en Antioquía, en la Iglesia allí establecida, profetas y maestros*: Bernabé, Simeón apodado el Negro, Lucio de Cirene, Manahén, hermano de leche del tetrarca Herodes, y Saulo. [2] Mientras estaban celebrando el culto del Señor y ayunando, dijo el Espíritu Santo: «Sepárenme ya a Bernabé y a Saulo para la obra a la que los tengo llamados.» [3] Entonces, después de haber ayunado y orado, les impusieron las manos y los enviaron*.

En Chipre. El mago Elimas.

[4] Ellos, pues, enviados por el Espíritu Santo, bajaron a Seleucia y de allí navegaron hasta Chipre. [5] Llegados a Salamina anunciaban la palabra de Dios en las sinagogas de los judíos*. Tenían también a Juan que les ayudaba.

[6] Habiendo atravesado toda la isla hasta Pafos, encontraron a un mago, un falso profeta judío, llamado Barjesús, [7] que vivía con el procónsul Sergio Paulo, hombre prudente. Éste hizo llamar a Bernabé y Saulo, deseoso de escuchar la palabra

12 17 *Santiago* es el *hermano del Señor*, Ga **1** 19, que fue el jefe del grupo «hebreo» de los cristianos de Jerusalén, **15** 13; **21** 18; 1 Co **15** 7. -A excepción de **15** 7-11, *Pedro* desaparece del libro de los Hechos, 1 Co **9** 5; Ga **2** 11.

13 1 Sobre los *profetas*, ver **11** 27+. Los *maestros* son los encargados de dar a sus hermanos una enseñanza moral o doctrinal, normalmente basada en la Escritura. Ver 1 Co **14** 6.26.

13 3 Ver **6** 6+; **14** 26.

13 5 Aunque enviado también a los gentiles, **9** 15+, Pablo se dirige siempre en primer lugar a los *judíos,* **13** 14; **14** 1; **17** 2; etc.; ver Rm **1** 16; **2** 9-10; etc; y no se vuelve a los paganos sino después de haber sido rechazado por los judíos, **13** 46; **18** 6; **28** 28; Rm **9** 22+. Ver Hch **3** 26; 1 Ts **2** 14+.

de Dios. 8 Pero se les oponía el mago
Elimas —pues eso quiere decir su nombre— intentando apartar al procónsul de
la fe. 9 Entonces Saulo, también llamado
Pablo*, lleno de Espíritu Santo, mirándole
fijamente, 10 le dijo: «Tú, repleto de todo
engaño y de toda maldad, hijo del diablo,
enemigo de toda justicia, ¿no dejarás ya
de torcer los rectos caminos del Señor?
11 Pues ahora, mira la mano del Señor sobre ti. Te quedarás ciego y no verás el sol
hasta un tiempo determinado.» Al instante cayeron sobre él oscuridad y tinieblas y
daba vueltas buscando quien lo llevara de
la mano. 12 Entonces, al ver lo ocurrido,
el procónsul creyó, impresionado por la
doctrina del Señor.

Llegan a Antioquía de Pisidia.

13 Pablo y sus compañeros se hicieron
a la mar en Pafos y llegaron a Perge de
Panfilia. Pero Juan se separó de ellos y se
volvió a Jerusalén, 14 mientras que ellos,
partiendo de Perge, llegaron a Antioquía
de Pisidia. El sábado entraron en la sinagoga y tomaron asiento. 15 Después
de la lectura de la Ley y los Profetas, los
jefes de la sinagoga les mandaron a decir: «Hermanos, si tienen alguna palabra
de exhortación para el pueblo, hablen.»
16 Pablo se levantó, hizo señal con la
mano y dijo:

Predicación de Pablo ante los judíos*.

«Israelitas y cuantos temen a Dios, escuchen: 17 El Dios de este pueblo, Israel,
eligió a nuestros padres, engrandeció al
pueblo durante su permanencia en la tierra de Egipto y los sacó con su brazo extendido. 18 Y durante unos cuarenta años
los rodeó de cuidados en el desierto;
19 después, *habiendo exterminado siete
naciones en la tierra de Canaán, les
dio en herencia* su tierra*, 20 por unos
cuatrocientos cincuenta años. Después
de esto les dio jueces hasta el profeta
Samuel. 21 Luego pidieron un rey, y Dios
les dio a Saúl, hijo de Cis, de la tribu
de Benjamín, durante cuarenta años.
22 Depuso a éste y les suscitó por rey a
David, de quien precisamente dio este
testimonio: *He encontrado a David,*
el hijo de Jesé, *un hombre según mi
corazón, que realizará todo lo que yo
quiera**. 23 De su descendencia, Dios,
según la Promesa, ha suscitado para
Israel un Salvador, Jesús. 24 Juan predicó
como precursor, antes de su venida, un
bautismo de conversión a todo el pueblo
de Israel. 25 Al final de su carrera, Juan
decía: 'Yo no soy el que ustedes piensan,
sino miren que viene detrás de mí aquel
a quien no soy digno de desatar las sandalias de los pies.'

26 «Hermanos, hijos de la raza de
Abrahán, y cuantos entre ustedes temen
a Dios: a ustedes ha sido enviada esta
palabra de salvación. 27 Los habitantes
de Jerusalén y sus jefes cumplieron, sin
saberlo, las Escrituras de los profetas
que se leen cada sábado; 28 sin hallar en
él ningún motivo de muerte pidieron a
Pilato que lo hiciera morir. 29 Y cuando
hubieron cumplido todo lo que referente
a él estaba escrito, lo bajaron del madero, y lo pusieron en el sepulcro. 30 Pero
Dios lo resucitó de entre los muertos.
31 Él se apareció durante muchos días a
los que habían subido con él de Galilea a
Jerusalén y que ahora son testigos suyos
ante el pueblo*.

13 9 Hch da aquí por primera vez a *Pablo* su nombre romano, que en adelante será su único nombre. También hace pasar a Pablo al primer plano del relato.

13 16 En este discurso inaugural de Pablo, Hch quiere reflejar la predicación del Apóstol a los judíos. Tiene dos partes: vv. 16-25, resumen de historia sagrada; vv. 26-39, Jesús, muerto y resucitado, es el Mesías esperado (predicación afín al discurso de Pedro, **2** 22+). El discurso concluye, vv. 40-41, con una severa admonición tomada de la Escritura, ver **28** 26-27.

13 19 Ver Dt **1** 31; 7 1.

13 22 Ver Sal **89** 21; 1 S **13** 14; Is **44** 28.

13 31 Al testimonio de los Doce, **1** 8; **2** 32; **10** 39.42; etc., Pablo asocia el suyo, **9** 15+; **18** 5; **20** 24; **22** 15; etc.; 1 Co **15** 3-11; ver Rm **1** 1+.

32 «También nosotros les anunciamos la Buena Nueva de que la Promesa hecha a los padres 33 Dios la ha cumplido en nosotros, los hijos, al resucitar a Jesús, como está escrito en los salmos: *Hijo mío eres tú; yo te he engendrado hoy**. 34 Y que le resucitó de entre los muertos para nunca más volver a la corrupción, lo tiene declarado: *Les daré las cosas santas de David, las verdaderas**. 35 Por eso dice también en otro lugar: *No permitirás que tu santo experimente la corrupción**. 36 Ahora bien, David, después de haber cumplido en sus días la voluntad de Dios, murió, se reunió con sus padres y *experimentó la corrupción*. 37 En cambio aquel a quien Dios resucitó, *no experimentó la corrupción*.

38 «Tengan, pues, entendido, hermanos, que por medio de éste se les anuncia el perdón de los pecados; y la total justificación que no pudieron obtener por la Ley de Moisés 39 la obtiene por él todo el que cree. 40 Cuiden, pues, de que no sobrevenga lo que dijeron los Profetas:

41 *Miren, los que desprecian,*
asómbrense y desaparezcan,
porque en sus días yo voy a realizar una obra,
*que no creerán aunque se la cuenten**.»

42 Al salir les rogaban que les hablaran sobre estas cosas el siguiente sábado. 43 Disuelta la reunión, muchos judíos y prosélitos que adoraban a Dios siguieron a Pablo y a Bernabé; éstos conversaban con ellos y los persuadían a perseverar fieles a la gracia de Dios.

Pablo y Bernabé se dirigen a los gentiles.

44 El sábado siguiente se congregó casi toda la ciudad para escuchar la palabra de Dios. 45 Los judíos, al ver a la multitud, se llenaron de envidia y contradecían con blasfemias cuanto Pablo decía. 46 Entonces Pablo y Bernabé dijeron con valentía*: «Era necesario anunciarles a ustedes en primer lugar la palabra de Dios; pero ya que la rechazan y ustedes mismos no se consideran dignos de la vida eterna, miren que nos volvemos a los gentiles. 47 Pues así nos lo ordenó el Señor:

Te he puesto como la luz de los gentiles,
*para que tú seas la salvación hasta el fin de la tierra**.»

48 Al oír esto los gentiles se alegraron y se pusieron a glorificar la palabra del Señor; y creyeron cuantos estaban destinados a una vida eterna. 49 Y la palabra del Señor se difundía por toda la región.

50 Pero los judíos incitaron a mujeres piadosas y de la nobleza, y a los principales de la ciudad; promovieron una persecución contra Pablo y Bernabé y les echaron de su territorio. 51 Éstos sacudieron contra ellos el polvo de sus pies y se fueron a Iconio. 52 Los discípulos, en cambio, se llenaban de gozo y del Espíritu Santo.

Evangelización de Iconio.

14 1 En Iconio, entraron como de costumbre en la sinagoga de los judíos y hablaron de tal manera que gran multitud de judíos y griegos abrazaron la fe.

2 Pero los judíos que no habían creído excitaron y envenenaron los ánimos de los gentiles contra los hermanos.

3 Con todo se detuvieron allí bastante tiempo, hablando con valentía del Señor que daba testimonio de la predicación de

13 33 Cita de Sal **2** 7.
13 34 Cita de Is **55** 3.
13 35 Cita de Sal **16** 10. Ver Hch **2** 31.
13 41 Cita de Ha **1** 5.
13 46 Esta idea de «osadía» o *valentía* se repite con insistencia cuando se trata de Pablo, **9** 27-28; **14** 3; **19** 8; **26** 26; **28** 31.
13 47 Cita libre, según el griego, de Is **49** 6. El texto puede entenderse, o del mismo Pablo (ver **26** 17-18), apóstol y doctor de los gentiles, o bien de Cristo resucitado (ver Lc **2** 32, que depende de Is **49** 6.9), luz de las naciones que iluminará mediante el testimonio de los apóstoles, ver Hch **1** 8+.

su gracia, concediéndoles obrar por sus
manos signos y prodigios.
4 La gente de la ciudad se dividió: unos
a favor de los judíos y otros a favor de los
apóstoles. 5 Como se produjera un movimiento de judíos y gentiles con sus jefes
para ultrajarlos y apedrearlos, 6 al saberlo, huyeron a las ciudades de Licaonia,
a Listra y Derbe y sus alrededores*.
7 También allí se pusieron a anunciar la
Buena Nueva.

Curación de un tullido.

3 1-10.

8 En Listra estaba sentado un hombre
tullido de pies, cojo de nacimiento y que
nunca había andado. 9 Éste escuchaba
a Pablo que hablaba. Pablo fijó en él su
mirada y viendo que tenía fe para ser
curado, 10 le dijo con fuerte voz: «Ponte
derecho sobre tus pies.» Y él se levantó
de un salto y se puso a caminar.
11 La gente, al ver lo que Pablo había
hecho, empezó a gritar en licaonio: «Los
dioses han bajado hasta nosotros en figura de hombres.» 12 A Bernabé le llamaban
Zeus y a Pablo, Hermes, porque era
quien dirigía la palabra*. 13 El sacerdote
del templo de Zeus que hay a la entrada
de la ciudad, trajo toros y guirnaldas
delante de las puertas y a una con la
gente se disponía a ofrecer un sacrificio.
14 Al oírlo los apóstoles Bernabé y Pablo,
rasgaron sus vestidos y se lanzaron en
medio de la gente gritando: 15 «Amigos*,
¿por qué hacen esto? Nosotros somos
también hombres, de igual condición que
ustedes, que les predicamos que abandonen estas cosas vanas y se vuelvan al
Dios vivo que hizo el cielo, la tierra, el
mar y cuanto en ellos hay, 16 y que en las
generaciones pasadas permitió que todas
las naciones siguieran sus propios caminos; 17 si bien no dejó de dar testimonio
de sí mismo, derramando bienes, envián-
doles desde el cielo lluvias y estaciones
fructíferas, llenando sus corazones de
sustento y alegría...» 18 Con estas palabras pudieron impedir a duras penas que
la gente les ofreciera un sacrificio.

Fin de la misión.

19 Vinieron entonces de Antioquía e
Iconio algunos judíos y, habiendo persuadido a la gente, apedrearon a Pablo
y le arrastraron fuera de la ciudad, dándole por muerto. 20 Pero él se levantó
y, rodeado de los discípulos, entró en la
ciudad. Al día siguiente marchó con Bernabé a Derbe.
21 Habiendo evangelizado aquella ciudad y conseguido bastantes discípulos,
se volvieron a Listra, Iconio y Antioquía,
22 confortando los ánimos de los discípulos, exhortándoles a perseverar en la fe y
diciéndoles: «Es necesario que pasemos
por muchas tribulaciones para entrar en
el Reino de Dios.» 23 Designaron presbíteros* en cada Iglesia y después de hacer
oración con ayunos, los encomendaron
al Señor en quien habían creído.
24 Atravesaron Pisidia y llegaron a Panfilia; 25 predicaron en Perge la palabra y
bajaron a Atalía. 26 Allí se embarcaron
para Antioquía, de donde habían partido
encomendados a la gracia de Dios para la
obra que habían realizado.
27 A su llegada reunieron a la Iglesia y
se pusieron a contar todo cuanto Dios
había hecho juntamente con ellos y cómo había abierto a los gentiles la puerta
de la fe. 28 Y permanecieron bastante
tiempo con los discípulos.

14 6 *Listra*, colonia romana, patria de Timoteo, **16** 1-2.

14 12 *Hermes* (*Mercurio* entre los latinos) era el dios patrono de los oradores. Se trata sin duda de dioses de Licaonia asimilados a los olímpicos.

14 15 Breve discurso dirigido a los griegos, ver **17** 22+: contrapone el Dios verdadero a los falsos dioses, el Dios vivo a los ídolos inertes, y termina con un llamamiento a la conversión. Ver un resumen de la predicación de Pablo a los gentiles en 1 Ts **1** 9-10 y Ga **4** 9.

14 23 Según el modelo de las comunidades judías de la Dispersión, ver **11** 30+; Tt **1** 5.

Controversia en Antioquía*.

Ga **2** 11-14.

15 1 Bajaron algunos de Judea que
enseñaban a los hermanos: «Si
no se circuncidan conforme a la costumbre mosaica, no pueden salvarse.» 2 Se
produjo con esto una agitación y una discusión no pequeña de Pablo y Bernabé
contra ellos; y decidieron que Pablo y
Bernabé y algunos más de ellos* subieran a Jerusalén, adonde los apóstoles
y presbíteros, para tratar esta cuestión.
3 Ellos, pues, enviados por la Iglesia,
atravesaron Fenicia y Samaría, contando
al detalle la conversión de los gentiles y
produciendo gran alegría en todos los
hermanos. 4 Llegados a Jerusalén fueron
recibidos por la Iglesia y por los apóstoles y presbíteros, y contaron cuanto Dios
había hecho juntamente con ellos.

Controversia en Jerusalén.

Ga **2** 1-9.

5 Pero algunos de la secta de los fariseos, que habían abrazado la fe, se
levantaron para decir que era necesario
circuncidar a los gentiles y mandarles
guardar la Ley de Moisés. 6 Se reunieron
entonces los apóstoles y presbíteros para
tratar este asunto. 7 Después de una larga
discusión, Pedro se levantó y les dijo:

Discurso de Pedro.

10 1 - **11** 18.

«Hermanos, ustedes saben que ya desde los primeros días me eligió Dios entre
ustedes para que por mi boca oyeran los
gentiles la palabra de la Buena Nueva
y creyeran. 8 Y Dios, conocedor de los
corazones, dio testimonio en su favor
comunicándoles el Espíritu Santo como
a nosotros; 9 y no hizo distinción alguna
entre ellos y nosotros, pues purificó sus
corazones con la fe. 10 ¿Por qué, pues,
ahora tientan a Dios imponiendo sobre
el cuello de los discípulos un yugo que ni
nuestros padres ni nosotros pudimos sobrellevar? 11 Nosotros creemos más bien
que nos salvamos por la gracia del Señor
Jesús, del mismo modo que ellos*.»
12 Toda la asamblea calló y escucharon
a Bernabé y a Pablo contar todos los signos y prodigios que Dios había realizado
por medio de ellos entre los gentiles.

Discurso de Santiago*.

13 Cuando terminaron de hablar, tomó
Santiago la palabra y dijo: «Hermanos,
escúchenme. 14 Simeón ha referido cómo
Dios ya por primera vez intervino para
procurarse entre los gentiles un pueblo
para su Nombre. 15 Con esto concuerdan
los oráculos de los Profetas, según está
escrito:
16 *«Después de esto volveré*
y reconstruiré la tienda de David
que está caída;
reconstruiré sus ruinas,
y la volveré a levantar.
17 *Para que el resto de los hombres*
busque al Señor,
y todas las naciones
que han sido consagradas a mi
nombre,

15 El relato del cap. **15** abre definitivamente a los gentiles *las puertas de la fe*, **14** 27. Pero el relato plantea algunas dificultades. Se explicarían éstas admitiendo que el autor de Hch agrupó dos controversias distintas y las diferentes soluciones que se dieron (Pablo distinguió mejor en Ga **2**): una controversia en la que tomaron parte Pedro y Pablo, sobre la obligación de la Ley judía para los gentiles convertidos, ver Ga **2** 1-10; otra, posterior, provocada por el incidente de Antioquía, sobre los contactos entre cristianos venidos del Judaísmo y del paganismo en sus relaciones sociales, Ga **2** 11-14.

15 2 Ga **2** 12 nombra a Tito, que era originario de la gentilidad. Después de la Asamblea, los delegados volverán con la solución adoptada, vv. 30-35.

15 11 Respuesta directa a la afirmación del v. 1. La doctrina es la de Ga **2** 15-21; **3** 22-26; Rm **11** 32; Ef **2** 1-10; etc. Bajo este punto de vista, no hay ventaja alguna para el judío: ver **13** 38; Ga **5** 6; **6** 15.

15 13 Ga **2** 9 confirma la importancia de la intervención de Santiago, en especial en el debate referente a los problemas locales de relaciones sociales, ver **12** 17+; **15**+.

dice el Señor que hace [18] *que estas cosas* sean conocidas desde antiguo*.

[19] «Por esto juzgo* yo que no se debe molestar a los gentiles que se conviertan a Dios, [20] sino escribirles que se abstengan de lo que ha sido contaminado por los ídolos, de la impureza*, de los animales estrangulados y de la sangre. [21] Porque desde tiempos antiguos Moisés tiene en cada ciudad sus predicadores cuando se lee cada sábado en las sinagogas.»

La carta apostólica*.

[22] Entonces decidieron los apóstoles y presbíteros, de acuerdo con toda la Iglesia, elegir de entre ellos algunos hombres y enviarlos a Antioquía con Pablo y Bernabé; y estos fueron Judas, llamado Barsabás, y Silas, que eran dirigentes entre los hermanos. [23] Por su medio les enviaron esta carta:

«Los apóstoles y los presbíteros hermanos, saludan a los hermanos venidos de la gentilidad que están en Antioquía, en Siria y en Cilicia. [24] Habiendo sabido que algunos de entre nosotros, sin mandato nuestro, los han perturbado con sus palabras, trastornando sus ánimos, [25] hemos decidido de común acuerdo elegir algunos hombres y enviarlos a ustedes, juntamente con nuestros queridos Bernabé y Pablo, [26] hombres que han entregado su vida a la causa de nuestro Señor Jesucristo. [27] Enviamos, pues, a Judas y Silas, quienes les expondrán esto mismo de viva voz: [28] Que hemos decidido el Espíritu Santo y nosotros no imponerles más cargas que éstas indispensables: [29] abstenerse de lo sacrificado a los ídolos, de la sangre, de los animales estrangulados y de la impureza. Harán bien en guardarse de estas cosas. Adiós.»

Los delegados en Antioquía.

[30] Ellos, después de despedirse, bajaron a Antioquía, reunieron la asamblea y entregaron la carta. [31] La leyeron y se gozaron al recibir aquel aliento. [32] Judas y Silas, que eran también profetas, exhortaron con un largo discurso a los hermanos y les confortaron. [33] Pasado algún tiempo, fueron despedidos en paz por los hermanos para volver a los que los habían enviado*. [34]

[35] Pablo y Bernabé se quedaron en Antioquía enseñando y anunciando, en compañía de otros muchos, la Buena Nueva, la palabra del Señor.

IV. *Misiones de Pablo*

Pablo se separa de Bernabé y toma por compañero a Silas.

[36] Al cabo de algunos días dijo Pablo a Bernabé: «Volvamos ya a ver cómo les va a los hermanos en todas aquellas ciudades en que anunciamos la palabra del Señor.» [37] Bernabé quería llevar también con ellos a Juan, llamado Marcos. [38] Pablo, en cambio, pensaba que no debían llevar consigo al que se había separado de ellos en Panfilia y no les había acompañado en la obra. [39] Se produjo entonces una tirantez tal que acabaron por

15 18 Cita de Am **9** 11-12; Is **45** 21.
15 19 Santiago concluye el debate, y la carta apostólica se limitará a repetir los términos de su declaración.
15 20 La palabra *impureza* designa las uniones irregulares enumeradas en Lv **18**+. -Las reservas de Santiago manifiestan la naturaleza exacta del litigio. Tienen un carácter estrictamente ritual y responden al problema planteado en Hch **11** 3 y Ga **2** 12-14.
15 22 La decisión toma la forma de una carta que se inspira sobre todo en el parecer de Pedro, v. 28, con las reservas expresadas por Santiago, v. 29.
15 33 El texto llamado occidental añade el v. 34: «pero Silas decidió quedarse». Varios mss añaden además: «Judas marchó solo».

separarse el uno del otro*: Bernabé tomó
consigo a Marcos y se embarcó rumbo a
Chipre; 40 por su parte Pablo eligió por
compañero a Silas y partió, encomendado por los hermanos a la gracia de Dios*.

En Licaonia. Pablo toma por compañero a Timoteo.

41 Recorrió Siria y Cilicia consolidando
las Iglesias.

16 1 Llegó también a Derbe y Listra.
Había allí un discípulo llamado
Timoteo, hijo de una mujer judía creyente pero de padre griego. 2 Los hermanos
de Listra e Iconio daban de él un buen
testimonio. 3 Pablo quiso que se fuera
con él. Lo tomó y lo circuncidó a causa
de los judíos que había por aquellos lugares, pues todos sabían que su padre era
griego*.
4 Conforme iban pasando por las ciudades, les iban entregando, para que las
observaran, las decisiones tomadas por
los apóstoles y presbíteros en Jerusalén.
5 Las Iglesias, pues, se afianzaban en
la fe y crecían en número de día en día.

En Asia Menor.

Ga **4** 13-15.

6 Atravesaron Frigia y la región de
Galacia, pues el Espíritu Santo les había
impedido predicar la palabra en Asia.
7 Estando ya cerca de Misia, intentaron
dirigirse a Bitinia, pero no se lo consintió
el Espíritu de Jesús. 8 Atravesaron, pues,
Misia y bajaron a Tróade.
9 Por la noche Pablo tuvo una visión:
Un macedonio estaba de pie suplicándole: «Pasa a Macedonia y ayúdanos.» 10 En
cuanto tuvo la visión, inmediatamente in-
tentamos* pasar a Macedonia, persuadi-
dos de que Dios nos había llamado para
evangelizarlos.

Llegada a Filipos.

11 Nos embarcamos en Tróade y fuimos
derechos a Samotracia, y al día siguiente
a Neápolis; 12 de allí, a Filipos, que es la
principal colonia de la demarcación de
Macedonia. En esta ciudad nos detuvimos
algunos días. 13 El día de sábado salimos
fuera de la puerta, a la orilla de un río,
donde suponíamos que habría un lugar de
oración. Nos sentamos y empezamos a
hablar a las mujeres que habían concurrido. 14 Una de ellas, llamada Lidia, vende-
dora de púrpura, natural de la ciudad de
Tiatira, y que adoraba a Dios*, nos escuchaba. El Señor le abrió el corazón para
que se adhiriese a las palabras de Pablo.
15 Cuando ella y los de su casa recibieron
el bautismo, suplicó: «Si juzgan que soy
fiel al Señor, vengan y hospédense en mi
casa.» Y nos obligó a ir.

Prisión de Pablo y Silas.

16 Sucedió que al ir nosotros al lugar
de oración, nos salió al encuentro una
esclava poseída de un espíritu adivino,
que pronunciando oráculos producía
mucho dinero a sus amos. 17 Nos seguía a
Pablo y a nosotros gritando: «Estos hombres son siervos del Dios Altísimo, que
les anuncian un camino de salvación.»
18 Venía haciendo esto durante muchos
días. Cansado Pablo, se volvió y dijo al
espíritu: «En nombre de Jesucristo te
mando que salgas de ella.» Y en el mismo
instante salió.

15 39 Es posible que la razón de fondo de que Pablo se separe de Bernabé sea la diferencia que se produjo entre ellos en Antioquía a propósito de las comidas comunes, y por tanto de la comunión, entre cristianos procedentes del Judaísmo y de la gentilidad; Ga **2** 11-13.

15 40 Este segundo viaje va a llevar a Pablo hasta Grecia, donde el Evangelio se encontró con el Imperio y la cultura griega.

16 3 Timoteo era hijo de una mujer judía, y por lo mismo, según el derecho judío, israelita. Será, hasta el fin, uno de los más fieles discípulos de Pablo, 1 Tm **3** 2-6; Flp **2** 19-24. Sobre la circuncisión, ver Ga **2** 3; **5** 1-12.

16 10 La redacción pasa bruscamente a la primera persona del plural; primera «sección-nosotros» de Hch. Ver también **20** 5 - **21** 18; 27 1 - **28** 16. Estas secciones parecen indicar la presencia del autor junto a Pablo.

16 14 Ver **10** 2; **13** 43.

19 Al ver sus amos que se les había ido
su esperanza de ganancia, agarraron a
Pablo y a Silas y los arrastraron hasta la
plaza, ante las autoridades; 20 los presentaron a los magistrados y dijeron: «Estos
hombres alborotan nuestra ciudad; son
judíos 21 y predican unas costumbres que
nosotros, por ser romanos, no podemos
aceptar ni practicar*.» 22 La gente se amotinó contra ellos; los magistrados les hicieron arrancar los vestidos y mandaron
azotarlos con varas. 23 Después de haberles dado muchos azotes, los echaron a la
cárcel y mandaron al carcelero que los
guardara con todo cuidado. 24 Éste, al
recibir tal orden, los metió en el calabozo
interior y sujetó sus pies en el cepo.

Milagrosa liberación de los misioneros.

25 Hacia la media noche Pablo y Silas
estaban en oración cantando himnos a
Dios; los presos los escuchaban. 26 De repente se produjo un terremoto tan fuerte
que los mismos cimientos de la cárcel
se conmovieron. Al momento quedaron
abiertas todas las puertas y se soltaron
las cadenas de todos. 27 Despertó el carcelero y, al ver las puertas de la cárcel
abiertas, sacó la espada e iba a matarse,
creyendo que los presos habían huido.
28 Pero Pablo le gritó: «No te hagas ningún mal, que estamos todos aquí.»
29 El carcelero pidió luz, entró de un
salto y tembloroso se arrojó a los pies de
Pablo y Silas, 30 los sacó fuera y les dijo:
«Señores, ¿qué tengo que hacer para
salvarme?» 31 Le respondieron: «Ten fe en
el Señor Jesús y te salvarás tú y tu casa.»
32 Y le anunciaron la palabra del Señor a
él y a todos los de su casa. 33 En aquella
misma hora de la noche el carcelero los
tomó consigo y les lavó las heridas; inmediatamente recibió el bautismo él y
todos los suyos. 34 Les hizo entonces subir
a su casa, les preparó la mesa y se alegró
con toda su familia por haber creído en
Dios.
35 Llegado el día, los magistrados enviaron a los guardias a decir al carcelero: «Pon en libertad a esos hombres.»
36 El carcelero transmitió estas palabras
a Pablo: «Los magistrados han enviado a
decir que los suelte. Ahora, pues, salgan
y marchen.» 37 Pero Pablo les contestó:
«Después de habernos azotado públicamente sin habernos juzgado, a pesar de
ser nosotros ciudadanos romanos*, nos
echaron a la cárcel; ¿y ahora quieren
mandarnos de aquí a escondidas? Eso
no; que vengan ellos a sacarnos.»
38 Los guardias transmitieron estas palabras a los magistrados. Les entró miedo al oír que eran romanos. 39 Vinieron
y les rogaron que salieran de la ciudad.
40 Al salir de la cárcel se fueron a casa de
Lidia, volvieron a ver a los hermanos, los
animaron y se marcharon.

En Tesalónica. Dificultades con los judíos.

17 1 Atravesando Anfípolis y Apolo-
nia llegaron a Tesalónica, donde
los judíos tenían una sinagoga. 2 Pablo,
según su costumbre, se dirigió a ellos y
durante tres sábados discutió con ellos
basándose en las Escrituras, 3 explicando
y probando que Cristo tenía que padecer
y resucitar de entre los muertos y que
«este Cristo es Jesús, a quien yo les anuncio». 4 Algunos de ellos se convencieron y
se unieron a Pablo y Silas así como una
gran multitud de los que adoraban a Dios
y de griegos y no pocas de las mujeres
principales.
5 Pero los judíos, llenos de envidia,
reunieron a gente maleante de la calle,
armaron tumultos y alborotaron la ciudad. Se presentaron en casa de Jasón
buscándolos para llevarlos ante el pue-

16 21 Son las *costumbres* judías, ver **6** 14; **15** 1; **21** 21; **26** 3; **28** 17; Jn **19** 40. Los acusadores no distinguen entre cristianos y judíos.

16 37 La *lex Porcia* prohibía bajo penas severas someter a un ciudadano romano a la flagelación, ver **22** 25-29; **23** 27.

blo. [6] Al no encontrarlos, arrastraron a Jasón y a algunos hermanos ante los magistrados de la ciudad gritando: «Esos que han revolucionado el mundo se han presentado también aquí, [7] y Jasón los ha hospedado. Además todos ellos actúan contra los decretos del César, pues afirman que hay otro rey*, Jesús.» [8] Al oír esto, el pueblo y los magistrados de la ciudad se alborotaron. [9] Pero después de recibir una fianza de Jasón y de los demás, les dejaron ir.

Nuevas dificultades en Berea.

[10] Inmediatamente, por la noche, los hermanos enviaron hacia Berea a Pablo y Silas. Ellos, al llegar allí, se fueron a la sinagoga de los judíos. [11] Éstos eran de un natural mejor que los de Tesalónica, y aceptaron la palabra de todo corazón. Diariamente examinaban las Escrituras para ver si las cosas eran así. [12] Creyeron, pues, muchos de ellos y, entre los griegos, mujeres distinguidas y no pocos hombres.

[13] Pero cuando los judíos de Tesalónica se enteraron de que también en Berea había predicado Pablo la palabra de Dios, fueron también allá, y agitaron y alborotaron a la gente. [14] Los hermanos entonces hicieron marchar a toda prisa a Pablo hasta el mar; Silas y Timoteo se quedaron allí. [15] Los que conducían a Pablo le llevaron hasta Atenas y se volvieron con una orden para Timoteo y Silas de que fueran adonde él lo antes posible.

Pablo en Atenas.

[16] Mientras Pablo les esperaba en Atenas, estaba interiormente indignado al ver la ciudad llena de ídolos. [17] Discutía en la sinagoga con los judíos y con los que adoraban a Dios; y diariamente en la plaza con los que por allí se encontraban. [18] Trababan también conversación con él algunos filósofos epicúreos y estoicos. Unos decían: «¿Qué querrá decir este charlatán?» Y otros: «Parece ser un predicador de divinidades extranjeras.» Porque anunciaba a Jesús y la resurrección*.

[19] Le tomaron y le llevaron al Areópago; y le dijeron: «¿Podemos saber cuál es esa nueva doctrina que tú expones? [20] Pues te oímos decir cosas extrañas y querríamos saber qué es lo que significan.» [21] Todos los atenienses y los forasteros que allí residían en ninguna otra cosa pasaban el tiempo sino en decir u oír la última novedad.

[22] Pablo, de pie en medio del Areópago, dijo:

Discurso de Pablo ante el Areópago*.

«Atenienses, veo que ustedes son, por todos los conceptos, los más respetuosos de la divinidad. [23] Pues al pasar y contemplar sus monumentos sagrados, he encontrado también un altar en el que estaba grabada esta inscripción: 'Al Dios desconocido.' Pues bien, lo que adoran sin conocer, eso les vengo yo a anunciar.

[24] «El Dios que hizo el mundo y todo lo que hay en él, que es Señor del cielo y de la tierra, no habita en santuarios fabricados por mano de hombres; [25] ni es servido por manos humanas, como si de algo estuviera necesitado, el que a todos da la vida, el aliento y todas las cosas. [26] Él creó, de un solo principio, todo el linaje humano, para que habitara sobre toda la faz de la tierra fijando los tiempos determinados

17 7 Los cristianos evitaban dar a Cristo el título de «rey», que pertenecía al emperador, y preferían el de «Cristo» (Mesías) y el de «Señor». Esta misma acusación se lanzó contra Jesús, Lc **23** 2; Jn **19** 12.

17 18 Ver v. 32. Toman la palabra *resurrección* como nombre de una diosa (*Anástasis*) compañera de Jesús.

17 22 Con el resumen de **14** 15-17, es el único ejemplo conservado de la predicación de Pablo a los gentiles. Su fondo es bíblico, aunque trata y utiliza algunos temas religiosos del helenismo (el orden del universo lleva al conocimiento de Dios). Ver Sb **13-14**; Rm **1** 19-25; ver también 1 Co **1** 8-25; **2** 1-5.

y los límites del lugar donde habían de
habitar*, 27 con el fin de que buscaran la
divinidad, para ver si a tientas la buscaban
y la hallaban; por más que no se encuentra lejos de cada uno de nosotros; 28 pues
en él vivimos, nos movemos y existimos,
como han dicho algunos de ustedes:

'Porque somos también de su linaje*.'

29 «Si somos, pues, del linaje de Dios,
no debemos pensar que la divinidad sea
algo semejante al oro, la plata o la piedra, modelados por el arte y el ingenio
humano.

30 «Dios, pues, pasando por alto los
tiempos de la ignorancia, anuncia ahora
a los hombres que todos y en todas partes deben convertirse, 31 porque ha fijado
el día en que va a juzgar al mundo según
justicia, por el hombre que ha destinado,
dando a todos una garantía al resucitarlo
de entre los muertos*.»

32 Al oír la resurrección de los muertos,
unos se burlaron y otros dijeron: «Sobre
esto ya te oiremos otra vez*.» 33 De este
modo Pablo se marchó de entre ellos.
34 Pero algunos hombres se adhirieron a
él y creyeron, entre ellos Dionisio Areo-
pagita, una mujer llamada Damaris y algunos otros con ellos.

Fundación de la iglesia de Corinto.

18 1 Después de esto se alejó de
Atenas y llegó a Corinto*. 2 Se
encontró con un judío llamado Áquila,
originario del Ponto, que acababa de llegar de Italia, y con su mujer Priscila, por
haber decretado Claudio que todos los
judíos saliesen de Roma; se llegó a ellos
3 y como era del mismo oficio, se quedó
a trabajar* en su casa. El oficio de ellos
era fabricar tiendas. 4 Todos los sábados
discutía en la sinagoga, y se esforzaba
por convencer a judíos y griegos.

5 Cuando llegaron de Macedonia Silas
y Timoteo, Pablo se dedicó enteramente
a la palabra, dando testimonio ante los
judíos de que el Cristo era Jesús. 6 Como
ellos se oponían y blasfemaban, sacudió
sus vestidos* y les dijo: «Su sangre recaiga
sobre su cabeza; yo soy inocente y desde
ahora me voy a los gentiles.» 7 Entonces
se retiró de allí y entró en casa de un
tal Justo, que adoraba a Dios, cuya casa
estaba contigua a la sinagoga. 8 Crispo, el
jefe de la sinagoga, creyó en el Señor con
toda su casa; y otros muchos corintios
creían y, al oír a Pablo, se bautizaban. 9 El
Señor dijo a Pablo durante la noche en
una visión: «No tengas miedo, sigue hablando y no te calles; 10 porque yo estoy
contigo y nadie te atacará para hacerte
mal, porque tengo yo un pueblo numeroso en esta ciudad.» 11 Y permaneció allí un
año y seis meses, enseñando entre ellos
la palabra de Dios.

Pablo entregado por los judíos a la justicia.

12 Siendo Galión procónsul de Acaya
se echaron los judíos de común acuerdo
sobre Pablo y le condujeron ante el tribu-

17 26 Se trata del orden del universo, apto para llevar al conocimiento de Dios.

17 28 Cita sacada de los *Fenómenos* de Arato, poeta de Cilicia (siglo III a.C.)

17 31 Ver Sal **9** 9; **96** 13; **98** 9. La perspectiva en que los apóstoles invitan a la conversión es la del juicio, ver sobre todo **10** 42-43; 1 Ts **1** 10. La resurrección de Cristo garantiza la fe en su misión de Juez y Salvador, ver Rm **14** 9; 2 Tm **4** 1; 1 P **4** 5.

17 32 En el mundo griego, incluso entre los cristianos, la doctrina de la resurrección encontró muchas dificultades para vencer naturales prejuicios, ver 1 Co **15** 12s; Hch **23** 6.

18 1 *Corinto* era la capital de la provincia romana de Acaya. Predominaba en ella la presencia de romanos y latinos; pero el comercio atraía hacia ella a una población cosmopolita. Su colonia judía era importante. Gozaba de mala fama por la libertad de costumbres.

18 3 Pablo, aunque reconoce el derecho de los misioneros a su sustento, 1 Co **9** 6-14; Ga **6** 6; 2 Ts **3** 9, siempre tuvo empeño en *trabajar* con sus manos, **20** 34; 1 Co **4** 12, para no ser gravoso a nadie, 1 Ts **2** 9; 2 Ts **3** 8; 2 Co **12** 13s, y demostrar su desinterés, **20** 33s; 1 Co **9** 15-18; 2 Co **11** 7-12. Ver Flp **4** 14-16.

18 6 El gesto señala una ruptura. Las palabras que siguen son bíblicas, ver Lv **20** 9-16; 2 S **1** 16.

nal 13 diciendo: «Éste persuade a la gente para que adore a Dios de una manera contraria a la Ley.» 14 Iba Pablo a abrir la boca cuando Galión dijo a los judíos: «Si se tratara de algún crimen o mala acción, yo los escucharía, judíos, con calma, como es razón. 15 Pero como se trata de discusiones sobre palabras y nombres y cosas de su Ley, allá ustedes. Yo no quiero ser juez en estos asuntos.» 16 Y los echó del tribunal. 17 Entonces todos ellos agarraron a Sóstenes, el jefe de la sinagoga, y se pusieron a golpearlo ante el tribunal sin que a Galión le diera esto ningún cuidado.

Vuelta a Antioquía y partida para el tercer viaje.

18 Pablo se quedó allí todavía bastantes días; después se despidió de los hermanos y se embarcó rumbo a Siria; y con él Priscila y Áquila. En Cencreas se había afeitado la cabeza, porque tenía hecho un voto*.

19 Arribaron a Éfeso y allí se separó de ellos. Entró en la sinagoga y se puso a discutir con los judíos. 20 Le rogaron que se quedara allí más tiempo, pero no accedió, 21 sino que se despidió diciéndoles: «Volveré a ustedes otra vez, si Dios quiere.» Y zarpó de Éfeso.

22 Desembarcó en Cesarea, y después de subir a saludar a la Iglesia, bajó a Antioquía. 23 Después de pasar allí algún tiempo marchó a recorrer una tras otra las regiones de Galacia y Frigia para fortalecer a todos los discípulos*.

Apolo*.

24 Un judío, llamado Apolo, originario de Alejandría, hombre elocuente, que dominaba las Escrituras, llegó a Éfeso. 25 Éste había sido instruido en el Camino del Señor y con fervor de espíritu hablaba y enseñaba con todo esmero lo referente a Jesús, aunque solamente conocía el bautismo de Juan. 26 Éste, pues, comenzó a hablar con valentía en la sinagoga. Al oírle Áquila y Priscila, le tomaron consigo y le explicaron con más exactitud el Camino.

27 Queriendo él pasar a Acaya, los hermanos le animaron a ello y escribieron a los discípulos para que le recibieran. Una vez allí fue de gran provecho, con el auxilio de la gracia, a los que habían creído; 28 pues rebatía vigorosamente en público a los judíos, demostrando por las Escrituras que el Cristo era Jesús.

Los discípulos de Jesús en Éfeso.

8 15-17.

19 1 Ocurrió que mientras Apolo estaba en Corinto, Pablo atravesó las regiones altas y llegó a Éfeso* y encontró algunos discípulos; 2 les preguntó: «¿Recibieron el Espíritu Santo cuando abrazaron la fe?» Ellos contestaron: «Pero si nosotros no hemos oído decir siquiera que haya Espíritu Santo*.» 3 Él replicó: «¿Pues qué bautismo han recibido?» —«El bautismo de Juan», respondieron. 4 Pablo añadió: «Juan bautizó con un bautismo de conversión, diciendo al pueblo que creyeran en el que había de venir después de él, o sea en Jesús.» 5 Cuando oyeron esto, se bautizaron en el nombre del Señor Jesús. 6 Y, habiéndoles Pablo impuesto las manos, vino sobre ellos el Espíritu Santo y se pusieron a hablar en lenguas y a profetizar. 7 Eran en total unos doce hombres.

18 18 Texto oscuro. El que emitía un voto era *nazir*, ver Nm **6**+, por todo el tiempo de su voto (unos treinta días); entre otras observancias, *no debía cortarse el pelo* en este tiempo.

18 23 Empieza la tercera misión de Pablo. El centro de su actividad será Éfeso.

18 24 El paso de *Apolo* por Corinto había suscitado entusiasmos, que pronto degeneraron en banderías, ver 1 Co **1** 12; **3** 4-6.22; ver también Tt **3** 13.

19 1 *Éfeso* era una de las ciudades más bellas del imperio; centro religioso, político y comercial, de población heterogénea.

19 2 No ignoran su existencia, sino su efusión de Pentecostés, **1** 8+; **2** 1-4+.

Fundación de la Iglesia de Éfeso.

[8] Entró en la sinagoga y durante tres
meses hablaba con valentía, discutiendo acerca del Reino de Dios e intentando convencerles. [9] Pero como algunos
se obstinaban, no se dejaban persuadir y hablaban mal del Camino ante la gente, rompió con ellos y formó grupo aparte con los discípulos, discutiendo diariamente en la escuela de Tirano.
[10] Esto duró dos años*, de forma que pudieron oír la palabra del Señor todos los habitantes de Asia, tanto judíos como griegos.

Los judíos exorcistas.

[11] Dios obraba por medio de Pablo milagros no comunes, [12] de forma que bastaba aplicar a los enfermos los pañuelos o mandiles que había usado y se alejaban de ellos las enfermedades y salían los espíritus malos.
[13] Algunos exorcistas judíos ambulantes intentaron también invocar el nombre del Señor Jesús sobre los que tenían espíritus malos, y decían: «Los conjuro
por Jesús a quien predica Pablo.» [14] Eran
siete hijos de un tal Esceva, sumo sacerdote judío, los que hacían esto. [15] Pero
el espíritu malo les respondió: «A Jesús lo conozco y sé quién es Pablo; pero
ustedes, ¿quiénes son?» [16] Y arrojándose
sobre ellos el hombre poseído del mal espíritu, dominó a unos y otros y pudo con ellos de forma que tuvieron que huir de aquella casa desnudos y cubiertos de
heridas. [17] Llegaron a enterarse de esto
todos los habitantes de Éfeso, tanto judíos como griegos. El temor se apoderó de todos ellos y fue glorificado el nombre del Señor Jesús.

[18] Muchos de los que habían creído venían a confesar y declarar públicamente
sus prácticas. [19] Bastantes de los que habían practicado la magia reunieron los libros y los quemaron delante de todos. Calcularon el precio y hallaron que subía a cincuenta mil monedas de plata.
[20] De esta forma la palabra del Señor crecía y se difundía poderosamente.

V. Fin de las misiones.

El prisionero de Cristo

Planes de Pablo.
1 Co **16** 1-8; Rm **15** 22-32.

[21] Cuando se hubo cumplido todo esto, Pablo tomó la decisión de ir a Jerusalén* pasando por Macedonia y Acaya. Y añadió: «Después de haber estado allí tengo
que visitar yo también Roma.» [22] Envió
a Macedonia a dos de sus auxiliares, Timoteo y Erasto, mientras él se quedaba algún tiempo en Asia.

En Éfeso. Revuelta de los orfebres*

[23] Por entonces se produjo un tumulto no pequeño con motivo del Camino.
[24] Cierto platero, llamado Demetrio, que labraba en plata templetes de Artemisa y proporcionaba no pocas ganancias a los
artífices, [25] reunió a éstos y también a los obreros de este ramo y les dijo: «Compañeros, ustedes saben que a esta industria debemos el bienestar; [26] pero están
viendo y oyendo decir que no solamente en Éfeso, sino en casi toda el Asia, ese Pablo ha persuadido a mucha gente a cambiar de idea, diciendo que no son dioses los que se fabrican con las manos.
[27] Y esto no solamente trae el peligro de que nuestra profesión caiga en descrédito, sino también de que el mismo templo

19 10 Durante esta estancia escribió Pablo la primera carta a los Corintios, la carta a los Gálatas y, con alguna probabilidad, la carta a los Filipenses.

19 21 Pablo quería llevar a Jerusalén el producto de la colecta, **24** 17+.

19 23 Este pintoresco episodio interrumpe el relato, que se reanuda en **20** 1.

de la gran diosa Artemisa sea tenido en nada y venga a ser despojada de su grandeza aquella a quien adora toda el Asia y toda la tierra.» 28 Al oír esto, llenos de furor se pusieron a gritar: «¡Grande es la Artemisa de los efesios!» 29 La ciudad se llenó de confusión. Todos a una se precipitaron hacia el teatro arrastrando consigo a Gayo y a Aristarco, macedonios, compañeros de viaje de Pablo. 30 Pablo quiso entrar y presentarse al pueblo, pero se lo impidieron los discípulos. 31 Incluso algunas de las autoridades de la provincia de Asia, que eran amigos suyos, le enviaron a rogar que no se arriesgara a ir al teatro.

32 Unos gritaban una cosa y otros otra. Había gran confusión en la asamblea y la mayoría no sabía para qué se habían reunido. 33 Algunos de entre la gente aleccionaron a Alejandro a quien los judíos habían empujado hacia adelante. Alejandro pidió silencio con la mano y quería hacer una defensa ante el pueblo. 34 Pero, al conocer que era judío, todos a una voz estuvieron gritando durante casi dos horas: «¡Grande es la Artemisa de los efesios!» 35 Cuando el magistrado logró calmar a la gente, dijo: «Efesios, ¿quién hay en el mundo que no sepa que la ciudad de los efesios es la guardiana del templo de la gran Artemisa y de su estatua caída del cielo? 36 Siendo, pues, esto indiscutible, conviene que se calmen y no hagan nada inconsideradamente. 37 Han traído acá a estos hombres que no son sacrílegos ni blasfeman contra nuestra diosa. 38 Si Demetrio y los artífices que le acompañan tienen quejas contra alguno, audiencias y procónsules hay; que presenten sus reclamaciones. 39 Y si tienen algún otro asunto, se resolverá en la asamblea legal. 40 Porque, además, corremos peligro de ser acusados de sedición por lo de hoy, no existiendo motivo alguno que nos permita justificar este tumulto.» Dicho esto disolvió la asamblea.

Pablo abandona Éfeso.

20 1 Cuando hubo cesado el tu multo, Pablo mandó llamar a los discípulos, los animó, se despidió de ellos y salió camino de Macedonia. 2 Recorrió aquellas regiones y exhortó a los fieles con largos discursos; después marchó a Grecia. 3 Pasó allí tres meses*. Como los judíos habían tramado una conjuración contra él para cuando estuviera a punto de embarcarse para Siria, tomó la determinación de volver por Macedonia. 4 Le acompañaban Sópatros, hijo de Pirro, de Berea; Aristarco y Segundo, de Tesalónica; Gayo, de Doberes, y Timoteo; Tíquico y Trófimo, de Asia. 5 Éstos se adelantaron y nos esperaron en Tróade. 6 Nosotros, después de los días de los Ázimos*, nos embarcamos en Filipos y al cabo de cinco días nos unimos a ellos en Tróade donde pasamos siete días.

En Tróade. Pablo resucita un muerto.

7 El primer día de la semana*, estando nosotros reunidos para la fracción del pan, Pablo, que debía marchar al día siguiente, disertaba ante ellos y alargó la charla hasta la media noche. 8 Había abundantes lámparas en el piso superior donde estábamos reunidos. 9 Un joven, llamado Eutico, estaba sentado en el borde de la ventana; un profundo sueño le iba dominando a medida que Pablo alargaba su discurso. Vencido por el sueño se cayó del piso tercero abajo. Lo levantaron ya muerto. 10 Bajó Pablo, se echó sobre él y tomándole en sus brazos dijo: «No se inquieten, pues su alma está

20 3 Pablo, pues, pudo realizar finalmente los proyectos de 1 Co **16** 5-6. Su carta a los Romanos la escribió durante esta estancia en Corinto.

20 6 Las fiestas de la Pascua, ver Ex **12**+; 1 Co **5** 7-8+.

20 7 El primer día de la semana judía, convertido en el día de la asamblea de los cristianos, ver Mt **28** 1+; 1 Co **16** 2, el *día del Señor* (*domingo*), Ap **1** 10. La asamblea dominical tenía lugar al comienzo de ese día, es decir, en la noche del sábado, según la manera judía de contar el día, ver **2** 42.46; **27** 35.

en él.» 11 Subió luego; partió el pan y
comió; después conversó largo tiempo,
hasta el amanecer. Entonces se marchó.
12 Trajeron al muchacho vivo y se consolaron no poco.

De Tróade a Mileto.

13 Nosotros nos adelantamos hacia la
nave y partimos hacia Aso, donde habíamos de recoger a Pablo; pues así lo
había él determinado; él iría por tierra.
14 Cuando nos alcanzó en Aso, le tomamos a bordo y llegamos a Mitilene.
15 Al día siguiente nos hicimos a la mar
y llegamos a la altura de Quíos; al otro
día atracamos en Samos y, después de
hacer escala en Trogilión, llegamos al
día siguiente a Mileto. 16 Pablo había resuelto pasar de largo por Éfeso, para no
perder tiempo en Asia. Se daba prisa,
porque quería estar, si le era posible, el
día de Pentecostés en Jerusalén.

Despedida de los presbíteros de Éfeso.

17 Desde Mileto envió a llamar a los
presbíteros de la Iglesia de Éfeso. 18 Cuando llegaron a él, les dijo*:
«Ustedes saben cómo me comporté
siempre con ustedes, desde el primer día
que entré en Asia, 19 sirviendo al Señor
con toda humildad y lágrimas y con las
pruebas que me vinieron por las ase-
chanzas de los judíos; 20 cómo no omití
por miedo nada de lo que podía serles
útil; les predicaba y enseñaba en público
y por las casas, 21 dando testimonio tanto
a judíos como a griegos para que se convirtieran a Dios y creyeran en nuestro
Señor Jesús.
22 «Miren que ahora yo, encadenado
en el espíritu, me dirijo a Jerusalén, sin
saber lo que allí me sucederá; 23 solamente sé que el Espíritu Santo en cada
ciudad me testifica que me aguardan
prisiones y tribulaciones. 24 Pero yo no
considero mi vida digna de estima*, con
tal que lleve a término mi carrera y el ministerio que he recibido del Señor Jesús:
dar testimonio del Evangelio de la gracia
de Dios.
25 «Y ahora yo sé que ya no volverán a
ver mi rostro* ninguno de ustedes, entre
quienes pasé predicando el Reino. 26 Por
esto les testifico en el día de hoy que
yo estoy limpio de la sangre de todos,
27 pues no omití por miedo el anunciarles
todo el designio de Dios.
28 «Tengan cuidado de ustedes y de
toda la grey, en medio de la cual les ha
puesto el Espíritu Santo como vigilantes
para pastorear la Iglesia de Dios*, que él
se adquirió con la sangre de su propio
hijo.
29 «Yo sé que, después de mi partida,
se introducirán entre ustedes lobos crueles que no perdonarán al rebaño; 30 y
también que de entre ustedes mismos se
levantarán hombres que hablarán cosas
perversas, para arrastrar a los discípulos
detrás de ellos. 31 Por tanto, vigilen y
acuérdense que durante tres años no he
cesado de amonestarles día y noche con
lágrimas a cada uno de ustedes.
32 «Ahora les encomiendo a Dios y a
la palabra de su gracia, que tiene poder
para construir el edificio y darles la herencia con todos los santificados.
33 «Yo de nadie codicié plata, oro o
vestidos. 34 Ustedes saben que estas manos proveyeron a mis necesidades y a

20 18 El tercer discurso de Pablo, ver **13** y **17**, es el testamento pastoral dirigido a los jefes de la principal de las *Iglesias* por él fundadas. Les recuerda su ministerio entre ellos y les deja sus recomendaciones, trazando así su propio retrato. Se perciben numerosos ecos de las epístolas.

20 24 Ver **15** 26; **21** 13; 1 Ts **2** 8; Flp **1** 21-23.

20 25 Ver v. 38. Pablo contaba con salir de Jerusalén para España, Rm **15** 24-28.

20 28 La *Iglesia de Dios*, **5** 11+; 1 Co **1** 2; 1 Ts **2** 14; 1 Tm **3** 15, es el pueblo que Dios ha adquirido, Ex **19** 5-6+; Is **43** 21; 1 P **2** 9-10+, por la sangre de su hijo, Rm **3** 24-25+; **8** 32-34; Ef **1** 7; ver Mt **26** 28p+. El Espíritu Santo, **1** 8+; 1 Co **12** 4-11, ha confiado este rebaño a la solicitud desinteresada, vv. 29-31, de los *epíscopos* (*vigilantes*, Tt **1** 5+); ver Nm **27** 16-17+; 2 S **5**: Ez **34**+; 1 P **5** 1-2+.

las de mis compañeros. 35 En todo les
he enseñado que es así, trabajando, como se debe socorrer a los débiles y que
hay que tener presentes las palabras del
Señor Jesús, que dijo: Mayor felicidad
hay en dar que en recibir*.»
36 Dicho esto se puso de rodillas y oró
con todos ellos. 37 Rompieron entonces
todos a llorar y, arrojándose al cuello
de Pablo, le besaban, 38 afligidos sobre
todo por lo que había dicho: que ya no
volverían a ver su rostro. Y fueron acom-
pañándolo hasta la nave.

Subida a Jerusalén.

21 1 Separándonos de ellos nos hicimos a la mar y navegamos dere-
chos hasta llegar a Cos; al día siguiente,
hasta Rodas, y de allí hasta Pátara. 2 Encontramos una nave que partía para Fenicia; nos embarcamos y partimos. 3 Avis-
tamos Chipre y, dejándola a la izquierda,
íbamos navegando rumbo a Siria; arribamos a Tiro, pues allí la nave debía dejar
su cargamento. 4 Habiendo encontrado a
los discípulos nos quedamos allí siete días.
Ellos, movidos por el Espíritu, decían a
Pablo que no subiera a Jerusalén. 5 Cuando completamos aquellos días, salimos
y nos pusimos en camino. Todos nos
acompañaron con sus mujeres e hijos,
hasta las afueras de la ciudad. En la playa
nos pusimos de rodillas y oramos; 6 nos
despedimos unos de otros y subimos a la
nave; ellos se volvieron a sus casas.
7 Nosotros, terminada la travesía, fuimos de Tiro a Tolemaida; saludamos a
los hermanos y nos quedamos un día con
ellos. 8 Al siguiente partimos y llegamos a
Cesarea; entramos en casa de Felipe, el
evangelista, que era uno de los Siete, y
nos hospedamos en su casa. 9 Tenía éste
cuatro hijas vírgenes que profetizaban.
10 Permanecimos allí bastantes días; bajó
entre tanto de Judea un profeta llamado
Ágabo; 11 se acercó a nosotros, tomó
el cinturón de Pablo, se ató sus pies y
sus manos* y dijo: «Esto dice el Espíritu
Santo: Así atarán los judíos en Jerusalén
al hombre de quien es este cinturón. Y
le entregarán en manos de los gentiles.»
12 Al oír esto nosotros y los de aquel lugar
le rogamos que no subiera él a Jerusalén.
13 Entonces Pablo contestó: «¿Por qué
han de llorar y destrozarme el corazón?
Pues yo me encuentro dispuesto no
sólo a ser atado, sino a morir también
en Jerusalén por el nombre del Señor
Jesús.» 14 Como no se dejaba convencer,
dejamos de insistir y dijimos: «Hágase la
voluntad del Señor.»

Pablo llega a Jerusalén.

15 Transcurridos estos días y hechos
los preparativos de viaje, subimos a Jerusalén. 16 Venían con nosotros algunos
discípulos de Cesarea, que nos llevaron
a casa de cierto Mnasón, de Chipre, antiguo discípulo, donde nos habíamos de
hospedar.
17 Llegados a Jerusalén, los hermanos
nos recibieron con alegría. 18 Al día siguiente Pablo, con nosotros, entró en
casa de Santiago; se reunieron también
todos los presbíteros. 19 Les saludó y les
fue exponiendo una a una todas las cosas
que Dios había obrado entre los gentiles
por su ministerio. 20 Ellos, al oírle, glorificaban a Dios. Pero le dijeron: «Ya ves,
hermano, cuántos miles y miles de entre
los judíos han abrazado la fe, y todos son
fervientes partidarios de la Ley. 21 Pero
han oído decir de ti que enseñas a todos
los judíos que viven entre los gentiles que
se aparten de Moisés, diciéndoles que
no circunciden a sus hijos ni observen
las tradiciones*. 22 ¿Qué hacer, pues?
Porque va a reunirse la muchedumbre al

20 35 Sentencia que no han conservado los evangelistas.

21 11 Profecía con gestos simbólicos, al estilo de los antiguos profetas, ver Jr **18**+. -Sobre *Ágabo*, ver **11** 28.

21 21 Los principios de Pablo llevaban a esta conclusión, puesto que la Ley mosaica ya no otorgaba al judío ventaja alguna sobre el gentil, pues la fe era la única fuente de la justificación, ver Rm **1** 16+: **3** 22; **7** 7+. Ver Hch **16** 3; **18** 18.

enterarse de tu venida. 23 Haz, pues, lo
que te vamos a decir: Hay entre nosotros cuatro hombres que tienen un voto
que cumplir. 24 Tómalos y purifícate con
ellos; y paga tú por ellos, para que se rapen la cabeza; así todos entenderán que
no hay nada de lo que han oído decir de
ti; sino que tú también te comportas como un cumplidor de la Ley. 25 En cuanto
a los gentiles que han abrazado la fe, ya
les escribimos nosotros nuestra decisión:
Abstenerse de lo sacrificado a los ídolos,
de la sangre, de animal estrangulado y de
la impureza.»

26 Entonces Pablo tomó a los hombres
y, al día siguiente, habiéndose purificado
con ellos, entró en el Templo para declarar cuándo se terminaban los días de la
purificación en que se había de presentar
la ofrenda por cada uno de ellos.

Pablo es arrestado.

27 Cuando estaban ya para cumplirse
los siete días, los judíos venidos de Asia
lo vieron en el Templo, amotinaron a
todo el pueblo, le echaron mano 28 y se
pusieron a gritar: «¡Auxilio, hombres de
Israel! Este es el hombre que va enseñando a todos por todas partes contra
el pueblo, contra la Ley y contra este
Lugar; y hasta ha llegado a introducir a
unos griegos en el Templo, profanando
este Lugar Santo.» 29 Pues habían visto
anteriormente con él en la ciudad a Trófimo, de Éfeso, a quien creían que Pablo
había introducido en el Templo.

30 Toda la ciudad se alborotó y la
gente concurrió de todas partes. Se apoderaron de Pablo y lo arrastraron fuera
del Templo; inmediatamente cerraron
las puertas. 31 Intentaban darle muerte,
cuando subieron a decir al comandante
de la guarnición: «Toda Jerusalén está revuelta.» 32 Inmediatamente tomó
consigo soldados y centuriones y bajó
corriendo hacia ellos; y ellos, al ver al
comandante y a los soldados, dejaron de
golpear a Pablo. 33 Entonces el comandante se acercó, lo agarró y mandó que
lo ataran con dos cadenas; y empezó a
preguntar quién era y qué había hecho.
34 Pero entre la gente unos gritaban una
cosa y otros otra. Como no pudiera sacar
nada en claro a causa del alboroto, ordenó que lo llevaran al cuartel. 35 Cuando
llegó a las escaleras, tuvo que ser llevado
a hombros por los soldados a causa de
la violencia de la gente; 36 pues toda
la multitud le iba siguiendo y gritando:
«¡Mátalo!»

37 Cuando iban ya a meterle en el
cuartel, Pablo dijo al comandante: «¿Me
permites decirte una palabra?» Él le contestó: «Pero, ¿sabes griego? 38 ¿No eres
tú entonces el egipcio que estos últimos
días ha amotinado y llevado al desierto
a los cuatro mil terroristas?» 39 Pablo
respondió: «Yo soy un judío, de Tarso
de Cilicia, una ciudad no insignificante.
Te ruego que me permitas hablar al
pueblo.» 40 Se lo permitió. Pablo, de pie
sobre las escaleras, pidió con la mano
silencio al pueblo. Y haciéndose un gran
silencio, les dirigió la palabra en lengua
hebrea*.

Discurso de Pablo a los judíos de Jerusalén*.

=**9** 1-18; =**26** 9-18.

22 1 «Hermanos y padres, escuchen la defensa que ahora hago
ante ustedes.» 2 Al oír que les hablaba en
lengua hebrea guardaron más profundo
silencio. Y dijo: 3 «Yo soy judío, nacido
en Tarso de Cilicia, pero educado en esta
ciudad, instruido a los pies de Gamaliel
en la exacta observancia de la Ley de
nuestros padres; estaba lleno de celo
por Dios, como lo están todos ustedes
el día de hoy. 4 Yo perseguí a muerte a
este Camino, encadenando y arrojando
a la cárcel a hombres y mujeres, 5 como

21 40 Probablemente en arameo; ver **26** 14.

22 Después de los tres discursos representativos de la predicación de Pablo, **13.17** y **20**, los Hechos dan tres defensas personales: ante la muchedumbre de Jerusalén, **22** ante Félix, **24**, y ante Agripa, **26**, cada una de ellas hábilmente adaptada al auditorio; ver **9**+ y **26**.

puede atestiguármelo el sumo sacerdote
y todo el consejo de ancianos. De ellos
recibí también cartas para los hermanos
de Damasco y me puse en camino con
intención de traer también encadenados
a Jerusalén a todos los que allí había,
para que fueran castigados.

6 «Pero yendo de camino, estando ya
cerca de Damasco, hacia el mediodía, me
envolvió de repente una gran luz venida
del cielo; 7 caí al suelo y oí una voz que
me decía: 'Saúl, Saúl, ¿por qué me persigues?' 8 Yo respondí: '¿Quién eres, Señor?' Y él a mí: 'Yo soy Jesús Nazareno,
a quien tú persigues.' 9 Los que estaban
vieron la luz, pero no oyeron la voz del
que me hablaba. 10 Yo dije: '¿Qué he de
hacer, Señor?' Y el Señor me respondió:
'Levántate y vete a Damasco; allí se te dirá
todo lo que está establecido que hagas.'
11 Como yo no veía, a causa del resplandor de aquella luz, conducido de la mano
por mis compañeros llegué a Damasco.

12 «Un tal Ananías, hombre piadoso según la Ley, bien acreditado por todos los
judíos que habitaban allí, 13 vino a verme,
y presentándose ante mí me dijo: 'Saúl,
hermano, recobra la vista.' Y en aquel
momento lo pude ver. 14 Él me dijo: 'El
Dios de nuestros padres te ha destinado
para que conozcas su voluntad, veas al
Justo y escuches la voz de sus labios,
15 pues le has de ser testigo ante todos los
hombres de lo que has visto y oído. 16 Y
ahora, ¿qué esperas? Levántate, recibe
el bautismo y lava tus pecados invocando
su nombre.'

17 «Habiendo vuelto a Jerusalén y estando en oración en el Templo, caí en
éxtasis; 18 y lo vi a él que me decía: 'Date
prisa y marcha inmediatamente de Jerusalén, pues no recibirán tu testimonio
acerca de mí.' 19 Yo respondí: 'Señor,
ellos saben que yo andaba por las sinagogas encarcelando y azotando a los que
creían en ti; 20 y cuando se derramó la
sangre de tu testigo Esteban, yo también
me hallaba presente, y lo aprobaba y
guardaba los vestidos de los que le mataban.' 21 Y me dijo: 'Marcha, porque yo te
enviaré lejos, a los gentiles*'.»

Pablo, ciudadano romano.

22 Le estuvieron escuchando hasta estas palabras y entonces alzaron sus voces
diciendo: «¡Quita a ése de la tierra!; ¡no
merece vivir!» 23 Vociferaban, agitaban
sus vestidos y arrojaban polvo al aire.
24 El comandante mandó llevarlo dentro
del cuartel y dijo que lo sometieran a los
azotes para averiguar por qué motivo
gritaban así contra él.

25 Cuando le tenían estirado con las
correas, dijo Pablo al centurión que estaba allí: «¿Les está permitido azotar a un
ciudadano romano sin haberle juzgado?»
26 Al oír esto el centurión fue donde el
comandante y le dijo: «¿Qué vas a hacer? Este hombre es ciudadano romano.»
27 Acudió el comandante y le preguntó:
«Dime, ¿eres ciudadano romano?» —«Sí»,
respondió. 28 —«Yo, dijo el comandante,
conseguí esta ciudadanía por una fuerte
suma.» —«Pues yo, contestó Pablo, la
tengo por nacimiento.» 29 Al momento se
retiraron los que iban a darle tormento.
El comandante temió al darse cuenta que
lo había encadenado* siendo ciudadano
romano.

Pablo ante el Sanedrín.

30 Al día siguiente, queriendo averiguar
con certeza de qué le acusaban los judíos, le sacó de la cárcel y mandó que se
reunieran los sumos sacerdotes y todo
el Sanedrín; hizo bajar a Pablo y le puso
ante ellos.

23 1 Pablo miró fijamente al Sanedrín y dijo: «Hermanos, yo me
he portado con entera buena conciencia
ante Dios, hasta este día.» 2 Pero el sumo

22 21 Estas palabras de Cristo constituyen a Pablo *apóstol (enviado),* Rm **1** 1+; 1 Co **9** 1; Ga **1** 1+; etc; y de este modo especial apóstol de los gentiles, Rm **1** 5; **11** 13; Ga **1** 16; **2** 7-8; etc. El título de apóstol no siempre lo reservan los Hechos a los Doce, **1** 11-22; **14** 4.14.

sacerdote Ananías mandó a los que le
asistían que le golpeasen en la boca. [3] Entonces Pablo le dijo: «¡Dios te golpeará a
ti, pared blanqueada! ¿Tú te sientas para
juzgarme conforme a la Ley y mandas,
violando la Ley, que me golpeen?» [4] Pero
los que estaban a su lado le dijeron: «¿Insultas al sumo sacerdote de Dios?» [5] Pablo
respondió: «No sabía, hermanos, que fuera el sumo sacerdote; pues está escrito:
*No injuriarás al jefe de tu pueblo**.»

[6] Pablo, dándose cuenta de que una
parte eran saduceos y la otra fariseos,
gritó en medio del Sanedrín: «Hermanos,
yo soy fariseo, discípulo de fariseos; por
la esperanza en la resurrección de los
muertos me juzgan.» [7] Al decir él esto, se
produjo un altercado entre fariseos y saduceos y la asamblea se dividió. [8] Porque
los saduceos dicen que no hay resurrección, ni ángel, ni espíritu*; mientras que
los fariseos profesan todo eso. [9] Se produjo, pues, un gran griterío. Se pusieron
en pie algunos escribas del partido de
los fariseos y se oponían diciendo: «No
encontramos nada malo en este hombre.
¿Y si acaso le habló un espíritu o un ángel?» [10] Como el altercado iba creciendo,
temió el comandante que Pablo fuera
despedazado por ellos y mandó a la tropa
que bajara, que lo arrancara de entre ellos
y lo llevara al cuartel.

[11] A la noche siguiente se le presentó
el Señor y le dijo: «¡Ánimo!, pues como
has dado testimonio de mí en Jerusalén,
así debes darlo también en Roma*.»

Conjuración de los judíos contra Pablo.

[12] Al amanecer, los judíos se confabularon y se comprometieron bajo anatema*
a no comer ni beber hasta que hubieran
matado a Pablo. [13] Eran más de cuarenta
los comprometidos en esta conjuración.
[14] Éstos, pues, se presentaron a los sumos
sacerdotes y a los ancianos y le dijeron:
«Bajo anatema nos hemos comprometido a no probar bocado hasta que no
hayamos dado muerte a Pablo. [15] Ustedes
por su parte, de acuerdo con el Sanedrín,
indiquen al comandante que se lo baje a
ustedes, como si quisieran examinar más a
fondo su caso; nosotros estamos dispuestos a matarle antes de que llegue.»

[16] El hijo de la hermana de Pablo se
enteró de la emboscada. Se presentó en
el cuartel, entró y se lo contó a Pablo.
[17] Pablo llamó a uno de los centuriones
y le dijo: «Lleva a este joven con el comandante, pues tiene algo que contarle.»
[18] Él entonces lo presentó al comandante
diciéndole: «Pablo, el preso, me llamó y
me rogó que te trajera este joven que
tiene algo que decirte.» [19] El comandante
le tomó de la mano, le llevó aparte y le
preguntó: «¿Qué es lo que tienes que
contarme?» [20] —«Los judíos, contestó,
se han concertado para pedirte que
mañana bajes a Pablo al Sanedrín con
el pretexto de hacer una indagación más
a fondo sobre él. [21] Pero tú no les hagas
caso, pues le preparan una emboscada
más de cuarenta hombres de entre ellos,
que se han comprometido bajo anatema
a no comer ni beber hasta haberle dado
muerte; y ahora están preparados, esperando tu asentimiento.» [22] El comandante
despidió al muchacho dándole esta recomendación: «No digas a nadie que me
has denunciado estas cosas.»

Pablo trasladado a Cesarea.

[23] Después llamó a dos centuriones y
les dijo: «Tengan preparados, a partir de

22 29 Ver **16** 37-38+.
23 5 Cita de Ex **22** 27.
23 8 Los fariseos creían que el individuo participaría de la vida del mundo futuro por medio de un cuerpo glorificado, como un ángel (ver Mt **22** 23+; 1 Co **15** 42-44+), o bien de un alma inmortal («espíritu», ver Lc **24** 39). Los saduceos rechazaban una y otra creencia. Sobre este punto, Pablo encontró aliados a los fariseos, **4** 1+; **5** 34+; Mt **22** 23+.
23 11 Ver **18** 9-10; **27** 24; **28** 23. Anuncio de la última etapa misionera de Pablo, **1** 8+.
23 12 Invocando sobre sí la maldición divina si faltaban a su compromiso.

las nueve de la noche, doscientos soldados, para ir a Cesarea, setenta de caballería y doscientos lanceros. [24] Preparen
también cabalgaduras para que monte
Pablo; y llévenlo a salvo al procurador
Félix.»
[25] Y escribió una carta en estos términos: [26] «Claudio Lisias saluda al excelentísimo procurador Félix. [27] Este hombre
había sido apresado por los judíos y estaban a punto de matarlo cuando, al saber
que era romano, acudí yo con la tropa
y le libré de sus manos. [28] Queriendo
averiguar el crimen de que le acusaban,
le bajé a su Sanedrín. [29] Y hallé que le
acusaban sobre cuestiones de su Ley,
pero que no tenía ningún cargo digno de
muerte o de prisión. [30] Pero habiéndome
llegado el aviso de que se preparaba una
conjuración contra este hombre, al punto
te lo he mandado y he informado además
a sus acusadores que formulen sus quejas
contra él ante ti.»
[31] Los soldados, conforme a lo que se
les había ordenado, tomaron a Pablo y
lo condujeron de noche a Antipátrida;
[32] a la mañana siguiente dejaron que los
de caballería se fueran con él y ellos se
volvieron al cuartel. [33] Al llegar aquéllos
a Cesarea, entregaron la carta al procurador y le presentaron también a Pablo.
[34] Habiéndola leído, preguntó de qué
provincia era y, al saber que era de Cilicia, le dijo: [35] «Te oiré cuando estén también presentes tus acusadores.» Y mandó
custodiarlo en el pretorio de Herodes.

Proceso ante el procurador Félix.

24 [1] Cinco días después bajó el sumo sacerdote Ananías con algu-
nos ancianos y un tal Tértulo, abogado, y
presentaron ante el procurador acusación
contra Pablo. [2] Citado Pablo, Tértulo empezó la acusación diciendo: «Gracias a
ti gozamos de mucha paz y las mejoras
realizadas por tu providencia en beneficio
de esta nación, [3] en todo y siempre las
reconocemos, excelentísimo Félix, con
todo agradecimiento. [4] Pero para no mo-
lestarte más, te ruego que nos escuches
un momento con tu característica clemencia. [5] Pues hemos comprobado que
esta peste de hombre provoca altercados
entre los judíos de toda la tierra y que es
el jefe principal de la secta* de los naza-
renos. [6] Ha intentado además profanar
el Templo, pero nosotros le apresamos.
[7] [8] Interrogándole, podrás tú llegar a conocer a fondo todas estas cosas de que
le acusamos.» [9] Los judíos le apoyaron,
afirmando que las cosas eran así.
[10] Entonces el procurador concedió la
palabra a Pablo y éste respondió:

Discurso de Pablo ante el procurador romano*.

«Yo sé que desde hace muchos años
vienes juzgando a esta nación; por eso
con toda confianza voy a exponer mi
defensa. [11] Tú mismo lo puedes comprobar: No hace más de doce días que yo
subí a Jerusalén en peregrinación. [12] Y ni
en el Templo, ni en las sinagogas, ni por
la ciudad me han encontrado discutiendo
con nadie ni alborotando a la gente. [13] Ni
pueden tampoco probarte las cosas de
que ahora me acusan.
[14] «En cambio te confieso que según el
Camino, que ellos llaman secta, doy culto
al Dios de mis padres, creo en todo lo que
está escrito en la Ley y en los Profetas.
[15] y tengo en Dios la misma esperanza
que éstos mismos tienen, de que habrá
una resurrección, tanto de los justos como de los injustos. [16] Por eso yo también
me esfuerzo por tener constantemente
una conciencia limpia ante Dios y ante
los hombres.
[17] «Al cabo de muchos años he venido
a traer limosnas a los de mi nación* y a

24 5 Los adversarios del Cristianismo sólo ven en él una «secta», ver **5** 17, dentro del Judaísmo, v. 14; **28** 22; ver **2** 22+; Mt **2** 23.
24 10 Ver **22**+.

24 17 Única alusión de Hch al motivo real del viaje: la *colecta* de las Iglesias de la gentilidad que debía llevar a Jerusalén, **19** 21+; 1 Co **16** 1+; ver Rm **15** 25+.

presentar ofrendas. 18 Mientras las ofrecía
me encontraron en el Templo después
de haberme purificado, y no entre tumulto de gente. 19 Pero fueron algunos judíos
de Asia... — que son los que debieran
presentarse ante ti y acusarme si es que
tienen algo contra mí; 20 o si no, que digan estos mismos qué crimen hallaron en
mí cuando comparecí ante el Sanedrín,
21 a no ser este solo grito que yo lancé
estando en medio de ellos: 'Yo soy juzgado hoy ante ustedes por la resurrección
de los muertos*'.»

Pablo cautivo en Cesarea.

22 Félix, que estaba bien informado
en lo referente al Camino, les dio largas
diciendo: «Cuando baje el comandante
Lisias decidiré su asunto.» 23 Y ordenó
al centurión que custodiara a Pablo,
que le dejara tener alguna libertad y que
no impidiera a ninguno de los suyos el
asistirle.
24 Después de unos días vino Félix con
su esposa Drusila, que era judía; mandó
traer a Pablo y le estuvo escuchando
acerca de la fe en Cristo Jesús. 25 Y al
hablarle Pablo de la justicia, del dominio
propio y del juicio futuro, Félix, aterrori-
zado, le interrumpió: «Por ahora puedes
marcharte; cuando encuentre una oportunidad te haré llamar.» 26 Esperaba al
mismo tiempo Félix que Pablo le diese
dinero; por eso frecuentemente le mandaba a buscar y conversaba con él.
27 Pasados dos años Félix recibió como sucesor a Porcio Festo; y, queriendo
congraciarse con los judíos, dejó a Pablo
prisionero*.

Pablo apela al César.

25 1 Tres días después de haber
llegado a la provincia, Festo subió de Cesarea a Jerusalén. 2 Los sumos
sacerdotes y los principales de los judíos
le presentaron acusación contra Pablo
e insistentemente 3 le pedían una gracia
contra él, que le hiciera trasladar a Jerusalén, mientras preparaban una emboscada para matarle en el camino. 4 Pero
Festo les contestó que Pablo debía estar
custodiado en Cesarea, y que él mismo
estaba para marchar allá inmediatamente. 5 «Que bajen conmigo, les dijo, los que
entre ustedes tienen autoridad y si este
hombre es culpable en algo, formulen
acusación contra él.»
6 Después de pasar entre ellos no más
de ocho o diez días, bajó a Cesarea y
al día siguiente se sentó en el tribunal
y mandó traer a Pablo. 7 Así que éste
se presentó le rodearon los judíos que
habían bajado de Jerusalén, presentando
contra él muchas y graves acusaciones,
que no podían probar. 8 Pablo se defendía diciendo: «Yo no he cometido delito
alguno ni contra la Ley de los judíos ni
contra el Templo ni contra el César.»
9 Pero Festo, queriendo congraciarse con
los judíos, preguntó a Pablo: «¿Quieres subir a Jerusalén y ser allí juzgado de estas
cosas en mi presencia?» 10 Pablo contestó:
«Estoy ante el tribunal del César donde
tengo que ser juzgado. A los judíos no les
he hecho ningún mal, como tú muy bien
sabes. 11 Si, pues, soy reo de algún delito
o he cometido algún crimen que merezca
la muerte, no rehúso morir; pero si en eso
de que éstos me acusan no hay ningún
fundamento, nadie puede entregarme a
ellos; apelo al César*.» 12 Entonces Festo
deliberó con el Consejo y respondió: «Has
apelado al César, al César irás.»

Pablo ante el rey Agripa.

13 Pasados algunos días, el rey Agripa
y Berenice vinieron a Cesarea y fueron a
saludar a Festo. 14 Como pasaran allí bas-

24 21 Ver v. 19+; **23** 6-8+; **26** 6-8+; **28** 20.

24 27 El derecho romano imponía sanciones a los denunciantes que no mantuvieran sus acusaciones, pero de ello no se seguía necesariamente que los acusados fueran puestos en libertad.

25 11 Pablo quiere sustraerse a una jurisdicción local, que ya ha tomado partido contra él, reclamando una audiencia imparcial ante el tribunal imperial de Roma.

tantes días, Festo expuso al rey el caso
de Pablo: «Hay aquí un hombre, le dijo,
que Félix dejó prisionero. [15] Estando yo
en Jerusalén presentaron contra él acusación los sumos sacerdotes y los ancianos
de los judíos, pidiendo contra él sentencia
condenatoria. [16] Yo les respondí que no
es costumbre de los romanos entregar a
un hombre antes de que el acusado tenga ante sí a los acusadores y se le dé la
posibilidad de defenderse de la acusación.
[17] Ellos vinieron aquí juntamente conmigo, y sin dilación me senté al día siguiente
en el tribunal y mandé traer al hombre.
[18] Los acusadores comparecieron ante él,
pero no presentaron ninguna acusación
de los crímenes que yo sospechaba; [19] solamente tenían contra él unas discusiones
sobre su propia religión y sobre un tal
Jesús, ya muerto, de quien Pablo afirma
que vive*. [20] Yo estaba perplejo sobre
estas cuestiones y le propuse si quería ir a
Jerusalén y ser allí juzgado de estas cosas.
[21] Pero como Pablo interpuso apelación
de que se le custodiara para la decisión
del Augusto, mandé que se le custodiara
hasta remitirlo al César.» [22] Agripa dijo a
Festo: «Querría yo también oír a ese hombre.» — «Mañana, dijo, le oirás.»

[23] Al día siguiente vinieron Agripa y
Berenice con gran ostentación y entraron en la sala de audiencia, junto con
los comandantes y los personajes de
más categoría de la ciudad. A una orden
de Festo, trajeron a Pablo. [24] Festo dijo:
«Rey Agripa y todos los aquí presentes;
aquí ven a este hombre, contra quien
toda la multitud de los judíos vinieron a
mi presencia tanto en Jerusalén como
aquí, gritando que no debía vivir ya más.
[25] Yo comprendí que no había hecho
nada digno de muerte; pero como él ha
apelado al Augusto, he decidido enviarle.
[26] No sé en concreto qué escribir al Señor* sobre él; por eso lo he presentado
ante ustedes, y sobre todo ante ti, rey
Agripa, para saber, después del interrogatorio, lo que he de escribir. [27] Pues
me parece absurdo enviar un preso sin
indicar al mismo tiempo las acusaciones
formuladas contra él.»

26 [1] Agripa dijo a Pablo: «Se te permite hablar en tu favor.» Enton-
ces Pablo extendió su mano y empezó
su defensa:

Discurso de Pablo ante el rey Agripa*.

[2] «Me considero feliz, rey Agripa, al
tener que defenderme hoy ante ti de
todas las cosas de que me acusan los judíos, [3] principalmente porque tú conoces
todas las costumbres y cuestiones de los
judíos. Por eso te pido que me escuches
pacientemente.

[4] «Todos los judíos conocen mi vida
desde mi juventud, desde cuando estuve
en el seno de mi nación, en Jerusalén.
[5] Ellos me conocen de mucho tiempo
atrás y si quieren pueden testificar que
yo he vivido como fariseo conforme a
la secta más estricta de nuestra religión.
[6] Y ahora estoy aquí procesado por la
esperanza que tengo en la promesa hecha por Dios a nuestros padres, [7] cuyo
cumplimiento están esperando nuestras
doce tribus en el culto que asiduamente,
noche y día, rinden a Dios*. Por esta
esperanza, oh rey, soy acusado por los
judíos. [8] ¿Por qué tienen ustedes por increíble que Dios resucite a los muertos?

=**9** 1-18; =**22** 4-16.

[9] «Yo, pues, me había creído obligado
a combatir con todos los medios el nombre de Jesús, el Nazareno. [10] Así lo hice
en Jerusalén y, con poderes recibidos de

25 19 Las discusiones sobre la resurrección, **24** 21+, se concentran en Jesús, **17** 18.31; 2 Co **13** 4; etc. Ver Hch **2** 32.
25 26 *Señor* es aquí título del emperador.
26 2 Este último discurso de Pablo, **22**+, explica al *rey,* **9** 15, cómo la misión del Apóstol cumple la vocación del pueblo judío.
26 7 La esperanza mesiánica ha comenzado a realizarse con la resurrección de Cristo y es el fundamento de la esperanza cristiana, v. 23; **24** 21+; Rm **5** 2+; 1 Co **15** 12-22; Col **1** 18.

los sumos sacerdotes, yo mismo encerré
a muchos santos en las cárceles; y cuando se les condenaba a muerte, yo con-
tribuía con mi voto. [11] Frecuentemente
recorría todas las sinagogas y a fuerza
de castigos les obligaba a blasfemar y, rebosando furor contra ellos, los perseguía
hasta en las ciudades extranjeras.
[12] «En este empeño iba hacia Damasco
con plenos poderes y la autorización de
los sumos sacerdotes; [13] y al medio día,
yendo de camino vi, oh rey, una luz venida del cielo, más resplandeciente que el
sol, que me envolvió a mí y a mis compañeros en su resplandor. [14] Caímos todos
nosotros a tierra y yo oí una voz que
me decía en lengua hebrea: 'Saúl, Saúl,
¿por qué me persigues? Te es duro dar
coces contra el aguijón.' [15] Yo respondí:
'¿Quién eres, Señor?' Y me dijo el Señor: 'Yo soy Jesús a quien tú persigues.
[16] Pero levántate, y ponte en pie; pues
me he aparecido a ti para constituirte
servidor y testigo tanto de las cosas que
de mí has visto como de las que te manifestaré. [17] *Yo te libraré* de tu pueblo y
de los gentiles, a los cuales yo te envío,
[18] *para que les abras los ojos*; para que
se conviertan *de las tinieblas a la luz,* y
del poder de Satanás a Dios; y para que
reciban el perdón de los pecados y una
parte en la herencia entre los santificados*, mediante la fe en mí'.
[19] «Así pues, rey Agripa, no fui deso-
bediente a la visión celestial, [20] sino que
primero a los habitantes de Damasco,
después a los de Jerusalén y por todo el
país de Judea y también a los gentiles he
predicado que se convirtieran y que se
volvieran a Dios haciendo obras dignas
de conversión. [21] Por esto los judíos, habiéndome prendido en el Templo, intentaban darme muerte. [22] Con el auxilio de
Dios hasta el presente me he mantenido
firme dando testimonio a pequeños y
grandes sin decir cosa que esté fuera de
lo que los profetas y el mismo Moisés
dijeron que había de suceder: [23] que el
Cristo había de padecer y que, después
de resucitar el primero de entre los
muertos, anunciaría la luz al pueblo y a
los gentiles.»

Reacciones en el auditorio.

[24] Mientras estaba él diciendo esto en
su defensa, Festo le interrumpió gritán-
dole: «Estás loco, Pablo; las muchas letras te hacen perder la cabeza.» [25] Pablo
contestó: «No estoy loco, excelentísimo
Festo, sino que proclamo cosas verdaderas y sensatas. [26] Bien enterado está de
estas cosas el rey, ante quien hablo con
valentía; no creo que se le oculte nada,
pues no han pasado en un rincón*.
[27] ¿Crees, rey Agripa, a los profetas? Yo
sé que crees.» [28] Agripa contestó a Pablo:
«Por poco me convences para hacer
de mí un cristiano.» [29] Y Pablo replicó:
«Quiera Dios que por poco o por mucho,
no solamente tú, sino todos los que me
escuchan hoy, llegaran a ser tales como
yo soy, a excepción de estas cadenas.»
[30] El rey, el procurador, Berenice y los
que con ellos estaban sentados se levantaron, [31] y mientras se retiraban iban diciéndose unos a otros: «Este hombre no
hace nada digno de muerte o de prisión.»
[32] Agripa dijo a Festo: «Podría quedar en
libertad este hombre si no hubiera apelado al César.»

Camino de Roma*.

27 [1] Cuando se decidió que nos
embarcásemos rumbo a Italia,
entregaron a Pablo y algunos otros prisioneros a un centurión de la legión Augusta,
llamado Julio. [2] Subimos a una nave de

26 18 Ver **9** 13+; **20** 32. La misión de Pablo se describe aquí por medio de rasgos bíblicos relativos a las grandes misiones proféticas: Jeremías, Jr **1** 5-8, y el Siervo de Yahvé, Is **42** 7.16. Él mismo recobró la vista, **9** 17-18, y recibió el perdón por el bautismo, **22** 16.

26 26 *Estas cosas*, –a saber, la muerte y la resurrección de Jesús, la predicación apostólica– están implicadas en la *fe en los profetas*, vv. 22-23. La respuesta evasiva del rey dejará que él prosiga su curso.

27 La precisión del relato da la impresión de un minucioso diario de viaje, ver **16** 10+.

Adramitio, que iba a partir hacia las costas de Asia, y nos hicimos a la mar. Estaba con nosotros Aristarco, macedonio de Tesalónica. 3 Al otro día arribamos a Sidón. Julio se portó humanamente con Pablo y le permitió ir a ver a sus amigos y ser atendido por ellos. 4 Partimos de allí y navegamos al abrigo de las costas de Chipre, porque los vientos eran contrarios. 5 Atravesamos los mares de Cilicia y Panfilia y llegamos al cabo de quince días a Mira de Licia. 6 Allí encontró el centurión una nave alejandrina que navegaba a Italia, y nos hizo subir a bordo.

7 Durante muchos días la navegación fue lenta y a duras penas llegamos a la altura de Gnido. Como el viento no nos dejaba entrar en puerto, navegamos al abrigo de Creta por la parte de Salmone; 8 y, costeándola, llegamos con dificultad a un lugar llamado Buenos Puertos, cerca del cual se encuentra la ciudad de Lasea.

Tempestad y naufragio.

9 Había transcurrido bastante tiempo y la navegación era ya peligrosa, pues incluso había pasado el Ayuno*. Pablo les advertía 10 diciéndoles: «Amigos, veo que la navegación va a traer gran peligro y grave daño no sólo para el cargamento y la nave, sino también para nuestras propias personas.» 11 Pero el centurión daba más crédito al piloto y al patrón que no a las palabras de Pablo. 12 Como el puerto no era a propósito para invernar, la mayoría decidió hacerse a la mar desde allí, por si era posible llegar a Fénica, un puerto de Creta orientado al suroeste y al noroeste, y pasar allí el invierno.

13 Soplaba ligeramente entonces el viento del sur y creyeron que podían poner en práctica su propósito; levaron anclas y fueron costeando Creta de cerca. 14 Pero no mucho después se desencadenó un viento huracanado procedente de la isla, llamado Euroaquilón. 15 La nave fue arrastrada y, no pudiendo hacer frente al viento, nos abandonamos a la deriva. 16 Navegando al amparo de una isleta llamada Cauda, pudimos con mucha dificultad hacernos con el bote. 17 Una vez izado el bote se emplearon los cables de refuerzo, ciñendo el casco por debajo; y por miedo a chocar contra la Sirte, se echó el ancla flotante. Así se iba a la deriva. 18 Y como el temporal seguía sacudiéndonos furiosamente, al día siguiente aligeraron la nave. 19 Y al tercer día con sus propias manos arrojaron al mar el aparejo de la nave. 20 Durante muchos días no aparecieron ni el sol ni las estrellas; teníamos sobre nosotros una tempestad no pequeña; toda esperanza de salvarnos iba desapareciendo.

21 Hacía ya días que no habíamos comido; entonces Pablo se puso de pie en medio de ellos y les dijo: «Amigos, más hubiera valido que me hubieran escuchado y no haberse hecho a la mar desde Creta; se hubieran ahorrado este peligro y esta pérdida. 22 Pero ahora les recomiendo que tengan buen ánimo; ninguna de sus vidas se perderá; solamente la nave. 23 Pues esta noche se me ha presentado un ángel del Dios a quien pertenezco y a quien doy culto, 24 y me ha dicho: 'No temas, Pablo; tú tienes que comparecer ante el César; y mira, Dios te ha concedido la vida de todos los que navegan contigo.' 25 Por tanto, amigos, ¡ánimo! Yo tengo fe en Dios de que sucederá tal como se me ha dicho. 26 Iremos a dar en alguna isla.»

27 Era ya la décima cuarta noche que íbamos a la deriva por el Adriático, cuando hacia la media noche presintieron los marineros la proximidad de tierra. 28 Sondearon y hallaron veinte brazas; un poco más adelante sondearon de nuevo y hallaron quince brazas. 29 Temerosos de que fuéramos a chocar contra algunos

27 9 El *Ayuno* designa la fiesta de la Expiación, Lv **16** 29-31. Se celebraba por el equinoccio de otoño. La estación franca para la navegación en el Mediterráneo duraba desde finales del mes de mayo hasta mediados de septiembre.

escollos, echaron cuatro anclas desde la
popa y esperaban ansiosamente que se
hiciera de día. 30 Los marineros intentaban escapar de la nave, y estaban ya
arriando el bote con el pretexto de echar
los cables de las anclas de proa. 31 Pero
Pablo dijo al centurión y a los soldados:
«Si no se quedan éstos en la nave, ustedes no se podrán salvar.» 32 Entonces los
soldados cortaron las amarras del bote y
lo dejaron caer.

33 Mientras esperaban que se hiciera
de día, Pablo aconsejaba a todos que
tomaran alimento diciendo: «Hace ya
catorce días que, en continua expecta-
ción, están en ayunas, sin haber comido
nada. 34 Por eso les aconsejo que tomen
alimento, pues les conviene para su propia salvación; que ninguno de ustedes
perderá ni un solo cabello de su cabeza.»
35 Diciendo esto, tomó pan, dio gracias
a Dios en presencia de todos, lo partió y
se puso a comer*. 36 Entonces todos los
demás se animaron y tomaron también
alimento. 37 Estábamos en total en la
nave doscientas setenta y seis personas.
38 Una vez satisfechos, aligeraron la nave
arrojando el trigo al mar.

39 Cuando vino el día, los marineros
no reconocían la tierra; solamente podían divisar una ensenada con su playa;
y resolvieron lanzar la nave hacia ella, si
fuera posible. 40 Soltaron las anclas que
dejaron caer al mar; aflojaron al mismo
tiempo las ataduras de los timones;
después izaron al viento la vela de proa
y pusieron rumbo a la playa. 41 Pero
tropezaron contra un lugar con mar por
ambos lados, y encallaron allí la nave; la
proa clavada, quedó inmóvil; en cambio
la popa, sacudida violentamente, se iba
deshaciendo.

42 Los soldados entonces resolvieron
matar a los presos, para que ninguno
escapara a nado; 43 pero el centurión,
que quería salvar a Pablo, se opuso a su
designio y dio orden de que los que supieran nadar se arrojaran los primeros al
agua y alcanzaran la orilla; 44 y los demás
salieran unos sobre tablones, otros sobre
los despojos de la nave. De esta forma
todos llegamos a tierra sanos y salvos.

En Malta.

28 1 Una vez a salvo, reconocimos
entonces que la isla se llamaba
Malta. 2 Los nativos nos mostraron una
humanidad poco común; encendieron
una hoguera y nos hicieron acercar a
todos nosotros a causa de la lluvia que
caía y del frío. 3 Pablo había reunido una
brazada de ramas secas; al ponerla sobre
la hoguera, una víbora, que salía huyendo del calor, le mordió en su mano. 4 Los
nativos, cuando vieron el animal colgado
de su mano, se decían unos a otros:
«Este hombre es seguramente un asesino; ha escapado del mar, pero la justicia
divina no le deja vivir.» 5 Pero él sacudió
el animal sobre el fuego y no sufrió daño
alguno. 6 Ellos estaban esperando que se
hincharía o que caería muerto de repente; pero después de esperar largo tiempo
y viendo que no le ocurría nada anormal,
cambiaron de parecer y empezaron a
decir que era un dios.

7 En las cercanías de aquel lugar tenía
unas propiedades el principal de la isla
llamado Publio, quien nos recibió y nos
dio amablemente hospedaje durante tres
días. 8 Precisamente el padre de Publio
se hallaba en cama atacado de fiebres
y disentería. Pablo entró a verlo, hizo
oración, le impuso las manos y lo curó.
9 Después de este suceso los otros enfermos de la isla acudían y eran curados.
10 Tuvieron para con nosotros toda suerte de consideraciones y a nuestra partida
nos proveyeron de lo necesario.

De Malta a Roma.

11 Transcurridos tres meses nos hicimos a la mar en una nave alejandrina
que había invernado en la isla y llevaba

27 35 Todo judío, en el momento de comer, pronunciaba una bendición. Pero los términos que Lucas escoge evocan el rito eucarístico, ver **2** 42+; Lc **24** 35+.

por insignia los Dióscuros. [12] Arribamos a Siracusa y permanecimos allí tres días. [13] Desde allí, costeando, llegamos a Regio. Al día siguiente se levantó el viento del sur, y al cabo de dos días llegamos a Pozzuoli. [14] Encontramos allí hermanos y nos rogaron que permaneciéramos con ellos siete días. Y así llegamos a Roma.

[15] Los hermanos, informados de nuestra llegada, salieron a nuestro encuentro hasta el Foro Apio y Tres Tabernas. Pablo, al verlos, dio gracias a Dios y cobró ánimos. [16] Cuando entramos en Roma se le permitió a Pablo permanecer en casa particular con el soldado que le custodiaba*.

Entrevista de Pablo con los judíos de Roma*.

[17] Tres días después convocó a los principales judíos. Una vez reunidos, les dijo: «Hermanos, yo, sin haber hecho nada contra el pueblo ni contra las costumbres de los padres, fui entregado preso en Jerusalén en manos de los romanos, [18] quienes, después de haberme interrogado, querían dejarme en libertad porque no había en mí ningún motivo de muerte. [19] Pero como los judíos se oponían, me vi forzado a apelar al César, sin pretender con eso acusar a los de mi nación. [20] Por este motivo los llamé para verlos y hablarles, pues precisamente por la esperanza de Israel llevo encima estas cadenas.»

[21] Ellos le respondieron: «Nosotros no hemos recibido de Judea ninguna carta que nos hable de ti, ni ninguno de los hermanos llegados aquí nos ha referido o hablado nada malo de ti. [22] Pero deseamos oír de ti mismo lo que piensas, pues lo que de esa secta sabemos es que en todas partes se la contradice.»

Declaración de Pablo a los judíos de Roma*.

[23] Le señalaron un día y vinieron en mayor número adonde se hospedaba. Él les iba exponiendo el Reino de Dios, dando testimonio e intentando persuadirles acerca de Jesús, basándose en la Ley de Moisés y en los Profetas, desde la mañana hasta la tarde. [24] Unos creían por sus palabras y otros en cambio permanecían incrédulos. [25] Cuando, en desacuerdo entre sí mismos, ya se despedían, Pablo dijo esta sola cosa*: «Con razón habló el Espíritu Santo a sus padres por medio del profeta Isaías:

[26] *Ve a encontrar a este pueblo y dile:*
Escucharán bien, pero
no entenderán,
mirarán bien, pero no verán.
[27] *Porque se ha embotado el corazón*
de este pueblo,
han hecho duros sus oídos, y sus
ojos han cerrado;
no sea que vean con sus ojos,
y con sus oídos oigan,
y con su corazón entiendan y se
conviertan,
y yo los cure.

[28] «Sepan, pues, que esta salvación de Dios ha sido enviada a los gentiles; ellos sí que la oirán*.»

28 16 Régimen de favor de la «custodia militar»: el preso toma un alojamiento para él, pero ha de tener siempre el brazo derecho atado por una cadena al brazo izquierdo de un soldado que le custodia.
28 17 Pablo aclara enseguida sus relaciones con la comunidad judía de Roma, ver **13** 5+.
28 23 Aun en Roma, Pablo dirige en primer lugar su mensaje evangélico a los judíos, ver **13** 5+. El resumen de su predicación a los judíos de Roma debe compararse con el discurso inaugural de Antioquía de Pisidia, **13** 15-41.
28 25 Esta declaración, ver **13** 41.46-47, constituye la conclusión de los Hechos y nos da su clave. Evoca las perspectivas abiertas con el final del discurso de Jesús en Nazaret, Lc **4** 23-27, y con las últimas palabras de Jesús a los apóstoles, Lc **24** 47. El texto de Is **6** 9-10 (LXX) aparece también en Mt **13** 14-15p y en Jn **12** 40. El tema y el texto eran muy familiares al cristianismo primitivo.
28 28 Alusión al Sal **67** 3. Ver Hch **1** 8+; Lc **24** 47; Rm **11** 11-12. El texto occidental añade el v. 29: «Cuando hubo dicho esto, los judíos se fueron, discutiendo vivamente entre sí».

Epílogo.

[30] Pablo permaneció dos años enteros
en una casa que había alquilado y recibía
a todos los que acudían a él; [31] predicaba
el Reino de Dios y enseñaba lo referente al Señor Jesucristo con toda valentía, sin estorbo alguno*.

28 31 Nada se dice de los últimos años de Pablo (ni de los de Pedro, **12** 17). Roma es el término de una etapa, **23** 11, y el punto de partida de una expansión nueva. La Iglesia nacida en Jerusalén será la Iglesia de todos.

EPÍSTOLAS DE SAN PABLO

Introducción

Datos biográficos

*Nació San Pablo en Tarso de Cilicia hacia el año 10 de nuestra era, de una familia judía de la tribu de Benjamín. Ya desde su juventud recibió de Gamaliel, en Jerusalén, una profunda educación religiosa según las doctrinas fariseas. Encarnizado perseguidor de la naciente Iglesia cristiana, sufrió un brusco cambio en el camino de Damasco por la experiencia profunda de Jesús resucitado; experiencia que le llevó a descubrir la verdad de la fe cristiana y su misión especial de dar a conocer la persona de Jesús a los gentiles. Desde aquel momento (hacia el año 33) dedica toda su vida activa al servicio de Cristo. Después de permanecer en Arabia y de volver a Damasco, donde ya predica, sube a Jerusalén hacia el año 37; luego se retira a Siria-Cilicia, de allí le lleva consigo Bernabé a Antioquía, como colaborador suyo. En una primera misión apostólica, al principio de los años 40, anuncia el Evangelio en Chipre, Panfilia, Pisidia y Licaonia. Según el libro de los Hechos (***13*** *9), a partir de este momento utiliza su nombre romano de Pablo con preferencia al nombre judío Saulo, y empieza a destacar sobre su compañero Bernabé. En un segundo viaje misionero, ya bajo su entera responsabilidad, entre los años 47 y 51, llega a Europa. En el verano del 51 se encuentra en Corinto con Galión. Después sube a Jerusalén para intervenir en la asamblea apostólica, en la que, en parte por influencia suya, se admite que la ley judía no obliga a los cristianos convertidos del paganismo, al mismo tiempo que se le reconoce oficialmente por los responsables de las iglesias su misión de Apóstol de los gentiles; luego vuelve a partir para nuevos viajes apostólicos: uno entre los años 50-52 y otro entre los años 53-58. El año 58 es detenido en Jerusalén y mantenido en prisión en Cesarea de Palestina hasta el 60. En el otoño del 60 el procurador Festo lo remite, con escolta, a Roma, donde Pablo permanece dos años, del 61 al 63. Tradiciones antiguas, apoyadas por las Epístolas pastorales, afirman que dos años después el proceso fue sobreseido por falta de pruebas y queda en libertad. Quizás se dirige entonces a España, según su deseo (Rm* ***15*** *24. 28). Un nuevo cautiverio en Roma, atestiguado por la tradición, culminó con el martirio de Pablo, entre los años 64 y 68.*

Personalidad de Pablo

Pablo es un apasionado, un alma de fuego que se entrega sin medida a un ideal. Y este ideal es esencialmente religioso. Dios es todo para él, y a Dios sirve con una lealtad absoluta, primero persiguiendo a los que considera herejes (Ga ***1*** *13), luego predicando a Cristo, cuando, por revelación, ha comprendido que sólo en él está la salvación. Este celo incondicional se traduce en una vida de abnegación total al servicio de Aquél a quien ama. El sentimiento de su singular elección suscita en él inmensas aspiraciones. Cuando confiesa su solicitud por todas las iglesias (2 Co* ***11*** *28), cuando afirma haber trabajado más que los demás (1 Co* ***15*** *10), cuando pide a sus fieles que le imiten (1 Co* ***11*** *1), no lo hace por arrogancia; más bien se trata de la legítima y humilde satisfacción de un santo: se reconoce como el último de todos, ya que fue perseguidor (1 Co* ***15*** *9; Ef* ***3*** *8); y sólo a la gracia de Dios atribuye las grandes cosas que se realizan por su intervención (1Co* ***15*** *10; 2 Co* ***4*** *7; Flp* ***4*** *13; Col* ***1*** *29; Ef* ***3*** *7).*

Predicación de Pablo

*Su predicacion es ante todo el «kerygma» apostólico, proclamación de Cristo crucificado y resucitado conforme a las Escrituras (1 Co **2** 2; **15** 3-4; Ga **3** 1). «Su» evangelio (Rm **2** 16; **16** 25), es el evangelio de la fe común (Ga **1** 6-9; **2** 2; Col **1** 5-7) sólo que con una aplicación especial a la conversión de los gentiles (Ga **1** 16), en la línea universalista inaugurada en Antioquía. Pablo se siente solidario de las tradiciones apostólicas; las cita cuando se le presenta la ocasión (1 Co **11** 23-25; **15** 3-7), las supone siempre y ciertamente les debe mucho. Parece no haber conocido en vida a Cristo, pero conoce sus enseñanzas (1Co **7** 10s; **9** 14). Además es también un testigo directo, y su irresistible convicción se apoya en una experiencia personal, porque también él ha «visto» a Cristo (1 Co **9** 1; **15** 8). Ha sido favorecido con revelaciones y éxtasis (2 Co **12** 1-4). Lo que ha recibido de la tradición, puede también atribuirlo y con entera verdad a las comunicaciones directas del Señor (Ga **1** 12; 1 Co **11** 23).*

*No era hombre de fantasía, a juzgar por las imágenes que emplea, pocas y corrientes: el estadio, el mar, la agricultura, la construcción. Es más bien un cerebral. Argumenta en ocasiones como rabino, según los métodos exegéticos recibidos de su ambiente y de su educación (ver, por ejemplo, Ga **3** 16; **4** 21-31). Pero su genio hace saltar los límites de aquella herencia tradicional, y hace pasar una doctrina profunda a través de canales un tanto anticuados para nosotros.*

*Pablo posee también una cultura griega aceptable, recibida quizás desde su infancia en Tarso, enriquecida por reiterados contactos con el mundo grecorromano. Esta influencia se refleja en su modo de pensar lo mismo que en su lenguaje y en su estilo. Cita autores clásicos, si la ocasión se presenta (1 Co **15** 33), y conoce ciertamente la filosofía popular basada en el estoicismo. Maneja corrientemente el griego como una segunda lengua materna y con pocos semitismos. Es el griego de su tiempo, la «koiné» elegante, pero sin pretensiones aticistas. Incluso, a veces, su expresión es incorrecta e incompleta (1 Co **9** 15), pues el molde del lenguaje resulta incapaz para contener la presión de un pensamiento demasiado rico o de emociones demasiado vivas.*

Las epístolas de Pablo

Las epístolas atribuidas a Pablo son escritos de ocasión, no tratados de teología. Verdaderas cartas con el formulario entonces en uso, no son ni «cartas» puramente privadas, ni «epístolas» puramente literarias, sino exposiciones destinadas a lectores concretos y, en último término, a todos los fieles de Cristo. No hemos de buscar, pues, en ellas una formulación sistemática y completa del pensamiento del Apóstol; hemos de suponer siempre, en el fondo, la palabra viva, de la que son comentarios sobre puntos particulares. Mas no dejan de ser por eso extraordinariamente valiosas, tanto más cuanto que su riqueza y variedad nos permiten encontrar verdaderamente lo esencial del mensaje paulino.

Recorriendo las diversas epístolas según el orden cronológico, que no es el del Canon del NT donde han sido ordenadas según su extensión decreciente, podemos distinguir la evolución del pensamiento teológico de Pablo. En la traducción mantenemos el orden del Canon; pero en esta introducción las presentamos según el orden cronológico más probable.

PRIMERA EPÍSTOLA A LOS TESALONICENSES

*Pablo evangelizó Tesalónica entre el otoño del 49 y la primera del 50 (ver Hch **17** 1-10). Ahora, verano del 50, se encuentra en Corinto, acompañado de Silas y Timoteo. Este último ha realiza-*

do una visita a los cristianos de Tesalónica. De allí trae noticias sobre la continuación de la campaña de los judíos contra Pablo, que obligó al Apóstol a marcharse de la ciudad. Trae también Timoteo algunas preocupaciones de los cristianos sobre su fe, y en particular sobre la próxima venida del Señor y sobre la suerte que tendrán los cristianos que hayan fallecido cuando el Señor venga. Pablo no puede ir a visitarlos; por eso les escribe esta carta, el primer escrito de Pablo que conocemos.

La carta tiene dos partes: la primera es una acción de gracias por la vida de esta comunidad; la segunda intenta ser una aclaración sobre el tema de la venida del Señor y la suerte de los cristianos difuntos.

1. Acción de gracias por la vida de la comunidad *(***1** *1-***3** *13)*

*Tras el breve saludo epistolar (***1** *1) Pablo, con Silas y Timoteo, se desahoga en una oración de acción de gracias por la vida cristiana de la comunidad, en la que florecen las tres virtudes básicas del cristianismo: fe, esperanza y caridad.*

Los motivos que impulsan esta acción de gracias son:

*a) La buena acogida del Mensaje que desde un principio han demostrado los tesalonicenses y por la comunicación del Espíritu que la ha refrendado. Por eso esta comunidad es un modelo para las otras (***1** *2-10).*

*b) Porque la evangelización de Pablo entre ellos, a pesar de las dificultades, pudo ser sincera y noble y desarrollarse con una conducta limpia, justa e irreprochable, no siendo una carga para nadie (***2** *1-12).*

*c) Porque las dificultades y persecuciones han tenido como efecto el afianzamiento de la fe y han probado que el Mensaje transmitido por Pablo es Palabra de Dios (***2** *13-16).*

*d) Porque el no poder ir a verlos de nuevo ahora está contribuyendo a que se acreciente el cariño que siente por ellos. El impedimento que ahora obstaculiza su visita lo atribuye Pablo, según la ideología del AT, a «Satanás», el autor de toda circunstancia que se opone a la evangelización (***2** *17-***3** *5).*

*e) Porque las buenas noticias traídas por Timoteo le llenan de alegría y le proporcionan nuevos motivos de vida y consuelo (***3** *6-13).*

2. La venida del Señor *(***4** *1-***5** *22)*

Las primeras comunidades cristianas esperaban una gloriosa venida del Señor que instauraría una nueva era de paz y amistad con Dios para los creyentes. Parece que el mismo Pablo, en el principio de su ministerio, no es ajeno a esta esperanza de la próxima venida del Señor. Pablo aprovecha esta preocupación de los tesalonicenses para inculcarles la actitud más conveniente en esta espera. Traza así el Apóstol las líneas características de una comunidad cristiana en «espera escatológica».

Estas líneas son:

*a) Agradar al Señor y progresar en la fe, siguiendo las instrucciones recibidas en la «catequesis» comunitaria. De modo particular aplica estos principios a las relaciones entre los esposos (***4** *1-8).*

*b) Progresar en el amor y en la laboriosidad. Pablo relaciona estas dos cualidades, amor y trabajo, y quiere que caractericen la actitud de espera de la comunidad. El trabajo es uno de los modos de tener activo el amor entre todos y de testimoniar la fe ante los no creyentes (***4** *9-12).*

*c) No inquietarse por la suerte de los «que se han dormido en el Señor», es decir los difuntos cristianos. Les recuerda la enseñanza fundamental sobre la resurrección de los muertos. Esto debe afianzar su esperanza. La muerte es un paso necesario para «estar siempre con el Señor» (***4** *13-18).*

d) Estar vigilantes, ante la incertidumbre del tiempo de esta venida. La vigilancia cristiana le sugiere la imagen *del vigía, que permanece despierto, atento, vestido con la vestidura adecuada (***5** *1-11).*

*e) Vida comunitaria auténtica, que se traduce en la preocupación por todos los de la comunidad, en especial por los que desempeñan servicios comunitarios, y que se manifiesta en la corrección fraterna, en la alegría, en la oración y en el aprecio de las diversas actuaciones del Espíritu dentro de la comunidad (***5** *12-22).*

3. Despedida *(***5** *23-28)*

Una breve oración sintetiza las exhortaciones precedentes. Se despide el Apóstol con un saludo para todos los de la comunidad, saludo que desea se exteriorice con el «beso santo», costumbre primitiva en las celebraciones eucarísticas. Y una petición interesante: que esta carta se lea ante toda la asamblea, costumbre que parece era también habitual en las comunidades de Pablo.

SEGUNDA EPÍSTOLA A LOS TESALONICENSES

También desde Corinto, unos meses más tarde, Pablo vuelve a escribir a los cristianos de Tesalónica. Esta segunda carta tiene, en apariencia, un tono más impersonal y reitera casi por entero las enseñanzas de la primera sobre la venida del Señor, lo que ha llevado a algunos a dudar de la autenticidad de esta epístola. Pero su tono y la reiteración de los temas se explican suficientemente por el deseo de Pablo de corregir falsas interpretaciones que algunos habían hecho de sus palabras. Ambos escritos se completan; y su autenticidad queda atestiguada por la antigua tradición de la Iglesia.

1. Saludo y acción de gracias *(***1** *1-5)*

Son breves e impersonales. Recuerda alguno de los motivos principales de la acción de gracias de la carta primera.

2. Corrección de falsas actitudes ante la venida del Señor *(***1** *6-***2** *12)*

Estas falsas actitudes son:

*a) Interpretar las dificultades que atraviesa la comunidad como señal de una venida inminente del Señor (***1** *5-12). Las tribulaciones son algo inherente a la vida cristiana misma y, por tanto, son transitorias. Unos textos del AT le sirven a Pablo para probar su afirmación. Dios no dejará impunes a los que ahora les están haciendo sufrir. No son señales de la próxima venida, sino acicate para mantenerse firmes en el deseo de hacer el bien y vivir de verdad su fe.*

*b) Atribuir a Pablo la afirmación de que la venida del Señor es inminente (***2** *1-3). La carta desautoriza tal afirmación. Quizás algunas expresiones de tono escatológico de la primera carta dieron pie a esta engañosa percepción del mensaje de Pablo.*

*c) Las señales que precederán a la venida del Señor: la apostasía, la manifestación del «Hombre impío», del «Adversario» y de los prodigios realizados por influjo de Satanás, son oscuras; su mala interpretación daña la fe (***2** *4-12). Para nosotros resultan también indescifrables, a pesar de las explicaciones que se han propuesto en la exégesis de estas cartas. En general alude a situaciones de persecución y a las limitaciones que encontraban las primeras comunidades en algunas zonas del imperio romano provenientes tanto de parte de las comunidades judías como de algunas autoridades romanas.*

3. La comunidad en «espera escatológica» *(***2** *13-***3** *15)*

Reitera las actitudes que ha de tener la comunidad cristiana en este tiempo de «espera» de la venida del Señor:

*a) Fidelidad a las enseñanzas recibidas (***2** *13-17 y* **3** *13-15). Pablo les* *transmitió de palabra y por escrito unas enseñanzas. La fidelidad a las mismas es la garantía de su fe y de su vivencia cristiana en paz.*

*b) Oración comunitaria (**3** 1-5) que debe tener como objeto la propagación del Mensaje y la fidelidad al amor de Dios y a la tenacidad de Cristo.*

*c) El trabajo (**3** 6-12), que se traduce en el cumplimiento de las propias responsabilidades tanto en la comunidad como en la sociedad. La ociosidad no tiene lugar en el Mensaje cristiano. Y menos una ociosidad que se pretenda basar en la próxima venida del Señor.*

4. Despedida (3 16-18)

Con una breve oración de deseos de paz y de comunión con el Señor se despide el autor. La anotación «el saludo va de mi mano, Pablo...» no exige, por sí misma, que este escrito haya sido redactado directamente por Pablo. Es un recurso epistolar con el que los escritores querían dar mayor autoridad a su escrito. Pero tampoco hay argumentos decisivos para rechazar esta nota de autenticidad de la Segunda Carta a los Tesalonicenses.

PRIMERA EPÍSTOLA A LOS CORINTIOS

*Mientras escribía las cartas a los Tesalonicenses, Pablo evangelizaba Corinto, desde la primavera del año 50 hasta finales del verano del 51 (ver Hch **18** 1-18). Logró constituir allí una floreciente comunidad, integrada sobre todo por gente sencilla y trabajadora, abundante en una ciudad comercial y portuaria. Pero Corinto era una gran ciudad, importante foco de la cultura griega, donde chocaban corrientes muy diversas de pensamiento y religión, con un relajamiento de costumbres que la hacían tristemente célebre. El contacto de la tierna fe cristiana con aquella capital del paganismo tenía que plantear a los neófitos muchos problemas delicados. Y el Apóstol trata de resolverlos en las dos cartas que les dirige.*

*La génesis de estas dos cartas, a pesar de algunos puntos dudosos, es bastante clara. Se ha perdido una primera carta «precanónica» (1 Co **5** 9-13), de fecha dudosa. Más tarde, durante la estancia en Éfeso algo más de dos años (52-54), algunos problemas planteados por una delegación de los corintios (1 Co **16** 17), más otras informaciones recibidas por medio de Apolo (1 Co **16** 12; ver Hch **18** 27s), y «los de Cloe» (1 Co **1** 11) impulsaron a Pablo a escribir una nueva carta, que es nuestra Primera a los corintios, alrededor de la Pascua del 54 (1 Co **5** 7s; **16** 5-9).*

La Primera a los corintios es un escrito de circunstancias. El tratamiento de los diversos temas, planteados al Apóstol, es una pauta para señalar la división del escrito. En la resolución de los temas se intercalan algunos datos interesantes sobre la vida de esta comunidad y sobre la vida del Apóstol.

1. Saludo y acción de gracias (1 1-9)

Desde el principio Pablo intenta ganarse la benevolencia de los corintios, poniendo de relieve la elección divina de que participan. Así se han convertido en «santos», aceptos a Dios. Y así también, viviendo su fe, hacen presente en su ciudad el testimonio de Cristo y la esperanza en su manifestación salvadora de todos los hombres.

2. Problemas de la comunidad (1 10-6 20)

a) Partidos en la comunidad *(**1** 10-**4** 21). Pablo ha recibido información de la existencia de partidos en la comunidad que se alinean bajo alguna de las figuras evangelizadoras de Corinto: Apolo, Cefas, Pablo... Pablo rechaza tales agrupaciones. La raíz de estas formaciones partidarias está en la in-*

*madurez de su fe que se apoya en la sabiduría o ideología humana. Pretenden dirigirse por la sabiduría de los evangelizadores más que por la acción del Espíritu, tal como se lo expuso Pablo en su evangelización. Es una situación infantil. El remedio consiste en comprender que todos los creyentes están al servicio del proyecto de Dios como colaboradores. Y en este sentido todos los creyentes de la comunidad son templos de Dios, miembros de Cristo. Es decir, son el rostro de Cristo en su ciudad de Corinto. Esta idea le sirve a Pablo para desarrollar, en una digresión, su pensamiento sobre el ministerio apostólico. Los evangelizadores son ministros, servidores; y cada uno de ellos ha actuado según la misión recibida. Los corintios no deben alinearse en torno a líderes humanos; «todo es de ustedes; y ustedes de Cristo, y Cristo de Dios» (***3** *21).*

b) Un caso de incesto *(***5** *1-13). Un cristiano se ha casado con su madrastra. Es algo muy mal visto por las leyes sociales. Tal impureza debe ser eliminada de la comunidad, ya que ésta debe aparecer ante la sociedad como el Cuerpo de Cristo y el templo del Espíritu Santo. La proximidad de la Pascua exige, además, que la comunidad sea de verdad masa nueva, habiendo eliminado la vieja levadura. Esta directriz se dirige a los cristianos. Pablo no quiere enjuiciar la conducta de los no cristianos.*

c) Recurso a los tribunales paganos *(***6** *1-11). Los creyentes tienen suficiente capacidad para solucionar los conflictos que surjan entre ellos. El fundamento es que la comunidad ha de manifestarse como signo de la presencia de Jesús resucitado en la sociedad, es decir como signo de un nuevo estilo de vida en el que las diferencias o pleitos entre ellos se dirimen acudiendo al amor fraternal.*

d) La fornicación *(***6** *12-20). En la sociedad corintia los desórdenes de tipo sexual eran uno de sus componentes bien atestiguados por los historiadores. Los cristianos deben tener ideas claras sobre algunos de estos desórdenes, en concreto sobre la fornicación. Pablo les da una pauta clara de conducta basándose en su doctrina varias veces reiterada. Los cristianos forman el Cuerpo de Cristo; sus miembros son miembros de este Cuerpo; su cuerpo es templo del Espíritu; no lo pueden entregar a los desórdenes sexuales. Su cuerpo es, ante la sociedad corintia, signo de manifestación del nuevo estilo de vida: «Glorifiquen, por tanto, a Dios en su cuerpo» (***6** *20).*

3. Consultas de la comunidad (*7 1-15 58*)

a) Sobre el matrimonio y la virginidad *(***7** *1-40). No parece que los corintios hicieran a Pablo una consulta sobre el valor del matrimonio y la virginidad, sino sobre unas situaciones concretas de cada uno de estos dos estados. La respuesta de Pablo da directrices para aclarar estas situaciones. Estas situaciones pueden afectar a la pareja cristiana (1-11), a una pareja formada por cristiano y pagano (12-16), a las personas no casadas: vírgenes (25-35), novios (36-38), viudas (39-40). Todas las directrices se asientan en un principio general: el ingreso en la comunidad cristiana no supone cambio de su situación social: «cada cual permanezca en la condición en que fue llamado» (***7** *24). En estas directrices distingue entre lo que es opinión suya y lo que es precepto del Señor: renunciar al matrimonio por el ministerio apostólico, es bueno; así lo ha hecho él. Es un consejo propio de Pablo. En cambio la fidelidad matrimonial es un precepto del Señor.*

b) Sobre lo inmolado a los ídolos *(***8** *1-***11** *1). A algunos cristianos de Corinto se les presentaba un problema de conciencia cuando acudían a comprar carne en la tienda o eran invitados por algún amigo pagano. Lo inmolado a* *los ídolos era la carne de los animales sacrificados en los templos paganos. La parte del animal que no se utilizaba en los banquetes sagrados, se vendía en las carnicerías o se consumía en el templo. ¿Se pueden comer estas carnes? ¿Se participa, al comerlas, del culto al dios pagano? Los corintios estaban divididos. Pablo asienta el principio general: los ídolos no son nada, por tanto no contaminan. Se puede comer cuanto se vende en las carnicerías, sin plantearse problemas de conciencia. Pero esta libertad cristiana tanto ante este tema como ante cualquier otra situación de la vida, tiene una limitación: el amor a los demás componentes de la comunidad, que llevará a renunciar, en algunos casos, a los propios derechos, en atención a una conciencia no bien formada de otro hermano, que se puede escandalizar.*

c) Sobre el comportamiento en las asambleas litúrgicas *(***11** *2-***14** *40). Más que una respuesta a consultas sobre estas celebraciones, el escrito de Pablo parece una corrección de abusos que se están dando en estas asambleas. Son tres: Las mujeres tienen en estas celebraciones un comportamiento exterior no conforme con los usos sociales; las personas adineradas acuden a las asambleas provistos de buenos y abundantes manjares para ellos, no compartiendo con los que tienen menos en las comidas de fraternidad que precedían a las celebraciones eucarísticas; finalmente, se da entre los cristianos un afán de protagonismo en el uso de los carismas; los carismáticos actúan con independencia, con ostentación, no en función del servicio a la comunidad. Para responder a estas consultas y corregir los abusos, Pablo acude a un principio general: Las asambleas litúrgicas de la comunidad son manifestación de la comunión de todos y signo de esta misma comunión ante los no creyentes, de ahí que el comportamiento de todos los de la comunidad debe significarla y atenerse a las normas sociales. La comunidad unida en el amor forma el Cuerpo de Cristo. Por tanto todo lo que redunda en desprecio de los demás, rompe la comunión y la asamblea ya no es ni para ellos ni para los no cristianos signo del Cuerpo de Cristo.*

*Estas asambleas tenían su punto culminante en la Eucaristía: comer el cuerpo y beber la sangre del Señor. Pablo recuerda la institución de este signo por Jesús, y transmitido fielmente por los apóstoles, de los que él lo ha recibido. Es el núcleo de la comunidad cristiana (***11** *23-27).*

*De este principio deduce las normas sobre el uso de los carismas en la comunidad: Deben ser manifestaciones de la comunión. Los carismas son dones del Espíritu al servicio de la comunidad; no para provecho personal. Su ejercicio ha de ser ordenado, de lo contrario no contribuye a potenciar el signo comunitario (***12** *1-31).*

*Estas consideraciones le llevan a Pablo a impulsar a los cristianos de Corinto a que se preocupen de verdad por un carisma mejor: el del amor. Un himno al amor cristiano ensalza y describe los valores de la comunidad cristiana (***13** *1-13). Podemos distinguir en este himno tres estrofas:*

1.ª El amor es superior a cualquier carisma; sin amor, éstos no valen nada, porque no contribuyen a la edificación del cuerpo de Cristo (1-3).

2.ª El amor debe traducirse en comportamientos concretos (4-7).

3.ª El amor no acaba nunca. Todas las otras manifestaciones carismáticas son temporales. El amor cristiano es perenne, como la fe y la esperanza. Es decir, como el mismo Dios (8-13).

d) Sobre la resurrección de los muertos *(***15** *1-58). En el mundo griego no se aceptaba la resurrección; era tenido como algo grosero (ver Hch* **17** *32). Es lógico que la enseñanza sobre la resurrección de Jesús y de los muertos ofreciera dificultades de comprensión a algunos cristianos de Corinto y que* *suscitara serias dudas sobre el hecho en sí y sobre el modo de realizarse. Pablo parte del hecho afirmado y transmitido en el «kerygma» por todos los testigos: Cristo resucitó. Él mismo tuvo la experiencia de Cristo resucitado. Si este hecho no fuera verdad, la fe cristiana, la existencia de la comunidad no tendría sentido. Por tanto si Cristo resucitó, es que hay resurrección. La resurrección es la victoria sobre la muerte. En cuanto al modo de resucitar y la naturaleza de los resucitados, Pablo aclara poco. La comparación de la germinación de la semilla ayuda a acercarse a la idea de Pablo. Lo que sí parece insinuar el Apóstol es que es el hombre todo, en su ser completo, quien resucita. Es el mismo ser humano pero con un cuerpo de naturaleza distinta, como corresponde a un resucitado. Concluye su respuesta a estas dudas con un himno de acción de gracias (54-57) que exalta la resurrección de los muertos, la inmortalidad, como una victoria sobre la muerte, es decir sobre todo lo transitorio, temporal y caduco.*

4. Despedida (16 *1-24)*

Está integrada por unas recomendaciones: sobre la colecta, sobre las atenciones a Timoteo, a Apolo, a la familia de Estéfanas; y por la transmisión de saludos entre las comunidades. A propósito de la colecta es interesante subrayar el dato de que la comunidad se reunía «el primer día de la semana», que más tarde cambiará de nombre y será «el día del Señor» o «domingo».

SEGUNDA EPÍSTOLA A LOS CORINTIOS

Poco tiempo después de escrita la primera epístola, se produjo en Corinto una crisis que obligó a Pablo a visitar la comunidad, visita que tuvo un carácter enojoso. Les prometió volver a visitarles pronto. Pero de hecho no volvió y sustituyó esta anunciada visita por una carta escrita «con muchas lágrimas», de efectos saludables. Este buen resultado lo supo Pablo por Tito en Macedonia y entonces escribió las dos partes de 2 Co, en la primavera y el verano del 55. Esta es la explicación más normal de las incoherencias que se advierten en 2 Co, que tiene dos partes claramente diferenciadas, ya que los cap. **10-13** *no pueden ser continuación de* **1-9**. *Es psicológicamente imposible que Pablo pase tan bruscamente de celebrar la reconciliación expuesta en los cap.* **1-9** *a la amonestación severa y las justificaciones irónicas de los cap.* **10-13**. *Algunos sugieren que esta segunda parte es la carta escrita con lágrimas. Pero lo más probable es que estos capítulos han sido provocados por el deterioro de la situación de Corinto, después del envío de los cap.* **1-9**. *Hay quienes opinan, incluso, que esta epístola es una recopilación de diversas cartas —hasta cinco— remitidas por Pablo a Corinto en circunstancias diversas.*

A nosotros nos interesa adentrarnos en el contenido de las enseñanzas de esta epístola, atendiendo a los tres temas básicos que desarrolla: respuesta a las críticas sobre su ministerio; organización de la colecta; y defensa de su evangelización.

1. Saludo y acción de gracias (1 *1-11)*

Pablo está atravesando momentos de tribulación, peligros de muerte. Escribe esta carta para compartir estos sufrimientos con sus cristianos de Corinto y poner en práctica la comunión de la fe. Sabiendo, por el contenido de la primera parte de la carta, que les escribe para afrontar una crisis de la comunidad, con este saludo y acción de gracias, que aluden a las dificultades que está encontrando en su ministerio, pretende ganarse la benevolencia de los ánimos de los corintios.

2. Respuesta a las críticas del ministerio de Pablo en Corinto (**1** *12*-**7** *16*)

Las críticas tienen por objeto el autoritarismo de Pablo y su volubilidad en el cambio de planes en sus viajes evangelizadores. Pablo se defiende probando:

*a) Que su actuación en Corinto ha sido sincera y sencilla; que ha procedido con buena conciencia (***1** *12-***2** *13). La corrección de algunos desvíos de la comunidad ha obedecido al deseo de afianzar la comunión de los creyentes y para que la corrección produjera el arrepentimiento y la alegría, no la tristeza.*

*b) Que ha ejercido su ministerio con autoridad porque lo ha recibido del mismo Cristo (***2** *14-***4** *6). No es un negocio particular, sino una misión recibida de Dios a la que tiene obligación de responder fielmente. La fuerza recibida del Espíritu es la que le hace actuar con valentía y libertad.*

*c) Que no le ha sido nada fácil mantenerse fiel a su ministerio, pues le ha ocasionado muchas tribulaciones (***4** *7-***6** *10). Pero ha valido la pena. Y con las tribulaciones le han venido también éxitos y alegrías. Una serie de antítesis describe estas variaciones en su ministerio (***6** *1-10).*

*d) Que la verdadera motivación de su ministerio en Corinto ha sido el amor que les tiene a todos ellos (***6** *11-***7** *16). Abundantes frases de cariño resaltan el amor de Pablo a los corintios: «Nuestro corazón está abierto de par en par... les hablo como a hijos... estoy muy orgulloso de ustedes... me alegro de poder confiar totalmente en ustedes».*

3. Organización de la colecta (**8** *1*-**9** *15*)

*Las comunidades de Judea están atravesando una situación angustiosa. Pablo está organizando una colecta en las comunidades de Asia Menor y Grecia para ayudar a estos cristianos palestinenses. Las instrucciones para organizarla en Corinto son claras. En primer lugar les anima a ser generosos, ya que ha sido la misma comunidad de Corinto la que ha tomado la iniciativa en organizar esta ayuda (***8** *1-15). Avala y recomienda a los delegados de esta recaudación (***8** *16-***9** *5) y explicita los motivos en los que debe fundamentarse esta ayuda entre las iglesias: La colecta no es sólo una ayuda material; es una gracia, un servicio cultual que brota de la comunión en la fe y que culmina en una acción de gracias de todas las iglesias (***9** *6-15).*

4. Defensa de su ministerio (**10** *1*-**12** *21*)

Los cristianos de Corinto están dando oído a las críticas que algunos evangelizadores hacen del ministerio de Pablo. Éste se ve obligado a defenderse. Su defensa tiene los siguientes puntos:

*a) La misión de evangelizar la ha recibido del Señor (***10** *1-11): «Si alguien cree ser de Cristo... también lo somos nosotros» (***10** *7).*

*b) No ha invadido los territorios de otros evangelizadores, sino que se ha mantenido dentro de los límites señalados para su ministerio (***10** *12-18). No ha procedido por ambición, ni se ha gloriado a costa del trabajo de los demás.*

*c) Su modo de proceder en Corinto ha sido ejemplar y procurando no ser una carga para nadie (***11** *1-13). No es menos evangelizador el que desempeña su ministerio gratuitamente, sin exigir ningún beneficio material a cambio. Más todavía, Pablo ve en este modo de evangelizar una gloria que nadie le arrebatará (***11** *10). No deben compararle con la actuación de otros evangelizadores, que califica de «falsos apóstoles».*

*d) Su ministerio está avalado por experiencias personales que ha tenido del Señor: revelaciones y visiones (***11** *16-***12** *10).*

*e) Finalmente deben comprender los corintios que la conducta mantenida por Pablo es también un complemento de la evangelización: palabras y obras (***12** *11-21): «Las características del apóstol se vieron cumplidas entre ustedes: paciencia perfecta en los sufrimientos, signos, prodigios y milagros» (***12** *12).*

5. Conclusión y despedida (13 *1-13)*

Este capítulo resume algunos puntos de la segunda parte de la carta, particularmente las ideas expuestas sobre su ministerio, que es manifestación de la fuerza de Dios para lograr que estos cristianos lleguen a la perfección. El saludo es el habitual de las cartas paulinas: exhortación a la paz, a la comunión, a la alegría. Y el saludo para todos, que se exterioriza en el beso santo, signo de la comunión fraterna.

EPÍSTOLA A LOS GÁLATAS

Pablo dirige esta epístola a las comunidades de la región «gálata», evangelizada por Pablo en su segundo y tercer viaje (ver Hch **16** *6;* **18** *23) desde Éfeso o Macedonia, entre el 54 y el 55. La epístola está provocada por una situación concreta surgida en estas comunidades: Unos cristianos procedentes de la comunidad de Jerusalén, o de su entorno, pretendían que todos los creyentes, de cualquier región, tenían que aceptar, como condición previa, la obligatoriedad de la ley judía. Estas enseñanzas de los «judaizantes», además de alterar los ánimos de los gálatas, los privaban de la libertad del Evangelio, que Pablo había enseñado.*

1. Saludo y advertencia (1 *1-10)*

El tono de las primeras frases introductorias de la epístola es serio. No contiene, como otras epístolas, una acción de gracias, sino una dura advertencia que pone de relieve la preocupación de Pablo por las ideas que les han transmitido los «judaizantes». Es «otro evangelio» distinto del que él les anunció.

2. Credenciales de Pablo evangelizador (1 *12-***2** *14)*

Como los judaizantes ponían en duda la predicación de Pablo, éste debe poner en claro la autenticidad de su ministerio:

a) Porque recibió el llamamiento de Dios, y el envío misionero le viene de Jesucristo, para anunciar el evangelio a los gentiles. No lo recibió ni lo aprendió de hombre alguno.

*b) Porque esta misión fue refrendada por las comunidades de Judea, por los responsables y, más en concreto, por la comunidad de Jerusalén y sus «notables», Santiago, Cefas y Juan (***2** *1-10).*

*c) Porque esta cuestión de la obligatoriedad de las leyes y costumbres judías para los cristianos no judíos ya quedó zanjada en la discusión que tuvo en Antioquía con el mismo Pedro (***2** *11-14).*

3. El evangelio predicado por Pablo es evangelio de libertad (2 *15-***4** *31)*

*Expone claramente el tema de su reflexión: «el hombre no se justifica por las obras de la ley sino por la fe en Jesucristo» (***2** *16). Y aduce luego las siguientes pruebas:*

*a) Experiencia de los propios gálatas (***3** *1-5). Han recibido el Espíritu no por cumplir la ley, que no conocían, sino por la fe en la predicación.*

*b) La Escritura lo prueba también (***3** *6-14); primero con la promesa hecha a Abrahán, cuando todavía no existía la ley, de bendecir a todas las naciones y no sólo a los judíos; y segundo porque el incumplimiento de los preceptos de la ley acarrea la maldición y Cristo se hizo solidario de esta maldición por su muerte en la cruz para librar a todos* *de la situación de «maldición» y que pudieran entrar en la bendición de Abrahán. La argumentación de Pablo en este punto es claramente rabínica, como en muchos otros pasajes de sus cartas, y se basa en la analogía que ve él entre el ajusticiado de que habla Dt* **21** *23 y Cristo crucificado.*

*c) La ley no puede estar por encima de las promesas (***3** *15-22), pues éstas tienen un campo más amplio, ya que se hicieron a Abrahán y a su descendencia interpretada por Pablo, por su uso en singular (y no «descendientes»), como referida a Cristo.*

*d) La ley coarta la libertad del hombre mediante sus normas y prescripciones detalladas; en cambio la fe da la libertad (***3** *23-***4** *20). La ley mantiene a los hombres en la infancia, dependientes del «pedagogo», que los acompaña y vigila sus pasos en todo momento. La fe en cambio hace a los hombres adultos, capaces de ser «hijos de Dios» y de llamar a Dios, «Padre».*

*e) Finalmente, mediante una comparación alegórica de las dos esposas de Abrahán, Sara y Agar (la libre y la esclava), Pablo reduce la ley judía a la situación de esposa-esclava, mientras que la fe es la esposa-libre. Tenemos aquí otra argumentación rabínica (***4** *21-31).*

4. La verdadera libertad del Evangelio (5 *1*-6 *10)*

Pablo concreta ahora en qué consiste esta libertad del Evangelio:

*a) En no someterse a las leyes judías, sintetizadas en la palabra «circuncisión» (***5** *1-12): Para los cristianos «ni la circuncisión ni la incircuncisión tienen eficacia, sino la fe que actúa por la caridad».*

*b) En llevar una vida guiada por el Espíritu, que se manifiesta en la fructificación del mismo Espíritu: amor, alegría, etc. (***5** *13-26).*

*c) Y esta vida de libertad se realiza de verdad en la comunidad cristiana, regida por la ley de Cristo (***6** *1-10). Pablo enumera unos rasgos de la vida comunitaria que transparentan la vida en libertad evangélica: ayuda mutua, corrección fraterna, honestidad en el cumplimiento de las propias obligaciones, compartir los bienes, hacer el bien a todos, incluso a los que no pertenecen a la comunidad cristiana.*

5. Despedida (6 *11-18)*

*El final de la epístola contiene unas frases escritas por Pablo, como de costumbre. Resume todo lo dicho en el escrito y lo subraya «con letras grandes» (***6** *11). La despedida es seca, como lo fue el saludo. Y Pablo reitera sus credenciales de misionero auténtico de Cristo: las señales de Jesús que lleva sobre su cuerpo, las cicatrices de los malos tratos soportados por el Evangelio.*

EPÍSTOLA A LOS ROMANOS

Pablo en el invierno del 55-56 se encuentra en Corinto y a punto de partir a Jerusalén de donde espera ir a Roma, y de allí a España. Él no ha fundado la comunidad de Roma, respecto de la cual se halla medianamente informado, quizá por hombres como Áquila (Hch **18** *2); las pocas alusiones de su epístola únicamente dejan entrever una comunidad en la que los convertidos del Judaísmo y de la gentilidad están expuestos a despreciarse mutuamente. Por eso cree conveniente, para preparar su visita, enviar con su protectora Febe (Rm* **16** *1), una carta en que expone su solución del problema Judaísmo-Cristianismo, tal como lo acaba de madurar bajo el impacto de la crisis gálata. Para ello retoma las ideas de Ga, pero de una manera más ordenada y matizada. Si Ga representa un grito salido del corazón, donde la apología personal se yuxtapone a la argumentación doctrinal y a las vehementes advertencias, Rm por su parte* *ofrece una exposición ininterrumpida con algunas grandes secciones que se entrelazan armoniosamente por medio de temas que se anuncian anticipadamente para ser luego desarrollados.*

1. Saludo y acción de gracias (**1** *1-15)*

Pablo se autopresenta a una comunidad que no conoce. Y se presenta como siervo de Cristo, apóstol y elegido para proclamar el Evangelio a todas las naciones. Desea cumplir esta misión también en la comunidad de Roma, cuya fe sólida alaba. Les avanza también una síntesis del Evangelio que predica a todos.

2. La salvación por la fe ofrecida a todos los hombres sin distinción (**1** *16-***8** *39)*

*El tema de esta primera parte lo expone Pablo claramente desde el principio, como una tesis que quiere desarrollar (***1** *16-17): el Evangelio es fuerza salvadora para todo el que lo acepta, tanto si es judío como si es griego (= no judío).*

*En primer lugar todos los hombres necesitan esta fuerza salvadora, pues todos han caído bajo el dominio del pecado (***1** *18-***3** *20); los paganos porque no han llegado al conocimiento de Dios desde las obras de la creación, se han entregado al dominio de sus pasiones y han caído bajo la «ira de Dios», expresión que indica la separación de Dios; los judíos porque, a pesar del privilegio de ser pueblo elegido, de tener las promesas y la ley como expresión de la voluntad de Dios, están también bajo el dominio del pecado, pues han reducido el cumplimiento de la voluntad de Dios a prácticas y ritos exteriores; han convertido la relación con Dios en unas actitudes externas, que no llevan a la pureza del corazón.*

Al estar, pues, todos bajo la situación de pecado, todos necesitan la fuerza salvadora que ofrece Jesucristo como signo de la fidelidad de Dios a su promesa salvadora. La respuesta a esta oferta es la fe.

*En segundo lugar Pablo prueba su tesis con una argumentación de estilo rabínico (***3** *21-***4** *25). Se basa en la historia de Abrahán, quien recibió la promesa y la justificación (ser digno de llevar a cabo el proyecto de Dios) por su fe, por fiarse de la Palabra de Dios, no por la ley mosaica, que todavía no existía. La fe de Abrahán era firme. Y de eta fe participan todos los que creen en Dios independientemente de la ley. Por tanto los no judíos entran en la categoría de «descendientes de Abrahán», el creyente, si tienen fe, como él. En los tiempos presentes la fe en Dios, la fe de Abrahán, se actualiza con la fe en Jesús, muerto y resucitado para justificación de todos los hombres.*

*En tercer lugar Pablo aclara en qué consiste esta justificación que ofrece por la fe en el Señor Jesucristo (***5** *1-***8** *39). Es el centro de esta reflexión teológica de Pablo. La justificación es ante todo liberación de la situación negativa en que se encontraban los hombres desde el principio del mundo: situación de muerte a la que acompañan el pecado, la ley, las apetencias desordenadas, la condenación. Con estas palabras describe Pablo el cuadro que representa al hombre bajo la ira de Dios. Pablo personifica esta situación humana en Adán. representante de la humanidad frágil y pecadora, destructora del orden establecido por Dios en la creación. El hombre (Adán) es el responsable de su situación. La justificación es liberar al hombre de esta situación. Es Jesucristo, frente a la figura de Adán, quien restaura el orden de Dios comunicando vida a los hombres, vida que está acompañada de reconciliación, paz, gracia, liberación, esperanza, resurrección, filiación divina, amor: es la creación de un hombre nuevo (***5** *1-***7** *6).*

*La justificación es además y principalmente una vida dirigida por el Espíritu (***8** *1-39). El Espíritu o fuerza* *de Dios habita en los creyentes y los hace hijos de Dios, capacitados para invocar a Dios como su «Padre», tal como hizo el mismo Cristo (***8** *14-15). Las situaciones duras que atraviesan las comunidades cristianas y que pueden oscurecer la vida del Espíritu, son inherentes al estado temporal de toda la creación. La esperanza mantendrá a los cristianos firmes en medio de las dificultades (***8** *18-39).*

*Dentro de su reflexión teológica Pablo aborda, en una digresión, la función de la ley mosaica en la comunidad cristiana. La ley no aporta nada a la vida de los creyentes. La ley ha tenido su función en la historia de la salvación: ser el pedagogo que ha conducido a Israel hacia Cristo (***7** *7-25).*

3. Israel dentro del plan de la salvación (*9 1-11 35*)

*La reflexión anterior le lleva a Pablo a plantearse una pregunta: ¿Qué pasa con Israel? Aparentemente podemos pensar que el pueblo elegido ha quedado excluido de esta oferta de salvación. Pablo, que es un judío instruido en la ley, se muestra muy preocupado por los de su raza. Pero él está convencido de que las promesas de Dios a Israel siguen en pie. Israel sigue siendo el pueblo elegido, tiene cabida dentro del proyecto salvador de Dios en Cristo, es decir en la comunidad. Si no todos los israelitas quieren entrar en el nuevo pueblo de Dios, un «resto» sí que ha ingresado y ha aceptado a la persona de Jesús como Mesías y Salvador. Pablo, en una perspectiva universal, ve a Israel reincorporándose al pueblo de Dios, en comunión con todos los creyentes: «El endurecimiento parcial que vino a Israel durará hasta que entre (en el nuevo pueblo) la totalidad de los gentiles, y así, todo Israel será salvo» (***11** *25-26). Incluso Pablo, con su estilo de argumentar, ve en este endurecimiento parcial de Israel un tiempo de gracia beneficioso para los gentiles (***11** *16-32).*

4. Respuesta de los creyentes (*12 1-15 13*)

*El creyente está dentro del proyecto de salvación. Pablo deduce ahora unas consecuencias prácticas que, en realidad, son las líneas de la vida de comunidad tal como Pablo la desea. El principio general de la conducta de los creyentes es una continua renovación de sus vidas para ser un «sacrificio vivo, santo, agradable a Dios; un culto espiritual» (***12** *1). Y más en concreto: desarrollo de las propias capacidades al servicio de Cristo, de la comunidad; son dones recibidos para el servicio de todos (***12** *3-8); amor sincero, alegría, paz y armonía con todos los hombres, ayuda a los débiles en la fe (***12** *9-21;* **14** *1-***15** *13). Llama la atención que Pablo pida a los cristianos de Roma, en situaciones duras provocadas por las autoridades del imperio, que se comporten como buenos ciudadanos, con respeto y cumpliendo con sus obligaciones cívicas, como una consecuencia de su fe cristiana (***13** *1-7). Esto se entiende desde el principio básico: la vida de la comunidad debe poner de manifiesto que son signos de amor y de luz, a ejemplo del mismo Jesucristo.*

5. Conclusión de la epístola (*15 14-16 27*)

*Es una conclusión larga compuesta por una digresión en la que Pablo expone sintéticamente cuanto le acredita como evangelizador. Se describe, con un lenguaje cultual, como un ministro del Evangelio que presenta a Dios, mediante su predicación, la ofrenda de los gentiles, santificada por el Espíritu. Enlaza esta reflexión con sus planes próximos de viaje a Roma y a España (***15** *1-33). El cap.* **16** *contiene una serie de recomendaciones personales y saludos que causa extrañeza en una carta de Pablo dirigida a una comunidad con la que no ha tenido aún ninguna relación personal. Esto crea dudas en los comentaristas para admitir que* *el cap.* **16** *formara parte integrante de la epístola en su primera redacción. De todos modos la lista de nombres recordados aquí por el Apóstol es una noticia interesante de las relaciones personales que Pablo mantuvo con algunos cristianos. Conviene advertir que los dos capítulos finales de Rm han tenido algunas indecisiones en su transmisión manuscrita.*

EPÍSTOLA A LOS FILIPENSES

*Filipos era una importante ciudad de Macedonia y colonia romana. Había sido evangelizada por Pablo entre el otoño del 48 y el verano del 49. Volvió a pasar por allí en dos ocasiones, durante su tercer viaje, en el invierno del 54-55 y en la Pascua del 56. Los fieles de Filipos dieron muestras de un tierno afecto por su apóstol, enviándole socorros a Tesalónica (***4** *16) y luego a Corinto (2 Co* **11** *9). Pablo, preso en Éfeso probablemente, les escribe para agradecerles los nuevos subsidios que acaba de recibir por su delegado Epafrodito (***4** *10-20).*

Hoy se considera que esta epístola es el resultado de una agrupación de tres cartas dirigidas a esta comunidad: Una primera carta, que comprende **4** *10-20, la habría escrito Pablo al recibir los subsidios traídos por Epafrodito. La segunda comprende* **1** *1-***3** *1 más* **4** *2. 9. 21-23: es una invitación a la unidad y a la perseverancia. La tercera y última comprende* **3** *2-***4** *1: es una polémica contra los misioneros judeocristianos.*

Sea lo que sea de esta sugerente hipótesis de estudio, a nosotros nos interesa acercarnos al pensamiento de Pablo desde la estructura con que el escrito nos ha sido transmitido.

1. Saludo y acción de gracias (1 *1-11*)

Es el formato propio de las epístolas paulinas. Pero en ésta el lenguaje de la acción de gracias es más cercano, más familiar; es la carta de un amigo que lleva en el corazón a quienes han colaborado con él en la evangelización, tanto en Filipos como cuando Pablo se ha desplazado a otras ciudades, enviándole socorros materiales.

2. Relación de Pablo con la comunidad de Filipos (1 *12-*3 *1*)

*Dentro del tono de una carta de amigo, Pablo les da a conocer su situación personal: está preso en la cárcel del gobernador romano de Éfeso (***1** *12-30). Pero este contratiempo está siendo beneficioso para el Evangelio, pues ha dado ocasión de que se proclame ante los guardias y autoridades y que los demás cristianos tomen ejemplo de valentía para confesar su fe. Desde su situación crítica pide a los filipenses que vivan de verdad su vida de comunión, unidos en el amor, con sencillez y en actitud de servicio de unos para con los otros (***2** *1-5). El ejemplo de su vida debe ser el de Cristo: «Tengan entre ustedes los mismos sentimientos de Cristo». Esta exhortación le da pie para introducir un himno que describe a Cristo como modelo de vida de comunión (***2** *6-11). Jesús, Dios y hombre, en sintonía con el género humano, se humilló, se hizo servidor de todos, esclavo de todos; así cumplió el proyecto de Dios con todas sus consecuencias. Proyecto que Dios culminó al resucitarle y constituirle Señor de toda la creación.*

Este fragmento (6-11) es probablemente un himno primitivo cristiano que cantaba la fe en alguna comunidad. Pablo lo transcribe. El himno refleja el movimiento teológico frecuente en la Biblia de humillación y exaltación.

*Según el ejemplo de Cristo, los filipenses deben mostrarse obedientes al proyecto de Dios, como hijos que viven su fe con alegría. De esta forma serán un signo del nuevo estilo de vida para todos (***2** *12-18). Pablo les anuncia el envío de dos colaboradores suyos,*

*Timoteo y Epafrodito, que les expondrán más ampliamente los sentimientos de cariño que tiene para con ellos (**2** 19-**3** 1).*

3. Peligro por los misioneros judeocristianos *(**3** 2-**4** 9)*

*Esta comunidad se vio también alterada por la predicación de algunos judeocristianos que pretendían imponer la obligatoriedad de la observancia de la ley mosaica, particularmente la circuncisión. Pablo reacciona con frases duras: «atención a los perros...»(**3** 2). Pero el mejor argumento lo tienen los filipenses en la misma persona de Pablo (**3** 4-21): él, judío, circuncidado, fervoroso defensor de la ley mosaica años atrás... En cambio ahora, una vez fue alcanzado por Cristo, comprendió que la fe le ha liberado de todas estas cargas legales. Como un entrenado atleta, corre en dirección a la meta, que es Cristo, dejando atrás todo lo caduco, contenido en la palabra «circuncisión». El ideal que propone Pablo, a imitación de lo que él hace, es una vida en comunión, con un mismo sentir, en la que estén presentes la alegría, la paz, la bondad, la oración, la acción de gracias, la fidelidad a las enseñanzas recibidas. En resumen, una vida en la que se aprecie «todo cuanto hay de verdadero, de noble, de justo, de puro, de amable, de honorable, todo cuanto sea virtud o valor» (**4** 2-9).*

4. Agradecimiento por la ayuda recibida *(**4** 10-23)*

Pablo se muestra agradecido por las ayudas que le envían por medio de Epafrodito. No es la primera vez que los filipenses se preocupan de atender a las necesidades materiales de Pablo. Esto demuestra los buenos sentimientos que tienen con él. Por eso las ayudas materiales se convierten en gesto de comunión, de solidaridad, de suave aroma que se eleva en un sacrificio litúrgico. Pablo, sin embargo, deja claro, en medio de su agradecimiento cariñoso, que está acostumbrado a pasar todo tipo de privaciones en la evangelización.

Unos saludos breves cierran la epístola.

EPÍSTOLA A LOS COLOSENSES

*Esta epístola guarda estrecha relación con la dirigida a los Efesios: idéntica misión de Tíquico (Col **4** 7s y Ef **6** 21s), sorprendentes semejanzas de estilo y de doctrina entre Col y Ef. Pablo se halla preso (Col **4** 3. 10. 18; Ef **3** 1; **4** 1; **6** 20) probablemente en Roma, del 61 al 63.*

*Por lo demás el cambio de estilo y el progreso en la doctrina exigen cierto intervalo de tiempo entre Col y Ef y las epístolas mayores, Rm, Co y Ga. En este intervalo ha surgido una crisis en Colosas, que no fue evangelizada por Pablo (**1** 4; **2** 1). Pero Epafras, su representante apostólico (**1** 7), le ha traído noticias alarmantes de esa comunidad. Pablo responde con la epístola a los Colosenses, que entrega a Tíquico. Pero la reacción suscitada en su espíritu por el nuevo peligro, le hace ahondar más su pensamiento y escribe una segunda epístola, prácticamente contemporánea de Col, en la cual estructura su doctrina conforme al nuevo punto de vista que acaba de imponerle la polémica. Es la epístola a los Efesios, epístola dirigida no a la comunidad de Éfeso en particular, sino a todas las comunidades del valle del Lico, entre las cuales hace circular su carta (Col **4** 16).*

El estilo y el contenido de estas dos epístolas, que difieren de las anteriores de Pablo, han puesto en duda la autenticidad de las mismas. Las objeciones son serias. Se pueden leer en comentarios o introducciones más amplias. Pero por lo que se refiere a Col, hoy día la balanza se inclina a favor de su autenticidad.

La crisis que afectaba a la comunidad de Colosas y a otras del valle del

*Lico y que motiva la epístola la provocaban las especulaciones fundamentalmente judías (Col **2** 16) sobre las potencias celestes o cósmicas a las que se atribuía el poder de dirigir la marcha del cosmos. Los Colosenses exageraban tanto su importancia que comprometían la supremacía de Cristo.*

1. Saludo y acción de gracias *(**1** 1-14)*

Están redactados con las fórmulas propias de las otras epístolas. La acción de gracias alaba la fe de los cristianos de Colosas y la fidelidad a las enseñanzas del evangelizador Epafras.

2. Primacía de Cristo en la primera y en la nueva creación *(**1** 15-**2** 23)*

*Un primitivo himno cristiano le sirve al autor de la epístola para introducir el tema (**1** 15-20). Está compuesto por dos estrofas. En la primera se afirma la preexistencia de Cristo, a título de Hijo e imagen del Padre, en la primera creación. En la segunda proclama la preeminencia de Cristo en la nueva creación, en la nueva humanidad. Cristo es la cabeza de esta nueva humanidad, que forman todos los reconciliados con Dios. Las potencias cósmicas han sido subyugadas por Cristo.*

*De esta nueva realidad forman parte los cristianos de Colosas. Por su unión con la cabeza, Cristo, han sido liberados del dominio de estas potencias, que llama «elementos del mundo» (**2** 8.20), y no tienen por qué someterse a la obligatoriedad de preceptos o leyes dimanadas de estas potencias. Ahora unidos por el bautismo con Cristo muerto y resucitado, son los miembros de su cuerpo y de él reciben la nueva vida (**2** 19).*

*Los elementos del mundo, potencias y falsas doctrinas se oponen al reconocimiento de la primacía de Cristo en la nueva humanidad (**2** 4-23), o pretenden compaginar la primacía de Cristo con la actividad de otros seres intermedios. La función de Cristo queda así disminuida. Pablo subraya con fuerza que sólo Cristo es la cabeza de la nueva humanidad; ni los ángeles, ni las celebraciones de novilunios, fiestas o sábados (creencias judías), ni el cumplimiento de las leyes («no toques, no pruebes, no acaricies»), ni otras doctrinas, por mucha apariencia religiosa que tengan, son válidas para la construcción del Cuerpo de Cristo.*

3. La vida en la nueva creación *(**3** 1-**4** 6)*

*Una introducción, recordando la nueva vida en la que han ingresado los Colosenses por el bautismo, introduce el tema (**3** 1-4): En el bautismo ha surgido un hombre nuevo, resucitado con Cristo. De este principio deduce las aplicaciones prácticas. La imagen que subyace en estas exhortaciones es la del vestido (revestir/despojar); probable referencia al vestido nuevo que se imponía al catecúmeno. Luego la exhortación contempla la familia cristiana: preceptos muy sencillos de la sociedad contemporánea, que Pablo asume para su comunidad «en el Señor», es decir con validez para la comunidad cristiana. Pablo no cuestiona en esta moral familiar las costumbres sociales de su tiempo (esclavitud, comportamiento de la mujer en público), pero asienta ya un principio que influirá notablemente en las sociedades posteriores: en la nueva sociedad de Cristo ya no hay distinción ni por razón de raza, ni de origen, ni de lengua, ni de sexo, ni de otra condición (**3** 11).*

4. Despedida *(**4** 7-18)*

Con noticias personales y una serie de saludos Pablo se despide de la comunidad. Alude a otra carta enviada a los de Laodicea y pide que se la intercambien. Parece que era una costumbre en las comunidades del entorno paulino: leer las epístolas en la asamblea e intercambiarlas con otras escritas a otras comunidades.

EPÍSTOLA A LOS EFESIOS

Las dificultades paras admitir la autenticidad paulina de Col se incrementan en Ef, y no es la menor la repetición servil y desmañada de numerosos pasajes de Col en Ef. Hay quienes atribuyen esta epístola a un autor creativo, inteligente, capaz de redactar un escrito aprovechando las ideas fundamentales de Pablo y capaz también de imitar en muchos pasajes el estilo del apóstol.

*La problemática que plantea Ef es la misma de Col, pero con mayor profundización. El esfuerzo por situar a las potencias en su rango, sometidas a Cristo victorioso Cabeza de la nueva humanidad, le lleva al autor a descubrir que esta nueva realidad es la Iglesia que se extiende en la sociedad como un nuevo Cuerpo de Cristo, con dimensiones cósmicas para llenarlo todo (***1** *23).*

1. Saludo (**1** *1-2)*

Muy breve e impersonal. El nombre de la comunidad destinataria, Éfeso, faltaba en el texto primitivo. Esto hace pensar que ésta era una epístola circular, dirigida a varias comunidades.

2. El misterio de la salvación y de la Iglesia (**1** *3*-**3** *21)*

*Un himno sirve para plantear el gran proyecto de Dios de salvar a la humanidad en Cristo (***1** *3-14). Himno estructurado mediante seis bendiciones o acciones salvíficas de Dios:*

1.ª Llamamiento de los hombres, desde el principio de la creación, a formar su familia, su pueblo elegido (3-4).

2.ª En esta familia de Dios se entra por la filiación divina obtenida por el «hijo», Jesucristo (5-6).

3.ª La vida histórica de Cristo inicia este proyecto de Dios, reconciliando a los hombres con Dios, por medio de su pasión y resurrección. (7-8).

4.ª Este proyecto de Dios ha sido manifestado a todos los hombres. Toda la humanidad recibe unidad y plenitud en Cristo, cabeza de toda la creación; es el «Misterio» (9-10).

5.ª En este proyecto salvador entra el pueblo elegido, Israel «los que ya antes esperábamos en Cristo» (11-12).

6.ª Y también los no judíos, «ustedes». El Espíritu Santo es la prenda de esta herencia ofrecida a todos (13-14).

*Cristo es la realización de este proyecto salvador y su prolongación en la historia es la Iglesia de la que Cristo es su cabeza, convirtiéndose así la comunidad cristiana en el Cuerpo de Cristo. La Iglesia es el signo, el sacramento, de la plenitud del que lo llena todo en todo (***1** *15-23).*

*En este «cuerpo de Cristo» pueden participar todos, pues todos, judíos y gentiles, han sido reconciliados. Por eso el muro de separación entre estos dos tipos de pueblo, desde la consideración religiosa, queda derribado. Cristo es la paz, la reconciliación de toda la humanidad (***2** *11-22). Y Pablo es el ministro de este misterio de Cristo, para darlo a conocer a todos (***3** *1-21).*

3. El «Misterio» en la vida de la comunidad cristiana (**4** *1*-**6** *20)*

Con el tono de una exhortación a los cristianos, traza el autor los rasgos más significativos del Misterio que la comunidad, la Iglesia, debe transparentar. Éstos son:

*a) Comunión de todos los creyentes, que se basa en la unión que tienen todos en un solo Señor, un solo Espíritu y un solo Padre; una misma fe, una misma esperanza y un mismo amor (***4** *1-16). Esta comunión de los miembros de la comunidad no se rompe por la diversidad de servicios o dones recibidos del Espíritu, pues toda la variedad de dones tiende a «la adecuada organización de los santos en las funciones del* *ministerio, para edificación del cuerpo de Cristo» (***4** *12).*

*b) Nuevo estilo de vida, que caracteriza a este «hombre nuevo» (***4** *17-***5** *20). Las notas de este estilo de vida son: ruptura con el estilo de vida anterior, calificado como «hombre viejo»; la veracidad, la honradez, la educación, la amabilidad, la bondad, la generosidad en el perdón; es decir, portarse como hijos de Dios que tienen en el amor la única ley que regula el nuevo estilo de vida. La comparación luz-tinieblas aclara la enseñanza.*

*c) El nuevo estilo de vida en la familia cristiana (***5** *21-***6** *9). La familia cristiana es, para Ef, una iglesia doméstica, prolongación de la universal. Es una aplicación de las directrices generales, expuestas anteriormente, a las relaciones entre los esposos, entre padres e hijos, amos y esclavos. Estas relaciones, que se deben fundamentar en el amor, son signos del amor existente entre Cristo y su Iglesia.*

*d) Finalmente los miembros de esta nueva sociedad deben estar vigilantes (***6** *10-20). La vigilancia es una de las exhortaciones más comunes que reciben los cristianos de la primera generación. Actitud vigilante en el tiempo que precede a la Venida del Señor, que son los tiempos de la Iglesia. Como ya hizo Pablo en la epístola a los tesalonicenses (1 Ts* **5** *1-11), el autor de Ef, partiendo de la comparación del cristiano con un centinela, desglosa la actitud de vigilancia: de pie, con la vestidura adecuada y el armamento apropiado para el combate espiritual; por eso subraya la actitud del «vigía» en oración perseverante.*

4. Despedida (6 *21-24)*

Excepción hecha de la noticia personal sobre Tíquico, es una conclusión seca e impersonal. Faltan las expresiones de cariño y los saludos familiares de otras epístolas. Es la despedida que dice bien en una epístola circular.

EPÍSTOLA A FILEMÓN

Pablo se encuentra preso en Éfeso durante los años 52-54. Desde la prisión (1. 9s. 13. 23) escribe a su amigo Filemón, un cristiano convertido por él (19) y que reside en la próxima ciudad de Colosas, una breve carta para anunciarle el regreso de su esclavo fugitivo, Onésimo, ganado también éste para Cristo por el Apóstol (10). Esta esquela autógrafa arroja mucha luz sobre la delicadeza del corazón de Pablo y la solución del problema de la esclavitud: aun cuando dueño y esclavo cristianos mantengan sus mutuas relaciones sociales de antaño, ya no deben vivir sino como dos hermanos al servicio del mismo Señor (16; ver Col **3** *22-***4** *1).*

EPÍSTOLAS PASTORALES

Las dos epístolas dirigidas a Timoteo con la dirigida a Tito forman un conjunto que, desde el siglo XVIII se califica como «Epístolas pastorales», porque las tres ofrecen directrices para la organización y el régimen de las comunidades cristianas confiadas a estos dos discípulos de Pablo.

La autenticidad de estas cartas es muy discutida a causa de las notables diferencias que ofrecen con el resto de los escritos paulinos tanto en el vocabulario y estilo, como en el contenido y el modo de abordar los temas; además es difícil situar estas cartas en el decurso de la vida de Pablo tal como los Hechos nos la describen. Se han presentado diversas hipótesis para explicar estas divergencias y poder seguir manteniendo su autenticidad paulina. Muchos estudiosos, sin embargo, opinan que son obra de un discípulo de Pablo, escritas a finales del siglo I, con el objeto de resolver problemas de unas comunidades cristianas bastante diferentes. Otros proponen la hipótesis de que las tres cartas escritas por Pablo y que guardaban Timoteo y Tito, las heredó un cristiano y las completó añadiendo lo que, según él, Pablo habría añadido teniendo en cuenta los nuevos problemas de la Iglesia.

Quizás un estudio independiente de cada una de las tres cartas ofrezca mayor luz sobre su autenticidad. En este estudio detallado e independiente de cada escrito, no hay ningún problema en reconocer que 2 Tm sea de Pablo. En cambio 1 Tm y Tt presentan analogías entre sí y bastante proximidad entre ellas. Por otra parte estas dos cartas reflejan unas iglesias más evolucionadas que las de la época paulina y difieren bastante en el modo de enfocar el ministerio. Por este motivo, mientras se puede aceptar que 2 Tm sea un auténtico escrito de Pablo a su discípulo y responsable de la comunidad de Éfeso, 1 Tm y Tt hay que situarlas hacia finales del siglo I.

PRIMERA EPÍSTOLA A TIMOTEO

*— Saludo breve. No contiene la acción de gracias (***1** *1-2).*

*— Actitud responsable de Timoteo ante las falsas doctrinas, que surgen del mundo judío. Son elucubraciones sobre genealogías del AT, preceptos legales, el matrimonio, la resurrección. El modo de encarar esta situación es valorar adecuadamente la ley mosaica y mantenerse fiel a las enseñanzas recibidas del apóstol, garantizado para transmitir el Mensaje del Señor, para enseñar «una doctrina segura» (***1** *3-20).*

*— Normas concretas para regir la comunidad cristiana: sobre la oración litúrgica (***2** *1-8); sobre la compostura que deben tener las mujeres en las reuniones comunitarias y que no debe desdecir de la compostura que tienen en la sociedad (***2** *9-15); sobre los colaboradores más directos de Timoteo: los «epíscopos», los «presbíteros» los «diáconos», quienes deben observar una conducta acorde con la misión que tienen en la comunidad (***3** *1-13).*

*— Responsabilidad que tiene Timoteo al estar al frente de una comunidad cristiana, Iglesia del Dios vivo, ámbito de la manifestación del «misterio» de Cristo (***3** *14-16; ver también* **6** *11-16). Responsabilidad ante quienes propagan falsas enseñanzas y desprecian y condenan lo que forma parte de la obra creadora de Dios, en la que todo lo creado es bueno (***4** *4); responsabilidad con los diversos grupos que componen la comunidad: directrices generales (***5** *1-2;* **6** *3-10), con las viudas (***5** *3-16), con los presbíteros (***5** *17-25), con los esclavos (***6** *1-2), con los ricos «de este mundo» (***6** *17-19).*

— Cierra la carta una breve exhortación a la fidelidad a la enseñanza recibida frente a la palabrería y falsa ciencia: elucubraciones judías y gnósticas.

SEGUNDA EPÍSTOLA A TIMOTEO

El saludo y acción de gracias, tradicionales en las epístolas paulinas, tienen ahora un estilo más directo y personal. Es un escrito dirigido a una persona individual, no a una comunidad.

El contenido está dirigido en tono exhortatorio a Timoteo, responsable de la comunidad de Éfeso. Pablo le recomienda:

*— Fidelidad al mensaje de Jesús tal como se lo transmitió Pablo (***1** *6-18).*

*— Dedicación a la transmisión del Mensaje: «cuanto me has oído... confíalo a hombres fieles que sean capaces, a su vez, de instruir a otros» (***2** *1-7).*

*— La fidelidad a Jesucristo y al Evangelio acarrea contratiempos; pero éstos tienen su sentido en la transmisión del Mensaje (***2** *8-13).*

*— Firmeza y claridad ante las falsas doctrinas de origen judío y griego, que empiezan a afectar a la vida de las comunidades (***2** *14-21).*

— *Práctica de las virtudes cristianas (***2** *22-26).*

— *Vigilancia ante los momentos difíciles de los «últimos tiempos», que se caracterizan por un recrudecimiento de la impiedad (***3** *1-13).*

— *El conocimiento de las Escrituras, Palabra del Espíritu Santo, ayuda a mantenerse fiel (***3** *14-17).*

— *Exhortación a la fidelidad y responsabilidad de Timoteo en el ejercicio de su ministerio (***4** *1-5).*

— *Noticias personales, entre las que destaca el anuncio del final de su cautiverio en Roma (ver Hch* **18** *16s), más que el final de su vida (***4** *6-8).*

— *Una serie de recomendaciones y saludos, que guardan relación con las epístolas a Colosenses y Filemón, cierran esta segunda epístola a Timoteo.*

EPÍSTOLA A TITO

Tito es un colaborador de Pablo. Está al frente de la comunidad de Creta. El contenido de esta epístola es muy semejante al de 1 Tm: instrucciones sobre el gobierno de una comunidad cristiana.

— *Saludo algo más ampliado que el de 1 Tm (***1** *1-4).*

— *Los colaboradores de Tito: Debe establecer «epíscopos» y «presbíteros», quienes han de tener unas cualidades determinadas (***1** *5-9). Estos colaboradores no coinciden del todo con los «obispos» y «presbíteros» del siglo II; pero los nombres y parte de su contenido proceden de estas epístolas del s. I.*

— *Las falsas doctrinas: También están afectando a esta comunidad. Son, como en 1 Tm, desviaciones y malas interpretaciones del Mensaje de Jesús, por influjo de las especulaciones judías y la importancia dada a sus leyes y costumbres, que desvirtuaban el valor del Evangelio (***1** *10-16;* **3** *9-10).*

— *Atención más esmerada a algunos grupos de la comunidad: ancianos, esclavos, jóvenes. Tito debe procurar que todos muestren una conducta ejemplar (***2** *1-10;* **3** *1-3).*

— *El fundamento de todas las instrucciones y del estilo de vida propuesto a la comunidad es que la comunidad es el ámbito donde el Señor resucitado se hace presente y desde donde se manifiesta a todos los hombres (***2** *11-15;* **3** *4-7).*

EPÍSTOLA A LOS ROMANOS

Saludo.

1 [1] Pablo, siervo de Cristo Jesús, apóstol* por vocación, escogido para el Evangelio de Dios,

2 que había ya prometido por medio
de sus profetas en las Escrituras
Sagradas,
3 acerca de su Hijo, nacido del linaje
de David según la carne,
4 constituido Hijo de Dios con poder,
según el Espíritu de santidad, por su
resurrección de entre los muertos*,
Jesucristo Señor nuestro.
5 Por él hemos recibido la gracia del
apostolado,
para obtener la obediencia de la fe a
gloria de su nombre
entre todos los gentiles*,
6 entre los cuales se cuentan también
ustedes, llamados de Jesucristo.
7 A todos los amados de Dios que
están en Roma,
santos por vocación,
a ustedes gracia y paz,
de parte de Dios nuestro Padre y del
Señor Jesucristo.

Acción de gracias y súplica.

8 Ante todo, doy gracias a mi Dios por
medio de Jesucristo, por todos ustedes,
pues su fe es alabada en todo el mundo.
9 Porque Dios, a quien doy culto en mi espíritu predicando el Evangelio de su Hijo*,
me es testigo de cuán incesantemente me
acuerdo de ustedes,
10 rogándole siempre
en mis oraciones, si es de su voluntad,
encuentre por fin algún día ocasión favorable de llegarme hasta ustedes.
11 Pues
ansío verlos, a fin de comunicarles algún
don espiritual que los fortalezca,
12 o más
bien, para sentir entre ustedes el mutuo
consuelo de la común fe: la suya y la mía.
13 Por eso no quiero que ignoren, hermanos, las muchas veces que me propuse
ir a ustedes —pero hasta el presente me
he visto impedido— con la intención de
recoger también entre ustedes algún fruto, al igual que entre los demás gentiles.
14 Me debo a griegos y a bárbaros; a sabios y a ignorantes:
15 de ahí mi ansia por
llevarles el Evangelio también a ustedes,
habitantes de Roma.

1 1 *Apóstol,* título de origen judío que significa *enviado;* en el NT se aplica una veces a los Doce discípulos, Mt **10** 2+; Jn **3** 17+; Hch **1** 26; **2** 37; etc.; otras veces, a los predicadores del Evangelio, Rm **16** 7; 1 Co **12** 28. Pablo se aplica también este título, ya que recibió de Cristo resucitado la misión de predicar el Evangelio a los gentiles, Hch **9** 15+; **13** 31; **22** 21. Esta misión es un *llamamiento* de Dios, Hch **9** 3-6; **13** 2; Ga **1** 1.16; etc., análogo al de los profetas, Is **49** 1; Jr **1** 4-5; etc.

1 4 Paralelismo entre los vv. 3 y 4. El descendiente de David, 2 S **7**+; etc., es Hijo de Dios, **8** 11+; **9** 5+; ver Mt **4** 3+; etc. y recibe este nombre eterno como título nuevo cuando Dios manifiesta su poder resucitándolo, **4** 24; **6** 4; **10** 9; 1 Co **6** 14; **15** 3-8.28; 1 Ts **1** 10.

1 5 El término griego *ezné* puede tener una connotación negativa (paganos, adoradores de los ídolos) o una connotación neutra (los que no son judíos). En Rm debe traducirse por *naciones gentiles* y no por «paganos», pues Pablo aplica el término a los creyentes venidos del paganismo, pero que ya no son adoradores de divinidades paganas. El lenguaje bíblico español ha generalizado el término *gentiles* para traducir el término griego.

1 9 El ministerio apostólico es un acto de culto tributado a Dios en la nueva Alianza, **12**+; **15** 16+.

La salvación por la fe

1. LA JUSTIFICACIÓN

La tesis de la carta.

16 Pues no me avergüenzo del Evangelio, que es fuerza de Dios para la
salvación de todo el que cree*: del judío
primeramente y también del griego.
17 Porque en él se revela la justicia* de
Dios, de fe en fe, como dice la Escritura:
El justo vivirá por la fe.

A. TODOS LOS HOMBRES, SIN EXCEPCIÓN, BAJO LA IRA DE DIOS*

La ira de Dios en el pasado.

18 En efecto, la ira de Dios se revela
desde el cielo contra toda impiedad e
injusticia de los hombres que aprisionan
la verdad en la injusticia; 19 pues lo que de
Dios se puede conocer, está en ellos manifiesto: Dios se lo manifestó. 20 Porque
lo invisible de Dios, desde la creación
del mundo, se deja ver a la inteligencia a
través de sus obras: su poder eterno y su
divinidad, de forma que son inexcusables;
21 porque, habiendo conocido a Dios, no
le glorificaron como a Dios, ni le dieron
gracias, antes bien se ofuscaron en sus
razonamientos y su insensato corazón
se entenebreció: 22 jactándose de sabios
se volvieron necios, 23 y *cambiaron la
gloria* del Dios incorruptible *por una
representación* en forma de hombres
corruptibles, de aves, de cuadrúpedos,
de reptiles*.
24 Por eso Dios los entregó* a los deseos de su corazón hasta una impureza
tal que deshonraron entre sí sus cuerpos;
25 a ellos que cambiaron la verdad de
Dios por la mentira, y adoraron y sirvieron a la criatura en vez del Creador, que
es bendito por los siglos. Amén.
26 Por eso los entregó Dios a pasiones
infames; pues sus mujeres invirtieron las
relaciones naturales por otras contra la

1 16 Por la *fe,* ver Ha **2** 4+, que descansa en una *escucha,* **10** 17, el hombre se *entrega,* por una *obediencia,* **1** 5; etc., a Dios, verdadero, bueno y fiel como a la única fuente de salvación. Cree en el Evangelio de Jesús, muerto y resucitado, **1** 4+, y cuenta con Dios que le otorga su justicia, **1** 17+. La fe se expresa en el bautismo, **6** 4+, donde se inaugura una vida nueva de todo el hombre, unido a Cristo, Ga **2** 16.20+. Produce toda clase de *obras,* **5** 1-5; Ga **5** 6; 1 Ts **1** 3; St **2** 14, y cree, 2 Co **10** 15; 1 Ts **3** 10, hasta el tiempo de la gloria, 1 Co **13** 12+. -*Judíos y griegos,* ver **2** 9-10; Hch **13** 5+.

1 17 Pablo desarrolla en los once primeros capítulos los componentes de la *justicia* de Dios: es universal y opera por la fe sola, sin categorías de privilegios, **1** 18 - **4** 25; es ofrecida a todos los que están en Cristo como gracia o amor sobreabundantemente, **5** - **8**; sólo quedan fuera de esta justificación los que no aceptan a Cristo como justo y justificador, **9** - **11.** A lo largo de su exposición Pablo subraya que este modo de obrar de Dios en Cristo es el cumplimiento de su promesa de salvación, **3** 21-26; **4** 3+; etc. Ver **10** 6+; Is **56** 1; Ef **2** 8; Flp **3** 9; Mt **5** 20. -La cita es de Ha **2** 4. Ver también Ga **3** 11; Hb **10** 38-39.

1 18 Ya en el AT se dice que Dios reacciona con *ira* contra la injusticia humana, Nm **11**+. Esta *ira* no se opone a la justicia divina; por eso algunos textos parecen insinuar que es un componente necesario de ella; ver Sal **7** 7-12. Semejante reacción refleja una incompatibilidad total entre Dios y la injusticia, que sólo con la destrucción del mal puede desaparecer.

1 23 Pablo alude al episodio del becerro de oro y a la idolatría del pasado en Israel, Sal **106** 20; ver Ex **32.** Indica así implícitamente que sus reflexiones no se refieren sólo a los gentiles, sino a toda la humanidad.

1 24 Hasta el final del cap. **1** Pablo repite las críticas de que el Judaísmo de entonces hacía objeto a los gentiles y sus costumbres; ver Sb **11-12.**

naturaleza; 27 igualmente los hombres,
abandonando el uso natural de la mujer,
se abrasaron en deseos los unos por los
otros, cometiendo la infamia de hombre
con hombre, recibiendo en sí mismos el
pago merecido de su extravío.
28 Y como no tuvieron a bien guardar
el verdadero conocimiento de Dios, los
entregó Dios a su mente insensata, para
que hicieran lo que no conviene: 29 llenos
de toda injusticia, perversidad, codicia,
maldad, llenos de envidia, de homicidio,
de contienda, de engaño, de malignidad,
difamadores, 30 detractores, enemigos de
Dios, ultrajadores, altaneros, fanfarrones, ingeniosos para el mal, rebeldes a
sus padres, 31 insensatos, desleales, desa-
morados, despiadados, 32 los cuales, aunque conocedores del veredicto de Dios
que declara dignos de muerte a los que
tales cosas practican, no solamente las
practican, sino que aprueban a los que
las cometen.

La ira de Dios que viene sobre todos*.

2 1 Por eso, no tienes excusa quien quiera que seas, tú que juzgas, pues juzgando a otros, a ti mismo te condenas,
ya que obras esas mismas cosas tú que
juzgas, 2 y sabemos que el juicio de Dios
es según verdad contra los que obran
semejantes cosas. 3 Y ¿te figuras, tú que
juzgas a los que cometen tales cosas y
las cometes tú mismo, que escaparás al
juicio de Dios? 4 O ¿desprecias, tal vez,
sus riquezas de bondad, de paciencia y de
tolerancia, sin reconocer que esa bondad
de Dios te impulsa a la conversión? 5 Por
la dureza y la impenitencia de tu corazón
vas atesorando contra ti ira para el día
de la ira y de la revelación del justo juicio
de Dios, 6 quien *dará a cada cual según
sus obras*:* 7 a los que, por la perseverancia en el bien busquen gloria, honor
e inmortalidad: vida eterna; 8 mas a los
rebeldes, indóciles a la verdad y dóciles
a la injusticia: ira y cólera. 9 Tribulación
y angustia sobre toda alma humana que
obre el mal: del judío primeramente y
también del griego; 10 en cambio, gloria,
honor y paz a todo el que obre el bien; al
judío primeramente y también al griego;
11 que *Dios es imparcial*.
12 Pues cuantos sin ley pecaron, sin ley
también perecerán; y cuantos pecaron
bajo la ley, por la ley serán juzgados;
13 que no son justos delante de Dios los
que oyen la ley, sino los que la cumplen:
ésos serán justificados. 14 En efecto, cuando los gentiles, que no tienen ley, cumplen naturalmente las prescripciones de
la ley, sin tener ley, para sí mismos son
ley*; 15 como quienes muestran tener la
realidad de esa ley escrita en su corazón,
atestiguándolo su conciencia, y los juicios
contrapuestos de condenación o alabanza 16 para el día en que Dios juzgará las
acciones secretas de los hombres, según
mi Evangelio, por Cristo Jesús.

El judío inobservante.

17 Pero si tú, que te dices judío y des-
cansas en la ley; que te glorías en Dios;
18 que conoces su voluntad; que discier-
nes lo mejor, amaestrado por la ley,
19 convencido de ser guía de ciegos, luz
de los que andan en tinieblas, 20 educador
de ignorantes, maestro de niños, porque
posees en la ley la expresión misma de

2 Pablo quiere demostrar que los privilegios (Ley, circuncisión) no protegen contra la ira divina; la función de Rm **2** es nivelar los *status* del judío y del no judío. La argumentación se desarrolla en dos tiempos: vv 1-6 y 17-29.

2 6 Fórmula bíblica de la *retribución,* Sal **62** 13+. El día del juicio, v. 5, será el de la venida gloriosa del Señor, 1 Co **1** 8+; Hch **17** 31. Ante el tribunal de Dios, **14** 10, y de Cristo, 2 Co **5** 10; ver Mt **25** 31s, comparecerán los vivos y los muertos, Hch **10** 42; 2 Tm **4** 1, y cada uno recibirá según sus obras buenas o malas, Mt **16** 27; 1 Co **3** 8; 1 P **1** 17; Ap **2** 23.

2 14 La *conciencia,* v. 15; ver **14**+; 1 Co **4** 4+, ley de la naturaleza en el corazón del hombre, suple a la ley mosaica, vv. 26-29; Jr **4** 4+, y conduce a la salvación, **7** 7+.

la ciencia y de la verdad... 21 pues bien,
tú que instruyes a los otros ¡a ti mismo
no te instruyes! Predicas: ¡no robar!, y
¡robas! 22 Prohíbes el adulterio, y ¡adulteras! Aborreces los ídolos, y ¡saqueas
sus templos! 23 Tú que te glorías en la
ley, transgrediéndola, deshonras a Dios.
24 Porque, como dice la Escritura, *el
nombre de Dios, por causa de ustedes,
es blasfemado entre los gentiles**.

25 La circuncisión, en verdad, es útil si
cumples la ley; pero si eres un transgresor
de la ley, tu circuncisión se vuelve incircuncisión. 26 Mas si el incircunciso guarda
las prescripciones de la ley, ¿no se tendrá
su incircuncisión como circuncisión? 27 Y,
así, el que, siendo físicamente incircunciso, cumple la ley, te juzgará a ti, que con
la letra y la circuncisión eres transgresor
de la ley. 28 Pues no está en el exterior el
ser judío, ni es circuncisión la externa, la
de la carne. 29 El verdadero judío lo es en
el interior, y la verdadera circuncisión, la
del corazón, según el espíritu y no según
la letra. Ese es quien recibe de Dios la
gloria y no de los hombres.

Dios siempre justo.

3 1 ¿Cuál es, pues, la ventaja del judío*? ¿Cuál la utilidad de la circuncisión? 2 Grande, de todas maneras. Ante
todo, a ellos les fueron confiados los
oráculos de Dios. 3 Pues ¿qué? Si algunos de ellos fueron infieles, ¿frustrará,
por ventura, su infidelidad la fidelidad
de Dios? 4 ¡De ningún modo! Dios tiene
que ser veraz y *todo hombre mentiroso,*
como dice la Escritura: *Para que seas
justificado en tus palabras y triunfes al
ser juzgado**. 5 Pero si nuestra injusticia
realza la justicia de Dios, ¿qué diremos?
¿Será acaso injusto Dios al descargar su
ira? (Hablo en términos humanos.) 6 ¡De
ningún modo! Si no, ¿cómo juzgará Dios
al mundo? 7 Pero si con mi mentira sale
ganando la verdad de Dios para gloria
suya ¿por qué razón soy también yo
todavía juzgado como pecador? 8 Y ¿por
qué no hacer el mal para que venga el
bien, como algunos calumniosamente
nos acusan que decimos? Esos tales tienen merecida su condenación.

Todos pecadores*.

9 Entonces ¿qué? ¿Llevamos ventaja?
¡No del todo!

10 Pues ya demostramos que tanto
judíos como griegos están todos bajo el
pecado, como dice la Escritura:

*No hay quien sea justo, ni siquiera
uno.*
11 *No hay un sensato,
no hay quien busque a Dios.*
12 *Todos se desviaron, a una se
corrompieron;
no hay quien obre el bien,
no hay siquiera uno.*
13 *Sepulcro abierto es su garganta,
con su lengua urden engaños.
Veneno de áspides* bajo sus
labios;*
14 *maldición y amargura rebosa su
boca.*
15 *Ligeros sus pies para derramar
sangre;*
16 *ruina y miseria son sus caminos.*
17 *El camino de la paz no lo
conocieron,*
18 *no hay temor de Dios ante sus ojos**.

19 Ahora bien, sabemos que cuanto dice la ley lo dice para los que están bajo
la ley, para que toda boca enmudezca y

2 24 Cita de Is **52** 5 (LXX); ver Ez **36** 20-22.

3 1 La reflexión precedente suscita la cuestión de los privilegios de Israel. Pablo responde brevemente a las objeciones que su reflexión pudiera plantear. Sobre ellas volverá más adelante, **9 - 11.**

3 4 Citas de Sal **116** 11 y Sal **51** 6 (LXX).

3 9 Pablo concluye con un recurso a la Escritura: no es él quien declara pecador a todo hombre, sino la palabra de Dios.

3 13 El *áspid (Vipera aspis)* es una víbora célebre por su veneno.

3 18 Citas de Sal **14** 1-3; **5** 10; **140** 4; **10** 17; Is **59** 7-8; Sal **36** 2.

el mundo entero se reconozca reo ante
Dios, [20] ya que *nadie será justificado an-*
te él por las obras de la ley, pues la ley
no da sino el conocimiento del pecado*.

B. LA JUSTICIA DE DIOS POR LA FE

Revelación de la justicia de Dios.

[21] Pero ahora, independientemente de
la ley, la justicia de Dios se ha manifestado, atestiguada por la ley y los profetas,
[22] justicia de Dios por la fe en Jesucristo,
para todos los que creen —pues no
hay diferencia; [23] todos pecaron y están
privados de la gloria de Dios*— [24] y
son justificados por el don de su gracia,
en virtud de la redención* realizada en
Cristo Jesús, [25] a quien exhibió Dios como instrumento de propiciación* por su
propia sangre, mediante la fe, para mostrar su justicia, habiendo pasado por alto
los pecados cometidos anteriormente,
[26] en el tiempo de la paciencia de Dios;
en orden a mostrar su justicia en el tiempo presente, para ser justo y justificador
del que cree en Jesús.
[27] ¿Dónde está, entonces, el derecho
a gloriarse? Queda eliminado. ¿Por qué
ley? ¿Por la de las obras? No. Por la
ley de la fe*. [28] Porque pensamos que
el hombre es justificado por la fe, independientemente de las obras de la
ley. [29] ¿Acaso Dios lo es únicamente de
los judíos y no también de los gentiles?
¡Sí, por cierto!, también de los gentiles;
[30] porque no hay más que un solo Dios,
que justificará a los circuncisos en virtud
de la fe y a los incircuncisos por medio
de la fe. [31] Entonces ¿por la fe privamos
a la ley de su valor? ¡De ningún modo!
Más bien, la consolidamos.

C. ARGUMENTO BÍBLICO

Abrahán, justificado por su fe*.

4 [1] ¿Qué diremos, pues, de Abrahán,
nuestro padre según la carne? [2] Si
Abrahán obtuvo la justicia por las obras,
tiene de qué gloriarse, mas no delante de
Dios. [3] En efecto, ¿qué dice la Escritura?
Creyó Abrahán en Dios y le fue conta-
*do como justicia**. [4] Al que trabaja no
se le cuenta el salario como favor sino

3 20 Cita de Sal **143** 2. La Ley como norma de vida exterior no tiene en el plan divino la función de borrar el pecado, sino la de manifestarlo a la conciencia del hombre pecador, ver **1** 17+; **7** 7+.

3 23 La gloria, en sentido bíblico, Ex **24** 16+: presencia de Dios que se comunica al hombre.

3 24 La *redención,* es decir, la liberación mesiánica esperada por los profetas, Is **41** 14+; ver Nm **33** 19+, se ha cumplido en Cristo, 1 Co **1** 30; Lc **1** 68; etc., quien con el precio de su sangre, Hch **20** 28+; Col **1** 20+; Hb **9** 12; Ap **1** 5, ha rescatado, 1 Tm **2** 6; Mt **20** 28+, al nuevo Israel, de la Ley y del pecado.

3 25 Lit.: *propiciatorio,* Ex **25** 10+. El «propiciatorio» recibía una aspersión de sangre el día de la Expiación, Lv **16**; rito que prefiguraba lo que la sangre de Cristo llevó realmente a cabo.

3 27 Nadie tiene fundamento para enorgullecerse por las obras de la Ley mosaica; la única ley que justifica consiste en creer; y así es como la Ley, lejos de perder su valor, alcanza su fin, v. 31.

4 *Abrahán* es un caso ejemplar que pone de relieve la constancia del plan de Dios. Abrahán es reconocido justo por haber creído a las promesas divinas, cuando todavía era un incircunciso, un «sin Ley», ver v. 5. De esta forma Abrahán es padre de todos los creyentes, es decir de todos los que son justificados por la fe, Ga **3** 6-9.

4 3 Cita de Gn **15** 6. -La tradición judía, Sb **10** 5; Si **44** 20-23+; ver St **2** 14+, alaba en Abrahán la fidelidad, las obras, la circuncisión. Pablo se remonta al principio de todas ellas, a la *fe,* que, ante la mirada de Dios y por tanto en realidad, se identifica concretamente con la justicia, v. 11.

como deuda; [5] en cambio, al que, sin
trabajar, cree en aquel que justifica al
impío, su fe se le cuenta como justicia.
[6] Así también David proclama bienaventurado al hombre a quien Dios le tiene
en cuenta la justicia independientemente
de las obras:

[7] *Bienaventurados aquellos cuyas*
maldades fueron perdonadas,
y cubiertos sus pecados.
[8] *Dichoso el hombre a quien el Señor*
*no le tiene en cuenta el pecado**.

[9] Entonces, ¿esta dicha recae sólo sobre los circuncisos o también sobre los
incircuncisos? Decimos, en efecto, que
la fe de Abrahán le fue contada como
justicia. [10] Y ¿cómo le fue contada?
¿siendo él circunciso o antes de serlo?
No siendo circunciso, sino antes; [11] pues
*recibió la señal de la circuncisión** como sello de la justicia de la fe que poseía
siendo incircunciso. Así se convertía en
padre de todos los creyentes incircuncisos, a fin de que la justicia les fuera
igualmente tenida en cuenta; [12] y en padre también de los circuncisos que no se
contentan con la circuncisión, sino que
siguen además las huellas de la fe que
tuvo nuestro padre Abrahán antes de la
circuncisión.

[13] En efecto, no por la ley, sino por la
justicia de la fe* fue hecha a Abrahán y
su posteridad la promesa de ser heredero del mundo. [14] Porque si son herederos
los de la ley, la fe carece de objeto, y la
promesa queda abolida; [15] porque la ley
produce la ira; por el contrario, donde
no hay ley, no hay transgresión. [16] Por
eso depende de la fe, para que sea don,
y la promesa quede asegurada para toda
la posteridad, no tan sólo para los de
la ley, sino también para los de la fe de
Abrahán, padre de todos nosotros, [17] como dice la Escritura: *Te he constituido*
*padre de muchas naciones**: padre
nuestro ante Dios a quien creyó, que da
la vida a los muertos y llama a las cosas
que no son para que sean.

[18] El cual, esperando contra toda esperanza, creyó y fue hecho *padre de*
muchas naciones según le había sido
dicho: *Así será tu posteridad**. [19] No
vaciló en su fe al considerar su cuerpo
ya sin vigor —tenía unos cien años— y el
seno de Sara, igualmente estéril. [20] Por
el contrario, ante la promesa divina, no
cedió a la duda con incredulidad; más
bien, fortalecido en su fe, dio gloria a
Dios, [21] con el pleno convencimiento
de que poderoso es Dios para cumplir
lo prometido. [22] Por eso *le fue contado*
como justicia.

[23] Y la Escritura no dice solamente por
él que *le fue contado,* sino también por
nosotros, [24] a quienes ha de ser tenida
en cuenta la fe, a nosotros que creemos en Aquel que resucitó de entre los
muertos a Jesús Señor nuestro, [25] quien
fue entregado por nuestros pecados, y
resucitó para nuestra justificación*.

4 8 Cita de Sal **32** 1-2.
4 11 Ver Gn **17** 11.
4 13 La *justicia de la fe* es una justicia que consiste en creer, v. 3; **3** 27. La herencia es otorgada por Dios, pero únicamente en virtud de la *promesa* (aparición de esta palabra, ver Gn **12**+) recibida por la fe, Ga **3** 6-14.
4 17 Cita de Gn **17** 5.
4 18 Cita de Gn **15** 5.
4 25 Los vv. 23-25 son una introducción a todo lo que sigue. El caso de Abrahán ilumina el de los cristianos. La justicia conferida por Dios a los creyentes, los asocia a la muerte redentora de Cristo, ver **8** 32+; Is **53** 6.12, y a su resurrección **1** 4; **5** 10; **6** 4-5+; Col **2** 11-13.

2. DE LA JUSTIFICACIÓN A LA SALVACIÓN

La justificación, prenda de la salvación.

5 1 Habiendo, pues, recibido de la
fe la justificación, estamos en paz
con Dios, por nuestro Señor Jesucristo,
2 por quien hemos obtenido también,
mediante la fe, el acceso a esta gracia en
la cual nos hallamos, y nos gloriamos en
la esperanza* de la gloria de Dios. 3 Más
aún; nos gloriamos hasta en las tribulaciones, sabiendo que la tribulación engendra la paciencia; 4 la paciencia, virtud
probada; la virtud probada, esperanza,
5 y la esperanza no falla, porque el amor
de Dios* ha sido derramado en nuestros
corazones por el Espíritu Santo que nos
ha sido dado. 6 En efecto, cuando todavía estábamos sin fuerzas, en el tiempo
señalado, Cristo murió por los impíos;
7 —en verdad, apenas habrá quien muera por un justo; por un hombre de bien
tal vez se atrevería uno a morir—; 8 mas
la prueba de que Dios nos ama es que
Cristo, siendo nosotros todavía pecadores, murió por nosotros. 9 ¡Con cuánta
más razón, pues, justificados ahora por
su sangre, seremos por él salvos de la
ira! 10 Si cuando éramos enemigos, fuimos reconciliados con Dios por la muerte de su Hijo, ¡con cuánta más razón,
estando ya reconciliados, seremos salvos
por su vida! 11 Y no solamente eso, sino
que también nos gloriamos en Dios,
por nuestro Señor Jesucristo, por quien
hemos obtenido ahora la reconciliación.

Adán y Jesucristo*.

12 Por tanto, como por un hombre
entró el pecado en el mundo y por el
pecado la muerte y así la muerte alcanzó a todos los hombres, ya que todos
pecaron; 13 —porque, hasta la ley, había
pecado en el mundo, pero el pecado no
se carga en cuenta no habiendo ley—;
14 con todo, reinó la muerte desde Adán
hasta Moisés, aun sobre aquellos que no
pecaron con una transgresión semejante
a la de Adán, el cual es figura del que
había de venir.
15 Pero con el don no sucede como
con el delito. Si por el delito de uno
murieron todos ¡cuánto más la gracia de
Dios y el don otorgado por la gracia de
un hombre, Jesucristo, se han desbordado sobre todos! 16 Y no sucede con el
don como con las consecuencias del pecado de uno; porque el juicio, partiendo
de uno, lleva a la condenación, mas la
obra de la gracia, partiendo de muchos
delitos, se resuelve en justificación. 17 En
efecto, si por el delito de uno reinó la
muerte por un hombre ¡con cuánta más
razón los que reciben en abundancia la
gracia y el don de la justicia, reinarán en
la vida por uno, por Jesucristo!

5 2 El único orgullo del creyente, ver **3** 27, es la *esperanza,* bien sea la espera de los bienes escatológicos, **8** 18-25+; Ef **1** 18; Col **1** 27; 1 Ts **4** 13; **5** 8; 1 Jn **3** 2+; 1 P **1** 3-4, bien sea a veces estos mismos bienes, Ga **5** 5; Col **1** 5, ofrecidos por Dios a todos los hombres en el misterio de Cristo, **16** 25+; Ef **1** 18; Mt **12** 21. Está en conexión con la fe y la caridad, 1 Ts **1** 3; 1 Co **13** 13, que le dan una seguridad y una constancia que nada puede quebrantar, **5** 4; **8** 18-25; **12** 12; Hb **6** 17-19; etc.

5 5 Es el *amor* con que Dios nos ama, **8** 31-39, y cuya prenda y testigo es la presencia del Espíritu; **8** 15; Ga **4** 6; pero ver **8** 28. -El *Espíritu* de la nueva Alianza, Ga **3** 14; 2 Co **3** 6+; Hch **2** 33+; Ez **36** 27+, no es solamente una manifestación de poder, Hch **1** 8+; 1 Co **3** 16; **6** 19; sino un principio interior de nueva vida, Hch **2** 38; 1 Ts **4** 8; Lc **11** 13; Jn **14** 26; que habita en el cristiano para hacerlo hijo de Dios en todas sus potencias, **8** 14-16; Ga **4** 6.

5 12 Para poner más claro el don de Dios en Jesucristo, Pablo lo compara con la acción del *primer hombre.* -Como la *muerte,* Sb **1** 13+; **2** 24, el *pecado* recae sobre la humanidad por la falta de su primer padre. Cristo, nueva cabeza de la raza humana, vv. 15-19; 1 Co **15** 21-23.45, salva de forma sobreabundante a los hombres de la muerte espiritual y eterna cuya señal es la muerte física. La naturaleza propia del lazo entre la falta de Adán y la de los hombres nacidos de él no se precisa.

[18] Así pues, como el delito de uno
atrajo sobre todos los hombres la condenación, así también la obra de justicia de
uno procura a todos la justificación que
da la vida. [19] En efecto, así como por la
desobediencia de un hombre, todos fueron constituidos pecadores, así también
por la obediencia de uno todos serán
constituidos* justos.

Proposición temática*.

[20] La ley, en verdad, intervino para
que abundara el delito; pero donde abun-
dó el pecado, sobreabundó la gracia;
[21] así, lo mismo que el pecado reinó por
la muerte, así también reinara la gracia
en virtud de la justicia para vida eterna
por Jesucristo nuestro Señor.

A. LA VIDA EN CRISTO

Col **2** 12-13; Tt **3** 5-7; 1 P **3** 21-22.

6 [1] ¿Qué diremos, pues? ¿Que debemos permanecer en el pecado para
que la gracia se multiplique*? ¡De ningún
modo! [2] Los que hemos muerto al pecado ¿cómo seguir viviendo en él? [3] ¿O es
que ignoran que cuantos fuimos bautizados en Cristo Jesús, fuimos bautizados
en su muerte? [4] Fuimos, pues, con él sepultados por el bautismo en la muerte, a
fin de que, al igual que Cristo resucitó de
entre los muertos por medio de la gloria
del Padre, así también nosotros vivamos
una vida nueva*.
[5] Porque si nos hemos injertado en
él por una muerte semejante a la suya,
también lo estaremos por una resurrección semejante; [6] sabiendo que nuestro
hombre viejo fue crucificado con él, a
fin de que fuera destruido el cuerpo de
pecado y cesáramos de ser esclavos del
pecado. [7] Pues el que está muerto, queda
libre del pecado.
[8] Y si hemos muerto con Cristo, creemos que también viviremos con él, [9] sabiendo que Cristo, una vez resucitado de
entre los muertos, ya no muere más, y
que la muerte no tiene ya señorío sobre
él. [10] Su muerte fue un morir al pecado*,
de una vez para siempre; mas su vida,
es un vivir para Dios. [11] Así también ustedes, considérense como muertos al pecado y vivos para Dios en Cristo Jesús.
[12] No reine, pues, el pecado en su cuerpo mortal* de modo que obedezcan a sus
apetencias. [13] Ni hagan ya de sus miembros instrumentos de injusticia al servicio
del pecado; sino más bien ofrézcanse
ustedes mismos a Dios como muertos
retornados a la vida; y sus miembros,
como instrumentos de justicia al servicio
de Dios. [14] Pues el pecado no dominará

5 19 No sólo en el Juicio final (para Pablo, la justificación es actual, ver **5** 1, etc.), sino conforme los hombres van renaciendo en Jesucristo. El paralelismo Adán = Cristo adquiere aquí toda su nitidez.

5 20 Los vv. 20-21 constituyen la tesis que Pablo se propone defender en estos capítulos. Ver **6** 1.15; **7** 7; **1**-2.

6 1 Cuestión que nos extraña, pero que sin duda se plantearon algunos adversarios de Pablo, ver **3** 5-8.

6 4 El *bautismo* acompaña a la fe, Ga **3** 26s; Ef **4** 5; Hb **10** 22, y la expresa por el eficaz simbolismo de su rito. Pablo les atribuye los mismos efectos (comparar Ga **2** 16-20 y Rm **6** 3-9). La «inmersión» en el baño del agua sepulta al pecador en la muerte de Cristo, Col **2** 12; ver Mc **10** 38, de la que sale por la resurrección con él, Rm **8** 11+, como «nueva criatura», 2 Co **5** 17+, «hombre nuevo», Ef **2** 15+, miembro del Cuerpo único, animado del único Espíritu, 1 Co **12** 13; Ef **4** 4s. Esta resurrección se realiza desde ahora por una vida nueva según el Espíritu, vv. 8-11.13; **8** 2s; Ga **5** 16-24. Ver también Mt **3** 6+; Hch **1** 5+; Ef **5** 26; Tt **3** 5; Hb **6** 2-4.

6 10 Cristo ha tomado una carne semejante a la nuestra, **1** 3; **8** 3; Hb **4** 15. Pero ahora es ya *espiritual,* 1 Co **15** 45, ha abandonado el mundo del pecado, **7**+; 2 Co **5** 21.

6 12 Solidario de Cristo, v. 11, el bautizado no debe pecar, pero de hecho el pecado puede todavía reinar en él, **7** 14-24.

ya sobre ustedes, ya que no están bajo la
ley sino bajo la gracia.

Al servicio de la justicia.

15 Pues ¿qué? ¿Pecaremos porque no
estamos bajo la ley sino bajo la gracia?
¡De ningún modo!*. 16 ¿No saben que al
ofrecerse a alguno como esclavos para
obedecerle, se hacen esclavos de aquel
a quien obedecen: bien del pecado, para
la muerte, bien de la obediencia, para la
justicia? 17 Pero, gracias a Dios, ustedes,
que eran esclavos del pecado, han obedecido de corazón al modelo de doctrina,
al que fueron entregados, 18 y, liberados
del pecado, se han hecho esclavos de la
justicia. 19 —Hablo en términos humanos, en atención a su flaqueza natural—.
Pues si ofrecieron sus miembros como
esclavos a la impureza y a la iniquidad
por la iniquidad, ofrézcanlos igualmente
ahora a la justicia para la santidad.
20 Pues cuando eran esclavos del
pecado, eran libres respecto de la justicia. 21 ¿Qué frutos cosecharon entonces
de aquellas cosas que al presente les
avergüenzan? Pues su fin es la muerte.
22 Pero al presente, libres del pecado y
esclavos de Dios, fructifican para la santidad; cuyo fin es la vida eterna. 23 Pues
el salario del pecado es la muerte; pero
el don de Dios, la vida eterna en Cristo
Jesús Señor nuestro*.

7 1 ¿O es que ignoran, hermanos,
—hablo a quienes entienden de leyes— que la ley no domina sobre el
hombre sino mientras vive*? 2 Así, la
mujer casada está obligada por la ley a
su marido mientras éste vive; mas, una
vez muerto el marido, se ve libre de la
ley del marido. 3 Por eso, mientras vive
el marido, será llamada adúltera si se une
a otro hombre; pero si muere el marido,
queda libre de la ley, de forma que no es
adúltera si se une a otro. 4 Así pues, hermanos míos, también ustedes quedaron
muertos respecto de la ley por el cuerpo
de Cristo, para pertenecer a otro: a
aquel que resucitó de entre los muertos,
a fin de que diéramos frutos para Dios.
5 Porque, cuando estábamos en la carne*, las pasiones pecaminosas, excitadas
por la ley, actuaban en nuestros miembros, a fin de que produjéramos frutos
de muerte. 6 Mas, al presente, hemos
quedado emancipados de la ley, muertos
a aquello que nos tenía aprisionados, de
modo que sirvamos según un espíritu
nuevo y no según un código anticuado.

6 15 Cristo nos ha liberado, ver **3** 24+, del pecado y de la Ley, **7** 7+. Esclavos en otro tiempo, somos ahora *libres,* **8** 15.21, pero al servicio de Dios y de Cristo que nos han rescatado, **6** 22; Ef **6** 6; 1 Ts **1** 9; 1 Co **7** 22; Mt **6** 24, libres como hijos afectuosos y sumisos, Ga **4** 7; **5** 1s, Jn **8** 31; **15** 14-15.

6 23 El tema de la *vida eterna* o *vida nueva,* **6** 4+; ver Jn **3** 15+, se desarrolla en el cap. **8.**

7 1 La liberación del cristiano la expresa Pablo con el tema griego de la *manumisión* de los esclavos, **6** 15+. El cristiano, unido por la fe y el bautismo a Cristo muerto y resucitado, está muerto al pecado, a la Ley, a los elementos del mundo, para vivir bajo el nuevo régimen de la gracia del Espíritu. Así como el liberto pertenece a su nuevo amo, así también el cristiano resucitado en Cristo no vive ya para sí mismo, sino para Cristo y para Dios, **6** 11.13; **14** 7s; 2 Co **5** 15; Ga **2** 20.

7 5 La *carne* es ante todo la materia corporal, 1 Co **15** 39; Lc **24** 39; etc., con todo lo que ella tiene de caduco, de débil delante de Dios, **6** 19; 1 Co **1** 29; 2 Co **7** 5; Mt **24** 22p; **26** 41p. A veces designa la economía anterior a Cristo, **9** 8+. Por otra parte, Pablo considera frecuentemente a la carne como sede de las pasiones y del pecado, aquí, **13** 14; Ga **5** 3-21, incluso como una fuerza del mal, **8** 4-9, que Cristo, venido en carne, ha quebrantado, **8** 3; Ef **2** 14s; 1 P **3** 18; **4** 1; Jn **1** 14, y de la cual los bautizados, en principio, están liberados, **8** 9; 2 Co **10** 3; Col **2** 11.

B. EL HOMBRE PECADOR FUERA DE CRISTO

Función de la ley en el pasado*.

7 ¿Qué decir, entonces? ¿Que la ley es
pecado? ¡De ningún modo! Sin embargo
yo no conocí el pecado sino por la ley.
De suerte que yo hubiera ignorado la
concupiscencia si la ley no dijera: *¡No te
des a la concupiscencia!* 8 Mas el pecado, aprovechándose del precepto, suscitó en mí toda suerte de concupiscencias;
pues sin ley, el pecado estaba muerto.
9 ¡Vivía yo un tiempo sin ley!, pero en
cuanto sobrevino el precepto, revivió el
pecado, 10 y yo morí; y resultó que el precepto, dado para vida, me causó muerte.
11 Porque el pecado, aprovechándose del
precepto, me *sedujo**, y por él, me dio
muerte.
12 Así que, la ley es santa, y santo el
precepto, y justo y bueno. 13 Luego ¿se
ha convertido lo bueno en muerte para
mí? ¡De ningún modo! Sino que el pecado, para aparecer como tal, se sirvió
de una cosa buena, para procurarme la
muerte, a fin de que el pecado ejerciera
todo su poder de pecado por medio del
precepto.

Impotencia actual de la ley*.

14 Sabemos, en efecto, que la ley es
espiritual, mas yo soy de carne, vendido
al poder del pecado. 15 Realmente, mi
proceder no lo comprendo; pues no
hago lo que quiero, sino que hago lo
que aborrezco. 16 Y, si hago lo que no
quiero, estoy de acuerdo con la Ley en
que es buena; 17 en realidad, ya no soy
yo quien obra, sino el pecado que habita
en mí. 18 Pues bien sé yo que nada bueno habita en mí, es decir, en mi carne;
en efecto, querer el bien lo tengo a mi
alcance, mas no el realizarlo, 19 puesto
que no hago el bien que quiero, sino que
obro el mal que no quiero. 20 Y, si hago
lo que no quiero, no soy yo quien lo
obra, sino el pecado que habita en mí*.
21 Descubro, pues, esta ley: aunque
quiera hacer el bien, es el mal el que se
me presenta. 22 Pues me complazco en
la ley de Dios según el hombre interior,
23 pero advierto otra ley en mis miembros que lucha contra la ley de mi razón
y me esclaviza a la ley del pecado que
está en mis miembros.
24 ¡Pobre de mí! ¿Quién me librará
de este cuerpo que me lleva a la muerte*? 25 ¡Gracias sean dadas a Dios por
Jesucristo nuestro Señor!
Así pues, soy yo mismo quien con la
razón sirvo a la ley de Dios, mas con la
carne, a la ley del pecado*.

7 7 La *Ley* es buena, 1 Tm **1** 8s, puesto que expresa la voluntad de Dios, **7** 12; ver **3** 2; **9** 4; Dt **4** 1+; pero es incapaz de conferir la justicia, **3** 20; Ga **3** 11-13. Al iluminar el espíritu sin darle la fuerza interior, llega a ser el instrumento del pecado que ella hace conocer, **4** 15; **5** 13; Ga **3** 19+. Este régimen pedagógico transitorio, **10** 4; Ga **3** 24, ha sido consumado por Cristo y su gracia, Rm **3** 31; **10** 4; Ef **2** 15; Mt **5** 17+, que es una *ley* de fe, de espíritu, de amor, Rm **3** 27; **8** 2; **13** 8+, de libertad, **6** 15+; St **1** 25. -La cita de Ex **20** 17 y Dt **5** 21 se limita a las dos primeras palabras y toma un alcance general.

7 11 Expresión tomada de Gn **3** 13.

7 14 Se trata del hombre bajo el imperio del pecado, antes del don de la gracia. El conflicto interior del cristiano es de otra naturaleza, Ga **5** 17-18.

7 20 No niega Pablo la responsabilidad personal del hombre frente al mal, como tampoco la ha negado frente al bien en Ga **2** 20.

7 24 El *cuerpo* es el hombre en la realidad sensible de sus miembros, órganos y sentidos, **12** 4; 1 Co **5** 3; **12** 14-20, sometido a la *carne,* **7** 5+; Col **2** 11, al pecado, **1** 24; 1 Co **6** 18, a la muerte, **6** 12, aunque llamado a resucitar, 1 Co **15** 44; Flp **3** 21, y desde ahora habitado por el Espíritu, **5** 5+; 1 Co **6** 19.

7 25 Esta frase sirve de transición entre **7** 23 y **8** 1-4.

C. LA VIDA DEL CREYENTE EN EL ESPÍRITU

La vida en el Espíritu.

8 1 Por consiguiente, ninguna condenación pesa ya sobre los que están en Cristo Jesús. 2 Porque la ley del espíritu que da la vida en Cristo Jesús te liberó de la ley del pecado y de la muerte*. 3 Pues lo que era imposible a la ley, reducida a la impotencia por la carne, Dios, habiendo enviado a su propio Hijo en una carne semejante a la del pecado, y en orden al pecado, condenó el pecado en la carne, 4 a fin de que la justicia de la ley* se cumpliera en nosotros que seguimos una conducta, no según la carne, sino según el espíritu.

5 Efectivamente, los que viven según la carne, desean lo carnal; mas los que viven según el espíritu, lo espiritual. 6 Pues las tendencias de la carne son muerte; mas las del espíritu, vida y paz, 7 ya que las tendencias de la carne llevan al odio de Dios: no se someten a la ley de Dios, ni siquiera pueden; 8 así, los que viven según la carne, no pueden agradar a Dios. 9 Mas ustedes no viven según la carne, sino según el espíritu, ya que el Espíritu de Dios habita en ustedes. El que no tiene el Espíritu de Cristo, no le pertenece; 10 mas si Cristo está en ustedes, aunque el cuerpo haya muerto ya a causa del pecado, el espíritu es vida a causa de la justicia. 11 Y si el Espíritu de Aquel que resucitó a Jesús de entre los muertos habita en ustedes, Aquel que resucitó a Cristo de entre los muertos dará también la vida a sus cuerpos mortales por su Espíritu que habita en ustedes*.

12 Así que, hermanos míos, no somos deudores de la carne para vivir según la carne, 13 pues, si viven según la carne, morirán. Pero si con el Espíritu hacen morir las obras del cuerpo, vivirán.

Hijos de Dios gracias al Espíritu.

Ga **4** 4-7.

14 En efecto, todos los que se dejan guiar por el Espíritu de Dios son hijos de Dios. 15 Y ustedes no han recibido un espíritu de esclavos para recaer en el temor; antes bien, han recibido un espíritu de hijos adoptivos que nos hace exclamar: ¡Abbá, Padre*! 16 El Espíritu mismo se une a nuestro espíritu para dar testimonio de que somos hijos de Dios. 17 Y, si hijos, también herederos: herederos de Dios y coherederos de Cristo, si compartimos sus sufrimientos, para ser también con él glorificados.

Destinados a la gloria.

18 Porque estimo que los sufrimientos del tiempo presente no son comparables con la gloria que se ha de manifestar en nosotros*. 19 Pues la ansiosa espera de la creación desea vivamente la revelación de los hijos de Dios. 20 La creación, en efecto, fue sometida a la caducidad, no espontáneamente, sino por aquel que la sometió, en la esperanza 21 de ser libera-

8 2 Pablo contrapone el nuevo régimen del Espíritu al del pecado y de la muerte, ver **3** 27+. La palabra *espíritu* designa aquí al Espíritu Santo o bien al espíritu de cada hombre renovado por esta presencia, ver **1** 9 y **5** 5+.

8 4 Esta *justicia de la ley,* cuyo cumplimiento sólo es posible por la unión con Cristo por la fe, se resume en el mandamiento del amor, ver **13** 8-10+; Ga **5** 14 y ya Mt **22** 40. Ver también Rm **7** 7+.

8 11 Por su Espíritu vivificante, el Padre ha resucitado al Hijo, **1** 4+, y resucitará a los cristianos, 1 Co **6** 14; 2 Co **4** 14; Ef **2** 6, que desde ahora viven la *vida nueva* de los Hijos de Dios, vv. 13-17.29-30; **6** 4+; Ga **2** 20.

8 15 Ver Mc **14** 36; Ga **4** 6. Esta relación de los hijos unidos con el Hijo se explica en los vv. 15-17.

8 18 La *manifestación de la gloria,* ver 1 Co **2** 9-10; 2 Co **4** 17+; Col **3** 3-4, va a alcanzar a todo el universo, vv. 19-22. Este mundo material creado para el hombre, Gn **1** 28; **2** 19, maldecido por culpa de él, Gn **3** 17-19, participará de la liberación de los rescatados, Ef **1** 10; Col **1** 16-20; 2 P **3** 12-13; Ap **21**+.

da de la esclavitud de la corrupción para
participar en la gloriosa libertad de los
hijos de Dios. 22 Pues sabemos que la
creación entera gime hasta el presente
y sufre dolores de parto. 23 Y no sólo
ella; también nosotros, que poseemos las
primicias del Espíritu, nosotros mismos
gemimos en nuestro interior anhelando
el rescate de nuestro cuerpo. 24 Porque
nuestra salvación es en esperanza; y una
esperanza que se ve, no es esperanza,
pues ¿cómo es posible esperar una cosa
que se ve? 25 Pero si esperamos lo que
no vemos, aguardamos con paciencia.

26 Y de igual manera, también el Espíritu viene en ayuda de nuestra flaqueza.
Pues nosotros no sabemos pedir como
conviene; mas el Espíritu mismo intercede por nosotros con gemidos inefables,
27 y el que escruta los corazones conoce
cuál es la aspiración del Espíritu, y que
su intercesión a favor de los santos es
según Dios*.

El plan de la salvación.
Ef **1** 4-14.

28 Por lo demás, sabemos que en todas
las cosas interviene Dios para bien de los
que lo aman; de aquellos que han sido
llamados según su designio. 29 Pues a los
que de antemano conoció, también los
predestinó a reproducir la imagen de su
Hijo*, para que fuera él el primogénito
entre muchos hermanos; 30 y a los que
predestinó, a ésos también los llamó; y
a los que llamó, a ésos también los justificó; a los que justificó, a ésos también
los glorificó*.

Conclusión: Himno al amor de Dios.

31 Ante esto ¿qué diremos? Si Dios está por nosotros ¿quién contra nosotros?
32 El que no perdonó ni a su propio Hijo,
antes bien lo entregó por todos nosotros,
¿cómo no nos dará con él graciosamente todas las cosas*? 33 ¿Quién acusará
a los elegidos de Dios? *Dios es quien*
justifica. 34 *¿Quién condenará*?* ¿Acaso
Cristo Jesús, el que murió; más aún el
que resucitó, el que está a la diestra de
Dios, e intercede por nosotros?

35 ¿Quién nos separará del amor de
Cristo? ¿La tribulación?, ¿la angustia?,
¿la persecución?, ¿el hambre?, ¿la desnudez?, ¿los peligros?, ¿la espada?, 36 como
dice la Escritura: *Por tu causa somos*
muertos todo el día; tratados como
*ovejas destinadas al matadero**. 37 Pero
en todo esto salimos más que vencedores
gracias a aquel que nos amó.

38 Pues estoy seguro de que ni la
muerte, ni la vida, ni los ángeles, ni los
principados, ni lo presente, ni lo futuro,
ni las potestades, 39 ni la altura, ni la profundidad, ni otra criatura alguna podrá
separarnos del amor de Dios manifestado en Cristo Jesús Señor nuestro.

8 27 Pablo recomienda la oración constante, **12** 12; Ef **6** 18; Flp **4** 6; etc. Él mismo ruega por sus fieles, Ef **1** 16; Flp **1** 4; etc. Insiste mucho en la oración de acción de gracias, 2 Co **1** 11; Ef **5** 4; etc., y con ella empieza sus cartas, **1** 8; etc. La garantía que tiene el cristiano en su oración es la presencia de Cristo en él, haciéndole orar como hijo, **8** 15.26.27, mientras el mismo Cristo intercede por nosotros, **8** 34. Los cristianos son los que invocan el nombre de Jesucristo, 1 Co **1** 2; ver Rm **10** 9-13. Sobre la actitud exterior en la oración, ver 1 Co **11** 4-16; 1 Tm **2** 8.

8 29 El Hijo, *imagen* perfecta del Padre, Col **1** 15+, ha restaurado en el hombre la imagen destruida por el pecado, Rm **5** 12+; ver Gn **1** 26+; **3** 22. Así configurado, 1 Co **15** 49; Flp **3** 21, al Primogénito, Col **1** 18; Hb **1** 6, el creyente se convierte en hijo de Dios, Ga **3** 26-28; **4** 5-7+; Hb **2** 11.17.

8 30 Dios lo ha ordenado todo a la *gloria* que tiene destinada para sus elegidos, vv. 18+. 21; Jn **17** 5.10.

8 32 Ni las pruebas, v. 35, ni las fuerzas hostiles del cosmos, vv. 38-39, podrán nada contra el *amor* eficaz de Dios, **5** 6-11; 1 Co **15** 57.

8 34 Ver Is **50** 8-9.

8 36 Cita de Sal **44** 23.

*Situación salvífica de Israel**

9 1 Digo la verdad en Cristo, no miento, —mi conciencia me lo atestigua en el Espíritu Santo—, 2 siento una gran tristeza y un dolor incesante en el corazón. 3 Pues desearía ser yo mismo maldito*, separado de Cristo, por mis hermanos, los de mi raza según la carne. 4 Son israelitas; de ellos es la adopción filial, la gloria, las alianzas, la legislación, el culto, las promesas, 5 y los patriarcas; de ellos también procede Cristo según la carne, el cual está por encima de todas las cosas, Dios bendito por los siglos*. Amén.

1. LA PALABRA DE DIOS NO SE HA FRUSTRADO

6 No es que haya fallado la palabra de Dios. Pues no todos los descendientes de Israel son Israel. 7 Ni por ser descendientes de Abrahán, son todos hijos. Sino que *por Isaac llevará tu nombre una descendencia**; 8 es decir: no son hijos de Dios los hijos según la carne, sino que los hijos de la promesa se cuentan como descendencia. 9 Porque estas son las palabras de la promesa: *Por este tiempo volveré; y Sara tendrá un hijo**. 10 Y más aún; también Rebeca concibió de un solo hombre, de nuestro padre Isaac; 11 ahora bien, antes de haber nacido, y cuando no habían hecho ni bien ni mal —para que se mantuviera la libertad de la elección divina, 12 que depende no de las obras sino del que llama— le fue dicho a Rebeca: *El mayor servirá al menor,* 13 como dice la Escritura: *Amé a Jacob y rechacé a Esaú**.

Dios no es injusto.

14 ¿Qué diremos, pues? ¿Que hay injusticia en Dios? ¡De ningún modo! 15 Pues dice él a Moisés: *Seré misericordioso con quien lo sea; me apiadaré de quien me apiade**. 16 Por tanto, no se trata de querer o de correr, sino de que Dios tenga misericordia. 17 Pues dice la Escritura a Faraón: *Te he suscitado precisamente para mostrar en ti mi poder, y para que mi nombre sea conocido en toda la tierra**. 18 Así pues, usa de misericordia con quien quiere, y endurece a quien quiere.

19 Pero me dirás: Entonces ¿de qué se enoja? Pues ¿quién puede resistir a su voluntad? 20 ¡Oh hombre! ¿Quién eres tú para pedir cuentas a Dios? ¿Acaso *la vasija dirá al alfarero: por qué me hiciste así**? 21 O ¿es que el alfarero no es dueño

9 Estando judíos y paganos en igualdad de condiciones ante la salvación por la fe, **3** 9.22-30; etc., la esperanza nueva ¿no condena al fracaso las promesas de Dios a su pueblo? Los cap. **9-11** consideran situaciones históricas colectivas, antes o después de Cristo, no destinos de los individuos. La salvación de un *Resto,* Is **4** 3+, basta para manifestar la fidelidad de Dios y la gratuidad de sus dones.

9 3 *Anatema,* es decir, objeto de maldición, ver Jos **6** 17+ y Lv **27** 28+.

9 5 La doxología se dirige a Cristo. Pablo siempre lo tiene presente en su realidad concreta de Dios hecho hombre, Flp **2** 5s+; etc.; Col **1** 15+, pero le da el título divino de Señor, Flp **2** 9s; etc.; Hch **2** 21+, y el de Hijo de Dios, **1** 3-4; **5** 10; **8** 3; etc. Este último título, ver Mt **4** 3+; Jn **1** 14+; etc., no lo ha recibido Cristo solamente en la resurrección, **1** 4+, porque él posee en persona toda la *divinidad,* Col **2** 9+; Tt **2** 13; 1 Jn **5** 20, asociado en todo al Padre y al Espíritu, 2 Co **13** 13+.

9 7 Cita de Gn **21** 12.

9 9 Citas de Gn **18** 10.14.

9 13 Citas de Gn **25** 23; Ml **1** 2-3.

9 15 La libertad soberana de Dios, Ex **33** 19; Dt **7** 6+, sitúa la gratuidad de la salvación por encima de toda sospecha de injusticia, v. 20; ver Mt **20**+.

9 17 Cita de Ex **9** 16; ver Ex **4** 21+.

9 20 Cita que combina Is **29** 16; **45** 9; Sb **12** 12. Ver Sb **15** 7+.

de hacer de una misma masa objetos para usos nobles y otros para usos despreciables? 22 Pues bien*, ¿qué vas a replicar si Dios, queriendo manifestar su ira y dar a conocer su poder, soportó con gran paciencia objetos de ira preparados para la perdición, 23 a fin de dar a conocer la riqueza de su gloria con los objetos de misericordia que de antemano había preparado para gloria: 24 con nosotros, que hemos sido llamados no sólo de entre los judíos sino también de entre los gentiles?

25 Como dice también en Oseas: *Llamaré pueblo mío al que no es mi pueblo; y amada mía a la que no es mi amada.* 26 *Y en el lugar mismo en que se les dijo: Ustedes no son mi pueblo, serán llamados: Hijos del Dios vivo.* 27 Isaías también clama en favor de Israel: *Aunque los hijos de Israel fueran numerosos como las arenas del mar, sólo un resto será salvo.* 28 *Porque pronta y perfectamente cumplirá el Señor su palabra sobre la tierra.* 29 Y como predijo Isaías: *Si el Señor de los ejércitos no nos dejara una descendencia, como Sodoma hubiéramos venido a ser, y semejantes a Gomorra*.

2. LAS RAZONES DE LA SITUACIÓN DE ISRAEL

30 ¿Qué diremos, pues*? Que los gentiles, que no buscaban la justicia, han hallado la justicia —la justicia de la fe—; 31 mientras Israel, buscando una ley de justicia, no llegó a cumplir la ley. 32 ¿Por qué? Porque la buscaba no en la fe sino en las obras. Tropezaron contra *la piedra de tropiezo,* 33 como dice la Escritura: *He aquí que pongo en Sión piedra de tropiezo y roca de escándalo; mas el que crea en él, no será confundido*.

10 1 Hermanos, el anhelo de mi corazón y mi oración a Dios en favor de ellos es para que se salven. 2 Testifico en su favor que tienen celo de Dios, pero no conforme a un pleno conocimiento. 3 Pues, desconociendo la justicia de Dios y empeñándose en establecer la suya propia, no se sometieron a la justicia de Dios. 4 Porque el fin de la ley es Cristo, para justificación de todo creyente.

5 En efecto, Moisés escribe acerca de la justicia que nace de la ley: *Quien la cumpla, vivirá por ella*. 6 Mas la justicia que viene de la fe dice así*: *No digas* en tu corazón *¿quién subirá al cielo?,* es decir: para hacer bajar a Cristo; 7 o bien: ¿quién bajará al abismo?, es decir: para hacer subir a Cristo de entre los muertos. 8 Entonces, ¿qué dice? *Cerca de ti está la palabra: en tu boca y en tu corazón,* es decir, la palabra de la fe que nosotros proclamamos. 9 Porque, si confiesas con tu boca que Jesús es el Señor y crees en tu corazón que Dios lo resucitó de entre los muertos, serás salvo. 10 Pues con el corazón se cree para conseguir la justicia, y con la boca se confiesa para conseguir la salvación. 11 Porque dice la

9 22 Pablo no dice que los israelitas estén destinados a la perdición por haber rechazado el Evangelio; solamente subraya que los objetos preparados para la ira, los gentiles idólatras, han sido también objetos de la misericordia divina, para que pudieran recibir la condición de hijos e hijas de Dios; ver **11** 11-12; Hch **13** 5+.

9 29 Los textos citados, Os **2** 1.25; Is **10** 22-23; **1** 9, anuncian a la vez la infidelidad de Israel y la vuelta de un *resto,* ver Is **4** 3+, depositario de las promesas.

9 30 Esta conclusión da entrada al argumento del cap. siguiente: las causas de la infidelidad de Israel vistas, no en Dios, sino en el mismo Israel.

9 33 Citas de Is **28** 16; **8** 14. Ver Hch **4** 11+.

10 5 Ver Lv **18** 5.

10 6 Los pasajes citados, Dt **9** 4; **30** 12-14+, se refieren a la Ley. En esta palabra, puesta al alcance de todos, Pablo descubre un presentimiento del mensaje cristiano propuesto por los apóstoles a la *fe del corazón,* v. 10; 1 Ts **2** 13+, y de la ley del amor, ver **8** 2+.

Escritura: *Todo el que crea en él no será*
*confundido**. 12 Que no hay distinción
entre judío y griego, pues uno mismo es
el Señor de todos, rico para todos los que
le invocan. 13 Pues *todo el que invoque*
*el nombre del Señor se salvará**.
14 Pero ¿cómo invocarán a aquel en
quien no han creído? ¿Cómo creerán en
aquel a quien no han oído? ¿Cómo oirán
sin que se les predique? 15 Y ¿cómo pre-
dicarán si no son enviados? Como dice
la Escritura: *¡Cuán hermosos los pies*
de los que anuncian el bien! 16 Pero no
todos obedecieron a la Buena Nueva.
Porque Isaías dice: *¡Señor!, ¿quién ha*
creído a nuestra predicación? 17 Por
tanto, la fe viene de la predicación, y la
predicación, por la palabra de Cristo*.
18 Y pregunto yo: ¿Es que no han
oído? ¡Cierto que sí! *Por toda la tierra*
se ha difundido su voz y hasta los
confines de la tierra sus palabras.
19 Pero pregunto: ¿Es que Israel no comprendió? Moisés es el primero en decir:
los volveré celosos de una que no es
nación; contra una nación estúpida los
enfureceré. 20 Isaías, a su vez, se atreve
a decir: *Fui hallado de quienes no me*
buscaban; me manifesté a quienes no
preguntaban por mí. 21 Mas a Israel dice:
Todo el día extendí mis manos hacia
un pueblo incrédulo y rebelde.

3. DIOS NO HA RECHAZADO A SU PUEBLO, QUE SERÁ SALVADO

La prueba del resto de Israel.

11 1 Y pregunto yo*: *¿Es que ha*
rechazado Dios a su pueblo?
¡De ningún modo! ¡Que también yo soy
israelita, del linaje de Abrahán, de la
tribu de Benjamín! 2 Dios *no ha recha-*
zado a su pueblo, a quien conoció de
antemano. ¿O es que ignoran lo que dice la Escritura acerca de Elías, cómo se
queja ante Dios contra Israel? 3 ¡Señor!,
han dado muerte a tus profetas; han
derribado tus altares; y he quedado
yo solo, y acechan contra mi vida. 4 Y
¿qué le responde el oráculo divino? *Me*
he reservado siete mil hombres que
*no han doblado la rodilla ante Baal**.
5 Pues bien, del mismo modo, también
al presente subsiste un resto elegido por
gracia. 6 Y, si es por gracia, ya no lo es
por las obras; de otro modo, la gracia
no sería ya gracia. 7 Entonces, ¿qué?
Que Israel no consiguió lo que buscaba;
mientras lo consiguieron los elegidos.
Los demás se endurecieron, 8 como dice
la Escritura: *Dios les dio un espíritu de*
embotamiento: ojos para no ver y oí-
*dos para no oír, hasta el día de hoy**.
9 David también dice: *Conviértase su*
mesa en trampa y lazo, *en piedra de*
tropiezo y justo pago, 10 *oscurézcanse*
sus ojos para no ver; agobia sus espal-
*das sin cesar**.
11 Y pregunto yo: ¿Es que han tropezado para quedar caídos? ¡De ningún
modo! Sino que su tropiezo ha traído la
salvación a los gentiles*, para llenarlos de
celos. 12 Y, si su caída ha sido una riqueza

10 11 Cita de Is **28** 16.
10 13 Cita de Jl **3** 5.
10 17 El rechazo se opone a la luz ofrecida por Cristo por medio de la *predicación* (lit.: *escucha*). Citas de Is **52** 7; **53** 1, luego de Sal **19** 5; Dt **32** 21; Is **65** 1-2. Los últimos textos anuncian la entrada de los gentiles en la salvación en lugar de los judíos incrédulos.
11 1 La misma fórmula que acusaba a Israel, **10** 18.19, anuncia ahora su salvación (ver también v. 11). El pueblo infiel, **10** 21, no es rechazado, **11** 2. El *resto,* Is **4** 3+, que le representa temporalmente, es la prenda de la restauración futura. -Cita de Sal **94** 14.
11 4 Citas de 1R **19** 10.14.18.
11 8 Citas de Dt **29** 3; Is **29** 10.
11 10 Cita de Sal **69** 23-24.
11 11 La incredulidad de los judíos no es más que un *paso en falso* permitido para la conversión de los gentiles, **9** 22+.

para el mundo, y su mengua, riqueza para los gentiles ¡qué no será su plenitud!
13 Les digo, pues, a ustedes, los gentiles:
Por ser yo verdaderamente apóstol de
los gentiles, hago honor a mi ministerio,
14 pero es con la esperanza de despertar
celos en los de mi raza y salvar a alguno
de ellos. 15 Porque, si su rechazo* ha sido
la reconciliación del mundo, ¿qué será
su readmisión sino una resurrección de
entre los muertos?

El olivo y el acebuche.

16 Y si las primicias son santas, también la masa; y si la raíz es santa también
las ramas. 17 Que si algunas ramas fueron
desgajadas, mientras tú —olivo silvestre— fuiste injertado en su lugar, hecho
partícipe con ellas de la raíz y de la savia
del olivo, 18 no te engrías contra las ramas. Y si te engríes, ten presente que no
eres tú quien sostiene la raíz, sino la raíz
quien te sostiene. 19 Pero dirás: Las ramas fueron desgajadas para que yo fuera
injertado. 20 ¡Muy bien! Por su incredulidad fueron desgajadas, mientras tú, por
la fe te mantienes. ¡No te engrías; más
bien, teme! 21 Que, si Dios no perdonó a
las ramas naturales, no sea que tampoco
a ti te perdone. 22 Así pues, considera la
bondad y la severidad de Dios: severidad
con los que cayeron, bondad contigo, si
es que te mantienes en la bondad; que
si no, también tú serás desgajado. 23 En
cuanto a ellos, si no se obstinan en la
incredulidad, serán injertados; que poderoso es Dios para injertarlos de nuevo.
24 Porque si tú fuiste cortado del olivo
silvestre que eras por naturaleza, para
ser injertado contra tu natural en un olivo
cultivado, ¡con cuánta más razón ellos,
según su naturaleza, serán injertados en
su propio olivo!

La conversión de Israel.

25 Pues no quiero que ignoren, hermanos, este misterio, *no sea que presuman
de sabios:* el endurecimiento parcial que
sobrevino a Israel durará hasta que entre
la totalidad de los gentiles*, 26 y así, todo
Israel será salvo, como dice la Escritura*:
*Vendrá de Sión el Libertador; alejará
de Jacob las impiedades.* 27 *Y ésta será
mi alianza con ellos, cuando haya borrado sus pecados.*
28 En cuanto al Evangelio, son enemigos para bien de ustedes; pero en cuanto
a la elección*, amados en atención a sus
padres. 29 Que los dones y la vocación de
Dios son irrevocables.
30 En efecto, así como ustedes fueron
en otro tiempo rebeldes contra Dios, mas
al presente han conseguido misericordia
a causa de su rebeldía, 31 así también,
ellos al presente se han rebelado con
ocasión de la misericordia otorgada a ustedes, a fin de que también ellos consigan
ahora misericordia. 32 Pues Dios encerró
a todos los hombres en la rebeldía para
usar con todos ellos de misericordia.

Himno conclusivo.

33 ¡Oh abismo de riqueza, de sabiduría
y de ciencia el de Dios! ¡Cuán insondables son sus designios e inescrutables sus
caminos! 34 En efecto, *¿quién conoció el
pensamiento de Señor?* O *¿quién fue
su consejero?* O *¿quién le dio primero
que tenga derecho a la recompensa*?*
35 Porque de él, por él y para él son todas
las cosas. ¡A él la gloria por los siglos!
Amén.

11 15 Pablo no insiste en el *rechazo* como tal; éste es, en efecto, provisional, y paradójicamente va a servir al designio salvífico de Dios para la humanidad entera: Israel y los gentiles.

11 25 Pablo siempre considera las colectividades: el bloque del mundo judío y el conjunto del mundo pagano. Ver Pr **3** 7.

11 26 Citas de Is **59** 20-21 y **27** 9.

11 28 *Evangelio y elección:* las dos grandes etapas de la historia de la salvación: después y antes de Cristo.

11 34 Citas de Is **40** 13.28.

La respuesta de los creyentes

El culto espiritual.

12 1 Los exhorto, pues, hermanos, por la misericordia de Dios, a que se ofrezcan a ustedes mismos como un sacrificio vivo, santo, agradable a Dios: tal será su culto espiritual*. 2 Y no se acomoden al mundo presente, antes bien transfórmense mediante la renovación de su mente, de forma que puedan distinguir cuál es la voluntad de Dios: lo bueno, lo agradable, lo perfecto*.

Humildad y caridad en la Comunidad.

3 En virtud de la gracia que me fue dada, les digo a todos ustedes: No se estimen en más de lo que conviene; tengan más bien una sobria estima según la medida de la fe* que otorgó Dios a cada cual. 4 Pues, así como nuestro cuerpo, en su unidad, posee muchos miembros, y no desempeñan todos los miembros la misma función, 5 así también nosotros, siendo muchos, no formamos más que un solo cuerpo en Cristo, siendo los unos para los otros, miembros*. 6 Pero teniendo dones diferentes, según la gracia que nos ha sido dada, si es el don de profecía, ejerzámoslo en la medida de nuestra fe; 7 si es el ministerio, en el ministerio; la enseñanza, enseñando; 8 la exhortación, exhortando. El que da, con sencillez; el que preside, con solicitud; el que ejerce la misericordia, con jovialidad.

9 Su caridad sea sin fingimiento; detestando el mal, adhiriéndose al bien; 10 amándose cordialmente los unos a los otros; estimando en más cada uno a los otros; 11 con un celo sin negligencia; con espíritu fervoroso; sirviendo al Señor; 12 con la alegría de la esperanza; constantes en la tribulación; perseverantes en la oración; 13 compartiendo las necesidades de los santos; practicando la hospitalidad.

Caridad con todos los hombres, aunque sean enemigos.

14 Bendigan a los que los persiguen; bendigan, no maldigan. 15 Alégrense con los que se alegran; lloren con los que lloran. 16 Tengan un mismo sentir los unos para con los otros; sin complacerse en la altivez; atraídos más bien por lo humilde; *no se complazcan en su propia sabiduría**. 17 Sin devolver a nadie mal por mal; *procurando el bien ante* todos *los hombres**; 18 en lo posible, y en cuanto de ustedes dependa, en paz con todos los hombres; 19 no tomando la justicia por cuenta suya, queridos míos, dejen lugar a la ira, pues dice la Escritura: *Mía es la venganza; yo daré el pago merecido**, dice el Señor. 20 Antes al contrario: *si tu enemigo tiene hambre, dale de comer; y si tiene sed, dale de beber; haciéndolo así, amontonarás ascuas sobre su cabeza**. 21 No te dejes vencer por el mal, antes bien vence al mal con el bien.

12 1 Pablo, con la expresión *culto espiritual,* quiere decir que la ofrenda de sí mismo es verdadera y que responde adecuadamente al don de Dios descrito en los capítulos **1 - 11**.

12 2 La existencia del cristiano en el mundo implica, gracias a la fe y al bautismo, una *renovación* de la inteligencia y de las decisiones según la voluntad de Dios, **7** 6; **8** 14; **14** 18; Flp **1** 10.

12 3 La fe difiere de los dones espirituales distribuidos por Dios a los miembros de la comunidad cristiana para la vida de la Iglesia.

12 5 La imagen del *cuerpo* subraya la mutua dependencia de los cristianos, 1 Co **12** 12+.27. Cada uno debe ejercitar al servicio de todos los demás los dones que ha recibido 1 P **4** 10.

12 16 Ver Pr **3** 7.

12 17 Ver Pr **3** 4 (LXX).

12 19 Cita de Dt **32** 35.

12 20 La imagen, ver Pr **25** 21-22, describe los remordimientos que llevarán al pecador hasta el arrepentimiento; ver Mt **5** 39.44-45.

Sumisión a las autoridades civiles*.

Mt **22** 16-21p; 1 Tm **2** 1-2; Tt **3** 1; 1 P **2** 13-15.

13 1 Sométanse todos a las autoridades constituidas, pues no hay autoridad que no provenga de Dios, y las que existen, por Dios han sido constituidas. 2 De modo que, quien se opone a la autoridad, se resiste al orden divino, y los que resisten se atraerán sobre sí mismos la condenación. 3 En efecto, los magistrados no son de temer cuando se obra el bien, sino cuando se obra el mal. ¿Quieres no temer la autoridad? Obra el bien, y obtendrás de ella elogios, 4 pues es un servidor de Dios para tu bien. Pero, si obras el mal, teme; pues no en vano lleva espada; pues es un servidor de Dios para hacer justicia y castigar al que obra el mal. 5 Por tanto, es preciso someterse, no sólo por temor al castigo, sino también en conciencia. 6 Por eso precisamente ustedes pagan los impuestos, porque ellos son funcionarios de Dios, ocupados en ese oficio. 7 Den a cada cual lo que se le debe: a quien impuestos, impuestos; a quien tributo, tributo; a quien respeto, respeto; a quien honor, honor.

La caridad, resumen de la ley.

Mt **22** 34-40; Jn **13** 34; Ga **5** 14.

8 Con nadie tengan otra deuda que la del mutuo amor. Pues el que ama al prójimo, ha cumplido la ley*. 9 En efecto, lo de: *No adulterarás, no matarás, no robarás, no codiciarás* y todos los demás preceptos, se resumen en esta fórmula: *Amarás a tu prójimo como a ti mismo**. 10 La caridad no hace mal al prójimo. La caridad es, por tanto, la ley en su plenitud.

El cristiano, hijo de la luz.

1 Ts **5** 4-8; 1 Co **7** 26.29-31; Col **4** 5; Ef **5** 8-16.

11 Tengan en cuenta el momento* en que viven. Porque es ya hora de levantarse del sueño; que la salvación está más cerca de nosotros que cuando abrazamos la fe. 12 La noche está avanzada. El día se avecina. Despojémonos, pues, de las obras de las tinieblas y revistámonos de las armas de la luz. 13 Como en pleno día, procedamos con decoro: nada de comilonas y borracheras; nada de lujurias y desenfrenos; nada de rivalidades y envidias. 14 Revístanse más bien del Señor Jesucristo y no se preocupen de la carne para satisfacer sus concupiscencias.

Caridad con los «débiles»*.

1 Co **8**; **10** 14-33.

14 1 Acojan al que es débil en la fe, sin discutir sus opiniones. 2 Uno cree poder comer de todo, mientras el débil no come más que verduras. 3 El que come, no desprecie al que no come; y el que no come, tampoco juzgue al que come, pues Dios lo ha acogido. 4 ¿Quién

13 Pablo afirma el origen divino del *poder* que se supone legítimo y ejercido para el bien. Así, la fe penetra la vida civil, Mt **22** 16-21. Las persecuciones no harán variar esta actitud, 1 Tm **2** 1-2; Tt **3** 1; 1 P **2** 13-17. Ver Sb **6** 3+.

13 8 El mandamiento *nuevo* cumple la ley bajo el impulso del Espíritu, **3** 31; **8** 4-9+; 1 Co **13** 1+; Ga **5** 14; Col **3** 14; Jn **13** 34+.

13 9 Citas de Ex **20** 13-17 y Lv **19** 18+. El *prójimo* no es solamente el hermano de raza, Lv **19** 18+, sino todo hombre, Mt **25** 40-45; Lc **10** 29-37; Ga **3** 28, incluso el enemigo, **12** 17-21; Mt **5** 43-45.

13 11 Desde que resucitó Cristo estamos ya en los *últimos tiempos,* Ga **4** 4; Hb **1** 2. El cristiano, *hijo del día,* 1 Ts **5** 5, ha entrado ya en el reino de Dios y de su Hijo, Hch **26** 18; Col **1** 13, y esto rige toda su conducta, Mt **25**+; Ef **5** 8-16; 1 Ts **5** 4-8.

14 Algunos cristianos insuficientemente ilustrados se obligan a ciertas abstinencias de origen judío o pagano. Pablo da una norma general, ver 1 Co **8** 7-13; **10** 14-33. Cada uno obrará por el Señor según su conciencia, **2** 14+, y tanto los *fuertes* como los *débiles* tendrán el amor suficiente para respetarse mutuamente en vez de juzgarse, Mt **7** 1, y de *escandalizarse,* v. 13.

eres tú para juzgar al criado ajeno? Que
se mantenga en pie o caiga sólo interesa
a su amo; pero quedará en pie, pues
poderoso es el Señor para sostenerlo.
5 Éste da preferencia a un día sobre
otro; aquél los considera todos iguales.
¡Aténgase cada cual a sus convicciones!
6 El que se preocupa por los días, lo
hace por el Señor; el que come, lo hace
por el Señor, pues da gracias a Dios; y
el que no come, lo hace por el Señor,
y da gracias a Dios. 7 Porque ninguno
de nosotros vive para sí mismo; como
tampoco muere nadie para sí mismo.
8 Si vivimos, para el Señor vivimos; y si
morimos, para el Señor morimos. Así
que, ya vivamos, ya muramos, del Señor
somos. 9 Porque Cristo murió y volvió a
la vida para eso, para ser Señor de muertos y vivos. 10 Pero tú ¿por qué juzgas a
tu hermano? Y tú ¿por qué desprecias
a tu hermano? En efecto, todos hemos
de comparecer ante el tribunal de Dios,
11 pues dice la Escritura: *¡Por mi vida!,*
dice el Señor, que toda rodilla se doblará
ante mí, y toda lengua bendecirá a Dios*.
12 Así pues, cada uno de ustedes dará
cuenta de sí mismo a Dios.

13 Dejemos, por tanto, de juzgarnos los
unos a los otros; juzgen más bien que no
se debe poner tropiezo o escándalo al
hermano. 14 Bien sé, y estoy persuadido
de ello en el Señor Jesús, que nada hay
de suyo impuro; a no ser para el que
juzga que algo es impuro, para ése sí lo
hay. 15 Ahora bien, si por un alimento tu
hermano se entristece, tú no procedes ya
según la caridad. ¡Que por tu comida no
destruyas a aquel por quien murió Cristo!
16 Por tanto, no expongan a la maledicencia su privilegio. 17 Que el Reino
de Dios no es comida ni bebida, sino
justicia, paz y gozo en el Espíritu Santo.
18 Pues quien así sirve a Cristo, se hace
grato a Dios y aprobado por los hombres. 19 Procuremos, por tanto, lo que
fomente la paz y la mutua edificación.
20 No vayas a destruir la obra de Dios por
un alimento. Todo es puro, ciertamente,
pero es malo comer dando escándalo.
21 Lo bueno es no comer carne, ni beber
vino, ni hacer cosa que sea para tu hermano ocasión de caída o tropiezo.

22 La fe que tú tienes, guárdala para ti
delante de Dios. ¡Dichoso aquel que no
se juzga culpable a sí mismo al decidirse!
23 Pero el que come dudando, se condena, porque no obra conforme a la fe*;
pues todo lo que no procede de la fe es
pecado.

15 1 Nosotros, los fuertes, debemos
sobrellevar las flaquezas de los
débiles y no buscar nuestro propio agrado. 2 Que cada uno de nosotros trate de
agradar a su prójimo para el bien, buscando su edificación; 3 pues tampoco Cristo
buscó su propio agrado, antes bien, como
dice la Escritura: *Los ultrajes de los que*
*te ultrajaron cayeron sobre mí**. 4 En
efecto todo cuanto fue escrito en el pasado, se escribió para enseñanza nuestra*,
para que con la paciencia y el consuelo
que dan las Escrituras mantengamos la
esperanza. 5 Y el Dios de la paciencia y
del consuelo les conceda tener los unos
para con los otros los mismos sentimientos, siguiendo a Cristo Jesús, 6 para que
unánimes, a una voz, glorifiquen al Dios y
Padre de nuestro Señor Jesucristo.

7 Por tanto, acójanse mutuamente como los acogió Cristo para gloria de Dios.
8 Pues afirmo que Cristo se puso al servicio de los circuncisos a favor de la veracidad de Dios, para dar cumplimiento
a las promesas hechas a los patriarcas,
9 y para que los gentiles glorificaran a
Dios por su misericordia*, como dice la

14 11 Cita de Is **49** 18; **45** 23.
14 23 La *fe* aquí en el sentido de rectitud de conciencia, ver **14**+.
15 3 Cita de Sal **69** 10.
15 4 Ver **4** 23-24; 1 Co **10** 6.11; 2 Tm **3** 15-16.
15 9 Ofreciendo el Evangelio a Israel, Cristo ha dado testimonio de la *fidelidad* de Dios a su promesas, **4** 13+, así como la conversión de los paganos proclama su *misericordia,* **1** 5-7; **15** 14; **16** 25+. Citas de Sal **18** 50; Dt **32** 43 (LXX); Sal **117** 1; Is **11** 10.

Escritura: *Por eso te bendeciré entre los gentiles y ensalzaré tu nombre.*
[10] Y en otro lugar: *Gentiles, regocíjense juntamente con su pueblo;* [11] y de nuevo: *Alaben, naciones todas, al Señor y cántenle himnos todos los pueblos.*
[12] Y a su vez Isaías dice: *Aparecerá el retoño de Jesé, el que se levanta para imperar sobre las naciones. En él pondrán las naciones su esperanza.*
[13] El Dios de la esperanza los colme de todo gozo y paz en la fe, hasta rebosar de esperanza por la fuerza del Espíritu Santo.

Epílogo

El ministerio de Pablo.

[14] Por mi parte estoy persuadido, hermanos míos, en lo que a ustedes toca, de que también ustedes están llenos de buenas disposiciones, repletos de todo conocimiento y capacitados también para amonestarse unos a otros. [15] Sin embargo, en algunos pasajes les he escrito con cierto atrevimiento, como para reavivar sus recuerdos, en virtud de la gracia que me ha sido otorgada por Dios, [16] de ser para los gentiles ministro de Cristo Jesús, ejerciendo el sagrado oficio* del Evangelio de Dios, para que la ofrenda de los gentiles sea agradable, santificada por el Espíritu Santo.
[17] Tengo, pues, de qué gloriarme en Cristo Jesús ante Dios. [18] Pues no me atreveré a hablar de cosa alguna que Cristo no haya realizado por medio de mí para conseguir la obediencia de los gentiles, de palabra y de obra, [19] en virtud de signos y prodigios, en virtud del Espíritu de Dios, tanto que desde Jerusalén y su comarca hasta Iliria he dado cumplimiento al Evangelio de Cristo;
[20] teniendo así, como punto de honra, no anunciar el Evangelio sino allí donde el nombre de Cristo no era aún conocido, para no construir sobre cimientos ya puestos por otros, [21] antes bien, como dice la Escritura: *Los que ningún anuncio recibieron de él, lo verán, y los que nada oyeron, comprenderán*.*

Planes de viaje.

[22] Esa era la razón por la cual siempre me veía impedido de llegar hasta ustedes. [23] Mas ahora, no teniendo ya campo de acción en estas regiones, y deseando vivamente desde hace muchos años ir donde ustedes, [24] cuando me dirija a España, espero verlos al pasar, y ser encaminado por ustedes hacia allá, después de haber disfrutado un poco de su compañía. [25] Mas, por ahora, voy a Jerusalén para el servicio de los santos,
[26] pues Macedonia y Acaya tuvieron a bien hacer una colecta en favor de los pobres de entre los santos de Jerusalén*.
[27] Les pareció bien, porque era su obligación; pues si los gentiles han compartido sus bienes espirituales, ellos a su vez deben servirlos con sus bienes temporales. [28] Así que, una vez terminado este asunto, y entregado oficialmente el fruto de la colecta, partiré para España, pasando por ustedes. [29] Y bien sé que, al ir a ustedes, lo haré con la plenitud de las bendiciones de Cristo.
[30] Les suplico, hermanos, por nuestro Señor Jesucristo y por el amor del Espíritu Santo, que luchen juntamente conmigo en sus oraciones rogando a Dios por mí, [31] para que me vea libre de los incrédulos de Judea, y el socorro que llevo a Jerusalén sea bien recibido por los santos; [32] y pueda también llegar con alegría a ustedes por la voluntad de

15 16 El *apostolado*, más aún que la simple vida cristiana, **12** 1; Flp **2** 17, es una liturgia, ver **1** 9+, en la que Cristo por medio del apóstol, v. 18, ofrece los hombres a Dios.
15 21 Cita de Is **52** 15.
15 26 Sobre esta colecta, ver 1 Co **16** 1+.

Dios, y disfrutar de algún reposo entre
ustedes.
33 El Dios de la paz sea con todos ustedes. Amén.

Recomendaciones y saludos.

16 1 Les recomiendo a Febe, nuestra hermana, diaconisa de la Iglesia de Cencreas. 2 Recíbanla en el Señor
de una manera digna de los santos, y
asístanla en cualquier cosa que necesite
de ustedes, pues ella ha sido protectora
de muchos, incluso de mí mismo.
3 Saludos a Prisca y Áquila, colaboradores míos en Cristo Jesús. 4 Ellos expusieron sus cabezas para salvarme. Y
no soy yo solo en agradecérselo, sino
también todas las Iglesias de la gentilidad; 5 saluden también a la Iglesia que se
reúne en su casa.

Saludos a mi querido Epéneto, primicias de Asia para Cristo. 6 Saludos a
María, que se ha afanado mucho por
ustedes. 7 Saludos a Andrónico y Junia,
mis parientes y compañeros de prisión,
ilustres entre los apóstoles, que llegaron
a Cristo antes que yo. 8 Saludos a Am-
pliato, mi amado en el Señor. 9 Saludos
a Urbano, colaborador nuestro en Cristo; y a mi querido Estaquio. 10 Saludos a
Apeles, que ha dado buenas pruebas de
sí en Cristo. Saludos a la familia de Aristóbulo. 11 Saludos a mi pariente Hero-
dión. Saludos a los fieles de la familia de
Narciso, en el Señor. 12 Saludos a Trife-
na y a Trifosa, que se han fatigado por el
Señor. Saludos a la amada Pérside, que
trabajó mucho en el Señor. 13 Saludos a
Rufo, escogido del Señor; y a su madre,
que lo es también mía. 14 Saludos a Asín-
crito y Flegón, a Hermes, a Patrobas, a
Hermas y a los hermanos que están con
ellos. 15 Saludos a Filólogo y a Julia, a
Nereo y a su hermana, lo mismo que a
Olimpas y a todos los santos que están
con ellos. 16 Salúdense unos a otros con
el beso santo. Todas las Iglesias de Cristo
los saludan.

Avisos. Primera posdata.

17 Les ruego, hermanos, que se guarden de los que suscitan divisiones y
escándalos contra la doctrina que han
aprendido*; apártense de ellos, 18 pues
esos tales no sirven a nuestro Señor Jesucristo, sino a su propio vientre, y, por medio de suaves palabras y lisonjas, seducen
los corazones de los sencillos. 19 La fama
de su obediencia se ha divulgado por
todas partes; por lo cual, me alegro de
ustedes. Pero quiero que sean sensatos
para el bien e inmunes de mal. 20 Y el
Dios de la paz aplastará bien pronto a
Satanás bajo sus pies. La gracia de nuestro Señor Jesucristo sea con ustedes.

Últimos saludos.
Segunda posdata.

21 Los saluda Timoteo, mi colaborador, lo mismo que Lucio, Jasón y Sosípatro, mis parientes. 22 Los saludo en el
Señor también yo, Tercio, que he escrito
esta carta. 23 Los saluda Gayo, que me
hospeda, y toda la Iglesia. Los saluda
Erasto, tesorero de la ciudad, y Cuarto,
nuestro hermano.

Doxología*.

25 A Aquel que puede consolidarlos
conforme al Evangelio mío y la
predicación de Jesucristo:
revelación de un misterio
mantenido en secreto durante siglos
eternos,
26 pero manifestado al presente,

16 17 Esta brusca llamada de atención recuerda Ga **6** 12-17. Se trata sin duda de predicadores judaizantes, ver Ga **5** 7-12, y sobre todo Flp **3** 18-19.

16 25 Una amplia doxología reúne en un estilo litúrgico los principales pensamientos de la epístola. El *misterio* es el secreto, finalmente revelado, de la sabiduría de Dios, 1 Co **2** 7-10; Ef **1** 9-10+; **3** 2-9+; Col **1** 26-27+, cuyo objeto es la fe en Cristo y la salvación a la cual son llamados los gentiles, **1** 5-7; **11** 25; **15** 16-17; Hch **9** 15+.

por las Escrituras que lo predicen,
por disposición del Dios eterno,
dado a conocer a todos los gentiles
para obediencia de la fe,
27 a Dios, el único sabio,
por Jesucristo,
¡a él la gloria por los siglos de los
siglos! Amén*.

16 27 El NT adopta las bendiciones y doxologías de Israel, Sal **41** 14+; **150+**, pero llamando a menudo Padre a Dios y asociando con él a Jesucristo, **9** 5; 1 Co **8** 6; **15** 57; Ef **3** 21; Hb **13** 21; 1 P **4** 11; Judas 25; Ap **1** 6+. Las doxologías posteriores mencionarán la mayoría de las veces a las tres *personas,* ver 2 Co **13** 13+.

PRIMERA EPÍSTOLA A LOS CORINTIOS

Introducción

Destinatarios. Saludo. Acción de gracias.

1 1 Pablo, llamado a ser apóstol de
Cristo Jesús por la voluntad de Dios,
y Sóstenes, el hermano, 2 a la Iglesia de
Dios que está en Corinto: a los santificados en Cristo Jesús, llamados a ser
santos*, con cuantos en cualquier lugar
invocan el nombre de Jesucristo, Señor
nuestro y de ellos; 3 gracia a ustedes y
paz de parte de Dios, Padre nuestro, y del
Señor Jesucristo.
4 Doy gracias a Dios sin cesar por ustedes, a causa de la gracia de Dios que
les ha sido otorgada en Cristo Jesús,
5 pues en él han sido enriquecidos en
todo, en toda palabra y conocimiento,
6 en la medida en que se ha consolidado
entre ustedes el testimonio de Cristo.
7 Así, ya no les falta ningún don de gracia
a los que esperan la Revelación* de nuestro Señor Jesucristo. 8 Él los confirmará
hasta el fin, irreprensibles en el Día* de
nuestro Señor Jesucristo. 9 Pues fiel es
Dios, por quien han sido llamados a la
comunión con su hijo Jesucristo, Señor
nuestro.

I. Divisiones y escándalos

1. LOS PARTIDOS DE LA IGLESIA DE CORINTO

Las divisiones entre fieles.

10 Los exhorto, hermanos, por el nombre de nuestro Señor Jesucristo, a que
sean unánimes en el hablar, y no haya
entre ustedes divisiones; antes bien, estén unidos en una misma mentalidad y
un mismo juicio. 11 Porque, hermanos
míos, estoy informado de ustedes, por
los de Cloe, que existen discordias entre
ustedes. 12 Me refiero a que cada uno de
ustedes dice: «Yo soy de Pablo», «Yo de
Apolo», «Yo de Cefas», «Yo de Cristo*».
13 ¿Está dividido Cristo? ¿Acaso fue Pablo
crucificado por ustedes? ¿O han sido bautizados en el nombre de Pablo? 14 ¡Doy
gracias a Dios por no haber bautizado
a ninguno de ustedes fuera de Crispo y
Gayo! 15 Así, nadie puede decir que ustedes han sido bautizados en mi nombre.
16 ¡Ah, sí!, también bauticé a la familia de
Estéfanas. Por lo demás, no creo haber
bautizado a ningún otro.

Sabiduría del mundo y sabiduría cristiana.

17 Porque no me envió Cristo a bautizar, sino a predicar el Evangelio*. Y no
con palabras sabias, para no desvirtuar la

1 2 Ver **1** 30; **6** 11; Hch **5** 11+; **9** 13+.
1 7 Es el *Día,* v. 8, o el momento en que Cristo se manifestará en su gloria al fin de los tiempos en su *Venida,* 1 Co **15** 23+, y su *Manifestación,* 1 Tm **6** 14+.
1 8 Este *Día del Señor,* **5** 5; 1 Ts **5**+, es el cumplimiento en la era escatológica, inaugurada por Cristo, del *Día de Yahvé* anunciado por los profetas, Am **5** 18+. Realizada en parte con la primera venida de Cristo y la ruina de Jerusalén, Mt **24**+, la última etapa de la historia de la salvación quedará consumada con su vuelta gloriosa e irá acompañada de una conmoción y una renovación cósmica, **15** 23+; 2 P **3** 10-13; Ap **20** 11; **21**+.
1 12 Contra Pablo, algunos se apoyaban en Apolo, Hch **18** 24, o en Pedro, o en Cristo mismo con preferencia a todo otro apóstol.
1 17 Esto no implica menosprecio alguno para el bautismo, del que se encargarían otros, ver Rm **6** 3-4+; Ga **3** 26s. -La habilidad del pensamiento y de la retórica, **2** 1-5, se halla rebasada por la sabiduría de Dios, **1** 22-25; **2** 5-7. Ver Jb **32** 8+; Hch **17** 22+; Rm **16** 25-28+; Ef **3** 9-10; St **3** 13-18.

cruz de Cristo. 18 Pues la predicación de la cruz es una locura para los que se pierden; mas para los que se salvan —para nosotros— es fuerza de Dios. 19 Porque dice la Escritura: *Destruiré la sabiduría de los sabios, e inutilizaré la inteligencia de los inteligentes.* 20 *¿Dónde está el sabio? ¿Dónde el docto**? ¿Dónde el intelectual de este mundo? ¿Acaso no entonteció Dios la sabiduría del mundo? 21 De hecho, como el mundo mediante su propia sabiduría no conoció a Dios en su divina sabiduría, quiso Dios salvar a los creyentes mediante la locura de la predicación. 22 Así, mientras los judíos piden signos y los griegos buscan sabiduría*, 23 nosotros predicamos a un Cristo crucificado: escándalo para los judíos, locura para los gentiles; 24 mas para los llamados, lo mismo judíos que griegos, un Cristo, fuerza de Dios y sabiduría de Dios. 25 Porque la locura divina es más sabia que los hombres, y la debilidad divina, más fuerte que los hombres.

26 ¡Miren, hermanos, quiénes han sido llamados! No hay muchos sabios según la carne ni muchos poderosos ni muchos de la nobleza. 27 Ha escogido Dios más bien a los locos del mundo para confundir a los sabios. Y ha escogido Dios a los débiles del mundo, para confundir a los fuertes. 28 Lo plebeyo y despreciable del mundo ha escogido Dios; lo que no es, para reducir a la nada lo que es. 29 Para que ningún mortal se gloríe en la presencia de Dios. 30 De él les viene que ustedes estén en Cristo Jesús, al cual hizo Dios para nosotros sabiduría de Dios, justicia, santificación y redención, 31 a fin de que, como dice la Escritura: *El que se gloríe, gloríese en el Señor**.

2 1 Pues yo, hermanos, cuando fui a ustedes, no fui con el prestigio de la palabra o de la sabiduría a anunciarles el misterio de Dios, 2 pues no quise saber entre ustedes sino a Jesucristo, y éste crucificado. 3 Y me presenté ante ustedes débil, tímido y tembloroso. 4 Y mi palabra y mi predicación no se apoyaban en persuasivos discursos de sabiduría, sino en la demostración del Espíritu y de su poder 5 para que su fe se fundara, no en sabiduría de hombres, sino en el poder de Dios.

6 Sin embargo, hablamos de sabiduría entre los perfectos*, pero no de sabiduría de este mundo ni de los jefes de este mundo, abocados a la ruina; 7 si-no que hablamos de una sabiduría de Dios, misteriosa, escondida, destinada por Dios desde antes de los siglos para gloria nuestra, 8 desconocida de todos los jefes de este mundo —pues de haberla conocido no hubieran crucificado al Señor de la Gloria*—. 9 Más bien, como dice la Escritura*: *lo que ni el ojo vio, ni el oído oyó, ni al corazón del hombre llegó, lo que Dios* preparó *para los que lo aman.*

10 Porque a nosotros nos lo reveló Dios por medio del Espíritu; y el Espíritu todo lo sondea, hasta las profundidades de Dios. 11 En efecto, ¿qué hombre conoce lo íntimo del hombre, sino el espíritu del hombre que está en él? Del mismo modo, nadie conoce lo íntimo de Dios, sino el Espíritu de Dios. 12 Y nosotros no hemos recibido el espíritu del mundo, sino el Espíritu que viene de Dios, para conocer las gracias que Dios

1 20 Citas de Is **29** 14; **33** 18 (LXX); **19** 12.

1 22 Se buscan milagros que garanticen la verdad del mensaje, ver Mt **8**+; Jn **4** 48; sabiduría o doctrina que satisfaga a una inteligencia ávida de conocimientos. Este interés no es condenable en sí mismo y, paradójicamente, la cruz de Cristo será su respuesta, vv. 17.24; ver **2** 2; Ga **3** 1; **6** 14; Flp **2** 8.

1 31 Cita libre de Jr **9** 22-23. Ver Rm **3** 27+; Ga **6** 14.

2 6 *Los perfectos,* cristianos que han alcanzado el pleno desarrollo de la vida y del pensamiento cristiano. Ver **14** 20; Flp **3** 15; Col **4** 12; Hb **5** 14; Mt **5** 48; **19** 21+. Se identifican con los *espirituales*, a los que Pablo contrapone *los niños en Cristo,* **3** 1.

2 8 En Corinto algunos exaltaban la gloria de Cristo, a expensas de sus padecimientos. Ver Rm **16** 27+.

2 9 Utilización combinada de Is **64** 3 y de Jr **3** 16.17.

nos ha otorgado, [13] de las cuales también hablamos, no con palabras enseñadas por la sabiduría humana, sino enseñadas por el Espíritu, expresando realidades espirituales en términos espirituales. [14] El hombre naturalmente* no acepta las cosas del Espíritu de Dios; son locura para él. Y no las puede entender, pues sólo espiritualmente pueden ser juzgadas. [15] En cambio, el hombre de espíritu lo juzga todo; y a él nadie* puede juzgarlo. [16] Porque *¿quién conoció la mente del Señor para instruirle*?* Pero nosotros tenemos la mente de Cristo.

3 [1] Yo, hermanos, no pude hablarles como a hombres espirituales, sino como a carnales, como a niños en Cristo. [2] Les di a beber leche y no alimento sólido, pues todavía no lo podían soportar. Ni aun lo soportan al presente; [3] pues todavía son carnales. Porque, mientras haya entre ustedes envidia y discordia, ¿no es verdad que son carnales y viven a lo humano? [4] Cuando dice uno «Yo soy de Pablo», y otro «Yo soy de Apolo», ¿no proceden al modo humano?

La verdadera misión de los predicadores.

[5] ¿Qué es, pues, Apolo? ¿Qué es Pablo?... ¡Servidores, por medio de los cuales han creído!, y cada uno según el don del Señor. [6] Yo planté, Apolo regó; mas fue Dios quien hizo crecer. [7] De modo que ni el que planta es algo, ni el que riega, sino Dios que hace crecer. [8] Y el que planta y el que riega son una misma cosa; si bien cada cual recibirá el salario según su propio trabajo, [9] ya que somos colaboradores de Dios y ustedes, campo de Dios, edificación de Dios.

[10] Conforme a la gracia de Dios que me fue dada, yo, como buen arquitecto, puse el cimiento, y otro construye encima. ¡Mire cada cual cómo construye! [11] Pues nadie puede poner otro cimiento que el ya puesto, Jesucristo. [12] Y si uno construye sobre este cimiento con oro, plata, piedras preciosas, madera, heno, paja, [13] la obra de cada cual quedará al descubierto; la manifestará el Día, que aparecerá con fuego. Y la calidad de la obra de cada cual, la probará el fuego. [14] Aquél, cuya obra, construida sobre el cimiento, resista, recibirá la recompensa. [15] Mas aquél, cuya obra quede abrasada, sufrirá el castigo. Él, no obstante, quedará a salvo, pero como quien escapa del fuego*.

[16] ¿No saben que son templo* de Dios y que el Espíritu de Dios habita en ustedes? [17] Si alguno destruye el templo de Dios, Dios lo destruirá a él; porque el templo de Dios es sagrado, y ustedes son ese templo.

Consecuencias.

[18] ¡Nadie se engañe! Si alguno entre ustedes se cree sabio según este mundo, vuélvase loco, para llegar a ser sabio; [19] pues la sabiduría de este mundo es locura a los ojos de Dios. En efecto, dice la Escritura: *El que enreda a los sabios en su propia astucia.* [20] Y también: *El Señor conoce cuán vanos son los pensamientos** de los sabios. [21] Así que, no se gloríe nadie en los hombres, pues todo es de ustedes: [22] ya sea Pablo, Apolo, Cefas, el mundo, la vida, la muerte, el presente, el futuro, todo es de ustedes; [23] y ustedes, de Cristo y Cristo de Dios.

4 [1] Por tanto, que nos tengan los hombres por servidores de Cristo y admi-

2 14 El hombre *psíquico*, es el hombre abandonado a los recursos de la naturaleza; distinto del *espiritual,* el que ha recibido el Espíritu, **2** 10-**3** 1; ver **15** 44; Rm **5** 5+.
2 15 Pablo niega a los *carnales,* **3** 1; Rm **7** 5, el derecho de juzgarlo, ver **4** 1-5. Pero el Espíritu no está sin discernimiento, **12** 10+; 1 Ts **5** 19-22.
2 16 Cita de Is **40** 13; ver Rm **11** 34.
3 15 Es decir, una salvación apurada, como de quien se escapa de un incendio a través de las llamas.
3 16 La comunidad cristiana, cuerpo de Cristo, **12** 12+, es el verdadero Templo de la nueva Alianza por obra del Espíritu que mora en ella; ver **6** 19; 2 Co **6** 16; Ef **2** 21; Jn 2 21+; Ap **21** 22; Ex **25** 8+.
3 20 Citas de Jb **5** 13; Sal **94** 11.

nistradores de los misterios de Dios.
2 Ahora bien, lo que se exige de los administradores es que sean fieles. 3 Aunque
a mí lo que menos me importa es ser
juzgado por ustedes o por un tribunal
humano. ¡Ni yo mismo me juzgo! 4 Cierto
que mi conciencia* nada me reprocha;
mas no por eso quedo justificado. Mi juez
es el Señor. 5 Así que, no juzguen nada
antes de tiempo hasta que venga el Señor.
Él iluminará los secretos de las tinieblas y
pondrá de manifiesto las intenciones de
los corazones. Entonces recibirá cada cual
de Dios la alabanza que le corresponda.
6 En esto, hermanos, me he puesto
como ejemplo a mí y a Apolo, en orden
a ustedes; para que aprendan de nosotros aquello de «No salirse de lo escrito»
y para que nadie se engría en favor de
uno contra otro. 7 Pues ¿quién es el que
te prefiere? ¿Qué tienes que no lo hayas
recibido? Y si lo has recibido, ¿a qué
gloriarte cual si no lo hubieras recibido?
8 ¡Ya están hartos! ¡Ya son ricos! ¡Se han
hecho reyes sin nosotros! ¡Y ojalá reina-
ran, para que también nosotros reinára-
mos con ustedes! 9 Porque pienso que a
nosotros, los apóstoles, Dios nos ha asignado el último lugar, como condenados a
muerte, puestos a modo de espectáculo
para el mundo, los ángeles y los hombres. 10 Nosotros, locos a causa de Cristo;
ustedes, sabios en Cristo. Débiles nosotros; ustedes, fuertes. Ustedes, estimados;
nosotros, despreciados. 11 Hasta el presente, pasamos hambre, sed, desnudez.
Somos abofeteados, y andamos errantes.
12 Nos fatigamos trabajando con nuestras
manos. Si nos insultan, bendecimos. Si
nos persiguen, lo soportamos. 13 Si nos
difaman, respondemos con bondad. Hemos venido a ser, hasta ahora, como la
basura del mundo y el desecho* de todos.

Amonestaciones.

14 No les escribo esto para avergon-
zarlos, sino más bien para amonestarlos
como a hijos míos queridos. 15 Pues, aunque hayan tenido diez mil pedagogos*
en Cristo, no tienen muchos padres.
He sido yo quien, por el Evangelio, los
engendré en Cristo Jesús. 16 Les ruego,
pues, que sean mis imitadores. 17 Por esto
mismo les he enviado a Timoteo, hijo mío
querido y fiel en el Señor; él les recordará
mis normas de conducta en Cristo, conforme enseño por doquier en todas las
Iglesias.
18 Como si yo no hubiera de ir a ustedes, se han hinchado algunos. 19 Mas
iré pronto a visitarlos, si es la voluntad
del Señor; entonces conoceré no la palabrería de esos orgullosos, sino su poder,
20 que no está en la palabrería el Reino de
Dios, sino en el poder. 21 ¿Qué prefieren,
que vaya a ustedes con palo o con amor
y espíritu de mansedumbre?

2. EL CASO DEL INCESTUOSO

5 1 Por todas partes se oye hablar de
una inmoralidad tal entre ustedes,
que no se da ni entre los gentiles, hasta
el punto de que uno de ustedes vive con
la mujer de su padre*.
2 Y ¡ustedes andan tan hinchados! Y

4 4 La conducta del hombre depende de su propia conciencia, Hch **23** 1; **24** 16; Rm **2** 14-15; **9** 1; **13** 5; 2 Co **1** 12.25-29; 2 Co **4** 2; ver 1 P **2** 19.

4 13 Pablo vuelve a menudo sobre las penas y persecuciones que encuentra en su apostolado y el modo como Dios le concede superarlas: 2 Co **4** 7-12+; **6** 4-10; **11** 23-33; 1 Ts **3** 4; 2 Tm **3** 10-11. La debilidad del apóstol demuestra el poder de quien lo envía, 2 Co **12** 9-10; Flp **4** 13.

4 15 El *pedagogo* era un esclavo cuya función consistía en llevar al niño, y más adelante al joven, hasta sus maestros.

5 1 Su madrastra. Prohibida por el AT (Lv **18** 8) y el derecho romano, la mayoría de los rabinos toleraba esta unión entre los gentiles convertidos al judaísmo. Pero ver Hch **15** 20+.

no han hecho más bien duelo para que
fuera expulsado de entre ustedes el autor
de semejante acción. [3] Pues bien, yo por
mi parte corporalmente ausente, pero
presente en espíritu, he juzgado ya, como
si me hallara presente, al que así obró:
[4] que en nombre del Señor Jesús, reunidos ustedes y mi espíritu*, con el poder
de Jesús Señor nuestro, [5] sea entregado
ese individuo a Satanás para mortificar
su sensualidad, a fin de que el espíritu se
salve en el Día del Señor*.
[6] ¡No está bien su orgullo! ¿No saben
que un poco de levadura fermenta toda
la masa? [7] Eliminen la levadura vieja,
para ser masa nueva, pues son ázimos.
Porque nuestro cordero pascual, Cristo,
ha sido inmolado. [8] Así que, celebremos
la fiesta, no con vieja levadura, ni con
levadura de malicia e inmoralidad, sino
con ázimos de sinceridad y verdad*.
[9] Al escribirles en mi carta que no se
relacionaran con los impuros, [10] no me
refería a los impuros de este mundo
en general o a los avaros, a ladrones o
idólatras. De ser así, tendrían que salir
del mundo. [11] ¡No!, les escribí que no
se relacionaran con quien, llamándose
hermano, es impuro, avaro, idólatra,
difamador, borracho o ladrón. Con ésos
¡ni comer! [12] Pues ¿me toca a mí juzgar
a los de fuera? ¿No es a los de dentro a
quienes ustedes juzgan? [13] A los de fuera
Dios los juzgará.

¡Arrojen de entre ustedes al malvado!*

3. RECURSO A LOS TRIBUNALES PAGANOS*

6 [1] Cuando alguno de ustedes tiene
un pleito con otro, ¿se atreve a llevar la causa ante los injustos, y no ante
los santos? [2] ¿No saben que los santos
han de juzgar al mundo? Y si ustedes van
a juzgar al mundo, ¿no son acaso dignos
de juzgar esas naderías? [3] ¿No saben que
hemos de juzgar a los ángeles? Y ¡cómo
no las cosas de esta vida! [4] Y cuando tienen pleitos de este género ¡toman como
jueces a los que la Iglesia tiene en nada!
[5] Para su vergüenza lo digo. ¿No hay
entre ustedes algún experto que pueda
juzgar entre hermanos? [6] Sino que van
a pleitear hermano contra hermano, ¡y
eso, ante infieles! [7] De todos modos, ya
es un fallo suyo que haya pleitos entre
ustedes. ¿Por qué no prefieren soportar
la injusticia? ¿Por qué no se dejan más
bien despojar? [8] ¡Al contrario! ¡Son ustedes los que obran la injusticia y despojan
a los demás! ¡Y esto, a hermanos!
[9] ¿No saben acaso que los injustos no
heredarán el Reino de Dios? ¡No se engañen! Ni impuros, ni idólatras, ni adúlteros, ni afeminados, ni homosexuales,
[10] ni ladrones, ni avaros, ni borrachos, ni
ultrajadores, ni explotadores heredarán
el Reino de Dios. [11] Y tales fueron algunos de ustedes. Pero han sido lavados,
han sido santificados, han sido justificados en el nombre del Señor Jesucristo y
en el Espíritu de nuestro Dios.

5 4 Pablo insiste en su presencia espiritual con el objeto de tener voz en las deliberaciones de la comunidad, que es la única que garantiza su propia legitimidad.

5 5 Excluido de la comunidad, el culpable se encuentra además abandonado al poder que Dios permite al Adversario, ver 1 Tm 1 20; 2 Ts **3** 6-14; 1 Jn **5** 16-17. Pero el castigo es para que se convierta, **11** 32; 2 Ts **3** 15.

5 8 Los judíos, por la Pascua, comían pan *ázimo*, sin levadura, Ex **12**+. Cristo, verdadero cordero pascual, Mt **26** 17+; Jn **1** 29+; **19** 36; 1 P **1** 19, ha destruido la levadura del pecado e introducido al cristiano en una vida nueva, Rm **6** 4+.11-12+; Col **3** 3-5+.

5 13 Ver Dt **13** 6; **17** 7; etc.

6 Pablo censura a los corintios por llevar sus discordias a los tribunales de los gentiles, en lugar de arreglarlas pacíficamente entre sí. *Santos*, ver Hch **9** 13+.

4. LA FORNICACIÓN

12 «Todo me es lícito»; mas no todo me conviene*. «Todo me es lícito»; mas ¡no me dejaré dominar por nada! 13 «La comida para el vientre y el vientre para la comida». Mas lo uno y lo otro destruirá Dios. Pero el cuerpo no es para la fornicación, sino para el Señor, y el Señor para el cuerpo. 14 Y Dios, que resucitó al Señor, nos resucitará* también a nosotros mediante su poder.

15 ¿No saben que sus cuerpos son miembros de Cristo? Y ¿había de tomar yo los miembros de Cristo para hacerlos miembros de prostituta? ¡De ningún modo! 16 ¿O no saben que quien se une a la prostituta se hace un solo cuerpo con ella? Pues está dicho: *Los dos se harán una sola carne**. 17 Mas el que se une al Señor, se hace un solo espíritu con él*.

18 ¡Huyan de la fornicación! Todo pecado que comete el hombre queda fuera de su cuerpo; mas el que fornica, peca contra su propio cuerpo.

19 ¿O no saben que su cuerpo es templo del Espíritu Santo, que está en ustedes y han recibido de Dios, y que no se pertenecen? 20 ¡Han sido bien comprados*! Glorifiquen, por tanto, a Dios en su cuerpo.

II. Solución de diversos problemas

1. MATRIMONIO Y VIRGINIDAD*

7 1 En cuanto a lo que ustedes me han escrito, bien le está al hombre abstenerse de mujer. 2 No obstante, por razón de la incontinencia, tenga cada hombre su mujer, y cada mujer su marido. 3 Que el marido cumpla su deber con la mujer; de igual modo la mujer con su marido. 4 No dispone la mujer de su cuerpo, sino el marido. Igualmente, el marido no dispone de su cuerpo, sino la mujer*. 5 No se nieguen el uno al otro sino de mutuo acuerdo, por cierto tiempo, para darse a la oración; luego, vuelvan a estar juntos, para que Satanás no los tiente por su incontinencia. 6 Lo que les digo es una concesión, no un mandato. 7 Mi deseo sería que todos fueran como yo; mas cada cual tiene de Dios su gracia particular: unos de una manera, otros de otra*.

8 No obstante, digo a los solteros y a las viudas: Bien les está quedarse como yo. 9 Pero si no pueden contenerse, que se casen; mejor es casarse que abrasarse.

10 En cuanto a los casados, les ordeno, no yo sino el Señor: que la mujer no se

6 12 Resumen de la moral de Pablo: No se trata de saber lo que está permitido o no, sino de determinar lo que favorece o perjudica el crecimiento del hombre nuevo, regenerado en Cristo. Ver Rm **6** 15+.

6 14 La resurrección demuestra la importancia del cuerpo, que no es destruido por la muerte.

6 16 La cita de Gn **2** 24 subraya la gravedad de la falta.

6 17 Según todo el pasaje, la vida conyugal vincula a los cristianos en una unión espiritual, Rm **8** 9-11+, con Cristo, ver Ef **5** 23+.

6 20 Ver **7** 23; Rm **3** 24+; **6** 15+.

7 Pablo responde a unas preguntas formuladas en unos términos que desconocemos. De ahí las repeticiones, las oscuridades. Cada uno debe seguir en el *estado de vida* en que estaba cuando Dios le llamó, vv. 17.20.24 (guardar su *don,* v. 7). El matrimonio es bueno y es el estado normal que preserva de la concupiscencia. La virginidad tiene ventajas espirituales para los que Dios llama a ella. Completar con Ef **5** 22-23.

7 4 En Ef **5** 25 se propone a los esposos el ejemplo de Cristo en su entrega y don de sí mismo.

7 7 Para Pablo, tanto la virginidad como el matrimonio son dones de Dios.

separe del marido, [11] mas en el caso de separarse, que no vuelva a casarse, o que se reconcilie con su marido, y que el marido no se divorcie de su mujer*.

[12] En cuanto a los demás, digo yo, no el Señor: si un hermano tiene una mujer no creyente y ella consiente en vivir con él, no se divorcie de ella. [13] Y si una mujer tiene un marido no creyente y él consiente en vivir con ella, no se divorcie. [14] Pues el marido no creyente queda santificado por su mujer, y la mujer no creyente queda santificada por el marido creyente. De otro modo, sus hijos serían impuros, mas ahora son santos. [15] Pero si la parte no creyente quiere separarse, que se separe, en ese caso el hermano o la hermana no están obligados*: para vivir en paz los llamó el Señor. [16] Pues ¿qué sabes tú, mujer, si salvarás a tu marido? Y ¿qué sabes tú, marido, si salvarás a tu mujer?

[17] Por lo demás, que cada cual viva conforme le asignó el Señor, cada cual como le ha llamado Dios. Es lo que ordeno en todas las Iglesias. [18] ¿Que fue uno llamado siendo circunciso? No lo disimule. ¿Que fue llamado siendo incircunciso? No se circuncide. [19] La circuncisión es nada, y nada la incircuncisión; lo que importa es el cumplimiento de los mandamientos de Dios. [20] Que permanezca cada cual en la condición en que lo halló la llamada de Dios. [21] ¿Eras esclavo cuando fuiste llamado? No te preocupes. Y, aunque puedas hacerte libre, aprovecha más bien tu condición de esclavo. [22] Pues el que recibió la llamada del Señor siendo esclavo, es un liberto del Señor; igualmente, el que era libre cuando recibió la llamada, es un esclavo de Cristo. [23] ¡Han sido bien comprados! No se hagan esclavos de los hombres. [24] Hermanos, permanezca cada cual ante Dios en la condición en que fue llamado.

[25] Acerca de la virginidad* no tengo precepto del Señor. Doy, no obstante, un consejo, como quien, por la misericordia de Dios, es digno de crédito. [26] Por tanto, pienso que es cosa buena, a causa de la angustia presente, quedarse el hombre así. [27] ¿Estás unido a una mujer? No busques la separación. ¿No estás unido a mujer? No la busques. [28] Mas, si te casas, no pecas. Y, si la joven se casa, no peca. Pero todos ellos tendrán su tribulación en la carne, que yo quisiera evitársela a ustedes.

[29] Les digo, pues, hermanos: El tiempo apremia*. Por tanto, los que tienen mujer, vivan como si no la tuvieran. [30] Los que lloran, como si no lloraran. Los que están alegres, como si no lo estuvieran. Los que compran, como si no poseyeran. [31] Los que disfrutan del mundo, como si no lo disfrutaran. Porque la representación de este mundo pasa.

[32] Yo los quisiera libres de preocupaciones. El no casado se preocupa de las cosas del Señor, de cómo agradar al Señor. [33] El casado se preocupa de las cosas del mundo, de cómo agradar a su mujer; [34] está por tanto dividido. La mujer no casada, lo mismo que la doncella, se preocupa de las cosas del Señor, de ser santa en el cuerpo y en el espíritu. Mas la casada se preocupa de las cosas del mundo, de cómo agradar a su marido. [35] Les digo esto para su bien, no para tenderles un lazo, sino para moverlos a lo más digno y al trato asiduo con el Señor, sin distracciones.

[36] Pero si alguno* teme faltar a la conveniencia respecto de su doncella, por es-

7 11 Ver Mt **5** 32; **19** 9+. Pablo se sirve del precepto del Señor (Jesús) para negar un ulterior matrimonio en el caso particular en que las razones para el divorcio no eran válidas.

7 15 Pablo permite aquí el divorcio en el sentido pleno con derecho de volver a casarse. El *hermano* o la *hermana* designa al cónyuge cristiano.

7 25 *Vírgenes,* tanto de un sexo como de otro. Ver Mt **19** 12.

7 29 Sea el que fuere el tiempo que queda, Rm **13** 11+; Flp **4** 5+, el cristiano debe mantenerse libre respecto de los bienes creados, *relativos* como son respecto del reino de Cristo.

7 36 El pasaje es difícil. Se refiere lo más probablemente a los que eran novios en el momento de su conversión y por tanto no pueden seguir en su estado. El consejo se inspira en los vv. 8-9.

tar en la flor de la edad, y conviene actuar
en consecuencia, haga lo que quiera: no
peca, cásense. 37 Mas el que ha tomado
una firme decisión en su corazón, y sin
presión alguna, y en pleno uso de su libertad está resuelto en su interior a respetar a su doncella, hará bien. 38 Por tanto,
el que se casa con su doncella, obra bien.
Y el que no se casa, obra mejor.

39 La mujer está obligada a su marido
mientras él viva; mas, una vez muerto
el marido, queda libre para casarse con
quien quiera, pero sólo en el Señor.
40 Sin embargo, será más feliz si permanece así según mi consejo; que también
yo creo tener el Espíritu de Dios.

2. SOBRE LO INMOLADO A LOS ÍDOLOS*

El aspecto teórico.

8 1 Respecto a lo inmolado a los ídolos, es cosa sabida, pues todos tenemos ciencia. Pero la ciencia hincha, el
amor en cambio edifica. 2 Si alguien cree
conocer algo, aún no lo conoce como se
debe. 3 Mas si uno ama a Dios, ése es
conocido por él. 4 Ahora bien, respecto
del comer lo sacrificado a los ídolos,
sabemos que el ídolo no es nada en el
mundo y no hay más que un único Dios.
5 Pues aun cuando se les dé el nombre de
dioses, bien en el cielo bien en la tierra,
de forma que hay multitud de dioses y de
señores, 6 para nosotros no hay más que
un solo Dios, el Padre, del cual proceden
todas las cosas y para el cual somos; y
un solo Señor, Jesucristo, por quien son
todas las cosas y nosotros por él*.

El punto de vista de la caridad*.

Rm **14**; **15** 1-2.7; 1 Ts **5** 14.

7 Mas no todos tienen este conocimiento. Pues algunos, acostumbrados
hasta ahora al ídolo, comen la carne
como realmente sacrificada a los ídolos,
y su conciencia, que es débil, se mancha.
8 No es ciertamente la comida lo que
nos acerca a Dios; ni va a faltarnos por
no comer, ni va a sobrarnos por comer.
9 Pero tengan cuidado que esa su libertad
no sirva de tropiezo a los débiles. 10 En
efecto, si alguien te ve a ti, que tienes
conocimiento, sentado a la mesa en un
templo de ídolos, ¿no se creerá autorizado por su conciencia, que es débil, a
comer de lo sacrificado a los ídolos? 11 Y
por tu conocimiento se pierde el débil:
¡un hermano por quien murió Cristo!
12 Y pecando así contra sus hermanos,
hiriendo su conciencia, que es débil,
pecan contra Cristo*. 13 Por tanto, si un
alimento causa escándalo a mi hermano,
nunca comeré carne para no dar escándalo a mi hermano.

El ejemplo de Pablo*.

9 1 ¿No soy yo libre? ¿No soy yo apóstol? ¿Acaso no he visto yo a Jesús,

8 Son las carnes *inmoladas a los ídolos* durante los sacrificios que las antiguas religiones ofrecían con cualquier ocasión. Después de recibir los dioses, los sacerdotes y los donantes su parte, el resto se vendía en el mercado. Pablo resuelve, **10** 14-22; ver Rm **14**+, los casos de conciencia que de aquí se originaban a los cristianos del mundo griego, ver Hch **15** 20.29, pero primeramente da amplias explicaciones.

8 6 Aclamación bautismal en que se sobreentienden verbos de movimiento: «un solo Dios, el Padre, de quien todo (viene) y hacia quien nosotros (vamos) y un solo Señor, Jesucristo, por quien todo (viene a la existencia) y por quien nosotros (vamos hacia el Padre)».

8 7 Los que tienen a los ídolos por nada llevan razón; pero, por amor fraterno, los cristianos deben guardarse de herir al hermano cuya conciencia no es tan clara y que pecaría si obrase como ellos. Libertad y respeto; ver Rm **14-15**.

8 12 Cristo es aquí la comunidad, como en **1** 13; **6** 15; **12** 12.

9 Pablo mismo es *libre*. Lo ha demostrado renunciando a algunos de sus derechos de apóstol, Hch **18** 3+, y haciéndose esclavo de todos, vv. 19-23; **10** 33; ver Rm **6** 15.

Señor nuestro? ¿No son ustedes mi obra
en el Señor? 2 Si para otros no soy yo
apóstol, para ustedes sí que lo soy; ¡ustedes son el sello de mi apostolado en
el Señor! 3 He aquí mi defensa contra
mis acusadores. 4 ¿Por ventura no tenemos derecho a comer y beber? 5 ¿No
tenemos derecho a llevar con nosotros
una mujer cristiana*, como los demás
apóstoles y los hermanos del Señor y
Cefas? 6 ¿Acaso únicamente Bernabé
y yo estamos privados del derecho de
no trabajar? 7 ¿Quién hace de soldado a
costa propia? ¿Quién planta una viña y
no come de sus frutos? ¿Quién apacienta
un rebaño y no se alimenta de su leche?
8 ¿Hablo acaso al modo humano o
no lo dice también la Ley? 9 Porque está
escrito en la Ley de Moisés: *No pondrás
bozal al buey que trilla**. ¿Es que se
preocupa Dios de los bueyes? 10 O, ¿no
lo dice más bien por nosotros? Por nosotros ciertamente se escribió, pues el que
ara, en esperanza debe arar; y el trillador
trilla, con la esperanza de recibir su parte.
11 Si en ustedes hemos sembrado bienes
espirituales, ¡qué mucho que recojamos
de ustedes bienes materiales! 12 Si otros
tienen estos derechos sobre ustedes, ¿no
los tenemos más nosotros? Sin embargo,
nunca hemos hecho uso de estos derechos. Al contrario, todo lo soportamos
para no crear obstáculos al Evangelio de
Cristo. 13 ¿No saben que los ministros
del culto viven de los dones del templo?
¿Que los que sirven al altar, del altar participan? 14 Del mismo modo, también el
Señor ha ordenado que los que predican
el Evangelio vivan del Evangelio.
15 Mas yo, de ninguno de esos derechos he hecho uso. Y no escribo esto
para que se haga así conmigo. ¡Antes
morir...! Esta gloria ¡nadie me la arrebatará! 16 Predicar el Evangelio no es para
mí ningún motivo de gloria; es más bien
un deber que me incumbe. ¡Ay de mí si
no predico el Evangelio! 17 Si lo hiciera
por propia iniciativa, ciertamente tendría
derecho a una recompensa. Mas si lo
hago forzado, es una misión que se me
ha confiado. 18 Ahora bien, ¿cuál es mi
recompensa? Predicar el Evangelio en-
tregándolo gratuitamente, renunciando
al derecho que me confiere el Evangelio.
19 Efectivamente, siendo libre de todos, me he hecho esclavo de todos para
ganar a los más que pueda. 20 Con los
judíos me he hecho judío para ganar a
los judíos; con los que están bajo la Ley,
como quien está bajo la Ley —aun sin
estarlo— para ganar a los que están bajo
ella. 21 Con los que están sin ley, como
quien está sin ley para ganar a los que
están sin ley, no estando yo sin ley de
Dios, sino bajo la ley de Cristo. 22 Me he
hecho débil con los débiles para ganar
a los débiles. Me he hecho todo a todos
para salvar a toda costa a algunos. 23 Y
todo esto lo hago por el Evangelio para
ser partícipe del mismo.
24 ¿No saben que en las carreras del
estadio todos corren, mas uno solo recibe el premio? ¡Corran de manera que
lo consigan! 25 Los atletas se privan de
todo; y eso ¡por una corona corruptible!;
nosotros, en cambio, por una incorruptible. 26 Así pues, yo corro, no como a
la ventura; y ejerzo el pugilato, no como
dando golpes en el vacío, 27 sino que
golpeo mi cuerpo y lo esclavizo; no sea
que, habiendo proclamado a los demás,
resulte yo mismo descalificado*.

Lecciones de la historia de Israel*.

10 1 No quiero que ignoren, hermanos, que nuestros padres estuvieron todos bajo la nube y todos atrave-

9 5 *Una mujer cristiana*, lit.: «una mujer hermana», que se ocupaba de las necesidades materiales de los apóstoles; ver Lc **8** 2-3. Puede traducirse también: «una esposa creyente».

9 9 Cita de Dt **25** 4; ver Lc **12** 6.24.

9 27 Pablo utiliza el vocabulario deportivo de la época.

10 Ejemplos sacados de la historia de Israel van a mostrar el peligro real de ser *descalificado*, **9** 27.

saron el mar; 2 y todos fueron bautizados en relación con Moisés, en la nube y en el mar; 3 y todos comieron el mismo alimento espiritual; 4 y todos bebieron la misma bebida espiritual, pues bebían de la roca espiritual que les seguía; y la roca era Cristo*. 5 Pero la mayoría de ellos no fue del agrado de Dios, pues sus cuerpos *quedaron tendidos en el desierto*.

6 Estas cosas sucedieron para ejemplo* nuestro, para que no codiciemos lo malo como ellos lo codiciaron. 7 No se hagan idólatras al igual que algunos de ellos, como dice la Escritura: *Se sentó el pueblo a comer y a beber y se levantó a divertirse**. 8 Ni forniquemos como algunos de ellos fornicaron y cayeron muertos veintitrés mil en un solo día. 9 Ni tentemos al Señor como algunos de ellos lo tentaron y perecieron víctimas de las serpientes. 10 Ni murmuren como algunos de ellos murmuraron y perecieron bajo el exterminador. 11 Todo esto les acontecía en figura, y fue escrito para aviso de los que hemos llegado a la plenitud de los tiempos. 12 Así pues, el que crea estar en pie, mire no caiga. 13 No han sufrido ustedes tentación superior a la medida humana. Y fiel es Dios que no permitirá sean tentados sobre sus fuerzas. Antes bien, con la tentación, les dará modo de poderla resistir con éxito.

Los banquetes sagrados. No pactar con la idolatría.

14 Por eso, queridos, huyan de la idolatría. 15 Les hablo como a personas sensatas. Juzguen ustedes lo que digo. 16 La copa de bendición que bendecimos*, ¿no es acaso comunión con la sangre de Cristo? Y el pan que partimos, ¿no es comunión con el cuerpo de Cristo? 17 Porque uno solo es el pan, aun siendo muchos, un solo cuerpo somos, pues todos participamos del mismo pan. 18 Fíjense en el Israel según la carne. Los que comen de las víctimas sacrificiales, ¿no están acaso en comunión con el altar? 19 ¿Qué digo, pues? ¿Que lo inmolado a los ídolos es algo? O ¿que los ídolos son algo? 20 Pero si lo que inmolan los gentiles, *¡lo inmolan a los demonios y no a Dios*!* Y yo no quiero que ustedes entren en comunión con los demonios. 21 No pueden beber de la copa del Señor y de la copa de los demonios. No pueden participar de la mesa del Señor y de la mesa de los demonios. 22 ¿O es que queremos provocar los celos del Señor? ¿Somos acaso más fuertes que él?

Soluciones prácticas.

23 «Todo es lícito», mas no todo es conveniente. «Todo es lícito», mas no todo edifica. 24 Que nadie procure su propio interés, sino el de los demás. 25 Coman todo lo que se vende en el mercado sin plantearse cuestiones de conciencia; 26 pues *del Señor es la tierra y todo cuanto contiene**. 27 Si un infiel los invita y ustedes aceptan, coman todo lo que les presente sin plantearse cuestiones de conciencia. 28 Mas si alguien les dice: «Esto ha sido ofrecido en sacrificio», no lo coman, a causa del que lo advirtió y por motivos de conciencia. 29 No me refiero a tu conciencia, sino a la del otro; pues ¿cómo va a ser juzgada la libertad de mi conciencia por una conciencia ajena? 30 Si yo tomo algo dando gracias, ¿por qué voy a ser reprendido por aquello mismo que tomo dando gracias?

10 4 Pablo evoca la nube y el paso del mar Rojo, el maná y el agua de la roca para invitar a los corintios a la prudencia y la humildad. Según una tradición rabínica, la *roca* de Nm **20** 8-11; Ex **17** 5-6, acompañaba a los israelitas en el desierto.

10 6 *Ejemplo*, lit.: «tipos», que Dios suscitó para prefigurar las realidades espirituales de la era mesiánica («antitipos», 1 P **3** 21). Este sentido *típico* (o *alegórico*, Ga **4** 24) de los Libros Sagrados lo ha utilizado a menudo el NT.

10 7 Cita de Ex **32** 6.

10 16 Es decir, la *copa* sobre la cual pronunciamos la bendición, como Cristo en la última cena, **11** 25. Participar en un sacrificio es entrar en comunión con la divinidad que lo recibe.

10 20 Cita de Dt **32** 17.

10 26 Cita de Sal **24** 1.

Conclusión.

[31] Por tanto, ya coman, ya beban o
hagan cualquier otra cosa, háganlo todo
para gloria de Dios. [32] No den motivo de
escándalo ni a judíos, ni a griegos, ni a la
Iglesia de Dios; [33] lo mismo que yo, que
me esfuerzo por agradar a todos en todo, sin procurar mi propio interés, sino
el de todos, para que se salven.

11 [1] Sean mis imitadores, como lo
soy de Cristo*.

3. EL BUEN ORDEN EN LAS ASAMBLEAS

El hombre y la mujer ante el Señor.

[2] Los alabo porque en todas las cosas
se acuerdan de mí y conservan las tradiciones tal como se las he transmitido*.
[3] Sin embargo, quiero que sepan que
la cabeza de todo hombre es Cristo; y
la cabeza de la mujer es el hombre; y la
cabeza de Cristo es Dios. [4] Todo hombre
que ora o profetiza con la cabeza cubierta*, afrenta a su cabeza. [5] Y toda mujer
que ora o profetiza* con la cabeza descubierta, afrenta a su cabeza; es como
si estuviera rapada. [6] Por tanto, si una
mujer no se cubre la cabeza, que se corte
el pelo. Y si es afrentoso para una mujer
cortarse el pelo o raparse, ¡que se cubra!
[7] El varón no debe cubrirse la cabeza,
pues es imagen de la gloria de Dios;
pero la mujer es gloria del varón. [8] En
efecto, no procede el varón de la mujer,
sino la mujer del varón. [9] Ni fue creado
el varón por razón de la mujer, sino la
mujer por razón del varón. [10] He ahí por
qué debe llevar la mujer sobre la cabeza
una señal de sujeción por razón de los
ángeles*. [11] Por lo demás, ni la mujer sin
el varón, ni el varón sin la mujer, en el
Señor. [12] Porque si la mujer procede del
varón, el varón, a su vez, nace mediante
la mujer, y todo proviene de Dios.
[13] Juzguen por ustedes mismos. ¿Está bien que la mujer ore a Dios con la
cabeza descubierta? [14] ¿No les enseña
la misma naturaleza que es una afrenta
para el varón la cabellera, [15] mientras
es una gloria para la mujer la cabellera?
En efecto, la cabellera le ha sido dada a
modo de velo*.
[16] De todos modos, si alguien quiere
discutir, no es ésa nuestra costumbre ni
la de las Iglesias de Dios.

La «Cena del Señor».

[17] Al dar estas disposiciones, no los
alabo, porque sus reuniones son más para mal que para bien. [18] Pues, ante todo,
oigo que, al reunirse en la asamblea, hay
entre ustedes divisiones, y lo creo en parte. [19] Desde luego, tiene que haber entre
ustedes disensiones, para que se ponga
de manifiesto quiénes son los auténticos entre ustedes. [20] Cuando se reúnen,
pues, en común, eso no es comer la cena del Señor*; [21] porque cada uno come

11 1 Ver **4** 16; Ef **3** 17; 1 Ts **1** 6; 2 Ts **3** 7.

11 2 Las *tradiciones*, es decir, las enseñanzas del Apóstol, incluyendo en ellas las normas de la conducta cristiana, **15** 1-2; 2 Ts **2** 15+. Toda la exposición está condicionada por las concepciones y costumbres del tiempo.

11 4 *Con la cabeza cubierta*, lit.: «teniendo (algo colgando) de la cabeza». La expresión puede aludir al tocado con que se cubre la cabeza, o a la cabellera larga.

11 5 Ejerciendo funciones de liderazgo. Sobre la profecía, ver **12** 28; **14** 1s.

11 10 *Ángeles*, o los espíritus angélicos cuya presencia invisible debe provocar respeto, o también los mensajeros de otras comunidades, Mt **11** 10; Lc **7** 24; **9** 52.

11 15 En los tiempos de Pablo las mujeres enrollaban las trenzas alrededor de la cabeza. Es posible que los vv. 6 y 13 aludan a esta moda.

11 20 La *cena* que conmemoraba la última cena del Señor con sus discípulos iba precedida de una cena fraternal, que se prestaba a abusos que Pablo denuncia.

primero su propia cena, y mientras uno
pasa hambre, otro se embriaga. 22 ¿No
tienen casas para comer y beber? ¿O
es que desprecian a la Iglesia de Dios y
avergüenzan a los que no tienen? ¿Qué
voy a decirles? ¿Alabarlos? ¡En eso no
los alabo!

||Mt **26** 26-29;
||Mc **14** 22-25;
||Lc **22** 14-20.

23 Porque yo recibí del Señor* lo que
les transmití: que el Señor Jesús, la noche en que era entregado, tomó pan,
24 dando gracias, lo partió y dijo: «Este
es mi cuerpo que se entrega por ustedes;
hagan esto en memoria mía.» 25 Asimismo tomó el cáliz después de cenar,
diciendo: «Esta copa es la nueva Alianza
en mi sangre. Cuantas veces la beban,
háganlo en memoria mía.» 26 Pues cada
vez que coman este pan y beban de este
cáliz, anuncian la muerte del Señor, hasta que venga. 27 Por tanto, quien coma
el pan o beba el cáliz del Señor indignamente, será reo del cuerpo y de la sangre
del Señor.

28 Examínese, pues, cada cual, y coma
así el pan y beba del cáliz. 29 Pues quien
come y bebe sin discernir el Cuerpo, come y bebe su propia condena. 30 Por eso
hay entre ustedes muchos enfermos y
muchos achacosos, y mueren* no pocos.
31 Si nos juzgáramos a nosotros mismos,
no seríamos castigados. 32 Mas, al ser
castigados, somos corregidos por el Señor, para que no seamos condenados
con el mundo.

33 Así pues, hermanos míos, cuando se
reúnan para la cena, espérense unos a
otros. 34 Si alguno tiene hambre, que coma en su casa, a fin de que no se reúnan
para castigo suyo. Lo demás lo dispondré
cuando vaya.

Los dones espirituales o carismas*.

12 1 En cuanto a los dones espirituales, no quiero, hermanos,
que estén en la ignorancia. 2 Saben que
cuando eran gentiles, se dejaban arrastrar ciegamente hacia los ídolos mudos.
3 Por eso les hago saber que nadie, movido por el Espíritu de Dios, puede decir:
«¡Maldito sea Jesús!»; y nadie puede
decir: «¡Jesús es Señor!» sino movido por
el Espíritu Santo.

Diversidad y unidad de los carismas.

4 Hay diversidad de carismas, pero un
mismo Espíritu; 5 diversidad de ministerios, pero un mismo Señor; 6 diversidad
de actuaciones, pero un mismo Dios que
obra todo en todos*. 7 A cada cual se le
otorga la manifestación del Espíritu para
provecho común. 8 Porque a uno se le
da por el Espíritu palabra de sabiduría;
a otro, palabra de ciencia según el mismo Espíritu; 9 a otro, fe, en el mismo
Espíritu; a otro, carisma de curaciones,
en el único Espíritu; 10 a otro, poder de
milagros; a otro, profecía; a otro, discernimiento de espíritus*; a otro, diversidad
de lenguas; a otro, don de interpretarlas.
11 Pero todas estas cosas las obra un mismo y único Espíritu, distribuyéndolas a
cada uno en particular según su voluntad.

11 23 Pablo recuerda la enseñanza común que se remonta hasta el Señor. Su relato es afín al de Lc **22** 19-20. A la vez que conmemora la muerte de Cristo, la cena eucarística anticipa el festín mesiánico o banquete escatológico, Mt **26** 29p. Es también sacrificio de comunión, **10** 16+.

11 30 Probablemente Pablo alude a una epidemia que reinó entre los habitantes de Corinto.

12 Los *carismas;* dones del Espíritu a la comunidad cristiana (no tenemos una *lista* completa, vv. 28-30: Rm **12** 6-8; Ef **4** 11), se manifestaban a veces de una forma extraña e incoherente. Pablo los pone en guardia contra el peligro de desorden. Todos los dones están al servicio del amor, **13**, y deben ser valorados en función de la utilidad que prestan a la comunidad, **12** y **14**.

12 6 Obsérvese la formula trinitaria: ver 2 Co **13** 13+.

12 10 Determinar cuáles son los dones auténticos del Espíritu, es uno de estos dones, **14** 29; 1 Ts **5** 20-21; 1 Jn **4** 1.

El símil del cuerpo*.

[12] Pues del mismo modo que el cuerpo es uno, aunque tiene muchos miembros, y todos los miembros del cuerpo, no obstante su pluralidad, no forman más que un solo cuerpo, así también Cristo. [13] Porque en un solo Espíritu hemos sido todos bautizados, para no formar más que un cuerpo, judíos y griegos, esclavos y libres. Y todos hemos bebido de un solo Espíritu.

[14] Así también el cuerpo no se compone de un solo miembro, sino de muchos. [15] Si dijera el pie: «Puesto que no soy mano, yo no soy del cuerpo» ¿dejaría de ser parte del cuerpo por eso? [16] Y si el oído dijera: «Puesto que no soy ojo, no soy del cuerpo» ¿dejaría de ser parte del cuerpo por eso? [17] Si todo el cuerpo fuera ojo, ¿dónde quedaría el oído? Y si fuera todo oído, ¿dónde el olfato?

[18] Ahora bien, Dios puso cada uno de los miembros en el cuerpo según su voluntad. [19] Si todo fuera un solo miembro, ¿dónde quedaría el cuerpo? [20] Por tanto, muchos son los miembros, mas uno el cuerpo. [21] Y no puede el ojo decir a la mano: «¡No te necesito!» Ni la cabeza a los pies: «¡No los necesito!»

[22] Más bien los miembros del cuerpo que tenemos por más débiles, son indispensables. [23] Y a los que nos parecen los más viles del cuerpo, los rodeamos de mayor honor. Así a nuestras partes deshonestas las vestimos con mayor honestidad. [24] Pues nuestras partes honestas no lo necesitan. Dios ha formado el cuerpo dando más honor a los miembros que carecían de él, [25] para que no hubiera división alguna en el cuerpo, sino que todos los miembros se preocuparan lo mismo los unos de los otros. [26] Si sufre un miembro, todos los demás sufren con él. Si un miembro es honrado, todos los demás toman parte en su gozo.

[27] Ahora bien, ustedes son el cuerpo de Cristo, y sus miembros cada uno a su modo. [28] Y así los puso Dios en la Iglesia, primeramente los apóstoles; en segundo lugar los profetas; en tercer lugar los maestros; luego, los milagros; luego, el don de las curaciones, de asistencia, de gobierno, diversidad de lenguas. [29] ¿Acaso todos son apóstoles? O ¿todos profetas? ¿Todos maestros? ¿Todos con poder de milagros? [30] ¿Todos con carisma de curaciones? ¿Hablan lenguas todos? ¿Interpretan todos?

Jerarquía entre los carismas. Himno a la caridad*.

[31] ¡Aspiren a los carismas superiores! Y aun les voy a mostrar un camino más excelente.

13 [1] Aunque hable las lenguas de los hombres y de los ángeles, si no tengo caridad, soy como bronce que suena o címbalo que retiñe*. [2] Aunque tenga el don de profecía, y conozca todos los misterios y toda la ciencia; aunque tenga plenitud de fe como para trasladar montañas, si no tengo caridad, nada soy. [3] Aunque reparta todos mis bienes, y entregue mi cuerpo a las llamas, si no tengo caridad, nada me aprovecha.

12 12 La idea del *Cuerpo de Cristo* arranca de la fe primordial de Pablo, Hch **9** 5+. La diversidad se alza sobre el fundamento de una unidad superior por la fe y el bautismo, Rm **6** 4+; los cristianos pertenecen a Cristo resucitado y forman un cuerpo con él, v. 27; **6** 15; **10** 16-17; Rm **12** 4-5+; Ef **1** 23+.
12 31 El tema de la caridad se desarrolla en tres secciones: a) su excelencia, vv. 1-3; b) sus actos, vv. 4-7; c) su perennidad, vv. 8-13.
13 1 El *amor* del prójimo tiene su fuente en Dios, Rm **5** 5; **8** 39; 2 Co **13**; 1 Jn **4** 7-10.16, pero también en el Hijo, Rm **8** 35; Ga **2** 20; 2 Co **5** 14; Jn **13** 1.34+, y también en el Espíritu, Rm **5** 5+. Es, pues, la prueba del amor de Dios, 1 Jn **3** 17. Exige la entrega de sí mismo, el servicio, la ayuda, Rm **12** 9-10; Ga **5** 13; Ef **4** 2. Este amor, objeto del mandamiento supremo, unido al del amor de Dios, Mt **22** 39p; Rm **13** 8+, se prueba por el cumplimiento de los mandamientos, Jn **14** 15; 1 Jn **3** 18s, resumen de toda perfección, Ga **5** 6; Col **3** 14, y se expansionará en la visión y posesión de los bienes eternos, vv. 8.12; ver 1 Co **2** 9.

4 La caridad es paciente, es amable; la
caridad no es envidiosa, no es jactancio-
sa, no se engríe; 5 es decorosa; no busca
su interés; no se irrita; no toma en cuenta el mal; 6 no se alegra de la injusticia;
se alegra con la verdad. 7 Todo lo excusa.
Todo lo cree. Todo lo espera. Todo lo
soporta.

8 La caridad no acaba nunca. Desaparecerán las profecías. Cesarán las lenguas. Desaparecerá la ciencia. 9 Porque
parcial es nuestra ciencia y parcial nuestra profecía. 10 Cuando venga lo perfecto,
desaparecerá lo parcial. 11 Cuando yo era
niño, hablaba como niño, pensaba como
niño, razonaba como niño. Al hacerme
hombre, dejé todas las cosas de niño.
12 Ahora vemos en un espejo, en enigma.
Entonces veremos cara a cara. Ahora conozco de un modo parcial, pero entonces
conoceré como soy conocido.

13 Ahora subsisten la fe, la esperanza y
la caridad, estas tres*. Pero la mayor de
todas ellas es la caridad.

Jerarquía de los carismas en razón de la utilidad común*.

14 1 Busquen la caridad; pero aspiren también a los dones espirituales, especialmente a la profecía.
2 Pues el que habla en lenguas no habla
a los hombres sino a Dios. En efecto,
nadie lo entiende: dice en espíritu cosas
misteriosas. 3 Por el contrario, el que
profetiza, habla a los hombres para su
edificación, exhortación y consolación.
4 El que habla en lenguas, se edifica a sí
mismo; el que profetiza, edifica a toda
la asamblea. 5 Deseo que hablen todos
en lenguas; prefiero, sin embargo, que
profeticen. Pues el que profetiza, supera
al que habla en lenguas, a no ser que
también interprete, para que la asamblea
reciba edificación.

6 Y ahora, hermanos, supongamos
que yo vaya a ustedes hablándoles en
lenguas, ¿qué les aprovecharía yo, si mi
palabra no les trajera ni revelación ni
ciencia ni profecía ni enseñanza? 7 Así
sucede con los instrumentos musicales
inanimados, como la flauta o la cítara.
Si no dan distintamente los sonidos,
¿cómo se conocerá lo que toca la flauta
o la cítara? 8 Y si la trompeta no da sino
un sonido confuso, ¿quién se preparará
para la batalla? 9 Así también ustedes: si
al hablar no pronuncian palabras inteligi-
bles, ¿cómo se entenderá lo que dicen?
Es como si hablaran al viento. 10 Hay
en el mundo no sé cuánta variedad de
lenguas, y ninguna carece de sentido.
11 Mas si yo desconozco el sentido de una
lengua seré un extranjero para el que me
habla; y el que me habla, un extranjero
para mí. 12 Así pues, ya que aspiran a los
dones espirituales, procuren abundar en
ellos para la edificación de la asamblea.

13 Por tanto, el que habla en lenguas,
pida el don de interpretarlas. 14 Porque
si oro en lenguas, mi espíritu ora, pero
mi mente queda sin fruto. 15 Entonces,
¿qué hacer? Oraré con el espíritu, pero
oraré también con la mente. Cantaré
salmos con el espíritu, pero también los
cantaré con la mente. 16 Porque, si no
bendices más que con el espíritu, ¿cómo
dirá «amén» a tu acción de gracias el que
ocupa el lugar del simple fiel, pues no
sabe lo que dices? 17 ¡Cierto!, tu acción
de gracias es excelente; pero el otro no
se edifica. 18 Doy gracias a Dios porque
hablo en lenguas más que todos ustedes;
19 pero en la asamblea, prefiero decir
cinco palabras con sentido, para instruir
a los demás, que diez mil en lenguas.

20 Hermanos, no sean niños en mentalidad. Sean niños en malicia, pero
hombres maduros en mentalidad. 21 Está
escrito en la Ley: *Por hombres de len-*

13 13 El grupo de las tres virtudes que llamamos *teologales* aparece en Pablo desde 1 Ts **1** 3 y se repite a menudo en sus epístolas en un orden variable.

14 Se pasa del amor a los otros dones. De hecho la comparación se establece solamente entre la profecía y el don de lenguas. Pablo prefiere la primera que *edifica* la asamblea vv. 3-4.

guas extrañas y por boca de extraños hablaré yo a este pueblo, y ni así me *escucharán,* dice el Señor*. [22] Así pues, las lenguas sirven de signo, no para los creyentes, sino para los infieles; en cambio la profecía, no para los infieles, sino para los creyentes. [23] Por ejemplo, si se reúne toda la asamblea y todos hablan en lenguas y entran en ella simples fieles o infieles, ¿no dirán que están locos? [24] Por el contrario, si todos profetizan y entra un infiel o un simple fiel, será convencido por todos, juzgado por todos. [25] Los secretos de su corazón quedarán al descubierto y, postrado rostro en tierra, adorará a Dios confesando: *Dios está verdaderamente entre ustedes**.

Los carismas. Reglas prácticas.

[26] ¿Qué concluir, hermanos? Cuando se reúnen, cada cual puede tener un salmo, una instrucción, una revelación, un discurso en lenguas, una interpretación; pero que todo sea para edificación. [27] Si se habla en lenguas, que hablen dos, o a lo más, tres, y por turno; y que haya un intérprete. [28] Si no hay quien interprete, guárdese silencio en la asamblea; hable cada cual consigo mismo y con Dios. [29] En cuanto a los profetas, hablen dos o tres, y los demás juzguen. [30] Si algún otro que está sentado tiene una revelación, cállese el primero. [31] Pueden profetizar todos ustedes por turno para que todos aprendan y sean exhortados. [32] Pero los espíritus de los profetas están sometidos a los profetas, [33] pues Dios no es un Dios de confusión, sino de paz.

Como en todas las Iglesias de los santos, [34] las mujeres cállense en las asambleas; que no les está permitido tomar la palabra*; antes bien, estén sumisas como también la Ley lo dice. [35] Si quieren aprender algo, pregúntenlo a sus propios maridos en casa; pues es indecoroso que la mujer hable en la asamblea. [36] ¿Acaso ha salido de ustedes la palabra de Dios? O ¿solamente a ustedes ha llegado? [37] Si alguien se cree profeta o inspirado por el Espíritu, reconozca en lo que les escribo un mandato del Señor. [38] Si no lo conoce, tampoco él es reconocido*.

[39] Por tanto, hermanos, aspiren al don de la profecía, y no estorben que se hable en lenguas. [40] Pero hágase todo con decoro y orden.

*III. La resurrección de los muertos**

El hecho de la resurrección.

15 [1] Les hago saber, hermanos, el Evangelio que les prediqué, que han recibido y en el cual permanecen firmes, [2] por el cual también son salvados, si lo guardan tal como se lo prediqué... Si no, ¡habrían creído en vano!

[3] Porque les transmití, en primer lugar, lo que a mi vez recibí: que Cristo murió por nuestros pecados, según las Escrituras; [4] que fue sepultado, y que resucitó al tercer día, según las Escrituras; [5] que se apareció a Cefas y luego a los Doce; [6] después se apareció a más de quinientos hermanos a la vez, de los cuales

14 21 Cita libre de Is **28** 11-12.
14 25 Ver Is **45** 14; Za **8** 23.
14 34 Los vv. 34-35 pueden ser una interpolación pospaulina. Estas órdenes reflejan la mentalidad de 1 Tm **2** 11-14, y probablemente proceden de la misma situación eclesial.
14 38 Desconocido por Dios, que no lo reconoce como suyo.
15 Pablo se ha informado, **15** 12, de que algunos negaban la *resurrección*. Para los griegos, en efecto, Hch **17** 32+, era una concepción grosera ofensiva para el alma inmortal ver Sb **3** 4+. Pero los judíos la habían descubierto poco a poco y la enseñaban, Sal **16** 11+; Jb **19** 25+; Ez **37** 10+; 2 M **7** 9+. Pablo une su testimonio al de los apóstoles para establecer, vv. 1-11, el hecho de que Cristo ha resucitado. Tal es el contenido central de la predicación y de la fe, vv. 11.14; Rm **14**+; etc.

todavía la mayor parte viven y otros murieron. 7 Luego se apareció a Santiago;
más tarde, a todos los apóstoles. 8 Y en
último término se me apareció también
a mí, que soy como un aborto*.

9 Pues yo soy el último de los apóstoles: indigno del nombre de apóstol, por
haber perseguido a la Iglesia de Dios.
10 Mas, por la gracia de Dios, soy lo que
soy; y la gracia de Dios no ha sido estéril
en mí. Antes bien, he trabajado más que
todos ellos. Pero no yo, sino la gracia de
Dios conmigo.

11 Pues bien, tanto ellos como yo, esto
es lo que predicamos; esto es lo que han
creído.

12 Ahora bien, si se predica que Cristo
ha resucitado de entre los muertos ¿cómo andan diciendo algunos de ustedes
que no hay resurrección de los muertos*?
13 Si no hay resurrección de los muertos,
tampoco Cristo resucitó. 14 Y si no resucitó Cristo, vacía es nuestra predicación,
vacía también su fe. 15 Y quedamos como testigos falsos de Dios porque hemos
atestiguado contra Dios que resucitó a
Cristo, a quien no resucitó, si es que los
muertos no resucitan. 16 Porque si los
muertos no resucitan, tampoco Cristo
resucitó. 17 Y si Cristo no resucitó, su fe
es vana: están todavía en sus pecados.
18 Por tanto, también los que durmieron
en Cristo perecieron. 19 Si solamente
para esta vida tenemos puesta nuestra
esperanza en Cristo, ¡somos los hombres más dignos de compasión! 20 ¡Pero
no! Cristo resucitó de entre los muertos
como primicia de los que murieron.
21 Porque, habiendo venido por un hombre la muerte, también por un hombre
viene la resurrección de los muertos.
22 Pues del mismo modo que por Adán
mueren todos, así también todos revivirán en Cristo. 23 Pero cada cual en su
rango: Cristo como primicia; luego los
de Cristo en su venida*. 24 Luego, el fin,
cuando entregue a Dios Padre el Reino,
después de haber destruido todo principado, dominación y potestad. 25 Porque
él debe reinar *hasta que ponga a todos
sus enemigos bajo sus pies.* 26 El último
enemigo en ser destruido será la Muerte.
27 Porque *ha sometido todas las cosas
bajo sus pies**. Mas cuando dice que
«todo está sometido», es evidente que
se excluye a Aquel que ha sometido a
él todas las cosas. 28 Cuando hayan sido
sometidas a él todas las cosas, entonces
también el Hijo se someterá a Aquel que
ha sometido a él todas las cosas, para
que Dios sea todo en todos.

29 De no ser así ¿qué harán los que se
bautizan por los muertos? Si los muertos
no resucitan en manera alguna ¿por
qué bautizarse por ellos? 30 Y nosotros
mismos ¿por qué nos ponemos en peligro a todas horas? 31 Cada día estoy
a la muerte. ¡Sí, hermanos! Como que
ustedes son mi orgullo, en Cristo Jesús
Señor nuestro, cada día estoy en peligro
de muerte. 32 Si por motivos humanos
luché en Éfeso contra las bestias ¿qué
provecho saqué? Si los muertos no resucitan, *comamos y bebamos, que mañana moriremos**. 33 No se engañen: «Las
malas compañías corrompen las buenas
costumbres.» 34 Entren en razón, como
conviene, y no pequen; que hay entre
ustedes quienes desconocen a Dios. Para
vergüenza suya lo digo.

El modo de la resurrección.

35 Pero dirá alguno: ¿Cómo resucitan
los muertos? ¿Con qué cuerpo vuelven

15 8 Ni esta lista de las apariciones de Jesús resucitado, ni las de los evangelistas se dan como exhaustivas, ver Mt **28** 10+.
15 12 La fe en la resurrección de Cristo y la realidad de la vida cristiana implican la fe en la resurrección de los muertos; ver Mt **22** 23p; Hch **2** 32; **4** 2; **26** 8.23.
15 23 La palabra griega *parusía*, así traducida, designa la venida gloriosa de Cristo en su Día, **1** 8+, al fin de los tiempos, Mt **24** 3+. En otros lugares Pablo habla de Revelación, **1** 7+, o de Manifestación, 1 Tm **6** 14+. Ver Flp **4** 5+.
15 27 Cita Sal **110** 1; **8** 7.
15 32 Cita de Is **22** 13.

a la vida? [36] ¡Necio! Lo que tú siembras
no recobra vida si no muere. [37] Y lo que
tú siembras no es el cuerpo que va a
brotar, sino un simple grano, de trigo
por ejemplo o de alguna otra planta. [38] Y
Dios le da un cuerpo a su voluntad: a cada
semilla su cuerpo.

[39] No toda carne es igual, sino que
una es la carne de los hombres, otra la
de los animales, otra la de las aves, otra
la de los peces. [40] Hay cuerpos celestes
y cuerpos terrestres; pero uno es el resplandor de los cuerpos celestes y otro
el de los cuerpos terrestres. [41] Uno es el
resplandor del sol, otro el de la luna, otro
el de las estrellas. Y una estrella difiere
de otra en resplandor. [42] Así también
en la resurrección de los muertos: se
siembra corrupción, resucita incorrup-
ción; [43] se siembra vileza, resucita gloria;
se siembra debilidad, resucita fortaleza;
[44] se siembra un cuerpo animal, resucita
un cuerpo espiritual*.

Pues si hay un cuerpo animal, hay
también un cuerpo espiritual. [45] En efecto, así es como dice la Escritura: *Fue
hecho* el primer *hombre,* Adán, *alma
viviente*; el último Adán, espíritu que
da vida. [46] Mas no es lo espiritual lo que
primero aparece, sino lo animal; luego,
lo espiritual. [47] El primer hombre, salido
de la tierra, es terrestre; el segundo, viene del cielo. [48] Como el hombre terrestre, así son los hombres terrestres; como
el celeste, así serán los celestes. [49] Y
del mismo modo que hemos llevado la
imagen del hombre terrestre, llevaremos
también la imagen del celeste.

[50] Les digo esto, hermanos: La carne
y la sangre no pueden heredar el Reino
de Dios, ni la corrupción heredar la inco-
rrupción. [51] ¡Miren! Les revelo un misterio: No moriremos todos, mas todos seremos transformados. [52] En un instante,
en un pestañear de ojos, al toque de la
trompeta final*, pues sonará la trompeta,
los muertos resucitarán incorruptibles y
nosotros seremos transformados. [53] En
efecto, es necesario que este ser corruptible se revista de incorruptibilidad; y que
este ser mortal se revista de inmortalidad.

Himno triunfal y conclusión.

[54] Y cuando este ser corruptible se revista de incorruptibilidad y este ser mortal
se revista de inmortalidad, entonces se
cumplirá lo que está escrito: *La muerte ha sido devorada por la victoria.*
[55] *¿Dónde está, oh muerte, tu victoria?
¿Dónde está, oh muerte, tu aguijón*?*
[56] El aguijón de la muerte es el pecado;
y la fuerza del pecado, la Ley. [57] Pero
¡gracias sean dadas a Dios, que nos da
la victoria por nuestro Señor Jesucristo!

[58] Así pues, hermanos míos amados,
manténganse firmes, inconmovibles, progresando siempre en la obra del Señor,
conscientes de que su trabajo no es vano
en el Señor.

15 44 Un cuerpo *espiritual*, es un cuerpo liberado de las condiciones de la vida animal (*psíquica*, **2** 14), especialmente de la corrupción. Algunos judíos se imaginaban la resurrección de una manera demasiado grosera, Mt **22** 29-30p. Nuestro cuerpo *espiritual* será semejante al de Jesucristo resucitado, nuevo Adán de la humanidad regenerada, vv. 21-22; Rm **5** 12+; **6** 4+; Flp **3** 20-21.

15 45 Cita de Gn **2** 7; ver Gn **1** 20.

15 52 Desde el Sinaí, Ex **19** 16.19, la trompeta forma parte de la imaginería que acompañaba a las manifestaciones divinas, Mt **24** 31; 1 Ts **4** 16+.

15 55 Citas de Is **25** 8; Os **13** 14. La predicación de la cruz, **1-2**, y de la resurrección, **15**, terminan con un grito de victoria y de acción de gracias, v. 57.

Conclusión

Recomendaciones. Saludo final.

16 1 En cuanto a la colecta en favor
de los santos*, hagan también
ustedes tal como mandé a las Iglesias de
Galacia. 2 Los primeros días de la semana, cada uno de ustedes deposite lo que
haya podido ahorrar, de modo que no se
hagan las colectas precisamente cuando
llegue yo. 3 Cuando me halle ahí, enviaré
con cartas a los que hayan considerado
dignos, para que lleven a Jerusalén su
liberalidad. 4 Y si conviene que vaya también yo, irán conmigo.
5 Iré a donde ustedes después de haber
atravesado Macedonia; pues por Macedonia pasaré. 6 Tal vez me detenga entre
ustedes, hasta pase ahí el invierno, para
que ustedes dispongan lo necesario para
donde vaya. 7 Pues no quiero ahora verlos
sólo de paso; espero estar algún tiempo
entre ustedes, si así lo permite el Señor.
8 De todos modos, seguiré en Éfeso hasta Pentecostés; 9 porque se me ha abierto una puerta grande y prometedora, y
los enemigos son muchos.
10 Si llega Timoteo, procuren que esté
sin temor entre ustedes, pues trabaja
como yo en la obra del Señor. 11 Que
nadie lo menosprecie. Despídanlo en
paz para que vuelva a mí, que lo espero
con los hermanos. 12 En cuanto a nuestro
hermano Apolo, le he insistido mucho
para que vaya a ustedes con los hermanos; pero no tiene intención alguna de
ir ahora*. Irá cuando tenga oportunidad.
13 Velen, manténganse firmes en la fe,
sean hombres, sean fuertes. 14 Háganlo
todo con amor.
15 Les hago una recomendación, hermanos. Saben que la familia de Estéfanas
son las primicias de Acaya y se entregaron al servicio de los santos. 16 También
ustedes muéstrense deferentes con ellos
y con quienes con ellos trabajan y se afanan. 17 Estoy lleno de alegría por la visita
de Estéfanas, de Fortunato y de Acaico,
que han suplido su ausencia. 18 Ellos han
tranquilizado mi espíritu y el de ustedes.
Sepan apreciar a tales personas.
19 Las Iglesias de Asia los saludan.
Les envían muchos saludos en el Señor
Áquila y Prisca, junto con la Iglesia que
se reúne en su casa. 20 Los saludan todos
los hermanos. Salúdense los unos a los
otros con el beso santo.
21 El saludo va de mi mano*, Pablo.
22 El que no ame al Señor, ¡sea maldito! «Maran atha*.»
23 ¡La gracia del Señor Jesús sea con
ustedes!
24 Los amo a todos en Cristo Jesús.

16 1 Los cristianos de Jerusalén, Hch **9** 13+, se vieron pronto en necesidad, Hch **11** 29-30. Pablo se ocupó sin cesar de una *colecta* en su favor, viendo en ella un lazo de unidad entre la Iglesia madre, salida del judaísmo, y las comunidades por él fundadas en territorio gentil, Hch **24** 17; Rm **15** 25-28.31; 2 Co **8-9**; Ga **2** 10.

16 12 Quizás *Apolo* no quiere envalentonar con su presencia al partido que se había formado en torno a su nombre, **1** 12; **3** 4-6; **4** 6.

16 21 Como Pablo se servía de secretarios para escribir sus epístolas, Rm **16** 22, él las debía autenticar con algunas palabras de su puño y letra; Ga **6** 11; Flm 19; Col **4** 18.

16 22 *Maran atha*, palabras arameas que se habían introducido en el lenguaje litúrgico y significan: *El Señor viene.* Puede también leerse *Marana tha: ¡Señor, ven!*, Ap **22** 20. Ver Flp **4** 5+; St **5** 8; 1 P **4** 7.

SEGUNDA EPÍSTOLA A LOS CORINTIOS

Preámbulo

Destinatarios. Saludo.
Acción de gracias.

1 1 Pablo, apóstol de Jesucristo por voluntad de Dios, y Timoteo, el hermano, a la Iglesia de Dios que está en Corinto, con todos los santos que están en toda Acaya; 2 a ustedes gracia y paz de parte de Dios, Padre nuestro, y del Señor Jesucristo.

3 ¡Bendito sea el Dios y Padre de nuestro Señor Jesucristo, Padre misericordioso y Dios de toda consolación, 4 que nos consuela en toda tribulación nuestra para poder nosotros consolar a los que están en toda tribulación, mediante el consuelo con que nosotros somos consolados por Dios! 5 Pues, así como abundan en nosotros los sufrimientos de Cristo, igualmente abunda también por Cristo nuestra consolación. 6 Si somos atribulados, lo somos para consuelo y salvación de ustedes; si somos consolados, lo somos para el consuelo de ustedes, que les hace soportar con paciencia los mismos sufrimientos que también nosotros soportamos. 7 Es firme nuestra esperanza respecto de ustedes; pues sabemos que, como son solidarios con nosotros en los sufrimientos, así lo serán también en la consolación*.

8 Pues no queremos que lo ignoren, hermanos: la tribulación sufrida en Asia nos abrumó hasta el extremo, por encima de nuestras fuerzas, que perdimos la esperanza de conservar la vida. 9 Pues hemos tenido sobre nosotros mismos la sentencia de muerte, para que no pongamos nuestra confianza en nosotros mismos, sino en Dios que resucita a los muertos. 10 Él nos libró de tan mortal peligro, y nos librará; en él esperamos que nos seguirá librando, 11 si colaboran también ustedes con la oración en favor nuestro, para que la gracia obtenida por intervención de muchos sea por muchos agradecida en nuestro nombre.

I. Más sobre los anteriores incidentes

Por qué cambió Pablo el plan de su viaje.

12 El motivo de nuestro orgullo es el testimonio de nuestra conciencia, de que nos hemos conducido en el mundo, y sobre todo respecto de ustedes, con la sencillez y sinceridad que vienen de Dios, y no con la sabiduría carnal, sino con la gracia de Dios. 13 Pues no les escribimos otra cosa que lo que leen y comprenden, y espero comprenderán plenamente, 14 como ya nos han comprendido en parte, que somos nosotros el motivo de su orgullo, lo mismo que ustedes serán el nuestro en el día de nuestro Señor Jesús.

15 Con este convencimiento quería yo ir primero a ustedes a fin de procurarles una segunda gracia, 16 y pasando por ustedes ir a Macedonia y volver nuevamente de Macedonia adonde ustedes, y ser encaminado por ustedes hacia Judea. 17 Al proponerme esto, ¿obré con ligereza? O ¿se inspiraban mis proyectos en la carne, de forma que se daban en mí el *sí* y el *no**? 18 ¡Por la fidelidad de Dios!, que la palabra que les dirigimos no es *sí* y *no*.

1 7 Toda la epístola va a ocuparse de la antinomia de la que Pablo tiene experiencia en su vida de apóstol, entre la *fuerza* de Dios y la *debilidad* de su enviado, **4** 7+; **6** 4; etc.

1 17 Pablo ha modificado sus proyectos; pero no por versatilidad. Cumple la palabra porque se apoya en la fidelidad de Dios y de Cristo, Gn **24** 27+; Sal **25** 10+; Rm **3** 3-4;

19 Porque el Hijo de Dios, Cristo Jesús,
a quien les predicamos Silvano, Timoteo
y yo, no fue *sí* y *no*; en él no hubo más
que *sí*. 20 Pues todas las promesas hechas
por Dios han tenido su *sí* en él; y por
eso decimos por él «Amén» a la gloria
de Dios. 21 Es Dios el que nos conforta
juntamente con ustedes en Cristo y el
que nos ungió, 22 y el que nos marcó con
su sello* y nos dio en prenda el Espíritu
en nuestros corazones.

23 ¡Por mi vida!, testigo me es Dios de
que, si todavía no he ido a Corinto, ha
sido por miramiento a ustedes. 24 No es
que pretendamos dominar sobre su fe,
sino que contribuimos a su gozo, pues
se mantienen firmes en la fe.

2 1 En mi interior tomé la decisión de
no ir otra vez con tristeza* a ustedes.
2 Porque si yo los entristezco, ¿quién
podría alegrarme sino el que se ha entristecido por mi causa? 3 Y si les escribí
aquello, fue para no entristecerme a mi
ida, a causa de los mismos que deberían
procurarme alegría, convencido respecto
de todos ustedes de que mi alegría es la
alegría de todos ustedes. 4 Efectivamente,
les escribí en una gran aflicción y angustia de corazón, con muchas lágrimas, no
para entristecerlos, sino para que conocieran el amor desbordante que a ustedes
les tengo.

5 Pues si alguien me ha causado tristeza, no es a mí solo a quien se la ha causado; sino en cierto sentido —para no
exagerar— a todos ustedes. 6 Bastante
es para ese tal el castigo infligido por
la mayoría; 7 por lo que es mejor que le
perdonen más bien, y le animen no sea
que se hunda en una excesiva tristeza.
8 Les suplico, pues, que hagan prevale-
cer la caridad para con él. 9 Les escribí
también con la intención de probarlos
y ver si su obediencia era perfecta. 10 A
quien ustedes perdonen, también yo le
perdono. Pues lo que yo perdoné —si
algo he perdonado— fue por ustedes en
presencia de Cristo, 11 para no ser engañados por Satanás, pues no ignoramos
sus propósitos.

De Tróade a Macedonia. Digresión: el ministerio apostólico.

12 Llegué, pues, a Tróade para predicar el Evangelio de Cristo, y aun cuando
se me había abierto una gran puerta en
el Señor, 13 mi espíritu no tuvo punto
de reposo, pues no encontré a Tito, mi
hermano, y, despidiéndome de ellos, salí
para Macedonia.

14 ¡Gracias* sean dadas a Dios, que nos
asocia siempre a su triunfo en Cristo, y
por nuestro medio difunde en todas partes el olor de su conocimiento! 15 Pues
nosotros somos para Dios el buen olor
de Cristo entre los que se salvan y entre
los que se pierden: 16 para los unos, olor
de «muerte» que mata; para los otros,
olor de «vida» que vivifica. Y ¿quién es
capaz de esto? 17 Ciertamente no somos
nosotros como muchos que negocian
con la palabra de Dios. Antes bien, con
sinceridad y como de parte de Dios y
delante de Dios, hablamos en Cristo.

3 1 ¿Comenzamos de nuevo a recomendarnos? ¿O es que, como algunos, necesitamos presentarles cartas de
recomendación o pedírselas*? 2 Ustedes

1 Co **1** 9; ver Mt **5** 37; St **5** 12; Ap **3** 14.
1 22 El *sello y la unción* son dos aspectos de la consagración del cristiano, quizá el bautismo y la confirmación. El pensamiento adquiere una forma trinitaria. El don del Espíritu, Rm **5** 5+, anticipa la gloria futura, **5** 5; Rm **8** 23; Ef **1** 13-14; ver Ap **7** 4; 1 Jn **2** 20+.
2 1 Alusión a una visita de Pablo a Corinto anterior; ver **12** 14; **13** 1-2, y a una carta severa, **2** 3.4.9; **7** 8.12.
2 14 Empieza una larga apología del apostolado que se prolonga hasta **7** 4. *Triunfo:* En la victoria de Cristo resucitado Dios manifiesta su gloria como un general romano que hace su entrada triunfal en Roma y en cuyo recorrido se queman perfumes, ver vv. 15s.
3 1 Se acusa al apóstol de elogiarse a sí mismo, ver **5** 12. Pablo responde que las comunidades por él fundadas son la recomendación viva que hacen inútiles las demás

son nuestra carta, escrita en sus corazones, conocida y leída por todos los hombres. 3 Evidentemente son una carta de
Cristo, redactada por ministerio nuestro,
escrita no con tinta, sino con el Espíritu
de Dios vivo; no en tablas de piedra, sino
en tablas de carne, en los corazones.

4 Esta es la confianza que tenemos
delante de Dios por Cristo. 5 No que por
nosotros mismos seamos capaces de atri-
buirnos cosa alguna, como propia nuestra, sino que nuestra capacidad viene de
Dios, 6 el cual nos capacitó para ser ministros de una nueva alianza, no de la letra,
sino del Espíritu, pues la letra mata mas
el Espíritu da vida*. 7 Que si el ministerio
de la muerte, grabado con letras sobre
tablas de piedra, resultó glorioso hasta el
punto de no poder los hijos de Israel fijar
su vista en el rostro de Moisés a causa del
resplandor de su rostro, aunque pasajero,
8 ¡cuánto más glorioso no será el ministerio del Espíritu! 9 Pues si el ministerio de
la condenación fue glorioso, con mucha
más razón lo será el ministerio de la justicia. 10 Pues en este aspecto, lo que era
glorioso ya no lo es, en comparación de
esta gloria supereminente. 11 Y, si aquello,
que era pasajero, fue glorioso, ¡cuánto
más glorioso será lo permanente!

12 Teniendo, pues, esta esperanza,
procedemos con toda franqueza, 13 y no
como Moisés, que se ponía un velo sobre
su rostro para impedir que los israelitas
vieran el fin de lo que era pasajero*...
14 Pero se embotaron sus inteligencias.
En efecto, hasta el día de hoy permanece
ese mismo velo en la lectura del Antiguo
Testamento, y no se levanta, pues sólo
en Cristo desaparece. 15 Hasta el día de
hoy, siempre que se lee a Moisés, un velo está puesto sobre sus corazones. 16 Y
cuando se convierta al Señor, caerá el
velo. 17 Porque el Señor es el Espíritu, y
donde está el Espíritu del Señor, allí está
la libertad. 18 Mas todos nosotros, que con
el rostro descubierto reflejamos como en
un espejo la gloria del Señor, nos vamos
transformando en esa misma imagen cada vez más gloriosos: así es como actúa
el Señor, que es Espíritu*.

4 1 Por esto, misericordiosamente investidos de este ministerio, no desfallecemos. 2 Antes bien, hemos repudiado
el silencio vergonzoso no procediendo
con astucia, ni falseando la palabra de
Dios; al contrario, mediante la manifestación de la verdad nos recomendamos
a toda conciencia humana delante de
Dios. 3 Y si todavía nuestro Evangelio está velado, lo está para los que se pierden,
4 para los incrédulos, cuyo entendimiento
cegó el dios de este mundo* para impedir que vean el resplandor del glorioso
Evangelio de Cristo, que es imagen de
Dios. 5 No nos predicamos a nosotros
mismos, sino a Cristo Jesús como Señor,
y a nosotros como siervos de ustedes por
Jesús. 6 Pues el mismo Dios que dijo: *Del*
*seno de las tinieblas brille la luz**, la
ha hecho brillar en nuestros corazones,
para iluminarnos con el conocimiento
de la gloria de Dios que está en el rostro
de Cristo.

Tribulaciones y esperanzas del ministerio.

7 Pero llevamos este tesoro en recipientes de barro para que aparezca que

cartas. Alusiones a Ex **24** 12; Ez **11** 19; **36** 26-27+.

3 6 Ver Jr **31** 31+; Mt **26** 28p; 1 Co **11** 25; Hb **8-10**. Con alusiones bastantes libres a Ex **32** 16; **34** 30-35, Pablo pone el ministerio de los Apóstoles, servicio del Espíritu, por encima del de Moisés, Nm **12** 8+. -La *letra* de la Ley, comparada con la ley del Espíritu.

3 13 Interpretación posible del texto oscuro de Ex **34** 33-35.

3 18 El apóstol y el cristiano reflejan la gloria de Dios que se ha hecho perceptible en Cristo, **4** 4-6; Ex **23** 20+; Jn **1** 18+. Así se hacen semejantes a Dios. Ver Rm **8** 29-30+; etc.

4 4 El *dios de este mundo*: El genitivo es explicativo del contenido, «su dios», es decir «este mundo»; ver Flp **3** 19.

4 6 Alusión a Gn **1** 3.

una fuerza tan extraordinaria es de Dios
y no de nosotros*. 8 Apretados en todo,
mas no aplastados; apurados, mas no desesperados; 9 perseguidos, mas no abandonados; derribados, mas no aniquilados.
10 Llevamos siempre en nuestros cuerpos
por todas partes la muerte de Jesús, a fin
de que también la vida de Jesús* se manifieste en nuestro cuerpo. 11 Pues, aunque
vivimos, nos vemos continuamente entregados a la muerte por causa de Jesús,
a fin de que también la vida de Jesús se
manifieste en nuestra carne mortal. 12 De
modo que la muerte actúa en nosotros,
mas en ustedes la vida.

13 Pero teniendo aquel espíritu de fe
conforme a lo que está escrito: *Creí, por
eso hablé**, también nosotros creemos,
y por eso hablamos, 14 sabiendo que
quien resucitó al Señor Jesús, también
nos resucitará con Jesús y nos presentará ante él juntamente con ustedes.
15 Y todo esto, para su bien a fin de que
cuantos más reciban la gracia, mayor sea
el agradecimiento, para gloria de Dios.

16 Por eso no desfallecemos. Aun
cuando nuestro hombre exterior se va
desmoronando, el hombre interior se va
renovando de día en día. 17 En efecto,
la leve tribulación de un momento nos
procura, sobre toda medida, un pesado
caudal de gloria eterna, 18 a cuantos no
ponemos nuestros ojos en las cosas visibles, sino en las invisibles; pues las cosas
visibles son pasajeras, mas las invisibles
son eternas.

5 1 Porque sabemos que si esta tienda,
que es nuestra morada terrestre, se
desmorona, tenemos un edificio que es
de Dios: una morada eterna, no hecha
por mano humana, que está en los cielos.
2 Y así suspiramos en este estado, deseando ardientemente ser revestidos de
nuestra habitación celeste, 3 si es que nos
encontramos vestidos, y no desnudos*.
4 Los que estamos en esta tienda suspiramos abrumados. No es que queramos ser
desvestidos, sino más bien sobrevestidos,
para que lo mortal sea absorbido por la
vida. 5 Y el que nos ha destinado a eso
es Dios, el cual nos ha dado en prenda
el Espíritu.

6 Así pues, siempre llenos de buen ánimo, sabiendo que, mientras habitamos en
el cuerpo, vivimos desterrados lejos del
Señor, 7 pues caminamos en fe y no en
visión... 8 Estamos, pues, llenos de buen
ánimo y preferimos salir de este cuerpo
para vivir con el Señor*. 9 Por eso, bien
en nuestro cuerpo, bien fuera de él, nos
afanamos por agradarle. 10 Porque es
necesario que todos nosotros comparezcamos ante el tribunal de Cristo, para que
cada cual reciba conforme a lo que hizo
durante su vida mortal, el bien o el mal.

El ejercicio del ministerio apostólico.

11 Por tanto, conociendo el temor del
Señor, tratamos de persuadir a los hombres, pues ante Dios estamos al descubierto, como espero que ante sus conciencias también estemos al descubierto.
12 No volvemos a recomendarnos ante
ustedes; solamente queremos darles ocasión para gloriarse de nosotros y así tengan de qué responder a los que se glorían

4 7 Habiendo recordado la nobleza de su misión, Pablo llega a verla hasta en la fragilidad de los instrumentos, escogidos por Dios. La debilidad del apóstol demuestra que es Dios quien realiza su obra, vv. 8-12; **6** 4-10; **10** 1; **11** 23-33; **12** 9-10; etc. Ver también Sb **9** 15; 1 Co **4** 13+; Ef **3** 20; Flp **4** 13; Col **1** 29; 1 Ts **1** 5; etc.

4 10 Para Pablo el nombre de «Jesús», a solas, evoca la humillación de Cristo en su existencia terrestre. Y la «vida» evoca la perfección de su humanidad.

4 13 Cita de Sal **116** 10.

5 3 Pablo confía ser digno de la vida eterna. Así como la desnudez connota el pecado y el castigo, Is **20** 2-4; **47** 3; Ez **16** 35-39; **23** 25-29; Ap **3** 18, el vestido simboliza la justicia, Mt **22** 11; Ga **3** 27.

5 8 Aquí y en Flp **1** 23, Pablo piensa en una reunión del cristiano con Cristo inmediatamente después de la muerte individual. Esto no contradice la doctrina bíblica de la resurrección final, v. 10; Rm **2** 6+; 1 Co **15** 44+.

de lo exterior, y no de lo que está en el
corazón. 13 En efecto, si hemos perdido el
juicio, ha sido por Dios; y si somos sensatos, lo es por ustedes. 14 Porque el amor
de Cristo nos apremia al pensar que, si
uno murió por todos, todos por tanto
murieron. 15 Y murió por todos, para que
ya no vivan para sí los que viven, sino
para aquel que murió y resucitó por ellos.
16 Así que, en adelante, ya no conocemos a nadie según la carne. Y si conocimos a Cristo según la carne*, ya no le
conocemos así. 17 Por tanto, el que está
en Cristo, es una nueva creación; pasó lo
viejo, todo es nuevo*. 18 Y todo proviene
de Dios, que nos reconcilió consigo por
Cristo y nos confió el ministerio de la
reconciliación. 19 Porque en Cristo estaba
Dios reconciliando al mundo consigo, no
tomando en cuenta las transgresiones de
los hombres, sino poniendo en nosotros
la palabra de la reconciliación. 20 Somos,
pues, embajadores de Cristo, como si
Dios exhortara por medio de nosotros.
En nombre de Cristo les suplicamos:
¡reconcíliense con Dios! 21 A quien no
conoció pecado, le hizo pecado* por nosotros, para que viniéramos a ser justicia
de Dios en él.

6 1 Y como cooperadores suyos que
somos, los exhortamos a que no
reciban en vano la gracia de Dios.
2 Pues dice él: *En el tiempo favorable
te escuché, y en el día de salvación te
ayudé.* Miren ahora el momento favorable; miren ahora el día de salvación*. 3 A
nadie damos ocasión alguna de tropiezo,
para que no se haga burla del ministerio,
4 antes bien, nos recomendamos en todo
como ministros de Dios*: con mucha
constancia en tribulaciones, necesidades,
angustias; 5 en azotes, cárceles, sedicio-
nes; en fatigas, desvelos, ayunos; 6 con
pureza, ciencia, paciencia, bondad; con
el Espíritu Santo, con caridad sincera,
7 con palabras verdaderas, con el poder
de Dios; con las armas de la justicia: a
diestra y siniestra; 8 en gloria e ignominia, en calumnia y en buena fama;
tenidos por impostores, siendo veraces;
9 como desconocidos, aunque bien conocidos; como moribundos, pero vivos;
como castigados, aunque no condenados
a muerte; 10 como tristes, pero siempre
alegres; como pobres, aunque enrique-
cemos a muchos; como quienes nada
tienen, aunque todo lo poseemos.

Desahogos y advertencias.

11 ¡Corintios!, les hemos hablado con
toda franqueza; nuestro corazón está
abierto de par en par. 12 No está cerrado
nuestro corazón para ustedes; los suyos
sí que lo están. 13 Correspóndannos; les
hablo como a hijos; ábranse también ustedes.
14 ¡No se junten en yugo desigual con
los infieles*! Pues ¿qué relación hay entre la justicia y la iniquidad? ¿Qué unión
entre la luz y las tinieblas? 15 ¿Qué armonía entre Cristo y Beliar? ¿Qué comunicación entre el fiel y el infiel? 16 ¿Qué
conformidad entre el templo de Dios y
el de los ídolos? Porque nosotros somos
templo de Dios vivo*, como dijo Dios:
Habitaré en medio de ellos y caminaré

5 16 Pablo contrapone su conocimiento actual de Cristo al que tenía cuando perseguía a la Iglesia.

5 17 Dios restaura en Cristo el mundo desordenado por el pecado, Ga **6** 15; Col **1** 15-20+. En el centro de la nueva creación, ver Ap **21**+, se encuentra el hombre nuevo, Ef **2** 15; **4** 24+; Col **3** 10; ver Rm **6** 4+; **8** 29+.

5 21 Dios ha como identificado el pecado con Cristo, haciendo pesar sobre él el castigo inherente al pecado, para librarnos de él, Rm **8** 3; Ga **3** 13+; 1 P **2** 24.

6 2 Cita de Is **49** 8. -El *día de la salvación* es el tiempo que transcurre, Rm **3** 26+; **13** 11+, entre la venida de Cristo a la tierra, Ga **4** 4+, y su ansiada vuelta, 1 Co **1** 8+.

6 4 Ver **4** 8-10; **11** 23-27; 1 Co **4** 9-13. Esta nueva relación de pruebas en el ministerio termina con acentos de triunfo, vv. 6-10.

6 14 Pablo designa con este calificativo, *infieles*, a aquellos corintios cuya conducta contradecía a su fe. A pesar de ser creyentes, se hallaban mezclados con algunos cultos paganos, 1 Co **8** 10; **10** 20. Ver Pr **9**+.

6 16 El Dios vivo habita en el corazón de los fieles, 1 Co **3** 16+, y en la Iglesia, 1 Tm

entre ellos; yo seré su Dios y ellos serán
mi pueblo. 17 Por tanto, *salgan de entre*
ellos y apártense, dice el Señor. *No*
toquen cosa impura, y yo los acogeré.
18 *Yo seré* para ustedes *un padre, y* ustedes serán *para mí hijos* e hijas, *dice el*
Señor todopoderoso.

7 1 Teniendo, pues, estas promesas,
queridos míos, purifiquémonos de
toda mancha de la carne y del espíritu,
consumando la santificación en el temor
de Dios.
2 Hágannos un lugar en sus corazones.
A nadie hemos ofendido; a nadie hemos
arruinado; a nadie hemos explotado.
3 No les digo esto con ánimo de conde-
narlos. Pues acabo de decirles que en vida y muerte están unidos en mi corazón.
4 Tengo franqueza para hablarles; estoy
muy orgulloso de ustedes. Estoy lleno de
consuelo y sobreabundo de gozo en todas nuestras tribulaciones.

Pablo en Macedonia, donde le encuentra Tito.

5 Efectivamente, al llegar nosotros a
Macedonia, no tuvo sosiego nuestra carne*, sino toda suerte de tribulaciones:
por fuera, luchas; por dentro, temores.
6 Pero el Dios que consuela a los abatidos, nos consoló con la llegada de Tito,
7 y no sólo con su llegada, sino también
con el consuelo que le habían proporcionado, comunicándonos su nostalgia, su
pesar, su afán por mí, hasta el punto de
colmarme de alegría.
8 Porque si los entristecí con mi carta,
no me pesa. Y si me pesó —pues veo
que aquella carta los entristeció, aunque
no fuera más que por un momento—
9 ahora me alegro. No por haberlos
entristecido, sino porque aquella tristeza
los movió a arrepentimiento. Pues se entristecieron según Dios, de manera que
de nuestra parte no han sufrido perjuicio
alguno. 10 En efecto, la tristeza según Dios
produce un irreversible arrepentimiento
para la salvación; mas la tristeza del
mundo produce la muerte. 11 Miren qué
ha producido entre ustedes esa tristeza
según Dios: ¡qué interés, qué disculpas,
qué enojo, qué temor, qué nostalgia,
qué afán, qué escarmiento! En todo han
mostrado que eran inocentes en este
asunto. 12 Así pues, si les escribí no fue
a causa del que injurió, ni del que recibió
la injuria. Fue para que se pusiera de
manifiesto entre ustedes ante Dios su
interés por nosotros. 13 Eso es lo que nos
ha consolado.
Y mucho más que por este consuelo,
nos hemos alegrado por el gozo de Tito,
cuyo espíritu fue tranquilizado por todos
ustedes. 14 Y si en algo me he gloriado de
ustedes ante él, no he quedado avergonzado. Antes bien, así como les hemos
dicho siempre la verdad, así también el
motivo de nuestra gloria ante Tito ha resultado verdadero. 15 Y su cariño por ustedes ha crecido al recordar la obediencia de todos ustedes y cómo lo acogieron
con piadosa reverencia. 16 Me alegro de
poder confiar totalmente en ustedes.

*II. Organización de la colecta**

Motivos de generosidad.

8 1 Les damos a conocer, hermanos,
la gracia que Dios ha otorgado a las
Iglesias de Macedonia. 2 Pues, aunque
probados por muchas tribulaciones, han
rebosado de alegría y su extrema pobreza ha desbordado en tesoros de generosidad. 3 Porque atestiguo que según sus
posibilidades, y aun sobre sus posibilidades, espontáneamente 4 nos pedían con
mucha insistencia la gracia de participar

3 15; Ef **2** 19-22. La cita combina Ex **6** 7+; Lv **26** 11-12 (ver Ez **37** 27); Is **52** 11; Jr **51** 45; 2 S **7** 14; Is **43** 6.

7 5 *Nuestra carne*, la persona de Pablo, considerada en la debilidad de su condición, ver Rm **7** 5+.

8 Sobre esta *colecta*, ver 1 Co **16** 1+.

en este servicio en bien de los santos. [5] Y
superando nuestras esperanzas, se entregaron a sí mismos, primero al Señor,
y luego a nosotros, por voluntad de Dios,
[6] de forma que rogamos a Tito llevara a
buen término entre ustedes esta generosidad, tal como la había comenzado.
[7] Y del mismo modo que sobresalen
en todo: en fe, en palabra, en ciencia,
en todo interés y en la caridad que les
hemos comunicado, sobresalgan también
en esta generosidad. [8] No es una orden;
sólo quiero, mediante el interés por los
demás, probar la sinceridad de su caridad.
[9] Pues conocen la generosidad de nuestro
Señor Jesucristo, el cual, siendo rico, por
ustedes se hizo pobre a fin de enriquecer-
los con su pobreza*. [10] Les doy un consejo
sobre el particular que les viene bien a
ustedes: ya que desde el año pasado han
sido los primeros no sólo en hacer la
colecta, sino también en tomar la iniciativa, [11] ahora llévenla también a cabo, de
forma que a su prontitud en la iniciativa
corresponda la realización conforme a
sus posibilidades. [12] Pues cuando hay buena voluntad, es bien acogida por lo que se
tiene, no por lo que no se tiene. [13] No se
trata de que pasen apuros para que otros
tengan abundancia, sino de procurar la
igualdad. [14] Al presente, la abundancia de
ustedes remedia su necesidad, para que
la abundancia de ellos pueda remediar
también la necesidad de ustedes y reine
la igualdad, [15] como dice la Escritura: *El
que mucho recogió, no tuvo de más; y
el que poco, no tuvo de menos**.

Recomendación de los delegados.

[16] ¡Gracias sean dadas a Dios, que pone
en el corazón de Tito el mismo interés por
ustedes!, [17] pues aceptó mi ruego y, más
solícito que nunca, por propia iniciativa,
fue hacia ustedes. [18] Con él enviamos al
hermano, cuyo renombre a causa del
Evangelio se ha extendido por todas las
Iglesias. [19] Y no sólo eso, sino que fue designado por elección de todas las Iglesias
como compañero nuestro de viaje en
esta colecta que administramos para la
gloria del mismo Señor, y por iniciativa
nuestra. [20] Así evitaremos todo motivo
de reproche por esta abundante suma
que administramos; [21] pues *procuramos
el bien* no sólo *delante del Señor* sino *también delante de los hombres**.
[22] Con ellos les enviamos también al hermano nuestro, cuya solicitud tenemos ya
comprobada muchas veces y de muchas
maneras; solicitud aún mayor ahora por
la gran confianza que tiene en ustedes.
[23] En cuanto a Tito, es compañero y
colaborador mío entre ustedes; en cuanto a los demás hermanos, son los delegados de las Iglesias: la gloria de Cristo.
[24] Muestren, pues, ante el rostro de las
Iglesias, su caridad y la verdad de nuestro
orgullo respecto de ustedes.

9 [1] En cuanto a este servicio en favor
de los santos, me es superfluo escribirles. [2] Conozco, en efecto, su prontitud
de ánimo, de la que me glorío ante los
macedonios diciéndoles que Acaya está
preparada desde el año pasado, y su celo
ha estimulado a muchísimos. [3] No obstante, les envío a los hermanos para que
nuestro motivo de gloria respecto de ustedes no se desvanezca en este particular
y estén preparados como les decía. [4] No
sea que vayan los macedonios conmigo
y los encuentren sin prepararse, y nuestra gran confianza se torne en confusión
nuestra, por no decir de ustedes. [5] Por
tanto, he creído necesario rogar a los
hermanos que vayan antes hacia ustedes
y preparen de antemano sus ya anuncia-

8 9 Cristo se hizo «pobre» aceptando el radical empobrecimiento de una muerte degradante en la que fue despojado de todo. Su «riqueza» es su comunión con el Padre. -La motivación de los comportamientos cristianos es el ejemplo de Cristo: Rm **14** 8; Ef **5** 1.25; Flp **2** 5-7; etc. Ver también Mt **8** 20+; 2 Ts **3** 7.

8 15 Cita de Ex **16** 18.

8 21 Ver Pr **3** 4 (LXX); Rm **12** 17.

dos dones, a fin de que sean preparados
como dones generosos y no como una
tacañería.

Beneficios que han de resultar de la colecta.

6 Miren: el que siembra con tacañería,
cosechará también con tacañería; el
que siembra en abundancia, cosechará
también en abundancia. 7 Cada cual dé
según el dictamen de su corazón, no de
mala gana ni forzado, pues: *Dios ama
al que da con alegría**. 8 Y poderoso
es Dios para colmarlos de toda gracia a
fin de que teniendo, siempre y en todo,
lo necesario, tengan aún sobrante para
toda obra buena, 9 como está escrito:
*Repartió; dio a los pobres; su justicia
permanece eternamente**.
10 Aquel que provee *de simiente al
sembrador y de pan para su alimento,*
proveerá y multiplicará su sementera y
aumentará *los frutos de su justicia**.
11 Así serán ricos para toda generosidad,
la cual provocará por nuestro medio acciones de gracias a Dios. 12 Porque la
prestación de este servicio no sólo provee
a las necesidades de los santos, sino que
redunda también en abundantes acciones
de gracias a Dios. 13 Experimentando el
valor de este servicio, glorificarán a Dios
por su obediencia y la confesión de fe
en el Evangelio de Cristo y por la generosidad de su comunión con ellos y con
todos. 14 Y con su oración por ustedes,
manifestarán su afecto hacia ustedes a
causa de la gracia sobreabundante que en
ustedes ha derramado Dios. 15 ¡Gracias
sean dadas a Dios por su don inefable*!

*III. Apología de Pablo**

Respuesta a la acusación de debilidad.

10 1 Soy yo, Pablo en persona,
quien les suplica por la mansedumbre y la benignidad de Cristo, yo
tan humilde cara a cara entre ustedes,
y tan atrevido con ustedes desde lejos.
2 Les ruego que no tenga que mostrar-
me atrevido en presencia suya, con esa
audacia con que pienso atreverme contra algunos que consideran procedemos
según la carne. 3 Pues aunque vivimos en
la carne no combatimos según la carne.
4 ¡No!, las armas de nuestro combate no
son carnales, antes bien, para la causa
de Dios, son capaces de arrasar fortalezas. Deshacemos sofismas 5 y cualquier
baluarte levantado contra el conocimiento de Dios y reducimos a cautiverio todo
entendimiento sometiéndolo a Cristo.
6 Y estamos dispuestos a castigar toda
desobediencia cuando su obediencia sea
perfecta.
7 ¡Miren las cosas cara a cara! Si alguien cree ser de Cristo, considere una
vez más dentro de sí mismo esto: si él es
de Cristo, también lo somos nosotros.
8 Y aun cuando me gloriara, excedién-
dome algo, en ese poder nuestro que el
Señor nos dio para edificación de ustedes y no para ruina, no me avergonzaría.
9 Pues no quiero aparecer como que los
atemorizo con mis cartas. 10 Porque se
dice que las cartas son severas y fuertes,
mientras que la presencia del cuerpo es
pobre y la palabra despreciable. 11 Piense
ese tal que lo que somos a distancia y de
palabra por carta, lo seremos también en
presencia y actuando.

9 7 Ver Pr **11** 24-25; **19** 17; **22** 8 (LXX).

9 9 Cita de Sal **112** 9.

9 10 Ver Is **55** 10; Os **10** 12.

9 15 La manifestación del amor mutuo entre las comunidades.

10 El brusco cambio de tema y de tono denota el comienzo de lo que fue originalmente una carta independiente, en defensa de su ministerio. Ver **4** 7+.

Respuesta a la acusación de ambición.

12 Ciertamente no nos atrevemos a igualarnos ni compararnos a algunos que se recomiendan a sí mismos. Midiéndose a sí mismos según su opinión y comparándose consigo mismos, obran sin sentido. 13 Nosotros, en cambio, no nos gloriaremos desmesuradamente; sino según la norma que Dios mismo nos ha asignado como medida al hacernos llegar también hasta ustedes. 14 Porque no traspasamos los límites debidos, como sería si no hubiéramos llegado hasta ustedes; hasta ustedes hemos llegado con el Evangelio de Cristo. 15 No nos gloriamos desmesuradamente a costa de los trabajos de los demás; sino que esperamos, mediante el progreso de su fe, engrandecernos cada vez más en ustedes conforme a nuestra norma, 16 extendiendo el Evangelio más allá de ustedes en lugar de gloriarnos en territorio ajeno por trabajos ya realizados. 17 *El que se gloríe, gloríese en el Señor**. 18 Que no es aprobado el que a sí mismo se recomienda, sino aquel a quien el Señor recomienda.

Pablo obligado a elogiarse a sí mismo.

11 1 ¡Ojalá pudieran soportar un poco mi locura! ¡Sí que me la soportan! 2 Celoso estoy de ustedes con celos de Dios, pues los tengo desposados con un solo esposo para presentarlos cual casta virgen a Cristo*. 3 Pero temo que, al igual que la serpiente engañó a Eva con su astucia, se perviertan sus mentes apartándose de la sinceridad con Cristo. 4 Pues, cualquiera que se presente predicando otro Jesús* del que les prediqué, y les proponga recibir un espíritu diferente del que recibieron, y un evangelio diferente del que han abrazado ¡lo toleran tan tranquilos! 5 Sin embargo, no me juzgo en nada inferior a esos «superapóstoles*». 6 Pues si carezco de elocuencia, no así de ciencia; que en todo y en presencia de todos se lo hemos demostrado.

7 ¿Acaso tendré yo culpa porque me abajé a mí mismo para ensalzarlos a ustedes anunciándoles gratuitamente el Evangelio de Dios? 8 A otras Iglesias despojé, recibiendo de ellas con qué vivir para servirles. 9 Y estando entre ustedes y necesitado, no fui gravoso a nadie; fueron los hermanos llegados de Macedonia los que remediaron mi necesidad. Siempre evité el serles gravoso, y lo seguiré evitando. 10 ¡Por la verdad de Cristo que está en mí!, que esta gloria no me será arrebatada en las regiones de Acaya. 11 ¿Por qué? ¿Porque no los amo? ¡Dios lo sabe!

12 Y lo que hago, continuaré haciéndolo para quitar todo pretexto a los que lo buscan con el fin de ser iguales a nosotros en lo que se glorían*. 13 Porque esos tales son unos falsos apóstoles, unos trabajadores engañosos, que se disfrazan de apóstoles de Cristo. 14 Y nada tiene de extraño: que el mismo Satanás se disfraza de ángel de luz. 15 Por tanto, no es mucho que sus ministros se disfracen también de ministros de justicia. Pero su fin será conforme a sus obras.

16 Digo una vez más que nadie me tome por necio; pero, aunque sea como necio, permítanme que también me gloríe yo un poco. 17 Lo que les voy a decir,

10 17 Cita libre de Jr **9** 22-23; ver 1 Co **1** 31.

11 2 Pablo demuestra para con la Iglesia de Corinto un amor *celoso análogo al de Yahvé para con Israel*, Dt **4** 24+; Os **1** 2+; Ef **5** 23-33+; Ap **21** 2+. El temor de ver a los cristianos seducidos por los falsos apóstoles, v. 13, le lleva a hacer su propio elogio. Varios detalles autobiográficos de **11** 23-**12** 10 no los conocemos por otro conducto.

11 4 La palabra *Jesús*, a solas, alude en Pablo a la existencia terrestre de Cristo, pero comporta también el matiz específico de humillación y de sufrimiento, que culminan en la cruz.

11 5 *Superapóstoles*, ver **12** 11. Son *falsos apóstoles,* **11** 13. Ciertamente no se trata de los Doce cuya autoridad Pablo reconoce, Ga **1** 18; **2** 9.

11 12 Desinterés que sus enemigos jamás se atreverán a apropiarse. Ver Hch **18** 3+.

no lo diré según el Señor, sino como en un acceso de locura, seguro de tener algo de qué gloriarme. 18 Ya que tantos otros se glorían según la carne, también yo me voy a gloriar. 19 Gustosos soportan a los necios, ¡ustedes que son sensatos! 20 Soportan que los esclavicen, que los devoren, que les roben, que se engrían, que los abofeteen. 21 Para vergüenza suya lo digo; ¡nos hemos mostrado débiles...!

En cualquier cosa en que alguien presuma —es una locura lo que digo— también presumo yo*. 22 ¿Que son hebreos? También yo lo soy. ¿Que son israelitas? ¡También yo! ¿Son descendencia de Abrahán? ¡También yo! 23 ¿Ministros de Cristo? —¡Digo una locura!— ¡Yo más que ellos! Más en trabajos; más en cárceles; muchísimo más en azotes; en peligros de muerte, muchas veces. 24 Cinco veces recibí de los judíos los cuarenta azotes menos uno. 25 Tres veces fui azotado con varas; una vez lapidado; tres veces naufragué; un día y una noche pasé en alta mar. 26 Viajes frecuentes; peligros de ríos; peligros de salteadores; peligros de los de mi raza; peligros de los gentiles; peligros en ciudad; peligros en despoblado; peligros por mar; peligros entre falsos hermanos; 27 trabajos y fatigas; noches sin dormir, muchas veces; hambre y sed; muchos días sin comer; frío y desnudez. 28 Y aparte de otras cosas, mi responsabilidad diaria: la preocupación por todas las Iglesias. 29 ¿Quién desfallece sin que desfallezca yo? ¿Quién sufre escándalo sin que yo tenga fiebre?

30 Si hay que gloriarse, en mi flaqueza me gloriaré. 31 El Dios, Padre del Señor Jesús, ¡bendito sea por todos los siglos!, sabe que no miento. 32 En Damasco, el etnarca del rey Aretas tenía puesta guardia en la ciudad de los damascenos con el fin de prenderme. 33 Por una ventana y en una canasta fui descolgado muro abajo. Así escapé de sus manos.

12 1 ¿Que hay que gloriarse? —aunque no trae ninguna utilidad—; pues vendré a las visiones y revelaciones del Señor. 2 Sé de un hombre en Cristo, el cual hace catorce años —si en el cuerpo o fuera del cuerpo no lo sé, Dios lo sabe— fue arrebatado hasta el tercer cielo. 3 Y sé que este hombre —en el cuerpo o fuera del cuerpo no lo sé, Dios lo sabe— 4 fue arrebatado al paraíso y oyó palabras inefables que el hombre no puede pronunciar. 5 De ese tal me gloriaré; pero en cuanto a mí, sólo me gloriaré en mis flaquezas. 6 Si pretendiera gloriarme no haría el necio, diría la verdad. Pero me abstengo de ello. No sea que alguien se forme de mí una idea superior a lo que en mí ve u oye de mí.

7 Y por eso, para que no me engría con la sublimidad de esas revelaciones, me fue dado un aguijón a mi carne*, un ángel de Satanás que me abofetea para que no me engría. 8 Por este motivo tres veces rogué al Señor que se alejase de mí. 9 Pero él me dijo: «Mi gracia te basta, que mi fuerza se realiza en la flaqueza». Por tanto, con sumo gusto seguiré gloriándome sobre todo en mis flaquezas, para que habite en mí la fuerza de Cristo. 10 Por eso me complazco en mis flaquezas, en las injurias, en las necesidades, en las persecuciones y las angustias sufridas por Cristo; pues, cuando soy débil, entonces es cuando soy fuerte*.

11 ¡Véanme aquí hecho un necio! Ustedes me han obligado. Pues ustedes debían recomendarme, porque en nada he sido inferior a esos «superapóstoles», aunque nada soy. 12 Las características del apóstol se vieron cumplidas entre ustedes: paciencia perfecta en los sufrimientos, signos, prodigios y milagros. 13 Pues ¿en qué han sido inferiores a las demás Iglesias, excepto en no haberles sido yo gravoso? ¡Perdónenme este agravio! 14 Miren, es la tercera vez que

11 21 Pablo en diversas ocasiones vuelve sobre su pasado de auténtico judío: Rm **11** 1; Ga **1** 13-14; Flp **3** 3-6+; ver Hch **22** 3s; **26** 4-5.

12 7 *Aguijón*, quizá una enfermedad de ataques agudos e imprevisibles; quizá la resistencia de Israel a la fe cristiana, ver Rm **9** 8.

12 10 Ver **4** 7+; 1 Co **1** 26-**2** 5.

estoy a punto de ir a ustedes, y no les seré gravoso, pues no busco sus cosas sino a ustedes. Efectivamente, no corresponde a los hijos ahorrar para los padres, sino a los padres ahorrar para los hijos. [15] Por mi parte, muy gustosamente gastaré y me desgastaré por sus almas. Amándolos más ¿seré yo menos amado?

[16] Es verdad, en nada les fui gravoso; pero en mi astucia, los he cazado con trampa. [17] ¿Acaso los exploté por alguno de los que les envié? [18] Supliqué a Tito y mandé con él al hermano. ¿Los ha explotado acaso Tito? ¿No hemos obrado según el mismo espíritu? ¿No hemos seguido las mismas huellas?

Aprensiones e inquietudes de Pablo*.

[19] Hace tiempo están pensando que nos estamos justificando delante de ustedes. Delante de Dios, en Cristo, estamos hablando. Y todo esto, queridos míos, para edificación de ustedes. [20] En efecto, temo que a mi llegada no los encuentre como yo querría; ni me encuentren como querrían: que haya discordias, envidias, iras, ambiciones, calumnias, murmuraciones, insolencias, desórdenes. [21] Temo que en mi próxima visita el Señor me humille por causa de ustedes y tenga que llorar por muchos que anteriormente pecaron y no se convirtieron de sus actos de impureza, fornicación y libertinaje.

13 [1] Por tercera vez voy a ustedes. *Por la palabra de dos o tres testigos se resolverá todo asunto**. [2] Ya lo tengo dicho a los que anteriormente pecaron y a todos los demás, y vuelvo a decirlo ahora que estoy ausente, lo mismo que la segunda vez estando presente: si vuelvo otra vez, obraré sin miramientos, [3] ya que quieren una prueba de que habla en mí Cristo, el cual no es débil para con ustedes, sino poderoso entre ustedes. [4] Pues, ciertamente, fue crucificado en razón de su flaqueza, pero está vivo por la fuerza de Dios. Así también nosotros: somos débiles en él, pero viviremos con él por la fuerza de Dios sobre ustedes.

[5] Examínense ustedes mismos si se mantienen en la fe. Pónganse a prueba a ustedes mismos. ¿No reconocen que Jesucristo está en ustedes? ¡A no ser que se encuentren ya reprobados! [6] Espero que reconocerán que nosotros no estamos reprobados. [7] Rogamos a Dios que no hagan mal alguno. No para que nosotros aparezcamos aprobados, sino para que obren el bien, aun cuando quedáramos nosotros reprobados. [8] Pues nada podemos contra la verdad, sino sólo a favor de la verdad. [9] Ciertamente, nos alegramos cuando somos nosotros débiles y ustedes fuertes. Lo que pedimos en la oración es su perfeccionamiento. [10] Por eso les escribo esto ausente, para que, presente, no tenga que obrar con severidad conforme al poder que me otorgó el Señor para edificar y no para destruir.

12 19 Avisos relacionados con la visita proyectada.

13 1 En el judaísmo palestinense, Dt **19** 15, se interpretaba en el sentido de que a los delincuentes había que amonestarles dos o tres veces antes de infligirles el castigo. Ver Mt **18** 16; 1 Tm **5** 19.

Conclusión

Recomendaciones. Saludo final.

[11] Por lo demás, hermanos, alégrense; sean perfectos; anímense; tengan un mismo sentir; vivan en paz, y el Dios del amor y de la paz estará con ustedes.
[12] Salúdense mutuamente con el beso* santo. Todos los santos los saludan.
[13] La gracia del Señor Jesucristo, el amor de Dios y la comunión del Espíritu Santo sean con todos ustedes*.

13 12 Se trata del beso litúrgico, símbolo de la fraternidad cristiana, Rm **16** 16; 1 Co **16** 20; 1 Ts **5** 26.

13 13 Augurio *trinitario* que quizá se utilizaba en la liturgia primitiva, ver Mt **28** 19. En muchos pasajes de las epístolas, las tres Personas se muestran en acción, de forma diversa según los contextos; véanse en particular Rm **1** 4; **15** 16.30; 1 Co **6** 11; **12** 4-6; Ef **1** 3-14; **4** 4-6; 2 Ts **2** 13-14. Ver también Mt **28** 19; 1 P **1** 2; **3** 18; 1 Jn **4** 2; Judas 20-21; Ap **1** 4-5; etc.

EPÍSTOLA A LOS GÁLATAS

Saludo.

1 1 Pablo, apóstol*, no de parte de los
hombres ni por mediación de hombre alguno, sino por Jesucristo y Dios
Padre, que lo resucitó de entre los muertos, 2 y todos los hermanos que conmigo
están, a las Iglesias de Galacia. 3 Gracia
a ustedes y paz de parte de Dios, nuestro Padre, y del Señor Jesucristo, 4 que
se entregó a sí mismo por nuestros
pecados, para librarnos de este mundo
perverso*, según la voluntad de nuestro
Dios y Padre, 5 a quien sea la gloria por
los siglos de los siglos. Amén.

Amonestación.

6 Me maravillo de que tan pronto hayan abandonado al que los llamó por la
gracia de Cristo, para abrazar otro evangelio 7 —no que sea otro, sino que hay
algunos que los están turbando y quieren
deformar el Evangelio de Cristo—. 8 Pero aun cuando nosotros mismos o un
ángel del cielo les anunciara un evangelio distinto del que les hemos anunciado,
¡sea maldito! 9 Como les tengo dicho,
también ahora lo repito: Si alguno les
anuncia un evangelio distinto del que
han recibido, ¡sea maldito! 10 Porque
¿busco yo ahora el favor de los hombres
o el de Dios? ¿O es que intento agradar
a los hombres? Si todavía tratara de
agradar a los hombres, ya no sería siervo
de Cristo.

I. La prueba de los hechos

La llamada de Dios.

11 Porque les hago saber, hermanos,
que el Evangelio anunciado por mí, no
es de orden humano, 12 pues yo no lo
recibí ni aprendí de hombre alguno, sino
por revelación de Jesucristo. 13 Pues han
oído hablar de mi conducta anterior en el
judaísmo*, cuán encarnizadamente perseguía a la Iglesia de Dios para destruirla,
14 y cómo superaba en el judaísmo a
muchos compatriotas de mi generación,
aventajándoles en el celo por las tradiciones de mis padres.

15 Mas, cuando Aquel que me separó
desde el seno de mi madre y me *llamó*
por su gracia*, tuvo a bien 16 revelar en
mí a su Hijo*, para que lo anunciara entre
los gentiles, al punto, sin pedir consejo a
hombre alguno, 17 ni subir a Jerusalén ante los apóstoles anteriores a mí, me fui a
Arabia, de donde volví a Damasco. 18 Luego, de allí a tres años, subí a Jerusalén
para conocer a Cefas y permanecí quince
días en su compañía. 19 Y no vi a ningún
otro apóstol, sino a Santiago, el hermano
del Señor. 20 Y en lo que les escribo, Dios
me es testigo de que no miento. 21 Más
tarde me fui a las regiones de Siria y
Cilicia. 22 Personalmente no me conocían
las Iglesias de Cristo en Judea. 23 Solamente habían oído decir: «El que antes nos
perseguía ahora anuncia la buena nueva
de la fe que entonces quería destruir». 24 Y
glorificaban a Dios por mi causa.

1 1 Pablo explica el contenido de este título de *apóstol*, que justifica en los cap. **1-2**. Ver Rm **1** 1+.

1 4 El *mundo perverso*, opuesto al mundo mesiánico *futuro*, es el de Satán, 2 Co **4** 4; 1 Jn **1** 9+, del pecado y de la Ley, mundo todavía presente, aunque ya Cristo nos ha liberado de él para introducirnos en el Reino de Dios, Rm **6** 15+; **7**; **14** 17; 1 Co **6** 9-10; Col **1** 13.

1 13 Ver Hch **8** 3; **9** 21; Flp **3** 4-6+.

1 15 Esta *vocación* recuerda Jr **1** 5; Is **49** 1. Ver Hch **9** 15+.

1 16 Pablo subraya que esta visión objetiva, 1 Co **9** 1; **15** 8; Hch **9** 17, fue una revelación interior y que decidió su vocación de apóstol de los gentiles, **2** 8-9; Hch **9** 15+; Rm **1** 1+; **16** 25.

La asamblea de Jerusalén*.

Ver Hch **15**+

2 [1] Luego, al cabo de catorce años,
subí nuevamente a Jerusalén con
Bernabé, llevando conmigo también a
Tito. [2] Subí movido por una revelación
y les expuse a los notables en privado el
Evangelio que proclamo entre los gentiles para ver si corría o había corrido
en vano*. [3] Pues bien, ni siquiera Tito
que estaba conmigo, con ser griego, fue
obligado a circuncidarse. [4] Y esto a causa
de los intrusos, los falsos hermanos que
solapadamente se infiltraron para espiar
la libertad que tenemos en Cristo Jesús,
con el fin de reducirnos a esclavitud, [5] a
quienes ni por un instante cedimos, so-
metiéndonos, a fin de salvaguardar para
ustedes la verdad del Evangelio*... [6] Y de
parte de los que eran tenidos por notables —¡no importa lo que fuesen: Dios no
mira la condición de los hombres— en
todo caso, los notables nada nuevo me
impusieron. [7] Antes al contrario, viendo
que me había sido confiada la evangelización de los incircuncisos, al igual que
a Pedro la de los circuncisos, [8] —pues el
que actuó en Pedro para hacer de él un
apóstol de los circuncisos, actuó también
en mí para hacerme apóstol de los gentiles— [9] y reconociendo la gracia que me
había sido concedida, Santiago, Cefas y
Juan, que eran considerados como columnas, nos tendieron la mano en señal
de comunión a mí y a Bernabé, para que
nosotros fuéramos a los gentiles y ellos a
los circuncisos*. [10] Sólo nos pidieron que
nos acordáramos de los pobres, cosa que
he procurado cumplir*.

Pedro y Pablo en Antioquía.

Ver Hch **15**+

[11] Mas, cuando vino Cefas a Antioquía, me enfrenté con él cara a cara,
porque era censurable*. [12] Pues antes
que llegaran algunos de parte de Santiago, comía en compañía de los gentiles; pero una vez que aquéllos llegaron,
empezó a evitarlos y apartarse de ellos
por miedo a los circuncisos. [13] Y los
demás judíos disimularon como él, hasta
el punto de que el mismo Bernabé se vio
arrastrado a la simulación.
[14] Pero en cuanto vi que no procedían
rectamente, conforme a la verdad del
Evangelio, dije a Cefas en presencia de
todos: «Si tú, siendo judío, vives como
gentil y no como judío, ¿cómo obligas a
los gentiles a vivir como judíos?

El Evangelio de Pablo.

[15] «Nosotros somos judíos de nacimiento y no gentiles pecadores*; a pesar
de todo, [16] conscientes de que el hombre
no se justifica por las obras de la ley
sino por la fe en Jesucristo, también
nosotros hemos creído en Cristo Jesús
a fin de conseguir la justificación por la
fe en Cristo, y no por las obras de la ley,
pues por las obras de la ley *nadie será
justificado**. [17] Ahora bien, si buscando
nuestra justificación en Cristo, resulta
que también nosotros somos pecadores,
¿está Cristo al servicio del pecado? ¡De

2 Este relato repite globalmente el de Hch **15**+. Lc insiste en los acuerdos que favorecen el progreso del Evangelio. Pablo justifica su apostolado respecto de los demás apóstoles.

2 2 Pablo no podía fundar sus Iglesias sin quedar de acuerdo con la Iglesia madre, representada aquí por los tres apóstoles *notables*, las *columnas* del v. 9; ver Hch **15**.

2 5 La expresión *salvaguardar para...* supone que Pablo había predicado en Galacia *antes* de la asamblea de Jerusalén; pero ver Hch **16** 6.

2 9 De hecho, se trataba más bien de un reparto geográfico de Palestina y de la Dispersión.

2 10 Ver 1 Co **16** 1+.

2 11 La actitud de Pedro, *disimulando* sus sentimientos, ver Hch **10** 28; **15** 7-11, permitía pensar que solos los judíos convertidos que practicaban la Ley eran los verdaderos cristianos.

2 15 *Gentiles pecadores,* expresión que no deja de tener su ironía. Sin embargo Pablo nunca negó los privilegios de Israel, Rm **1** 16; **3**+; **9** 4-5; ver Ga **1** 13+, a pesar de su infidelidad temporal, Rm **11** 13+.

2 16 Cita de Sal **143** 2; ver Rm **3** 20+.

ningún modo! 18 Pues si vuelvo a edificar
lo que una vez destruí, a mí mismo me
declaro transgresor. 19 En efecto, yo por
la ley he muerto a la ley, a fin de vivir
para Dios: con Cristo estoy crucificado;
20 y ya no vivo yo, sino que Cristo vive
en mí*. Esta vida en la carne, la vivo en
la fe del Hijo de Dios que me amó y se
entregó a sí mismo por mí. 21 No anulo
la gracia de Dios, pues si por la ley se
obtuviera la justicia, habría muerto en
vano Cristo.»

II. Razonamiento doctrinal

La experiencia cristiana.

3 1 ¡Gálatas insensatos! ¿Quién los ha
fascinado a ustedes, a cuyos ojos ha
sido presentado Jesucristo crucificado*?
2 Quiero saber de ustedes una sola cosa:
¿han recibido el Espíritu por las obras
de la ley o por la fe en la predicación*?
3 ¿Tan insensatos son? Habiendo comenzado por el Espíritu, ¿terminan ahora
en carne? 4 ¿Han pasado en vano por
tales experiencias? ¡Pues bien en vano
sería! 5 El que les otorga el Espíritu y
obra milagros entre ustedes, ¿lo hace
por las obras de la ley o por fe en la
predicación?

La tesis de Pablo*.

6 Así, Abrahán *creyó en Dios y le fue
tenido en cuenta como justicia*. 7 Tengan, pues, entendido que los que creen,
ésos son los hijos de Abrahán.

Prueba bíblica.

8 La Escritura, previendo que Dios justificaría a los gentiles por la fe, anunció
con antelación a Abrahán esta buena
nueva: *En ti serán bendecidas todas las
naciones**. 9 Así pues, los que creen son
bendecidos con Abrahán el creyente.

10 Porque todos los que viven de las
obras de la ley incurren en maldición.
Pues dice la Escritura: *Maldito todo el
que no se mantenga en la práctica de
todos los preceptos escritos en el libro
de la Ley**. —11 Y que la ley no justifica a nadie ante Dios es cosa evidente,
pues *el justo vivirá por la fe**; 12 pero
la ley no procede de la fe, antes bien
*quien practique sus preceptos, vivirá
por ellos**.— 13 Cristo nos rescató de la
maldición de la ley, haciéndose él mismo
maldición por nosotros*, pues dice la
Escritura: *Maldito el que cuelga de un
madero*. 14 Y esto para que la bendición
de Abrahán llegara a los gentiles, en
Cristo Jesús, y por la fe recibiéramos el
Espíritu de la promesa.

La Ley no anula la promesa.

15 Hermanos, voy a explicarme al modo humano: aun entre los hombres, nadie anula ni añade nada a un testamento
hecho en regla. 16 Pues bien, las promesas fueron hechas a Abrahán *y a* su

2 20 Por la fe, Cristo se convierte, en cierto sentido, en sujeto de todas las acciones vitales del cristiano, Rm **8** 2.10-11+; Ef **3** 17; Flp **1** 21; ver Col **3** 3+; Jn **15** 4; **17** 23; etc.
3 1 La salvación por Cristo muerto y resucitado es la base de toda la catequesis paulina, **1** 1-4; **6** 14; Hch **13** 26-39; Rm **4** 24-25+; 1 Co **2** 2; **15**+; 1 Ts **1** 9-10+.
3 2 *Por la fe en la predicación*, lit.: *por la escucha de la fe*, v. 5; ver Rm **10** 17+; 1 Ts **2** 13+.
3 6 La tesis defendida por Pablo es que sólo por la fe se llega a ser hijo de Abrahán; la cita de Gn **15** 6 es una prueba. El ser hijo de Abrahán no lo da el hecho de ser judío, sino la fe; ver Rm **4** 3+.
3 8 Cita de Gn **12** 3.
3 10 Cita de Dt **27** 26.
3 11 Cita de Ha **2** 4; ver Rm **1** 17+.
3 12 La Ley exige el cumplimiento total, v. 10 y **5** 3, que ella, por sí misma, es incapaz de otorgar; ver Hch **15** 10; Rm **7** 7+. -La cita es de Lv **18** 5.
3 13 Cristo se hizo solidario de la maldición que pesaba sobre los hombres, ver 2 Co **5** 21+; Col **2** 14. La analogía lejana entre Cristo crucificado y el ajusticiado de Dt **21** 23 es sólo una ilustración de la doctrina expuesta.

descendencia. No dice: «y a los descendientes», como si fueran muchos*, sino a uno solo, *a tu descendencia,* es decir, a Cristo. 17 Y digo yo: Un testamento ya hecho por Dios en debida forma, no puede ser anulado por la ley, que llega cuatrocientos treinta años más tarde, de tal modo que la promesa* quede anulada. 18 Pues si la herencia dependiera de la ley, ya no procedería de la promesa, y sin embargo, Dios otorgó a Abrahán su favor en forma de promesa.

Función de la Ley*.

19 Entonces, ¿para qué la ley? Fue añadida en razón de las transgresiones hasta que llegara la descendencia, a quien iba destinada la promesa, promulgada por los ángeles y con la intervención de un mediador. 20 Ahora bien, cuando actúa uno solo, no hay mediador, y Dios es uno solo. 21 Según esto, ¿la ley se opone a las promesas de Dios? ¡De ningún modo! Si se nos hubiera otorgado una ley capaz de dar vida, en ese caso la justicia vendría realmente de la ley. 22 Pero la Escritura encerró todo bajo el pecado, a fin de que la promesa fuera otorgada a los creyentes mediante la fe en Jesucristo.

El advenimiento de la fe.

23 Antes de que llegara la fe, estábamos encerrados bajo la vigilancia de la ley, en espera de la fe que debía manifestarse. 24 De manera que la ley fue nuestro pedagogo* hasta Cristo, para ser justificados por la fe. 25 Mas, una vez llegada la fe, ya no estamos bajo del pedagogo. 26 Pues todos son hijos de Dios por la fe en Cristo Jesús. 27 Los que se han bautizado en Cristo* se han revestido de Cristo: 28 ya no hay judío ni griego; ni esclavo ni libre; ni hombre ni mujer, ya que todos ustedes son uno en Cristo Jesús. 29 Y si son de Cristo, ya son descendencia de Abrahán, herederos según la promesa.

La filiación divina*.

4 1 Pues digo yo: Mientras el heredero es menor de edad, en nada se diferencia de un esclavo, con ser dueño de todo; 2 sino que está bajo tutores y administradores hasta el tiempo fijado por el padre. 3 De igual manera, también nosotros, mientras éramos menores de edad, éramos esclavos de los elementos del mundo*. 4 Pero, al llegar la plenitud de los tiempos*, envió Dios a su Hijo, nacido de mujer, nacido bajo la ley, 5 para rescatar a los que se hallaban bajo la ley, y para que recibiéramos la condición de hijos*. 6 Y, como son hijos, Dios envió a nuestros corazones el Espíritu de su Hijo que clama: ¡Abbá, Padre! 7 De modo que ya no eres esclavo, sino hijo; y si hijo, también heredero por voluntad de Dios.

3 16 Ver Gn **12** 7; el empleo de un término colectivo ofrece un argumento más.

3 17 La promesa incondicional hecha por Dios a los Padres, Gn **12**+; **15**+; Rm **4** 13+; Hb **11** 8, se mira aquí como un testamento, ver Hb **9** 15+. Dios se contradiría si la Ley atentara contra la gratuidad de la promesa.

3 19 La Ley, Rm **7** 7+, daba el conocimiento del pecado, Rm **3** 20+. Así lleva a la fe en Cristo, **4** 2, que ha cumplido la promesa, vv. 23-29.

3 24 Una vez que el pedagogo ha llevado a los niños al maestro, concluye su cometido. Tal era el cometido de la Ley, Rm **6** 14-15+; ver Mt **5** 17+.

3 27 Hijo de Dios por la fe y el bautismo, **4** 5; Rm **6** 4+; **8** 11+.29+; Jn **1** 12+.

4 Habiendo hecho Dios a los cristianos hijos suyos, vv. 1-7, éstos no pueden recaer en la esclavitud, vv. 8-11.

4 3 Los *elementos del mundo* son las prescripciones legales que regulaban el uso del mundo material, ver v. 9; Col **2** 8.20, y, posteriormente, los espíritus angélicos administradores de la Ley, **3** 19; Col **2** 16+; Hb **2** 2+.

4 4 La salvación preparada en el AT ha sido *cumplida* por Jesús que inaugura la era mesiánica en el momento querido por Dios, ver Mt **5** 17+; Mc **1** 15; Hch **1** **7**+; 1 Co **10** 11; 2 Co **6** 2+; Ef **1** 10; Hb **1** 2; 1 P **1** 20.

4 5 El esclavo liberado se convierte en hijo adoptivo, no solamente por accesión jurídica a la herencia, sino por el don real del Espíritu, **3** 26-27+.

8 Pero en otro tiempo, cuando no conocían a Dios, servían a los que en realidad no son dioses. 9 Mas, ahora que han conocido a Dios, o mejor, que él los ha conocido, ¿cómo retornan a esos elementos sin fuerza ni valor, a los cuales quieren volver a servir de nuevo? 10 Observan los días, los meses, las estaciones, los años. 11 Me hacen temer haya sido en vano todo mi afán por ustedes.

El cambio de los gálatas*.

12 Hagan como yo, pues yo me hice como ustedes. Ningún agravio me hicieron. 13 Pero bien saben que una enfermedad corporal me dio ocasión para evangelizarlos por primera vez; 14 y, no obstante la prueba que suponía para ustedes mi cuerpo, no me mostraron desprecio ni repulsa, sino que me recibieron como a un mensajero de Dios: como a Cristo Jesús. 15 ¿Dónde está ahora la felicitación que se daban? Pues yo mismo puedo atestiguarles que ustedes se hubieran arrancado los ojos, de haber sido posible, para dármelos. 16 ¿Es que me he vuelto enemigo de ustedes diciéndoles la verdad? 17 Ese interés por ustedes no es bueno; quieren alejarlos de mí para que se interesen por ellos. 18 Bien está ser objeto de interés para el bien, pero siempre, y no sólo cuando yo estoy entre ustedes. 19 ¡Hijitos míos!, por quienes sufro de nuevo dolores de parto, hasta ver a Cristo formado en ustedes*. 20 Quisiera hallarme ahora en medio de ustedes para poder acomodar el tono de mi voz, pues no sé cómo habérmelas con ustedes.

Las dos alianzas: Agar y Sara*.

21 Díganme ustedes, los que quieren estar sometidos a la ley: ¿No oyen lo que dice la ley? 22 Pues está escrito que Abrahán tuvo dos hijos: uno de la esclava y otro de la libre. 23 Pero el de la esclava nació según la naturaleza; el de la libre, en virtud de la promesa. 24 Hay en ello una alegoría: estas mujeres representan dos alianzas; la primera, la del monte Sinaí, madre de los esclavos, es Agar, 25 (pues el monte Sinaí está en Arabia) y corresponde a la Jerusalén actual, que es esclava, y lo mismo sus hijos. 26 Pero la Jerusalén de arriba es libre; ésa es nuestra madre*, 27 pues dice la Escritura: *Regocíjate estéril, la que no dabas hijos; rompe en gritos de júbilo, la que no conocías los dolores de parto, que más son los hijos de la abandonada que los de la casada.* 28 Y ustedes, hermanos, a la manera de Isaac, son hijos de la promesa. 29 Pero, así como entonces el nacido según la naturaleza perseguía al nacido según el Espíritu, así también ahora. 30 Pero ¿qué dice la Escritura? *Despide a la esclava y a su hijo, que no heredará el hijo de la esclava junto con el hijo* de la libre. 31 Así que, hermanos, no somos hijos de la esclava, sino de la libre.

Conclusión: la verdadera libertad cristiana*.

5 1 Para ser libres nos ha liberado Cristo. Manténganse, pues, firmes y no se dejen oprimir nuevamente bajo el yugo de la esclavitud. 2 Soy yo, Pablo, quien se lo dice: Si se circuncidan, Cristo no les aprovechará nada. 3 De nuevo declaro a todo hombre que se circuncida que queda obligado a practicar toda la ley. 4 Han roto con Cristo todos cuantos buscan la justicia en la ley. Han caído en desgracia. 5 En cuanto a nosotros por el Espíritu y la fe esperamos la justicia anhelada.

4 12 Pablo recuerda a los Gálatas la acogida que le hicieron hace algún tiempo. Su cambio de actitud es un enigma.

4 19 Ver 1 Ts **2** 7-11; 1 Co **4** 14-15; 2 Co **6** 13.

4 21 El apóstol vuelve de nuevo al tema de la filiación, en una argumentación bíblico-alegórica, Gn **16**; **21** 9-21, para demostrar cómo entre los descendientes de Abrahán la libertad de la promesa ha suplantado a la servidumbre de la Ley. Ver Rm **9** 6-13.

4 26 Oposición entre las dos Jerusalén, la que sigue esclava de la Ley, y la de los tiempos mesiánicos, Is **2** 2; **54** 1; ver Ap **21** 2+.

5 Volviendo a la circuncisión, se renunciaría a la libertad que concede la fe en Cristo, ver Rm **6** 15+.

6 Porque siendo de Cristo Jesús ni la circuncisión ni la incircuncisión tienen eficacia, sino la fe que actúa por la caridad.
7 Corrían bien, ¿quién les puso obstáculos para que no siguieran la verdad?
8 Semejante persuasión no proviene de
Aquel que los llama. 9 Un poco de levadura hace fermentar toda la masa. 10 Por
mi parte, confío en el Señor que no
cambiarán de actitud; pero el que los per-
turba, quienquiera que sea, cargará con su
sentencia. 11 En cuanto a mí, hermanos, si
aún predico la circuncisión, ¿por qué soy
perseguido? ¡Pues se acabó ya el escándalo de la cruz! 12 ¡Ojalá que se mutilaran los
que los perturban!

III. Exhortaciones morales. La verdadera libertad de los creyentes

Libertad y caridad*.

13 Ustedes, hermanos, han sido llamados a la libertad; pero no tomen de esa
libertad pretexto para la carne; antes
al contrario, sírvanse unos a otros por
amor. 14 Pues toda la ley alcanza su plenitud en este solo precepto: *Amarás a tu
prójimo como a ti mismo**. 15 Pero si se
muerden y se devoran unos a otros, ¡miren no vayan a destruirse mutuamente!
16 Les digo esto: procedan según el
Espíritu, y no den satisfacción a las apetencias de la carne. 17 Pues la carne tiene
apetencias contrarias al espíritu, y el
espíritu contrarias a la carne, como que
son entre sí tan opuestos, que no hacen
lo que quieren. 18 Pero, si son guiados
por el Espíritu, no están bajo la ley.
19 Ahora bien, las obras de la carne son
conocidas: fornicación, impureza, libertinaje, 20 idolatría, hechicería, odios, discordia, celos, iras, ambición, divisiones,
disensiones, 21 rivalidades, borracheras,
comilonas y cosas semejantes, sobre las
cuales les prevengo, como ya les previ-
ne, que quienes hacen tales cosas no heredarán el Reino de Dios. 22 En cambio
el fruto del Espíritu es amor, alegría, paz,
paciencia, afabilidad, bondad, fidelidad,
23 modestia, dominio de sí; contra tales
cosas no hay ley. 24 Pues los que son de
Cristo Jesús, han crucificado la carne
con sus pasiones y sus apetencias*.
25 Si vivimos por el Espíritu, sigamos
también al Espíritu. 26 No seamos vanido-
sos provocándonos los unos a los otros y
envidiándonos mutuamente.

Preceptos diversos sobre el amor y el celo.

6 1 Hermanos, si alguno es sorprendido en alguna falta, ustedes, los espirituales, corríjanlo con espíritu de mansedumbre, y cuídate de ti mismo, pues
también tú puedes ser tentado. 2 Ayú-
dense mutuamente a llevar sus cargas y
cumplan así la ley de Cristo*. 3 Porque
si alguno se imagina ser algo, no siendo
nada, se engaña a sí mismo. 4 Examine
cada cual su propia conducta y entonces
tendrá en sí solo motivos de gloriarse,
y no en otros, 5 pues cada uno lleva su
propia carga.
6 Que el catecúmeno comparta sus
bienes con el catequista.
7 No se engañen; de Dios nadie se
burla. Pues lo que uno siembre, eso cosechará: 8 el que siembre para su carne,

5 13 La vida nueva en la fe tiene como ley el amor, vv. 13-15; **5** 6; **6** 2; Rm **7** 7+; **13** 7-8+. Produce el fruto del Espíritu, no las obras de la carne, vv. 16-25; **6** 8; Rm **5** 5+.

5 14 Cita de Lv **19** 18; ver Mt **22** 34-39p.

5 24 Esta libertad, obra del Espíritu, se realiza en aquellos que están crucificados con Cristo, **2** 19-20; **6** 14; Rm **6** 6-7; **8** 13; Col **3** 5.

6 2 No una lista de preceptos, sino el ideal de la vida humana en cuanto encarnado en la persona de Cristo, 1 Co **9** 21.

de la carne cosechará corrupción; el que
siembre para el espíritu, del espíritu cosechará vida eterna. [9] No nos cansemos
de obrar el bien; que a su debido tiempo
nos vendrá la cosecha si no desfallecemos. [10] Por tanto, mientras tengamos
oportunidad, hagamos el bien a todos,
pero especialmente a nuestros hermanos
en la fe*.

Epílogo.

[11] ¡Miren con qué letras tan grandes les
escribo de mi propio puño*! [12] Los que
quieren ser bien vistos en lo humano,
son los que los fuerzan a circuncidarse,
con el único fin de evitar la persecución
por la cruz de Cristo. [13] Pues ni siquiera
esos mismos que se circuncidan cumplen
la ley; sólo desean verlos circuncidados
para gloriarse en su carne. [14] En cuanto
a mí, ¡Dios me libre de gloriarme si no es
en la cruz de nuestro Señor Jesucristo,
por la cual el mundo es para mí un
crucificado y yo un crucificado para el
mundo*! [15] Porque lo que cuenta no es la
circuncisión, ni la incircuncisión, sino la
creación nueva. [16] Y para todos los que
se sometan a esta regla, paz y misericordia, lo mismo que para el Israel de Dios*.

[17] En adelante nadie me moleste, pues
llevo sobre mi cuerpo las señales de
Jesús*. [18] Hermanos, que la gracia de
nuestro Señor Jesucristo sea con su espíritu. Amén.

6 10 El amor fraterno, 1 Co **13** 1+, que se expresa en todas las acciones del cristianismo, **5** 13-14, es un testimonio a los ojos de sus hermanos, Rm **14** 15, y de todos los demás, Rm **12** 17-18; ver Jn **13** 35; 1 Ts **3** 12; **5** 15.

6 11 Como de costumbre, Pablo añade algunas palabras de su propio puño, ver 2 Ts **3** 17; 1 Co **16** 21-24; Col **4** 18.

6 14 El mundo de la carne y del pecado, **1** 4+; **4** 3+; ver Jn **17** 14; Rm **12** 2+; 1 Jn **2** 15-17.

6 16 El pueblo cristiano, heredero de las promesas, **3** 6-9; **4** 21-31; Rm **9** 6-8; Ap **7** 4+.

6 17 Las *señales*, es decir, las cicatrices de los malos tratos sufridos por Cristo, 2 Co **6** 4-5; **11** 23.28.

EPÍSTOLA A LOS EFESIOS

Saludo.

1 [1] Pablo, apóstol de Cristo Jesús por voluntad de Dios, a los santos y fieles en Cristo Jesús. [2] Gracia a ustedes y paz de parte de Dios, nuestro Padre, y del Señor Jesucristo.

I. El misterio de la salvación y de la Iglesia

El plan divino de la salvación.

3 Bendito sea el Dios y Padre de nuestro Señor Jesucristo,
que nos ha bendecido con toda clase de bendiciones espirituales, en los cielos, en Cristo*;
4 por cuanto nos ha elegido en él
antes de la fundación del mundo,
para ser santos e inmaculados en su presencia, en el amor;
5 eligiéndonos de antemano para ser sus hijos adoptivos por medio de Jesucristo,
según el beneplácito de su voluntad,
6 para alabanza de la gloria de su gracia*
con la que nos agració en el Amado.
7 En él tenemos por medio de su sangre la redención,
el perdón de los delitos,
según la riqueza de su gracia
8 que ha prodigado sobre nosotros
en toda sabiduría e inteligencia,
9 dándonos a conocer el misterio de su voluntad
según el benévolo designio
que en él se propuso de antemano,
10 para realizarlo en la plenitud de los tiempos:
hacer que todo tenga a Cristo por cabeza,
lo que está en los cielos y lo que está en la tierra*.
11 A él, por quien somos herederos,
elegidos de antemano
según el previo designio del que realiza todo
conforme a la decisión de su voluntad,
12 para ser nosotros
alabanza de su gloria,
los que ya antes esperábamos en Cristo.
13 En él también ustedes*,
tras haber oído la Palabra de la verdad,
el Evangelio de su salvación,
y creído también en él,
fueron sellados con el Espíritu Santo de la promesa,

1 3 Toda la epístola se mantiene en una perspectiva celestial y cósmica. Comienza por una amplia alabanza, vv. 3-14, en la que el Padre es la fuente y el fin de todas las bendiciones espirituales, que se detallan en los vv. siguientes: llamamiento de los elegidos a la vida bienaventurada, v. 4; la filiación divina en Jesucristo v. 5, la obra histórica de la redención, v. 7; la revelación del *misterio,* v. 9; la elección de Israel, v. 11; el llamamiento de los gentiles a participar de la salvación, v. 13. Obsérvense los ecos de doxologías, vv. 6.12.14, y las fórmulas trinitarias, ver 2 Co **13** 13+.

1 6 La *gracia*, benevolencia eficaz de Dios, incluye una participación en su gloria, Ex **24** 16+; ver Jn **1** 14+; **17** 22-24; Rm **8** 17.21.30+, con el don santificante que en ella nos introduce, ver Rm **6** 4+; etc.; 2 P **1** 4+.

1 10 Es el tema central de toda la epístola: En la plenitud de los tiempos, Ga **4** 4+, Dios reunifica el mundo creado que el pecado ha disgregado, **1** 23+; Rm **8** 18-22+; Col **1** 15-17. Es la *recapitulación,* a la que dará tanta importancia S. Ireneo.

1 13 Pablo pasa al *ustedes,* dirigiéndose a los cristianos de origen gentil, a los que él ha recibido la misión de llamar a Cristo, **3** 2; Hch **9** 15+; Rm **1** 1+. El don del Espíritu ofrecido a todos, Rm **5** 5+, corona el plan de Dios y anticipa el reino eterno, 2 Co **1** 22+.

14 que es prenda de nuestra herencia,
para la redención del pueblo de su
posesión,
para alabanza de su gloria.

Triunfo y supremacía de Cristo.

15 Por eso, también yo, al tener noticia
de su fe en el Señor Jesús y de su caridad
para con todos los santos, 16 no ceso de
dar gracias por ustedes recordándolos
en mis oraciones, 17 para que el Dios de
nuestro Señor Jesucristo, el Padre de la
gloria, les conceda espíritu de sabiduría
y de revelación para conocerle perfectamente; 18 iluminando los ojos de su
corazón para que conozcan cuál es la
esperanza a que han sido llamados por
él; cuál la riqueza de la gloria otorgada
por él en herencia a los santos, 19 y cuál
la soberana grandeza de su poder para
con nosotros, los creyentes, conforme a
la eficacia de su fuerza poderosa, 20 que
desplegó en Cristo, resucitándolo de entre los muertos y sentándolo a su diestra
en los cielos, 21 por encima de todo principado, potestad, virtud, dominación* y
de todo cuanto tiene nombre no sólo en
este mundo sino también en el venidero.
22 *Sometió todo bajo sus pies** y lo
constituyó cabeza suprema de la Iglesia,
23 que es su cuerpo, la plenitud del que lo
llena todo en todo*.

**La salvación en Cristo,
don gratuito.**

2 1 Y a ustedes que estaban muertos
en sus delitos y pecados, 2 en los
cuales vivieron en otro tiempo según el
proceder de este mundo, según el príncipe del imperio del aire, el espíritu que
actúa en los rebeldes*... 3 entre ellos
vivíamos también todos nosotros en otro
tiempo en medio de las concupiscencias
de nuestra carne, siguiendo las apetencias de la carne y de los malos pensamientos, destinados por naturaleza,
como los demás, a la ira... 4 Pero Dios,
rico en misericordia, por el grande amor
con que nos amó, 5 estando muertos a
causa de nuestros delitos, nos* vivificó
juntamente con Cristo —por gracia han
sido salvados— 6 y con él nos resucitó y
nos hizo sentar en los cielos en Cristo
Jesús*, 7 a fin de mostrar en los siglos venideros la sobreabundante riqueza de su
gracia, por su bondad para con nosotros
en Cristo Jesús. 8 Pues han sido salvados
por la gracia mediante la fe; y esto no
viene de ustedes, sino que es un don de
Dios; 9 tampoco viene de las obras, para
que nadie se gloríe. 10 En efecto, hechura
suya somos: creados en Cristo Jesús, en
orden a las buenas obras que de antemano dispuso Dios que practicáramos.

**Judíos y gentiles reconciliados
entre sí y con Dios.**

11 Así que, recuerden cómo en otro
tiempo ustedes, los gentiles* según la
carne, llamados «incircuncisos» por la
que se llama «circuncisión» —por una
operación practicada en la carne—,
12 estaban a la sazón lejos de Cristo, excluidos de la ciudadanía de Israel y extraños a las alianzas de la promesa, sin es-

1 21 Nombres de las potencias cósmicas jerarquizadas, frecuentes en la literatura judía apócrifa; ver Rm **8** 38; Col **1** 16; etc. Pablo les da, dentro de la historia de la salvación, calificaciones peyorativas, Ga **4** 3+; Col **2** 15, hasta convertirlas en potencias demoníacas, **2** 2; **6** 12+. Ver 1 Co **15** 24.
1 22 Cita de Sal **8** 7; ver 1 Co **15** 25-27.
1 23 El *Cuerpo* de Cristo es la Iglesia, Hch **5** 11+; 1 Co **12** 12+; pero el Cuerpo reunido en el Espíritu, **4** 4, tiene en adelante a Cristo por Cabeza, **4** 15-16; **5** 23-32+; Col **1** 18; **2** 19. -La Iglesia es *Plenitud*, **3** 19; **4** 13, abrazando el universo renovado y regido por el Salvador, **1** 10+; **4** 10.13; Col **1** 15-20. *Todo en todo* sugiere una amplitud ilimitada. Ver 1 Co **12** 6; **15** 28; Col **3** 11.
2 2 La frase se reanuda en el v. 4.
2 5 *Nosotros*, tanto los gentiles, vv. 1-2, como los judíos, v. 3.
2 6 La resurrección y la mansión celestial están ya adquiridas, Col **2** 12; **3** 1-4, y no son solamente futuras, Rm **6** 3-11+; **8** 11+.17-18+.
2 11 Los *gentiles* son aquí todo el mundo pagano, antes del Mesías.

peranza y sin Dios* en el mundo. 13 Mas
ahora, en Cristo Jesús, ustedes, los que
en otro tiempo estaban lejos, han llegado a estar cerca por la sangre de Cristo.
14 Porque él es nuestra paz: el que de
los dos pueblos hizo uno, derribando el
muro divisorio*, la enemistad, 15 anulando en su carne la Ley con sus mandamientos y sus decretos, para crear en
sí mismo, de los dos, un solo Hombre
Nuevo, haciendo las paces, 16 y reconciliar con Dios a ambos en un solo cuerpo*, por medio de la cruz, dando en sí
mismo muerte a la Enemistad. 17 Vino a
anunciar la paz: paz *a* ustedes *que estaban lejos, y paz a los que estaban cerca.* 18 Por él, unos y otros tenemos libre
acceso al Padre en un mismo Espíritu.
19 Así pues, ya no son extraños ni
forasteros, sino conciudadanos de los
santos y familiares de Dios, 20 edificados
sobre el cimiento de los apóstoles y profetas*, siendo la piedra angular Cristo
mismo, 21 en quien toda edificación bien
trabada se eleva hasta formar un templo
santo en el Señor, 22 en quien también
ustedes con ellos están siendo edificados,
para ser morada de Dios en el Espíritu.

Pablo, ministro del misterio de Cristo.

||Col **1** 24-29.

3 1 Por lo cual yo, Pablo, el prisionero
de Cristo por ustedes los gentiles...
2 si es que conocen la misión de la gracia que Dios me concedió en provecho
de ustedes*: 3 cómo me fue comunicado
por una revelación el conocimiento del
misterio, tal como brevemente acabo de
exponerles. 4 Según esto, por la lectura
de la carta, pueden entender mi conocimiento del misterio de Cristo; 5 misterio
que en generaciones pasadas no fue
dado a conocer a los hombres, como ha
sido ahora revelado a sus santos apóstoles y profetas por el Espíritu: 6 que los
gentiles son coherederos, miembros del
mismo cuerpo y partícipes de la misma
promesa en Cristo Jesús por medio del
Evangelio, 7 del cual he llegado a ser
ministro, conforme al don de la gracia
de Dios a mí concedida por la fuerza de
su poder. 8 A mí, el menor de todos los
santos, me fue concedida esta gracia: la
de anunciar a los gentiles la insondable
riqueza de Cristo, 9 y esclarecer cómo
se ha dispensado el misterio escondido
desde siglos en Dios, creador del universo, 10 para que la multiforme sabiduría
de Dios sea ahora manifestada a los
principados y a las potestades en los
cielos, mediante la Iglesia, 11 conforme
al designio eterno realizado en Cristo
Jesús, Señor nuestro, 12 quien, mediante
la fe en él, nos da valor para llegarnos
confiadamente a Dios. 13 Por lo cual les
ruego no se desanimen a causa de las
tribulaciones que por ustedes padezco,
pues ellas son su gloria.

Súplica de Pablo.

14 Por eso doblo mis rodillas ante el
Padre, 15 de quien toma nombre toda
familia* en el cielo y en la tierra, 16 para

2 12 *Sin Dios = ateos.* Es la única vez que se emplea la palabra *ateo* en el NT. El único Dios, 1 Co **8** 5-6+, vivo y verdadero, 1 Ts **1** 9, es aquel que se ha revelado en Israel, Gn **12**+; Ex **3** 15+; etc.

2 14 Pablo ve en el muro divisorio que estaba en el Templo de Jerusalén un símbolo de la enemistad entre judíos y gentiles.

2 16 El cuerpo personal de Cristo, Col **1** 22, en el que se agrupan todos los miembros reconciliados de toda procedencia, **1** 23+, en adelante todos los hijos de Dios, v. 19; Rm **8** 29+; etc.

2 20 Se trata más bien de los *profetas* del NT, **3** 5; Hch **11** 27+; etc. Juntamente con los apóstoles, son los primeros testigos sobre los que está fundada la Iglesia, Mt **16** 18+, de los que, por otra parte, Cristo mismo es el único fundamento, 1 Co **3** 10-11.

3 2 La misión entre los paganos, v. 7; **1** 13; Hch **9** 15+; Col **1** 27+, fue para Pablo un don completamente gratuito e imprevisible, Rm **15** 15-16; Ga **1** 15-16+.

3 15 La palabra traducida aquí por familia designa todo grupo social que se remonta a un mismo antepasado.

que les conceda, por la riqueza de su gloria, fortalecerlos interiormente, mediante la acción de su Espíritu; 17 que Cristo habite por la fe en sus corazones, para que, arraigados y cimentados en el amor, 18 puedan comprender con todos los santos la anchura y la longitud, la altura y la profundidad*, 19 y conocer el amor de Cristo, que excede a todo conocimiento, y se llenen de toda la plenitud de Dios*.

20 A Aquel que tiene poder para realizar todas las cosas incomparablemente mejor de lo que podemos pedir o pensar, conforme al poder que actúa en nosotros, 21 a él la gloria en la Iglesia y en Cristo Jesús por todas las generaciones y todos los tiempos. Amén.

II. Exhortación

Llamamiento a la unidad*.

4 1 Los exhorto, pues, yo, prisionero por el Señor, a que vivan de una manera digna de la vocación con que han sido llamados, 2 con toda humildad, mansedumbre y paciencia, soportándose unos a otros por amor, 3 poniendo empeño en conservar la unidad del Espíritu con el vínculo de la paz. 4 Un solo cuerpo y un solo Espíritu, como una es la esperanza a que han sido llamados. 5 Un solo Señor, una sola fe, un solo bautismo, 6 un solo Dios y Padre de todos, que está sobre todos, actúa por todos y está en todos.

7 A cada uno de nosotros le ha sido concedida la gracia a la medida de los dones de Cristo. 8 Por eso dice:

Subiendo a la altura, llevó cautivos
*y repartió dones a los hombres**.

9 ¿Qué quiere decir «subió» sino que también bajó a las regiones inferiores de la tierra? 10 Éste que bajó es el mismo que subió por encima de todos los cielos, para llenar el universo*. 11 Él mismo dispuso que unos fueran apóstoles; otros, profetas; otros, evangelizadores; otros, pastores y maestros, 12 para la adecuada organización de los santos* en las funciones del ministerio, para edificación del cuerpo de Cristo, 13 hasta que lleguemos todos a la unidad de la fe y del conocimiento del Hijo de Dios, al estado de hombre perfecto, a la plena madurez de Cristo*.

14 Para que no seamos ya niños, llevados a la deriva y zarandeados por cualquier viento de doctrina, a merced de la malicia humana y de la astucia que conduce al error, 15 antes bien, con la sinceridad en el amor, crezcamos en todo hasta aquel que es la cabeza, Cristo, 16 de quien todo el cuerpo recibe trabazón y cohesión por la colaboración de los ligamentos, según la actividad propia de cada miembro, para el crecimiento y edificación en el amor*.

3 18 Esta enumeración tiene analogías estoicas, pero también bíblicas, Jb **11** 9. Sugiere la riqueza del misterio, **3** 8-9, y del amor de Cristo, que regenera al hombre y al universo.

3 19 El cristiano recibe la *plenitud* de vida divina de Cristo, Col **2** 9+, y entra en la plenitud del Cristo total, **1** 23+, que es la Iglesia.

4 La unidad vivida en la Iglesia tiene que remontar tres peligros: la discordia, 1-6; la diversidad de los ministerios, vv. 7-13; las doctrinas erróneas, vv 14-16.

4 8 El texto del Sal **68** 19 proporciona a Pablo dos palabras esenciales en su argumentación: *subió, dio*. Pablo ve aquí, anunciadas a la vez, la ascensión de Jesús y la efusión del Espíritu, Hch **1** 8+; **2** 33+.

4 10 Cristo, recorriendo así todo el universo, tomó posesión de él como cabeza del mismo, **1** 10+.

4 12 Los *santos* son los creyentes en cuanto colaboran a la construcción de la Iglesia, ver Hch **9** 13+.

4 13 Cristo, prototipo de todos los regenerados, **2** 15; **4** 24, incluyendo a todos sus miembros de los que él es la cabeza, **1** 10+.23+; ver Rm **8** 29+; 1 Co **12** 12+; Col **3** 10-11.

4 16 El servicio mutuo, ver Ga **5** 13, animado y unificado por Cristo, asegura el creci-

La vida nueva en Cristo.

17 Por tanto, les digo y les aseguro
esto en el Señor, que no vivan ya como
viven los gentiles, según la vaciedad de
su mente, 18 obcecada su mente en las
tinieblas y excluidos de la vida de Dios
por la ignorancia que hay en ellos y por
la dureza de su corazón, 19 los cuales,
habiendo perdido el sentido moral, se
entregaron al libertinaje, hasta practicar
con desenfreno toda suerte de impurezas*. 20 Pero no es así como ustedes han
aprendido a Cristo, 21 si es que han oído
hablar de él y en él han sido enseñados
conforme a la verdad de Jesús: 22 despó-
jense, en cuanto a su vida anterior, del
hombre viejo que se corrompe siguiendo
la seducción de las concupiscencias,
23 renueven el espíritu de su mente, 24 y
revístanse del Hombre Nuevo, creado
según Dios, en la justicia y santidad de
la verdad*.

25 Por tanto, desechando la mentira,
*digan la verdad unos a otros**, pues
somos miembros unos de otros. 26 *Si se
enojan, no pequen**; no se ponga el sol
mientras estén enojados, 27 ni den ocasión al diablo. 28 El que robaba, que ya
no robe, sino que trabaje con sus manos,
haciendo algo útil para que pueda socorrer al que se halle en necesidad. 29 No
salga de su boca palabra dañosa, sino la
que sea conveniente para edificar según
la necesidad y hacer el bien a los que los
escuchen. 30 No entristezcan al Espíritu
Santo de Dios, con el que fueron sellados para el día de la redención. 31 Toda
amargura, ira, cólera, gritos, maledicencia y cualquier clase de maldad, desaparezca de entre ustedes. 32 Sean amables
entre ustedes, compasivos, perdonándose mutuamente como los perdonó Dios
en Cristo.

5 1 Sean, pues, imitadores de Dios,
como hijos queridos, 2 y vivan en el
amor como Cristo los amó y se entregó
por nosotros como *oblación y víctima
de suave aroma**. 3 La fornicación, y
toda impureza o codicia, ni se mencione
entre ustedes, como conviene a los santos. 4 Lo mismo que la grosería, las necedades o las vulgaridades, cosas que no
están bien; sino más bien, acciones de
gracias. 5 Porque tengan entendido que
ningún fornicario o impuro o codicioso
—que es como ser idólatra— participará
en la herencia del Reino de Cristo y de
Dios. 6 Que nadie los engañe con vanas
razones, pues por eso viene la ira de
Dios sobre los rebeldes. 7 No tengan
parte con ellos. 8 Porque en otro tiempo
fueron tinieblas; mas ahora son luz en
el Señor. Vivan como hijos de la luz*;
9 pues el fruto de la luz consiste en toda
bondad, justicia y verdad. 10 Examinen
qué es lo que agrada al Señor, 11 y no
participen en las obras infructuosas de
las tinieblas, antes bien, denúncienlas.
12 Sólo el mencionar las cosas que hacen
ocultamente da vergüenza; 13 pues, al ser
denunciadas, salen a la luz. 14 Pues todo
lo que queda manifiesto es luz. Por eso
se dice*:

Despierta tú que duermes,
y levántate de entre los muertos,
y te iluminará Cristo.

15 Así pues, miren atentamente cómo viven; no sean necios, sino sabios;
16 aprovechando bien la ocasión, porque

miento (y la construcción, ver **2** 20-22) armoniosa de la Iglesia, Col **2** 19; 1 Co **12** 12-30.

4 19 Ver Rm **1** 18-32+.

4 24 Revestido del *Hombre Nuevo* por el bautismo, Rm **6** 4+; Ga **3** 27+; 2 Co **5** 27+, y hallado en Cristo el verdadero conocimiento moral, Os **2** 22+; Flp **1** 9-10; Col **1** 9-10, el cristiano puede practicar todas las virtudes, vv. 25-32.

4 25 Cita de Za **8** 16.

4 26 Cita del Sal **4** 5 (LXX).

5 2 Alusiones a Gn **8** 21; Ex **29** 18; Sal **40** 7; Ez **20** 41; etc.

5 8 El cristiano ha entrado en la luz de Cristo, ver Jn **8** 12+; Rm **13** 11+; 1 Ts **5** 5-6; Sal **1** 17-18; 1 P **2** 9; 1 Jn **1** 5-7.

5 14 Sacar las faltas a la plena luz del día para corregirlas es una obra buena, ver Jn **3** 20-21. Los versos siguientes son probablemente un fragmento de algún himno primitivo, ver Is **26** 19. Para la idea, Rm **6** 4+; Hb **6**; **10** 32.

los días son malos. [17] Por tanto, no sean insensatos, sino comprendan cuál es la voluntad del Señor. [18] *No se embriaguen con vino**, que es causa de libertinaje; llénense más bien del Espíritu. [19] Reciten entre ustedes salmos, himnos y cánticos inspirados; canten y salmodien en su corazón al Señor, [20] dando gracias siempre y por todo a Dios Padre, en nombre de nuestro Señor Jesucristo.

Moral familiar*.

||Col **3** 18 - **4** 1

[21] Sean sumisos los unos a los otros en el temor de Cristo: [22] las mujeres a sus maridos, como al Señor, [23] porque* el marido es cabeza de la mujer, como Cristo es cabeza de la Iglesia, el salvador del cuerpo. [24] Como la Iglesia está sumisa a Cristo, así también las mujeres deben estarlo a sus maridos en todo.

[25] Maridos, amen a sus mujeres como Cristo amó a la Iglesia y se entregó a sí mismo por ella, [26] para santificarla, purificándola mediante el baño del agua, en virtud de la palabra*, [27] y presentársela resplandeciente a sí mismo, sin que tenga mancha ni arruga ni cosa parecida, sino que sea santa e inmaculada. [28] Así deben amar los maridos a sus mujeres como a sus propios cuerpos. El que ama a su mujer se ama a sí mismo. [29] Porque nadie aborrece jamás su propia carne; antes bien, la alimenta y la cuida con cariño, lo mismo que Cristo a la Iglesia, [30] pues somos miembros de su cuerpo. [31] *Por eso dejará el hombre a su padre y a su madre y se unirá a su mujer, y los dos se harán una carne.* [32] Gran misterio es éste, lo digo respecto a Cristo y la Iglesia*. [33] En todo caso, también ustedes, que cada uno ame a su mujer como a sí mismo; y la mujer, que respete al marido.

6 [1] Hijos, obedezcan a sus padres en el Señor; porque esto es justo. [2] *Honra a tu padre y a tu madre,* tal es el primer mandamiento que lleva consigo una promesa: [3] *Para que seas feliz y se prolongue tu vida sobre la tierra**. [4] Padres, no exasperen a sus hijos, sino fórmenlos más bien mediante la instrucción y la exhortación según el Señor.

[5] Esclavos, obedezcan a sus amos de este mundo con respeto y temor, con sencillez de corazón, como a Cristo, [6] no por ser vistos, como quien busca agradar a los hombres, sino como esclavos de Cristo que cumplen de corazón la voluntad de Dios; [7] de buena gana, como quien sirve al Señor y no a los hombres; [8] conscientes de que cada cual será recompensado por el Señor según el bien que haga: sea esclavo, sea libre. [9] Amos, obren de la misma manera con ellos, dejándose de amenazas; teniendo presente que está en los cielos su Amo y el de ellos, y que en él no hay favoritismos.

El combate espiritual.

[10] Por lo demás, fortalézcanse en el Señor y en la fuerza poderosa. [11] Revístanse de las armas de Dios* para poder resistir a las acechanzas del diablo. [12] Porque nuestra lucha no es contra la carne y la sangre, sino contra los princi-

5 18 Ver Pr **23** 31 (LXX).
5 21 Ver Col **3** 18+.
5 23 Como Dios era el esposo de su pueblo, Os **1** 2+, Cristo es el esposo de la Iglesia, 2 Co **11** 2+; Jn **3** 29; Ap **21** 2+, porque es su cabeza, **1** 22-23+; **4** 15, y la ama como un marido a su mujer. Esta comparación, una vez admitida, proporciona a su vez un modelo ideal al matrimonio humano. Esta doctrina sobre las relaciones conyugales completa la de 1 Co **7**.
5 26 El *baño* del bautismo ha introducido a la Iglesia en la Alianza, ver Ez **16** 9; Tt **3** 5-7+. El bautismo va acompañado por la palabra, proclamada por el ministro y aceptada en la profesión de fe del bautizado, **1** 13; Mc **16** 15-16; Hch **2** 38+; Rm **6** 4+; 1 P **1** 23.
5 32 En Gn **2** 24, Pablo descubre una prefiguración de la unión de Cristo y de la Iglesia, *misterio* ya revelado, ver **1** 9-10; **3** 3-4; Rm **16** 25-26.
6 3 Ver Ex **20** 12.
6 11 El AT mostraba a Dios armándose contra sus enemigos, Is **11** 4-5; **59** 16-18; Sb **5** 17-23. Pablo pone estas armas en manos del cristiano, Rm **13** 12; 1 Ts **5** 8.

pados, contra las potestades, contra los
dominadores de este mundo tenebroso,
contra los espíritus del mal que están en
el aire*. [13] Por eso, tomen las armas de
Dios, para que puedan resistir en el día
funesto, y manténganse firmes después
de haber vencido todo.

[14] Pónganse en pie, *ceñida su cintura
con la verdad y revestidos de la justicia como coraza,* [15] calzados los pies
con *el celo por el Evangelio de la paz,*
[16] embrazando siempre el escudo de la
fe, para que puedan apagar con él todos
los encendidos dardos del maligno. [17] Tomen, también, *el yelmo de la salvación*
y la espada del Espíritu, que es la palabra
de Dios; [18] siempre en oración y súplica,
orando en toda ocasión en el Espíritu,
velando juntos con perseverancia e in-
tercediendo por todos los santos, [19] y
también por mí, para que me sea dada la
palabra al abrir mi boca* para dar a conocer con valentía el misterio del Evangelio,
[20] del cual soy embajador entre cadenas,
y pueda hablar de él valientemente como
conviene.

Noticias personales y saludo final.

[21] Para que también ustedes sepan
cómo me va y qué hago, los informará
de todo Tíquico, el hermano querido y
fiel ministro en el Señor, [22] a quien envío
a ustedes expresamente para que sepan
de nosotros y consuele sus corazones.

[23] Paz a los hermanos, y caridad con
fe de parte de Dios Padre y del Señor
Jesucristo. [24] La gracia sea con todos los
que aman a nuestro Señor Jesucristo en
la vida incorruptible.

6 12 Los *espíritus* que residen en el aire, **1** 20-21+; ver **3** 10; Flp **2** 10, han querido arrastrar a los hombres al pecado, **2** 2, pero Cristo nos ha liberado de esta esclavitud, Ga **4** 3+.9; Col **1** 13; **2** 15, y nos ha armado para luchar contra ellos.

6 19 Expresión que proviene de los profetas, ver Mt **5** 2.

EPÍSTOLA A LOS FILIPENSES

Saludo.

1 1 Pablo y Timoteo, siervos de Cristo Jesús, a todos los santos en Cristo Jesús, que están en Filipos, con los epíscopos y diáconos*. 2 Gracia a ustedes y paz de parte de Dios nuestro Padre y del Señor Jesucristo.

Acción de gracias y súplica.

3 Doy gracias a mi Dios cada vez que me acuerdo de ustedes, 4 rogando siempre y en todas mis oraciones con alegría por todos ustedes 5 a causa de la colaboración que han prestado al Evangelio, desde el primer día hasta hoy*; 6 firmemente convencido de que, quien inició en ustedes la buena obra, la irá consumando hasta el Día de Cristo Jesús. 7 Y es justo que yo sienta así de todos ustedes, pues los llevo en el corazón, partícipes como son todos de mi gracia, tanto en mis cadenas como en la defensa y consolidación del Evangelio. 8 Pues testigo me es Dios de cuánto los quiero a todos ustedes en el afecto entrañable de Cristo Jesús. 9 Y lo que pido en mi oración es que su amor crezca cada vez más en conocimiento y toda experiencia, 10 con que puedan aquilatar lo mejor, y llegar limpios y sin tropiezo al Día de Cristo, 11 llenos de los frutos de justicia que vienen de Jesucristo, para gloria y alabanza de Dios.

Situación personal de Pablo.

12 Quiero que sepan, hermanos, que lo que me ha sucedido* ha contribuido más bien al progreso del Evangelio; 13 de tal forma que se ha hecho público en todo el Pretorio y entre todos los demás, que me hallo en cadenas por Cristo. 14 Y la mayor parte de los hermanos, alentados en el Señor por mis cadenas, tienen mayor atrevimiento en anunciar sin temor la palabra. 15 Es cierto que algunos predican a Cristo por envidia y rivalidad; mas hay también otros que lo hacen con buena intención; 16 éstos, por amor, sabiendo que yo estoy puesto para defender el Evangelio; 17 aquéllos, por rivalidad, no con puras intenciones, pensando que aumentan la tribulación de mis cadenas. 18 ¿Y qué? Al fin y al cabo, con hipocresía o con sinceridad, Cristo es anunciado, y esto me alegra y seguirá alegrándome. 19 Pues yo sé que *esto servirá para mi salvación** gracias a sus oraciones y a la ayuda prestada por el Espíritu de Jesucristo, 20 conforme a lo que aguardo y espero, que en modo alguno seré confundido; antes bien, que con plena seguridad, ahora como siempre, Cristo será glorificado en mi cuerpo, por mi vida o por mi muerte*, 21 pues para mí la vida es Cristo, y el morir, una ganancia. 22 Pero si el vivir en el cuerpo significa para mí trabajo fecundo, no sé qué escoger... 23 Me siento apremiado por ambos extremos. Por un lado, mi deseo es partir y estar con Cristo*, lo cual, ciertamente, es con mucho lo mejor; 24 mas, por otro, quedarme en el cuerpo es más necesario para ustedes. 25 Y, persuadido de esto, sé que me quedaré y permaneceré con todos ustedes para progreso y gozo de su fe, 26 a fin de que tengan por mi causa un nuevo motivo de orgullo en Cristo Jesús cuando yo vuelva a estar entre ustedes.

1 1 *Epíscopos y diáconos*, lit.: *vigilantes y servidores*, no son todavía los «obispos»; son los *presbíteros o ancianos,* Tt **1** 5+, y sus asistentes o diáconos, 1 Tm **3** 8+.
1 5 Desde su conversión, los cristianos reciben su parte en el Evangelio, poniendo su fe de acuerdo con él, luchando por Cristo, **1** 27-30, socorriendo a Pablo, **4** 16-18.
1 12 *Lo que me ha sucedido*, es el arresto y el proceso de Pablo.
1 19 Ver Jb **13** 16 (LXX).
1 20 Pablo, para tomar una decisión, contempla lo que teóricamente es mejor, *estar con Cristo*, vv. 21.23, y lo que es necesario para el bien de la comunidad, v. 24.
1 23 El deseo de estar unido a Cristo inmediatamente después de la muerte no lo expresa Pablo más que aquí y en 2 Co **5** 6-9+.

Lucha por la fe.

27 Lo que importa es que ustedes lleven una conducta digna del Evangelio de
Cristo, para que tanto si voy a verlos como si estoy ausente, oiga de ustedes que
se mantienen firmes en un mismo espíritu y luchan unánimes por la fe del Evangelio, 28 sin dejarse intimidar en nada por
los adversarios. Esto será para ellos una
señal de perdición, y para ustedes, de salvación. Tal es el designio de Dios 29 que
les ha concedido a ustedes, por Cristo,
no sólo la gracia de creer en él, sino también de padecer por él, 30 sosteniendo el
mismo combate en que antes me vieron
y que ahora oyen que sostengo.

La unidad en la humildad.

2 1 Así pues, si hay una exhortación
en nombre de Cristo, un estímulo
de amor, una comunión en el Espíritu,
una entrañable misericordia, 2 colmen
mi alegría, teniendo un mismo sentir,
un mismo amor, un mismo ánimo, y
buscando todos lo mismo. 3 No hagan
nada por ambición, ni por vanagloria,
sino con humildad, considerando a los
demás como superiores a uno mismo,
4 sin buscar el propio interés sino el de
los demás. 5 Tengan entre ustedes los
mismos sentimientos que Cristo*:

6 El cual, siendo de condición divina,
no codició el ser igual a Dios*
7 sino que se despojó de sí mismo
tomando condición de esclavo.
Asumiendo semejanza humana
y apareciendo en su porte como
hombre*,
8 se rebajó a sí mismo,
haciéndose obediente hasta la
muerte
y una muerte de cruz*.
9 Por eso Dios lo exaltó
y le otorgó el Nombre,
que está sobre todo nombre*.
10 Para que al nombre de Jesús*
toda rodilla se doble
en los cielos, en la tierra y en los
abismos,
11 *y toda lengua confiese*
que Cristo Jesús es el SEÑOR*
para gloria de Dios Padre.

Trabajar en la obra de la salvación.

12 Así pues, queridos míos, de la misma manera que han obedecido siempre,
no sólo cuando estaba presente sino
mucho más ahora que estoy ausente,

2 5 Hay un lazo estrecho entre la exhortación a la unidad, vv. 1-4, y el pasaje siguiente, vv. 6-11. En éste se suele ver un himno, o por lo menos huellas de un himno, en el que Pablo se inspira. Su estructura refleja el esquema bíblico humillación/exaltación: Cristo se rebaja voluntariamente, vv. 6-8; pero Dios lo exalta, vv. 9-11. De algún modo se contrapone a Jesús, nuevo Adán, 1 Co **15** 45, con el primer Adán, Gn **3** 4-5. Ver Rm **9** 5+; Col **1** 15-17+.

2 6 *Siendo de condición divina*, lit.: *teniendo forma de Dios.* Puede entenderse la frase como alusión a la condición de *imagen de Dios*, que se aplica a Adán, Gn **1** 27; ver 1 Co **11** 7. La *forma de Dios* que posee Cristo es la *nueva imagen* del nuevo Adán, 2 Co **4** 4. *No codició el ser igual a Dios*, lit.: *no consideró como presa*... No se trata de la igualdad de naturaleza, de su *condición divina*, y de la que Cristo no podía despojarse, sino de igualdad en el trato, que Jesús hubiera podido exigir, aun en su existencia terrena. Todo lo contrario de la actitud de Adán, Gn **3** 5.22.

2 7 Alusión muy probable al Siervo de Is **42-53**. *Se despojó de sí mismo,* lit.: *se vació de sí mismo,* despojándose de la gloria que normalmente debía redundar en su humanidad, porque quería participar de todas las debilidades del hombre, excepto el pecado, y revelar en este rebajamiento el amor del Padre, al cual obedece voluntariamente.

2 8 La cruz era el suplicio de los malhechores, Hb **12** 12. Pablo subraya el valor ejemplar de esta muerte, 1 Co **1** 23; **2** 2.8; etc. Sobre el escándalo de la Cruz, ver 1 Co **1** 18-25; **2** 1-2; Ga **6** 14.

2 9 El *Nombre* es el de *Señor*, v. 11; Hch **2** 21, título que Cristo consigue por su pasión y resurrección, Rm **14** 9.

2 10 El nombre de *Jesús*, sin otra añadidura (ver v. **1** 1), evoca la figura humillada y paciente de los vv. 6-8. Ver 2 Co **4** 10+.

2 11 Todo el universo, Ef **4** 10; Ap **5** 3, confesará la fe esencial, Hch **2** 36+; Rm **9** 5+; **10** 9; 1 Co **12** 3. La alusión a Is **45** 23 muestra que *Señor* es un título divino.

trabajen con sumo cuidado por su salvación, 13 pues es Dios quien, por su benevolencia, realiza en ustedes el querer y el obrar. 14 Háganlo todo sin murmuraciones ni discusiones 15 para que sean irreprochables y sencillos *hijos de Dios sin tacha en medio de una generación perversa y depravada**, en medio de la cual brillan como estrellas en el mundo, 16 manteniendo en alto la palabra de la vida. Así, en el Día de Cristo, serán mi orgullo, ya que no habré corrido ni me habré fatigado en vano. 17 Y aunque mi sangre se derrame como libación sobre el sacrificio y la ofrenda de su fe*, me alegro y congratulo con ustedes. 18 De igual manera también ustedes alégrense y congratúlense conmigo.

Misión de Timoteo y Epafrodito.

19 Espero en el Señor Jesús poder enviarles pronto a Timoteo, para verme también yo animado con sus noticias. 20 Pues a nadie tengo que se le iguale en la sincera preocupación por los intereses de ustedes, 21 ya que todos buscan su propio interés y no el de Cristo Jesús. 22 Pero ustedes conocen su probada virtud, pues como un hijo junto a su padre, ha estado conmigo al servicio del Evangelio. 23 A él, pues, espero enviarles tan pronto como vea clara mi situación. 24 Y aun confío en el Señor que yo mismo podré ir pronto.

25 Entretanto, he juzgado necesario devolverles a Epafrodito, mi hermano, colaborador y compañero de armas, enviado suyo y encargado para atenderme en mis necesidades, 26 pues estaba añorándolos a todos ustedes y angustiado porque se han enterado de que estaba enfermo. 27 Es cierto que estuvo enfermo y a la muerte. Pero Dios se compadeció de él; y no sólo de él, sino también de mí, para que no tuviera yo tristeza sobre tristeza. 28 Así pues, lo envío inmediatamente para que viéndolo de nuevo se llenen de alegría y yo quede aliviado en mi tristeza. 29 Recíbanlo, pues, en el Señor con toda alegría, y tengan en estima a hombres como él, 30 porque, por la obra de Cristo, ha estado a la muerte, arriesgando su vida para compensar la ausencia de ustedes en servicio mío.

El verdadero camino de la salvación cristiana.

3 1 Por lo demás, hermanos míos, alégrense en el Señor. Volver a escribirles las mismas cosas, a mí no me es molestia, y a ustedes les da seguridad. 2 Atención con los perros; atención con los embusteros; atención con la mutilación*. 3 Pues los verdaderos circuncisos somos nosotros, los que damos culto en el Espíritu de Dios y nos gloriamos en Cristo Jesús sin poner nuestra confianza en la carne*, 4 aunque yo tengo motivos para confiar también en la carne. Si algún otro cree poder confiar en la carne, más yo. 5 Circuncidado el octavo día; del linaje de Israel; de la tribu de Benjamín; hebreo e hijo de hebreos; en cuanto a la Ley, fariseo; 6 en cuanto al celo, perseguidor de la Iglesia; en cuanto a la justicia de la Ley, intachable. 7 Pero lo que era para mí ganancia, lo he juzgado una pérdida a causa de Cristo. 8 Y más aún: juzgo que todo es pérdida ante la sublimidad del conocimiento de Cristo Jesús, mi Señor, por quien perdí todas las cosas, y las tengo por basura para ganar a Cristo, 9 y ser hallado en él, no con la justicia mía, la que viene de la Ley, sino la que

2 15 Ver Dt 32 5.

2 17 El culto espiritual, **3** 3, del apostolado y de la fe, Rm **1** 9+, encuentra una analogía en la costumbre corriente entre los griegos y los judíos; ver 2 Tm **4** 6.

3 2 *Perros*, así calificaban los judíos a los gentiles, ver Mt **15** 26. Pablo aplica aquí, irónicamente, el calificativo a los judíos. *Mutilación*, lit.: *incisión*; compara Pablo la circuncisión con las incisiones de los cultos paganos, ver 1 R **18** 28; comparar con Ga **5** 12.

3 3 Pablo no espera nada de las observancias *carnales* de la Ley, Rm **9** 8+; pero sigue estando orgulloso de su pasado judío, Hch **22** 3-5; **26** 4-7; Rm **11** 1; 2 Co **11** 22; Ga **1** 13-14.

viene por la fe en Cristo, la justicia que
viene de Dios, apoyada en la fe*, 10 y
conocerle a él, el poder de su resurrección y la comunión en sus padecimientos hecho semejante a él en la muerte,
11 tratando de llegar a la resurrección de
entre los muertos*. 12 No que lo tenga ya
conseguido o que sea ya perfecto, sino
que continúo mi carrera para alcanzarlo,
como Cristo Jesús me alcanzó a mí.
13 Yo, hermanos, no creo haberlo ya
conseguido. Pero una cosa hago: olvido
lo que dejé atrás y me lanzo a lo que está
por delante, 14 corriendo hacia la meta, al
premio a que Dios me llama desde lo alto
en Cristo Jesús. 15 Así pues, todos los perfectos* tengamos estos sentimientos, y si
en algo sienten de otra manera, también
eso se lo revelará Dios. 16 Por lo demás,
desde el punto a donde hayamos llegado,
sigamos en la misma dirección.

17 Hermanos, sean imitadores míos, y
fíjense en los que viven según el modelo
que tienen en nosotros. 18 Porque muchos viven, según les dije tantas veces,
y ahora se lo repito con lágrimas, como
enemigos de la cruz de Cristo, 19 cuyo
final es la perdición, cuyo Dios es el
vientre, y cuya gloria, lo vergonzoso*, su
apetencia, lo terreno. 20 Pero nosotros
somos ciudadanos del cielo, de donde
esperamos como Salvador al Señor Jesucristo, 21 el cual transfigurará nuestro
pobre cuerpo a imagen de su cuerpo
glorioso, en virtud del poder que tiene de
someter a sí todas las cosas.

4 1 Por tanto, hermanos míos queridos
y añorados, mi gozo y mi corona,
manténganse así firmes en el Señor,
queridos.

Últimos consejos.

2 Ruego a Evodia, lo mismo que a
Síntique, tengan un mismo sentir en el
Señor. 3 También te ruego a ti, Sícigo,
«compañero» mío, que las ayudes, ya que
lucharon por el Evangelio a mi lado, lo
mismo que Clemente y demás colaboradores míos, cuyos nombres están en el
libro de la vida.

4 Estén siempre alegres en el Señor; se
lo repito, estén alegres. 5 Que su clemencia sea conocida de todos los hombres.
El Señor está cerca*. 6 No se inquieten
por cosa alguna; antes bien, en toda ocasión, presenten a Dios sus peticiones,
mediante la oración y la súplica, acompañadas de la acción de gracias. 7 Y la
paz de Dios, que supera toda inteligencia
custodiará sus corazones y sus mentes en
Cristo Jesús.

8 Por lo demás, hermanos, todo cuanto hay de verdadero, de noble, de justo,
de puro, de amable, de honorable, todo
cuanto sea virtud o valor*, ténganlo en
aprecio. 9 Todo cuanto han aprendido y
recibido y oído y visto en mí, pónganlo
por obra y el Dios de la paz estará con
ustedes.

Agradecimiento por la ayuda recibida*.

10 Me alegré mucho en el Señor de
que ya, por fin, han florecido sus buenos sentimientos para conmigo. Ya los
tenían, sólo les faltaba la ocasión de

3 9 Esta comparación de dos *justicias* es el tema central de Rm y Ga.

3 11 Los vv. 10-11 explicitan el v.9 en términos que son eco de **2** 6-11, accesibles a los cristianos que no estaban muy al corriente de las categorías judías. El cristiano escapa de la muerte y se encuentra asociado a la vida del Resucitado, **4** 20-21; Rm **6** 3-5+; 2 Co **4** 10; col **2** 12; ver Jn **5** 25-29; **11** 24-26.

3 15 *Perfectos*, cristianos formados, 1 Co **2** 6+. El contexto es irónico, ver vv. 11-12.

3 19 Alusiones a las observancias relativas a los alimentos y al miembro sometido a la circuncisión.

4 5 Esperanza en la cercana venida (*parusía,* 1 Co **15** 23+), **3** 20; Jn **14** 3; 1 Co **7** 29+; **16** 22+; 1 Ts **4** 15+; **5**+; 1 P **4** 7; Ap **22** 17.20.

4 8 Es la única vez que se emplea en las epístolas la palabra *virtud*. A la estima de los valores morales laudables que se encuentran aun entre los paganos, v. 8, se añade, v. 9, el tema de la *imitación-tradición*, relativa a Pablo y a Cristo, ver **2** 5; **3** 17; 1 Ts **1** 6-7; etc.

4 10 Pablo, siempre desinteresado, Hch **18** 3+; ver 1 P **5** 2+, no ha aceptado la ayu-

manifestarlos. 11 No lo digo movido por
la necesidad, pues he aprendido a con-
tentarme con lo que tengo. 12 Sé andar
escaso y sobrado. Estoy acostumbrado a
todo y en todo: a la saciedad y al hambre; a la abundancia y a la privación.
13 Todo lo puedo con Aquel que me da
fuerzas. 14 En todo caso, hicieron bien
en compartir mi tribulación. 15 Y saben
también ustedes, filipenses, que en el comienzo de la evangelización, cuando salí
de Macedonia, ninguna Iglesia me abrió
cuenta de gastos y entradas, sino ustedes
solos. 16 Pues incluso cuando estaba yo
en Tesalónica enviaron por dos veces
con que atender a mi necesidad. 17 No
es que yo busque el don; sino que busco
que aumenten los intereses en su cuenta.
18 Tengo cuanto necesito, y me sobra; estoy al completo después de haber recibido de Epafrodito lo que me han enviado:
*suave aroma**, sacrificio que Dios acepta
con agrado. 19 Y mi Dios proveerá a todas sus necesidades con magnificencia,
conforme a su riqueza, en Cristo Jesús.
20 Al Dios y Padre nuestro, la gloria por
los siglos de los siglos. Amén.

Saludo final.

21 Saluden a todos los santos en Cristo
Jesús. Los saludan los hermanos que
están conmigo. 22 Los saludan todos los
santos, especialmente los de la casa del
César.
23 La gracia del Señor Jesucristo esté
con su espíritu.

---

da de ninguna otra comunidad. Aquí expresa su agradecimiento al mismo tiempo que señala su independencia. En la Iglesia cristiana los dones materiales expresan y refuerzan los lazos espirituales, vv. 17-19; ver 1 Co **9** 10-11; Ga **6** 6; 1 Tm **6** 18-19; Hb **13** 16, y, a propósito de la colecta, 1 Co **16** 1+.

4 18 Ver Ef **5** 2+.

EPÍSTOLA A LOS COLOSENSES

Preámbulo

Saludo.

1 1 Pablo, apóstol de Cristo Jesús
por voluntad de Dios, y Timoteo el
hermano, 2 a los santos de Colosas, hermanos fieles en Cristo. Gracia a ustedes
y paz de parte de Dios, nuestro Padre.

Acción de gracias y súplica.

||Ef **1** 15-16.13.6-7.

3 Damos gracias sin cesar a Dios, Padre
de nuestro Señor Jesucristo, por ustedes
en nuestras oraciones, 4 al tener noticia
de su fe en Cristo Jesús y de la caridad
que tienen con todos los santos, 5 a causa de la esperanza que les está reservada
en los cielos y acerca de la cual fueron
ya instruidos por la palabra de la verdad,
el Evangelio, 6 que llegó hasta ustedes.
El cual fructifica y crece entre ustedes lo
mismo que en todo el mundo, desde el
día en que oyeron y conocieron la gracia
de Dios en la verdad; 7 tal como se la enseñó Epafras, nuestro querido consiervo
y fiel ministro de Cristo, en lugar nuestro, 8 y nos informó también de su amor
en el Espíritu.

9 Por eso, tampoco nosotros dejamos
de rogar por ustedes desde el día que lo
oímos, y de pedir que lleguen al pleno
conocimiento de su voluntad con toda
sabiduría e inteligencia espiritual*, 10 para que procedan de una manera digna
del Señor, agradándole en todo, fructi-
ficando en toda obra buena y creciendo
en el conocimiento de Dios; 11 fortaleci-
dos con toda fuerza según el poder de su
gloria, para ser constantes y pacientes
en todo; dando con alegría 12 gracias al
Padre que les hizo capaces de participar
en la herencia de los santos en la luz.

13 Él nos libró del poder de las tinieblas
y nos trasladó al Reino de su Hijo querido, 14 en quien tenemos la redención: el
perdón de los pecados.

I. Parte dogmática

El primado de Cristo*.

15 Él es Imagen de Dios invisible,
Primogénito de toda la creación,
16 porque en él fueron creadas todas las cosas,
en los cielos y en la tierra,
las visibles y las invisibles,
tronos, dominaciones, principados, potestades:
todo fue creado por él y para él,
17 él existe con anterioridad a todo,
y todo tiene en él su consistencia.
18 Él es también la cabeza del cuerpo,
de la Iglesia*:
Él es el Principio,
el Primogénito de entre los muertos,
para que sea él el primero en todo,
19 pues Dios tuvo a bien hacer residir
en él toda la plenitud*,

1 9 *Inteligencia espiritual* es el conocimiento religioso, cordial, Ef **4** 24+, don de Cristo, **2** 2-3.6; **3** 10; 1 Co **8** 1-2; etc.

1 15 Pablo cita un primitivo himno cristiano, ver **3** 16, que celebraba el primado de Cristo en la primera creación, vv. 15-17, y en la nueva, que es la redención, vv. 18-20; ver 2 Co **5** 17. El Cristo preexistente es considerado en la persona de Jesús, Hijo de Dios hecho hombre, Flp **2** 5+, perfecta imagen de Dios, Rm **8** 29+; 2 Co **4** 4; Hb **1** 3+; etc., y primogénito de la creación tanto por prioridad temporal como por excelencia y causalidad, Jn **1** 3; 1 Co **8** 6; Ef **1** 10+; **2** 15-16+. Ver Sb **7** 26; Pr **8** 22-36.

1 18 Cristo es Cabeza de la Iglesia, ver 1 Co **12** 12+, como primer resucitado, v. 18, y como principio de salvación, v. 20. Ver Ef **1** 23+.

1 19 El universo está lleno de la presencia creadora de Dios, Is **6** 3; Jr **23** 24; Sb **1** 7; etc. Y, a consecuencia de la Encarnación,

[20] y reconciliar por él y para él todas las
cosas,
pacificando, mediante la sangre de
su cruz,
lo seres de la tierra y de los cielos*.

Los colosenses participan de la salvación.
||Ef **4** 18-19.

[21] Y a ustedes, que en otro tiempo
eran extraños y enemigos, por sus pensamientos y malas obras, [22] los ha recon-
ciliado ahora, por medio de la muerte en
su cuerpo de carne, para presentarlos
santos, inmaculados e irreprensibles delante de Él; [23] con tal que permanezcan
sólidamente cimentados en la fe, firmes
e inconmovibles en la esperanza del
Evangelio que oyeron, que ha sido proclamado a toda criatura bajo el cielo y del
que yo, Pablo, he llegado a ser ministro.

Trabajos de Pablo en servicio de los gentiles.
||Ef **3** 1-13.

[24] Ahora me alegro por los padecimientos que soporto por ustedes, y
completo lo que falta a las tribulaciones
de Cristo en mi carne, en favor de su
cuerpo, que es la Iglesia*, [25] de la cual
he llegado a ser ministro, conforme a la
misión que Dios me concedió en orden
a ustedes para dar cumplimiento a la
palabra de Dios, [26] al misterio escondido
desde siglos y generaciones, y manifestado ahora a sus santos, [27] a quienes Dios
quiso dar a conocer cuál es la riqueza
de la gloria de este misterio entre los
gentiles, que es Cristo en ustedes, la esperanza de la gloria*, [28] al cual nosotros
anunciamos, amonestando e instruyendo
a todos los hombres con toda sabiduría,
a fin de presentarlos a todos perfectos
en Cristo. [29] Por esto precisamente me
afano, luchando con la fuerza de Cristo
que actúa poderosamente en mí.

Preocupación de Pablo por la fe de los colosenses.

2 [1] Quiero que sepan cuán dura lucha estoy sosteniendo por ustedes y
por los de Laodicea, y por todos los que
no me han visto personalmente, [2] para
que sus corazones reciban ánimo y, unidos íntimamente en el amor, alcancen
en toda su riqueza la plena inteligencia
y perfecto conocimiento del misterio de
Dios, [3] en el cual están ocultos todos los
tesoros de la sabiduría y de la ciencia.
[4] Les digo esto para que nadie los seduzca con argumentos capciosos. [5] Pues,
si bien estoy corporalmente ausente, en
espíritu me hallo con ustedes, alegrándome de ver su armonía y la firmeza de su
fe en Cristo.

II. Avisos acerca de los errores

La verdadera fe en Cristo y las vanas filosofías.

[6] Vivan, pues, según Cristo Jesús, el
Señor, tal como le han recibido; [7] arraigados y edificados en él; apoyados en la
fe, tal como se les enseñó, rebosando en
agradecimiento.

Jn **1** 14+, está todo entero integrado en la salvación, Rm **8** 19-22+; Ef **1** 10+.23+; Flp **3** 21; Hb **2** 5-8.
1 20 La *reconciliación*, Rm **5** 10-11; 2 Co **5** 18-19, por la sangre de Cristo, Rm **3** 24+, es no tanto la salvación personal de todos como la instauración del orden de Dios en el mundo. Los que se resistan a ingresar en este nuevo orden, entrarán un día por la fuerza, tanto hombres, 1 Co **6** 9-10; Ef **5** 5; etc., como los espíritus celestes, **2** 15; 1 Co **15** 24-25.
1 24 La fuerza redentora de la Cruz es ilimitada, pero las tribulaciones apostólicas asocian a Pablo a los sufrimientos de Jesús por el mundo, Hch **14** 22; 2 Co **1** 5; **4** 10-12; Flp **1** 20+; 2 Tm **2** 10; Ap **6** 10-11.
1 27 Los gentiles se ven ya introducidos en el *misterio* de la salvación, **3** 4; Ef **1** 18; **2** 13; **3** 2-3+; ver Rm **1** 1+.

8 Miren que nadie los esclavice mediante la vana falacia de una filosofía,
fundada en tradiciones humanas, según
los elementos del mundo y no según
Cristo*.

Cristo, única y verdadera cabeza de hombres y ángeles.

9 Porque en él reside toda la plenitud* de la divinidad corporalmente, 10 y
ustedes alcanzan la plenitud en él, que
es la cabeza de todo principado y de
toda potestad*; 11 en él también fueron
circuncidados no con circuncisión quirúr-
gica, sino mediante el despojo del cuerpo
carnal, por la circuncisión en Cristo*.
12 Sepultados con él en el bautismo, con
él también han resucitado por la fe en la
fuerza de Dios, que lo resucitó de entre
los muertos*. 13 Y a ustedes, que estaban
muertos en sus delitos y en su carne
incircuncisa, los vivificó juntamente con
él y nos perdonó todos nuestros delitos.
14 Canceló la nota de cargo que había
contra nosotros, la de las prescripciones
con sus cláusulas desfavorables, y la
quitó de en medio clavándola en la cruz.
15 Y, una vez despojados los principados
y las potestades, los exhibió públicamente, en su cortejo triunfal.

Contra la falsa ascesis según los «elementos del mundo».

16 Por tanto, que nadie los critique por
cuestiones de comida o bebida, o a propósito de fiestas, de novilunios o sábados.
17 Todo esto es sombra de lo venidero;
pero la realidad es el cuerpo de Cristo.
18 Que nadie les arrebate el premio por
ruines prácticas y el culto de los ángeles,
obsesionado por lo que vio, vanamente
hinchado por su mente carnal, 19 en
lugar de mantenerse unido a la Cabeza,
de la cual todo el cuerpo, por medio de
junturas y ligamentos, recibe nutrición
y cohesión, para realizar su crecimiento
en Dios*.

20 Una vez que han muerto con Cristo
a los elementos del mundo, ¿por qué
sujetarse, como si aún estuvieran en el
mundo, a preceptos como 21 «no toques»,
«no pruebes», «no acaricies», 22 cosas todas destinadas a perecer con el uso, y
conforme a *preceptos y doctrinas puramente humanos?* 23 Tales cosas tienen
una apariencia de sabiduría por su piedad
afectada, sus mortificaciones y su rigor
con el cuerpo; pero sin valor alguno contra la insolencia de la carne.

La unión con Cristo glorioso, principio de nueva vida*.

3 1 Así pues, si han resucitado con
Cristo, busquen las cosas de arriba,
donde está Cristo sentado a la diestra de
Dios. 2 Aspiren a las cosas de arriba, no
a las de la tierra. 3 Porque han muerto,
y su vida está oculta con Cristo en Dios.
4 Cuando aparezca Cristo, vida suya, entonces también ustedes aparecerán gloriosos con él.

2 8 La *filosofía* es aquí una doctrina religiosa falsa, tributaria de los *elementos del mundo*, v. 20; Ga **4** 3+.
2 9 La *plenitud*, **1** 19+, une la vida de Dios con el cuerpo de Cristo resucitado, en el que se juntan todo el mundo divino y todo el mundo creado, Ef **1** 10+.23+.
2 10 Unido a Cristo, el cristiano triunfa de los poderes adversos que aquél tiene sometidos, vv. 14-15; Ef **6** 12+.
2 11 La *circuncisión* espiritual es el bautismo, ver Ef **2** 11; Jr **4** 4+.
2 12 Ver Rm **6** 4+; Ef **2** 5-6+.
2 19 Ver Ef **4** 15-16.
3 Los vv. 1-4, se refieren a **2** 12-13.20. El cristiano pertenece a Cristo, participa de la vida celestial de Cristo, Ef **2** 6+, que no se manifestará plenamente hasta la parusía, **1** 27; Rm **8** 18+; 1 Co **15** 23+.

III. Exhortación

Preceptos generales de vida cristiana*.

[5] Por tanto, mortifiquen cuanto en ustedes es terreno: fornicación, impureza, pasiones, malos deseos y la codicia, que es una idolatría, [6] todo lo cual atrae la ira de Dios sobre los rebeldes, [7] y que también ustedes practicaron en otro tiempo, cuando vivían de ese modo. [8] Mas ahora, desechen también ustedes todo esto: cólera, ira, maldad, maledicencia y obscenidades, lejos de su boca.

||Ef **4** 22-24.

[9] No se mientan unos a otros, pues despojados del hombre viejo con sus obras, [10] se han revestido del hombre nuevo, que se va renovando hasta alcanzar un conocimiento perfecto, según la imagen de su Creador, [11] donde no hay griego y judío; circuncisión e incircuncisión; bárbaro, incivilizado, esclavo, libre, sino que Cristo es todo y en todos.

||Ef **4** 1-2.32.

[12] Revístanse, pues, como elegidos de Dios, santos y amados, de entrañas de misericordia, de bondad, humildad, mansedumbre, paciencia, [13] soportándose unos a otros, y perdonándose mutuamente, si alguno tiene queja contra otro. Como el Señor los perdonó, perdónense también ustedes. [14] Y por encima de todo esto, revístanse del amor, que es el broche de la perfección. [15] Y que la paz de Cristo reine en sus corazones, pues a ella han sido llamados formando un solo cuerpo. Y sean agradecidos.

[16] La palabra de Cristo habite en ustedes con toda su riqueza; instrúyanse y amonéstense con toda sabiduría, cantando a Dios, de corazón y agradecidos, salmos, himnos y cánticos inspirados*. [17] Todo cuanto hagan, de palabra y de obra, háganlo todo en el nombre del Señor Jesús, dando gracias a Dios Padre por medio de él.

Preceptos particulares de moral familiar*.

||Ef **5** 21 - **6** 9.

[18] Mujeres, sean sumisas a sus maridos, como conviene en el Señor. [19] Maridos, amen a sus mujeres, y no sean ásperos con ellas. [20] Hijos, obedezcan en todo a sus padres, porque esto es grato a Dios en el Señor. [21] Padres, no exasperen a sus hijos, no sea que se vuelvan tímidos.

[22] Esclavos, obedezcan en todo a sus amos de este mundo, no porque los ven, como quien busca agradar a los hombres, sino con sencillez de corazón, temiendo al Señor. [23] Todo cuanto hagan, háganlo de corazón, como para el Señor y no para los hombres, [24] conscientes de que el Señor les dará la herencia en recompensa. El Amo a quien sirven es Cristo. [25] Al que obre la injusticia, se le devolverá conforme a esa injusticia; que no hay favoritismos.

4 [1] Amos, den a sus esclavos lo que es justo y equitativo, teniendo presente que también ustedes tienen un amo en el cielo.

Espíritu apostólico.

||Ef **6** 18-20.

[2] Sean perseverantes en la oración, velando en ella con acción de gracias; [3] oren al mismo tiempo también por nosotros para que Dios nos abra la puerta a la palabra, y podamos anunciar el mis-

3 5 La obra de muerte y resurrección se realiza progresivamente en el hombre nuevo, vv. 2.10; Rm **6** 4-14+; **12** 2+; Ef **4** 22-24, por la renuncia al pecado, vv. 5-11, y la restauración de la imagen de Dios en sus *santos*, vv. 12-17; **1** 15+.

3 16 Cuadro esquemático de las asambleas, con instrucciones y cantos, Ef **5** 19-20.

3 18 Preceptos de moral común que hay que poner en práctica *en el Señor*, es decir «según la vida cristiana», en unión con las exhortaciones más amplias de **3** 1-17; **4** 2-6. Ver 1 Ts **4** 1+; Ef **5** 21-69; 1 P **2** 11-**3** 12. A propósito de la *esclavitud*, ver Flm 6+.

terio de Cristo, por cuya causa estoy
yo encarcelado*, 4 para darlo a conocer
anunciándolo como debo.
5 Pórtense prudentemente con los de
fuera, aprovechando bien la ocasión.
6 Que su conversación sea siempre amena, sazonada con sal, sabiendo responder a cada cual como conviene.

Noticias personales.

7 En cuanto a mí, de todo les informará Tíquico, el hermano querido, fiel ministro y compañero en el servicio del
Señor, 8 a quien les envío expresamente
para que sepan de nosotros y consuele
sus corazones. 9 Y con él a Onésimo, el
hermano fiel y querido, que es uno de
los suyos. Ellos les informarán de todo
cuanto aquí sucede.

Saludo final.

10 Los saludan Aristarco, mi compañero de cautiverio, y Marcos, primo de
Bernabé, acerca del cual recibieron ya
instrucciones. Si va a ustedes, denle buena acogida. 11 Los saluda también Jesús,
llamado Justo; son los únicos de la circuncisión que colaboran conmigo por el
Reino de Dios y que han sido para mí un
consuelo. 12 Los saluda Epafras, que es
uno de los suyos, siervo de Cristo Jesús,
que lucha siempre a favor de ustedes en
sus oraciones, para que sean constantes
y perfectos cumplidores de toda voluntad
divina. 13 Yo soy testigo de lo mucho que
se afana por ustedes, por los de Laodicea y por los de Hierápolis. 14 Los saluda
Lucas, el médico querido, y Demas.
15 Saluden a los hermanos de Laodicea, a Ninfa y a la iglesia de su casa.
16 Una vez que hayan leído esta carta
entre ustedes, procuren que sea también
leída en la iglesia de Laodicea. Y ustedes
lean la de Laodicea*. 17 Digan a Arquipo:
«Considera el ministerio que recibiste en
el Señor, para que lo cumplas.»
18 El saludo va de mi mano, Pablo.
Acuérdense de mis cadenas. La gracia
sea con ustedes.

4 3 Ver Rm **15** 30-32; Ef **6** 18-20; 2 Ts **3** 1s.

4 16 Las cartas recibidas eran leídas a los hermanos, 1 Ts **5** 27, y comunicadas a las iglesias vecinas, 2 Co **1** 1. La *carta de Laodicea* es nuestra epístola a los Efesios.

PRIMERA EPÍSTOLA A LOS TESALONICENSES

Saludo.

1 1 Pablo, Silvano y Timoteo a la iglesia de los Tesalonicenses, en Dios
Padre y en el Señor Jesucristo. A ustedes gracia y paz.

Acción de gracias y felicitación.

2 En todo momento damos gracias a
Dios por todos ustedes, recordándoles
sin cesar en nuestras oraciones. 3 Tenemos presente ante nuestro Dios y Padre
el obrar de su fe, el trabajo difícil de su
caridad, y la tenacidad de su esperanza
en Jesucristo nuestro Señor*. 4 Conocemos, hermanos queridos de Dios, su
elección; 5 ya que les fue predicado nuestro Evangelio no sólo con palabras sino
también con poder y con el Espíritu Santo, con plena persuasión. Saben cómo
nos portamos entre ustedes en atención
a ustedes. 6 Por su parte, se hicieron imitadores nuestros y del Señor, abrazando
la palabra con gozo del Espíritu Santo en
medio de muchas tribulaciones. 7 De esta
manera se han convertido en modelo para todos los creyentes de Macedonia y de
Acaya. 8 Partiendo de ustedes, en efecto,
ha resonado la palabra del Señor y su
fe en Dios se ha difundido no sólo en
Macedonia y en Acaya, sino por todas
partes, de manera que nada nos queda
por decir. 9 Ellos mismos cuentan de
nosotros cuál fue nuestra entrada a ustedes, y cómo se convirtieron a Dios, tras
haber abandonado los ídolos, para servir
a Dios vivo y verdadero, 10 y esperar así a
su Hijo Jesús que ha de venir de los cielos, a quien resucitó de entre los muertos
y que nos salva de la ira venidera*.

Comportamiento de Pablo durante su estancia en Tesalónica.

2 1 Bien saben ustedes, hermanos, que
nuestra ida a ustedes no fue estéril,
2 sino que, después de haber padecido
sufrimientos e injurias en Filipos, como
saben, confiados en nuestro Dios, tuvimos la valentía de predicarles el Evangelio de Dios entre frecuentes luchas.
3 Nuestra exhortación no procede del
error, ni de intenciones dudosas, 4 sino
que así como hemos sido juzgados aptos
por Dios para confiarnos el Evangelio,
así lo predicamos, no buscando agradar
a los hombres, sino a Dios que *examina*
nuestros *corazones**. 5 Nunca nos presentamos, bien lo saben, con palabras
aduladoras, ni con pretextos de codicia,
Dios es testigo, 6 ni buscando gloria humana, ni de ustedes ni de nadie. 7 Aunque pudimos imponer nuestra autoridad
por ser apóstoles de Cristo, nos mostra-
mos amables con ustedes, como una madre cuida con cariño de sus hijos. 8 Tanto
los queríamos, que estábamos dispuestos
a darles no sólo el Evangelio de Dios,
sino nuestras propias vidas. ¡Han llegado
a sernos entrañables! 9 Pues recuerdan,
hermanos, nuestros trabajos y fatigas.
Trabajando día y noche, para no ser gra-
vosos a ninguno de ustedes, les proclamamos el Evangelio de Dios. 10 Ustedes
son testigos, y Dios también, de cuán
santa, justa e irreprochablemente nos
comportamos con ustedes, los creyentes.
11 Como un padre a sus hijos, así también
a cada uno de ustedes 12 los exhortába-
mos y animábamos, exigiéndoles vivieran
de una manera digna de Dios, que los ha
llamado a su Reino y gloria.

1 3 La más antigua mención conocida de las tres *virtudes teologales*, 1 Co **13** 13+.

1 10 Los vv. 9-10 condensan la predicación de Pablo entre los gentiles, que anunciaba al único verdadero Dios y la salvación por Cristo resucitado, ver Rm **1** 1-4; 1 Co **1** 7.23; **8** 4-6+; **15** 1+.23-24; Ga **4** 8-9; Hch **2** 22+; **14** 15; etc.

2 4 Alusión a Jr **11** 20; Sal **16** 3; etc.

La fe y la paciencia de los Tesalonicenses.

13 De ahí que también por nuestra parte no cesemos de dar gracias a Dios porque, al recibir la palabra de Dios que les
predicamos, la acogieron, no como palabra de hombre, sino cual es en verdad,
como palabra de Dios, que permanece
activa en ustedes, los creyentes*. 14 Porque ustedes, hermanos, han seguido el
ejemplo de las Iglesias de Dios que están
en Judea, en Cristo Jesús, pues también
ustedes han sufrido de sus compatriotas
las mismas cosas que ellos de parte de
los judíos*; 15 éstos son los que dieron
muerte al Señor y a los profetas y los
que nos han perseguido a nosotros; no
agradan a Dios y son enemigos de todos
los hombres, 16 impidiéndonos predicar
a los gentiles para que se salven; así *van
colmando* constantemente *la medida de
sus pecados*; pero la ira descargó sobre
ellos con vehemencia.

Inquietudes del Apóstol.

17 Mas nosotros, hermanos, separados de ustedes por breve tiempo —físicamente, mas no con el corazón— an-
siábamos ardientemente ver su rostro.
18 Por eso quisimos ir a ustedes —yo
mismo, Pablo, lo intenté una y otra vez—
pero Satanás nos lo impidió. 19 Pues,
¿quién, sino ustedes, puede ser nuestra
esperanza, nuestro gozo, la *corona* de la
que nos *sentiremos orgullosos**, ante
nuestro Señor Jesús en su Venida? 20 Sí,
ustedes son nuestra gloria y nuestro
gozo.

Timoteo enviado a Tesalónica.

3 1 Por lo cual, no pudiendo soportar
más, decidimos quedarnos solos en
Atenas 2 y les enviamos a Timoteo, hermano nuestro y colaborador de Dios en
el Evangelio de Cristo, para afianzarlos y
darles ánimos en su fe, 3 para que nadie
vacile en esas tribulaciones. Bien saben
que este es nuestro destino: 4 ya cuando
estábamos con ustedes les predecíamos
que íbamos a sufrir tribulaciones, y es lo
que ha sucedido, como saben. 5 Por lo
cual también yo, no pudiendo soportar
ya más, lo envié para tener noticias de su
fe, no fuera que el Tentador los hubiera
tentado y que nuestro trabajo quedara
reducido a nada.

Acción de gracias por las noticias recibidas.

6 Nos acaba de llegar de ahí Timoteo y
nos ha traído buenas noticias de su fe y
su caridad; y dice que conservan siempre
buen recuerdo de nosotros y que desean
vernos, así como nosotros a ustedes.
7 Así pues, hermanos, hemos recibido
de ustedes un gran consuelo, motivado
por su fe, en medio de todas nuestras
congojas y tribulaciones. 8 Ahora sí que
vivimos, pues permanecen firmes en el
Señor. 9 Y ¿cómo podremos agradecer a
Dios por ustedes, por todo el gozo que,
por causa suya, experimentamos ante
nuestro Dios? 10 Noche y día le pedimos
insistentemente poder ver su rostro y
completar lo que falta a su fe. 11 Que
Dios mismo, nuestro Padre y nuestro Señor Jesús orienten nuestros pasos hacia
ustedes. 12 En cuanto a ustedes, que el

2 13 La palabra escuchada, Ga **3** 2+, es *recibida*, **4** 1; 2 Ts **3** 6; 1 Co **15** 1; Ga **1** 9; Flp **4** 9; Col **2** 6; luego *acogida* en el corazón, **1** 6; 2 Ts **2** 10; Hch **8** 14; Rm **10** 6s, cuando el oyente reconoce, por la fe, a Dios que habla por su enviado, 2 Co **2** 17; **3** 5; **13** 3; Ga **4** 14; ver Mt **10** 40p; Jn **17** 6-8.20+; etc. Para las últimas palabras, ver Rm **1** 16; Hb **4** 12+.

2 14 La severidad de Pablo, vv. 15-16, está provocada por los chismes de los judíos, Hch **13** 45s; etc., y refleja las polémicas primitivas, Mt **21** 33-41p; **23** 37p; Hch **2** 22-23; **13** 50; etc. En otros pasajes Pablo recuerda los privilegios del pueblo elegido del que él había salido, Rm **3** 1-3; **9** 3-5; Flp **3** 4-6+.

2 16 Ver Gn **15** 16.

2 19 Ver Ez **16** 12; **23** 42.

Señor les haga progresar y sobreabun-
dar en el amor de unos con otros, y en el
amor para con todos*, como es nuestro
amor para con ustedes, 13 para que se
consoliden sus corazones con santidad
irreprochable ante Dios, nuestro Padre,
en la Venida de nuestro Señor Jesucristo, *con todos sus santos**.

Recomendaciones: santidad de vida y caridad.

4 1 Por lo demás, hermanos, les rogamos y los exhortamos en el Señor
Jesús a que, a partir de lo que aprendieron de nosotros sobre cómo comportarse* y agradar a Dios, así lo hagan y
que continúen progresando. 2 Saben, en
efecto, las instrucciones que les dimos de
parte del Señor Jesús. 3 Porque esta es la
voluntad de Dios: su santificación*; que
se alejen de la fornicación, 4 que cada
uno de ustedes sepa poseer su cuerpo*
con santidad y honor, 5 y no dominado
por la pasión, como hacen *los gentiles*
*que no conocen a Dios**. 6 Que nadie
falte a su hermano ni se aproveche de él
en este punto, pues el Señor *se venga-*
*rá** de todo esto, como se lo dijimos ya
y lo atestiguamos, 7 pues no nos llamó
Dios a la impureza, sino a la santidad.
8 Así pues, el que esto desprecia, no desprecia a un hombre, sino a Dios, *que les*
hace don de su Espíritu Santo*.
9 En cuanto al amor mutuo, no necesitan que les escriba, ya que ustedes han
sido instruidos por Dios para amarse
mutuamente. 10 Y lo practican bien con
los hermanos de toda Macedonia. Pero
los exhortamos, hermanos, a que sigan
progresando más y más, 11 y a esmerarse
en vivir con tranquilidad, ocupándose en
sus asuntos, y trabajando con sus manos,
como se lo tenemos ordenado, 12 a fin de
que vivan dignamente ante los de fuera,
y no necesiten de nadie*.

Los muertos y los vivos en la Venida del Señor*.

13 Hermanos, no queremos que estén
en la ignorancia respecto de los muertos, para que no se entristezcan como
los demás, que no tienen esperanza.
14 Porque si creemos que Jesús murió y
que resucitó, de la misma manera Dios
llevará consigo a quienes murieron en
Jesús. 15 Les decimos esto como palabra
del Señor: Nosotros, los que vivamos,
los que quedemos hasta la Venida del
Señor* no nos adelantaremos a los que
murieron. 16 El mismo Señor bajará del
cielo con clamor, en voz de arcángel y
trompeta de Dios*, y los que murieron
en Cristo resucitarán en primer lugar.
17 Después nosotros, los que vivamos, los
que quedemos, seremos arrebatados en
nubes, junto con ellos, al encuentro del

3 12 Ver Ga **6** 10+.

3 13 Ver Za **14** 5.

4 1 La enseñanza moral pertenece también a la tradición apostólica, **2** 13+; ver Flp **4** 8-9+; Col **3** 18+.

4 3 La santidad del cristiano, Hch **9** 13+; 1 Co **1** 2+, es el efecto de la acción de Dios que toca al hombre entero, **5** 23; no solamente su vida sexual, vv. 3-5. El dominio de las pasiones utiliza el don del Espíritu, v. 8+.

4 4 *Su cuerpo* designa el propio cuerpo de cada uno, **5** 23; Rm **12** 1, o el de su mujer, 1 P **3** 7.

4 5 Ver Jr **10** 25; Sal **79** 6.

4 6 Ver Dt **32** 35; Sal **94** 2.

4 8 El don mesiánico del Espíritu, Ez **36** 27; **37** 14; Hch **2** 33+; Rm **5** 5, unía las iglesias paulinas con la comunidad primitiva.

4 12 La vida de la comunidad era una proclamación existencial del Evangelio, **1** 6-8; 1 Co **14** 23.25.40; Flp **2** 14-16; Col **4** 5; etc.

4 13 Algunos creían que los que morían antes de la venida del Señor eran menos favorecidos. Pablo les recuerda la enseñanza fundamental sobre la resurrección de los *dormidos*.

4 15 Pablo se coloca hipotéticamente entre los que estarán todavía con vida a la venida del Señor, 1 Co **15** 23+; ver 1 Co **15** 51-52; 2 Co **5** 3+. Es sólo una esperanza, Flp **4** 5+; no una certeza, **5** 1.

4 16 La *voz*, la *trompeta*, las *nubes*, son imágenes tradicionales en la literatura apocalíptica, ver Mt **24** 30; 2 Ts **1** 8+.

Señor en los aires. Y así estaremos siempre con el Señor*. 18 Consuélense, pues, mutuamente con estas palabras.

Vigilancia en la espera de la Venida del Señor*.

5 1 En lo que se refiere al tiempo y al momento, hermanos, no tienen necesidad de que les escriba. 2 Ustedes mismos saben perfectamente que el Día del Señor ha de venir como un ladrón en la noche. 3 Cuando digan: «Paz y seguridad», entonces mismo, de repente, vendrá sobre ellos la ruina, como los dolores de parto a la que está encinta; y no escaparán.

4 Pero ustedes, hermanos, no viven en la oscuridad, para que ese día los sorprenda como ladrón*, 5 pues todos ustedes son hijos de la luz e hijos del día. Nosotros no somos de la noche ni de las tinieblas. 6 Así pues, no durmamos como los demás, sino velemos y seamos sobrios. 7 Pues los que duermen, de noche duermen, y los que se embriagan, de noche se embriagan. 8 Nosotros, por el contrario, que somos del día, seamos sobrios; *revistamos la coraza* de la fe y de la caridad, *con el yelmo* de la esperanza *de salvación**. 9 Dios no nos ha destinado para la ira, sino para obtener la salvación por nuestro Señor Jesucristo, 10 que murió por nosotros, para que, velando o durmiendo*, vivamos juntos con él. 11 Por esto, confórtense mutuamente y edifíquense los unos a los otros, como ya lo hacen.

Algunas exigencias de la vida de comunidad.

12 Les pedimos, hermanos, que tengan en consideración a los que trabajan entre ustedes, los presiden en el Señor y los amonestan*. 13 Ténganlos en la mayor estima con amor por su trabajo. Vivan en paz unos con otros. 14 Los exhortamos asimismo, hermanos, a que amonesten a los que viven desconcertados, animen a los pusilánimes, sostengan a los débiles y sean pacientes con todos. 15 Miren que nadie devuelva a otro mal por mal, antes bien, procuren siempre el bien mutuo y el de todos. 16 Estén siempre alegres. 17 Oren constantemente*. 18 En todo den gracias, pues esto es lo que Dios, en Cristo Jesús, quiere de ustedes.

19 No extingan el Espíritu; 20 no desprecien las profecías; 21 examínenlo todo y quédense con lo bueno. 22 *Absténganse de todo género de mal**.

Último ruego y despedida.

23 Que Él, el Dios de la paz, los santifique plenamente, y que todo su ser, el espíritu, el alma y el cuerpo*, se conserve sin mancha hasta la Venida de nuestro Señor Jesucristo. 24 Fiel es el que los llama y es él quien lo hará.

4 17 Los que sobrevivan se reunirán con los muertos resucitados y todos serán llevados al Juicio del Señor para luego vivir siempre *con él*, **5** 10; 2 Ts **2** 1; ver Flp **1** 23+.

5 Pablo niega conocer la fecha del *Día*, 1 Co **1** 8+. Hay que esperar, pues, velando, Mt **24** 42-43p; Rm **13** 11; 1 Co **16** 13; 1P **5** 8; Ap **3** 2-3. Pero este día no es inminente, 2 Ts **2** 1-2; se puede morir antes, Flp **1** 23+; y quizá el plazo será largo, Rm **11** 25; Mt **25** 19; 2 P **3** 4.

5 4 Del *Día* se pasa a la *luz* que define a los hijos de Dios, Ef **5** 8+.

5 8 Ver Ef **6** 11-17+.

5 10 *Velando o durmiendo* = vivos o muertos, ver **4** 14-17. Los vv. 9-10, con el v. 6, podían llevar a los Tesalonicenses a creer que estaban ya predestinados a la salvación y que podían hacer lo que quisieran en sus vidas. La segunda carta a los Tesalonicenses, **2** 13 - **3** 15, corrige esta falsa interpretación.

5 12 Primera mención de los *superiores de la comunidad*. Su entrega merece estima y amor. Los consejos que siguen se dirigen a ellos y a toda la comunidad.

5 17 Este consejo de *orar constantemente* ha influido mucho en la espiritualidad cristiana.

5 22 El respeto de los dones del Espíritu implica un discernimiento, 1 Co **12** 1+.10+.

5 23 División tripartita del hombre; es la única vez que aparece en Pablo, Rm **7** 24+; ver 1 Co **15** 44. Pero la totalidad importa aquí más.

[25] Hermanos, oren también por nosotros. [26] Saluden a todos los hermanos
con el beso santo. [27] Les conjuro por el
Señor que esta carta sea leída a todos los
hermanos*.

[28] La gracia de nuestro Señor Jesucristo sea con ustedes.

5 27 Primera mención de la lectura pública de una carta del Apóstol, probablemente en las asambleas litúrgicas. Ver Col **4** 16.

SEGUNDA EPÍSTOLA A LOS TESALONICENSES

Saludo.

1 1 Pablo, Silvano y Timoteo a la Iglesia
de los Tesalonicenses, en Dios nuestro Padre y en el Señor Jesucristo. 2 Gracia a ustedes y paz de parte de Dios
Padre y del Señor Jesucristo.

Acción de gracias y palabras de aliento. La retribución última.

3 Tenemos que dar en todo tiempo
gracias a Dios por ustedes, hermanos,
como es justo, porque su fe está progresando mucho y se acrecienta la mutua
caridad de todos y cada uno de ustedes,
4 hasta tal punto que nosotros mismos
nos gloriamos de ustedes en las Iglesias
de Dios por la tenacidad y la fe en todas
las persecuciones y tribulaciones que
están pasando. 5 Esto es señal del justo
juicio de Dios, en el que serán declarados
dignos del Reino de Dios, por cuya causa
padecen.
6 Porque es propio de la justicia de
Dios el pagar con tribulación a los que
los atribulan, 7 y a ustedes, los atribulados, con el descanso junto con nosotros,
cuando el Señor Jesús se revele desde
el cielo con sus poderosos ángeles, 8 en
medio de *una llama de fuego**, *y tome*
venganza de los que *no conocen a Dios*
y de los que *no obedecen* al Evangelio
de nuestro Señor Jesús. 9 Éstos sufrirán la
pena de una ruina eterna, alejados *de la*
presencia del Señor y de la gloria de su
poder, 10 *cuando* venga *en aquel día a*
ser glorificado en sus santos y admirado
en todos los que hayan creído —pues
nuestro testimonio ha sido creído por
ustedes*.
11 Con este objeto rogamos en todo
tiempo por ustedes: que nuestro Dios
los haga dignos de la vocación y lleve
a término con su poder todo su deseo
de hacer el bien y la actividad de la fe,
12 para que así *el nombre* de nuestro
Señor Jesús *sea glorificado* en ustedes,
y ustedes en él*, según la gracia de nuestro Dios y del Señor Jesucristo.

La Venida del Señor y sus señales precursoras*.

2 1 Por lo que respecta a la Venida de
nuestro Señor Jesucristo y a nuestra
reunión con él, les rogamos, hermanos,
2 que no se dejen alterar tan fácilmente
en su ánimo, ni se alarmen por alguna
manifestación del Espíritu, por algunas
palabras o por alguna carta presentada
como nuestra, que les haga suponer que
está inminente el Día del Señor. 3 Que
nadie los engañe de ninguna manera.
Primero tiene que venir la apostasía*
y manifestarse el Hombre impío, el Hijo
de perdición, 4 el Adversario que *se ele-*
va sobre todo lo que lleva el nombre de
Dios o es objeto de culto, hasta el extremo de *sentarse* él mismo en el Santuario
de *Dios* y proclamar que él mismo es
Dios. 5 ¿No se acuerdan que ya les dije

1 8 El *cielo, los ángeles,* el *fuego* provienen de la apocalíptica judía, 1 Ts **4** 16+. Alusiones y citas: Ex **3** 2; Is **66** 15; Jr **10** 25; Is **66** 4; **2** 10; **49** 3; **66** 5; Sal **89** 8 (LXX); **68** 35 (LXX).

1 10 La dureza de estas expresiones quizás sean reflejo de una persecución que está sufriendo la comunidad.

1 12 Ver Is **24** 15; **66** 5; Jn **17** 22-24; Ef **1** 6+.

2 Pablo precisa, 1 Ts **5** 1+, que la Vuelta será precedida de señales reconocibles. No es preciso, v. 2, ampararse en su autoridad para afirmar lo contrario.

2 3 La *apostasía* será causada por un personaje que es considerado como el gran enemigo de Dios, Ex **28** 2, luego como el rival del Señor. Este Adversario, v. 4, llamado también *Anticristo*, 1 Jn **2** 18+, que se describe como un ser personal, con términos inspirados en Dn **11** 36, se manifestará al fin de los tiempos para la última prueba de los creyentes, Mt **24** 24; Ap **13** 1-8. Pero el Señor glorioso vencerá a su enemigo, Is **11** 4; Ap **19** 11-21.

esto cuando estuve entre ustedes? 6 Ustedes saben qué es lo que ahora lo retiene*, para que se manifieste en su momento oportuno. 7 Porque el misterio de la impiedad ya está actuando*. Tan sólo con que sea quitado de en medio el que ahora lo retiene, 8 entonces se manifestará el Impío, a quien el Señor *destruirá con el soplo de su boca**, y aniquilará con la manifestación de su Venida.

9 La venida del Impío estará señalada por el influjo de Satanás*, con toda clase de milagros, signos, prodigios engañosos, 10 y todo tipo de maldades que seducirán a los que se han de condenar por no haber aceptado el amor de la verdad que los hubiera salvado. 11 Por eso Dios les envía un poder seductor que los hace creer en la mentira, 12 para que sean condenados todos cuantos no creyeron en la verdad y prefirieron la iniquidad.

Exhortación a la perseverancia*.

13 Nosotros, en cambio, debemos dar gracias en todo tiempo a Dios por ustedes, hermanos, amados del Señor, porque Dios los ha escogido desde el principio para la salvación mediante la acción santificadora del Espíritu y la fe en la verdad. 14 Para esto los ha llamado por medio de nuestro Evangelio, para que consigan la gloria de nuestro Señor Jesucristo. 15 Así pues, hermanos, manténganse firmes y conserven las tradiciones que han aprendido de nosotros, de viva voz o por carta*. 16 Que el mismo Señor nuestro Jesucristo y Dios, nuestro Padre, que nos ha amado y que nos ha dado gratuitamente una consolación eterna y una esperanza dichosa, 17 consuele sus corazones y los afiance en toda obra y palabra buena.

3 1 Finalmente, hermanos, oren por nosotros para que la palabra del Señor siga propagándose y adquiriendo gloria*, como entre ustedes, 2 y para que nos veamos libres de los hombres perversos y malignos; porque la fe no es de todos. 3 Fiel es el Señor; él los afianzará y los guardará del Maligno. 4 En cuanto a ustedes tenemos plena confianza en el Señor de que cumplen y cumplirán cuanto les mandamos. 5 Que el Señor guíe sus corazones hacia el amor de Dios y la tenacidad de Cristo.

Advertencias sobre el desorden*.

6 Hermanos, les mandamos en nombre del Señor Jesucristo que se aparten de todo hermano que viva desordenadamente y no según la tradición que de nosotros recibieron.

7 Ya saben ustedes cómo deben imitarnos, pues estando entre ustedes no vivimos desordenadamente, 8 ni comimos de balde el pan de nadie, sino que día y noche con fatiga y cansancio trabajamos para no ser una carga a ninguno de ustedes. 9 No porque no tengamos derecho, sino por darles en nosotros un modelo que imitar.

2 6 Algo, v. 6, o alguien, v. 7, *retiene*, impide la manifestación del Anticristo que precederá a la parusía, 1 Co **15** 23+. La alusión sigue siendo un enigma para nosotros.
2 7 El *Impío* trabaja en el misterio para provocar la apostasía; una vez apartado el obstáculo, se revelará actuando a la luz del día.
2 8 Ver Is **11** 4.
2 9 Por su instrumento que es el Impío, *Satanás,* Jb **1** 6+; 1 Ts **2** 18; ver Mt **4** 10; etc., padre de la mentira, Jn **8** 44, trabaja con todas sus fuerzas, Ef **2** 2; **6** 12+; etc, en desviar a los hombres de la verdad, Mt **24** 12; Ap **13** 2.4.13-14.
2 13 Nótese el movimiento trinitario de los vv. 13-14; ver 2 Co **13** 13+.
2 15 Toda la enseñanza recibida por Pablo de la Iglesia apostólica y transmitida a las Iglesias; **2** 2-5; **3** 6; 1 Ts **2** 13+; **4** 1-2; 1 Co **11** 2+.
3 1 La oración de los cristianos por el Apóstol les asocia a la eficacia de la Palabra, 1 Ts **2** 13+; ver Mt **9** 36-38.
3 6 Algunos espíritus inquietos turbaban la comunidad, 1 Ts **4** 10-11. Quizá pensaban que la inminencia de la parusía hacía inútil el *trabajo*. Es preciso ayudar a los que se hallan en necesidad, 1 Ts **5** 14; Ga **5** 13; etc., y que cada uno se esfuerce en no ser una carga para los demás.

[10] Además, cuando estábamos entre
ustedes les mandábamos esto: Si alguno
no quiere trabajar, que tampoco coma*.
[11] Porque nos hemos enterado que hay
entre ustedes algunos que viven desordenadamente, sin trabajar nada, pero
metiéndose en todo. [12] A ésos les mandamos y les exhortamos en el Señor Jesucristo a que trabajen con sosiego para
comer su propio pan.
[13] Ustedes, hermanos, no se cansen de
hacer el bien. [14] Si alguno no obedece a
lo que les decimos en esta carta, a ése
señálenlo y no traten con él, para que se
avergüence. [15] Pero no lo miren como
a enemigo, sino amonéstenlo como a
hermano*.

Ruego y despedida.

[16] Que Él, el Señor de la paz, les conceda la paz siempre y en todos los órdenes. El Señor sea con todos ustedes. [17] El
saludo va de mi mano, Pablo. Esta es la
firma en todas mis cartas; así escribo.
[18] La gracia de nuestro Señor Jesucristo
sea con todos ustedes.

3 10 ¿Se trata de una máxima popular? Se dirige a los que se niegan a trabajar. Es la regla de oro del trabajo cristiano.

3 15 Esta exclusión es menos rigurosa que la de 1 Co **5** 5+.

PRIMERA EPÍSTOLA A TIMOTEO

Saludo.

1 1 Pablo, apóstol de Cristo Jesús, por
mandato de Dios nuestro Salvador*
y de Cristo Jesús nuestra esperanza, 2 a
Timoteo, verdadero hijo mío en la fe: gracia, misericordia y paz de parte de Dios
Padre y de Cristo Jesús, Señor nuestro.

Peligro de los falsos doctores.

3 Al partir yo para Macedonia te rogué
que permanecieras en Éfeso para que
mandaras a algunos que no enseñaran
doctrinas extrañas, 4 ni dedicaran su
atención a fábulas y genealogías inter-
minables*, que se prestan más para pro-
mover disputas que para realizar el plan
de Dios, fundado en la fe. 5 El fin de este
mandato es la caridad que procede de un
corazón limpio, de una conciencia recta
y de una fe sincera. 6 Algunos, desviados
de esta línea de conducta, han venido a
caer en una vana palabrería; 7 pretenden ser maestros de la Ley sin entender
lo que dicen ni lo que tan rotundamente
afirman.

La función verdadera de la Ley.

8 Sí, ya sabemos que la Ley es buena,
con tal que se la tome como ley*, 9 teniendo bien presente que la ley no ha
sido instituida para el justo, sino para
los prevaricadores y rebeldes, para los
impíos y pecadores, para los irreligiosos
y profanadores, para los parricidas y ma-
tricidas, para los asesinos, 10 adúlteros,
homosexuales, traficantes de esclavos,
mentirosos, perjuros y para todo lo que
se opone a la sana doctrina*, 11 según el
Evangelio de la gloria de Dios bienaventurado, que se me ha confiado.

Pablo y su vocación.

12 Doy gracias a aquel que me revistió
de fortaleza, a Cristo Jesús, Señor nuestro, que me consideró digno de confianza
al colocarme en el ministerio, 13 a mí que
antes fui un blasfemo, un perseguidor y
un insolente. Pero encontré misericordia
porque obré por ignorancia cuando no
era creyente. 14 Pero la gracia de nuestro
Señor sobreabundó en mí, juntamente
con la fe y la caridad en Cristo Jesús.
15 Es cierta y digna de ser aceptada por
todos esta afirmación: Cristo Jesús vino
al mundo a salvar a los pecadores; y el
primero de ellos soy yo. 16 Y si encontré
misericordia fue para que en mí, el
primero, manifestara Jesucristo toda su
paciencia y sirviera de ejemplo a los que
habían de creer en él para obtener vida
eterna. 17 Al Rey de los siglos, al Dios
inmortal, invisible y único, honor y gloria
por los siglos de los siglos. Amén*.

Responsabilidad de Timoteo.

18 Esta es la recomendación, hijo mío
Timoteo, que yo te hago, de acuerdo
con las profecías pronunciadas sobre ti*
anteriormente. Combate, apoyado en
ellas, el buen combate, 19 conservando
la fe y la conciencia recta; algunos, por
haberla rechazado, naufragaron en la fe;
20 entre éstos están Himeneo y Alejandro, a quienes entregué a Satanás para
que aprendieran a no blasfemar.

---

1 1 Las Epístolas Pastorales darán este título de *Salvador* tanto al Padre, **2** 3; **4** 10; etc., como a Jesucristo, 2 Tm **1** 10; **4** 18; etc. Ver **2** 4+.

1 4 Especulaciones judías sobre los personajes del AT.

1 8 La Ley, aquí, no va destinada a dar a conocer el pecado, Rm **3** 20+; **7** 7+, sino a corregir a los pecadores.

1 10 La doctrina *sana*, **6** 3; 2 Tm **1** 13; etc., es la enseñanza apostólica vigorosa y resistente a las enfermedades (errores), sobre todo en materia moral, ver Rm **12** 2+; Flp **4** 9+.

1 17 Esta doxología es probablemente de origen litúrgico. Ver Rm **16** 27+.

1 18 Los profetas intervinieron en la investidura apostólica de Timoteo, **4** 14; 2 Tm **1** 6; Hch **11** 27+.

La oración litúrgica.

2 1 Ante todo recomiendo que se hagan plegarias, oraciones, súplicas y
acciones de gracias por todos los hombres; 2 por los reyes y por todos los constituidos en autoridad*, para que podamos
vivir una vida tranquila y apacible con
toda piedad y dignidad. 3 Esto es bueno
y agradable a Dios, nuestro Salvador,
4 que quiere que todos los hombres se
salven* y lleguen al conocimiento pleno
de la verdad. 5 Porque hay un solo Dios,
y también un solo mediador entre Dios y
los hombres, Cristo Jesús, hombre también, 6 que se entregó a sí mismo como
rescate por todos. Tal es el testimonio*
dado en el tiempo oportuno, 7 y de este
testimonio yo he sido constituido heraldo
y apóstol —digo la verdad, no miento—,
maestro de los gentiles en la fe y en la
verdad. 8 Quiero, pues, que los hombres
oren en todo lugar elevando hacia el
cielo unas manos piadosas, sin ira ni
discusiones.

Compostura de las mujeres.

9 Así mismo que las mujeres, vestidas
decorosamente, se adornen con pudor
y modestia, no con trenzas ni con oro
o perlas o vestidos costosos, 10 sino con
buenas obras, como conviene a mujeres
que hacen profesión de piedad. 11 La
mujer oiga la instrucción en silencio, con
toda sumisión. 12 No permito que la mujer enseñe ni que domine al hombre. Que
se mantenga en silencio. 13 Porque Adán
fue formado primero y Eva en segundo
lugar. 14 Y el engañado no fue Adán,
sino la mujer que, seducida, incurrió en
la transgresión. 15 Con todo, se salvará
por su maternidad* mientras persevere
con modestia en la fe, en la caridad y en
la santidad.

El epíscopo.

3 1 Es cierta esta afirmación: Si alguno
aspira al cargo de epíscopo*, desea
una hermosa obra. 2 Es, pues, necesario
que el epíscopo sea irreprensible, casado
una sola vez, sobrio, sensato, educado,
hospitalario, apto para enseñar, 3 ni bebedor ni violento, sino moderado, enemigo de pendencias, desprendido del dinero, 4 que gobierne bien su propia casa y
mantenga sumisos a sus hijos con toda
dignidad; 5 pues si alguno no es capaz de
gobernar su propia casa, ¿cómo podrá
cuidar de la Iglesia de Dios? 6 Que no sea
recién convertido, no sea que, llevado por
la soberbia, caiga en la misma condenación del diablo. 7 Es necesario también
que tenga buena fama entre los de fuera,
para que no caiga en descrédito y en las
redes del diablo.

Los diáconos*.

8 También los diáconos deben ser dignos, sin doblez, no dados a beber mucho
vino ni a negocios sucios; 9 que guarden
el misterio de la fe con una conciencia
pura. 10 Primero sean sometidos a prueba y después, si son irreprensibles, sean
diáconos. 11 Las mujeres igualmente
deben ser dignas, no calumniadoras, so-
brias, fieles en todo. 12 Los diáconos sean
casados una sola vez y gobiernen bien a
sus hijos y su propia casa. 13 Porque los
que ejercen bien el diaconado alcanzan
un puesto honroso y grande entereza en
la fe de Cristo Jesús.

2 2 Ver Esd **6** 10+ y Rm **13** 1-7.

2 4 Importante afirmación, v. 6; **4** 10, que ayuda a entender bien otros textos del NT, por ejemplo, Rm **3** 29-30; **8** 28-30+; **9** 18-20+. La *mediación* de Cristo redentor, vv. 5-6; ver Jn **1** 14-18; **16** 23; Rm **3** 24; Hb **2** 6-17+, ha puesto de manifiesto este proyecto del Dios único, 1 Co **8** 6+; Ef **1** 3-14+.

2 6 Cristo, testigo del Padre por su vida, lo fue en grado supremo por su muerte. Ver Jn **3** 11+; Ap **1** 5; **3** 14.

2 15 La vocación de la mujer así precisada, Tt **2** 4-5; ver **4** 3; **5** 13, no está en contradicción con la igualdad de sexos en la santidad cristiana, Ga **3** 28. Quizás la frase es una crítica contra los que prohibían el matrimonio, **4** 3.

3 1 La distinción entre *obispos y presbíteros* no está aún elaborada, ver Hch **20** 17.28+; Tt **1** 5-7+.

3 8 Los *diáconos,* Hch **6** 6+, son los que asisten a los *epíscopos,* Flp **1** 1.

La Iglesia y el misterio de la piedad.

[14] Te escribo estas cosas con la esperanza de ir pronto a ti; [15] pero si tardo, para que sepas cómo hay que portarse en la casa de Dios, que es la Iglesia de Dios vivo, columna y fundamento de la verdad. [16] Y sin duda alguna, grande es el misterio de la piedad:

Él* ha sido manifestado en la carne,
justificado en el Espíritu,
aparecido a los ángeles,
proclamado a los gentiles,
creído en el mundo,
levantado a la gloria.

Los falsos doctores.

4 [1] El Espíritu dice claramente que en los últimos tiempos* algunos renegarán de la fe entregándose a espíritus engañadores y a doctrinas diabólicas, [2] por la hipocresía de embusteros que tienen marcada a fuego su propia conciencia; [3] éstos prohíben el matrimonio y el uso de alimentos que Dios creó para que los coman con acción de gracias los creyentes y los que han conocido la verdad. [4] Porque todo lo que Dios ha creado es bueno y no se ha de rechazar nada si se come con acción de gracias; [5] pues queda santificado por la palabra de Dios y por la oración. [6] Si tú enseñas estas cosas a los hermanos, serás un buen ministro de Cristo Jesús, nutrido con las palabras de la fe y de la buena doctrina que has seguido fielmente. [7] Rechaza, en cambio, las fábulas profanas y los cuentos de viejas. Ejercítate en la piedad*. [8] Los ejercicios corporales sirven para poco; en cambio la piedad es provechosa para todo, pues tiene la promesa de la vida, de la presente y de la futura. [9] Es cierta y digna de ser aceptada por todos esta afirmación: [10] Si nos fatigamos y luchamos es porque tenemos puesta la esperanza en Dios vivo, que es el Salvador de todos los hombres, principalmente de los creyentes. [11] Predica y enseña estas cosas.

[12] Que nadie menosprecie tu juventud. Procura, en cambio, ser para los creyentes modelo en la palabra, en el comportamiento, en la caridad, en la fe, en la pureza. [13] Hasta que yo llegue, dedícate a la lectura, a la exhortación, a la enseñanza. [14] No descuides el carisma que hay en ti, que se te comunicó por intervención profética mediante la imposición de las manos del colegio de presbíteros*. [15] Ocúpate en estas cosas; vive entregado a ellas para que tu aprovechamiento sea manifiesto a todos. [16] Vela por ti mismo y por la enseñanza; persevera en estas disposiciones, pues obrando así te salvarás a ti mismo y a los que te escuchen.

Los fieles en general.

5 [1] Al anciano no lo reprendas con dureza, sino exhórtalo como a un padre; a los jóvenes, como a hermanos; [2] a las ancianas, como a madres; a las jóvenes, como a hermanas, con toda pureza.

Las viudas.

[3] Honra a las viudas, a las que son verdaderamente viudas*. [4] Si una viuda

3 16 El *misterio,* **3** 9; Rm **16** 25+, parece expresado aquí en un fragmento de un himno, ver **6** 15-16; 2 Tm **2** 11-13; Ef **1** 3-14; Flp **2** 6-11; Col **1** 15-20. *Él,* en masculino, es Cristo.

4 1 Esta era nueva ha comenzado, Rm **13** 11+, y la prueba que la señala, 2 Tm **3** 1-5; Mt **24** 6-8p.23-24p; 2 Ts **2** 3-12; 2 P **3** 3+; 1 Jn **2** 18; etc., es ya actual.

4 7 *Piedad*, palabra frecuente en las «Pastorales», **2** 2; **3** 16; **4** 7.8; **6** 3.5.6.11; 2 Tm **3** 5; Tt **1** 1; ver **5** 4; 2 Tm **3** 12; Tt **2** 12. Es la actitud religiosa del creyente en Jesucristo.

4 14 La *imposición de las manos* es un rito de transmisión de una gracia o de un poder, Hch **6** 6+, y su valor está cada vez determinado por el contexto: bendición, Mt **19** 15; curación, Mt **9** 18; don de la plenitud del Espíritu, Hch **8** 17+; en fin, como aquí, **5** 22; 2 Tm **1** 6; Hch **6** 6; **13** 3, consagración para una función pública especial. Ver 1 Tm **1** 18+.

5 3 Ciertas *viudas,* asistidas por la Iglesia (las *verdaderas viudas)* o no, son llamadas a un servicio en la comunidad.

tiene hijos o nietos, que aprendan éstos
primero a practicar los deberes de piedad
para con los de su propia familia y a
corresponder a sus progenitores, porque
esto es agradable a Dios. 5 Pero la que
de verdad es viuda y ha quedado enteramente sola, tiene puesta su esperanza en
el Señor y persevera en sus plegarias y
oraciones noche y día. 6 La que, en cambio, está entregada a los placeres, aunque
viva, está muerta. 7 Todo esto incúlcalo
también, para que sean irreprensibles.
8 Si alguien no tiene cuidado de los suyos, principalmente de sus familiares, ha
renegado de la fe y es peor que un infiel.
9 Que la viuda que sea inscrita en el
catálogo de las viudas no tenga menos
de sesenta años, haya estado casada
una sola vez, 10 y tenga el testimonio de
sus bellas obras*: haber educado bien
a los hijos, practicado la hospitalidad,
lavado los pies de los santos, socorrido
a los atribulados, y haberse ejercitado en
toda clase de buenas obras. 11 Descarta,
en cambio, a las viudas jóvenes, porque
cuando las asaltan los placeres contrarios
a Cristo, quieren casarse 12 e incurren en
condenación por haber faltado a su compromiso anterior. 13 Y además, estando
ociosas, aprenden a ir de casa en casa; y
no sólo están ociosas, sino que se vuelven también charlatanas y entrometidas,
hablando de lo que no deben. 14 Quiero,
pues, que las jóvenes se casen, que tengan hijos y que gobiernen la propia casa
y no den al adversario ningún motivo de
hablar mal; 15 pues ya algunas se han
extraviado siguiendo a Satanás. 16 Si alguna creyente tiene viudas, atiéndalas ella
misma y no las cargue a la Iglesia, a fin
de que ésta pueda atender a las que sean
verdaderamente viudas.

Los presbíteros.

17 Los presbíteros que ejercen bien
su cargo merecen doble remuneración,
principalmente los que se afanan en la
predicación y en la enseñanza. 18 La
Escritura, en efecto, dice: *No pondrás
bozal al buey que trilla,* y también: *El
obrero tiene derecho a su salario*.
19 No admitas ninguna acusación contra
un presbítero si no viene con *el testimonio de dos o tres*. 20 A los culpables, re-
préndelos delante de todos, para que los
demás cobren temor. 21 Yo te conjuro en
presencia de Dios, de Cristo Jesús y de
los ángeles escogidos, que observes estas recomendaciones sin prejuicios y no
actuando por favoritismos. 22 No te preci-
pites en imponer a nadie las manos*, no
te hagas partícipe de los pecados ajenos.
Consérvate puro.
23 No bebas ya agua sola. Toma un
poco de vino a causa de tu estómago y
de tus frecuentes indisposiciones.
24 Los pecados de algunas personas
son notorios aun antes de que sean investigados; en cambio los de otras, lo son
solamente después. 25 Del mismo modo
las obras, las que son bellas, son mani-
fiestas; y las que no lo son, no pueden
quedar ocultas.

Los esclavos.

6 1 Todos los que están bajo el yugo
de la esclavitud consideren a sus
dueños como dignos de todo respeto,
para que no se blasfeme del nombre de
Dios y de la doctrina. 2 Los que tengan
dueños creyentes no les falten al respeto
por ser hermanos, sino al contrario, que
los sirvan todavía mejor por ser creyentes y amigos de Dios los que reciben sus
servicios.

5 10 *Bellas obras*. La belleza es un distintivo de la espiritualidad de los cristianos y el secreto de su apostolado. La nobleza espiritual, en todas las edades y condiciones, irradian en una auténtica belleza; ver **6** 18; Tt **2** 14; **3** 7; Ef **2** 10.

5 18 Cita de Dt **25** 4, y de una frase que sólo se encuentra en Lc **10** 7.

5 19 Ver Dt **19** 15; Mt **18** 16; 2 Co **13** 1.

5 22 *Imponer las manos*, más bien para una función de Iglesia, **4** 14+, que para una absolución de pecados.

El doctor verdadero y el falso.

Esto debes enseñar y recomendar. 3 Si
alguno enseña otra cosa y no se atiene a
las sanas palabras de nuestro Señor Jesucristo y a la doctrina que es conforme
a la piedad, 4 está cegado por el orgullo
y no sabe nada; sino que padece la enfermedad de las disputas* y contiendas de
palabras, de donde proceden las envidias,
discordias, maledicencias, sospechas malignas, 5 discusiones sin fin propias de
gentes que tienen la inteligencia corrompida, que están privados de la verdad y
que piensan que la piedad es un negocio.
6 Y ciertamente es un gran negocio la
piedad, con tal de que se contente con
lo que tiene. 7 Porque nosotros no hemos
traído nada al mundo y nada podemos llevarnos de él. 8 Mientras tengamos comida
y vestido, estemos contentos con eso.
9 Los que quieren enriquecerse caen en la
tentación, en el lazo y en muchas codicias
insensatas y perniciosas que hunden a los
hombres en la ruina y en la perdición.
10 Porque la raíz de todos los males es
el afán de dinero, y algunos, por dejarse
llevar de él, se extraviaron en la fe y se
atormentaron con muchos sufrimientos.

Solemne exhortación a Timoteo.

11 Tú, en cambio, hombre de Dios,
huye de estas cosas; corre al alcance de
la justicia, de la piedad, de la fe, de la
caridad, de la paciencia en el sufrimiento,
de la dulzura. 12 Combate el buen combate de la fe, conquista la vida eterna a la
que has sido llamado y de la que hiciste
aquella solemne profesión delante de
muchos testigos. 13 Te recomiendo en la
presencia de Dios, que da vida a todas las
cosas, y de Jesucristo, que ante Poncio
Pilato rindió tan hermoso testimonio*,
14 que conserves el mandato sin mancha
ni culpa hasta la Manifestación* de nuestro Señor Jesucristo, 15 que a su debido
tiempo hará patente

el Bienaventurado y único Soberano,
l Rey de los reyes y el Señor de los
señores,
16 el único que posee inmortalidad,
que habita en una luz inaccesible,
a quien no ha visto ningún ser
humano ni lo puede ver.
A él el honor y el poder por siempre.
Amén*.

El cristiano rico.

17 A los ricos de este mundo reco-
miéndales que no sean altaneros ni pongan su esperanza en lo inseguro de las
riquezas sino en Dios, que nos provee
espléndidamente de todo para que lo disfrutemos; 18 que practiquen el bien, que
se enriquezcan con bellas obras, que den
con generosidad y con liberalidad; 19 de
esta forma irán atesorando para el futuro
un excelente fondo con el que podrán
adquirir la vida verdadera.

Exhortación final y saludo.

20 Timoteo, guarda el depósito*. Evita
las palabrerías profanas, y también las
objeciones de la falsa ciencia; 21 algunos
que la profesaban se han apartado de la
fe. La gracia con ustedes.

---

6 4 Es preciso *buscar a Dios*, Am **5** 4+; Mt **6** 33, pero sin indagaciones superfluas que pretenden desvirtuar el misterio de la fe, 2 Tm **2** 23; Tt **3** 9; ver 2 Jn 9.

6 13 Jesús, al declararse rey mesiánico y testigo de la verdad, Jn **18** 36-37+, es el modelo del cristiano que profesa su fe.

6 14 *Manifestación* es la palabra que, en las epístolas Pastorales, designa la Venida (parusía), 1 Co **15** 23+, y la Revelación, 1 Co **1** 7+, con el mismo valor de triunfo último de Cristo inaugurado desde su venida a la tierra.

6 16 Esta doxología se inspira probablemente en un himno litúrgico, ver **1** 17.

6 20 El *depósito,* ver 2 Tm **1** 12.14, corresponde a la tradición de la fe; **4** 6; 2 Ts **2** 15+; ver **1** 10+, que es necesario guardar y transmitir sin alteración, ver 2 Tm **2** 2; Mt **28** 20.

SEGUNDA EPÍSTOLA A TIMOTEO

Saludo y acción de gracias.

1 1 Pablo, apóstol de Cristo Jesús por voluntad de Dios para anunciar la promesa de vida que está en Cristo Jesús, 2 a Timoteo, hijo querido. Gracia, misericordia y paz de parte de Dios Padre y de Cristo Jesús Señor nuestro.

3 Doy gracias a Dios, a quien, como mis antepasados, rindo culto con una conciencia pura, cuando continuamente, noche y día, me acuerdo de ti en mis oraciones. 4 Tengo vivos deseos de verte, al acordarme de tus lágrimas, para llenarme de alegría. 5 Pues evoco el recuerdo de la fe sincera que tú tienes, fe que arraigó primero en tu abuela Loida y en tu madre Eunice, y sé que también ha arraigado en ti*.

Los favores recibidos por Timoteo.

6 Por esto te recomiendo que reavives el carisma de Dios que está en ti por la imposición de mis manos. 7 Porque no nos dio el Señor a nosotros un espíritu de timidez, sino de fortaleza, de caridad y de templanza. 8 No te avergüences, pues, ni del testimonio que has de dar de nuestro Señor, ni de mí, su prisionero; sino, al contrario, soporta conmigo los sufrimientos por el Evangelio, ayudado por la fuerza de Dios, 9 que nos ha salvado y nos ha llamado con una vocación santa, no por nuestras obras, sino por su propia determinación y por su gracia que nos dio desde toda la eternidad en Cristo Jesús, 10 y que se ha manifestado ahora con la Manifestación de nuestro Salvador Cristo Jesús, quien ha destruido la muerte y ha hecho irradiar vida e inmortalidad por medio del Evangelio 11 para cuyo servicio he sido yo constituido heraldo, apóstol y maestro.

12 Por este motivo estoy soportando estos sufrimientos; pero no me avergüenzo, porque yo sé bien en quién tengo puesta mi fe, y estoy convencido de que es poderoso para guardar mi depósito hasta aquel Día*.

13 Ten por norma las palabras sanas que oíste de mí en la fe y en la caridad de Cristo Jesús. 14 Conserva el buen depósito mediante el Espíritu Santo que habita en nosotros.

15 Ya sabes tú que todos los de Asia me han abandonado, y entre ellos Figelo y Hermógenes. 16 Que el Señor conceda misericordia a la familia de Onesíforo, pues me reconfortó muchas veces y no se avergonzó de mis cadenas, 17 sino que, en cuanto llegó a Roma, me buscó solícitamente y me encontró. 18 Concédale el Señor encontrar misericordia ante el Señor aquel Día. Además, cuántos buenos servicios me prestó en Éfeso, tú lo sabes mejor.

Sentido de los sufrimientos del apóstol cristiano.

2 1 Tú, pues, hijo mío, mantente fuerte en la gracia de Cristo Jesús; 2 y cuanto me has oído en presencia de muchos testigos confíalo a hombres fieles, que sean capaces, a su vez, de instruir a otros*. 3 Soporta las fatigas conmigo, como un buen soldado de Cristo Jesús. 4 Nadie que se dedica a la milicia* se enreda en los negocios de la vida, si quiere complacer al que le ha alistado. 5 Y lo mismo el atleta; no recibe la corona si no ha competido según el reglamento. 6 Y el labrador que trabaja es el primero que tiene derecho a percibir los frutos. 7 Entiende lo que quiero decirte, pues el Señor te dará la inteligencia de todo.

1 5 No es seguro que estas dos mujeres, *Loida* y *Eunice*, Hch **16** 1, hayan sido cristianas; pero Timoteo, en su juventud, creció en una familia creyente, ver **3** 14-15.

1 12 *Aquel Día*, es la parusía, 1 Co **1** 8+; ver v. 18.

2 2 Se ve aquí con claridad y al vivo la *transmisión* del depósito, 1 Tm **6** 20+, de la que se mencionan cuatro eslabones.

2 4 Tres comparaciones clásicas de comportamiento humano, aplicadas al cristiano: el soldado, el atleta y el labrador.

8 Acuérdate de Jesucristo, resucitado
de entre los muertos, descendiente de
David, según mi Evangelio*; 9 por él estoy sufriendo hasta llevar cadenas como
un malhechor; pero la palabra de Dios
no está encadenada. 10 Por esto todo lo
soporto por los elegidos, para que también ellos alcancen la salvación que está
en Cristo Jesús con la gloria eterna.
11 Es cierta esta afirmación*:
Si hemos muerto con él, también viviremos con él;
12 si nos mantenemos firmes, también
reinaremos con él;
si le negamos, también él nos negará;
13 si somos infieles, él permanece fiel,
pues no puede negarse a sí mismo.

Lucha contra el peligro presente de los falsos doctores.

14 Esto has de enseñar; y conjura en
presencia de Dios que se eviten las discusiones de palabras, que no sirven para
nada, si no es para perdición de los que
las oyen. 15 Procura cuidadosamente presentarte ante Dios como hombre probado, como obrero que no tiene por qué
avergonzarse, como fiel distribuidor de la
palabra de la verdad. 16 Evita las palabrerías profanas, pues los que a ellas se dan
crecerán cada vez más en impiedad, 17 y
su palabra irá cundiendo como gangrena.
Himeneo y Fileto son de éstos: 18 se han
desviado de la verdad al afirmar que la resurrección ya ha sucedido*; y pervierten
la fe de algunos.
19 Sin embargo el sólido fundamento
puesto por Dios se mantiene firme, marcado con este sello*: *El Señor conoce a
los que son suyos*; y: Apártese de la iniquidad todo el que *pronuncia el nombre
del Señor*.
20 En una casa grande no hay solamente utensilios de oro y de plata, sino también de madera y de barro; y unos son
para usos nobles y otros para usos viles.
21 Si, pues, alguno se mantiene limpio
de estas faltas, será un utensilio para uso
noble, santificado y útil para su Dueño,
dispuesto para toda obra buena.
22 Huye de las pasiones juveniles. Persigue la justicia, la fe, la caridad, la paz,
en unión de los que invocan al Señor
con corazón puro. 23 Evita las discusiones
necias y estúpidas; tú sabes bien que en-
gendran altercados. 24 Y a un siervo del
Señor no le conviene altercar, sino ser
amable con todos, pronto a enseñar, sufrido, 25 y que corrija con mansedumbre
a los adversarios, por si Dios les otorga la
conversión que les haga conocer plenamente la verdad, 26 y volver al buen sentido, librándose de los lazos del diablo que
los tiene cautivos, rendidos a su voluntad.

Prevención contra los peligros de los últimos tiempos.

3 1 Ten presente que en los últimos
días sobrevendrán momentos difíciles; 2 los hombres serán egoístas, avaros, fanfarrones, soberbios, difamadores,
rebeldes a los padres, ingratos, irreligiosos, 3 desnaturalizados, implacables,
calumniadores, disolutos, despiadados,
enemigos del bien, 4 traidores, temera-
rios, presuntuosos, más amantes de los
placeres que de Dios, 5 que, teniendo
la apariencia de piedad, reniegan de su
eficacia. Guárdate también de ellos.
6 A éstos pertenecen esos que se introducen en las casas y conquistan a mu-
jerzuelas cargadas de pecados y agitadas
por toda clase de pasiones, 7 que siempre
están aprendiendo y no son capaces de

2 8 La fe esencial predicada por Pablo, Rm **1** 3-4+, funda su constancia a través de todas las pruebas que encuentra, 2 Co **6** 4; ver Col **1** 24+.

2 11 Como en 1 Tm **1** 17; **3** 16+; **6** 15-16, tenemos aquí un fragmento de himno cristiano, con una añadidura al final (« pues no puede negarse a sí mismo»).

2 18 Probablemente entienden la resurrección de una manera puramente espiritual, limitada a la resurrección bautismal, Rm **6** 1-11+; Col **3** 1; etc., al revés de 1 Co **15** 35-53+.

2 19 Estas palabras van grabadas en la piedra o documento de fundación. Citas de Nm **16** 5.26; Is **26** 13 (LXX); ver Jn **10** 14.

llegar al pleno conocimiento de la verdad.
8 Del mismo modo que Janés y Jambrés
se enfrentaron a Moisés*, así también éstos se oponen a la verdad; son hombres
de mente corrompida, descalificados en
la fe. 9 Pero no progresarán más, porque
su insensatez quedará patente a todos,
como sucedió con la de aquéllos.

10 Tú, en cambio, me has seguido asiduamente en mis enseñanzas, conducta,
planes, fe, paciencia, caridad, constancia, 11 en mis persecuciones y sufrimientos, como los que soporté en Antioquía,
en Iconio, en Listra. ¡Qué persecuciones
hube de sufrir! Y de todas me libró el
Señor. 12 Y todos los que quieran vivir
piadosamente en Cristo Jesús, sufrirán
persecuciones. 13 En cambio los malos y
embaucadores irán de mal en peor, serán seductores y a la vez seducidos.

14 Tú, en cambio, persevera en lo que
aprendiste y en lo que creíste, teniendo
presente de quiénes lo aprendiste, 15 y
que desde niño conoces las sagradas
Letras, que pueden darte la sabiduría que
lleva a la salvación mediante la fe en
Cristo Jesús. 16 Toda Escritura es inspirada por Dios y útil para enseñar, para
argüir, para corregir y para educar en la
justicia*; 17 así el hombre de Dios se encuentra perfecto y preparado para toda
obra buena.

Solemne exhortación.

4 1 Te conjuro en presencia de Dios
y ¡de Cristo Jesús que ha de venir
a juzgar a vivos y muertos, por su Manifestación y por su Reino: 2 Proclama
la palabra, insiste a tiempo y a destiempo, reprende, amenaza, exhorta con toda
paciencia y doctrina. 3 Porque vendrá
un tiempo en que los hombres no soportarán la doctrina sana, sino que,
arrastrados por su propias pasiones, se
harán con un montón de maestros por
el prurito de oír novedades; 4 apartarán
sus oídos de la verdad y se volverán a las
fábulas. 5 Tú, en cambio, pórtate en todo
con prudencia, soporta los sufrimientos,
realiza la función de evangelizador, desempeña a la perfección tu ministerio.

6 Porque yo estoy a punto de ser derramado en libación y el momento de mi
partida es inminente*. 7 He competido
en la noble competición, he llegado a la
meta en la carrera, he conservado la fe.
8 Y desde ahora me aguarda la corona
de la justicia que aquel Día me entregará
el Señor, el justo Juez; y no solamente a
mí, sino también a todos los que hayan
esperado con amor su Manifestación*.

Últimas recomendaciones.

9 Apresúrate a venir a mí cuanto antes,
10 porque me ha abandonado Demas por
amor a este mundo y se ha marchado a
Tesalónica; Crescente, a Galacia; Tito, a
Dalmacia. 11 El único que está conmigo
es Lucas. Toma a Marcos y tráelo contigo, pues me es muy útil para el ministerio. 12 A Tíquico lo he mandado a Éfeso.
13 Cuando vengas, tráeme el abrigo que
me dejé en Tróade, en casa de Carpo,
y los libros, en especial los pergaminos.
14 Alejandro, el herrero, me ha hecho
mucho mal. *El Señor le retribuirá según sus obras**. 15 Tú también guárdate
de él, pues se ha opuesto tenazmente a
nuestra predicación.

3 8 Según una tradición judía, *Janés* y *Jambrés* son los nombres de los magos de Egipto mencionados en Ex **7** 11-13.22, etc.

3 16 Las *sagradas Letras,* v. 15; ver 1 M **12** 9+, están inspiradas por Dios, 2 P **1** 21. Esta afirmación clásica en el judaísmo parece incluir ya algunos escritos apostólicos, 1 Tm **5** 18; 2 P **3** 15-16. Timoteo conocía las Escrituras por su familia, **1** 5, y por Pablo, vv. 14-15; **2** 2; ellas le hacen apto para el ministerio, v. 17.

4 6 *Partida,* según Flp **1** 23+, indicaría la muerte próxima de Pablo; ver Flp **2** 17+. Pero los planes de acción que reflejan los vv. 9-18, obligan a interpretar la *partida* como la liberación de la prisión, **1** 8.

4 8 Pablo está convencido de haber cumplido su misión y alcanzado la victoria. En el momento de *su Manifestación*, 1 Tm **6** 14+, los que han acogido su mensaje, gozarán con él en la gloria.

4 14 Ver Sal **62** 13+; Rm **2** 6+.

[16] En mi primera defensa nadie me
asistió, antes bien todos me desampa-
raron. Que no se les tome en cuenta.
[17] Pero el Señor me asistió y me dio fuerzas para que, por mi medio, se procla-
mara plenamente el mensaje y lo oyeran
todos los gentiles. Y fui *librado de la
boca del león**. [18] El Señor me librará de
toda obra mala y me salvará guardándo-
me para su Reino celestial. A él la gloria
por los siglos de los siglos. Amén*.

Saludo final.

[19] Saluda a Prisca y Áquila y a la familia de Onesíforo. [20] Erasto se quedó en
Corinto; a Trófimo lo dejé enfermo en
Mileto. [21] Date prisa en venir antes del
invierno.

Te saludan Eúbulo, Pudente, Lino,
Claudia y todos los hermanos.

[22] El Señor con tu espíritu. La gracia
con ustedes.

4 17 Ver Sal **22** 22; Dn **6** 21.
4 18 La doxología, semejante a Ga **1** 5, va aquí dirigida a Cristo salvador, 1 Tm **1** 1. Ver Rm **16** 25+.

EPÍSTOLA A TITO

Saludo*.

1 1 Pablo, siervo de Dios, apóstol de
Jesucristo para llevar a los elegidos
de Dios a la fe y al pleno conocimiento
de la verdad que es conforme a la piedad, 2 con la esperanza de vida eterna,
prometida desde toda la eternidad por
Dios que no miente, 3 y que en el tiempo
oportuno ha manifestado su palabra por
la predicación a mí encomendada según
el mandato de Dios nuestro Salvador, 4 a
Tito, verdadero hijo según la fe común.
Gracia y paz de parte de Dios Padre y de
Cristo Jesús, nuestro Salvador.

Institución de presbíteros.

5 El motivo de haberte dejado en Creta,
fue para que acabaras de organizar* lo
que faltaba y establecieras presbíteros
en cada ciudad, como yo te ordené. 6 El
candidato debe ser irreprochable, casado
una sola vez, cuyos hijos sean creyentes,
no tachados de libertinaje ni de rebeldía.
7 Porque el epíscopo, como administrador de Dios, debe ser irreprochable;
no arrogante, no colérico, no bebedor,
no violento, no dado a negocios sucios;
8 sino hospitalario, amigo del bien, sensato, justo, piadoso, dueño de sí. 9 Que
esté adherido a la palabra fiel, conforme
a la enseñanza, para que sea capaz de
exhortar con la sana doctrina y refutar a
los que la contradicen.

Contra los falsos doctores.

10 Porque hay muchos rebeldes, vanos
habladores y embusteros, sobre todo
entre los de la circuncisión, 11 a quienes
es necesario tapar la boca, porque son
hombres que trastornan familias enteras,
enseñando por torpe ganancia lo que no
deben. 12 Uno de ellos, profeta suyo, dijo:
«Cretenses siempre mentirosos, malas
bestias, vientres perezosos.» 13 Este testimonio es verdadero. Por tanto reprénde-
los severamente, a fin de que conserven
sana la fe, 14 y no den oídos a fábulas
judaicas, ni a mandamientos de hombres
que se apartan de la verdad.

15 Para los limpios todo es limpio; mas
para los contaminados y no creyentes
nada hay limpio, pues su mente y conciencia están contaminadas. 16 Profesan
conocer a Dios, mas con sus obras lo
niegan; son abominables y rebeldes e incapaces de toda obra buena.

Deberes propios de algunos fieles.

2 1 Mas tú enseña lo que es conforme
a la sana doctrina; 2 que los ancianos
sean sobrios, dignos, sensatos, sanos en
la fe, en la caridad, en la paciencia, en el
sufrimiento; 3 que las ancianas asimismo
sean en su porte cual conviene a los
santos: no calumniadoras ni esclavas de
mucho vino, maestras del bien, 4 para
que enseñen a las jóvenes a ser amantes
de sus maridos y de sus hijos, 5 a ser sensatas, castas, hacendosas, bondadosas,
sumisas a sus maridos, para que no sea
injuriada la palabra de Dios. 6 Exhorta
igualmente a los jóvenes para que sean
sensatos en todo. 7 Muéstrate como modelo de bellas obras: pureza de doctrina,
dignidad, 8 palabra sana, intachable,
para que el adversario se avergüence, no
teniendo nada malo que decir de noso-

1 Este saludo contiene toda una teología del apostolado.

1 5 Pablo fundaba iglesias y dejaba a otros el cuidado de completar la formación de los cristianos, 1 Co **3** 6-10; Rm **15** 20. -El título de *presbítero* (etim.: *anciano,* Hch **11** 30+; **14** 23+) designa un estado, una dignidad; el de *epíscopo* (etim.: *vigilante,* Hch **20** 28), un oficio. Unos y otros, jefes de comunidades locales, ver 1 Tm **3** 1, están encargados no solamente de la administración temporal, sino de numerosas funciones propiamente religiosas. Más tarde los poderes ejercidos por los apóstoles o sus representantes (como Timoteo o Tito) se transmitirán en cada comunidad al que será el *obispo*, jefe único del colegio de los *sacerdotes*.

tros. 9 Que los esclavos estén sometidos
en todo a sus dueños, que sean compla-
cientes y no los contradigan; 10 que no
los defrauden, antes bien muestren una
fidelidad perfecta para honrar en todo la
doctrina de Dios nuestro Salvador.

Fundamento dogmático de estas exigencias.

11 Porque se ha manifestado la gracia
salvadora de Dios a todos los hombres,
12 que nos enseña a que, renunciando a
la impiedad y a las pasiones mundanas,
vivamos con sensatez, justicia y piedad
en el tiempo presente, 13 aguardando la
feliz esperanza y la Manifestación de la
gloria del gran Dios y Salvador* nuestro Jesucristo; 14 el cual se entregó por
nosotros a fin de *rescatarnos de toda*
iniquidad y purificar para sí un pueblo
que fuese suyo, deseoso de bellas obras.
15 Así has de enseñar, exhortar y reprender con toda autoridad. Que nadie
te menosprecie.

Deberes generales de los fieles.

3 1 Amonéstales que vivan sumisos a
los magistrados y a las autoridades,
que los obedezcan y estén prontos para
toda obra buena; 2 que no injurien a nadie, que no sean agresivos sino apacibles,
mostrando una perfecta mansedumbre
con todos los hombres. 3 Pues también
nosotros fuimos en algún tiempo insensatos, desobedientes, descarriados,
esclavos de toda suerte de pasiones y placeres, viviendo en malicia y aborrecibles
y odiándonos unos a otros*.
4 Mas cuando se manifestó la bondad
de Dios nuestro Salvador y su amor a los
hombres, 5 él nos salvó, no por obras de
justicia que hubiéramos hecho nosotros,
sino según su misericordia, por medio del
baño de regeneración y de renovación
del Espíritu Santo*, 6 que derramó sobre
nosotros con generosidad por medio
de Jesucristo nuestro Salvador, 7 para
que, justificados por su gracia, fuéramos
constituidos herederos, en esperanza, de
vida eterna.

Consejos particulares a Tito.

8 Es cierta esta afirmación, y quiero
que en esto te mantengas firme, para
que los que creen en Dios traten de sobresalir en la práctica de las bellas obras.
Esto es hermoso y útil para los hombres.
9 Evita discusiones necias, genealogías,
contiendas y disputas sobre la Ley, porque son inútiles y vanas*. 10 Al sectario*,
después de una y otra amonestación,
rehúyele; 11 ya sabes que ése está pervertido y peca, condenado por su propia
sentencia.

Recomendaciones prácticas. Saludo final.

12 Cuando te envíe a Artemas o a Tíquico, date prisa en venir a mi encuentro, a Nicópolis, porque he pensado pasar allí el invierno. 13 Cuida de proveer de
todo lo necesario para el viaje a Zenón,
el perito en la ley, y a Apolo, de modo
que nada les falte. 14 Que aprendan también los nuestros a sobresalir en las bellas
obras, atendiendo a las necesidades ur-
gentes, para que no sean unos inútiles.
15 Te saludan todos los que están conmigo. Saluda a los que nos aman en la
fe. La gracia con todos ustedes.

2 13 En una exposición muy densa de la obra de Cristo, ver **3** 4-7; 2 Tm **1** 9-10, la espera de la Manifestación, 1 Tm **6** 14+, provoca una afirmación clara de la divinidad de Cristo, ver Rm **9** 5+.

3 3 Ver Rm **3** 21-26+; 1 Co **6** 11; Ef **2** 3-10+.

3 5 El bautismo, nuevo nacimiento del agua y del Espíritu, Jn **3** 3-6+; Hch **1** 5+; Ef **5** 26+. Sus efectos se anuncian en los vv. 6-7; ver Rm **5** 5+; **6** 4+; **8** 17; **12** 2; etc.

3 9 Ver 1 Tm **6** 4+.

3 10 El *sectario,* lit.: el hombre *herético,* es el que hace una elección y engendra la división. Ver 1 Co **5** 5+.

EPÍSTOLA A FILEMÓN

Saludo.

1 Pablo, prisionero de Cristo Jesús, y Timoteo, el hermano, a nuestro querido amigo y colaborador Filemón, 2 a la hermana Apfia, a nuestro compañero de armas, Arquipo, y a la Iglesia que se reúne en tu casa. 3 Gracia y paz a ustedes de parte de Dios, nuestro Padre, y del Señor Jesucristo.

Acción de gracias y ruego.

4 Doy gracias sin cesar a mi Dios, recordándote en mis oraciones, 5 pues tengo noticia de tu caridad y de tu fe para con el Señor Jesús y para bien de todos los santos, 6 a fin de que tu participación en la fe* se haga eficiente mediante el conocimiento perfecto de todo el bien que hay en nosotros en orden a Cristo. 7 Pues tuve gran alegría y consuelo a causa de tu caridad, por el alivio que los corazones de los santos han recibido de ti, hermano.

Intercesión en favor de Onésimo.

8 Por lo cual, aunque tengo en Cristo bastante libertad para mandarte lo que conviene, 9 prefiero más bien rogarte en nombre de la caridad, yo, este Pablo ya anciano, y además ahora preso de Cristo Jesús. 10 Te ruego en favor de mi hijo, a quien engendré entre cadenas, Onésimo, 11 que en otro tiempo te fue inútil, pero ahora muy útil para ti y para mí*.

12 Te lo devuelvo, a éste, mi propio corazón. 13 Yo querría retenerlo conmigo, para que me sirviera en tu lugar, en estas cadenas por el Evangelio; 14 mas, sin consultarte, no he querido hacer nada, para que esta buena acción tuya no fuera forzada sino voluntaria. 15 Pues tal vez fue alejado de ti por algún tiempo, precisamente para que lo recuperaras para siempre*, 16 y no como esclavo, sino como algo mejor que un esclavo, como un hermano querido, que, siéndolo mucho para mí, ¡cuánto más lo será para ti, no sólo como amo, sino también en el Señor! 17 Por tanto, si me tienes como algo unido a ti, acógelo como a mí mismo. 18 Y si en algo te perjudicó o algo te debe, ponlo a mi cuenta*. 19 Yo mismo, Pablo, lo firmo con mi puño; yo te lo pagaré... Por no recordarte deudas para conmigo, pues tú mismo te me debes. 20 Sí, hermano, hazme este favor en el Señor. ¡Alivia mi corazón en Cristo! 21 Te escribo confiado en tu docilidad, seguro de que harás más de lo que te pido*.

Recomendaciones y saludos.

22 Y al mismo tiempo, prepárame hospedaje; pues espero que por las oraciones de ustedes se les concederá la gracia de mi presencia.

23 Te saludan Epafras, mi compañero de cautiverio en Cristo Jesús, 24 Marcos, Aristarco, Demas y Lucas, mis colaboradores.

25 La gracia del Señor Jesucristo con su espíritu.

6 La *participación en la fe* o la *comunión* con Cristo y con los hermanos de Cristo, v. 17, animada por la fe y por el amor, vv. 5-7; Ga **5** 6. El dueño y el esclavo son ambos a dos cristianos, v. 16, ver 1 Co **7** 20-23; **12** 13; Ga **3** 28; Col **3** 11.22-24, rescatados, Rm **3** 24+, y libres servidores de Dios, Ef **6** 5-9; 1 P **2** 16, y de sus hermanos, Ga **5** 13; Ef **5** 21. Ver Si **33** 25+.

11 *Onésimo,* en griego, significa *útil.*

15 Dios ha permitido que el esclavo fugitivo llegue a ser cristiano al lado de Pablo, v. 10, lo cual crea entre él y su amo una relación nueva e inalterable, v. 16.

18 Filemón mismo había sido convertido por Pablo.

21 Pablo deja entender a Filemón, ya en los vv. 14-16, que hará bien en dejar en libertad a Onésimo.

EPÍSTOLA A LOS HEBREOS

Introducción

La paternidad paulina de la epístola a los Hebreos ha sido, desde antiguo, motivo de discusión. Rara vez se ha impugnado su canonicidad, pero la Iglesia de Occidente se negó a atribuírsela a Pablo hasta fines del siglo IV; y si bien la de Oriente aceptó esta atribución, no lo hizo sin reservas respecto de su forma literaria. Y es que, en realidad, el lenguaje y el estilo de este escrito son de una elegante pureza que no es propia de San Pablo. Lo mismo hay que decir en cuanto al modo de citar y utilizar los textos del AT. Además en Hb falta el saludo y la acción de gracias, propias de las epístolas paulinas. Sin embargo en Hb se encuentran resonancias del pensamiento de Pablo en los temas de la fe, de la Ley, de Abrahán en cuanto modelo de fe, de la Alianza del Sinaí, etc.

Estas consideraciones han hecho pensar a muchos críticos católicos y protestantes en un redactor que avanza dentro de la línea paulina, sin llegar a la unanimidad a la hora de identificar a este autor anónimo: ¿Bernabé, Aristión, Silas, Apolo, Priscila? Resulta más sencillo caracterizar su personalidad: un judío de cultura helénica, familiarizado con el arte oratorio, preocupado por una interpretación puntual de los pasajes del AT que utiliza para apoyar su argumentación, y que cita normalmente según la versión de los LXX.

*El lugar y fecha de composición, así como los destinatarios, tampoco se saben con certeza. Parece que el autor se encuentra en Italia (***13** *24). Habla de la liturgia del Templo como de una realidad todavía actual (***8** *4s), y esto llevaría a concluir que escribe antes de la catástrofe del año 70. Pero lo cierto es que no alude nunca al Templo destruido por Tito, sino que habla siempre de la Tienda del desierto y se refiere a los textos que la describen, vigentes más allá de las vicisitudes históricas que afectaron al santuario. La resonancia de algunos pasajes de Hb* **1** *1-13 con la Primera Carta de Clemente y la alusión a una persecución pasada (***10** *32-34) o a punto de terminar (***13** *3), no aportan ninguna luz a este asunto, por la dificultad de concretar estas referencias ni de fechar el escrito de Clemente. Un dato seguro, que aporta la misma Epístola, es la distancia que media entre la predicación apostólica (***2** *3-4) y el primer anuncio recibido por los destinatarios a través de sus «guías» (***13** *7; ver* **10** *32). Lo que llevaría a situar este escrito en la segunda generación cristiana.*

¿En qué género literario hay que situar Hb? ¿Es una carta, un discurso, una homilía, un tratado dogmático en forma epistolar? Hb tiene la espontaneidad de un lenguaje hablado, pero con cortes súbitos, repeticiones, y, sobre todo, retornos al tema principal después de largos intervalos, mal encajados dentro del contexto, lo que no cuadra bien con el género de una homilía. Además, la disposición casi concéntrica de los temas cuadra menos con el género de un discurso.

De todos modos se pueden reconocer dos líneas de argumentación. La primera desarrolla el tema del sacerdocio de Cristo: empieza en **2** *5-8, sigue en* **5** *1-10, alcanza su pleno desarrollo en* **7** *1-28 y* **10** *1-18 (completado con una exhortación,* **10** *26-36 y* **12** *14-17), y concluye en* **13** *20-21. La segunda trata el tema de la fe, siguiendo el ejemplo del pueblo del Éxodo, y se reconoce principalmente en* **1** *1-3;* **2** *1-4;* **3** *1-4.14;* **10** *36-***12** *3;* **12** *18-25. En el desarrollo de este tema se concentran los rasgos más relevantes de inspiración paulina. Los cap.* **8-9***, que interrumpen la secuencia entre* **7** *28 y*

10 *1, se consideran complementos del tema sobre el sacerdocio de Cristo.*

Tendríamos, pues, en Hb dos homilías, fundidas posteriormente en las que se reagruparon las exhortaciones al final del texto. En esta etapa se intercalaron los cap. **8-9**, *las repeticiones y la recapitulación de* **13** *9b-15. En realidad cualquiera de estas subdivisiones tiene su punto de arbitrariedad; no obstante, se seguirá esta última en la presentación de la traducción del texto.*

La epístola va dirigida a los «Hebreos». El título data del s. II, pero es acertado, ya que la preocupación del autor es la de prevenir contra el peligro de la apostasía y de animar a los judeocristianos que añoraban el culto mosaico y el sesgo tranquilizante de una religión oficial, que las jóvenes comunidades cristianas no parecían compartir. Eran Hebreos convertidos que vivían en ambiente helénico, o bien gentiles fascinados por el culto hebreo. Lo cierto es que se trataba de personas familiarizadas con la lectura de los LXX y con algunas interpretaciones bíblicas tradicionales. En cambio no parece que estuvieran familiarizadas con el templo y sus ritos, pues las descripciones que hace la epístola de los mismos, aunque son abundantes, no son siempre precisas.

Para facilitar la lectura del texto en la estructura con la que ha nos ha llegado, podemos distribuirlo en los siguientes apartados:

1. Prólogo *(***1** *1-4)*

Planteamiento de los temas: Jesús, Hijo de Dios, presente como Palabra en el proyecto de Dios desde el principio de la creación, es el único camino, el único mediador, el único sumo sacerdote de la nueva alianza.

2. Jesús, Hijo de Dios *(***1** *5-***2** *11)*

*Parte el autor de textos del AT que analiza mediante una dialéctica rabínica para probar que Jesús, el Hijo de Dios, es superior a los ángeles (***1** *5-14); que su enseñanza es auténtica (***2** *1-9) y que su vida y enseñanza estuvieron al nivel de los hombres, sus hermanos, compartiendo con ellos la realidad humana, la «carne y sangre», incluso los sufrimientos y la misma muerte, para liberarlos del dominio del diablo (***2** *10-18).*

3. Jesús es el verdadero sumo sacerdote del nuevo pueblo de Dios *(***3** *1-***5** *10)*

*La Palabra que transmite Jesús, como sumo sacerdote, tiene la total garantía de ser la Palabra de Dios; es decir que el sumo sacerdocio de Jesús es el auténtico porque de verdad transmite la Palabra de Dios, que debe ser escuchada. Por eso el autor de Hb compara la función transmisora de Jesús con la que tuvo Moisés, que fue el que llevó la Palabra de Dios a sus conciudadanos en el AT. Jesús es superior a Moisés porque por su categoría de Hijo ha sido puesto por Dios al frente de la casa, al frente de su nuevo pueblo (***3** *1-***4** *14).*

*Como sumo sacerdote auténtico del pueblo ante Dios, Jesús ha experimentado todas las situaciones humanas. Por eso es misericordioso y se entregó a sí mismo por sus hermanos (***4** *15-***5** *10).*

4. Naturaleza del sumo sacerdocio de Jesús *(***5** *11-***10** *34)*

a) Introducción *(***5** *11-***6** *20). Hay que profundizar en este tema, para crecer en la fe; porque el crecimiento en la fe y el tener las ideas claras sobre los temas básicos de la vida cristiana es el mejor antídoto frente a posibles peligros de apostasía.*

b) El sacerdocio de Cristo es superior al levítico *(***7** *1-28). El sacerdocio del AT dependía de la Ley, que lo creó y organizó para los descendientes de Aarón, de la tribu de Leví; era temporal, pues* *los sacerdotes eran sustituidos, al morir, por otros de su tribu. En cambio el de Cristo no depende de ninguna ley ni es temporal, pues ha sido instituido por juramento del mismo Dios, es decir instituido de una vez para siempre y es insustituible: «Así es el sumo sacerdote que nos convenía» (***7** *26).*

c) El sacerdocio de Cristo es superior al del AT *(***8** *1-***9** *28). El sacerdocio del AT centrado en la Tienda y en el santuario, era sólo imagen del auténtico, del celestial; además era parte de una alianza imperfecta; y los sacrificios y el culto a los que estaban dedicados los sacerdotes de la Tienda, eran ineficaces, pues se habían de repetir. En cambio el de Jesús es perfecto, es auténtico, celestial, forma parte de una alianza definitiva, nueva y es irrepetible en su realidad temporal: «Se ha manifestado ahora una sola vez... para la destrucción del pecado mediante su sacrificio» (***9** *26).*

d) El sacerdocio de Cristo es una realidad nueva *(***10** *1-18). Primero porque ha anulado el valor de los sacrificios de la Tienda, que han perdido su sentido de símbolos; pero sobre todo porque en este sumo sacerdocio nuevo la ofrenda y el oferente, la víctima y el sacerdote, son la misma realidad; la ofrenda es la misma vida del oferente.*

e) Exhortación final *(***10** *19-39). Anima el autor, como consecuencia de esta reflexión, a la perseverancia y a prevenir los peligros de apostasía. Un modo concreto para ello es asistir a las asambleas de la comunidad (***10** *25).*

5. La comunidad que preside el sumo sacerdote Jesús *(***11** *1-***13** *21)*

*La comunidad nueva de Jesús entronca con la del AT. Ésta tenía como piedra fundamental la fe. Un recorrido por las biografías de algunos personajes del AT lo demuestra (***11** *1-40). La comunidad que preside Jesús se basa también en la fe (***12** *1-13), que es encuentro personal con Dios por medio de Jesús, sumo sacerdote: «fijos los ojos en Jesús, el que inicia y consuma la fe» (***12** *2).*

*La comunidad de Jesús tiene unas notas que la caracterizan (***12** *14-***13** *19): es santa, porque esta comunidad tiene experiencia de Dios por medio de Jesucristo (***12** *18-24); cultual, porque ofrece a Dios un sacrificio de alabanza presidido por el sumo sacerdote Cristo (***13** *8-15); en ella se imparte la enseñanza de la palabra de Dios, a la que se mantiene fiel y dócil (***12** *25-26;* **13** *7.17); en resumen, es una comunidad de amor y de paz en la que se practica la hospitalidad, la generosidad, el respeto en el matrimonio, y la atención a los más necesitados, etc. (***13** *1-6).*

6. Conclusión *(***13** *20-25)*

La bendición final, la doxología y unas breves noticias y saludos de estilo epistolar cierran el escrito que la tradición ha transmitido como una epístola dirigida «a los Hebreos».

EPÍSTOLA A LOS HEBREOS

Prólogo

Títulos del Hijo de Dios encarnado.

1 [1] Muchas veces y de muchas maneras
habló Dios en el pasado a nuestros
Padres por medio de los Profetas. [2] En
estos últimos tiempos nos ha hablado
por medio del Hijo a quien instituyó heredero de todo, por quien también hizo
el universo; [3] el cual, siendo resplandor
de su gloria e impronta de su sustancia*,
y el que sostiene todo con su palabra
poderosa, llevada a cabo la purificación
de los pecados, se sentó a la diestra de
la Majestad en las alturas, [4] con una superioridad sobre los ángeles tanto mayor
cuanto más excelente es el nombre que
ha heredado.

El Hijo

[5] En efecto, ¿a qué ángel dijo alguna
vez: *Hijo mío eres tú; yo te he engen-*
drado hoy; y también: *Yo seré para él*
un padre, y él será para mí un hijo? [6] Y
nuevamente al introducir a su Primogénito en el mundo dice: *Y adórenlo todos*
los ángeles de Dios. [7] Y de los ángeles
dice: *Hace de los vientos sus ángeles,*
y de las llamas de fuego sus ministros.
[8] Pero del Hijo: *Tu trono, ¡oh Dios!, por*
los siglos de los siglos; y: *El cetro de*
tu realeza, cetro de equidad. [9] *Amaste*
la justicia y aborreciste la iniquidad;
por eso te ungió, ¡oh Dios!, tu Dios
con óleo de alegría entre tus compañe-
ros. [10] Y también: *Tú al comienzo, ¡oh*
Señor!, pusiste los cimientos de la tie-
rra, y obra de tu mano son los cielos.
[11] *Ellos perecerán, mas tú permaneces;*
todos como un vestido envejecerán;
[12] *como un manto los enrollarás,* como
un vestido, *y serán cambiados. Pero tú*
eres el mismo y tus años no tendrán
fin. [13] Y ¿a qué ángel dijo alguna vez:
Siéntate a mi diestra, hasta que pon-
ga a tus enemigos por estrado de tus
pies?* [14] ¿Es que no son todos ellos espíritus servidores con la misión de asistir
a los que han de heredar la salvación?

Exhortación.

2 [1] Por tanto, es preciso que preste-
mos mayor atención a lo que he-
mos oído, para que no nos extraviemos.
[2] Pues si la palabra promulgada por
medio de ángeles* obtuvo tal firmeza
que toda transgresión y desobediencia
recibió justa retribución, [3] ¿cómo saldremos absueltos nosotros si descuidamos
tan grande salvación? La cual comenzó
a ser anunciada por el Señor, y nos fue
luego confirmada por quienes la oyeron,
[4] testificando también Dios con signos y
prodigios, con toda suerte de milagros
y dones del Espíritu Santo repartidos
según su voluntad.

1 3 Dos imágenes de Sb **7** 25-26: el Hijo es el reflejo de la gloria del Padre, Ex **24** 16+; Jn **1** 14-18, y la impronta que el ser del Padre marca en él como un sello, Col **1** 15+; ver Jn **14** 6-11+; etc.

1 13 Citas de Sal **2** 7; 2 S **7** 14; Dt **32** 43; Sal **104** 4; **45** 7-8; **102** 26.28; **110** 1.
2 2 Es la Ley mosaica transmitida por los ángeles, Hch **7** 53; Ga **3** 19, y sancionada con severas penas.

El sacerdocio de Cristo

Base bíblica: Salmo 8.

5 En efecto, Dios no sometió a los
ángeles el mundo venidero del cual estamos hablando. 6 Pues atestiguó alguien
en algún lugar: *¿Qué es el hombre, para*
que te acuerdes de él? ¿O el hijo del
hombre, para que de él te preocupes?
7 *Lo hiciste por un poco inferior a los*
ángeles; de gloria y honor lo coronas-
te. 8 *Todo lo sometiste bajo sus pies**.
Al *someterle todo,* nada dejó que no
le estuviera sometido. Mas al presente,
no vemos todavía que *le esté sometido*
todo. 9 Pero a aquel que *fue hecho infe-*
rior a los ángeles por un poco, a Jesús,
lo vemos *coronado de gloria y honor*
por haber padecido la muerte, pues por
la gracia de Dios gustó la muerte para
bien de todos.
10 Convenía, en verdad, que Aquel por
quien es todo y para quien es todo, llevara
muchos hijos a la gloria, perfeccionando
mediante el sufrimiento al que iba a guiarlos a la salvación*. 11 Pues santificador y
santificados tienen todos el mismo origen. Por eso no se avergüenza de llamar-
los *hermanos* 12 cuando dice: *Anunciaré*
tu nombre a mis hermanos; en medio
de la asamblea te alabaré. Y también:
13 *En él pondré yo mi confianza.* Y nuevamente: *Aquí estoy yo y los hijos que*
*Dios me ha dado**.
14 Por tanto, como los *hijos* comparten la sangre y la carne, así también
compartió él las mismas, para reducir
a la impotencia mediante su muerte al
que tenía el dominio sobre la muerte, es
decir, al diablo, 15 y liberar a los que, por
temor a la muerte, estaban de por vida
sometidos a esclavitud. 16 Porque, ciertamente, no es a los ángeles a quienes
tiende una mano, sino a la *descendencia*
de Abrahán. 17 Por eso tuvo que aseme-
jarse en todo a sus *hermanos,* para ser
un sumo sacerdote* misericordioso y fiel
en lo que toca a Dios, y expiar los pecados del pueblo. 18 Pues, habiendo pasado
él la prueba del sufrimiento, puede ayudar a los que la están pasando.

La fe, camino hacia el descanso divino

Cristo superior a Moisés.

3 1 Por tanto, hermanos santos, partícipes de una vocación celestial, consideren al apóstol y sumo sacerdote* de
nuestra confesión, a Jesús, 2 que es *fiel*
al que lo instituyó, como lo fue también
*Moisés en toda su casa**. 3 Pues ha sido
juzgado digno de una gloria tanto superior a la de Moisés, cuanto la dignidad
del constructor de la casa supera a la
casa misma. 4 Porque toda casa tiene su
constructor; mas el constructor de todo
es Dios. 5 Ciertamente, Moisés fue fiel
en toda su casa, como servidor, para
atestiguar cuanto había de anunciarse,
6 pero Cristo lo fue como hijo, al frente
de su propia casa, que somos nosotros,

2 8 Cita Sal **8** 5-7 (LXX). La primacía del hombre en la creación es la que tiene el Hijo de Dios glorificado, 1 Co **15** 23-28+, etc.

2 10 Los sufrimientos de Jesús le han *perfeccionado,* **11** 40, en su papel de santificador y salvador. Hecho semejante a sus hermanos, v. 14; **4** 15, los ha introducido con él en la gloria de Dios, vv. 10.17-18; **4** 15; **5** 2-3. El verbo *perfeccionar,* que aparece varias veces en esta Epístola, evoca, además de los efectos de la obra de Cristo, el rito de consagración de los sacerdotes del AT, Ex **29**; Lv **8**+, que habilitaba al sacerdote para presentarse ante Dios en el santuario.

2 13 Citas de Sal **22** 23; Is **8** 17.18.

2 17 Aparición del título de *sumo sacerdote* aplicado a Cristo, término propio de Hb, que proporciona a esta epístola su tema central.

3 1 Enviado por Dios a los hombres, Jn **3** 17+, y representante de los hombres ante Dios, **2** 17; **4** 14+; etc., Jesús es superior a Moisés, vv. 1-6.

3 2 Cita de Nm **12** 7 (LXX).

si es que mantenemos la confianza y nos
gloriamos en la esperanza.

La entrada en el descanso de Dios.

[7] Por eso, como dice el Espíritu Santo*: *Si hoy escuchan su voz,* [8] *no endurezcan sus corazones como cuando
lo irritaron, el día de la prueba en el
desierto,* [9] *cuando sus padres me pusieron a prueba y me tentaron, después
de haber visto mis obras* [10] *durante
cuarenta años.* Por eso *me irrité contra aquella generación y dije: Siempre
andan extraviados sus corazones; no
reconocen mis caminos.* [11] *Por eso juré
con ira: ¡No entrarán en mi descanso!*
[12] ¡Miren, hermanos!, que no haya en
ninguno de ustedes un corazón malo e
incrédulo que lo aparte del Dios vivo;
[13] antes bien, exhórtense unos a otros
cada día mientras suene este *hoy*, para
que ninguno de ustedes se *endurezca*
seducido por el pecado. [14] Somos en verdad compañeros de Cristo, a condición
de que mantengamos firme hasta el fin
la posición del comienzo. [15] Al decir: *Si
hoy escuchan su voz, no endurezcan
sus corazones como cuando lo irritaron,* [16] ¿quiénes son los que, *después de
haberle oído*, lo irritaron? ¿Es que no
fueron todos los que salieron de Egipto
guiados por Moisés? [17] Y ¿contra quiénes
se indignó durante cuarenta años? ¿No
fue acaso contra los que pecaron, cuyos
*cadáveres cayeron en el desierto**? [18] Y
¿a quiénes *juró que no entrarían en su
descanso* sino a los que no creyeron?
[19] Así, vemos que no pudieron entrar a
causa de su incredulidad.

4 [1] Temamos, pues, no sea que, per-
maneciendo aún en vigor la promesa de *entrar en su descanso**, alguno
de ustedes resulte que llegue rezagado.
[2] También nosotros hemos recibido la
buena nueva, lo mismo que ellos. Pero
la palabra que oyeron no les aprovechó,
pues no se compenetraron con la fe
de los que la escucharon. [3] De hecho,
hemos entrado en el descanso* los que
hemos creído, según está dicho: *Por
eso juré con ira: ¡No entrarán en mi
descanso!* Y eso que las obras de Dios
estaban terminadas desde la creación
del mundo, [4] pues está dicho en alguna
parte acerca del día séptimo: *Y descansó Dios el día séptimo de todas sus
obras.* [5] Y también en el mismo lugar:
¡No entrarán en mi descanso! [6] Así
pues, ya que quedan algunos por entrar
en él, y que los primeros en recibir la
buena nueva no entraron a causa de su
desobediencia, [7] señala otro día, *hoy*,
diciendo por David mucho después en el
lugar citado: *Si hoy escuchan su voz, no
endurezcan sus corazones...* [8] Porque si
Josué les hubiera dado el descanso, no
se hablaría más tarde de otro día. [9] Por
tanto queda un descanso sabático para
el pueblo de Dios. [10] Pues quien *entra
en su descanso,* también él *descansa de
sus trabajos,* como Dios de los suyos.
[11] Esforcémonos, pues, por *entrar en ese
descanso,* para que nadie caiga imitando
aquella desobediencia.

[12] Pues, viva es la palabra de Dios* y
eficaz, y más cortante que espada alguna de dos filos. Penetra hasta la división
entre alma y espíritu, articulaciones y
médulas; y discierne sentimientos y pen-

3 7 Cita del Sal **95** 7-11. El comentario que sigue a esta cita compara la entrada de los israelitas en la Tierra prometida y la admisión de los cristianos en la salvación de Cristo.

3 17 Ver Nm **14** 29-35.

4 1 Hb describe el fracaso de la generación salida de Egipto comparando Sal **95** con Nm **14**. Es el esquema de interpretación del AT típico de Hb, ver **7** 28; **8**: si los profetas y el salmista tienen que reiterar las promesas antiguas, es porque la primera alianza se ha mostrado ineficaz.

4 3 Hb relaciona el Sal **95** 11, «mi descanso» , con Gn **2** 2, donde la palabra «descanso» describe el estado de Dios al terminar la obra de la creación. Deduce que el salmo se refiere a la entrada en el «espacio» divino, inaugurado por Cristo, **10** 20.

4 12 La palabra transmitida por los Profetas y el Hijo, **1** 1-2, sirve de fundamento a las promesas recordadas en el comentario del Sal **95**; ver **3** 7; sigue actuando, 1 Ts **2** 13+, y juzga la sinceridad del corazón humano en su búsqueda del *descanso*.

samientos del corazón. 13 No hay criatura
invisible para ella: todo está desnudo y
patente a los ojos de Aquel a quien hemos de dar cuenta.

Retorno al tema sacerdotal.

14 Teniendo, pues, un gran sumo sacerdote, que penetró los cielos* —Jesús,
el Hijo de Dios— mantengamos nuestra
confesión de fe. 15 Pues no tenemos un
sumo sacerdote que no pueda compadecerse de nuestras flaquezas, ya que ha
sido probado en todo como nosotros,
excepto en el pecado. 16 Acerquémonos,
por tanto, confiadamente al trono de gracia, a fin de alcanzar misericordia y hallar
la gracia de un auxilio oportuno.

El sacerdocio de Cristo

El sacrificio terrestre.

5 1 Porque todo sumo sacerdote es
tomado de entre los hombres y está
constituido en favor de los hombres en lo
que se refiere a Dios para ofrecer dones
y sacrificios por los pecados. 2 Es capaz
de comprender a ignorantes y extraviados, porque está también él envuelto en
flaqueza. 3 Y a causa de la misma debe
ofrecer por sus propios pecados lo mismo que por los del pueblo. 4 Y nadie se
arroga tal dignidad, si no es llamado por
Dios, lo mismo que Aarón.
5 De igual modo, tampoco Cristo se
atribuyó el honor de ser sumo sacerdote,
sino que lo recibió de quien le dijo: *Hijo
mío eres tú; yo te he engendrado hoy.*
6 Como también dice en otro lugar: *Tú
eres sacerdote para la eternidad, a la
manera de Melquisedec**. 7 El cual, habiendo ofrecido en los días de su vida
mortal* ruegos y súplicas con poderoso
clamor y lágrimas al que podía salvarlo
de la muerte, fue escuchado por su actitud reverente, 8 y aun siendo Hijo, por
los padecimientos aprendió la obediencia; 9 y llegado a la perfección, se convirtió en causa de salvación eterna para
todos los que le obedecen, 10 proclamado
por Dios sumo sacerdote *a la manera de
Melquisedec*.

*Toque de atención**

Vida cristiana y teología.

11 Sobre este particular tenemos muchas cosas que decir, aunque difíciles de
explicar, porque se han hecho torpes
de oído. 12 Pues debiendo ser ya ustedes
maestros en razón del tiempo, vuelven
a tener necesidad de ser instruidos en
los primeros rudimentos de los oráculos
divinos, y están necesitados de leche en
lugar de alimento sólido. 13 Pues todo el
que se nutre de leche desconoce la doctrina de la justicia*, porque es niño. 14 En
cambio, el alimento sólido es de adultos;

4 14 La certeza de la presencia de Cristo junto a Dios, **1** 3; **8** 1; **7** 26; **9** 24; etc., nos asegura su socorro con vistas a nuestra estabilidad en la fe.
5 6 Citas del Sal **2** 7; **110** 4. El rey-sacerdote de Gn **14** 18+ es la figura de Cristo.
5 7 *En los días de su vida mortal,* es decir, de su vida humana en la tierra, **2** 9.14. Cristo en su agonía seguía totalmente sometido a la voluntad del Padre, Mt **26** 39p. Por eso fue escuchado, en cuanto que su muerte fue una exaltación gloriosa, **2** 9; Jn **12** 27.31; **13** 31; Flp **2** 6-11.
5 11 La sección **5** 11 - **6** 20 interrumpe el discurso sobre el sacerdocio de Cristo, que se reanuda en **7** 1.
5 13 *La doctrina de la justicia* designa sin duda la enseñanza sobre la justicia de Dios revelada por Cristo, Rm **3** 21-26, y sobre la mediación prefigurada por Melquisedec, *rey de justicia,* **7** 2.

de aquellos que, por la costumbre, tienen las facultades ejercitadas en el discernimiento del bien y del mal.

Plan del autor.

6 1 Por eso, dejando la enseñanza elemental acerca de Cristo, elevémonos a lo perfecto, sin reiterar los temas fundamentales del arrepentimiento de las obras muertas* y de la fe en Dios; 2 de la instrucción sobre los bautismos* y de la imposición de las manos; de la resurrección de los muertos y del juicio eterno. 3 Y así procederemos con el favor de Dios.

4 Porque es imposible que cuantos fueron una vez iluminados, gustaron el don celestial y fueron hechos partícipes del Espíritu Santo, 5 saborearon las buenas nuevas de Dios y los prodigios del mundo futuro, 6 y a pesar de todo cayeron, se renueven otra vez crucificando de nuevo al Hijo de Dios para su conversión y exponiéndolo a pública infamia. 7 Porque la tierra que recibe frecuentes lluvias y produce buena vegetación para los que la cultivan participa de la bendición de Dios. 8 Por el contrario, la que produce *espinas y cardos** es desechada, y cerca está de la *maldición*, y terminará por ser quemada.

Palabras de esperanza y ánimo.

9 Pero de ustedes, queridos, aunque hablemos así, esperamos cosas mejores y conducentes a la salvación. 10 Porque no es injusto Dios para olvidarse de sus obras y del amor que han mostrado en su nombre, con los servicios que han prestado y prestan a los santos*. 11 Deseamos, no obstante, que cada uno de ustedes manifieste la misma diligencia para la plena realización de la esperanza hasta el fin, 12 y no sean indolentes, sino más bien imitadores de aquellos que, mediante la fe y la perseverancia, heredan las promesas.

13 Cuando Dios hizo la promesa a Abrahán, no teniendo a otro mayor por quien jurar, *juró por sí mismo* 14 diciendo: *Te colmaré de bendiciones y te multiplicaré sin medida**. 15 Y, perseverando de esta manera, alcanzó la promesa. 16 Pues los hombres juran por uno superior y entre ellos el juramento es la garantía que pone fin a todo litigio. 17 Por eso Dios, queriendo mostrar más plenamente a los herederos de la promesa la inmutabilidad de su decisión, interpuso el juramento, 18 para que, mediante dos cosas inmutables por las cuales es imposible que Dios mienta, nos veamos más poderosamente animados los que buscamos un refugio asiéndonos a la esperanza propuesta.

Vuelve el tema sacerdotal.

19 En ella tenemos nosotros como un ancla firme y segura de nuestra alma, *que penetra hasta dentro de la cortina**, 20 adonde entró por nosotros como precursor Jesús, hecho, a *la manera de Melquisedec*, sumo *sacerdote para la eternidad*.

6 1 Son *muertas* las obras hechas sin fe, fuera de la verdadera vida, **9** 14; Rm **8** 6.13.
6 2 Los *bautismos* designan las diversas purificaciones entonces en uso, entre otras el bautismo de Juan.
6 8 Ver Gn **3** 17-18.
6 10 Ver la colecta de 1 Co **16** 1+.
6 14 Ver Gn **22** 16-17.
6 19 Ver Lv **16** 2.12. Habiendo entrado Jesús en el santuario celestial, **4** 14; etc.; ver **9**, la esperanza, figurada por el *ancla*, se funda en la promesa y el juramento de Dios, v. 17.

El sacerdocio de Cristo, superior al levítico

Melquisedec*.

7 1 En efecto, este *Melquisedec, rey de Salem, sacerdote del Dios Altísimo*, que *salió al encuentro de Abrahán cuando regresaba de la derrota de los reyes, y lo bendijo*, 2 al cual dio Abrahán el *diezmo de todo*, y cuyo nombre significa, en primer lugar, «rey de justicia» y, además, *rey de Salem*, es decir, «rey de paz», 3 sin padre, ni madre, ni genealogía, sin comienzo de días, ni fin de vida, asemejado al Hijo de Dios, permanece sacerdote para siempre.

Melquisedec recibe el diezmo de Abrahán.

4 Miren ahora cuán grande es éste, a quien el mismo Patriarca *Abrahán dio el diezmo* de lo mejor del botín. 5 Los hijos de Leví que reciben el sacerdocio tienen orden según la Ley de percibir el diezmo del pueblo, es decir, de sus hermanos, aunque también proceden éstos de la estirpe de Abrahán; 6 mas aquél, sin pertenecer a su genealogía, recibió el diezmo de Abrahán, y bendijo al depositario de las promesas. 7 Pues bien, es incuestionable que el inferior recibe la bendición del superior. 8 Y aquí, ciertamente, reciben el diezmo hombres mortales; pero allí, uno de quien se asegura que vive. 9 Y, por así decirlo, hasta el mismo Leví, que percibe los diezmos, los pagó en la persona de Abrahán, 10 pues ya estaba en las entrañas de su antepasado cuando *Melquisedec le salió al encuentro*.

Del sacerdocio levítico al sacerdocio a la manera de Melquisedec*.

11 Pues bien, si la perfección se alcanzara por el sacerdocio levítico —pues de él recibió el pueblo las leyes—, ¿qué necesidad había ya de que surgiera otro sacerdote *a la manera de Melquisedec*, y no «a la manera de Aarón»? 12 Porque, cambiado el sacerdocio, necesariamente se cambian las leyes. 13 Pues aquel de quien se dicen estas cosas, pertenece a una tribu, de la cual nadie sirvió al altar. 14 Y es bien manifiesto que nuestro Señor procede de Judá, una tribu que no menciona Moisés al hablar del sacerdocio.

Derogación del sacerdocio antiguo.

15 Todo esto es mucho más evidente aún si surge otro sacerdote a la manera de Melquisedec, 16 que lo sea, no por ley de sucesión carnal, sino por la fuerza de una vida indestructible. 17 De hecho, está atestiguado: *Tú eres sacerdote para la eternidad, a la manera de Melquisedec.* 18 De este modo queda derogado el precepto precedente, por razón de su ineficacia e inutilidad, 19 ya que la Ley no llevó nada a la perfección, como introducción a una esperanza mejor, por la cual nos acercamos a Dios.

Inmutabilidad del sacerdocio de Cristo.

20 Y, por cuanto no fue sin juramento —pues los otros fueron hechos sacerdotes sin juramento, 21 mientras éste lo fue bajo juramento por Aquel que le dijo: *Juró el Señor y no volverá atrás: Tú eres sacerdote para la eternidad*— 22 por eso, de una mejor alianza resultó fiador Jesús. 23 Además, aquellos sacerdotes fueron muchos, porque la muerte les impedía perdurar. 24 Pero éste posee un sacerdocio exclusivo* porque perma-

7 *Melquisedec,* este rey-sacerdote, **5** 6, sobre cuyos antepasados, descendientes e investidura, Gn **14** 17-20, no dice nada, lleva a pensar que el sacerdocio de Cristo es eterno, vv. 1-3.15-17. Si recibió el diezmo de Abrahán es porque es superior a éste y, con más razón, superior a su descendencia levítica, vv. 4-10.

7 11 El Sal **110** 4+, al declarar al rey mesías *sacerdote para la eternidad, a la manera de Melquisedec,* anuncia caduco el sacerdocio levítico, así como la antigua Ley, en general, vv. 18-19.

nece *para la eternidad.* [25] De ahí que pueda también salvar definitivamente a los que por él se acercan a Dios, ya que está siempre vivo para interceder en su favor.

Perfección del sumo sacerdote celestial.

[26] Así es el sumo sacerdote que nos convenía: santo, inocente, incontaminado, apartado de los pecadores, encumbrado sobre los cielos, [27] que no tiene necesidad de ofrecer sacrificios cada día como aquellos sumos sacerdotes, primero por sus propios pecados, luego por los del pueblo; y esto lo realizó de una vez para siempre*, ofreciéndose a sí mismo. [28] La Ley constituye sumos sacerdotes a hombres débiles; pero la palabra del juramento, posterior a la Ley, nombra a uno que es Hijo, perfecto *para la eternidad.*

Superioridad del culto, del santuario y de la mediación de Cristo sacerdote

El nuevo sacerdocio y el nuevo santuario*.

8 [1] Este es el punto capital de cuanto venimos diciendo, que tenemos un sumo sacerdote tal, que se *sentó a la diestra* del trono de la Majestad en los cielos, [2] al servicio del santuario y de la Tienda verdadera, *erigida* por el Señor*, no por un hombre. [3] Porque todo sumo sacerdote está constituido para ofrecer dones y sacrificios; de ahí que necesariamente también él tuviera que ofrecer algo. [4] Pues si estuviera en la tierra, ni siquiera sería sacerdote, habiendo ya quienes ofrezcan dones según la Ley. [5] Éstos dan culto en lo que es sombra y figura de realidades celestiales, según le fue revelado a Moisés al emprender la construcción de la Tienda: *Mira,* —se le dice— *harás todo conforme al modelo que te ha sido mostrado en el monte*.*

Cristo, mediador de una mejor alianza*.

[6] Ahora bien, él ha obtenido un ministerio tanto mejor cuanto es mediador de una alianza mejor, como fundada en promesas mejores. [7] Pues si aquella primera hubiera sido irreprochable, no habría lugar para una segunda. [8] Porque les dice en tono de reproche:

He aquí que vienen días, dice el Señor,
en que yo concluiré con la casa de Israel y con la casa de Judá
una nueva alianza,
[9] *no como la alianza que hice con sus padres*
el día en que los tomé de la mano para sacarlos de la tierra de Egipto.
Como ellos no permanecieron en mi alianza,
también yo me desentendí de ellos, dice el Señor.

7 24 *Exclusivo,* en el sentido de «inmutable» e « intransferible»: que no se transmite de unos a otros.

7 27 La oblación de Cristo es única e inaugura los últimos tiempos, Hch **1** 7+; Ga **4** 4+, por su eficacia total y definitiva (todo de una sola vez y una vez por todas), **9** 12.26; etc.

8 Cristo es superior a los sacerdotes levíticos en su persona, **7,** y también en su sacrificio, **8-9**, ofrecido en su santuario más noble, vv. 1-5.

8 2 Ver Sal **110** 1; Nm **24** 6 (LXX).

8 5 Cita de Ex **25** 40.

8 6 Cristo, plenamente hombre y Dios, **2** 10-18, es el intermediario entre Dios y la humanidad, **9** 15+; **12** 24; 1 Tm **2** 5. Establece entre Dios y el hombre una nueva relación de Alianza, que ya anunció Jr **31** 31-34+, citado en su totalidad. Ver Ex **19**+; 2 Co **3** 6+; Ga **4** 21-26.

10 *Esta es la alianza que haré con la*
casa de Israel
después de aquellos días, dice el
Señor:
Pondré mis leyes en su mente,
en sus corazones las grabaré;
y yo seré su Dios
y ellos serán mi pueblo.
11 *Y no habrá de instruir ni uno a su*
prójimo
ni otro a su hermano diciendo:
«¡Conoce al Señor!»,
pues todos me conocerán,
desde el menor hasta el mayor de
ellos.
12 *Porque me apiadaré de sus*
iniquidades
y de sus pecados no me acordaré ya.

13 Al decir *nueva*, declaró antigua la
primera; y lo antiguo y viejo está a punto
de desaparecer.

Cristo penetra en el santuario celestial.

9 1 También la primera alianza tenía
sus ritos litúrgicos y su santuario
terreno. 2 Porque se instaló una primera
parte de la Tienda, donde se hallaban el
candelabro y la mesa con los panes presentados, que se llama Santo. 3 Detrás de
la segunda cortina se hallaba la Tienda
llamada Santo de los Santos, 4 que contenía el altar de oro para el incienso, el arca
de la alianza —completamente cubierta
de oro— y en ella, la urna de oro con
el maná, la vara florecida de Aarón y las
tablas de la alianza. 5 Encima del arca, los
querubines de la gloria que cubrían con
su sombra el propiciatorio. Mas no es
éste el momento de hablar de todo ello
en detalle.

6 Instaladas así estas cosas, los sacerdotes entran siempre en la primera parte
de la Tienda para desempeñar las funciones del culto. 7 Pero en la segunda parte
entra una vez al año, y solo, el sumo
sacerdote, y no sin sangre que ofrecer
por sí mismo y por los pecados del pueblo. 8 De esa manera daba a entender el
Espíritu Santo que aún no estaba abierto
el camino del santuario mientras subsistiera la primera Tienda. 9 Todo ello es
un símbolo del tiempo presente, en que
se ofrecen dones y sacrificios incapaces
de perfeccionar en su conciencia al que
da culto, 10 y sólo son prescripciones
carnales, que versan sobre comidas y
bebidas y sobre abluciones de todo género, impuestas hasta el tiempo de la
renovación.

11 En cambio se presentó Cristo* como
sumo sacerdote de los bienes futuros, a
través de una Tienda mayor y más perfecta, no fabricada por mano de hombre,
es decir, no de este mundo. 12 Y penetró
en el santuario una vez para siempre,
no con sangre de machos cabríos ni
de novillos, sino con su propia sangre,
consiguiendo una liberación definitiva.
13 Pues si la sangre de machos cabríos
y de toros y la ceniza de una becerra
santifican con su aspersión a los contaminados, en orden a la purificación de la
carne, 14 ¡cuánto más la sangre de Cristo,
que por el Espíritu eterno se ofreció a
sí mismo sin mancha a Dios, purificará
de las obras muertas nuestra conciencia
para rendir culto al Dios vivo!

Cristo sella con su sangre la nueva alianza*.

15 Por eso es mediador de una nueva
alianza; para que, interviniendo una
muerte que libera de las transgresiones
de la primera alianza, reciban, los llamados, la herencia eterna prometida.

9 11 El ceremonial israelita de la Expiación, Lv **16**, es reemplazado por la ofrenda única, **7** 27+, de la sangre de Cristo, Rm **3** 24+, que nos abre el camino hacia Dios, **10** 1.19; Jn **14** 6; Ef **2** 18; ver Ap **21** 22+.

9 15 El pasaje se funda en los dos valores de la palabra griega *diazêke,* que significa *alianza* y *testamento*, **8** 6+; ver Ga **3** 15-17+. La muerte de Cristo era necesaria para la entrada en vigor de su *testamento,* así como el sacrificio de la *Alianza* exigía una efusión de sangre, ver Ex **24** 6-8. El sacrificio de Cristo, más eficaz que el de Moisés, vale para siempre, **7** 27+; Mt **20** 28.

16 Pues donde hay testamento se requiere que conste la muerte del testador, 17 ya que el testamento es válido en caso de defunción, no teniendo valor en vida del testador. 18 Así tampoco la primera alianza se inauguró sin sangre. 19 Pues Moisés, después de haber leído a todo el pueblo todos los preceptos según la Ley, tomó la sangre de los novillos y machos cabríos con agua, lana escarlata e hisopo, y roció el libro mismo y a todo el pueblo 20 diciendo: *Esta es la sangre de la alianza que Dios ha ordenado para ustedes.* 21 Igualmente roció con sangre la Tienda y todos los objetos del culto; 22 pues según la Ley, casi todo ha de ser purificado con sangre, y sin derramamiento de sangre no hay remisión. 23 Así pues, si es necesario que las figuras de las realidades celestiales sean purificadas de esa manera, también lo es que las realidades celestiales se purifiquen pero con sacrificios más excelentes que aquéllas. 24 Pues bien, Cristo no entró en un santuario hecho por mano humana, en una reproducción del verdadero, sino en el mismo cielo, para presentarse ahora ante el acatamiento de Dios en favor nuestro, 25 y no para ofrecerse a sí mismo repetidas veces al modo como el sumo sacerdote que entra cada año en el santuario con sangre ajena. 26 Para ello habría tenido que sufrir muchas veces desde la creación del mundo. Sino que se ha manifestado ahora una sola vez, al fin de los tiempos, para la destrucción del pecado mediante su sacrificio. 27 Y del mismo modo que el destino de los hombres es que mueran una sola vez, y luego ser juzgados, 28 así también Cristo, después de haberse ofrecido una sola vez *para quitar los pecados de la multitud*, se aparecerá por segunda vez sin relación con el pecado a los que le esperan para su salvación*.

Recapitulación. Sacrificios levíticos y sacrificio de Cristo

Ineficacia de los sacrificios antiguos.

10 1 No teniendo la Ley más que una sombra de los bienes futuros, no la imagen de las cosas, no puede nunca, mediante unos mismos sacrificios que se ofrecen sin cesar año tras año, dar la perfección a quienes se acercan a ellos. 2 De otro modo, ¿no habrían cesado de ofrecerlos, al no tener ya conciencia de pecado los que ofrecen ese culto, una vez purificados? 3 Al contrario, con ellos se renueva cada año el recuerdo de los pecados, 4 pues es imposible que la sangre de toros y cabras borre los pecados*. 5 Por eso, al entrar en este mundo, dice:

Sacrificio y oblación no quisiste;
pero me has formado un cuerpo.
6 *Holocaustos y sacrificios por el*
pecado no te agradaron.
7 *Entonces dije: ¡He aquí que vengo*
—pues de mí está escrito en el
rollo del libro—
a hacer, oh Dios, tu voluntad!*

8 Dice primero: *Sacrificios y oblaciones y holocaustos y sacrificios por el pecado no los quisiste ni te agradaron* —cosas todas ofrecidas conforme a la Ley— 9 *entonces* —añade—: *He aquí que vengo a hacer tu voluntad.* Deroga lo primero para establecer lo segundo. 10 En virtud de esa voluntad quedamos santificados, mediante la *oblación* de una vez para siempre del *cuerpo* de Jesucristo.

9 28 Ver Is **53** 12. La última venida de Cristo, 1 Co **1** 7+; **15** 23+; 1 Tm **6** 14+, no tendrá como fin la expiación del pecado.
10 4 Los profetas condenaban el ritualismo, Am **5** 21+. La epístola niega toda eficacia a los sacrificios antiguos, en beneficio del único sacrificio personal de Cristo, vv. 12-14.
10 7 Cita del Sal **40** 7-9 (LXX).

Eficacia del sacrificio de Cristo.

[11] Todo sacerdote está en pie, día tras
día, oficiando y ofreciendo reiterada-
mente los mismos sacrificios, que nunca pueden borrar pecados*. [12] Él, por
el contrario, habiendo ofrecido por los
pecados un solo sacrificio, *se sentó a
la diestra de Dios para siempre*, [13] esperando desde entonces *hasta que sus
enemigos sean puestos como estrado
de sus pies**. [14] Mediante una sola oblación ha llevado a la perfección definitiva
a los santificados. [15] También el Espíritu
Santo nos lo atestigua. Porque, después
de haber dicho:

[16] *Esta es la alianza que haré con ellos*
después de aquellos días, dice el Señor:
Pondré mis leyes en sus corazones,
y en su mente las grabaré,
[17] añade: *Y de sus pecados e*
iniquidades *no me acordaré ya**.

[18] Ahora bien, donde hay perdón de
estas cosas, ya no hay más oblación por
el pecado.

Transición.

[19] Tenemos, pues, hermanos, plena
confianza para entrar en el santuario en
virtud de la sangre de Jesús, [20] por este
camino nuevo y vivo, inaugurado por
él para nosotros, a través de la cortina,
es decir, de su cuerpo. [21] Tenemos un
sacerdote excelso al frente de la *casa de
Dios*. [22] Acerquémonos con sincero corazón, en plenitud de fe, purificados los
corazones de conciencia mala y lavado el
cuerpo con agua pura. [23] Mantengamos
firme la confesión de la esperanza, pues
fiel es el autor de la Promesa. [24] Fijémo-
nos los unos en los otros para estímulo
de la caridad y las buenas obras, [25] sin
abandonar nuestras asambleas, como algunos acostumbran hacerlo, antes bien,
animándose; tanto más, cuanto que ven
que se acerca ya el Día.

Peligro de apostasía.

[26] Porque si voluntariamente pecamos
después de haber recibido el conocimiento de la verdad, ya no queda sacrificio por los pecados, [27] sino la terrible
espera del juicio y el *fuego ardiente*
pronto a *devorar a los rebeldes**. [28] Si
alguno viola la Ley de Moisés es *condenado a muerte* sin compasión, *por
la declaración de dos o tres testigos**.
[29] ¿Cuánto más severo castigo piensan
que merecerá el que pisotee al Hijo de
Dios, y profane *la sangre de la alianza**
que le santificó, y ultraje al Espíritu de la
gracia? [30] Pues conocemos al que dijo:
*Mía es la venganza; yo daré lo mere-
cido*. Y también: *El Señor juzgará a su
pueblo**. [31] ¡Es terrible caer en las manos
del Dios vivo!

Motivos de perseverancia.

[32] Traigan a la memoria los primeros
días en que, después de ser iluminados*,
tuvieron que soportar un duro y doloroso combate, [33] unas veces expuestos
públicamente a injurias y ultrajes; otras,
haciéndose solidarios de los que así eran
tratados. [34] Pues compartieron los sufrimientos de los encarcelados; y se dejaron despojar con alegría de sus bienes,
conscientes de que poseían una riqueza
mejor y más duradera. [35] No pierdan
ahora su confianza, que lleva consigo
una gran recompensa.

10 11 Quizá hay aquí, como en **7** 27, una alusión a los sacrificios de investidura de los sacerdotes, que duraban siete días, ver Lv **8** 33-34; **9**+; **10** 9.
10 13 Cita del Sal **110** 1.
10 17 Cita de Jr **31** 33-34; ver **8** 8-12.
10 27 Ver Is **26** 11 (LXX).
10 28 Ver Dt **17** 6; Mt **26** 28p+.
10 29 Ver Ex **24** 8.
10 30 Cita de Dt **32** 35.36.
10 32 La *iluminación* designa el bautismo, ver **6** 4; Ef **5** 14+.

La fe perseverante

La espera escatológica.

36 Tienen necesidad de paciencia para
cumplir la voluntad de Dios y conseguir
así lo prometido.
37 Pues todavía *un poco, muy poco
tiempo;
y el que ha de venir vendrá sin
tardanza.*
38 *Mi justo vivirá por la fe**;
*mas, si es cobarde, mi alma no se
complacerá en él.*
39 Pero nosotros no somos *cobardes*
para perdición, sino hombres de *fe* para
la salvación del alma.

Modelos de fe en la Historia Sagrada.

11 1 La fe es garantía de lo que se
espera; la prueba de lo que no se
ve*. 2 Por ella fueron alabados nuestros
mayores.
3 Por la fe, sabemos que el universo
fue formado por la palabra de Dios, lo
visible, de lo invisible.
4 Por la fe, ofreció Abel a Dios un sacrificio mejor que el de Caín, por ella fue
declarado justo, con la aprobación que
dio *Dios a sus ofrendas**; y por ella,
aunque muerto, sigue hablando.
5 Por la fe, Henoc fue trasladado, sin
ver la muerte y *no se le halló, porque
lo trasladó Dios**. Pero aún antes de su
traslado, recibió el testimonio *de haber
agradado a Dios*. 6 Ahora bien, sin fe es
imposible agradarle, pues el que se acerca a Dios ha de creer que existe y que
recompensa a los que le buscan*.
7 Por la fe, Noé, advertido sobre lo
que aún no se veía, con religioso temor
construyó un arca para salvar a su familia; por la fe, condenó al mundo y llegó
a ser heredero de la justicia según la fe.
8 Por la fe, Abrahán, al ser llamado
por Dios, obedeció y *salió* para el lugar
que había de recibir en herencia, y *salió**
sin saber a dónde iba. 9 Por la fe, *pere-
grinó* hacia la Tierra prometida como
extranjero, habitando en tiendas, lo mismo que Isaac y Jacob, coherederos de
las mismas promesas. 10 Pues esperaba
la ciudad asentada sobre cimientos, cuyo
arquitecto y constructor es Dios*. 11 Por
la fe, también Sara recibió, aun fuera de
la edad apropiada, vigor para ser madre,
pues tuvo como digno de fe al que se lo
prometía. 12 Por lo cual también de uno
solo y ya marcado por la muerte, nacieron hijos, *numerosos como las estrellas
del cielo, incontables* como la arena
de las playas.*
13 En la fe murieron todos ellos, sin
haber conseguido el objeto de las promesas: viéndolas y saludándolas desde lejos
y confesándose *peregrinos y forasteros
sobre la tierra**. 14 Los que así hablan,
claramente dan a entender que van en
busca de una patria; 15 pues si pensaban
en la que habían abandonado, podían
volver a ella. 16 Por el contrario aspiran
a una mejor, a la celestial. Por eso Dios
no se avergüenza de ser llamado su Dios,
pues les tenía preparada una ciudad.
17 Por la fe, Abrahán, *sometido a la
prueba, ofreció a Isaac* como ofrenda,

10 38 Cita de Is **26** 20 (LXX) y Ha **2** 3-4 (LXX). Ver Rm **1** 17+.

11 1 El pueblo en camino, **3** 7- **4** 11, no desaparecerá si conserva la fe, **10** 39. *Por la fe,* vv. 3.4, etc., en medio de las persecuciones, se adherirá a la seguridad que se apoya en Dios. Esta fe, Rm **1** 16+, es una anticipación garantizada de los bienes celestiales futuros, **6** 5; etc.; Rm **5** 2+; Ef **1** 13+. Esta certeza está ilustrada con muchos y grandes ejemplos del AT, ver Si **44-50**.

11 4 Ver Gn **4** 4.

11 5 Ver Gn **5** 24.

11 6 La fe que salva es la que concierne a un Dios personal e invisible, Ex **33** 20+; Sb **13**+; Rm **1** 20; y a su providencia, fundamento de la felicidad esperada, Sal **62** 13; Mt **5** 12; Rm **2** 6+.

11 8 Ver Gn **12** 1-4.

11 10 Ver Ap **21** 2.10-20.

11 12 Ver Dn **3** 36 (LXX); Gn **22** 17; Ex **32** 13.

11 13 Ver Gn **23** 4; Sal **39** 13.

y, el que había recibido las promesas, ofrecía a su *único hijo*, [18] respecto del cual se le había dicho: *Por Isaac tendrás descendencia**. [19] Pensaba que poderoso era Dios aun para resucitarlo de entre los muertos. Por eso lo recobró como símbolo.

[20] Por la fe, bendijo Isaac el futuro de Jacob y Esaú. [21] Por la fe, Jacob, moribundo, bendijo a cada uno de los hijos de José, y *se postró apoyado en el extremo de su bastón**. [22] Por la fe, José, al final de la vida, evocó el éxodo de los israelitas, y dio órdenes respecto de sus huesos.

[23] Por la fe, Moisés, recién nacido, *fue durante tres meses ocultado por sus padres*, pues *vieron* que el niño era *hermoso* y no temieron el edicto del rey. [24] Por la fe, *Moisés, ya adulto*, rehusó ser llamado hijo de la hija del Faraón, [25] prefiriendo ser maltratado con el pueblo de Dios a disfrutar el efímero goce del pecado, [26] estimando como riqueza mayor que los tesoros de Egipto *el oprobio de Cristo**, porque tenía los ojos puestos en la recompensa. [27] Por la fe, salió de Egipto sin temer la ira del rey; se mantuvo firme como si viera al invisible. [28] Por la fe, celebró la *Pascua* e hizo la aspersión de la *sangre* para que el *Exterminador* no tocara a sus primogénitos*. [29] Por la fe, atravesaron el mar Rojo como por tierra firme; mientras que los egipcios, al intentarlo, se ahogaron.

[30] Por la fe se derrumbaron los muros de Jericó, después de ser rodeados durante siete días. [31] Por la fe, la prostituta Rajab no pereció con los incrédulos, por haber acogido amistosamente a los exploradores.

[32] Y ¿a qué continuar? Pues me faltaría el tiempo si hubiera de hablar sobre Gedeón, Barac, Sansón, Jefté, David, Samuel y los profetas. [33] Éstos, por la fe, sometieron reinos, administraron justicia, alcanzaron las promesas, cerraron la boca a los leones; [34] apagaron la violencia del fuego, escaparon al filo de la espada, curaron de sus enfermedades, fueron valientes en la guerra, rechazaron ejércitos extranjeros; [35] algunas mujeres recobraron resucitados a sus muertos. Unos fueron torturados, rehusando la liberación por conseguir una resurrección mejor; [36] otros soportaron la prueba de burlas y azotes, de cadenas y prisiones. [37] Fueron apedreados, torturados, aserrados, muertos a espada; anduvieron errantes cubiertos de pieles de ovejas y de cabras; faltos de todo; oprimidos y maltratados, [38] ¡hombres de los que no era digno el mundo!, errantes por desiertos y montañas, por grutas y cavernas. [39] Y todos ellos, aunque alabados por su fe, no consiguieron el objeto de las promesas. [40] Dios tenía dispuesto algo mejor para nosotros, de modo que no llegaran ellos sin nosotros a la perfección*.

El ejemplo de Cristo.

12 [1] Por tanto, también nosotros, teniendo en torno nuestro tan gran nube de testigos, sacudamos todo lastre y el pecado que nos asedia, y corramos con constancia la carrera que se nos propone, [2] fijos los ojos en Jesús, el que inicia y consuma la fe, el cual, por el gozo que se le proponía, soportó la cruz sin miedo a la ignominia y *está sentado a la diestra** del trono de Dios. [3] Fíjense en aquel que soportó tal contradicción de parte de los pecadores, para que no desfallezcan faltos de ánimo. [4] No han resistido todavía hasta llegar a la sangre en su lucha contra el pecado.

Pedagogía paternal de Dios.

[5] Han echado en olvido la exhortación que como a hijos se les dirige: *Hijo mío, no menosprecies la corrección del Se-*

11 18 Ver Gn **22** 1-14; **21** 12.
11 21 Ver Gn **47** 31.
11 26 Ver Ex **2** 2.11.15; Sal **89** 51; Is **53**.
11 28 Ver Ex **12** 11.22-23.
11 40 Cristo ha inaugurado la era de la *perfección*, **2** 10+; **7** 27+. Su resurrección ha abierto el acceso de los cielos a los creyentes y, desde luego, a los justos del AT, **7** 19; **9** 9-11+; **10** 1. Ver 1 P **3** 19+; Jn **12** 32+; etc.
12 2 Ver Sal **110** 13; Hb **1** 3; etc.

ñor; ni te desanimes al ser reprendido
por él. 6 *Pues a quien ama el Señor, lo*
corrige; y azota a todos los hijos que
*reconoce**. 7 Sufren para *corrección*
suya. Como a *hijos* los trata Dios, y ¿qué
hijo hay a quien su padre no *corrige**?
8 Mas si quedan sin la corrección, que a
todos toca, señal de que son bastardos y
no *hijos*. 9 Además, teníamos a nuestros
padres terrestres, que nos corregían, y
les respetábamos. ¿No nos someteremos
mejor al Padre de los espíritus para vivir?
10 ¡Eso que ellos nos corregían según sus
luces y para poco tiempo! Mas él, para
provecho nuestro, y para hacernos partícipes de su santidad. 11 Cierto que ninguna corrección es, a su tiempo, agradable,
sino penosa; pero luego produce fruto
apacible de justicia a los ejercitados en
ella. 12 Por tanto, *robustezcan las ma-*
nos caídas y las rodillas vacilantes 13 *y*
enderecen para sus pies los caminos
*tortuosos**, para que el cojo no se dislo-
que, sino que más bien se cure.

Castigo de la infidelidad.

14 *Procuren la paz* con todos y la
santidad, sin la cual nadie verá al Señor.
15 Velen para que nadie se vea privado
de la gracia de Dios; para que *ninguna*
raíz amarga retoñe ni los turbe y por
ella llegue a contagiarse la comunidad.
16 Que no haya ningún disoluto o impío
como Esaú, que por una comida *vendió*
*su primogenitura**. 17 Ya saben cómo
luego quiso heredar la bendición; pero
fue rechazado y no logró un cambio
de disposición, aunque lo procuró con
lágrimas.

Las dos alianzas*.

18 No se han acercado a una realidad
palpable: *fuego ardiente, oscuridad, ti-*
nieblas, huracán, 19 *toque de trompeta*
y a un sonido de palabras tal, que suplicaron los que lo oyeron no se les hablara
más. 20 Es que no podían soportar esta
orden: *El que toque el monte, aunque*
sea un animal, será lapidado. 21 Tan
terrible era el espectáculo, que el mismo
Moisés dijo: *Espantado estoy* y temblando*. 22 Ustedes, en cambio, se han
acercado al monte Sión, ciudad del Dios
vivo, la Jerusalén celestial, y a miriadas
de ángeles, reunión solemne, 23 y a la
asamblea de los primogénitos inscritos
en los cielos, y a Dios, juez universal, y a
los espíritus de los justos llegados ya a su
perfección, 24 y a Jesús, mediador de una
nueva alianza, y a la aspersión purificadora de una sangre que habla más fuerte
que la de Abel. 25 Guárdense de rechazar
al que les habla; pues si los que rechazaron al que promulgaba oráculos en la
tierra no escaparon al castigo, mucho
menos nosotros, si nos apartamos del
que nos habla desde el cielo. 26 Su voz hizo temblar entonces la tierra. Mas ahora
hace esta promesa: *Una vez más haré*
yo estremecer no sólo *la tierra*, sino
también *el cielo**. 27 Estas palabras, *una*
vez más, quieren decir que las cosas que
tiemblan como criaturas cambiarán, a fin
de que permanezcan las inconmovibles.
28 Por eso, nosotros, que recibimos un
reino inconmovible, hemos de mantener
la gracia y, mediante ella, ofrecer a Dios
un culto que le sea grato, con respeto y
reverencia, 29 pues nuestro *Dios es fue-*
*go devorador**.

12 6 Cita de Pr **3** 11-12 (LXX).

12 7 En la Biblia, la corrección era uno de los rasgos de la educación paterna. Ver Dt **8** 5; Jb **5** 17; Sal **94** 12; etc. Por el sufrimiento Dios conduce a sus hijos a la santidad, v. 10.

12 13 Citas de Is **35** 3 y Pr **4** 26 (LXX).

12 16 Ver Sal **34** 15; Dt **29** 17 (LXX); Gn **25** 33. Preferir un bien material e inmediato a las promesas mesiánicas —como hizo Esaú— es considerado por los profetas como una prostitución, una idolatría.

12 18 La Nueva Alianza, **8** 1-6+, ha alejado el miedo, para introducir a los cristianos en la ciudad celeste, **4** 14+; **11** 10.16, alrededor del mediador triunfante, ver Lc **10** 20; Ap **21** 2+.

12 21 Ver Ex **19** 18.16; Dt **4** 11; Ex **20** 19; **19** 13; Dt **9** 19.

12 26 Cita de Ag **2** 6.

12 29 Cita de Dt **4** 24+.

*Apéndice**

Últimos consejos.

13 1 Que el amor fraterno perdure. 2 No olviden la hospitalidad; gracias a ella, algunos, sin saberlo, hospedaron a ángeles. 3 Acuérdense de los presos, como si estuvieran presos con ellos, y de los que son maltratados, pensando que también ustedes tienen un cuerpo. 4 Tengan todos en gran respeto el matrimonio, y el lecho conyugal sea sin mancha; que a los fornicarios y adúlteros los juzgará Dios. 5 No sean amantes del dinero en su conducta; conténtense con lo que tienen, pues él ha dicho: *No te dejaré ni te abandonaré**; 6 de modo que podemos decir confiados: *El Señor es mi ayuda; no temeré. ¿Qué puede hacerme un hombre*?*

Sobre la fidelidad.

7 Acuérdense de sus guías, que les anunciaron la palabra de Dios y, considerando el desenlace de su vida, imiten su fe. 8 Jesucristo es el mismo, ayer, hoy y por los siglos. 9 No se dejen seducir por doctrinas diversas y extrañas.

Resumen.

Mejor es fortalecer el corazón con la gracia que con alimentos que nada aprovecharon a los que siguieron ese camino. 10 Tenemos nosotros un altar* del cual no tienen derecho a comer los que dan culto en la Tienda. 11 Los cuerpos de los animales, cuya *sangre lleva* el sumo sacerdote *al santuario para la expiación del pecado, son quemados fuera del campamento**. 12 Por eso, también Jesús, para santificar al pueblo con su sangre, padeció fuera de la puerta*. 13 Así pues, salgamos hacia él, *fuera del campamento,* cargando con su ignominia, 14 pues no tenemos aquí ciudad permanente sino que buscamos la futura. 15 Por medio de él *ofrezcamos sin cesar a Dios un sacrificio de alabanza*, es decir, *el fruto de los labios* que confiesan su nombre*. 16 No descuiden la beneficencia y la comunión de bienes; ésos son los sacrificios que agradan a Dios.

Obediencia a los guías espirituales.

17 Obedezcan a sus guías y sométanse a ellos, pues velan sobre sus almas como quienes han de dar cuenta de ellas, para que lo hagan con alegría y no lamentándose, cosa que no les traería a ustedes ventaja alguna. 18 Rueguen por nosotros, pues estamos seguros de tener limpia la conciencia, deseosos de proceder en todo con rectitud. 19 Con la mayor insistencia les pido que lo hagan, para que muy pronto les sea yo devuelto.

Bendición final y doxología.

20 Y el Dios de la paz que *levantó* de entre los muertos al gran *Pastor de las ovejas en virtud de la sangre de una alianza eterna**, a Jesús Señor nuestro, 21 les procure toda clase de bienes para

---

13 El capítulo **13** ofrece el aspecto de algo artificial. Los vv. 22-25 tienen la forma de un billete de envío de la epístola, pero también la tienen los vv. 17-18. La intención de dar forma epistolar a un discurso podría bastar para explicar estos fenómenos.
13 5 Ver Dt **31** 6.
13 6 Cita de Sal **118** 6.
13 10 El *altar,* aquí, designa la cruz en la que Cristo se inmola, vv. 11-12, no la mesa eucarística. Los judíos, que quedan al servicio de la «Tienda», no tienen participación alguna en él.
13 11 Ver Lv **16** 27; Hb **9** 6-8.
13 12 Los cuerpos de las víctimas del sacrificio de Expiación eran quemados fuera de las murallas de la ciudad, Lv **16** 27; Jesús también ha sido crucificado a las afueras de Jerusalén, Mt **27** 32p. Es preciso, pues, abandonar el campo del judaísmo y del mundo.
13 15 Ver Sal **50** 14.23; Os **14** 3.
13 20 Ver Is **63** 11; **55** 3; Za **9** 11; Ex **34**+; Hb **10** 29; **12** 24. La epístola no habla explícitamente de la resurrección de Jesús, sino de que ha sido sustraído al poder de la muerte, **2** 14; **5** 7+, y glorificado en el reino de Dios.

cumplir su voluntad, realizando en nosotros lo que es agradable a sus ojos, por mediación de Jesucristo, a quien sea la gloria por los siglos de los siglos. Amén.

Saludos a los destinatarios.

22 Les ruego, hermanos, que soporten esta exhortación, pues les he escrito
brevemente. 23 Sepan que nuestro hermano Timoteo se ha marchado*. Si viene pronto, iré con él a verlos.
24 Saluden a todos sus guías y a todos los santos. Los saludan los de Italia*.
25 La gracia esté con ustedes.

13 23 *Se ha marchado:* Recomendación de Timoteo para la misión a que *ha sido enviado.* También se puede traducir *ha sido liberado,* pero no tenemos ningún dato en el NT sobre una cautividad de Timoteo.

13 24 *Los de Italia,* o porque la epístola se envía desde Italia, o porque a los saludos se adhieren cristianos de Italia, que están en el extranjero.

EPÍSTOLAS CATÓLICAS

Introducción

Las siete epístolas del NT no atribuidas a San Pablo fueron, por esta misma razón, reunidas muy pronto en una sola colección, a pesar de sus diferentes orígenes: una de Santiago, una de San Judas, dos de San Pedro y tres de San Juan. Su antiquísimo título de «católicas» procede sin duda de que la mayoría de ellas no van destinadas a una comunidad o persona particulares, sino que se dirigen más bien a los cristianos en general.

EPÍSTOLA DE SANTIAGO

Esta epístola tuvo una aceptación lenta y dificultosa en la Iglesia. Sólo hacia finales del siglo IV se impone su aceptación en el conjunto de las iglesias de Oriente y Occidente. Una vez las iglesias la aceptan, identifican a su autor con Santiago, el «hermano del Señor» (Mc **6** *3; Mt* **13** *55) que desempeñó un papel preeminente en la Iglesia de Jerusalén (ver Hch* **12** *17;* **15** *13-21; etc.) y que, según narran Josefo y Hegesipo, murió mártir el año 62 a manos de los judíos. Es distinto del apóstol Santiago, hermano de Juan (Mt* **10** *2p) a quien Herodes dio muerte el año 44 (Hch* **12** *2). Pero sería posible identificarlo con el otro apóstol del mismo nombre, el hijo de Alfeo (Mt* **10** *3p). Ya los antiguos vacilaban en este punto, y los modernos aún lo discuten, sin bien inclinándose por la negativa. La expresión de Pablo en Ga* **1** *19 ha sido interpretada en los dos sentidos.*

El verdadero problema sobre al autor de la carta está en otro plano. Si la epístola había sido escrita por esta persona de primer orden en el apostolado, no se comprenden las dificultades que tuvieron algunas iglesias de los tres primeros siglos para aceptarla como Escritura canónica. Además fue escrita directamente en griego con una elegancia, una riqueza de vocabulario y un sentido de la retórica (diatriba) *bastante sorprendentes en un galileo. Finalmente, la epístola presenta una afinidad muy notable con escritos cuya composición se sitúa a fines del primer siglo o a comienzos del segundo, especialmente con la carta de Clemente de Roma y el Pastor de Hermas. En consecuencia numerosos autores sitúan hoy la composición de la epístola de Santiago hacia el final del siglo primero o incluso a comienzos del segundo. El carácter arcaico de su cristología podría explicarse, más que por la antigüedad de su redacción, por su posible procedencia de los medios judeocristianos.*

*Sea lo que fuere de su origen, este escrito quiere llegar a las «Doce tribus de la Dispersión» (***1** *1), que son, sin duda, los cristianos de origen judío dispersos en el mundo grecorromano, sobre todo en las regiones de Siria y Egipto. El cuerpo de la carta confirma que los destinatarios son convertidos del Judaísmo. El uso constante que el autor hace de la Biblia supone que ésta les es familiar, sobre todo porque procede preferentemente por reminiscencias espontáneas y alusiones implícitas que por doquier se traslucen, y no en forma de argumentación, partiendo de citas explícitas. Se inspira especialmente en la literatura sapiencial, de donde deduce lecciones de moral práctica. Pero también depende profundamente de las enseñanzas del Evangelio, y su escrito no es puramente judío, como a veces se ha afirmado. Se encuentran en la epístola pensamientos y expresiones preferidas de Jesús que parecen proceder de la tradición oral más que de las enseñanzas escritas.*

El escrito no se ajusta fácilmente a las características del estilo epistolar.

Más bien parece una homilía, muestra de la catequesis que estuvo en uso en las comunidades judeocristianas de su tiempo. Contiene exhortaciones morales que se suceden sin gran cohesión, agrupando sentencias sobre un mismo tema, o bien mediante asonancias verbales. Estas características, así como los diversos temas que desarrolla se aprecian en una lectura de la epístola.

1. Introducción (1 *1)*

Presentación del autor, saludos y destinatarios.

2. Valor didáctico de las pruebas *(***1** *2-27)*

Las tribulaciones, pruebas, dificultades que provienen de fuera de la comunidad tienen un valor didáctico, pues contribuyen a dar firmeza a la fe; hay que aceptarlas con gozo. Las dificultades que proceden del interior de uno mismo tienen su origen en la fragilidad humana; no hay que atribuirlas a Dios, porque de Dios sólo procede el bien. El modo de superarlas estriba en el conocimiento propio y el dominio de sí mismo y en seguir las enseñanzas de la catequesis comunitaria.

3. La vida de la comunidad cristiana *(***2** *1-***5** *6)*

La parte central de la epístola traza los rasgos que el autor quiere que resplandezcan en la vida de las comunidades judeocristianas. Estos rasgos son:

*a) Igualdad de todos sus miembros (***2** *1-13), sin favoritismos y menos si éste se basa en la posesión de riquezas. Tales distinciones o favoritismos dañan a la comunión de la fe.*

*b) La buena conducta (***2** *14-***3** *18) que se traduce en el dominio de la lengua, para no ofender a los hermanos, y en el buen uso de los conocimientos que se tienen (sabiduría), que deben redundar en beneficio de todos.*

*c) Vida libre de ambiciones y envidias (***4** *1-***5** *10), que se traduce en no emitir juicios despectivos o condenatorios de los hermanos, en confiar en la providencia de Dios, en compartir los bienes y en no perjudicar a nadie en sus derechos.*

4. Conclusión *(***5** *7-20)*

Termina la epístola dando unas directrices tradicionales en las catequesis primitivas sobre la comunidad que espera la venida del Señor: una comunidad en espera escatológica. Estas directrices son: firmeza en las pruebas, oración en toda circunstancia, corrección fraterna y atención a los enfermos. En esta última habla el autor de la oración y la unción del enfermo de manos de los «presbíteros de la Iglesia», expresión en la que el Concilio de Trento vio el lugar teológico del sacramento de la Unción de los enfermos.

EPÍSTOLA DE SAN JUDAS

El autor se llama «hermano de Santiago» (v. 1) y parece presentarse también como uno de los «hermanos del Señor» (Mt **13** *55p). No hay nada que obligue a identificarle con el apóstol del mismo nombre (Lc* **6** *16 etc.); por lo demás él mismo se distingue del grupo apostólico (v. 17). La mediocre importancia del personaje cuyo nombre se toma hace difícil la hipótesis de que se trate de un pseudónimo, pero la fecha tardía de la epístola la convierte en posible e incluso en probable.*

*La epístola era ya admitida por la mayoría de las iglesias como Escritura canónica desde el año 200. Cierto que el uso de fuentes apócrifas (*Henoc*, en los vv. 7.14s;* Asunción de Moisés*, en el v. 9) suscitó algunas dudas ya desde la antigüedad; pero esto no es un problema especial, pues este recurso legítimo a escritos judíos, en boga entonces, en modo alguno equivale a reconocerles carácter sagrado.*

El autor quiere animar a unas comunidades que atravesaban dificultades externas y sobre todo internas, como la impiedad, el desenfreno y sobre todo las blasfemias contra el Señor Cristo y los ángeles (vv. 4. 8. 10); situación que en cierto modo apunta ya en la epístola a los Colosenses, en las Pastorales y en el Apocalipsis, es decir, situación de finales del siglo I. Hay, en cambio, otras referencias que nos llevarían a situar este escrito a finales de la era apostólica, en los años 70-80. Éstas son: Las predicciones de los apóstoles se atribuyen al pasado (vv. 17s); la fe es algo «transmitido de una vez para siempre» (v. 3); parece además que el autor conocía las epístolas de Pablo.

1. Objetivo de la epístola *(1-4)*

Desea poner en guardia a los cristianos ante desviaciones de algunos miembros de la comunidad que ponían en peligro la enseñanza recibida y la misma vida de la comunidad.

2. Desviaciones doctrinales *(5-16)*

Algunos cristianos, que el autor califica como «alucinados en sus delirios», son los que provocan estas desviaciones, que ya están descritas y castigadas en el AT y en otros libros judíos: rebelión de los ángeles, pecados de Sodoma y Gomorra, alteración del buen funcionamiento de la comunidad.

3. La vida de la comunidad *(17-23)*

La corrección de estas desviaciones se consigue potenciando algunas líneas de la vida comunitaria: fidelidad a las enseñanzas recibidas; vida de fe y oración en el Espíritu Santo; amor misericordioso y corrección fraterna.

4. Doxología final *(24-25)*

La epístola concluye con una doxología tomada, al parecer, de las celebraciones litúrgicas comunitarias, al estilo de la de Rm **16** *25-27.*

PRIMERA EPÍSTOLA DE SAN PEDRO

*Lleva en el saludo el nombre de su autor, Pedro (***1** *1), y como tal fue admitida sin oposición desde los comienzos de la Iglesia; utilizada probablemente por Clemente de Roma y ciertamente por Policarpo, es atribuida explícitamente a San Pedro por Ireneo. El apóstol escribe desde Roma (Babilonia,* **5** *13), donde se encuentra con Marcos. Aunque estamos muy poco informados sobre el fin de su vida, una tradición bien atestiguada le hace venir efectivamente a la capital del imperio donde murió mártir bajo Nerón (¿64 ó 67?). Se dirige a los cristianos de la Dispersión. Y el tono de la epístola es el de una carta circular a comunidades de aldeas, con una organización elemental.*

Una dificultad contra la autenticidad de esta epístola es el uso que hace de otros escritos del NT, especialmente de St, Rm y Ef; y en cambio parece utilizar poco el Evangelio. Una solución que apuntan estudios recientes es que el autor tuvo a su disposición formularios primitivos de catequesis, que contenían también florilegios de textos del AT utilizados en estas catequesis.

Una explicación propuesta para el uso innegable que 1 P hace de Rm y Ef es que Pedro, que no poseía la envergadura teológica de Pablo, muy bien pudo recurrir a los escritos de este último, sobre todo cuando, como aquí, se dirigía a círculos de influencia paulina. Tampoco se debe olvidar que su secretario Silvano fue discípulo de los dos apóstoles y que muy bien pudo ser Silvano el redactor de esta epístola. También conviene señalar las conexiones que se descubren en 1 P con el evangelio de Marcos y los discursos de Pedro en los Hechos de los Apóstoles.

La epístola se considera anterior a la muerte de Pedro, el 64 ó el 65, aunque es posible que Silvano la concluyera algunos años más tarde, siguiendo *las directrices de Pedro. Hasta sería esto probable si estuviera comprobado que 1 P es un mosaico y combinación de fragmentos diversos, entre ellos una homilía de origen bautismal (***1** *13-4 11).*

1. Saludo (1 1-2)

Enumera las comunidades a las que se dirige: las de la región de Asia Menor.

2. Las comunidades cristianas son las herederas de la salvación (1 3-2 10)

*La salvación anunciada por los profetas está actualmente en las comunidades cristianas; los evangelizadores del Mensaje de Jesús son los continuadores de los profetas (***1** *3-12). Esta salvación se trasluce en la vida de los cristianos en esta coyuntura que es tiempo de peregrinación. La salvación ha operado un nuevo estilo de vida, un nuevo nacimiento que brota de la semilla del Evangelio; así se forma el nuevo pueblo de Dios (***1** *13-***2** *3). El fundamento de este nuevo pueblo es Cristo; los creyentes son «las piedras vivas» de la nueva realidad (***2** *4-10).*

3. Las comunidades cristianas son el signo de la salvación (2 11-5 5)

*El nuevo estilo de vida es el signo de la salvación. Pedro marca unas directrices para que la vida de la comunidad sea signo claro en la sociedad: deben ser buenos ciudadanos, con una conducta ejemplar tanto en la vida social como en la familiar (***2** *11-***3** *7). El principio general que marca la conducta cristiana es hacer bien a todos (***3** *8-22). Y sobre todo viviendo en la comunidad como auténticos seguidores de Cristo: en el amor, en la comunión, libres de pasiones, de la liviandad, del desenfreno; siendo hospitalarios y serviciales, como corresponde a una comunidad «en espera escatológica» (***4** *1-19). Los que tienen la responsabilidad sobre estas comunidades, deben cumplir su servicio con honestidad y sencillez, como buenos pastores, para potenciar así la comunión (***5** *1-5).*

*Todas estas directrices brotan del talante de Cristo. Y para describirlo Pedro intercala unos textos que, por su estructura, parecen fórmulas de confesiones públicas de la fe (***2** *22-24 y* **3** *18-22). Jesús pasó por todas las situaciones humanas, llevando a término el proyecto salvador de Dios, «dejándoles un modelo para que ustedes sigan sus huellas» (***2** *21).*

4. Despedida (5 12-14)

Noticia sobre el secretario redactor de la carta, Silvano. Saludos de parte de «su hijo» Marcos. Saludos para todos, que se transmiten con el beso litúrgico y el deseo de paz. Escribe desde Roma, en la época de Nerón, dato que subraya el valor de algunas instrucciones sobre el comportamiento ciudadano, el amor a todos y principalmente el de su ejemplaridad.

SEGUNDA EPÍSTOLA DE SAN PEDRO

*Esta epístola se presenta también, en el saludo, bajo el nombre de Pedro; más adelante alude al anuncio de Jesús sobre su muerte (***1** *14) y dice haber sido testigo de la Transfiguración (***1** *16-18). Remite, finalmente, a una primera carta (***3** *1), que parece ser 1 P.*

Estos datos avalarían la autenticidad de este escrito si no hubiera otros, suficientemente válidos, para ponerla en duda y sugerir una fecha de composición de mediados del siglo II. El lenguaje es bastante distinto del de 1 P. El cap. **2** *es una repetición, libre pero manifiesta, de la epístola de Judas. Parece ya formada la colección de las epístolas de Pablo (***3** *15s). El grupo apostólico es puesto al nivel del grupo profético y el autor habla como si no formara parte de él (***3** *2). El escrito* *previene contra unos falsos doctores que siembran inquietud en la comunidad; aunque estos falsos doctores se podían situar hacia el fin de la vida de San Pedro, históricamente se encuadran mejor en el siglo II.*

Estas dificultades justifican las dudas que aparecieron ya en la antigüedad y el que muchos críticos modernos se nieguen a atribuirla a San Pedro; y es difícil decir que no tienen razón.

*La epístola va dirigida a cristianos de cultura mixta, a la vez bíblica y grecorromana, y por tanto pertenecientes a una iglesia urbana. El autor reconoce la propia cadena de autoridad, afirma el carácter sagrado de sus propias tradiciones, evangélicas, paulinas y apostólicas (Judas) y manifiesta el afán por establecer una armonía coherente y una interpretación normativa de las tradiciones recibidas (***1** *12-15). Todas estas razones internas confirman que es un escrito de mediados del siglo II.*

1. Saludo (1 *1-2)*

*Dentro del formulario normal de los saludos epistolares, el autor introduce el tema de la carta: el conocimiento de nuestro Señor, por medio del cual se logra la gracia y la paz, que se traduce en la práctica de las virtudes, de que hablará a continuación (***1** *5-8).*

2. Fundamentos de la comunidad cristiana (1 *3-21)*

Señala la epístola tres fundamentos sobre los que se asienta la comunidad cristiana:

*a) El llamamiento de Dios a participar de las promesas y de la naturaleza divina: ser hijos de Dios (***1** *3-11). Esta vocación y elección hay que afianzarla mediante una vida honrada, que se traduce en unas actitudes: virtud, conocimiento, templanza, paciencia activa, piedad; y todas culminan en el amor fraterno.*

*b) La enseñanza recibida de los apóstoles, testigos oculares de la vida del Señor Jesucristo (***1** *12-18).*

*c) La Escritura (***1** *19-21), que se leía en las comunidades, centraba la enseñanza catequética y colaboraba en la profundización y afianzamiento de las instrucciones recibidas. La Escritura es Palabra inspirada, comunicada por el Espíritu a través de unas personas que hablan de parte de Dios.*

3. Peligros que tiene la comunidad cristiana (2 *1-22)*

La epístola previene contra los peligros que tiene la comunidad por la presencia de los falsos profetas, que trafican con los creyentes por codicia y ponen en peligro la enseñanza recibida. Toda esta sección es eco de la carta de Judas.

4. La comunidad en espera escatológica (3 *1-16)*

*Como hemos podido apreciar en otros escritos del NT, en las comunidades primeras había una gran preocupación para estar preparados para recibir al Señor en su segunda venida. Los escritores del NT, además de corregir algunas malas interpretaciones de esta segunda venida del Señor, orientan la preocupación de los creyentes hacia un talante peculiar, el de la «espera escatológica». El autor de esta epístola tiene en cuenta algunas directrices dadas por Pablo: en primer lugar el tiempo de la venida del Señor es incierto; la inminencia de la venida no debe preocupar como si fuera algo que va a suceder de hoy para mañana, pues «ante el Señor un día es como mil años y mil años como un día» (***3** *8). La actitud fundamental es la de la vigilancia, con una santa conducta y con la piedad. La vida de la comunidad en espera escatológica se apoya en la Escritura y en las enseñanzas recibidas. El autor alude a una colección de cartas de Pablo y que pone al mismo nivel que el resto de las Escrituras, tanto del NT como del AT.*

5. Despedida (**3** *17-18)*

Exhortación final a la vigilancia y a crecer en la gracia y en el conocimiento o profundización de las enseñanzas recibidas sobre el Señor y Salvador.

EPÍSTOLAS DE SAN JUAN

Además del Cuarto Evangelio y el Apocalipsis, se atribuyen a San Juan tres cartas. Se las llama Epístolas o Cartas por su forma literaria, que es más clara en el segundo y tercer escrito, pero que también está presente en el primero (1 Jn **2** *14).*

PRIMERA EPÍSTOLA DE SAN JUAN

Está estrechamente ligada al IV Evangelio. Su fecha de composición se data según la que se haya adoptado para la redacción del IV Evangelio, pues se considera por muchos autores como una presentación del mismo texto evangélico. Otros piensan que la carta es anterior al Evangelio. De todos modos se acepta comúnmente que la 1 Jn se escribió a finales del siglo I.

El escrito no dice quién la escribió; unas veces habla en plural, como si fuera una comunidad la autora de la epístola, otras en singular, como si el autor fuera el responsable de la comunidad. La atribución a Juan Evangelista se basa en la afinidad que tiene con el IV Evangelio. Si la epístola no fue escrita directamente por Juan, ciertamente lo fue por alguno del círculo de la comunidad joánica.

1. Introducción (**1** *1-4)*

Presenta, con estilo solemne, el tema de Jesús como Palabra de vida, que ha convivido con unos hombres que la anuncian públicamente, como testigos directos de este hecho maravilloso.

2. La comunidad es camino de luz (**1** *5*-**2** *17)*

*Dios es luz. Los que han ingresado en la comunidad cristiana han conocido a Dios, han entrado en comunión con él, por medio de Jesucristo. Participan, por tanto, de la Luz, que es Dios (***1** *5*-**2** *6), y, en consecuencia, adoptan un nuevo estilo de vida. Los creyentes tienen experiencia de esta vida o camino de luz. Experiencia que se traduce en la vivencia del perdón, en el conocimiento de Dios Padre y en la fidelidad a la enseñanza recibida (***2** *7-17).*

3. La comunidad es la familia de los hijos de Dios (**2** *18*-**4** *6)*

*Empieza el autor el desarrollo de este tema constatando una realidad triste que se ha dado en la comunidad: La familia se ha resquebrajado (***2** *18-25). Unos miembros se han separado de la comunidad, porque no reconocen que Jesús sea el Hijo y niegan así a Dios como Padre. Esta negativa atenta directamente contra el hecho de la familia de los hijos de Dios. Estas personas separadas de la comunión son calificadas luego como pertenecientes a la familia de Caín, porque odian a los hermanos (***3** *12-15).*

A continuación describe las notas de esta familia:

*a) El núcleo familiar es el amor del Padre (***3** *1-10), que ha convertido a los creyentes en hijos suyos. Esta filiación se ha hecho patente con la presencia del Hijo, de Jesús, que ha liberado al creyente de la influencia del diablo y del pecado. Los hijos de Dios han roto con el pecado: «Todo el que ha nacido de Dios no peca» (***3** *9).*

*b) El distintivo de esta familia es el amor (***3** *11-24). Esta es la enseñanza básica que han recibido desde el principio. Este amor es el que genera la comunión de vidas, que lleva a compartir los bienes e incluso a dar la vida por los hermanos. Otros comportamientos pueden romper el estilo de* *vida de familia y llevar al odio de Jesús. La comunión en el amor es, para los componentes de esta familia, señal de buena conciencia.*

*c) El refrendo de esta familia es el Espíritu (***4** *1-6). La presencia del Espíritu está muy subrayada en la comunidad de Juan que tiene una manifestación concreta; el Espíritu garantiza la autenticidad de esta familia de Dios. La comunidad debe discernir entre los que tienen este Espíritu y los que no. Los criterios para este discernimiento son: reconocer que Jesucristo es Dios y hombre y atender a la enseñanza de los responsables de la comunidad.*

4. La familia de los hijos de Dios es comunidad de amor y de fe *(***4** *7-***5** *13)*

*Ser familia de Dios y caminar en la Luz tiene unas manifestaciones concretas: La primera es el amor fraterno, ya que el núcleo de la familia es el mismo amor de Dios que hace que todos sean hijos suyos, y dentro de esta familia se vive la experiencia del amor de Dios (***4** *7-21). La segunda es la fe, pues la comunidad se basa en la aceptación de Jesucristo como Hijo. Aceptar esta realidad es nacer de Dios. Tal es la fe de la comunidad cristiana. La epístola insiste en la firmeza del testimonio que el Apóstol ha dado sobre Jesús, Hijo de Dios y verdadero hombre, frente a las falsas enseñanzas sobre la persona de Jesús (***5** *1-13).*

5. Apéndices *(***5** *14-21)*

Como ocurre con el Evangelio (cap. **21)***, este escrito sufrió unas adiciones complementarias sobre la oración por los pecadores, las certezas de la fe y una exhortación a guardarse de los ídolos, designación de las ideas y costumbres paganas que apartan al creyente de la verdadera fe y del verdadero amor.*

SEGUNDA EPÍSTOLA DE SAN JUAN

Escrito breve (13 versículos), que tiene gran semejanza con la 1 Jn, tanto que hay quienes opinan que en un principio fue un sencillo billete de remisión de la Primera de Juan. El autor se llama a sí mismo «El Presbítero», que tradicionalmente ha sido identificado con San Juan; pero bien pudiera ser un cristiano responsable de alguna comunidad del entorno de Juan que escribe a otra comunidad en virtud de la autoridad que le da ser discípulo del apóstol. La comunidad destinataria es calificada como «Señora Elegida», epíteto que se aplicaba a las comunidades cristianas de esta provincia, como se deduce de que se designe con el mismo calificativo a la comunidad desde donde escribe el Presbítero, y que es Éfeso.

TERCERA EPÍSTOLA DE SAN JUAN

Escrito de 15 versículos, dirigido también por «El Presbítero» a un responsable de una comunidad, llamado Gayo, para confirmar el modo de actuar que tiene al acoger a los enviados, misioneros itinerantes, que vienen de parte del Presbítero. El vocabulario de esta carta es el típico de los escritos de Juan. Al mismo tiempo reprende la conducta de otro miembro responsable de la comunidad, llamado Diótrefes, porque no sigue las instrucciones del Presbítero en la acogida de los misioneros.

En cuanto a las fechas de las tres cartas de Juan, la opinión común es considerar la tercera como la primera en el tiempo, seguida de la segunda y finalmente de la primera.

EPÍSTOLA DE SANTIAGO

Saludo.

1 1 Santiago, siervo de Dios y del Señor Jesucristo, saluda a las doce tribus de la Dispersión*.

Provecho de las tribulaciones.

2 Consideren como un gran gozo, hermanos míos, cuando estén rodeados por toda clase de pruebas, 3 sabiendo que la calidad probada de su fe produce paciencia; 4 pero la paciencia ha de culminar en una obra perfecta para que sean perfectos e íntegros, sin que dejen nada que desear.

Petición confiada.

5 Si alguno de ustedes carece de sabiduría, que la pida a Dios, que da a todos generosamente y sin echarlo en cara, y se la dará. 6 Pero que la pida con fe, sin vacilar; porque el que vacila es semejante al oleaje del mar, agitado por el viento y zarandeado de una a otra parte. 7 Que no piense recibir cosa alguna del Señor un hombre como éste, 8 un hombre irresoluto e inconstante en todos sus caminos.

Destino del rico.

9 Que el hermano de condición humilde se gloríe en su exaltación; 10 y el rico, en su humillación*, porque pasará *como flor de hierba:* 11 sale el sol con fuerza y *seca la hierba y su flor cae** y se pierde su hermosa apariencia; así también el rico se marchitará en sus proyectos.

La prueba.

12 ¡*Feliz* el hombre *que soporta* la prueba! Porque, superada la prueba, recibirá la corona de la vida que ha prometido el Señor a los que le aman*.

13 Ninguno, cuando sea probado, diga: «Es Dios quien me prueba»; porque Dios ni es probado por el mal ni prueba a nadie*. 14 Sino que cada uno es probado, arrastrado y seducido por su propia concupiscencia. 15 Después la concupiscencia, cuando ha concebido, da a luz al pecado; y el pecado, una vez consumado, engendra muerte.

Aceptar la palabra y ponerla por obra.

16 No se engañen, hermanos míos queridos: 17 toda dádiva buena y todo don perfecto viene de lo alto, desciende del Padre de las luces*, en quien no hay cambio ni fase de sombra. 18 Nos engendró por su propia voluntad, con palabra de verdad, para que fuésemos como las primicias de sus criaturas*.

19 Ténganlo presente, hermanos míos queridos: Que cada uno sea *diligente para escuchar y tardo* para hablar*, tardo para la ira. 20 Porque la ira del hombre no realiza la justicia de Dios. 21 Por eso, desechen toda inmundicia y abundancia de mal y reciban con docilidad la palabra sembrada en ustedes, que es capaz de salvar sus vidas.

1 1 La *Dispersión* designa a los cristianos de origen judío en el mundo grecorromano, o también a los cristianos en medio de los gentiles, 1 P **1** 1; ver Hch **26** 7; Ap **7** 4+.

1 10 El rico será admitido a la exaltación de los pequeños, **1** 12; **2** 5; **4** 13-14; si se humilla, 1 S **2** 7-8; So **2** 3+; Lc **1** 52; Mt **5** 3+; Ap **14** 13; etc.

1 11 Cita de Is **40** 6-7; ver 1 P **1** 24-25.

1 12 Ver Dn **12** 12-13; Ex **20** 6; Rm **8** 28+; Ap **2** 10.

1 13 Dios pone al hombre en la prueba, ver Gn **3** 3+; Ex **16** 4; etc., pero no le induce al mal. Ver Si **15** 11-20; 1 Co **10** 13; 2 P **2** 9. El pecador, pues, es responsable de su falta, v. 15; Rm **7** 7-12+; **6** 23.

1 17 El *Padre de las luces,* es decir, de la luz y de los astros, Gn **1**, y de toda luz espiritual, Jn **1** 4+; 1 Jn **1** 5+. La imagen siguiente se inspira en el movimiento de los astros.

1 18 La palabra divina, ver v. 25; **2** 8, origina un nuevo nacimiento, Jn **1** 12+; **3** 3-5; 1 P **1** 23. Ver 2 Co **5** 17+.

1 19 Ver Si **5** 11; Pr **10** 19; **14** 17.

22 Pongan por obra la palabra y no se contenten sólo con oírla, engañándose a ustedes mismos. 23 Porque si alguno se contenta con oír la palabra sin ponerla por obra, ése se parece al que contemplaba su rostro natural en un espejo: 24 efectivamente, se contempló, se dio media vuelta y al punto se olvidó de cómo era. 25 En cambio el que considera atentamente la Ley perfecta de la libertad* y se mantiene firme, no como oyente olvidadizo sino como cumplidor de ella, ése, practicándola, será feliz.

26 Si alguno se cree religioso, pero no pone freno a su lengua, sino que engaña a su propio corazón, su religión es vana. 27 La religión pura e intachable ante Dios Padre es ésta: visitar huérfanos y viudas en su tribulación y conservarse incontaminado del mundo.

Respeto debido a los pobres.

2 1 Hermanos míos, no mezclen con la acepción de personas la fe que tienen en nuestro Señor Jesucristo glorificado. 2 Supongamos que entra en su asamblea un hombre con un anillo de oro y un vestido espléndido; y entra también un pobre con un vestido andrajoso; 3 y que dirigen su mirada al que lleva el vestido espléndido y le dicen: «Tú, siéntate aquí, en un buen sitio»; y en cambio al pobre le dicen: «Tú, quédate ahí de pie», o «Siéntate a mis pies». 4 ¿No sería esto hacer distinciones entre ustedes y ser jueces con criterios malos?

5 Escuchen, hermanos míos queridos: ¿Acaso no ha escogido Dios a los pobres según el mundo como ricos en la fe y herederos del Reino que prometió a los que le aman*? 6 ¡En cambio ustedes han menospreciado al pobre! ¿No son acaso los ricos los que los oprimen y los arrastran a los tribunales? 7 ¿No son ellos los que blasfeman el hermoso Nombre que ha sido invocado sobre ustedes? 8 Ciertamente si cumplen plenamente la Ley regia según la Escritura: *Amarás a tu prójimo como a ti mismo**, obran bien; 9 pero si tienen acepción de personas, cometen pecado y quedan condenados por la Ley como transgresores.

10 Porque quien observa toda la Ley, pero falta en un solo precepto, se hace reo de todos. 11 Pues el que dijo: *No adulteres*, dijo también: *No mates**. Si no adulteras, pero matas, eres transgresor de la Ley. 12 Hablen y obren tal como corresponde a los que han de ser juzgados por la ley de la libertad. 13 Porque tendrá un juicio sin misericordia el que no tuvo misericordia; la misericordia se siente superior al juicio.

La fe y las obras*.

14 ¿De qué sirve, hermanos míos, que alguien diga: «Tengo fe», si no tiene obras? ¿Acaso podrá salvarle la fe? 15 Si un hermano o una hermana están desnudos y carecen del sustento diario, 16 y alguno de ustedes les dice: «Vayan en paz, caliéntense y hártense», pero no les dan lo necesario para el cuerpo, ¿de qué sirve? 17 Así también la fe, si no tiene obras, está realmente muerta.

18 Y al contrario, alguno podrá decir: «¿Tú tienes fe? Pues yo tengo obras. Muéstrame tu fe sin obras y yo te mostraré por las obras mi fe». 19 ¿Tú crees que hay un solo Dios? Haces bien. También

1 25 Esta Ley es la divina Revelación, v. 18, implantada, v. 11, recibida, 1 Ts **2** 13+, y puesta en práctica, Mt **7** 24-27p; Rm **2** 13; 1 Jn **3** 18, que libera al hombre, **2** 12, por la fidelidad a los mandamientos. Ver Rm **3** 27; **6** 15+; **7**+.

2 5 Los pobres, **1** 9-10+, poseen ya la verdadera riqueza, So **2** 3+.

2 8 Cita de Lv **19** 18; ver Mt **22** 34-39p+; Rm **13** 8-10+.

2 11 Ver Ex **20** 13-14; Dt **5** 17.

2 14 Para Pablo, las obras no tienen valor alguno sin la fe en Cristo, que es quien justifica al pecador, Rm **1** 16+; **3** 27s; Ga **2** 17; **3** 22, pero la fe después obra por la caridad, 1 Ts **1** 3; Ga **5** 6, y cada uno será juzgado según sus obras, Rm **2** 6+; etc. Santiago invoca también el ejemplo de Abrahán, v. 23; Gn **15** 6, fiel a la amistad de Dios, Is **41** 8, y cumplidor de las obras de la fe, de la *Ley perfecta,* **1** 25; ver Si **44** 20-21.

2 21 Ver Gn **22** 9; Hb **11** 17-19.

los demonios creen y tiemblan. 20 ¿Quieres saber tú, insensato, que la fe sin obras es estéril? 21 Abrahán nuestro padre ¿no alcanzó la justificación por las obras *cuando ofreció a su hijo Isaac sobre el altar*?* 22 ¿Ves cómo la fe cooperaba con sus obras y, por las obras, la fe alcanzó su perfección? 23 Y alcanzó pleno cumplimiento la Escritura que dice: *Creyó Abrahán en Dios y se le consideró como justicia* y se le llamó amigo de Dios.

24 Ya ven cómo el hombre es justificado por las obras y no por la fe solamente. 25 Del mismo modo Rajab, la prostituta, ¿no quedó justificada por las obras al dar hospedaje a los mensajeros y hacerles marchar por otro camino*? 26 Porque así como el cuerpo sin espíritu está muerto, así también la fe sin obras está muerta.

Contra la intemperancia en el hablar.

3 1 No quieran ser maestros* muchos de ustedes, hermanos míos, sabiendo que tendremos un juicio más severo, 2 pues todos caemos muchas veces.

Si alguno no cae al hablar, ése es un hombre perfecto, capaz de refrenar todo su cuerpo*. 3 Si ponemos a los caballos frenos en la boca para que nos obedezcan, dirigimos así todo su cuerpo. 4 Miren también las naves: aunque sean grandes y vientos impetuosos las empujen, son dirigidas por un pequeño timón adonde la voluntad del piloto quiere. 5 Así también la lengua es un miembro pequeño y puede gloriarse de grandes cosas. Miren qué pequeño fuego y qué bosque tan grande incendia. 6 La lengua es también fuego, es un mundo de iniquidad; la lengua, que es uno de nuestros miembros, contamina todo el cuerpo y, encendida por la gehenna, prende fuego a la rueda de la vida desde sus comienzos. 7 Toda clase de fieras, aves, reptiles y animales marinos pueden ser domados y de hecho han sido domados por el género humano; 8 en cambio ningún hombre ha podido domar la lengua; es un mal turbulento; está llena de veneno mortífero. 9 Con ella bendecimos al Señor y Padre, y con ella maldecimos a los hombres, hechos a imagen de Dios; 10 de una misma boca proceden la bendición y la maldición. Esto, hermanos míos, no debe ser así. 11 ¿Acaso la fuente mana por el mismo caño agua dulce y amarga? 12 ¿Acaso, hermanos míos, puede la higuera producir aceitunas y la vid higos? Tampoco el agua salada puede producir agua dulce*.

La verdadera y la falsa sabiduría*.

13 ¿Quién hay entre ustedes sabio o con experiencia? Que muestre por su buena conducta las obras hechas con la mansedumbre de la sabiduría. 14 Pero si tienen en su corazón amarga envidia y ambición, no se jacten ni mientan contra la verdad. 15 Tal sabiduría no desciende de lo alto, sino que es terrena, natural, demoníaca. 16 Pues donde hay envidia y ambición, allí hay desconcierto y toda clase de maldad. 17 En cambio la sabiduría que viene de lo alto es, en primer lugar, pura, además pacífica, indulgente, dócil, llena de misericordia y buenos frutos, imparcial, sin hipocresía. 18 Fruto de justicia siembran en paz los que procuran la paz.

Contra las discordias.

4 1 ¿De dónde proceden guerras y contiendas entre ustedes? ¿No es de sus deseos de placeres que luchan en sus miembros? 2 ¿Codician y no poseen?

2 25 Ver Jos **2** 6; Hb **11** 31.
3 1 No buscar por ambición las funciones de la enseñanza, ver Mt **23** 8; 1 Co **12** 28-29.
3 2 Los que enseñan deben más que los demás dominar este pequeño órgano, la *lengua,* capaz de tantos excesos. Ver Pr **10** 19; **15** 1-4; **18** 21; Si **5** 11-18, etc.
3 12 Ver Mt **7** 16-19; **12** 34-35.
3 13 Ver **1** 5; 1 Co **1** 17+. El pasaje parece dirigirse aún a los *doctores,* **3** 1.
4 2 Disensiones entre los cristianos, u otros conflictos en que andaban mezclados.

Matan. ¿Envidian y no pueden conseguir? Combaten y hacen la guerra*. No
tienen porque no piden. 3 Piden y no
reciben porque piden mal, con la intención de malgastarlo en sus deseos de
placeres.
4 ¡Adúlteros*!, ¿no saben que la amistad con el mundo es enemistad con Dios?
Cualquiera, pues, que desee ser amigo
del mundo se constituye en enemigo de
Dios. 5 ¿Piensan que la Escritura dice en
vano: Tiene deseos ardientes el espíritu
que él ha hecho habitar en nosotros*?
6 Más aún, da una gracia mayor; por eso
dice: *Dios resiste a los soberbios y da*
*su gracia a los humildes**. 7 Sométanse,
pues, a Dios; resistan al diablo y él huirá
de ustedes. 8 Acérquense a Dios y él se
acercará a ustedes. Limpien, pecadores,
las manos; purifiquen los corazones,
hombres irresolutos. 9 Lamenten su miseria, entristézcanse y lloren. Que su
risa se cambie en llanto y su alegría en
tristeza. 10 Humíllense ante el Señor y él
los ensalzará.
11 No hablen mal unos de otros, hermanos. El que habla mal de un hermano
o juzga a su hermano, habla mal de la
Ley y juzga a la Ley; y si juzgas a la Ley,
ya no eres un cumplidor de la Ley, sino
un juez. 12 Uno solo es legislador y juez,
el que puede salvar o perder. En cambio
tú, ¿quién eres para juzgar al prójimo*?

Advertencias a los ricos*.

13 Ahora bien, ustedes los que dicen:
«Hoy o mañana iremos a tal o cual ciudad, pasaremos allí el año, negociare-
mos y ganaremos»; 14 ustedes que no
saben qué será de su vida el día de
mañana... ¡Son vapor de agua que aparece un momento y después desaparece!
15 En lugar de decir: «Si el Señor quiere,
viviremos y haremos esto o aquello».
16 Pero ahora se jactan en su fanfarrone-
ría. Toda jactancia de este tipo es mala.
17 Aquel, pues, que sabe hacer el bien y
no lo hace, comete pecado.

5 1 Ahora bien, ustedes, ricos, lloren
y den alaridos por las desgracias
que están para caer sobre ustedes. 2 Su
riqueza está podrida y sus vestidos están
apolillados; 3 su oro y su plata se han
enmohecido y su moho será testimonio
contra ustedes y devorará sus carnes
como fuego. Han acumulado riquezas en
estos días que son los últimos*. 4 Miren;
el salario de los obreros que segaron sus
campos y que no han pagado está gritando; y los gritos de los segadores han
llegado a los oídos del Señor de los ejércitos. 5 Han vivido sobre la tierra lujosa-
mente y se han entregado a los placeres;
han hartado sus corazones para el día de
la matanza. 6 Condenaron y mataron al
justo; no les resiste.

La Venida del Señor.

7 Tengan, pues, paciencia, hermanos,
hasta la Venida del Señor*. Miren: el
labrador espera el fruto precioso de la
tierra aguardándolo con paciencia hasta
recibir las lluvias tempranas y tardías.
8 Tengan también ustedes paciencia; fortalezcan sus corazones porque la Venida
del Señor está cerca.

4 4 *Adúlteros,* en el texto el término griego está en femenino, *adúlteras.* Evoca la imagen bíblica del AT: Israel, esposa infiel, Os **1** 2+; 2 Co **11** 2+. Ver Mt **12** 39; Mc **8** 38.
4 5 Cita difícil de identificar. Ver **2** 7; **6** 3; Dt **4** 24+; Ex **36** 27.
4 6 Cita de Pr **3** 34; ver 1 P **5** 5.
4 12 Dios es el único que juzga al hombre, **2** 4; **5** 7-9.12; Mt **7** 1+. Juzgar a otros es violar la ley regia del amor, v. 11; **2** 8.
4 13 Esta apóstrofe se hace eco de las de los profetas, Is **5** 8-10; Am **2** 6-7; etc. Las riquezas acusarán a los ricos en el momento del juicio.
5 3 Los *últimos tiempos,* en los que nos encontramos, son los tiempos de la Iglesia, 2 Co **6** 2+, contemplados aquí bajo la perspectiva del juicio o dictamen definitivo del Señor, vv. 7-9; **4** 12; ver Mt **6** 19; Is **5** 8-10; Am **2** 6-7; **8** 4-8; Sb **2** 10-20; etc.
5 7 La espera de la Venida, Mt **24**+ 1 Co **1** 8+, es el motivo profundo de la paciencia, **1** 2-4.12; 1 P **4** 7. Ver Jb **1** 21-22; **42** 10-17; Mc **4** 26-29.

9 No se quejen, hermanos, unos de
otros para no ser juzgados; miren que
el Juez está ya a las puertas. 10 Tomen,
hermanos, como modelo de sufrimiento
y de paciencia a los profetas, que hablaron en nombre del Señor. 11 Miren cómo
proclamamos felices a los que sufrieron
con paciencia. Han oído la paciencia de
Job y saben el final que el Señor le dio;
porque *el Señor es compasivo y misericordioso**.

Exhortaciones finales.

12 Ante todo, hermanos, no juren ni
por el cielo ni por la tierra, ni por ninguna otra cosa. Que su sí sea sí, y el no,
no; para no incurrir en juicio*.
13 ¿Sufre alguno entre ustedes? Que
ore. ¿Está alguno alegre? Que cante salmos. 14 ¿Está enfermo alguno entre ustedes? Llame a los presbíteros de la Iglesia,
que oren sobre él y le unjan con óleo en
el nombre del Señor*. 15 Y la oración de
la fe salvará al enfermo, y el Señor hará
que se levante, y si hubiera cometido
pecados, le serán perdonados. 16 Con-
fiésense, pues, mutuamente sus pecados
y oren los unos por los otros, para que
sean curados.

La oración ferviente del justo tiene
mucho poder. 17 Elías* era un hombre
de igual condición que nosotros; oró insistentemente para que no lloviese, y no
llovió sobre la tierra durante tres años y
seis meses. 18 Después oró de nuevo y el
cielo dio lluvia y la tierra produjo su fruto.
19 Hermanos míos, si alguno de ustedes se desvía de la verdad y otro le convierte, 20 sepa que el que convierte a un
pecador de su camino desviado, salvará
su alma de la muerte y *cubrirá multitud
de pecados**.

5 11 Ver Ex **34** 6; Sal **103** 8; etc.

5 12 Ver Mt **5** 34-37.

5 14 En esta unción acompañada de oraciones, que hacen los ancianos, Hch **11** 30+, en nombre del Señor, para el alivio de la enfermedad y el perdón de los pecados, la Iglesia ha visto el sacramento de la Unción de Enfermos.

5 17 La plegaria de Elías, 1 R **17** 1.7; **18** 1, es el modelo de la oración eficaz, Si **48** 2-3.

5 20 Cita de Pr **10** 12+. La caridad fraterna hace volver a los extraviados, Mt **18** 15; 1 Ts **5** 14, y aprovecha a su vez al que la pone en práctica, ver Lc **7** 47; 1 P **4** 8; 1 Jn **3** 20.

PRIMERA EPÍSTOLA DE SAN PEDRO

Saludo.

1 1 Pedro, apóstol de Jesucristo, a los elegidos que viven como extranjeros en la Dispersión*: en el Ponto, Galacia, Capadocia, Asia y Bitinia, 2 según el previo conocimiento de Dios Padre, con la acción santificadora del Espíritu, para obedecer a Jesucristo y ser rociados con su sangre*. A ustedes gracia y paz abundantes.

La herencia concedida por el Padre.

3 Bendito sea el Dios y Padre de nuestro Señor Jesucristo quien, por su gran misericordia, mediante la Resurrección de Jesucristo de entre los muertos, nos ha reengendrado a una esperanza viva, 4 a una herencia incorruptible, inmaculada e inmarcesible, reservada en los cielos para ustedes, 5 a quienes el poder de Dios, por medio de la fe, protege para la salvación, dispuesta ya a ser revelada en el último momento*.

Amor y fidelidad hacia Cristo.

6 Por lo cual rebosan de alegría, aunque sea preciso que todavía por algún tiempo sean afligidos con diversas pruebas, 7 a fin de que la calidad probada de su fe, más preciosa que el oro perecedero que es probado por el fuego, se convierta en motivo de alabanza, de gloria y de honor, en la Revelación de Jesucristo. 8 A quien aman sin haberlo visto; en quien creen, aunque de momento no lo vean, rebosando de alegría inefable y gloriosa; 9 y alcancen la meta de su fe, la salvación de las almas*.

La revelación profética del Espíritu.

10 Sobre esta salvación investigaron e indagaron los profetas, que profetizaron sobre la gracia destinada a ustedes*, 11 procurando descubrir a qué tiempo y a qué circunstancias se refería el Espíritu de Cristo, que estaba en ellos, cuando les predecía los sufrimientos destinados a Cristo y las glorias que les seguirían. 12 Les fue revelado que no administraban en beneficio propio sino en favor de ustedes este mensaje que ahora les anuncian quienes les predican el Evangelio*, en el Espíritu Santo enviado desde el cielo; mensaje que los ángeles ansían contemplar.

Exigencias de la nueva vida: Ser santos.

13 Por lo tanto, cíñanse los lomos de su espíritu, sean sobrios, pongan toda su esperanza en la gracia que se les procurará mediante la Revelación de Jesucristo. 14 Como hijos obedientes, no se amolden a las apetencias de antes, del tiempo de su ignorancia, 15 más bien, así como el que los ha llamado es santo, así también ustedes sean santos en toda su conducta,

1 1 Ver St **1** 1. Los cristianos viven como extranjeros en este mundo, **2** 11; Rm **12** 2+; Flp **3** 20: Hb **13** 14, cuyos vicios deben evitar, **4** 2-4.

1 2 Este versículo menciona al Padre, al Hijo, al Espíritu, cuya obra va a ser descrita en los vv. 3-12; ver 2 Co **13** 13+. Las expresiones del v. aluden a la ceremonia de la ratificación de la alianza, Ex **24** 6-8.

1 5 *El último momento,* último período de la historia inaugurado por Jesús, **1** 20, y que concluirá con la Revelación, vv. 7.13; **4** 13; **5** 1; 1 Co **1** 7-8+, o Parusía, St **5** 7+; ver Rm **8** 17-18+; Col **3** 4.

1 9 *Las almas,* es decir *las personas,* **1** 22; **2** 11; 1 Co **15** 44+.

1 10 El Espíritu Santo ha hecho conocer a los profetas la amplitud de la obra saludable de Cristo, ver 1 Co **10** 4+; Lc **24** 44.

1 12 La predicación de los apóstoles anuncia el misterio ya presente, Rm **16** 25+, aunque todavía en esperanza, vv. 3-5. El empalme de la función de los profetas con la predicación de los apóstoles, obra del mismo Espíritu, demuestra la unidad de toda la Historia de la salvación.

16 como está escrito: *Serán santos, porque santo soy yo**.

17 Y si llaman Padre a quien, sin acepción de personas, juzga a cada cual según su conducta, condúzcanse con temor durante el tiempo de su destierro, 18 sabiendo que *han sido rescatados** de la conducta necia heredada de sus padres, no con algo caduco, oro o *plata*, 19 sino con una sangre preciosa, como de cordero sin defecto y sin mancilla, Cristo, 20 predestinado antes de la creación del mundo y manifestado en los últimos tiempos a causa de ustedes; 21 los que por medio de él creen en Dios, que le ha resucitado de entre los muertos y le ha dado la gloria, de modo que su fe y su esperanza estén en Dios.

La regeneración por la palabra.

22 Han purificado sus almas, obedeciendo a la verdad, para amarse los unos a los otros sinceramente como hermanos. Ámense intensamente unos a otros con corazón puro, 23 pues han sido reengendrados de un germen no corruptible, sino incorruptible, por medio de la palabra de Dios viva y permanente*. 24 Pues *toda carne es como hierba y todo su esplendor como flor de hierba; se seca la hierba y cae la flor;* 25 *pero la palabra del Señor permanece eternamente**. Y esta es la palabra: la Buena Nueva anunciada a ustedes.

2 1 Rechacen, por tanto, toda malicia y todo engaño, hipocresías, envidias y toda clase de maledicencias. 2 Como niños recién nacidos, deseen la leche espiritual pura, a fin de que, por ella, crezcan para la salvación, 3 si es que *han gustado que el Señor es bueno**.

El sacerdocio del Pueblo de Dios.

4 Acérquense a él, piedra viva, desechada por los hombres, pero elegida, preciosa ante Dios; 5 también ustedes, cual piedras vivas, entren en la construcción de un edificio espiritual, para un sacerdocio santo, para ofrecer sacrificios espirituales, aceptos a Dios por mediación de Jesucristo. 6 Pues está en la Escritura: *He aquí que coloco en Sión una piedra elegida, angular, preciosa y el que crea en ella no será confundido.* 7 Para ustedes, pues, creyentes, el honor; pero para los incrédulos, *la piedra que los constructores desecharon, en piedra angular se ha convertido,* 8 *en piedra de tropiezo y roca de escándalo.* Tropiezan en ella porque no creen en la palabra; para esto han sido destinados*.

9 Pero ustedes* son *linaje elegido, sacerdocio real, nación santa, pueblo adquirido*, para anunciar las alabanzas de Aquel que los ha llamado de las tinieblas a su admirable luz, 10 ustedes que en un tiempo *no* eran *pueblo* y que ahora son Pueblo de Dios, de los que antes *no se tuvo compasión*, pero ahora *son compadecidos*.

Obligaciones de los cristianos: Entre los gentiles.

11 Queridos, los exhorto a que, como *extranjeros y forasteros**, se abstengan de las apetencias carnales que combaten contra el alma. 12 Tengan en medio de los gentiles una conducta ejemplar a fin de que, en lo mismo que los calumnian como malhechores, a la vista de sus bellas obras den gloria a Dios en el día de la Visita.

1 16 Cita de Lv **17** 1+; ver Ex **19** 3-6. Los vv. siguientes contienen diversas alusiones relativas al Éxodo y deben emparentarse con una catequesis bautismal muy antigua.
1 18 Ver Is **52** 3.
1 23 La regeneración, **1** 3, como el crecimiento del cristiano, **2** 2, es obra de la Palabra de Dios, St **1** 18+.
1 25 Cita de Is **40** 6-8; ver St **1** 10-11.
2 3 Cita de Sal **34** 9.
2 8 Cita de Is **28** 16+; Sal **118** 22+; Is **8** 14-15. La incredulidad de Israel entra en los planes de Dios, ver Jn **12** 40+; Hch **4** 11+.
2 9 Las cualidades del pueblo de Dios, Ex **19** 3-6; Is **43** 20-21; Os **1** 2-3; **2** 25, son transferidas a la Iglesia, nueva mansión espiritual de Dios, v. 5; ver Rm **9** 25-26; Ap **1** 6.
2 11 Ver Sal **39** 13, Hb **11** 13, y 1 P **1** 1+. Los vv. 11-25 describen la conducta de los cristianos en medio del mundo.

Con las autoridades*.

13 Sean sumisos, a causa del Señor, a
toda institución humana: sea al rey, como
soberano, 14 sea a los gobernantes, como
enviados por él para castigo de los que
obran el mal y alabanza de los que obran
el bien. 15 Pues esta es la voluntad de
Dios: que obrando el bien, cierren la boca a los ignorantes insensatos. 16 Obren
como hombres libres, y no como quienes
hacen de la libertad un pretexto para
la maldad, sino como siervos de Dios.
17 Honren a todos, amen a los hermanos,
teman a Dios, honren al rey.

Con los amos.

18 Criados, sean sumisos, con todo
respeto, a sus dueños, no sólo a los
buenos e indulgentes, sino también a los
severos. 19 Porque es meritorio tolerar
penas, por consideración a Dios, cuando
se sufre injustamente. 20 ¿Pues qué gloria
hay en soportar los golpes cuando han
faltado? Pero si obrando el bien soportan el sufrimiento, esto es meritorio ante
Dios.

21 Pues para esto han sido llamados,
ya que también Cristo sufrió por ustedes,
dejándoles un modelo para que sigan sus
huellas*. 22 El que no cometió pecado, *y
en cuya boca no se halló engaño*; 23 el
que, al ser insultado, no respondía con
insultos; al padecer, no amenazaba, sino
que se ponía en manos de Aquel que
juzga con justicia; 24 *el mismo que*, sobre
el madero, *llevó nuestros pecados* en su
cuerpo, a fin de que, muertos a nuestros
pecados, viviéramos para la justicia; *con
cuyas heridas han sido curados.* 25 Eran
*como ovejas descarriadas**, pero ahora
han vuelto al pastor y guardián de sus
almas.

En el matrimonio.

3 1 Igualmente, ustedes, mujeres, sean
sumisas a sus maridos para que, si
incluso algunos no creen en la palabra,
sean ganados no por las palabras sino
por la conducta de sus mujeres, 2 al considerar su conducta casta y respetuosa.
3 Que su adorno no esté en el exterior,
en peinados, joyas y modas, 4 sino en lo
oculto del corazón, en la incorruptibilidad de un espíritu dulce y sereno: esto es
precioso ante Dios. 5 Así se adornaban
en otro tiempo las santas mujeres que
esperaban en Dios, siendo sumisas a sus
maridos; 6 así obedeció Sara a Abrahán,
llamándole *Señor**. De ella se hacen hijas cuando obran bien, sin tener ningún
temor.

7 De igual manera ustedes, maridos, en
la vida común sean comprensivos con la
mujer que es un ser más frágil, tribután-
doles honor como coherederas que son
también de la gracia de Vida, para que
sus oraciones no encuentren obstáculo.

Entre los hermanos.

8 En conclusión, tengan todos unos
mismos sentimientos, sean compasivos,
ámense como hermanos, sean misericordiosos y humildes. 9 No devuelvan mal
por mal, ni insulto por insulto; por el contrario, bendigan, pues han sido llamados
a heredar la bendición*.

10 *Pues quien quiera amar la vida*
y ver días felices,
guarde su lengua del mal,
y sus labios de palabras engañosas,
11 *apártese del mal y haga el bien,*
busque la paz y corra tras ella.
12 *Pues los ojos del Señor miran a los*
justos
y sus oídos escuchan su oración,

2 13 Ver Rm **13** 1s+; Tt **3** 1.
2 21 En las pruebas, el modelo es Jesús, Jn **13** 15; 1 Co **11** 1+; Flp **2** 5, crucificado por nuestros pecados, **3** 18; Is **53** 4-12; ver Hch **2** 23; etc.
2 25 Las ovejas *descarriadas,* Is **53** 6, han entrado por la fe en el rebaño, Jn **10** 11-16+, del cual Jesús es el pastor y el *inspector* o vigilante. Ver **5** 2-4+.
3 6 Ver Gn **18** 12 (LXX).
3 9 El amor incluye el amor de los enemigos, Mt **5** 38-39+; 1 Ts **5** 5. El Sal **34** 13-17 describe la bendición prometida a los misericordiosos.

pero el rostro del Señor contra los
que obran el mal.

En la persecución.

13 Y ¿quién les hará mal si se afanan
por el bien? 14 Mas, aunque sufrieran a
causa de la justicia, dichosos ustedes. *No*
les tengan ningún miedo ni se turben.
15 Al contrario, *den culto al Señor*, Cristo, en sus corazones, siempre dispuestos
a dar respuesta a todo el que les pida
razón de su esperanza*. 16 Pero háganlo
con dulzura y respeto. Mantengan una
buena conciencia, para que aquello mismo que les echen en cara, sirva de confusión a quienes critiquen su buena conducta en Cristo. 17 Pues más vale padecer
por obrar el bien, si esa es la voluntad de
Dios, que por obrar el mal.

La Resurrección y el Descenso a los infiernos.

18 Pues también Cristo, para llevarnos
a Dios, murió una sola vez por los pecados, el justo por los injustos, muerto en
la carne, vivificado en el espíritu. 19 En
el espíritu fue también a predicar a los
espíritus encarcelados*, 20 en otro tiempo
incrédulos, cuando les esperaba la paciencia de Dios, en los días en que Noé
construía el arca, en la que unos pocos,
es decir ocho personas, fueron salvados
a través del agua; 21 a ésta corresponde*
ahora el bautismo que los salva y que
no consiste en quitar la suciedad del
cuerpo, sino en pedir a Dios una buena
conciencia por medio de la Resurrección
de Jesucristo, 22 que, habiendo ido al
cielo, está a la diestra de Dios, y le están
sometidos los ángeles, las dominaciones
y las potestades*.

Romper con el pecado.

4 1 Ya que Cristo padeció en la carne,
ármense también ustedes de este
mismo pensamiento: quien padece en
la carne, ha roto con el pecado*, 2 para
vivir ya el tiempo que le quede en la
carne, no según las pasiones humanas,
sino según la voluntad de Dios. 3 Ya
es bastante el tiempo que han pasado
obrando conforme al querer de los gentiles, viviendo en desenfrenos, livianda-
des, desórdenes, orgías, embriagueces
y en cultos ilícitos a los ídolos. 4 A este
propósito, se extrañan de que no corran
con ellos hacia ese libertinaje desbordado, y prorrumpen en injurias. 5 Darán
cuenta a quien está pronto para juzgar
a vivos y muertos. 6 Por eso hasta a
los muertos se ha anunciado la Buena
Nueva, para que, condenados en carne
según los hombres, vivan en espíritu
según Dios.

A la espera de los últimos tiempos.

7 El fin de todas las cosas está cercano*. Sean, pues, sensatos y sobrios para
darse a la oración. 8 Ante todo, tengan
entre ustedes intenso amor, *pues el*
*amor cubre multitud de pecados**.
9 Sean hospitalarios unos con otros sin
murmurar. 10 Que cada cual ponga al
servicio de los demás la gracia que ha recibido, como buenos administradores de

3 15 Ver Is **8** 12-13 (LXX). Testimonio de los cristianos ante el mundo, **2** 12, especialmente ante los tribunales. Los gentiles no tienen esperanza, Ef **2** 12; 1 Ts **4** 13.

3 19 Entre su muerte y su resurrección, Mt **12** 40; Hch **2** 24.31; Rm **10** 7, Jesús descendió en espíritu al *Hades,* Mt **16** 18+. Predicó la salvación, **4** 6, a los *espíritus encarcelados,* bien sea a los demonios encadenados, v. 22, o más bien a los espíritus de los justos difuntos que esperaban entrar con él en la Ciudad, ver Mt **27** 52.

3 21 *Corresponde,* lit.: *el antitipo,* realidad prefigurada por el tipo, 1 Co **10** 6+; aquí el agua del bautismo que permitió la salvación de algunas personas, Gn **7** 7; 2 P **2** 5, mientras que la eficacia del bautismo, ver Rm **6** 4+, es ilimitada.

3 22 Ver Hch **2** 32-33; Ef **1** 20-22+; Flp **2** 9-11+.

4 1 Unido al Cristo doliente, **3** 18, el cristiano triunfa de las consecuencias del pecado, Rm **1** 28.32; **6** 2-3.7; 1 Jn **2** 16-17.

4 7 Ver **1** 5; **4** 17; Flp **4** 5+; St **5** 3-8+.

4 8 Cita de Pr **10** 12; ver St **5** 20+.

las diversas gracias de Dios*. 11 Si alguno habla, sean palabras de Dios; si alguno presta un servicio, hágalo en virtud del poder recibido de Dios, para que Dios sea glorificado en todo por Jesucristo, a quien corresponden la gloria y el poder por los siglos de los siglos. Amén.

Dichosos los que sufren en Cristo.

12 Queridos, no se extrañen del fuego* que ha prendido en medio de ustedes para probarlos, como si les sucediera algo extraño, 13 sino alégrense en la medida en que participan en los sufrimientos de Cristo, para que también se alegren jubilosos en la revelación de su gloria. 14 Dichosos ustedes, si son injuriados por el nombre de Cristo, pues el Espíritu de gloria, que es el *Espíritu de Dios, reposa sobre ustedes.* 15 Que ninguno de ustedes tenga que sufrir ni por criminal ni por ladrón ni por malhechor ni por entrometido: 16 pero si es por cristiano, que no se avergüence, que glorifique a Dios por llevar este nombre. 17 Porque ha llegado el tiempo de comenzar el juicio por la casa de Dios. Pues si comienza por nosotros, ¿qué fin tendrán los que no creen en el Evangelio de Dios? 18 *Si el justo se salva a duras penas ¿en qué pararán el impío y el pecador*?* 19 De modo que, aun los que sufren según la voluntad de Dios, confíen sus almas al Creador fiel, haciendo el bien*.

Consejos: A los presbíteros.

5 1 A los ancianos* que están entre ustedes los exhorto yo, anciano como ellos, testigo de los sufrimientos de Cristo y partícipe de la gloria que está para manifestarse. 2 Apacienten la grey de Dios que les está encomendada, vigilando, no forzados, sino voluntariamente, según Dios*; no por mezquino afán de ganancia, sino de corazón; 3 no tiranizando a los que les ha tocado cuidar, sino siendo modelos de la grey. 4 Y cuando aparezca el Mayoral, recibirán la corona de gloria que no se marchita.

A los fieles.

5 De igual manera, jóvenes*, sean sumisos a los ancianos; revístanse todos de humildad en sus mutuas relaciones, pues *Dios resiste a los soberbios y da su gracia a los humildes.* 6 Humíllense, pues, bajo la poderosa mano de Dios para que, llegada la ocasión, los ensalce; 7 *confíenle* todas *sus preocupaciones*, pues él cuida de ustedes*. 8 Sean sobrios y velen. Su adversario, el diablo, ronda como *león rugiente*, buscando a quién devorar. 9 Resístanle firmes en la fe, sabiendo que sus hermanos que están en el mundo soportan los mismos sufrimientos. 10 El Dios de toda gracia, el que los ha llamado a su eterna gloria en Cristo, después de breves sufrimientos, los restablecerá, afianzará, robustecerá y los consolidará.

11 A él el poder por los siglos de los siglos. Amén.

Saludos finales.

12 Por medio de Silvano, a quien tengo por hermano fiel, les he escrito brevemente, exhortándoles y atestiguándoles que esta es la verdadera gracia de Dios; perseveren en ella.

4 10 Todo *carisma* se ejercita en servicio de la comunidad, 1 Co **12**+; ver Rm **12** 6-8.
4 12 El *fuego* designa una prueba violenta, **1** 7.
4 18 Ver Pr **11** 21 (LXX).
4 19 Que Dios sea *Creador fiel* quiere decir que domina los acontecimientos de la historia, Gn **1** 1+; 1 Co **1** 9. Sobre este reconocimiento de Dios, Señor de la historia, basan los cristianos perseguidos su esperanza, ver Sal **31** 6; Lc **23** 46.
5 1 Los *ancianos* son los presbíteros, aquí contrapuestos a los *jóvenes,* **5** 5; ver Tt **1** 5+. Sobre la *Parusía,* ver **1** 5+.
5 2 A ejemplo de Jesús, **2** 25+, los pastores deben ser también desinteresados y entregados, ver Jn **21** 15+; Hch **20** 28+; 1 Co **9** 14; 2 Co **1** 24; Flp **4** 5+; 1 Ts **2** 5.
5 5 Los *jóvenes* designan quizás a los fieles, contrapuestos a los *ancianos,* **5** 1.
5 7 Ver Pr **3** 34 (LXX); Sal **55** 23; **22** 13-14.

[13] Los saluda la que está en Babilonia*, elegida como ustedes, así como mi hijo Marcos.

[14] Salúdense unos a otros con el beso de amor.

Paz a todos los que están en Cristo.

5 13 *La que está en Babilonia* es la Iglesia de Roma, Ap **14** 8; **16** 19; **17** 5; *elegida,* 2 Jn 1.13, porque es la Iglesia de los elegidos, **1** 1-2; **2** 9.

SEGUNDA EPÍSTOLA DE SAN PEDRO

Saludo.

1 1 Simeón Pedro, siervo y apóstol de
Jesucristo, a los que por la justicia
de nuestro Dios y Salvador Jesucristo les
ha cabido en suerte una fe tan preciosa
como la nuestra. 2 A ustedes, gracia y
paz abundantes por el conocimiento de
nuestro Señor.

La generosidad de Dios.

3 Pues su divino poder nos ha concedido cuanto se refiere a la vida y a la piedad, mediante el conocimiento perfecto
del que nos ha llamado por su propia
gloria y virtud, 4 por medio de las cuales
nos han sido concedidas* las preciosas y
sublimes promesas, para que por ellas se
hicieran partícipes de la naturaleza divina, huyendo de la corrupción que hay en
el mundo por la concupiscencia.
5 Por esta misma razón, pongan el
mayor empeño en añadir a su fe la virtud, a la virtud el conocimiento, 6 al conocimiento la templanza, a la templanza
la paciencia activa, a la paciencia activa,
la piedad, 7 a la piedad el amor fraterno,
al amor fraterno la caridad. 8 Pues estas
cosas, si las tienen en abundancia, no
los dejarán inactivos ni estériles para el
conocimiento perfecto de nuestro Señor
Jesucristo. 9 Quien no las tenga es ciego
y corto de vista; ha echado al olvido la
purificación de sus pecados pasados.
10 Por tanto, hermanos, pongan el mayor empeño en afianzar su vocación y
su elección. Obrando así nunca caerán.
11 Pues así se les dará amplia entrada en
el Reino eterno de nuestro Señor y Salvador Jesucristo.

El testimonio apostólico.

12 Por esto, estaré siempre recordándoles estas cosas, aunque ya las sepan
y estén firmes en la verdad que poseen.
13 Me parece justo, mientras me encuentro en esta tienda*, estimularlos con la
exhortación, 14 sabiendo que pronto tendré que dejar mi tienda, según me lo ha
manifestado nuestro Señor Jesucristo.
15 Pero pondré empeño en que, en todo
momento, después de mi partida, puedan ustedes recordar estas cosas.
16 Les hemos dado a conocer el poder
y la Venida de nuestro Señor Jesucristo,
no siguiendo fábulas ingeniosas, sino
después de haber visto con nuestros propios ojos su majestad*. 17 Porque recibió
de Dios Padre honor y gloria, cuando la
sublime Gloria le dirigió esta voz: «Este es
mi Hijo muy amado en quien me complazco.» 18 Nosotros mismos escuchamos
esta voz, venida del cielo, estando con él
en el monte santo.

La palabra de los profetas.

19 Y tenemos también la firmísima
palabra de los profetas*, a la cual hacen
bien en prestar atención, como a la lámpara que luce en lugar oscuro, hasta que
despunte el día y se levante en sus corazones el lucero de la mañana. 20 Pero,
ante todo, tengan presente que ninguna
profecía de la Escritura puede interpre-
tarse por cuenta propia; 21 porque nunca
profecía alguna ha venido por voluntad
humana, sino que hombres, movidos por
el Espíritu Santo, han hablado de parte
de Dios*.

1 4 Las promesas referentes al Día, **3** 4; 1 P **1** 5+; ver 2 P **3** 9-13, implican que Dios nos ha dado de su propia vida, ver Jn **1** 12+; **14** 20+; Rm **6** 4-5+; **8** 14-18+; 1 Co **1** 9; Ef **1** 9-10+; 1 Jn **1** 2-3+, lo que nos separa del *mundo*, Jn **1** 9+; Col **1** 13; Jn **2** 14+.

1 13 La *tienda* designa aquí la vida terrestre, móvil y temporal, ver 1 P **1** 1; **2** 11; 2 Co **5** 1-5; Flp **1** 23+; 2 Tm **4** 6; Is **38** 12; Jb **4** 19; Sb **9** 15.

1 16 En lugar de elucubraciones aventuradas, **3** 4-5; ver 1 Tm **1** 4; **6** 20, los apóstoles invocan su propio testimonio, Lc **1** 2; Hch **1** 8+; 1 Jn **1** 1-3, y el que el Padre ha dado del Hijo, Mt **17** 1-9p.

1 19 La escena precedente ha realizado ya en parte las Escrituras venidas de Dios, v. 21; 1 P **1** 10-12; Hch **3** 21; 2 Tm **3** 16; ver 2 P **3** 16.

1 21 La lectura de las Escrituras cae también bajo la dirección del Espíritu y la tradición apostólica; ver 2 Tm **3** 15-16+. Pero

Los falsos doctores*.

2 1 Hubo también en el pueblo falsos profetas, como habrá entre ustedes falsos maestros que introducirán herejías perniciosas y que, negando al Dueño que los adquirió, atraerán sobre sí una rápida destrucción. 2 Muchos seguirán su libertinaje y, por causa de ellos, el camino de la verdad será difamado. 3 Traficarán con ustedes por codicia, con palabras artificiosas; desde hace tiempo su condenación no está ociosa, ni su perdición dormida.

Las lecciones del pasado.

4 Pues si Dios no perdonó a los ángeles que pecaron, sino que, precipitándolos en los abismos tenebrosos del Tártaro*, los entregó para ser custodiados hasta el Juicio; 5 si no perdonó al antiguo mundo*, aunque preservó a Noé, heraldo de la justicia, y a otros siete, cuando hizo venir el diluvio sobre un mundo de impíos; 6 si condenó a la destrucción las ciudades de Sodoma y Gomorra, reduciéndolas a cenizas, poniéndolas como ejemplo para los que en el futuro vivirían impíamente; 7 y si libró a Lot, el justo, oprimido por la conducta licenciosa de aquellos hombres disolutos 8 —pues este justo, que vivía en medio de ellos, torturaba día tras día su alma justa por las obras inicuas que veía y oía— 9 es porque el Señor sabe librar de la prueba a los piadosos y guardar a los impíos para castigarlos en el día del Juicio, 10 sobre todo a los que andan tras la carne con apetencias impuras y desprecian al Señorío.

El castigo venidero.

Atrevidos y arrogantes, no temen insultar a las Glorias*, 11 cuando los ángeles, que son superiores en fuerza y en poder, no pronuncian juicio injurioso contra ellas en presencia del Señor. 12 Pero éstos, como animales irracionales, destinados por naturaleza a ser cazados y muertos, que injurian lo que ignoran, con muerte de animales morirán, 13 sufriendo daño en pago del daño que hicieron. Tienen por felicidad el placer de un día; hombres manchados e infames, que se entregan de lleno a los placeres mientras banquetean con ustedes. 14 Tienen los ojos llenos de adulterio, que no se sacian de pecado, seducen a las almas débiles, tienen el corazón ejercitado en la codicia, ¡hijos de maldición! 15 Abandonando el camino recto, se desviaron y siguieron el camino de Balaán, hijo de Bosor, que amó un salario de iniquidad, 16 pero fue reprendido por su mala acción. Un mudo burro, hablando con voz humana, impidió la insensatez del profeta.

17 Estos son fuentes secas y nubes llevadas por el huracán, a quienes está reservada la oscuridad de las tinieblas. 18 Hablando palabras altisonantes, pero vacías, seducen con las pasiones de la carne y el libertinaje a los que acaban de alejarse de los que viven en el error*. 19 Les prometen libertad, mientras que ellos son esclavos de la corrupción, pues uno queda esclavo de aquel que lo vence. 20 Porque si, después de haberse alejado de la impureza del mundo por el conocimiento de nuestro Señor y Salvador Jesucristo, se enredan nuevamente en ella y son vencidos, su postrera situación resulta peor que la primera*. 21 Pues más

esto no se opone a la lectura privada, personal, devota de la Biblia.

2 Todo este pasaje, hasta **3** 3, es el eco de Judas, 4-16.

2 4 *Tártaro*, uno de los nombres que designa el *infierno* en la mitología grecolatina.

2 5 El *mundo antiguo* es el mundo anterior al diluvio, ver 1 P **3** 20.

2 10 Las *Glorias* son potencias angélicas hostiles.

2 18 Se trata de los convertidos *débiles*, **2** 14, que habían vuelto de sus extravíos, **2** 20, y que en gran número seguían a los falsos doctores, **2** 2.

2 20 Ver Mt **12** 45. Más vale seguir ignorando la fe, Judas 3, que abandonarla. La fe es considerada aquí con todas sus consecuencias morales, ver Rm **6** 15+; Col **3** 5+; St **1** 25+.

les hubiera valido no haber conocido el camino de la justicia que, una vez conocido, volverse atrás del santo precepto que les fue transmitido. [22] Les ha sucedido lo de aquel proverbio tan cierto: «*el perro vuelve a su vómito**» y «la puerca lavada, a revolcarse en el fango».

El día del Señor: Los Profetas y los Apóstoles.

3 [1] Esta es ya, queridos, la segunda carta que les escribo; en ambas, con mi exhortación, quiero despertar en ustedes el recto criterio. [2] Acuérdense de las predicciones de los santos profetas y del mandamiento de sus apóstoles que es el mismo del Señor y Salvador*.

Los falsos profetas.

[3] Sepan ante todo que en los últimos días* vendrán hombres llenos de sarcasmo, guiados por sus propias pasiones, [4] que dirán en son de burla: «¿Dónde queda la promesa de su Venida? Pues desde que murieron los Padres*, todo sigue como al principio de la creación.»

[5] Porque ignoran intencionadamente que hace tiempo existieron unos cielos y también una tierra surgida del agua y establecida entre las aguas por la palabra de Dios*, [6] y que, por esto, el mundo de entonces pereció inundado por las aguas del diluvio, [7] y que los cielos y la tierra presentes, por esa misma palabra, están reservados para el fuego y guardados hasta el día del Juicio y de la destrucción de los impíos.

[8] Mas una cosa no pueden ignorar, queridos: que ante el Señor un día es como mil años y, *mil años, como un día**. [9] No se retrasa el Señor en el cumplimiento de la promesa, como algunos lo suponen, sino que usa de paciencia con ustedes, no queriendo que algunos perezcan, sino que todos lleguen a la conversión. [10] El Día del Señor llegará como un ladrón; en aquel día, los cielos, con ruido ensordecedor, desaparecerán; los elementos, abrasados, se disolverán, y la tierra y cuanto ella encierra se consumirá*.

Nueva llamada a la santidad. Doxología.

[11] Puesto que todas estas cosas han de disolverse así, ¿cómo conviene que ustedes sean en su santa conducta y en la piedad, [12] esperando y acelerando la venida del Día de Dios, en el que los cielos, en llamas, se disolverán, y los elementos, abrasados, se fundirán? [13] Pero esperamos, según nos lo tiene prometido, nuevos cielos y nueva tierra, en los que habite la justicia.

[14] Por lo tanto, queridos, en espera de estos acontecimientos, esfuércense por ser hallados en paz ante él, sin mancilla y sin mancha. [15] La paciencia de nuestro Señor considérenla como salvación, como se lo escribió también Pablo, nuestro querido hermano, según la sabiduría que le fue otorgada. [16] Lo escribe también en todas las cartas en las que habla de esto. Aunque hay en ellas cosas difíciles de entender, que los ignorantes y los débiles interpretan torcidamente —como también las demás Escrituras*— para su propia perdición.

2 22 Cita de Pr **26** 11. El otro refrán no es bíblico.

3 2 Dios habla por el AT, **1** 18-20, y por los apóstoles, 1 P **1** 10-12+.

3 3 Esta predicción se refiere lógicamente a la enseñanza apostólica, Mt **24** 24; Hch **20** 29; 2 Ts **2** 3-9; 1 Tm **4** 1+; 2 Tm **3** 1-5.

3 4 Los *Padres* designan a los cristianos de la primera generación.

3 5 El papel de la Palabra es semejante en la creación y en la catástrofe final, Gn **7** 11-21; 1 P **3** 20. No se puede, pues, negar ésta a causa de la inmutabilidad del universo.

3 8 Ver Sal **90** 4; Ha **2** 2-3; Si **18** 8.

3 10 Ver Mt **24** 29.43; Ap **3** 3; **20** 11; 1 Ts **5** 2. La destrucción del mundo por el fuego es tema corriente entre los filósofos de la época y en los apocalipsis judíos, ver 1 Co **3** 15; 2 Ts **1** 7s; Dn **7** 9s.

3 16 Las epístolas de Pablo, que en su mayor parte ya están reunidas, son consideradas aquí como Escrituras canónicas, ver 1 Tm **5** 18-19; 1 M **12** 9+.

17 Ustedes, pues, queridos, estando ya advertidos, vivan alerta, no sea que, arrastrados por el error de esos disolutos, se vean derribados de su firme postura.

18 Crezcan, pues, en la gracia y en el conocimiento de nuestro Señor y Salvador, Jesucristo. A él la gloria ahora y hasta el día de la eternidad. Amén.

PRIMERA EPÍSTOLA DE SAN JUAN

Introducción

La Palabra encarnada, medio de comunión con el Padre y el Hijo.

1 1 Lo que existía desde el principio,
lo que hemos oído,
lo que hemos visto con nuestros ojos,
lo que contemplamos
y palparon nuestras manos
acerca de la Palabra de vida*,
2 —pues la Vida se manifestó,
y nosotros la hemos visto y damos testimonio
y les anunciamos la Vida eterna,
que estaba junto al Padre y que se nos manifestó—
3 lo que hemos visto y oído,
se lo anunciamos,
para que también ustedes estén en comunión* con nosotros.
Y nosotros estamos en comunión con el Padre
y con su Hijo Jesucristo.
4 Les escribimos esto
para que nuestro gozo sea completo.

I. Caminar en la luz

5 Y este es el mensaje que hemos oído de él
y que les anunciamos:
Dios es Luz*, en él no hay tiniebla alguna.
6 Si decimos que estamos en comunión con él,
y caminamos en tinieblas,
mentimos y no obramos la verdad.
7 Pero si caminamos en la luz,
como él mismo está en la luz,
estamos en comunión unos con otros*,
y la sangre de su Hijo Jesús
nos purifica de todo pecado.

Primera condición: romper con el pecado.

8 Si decimos: «No tenemos pecado»,
nos engañamos
y la verdad no está en nosotros*.
9 Si reconocemos nuestros pecados,
fiel y justo es él
para perdonarnos los pecados
y purificarnos de toda injusticia.
10 Si decimos: «No hemos pecado»,
le hacemos mentiroso
y su palabra no está en nosotros.

2 1 Hijos míos,
les escribo esto para que no pequen.
Pero si alguno peca,
tenemos un abogado ante el Padre:
a Jesucristo, el Justo.
2 Él es víctima de propiciación por nuestros pecados,
no sólo por los nuestros,
sino también por los del mundo entero.

1 1 La *Palabra* de Dios era fuente de vida, Dt **4** 1+; **32** 47; etc.; Mt **4** 4; Flp **2** 16. Aquí el nombre Palabra se da al Hijo, con el que los apóstoles han vivido y su complemento evoca el deseo de **1** 3; **5** 11-13; ver Jn **1** 1.14+.

1 3 La *comunión* cristiana abarca a todos los creyentes, Jn **3** 12+, en Dios y en Cristo, Jn **1** 12+; **14** 20+; **17** 20-24+; ver 1 Co **1** 9; 2 P **1** 4+. El testimonio apostólico es el instrumento de esta comunión, **2** 24-25; **4** 6; Jn **4** 38+; Hch **1** 21-22+; etc.

1 5 Dios es la fuente de toda verdad y santidad, Jn **1** 4+; **8** 12+; ver 1 Tm **6** 16; St **1** 17+; Sb **7** 26+; Dn **2** 22+.

1 7 La unión con Dios, Luz, **1** 5, y Amor, **4** 8, se reconoce en la fe y en el amor fraterno, **3** 23; Jn **13** 34+.

1 8 La vida santa del cristiano, **3** 3-9; **5** 18; ver Hch **9** 13+, se renueva sin cesar por el perdón de las faltas ocasionales, ver Rm **3** 9.19.23-25+; **6** 12-14+.

Segunda condición: guardar los mandamientos, sobre todo el de la caridad.

3 En esto sabemos que le conocemos*:
en que guardamos sus mandamientos.
4 Quien dice: «Yo le conozco»
y no guarda sus mandamientos
es un mentiroso
y la verdad no está en él.
5 Pero quien guarda su palabra,
ciertamente en él el amor de Dios
ha llegado a su plenitud.
En esto conocemos que estamos
en él.
6 Quien dice que permanece en él*,
debe vivir como vivió él.
7 Queridos,
no les escribo un mandamiento
nuevo,
sino el mandamiento antiguo,
que tenían desde el principio.
Este mandamiento antiguo
es la palabra que han escuchado.
8 Y sin embargo, les escribo un
mandamiento nuevo*
—que es verdadero en él y en
ustedes—
pues las tinieblas pasan
y la luz verdadera brilla ya.
9 Quien dice que está en la luz
y aborrece a su hermano,
está aún en las tinieblas.
10 Quien ama a su hermano permanece
en la luz
y no tropieza.
11 Pero quien aborrece a su hermano
está en las tinieblas,
camina en las tinieblas,
no sabe a dónde va,
porque las tinieblas han cegado sus
ojos.

Tercera condición: guardarse del mundo.

12 Les escribo a ustedes, hijos míos,
porque se les han perdonado los
pecados
por su nombre.
13 Les escribo a ustedes, padres,
porque conocen al que es desde el
principio.
Les escribo a ustedes, jóvenes,
porque han vencido al Maligno.
14 Les escribo, hijos,
porque conocen al Padre.
Les escribo a ustedes, padres*,
porque ya conocen al que es desde
el principio.
Les escribo, jóvenes,
porque son fuertes
y la palabra de Dios permanece en
ustedes
y han vencido al Maligno.
15 No amen al mundo
ni lo que hay en el mundo.
Si alguien ama al mundo,
el amor del Padre no está en él.
16 Porque todo cuanto hay en el mundo
—la concupiscencia de la carne,
la concupiscencia de los ojos
y la arrogancia de las riquezas*—
no viene del Padre, sino del mundo.
17 El mundo y sus concupiscencias
pasan;
pero quien cumple la voluntad de
Dios
permanece para siempre.

Cuarta condición: guardarse de los anticristos.

18 Hijos míos,
es la última hora.

2 3 El *conocimiento,* Os **2** 22+, es la fe que compromete toda la conducta, **3** 23; **5** 1; Jn **3** 12+. La práctica de los mandamientos es el criterio concreto de la vida en Cristo, ver **1** 6-7; **3** 10; **4** 21; **5** 2; ver Jn **15** 14-15; etc.

2 6 *Él*, manera de designar a Jesús, **3** 3.5.7, etc.

2 8 Jesús ha marcado con su propio amor, Jn **3** 16-17; **13** 34+, este mandamiento preparado por la antigua Ley, Lv **19** 11+, y enseñado a los cristianos desde su iniciación, **3** 11.

2 14 La comunión con el Hijo **1** 3.7, preserva del mal, ver **1** 8+, y da la victoria sobre el *mundo*, **4** 4-6; **5** 4-5; Jn **1** 9+; **14** 30; **16** 33; ver Ga **6** 14+; St **4** 4.

2 16 Son los valores que mueven el mundo. Los valores del cristiano, los «verdaderos» son otros: ver 2 Co **4** 18; Hb **11** 1.3.27; etc.

Han oído que iba a venir un
Anticristo*;
pues bien, muchos anticristos han
aparecido,
por lo cual nos damos cuenta que es
ya la última hora.
19 Salieron de entre nosotros;
pero no eran de los nuestros.
Pues si hubiesen sido de los nuestros,
habrían permanecido con nosotros.
Así se ha puesto de manifiesto
que no todos son de los nuestros.
20 Ustedes tienen la unción* del Santo,
y todos ustedes lo saben.
21 No les escribí
porque desconozcan la verdad,
sino porque la conocen
y porque ningún mentiroso
procede de la verdad.
22 ¿Quién es el mentiroso
sino el que niega que Jesús es el
Cristo?
Ese es el Anticristo,
el que niega al Padre y al Hijo.
23 Todo el que niega al Hijo
no posee al Padre.
Todo el que confiesa al Hijo
posee también al Padre.
24 En cuanto a ustedes,
lo que oyeron desde el principio
permanezca en ustedes.
Si permanece en ustedes
lo que oyeron desde el principio,
también ustedes permanecerán
en el Hijo y en el Padre,
25 y esta es la promesa que él mismo
les hizo:
la vida eterna.
26 Les he escrito esto
respecto a los que tratan de
engañarlos.
27 Y en cuanto a ustedes,
la unción que de él han recibido
permanece en ustedes
y no necesitan que nadie los enseñe*.
Pero como su unción los enseña
acerca de todas las cosas
—y es verdadera y no mentirosa—
según los enseñó, permanezcan en
él.
28 Y ahora, hijos míos, permanezcan
en él
para que, cuando se manifieste,
tengamos plena confianza
y no quedemos avergonzados lejos
de él
en su Venida.

II. Vivir como hijos de Dios

29 Si saben que él es justo,
reconozcan que todo el que obra la
justicia
ha nacido de él.

3 1 Miren qué amor nos ha tenido
el Padre
para llamarnos hijos de Dios,
pues ¡lo somos!
Por eso el mundo no nos conoce
porque no lo reconoció a él.
2 Queridos,
ahora somos hijos de Dios
y aún no se ha manifestado todavía lo
que seremos.
Sabemos que, cuando se manifieste,
seremos semejantes a él,
porque lo veremos tal cual es*.

2 18 El *Anticristo,* el adversario de los últimos tiempos, 2 Ts **2** 3+, se ensaña contra la fe en Cristo Hijo de Dios, **4** 2-3; ver **5** 5-10; Jn **1** 18+; **14** 6+.

2 20 Ver **2** 27. La *unción*, es la Palabra de Dios venida por Cristo, Jn **6** 69, y que actúa por el Espíritu, Is **11** 2+; **61** 1+. Éste es otorgado a los creyentes, **3** 24; **4** 13; 2 Co **1** 21-22+; 1 Ts **4** 8, a quienes hace conocer la verdad, Jn **16** 13; 1 Co **2** 14-15. Ver Ex **30** 22+; Mt **1** 16+.

2 27 El Espíritu de Jesucristo, v. 20; ver Jn **6** 45, hace eficaz el testimonio apostólico v. 24; **1** 3+.

3 2 Esta *visión* es el conocimiento cara a cara de 1 Co **13** 12; ver Rm **8** 29; Col **3** 4, accesible únicamente al creyente, hijo de Dios, Jn **1** 12+.18+.

Primera condición:
romper con el pecado.

3 Todo el que tiene esta esperanza en él
se purifica, porque él es puro.
4 Todo el que comete pecado
comete también la iniquidad,
pues el pecado es la iniquidad.
5 Y saben que él se manifestó
para borrar los pecados
pues en él no hay pecado.
6 Todo el que permanece en él, no peca*.
Todo el que peca,
no lo ha visto ni conocido.
7 hijos míos,
que nadie los engañe.
El que obra la justicia es justo,
porque él es justo.
8 Quien comete el pecado es del diablo,
porque el diablo peca desde el principio.
El Hijo de Dios se manifestó
para deshacer las obras del diablo.
9 Todo el que ha nacido de Dios no peca
porque su germen permanece en él;
y no puede pecar
porque ha nacido de Dios.
10 En esto se reconocen
los hijos de Dios y los hijos del diablo:
todo el que no obra la justicia
no es de Dios,
y quien no ama a su hermano,
tampoco.

Segunda condición:
guardar los mandamientos,
sobre todo el de la caridad.

11 Pues este es el mensaje
que oyeron desde el principio:
que nos amemos unos a otros.
12 No como Caín,
que, al ser del Maligno, mató a su hermano.
Y ¿por qué lo mató?
Porque sus obras eran malas,
mientras que las de su hermano eran justas*.
13 No se extrañen, hermanos,
si el mundo los aborrece.
14 Nosotros sabemos que hemos
pasado de la muerte a la vida,
porque amamos a los hermanos.
Quien no ama permanece en la muerte.
15 Todo el que odia a su hermano es un asesino;
y saben que ningún asesino
posee vida eterna en sí mismo.
16 En esto hemos conocido lo que es amor:
en que él dio su vida por nosotros.
También nosotros debemos dar la vida por los hermanos.
17 Si alguno que posee bienes del mundo,
ve a su hermano que está necesitado
y le cierra sus entrañas,
¿cómo puede permanecer en él el amor de Dios?
18 Hijos míos,
no amemos de palabra ni con la boca,
sino con obras y según la verdad.
19 En esto sabremos que somos de la verdad,
y tendremos nuestra conciencia
tranquila ante él,
20 aunque nuestra conciencia nos condene,
pues Dios, que lo sabe todo,
está por encima de nuestra conciencia*.
21 Queridos,
si la conciencia no nos condena,
tenemos confianza total en Dios,
22 y lo que le pidamos

3 6 Juan no tiene en cuenta aquí, ver **5** 18, las faltas pasajeras, **1** 8+.
3 12 Hasta **4** 6, antítesis entre los cristianos, hijos de Dios que viven en la verdad y amor eficaz, y el mundo del pecado y del odio, ver Jn **3** 12+; **8** 12+.
3 20 Dios Amor, **4** 8+, conoce mejor que nosotros mismos el amor que vive en nuestros corazones, ver **4** 4; Jn **21** 17; St **5** 20.

lo obtendremos de él,
porque guardamos sus mandamientos
y hacemos lo que le agrada.
23 Y este es su mandamiento:
que creamos en el nombre de su Hijo, Jesucristo,
y que nos amemos unos a otros
según el mandamiento que nos dio.
24 Quien guarda sus mandamientos
permanece en Dios y Dios en él;
en esto conocemos que permanece en nosotros:
por el Espíritu que nos ha dado.

Tercera condición: guardarse de los anticristos y del mundo.

4 1 Queridos,
no se fíen de cualquier espíritu,
antes bien, examinen si los espíritus son de Dios,
pues muchos falsos profetas han venido al mundo*.
2 En esto reconocerán al espíritu de Dios:
todo espíritu que confiesa a Jesucristo, venido en carne mortal,
es de Dios;
3 todo espíritu que no confiesa a Jesús,
no es de Dios;
ese tal es del Anticristo,
de quien han oído que iba a venir;
pues bien, ya está en el mundo.
4 Ustedes, hijos míos, son de Dios
y los han vencido.
Pues el que está en ustedes
es más que el que está en el mundo.
5 Ellos son del mundo;
por eso hablan según el mundo
y el mundo los escucha.
6 Nosotros somos de Dios.
El que conoce a Dios nos escucha,
el que no es de Dios no nos escucha.
En esto reconocemos
el espíritu de la verdad y el espíritu del error.

III. En las fuentes del amor y de la fe

En la fuente del amor.

7 Queridos,
amémonos unos a otros,
porque el amor es de Dios,
y todo el que ama
ha nacido de Dios y conoce a Dios.
8 Quien no ama no ha conocido a Dios,
porque Dios es Amor*.
9 En esto se manifestó entre nosotros
el amor de Dios;
en que Dios envió al mundo a su Hijo único
para que vivamos por medio de él.
10 En esto consiste el amor:
no en que nosotros hayamos amado a Dios,
sino en que él nos amó y nos envió a su Hijo
como víctima de expiación por nuestros pecados.
11 Queridos,
si Dios nos ha amado de esta manera,
también nosotros debemos amarnos unos a otros.
12 A Dios nadie lo ha visto nunca.
Si nos amamos unos a otros,
Dios permanece en nosotros

4 1 Los que se dicen ser del Espíritu puede ser que estén empujados por el espíritu del mundo, vv. 3-5, y no por el conocimiento de Jesucristo, vv. 2-3; **3** 24. Los apóstoles están capacitados para discernir estas inspiraciones v. 6; ver **1** 1-3+.

4 8 Dios amaba a Israel, Dt **4** 24+; **6** 5+; Is **54** 8+. La misión del Hijo como salvador, vv. 9-16; Jn **3** 16-17+; **4** 42; Rm **3** 24-25+; etc., ha manifestado que Dios es el *Amor* mismo, v. 16, y que el amor de los cristianos, hijos de Dios, se deriva del amor del Padre y del Hijo, **1** 3; **2** 8; Jn **15** 9; **17** 23.

y su amor ha llegado en nosotros a
la perfección.
13 En esto reconocemos
que permanecemos en él y él en
nosotros:
en que nos ha dado de su Espíritu.
14 Y nosotros hemos visto
y damos testimonio
de que el Padre ha enviado a su Hijo,
como Salvador del mundo.
15 Si uno confiesa que Jesús es el Hijo
de Dios,
Dios permanece en él y él en Dios.
16 Y nosotros hemos conocido
y hemos creído en el amor que Dios
nos tiene.
Dios es Amor:
y el que permanece en el amor
permanece en Dios y Dios en él.
17 En esto ha alcanzado el amor la
plenitud en nosotros:
en que tengamos confianza en el día
del Juicio,
pues según es él,
así seremos nosotros en este mundo.
18 No cabe temor en el amor;
antes bien, el amor pleno expulsa el
temor,
porque el temor implica castigo;
quien teme no ha alcanzado la
plenitud en el amor*.
19 Nosotros amamos,
porque él nos amó primero.
20 Si alguno dice: «Yo amo a Dios»,
y odia a su hermano,
es un mentiroso;
pues quien no ama a su hermano, a
quien ve,
no puede amar a Dios a quien no ve.
21 Y nosotros hemos recibido de él este
mandamiento:
quien ama a Dios, ame también a su
hermano.

5 1 Todo el que cree que Jesús es el
Cristo ha nacido de Dios;
y todo el que ama a aquel que da el
ser
amará también al que ha nacido
de él.
2 En esto conocemos
que amamos a los hijos de Dios:
si amamos a Dios
y cumplimos sus mandamientos*.
3 Pues el amor a Dios consiste
en guardar sus mandamientos.
Y sus mandamientos no son
pesados,
4 pues todo lo nacido de Dios
vence al mundo.
Y esta es la victoria que vence al
mundo: nuestra fe.

En la fuente de la fe.

5 ¿Quién es el que vence al mundo
sino el que cree que Jesús es el Hijo
de Dios*?
6 Este es el que vino
con agua y con sangre: Jesucristo;
no solamente con el agua,
sino con el agua y con la sangre.
Y es el Espíritu quien da testimonio,
porque el Espíritu es la Verdad.
7 Pues tres son los que dan testimonio*:
8 el Espíritu, el agua y la sangre,
y los tres convergen en lo mismo*.
9 Si aceptamos el testimonio de los
hombres,
mayor es el testimonio de Dios.
Este es, pues, el testimonio de Dios,
que ha testimoniado acerca de su
Hijo.
10 Quien cree en el Hijo de Dios
posee el testimonio dentro de sí.
Quien no cree a Dios

4 18 El amor filial excluye el temor servil, Rm **8** 15, y asume el elemento filial del temor religioso, Dt **5** 29; **6** 2-5; Pr **1** 7+.
5 2 El amor al prójimo, criterio de nuestro amor a Dios, **1** 7+, es a su vez juzgado por la práctica de los mandamientos, **2** 3+; Mt **22** 34p+; Jn **14** 15; **15** 9-10.
5 5 El cristiano vence al mundo por su fe, vv. 4-5; **2** 14+.
5 7 Los mss de la Vulg. añaden la frase siguiente: dan testimonio: *en el cielo: el Padre, el Verbo y el Espíritu Santo y estos tres son uno; y tres son los que dan testimonio en la tierra:* el Espíritu, etc.
5 8 La sangre y el agua, Jn **19** 34+, unidos al Espíritu, **2** 20.27; Jn **3** 5, dan testimonio en favor de la misión de Cristo, Jn **10** 25+.

lo hace mentiroso,
porque no ha creído en el testimonio
que Dios ha dado acerca de su Hijo.
11 Y este es el testimonio:
que Dios nos ha dado vida eterna*
y esta vida está en su Hijo.
12 Quien tiene al Hijo, tiene la Vida;
quien no tiene al Hijo de Dios, no
tiene la Vida.
13 Les he escrito estas cosas
a los que creen en el nombre del Hijo
de Dios,
para que se den cuenta de que tienen
Vida eterna.

Adiciones

La oración por los pecadores.

14 Esta es la confianza plena que
tenemos en él:
que si le pedimos algo
según su voluntad,
nos escucha.
15 Y si sabemos que nos escucha
cuanto le pedimos,
sabemos que tenemos conseguido
lo que hayamos pedido.
16 Si alguno ve que su hermano
comete un pecado
que no es de muerte,
pida y le dará vida
—a los que cometan pecados que no
son de muerte
pues hay un pecado que es de
muerte*,
por ése no digo que pida—.
17 Toda iniquidad es pecado,
pero hay pecados que no llevan a la
muerte.

Resumen de la epístola*.

18 Sabemos que todo el que ha nacido
de Dios
no peca,
sino que el Engendrado de Dios le
guarda
y el Maligno no lo toca.
19 Sabemos que somos de Dios
y que el mundo entero yace en
poder del Maligno.
20 Pero sabemos que el Hijo de Dios ha
venido
y nos ha dado inteligencia
para conocer al Verdadero*.
Nosotros estamos en el Verdadero,
en su Hijo Jesucristo.
Este es el Dios verdadero
y la Vida eterna.
21 Hijos míos,
guárdense de los ídolos...

5 11 La *vida eterna,* es la vida de Dios dada al creyente, v. 13; Jn **3** 15+.

5 16 Este pecado, ver Dt **22** 26, es difícil de identificar. Implica una resistencia a la vida divina, ver **2** 18-29; **4** 3; Mt **12** 31-32+; Hb **10** 26-31.

5 18 Tres frases que comienzan con «Sabemos» recapitulan las grandes certidumbres y esperanzas cristianas expuestas en la epístola.

5 20 Dios, el único verdadero y *conocido* como tal, **2** 3+; ver Jn **17** 3+; 1 Ts **1** 9; Ap **3** 7.14. Con estas mismas palabras quedan excluidos los ídolos, v. 21; ver 1 Co **10** 14.19; **12** 2; Is **40** 18+.

SEGUNDA EPÍSTOLA DE SAN JUAN

Saludo.

1 El Presbítero a la Señora Elegida* y
a sus hijos, a quienes amo en la verdad;
y no solo yo, sino también todos los que
han conocido la Verdad, 2 a causa de la
verdad que permanece en nosotros y
que estará con nosotros para siempre.
3 La gracia, la misericordia y la paz de
parte de Dios Padre y de Jesucristo, el
Hijo del Padre, estarán con nosotros según la verdad y el amor.

El mandamiento de amor.

4 Me alegré mucho al encontrar entre
tus hijos a quienes viven en la verdad,
conforme al mandamiento que recibimos
del Padre. 5 Y ahora te ruego, Señora,
y no te escribo un mandamiento nuevo,
sino el que tenemos desde el principio:
que nos amemos unos a otros. 6 Y en
esto consiste el amor: en que vivamos
según sus mandamientos. Este es el mandamiento que oyeron desde el principio:
que caminen en el amor*.

Los anticristos.

7 Han venido al mundo muchos seductores negando que Jesucristo haya
venido en carne mortal. Ese es el Seductor y el Anticristo. 8 Cuiden de ustedes,
para no perder el fruto de su trabajo,
sino para que reciban una amplia recompensa. 9 Todo el que se excede* y
no permanece en la doctrina de Cristo,
no posee a Dios. El que permanece en la
doctrina, ese sí posee al Padre y al Hijo.
10 Si alguno va a ustedes y no les lleva
esta doctrina, no lo reciban en casa ni lo
saluden, 11 pues el que lo saluda se hace
solidario de sus malas obras.

Conclusión.

12 Aunque me queda mucho por escribir, prefiero no hacerlo con papel y
tinta, sino que espero ir a verlos y hablar
de viva voz, para que nuestro gozo sea
completo.
13 Te saludan los hijos de tu hermana
Elegida.

1 *Presbítero,* título de los jefes de las comunidades, ver Tt **1** 5+. *Señora elegida,* designa una comunidad puesta bajo la jurisdicción del Presbítero y amenazada por la propaganda de falsos doctores.

6 Ver 1 Jn **1** 6-7; **2** 6-8; **5** 3.

9 Los falsos doctores intentan *rebasar* la enseñanza de los apóstoles de Cristo, 1 Jn **1** 3; **2** 24-27; 1 Tm **6** 20+.

TERCERA EPÍSTOLA DE SAN JUAN

Saludo.

1 El Presbítero al querido Gayo* a
quien amo según la verdad. 2 Querido,
pido en mi oración que te vaya bien en
todo y que tu salud física sea tan buena
como la espiritual.

Elogio de Gayo.

3 Me alegré mucho cuando vinieron
unos hermanos que daban testimonio de
tu verdad, y de cómo vives en la verdad.
4 No siento alegría mayor que oír que mis
hijos caminan en la verdad.
5 Querido, obras como creyente en lo
que haces por los hermanos, y eso que
son forasteros. 6 Ellos han dado testimonio de tu generosidad ante la Iglesia.
Harás bien en proveerlos para su viaje
de manera digna de Dios. 7 Pues por
el Nombre se pusieron en camino sin
recibir nada de los gentiles. 8 Por eso
debemos acoger a tales personas, para
hacernos colaboradores en la obra de la
Verdad.

Conducta de Diótrefes*.

9 He escrito alguna cosa a la Iglesia;
pero ese que ambiciona el primer puesto
entre ellos, Diótrefes, no nos recibe.
10 Por eso, cuando vaya, le recordaré las
cosas que está haciendo, criticándonos
con palabras llenas de malicia; y, como si
no fuera bastante, tampoco recibe a los
hermanos, y, a los que desean hacerlo,
se lo impide y los expulsa de la Iglesia.
11 Querido, no imites lo malo, sino lo
bueno. El que obra el bien es de Dios; el
que obra el mal no ha visto a Dios.

Testimonio en favor de Demetrio.

12 Todos, y hasta la misma Verdad,
dan testimonio de Demetrio*. También
nosotros damos testimonio y sabes que
nuestro testimonio es verdadero.

Epílogo.

13 Tengo mucho que escribirte, pero no
quiero hacerlo con tinta y pluma. 14 Espero verte pronto y hablaremos de viva
voz. 15 La paz sea contigo. Los amigos te
saludan. Saluda a los amigos, uno por uno.

1 *Gayo* es un discípulo del Presbítero, vv. 3-6.

9 *Diótrefes,* este jefe de la comunidad, es ambicioso y contrarresta la autoridad del Presbítero.

12 El testimonio del Presbítero y de la Verdad misma, que es la palabra de Cristo, Jn **14** 6+, justifican la confianza concedida a Demetrio, ver Jn **19** 35; **21** 24.

EPÍSTOLA DE SAN JUDAS

Saludo

1 Judas, siervo de Jesucristo, hermano
de Santiago, a los que han sido llamados, amados de Dios Padre y guardados
para Jesucristo. 2 A ustedes, misericordia, paz y amor abundantes.

Motivo de la carta.

3 Queridos, tenía yo mucho empeño
en escribirles acerca de nuestra común
salvación y me he visto en la necesidad
de hacerlo para exhortarlos a combatir
por la fe que ha sido transmitida a los
santos de una vez para siempre*. 4 Porque se han introducido solapadamente
algunos que hace tiempo la Escritura señaló ya para esta sentencia. Son impíos,
que convierten en libertinaje la gracia de
nuestro Dios y niegan al único Dueño y
Señor nuestro Jesucristo.

Los falsos doctores. Castigo que les amenaza.

5 Quiero recordarles a ustedes, que
ya han aprendido todo esto de una vez
para siempre, que el Señor, habiendo
librado al pueblo de la tierra de Egipto,
destruyó después a los que no creyeron;
6 y además que a los ángeles, que no
mantuvieron su dignidad, sino que abandonaron su propia morada*, los tiene
guardados con ligaduras eternas bajo
tinieblas para el juicio del gran Día. 7 Y
lo mismo Sodoma y Gomorra y las ciudades vecinas, que como ellos fornicaron
y se fueron tras una carne diferente*,
padeciendo la pena de un fuego eterno,
sirven de ejemplo.

Sus blasfemias.

8 Igualmente éstos*, a pesar de todo,
alucinados en sus delirios, manchan la
carne, desprecian al Señorío e injurian
a las Glorias. 9 En cambio el arcángel
Miguel, cuando altercaba con el diablo
disputándose el cuerpo de Moisés*, no
se atrevió a pronunciar contra él juicio
injurioso, sino que dijo: *«Que te castigue
el Señor»*. 10 Pero éstos injurian lo que
ignoran y se corrompen en las cosas que,
como animales irracionales, conocen por
instinto.

Su perversidad.

11 ¡Ay de ellos!, porque se han ido
por el camino de Caín, y por un salario se han abandonado al descarrío de
Balaán, y han perecido en la rebelión de
Coré*. 12 Éstos son una mancha cuando
banquetean desvergonzadamente en sus
ágapes* y se apacientan a sí mismos; son
nubes sin agua sacudidas por el viento,
árboles de otoño sin frutos, dos veces
muertos, arrancados de raíz; 13 son olas
salvajes del mar, que echan la espuma
de su propia vergüenza, estrellas errantes
a quienes está reservada la oscuridad de
las tinieblas para siempre. 14 Henoc, el
séptimo después de Adán, profetizó ya
sobre ellos: «Miren, el Señor ha venido
con sus santas miriadas 15 para realizar
el juicio contra todos y dejar convictos
a todos los impíos de todas las obras de
impiedad que realizaron y de todas las
palabras duras que hablaron contra él
los pecadores impíos*.» 16 Éstos son unos
murmuradores, descontentos de su suer-

3 En la tradición de la fe, fundamento de la vida cristiana, 20, no hay nada que cambiar, 5; ver 1 Co **11** 2+; 1 Tm **6** 20+.

6 Ver Gn **6** 1-2. Este tema de los ángeles lo desarrolla el apócrifo judío *Libro de Henoc,* **12** 4; **10** 6.

7 Ver Gn **19** 1-11. Tema desarrollado en el apócrifo judío *Testamento de los Doce Patriarcas*.

8 Los herejes no encuentran ningún freno en el castigo de los ángeles seductores, 6-7. Sus errores aparecen mezclados con prácticas inmorales. Para todo el pasaje, ver 2 P **2-3**.

9 Cita de Za **3** 2, relacionada con una lucha que menciona el apócrifo judío *Asunción de Moisés*, ver Dn **10** 13+.

11 Ver Gn **4** 3s; Nm **22-24**; Nm **16**.

12 *Ágapes*, comidas fraternas celebradas por los cristianos.

15 Cita libre del apócrifo judío *Libro de Henoc*, **1** 9.

te, que viven según sus pasiones, *cuya boca dice palabras altisonantes*, que adulan por interés.

Exhortación a los fieles. La enseñanza de los apóstoles.

[17] En cambio ustedes, queridos, acuérdense de las predicciones de los apóstoles de nuestro Señor Jesucristo*. [18] Ellos les decían: «Al fin de los tiempos aparecerán hombres burlones que vivirán según sus propias pasiones impías*.» [19] Éstos son los que crean divisiones, viven una vida sólo natural sin tener el espíritu.

Deberes de la caridad.

[20] Pero ustedes, queridos, edificándose sobre su santísima fe y orando en el Espíritu Santo, [21] manténganse en la caridad de Dios, aguardando la misericordia de nuestro Señor Jesucristo para vida eterna*. [22] A unos, a los que vacilan, traten de convencerlos; [23] a otros, traten de salvarlos arrancándolos del fuego; y a otros muéstrenles misericordia con cautela, odiando incluso la túnica manchada por su carne*.

Doxología.

[24] Al que es capaz de guardarlos inmunes de caída y de presentarlos sin mancha ante su gloria con alegría, [25] al Dios único, nuestro Salvador, por medio de Jesucristo, nuestro Señor, gloria, majestad, fuerza y poder antes de todo tiempo, ahora y por todos los siglos. Amén.

17 Ver Hch **20** 29-30; 2 Tm **3** 1-5; 2 P **2** 2-3.

18 Esta cita no se encuentra textualmente en ninguna parte del NT.

21 Las tres virtudes, 1 Co **13** 13+, y la oración, relacionadas con las tres Personas, **2** Co **13** 13+.

23 La caridad tratará de distinta forma a los que están más o menos contaminados por la herejía.

APOCALIPSIS

Introducción

La palabra «apocalipsis» es la transcripción de un término griego que significa revelación; todo apocalipsis supone, pues, una revelación hecha por Dios a los hombres de cosas ocultas y sólo por él conocidas, en especial de cosas referentes al futuro. El género apocalíptico se encuadra dentro del género profético. En los apocalipsis el autor recibe su mensaje en forma de visiones, que no tienen valor por sí mismas, sino por el simbolismo que encierran: los números, las cosas, las partes del cuerpo y hasta los personajes son símbolos del Mensaje. Para entender un escrito apocalíptico es preciso caer en la cuenta de este procedimiento literario y traducir, mediante claves que los primeros lectores conocían, los símbolos en ideas.

*El género apocalíptico estuvo muy en boga en los ambientes judíos (incluso entre los esenios del Qumrán) en los dos siglos anteriores a Cristo. El género apocalíptico, preparado ya por las visiones de profetas como Ezequiel o Zacarías, se desarrolla en la obra de Daniel y en numerosas obras apócrifas escritas en las inmediaciones de la era cristiana. El NT únicamente ha mantenido en su canon un Apocalipsis, cuyo autor se llama a sí mismo Juan (***1** *9), desterrado, en el momento en que escribe en la isla de Patmos, por su fe en Cristo, y a quien una parte de la tradición ha identificado con el autor del IV Evangelio. Pero no todas las iglesias le reconocieron esta paternidad apostólica. Por otra parte, si bien el Apocalipsis presenta un parentesco innegable con los demás escritos joánicos, también se distingue de ellos netamente por su lenguaje, por su estilo y por algunos puntos de vista teológicos, hasta el punto que es difícil asegurar que proceda inmediatamente del mismo autor. A pesar de todo, su inspiración es joánica, y está escrito por alguno del círculo del apóstol e impregnado de sus enseñanzas. No se puede dudar de su canonicidad.*

En cuanto a la fecha, se admite ordinariamente que fue compuesto durante el reinado de Domiciano, hacia el 95; algunos, no sin alguna probabilidad, creen que ciertas partes fueron redactadas ya en tiempos de Nerón, poco antes del 70.

El Apocalipsis es ante todo un escrito de circunstancias, destinado a levantar y afianzar la moral de los cristianos, escandalizados sin duda de que se pudiera desencadenar una persecución tan violenta contra la Iglesia del que había afirmado: «Pero ¡ánimo!; yo he vencido al mundo» (Jn **16** *33). Para realizar su plan el autor vuelve sobre los grandes temas proféticos tradicionales, especialmente el del «Gran Día de Yahvé» (ver Am* **5** *18): los profetas anunciaban al Pueblo santo, esclavo bajo el yugo de los asirios, de los caldeos y luego de los griegos, dispersado y casi destruido por la persecución, el día cercano de la salvación, en que Dios vendría a liberar a su Pueblo de manos de sus opresores, devolviéndole no sólo la libertad, sino también poderío y dominio sobre sus enemigos.*

*Cuando se escribe el Apocalipsis, la Iglesia, el nuevo Pueblo elegido, acaba de ser diezmada por una sangrienta persecución (***13; 6** *10-11;* **16** *6;* **17** *6) desencadenada por Roma y el imperio romano (la Bestia), pero a instigación de Satanás (***12; 13** *2-4) el Adversario por excelencia de Cristo y de su Pueblo.*

La interpretación histórica del Apocalipsis nos da su sentido primero y fundamental. Pero el alcance del libro va más allá, porque su visión de la historia depende de valores eternos sobre los que se apoya la fe de los fieles de todos los tiempos.

Se han propuesto muchas y variadas estructuras que intentan explicar al lector la disposición de este libro en su formato actual. Una de ellas, a través de la cual pensamos que el lector descubrirá mejor tanto su disposición como su Mensaje, es verlo como un drama simbólico, con sus escenas, personajes, coros, etc. Mediante el recurso literario de una acción dramática se va desentrañando («revelando») el Mensaje de Jesús y su penetración dificultosa en la sociedad. El uso frecuente de los verbos «ver», «aparecer», «decir», «mostrar», «oír», «escuchar», etc. favorece esta sugerente interpretación.

1. Prólogo *(***1** *1-3)*

El tema del libro es la revelación sobre Jesucristo, es decir un «evangelio». El autor exhorta a los asistentes que estén atentos para comprender la representación.

2. Claves del drama *(***1** *4-***3** *22)*

*Al estilo de los «prólogos» de los dramas clásicos, el autor nos pone en la pista de la interpretación mediante unas claves: En primer lugar la que afecta al espectador, que son las comunidades de Asia: actitud religiosa y de alabanza (***1** *4-8). En segundo lugar presenta al protagonista, que es Jesucristo, con sus credenciales: es Señor y Rector de la historia, de modo particular porque ha resucitado: «el que vive por los siglos de los siglos» (***1** *9-20). En tercer lugar, mediante unas misivas a las iglesias (siete, es decir, todas) que componen la provincia cristiana de Asia nos aclara otras claves: los destinatarios del mensaje: las iglesias; el objetivo: revisión de la vida de las comunidades; y una llamada a la esperanza a pesar de las persecuciones y dificultades. Esperanza que se basa en la presencia en las comunidades de Jesucristo resucitado y que es presentado con diversos símbolos (***2** *1-***3** *22).*

3. Dios, Rector de la historia por medio de Cristo, el Cordero *(***4** *1-***5** *14)*

Es una escena preliminar. El centro del escenario lo ocupa un trono rodeado de otros veinticuatro: escenografía de una corte que se completa con elementos escénicos tomados de las teofanías del AT y otros litúrgicos, como cítaras, copas, perfumes.

*Los personajes principales son: Dios y el Cordero; Dios, como Rector del universo, que se describe mediante símbolos de luz, y que tiene en su mano el libro de la historia, de la que forman parte las comunidades cristianas. Cristo, el Cordero, presentado también con símbolos de realeza y dignidad y con capacidad de abrir el libro, de interpretar los acontecimientos de la historia (***4** *2-3 y* **5** *6-8).*

*En torno a estos personajes principales se presentan otros secundarios: el coro, compuesto por 24 ancianos que representan a Israel; los cuatro vivientes, que protegen el trono; y el ángel poderoso, que será quien introduzca las escenas del drama. Todos estos personajes secundarios, particularmente el coro, intervienen mediante aclamaciones, doxologías y postraciones: gestos litúrgicos (***4** *6-11;* **5** *9-14).*

4. Acto I: Apertura del libro *(***6** *1-***8** *1)*

*El libro está cerrado con siete sellos. La apertura de cada uno de los sellos marca los cambios de escena. En las cuatro primeras (***6** *1-8) van atravesando el escenario unos caballos con sus jinetes. Mediante su simbolismo, inspirado en unos textos de Ezequiel, anuncian el desastre del imperio romano: el caballo blanco anuncia la victoria de los partos sobre el imperio; el rojo, las guerras sangrientas; el negro, el hambre, alimentos racionados, consecuencia de las guerras; el verdoso, la muerte.*

*En la escena quinta (**6** 9-11) recorren el escenario los testigos de la Palabra, los mártires, que piden la intervención de Dios.*

*En la sexta (**6** 12-17) unos fenómenos cósmicos representan la presencia del Cordero, de su ira, el «Gran Día de la ira».*

*La intensidad de la acción requiere ahora una pausa, un intermedio de reflexión ante tales anuncios (**7** 1-17). Los acontecimientos descritos no impiden el plan salvador de Dios, ofrecido a toda la humanidad. Ésta se agrupa en dos multitudes: la de Israel, en número limitado (doce mil por cada tribu), y los gentiles: una muchedumbre incontable.*

La séptima escena queda interrumpida. Es momento de silencio, de interiorización durante un tiempo breve: media hora. Va a cambiar la escenografía.

5. Acto II: Las trompetas, que anuncian la oposición de las fuerzas del Mal (8 *2*-11 *19*)

*Entran en el escenario ángeles con trompetas, un altar con otro ángel que ofrece, como perfumes, las oraciones de los santos (**8** 2-5).*

*Como ocurrió con los sellos, aquí los toques de las siete trompetas marcan los cambios de escena. El ambiente es litúrgico, pero también de lucha, de enfrentamiento entre las fuerzas que se oponen a la difusión del Evangelio y la comunidad cristiana. Las cuatro primeras evocan las plagas de Egipto, castigo de los egipcios que se oponían al plan de Dios (**8** 6-12).*

*Después de estas escenas encontramos un intermedio (**8** 13) de reflexión para prestar atención a las escenas siguientes.*

*En ellas (**9** 1-21) aparecen unos seres extraños descritos por aproximación a realidades humanas: en las cabezas tenían «como» coronas... sus rostros eran «como» rostros humanos; etc. Parece que en estos seres están representados los ejércitos (los Partos?) que traerán la ruina del imperio romano. La representación escénica es circular, como si las acciones estuvieran ocurriendo de manera simultánea.*

*Antes de la séptima escena, encontramos aquí otro intermedio largo (**10** 1-**11** 14) que quiere dejar en claro que en medio de estos acontecimientos, prosigue la evangelización: el librito y los evangelizadores, dos de los cuales, descritos con los rasgos de Moisés y Elías, sufren martirio (¿alusión a Pedro y Pablo, martirizados en Roma bajo Nerón?).*

*La séptima escena es un canto triunfal (**11** 15-19), una acción de gracias por la venida del Reinado de nuestro Señor y de su Cristo. En esta acción litúrgica a la aclamación del coro de los veinticuatro ancianos se unen los tres grupos que componían las comunidades: los profetas o evangelizadores; los santos o creyentes; y los temerosos de Dios o catecúmenos.*

6. Acto III: Las «señales» (12 *1*-15 *4*)

Aparecen en escena siete señales que simbolizan las tensiones que encuentran las comunidades para evangelizar a un mundo que se manifiesta hostil. Es la lucha del Dragón y el Cordero. La escenografía es, por regla general, el cielo y se describe en los momentos en que aparecen las señales. Algunas acciones de los personajes-señales se proyectan a la tierra.

Las siete señales son:

*a) La mujer vestida del sol, que está encinta (**12** 1-2): es la comunidad cristiana que en cuanto evangelizadora está dando a luz a Cristo. Pero no hay que excluir alguna referencia del autor —tanto si es Juan como uno de su entorno— a María, la madre de Jesús, que fue considerada desde el principio de la Iglesia como parte esencial de los reunidos en el nombre de Jesús (ver Hch **1** 14).*

*b) El Dragón (***12** *3-17), símbolo de los poderes que se oponen a la evangelización; recibe varios nombres: Satanás, Serpiente antigua, etc. Ya este animal aparece en el AT como símbolo del poder del mal, enemigo de Dios y de su pueblo (ver Jb* **3** *8;* **7** *12).*

*c) Las dos bestias (***12** *18-***13** *18), símbolos tomados del libro de Daniel, son también los poderes que se oponen al proyecto de Dios y de su Iglesia. Aquí, probablemente, están simbolizando al imperio romano. La segunda bestia se califica como «falso profeta».*

*d) El Cordero (***14** *1-5) es Cristo muerto y resucitado.*

*e) El ángel de la buena nueva (***14** *6-7).*

*f) Los ángeles que anuncian la caída de Babilonia (***14** *8).*

*g) Los ángeles de la siega y la vendimia (***14** *14-20) son mensajeros que Dios envía para anunciar su Mensaje y para invitar a los perseguidores a que se arrepientan.*

7. Acto IV: Las siete copas (15 *5-*16 *21)*

*La escenografía (***15** *5-8) es litúrgica. Entran los personajes que van a representar la victoria de la comunidad, los siete ángeles con una copa cada uno. Las copas son el símbolo de la victoria de Dios y de la derrota de los que se oponen a la evangelización: sobre ellos se derraman las plagas, que recuerdan, co-mo en* **8-9***, las plagas de Egipto. Entre la tercera y cuarta copa se intercala un himno de victoria y liberación (***16** *5-7). Con la última copa se consuma la victoria (***16** *17-21). Fenómenos atmosféricos acompañan la voz victoriosa de Dios y la destrucción de los poderes terrestres, sobre todo de la gran ciudad, Roma.*

8. Acto V: Castigo de Babilonia = Roma *(*17 *1-*19 *10)*

*La escena es un desierto. En él, una mujer sentada sobre una bestia; es la célebre Prostituta, Roma, perseguidora de los cristianos: «se embriagaba con la sangre de los santos y con la sangre de los mártires de Jesús» (***17** *1-18).*

*El castigo de Babilonia se narra a modo de un juicio, con frases inspiradas en Jeremías y Ezequiel (***18** *1-8). Dos himnos marcan el castigo: el primero es una lamentación (***18** *9-24) de cuantos seguían los pasos de la célebre prostituta y colaboraban con ella; el segundo (***19** *1-10), un himno de victoria entonado por la comunidad de creyentes que, como un inmenso coro, celebran las «bodas del Cordero».*

9. Acto VI: Triunfo de Cristo, Palabra de Dios *(*19 *11-*20 *15)*

*Un jinete, montado en un caballo blanco, atraviesa la escena, que representa el cielo abierto. Le acompaña un cortejo de seres vestidos de lino blanco y montados sobre caballos blancos (***19** *11-16). El simbolismo es claro: El jinete es Cristo y el cortejo, la comunidad de creyentes. Una convocatoria pública llama a todas las aves del cielo para la derrota de la Bestia (***19** *17-***20** *10). La bestia es derrotada. Los mártires volverán a la vida: Evidentemente esta resurrección es simbólica (ver Is* **26** *19 y Ez* **37***); es la revitalización de la Iglesia tras la persecución romana. Después de un tiempo de paz, la bestia volverá a oponerse a la tarea evangelizadora. Pero el triunfo definitivo será de Cristo y de su Iglesia. El triunfo de Cristo (***20** *11-15) se representa en un gran juicio de todos los hombres, juicio universal y definitivo, inspirado en el libro de Daniel, cap.* **7***.*

10. Apoteosis *(*21 *1-*22 *5)*

El escenario se abre; en el centro, como unidos por una rampa, un cielo nuevo y una tierra nueva. Por ella desciende majestuosamente la novia engalanada para su esposo: es la comuni-

*dad cristiana (***21** *1-2). El simbolismo de la novia lo explican dos directores de escena:*

*a) El primero, que sólo es una voz fuerte salida del trono, proclama que es una nueva creación: «Mira que hago nuevas todas las cosas» (***21** *3-8): novedad que consiste en que Dios pone su morada con los hombres y se convierte en su «Emmanuel».*

*b) El segundo director califica a la novia del Cordero como una nueva ciudad, (***21** *9-27), una Jerusalén nueva, perfecta en sus medidas, esplendorosa, con las características anunciadas por Ezequiel (Ez* **40-48***). Ciudad de encuentro personal de los «santos» con el Señor Dios Todopoderoso y el Cordero sin necesidad del santuario tradicional ni de ningún elemento litúrgico sacro.*

*c) El mismo director presenta la nueva realidad como un nuevo paraíso, morada de la nueva humanidad (***22** *1-5). Con alusiones al relato del Génesis, describe el nuevo paraíso, marcando sus diferencias: es nuevo, fecundo, en él ya no se da la maldición; un paraíso en el que los hombres verán a Dios cara a cara, serán propiedad de Dios: «Verán su rostro y llevarán su nombre en la frente».*

11. Epílogo del libro (22 *6-20)*

El drama ha terminado. Ahora los personajes principales, todos relacionados con la revelación del Evangelio de Jesucristo, se presentan para el saludo final en una especie de conversación entre el ángel, Jesús y el espectador. Están en escena, además de Jesús, el Espíritu, la Novia, el ángel, y algunos símbolos: el libro profético y el árbol de la vida. El espectador y con él toda la comunidad: el «oyente», el Espíritu y la Novia prorrumpen en una reiterada e impaciente aclamación de esperanza y de fe: «¡Ven, Señor Jesús!».

APOCALIPSIS

Prólogo.

1 [1] Revelación de Jesucristo*; se la
concedió Dios para manifestar a sus
siervos *lo que ha de suceder* pronto; y
envió a su ángel para dársela a conocer
a su siervo Juan, [2] el cual ha atestiguado
la palabra de Dios y el testimonio de
Jesucristo: todo lo que vio. [3] Dichoso el
que lea y los que escuchen las palabras
de esta profecía y guarden lo escrito en
ella, porque el Tiempo está cerca*.

I. Las cartas a las Iglesias de Asia

Saludo*.

[4] Juan, a las siete Iglesias de Asia. Gracia y paz a ustedes de parte de «Aquel
que es, que era y que va a venir», de
parte de los siete Espíritus que están ante
su trono, [5] y de parte de Jesucristo, *el
Testigo fiel, el Primogénito* de entre los
muertos, *el Príncipe de los reyes de la
tierra*. Al que nos ama y nos ha lavado
con su sangre de nuestros pecados [6] y ha
hecho de nosotros *un Reino de sacerdotes* para su Dios y Padre, a él la gloria
y el poder por los siglos de los siglos.
Amén*. [7] Miren, *viene acompañado de
nubes*; todo ojo lo verá, hasta *los que le
traspasaron*, *y por él harán duelo todas
las razas* de la tierra. Sí. Amén.

[8] Yo soy el Alfa y la Omega*, dice el
Señor Dios, «Aquel que es, que era y que
va a venir», el Todopoderoso.

Visión preparatoria.

[9] Yo, Juan, su hermano y compañero
de la tribulación, del reino y de la paciencia, en Jesús. Yo me encontraba en la isla
llamada Patmos, por causa de la palabra
de Dios y del testimonio de Jesús. [10] Caí
en éxtasis el día del Señor, y oí detrás
de mí una gran voz, como de trompeta,
que decía: [11] «Lo que veas escríbelo en
un libro y envíalo a las siete Iglesias: a
Éfeso, Esmirna, Pérgamo, Tiatira, Sardes,
Filadelfia y Laodicea». [12] Me volví a ver
qué voz era la que me hablaba y al volverme, vi siete candeleros de oro, [13] y en
medio de los candeleros *como a un Hijo
de hombre**, vestido de una túnica talar,
ceñido al pecho con un *ceñidor de oro*.
[14] *Su cabeza y sus cabellos eran blancos,
como la lana blanca*, como la nieve; *sus
ojos como* llama de *fuego*; [15] *sus pies
parecían de metal* precioso acrisolado en
el horno; *su voz como voz de grandes
aguas**. [16] Tenía en su mano derecha siete estrellas, y de su boca salía una espada
aguda de dos filos; y su rostro, como el sol
cuando brilla con toda su fuerza.

[17] Cuando lo vi, caí a sus pies como
muerto. Él puso su mano derecha sobre

1 1 Dios comunica la *revelación* de los secretos divinos, Rm **16** 25+, especialmente lo relativo al final de los tiempos, v. 19; 1 Co **1** 7+; ver Is **24**+; Ez **38**+, por Jesucristo que posiblemente es también el Cordero, y por Juan, el testigo veraz; ver **22** 6-9.
1 3 Ver 2 Co **6** 2; Ga **4** 4+; Flp **4** 5+.
1 4 Este saludo contiene varias reminiscencias bíblicas, Sal **89** 28.38; Is **55** 4; Ex **19** 6; Dn **7** 13; Za **12** 10.14; evocan la venida del Rey Mesías y de su pueblo. -*Aquel que es, que era y que va a venir,* nombre divino que desarrolla el de Ex **3** 14+, según una larga tradición judía. Ver **1** 8; **4** 8; etc.
1 6 Los rescatados por Cristo son con él *reyes y sacerdotes... por los siglos de los siglos. Amén,* ver **5** 10.13-14; **19** 4-8; Ex **19** 6+; 1 P **2** 9. En muchos pasajes del Ap se adivinan ecos de la liturgia antigua transportados al culto misterioso de los últimos tiempos, v. 3. Ver Rm **16** 27+.
1 8 *Alfa y Omega,* principio y fin de todas las cosas, **21** 6; **22** 13; ver **1** 17; Is **4** **4** 6+.
1 13 Un *Hijo de hombre,* es decir, el Mesías, juez escatalógico, Dn **7** 13+; Mt **8** 20+. Sus atributos simbólicos, ver Dn **10** 5-6.9, se encuentran al principio de las siete cartas que siguen.
1 15 Ver Ez **43** 2.

mí diciendo: «No temas, soy yo, *el Primero y el Último**, 18 el que vive; estuve muerto, pero ahora estoy vivo por los siglos de los siglos, y tengo las llaves de la Muerte y del Abismo. 19 Escribe, pues, lo que has visto: lo que ya es y *lo que va a suceder más tarde**. 20 La explicación del misterio de las siete estrellas que has visto en mi mano derecha y de los siete candeleros de oro es ésta: las siete estrellas son los ángeles* de las siete Iglesias, y los siete candeleros son las siete Iglesias.

I. Éfeso*.

2 1 Al ángel de la Iglesia de Éfeso, escribe: Esto dice el que tiene las siete estrellas en su mano derecha, el que camina entre los siete candeleros de oro. 2 Conozco tu conducta: tus fatigas y tu paciencia; y que no puedes soportar a los malvados y que pusiste a prueba a los que se llaman apóstoles sin serlo y descubriste su engaño. 3 Tienes paciencia, y has sufrido por mi nombre sin desfallecer. 4 Pero tengo contra ti que has perdido tu amor de antes. 5 Date cuenta, pues, de dónde has caído, arrepiéntete y vuelve a tu conducta primera. Si no, iré a ti y cambiaré de su lugar tu candelero, si no te arrepientes. 6 Tienes en cambio a tu favor que detestas el proceder de los nicolaítas*, que yo también detesto. 7 El que tenga oídos, oiga lo que el Espíritu dice a las Iglesias: al vencedor le daré a comer *del árbol de la vida, que está en el Paraíso* de Dios*.

II. Esmirna.

8 Al ángel de la Iglesia de Esmirna escribe: Esto dice *el Primero y el Último*, el que estuvo muerto y revivió. 9 Conozco tu tribulación y tu pobreza —aunque eres rico— y las calumnias de los que se llaman judíos sin serlo y son en realidad una sinagoga de Satanás. 10 No temas por lo que vas a sufrir: el diablo va a meter a algunos de ustedes en la cárcel *para que sean tentados*, y sufrirán una tribulación de *diez días**. Mantente fiel hasta la muerte y te daré la corona de la vida. 11 El que tenga oídos, oiga lo que el Espíritu dice a las Iglesias: el vencedor no sufrirá daño de la muerte segunda*.

III. Pérgamo.

12 Al ángel de la Iglesia de Pérgamo escribe: Esto dice el que tiene la espada aguda de dos filos. 13 Sé dónde vives: donde está el trono de Satanás. Eres fiel a mi nombre y no has renegado de mi fe, ni siquiera en los días de Antipas, mi testigo fiel, que fue muerto entre ustedes, ahí donde habita Satanás*. 14 Pero tengo alguna cosa contra ti: mantienes ahí algunos que sostienen la doctrina de Balaán, que enseñaba a Balaq a poner tropiezos a los hijos de Israel para que comieran carnes inmoladas a los ídolos y fornicaran*. 15 Así tú también mantienes algunos que sostienen la doctrina de los nicolaítas. 16 Arrepiéntete, pues; si no, iré pronto a ti y lucharé contra ésos con la espada de mi boca. 17 El que tenga oídos, oiga lo que el Espíritu dice a las

1 17 Ver **1** 8+; **2** 8; **22** 13.

1 19 La visión profética del presente, **2-3**, y del porvenir, **4-22**, caracteriza al Apocalipsis, **1** 1; ver Dn **2** 28.

1 20 Se da a los ángeles, según las ideas judías, la responsabilidad del mundo físico, **7** 1; **14** 18; **16** 5; pero también de las personas y de las comunidades, ver Ex **23** 20; Ag **1** 13; Ml **2** 7.

2 Las siete cartas contienen datos sobre la situación de las Iglesias, seguidos de promesas o amenazas expresadas en una perspectiva escatológica. Trazan también algunos rasgos de la vida cristiana en las comunidades de Asia por el año 90.

2 6 Los *nicolaítas* constituyen una secta mal conocida, v. 15, de tendencias paganas en materia de moral y culto.

2 7 Ver Gn **2** 9; **3** 22-24; Ap **22** 2.

2 10 *Diez días:* breve espacio de tiempo, ver Dn **1** 12.14.

2 11 La *muerte segunda* es la muerte total y definitiva, distinta de la muerte física de los mártires.

2 13 Se refiere al culto imperial, floreciente en Pérgamo.

2 14 La *fornicación*, expresión bíblica de la idolatría, **17**; ver Os **1** 2+; Nm **22-24**; etc.

Iglesias: al vencedor le daré maná escondido; y le daré también una piedrecita
blanca, y, grabado en la piedrecita, *un*
nombre nuevo que nadie conoce, sino el
que lo recibe*.

IV. Tiatira.

18 Escribe al ángel de la Iglesia de Tiatira: Esto dice el Hijo de Dios, cuyos ojos
son como llama de fuego y cuyos pies
parecen de metal precioso. 19 Conozco
tu conducta: tu caridad, tu fe, tu espíritu de servicio, tu paciencia; tus obras
últimas superan a las primeras. 20 Pero
tengo contra ti que toleras a Jezabel, esa
mujer que se llama profetisa y está enseñando y engañando a mis siervos para
que forniquen y coman carne inmolada
a los ídolos. 21 Le he dado tiempo para
que se arrepienta, pero no quiere arrepentirse de su fornicación. 22 Mira, a ella
voy a arrojarla al lecho del dolor, y a los
que adulteran con ella, a una gran tribulación, si no se arrepienten de sus obras.
23 Y a sus hijos, los voy a herir de muerte:
así sabrán todas las Iglesias que yo soy *el*
que sondea los riñones y los corazones,
y yo les *daré a cada uno de ustedes se-*
*gún sus obras**. 24 Pero a ustedes, a los
demás de Tiatira, que no comparten esa
doctrina, que no conocen «las profundidades de Satanás», como ellos dicen,
les digo: No les impongo ninguna otra
carga; 25 sólo que mantengan firmemente hasta mi vuelta lo que ya tienen. 26 Al
vencedor, al que se mantenga fiel a mis
obras hasta el fin, *le daré* poder sobre
las naciones: 27 *las regirá con cetro de*
hierro, como se quebrantan las piezas
*de arcilla**. 28 Yo también lo he recibido
de mi Padre. Y le daré el Lucero del
alba*. 29 El que tenga oídos, oiga lo que
el Espíritu dice a las Iglesias.

V. Sardes.

3 1 Al ángel de la Iglesia de Sardes
escribe: Esto dice el que tiene los
siete espíritus de Dios y las siete estrellas.
Conozco tu conducta; tienes nombre
como de quien vive, pero estás muerto.
2 Ponte en vela, reanima lo que te queda
y está a punto de morir. Pues no he encontrado tus obras llenas a los ojos de mi
Dios. 3 Acuérdate, por tanto, de cómo
recibiste y oíste mi palabra: guárdala y
arrepiéntete. Porque, si no estás en vela,
vendré como ladrón, y no sabrás a qué
hora vendré sobre ti. 4 Tienes, no obstante, en Sardes unos pocos que no han
manchado sus vestidos. Ellos andarán
conmigo vestidos de blanco*; porque lo
merecen. 5 El vencedor será así revestido
de blancas vestiduras y no borraré su
nombre del libro de la vida, sino que me
declararé por él delante de mi Padre y de
sus ángeles. 6 El que tenga oídos, oiga lo
que el Espíritu dice a las Iglesias.

VI. Filadelfia.

7 Al ángel de la Iglesia de Filadelfia escribe: Esto dice el Santo, el Veraz, el que
tiene la llave de David: si él abre, nadie
puede cerrar; si él cierra, nadie puede
*abrir**. 8 Conozco tu conducta: mira que
he abierto ante ti una puerta que nadie
puede cerrar, porque, aunque tienes poco poder, has guardado mi palabra y no
has renegado de mi nombre. 9 Mira que
te voy a entregar algunos de la Sinagoga
de Satanás, de los que se proclaman judíos y no lo son, sino que mienten; yo
haré que *vayan a postrarse delante de*

2 17 El *maná* es el sustento del reino celestial, ver Jn **6** 32-35+; la *piedrecita blanca* es la señal de la admisión en él; el *nombre nuevo,* **3** 12; **19** 12; ver Is **1** 26+; **62** 2; **65** 15, expresa la renovación que nos hace dignos del Reino.

2 23 Ver Sal **62** 13+; Rm **2** 6+. -*Sus hijos*: sus seguidores.

2 27 Ver Sal **2** 8-9.

2 28 El *Lucero,* símbolo de poder, Is **14** 12; ver Nm **24** 17, evoca aquí la glorificación del cristiano asociado a Cristo resucitado, **22** 16; ver Hch **2** 36+; Ef **2** 6+.

3 4 El *blanco* es símbolo de purificación y de triunfo, **3** 18; **7** 9.13-14, etc. Ver **13** 8; etc.; Ex **32** 33+.

3 7 Ver Is **22** 22+.

tus pies, para que sepan *que yo te he*
*amado**. 10 Ya que has guardado mi
recomendación de ser paciente, también
yo te guardaré de la hora de la prueba
que va a venir sobre el mundo entero
para probar a los habitantes de la tierra*.
11 Vengo pronto; mantén con firmeza lo
que tienes, para que nadie te arrebate
tu corona. 12 Al vencedor le pondré de
columna en el Santuario de mi Dios, y
no saldrá fuera ya más; y grabaré en él
el nombre de mi Dios, y *el nombre de la*
ciudad de mi Dios, la nueva Jerusalén,
que baja del cielo enviada por mi Dios,
y mi *nombre nuevo**. 13 El que tenga
oídos, oiga lo que el Espíritu dice a las
Iglesias.

VII. Laodicea.

14 Al ángel de la Iglesia de Laodicea
escribe: Así habla el Amén*, el Testigo
fiel y veraz, el Principio de la creación de
Dios. 15 Conozco tu conducta: no eres ni
frío ni caliente. ¡Ojalá fueras frío o caliente! 16 Ahora bien, puesto que eres tibio,
y no frío ni caliente, voy a vomitarte de
mi boca. 17 Tú dices: «Soy rico; me he
enriquecido; nada me falta». Y no te das
cuenta de que eres un desgraciado, digno de compasión, pobre, ciego y desnudo. 18 Te aconsejo que me compres oro
acrisolado al fuego para que te enriquez-
cas, vestidos blancos para que te cubras,
y no quede al descubierto la vergüenza
de tu desnudez, y un colirio para que te
lo pongas en los ojos y recobres la vista.
19 *Yo a los que amo, los reprendo y co-*
*rrijo**. Sé, pues, ferviente y arrepiéntete.
20 Mira que estoy a la puerta y llamo; si
alguno oye mi voz y me abre la puerta,
entraré en su casa y cenaré con él y él
conmigo*. 21 Al vencedor le concederé
sentarse conmigo en mi trono, como yo
también vencí y me senté con mi Padre
en su trono. 22 El que tenga oídos, oiga lo
que el Espíritu dice a las Iglesias.

II. Las visiones proféticas

1. LOS PRELIMINARES DEL «GRAN DÍA» DE DIOS

Dios entrega al Cordero los destinos del mundo*.

4 1 Después tuve una visión. He aquí
que una puerta estaba abierta en el
cielo, y aquella voz que había oído antes,
como voz de trompeta que hablaba conmigo, me decía: «Sube acá, que te voy a
enseñar *lo que ha de suceder* después.»
2 Al instante caí en éxtasis. Vi que un
trono estaba erigido en el cielo, y *Uno*
sentado en el trono. 3 El que estaba
sentado era de aspecto semejante al
jaspe y a la cornalina; y un arcoiris alrededor del trono, de aspecto semejante
a la esmeralda*. 4 Vi veinticuatro tronos
alrededor del trono y, sentados en los
tronos, a veinticuatro Ancianos con vestiduras blancas y coronas de oro sobre
sus cabezas*. 5 Del trono salen relámpagos y fragor y truenos; delante del trono
arden siete antorchas de fuego, que son

3 9 Ver Is **45** 14; **60** 14; **43** 4; Dt **4** 37; **7** 8. etc.
3 10 La *tierra* designa aquí, **6** 10, etc. el *mundo* hostil a los creyentes de Jn **1** 9+.
3 12 Ver Is **62** 2.
3 14 *Amén*, nombre dado al Cristo veraz, **1** 5; **19** 11-13; 2 Co **1** 17+; Is **65** 16.
3 19 Ver **3** 12; Hb **12** 7+.
3 20 Intimidad, ver Jn **14** 23, que preludia el festín mesiánico, Mt **8** 11; Lc **22** 29-30; etc.
4 La visión, **1** 1.19, poco a poco va a extenderse del trono de Dios a todo el universo. Se inspira en Ez **1**; **10**; Is **6**, de donde ha tomado varias expresiones.
4 3 Ap evita describir a Dios en forma humana y aun el nombrarlo; sólo da de él una visión de luz.
4 4 Los *Ancianos* adoran a Dios, **4** 9-10; **5** 9; etc. Tienen parte en su poder real.

los siete espíritus de Dios*. 6 Delante
del trono como un mar transparente
semejante al cristal. *En medio* del trono,
y en torno al trono, *cuatro Vivientes
llenos de ojos* por delante y por detrás*.
7 *El primer* Viviente, como *un león; el
segundo* Viviente, como *un novillo; el
tercer* Viviente tiene *un rostro* como *de
hombre; el cuarto* Viviente es como *un
águila* en vuelo. 8 Los cuatro Vivientes
tienen *cada uno seis alas*, están *llenos
de ojos todo alrededor* y por dentro, y
repiten sin descanso día y noche:

«*Santo, Santo, Santo,*
Señor, Dios Todopoderoso,
'Aquel que era, que es y que va a
venir'*.»

9 Y cada vez que los Vivientes dan gloria, honor y acción de gracias al que está
sentado en el trono y *vive por los siglos
de los siglos*, 10 los veinticuatro Ancianos
se postran ante el que está sentado en el
trono y adoran al que *vive por los siglos
de los siglos*, y arrojan sus coronas delante del trono diciendo:

11 «Eres digno, Señor y Dios nuestro,
de recibir la gloria, el honor y el
poder,
porque tú has creado el universo;
por tu voluntad existe y fue creado.»

5 1 Vi también en la mano derecha del
que está sentado en el trono *un libro, escrito por el anverso y el reverso*,
sellado con siete sellos*. 2 Y vi a un ángel
poderoso que proclamaba con fuerte voz:
«¿Quién es digno de abrir el libro y soltar
sus sellos?» 3 Pero nadie era capaz, ni en
el cielo ni en la tierra ni bajo tierra, de
abrir el libro ni de leerlo. 4 Y yo lloraba
mucho porque no se había encontrado a
nadie digno de abrir el libro ni de leerlo.
5 Pero uno de los Ancianos me dice: «No
llores; mira, ha triunfado *el León* de la
tribu *de Judá, el Retoño* de David*; él
podrá abrir el libro y sus siete sellos.»

6 Entonces vi, de pie, en medio del
trono y de los cuatro Vivientes y de los
Ancianos, un Cordero, como degollado;
tenía siete cuernos y *siete ojos*, que son
los siete espíritus de Dios, *enviados a
toda la tierra**. 7 Y se acercó y tomó
el libro de la mano derecha del que está
sentado en el trono. 8 Cuando lo tomó,
los cuatro Vivientes y los veinticuatro Ancianos se postraron delante del Cordero.
Tenía cada uno una cítara y copas de oro
llenas de perfumes, que son las oraciones
de los santos. 9 Y cantan un cántico nuevo diciendo:

«Eres digno de tomar el libro y abrir
sus sellos
porque fuiste degollado
y compraste para Dios con tu sangre
hombres de toda raza, lengua,
pueblo y nación;
10 y has hecho de ellos para nuestro
Dios
un Reino de sacerdotes, y reinan*
sobre la tierra.»

11 Y en la visión oí la voz de una multitud de ángeles alrededor del trono, de los
Vivientes y de los Ancianos. Su número

4 5 Los *siete espíritus* son aquí ángeles de rango elevado, los «ángeles de la Presencia», **3** 1; **8** 2; Tb **12** 14-15+, más bien que el Espíritu Santo, **1** 4.

4 6 Ver **1** 20+; Ez **1** 5-21. Estos cuatros *Vivientes* son los ángeles que guardan el universo creado. Adoran y alaban a Dios, vv. 8-9. San Ireneo verá en ellos a los cuatro evangelistas.

4 8 Esta liturgia celestial está inspirada en Is **6**; Dn **4** 31; etc; ver **1** 4-6+. Glorifican a Dios creador, **4** 11; **14** 7.

5 1 El *libro* contiene los secretos divinos, **10** 4; Ez **2** 9; Dn **12** 4. Los *sellos* de este documento oficial e inviolable se romperán uno después de otro, a partir de **6** 1.

5 5 *León de Judá* y *Retoño de David*, dos títulos mesiánicos, Gn **49** 9; Is **11** 1, relacionados con la victoria sobre Satanás y el mundo, ver 1 Jn **2** 14+.

5 6 Es el *Cordero* pascual inmolado, Jn **1** 29+; 1 Co **5** 7, pero en pie después de su resurrección y glorificación como señor de la humanidad entera, **14** 1; **21** 2+. -Poder (cuernos) y conocimiento (ojos), ver Za **4** 10; Is **11** 2+.

5 10 Ver **1** 6; **20** 6; Ex **19** 6+.

era *miriadas de miriadas y millares de millares**, [12] y decían con fuerte voz:

«Digno es el Cordero degollado
de recibir el poder, la riqueza, la sabiduría,
la fuerza, el honor, la gloria y la alabanza.»

[13] Y toda criatura, del cielo, de la tierra, de debajo de la tierra y del mar, y todo lo que hay en ellos, oí que respondían:

«Al que está sentado en el trono y al Cordero,
alabanza, honor, gloria y poder
por los siglos de los siglos.»

[14] Y los cuatro Vivientes decían: «Amén»; y los Ancianos se postraron para adorar.

El Cordero rompe los siete sellos*.

6 [1] Y seguí viendo: Cuando el Cordero abrió el primero de los siete sellos, oí al primero de los cuatro Vivientes que decía con voz como de trueno: «Ven».
[2] Miré y había un caballo blanco; y el que lo montaba tenía un arco; se le dio una corona, y salió como vencedor y para seguir venciendo.
[3] Cuando abrió el segundo sello, oí al segundo Viviente que decía: «Ven». [4] Entonces salió otro caballo, rojo; al que lo montaba se le concedió quitar de la tierra la paz para que se degollaran unos a otros; se le dio una espada grande.
[5] Cuando abrió el tercer sello, oí al tercer Viviente que decía: «Ven». Miré entonces y había un caballo negro; el que lo montaba tenía en la mano una balanza, [6] y oí como una voz en medio de los cuatro Vivientes que decía: «Un litro de trigo por denario, tres litros de cebada por denario. Pero no causes daño al aceite y al vino.»
[7] Cuando abrió el cuarto sello, oí la voz del cuarto Viviente que decía: «Ven».
[8] Miré entonces y había un caballo verdoso; el que lo montaba se llamaba Muerte, y el Abismo le seguía.

Se les dio poder sobre la cuarta parte de la tierra, *para matar con la espada, con el hambre, con la peste y con las fieras de la tierra**.
[9] Cuando abrió el quinto sello, vi debajo del altar las almas de los degollados a causa de la palabra de Dios y del testimonio que mantuvieron*. [10] Se pusieron a gritar con fuerte voz: «¿Hasta cuándo, Dueño santo y veraz, vas a estar sin hacer justicia y sin tomar venganza por nuestra sangre de los habitantes de la tierra?» [11] Entonces se le dio a cada uno un vestido blanco y se les dijo que esperaran todavía un poco, hasta que se completara el número de sus consiervos y hermanos que iban a ser asesinados como ellos.
[12] Y seguí viendo. Cuando abrió el sexto sello, se produjo* un violento terremoto; y el sol se puso negro como un paño de crin, y la luna toda como sangre, [13] *y las estrellas del cielo cayeron* sobre la tierra, *como la higuera* suelta sus higos verdes al ser sacudida por un viento fuerte; [14] *y el cielo fue retirado como un libro que se enrolla*, y todos los montes y las islas fueron removidos de sus asientos; [15] y los reyes de la tierra, los magnates, los tribunos, los ricos, los poderosos, y todos, esclavos o libres, *se ocultaron en las cuevas y en las rocas* de los montes. [16] Y *dicen a los montes* y a las rocas: *«Caigan sobre nosotros* y ocúltennos de la vista del que está senta-

5 11 Ver Dn **7** 10; Hb **12** 22.

6 Una serie de visiones proféticas anuncian y preparan la caída del imperio romano perseguidor. Los jinetes, ver Za **1** 8-10; **6** 1-3, representan también las plagas prometidas en otro tiempo al Israel infiel: bestias salvajes, guerra, hambre, peste; ver Lv **26** 21-26; etc.

6 8 Ver Ez **14** 21.

6 9 Bajo el altar de los holocaustos, **8** 3; **9** 3; etc; ver 1 R **8** 64, se encuentran los mártires, asociados al sacrificio de su Maestro; ver Flp **2** 17+.

6 12 Las señales cósmicas, ver Is **13** 10; **34** 4; **2** 10.19; Os **10** 8, simbolizan el desencadenamiento de la ira divina sobre el mundo impío; ver Am **8** 9+; Mt **24**.

do en el trono y de la ira del Cordero.
17 Porque ha llegado *el gran Día de su*
ira y ¿quién podrá sostenerse?»

Los servidores de Dios serán preservados.

7 1 Después de esto, vi a cuatro ángeles de pie *en los cuatro extremos*
*de la tierra**, que sujetaban los cuatro
vientos de la tierra, para que no soplara
el viento ni sobre la tierra ni sobre el mar
ni sobre ningún árbol.
2 Luego vi a otro ángel que subía del
Oriente y tenía el sello de Dios vivo; y
gritó con fuerte voz a los cuatro ángeles
a quienes se había encomendado causar
daño a la tierra y al mar: 3 «No causen
daño ni a la tierra ni al mar ni a los
árboles, hasta que *marquemos con el*
sello la frente de los siervos de nuestro
Dios.» 4 Y oí el número de los marcados
con el sello*: ciento cuarenta y cuatro mil
sellados, de todas las tribus de los hijos
de Israel.
5 De la tribu de Judá doce mil sellados;
de la tribu de Rubén doce mil; de la tribu
de Gad doce mil; 6 de la tribu de Aser
doce mil; de la tribu de Neftalí doce mil;
de la tribu de Manasés doce mil; 7 de la
tribu de Simeón doce mil; de la tribu de
Leví doce mil; de la tribu de Isacar doce
mil; 8 de la tribu de Zabulón doce mil; de
la tribu de José doce mil; de la tribu de
Benjamín doce mil sellados.

El triunfo de los elegidos en el cielo*.

=**15** 2-5

9 Después miré y había una muchedumbre inmensa, que nadie podría contar, de toda nación, razas, pueblos y lenguas, de pie delante del trono y delante
del Cordero, vestidos con vestiduras
blancas y con palmas en sus manos. 10 Y
gritan con fuerte voz: «La salvación es de
nuestro Dios, que está sentado en el trono, y del Cordero.» 11 Y todos los ángeles
que estaban en pie alrededor del trono
de los Ancianos y de los cuatro Vivientes,
se postraron delante del trono, rostro en
tierra, y adoraron a Dios 12 diciendo:

«Amén. Alabanza, gloria, sabiduría,
acción de gracias, honor, poder y
fuerza,
a nuestro Dios por los siglos de los
siglos. Amén.»

=**21** 3-4; **22** 3-5.

13 Uno de los Ancianos tomó la palabra
y me dijo: «Esos que están vestidos con
vestiduras blancas ¿quiénes son y de dónde han venido?» 14 Yo le respondí: «Señor
mío, tú lo sabrás.» Me respondió: «Esos
son los que vienen de la gran tribulación;
han lavado sus vestiduras y las han blan-
queado con la sangre del Cordero. 15 Por
eso están delante del trono de Dios, dándole culto día y noche en su Santuario; y
el que está sentado en el trono extenderá
su tienda sobre ellos. 16 *Ya no tendrán*
hambre ni sed; ya no les molestará el
sol ni bochorno alguno. 17 Porque el
Cordero que está en medio del trono *los*
apacentará y los guiará a los manantia-
les de las aguas de la vida. Y Dios *enju-*
*gará toda lágrima de sus ojos**.»

El séptimo sello.

8 1 Cuando el Cordero abrió el séptimo sello, se hizo silencio en el cielo,
como una media hora*...

Las oraciones de los santos apresuran la llegada del gran Día.

2 Vi entonces a los siete ángeles que
están en pie delante de Dios; les fueron

7 1 Ver Ex **7** 2; Za **6** 5; Jr **49** 36.

7 4 *Marcados con el sello,* en señal de pertenencia a Dios que los toma bajo su protección, Ex **13** 9.16; Ez **9** 4+; ver 2 Co **1** 22+. Su multitud representa la totalidad del verdadero Israel, ver **20** 9; **21** 14; Ga **6** 16+; Hb **12** 22-24.

7 9 Estos son los mártires ya entrados en el triunfo celestial, v. 14; **15** 2-4.

7 17 Citas de Is **49** 10-11; **25** 8.

8 1 En la tradición profética un silencio solemne anuncia la «venida» de Yahvé, Ha **2** 20; So **1** 7; Za **2** 17.

entregadas siete trompetas. 3 Otro ángel vino y se puso junto al altar con un incensario de oro. Se le dieron muchos perfumes para que, con las oraciones de todos los santos, los ofreciera sobre el altar de oro colocado delante del trono. 4 Y por mano del ángel subió delante de Dios el humo de los perfumes con las oraciones de los santos. 5 Y el ángel tomó el incensario *y lo llenó con fuego* del altar *y lo arrojó* sobre la tierra. Entonces hubo truenos, fragor, relámpagos y temblor de tierra*.

Las cuatro primeras trompetas*.

=**16** 1-9.

6 Los siete ángeles de las siete trompetas se dispusieron a tocar. 7 Tocó el primero... Hubo entonces pedrisco y fuego mezclados con sangre, que fueron arrojados sobre la tierra: la tercera parte de la tierra quedó quemada, la tercera parte de los árboles quedó quemada, toda hierba verde quedó quemada. 8 Tocó el segundo ángel... Entonces fue arrojado al mar algo como una enorme montaña ardiendo, y la tercera parte del mar se convirtió en sangre. 9 Pereció la tercera parte de las criaturas del mar que tienen vida, y la tercera parte de las naves fue destruida. 10 Tocó el tercer ángel... Entonces cayó del cielo una estrella grande, ardiendo como una antorcha. Cayó sobre la tercera parte de los ríos y sobre los manantiales de agua. 11 La estrella se llama Ajenjo. La tercera parte de las aguas se convirtió en ajenjo, y mucha gente murió por las aguas, que se habían vuelto amargas. 12 Tocó el cuarto ángel... Entonces fue herida la tercera parte del sol, la tercera parte de la luna y la tercera parte de las estrellas; quedó en sombra la tercera parte de ellos; el día perdió una tercera parte de su claridad y lo mismo la noche.

13 Y seguí viendo: Oí un águila que volaba por lo alto del cielo y decía con fuerte voz: «¡Ay, ay, ay de los habitantes de la tierra, cuando suenen las voces que quedan de las trompetas de los tres ángeles que van a tocar!»

La quinta trompeta.

9 1 Tocó el quinto ángel... Entonces vi una estrella que había caído del cielo a la tierra. Se le dio la llave del pozo del abismo*. 2 Abrió el pozo del abismo y *subió del pozo una humareda como la de un horno* grande*, y el sol y el aire se oscurecieron con la humareda del pozo. 3 De la humareda salieron langostas sobre la tierra, y se les dio un poder como el que tienen los escorpiones de la tierra. 4 Se les dijo que no causaran daño a la hierba de la tierra, ni a nada verde, ni a ningún árbol; sólo a los hombres que no llevaran en la frente el sello de Dios. 5 Se les dio poder, no para matarlos, sino para atormentarlos durante cinco meses. El tormento que producen es como el del escorpión cuando pica a alguien. 6 En aquellos días, *buscarán* los hombres *la muerte y no la encontrarán**; desearán morir y la muerte huirá de ellos.

7 La apariencia de estas langostas era *parecida a caballos* preparados para la guerra; sobre sus cabezas tenían como coronas que parecían de oro; sus rostros eran como rostros humanos; 8 tenían cabellos como cabellos de mujer, *y sus dientes eran como de león*; 9 tenían corazas como corazas de hierro, y el ruido de sus alas como *el estrépito de carros* de muchos caballos *que corren al combate*; 10 tienen colas parecidas a las de los escorpiones, con aguijones, y en sus colas, el poder de causar daño a los hombres durante cinco meses. 11 Tienen sobre sí, como rey, al ángel del abismo,

---

8 5 Ver Ez **10** 2; Lv **16** 12.

8 6 Las plagas cósmicas, ver **6** 12+, hacen pensar aquí en las *plagas* de Egipto; Ex **7-10**: Sb **11** 5-**12** 2.

9 1 Un ángel suelta a los ángeles caídos, como una plaga de langostas, Ex **10** 1-20; Jl **1-2**.

9 2 Ver Ex **19** 18.

9 6 Ver Jb **3** 21.

llamado en hebreo «Abaddón», y en griego «Apolíon*».
12 El primer ¡Ay! ha pasado. Mira que
detrás vienen todavía otros dos.

La sexta trompeta.

13 Tocó el sexto ángel... Entonces oí
una voz que salía de los cuatro ángulos
del altar de oro que está delante de Dios;
14 y decía al sexto ángel que tenía la
trompeta: «Suelta a los cuatro ángeles
atados junto al gran río Éufrates.» 15 Y
fueron soltados los cuatro ángeles que
estaban preparados para la hora, el día,
el mes y el año, para matar a la tercera
parte de los hombres. 16 El número de
su tropa de caballería era de doscientos
millones; pude oír su número. 17 Así vi
en la visión los caballos y a los que los
montaban: tenían corazas de color de
fuego, de jacinto y de azufre; las cabezas
de los caballos como cabezas de león y
de sus bocas salía fuego y humo y azufre.
18 Y fue exterminada la tercera parte de
los hombres por estas tres plagas: por el
fuego, el humo y el azufre que salían de
sus bocas. 19 Porque el poder de los caballos está en su boca y en sus colas; pues
sus colas, semejantes a serpientes, tienen
cabezas y con ellas causan daño. 20 Pero
los demás hombres, los no exterminados
por estas plagas, no se convirtieron de
las obras de sus manos; no dejaron de
adorar a los demonios y a los *ídolos de
oro, de plata, de bronce, de piedra y
de madera, que no pueden* ver ni oír
ni caminar*. 21 No se convirtieron de sus
asesinatos ni de sus hechicerías ni de sus
fornicaciones ni de sus rapiñas.

Inminencia del castigo final.

10 1 Vi también a otro ángel poderoso, que bajaba del cielo envuelto en una nube, con el arcoiris sobre
su cabeza, su rostro como el sol y sus
piernas como columnas de fuego. 2 En
su mano tenía un librito abierto*. Puso el
pie derecho sobre el mar y el izquierdo
sobre la tierra, 3 y gritó con fuerte voz,
*como ruge el león**. Y cuando gritó, siete
truenos hicieron oír su fragor. 4 Apenas
hicieron oír su voz los siete truenos, me
disponía a escribir, cuando oí una voz
del cielo que decía: «Sella lo que han
dicho los siete truenos y no lo escribas.»
5 Entonces el ángel que había visto yo
de pie sobre el mar y la tierra, *levantó
al cielo su mano derecha* 6 *y juró por
el que vive por los siglos* de los siglos,
*el que creó el cielo y cuanto hay en él,
la tierra* y cuanto hay en ella, *el mar* y
cuanto hay en él*: «¡Ya no habrá retraso!
7 sino que en los días en que se oiga la
voz del séptimo ángel, cuando se ponga
a tocar la trompeta, se habrá consumado
el misterio de Dios*, según lo había anunciado como buena nueva *a sus siervos
los profetas*.»

El librito devorado*.

8 Y la voz de cielo que yo había oído
me habló otra vez y me dijo: «Vete, toma
el librito que está abierto en la mano del
ángel, el que está de pie sobre el mar y
sobre la tierra.» 9 Fui hacia el ángel y le
dije que me diera el librito. Y me dice:
«Toma, devóralo; te amargará las entrañas, pero en tu boca será dulce como la
miel.» 10 Tomé el librito de la mano del
ángel y *lo devoré; y fue en mi boca dulce como la miel*; pero, cuando lo comí,
se me amargaron las entrañas*. 11 Entonces me dicen: «Tienes que profetizar otra
vez contra muchos pueblos, naciones,
lenguas y reyes.»

9 11 *Abaddón* y *Apolíon* significan: *Destrucción* y *Destructor*.
9 20 Ver Is **17** 8; Dn **5** 4.23; Sal **135** 15-17.
10 2 Este libro no es el rollo sellado de **5** 1-2.
10 3 Ver Am **1** 2; **3** 8.
10 6 Ver Dt **32** 40; Dn **12** 7; Ex **20** 11; Ne **9** 6.
10 7 Ver Am **3** 7. El misterio de Dios, ver Rm **16** 25+, contiene la *buena nueva* del reino de Dios que destruye a sus enemigos, **17-18**; **20** 7-10.
10 8 Nueva misión del profeta Juan, **1** 1-2.9-20; ver Ez **3** 3+.
10 10 Anuncio del triunfo de la comunidad cristiana, precedido de sufrimientos, **11** 1-13.

Los dos testigos.

11 1 Luego me fue dada una caña
de medir parecida a una vara,
diciéndome: «Levántate y mide el Santuario de Dios* y el altar, y a los que adoran
en él. 2 El patio exterior del Santuario,
déjalo aparte, no lo midas, porque ha
sido entregado a los gentiles, que pisotearán la Ciudad Santa cuarenta y dos
meses*. 3 Pero haré que mis dos testigos
profeticen durante mil doscientos sesenta
días, cubiertos de sayal.» 4 Ellos son *los
dos olivos* y los dos candeleros *que están
en pie delante del Señor de la tierra**.
5 Si alguien pretendiera hacerles mal,
saldría fuego de su boca y devoraría a sus
enemigos; si alguien pretendiera hacerles
mal, así tendría que morir. 6 Éstos tienen
poder de cerrar el cielo para que no llueva
los días en que profeticen; tienen también
poder sobre las aguas para convertirlas
en sangre, y poder de herir la tierra con
toda clase de plagas, todas las veces que
quieran. 7 Pero cuando hayan terminado
de dar testimonio, la Bestia que surja del
abismo *les hará la guerra, los vencerá**
y los matará. 8 Y sus cadáveres, en la
plaza de la gran ciudad*, que simbólicamente se llama Sodoma o Egipto, allí
donde también su Señor fue crucificado.
9 Y gentes de los pueblos, razas, lenguas
y naciones, contemplarán sus cadáveres
tres días y medio; no está permitido
sepultar sus cadáveres. 10 Los habitantes
de la tierra se alegran y se regocijan por
causa de ellos, y se intercambian regalos,
porque estos dos profetas habían atormentado a los habitantes de la tierra.
11 Pero, pasados los tres días y medio, *un
aliento de vida* procedente de Dios *entró en ellos y se pusieron de pie**, y un
gran espanto se apoderó de quienes los
contemplaban. 12 Oí entonces una fuerte
voz que les decía desde el cielo: «Suban
acá.» Y subieron al cielo en la nube, a la
vista de sus enemigos. 13 En aquella hora
se produjo un violento terremoto, y la
décima parte de la ciudad se derrumbó,
y con el terremoto perecieron siete mil
personas. Los supervivientes, presa de
espanto, dieron gloria al Dios del cielo.

La séptima trompeta.

14 El segundo ¡Ay! ha pasado. Mira que
viene en seguida el tercero*.
15 Tocó el séptimo ángel... Entonces
sonaron en el cielo fuertes voces que
decían: «Ha llegado el reinado sobre el
mundo de nuestro Señor y de su Cristo;
y reinará por los siglos de los siglos.» 16 Y
los veinticuatro Ancianos que estaban
sentados en sus tronos delante de Dios,
se postraron rostro en tierra y adoraron
a Dios diciendo: 17 «Te damos gracias,
Señor Dios Todopoderoso, 'Aquel que
es y que era' porque has asumido tu inmenso poder para establecer tu reinado.
18 *Las naciones se habían encolerizado*;
pero ha llegado tu ira y el tiempo de que
los muertos sean juzgados, el tiempo
de dar la recompensa a *tus siervos los
profetas*, a los santos y *a los que temen
tu nombre, pequeños y grandes*, y de
destruir a los que destruyen la tierra*.»
19 Y se abrió el Santuario de Dios en el
cielo*, y apareció el arca de su alianza en

11 1 El *Templo* de Jerusalén, v. 2, representa a la Iglesia, **20** 9; **21** 2+; ver 1 Co **3** 16+. Va a ser medido como un *resto,* ver **7** 4; **14** 1-5; Is **4** 3+.

11 2 *Cuarenta y dos meses,* es decir, tres años y medio, duración-tipo de toda persecución, **13** 5; Dn **7** 25; **12** 7.

11 4 Los dos héroes encargados de restaurar el nuevo Templo, Za **3** 3-14, son aquí descritos, vv. 5-6.11-12, con los rasgos de Moisés y Elías, ver Mt **17** 3p+. ¿Quiénes son? Se ha pensado con frecuencia en Pedro y Pablo, martirizados en Roma bajo el imperio de Nerón, vv. 7-8.

11 7 Ver Dn **7** 21. El autor puede estar aludiendo a Nerón, emperador, tipo del Anticristo; ver **12** 18; **13** 18; **17** 8-9.

11 8 La *gran ciudad* es Babilonia, es decir Roma, **16** 19; **17** 5; etc. Pero es Jerusalén quien ha matado a los profetas, Mt **23** 37p. Quizá se trata de un cuadro compuesto.

11 11 Ver Ez **37** 5.10.

11 14 El segundo *¡Ay!* ha sido ya descrito en **9** 15s; el tercero será descrito en el cap. **17**.

11 18 Ver Sal **2** 1.5; Am **3** 7; Sal **115** 13.

11 19 Distinto del de **11** 1-2, este Santua-

el Santuario, y se produjeron relámpagos
y fragor y truenos y temblor de tierra y
fuerte granizada.

Visión de la Mujer y el Dragón.

12 1 Un gran signo apareció en el
cielo: una Mujer*, vestida del
sol, con la luna bajo sus pies, y una corona de doce estrellas sobre su cabeza;
2 está encinta, y grita con los dolores del
parto y con el tormento de dar a luz. 3 Y
apareció otro signo en el cielo: un gran
Dragón rojo, con siete cabezas y diez
cuernos, y sobre sus cabezas siete diademas*. 4 Su cola arrastra la tercera parte
de *las estrellas del cielo y las precipitó*
*sobre la tierra**. El Dragón se detuvo delante de la Mujer que iba a dar a luz, para
devorar a su Hijo en cuanto lo diera a luz.
5 La Mujer *dio a luz un* Hijo *varón**, el
que ha de *regir a todas las naciones con*
cetro de hierro; y su hijo fue arrebatado
hasta Dios y hasta su trono. 6 Y la Mujer
huyó al desierto, donde tiene un lugar
preparado por Dios para ser allí alimentada mil doscientos sesenta días.

7 Entonces se entabló una batalla en el
cielo: *Miguel** y sus ángeles combatieron
con el Dragón. También el Dragón y sus
ángeles combatieron, 8 pero no prevalecieron y no hubo ya en el cielo lugar para
ellos. 9 Y fue arrojado el gran Dragón,
la Serpiente antigua, el llamado diablo y
Satanás, el seductor del mundo entero;
fue arrojado a la tierra y sus ángeles fueron arrojados con él. 10 Oí entonces una
fuerte voz que decía en el cielo: «Ahora
ya ha llegado la salvación, el poder y el
reinado de nuestro Dios y la potestad
de su Cristo, porque ha sido arrojado
el acusador de nuestros hermanos, el
que los acusaba día y noche delante de
nuestro Dios. 11 Ellos lo vencieron gracias
a la sangre del Cordero y a la palabra de
testimonio que dieron, porque despreciaron su vida ante la muerte. 12 Por eso,
regocíjense, cielos y los que en ellos habitan. ¡Ay de la tierra y del mar! porque
el diablo ha bajado a ustedes con gran furor, sabiendo que le queda poco tiempo.»

13 Cuando el Dragón vio que había
sido arrojado a la tierra, persiguió a
la Mujer que había dado a luz al Hijo
varón*. 14 Pero se le dieron a la Mujer
las dos alas del águila grande para volar
al desierto, a su lugar, lejos del Dragón,
donde tiene que ser alimentada *un tiem-*
po y tiempos y medio tiempo. 15 Entonces el Dragón vomitó de sus fauces
como un río de agua, detrás de la Mujer,
para arrastrarla con su corriente. 16 Pero
la tierra vino en auxilio de la Mujer: abrió
la tierra su boca y tragó el río vomitado
de las fauces del Dragón. 17 Entonces
enfurecido contra la Mujer, se fue a
hacer la guerra al resto de sus hijos, los
que guardan los mandamientos de Dios y
mantienen el testimonio de Jesús*.

El Dragón trasmite su poder a la Bestia*.

18 Yo estaba en pie sobre la arena del
mar.

rio contiene el arca, Ex **25** 10+, de la Alianza definitiva, **15** 5; **21** 3.22; ver 2 M **2** 4-8.

12 1 Recordando la de Gn **3** 1-2.15+, la *Mujer* representa a Sión, v. 17, el pueblo santo de la era mesiánica, la Iglesia de los creyentes. Una corriente tradicional ha reconocido también en esta Mujer a la Virgen María, Jn **19** 25+, madre del Mesías y primera figura de la Iglesia.

12 3 Este *Dragón* representa al Adversario, Satanás, ver Jb **1** 6+. Ataca por primera vez, vv. 4-12.

12 4 Ver Dn **8** 10.

12 5 El *hijo varón* es el Mesías, Is **66** 7, jefe del nuevo pueblo, Sal **2** 9; ver Ap **2** 27; **12** 2. Se presenta inmediatamente su triunfo final, Sal **2** 9, mientras que su pueblo aquí abajo está protegido de la rabia de sus enemigos.

12 7 La intervención victoriosa de Miguel, ver Dn **10** 13, lleva a la victoria sobre el Dragón.

12 13 Se reanuda el ataque contra la Iglesia sobre la tierra, *el desierto*, v. 14, refugio de los perseguidos, Ex **2** 15; 1 M **2** 29-30, Dios cuida de ella tres años y medio, **11** 2+.

12 17 Ver **1** 2-3.9; **14** 12; **20** 4; Gn **3** 15 y Rm **8** 29+.

12 18 La *Bestia del mar* (Mediterráneo) es el *imperio romano*; representa las fuerzas hostiles y persecutorias que reciben su poder de Satán, **12** 3: ver **17** 3.7-12; Jn **12** 31; Lc **4** 6; Dn **7** 2-8; **11** 36.

13 1 Y vi *surgir del mar una Bestia* que tenía diez cuernos y siete cabezas, y en sus cuernos diez diademas, y en sus cabezas títulos blasfemos. 2 La Bestia que vi *se parecía a un leopardo*, con las patas como *de oso*, y las fauces como fauces *de león*: y el Dragón le dio su poder y su trono y gran poderío. 3 Una de sus cabezas parecía herida de muerte, pero su llaga mortal se le curó; entonces la tierra entera siguió maravillada a la Bestia. 4 Y se postraron ante el Dragón, porque había dado el poderío a la Bestia, y se postraron ante la Bestia diciendo: «¿Quién como la Bestia? ¿Y quién puede luchar contra ella?» 5 Le fue dada *una boca que profería grandezas* y blasfemias, y se le dio poder de actuar durante cuarenta y dos meses; 6 y ella abrió su boca para blasfemar contra Dios: para blasfemar de su nombre y de su morada y de los que habitan en el cielo. 7 Se le concedió *hacer la guerra a los santos y vencerlos; se le concedió poderío* sobre toda raza, pueblo, lengua y nación. 8 Y la adorarán todos los habitantes de la tierra cuyo nombre no está inscrito, desde la creación del mundo, en el libro de la vida del Cordero degollado. 9 El que tenga oídos, oiga. 10 *El que a la cárcel, a la cárcel ha de ir; el que ha de morir a espada, a espada ha de morir**. Aquí se requiere la paciencia y la fe de los santos.

El falso profeta al servicio de la Bestia*.

11 Vi luego otra Bestia que surgía de la tierra y tenía dos cuernos como de cordero, pero hablaba como una serpiente. 12 Ejerce todo el poderío de la primera Bestia en servicio de ésta, haciendo que la tierra y sus habitantes adoren a la primera Bestia, cuya herida mortal había sido curada. 13 Realiza grandes signos, hasta hacer bajar ante la gente fuego del cielo a la tierra; 14 y seduce a los habitantes de la tierra con los signos que le ha sido concedido obrar al servicio de la Bestia, diciendo a los habitantes de la tierra que hagan una imagen en honor de la Bestia que, teniendo la herida de la espada, revivió. 15 Se le concedió infundir el aliento a la imagen de la Bestia, de suerte que pudiera incluso hablar la imagen de la Bestia y hacer que fueran exterminados *cuantos no adoraran la imagen de la Bestia**. 16 Y hace que todos, pequeños y grandes, ricos y pobres, libres y esclavos, se hagan una marca en la mano derecha o en la frente, 17 y que nadie pueda comprar nada ni vender, sino el que lleve la marca con el nombre de la Bestia o con la cifra de su nombre*.

18 ¡Aquí está la sabiduría! Que el inteligente calcule la cifra de la Bestia; pues es la cifra de un hombre. Su cifra es 666*.

El acompañamiento del Cordero*.

=**7** 1-8.

14 1 Seguí mirando, y había un Cordero, que estaba en pie sobre el monte Sión, y con él ciento cuarenta y cuatro mil, que llevaban escrito en la frente el nombre del Cordero y el nombre de su Padre. 2 Y oí un ruido que venía del cielo, como el ruido de grandes aguas o el fragor de un gran trueno; y el

13 10 Ver Jr **15** 2; Mt **26** 52. Aun sin defenderse con todas sus fuerzas, la Iglesia se verá bien protegida.

13 11 La *Bestia de la tierra* (Asia), al servicio de la primera, personifica a los *falsos profetas*, **16** 13; **19** 20; **20** 10; ver Mt **7** 15; **24** 11-24. Remeda la acción del Espíritu como el Dragón y la primera Bestia remedaban al Padre y al Hijo.

13 15 Ver Dn **3** 5-7.

13 17 La *marca* de la Bestia corresponde al sello de Dios, **7** 4+.

13 18 Cada letra tiene un valor numérico según su puesto en el alfabeto, y la *cifra* de un nombre es el total de sus letras. Se han propuesto diversas identificaciones, entre ellas la de Nerón.

14 Frente a los partidarios de la Bestia, los fieles del Cordero, **5** 6+; **7** 1s, pequeño resto, **11** 1+, fiel a través de las persecuciones. Cantan un cántico de liberación, ver **15** 3-4; Ex **15** 1-18, que celebra el orden nuevo instaurado por el Cordero, **21** 1-5; Is **42** 10; Sal **96** 1, etc.

ruido que oía era como de citaristas que
tocaran sus cítaras. 3 Cantan un cántico
nuevo delante del trono y delante de los
cuatro Vivientes y de los Ancianos. Y
nadie podía aprender el cántico, fuera
de los ciento cuarenta y cuatro mil rescatados de la tierra. 4 Éstos son los que
no se mancharon con mujeres, pues son
vírgenes. Éstos *siguen* al Cordero a dondequiera que vaya, y han sido rescatados
de entre los hombres como *primicias
para Dios* y para el Cordero, 5 y *en su
boca no se encontró mentira**: no tienen
mancha.

Los ángeles anuncian la hora del Juicio*.

Mt **10** 28p.

6 Luego vi a otro ángel que volaba por
lo alto del cielo y tenía una buena nueva
eterna que anunciar a los que están en la
tierra, a toda nación, raza, lengua y pueblo. 7 Decía con fuerte voz: «Teman a Dios
y denle gloria, porque ha llegado la hora
de su Juicio; adoren *al que hizo el cielo
y la tierra, el mar** y los manantiales
de agua.» 8 Y un segundo ángel le siguió
diciendo: «*Cayó, cayó la gran Babilonia*,
la que dio a beber a todas las naciones
el *vino del furor**.» 9 Un tercer ángel los
siguió, diciendo con fuerte voz: «Si alguno
adora a la Bestia y a su imagen, y acepta
la marca en su frente o en su mano,
10 tendrá que beber también del vino del
furor de Dios, que está preparado, puro,
en la copa de su ira. Será atormentado
con fuego y azufre, delante de los santos
ángeles y delante del Cordero. 11 Y *la
humareda* de su tormento *se eleva por
los siglos* de los siglos; no hay reposo, *ni
de día ni de noche**, para los que adoran
a la Bestia y a su imagen, ni para el que
acepta la marca de su nombre.» 12 Aquí se
requiere la paciencia de los santos, de los
que guardan los mandamientos de Dios
y la fe de Jesús. 13 Luego oí una voz que
decía desde el cielo: «Escribe: Dichosos
los muertos que mueren en el Señor.
Desde ahora, sí —dice el Espíritu—, que
descansen de sus fatigas, porque sus obras
los acompañan*.»

La siega y la vendimia de las naciones*.

Jl **4** 12-13.

14 Y seguí viendo. Había *una nube*
blanca, *y sobre la nube* sentado *uno
como Hijo de hombre*, que llevaba en la
cabeza una corona de oro y en la mano
una hoz afilada. 15 Luego salió del Santuario otro ángel gritando con fuerte voz
al que estaba sentado en la nube: «*Mete
tu hoz* y siega, porque ha llegado la
hora de segar; *la mies* de la tierra *está
madura*.» 16 Y el que estaba sentado en
la nube metió su hoz en la tierra y quedó
segada la tierra.

17 Otro ángel salió entonces del Santuario que hay en el cielo; tenía también
una hoz afilada. 18 Y salió del altar otro
ángel, el que tiene poderío sobre el fuego, y gritó con fuerte voz al que tenía la
hoz afilada: «Mete tu hoz afilada y vendimia los racimos de la viña de la tierra,
porque están en sazón sus uvas.» 19 El ángel metió su hoz en la tierra y vendimió
la viña de la tierra y lo echó todo en el
gran lagar del furor de Dios. 20 Y el lagar
fue pisado fuera de la ciudad y brotó sangre del lagar hasta la altura de los frenos
de los caballos en una extensión de mil
seiscientos estadios.

14 5 Ver Jr **2** 2-3; So **3** 13. *Virginidad,* v. 4 *e ignorancia de la mentira,* es decir, una fidelidad al único Dios verdadero. El vocabulario evoca el del ritual de los sacrificios.

14 6 Para invitar a los perseguidores a arrepentirse, **16** 2; etc.

14 7 Ver Ex **20** 11.

14 8 Ver Is **21** 9; Ap **18** 2-3. -El *vino del furor* es una imagen tradicional de la ira de Dios, **16** 19; etc.; Is **51** 17; Sal **11** 6+.

14 11 Ver Gn **19** 24; Is **34** 8-10.

14 13 Los mártires depositados debajo del altar, **6** 9-11+, están ahora en posesión de su reposo, ver Hb **4** 9-10; 2 Co **5** 8; Flp **1** 23.

14 14 *Siega* y *Vendimia*, dos imágenes bíblicas del juicio, **19** 11-20. Ver Is **63** 3; Jl **4** 12-13.

El cántico de Moisés y del Cordero.

15 [1] Luego vi en el cielo otro signo grande y maravilloso: siete ángeles, que llevaban siete plagas, las últimas, porque con ellas se consuma el furor de Dios. [2] Y vi también como un mar de cristal mezclado de fuego, y a los que habían triunfado de la Bestia y de su imagen y de la cifra de su nombre, de pie junto al mar de cristal, llevando las cítaras de Dios. [3] Y cantan el cántico de Moisés, siervo de Dios, y el cántico del Cordero*, diciendo:

«Grandes y maravillosas son tus obras,
Señor, Dios Todopoderoso;
justos y verdaderos tus caminos,
¡oh Rey de las naciones!
[4] *¿Quién no temerá*, Señor, y no
glorificará tu nombre?
Porque sólo tú eres santo,
y todas las naciones vendrán y se
postrarán ante ti,
porque han quedado de manifiesto tus
justos designios.»

Las siete plagas de las siete copas*.

[5] Después de esto vi que se abría en el cielo el Santuario de la Tienda del Testimonio, [6] y salieron del Santuario los siete ángeles que llevaban las siete plagas, vestidos de lino puro, resplandeciente, ceñido el pecho con cinturones de oro. [7] Luego, uno de los cuatro Vivientes entregó a los siete ángeles siete copas de oro llenas del furor de Dios, que vive por los siglos de los siglos. [8] *Y el Santuario se llenó del humo de la gloria de Dios* y de su poder, *y nadie podía entrar en el Santuario* hasta que se consumaran las siete plagas de los siete ángeles*.

16 [1] Y oí una fuerte voz que desde el Santuario decía a los siete ángeles: «Vayan y derramen sobre la tierra las siete copas del furor de Dios.» [2] El primero fue y derramó su copa sobre la tierra; y sobrevino una úlcera maligna y perniciosa a los hombres que llevaban la marca de la Bestia y adoraban su imagen. [3] El segundo derramó su copa sobre el mar; y se convirtió en sangre como de muerto, y toda alma viviente murió en el mar. [4] El tercero derramó su copa sobre los ríos y sobre los manantiales de agua; y se convirtieron en sangre. [5] Y oí al ángel de las aguas que decía: «Justo eres tú, 'Aquel que es y que era', el Santo, pues has hecho así justicia: [6] porque ellos derramaron la sangre de los santos y de los profetas y tú les has dado a beber sangre; lo tienen merecido.» [7] Y oí al altar que decía: «Sí, Señor, Dios Todopoderoso, tus juicios son verdaderos y justos.» [8] El cuarto derramó su copa sobre el sol; y le fue encomendado quemar a los hombres con fuego, [9] y los hombres fueron quemados con un calor abrasador. No obstante, blasfemaron del nombre de Dios que tiene potestad sobre tales plagas, y no se arrepintieron dándole gloria.

[10] El quinto derramó su copa sobre el trono de la Bestia; y quedó su reino en tinieblas y los hombres se mordían la lengua de dolor. [11] No obstante, blasfemaron del Dios del cielo por sus dolores y por sus llagas, y no se arrepintieron de sus obras. [12] El sexto derramó su copa sobre el gran río Éufrates; y sus aguas se secaron para preparar el camino a los reyes del Oriente. [13] Y vi que de la boca del Dragón, de la boca de la Bestia y de la boca del falso profeta, salían tres espíritus inmundos como ranas. [14] Son espíritus de demonios, que realizan signos y

15 3 Cántico de liberación, ver **14**+ en alabanza del Vencedor; ver Sal **92** 6; **98** 1; **145** 17; Dt **32** 4; Jr **10** 4.7; Sal **86** 9.

15 5 Las *copas* recuerdan, como las trompetas de **8-9**, las plagas de Egipto. Yahvé estaba presente en la *tienda*, y Moisés se reunía allí con él, Ex **25** 8-9+.22; Nm **9** 15. Ver Ap **11** 19+.

15 8 El *humo*, señal de la presencia de Dios, Ex **19** 18; 1 R **8**; Is **6** 4. Nadie puede interceder antes de la terminación de las plagas en las que Dios se manifiesta.

16 1 =**8** 6-12.

van donde los reyes de todo el mundo para convocarlos a la gran batalla del gran Día del Dios Todopoderoso*. [15] (Mira que vengo como ladrón. Dichoso el que esté en vela y conserve sus vestidos, para no andar desnudo y que se vean sus vergüenzas). [16] Los convocaron en el lugar llamado en hebreo Harmaguedón*.

[17] El séptimo derramó su copa sobre el aire; entonces salió del Santuario una fuerte voz que decía: «Hecho está». [18] Se produjeron relámpagos, fragor, truenos y un violento terremoto, *como no lo hubo desde que existen* hombres *sobre la tierra*, un terremoto tan violento*. [19] La gran Ciudad se abrió en tres partes, y las ciudades de las naciones se desplomaron; y Dios se acordó de la gran Babilonia para darle la copa del vino del furor de su ira. [20] Entonces todas las islas huyeron, y las montañas desaparecieron. [21] Y un gran pedrisco, con piedras de casi un talento de peso, cayó del cielo sobre los hombres. No obstante, los hombres blasfemaron de Dios por la plaga del pedrisco; porque fue ciertamente una plaga muy grande*.

2. EL CASTIGO DE BABILONIA

La célebre Prostituta*.

17 [1] Entonces vino uno de los siete ángeles que llevaban las siete copas y me habló: «Ven, que te voy a mostrar el juicio de la célebre Prostituta, *que se sienta sobre grandes aguas*, [2] con ella fornicaron los reyes de la tierra, y los habitantes de la tierra se embriagaron con el vino de su prostitución*.» [3] Me trasladó en espíritu al desierto*. Y vi una mujer, sentada sobre una Bestia de color escarlata, cubierta de títulos blasfemos; la Bestia tenía siete cabezas y diez cuernos. [4] La mujer estaba vestida de púrpura y escarlata, resplandecía de oro, piedras preciosas y perlas; llevaba en su mano una copa de oro llena de abominaciones, y también las impurezas de su prostitución, [5] y en su frente un nombre escrito —un misterio—: «La gran Babilonia, la madre de las prostitutas y de las abominaciones de la tierra.» [6] Y vi que la mujer se embriagaba con la sangre de los santos y con la sangre de los mártires de Jesús. Y me asombré grandemente al verla; [7] pero el ángel me dijo: «¿Por qué te asombras? Voy a explicarte el misterio de la mujer y de la Bestia que la lleva, la que tiene siete cabezas y diez cuernos.

Simbolismo de la Bestia y de la Prostituta.

[8] «La Bestia que has visto, era y ya no es; y va a subir del abismo pero camina hacia su destrucción. Los habitantes de la tierra, cuyo nombre no fue inscrito desde la creación del mundo en el libro de la vida, se maravillarán al ver que la Bestia era y ya no es, pero que reaparecerá. [9] Aquí es donde se requiere inteligencia, tener sabiduría. Las siete cabezas son siete colinas sobre las que se asienta la mujer.

16 14 Esta reunión de las naciones enemigas atravesando el Éufrates, v. 12, preludia su propio exterminio, vv. 17-21.
16 16 *Harmaguedón*, es decir, el *monte de Meguiddó*, en donde Josías fue derrotado, 2 R **23** 29; Za **12** 11.
16 18 Ver Dn **12** 1.
16 21 Preparación inmediata del hundimiento de Roma.
17 La *Prostituta* (idólatra, **2** 14+; **18** 3) llamada Babilonia, **14** 8; **16** 19, es decir *Roma*, v. 9, verá cómo se realiza la condena anunciada. La presentación del personaje, vv. 1-7, se explica a continuación, vv. 8-18. El cuadro *apocalíptico* es vigoroso y difícil. -Ver Jr **51** 13.
17 2 Naciones y reyes que han adoptado el culto imperial, ver Is **23** 17; Jr **51** 7.
17 3 El *desierto*, refugio, **12** 14, es también mansión de animales impuros, Lv **16** 8. -Esta mujer cabalga sobre la Bestia del mar **13** 11+.

«Son también siete reyes*: 10 cinco han
caído, uno es, y el otro no ha llegado
aún. Y cuando llegue, habrá de durar
poco tiempo. 11 Y la Bestia, que era y
ya no es, hace el octavo, pero es uno de
los siete; y camina hacia su destrucción.
12 *Los diez cuernos* que has visto *son
diez reyes** que no han recibido aún
el reino; pero recibirán con la Bestia la
potestad real, sólo por una hora. 13 Están
todos de acuerdo en entregar a la Bestia
el poder y la potestad que ellos tienen.
14 Éstos harán la guerra al Cordero, pero
el Cordero, como es *Señor de Señores
y Rey de Reyes*, los vencerá en unión
con los suyos, los llamados, los elegidos
y los fieles*.»

15 Me dijo además: «Las aguas que has
visto, donde está sentada la Prostituta,
son pueblos, muchedumbres, naciones
y lenguas. 16 Y los diez cuernos que has
visto y la Bestia, van a aborrecer a la
Prostituta; *la dejarán sola y desnuda*,
comerán sus carnes y la consumirán por
el fuego*; 17 porque Dios les ha inspirado
la resolución de ejecutar su propio plan,
y de ponerse de acuerdo en entregar la
soberanía que tienen a la Bestia hasta
que se cumplan las palabras de Dios. 18 Y
la mujer que has visto es la gran ciudad,
la que tiene la soberanía sobre los reyes
de la tierra.»

Un ángel anuncia la caída de Babilonia*.

18 1 Después de esto vi bajar del
cielo a otro ángel, que tenía gran
poder, *y la tierra quedó iluminada con
su resplandor*. 2 Gritó con potente voz
diciendo: «¡*Cayó, cayó* la gran *Babilonia*!
Se ha convertido *en morada de demonios**, en guarida de toda clase de espíritus inmundos, en guarida de toda clase
de aves inmundas y detestables. 3 Porque
del vino de sus prostituciones han bebido
todas las naciones, y los reyes de la tierra
han fornicado con ella, y los mercaderes
de la tierra se han enriquecido con su
lujo desenfrenado.»

Huida del pueblo de Dios*.

4 Luego oí otra voz que decía desde el
cielo: «Salgan de ella, pueblo mío, no sea
que se hagan cómplices de sus pecados
y los alcancen sus plagas. 5 Porque sus
pecados *se han amontonado hasta el
cielo* y Dios se ha acordado de sus iniquidades. 6 *Denle como ella ha dado**, dóblenle la medida conforme a sus obras,
en la copa que ella preparó prepárenle
el doble. 7 En proporción a su arrogancia
y a su lujo, denle tormentos y llantos.
Pues *dice en su corazón: Estoy sentada
como reina, y no soy viuda* y no he de
conocer el llanto... 8 Por eso, *en un solo
día** llegarán sus plagas: peste, llanto y
hambre, y será consumida por el fuego.
Porque poderoso es el Señor Dios que la
ha condenado.»

Lamentaciones por Babilonia*.

9 Llorarán, harán duelo por ella los reyes de la tierra, los que con ella fornicaron y se dieron al lujo, cuando vean la
humareda de sus llamas; 10 se quedarán
a distancia horrorizados ante su suplicio,
y dirán:

17 9 *Siete*, cifra simbólica de totalidad. Alude a los emperadores romanos sin pronunciarse ni sobre su número ni sobre su cronología.

17 12 Ver Dn **17** 24. Los soberanos vencedores de Roma, v. 2, no tendrán el poder más que un tiempo.

17 14 *Señor de Señores* y *Rey de Reyes*, dos títulos de Dios, Dt **17** 10; Dn **2** 47; 2 M **13** 4, conferidos a Cristo, **19** 16; 1 Tm **6** 15. Este v. anuncia la victoria de **19** 11-21.

17 16 Imágenes tradicionales del envilecimiento, Os **2** 5+. Ver Ez **16** 39-41; **23** 25-29.

18 El castigo anunciado en **17** es inminente, vv. 1-3. Ver Ez **43** 2.

18 2 Ver **14** 18; Is **21** 9; Jr **50** 39; Is **13** 21-22.

18 4 Los fieles deben primeramente separarse de los pecadores. Ver Jr **51** 6.45; Is **48** 20; Mt **24** 16p.

18 6 Ver Gn **18** 21; Jr **51** 9; **50** 15.29.

18 8 Ver Is **47** 8.9.

18 9 Triple lamentación de los que en Roma han llegado a la prosperidad, v. 3: reyes, mercaderes y navegantes. Ver Jr **50-51**; Ez **26-28**.

«¡Ay, ay, la gran ciudad!
¡Babilonia, ciudad poderosa,
que en una hora ha llegado tu juicio!»

11 Lloran y se lamentan por ella los
mercaderes de la tierra, porque nadie
compra ya sus cargamentos: 12 cargamentos de oro y plata, piedras preciosas
y perlas, lino y púrpura, seda y escarlata,
toda clase de maderas olorosas y toda
clase de objetos de marfil, toda clase de
objetos de madera preciosa, de bronce,
de hierro y de mármol; 13 cinamomo,
amomo, perfumes, mirra, incienso, vino,
aceite, harina, trigo, bestias de carga,
ovejas, caballos y carros; esclavos y mercancía humana.
14 Y los frutos en sazón que codiciaba
tu alma, se han alejado de ti; y toda magnificencia y esplendor se han terminado
para ti, y nunca jamás aparecerán.
15 Los mercaderes de estas cosas, los
que a costa de ella se habían enriquecido,
se quedarán a distancia horrorizados ante
su suplicio, llorando y lamentándose:

16 «¡Ay, ay, la gran ciudad,
vestida de lino, púrpura y escarlata,
resplandeciente de oro, piedras
preciosas y perlas,
17 que en una hora ha sido arruinada
tanta riqueza!»

Todos los capitanes, oficiales de barco
y los marineros, y cuantos se ocupan en
trabajos del mar, se quedaron a distancia
18 y gritaban al ver la humareda de sus
llamas: «¿Quién como la gran ciudad?»
19 Y echando polvo sobre sus cabezas,
gritaban llorando y lamentándose:

«¡Ay, ay, la gran ciudad,
con cuya opulencia se enriquecieron
cuantos tenían las naves en el mar;
que en una hora ha sido destruida!»

20 Alégrate por ella, cielo, y ustedes,
los santos, los apóstoles y los profetas,
porque al condenarla a ella, Dios ha juzgado su causa*.
21 Un ángel poderoso alzó entonces
una piedra, como una gran rueda de
molino, y la arrojó al mar diciendo: «Así,
de golpe, será arrojada Babilonia, la gran
ciudad, y no aparecerá ya más...»

22 Y la música de los citaristas y
cantores,
de los flautistas y trompetas,
no se oirá más en ti;
artífice de arte alguna
no se hallará más en ti;
la voz de la rueda de molino
no se oirá más en ti;
23 *La luz de la lámpara*
no lucirá más en ti;
la voz del novio y de la novia
no se oirá más en ti.
Porque tus mercaderes eran los
magnates de la tierra,
porque con tus hechicerías se
extraviaron todas las naciones;
24 y en ella fue hallada la sangre de los
profetas y de los santos y de todos los
degollados de la tierra.

Cantos triunfales en el cielo*.

19 1 Después oí en el cielo como
un gran ruido de muchedumbre
inmensa que decía: «¡Aleluya! La salvación y la gloria y el poder son de nuestro
Dios, 2 porque sus juicios son verdaderos
y justos; porque ha juzgado a la gran
Prostituta que corrompía la tierra con
su prostitución, y ha vengado en ella la
sangre de sus siervos.» 3 Y por segunda
vez dijeron: «¡Aleluya! *Su humareda se
eleva por los siglos de los siglos*.» 4 Entonces los veinticuatro Ancianos y los
cuatro Vivientes se postraron y adoraron
a Dios, que está sentado en el trono,
diciendo: «¡Amén! ¡Aleluya!»
5 Y salió una voz del trono, que decía:
«Alaben a nuestro Dios, todos sus siervos

18 20 En contraste, el cielo se alegra, ver **19** 1-10; 1 Co **12** 28; Ef **2** 20. Después de lanzar la piedra al agua, Jr **51** 63-64, se vuelve a la lamentación, ver Ez **26** 13; Jr **25** 10; **16** 9.

19 Dos coros aclaman, **18** 20, la victoria sobre Babilonia. Se encuentran los personajes de las liturgias de **4-5**; **11** 15-18; **14** 1-5.

19 3 Ver Is **34** 10.

y los que le temen, pequeños y gran-
*des**.» 6 Y oí el ruido de muchedumbre
inmensa y como el ruido de grandes
aguas y como el fragor de fuertes truenos. Y decían: «¡Aleluya! Porque ha
establecido su reinado el Señor, nuestro
Dios Todopoderoso. 7 Alegrémonos y
regocijémonos y démosle gloria, porque
han llegado las bodas del Cordero*, y
su Esposa se ha engalanado 8 y se le ha
concedido vestirse de lino deslumbrante de blancura —el lino son las buenas
acciones de los santos—.» 9 Luego me
dice: «Escribe: Dichosos los invitados al
banquete de bodas del Cordero.» Me dijo
además: «Estas son palabras verdaderas de Dios.» 10 Entonces me postré a
sus pies para adorarlo, pero él me dice:
«No, cuidado; yo soy un siervo como tú
y como tus hermanos que mantienen el
testimonio de Jesús. A Dios tienes que
adorar.» El testimonio de Jesús es el espíritu de profecía*.

3. EXTERMINIO DE LAS NACIONES PAGANAS

El primer combate escatológico*.

=**20** 7-10.

11 Entonces vi el cielo abierto, y había
un caballo blanco: el que lo monta se
llama «Fiel» y «Veraz»; y *juzga* y combate
con justicia. 12 Sus ojos, llama de fuego;
sobre su cabeza, muchas diademas; lleva
escrito un nombre que sólo él conoce;
13 viste *un manto empapado en sangre*
y su nombre es: La Palabra de Dios*.
14 Y los ejércitos del cielo, vestidos de lino
blanco puro, le seguían sobre caballos
blancos. 15 De su boca sale una espada
afilada para herir con ella a los paganos;
él *los regirá con cetro de hierro*; él pisa
el lagar del vino de la furiosa ira de Dios*,
el Todopoderoso. 16 Lleva escrito un
nombre en su manto y en su muslo: *Rey*
de Reyes y *Señor de Señores**.
17 Luego vi a un ángel de pie sobre el
sol que *gritaba* con fuerte voz a todas *las*
aves que volaban por lo alto del cielo:
«Vengan, *reúnanse para el gran ban-*
quete de Dios*, 18 *para que coman car-*
ne de reyes, carne de tribunos y carne
de valientes, carne de caballos y de sus
jinetes, y carne de toda clase de gente,
libres y esclavos, pequeños y grandes.»
19 Vi entonces a la Bestia y a los reyes
de la tierra con sus ejércitos reunidos
para entablar combate contra el que iba
montado en el caballo y contra su ejército. 20 Pero la Bestia fue capturada, y con
ella el falso profeta —el que había realizado al servicio de la Bestia los signos con
que seducía a los que habían aceptado la
marca de la Bestia y a los que adoraban
su imagen— los dos fueron arrojados vivos al lago del fuego que arde con azufre.
21 Los demás fueron exterminados por la
espada que sale de la boca del que monta
el caballo, y *todas las aves se hartaron*
de sus carnes.

19 5 Ver Sal **115** 13.

19 7 Las bodas del Cordero simbolizan el establecimiento del Reino celestial que será descrito en **21** 9s. Ver Os **1** 2+ y Ef **5** 22-23+.

19 10 La palabra de Dios atestiguada por Jesús, **1** 2; **20** 4, y por los cristianos, **6** 9; **12** 17, es entendida en la Iglesia gracias a la acción del Espíritu, ver Jn **14** 15-16+.

19 11 El Mesías fiel, **3** 14+, viene a dar cumplimiento al Día de Yahvé, **12** 5; **14** 14-20; **17** 12-14; Am **5** 8+, exterminando a los enemigos de la Iglesia. Ver Is **11** 4.

19 13 Ver Is **63**+. -Con su nombre divino transcendente, el Caballero lleva el de *Palabra* de Dios, Mesías revelador de Dios, Jn **1** 1+.14+, y ejecutor de los juicios divinos, **20** 11-13; **22** 12; Sb **18** 14-18.

19 15 *Cetro de hierro,* es el arma de la Palabra exterminadora, ver **1** 16; Is **11** 4; **49** 2; Os **6** 5; Sb **18** 15; 2 Ts **2** 8; Hb **4** 12. *Lagar del vino...,* imagen común del profetismo que simboliza el exterminio de los enemigos del pueblo de Dios, ver Gn **49** 9-12; Jr **25** 30; Is **63** 1-6; Jl **4** 13; So **1** 15. Sobre el *vino de la ira,* ver **14** 8.19-20; Is **51** 17.

19 16 Ver **1** 5; **17** 14+; Flp **2** 9-11; a diferencia de los de vv. 12-13, este nombre es inteligible para todos.

19 17 Ver Ez **39** 17-20.

El reino de mil años.

20 [1] Luego vi a un ángel que bajaba del cielo y tenía en su mano
la llave del abismo y una gran cadena.
[2] Dominó al Dragón, la serpiente antigua
—que es el diablo y Satanás— y lo encadenó por mil años*. [3] Lo arrojó al abismo,
lo encerró y puso encima los sellos, para que no seduzca más a las naciones hasta que se cumplan los mil años. Después tiene que ser soltado por poco tiempo.

[4] Luego vi unos tronos, y se sentaron en ellos, y *se les dio el poder de juzgar*; vi también las almas de los que fueron decapitados por el testimonio de Jesús y la palabra de Dios, y a todos los que no adoraron a la Bestia ni a su imagen, y no aceptaron la marca en su frente o en su mano; revivieron y reinaron con Cristo mil años*. [5] Los demás muertos
no revivieron hasta que se acabaron los mil años. Es la primera resurrección.
[6] Dichoso y santo el que participa en la
primera resurrección; la segunda muerte* no tiene poder sobre éstos, sino que serán sacerdotes de Dios y de Cristo y reinarán con él mil años.

El segundo combate escatológico.

=**19** 11-21.

[7] Cuando se terminen los mil años,
será Satanás soltado de su prisión [8] y saldrá a seducir a las naciones de los cuatro extremos de la tierra, *a Gog y a Magog**, y a reunirlos para la guerra, numerosos
como la arena del mar. [9] Subieron por
toda la anchura de la tierra y cercaron el campamento de los santos y de la ciudad amada*. *Pero bajó fuego del cielo* y los
devoró. [10] Y el diablo, su seductor, fue
arrojado al lago de fuego y azufre, donde están también la Bestia y el falso profeta, y serán atormentados día y noche por los siglos de los siglos.

El Juicio de las naciones*.

[11] Luego vi un gran trono blanco, y al que estaba sentado sobre él. El cielo y la tierra huyeron de su presencia sin dejar
rastro. [12] Y vi a los muertos, grandes
y pequeños, de pie delante del trono; *fueron abiertos unos libros*, y luego se abrió otro libro, que es el de la vida; y los muertos fueron juzgados según lo escrito en los libros, conforme a sus obras.

[13] Y el mar devolvió los muertos que guardaba, la Muerte y el Abismo devolvieron los muertos que guardaban, y cada uno fue juzgado según sus obras. [14] La
Muerte y el Abismo fueron arrojados al lago de fuego —este lago de fuego es la
muerte segunda— [15] y el que no se halló
inscrito en el libro de la vida fue arrojado al lago de fuego.

20 2 Después de las dos Bestias y los reyes, también el Dragón, **12** 3.7-9, es aniquilado. Ver Gn **3** 1+. Dos fases de la derrota: Satán es encadenado durante mil años, **12** 7-12; ver **11** 2; después, vv. 7-10, será aniquilado para siempre.

20 4 Ver Dn **7** 21-22.26. Durante el plazo en que el Dragón estará encadenado, la Iglesia conocerá una renovación. Este período ha comenzado desde el tiempo de los mártires, **6** 9-11; **14** 13. Es la fase terrestre del reino de Dios y de Cristo, en espera del juicio, vv. 11-15.

20 6 La *segunda muerte*, es la condenación eterna, ver **2** 11; **20** 14; **21** 8.

20 8 Los dos nombres, *Gog* y *Magog,* ver Ez **38-39**, personifican los reyes paganos coaligados contra la Iglesia, ver **16** 14-16; **19** 17-19.

20 9 El *campamento*, ver Ex **14** 14-20; etc., es el territorio que resiste a la invasión, es decir, Jerusalén, **21** 2+; ver Lc **21** 24, figura de toda la Iglesia. Ver Ez **38** 22.

20 11 Después de la resurrección universal, interviene el supremo Juez, **2** 23+; **3** 5; **19** 13+; Dn **7** 10+; **12** 1+. -La antigua creación deja paso a la nueva, **21** 1+; ver Sal **102** 27; Is **51** 6; Hch **3** 21; Rm **8** 18-22+.

4. LA JERUSALÉN FUTURA

La Jerusalén celestial*.

=**7** 15-17.

21 [1] Luego vi *un cielo nuevo y una tierra nueva* —porque el primer cielo y la primera tierra desaparecieron, y el mar no existe ya. [2] Y vi la ciudad santa, la nueva Jerusalén, que bajaba del cielo, de junto a Dios, engalanada como una novia adornada para su esposo*. [3] Y oí una fuerte voz que decía desde el trono: «Esta es la morada de Dios con los hombres. Pondrá *su morada entre ellos y ellos serán* su *pueblo* y él, *Dios-con-ellos*, será su Dios*. [4] *Y enjugará toda lágrima de sus ojos**, y no habrá ya muerte ni habrá llanto, ni gritos ni fatigas, porque el mundo viejo ha pasado.»

[5] Entonces dijo el que está sentado en el trono: «Mira que hago nuevas todas las cosas.» Y añadió: «Escribe: Estas son palabras ciertas y verdaderas.» [6] Me dijo también: «Hecho está; yo soy el Alfa y la Omega, el Principio y el Fin; al que tenga sed, yo le daré del manantial del agua de la vida gratis*. [7] Esta será la herencia del vencedor: *yo seré* Dios *para él, y él será hijo para mí**. [8] Pero los cobardes, los incrédulos, los abominables, los asesinos, los impuros, los hechiceros, los idólatras y todos los embusteros tendrán su parte en el lago que arde con fuego y azufre, que es la muerte segunda.»

La Jerusalén mesiánica.

[9] Entonces vino uno de los siete ángeles que tenían las siete copas llenas de las siete últimas plagas, y me habló diciendo: «Ven, que te voy a enseñar a la Novia, a la Esposa del Cordero.» [10] *Me trasladó en espíritu a un monte grande y alto** y me mostró la ciudad santa de Jerusalén, que bajaba del cielo, de junto a Dios, [11] y *tenía la gloria de Dios**. Su resplandor era como el de una piedra muy preciosa, como jaspe cristalino. [12] Tenía una muralla grande y alta con doce puertas; y sobre las puertas, doce ángeles y nombres grabados, que son *los de las doce tribus de los hijos de Israel*; [13] *al oriente tres puertas; al norte tres puertas; al mediodía tres puertas; al occidente tres puertas**. [14] La muralla de la ciudad se asienta sobre doce piedras, que llevan los nombres de los doce apóstoles del Cordero*.

[15] El que hablaba conmigo tenía una caña de medir, de oro, para medir la ciudad, sus puertas y su muralla. [16] La ciu-

21 A la renovación de los tiempos mesiánicos, **20** 11; Is **65** 17; **66**, se añade la acción de la gloria de Dios que transforma a la creación al mismo tiempo que al cristianismo, Mt **19** 28+; 2 P **3** 11-13.

21 2 *Jerusalén,* la ciudad de los elegidos, en contraste total con Babilonia, **17** es un don de Dios, ver v. 10; **7** 15-17; Hb **11** 10; Is **52** 1; **61** 10. La ciudad de David, **21** 5-6, capital de Israel, era también su centro religioso, 2 S **24** 19s; Sal **122**; ciudad de Dios, Sal **46** 5; etc.; ciudad santa, Is **52** 1; Dn **9** 34; Mt **4** 5; etc., y metrópoli del pueblo mesiánico, Is **51**; Sal **87**; etc. Aquí es transportada al cielo y representa a la Iglesia cristiana, **3** 12; **11** 1+; **20** 9; ver Ga **4** 26; Hb **12** 22; Flp **3** 20, con la que el Cordero, **5** 6+, se desposa con júbilo, **19** 7-8; Ef **5** 22s+; ver Is **61** 10; **62** 4-5; Os **2** 16+.

21 3 Presencia e intimidad de la Alianza definitiva. Ver Ex **25** 8+; Lv **26** 11+; Ez **37** 27; Is **8** 8-10; Za **2** 14; **8** 8; Jn **1** 14+; 2 Co **6** 16+.

21 4 Ver **7** 17; Is **25** 8; **35** 10; Jr **31** 16.

21 6 Ver **1** 8+.17+. -El *agua* simboliza la vida y el Espíritu, **7** 17; **22** 1.17; Is **12** 3; **55** 1; Jn **4** 7+.38+.

21 7 El Mesías, sucesor de David, es *Hijo de Dios,* 2 S **7** 14+. Jesús resucitado ha concedido, Hch **2** 36+; Hb **1** 4-5, también este título a cuantos creen en él, Jn **1** 12+; Rm **8** 29+.

21 10 Ver Ez **40** 2-3.

21 11 Ver Is **60** 1-2; 2 Co **4** 4-6.

21 13 Ver **7** 1-8+; Ex **28** 17-21; Ez **48** 30-35; Mt **19** 28+.

21 14 La Iglesia abierta a todos, vv. 12-13, está fundada sobre la misión y la predicación de los apóstoles, **18** 20; Ef **2** 20+, que convoca y reúne a la vez a las tribus y a los infieles, vv. 24-26; ver **14** 6-7; Rm **16** 25+.

dad es un cuadrado: su longitud es igual a
su anchura. Midió la ciudad con la caña,
y tenía doce mil estadios. Su longitud,
anchura y altura son iguales. 17 Midió
luego su muralla, y tenía ciento cuarenta
y cuatro codos* —con medida humana,
que era la del ángel—. 18 El material de
esta muralla es jaspe y la ciudad es de
oro puro semejante al vidrio puro. 19 Los
pilares de la muralla de la ciudad están
adornados de toda clase de piedras preciosas: el primer pilar es de jaspe, el segundo de zafiro, el tercero de calcedonia,
el cuarto de esmeralda, 20 el quinto de
sardónica, el sexto de cornalina, el séptimo de crisólito, el octavo de berilo, el
noveno de topacio, el décimo de ágata,
el undécimo de jacinto, el duodécimo de
amatista. 21 Y las doce puertas son doce
perlas, cada una de las puertas hecha de
una sola perla; y la plaza de la ciudad es
de oro puro, trasparente como el cristal.
22 Pero no vi Santuario alguno en ella;
porque el Señor, el Dios Todopoderoso,
y el Cordero, es su Santuario*. 23 La ciudad no necesita ni de sol ni de luna que la
alumbren, porque la ilumina la gloria de
Dios, y su lámpara es el Cordero. 24 *Las
naciones caminarán a su luz*, y los reyes
de la tierra irán a llevarle su esplendor.
25 *Sus puertas no se cerrarán con el día*
—porque allí no habrá noche— 26 *y traerán a ella el esplendor* y *los* tesoros *de
las naciones**. 27 Nada profano entrará
en ella, ni los que cometen abominación
y mentira, sino solamente los inscritos en
el libro de la vida del Cordero*.

22 1 Luego me mostró el río de
agua de vida, brillante como el
cristal, que brotaba del trono de Dios
y del Cordero. 2 En medio de la plaza,
*a una y otra margen del río, hay un
árbol de vida, que da fruto doce veces,
una vez cada mes; y sus hojas sirven de
medicina para los gentiles**.
3 Y *no habrá ya maldición alguna**;
el trono de Dios y del Cordero estará en
la ciudad y los siervos de Dios le darán
culto. 4 Verán su rostro y llevarán su
nombre en la frente. 5 Noche ya no habrá; no tienen necesidad de luz de lámpara ni de luz del sol, porque el Señor Dios
los alumbrará y reinarán por los siglos de
los siglos.
6 Luego me dijo: «Estas palabras son
ciertas y verdaderas; el Señor Dios, que
inspira a los profetas, ha enviado a su ángel para manifestar a sus siervos *lo que
ha de suceder* pronto*. 7 Mira, vengo
pronto. Dichoso el que guarde las palabras proféticas de este libro.» 8 Yo, Juan,
fui el que vi y oí esto. Y cuando lo oí y
vi, caí a los pies del ángel que me había
mostrado todo esto para adorarlo. 9 Pero
él me dijo: «No, cuidado; yo soy un siervo
como tú y tus hermanos los profetas y los
que guardan las palabras de este libro. A
Dios tienes que adorar.»
10 Y me dijo: «No selles las palabras
proféticas de este libro, porque el Tiempo está cerca. 11 Que el injusto siga cometiendo injusticias y el manchado siga
manchándose*; que el justo siga practicando la justicia y el santo siga santificán-
dose. 12 *Mira, vengo* pronto *y traigo mi
recompensa* conmigo *para pagar a cada
uno según su trabajo**. 13 Yo soy el Alfa
y la Omega, *el Primero* y *el Último*, el
Principio y el Fin. 14 Dichosos los que
laven sus vestiduras, así podrán disponer
del árbol de la vida y entrarán por las

21 17 El *estadio* equivale a unos 185 m.; el *codo*, a unos 0,45 m.
21 22 El *Santuario,* **11** 19+, ha desaparecido. El cuerpo de Cristo inmolado y vivo es el único lugar del nuevo culto espiritual; ver Jn **2** 21+; **4** 21-23+: Hb **9** 11-12+; **10** 4-10+. Es también, v. 23, la única *luz* de la Iglesia, **22** 5; Jn **8** 12+.
21 26 Ver Is **60** 3.11.
21 27 Ver Is **35** 8; **52** 1; Ez **44** 9.
22 2 Ver **21** 6+; Ez **47** 12; Gn **2** 9-14.
22 3 Ver Za **14** 11. Dios y el Cordero son adorados a la vez, **5** 13; **7** 10.
22 6 Garantía que recuerda **1** 1-3; **22** 16; Dn **8** 26.
22 11 A pesar de la negativa de los hombres, el plan de Dios se cumple, ver Dn **12** 10.
22 12 Ver **2** 23; Sal **62** 13+; Rm **2** 6+.

puertas en la ciudad. 15 ¡Fuera los perros,
los hechiceros, los impuros, los asesinos,
los idólatras, y todo el que ame y practique la mentira*!»

Epílogo

16 Yo, Jesús, he enviado a mi ángel
para darles testimonio de lo referente a
las Iglesias. Yo soy el retoño y el descendiente de David, el Lucero radiante del
alba.
17 El Espíritu y la Novia dicen: «¡Ven!»
Y el que oiga, diga: «¡Ven!» Y *el que tenga sed, que se acerque*, y el que quiera,
reciba gratis agua de vida*.
18 Yo advierto a todo el que escuche
las palabras proféticas de este libro*: «Si
alguno añade algo sobre esto, Dios echará sobre él las plagas que se describen en
este libro. 19 Y si alguno quita algo a las
palabras de este libro profético, Dios le
quitará su parte en el árbol de la vida y
en la ciudad santa, que se describen en
este libro.»
20 Dice el que da testimonio de todo
esto: «Sí, vengo pronto.» ¡Amén! ¡Ven,
Señor Jesús*!
21 Que la gracia del Señor Jesús sea
con todos. ¡Amén!

22 15 Por un lado, los rescatados triunfantes, **7** 9.14; de otro, todos los indignos excluidos, **21** 7-8.27.
22 17 *¡Ven!* es el *Marana tha* litúrgico, 1 Co **16** 22+; Flp **4** 5+; ver Ap **22** 10.20. Ver **3** 20; **21** 6; Is **55** 1; Jn **7** 38+.
22 18 Fórmula para proteger al libro contra toda alteración, ver Dt **4** 2; **13** 1; etc.
22 20 Se vuelve al tema inicial, **1** 3+.7; **3** 11; **22** 7; Hch **3** 20-21; 1 Co **15** 23+.

ÍNDICE ALFABÉTICO DE LOS PRINCIPALES NOMBRES Y DE LAS NOTAS MÁS IMPORTANTES

Damos a continuación la lista alfabética de los principales nombres de personas o lugares, y de las principales nociones bíblicas, que tienen su correspondiente «nota clave».

Los nombres propios de personas o lugares (ABRAHÁN, BELÉN) van en VERSALITAS. Las palabras hebreas o griegas (*seol, alfa*) o las palabras castellanas calcadas en el griego (*kerygma*) en *cursiva*. Los demás términos, en redonda.

Remitimos a las notas por medio de la referencia al pasaje bíblico que explican.

RESUMEN CRONOLÓGICO

En esta sinopsis se encontrarán las principales fechas que jalonan la historia de Israel. Los títulos de los libros bíblicos, incluidos en la época de su aparición, van impresos *en cursiva.*

Hacia el	**1850**	Emigración de ABRAHÁN de Mesopotamia al país de Canaán (= Palestina) Isaac, Jacob, José
Hacia el	**1700**	Establecimiento en Egipto de algunos grupos hebreos
Hacia el	**1300**	Opresión de los hebreos
Hacia el	**1250**	MOISÉS: La salida de Egipto. La ruta por el desierto. La Alianza del Sinaí.
Hacia el	**1220**	JOSUÉ: La conquista. Entrada en la Tierra prometida. Los «Jueces»: Establecimiento progresivo en Canaán.
Hacia el	**1030**	Samuel y Saúl: Institución de la Monarquía.
Hacia el	**1010**	DAVID. Conquista de Jerusalén.
Hacia el	**970**	Salomón.
	931	Asamblea de Siquén. El cisma. Los dos Reinos: Israel (Norte) y Judá (Sur).
Hacia el	**885**	Omrí, rey de Israel, funda Samaría.
Hacia el	**874**	Ajab, rey de Israel. Los profetas Elías y Eliseo.
Hacia el	**750**	Los profetas *Amós* y *Oseas*.
	740	Vocación de Isaías (Libro de *Isaías, 1-39*). El profeta *Miqueas*.
	721	CONQUISTA DE SAMARÍA por Sargón II de Asiria. Fin del Reino del Norte (Israel).
	716	Ezequías, rey de Judá.
Hacia el	**630**	Los profetas *Sofonías* y *Jeremías*.
	622	Josías, rey de Judá. Hallazgo del «*Rollo de la Doctrina*» (La Ley). Reforma religiosa. Primera redacción de los libros de *Josué, Jueces, Samuel* y *Reyes*.
	612	Destrucción de Nínive, capital de Asiria. El profeta *Nahum*.
Hacia el	**600**	El profeta *Habacuc*.
	587	CONQUISTA DE JERUSALÉN por los babilonios. Deportación de los israelitas. EL DESTIERRO DE BABILONIA (587-538). El profeta *Ezequiel*. *El Libro de la Consolación de Israel. (Oráculos de* Isaías, 40-55).
	549	Ciro, rey de los medos y persas.
	539	Ciro conquista Babilonia. PERÍODO PERSA (538-333).
	538	Edicto de Ciro que concede la libertad a los deportados. Primeros retornos de «judíos» a Palestina.
	515	Dedicación del segundo Templo. Los profetas *Ageo* y *Zacarías*. Tal vez *Isaías 56-66*.
Después del	**500**	Papiros de la colonia judía de Elefantina.

Después del	**500**	El profeta *Abdías*. Oposición samaritana.
	445	Primera misión de Nehemías. El profeta *Malaquías*. Tal vez los libros de *Job, Proverbios, Cantar de los Cantares, Rut*. Numerosos *Salmos*.
Hacia el	**400**	La legislación del *Pentateuco* queda unificada.
Hacia el	**350**	El profeta *Joel*. Los libros de las *Crónicas* y de *Esdras-Nehemías*.
	333	Alejandro Magno. Comienzos del PERÍODO GRIEGO o HELENÍSTICO (333-63). Profecías de *Zacarías 9-14*. Judea sometida a los LÁGIDAS de Egipto (323-200). Libros de *Jonás* y *Tobías*.
Después del	**300**	Comienzo de la traducción griega de la Biblia, llamada de los «SETENTA». Helenización de Palestina. Libros del *Eclesiastés* y *Ester*.
	200	Victoria de Siria sobre Egipto en Panión. Judea sometida a los SELÉUCIDAS de Siria (200-142).
Hacia el	**180**	Ben Sirá escribe el libro del *Eclesiástico* (Sirácida).
	167	Persecución de Antíoco Epífanes (167-164).
	166	Rebelión de los Macabeos. Libro de *Daniel*. Creación de la comunidad esenia de Qumrán (¿).
	132	Traducción griega del libro del *Eclesiástico*.
Hacia el	**125**	*Segundo libro de los Macabeos*.
Hacia el	**100**	*Primer libro de los Macabeos*. Libro de *Judit*.
	63	Conquista de Jerusalén por Pompeyo. Comienzo del PERÍODO ROMANO (63 a.C.-135 p.C.).
Hacia el	**50**	Libro de la *Sabiduría*.
	37	HERODES EL GRANDE. Los procuradores romanos en Palestina.
Hacia el	**6**	Nacimiento de JESÚS.
	4	Muerte de Herodes el Grande, a quien suceden sus hijos Arquelao, Herodes Antipas y Filipo.
Entre los años	**1-5**	Nacimiento de Pablo en Tarso
	14	TIBERIO, emperador romano.
	26	Poncio Pilato, procurador (26-36).
	27	En el otoño, predicación de JUAN EL BAUTISTA. Comienzos del ministerio de Jesús.
	30	Viernes, 7 de abril, MUERTE DE JESÚS. Pentecostés. De Israel a la Iglesia.
Hacia el	**33**	Martirio de Esteban. Dispersión de la comunidad. Conversión de Pablo.
Hacia el	**40**	Primer viaje misionero de Pablo, con Bernabé.
	44	Agripa I manda decapitar a Santiago el Mayor, hermano de Juan.
	47	Segundo viaje misionero de Pablo (47-51).

Hacia el	**50**	La «Buena nueva» anunciada se recoge en el PRIMER EVANGELIO ESCRITO (*Evangelio arameo de Mateo*).
	51	Primeras epístolas de Pablo: a los *Tesalonicenses.*
Hacia el	**52**	Asamblea de Jerusalén (*Hechos 15*).
Hacia el	**57**	Epístolas a los *Corintios, Gálatas, Filipenses (?), Romanos.*
Hacia el	**58**	Epístola de *Santiago* el Menor, hermano del Señor, responsable de la comunidad cristiana de Jerusalén (o antes del 49).
Entre los años	**61-63**	Epístolas a los *Colosenses (?), Efesios (?)* y *Segunda a Timoteo. Filemón(?)*
	62	Santiago el Menor es lapidado en Jerusalén.
Hacia el	**64**	*Primera epístola de Pedro* y *Evangelio (griego) de Marcos (?)*
Entre los años	**64-67**	Martirio de Pedro y Pablo en Roma. *Epístola a los Hebreos.* *Primera epístola a Timoteo, epístola a Tito.(?)* Primera sublevación judía (66-70).
Hacia el	**67**	*Evangelio griego de Mateo, Evangelio de Lucas* y los *Hechos de los Apóstoles* (o hacia el 80).
	68	Destrucción del monasterio de Qumrán.
	70	ASEDIO Y DESTRUCCIÓN DE JERUSALÉN por Tito.
Entre los años	**70-80**	*Epístola de Judas, Segunda epístola de Pedro.*
Hacia el	**78**	La «Guerra de los judíos», del historiador Josefo.
Hacia el	**95**	Juan desterrado en Patmos. Edición definitiva del *Apocalipsis.* *Evangelio y epístolas de Juan.*
Hacia el	**100**	Muerte de San Juan en Éfeso.
Hacia el	**110**	Cartas y martirio, en Roma, de Ignacio de Antioquía. Carta de Policarpo, obispo de Esmirna, a los Filipenses.
	132-135	Segunda sublevación judía, acaudillada por Simón Bar Kokebá.
	134	Conquista de Jerusalén.

Hacia el	**50**	La «Buena nueva» anunciada se recoge en el PRIMER EVANGELIO ESCRITO (Evangelio arameo de Mateo).
	51	Primeras epístolas de Pablo a los Tesalonicenses.
Hacia el	**52**	Asamblea de Jerusalén (Hechos 15).
Hacia el	**57**	Epístolas a los Corintios, Gálatas, Filipenses (?), Romanos.
Hacia el	**58**	Epístola de Santiago el Menor, hermano del Señor, responsable de la comunidad cristiana de Jerusalén (o antes del 49).
Entre los años	**61-63**	Epístolas a los Colosenses (?), Efesios (?) y Segunda a Timoteo, Filemón(?).
	62	Santiago el Menor es lapidado en Jerusalén.
Hacia el	**64**	Primera epístola de Pedro y Evangelio (griego) de Marcos (?).
Entre los años	**64-67**	Martirio de Pedro y Pablo en Roma. Epístola a los Hebreos. Primera epístola a Timoteo, epístola a Tito(?). Primera sublevación judía (66-70).
Hacia el	**67**	Evangelio griego de Mateo. Evangelio de Lucas y los Hechos de los Apóstoles (o hacia el 80).
	68	Destrucción del monasterio de Qumrán.
	70	ASEDIO Y DESTRUCCIÓN DE JERUSALÉN por Tito.
Entre los años	**70-80**	Epístola de Judas. Segunda epístola de Pedro.
Hacia el	**78**	La «Guerra de los judíos», del historiador Josefo.
Hacia el	**95**	Juan desterrado en Patmos. Edición definitiva del Apocalipsis. Evangelio y epístolas de Juan.
Hacia el	**100**	Muerte de San Juan en Éfeso.
Hacia el	**110**	Cartas y martirio, en Roma, de Ignacio de Antioquía. Carta de Policarpo, obispo de Esmirna, a los Filipenses.
	132-135	Segunda sublevación judía, acaudillada por Simón Bar Kokeba.
	134	Conquista de Jerusalén.